CURSO de DIREITO PROCESSUAL CIVIL

Edições anteriores

1ª edição – 1985
2ª edição – 1986
3ª edição – 1987
4ª edição – 1988
5ª edição – 1989
6ª edição – 1991
7ª edição – 1991
8ª edição – 1992
9ª edição – 1992
10ª edição – 1993
11ª edição – 1993
12ª edição – 1993
13ª edição – 1994
14ª edição – 1994
15ª edição – 1994
16ª edição – 1995
17ª edição – 1995
18ª edição – 1996
19ª edição – 1997
20ª edição – 1997
20ª edição – 1997 – 2ª tiragem
21ª edição – 1997
22ª edição – 1997
23ª edição – 1998
24ª edição – 1998
25ª edição – 1998
26ª edição – 1998 – 2ª tiragem
27ª edição – 1999
28ª edição – 1999
29ª edição – 1999
30ª edição – 1999
30ª edição – 2000 – 2ª tiragem
31ª edição – 2000
32ª edição – 2000
33ª edição – 2000
34ª edição – 2000
35ª edição – 2000
36ª edição – 2001
36ª edição – 2001 – 2ª tiragem
37ª edição – 2001
37ª edição – 2001 – 2ª tiragem
38ª edição – 2002
38ª edição – 2002 – 2ª tiragem
38ª edição – 2002 – 3ª tiragem
38ª edição – 2002 – 4ª tiragem
38ª edição – 2002 – 5ª tiragem
38ª edição – 2002 – 6ª tiragem
39ª edição – 2003
39ª edição – 2003 – 2ª tiragem
39ª edição – 2003 – 3ª tiragem
39ª edição – 2003 – 4ª tiragem
40ª edição – 2003
40ª edição – 2003 – 2ª tiragem
40ª edição – 2003 – 3ª tiragem
41ª edição – 2004
41ª edição – 2004 – 2ª tiragem
41ª edição – 2004 – 3ª tiragem
41ª edição – 2004 – 4ª tiragem
41ª edição – 2004 – 5ª tiragem
42ª edição – 2005
42ª edição – 2005 – 2ª tiragem
42ª edição – 2005 – 3ª tiragem
43ª edição – 2005
44ª edição – 2006
44ª edição – 2006 – 2ª tiragem
44ª edição – 2006 – 3ª tiragem
45ª edição – 2006
46ª edição – 2007
47ª edição – 2007
47ª edição – 2007 – 2ª tiragem
47ª edição – 2007 – 3ª tiragem
47ª edição – 2007 – 4ª tiragem
47ª edição – 2007 – 5ª tiragem
47ª edição – 2007 – 6ª tiragem
48ª edição – 2008
48ª edição – 2008 – 2ª tiragem
49ª edição – 2008
50ª edição – 2009
50ª edição – 2009 – 2ª tiragem
51ª edição – 2010
51ª edição – 2010 – 2ª tiragem
51ª edição – 2010 – 3ª tiragem
52ª edição – 2011
52ª edição – 2011 – 2ª tiragem
52ª edição – 2011 – 3ª tiragem
53ª edição – 2012
53ª edição – 2012 – 2ª tiragem
54ª edição – 2013
55ª edição – 2014
55ª edição – 2014 – 2ª tiragem
55ª edição – 2014 – 3ª tiragem
55ª edição – 2014 – 4ª tiragem
55ª edição – 2015 – 5ª tiragem
56ª edição – 2015
57ª edição – 2016
57ª edição – 2016 – 2ª tiragem
58ª edição – 2017
58ª edição – 2017 – 2ª tiragem
58ª edição – 2017 – 3ª tiragem
59ª edição – 2018
59ª edição – 2018 – 2ª tiragem
60ª edição – 2019
60ª edição – 2019 – 2ª tiragem
61ª edição – 2020
62ª edição – 2021
63ª edição – 2022
64ª edição – 2023
65ª edição – 2024
65ª edição – 2024 – 2ª tiragem
66ª edição – 2025

HUMBERTO THEODORO JÚNIOR

CURSO de DIREITO PROCESSUAL CIVIL

Vol. I

67ª edição | revista, atualizada e ampliada

- Teoria Geral do Direito Processual Civil
- Processo de Conhecimento
- Procedimento Comum

gen | Editora FORENSE

■ Fechamento desta edição: *15.10.2025*

■ **Atendimento ao cliente: (11) 5080-0751 | faleconosco@grupogen.com.br**

Uma editora integrante do GEN | Grupo Editorial Nacional
Travessa do Ouvidor, 11
Rio de Janeiro – RJ – 20040-040
www.grupogen.com.br

1ª edição – 1985
67ª edição – 2026

■ Capa: Danilo Oliveira

■ **CIP – BRASIL. CATALOGAÇÃO NA PUBLICAÇÃO.**
SINDICATO NACIONAL DOS EDITORES DE LIVROS, RJ.

T355c
67. ed.
v. 1

Theodoro Júnior, Humberto, 1938-
Curso de direito processual civil / Humberto Theodoro Júnior. – 67. ed., rev., atual. e ampl. – Rio de Janeiro : Forense, 2026.

Inclui bibliografia e índice
ISBN 978-85-3099-828-8

1. Direito processual civil – Brasil. I. Título.

25-100878.0 CDU: 347.9(81)

Meri Gleice Rodrigues de Souza – Bibliotecária – CRB-7/6439

A meus pais,

HUMBERTO THEODORO GOMES

e

ZENÓBIA FRATTARI GOMES,

a homenagem da mais profunda
gratidão pela lição de vida que,
sabiamente, me prestaram e
continuam a prestar;

e

a tentativa modesta de externar
o verdadeiro afeto filial, em pálida
retribuição pelo irresgatável carinho
com que sempre me cercaram.

O GEN | Grupo Editorial Nacional – maior plataforma editorial brasileira no segmento científico, técnico e profissional – publica conteúdos nas áreas de concursos, ciências jurídicas, humanas, exatas, da saúde e sociais aplicadas, além de prover serviços direcionados à educação continuada.

As editoras que integram o GEN, das mais respeitadas no mercado editorial, construíram catálogos inigualáveis, com obras decisivas para a formação acadêmica e o aperfeiçoamento de várias gerações de profissionais e estudantes, tendo se tornado sinônimo de qualidade e seriedade.

A missão do GEN e dos núcleos de conteúdo que o compõem é prover a melhor informação científica e distribuí-la de maneira flexível e conveniente, a preços justos, gerando benefícios e servindo a autores, docentes, livreiros, funcionários, colaboradores e acionistas.

Nosso comportamento ético incondicional e nossa responsabilidade social e ambiental são reforçados pela natureza educacional de nossa atividade e dão sustentabilidade ao crescimento contínuo e à rentabilidade do grupo.

Sobre o Autor

Humberto Theodoro Júnior

Professor Titular aposentado da Faculdade de Direito da Universidade Federal de Minas Gerais (UFMG). Desembargador aposentado do Tribunal de Justiça do Estado de Minas Gerais. Membro da Comissão de juristas encarregados pelo Senado Federal para a elaboração do Anteprojeto do atual Código de Processo Civil Brasileiro. Doutor. Advogado (Parecerista).

Apresentação da 67ª Edição

Este *Curso* encontra-se amoldado ao regime do Código de Processo Civil de 2015 (Lei 13.105, de 16 de março de 2015), assim como ao texto da Lei 13.256, de 4 de fevereiro de 2016, da Lei 13.363, de 25 de novembro de 2016, da Lei 13.465, de 11 de julho de 2017, da Lei 13.793, de 3 de janeiro de 2019, da Lei 13.894, de 29 de outubro de 2019, da Lei 14.133, de 1º de abril de 2021, da Lei 14.195, de 26 de agosto de 2021, da Lei 14.341, de 18 de maio de 2022, da Lei 14.365, de 2 de junho de 2022, da Lei 14.620, de 13 de julho de 2023, e das Leis 14.711 e 14.713, de 30 de outubro de 2023, da Lei 14.833, de 27 de março de 2024, da Lei 14.879, de 4 de junho de 2024, da Lei 14.939, de 30 de julho de 2024, e da Lei 14.976, de 18 de setembro de 2024, e da Lei 15.109, de 13 de março de 2025, que alteraram o Código de 2015.

A distribuição dos temas procurou, quando possível, respeitar a adotada pelo atual diploma processual brasileiro. O plano da obra é o seguinte:

Volume I

1. Teoria geral do processo civil:
   (a) Parte geral do CPC;
   (b) Síntese da história do direito processual de origem românica;
   (c) Evolução do processo civil brasileiro;
   (d) Fontes, princípios e categorias básicas do direito processual civil.
2. Processo de conhecimento e procedimento comum.

Volume II

Procedimentos especiais:
   (a) Codificados (de jurisdição contenciosa e de jurisdição voluntária);
   (b) De legislação extravagante.

Volume III

1. Execução forçada:
   (a) Cumprimento da sentença;
   (b) Execução dos títulos extrajudiciais.
2. Processos nos tribunais.
3. Recursos.
4. Direito intertemporal.

O Código de Processo Civil de 1973 foi identificado no texto, na maioria das vezes, pela sigla CPC/1973; e o atual, pela abreviatura CPC/2015. Os artigos citados sem explicitação de fonte referem-se, quase sempre, ao atual Código de Processo Civil, podendo, algumas vezes, referir-se a outra lei antes mencionada no próprio parágrafo do texto em que a remissão se deu.

Em linhas gerais, o novo *Curso* se empenha em ressaltar a constitucionalização do processo, levada a cabo pelo moderno Estado Democrático de Direito, no qual a meta perseguida é, antes de tudo, a efetividade da tutela jurisdicional e a presteza de sua promoção pelo Poder Judiciário. Valoriza-se, sempre, o processo justo, por conta muito mais da observância de seus princípios fundamentais do que da simples subserviência às regras procedimentais da lei comum. A forma, naturalmente, continua significativa, mas sua real relevância só se mantém enquanto garantia das normas fundamentais presentes na ordem constitucional, a que se vincula o devido processo legal. Daí a importância, constantemente ressaltada, de que o aprendizado e a aplicação da nova lei processual se façam, com predominância, segundo o viés do acesso à justiça assegurado pela Constituição.

O Autor
Outubro de 2025

Índice da Matéria

TEORIA GERAL DO DIREITO PROCESSUAL CIVIL

Parte I – Noções Fundamentais

CAPÍTULO I – CONCEITO, HISTÓRIA E FONTES DO DIREITO PROCESSUAL CIVIL

CAPÍTULO VII – PLURALIDADE DE PARTES

CAPÍTULO VIII – DO JUIZ E DOS AUXILIARES DA JUSTIÇA

CAPÍTULO IX – SUJEITOS ESPECIAIS DO PROCESSO

Parte IV – Atos Processuais

CAPÍTULO X – FATOS JURÍDICOS PROCESSUAIS

CAPÍTULO XII – O INTERCÂMBIO PROCESSUAL

CAPÍTULO XIII – INVALIDADE DOS ATOS PROCESSUAIS

CAPÍTULO XIV – OUTROS ATOS PROCESSUAIS

Parte V – Tutela Provisória

CAPÍTULO XV – TUTELA DE URGÊNCIA E TUTELA DA EVIDÊNCIA

CAPÍTULO XVI – TUTELAS DE URGÊNCIA (I)

CAPÍTULO XVII – TUTELAS DE URGÊNCIA (II)

Parte VI – Instauração, Crise e Fim do Processo

CAPÍTULO XXI – FORMAÇÃO, SUSPENSÃO E EXTINÇÃO DO PROCESSO

CAPÍTULO XXIV – FASE DE SANEAMENTO

CAPÍTULO XXV – INSTRUÇÃO E DEBATE DA CAUSA

CAPÍTULO XXVI – FASE PROBATÓRIA

CAPÍTULO XXVII – MEIOS LEGAIS DE PROVA

CAPÍTULO XXVIII – FASE DECISÓRIA

CAPÍTULO XXX – CUMPRIMENTO DA SENTENÇA

TEORIA GERAL DO DIREITO PROCESSUAL CIVIL

Parte I
Noções Fundamentais

Capítulo I
CONCEITO, HISTÓRIA E FONTES DO DIREITO PROCESSUAL CIVIL

§ 1º DIREITO PROCESSUAL CIVIL

1. Noções gerais

Impossível a vida em sociedade sem uma normatização do comportamento humano. Daí surgir o Direito como conjunto das normas gerais e positivas, disciplinadoras da vida social.

Contudo, não basta traçar a norma de conduta. O equilíbrio e o desenvolvimento sociais só ocorrem se a observância das regras jurídicas fizer-se obrigatória.

Assim, o Estado não apenas cuida de elaborar as leis, mas, especificamente, institui meios de imposição coativa do comando expresso na norma.

Por outro lado, diante da complexidade com que se travam as relações sociais, é impossível evitar conflitos de interesse entre os cidadãos, ou entre estes e o próprio Estado, a respeito da interpretação dos direitos subjetivos e da fiel aplicação do direito objetivo aos casos concretos.

Para manter o império da ordem jurídica e assegurar a paz social, o Estado não tolera, em princípio, a justiça feita pelas próprias mãos dos interessados. Divide, pois, suas funções soberanas, de molde a atender a essa contingência, em atividades administrativas, legislativas e jurisdicionais.

A função *administrativa* diz respeito à gestão ordinária dos serviços públicos e compete ao Poder Executivo. A *legislativa* consiste em traçar, abstrata e genericamente, as normas de conduta que formam o direito objetivo, e cabe ao Poder Legislativo. A terceira é a *jurisdição*, que incumbe ao Poder Judiciário, e que vem a ser a missão pacificadora do Estado, exercida diante das situações litigiosas. Por meio dela, o Estado dá solução às *lides* ou *litígios*, que são os conflitos de interesse, caracterizados por pretensões resistidas, tendo como *objetivo imediato* a aplicação da lei ao caso concreto, e como missão *mediata* "restabelecer a paz entre os particulares e, com isso, manter a da sociedade".[1]

---

1 CARNELUTTI, Francesco. *Istituzioni del processo civile italiano*. 5. ed. Roma: Società Editrici del Foro Italiano, 1956, v. I, p. 3.

Para cumprir essa tarefa, o Estado utiliza método próprio, que é o *processo*, que recebe denominação de civil, penal, trabalhista, administrativo etc., conforme o ramo do direito material perante o qual se instaurou o conflito de interesses.

Para regular esse método de composição dos litígios, cria o Estado normas jurídicas que formam o *direito processual*, também denominado *formal* ou *instrumental*, por servir de forma ou instrumento de atuação da vontade concreta das leis de direito *material* ou *substancial*, que há de solucionar o conflito de interesses estabelecido entre as partes, sob a forma de *lide*.

2. Definição

Na verdade, ou na essência, o direito processual é um só, porquanto a função jurisdicional é única, qualquer que seja o direito material debatido, sendo, por isso mesmo, comuns a todos os seus ramos os princípios fundamentais da jurisdição e do processo.[2]

Conveniências de ordem prática, no entanto, levam o legislador a agrupar as normas processuais em códigos ou leis especializadas, conforme a natureza das regras aplicáveis à solução dos conflitos, e daí surgem as divisões que individuam o direito processual civil, o direito processual penal, o direito processual do trabalho etc.

Diante desse quadro, o Direito Processual Civil pode ser definido como o ramo da ciência jurídica que trata do complexo das normas reguladoras do exercício da jurisdição civil.[3]

Vê-se, logo, que não pode o direito processual civil confundir-se com uma simples parcela do direito material, devendo ser afastada a antiga denominação de direito adjetivo, por designadora de uma dependência que a ciência jurídica moderna repele peremptoriamente.

A autonomia do direito processual civil, diante do direito substancial, é inegável e se caracteriza por total diversidade de natureza e de objetivos. Enquanto o direito material cuida de estabelecer as normas que regulam as relações jurídicas entre as pessoas, o processual visa a regulamentar uma função pública estatal. Seus princípios, todos ligados ao direito público a que pertence, são totalmente diferentes, portanto, daqueles outros que inspiram o direito material, quase sempre de ordem privada.

Contudo, não apenas as questões de direito civil são solucionadas pelo processo civil, mas também as de direito comercial e até as de direito público não penal que não caibam a outros ramos especializados do direito processual.

Funciona o direito processual civil, então, como principal instrumento do Estado para o exercício do Poder Jurisdicional. Nele se encontram as normas e princípios básicos que subsidiam os diversos ramos do direito processual, como um todo,[4] e sua aplicação faz-se, por exclusão, a todo e qualquer conflito não abrangido pelos demais processos, que podem ser considerados *especiais*, enquanto o civil seria o *geral*.

3. Natureza

O direito processual civil pertence ao grupo das disciplinas que formam o Direito Público, pois regula o exercício de parte de uma das funções soberanas do Estado, que é a jurisdição.

Não se pode deixar de consignar que, mesmo quando o conflito de interesses é eminentemente privado, há no processo sempre um interesse público, que é o da pacificação social e o da manutenção do império da ordem jurídica, mediante realização da vontade concreta da lei.

---

2 CHIOVENDA. Giuseppe. *Instituições de direito processual civil*. 3. ed. trad. brasileira, São Paulo: Saraiva, 1969, v. I, n. 11, p. 37.

3 CHIOVENDA, Giuseppe. *Instituições de direito processual civil*. 3. ed. trad. brasileira, São Paulo: Saraiva, 1969, v. I, n. 11, p. 37.

4 Art. 15 do CPC/2015: "Na ausência de normas que regulem processos eleitorais, trabalhistas ou administrativos, as disposições deste Código lhes serão aplicadas supletiva e subsidiariamente".

4. Relações com outros ramos do Direito

O Direito, sem embargo de sua divisão em ramos autônomos, caracterizados por métodos, objetivos e princípios próprios, forma um conjunto maior, que tem em comum o destino de regular a convivência social. Por essa razão, por mais que sejam considerados autônomos os seus ramos, haverá sempre entre eles alguma intercomunicação, algum traço comum e até mesmo alguma dependência em certos ângulos ou assuntos.

Assim, o direito processual civil mantém estreitas relações com o direito constitucional, não apenas derivadas da hegemonia que cabe a esse ramo sobre todos os demais, mas principalmente porque, cuidando o processo de uma função soberana do Estado, será na Constituição que estarão localizados os atributos e limites dessa mesma função. Além disso, a Constituição traça regras sobre os direitos individuais que falam de perto ao direito processual, como a do tratamento igualitário das partes do processo (art. 5º, I); a que assegura a todos o direito de submeter toda e qualquer lesão de direitos à apreciação do Poder Judiciário (art. 5º, XXXV); a que proclama a intangibilidade da coisa julgada (art. 5º, XXXVI); as que proíbem a prisão por dívidas (art. 5º, LXVII), os juízos de exceção (art. 5º, XXXVII) e as provas ilícitas (art. 5º, LVI); as que garantem o devido processo legal (art. 5º, LIV), o contraditório e ampla defesa (art. 5º, LV), o juiz natural (art. 5º, LIII), a razoável duração do processo e os meios para assegurar a celeridade de sua tramitação (art. 5º, LXXVIII, acrescido pela Emenda Constitucional 45, de 30.12.2004) etc.

Por outro lado, traça a Constituição as normas a serem observadas na composição dos órgãos judiciários, fixando-lhes a competência e regulando matérias pertinentes ao seu funcionamento.

Muitas são as relações entre o direito processual civil e o direito administrativo, pois não raras vezes os órgãos judiciários são chamados a praticar atos de natureza administrativa, e ambos os ramos se acham ligados ao direito público. Assim, os auxiliares do juiz exercem, no processo, função pública, como a de depositário, administrador etc. Outras vezes, os serventuários praticam irregularidades na conduta processual, passíveis de sanções ou penalidades funcionais. Essas matérias exigem tratamento de regras que o direito administrativo regula, em estreita correlação com o direito processual civil.

Muito íntimas são as relações do direito processual civil com os demais ramos do processo, como o processual penal, o trabalhista, o administrativo etc., porquanto são apenas variações de um ramo maior, que é o direito processual. Tanto assim que, modernamente, se registra uma tendência entre os doutrinadores em estudar a teoria geral do processo, nela englobando os princípios que são comuns a todos os seus diversos ramos.[5]

O direito penal também se entrelaça com o direito processual civil, pois várias ilicitudes praticadas no curso do processo configuram delitos punidos pelo Código Penal, como o falso testemunho, a falsa perícia, a apropriação indébita do depositário judicial etc., havendo, mesmo, todo um capítulo destinado à repressão dos crimes contra a administração da justiça (arts. 338 a 359 do Código de 1940).

Finalmente, são bastante íntimas as relações do direito processual civil com o direito privado, pois o direito comercial e o direito civil são os que fornecem as regras materiais que o juiz deve aplicar na composição da maioria dos litígios que lhe são submetidos a julgamento. Não raras vezes, o direito privado, ao regular seus institutos, traça exigências que deverão ser

---

[5] "Na ausência de normas que regulem processos eleitorais, trabalhistas ou administrativos, as disposições deste Código lhes serão aplicadas supletiva e subsidiariamente" (CPC/2015, art. 15). Mesmo sem menção expressa no dispositivo aludido, "as disposições do CPC aplicam-se supletiva e subsidiariamente ao Código de Processo Penal, no que não forem incompatíveis com esta Lei" (Enunciado 3 da I Jornada de Direito Processual Civil – CJF/2017).

observadas nos processos que eventualmente surjam em torno deles. Outras regras se situam em terrenos fronteiriços, como, por exemplo, as que dizem respeito às provas e solenidades necessárias à validade dos atos jurídicos, as pertinentes à falência e à insolvência civil. Muitas vezes, outrossim, é o direito privado que determina a incidência do direito processual civil, delimitando aquilo que o juiz cível deve apreciar e aquilo que deverá tocar a outros órgãos jurisdicionais, como ocorre nas questões derivadas de atos ilícitos.

5. Objetivo

Segundo os partidários da antiga corrente civilista, em que o direito processual civil seria apenas um apêndice do direito material, o objetivo visado pelo processo consubstanciar-se-ia na reação do próprio direito individual ou subjetivo ameaçado ou lesado contra a agressão sofrida. Da autonomia do direito processual, no entanto, surgiu a concepção doutrinária que vê nesse ramo do direito o fim de resguardar a própria ordem jurídica, de modo que, ao pacificar os litígios, o órgão jurisdicional cumpre função eminentemente pública, assegurando o império da lei e da paz social.

Embora seja inegável o objetivo *imediato* do direito processual de manter a autoridade da ordem jurídica, cabe-lhe, no plano constitucional, a missão de atuar na proteção aos direitos individuais, de modo que o acesso ao processo constitui, ele mesmo, uma garantia fundamental (CF, art. 5º, XXXV). Já se chegou a defender o entendimento de que ao Estado, quando aplicasse o direito processual civil, não interessaria com quem estaria a razão, mas apenas definir qual a vontade concreta da lei, diante da situação litigiosa.

É de se ponderar, todavia, que, além da neutra função de sentenciar e definir os conflitos, o Estado Democrático, ao vedar a justiça privada (aquela realizada pela força do próprio credor), assume o dever, perante os titulares de direito subjetivo violado ou ameaçado, de prestar-lhes a necessária tutela jurídica. Para essa tutela concreta, serve-se o Estado do *processo*, de sorte que, embora a garantia de acesso ao processo seja, de início, indiferente à prévia comprovação do direito material da parte, não o é quando, enfim, soluciona o conflito travado entre os litigantes. É que, então, aquele que comprovar a necessidade da proteção jurídica estatal para restaurar sua legítima situação de direito será o beneficiado com o provimento propiciador da efetiva tutela jurisdicional.

Embora seja científico, no plano puramente processual, o entendimento de que o processo e o regulamento normativo que o disciplina atuam com autonomia diante do direito material invocado pelo promovente da atividade jurisdicional, este não pode ser o único ângulo com que se há de analisar a prestação realizada pelo Estado-juiz. Na ordem global, enraizada sobretudo nas bases constitucionais, há um dever de tutela, que é de acesso amplo e de caráter cívico, que vem a ser a garantia fundamental de que nenhum direito subjetivo violado ou ameaçado ficará privado do acesso à tutela da Justiça (CF, art. 5º, XXXV). O estudo moderno do direito processual não pode deixar de registrar essa conexão importantíssima, no Estado de Direito Democrático, entre a ordem jurídico-constitucional e o direito processual.

Há, em suma, um direito processual que em sua estrutura ordinária merece ser tratado como um ramo independente do direito material. Há, de outro lado, um direito processual que serve à Constituição, e que, ao fazê-lo, não pode continuar sendo enfocado como autônomo. Já, então, é utilizado com o nítido objetivo de tutelar a situação jurídico-material subjetiva em situação de crise, ou seja, de lesão ou ameaça. É simplesmente o instrumento de realização do direito material atingido por agressão ou ameaça ilícita.

Um dos grandes entrelaçamentos (e talvez o maior) do direito constitucional com o direito processual registra-se na presença atuante, e sempre crescente, dos princípios constitucionais como orientadores da hermenêutica e da aplicação do direito em juízo. Dentre eles, sobressai, como fator inconteste de aprimoramento ético da prestação jurisdicional, o moderno princípio da proporcionalidade, cuja observância permite o balizamento de incidência de todos os princípios e garantias fundamentais, ensejando a harmonização entre eles. Por esse princípio – destaca Arruda Alvim –, "afasta-se o sacrifício excessivo ou desnecessário a direitos fundamentais que, numa determinada circunstância, possam entrar em colisão com outros, de igual hierarquia, mas que se revelem menos importantes no caso específico".[6]

6. Novos rumos do direito processual civil

Nas últimas décadas do século XX, o estudo do processo civil desviou nitidamente sua atenção para os resultados a serem concretamente alcançados pela prestação jurisdicional. Muito mais do que com os clássicos conceitos tidos como fundamentais ao direito processual, a doutrina passou a se ocupar com remédios e medidas que possam redundar em melhoria dos serviços forenses. Ideias, como a de instrumentalidade e a de efetividade, passaram a dar a tônica do processo contemporâneo. Fala-se mesmo de "garantia de um processo justo", mais do que de um "processo legal", colocando no primeiro plano ideias éticas em lugar do estudo sistemático apenas das formas e solenidades do procedimento.

Toda uma grande reforma se fez, no final do século XX e início do século XXI, nos textos do Código de Processo Civil de 1973, com o confessado propósito de desburocratizar o procedimento e acelerar o resultado da prestação jurisdicional. Legislação extravagante também cuidou de criar ações novas e remédios acauteladores visando a ampliar o espectro da tutela jurisdicional, de modo a melhor concretizar a garantia de amplo e irrestrito acesso à justiça, tornado direito fundamental pelas Constituições democráticas, tanto em nosso país como no direito comparado. Até a própria Constituição foi emendada para acrescer no rol dos direitos fundamentais a garantia de uma duração razoável para o processo e o emprego de técnicas de aceleração da prestação jurisdicional (CF, art. 5º, LXXVIII, com o texto da EC 45, de 30.12.2004).

Paralelamente à visão técnica do funcionamento da justiça oficial (fortemente inspirada em métodos forjados para enfrentar a *contenciosidade*), ganha terreno, no fim do século XX e início do século atual, a preocupação dos cientistas do direito processual com a implantação, a par dos tradicionais, de novos métodos de composição de litígios, cuja motivação seria mais a procura da paz social do que propriamente a imposição autoritária da vontade fria da lei. Doutrina e legislação processual empenharam-se, nesse sentido, na criação de novas vertentes para certos tipos de prestação jurisdicional, que enriqueceriam o processo com instrumentos capacitados a realizar a justiça que Cappelletti chama de *coexistencial*. Em lugar de contar apenas com a força da autoridade legal do juiz, as partes poderiam, muitas vezes, obter melhores resultados na solução de seus conflitos, recorrendo à experiência e à técnica de pessoas capacitadas a promover a mediação e a conciliação, e chegando, assim, a resultados práticos mais satisfatórios do que os decretados pela justiça tradicional.

---

[6] Arruda Alvim conclui seu pensamento sobre o tema, observando que se pode afirmar que, em juízo, "o princípio da proporcionalidade termina por orientar tanto a interpretação das normas jurídicas como, também, o controle de sua validade – e, porque não dizer, de sua constitucionalidade – em determinadas situações. E, no contexto atual da *constitucionalização do direito* e da disseminação dos *conceitos jurídicos indeterminados*, a utilização do princípio da proporcionalidade revela-se de crucial importância na atividade interpretativa do julgador" (ARRUDA ALVIM NETTO, José Manoel de. Processo e Constituição. *Revista Forense*, Rio de Janeiro, v. 408, p. 83-84, mar.-abr. 2010).

Esses novos ares do processo já saíram das lições doutrinárias e começaram a fazer presença significativa tanto na reestruturação do processo contencioso codificado de 1973 como na instituição de novos organismos de pacificação de conflitos (*v.g.*, a atual regulamentação do juízo arbitral, feita pela Lei 9.307, de 23.09.1996, alterada pela Lei 13.129, de 26.05.2015).

Os juizados de pequenas causas ou juizados especiais prestigiados pela Constituição de 1988 são exemplos notáveis de órgãos judiciários concebidos para, precipuamente, conduzir as partes à conciliação, valendo-se não só da figura clássica do juiz estatal, mas também de conciliadores e juízes leigos, além de acenar para a possibilidade de encaminhar a solução, alternativamente, para julgamentos arbitrais (Lei 9.099, de 26.09.1995, Lei 10.259, de 12.07.2001, e Lei 12.153, de 22.12.2009).

No entanto, não é apenas nesses juizados especiais que a influência da justiça coexistencial tem-se manifestado. No próprio processo contencioso codificado de 1973, reformas importantes se deram, por exemplo, com a instituição no procedimento ordinário da audiência preliminar, cujo objetivo é a tentativa de solução conciliatória, antes de passar-se à instrução da causa (art. 331), e com a admissão da figura do conciliador para auxiliar o juiz durante a tramitação do procedimento sumário (art. 277, § 1º). Lei superveniente ao Código de Processo Civil de 2015 regulamentou em caráter geral a mediação, tanto quando praticada em juízo como por meio extrajudicial, de modo a incentivar esse importante instrumento de resolução consensual de conflitos (Lei 13.140, de 26.06.2015).

A valorização do papel da mediação e da conciliação dentro da atividade jurisdicional se faz presente de maneira mais expressiva no atual Código de Processo Civil, que, além de prevê-las como instrumentos de pacificação do litígio, cuida de incluir nos quadros dos órgãos auxiliares da justiça servidores especializados para o desempenho dessa função especial e até mesmo de disciplinar a forma de sua atuação em juízo (arts. 165 a 175).

Aos poucos vai-se encaminhando para processos e procedimentos em que o objetivo maior é a solução justa e adequada dos conflitos jurídicos, e que, de fato, possam reduzir as tensões sociais, valorizando a pacificação e a harmonização dos litigantes, em lugar de propiciar a guerra judicial em que só uma das partes tem os louros da vitória e à outra somente resta o amargor da sucumbência. É esse, sem dúvida, o caminho escolhido, com ênfase, pelo atual Código de Processo Civil brasileiro que entrou em vigor em 18.03.2016 (Lei 13.105), sendo de destacar o estímulo que o Conselho Nacional de Justiça tem dado a essa política judicial (cf. Resolução 125/CNJ, de 29.11.2010).

7. Universalidade dos problemas do processo moderno

Esse intenso movimento reformador não é fenômeno isolado do processo brasileiro. Todo o mundo ocidental de raízes romanísticas tem procurado modernizar o ordenamento positivo processual seguindo orientação mais ou menos similar, cuja preocupação dominante é a de superar a visão liberal herdada do século XIX, excessivamente individualista e pouco atenta ao resultado prático da resposta jurisdicional. A nova orientação, dominada pelos ares do Estado Social de Direito, assume compromisso, a um só tempo, com a celeridade processual e com uma justiça mais humana a ser proporcionada àqueles que clamam pela tutela jurídica.

Vários são os expedientes a que recorrem os legisladores reformistas, podendo-se ressaltar, no entanto, a recorrente perseguição a duas metas: a desburocratização do processo, para reduzir sua duração temporal, e a valorização de métodos alternativos de solução de conflito, dentre os quais se destaca a conciliação (seja judicial ou extrajudicial).

Na Itália, por exemplo, além de várias alterações no texto de seu Código de Processo Civil, até a Constituição foi revista para que restasse proclamado o direito de todos a um "processo justo". Declara, nessa ordem de ideias, o art. 111 da Carta italiana, na dicção remodelada em 1999, que "a jurisdição é praticada mediante o *justo processo* regulado pela lei", e que "todo processo se desenvolve no contraditório entre as partes, em condições de paridade, diante de juiz neutro ('*terzo*') e imparcial", e ainda que "a lei lhe assegurará uma *duração razoável*".[7]

Diante da patente incapacidade do sistema institucional para, a contento, fazer frente à demanda social de justiça, o direito positivo italiano insere em seu CPC e em leis extravagantes a previsão e o estímulo de meios alternativos de resolução de conflitos, como a *conciliação*, cuja tentativa, a requerimento dos interessados, o juiz deverá "provocar", na audiência designada para comparecimento das partes (novo art. 185 do CPC italiano). Nas relações de trabalho, há previsão de tentativa de conciliação em caráter obrigatório, podendo ocorrer judicialmente, por via sindical ou administrativa. Outras previsões legislativas de tentativa de conciliação referem-se aos conflitos societários (facultativa) e agrários (obrigatória) e às causas de separação e divórcio (também necessária).[8]

Na França, relata Roger Perrot, trava-se uma luta há meio século para modernizar a justiça e o processo, com "uma única e mesma preocupação, a de aceleração da justiça". Informa, outrossim, que a fluidez do processo civil francês tem sido favorecida pela "solução alternativa dos litígios", que o direito positivo estimula por meio da *conciliação* e da *mediação*. De duas maneiras o problema é enfrentado: a) incluindo-se entre as funções do juiz "a missão de conciliar as partes" (Novo CPC francês, art. 21); b) instituindo, em todo órgão judicial, a figura de um elemento auxiliar do juiz, denominado *conciliador*, que atua preventivamente, para evitar a instauração do processo, e também durante seu curso, para tentar conduzir as partes a encerrá-lo de forma consensual. Com a introdução do meio alternativo de conciliação, o direito processual francês, segundo Roger Perrot, busca atender à ideia de que, na atualidade, "o jurisdicionado aspira a uma justiça mais simples, menos solene, mais próxima de suas preocupações quotidianas, àquilo que numa palavra se denomina *justiça de proximidade*".[9]

Não tem sido diferente a história recente do direito processual alemão. As reformas do ZPO ocorridas ao longo do século XX compreenderam, acima de tudo, medidas "destinadas a descongestionar os tribunais", reforçando, por outro lado, os poderes do juiz na busca do esclarecimento em torno da verdade. Já no século XXI, uma grande reforma, consumada em 2001, voltou-se, entre outras matérias, para o incremento das soluções conciliatórias do litígio, tanto judiciais como extrajudiciais, tornando obrigatória a respectiva tentativa em vários casos.[10]

É, pode-se afirmar, universal o movimento em prol de uma justiça que utilize cada vez mais métodos *consensuais*,[11] reduzindo, na medida do possível, o recurso aos tradicionais

---

7 Na ideia de processo justo insere-se, além do compromisso com a ordem jurídica substancial e com os valores e princípios constitucionais, um compromisso com valores éticos, como "correção", "equidade" e "justiça procedimental" (COMOGLIO, Luigi Paolo. Il "giusto processo" civile in Italia e in Europa. *Revista de Processo*, São Paulo: RT, v. 116, p. 154-158, jul.-ago. 2004).

8 COMOGLIO, Luigi Paolo; FERRI, Corrado; TARUFFO, Michele. *Lezioni sul processo civile*. 4. ed. Bologna: Il Mulino, 2006, v. II, p. 13-23.

9 PERROT, Roger. O processo civil francês na véspera do século XXI. Trad. de Barbosa Moreira. *Revista Forense*, v. 342, p. 161-168, abr.-maio-jun. 1998.

10 PRÜTTING, Hanns. Nuevas tendencias en el proceso civil alemán. *Gênesis – Revista de Direito Processual Civil*, n. 41, p. 201-208, jan./jun. 2007.

11 São *consensuais* os métodos não adversariais, ou seja, os que voluntariamente confiam a um terceiro imparcial a função de avaliar as questões compreendidas no conflito, para estimular as partes a encontrar, por elas mesmas, a solução pacificadora do conflito, de maneira que, ao final, não haja nem vencedor nem vencido (cf. BACELLAR, Roberto Portugal. *Políticas de mediação e conciliação:* o magistrado na cultura da

métodos *adversariais*,[12] cujos resultados, na maioria das vezes, se mostram insatisfatórios na perspectiva do moderno processo *justo*, almejados pelas garantias constitucionais.[13]

---

paz: quem sou eu? Qual o meu papel? *apud* REIS, Wanderlei José dos. O papel do CEJUSC como tribunal multiportas. *Revista Bonijuris*, ano 34, n. 678, out./nov. 2022, p. 111, nota 29).

12 Os métodos *adversariais* são aqueles em que, a partir de uma demanda, o juiz (ou o árbitro) proporciona o debate entre as partes, viabiliza a produção das provas e, afinal, produz a sentença que adjudica o ganho da causa a uma das partes: o resultado, portanto, define o ganhador e o perdedor da disputa travada em juízo (cf. BACELLAR, Roberto Portugal. *Políticas de mediação e conciliação:* o magistrado na cultura da paz: quem sou eu? Qual o meu papel? *apud* REIS, Wanderlei José dos. O papel do CEJUSC como tribunal multiportas. *Revista Bonijuris*, ano 34, n. 678, out./nov. 2022, p. 111, nota 29).

13 WATANABE, Kazuo. *Acesso à ordem jurídica justa*: conceito atualizado de acesso à justiça, processos coletivos e outros estudos. Belo Horizonte: Del Rey, 2019, *passim*.

§ 2º HISTÓRIA DO DIREITO PROCESSUAL CIVIL

8. Origens

Desde o momento em que, em antigas eras, se chegou à conclusão de que não deviam os particulares fazer justiça pelas próprias mãos e que os seus conflitos deveriam ser submetidos a julgamento de autoridade pública, fez-se presente a necessidade de regulamentar a atividade da administração da Justiça. E, desde então, surgiram as normas jurídicas processuais.

As primeiras normas se referiam apenas à aplicação das sanções penais e à composição dos litígios civis. Contudo, com o tempo, a par da solução dos conflitos de interesse (litígios), foi-se confiando aos órgãos judiciários outras funções conexas que correspondiam à tutela de interesses de pessoas desvalidas ou incapazes, como as interdições, as curatelas, as ausências etc., e a fiscalização de certos atos, como a extinção de usufruto e fideicomisso, a sucessão *causa mortis* etc.

Nos primeiros casos, passou-se a ver a chamada *jurisdição contenciosa* com a função pacificadora de compor os litígios; e, nos últimos, a *jurisdição voluntária* ou *graciosa*, de natureza administrativa e cuidando de interesses privados merecedores de um tratamento especial por parte do Estado.

9. Evolução: mundo clássico. Grécia

Foi, sem dúvida, a partir do mundo clássico greco-romano que o direito processual civil passou a ganhar foros científicos, desvinculando-se de preconceitos religiosos e superstições.[14]

Muito pouco, contudo, se sabe a respeito do processo grego. Pelo que se apura na *Retórica* de Aristóteles, em matéria de prova, predominavam princípios elevados, que faziam classificar os meios de convicção como lógicos e alheios a preconceitos religiosos e outros fanatismos.

O processo observava a oralidade, e o princípio dispositivo aparecia como regra dominante, tocando o ônus da prova às partes e só excepcionalmente se permitia a iniciativa do juiz em questões probatórias.

Conheciam-se as provas testemunhais e documentais. Faziam-se restrições ao testemunho de mulheres e crianças. Dava-se grande importância aos documentos, especialmente em matéria mercantil. O juramento era, inicialmente, muito valorizado, mas perdeu prestígio na época clássica.

O mais importante, contudo, era o respeito à livre apreciação da prova pelo julgador, que exercia uma crítica lógica e racional, sem se ater a valorações legais prévias em torno de determinadas espécies de prova.

Por isso, lembra Mittermaier, que o sistema de prova testemunhal grego superou, em muito, o que vigorou na Europa durante a Idade Média e até pelo menos no século XVI.[15]

---

[14] Na verdade, não foi apenas o direito processual moderno que teve suas origens na cultura grega do século de Péricles; foi em torno da democracia instituída na Grécia que todo o Direito, nos moldes de nosso tempo, se forjou: "Evidentemente, pode-se dizer que o direito nasceu com a organização da sociedade humana, tal como reconhece o brocardo *ubi societas, ibi jus*, isto é, onde há sociedade há direito. A necessidade de estabelecer regras de conduta surge no mesmo momento em que aparece o Estado. Contudo, os primitivos ordenamentos jurídicos eram manifestações de *poder tirânico* e comumente *(ir)racional*. Os gregos do século V a.C., entretanto, estabeleceram as bases para o direito como o conhecemos, assentadas sobre *grandes valores*, tais como o *respeito à dignidade humana*, o *direito de defesa*, a *apreciação da responsabilidade* e o *julgamento racional*" (g.n.). (NEVES, José Roberto de Castro. *A invenção do direito:* as lições de Ésquilo, Sófloques, Eurípedes e Aristófanes. Rio de Janeiro: Edições de Janeiro, 2015, p. 261).

[15] COSTA, Sergio. *Manuale di diritto processuale civile*. 4. ed. Torino: UTET, 1973, n. 15.

10. O processo civil romano

O processo romano, que foi muito influenciado pelo grego, mormente no tocante à livre apreciação das provas, em sua fase primitiva, tratava o juiz como um árbitro, que decidia com critério pessoal, em tudo o que a lei não previa solução específica.

Logo, no entanto, se admitiu que a tarefa do julgador era uma função derivada da soberania do Estado e o processo passou a ser tido como "um instrumento de certeza e de paz indispensável", tendo a sentença valor unicamente perante as partes da relação processual e devendo fundar-se apenas nas provas produzidas.[16]

A evolução do direito processual romano deu-se por meio de três fases[17] que foram sintetizadas por Sergio Bermudes, com rara felicidade, aproximadamente nos termos que se seguem:

a) Período primitivo:

O período mais antigo, que se costuma denominar *legis actiones,* e que vai da fundação de Roma até o ano de 149 a.C.

Nessa fase, as partes só podiam manipular as ações da lei, que eram em número de cinco. O procedimento era excessivamente solene e obedecia a um ritual em que se conjugavam palavras e gestos indispensáveis. Bastava, às vezes, o equívoco de uma palavra ou um gesto para que o litigante perdesse a demanda.[18]

Desenvolvia-se o procedimento oralmente, compreendendo duas fases: uma, perante o magistrado (o *praetor*), que concedia a ação da lei e fixava o objeto do litígio; e, outra, perante cidadãos, escolhidos como árbitros (que eram juristas, mas não pertenciam aos quadros dos detentores do poder público), aos quais cabiam a coleta das provas e a prolação da sentença: o árbitro escolhido para cada processo chamava-se *iudex*, e a ele se conferia o *iudicium*, ou seja, a função de julgar, mas não o *imperium*, de modo que não lhe cabia o poder de executar a condenação acaso imposta ao vencido. O *imperium*, somente o detinha o *praetor*, a quem competia, quando necessário, decretar medidas de força contra a parte sujeita à sua autoridade.

Nos primórdios do direito romano, os atos de execução forçada autorizados pelo pretor eram praticados pelo próprio credor, que aprisionava o devedor, transformando-o em escravo, e apropriava-se de seu patrimônio.[19] A execução era *pessoal.* Só a partir da *Lex Poetelia Papiria* foi que se aboliu a execução pessoal e se instituiu a execução *real*, ou seja, limitada aos bens patrimoniais do executado.

Ao tempo das *legis actiones* não havia advogados e as partes postulavam pessoalmente.

---

16 CARNELUTTI, Francesco. *Istituzioni del processo civile italiano.* 5. ed. Roma: Società Editrici del Foro Italiano, 1956, v. I, p. 3.

17 "Tais estágios não são exatamente sucessivos. As *legis actiones* coexistiram, por muito tempo, com o processo formular, até o final da República. Por sua vez, o processo *per formulas* convivem, a partir do Principado, com a *cognitio extra ordinem,* até esta se tornar o único procedimento oficial do Império. Não obstante, a divisão do processo romano em três períodos tem inegável importância didática" (TERCEIRO NETO, João Otávio. As origens da boa-fé processual: a *fides* no processo civil romano. *Revista de Processo,* São Paulo, v. 356, p. 24, out. 2024).

18 AMARAL SANTOS, Moacyr. *Primeiras linhas de direito processual civil.* 3. ed. São Paulo: Max Limonad, 1971, v. I, n. 33, p. 61.

19 "No período das *legis actiones*, decorrido trinta dias da prolação do julgado (*tempus iudicati*), sem que o devedor satisfizesse a condenação, podia o credor conduzir o devedor, mesmo à força, até o magistrado, que o autorizava lançar-lhe a mão (*manus inietio*) e encarcerá-lo" (AMARAL SANTOS, Moacyr. *Primeiras linhas de direito processual civil.* 22. ed. São Paulo: Saraiva, 2008, v. III, n. 877, p. 236). O credor mandava apregoar em três feiras, visando a obter resgate do prisioneiro, pelo valor da condenação, e se isso não acontecesse, poderia vendê-lo fora de Roma, ou até mesmo matá-lo (AMARAL SANTOS, Moacyr. *Primeiras linhas de direito processual civil.* 22. ed. São Paulo: Saraiva, 2008, v. III, n. 877, p. 236).

b) Período formulário:

O segundo período recebeu a denominação de formulário e durou de meados do século II a.C. até o final do século II d. C.

Com o avanço do Império Romano por grandes territórios, surgiram novas e complexas relações jurídicas, cujas soluções não mais se comportavam nos acanhados limites das *legis actiones.*

Aboliram-se, por isso, as ações da lei, ficando o magistrado autorizado a conceder *fórmulas* de ações que fossem aptas a compor toda e qualquer lide que se lhe apresentasse.

O procedimento, em linhas gerais, era o mesmo da fase das *legis actiones:* o magistrado examinava a pretensão do autor e ouvia o réu. Quando concedia a ação, entregava ao autor uma *fórmula* escrita, encaminhando-o ao árbitro para julgamento.[20] Já, então, havia intervenção de advogados, e os princípios do livre convencimento do juiz e do contraditório das partes eram observados.

A sentença, embora proferida por árbitros privados, tinha sua observância imposta pelo Estado às partes.

c) Fase da cognitio extraordinaria:

A terceira fase do processo romano é a da *cognitio extraordinaria*, que vigorou entre o ano 200 e o ano 565 de nossa era.

Nessa fase do Império Romano, a função jurisdicional passou a ser privativa de funcionários do Estado, desaparecendo os árbitros privados.[21]

O procedimento assumiu a forma escrita, compreendendo o pedido do autor, a defesa do réu, a instrução da causa, a prolação da sentença e sua execução.

Conhecia-se a citação por funcionário público e admitiam-se recursos. O Estado utilizava coação para executar suas sentenças.

Foi dessa fase que surgiram os germes do processo civil moderno.

---

[20] A fórmula compunha-se de quatro partes: demonstratio, *intentio*, *adiucatio* e *condemnatio* (GAIO, 4.39): (i) a *demonstratio* ilustrava a situação em torno da qual se agia, como, por exemplo: "...porque A. Agerio vendeu um escravo a N. Negidio" (GAIO 4.40); (ii) a *intentio* indicava a pretensão do autor, como, por exemplo: "... resulta que N. Negidio deva dar a A. Agerio dez mil sertertium" (GAIO, 4.41); (iii) a *adiucatio* era a parte da fórmula com que se dava poder ao *iudex* de adjudicar a coisa a um dos litigantes, como, por exemplo, se passava nos juízos divisórios, e que se traduzia num comando do *praetor*: "Iudex, adjudica a Tízio quanto é necessário que lhe seja adjudicado" (GAIO, 4.42); (iv) a *condemnatio* era, enfim, a parte da fórmula em que se conferia ao *iudex* o poder de condenar ou absolver o demandado, como, por exemplo: "*Iudex*, condene N. Negidio por dez mil *sertertium* em favor de A. Agerio, ou se for o caso, absolva-o" (GAIO, 4.43). Nem sempre a fórmula compreendia todas essas partes, pois, nas ações prejudiciais, em que se controvertia sobre se alguém era ou não *libertus*, bastava a *intentio*. Mas a *demonstratio*, a *adiucatio* e a *condemnatio* nunca poderiam se apresentar isoladamente e sem a conjugação com a *intentio* (GAIO, 4.44) (MELILLO, G.; GIUFRÈ, V; PALMA, A. *Il processo civile romano*, ristampa 1998. Napoli: Liguori Editore, n. 5.9, p. 73-75).

[21] A grande transformação ocorrida na passagem do processo civil romano, da *ordo iudiciorum privatorum* para a *cognitio extra ordinem*, deu-se como abandono do sistema clássico dominado pela estrutura arbitral (e, pois, apoiada na autonomia da vontade, para a definição da *litiscontestatio* e sujeição do julgamento do litígio a um decisor particular) e com, a implantação de um processo publicizado por inteiro, ou seja, um processo em que "o exercício da jurisdição está integralmente confiado a agentes *públicos* (*v.g.*, magistrados, prefeitos, governadores, funcionários)" (COSTA E SILVA, Paula. *Perturbações no cumprimento dos negócios processuais*. Salvador: Ed. JusPodivm, 2020, p. 28, nota 34). O sistema processual pós-clássico, portanto, resulta numa "descaracterização da *litiscontestatio* como contrato ou procedimento colaborativo entre as partes, por causa das qualidades do novo decisor, um funcionário" (COSTA E SILVA, Paula. *Perturbações no cumprimento dos negócios processuais*. Salvador: Ed. JusPodivm, 2020, p. 28, nota 32).

11. Processo comum

Após a queda do Império Romano, houve, além da dominação militar e política dos povos germânicos, a imposição de seus costumes e de seu direito.

Aconteceu, porém, que os germânicos, também chamados *bárbaros,* possuíam noções jurídicas muito rudimentares e, com isso, o direito processual europeu sofreu enorme retrocesso na marcha ascensional encetada pela cultura romana.

A princípio, nem mesmo uniformidade de critérios existia, pois, entre os dominadores, cada grupo étnico se regia por um rudimento próprio e primitivo de justiça, segundo seus costumes bárbaros.

Numa segunda etapa, houve enorme exacerbação do fanatismo religioso, levando os juízes a adotar absurdas práticas na administração da Justiça, como os "juízos de Deus", os "duelos judiciais" e as "ordálias". Acreditava-se, então, que a divindade participava dos julgamentos e revelava sua vontade por meio de métodos cabalísticos.

O processo era extremamente rígido (formal), e os meios de prova eram restritos às hipóteses legais, nenhuma liberdade cabendo ao juiz, que tão somente verificava a existência da prova. O valor de cada prova e a sua consequência para o pleito já vinham expressamente determinados pelo direito positivo. A prova, portanto, deixara de ser o meio de convencer o juiz da realidade dos fatos para transformar-se num meio rígido de *fixação da própria sentença.* O juiz apenas *reconhecia* sua existência.

O processo bárbaro era *acusatório* e tinha início por acusação do autor, que se considerava ofendido. O ônus da prova cabia ao acusado.

Na realidade, não se buscava a verdade *real* ou *material*, mas contentava-se com a mera verdade *formal*, isto é, a que se manifestava por meios *artificiais* e, geralmente, *absurdos*, baseados na crença da intervenção divina nos julgamentos.

Os procedimentos eram, no dizer de Jeremias Bentham, autênticos jogos de azar ou cenas de bruxaria, e, em vez de julgamentos lógicos, eram confiados a exorcistas e verdugos.[22]

Esse sistema processual perdurou por vários séculos, até fase bem adiantada da Idade Média.

No entanto, paralelamente ao processo civil bárbaro (que não se distinguia do penal), a Igreja Católica preservava as instituições do direito romano, adaptando-as ao direito canônico.

Com as Universidades (século XI), o gosto pelo estudo do direito romano reapareceu e com ele surgiram os glosadores que cotejavam as instituições bárbaras com as clássicas.

Da fusão de normas e institutos do direito romano, do direito germânico e do direito canônico apareceu o *direito comum*, e com ele o *processo comum*, que vigorou desde o século XI até o século XVI, encontrando-se vestígios seus até hoje nas legislações processuais do Ocidente.

O processo comum era escrito, lento e excessivamente complicado.

Expandiu-se, não obstante, por toda a Europa e dele se extraíram os caracteres gerais que, aperfeiçoados, vieram a inspirar o processo *moderno*.

A prova e a sentença voltaram a inspirar-se no sistema romano, mas admitia-se a eficácia *erga omnes* da coisa julgada, por influência do direito germânico. De inspiração canônica foi a adoção do processo sumário, com que se procurava eliminar alguns formalismos.[23]

---

22 LOPES DA COSTA, Alfredo Araújo. *Manual elementar de direito processual civil.* Rio de Janeiro: Forense, 1956, n. 56, p. 57.

23 CARNELUTTI, Francesco. *Istituzioni del processo civile italiano.* 5. ed. Roma: Società Editrici del Foro Italiano, 1956, v. I, n. 100, p. 97.

Embora fossem abolidas as "ordálias" e os "juízos de Deus", as torturas foram preservadas como meios de obtenção da verdade no processo até o século XIX. E prevaleceu, também, o império da tarifa legal da prova, inclusive em processo criminal, até fins do século XVIII, quando se fizeram ouvir os protestos de Beccaria, Montesquieu, Voltaire etc.

A partir da Revolução Francesa, retomou-se o conceito de livre convencimento do juiz e procurou-se eliminar os resquícios da tarifa legal de provas, primeiro no processo penal e, mais tarde, no processo civil.

12. O processo civil moderno (fase científica)

Apenas no século XX é que se conseguiu desvencilhar o processo civil das provas tarifadas, ou seja, do sistema de provas pré-valorizadas pelo direito positivo.

Considera-se iniciada a fase moderna ou científica do direito processual civil a partir do momento em que se outorgaram poderes ao juiz para apreciar a prova de acordo com as regras da crítica sadia e para produzir *ex officio* as provas que se impuserem para o objetivo de alcançar a justiça em sua decisão, deixando, assim, de ser o magistrado simples espectador da vitória do litigante mais hábil.[24]

Com isso, operou-se uma reaproximação do processo civil e do processo penal, retornando-se no primeiro ao princípio da oralidade, e reconhecendo-se, ainda, outros princípios importantes, como o caráter público, de interesse geral, que existe na jurisdição civil, suplantando os próprios interesses privados das partes em litígio.

O processo civil passou, então, a ser visto como instrumento de pacificação social e de realização da vontade da lei e apenas secundariamente como remédio tutelar dos interesses particulares.

Daí a concentração de maiores poderes nas mãos do juiz, para produção e valoração das provas e para imprimir maior celeridade e dinamismo aos atos processuais.

Essa concepção prevalece hoje na quase unanimidade dos Códigos europeus e da América Latina, inclusive nos últimos dois Códigos de Processo Civil brasileiros (de 1973 e de 2015).

13. Esquema histórico-evolutivo do processo civil do século XIX ao século XXI

Esquematicamente, a evolução do sistema de direito processual, ocorrida entre os séculos XIX e XXI, pode ser assim resumida:

a) *Século XIX:* O estado mínimo imaginado pelo ideal do liberalismo refletia sobre o processo, reduzindo a participação do juiz no seu comando desde a formação e desenvolvimento da relação processual até a formulação do provimento jurisdicional. Dominado pela supremacia da liberdade das partes, o andamento da marcha processual e a instrução probatória ficavam sob a dependência da vontade dos sujeitos do litígio. O processo era "coisa das partes" e ao juiz cabia apenas assistir ao duelo travado entre elas. O predomínio do privatismo era notório: o destino do processo era determinado basicamente pelas partes e não pelo juiz.

b) *Século XX:* O Estado Social publicizou o processo civil, de modo a conferir ao juiz o comando efetivo do processo, em nome do interesse público na pacificação dos conflitos jurídicos. Ao juiz se atribuiu o poder de, *ex officio*, dirigir o andamento do processo e assumir a iniciativa da prova. Registrou-se, ao lado do incremento dos poderes do juiz, a exacerbação da autonomia do direito processual diante do direito substancial, a ponto de quase olvidar-se o caráter instrumental do processo,

---

24 ECHANDIA, Hernando Devis. *Compendio de derecho procesal*. Bogotá: ABC, 1974, v. I, n. 7, p. 7.

tornando a técnica procedimental um fim em si mesma. Esse estágio, portanto, caracterizou-se pela hipertrofia da ciência processual, afastando, quase sempre, o seu estudo dos problemas vividos pelo direito material.

c) *Século XXI:* O neoconstitucionalismo do Estado Democrático de Direito manteve a natureza publicística do processo. O seu caráter instrumental, porém, passou a ser visto dentro de outro prisma: em vez de isolar-se o direito processual, o mais importante passou a ser a sua intervinculação com o direito material, já que teria sempre de lembrar que a função básica do processo não era outra senão a de dar efetividade à tutela dos direitos subjetivos substanciais lesados ou ameaçados (CF, art. 5º, XXXV). Acima de tudo, impôs-se a constitucionalização do processo, mediante inserção dos seus princípios básicos no rol dos direitos e garantias individuais. Procedeu-se, com isso, à evolução da garantia do *devido processo legal* para o *processo justo*. Realizou-se, enfim, a democratização do processo: o juiz continua titular do poder de definir a solução do litígio, mas não poderá fazê-lo isolada e autoritariamente. As partes, numa nova concepção do contraditório, terão o direito de influir efetivamente no *iter* de formação do provimento judicial. O contraditório deixa de ser um diálogo entre as partes para sujeitar também o juiz. Trata-se da inserção do processo judicial no plano da democracia participativa, em que os atos de poder não ficam restritos à deliberação dos representantes da soberania popular, mas podem se legitimar, também, pela participação direta dos cidadãos em sua conformação. O processo, no atual Estado Democrático de Direito, realiza seu mister pacificador pelo regime *cooperativo*, em que as partes, tanto como o juiz, participam efetivamente da formação do ato de autoridade destinado a compor o conflito jurídico levado à apreciação do Poder Judiciário.

14. Direito processual civil brasileiro

A independência brasileira encontrou-nos sob o regime jurídico das Ordenações do Reino.

Por decreto imperial foram mantidas em vigor as normas processuais das Ordenações Filipinas e das leis portuguesas extravagantes posteriores, em tudo que não contrariasse a soberania brasileira.

Essa legislação, que provinha de Felipe I e datava de 1603, encontrava suas fontes históricas no direito romano e no direito canônico.

O processo era escrito e desenvolvia-se por fases, paralisando ao fim de cada uma delas, e se desenrolava por exclusiva iniciativa das partes.

Suas principais características consistiam na observância dos seguintes princípios,[25] consagrados pelo Livro III das Ordenações Filipinas:

a) forma escrita, de sorte que só o que estava escrito nos autos era considerado pelo juiz;

b) havia atos em segredo de Justiça: as partes não participavam da inquirição de testemunhas e tinham que usar embargos de contradita para provar motivos de suspeita;

c) observava-se o princípio dispositivo em toda plenitude: autor e réu eram donos do processo, cuja movimentação era privilégio dos litigantes.

---

[25] LOPES DA COSTA, Alfredo Araújo. *Manual elementar de direito processual civil*. Rio de Janeiro: Forense, 1956, n. 48, p. 52; CINTRA, Araújo; GRINOVER, Ada Pellegrini; DINAMARCO, Cândido R. *Teoria geral do processo*. São Paulo: RT, 1974, n. 39, p. 71.

Além disso, o processo dividia-se em várias fases e compreendia diversas audiências:

a) após o pedido e a citação, realizava-se a primeira audiência, que era de acusação da citação e oferecimento do libelo do autor. Iniciava-se, então, o prazo de contestação;

b) se ocorresse a revelia, outra audiência era realizada para sua acusação;

c) a prova ficava exclusivamente a cargo da parte, e o juiz só tomava conhecimento de fato provado nos autos se alegado pelas partes;

d) os recursos contra decisões interlocutórias tinham efeito suspensivo;

e) ao fim de cada fase, o processo paralisava, à espera de impulso da parte. "O juiz, numa expressiva imagem, funcionava como um relógio, a que a parte, de quando em quando, desse corda para alguns minutos."[26]

15. Regulamento 737

Em 1850, logo após a elaboração do Código Comercial, o Brasil editou o Regulamento 737, o primeiro Código Processual nacional, que se destinava, porém, apenas a regular o processamento das causas comerciais.

Posteriormente, já na era republicana, e depois que Ribas havia consolidado em 1876 a legislação formal civil, o Regulamento 737 foi estendido também aos feitos civis, por força do Decreto 763, de 1890.

Embora as opiniões da época divergissem sobre o valor jurídico do Regulamento 737, forçoso reconhecer que, "examinado serenamente, em sua própria perspectiva histórica", o Regulamento foi marco admirável de evolução na técnica processual, "especialmente no que toca à economia e simplicidade do procedimento".[27]

Suas principais melhorias podem ser assim resumidas:

a) tornou pública a inquirição;

b) suprimiu as exceções incidentes, limitando-as à incompetência, à suspeição, à ilegitimidade de parte, à litispendência e à coisa julgada;

c) permitiu ao juiz, em matéria de prova, conhecer do fato demonstrado, sem embargo da ausência de referência das partes.

Conservou, no entanto, a acusação da citação e a assinação em audiência do prazo de prova.

16. Códigos estaduais

A Constituição Republicana de 1891 estabeleceu a dicotomia entre a Justiça Federal e a Estadual, bem como entre o poder de legislar sobre processos. Elaboraram-se, então, o direito processual da União (Consolidação preparada por Higino Duarte Pereira, aprovada pelo Decreto 3.084, de 1898) e os vários códigos estaduais de Processo Civil, quase todos simples adaptações do figurino federal, por falta de preparo científico dos legisladores para

---

26 LOPES DA COSTA, Alfredo Araújo. *Manual elementar de direito processual civil.* Rio de Janeiro: Forense, 1956, n. 48, p. 52.

27 CINTRA, Araújo; GRINOVER, Ada; DINAMARCO, Cândido. *Teoria geral do processo.* São Paulo: RT, 1974, n. 40, p. 73.

renovar e atualizar o direito processual pátrio.[28] Apenas no Código da Bahia e no de São Paulo se notou a presença de inovações inspiradas no moderno direito processual europeu.[29]

17. Códigos unitários

Diante do fracasso do sistema de esfacelamento do direito processual em códigos estaduais, a Constituição de 1934 instituiu o processo unitário, atribuindo à União a competência para legislar a respeito (art. 5º, XIX, *a*).

Depois da implantação do regime forte de 1937, o Governo encarregou uma comissão de elaborar o Código Nacional de Processo Civil, que, entretanto, não conseguiu ultimar seu trabalho, em razão de divergências insuperáveis entre seus membros.

Pedro Batista Martins, um dos membros da referida comissão, elaborou, individualmente, o projeto, que, aprovado pelo Ministro Francisco Campos, foi transformado em lei pelo Governo (Decreto-Lei 1.608, de 1939) e que entrou em vigor a partir de 1º de fevereiro de 1940.

Coexistiam no Código "uma parte geral moderna, fortemente inspirada nas legislações alemã, austríaca, portuguesa e nos trabalhos de revisão legislativa da Itália, e uma parte especial anacrônica, ora demasiadamente fiel ao velho processo lusitano, ora totalmente assistemática".[30]

Dizia-se, com razão, que dois espíritos coabitavam o Código, formando uma parte geral impregnada de ideias novas, enquanto as que tratavam dos procedimentos especiais, dos recursos e da execução se ressentiam "de um execrável ranço medieval".[31]

Depois de uma década de estudos e debates, ocorreu, em 1973, a reforma do Código de 1939, baseada em anteprojeto redigido pelo Ministro Alfredo Buzaid e revisto por uma comissão formada pelos juristas José Frederico Marques, Luiz Machado Guimarães e Luís Antônio de Andrade.

18. O Código de 1973

O Código de Processo Civil brasileiro de 1973 (Lei 5.869, de 11.01.1973, com alterações das Leis nºs 5.925, de 01.10.1973; 6.314, de 16.12.1975; 6.246, de 07.10.1975; 6.355, de 08.09.1976, e demais leis modificativas ulteriores) compõe-se de cinco livros, assim intitulados:

I – Do processo de conhecimento.

II – Do processo de execução.

III – Do processo cautelar.

IV – Dos procedimentos especiais.

V – Das disposições gerais e transitórias.

Por meio desse estatuto processual, não se procedeu a uma simples reforma de nossa legislação formal; operou-se uma grande atualização, criando-se, realmente, um código novo, e assinalou-se uma nova etapa na evolução do direito processual entre nós.

---

28 BERMUDES, Sergio. *Comentários ao Cód. Proc. Civ.* São Paulo: RT, 1975, vol. VII, n. 7, p. 35.

29 CINTRA, Araújo; GRINOVER, Ada; DINAMARCO, Cândido. *Teoria geral do processo.* São Paulo: RT, 1974, n. 41, p. 74.

30 BERMUDES, Sergio. *Comentários ao Cód. Proc. Civ.* São Paulo: RT, 1975, vol. VII, n. 7, p. 35-36.

31 BERMUDES, Sergio. *Comentários ao Cód. Proc. Civ.* São Paulo: RT, 1975, vol. VII, n. 7, p. 36.

Inspirado nos padrões mais atualizados do direito europeu, o Código Buzaid consagrou a tríplice divisão do processo civil, recomendada pela melhor doutrina, em "processo de conhecimento", "processo de execução" e "processo cautelar", correspondentes às três modalidades distintas com que o Estado presta a tutela jurisdicional.

No primeiro livro, que serviu de parte geral para todo o Código, tratou-se da matéria pertinente ao Órgão Judicial, às partes e procuradores, disciplinaram-se a competência e os atos processuais, regulando-se o procedimento comum (ordinário e sumário), os meios de prova, a sentença, a coisa julgada, os recursos e a tramitação dos processos nos tribunais.

No Livro II, o Código deu forma sistemática à execução, eliminando a distinção entre ação executiva e ação executória, passando a existir somente a *execução forçada*, seja o título judicial (sentença) ou extrajudicial (documentos públicos e particulares com força executiva). Aboliu-se, também, o inadequado e ineficiente instituto do concurso de credores, que era simples incidente da execução singular, substituindo-o pela insolvência civil, sob a forma de uma autêntica falência do devedor civil, com o que se eliminou um injustificado tratamento discriminatório que se fazia entre o comerciante e o devedor civil, em matéria de insolvência.

No Livro III, com grande avanço, mesmo diante dos códigos europeus, o Estatuto de 1973 deu regulamentação autônoma e completa ao processo cautelar, em bases realmente científicas.

No Livro IV, procurou o Código não só reduzir o número de procedimentos especiais, como separar os procedimentos de jurisdição contenciosa dos de jurisdição voluntária, adotando para os últimos um procedimento geral ou comum, de grande utilidade prática. Conferiu ao juiz, outrossim, poderes para apreciar e decidir os pedidos não contenciosos, sem se ater à observância do critério de legalidade estrita, "podendo adotar em cada caso a solução que reputar mais conveniente ou oportuna" (art. 1.109).

O último Livro continha, em 10 artigos, as disposições finais e transitórias, o que demonstrou, da parte do legislador, certa avareza no trato de questão transcendental, como é a do direito intertemporal. O conflito de leis no tempo, na passagem de um Código a outro, ficou, assim, confiado quase por inteiro à doutrina e à jurisprudência.

19. As reformas do Código de 1973 e a evolução do direito processual civil

O direito processual civil tradicional se apresentava com marcante caráter individual. O direito de ação, suas condições e pressupostos revelavam-se, dentro da estrutura original do Código de Processo Civil, como institutos criados e disciplinados para atender apenas a pessoa do autor e a pessoa do réu. Tudo se desenvolvia à luz da individualidade de um sujeito ativo e um sujeito passivo.

Com a socialização do direito constitucional, principalmente após as duas grandes guerras, sentiu-se na seara do processo a imperiosa necessidade de adaptar-se às novas concepções que valorizavam o social e revelavam a existência de direitos coletivos e difusos até então nem sequer pensados pelo direito processual.

Atento à orientação de Cappelletti, que reclamava uma revisão dos rumos do direito processual, o legislador brasileiro dos últimos anos cuidou de renovar o ordenamento jurídico formal, não só ampliando a assistência judiciária, como criando novos remédios de nítido feitio social e coletivo, como a ação civil pública, o mandado de segurança coletivo e os juizados especiais de pequenas causas.

Por outro lado, o texto do Código de Processo Civil de 1973 sofreu, nos últimos anos de sua vigência, várias reformas, todas com um só e principal objetivo: acelerar a prestação jurisdicional, tornando-a mais econômica, mais desburocratizada, mais flexível e mais efetiva no alcance de resultados práticos para os jurisdicionados.

Podem citar-se, nesse estágio legislativo, como medidas inovadoras de grande repercussão: a tutela antecipatória, a nova roupagem do agravo de instrumento,[32] o reforço da executividade das obrigações de fazer e não fazer, a outorga de autoexequibilidade a todas as sentenças condenatórias (inclusive as relativas à obrigação de quantia certa), a ampliação dos títulos executivos, a racionalização do procedimento sumário, a criação da ação monitória etc.

Desse conjunto de novos institutos implantados no bojo da codificação processual de 1973 surgiu uma nova estrutura para o processo civil, na qual se anulava, em grande parte, a antiga e rígida dicotomia da prestação jurisdicional em processo de conhecimento e processo de execução. Graças a remédios como a antecipação de tutela e a ação monitória, a atividade executiva não era mais privilégio da execução forçada e o processo de conhecimento não ficava mais restrito apenas à tarefa de acertamento da situação litigiosa. Sem depender da *actio iudicati*, o juiz ficou autorizado a tomar, de imediato, medidas satisfativas do direito subjetivo material do litigante, em casos de urgência, ainda no curso do processo de conhecimento. A jurisdição, em princípio, poderia ser desempenhada com toda amplitude sem depender da coisa julgada e da execução de sentença, em seus moldes tradicionais. Simplesmente desapareceu a execução de sentença como ação separada da ação de acertamento do direito do credor. Em lugar da antiga *actio iudicati*, implantou-se o mecanismo do cumprimento da sentença como simples continuidade do processo em que a condenação foi sentenciada. A execução se inseriu nos atos do ofício do juiz sentenciante. Sem solução de continuidade, as medidas de cumprimento forçado da sentença passaram a ser praticadas numa única relação processual. Em nome da efetividade do processo, o juiz moderno se investiu nos poderes do pretor romano, quando decretava os interditos, antes do julgamento definitivo da causa. Nosso processo civil, assim, assumiu, em caráter geral, o feitio interdital, reclamando de seus operadores uma profunda revisão e readequação das posturas interpretativas clássicas.

20. A constante busca da efetividade da tutela jurisdicional

As reformas por que passou o direito processual civil, entre nós, refletiram uma tomada de posição universal cujo propósito é abandonar a preocupação exclusiva com conceitos e formas "para dedicar-se à busca de mecanismos destinados a conferir à tutela jurisdicional o grau de efetividade que dela se espera".[33] Hoje, o que empolga o processualista comprometido com o seu tempo é o chamado "processo de resultados". Tem-se a plena consciência de que o processo, como instrumento estatal de solução de conflitos jurídicos, "deve proporcionar, a quem se encontra em situação de vantagem no plano jurídico-substancial, a possibilidade de usufruir concretamente dos efeitos dessa proteção".[34]

Em vez de fixar-se na excessiva independência outrora proclamada para o direito processual, a ciência atual empenha-se na aproximação do processo ao direito material. A técnica processual não pode continuar sendo vista como um fim em si ou um valor em si mesma. Sem embargo de sua autonomia em face dos diversos ramos do direito, a função reservada ao direito processual não vai além da instrumentalização das regras substanciais existentes no ordenamento jurídico, quando estas se deparam com a crise de sua inobservância *in concreto*.

---

32 Outra inovação relevante foi a substituição do agravo de instrumento pelo agravo nos próprios autos nos casos de inadmissão do recurso extraordinário ou especial no tribunal de origem, operada pela redação do art. 544 do CPC/1973, dada pela Lei 12.322/2010.

33 BEDAQUE, José Roberto dos S. *Efetividade do processo e técnica processual:* tentativa de compatibilização. Tese para concurso de Professor Titular, USP, São Paulo, 2005, p. 13.

34 BEDAQUE, José Roberto dos S. *Efetividade do processo e técnica processual:* tentativa de compatibilização. Tese para concurso de Professor Titular, USP, São Paulo, 2005, p. 13.

Estudar processo, sem comprometê-lo com sua finalidade institucional, representa obra especulativa, divorciada dos grandes valores e interesses que à ordem jurídica compete preservar e realizar. O resultado esperado da técnica processual há de se operar no campo das relações jurídicas substanciais. É na produção desses resultados, em nível satisfatório, que se poderá definir a maior ou menor efetividade do processo.

Instrumentalismo e efetividade são ideias que se completam na formação do ideário do processualismo moderno. Para ser efetivo no alcance das metas de direito substancial, o processo tem de assumir plenamente sua função de instrumento. Há de se encontrar na sua compreensão e no seu uso a técnica que se revele mais adequada para que o instrumento produza sempre o resultado almejado: "a solução das crises verificadas no plano do direito material é a função do processo",[35] de sorte que, quanto mais adequado for para proporcionar tutela aos direitos subjetivos de natureza substancial, mais efetivo será o desempenho da prestação estatal operada por meio da técnica processual.

A técnica processual, por sua vez, reclama a observância das formas (procedimentos), mas estas se justificam apenas enquanto garantias do adequado debate em contraditório e com ampla defesa. Não podem descambar para o formalismo doentio e abusivo, empregado não para cumprir a função pacificadora do processo, mas para embaraçá-la e protelá-la injustificadamente. Efetivo, portanto, é o processo justo, ou seja, aquele que, com a celeridade possível, mas com respeito à segurança jurídica (contraditório e ampla defesa), "proporciona às partes o resultado desejado pelo direito material".[36] É antiga, mas nunca se cansa de repeti-la, a clássica lição de Chiovenda, segundo a qual o processo tem de dar ao litigante, tanto quanto possível, tudo o que tem direito de obter segundo as regras substanciais.[37]

No momento histórico em que se busca por constantes reformas do procedimento, todas preocupadas com o *processo justo*, a efetiva tutela do direito material reclama do intérprete e aplicador do direito processual civil renovado um cuidado mais acentuado com o caráter realmente instrumental do processo, para evitar os inconvenientes do recrudescimento da tecnocracia forense, a qual, uma vez exacerbada, frustraria por completo as metas reformistas do direito positivo.

Muito séria é a advertência, entre outros, de Flávio Luiz Yarshell, para quem, "é hora de revigorar a ideia de fungibilidade, quer em matéria recursal, quer em relação aos diferentes

---

35 BEDAQUE, José Roberto dos S. *Efetividade do processo e técnica processual:* tentativa de compatibilização. Tese para concurso de Professor Titular, USP, São Paulo, 2005, p. 16.

36 BEDAQUE, José Roberto dos S. *Efetividade do processo e técnica processual:* tentativa de compatibilização. Tese para concurso de Professor Titular, USP, São Paulo, 2005, p. 45. Segundo Barbosa Moreira, o processo deve assegurar à parte vitoriosa o gozo da específica utilidade a que faz jus segundo o ordenamento, com o mínimo de dispêndio de energia (Efetividade do processo e técnica processual. *Temas de direito processual*, Sexta Série, 1997, p. 18). O aspecto positivo da instrumentalidade "é caracterizado pela preocupação em extrair do processo, como instrumento, o máximo de proveito quanto à obtenção dos resultados propostos (os escopos do sistema)" (DINAMARCO, Cândido Rangel. *A instrumentalidade do processo*. 5. ed. São Paulo: Malheiros, 1996, p. 319). No seu aspecto negativo, o princípio da instrumentalidade alerta para o fato de que o processo "não é um fim em si mesmo e não deve, na prática cotidiana, ser guindado à condição de fonte geradora de direitos. Os sucessos do processo não devem ser tais que superem ou contrariem os desígnios do direito material, do qual ele é também um instrumento" (CINTRA, Antonio Carlos de A.; GRINOVER, Ada Pellegrini; DINAMARCO, Cândido. *Teoria geral do processo*. 22. ed. São Paulo: Malheiros, 2006, n. 12, p. 47-48).

37 "O processo deve dar, quanto for possível, praticamente, a quem tenha um direito, tudo aquilo e exatamente aquilo que ele tenha direito de conseguir" (CHIOVENDA, Giuseppe. *Instituições de direito processual civil*. 3. ed. São Paulo: Saraiva, 1969, v. I, n. 12, p. 46). Para Proto Pisani, a instrumentalidade do processo preconiza sua justificação indicativa da resposta que, caso a caso, o legislador deveria dar para assegurar uma tutela jurisdicional efetiva às específicas necessidades de tutela (*Lezioni di diritto processuale civile*. 3. ed. Napoli: Jovene Editore, 1991, p. 34).

remédios ou meios de impugnação. A hora é de ter clara a ideia de que o processo não é, e não pode ser, um caminho repleto de armadilhas e de surpresas. A hora é de ponderação e de prestigiar a boa-fé e a segurança da relação, que, via processo, se estabelece entre o cidadão e o Estado".[38]

Exemplo que merece ser acatado encontra-se na jurisprudência do STJ, que tem repugnado a rejeição de apreciação do mérito, sempre que baseada em exacerbação do formalismo processual. Na ótica daquela Corte, "a razoabilidade exige que o Direito Processual não seja fonte de surpresas, sobretudo quando há amplo dissenso doutrinário sobre os efeitos da lei nova. O processo deve viabilizar, tanto quanto possível, a resolução de mérito",[39] e não se perder em questiúnculas que o desviem de sua missão institucional, frustrando as esperanças daqueles que clamam pelo acesso à justiça assegurado pela Constituição.

21. O Código de Processo Civil de 2015

A sequência do movimento reformador culminou em 2010 com a submissão ao Congresso Nacional do Projeto de um novo Código de Processo Civil (Projeto Legislativo 166/2010, de iniciativa da Presidência do Senado Federal). Sua tramitação, após votação de Substitutivo da Câmara dos Deputados (Projeto Legislativo 8.046/2010), concluiu-se em 17.12.2014, quando se aprovou no Senado o texto que veio a constituir na Lei 13.105, de 16.03.2015.

Muito se discutia sobre a conveniência, ou não, de dotar o País de uma nova codificação, tendo em vista o reconhecimento, pela maioria, da boa qualidade técnica do Código de 1973. No entanto, a frequência com que este vinha sendo submetido a constantes emendas acabou por gerar, nos últimos tempos, um clima social de desconfiança, com sérias repercussões sobre o sentimento de segurança jurídica em torno da prestação jurisdicional civil entre nós. Era, de fato, aconselhável que fosse aplacado o verdadeiro furor renovativo com que se comandava a onda de reformas parciais da última lei processual civil. Nessa quadra, venceu a ideia de que a adoção de um novo Código, além de incorporar ao direito positivo institutos instrumentais modernos, realizaria a relevante tarefa de pôr cobro ao ambiente desagregador implantado pela onda cada vez mais intensa e desordenada de emendas pontuais.

A Comissão de Juristas, nomeada pela Presidência do Senado, orientou-se, na elaboração do Anteprojeto, pelos princípios universalmente preconizados para as leis processuais, que aspirem a dotar o Estado Democrático de Direito de um *processo justo,* e que se apresentam, na ordem constitucional, como a garantia a todos de acesso a uma tutela jurisdicional *efetiva.* Como tal, entende-se aquela que, a par de viabilizar a composição dos conflitos com total adequação aos preceitos do direito material,[40] o faça dentro de um *prazo razoável* e sob método presidido

---

[38] YARSHELL, Flávio Luiz. Alterações na legislação processual e segurança jurídica. *Carta forense,* n. 50, p. 6, jul./2007. É de Ives Gandra da Silva Martins a advertência, também no mesmo rumo, de que a pouca atenção do julgador aos reais propósitos da nova roupagem do direito processual pode redundar num certo desalento, diante da "possibilidade de resultarem inúteis as medidas de aprimoramento da legislação processual, se o Poder Judiciário não estiver comprometido em aplicá-las com razoabilidade" (Razoabilidade das decisões judiciais. *Carta forense*, n. 50, p. 3, jul./2007).

[39] STJ, 3ª Turma, REsp 1.185.390/SP, Rel. Min. Nancy Andrighi, ac. 27.08.2013, *DJe* 05.09.2013.

[40] A Exposição dos Motivos do Anteprojeto ressalta a lição de Barbosa Moreira, segundo a qual, "querer que o processo seja efetivo é querer que desempenhe com eficiência o papel que lhe compete na economia do ordenamento jurídico. Visto que esse papel é instrumental em relação ao direito substantivo, também se costuma falar da instrumentalidade do processo. Uma noção conecta-se com a outra e por assim dizer a implica. Qualquer instrumento será bom na medida em que sirva de modo prestimoso à consecução dos fins da obra a que se ordena; em outras palavras, na medida em que seja efetivo. Vale dizer: será efetivo o processo que constitua instrumento eficiente da realização do direito material" (Por um processo socialmente efetivo. *Revista de Processo*, São Paulo, v. 27, n. 105, p. 181, jan./mar. 2002).

pelas exigências da *economia processual,* sempre assegurando aos litigantes o *contraditório* e a *ampla defesa* (CF, art. 5º, LXXVIII).[41]

A propósito do ideário do *processo justo*, prevalece na consciência da civilização de nosso tempo a concepção de que um Código moderno, republicano e democrático, há de observar um "modelo social de processo", que esteja atento às exigências da instrumentalidade, da efetividade e da presteza na promoção da tutela aos direitos subjetivos em crise. Em tal modelo, como é inegável, não podem merecer guarida as espertezas do litigante no manejo das puras técnicas procedimentais e argumentativas como a causa do resultado da disputa travada em juízo. Para o processo justo (aquele exigido pelo Estado Democrático de Direito), o mais importante é que o processo seja construído e manejado "para possibilitar a descoberta da verdade dos fatos", de maneira que só ganhe a causa a "parte que tiver a verdade do seu lado", esta e não a outra é a "parte que tem razão" e que, por isso, terá sua situação jurídica protegida pelo provimento judicial.[42] A par disso, o caráter democrático desse moderno processo jurisdicional reside numa concepção inovadora do contraditório que não mais se limita a uma simples bilateralidade de audiência, mas que confere aos litigantes o direito de participar efetivamente na formação do provimento judicial que haverá de compor o conflito estabelecido entre eles. O processo deixa de ser "coisa apenas do juiz" ou "coisa apenas das partes", para se tornar obra conjunta de todos os sujeitos processuais, fruto de uma empresa compartilhada entre todos eles. Foram esses os critérios a que recorreram os encarregados da redação da peça que se converteu no Projeto Legislativo 166/2010 do Senado (atual Lei 13.105/2015).

No afã de melhor sistematizar o processo, facilitando a compreensão e a aplicação das normas em grande parte inovadoras, a Nova Codificação adotou uma Parte Geral e procedeu a uma divisão de matérias diferente da que prevalecia no Código de 1973. Desdobrou-se, pois, da seguinte maneira:

PARTE GERAL, composta dos seguintes Livros:
LIVRO I – Das normas processuais civis;
LIVRO II – Da função jurisdicional;
LIVRO III – Dos sujeitos do processo;
LIVRO IV – Dos atos processuais;
LIVRO V – Da tutela provisória;
LIVRO VI – Da formação, da suspensão e da extinção do processo.

PARTE ESPECIAL, dividida nos seguintes Livros:
LIVRO I – Do processo de conhecimento e do cumprimento de sentença;
LIVRO II – Do processo de execução;
LIVRO III – Dos processos nos tribunais e dos meios de impugnação das decisões judiciais;
LIVRO COMPLEMENTAR – Disposições finais e transitórias.

---

41 É um verdadeiro truísmo a proclamação a todo instante reiterada de que justiça tardonha não é justiça, mas rematada e evidente injustiça. Por isso, a Exposição de Motivos, atenta à lição de Cândido Dinamarco, reitera a advertência, que presidiu à confecção do Anteprojeto, de que o processo, "além de produzir um resultado justo, precisa ser justo em si mesmo, e portanto, na sua realização, devem ser observados aqueles *standards* previstos na Constituição Federal, que constituem desdobramento do *due process of law*" (*Instituições de direito processual civil.* 16. ed. São Paulo: Malheiros, 2009, *apud Exposição de Motivos do Anteprojeto do novo Código de Processo Civil*. Brasília, Senado Federal, 2010, nota 6).

42 SOUSA, Miguel Teixeira de. Um novo processo civil português: *à la recherche du temps perdu? Novos rumos da Justiça Cível.* Coimbra: Centro de Estudos Judiciários, 2009, p. 17.

I – Principais inovações do CPC/2015

Na Parte Geral, o Código atual dispensou grande atenção à constitucionalização do processo, dedicando seus 12 artigos iniciais para definir aquilo que denominou de Normas Fundamentais do Processo Civil, entre as quais merecem especial destaque os princípios do contraditório sem surpresas; da cooperação entre partes e juiz na atividade de formulação do provimento jurisdicional; da sujeição de todos os participantes do processo ao comportamento de acordo com a boa-fé; da duração razoável do processo; da dignidade da pessoa humana; da eficiência da prestação a cargo do Poder Judiciário; da submissão do próprio juiz ao contraditório; da fundamentação adequada das decisões judiciais; da vedação de privilégios da ordem de julgamento das causas. Dentre as normas fundamentais figura também a que estimula a prática da justiça coexistencial (juízo arbitral, conciliação e mediação).

Ainda na Parte Geral, procedeu-se a unificação das tutelas provisórias (cautelar, antecipatória e da evidência). Não há mais regimes separados para as medidas conservativas e satisfativas, estando todas submetidas a um tratamento único, com dispensa de formação de processo próprio, para transformarem-se em objeto de simples incidente do procedimento destinado à resolução do mérito da causa.

Mesmo quando a medida urgente for requerida em caráter antecedente, não haverá dois processos em autos apartados. A petição inicial da demanda principal, quando posteriormente vier a ser formulada, será apresentada dentro dos próprios autos em que se deu trâmite à medida de urgência antecedente. Um único processo, portanto, será utilizado, quando necessário, para a apreciação dos pleitos de urgência e de mérito (arts. 294 a 310).

O atual Código dividiu a matéria das tutelas provisórias em três Títulos:

a) o Título I contém *Disposições Gerais*, observáveis tanto nas tutelas de urgência, como nas de evidência;

b) o Título II, que trata dos procedimentos da Tutela de Urgência, desdobra-se em dois Capítulos: o primeiro cuida da *Tutela Antecipada Requerida em Caráter Antecedente*; o segundo, da *Tutela Cautelar Requerida em Caráter Antecedente*; e

c) o Título III cuida da *Tutela da Evidência*.

Uma outra grande inovação, inspirada nos direitos francês, italiano e português, consistiu no incidente que permite a estabilização da medida urgente satisfativa, dispensando o aforamento da pretensão principal, se assim convier às partes. Com isso, torna-se viável a manutenção da liminar, como regulação sumária e provisória do litígio, sem limitação de tempo, mas sem atingir a autoridade da coisa julgada (art. 304).

Dois problemas que vinham desafiando a sistemática do Código de 1973 foram enfrentados e disciplinados pelo CPC/2015: o incidente da desconsideração da personalidade jurídica, que passa a contar com um procedimento especial (arts. 133 a 137), e o incidente de resolução de demandas repetitivas (arts. 976 a 987).

No campo do processo de conhecimento, no intuito de simplificar o procedimento, aboliram-se a nomeação à autoria e as exceções de incompetência, suspeição e impedimento, mediante inclusão da matéria nas preliminares da contestação. A reconvenção passou a figurar como capítulo da contestação. O procedimento sumário foi abolido, de modo que, não sendo caso de procedimento especial, todas as demandas se submeterão a um único procedimento qualificado como *comum*.

Em matéria de instrução probatória, a principal novidade é a possibilidade de o juiz alterar a regra geral do ônus da prova mediante o sistema excepcional das cargas dinâmicas. Também as partes foram autorizadas a inverter o ônus da prova por meio de convenção, quando a demanda versar sobre direito disponível, e desde que não torne excessivamente difícil o exercício do direito afetado.

Com base na política de valorização da jurisprudência, os casos de rejeição liminar da demanda foram ampliados, de modo a permiti-la sempre que o pedido contrariar súmulas ou acórdãos do STF e do STJ, bem como entendimento firmado em incidente de resolução de demandas repetitivas ou de assunção de competência, e ainda quando afrontar norma jurídica extraída de dispositivo expresso de ato normativo. Por último, a medida será ainda cabível quando, em se tratando de direito local, o pedido contrariar súmula de Tribunal de Justiça (art. 332). O grande diferencial (quem sabe, o maior) entre o Código de 2015 e o que o antecedeu talvez deva ser visto, sobretudo, no papel atribuído aos tribunais a ser desempenhado através da interpretação uniformizadora e vinculante da ordem jurídica. Sem romper abruptamente com a tradição do *civil law*, deu o legislador pátrio um grande passo no sentido de reconhecer à jurisprudência uma função significativa no plano das fontes do direito.[43]

No sistema recursal, aboliram-se o agravo retido e os embargos infringentes, adotando-se para o agravo de instrumento o critério casuístico. O juízo de admissibilidade será único e competirá ao tribunal *ad quem*, como regra geral. Ampliaram-se os casos de admissibilidade dos embargos de declaração. O regime dos recursos extraordinário e especial foi aprimorado para facilitar sua fungibilidade e para combater a chamada "jurisprudência defensiva", que vinha dificultando exageradamente o acesso aos tribunais superiores.

A área de cabimento da ação rescisória foi ampliada para compreender alguns casos de sentença terminativa.

Vários procedimentos especiais foram eliminados, como, por exemplo, as ações de usucapião, de depósito, de nunciação de obra nova, de prestação de contas, que, doravante, se processarão segundo o procedimento comum. Acresceram-se, todavia, alguns procedimentos especiais novos, como a ação de dissolução parcial de sociedade, a ação de regulação de avaria grossa e as ações de família.

A execução forçada sofreu apenas modificações pontuais. Mantém o atual Código as duas vias de execução atualmente existentes: a do "cumprimento das sentenças" (arts. 513 a 538) e a da "execução dos títulos extrajudiciais" (arts. 771 a 925). Aquela como incidente do processo em que a sentença tiver sido pronunciada (Título II, Livro I, da Parte Especial), e esta como ação executiva autônoma (Livro II da Parte Especial).

II – Visão geral do CPC/2015

Esteve atento o legislador à advertência da moderna processualística de que, para se pensar numa ampla e verdadeira reforma de nosso processo civil, urge, antes de tudo, mudar essa ótica deformadora do verdadeiro papel reservado à prestação jurisdicional. É preciso, urgentemente, substituí-la pela objetiva e singela busca da justa e adequada realização do direito material na solução do conflito deduzido em juízo.

Não é pela teoria científica que complica e tumultua o procedimento judicial, mas sim pelo espírito objetivo capaz de hierarquizar os valores constitucionais e processuais, segundo a escala de priorização dos resultados práticos delineados pela lei, e, acima de tudo, pelos direitos e garantias fundamentais, que se pode imaginar a implantação bem-sucedida do *processo*

---

[43] "Esse renovado panorama induz ao reconhecimento de uma clara aproximação ou nivelamento, conceitual e operacional, entre a norma legislada e a norma judicada, implicando uma realocação do Direito brasileiro, agora postado a meio caminho entre as famílias do *civil law* e do *common law*, com o relevante e inevitável impacto em nosso ambiente processual" (MANCUSO, Rodolfo de Camargo. *Teoria geral do processo*. Rio de Janeiro: Forense, 2018, p. VIII).

justo. O teorismo obstaculiza ou dificulta o acesso à justiça, enquanto o procedimentalismo despretensioso, prático e objetivo o facilita e o viabiliza.

O excesso de técnicas, na verdade, favorece muito mais uma concepção *pragmática* do processo (isto é, aquela que não dispensa grande relevância ao seu resultado prático). No entanto, o enfoque *objetivo* centrado, sobretudo, nos efeitos concretos da tutela propiciada pelo processo aos direitos materiais ameaçados ou lesados é o que, de forma *programática*, realmente se empenha, longe do teorismo estéril, na persecução dos fins sociais do processo justo.

É, destarte, uma regulamentação nova, compromissada com a instrumentalidade, adequada à realização plena e efetiva do direito material em jogo no litígio, singela, clara, transparente e segura quanto ao procedimento o que se pode esperar de um novo Código, que seja superior às vaidades do tecnicismo e que seja concebido com firmeza, objetividade e coerência com o programa moderno do *processo justo*, que, enfim, os órgãos encarregados da prestação jurisdicional se preparem, convenientemente, para pô-lo em prática, com fidelidade à letra, ao espírito e aos propósitos da reforma.

Nessa linha de preocupação, Kazuo Watanabe exalta a excelência de um ensaio recente da autoria de Paulo Eduardo Alves da Silva, no qual se destaca a mudança de enfoque que o autor fez "no estudo dos problemas que afetam a justiça e o processo, desviando o ponto fundamental da análise para o *modus operandi* do sistema de justiça, e não mais para a interpretação, aplicação e alteração das leis processuais".[44]

Muito me apraz recomendar a leitura da preciosa obra, cuja relevância, na opinião do Professor Watanabe, "está não apenas nas informações, constatações e estudos nela contidos, mas principalmente no fato de representar uma importante contribuição ao aperfeiçoamento das práticas de gestão da justiça e do processo judicial",[45] fornecendo dados de direito local e comparado que, certamente, provocarão o interesse dos pesquisadores empenhados nos estudos relacionados à melhoria do sistema de justiça de nosso país.

O CPC/2015 acha-se estruturado e aparelhado para cumprir a missão de um processo justo capaz de realizar a tutela efetiva dos direitos materiais ameaçados ou lesados, sem apego ao formalismo anacrônico e de acordo com os princípios constitucionais democráticos que regem e asseguram o pleno acesso de todos ao Poder Judiciário.

---

44 WATANABE, Kazuo. Prefácio. *In:* SILVA, Paulo Eduardo Alves da. *Gerenciamento de processos judiciais*. São Paulo: Saraiva, 2010, p. 16.

45 WATANABE, Kazuo. Prefácio. *In:* SILVA, Paulo Eduardo Alves da. *Gerenciamento de processos judiciais*. São Paulo: Saraiva, 2010, p. 17.

§ 3° FONTES DO DIREITO PROCESSUAL CIVIL

22. Noções gerais

As fontes do Direito Processual Civil são as mesmas do direito em geral, isto é, a lei e os costumes, como fontes *imediatas*, e a doutrina e jurisprudência, como fontes *mediatas*. Em razão do caráter público do direito processual, é a lei, sem dúvida, sua principal fonte. Não obstante, não raros são os problemas que surgem no curso dos processos que não encontram solução direta na lei, mas que o juiz tem de resolver. Daí o recurso obrigatório aos costumes judiciais, à doutrina e à jurisprudência como remédios adequados à superação de tais impasses.

Mesmo diante de textos legais expressos, não é pequena a contribuição da jurisprudência para fixação dos conceitos básicos do direito processual. A incoerência do legislador, a obscuridade dos textos normativos e a imprecisão terminológica, como falhas naturais de toda criação humana, são frequentemente superadas pelo trabalho criativo e aperfeiçoador da doutrina e da jurisprudência. E o mais importante é o trabalho de ir promovendo a criação de novas concepções que inspiram remodelação das normas jurídicas expressas, a par de consolidar os costumes judiciais que são, na prática, produto da jurisprudência assentada.

Diante, principalmente, do prestígio que o direito moderno vem dispensando à força normativa das decisões judiciais, por meio das súmulas vinculantes e do encargo conferido aos tribunais de preencher *in concreto* os conceitos vagos (conceitos jurídicos indeterminados e cláusulas gerais[46]), cada vez mais utilizados pelo legislador, impossível é recusar à jurisprudência a qualidade de fonte do direito.[47]

Com efeito, se a Constituição já admitia que o Supremo Tribunal Federal extraísse de seus julgados súmulas com força normativa capaz de vincular todos os órgãos do Poder Judiciário e da Administração Pública (CF, art. 103-A) e, ainda, que o Código de Processo Civil de 1973 permitia tanto ao Supremo Tribunal Federal como ao Superior Tribunal de Justiça, diante de causas repetitivas, decidir um recurso paradigma com força de prejudicar todos os demais que versassem sobre o mesmo tema (CPC/1973, art. 543-C, § 7°), tornou-se evidente que nosso direito positivo reconhecia aos precedentes judiciais uma força criativa, que lhes atribuía, em boa proporção, o papel de "importante fonte de direito", sem embargo de nossas tradições romanísticas ligadas à *civil law*.[48]

Registre-se que, além desses casos de precedentes *vinculantes* ou *obrigatórios*, havia outros em que a jurisprudência atuava com *força obstativa* de recursos, permitindo fosse negado

---

46 "Considerada do ponto de vista da técnica legislativa, a cláusula geral constitui, portanto, uma disposição normativa que utiliza, no seu enunciado, uma linguagem de tessitura intencionalmente 'aberta', 'fluida' ou 'vaga', caracterizando-se pela ampla extensão do seu campo semântico, a qual é dirigida ao juiz de modo a conferir-lhe um mandato (ou competência) para que, à vista do caso concreto, crie, complemente ou desenvolva normas jurídicas, mediante o reenvio para elementos cuja concretização pode estar fora do sistema" (MARTINS-COSTA, Judith. *A boa-fé no direito privado*: sistema e tópica no processo obrigacional. São Paulo: RT, 1999, p. 303). Explica Fredie Didier Jr. que a "*cláusula geral* é uma espécie de texto normativo, cujo antecedente (hipótese fática) é composto por termos vagos e o consequente (efeito jurídico) é indeterminado. Há, portanto, uma indeterminação legislativa em ambos os extremos da estrutura lógica normativa" (Cláusulas gerais processuais. *Revista Magister de Direito Civil e Processual Civil*, n. 44, p. 32, set./out. 2011).

47 SIFUENTES, Mônica. *Súmula vinculante:* um estudo sobre o poder normativo dos tribunais. São Paulo: Saraiva, 2005, p. 147-162. Não se pode desconhecer que o Tribunal vai além da mera aplicação da lei quando tem de definir a norma do caso concreto, ao se deparar com enunciados normativos portadores de conceitos jurídicos indeterminados ou de cláusulas gerais. Desempenha-se, sem dúvida, em tais hipóteses, uma atividade jurisdicional *criativa* (DIDIER JR., Fredie; BRAGA, Paula Sarno; OLIVEIRA, Rafael. *Curso de direito processual civil.* 5. ed. Salvador: Jus Podivm, 2010, v. II, p. 386).

48 TUCCI, José Rogério Cruz e. *Precedente judicial como fonte do direito.* São Paulo: RT, 2004, p. 18.

seguimento às impugnações manifestadas em contrariedade aos precedentes, sobretudo àqueles emanados dos Tribunais Superiores (CPC/1973, arts. 475, § 3º; 518, § 1º; 544, §§ 3º e 4º; e 557).[49]

Havia, finalmente, os *precedentes persuasivos*, que, sem obrigar cogentemente os juízes a adotá-los em suas sentenças, atuavam, porém, como expressão de "solução racional e socialmente adequada"[50] prestigiada pela elevada autoridade do órgão de que promanavam.[51]

O atual Código de Processo Civil vai muito além e encaminha-se para uma aproximação maior com a *common law*, estendendo o dever de submissão ao precedente, principalmente àquele dos tribunais superiores, como regra geral, sem limitar-se às súmulas qualificadas como vinculantes (art. 926).

23. Lei processual

Lei processual civil é a que regula o processo civil.[52] Não é apenas a que regula a forma, os modos e os termos do desenvolvimento da relação processual ou da tramitação do processo em juízo. Seu *objeto* compreende o complexo de tudo o que concerne ao exercício da jurisdição civil, de modo que nele se entreveem:

a) regras de organização *estática* da jurisdição, como a distribuição de atribuições entre os componentes dos órgãos judiciários, horário de funcionamento dos serviços forenses, competência de juízes e auxiliares etc.;

b) regras sobre a forma e a dinâmica do exercício da ação em juízo (procedimento); e

c) normas e princípios gerais ou específicos de interpretação e equacionamento da função jurisdicional e do exercício do direito de ação, como as condições e os pressupostos processuais, a definição dos ônus e as faculdades das partes no processo, os meios e os ônus de prova permitidos e os meios de harmonizar o direito processual com outras normas jurídicas estranhas ao Código, além de solucionar conflitos intertemporais de normas.[53]

Nos países civilizados, o processo civil está modernamente compilado sob a forma de Código, o que não evita, contudo, a coexistência de inúmeras leis extravagantes cuidando paralelamente de temas ligados ao mesmo ramo jurídico.

Assim, Lei Processual Civil é toda aquela que disciplina a função jurisdicional desenvolvida pelos juízes e tribunais, quando convocados pelos titulares de interesses jurídicos em conflito na órbita civil *lato sensu*.

O Código é a *lex generalis* que regula exaustivamente os procedimentos nele contidos. Exerce, também, a tarefa suplementar de preencher subsidiariamente as lacunas das leis extravagantes que regulam a tutela jurisdicional confiada a procedimentos e juízos especiais.

Entre nós, o Código de Processo Civil, em vigor desde 18 de março de 2016, consta da Lei 13.105.

---

49 DIDIER JR, Fredie; BRAGA, Paula Sarno; OLIVEIRA, Rafael. *Curso de direito processual civil*. 5. ed. Salvador: Jus Podivm, 2010, v. II, p. 390.

50 TUCCI, José Rogério Cruz e. *Precedente judicial como fonte do direito*. São Paulo: RT, 2004, p. 113; DIDIER JR., Fredie; BRAGA, Paula Sarno; OLIVEIRA, Rafael. *Curso de direito processual civil*. 5. ed. Salvador: Jus Podivm, 2010, v. II, p. 390-391.

51 CPC/1973, art. 479; RISTF, art. 7º, VII; e arts. 354-A a 354-G; Emenda Regimental 46/STF/2011, art. 2º; RISTJ, arts. 11, parágrafo único, VII; 12, parágrafo único, III; e 122 a 127.

52 COSTA, Sergio. *Manuale di diritto processuale civile*. 4. ed. Torino: UTET, 1973, n. 2, p. 3.

53 ANDRIOLI. *Lezioni di diritto processuale civile*. Napoli: Jovene, 1961, v. I, n. 4, p. 17.

Existem leis especiais regulando, entre outros, os procedimentos da recuperação judicial e falência (Lei 11.101/2005, alterada pela Lei 14.112/2020), das desapropriações (Dec.-Lei 3.365/1941), dos mandados de segurança (Lei 12.016/2009), das ações de alimentos (Lei 5.478/1968), das discriminatórias de terras devolutas (Lei 6.383/1976), da ação popular (Lei 4.717/1965), da busca e apreensão de bens alienados fiduciariamente (Dec.-Lei 911/1969) etc.

Sendo, outrossim, o Brasil uma República Federativa, cabe aos Estados-membros o poder de organizar a Justiça em seus respectivos Territórios. Para tanto, compete-lhes a elaboração de leis de natureza processual, por se referirem também à função jurisdicional.[54]

Cada Estado possui, assim, uma organização judiciária que é estabelecida por lei local, mediante proposta do Tribunal de Justiça.

Pode haver conflito entre as leis processuais federais e as estaduais de organização judiciária, caso em que deve prevalecer a legislação da União, salvo, é claro, o caso de inconstitucionalidade desta por invasão de competência privativa do Estado-membro.[55]

A Constituição Federal, depois de ter atribuído competência privativa à União para legislar sobre direito processual (art. 22, I), instituiu uma competência concorrente dos Estados para dispor acerca de "procedimentos em matéria processual" (art. 24, XI). Há, outrossim, necessidade de distinguir-se, como feito pelo STF, entre *processo* e *procedimento*: *normas processuais* em sentido estrito são as que "cuidam do processo como tal e atribuem poderes e deveres processuais"; enquanto que *normas procedimentais* são "as que se referem ao *modus procedendi*, ou seja, à estrutura e coordenação dos atos que compõem o processo".[56] "Assim, a competência legislativa concorrente dos Estados-membros deve se restringir à edição de leis que disponham sobre *matéria procedimental, isto é, sobre a sucessão coordenada dos atos processuais, no que se refere à forma, ao tempo e ao lugar de sua realização,* e com cuidado de não usurpar a competência da União para legislar sobre normas de caráter geral".[57]

24. A Constituição e os tratados

Na atual concepção do Estado Democrático de Direito, o processo não é regido apenas pelas leis processuais propriamente ditas. Há toda uma sistemática normativa dentro da Constituição que inclui o acesso à Justiça e os mecanismos do devido processo legal (processo *justo*) entre os direitos fundamentais (direitos do *homem*).

Uma vez que a Constituição considera de aplicação imediata todas as normas definidoras dos "direitos e garantias fundamentais" (CF, art. 5º, § 1º), os princípios que regem o processo dentro da ordem constitucional assumem a categoria de *normas jurídicas* e, por isso, integram o direito processual, independentemente de qualquer regulamentação. O acesso à Justiça e a tramitação do processo têm, por isso, de observar não só as leis processuais comuns, mas as regras e os princípios soberanamente fixados na Constituição (CPC, art. 1º).[58]

---

54 A Constituição Federal de 1988 outorgou competência concorrente aos Estados e ao Distrito Federal para legislar sobre "procedimentos em matéria processual" (art. 24, inc. XI), de maneira que, agora, o legislador local poderá alterar ritos processuais para atender a peculiaridades regionais.

55 MARQUES, José Frederico. *Instituições de direito processual civil.* Rio de Janeiro: Forense, 1958, v. I, n. 34, p. 81.

56 Voto do Relator no STF, Pleno, ADI 3.041/RS, Rel. Min. Ricardo Lewandowski, ac. 10.11.2011, *DJe* 01.02.2012.

57 Voto do Relator no STF, Pleno, ADI 2.257/SP, Rel. Min. Eros Grau, ac. 06.04.2005, *DJe* 26.08.2005.

58 "A Constituição é uma lei dotada de características especiais. Tem um brilho autônomo expresso através da forma do procedimento de criação e da posição hierárquica das suas normas. Estes elementos permitem distingui-la de outros actos com valor legislativo presentes na ordem jurídica. Em primeiro lugar, caracteriza-se pela sua *posição hierárquico-normativa superior* relativamente às outras normas do ordenamento jurídico. Ressalvando algumas particularidades do direito comunitário, a superioridade hierárquico-normativa apresenta três expressões: (1) as normas constitucionais constituem uma *lex superior* que

Prevê, outrossim, a Constituição que os "direitos e garantias" nela expressos não são taxativos, pois neles se incluem, também, "outros decorrentes do regime e dos princípios por ela adotados" (princípios constitucionais *implícitos*); e, ainda, os direitos do homem assegurados em *tratados internacionais* em que o Brasil seja parte (CF, art. 5º, § 2º).

Com essa nova dimensão da legalidade, não só a Constituição é fonte de normas processuais, mas também os tratados internacionais. A estes reconhece-se um *status* superior ao das normas internas infraconstitucionais, capaz, portanto, de acarretar a revogação de leis locais incompatíveis com a convenção internacional.[59] Nessa ordem de ideias, o Supremo Tribunal Federal decidiu afastar o cabimento de prisão civil do depositário infiel, expressamente previsto pelo Código de Processo Civil de 1973 (art. 904, parágrafo único), tendo em vista a sua incompatibilidade com o compromisso assumido pelo Brasil no "Pacto Internacional dos Direitos Civis e Políticos" (art. 11) e na "Convenção Americana sobre Direitos Humanos" (art. 7º, n. 7), nos quais se baniu a "prisão por dívida" (STF, Pleno, RE 349.703/RS, Rel. Min. Ayres Britto, ac. 03.12.2008, *DJe* 04.06.2009).

Nesse sentido, o Código atual é expresso em declarar que "a jurisdição civil será regida pelas normas processuais brasileiras, ressalvadas as disposições específicas previstas em tratados, convenções ou acordos internacionais de que o Brasil seja parte" (art. 13). Ademais, foi criado um capítulo novo para disciplinar a cooperação internacional para facilitar o exercício da jurisdição que ultrapasse os limites do território nacional (arts. 26 a 41).

Pode-se, em síntese, afirmar que, no Estado Democrático de Direito brasileiro atual, fontes legais diretas ou imediatas do direito processual são a Constituição, os tratados internacionais e as leis infraconstitucionais. A prevalência, como é óbvio, cabe à norma constitucional, mas abaixo dela vigoram os tratados, em posição superior à lei interna infraconstitucional.[60]

25. Doutrina e jurisprudência

A doutrina e a jurisprudência são importantes fontes do direito processual civil, seja para a elaboração das normas jurídicas, seja para a solução do litígio que se apresenta ao Poder Judiciário.

A teoria jus-humanista normativa, formulada por Ricardo Sayeg e Wagner Balera, e exposta por Thiago Lopes Matsushita,[61] entende o direito como a síntese do conhecimento humano juridicamente manifestado. Segundo essa teoria, a decisão "mais justa é aquela que acontece da intersecção do texto com o metatexto e o intratexto que, em outras palavras, quer dizer que é da interconexão entre o direito positivo com os direitos humanos e o realismo jurídico é que se chegará à decisão que trará a verdade".[62]

O jus-humanismo normativo, segundo a doutrina invocada, divide a norma em três dimensões – direito positivo, direito natural e realismo jurídico –, que não podem ser analisadas de maneira isolada ou estanque. Pelo contrário, esses conjuntos devem estar em constante

---

recolhe o fundamento de validade em si própria (*autoprimazia normativa*); (2) as normas da Constituição são *normas de normas* (*normae normarum*) afirmando-se como uma fonte de produção jurídica de outras normas (leis, regulamentos, estatutos); (3) a superioridade normativa das normas constitucionais implica o princípio da conformidade de todos os actos dos poderes públicos com a Constituição" (CANOTILHO, J. J. Gomes. *Direito constitucional e teoria da Constituição.* 7. ed. Coimbra: Almedina, 2003, p. 1.147).

59 STF, Pleno, RE 349.703/RS, Rel. Min. Ayres Britto, ac. 03.12.2008, *DJe* 04.06.2009.

60 CRAMER, Ronaldo. Comentários ao art. 13. In: CABRAL, Antonio do Passo; CRAMER, Ronaldo. *Comentários ao novo Código de Processo Civil.* 2. ed. Rio de Janeiro: Forense, 2016, p. 43.

61 O realismo jurídico aplicado no jus-humanismo normativo pela doutrina e a jurisprudência da ordem econômica no sistema jurídico brasileiro. *Revista Forense*, vol. 419, jan./jun. 2014, p. 141-257.

62 MATSUSHITA, Thiago L. *O jus-humanismo normativo* – expressão do princípio absoluto da proporcionalidade. Tese (Doutorado em Direito) – Pontifícia Universidade Católica de São Paulo, 2012, p. 166.

interação, viabilizando a construção e a aplicação do ordenamento jurídico à realidade social. É justamente a partir da integração desses três círculos que o direito se cria, transforma e evolui.

A doutrina e a jurisprudência integram a dimensão do realismo jurídico. Sob a ótica da teoria jusnaturalista, a doutrina não é vista como mera atividade descritiva. Na verdade, ela participa efetivamente da aplicação do direito, na medida em que o estudo do ordenamento jurídico e da sociedade auxilia a interpretação e a integração das leis. "El legislador, al regular una materia, puede hacerlo entrando en contradicción de decisiones. La doctrina actúa disolviéndola o, al menos, revelando que existe y ofreciendo las distintas posibilidades alternativas que ofrecen los preceptos que entran en colisión (...) La doctrina viene en ayuda de todos estos problemas, introduce la racionalidad del sistema, que es coherencia y armonía entre sus partes, y disuelve de esta forma las imperfecciones".[63]

O relevante papel da doutrina como fonte do direito fica evidente ao se verificar a constante utilização das teses desenvolvidas pelos estudiosos para a solução das ações levadas ao Poder Judiciário.

De igual forma, não se discute a importância da jurisprudência para o direito contemporâneo. Os tribunais vêm, cada vez mais, interpretando o ordenamento de forma a dar maior efetividade aos direitos humanos, mais especificamente, à dignidade da pessoa humana.[64]

A doutrina e a jurisprudência, enquanto componentes da dimensão do realismo jurídico e interagindo com o direito positivo e o direito natural, participam da produção das normas e da própria ciência jurídica. Tal manifestação é que, afinal, nos permite retirar "do campo da doutrina ou da própria jurisprudência hipóteses e casos práticos que demonstram a aplicabilidade na esfera do direito do jus-humanismo normativo, enquanto teoria que se define por entender o direito como 'síntese do conhecimento humano juridicamente manifestado'".[65]

Nessa linha de pensamento, merece registro a tendência jusfilosófica que foge do dualismo direito-moral para conceber uma visão unitária, sociologicamente, na qual ética e direito seriam espécies de um mesmo gênero, o que impediria afastar do ordenamento jurídico os valores fundamentais, por exemplo, da justiça e da dignidade da pessoa humana.[66]

No direito positivo contemporâneo, a força da jurisprudência como fonte normativa deixou de ser especulação doutrinária e assumiu corpo dentro da própria ordem jurídica legislada. É a Constituição mesma que estabelece força vinculante para decisões do Supremo Tribunal Federal, no controle de constitucionalidade, e é a lei processual ordinária que autoriza julgamento de recursos com fundamento na jurisprudência dominante. Por último, esse processo dinâmico

---

[63] MORCHIN, Gregorio R. *Teoría del derecho* (fundamentos de teoría comunicacional del derecho). Madrid: Editorial Civitas, 1998, v. 1. p. 113.

[64] Citam-se, entre outras, as seguintes decisões: exclusão da prisão civil do depositário infiel (STF, Tribunal Pleno, HC 87.585/TO, Rel. Min. Marco Aurélio, ac. 03.12.2008, *DJe* 26.06.2009), a imprescritibilidade dos direitos humanos (STJ, 1ª T., REsp 1.085.358/PR, Rel. Min. Luiz Fux, ac. 23.04.2009, *DJe* 09.10.2009; STJ, 1ª S., EREsp 845.228 /RJ, Rel. Min. Humberto Martins, ac. 08.09.2010, *DJe* 16.09.2010) e o reconhecimento da união estável e do casamento de pessoas do mesmo sexo (STF, Tribunal Pleno, ADPFP 132/RJ, Rel. Min. Ayres Britto, ac. 05.05.2001, *DJe* 14.10.2011; STJ, 4ª T., REsp 1.183.378/RS, Rel. Min. Luis Felipe Salomão, ac. 25.10.2011, *DJe* 01.02.2012); relativização da imunidade de jurisdição em caso de delito contra o direito internacional da pessoa humana (STF, Pleno, ARE 954.858/RJ, Rel. Min. Edson Fachin, ac. 23.08.2021, DJe 24.09.2021); inconstitucionalidade de Lei Municipal que exclui da política de ensino local qualquer referência à diversidade de gêneros e à orientação sexual (STF, Pleno, ADPF 467/MG, Rel. Min. Gilmar Mendes, ac. 29.05.2020, DJe 07.07.2020).

[65] MATSUSHITA, Thiago Lopes. *O jus-humanismo normativo* – expressão do princípio absoluto da proporcionalidade. Tese (Doutorado em Direito) – Pontifícia Universidade Católica de São Paulo, 2012, p. 257.

[66] DWORKIN, Ronald. *Justice for Hedgehogs*. Cambridge: Ed. Harvard University Press, 2011; cf. GRAJALES, Amós Arturo; NEGRI, Nicolás Jorge. Ronald Myles Dworkin e as teorias da argumentação jurídica (*in memoriam*), *Revista de Processo*, n. 232, p. 444-445, jun. 2014.

de aproximação de nosso sistema jurídico ao dos precedentes do *common law* culminou com o advento das súmulas vinculantes (CF, art. 103-A, EC 45/2004), dando as verdadeiras dimensões ao papel da jurisprudência na ordem jurídica democrática.[67] Em tal contexto, "revela-se impossível negar o caráter primário das fontes jurisprudenciais, consolidadas em precedentes, como normas jurídicas em si mesmas".[68]

Sem dúvida, o vigente sistema processual brasileiro elevou a jurisprudência à categoria de fonte de direito. Não cabe, *data venia*, atribuir-lhe, em caráter absoluto, a qualificação de fonte primária, em total equiparação à lei. É que continua sendo, no Estado de Direito, fundamental o princípio da legalidade que consagra a primazia da lei, entre os direitos do homem, como freio ao autoritarismo do Poder Público (CF, art. 5º, II). Embora seja certo que a jurisprudência pode atingir em seus julgados, e em determinadas circunstâncias, força vinculativa *erga omnes*, seus precedentes só podem ser construídos a partir da lei ou do direito positivo *lato sensu*. Jamais poderão eles funcionar como mecanismo de revogação da lei ou de abstração de sua existência. É sempre a partir da aplicação da lei que, dentro de quadros fáticos concretos, pode surgir o precedente com autoridade geral, de sorte que na sua origem estará sempre alguma regra ou princípio ditado pela lei ou pelo sistema adotado pelo direito positivo. A atividade jurisdicional criativa é limitada à otimização da lei, e não ao seu afastamento ou desprezo.

O uso abusivo desse poder jurisprudencial tem conduzido à adoção de certas liberdades que não merecem estímulo, e, ao contrário, hão de ser coibidas, em nome das garantias fundamentais do Estado Democrático de Direito. Adverte a melhor e mais consciente doutrina que há uma exigência urgente de se bater pela restauração do "respeito ao primado da lei e o consequente e efetivo cumprimento das decisões judiciais pelos juízes e pelo próprio Estado".[69]

É sempre lembrada e atual a advertência de Calamandrei no sentido de que o Estado de Direito exige juízes que julguem em conformidade com a lei, e não juízes que, a pretexto de aplicar a Constituição, deem à lei interpretação inteiramente incompatível com o seu próprio enunciado.[70] E essa sujeição aplica-se indistintamente ao direito material e ao processual, como preconiza Greco.[71]

---

67 Tudo ficou claro: "no direito brasileiro, o processo civil exerce o importante papel de ordenar os debates dentro de um procedimento apto a permitir a correta aplicação do direito (pretensão de correção) e se os precedentes formados por essa aplicação vinculam, eles são fonte primária" (ZANETI JÚNIOR, Hermes. O modelo constitucional do processo civil brasileiro contemporâneo. *In:* MITIDIERO, Daniel; AMARAL, Guilherme Rizzo (coords.). *Processo civil* – Estudos em homenagem ao Professor Doutor Carlos Alberto Álvaro de Oliveira. São Paulo: Atlas, 2012, p. 225).

68 ZANETI JÚNIOR, Hermes. O modelo constitucional do processo civil brasileiro contemporâneo. *In:* MITIDIERO, Daniel; AMARAL, Guilherme Rizzo (coords.). *Processo civil* – Estudos em homenagem ao Professor Doutor Carlos Alberto Álvaro de Oliveira. São Paulo: Atlas, 2012, p. 225.

69 GRECO, Leonardo. Novas perspectivas da efetividade e do garantismo processual. *In:* MITIDIERO, Daniel; AMARAL, Guilherme Rizzo. *Processo Civil* – Estudos em homenagem ao Professor Doutor Carlos Alberto Alvaro de Oliveira. São Paulo: Atlas, 2012, p. 307.

70 CALAMANDREI, Piero. Processo e democrazia. *Opere Giuridiche*. Napoli: Morano, 1965, v. I, p. 643-644; GRECO, Leonardo. Novas perspectivas da efetividade e do garantismo processual. *In:* MITIDIERO, Daniel; AMARAL, Guilherme Rizzo. *Processo Civil* – Estudos em homenagem ao Professor Doutor Carlos Alberto Alvaro de Oliveira. São Paulo: Atlas, 2012, p. 307.

71 "No âmbito do respeito à lei se inclui o absoluto respeito à ordem pública processual, ou seja, ao conjunto de requisitos dos atos processuais, impostos de modo imperativo para assegurar a proteção de interesse público precisamente determinado, o respeito a direitos fundamentais e a observância de princípios do devido processo legal, quando indisponíveis pelas partes" (GRECO, Leonardo. Novas perspectivas da efetividade e do garantismo processual. *In:* MITIDIERO, Daniel; AMARAL, Guilherme Rizzo. *Processo Civil* – Estudos em homenagem ao Professor Doutor Carlos Alberto Alvaro de Oliveira. São Paulo: Atlas, 2012, p. 307).

Em suma, sendo a lei no Estado de Direito a fonte realmente primária e suprema do direito, a jurisprudência só pode ser vista como fonte também do direito, enquanto interpretar e aplicar a lei e os princípios que a informam. E será, portanto, dentro dessa perspectiva que se estabelecerão os precedentes e as súmulas dos tribunais, como fontes complementares do direito.

Sobre a função normativa atribuída ao Poder Judiciário, ver, ainda, neste volume o item 66-A; e no volume III, o § 68 – Valorização da jurisprudência (itens 608 a 619), o § 69 – Incidente de assunção de competência (itens 620 a 623), o § 74 – Incidente de resolução de demandas repetitivas (item 706) e § 86 (recursos especial e extraordinário repetitivos (itens 848 e 849).

25-A. O direito jurisprudencial

Vai longe o tempo em que a ordem jurídica reconhecia como fontes do direito apenas a lei, os princípios gerais e os costumes (Decreto-lei 4.657/1942 – LINDB, art. 4º). A força normativa complementar da jurisprudência consolidada e dos julgamentos programados à formação de precedentes vinculantes é proclamada pela Constituição (arts. 102, § 2º, e 103-A, *caput* e § 1º) e pelo CPC/2015 (art. 927), tanto no âmbito do direito material como do direito processual.

A natureza complementar da fonte jurisprudencial do direito é hoje de aceitação geral da doutrina e se acha explicitada no art. 103-A, § 1º, da CF, onde se dispõe que a súmula vinculante do STF tem como objetivo "a validade, a interpretação e a eficácia de normas determinadas, acerca das quais haja controvérsia atual". Não cabe, portanto, à jurisprudência estabelecer normas gerais originárias que desprezem ou contrariem leis válidas em vigor, devendo atuar tão só no campo da interpretação da lei e do preenchimento de suas lacunas.

Mas a afirmação de que a jurisprudência não pode ignorar a lei e muito menos decidir *contra legem* está longe de reimplantar o positivismo jurídico do século XIX, sob cujo domínio o juiz não passava de *boca da lei*, sem participação criativa alguma na formulação da norma concreta revelada na composição judicial dos conflitos. É que, da supremacia da ordem constitucional, nos moldes concebidos no século XX, nasceu uma visão da divisão dos poderes que não prioriza a separação estanque entre eles, e sim os põe sob a exigência proeminente de atuarem harmonicamente, no cumprimento do dever de assegurar, acima de tudo, a primazia aos direitos fundamentais, avaliando-os sempre à luz da dignidade da pessoa humana.

Ciente disto, e diante da consciência de que o direito não se restringe aos enunciados da lei e só se completa e concretiza com a obra de aperfeiçoamento do aplicador, a qual envolve a conjugação de *regra*, *fato* e *valor*[72] – tarefa que só o juiz está em condições de levar a cabo –, o Estado Democrático de Direito preparou um novo aparato de fontes jurídicas e adotou uma nova técnica legislativa. Hoje, em lugar das antigas regras rígidas e precisas das leis preceptivas, o legislador cada vez mais recorre a normas principiológicas recheadas de cláusulas gerais e conceitos indeterminados, capazes de retratar a plasticidade dos dispositivos constitucionais, os quais consagram a incorporação em grande nível de valores éticos e morais ao universo jurídico[73].

Com isto, as fontes do direito ampliam-se para muito além dos limites das regras editadas pelo legislador. "Em realidade, a tríplice modificação em termos das fontes (teoria das normas,

---

[72] Vale lembrar a lição de Eros Grau sobre a aplicação do direito, que pressupõe sempre a interpretação dos textos legislativos: "interpretamos para aplicar o direito e, ao fazê-lo, não nos limitamos a *interpretar* (= *compreender*) os textos normativos, mas também *compreendemos* (= *interpretamos*) a *realidade* e os *fatos* aos quais o direito há de ser aplicado" (g.n.) (GRAU, Eros Roberto. *Por que tenho medo dos juízes*: a interpretação/aplicação do direito e os princípios. 8. ed. São Paulo: Malheiros, 2017, p. 33).

[73] "O dispositivo que contém cláusula geral implicitamente admite a necessidade de o direito ser complementado diante dos casos concretos. A cláusula geral é norma legislativa que conscientemente confere espaço para o Judiciário participar da elaboração da norma jurídica" (MARINONI, Luiz Guilherme. Cláusula geral e recurso especial. *Revista de Processo,* São Paulo, v. 352, p. 176, jun. 2024).

técnica legislativa e interpretação judicial) *funcionalizou a jurisdição*, que não meramente descreve ou explica exegeticamente texto da lei, *mas concretiza a norma do caso para entregar a tutela do direito* para as pessoas em uma perspectiva em que o texto da lei difere da norma"[74].

O direito positivo adquiriu, nesse enfoque, uma dinamicidade que se instalou na *valorização*, no caráter aberto e na maneira casuística da operação jurídica da interpretação que dá *concretude* à norma do caso concreto. Assim, o julgador *cria* norma nova, diferente às vezes do enunciado genérico do legislador, não, porém, para revogá-lo, mas para adaptá-lo aos princípios, regras e valores constitucionais aplicáveis às particularidades do caso concreto.

O legislador contemporâneo, dessa maneira, depende do juiz, para completar e adequar a lei na sua incidência sobre os conflitos a serem compostos em juízo[75]. No dizer de Picardi, o legislador de nosso tempo "deve resignar-se a considerar as próprias leis como *partes do direito*, não como todo o direito. Em outros termos, o 'universo jurídico' acaba por concretizar-se na atividade argumentativa da classe dos juristas, em uma contínua integração de sujeitos que compartilham preparação e mentalidade similares"[76].

Não há, pois, contradição nem superioridade entre a obra do legislador e a do juiz, mas complementariedade e harmonia, no plano das fontes do direito. É, aliás, o próprio legislador moderno que, ao adotar na ordem constitucional o critério de juridicizar os princípios e valores morais, se vê obrigado, também na ordem infraconstitucional, a legislar segundo o padrão das cláusulas gerais, uma vez que, só por meio desse expediente, se torna viável legislar com a adequada incorporação de valores e princípios metajurídicos[77].

Enfim, legislar por cláusulas gerais – lembra Perlingieri – "significa deixar ao juiz, ao intérprete, uma maior possibilidade de adaptar a norma às situações de fato"[78]; e assim é a própria lei que se contenta em normatizar de maneira incompleta, contando com a posterior participação do juiz na complementação necessária à aplicação da lei. Em tal conjuntura, a norma completa revelada e aplicada pela sentença passa a ser obra não só do legislador, mas também, e em boa parte, do órgão judicante[79].

25-B. A necessária harmonia entre a obra do legislador e a complementação criativa do intérprete/aplicador

Tanto o legislador quanto o intérprete/aplicador da norma trabalham sobre dados histórico-culturais, influenciados por fatos e valores, os quais são dinâmicos (submetem-se a

---

74 CASTRO, Cássio Benevenutti de. Releitura da Súmula 54 do Superior Tribunal de Justiça: narrowing dos precedentes em relação ao termo inicial dos juros na reparação do dano extrapatrimonial. *Revista dos Tribunais*, v. 1.037, p. 227-228, mar. 2022.

75 O Estado Constitucional moderno, ao valorizar a força do direito jurisprudencial, "harmoniza a supremacia da jurisdição com a função que confere segurança jurídica ao tráfego por meio da consistência dos julgados que atribuem *sentido* e *unidade* ao direito" (CASTRO, Cássio Benevenutti de. Releitura da Súmula 54 do Superior Tribunal de Justiça: narrowing dos precedentes em relação ao termo inicial dos juros na reparação do dano extrapatrimonial. *Revista dos Tribunais*, v. 1.037, p. 229, mar. 2022).

76 PICARDI, Nicola. A vocação de nosso tempo para a jurisdição. Ensaio em homenagem a Giuseppe Tarzia. In: OLIVEIRA, Carlos Alberto Alvaro (org.). *Jurisdição e processo*. Rio de Janeiro: Forense, 2008, p. 23.

77 "Definir a norma que preenche a cláusula geral é obviamente definir a interpretação que deve orientar a solução dos casos futuros que tragam a mesma ou semelhante situação concreta" (MARINONI, Luiz Guilherme. Cláusula geral e recurso especial. *Revista de Processo,* São Paulo, v. 352, p. 184, jun. 2024).

78 PERLINGIERI, Pietro. *Perfis do direito civil:* introdução ao direito civil constitucional. 3. ed. Rio de Janeiro: Renovar, 2007, n. 17, p. 27.

79 Perlingieri ilustra sua afirmação com vários exemplos de cláusulas gerais adotadas pelo legislador italiano, entre as quais destaca as noções de ordem pública, de bom costume, de solidariedade, de equidade, de diligência e de lealdade no adimplemento, de boa-fé no contrato (PERLINGIERI, Pietro. *Perfis do direito civil:* introdução ao direito civil constitucional. 3. ed. Rio de Janeiro: Renovar, 2007, n. 17, p. 27).

constantes mutações). Assim, a operação axiológica realizada no momento de concretização da norma abstrata enunciada pelo legislador se dá no instante em que fatos e valores podem se apresentar muito diferentes daqueles em que o legislador elaborara a norma abstrata. Há, pois, um processo que se desenvolve entre o ato normativo e o ato de interpretação/aplicação, ambos resultando em opções axiológicas possivelmente diferentes, porquanto adotadas sobre elementos também diversos.

O autor da norma abstrata, projetada para se concretizar no futuro, não cria, *a priori*, no momento de sua edição, a regra hermenêutica que irá no futuro ser manejada pelo intérprete/aplicador, simplesmente por serem desconhecidos na origem os ulteriores fatos e valores do tempo da concretização da norma, cuja criação foi, na verdade, apenas iniciada pelo legislador. Há, de tal sorte, segundo Miguel Reale, um relacionamento novo dos componentes do processo interpretativo, na medida, por exemplo, em que "se supera a visão abstrata da hermenêutica jurídica como [obra de] *mero receptor passivo* que simplesmente aplica a norma 'emitida' pelo legislador *lato sensu*". Em tal perspectiva, pode-se entender a chamada "diretriz de concreção" de que fala Reale, que reconhece na obra do intérprete jurídico não a interpretação da norma "enquanto um texto ou mero ato de vontade, mas uma *experiência humana*"[80]. É, pois, o impacto dessa experiência que fornecerá ao intérprete os elementos necessários à operação axiológica de concreção da norma projetada pelo legislador.

Não se pode, é claro, isolar as duas realidades, a da criação da norma abstrata e a da sua concretização, já que são fases ou momentos de um mesmo processo criativo: "o próprio ato interpretativo, por isso, significa, ao mesmo tempo, a sobrevivência de formas temporais passadas e a projeção das significações passadas no futuro, no sentido da sua atualização prospectiva".[81]

Reportando-se à visão histórica (culturalística) de Ascarelli, que tanto contribuiu para o dinamismo e a evolução do direito privado brasileiro, destacam Paula Forgioni e Ruy Pereira que "o Direito tem de ser *estável*, mas não imóvel, *adaptável* e ser, no entanto, *certo*" (*g.n.*). Trazem à baila, por isso, a preocupação do grande *maestro* italiano com a segurança jurídica, barreira que, a seu ver, o intérprete e atualizador do direito positivo não pode ultrapassar: "o desafio do intérprete, ao aplicar o Direito a uma realidade 'sempre diversa e mutável', é renovar o *corpus iuris*, mas 'mantendo um critério de continuidade que só pode ser superado pelo legislador'"[82].

Sob tal enfoque, a interpretação criativa da jurisprudência, para Ascarelli, ao adaptar-se ao novo quadro social e aos valores da realidade superveniente – não podendo abandonar a norma legislada –, terá de atuar de maneira a vincular racionalmente a norma judicial concretizada àquela do legislador, numa continuidade semelhante à que se passa entre a semente e a planta[83].

---

80 FERRAZ JÚNIOR, Tércio Sampaio. Miguel Reale: o direito como experiência e os escritos posteriores a 1961. *Revista dos Tribunais*, São Paulo, v. 1.046, dez. 2022, p. 63-64.

81 FERRAZ JÚNIOR, Tércio Sampaio. Miguel Reale: o direito como experiência e os escritos posteriores a 1961. *Revista dos Tribunais*, São Paulo, v. 1.046, dez. 2022, p. 64.

82 FORGIONI, Paula Andrea; CAMILO JR., Ruy Pereira. Tullio Ascarelli. *In:* NEVES, José Roberto de Castro (org.). *Os juristas que formaram o Brasil*. Rio de Janeiro: Nova Fronteira, 2024, p. 652; ASCARELLI, Tullio. *Problemas das sociedades anônimas e direito comparado.* 2. ed. São Paulo: Saraiva, 1969, p. 67-69.

83 Entre os limites à liberdade interpretativa, Ascarelli coloca em primeiro lugar a obrigatoriedade do *respeito ao texto normativo*, que deve ser visto como a "semente" a partir do qual a interpretação se desenvolve. Outro limite é o *critério da continuidade*, segundo o qual a norma posta pela interpretação "deve ser reconduzível a uma outra". Assim, mantido o "critério de continuidade", a interpretação confluirá para "o contínuo desenvolvimento do direito, tal como vige historicamente em sua positividade" (FORGIONI, Paula Andrea; CAMILO JR., Ruy Pereira. Tullio Ascarelli. *In:* NEVES, José Roberto de Castro (org.). *Os juristas que formaram o Brasil*. Rio de Janeiro: Nova Fronteira, 2024. p. 660-661; ASCARELLI, Tullio. Norma giuridica e realtà sociale. *Il diritto dell'economia*, a. 1, n. 10, 1955, p. 17-18).

Haverá uma evolução lógica e axiológica entre uma e outra, e não a simples eliminação da primitiva pela nova.

26. A lei processual no tempo

Toda lei, como criação humana, é sujeita a um princípio e um fim, isto é, a um começo de vigência e a um momento de cessação de eficácia.

As leis processuais não diferem das demais, em questão de vigência, subordinando-se às regras comuns da Lei de Introdução às Normas do Direito Brasileiro, *ex*-Lei de Introdução ao Código Civil Brasileiro (Dec.-Lei 4.657/1942).

Assim começam a vigorar após a publicação, respeitada a *vacatio legis* de 45 dias, se outro prazo não for especificamente estatuído (art. 1º do Dec.-Lei 4.657).

Não sendo temporária (casos em que o prazo de vigência consta da própria lei), os diplomas legais de natureza processual sujeitam-se ao disposto no art. 2º da Lei de Introdução, conservando-se em vigor até que outra lei os modifique ou os revogue.

Não há, pois, perda de vigência por desuso ou em razão de costume. Só outra lei pode revogar ou modificar a anterior.

Há quem afirme o caráter retroativo das leis de processo, tendo em vista sua incidência imediata, inclusive sobre os processos em curso. Como explica Amaral Santos, "encarregou-se a doutrina contemporânea de demonstrar o engano em que incide esta afirmação".[84]

Na verdade, a lei que se aplica em questões processuais é a que vigora no momento da prática do ato formal, e não a do tempo em que o ato material se deu.

Também a lei processual respeita o direito adquirido, o ato jurídico perfeito e a coisa julgada (CF, art. 5º, XXXVI, e Lei de Introdução, art. 6º).

Mesmo quando a lei nova atinge um processo em andamento, nenhum efeito tem sobre os fatos ou atos ocorridos sob o império da lei revogada. Alcança o processo no estado em que se achava no momento de sua entrada em vigor, mas respeita os efeitos dos atos já praticados, que continuam regulados pela lei do tempo em que foram consumados.[85] Se, por exemplo, a lei nova não mais considera título executivo um determinado documento particular, mas se a execução já havia sido proposta ao tempo da lei anterior, a execução forçada terá prosseguimento normal sob o império ainda da norma revogada.

Em suma: as leis processuais são de efeito imediato perante os feitos pendentes, mas não são retroativas, pois só os atos posteriores à sua entrada em vigor é que se regularão por seus preceitos.[86] *Tempus regit actum*.[87]

Deve-se, pois, distinguir, para aplicação da lei processual nova, quanto aos processos:

a) *exauridos*: nenhuma influência sofrem;

---

[84] AMARAL SANTOS, Moacyr. *Primeiras linhas*. 3. ed. São Paulo: Max Limonad, 1971, v. I, n. 23, p. 51.

[85] COSTA, Sergio. *Manuale di diritto processuale civile*. 4. ed. Torino: UTET, 1973, n. 3, p. 4.

[86] AMARAL SANTOS, Moacyr. *Primeiras linhas*. 3. ed. São Paulo: Max Limonad, 1971, v. I, n. 24, p. 51.

[87] A teoria do Código é a que a doutrina denomina, "teoria do isolamento dos atos processuais", segundo a qual sendo o processo complexo e dinâmico, a cada ato comissivo ou omissivo acontecido em seu curso "surgem direitos processuais adquiridos para uma das partes", direitos esses que "não podem ser atingidos pela lei processual civil nova" (CRAMER, Ronaldo. Comentários ao art. 13. In: CABRAL, Antonio do Passo; CRAMER, Ronaldo. *Comentários ao novo Código de Processo Civil*. 2. ed. Rio de Janeiro: Forense, 2016, p. 44; DINAMARCO, Cândido Rangel. Comentários ao art. 14. In: GOUVÊA, José Roberto F.; BONDIOLI, Luís Guilherme; FONSECA, João Francisco N. da (coords.). *Comentários ao Código de Processo Civil*. São Paulo: Saraiva, 2018, v. I, n. 99, p. 143-144).

b) *pendentes*: são atingidos, mas respeita-se o efeito dos atos já praticados;
c) *futuros*: seguem totalmente a lei nova.

A propósito da força normativa da jurisprudência, é de se aplicar, também às inovações dos precedentes vinculativos (direito judicial) consagrados pelo CPC/2015, o mesmo regime de garantia dos direitos processuais adquiridos em face dos atos consumados sob orientação da jurisprudência consolidada ao tempo da respectiva prática.[88]

Sobre conflito intertemporal de leis processuais, deve-se consultar a excelente monografia *O Novo Direito Processual Civil e os Feitos Pendentes*, do Prof. Galeno Lacerda (Edição Forense).

27. A lei processual no espaço

É universalmente aceito o princípio da territorialidade das leis processuais, ou seja, o juiz apenas aplica ao processo a lei processual do local onde exerce a jurisdição.[89]

Esse princípio decorre da natureza da função jurisdicional que está ligada à soberania do Estado, de modo que, dentro de cada Território, só podem vigorar as próprias leis processuais, não sendo admissível, outrossim, a pretensão de fazer incidir suas normas jurisdicionais perante tribunais estrangeiros.

O princípio da territorialidade vem expressamente esposado pelo art. 13 do Código de Processo Civil, que declara que "a jurisdição civil será regida pelas normas processuais brasileiras, ressalvadas as disposições específicas previstas em tratados, convenções ou acordos internacionais de que o Brasil seja parte".

Somente com relação às provas, seus meios e ônus de produção, é que prevalecerá a lei estrangeira, quando o negócio jurídico material tiver sido praticado em território alienígena, mesmo que a demanda seja ajuizada no Brasil (Lei de Introdução, art. 13).[90]

Embora prevaleça o sistema probatório do local em que se deu o fato, não se permite ao juiz brasileiro admitir "provas que a lei brasileira desconheça" (art. 13, *in fine*, da Lei de Introdução).

28. Interpretação das leis processuais

Aplicam-se ao direito processual as normas comuns de hermenêutica legal.[91] No entanto, especialmente, deve-se valorizar, na aplicação do direito instrumental, a regra contida no art. 5º da Lei de Introdução, que manda ao aplicador da lei atender "*aos fins sociais* a que ela se dirige e às exigências do bem comum" (Decreto-Lei 4.657/1942). A norma em questão

---

88 A mesma força do veto constitucional à irretroatividade da lei (CF, art. 5º, XXXVI), "induz com segurança ao reconhecimento de igual veto em relação à imposição de uma *jurisprudência nova* em relação a direitos adquiridos e situações consumadas na vigência de uma jurisprudência mais antiga", ou seja, "*ubi eadem ratio ibi eadem legis* dispositivo" (DINAMARCO, Cândido Rangel. Comentários ao art. 14. In: GOUVÊA, José Roberto F.; BONDIOLI, Luís Guilherme; FONSECA, João Francisco N. da (coords.). *Comentários ao Código de Processo Civil*. São Paulo: Saraiva, 2018, v. I, n. 100, p. 144).

89 AMARAL SANTOS, Moacyr. *Primeiras linhas*. 3. ed. São Paulo: Max Limonad, 1971, v. I, n. 29, p. 56.

90 ANDRIOLI, Virgílio. *Lezioni di Diritto Processuale Civile*. Napoli: Jovene, 1973, v. I, n. 30, p. 154, v. I, n. 7, p. 24.

91 Na hermenêutica da lei, arrolam-se tradicionalmente várias técnicas de interpretação, a partir da gramatical, como a histórica, a lógica, a sistemática, a funcional, a teleológica etc., as quais, segundo Müller, não podem ser individualizadas como "métodos" independentes em si. Ao contrário, manifestam-se no processo de concretização "não só complementando-se e apoiando-se umas às outras, mas sempre entrelaçadas materialmente umas com as outras, logo desde o princípio" (MÜLLER, Friedrich. *Juristische Methodik*. 2. ed. Berlin: Duncker & Humblot, 1976, p. 166; *apud* LARENZ, Karl. *Metodologia da ciência do direito*. 5. ed. Trad. de José Lamego. Lisboa: Fundação Gulbenkian, 1983, p. 395).

foi incorporada pelo CPC atual entre aquelas qualificadas como "Normas Fundamentais do Processo Civil" (art. 8º).[92]

Embora se encontrem tanto normas cogentes (a maioria) como dispositivas no campo do Direito Processual Civil, o importante é reconhecer que a *forma* não deve obrigatoriamente prevalecer sobre o *fundo* e, assim, os preceitos de procedimento hão de ser encarados como *normas de conveniência* e interpretados sempre com a maior liberalidade possível, como recomenda Schönke.[93]

Em outras palavras, "as leis processuais não hão de ser um obstáculo que frustre o direito material da parte. A inobservância de normas processuais, que por si seriam *necessárias*, pode não ser prejudicial, se sua obediência no caso concreto só se manifesta em consequência de mero trâmite procedimental, sem nenhuma significação.

O que interessa ao direito processual de hoje é uma resolução justa e imparcial; a utilização das normas de procedimento não deve ser um obstáculo no caminho da pronta realização do verdadeiro direito".[94]

O fim último do processo não é outro senão o da pacificação social por meio da *justa composição* do litígio.[95]

Nessa ordem de ideias, são várias as normas do Código de Processo Civil a respeito das nulidades, onde se estatui que, "quando a lei prescrever determinada forma, o juiz considerará válido o ato, se realizado de outro modo, lhe alcançar a finalidade" (art. 277). Ou ainda que, mesmo reconhecendo a nulidade ou a falta de certos atos, o juiz não determinará a sua repetição ou suprimento, quando não houver prejuízo para a parte (art. 282, § 1º).

A mesma orientação é também observada no preceito que determina ao juiz não pronunciar a nulidade quando puder decidir o mérito a favor da parte a quem a declaração de nulidade pudesse aproveitar (art. 282, § 2º).

Finalmente, é expresso o Código em afirmar que "o erro de forma do processo acarreta unicamente a anulação dos atos que não possam ser aproveitados, devendo ser praticados os que forem necessários, a fim de se observarem as prescrições legais" (art. 283).

A livre interpretação e a liberal aplicação dos preceitos procedimentais não devem, contudo, chegar aos extremos de desprezar a relevância e o valor que as normas formais desempenham no campo do direito, como instrumentos consagrados de segurança jurídica.

A fiel interpretação das normas processuais deverá, portanto, ser encontrada à luz dos princípios informativos que estruturam o processo em sua missão específica dentro da ciência jurídica.

Na verdade e em regra geral, as normas processuais devem ser havidas como absolutas e imperativas, não cabendo às partes a faculdade de renunciar livremente aos procedimentos, garantias e benefícios legais. Como regra, portanto, os procedimentos traçados em lei hão de ser

---

92 Segundo Hart, afora os termos técnicos, os textos jurídicos, como os textos em geral, apresentam uma margem de variabilidade de significação, falando-se, então, da "textura aberta do Direito" (*The concept of law*, p. 121 e ss., *apud* LARENZ, Karl. *Metodologia da ciência do direito*. 5. ed. Trad. de José Lamego. Lisboa: Fundação Coulouste Gulbenkan, 1983, p. 240). Explica Larenz: "É precisamente na profusão de tais cambiantes que se estriba a riqueza expressiva da linguagem e a sua susceptibilidade de adequação a cada situação. Seria deste modo um erro o aceitar-se que os textos jurídicos só carecem de interpretação quando surgem como particularmente 'obscuros', 'pouco claros' ou 'contraditórios'; pelo contrário, em princípio *todos* os textos jurídicos são susceptíveis e carecem de interpretação" (*The concept of law*, p. 121 e ss., *apud* LARENZ, Karl. *Metodologia da ciência do direito*. 5. ed. Trad. de José Lamego. Lisboa: Fundação Coulouste Gulbenkan, 1983, p. 240).

93 SCHÖNKE, Adolfo. *Derecho procesal civil*. 5. ed. Barcelona: Bosch, 1950, § 3º, p. 21.

94 SCHÖNKE, Adolfo. *Derecho procesal civil*. 5. ed. Barcelona: Bosch, 1950, § 3º, p. 21.

95 CARNELUTTI, Francesco. *Instituciones del proceso civil*. Buenos Aires: EJEA, 1973, v. I, n. 1, p. 21-22.

obedecidos rigorosamente, pois não é dado nem às partes nem aos órgãos judiciais criar ritos ou procedimentos não previstos em lei, ou desprezar, sem razão relevante, os trâmites legais.[96]

O que importa é evitar a anulação pura e simples, de modo que o juiz deverá fazer a adaptação dos procedimentos irregularmente eleitos pela parte àqueles recomendados pela lei (art. 283) e, uma vez atingido o objetivo do processo, mesmo por procedimento irregular, nenhuma nulidade será decretada, sem que tenha havido prejuízo para os litigantes.

Por outro lado, a função do juiz é apenas a de aplicador do ordenamento jurídico, e não a de legislador ou de reformador da legislação existente. Assim, cabe-lhe, no processamento e julgamento da lide, aplicar as normas legais. Somente quando não encontrar texto expresso de lei, é que lhe será permitido socorrer-se da analogia, dos costumes e dos princípios gerais do direito, para preenchimento da lacuna do ordenamento jurídico (art. 4º, Dec.-Lei 4.657/1942). Com a constitucionalização do processo, os princípios fundamentais adquiriram força de norma igual à da lei em sentido estrito, de modo que sua aplicação independe de lacuna do ordenamento legal. Cabe, portanto, ao juiz contemporâneo aplicar simultaneamente a lei e os princípios gerais de ordem constitucional. Apenas os princípios ordinários, que se extraem dos próprios textos de lei, é que não derrogam as regras editadas pelo legislador infraconstitucional, pela razão de que é a lei que tem a força de afastá-los, e não vice-versa.

Andrioli lembra três princípios que, finalmente, devem sempre inspirar o intérprete das leis processuais, diante de sua aplicação ao caso concreto, e que são os seguintes:

(1º) a tutela jurisdicional dos direitos subjetivos é normalmente reservada aos órgãos do Estado; são, pois, excepcionais as hipóteses em que se permite a autotutela privada ou unilateral;

(2º) o processo deve conceder à parte a mesma utilidade que esta poderia conseguir por meio da norma substancial; excepcionais são os casos em que a prestação jurisdicional não coincide com a prestação de direito material;

(3º) o processo de cognição visa a concluir com um pronunciamento de mérito; excepcional é a hipótese de extinguir-se por inobservância formal de regras procedimentais.[97]

A verdade, enfim, é que a concepção de tutela jurisdicional não pode se aperfeiçoar isoladamente da noção de tutela ao direito material em situação de crise. Desse modo, o campo de atuação do processo tem como ponto de partida e de chegada invariavelmente "uma parcela da realidade substancial", o que torna muito íntima a conexão entre o processo e a realidade de direito material. É preciso, pois, estar sempre atento a como o processo se adapta à realidade substancial, de um lado, e, de outro, como evitar que o processo distorça a realidade substancial. Afinal como adverte Luiso ao constatar que "o processo está sempre a serviço do direito substancial" e, assim, não pode constituir "um bem em si, mas um bem instrumental".[98]

Tratando-se, pois, de um instrumento, a função básica do processo há de ser a de promover a efetividade do direito a que serve e não a de ensejar o afastamento de sua vigência e autoridade, ainda na lição de Luiso.[99]

---

96 ECHANDIA, Hernando Devis. *Compendio de derecho procesal*. Bogotá: ABC, 1974, v. I, n. 14, p. 39. O moderno direito processual, contudo, abranda a rigidez do procedimento legal, permitindo que, nos casos em que a autocomposição do litígio seja autorizada, possam as partes plenamente capazes convencionar mudanças para ajustar o procedimento às especificidades da causa, sob controle do juiz (CPC/2015, art. 190).

97 ANDRIOLI, Virgílio. *Lezioni di Diritto Processuale Civile*. Napoli: Jovene, 1973, v. I, n. 5, p. 19-20.

98 LUISO, Francesco P. *Diritto processuale civile*. 11. ed. Milano: Giuffrè, 2020, v. I, p. 15.

99 LUISO, Francesco P. *Diritto processuale civile*. 11. ed. Milano: Giuffrè, 2020, v. I, p. 15.

Sobre o princípio da legalidade no âmbito da jurisdição, v., adiante, o item 29, e sobre a instrumentalidade e efetividade do processo, v, retro, o item 20 e adiante o item 69; e sobre a possibilidade de o processo construir precedentes com eficácia *erga omnes*, fora dos limites subjetivos do processo, v., retro, os itens 25, 25-A e 25-B.

28-A. Interpretação conforme a Constituição

A regra mais importante em matéria de interpretação da lei processual decorre do art. 1º do CPC, que determina seja o processo civil disciplinado e interpretado conforme os valores e as normas fundamentais da Constituição.

Cuidando do tema, Larenz lembra que os valores e as normas que se prestam a viabilizar a chamada interpretação conforme a Constituição são, sobretudo, aqueles que se expressam na parte dos direitos fundamentais da Constituição, ou seja, a prevalência da dignidade da pessoa humana, a tutela da liberdade pessoal, o princípio da igualdade e, além disso, a ideia de Estado de Direito, da função do Poder Judicial, da democracia e do Estado Social.[100]

Nessa mesma linha, o STF considerou a norma do art. 1.641, II, do Código Civil inconstitucional se a imposição do regime de separação de bens nele prevista for interpretada como absoluta e cogente nos casamentos de pessoa com mais de 70 anos, uma vez que, assim entendida, violaria o princípio da dignidade da pessoa humana e o da igualdade. Por isso, procedeu à interpretação conforme à Constituição, atribuindo ao referido dispositivo legal "o sentido de norma dispositiva, que deve prevalecer à falta de convenção das partes em sentido diverso, mas que pode ser afastada por vontade dos nubentes, dos cônjuges ou dos companheiros. Ou seja: trata-se de regime legal facultativo e não cogente".[101]

Contudo, interpretar a lei conforme a Constituição não equivale a desprezar a obra do legislador comum para aplicar apenas e diretamente a regra ou o princípio constitucional. A própria Constituição reserva para a lei ordinária a disciplina do direito público e privado, no âmbito tanto material quanto processual,[102] de maneira que, no Estado de Direito, só é inválida a lei quando editada em contradição com algum princípio ou regra da Constituição.

Quando a interpretação de uma lei é feita em cotejo com a Constituição, o que se procura é afastar, entre os diversos sentidos que lhe possam ser atribuídos, todos aqueles que se mostrem inconciliáveis com os princípios constitucionais, e fixar, enfim, o único que a ponha em harmonia com tais princípios. Vale dizer: busca-se não invalidar a lei, mas mantê-la dentro dos limites de validade, evitando, assim, reduzi-la à inconstitucionalidade.

O intérprete, *in casu*, não pode deixar de atender ao escopo da lei, a não ser quando não seja possível emprestar-lhe, interpretativamente, uma inteligência compatível com a ordem

---

[100] LARENZ, Karl. *Metodologia da ciência do direito*. 5. ed. Trad. de José Lamego. Lisboa: Fundação Coulouste Gulbenkan, 1983, p. 410.

[101] STF, Pleno, ARE 1.309.642/SP, Rel. Min. Luís Roberto Barroso, ac. 01.02.2024, *DJe* 02.04.2024. Para o acórdão, o princípio da dignidade humana seria violado em duas de suas vertentes: "(i) da autonomia individual, porque impede que pessoas capazes para praticar atos da vida civil façam suas escolhas existenciais livremente; e (ii) do valor intrínseco de toda pessoa, por tratar idosos como instrumentos para a satisfação do interesse patrimonial dos herdeiros". Por outro lado, o princípio da igualdade seria violado "por utilizar a idade como elemento de desequiparação entre as pessoas, o que é vedado pelo art. 3º, IV, da Constituição, salvo se demonstrado que se trata de fundamento razoável para realização de um fim legítimo". Entretanto, "não é isso o que ocorre na hipótese, pois as pessoas idosas, enquanto conservarem sua capacidade mental, têm o direito de fazer escolhas acerca da sua vida e da disposição de seus bens". Para harmonizar a norma do art. 1.641, II, do Código Civil com a Constituição, o STF fixou a seguinte tese: "Nos casamentos e uniões estáveis envolvendo pessoa maior de 70 anos, o regime de separação de bens previsto no art. 1.641, II, do Código Civil, pode ser afastado por expressa manifestação de vontade das partes, mediante escritura pública".

[102] "Ninguém será obrigado a fazer ou deixar de fazer alguma coisa senão em virtude de lei" (CF, art. 5º, II).

constitucional. Aí, entretanto, não se estará interpretando a lei, e sim nulificando-a, diante da impossibilidade de preservar-lhe a validade.

Sempre, pois, que se cuida da interpretação segundo a Constituição, a missão do aplicador da lei é a de concretizar a escolha normativa do legislador ordinário, não lhe sendo lícito substituí-la por outra nem proceder a uma correção da lei. Ou a lei vale, por permitir uma interpretação conforme a Constituição, ou não vale, hipótese em que é impossível ao intérprete encontrar qualquer sentido capaz de afastá-la da inconstitucionalidade.

Em suma, a interpretação conforme a Constituição não pode alhear-se dos objetivos da lei. O que lhe compete é apenas eleger, entre várias interpretações possíveis segundo os critérios hermenêuticos tradicionais (gramaticais, lógicos, finalísticos, sistemáticos etc.), aquela que melhor concorde com os princípios da Constituição.[103] É nesse sentido que o art. 1º do CPC, em norma classificada como fundamental, determina que o aplicador do processo civil o interpretará conforme os valores e as normas da Constituição, observando, porém, as disposições do respectivo Código.

---

[103] LARENZ, Karl. *Metodologia da ciência do direito.* 5. ed. Trad. de José Lamego. Lisboa: Fundação Coulouste Gulbenkan, 1983, p. 411. Para o autor, "*conformidade à Constituição* é, portanto, um critério de interpretação" (e não de revogação, modificação ou anulação da lei).

Capítulo II

PRINCÍPIOS E NORMAS FUNDAMENTAIS DO PROCESSO CIVIL

§ 4º PRINCÍPIOS INFORMATIVOS DO DIREITO PROCESSUAL

29. Noções gerais: princípios universais

No estudo de qualquer ramo do direito, é muito importante pesquisar os seus princípios, visto serem eles o caminho para alcançar o estado de coisas ideal visado na aplicação do conjunto de normas analisado.

Antes, porém, de enfocar os princípios específicos do direito processual civil, é bom lembrar que, sendo ramo de um organismo maior, que é o direito em sua configuração total, as leis que regem o processo se apoiam, antes de tudo, nos princípios gerais observáveis em todo o ordenamento jurídico. Dentre esses princípios *universais,*[1] respeitados pelo moderno Estado Democrático de Direito, destacam-se:

a) o princípio da *legalidade*;
b) o princípio *lógico*;
c) o princípio *dialético*;
d) o princípio *político*;

O direito processual, em primeiro lugar, não se presta a autorizar um tipo qualquer de composição para o conflito cuja solução seja submetida à Justiça estatal. No Estado regido por Constituição Democrática, como a brasileira, figura, entre os direitos do homem, a garantia fundamental de que "ninguém será obrigado a fazer ou deixar de fazer alguma coisa, senão em virtude de lei" (CF, art. 5º, II). É nisso que consiste o princípio da legalidade, que vale para limitar o exercício do poder público, em qualquer terreno de atuação, e assegurar a todos "a inviolabilidade do direito à vida, à liberdade, à igualdade, à segurança e à propriedade" (CF, art. 5º, *caput*).

No direito processual, o princípio da legalidade encontra adoção expressa no art. 8º do Código de Processo Civil, ao atribuir ao juiz o dever de "aplicar o ordenamento jurídico", deixando expresso que a atuação do Poder Judiciário, no desempenho da função jurisdicional, tem de observar o princípio da legalidade, tal como prevê o art. 37, *caput*, da Constituição. A *lei* a que as partes se submetem (CF, art. 5º, II), e que ao juiz compete aplicar na composição dos litígios, não se confunde com lei em sentido estrito, isto é, com o texto normativo oriundo do Poder Legislativo

---

[1] ARRUDA ALVIM classifica os princípios *universais* como "informativos", e os específicos do direito processual como "princípios fundamentais". Os primeiros podem ser considerados "quase axiomas, porque prescindem de demonstração maior" (o lógico, o jurídico, o político e o econômico). Os últimos apresentam densa carga ideológica, podem ser contraditórios entre si e dependem, em sua adoção, de opção política do legislador (ARRUDA ALVIM NETTO, José Manoel. *Manual de direito processual civil*. 8. ed. São Paulo: RT, 2003, v. I, p. 22-23).

sob o rótulo de *lei*. O ordenamento jurídico referido pelo art. 8º do CPC compreende a lei e todo e qualquer provimento normativo legitimamente editado pelo Poder Público. Compreende, outrossim, além das *regras*, os *princípios gerais,* mormente os constitucionais.

O princípio lógico é aquele que impõe aos atos e decisões das autoridades públicas uma sustentação racional, de modo que, ao aplicar a lei, sempre delibere dentro da racionalidade.[2] No processo, o princípio lógico se cumpre por meio da exigência de serem as decisões judiciais obrigatoriamente fundamentadas, sob pena de nulidade (CF, art. 93, IX).

Essa fundamentação não é apenas uma imposição do princípio do contraditório, do qual decorre a submissão do juiz a decidir a causa, dando sempre resposta às alegações e defesas deduzidas pelas partes (CPC, art. 489, II), como também é uma exigência de ordem política – institucional do Estado Democrático de Direito. É por meio da motivação e da publicidade dos decisórios que a autoridade judiciária presta contas à sociedade da maneira com que desempenha a parcela do poder a ela delegada. Assim, toda a sociedade pode controlar a fidelidade ou os abusos de poder com que age o magistrado.

O princípio dialético[3] consiste na observância pelo jurista e pelo operador do direito de critérios lógicos que não são aqueles próprios das ciências exatas. Nas ciências humanas e, particularmente no Direito, a lógica é a da razoabilidade, que se apura por meio do debate e da argumentação em torno da melhor e mais adequada interpretação das normas presentes no ordenamento jurídico.

As leis, sendo apenas um programa de convivência em sociedade, não conseguem elaborar normas precisas e completas para todas as nuances do comportamento humano. Ao incidirem sobre os casos concretos, oferecem inevitáveis lacunas e imprecisões, que hão de ser completadas ou superadas pelo intérprete e aplicador da norma legislada. O princípio da legalidade exige que o juiz não se afaste da lei, mas não impede que desempenhe a tarefa de adequá-la às peculiaridades do caso concreto e de proceder à sua harmonização com o todo do sistema do vigente ordenamento jurídico.

No processo, o princípio dialético se realiza por meio do contraditório imposto pela Constituição, e que se traduz na ampla discussão entre as partes e o juiz em torno de todas as questões suscitadas no processo, antes de serem submetidas a julgamento. Dessa maneira, o provimento judicial representa o resultado dialético do debate ocorrido no desenvolvimento do processo, ficando assegurada a todos os sujeitos da relação processual a possibilidade de efetiva participação na construção do resultado da tutela jurisdicional.

O juiz exerce a autoridade no comando do processo, mas não o conduz de maneira autoritária. Comporta-se sob a regência dos preceitos da lei e só decide depois de amplo debate em torno dos fatos e fundamentos jurídicos propostos pelas partes. Em torno das provas, o juiz formará seu convencimento, mas ficará sempre restrito àquilo que se argumentou e provou

---

2 "Das regras da lógica, por exemplo, outrora se diria que elas são constitutivas do que se chama pensar: é indispensável começar por respeitá-las caso se queira exprimir um conteúdo mental qualquer. (...) não se pode pensar contra a lógica, porque um pensamento ilógico simplesmente não é um pensamento" (BOUVERESSE, Jacques. *Prodígios e vertigens da analogia* – o abuso das belas-letras no pensamento. Trad. de Cláudia Berliner. São Paulo: Martins Fontes, 2005, p. 118; *apud* DIDIER JR., Fredie. *Sobre a teoria geral do processo.* Tese de Livre-Docência. São Paulo: Faculdade de Direito da USP, 2011, p. 143, nota 319). Da lógica do sistema jurídico decorre a harmonia necessária entre suas normas, de sorte que nunca poderá se manter uma contradição entre elas. O jurista sempre haverá de encontrar, no próprio sistema, uma solução para superar a aparente contradição, de modo que, na verdade, só uma das normas conflitantes será válida.

3 A dialética é a "arte de raciocinar, argumentar e discutir, buscando a verdade pela oposição e conciliação de contradições" (CARNEIRO, Athos Gusmão. *Intervenção de terceiros*. 14. ed. São Paulo: Saraiva, 2003, p. 9).

nos autos, para, afinal, proferir um julgamento cujos fundamentos racionais e jurídicos terão de ser explicitados na decisão (CPC, art. 371).

Por fim, o princípio político retrata-se na sujeição do juiz ao dever de dar efetivo cumprimento, por seus atos decisórios, às normas, princípios e valores com que a Constituição organiza, soberanamente, o Estado Democrático de Direito. A sentença não pode representar apenas a aplicação das leis vigentes; tem, acima de tudo, de fazer efetivos os direitos e princípios fundamentais, otimizando os critérios de interpretação e aplicação do direito, de modo a tornar o processo não apenas um instrumento de aplicação concreta das leis, mas, sim, de realização da justiça prometida e assegurada pela Constituição.

A formação do provimento jurisdicional[4] há de se principiar pela investigação do modo de definir a presença e o significado dos mandamentos constitucionais na esfera do objeto do processo. Não só os princípios constitucionais se prestam a funcionar como critérios de interpretação da lei a ser aplicada na solução da causa, como eles próprios funcionam como normas a se observar com precedência sobre as regras da legislação ordinária.

Ao julgador, porém, toca o dever de preservar, na medida do possível, o princípio constitucional da legalidade, que prestigia as normas editadas pelo Poder Legislativo. Os demais princípios constitucionais somente podem exercer função normativa derrogadora da lei ordinária se entre aqueles e esta ocorrer total incompatibilidade. É que aí operará a invalidade da lei comum pelo vício da inconstitucionalidade.[5]

Fora da inconstitucionalidade, não é lícita a recusa de aplicar a norma ordinária. A tarefa que, então, se impõe é a da chamada interpretação conforme a Constituição. O juiz se empenhará em interpretar a lei segundo o melhor sentido que a ela possa atribuir, harmonizando-a com os princípios e valores adotados pela lei fundamental.

Mesmo quando a lei invocada no processo se mostrar inconstitucional, não fica o julgador autorizado, só por isso, a criar, *ex novo*, uma norma fora do ordenamento jurídico em vigor. O normal será afastar a lei inconstitucional e procurar no direito positivo uma outra norma que possa atuar em seu lugar. Por exemplo: uma lei exigia três condições para exercício de certo direito, e uma delas foi considerada inconstitucional. Não pode o lugar dela ser preenchido por outra condição criada pelo juiz. A solução será decidir a causa à luz apenas das duas condições legais não afetadas pela invalidade.

Outro exemplo: uma lei especial cria um regime particular para um contrato, que vem a ser declarado inconstitucional. Ao juiz não caberá criar outro regime especial para suprir a norma inválida. O correto será aplicar a lei geral já existente, *v.g.*, no Código Civil ou no Código de Processo Civil.

---

[4] "O provimento é um *ato do Estado*, de caráter imperativo, produzido pelos seus órgãos no âmbito de sua competência", que, genericamente, pode ser emitido no âmbito do legislativo, do executivo ou do judiciário, mas que é sempre "um ato dotado de natureza imperativa, um ato de poder" (GONÇALVES, Aroldo Plínio. *Técnica processual e teoria do processo*. Rio de Janeiro: Aide, 1992, p. 102-103). "É justamente com a emissão dos provimentos que o juiz exerce o poder de que é investido" (LIEBMAN, Enrico Tullio. *Manual de direito processual civil*. Trad. Cândido Rangel Dinamarco. Rio de Janeiro: Forense, 1984, v. I, p. 238).

[5] Os princípios, como explica Marcelo Neves, são normas reflexivas da ordem jurídica, ou seja, são normas que permitem a abertura da argumentação jurídica para heterorreferência, apontando para elementos que existem fora do sistema jurídico, como *valores, princípios morais, interesses gerais etc.* Tornam esses dados estruturáveis no discurso jurídico. Mas os princípios, assim sendo, *servem não como razão definitiva* para uma *norma de decisão, e sim como contribuição para* construção e balizamento hermenêutico de outras normas (cf. NEVES, Marcelo. *Entre Hidra e Hércules*: princípios e normas constitucionais. São Paulo: Martins Fontes, 2013, p. XVIII-XX; MACÊDO, Lucas Buril de. Boa-fé no processo civil-parte I. *Revista de Processo*, v. 330, p. 90, ago. 2022).

A atividade criativa total do julgador somente ocorrerá quando a inconstitucionalidade reconhecida deixar um claro normativo no ordenamento jurídico. Aí, sim, estará autorizado a conceber a regra concreta individualizada para o caso sob julgamento, iluminado pelos princípios e valores consagrados na Constituição. Enfim, é quando se deparar com a omissão na lei positiva ordinária que se permitirá o julgamento de acordo com a analogia, os costumes e os princípios gerais de direito (Lei de Introdução, art. 4º).

O princípio da legalidade foi corretamente aplicado pelo Superior Tribunal de Justiça quando cassou a decisão do Tribunal de Justiça do Rio de Janeiro em que havia sido imposta uma indenização por dano moral sem que ao demandado tivesse imputado a prática de ato ilícito e sem sequer existir nexo causal entre o dano suportado pelo demandante e a conduta do condenado. Condenar alguém a indenizar com fundamento apenas em "resposta humanitária mínima", como fez o tribunal de origem, foi considerado pelo STJ violação ao art. 159 do Código Civil de 1916, que corresponde ao art. 186 do Código atual.[6]

30. Princípios informativos e normas fundamentais do processo

Vários são os princípios consagrados na doutrina processual. Alguns decorrem da construção histórica da própria função jurisdicional, outros se acham transformados em normas do direito positivo, qualificadas como fundamentais ao processo. Entre os princípios universais, merecem destaque:

a) o princípio do devido processo legal;
b) o princípio da verdade real;
c) o princípio do duplo grau de jurisdição;
d) o princípio da oralidade;
e) o princípio da economia processual;
f) o princípio da eventualidade e da preclusão.

Pelo atual Código de Processo Civil, por outro lado, adquiriram o caráter de normas fundamentais vários princípios consagrados como inerentes ao processo democrático de nosso tempo, entre eles, o inquisitivo e o dispositivo, a demanda, o contraditório, a boa-fé objetiva, a legalidade, o acesso à justiça, a publicidade, a isonomia, a duração razoável do processo, bem como todos os que a Constituição manda aplicar aos serviços públicos em geral.

31. Princípio do devido processo legal

Jurisdição e processo são dois institutos indissociáveis. O direito à jurisdição é, também, o direito ao processo como meio indispensável à realização da Justiça.

A Constituição, por isso, assegura aos cidadãos o direito ao processo como uma das garantias individuais (art. 5º, XXXV).

A justa composição da lide só pode ser alcançada quando prestada a tutela jurisdicional dentro das normas processuais traçadas pelo Direito Processual Civil, das quais não é dado ao Estado declinar perante nenhuma causa (CF, art. 5º, LIV e LV).

É no conjunto dessas normas do direito processual que se consagram os princípios informativos que inspiram o processo moderno e que propiciam às partes a plena defesa de seus interesses, e ao juiz, os instrumentos necessários para a busca da verdade real, sem lesão dos direitos individuais dos litigantes.

---

6 STJ, 4ª T., REsp 685.929/RJ, Rel. Min. Honildo Amaral de Melo Castro, ac. 18.03.2010, *DJe* 03.05.2010.

A garantia do devido processo legal, porém, não se exaure na observância das formas da lei para a tramitação das causas em juízo.[7] Compreende algumas categorias fundamentais, como a garantia do juiz natural (CF, art. 5º, XXXVII) e do juiz competente (CF, art. 5º, LIII), a garantia de acesso à Justiça (CF, art. 5º, XXXV), de ampla defesa e contraditório (CF, art. 5º, LV) e, ainda, a de fundamentação de todas as decisões judiciais (art. 93, IX).[8]

Faz-se, modernamente, uma assimilação da ideia de devido processo legal à de *processo justo*.

A par da regularidade formal, o processo deve adequar-se a realizar o melhor resultado concreto, em face dos desígnios do direito material. Entrevê-se, nessa perspectiva, também um aspecto substancial na garantia do devido processo legal.[9]

A exemplo da Constituição italiana, a Carta brasileira foi emendada para explicitar que a garantia do *devido processo legal* (processo justo) deve assegurar "a razoável duração do processo" e os meios que proporcionem "a celeridade de sua tramitação" (CF, art. 5º, inc. LXXVIII, acrescentado pela Emenda Constitucional 45, de 30.12.2004).

Nesse âmbito de comprometimento com o "justo", com a "correção", com a "efetividade" e com a "presteza" da prestação jurisdicional, o *due process of law* realiza, entre outras, a função de um superprincípio, coordenando e delimitando todos os demais princípios que informam tanto o processo como o procedimento. Inspira e torna realizável a *proporcionalidade* e *razoabilidade* que devem prevalecer na vigência e na harmonização de todos os princípios do direito processual de nosso tempo.

Como justo, para efeito da nova garantia fundamental, não se pode aceitar qualquer processo que se limite a ser regular no plano formal. Justo, como esclarece Trocker, "é o processo que se desenvolve respeitando os parâmetros fixados pelas normas constitucionais e pelos valores consagrados pela coletividade. E tal é o processo que se desenvolve perante um juiz imparcial, em contraditório entre todos os interessados, em tempo razoável, como a propósito estabelece o art. 111 da Constituição" (italiana).[10]

---

7 "O princípio do devido processo legal, além de assegurar a observância das regras procedimentais previamente estabelecidas, também contém uma exigência de *fair trial*, implicando a garantia de o processo desenvolver-se com a observância de todo e qualquer direito fundamental. O litigante tem o direito de ver seus argumentos considerados, e o Estado, o dever de tomar em consideração os argumentos apresentados" (PEREIRA, Rafael Caselli; TESSARI, Cláudio. O direito ao fornecimento dos votos parciais no julgamento sob a perspectiva do devido processo legal. *Revista de Processo*, v. 306, p. 261. São Paulo, ago. 2020).

8 Das garantias do juiz natural e do contraditório decorrem alguns subprincípios aplicáveis à instauração do processo e ao julgamento da causa, como os que são denominados *princípio da demanda* e *princípio da congruência* (ver, adiante, o n. 43-b).

9 Compromete-se o devido processo legal com a necessidade de assegurar a efetividade da tutela jurisdicional. Ressaltando a instrumentalidade do direito processual, esta deve ser avaliada em termos de *eficiência* na defesa do direito material subjetivo. Na ordem constitucional, o processo se insere entre as garantias fundamentais e se apresenta como apanágio da cidadania. É necessário, pois, que o exercício de suas regras "apresente *in concreto* a utilidade efetiva para as quais foram predispostas" (RICCI, Gianfranco. *Principi di diritto processuale generale*. Torino: Giappichelli, 1995, p. 16). A Constituição italiana, após a reforma de 1999, estatui, expressamente, em seu art. 111: "*La giuridizione si attua mediante il* giusto processo *regulato dalla lege*." Nessa ideia de *processo justo*, insere-se, além das tradicionais figuras do juiz natural imparcial, do contraditório, da legalidade das formas e do compromisso com a ordem jurídica substancial, "uma afirmação, não menos categórica, da *efetividade* dos meios processuais e das formas de tutela obteníveis junto ao juízo (...) aos quais se agrega, ainda, o compromisso com os valores de "correção", "equidade" e "justiça procedimental" (COMOGLIO, Luigi Paolo. Il "giusto processo" civile in Italia. *Revista de Processo*, São Paulo, v. 116, p. 154-158, jul./ago. 2004). O processo deve ser desenvolvido para proporcionar à parte o melhor resultado possível em termos de direito material (devido processo *substancial*).

10 TROCKER, Nicolò. Il nuovo art. 111 della Costituzione e il giusto processo in materia civile: profili generali. *Rivista Trimestrale di diritto e procedura civile*, 2/383-384.

Nessa moderna concepção do processo justo, entram preocupações que não se restringem aos aspectos formais ou procedimentais ligados à garantia de contraditório e ampla defesa. Integram-na também escopos de ordem substancial, quando se exige do juiz que não seja apenas a "boca da lei" a repetir na sentença a literalidade dos enunciados das normas ditadas pelo legislador. Na interpretação e aplicação do direito positivo, ao julgar a causa, cabe-lhe, sem dúvida, uma tarefa integrativa, consistente em atualizar e adequar a norma aos fatos e valores em jogo no caso concreto. O juiz tem, pois, de complementar a obra do legislador, servindo-se de critérios éticos e consuetudinários, para que o resultado final do processo seja realmente justo, no plano substancial. É assim que o processo será, efetivamente, um *instrumento de justiça*.

Uma vez que o atual Estado Democrático de Direito se assenta sobre os direitos fundamentais, que não apenas são reconhecidos e declarados, mas cuja realização se torna missão estatal, ao processo se reconhece o papel básico de instrumento de efetivação da própria ordem constitucional. Nessa função, o processo, mais do que garantia da efetividade dos direitos substanciais, apresenta-se como meio de concretizar, dialética e racionalmente, os preceitos e princípios constitucionais. Dessa maneira, o debate, em que se enseja o contraditório e a ampla defesa, conduz, pelo provimento jurisdicional, à complementação e ao aperfeiçoamento da obra normativa do legislador. O juiz, enfim, não repete o discurso do legislador; faz nele integrar os direitos fundamentais, não só na interpretação da lei comum, como na sua aplicação ao quadro fático, e, ainda, de maneira direta, faz atuar e prevalecer a supremacia da Constituição. O devido processo legal, portanto, pressupõe não apenas a aplicação adequada do direito positivo, já que lhe toca, antes de tudo, realizar a vontade soberana das regras e dos princípios constitucionais. A regra infraconstitucional somente será aplicada se se mostrar fiel à Constituição. Do contrário, será recusada. E, mesmo quando a lide for resolvida mediante observância da lei comum, o seu sentido haverá de ser definido segundo a Constituição.

O devido processo legal, no Estado Democrático de Direito, jamais poderá ser visto como simples procedimento desenvolvido em juízo. Seu papel é o de atuar sobre os mecanismos procedimentais de modo a preparar e proporcionar provimento jurisdicional compatível com a supremacia da Constituição e a garantia de efetividade dos direitos fundamentais.

Há, de tal sorte, um aspecto *procedimental* do devido processo legal que impõe a fiel observância do contraditório e da ampla defesa, decorrência obrigatória da garantia constitucional do princípio da igualdade; e há, também, um aspecto *substancial*, segundo o qual a vontade concretizada pelo provimento jurisdicional terá de fazer prevalecer, sempre, a supremacia das normas, dos princípios e dos valores constitucionais.[11] Não se trata, porém, de distinguir duas realidades ou duas categorias jurídicas. Devido processo legal é apenas um único princípio que liga indissociavelmente o processo às garantias outorgadas pela Constituição, em matéria de tutela jurisdicional. A garantia tutelar é sempre realizada por meio de procedimento concebido e aplicado para bem e adequadamente cumprir sua função. É nessa *função* de realizar efetivamente os direitos materiais que se alcança, por meio do devido processo legal, o que ora se denomina de "justiça", ora de "acesso à justiça", ora de "acesso ao direito". Daí por que *devido processo legal* é sempre algo que traz ínsito o objetivo substancial do "processo justo".

---

[11] Ao moderno Estado Democrático de Direito "não basta apenas assegurar a liberdade das pessoas; exige-se dele, também, a realização das promessas imiscuídas nos direitos fundamentais e princípios constitucionais. Daí a necessidade de uma interpretação jurídica a ser praticada à luz desses princípios constitucionais e direitos fundamentais, circunstâncias que, dentre outras consequências, moldam um novo conceito de jurisdição" (DELFINO, Lúcio; ROSSI, Fernando. Interpretação jurídica e ideologias: o escopo da jurisdição no Estado Democrático de Direito. *Revista Jurídica UNIJUS*, Uberaba, v. 11, n. 15, p. 85, nov./2008).

31-A. Juiz natural e juiz competente

A garantia do devido processo legal[12] é hoje o enunciado genérico de um conjunto de princípios que representa o somatório de todas as garantias que envolvem a prestação da tutela jurisdicional assegurada constitucionalmente.

Dentro desse complexo de garantias que o devido processo legal resume, destaca-se a do *juiz natural*, que se desdobra em dupla vedação: a de instituição de *juízos extraordinários* (CF, art. 5º, XXXVII) e a de indevida alteração do *juízo legalmente competente* (CF, art. 5º, LIII).

Quanto à primeira vedação, a garantia fundamental é de claríssima expressão: "Não haverá juízo ou tribunal de exceção". Expressa-se, assim, a mais categórica repulsa do Estado Democrático de Direito aos tribunais *ad hoc*, figura inconciliável com a garantia do *juiz natural*, que, por sua vez, somente pode ser o legalmente competente, criado dentro da estrutura permanente do Poder Judiciário, instituída com anterioridade ao fato a ser julgado e sem destinação exclusiva de julgar certo evento ou determinada pessoa.[13]

Para que se cumpra a garantia do juiz natural, é indispensável que a causa seja julgada por juiz *imparcial, competente, pré-constituído* pela lei, vale dizer, constituído primeiro do que o fato a ser julgado. Todavia, "a eleição de foro e a constituição de juízo arbitral pelas partes não viola o princípio do juiz natural".[14] São fatos que se legitimam no plano da autonomia negocial, em torno de bens e direitos substancialmente disponíveis, circunstâncias que refletem juridicamente tanto no terreno do direito material como no do processual.

Outra garantia fundamental inserida no princípio do *devido processo legal* é a do *juiz competente*: "Ninguém será processado nem sentenciado senão pela autoridade competente" (CF, art. 5º, LIII). A submissão, portanto, de uma causa a juízo incompetente redunda em ofensa à garantia do juiz natural.

Contudo, a vedação de modificação de competência não tem as mesmas dimensões presentes na repulsa ao juízo de exceção. O que se assegura no art. 5º, LIII, da Constituição é que, peremptoriamente, ninguém será julgado por juiz incompetente, e não que a competência legal seja sempre imutável.

O CPC contém várias regras de *modificação de competência*, às quais a parte não pode resistir, como as provocadas pela conexão de causas (CPC, arts. 54-63)[15] e as decorrentes de lei que altera, no curso do processo, a competência *ratione materiae* (CPC, art. 43), assim como as que determinam a prorrogação de competência relativa por falta de tempestiva arguição da incompetência (CPC, art. 65) ou o deslocamento da execução de sentença do juízo da condenação (CPC, art. 516, parágrafo único). Em nenhum desses casos se reconhece ofensa à garantia do juiz natural.

O que se pode afirmar, dentro da sistemática de nosso processo civil, é que não se deve alterar uma competência apenas para desviar, caprichosamente, uma causa do respectivo juízo competente. A manobra casuística, sem amparo na lei, é que se mostra censurável, em face da garantia do juiz naturalmente competente. A modificação de caráter geral, como a provocada

---

12 "Ninguém será privado da liberdade ou de seus bens sem o devido processo legal" (CF, art. 5º, LIV).

13 Em decorrência da garantia do *juiz natural*, "é proibida a criação ou designação, legislativa ou não, de juízos de exceção, posteriormente à ocorrência do fato (*ex post facto*) ou em razão da pessoa (*ad personam*)" (NERY JR., Nelson; NERY, Rosa Maria de Andrade. *Constituição Federal comentada e legislação constitucional*. 6. ed. São Paulo: Ed. RT, 2017, p. 259).

14 NERY JR., Nelson; NERY, Rosa Maria de Andrade. *Constituição Federal comentada e legislação constitucional*. 6. ed. São Paulo: Ed. RT, 2017, p. 261.

15 Súmula 704/STF: "Não viola as garantias do juiz natural, da ampla defesa e do devido processo legal a atração por continência ou conexão do processo do corréu ao foro por prerrogativa de função de um dos denunciados".

pelas leis processuais ou de organização judiciária, é perfeitamente lícita e até corriqueira na evolução da normatização da atividade jurisdicional.

Aliás, mesmo a regra constitucional que exige pré-constituição do juízo natural não é absoluta, pois compreende apenas a vedação aos juízos ou tribunais de *exceção* (CF, art. 5º, XXXVII). Não é tão só a circunstância da posterioridade da criação do órgão judicante ao fato *iudicando* que, em si, ofende a garantia do juiz natural. Como já se demonstrou, para que tal ofensa ocorra, é necessário que o novo órgão judicante configure um *tribunal de exceção*, instituído episodicamente para julgar o caso, e não como novo órgão permanente, dotado de competência geral, dentro da normalidade institucional.

32. Processo legal e processo justo

O moderno processo justo traz em seu bojo significativa carga ética, tanto na regulação procedimental como na formulação substancial dos provimentos decisórios.

É importante, todavia, não se afastar do jurídico, para indevidamente fazer sobrepujar o ético como regra suprema e, portanto, capaz de anular o direito positivo. Moral e direito coexistem no terreno da normatização da conduta em sociedade, mas não se confundem, nem se anulam reciprocamente, cada qual tem sua natureza, seu método e seu campo de incidência. A moral se volta acima de tudo para o aperfeiçoamento íntimo da pessoa e se sujeita a sanções também íntimas e pessoais, que, todavia, não se revestem da imperatividade própria da lei jurídica. Ao contrário da moral, a regra de direito é objetivamente traçada por órgão político, no exercício de atividade soberana. A transgressão de seus preceitos implica censura do poder estatal, manifestada por meio de sanções típicas do caráter coercitivo das regras jurídicas.

As regras morais são utilizáveis pelo julgamento em juízo quando jurisdicizadas, de alguma forma, pela ordem jurídica. Assim, quando a lei invoca algum valor ou preceito ético, não o faz nos moldes do que comumente ocorre no plano íntimo próprio da moral. A fonte ética terá de ser amoldada aos padrões objetivos indispensáveis à normatização jurídica. Não é o bom para o espírito que se perquire, mas o bom para o relacionamento social regrado pela lei.[16]

Em nome da eticidade, não se admite que o provimento judicial se torne fonte primária de uma justiça paternalista e assistencial, alheia ou contrária aos preceitos editados pelo legislador. *Justo* e *injusto* medem-se, no processo, pelos padrões objetivos próprios do direito, e não pela ótica subjetiva e intimista da moral, mesmo porque não é possível na ordem prática quantificar e delimitar, com precisão, os valores e preceitos puramente éticos, em todo seu alcance *in concreto*.

É pela *equidade* que o valor moral penetra na aplicação judicial do direito. Analisando o pensamento filosófico de Hart, exposto em *Law, liberty and morality* (Stanford, Stanford University Press, 1963), observa José Alfredo Baracho que, nesse tema, "o princípio geral, latente nas aplicações da ideia de justiça, assenta-se que os indivíduos têm direito, uns em relação aos

---

16 De fato, não se pode ignorar que as Constituições dos Estados Democráticos atuais consagram, em seus fundamentos, múltiplos princípios e valores éticos. O aplicador das normas constitucionais não poderá ir além da compreensão de como tais dados éticos operam dentro do sistema jurídico normativo da Constituição e da ordem jurídica nela fundada. Dworkin insiste muito em uma revisão da rigorosa dicotomia entre direito e moral, reclamando a necessidade de reconhecer que o valor ético da justiça esteja sempre presente na interpretação e aplicação do direito. Para o grande pensador, o direito, no plano filosófico, haveria de ser entendido, definitivamente, não como algo separado, em paralelo, que poderia entrar em conflito com a moral, mas como um ramo ou um âmbito da moral (DWORKIN, Ronald. *Justice for Hedgehogs*. Cambrigde: Harvard University Press, 2001, p. 400 e ss.; cf. GRAJALES, Amós Arturo; NEGRI, Nicolás Jorge. Ronald Myles Dworkin e as Teorias da Argumentação Jurídica *(In memoriam)*. *Revista de Processo*, n. 232, jun./2014, p. 444-445).

outros, bem como uma certa posição relativa de igualdade ou desigualdade".[17] É, pois, pela prevalência dos princípios constitucionais de liberdade e igualdade, sobretudo, que se realiza a *equidade* e se repele a *iniquidade* na composição dos conflitos jurídicos.[18]

Diante dessas ideias, o *processo justo*, em que se transformou o antigo *devido processo legal*, é o meio concreto de praticar o processo judicial delineado pela Constituição para assegurar o pleno acesso à Justiça e a realização das garantias fundamentais traduzidas nos princípios da legalidade, liberdade e igualdade. Nessa ordem de ideias, o processo, para ser *justo*, nos moldes constitucionais do Estado Democrático de Direito, terá de consagrar, no plano procedimental:[19]

a) o direito de acesso à Justiça;
b) o direito de defesa;
c) o contraditório e a paridade de armas (processuais) entre as partes;
d) a independência e a imparcialidade do juiz;
e) a obrigatoriedade da motivação dos provimentos judiciais decisórios;
f) a garantia de uma duração razoável, que proporcione uma tempestiva tutela jurisdicional.

No plano substancial, o processo justo deverá proporcionar a efetividade da tutela àquele a quem corresponda a situação jurídica amparada pelo direito, aplicado à base de critérios valorizados pela equidade concebida, sobretudo, à luz das garantias e dos princípios constitucionais.[20]

Para evitar os inconvenientes das conotações extrajurídicas da ideia de *justiça*, há quem prefira falar, quando se trata da abordagem do devido processo legal, em *acesso ao direito* (em lugar de acesso à *justiça*), já que, no processo, o fim último seria assegurar a realização da ampla defesa pelo direito de ação; seria, então, por meio do seu exercício que se daria o "livre acesso à jurisdição, como direito irrestrito de provocar a tutela legal"[21] (CF, art. 5º, XXXV). O *processo justo*, na concepção constitucional, não é o programado para ir além do direito positivado na ordem jurídica: é apenas aquele que se propõe a outorgar aos litigantes a plena tutela jurisdicional, segundo os princípios fundamentais da ordem constitucional (liberdade, igualdade e legalidade). Dentro da ordem jurídica, sim, pode-se cogitar de hermenêutica e aplicação da lei otimizadas pelo influxo dos valores e princípios da Constituição. Tudo, porém, dentro dos limites da legalidade.

---

17 BARACHO, José Alfredo de Oliveira. Lei, jurisprudência, filosofia e moral em Hart. *O Sino do Samuel*. Belo Horizonte: Faculdade de Direito da UFMG, p. 10-11, jan./mar. 2007.

18 "A centralidade do processo jurisdicional no interior do sistema das garantias [fundamentais] justifica a particular atenção àquele dedicada pela Constituição, a qual desenhou, a propósito, um modelo de processo jurisdicional" (ANDOLINA, Italo Augusto. Il "giusto processo" nell'esperienza italiana e comunitaria. *Annali del seminario giuridico*, Milano: Giuffrè, 2006, v. VI, p. 356).

19 ANDOLINA, Ítalo. Il "giusto processo" nell'esperienza italiana e comunitaria. *Annali del seminario giuridico*, Milano: Giuffrè, 2006, v. VI, p. 357.

20 ANDOLINA, Ítalo. O papel do processo na atuação do ordenamento constitucional. *Revista de Processo*, São Paulo, ano 22, n. 87, p. 64-65, jul./set. 1997.

21 LEAL, Rosemiro Pereira. *Teoria geral do processo:* primeiros estudos. 7. ed. Rio de Janeiro: Forense, 2008, p. 67-68; TAVARES, Fernando Horta. Acesso ao direito, duração razoável do procedimento e tutela jurisdicional efetiva nas constituições brasileiras e portuguesas: um estudo comparativo. *In:* AMORIM, Felipe Daniel; OLIVEIRA, Marcelo Andrade Cattoni de (coords.). *Constituição e processo*. Belo Horizonte: Del Rey, 2009, p. 266-267.

A justiça que se busca alcançar no processo não é, naturalmente, aquela que a moral visualiza no plano subjetivo. É, isto sim, a que objetivamente corresponde à prática efetiva das garantias fundamentais previstas na ordem jurídica constitucional, e que, de maneira concreta, se manifesta como o dever estatal de "assegurar tratamento isonômico às pessoas, na esfera das suas atividades privadas e públicas".[22] Proporcionar *justiça*, em juízo, consiste, nada mais, nada menos, que (i) distribuir igualmente "as limitações da liberdade", para que todos tenham protegida a própria *liberdade*; e (ii) fazer que, sem privilégios e discriminações, seja dispensado tratamento *igual* a todos perante a lei.[23] Na verdade, a garantia de justiça traça "uma diretriz suprema", projetada pelos sistemas jurídicos "para figurar no subsolo de todos os preceitos, seja qual for a porção da conduta a ser disciplinada".[24] No universo dos princípios, nenhum outro o sobrepuja, justamente porque todos trabalham em função dele, o qual, em última análise, se apresenta como um valor síntese, ou um "sobre princípio fundamental, construído pela conjugação eficaz dos demais princípios", no dizer de Paulo de Barros Carvalho.[25]

A propósito do tema, Humberto Ávila adverte sobre o inconveniente de distinguir entre "devido processo legal *procedimental*" e "devido processo legal *substancial*".[26] Como esclarece, o princípio é um só e consiste justamente em organizar-se o processo segundo procedimento capaz de cumprir sua função institucional de tutela dentro dos padrões previstos na Constituição. O processo *justo* não é senão aquele normatizado para promover um comportamento necessário e adequado à sua funcionalidade. O dever de "proporcionalidade e razoabilidade" na realização dos princípios constitucionais por meio dos provimentos judiciais, o qual às vezes se costuma denominar "devido processo legal substancial", não é algo que tenha origem ou fundamento no devido processo legal. Esse dever provém do próprio sistema constitucional que se forma segundo uma longa e complexa rede de princípios, cuja convivência só se torna viável ou possível se se observar algum critério de convivência e mútua limitação. Esse dever existe dentro e fora do processo, sempre que o aplicador da Constituição se depara com a necessidade de tomar deliberações sobre questões que, naturalmente, se encontrem sob regência de mais de um princípio fundamental.

Enfim, não há dois devidos processos legais, mas um só e único, cuja natureza é primariamente *procedimental* e cuja função é justamente garantir e proteger os direitos disputados em juízo. Ele somente será *adequado* e *justo* se os atos nele praticados forem *proporcionais* e *razoáveis* ao *ideal* de protetividade do direito tutelado.[27]

O juiz, no Estado Democrático de Direito, está obrigado a decidir aplicando as regras (leis) e os princípios gerais consagrados pela Constituição, mas não pode ignorar a lei para decidir somente em função dos princípios. A influência das regras é diferente da influência dos princípios, quando se trata de submeter o conflito à solução processual: *(i)* os *princípios* também funcionam como normas, mas são *primariamente complementares e preliminarmente parciais*, isto é, abrangem "apenas parte dos aspectos relevantes para uma tomada de decisão" e, portanto, "não têm a pretensão de gerar uma solução específica, mas de *contribuir*, ao lado

---

22 TAVARES, Fernando Horta. Acesso ao direito, duração razoável do procedimento e tutela jurisdicional efetiva nas constituições brasileiras e portuguesas: um estudo comparativo. *In:* AMORIM, Felipe Daniel; OLIVEIRA, Marcelo Andrade Cattoni de (coords.). *Constituição e processo*. Belo Horizonte: Del Rey, 2009, p. 267.

23 POPPER, Karl. *A sociedade aberta e seus inimigos*. Belo Horizonte: Itatiaia, 1987, v. I, p. 103 e 125-126.

24 CARVALHO, Paulo de Barros. *Direito tributário, linguagem e método*. 2. ed. São Paulo: Noeses, 2008, p. 272.

25 CARVALHO, Paulo de Barros. *Direito tributário, linguagem e método*. 2. ed. São Paulo: Noeses, 2008, p. 273.

26 ÁVILA, Humberto. O que é "devido processo legal?". *Revista de Processo*, São Paulo, v. 163, p. 52-53, set./2008.

27 Os fundamentos de proporcionalidade e razoabilidade dizem respeito não ao devido processo legal, pois atrelam-se diretamente aos princípios maiores da ordem constitucional, quais sejam, os princípios de *liberdade* e de *igualdade* (cf. ÁVILA, Humberto. O que é "devido processo legal?". *Revista de Processo*, São Paulo, v. 163, p. 53, set./2008).

de outras razões, para a tomada de decisão; *(ii)* "já as *regras* [leis propriamente ditas] consistem em normas *preliminarmente decisivas e abarcantes*", no sentido de abranger todos os aspectos relevantes para a tomada de decisão. Seu papel não é complementar, é principal e imediato, revelando a pretensão de gerar uma solução específica para determinado conflito.[28]

É por isso que o julgamento da causa não pode provir apenas da invocação de um princípio geral, ainda que de fonte constitucional. Somente na lacuna da lei o juiz estará autorizado a assim decidir. Havendo regra legal pertinente ao caso, será por meio dela que o decisório haverá de ser constituído. Os princípios constitucionais nem por isso deixarão de ser observados. Isso, entretanto, se dará pela via da *complementariedade*, no plano da *interpretação* e *adequação* da lei às peculiaridades do caso concreto, de modo a fazer que a incidência da regra se dê da forma mais *justa* possível, vale dizer: de maneira que a compreensão da regra seja aquela que mais se afeiçoe aos princípios constitucionais.

O processo justo recorre aos princípios constitucionais não para afastar as regras legais, mas para *otimizá-las* em sua concretização judicial.[29] Somente quando, à luz de um juízo de razoabilidade e de uma análise de proporcionalidade dos vários princípios traçados pela Constituição, uma lei for considerada como inválida por insuperável contradição com a Lei Fundamental, é que ao juiz será lícito recusar-lhe aplicação, para decidir dando prevalência aos princípios constitucionais sobre os dispositivos inválidos da lei ordinária. Aí, sim, terá atuado o devido processo legal em sentido substancial, para afastar o abuso normativo cometido pelo legislador, ao instituir regra violadora dos próprios limites de sua atribuição constitucional.[30] O princípio constitucional do devido processo legal, por si só, não se presta a autorizar o julgamento puramente principiológico, se a lei recusada pelo juiz não se apresentar como *desrazoável* ou *desproporcional* dentro dos limites da competência política do legislador.

32-A. Fraternidade, solidariedade e aplicação da lei no processo justo: humanização do direito

Após o século XIX ter sido dedicado ao pensamento positivista, que procurava isolar o direito da moral, a segunda metade do século XX se vangloriou de ter logrado, na civilização

---

28 ÁVILA, Humberto. *Teoria dos princípios*. 8. ed. São Paulo: Malheiros, 2008, n. 2.4.2.3, p. 76-77.

29 "O direito não é alheio da instância ética, e, suposta a boa intenção do agente, e a retidão do fim e da matéria do ato jurídico, o juiz, ao dizer o direito, deve decidir segundo o ditado prudencial da consciência, último juízo da razão prática. Mas essa consciência judiciária, se é *fundamental* para o ato de determinação do direito do caso – interpretando norma e fato – não é fundante desse direito. A consciência moral não é um ato de recriação do bem, ou de objetivação artificial de uma propensão subjetiva. Assim, o papel da consciência judicial não é o de julgar ordinariamente as normas, não é o de assumir a função de legislador positivo (...). O juiz deve decidir segundo as normas postas, ainda que corrigindo seus excessos e deficiências (o que significa, afinal, observar a norma objetiva superior), quando o exija a equidade (...)" (DIP, Ricardo. Prudência judicial e consciência. *Revista Forense*, Rio de Janeiro, v. 408, p. 315, mar./abr. 2010).

30 "O Estado não pode legislar abusivamente. A atividade legislativa está necessariamente sujeita à rígida observância da diretriz fundamental, que, encontrando suporte teórico no princípio da proporcionalidade, veda os excessos normativos e as prescrições irrazoáveis do Poder Público". A cláusula tutelar do *substantive due process of law*, compreendida no art. 5º, LIV, da CF, "ao inibir os efeitos prejudiciais decorrentes do abuso de poder legislativo, enfatiza a noção de que a prerrogativa de legislar outorgada ao estado constitui atribuição jurídica *essencialmente limitada*, ainda que o momento de abstrata instauração normativa possa repousar em juízo meramente político ou discricionário do legislador" (STF, Pleno, ADI 1.407-MC, Rel. Min. Celso de Mello, ac. 07.03.1996, *RTJ* 176/578-580; STF, RE 374.981, Decisão do Rel. Min. Celso de Mello, ac. 28.03.2005, *DJU* 08.04.2005). "A competência extraordinária de editar medidas provisórias não pode legitimar práticas de cesarismo governamental nem inibir o exercício, pelo congresso nacional, de sua função primária de **legislar**" (STF, Pleno, MS 27.931/DF, Rel. Min. Celso de Mello, ac. 29.06.2017, *DJe* 28.10.2020).

ocidental, o soerguimento do Estado ético, em que a ordem jurídica não se confunde com a moral, mas com ela convive em harmonia, positivando através de cláusulas gerais muitos de seus princípios e valores. Com esses novos rumos, reconhece-se que o direito *humanizou-se* mais, ensejando mais efetividade aos *direitos do homem*, vitimados em proporções intoleráveis na primeira metade do século XX.

Não se pode esquecer que, ainda no século XVIII, vencido *l'ancien régime* pela Revolução Francesa, a Assembleia Constituinte da República instalada na França, a exemplo do que já haviam feito os Estados Americanos, aprovou a *Declaração dos Direitos do Homem e do Cidadão*, transformando-os nos fundamentos maiores daquilo que veio a ser o atual Estado Democrático de Direito. Essa magnífica conquista da humanidade no terreno dos direitos fundamentais, teve a essência resumida no lema da Revolução Francesa: liberdade, igualdade e *fraternidade*.[31]

Dois séculos após, nossa Constituição, em termos mais explicativos, proclama, em essência, a mesma coisa: o Brasil é uma República estruturada como Estado Democrático de Direito, cuja base constitucional se assenta, entre outros, sobre os valores supremos da liberdade, igualdade, justiça e *fraternidade*, ou seja, nos valores característicos de uma "sociedade *fraterna*" (Preâmbulo da CF/1988).[32] E entre seus objetivos fundamentais, aponta, em primeiro lugar, a construção de uma sociedade *livre, justa e solidária* (CF, art. 3º, I).[33]

Daí que, em função de garantias tão plenas de eticidade, é intuitivo que nossa ordem jurídica não tolera interpretação e aplicação da lei que ignore os princípios consagrados pela Carta Magna como *valores supremos* e como *objetivos fundamentais* da República brasileira.

Outrossim, é fácil de ver no âmbito da participação social o campo mais propício à realização do ideário constitucional, já que a resolução dos conflitos mediante aplicação da lei exige dos juízes a emissão de provimentos que, em face do caso concreto, sejam *justos*, isto

---

31 No pós-Segunda Grande Guerra, derrotado o desumano nazifacismo, nova "Declaração Universal dos Direitos do Homem" viria a ser votada, desta vez pela Assembleia Geral da ONU, em 1948, cujo art. 1º dispôs enfaticamente: "Todos os homens nascem livres e iguais em dignidade e direitos. São dotados de razão e consciência e devem agir em relação uns aos outros com espírito de *fraternidade*".

32 Para vários ordenamentos jurídicos contemporâneos – entre eles, o brasileiro –, a fraternidade "não é somente um valor de natureza puramente religiosa – apesar de no Cristianismo encontrar sua gênese – ou de ideologia política, mas uma *categoria constitucional*, ponto de equilíbrio entre a *liberdade* e a *igualdade*" (MACHADO, Carlos Augusto, *apud* SIMM, Zeno. Wagner Balera: antes de tudo, um humanista. *Revista Bonijuris*, ano 34, ed. 677, p. 134-135, ago./set. 2022). Nesse sentido, afirma-se que a fraternidade "evoluiu na sociedade até atingir o patamar de *categoria jurídica*": antes restrita à órbita religiosa, atualmente "é vista como um princípio a ser observado nas sociedades democráticas, garantindo um equilíbrio entre os dois axiomas mais prestigiados desde a Revolução Francesa: *igualdade* e *liberdade*" (SIQUEIRA, Heloísa Flory da Motta de; MELLO, Elizete Silva de. Direito constitucional fraternal: uma breve análise. Disponível em: https://docplayer.com.br/125951084-Direito-constitucional-fraternal-uma-breve-analise.html. Acesso em: 29 ago. 2022). Fala-se na necessidade de que o homem, a humanidade e o planeta sejam "fraternalmente tutelados", mediante um sistema de concretização dos direitos humanos que inclua em suas dimensões o "dever natural de fraternidade", exigível não só do Estado, "mas também, horizontalmente, da sociedade civil e de todos os homens" (SAYEG, Ricardo Hasson; BALERA, Wagner. *O capitalismo humanista*: filosofia humanista de direito econômico. Petrópolis: KBR, 2011, p. 215).

33 Por *solidariedade*, em linhas gerais, entende-se a responsabilidade comum de todos pela busca de justa solução de problemas que afetam aqueles que convivem numa mesma comunidade e enfrentam os mesmos desafios. Por *fraternidade*, compreende-se o tratamento afetivo, próprio dos que se integram a uma comunidade como a uma grande família, em que os conviventes se comportam com a estima recíproca própria dos irmãos na família natural. É também um comportamento solidário, porém mais do que isto, porque comportamento fraternal. É na conjugação harmoniosa entre o Preâmbulo da Constituição e o disposto no seu art. 3º, I, que se pode pensar numa aplicação mais humana do direito, como se espera do *processo justo*, concebido pelo atual Estado Democrático de Direito.

é, o mais afeiçoado possível aos valores e princípios fundamentais preconizados pela ética constitucional.[34]

Portanto, é quase sempre segundo as técnicas hermenêuticas que o julgador aplicará o direito positivo, de maneira que se possa ter como cumprida a garantia do devido processo no seu aspecto substancial. Os enunciados de lei nunca são tão unívocos, rígidos e inflexíveis a ponto de impedir a descoberta de um sentido mais condizente com os valores protegidos constitucionalmente e de impor uma solução atritante com a função do *processo justo*.

Entretanto, é mesmo ao *processo justo* que, nos limites das garantias constitucionais, se atribui a função de um processo *humanizado* como a própria Constituição democrática se revela. É desse processo inteiramente afinado com as garantias fundamentais que se pode esperar do sentenciante, não que usurpe do legislador o poder de criar a lei, nem que revogue ou ignore a lei validamente editada, mas que consiga, com técnica e habilidade, aprimorá-la interpretativamente, até que, sendo o caso, possa conseguir um resultado compatível com as exigências dos princípios da solidariedade e fraternidade.[35]

A interpretação conforme os princípios da solidariedade e da fraternidade é aplicável a qualquer modalidade de lei, de direito material ou processual, de direito público ou privado, e até mesmo a dispositivo da própria Constituição. E pode ser feita no bojo de qualquer processo, cognitivo ou executivo.

No campo do direito material, por exemplo, são férteis as oportunidades de julgamento ponderado à luz dos princípios ético-constitucionais como as ensejadas pelas questões: sobre direitos da personalidade; sobre danos morais; sobre menores e incapazes; sobre as relações de família e sucessões; sobre fraude contra credores; sobre decretação ou superação de nulidades ou anulabilidades do negócio jurídico; sobre os contratos de longa duração como os planos de saúde, e os financiamentos para aquisição da casa própria e os contratos de cooperação empresarial; sobre a aplicação da teoria da imprevisão; sobre demarcação e divisão dos imóveis; sobre a convivência dentro de condomínios edilícios; sobre o direito de vizinhança; e tantas outras situações tão comuns no quotidiano social que seria cansativo tentar enumerá-las todas. Pense-se apenas no enorme universo das relações de consumo, onde a legislação especial reconhece explicitamente a vulnerabilidade do consumidor e a necessidade de tutelá-lo nos contratos firmados com os fornecedores profissionais. Ao mesmo tempo ressalva, porém, que essa proteção não seja levada ao extremo de comprometer a harmonização dos interesses de todos os sujeitos da relação de consumo e a inviabilizar a compatibilização da proteção do consumidor com a necessidade de desenvolvimento econômico e tecnológico, programado

---

34 "Tratar-se de *fraternidade* é o equivalente a investigar uma igualdade de *dignidade* entre pessoas, independentemente do modelo de organização em que vivem" (SIQUEIRA, Heloísa Flory da Motta de; MELLO, Elizete Silva de. Direito constitucional fraternal: uma breve análise. Disponível em: https://docplayer.com.br/125951084-Direito-constitucional-fraternal-uma-breve-analise.html. Acesso em: 29 ago. 2022). Lembra Zeno Simm que "ao passo que a liberdade e a igualdade ganharam espaço e proteção no âmbito do direito, o princípio da *fraternidade* ficou adormecido por 200 anos, e só mais recentemente tornou-se objeto de novas manifestações e passou a ser reconhecido como *categoria jurídica* e defendido como princípio a nortear também a interpretação e aplicação do direito" (Wagner Balera: antes de tudo, um humanista. *Revista Bonijuris*, ano 34, ed. 677, p. 136, ago./set. 2022).

35 Em face dos graves problemas institucionais trazidos pela pandemia de Covid-19, o Centro de Pesquisas Jurídicas (CPJ), apoiado pela AMB e pelo CNJ, lançou o *e-book Estudos de direito e fraternidade na fronteira da paz*, em que diversos textos de especialistas voltam-se para a demonstração de que a *fraternidade* pode "construir o caminho por meio do qual podemos abrir várias portas para a solução dos principais problemas hoje vividos pela humanidade em termos de liberdade e igualdade". Para o Ministro Luis Felipe Salomão, diretor do CPJ, "o resgate da Fraternidade, enquanto categoria jurídica e política, é o nosso dilema e o nosso desafio neste momento da nossa história" (CPJ. Direito e Fraternidade. *Revista AMB+*, 1.ª ed., p. 36, 2022).

e estimulado pela Constituição (art. 170), de modo que, na espécie, tudo deva sempre ser resolvido com base na "boa-fé e equilíbrio nas relações entre consumidores e fornecedores" (CDC, art. 4º, III).

No âmbito do direito processual civil, é decisivo lembrar que todas as normas fundamentais do CPC voltam-se para a imposição de que a condução do processo e a resolução das controvérsias em juízo se dê mediante fiel observância dos princípios constitucionais formadores da garantia do processo justo. Particularmente, entretanto, podem ser destacadas como hipóteses mais propícias à incidência dos princípios éticos em foco, aquelas que envolvem os deveres do juiz de: assegurar o tratamento igualitário às partes; promover, a qualquer tempo, a autocomposição do litígio; assistir as partes no suprimento de pressupostos processuais e no saneamento de outros vícios processuais; acatar os negócios jurídicos processuais ajustados entre as partes, controlando apenas sua legalidade; adequar os ônus probatórios às peculiaridades e contingências do caso; respeitar a primazia da resolução do mérito, evitando ao máximo as decretações de nulidade processual; agir sempre com inteiro respeito ao caráter cooperativo do processo e à garantia de contraditório sem surpresa, não deixando, na fundamentação das decisões, de analisar todos os argumentos relevantes à justa e completa solução da causa.

Durante o processo executivo, ressaltam-se as medidas ético-jurídicas: de repressão ou superação da fraude à execução e aos atentados à dignidade da Justiça; de equilíbrio entre a efetividade da execução e a preservação da menor onerosidade para o devedor; a observância das regras de impenhorabilidade com razoabilidade e, pois, sem radicalismos injustificáveis; facilitação de solução conciliatória, seja na forma de expropriação, seja no ajuste consensual sobre esquema de pagamento da dívida exequenda etc.

33. Direito e processo: instrumentalidade efetiva e celeridade procedimental

Há uma concepção, que hoje domina a doutrina especializada e, aos poucos, se afirma na melhor jurisprudência, segundo a qual a preocupação maior do aplicador das regras e técnicas do processo civil deve privilegiar, de maneira predominante, o papel da jurisdição no campo da realização do direito material, já que é por meio dele que, afinal, se compõem os litígios e se concretiza a paz social sob comando da ordem jurídica.

Arestos importantes, a propósito, têm ressaltado a "urgente necessidade de se simplificar a interpretação e a aplicação dos dispositivos do Código de Processo Civil" e de enfatizar que o processo "tem de viabilizar, tanto quanto possível, a decisão sobre o mérito das causas", evitando a exacerbação das técnicas puramente formais, que, não raro, sacrificam ou prejudicam o julgamento do mérito e selam o destino da causa no plano das formalidades procedimentais.[36]

Complicar o procedimento, quando é possível simplificá-lo, seria para a Ministra Nancy Andrighi, do STJ, "um desserviço à administração da justiça". Quanto mais se exige a atenção dos advogados para distinções cerebrinas de caráter procedimental, mais se estará exagerando na formação de profissionais especializados "quase que exclusivamente no processo civil, dedicando um tempo desproporcional ao conhecimento da jurisprudência sobre o próprio processo, tomando ciência das novas armadilhas fatais e dos percalços que as novas interpretações do procedimento lhes colocam no caminho".

Segundo o juízo crítico e pertinente da ilustre magistrada, "é fundamental, porém, que os advogados tenham condição de trabalhar tranquilos, especializando-se não apenas no processo,

---

36 Nesse sentido, é emblemático o julgado da 3ª Turma do STJ, proferido sob relato da Min. Nancy Andrighi, no REsp 975.807/RJ (ac. 02.09.2008, *DJe* 20.10.2008). Nele restou assentado o inconveniente da instituição de exegese que leve a distinguir, para a mesma regra processual, um sentido diferente, conforme o processo corra na Justiça Federal ou na Justiça Estadual, pela intranquilidade e insegurança que isto pode acarretar à defesa dos interesses substanciais dos litigantes.

mas nos diversos campos do direito material a que o processo serve. É o direito material que os advogados têm de conhecer, em primeiro lugar, para viabilizar a melhor orientação pré-judicial de seus clientes, evitando ações desnecessárias e mesmo para, nos casos em que o processo for inevitável, promover a melhor defesa de mérito para os jurisdicionados".[37]

Numa adequada concepção de *processo justo* e numa real compreensão da *efetividade* da tutela jurisdicional, o voto primoroso da Ministra Nancy Andrighi no acórdão já referido relativiza as consequências do erro meramente formal, a que se acham expostos os advogados, mesmo os mais competentes e estudiosos, advertindo que não seria justo, quase sempre, fazer prevalecer o rito sobre a substância do objeto da demanda, mormente quando o contraditório e a ampla defesa não tenham sido sacrificados. "O direito das partes [direito substancial] não pode depender de tão pouco".

Conclamando para a fiel interpretação do espírito e objetivo das reformas modernizadoras do Código de Processo Civil, o importante julgado do STJ sob comento conclui que, "nas questões controvertidas [em torno de regras procedimentais], convém que se adote, sempre que possível, a opção que aumente a viabilidade do processo e as chances de julgamento da causa. Não a opção que restringe o direito da parte". Enfim: "As Reformas Processuais têm de ir além da mudança das leis. Elas têm de chegar ao espírito de quem julga. Basta do processo pelo simples processo. Que se inicie uma fase de viabilização dos julgamentos de mérito".[38]

Não basta, outrossim, preocupar-se com a perseguição da solução de mérito, é indispensável que ela seja quanto antes alcançada, evitando-se procrastinações incompatíveis com a garantia de pleno acesso à Justiça prometida pela Constituição (CF, art. 5º, XXXV).

Além da fuga ao tecnicismo exagerado, bem como do empenho em reformas tendentes a eliminar entraves burocráticos dos procedimentos legais (que hoje, diga-se, a bem da verdade, são raros), a *efetividade* da prestação jurisdicional, dentro da duração razoável do processo e da observância de regras tendentes à celeridade procedimental, passa por programas de modernização da Justiça, de feitio bem mais simples: (i) modernização do gerenciamento dos serviços judiciários, para cumprir-se o mandamento constitucional que impõe à Administração Pública o dever de *eficiência* (CF, art. 37); e (ii) efetiva sujeição ao princípio da *legalidade*, fazendo que os trâmites e prazos das leis processuais sejam realmente aplicados e respeitados, não só pelas partes, mas, sobretudo, pelos órgãos judiciais (CF, arts. 5º, LXXVIII, e 37, *caput*). Na maioria das vezes, para se realizar a contento o respeito à garantia de duração razoável do processo, bastará que se cumpra o procedimento legal.[39]

34. Princípio da verdade real

O processo evoluiu do conceito privatístico que o primitivo direito romano forjara (*ordo iudiciorum privatorum*) para um caráter acentuadamente publicístico. A função da jurisdição deixou de ser apenas a de propiciar instrumentos aos litigantes para solução de

---

37 "Os óbices e armadilhas processuais só prejudicam a parte que tem razão, porque quem não a tem perderá a questão no mérito, de qualquer maneira. O processo civil dos óbices e armadilhas é o processo civil dos rábulas" (voto vencedor da Min. Nancy Andrighi no REsp 975.807).

38 REsp 975.807, voto condutor do ac. da Min. Nancy Andrighi.

39 De forma alguma há de se imaginar que, para cumprir a garantia da celeridade processual, se tenha de violar os princípios basilares do *devido processo legal*, com medidas autoritárias de supressão do contraditório, da ampla defesa, do tratamento não igualitário das partes, ou decisões desprovidas de fundamentação etc. Não são as garantias conquistadas pela humanidade sob o manto do devido processo legal que fazem lenta e tardonha a prestação jurisdicional. Ao contrário, é justamente o descaso do aparelhamento jurisdicional em face do respeito ao procedimento inerente ao devido processo legal que torna, injustificadamente, demorada a resposta definitiva da Justiça estatal aos pleitos que lhe são submetidos.

seus conflitos, passando a desempenhar relevante missão de ordem pública na pacificação social sob o império da lei.

Nesse processo moderno, o interesse em jogo é tanto das partes como do juiz, e da sociedade em cujo nome atua. Todos agem, assim, em direção ao escopo de cumprir os desígnios máximos da pacificação social. A eliminação dos litígios, de maneira legal e justa, é do interesse tanto dos litigantes como de toda a comunidade. O juiz, operando pela sociedade como um todo, tem até mesmo interesse público maior na boa atuação jurisdicional e na *justiça* e *efetividade* do provimento com que se compõe o litígio. Sob esse aspecto é que, consoante bem assinalou Rui Portanova, "a adoção plena no processo civil do princípio da verdade real é uma consequência natural da modernidade publicística do processo".[40]

Embora a verdade real, em sua substância absoluta, seja um ideal inatingível pelo conhecimento limitado do homem, o compromisso com sua ampla busca é o farol que, no processo, estimula a superação das deficiências do sistema procedimental. E é, com o espírito de servir à causa da verdade, que o juiz contemporâneo assumiu o comando oficial do processo integrado nas garantias fundamentais do Estado Democrático e Social de Direito.[41]

Ainda que se admita não ser a verdade real o objetivo específico do processo, também não se pode negar que "a concepção de verdade constitui um critério de uma decisão justa sobre o conflito, pois nenhuma decisão pode ser considerada justa se fundada na determinação e na identificação errada da situação da vida, ou por outras palavras, se fundada na determinação e na identificação equivocada dos acontecimentos, fatos, provas, versões ou asserções".[42]

Na visão constitucional do processo justo, portanto, infere-se, necessariamente, "a obrigação do juiz de perseguir a veracidade das versões apresentadas, por meio de vários deveres e de uma atuação oficial na condução da produção probatória, sem que isso implique qualquer violação da imparcialidade e da independência do Estado-Juiz".[43] Chega-se mesmo a considerar uma verdadeira negativa de tutela jurisdicional e a condução do processo com indiferença à formação de convicção segundo a veracidade efetiva do quadro fático subjacente à demanda. Se a verdade absoluta não pode ser alcançada pelo juiz, ao menos seu compromisso haverá de ser com a perquirição da verdade possível, dentro dos limites da capacidade humana.[44]

Deve-se ponderar, outrossim, que o próprio sistema probatório do CPC evidencia o seu compromisso com a apuração da verdade e com o dever do juiz de usar os elementos de prova para firmar sua convicção em torno dos fatos relevantes da demanda. Assim é que o art. 369 reconhece o direito das partes de se valerem de todos os meios legais e dos moralmente legítimos para "provar a *verdade* dos fatos" e, assim, "influir eficazmente na convicção do

---

40 "Assim, a par de não se admitir o princípio dispositivo rígido (...) cada vez mais aumenta a liberdade na investigação da prova, em face da socialização do Direito e da publicização do processo, razão que levou Lessona a afirmar que, 'em matéria de prova, todo progresso está justamente em substituir a verdade ficta pela verdade real'" (*Princípios do processo civil*. 1. ed. 2ª tir., Porto Alegre: Livraria do Advogado, 1997, p. 199).

41 "Não se pode pensar em garantia do devido processo legal sem imaginar um contraditório entre os litigantes, que tenha como escopo maior a busca da verdade real, por meio de debate amplo e irrestrita liberdade de alegações e provas" (THEODORO JÚNIOR, Humberto. A garantia fundamental do devido processo legal e o exercício do poder de cautela no direito processual civil. *Revista dos Tribunais*, São Paulo, v. 665, p. 14, mar. 1991).

42 SILVA, Sandoval Alves da. Acesso à justiça probatória: negativa de tutela jurisdicional como consequência de negativa de convicção judicial. *Revista de Processo*, n. 232, p. 62, jun./2014.

43 SILVA, Sandoval Alves da. Acesso à justiça probatória: negativa de tutela jurisdicional como consequência de negativa de convicção judicial. *Revista de Processo*, n. 232, p. 62, jun./2014.

44 "A justiça da decisão se condiciona ao esclarecimento, tão completo quanto possa ser, da situação fática subjacente ao litígio" (BARBOSA MOREIRA, José Carlos. *Temas de direito processual* – Terceira série. São Paulo: Saraiva, 1984, p. 3).

juiz". E, por isso mesmo, um dos requisitos essenciais da petição inicial, com que o autor instaura o processo, é a indicação das provas com que "pretende demonstrar a *verdade* dos fatos alegados" (art. 319). Igual encargo toca ao réu, quanto à matéria de defesa alegada na contestação (art. 336).

O empenho na busca da verdade é tão significativo para a função do processo justo que não se circunscreve apenas aos sujeitos da relação processual, pois, nos termos do art. 378, "ninguém [nem mesmo os terceiros] se exime do dever de colaborar com o Poder Judiciário para o descobrimento da *verdade*" (sobre "prova e verdade", v., ainda, *infra*, os itens 647 e 648).

Na busca da verdade real, não há mais provas de valor previamente hierarquizado no direito processual moderno, a não ser naqueles atos solenes em que a forma é de sua própria substância.

Por isso, o juiz ao sentenciar deve formar seu convencimento valorando os elementos de prova segundo critérios lógicos e dando a fundamentação de seu decisório (CPC, art. 371).

Não quer dizer que o juiz possa ser arbitrário, pois a finalidade do processo é a justa composição do litígio, e esta só pode ser alcançada quando se baseie na verdade real ou material, e não na presumida por prévios padrões de avaliação dos elementos probatórios.

A formação do convencimento, nos termos do art. 371, fica limitada ao juiz, para garantia das partes, em dois sentidos:

a) sua conclusão deverá basear-se apenas "na prova constante dos autos"; e
b) a sentença necessariamente deverá conter "as razões da formação de seu convencimento".

Deve-se lembrar que o Código de Processo Civil admite, em várias hipóteses, a presunção de veracidade de fatos que não chegam a ser objeto de prova (arts. 341, 344, 374, IV, do CPC/2015, art. 750 do CPC/1973, em vigor em razão dos arts. 1.052, 307 do CPC/2015 etc.), o que leva à conclusão de que, não raro, a sentença será dada à base de verdade apenas formal. Isso, todavia, não elimina o seu compromisso com a verdade real, pois, antes de acolher qualquer presunção, a lei sempre oferece à parte oportunidade de alegar e provar a efetiva veracidade dos fatos relevantes à acolhida da ação ou da defesa. Somente depois de a parte não usar os meios processuais a seu alcance é que o juiz empregará mecanismos relativos ao ônus da prova e à *ficta confessio*. É, destarte, a própria parte, e não o juiz, que conduz o processo a um julgamento afastado da verdade real.

Além de tudo, mesmo diante da presunção de veracidade decorrente da inércia de tempestiva e adequada defesa do demandado, ao juiz não é dado ignorar elementos de convicção existentes nos autos que sejam capazes de elidir a presunção legal relativa. A verdade real haverá sempre de prevalecer, se elementos evidenciadores dela existirem ao alcance do julgador, não importa quem os tenha trazido para o processo. O convencimento a ser observado na sentença, previsto no art. 371 do CPC/2015, haverá de se assentar nos fatos comprovados nos autos, e só na efetiva falta de prova é que se tornará legítimo o julgamento por presunções.

Aliás, o compromisso do processo justo com a verdade não se resume em atribuir poderes de iniciativa probatória ao juiz. A constitucionalização do processo deu-lhe o caráter de obra conjunta de todos os seus sujeitos, de forma que tanto as partes, como o juiz, contraem o dever de cooperar na formação do provimento que corresponda à justiça prometida pela Constituição.

Fenômeno que decorre imediatamente do princípio da verdade real é aquele que a doutrina denomina *aquisição da prova pelo processo*. Segundo ele, uma vez incorporada uma prova aos autos, não importa quem a produziu, isto é, torna-se irrelevante indagar se proveio da parte a que tocava, ou não, o *onus probandi*, ou mesmo se decorreu de iniciativa do juiz ou de informação espontânea de terceiro.

A prova presente nos autos, capaz de revelar fato importante ao julgamento da causa, não pertence nem ao autor nem ao réu e, tampouco, ao juiz, ela é uma aquisição do processo. Torna-se uma realidade no processo que ao juiz não é dado ignorar, em decorrência de seu compromisso fundamental com a busca da verdade real.[45] Não havia menção expressa a esse fenômeno no Código de 1973, embora a doutrina o consagrasse. O atual Código o incorpora em seu art. 371.[46]

Se o princípio do processo justo exige a prevalência, também, do princípio da verdade real, é consequência obrigatória a garantia do direito à prova, porque é por meio dela que se assegura o acesso do litigante à justa tutela jurisdicional – direito fundamental previsto no art. 5º, incisos XXXV, LIV e LV. É, pois, de natureza constitucional o direito à prova,[47] o qual vem explicitado, no âmbito dos litígios civis, pelo art. 369 do CPC, *in verbis*:

> "As partes têm o direito de empregar todos os meios legais, bem como os moralmente legítimos, ainda que não especificados neste Código, para provar *a verdade dos fatos* em que se funda o pedido ou a defesa e influir eficazmente na convicção do juiz" (g.n.).

Esse direito à prova, proclamado pela Constituição e pelo CPC, "engloba o direito à adequada oportunidade de obtê-la e requerer sua produção, o direito de participar de sua realização e o direito de falar sobre seus resultados"[48] e, dessa maneira, exercitará o direito de participar e influir na convicção do juiz sobre a verdade dos fatos relevantes para a composição do litígio.

35. Princípio da recorribilidade e do duplo grau de jurisdição

Todo ato do juiz que possa prejudicar um direito ou um interesse da parte deve ser recorrível, como meio de evitar ou emendar os erros e as falhas que são inerentes aos julgamentos humanos.

Os recursos, todavia, devem acomodar-se às formas e às oportunidades previstas em lei, para não tumultuar o processo e frustrar o objetivo da tutela jurisdicional em manobras caprichosas e de má-fé.

Não basta, porém, assegurar o direito de recurso, se outro órgão não se encarregasse da revisão do decisório impugnado. Assim, para completar o princípio da *recorribilidade* existe, também, o princípio da dualidade de instâncias ou do *duplo grau de jurisdição*.

Isso quer dizer que, como regra geral, a parte tem direito a que sua pretensão seja conhecida e julgada por dois juízos distintos, mediante recurso, caso não se conforme com a primeira decisão. Desse princípio decorre a necessidade de órgãos judiciais de competência hierárquica diferente: os de primeiro grau (juízes singulares) e os de segundo grau (Tribunais Superiores). Os primeiros são os *juízos da causa*, e os segundos, os *juízos dos recursos*.

---

45 CAMBI, Eduardo. *A prova civil*. Admissibilidade e relevância. São Paulo: RT, 2006, p. 319; SENTIS MELENDO, Santiago. Aquisición de la prueba. *La prueba*. Los grandes temas del derecho probatorio. Buenos Aires: EJEA, 1978, p. 221; ROSENBERG, Leo. *Tratado de derecho procesal*. Buenos Aires: EJEA, 1955, t. II, p. 222; TARUFFO, Michele. *Studi sulla rilevanza della prova*. Padova: Cedam, 1970, p. 15; BARBOSA MOREIRA, José Carlos. O juiz e a prova. *Revista de Processo*, São Paulo, v. 35, p. 181, jul./set. 1984.

46 "O juiz apreciará a prova constante dos autos, *independentemente do sujeito que a tiver promovido...*" (CPC, art. 371) (g.n.).

47 "A possibilidade de provar a verdade dos fatos em que se funda uma ação ou mesmo uma defesa é, pois, direito constitucional estabelecido em nosso Estado Democrático de Direito" (FIORILLO, Celso Antonio Pacheco. Os fatos notórios em face das leis vinculadas ao meio ambiente digital na sociedade da informação. *Revista de Processo*, v. 310, p. 229, São Paulo, dez./2020).

48 MARINONI, Luiz Guilherme; ARENHART, Sérgio Cruz. *Comentários ao Código de Processo Civil*. São Paulo: Ed. RT, 2000, p. 173.

Há, porém, em nossa sistemática, causas que escapam ao princípio do duplo grau de jurisdição e que são aqueles feitos de competência originária dos tribunais. Dada a composição coletiva dos órgãos julgadores que reúnem juristas de alto saber e experiência, considera-se dispensável, na espécie, a garantia da dualidade de instâncias. A decisão, nesses casos, é fruto da concorrência de votos de diversos juízes, de modo que cada um revê o voto daquele ou daqueles que o precederam. De outra maneira, portanto, resta assegurada às partes o juízo múltiplo de suas pretensões, o que, afinal, cumpre função similar à do duplo grau de jurisdição entre o juiz de primeiro grau e o tribunal.

É, outrossim, importante notar que, embora a Constituição tenha estruturado o Poder Judiciário com a previsão de juízos de diferentes graus, não declarou de forma expressa a obrigatoriedade de observância do duplo grau em todo e qualquer processo. Por isso, causas de alçada têm sido instituídas pelo legislador ordinário, sem que o Supremo Tribunal Federal considere inconstitucionais essas exceções ao regime do duplo grau de jurisdição.[49] A regra geral, dessa forma, é a observância da dualidade de instâncias. Razões de ordem política, no entanto, podem justificar sua não aplicação em determinados casos.[50] Enfim, não é absoluto, para a Constituição, o princípio do duplo grau de jurisdição, tanto que há julgamentos de instância única previstos pela própria Lei Maior.[51]

Esse posicionamento tradicional da jurisprudência tem merecido, na modernidade, séria resistência por parte da doutrina processual formada em torno dos reflexos do neoconstitucionalismo democrático sobre as garantias fundamentais do processo. Entendido o contraditório não mais como a simples audiência bilateral das partes, mas como o direito a elas reconhecido de participar da construção do provimento jurisdicional pacificador do litígio e de nele influir efetivamente (ver adiante, o nº 51), não pode o princípio do contraditório continuar a ser visto como descartável pelo legislador infraconstitucional.

Com efeito – se, no Estado Democrático de Direito, a sentença (ou outro provimento) não pode ser construída como ato de autoridade restrito à vontade singular e isolada do juiz, mas tem de obrigatoriamente levar em conta as alegações e argumentos relevantes das partes –, o duplo grau passa à categoria de garantia, a de que o julgador, de fato, respeitará a participação dos litigantes na formação do provimento jurisdicional. Afinal, restaria sem sentido tal garantia se, ao emitir seu provimento, o juiz o fizesse de modo a ignorar a contribuição das partes, deixando sem adequada resposta suas alegações e argumentos.

Para que essa violação não se consume, a observância do duplo grau é o remédio adequado e irrecusável. Sem ele, na verdade, o contraditório não seria efetivo, pela possibilidade de a voz do litigante perder-se a meio caminho da marcha do processo, nunca sendo ouvida, nem considerada. O recurso se apresenta como o meio de sanar o julgamento abusivo, forçando a necessária consideração do Judiciário sobre a contribuição da parte. Pouco importa que o julgamento seja afinal favorável ou contrário à pretensão da parte. O que não pode faltar, no processo democrático, é a adequada resposta do julgador à sua defesa.

---

[49] A constitucionalidade do art. 34 da Lei de Execuções Fiscais – que veda a apelação nas causas de valor igual ou inferior a 50 ORTNs – foi declarada pelo STF no Ag. 114.709-1-AgRg/CE, Rel. Min. Aldir Passarinho, ac. 29.05.1987, *DJU* 28.08.1987, p. 17.578.

[50] Nas execuções fiscais, não cabe apelação nas causas de menor valor (Lei 6.830, de 22.09.1980, art. 34). No CPC/2015, há julgamento originário do mérito da causa, pelo Tribunal, antes de pronunciamento do juiz de 1º Grau na hipótese prevista no art. 1.013, § 3º.

[51] "Segundo a jurisprudência da Corte, não há no ordenamento jurídico brasileiro a garantia constitucional do duplo grau de jurisdição. A afronta aos princípios do devido processo legal e da inafastabilidade da jurisdição, em termos processuais, configura, via de regra, apenas ofensa indireta ou reflexa à Constituição. Precedentes" (STF, 2ª T. RE 976.178 AgR/PR, Rel. Min. Dias Toffoli, ac. 09.12.2016, *DJe* 15.02.2017).

Dentro dessa moderna visão, o duplo grau de jurisdição assume dimensão muito maior no tratamento constitucional dos princípios fundamentais do processo. Somente será afastável quando, por meio de outros mecanismos, for substituído por expedientes capazes de fazer-lhe as vezes. É o que, por exemplo, se passa com as causas de competência originária dos tribunais. Aqui, o julgamento coletivo, procedido por intermédio de votos de diversos juízes, reduz, em princípio, o risco de uma vontade solitária de se distanciar da boa técnica de formulação do provimento jurisdicional. A par disso, sempre restará o remédio dos embargos de declaração para forçar o colegiado a superar as lacunas e deficiências do acórdão eventualmente desatento às prescrições da garantia do contraditório efetivo e justo.

Nessa perspectiva, o processo democrático e justo pode conviver com causas de competência originária dos tribunais, sem que a existência excepcional desta se preste a justificar a criação indiscriminada de procedimento de instância única, por obra caprichosa do legislador infraconstitucional.

Deve-se ponderar, outrossim, que o princípio do duplo grau de jurisdição não obriga que o recurso sempre se enderece a um tribunal de segundo grau. A garantia é de que não haja julgamento monocrático único, de modo que, existindo um segundo julgamento, ainda que por órgão formado por grupo de juízes de primeiro grau, como se passa nos Juizados Especiais, cumprida se acha a dualidade de instâncias. Mesmo nas chamadas *causa de alçada*, a Lei 6.830/1980, art. 34, prevê o cabimento de dois recursos, embargos infringentes[52] e embargos de declaração, o que, de certa forma, mitiga a falta da revisão do julgado de primeiro grau pelo tribunal, uma vez que há possibilidade de forçar o juiz singular a um rejulgamento completo da causa. De qualquer maneira, se persistir uma literal violação de direito líquido e certo da parte vencida, não se poderá recusar-lhe o mandado de segurança, que assim faria o papel da garantia de duplo grau de jurisdição, na emergência.

36. Princípio da oralidade

A discussão oral da causa em audiência é tida como fator importantíssimo para concentrar a instrução e o julgamento no menor número possível de atos processuais.

Os elementos que caracterizam o processo oral em sua pureza conceitual são:

> "*a)* a identidade da pessoa física do juiz, de modo que este dirija o processo desde o seu início até o julgamento;
>
> *b)* a concentração, isto é, que em uma ou em poucas audiências próximas se realize a produção das provas e o julgamento da causa;
>
> *c)* a irrecorribilidade das decisões interlocutórias, evitando a cisão do processo ou a sua interrupção contínua, mediante recursos, que devolvem ao tribunal o julgamento impugnado."[53]

A oralidade, em nosso Código, foi adotada com mitigação, em face das peculiaridades da realidade brasileira e das restrições doutrinárias feitas ao rigorismo do princípio. A identidade física do juiz, que era restrita no Código anterior, nem sequer foi conservada pelo Código atual. Quanto ao julgamento da causa em audiência, o Código o adota como regra do procedimento comum, mas prevê casos em que, por economia processual, o julgamento se faz antecipadamente, sem necessidade sequer da audiência de instrução e julgamento (art. 355).

---

[52] O CPC/2015 excluiu os embargos infringentes no âmbito dos tribunais. Dito recurso persiste, todavia, no primeiro grau de jurisdição, no processo de execução fiscal, por força de legislação especial.

[53] Ministro Alfredo Buzaid, *Exposição de Motivos*, n. 13.

Quanto à irrecorribilidade das decisões interlocutórias, a orientação do Código foi totalmente contrária ao princípio da oralidade pura, pois admite o agravo de grande número de decisões proferidas ao longo do curso do processo (art. 1.015), muito embora sem efeito suspensivo (art. 995).

Na realidade, nem mesmo os mais ardorosos defensores da oralidade, como Chiovenda, chegaram a exigir a absoluta irrecorribilidade das decisões interlocutórias. O que consideravam inconciliável com a oralidade processual era a recorribilidade *em separado*, isto é, aquela praticável de tal modo que as impugnações dos incidentes acarretassem a frequente e indesejável paralisação da marcha do processo. Daí ser preferível, na sua ótica, que o ataque às decisões interlocutórias se fizesse juntamente com a impugnação ao julgamento da causa, como preliminares. Uma vez, porém, que o Código brasileiro instituiu um regime de recurso, para as interlocutórias, que não interfere no curso do processo (agravo de instrumento), não se pode atribuir-lhe, na espécie, uma grave oposição ao princípio da oralidade.

A oralidade recebe, com o advento do Código de 2015, um incremento, visto que o caráter cooperativo entre as partes e o juiz se transformou em norma fundamental do processo justo (art. 6º), e nada contribui mais para a eficiência dessa cooperação do que o contato verbal e direto entre os sujeitos do processo, ou seja, entre partes, seus advogados e o julgador. Instituições – como a audiência preliminar, nos juízos de primeiro grau, e a sustentação oral, perante os tribunais – merecem atenção particular para viabilizar o ideal cooperativo na formação democrática do provimento jurisdicional. Outro exemplo de prestígio do princípio da oralidade encontra-se na norma do CPC/2015 que autoriza o juiz a proceder ao saneamento do processo em audiência, nas causas de maior complexidade (art. 357, § 3º), e, também, naquela que lhe permite "determinar, a qualquer tempo, o comparecimento pessoal das partes, para inquiri-las sobre os fatos da causa" (art. 139, VIII).

36.1. Processo justo e oralidade

Há consenso de que se deve valorizar a oralidade, isto é, incentivar o contato pessoal entre o juiz e as partes, para que o lado humano e sensível do litígio não escape da avaliação judicial. Daí a importância da audiência inicial de tentativa de conciliação e da audiência final em que se concentram os depoimentos pessoais dos litigantes e a inquirição das testemunhas. O processo tem de ser justo não só na sentença, mas durante toda sua tramitação, a fim de permitir que as pretensões em disputa sejam mais bem apreendidas e avaliadas pelo julgador, e para que a capitação da verdade fática seja mais efetiva, muito embora se saiba que a verdade absoluta é inatingível pela capacidade cognitiva do homem.

Já Calamandrei ressaltava que o juiz não pode limitar-se a ler e aplicar uma solução hipoteticamente prevista no Código, porque a ele compete "buscar em seu íntimo sentido de justiça uma solução 'caso a caso', fabricada, por assim dizer, não em série, mas sob medida".[54] O que leva Renata Maia a concluir, com acerto, que "o papel do juiz não se reduz a mera aplicação de silogismos, porque se assim fosse, seria pobre, estéril". Seu papel – prossegue a mesma autora, ainda amparada no pensamento sempre atual de Calamandrei – "é algo melhor, é a própria 'criação que emana de uma consciência viva, sensível, vigilante, humana. É precisamente este calor vital, este sentido de contínua conquista, de vigilante responsabilidade que é necessário apreciar e incrementar no juiz'".[55]

---

[54] CALAMANDREI, Piero. *Proceso y democracia*. Trad. de Hector Fix-Zamudio. Lima: Ara Editores, 2006, p. 69.

[55] MAIA, Renata Christiana Vieira. *A efetividade do processo de conhecimento mediante a aplicação do processo oral*. Tese de Doutorado. Belo Horizonte: UFMG, Faculdade de Direito, 2015, p. 82-83; CALAMANDREI, Piero. *Proceso y democracia*. Trad. de Hector Fix-Zamudio. Lima: Ara Editores, 2006, p. 69.

Certo é que ninguém melhor do que aquele que ouviu pessoalmente as partes e as testemunhas reúne condições ideais para apreciar a força de convencimento dos relatos feitos na audiência. O CPC/2015, é verdade, não prevê a identidade física do juiz entre a coleta das provas orais e a sentença, atento, pode ser, à realidade da justiça brasileira assoberbada com os consectários de uma litigiosidade absurda e endêmica, incapaz de suportar a sistemática repetição de audiência todas as frequentes vezes em que o juiz da instrução é substituído antes de decidir a causa. Entretanto, para obviar as questões mais graves e as particularidades do caso, restará sempre ao juiz o poder, conferido pelo art. 370 do CPC/2015, de determinar as provas necessárias ao julgamento da causa, entre as quais se pode incluir a repetição das provas orais colhidas pelo magistrado que o antecedeu no processo. Com isso, o juiz da sentença, na medida do possível, terá tido contato pessoal com os elementos orais de convencimento.

36.2. Processo justo e humanização da prestação jurisdicional

Dentro da perspectiva ética do direito moderno, o processo justo é visto como poderoso instrumento de superação (ou pelo menos de redução) do tecnicismo jurídico, por meio do emprego de critérios de interpretação e aplicação do direito positivo, que possam otimizar a busca de resultados democrática e moralmente corretos.

Nessa tarefa, valoriza-se o caráter cooperativo ou comparticipativo da atividade pacificadora desenvolvida mediante esforço comum do juiz e das partes, que muito conta com o processo oral, já que é pelo contato direito ou pessoal com os interessados que o julgador melhor se capacita a perceber os reais interesses em conflito, e, com isso, pode se aproximar da melhor maneira de compô-los, jurídica e eticamente.[56]

O atual Código de Processo Civil compreende a relevância desse contato humano entre os sujeitos do processo. Embora não adote em toda extensão histórica os predicamentos do princípio da oralidade idealizados por Klein e Chiovenda, por contingências da prestação jurisdicional factível em nosso tempo, preconiza política procedimental que favorece sua humanização. É assim que, por exemplo, estimula a autocomposição do litígio (art. 3º, §§ 2º e 3º), instituindo uma audiência inicial voltada para a tentativa de obter a conciliação dos litigantes (art. 334); conferindo poderes ao juiz para, a qualquer tempo, convocar as partes a prestar esclarecimentos pessoais sobre os fatos da causa (art. 139, VIII); autorizando-o a promover o saneamento do processo em audiência com a colaboração das partes, quando a controvérsia se apresentar complexa (art. 357, § 3º); atribuindo-lhe a iniciativa da prova, sem quebra da imparcialidade, sempre que notar necessidade de melhor esclarecimento da verdade dos fatos relevantes da causa (art. 370); incumbindo-o da coleta pessoal das provas orais (arts. 387, 453, 456 e 459, § 1º); permitindo que o registro de tais provas se dê por meio de gravações, inclusive eletronicamente (art. 367, § 5º); facultando o debate oral na audiência de instrução e julgamento (art. 364); facilitando as sustentações orais no julgamento dos tribunais (art. 937), e assim por diante.

Há, sem dúvida, no processo justo, compatível com o processo democrático idealizado constitucionalmente, uma presença marcante das linhas gerais da oralidade, que cumpre aos juízes e tribunais valorizar e fazer frutificar, tornando cada vez mais humana a tutela jurisdicional. (sobre a influência dos valores constitucionais da *fraternidade* e *solidariedade* na resolução do litígio *através do processo justo*, ver, retro, o item 32-A).

---

[56] O poder de influência das partes no convencimento do juiz "é elementar no processo civil", no qual deve sempre ser "permitida a comparticipação ou cooperação" (OLIVEIRA, Carlos Alberto Alvaro de. Garantia do contraditório. *Garantias constitucionais do processo civil.* São Paulo: RT, 1999, p. 3).

37. Princípio da economia processual

O processo civil deve-se inspirar no ideal de propiciar às partes uma Justiça *barata* e *rápida*, do que se extrai a regra básica de que "deve tratar-se de obter o maior resultado com o mínimo de emprego de atividade processual".[57]

O ideal seria, portanto, o processo gratuito, com acesso facilitado a todos os cidadãos, em condição de plena igualdade. Isso, porém, ainda não foi atingido nem pelos países mais adiantados, de modo que as despesas processuais correm por conta dos litigantes, salvo apenas os casos de assistência judiciária dispensada aos comprovadamente pobres (Lei 1.060/1950; CPC/2015, arts. 98 a 102).

Como aplicações práticas do princípio de economia processual, podem ser citados os seguintes exemplos: indeferimento, desde logo, da inicial, quando a demanda não reúne os requisitos legais; denegação de provas inúteis; coibição de incidentes irrelevantes para a causa; permissão de acumulação de pretensões conexas num só processo; fixação de tabela de custas pelo Estado, para evitar abusos dos serventuários da Justiça; possibilidade de antecipar julgamento de mérito, quando não houver necessidade de provas orais em audiência; saneamento do processo antes da instrução etc.

O princípio da economia processual vincula-se diretamente com a garantia do devido processo legal, porquanto o desvio da atividade processual para os atos onerosos, inúteis e desnecessários gera embaraço à rápida solução do litígio, tornando demorada a prestação jurisdicional. Justiça tardia é, segundo a consciência geral, justiça denegada. Não é justa, portanto, uma causa que se arrasta penosamente pelo foro, desanimando a parte e desacreditando o aparelho judiciário perante a sociedade.

38. Princípio da duração razoável do processo

Diante da evidência do mal causado pela morosidade dos processos, a Emenda Constitucional 45, de 30.12.2004, incluiu mais um inciso no elenco dos direitos fundamentais (CF, art. 5º): o de nº LXXVIII, segundo o qual, "a todos, no âmbito judicial e administrativo, são assegurados a *razoável duração do processo* e os meios que garantam a *celeridade* de sua tramitação".

É evidente que sem *efetividade*, no concernente ao resultado processual cotejado com o direito material ofendido, não se pode pensar em processo *justo*. Não sendo rápida a resposta do juízo para a pacificação do litígio, a tutela não se revela *efetiva*. Ainda que afinal se reconheça e proteja o direito violado, o longo tempo em que o titular, no aguardo do provimento judicial, permaneceu privado de seu bem jurídico, sem razão plausível, somente pode ser visto como uma grande injustiça. Daí por que, sem necessidade de maiores explicações, se compreende que o Estado não pode deixar de combater a morosidade judicial e que, realmente, é um dever primário e fundamental assegurar a todos quantos dependam da tutela da Justiça uma duração razoável para o processo e um empenho efetivo para garantir a celeridade da respectiva tramitação.[58]

A fiel aplicação da garantia constitucional em apreço exige das partes um comportamento leal e correto, e, do juiz, uma diligência atenta aos desígnios da ordem institucional, para não se perder em questiúnculas formais secundárias e, sobretudo, para impedir e reprimir, prontamente, toda tentativa de conduta temerária dos litigantes.

Não há, nem poderia haver, na lei, uma predeterminação do tempo qualificado como razoável para a conclusão de um processo. O que não se pode tolerar é a procrastinação

---

[57] ECHANDIA, Hernando Devis. *Compendio de derecho procesal*. Bogotá: ABC, 1974, v. I, n. 15, p. 46.

[58] CPC: "Art. 4º As partes têm o direito de obter em prazo razoável a solução integral do mérito, incluída a atividade satisfativa".

injustificável decorrente da pouca ou total ineficiência dos serviços judiciários, de modo que a garantia de duração razoável se traduz na marcha do processo sem delongas inexplicáveis e intoleráveis (sobre o tema, ver adiante o item 47).

39. Princípio da eventualidade ou da preclusão

O processo deve ser dividido numa série de fases ou momentos, formando compartimentos estanques, entre os quais se reparte o exercício das atividades tanto das partes como do juiz.

Dessa forma, cada fase prepara a seguinte e, uma vez passada à próxima, não mais é dado retornar à anterior. Assim, o processo caminha sempre para a frente, rumo à solução de mérito, sem dar ensejo a manobras de má-fé de litigantes inescrupulosos ou maliciosos.

Pelo princípio da eventualidade ou da preclusão, cada faculdade processual deve ser exercitada dentro da fase adequada, sob pena de se perder a oportunidade de praticar o ato respectivo.

Assim, a *preclusão* consiste na perda da faculdade de praticar um ato processual, quer porque já foi exercitada a faculdade processual, no momento adequado, quer porque a parte deixou escoar a fase processual própria, sem fazer uso de seu direito.

Tradicionalmente, o processo civil costuma ser dividido em quatro fases:

a) *a postulação* = pedido do autor e resposta do réu;
b) *o saneamento* = solução das questões meramente processuais ou formais para preparar o ingresso na fase de apreciação do mérito;
c) *a instrução* = coleta dos elementos de prova; e
d) *o julgamento* = solução do mérito da causa (sentença).

§ 5º NORMAS FUNDAMENTAIS DO PROCESSO CIVIL

40. Noções introdutórias

A sistematização do atual Código de Processo Civil, entre várias inovações, estabeleceu uma Parte Geral em que são agrupadas as normas comuns aplicáveis a todo o conjunto do ordenamento, e que, portanto, servirão de base à melhor compreensão e à mais adequada aplicação dos procedimentos, remédios e incidentes regulados na Parte Especial.

Nessa Parte Geral, o destaque maior, sem dúvida, situa-se no enunciado das "Normas Fundamentais do Processo Civil", com que o legislador, em última análise, objetivou estruturar o processo justo como instrumento de realização da garantia de acesso à justiça, segundo os direitos fundamentais aplicáveis à tutela jurisdicional prestada pelo moderno Estado Democrático de Direito.

As normas que o atual Código de Processo Civil adota como fundamentais não são, na maioria, novidades no direito brasileiro, já que decorrem diretamente das garantias explicitadas na própria Constituição, ou que nelas se compreendem, implicitamente. Sua inserção no texto do Código de Processo Civil tem o duplo propósito de *(i)* fazer a amarração pedagógica entre a lei processual e sua matriz constitucional, levando o intérprete e aplicador a se afeiçoar a uma leitura das normas procedimentais segundo os princípios maiores que as dominam e as explicam;[59] e de *(ii)* ressaltar que, ao Estado Democrático de Direito, "não basta apenas assegurar a liberdade das pessoas"; pois que dele se exige, também, "a realização das promessas imiscuídas nos direitos fundamentais e princípios constitucionais. Daí a necessidade de uma interpretação jurídica a ser praticada à luz desses princípios constitucionais e direitos fundamentais que, dentre outras consequências, moldam um novo conceito de jurisdição"[60].

Foi, assim, com o objetivo de implantar, no atual Código, o espírito e as metas do processo justo, consoante as garantias constitucionais, que se redigiram as normas principiológicas rotuladas de "normas fundamentais do processo civil" (arts. 1º a 12), a que se seguiram as regras de "aplicação das normas processuais" (arts. 13 a 15), completando, assim, o conteúdo do Livro I do Código de Processo Civil de 2015.

41. Fonte imediata do direito processual civil (art. 1º)

O direito processual civil apoia-se em um tripé institucional formado pelas noções básicas de *jurisdição, ação e processo*: *(i)* a *jurisdição* é a função (poder-dever) desenvolvida pelo Estado,

---

59 Com efeito, a constitucionalização do processo, e do Direito como um todo, é fenômeno atual e do qual não se pode afastar, em razão da evolução do Estado Democrático de Direito. A Constituição é, portanto, a lei superior do Estado que, a par de fundamentar todo o ordenamento jurídico, se impõe às três esferas de Poder e aos particulares, vinculando, direcionando e limitando sua atuação: "relativamente ao *Legislativo*, a constitucionalização (i) limita sua discricionariedade ou liberdade de conformação na elaboração das leis em geral e (ii) impõe-lhe determinados deveres de atuação para a realização de direitos e programas constitucionais. No tocante à *Administração Pública*, além de igualmente (i) limitar-lhe a discricionariedade e (ii) impor-lhe deveres de atuação, ainda (iii) fornece fundamento de validade para a prática de atos de aplicação direta e imediata da Constituição, independentemente da interposição do legislador ordinário. Quando ao *Poder Judiciário*, (i) serve de parâmetro para o controle de constitucionalidade por ele desempenhado (incidental ou por ação direta), bem como (ii) condiciona a interpretação de todas as normas do sistema. Por fim, para os *particulares*, estabelece limitações à sua autonomia da vontade, em domínios como a liberdade de contratar ou o uso da propriedade privada, subordinando-a a valores constitucionais e ao respeito a direitos fundamentais" (BARROSO, Luís Roberto. *Curso de direito constitucional contemporâneo*: os conceitos fundamentais e a construção do novo modelo. 2 ed. São Paulo: Saraiva, 2010, p. 353).

60 DELFINO, Lúcio; ROSSI, Fernando. Interpretação jurídica e ideologias: o escopo da jurisdição no Estado Democrático de Direito. *Revista Jurídica UNIJUS*, Uberaba, v. 11, n. 15, p. 85, nov./2008.

por meio dos órgãos do Poder Judiciário, para dar solução aos conflitos jurídicos; *(ii)* a *ação* é o direito subjetivo público reconhecido a todos de acesso à Justiça estatal para dela obter a tutela aos direitos subjetivos lesados ou ameaçados de lesão (CF, art.5º, XXXV); e *(iii)* o *processo* é o método a se observar para que a função jurisdicional seja desempenhada, *in concreto*, na composição dos conflitos levados a exame e na solução do Poder Judiciário.

O Código de Processo Civil, nessa ordem de ideias, contém o sistema normativo que disciplina o exercício da jurisdição civil e, por isso mesmo, o exercício da ação que provoca a atuação de tal jurisdição. Numa visão panorâmica e sintética, a tutela jurisdicional civil instrumentalizada por esse Código pode ser invocada e alcançada com a dupla finalidade: *(i)* de obter a *definição* da situação jurídica controvertida, quando então se diz que o processo é "de conhecimento"; ou *(ii)* de promover a realização forçada de obrigação a que a parte tem direito, hipótese em que se tem o processo "de execução".

No processo de conhecimento, a ação exercida pode desdobrar-se em três diferentes modalidades: *(i)* ação *declaratória*; *(ii)* ação *condenatória*; e *(iii)* ação *constitutiva*. A primeira delas (*i.e.*, a *declaratória*) tem por meta a obtenção de declaração judicial sobre existência ou inexistência de relação jurídica, ou sobre a autenticidade ou falsidade de documento. A segunda (*i.e.*, a *condenatória*) visa a obter o reconhecimento de violação de direito subjetivo de uma das partes, com a imposição judicial da prestação que a parte infratora terá de praticar para sanar a infração cometida. E a terceira (*i.e.*, a *constitutiva*) busca obter, por intervenção judicial, mudança na situação jurídica existente entre as partes.

O processo de execução, por seu lado, desdobra-se em procedimentos distintos para a realização:

a) das obrigações de entrega de coisa;
b) das obrigações de fazer e não fazer; e
c) das obrigações por quantia certa.

O processo civil (instrumento de atuação da jurisdição na composição de todos os conflitos jurídicos, salvo os penais e os disciplinados por legislação especial) tem sua ordenação e disciplina nas normas do Código de Processo Civil, conforme dispõe o art. 1º do atual estatuto, editado pela Lei 13.105, de 16 de março de 2015.

O Código revogado, em dispositivo equivalente (art. 1º), destinava suas normas à observância da "jurisdição civil, contenciosa e voluntária", exercida pelos juízes, em todo o território nacional. Sem fazer explícita referência às duas modalidades de atuação da Justiça Civil, o alcance do atual Código é o mesmo, pois, em seu bojo se acham regulados além dos procedimentos de natureza contenciosa, os que se prestam à administração judicial de interesses privados não litigiosos, agrupados sob o título de "Procedimentos de jurisdição voluntária" (Cap. XV, do Tít. III, do Livro I, da Parte Especial).

Não se pode, outrossim, limitar as fontes do direito processual civil ao Código. Da constitucionalização do direito processual moderno surgiu a necessidade de releitura de toda a sistemática de acesso à Justiça à luz dos princípios, garantias e valores consagrados pela Constituição. A fonte imediata do processo civil não é mais apenas o Código, é, antes de tudo, a própria Constituição, em que se acham enunciados, como direitos fundamentais, os princípios sobre os quais se ergue o processo de atuação da jurisdição civil.

Da Constituição emergem os requisitos do *processo justo*, o qual supera, em profundidade, o feitio preponderantemente procedimental da antiga visão do *devido processo legal*. Deixa esse moderno processo tipificado pelo novo constitucionalismo, construído pelo Estado Democrático de Direito, de ser tratado como simples instrumento técnico de aplicação da lei para tornar-se um sistema constitucional de *tutela dos direitos*, sempre que lesados ou ameaçados (CF, art. 5º, XXXV).

Fortemente inspirado nos valores éticos que permeiam os direitos e garantias fundamentais, esse processo justo enraizado na ordem constitucional, indo além do princípio da legalidade, exige: *(i)* que o procedimento traçado pela lei processual respeite os *direitos fundamentais*; *(ii)* que o juiz se ocupe da adequada apuração dos fatos litigiosos (verdade real), sem a qual não se pode almejar a uma *solução justa* para o litígio; e *(iii)* que o resultado do processo (prestação jurisdicional *justa*) proporcione a mais adequada aplicação do direito material ao caso concreto (garantia de *efetividade*), tudo dentro de *tempo razoável* e segundo empenho no rápido julgamento da causa (CF, art. 5º, LXXVIII)[61] (*garantia de eficiência*).

O art. 1º do CPC/2015, retratando a constitucionalização do direito processual contemporâneo, tem notório propósito pedagógico, conclamando o seu aplicador a interpretá-lo sempre a partir de suas origens constitucionais.[62]

Esse enraizamento do processo na Constituição leva à técnica dialética bastante presente na aplicação das normas principiológicas informadoras da garantia fundamental do processo justo, que consiste em enfrentar os inevitáveis conflitos entre os princípios constitucionais à luz dos critérios da razoabilidade e da proporcionalidade. A propósito, lembra Luís Roberto Barroso que não há hierarquia entre os princípios constitucionais, de sorte que os conflitos entre eles (como, por exemplo, entre o direito de ampla defesa e a necessidade de celeridade da solução do litígio) não conduzem à invalidação de um em favor da eficácia plena do outro. A técnica consiste em buscar uma forma de harmonizá-los mediante um juízo de ponderação, permitindo a coexistência possível de ambos[63].

Os direitos e garantias individuais, com efeito – conforme já destacou o Supremo Tribunal Federal –, não têm caráter *absoluto*: não há, para aquela Alta Corte, no sistema constitucional brasileiro, "direitos ou garantias que se revistam de *caráter absoluto*, mesmo porque razões de relevante interesse público ou exigências derivadas do princípio de convivência das liberdades, legitimam, ainda que excepcionalmente, a adoção, por parte dos órgãos estatais, de medidas restritivas das prerrogativas individuais ou coletivas, desde que respeitados os termos estabelecidos pela própria Constituição".[64]

Esclarece a Suprema Corte que "o estatuto constitucional das liberdades públicas, ao delinear o regime jurídico a que estas estão sujeitas – e considerado o substrato ético que as informa – permite que sobre elas incidam limitações de ordem jurídica, destinadas, de um lado, a *proteger a integridade do interesse social* e, de outro, a *assegurar a coexistência harmoniosa das*

---

61 "É preciso responder com maior claridade possível: *processo justo* não só é, nem pode ser, uma *justa estruturação do processo*. O processo do Estado Constitucional vai muito além disso. Por quê? Ao exigir o Estado Constitucional o respeito à dignidade e a promoção da liberdade e igualdade (tudo o que pode ser reconduzido à justiça), para consecução de resultados qualitativos *no plano do direito material não só é suficiente um procedimento justo, mas também que o próprio resultado ofereça a tutela do direito.* Fica fora de dúvida que esses resultados não se poderiam conseguir se a decisão, além de ser proferida em respeito aos direitos fundamentais processuais, não possuísse uma correta interpretação e aplicação do direito pelo juiz, nem uma adequada apuração dos fatos da causa, ou seja, sem a busca da verdade" (CAVANI, Renzo. "Decisão justa": mero *slogan*? Por uma teorização da decisão judicial para o processo civil contemporâneo. *Revista de Processo*, n. 236, out./2014, p. 122).

62 CPC/2015: "Art. 1º O processo civil será ordenado, disciplinado e interpretado conforme os valores e as normas fundamentais estabelecidos na Constituição da República Federativa do Brasil, observando-se as disposições deste Código".

63 Para a melhor doutrina, "a colisão de princípios, portanto, não só é possível, como faz parte da lógica do sistema, que é dialético. Por isso a sua incidência não pode ser posta em termos de tudo ou nada, de validade ou invalidade" (BARROSO, Luís Roberto. *Interpretação e aplicação da Constituição.* 6. ed. São Paulo: Saraiva, 2004, p. 355).

64 STF, Pleno, MS 23.452/RJ, Rel. Min. Celso de Mello, ac. 16.09.1999, *DJU* 12.05.2000, p. 86.

liberdades, pois nenhum direito ou garantia pode ser exercido em detrimento da ordem pública ou com desrespeito aos direitos e garantias de terceiros"[65] (g.n.).

Advirta-se, por fim, que as normas fundamentais trazidas pelo CPC/2015 não são regras, e sim normas principiológicas. Tal como os princípios constitucionais, não são de aplicação isolada e suficiente. Isto é, enquanto princípios não podem ser utilizadas como remédio capaz de, por si só, resolver diretamente os casos submetidos à justiça. Seu caráter flexível de norma incompleta faz com que sua utilização prática não ocorra como razão definitiva de uma *norma de decisão*, mas sim como norma capaz de contribuir para a construção ou balizamento hermenêutico de outras normas[66]. São, nas palavras de Alexy, mandamentos de otimização do ordenamento jurídico[67], que podem ser satisfeitos em graus variados, sempre com a função de interpretar, concretizar e aplicar outras normas.

Uma observação importante se impõe, a propósito, da aplicação das normas constitucionais ao processo: no estágio atual do Estado Democrático de Direito, proclamado pelo art. 1º da Constituição brasileira, com fundamento na dignidade da pessoa humana e com o objetivo de construir uma sociedade livre, justa e solidária (art. 3º), suas normas precipuamente principiológicas lhe dão o caráter de um Estado constitucionalmente comprometido com os valores sociais e morais, e não apenas com regras formais do ordenamento jurídico.

Na qualidade de preceitos de ordem axiológica, as normas principiológicas da Constituição apresentam-se tecnicamente incompletas ou imperfeitas, isto é, "não são imediatamente realizáveis sem uma atuação do próprio hermeneuta que deve, então, prover uma identificação dos meios possíveis para a consecução de finalidades, quer sejam eles meios sociais, quer técnicos, a fim de que a norma possa ser efetiva"[68].

Grande e real é a tarefa do intérprete e aplicador da norma valorativa (sempre incompleta) da Constituição no campo do processo, pois terá de atuar com habilidade e flexibilidade na revelação da maneira com que o objetivo da Lei Maior será identificado e afeiçoado às características do caso concreto[69]. E isto não será realizável sem que o intérprete leve em conta

---

65 STF, Pleno, MS 23.452/RJ, Rel. Min. Celso de Mello, ac. 16.09.1999, *DJU* 12.05.2000, p. 86. Assim, "é constitucional a obrigatoriedade de imunização por meio de vacina que, registrada em órgão de vigilância sanitária, (i) tenha sido incluída no Programa Nacional de Imunizações ou (ii) tenha sua aplicação obrigatória determinada em lei ou (iii) seja objeto de determinação da União, Estado, Distrito Federal ou Município, com base em consenso médico-científico. Em tais casos, não se caracteriza violação à **liberdade** de consciência e de convicção filosófica dos pais ou responsáveis, nem tampouco ao poder familiar" (STF, Pleno, ARE 1.267.879/SP, Rel. Min. Roberto Barroso, ac. 17.12.2020, DJe 08.04.2021).

66 NEVES, Marcelo. *ntre Hidra e Hércules*: princípios e normas constitucionais. São Paulo: Martins Fontes, 2013, p. 127-128.

67 ALEXY, Robert. *Teoria dos direitos fundamentais*. 2. ed. São Paulo: Malheiros, 2012, p. 90; ÁVILA, Humberto. *Teoria dos princípios*. 13. ed. São Paulo: Malheiros, 2012, p. 78: o autor faz, com rigor, a distinção entre regra e princípio nas p. 85-91.

68 FERRAZ JÚNIOR, Tercio Sampaio. Introdução. *In*: FERRAZ JÚNIOR, Tercio Sampaio *et al*. *Constituição de 1988:* legitimidade, vigência e eficácia, supremacia. São Paulo: Atlas, 1989, p. 12.

69 "[...] as disposições da lei, ou da Constituição, frequentemente não apresentam significado preciso ou suficientemente claro. Por outro lado, no caso das Constituições, o significado, de certo modo, incompleto ou inacabado das suas expressões é até de se esperar, pois não seria viável, na Lei Maior de um país, o tratamento muito minucioso de um leque muito amplo das matérias [...] sob a perspectiva semiológica segundo o qual examinamos a Constituição brasileira de 1988 [...] a configuração ou definição do sentido de seus mandamentos, naquilo em que não estejam de todo determinados, assim como a instauração da sua supremacia ou eficácia peculiar, dependerão das *interpretações* predominantes que lhes sejam dadas pelos destinatários do seu discurso, ou seja, pelo universo dos jurisdicionados, todos nós" (g.n.) (GEORGAKILAS, Ritinha Alzira Stevenson. A Constituição e sua supremacia. *In:* FERRAZ JÚNIOR, Tercio Sampaio. *Constituição de 1988:* legitimidade, vigência e eficácia, supremacia. São Paulo: Atlas, 1989. p.

"a dimensão política de sua atividade"[70]. Não que possa agir como um novo e livre legislador, que tenha poder de desprezar, nessa concreção, os ditames do legislador constitucional ordinário, mas como alguém que tem a função de interpretar criativamente o preceito aberto e incompleto do órgão normatizador, compatibilizando-o, sem abuso ou excessos, com o convenientemente quadro social do momento e com as peculiaridades do caso concreto. É assim que será praticado o "mandamento de otimização do ordenamento jurídico", que Alexy reconhece aos princípios constitucionais (v., adiante, o item 52, sobre a prevalência do princípio constitucional da legalidade; e, v. *retro*, o item 28-A, sobre a interpretação conforme a Constituição, para contornar possíveis atritos com os princípios da dignidade da pessoa humana e da igualdade).

42. Coexistência dos princípios inquisitivo e dispositivo (art. 2º)

Prevê o art. 2º do CPC atual que "o processo começa por iniciativa da parte e se desenvolve por impulso oficial, salvo as exceções previstas em lei". A nova disposição engloba as duas normas com que o Código revogado cuidava da harmonização dos princípios inquisitivo e dispositivo, por meio dos arts. 2º[71] e 262.[72] O atual Código entendeu que as duas regras do anterior eram repetitivas, e, com razão, manteve, como norma fundamental, apenas o enunciado equivalente, em texto, ao art. 262 do estatuto revogado, considerando que o conteúdo deste já era suficiente para harmonizar o concurso entre o princípio dispositivo e o princípio inquisitivo na sistemática do moderno processo civil.

Caracteriza-se o princípio inquisitivo, teoricamente, pela liberdade da iniciativa conferida ao juiz, tanto na instauração da relação processual como no seu desenvolvimento. Por todos os meios a seu alcance, o julgador procura descobrir a verdade real, independentemente de iniciativa ou de colaboração das partes. Já o princípio dispositivo, quando observado por inteiro, atribui às partes toda a iniciativa, seja na instauração do processo, seja no seu impulso. As provas só podem, portanto, ser produzidas pelas próprias partes, limitando-se o juiz à função de mero espectador.

Modernamente, nenhum dos dois princípios merece mais a consagração dos Códigos, em sua pureza clássica. Hoje, as legislações processuais são mistas e apresentam preceitos tanto de ordem inquisitiva como dispositiva.

Se o interesse em conflito é das partes, podem elas renunciar à sua tutela, como podem renunciar a qualquer direito patrimonial privado. Daí a liberdade de procurar ou não a prestação jurisdicional, bem como de exercitar ou não as defesas e faculdades que a relação processual lhes enseja. Contudo, uma vez deduzida a pretensão em juízo, já existe outro interesse que passa a ser de natureza pública e que consiste na preocupação da justa composição do litígio, segundo o direito material vigente, dentro do menor tempo possível. Não pode o Estado permitir a eternização dos processos, porque "justiça tardia é justiça desmoralizada".[73] E realmente é fácil constatar que "o impulso processual oficial tem se ampliado no mundo

---

123). Cabe, finalmente, ao Poder Judiciário, como guarda da Constituição, a função política de definir e proclamar o resultado dessa interpretação, caso a caso.

[70] A propósito das normas constitucionais como *regras de fixação de valores*, destaca Ferraz Jr., em primeiro lugar, sua caracterização antes como *princípio* do que regra (Legitimidade na Constituição de 1988. *In:* FERRAZ JÚNIOR, Tercio Sampaio. *Constituição de 1988:* legitimidade, vigência e eficácia, supremacia. São Paulo: Atlas, 1989, p. 24).

[71] Art. 2º do CPC/1973: "Nenhum juiz prestará a tutela jurisdicional senão quando a parte ou o interessado a requerer, nos casos e formas legais".

[72] Art. 262 do CPC/1973: "O processo civil começa por iniciativa da parte, mas se desenvolve por impulso oficial".

[73] LOPES DA COSTA, Alfredo Araújo. Alfredo Araújo. *Manual elementar de direito processual civil.* Rio de Janeiro: Forense, 1956, n. 52, p. 53.

ocidental como instrumento necessário a debelar a crise da morosidade do processo e realizar o ideal de sua duração razoável, que é um dos imperativos garantísticos da sua efetividade".[74]

Daí por que, embora a iniciativa da abertura do processo seja da parte, o seu impulso é oficial, isto é, do juiz (art. 2º), que promove o andamento do feito até o provimento final, independentemente de provocação dos interessados[75]. Consagra, pois, o Código o princípio *dispositivo*, "mas reforça a autoridade do Poder Judiciário, armando-o de poderes para prevenir ou reprimir qualquer ato atentatório à dignidade da Justiça".[76]

Dentro das metas do *processo justo*, os poderes inquisitoriais do juiz são, ainda, relevantes para a realização de duas garantias fundamentais: *(i)* a da *efetividade* da tutela jurisdicional, sem a qual não ocorre o real acesso à justiça (CF, art. 5º, XXXV); e *(ii)* a da *duração razoável* do processo, de cuja inobservância decorre inevitável *denegação* de justiça (CF, art. 5º, LXXVIII). Justiça tardonha não é justiça, mas pura e deplorável *injustiça*.

Graças ao bom e fiel desempenho dos poderes de direção do processo, o juiz moderno não só deve se empenhar na pesquisa da verdade em torno do quadro fático sobre o qual se instala o conflito entre as partes,[77] como tem de coibir manobras procrastinatórias da parte, indeferir e evitar diligências inúteis (CPC/2015, art. 370, parágrafo único; CPC 1973, art. 130),[78] assim como impedir as chamadas "etapas mortas" do procedimento, que outra coisa não são que o atestado de *ineficiência* da justiça para cumprir uma das exigências básicas dos serviços públicos impostas pela Constituição (art. 37, *caput*).

Merece, enfim, ser lembrada a lição de Fritz Baur, bem acatada pelo atual Código: o juiz, no processo moderno, não pode permanecer *ausente* da pesquisa da verdade material. "Antes fica autorizado e obrigado a apontar às partes as lacunas nas narrativas dos fatos e, em casos de necessidade, a colher de ofício as provas existentes". Essa *ativização* do juiz visa não apenas a propiciar a rápida solução do litígio e o encontro da verdade real, mas também a prestar às partes uma "assistência judicial". No entender do professor, "não devem reverter em prejuízo destas o desconhecimento do direito, a incorreta avaliação da situação de fato, a carência em matéria probatória; cabe ao juiz sugerir-lhes que requeiram as providências necessárias e ministrem material de fato suplementar, bem como introduzir no processo as provas que as partes desconhecem ou lhes sejam inacessíveis".[79] É com essa conduta que se cumpre, também, o princípio da cooperação entre os sujeitos processuais, o qual o CPC/2015 prestigia expressamente (art. 6º) (ver adiante item 652 a respeito da iniciativa probatória do juiz).

43. Princípio da demanda (art. 2º)

O princípio dispositivo (que atua no limiar da formação do processo) é de altíssima relevância porque se acha umbilicalmente vinculado à garantia de liberdade, valor supremo

---

[74] GREGO, Leonardo. Publicismo e privatismo no processo civil. *Revista de Processo*, v. 164, p. 48, out./2008.

[75] Ocorre na sistemática do CPC uma progressiva conciliação temporal dos princípios dispositivo e inquisitivo ao longo da formação e do desenvolvimento do processo, numa demonstração de como é possível a convivência harmônica de princípios antagônicos, desde que observada a máxima da proporcionalidade.

[76] Ministro Alfredo Buzaid, *Exposição de Motivos do CPC de 1973*, n. 18.

[77] Cabe ao juiz, no saneamento e organização do processo, "delimitar as *questões de fato* sobre as quais recairá a atividade probatória, *especificando os meios de prova admitidos*" (CPC/2015, art. 357, II); e, ainda, "delimitar as questões de direito relevantes para a decisão do mérito" (CPC/2015, art. 357, IV).

[78] Ressalta o atual CPC (art. 77, I e III) que são *deveres das partes*, entre outros, "expor os fatos em juízo conforme a verdade", assim como "não produzir provas e não praticar atos inúteis ou desnecessários à declaração ou à defesa do direito". Daí os poderes conferidos ao juiz para "prevenir ou reprimir qualquer ato contrário à dignidade da justiça e *indeferir postulações meramente protelatórias*", velando, assim, pela "duração razoável do processo" (CPC/2015, art. 139, II e III).

[79] BAUR, Fritz. Transformações do processo civil em nosso tempo. *Revista Brasileira de Direito Processual*, v. VII, p. 58 59.

para a instituição do Estado Democrático de Direito, reconhecido e proclamado pelo preâmbulo da Constituição e inserido entre os direitos e garantias fundamentais pelo art. 5º, *caput*, da Lei Maior. Com a observância desse princípio, na ordem processual, busca-se dimensionar a garantia de acesso à justiça, sobrepondo-lhe a liberdade que tem o indivíduo de recorrer, ou não, à tutela jurisdicional, preferindo, segundo sua conveniência pessoal, outras formas de solução para as lesões ou ameaças sofridas em sua esfera jurídica. O Estado, portanto, não pode se furtar à prestação da tutela aos direitos subjetivos em crise, quando esta seja postulada na forma e condições legítimas. Àquele, que vê a situação de vantagem que lhe cabe suportar dano ou risco de dano, é que toca o poder de definir, livremente, o modo de superar o conflito. Somente não poderá se valer da justiça de suas próprias forças. Entretanto, será livre para não só usar o remédio institucional fornecido pelo Poder Judiciário, como se valer da autocomposição da lide em suas diversas manifestações (transação e conciliação), ou, ainda, do juízo arbitral. Sem falar na possibilidade de reconhecer a prevalência do interesse alheio sobre o próprio, até mesmo renunciando, pura e simplesmente, ao seu direito. Enfim, a garantia de liberdade redunda em que a tutela jurisdicional não pode ser negada, mas não se pode obrigar o indivíduo a usá-la forçadamente. É, assim, pois, que se deve compreender e valorizar o princípio dispositivo em matéria de acesso à justiça oficial.

Duas são as derivações importantes do princípio dispositivo em nosso sistema processual civil: *(i)* o princípio da *demanda*; e *(ii)* o princípio da *congruência*. Pelo primeiro, só se reconhece à parte o poder de abrir o processo: nenhum juiz prestará a tutela jurisdicional senão quando requerida pela parte (CPC/2015, art. 2º), de sorte que não há instauração de processo pelo juiz *ex officio*. Pelo segundo princípio, que também se nomeia como princípio da *adstrição*, o juiz deverá ficar limitado ou adstrito ao pedido da parte, de maneira que apreciará e julgará a lide "nos termos em que foi proposta", sendo-lhe vedado conhecer questões não suscitadas pelos litigantes (art. 141). Prevalece, portanto, o princípio dispositivo na instituição da relação processual e na definição do objeto sobre o qual recairá a prestação jurisdicional. Justifica-se a prevalência do princípio dispositivo nesses momentos cruciais do processo também pela necessidade de preservar a neutralidade do juiz diante do conflito travado entre os litigantes. Cabe-lhe receber e solucionar o litígio, tal qual deduzido pelas partes, em juízo, sem ampliações ou derivações para temas por elas não cogitados.

É claro, porém, que as normas legais de ordem pública, sendo impositivas e indisponíveis, haverão de ser aplicadas pelo juiz, de ofício, quer tenham as partes as invocado, quer não. Isso será feito, no entanto, apenas no limite necessário para solucionar o litígio descrito pelas partes. O pedido e a causa de pedir (*i.e.*, o *objeto* do processo) continuarão imutáveis, não cabendo ao juiz alterá-los a pretexto de aplicar lei de ordem pública. É apenas a resposta jurisdicional, dada sobre o objeto do processo, que levará em conta a norma de ordem pública. Dessa maneira, o princípio da demanda e o princípio da congruência continuarão respeitados, mesmo quando a sentença aplicar, de ofício, regra de ordem pública não invocada pela parte.

O princípio dispositivo e os seus consectários traduzidos no princípio da demanda são de aplicação universal, compreendendo tanto o processo de conhecimento como o de execução. O credor, ainda que tutelado por sentença condenatória oponível a seu devedor, não está obrigado a executá-la. Tem a liberdade de fazê-lo ou não, de sorte que o cumprimento da condenação não pode acontecer como ato de ofício do juiz, ficando sempre na pendência do requerimento da parte interessada. Ainda em função do princípio dispositivo, ao magistrado cabe manter-se adstrito ao objeto da execução, tal como pretendido pelo exequente, não sendo lícito excutir coisa diversa daquela autorizada pelo título executivo e requerida pelo credor. Uma vez, porém, estabelecida a relação processual executiva, seu desenvolvimento independerá de novas provocações da parte. O juiz, tal como se passa no processo de conhecimento, conduzirá a execução de ofício até a consecução da satisfação do direito do exequente, de modo a prestar-lhe a tutela nas dimensões que a doutrina denomina *princípio do resultado* ou *princípio da máxima utilidade da execução*.[80]

44. Acesso à Justiça (art. 3º)

Tendo em conta o direito fundamental de acesso à Justiça assegurado pelo art. 5º, XXXV, da Constituição, o art. 3º do CPC dispõe que "não se excluirá da apreciação jurisdicional ameaça ou lesão a direito".

É de se ter em conta que, no moderno Estado Democrático de Direito, o acesso à justiça não se resume ao direito de ser ouvido em juízo e de obter uma resposta qualquer do órgão jurisdicional. Por acesso à Justiça hoje se compreende o direito a uma *tutela efetiva e justa* para todos os interesses dos particulares agasalhados pelo ordenamento jurídico. Explica Leonardo Greco que o conteúdo de tal acesso "é implementado através das chamadas *garantias fundamentais do processo* ou do que vem sendo denominado de *processo justo*", o qual, por sua vez, compreende "todo o conjunto de princípios e direitos básicos de que deve desfrutar aquele que se dirige ao Poder Judiciário em busca da tutela dos seus direitos".[81] Nele se englobam tanto as *garantias* de natureza *individual*, como as *estruturais*,[82] ou seja, o acesso à justiça se dá, *individualmente*, por meio do direito conferido a todas as pessoas naturais ou jurídicas de dirigir-se ao Poder Judiciário e dele obter resposta acerca de qualquer pretensão, contando com a figura do *juiz natural* e com sua *imparcialidade*; com a garantia do *contraditório* e da *ampla defesa*, com ampla possibilidade de *influir* eficazmente na formação das decisões que irão atingir os interesses individuais em jogo; com o respeito à esfera dos direitos e interesses *disponíveis* do litigante; com prestação da *assistência jurídica* aos carentes, bem como com a preocupação de assegurar a *paridade de armas* entre os litigantes na disputa judicial; e com a *coisa julgada*, como garantia da segurança jurídica e da tutela jurisdicional efetiva.[83]

Do ponto de vista *estrutural*, o acesso à Justiça exige que concorra, por parte dos órgãos e sistemas de atuação do Judiciário, a observância de garantias como: a da *impessoalidade e permanência da jurisdição;* a da *independência dos juízes;* a da *motivação das decisões;* a do respeito ao *contraditório participativo;* a da inexistência de *obstáculos ilegítimos;* a da *efetividade qualitativa*, capaz de dar a quem tem direito tudo aquilo a que faz jus de acordo com o ordenamento jurídico; a do respeito ao *procedimento legal*, que, entretanto, há de ser *flexível* e *previsível;* a da *publicidade* e da *duração razoável do processo;* a do *duplo grau de jurisdição;* e, enfim, a do "*respeito à dignidade humana*, como o direito de exigir do Estado o respeito aos seus direitos fundamentais".[84]

44.1. Acesso à justiça e abuso do direito de ação

O acesso à justiça, amplamente assegurado pela Constituição (art. 5º, XXXV), é viabilizado pelo direito de ação (direito de obter a tutela jurisdicional). Como qualquer direito, mesmo os

---

80 BUENO, Cassio Scarpinella. *Curso sistematizado de direito processual civil*. 2. ed. São Paulo: Saraiva, 2009, v. 3, p. 20-21; RUBIN, Fernando. O princípio dispositivo no procedimento de cognição e de execução. *Revista Jurídica LEX*, v. 69, p. 50-51, maio/jun. 2014.

81 GRECO, Leonardo. Justiça civil, acesso à justiça e garantias. *In:* ARMELIN, Donaldo (coord.). *Tutelas de urgência e cautelares*. São Paulo: Saraiva, 2010, p. 831.

82 COMOGLIO, Luigi Paolo; FERRI, Corrado; TARUFFO, Michele. *Lezioni sul processo civile. I – Il processo ordinário di cognizione*. 4. ed. Bologna: Il Mulino, 2006, p. 61-62.

83 GRECO, Leonardo. Justiça civil, acesso à justiça e garantias. *In:* ARMELIN, Donaldo (coord.). *Tutelas de urgência e cautelares*. São Paulo: Saraiva, 2010, p. 831.

84 GRECO, Leonardo. Justiça civil, acesso à justiça e garantias. *In:* ARMELIN, Donaldo (coord.). *Tutelas de urgência e cautelares*. São Paulo: Saraiva, 2010, p. 832.

de natureza constitucional, o direito de ação não é absoluto, devendo ser exercitado nos limites da respectiva função e finalidade, sob pena de transformar-se em abuso do direito e, portanto, configurar-se ato ilícito.[85]

No combate ao abuso do direito de demandar e na tentativa de superar ou diminuir o gigantesco acúmulo de processos ocasionados, em boa parte pela litigância doentia e repetitiva, o atual direito positivo brasileiro adotou importantes medidas, como *(i)* o reforço das sanções à litigância de má-fé (CPC, arts. 79, 81, 139, II e III, e 142) e aos atentados à dignidade da justiça (arts. 77, § 2º, e 774, parágrafo único); e, *(ii)* a implantação de um sistema de solução de causas repetitivas (arts. 927, II e III, 985 e 1.040, I, II e III) que, por meio de fixação de teses em decisões paradigma, nos Tribunais Superiores, e às vezes até mesmo nos Tribunais de segundo grau, muito pode contribuir para a redução do tempo de duração dos processos e, consequentemente, repercutirá a médio e longo prazo na diminuição do intolerável volume atual de ações represadas no Poder Judiciário brasileiro. Tudo, porém, dependerá da boa gestão da Justiça afinada com o bom programa concebido pelo CPC de 2015.

Sobre o tema do *abuso de direito de ação*, ver, ainda, o item 94.2, adiante.

45. Meios alternativos de composição de litígios: arbitragem (art. 3º, § 1º)

Segundo os parágrafos do art. 3º do CPC, não conflitam com a garantia de acesso à justiça a previsão da arbitragem e a promoção estatal da solução consensual dos conflitos.

Tem-se como legítima a substituição voluntária da justiça estatal pelo juízo arbitral, na forma da lei (art. 3º, § 1º). Questionada a constitucionalidade da Lei 9.307/1996, no tocante à força de excluir do Poder Judiciário o conhecimento do litígio contratualmente submetido à arbitragem, decidiu o Supremo Tribunal Federal que a garantia da universalidade da jurisdição do Poder Judiciário (CF, art. 5º, XXXV) não resta ofendida quando o afastamento decorre de vontade negocial livremente manifestada em contrato sobre bens e direitos disponíveis.[86]

Na verdade, a sentença arbitral, em nosso sistema jurídico vigente, nem mesmo pode ser vista como um sucedâneo do provimento judicial. É ela mesma erigida à categoria de título judicial, para todos os efeitos.

A Lei 9.307/1996 abraçou "a teoria publicística da natureza jurídica da arbitragem", ao imprimir à sentença arbitral força obrigacional, com os mesmos efeitos da sentença proferida pelo Judiciário, inclusive o condenatório"[87] (Lei de Arbitragem, art. 31).

A última e mais enérgica demonstração da adoção da teoria jurisdicional ou publicística da arbitragem por nosso ordenamento jurídico ocorreu por meio de inovação introduzida no CPC de 1973, praticada com o fito de qualificar como título executivo judicial a sentença arbitral, independentemente da cláusula de homologação em juízo (art. 584, VI, posteriormente substituído pelo art. 475-N, IV). O CPC atual mantém a mesma concepção, em seu art. 515, VII.

A competência do juízo arbitral, todavia, limita-se basicamente às decisões (inclusive as que determinam medidas cautelares ou coercitivas), não se estendendo à respectiva execução,

---

85 Código Civil: "Art. 187. Também comete ato ilícito o titular de um direito que, ao exercê-lo, excede manifestamente os limites impostos pelo seu fim econômico ou social, pela boa-fé ou pelos bons costumes".

86 STF, Pleno, SE-AgRg 5.206/EP, Rel. Min. Sepúlveda Pertence, ac. 12.12.2001, *DJU* 30.04.2004, p. 29. Também o STJ já decidiu que a Lei de Arbitragem é de aplicação imediata e constitucional, na esteira do assentado pelo STF (STJ, Corte Especial, SEC 507/EX, Rel. Min. Gilson Dipp, ac. 18.10.2006, *DJU* 13.11.2006, p. 204).

87 MARTINS, Pedro Antônio Batista. Da ausência de poderes coercitivos e cautelares. *In:* LEMES, Selma Ferreira *et al.* (coords.). *Aspectos fundamentais da Lei de Arbitragem.* Rio de Janeiro: Forense, 1999, p. 363.

que continuará inserida na atividade privativa do Poder Judiciário[88] (sobre o tema, ver, nosso Curso, vol. II, itens 393 e 394; e vol. III, itens 24, 34 e 368).

46. Meios alternativos de composição de conflitos: solução consensual (art. 3º, §§ 2º e 3º)

Ao mesmo tempo em que o legislador assegura o acesso irrestrito à justiça, preconiza também as virtudes da solução consensual dos conflitos, atribuindo ao Estado o encargo de promover essa prática pacificadora, sempre que possível (CPC, art. 3º, § 2º). Nessa linha de política pública, recomenda que "a conciliação, a mediação e outros métodos de solução consensual de conflitos deverão ser estimulados por juízes, advogados, defensores públicos e membros do Ministério Público, inclusive no curso do processo judicial" (CPC, art. 3º, § 3º).[89]

Não se trata de desacreditar a Justiça estatal, mas de combater o excesso de litigiosidade que domina a sociedade contemporânea, que crê na jurisdição como a única via pacificadora de conflitos, elevando a um número tão gigantesco de processos aforados, que supera a capacidade de vazão dos órgãos e estruturas do serviço judiciário disponível.

Em diversos países, a cultura social tem desviado grande parte dos conflitos para mecanismos extrajudiciais, como a mediação e a conciliação, que, além de aliviar a pressão sobre a Justiça Pública, muitas vezes se apresentam em condições de produzir resultados substancialmente mais satisfatórios do que os impostos pelos provimentos autoritários dos tribunais.[90]

O atual Código não se limita a estimular a solução consensual dos conflitos. Vai além e prevê a criação, pelos tribunais, de "centros judiciários de solução consensual de conflitos", os quais serão responsáveis pela realização de sessões e audiências de conciliação e mediação, assim como pelo desenvolvimento de programas destinados a auxiliar, orientar e estimular a autocomposição (art. 165). A composição e a organização de tais "centros" serão definidas pelo respectivo tribunal, observadas as normas do Conselho Nacional de Justiça (art. 165, § 1º). Os conciliadores, os mediadores e as câmaras privadas de conciliação e mediação serão inscritos em cadastro nacional e em cadastro de tribunal de justiça ou de tribunal regional federal, nos quais haverá registro de profissionais habilitados, com indicação de sua área profissional (art.

---

88 "A recente alteração trazida pela Lei 13.129/15 à Lei 9.307/96, a despeito de evidenciar o fortalecimento da arbitragem, não investiu o árbitro do poder coercitivo direto, de modo que, diferentemente do juiz, não pode impor, contra a vontade do devedor, restrições ao seu patrimônio" (STJ, 3ª T., REsp 1.678.224/SP, Rel. Min. Nancy Andrighi, ac. 07.05.2019, *DJe* 09.05.2019).

89 Entre as vantagens proporcionadas pela busca de conciliação, o que se faz por meio de audiência inicial, a doutrina costuma destacar o incremento da celeridade e da economia processuais, além de se obter melhor solução para a controvérsia, pois se conta com a possibilidade de evitar a exaltação dos ânimos dos litigantes e de proporcionar um melhor funcionamento do judiciário. Nesse sentido, entre outros, é o ensinamento de Celso Barbi, para quem, sendo atingida a conciliação no nascedouro do processo, o trabalho do juiz diminui e, nesse caso, ele passará a ocupar-se de causas que realmente demandem um trabalho de maior envergadura e dedicação (BARBI, Celso Agrícola. O papel da conciliação como meio de evitar o processo e de resolver conflitos. *Revista de Processo*, São Paulo, n. 39, p. 121, jul./set. 1985).

90 A conciliação e a mediação, como métodos extrajudiciais pacificadores de conflitos, têm ocupado lugar cada vez mais relevante na política dos países mais civilizados. Entre nós têm sido largamente utilizadas pela justiça trabalhista e incentivada pelo Conselho Nacional de Justiça. Reconhecem Cappelletti e Garth que "existem vantagens óbvias, tanto para as partes quanto para o sistema jurídico, se o litígio é resolvido sem necessidade de julgamento" (CAPPELLETTI, Mauro; GARTH, Bryant. *Acesso à justiça*. Tradução de Ellen Gracie Northfleet. Porto Alegre: Fabris, 1988, p. 83).

167)[91]. Com isso, o estímulo à solução consensual dos conflitos deixa de ser mera previsão legal, tornando-se norma a ser, efetivamente, cumprida por todos os agentes da atividade jurisdicional.

Posteriormente ao atual Código, a Lei 13.140, de 26.06.2015, dispôs largamente sobre o recurso à mediação e à conciliação, nas vias judicial e extrajudicial, inclusive no tocante à autocomposição de conflitos no âmbito da administração pública.[92]

Nessa política de adoção da técnica de solução consensual de conflitos até mesmo na esfera administrativa, o Conselho Nacional de Justiça (CNJ) instituiu, por meio da Resolução 406, de 16 de agosto de 2021, o Núcleo de Mediação e Conciliação (Numec). Caberá a esse órgão, no âmbito do CNJ, atuar na facilitação da consensualidade em questões que, de alguma forma, abranjam: I – conflitos internos do CNJ que envolvam servidores ou setores administrativos; e II – processos administrativos em tramitação no CNJ de qualquer natureza e em qualquer fase de tramitação (art. 3º). Respeitar-se-á, obviamente, o campo de controvérsias em que a lei admita a negociabilidade (art. 4º, *caput*). A autocomposição buscada pelo Numec pode versar sobre parte ou totalidade do conflito e ainda envolver sujeito estranho ao conflito originário (art. 4º, parágrafo único), facultado às partes o acompanhamento por advogado, defensor público ou procurador (art. 6º). A função de mediador ou conciliador será desempenhada por juiz auxiliar designado pela Presidência do CNJ (art. 8º). Concluída a mediação ou conciliação no prazo máximo de 60 dias e tendo sido alcançado o acordo, sua homologação será feita pelo Plenário do CNJ (art. 10, *caput* e parágrafo único).

46.1. Mediação obrigatória (cláusula escalonada)

Muito se discute no âmbito do direito comparado sobre a conveniência ou não de impor a prévia tentativa de solução consensual do conflito como condição de admissibilidade do acesso à justiça estatal. No Brasil, a tentativa de conciliação não é obrigatória, embora o juiz possa determiná-la de ofício. Existe, outrossim, legislação especial que disciplina a mediação como meio legítimo de pacificação social e que regula, inclusive, a possibilidade de cláusula negocial sobre a matéria no campo dos contratos e obrigações.

Assim é que entre os meios consensuais de solução de conflitos existe, em nosso direito positivo, a previsão da chamada *cláusula escalonada,* que se situa como uma etapa a percorrer entre os meios consensuais e os adjudicatórios. Trata-se de cláusula inserida em contrato ou outro negócio por meio do qual as partes convencionam que eventuais controvérsias a respeito do cumprimento das obrigações ajustadas serão submetidas a mediação ou a outro meio conciliatório, antes de serem levadas à apreciação da justiça estatal ou do juízo arbitral. Cláusula da espécie é frequente, por exemplo, em contratos de execução continuada, como os de franquia, agência e distribuição.

Esse negócio jurídico processual é reconhecido como legítimo pela Lei 13.140/2015 (Marco Legal da Mediação), mas não há consenso a respeito dos efeitos do seu descumprimento. É certo que ninguém pode ser impedido definitivamente do acesso à tutela jurisdicional, que é aquela prestada pelo Poder Judiciário e, às vezes, pelo Juízo Arbitral.

Por isso, o que a Lei 13.140, art. 2º, § 1º, prevê é que, existindo previsão contratual de mediação prévia, as partes deverão comparecer à primeira reunião de mediação. Ou seja: não ficarão obrigados a permanecer vinculados longamente ao procedimento de mediação, mas deverão pelo menos participar da primeira sessão (art. 2º, § 2º).[93]

---

91 Nos parágrafos do art. 167 do CPC/2015, constam os requisitos e formalidades para que se obtenha a inscrição no cadastro de mediadores e conciliadores.

92 Ver, adiante, sobre solução consensual de conflito, o item 313.

93 "Dessa forma, ninguém é obrigado a permanecer no procedimento de mediação, mas deve pelo menos participar da primeira reunião" (PACHIKOSKI, Silvia Rodrigues. A cláusula escalonada. In ROCHA, Caio Cesar Vieira; SALOMÃO, Luis Felipe (coords.). *Arbitragem e mediação*: a reforma da legislação brasileira. 2. ed. São Paulo: Atlas, 2017, p. 300).

Havendo, porém, obrigação constante de cláusulas escalonadas, sua infração não ficará sem sanção, ou seja:

a) o ingresso direto da demanda em juízo, em desrespeito à clausula escalonada, gerará direito da contraparte a perdas e danos, por violação contratual;[94]
b) o juiz (ou o árbitro) poderá suspender o andamento do processo, assinando prazo para que o comparecimento dos litigantes se dê perante o órgão de mediação;[95]
c) em qualquer caso, não cumprida a ordem judicial de sujeição ao procedimento da mediação, sujeitar-se-á a parte infratora à multa do § 8º do art. 334 do CPC.

Não será cabível, por outro lado, impor nulidade ao processo, nem impedir o seu curso, após a suspensão do processo e a recalcitrância do ofensor da cláusula escalonada.[96]

Sobre a cláusula de escalonamento, voltaremos a tratar no volume II no Cap. XXVIII, relativo ao juízo arbitral.

46-A. Justiça, liberdade e autonomia privada

Já tratamos da garantia do acesso à justiça e do caráter dispositivo da norma que o assegura, coordenado com o princípio, também fundamental, da liberdade, sobre o qual assenta a autonomia privada, tão cara ao moderno Estado Democrático de Direito, principalmente (mas não exclusivamente) nas relações patrimoniais de direito privado.[97]

O mais significativo de tudo isso é o reconhecimento de que essa autonomia privada acatada no domínio do processo civil tem raízes constitucionais. Extrai-se do princípio da legalidade – "ninguém será obrigado a fazer ou deixar de fazer alguma coisa senão em virtude de lei" (CF, art. 5º, II) – a tutela constitucional ao princípio da liberdade, em cujo seio se agasalha a autonomia privada: enquanto só a lei pode proibir alguma conduta individual, ao Poder Público somente se autoriza impor regulação da iniciativa privada nos limites da lei (CF, art. 37). Dessa maneira, o sistema constitucional garante a liberdade individual de exercer o poder criativo dos espaços normativos abertos pelo ordenamento positivo. Em outros termos: "o particular age como bem

---

94 "Essa questão já foi objeto de demandas judiciais no exterior, registrando-se que a jurisprudência se inclina no sentido de entender que a cláusula escalonada tem efeitos contratuais, vale dizer, se não for observada a mediação, nenhuma consequência além do simples inadimplemento contratual que se resolve por perdas e danos advirá" (LEMES, Selma Maria Ferreira. Cláusula escalonada, mediação e arbitragem. *Revista Resultado*, v. 10, p. 42, jan./2005).

95 Para que a cláusula de escalonamento tenha força obrigatória, deverá cumprir as exigências do art. 22 da Lei de Mediação, entre as quais a previsão contratual do prazo mínimo e máximo para a realização da primeira reunião de mediação (inciso I) e a estipulação da sanção a ser imposta à parte que não comparecer àquela reunião (inciso IV).

96 "Se qualquer das partes discorda, nada impedirá que os árbitros, atendendo aos ditames do § 4º do art. 22 da Lei de Arbitragem, tentem a conciliação das partes. Não havendo predisposição para a composição, restará claro que a superação da fase de mediação prevista na cláusula escalonada não terá provocado prejuízo algum de modo que não haverá qualquer sombra de nulidade a manchar o procedimento arbitral" (CARMONA, Carlos Alberto. *Arbitragem e processo*: um comentário à Lei 9.307/96. 3. ed., São Paulo: Atlas, 2009, p. 35).

97 Há, hoje, até legislação especial de declaração de direitos de liberdade econômica, estabelecendo normas de proteção à livre-iniciativa (Lei 13.874, de 20.09.2019, art. 1º, *caput*), assim como de limitação à intervenção interpretativa e revisional do Poder Judiciário no terreno dos negócios jurídicos (CC, art. 421, parágrafo único, introduzido pela Lei 13.874/2019); e o CPC, por sua vez, permite às partes o negócio jurídico processual em torno de direitos, deveres, faculdades e ônus processuais, com possibilidade de alteração do próprio procedimento judicial (art. 190), embora sabidamente seja a hipótese regulada no âmbito do direito público.

entender onde a lei não impõe ou proíbe, enquanto o Estado age nos campos especificados por lei".[98] Donde se pode concluir que, mesmo existindo certas imposições, de fazer ou não fazer algo, é possível reconhecer que ao particular se assegura margem para exercer atividade criativa, ao lado da atividade jurídica estatal.

Filosoficamente, vem de Kant a lição de que a autonomia privada tem seu núcleo na aptidão de o sujeito estabelecer suas próprias leis, "o que significa a liberdade do indivíduo racionalmente estatuir normas para si".[99] Aliás, na concepção atual do direito, o Juiz não atua, na solução dos conflitos, como simples porta-voz da lei. "A lei já não constitui todo o direito; é apenas o principal instrumento que guia o juiz no cumprimento de sua tarefa, na solução dos casos específicos".[100]

Desde Kelsen que as fontes do direito deixaram de ser vistas apenas nas leis. Os contratos, por exemplo, passaram a ocupar lugar destacado entre tais fontes.[101] E o enfoque da moderna análise do direito segundo a experiência jurídica reconheceu uma trama complexa na formação do direito, da qual resulta "um *quadro normativo polivalente*", que definitivamente não se resume à visão dos ditames da lei, do costume e da jurisdição. A facilidade com que se recorre às criações de relações negociais atípicas, nos tempos modernos, faz com que os institutos jurídicos, frequentemente, tenham seu germe "não na fantasia dos juristas, ou do assim chamado legislador, mas sim na capacidade inventiva prática dos próprios interessados, recebendo geralmente uma disciplina costumeira, antes que a legislação dela se apodere".[102]

O direito processual não fica imune a essa permanente influência da liberdade individual vivenciada no ambiente da autonomia privada ensejadora de soluções contratuais, que podem afastar voluntariamente a jurisdição estatal (arbitragem, convenção de *non petendo*, transações de natureza material e processual, conciliação etc.) ou modificar o procedimento da lei (negócio jurídico sobre direitos, deveres, faculdades e ônus processuais).

No estágio atual, portanto, o quadro desenhado pela experiência jurídica retrata uma situação normativa em que o Poder Judiciário não mais detém o monopólio da jurisdição. Não no sentido de que o particular tenha a ilimitada liberdade de fugir, sem mais nem menos, da autoridade jurisdicional pública. Mas pode, dentro dos limites legais da autonomia privada, buscar entre fontes pacificadoras de conflitos institutos não integrantes dos órgãos judicantes do Estado.

O que, porém, não se pode recusar ao litigante que bate às portas do Judiciário é a resposta jurisdicional assegurada pela garantia fundamental de acesso ao Poder Judiciário (CF, art. 5º, XXXV). Entretanto, ao destinatário dessa garantia é assegurada a liberdade de não recorrer ao judiciário e buscar, negocialmente, outras vias de pacificação jurídica, desde que não se depare com vedação do direito positivo.

---

98 PÁDUA, Felipe Bizinoto Soares de. A dimensão constitucional da autonomia privada. *Revista Síntese-Direito Civil e Processual Civil*, São Paulo, v. 142, mar./abr. 2023, p. 69.

99 PÁDUA, Felipe Bizinoto Soares de. A dimensão constitucional da autonomia privada. *Revista Síntese-Direito Civil e Processual Civil*, São Paulo, v. 142, mar./abr. 2023, p. 69; KANT, Immanuel. *A metafísica dos costumes*. 3. ed. Trad. de José Lamego. Lisboa: Fundação Calouste Gulbenkian, 2017, p. XXX.

100 PERELMAN, Chaim. *Lógica jurídica*: nova retórica. Trad. de Vergínia K. Pupi. 2. ed. São Paulo: Martins Fontes, 2004, p. 221-222.

101 "Expressão exemplar desse superamento da anterior identificação da 'teoria normativa' com a 'teoria legal', temo-la na doutrina de Kelsen e Merkl sobre a ordenação gradativa das normas jurídicas, desde a 'norma fundamental', que condiciona transcendentalmente o sistema de preceitos vigentes, até às 'normas particulares' enunciadas pelas sentenças ou estipuladas nos contratos" (REALE, Miguel. *O direito como experiência*. São Paulo: Saraiva, 1968, p. 94).

102 MESSINEO, Francesco. Verbete "contratto innominato". *In: Enciclopedia del diritto*. Milano: Giuffrè, 1962, v. X, p. 100.

Por força de prévio ajuste negocial, pode-se pactuar, por exemplo, o juízo arbitral, para definir certos conflitos, ou alguma forma de autossatisfação executiva, que permita ao credor realizar extrajudicialmente a garantia que ampara seu crédito, diante do inadimplemento do devedor.

Essa orientação normativa já se acha tão solidamente implantada, que parte da própria lei o incentivo aos procedimentos extrajudiciais de solução negocial de conflitos,[103] tidos como mais aptos a realizar a justiça coexistencial almejada pelas modernas técnicas do *processo justo* (sistema de processo multiportas).

Em suma, o direito contemporâneo, inclusive o processual, revelado à luz da experiência jurídica, sem desprezar o princípio da legalidade, valoriza muito o ideal de se aproximar quanto possível da justiça efetiva, dando peso considerável às garantias de liberdade e autonomia privada na obra de concretização da norma individualizada aplicável à justa composição do conflito, que haverá de ser fruto da necessária cooperação entre todos os sujeitos do processo (CPC, art. 6º).

46-B. Aplicação da lei segundo os fins sociais e as exigências do bem comum (art. 8º), e a possibilidade de revisão dos contratos por obra judicial

Repetindo o art. 5º da Lei de Introdução às Normas do Direito Brasileiro (LINDB), o art. 8º do CPC determina, entre as Normas Fundamentais do Processo Civil, que a aplicação do Ordenamento Jurídico pelo juiz "atenderá aos fins sociais e às exigências do bem comum". Trata-se de norma principiológica, cuja interpretação tem variado historicamente, em face das mudanças ideológicas ocorridas com profundidade nos últimos séculos na política de configuração do Estado de Direito, no tocante à intervenção do Poder Público no domínio econômico privado. É na solução judicial dos litígios em torno da interpretação e da revisão dos contratos que tal problemática é mais evidente.

Houve época em que a norma principiológica em questão chegou a ser entendida como franquia a que a composição judicial dos conflitos de direito privado se desse mediante larga liberdade judicial na revisão dos negócios jurídicos, mormente no campo dos contratos. Nesse clima, um novo princípio foi introduzido na teoria do contrato, o que exigia o equilíbrio econômico da equação negocial. Buscava-se, então, o enfraquecimento da considerada inconveniente força obrigatória do contrato, outrora supervalorizada pela visão do extremado liberalismo econômico, visão essa abusivamente estimulada a partir da Revolução Francesa. A postura ideológica em exame, que abria caminho à ampliação da intervenção judicial em nome da reparação da injustiça contratual, refletia o comportamento ideológico em voga na primeira metade do século XX, época em que o ideário do denominado Estado Social de Direito disputava a hegemonia com o Estado Liberal, qualificando-o como ultrapassado.

A ilimitada intervenção do Estado Social na economia privada, no entanto, fracassou no mundo ocidental, de sorte que, a partir dos fins do século XX, novos ventos têm reacendido, no Estado Democrático de Direito, a dupla busca pela segurança jurídica na atividade negocial e pela restauração, nesse mesmo ambiente, do prestígio da liberdade individual, com destaque no campo econômico para a garantia da livre-iniciativa e da autonomia privada (neoliberalismo).

É claro, porém, que as grandes conquistas logradas no âmbito da humanização e da eticização da disciplina legal dos negócios jurídicos privados não foram desprezadas pela nova onda liberalizante. Continuam prestigiados e realçados, por exemplo, os princípios da boa-fé objetiva e do respeito à função social dos contratos, com destaque especial para a reconhecida necessidade de tutelar os hipossuficientes quando negociam com poderosos agentes econômicos,

---

[103] CPC, art. 3º, § 2º: "O Estado promoverá, sempre que possível, a solução consensual dos conflitos". CPC, art. 3º, § 3º: "A conciliação, a mediação e outros métodos de solução consensual de conflitos deverão ser estimulados por juízes, advogados, defensores públicos e membros do Ministério Público, inclusive no curso do processo judicial".

como é o caso, entre outros, das relações de consumo. Nesse âmbito, não só se conservou, mas também se aprimorou a legislação protetiva da parte frágil no relacionamento desequilibrado entre os sujeitos da economia consumerista, a ponto de ter sido instituído um *Código de Proteção e Defesa* do Consumidor (Lei nº 8.078/1990, art. 1º)[104]. Entre os direitos básicos assegurados ao consumidor, figura o de obter, por meio de ação judicial, "a *modificação das cláusulas contratuais* que estabeleçam prestações desproporcionais ou sua *revisão* em razão de fatos supervenientes que as tornem *excessivamente onerosas*" (art. 6º, V) (g.n.). No campo da hermenêutica, o CDC adotou o princípio de que "as cláusulas contratuais serão interpretadas de maneira *mais favorável* ao consumidor" (art. 47) (g.n.). A par disso, há no CDC uma repulsa às cláusulas abusivas, que resulta na nulidade de pleno direito de mais de uma dezena de convenções expressamente identificadas em seu art. 51.

Todavia, no campo dos contratos paritários, embora submetidos aos princípios da boa-fé e da função social (arts. 421 e 422 do CC), o que se deve atualmente observar, como regra maior, é a prevalência da autonomia negocial (qualificada como "liberdade contratual", pelo referido art. 421, na redação da Lei 13.874/2019). O consectário desse regime legal vem expresso no parágrafo único que a mesma Lei 13.874 acrescentou ao art. 421 do Código Civil, *in verbis:*

> "Nas relações contratuais privadas, prevalecerão o princípio da intervenção mínima e a *excepcionalidade da revisão contratual*" (g.n.).

Em suma: a revisão judicial dos contratos, como já visto, é hoje praticada com maior amplitude, em favor do contratante hipossuficiente, nas relações regidas pelo Código de Defesa do Consumidor, e só é admissível em caráter *excepcional e limitado* quando se trata de contratos civis e empresariais (art. 421-A, *caput*, do CC, acrescido pela Lei 13.874, dita "Lei da Liberdade Econômica")[105].

A aplicação do direito pelo juiz nos conflitos sobre negócios jurídicos privados paritários pode ser humanizada, principalmente à luz dos fins sociais e das exigências do bem comum, justificadas pelo princípio da boa-fé objetiva. Mas sempre se respeitará e valorizará a prevalência da autonomia privada e a excepcionalidade da revisão contratual por sentença judicial, que nunca deverão avançar além das hipóteses previstas pela própria lei[106].

---

[104] No CDC, de forma explícita, se reconheceu e proclamou, à guisa de princípio legal, a "vulnerabilidade do consumidor no mercado de consumo" (art. 4º, I), assim como se legitimou a "ação governamental no sentido de proteger efetivamente o consumidor" (art. 4º, II).

[105] Lei 13.874/2019: "Art. 1º Fica instituída a Declaração de Direitos de Liberdade Econômica, que estabelece normas de proteção à livre-iniciativa e ao livre exercício de atividade econômica e disposições sobre a atuação do Estado como agente normativo e regulador, nos termos do inciso IV do *caput* do art. 1º do parágrafo único do art. 170 e do *caput* do art. 174 da Constituição Federal. § 1º O disposto nesta Lei será observado na aplicação e na interpretação do direito civil, empresarial, econômico, urbanístico e do trabalho [...]. § 2º Interpretam-se em favor da liberdade econômica, da boa-fé e do respeito aos contratos, aos investimentos e à propriedade todas as normas de ordenação pública sobre atividades econômicas privadas".

[106] "O novel art. 421-A do CC vem ao encontro dessa posição, ao estatuir que os contratos civis e empresariais têm a presunção de paridade e simetria, até prova em contrário. Estabelece, ainda, que a distribuição dos riscos definidos pelos contratantes deve ser observada e respeitada, na medida em que, sob o aspecto econômico, o contrato é um instrumento de alocação de riscos. A *ratio legis* foi, sem dúvida, a de dar maior ênfase ao princípio *pacta sunt servanda* (força obrigatória das convenções), notadamente nas relações particulares, uma vez que não teria sentido a continuidade exagerada de pleitos revisionais, em flagrante descumprimento ao que foi acordado, mesmo nos casos de pactos paritários celebrados nos termos da lei, notadamente aqueles que envolvem êxito em demandas judiciais" (FERRIANI, Adriano; DONNINI, Rogério. A autonomia privada máxima nos contratos paritários e sua interpretação, *Revista de Direito Privado,* São Paulo, v. 119, p. 200, jan.-mar. 2024).

47. Duração razoável do processo e celeridade de sua tramitação (art. 4º)

Entre os direitos fundamentais ligados à garantia do *processo justo* figura o declarado pelo inc. LXXVIII do art. 5º da CF, no qual se asseguram, a um só tempo, *(i)* a *razoável duração do processo*, bem como *(ii)* o emprego dos meios que garantam a *celeridade de sua tramitação*. Essa garantia constitucional conecta *efetividade* com *tempestividade* na essência do acesso à tutela jurisdicional por meio de um processo justo. É que não se pode pensar em justiça do processo sem condicioná-lo a um resultado oportuno ou tempestivo. Com efeito, é intuitivo que "de nada adiantaria garantir a apreciação de alegação de lesão a direito se esse controle não fosse tempestivo"[107]. Justiça tardia, segundo universal reconhecimento, é o mesmo que justiça denegada, ou, em outros termos, é pura e completa injustiça. Daí que seria impossível a configuração de *um processo justo*, quando seus resultados tutelares só se manifestassem tardiamente[108].

O CPC/2015, por seu turno, prevê que essa garantia de duração razoável do processo aplica-se ao tempo de obtenção da solução integral do mérito, que compreende não apenas o prazo para pronunciamento da sentença, mas também para a ultimação da atividade satisfativa. É que condenação sem execução não dispensa à parte a tutela jurisdicional a que tem direito. A função jurisdicional compreende, pois, tanto a certificação do direito da parte, como sua efetiva realização. Tudo isso deve ocorrer dentro de um prazo que seja razoável, segundo as necessidades do caso concreto.

Do art. 4º decorre não apenas a necessidade de tramitação célere e sem embaraços indevidos, mas especialmente um compromisso com a *primazia da resolução de mérito*, cuja concretização se dá em conjugação com os arts. 317 e 488, os quais, em suma, impõem ao juiz evitar a extinção da relação processual sem análise da pretensão, se a solução de mérito favorecer a parte a quem aproveitaria a invalidação do processo.[109]

Por outro lado, *razoabilidade* do prazo de duração e *celeridade* da marcha processual são duas garantias distintas contempladas pelo art. 5º, LXXVIII, da Constituição. Ambas traduzem *cláusulas gerais*, cujo conteúdo se liga a fato dependente de termo indeterminado. A consequência é não ser possível, de antemão, predeterminar qual seja a duração razoável de todos os processos. Também a celeridade processual não é algo que se possa predeterminar por meio de um ritmo único e preciso.

Influem na duração razoável fatores vários como a natureza e a complexidade da causa, o comportamento das partes e das autoridades judiciárias e a necessidade de respeitar prazos para atos necessários à efetivação do contraditório e ampla defesa.[110]

Quanto ao gerenciamento das medidas que assegurem a conclusão do processo, deve compreender todas as providências tendentes a evitar diligências inúteis e promover as simplificações rituais permitidas pela lei, sem comprometimento do contraditório e ampla defesa, assim como as que reprimem a conduta desleal e temerária da parte que embaraça o normal encaminhamento do processo em direção à composição do conflito.

De maneira geral, para que o processo se submeta aos ditames da duração razoável e do emprego de meios conducentes à rápida solução do litígio, o que se exige, na ordem prática, é que seja conduzido de maneira a respeitar as regras procedimentais definidas pela lei. Vale dizer:

---

107 YARSHELL, Flávio Luiz. *Curso de direito processual civil*. São Paulo: Marcial Pons, 2014, v. I, n. 52, p. 90.

108 "A intempestividade da tutela jurisdicional prejudica o escopo jurídico e o escopo social da jurisdição. Ela também afeta negativamente a igualdade na medida em que a demora tende a prejudicar os mais fragilizados sob a ótica econômica, social e cultural" (YARSHELL, Flávio Luiz. *Curso de direito processual civil*. São Paulo: Marcial Pons, 2014, v. I, n. 52, p. 90).

109 CÂMARA, Alexandre Freitas; RODRIGUES, Marco Antônio. A reunião de execuções fiscais e o CPC/2015: por uma filtragem à luz das normas fundamentais. *Revista de Processo*, São Paulo, v. 263, p. 113, jan. 2017.

110 NERY JÚNIOR, Nelson. *Princípios do processo na Constituição Federal*. 10. ed. São Paulo: RT, 2010, p. 320.

a ideia de duração razoável do processo "melhor coaduna com sua adaptação ao cumprimento exato dos ritos processuais, sem dilações desnecessárias ou imprestáveis". Revela-se, assim, como garantia não apenas de simples acesso à justiça, mas de acesso ao *processo justo*.[111]

Para o STF, da observância do prazo razoável previsto para a duração do processo decorre a necessidade do "julgamento sem dilações indevidas", o qual, por seu turno, "constitui projeção do princípio do devido processo legal".[112] Segundo o STJ, por sua vez, "o magistrado deve velar pela *rápida solução* do litígio e buscar *suprir entraves* que contribuem para a morosidade processual, e inviabilizam a prestação jurisdicional em *prazo razoável*".[113]

O que se compreende nas garantias em questão, que se interligam umbilicalmente, não é o direito à celeridade processual a qualquer custo, mas a uma duração que seja contida no espaço de tempo necessário para assegurar os meios legais de defesa, evitando "dilações indevidas", mantido o equilíbrio processual no patamar do conjunto das garantias formadoras da ideia de *processo justo*, na perspectiva da Constituição.

47.1. Responsabilidade civil do Estado pela violação da garantia de duração razoável do processo

Na jurisprudência da Corte Europeia de Defesa dos Direitos do Homem (Tribunal Supranacional sediado em Estrasburgo) é recorrente a condenação de Estados da Europa a indenizar partes prejudicadas pela demora excessiva na conclusão de processos. Na Itália há até lei interna regulando a matéria. No Brasil, o tema conta com aprovação doutrinária[114], desde que a garantia ganhou lugar entre os direitos fundamentais (CF, art. 5º, LXXVIII, acrescentado pela EC 45, de 30.12.2004). Na jurisprudência, merece registro a tomada de posição do STJ, frente a um recurso oriundo do Amazonas em que o juiz de uma execução de alimentos protelou o despacho citatório por *dois anos e seis meses* (!). Vê-se do acórdão que tal demora, à evidência, foi qualificada como "excessiva e desarrazoada" e, pela singeleza do ato protelado, mereceu ser havida como *injustificável*[115].

Pela relevância do decisório, e pela excelência de seus fundamentos, transcrevemos, a seguir, a íntegra da ementa minuciosa do respectivo acórdão:

> "RESPONSABILIDADE CIVIL. RECURSO ESPECIAL. RAZOÁVEL DURAÇÃO DO PROCESSO. LESÃO. DESPACHO DE CITAÇÃO. DEMORA DE DOIS ANOS E SEIS MESES. INSUFICIÊNCIA DOS RECURSOS HUMANOS E MATE-

---

111 CIANCI, Mirna. A razoável duração do processo – Alcance e significado. Uma leitura constitucional da efetividade no direito processual civil. *Revista de Processo,* n. 225, nov./2013, p. 48.

112 "O excesso de prazo, quando exclusivamente imputável ao aparelho judiciário – não derivando, portanto, de qualquer fato procrastinatório causalmente atribuível ao réu – traduz situação anômala que compromete a efetividade do processo (...), frustra um direito básico que assiste a qualquer pessoa: o direito à resolução do litígio, sem dilações indevidas (CF, art. 5º, LXXVIII) (...)" (STF, 2ª T., HC 98.878/MS, Rel. Min. Celso de Mello, ac. 27.10.2009, *DJe* 20.11.2009). A jurisprudência do Supremo Tribunal Federal é no sentido de que a "**razoável duração do processo** não pode ser considerada de maneira isolada e descontextualizada das peculiaridades do caso concreto. (...) A sobrecarga de processos em trâmite nos Tribunais Superiores inviabiliza, na hipótese, compreender violada a garantia constitucional da **razoável duração do processo**, prevista no inciso LXXVIII do artigo 5º da Constituição Federal" (HC 128.928-AgR, Relª. Minª. Rosa Weber) (STF, 1ª T., HC 198.396/SP, Rel. Min. Roberto Barroso, ac. 17.05.2021, DJe 26.05.2021).

113 STJ, 3ª Seção, MS 9.526/DF, Rel. Min. Laurita Vaz, Rel. p/ ac. Min. Paulo Medina, ac. 09.08.2006, *DJU* 12.03.2007, p. 107.

114 Cf., por todos, KOEHLER, Frederico Augusto Leopoldino. *A razoável duração do processo*. 2. ed. Salvador: JusPodivm, 2013, *passim*.

115 STJ, 2ª T., REsp 1.383.776/AM, Rel. Min. Og Fernandes, ac. 06.09.2018, *DJe* 17.09.2018.

RIAIS DO PODER JUDICIÁRIO. NÃO ISENÇÃO DA RESPONSABILIDADE ESTATAL. CONDENAÇÕES DO ESTADO BRASILEIRO NA CORTE INTERAMERICANA DE DIREITOS HUMANOS. AÇÃO DE INDENIZAÇÃO POR DANOS MORAIS. RESPONSABILIDADE CIVIL DO ESTADO CARACTERIZADA.

1. Trata-se de ação de execução de alimentos, que por sua natureza já exige maior celeridade, esta inclusive assegurada no art. 1º, c/c o art. 13 da Lei 5.478/1968. Logo, mostra-se excessiva e desarrazoada a demora de dois anos e seis meses para se proferir um mero despacho citatório. O ato, que é dever do magistrado pela obediência ao princípio do impulso oficial, não se reveste de grande complexidade, muito pelo contrário, é ato quase que mecânico, o que enfraquece os argumentos utilizados para amenizar a sua postergação.

2. O Código de Processo Civil de 1973, no art. 133, I (aplicável ao caso concreto, com norma que foi reproduzida no art. 143, I, do CPC/2015), e a Lei Complementar 35/1979 (Lei Orgânica da Magistratura Nacional), no art. 49, I, prescrevem que o magistrado responderá por perdas e danos quando, no exercício de suas funções, proceder com dolo ou fraude. A demora na entrega da prestação jurisdicional, assim, caracteriza uma falha que pode gerar responsabilização do Estado, mas não diretamente do magistrado atuante na causa.

3. A administração pública está obrigada a garantir a tutela jurisdicional em tempo razoável, ainda quando a dilação se deva a carências estruturais do Poder Judiciário, pois não é possível restringir o alcance e o conteúdo deste direito, dado o lugar que a reta e eficaz prestação da tutela jurisdicional ocupa em uma sociedade democrática. A insuficiência dos meios disponíveis ou o imenso volume de trabalho que pesa sobre determinados órgãos judiciais isenta os juízes de responsabilização pessoal pelos atrasos, mas não priva os cidadãos de reagir diante de tal demora, nem permite considerá-la inexistente.

4. A responsabilidade do Estado pela lesão à razoável duração do processo não é matéria unicamente constitucional, decorrendo, no caso concreto, não apenas dos arts. 5º, LXXVIII, e 37, § 6º, da Constituição Federal, mas também do art. 186 do Código Civil, bem como dos arts. 125, II, 133, II e parágrafo único, 189, II, 262 do Código de Processo Civil de 1973 (vigente e aplicável à época dos fatos), dos arts. 35, II e III, 49, II, e parágrafo único, da Lei Orgânica da Magistratura Nacional, e, por fim, dos arts. 1º e 13 da Lei 5.478/1968.

5. Não é mais aceitável hodiernamente pela comunidade internacional, portanto, que se negue ao jurisdicionado a tramitação do processo em tempo razoável, e também se omita o Poder Judiciário em conceder indenizações pela lesão a esse direito previsto na Constituição e nas leis brasileiras. As seguidas condenações do Brasil perante a Corte Interamericana de Direitos Humanos por esse motivo impõem que se tome uma atitude também no âmbito interno, daí a importância de este Superior Tribunal de Justiça posicionar-se sobre o tema.

6. Recurso especial ao qual se dá provimento para restabelecer a sentença".

48. Boa-fé (art. 5º)

I – Conceituação da boa-fé objetiva como "cláusula geral"

Dispõe o art. 5º do atual CPC que "aquele que de qualquer forma participa do processo deve comportar-se de acordo com a *boa-fé*". A má-fé subjetiva (conduta dolosa, com o propósito de lesar a outrem) sempre foi severamente punida, tanto no âmbito do direito público como no privado. Há, porém, uma outra visão da boa-fé, que se desprende do subjetivismo, para se localizar objetivamente no comportamento do agente, como exigência de ordem ético-jurídica. Essa *boa-fé objetiva* assumiu maior relevo, em nosso direito positivo, com o advento do Código do Consumidor e do Código Civil, que a adotaram como um dos princípios fundamentais do direito das obrigações. No campo dos contratos, a boa-fé objetiva assumiu a categoria de limite da autonomia da vontade, bem como de norma básica de interpretação e cumprimento dos negócios jurídicos, além de funcionar, a própria boa-fé objetiva, como fonte legal de deveres e obrigações, a par daqueles contraídos voluntariamente no ajuste contratual (CDC, art. 4º, III; CC, art. 422).

O princípio da boa-fé é adotado por nosso ordenamento jurídico, como cláusula geral, sem que o legislador tenha estabelecido parâmetros ou standards de conduta para a determinação de seu conteúdo. Mas, é certo, segundo a jurisprudência e a doutrina, que o julgador tem condições de se orientar, com prudência e bom senso, na pesquisa dos bons costumes e dos padrões usuais no meio social para detectar aquilo que no campo negocial específico se pode ter, razoavelmente, como comportamento honesto e leal, para resolver o caso concreto em debate. Isto, aliás, não é estranho à prática recorrente nos tribunais de se valer das regras de experiência comum subministradas pela observação do que comumente acontece, para formação do convencimento acerca das alegações dos litigantes. Essa técnica de julgamento aplicável às indagações sobre usos e costumes encontra apoio na norma expressa do art. 375 do CPC, revelando-se de real valia para a obra judicial de análise concreta da boa-fé objetiva, caso a caso.

Consiste, pois, o princípio da boa-fé objetiva em exigir do agente que pratique o ato jurídico sempre pautado em valores acatados pelos costumes, identificados com a ideia de *lealdade* e *lisura*. Com isso, confere-se segurança às relações jurídicas, permitindo-se aos respectivos sujeitos confiar nos seus efeitos programados e esperados. Para o STJ, nessa linha de entendimento, "na função regulatória, a aplicação da boa-fé impõe ao titular de um direito subjetivo a obrigação de, ao exercê-lo, observar, detidamente, os deveres de lealdade, de cooperação e de respeito às legítimas expectativas do outro sujeito da relação jurídica privada"[116].

Como a *segurança jurídica* é um dos primeiros fundamentos do Estado Democrático de Direito, é fácil concluir que o princípio da boa-fé objetiva não se confina ao direito privado. Ao contrário, expande-se por todo o direito, inclusive o direito público, em todos os seus desdobramentos.[117] Aliás, a doutrina contemporânea, trabalhando sobre nosso direito

---

116 STJ, 3ª T., REsp 1.726.222/SP, Rel. Min. Marco Aurélio Bellizze, ac. 17.04.2018, *DJe* 24.04.2018. Historicamente, a boa-fé processual sempre esteve presente, desde as origens romanísticas do direito ocidental: "A *fides* romana é o mais remoto antecedente juscultural da boa-fé objetiva. Ela não constituía, porém, uma norma, mas um conceito metajurídico, um valor subjacente a diversas regras religiosas, morais e jurídicas. Apesar dos diversos sentidos que o termo assumiu na experiência romana, todos parecem derivar de um mesmo núcleo semântico: a ideia de confiança" (TERCEIRO NETO, João Otávio. As origens da boa-fé processual: a *fides* no processo civil romano. *Revista de Processo*, São Paulo, v. 356, p. 43, out. 2024).

117 "A agravante foi alcançada por sua própria conduta anterior. *Venire contra factum proprium*, como bem definiram os antigos romanos, ao resumir a vedação jurídica às posições contraditórias. Esse princípio do Direito Privado é aplicável ao Direito Público, mormente ao Direito Processual, que exige a lealdade e o comportamento coerente dos litigantes. Essa privatização principiológica do Direito Público, como tem sido defendida na Segunda Turma pelo Min. João Otávio de Noronha, atende aos pressupostos da eticidade e da moralidade" (STJ, 2ª T., AgRg no REsp 946.499/SP, Rel. Min. Humberto Martins, ac. 18.10.2007, *DJU* 05.11.2007). "No Direito Público, com maior razão até que no Direito Privado, hão de ser aplicados, rigorosamente e na maior extensão possível, os princípios da **boa-fé objetiva** e da proibição de enriquecimento sem causa" (STJ, 1ª Seção, REsp 1.750.624/SC – Recurso repetitivo, Rel. p/ ac. Min. Herman Benjamin, ac. 23.06.2021, *DJe* 17.12.2021).

constitucional, não tem dúvida em tratar da boa-fé como princípio geral disseminado por todo o ordenamento jurídico do Estado Democrático de Direito, organizado pela Carta de 1988.[118]

Com efeito, não é, no plano constitucional, apenas o princípio da segurança que impõe aos agentes o comportamento segundo a lealdade e a boa-fé. Também o princípio da garantia da dignidade da pessoa humana o exige (CF, art. 1º, III), assim como o da solidariedade social (CF, art. 3º, I)[119]. As raízes do princípio da boa-fé, embora não expresso, encontram-se na própria declaração dos *direitos e garantias fundamentais*, a qual prevê que estes não são apenas os literalmente arrolados nos incisos do art. 5º, pois compreendem implicitamente, também, todos os outros que decorram do regime e dos princípios adotados pela Constituição (CF, art. 5º, § 2º).

O princípio da boa-fé, assim, adquire a categoria constitucional, uma vez que nossa Constituição se acha centrada na tutela da dignidade humana (art. 1º, III) e se estrutura, ainda, em largos e explícitos princípios éticos, como o da moralidade em todos os serviços públicos (art. 37) e o da construção de uma sociedade justa e solidária (art. 3º, I). Quer isto dizer que não há como negar que o valor ético constitutivo da essência da boa-fé esteja implicitamente contido nas regras e nos princípios com que a Constituição organiza o Estado Democrático de Direito e protege os direitos fundamentais, sempre a partir de valores éticos e morais.

Deve-se ponderar que o moderno constitucionalismo democrático procedeu a "uma ressistematização jurídica", cuja principal e mais acentuada inovação se deu pela "substituição do indivíduo pela *pessoa*, sendo a *dignidade da pessoa humana* fundante de todo o sistema jurídico, *público ou privado*" (g.n.).[120]

Nessa perspectiva, voltada para a explicitação do princípio da dignidade humana, inter-relacionado com a igualdade substancial e a solidariedade social, é de ter-se como certo que a Constituição consagra, implicitamente, o princípio da boa-fé, como ilação lógica do sistema, daí irradiando-se, necessariamente, para alcançar todos os relacionamentos jurídicos privados e públicos. De modo particular, são atingidos os que se desenvolvem no campo do direito processual. Afinal, o processo de hoje se acha constitucionalizado por inteiro, compromissado que é com a tutela e a efetivação dos direitos fundamentais, sendo o próprio *devido processo legal* uma das principais garantias constitucionais explícitas (art. 5º, LIV).[121] Nesse prisma, o dever de comportamento, segundo a boa-fé imposto a todos os que participam do processo civil, é inerente à própria garantia do devido processo legal outorgada pela Constituição.[122]

---

[118] "A boa-fé, em sua acepção objetiva, pode ser compreendida como um princípio-norte de todo o sistema jurídico vigente, haja vista que estabelece de forma prévia todo um conjunto sistemático de condutas pautadas em valores éticos e morais essenciais ao desenvolvimento das relações individuais no âmbito legal" (COSTA, Gabriel Ahid; NINA, Leandro Costa. O princípio constitucional da boa-fé: garantia de lealdade e confiança nas relações jurídicas privadas. *In*: CRUZ, André Gonzalez; DUARTE JR., Hildelis Silva; JESUS, Thiago Alisson Cardoso de (Orgs.). *Estudos atuais de Direito Constitucional*. Rio de Janeiro: Barra Livros, 2014, p. 161).

[119] POPP, Carlyle. *Responsabilidade civil pré-negocial*: o rompimento das tratativas. Curitiba: Juruá, 2001, p. 217-218.

[120] NEGREIROS, Teresa, *apud* CRUZ, André Gonzalez; DUARTE JR., Hildelis Silva; JESUS, Thiago Alisson Cardoso de (Orgs.). *Estudos atuais de Direito Constitucional*. Rio de Janeiro: Barra Livros, 2014, p. 164.

[121] "Conforme os demais princípios constitucionais, o princípio da boa-fé passa a atuar como um 'farol', de modo a guiar a interpretação constitucional, pilar essencial para uma ordem jurídica democrática, devendo sempre ser respeitado em toda relação jurídico-privada, sendo aplicável também ao direito adjetivo civil" (CRUZ, André Gonzalez; DUARTE JR., Hildelis Silva; JESUS, Thiago Alisson Cardoso de (Orgs.). *Estudos atuais de Direito Constitucional*. Rio de Janeiro: Barra Livros, 2014, p. 165).

[122] O neoconstitucionalismo ocupou-se de tornar o direito mais justo e mais adequado às legítimas aspirações éticas da sociedade contemporânea. "Com irradiação dos valores constitucionais e a reaproximação entre direito e moral criou-se o espaço adequado [em todos os quadrantes do ordenamento jurídico] para recobrar-se a aplicação da boa-fé" (SAMPAIO, Marcos. O neoconstitucionalismo e a boa-fé. In: PAMPLONA

Reconhecendo-se, pois, a Constituição como a justificadora da presença da boa-fé objetiva em todo o sistema normativo atual,[123] a consequência natural e lógica é que o Poder Judiciário, seus agentes e as partes envolvidas na relação processual não escapam da submissão ao "dever de agir de acordo com os padrões socialmente reconhecidos de lisura e lealdade".[124] Essa ampla exigência de lealdade processual na prestação jurisdicional institui, por assim dizer, um novo modelo do *juiz natural* – o *juiz justo* –, vinculado fundamentalmente com todos os predicamentos do *processo justo*, em particular com o dever indeclinável de boa-fé e lealdade[125].

Andou bem, portanto, o CPC/2015 quando inseriu entre as "normas fundamentais do processo civil" o dever de todos os que atuam em juízo de "comportar-se de acordo com a boa-fé" (art. 5º). É bom lembrar que esse é o rumo que vinha seguindo a jurisprudência, mesmo sem texto normativo expresso como o ora adotado pelo Código de 2015.

Entre as variantes de aplicação da teoria da boa-fé objetiva, por exemplo, tem sido observada pela jurisprudência, com adequação, a interdição da conduta incoerente no processo (*venire contra factum proprium*).[126] Tradicionalmente, os sistemas jurídicos de origem romanística têm como inadmissível que um agente: *(i)* assuma uma atitude em oposição a uma conduta anterior; ou *(ii)* fundamente a sua posição em um litígio invocando fatos que contravêm as suas próprias afirmações anteriores. Do ponto de vista técnico, a restrição apresenta-se como "um limite ao exercício de um direito objetivo, ou potestativo, ou de uma faculdade", no dizer de Judith Martins-Costa.[127] Sua configuração exige, portanto, dois comportamentos sucessivos da mesma pessoa, os quais, em si, são lícitos e separados no tempo: o primeiro é o *factum* próprio, que, posteriormente vem a ser contrariado pelo segundo, quebrando a confiança estabelecida na primitiva posição do mesmo

---

FILHO, Rodolfo; BRAGA, Paula Sarno; LAGO JÚNIOR, Antônio (coord.). *Ética e boa-fé no direito*: estudos em homenagem ao Prof. Adroaldo Leão. Salvador: JusPodivm, 2017, p. 175).

[123] "Por se tratar de princípio que se extrai indiretamente do texto constitucional, e, portanto, integrante da pedra angular de orientação jurídica de *todo o ordenamento jurídico pátrio,* ele acaba por irradiar as suas benesses a demais ramos sociais, tais como economia e relações interpessoais" (ÁVILA, Leonardo; POPP, Carlyle. Alienação do estabelecimento empresarial e a assimetria informacional: A tutela da boa-fé objetiva e seus deveres colaterais à luz da experiência consumerista. *Revista dos Tribunais,* v. 926, p. 319).

[124] LUPION, Ricardo. *Boa-fé objetiva nos contratos empresariais*: contornos dogmáticos dos deveres de conduta. Porto Alegre: Livraria do Advogado, 2011, p. 50.

[125] FARIA, Márcio Carvalho. *A lealdade processual na prestação jurisdicional:* em busca de um modelo de juiz leal. São Paulo: RT, 2017, *passim*. Prefaciando a obra em questão, o Professor Leonardo Greco destaca que "penetrando na análise do tema, o Autor aponta as funções do juiz no processo cooperativo em que se exterioriza a lealdade, desde a função hermenêutica ou interpretativa, passando pelas funções de esclarecimento, de advertência, de consulta e de assistência, bem como pela gestão profissional do processo". Enunciado 26 do CJF: "A cláusula geral contida no art. 422 do novo Código Civil impõe ao juiz interpretar e, quando necessário, suprir e corrigir o contrato segundo a boa-fé objetiva, entendida como a exigência de comportamento leal dos contratantes".

[126] "Os princípios da segurança jurídica e da boa-fé objetiva, bem como a vedação ao comportamento contraditório (*venire contra factum proprium*), impedem que a parte, após praticar ato em determinado sentido, venha a adotar comportamento posterior e contraditório" (STJ, 5ª T., AgRg no REsp 1.099.550/SP, Rel. Min. Arnaldo Esteves Lima, ac. 02.03.2010, *DJe* 29.03.2010). "O princípio da boa-fé objetiva proíbe que a parte assuma comportamentos contraditórios no desenvolvimento da relação processual, o que resulta na vedação do *venire contra factum proprium*, aplicável também ao direito processual (AgRg no REsp 1.280.482/SC, Rel. Min. Herman Benjamin, Segunda Turma, julgado em 07.02.2012, *DJe* 13.04.2012)" (STJ, 4ª T., EDcl no REsp 1.435.400/RS, Rel. Min. Luis Felipe Salomão, ac. 04.11.2014, *DJe* 11.11.2014). "A regra que veda o comportamento contraditório ('venire contra factum proprio') aplica-se a todos os sujeitos processuais, inclusive os imparciais. Não é aceitável o indeferimento de instrução probatória e sucessivamente a rejeição da pretensão por falta de prova" (STJ, 2ª T., REsp 1.649.296/PE, Rel. Min. Mauro Campbell Marques, ac. 05.09.2017, *DJe* 14.09.2017).

[127] MARTINS-COSTA, Judith. *A boa-fé no direito privado:* critérios para a sua aplicação. São Paulo: Marcial Pons, 2015, p. 617; MENEZES CORDEIRO, António Manuel da Rocha e. *Da boa-fé no direito civil*. Coimbra: Almedina, 1984, p. 745.

agente.[128] O que assim se pune, na repressão do comportamento contraditório, é a violação do dever de manter a declaração anterior, respondendo pela pretensão de *veracidade* nela expressa e, sobretudo, pela *expectativa legitimamente criada* no espírito do destinatário.[129] Daí o vínculo que estabelece, em essência, com a obrigação de comportar-se de acordo com a *boa-fé*, não no seu sentido *subjetivo* (má-fé do declarante), mas no significado *objetivo* ligado à expectativa criada na contraparte (princípio da confiança). Atua-se não necessariamente na repressão da mentira e na valorização da verdade e, sim, no resguardo principalmente da boa-fé e confiança no tráfico jurídico.[130]

São, pois, requisitos da configuração do *venire*: *(a)* a "atração de um fato gerador de confiança, nos termos em que esta é tutelada pela Ordem Jurídica"; *(b)* a "adesão da contraparte porque confiou – neste fato; *(c)* o "fato de a contraparte exercer alguma atividade posterior em razão da confiança que nela foi gerada"; *(d)* o "fato de ocorrer, em razão da conduta contraditória do autor do fato gerador da confiança, a supressão do fato no qual fora assentada a confiança, gerando prejuízo ou iniquidade insuportável para quem confiara".[131]

Outra variante prática de tutela da boa-fé objetiva é a *suppressio*, também praticável no âmbito do processo, e que consiste, segundo Humberto Ávila, na "suspensão da eficácia de um direito que surge quando o titular de um direito exequível deixa de exercê-lo durante longo período e, com isso, cria, no devedor, a legítima e concretamente exteriorizada expectativa de que não mais irá exercê-lo".[132] Sua incidência depende de três requisitos cumulativos: "(i) a inatividade do titular do direito por tempo considerável, que irá variar conforme o caso concreto e o direito em discussão; (ii) imputabilidade da inatividade ao titular do direito, de forma que não pode ter deixado de agir por desconhecimento ou por impedimento criado contratualmente ou por terceiros; e (iii) protetividade, que não consiste na identificação de uma situação jurídica de legítima expectativa criada na outra parte envolvida na relação jurídica, a qual confiou que, após determinado tempo de inatividade, aquele direito não seria mais exercido pelo seu titular. Presentes tais requisitos cumulativamente, incide a *suppressio* e extingue-se a possibilidade de agir do titular do direito".[133]

A *suppressio* assemelha-se aparentemente à preclusão, quando aplicada a direitos ou faculdades processuais, mas com esta não se confunde. A preclusão decorre objetivamente da simples ultrapassagem do momento processual em que a faculdade poderia ter sido exercitada eficazmente. Não guarda dependência alguma (ao contrário da *suppressio*) com a criação da

---

[128] MARTINS-COSTA, Judith. *A boa-fé no direito privado:* critérios para a sua aplicação. São Paulo: Marcial Pons, 2015, p. 617.

[129] MARTINS-COSTA, Judith. *A boa-fé no direito privado:* critérios para a sua aplicação. São Paulo: Marcial Pons, 2015, p. 618.

[130] MARTINS-COSTA, Judith. *A boa-fé no direito privado:* critérios para a sua aplicação. São Paulo: Marcial Pons, 2015, p. 619; WIEACKER, Franz. *El principio general de la Buena fe*. Madrid: Civitas, 1977, p. 60-61; *apud* MARTINS-COSTA, Judith. *A boa-fé no direito privado:* critérios para a sua aplicação. São Paulo: Marcial Pons, 2015. Para o autor "a formula *venire contra factum proprium non valet* expressa de forma tão imediata a essência da obrigação de comportar-se de acordo com a boa-fé que 'a partir desta se ilumina a totalidade do princípio'".

[131] MARTINS-COSTA, Judith. *A boa-fé no direito privado:* critérios para a sua aplicação. São Paulo: Marcial Pons, 2015, p. 621; MENEZES CORDEIRO, António Manuel da Rocha e. *Da boa-fé no direito civil*. Coimbra: Almedina, 1984, p. 758.

[132] ÁVILA, Humberto. *Suppressio* – limitação de direito por exercício tardio: definição e requisitos de aplicação. *Apud* ARAÚJO, Taís Santos de. A *suppressio* no direito processual civil: análise da aplicabilidade para além de incidência das preclusões processuais. *Revista de Direito Privado*, São Paulo, v. 122, p. 194, out.-dez. 2024.

[133] ARAÚJO, Taís Santos de. A *suppressio* no direito processual civil: análise da aplicabilidade para além de incidência das preclusões processuais. *Revista de Direito Privado*, São Paulo, v. 122, p. 194, out.-dez. 2024, p. 209.

situação de confiança de uma das partes em que a omissão da outra teria correspondido à desistência de exercer seu próprio direito.[134] Tampouco se confunde com a prescrição, já que esta se funda na perda de uma pretensão de exercitar um direito violado, pelo puro decurso do prazo assinalado em lei para fazê-lo, sem conotação alguma com os aspectos da boa-fé e da confiança.

Merece ser lembrada, ainda, a figura emergente da tutela da boa-fé, denominada *tu quoque*, também aplicável ao processo civil, a que corresponde a função jurídica de impedir que um sujeito que descumpriu norma jurídica pretenda fazer outrem cumprir essa mesma norma. O fundamento, *in casu* é que, como adverte Menezes Cordeiro, "fere as sensibilidades primárias, ética e jurídica, que uma pessoa possa desrespeitar um comando e, depois, vir a exigir a outrem o seu acatamento".[135] Trata-se de invocação da clássica máxima romana *turpitudinem suam allegans non auditor*: "proíbe-se que o sujeito invoque a sua própria malícia como fator impeditivo ou ensejador de certo efeito".[136]

É fácil constatar, de tal sorte, que o princípio da boa-fé, no âmbito do processo civil, é a fonte normativa da proibição do exercício inadmissível de posições jurídicas processuais, que, na lição de DIDIER JR., podem ser reunidas sob a rubrica do "abuso do direito" processual e que, assim, correspondem ao "desrespeito à boa-fé objetiva". Embora não se confunda com a repressão à má-fé processual, o princípio da boa-fé objetiva inclui também o dever de todo sujeito do processo de não atuar de má-fé (no sentido subjetivo), como é óbvio. Em outros termos, a ilicitude do comportamento processual abusivo, reprimida pela boa-fé, ocorre tanto quando esta se manifesta objetiva como subjetivamente.[137]

Assiste razão – é verdade – a quem pensa não ser exigível, em nome da boa-fé, que a conduta de cada parte deva colaborar para o sucesso processual da outra. Isto, obviamente, vai contra a natureza do próprio processo, que é palco de uma disputa entre interesses opostos. Mas essa luta se trava segundo regras e princípios de profundas raízes constitucionais, atreladas a valores éticos consagrados em padrões universalmente acatados e que se traduzem, racional e costumeiramente, na conduta honesta, leal e confiável. Em nome da boa-fé, portanto, não se exige a abdicação do interesse próprio em favor do interesse alheio, exige-se, isto sim, o comportamento probo e leal, de respeitar as regras do processo justo, não criando embaraços desnecessários à apuração da verdade e à rápida solução da demanda, abstendo-se, em outros termos, das práticas abusivas e desleais, tanto em sentido subjetivo como objetivo (sobre o princípio da cooperação processual, v., em seguida, o item 49).

---

[134] "A *suppressio* pode ser aplicada como figura autônoma no direito processual civil brasileiro para se tutelar situações de legítima expectativa. Isso significa que o reconhecimento da incidência da *suppressio* independe de ser ou não uma hipótese de preclusão processual, bastando que se verifique, no plano do processo, a presença dos requisitos da inatividade, imputabilidade e protetividade (= tutela da confiança)" (ARAÚJO, Taís Santos de. A *suppressio* no direito processual civil: análise da aplicabilidade para além de incidência das preclusões processuais. *Revista de Direito Privado*, São Paulo, v. 122, p. 194, out.-dez. 2024, p. 209).

[135] MENEZES CORDEIRO, António Manuel da Rocha. *Da boa-fé no direito civil*. 7. reimp. Lisboa: Almedina, 2017, p. 837; MACÊDO, Lucas Buril de. Boa-fé no processo civil – Parte 1. *Revista de Processo*, São Paulo, v. 330, ago. 2022, p. 97.

[136] MARTINS-COSTA, Judith. *A boa-fé no direito privado*: critérios para sua aplicação. 2. ed. São Paulo: Saraiva, 2018, p. 689-691.

[137] "Mas ressalte-se: o princípio é o da boa-fé processual, que, além de mais amplo, é a fonte dos demais deveres, inclusive o de não agir *com má-fé*" (DIDIER JR., Fredie. Comentários ao art. 5º. *In*: CABRAL, Antônio do Passo; CRAMER, Ronaldo (coords.). *Comentários ao novo Código de Processo Civil*. 2. ed. Rio de Janeiro: Forense, 2016, p. 18).

II – A boa-fé objetiva e a teoria da mitigação do próprio prejuízo

Doutrina e jurisprudência, nesse terreno, incluem na sujeição do comportamento processual segundo a boa-fé a figura originária do *common law* do dever de mitigar os próprios danos, quando se trata de reparação civil (*duty to mitigate the loss*). Analisada no plano do direito material, essa manifestação da boa-fé objetiva se traduz no dever, atribuído ao credor, de promover medidas voltadas à mitigação do prejuízo decorrente do inadimplemento de que foi vítima. De tal maneira, torna-se o credor responsável pelos danos que, à luz dos *standards* da boa-fé, deveriam ter sido por ele evitados, "estimulando, ao fim e ao cabo, a solidariedade contratual mediante deveres oriundos do princípio da boa-fé objetiva"[138].

Mesmo antes do CPC/2015, o STJ vinha reconhecendo a aplicação ao processo da norma de que o descuido do credor em seu dever de mitigar o próprio prejuízo acarretava violação à boa-fé objetiva[139]. Já na vigência do Código atual, a mesma Corte Superior repeliu a conduta do credor que concorreu para o crescimento exorbitante da multa, simplesmente retardando em sua cobrança judicial, uma vez que não era aceitável sua inércia processual, diante do dever de cooperação com o juízo e com a outra parte[140].

Em doutrina, é significativo o exemplo de aplicação da mitigação do próprio prejuízo consistente na hipótese de um locador de imóvel urbano que, diante do inadimplemento do locatário não procurou de pronto resolver a relação locatícia e, com isso, provocou o avolumar exorbitante da respectiva dívida[141].

Destaca Didier que fundada a teoria do *duty to mitigate the loss* no princípio da boa-fé que rege o direito processual como decorrência do devido processo legal, "pode-se perfeitamente admitir a sua existência a partir de uma conduta processual abusiva, do direito processual brasileiro".[142]

III – Consequências da violação da boa-fé objetiva cometida no processo

Um dos terrenos em que a presença da boa-fé atua significativamente é o dos negócios processuais e das preclusões. Assim, por exemplo, aquilo que as partes ajustaram, antes ou

---

138 TEPEDINO, Gustavo; SCHREIBER, Anderson. *Fundamentos do direito civil: obrigações*. Rio de Janeiro: Forense, 2022, v. 2, p. 49.

139 "Preceito decorrente da boa-fé objetiva. *Duty to mitigate the loss*: o dever de mitigar o próprio prejuízo. Os contratantes devem tomar as medidas necessárias e possíveis para que o dano não seja agravado. A parte a que a perda aproveita não pode permanecer deliberadamente inerte diante do dano. Agravamento do prejuízo, em razão da inércia do credor. Infringência aos deveres de cooperação e lealdade" (STJ, 3ª T., REsp 758.518/PR, Rel. Min. Vasco Della Giustina, ac. 17.06.2010, *DJe* 17.06.2010).

140 "No tocante ao credor, em razão da boa-fé objetiva (NCPC, arts. 5º e 6º) e do corolário da vedação ao abuso do direito, deve ele tentar mitigar a sua própria perda, não podendo se manter simplesmente inerte em razão do descaso do devedor, tendo dever de cooperação com o juízo e com a outra parte, seja indicando outros meios de adimplemento, seja não dificultando a prestação do devedor, impedindo o crescimento exorbitante da multa, sob pena de perder sua posição de vantagem em decorrência da *suppressio*. Nesse sentido, Enunciado 169 das Jornadas de Direito Civil do CJF" (STJ, 4ª T., AgInt no REsp 1.733.695/SC, Rel. Min. Luis Felipe Salomão, ac. 22.03.2021, *DJe* 25.03.2021).

141 "Ora, nesse negócio, há um dever por parte do locador de ingressar, tão logo lhe seja possível, com a competente ação de despejo, não permitindo que a dívida assuma valores excessivos" (TARTUCE, Flávio. *Direito Civil: teoria geral dos contratos e contratos em espécie*. 18. ed. Rio de Janeiro: Forense, 2023. v. 3. p. 136).

142 DIDIER JÚNIOR, Fredie. Multa coercitiva, boa-fé processual e *suppressio*: aplicação do *duty to mitigate the loss* no processo civil. *Revista de Processo,* São Paulo, v. 171, p. 48, maio 2009. No mesmo sentido: "o próprio Código de Processo Civil, ao punir o litigante de má-fé, acaba também autorizando, ainda que por via transversa, a punição daquele que se utiliza da via judicial como estratégia para aumentar seu prejuízo na tentativa de otimizar suas vantagens" (EMERENCIANO, Adelmo da Silva; AZEVEDO, Cláudia Regina de. Dever do credor de mitigar seus próprios danos como consequência da boa-fé objetiva. *Revista dos Tribunais,* São Paulo, v. 1.060, p. 65-66, fev. 2024).

durante o curso do processo, a respeito de ônus ou faculdades processuais (art. 190), não pode ser contrariado posteriormente, sob pena de configurar inaceitável *venire contra factum proprium*, praticado em quebra das expectativas legítimas geradas para a contraparte. Não importa que o ajuste seja anterior ao processo e que a preclusão seja naturalmente um fenômeno endoprocessual, pois a boa-fé é princípio que rege a conduta dos litigantes desde os antecedentes do processo, que condiciona a prática eficaz de todos os atos da relação processual e que continua influenciando, até mesmo depois de julgada, a demanda, no que diz respeito à interpretação e à execução da sentença[143].

A sujeição aos ditames da boa-fé se dá não apenas em relação às partes, mas alcança todo aquele que participa do processo, inclusive, e obviamente, o juiz (art. 5º), que, por exemplo, não pode voltar a decidir questões já anteriormente resolvidas, sobre as quais tenha operado a preclusão (arts. 505 e 507). Tampouco pode se pronunciar sobre questões de mérito estranhas ao objeto da demanda definido pelas partes (art. 492), e, se o fizer, terá quebrado o contraditório, pronunciando decisão nula ou simplesmente terá se manifestado a título de *obter dictum*, sem aptidão de gerar preclusão ou coisa julgada (arts. 490, 503, *caput*, e 504, I). De modo algum, portanto, pode o juiz surpreender as partes, decidindo questões estranhas ao objeto do processo ou julgando, novamente, aquilo já antes resolvido sob impacto da preclusão[144].

Por último, é bom lembrar que a boa-fé aparece no direito processual, como de resto em todo o ordenamento jurídico, sob a roupagem de uma cláusula geral, e, assim, tem a força de impregnar a norma que a veicula de grande flexibilidade. Isso porque a característica maior dessa modalidade normativa é a indeterminação das consequências de sua inobservância, cabendo ao juiz avaliar e determinar seus efeitos adequando-os às peculiaridades do caso concreto.[145] Sendo assim, a infração ao princípio da boa-fé pode, por exemplo, gerar tanto a preclusão de um poder processual (*suppressio*), como o dever de indenizar (em caso de dano)[146], ou, ainda, a imposição de medida inibitória, de sanção disciplinar, de nulidade do ato processual etc.[147] A par disso, a boa-fé, no sentido positivo, pode inovar nos direitos e

---

143 "A boa-fé tornou-se, portanto, definidora de pauta de conduta: agir em contradição à boa-fé, seja no campo processual ou extraprocessual, consiste em abuso de direito sujeito à aplicação de penalidades e perdas de faculdades que se relacionam em alguma medida com o regime das preclusões (...). Nesse sentido, o regime das preclusões passa a ser um verdadeiro *mecanismo de controle da boa-fé* no processo, impondo novos limites à atuação das partes, que deverão manter-se coerentes com o comportamento manifestado até mesmo fora do Poder Judiciário" (BORTOLUCI, Lygia Helena Fonseca; MIRANDA, Victor Vasconcelos. As condutas dos sujeitos do processo: uma releitura do regime das preclusões a partir da boa-fé. *Revista de Processo*, São Paulo, v. 345, p. 72, nov. 2023).

144 Ressalvam-se as matérias de ordem pública, que o juiz pode enfrentar *ex officio*, mas nunca sem antes ouvir as partes, em cumprimento à garantia do contraditório (arts. 7º, 9º e 10).

145 A exemplo do abuso de direito, a sanção ao descumprimento da boa-fé poderá ser determinada "em função e de acordo com as circunstâncias específicas do comportamento concretamente assumido pelo titular do direito" (SÁ, Fernando Augusto Cunha de. *Abuso de direito*. Coimbra: Almedina, 2005, p. 649).

146 "(...) A inobservância desse proceder configura exercício abusivo do direito tutelado, que, na dicção do art. 187 do CC, se reveste de ilicitude, passível de reparação, caso dele advenha prejuízo a outrem. 3. A responsabilização pelos prejuízos decorrentes do exercício excessivo do direito de defesa se dá, em regra, no âmbito do próprio processo em que o ato ilícito foi praticado. Todavia, nada impede que a pretensão reparatória seja deduzida em outra ação, se, por exemplo, o conhecimento da prática do ato ilícito se der em momento posterior ou depender de comprovação que refuja dos elementos probatórios considerados suficientes para o julgamento da ação em que se deu o ilícito" (STJ, 3ª T., REsp 1.726.222/SP, Rel. Min. Marco Aurélio Bellizze, ac. 17.04.2018, *DJe* 24.04.2018).

147 DIDIER JR., Fredie. Comentários ao art. 5º. *In*: CABRAL, Antônio do Passo; CRAMER, Ronaldo (coords.). *Comentários ao novo Código de Processo Civil*. 2. ed. Rio de Janeiro: Forense, 2016, p. 41.

obrigações originários, criando para quem confiou no comportamento da outra parte uma nova situação jurídica (*surrectio*) (ver, ainda sobre o mesmo tema, o item 53).

Para bem compreender e aplicar uma cláusula geral, é preciso, desde logo, não a confundir com norma caracterizada pelo emprego parcial de *termos indeterminados*.

Embora a cláusula geral se valha do recurso a conceitos vagos ou *termos indeterminados* (a própria expressão *boa-fé* é um termo de valoração de conduta de alcance indeterminado), não pode ser confundida com simples objeto de norma jurídica concebida parcialmente em termos indeterminados.

Tanto a norma qualificada como cláusula geral como a que é enunciada em termos indeterminados recorrem a uma linguagem vaga (imprecisa). Enquanto, porém, a vagueza dos termos indeterminados se atrela a uma eficácia precisa predeterminada pela própria norma, a cláusula geral se restringe à valoração ideal de conduta, sem precisar objetivamente a conduta exigida e sem enunciar o efeito que será acarretado pela infração da regra.

Diante, pois, de uma cláusula geral como a da boa-fé, cogitada no art. 422 do Código Civil e no art. 5º do Código de Processo Civil, a operação intelectiva do juiz é muito mais complexa do que aquela praticada, por exemplo, quando aplica a regra do art. 51, IV, do Código do Consumidor. A regra do Código Civil e a do Código de Processo Civil obrigam a parte a agir sempre de acordo com a boa-fé, sem definir o que se deve entender por boa-fé, e sem nada especificar quanto à sanção aplicável no caso de infração do preceito. A aplicação da cláusula geral de boa-fé dependerá de uma interpretação criativa do juiz tanto na configuração da ofensa à boa-fé como nos efeitos reconhecidos à infração perpetrada, *in concreto*, pela parte. Já a regra referida do CDC, embora cogite de ofensas à boa-fé e à equidade (termos reconhecidamente indeterminados, a serem interpretados criativamente pelo juiz), define com precisão a consequência da respectiva infração, ou seja, a nulidade da cláusula abusiva inserida no contrato de consumo.

Lembra, a propósito, Judith Martins-Costa que, "à diferença do que se verifica na concretização dos demais conceito indeterminados –, na concreção de uma cláusula geral, a determinação dos *efeitos* decorrentes da conduta contratual [ou processual] antinômica ao comportamento segundo a boa-fé *será determinada pelo aplicador, sempre à vista do caso concreto*" (g.n.).[148] Usará dos poderes aplicáveis à prevenção ou repressão dos atos contrários à dignidade da justiça e às postulações protelatórias (CPC, art. 139, III), determinando as medidas coercitivas, indutivas, mandamentais ou sub-rogatórias que se fizerem necessárias para assegurar o cumprimento da ordem judicial, a exemplo do previsto no art. 139, IV, do CPC. Decidirá, em outros termos, de maneira a impedir que a parte alcance os objetivos ilegítimos com os que são próprios da litigância de má-fé (art. 142). Assim, por exemplo, no caso de não cumprimento do dever de mitigar o próprio prejuízo, a decisão judicial decotará da indenização a que faz jus a parte que intencionalmente não obstou o agravamento do dano, a parcela correspondente à sua indevida majoração.

Ainda na doutrina de Judith Martins-Costa, "o significado e a extensão, *in concreto*, da 'conduta segundo a probidade e a boa-fé' não é criado pelo arbítrio ou 'sentimento de justiça' ou, ainda, por inescrutável 'julgamento de consciência' do juiz. Este deverá averiguar os parâmetros em casos anteriores, em padrões de comportamento social objetivamente aferíveis, na praxe do setor, na prática eventualmente seguida pelas partes, tal como ocorre para a concretização de todo e qualquer conceito dotado de vagueza socialmente típica".[149]

---

148 MARTINS-COSTA, Judith. *A boa-fé no direito privado*: critérios para sua aplicação. São Paulo: Marcial Pons, 2015, p. 145.

149 MARTINS-COSTA, Judith. *A boa-fé no direito privado*: critérios para sua aplicação. São Paulo: Marcial Pons, 2015, p. 145.

É assim que, repita-se, na concreção de uma cláusula geral, como a da boa-fé, a determinação dos efeitos decorrentes da conduta contratual ou processual contraditória ao comportamento imposto pelos hábitos da probidade e lealdade será *definida pelo aplicador, sempre à vista das peculiaridades do caso concreto.*

49. Princípio da cooperação (art. 6º)[150]

O CPC atual adota como "norma fundamental" o dever de todos os sujeitos do processo de "cooperar entre si para que se obtenha, em *tempo razoável*, decisão de mérito *justa* e *efetiva*" (art. 6º). Trata-se de um desdobramento do princípio moderno do contraditório assegurado constitucionalmente, que não mais pode ser visto apenas como garantia de audiência bilateral das partes, mas que tem a função democrática de permitir a todos os sujeitos da relação processual a possibilidade de influir, realmente, sobre a formação do provimento jurisdicional. É, também, um consectário do princípio da boa-fé objetiva, um dos pilares de sustentação da garantia constitucional do processo justo, como já se viu.[151]

Dispositivo similar consta do Código de Processo Civil de Portugal, de 2013: "Art. 7º- 1- Na condução e intervenção no processo, devem os magistrados, os mandatários judiciais e as próprias partes cooperar entre si, concorrendo para se obter, com brevidade e eficácia, a justa composição do litígio".

A doutrina nacional, mesmo antes do CPC/2015, já reconhecia a presença do princípio da cooperação no devido processo legal assegurado por nossa Constituição, à base de um contraditório amplo e efetivo. Com efeito, "se o contraditório exige participação e, mais especificamente, uma soma de esforços para melhor solução da disputa judicial, o processo realiza-se mediante uma atividade de sujeitos em cooperação".[152]

Entende-se hoje que democracia e contraditório são princípios constitucionais intimamente conectados, com repercussão imediata no campo da jurisdição e do processo, de modo a exigir uma nova fase metodológica para o direito processual civil. Esse moderno enfoque metodológico, voltado para o que se denomina *contraditório democrático*, "fortalece o papel das partes na formação da decisão judicial, alterando substancialmente a posição jurídica do juiz e das partes, em dois caminhos: o domínio dos fatos pertence também ao juiz – que não deve se contentar com os fatos expostos e comprovados pelas partes – e a valoração jurídica do direito também pertence às partes (e não apenas ao juiz), as quais, por meio do direito ao contraditório, influem na valoração jurídica da causa. Essas facetas eivam de inaplicabilidade o brocardo [superado] 'da mihi factum, dabo tibi ius'".[153]

---

[150] CPC/1973, art. 125, II.

[151] "A cooperação de cada uma das partes com o juiz constitui também um enérgico ditame do princípio da *lealdade processual* (g.n.), que veda a prática de atos tendentes a dificultar a instrução da causa ou a retardar a efetivação de medidas constritivas na execução forçada" (DINAMARCO, Cândido Rangel. O novo Código de Processo Civil brasileiro e a ordem processual civil vigente. *Revista de Processo*, v. 247, p. 75, set./2015). "A cooperação entre todos os sujeitos do processo deve significar a colaboração na identificação das questões de fato e de direito e de abster-se de provocar incidentes desnecessários e procrastinatórios. Essa vedação, aliás, decorre da expressa adoção do 'princípio da boa-fé' pelo art. 5º do novo CPC" (BUENO, Cassio Scarpinella. *Novo Código de Processo Civil anotado*. São Paulo: Saraiva, 2015, p. 45).

[152] CUNHA, Leonardo Carneiro da. O princípio do contraditório e a cooperação no processo. *Revista Brasileira de Direito Processual*, Belo Horizonte, n. 79, jul./set. 2012, p. 153.

[153] BONNA, Alexandre Pereira. Cooperação no processo civil – A paridade do juiz e o reforço das posições jurídicas das partes a partir de uma nova concepção de democracia e contraditório. *Revista Brasileira de Direito Processual*, Belo Horizonte, n. 85, p. 77, jan./mar. 2014.

O CPC/2015 brasileiro esposa ostensivamente o modelo cooperativo, no qual a lógica dedutiva de resolução de conflitos é substituída pela lógica argumentativa, fazendo que o contraditório, como *direito de informação/reação*, ceda espaço a um *direito de influência*. Nele, a ideia de democracia representativa é complementada pela de *democracia deliberativa* no campo do processo, reforçando, assim, "o papel das partes na formação da decisão judicial".[154]

Deve-se a Habermas a concepção da *democracia deliberativa*, que eleva o *status* dos cidadãos, tornando-os titulares de direitos de participação nas decisões estatais.[155] A importância da doutrina citada manifesta-se, sobretudo, no processo, como registra Cabral: "surge um peculiar espectro da cidadania, o *status activus processualis*, que consubstancia o direito fundamental de participação ativa nos procedimentos estatais decisórios, ou seja, direito de influir na formação de normas jurídicas vinculativas".[156]

Na visão da doutrina portuguesa, que bem se amolda ao novo direito processual civil brasileiro, a cooperação impõe deveres para todos os intervenientes processuais, "a fim de que se produza, no âmbito do processo, uma *eticização* semelhante à que já se obteve no direito material, com a consagração de cláusulas gerais como as da boa-fé e do abuso de direito".[157]

Dessa maneira, o princípio da cooperação tende a "transformar o processo civil numa *comunidade de trabalho*",[158] na qual se potencializa o franco diálogo entre todos os sujeitos processuais – partes, juiz e intervenientes – a fim de alcançar "a solução mais adequada e justa ao caso concreto".[159] A cooperação não se restringe à relação parte-juiz, tampouco se limita ao relacionamento entre as partes. Dela se extraem "*deveres* a serem cumpridos pelos *juízes* e pelas *partes*", de sorte que, na verdade, deve haver "a cooperação das partes com o Tribunal, bem como a cooperação do Tribunal com as partes".[160] É certo que a atividade das partes não se equipara totalmente à do juiz, pois, enquanto àquelas cabe a defesa de interesses particulares, a este toca definir, como autoridade, o litígio. Todavia, ainda que o faça como detentor do poder estatal, não pode ignorar ou desprezar a contribuição das partes no diálogo precedente ao julgamento da causa.[161]

---

154 BONNA, Alexandre Pereira. Cooperação no processo civil – A paridade do juiz e o reforço das posições jurídicas das partes a partir de uma nova concepção de democracia e contraditório. *Revista Brasileira de Direito Processual*, Belo Horizonte, n. 85, p. 77, jan./mar. 2014.

155 HABËRMAS, Jüergen. *Direito e democracia*: entre facticidade e validade. Rio de Janeiro: Tempo Brasileiro, 1997, v. 1, p. 333-334.

156 CABRAL, Antonio do Passo. *Nulidades no processo moderno*. Rio de Janeiro: Forense, 2009, p. 109.

157 REGO, Carlos Francisco de Oliveira Lopes do. *Comentários do Código de Processo Civil*. Coimbra: Almedina, 2004, v. I, p. 265; CUNHA, Leonardo Carneiro da. O princípio do contraditório e a cooperação no processo. *Revista Brasileira de Direito Processual*, Belo Horizonte, n. 79, jul./set. 2012, p. 154.

158 SOUSA, Miguel Teixeira de. *Estudos sobre o novo processo civil*. 2. ed. Lisboa: Lex, 1997, p. 62; CUNHA, Leonardo Carneiro da. O princípio do contraditório e a cooperação no processo. *Revista Brasileira de Direito Processual*, Belo Horizonte, n. 79, jul./set. 2012, p. 155.

159 GERALDES, António Santos Abrantes. *Temas de reforma do processo civil*. 2. ed. Coimbra: Almedina, 2006, v. I, p. 88; CUNHA, Leonardo Carneiro da. O princípio do contraditório e a cooperação no processo. *Revista Brasileira de Direito Processual*, Belo Horizonte, n. 79, jul./set. 2012, p. 155.

160 SOUSA, Miguel Teixeira de. Apreciação de alguns aspectos da "revisão do processo civil – projecto". *Revista da Ordem dos Advogados*, Lisboa, ano 55, p. 361, jul. 1995.

161 "Disso surgem deveres de conduta tanto para as partes como para o órgão jurisdicional, que assume uma 'dupla função': 'mostra-se paritário na condução do processo, no diálogo processual', e 'assimétrico' no momento da decisão; não conduz o processo ignorando ou minimizando o papel das partes na 'divisão do trabalho', mas, sim, em uma posição paritária, com diálogos e equilíbrio. No entanto, não há paridade no momento da decisão; as partes não decidem com o juiz; trata-se de função que lhe é exclusiva. Pode-se dizer que a decisão é fruto da atividade processual em cooperação, é resultado das discussões travadas ao longo de todo o arco do procedimento; a atividade cognitiva é compartilhada,

Segundo a experiência portuguesa, que bem pode ser aproveitada pelo direito brasileiro renovado, a cooperação processual pode assumir os seguintes aspectos:

I – A cooperação das partes com o tribunal envolve:[162]

"a) a ampliação do dever de litigância de boa-fé;

b) o reforço do dever de comparecimento e prestação de quaisquer esclarecimentos que o juiz considere pertinentes e necessários para a perfeita inteligibilidade do conteúdo de quaisquer peças processuais apresentadas;

c) o reforço do dever de comparecimento pessoal em audiência, com a colaboração para a descoberta da verdade; e

d) o reforço do dever de colaboração com o tribunal, mesmo quando este possa envolver quebra ou sacrifício de certos deveres de sigilo ou confidencialidade (CPC português, arts. 519º e 519-A)".[163]

II – A cooperação do tribunal com as partes comporta:[164]

"a) a consagração de um poder-dever de o juiz promover o suprimento de insuficiência ou imprecisões na exposição da matéria de fato alegada por qualquer das partes;

b) a consagração de um poder-dever de suprimir obstáculos procedimentais à prolação da decisão de mérito;

c) a consagração do poder-dever de auxiliar qualquer das partes na remoção de obstáculos que as impeçam de atuar com eficácia no processo;[165] e,

d) a consagração, em combinação com o princípio do contraditório, da obrigatória discussão prévia com as partes da solução do pleito, evitando a prolação de 'decisões-surpresa', sem que as partes tenham oportunidade de influenciar as decisões judiciais".

Enfim, Miguel Teixeira de Sousa sintetiza os deveres de cooperação a cargo do juiz em: a) *dever de esclarecimento;* b) *dever de prevenção;* c) *dever de consulta;* e d) *dever de auxílio.*[166]

---

mas a decisão é manifestação do poder, que é exclusivo do órgão jurisdicional, e não pode ser minimizado" (DIDIER JR., Fredie. Os três modelos de direito processual: inquisitivo, dispositivo e cooperativo. *In:* CRUZ E TUCCI, José Rogério *et all.* (coords.). *Processo civil* – Homenagem a José Ignacio Botelho de Mesquita. São Paulo: Quartier Latin, 2013, p. 268; MITIDIERO, Daniel. *Colaboração no processo civil*. São Paulo: RT, 2009, p. 102-103).

162 CUNHA, Leonardo Carneiro da. O princípio do contraditório e a cooperação no processo. *Revista Brasileira de Direito Processual,* Belo Horizonte, n. 79, jul./set. 2012, p. 155.

163 Discriminando situações em que se aplica o princípio da cooperação, no tocante às partes, o Código Português dispõe o seguinte: "2 – O juiz pode, em qualquer altura do processo, ouvir as partes, seus representantes ou mandatários judiciais, convidando-os a fornecer os esclarecimentos sobre a matéria de facto ou de direito que se afigurem pertinentes e dando-se conhecimento à outra parte dos resultados da diligência. 3 – As pessoas referidas no número anterior são obrigadas a comparecer sempre que para isso forem notificadas e a prestar os esclarecimentos que lhes forem pedidos, sem prejuízo do disposto no nº 3 do art. 417º" (art. 7º).

164 CUNHA, Leonardo Carneiro da. O princípio do contraditório e a cooperação no processo. *Revista Brasileira de Direito Processual,* Belo Horizonte, n. 79, jul./set. 2012, p. 156.

165 Sobre a cooperação do Tribunal com as partes, dispõe o CPC Português: "4 – Sempre que alguma das partes alegue justificadamente dificuldade séria em obter documento ou informação que condicione o eficaz exercício de faculdade ou o cumprimento de ônus ou dever processual, deve o juiz, sempre que possível, providenciar pela remoção do obstáculo" (art. 7º).

166 O *dever de esclarecer* é recíproco entre partes e juiz, cabendo ao juiz exercer em relação às partes os deveres de cooperação, isto é, o de *prevenção*, o de *consulta* e o de *auxílio* (SOUSA, Miguel Teixeira de. Apreciação de alguns aspectos da "revisão do processo civil – projecto". *Revista da Ordem dos Advogados,* Lisboa, ano 55, p. 65-67, jul. 1995).

O que, portanto, se compreende na *norma fundamental* constante do art. 6º do CPC/2015, sob o rótulo de *cooperação processual*, são deveres que complementam a garantia do contraditório, formando com esta uma simbiose, com o objetivo comum de ensejar a obtenção, em *tempo razoável*, de decisão de mérito *justa* e *efetiva*. A cooperação, assim entendida, compreende o esforço necessário dos sujeitos processuais para evitar imperfeições processuais e comportamentos indesejáveis que possam dilatar injustificadamente a marcha do processo e comprometer a *justiça* e a *efetividade* da tutela jurisdicional.

O art. 6º fala em cooperação para se alcançar "decisão de mérito justa e efetiva", dando a impressão de limitar seu objetivo à esfera do processo de conhecimento. Na verdade, contudo, a cooperação é importante e indispensável em qualquer tipo de processo e tem lugar de destaque, principalmente, no processo de execução, em que cabe às partes, por exemplo, indicar os bens penhoráveis e eleger os meios executivos mais eficientes e menos gravosos.

49-A. Como o direito positivo se preocupa em valorizar e aplicar, concretamente, os princípios da boa-fé e da cooperação no campo do processo, resguardando de maneira prática a dignidade humana

Depois de a Constituição brasileira colocar a solidariedade e a fraternidade entre os fundamentos e objetivos da República (CF, Preâmbulo e art. 3º, I), o legislador ordinário tem se empenhado, tanto no plano material como no processual, em inserir normas no ordenamento jurídico que permitam aos juízes e litigantes compreender a realidade e a importância da garantia de um processo mais justo e mais humano, orientado acentuadamente pelos padrões éticos da boa-fé, da lealdade e da confiança, naquilo que tais padrões possam harmonizar-se com a construção de uma sociedade livre, justa, solidária e fraterna, como quer a nossa Lei Maior.[167]

Além das normas fundamentais estatuídas pelo CPC atual para evidenciar como basicamente se deve, segundo os ditames da Constituição, dar primazia às garantias do processo justo (arts. 1º a 12), várias são as normas processuais presentes na legislação codificada e extravagante que permitem reconhecer, *in concreto*, a atual sistematização de nosso processo civil em sintonia com o programa de humanização da prestação jurisdicional (anseio hoje universal e não apenas brasileiro).

Alguns exemplos extraídos do direito positivo são significativos e se prestam bem a revelar a orientação geral por ele adotada, sempre afinada com os propósitos em destaque:

(*a*) Leis recentes têm sido editadas ou adaptadas para socorrer os devedores de boa-fé nas dificuldades de superar crises de insolvência, impondo sacrifícios razoáveis aos credores, por meio de institutos como a recuperação judicial das empresas (Lei 11.101/2005, modificada pela Lei 14.112/2020) e o tratamento especial para o superendividamento do consumidor (CDC, arts. 54-A a 54-G, introduzidos pela Lei 14.181/2021).

(*b*) O Código Civil, art. 113, determina, por sua vez, que os negócios jurídicos devem sempre ser interpretados conforme a boa-fé e os usos do lugar de sua celebração; e

[167] Quando a Constituição se aferra ao empenho de estruturar a sociedade não só na solidariedade e justiça, mas também no valor essencialmente humano da fraternidade, exige do aplicador da lei que vá, na função pacificadora da Justiça, além da defesa dos interesses do titular de um direito subjetivo, e se ocupe igualmente com o enfrentamento do drama moral e social em que, muitas vezes, se encontrem envolvidos os litigantes, buscando dosar e abrandar, na medida do justo e do possível, os rigores egoísticos puramente patrimoniais em jogo no processo.

é segundo esse critério que o juiz haverá de resolver os eventuais conflitos entre as partes (CPC, arts. 5º e 8º).[168]

(c) Por outro lado, o CPC, arts. 79-80, reprime severamente a litigância de má-fé.[169]

(d) Na mesma linha ética de humanização do direito econômico, a Lei 8.009/1990 qualifica o imóvel de habitação do devedor como *bem de família* insuscetível de penhora; e o CPC amplia significativamente o rol dos bens impenhoráveis, merecendo destaque a maior dimensão dada às verbas remuneratórias dos profissionais e aos instrumentos de trabalho pessoal, que em certas circunstâncias podem compreender até mesmo os bens imóveis (art. 833, V e VIII) e as máquinas e equipamentos agrícolas (art. 833, § 3º).

(e) No campo da execução, merece destaque o poder conferido ao juiz para ampliar, reduzir e até extinguir as penas pecuniárias aplicáveis ao executado (CPC, art. 537); de assegurar que a execução se faça pelo modo menos gravoso para o devedor (CPC, art. 805); de conceder parcelamento ao executado para solver o débito em até seis prestações mensais (CPC, art. 916); de reduzir pela metade a verba advocatícia, quando o devedor pagar o débito exequendo nos três dias da citação (CPC, art. 827, § 1º); de resguardar da penhora os móveis e utensílios domésticos, os vestuários e pertences de uso pessoal, a economia mantida em caderneta de poupança até o limite de 40 salários mínimos (CPC, art. 833, II, III e X).

(f) Em respeito aos sentimentos da parte e de sua família, o CPC determina que, em qualquer tipo de processo (salvo se for o caso de evitar o perecimento do direito), a citação não poderá ser feita a quem estiver participando de ato de culto religioso; aos parentes, cônjuge ou companheiro, no dia do falecimento e nos sete dias seguintes; nem aos noivos, nos três primeiros dias seguintes ao casamento (CPC, art. 244).

(g) O art. 388, III, do CPC, em respeito à dignidade da pessoa humana, assegura à parte o direito de não depor sobre fatos acerca dos quais não possa responder sem desonra própria, de seu cônjuge, companheiro ao parente em grau sucessível. Com o mesmo propósito, o art. 404 admite que a parte ou terceiro se escusem de exibir, em juízo, documento ou coisa concernente a negócios da própria vida da família; assim como quando sua apresentação puder violar dever de honra ou redundar em desonra à parte ou a seus parentes próximos. E, ainda, o art. 448 reconhece que a testemunha não é obrigada a depor sobre fatos que lhe acarretem grave dano, assim como ao seu cônjuge, companheiro ou parente próximo.

Vê-se desse breve apanhado exemplificativo como o direito positivo preza a ideia de humanização do processo, e como os princípios da boa-fé, da lealdade e da cooperação se prestam a dar-lhe uma sistematização profundamente comprometida com a preservação da dignidade humana. Dessa constatação, por isso mesmo, decorrem um convite e uma orientação

---

168 Observando o objetivo ético e social do art. 8º do CPC, em caso que envolvia interesse de hospital destinado à assistência pública, o STJ confirmou e elogiou a aplicação da referida norma feita pelo tribunal recorrido ao solucionar impugnação da penhora ao imóvel hospitalar, ressaltando que tem ela como escopo "garantir as exigências do bem comum e atender a finalidade social, 'resguardando e promovendo a dignidade da pessoa humana', haja vista o nosocômio recorrido ser entidade filantrópica, reconhecido como de utilidade pública, que atende milhares de pessoas pelo SUS" (STJ, 2ª T., REsp 1.733.193/SP, Rel. Min. Herman Benjamin, ac. 17.05.2018, *DJe* 21.12.2018).

169 "A configuração da litigância de má-fé decorre de infração praticada sobretudo contra os deveres éticos que não podem ser ignorados na função social do devido processo legal" (v., adiante, os itens 193 a 195. Cf. também nosso *Código de Processo Civil anotado*. 26. ed. Rio de Janeiro: Forense, 2023, p. 107 – "Breves comentários" ao art. 80).

do legislador ao intérprete e aplicador para concretizar, na prática judicial, a política ética e humanizadora tão claramente programada pela lei de nosso tempo.

50. Princípio do processo justo e efetivo (art. 6º, *in fine*)

Justiça e efetividade, como metas do processo democrático, exigem que o processo assegure o pleno acesso à Justiça e a realização das garantias fundamentais traduzidas nos princípios da legalidade, liberdade e igualdade. Nessa ordem de ideias, o processo, como já visto, consagra o direito à defesa, o contraditório e a paridade de armas (processuais) entre as partes, a independência e a imparcialidade do juiz, a obrigatoriedade da motivação dos provimentos judiciais decisórios e a garantia de uma duração razoável, que proporcione uma tempestiva tutela jurisdicional.

A noção de processo justo está intimamente ligada à efetividade da prestação jurisdicional, de modo a garantir a todos o acesso à justiça, em tempo que não extrapole os limites do razoável. Com isso, entende-se a necessidade de a justiça efetiva aparelhar-se para propiciar ao titular do direito um provimento que seja contemporâneo à lesão ou à ameaça de lesão, consistindo em solução justa para o litígio.

No entanto, não basta que a lide seja solucionada em prazo razoável, a efetividade somente é alcançada se, aliada à brevidade, se outorga aos litigantes a plena tutela jurisdicional (ver itens 32 e 33, *supra*). À efetividade deve-se, necessariamente, agregar a eficiência da tutela. O processo justo e efetivo, portanto, deve viabilizar uma solução rápida para a disputa apresentada ao juiz, mas sem deixar de observar e respeitar os direitos e as garantias fundamentais das partes, e sem se descurar do compromisso fundamental da Justiça com a garantia de que o provimento jurisdicional terá sempre de proporcionar, quanto possível, tudo aquilo à que a parte vitoriosa no conflito faça jus, segundo a ordem jurídica positiva (sobre a distinção entre efetividade e eficiência, v., adiante, o item 54).

51. Contraditório efetivo (arts. 7º, 9º e 10)

Em meio às garantias fundamentais do acesso à justiça, a Constituição, ao assegurar o devido processo legal (art. 5º, LIV), complementa-o com a explícita e categórica declaração de aos litigantes, em processo judicial ou administrativo, "são assegurados o *contraditório* e *ampla defesa*" (CF, art. 5º, LV). O processo civil, portanto, não pode ser organizado pelo legislador sem a fiel observância desse mandamento constitucional, sob pena de não se enquadrar na moderna concepção de processo justo.

Assim, a moderna dinâmica do contraditório, indispensável à implantação do *processo justo*, está presente nas "normas fundamentais" constantes de três artigos, quais sejam, o 7º, o 9º e 10 do CPC.

O contraditório, outrora visto como dever de audiência bilateral dos litigantes, antes do pronunciamento judicial sobre as questões deduzidas separadamente pelas partes contrapostas, evoluiu, dentro da concepção democrática do processo justo idealizado pelo constitucionalismo configurador do Estado Democrático de Direito. Para que o acesso à justiça (CF, art. 5º, XXXV) seja pleno e efetivo, indispensável é que o litigante não só tenha assegurado o direito de ser ouvido em juízo; mas há de lhe ser reconhecido e garantido também o direito de participar, ativa e concretamente, da formação do provimento com que seu pedido de tutela jurisdicional será solucionado.[170] O escopo essencial do princípio do contraditório, no processo democrático e justo, deixa de ser a defesa, no sentido negativo de oposição ou resistência à atuação do

---

170 TROCKER, Nicolò. *Proceso civile e costituzione*: problemi di diritto tedesco e italiano. Milano: Giuffrè, 1974, p. 371.

adversário, para passar a ser a influência positiva na resolução do litígio, manifestada por meio do "direito de incidir ativamente no desenvolvimento e no êxito do processo"[171].

Quer isto dizer que nenhuma decisão judicial poderá, em princípio, ser pronunciada sem que antes as partes tenham tido oportunidade de manifestar sobre a questão a ser solucionada pelo juiz. O contraditório, nessa conjuntura, tem de ser prévio, de modo que ao julgador incumbe o dever de primeiro consultar as partes para depois formar seu convencimento e, finalmente, decidir sobre qualquer ponto controvertido importante para a solução da causa, ou para o encaminhamento adequado do processo a seu fim.[172]

O que prevalece, portanto, é que o contraditório do *processo justo* vai além da bilateralidade e da igualdade de oportunidades proporcionadas aos litigantes, para instaurar um *diálogo entre o juiz e as partes,* garantindo ao processo "uma atividade verdadeiramente dialética", em proporções que possam redundar não só em um *procedimento justo,* mas também em uma *decisão justa,* quanto possível.[173]

Para implantar, com efetividade, esse contraditório dinâmico e efetivo, o atual CPC lançou mão de três dispositivos que terão de ser lidos de maneira sistemática e integrativa:

a) As partes deverão merecer tratamento *paritário,* devendo o juiz zelar pelo "efetivo contraditório" (art. 7º): a igualdade de tratamento não pode se dar apenas formalmente. Se os litigantes se acham em condições econômicas e técnicas desniveladas, o tratamento igualitário dependerá de assistência judicial para, primeiro, colocar ambas as partes em situação paritária de armas e meios processuais de defesa. Somente a partir desse equilíbrio processual é que se poderá pensar em tratamento paritário no exercício dos poderes e faculdades pertinentes ao processo em curso. E, afinal, somente em função dessas medidas de *assistência* judicial ao litigante hipossuficiente, ou carente de adequada tutela técnica, é que o contraditório terá condições de se apresentar como *efetivo*, como garante o art. 7º do CPC.[174]

b) Qualquer decisão que contrarie uma parte, não será tomada "sem que ela seja previamente ouvida" (art. 9º):[175] as decisões judiciais não podem surpreender a parte que terá de suportar suas consequências, porque o contraditório moderno assegura

---

171 FREITAS, José Manuel Lebre de. *Introdução ao processo civil: conceito e princípios gerais à luz do código revisto.* Coimbra: Coimbra Editora, 1996, p. 96-97. Afirmando que a partir de nossa Constituição de 1988 o contraditório assumiu uma "feição ampliada", lembra o Min. Gilmar Mendes que, também para a Corte Constitucional alemã (BVerfGE 70/288-293), a pretensão à tutela jurídica "envolve não só o direito de manifestação e o direito de informação sobre o objeto do processo, mas também o direito de ver seus argumentos contemplados pelo órgão incumbido de julgar" (STF, Pleno, voto no MS 24.268/MG, Rel. p/ac. Gilmar Mendes, ac. 05.02.2004, *DJU* 17.09.2004, p. 53). "'Em busca de um contraditório efetivo, o normativo previu a paridade de tratamento, o direito a ser ouvido, bem como o direito de se manifestar amplamente sobre o substrato fático que respalda a causa de pedir e o pedido, além das questões de ordem pública, cognoscíveis de ofício, não podendo o magistrado decidir sobre circunstâncias advindas de suas próprias investigações, sem que antes venha a dar conhecimento às partes' (REsp 1755266/SC, *DJe* 20.11.1998)" (STJ, 1ª T., REsp 2.054.549/CE, Rel. Min. Gurgel de Faria, ac. 23.05.2023, *DJe* 09.06.2023).

172 "Se, por negligência da parte, ela não comparecer a juízo, em hipótese alguma fica violado o dito princípio, pois o contraditório se estabelece pela oportunidade da defesa e não pela defesa em si" (RIBEIRO, Darci Guimarães. A dimensão constitucional do contraditório e seus reflexos no projeto do novo CPC. *Revista de Processo*, n. 232, p. 19, jun. 2014).

173 CUNHA, Leonardo Carneiro da. O princípio do contraditório e a cooperação no processo. *Revista Brasileira de Direito Processual,* Belo Horizonte, n. 79, jul./set. 2012, p. 159.

174 CPC/2015: "Art. 7º É assegurada às partes paridade de tratamento em relação ao exercício de direitos e faculdades processuais, aos meios de defesa, aos ônus, aos deveres e à aplicação de sanções processuais, competindo ao juiz zelar pelo efetivo contraditório".

175 CPC/2015: "Art. 9º Não se proferirá decisão contra uma das partes sem que ela seja previamente ouvida".

o direito dos sujeitos do processo de não só participar da preparação do provimento judicial, como de influir na sua formulação. Aqui o Código garante, com nitidez, o princípio da "não surpresa" no encaminhamento e na conclusão do processo.

c) Por fim, mesmo que a *questão* tenha sido debatida amplamente, não se permite ao juiz decidi-la mediante *fundamento* ainda não submetido à manifestação das partes (art. 10).[176] A vedação prevalece inclusive quando se trata de matéria apreciável de ofício, como explicita o dispositivo legal em referência[177]. Mais uma vez, o Código prestigia o princípio da "não surpresa". É o caso, por exemplo, da nulidade dos atos ou negócios jurídicos, acerca dos quais o parágrafo único do art. 168 do Código Civil cria o dever para o juiz de conhecer, de ofício, quando a invalidade encontrada for provada no processo. O magistrado, por força do direito material, tem realmente o poder-dever de atuar de ofício, na espécie. Mas, de acordo com a garantia do devido processo legal e do contraditório efetivo regulados pela lei processual, terá de preliminarmente ensejar oportunidade às partes de se manifestarem sobre a questão[178].

Dessa forma, resta consagrada a imposição legal do contraditório efetivo, para interditar as "decisões de surpresa", fora do contraditório prévio, tanto em relação a *questões novas*, como a *fundamentos* diversos daqueles com que as *questões velhas* foram previamente discutidas no processo.[179] Destacou, a propósito o STJ, o alcance da garantia do contraditório sem surpresa, *in verbis*[180]: (i) de um lado, "o art. 933 do CPC/2015, em sintonia com o multicitado art. 10, veda a decisão surpresa no âmbito dos tribunais, assinalando que, seja pela ocorrência de fato superveniente, seja por vislumbrar matéria apreciável de ofício ainda não examinada, deverá o julgador abrir vista, antes de julgar o recurso, para que as partes possam se manifestar"; (ii) de outro lado, "não há falar em decisão surpresa quando o magistrado, diante dos limites da causa de pedir, do pedido e do substrato fático delineado nos autos, realiza a tipificação jurídica da pretensão no ordenamento jurídico posto, aplicando a lei adequada à solução do conflito, ainda que as partes não a tenham invocado (*iura novit curia*) e independentemente de oitiva delas, até porque a lei deve ser do conhecimento de todos, não podendo ninguém se dizer surpreendido com a sua aplicação".

---

[176] CPC/2015: "Art. 10. O juiz não pode decidir, em grau algum de jurisdição, com base em fundamento a respeito do qual não se tenha dado às partes oportunidade de se manifestar, ainda que se trate de matéria sobre a qual deva decidir de ofício".

[177] "1. 'O "fundamento" ao qual se refere o art. 10 do CPC/2015 é o fundamento jurídico – circunstância de fato qualificada pelo direito, em que se baseia a pretensão ou a defesa, ou que possa ter influência no julgamento, mesmo que superveniente ao ajuizamento da ação –, não se confundindo com o fundamento legal (dispositivo de lei regente da matéria). A aplicação do princípio da não surpresa não impõe, portanto, ao julgador que informe previamente às partes quais os dispositivos legais passíveis de aplicação para o exame da causa. O conhecimento geral da lei é presunção jure et de jure' (EDcl no REsp n° 1.280.825/RJ, Rel. Min. Maria Isabel Gallotti, Quarta Turma, julgado em 27/6/2017, DJe 1/8/2017.)" (STJ, 4ª T., REsp 1.755.266/SC, Rel. Min. Luís Felipe Salomão, ac. 18.10.2018, *DJe* 20.11.2018).

[178] A regra processual "de forma alguma, retira do juiz o poder-dever disposto no art. 168, parágrafo único, do CC. Os dispositivos [do CPC e do CC] são plenamente compatíveis" (NALIN, Paulo; STEINER, Renata C. Nulidade dos negócios jurídicos e conhecimento de ofício pelo juiz: entre o Código Civil e o novo Código de Processo Civil [Lei 13.105/2015]. *In:* BRAGA NETTO, Felipe Peixoto; SILVA, Michael César; THIBAU, Vinícius Lott (coords.). *O direito privado e o novo Código de Processo Civil: repercussões, diálogos e tendências*. Belo Horizonte: Fórum, 2018, p. 99).

[179] Ver vários precedentes dos tribunais estrangeiros e nacionais sobre a garantia de não surpresa em MALLET, Estêvão. Notas sobre o problema da chamada "decisão-surpresa". *Revista de Processo*, n. 233, p. 57-61, São Paulo, jul. 2014.

[180] STJ, 4ª T., REsp 1.755.266/SC, Rel. Min. Luís Felipe Salomão, ac. 18.10.2018, *DJe* 20.11.2018.

O parágrafo único do art. 9º, todavia, abre três exceções para permitir decisões em detrimento de parte ainda não ouvida nos autos, que são:

a) as referentes à tutela provisória de urgência (inciso I);
b) algumas hipóteses de tutela da evidência – art. 311, II e III (inciso II); e
c) a decisão autorizadora do mandado de pagamento, na ação monitória – art. 701 (inciso III).

Não se trata, porém, de afastar, em definitivo, o contraditório, mas apenas de protraí-lo. Pelas necessidades e conveniências do caso, decide-se a questão proposta de imediato, sem prévia audiência do interessado. Uma vez, contudo, ultimada a medida excepcional, abrir-se-á a oportunidade de discussão da matéria e da defesa da parte afetada, podendo o juiz, então, se for o caso, confirmar, modificar ou revogar o provimento emergencial.

Há, em semelhante conjuntura, um confronto de princípios processuais: de um lado, incide a garantia constitucional de *efetividade* da tutela jurisdicional (CF, art. 5º, XXXV), e de outro, a garantia, também constitucional, do *contraditório* (CF, art. 5º, LV). O impasse se resolve, portanto, pelo postulado da *proporcionalidade,* que não acarreta a invalidação de um princípio pelo outro. Ambos incidem, mas em momentos diferentes: justificada a urgência da medida em nome da *efetividade jurisdicional*, o *contraditório* fica apenas diferido para outro momento, situado depois da tomada de decisão emergencial[181].

Sem dúvida, o contraditório é da essência do processo democrático e justo. No entanto, a exigência de prévia audiência das partes não pode ser levada a um extremismo que comprometa a agilidade indispensável da prestação jurisdicional, também objeto de garantia constitucional. É possível, portanto, pensar-se no chamado "contraditório inútil" ou "irrelevante", à base de cuja constatação poder-se-á admitir como razoável o pronunciamento de decisões judiciais sem a prévia ouvida da parte.[182]

Pode-se admitir, nessa ordem de ideias, que se mostra legítima, por exemplo, a regra legal que não abandona por completo o contraditório, mas que, em situações particulares, apenas o relega para momento ulterior à decisão tomada. É o que se passa, por exemplo, nas hipóteses em que, excepcionalmente, se autorizam o indeferimento da petição inicial (CPC/2015, art. 330) e a rejeição liminar do pedido (art. 332), em face das quais as partes (autor e réu) terão oportunidade de realizar o debate necessário durante o procedimento recursal (art. 332), e o próprio juiz poderá, se for o caso, retratar sua decisão (arts. 331 e 332, § 3º). Igual postergação

[181] "2. A edição do Código de Processo Civil de 2015 consagrou a compreensão de que o processo deve ser mediador adequado entre o direito posto e sua realização prática, e não um fim em si mesmo. A necessidade de se conferir efetividade aos direitos é o principal vetor axiológico do novo sistema processual, para cuja realização convergem os princípios da duração razoável do processo, da primazia do julgamento de mérito, da necessidade de se conferir coesão e estabilidade aos precedentes jurisdicionais, dentre outros. 3. Nas hipóteses previstas nos arts. 9º, parágrafo único, inciso II, e 311, parágrafo único, do CPC/2015, o contraditório não foi suprimido, e sim diferido, como ocorre em qualquer provimento liminar. O legislador realizou uma ponderação entre a garantia do contraditório, de um lado, e a garantia de um processo justo e efetivo, de outro, o qual compreende a duração razoável do processo, a celeridade de sua tramitação e o acesso à justiça na dimensão material. Os preceitos questionados também conferem consequências de ordem prática às teses vinculantes firmadas nos termos do CPC/2015" (STF, Pleno, ADI 5.492/DF, Rel. Min. Dias Toffoli, ac. 25.04.2023, *DJe* 09.08.2023. Idêntico julgamento ocorreu na ADI 5.737, Rel. p/ acórdão Min. Roberto Barroso, Pleno, jul. 25.04.2023, *DJe* 27.06.2023). Os acórdãos, em seu dispositivo, declararam expressamente, entre outras, a constitucionalidade da "referência ao inc. II do art. 311 constante do art. 9º, parágrafo único, inc. II, e do art. 311, parágrafo único; o art. 985, § 2º; e o art. 1.040, inc. IV, todos da Lei 13.105, de 16 de março de 2015 (Código de Processo Civil)".

[182] GAJARDONI, Fernando da Fonseca. Pontos e contrapontos sobre o Projeto do Novo CPC. *Revista dos Tribunais*, v. 950, p. 19, dez. 2014.

do contraditório ocorre, também, nas medidas liminares *inaudita altera parte*, não só nas tutelas provisórias de urgência ou de evidência (arts. 294 a 311), já aludidas, mas, ainda, nas ações de procedimento especial, a exemplo das possessórias (art. 562) e nos embargos de terceiro (art. 678). Em todas elas, depois de intimado o réu da liminar deferida sem sua prévia manifestação, instaurar-se-á o contraditório, com possibilidade de o ato judicial ser revogado, ou modificado, pelo juiz da causa ou pelo tribunal, justamente em virtude do debate ulterior.

Embora incorra em nulidade a decisão pronunciada com ofensa à garantia do contraditório sem surpresa (art. 10), essa nulidade não será decretada pelo tribunal, quando a irregularidade não influir no resultado do julgamento, ou quando a decisão do mérito do recurso puder beneficiar a parte a quem a nulidade poderia beneficiar (art. 282, § 2º)[183].

51.1. Contraditório e questões de fato e de direito

O contraditório "sem surpresa", cuja observância é obrigatória, até mesmo, e principalmente, nas decisões fundadas em normas de direito, cuja aplicação pode se dar de ofício (art. 10), envolve tanto as *questões de fato* com as *de direito*. Há uma resistência por parte dos juízes em aplicar o art. 10 do CPC/2015, às matérias puramente de direito, cujas regras de interesse público são observáveis independentemente de provocação das partes, segundo a velha máxima do *jura novit curia*. Assim, o Enunciado 01 da Escola Nacional de Formação e Aperfeiçoamento de Magistrados (ENFAM) é no sentido de que o termo "fundamento", referido no art. 10 do CPC/2015, é o substrato fático que orienta o pedido, e não o enquadramento jurídico. Observa, contudo, Daniel Amorim, com inteira procedência, que isto equivale a afirmar que "o juiz estaria liberado para decidir conforme o fundamento jurídico mais apropriado ao caso concreto *sem necessariamente permitir que as partes se manifestem previamente sobre ele* (g.n.) (...). Não é preciso muito esforço para se notar a impropriedade do enunciado 01 da ENFAM, que na realidade, ao menos no tocante à fundamentação jurídica, pretende pura e simplesmente *revogar o art. 10 do Novo CPC*"[184] (g.n.).

O fundamento jurídico envolve sempre um complexo de fato e de direito, não se podendo isolar o fato de seus efeitos no plano jurídico processual. O fundamento de uma pretensão ou de uma sentença é sempre o amálgama do fato e sua qualificação jurídica. Para o processo não existem dois fundamentos, um de fato e outro de direito, existe o fundamento num fato jurídico, ou seja, num fato capaz de produzir, no plano do direito, a consequência jurídica afirmada ou negada no debate processual.[185]

Não se deve, porém, confundir enquadramento jurídico com enquadramento legal. A parte quando propõe uma demanda nem mesmo está obrigada a apontar os artigos de lei em que se apoia. O que não pode deixar de fazer é a demonstração de que os efeitos buscados se apoiam no direito.[186] Na verdade, como está assentado na jurisprudência "a invocação desta ou daquela regra jurídica é argumento, e não razão da pretensão", motivo pelo qual o juiz não está obrigado a decidir a causa estritamente em função dos dispositivos legais usados na argumentação dos

---

183 STJ, 4ª T., REsp 1.755.266/SC, Rel. Min. Luís Felipe Salomão, ac. 18.10.2018, *DJe* 20.11.2018.

184 NEVES, Daniel Amorim Assumpção. *Novo Código de Processo Civil comentado artigo por artigo.* 2.ed. Salvador: JusPodivm, 2017, p. 46.

185 "Segundo esmerada doutrina, *causa petendi* é o fato ou o conjunto de fatos suscetível de produzir, por si, o efeito jurídico pretendido pelo autor" (STJ, 4ª T., REsp 2.403/RS, Rel. Min. Sálvio de Figueiredo Teixeira, ac. 28.08.1990, *DJU* 24.09.1990, p. 9.983).

186 "Não se confunde 'fundamento jurídico' com 'fundamento legal', sendo aquele imprescindível e este dispensável, em respeito ao Princípio 'iura novit curia' (o juiz conhece o direito)" (STJ, 1ª T., REsp 477.415/PE, Rel. Min. José Delgado, ac. 08.04.2003, *DJU* 09.06.2003, p. 184).

litigantes: "a decisão deve responder as razões das pretensões – porque transformadas em questões, mas não necessariamente a argumentação das partes. 'Jura novit curia'".[187]

"Ao autor cumpre precisar os fatos que autorizam a concessão da providência jurídica reclamada, incumbindo ao juiz conferir-lhes adequado enquadramento legal",[188] que, assim pode recair sobre o mesmo dispositivo legal invocado pela parte, ou outro, desde que aplicável ao fato constitutivo da causa petendi e seja apto a solucionar exatamente a *questão* suscitada pelo debate processual.

Assim, por exemplo, o autor apoia sua pretensão em artigo do Código Civil revogado, nada impede o juiz de resolver a questão proposta, aplicando dispositivo do atual Código adequado à solução da controvérsia tal como debatida no processo.

Quando o art. 10 veda ao juiz decidir com base em fundamento que as partes não tiveram oportunidade de apreciar, não está cogitando tão somente das questões de fato, mas das questões jurídicas, isto é, dos pontos controvertidos de fato e de direito trazidos pelas partes e, às vezes, pelo próprio magistrado. Aquilo que é tomado como objeto e fundamento da decisão, não pode relatar questão não debatida no processo, seja no suporte fático, seja no suporte jurídico, mesmo porque um é indissociável do outro, quando se trata de julgamento judicial.

Ainda que pretenda o juiz solucionar uma questão puramente de direito, mas inovadora em relação ao debate travado nos autos, retratando, pois, *questão nova*, a submissão do tema à prévia manifestação das partes é imperiosa. É de se ter em conta que, ao se aplicar ao caso concreto, nenhuma regra de direito é tão clara e precisa que dispense o esforço da interpretação.

Pouco importa que a questão inovadora encontre amparo em norma de ordem pública. O dever de aplicá-la de ofício, não dispensa o juiz de observar o contraditório imposto pelo art. 10 do CPC. Pense-se, a propósito, numa ação de cobrança de dívida em que a discussão se estabelece apenas sobre o cumprimento ou não da contraprestação a cargo da parte autora. Deparando-se o juiz com a possível prescrição, matéria não arguida pelo demandado, mas que pode ser enfrentado de ofício, não estará, contudo, autorizado a fazê-lo, sem antes abrir oportunidade à manifestação das partes, exatamente como impõe o artigo 10 do CPC.

Em suma, não se nega ao juiz aplicar de ofício normas de ordem pública, mas ao fazê-lo não poderá omitir a oportunidade para as partes de manifestarem-se previamente sobre sua pertinência, ou não, com a hipótese dos autos, para cumprir-se não só a regra do art. 10 do CPC/2015, como a garantia fundamental do art. 5º, LV, da CF.

52. Princípio da legalidade. Colisão de normas fundamentais (art. 8º)

A jurisdição desempenha sua função constitucional – a de pacificar os conflitos jurídicos – sob dupla submissão ao *princípio da legalidade: (i)* o *procedimento* tem de ser aquele definido pela lei, para cumprir a garantia constitucional do "devido processo legal" (CF, art. 5º, LIV); e *(ii)* o *provimento de mérito*, com que se põe fim ao litígio, será pronunciado com base na lei material pertinente (Lei de Introdução, art. 4º).

No Estado de Direito, ninguém é obrigado fazer ou deixar de fazer alguma coisa, senão em virtude da lei (CF, art. 5º, II). E esse regime não se limita à esfera da atividade privada, pois

---

187 STJ, 4ª T., AgRg no Ag 5.540/MG, Rel. Min. Athos Carneiro, ac. 18.12.1990, *DJU* 11.03.1991, p. 2.397.

188 STJ, 4ª T., REsp 7.958/SP, Rel. Min. Sálvio de Figueiredo Teixeira, ac. 01.12.1992, *DJU* 15.02.1993, p. 1.687, *RSTJ* 48/136. Mais recentemente: "'O princípio da não surpresa não impede a requalificação jurídica do enquadramento fático circunscrito na causa de pedir da demanda, em relação ao qual houve o necessário contraditório, defluindo do princípio *jura novit curia'* (REsp 1.717.144/SP, Relator Ministro Antonio Carlos Ferreira, Quarta Turma, julgado em 14.02.2023, *DJe* 28.02.2023)" (STJ, 4ª T., AgInt no AREsp 2.477.557/PE, Rel. Min. Raul Araújo, ac. 17.06.2024, *DJe* 27.06.2024).

a Administração Pública também se acha constitucionalmente sujeita a só agir nos limites da legalidade (CF, art. 37, *caput*). Não é novidade, portanto, que o CPC/2015 atribua ao juiz o dever de "aplicar o ordenamento jurídico", deixando expresso que a atuação do Poder Judiciário, no desempenho da função jurisdicional, tem de observar o princípio da legalidade (CPC/2015, art. 8º).

A *lei* que ao juiz compete aplicar na solução dos litígios e à qual as partes se submetem (CF, art. 5º, II) não se confunde com lei em sentido estrito. O ordenamento jurídico referido pelo art. 8º do CPC/2015 compreende a lei e todo e qualquer provimento normativo legitimamente editado pelo Poder Público. Compreende além das *regras*, os *princípios gerais*, mormente os constitucionais. Assim, o ordenamento jurídico (direito positivo) se compõe de *normas* que, por sua vez, se desdobram em *regras* e *princípios*.

Por outro lado, a lei nunca se exaure no texto que o legislador lhe deu. Como linguagem, a norma legal, antes de ser aplicada pelo juiz, terá de ser interpretada; e a interpretação, *in casu*, é ato complexo, pois terá de descobrir o sentido que seja compatível com o sistema normativo total em que a lei se insere; terá, ainda, de considerar o fim visado pelo legislador; e, por último, terá de analisar e encontrar o modo pelo qual a norma abstrata incidirá sobre o quadro fático em que eclodiu o litígio. Dessa maneira, ao juiz incumbe uma tarefa criativa em complemento da norma oriunda do legislador, e que redundará na *norma do caso concreto*, que tem origem no enunciado legal, que deve respeitá-lo, mas que pode se adaptar às características do caso *sub iudice*, que muitas vezes não foram sequer cogitadas pelo legislador.

É nessa conjuntura que incide a regra do art. 5º da Lei de Introdução, reafirmada pelo art. 8º do CPC/2015, segundo a qual, ao aplicar o ordenamento jurídico, o juiz atenderá aos *fins sociais* e às *exigências do bem comum*.

Não há – de acordo com Maria Helena Diniz – norma jurídica que não deva sua origem a um fim, a um propósito, a um motivo prático. "O propósito, a finalidade, consiste em produzir na realidade social determinados efeitos que são desejados por serem valiosos, justos, convenientes, adequados à subsistência de uma sociedade, oportunos etc. *A busca desse fim social será a meta de todo o aplicador do direito*".[189]

A obra criativa do aplicador da lei assume maior relevância pela circunstância evidente de que os costumes e aspirações sociais não são estáticos. Evoluem com o tempo e, assim, exigem do juiz a difícil tarefa de modernizar a norma, para compatibilizar seu objetivo histórico com o quadro sociocultural do momento de sua aplicação ao caso concreto. Os *fins sociais* a prevalecer, portanto, são os atuais, e não mais os contemporâneos à edição da lei.

Quanto ao "bem comum", trata-se de noção bastante complexa, metafísica e de difícil compreensão. Entende-se que nessa noção incluem-se variados elementos ou fatores, sendo comum figurar entre eles a *liberdade*, a *paz*, a *justiça*, a *segurança*, a *utilidade social*, a *solidariedade* ou a *cooperação*. "O bem comum não resulta da justaposição mecânica desses elementos, mas de sua harmonização em face da realidade sociológica", operação que, no processo, caberá ao juiz realizar, "em face das circunstâncias do caso concreto".[190]

Para o art. 8º do CPC/2015, a aplicação do ordenamento jurídico, para atender aos fins sociais e às exigências do bem comum, deverá resguardar e promover a dignidade da pessoa humana, um dos princípios fundamentais do Estado Democrático de Direito (CF, art. 1º, III). E ocorrendo conflito entre os elementos importantes para a configuração dos fins sociais e das exigências do bem comum, deverão ser observados, para a respectiva superação, os critérios hermenêuticos da *proporcionalidade* e da *razoabilidade*.

---

189 DINIZ, Maria Helena. *Lei de Introdução ao Código Civil brasileiro interpretada*. 4. ed. São Paulo: Saraiva, 1998, p. 164.

190 DINIZ, Maria Helena. *Lei de Introdução ao Código Civil brasileiro interpretada*. 4. ed. São Paulo: Saraiva, 1998, p. 165.

Esses critérios interpretativos preconizados pelo art. 8º do CPC, todavia, não autorizam a pura e simples recusa de observância de regra legal emanada do Poder Legislativo, com conteúdo e objetivo claros e induvidosos. Somente em juízo adequado de inconstitucionalidade se mostra possível providência radical e extrema, como a de rebelar o Poder Judiciário contra a vontade normativa legítima manifestada pelo Parlamento. Esse o entendimento já adotado, muito corretamente, pelo STJ, para o qual se deve ainda considerar que os órgãos fracionários dos tribunais não dispõem de competência para reconhecer inconstitucionalidade de lei, como prevê o art. 97 da Constituição.[191] Sendo certo, segundo súmula vinculante do Supremo Tribunal Federal, que recusar incidência de lei ou ato normativo do Poder Público equivale a reconhecer, implicitamente, sua inconstitucionalidade, o que se acha dentro da *reserva de plenário*. Vale dizer: trata-se de questão privativa dos colegiados maiores dos tribunais.[192]

Enfim, em respeito ao princípio da legalidade, um dos fundamentos do Estado Democrático de Direito e um dos direitos fundamentais assegurados pela Constituição, e ainda em razão da garantia de segurança jurídica, impõe-se concluir que, sem que se tenha regularmente declarado a inconstitucionalidade, não podem os julgadores "substituir o claro texto da lei expressa, produto do debate e da votação em processo legislativo constitucional", por opinação *a lattere*, "por mais respeitável que seja". A lei, em princípio, se revoga pelo processo legislativo, e não pelo "entendimento pessoal do julgador".[193]

Às vezes, defende-se a liberdade interpretativa do direito pelo magistrado sob o argumento de a lei autorizar-lhe o "livre convencimento". A afirmação é incorreta por várias razões: primeiro, porque o princípio do livre convencimento motivado regula a apreciação e avaliação das provas, indicando que o juiz não está sujeito a hierarquia e tarifação de provas, e por isso tem a possibilidade de formar livremente (mas racionalmente) seu convencimento sobre o revelado pelos meios probatórios disponíveis nos autos, e não sobre o direito incidente sobre a causa. Segundo, porque não cabe ao juiz uma escolha entre o que determina a lei e o que particularmente considera justo. Além disso, na interpretação e aplicação do direito, o sistema do CPC prevê a vinculação dos juízes e tribunais aos precedentes jurisprudenciais, como meio de fazer prevalecer nos provimentos do Poder Judiciário vários princípios constitucionais inafastáveis do ideal do processo justo. Assim, nosso sistema institucionalizado pela lei processual civil não confere ao juiz o poder discricionário de interpretar livremente o direito do caso concreto, mas o insere dentro de um regime em que o poder de resolver os litígios se apresenta como "equilibrado e coparticipativo", assentado "muito mais em leis positivas e precedentes sumulados por tribunais superiores do que no arbítrio de cada magistrado"[194]. Em outras palavras, o juiz não julga por meio de escolha, mas segundo a vontade enunciada pelo direito positivo, uma vez que seu papel não é o de filósofo ou moralista. Na democracia, não se tolera a substituição do legislador pelo juiz, de sorte que entre sua opinião e a lei, devemos prezar, sobretudo, o comando das leis da República[195].

---

191 "Sem declaração de inconstitucionalidade, as regras da Lei 11.101/2005, sobre as quais não existem dúvidas quanto às hipóteses de aplicação, não podem ser afastadas a pretexto de se preservar a empresa" (STJ, 3ª T., REsp 1.279.525/PA, Rel. Min. Ricardo Villas Bôas Cueva, ac. 07.03.2013, *DJe* 13.03.2013).

192 "Viola a cláusula de reserva de plenário (CF, art. 97) a decisão de órgão fracionário de tribunal que, embora não declare expressamente a inconstitucionalidade de lei ou ato normativo do poder público, afasta sua incidência, no todo ou em parte" (Súmula Vinculante 10/STF).

193 STJ, 3ª T., REsp 1.279.525/PA, Rel. Min. Ricardo Villas Bôas Cueva, ac. 07.03.2013, *DJe* 13.03.2013.

194 OLIVEIRA, Rafael Niebuhr Maia de; MESSIAS, Wellington Jacó. O novo Código de Processo Civil e o princípio do livre convencimento. *Revista Síntese – Direito Civil e Processual Civil*, v. 110, p. 404-405, nov./dez. 2017.

195 OLIVEIRA, Rafael Niebuhr Maia de; MESSIAS, Wellington Jacó. O novo Código de Processo Civil e o princípio do livre convencimento. *Revista Síntese – Direito Civil e Processual Civil*, v. 110, p. 404-405, nov./dez. 2017.

É inegável que, no Estado Democrático de Direito, o juiz moderno é dotado de certos *poderes criativos*, para conceber a solução do litígio que se mostre mais compatível com a realidade socioeconômica e política do caso em julgamento.[196] O enunciado da norma quase nunca é suficiente para, por si só, definir a mais justa forma de pacificar o conflito. Daí a necessidade de adotar-se uma *interpretação sociológica ou teleológica*. Isto, porém, como destaca Dinamarco, não erige o juiz em legislador ou criador do direito.[197]

Todavia, é dentro do universo jurídico que o juiz deverá buscar fundamento para suas decisões no processo. Para Derrida, o juiz, diante da lei, não pode agir como "uma máquina de calcular", a reproduzir invariavelmente o mesmo julgamento nos diversos casos em que é chamado a aplicar a mesma regra legal. Mas também não será um julgador livre e responsável se, ao resolver a causa, "ele não se referir a nenhum direito, a nenhuma regra como dada para além de interpretação", ou se "improvisar, fora de qualquer regra e de qualquer princípio".[198]

Sob impacto da chamada "escola do direito livre", que despertou atenção da doutrina durante certo tempo, chegou-se ao extremo de defender soluções *contra legem*, em nome da supremacia da justiça e de outros princípios como a dignidade da pessoa humana. Obviamente, tamanha liberdade judicial não se compatibilizaria com o Estado de Direito e, por isso, não levou à efetiva proclamação teórica da "independência do juiz perante a lei". Como ressalta Oliveira Ascensão, foi justamente na crítica à escola do direito livre que se encontrou "a correta demarcação da posição do julgador perante a lei", que outra não é senão "a de aplicá-la, e não a de a postergar"[199].

Por mais que se reconheça criatividade à definição da norma concretizada pelo juiz para compor o caso conflituoso, jamais poderá atingir o grau de julgamento *contra legem*.

Dito em outras palavras, o texto normativo, como linguagem que é, depende de construção interpretativa para ser aplicado ao caso concreto. O julgador, portanto, dispõe do poder complementar interpretativo, que, na lição de Perelman, lhe é indispensável para proceder à adaptação da lei aos casos específicos que lhe são apresentados, o que, entretanto, não o afasta da submissão necessária à lei, objeto cuja criação é atribuição exclusiva do agente legitimado à produção dos enunciados normativos.[200] Por isso, a interpretação, embora indispensável, não desvincula o juiz do texto normativo, de modo que dele não pode se desprender livremente, inovando a cada caso concreto

---

196 A esse tipo de interpretação dá-se o nome de juízo de *ponderação*, que não ignora o enunciado normativo e apenas busca o melhor e mais justo sentido a ser dado ao texto do legislador, no contexto de sua aplicação ao caso concreto.

197 Pudesse o juiz criar o direito, "aberto estaria o caminho para o arbítrio, mediante a implantação de uma verdadeira *ditadura judiciária* em que cada juiz teria a liberdade de instituir normas segundo suas preferências pessoais. Tal seria de absoluta incompatibilidade com as premissas do *due process of law* e do Estado-de-Direito, em que a legalidade racional e bem compreendida vale como penhor das liberdades e da segurança das pessoas" (DINAMARCO, Cândido Rangel. *Instituições de direito processual civil*. 7. ed. São Paulo: Malheiros, 2013, v. I, p. 139). A interpretação criativa, mediante aplicação de valores e princípios acatados pela sociedade na compreensão da lei, na advertência de Dinamarco, "não é criar normas antes inexistentes na ordem jurídica como um todo" (DINAMARCO, Cândido Rangel. *Instituições de direito processual civil*. 7. ed. São Paulo: Malheiros, 2013, v. I, p. 140).

198 DERRIDA, Jaques. *Força de lei*. 2. ed. Trad. Leyla Perrone-Moisés. São Paulo: Martins Fontes, 2010, p. 44-45.

199 ASCENSÃO, José de Oliveira. *O direito-introdução e teoria geral*: uma perspectiva luso-brasileira. Rio de Janeiro: Renovar, 1994, n. 166, p. 249. Para o autor, a conclusão a que se chega é da sabedoria comum: "o legislativo estabelece normas, o judiciário atua-as. É uma divisão fundamental de competência que nenhuma razão há para pretender em crise" (ASCENSÃO, José de Oliveira. *O direito-introdução e teoria geral*: uma perspectiva luso-brasileira. Rio de Janeiro: Renovar, 1994, n. 166, p. 262).

200 PERELMAN, Chaim. *Lógica jurídica*. 2. ed. São Paulo: Martins Fontes, 2004, p. 203.

que decide.[201] A interpretação haverá de ser feita sempre a partir do texto legislado, que só poderá ser ignorado quando contaminado por inconstitucionalidade,[202] como já visto.

52.1. Princípio da legalidade e consequencialismo jurídico (art. 20 da LINDB)

A Lei 13.655/2018 incluiu na Lei de Introdução às Normas do Direito Brasileiro – LINDB (Dec.-lei 4.657/1942) o art. 20, segundo o qual não se decidirá, nas esferas administrativas, controladora e judicial, com base em valores jurídicos abstratos, sem que as consequências práticas da decisão sejam consideradas. Regulamentando a matéria, o art. 3º, § 2º, do Decreto 9.830/2019 explicitou que o órgão julgador, em cumprimento do novo preceito, deverá apresentar sempre, na fundamentação dos decisórios lastreados em "valores jurídicos abstratos" (normas principiológicas ou formuladas através de conceitos indeterminados), "aquelas consequências práticas que, no exercício diligente de sua atuação", conseguir vislumbrar "dos fatos e fundamentos de *mérito* e *jurídicos*" (g.n.).

O objetivo da inovação da LINDB foi introduzir no direito positivo nacional a teoria argumentativa denominada *teoria consequencialista*, cuja aplicação indiscriminada – é bom que se diga – tem sido censurada na literatura jurídica, por favorecer aos *voluntarismos judiciais*, que comprometem as estruturas democráticas do Estado, afetando diretamente "a separação de poderes, a segurança jurídica e a previsibilidade do Direito".[203] O risco temido decorre de o consequencialismo servir de justificativa para decisões autocráticas embasadas em argumentos totalmente estanhos ao campo jurídico, como os sociológicos e os puramente morais, éticos, políticos etc., o que, sem dúvida, afetaria seriamente a segurança jurídica, a previsibilidade da aplicação do direito e a confiança no ordenamento jurídico positivo.[204]

Entretanto, o princípio argumentativo em questão – que quando adequadamente compreendido não viola as bases do Estado Democrático de Direito, nem se incompatibiliza com as exigências da segurança jurídica e da previsibilidade do Direito –, pode lastrear decisões sobre argumentos extraídos de consequências práticas previsíveis, desde que a respectiva análise não abra ensejo a que o julgador ignore a lei legitimamente estabelecida, nem se disponha a corrigi-la, tal como se se achasse credenciado a reabrir o processo legislativo e a inovar o pacto constitucional da divisão dos poderes.[205]

---

201 GRAU, Eros Roberto. *Por que tenho medo dos juízes?* Coimbra: Almedina, 2020, p. 18; GRAU, Eros Roberto. *Ensaio e discurso sobre a interpretação/aplicação do direito*. 3. ed. São Paulo: Malheiros, 2005, p. 29.

202 "O intérprete da norma deve estar vinculado ao texto legal. A norma, apesar de ser produto da interpretação, está contida no enunciado normativo, de forma que cabe ao intérprete pronunciar a norma a partir do texto, para aplicar ao caso concreto, não podendo dele se desvencilhar. O ato normativo tem presunção de constitucionalidade, enquanto não for tomada como inconstitucional..." (BRIDA, Nério Andrade de; MEDEIROS NETO, Elias Marques de. A (im)possibilidade da atuação obstativa do juiz de primeiro grau em juízo de admissibilidade do recurso de apelação no processo civil. *Revista de Processo,* São Paulo, v. 331, set. 2022, p. 211-212).

203 CORREIA, Atalá; GONÇALVES FILHO, Mário Assis. Consequencialismo jurídico e democracia constitucional: em busca de um espaço de equilíbrio democrático na justificação da decisão judicial. *Revista dos Tribunais,* São Paulo, v. 1.070, dez. 2024, p. 88.

204 Advertem sobre os perigos do consequencialismo jurídico indiscriminado, entre vários outros: ALVIM, Teresa Arruda. Argumentos consequencialistas nas decisões judiciais-Possibilidades, limites e riscos. *Revista de Processo*, São Paulo, v. 349, p. 759-783, mar. 2024; ABBOUD, Georges. Consequencialismo jurídico: o lugar da análise de consequências em direito e os perigos do ativismo judicial consequencialista. *Revista dos Tribunais*, São Paulo, v. 1.009, p. 123-135, nov. 2019; ÁVILA, Humberto. *Teoria da segurança jurídica*. 6.ed. São Paulo: Malheiros, 2021, p. 622.

205 STRECK, Lenio Luiz. Limites do consequencialismo no Direito: dos dilemas *trolley* ao coronavírus. *Revista Estudos Institucionais*, Rio de Janeiro, v. 6. n. 3, set.-dez. 2020, p. 929.

À luz da lição de Georges Abboud, não haverá ganho democrático se o consequencialismo jurídico representar o recrudescimento ou a criação de poderes discricionários para os julgadores, uma vez que a imposição judicial de critérios que fujam à observância dos fatos e do Direito aplicável à hipótese abre uma margem perigosa de liberdade ao juiz que se sente autorizado a decidir "com base em argumentos não só de difícil constatação objetiva, como também dar azo a uma atuação judiciária de difícil controle e de ainda menor previsibilidade".[206]

A argumentação consequencialista é de fato importante quando se depara com uma ordem jurídica constitucional recheada de valores éticos e morais, pois se presta a otimizar a aplicação do direito positivo, interpretando os enunciados da lei sempre de modo a harmonizá-los com os padrões constitucionais. Sob tal enfoque, o correto é que "as consequências práticas da decisão devam ser observadas e utilizadas não como em fundamento único, soberano, capaz de desprezar a literalidade do texto legal, mas, na verdade, como uma vinculação do julgador à realidade social e ao mundo dos fatos, concretamente considerados, para a tutela dos direitos fundamentais. Dessa forma, as consequências práticas, enquanto argumentos não institucionais, não podem ser alçadas à condição de argumento institucional[207] para, de forma isolada, fundamentar a decisão judicial".[208]

Em outras palavras, o consequencialismo jurídico, de que cogita o art. 20 da LINDB, "não é vocacionado a justificar a decisão judicial de maneira isolada em detrimento da ordem jurídica vigente".[209] Quando corretamente empregado, "o consequencialismo jurídico, ao revés, se coloca como instrumento importante para o julgador se vincular à realidade fática e, com isso, aprimorar seus provimentos, diante das demandas cada vez mais complexas levadas ao Poder Judiciário"[210] e que não poderão ser solucionadas senão dentro dos limites impostos pela ordem jurídica.

52.2. Aplicação concorrente de princípio constitucional e lei comum

Mesmo quando se trata de decidir segundo princípio constitucional, de aplicação direta e segundo o § 1º do art. 5º da CF, não fica o juiz excluído da submissão à lei geral em vigor. Se esta não contradiz *prima facie* a norma constitucional, sua função, dentro da ordem jurídica, é a de interpretá-la, no que diz com seu limite objetivo de incidência, de modo que a norma

---

206 ABBOUD, Georges. *Processo constitucional brasileiro*. 5. ed. São Paulo: Ed. RT, 2021, p. 380-381.

207 Humberto Ávila faz a distinção entre argumentos institucionais, que tem como ponto de referência o ordenamento jurídico, e argumentos não institucionais que são meramente práticos formulados pelo intérprete sob pontos de vista econômicos, políticos e/ou éticos (Argumentação jurídica e a imunidade do livro eletrônico. *Revista da Faculdade de Direito da UFRGS*, Porto Alegre, v. 19, mar. 2001, p. 161 e 169). Adverte o mesmo autor que a utilização de forma inadequada da argumentação consequencialista pode abrir espaço indesejável para que o magistrado compreenda a sua decisão como um meio para alcançar determinados fins e não como um instrumento vocacionado institucionalmente à aplicação de regras e princípios jurídicos imediatamente aplicáveis (ÁVILA, Humberto. *Constituição, liberdade e interpretação*. 3. ed. São Paulo: Malheiros, 2022, p. 622).

208 CORREIA, Atalá; GONÇALVES FILHO, Mário Assis. Consequencialismo jurídico e democracia constitucional: em busca de um espaço de equilíbrio democrático na justificação da decisão judicial. *Revista dos Tribunais*, São Paulo, v. 1.070, dez. 2024, p. 101.

209 CORREIA, Atalá; GONÇALVES FILHO, Mário Assis. Consequencialismo jurídico e democracia constitucional: em busca de um espaço de equilíbrio democrático na justificação da decisão judicial. *Revista dos Tribunais*, São Paulo, v. 1.070, dez. 2024, p. 105.

210 CORREIA, Atalá; GONÇALVES FILHO, Mário Assis. Consequencialismo jurídico e democracia constitucional: em busca de um espaço de equilíbrio democrático na justificação da decisão judicial. *Revista dos Tribunais*, São Paulo, v. 1.070, dez. 2024, p. 105.

estabelecida pelo legislador não pode, em regra, ser vista como restrição adicional aos direitos fundamentais.[211]

A teoria se deve a Rüfner e consiste numa associação entre os conceitos de lei geral e de ordem jurídica geral com o conceito de âmbito de proteção. Assim, o apelo a um direito fundamental não garantiria "qualquer privilégio em face da *ordem jurídica geral*", ao contrário, "as leis gerais devem ser respeitadas também no exercício de um direito fundamental".[212] É nesse sentido que o princípio constitucional da legalidade, *a contrario sensu*, delimita a garantia fundamental da titularidade individual, estatuindo que "ninguém será obrigado a fazer ou deixar de fazer alguma coisa *senão em virtude de lei*" (CF, art. 5º, II). Vale dizer: a lei, por previsão constitucional, tem força para obrigar uma pessoa a fazer ou não fazer alguma coisa.

Nas aparentes colisões entre norma legal e princípio constitucional, no geral não há conflito algum, mas apenas a constatação de que os princípios constitucionais não são absolutos, deverão atuar numa extensão limitada, e que as leis, inclusive as de direito privado, incidem justamente no terreno externo àquele em que necessariamente impera o domínio da ordem constitucional. Portanto, o predomínio do princípio consagrado pela constituição se dá "na medida do possível", não podendo ignorar que a sua interpretação e aplicação não pode ser feita sem observância de que o juiz, nessa operação prática, se vê sujeito, até mesmo por razões de ordem constitucional, a múltiplas vinculações (lei comum, precedentes etc.). Donde, a exigência de que, em face da jurisdição civil, a aplicação direta e exclusiva dos princípios constitucionais se dê apenas "na medida do exigível".[213]

52.3. Máximas da proporcionalidade e razoabilidade

Entre os critérios de interpretação e aplicação do ordenamento jurídico nas decisões judiciais, o art. 8º do CPC impõe ao juiz observar a proporcionalidade e a razoabilidade.

Proporcionalidade e razoabilidade não são propriamente princípios jurídicos, são critérios (ou máximas) de superação de problemas relacionados com colisão entre princípios ou entre regras e princípios, principalmente quando envolvem temas constitucionais. Pela elasticidade conceitual e imprecisão de limites de incidência, inerentes às normas da espécie, é inevitável a superposição das áreas de atuação de mais de um princípio, ou de norma geral em face de norma especial.

A proporcionalidade e a razoabilidade integram a categoria dos "postulados normativos aplicativos", na lição de Humberto Ávila, que os define como "condições" necessárias à "compreensão concreta do Direito". Tais condições se apresentam como "postulados normativos aplicativos, na medida em que se aplicam para solucionar questões que surgem com a aplicação do Direito, especialmente para solucionar antinomias contingentes, concretas e externas".[214]

---

211 ALEXY, Robert. *Teoria dos direitos fundamentais*. 2. ed. 5. tir. Trad. Virgílio Afonso da Silva. São Paulo: Malheiros, 2017, p. 318.

212 *Apud* ALEXY, Robert. *Teoria dos direitos fundamentais*. 2. ed. 5. tir. Trad. Virgílio Afonso da Silva. São Paulo: Malheiros, 2017, p. 318.

213 "De um lado, o tribunal civil tem que levar em consideração os princípios de direitos fundamentais favoráveis às posições alegadas pelas partes; mas, de outro, ele também tem que aplicar o direito privado vigente, a não ser que ele seja incompatível com todas as possíveis interpretações dos princípios constitucionais. O fato de não serem apenas os princípios de direitos fundamentais que têm que desempenhar um papel nos casos de efeitos perante terceiros, mas também o direito privado, é algo que pode ser percebido a partir da constatação de que os princípios, em muitos casos, aceitam soluções constitucionalmente possíveis ... Isso é satisfeito pelo já mencionado direito em face da jurisdição civil, visto que ele exige que os princípios constitucionais sejam levados em consideração 'na medida do exigível'" (ALEXY, Robert. *Teoria dos direitos fundamentais*. 2. ed. 5. tir. Trad. Virgílio Afonso da Silva. São Paulo: Malheiros, 2017, p. 537).

214 ÁVILA, Humberto. *Teoria dos princípios*. 8. ed. São Paulo: Malheiros, 2008, p. 133.

Não são regras nem princípios, pois não impõem a promoção de um fim e tampouco prescrevem comportamentos, "mas modos de raciocínio e de argumentação relativamente a normas que indiretamente prescrevem comportamentos", daí que, a rigor, são *postulados* e não princípios.[215]

Esses postulados (ou máximas) não se propõem apenas a afastar uma regra ou um princípio, em caso de eventual colisão, para que um deles tenha sempre total prevalência sobre o outro. Visam, na maioria das vezes, a realizar um juízo crítico de harmonização ou compatibilização entre as normas aparentemente em colisão, de modo a definir, diante do caso concreto, como e quando um princípio pode restringir ou limitar a incidência de outro princípio. Isto, em regra, pode ser equacionado sem que um deles tenha sua incidência irremediavelmente afastada. Ambos, de alguma maneira, serão levados em conta pelo intérprete e aplicador do Direito, havendo apenas determinação da forma de aplicação preferencial e restritiva de um e outro princípio. Assim, as máximas da proporcionalidade poderão, no dizer de Alexy, promover a *otimização* do sistema normativo, sem optar pelo sacrifício *prima facie* de um dos princípios confrontados.[216]

Nem todos autores se preocupam em definir separadamente a proporcionalidade e a razoabilidade, havendo quem prefira tratá-las como simples variantes de um mesmo critério interpretativo, cuja tônica seria a técnica argumentativa da ponderação a serviço da solução dos conflitos eventuais entre princípios e leis ou entre princípios.[217] Na verdade, entre os constitucionalistas, nota-se a tendência de valorização da ideia de proporcionalidade como o mais importante método de controle dos atos e medidas dos poderes públicos que versam sobre ou interfiram nos direitos fundamentais[218]. Para Luís Roberto Barroso, a proporcionalidade, como critério interpretativo constitucional, funda-se na garantia do devido processo legal substantivo e na justiça[219]. Explica-se que, a partir da lição de Alexy[220], a máxima da proporcionalidade decorre da própria natureza dos direitos fundamentais, vistos como mandamentos de otimização a serem realizados na maior medida fática e juridicamente possível e que, segundo Canotilho, ainda que não seja expressamente previsto, é dedutível do próprio sistema constitucional[221]. Assim, a ideia central da proporcionalidade absorveria também a razoabilidade, no propósito de "alcançar a *ponderação* ou *concordância prática* dos direitos, interesses e valores colidentes, distribuindo os pesos da colisão mediante a consideração de elementos jurídicos e não jurídicos. Dessa ponderação, obtém-se uma conclusão – chamada *lei da ponderação* ou *regra de precedência condicionada* –, a partir da qual um dos valores colidentes irá ceder e ser limitado em prol de maior realização do outro, sendo válida apenas ao caso concreto"[222]. Pode-se,

---

215 ÁVILA, Humberto. *Teoria dos princípios*. 8. ed. São Paulo: Malheiros, 2008, p. 135-136.

216 ALEXY, Robert. *Constitucionalismo discursivo*. Porto Alegre: Livraria do Advogado, 2007; *apud* BEDÊ JR., Américo; ALTOÉ, Marcelo Martins. Investigações empresariais internas e proteção de dados. *Revista dos Tribunais*, v. 1.008, p. 87, out. 2019.

217 BARROSO, Luís Roberto. *Interpretação e aplicação da Constituição*. 6. ed. São Paulo: Saraiva, 2004, p. 224.

218 SILVA, Suzana Tavares da. *Direitos fundamentais na arena global*. 2. ed. Coimbra: Imprensa da Universidade de Coimbra, 2014, p. 49.

219 BARROSO, Luís Roberto. *Curso de direito constitucional contemporâneo*: os conceitos fundamentais e a construção do novo modelo. 2. ed. São Paulo: Saraiva, 2010, p. 305-306.

220 ALEXY, Robert. *Teoria dos direitos fundamentais*. 2. ed. São Paulo: Malheiros, 2011, p. 99 e 116-120.

221 CANOTILHO, José Joaquim Gomes; MOREIRA, Vital. *Constituição da República portuguesa anotada*. 4. ed. Coimbra: Coimbra Editora, 2014, v. I, p. 392.

222 TRIGUEIRO, Fábio Vinícius Maia; RÉGIS, Adelmar Azevedo. Julgamento do tema 786 da repercussão geral: fim do direito ao esquecimento? *Revista dos Tribunais*, v. 1.042, p. 85, ago. 2022. Constata-se na doutrina uma frequente crítica ao sistema do sopesamento na solução dos conflitos entre princípios constitucionais, atribuindo-lhe forma irracional e altamente subjetiva de aplicação do direito. Embora difícil, não é impossível comparar graus de restrição e de realização dos direitos fundamentais. Fatores subjetivos interferem nessa operação, conforme se dá em qualquer outra forma de interpretação e aplicação do direito. Mas, "em todos os casos, sempre haverá argumentos bons e ruins. Sopesar não significa argumentar

entretanto, distingui-los como o faz Humberto Ávila, segundo a lição de Alexy – para tratar da razoabilidade, diferenciando-a da proporcionalidade: nessa perspectiva a razoabilidade deve ser vista como um postulado que tem como objetivo obstar a prática de atos que fogem a uma razão de *equilíbrio do pensamento comum*,[223] ou, mais precisamente, como um critério utilizável, basicamente, na preservação do princípio da *igualdade*, através do qual se exige "uma relação de congruência entre o critério distintivo e a medida discriminatória". Controlando a restrição interpretativa imposta a uma norma geral ou a um princípio, a máxima da razoabilidade impede que determinada norma seja aplicada com sentido incompatível com a garantia de igualdade de todos perante a lei em medidas sobre temas fundamentais como liberdade, propriedade, dignidade e outros de igual dimensão.[224]

O exame de proporcionalidade, por sua vez, aplica-se "sempre que houver uma *medida concreta* destinada a realizar uma *finalidade*, ou seja, quando essa finalidade não deve ser obstada por um princípio em colisão com aquele que melhor se adequa ao alcance do objetivo visado. Nesse caso, o problema de conflito normativo deverá ser analisado a partir das possibilidades de a medida escolhida ser apta a "levar à realização da finalidade (exame da *adequação*), de a medida ser a menos restritiva aos direitos envolvidos dentre aquelas que poderiam ter sido utilizadas para atingir a finalidade (exame da *necessidade*) e de a finalidade pública ser tão valorosa que justifique tamanha restrição (exame da proporcionalidade em sentido estrito)".[225] Em suma, a máxima da proporcionalidade pressupõe que esteja em jogo uma relação meio/fim intersubjetivamente controlável, de sorte que sem uma relação dessa natureza "não se pode realizar o exame do postulado da proporcionalidade, pela falta dos elementos que o estruturem".[226]

Em outras palavras, para aplicar o critério interpretativo da proporcionalidade, diante do conflito de princípios, e na escolha de um deles para prevalecer, "é preciso comparar o grau de intensidade da promoção do fim com o grau de intensidade da restrição dos direitos fundamentais. O meio será desproporcional se a importância do fim não justificar a intensidade da restrição dos direitos fundamentais",[227] que se pretenda impor.

Do ponto de vista prático, a máxima da *razoabilidade* se aplica principalmente aos conflitos entre regras (regra geral e regra especial), embora também possa ser utilizada na solução de colisão de princípios que reflita sobre a garantia de igualdade; enquanto a *proporcionalidade* serve de critério basicamente útil para estabelecer, na colisão de princípios, a restrição imposta a um deles, para assegurar a prevalência do outro, tendo em conta as particularidades do caso concreto, e com vistas a equacionar os meios de melhor alcançar determinado fim.

---

com base em preferências, individuais ou de grupos, mas com base em uma comparação *fundamentada* entre graus de restrição e realização. Aquelas são subjetivas e incontroláveis, esta, não" (SILVA, Virgílio Afonso da. *Direito constitucional brasileiro*. São Paulo: Edusp, 2021, p. 122).

223 VIEGAS, Claúdia Mara de Almeida Rabelo; PAMPLONA FILHO, Rodolfo. Distrato imobiliário: natureza jurídica da multa prevista na Lei 13.786/2018. *Revista dos Tribunais*, São Paulo, v. 1.008, p. 213-214, out./2019.

224 Múltiplas acepções existem sobre a razoabilidade. Três, porém, se destacam, no tocante à interpretação e aplicação do Direito: 1ª) "A razoabilidade é utilizada como diretriz que exige a relação das normas gerais com as individualidades do caso concreto, quer mostrando sob qual perspectiva a norma deve ser aplicada, quer indicando em quais hipóteses o caso individual, em virtude de suas especificidades, deixa de se enquadrar na norma geral". 2ª) "A razoabilidade é empregada como diretriz que exige uma vinculação das normas jurídicas com o mundo ao qual elas fazem referência, seja reclamando a existência de um suporte empírico e adequado a qualquer ato jurídico, seja demandando uma relação congruente entre a medida adotada e o fim que ela pretende atingir". 3ª) "A razoabilidade é utilizada como diretriz que exige a relação de equivalência entre duas grandezas" (ÁVILA, Humberto. *Teoria dos princípios*. 8. ed. São Paulo: Malheiros, 2008, p. 152).

225 ÁVILA, Humberto. *Teoria dos princípios*. 8. ed. São Paulo: Malheiros, 2008, p. 162-163.

226 ÁVILA, Humberto. *Teoria dos princípios*. 8. ed. São Paulo: Malheiros, 2008, p. 163.

227 ÁVILA, Humberto. *Teoria dos princípios*. 8. ed. São Paulo: Malheiros, 2008, p. 182.

Alguns exemplos singelos para facilitar a diferenciação entre a razoabilidade e a proporcionalidade, em matéria de aplicação judicial da ordem jurídica:

(a) O contrato de adesão entre o incorporador (compromisso de compra e venda de apartamento em construção) estipulou a multa legal pelo arrependimento do adquirente, sem justa causa, no grau máximo autorizado pela lei especial reguladora da resilição unilateral nos contratos em questão. Valeu-se o vendedor do princípio da autonomia privada ao convencionar a sanção negocial pelo arrependimento, dentro dos limites da lei de ordem pública, mas impôs sacrifício desmensurado ao consumidor, contrariando o princípio de tutela à parte mais fraca do contrato de consumo. Esse injusto desequilíbrio pode ser corrigido, reduzindo-se o percentual da cláusula penal com apoio, por exemplo, no poder geral conferido pelo Código Civil ao juiz de controlar a aplicação de tal cláusula. Eis um exemplo de emprego da máxima da *proporcionalidade* para ensejar restrição *legítima* (*necessária* e *adequada*) à liberdade negocial, mesmo quando a lei especial observada pela parte forte do contrato não contenha previsão como a do Código Civil (lei geral).

(b) O fornecedor estabeleceu preço diferenciado para clientes residentes no município da sede do estabelecimento e os domiciliados em outras localidades. Se a diferença se fundar somente no dado objetivo da diversidade domiciliar, será discriminatória e ofensiva da garantia fundamental da igualdade de todos perante o direito. Poderá ser invalidada por decisão judicial, em nome da *razoabilidade*. Se, porém, o preço foi diferenciado por nele se achar computado os custos da entrega e garantia, não haverá discriminação indevida para justificar redução com fundamento na razoabilidade.

52.4. Razoabilidade e repercussão social da interpretação judicial

O critério da razoabilidade mostra-se útil quando o julgador, diante da necessidade de aplicar norma de elevado teor principiológico, se vê ocupado com o encargo de fixar o entendimento capaz de produzir o resultado mais justo possível, seja no campo do interesse individual em jogo, seja no tocante aos possíveis reflexos da decisão no meio social.

Já vimos que é a própria lei que impõe ao juiz, ao aplicar o ordenamento jurídico, o dever de atender aos *fins sociais* e às *exigências do bem comum* (CPC, art. 8º). Para evitar, portanto, interpretações que, transbordando os limites do caso individual, acarretem insegurança e intranquilidade no meio social, o regulamento da LINDB, dispõe:

> "A decisão que se basear exclusivamente em valores jurídicos abstratos observará o disposto no art. 2º e as *consequências práticas da decisão*" (Decreto 9.830/2019, art. 3º, *caput*) (g.n.)[228].

Caberá ao julgador, em tais casos, adotar motivação que demonstre "a necessidade e a adequação da medida imposta", considerando, inclusive, "as possíveis alternativas e observados os critérios de *adequação, proporcionalidade e de razoabilidade*" (Decreto 9.830/2019, art. 3º, § 3º).

---

[228] Determina o art. 2º, *caput*, do Decreto 9.830/2019: "A decisão será motivada com a contextualização dos fatos, quando cabível, e com a indicação dos fundamentos de mérito e jurídicos". O § 1º do mesmo dispositivo regulamentar explicita: "A motivação da decisão conterá os seus fundamentos e apresentará a congruência entre as normas e os fatos que a embasaram, de forma argumentativa". De acordo com o § 2º, também do mesmo artigo do referido regulamento, "a motivação indicará as normas, a interpretação jurídica, a jurisprudência ou a doutrina que a embasaram".

Também, e particularmente, nas decisões que decretem *invalidação* de atos, contratos, ajustes, processos ou normas administrativos, caberá ao julgador indicar, de modo expresso, "as suas consequências jurídicas e administrativas" (Decreto 9.830/2019, art. 4º, *caput*). Enquanto da motivação constará, igualmente, a demonstração da "necessidade" e da "adequação da medida imposta, consideradas as possíveis alternativas e observados os critérios de *proporcionalidade e de razoabilidade*" (g.n.) (Decreto 9.830/2019, art. 4º, § 2º).

Muito relevante é ainda a previsão da possibilidade de a decisão de invalidação de contratos ou atos administrativos conter modulação de seus efeitos, tanto no respectivo alcance como do momento de início de sua eficácia, tomando em conta "as consequências jurídicas e administrativas da decisão para a administração pública e para o administrado" (Decreto 9.830/2019, art. 4º, § 4º). A modulação, por sua vez, "buscará a mitigação dos ônus ou das perdas dos administrados ou da administração pública que sejam *anormais* ou *excessivos* em função das peculiaridades do caso" (g.n.) (Decreto 9.830/2019, art. 4º, § 5º). Mais uma vez, a decisão procurará apoio nos critérios de proporcionalidade e de razoabilidade (Decreto 9.830/2019, art. 4º, § 2º).

53. Boa-fé e dignidade da pessoa humana (arts. 5º e 8º)

O princípio contido na norma enunciada no art. 5º do CPC/2015 – que impõe a todos os sujeitos do processo o dever de comportarem-se "de acordo com a boa-fé" – acha-se em íntima conexão com o preceito do art. 8º, no qual se confere ao juiz o encargo de resguardar e promover a dignidade da pessoa humana, ao aplicar o ordenamento jurídico no julgamento da causa.

Já de longa data se estabeleceu que, no Estado Democrático de Direito, o "núcleo essencial dos direitos humanos reside na *vida* e na *dignidade da pessoa*".[229] Disso decore a proeminência reconhecida à dignidade da pessoa humana no plano dos direitos e garantias fundamentais, espelhada no amplo consenso de ser ela a *ideia fundadora* dos direitos do homem.[230-231] Fala-se, a partir dessa constatação, na existência de "princípios constitucionais especiais", em cujo seio a dignidade da pessoa humana ocuparia a posição de "princípio fundamental geral", a que caberia, entre outras, a função estrutural de realizar a proporcionalidade entre todos os princípios presentes na ordem constitucional. Segundo esse importantíssimo critério hermenêutico, o intérprete e aplicador da Constituição haveria de atender à necessidade lógica, além de política, de compatibilizar todos os princípios constitucionais em suas inevitáveis "colisões" no plano de atuação *in concreto*".[232] Nessa opção, presta-se o princípio da dignidade da pessoa humana a viabilizar a superação dos conflitos principiológicos, atuando como critério indicador da prevalência de um princípio fundamental em eventual disputa com outros princípios também fundamentais. Ou seja, prevalecerá, no caso concreto, o princípio que mais se avizinhar do inafastável princípio da dignidade humana.

---

229 COMPARATO, Fábio Konder. *Para viver a democracia*. São Paulo: Brasiliense, 1989, p. 46.

230 BOBBIO, Norberto. *Igualdad y dignidad de los hombres*. *El tiempo de los derechos*. Madrid: Sistema, 1991.

231 "De acordo com Kant, no mundo social existem duas categorias de valores: *o preço e a dignidade*. Enquanto o preço representa um valor exterior (de mercado) e manifesta interesses particulares, a dignidade representa um valor interior (moral) e de interesse geral. *As coisas têm preço; as pessoas, dignidade*. O valor moral se encontra infinitamente acima do valor de mercadoria, porque, ao contrário deste, não admite ser substituído por equivalente" (MORAES, Maria Celina Bodin de. *Danos à pessoa humana*: uma leitura civil-constitucional dos danos morais. Rio de Janeiro: Renovar, 2003, p. 81).

232 GUERRA FILHO, Willis Santiago. *Processo constitucional e direitos fundamentais*. 4. ed. São Paulo: RCS, 2005, p. 62-63; MARQUES, Vinicius Pinheiro; LORENTINO, Sérgio Augusto Pereira. A dignidade humana no pensamento de Kant como fundamento do princípio da lealdade processual. *Revista Boni-juris*, Curitiba, n. 612, p. 18, nov. 2014.

Por outro lado, não tem sido fácil à doutrina constitucional conceituar, com segurança, a ideia de dignidade humana. O certo é, contudo, que boa-fé e lealdade, como objeto de preceitos éticos de notável valor no desempenho da jurisdição, se justificam como mandamentos derivados imediatamente da dignidade da pessoa humana. Com efeito, o respeito ético à dignidade do outro litigante e da própria justiça exige de todos os sujeitos processuais o comportamento probo e leal durante o desenrolar do procedimento, como o único admissível no manejo de um instrumento que fundamentalmente se volta para a realização da *justa* composição do litígio.

O homem, na visão kantiana do imperativo categórico, existe como fim em si mesmo, de sorte que, no processo, haverá sempre de ser considerado como *fim* e nunca como *meio*. E se é um ser que é fim em si mesmo, há de haver "um princípio que demonstre esta finalidade". É o que Kant procura sintetizar na fórmula racional do imperativo categórico, segundo o qual toda pessoa tem de usar a humanidade, tanto em sua própria pessoa como na pessoa de qualquer outro, "sempre e simultaneamente como *fim* e nunca simplesmente como *meio*".[233] Em termos imperativos: "não instrumentalizes ninguém! (...) Respeita-o como sujeito de direito! Ou com Kant pode se dizer: respeita-o em sua *dignidade*!".[234] O que ofende à sua dignidade é a manipulação da pessoa do litigante, com desprezo aos seus atributos morais.

Para Karl Jaspers, não há resposta satisfatória para a indagação a propósito do que realmente é o homem, esse ente superior, inteligente e livre, a se destacar, sem termo de comparação, entre todos os seres vivos habitantes de nosso planeta.[235] Conforme o filósofo alemão, "quem se interroga a respeito do homem gostaria de ver dele esboçar-se imagem verdadeira e válida, mas isso não é possível. *A dignidade do homem reside no fato de ele ser indefinível.* O homem é como é, porque reconhece essa dignidade em si mesmo e nos outros homens. Kant o disse de maneira maravilhosamente simples: *nenhum homem pode ser, para outro, apenas meio, cada homem é um fim em si mesmo*" (g.n.).[236]

É nessa perspectiva que se deve entrever no princípio da boa-fé e da lealdade uma emanação, no processo, do imperativo categórico do respeito à dignidade humana. O litigante, na busca da tutela jurisdicional, não pode usar o procedimento judicial como instrumento de obtenção de resultados ilícitos, escusos, iníquos. Não há lugar para outra opção para todos que se envolvem no processo senão a de zelar pela correta e justa composição do conflito, como deixam evidentes os dispositivos que traçam e definem os deveres das partes e do juiz (CPC/2015, arts. 77 e 78, e 139 a 143).

Agir, destarte, com observância da boa-fé e lealdade processuais representa nada menos que a necessidade incontornável de reconhecer e respeitar a dignidade existente entre os sujeitos do processo, que impede, categoricamente, sejam eles *instrumentalizados* e *utilizados* para fins antiéticos, já que semelhante comportamento representaria, sem dúvida, uma ofensa e lesão à dignidade daqueles que viessem a ser evolvidos e prejudicados.[237]

---

233 KANT, Immanuel. *Fundamentação da metafísica dos costumes*. Trad. de Paulo Quintela. Lisboa: Edições 70, 2005, p. 69, *apud* MARQUES, Vinicius Pinheiro; LORENTINO, Sérgio Augusto Pereira. A dignidade humana no pensamento de Kant como fundamento do princípio da lealdade processual. *Revista Boni-juris*, Curitiba, n. 612, p. 19, nov. 2014.

234 TUGENDHAT, Ernest. *Lições sobre ética*. 3. ed. Petrópolis: Vozes, 1996, p. 155.

235 "As potencialidades do homem enquanto homem permanecem ocultas em sua liberdade. Não cessarão de manifestar-se pelas consequências dessa liberdade. Enquanto existirem, os homens serão seres empenhados na conquista de si mesmos" (JASPERS, Karl. *Introdução ao pensamento filosófico*. Trad. de Leônidas Hegenberg e Octanny Silveira da Mota. São Paulo: Ed. Cultrix, s/d, p. 53-54).

236 JASPERS, Karl. *Introdução ao pensamento filosófico*. Trad. de Leônidas Hegenberg e Octanny Silveira da Mota. São Paulo: Ed. Cultrix, s/d, p. 54.

237 MARQUES, Vinicius Pinheiro; LORENTINO, Sérgio Augusto Pereira. A dignidade humana no pensamento de Kant como fundamento do princípio da lealdade processual. *Revista Boni-juris*, Curitiba, n. 612, p. 18, nov. 2014.

53-A. Boa-fé e exercício abusivo do direito de ação ("assédio processual")

O direito de ação (direito de demandar a tutela jurisdicional para pacificar os conflitos jurídicos) é amplo (CF, art. 5º, XXXV), mas não absoluto, podendo, pois, submeter-se a condicionamentos estabelecidos em lei, a exemplo da exigência de comportamento conforme a boa-fé e lealdade, bem como do respeito aos fins institucionais do processo.

O abuso de direito (ou seu exercício abusivo) é *ato ilícito* causador da obrigação de indenizar danos materiais e morais e que o Código Civil reconhece no comportamento do titular de um direito que, ao exercê-lo, "excede manifestamente os limites impostos pelo seu *fim econômico*, pela *boa-fé* ou pelos *bons costumes*" (CC, art. 187)[238]. Como tal, pode ser praticado tanto nos domínios do direito material como do direito processual. O que – repita-se – leva, no âmbito do direito processual, à conclusão de que "o direito de ação não é absoluto", de modo que "uma ação pode ser intentada dolosamente, sem quaisquer fundamentos ou com alegações falsas, apenas para incomodar e causar danos"[239]. E a consequência será a de todo ato ilícito, ou seja, o direito do ofendido ou prejudicado a uma completa reparação dos danos materiais e morais suportados (CC, arts. 186 e 927).

Diante, porém, do caráter abstrato e autônomo do direito de ação, não é fácil pensar sobre a possibilidade de qualificar *in concreto* como abusivo o exercício de tal direito, se se sabe que apenas a rejeição do pedido de tutela jurisdicional, mesmo quando manifestamente improcedente ou até mesmo quando estribado em alegações falsas ou injurídicas, não é suficiente para a configuração do abuso do direito de ação. Afinal, o acesso à Justiça, sem prévia e efetiva certificação da legitimidade da pretensão, e apenas baseado em simples alegação de ameaça ou ofensa a direito, é direito fundamental constitucionalmente assegurado (CF, art. 5º, XXXV; CPC, art. 3º).

Mesmo porque quando a lei identifica um ato como prática de litigância de má-fé, o que se faz é apenas punir uma infração isolada dentro de um determinado processo, e não o exercício abusivo do próprio direito de ação em seu genérico e amplo significado. Ao litigante de má-fé, aplica-se, sem prejuízo do prosseguimento do processo e do provimento final do feito, a multa de até 10% do valor da causa e a condenação a indenizar a parte prejudicada pelo eventual dano que o ato isoladamente lhe acarretou (CPC, art. 81). Consiste, pois, a litigância de má-fé em algo muito menor que o exercício abusivo do direito de ação, ou seja: consiste apenas numa conduta endoprocessual em feito específico, e em hipóteses adrede tipificadas no CPC[240], destinada a embaraçar ou protelar o provimento jurisdicional, como o requerimento de uma diligência probatória inútil ou a interposição de um recurso contra texto expresso de lei com o intuito evidente de procrastinar o desfecho do processo que fatalmente lhe será desfavorável (CPC, art. 80, I e VII).

Para se falar de *abuso do direito de ação*, entretanto, é preciso distingui-lo do simples ato de litigância de má-fé individualmente considerado. É necessário, segundo decidiu o STJ em julgamento paradigmático, que o autor manipule o direito de ação numa "série de atos

---

238 "O que efetivamente caracteriza o abuso de direito é o 'anormal exercício', assim entendido aquele que se afasta da ética, da boa-fé, da finalidade social ou econômica do direito, enfim, o que é exercido sem 'motivo legítimo'. Também não basta para configurá-lo o fato de seu exercício causar dano a alguém, o que às vezes é inevitável" (TJ/RJ, 2ª C. Civ., Ap 26.519/2004, Rel. Des. Sérgio Cavalieri Filho, 27.10.2004, *RF* 379/329).

239 MENEZES CORDEIRO, António. *Litigância de má-fé, abuso de direito de ação e culpa* in agendo. Coimbra: Almedina, 2011, p. 30-31.

240 CARVALHO, Angelo Prata de. O abuso de direito de ação no processo civil brasileiro: contornos teóricos e práticos do assédio processual a partir da análise do Recurso Especial 1.817.845. *Revista de Processo*, v. 319, p. 346, set. 2021.

concertados, em sucessivas pretensões desprovidas de fundamentação e em quase uma dezena de demandas frívolas e temerárias, razão pela qual é o conjunto desta obra verdadeiramente mal-acabada que configura o dever de indenizar"[241].

Pratica-se com exercício abusivo do direito de demandar um verdadeiro *assédio processual*, criando um "tormento", um autêntico "inferno" para a vida pessoal ou profissional do demandado, com o fim maldoso e exclusivo de causar-lhe prejuízo ou aborrecimento. Nesse sentido, entende o julgado do STJ, na voz da Ministra Nancy Andrighi, que esse *assédio processual* – ato ilícito gerador de responsabilidade civil – se passa como *manifestação do abuso de direito de ação ou de petição*, de um ponto de vista abarcante que busca não coibir condutas contidas em ações judiciais específicas, mas sim o comportamento que, a partir de uma análise macroscópica, denota um agir fraudulento e instrumental despreocupado com a legitimidade de pretensões jurídicas[242], em total afronta à *boa-fé* e *lealdade* exigidas pelo CPC (art. 5º).

Assim, o assédio processual – que pela primeira vez foi reconhecido pelo STJ no REsp 1.817.845 como ato ilícito gerador do dever de indenizar os danos intencionalmente provocados, a exemplo do que comumente se entende nas vias administrativas do CADE, em matéria concorrencial – diferentemente da litigância de má-fé (CPC, art. 80) não será (o assédio processual) verificado simplesmente em uma ação individual, "mas nos efeitos oriundos de uma estratégia processual observável a partir de uma perspectiva macroscópica que seja capaz de demonstrar que o sistema processual e o próprio direito de ação foram instrumentalizados de tal maneira a gerar prejuízos a determinado agente, independentemente do mérito das pretensões apresentadas ao Poder Judiciário"[243].

Para Menezes Cordeiro, o exercício abusivo do direito de ação pressupõe o que ele denomina *culpa in agendo*, a qual se dá quando a atuação processual de má-fé transcende os próprios autos em que o problema se apresenta. Segundo sua valiosa lição, essa *culpa in agendo* se configura por *danos patrimoniais prolongados*, por *danos morais* e por *atuações processuais complexas*[244]. A propósito do assédio processual, a Ministra Nancy Andrighi faz uma aproximação com a *sham litigation* do direito anglo-saxão, observando que o "surgimento de um padrão de processos infundados e repetitivos é forte indicador de abuso com aptidão para produção de resultados ilegais, razão pela qual essa conduta não está albergada pela imunidade constitucional ao direito de peticionar". Ao contrário, "o exercício desenfreado, repetitivo e desprovido de fundamentação séria e idônea, pode, ainda que em caráter excepcional, configurar *abuso do direito de ação*"[245].

---

241 STJ, 3ª T., REsp 1.817.845/MS, voto da Rel. p/ ac. Min. Nancy Andrighi, ac. 10.10.2019, *DJe* 17.10.2019.

242 Cf. CARVALHO, Angelo Prata de. O abuso de direito de ação no processo civil brasileiro: contornos teóricos e práticos do assédio processual a partir da análise do Recurso Especial 1.817.845. *Revista de Processo*, v. 319, p. 350, set. 2021.

243 CARVALHO, Angelo Prata de. O abuso de direito de ação no processo civil brasileiro: contornos teóricos e práticos do assédio processual a partir da análise do Recurso Especial 1.817.845. *Revista de Processo*, v. 319, p. 350, set. 2021.

244 MENEZES CORDEIRO, António. *Litigância de má-fé, abuso de direito de ação e culpa* in agendo. Coimbra: Almedina, 2011, p. 184-185. O autor exemplifica com o seguinte comportamento: "pode suceder que uma ação – procedente ou improcedente – seja, em si e por si, correta; uma segunda ação, que envolva as mesmas pessoas poderá sê-lo, igualmente; todavia: as duas, em conjunto, podem implicar a violação de direitos subjetivos ou de normas de proteção. Havendo culpa e danos, surge a responsabilidade. Registramos casos deste tipo com dezenas de ações intrincadas. De novo há que permitir, aos lesados, uma ponderação judicial do conjunto destas atuações" (MENEZES CORDEIRO, António. *Litigância de má-fé, abuso de direito de ação e culpa* in agendo. Coimbra: Almedina, 2011, p. 185).

245 Voto vencedor da Min. Nancy Andrighi no já citado REsp 1.817.845/MS.

Cada vez mais se erguem, na doutrina, as manifestações de repúdio à figura, inerente ao abuso do direito de demandar, consistente na ideia geral da *perseguição obsessiva* (*o stalking*), caracterizada pela prática habitual, ou reiterada com excessiva insistência, de atos intencionalmente voltados a causar danos, morais ou patrimoniais, ao perseguido. A propositura constante de sucessivas demandas, sempre injustificadas, contra a mesma pessoa (ou contra quem faça parte de suas relações familiares, sociais ou econômicas), em sua visão de conjunto, corresponde a forma insidiosa e obsessiva de causar sofrimento à vítima, constrangendo-a, por meio do exercício abusivo do direito de ação, em proporções que ultrapassam à evidência a razoabilidade e o respeito.[246] É, pois, o exercício abusivo do acesso à justiça ato ilícito que tem potencialidade para atingir o ser humano vítima da perseguição malévola, "naquilo que lhe é mais caro, que é a sua tranquilidade de paz de espírito"[247]. A lesão, além dos prejuízos materiais, afeta a dignidade humana, impondo ao agente da ilicitude reparações tanto patrimoniais como morais.

54. Princípios informativos da Administração Pública: princípio da eficiência (art. 8º)

A Constituição estatui, em seu art. 37, quais são os princípios fundamentais que devem gerir a Administração Pública, neles incluindo o da *eficiência*. A jurisdição, como instrumento de prestação de um serviço público indispensável no Estado de Direito, não fica fora do alcance dos princípios impostos pelo referido art. 37, como é óbvio.[248] Aliás, a regra constitucional prevê, expressamente, sua aplicação à atividade de qualquer dos Poderes Públicos.[249]

O art. 8º do CPC/2015 – ao prever que o juiz, no exercício da jurisdição, tem de observar, entre outros, o princípio da *eficiência* – mantém-se fiel ao comando constitucional, e valoriza os compromissos específicos do *processo justo* com a *efetividade* da tutela jurisdicional. Indica, portanto, que essa tutela somente será legítima se prestada *tempestivamente* (em *tempo razoável*, portanto) e de maneira a proporcionar à parte que faz jus a ela, sempre que possível, aquilo, e exatamente aquilo, que lhe assegura a ordem jurídica material (*efetividade* da prestação

---

[246] Fala-se, a propósito da litigância predatória no âmbito da arbitragem internacional, no emprego de "táticas de guerrilha", a respeito das quais doutrina abalizada ensina: "é necessário continuar buscando a identificação de condutas processuais abusivas, com o escopo de estruturar um sistema jurídico brasileiro de contenção de ilícitos processuais envolvendo as diversas formas de proteção da boa-fé processual e de impedimento ao *exercício abusivo do direito de ação*" (g.n.) (FRANCO, Marcelo Veiga; LEROY, Guilherme Costa. Boa-fé processual e abuso de direito de ação: o assédio processual definido pelo Superior Tribunal de Justiça e outras modalidades estrangeiras de ilícito processual. *Revista de Processo*, São Paulo, v. 356, p. 335-361, out. 2024). É importante, na busca de melhor compreensão da ideia de "litigância predatória" a análise efetuada no ensaio: COSTA NETO, José Wellington Bezerra da. Análise econômica da litigância predatória – Parte 1. *Revista de Processo*, São Paulo, v. 356, p. 365-385, out. 2024.

[247] MACHADO, Izabella Carvalho. Danos modernos e os direitos fundamentais. *Revista Bonijuris*, ano 33, n. 672, p. 74, out./nov. 2021.

[248] "O Judiciário, premido pela necessidade, viu-se obrigado a modernizar-se. A jurisdição passou a ser pensada como um *serviço público*, que deve ser *eficiente*, economicamente viável e apta a dar resultado num prazo razoável" (g.n.) (GONÇALVES, Gláucio Maciel. A calendarização do processo e a ampliação do prazo de defesa no CPC de 2015. *Revista do Tribunal Regional Federal* – 1ª Região, Brasília, v. 28, n. 11/12, p. 110, nov.-dez./2016).

[249] "A Administração Pública Direta e Indireta de qualquer dos Poderes da União, dos Estados, do Distrito Federal e dos Municípios obedecerá aos princípios de legalidade, impessoalidade, moralidade, publicidade e eficiência" (CF, art. 37, *caput*).

pacificadora da Justiça).[250] Porém, mais do que uma tutela *efetiva*, o processo justo garante uma *boa tutela*, ou seja, uma *tutela eficiente*[251].

Há quem concentre a eficiência do processo na busca da celeridade e da economia processual, resumindo-se na realização da prestação jurisdicional em tempo razoável. Na verdade, contudo, o processo justo idealizado pela Constituição não pode se contentar com a rapidez da prestação jurisdicional. Há metas maiores e que não admitem sacrifício em nome de uma eficiência traduzida em rapidez. Atento ao conjunto principiológico ditado pela ordem constitucional para governar o acesso efetivo à justiça, "em razão do princípio da eficiência, o procedimento e a atividade jurisdicional hão de ser estruturados para que se construam regras adequadas à solução do caso com efetividade, duração razoável, garantindo-se a isonomia, a segurança, com contraditório e ampla defesa".[252] O princípio da eficiência deve ser analisado, principalmente, sob o enfoque qualitativo, *i.e*, levando-se em conta a qualidade e a adequação da prestação jurisdicional entregue às partes. O litígio deve ser decidido pelo juiz de forma completa, abrangente, ainda que esta atividade demande maior dispêndio de tempo. Entre a rapidez da decisão e a qualidade da solução apresentada, o juiz deve primar pela segunda, de modo que nunca seja ela sacrificada em prol apenas da dinamicidade do processo.

Os demais princípios arrolados pelo art. 37 da Constituição Federal para nortear os serviços públicos, como o da moralidade, o da impessoalidade e o da publicidade, todos eles encontram total acolhida na lei processual, assumindo feições normativas típicas, como a disciplina dos atos, poderes, deveres e responsabilidade do juiz, das partes e de seus procuradores (Capítulo II do Título I, e Capítulo I do Título IV do Livro III da Parte Geral do CPC/2015). É, por exemplo, em nome da moralidade que se disciplinam as hipóteses de suspeição e impedimento do juiz (arts. 144 a 148, CPC/2015); e a publicidade se garante pelo acesso amplo de todos aos atos processuais, em todos os graus de jurisdição, com ressalva apenas dos casos excepcionais de segredo de justiça (art. 189, CPC/2015).

54-A. A eficiência como dinamicidade do processo e sua sistematização operacional

É claro que o princípio da *eficiência* não é um superprincípio que possa ser aplicado como preferencial e superior a todos que integram a complexa garantia constitucional do

---

250 Embora se entrelacem as ideias de *eficiência* e *efetividade* do processo, não são elas a mesma coisa, como esclarece Luiz Roberto Barroso: A *eficiência* corresponde a uma visão *instrumental* que revela a "adequação de um instituto à sua função". Eficiente é o meio apto para atingir certos fins, com "otimização dos resultados da prestação jurisdicional". Já a *efetividade* mede-se pelo resultado alcançado concretamente. No plano jurídico, portanto, a efetividade corresponde à *realização* do direito, na perspectiva empírica ou prática, é a própria *realização do direito*, no desempenho concreto de sua função social (cf. BARROSO, Luiz Roberto. *O direito constitucional e a efetividade de suas normas*. 7. ed. Rio de Janeiro: Renovar, 2003, p. 83-85). Pode, pois, um processo proporcionar *efetividade* a um direito, sem ter sido *eficiente*. Basta que dure além do razoável e chegue tardiamente à concretização da prestação a que faz jus a parte. Não é *justo* o processo que se perde em delongas e embaraços desnecessários, mesmo quando a prestação final seja *efetiva*. Teria faltado a adequação da atividade judicial à prestação de tutela otimizada aos direitos da parte vencedora, requisito exigido para a configuração da *eficiência* da tutela devida.

251 A eficiência apresenta-se "como a qualidade da atividade", *in casu*, a jurisdicional, fazendo com que sejam atingidas suas *finalidades* "com a maior *produtividade* e *qualidade*, mediante o mínimo possível e razoável esforço (aí incluídos os custos de todas as naturezas)" (RODRIGUES, Marco Antônio dos Santos; PORTO, José Roberto Sotero de Mello. Princípio da eficiência processual e o direito à boa jurisdição. *Revista de Processo*, v. 275, p. 113, São Paulo, jan./2018).

252 CUNHA, Leonardo Carneiro da. A previsão do princípio da eficiência no Projeto do novo Código de Processo Civil brasileiro. *Revista de Processo*, n. 233, p. 79, jul. 2014.

processo justo. Mas sua função específica é, sem dúvida, a de evitar a denegação de justiça pelo retardamento injustificável da solução do litígio. É nesse sentido que a Constituição arrola a duração razoável do processo e a celeridade de sua tramitação entre os direitos e garantias fundamentais (CF, art. 5º, LXXVIII).

Instrumentalizando essa dupla garantia de justiça da prestação jurisdicional, o CPC de 2015 não só proclama, entre suas *normas fundamentais*, o direito das partes de "obter em *prazo razoável* a solução integral do mérito" (art. 4º), como também institui uma série de preceitos endereçados à real introdução de sua maior observância na prática do foro.

O primeiro deles situa-se no art. 6º (a que também é conferida a categoria de *norma fundamental*), através do qual se imputa a todos os sujeitos processuais (não só às partes, mas também ao juiz e auxiliares do juízo) o *dever de cooperar entre si* "para que se obtenha, em *tempo razoável*, decisão de mérito *justa e efetiva*".

Buscando tornar mais concreta e funcional a presença do princípio da *eficiência* no comando e na tramitação do procedimento civil, o Código, no tocante aos poderes e deveres dos sujeitos do processo, contém os seguintes comandos:

I – *Quanto aos juízes*, incluem-se, na direção da marcha processual, entre outros, os seguintes *poderes/deveres* (ou funções), diretamente relacionados com a *duração razoável* do processo e sua *tramitação célere*:

(a) "*velar pela* duração razoável *do processo*" (g.n.) (art. 139, II);

(b) "prevenir ou reprimir qualquer *ato contrário à dignidade da justiça* e indeferir postulações *meramente protelatórias*" (g.n.) (art. 139, III);

(c) "determinar todas as medidas indutivas, coercitivas, mandamentais ou sub-rogatórias necessárias para assegurar o cumprimento de ordem judicial, inclusive nas ações que tenham por objeto prestação pecuniária" (art. 139, IV)[253].

O Código, como se vê, espera do juiz um comportamento muito mais ativo e empenhado na execução do programa da eficiência do processo.

II – *Quanto às partes e seus procuradores*, destacam-se, entre muitos outros, os seguintes deveres, cuja infração cabe ao juiz reprimir, em nome da garantia de duração razoável do processo e de rápida solução do mérito da causa:

(a) não formular pretensão nem apresentar defesa "quando cientes de que são *destituídas de fundamento*" (art. 77, II) (g.n.);

(b) "não produzir provas e não praticar atos *inúteis* ou *desnecessários* à declaração ou à defesa do direito" (art. 77, III) (g.n.);

(c) "*cumprir* com exatidão as decisões judiciais, de natureza provisória ou final, e *não criar embaraços* à sua efetivação" (art. 77, IV);

(d) "declinar, no primeiro momento que lhes couber falar nos autos, o endereço residencial ou profissional onde receberão intimações, atualizando essa informação sempre que ocorrer qualquer modificação temporária ou definitiva" (art. 77, inc. V);

(e) "não praticar *inovação ilegal* no estado de fato de bem ou direito litigioso" (art. 77, VI) (g.n.);

---

253 "O juiz responderá, civil e regressivamente, por perdas e danos quando (...) recusar, omitir ou retardar, sem justo motivo, providência que deva ordenar de ofício ou a requerimento da parte" (art. 143, II).

(*f*) "informar e manter atualizados seus dados cadastrais perante os órgãos do Poder Judiciário e, no caso do § 6º do art. 246 deste Código, da Administração Tributária, para recebimento de citações e intimações" (art. 77, inc. VII, acrescido pela Lei 14.195/2021);

(*g*) ao quadro normativo do art. 77 deve ser correlacionado o elenco de hipóteses de litigância de má-fé e respectivas sanções (arts. 79 e 80).

Algumas violações dos deveres enunciados, o juiz deve reprimir como litigância de má-fé (art. 80) e outras, mais graves, como ato atentatório à dignidade da justiça, sem prejuízo das sanções criminais, civis e processuais cabíveis (art. 77, § 2º). Em todos os casos, caberá multa por infração processual (arts. 77, §§ 2º a 5º, e 81 e §§).

Às partes, a lei impôs deveres bem explícitos e ao juiz, coube a tarefa de velar com rigor, pela efetiva observância e pela adequada repressão, de modo a viabilizar a garantia constitucional em apreciação.

Diante de tal quadro normativo e sancionatório, é fácil concluir que o CPC não se limitou a repetir a declaração fundamental de garantia da duração razoável do processo e da celeridade procedimental em busca da solução do mérito da causa, consagradas pela CF, art. 5º, LXXVIII. Mais do que isso, o juiz e as partes foram munidos de instrumentos indutivos e repressivos, os quais quando bem manejados podem, induvidosamente, contribuir para a concretização, na prática forense, das referidas garantias fundamentais, erigidas nos modernos Estados Democráticos de Direito à categoria dos *direitos do homem* universalmente reconhecidos. Basta que os destinatários se conscientizem de seus direitos e deveres e façam uso adequado da tutela instrumental instituída em sua defesa, para que, a nosso ver, uma sensível melhoria na redução da demora jurisdicional se verifique. Uma boa gestão da atividade judicial, mesmo diante da litigância explosiva que domina o País, se nos afigura como capaz de amenizar, em grande parte, a ofensa à *garantia de eficiência* tão cara ao *processo justo.*

55. Publicidade e fundamentação das decisões judiciais (art. 11)

O art. 11 do CPC/2015 reproduz a regra constitucional que impõe sejam *públicos* os julgamentos dos órgãos do Poder Judiciário, e *fundamentadas* todas as decisões, sob pena de nulidade (CF, art. 93, IX).

Explica-se a exigência constitucional pela circunstância de que na prestação jurisdicional há um interesse público maior do que o privado defendido pelas partes. Trata-se da garantia da paz e harmonia social, procurada por meio da manutenção da ordem jurídica. Daí que todos, e não apenas os litigantes, têm direito de conhecer e acompanhar tudo o que se passa durante o processo. Aliás, a publicidade é exigência do Estado Democrático que não se limita aos atos do Judiciário, pois a Constituição a impõe como princípio fundamental da Administração Pública praticada na esfera de qualquer dos Poderes institucionais (CF, art. 37).[254]

A Constituição, quando tolera a excepcionalidade de processos "em segredo de justiça", não o faz em caráter absoluto, visto que o sigilo não privará às partes e seus advogados de acesso

254 "A transparência no desenvolvimento da marcha processual é, sem sombra de dúvida, um forte catalisador a ser considerado na equação que busca a qualidade do debate processual. Permitir o controle em relação ao correto funcionamento das regras do diálogo processual é, sem dúvida, uma forma de incrementar as condições para que sejam proferidas decisões justas" (REICHELT, Luis Alberto. A exigência de publicidade dos atos processuais na perspectiva do direito ao processo justo. *Revista de Processo*, n. 234, p. 84-85, ago. 2014).

a todos os trâmites do processo. Além disso, estando em jogo interesses de ordem pública (repressão penal, risco para a saúde pública, dano ao Erário, ofensa à moralidade pública, perigo à segurança pública etc.), os atos processuais praticados nos moldes do "segredo de Justiça" podem ser investigados e conhecidos por outros, além das partes e dos advogados, por autorização do juiz.[255]

Ao princípio da publicidade, por outro lado, se integra a exigência de motivação dos atos decisórios, já que, para a observância do sistema democrático de prestação jurisdicional, não basta divulgar a conclusão do julgado; é indispensável que as razões que a sustentam também sejam explicitadas pelo órgão judicante. Só assim será demonstrado que o contraditório efetivo terá sido realizado e respeitado pelo órgão judicial.

É importante ter sempre presente que o contraditório assegurado pela Constituição compreende a possibilidade de efetiva influência de todos os sujeitos do processo (inclusive as partes) na formação do provimento pacificador do litígio. Sem a motivação adequada, não se poderá aferir se a sentença apreciou, realmente, as razões e defesas produzidas pelas partes, nem se permitirá o necessário controle do comportamento do julgador pelos interessados mediante mecanismos do duplo grau de jurisdição.

Na verdade, portanto, o princípio da publicidade obrigatória do processo pode ser resumido no direito à discussão das provas, na obrigatoriedade de motivação de sentença e de sua publicação, bem como na faculdade de intervenção das partes e seus advogados em todas as fases do processo.

Quanto à exigência de fundamentação das decisões judiciais, trata-se, a um só tempo, de princípio processual, dever do juiz, direito individual da parte e garantia da Administração Pública.[256] É um princípio constitucional porque a Constituição a prevê como um padrão imposto aos órgãos jurisdicionais, em caráter geral, cuja inobservância acarreta a nulidade do ato decisório (CF, art. 93, IX). É um dever do julgador, porque deriva do devido processo legal, também assegurado constitucionalmente (CF, art. 5º, LIV)[257] e faz parte essencial da resposta formal que o juiz não pode deixar de dar à parte, segundo a estruturação legal da sentença e das decisões em geral (CPC/2015, art. 489, II). É um direito da parte, porque, no processo democrático, o litigante tem o direito subjetivo de participar da formação do provimento judicial e de exigir que sua participação seja levada em conta no ato de composição do litígio (CPC/2015, arts. 6º, 9º, 10 e 11), além de constituir expediente necessário ao controle da regularidade e legitimidade do exercício dos deveres do juiz natural, coibindo abusos e ilegalidades. Como garantia para a Administração Pública, a exigência de motivação vai além da garantia endoprocessual, em benefício das partes, funcionando como uma garantia política de existência e manutenção da própria jurisdição, no que diz respeito ao controle do seu exercício.[258]

---

255 O Código atual explicita de forma mais minuciosa os casos de segredo de justiça (art. 189; CPC de 1973, art. 155), além de ampliar a regra às situações que envolvam dados protegidos pelo direito constitucional, à intimidade e aos litígios que versem sobre arbitragem e cumprimento de carta arbitral, desde que a confidencialidade estipulada na arbitragem seja comprovada perante o juízo (art. 189, III e IV).

256 CARDOSO, Oscar Valente. O aspecto quádruplo da motivação das decisões judiciais: princípio, dever, direito e garantia. *Revista Dialética de Direito Processual*, n. 111, São Paulo, p. 96-102, jun. 2012.

257 DIDIER JR., Fredie; BRAGA, Paula Sarno; OLIVEIRA, Rafael. *Curso de direito processual civil*. 2. ed. Salvador: JusPodivm, 2008, v. 2, p. 264.

258 "A legitimidade democrática do Poder Judiciário baseia-se na aceitação e respeito de suas decisões pelos demais poderes por ele fiscalizados e, principalmente, pela opinião pública, motivo pelo qual todos os seus pronunciamentos devem ser fundamentados e públicos" (MORAES, Alexandre de. *Direito constitucional*. 20. ed. São Paulo: Atlas, 2006, p. 1.378; CÂMARA, Alexandre Freitas. *Lições de direito processual civil*. 13. ed. Rio de Janeiro: Lumen Juris, 2005, v. I, p. 408; BULOS, Uadi Lammêgo. *Constituição Federal anotada*. 3. ed. São Paulo: Saraiva, 2001, p. 861; CARDOSO, Oscar Valente. A motivação *per relationem* inversa nos Juizados Especiais Cíveis. *Revista Dialética de Direito Processual*, n. 144, p. 55-56, mar. 2015).

55.1. Relevância da fundamentação para o sistema de precedentes adotado pelo CPC/2015

Não se pode deixar de considerar que o Código de Processo Civil de 2015, perante a longa e irreversível marcha histórica de valorização da jurisprudência – que culminou com o expresso reconhecimento de seu papel de *fonte do direito* (art. 927) –, acabou por ressaltar mais ainda a importância social e ultraprocessual da fundamentação dos julgados da Justiça. É que os *precedentes* que adquirem a força de vincular juízes e tribunais à sua observância em causas posteriores análogas concentram esse poder normativo na *ratio decidendi*, que outra coisa não é que o núcleo da *fundamentação*. Ou seja, é nela que o juiz expõe as razões de fato e de direito, pelas quais decidiu da maneira com que resolveu o caso *sub iudice*, enunciando a norma concreta correspondente ao objeto litigioso do processo.[259]

O sistema do precedente, em boa hora adotado pelo direito processual civil brasileiro, apoia-se em dois elementos indispensáveis: *(i)* a identificação da *razão de decidir* do caso pretérito, de um lado, e *(ii)* de outro, a similitude, ou não, da nova causa com aquela tomada como precedente.[260] Dessa sistemática, exsurge a relevância da fundamentação das decisões judiciais, pois é por seu intermédio que se torna viável determinar quando o precedente será necessariamente observável no caso superveniente e quando sua aplicação se revelará impertinente ou descabida. Fácil, portanto, é compreender a importância de serem as decisões adequadamente fundamentadas.[261]

Sendo assim, para os fins do art. 93, IX, da CF, e dos arts. 11; 489, II e § 1º; e 927 do CPC/2015, as decisões dos juízes e tribunais deverão ser não apenas fundamentadas, mas, sim, *devidamente fundamentadas*, sob pena de nulidade.[262]

55.2. Dimensões da fundamentação no processo civil constitucionalizado

Pensamos que ninguém melhor do que Taruffo soube apontar os requisitos da fundamentação dos julgados exigidos pelo processo civil constitucionalizado. Parte seu

---

259 "(...) O significado de um precedente está, essencialmente, na sua fundamentação (...), por isso, não basta somente olhar à sua parte dispositiva. A razão de decidir, numa primeira perspectiva, é a *tese jurídica* ou a *interpretação da norma* consagrada na decisão, de modo que a *razão de decidir* certamente não se confunde com a fundamentação, mas nela se encontra" (MARINONI, Luiz Guilherme. Uma nova realidade diante do Projeto de CPC: a *ratio decidendi* ou os fundamentos determinantes da decisão, 2012. *Apud:* RODRIGUES, Raphael Silva; BARROS, Henrique Rodrigues de. O dever de fundamentação das decisões judiciais como mecanismo de *distinguishing* na Lei n. 13.105/2015. *Revista Magister de Direito Civil e Processual Civil*, v. 74, p. 99, nota 6, set.-out./2016).

260 NUNES, Dierle. Aplicação de precedentes e *distinguishing* no CPC/2015: uma breve introdução, 2015. *Apud*: RODRIGUES, Raphael Silva; BARROS, Henrique Rodrigues de. O dever de fundamentação das decisões judiciais como mecanismo de *distinguishing* na Lei n. 13.105/2015. *Revista Magister de Direito Civil e Processual Civil*, v. 74, p. 99, nota 6, set.-out./2016.

261 O indispensável no sistema de precedentes jurisprudenciais é a possibilidade de descobrir a coincidência entre as questões discutidas na nova causa e a tese jurídica que subsidiou o julgado paradigma, ou de demonstrar que as peculiaridades da demanda atual a afastam da *ratio decidendi* fixada no precedente. Para que isto seja possível, "o mais importante nessa distinção é que haja motivação (art. 93, IX, da CF). Essa motivação quer dizer que as decisões judiciais não devem apenas se reportar a artigos de lei, a conceitos abstratos, a súmulas ou a ementas de julgamento" (DONIZETTI, Elpídio. A força dos precedentes no novo Código de Processo Civil. *Apud*: RODRIGUES, Raphael Silva; BARROS, Henrique Rodrigues de. O dever de fundamentação das decisões judiciais como mecanismo de *distinguishing* na Lei n. 13.105/2015. *Revista Magister de Direito Civil e Processual Civil*, v. 74, p. 101, set.-out. 2016). Aliás, o art. 489, § 1º, do CPC/2015, deixa isto muito claro.

262 RODRIGUES, Raphael Silva; BARROS, Henrique Rodrigues de. O dever de fundamentação das decisões judiciais como mecanismo de *distinguishing* na Lei n. 13.105/2015. *Revista Magister de Direito Civil e Processual Civil*, v. 74, p. 107, set.-out. 2016.

ensinamento da premissa de que só se pode ter como racionalmente motivada uma decisão quando sua fundamentação *existe*, é *completa* e *coerente*[263].

O processualista italiano explica seu posicionamento, em resumo, da seguinte maneira:

(a) A *existência da motivação* não pode ser meramente *formal*; há de ser, sobretudo, *material*, determinada pela presença de um *real* raciocínio justificativo idôneo a provar que os enunciados do ato jurisdicional "podem ser considerados verdadeiros com base nas provas que os confirmam". Não se pode adotar *motivação fictícia* (argumento adotado que não constitui uma "justificativa da decisão sobre os fatos"). Não se pode recorrer à "motivação *implícita*", embora frequentemente admitida na jurisprudência. É implícita quando a apuração de um fato ou a valorização de uma prova, da qual o juiz não fala, é havido implicitamente como *incompatível* com outro fato ou com outra prova, ao qual a motivação faz referência. Trata-se, segundo Taruffo, de "uma não motivação", visto que o juiz deveria explicar ao menos porque as duas proposições são incompatíveis.

Ainda na mesma perspectiva, é *inexistente* a motivação formulada apenas *per relationem*, ou seja, quando o órgão julgador na verdade "não motiva sua decisão, e se limita a remeter às razões expressas por outro juiz (como, *v.g.*, o tribunal confirma a sentença recorrida por seus próprios fundamentos). Sem embargo da tolerância jurisprudencial, é de se exigir, na espécie, no máximo, que "o juiz explique porque recepciona a motivação de outro juiz". Se não o faz, "verifica-se uma inexistência substancial da justificativa da decisão", porque, afinal, não se revelam "as razões pelas quais o juiz decidiu daquele modo particular sobre os fatos da causa".[264]

(b) Quanto à *completude da motivação*, não é aceitável a difundida orientação segundo a qual "o juiz poderia se limitar a fazer referência às provas que confirmam sua reconstrução dos fatos. Trata-se da "síndrome da primeira impressão", ou seja, da inaceitável inclinação "a levarem-se em consideração somente os elementos que confirmam uma tese pré-constituída, descuidando-se ou subvalorizando-se tudo aquilo que contrasta com essa". No entanto, só será completa a motivação substancialmente quando o juiz "explicar por que razões entendeu confiáveis determinadas provas [...] e também quais as razões para não ter entendido confiáveis outras provas".

(c) É necessária por fim, que a *motivação* seja *congruente* e *coerente*: "é intuitivo, de fato, que um conjunto caótico de enunciados e de argumentos desconexos e contraditórios não pode desempenhar qualquer função justificativa". As incoerências e contradições na motivação "influem negativamente sobre a racionalidade" da decisão. Se, ao invés disso, a motivação *existir*, efetivamente, for *completa* e *coerente*, poder-se-á considerar que a narrativa dos fatos construída pelo juiz se acha dotada de uma *justificativa racional válida*, já que confirmada pela análise crítica de todas as provas e argumentos disponibilizados no processo.

---

263 TARUFFO, Michele. *Uma simples verdade. O juiz e a construção dos fatos*, trad. de Vitor de Paula Ramos. São Paulo: Marcial Pons, 2016, p. 274-278.

264 Tese fixada em recurso repetitivo (Tema 1.306/STJ): "A técnica da fundamentação por referência (*per relationem*) é permitida desde que o julgador, ao reproduzir trechos de decisão anterior, documento e/ou parecer como razões de decidir, enfrente, ainda que de forma sucinta, as novas questões relevantes para o julgamento do processo, dispensada a análise pormenorizada de cada uma das alegações ou provas" (STJ, Corte Especial, REsp 2.148.059/MA, Rel. Min. Luís Felipe Salomão, ac. 20.08.2025, *DJEN* 05.09.2025).

Assim como a fundamentação do julgado não pode limitar-se, no plano fático, apenas à avaliação de algumas provas havidas como suficientes para revelação da veracidade da situação definidora da causa, também no plano da identificação da norma aplicável na resolução do conflito (objeto do processo), não pode o julgador trazer apenas argumento de sustentação da norma escolhida como a adequada. É necessário que o ordenamento jurídico seja visto como um todo, que envolve regras legais, princípios e valores, principalmente os consagrados constitucionalmente, e também os que tradicionalmente vigoram no consenso social. E como o direito se revela não pelo método científico de conhecimento do *ser*, mas pela prática complexa da argumentação, em torno das múltiplas fontes de que emanam as normas do *dever ser* que condicionam a convivência social civilizada, o juiz não está autorizado a fundamentar seu julgamento apenas no argumento justificador da norma por ele escolhida. O julgamento somente será constitucional e legitimamente fundamentado quando justificar a superioridade do argumento acolhido em relação aos outros eventualmente existentes em sentido diverso, principalmente aquele trazido ao processo pela parte vencida.

O processo democrático atual, em respeito aos princípios da liberdade, da igualdade, e, sobretudo, da dignidade da pessoa humana, garante a participação efetiva dos litigantes na preparação e formação do provimento jurisdicional, de modo que esse não seja apenas um ato autoritário do juiz, e sim o resultado do esforço dialético de todos os sujeitos da relação jurídica processual. Se, pois, é uma garantia fundamental, a da influência da parte na composição judicial do conflito, o juiz, ao decidir a causa, não pode simplesmente desprezar o argumento da parte vencida, sob pena de ser considerada *não fundamentada* sua sentença, malgrado a argumentação feita em justificação apenas da tese acolhida (CPC, art. 489, § 1º, IV).

Num regime normativo de multiplicidade de fontes, norteado ainda por princípios e valores hierarquizados constitucionalmente, a resposta jurisdicional à demanda deduzida em juízo deve ser construída mediante a demonstração de que a decisão tomada é a melhor dentre todas as outras identificadas na comunidade, ou seja, é a verdadeira e justa, nas circunstâncias do processo. Segundo o pensamento de Dworkin, "uma proposição interpretativa é verdadeira porque as razões de sua admissão são melhores do que as razões de admissão de qualquer outra proposição interpretativa rival"[265]. E isto exige um confronto analítico efetuado pelo juiz entre os diversos argumentos invocados pelas partes em defesa de suas posições no contraditório processual.

56. Princípio da isonomia e repulsa ao tratamento privilegiado (art. 12)

As sentenças ou acórdãos deverão ser proferidos, preferencialmente, com obediência à ordem cronológica de conclusão, segundo determina o art. 12 do CPC, na redação da Lei 13.256/2016. Com isso, quer a lei impedir que ocorra escolha aleatória dos processos a serem

---

[265] DWORKIN, Ronald. Igualdade, democracia y Constituciòn: nosostros, el Pueblo, en los tribunales. *In*: CARBONELL, Miguel; JARAMILLO, Leonardo García (orgs.). *El canon neoconstitucional*. Madrid: Trotta, 2010, p. 161. Nesse sentido: ABBOUD, Georges. *Processo constitucional brasileiro*. 4. ed. São Paulo: Ed. RT, 2020, item 1.13.5.11, p. 385-387, o autor destaca, à luz dos ensinamentos de Dworkin, várias premissas aplicáveis à técnica de fundamentação das decisões judiciais traçadas, integrativamente, pelos arts. 8º, 489 e 926 do CPC, dentre as quais: "... e) deve haver estrita relação de individualização dos pedidos do autor, bem como das exceções e dos pontos de defesa do réu; f) julgador deve demonstrar porque a solução proferida por ele é superior às demais, compreendendo a apresentada por uma das partes ou presente em outras decisões; g) julgador para construir a resposta correta deve se preocupar com as consequências jurídicas de sua decisão". Cf., também, MOTTA, Francisco José Borges; ABBOUD, Georges. Ronald Dworkin e a dignidade do devido processo: um ensaio sobre a dupla dimensão da resposta correta. *Revista de Processo*, v. 313, p. 43-54. São Paulo, mar./2021.

julgados, dando preferência injustificável a um ou outro feito, independentemente do momento em que a conclusão para julgamento tenha se dado.

Se "todos são iguais perante a lei" (CF, art. 5º, *caput*), e se ao órgão judicial incumbe "assegurar às partes igualdade de tratamento" (CPC, art. 139, I), é óbvio que a garantia de isonomia restará quebrada se a escolha do processo a ser julgado, dentre os diversos pendentes de decisão, pudesse ser feita sem respeitar a ordem cronológica de conclusão. A garantia constitucional não pode conviver com o privilégio desse tipo.

Para que a observância da regra em foco seja controlada, o § 1º do art. 12 do CPC/2015 obriga a manutenção permanente da lista dos processos aptos a julgamento à disposição para consulta pública em cartório e na rede mundial de computadores.

O § 2º do mesmo artigo enumera as hipóteses excepcionais em que o julgamento, por diversas razões, fica fora da exigência de respeito à ordem cronológica.[266]

Ressalva a lei que os requerimentos formulados depois que o processo já se encontra na lista do § 1º do art. 12 não alteram a ordem cronológica para julgamento (§§ 4º e 5º). Por igual razão, os processos que retornam da instância superior para rejulgamento, em virtude de anulação da sentença ou acórdão, entram em primeiro lugar na lista em questão, salvo quando houver necessidade de diligência ou de complementação da instrução (§ 6º, I). Também ocupam a primeira posição os processos represados no tribunal de origem, depois de decididos os recursos especiais ou extraordinários de conteúdo repetitivo, quando for o caso da reapreciação prevista no art. 1.040, II, do CPC/2015 (art. 12, § 6º, II, do CPC/2015).

A ressalva que flexibilizou a ordem cronológica, prevendo a sua observância apenas preferencialmente (Lei 13.256/2016), não anula a importante norma do art. 12, visto que se aplicará tão somente quando o juiz tiver justificação aceitável para seu afastamento.

---

[266] "§ 2º Estão excluídos da regra do *caput*: I – as sentenças proferidas em audiência, homologatórias de acordo ou de improcedência liminar do pedido; II – o julgamento de processos em bloco para aplicação de tese jurídica firmada em julgamento de casos repetitivos; III – o julgamento de recursos repetitivos ou de incidente de resolução de demandas repetitivas; IV – as decisões proferidas com base nos arts. 485 e 932; V – o julgamento de embargos de declaração; VI – o julgamento de agravo interno; VII – as preferências legais e as metas estabelecidas pelo Conselho Nacional de Justiça; VIII – os processos criminais, nos órgãos jurisdicionais que tenham competência penal; IX – a causa que exija urgência no julgamento, assim reconhecida por decisão fundamentada".

§ 6º APLICAÇÃO DAS NORMAS PROCESSUAIS

57. Legislação de regência da jurisdição civil (art. 13)

Como atividade soberana do Poder Público, a jurisdição civil será, em princípio, regida pelo Código de Processo Civil e demais normas processuais brasileiras (arts. 1º e 13), segundo o princípio da *lex fori*, prevalente em direito internacional privado, em decorrência do caráter de ordem pública que predomina na respectiva legislação. Ressalva, porém, o art. 13 a eventualidade de submissão do processo nacional a procedimento diverso, em decorrência de previsões especiais contidas em tratados, convenções ou acordos internacionais de que o Brasil seja parte.

A prova, por exemplo, corresponde a tema tanto de direito material, como de direito processual. Quando se trata de comprovar negócio jurídico praticado em outro país, é natural que se observe a legislação própria do local em que a obrigação restou pactuada. Nesse sentido, dispõe o art. 9º da Lei de Introdução que "para qualificar e reger as obrigações, aplicar-se-á a lei do país em que se constituírem". Mesmo, porém, em relação à prova judicial necessária ao julgamento de processo em curso no Brasil, a Lei de Introdução admite como válida a prova colhida no estrangeiro, segundo a legislação processual local, desde que observados os meios de produção ali admitidos (art. 13, Lei de Introdução). O que, todavia, não se permite, nos tribunais brasileiros, são as provas de procedência estrangeira, quando desconhecidas por nosso ordenamento jurídico. Dessa maneira, pode-se ver que regras processuais como a da instrução probatória não são objeto de uma regência absoluta pela lei nacional. Pode esse tema, como outros de natureza processual, ser tratado de forma flexível em tratados ou convenções internacionais, sem que, do afastamento total ou parcial das regras do direito brasileiro, decorra uma ofensa à soberania nacional ou à ordem pública.[267]

58. Legislação estadual concorrente

Compete privativamente à União legislar sobre direito processual (CF, art. 22, I). No entanto, a Constituição ressalva a possibilidade de os Estados e o Distrito Federal legislarem concorrentemente com a União em matéria de procedimentos (CF, art. 24, XI). Trata-se, porém, do poder de editar normas suplementares e nunca de regras capazes de revogar ou modificar aquelas editadas, em caráter geral, pela União. Duas observações importantes se impõem: *(i)* o poder legislativo conferido aos Estados nunca compreenderá as regras básicas do processo, limitando-se, quando cabível, tão somente ao procedimento, ou seja, ao rito; *(ii)* os Estados apenas editarão regras suplementares, de modo que a Constituição somente lhes conferiu "o poder de suprir as lacunas do legislador federal".[268]

A propósito, a regulação da competência (pressuposto processual)[269] – a não ser de juízo, que naturalmente cabe à legislação de organização judiciária local –, não se compreende na

---

[267] "Isso significa, portanto, examinada a matéria sob a perspectiva da 'supralegalidade', tal como preconiza o eminente Ministro GILMAR MENDES, que, cuidando-se de tratados internacionais sobre direitos humanos, estes hão de ser considerados como estatutos situados em posição intermediária que permita qualificá-los como diplomas impregnados de estatura superior à das leis internas em geral, não obstante subordinados à autoridade da Constituição da República" (STF, Tribunal Pleno, HC 87.585/TO, Rel. Min. Marco Aurélio, ac. 03.12.2008, *DJe* 26.06.2009, Voto do Ministro Celso de Mello).

[268] SUNDFELD, Carlos Ari. Competência legislativa em matéria de processo e procedimento. *Revista dos Tribunais*, n. 657, p. 32, jul. 1990.

[269] GRINOVER, Ada Pellegrini; FERNANDES, Antônio Scarance; GOMES FILHO, Antônio Magalhães. *As nulidades no processo penal*. São Paulo: Malheiros, 1992, p. 38; SANTOS, Ernane Fidélis dos. *Manual de direito processual civil*. 11. ed. São Paulo: Saraiva, p. 36; WAMBIER, Luiz Rodrigues; WAMBIER, Teresa Arruda Alvim; MEDINA, José Miguel Garcia. *Breves comentários à nova sistemática processual civil*. São Paulo: RT, 2006, p. 17.

competência concorrente do Estado para legislar sobre procedimentos judiciais. Uma vez definida pela lei federal e pela Constituição a competência de foro e de justiça, não sobra espaço para o legislador estadual exercer o poder normativo concorrente previsto no art. 24, XI, da CF.

59. Aplicação imediata da lei processual (art. 14)

Em face do reconhecimento de que a lei processual nova é de efeito imediato, atingindo inclusive os processos em andamento, já houve teoria antiga que defendia o caráter retroativo de tal lei. A doutrina contemporânea, já há bastante tempo, demonstrou o engano em que incide semelhante afirmação.[270]

Com efeito, também a lei processual respeita o direito adquirido, o ato jurídico perfeito e a coisa julgada (Constituição Federal, art. 5º, XXXVI; e Lei de Introdução, art. 6º). Assim, mesmo quando a lei nova atinge um processo em andamento, nenhum efeito tem sobre os fatos ou atos ocorridos sob o império da lei revogada. Alcança o processo no estado em que se achava no momento de sua entrada em vigor, mas respeita os efeitos dos atos já praticados, que continuam regulados pela lei do tempo em que foram consumados.[271] É exatamente o que se contém na regra do art. 14 do CPC/2015.

Em suma: as leis processuais são de efeito imediato perante os feitos pendentes, mas não são retroativas, pois só os atos posteriores à sua entrada em vigor é que se regularão por seus preceitos.[272] *Tempus regit actum.*

60. Função subsidiária do Código de Processo Civil (art. 15)

Cabe ao Código de Processo Civil não apenas disciplinar a jurisdição civil, mas também funcionar como a principal fonte do direito processual no ordenamento jurídico brasileiro. Dessa maneira, prevê o art. 15 do CPC/2015 que "na ausência de normas que regulem processos eleitorais, trabalhistas ou administrativos, as disposições deste Código lhes serão aplicadas supletiva e subsidiariamente". Cabe, pois, ao estatuto civil o papel de fonte de preenchimento de todas as lacunas dos outros diplomas processuais.

---

270 AMARAL SANTOS, Moacyr. *Primeiras linhas de direito processual civil*. 3. ed. São Paulo: Max Limonad, 1971, v. I, n. 23, p. 51. Cf. também LACERDA, Galeno. *O novo direito processual civil e os feitos pendentes*. Rio de Janeiro: Forense, 1974.

271 COSTA, Sergio. *Manuale di diritto processuale civile*. 4. ed. Torino: UTET, 1973, n. 3, p. 4.

272 AMARAL SANTOS, Moacyr. *Primeiras linhas de direito processual civil*. 3. ed. São Paulo: Max Limonad, 1971, v. I, n. 24, p. 51.

Capítulo III
FUNÇÃO JURISDICIONAL

§ 7º JURISDIÇÃO, PROCESSO E AÇÃO

61. Imperatividade da ordem jurídica

Por meio da função legislativa, o Estado estabelece a *ordem jurídica*, fixando em forma preventiva e hipotética as normas que deverão incidir sobre as situações ou relações que possivelmente virão a ocorrer entre os homens no convívio social.[1]

Dessa forma, o ordenamento jurídico atribui aos cidadãos "seus direitos", prefixando as pretensões que cada um pode ostentar diante dos outros, bem como estabelecendo os deveres dos vários integrantes do grupamento social juridicamente organizado.[2]

O comando da ordem jurídica, que visa à paz social e ao bem comum, geralmente é aceito e obedecido pelos membros da coletividade. No entanto, como isso, às vezes, não ocorre, e como as normas de direito são de observância imperativa, cabe ao Estado a adoção de medidas de coação para que não venha seu ordenamento transformar-se em letra morta e desacreditada.[3]

62. Justiça privada e justiça pública

Primitivamente, o Estado era fraco e limitava-se a definir os direitos. Competia aos próprios titulares dos direitos reconhecidos pelos órgãos estatais defendê-los e realizá-los com os meios de que dispunham. Eram os tempos da justiça privada ou justiça pelas próprias mãos, que, naturalmente, era imperfeita e incapaz de gerar a paz social desejada por todos.

Com o fortalecimento do Estado e com o aperfeiçoamento do verdadeiro Estado de Direito, a justiça privada, já desacreditada por sua impotência, foi substituída pela Justiça Pública ou Justiça Oficial.

O Estado moderno, então, assumiu para si o encargo e o monopólio de definir o direito concretamente aplicável diante das situações litigiosas, bem como o de realizar esse mesmo direito, se a parte recalcitrante recusar-se a cumprir espontaneamente o comando concreto da lei.

Somente em casos emergenciais, expressamente ressalvados pelo legislador, é que subsistiram alguns resquícios da justiça privada, capazes de legitimar, ainda hoje, a defesa dos direitos subjetivos pelas próprias mãos da parte, como se dá com a legítima defesa (CC de 2002, art. 188, I), com a apreensão do objeto sujeito a penhor legal (CC de 2002, arts. 1.467 a 1.472) e com o desforço imediato no esbulho possessório (CC de 2002, art. 1.210, § 1º).

Assim, a prestação estatal de justiça, que começou com o encargo de apenas definir os direitos, envolvidos em litígio, acabou encampando também a missão de os executar, quando injustamente resistidos (art. 4º, CPC/2015).

---

1 LIEBMAN, Enrico Tullio. *Manuale di Diritto Processuale Civile*. Ristampa da 2. ed. Milano: A. Giuffrè, 1968, v. I, n. 1, p. 3.

2 LENT, Friedrich. *Diritto Processuale Civile Tedesco*. Napoli: Morano, 1962, § 1º, p. 15.

3 LENT, Friedrich. *Diritto Processuale Civile Tedesco*. Napoli: Morano, 1962, § 1º, p. 15.

Por outro lado, se nas origens a prestação de justiça era monopólio apenas do Poder Público, mais modernamente se registra a tendência de admitir que entes particulares também se encarreguem da composição de certos conflitos, como é o caso, *v.g.*, do juízo arbitral. Mas, essa atribuição de função jurisdicional é restrita a determinados temas de direito e não atinge a intervenção forçada no patrimônio do devedor, para fazer cumprir a resolução do litígio, que continua retida, exclusivamente, pela Justiça estatal.

Assim, no estágio atual do Estado de Direito, a jurisdição, em sua plenitude, se apresenta ainda como função tipicamente estatal.[4] No entanto, o monopólio da Justiça em mãos do Estado está inegavelmente superado no estágio atual da democracia, mediante o estímulo institucional à solução consensual dos conflitos, no intuito de tornar mais humana a pacificação social. Basta lembrar que, além de amplamente regulada por lei a arbitragem e a mediação extrajudicial, transformou-se em norma fundamental o dever dos juízes de estimular a conciliação, a mediação e outros métodos de solução consensual de conflitos,[5] a qualquer tempo, preferencialmente com auxílio de conciliadores e mediadores judiciais.[6]

Em outros termos, o Estado atualmente mantém-se no dever de prestar a tutela jurisdicional a todo aquele que a invoca de maneira legítima, mas não tem o poder de impedir que o interessado, em relação a direitos disponíveis, procure outras fontes e outros métodos de composição de conflitos, fora da jurisdição estatal, em nome da autonomia privada e da disponibilidade do processo judicial, nos casos e formas não reprimidos pelo direito.

63. As instituições básicas do sistema processual civil (jurisdição, processo e ação)

A construção do ramo autônomo da ciência jurídica voltado para a prestação jurisdicional – direito processual civil – se deu em volta de três noções fundamentais: jurisdição, processo e ação. Assim, estas noções levaram à concepção do método, dos poderes de atuação do Estado-juiz, no exercício da atividade jurisdicional, assim como ao direito dos jurisdicionados à tutela exercitável por meio da função do Poder Judiciário.

Essas instituições mereceram tratamento na Parte Geral do Código, primeira grande inovação trazida pela nova codificação, que se destina à definição e sistematização dos institutos processuais que serão aplicados aos diversos processos e procedimentos, regulados nos livros subsequentes e que, assim, passam a desempenhar o papel de Parte Especial. A Parte Geral, nessa esteira, contém enunciados normativos que auxiliam na compreensão, aplicação e interpretação das outras normas ditas especiais ou específicas. O legislador estabeleceu, por meio da Parte Geral, uma expressa e implícita "sintonia fina com a Constituição Federal".[7]

Em linhas gerais, a jurisdição caracteriza-se como o *poder* que toca ao Estado, entre suas atividades soberanas, de formular e fazer atuar praticamente a regra jurídica concreta que, por força do direito vigente, disciplina determinada situação jurídica conflituosa.[8] O processo é o método, *i.e.*, o sistema de compor a lide em juízo mediante uma relação jurídica vinculativa de direito público. Por fim, a ação é o direito público subjetivo abstrato, exercitável pela parte para exigir do Estado a obrigação da prestação jurisdicional.

---

4 GRECO, Leonardo. *Instituições de direito processual civil*. Rio de Janeiro: Forense, 2009, v. I, n. 3.1, p. 66.

5 Dispõe o § 2º do art. 3º do CPC: "O Estado promoverá, sempre que possível, a solução consensual dos conflitos", e o § 3º do mesmo dispositivo acrescenta: "A conciliação, a mediação e outros métodos de solução consensual de conflitos deverão ser estimulados por juízes, advogados, defensores públicos e membros do Ministério Público, inclusive no curso do processo judicial".

6 De acordo com o art. 139, V, do CPC, é *dever do juiz* "promover, a qualquer tempo, a autocomposição, preferencialmente com auxílio de conciliadores e mediadores judiciais".

7 Exposição de motivos do Projeto Legislativo 166/2010.

8 LIEBMANM, Enrico Tullio. *Manuale di Diritto Processuale Civile*. Ristampa da 2. ed. Milano: A. Giuffrè, 1968, v. I, n. 3, p. 10.

§ 8º JURISDIÇÃO

64. Jurisdição

Para desempenho da prestação estatal de justiça, estabeleceu-se a *jurisdição*, como "uma das funções do Estado, mediante a qual este se substitui aos titulares dos interesses em conflito para, imparcialmente, buscar a pacificação do conflito que os envolve, com justiça".[9]

Não foram, porém, instituídos os órgãos jurisdicionais para definir academicamente meras hipóteses jurídicas, tampouco para interferir *ex officio* nos conflitos privados de interesse entre os cidadãos. A função jurisdicional só atua diante de *casos concretos* de conflitos de interesses (*lide* ou *litígio*) e sempre na dependência da invocação dos interessados, porque são deveres primários destes a obediência à ordem jurídica e a aplicação voluntária de suas normas nos negócios jurídicos praticados.

É bom de ver, todavia, que não são todos os conflitos de interesses que se compõem por meio da jurisdição, mas apenas aqueles que configuram a *lide* ou o *litígio*. O conceito de lide, portanto, é fundamental para compreensão da atividade jurisdicional e, consequentemente, do processo e da ação.

Em primeiro lugar, é preciso esclarecer que *lide* e *litígio* são vocábulos sinônimos[10] e correspondem a um evento anterior ao processo. Mas sua existência constitui *conditio sine qua non* do processo: "inexistindo litígio, não há sequer interesse em instaurar-se a relação processual"[11] e sem legitimidade e interesse, diz expressamente a lei, não se pode propor ou contestar ação (CPC/2015, art. 17).

Para que haja, outrossim, a lide ou o litígio, é necessário que ocorra "um conflito de interesses qualificado por uma *pretensão resistida*", conforme a clássica lição de Carnelutti.[12] É que muitos conflitos existem sem que cheguem a repercutir no campo da atividade jurisdicional. Se, por qualquer razão, uma parte, por exemplo, se curva diante da pretensão da outra, conflito de interesses pode ter existido, mas não gerou litígio, justamente pela falta do elemento indispensável deste, que vem a ser a *resistência* de um indivíduo à pretensão de outro.

A missão do juiz consiste, precisamente, em compor o impasse criado com a pretensão de alguém a um bem da vida e a resistência de outrem a lhe propiciar dito bem.

É importante, então, ter-se uma noção segura do que seja *interesse* e *pretensão*, para se chegar ao domínio do conceito de *lide*. Explica Carnelutti que *interesse* é a "posição favorável para a satisfação de uma necessidade" assumida por uma das partes; e *pretensão*, a exigência de uma parte de subordinação de um interesse alheio a um interesse próprio.[13] Assim, o proprietário tem *interesse* na posse do bem que lhe pertence, pois é por meio dela que consegue satisfazer necessidades como a de abrigo ou de renda para sua sobrevivência. Também o inquilino tem interesse na posse do imóvel locado, pois com ela satisfaz, por meio de bem de terceiro, a necessidade de habitação.

Os *bens da vida* (*i.e.*, as coisas ou os valores necessários ou úteis à sobrevivência do homem, bem como a seu aprimoramento) nem sempre existem em quantidade suficiente para atender, com sobra, às exigências de todos os indivíduos (tal como se passa com a luz do sol e o ar atmosférico). Daí que, com frequência, os mesmos objetos são utilizados ou disputados

---

[9] CINTRA, Antonio Carlos de Araujo; GRINOVER, Ada Pellegrini; DINAMARCO, Cândido Rangel. *Teoria geral do processo*. 25. ed. São Paulo: Malheiros, 2009, p. 147.

[10] MARQUES, José Frederico. *Manual de Direito Processual Civil*. São Paulo: Saraiva, 1974, v. I, n. 102, p. 125.

[11] MARQUES, José Frederico. *Manual de Direito Processual Civil*. 1974, v. I, n. 98, p. 123.

[12] *Apud* MARQUES, José Frederico. *Instituições de Direito Processual Civil*. Rio de Janeiro: Forense, 1958, v. I, n. 1, p. 10.

[13] CARNELUTTI, Francesco. *Sistema di Diritto Processuale Civile*. Padova: CEDAM, 1936, v. I, n. 2 e 14.

por mais de uma pessoa. Assim, o dono e o inquilino utilizam, simultaneamente, o mesmo bem da vida, mas a título e modo distintos. O dono obtém uma renda e o locatário, um lugar onde morar. Logra-se, por acordo de vontade, uma harmonização de interesses concorrentes.

Há *conflito de interesses* quando mais de um sujeito procura usufruir o mesmo bem. Mas o contrato, por exemplo, é uma das formas de compor esse conflito, justamente porque concilia os interesses concorrentes, acomodando-os de acordo com as conveniências recíprocas. Há *litígio* quando o conflito surgido na disputa em torno do mesmo bem não encontra uma solução voluntária ou espontânea entre os diversos concorrentes. Aí o primeiro persistirá na exigência de que o segundo lhe entregue o bem e este resistirá, negando cumprir o que lhe é reclamado.

É natural que, dentro do mesmo exemplo, o dono queira ter a posse do bem que lhe pertence, como é natural também que o inquilino queira conservar o bem alheio enquanto estiver em vigor o contrato locatício. Vencido o contrato, portanto, o locador manifestará a *pretensão* de receber de volta o bem locado, isto é, procurará a posição mais favorável à usufruição da coisa – *interesse próprio* –, à custa da cessação do gozo que até então era do inquilino – *interesse alheio*. Tudo se comporá, sem lide, se o inquilino voluntariamente devolver a coisa ao senhorio. É que, de fato, terá prevalecido o interesse manifestado por uma das partes perante a outra. Mas, se não obstante a manifestação de vontade do locador, o locatário se recusar a restituir o bem reclamado, ter-se-á configurado o *litígio* ou a *lide*, porque os interesses conflitantes não se compuseram: à pretensão do primeiro opôs-se a resistência do segundo.

Como o Estado de Direito não tolera a justiça feita pelas próprias mãos dos interessados, caberá à parte deduzir em juízo a lide existente e requerer ao juiz que a solucione na forma da lei, fazendo, de tal maneira, a composição dos interesses conflitantes, uma vez que os respectivos titulares não encontraram um meio voluntário ou amistoso para harmonizá-los.

Tomando conhecimento das alegações de ambas as partes, o magistrado definirá a qual delas corresponde o melhor interesse, segundo as regras do ordenamento jurídico em vigor, e dará composição ao conflito, fazendo prevalecer a pretensão que lhe seja correspondente. Eis, aí, em termos práticos, em que consiste a jurisdição.

Por outro lado, é fora de dúvida que a atividade de dirimir conflitos e decidir controvérsias é um dos fins primários do Estado. Mas, desde que privou os cidadãos de fazer atuar seus direitos subjetivos pelas próprias mãos, a ordem jurídica teve que criar para os particulares um direito à tutela jurídica do Estado. E este, em consequência, passou a deter não apenas o *poder* jurisdicional, mas também assumiu o *dever* de jurisdição.[14]

Assim, em vez de conceituar a jurisdição como poder, é preferível considerá-la como *função estatal*,[15] e sua definição poderia ser dada nos seguintes termos: *jurisdição* é a função do Estado de declarar e realizar, de forma prática, a vontade da lei diante de uma situação jurídica controvertida.[16] Esclareça-se que, na concepção atual de jurisdição, quando se cogita da realização da "vontade da lei" não se refere à simples reprodução da literalidade de algum

---

[14] COUTURE, Eduardo J. *Fundamentos del Derecho Procesal Civil*. Buenos Aires: Depalma, 1974, n. 24, p. 39. "A administração cumpre uma *função* na medida em que vinculada pelo *dever* de realizar determinados fins em benefício do interesse público. Daí por que se há de entender função como um *dever-poder*, e não mero *poder-dever*" (STF, Pleno, RE 581.947/RO, voto do Rel. Min. Eros Grau, ac. 27.10.2010, *Rev. Magister de Direito Ambiental e Urbanístico*, v. 31, p. 102, ago.-set. 2010).

[15] COUTURE, Eduardo J. *Fundamentos del Derecho Procesal Civil*. Buenos Aires: Depalma, 1974, n. 25, p. 40.

[16] "Onde há função, pelo contrário, não há autonomia da vontade, nem a liberdade em que se expressa, nem a autodeterminação da finalidade a ser buscada, nem a procura de interesses próprios, pessoais. Há adscrição a uma finalidade previamente estabelecida e, no caso de função pública, há submissão da vontade ao escopo pré-traçado na Constituição ou na lei e há o dever de bem curar um interesse alheio (...)" (BANDEIRA DE MELLO, Celso Antônio. *Curso de Direito Administrativo*. 10. ed. São Paulo: Malheiros, 1998, p. 57). "Aquele que desempenha função tem, na realidade, *deveres-poderes*. Não *poderes*, simples-

enunciado legal, mas à implementação da *norma jurídica*, na qual se traduz o *direito* do caso concreto, cuja formulação pelo julgador haverá de levar sempre em conta a superioridade hierárquica das garantias constitucionais bem como a visão sistemática do ordenamento jurídico, os seus princípios gerais e os valores políticos e sociais que lhe são caros. Portanto, revelar e concretizar a "vontade da lei" é expressão que modernamente equivale a definir e realizar "o direito", em sua inteireza.

65. Jurisdição, função e efetividade

Em vez de se ocupar da teorização estática da jurisdição, o direito processual contemporâneo se concentra, com predominância, na investigação da dinâmica da tutela que incumbe ao Poder Judiciário prestar ao direito material. Nessa ótica, conforme já observado, a jurisdição deixa de ser vista como simples poder e assume a categoria de *função* (poder-dever); e como tal, o que caracteriza a função jurisdicional é o papel da Justiça de prestadora da tutela (defesa) ao direito material, que hoje não pode ser senão *efetiva* e *justa*.

Ao contrário do que se imaginou nos primórdios do direito processual científico, não é na sua autonomia diante do direito material que se descobre a finalidade do processo como veículo de atuação da jurisdição. Sendo inconteste a função instrumental por ele realizada em defesa do direito material, quando envolvido em conflito, o importante em seu estudo, é a pesquisa e a determinação dos tipos de *tutela* que a jurisdição pode desempenhar. Assim, o fim do processo, visto segundo a perspectiva das *tutelas* que lhe compete prestar, será detectado nos resultados substanciais que ele pode e deve gerar para atender às "necessidades do direito material". Em resumo – conclui Marinoni – "não há como deixar de pensar nas *tutelas* quando se deseja analisar se o processo, como técnica, está respondendo à sua missão constitucional de dar 'tutela aos direitos'. E nada pode ser mais importante ao doutrinador do processo nos dias de hoje".[17] É que, o procedimento observado pela jurisdição, "além de conferir oportunidade à adequada participação das partes e possibilidade de controle da atuação do juiz, deve [acima de tudo] viabilizar a proteção do direito material. Em outros termos, deve abrir ensejo a *efetiva tutela* dos direitos".[18]

Se, portanto, as *necessidades de proteção* no plano do direito material são *várias*, as *técnicas processuais* também devem ser múltiplas para a elas se adaptar e para não deixar desamparada nenhuma das referidas necessidades.

É por isso que, para bem estudar o processo à luz das "novas necessidades do direito substancial", urge ficar atento à tendência inegável de repensar a função jurisdicional em termos de *tutela dos direitos*, "deixando de lado a sua análise em uma moldura exclusivamente procedimental", com o que muito se poderá contribuir – segundo Vittorio Denti – para "a compreensão das novas tutelas que emergem com o desenvolvimento da sociedade".[19]

Não se indagará, em tal análise, apenas de ritos e procedimentos, mas o estudo do processo recairá sobremaneira em torno das *técnicas* de que se deve valer a jurisdição para bem realizar a *tutela* dos direitos materiais, sempre no sentido de proporcionar, para quem sofra lesão ou ameaça em sua esfera jurídica, um resultado em tudo igual ou equivalente àquela decorrente da situação de vantagem que a ordem jurídica material lhe assegura. Assim, *(i)* se o direito material é negado ou posto em dúvida, o provimento judicial resultará na outorga de certeza a respeito

---

mente (...). Fácil é ver-se que a tônica reside na ideia de *dever*, não na de *poder*" (BANDEIRA DE MELLO, Celso Antônio. *Curso de Direito Administrativo*. 10. ed. São Paulo: Malheiros, 1998, p. 56).

17 MARINONI, Luiz Guilherme. *Técnica processual e tutela dos direitos*. 2. ed. São Paulo: RT, 2008, p. 116.

18 MARINONI, Luiz Guilherme. *Técnica processual e tutela dos direitos*. 2. ed. São Paulo: RT, 2008, p. 113.

19 DENTI, Vittorio. Intervento. *La tutela d'urgenza – Atti del XV Convegno Nazionali*. Rimini: Maggiole, 1985, *apud* MARINONI, Luiz Guilherme. *Técnica processual e tutela dos direitos*. 2. ed. São Paulo: RT, 2008, p. 116.

de sua existência ou não; *(ii)* se o direito é ameaçado, consistirá em proibir a consumação do dano ameaçado; *(iii)* se o dano é consumado, consistirá na condenação à reparação ou indenização; *(iv)* se o direito resistido assegura o poder do titular a extinguir ou modificar a situação jurídica existente, consistirá na constituição do novo relacionamento jurídico devido; *(v)* se a prestação a que faz jus o credor não é cumprida espontaneamente pelo devedor, consistirá em medidas coercitivas práticas tendentes a realizá-las forçadamente; *(vi)* se há risco de dano iminente ao direito da parte, consistirá em medidas práticas e imediatas para conservar os bens ameaçados, provisoriamente, enquanto se aguarda a solução final do processo; *(vii)* se o direito ameaçado ou lesado se manifesta evidente, consistirá em medida antecipatória para permitir o seu provisório desfrute por quem comprove, de plano, a respectiva titularidade; *(viii)* se a obrigação é de dar ou de fazer, consistirá em tomada de variadas medidas e cominações a fim de compelir a entrega do bem devido, ou de realização do fato devido, ou de seu equivalente econômico, e assim por diante.

A jurisdição, no desempenho de sua função institucional, portanto, cumpre tutelas definitivas ou provisórias; exaurientes ou sumárias; sancionatórias ou inibitórias; de acertamento ou de execução; suficientes ou não suficientes; totais ou parciais. Mas, qualquer que seja a tutela, sua função operará no plano do direito material, e, nesse plano, produzirá o efeito que o direito material assegura a quem se acha na situação de vantagem garantida pela ordem jurídica, seja na forma originária, seja no seu equivalente econômico, seja para impedir o dano, seja para saná-lo. Na observância dessa técnica multifária é que se realizará a *efetividade* da tutela jurisdicional dos direitos.

66. Características da jurisdição

Diante do exposto, a jurisdição se apresenta como atividade estatal "secundária", "instrumental", "declarativa ou executiva", "desinteressada" e "provocada".

Diz-se que é atividade "secundária" porque, por meio dela, o Estado realiza coativamente uma atividade que deveria ter sido *primariamente* exercida, de maneira pacífica e espontânea, pelos próprios sujeitos da relação jurídica submetida à decisão.[20]

Nisso consiste, em outros termos, o caráter substitutivo que se reconhece à jurisdição, já que a conformidade da conduta prática com os ditames das normas de fundo é dever que originalmente toca aos próprios sujeitos das relações jurídicas materiais. Quando, pois, o juiz define o litígio, faz uma escolha que antes deveria ter sido praticada pelas partes.

É "instrumental" porque, não tendo outro objetivo principal, senão o de dar atuação prática às regras do direito, nada mais é a jurisdição do que um instrumento de que o próprio direito dispõe para impor-se à obediência dos cidadãos.[21]

Por outro lado, a jurisdição não é, tradicionalmente, fonte de direito, isto é, não tende à formulação de normas abstratas de direito, ou não cria nem restringe, substancialmente, direito para as partes que dela se valem. O órgão jurisdicional é, na verdade, convocado para remover a incerteza ou para reparar a transgressão, mediante um juízo que se preste a reafirmar e restabelecer o império do direito, quer *declarando* qual seja a regra do caso concreto, quer *aplicando* as ulteriores medidas de *reparação* ou de *sanção* previstas pelo direito.[22]

---

20 CALAMANDREI, Piero. *Estudios sobre el Proceso Civil*. Buenos Aires: Editorial Bibliografia Argentina, 1945, p. 20.

21 LIEBMAN, Enrico Tullio. *Manuale di Diritto Processuale Civile*. Ristampa da 2. ed. Milano: A. Giuffrè, 1968, v. I, n. 1, p. 5.

22 LIEBMAN, Enrico Tullio. *Manuale di Diritto Processuale Civile*. Ristampa da 2. ed. Milano: A. Giuffrè, 1968, v. I, n. 1, p. 5.

Exercita, de tal sorte, a jurisdição vontades concretas da lei nascidas anteriormente ao pedido de tutela jurídica estatal feito pela parte no processo,[23] o que lhe confere o caráter de atividade "declarativa" ou "executiva", tão somente.

É nesse sentido que o direito positivo[24] determina que caberá ao juiz, no julgamento da lide, pronunciar-se com base na lei material pertinente, não se eximindo de decidir sob a alegação de lacuna ou obscuridade do ordenamento jurídico, oportunidade em que deverá recorrer à analogia, aos costumes e aos princípios gerais do direito.[25]

Embora não seja a sentença, em princípio, uma fonte primária do direito, a submissão do juiz à lei não lhe veda uma certa atividade criativa na definição da "vontade concreta da lei", com que se dará a composição dos litígios. Isto porque a norma legislada nunca é completa e exaustiva em face das particularidades do caso concreto. Ao enfrentá-lo, o juiz tem de jogar com dados e elementos, que, às vezes, não foram presentes à elaboração da norma legal. Tem, por isso, de completar a norma legislada, atualizando-a e compatibilizando-a com as características novas do contexto em que o fato se concretizou. Valores sociais, éticos, econômicos e outros de igual relevância são levados em conta nessa operação denominada interpretação axiológica. A atividade, contudo, continua sendo de aplicação da lei, que o juiz pode aperfeiçoar ou otimizar pela interpretação, mas não pode ignorar ou desprezar.[26]

Não se deve ignorar que a jurisdição, em nossa estrutura jurídica positiva, vem sofrendo nos últimos tempos, inclusive no plano constitucional, o impacto de novos ventos que decorrem de uma aproximação, cada vez mais intensa, entre os sistemas do *civil law* e do *common law*. Com a valorização do *precedente,* cujo exemplo mais gritante é o da súmula vinculante consagrada pelo art. 103-A da Constituição (acrescido pela Emenda 45/2004), reconhece-se à jurisdição, em determinados limites, o papel de fonte do direito. Isto porque, segundo o referido

---

23 CALAMANDREI, Piero. *Estudios sobre el Proceso Civil.* Buenos Aires: Editorial Bibliografia Argentina, 1945, p. 21.

24 CPC/2015: "Art. 140 O juiz não se exime de decidir sob a alegação de lacuna ou obscuridade do ordenamento jurídico. Parágrafo único. O juiz só decidirá por equidade nos casos previstos em lei". Lei de Introdução às normas do direito brasileiro: "Art. 4º Quando a lei for omissa, o juiz decidirá o caso de acordo com a analogia, os costumes e os princípios gerais de direito".

25 Os princípios constitucionais, no Estado Democrático de Direito, são sempre observáveis nas decisões judiciais, mesmo quando exista lei regendo a hipótese discutida em juízo. A supremacia da Constituição faz com que a primazia de suas normas e princípios seja sempre respeitada, e, havendo conflito normativo, a questão seja decidida por meio da aplicação da lei maior e afastamento da regra ordinária. Mesmo não havendo conflito, a simples interpretação da lei comum há sempre de se fazer sob influência dos princípios superiores traçados na ordem constitucional, a fim de que o sentido da lei sofra a otimização das luzes da Constituição.

26 O critério de ponderação que o juiz utiliza criativamente para chegar à norma concreta e individualizada aplicável à solução do litígio, embora conduza a uma atividade de "complementação produtiva do Direito", não lhe assegura a liberdade de agir fora da lei. O juiz – adverte Gadamer – "se encontra por sua vez sujeito à lei exatamente como qualquer outro membro da comunidade jurídica. Na ideia de uma ordem judicial supõe-se o fato de que a sentença do juiz não surja de arbitrariedades imprevisíveis, mas de ponderação justa de conjunto" (GADAMER, Hans Georg. *O problema da consciência histórica.* Trad. de Paulo César Duque Estrada. 2. ed. Rio de Janeiro: FGV, 2003, p. 489). Derrida fala na necessidade de uma "desconstrução" da norma para que sua aplicação se dê de maneira "justa" ao caso concreto. Para ser justa, a decisão do juiz "deve não apenas seguir uma regra de direito ou uma lei geral, mas deve assumi-la, aprová-la, confirmar o seu valor, por um ato de interpretação reinstaurador, como se a lei não existisse anteriormente, como se o juiz a inventasse ele mesmo em cada caso (...)". Segundo Derrida, o juiz, diante da lei, não pode agir como "uma máquina de calcular", a reproduzir invariavelmente o mesmo julgamento nos diversos casos em que é chamado a aplicar a mesma regra legal. Mas também não será um julgador livre e responsável "se ele não se referir a nenhum direito, a nenhuma regra como dada para além de sua interpretação", ou se "improvisar, fora de qualquer regra e de qualquer princípio" (DERRIDA, Jaques. *Força de lei.* 2. ed. Trad. de Leyla Perrone-Moisés, São Paulo: Martins Fontes, 2010, p. 44-45).

dispositivo, depois de reiteradas decisões sobre matéria constitucional, mesmo quando tomadas em demandas individuais e em caráter incidental, pode o Supremo Tribunal Federal, por dois terços de seus membros, aprovar súmula com efeito vinculante para os demais órgãos do Poder Judiciário e para a Administração Pública em todos os níveis.

Diz-se que essa função normativa é limitada, porque o STF não pode exercitá-la com a ampla liberdade com que atua, primariamente, o Poder Legislativo. A súmula vinculante, com efeito, somente pode decorrer da análise em torno da validade, interpretação e eficácia de normas já existentes (CF, art. 103-A, § 1º), daí o caráter complementar da atividade criativa reconhecida à jurisprudência do STF.

Independentemente da existência de reiterados julgamentos e da formulação de súmulas, são também de eficácia *erga omnes* e de efeito vinculante para todos os órgãos do Judiciário e da Administração Pública, as decisões de mérito do STF proferidas nas ações diretas de inconstitucionalidade e nas ações declaratórias de constitucionalidade (CF, art. 102, § 2º, com a redação da Emenda 45/2004).

Ainda no âmbito do STF, a Emenda 45 instituiu a repercussão geral como requisito de admissibilidade do recurso extraordinário (CF, art. 102, § 3º). Do julgamento do recurso a cujo objeto se reconheça repercussão geral, também se prevê efeito incidente sobre outros recursos que versem sobre a mesma matéria (CPC/2015, art. 1.039).

As causas repetitivas, objeto de recurso especial, também sofrem, hoje, efeito expansivo dos julgados do Superior Tribunal de Justiça pronunciados em recurso especial (CPC, art. 1.040), ou seja: a tese fixada no recurso paradigma prevalece para os demais recursos fundados em igual matéria.

Mesmo para as instâncias inferiores, o Código de Processo Civil passou a agasalhar orientação de valorizar os precedentes, principalmente, os assentados em jurisprudência sumulada. Por exemplo, o art. 932, IV, adota o critério segundo o qual o relator, em decisão monocrática, deverá negar provimento a recurso que for contrário a súmulas do STJ, do STF (critério apelidado de "súmula impeditiva"), ou do próprio tribunal; a acórdão do STF e do STJ julgado em recursos repetitivos; e em incidente de resolução de demandas repetitivas ou de assunção de competência. Da mesma forma, o art. 332 determina que, nas causas que dispensem a fase instrutória, o juiz de primeiro grau julgue liminarmente improcedente o pedido que contrarie *(i)* enunciado de súmulas de do STF ou do STJ, *(ii)* acórdãos julgados em recursos repetitivos pelo STJ e STF, *(iii)* entendimento firmado em incidente de resolução de demandas repetitivas ou de assunção de competência, e *(iv)* enunciado de súmula de tribunal de justiça sobre direito local.

Dos exemplos acima (e há outros no direito positivo atual) se pode aquilatar a grande mudança de rumo que o processo vem sofrendo entre nós, no que se relaciona com a força normativa dos julgados dos tribunais. De modo que se acha autorizada a conclusão de que, nos limites dos precedentes, as teses jurisprudenciais adquirem a autoridade de fonte do direito.[27]

66-A. A força normativa dos precedentes e a ampliação da própria função jurisdicional

Diante das modernas técnicas de julgamento de causas repetitivas e da força vinculante *erga omnes* que o atual Código de Processo Civil reconhece à jurisprudência dos tribunais, pode-se entrever uma nova e maior dimensão para a função atribuída ao Judiciário. É que, no contexto atual, "o Poder Judiciário procura não apenas resolver de modo atomizado e repressivamente os conflitos já instaurados, mas se preocupa em fornecer, de modo mais

---

27 O art. 927 do CPC enumera cinco casos em que os juízes e tribunais estarão obrigados a observar decisões, enunciados de súmulas e acórdãos dos Tribunais Superiores, e orientações de plenário ou de órgão especial de tribunais, a que o julgador esteja vinculado.

estruturado e geral, respostas às controvérsias latentes e potenciais, de modo a propiciar a efetiva *segurança jurídica*"[28].

É nesse rumo que o CPC/2015 disciplina o universo da jurisdição moderna, quando: "(a) atribui um poder-dever ao magistrado de, diante de demandas repetitivas, provocar os legitimados para a propositura de ações coletivas, para fazê-lo, se for o caso; (b) fortalece ou cria, com características nacionais, um sistema de precedentes, com efeitos vinculativos; (c) amplia e sistematiza um sistema de solução de demandas repetitivas, em complemento aos processos coletivos, com o *Incidente de Resolução de Demandas Repetitivas* e o aprimoramento dos *Recursos Repetitivos*"[29].

Aduz Mendes que o atual CPC busca, com isso, implantar uma técnica de concentração, na qual se pretende estabelecer "meios de gestão e institutos jurídicos capazes de oferecer à sociedade uma segurança jurídica maior". De fato, por meio de tratamento diferenciado para o julgamento das questões especiais e das questões comuns, as técnicas de gestão poderão, sem dúvida, conduzir a julgamentos melhores e mais céleres"[30].

Pode-se afirmar, em suma, que a função jurisdicional ultrapassa, modernamente, o objetivo clássico de aplicar a lei na solução de conflito jurídico, para compreender, também a tarefa de definir paradigmas de interpretação e aplicação do direito positivo, atuando, assim, como fonte complementar (secundária) de direito, capaz, no acesso à justiça, de proporcionar efetividade aos princípios de isonomia, de segurança jurídica e de celeridade na prestação jurisdicional.

67. Imparcialidade e disponibilidade

É, ainda, a jurisdição "atividade desinteressada do conflito", visto que põe em prática vontades concretas da lei que não se dirigem ao órgão jurisdicional, mas aos sujeitos da relação jurídica substancial deduzida em juízo.[31]

O juiz mantém-se equidistante dos interessados e sua atividade é subordinada exclusivamente à lei,[32] a cujo império se submete como penhor de imparcialidade na solução do conflito de interesses.[33]

Embora a jurisdição seja função ou atividade pública do Estado, versa, quase sempre, sobre interesses privados – direitos materiais subjetivos das partes –, donde não ter cabimento a prestação jurisdicional, a não ser *quando solicitada*, nos casos controvertidos, *pela parte interessada*. Daí dizer-se que a jurisdição é atividade "provocada" e não espontânea do Estado: *ne procedat iudex ex officio*. Ainda quando o Estado se põe em conflito com particulares ou outros organismos públicos, seja no plano do direito público ou privado, não cabe ao Poder Judiciário tomar iniciativa de regular por conta própria o litígio. O Poder Público, por meio de órgãos ou agentes específicos, terá também de exercitar o direito de ação, como faz qualquer pessoa, para quebrar a inércia da

---

28 MENDES, Aluísio Gonçalves de Castro. *Incidente de resolução de demandas repetitivas – contribuição para a sistematização, análise e interpretação do novo instituto processual* (Tese). Rio de Janeiro: UERJ, 2017, n. 14.2, p. 195.

29 MENDES, Aluísio Gonçalves de Castro. *Incidente de resolução de demandas repetitivas – contribuição para a sistematização, análise e interpretação do novo instituto processual* (Tese). Rio de Janeiro: UERJ, 2017, n. 18.6.2, p. 241-242.

30 MENDES, Aluísio Gonçalves de Castro. *Incidente de resolução de demandas repetitivas – contribuição para a sistematização, análise e interpretação do novo instituto processual* (Tese). Rio de Janeiro: UERJ, 2017, p. 242.

31 CALAMANDREI, Piero. *Estudios sobre el Proceso Civil*. Buenos Aires: Editorial Bibliografia Argentina, 1945, p. 22.

32 A lei aqui deve ser interpretada como o direito em sentido amplo, *i.e.*, abrangendo também os costumes, os princípios etc.

33 ARRUDA ALVIM NETTO, José Manoel de. *Código de Processo Civil Comentado*. São Paulo: RT, 1975, v. 1, p. 39.

jurisdição e obter o provimento capaz de solucionar o litígio em que se acha envolvido. O Judiciário é sempre um estranho à relação jurídica litigiosa, e se conserva indiferente, enquanto um dos interessados (públicos ou privados) não tome a iniciativa de invocar a intervenção pacificadora.

Mesmo quando a disputa entre particulares envolver matéria de ordem pública, permanece facultativa a demanda perante a Justiça Estatal, já então em nome da garantia da liberdade individual de escolha dos meios lícitos de solucionar os próprios conflitos.

Nesse sentido, nosso Código é expresso em determinar que "o processo começa por iniciativa da parte e se desenvolve por impulso oficial, salvo as exceções previstas em lei" (art. 2º). Entre as raríssimas hipóteses de instauração de processo por iniciativa judicial, podem ser lembrados a decretação de falência (Lei 11.101/2005, art. 56, § 8º, acrescentado pela Lei 14.112/2020) e a arrecadação da herança jacente (CPC/2015, art. 738).

Mesmo quando o juiz aprecia uma causa em que o Estado seja parte, a função jurisdicional fica a cargo de um organismo completamente estranho à Administração Pública e cujo único compromisso é com a ordem jurídica. Embora ao órgão judicante caiba um interesse público na composição do litígio (interesse na paz social), não tem ele, no entanto, interesse direto ou imediato na relação jurídica material controvertida (objeto do processo). Justamente nesse ponto se nota o fator que distingue, substancialmente, a jurisdição da administração. Esta, no exercício dos seus poderes, quando julga algum procedimento administrativo, e impõe a vontade da lei ao particular, o faz como sujeito interessado diretamente na relação jurídica material de direito público apreciada. A decisão administrativa é, pois, ato de um dos sujeitos da relação jurídica material, que faz prevalecer sua vontade contra a do outro. O ato de autoridade é *inter partes* e, por isso mesmo, quase nunca corresponde a uma solução definitiva. À parte que se considerar prejudicada sempre caberá o direito de levar a divergência à apreciação do Poder Judiciário, onde a palavra final (definitiva) será pronunciada.

Já no processo judicial, o juiz atua em nome de uma entidade que não representa o Estado-Administração, mas que tem como única função ocupar-se de apreciar relações jurídicas materiais travadas entre estranhos. Mais do que *imparcial* (porque "impessoalidade" é requisito de qualquer agente que atue em nome do Estado, em qualquer de suas funções soberanas e não atributo apenas dos juízes), o órgão jurisdicional é sempre um *terceiro* diante da relação material controvertida. Nisso – *i.e.*, nessa "terceiridade" do órgão judiciário – encontra-se o verdadeiro e decisivo traço de diferenciação da jurisdição perante os demais órgãos da soberania estatal: a Justiça ocupa-se sempre de relações materiais das quais a instituição judiciária não é parte. De tal sorte, a atividade jurisdicional é sempre ato *super partes*.[34]

Em defesa da imparcialidade, o atual Código de Processo Civil elenca os motivos que qualifica de impedimentos e de suspeição dos juízes, nos arts. 144 a 148, evitando a atuação no processo daqueles que não se acham em condição de cumprir o imprescindível qualificativo do juiz natural. A par disso, a Constituição assegura três garantias fundamentais aos juízes (art.

---

[34] "Se, de fato, queremos atingir a essência do fenômeno jurisdicional, em toda sua complexidade, relativamente não apenas à jurisdição civil, mas também à penal e administrativa, não podemos prescindir da constatação de que o caráter fundamental e exclusivo da jurisdição é o da *terzietà* em face dos interesses em conflito. Conceito em tudo diverso do de 'imparcialidade', que corresponde a toda e qualquer função do Estado. (...) No campo jurisdicional, o Estado-juiz não age como portador de um interesse próprio (o que ao contrário acontece no campo administrativo), mas na posição de 'terceiro' estranho à relação" (RICCI, Gian Franco. *Principi di Diritto Processuale Generale*. Torino: G. Giappichelli Editore, 1995, n. 3, p. 7-8). Para Girolamo Monteleone, a *terzietà* "não é uma qualidade imposta eventualmente por uma regra legal, mas sim uma condição sem a qual não existem nem o juízo nem a jurisdição" (MONTELEONE, Girolamo. *Diritto Processuale Civile*. 2. ed. Padova: CEDAM, 2000, n. 9, p. 14). Anota PROTO PISANI que, para cumprir a independência que lhe impõe a Constituição, o juiz se submete apenas à lei e, por isso, necessariamente, "è *terzo* rispetto *agli interesse su cui è chiamato a provvedere*" (*Lezioni di Diritto Processuale Civile*, 3. ed. Napoli: Jovene Editore, 1999, p. 725).

95, CF) – vitaliciedade, inamovibilidade e irredutibilidade de subsídio –, por intermédio das quais reforça a necessidade da imparcialidade, por meio de expedientes tendentes a assegurar-lhes a independência diante de possíveis interferências de outros poderes públicos e privados.

68. Objetivo da jurisdição

Em síntese, "o fim do processo é a entrega da prestação jurisdicional, que satisfaz à tutela jurídica"[35] a que se obrigou o Estado ao assumir o monopólio da justiça. Em consequência, podemos, filosoficamente, desdobrar a *causa* do processo, conforme o faz Arruda Alvim,[36] em:

(*a*) *causa final*: a atuação da vontade da lei, como instrumento de segurança jurídica e de manutenção da ordem jurídica;
(*b*) *causa material*: o conflito de interesses, qualificado por pretensão resistida, revelado ao juiz através da invocação da tutela jurisdicional;
(*c*) *causa imediata ou eficiente*: a provocação da parte, isto é, a *demanda* (exercício concreto do direito de ação).

Em conclusão, dando ao direito do caso concreto a certeza de que é condição da verdadeira justiça e realizando a justa composição do litígio, promove, a jurisdição, o restabelecimento da ordem jurídica, mediante eliminação do conflito de interesses que ameaça a paz social.

69. Efetividade da tutela jurisdicional

A Constituição, no Estado Democrático de Direito, não se limita a garantir a todos o direito de demandar em juízo. O que se deduz do inciso XXXV do art. 5º de nossa Carta é que nenhuma lesão ou ameaça a direito deixará de ser solucionada pelo Poder Judiciário, quando provocado pelo interessado, na forma legal. Essa garantia fundamental, portanto, é de uma *tutela*, ou seja, uma *proteção* com que se pode contar sempre que alguém se veja ameaçado ou lesado em sua esfera jurídica.

Cabe, pois, à Justiça não apenas dar uma resposta qualquer ao demandante, nem mesmo simplesmente enquadrar formalmente o fato deduzido em juízo no enunciado legal que lhe corresponda, dentro do ordenamento jurídico positivo. O direito de ação é abstrato, no sentido de que pode ser exercido sem prévia demonstração da existência efetiva do direito material que se pretende fazer atuar. Mas a tutela jurisdicional, que só é disponibilizada a quem realmente se encontre na titularidade de um direito subjetivo lesado ou ameaçado, tem de ser *efetiva* e *justa*, dentro das perspectivas traçadas pela ordem constitucional.

Essa tutela, destarte, não pode cingir-se a interpretar e aplicar o enunciado de lei pertinente. No moderno Estado Democrático de Direito é imperioso que isso se faça a partir, sempre, dos valores, princípios e regras consagrados pela Constituição. A prestação jurisdicional vai além da exegese isolada do enunciado da lei, para realizar, diante das particularidades do caso concreto, a compreensão e aplicação do preceito legal que seja conforme aos mandamentos e garantias da Constituição.

Sem abandonar a norma enunciada pelo legislador ordinário, a jurisdição cuidará de aplicá-la de maneira adequada e efetiva. O provimento jurisdicional conjugará a norma legal com as particularidades do caso concreto e, sobretudo, a otimizará mediante sua harmonização com os valores, princípios e regras da Constituição.

---

[35] PONTES DE MIRANDA *apud* ARRUDA ALVIM NETTO, José Manoel de. *Código de Processo Civil Comentado*. São Paulo: RT, 1975, v. 1, p. 231.

[36] ARRUDA ALVIM NETTO, José Manoel de. *Código de Processo Civil Comentado*. São Paulo: RT, 1975, v. 1, p. 237.

É assim que, na Justiça concebida pela moderna visão democrática do Estado de Direito, se deve desempenhar a jurisdição, que não é apenas *poder* estatal, mas *função* (poder-dever) dos órgãos jurisdicionais a ser exercida perante todos, com o compromisso de propiciar, na medida do possível, ao litigante vítima de lesão ou ameaça, tudo aquilo e exatamente aquilo que seu direito lhe assegure.[37]

Nessa perspectiva não é adequado fixar a função jurisdicional, destacadamente *(i)* na atuação da vontade da lei, e *(ii)* na pacificação social, como preocupação do juiz; e, por último, *(iii)* na tutela dos direitos subjetivos, como desiderato das partes; como se cada uma dessas atividades pudesse, isoladamente, justificar o papel da jurisdição. Na verdade, quando a Constituição assegura a todos o acesso à justiça, o faz em forma de garantir aos titulares de direito ameaçado ou lesado a *tutela jurisdicional* (CF, art. 5º, XXXV). Correta, assim, a visão de Antônio de Passo Cabral de que, sem esquecer os demais escopos, "o processo deve ser orientado para a *tutela dos direitos*, e deve ser adequado para desempenhar este escopo no interesse dos litigantes, que exercitam seus direitos perante o judiciário. Assim, deve-se fundar o escopo do processo de proteção dos direitos individuais nos próprios direitos subjetivos, e não em algo como a 'aplicação da lei'"[38]. Aliás, mesmo quando se reconhece a improcedência do pleito do autor, a sentença prestará tutela ao direito do réu, o que decorre do caráter bilateral da ação, como já reconhecia Chiovenda.[39]

70. Princípios fundamentais

Na ordem constitucional, em que o poder jurisdicional deita suas raízes, encontram-se princípios fundamentais que informam a substância ou essência da jurisdição,[40] e que podem ser assim enunciados:

(a) *O princípio do juiz natural*: só pode exercer a jurisdição aquele órgão a que a Constituição atribui o poder jurisdicional. Toda origem, expressa ou implícita, do poder jurisdicional só pode emanar da Constituição, de modo que não é dado ao legislador ordinário criar juízes ou tribunais de exceção, para julgamento de certas causas, tampouco dar aos organismos judiciários estruturação diversa daquela prevista na Lei Magna. Nem mesmo os órgãos hierárquicos superiores podem, em princípio, suprimir a competência do juiz natural.[41]

(b) *O princípio da investidura*: a jurisdição somente pode ser exercida por juízes regularmente investidos, providos em cargos de magistrados e que se encontram

---

37 O STF, no RE 581.947/RO, com muita propriedade, lembrou, no voto do Relator, Min. Eros Grau, a lição de Rui Barbosa, segundo a qual "claro está que em todo o poder se encerra um dever: o dever de não exercitar o poder, senão dadas as condições, que legitimem o seu uso, mas não deixar de o exercer, dadas as condições que o exijam" (*Revista Magister de Direito Ambiental e Urbanístico*, v. 31, p. 105, ago.-set. 2010).

38 CABRAL, Antonio do Passo. *Convenções processuais. Entre publicismo e privatismo*. Tese de livre docência. São Paulo: USP, 2015, p. 104.

39 CHIOVENDA, Giuseppe. *Instituições de direito processual civil*. 3. ed. São Paulo: Saraiva, 1969, v. I, n. 7-B-b, p. 28.

40 "O exercício da jurisdição, função estatal que busca composição de conflitos de interesse, deve observar certos princípios, decorrentes da própria organização do Estado moderno, que se constituem em elementos essenciais para a concretude do exercício jurisdicional, sendo que dentre eles avultam: inevitabilidade, investidura, indelegabilidade, inércia, unicidade, inafastabilidade e aderência" (STJ, 4ª T., REsp 1.168.547/RJ, Rel. Min. Luis Felipe Salomão, ac. 11.05.2010, *DJe* 07.02.2011).

41 O poder de avocar causas processadas perante quaisquer juízos ou tribunais, que a Carta revogada conferia ao Supremo Tribunal Federal (art. 119, *o*, da Constituição Federal de 1967, com redação pela Emenda Constitucional 1/1969), não foi mantido pela nova Constituição de 1988.

no efetivo exercício desses cargos. Apenas juízes nestas condições se consideram investidos no poder jurisdicional.[42]

(c) O *princípio da improrrogabilidade*: os limites do poder jurisdicional, para cada justiça especial, e, por exclusão, da justiça comum, são os traçados pela Constituição. Não é permitido ao legislador ordinário alterá-los, nem para reduzi-los nem para ampliá-los.

(d) O *princípio da indeclinabilidade*: o órgão constitucionalmente investido no poder de jurisdição tem a obrigação de prestar a tutela jurisdicional e não a simples faculdade. Não pode recusar-se a ela, quando legitimamente provocado. Trata-se do dever legal de responder a invocação da tutela jurisdicional assegurada pela Constituição. Na lei, porém, há uma exceção que consiste na permissão a que o juiz se abstenha de atuar sob alegação de suspeição por motivo íntimo (art. 145, § 1º). Advirta-se, porém, que a abstenção é apenas do juiz e não do juízo competente, o qual permanecerá vinculado ao processo, havendo tão somente a substituição do titular do órgão jurisdicional pelo respectivo substituto.

(e) O *princípio da indelegabilidade*: não pode o juiz ou qualquer órgão jurisdicional delegar a outros o exercício da função que a lei lhes conferiu, conservando-se sempre as causas sob o comando e controle do juiz natural. Costuma-se falar em exceção do princípio nos casos de cartas precatórias ou de ordem. Na verdade, contudo, não se trata, na espécie, de delegação voluntária, mas de simples caso de colaboração entre órgãos judiciários, cada um dentro de sua natural e indelegável competência. O deprecante não delega poderes, já que o ato a ser praticado pelo deprecado nunca estaria compreendido nos limites da competência do primeiro. O que se pede é justamente que o único competente (o deprecado) pratique o ato que o deprecante não pode realizar, mas que é necessário para o prosseguimento do processo a seu cargo.

(f) O *princípio da aderência territorial:* todo juiz ou órgão judicial conta com uma circunscrição territorial dentro da qual exerce suas funções jurisdicionais, que pode ser a comarca, o Estado, o Distrito Federal ou todo o território nacional, conforme disposto na Constituição e nas leis de organização judiciária.

(g) O *princípio da inércia*: o acesso de todos à justiça é garantido pela Constituição (art. 5º, XXXV), mas o Poder Judiciário não pode agir por iniciativa própria, somente o fará quando adequadamente provocado pela parte (CPC/2015, art. 2º).

(h) O *princípio da unidade*: o Poder Judiciário é único e soberano, embora a partilha de competência se dê entre vários órgãos. Dessa maneira, qualquer que seja aquele que solucione o conflito, manifestará a vontade estatal única atuável diante dele. Nem mesmo a divisão constitucional entre várias justiças implica pluralidade de jurisdição, mas apenas "a existência de estruturas diversas, estabelecidas de acordo com a especialidade de cada uma dessas justiças, com o objetivo de assegurar a maior eficiência no seu desempenho".[43]

71. Jurisdição civil

A jurisdição, como poder ou função estatal, é *una* e abrange todos os litígios que se possam instaurar em torno de quaisquer assuntos de direito.

A diferença de matéria jurídica a ser manipulada pelos juízes, na composição dos litígios, conduz à necessidade prática da especialização não só dos julgadores, como das próprias leis

---

[42] GRECO, Leonardo. *Instituições de processo civil*. Rio de Janeiro: Forense, 2009, v. I, n. 5.1, p. 119.

[43] GRECO, Leonardo. *Instituições de processo civil*. Rio de Janeiro: Forense, 2009, v. I, n. 5.6, p. 128.

que regulam a atividade jurisdicional. Daí o aparecimento do Direito Processual Penal, do Direito Processual Civil, do Direito Processual Trabalhista etc.

O Direito Processual Civil, que é o que interessa ao nosso estudo, compreende as atividades desenvolvidas pelo Estado no exercício da "jurisdição civil" (CPC/2015, art. 13). Seu âmbito é delineado por exclusão, de forma que a jurisdição civil se apresenta com a característica da generalidade. Aquilo que não couber na jurisdição penal e nas jurisdições especiais será alcançado pela jurisdição civil,[44] pouco importando que a lide verse sobre direito material público (constitucional, administrativo etc.) ou privado (civil ou comercial).

72. Jurisdição contenciosa e jurisdição voluntária

Jurisdição contenciosa é a jurisdição propriamente dita, isto é, aquela função que o Estado desempenha na pacificação ou composição dos litígios. Pressupõe controvérsia entre as partes (lide), a ser solucionada pelo juiz. Na ordem constitucional, a justiça foi expressamente concebida como a prestadora da função jurisdicional *necessária* para tutelar os direitos lesados ou ameaçados de lesão (CF, art. 5º, XXXV). Assim, na base do processo, por meio do qual atua a jurisdição, nos moldes constitucionais, está sempre "um conflito de interesses", do qual decorre a pretensão deduzida em juízo, que, por sua vez revelará o *litígio* a ser composto pelo provimento jurisdicional.

Mas ao Poder Judiciário são, também, atribuídas certas funções em que predomina o caráter administrativo e que são desempenhadas sem o pressuposto do litígio. Trata-se da chamada *jurisdição voluntária*, em que o juiz apenas realiza gestão pública em torno de interesses privados, como se dá nas nomeações de tutores, nas alienações de bens de incapazes, divórcio e separação consensuais etc. Aqui não há lide nem partes, mas apenas um negócio jurídico-processual envolvendo o juiz e os interessados.

Não se apresenta como ato substitutivo da vontade das partes, para fazer atuar impositivamente a vontade concreta da lei (como se dá na jurisdição contenciosa). O caráter predominante é de atividade negocial, em que a interferência do juiz é de natureza constitutiva ou integrativa, com o objetivo de tornar eficaz o negócio desejado pelos interessados. A função do juiz é, portanto, equivalente ou assemelhada à do tabelião, ou seja, a eficácia do negócio jurídico depende da intervenção pública do magistrado.

Destarte, os procedimentos de jurisdição voluntária não figuram necessariamente na área de definição da atividade jurisdicional. Prova disso é que, sem violar a atribuição constitucional contida na partilha dos poderes soberanos estatais, muitas medidas que no passado figuravam no rol dos procedimentos ditos de jurisdição voluntária têm migrado para a competência de órgãos administrativos, sem qualquer eiva de inconstitucionalidade. Veja-se, para exemplificar, a permissão para que a consignação em pagamento se processe extrajudicialmente (Cód. Civil, art. 334; CPC/2015, art. 539, § 1º); para que o Oficial do Registro de Imóvel promova a notificação do promissário comprador, relativamente a negociação de imóveis loteados, constituindo-o em mora e cancelando o registro do respectivo contrato, sem depender de decisão judicial alguma (Lei 6.766/1979, art. 32); também da mesma forma se procede administrativamente, por meio do Oficial do Registro de Imóveis, para se obter o cumprimento do compromisso de compra e venda, quando o promitente vendedor não providencia a outorga da escritura definitiva, depois de ter sido pago o preço integral da promessa (Lei 6.766/1979, art. 27); iguais procedimentos administrativos a cargo do Oficial de Registro de Imóveis são autorizados tanto no inadimplemento, como no cumprimento do contrato de financiamento imobiliário sob garantia de alienação fiduciária (Lei 9.514/1997, arts. 25, 26, 26-A e 27); também a venda

---

44 ANDRIOLI, Virgílio. *Lezioni di Diritto Processuale Civile*. Napoli: Jovene, 1973, v. I, n. 11, p. 38.

forçada do imóvel hipotecado por meio de contrato de financiamento do Sistema Financeiro de Habitação pode ser promovida sem processo judicial, por iniciativa da instituição financeira (Decreto-lei 70/1966, arts. 31 e 32); a separação e o divórcio consensuais (CPC/2015, art. 733), assim como a partilha amigável (CPC/2015, art. 610, § 1º) tanto podem ser processados em juízo como administrativamente por meio de ato notarial etc. O que, de fato, se nota no direito moderno é, na verdade, uma tendência acentuada a processar administrativamente tanto o cumprimento como a resolução de diversos contratos e a desconstituição de situações jurídicas, antes administradas pelo Poder Judiciário, afastando a necessidade da interferência judicial.[45]

Se uma jurisdição é necessária na ordem constitucional de separação dos poderes soberanos do Estado (a "contenciosa") e outra não é necessária para a função tutelar atribuída à justiça de que o poder se acha institucionalmente encarregado (a "voluntária"),[46] como definir a jurisdição, nela inserindo papel meramente acidental, que tanto pode ser desempenhado por órgão judicial como por órgão administrativo?

Se funcional e objetivamente as atividades desempenhadas no âmbito da jurisdição voluntária não são necessárias ao cumprimento das atividades fundamentalmente reservadas ao Poder Judiciário, e não são iguais às "necessárias", *i.e.*, as que correspondem à jurisdição contenciosa, impossível atribuir a ambas uma só e mesma natureza. Ademais, que proveito prático, ou mesmo teórico, se pode esperar da absorção da jurisdição voluntária pelo conceito único de jurisdição, se, com tal conceito, não se logrará homogeneidade para o procedimento, o objetivo e a eficácia das tutelas prestadas nas duas "espécies" de jurisdição? O esforço teórico terá sido improdutivo e, por isso mesmo, sem relevância científica. A constatação inevitável é de que, pela própria complexidade e diversidade das medidas que se podem tomar sob o *nomen iuris* de "jurisdição voluntária", sempre houve muita dificuldade de generalizar aquilo que constituiria a sua substância; e, consequentemente, confusa e incerta tem sido a missão dos que se empenham a traçar os seus limites. Muito mais seguro é conceituar a jurisdição, segundo a função necessária que a Constituição lhe destina, sem dúvida ligada à solução de conflitos (litígios), e deixar para a noção de "jurisdição voluntária tudo aquilo que, sem a presença da contenciosidade, é apenas acidentalmente atribuído aos órgãos jurisdicionais, num plano predominantemente administrativo.

Não há como pensar, num universo de conteúdo tão variado e complexo, que a atividade da jurisdição contenciosa e a da jurisdição voluntária sejam espécies de um só gênero, quando tudo conspira a evidenciar que se trata de dois gêneros distintos de atividade".[47] A só coincidência subjetiva do órgão que as exerce não tem o poder de anular a diversidade essencial de objeto e finalidade.

Aqueles que advogam a inserção da jurisdição voluntária como parcela do conceito único de jurisdição, acabam por inovar a própria definição tradicional (histórica) do que seja jurisdição. Por isso, ao invés de defini-la como função que atua a vontade concreta da lei na composição da lide, criam uma definição nova e complexa, segundo a qual, dita função

---

45 Ao contrário do que supõem alguns, a submissão à jurisdição voluntária não tem se ampliado, e sim tem sido reduzida, mercê da insuficiência crônica da Justiça estatal para dar cumprimento satisfatório a seus encargos legais, institucionais ou eventuais.

46 Proto Pisani é daqueles que só consideram *necessária constitucionalmente* a jurisdição contenciosa (*Lezioni di Diritto Processuale Civile*, 3. ed. Napoli: Jovene Editore, 1999, p. 725), já que os atos da dita jurisdição voluntária tanto poderiam, a critério discricionário do legislador ordinário, ser atribuídos aos juízes, como aos agentes da administração e até mesmo à tutela privada (*Lezioni di Diritto Processuale Civile*, 3. ed. Napoli: Jovene Editore, 1999, p. 727). Também Comoglio, Ferri e Taruffo entendem da mesma maneira (*Lezioni sul processo civile*. 4. ed. Bologna: Il Mulino, 2006, v. I, p. 106).

47 FAZZALARI, Elio. *Istituzioni di Diritto Processuale*. 8. ed. Padova: CEDAM, 1996. p. 532-533, nota 26.

compreenderia, além da justa composição da lide, a "proteção de interesses particulares".[48] Operam, portanto, fora da essência daquilo que, na tripartição dos poderes estatais, identifica e particulariza cada um deles.

A área em que atua a jurisdição "constitucionalmente necessária" nada tem que ver com aquilo que às vezes se atribui administrativamente aos juízes, pois só aquela "coincide com a área da jurisdição tradicionalmente denominada como contenciosa".[49] "Constituindo o conflito de interesses a base do processo civil, não há processo civil [vale dizer: não há jurisdição, acrescentamos] onde não haja conflito de interesses".[50] Por isso – conclui José Lebre de Freitas[51] – "se situa fora do processo civil a categoria dos processos de jurisdição voluntária, ainda quando estes são regulados no Código de Processo Civil". É que, segundo o processualista lusitano, "os processos de jurisdição voluntária visam a prossecução de interesses não organizados em conflito". Às vezes, aduz o mesmo autor, se intenta apenas perseguir "o interesse de uma pessoa determinada, sem que outro qualquer seja considerado (ex.: interdição, reunião do conselho de família, autorização judicial, curadoria provisória dos bens do ausente, verificação da gravidez) ou ainda que o interesse de outra pessoa deva ser considerado, mas só num plano secundário (regulação do poder paternal); e outros há em que se intenta prosseguir os interesses solidários de duas ou mais pessoas (ex.: divórcio por mútuo consentimento, notificação para preferência)".

Inevitável, destarte, a conclusão de que não havendo *conflito de interesses* a dirimir nos procedimentos administrativos desenvolvidos em juízo, "rigorosamente, a chamada jurisdição voluntária não constitui uma *jurisdição* (grifo do original), só a jurisdição contenciosa sendo jurisdição em sentido próprio".[52]

Por outro lado, se algum procedimento é incluído no Código entre os contenciosos, quando na verdade não é precedido de litígio algum; ou se algum outro é inserido pela lei entre os de jurisdição voluntária, quando em realidade pressupõe prévia disputa entre antagonistas, nem por isso a natureza da coisa estará comprometida, nem poderá ser desprezada. Prevalecerá o enquadramento ditado pela substância da tutela a ser desempenhada pelo órgão judicial. Se é à solução de um conflito que o procedimento se destina será ele tratado como de jurisdição contenciosa; se inexiste conflito a compor, será jurisdição voluntária aquela desempenhada pelo juiz, pouco importando a sede em que o procedimento tenha sido colocado dentro do Código de Processo Civil.[53]

Reconhecem-se várias correntes doutrinárias a respeito da natureza da jurisdição voluntária. Andrioli cita as quatro principais, que, no direito italiano, são lideradas por Allorio, Micheli, Fazzalari e Satta.

Segundo a síntese de Andrioli, Allorio rebate o caráter substancialmente não jurisdicional da jurisdição voluntária. Micheli vê nela uma forma de tutela jurisdicional que prescinde da

---

48 GRECO, Leonardo. *Instituições de processo civil*. Rio de Janeiro: Forense, 2009, v. I, n. 3.1, p. 65.

49 PROTO PISANI, Andrea. *Lezioni di Diritto Processuale Civile*, 3. ed. Napoli: Jovene Editore, 1999, p. 725; COMOGLIO, Luigi Paolo; FERRI, Corrado; TARUFFO, Michele. *Lezioni sul processo civile*. 4. ed. Bologna: Il Mulino, 2006, v. II, p. 175.

50 FREITAS, José Lebre de. *Introdução ao processo civil*. Conceito e princípios gerais. 2. ed. Coimbra: Coimbra Editora, 2006, n. 4.4, p. 52.

51 FREITAS, José Lebre de. *Introdução ao processo civil*. Conceito e princípios gerais. 2. ed. Coimbra: Coimbra Editora, 2006, n. 4.5, p. 53.

52 FREITAS, José Lebre de. *Introdução ao processo civil*. Conceito e princípios gerais. 2. ed. Coimbra: Coimbra Editora, 2006, p. 55, nota 29.

53 Para maior aprofundamento do tema, ver nosso estudo "Ainda a polêmica sobre a distinção entre a "jurisdição contenciosa" e a "jurisdição voluntária": espécies de um mesmo gênero ou entidades substancialmente distintas? (*Revista de Processo*, n. 198, ago. 2011, p. 13-49).

existência de partes contrapostas. Fazzalari entrevê um *ens tertium*, distinto da jurisdição, não menos do que da administração. E Satta destaca a inserção dela no processo formativo da vontade do sujeito; e mais em geral individualiza seu objetivo na tutela dos interesses privados.[54]

Entre nós, porém, tem prevalecido o entendimento de que a jurisdição voluntária é forma de administração pública de interesses privados.[55] Daí ensinar Frederico Marques que "a jurisdição voluntária apresenta os seguintes caracteres:

(a) como função estatal, ela tem natureza administrativa, sob o aspecto material, e é ato judiciário, no plano subjetivo-orgânico;

(b) em relação às suas finalidades, é função preventiva e também constitutiva".[56]

Em nosso Código de Processo Civil, há um Capítulo do Livro I da Parte Especial reservado para os "procedimentos de jurisdição voluntária" (CPC, arts. 719 a 770).

A terminologia do legislador tem sido considerada correta, posto que, não havendo *lide*, não se pode falar em *processo*, mas apenas em *procedimentos*. Os sujeitos desses procedimentos, pela mesma razão, não são chamados *partes*, e sim *interessados*.

Ainda em face da simples tutela de interesses privados a que se destinam tais procedimentos, permite o Código que, em matéria de jurisdição voluntária, não fique o juiz "obrigado a observar critério de legalidade estrita, podendo adotar em cada caso a solução que considerar mais conveniente ou oportuna" (CPC/2015, art. 723, parágrafo único).

73. Substitutivos da jurisdição

O art. 3º do CPC atual, em seus parágrafos, prestigia os chamados *meios alternativos de solução de conflitos*, que vêm a ser aqueles que se prestam a pacificar litígios sem depender da sentença judicial. A propósito deles, costuma-se falar em *autocomposição* e *heterocomposição*, conforme haja ou não interferência de terceiros no meio alternativo de que se valem os litigantes.

Quando se cogita de classificar os diversos meios de compor os conflitos jurídicos, fala-se em *autocomposição* e *heterocomposição*. O conceito dessas figuras, todavia, não é unívoco, visto que a classificação pode partir de pontos de vista diferentes, levando em conta ora o procedimento como um todo, ora o ato decisório apenas. Assim, o mesmo fenômeno, que na classificação objetiva feita em função do procedimento, seria *heterocomposição*, quando se enquadra na classificação subjetiva (enfocada na autoria do ato decisório) pode configurar *autocomposição*. Veja-se como se apresentam, *in concreto*, as duas classificações:

I – Enfoque objetivo dos equivalentes jurisdicionais

Sendo a jurisdição atividade estatal *provocada*, e da qual a parte tem *disponibilidade*, como já se viu, pode a lide encontrar solução por outros caminhos que não a prestação jurisdicional. Assim, nosso ordenamento jurídico conhece formas de autocomposição da lide e de solução por decisão de pessoas estranhas ao aparelhamento judiciário (árbitros).

---

[54] ANDRIOLI, Virgílio. *Lezioni di Diritto Processuale Civile*. Napoli: Jovene, 1973, v. I, n. 13, p. 43.

[55] LOPES DA COSTA, Alfredo Araújo. *A Administração Pública e a Ordem Jurídica Privada*. Belo Horizonte: Bernardo Álvares, 1961, n. 32, p. 70.

[56] MARQUES, José Frederico. *Manual de Direito Processual Civil*. São Paulo: Saraiva, 1974, v. I, n. 62, p. 79.

A autocomposição pode ser obtida por meio de *transação* ou de *conciliação*. E a decisão da lide por pessoas não integradas ao Poder Judiciário ocorre mediante *juízo arbitral*.

A *transação* é o negócio jurídico em que os sujeitos da lide fazem concessões recíprocas para afastar a controvérsia estabelecida entre eles. Pode ocorrer antes da instauração do processo ou na sua pendência. No primeiro caso, impede a abertura da relação processual, e, no segundo, põe fim ao processo, com solução de mérito, apenas homologada pelo juiz (CPC/2015, art. 487, III, *b*).

A *conciliação* em sentido lato nada mais é do que uma transação obtida em juízo, pela intervenção do juiz junto às partes, ou do conciliador ou mediador, onde houver, antes de iniciar a instrução da causa. Uma vez efetivado o acordo, será reduzido a termo e homologado por sentença, com solução de mérito (CPC/2015, art. 334, § 11). O atual Código tratou de forma mais minuciosa a conciliação, na medida em que dedicou uma seção própria aos conciliadores e mediadores (CPC/2015, arts. 165 a 175). Admite, ainda, em cláusula geral, a possibilidade de se utilizarem outros métodos alternativos de resolução de conflitos, além da mediação e da conciliação (CPC/2015, art. 3º, § 3º) (ver, adiante, o item 313-VI).

O *juízo arbitral* (Lei 9.307, de 23.09.1996) importa renúncia à via judiciária estatal, confiando as partes a solução da lide a pessoas desinteressadas, mas não pertencentes aos quadros do Poder Judiciário. A sentença arbitral produz, entre as partes e seus sucessores, os mesmos efeitos da sentença proferida pelos órgãos do Poder Judiciário (art. 31 da citada Lei). O Código de 2015 é expresso ao afirmar, no art. 3º, § 1º, ser permitida a arbitragem na forma da lei. Ainda, tratou da alegação em juízo de convenção de arbitragem em capítulo próprio (capítulo VI, do Livro I, da Parte Especial), no art. 337, X, e seu § 6º[57] (ver adiante item 600). Corrente antiga, apegada às estruturas civilísticas, recusava o caráter jurisdicional ao juízo arbitral, classificando-o como meio contratual de composição de conflitos. Hoje, o tratamento que nosso direito positivo lhe dispensa atribui à sentença arbitral a natureza de título executivo judicial, de sorte que não se pode continuar tratando a arbitragem como mero substitutivo da jurisdição. Embora desenvolvido fora dos quadros do Poder Judiciário, o procedimento em questão tem a mesma natureza, a mesma função e a mesma força dos atos judiciais contenciosos.[58]

Todas essas formas extrajudiciais de composição de litígios só podem ocorrer entre pessoas maiores e capazes e apenas quando a controvérsia girar em torno de bens patrimoniais ou direitos disponíveis.

II – Enfoque subjetivo dos equivalentes jurisdicionais

Quando se tem em consideração o procedimento utilizado para se alcançar o *ato conclusivo* de composição do conflito, será visto como *autocomposição* aquele construído exclusivamente pelas partes, de forma bilateral ou unilateral. Nenhuma interferência, de estímulo ou deliberação, praticada por terceiro terá ocorrido nas fases processuais de preparo ou de finalização do ato resolutório do conflito. Nessa perspectiva, são casos de autocomposição apenas a *desistência*, a *renúncia* e a *transação*.

---

57 Incumbe ao réu alegar, em preliminar da contestação, a existência de convenção de arbitragem (art. 337, X). A ausência de tal alegação na resposta do réu "implica aceitação da jurisdição estatal e renúncia ao juízo arbitral" (art. 337, § 6º).

58 MARTINS, Pedro A. Batista. Da ausência de poderes coercitivos e cautelares. In: LEMES, Selma Ferreira, *et al.* (coords.). *Aspectos fundamentais da Lei de Arbitragem.* Rio de Janeiro: Forense, 1999, p. 145. "Sendo a sentença arbitral eficaz por si própria, ela é, tanto quanto a do juiz, um ato de *pacificação social* e, portanto, jurisdicional" (DINAMARCO, Cândido Rangel. *A arbitragem na teoria geral do processo.* São Paulo: Malheiros, 2013, n. 9, p. 41). No mesmo sentido: PUNZI, Carmine. Le nuove frontiere dell'arbitrato. *Rivista di diritto processuale,* Anno LXX (Seconda serie), N. 1, p. 15, gennaio-febbraio/2015.

Por outro lado, seria *heterocomposição* toda aquela em que um terceiro (agente público ou privado) tivesse interferido no procedimento desenvolvido para resolver o conflito, pouco importando se com força, ou não, de ditar a solução pacificadora. Na perspectiva subjetiva, portanto, são formas de composição heterogênea, equivalentes à *jurisdição estatal*, a *arbitragem*, a *conciliação* e a *mediação*.

O interesse pela distinção entre esses dois critérios classificatórios é, como se vê, de pouca ou nenhuma relevância, pois, qualquer que seja o enfoque preferido, o conceito, a compreensão e o papel dos equivalentes jurisdicionais de composição de litígio (arbitragem, transação, conciliação e mediação) serão exatamente os mesmos.

Melhor e mais prático é sintetizar a classificação das medidas de resolução de conflito, fora dos padrões comuns da jurisdição estatal ou arbitral, em: *(i) autotutela* e *(ii) autocomposição*. Na *autotutela*, o próprio titular do direito, por excepcional autorização da lei, reage contra a atividade ilícita de outrem ou se defende contra fato danoso voluntário ou não, utilizando suas próprias forças, por não dispor de tempo para buscar utilmente a tutela jurisdicional. É o que se passa, por exemplo, no estado de necessidade, na legítima defesa, no desforço imediato diante dos atentados à posse, no exercício do direito de retenção, na venda do bem objeto de penhor ou de alienação fiduciária em garantia etc.

Já na *autocomposição*, as partes mesmas negociam a solução do conflito, definindo-a consensualmente, mediante cessão total ou parcial dos interesses contrapostos. Opera a autocomposição, portanto, através de atitudes de renúncia, reconhecimento ou concessões recíprocas entre os contendores. Assim se passa quando o demandado reconhece a procedência do pedido do autor, quando o autor renuncia ao direito disputado com o réu e quando as partes encerram o conflito por meio de acordo ou transação, fazendo mútuas concessões. Em todas essas situações quem define a resolução do conflito são as próprias partes conflitantes, pouco importando a ocorrência, ou não, da assistência ou cooperação de terceiros. Daí a configuração de *autocomposição* na espécie.

74. A evolução da jurisdição individual para a jurisdição coletiva

Historicamente, a jurisdição foi concebida no pressuposto da ocorrência de *litígio*, isto é, de conflito entre interessados que disputam o mesmo bem da vida. Sem tal disputa, necessariamente individual, não se admitia a atividade jurisdicional. No século XX, todavia, a ideia de jurisdição assumiu dimensões muito mais amplas, e a tarefa que lhe foi confiada, de manter a paz social sob o império da ordem jurídica, passou a compreender, também, os fenômenos coletivos, em que os interesses transcendem a esfera do indivíduo e, de maneira difusa, alcançam toda a comunidade ou grandes porções dela.

Despertou-se o direito para interesses relevantíssimos, como meio ambiente, valores históricos culturais, saúde pública, segurança coletiva, relações de consumo, que, embora dizendo respeito a todos os indivíduos, não são suscetíveis de fracionamento para que cada um possa defendê-los particularmente. São interesses, por isso mesmo, transindividuais e indivisíveis, razão pela qual somente podem ser exercidos e defendidos em nome da coletividade. Trata-se, portanto, de *interesses difusos* ou *coletivos*. Outras vezes, embora seja possível fracionar o interesse, para determinar sua titularidade individual, muito numerosas são as pessoas que se encontram na mesma situação fático-jurídica, o que torna mais fácil e eficiente a tutela jurisdicional exercida por órgãos ou entidades que atuam em nome do conjunto de interessados. Fala-se, então, em *interesses individuais homogêneos*.

Num e noutro caso, a ideia antiga de um processo civil restrito, ordinariamente, aos litígios individuais ("ninguém poderá pleitear direito alheio em nome próprio, salvo quando autorizado pelo ordenamento jurídico", CPC/2015, art. 18) cede lugar a uma concepção de justiça em que não mais se vê a demanda em defesa de outrem como uma excepcionalidade extrema. Tão numerosas são as ações coletivas, hoje em dia, que se pode afirmar que o processo civil é tanto instrumento de composição individual de conflitos como de solução global dos problemas coletivos, em que os verdadeiros titulares do interesse material em disputa quase nunca participam diretamente da relação processual.

A primeira ação de defesa de interesse difuso, entre nós, foi a ação popular, por meio da qual se conferiu ao cidadão a defesa do patrimônio público contra ato abusivo de autoridade (Lei 4.717, de 29.06.1965). O movimento da coletivização do direito de ação, todavia, ganhou vulto expressivo quando se instituíram, a partir da Lei 7.347, de 24.07.1985, as *ações civis públicas*, inicialmente voltadas para a "responsabilidade por danos causados ao meio ambiente, ao consumidor, a bens e direitos de valor artístico, estético, histórico, turístico e paisagístico", e que posteriormente se ampliou para a tutela dos interesses difusos e coletivos de um modo geral (inciso IV do art. 1º da Lei 7.347, acrescido pela Lei 8.078, de 11.09.1990). Em seguida, incluíram-se no campo da ação civil pública as tutelas de interesses transindividuais de pessoas portadoras de deficiências (Lei 7.853, de 24.10.1989, alterada pela Lei 13.146/2015), de crianças e adolescentes (Lei 8.069, de 13.07.1990), de pessoas idosas (Lei 10.741, de 1º.10.2003, alterada pela Lei 14.423, de 22.07.2022), de consumidores (Lei 8.078, de 11.09.1990), da probidade administrativa (Lei 8.429, de 02.06.1992) e da ordem econômica (Lei 8.884, de 11.06.1994, substituída, atualmente, pela Lei 12.529/2011).

Para todas estas ações coletivas, voltadas para a defesa de interesses transindividuais, estatuiu-se legitimação concorrente para o Ministério Público e outras entidades públicas e privadas, as quais exercem, segundo alguns, "substituição processual" (isto é, atuam, em nome próprio, na defesa de direitos alheios) e, segundo outros, "função institucional própria" (isto é, embora não sejam titulares do direito material defendido, têm *interesse próprio* na tutela, derivado de sua natureza "institucional").

O certo é que em todas as ações coletivas, o regime da coisa julgada é especial e goza da possibilidade de eficácia além dos sujeitos da relação processual – eficácia *erga omnes* (v., adiante, nº 816).

Mesmo fora dos direitos transindividuais propriamente ditos (*difusos* e *coletivos*), várias ações coletivas têm sido instituídas, como por exemplo, as ações de defesa do consumidor em que se pleiteiam *direitos individuais homogêneos* (Lei 8.078, de 11.09.1990), entendidos como tais os que se formam pela agregação, nas relações de consumo, de vários direitos individuais (por isso mesmo *divisíveis*) pertencentes a pessoas distintas, mas unidos por uma circunstância fática originária comum. Pelo sistema tradicional do CPC, estes múltiplos titulares de direitos homogêneos somente se poderiam reunir no mesmo processo por meio do mecanismo do litisconsórcio. Nas modernas ações coletivas de consumo, seus interesses são defensáveis por meio de entidades especialmente credenciadas pela lei, que agem por função e legitimação próprias, independentemente de mandato individual (Ministério Público, órgãos de administração pública, associações etc.). Uma só sentença genérica poderá vir a ser executada por todos ou cada um dos interessados, que desfrutarão da coisa julgada sem terem participado pessoalmente do processo coletivo (CDC, arts. 95, 97 e 103, III).

Também a Constituição de 1988 contribuiu para o incremento das ações coletivas, fora do âmbito exclusivo dos interesses difusos e transindividuais. Assim é que assegurou, entre os direitos fundamentais, a legitimação das associações e sindicatos de classe para promover a defesa, em juízo, dos direitos e interesses dos respectivos associados (arts. 5º, XXI, e 8º, III). Criou-se, outrossim, o *mandado de segurança coletivo*, atribuído a partidos políticos, organizações sindicais e a associações ou entidades de classe, e utilizável como remédio processual de defesa coletiva dos membros ou associados, segundo um mecanismo de substituição processual. Sem dúvida, a Constituição, com essas previsões de demandas coletivas, valorizou e simplificou a tutela jurisdicional, na medida em que ampliou o âmbito da eficácia subjetiva das decisões judiciais, ao mesmo tempo em que produziu considerável economia processual nos conflitos individuais tratados de forma semelhante, dentro de grupos maiores de pessoas.[59]

No campo do controle da constitucionalidade das leis, o ordenamento brasileiro concebe verdadeiras ações sem lide, posto que praticamente não há, nelas, um sujeito passivo. O controle, na *ação direta de inconstitucionalidade*, assim como na *ação declaratória de constitucionalidade*, é promovido, perante o Poder Judiciário, por entidades credenciadas pela Constituição (CF, art. 103, com a redação da Emenda Constitucional 45, de 30.12.2004) e nele se debate a norma jurídica abstratamente considerada, "sem levar em consideração uma específica controvérsia ou uma situação concretamente estabelecida em decorrência da incidência do preceito normativo cuja legitimidade é contestada". Daí poder-se falar em "processos objetivos", sem lide e sem partes.[60] Sem embargo disso, geram uma *eficácia subjetiva universal*, já que as respectivas sentenças proporcionam força vinculante *erga omnes*, evitando o inconveniente de ter-se de repetir eternamente a discussão da constitucionalidade, caso a caso, entre os litigantes individuais.

O processo atual, nessa ordem de ideias, não pode mais ser visualizado apenas dentro da sistemática do Código de Processo Civil, já que tão ampla e profunda foi a marcha inovadora operada pela Constituição e legislação extravagante, após a codificação de 1973. Atento a essa circunstância, o Código atual previu outros meios coletivizantes de demandas individuais, como o incidente de resolução de demandas repetitivas (CPC/2015, arts. 976 a 987) e o julgamento de recursos repetitivos no STF e no STJ (CPC/2015, arts. 1.036 a 1.041). Diante desse quadro, é lícito afirmar, como faz Teori Albino Zavascki,[61] que os modernos mecanismos de tutela jurisdicional civil se dividem em três grandes e distintos grupos:

1º) Mecanismos para tutela de direitos subjetivos individuais, subdivididos em:
  (a) os que se destinam a tutelá-los *individualmente* pelo seu próprio titular, cuja disciplina básica se encontra no Código de Processo Civil; e
  (b) os que se destinam à *tutela coletiva dos direitos individuais*, em regime de substituição processual (ações civis coletivas e mandado de segurança coletivo).

2º) Mecanismos para *tutela de direitos transindividuais*, isto é, pertencentes a toda comunidade ou a grupos ou classes de pessoas indeterminadas (ação popular e as ações civis públicas).

3º) Mecanismos para tutela da própria ordem jurídica, em caráter genérico e abstrato (ações e instrumentos processuais de controle de constitucionalidade das normas jurídicas e das omissões legislativas).

75. Panorama global do aprimoramento da jurisdição na evolução do Estado de Direito

Na Idade Moderna, assim entendida a que sucedeu à Idade Média, o Estado passou por vários estágios, com significativos reflexos sobre o papel social, político e jurídico atribuído ao Poder Judiciário, como instituição encarregada do desempenho da função jurisdicional.

---

59 ZAVASCKI, Teori Albino. Reforma do Sistema Processual Civil Brasileiro e Reclassificação da Tutela Jurisdicional. *Revista de Processo*, v. 88, p. 175, out.-dez. 1997.

60 ZAVASCKI, Teori Albino. Reforma do Sistema Processual Civil Brasileiro e Reclassificação da Tutela Jurisdicional. *Revista de Processo*, v. 88, p. 176, out.-dez. 1997.

61 ZAVASCKI, Teori Albino. Reforma do Sistema Processual Civil Brasileiro e Reclassificação da Tutela Jurisdicional. *Revista de Processo*, v. 88, p. 178, out.-dez. 1997.

O Estado absolutista vicejou no mundo ocidental entre os séculos XVI e XVII, e nele a ordem jurídica pouca expressão ostentava, pois a vontade do monarca se colocava acima da lei, como enfatizava Luis XIV, no auge do absolutismo: *L' état c'est moi.* O governo e com ele os órgãos judiciais ficavam submissos à vontade soberana do rei e a prestação jurisdicional não passava de instrumento de opressão do povo a serviço dos interesses das pequenas castas dominantes (a nobreza e o clero). Ideias de legalidade e justiça não podiam, portanto, caracterizar a atividade jurisdicional naqueles tempos autoritários.

O iluminismo – era do domínio da razão – gerou a queda do absolutismo, por meio de grandes revoluções fomentadas pela burguesia e apoiadas pelas massas populares, na passagem do século XVIII para o século XIX. Nascia o Estado republicano e democrático, cuja tônica se apoiava no *liberalismo* centrado no homem e seus atributos naturais (igualdade e liberdade). Disso decorria a redução do papel do Estado na vida social. O poder, que tanto oprimia no Estado autoritário, deveria ser reduzido ao mínimo. Aos indivíduos é que tocava organizar suas vidas e projetos, cabendo ao Estado apenas propiciar-lhes condições para que a autonomia da vontade reinasse amplamente nas relações de natureza privada e para que, mesmo nas relações com o poder público, fosse mínima a interferência da vontade estatal.

Nesse estágio liberal, o processo jurisdicional, para superar e se afirmar perante os defeitos do absolutismo, de memória recente, organizou-se sob o predomínio, entre outras, das seguintes ideias básicas: a) uma excessiva neutralidade do juiz, com grande valorização da iniciativa das partes, na formação e condução do processo, inclusive no tocante às provas; b) uma valorização excessiva das formas procedimentais; c) o condicionamento da atividade executiva quase sempre à definitividade da coisa julgada; d) o distanciamento do direito processual do direito material; e) a elevação da coisa julgada a verdadeiro dogma; e f) um excesso de tecnicismo processual, na separação e isolamento estanque das tutelas de cognição, de execução e cautelar.[62]

Na passagem do século XIX para o século XX, o Estado liberal foi superado pelo Estado social, caracterizado por um papel ativo não só na declaração dos direitos fundamentais, mas também, e principalmente, na sua efetiva implantação no meio social, por meio de uma política intervencionista, tendente a controlar a atividade econômica e a promover uma nova ordem inspirada na liberdade e igualdade, mas com preocupações voltadas para a assistência social, a tutela do trabalho e outros valores relevantes para a implantação da isonomia real e do desenvolvimento geral das camadas sociais menos favorecidas pela distribuição da riqueza. Nesse estágio, a técnica processual evoluiu para uma postura diversa daquela antes adotada pelo Estado liberal. Podem-se destacar várias inovações evidentes na programação da tutela jurisdicional pelo Estado Social, dentre elas:

(a) uma postura mais ativa do juiz, caracterizada por menor neutralidade e maior iniciativa no comando do processo e na instrução probatória da causa;

(b) a assunção pelo juiz do encargo de promover a intervenção para assegurar a efetiva igualdade das partes em juízo, como meta do devido processo legal;

(c) a supremacia das técnicas de efetividade em detrimento do formalismo comprometido apenas com a segurança jurídica;

(d) o desapego à forma dos atos processuais e a valorização máxima de sua instrumentalidade;

(e) o abrandamento do dogma da coisa julgada admitindo sua relativização em muitas situações críticas, como as das ações coletivas e as de sentenças ofensivas à ordem constitucional;

---

62 RODRIGUES, Marcelo Abelha. Ação Civil Pública. In: DIDIER JR., Fredie (org.). *Ações constitucionais*. Salvador: JusPodivm, 2006, p. 266-267.

(f) a remodelação dos expedientes executivos, como necessidade de assegurar efeitos reais ao processo, inclusive por técnicas de tutela diferenciada e de sumarização para abreviar o alcance de resultados práticos urgentes;

(g) o abrandamento das barreiras estanques entre os processos de conhecimento, de execução e cautelar, de modo a facilitar sua promoção concentrada, sempre que possível numa única relação processual;

(h) a simplificação da técnica executiva, para que cada vez mais se facilite o acesso do titular do direito ao bem da vida que lhe cabe;

(i) a maior facilidade conferida ao juiz para usar as técnicas executivas, permitindo-lhe liberdade de escolha daquela que se mostre mais adequada para cada caso concreto.[63]

Por fim, chegou o processo ao século XXI inspirado nos novos desígnios do Estado Democrático de Direito,[64] aperfeiçoado no pós-segunda guerra mundial, cujos traços mais significativos se situam na constitucionalização de toda a ordem jurídica, e mais profundamente da atividade estatal voltada para a tutela jurisdicional. Nessa altura, o devido processo legal ultrapassa a técnica de compor os litígios mediante observância apenas das regras procedimentais, para assumir pesados compromissos éticos com resultados *justos*. O direito, sob influência das garantias fundamentais traçadas pela Constituição, incorpora valores éticos, cuja atuação se faz sentir não apenas na observância de regras procedimentais, mas também sobre o resultado substancial do provimento com que a jurisdição põe fim ao litígio. Daí falar-se, no século atual, em garantia de um *processo justo*, de preferência a um devido processo legal apenas.[65] Mesmo no plano de aplicação das regras do direito material, o juiz não pode limitar-se a uma exegese fria das leis vigentes. Tem de interpretá-las e aplicá-las, no processo, de modo a conferir-lhes o sentido *justo*, segundo o influxo dos princípios e regras maiores retratados na Constituição.[66]

O atual CPC, sob influxo desse atual rumo institucional, cuidou de consagrar um capítulo para declaração das normas fundamentais do processo civil, basicamente inspiradas nas garantias constitucionais do acesso à justiça por meio do processo justo (CPC/2015, arts. 1º a 12), dentre as quais merece destaque a que valoriza as soluções consensuais de conflito e impõe aos agentes processuais o dever de estimulá-las (CPC/2015, art. 3º, §§ 2º e 3º).

Ao mesmo tempo, registrou-se no Direito, como um todo, uma diluição das fronteiras entre o Direito Público e o Direito Privado. Ampliou-se a tutela do interesse público valorizando-se

---

63 RODRIGUES, Marcelo Abelha. Ação Civil Pública. In: DIDIER JR., Fredie (org.). *Ações constitucionais*. Salvador: JusPodivm, 2006, p. 268.

64 O Estado Democrático de Direito não é apenas a união formal dos conceitos de Estado de Direito e Estado Democrático. Segundo o constitucionalismo moderno, é um conceito novo que supera um e outro, tendo por eixo a supremacia da *vontade popular*, a preservação da *liberdade* e a *igualdade de direitos*. Dessa maneira, "sua plenitude [segundo Dalmo de Abreu Dallari] depende, intimamente, da realização do princípio da constitucionalidade, que exprime a legitimidade de uma Constituição proveniente, ao mesmo tempo: 1) da vontade popular; 2) do princípio democrático que, nos termos da Constituição, há de constituir uma democracia *representativa, participativa* e *pluralista*; 3) de um sistema de direitos fundamentais *individuais, políticos* e *sociais* e da vigência de condições suscetíveis de favorecer o seu pleno exercício; e 4) dos princípios da *justiça social*, da *igualdade*, da *divisão de poderes*, da *independência do juiz*, da *legalidade* e da *segurança jurídica*" (SANTOS, Marina França. *A garantia do duplo grau de jurisdição*. Belo Horizonte: Del Rey, 2012, p. 105. Cf. SILVA, José Afonso da. *Curso de direito constitucional positivo*. São Paulo: Malheiros, 2007, p. 119 e 122; DALLARI, Dalmo de Abreu. *Elementos de teoria geral do Estado*. São Paulo: Saraiva, 1995, p. 128).

65 Cf. os itens 6, 19, 20, 32, 36.1, 36.2 e 50 deste *Curso*.

66 "As garantias [do processo] não são outra coisa senão as técnicas previstas pelo ordenamento para reduzir a distância estrutural entre *normatividade* e *efetividade* e, portanto, para possibilitar a máxima eficácia dos direitos fundamentais em coerência com sua estipulação constitucional" (FERRAJOLI, Luigi. *Derechos y garantias:* la ley del más débil. Madrid: Editorial Trotta, 2004, p. 25).

sua presença, em volume cada vez maior, dentro até mesmo das relações privadas. As tutelas processuais coletivas, que eram timidamente previstas no Estado Liberal, avolumaram-se no Estado Democrático de Direito e, se não superaram quantitativamente as individuais, repercutiram no meio social, sem dúvida, com maior intensidade. Passou-se a viver, em nome do interesse público, sob a grande influência da jurisdição coletiva: a par da velha ação popular, ações civis públicas, mandados de segurança coletivo, ações de controle direto da constitucionalidade, ações de repressão à improbidade administrativa, dissídios coletivos do trabalho, ações civis por meio das mais diversas associações tornaram-se corriqueiros no meio forense.

O Estado Democrático de Direito, em suma, revelou-se como aquele em que a Jurisdição vem assumindo, de maneira efetiva, um realce político e social jamais ocorrido na história da civilização.

§ 9º PROCESSO

76. Conceito

Para exercer a função jurisdicional, o Estado cria órgãos especializados. Mas estes órgãos encarregados da jurisdição não podem atuar discricionária ou livremente, dada a própria natureza da atividade que lhes compete. Subordinam-se, por isso mesmo, a um *método* ou *sistema* de atuação, que vem a ser o *processo*.

Entre o pedido da parte e o provimento jurisdicional se impõe a prática de uma série de atos que formam o *procedimento* judicial (isto é, *a forma* de agir em juízo), e cujo conteúdo sistemático é o *processo*.

Esse método, porém, não se resume apenas na materialidade da sequência de atos praticados em juízo; importa, também e principalmente, no estabelecimento de uma relação jurídica de direito público geradora de direitos e obrigações entre o juiz e as partes, cujo objetivo é obter a declaração ou a atuação da vontade concreta da lei, de maneira a vincular, a esse provimento, em caráter definitivo, todos os sujeitos da relação processual.

Distinguem-se, destarte, no processo, dois aspectos relevantes: "o processo concebido como continente (*iudicium*) e o seu objeto, concebido como *mérito da causa (res in iudicium, deducta)*".[67] Isto porque a jurisdição pressupõe caso concreto a dirimir e o processo não pode ser utilizado como simples instrumento de especulação doutrinária ou teórica.

Assim, como instrumento da atividade intelectiva do juiz, o processo se apresenta como a "série de atos coordenados regulados pelo direito processual, através dos quais se leva a cabo o exercício da jurisdição".[68] Esses múltiplos e sucessivos atos se intervinculam e se mantêm coesos graças à relação jurídico-processual que os justifica e lhes dá coerência pela meta final única visada: a prestação jurisdicional.

E o objeto dessa mesma atividade intelectiva do juiz é a relação jurídico-substancial travada ou disputada entre as partes[69] e que se tornou controvertida diante de um conflito de interesses qualificado por pretensão de um e pela resistência de outro, conforme a sempre citada lição de Carnelutti.[70] Como nem sempre a relação litigiosa é discutida por inteiro, o objeto do processo é, mais especificamente, concentrado no *pedido* que a parte formula acerca da referida relação jurídica de direito material. Nele se revela a *questão* (controvérsia) a ser dirimida pela prestação jurisdicional.[71]

77. A importância da definição e estabilização do objeto do processo

Estando o processo programado para atingir o provimento jurisdicional em regime de contraditório pleno, é indispensável que o *objeto* do processo (ou seja, aquilo sobre o que irá incidir o pronunciamento judicial) fique desde logo definido, de maneira precisa. Se não for

---

67 BUZAID, Alfredo. *Agravo de petição no sistema do Código de Processo Civil*. 2. ed. São Paulo: Saraiva, 1956, n. 36, p. 82.

68 CALAMANDREI, Piero. *Estudios sobre el Proceso Civil*. Buenos Aires: Editorial Bibliografia Argentina, 1945, p. 287.

69 CALAMANDREI, Piero. *Estudios sobre el Proceso Civil*. Buenos Aires: Editorial Bibliografia Argentina, 1945, p. 287.

70 CARNELUTTI, Francesco. *Sistema di Diritto Processuale Civile*. Padova: CEDAM, 1936, v. I, n. 14.

71 Os italianos costumam identificar o *objeto do processo* com o "diritto sostanziale fatto valere in giudizio" (PROTO PISANI, Andrea. *Lezioni di diritto processuale civile*. 3. ed. Napoli: Jovene Editore, 1999, p. 59; COMOGLIO, Luigi Paolo; FERRI, Corrado; TARUFFO, Michele. *Lezioni sul processo civile*. 4. ed. Bologna: Il Mulino, 2006, v. I, p. 250-251). Vale dizer: o objeto do processo é o direito material que a parte pretende fazer atuar em juízo.

assim, as partes poderão ser, no final, surpreendidas com decisão sobre questões que não passaram pelo crivo do contraditório e da ampla defesa (CF, art. 5º, LIV e LV). Por isso é da maior importância a identificação, no início da relação processual, do *objeto* do processo; e é para cumprir esse desiderato que o Código de Processo Civil exige que na petição inicial o autor formule o *pedido*, com suas especificações e relacione o *fato* e os *fundamentos jurídicos* do pedido (CPC/2015, art. 319, III e IV). É, ainda, pela mesma razão que ao réu se atribui o ônus de, na *contestação*, alegar toda a matéria de defesa, expondo as razões de fato e de direito, com que impugna o pedido do autor (CPC/2015, art. 336).

Como a postura do réu é, em regra, de pura resistência ao pedido do autor, o *objeto* do processo se resume ordinariamente naquele pedido, já que a sentença terá, afinal, de acolhê-lo ou rejeitá-lo, para realizar a pacificação do litígio trazido a julgamento. Uma vez, porém, que o exame do pedido terá de ser feito nos limites de seus fundamentos (CPC/2015, art. 141), é na *causa de pedir* que se localizarão as *questões* a serem solucionadas para se chegar à acolhida ou rejeição do pedido.

Por outro lado, a contestação, por representar resistência ao pedido, não altera, só por isso, o objeto do processo, que, salvo a cumulação de pleito reconvencional, continua sendo o pedido do autor. Se, porém, ao resistir ao pedido, a defesa não se limita a negar sua juridicidade ou a veracidade do fato que o sustenta (defesa *direta*), e vai além para invocar fatos novos extintivos, impeditivos ou modificativos do direito material que o autor pretende fazer valer em juízo (defesa *indireta ou exceção de mérito*), as questões de mérito não serão mais apenas aquelas originariamente arroladas na causa de pedir da petição inicial. Com isso, o pedido não se altera e o objeto do processo também se conserva o mesmo. Mas, para chegar ao seu acolhimento ou à sua rejeição, a sentença terá de superar um número maior de questões. As chamadas *exceções de mérito*, portanto, se não mudam o objeto do processo, ampliam, no dizer de Proto Pisani, o campo dos fatos juridicamente relevantes deduzidos em juízo a serem necessariamente conhecidos pelo juiz para se chegar ao pronunciamento sobre a existência ou não do direito material que se pretendeu fazer valer no processo.[72]

A importância da delimitação do *objeto do processo* é grande, porque é nele que se encontrará a base para fixação das dimensões da coisa julgada e da litispendência (CPC/2015, arts. 337, §§ 1º, 2º, 3º e 4º, e 503).[73] Daí a conclusão de que o objeto típico do processo e da tutela jurisdicional não é um fato ou um ato, mas *um direito* (ou uma situação jurídica)[74]; e de que esse *direito* para ser atuado em juízo deve ser identificado, pela parte interessada, por meio da alegação de seus fatos constitutivos, dos quais haverá de ser produzida a *competente* prova nos autos.[75]

---

72 PROTO PISANI, Andrea. *Lezioni di diritto processuale civile*. 3. ed. Napoli: Jovene, 1999, p. 60.

73 Encerrada a fase de postulação, em que as partes formulam suas pretensões e questionamentos, o *objeto do processo* se estabiliza: o autor não poderá modificar o *pedido* ou a *causa de pedir*, sem o consentimento do réu (CPC, art. 329, II), e o réu, salvo as exceções legais, não poderá deduzir novas alegações ou defesas (CPC, art. 342).

74 Para PROTO PISANI, é preferível ver no objeto litigioso não literalmente *o pedido*, mas "o direito substancial feito valer em juízo" (PROTO PISANI, Andrea. *Lezioni di diritto processuale civile*. 3. ed. Napoli: Jovene, 1999, p. 59). De fato, quando a doutrina dominante identifica o objeto do processo com o *pedido*, nada mais faz do que reportar-se ao direito material para o qual se busca a tutela jurisdicional. O direito feito valer em juízo é justamente o conteúdo do pedido.

75 Como advertem COMOGLIO, FERRI e TARUFFO, "um direito nunca é *feito valer* [*i.e.*, *atuado*] em abstrato, tendo em mira sua hipotética lesão ou seu possível efeito jurídico, mas é sempre acionado em concreto, com relação a uma *específica lesão*, que identifica, *hic et nunc* ['aqui e agora'], a atualidade do interesse de agir daquele que invoca a respectiva tutela" (*Lezioni sul processo civile*. Bologna: Il Mulino, 2006, v. I, p. 252).

Portanto, o *pedido* do autor define o *direito material* que se intenta valer ou atuar em juízo e que, *in concreto*, se explica pelos fatos constitutivos invocados na *causa de pedir*, cuja análise judicial haverá de se estender a todas as *questões* (pontos controvertidos) que os envolvem, e que tenham sido suscitadas seja pelo autor, na petição inicial, seja pelo réu, na contestação.

78. Processo e procedimento

Processo e procedimento são conceitos diversos e que os processualistas não confundem. *Processo*, como já se afirmou, é o *método*, isto é, o *sistema* de compor a lide em juízo através de uma relação jurídica vinculativa de direito público, enquanto *procedimento* é a forma material com que o processo se realiza em cada caso concreto.[76]

Como método de solucionar litígios, convém lembrar que, embora o principal, o processo não é o único, visto que, em determinados casos e circunstâncias, permite, a ordem jurídica, a *autocomposição (transação* entre as próprias partes) e a *autotutela* (legítima defesa ou desforço imediato).

O processo, outrossim, não se submete a uma única forma. Exterioriza-se de várias maneiras diferentes, conforme as particularidades da pretensão do autor e da defesa do réu. Uma ação de cobrança não se desenvolve, obviamente, como uma de inventário e nem muito menos como uma possessória. O modo próprio de desenvolver-se o processo, conforme as exigências de cada caso, é exatamente o *procedimento* do feito, isto é, o seu *rito.*[77]

É o procedimento, de tal sorte, que dá exterioridade ao processo, ou à relação processual, revelando-lhe o *modus faciendi* com que se vai atingir o escopo da tutela jurisdicional. Em outras palavras, é o procedimento que, nos diferentes tipos de demanda, define e ordena os diversos atos processuais necessários.

Fazzalari tentou inovar a concepção de processo, negando-lhe a natureza de relação jurídica e, consequentemente, negando ao procedimento a qualidade de sistematização prática dos diversos atos que compõem a marcha processual. Para o processualista italiano, o processo é uma estrutura normativa composta de uma série de situações jurídicas, que qualifica o procedimento pelo tratamento das partes em regime de contraditório. Procedimento, por sua vez, seria um gênero (sucessão ordenada de atos visando a atingir um resultado) do qual o processo seria uma espécie: justamente o procedimento em contraditório. Para Fazzalari, então, o procedimento, em direito processual, consistiria na atividade preparatória de um provimento (ato estatal imperativo), a qual seria "regulada por uma estrutura normativa, composta de uma sequência de normas, de atos e de posições subjetivas".[78]

Porém, as concepções de processo e procedimento apresentadas por Fazzalari – como registra Luciano Fialho de Pinho –[79] não encontram ressonância na obra da grande maioria da doutrina processual brasileira, que continua a ver no processo uma relação jurídica e no procedimento sua "manifestação extrínseca", ou seja, "sua realidade fenomenológica perceptível".[80]

---

[76] MARQUES, José Frederico. *Instituições de direito processual civil.* Rio de Janeiro: Forense, 1958, v. I, p. 14.

[77] SANTOS, Ernane Fidélis dos. *Estudos de Direito Processual Civil*, 1975. p. 5.

[78] GONÇALVES, Aroldo Plínio. *Técnica Processual e Teoria do Processo*. Rio de Janeiro: Aide, 1992, p. 102; FAZZALARI, Elio. *Istituzioni di Diritto Processuale*. 8. ed. Padova: CEDAM, 1996. p. 77 e ss.

[79] PINHO, Luciano Fialho. *Ação de Responsabilidade Civil Proposta em face dos Administradores de Sociedades Anônimas*. Tese, Belo Horizonte, UFMG, 2000, p. 74.

[80] CINTRA, Antonio Carlos de Araujo; GRINOVER, Ada Pellegrini; DINAMARCO, Cândido Rangel. *Teoria Geral do Processo*. 16. ed. São Paulo: Malheiros, 2000, n. 169, p. 275. Em outros termos, "o *modus operandi* do processo" (CARREIRA ALVIM, J. E. *Elementos de Teoria Geral do Processo*. 4. ed. Rio de Janeiro: Forense, 1995, p. 241; SANTOS, Ernane Fidélis dos. *Manual de Direito Processual Civil*. 3. ed. São Paulo: Saraiva, 1994, n. 41, p. 25; MARQUES, Frederico. *Manual de Direito Processual Civil*. Campinas: Bookseller, 1997, v. I, n. 8, p. 36; Barbosa Moreira, José Carlos. *O novo Processo Civil Brasileiro*. 21. ed. Rio de Janeiro: Forense, 2000, p. 3).

Explicam Cintra-Grinover-Dinamarco que não existe razão para abandonar a teoria tradicional, em face das objeções de Fazzalari, pois o fato de as partes terem poderes e faculdades no processo, ao lado de deveres, ônus e sujeição, "significa, de um lado, estarem envolvidas numa relação jurídica; de outro, significa que o processo é realizado em contraditório. Não há qualquer incompatibilidade entre essas duas facetas da mesma realidade". De tal sorte, concluem os processualistas aludidos, "é lícito dizer, pois, que o processo é o procedimento realizado mediante o desenvolvimento da relação entre seus sujeitos, presente o contraditório".[81]

O curioso é que, enquanto o direito civil procura aprimorar o conceito de obrigação adaptando-o à noção de relação jurídica complexa extraída do fenômeno verificado no processo judicial, surgem vozes discrepantes na seara no direito processual para negar a existência da relação jurídica no processo. Larenz e os modernos civilistas não se viram impedidos de visualizar na obrigação civil, em sua totalidade, uma relação jurídica complexa, que gera e engloba uma série de consequências jurídicas para ambas as partes, que, além da prestação principal, compreende deveres de prestações acessórias, deveres de conduta, direitos potestativos, ônus e outras situações jurídicas.[82] Aprimorou-se a teoria das obrigações em direito material, recorrendo justamente ao conceito extraído do direito processual em torno da relação jurídica complexa e dinâmica. A obrigação passou a ser visualizada como processo porque nela, a exemplo do processo judicial, se podia visualizar uma relação jurídica complexa integrada por um vínculo dinâmico, polarizado, em todas as suas vicissitudes e múltiplas situações intercorrentes, pela busca de um resultado ou de um fim a ser alcançado como meta do contrato.[83] Ora, se é a ideia de obrigação como processo que se presta a modernizar o direito obrigacional, e isto se faz justamente a partir da noção de processo como "relação jurídica" complexa e dinâmica, por que razão haverá a doutrina processualística de repudiar a construção clássica da relação jurídico-processual, tendo-a como imprestável ou inútil à compreensão da natureza jurídica do processo? Complexidade e dinamismo prestam-se a especializar a relação jurídico-processual, mas não a afastá-la da figura geral das relações jurídicas.

Historicamente – é de se lembrar –, várias correntes tentaram explicar a natureza do processo, desde as completamente superadas (como as do *contrato* e do *quase contrato*) até outras sofisticadas, como as do processo como *situação jurídica*, ou como *instituição jurídica*.[84]

De fato, porém, a concepção que permitiu a elaboração científica do direito processual moderno foi, inquestionavelmente, a do processo como relação jurídica de direito público, distinta da relação de direito material, que constitui o seu objeto,[85] e que continua sendo a que, para fins didáticos, melhor serve à compreensão do processo como instrumento de atuação do Estado na composição dos litígios.

---

81 CINTRA, Antonio Carlos de Araujo; GRINOVER, Ada Pellegrini; DINAMARCO, Cândido Rangel. *Teoria Geral do Processo*. 16. ed. São Paulo: Malheiros, 2000, n. 176, p. 283. "Ao garantir a observância do contraditório a todos os 'litigantes em processo judicial ou administrativo e aos acusados em geral' está a Constituição (art. 5º, inc. LV) formulando a solene exigência política de que a preparação de sentenças e demais procedimentos estatais se faça mediante o desenvolvimento da *relação processual*" (CINTRA, Antonio Carlos de Araujo; GRINOVER, Ada Pellegrini; DINAMARCO, Cândido Rangel. *Teoria Geral do Processo*. 16. ed. São Paulo: Malheiros, 2000, n. 176, p. 283).

82 LARENZ, Karl. *Derecho de obligaciones*. Tradução espanhola de Jaime Santos Briz. Madrid: Revista de Derecho Privado, 1958, t. 1, p. 39; MARTINS-COSTA, Judith. *A boa-fé no direito privado:* sistema e tópica no processo obrigacional. São Paulo: RT, 1999, p. 394.

83 LARENZ, Karl. *Derecho de obligaciones*. Tradução espanhola de Jaime Santos Briz. Madrid: Revista de Derecho Privado, 1958, t. 1, p. 21, 37 e 38.

84 CINTRA, Antonio Carlos de Araujo; GRINOVER, Ada Pellegrini; DINAMARCO, Cândido Rangel. *Teoria Geral do Processo*. 16. ed. São Paulo: Malheiros, 2000, n. 170-176, p. 276-283; CARREIRA ALVIM, J. E. *Teoria Geral do Processo*. 8. ed. Rio de Janeiro: Forense, 2002, p. 149-165.

85 CARREIRA ALVIM, J. E. *Elementos de Teoria Geral do Processo*. 4. ed. Rio de Janeiro: Forense, 1995, p. 162.

Se, nas origens do estudo do direito processual como ramo autônomo da ciência jurídica, havia muito interesse na pesquisa da natureza jurídica do processo, hoje a especulação teria perdido significado. Diante da maturidade e solidificação da posição própria ocupada por esse ramo do direito, há quem não entrevê sequer a obrigatoriedade de encaixar, com rigor, o processo num dos conceitos jurídicos clássicos, podendo ser encarado sob o prisma simplesmente de "conceito jurídico autônomo", próprio do ramo de direito em que atua. Em vez de reportar-se a parâmetros forjados em tempos anteriores ao surgimento do direito processual científico, bastaria ao processualista contentar-se com a perspectiva interna do direito processual mesmo, já que se trata de ramo completamente independente dos que, antes dele, se formaram em torno do direito material.[86]

79. Características do procedimento

O importante para os estudiosos do processo de nosso tempo é compreender as características e o papel que a técnica atribui ao procedimento em juízo. Assim, traços marcantes do procedimento, no direito processual civil moderno, são:

(a) Do ponto de vista *objetivo*, a multiplicidade de atos que necessariamente o compõem, todos coordenados numa verdadeira dependência recíproca, de modo que um provoca o outro e o subsequente é legitimado pelo anterior, todos enfim explicados em conjunto com um só objetivo final, que vem a ser a perseguição do *provimento jurisdicional* capaz de solucionar o conflito jurídico (lide) existente entre as partes.

(b) Do ponto de vista *subjetivo*, o procedimento se apresenta como obra de cooperação necessária entre seus protagonistas: só se estabelece por iniciativa de *parte* (ou seja, de alguém estranho ao órgão judiciário, titular do poder jurisdicional) (CPC, art. 2º), só se desenvolve em contraditório com a *contraparte* (CF, art. 5º, LV), e, pois, o provimento jurisdicional que impõe às partes a composição definitiva da controvérsia, em nome da autoridade estatal, só se legitima se respeitar fielmente a *demanda e o contraditório*, como situações inafastáveis desde a formação até a exaustão do processo. Depende, tecnicamente, das partes a existência do processo, assim como a determinação do seu objeto, e será com a cooperação delas que o juiz conhecerá os fatos relevantes da causa e logrará, afinal, analisá-los juridicamente, em busca da solução do litígio. As partes têm assegurado o direito de atuar amplamente, em condição de igualdade, na formação do convencimento do juiz. O juiz, por sua vez, se vê vinculado à avaliação da contribuição das partes, não podendo surpreendê-las com decisões de questões não debatidas, nem proferidas com fundamento estranho ao contraditório. A *não surpresa*, nessa ordem de ideias, é da essência do princípio do contraditório e ampla defesa, consagrado pela Constituição (CPC, arts. 7º, 9º e 10).

O procedimento, portanto, revela o feitio associativo do método estatal de composição de conflitos (o processo). Não se trata, em suma, de um sistema unilateral e autoritário de exercício do poder público. Ao contrário, só se estabelece e atinge seu objetivo mediante

---

[86] Essa é a postura de Andrés de la Oliva Santos e Ignácio Díez-Picazo Gimenez, para quem, "entendidos os conceitos como *instrumentos de comunicação* e não como *objetos de culto*, o processo é hoje, e há décadas, um *conceito jurídico autônomo*, com o qual se expressa a realidade de uma série ou sucessão de atos, juridicamente previstos e regulados, mediante os quais se exerce a função jurisdicional, até que se diga e eventualmente se realize o Direito em casos concretos" (*Derecho Procesal Civil* – el proceso de declaración. 3. ed. Madrid: Editorial Universitária Ramón Areces, 2004, § 24, n. 15, p. 54).

estrita e obrigatória participação de todos os sujeitos do processo. Todos têm direito e poder de interferir na formação e revelação da vontade concreta da lei, segundo a técnica da apuração da verdade real e da adaptação da ordem jurídica às suas particularidades. Procedimento, nessa perspectiva, que não respeitar a demanda e o contraditório, em todos os seus desdobramentos, gerará atos viciados e culminará por provimento jurisdicional inválido.

79.1. Procedimento como garantia das partes

Os atos praticados dentro do processo se encadeiam visando alcançar o provimento jurisdicional, que haverá de solucionar o conflito jurídico estabelecido entre as partes. Por seu intermédio se determina com precisão o objeto do litígio, o caminho a ser percorrido até ser atingida a meta visada, assegurando ampla defesa aos litigantes, evitando excessos das partes e impedindo o arbítrio judicial.[87]

A determinação legal das formalidades do procedimento responde, segundo a lição de Liebman, a uma necessidade de ordem, certeza e eficiência, configurando, acima de tudo, "uma garantia de andamento regular e leal do processo e de respeito aos direitos das partes".[88] Enfim, consistem os atos procedimentais, para Chiovenda, em instrumentos de defesa das liberdades individuais.[89]

Mas a relevância desses atos não está propriamente na forma ditada pela lei, mas na função que lhes é confiada, de maneira que não afeta a validade do processo a inobservância pontual do procedimento, se a função do ato omitido ou irregularmente formalizado for alcançada.

Essa, aliás, é a regra fundamental do sistema de nulidades do CPC, expressa no art. 277[90] e complementada nos arts. 282, § 1º, e 283, parágrafo único.[91] A flexibilidade do procedimento civil é, outrossim, adotada com largueza pelo CPC em vigor, ao permitir o negócio jurídico processual, nas causas em que cabe a autocomposição, negócio esse praticável entre as partes com o objetivo de estipular *mudanças no procedimento* para ajustá-lo às especificidades da causa e convencionar sobre os seus ônus, poderes, faculdades e deveres processuais, antes ou durante o processo.[92]

---

87 CHIOVENDA, Giuseppe. *Ensayos de derecho procesal civil*. Trad. de Santiago Sentis Melendo. Buenos Aires: EJEA, 1949, v. II, p. 126; BUFULIN, Augusto Passami; BALESTREIRO FILHO, Marcos Alberto. Afinal, existe uma cláusula geral para adaptação procedimental judicial no Código de Processo Civil de 2015? *Revista dos Tribunais*, v. 1.029, p. 265. São Paulo, jul./2021.

88 LIEBMAN, Enrico Tullio. *Manual de direito processual civil*. 3. ed. Trad. de Cândido Rangel Dinamarco. São Paulo: Malheiros, 2005, v. I, p. 290.

89 CHIOVENDA, Giuseppe. *Ensayos de derecho procesal civil*. Trad. de Santiago Sentis Melendo. Buenos Aires: EJEA, 1949, v. II, p. 134.

90 "Quando a lei prescrever determinada forma, o juiz considerará válido o ato se, realizado de outro modo, lhe alcançar a finalidade." (art. 277 do CPC).

91 "O ato [viciado] não será repetido nem sua falta será suprida quando não prejudicar a parte" (art. 282, § 1º); "O erro de forma do processo acarreta unicamente a anulação dos atos que não possam ser aproveitados, devendo ser praticados os que forem necessários a fim de se observarem as prescrições legais." (art. 283, *caput*); porém, "Dar-se-á o aproveitamento dos atos praticados desde que não resulte prejuízo à defesa de qualquer parte." (art. 283, parágrafo único).

92 A principal maneira pela qual o legislador de 2015 rompeu com o antigo dogma da rigidez formal do procedimento instituído pela lei se deu através do prestígio dispensado à autonomia da vontade, possibilitando às partes a celebração de negócio jurídico processual na conformação do procedimento, nos moldes do art. 190 do CPC. E isto é possível não apenas em relação ao procedimento comum, mas também em face dos procedimentos especiais criados pela lei, como se pode deduzir dos arts. 318, parágrafo único, e 327, § 2º, do mesmo Código (cf. BUFULIN, Augusto Passamani; BALESTREIRO FILHO, Marcos Alberto. Afinal, existe uma cláusula geral para adaptação procedimental judicial no Código de Processo Civil de 2015? *Revista dos Tribunais*, v. 1.029, p. 278. São Paulo, jul. 2021).

80. Autonomia do processo

Calamandrei entendia que o objeto do processo era a relação jurídica material controvertida entre os sujeitos da lide. Sua lição, no entanto, tem sofrido reparos da mais moderna doutrina processualística. Diante do reconhecimento, hoje indiscutível, da autonomia do direito de ação, que pode, inclusive, tender à declaração de inexistência de uma relação jurídica substancial, tem-se afirmado, com razão, que por objeto do processo não se deve mais considerar a relação jurídica litigiosa, mas "a vontade concreta da lei, cuja afirmação e atuação se reclama".[93] Nada obstante, não se pode deixar de observar que a vontade concreta da lei somente será admissível nos limites da relação material afirmada ou negada no processo.

Com mais precisão, portanto, o *objeto* do processo confunde-se com o *pedido* formulado pela parte em face da relação material controvertida. A relação terá de ser examinada pelo órgão jurisdicional, mas nos limites do necessário, para solucionar o pedido. Em função do exame da invocada relação material (seja ela reconhecida ou negada), será ditada a solução do pedido, que poderá traduzir-se no seu acolhimento, ou na sua rejeição.

O processo não depende da existência do direito substancial da parte que o invoca, pelo menos independe de sua prévia comprovação. O direito de provocá-lo é *abstrato*; de maneira que a função jurisdicional atua plenamente, sem subordinação à maior ou menor procedência das razões de mérito arguidas pela parte. *Il processo si fa per dare ragione a chi ha ragione davvero*,[94] não a quem pretende tê-la.

Por isso mesmo que o processo é autônomo e não sujeito ou subordinado à precisa existência de um direito material, a atividade jurisdicional se desdobra em dois tempos diferentes: "o juiz – ensina Bülow – tem que decidir não só sobre a existência do direito controvertido, mas também, para conhecê-lo, examinar se concorrem os requisitos de existência do próprio processo".[95] (Sobre os "pressupostos processuais", veja-se adiante o nº 87).

81. Espécies de processo (ou de tutela jurisdicional)

Na literatura processual tradicional era comum identificar três espécies de processo, o de conhecimento, o de execução e o cautelar.[96] Mais recentemente, a doutrina tem preferido classificar as espécies de tutela prestáveis processualmente: a tutela de acertamento, a tutela de execução e a tutela de prevenção (cautelar).[97]

---

93 BUZAID, Alfredo. *Agravo de petição no sistema do Código de Processo Civil*. 2. ed. São Paulo: Saraiva, 1956, n. 37, p. 83-84.

94 LIEBMAN, Enrico Tullio. *Manuale di Diritto Processuale Civile*. Ristampa da 2. ed. Milano: A. Giuffrè, 1968, v. I, n. 8, p. 18.

95 BUZAID, Alfredo. *Agravo de petição no sistema do Código de Processo Civil*. 2. ed. São Paulo: Saraiva, 1956, n. 36, p. 82.

96 "Embora varie a disciplina e a configuração que se podem imprimir ao processo nas diversas legislações, em todas elas, no entanto, o processo oferece certas linhas essenciais e comuns, em torno às quais, portanto, se ramificam as linhas diferenciais que dão origem aos vários sistemas de processo, dessarte, como cada legislação insere diferentes formas de tutela jurídica, e precisamente mediante *cognição*, mediante *conservação* e mediante *execução*, encontram-se correspondentemente em cada legislação um processo de *cognição*, de *conservação* e de *execução*" (CHIOVENDA, Giuseppe. *Instituições de direito processual civil*. 3. ed. Trad. de J. Guimarães Menegale. São Paulo: Saraiva, 1969, v. I, n. 16, p. 50-51).

97 "As formas de intervenção jurisdicional são essencialmente três: (...) a tutela declarativa, a tutela executiva e a tutela cautelar" (LUISO, Francesco P. *Diritto processuale civile*. 11. ed. Milano: Giuffrè, 2020, v. I, p. 11). Proto Pisani fala em tutela de mero acertamento, tutela de condenação, tutela constitutiva, tutela executiva, além da tutela sumária e da tutela cautelar (PROTO PISANI, Andrea. *Trattato di diritto civile del Consiglio Nazionale del Notariato*. Napoli: Edizioni Scientifiche Italiane, 2008, p. 43-196). Da mesma forma, para Amaral Santos "a tutela jurisdicional se manifesta por três formas: pela decisão,

Em todo processo há declaração de direito, ainda que em caráter negativo, pois, conforme adverte Lent, "a primeira tarefa do juiz, antes de ordenar a coação estatal, é a de verificar o *que é direito*".[98] Primeiramente, declara-se a verdadeira situação jurídica, para depois realizá-la, ou tutelá-la.

Entretanto, consoante a posição em que se acham as partes, diante do conflito de interesses, o processo realiza missão diferente. Da diversidade de fins visados pelo procedimento, decorre também uma diferença de estrutura e atuação processual. Se há uma pretensão jurídica contestada, compõe-se o litígio declarando a vontade concreta da lei por meio do processo de *cognição* ou de *conhecimento*.[99] Acerta-se, assim, pela sentença, "a efetiva situação jurídica das partes".[100]

Quando, porém, há certeza prévia do direito do credor e a lide se resume à insatisfação do crédito, o processo limita-se a tomar conhecimento liminar da existência do título do credor, para, em seguida, utilizar a coação estatal sobre o patrimônio do devedor, e, independentemente da vontade deste, realizar a prestação a que tem direito o primeiro.[101] Trata-se do processo de *execução*, em que o órgão judicial invade a esfera patrimonial do devedor para sub-rogar-se na posição obrigacional dele em face do credor.

Outras vezes, o processo é utilizado, antes da solução definitiva da controvérsia estabelecida em torno da relação jurídica material que envolve as partes, para prevenir, em caráter emergencial e provisório, a situação da lide contra as alterações de fato ou de direito que possam ocorrer antes que a solução de mérito seja prestada pela Justiça. Surge, então, a tutela *cautelar*, caracterizada por sumariedade e provisoriedade, atuando acessoriamente para resguardar a utilidade e eficiência da futura tutela de mérito.

Todo processo tende a um *provimento* (ou providência) do órgão judicial, com que se realiza a satisfação do direito à prestação jurisdicional. No processo de conhecimento, esse provimento é a sentença; no processo de execução, é a medida prática (concreta, material) com que se realiza a prestação correspondente ao direito do credor; na atividade cautelar é qualquer medida prática com que se afasta a situação de perigo em que o processo se vê envolvido.

81-A. Processo estrutural

O século XX revelou que o desempenho do Estado, no âmbito das políticas públicas, não pode ser excluído, em caráter absoluto, do controle jurisdicional, mormente quando a Administração, por ação ou omissão, viola garantias fundamentais.

---

pela execução e pelas medidas preventivas, ou cautelares" (AMARAL SANTOS, Moacyr. *Primeiras linhas de direito processual civil*. 3. ed. São Paulo: Max Limonad, 1971, v. I, n. 46, p. 97).

98 ARRUDA ALVIM NETTO, José Manoel de. Código de Processo Civil Comentado. São Paulo: RT, 1975, v. I, p. 256.

99 "A função da jurisdição declarativa é a de *resolver controvérsia* (...). Para cumprir tal função o juiz certifica (define) a existência da situação substancial; certifica a lesão que esta sofreu em razão do ilícito; individua os efeitos necessários, as consequências jurídicas a produzir para eliminar a lesão produzida pelo ilícito (...). O processo que realiza a tutela declarativa denomina-se processo de cognição (...)" (LUISO, Francesco P. *Diritto processuale civile*. 11. ed. Milano: Giuffrè, 2020, v. I, p. 11-12).

100 LENT, Friedrich. Diritto Processuale Civile Tedesco. Napoli: Morano, 1962, § 2º, p. 17. O processo de conhecimento se encerra por uma sentença que pode ser *puramente declaratória, condenatória ou constitutiva* (ver, adiante, o item 100). Utiliza-se o processo de conhecimento, portanto, "para o fim de descobrir e formular a regra jurídica concreta que deve regular o caso" (LIEBMAN, Enrico Tullio. *Processo de execução*. 3. ed. São Paulo: Saraiva, 1968, n. 18, p. 37; MARQUES, José Frederico. *Instituições de direito processual civil*. Rio de Janeiro: Forense, 1958, v. I, n. 124, p. 268).

101 O processo de execução cuida da pretensão apenas insatisfeita e visa tornar efetiva a vontade concreta da lei mediante modificação dos fatos da realidade para que "se realize a coincidência entre a regra e os fatos" (LIEBMAN, Enrico Tullio. *Processo de execução*. 3. ed. São Paulo: Saraiva, 1968, n. 18, p. 37; MARQUES, José Frederico. *Instituições de direito processual civil*. Rio de Janeiro: Forense, 1958, v. I, n. 124, p. 268).

Acontece que os conflitos que ocorrem nesse campo são, em regra, muito complexos, desafiando debate, investigação, avaliação, julgamento e execução que não se amoldam à estrutura processual tradicional, seja de conhecimento, seja de execução. Não basta ao juiz, na espécie, instruir o processo à luz das provas usuais e proferir, imediatamente à coleta dos elementos de convencimento trazidos por autor e réu, uma condenação rígida, que quase sempre esbarrará na inexequibilidade.

A alta complexidade do conflito conduz à necessidade de audiência de órgãos técnicos e pessoas especializadas, além das partes, que colaborem com o juiz tanto na avaliação do problema como nos meios de solucioná-lo. Principalmente na fase de execução da sentença, é indispensável dar-lhe uma forma aberta, suscetível de coparticipação efetiva do executado e de constante adaptabilidade procedimental, e mesmo do objeto da condenação, a fim de superar os inevitáveis impasses que surpreendem o executor e revelam a inexequibilidade da sentença em seu sentido traçado originalmente pelo julgador. A duração do processo terá de ser ampliada e prorrogada, de acordo com as vicissitudes do cumprimento do projeto estrutural traçado pela sentença.

Para viabilizar a interferência do judiciário no domínio das políticas públicas, concebeu-se, em doutrina e jurisprudência, aquilo a que se atribuiu o nome de *processo estrutural*, que se organiza de maneira a proporcionar um arranjo judicial não limitado ao passado e que vá além do estado de coisas atual, preocupando-se muito mais com as perspectivas futuras. Com isso, constrói-se um provimento estruturante, dotado de um "constante toque de flexibilidade". Ou seja:

> "a condução desse tipo de processo exigiria uma atuação *mais fortemente gerencial* do órgão julgador, identificando constantemente as necessidades concretas ligadas ao feito e customizando atos a serem tomados no processo de modo a conferir maior retidão com a própria realidade subjacente ao debate. De modo ainda mais acentuado, essa natureza fluida representaria o principal ponto de apoio para a *efetivação* das providências determinadas no âmbito da medida estrutural voltada a tutelar o bem jurídico tido como relevante".[102]

Pense-se na abertura de novas vagas no ensino público, na criação de hospitais, de creches ou abrigos para inválidos, na abertura de estradas, remodelação de sistema de presídios, combate à poluição ambiental etc. Sem a estruturação de como a condenação será flexivelmente implementada, com toda certeza pronunciar-se-á sentença inócua, por praticamente inexequível.

Para que a condenação judicial não caia na inutilidade prática, reconhece-se que ao Judiciário será lícito definir a necessidade de *proteção* de determinado interesse, "mas sem fixar de imediato as medidas a serem concretamente adotadas para esse fim".[103] O STJ considerou estrutural pedido possessório sobre pretensa terra indígena, em que se decidiu pelo reassentamento dos autores, assinando o longo prazo de 180 dias para sua implementação, assim como transformando em indenizatória a ação ajuizada como reintegratória pelos não indígenas, sem que ocorresse julgamento *extra petita*, justamente em face do reconhecimento de causa complexa e estruturante.[104]

O processo estrutural, a par de incomum flexibilidade procedimental – que se realiza sem quebra do contraditório essencial ao devido processo legal –, é sobretudo cooperativo e multipolar, exigindo do juiz um amplo e constante diálogo com as partes originárias e muitos outros entes cointeressados políticos e tecnoconsultivos. E, embora seja empregado predominantemente na

---

102 ARENHART, Sérgio Cruz; OSNA, Gustavo. Desmistificando os processos estruturais: "processos estruturais" e "separação de poderes". *Revista de Processo*, São Paulo, v. 331, set. 2022, p. 255.

103 ARENHART, Sérgio Cruz; OSNA, Gustavo. Desmistificando os processos estruturais: "processos estruturais" e "separação de poderes". *Revista de Processo*, São Paulo, v. 331, set. 2022, p. 256.

104 STJ, 2ª T., REsp 1.637.991/AL, Rel. Min. Afrânio Vilela, ac. 21.05.2025, *DJEN* 26.05.2025.

solução de problemas ligados às políticas públicas, não se limita a essa modalidade litigiosa, podendo ser utilizado também na composição de conflitos, na área de direito comum, que envolva, por exemplo, empresas responsáveis por danos de grande repercussão social, como os que afetam a saúde pública, o meio ambiente, a atividade econômica de numerosos produtores, e outros danos de largos efeitos comunitários, a exemplo dos acarretados por rompimento de grandes barragens e por exploração de atividade industrial poluidora.

Aqui, tem-se problema de solução e equacionamento tão complexo como os de direito público ocorrentes no âmbito das políticas públicas. Daí a necessidade de enfrentá-los por meio de processo estrutural, a fim de construir provimentos judiciais sancionatórios e satisfativos realmente eficazes e úteis.[105] Um dado importante na adaptação do procedimento comum aos objetivos próprios do processo estrutural é sua aproximação às ações coletivas, com as quais, muitas vezes, pode se confundir.[106]

Como registra a doutrina, o processo estrutural e as decisões estruturais não são tratados com especificidade no ordenamento jurídico brasileiro, mas têm sido objeto de indagação genérica, a partir de fontes indiretas, como a tutela do direito à concorrência constante da Lei 12.529/2011, que adota diversos instrumentos autorizadores de medidas interventivas em atos de dominação econômica, dando ensejo à criação de mecanismos especiais para o acompanhamento do cumprimento das respectivas decisões. Dessa forma, a Lei 12.529/2011 se apresenta como "um exemplo de legislação que permite, não de forma específica, a utilização de decisões estruturais e a autorização de processos estruturais no ordenamento jurídico brasileiro".[107]

Sobre o tema, v., também, o nº 96-IV no vol. III deste *Curso*.

81-B. Pontos de apoio no direito processual vigente para adoção, quando necessário, do processo estrutural

É verdade que no ordenamento jurídico brasileiro ainda não existe regulamento específico do processo estrutural. Mas, bem analisada a técnica procedimental comum do CPC/2015, pode-se nela entrever a existência de regras que, mesmo no direito atual, abrem caminhos incipientes para a implantação do processo estrutural, sem ofensa aos princípios da legalidade e do devido processo legal.

---

105 Entre muitas obras modernas sobre o tema, ver ARENHART, Sérgio Cruz; OSNA, Gustavo; JOBIM, Marco Félix. *Curso de processo estrutural*. São Paulo: Ed. RT, 2021; GRINOVER, Ada Pellegrini. O controle de políticas públicas pelo Poder Judiciário. *Revista do Curso de Direito da Faculdade de Humanidades e Direito*, v. 7, n. 7, 2010; MADUREIRA, Cláudio; ZANETI JR., Hermes. Processos estruturais e formalismo valorativo. *In:* SICA, Heitor; CABRAL, Antônio; SEDLACEK, Frederico; ZANETI JR., Hermes (orgs.). *Temas de direito processual civil contemporâneo*. Serra: Ed. Milfontes, 2019.

106 "Conclui-se, ademais, que o modelo processual coletivo a ser construído deve se pautar em uma relação democrática entre as partes, ouvindo os grupos implicados pelo conflito, bem como especialistas, em um grande grupo de trabalho, cujo objetivo é auxiliar o juiz na construção de um plano de ação para solucionar o litígio. Plano esse que deverá ser fixado e implementado por meio de decisões estruturais. Deve-se partir de uma decisão principiológica central, que estabelece as metas e diretrizes que devem ser seguidas para resolução do litígio, seguindo-se de outras decisões que adaptaram [ou adaptarão?] e o revisarão conforme sua implementação e as dificuldades encontradas" (PINHEIRO, Flávia Campos; LOPES NETO, João Damasceno. A construção de um modelo processual coletivo adequado para o controle judicial das políticas públicas: o importante papel das associações civis. *Revista dos Tribunais*, São Paulo, v. 1.051, maio 2023, p. 234).

107 MOSSOI, Alana Caroline; MEDINA, José Miguel Garcia. Os obstáculos ao processo estrutural e decisões estruturais no direito brasileiro. *Revista dos Tribunais*, São Paulo, v. 1.046, dez. 2022, p. 133. Sobre os casos práticos de processos estruturais já enfrentados pela jurisprudência nacional e estrangeira, ver, BARROS, Marcus Aurélio de Freitas. *Dos litígios aos processos coletivos estruturais*: novos horizontes para a tutela coletiva brasileira. Belo Horizonte: Ed. D'Plácido, 2020, p. 34 e ss.

Em interessante abordagem do tema, apontam-se, em lição de grande atualidade, vários dispositivos do vigente CPC suficientes para afirmar a viabilidade do processo estrutural, sem a necessidade de reforma de nosso direito positivo.[108] Eis alguns deles, que seriam adaptáveis aos processos de litígios complexos, de longa duração, de complicada resolução e de problemática executividade:

(a) os arts. 354, parágrafo único, e 356 do CPC autorizam a técnica do julgamento parcelado do mérito, a qual poderia, ainda, ser conectada com as medidas de tutela provisória previstas nos arts. 294 e ss., de modo a permitir uma resolução escalonada e progressiva da ação estrutural, num esquema temporal flexível e dilatado, em lugar daquele sentenciamento imediato e único que ocorre no procedimento comum;

(b) principalmente na fase de execução, o processo estrutural pode apoiar-se no poder criativo do juiz no plano das medidas executivas atípicas autorizadas pelo art. 139, IV, do CPC, modelando, assim, o procedimento codificado às peculiaridades do processo estrutural;

(c) nessa mesma linha de flexibilidade e inovação judicial, pode-se recorrer ao art. 536, *caput* e § 1º, do CPC, que prevê, na sentença que estabelece uma obrigação de fazer ou não fazer, a possibilidade de o juiz, de ofício ou a requerimento, determinar as medidas necessárias para a efetivação da tutela específica, numa clara aprovação da atipicidade dos meios executivos utilizáveis na espécie;

(d) o recurso às audiências públicas (CPC, art. 983, § 1º) e a colaboração do *amicus curiae* (CPC, art. 138) são expedientes que permitem o diálogo com a sociedade civil organizada, com setores comunitários e institucionais, com grande proveito para a formalização das múltiplas decisões judiciais reclamadas pelo processo estrutural. O mesmo se pode dizer do poder que o relator tem, nos processos de interesse coletivo, de "ouvir depoimentos de pessoas com experiência e conhecimento na matéria" em debate (CPC, art. 983, § 1º), mesmo não se tratando das partes e de outros sujeitos auxiliares do processo.

Em suma, ainda em face do CPC, e em atenção à complexidade dos problemas ligados às políticas públicas, e do longo tempo necessário para equacionar as respectivas resoluções, "é possível solucionar, com cognição exauriente e caráter de definitividade, as situações em questão no processo estrutural conforme a maturidade de cada uma delas, de maneira a construir uma coisa julgada escalonada".[109]

81-C. O processo estrutural na jurisprudência do STF

O processo estrutural, como instrumento de execução de obrigações de fazer complexas é largamente admitido pelo STF, máxime quando se trata de intervenção do judiciário no domínio das políticas públicas[110]. Conforme abordagem que se fez nos dois itens anteriores, essa figura

---

[108] FRANÇA, Eduarda Peixoto da Cunha; CASIMIRO, Matheus. Processo estrutural e a proteção dos direitos socioeconômicos e culturais: apontamentos normativos para a implementação progressiva do mínimo existencial. *Revista de Processo*, São Paulo, v. 336, fev. 2023, p. 280-282.

[109] FRANÇA, Eduarda Peixoto da Cunha; CASIMIRO, Matheus. Processo estrutural e a proteção dos direitos socioeconômicos e culturais: apontamentos normativos para a implementação progressiva do mínimo existencial. *Revista de Processo*, São Paulo, v. 336, fev. 2023, p. 280.

[110] "Atualmente, dentro da sistemática processual brasileira, vem se desenvolvendo um novo gênero de processo constitucional, voltado para a tentativa de tratamento adequado de conflitos complexos, polimorfos e multipolares. Este método, fortemente marcado pelo caráter prospectivo, visa ressignificar os valores

processual foi introduzida em nosso ordenamento jurídico por obra da jurisprudência e da doutrina, uma vez que dela não cuida o CPC nem a legislação extravagante.

Para se ter uma ideia das características do cumprimento de decisão judicial relativa a obrigações de fazer promovido nos moldes do processo estrutural, é interessante considerar as teses fixadas didaticamente pelo STF, em regime de recurso extraordinário com repercussão geral:

(a) o caso julgado referia-se à imposição por sentença de correções de irregularidades em hospital público municipal do Rio de Janeiro, apuradas em relatório do Conselho Regional de Medicina, entre as quais se incluía a condenação à abertura de concurso público para provimento de cargos de médico e funcionários técnicos, com prazos certos para realização de obras e nomeação e posse dos profissionais aprovados, tudo sob pena de multa por descumprimento. O acórdão recorrido foi anulado com a determinação do retorno dos autos à origem, para novo julgamento da causa com observância dos parâmetros traçados pela Corte constitucional;

(b) ressaltou o aresto do STF[111] que "a saúde é um bem jurídico constitucionalmente tutelado, por cuja integridade deve zelar o Poder Público, a quem incumbe formular – e implementar – políticas sociais e econômicas que visem a garantir, aos cidadãos, o acesso universal e igualitário às ações e serviços para sua promoção, proteção e recuperação";

(c) advertiu, porém, que "a intervenção casuística do Poder Judiciário, definindo a forma de contratação de pessoal e da gestão dos serviços de saúde, coloca em risco a própria continuidade das políticas públicas de saúde, já que desorganiza a atividade administrativa e compromete a alocação racional dos escassos recursos públicos. Necessidade de se estabelecer parâmetros para que a atuação judicial seja pautada por critérios de razoabilidade e eficiência, respeitado o espaço de discricionariedade do administrador";

(d) concluiu o julgado fixando as seguintes teses:

> "1. A intervenção do Poder Judiciário em políticas públicas voltadas à realização de direitos fundamentais, em caso de ausência ou deficiência grave do serviço, não viola o princípio da separação dos poderes.
>
> 2. A decisão judicial, como regra, em lugar de determinar medidas pontuais, deve apontar as finalidades a serem alcançadas e determinar à Administração Pública que apresente um plano e/ou os meios adequados para alcançar o resultado.
>
> 3. No caso de serviços de saúde, o déficit de profissionais pode ser suprido por concurso público ou, por exemplo, pelo remanejamento de recursos humanos e pela contratação de organizações sociais (OS) e organizações da sociedade civil de interesse público (OSCIP)"[112].

---

públicos da Constituição, de modo a imprimir a tutela jurídica que melhor se amolde às peculiaridades do conflito" (NUNES, Leonardo Silva; COTA, Samuel Paiva; FARIA, Ana Maria Damasceno de Carvalho. Dos litígios aos processos estruturais: pressupostos e fundamentos. *In*: NUNES, Leonardo Silva (coord.). *Dos litígios aos processos estruturais*. Belo Horizonte/São Paulo: D'Plácido, 2022. p. 15-16).

111 STF, Pleno, RE 684.612/RJ, Rel. p/ ac. Min. Roberto Barroso, ac. 03.07.2023, *DJe* 07.08.2023.

112 A essa lição ministrada pela Suprema Corte, ajusta-se bem o que expusemos nos itens 81-A e 81-B, *retro*, para os quais encaminhamos o leitor.

81-D. Processo estrutural e ativismo judicial

Os adversários do processo estrutural costumam qualificá-lo como instrumento nocivo à separação dos poderes propiciador do indesejável *ativismo judicial*, que nada mais seria do que o caminho aberto à usurpação, pelo Judiciário, de atribuições e competências de outros Poderes. O certo, porém, é que a correta visão dos graves problemas institucionais que reclamam a instauração de processo nos moldes estruturais é justamente a circunstância que coloca o Judiciário diante do dever de solucionar questões complexas para as quais o processo ordinário não se mostra adequado e cujo resultado só será exitoso quando encontrado e definido com a colaboração das próprias entidades envolvidas no conflito.

Nessa perspectiva, o processo estrutural apresenta-se como instrumento útil a favor de mudanças sociais, de concretização de políticas públicas e da efetivação de direitos fundamentais. Estabelece-se, para tanto, um procedimento inovador, intensamente dialogado e com soluções consensuais, "a fim de que, à luz da realização de diálogos institucionais, simultaneamente fomente uma atuação jurisdicional efetiva em prol dos direitos fundamentais e respeite as atribuições dos demais Poderes"[113].

O Judiciário, no processo estrutural, então, assume uma função que não é de imposição, mas de intermediador autorizado a promover autênticos diálogos institucionais. E que devem ser dotados de capacidade de ser efetivos "apenas no contexto de soluções jurisdicionais negociadas, cooperativas[114], com baixas cargas coativas e sem a estrutura adversarial do direito processual típico"[115]. Razão pela qual não há que se falar de discricionariedade judicial arbitrária, já que, respeitada a distribuição constitucional de competências, o Poder Judiciário exerce o controle de constitucionalidade, conclamando os demais Poderes a exercer suas próprias competências[116]. O que se pretende, em outros termos, é que o Judiciário não se sobreponha aos demais Poderes, mas também que não se omita na defesa das disposições constitucionais e da dignidade humana. Embora não sejam o único meio de resolver litígios estruturais, são, sem dúvida, os processos estruturais "um meio eficaz de estimular a instituição violadora a reconsiderar seu padrão de conduta em situações nas quais a lógica do mercado não opera; longe de caracterizarem exercício de ativismo judicial, são frequentemente o único meio de alterar um estado de coisas incompatível com o direito"[117].

---

113 GASTAL, Alexandre; SCHÖNHOFEN, Vivian. Processo estrutural, ativismo judicial e diálogos institucionais. *Revista de Processo,* São Paulo, v. 353, p. 263-264, jul. 2024.

114 "Fazer do processo um ambiente de aproximação de visões distintas e de diálogo entre os envolvidos pode, para esse tipo de controvérsia (estrutural), resultar em desfechos muito mais eficientes do que a imposição de uma visão unilateral do magistrado [...]. Diz-se cooperativa a solução na qual o Judiciário não se priva da função de julgar; decide a controvérsia, apontando a violação ao direito fundamental e a necessidade de alguma providência; todavia, deixa a critério de outra instituição a especificação das medidas a serem adotadas e o momento para tanto, mediante o controle da razoabilidade e da suficiência de escolhas" (ARENHART, Sérgio Cruz. O papel do Judiciário na implementação de direitos fundamentais: homenagem ao Ministro Luiz Edson Fachin. *In:* VITORELLI, Edilson; OSNA, Gustavo; ARENHART, Sérgio Cruz; JOBIM, Marco Félix; ZANETTI JR., Hermes; REICHELT, Luís Alberto (orgs.). *Coletivização e unidade do direito.* Londrina: Thoth Editora, 2020. v. II. p. 539).

115 GASTAL, Alexandre; SCHÖNHOFEN, Vivian. Processo estrutural, ativismo judicial e diálogos institucionais. *Revista de Processo,* São Paulo, v. 353, p. 264, jul. 2024.

116 "Através do processo estrutural, portanto, a judicialização de direitos fundamentais afasta a pecha de ativismo judicial, na medida em que representa precisamente o oposto: uma alternativa possível e promissora para a promoção de diálogos institucionais, sem a sobreposição de um Poder sobre os demais, mas com o efetivo respeito aos direitos fundamentais" (GASTAL, Alexandre; SCHÖNHOFEN, Vivian. Processo estrutural, ativismo judicial e diálogos institucionais. *Revista de Processo,* São Paulo, v. 353, p. 264, jul. 2024.).

117 VIOLIN, Jordão. Problemas policêntricos e processos estruturais: problemas impróprios para a jurisdição? *In:* VITORELLI, Edilson; OSNA, Gustavo; ZANETTI JR., Hermes; REICHELT, Luís Alberto; JOBIM, Marco Félix;

82. Funções do processo

Há processo não apenas quando se conhece e se executa, mas também quando a atividade judicial se limita ao plano da definição dos requisitos necessários à prestação jurisdicional, mesmo porque não há outro meio de estabelecerem-se as condições para o exercício regular do direito de ação. Assim, é possível nascer e extinguir-se um processo sem chegar à solução do litígio. Basta que a sentença dê pela carência de ação (art. 485, VI).

Diante do exposto, o processo desempenha, ordinariamente, três funções distintas:

1ª) a de verificar a efetiva situação jurídica das partes (processo de cognição);
2ª) a de realizar efetivamente a situação jurídica apurada (processo de execução); e
3ª) a de estabelecer as condições necessárias para que se possa, num ou noutro caso, pretender a prestação jurisdicional (condições da ação).[118]

Na maioria dos casos, o processo refere-se a uma situação hipotética de violação de direito que se afirma já ocorrida, como o dano no ato ilícito ou o inadimplemento nas obrigações convencionais. Mas há hipóteses em que sua aplicação se faz preventivamente, para precatar o interesse da parte do risco a que se acha exposta, de sofrer danos antes que se possa obter uma composição definitiva do litígio. Surge, então, a tutela *cautelar*, tal qual remédio preventivo e provisório, como um *tertium genus* entre a cognição plena e a execução forçada.

Pode-se, finalmente, perante esse quadro geral, classificar o processo como destinado a três espécies distintas de tutela postas à disposição das partes:

(a) Tutela de *cognição* (processo para certificação de direitos subjetivos);
(b) Tutela de *execução* (processo para realização de direitos subjetivos); e
(c) Tutela *cautelar* (procedimentos restritos a prevenção contra o risco de dano durante a duração do processo).

83. Independência dos processos

As atividades jurisdicionais de cognição e execução são independentes entre si, no sentido de que a primeira não é necessariamente preliminar da segunda. Muitas vezes, o conhecimento exaure totalmente a prestação jurisdicional, sem que haja necessidade de usar a coação estatal prática (sentenças declaratórias e constitutivas, ou adimplemento voluntário da parte após a condenação). Outras vezes, a execução forçada é instaurada sem que antes tenha havido qualquer acertamento jurisdicional acerca do direito do credor (títulos executivos extrajudiciais).[119]

Não obstante possam ser autonomamente manejados o processo de conhecimento, e o de execução, registra-se no direito moderno uma tendência muito acentuada a neutralizar ou minimizar a rígida dicotomia de funções entre os dois tipos básicos de prestação jurisdicional. Assim, medidas como a antecipação de tutela e a ação monitória permitem que numa só relação processual se realizem tanto as funções cognitivas como as executivas. O processo civil moderno assume com essa nova roupagem a natureza interdital e o juiz, então, pode decretar medidas satisfativas do direito material da parte, mesmo antes de proferida a sentença definitiva sobre o mérito da causa.

DOTTI, Rogéria (orgs.). *Coletivização e unidade do direito: Estudos em homenagem ao Professor Sérgio Cruz Arenhart*. Londrina: Thoth Editora, 2022. v. III. p. 257.

118 LENT, Friedrich. *Diritto Processuale Civile Tedesco*. Napoli: Morano, 1962, § 2º, p. 18.

119 ANDRIOLI, Virgílio. *Lezioni di Diritto Processuale Civile*. Napoli: Jovene, 1973, v. I, n. 12, p. 39.

Essa tendência culminou com as reformas do Código de Processo Civil que eliminaram a execução das sentenças condenatórias em ação autônoma e a transformou em simples ato de cumprimento do comando judicial, dentro da própria relação processual em que a condenação foi proferida. Trata-se de restauração da antiga *executio per officium iudicis* para substituir a inconveniente e pouco prática *actio iudicati*. Processo de execução, em ação autônoma, portanto, somente subsiste para os títulos executivos extrajudiciais.

Quanto à atividade cautelar, também não é ausente a característica de uma certa autonomia da prestação jurisdicional nela alcançada. Assim é que o deferimento da medida cautelar pretendida pela parte não influi em nada na solução do processo principal, ou de mérito; nem tampouco a sucumbência na pretensão de segurança preventiva afeta o julgamento da lide (art. 310).

Na verdade, o que se decide na tutela cautelar é apenas se houve ou não risco para a efetividade ou a utilidade do processo, e nunca se a parte tem ou não o direito subjetivo material que pretende opor à outra parte.

A solução da lide fica inteiramente reservada para a função jurisdicional de cognição ou de execução, de maneira que, qualquer que seja a decisão cautelar, não há reflexos, nem vantajosos nem perniciosos, sobre a decisão de mérito. E é justamente nisso que reside, com toda nitidez, a autonomia da tutela cautelar.[120]

84. Tutela ordinária e tutelas diferenciadas

O devido processo legal subordina a prestação jurisdicional a um rito que, antes de satisfazer o direito material do litigante vitorioso, esgote a garantia do contraditório e ampla defesa. Dessa maneira, somente após o acertamento do direito por decisão transitada em julgado é que se tornam possíveis os atos de execução contra o patrimônio do sucumbente.

Como, no entanto, o direito processual está comprometido com a rápida e eficiente tutela dos direitos subjetivos lesados ou ameaçados (CF, art. 5º, XXXV e LXXVIII), nem sempre o itinerário longo e demorado do procedimento comum se revela adequado a realizar sua importante missão (justiça tardia quase sempre se traduz em injustiça). Nota-se, nesse sentido, no direito processual moderno, uma forte tendência a criar *procedimentos diferenciados* para fugir dos inconvenientes da tutela tardonha e propiciar ao jurisdicionado provimento compatível com as necessidades da fiel realização do direito material.

Esses procedimentos *diferenciados* constam de várias medidas, que tanto podem corresponder à criação de ritos mais simples (sumários, em função do valor e da singeleza da relação material litigiosa) como à redução das questões a serem deduzidas pelo autor e pelo réu (ações especiais como o mandado de segurança e as execuções de títulos extrajudiciais exigem prova pré-constituída, e, praticamente, eliminam a fase instrutória em juízo). Outras vezes, dentro do próprio rito comum, fases procedimentais são descartadas por desnecessárias e incompatíveis com o princípio da celeridade processual (é o que se passa, por exemplo, em incidente como a revelia, a falta de impugnação especificada na resposta do réu aos fatos narrados pelo autor, o julgamento antecipado da lide). Há, ainda, a tentativa de eliminar o contraditório e o acertamento próprio do processo de conhecimento, franqueando ao autor o acesso direto à atividade executiva e tornando eventual o debate dialético da causa, porque sua instauração somente ocorrerá se o réu o provocar (é o que se passa com a execução dos títulos extrajudiciais, com a ação monitória e nos casos da tutela da evidência).

De outro lado, aumentam os casos em que, a exemplo dos interditos romanos, não se faz o desdobramento da prestação jurisdicional em dois processos distintos, um para definir

---

[120] THEODORO JÚNIOR, Humberto. *Processo Cautelar*. 25. ed. São Paulo: LEUD, 2010, n. 67, p. 91.

o direito da parte (processo de conhecimento) e outro para realizar materialmente a prestação a que tem direito (processo de execução). Numa só relação processual o juiz proporciona a definição e realização do direito subjetivo lesado. São os procedimentos executivos *lato sensu*, como as ações possessórias, as de despejo, e todas aquelas em que a lei permite que a tutela, de alguma forma, seja antecipada, provisoriamente, ao julgamento do mérito da causa.

85. Tutela ordinária e tutela de urgência

Sempre que possível, o juiz não autorizará a intervenção forçada na esfera jurídica do demandado senão após o acertamento definitivo do direito do demandante, ofendido por aquele. A prestação jurisdicional observa a mesma sequência lógica da conduta do homem inteligente: primeiro conhece, depois decide e, afinal, age de acordo com a ciência da realidade e com a deliberação inteligente. Não deve o juiz, em princípio, portanto, autorizar medidas de alteração na situação jurídica patrimonial dos litigantes, antes que o acertamento, operado por meio de sentença, se torne *firme* ou *definitivo* (coisa julgada).

Não raro, porém, são os casos em que, a ter-se de aguardar a composição definitiva da lide por sentença, o provimento final da justiça se tornará vão e inútil, porque o bem disputado terá desaparecido ou a pessoa a que era destinado já não mais terá condições de ser beneficiada pelo ato judicial. Outras vezes, é o direito material mesmo que reclama usufruição imediata, sob pena de não poder fazê-lo o respectivo titular, se tiver de aguardar o estágio final, ulterior à coisa julgada.

Para estas situações, o direito processual moderno concebeu uma *tutela jurisdicional diferenciada*, que recebe o nome de *tutela provisória*, desdobrada, no direito brasileiro, em três espécies distintas: *(i)* a *tutela cautelar*, que apenas preserva a utilidade e eficiência do futuro e eventual provimento; *(ii)* a *tutela satisfativa*, que, por meio de liminares ou de medidas incidentais, permite à parte, antes do julgamento definitivo de mérito, usufruir, provisoriamente, do direito subjetivo resistido pelo adversário; e *(iii)* a *tutela da evidência*, que se apoia em comprovação suficiente do direito material da parte para deferir, provisória e sumariamente, os efeitos da futura sentença definitiva de mérito.

No campo das medidas cautelares, tomam-se providências *conservativas*, apenas, dos elementos do processo, assegurando, dessa forma, a futura execução do que a sentença de mérito venha a determinar. Já no âmbito da tutela satisfativa, entram medidas que permitem a imediata satisfação da pretensão (direito material) da parte, embora em caráter provisório e revogável. Para valer-se das tutelas cautelar ou satisfativa, basta ao litigante demonstrar uma aparência de direito (*fumus boni iuris*) e o perigo na demora da prestação jurisdicional (*periculum in mora*). Para alcançar a tutela da evidência, no entanto, não será necessário comprovar o *periculum in mora*, basta que a parte demonstre, de maneira suficiente, o direito material (art. 311).

As medidas de urgência, seja na tutela cautelar, seja na tutela satisfativa, apresentam-se sempre como excepcionais e não como mera faculdade da parte ou do juiz. Não podem ser recusadas, quando presentes os seus pressupostos legais e configuram abuso de direito ou de poder, quando promovidas fora dos condicionamentos rigorosos da lei.

86. Tutela sancionatória e tutela inibitória

A noção mais antiga da jurisdição a focalizava como veículo de reparação das lesões causadas aos direitos subjetivos. A função típica do processo seria a de restaurar os direitos violados.

O certo, porém, é que à jurisdição não cabe apenas reparar o malfeito. Cumpre-lhe, igualmente, impedir que o mal ameaçado se consume. As modernas tarefas a cargo do Judiciário compreendem, acima de tudo, atividades de pacificação social, de sorte que, para atingir tal desiderato, não é preciso esperar que a lesão jurídica ocorra para depois atuar a jurisdição repressiva. Quase sempre se revela mais prático e conveniente prevenir-se contra as possibilidades de dano injusto. A garantia de acesso à Justiça, que a Constituição insere entre os direitos fundamentais, é a de que nenhuma *lesão* ou *ameaça* a direito será subtraída ao conhecimento do Poder Judiciário (art. 5º, XXXV). Logo, a justiça assegurada a todos compreende, por preceito constitucional, tanto os remédios processuais repressivos como os preventivos.

Há um dever geral, na vida civilizada, de não lesar direito algum de outrem. Criada, portanto, uma situação concreta de risco de dano a algum possível direito subjetivo, haverá de o Judiciário acolher a pretensão de sua tutela preventiva, para, na medida do possível, impedir que a ameaça se convole em dano jurídico.

A ideia de uma tutela preventiva não é nova, pois já desde remota antiguidade se conhecia, no âmbito da posse, o interdito proibitório, como remédio para vedar a consumação de ameaça de esbulho ou turbação. O que modernamente se concebeu foi a generalização desse tipo de tutela jurisdicional, de modo a proporcionar provimentos jurisdicionais inibitórios de qualquer ameaça de agressão injusta.

O dever de não lesar equivale, praticamente, a uma obrigação de não fazer. O expediente processual adequado para esse tipo de tutela é o processo de conhecimento dentro da sistemática traçada para o acertamento e realização das obrigações de fazer e não fazer (CPC/2015, art. 497). Ao litigante, portanto, cabe o direito a providências inibitórias definitivas, assim como antecipadas, quando presentes os requisitos da tutela (CPC/2015, arts. 300 e 536). Por meio dele se impede, com a intervenção judicial, o descumprimento da obrigação de não lesar o direito de outrem.

No âmbito da repressão cabível insere-se, ordinariamente, a ação de feitio cominatório, consistente em vedar a prática nociva sob cominação de multa ("astreinte"). Para dar efetividade a essa interdição, pode o juiz valer-se de quaisquer outros expedientes complementares, como busca e apreensão de coisas e materiais, interdição de *atividade* ou de estabelecimento, destruição de produtos e matéria-prima, demolição de obras etc. (CPC/2015, art. 536, § 1º).

O emprego da tutela inibitória presta-se para a repressão das ameaças tanto de dano material como moral; e sua invocação pode ocorrer isoladamente ou em concurso com a tutela ressarcitória. Na hipótese, por exemplo, de ameaça de concorrência desleal ou de campanha difamatória, a vítima pode demandar, antes de qualquer dano concreto, a proibição da atividade nociva prestes a iniciar-se. Se a prática já estiver em curso e apresentar-se como continuativa, o ofendido poderá num só processo, demandar a indenização para os prejuízos já suportados, cumulada com o pedido de proibição de continuar o agente com sua sequência de agressões injustas.

Assim, o processo moderno enseja ao titular de direito ameaçado ou lesado três modalidades principais de tutela:

(a) *tutela de reparação do dano*: *(i)* que pode ser *indenizatória ou substitutiva* (imposição de realização de prestação que restaure o patrimônio lesado, mediante *reposição de valor equivalente* ao prejuízo suportado pela vítima do dano ilícito); e *(ii)* que também pode se dar de forma *ressarcitória ou específica*, *i.e.*, realizável por meio de cumprimento de *prestação de fazer*, que repare *in natura* o bem lesado;

(b) *tutela de inibição do ilícito:* por meio de mandamento judicial que veda a prática do ilícito ameaçado caso em que o provimento judicial imporá a proibição ao demandado de consumar o dano temido (prestação de *não fazer*);

(c) *tutela de remoção ou cessação do ilícito*: por meio de provimento que imponha a cessação do dano continuativo (*prestação de não fazer*, ou de não continuar praticando o ilícito em andamento).[121]

86-A. Tutela de prestação, de certificação e de constituição de situações jurídicas

Quanto à modalidade do provimento judicial, três são as tutelas jurisdicionais:

(a) a tutela de imposição de *prestação*;
(b) a tutela de *certificação*; e
(c) a tutela de *constituição* de situação jurídica.

A parte pode invocar a tutela jurisdicional para obter, através da intervenção da Justiça, a *prestação* sonegada pelo demandado, como se dá no caso de descumprimento de obrigação convencional ou legal (contrato descumprido, reparação de ato ilícito, prestação de alimentos etc.). O *provimento judicial* (dito condenatório ou executivo), quando procedente a pretensão, consiste, afinal, na emissão de um mandado exequível, sob a força estatal, sobre o patrimônio do devedor inadimplente, visando a realização compulsória da prestação devida, ou seu equivalente.

A tutela pode, outrossim, se limitar a um puro *acertamento*, ou seja, o provimento judicial pode restringir-se à *declaração de certeza* sobre a existência ou inexistência de determinada relação jurídica: cumpre-se a tutela jurisdicional por meio de sentença meramente declaratória, nos moldes do art. 19 do CPC. O bem da vida perseguido e assegurado à parte pelo provimento, na espécie, é tão só a certeza jurídica em torno de uma relação controvertida, ou sobre a autenticidade ou falsidade de um documento.

Há, enfim, o caso em que a pretensão tutelável não se funda em direito a nenhuma prestação exigível do demandado, mas se volta para a realização de um direito potestativo ou formativo da parte, oponível ao demandado, realização essa que depende unilateralmente da vontade do demandante, mas que somente se cumpre através de provimento constitutivo da justiça. É o que se passa, por exemplo, com as anulações e dissoluções de atos jurídicos, com as revisões, prorrogações, renovações, rescisões, resoluções e resilições contratuais, e/ou situações jurídicas inovadoras estatuíveis por meio de processo judicial.

87. Pressupostos processuais

A prestação jurisdicional para ser posta à disposição da parte subordina-se ao estabelecimento válido da relação processual, que só será efetivo quando se observarem certos requisitos formais e materiais, que recebem, doutrinariamente, a denominação *pressupostos processuais*.[122]

Os pressupostos são aquelas exigências legais sem cujo atendimento o processo, como relação jurídica, não se estabelece ou não se desenvolve validamente. E, em consequência, não atinge a sentença que deveria apreciar o mérito da causa. São, em suma, requisitos jurídicos para a validade da *relação processual*. São, pois, requisitos de *validade do processo*.

---

[121] "1. Controvérsia acerca da substituição de 'mata-burros' por porteiras numa servidão de passagem, por iniciativa do dono do prédio serviente. 2. Possibilidade do deferimento de *remoção do ato ilícito*, requerida em pedido contraposto, a despeito da ausência de previsão expressa no art. 922, do Código de Processo Civil [art. 556, CPC/2015]. 3. Princípio da atipicidade dos meios executivos" (STJ, 3ª T., REsp 1.423.898/MS, Rel. Min. Paulo de Tarso Sanseverino, ac. 02.09.2014, *DJe* 01.10.2014).

[122] A prestação jurisdicional depende, ainda, de requisitos constitutivos denominados condições da ação (ver item 95 a seguir), que não se confundem com os pressupostos processuais.

Doutrinariamente, os pressupostos processuais costumam ser classificados em:

(a) *pressupostos de existência* (ou mais adequadamente, *pressupostos de constituição válida*), que são os requisitos para que a relação processual se constitua validamente; e
(b) *pressupostos de desenvolvimento*, que são aqueles a ser atendidos, depois que o processo se estabeleceu regularmente, a fim de que possa ter curso também regular, até a sentença de mérito ou a providência jurisdicional definitiva.[123]

Os pressupostos de existência válida ou de desenvolvimento regular do processo são, por outro lado, *subjetivos* e *objetivos*.

Os *subjetivos* relacionam-se com os sujeitos do processo: juiz e partes. Compreendem:

(a) a competência do juiz para a causa;
(b) a capacidade civil das partes;
(c) sua representação por advogado.

Além de competente, isto é, de estar investido na função jurisdicional necessária ao julgamento da causa, não deve haver contra o juiz nenhum fato que o torne impedido ou suspeito (CPC, arts. 144 e 148) (ver adiante os itens 301 e 302).

Os *objetivos* relacionam-se com a *forma* procedimental e com a ausência de *fatos* que impeçam a regular constituição do processo, segundo a sistemática do direito processual civil. Compreendem:

(a) a *demanda* do autor e a *citação* do réu, porque nenhum processo pode ser instaurado sem a provocação da parte interessada (CPC/2015, art. 2º); de modo que, na demanda, se tem um pressuposto *causal necessário*;[124] e porque a citação do réu é ato essencial à validade do processo (CPC/2015, art. 239);[125]
(b) a observância da forma processual adequada à pretensão (CPC/2015, arts. 16 e 318);
(c) a existência nos autos do instrumento de mandato conferido a advogado (CPC/2015, art. 103);[126]
(d) a inexistência de litispendência, coisa julgada, convenção de arbitragem, ou de inépcia da petição inicial (CPC/2015, arts. 485, V e VII, e 330, I);
(e) a inexistência de qualquer das nulidades previstas na legislação processual (CPC/2015, arts. 276 a 283).

---

123 Para COMOGLIO, FERRI e TARUFFO, a rigor, só há um pressuposto de existência do processo, que vem a ser a presença de um "verdadeiro e próprio juiz" como destinatário da pretensão de tutela jurisdicional. Somente aí é que, sendo a demanda formulada perante um "não juiz", se poderia cogitar propriamente de um processo inexistente. Todos os demais pressupostos conhecidos, no dizer dos referidos autores, diriam respeito à validade e não à existência. Melhor, portanto, classificar os pressupostos processuais em "pressupostos de constituição" e de "desenvolvimento válido e regular do processo", como, aliás, consta do nosso Código (CPC, art. 485, IV).

124 COMOGLIO, Luigi Paolo; FERRI, Corrado; TARUFFO, Michele. *Lezioni sul processo civile*. 4. ed. Bologna: Il Mulino, 2006, v. I, p. 238.

125 "Para a validade do processo é indispensável a citação do réu ou do executado" (CPC, art. 239); mas "o comparecimento espontâneo do réu ou do executado supre a falta ou a nulidade da citação" (CPC, art. 239, § 1º).

126 "A parte será representada em juízo por advogado regularmente inscrito na Ordem dos Advogados do Brasil. É lícito à parte postular em causa própria quando tiver habilitação legal" (CPC/2015, art. 103, *caput* e parágrafo único).

"Em qualquer caso, enfim" – lembra Rogério Lauria Tucci – "embora iniciado regularmente o processo, resultando infrutífera a tentativa de sanar-se a falha ou repetir-se o ato inquinado de nulidade, a falta de pressuposto necessário ao desenvolvimento deste implica a verificação de óbice irremovível, de sorte a obstaculizar a prolação da sentença definitiva".[127]

Como exemplo desses pressupostos processuais incidentais, pode-se citar o caso de morte do advogado, ou de sua renúncia ao mandato, no curso do processo. Caberá à parte constituir novo mandatário e se não o faz no prazo que lhe é assinado o processo se extingue, sem julgamento de mérito (se se tratar do autor), ou a parte se torna revel (se for o réu). No primeiro caso, ocorre, como se vê, uma falta superveniente de requisito necessário para que o processo tenha prosseguimento válido até a prestação jurisdicional (CPC/2015, art. 485, IV).

88. Os pressupostos processuais e a nulidade do processo

É recorrente a afirmativa de que a falta não suprida de pressuposto processual impede inexoravelmente o julgamento de mérito, conduzindo à anulação do processo (v., *retro*, o item 87). Esta é, de fato, a regra geral. No entanto, inserindo-se o problema dentro do capítulo das nulidades processuais, é possível evitar-se, em alguns casos, a solução radical da invalidação do processo, recorrendo-se ao princípio da instrumentalidade das formas e da consequente não aplicação da regra de nulidade sem que ocorra prejuízo para aquele a quem o pronunciamento invalidante deveria beneficiar (CPC, art. 282, § 1º).[128] Regra também derivada do mesmo princípio é a que recomenda o não pronunciamento da nulidade processual, sempre que o juiz puder decidir o mérito a favor da parte a quem aproveitaria a invalidação (CPC, art. 282, § 2º). Pense-se no caso em que morre o advogado do autor, e este, intimado, não cuida de constituir novo patrono no prazo que lhe foi designado. Dentro da sistemática dos pressupostos processuais, o prosseguimento do processo incorreria em nulidade, motivo pelo qual o art. 76, § 1º, I, do CPC, determina, expressamente, o seu encerramento sem apreciação do mérito. No entanto, se o processo já estiver maduro para julgamento do mérito, e se este apontar para a rejeição do pedido do autor e o acolhimento da defesa do réu, seria sumamente injusta a solução preconizada pelo art. 76, § 1º, I. Afinal, o direito à composição definitiva do litígio não é só do autor, é também do réu. A regra a observar, portanto, não será, na espécie, a extinção do processo, sem julgamento de mérito (CPC, art. 485, IV), mas a que determina ao juiz abster-se de anular o processo, sempre que a causa puder ser decidida, no mérito, a favor da parte que não provocou o defeito invalidante (CPC, art. 282, § 2º). Logo, mesmo que o autor não tenha constituído novo advogado, o correto será o pronunciamento da improcedência da demanda, nos termos da defesa oposta pelo réu.[129]

Em suma, a regra geral é a de que a falta de pressuposto processual é a causa de extinção do processo sem apreciação do mérito. Mas, apenas os pressupostos de *existência do processo*

---

[127] TUCCI, Rogério Lauria. *Do Julgamento conforme o Estado do Processo*. São Paulo: J. Bushatsky, 1975, n. 37, p. 77.

[128] "Tanto quanto as denominadas 'condições da ação', a presença dos pressupostos processuais é imprescindível ao exame do mérito. As duas categorias integram o juízo de admissibilidade do processo (...). A ausência de qualquer deles, todavia, pode revelar-se indiferente em determinadas situações – conclusão a que se chega mediante aplicação dos princípios destinados a reger o sistema das nulidades processuais, especialmente os da instrumentalidade das formas e da ausência de prejuízo" (BEDAQUE, José Roberto dos Santos. *Efetividade do processo e técnica processual*. 2. ed. São Paulo: Malheiros, 2007, p. 205-206).

[129] "Constitui exemplo emblemático de formalismo excessivo a extinção do processo sem julgamento do mérito, depois de realizada a prova, em primeiro ou segundo grau de jurisdição, somente por considerações de ordem formal, com absoluta prevalência do meio sobre o fim" (OLIVEIRA, Carlos Alberto Alvaro de. *Do formalismo do processo civil*: proposta de um formalismo-valorativo. 3. ed. São Paulo: Saraiva, 2009, p. 246).

é que inviabilizam peremptoriamente a resolução do mérito da causa, devendo sua avaliação, portanto, dar-se em caráter prejudicial, obrigatoriamente (como, *v.g.*, se passa com a falta de jurisdição do órgão perante o qual o processo se desenvolve). Quando, porém, o processo existe juridicamente e o que falta, no momento do julgamento da causa, é um pressuposto de sua *validade*, a técnica a ser observada é aquela prevista pelo Código para aplicação das nulidades, que, muitas vezes, poderá implicar em afastamento do exame prioritário da falta de pressuposto processual.[130] É sempre muito importante ter em conta que a finalidade do processo é servir de instrumento para solucionar o litígio (mérito), de modo que suas regras não podem redundar, injustificadamente, em barreiras ao alcance desse objetivo. Toda técnica – como adverte Cândido Dinamarco – se apresenta como "eminentemente instrumental, no sentido de que só se justifica em razão da existência de alguma finalidade a cumprir e de que deve ser instruída e praticada com vistas à plena consecução da finalidade".[131]

Aliás, essa preocupação do processo moderno com a composição definitiva do litígio, que faz com que a meta da jurisdição se concentre nos julgamentos de mérito e supere, sempre que possível, problemas formais, encontra respaldo nas linhas básicas do atual Código de Processo Civil. Assim é que:

(*a*) o art. 76, *caput*, estabelece que verificada a incapacidade processual ou a irregularidade da representação da parte, o juiz suspenda o processo e designe prazo razoável para que o vício seja sanado;

(*b*) o art. 139, IX, imputa ao juiz o dever geral de "determinar o suprimento de pressupostos processuais e o saneamento de outros vícios processuais";

(*c*) o art. 321, e parágrafo único, só permite o indeferimento da petição inicial depois de ensejada oportunidade ao autor para corrigir os defeitos e as irregularidades da peça, hipótese em que o juiz deverá indicar "com precisão o que deve ser corrigido ou completado";

(*d*) o art. 352, na fase de saneamento do processo, prevê que verificando o juiz a existência de irregularidades ou vícios sanáveis, determine sua correção;

(*e*) o art. 932, parágrafo único, ao regular a tramitação do feito nos tribunais, dispõe que o relator antes de considerar inadmissível o recurso, conceda prazo de cinco dias ao recorrente para sanar vício ou complementar a documentação exigível;

(*f*) o art. 938, § 1º, ainda regulando a tramitação do processo no tribunal, determina ao relator que, constatando a ocorrência de vício sanável, ainda que conhecível de ofício, ordene a realização ou a renovação do ato, no próprio tribunal ou em primeiro grau, intimadas as partes, antes de prosseguir no julgamento do recurso;

(*g*) o art. 1.007, § 2º, ao tratar dos recursos, só permite a decretação de deserção se o recorrente, intimado para suprir a insuficiência no valor do preparo, não o fizer no prazo de cinco dias;

(*h*) o art. 1.007, § 4º, mesmo diante da falta completa de preparo, inova o sistema anterior para só permitir a decretação de deserção, depois de concedido prazo para o recorrente realizar o recolhimento em dobro do preparo e do porte de remessa e retorno;

(*i*) o § 7º do mesmo dispositivo, reprimindo a chamada "jurisprudência defensiva", tão em voga nos tribunais superiores, prevê que o equívoco no preenchimento da guia de custas não implique a aplicação da pena de deserção;

---

130 BATISTA, Lia Carolina. Pressupostos Processuais e efetividade do processo civil. Uma tentativa de sistematização. *Revista de Processo*, v. 214, p. 79-80 e 115-116, dez. 2012.

131 DINAMARCO, Cândido Rangel. *A instrumentalidade do processo.* 12. ed. São Paulo: Malheiros, 2005, p. 273-274.

(j) o art. 1.017, § 3º, cuidando do agravo de instrumento, prevê que o relator só pode inadmitir o recurso por falta de cópia de qualquer peça ou por outro vício que comprometa a sua admissibilidade, após conceder prazo ao recorrente para complementar a documentação ou sanar o defeito;

(k) o art. 1.024, § 3º, permite o conhecimento dos embargos declaratórios como agravo interno, devendo, porém, o relator intimar previamente o recorrente para complementar as razões recursais;

(l) o § 4º do referido dispositivo, também reprimindo a "jurisprudência defensiva", afasta a intempestividade do recurso principal interposto antes dos embargos de declaração da outra parte, caso em que lhe será oportunizado complementar ou alterar suas razões, nos limites da modificação ocorrida no julgamento dos declaratórios;

(m) o art. 1.029, § 3º, regulando os recursos nos tribunais superiores, autoriza a desconsideração de vício formal de recurso tempestivo ou a determinação de sua correção, se os ministros não o reputarem grave;

(n) o art. 1.032, reconhece a fungibilidade entre os recursos especial e extraordinário, ao determinar que o relator no STJ, entendendo que a matéria em discussão é constitucional, conceda prazo para que o recorrente se manifeste sobre a questão e demonstre a existência de repercussão geral; cumprida a diligência, remeterá os autos ao STF;

(o) o art. 1.033, seguindo a mesma orientação, prevê que o STF, considerando como reflexa a ofensa à Constituição afirmada no recurso extraordinário, remetê-lo-á ao STJ para julgamento como recurso especial.

Fácil é, diante dos numerosos exemplos arrolados, que não esgotam o tema, concluir que o atual Código de Processo Civil, na linha da instrumentalidade das formas, privilegia sobremaneira a garantia de acesso à justiça, que só é efetivo quando deságua no provimento de mérito, capaz de pôr fim ao litígio. De tal sorte, sempre que possível, os juízes deverão se empenhar em superar embaraços formais, garantindo o prosseguimento do feito para uma verdadeira pacificação do conflito de direito material levado à apreciação do poder judiciário.

Essa sistemática do CPC decorre da adoção do *princípio da primazia da decisão do mérito*, como norma fundamental: "todos os sujeitos do processo [inclusive o juiz] devem cooperar entre si para que se obtenha, em tempo razoável, *decisão de mérito* justa e efetiva" (art. 6º). Mas, dentro dessa mesma perspectiva legal, uma última e relevante advertência há de ser reiterada: a falta de pressuposto processual – seja de formação válida ou de desenvolvimento regular do processo –, é causa de sua nulidade; entretanto, trata-se, em regra, de vício sanável e que, por isso, não autoriza sua imediata invalidação, sem antes abrir oportunidade à parte de suprir a omissão originária ou de sanar o vício superveniente (CPC, art. 139, IX, e art. 352); diligência necessária até mesmo quando, em razão de recurso, o processo tramite no tribunal (CPC, arts. 932, parágrafo único, e 938, § 1º).

§ 10. AÇÃO

89. O monopólio estatal da justiça

Ao vetar aos indivíduos fazer justiça pelas próprias mãos e ao assumir a *jurisdição*, o Estado não só se encarregou da tutela jurídica dos direitos subjetivos, como se obrigou a prestá-la sempre que regularmente invocada, estabelecendo, de tal arte, em favor do interessado, a faculdade de requerer sua intervenção sempre que se julgue lesado ou ameaçado em seus direitos.[132]

Do monopólio da justiça decorreram duas importantes consequências, portanto:

(a) a obrigação do Estado de prestar a tutela jurídica aos cidadãos;[133] e

(b) um verdadeiro e distinto direito subjetivo – o direito de ação – oponível ao estado-juiz,[134] que se pode definir como o *direito à jurisdição*.[135]

É oportuno, entretanto, que se esclareça: o clássico conceito de monopólio estatal da jurisdição, como veto à justiça privada, foi superado pela nova visão da tutela jurisdicional prestada pelo atual Estado Democrático de Direito. Convive-se, hoje, com a presença simultânea da justiça estatal e dos meios extrajudiciais de composição de conflitos. A legislação brasileira não só reconhece a possibilidade dos meios pacificadores negociais, como até estimula a prática da conciliação, da mediação e de outros métodos consensuais de solução de conflitos (CPC, art. 3º, §§ 2º e 3º),[136] sem falar na equiparação do juízo arbitral à justiça oficial, nos casos enumerados pela Lei 9.307/1996.

O que hoje prevalece em nossa organização constitucional do Poder Judiciário é a garantia de acesso de todos à Justiça estatal,[137] mas aos particulares cabe a liberdade de optar, nos termos da lei, entre a solução judicial e a extrajudicial, principalmente quando o litígio versar sobre bens e direitos patrimoniais disponíveis. Em outros termos: a Justiça do Estado estará sempre aberta aos litigantes; estes, porém, nem sempre estarão jungidos a só resolver seus problemas jurídicos através do Poder Judiciário.

90. A ação: direito subjetivo à prestação jurisdicional

A parte, diante do Estado-juiz, dispõe de um *poder jurídico*, que consiste na faculdade de obter a tutela para os próprios direitos ou interesses, quando lesados ou ameaçados, ou para obter a definição das situações jurídicas controvertidas. É o direito de ação, de natureza pública, por referir-se a uma atividade pública, oficial, do Estado.

> "O exercício da ação colima, pois, um ato de jurisdição da parte do Estado; ao exigir o cumprimento de uma obrigação [em juízo], aspira-se, em última análise, que o devedor entregue algo de seu patrimônio, preste um fato, ou que se esclareça uma

---

[132] ALSINA, Hugo. *Tratado Teórico Práctico de Derecho Procesal Civil y Comercial.* Buenos Aires: Compañía Argentina de Editores, 1943, v. I, p. 36.

[133] ARRUDA ALVIM NETTO, José Manoel de. *Código de Processo Civil Comentado.* São Paulo: RT, 1975, v. I, p. 231.

[134] ROCCO, Alfredo. *Apud* ARRUDA ALVIM NETTO, José Manoel de. *Código de Processo Civil Comentado.* São Paulo: RT, 1975, v. I, p. 232.

[135] LIEBMAN, Enrico Tullio. *Manuale di Diritto Processuale Civile.* Ristampa da 2. ed. Milano: A. Giuffrè, 1966, v. I, n. 13, p. 38.

[136] "O Estado promoverá, sempre que possível, a solução consensual dos conflitos" (CPC, art. 3º, § 2º). "A conciliação, a mediação e outros métodos de solução consensual de conflitos deverão ser estimulados por juízes, advogados, defensores públicos e membros do Ministério Público, inclusive no curso do processo judicial" (CPC, art. 3º, § 3º).

[137] "Não se excluirá da apreciação jurisdicional ameaça ou lesão a direito" (CPC, art. 3º, *caput*). "A lei não excluirá da apreciação do Poder Judiciário lesão ou ameaça a direito" (CF, art. 5º, XXXV).

situação incerta; mas, sob o ponto de vista processual, o que se pretende é o restabelecimento da ordem jurídica, circunstância que caracteriza esta função de direito público."[138]

Enquanto, na convivência social, os direitos alheios permanecem respeitados, diz-se que se encontram em "estado fisiológico", situação perante a qual a jurisdição é indiferente. Mas quando o direito de alguém é ameaçado ou lesado, surge o "estado patológico", do qual a parte não pode se livrar com o emprego das próprias forças.[139] É aí que terá a seu alcance a ação para provocar a intervenção do poder público (a Justiça) necessária à superação da ameaça ou lesão demonstradas no processo. O exercício da ação, portanto, quebra a inércia da jurisdição, instaurando o processo, dentro do qual o Estado-Juiz cumprirá a função tutelar e pacificadora a que se acha institucionalmente obrigado: a de fazer prevalecer, na solução do conflito, o interesse juridicamente protegido, de modo que a resposta judicial à ação exercitada seja a declaração e realização da "vontade concreta da lei" no caso deduzido em juízo.

"A ação é, portanto, o direito subjetivo que consiste no poder de produzir o evento a que está condicionado o efetivo exercício da função jurisdicional", na lição de Liebman.[140]

Exerce-a, na verdade, não apenas o autor, mas igualmente o réu, ao se opor à pretensão do primeiro e postular do Estado um provimento contrário ao procurado por parte daquele que propôs a causa, isto é, a declaração de ausência do direito subjetivo invocado pelo autor.

Assim, como é lícito ao autor propor uma ação declaratória negativa, e isto reconhecidamente é exercício do direito de ação, que é autônomo e abstrato, o mesmo se passa quanto ao réu, que ao contestar o pedido do autor nada mais faz do que pretender uma sentença declaratória negativa. E é, justamente, isto que obtém quando o pedido do autor é declarado improcedente.

Esse aspecto bifrontal do direito de ação acha-se modernamente muito bem definido e caracterizado pelo direito francês, no art. 30 do *Nouveau Code de Procédure Civile* (Dec. 75.1123, de 5 de dezembro de 1975), em que se dispôs que:

> "L'action est le droit, pour l'auteur d'une prétention, d'être entendu sur le fond de celle-ci afin que le juge la dise bien ou mal fondée."
>
> "Pour l'adversaire, l'action est le droit de discuter le bien-fondé de cette prétention."

Logo, tanto para o autor como para o réu, a ação é o direito a um pronunciamento estatal que solucione o litígio, fazendo desaparecer a incerteza ou a insegurança gerada pelo conflito de interesses, pouco importando qual seja a solução a ser dada pelo juiz. Essa bilateralidade do direito de ação fica bem evidente quando a lei não permite ao autor pôr fim ao processo sem resolução do mérito, por meio de desistência da ação, sem o assentimento do réu, se já ocorreu a sua citação (CPC/2015, art. 485, § 4º).[141]

---

138 ALSINA, Hugo. *Tratado Teórico Práctico de Derecho Procesal Civil y Comercial.* Buenos Aires: Compañía Argentina de Editores, 1943, v. I, p. 36.

139 ARRUDA ALVIM, José Manoel. *Manual de direito processual civil.* 20. ed. São Paulo: RT, 2021, n. 4.1.1, p. 147.

140 LIEBMAN, Enrico Tullio. *Manuale di Diritto Processuale Civile.* Ristampa da 2. ed. Milano: A. Giuffrè, 1966, v. I, n. 13, p. 38. Para MICHELI, "o poder instrumental (processual) de ação representa, pois, a concreta manifestação e especificação da capacidade genérica de obter do Estado a tutela dos próprios *direitos* e *interesses*" (MICHELI, Gian Antonio. *Derecho Procesal Civil.* Buenos Aires: EJEA, 1970, v. I, n. 5, p. 19).

141 A resistência do réu, porém, haverá de ser justificada, não podendo representar mero capricho como se dá na hipótese de não apresentar fundamento razoável para exigir o prosseguimento do processo, mesmo depois da desistência da ação por parte do autor (STJ, 2ª T., REsp 435.688/RJ, Rel. Min. Eliana Calmon, ac. 02.09.2004, *DJU* 29.11.2004, p. 274). O mesmo interesse de agir, que se exige do autor para propor a

91. Autonomia do direito de ação

O direito subjetivo, que o particular tem contra o Estado e que se exercita pela ação, não se vincula ao direito material da parte, pois não pressupõe que aquele que o maneje venha sempre a ganhar a causa. Mesmo o que ao final do processo não demonstra ser titular do direito substancial que invocou para movimentar a máquina judicial, não deixa de ter exercido o direito de ação e de ter obtido a prestação jurisdicional, isto é, a definição estatal da vontade concreta da lei.[142]

Com essa concepção do direito de ação, estabelece-se uma nítida diferença entre o direito subjetivo substancial e o direito subjetivo processual (ação), pois, enquanto o primeiro tem por objeto uma prestação do devedor, a ação visa, por seu lado, a provocar uma atividade do órgão judicial. Além disso, o direito substancial, que se dirige contra a parte adversária, ordinariamente, é de natureza privada, e a ação, que se volta contra o Estado, tem, por isso mesmo, sempre a natureza pública.

Enfim e acima de tudo, a ação é um direito *abstrato* (direito à composição do litígio), que atua independentemente da existência ou inexistência do direito substancial que se pretende fazer reconhecido e executado.[143] Em outras palavras, "o exercício da ação não fica vinculado ao resultado do processo".[144] É, assim, e apenas, o direito à prestação jurisdicional, direito instrumental, com que se busca a tutela jurídica, como já restou demonstrado.

92. A evolução do conceito de ação

A conceituação do direito de ação nem sempre foi a mesma ao longo da história do direito processual. Desde o direito romano até o século passado, considerava-se a ação, sob o ponto de vista civilístico, como simples aspecto do direito material da parte. Nada mais era a ação para os clássicos do que o próprio direito substantivo reagindo contra sua violação. Era, em outras palavras, "o direito de demandar perante os tribunais o que nos pertence, ou nos é devido".[145]

Assim, entendia-se que não podia haver ação sem direito, nem direito sem ação, como ensinava Savigny, e como ficou constando do art. 75 do nosso Código Civil de 1916.[146]

Em meados do século XIX, porém, célebre polêmica entre os renomados romanistas Windscheid e Muther acabou por demonstrar que são realidades distintas o direito lesado e a ação, pois esta cria, a par do direito subjetivo material da parte prejudicada, dois outros direitos públicos: *(i)* um, para o ofendido, que é o direito à tutela jurisdicional, e que é dirigido contra o Estado; e *(ii)* outro, para o próprio Estado, que é o direito de eliminar a lesão jurídica, e que se volta contra a parte que a causou.

Surgiu, assim, no consenso quase unânime da doutrina europeia, a concepção de *autonomia* do direito de ação.[147] A partir dessa nova visão do direito de ação, formaram-se duas correntes, ambas fundadas em sua autonomia:

(a) a que o considerava como um *direito autônomo e concreto*; e
(b) a que o classificava como direito *autônomo* e *abstrato*.

---

ação (CPC/2015, art. 17; CPC/1973, art. 3º), exige-se também do réu, para se opor à desistência da ação requerida pelo primeiro (CPC/2015, art. 485, § 4º; CPC/1973, art. 267, § 4º).

142 MICHELI, Gian Antonio. *Derecho Procesal Civil*. Buenos Aires: EJEA, 1970, v. I, p. 20.

143 LIEBMAN, Enrico Tullio. *Manuale di Diritto Processuale Civile*. Ristampa da 2. ed. Milano: A. Giuffrè, 1966, v. I, n. 12, p. 37.

144 MICHELI, Gian Antonio. *Derecho Procesal Civil*. Buenos Aires: EJEA, 1970, v. I, p. 20.

145 BATISTA, Paula. *Compêndio*, v. I, § 3º, p. 10.

146 MONTEIRO, João. *Programa do Curso de Processo Civil*, v. I, p. 11-12; GUSMÃO, Manuel Aureliano de. *Processo Civil e Comercial*. 3. ed. São Paulo: Saraiva, 1934, v. I, p. 285-289.

147 COUTURE, Eduardo J. *Fundamentos del Derecho Procesal Civil*. Buenos Aires: Depalma, 1974, n. 38, p. 63.

Para os defensores da ação como direito concreto à tutela jurisdicional, este direito público subjetivo, embora diverso do direito material lesado, só existe quando também exista o próprio direito material a tutelar. A ação seria, então, o direito à sentença favorável, isto é, o direito público voltado contra o Estado, de obter uma proteção pública para o direito subjetivo material. Seus grandes defensores foram, entre outros, Wach, Bülow, Hellwig e Chiovenda.

A partir, porém, de Degenkolb e Plósz, a doutrina dominante passou a ver na ação um *direito abstrato* de agir em juízo. Para essa teoria, o direito de ação é o direito à composição do litígio pelo Estado, que, por isso, não depende da efetiva existência do direito material da parte que provoca a atuação do Poder Judiciário. Mesmo quando a sentença nega a procedência do pedido do autor, não deixa de ter havido ação e composição da lide. É, assim, suficiente, para o manejo do direito público de ação, que o autor invoque um interesse abstratamente protegido pela ordem jurídica.

É com referência a esse hipotético direito do autor que o Estado está obrigado a exercer a atividade jurisdicional e a proferir uma decisão, que tanto poderá ser favorável como desfavorável. "Sendo a ação dirigida ao Estado, é ele o sujeito passivo de tal direito".[148]

Daí por que, modernamente, prevalece a conceituação da ação como um *direito público subjetivo* exercitável pela parte para exigir do Estado a obrigação da prestação jurisdicional, pouco importando seja esta de amparo ou desamparo à pretensão de quem o exerce. É, por isso, *abstrato*. E, ainda, é *autônomo*, porque pode ser exercitado sem sequer relacionar-se com a existência de um direito subjetivo material, em casos como o da ação declaratória negativa. É, finalmente, *instrumental*, porque se refere sempre a decisão a uma pretensão ligada ao direito material (positiva ou negativa).[149] Dinamarco e Lopes, em feliz síntese, assim retratam a concepção atual da ação como *direito autônomo e abstrato*:

> "Segundo o entendimento preponderante nos países de cultura romano-germânica, e especialmente no Brasil, a ação é o direito a obter do Estado-juiz um pronunciamento a respeito de uma pretensão trazida a juízo (decisão de mérito), independentemente de esse posicionamento ser favorável ou desfavorável àquele que tiver o pedido. Tal é a *teoria abstrata da ação.*"[150]

Em suma: a autonomia do direito de ação consiste em ser ele outro direito, distinto do direito material disputado entre os litigantes; e sua abstração se dá pelo fato de poder existir independente da própria existência do direito material controvertido.[151] Entretanto, diante da nova concepção advinda da constitucionalização do processo, que privilegia a sua função de tutelar os direitos lesados ou ameaçados, perdeu relevância a teoria abstrata do direito de ação, como a seguir será demonstrado. Não que inexistam a autonomia e a abstração outrora concebida dentro de ótica puramente formal, mas o centro dos estudos científicos do direito processual se deslocou para natureza e as características que a tutela jurisdicional tem de ostentar,

---

148 CINTRA, Antonio Carlos de Araujo; GRINOVER, Ada Pellegrini; DINAMARCO, Cândido Rangel. *Teoria geral do processo*. São Paulo: Malheiros, 1974, n. 131, p. 216.

149 CINTRA, Antonio Carlos de Araujo; GRINOVER, Ada Pellegrini; DINAMARCO, Cândido Rangel. *Teoria geral do processo*. São Paulo: Malheiros, 1974, n. 134, p. 219.

150 DINAMARCO, Cândido Rangel; LOPES, Bruno Vasconcelos Carrilho. *Teoria geral do novo processo civil*. 3. ed. São Paulo: Malheiros, 2018, p. 115.

151 "Antes do processo, a existência ou não do direito substancial é justamente aquilo a respeito do que não se tem certeza (...). Daí a necessidade de relacionar o direito de ação à mera possibilidade de existência do direito substancial meramente hipotético ou simplesmente afirmado; em termos da *teoria da ação*, isto significa rejeição da *teoria substancial da ação* (= aspiração a um provimento de mérito favorável ao autor) e configuração da ação como aspiração a um provimento de mérito qualquer, seja ele favorável ou desfavorável ao autor" (PROTO PISANI, Andrea. *Lezioni di diritto processuale civile*. Ristampa della 5. ed. Napoli: Jovene Editore, 2010, p. 196-197).

para cumprir a missão do Poder Judiciário diante das ameaças e lesões enfrentadas pelo direito substancial (ver, retro, os itens 20, 31, 65 e 69; e, adiante, o item 94).

93. Prestação jurisdicional e tutela jurisdicional

Todo titular de direito subjetivo lesado ou ameaçado tem acesso à Justiça para obter, do Estado, a tutela adequada, a ser exercida pelo Poder Judiciário (CF, art. 5º, XXXV). Nisso consiste a denominada *tutela jurisdicional*, por meio da qual o Estado assegura a manutenção do império da ordem jurídica e da paz social nela fundada.

Como para usar o processo e chegar à resposta jurisdicional não se exige da parte que seja sempre o titular do direito subjetivo litigioso (tanto que a sentença de mérito pode ser contrária ao interesse de quem provocou a atuação da jurisdição), o provimento da justiça nem sempre corresponderá à *tutela jurisdicional* a algum direito daquele que a demandou. Sempre, no entanto, haverá uma *prestação jurisdicional*, porque, uma vez exercido regularmente o direito de ação, não poderá o juiz se recusar a exarar a sentença de mérito, seja favorável ou não àquele que o exercitou.

Distingue-se, portanto, a prestação jurisdicional da tutela jurisdicional, visto que esta só será prestada a quem realmente detenha o direito subjetivo invocado, e aquela independe da efetiva existência de tal direito.

O entendimento exposto equivale a uma visão bidimensional da ação, que corresponde sempre ao direito à composição do conflito jurídico, mas nem sempre ao direito à tutela jurisdicional postulada *in concreto* pela parte. Há, porém, outra perspectiva, em que se enxerga sempre na composição do litígio a presença da tutela jurisdicional, seja quando a sentença acolha a pretensão da parte, seja quando a rejeite. Desenvolveremos o tema no item seguinte, levando em conta a exigência lógica de que a jurisdição, para proporcionar a tutela a qualquer direito, tem, antes de tudo, de verificar e certificar sua existência, de tal maneira que a resposta jurisdicional tem de passar por dois estágios necessários na construção da solução pacificadora do conflito jurídico.

93.1. Direito à composição do litígio e direito à tutela jurisdicional

É importante observar que a constitucionalização do processo operada pelo moderno Estado Democrático de Direito transformou a ação numa garantia fundamental, a de acesso pleno e efetivo à tutela jurisdicional (CF, art. 5º, XXXV). Por isso, não é mais suficiente – como ocorria na doutrina antiga – ver na ação apenas o direito à sentença de mérito, ela é, em essência, "o direito à tutela jurisdicional adequada, efetiva e tempestiva mediante processo justo", no dizer de Marinoni[152].

Sem dúvida, o direito de ação constitucionalizado deve ser visualizado a partir de sua função, do seu dinamismo, e não mais segundo um conceitualismo estático e legalista. E assim se justifica ver na ação o direito fundamental, assegurado a todos, de obter do Estado a tutela que proporcione adequada proteção contra qualquer lesão ou ameaça à sua esfera jurídica (CF, art. 5º, XXXV). O processo constitucionalizado é, sobretudo, um processo de resultado, a ser obtido no plano do direito material[153].

Chega-se, às vezes, ao extremo de afirmar que a ação outorgada como direito fundamental seria sempre o *direito à tutela jurisdicional*, mesmo quando a sentença negasse procedência à pretensão deduzida em juízo, visto que o acesso à justiça teria sido proporcionado nos moldes

---

152 MARINONI, Luiz Guilherme; ARENHART, Sérgio Cruz; MITIDIERO, Daniel. *Novo curso de processo civil- teoria do processo civil.* São Paulo: RT, 2015, v. I, n. 4.1, p. 248.

153 COMOGLIO, Luigi Paolo; FERRI, Corrado; TARUFFO, Micheli. *Lezioni sul processo civile.* 4. ed. Bologna: Il Mulino, 2006, v. I, p. 224-225.

correspondentes ao processo justo e efetivo concebido pela Constituição democrática. Não cremos, todavia, seja razoável afirmar que a parte tenha obtido tutela para o direito que afirmou necessitar da proteção jurisdicional, quando o provimento alcançado tenha sido justamente a declaração de ausência de direito a ser tutelado.[154]

É, por isso, que preferimos entender a ação como o direito de obter do Estado a *prestação jurisdicional*, que, sendo procedente a demanda, será apta a tutelar, de forma plena e efetiva, o direito lesado ou ameaçado.[155] O que o processo gerado pelo exercício do direito de ação abre sempre é o caminho para a *prestação jurisdicional* correspondente à *justa composição* do litígio, obtida com fiel observância de todas as garantias que a Constituição confere ao devido processo legal. Em outros termos, a ação será sempre garantia da *prestação jurisdicional* devida nos termos do acesso à justiça assegurado pelo inciso XXXV do art. 5º da Constituição. Não se alcançará, porém, a meta colimada da *tutela jurisdicional*, se não se apurar, no processo, a existência de direito lesado ou ameaçado a ser protegido, mas a justa composição do litígio, mesmo assim, terá ocorrido.

94. A constitucionalização do direito de ação. Restauração do conceito de ação de direito material

Se, modernamente, o direito de ação assumiu dimensão de direito fundamental previsto na Constituição (art. 5º, XXXV), no plano processual – como adverte Comoglio –, perdeu relevância a dogmática centrada na ação como algo autônomo e tecnicamente distinto do poder de propor em juízo a demanda de tutela estatal para o direito subjetivo material, ou para resguardo de uma situação de vantagem apoiada na ordem jurídica substancial. Hoje, para o processualista italiano, "os únicos problemas que no processo mantêm uma relevância fundamental são os relativos à *efetividade* e à *maleabilidade variável das formas de tutela* (ou, se se prefere, dos tipos de remédios jurisdicionais), que podem ser deferidos, a pedido, pelo juiz provocado".[156]

---

154 Num primeiro momento – o disciplinado pelo direito substancial –, o ordenamento jurídico assegura a tutela jurídica de determinados interesses subjetivos. "Numa fase imediatamente sucessiva, então, o próprio ordenamento preocupa-se em garantir a tutela jurisdicional aos interesses juridicamente qualificados, agilizando um complexo de instrumentos destinados a assegurar a aplicação das normas jurídicas (e, consequentemente, a *satisfação dos interesses dos protegidos por eles*) independentemente da vontade de seus destinatários: essencialmente esses instrumentos concretizam o processo" (g.n.) (ANDOLINA, Italo; VIGNERA, Giuseppe. *I fondamenti costituzionali dela giustizia civile:* il modelo costituzional del processo civile italiano. 2. ed. Torino: G. Giappichelli Editore, 1997, p. 100 – trecho de tradução nossa). Assim, as normas de direito material que, por exemplo, respondem ao dever de proteção do Estado aos direitos fundamentais ... "evidentemente prestam tutela – ou proteção – a esses direitos ... A tutela jurisdicional, portanto, deve ser compreendida somente como uma modalidade de tutela dos direitos. Ou melhor, a tutela jurisdicional e as tutelas prestadas pela norma de direito material ... constituem *espécies do gênero tutela dos direitos*" (MARINONI, Luiz Guilherme. *Técnica processual e tutela dos direitos*. 3. ed. São Paulo: Ed. RT, 2010, p. 112).

155 "... quando se fala em tutela jurisdicional se está a falar exatamente na assistência, no amparo, na defesa, na vigilância, que o Estado, por seus órgãos jurisdicionais, presta aos direitos dos indivíduos. Esse compromisso de *apreciar* as lesões ou ameaças a direitos – o compromisso de prestar *tutela* jurisdicional – constitui um dever estatal, que deve ser cumprido de modo eficaz, sob pena de se consagrar a falência dos padrões de convívio social e do próprio Estado de Direito" (ZAVASCKI, Teori Albino. *Antecipação de tutela*. São Paulo: Saraiva, 1997, p. 56).

156 COMOGLIO, Luigi Paolo. Note riepilogative su azione e forme di tutela nell'ottica della domanda giudiziale. *Rivista di Diritto Processuale*, Padova: CEDAM, 1993, p. 471 e 489; *apud* GRECO, Leonardo. *A teoria da ação no processo civil*. São Paulo: Dialética, 2003, p. 15, nota 18. Cf., também, COMOGLIO, Luigi Paolo; FERRI, Corrado; TARUFFO, Michele. *Lezioni sul processo civile*. 4. ed. Bologna: Il Molino, 2006, v. I, p. 235.

Apontada a garantia constitucional de tutela jurisdicional efetiva para a proteção do direito subjetivo substancial contra qualquer lesão ou ameaça a direito,[157] a aproximação entre direito e processo torna-se íntima e traz como consequência, inclusive, uma nova interpretação do *direito de ação*, que hoje se encontra plasmado nas mais diversas constituições.[158]

Do compromisso da prestação jurisdicional com a *efetividade* do direito material no plano constitucional, advém a possibilidade de divisar mais de um sentido para o direito de ação, ou seja: é possível entrever uma ação processual, como "o direito público e subjetivo imediato de exercer contra o Estado a pretensão à tutela jurídica" (ou, mais precisamente, à *prestação jurisdicional*); e uma *ação material*, como o mecanismo de realização da pretensão de direito material que atua na falta de colaboração espontânea do obrigado, ensejando meio de sujeitá-lo, por meio do poder coercitivo do Estado, ao cumprimento da prestação devida.[159]

Dessa maneira, sem negar a construção da teoria processual do direito de ação, como algo distinto do direito subjetivo material disputado no processo, restabelece-se a antiga visão romanística de que a todo direito corresponde uma ação que o protege e assegura, sempre que sofre ameaça ou lesão. São duas realidades jurídicas distintas, portanto: o direito à *prestação jurisdicional* (ação processual) e o direito à *tutela jurisdicional* (ação material). O último exercita-se, *in concreto*, por meio da ação processual; esta, porém, pode ser exercida, sem que afinal se reconheça ao demandante o direito à tutela jurisdicional. A parte, diante do conflito jurídico, tem sempre a *ação processual*, que é autônoma e abstrata, mas nem sempre tem a *ação material*, que se apresenta como *concreta*, sem embargo de configurar direito distinto daquele em prol do qual se realiza a tutela estatal.

Nosso clássico e sempre acatado Pontes de Miranda há muito ensinava (e sua lição mantém-se atual) que existem duas ações nominadas pela mesma palavra, mas que substancialmente muito se diferem: a "*ação* no sentido material" e a "ação" fenômeno processual[160]. A ação de direito material preexiste ao processo e seus efeitos operam no plano do direito substancial, dando lugar ao poder de exigir uma prestação do sujeito passivo do vínculo que o liga juridicamente ao titular do direito subjetivo. Mas a titularidade da ação material não o autoriza a realizar a prestação por suas próprias forças, sem contar com a colaboração do obrigado. Para tanto, tem de recorrer à tutela jurisdicional, por meio do exercício da *ação processual*. Esta, assim, é o remédio ou instrumento que viabiliza o alcance, pelo titular da ação de direito material, ou seja, da tutela estatal prestada pelo Poder Judiciário[161].

No entanto, se a ação material assegura ao titular do direito resistido o acesso à tutela jurisdicional, isto nem sempre acontece com quem tem legitimidade para exercer o direito processual de agir em juízo (direito de ação processual). Nesse sentido, é que se reconhece à ação processual o caráter de *pretensão abstrata* à tutela jurídica, porquanto podendo ser

---

157 Constituição brasileira, art. 5º, XXXV; Constituição Italiana, art. 24; Constituição espanhola, art. 24.1.

158 RIBEIRO, Darci Guimarães. *La pretensión procesal y La tutela judicial efectiva*. Barcelona: Bosch, 2004, p. 186, nota 805.

159 RIBEIRO, Darci Guimarães. *La pretensión procesal y La tutela judicial efectiva*. Barcelona: Bosch, 2004, p. 207-208.

160 PONTES DE MIRANDA, Francisco Cavalcanti. *Comentários à Constituição de 1967*. São Paulo: RT, 1970, v. I, p. 144; *Tratado das ações*. Campinas: Bookseller, 1998, t. 1, § 24, p. 128-130; *Tratado das ações*. Campinas: Bookseller, 1998, t. 3, p. 180.

161 Sobre a matéria, v. o interessante estudo de GOUVEIA FILHO, Roberto P. Campos; DI SPIRITO, Marco Paulo Denucci: Sobre o negócio jurídico de espraiamento sentencial. *Revista Brasileira de Direito Processual*, n. 100, p. 258-262, Belo Horizonte, out.-dez./2017.

exercitado por quem não detém o direito material de ação, não lhe proporcionará, afinal, a tutela pretendida para um direito que na realidade não detém[162].

Como o direito processual de ação está destinado a realizar a tutela jurisdicional, quando exercido de forma procedente, é necessário que o aparelhamento dos remédios procedimentais se mostre sempre adequado para implementar a garantia e proteção do direito subjetivo, caso afinal se reconheça a procedência da demanda. É nesse sentido que, na moderna perspectiva do direito constitucional de acesso à justiça, o mais relevante, na técnica processual, é, como adverte Comoglio, a exigência de adequação dos instrumentos utilizados pela jurisdição à efetividade da proteção e realização dos direitos subjetivos materiais envolvidos em litígios.

É por isso, em torno da instrumentalidade e efetividade dos remédios processuais, que há de se desenvolver a doutrina do processo de nosso tempo. A concretude ou abstração do direito de ação, se no passado desempenhou papel importante na dogmática e evolução do direito processual civil, hoje é tema secundário, dentro da função constitucional atribuída à jurisdição.

94.1. Redução do papel atribuído à ação no contexto do processo constitucionalizado

A constitucionalização do processo civil teve como consequência necessária a redução do papel da ação e a valorização da figura da jurisdição, nas divagações doutrinárias no tratamento dos fundamentos e objetivos da atividade do Poder Judiciário.

No enfoque da função tutelar dos direitos materiais, o moderno estudo científico do processo civil não pode restringir-se às formas idealizadas pelo direito instrumental. O próprio direito material concebe expedientes e exigências indispensáveis de natureza tutelar, aos quais o sistema processual tem de amoldar-se, sob pena de não se desincumbir adequada e efetivamente dos encargos que a ordem jurídica constitucional atribui à jurisdição.

Como destaca Denti, a doutrina de nosso tempo, se não elimina a ação como "direito" do sistema do processo civil, "a reduz aos limites, mais concretos e específicos, dos poderes que são atribuídos às partes e que visam à formação do convencimento do juiz e ao pronunciamento sobre o mérito das demandas e das exceções"[163]. O que realmente constitui o problema fundamental do direito processual civil atual é, isto sim, o da "efetividade da tutela"[164]. Daí que, para Majo, velaria menos por seus próprios fundamentos um ordenamento processual que se limitasse a reconhecer a *abstrata titularidade dos direitos* e/ou, de qualquer forma, a simples relevância de determinadas classes de interesses, "mas não se preocupasse em garantir *a tutela de tais direitos* ou a *satisfação dos interesses*"[165].

O centro, enfim, do estudo do direito processual civil contemporâneo não pode mais focalizar o abstrato direito de ação (direito tão genérico como este, todos têm, como têm à saúde, à educação, à liberdade, à igualdade, à segurança, e a tudo aquilo que se integra aos direitos

---

162 O Estado não pode recusar a tutela jurisdicional a quem detém o *direito material de ação* (poder amparado na lei de exigir uma prestação de outra pessoa). Mas, "quando o Estado cria a pretensão à tutela jurídica [pretensão de ser ouvido em juízo ou ação processual], não se obriga ao proferimento de sentença favorável: chega-se a examinar o caso e atendendo à pretensão à tutela jurídica, dizer quem tem razão. Demandante e demandado têm pretensão à tutela jurídica e ambos a exercem [no mesmo processo], mesmo se o demandado é revel" (PONTES DE MIRANDA, Francisco Cavalcanti. *Comentários ao Código de Processo Civil.* Rio de Janeiro: Forense, 1975, t. IX, p. 241).

163 DENTI, Vittorio. Verbete Azione: diritto processuale civile. *In: Enciclopedia giuridica.* Roma: Istituto della enciclopédia italiana fondata da Giovanni Treccani, 1988, v. IV, p. 11.

164 COMOGLIO, Luigi Paolo; FERRI, Corrado; TARUFFO, Michele. *Lezioni sul processo civile.* 4. ed. Bologna: Il Mulino, 2006, v. I, p. 33-34.

165 MAJO, Adolfo di. *La tutela civile dei diritti.* 4.ed. Milano: Giuffrè, 2003, p. 01.

fundamentais), mas tem, sim, de ocupar-se, com preponderância, do direito à *jurisdição*, como função essencial do Estado Democrático de Direito.

Nas palavras de Comoglio, Ferri e Taruffo, "no quadro dos princípios constitucionais, o '*direito ao processo*' não é caracterizado por um objeto puramente *formal* ou *abstrato* ('processo' *tout court*), mas assume um conteúdo modal qualificado (como 'direito ao *processo justo*, segundo as garantias mínimas consagradas no art. 111, commi 1-2, Cost')". Uma vez que "a norma constitucional não é, por assim dizer, uma garantia apenas de '*meios*', mas é antes (pelo menos em termos modais) uma garantia '*de resultado*', já que, com inviolabilidade de alguns poderes processuais mínimos (ação e defesa, contraditório das partes em condições de paridade: art. 111, comma 2, Cost.), consagra tal garantia *a adequada possibilidade de obter, por seu 'intermedio', um mínimo de formas de tutela efetiva, própria (precisamente) de um processo 'justo'*"[166].

Assim, para concretizar os desígnios constitucionais de um *processo justo* (um processo de "resultados"), impõe-se o esforço para "eliminar as consequências causadas pela ruptura estabelecida entre o direito substancial ('direitos substantivos individuais') e o processo". É preciso, na lição de Proto Pisani, estudar "as técnicas através das quais seja possível conseguir que o processo absorva a sua função institucional de *instrumento* destinado a 'dar, quanto possível, praticamente àquele que tem um direito tudo aquilo e exatamente aquilo que ele tem o direito de conseguir', no sentido do direito substancial"[167]. É assim, e não de qualquer outra forma abstrata e distanciada do concreto direito material da parte, que se compreenderá a tutela efetiva de que se acham encarregados os órgãos jurisdicionais atuantes no processo civil justo contemporâneo.

94.2. Abuso do direito de ação

O direito de ação, como qualquer direito, está sujeito ao exercício abusivo, e, quando isso ocorre, tem-se um ato ilícito, em cujo combate o direito processual civil se empenha de várias formas.

A ideia de abuso do direito encontra-se no disposto pelo art. 187 do Código Civil, segundo o qual "comete ato ilícito o titular de um direito que, ao exercê-lo, excede manifestamente os limites impostos pelo seu fim econômico ou social, pela boa-fé ou pelos bons costumes". Numa perspectiva ampla, o abuso do direito de ação ocorre quando a parte, através do processo, atua não em busca da justa pacificação de um litígio real, e sim com a evidente intenção de causar prejuízo injusto à contraparte. É o que se passa, por exemplo, com a demanda proposta com base em documentos falsos ou com a afirmação de fatos sabidamente inverídicos, revelando, entre outros desígnios malignos, o de chantagear, denegrir ou apenas impedir temporariamente o gozo legítimo do direito pelo respectivo titular.

Quando em jogo interesses individuais apenas dos sujeitos do processo, a Justiça combate o abuso do direito de demandar por meio da imposição de perdas e danos ao ímprobo litigante (responsabilidade civil *ex delicto*)[168] e pelas técnicas processuais de repressão à litigância de má-fé e aos atentados à dignidade da Justiça.[169]

---

166 COMOGLIO, Luigi Paolo; FERRI, Corrado; TARUFFO, Michele. *Lezioni sul processo civile*. 4. ed. Bologna: Il Mulino, 2006, v. I, p. 225.

167 PROTO PISANI, Andrea. *Le tutele giurisdizionali dei diritti*: studi. Napoli: Jovene, 2003, p. 32-33.

168 "Responde por perdas e danos aquele que litigar de má-fé como autor, réu ou interveniente" (CPC, art. 79). "De ofício ou a requerimento, o juiz condenará o litigante de má-fé a pagar multa, que deverá ser superior a um por cento e inferior a dez por cento do valor corrigido da causa, a indenizar a parte contrária pelos prejuízos que esta sofreu e a arcar com os honorários advocatícios e com todas as despesas que efetuou" (CPC, art. 81, *caput*).

169 "A violação ao disposto nos incisos IV e VI [do art. 77, *caput*] constitui ato atentatório à dignidade da justiça, devendo o juiz, sem prejuízo das sanções criminais, civis e processuais cabíveis, aplicar ao responsável multa de até vinte por cento do valor da causa, de acordo com a gravidade da conduta" (CPC, art. 77, § 2º). "O juiz dirigirá o processo conforme as disposições deste Código, incumbindo-lhe: (...) III – prevenir ou

No campo dessas iniquidades inclui-se o uso do processo pelas partes para a prática de ato simulado ou para conseguir fim vedado pela lei, caso em que caberá ao juiz proferir "decisão que impeça os objetivos das partes, aplicando, de ofício, as penalidades da litigância de má-fé" (CPC, art. 142).

Do ponto de vista coletivo, a modernidade tem se deparado com a chamada "litigância predatória", que, ao lado dos prejuízos individuais gerados aos litigantes, acarreta o agravamento da atual *crise da Justiça*, caracterizada pelo avolumar gigantesco do número de processos que o Poder Judiciário não tem como dar vazão em tempo razoável como quer a Constituição (art. 5º, LXXVIII). Adverte-se, porém, que o fenômeno da litigância predatória (ainda não conceituado claramente pela lei, nem pela doutrina), por si só, não deve ser confundido singelamente com a litigância repetitiva; mas esta, inequivocamente, reflete na litigância predatória. Explica-se: "A existência de uma litigiosidade repetitiva dá azo para que condutas abusivas sejam perpetradas pelos litigantes habituais (e sobretudo seus representantes)".[170]

Nosso tempo convive com a massificação das relações socioeconômicas, das quais derivam conflitos também massificados, fazendo com que uma só questão, às vezes por manobras de esperteza profissional de certos escritórios, seja milhares e milhares de vezes levada ao judiciário. O direito processual brasileiro, entre diversas providências, busca solução para essa multiplicação de processos por meio da implantação do precedente judicial vinculante e especialmente pela criação de um sistema de solução de causas repetitivas. Com isso, adota a técnica processual de julgamento capaz de gerar teses que se prestarão a compor uniformemente todos os processos atuais e futuros, que envolvam a mesma questão.[171]

Embora não seja capaz de resolver por si só a grave crise da justiça, o sistema de julgamento de casos repetitivos engendrado pelo CPC de 2015 representa, a nosso ver, um importante instrumento de agilização do processo judicial, contribuindo para que o direito de ação possa ser exercitado com mais efetividade e, sobretudo, com maior eficiência.

95. Condições da ação

Porque a prestação jurisdicional não pode ser feita de pronto e sem a participação da outra parte interessada, nem tampouco sem a necessária instrução do julgador, impõe-se uma atividade

---

reprimir qualquer ato contrário à dignidade da justiça e indeferir postulações meramente protelatórias" (CPC, art. 139, *caput*). "Considera-se atentatória à dignidade da justiça a conduta comissiva ou omissiva do executado que: I – frauda a execução; (...)" (CPC, art. 774, *caput*). "Nos casos previstos neste artigo, o juiz fixará multa em montante não superior a vinte por cento do valor atualizado do débito em execução, a qual será revertida em proveito do exequente, exigível nos próprios autos do processo, sem prejuízo de outras sanções de natureza processual ou material" (art. 774, parágrafo único).

170 SOUZA, Alexandre Rodrigues de; OLIVEIRA JUNIOR, Délio Mota de; SOARES, Carlos Henrique. Notas sobre a chamada litigância predatória: investigação de um conceito e métodos de mitigação. *Revista de Processo*. São Paulo, v. 355, p. 48, set./2024. Consideram os autores que "essa situação [a dos desvios do uso dos litígios repetitivos] é agravada pelo fato de que nosso sistema processual tende, do ponto de vista da análise econômica do direito, a incentivar demandas frívolas ou oportunistas" (SOUZA, Alexandre Rodrigues de; OLIVEIRA JUNIOR, Délio Mota de; SOARES, Carlos Henrique. Notas sobre a chamada litigância predatória: investigação de um conceito e métodos de mitigação. *Revista de Processo*. São Paulo, v. 355, p. 48, set./2024). Sobre o tema, ver, entre outros: MACEDO, Lucas Buril de. Litigância predatória. *Revista de Processo*. São Paulo, v. 351, p. 445-462, maio/2023; SOUZA, Gabrielly. Litigância predatória, tutela coletiva e o porvir do acesso à justiça. *Revista de Processo*. São Paulo, v. 353, p. 217-237, jul./2024; FERRAZ, Tais Schilling. O tratamento das novas faces da litigiosidade: das espécies anômalas à litigância predatória. *Revista de Processo*. São Paulo, v. 349, p. 727-758, mar./2023; OSNA, Gustavo. Três notas sobre a litigância predatória (ou, o abuso do direito de ação). *Revista de Processo*. São Paulo, v. 342, p. 55-70, ago./2023.

171 "Art. 927. Os juízes e os tribunais observarão: (...) III – os acórdãos em incidente de assunção de competência ou de resolução de demandas repetitivas e em julgamento de recursos extraordinário e especial repetitivos".

dos interessados perante o órgão judicial que compreende, do lado das partes, a alegação de fatos, sua prova e a demonstração do direito; e, do lado do juiz, corresponde à recepção das provas, sua apreciação e a determinação da norma abstrata que deve ser concretizada para solucionar a espécie controvertida, bem como sua efetiva aplicação ao caso dos autos.

Essa série de atos, praticados pela parte e pelo juiz, que se segue à propositura da ação e vai até o provimento jurisdicional que satisfaça a tutela jurídica a que tem direito o titular da ação, forma, em seu conjunto e complexidade, o processo.

Do exposto é fácil concluir, como Ramiro Podetti, que *jurisdição, processo e ação* são três elementos indissoluvelmente ligados e que representam a trilogia estrutural dos conceitos básicos ou fundamentais do direito processual civil.[172]

Contudo, a prestação jurisdicional realizada por meio do processo e em resposta à ação não é dispensada à parte como simples assessoramento consultivo ou acadêmico; pressupõe, ao contrário, uma situação concreta litigiosa a dirimir em que o manejador do direito de ação tenha realmente interesse tutelável.

Sendo um método ou sistema, o processo subordina-se a requisitos e condições indispensáveis à sua própria existência e eficácia. Não se pode alcançar, como é óbvio, a prestação jurisdicional mediante qualquer manifestação de vontade perante o órgão judicante. Tem-se, primeiro, que observar os requisitos de estabelecimento e desenvolvimento válidos da relação processual, como a capacidade da parte, a representação por advogado, a competência do juízo e a forma adequada do procedimento (ver item 87, *retro*).

Não atendidos esses pressupostos, não há viabilidade de desenvolver-se regularmente o processo, que, assim, não funcionará como instrumento hábil à composição do litígio ou ao julgamento do mérito da causa. Os pressupostos processuais atuam, portanto, no plano da *validade* da relação processual.

Entretanto, para que o processo seja eficaz para atingir o fim buscado pela parte, não basta, ainda, a simples validade jurídica da relação processual regularmente estabelecida entre os interessados e o juiz. Para atingir-se a prestação jurisdicional, ou seja, a solução do mérito, é necessário que a lide seja deduzida em juízo com observância de alguns requisitos básicos, sem cuja presença o órgão jurisdicional não estará em situação de enfrentar o litígio e dar às partes uma solução que componha definitivamente o conflito de interesses.

É que, embora abstrata, a ação não é genérica, de modo que, para obter a tutela jurídica, é indispensável que o autor demonstre uma pretensão idônea a ser objeto da atividade jurisdicional do Estado. Vale dizer: a existência da ação depende de alguns requisitos constitutivos que se chamam "condições da ação", cuja ausência, de qualquer um deles, leva à "carência de ação",[173] e cujo exame deve ser feito, em cada caso concreto, preliminarmente à apreciação do mérito, em caráter prejudicial. Advirta-se, porém, que as condições da ação não foram instituídas para que o juiz, com base nelas, afirme ou negue o direito material que a parte pretende fazer atuar em juízo, mas apenas como uma etapa intermediária entre a propositura válida do processo e o final provimento judicial, este sim, destinado a compor o conflito de direito material travado entre os litigantes.[174]

---

172 ARRUDA ALVIM NETTO, José Manoel de. *Código de Processo Civil comentado*. São Paulo: RT, 1975, v. 1, p. 39.

173 LIEBMAN, Enrico Tulio. *Manuale di Diritto Processuale Civile*. Ristampa da 2. ed. Milano: A. Giuffrè, 1968, v. I, n. 14, p. 40.

174 "As condições da ação, entre elas a legitimidade *ad causam*, devem ser avaliadas *in status assertionis*, limitando-se ao exame do que está descrito na petição inicial, não cabendo ao juiz, nesse momento, aprofundar-se em sua análise, sob pena de exercer um juízo de mérito" (STJ, 3ª T., REsp 1.424.617/RJ, Rel. Min. Nancy Andrighi, *DJe* 16.06.2014).

Nessa ordem de ideias, *condições* ou *requisitos* da ação, como os conceitua Arruda Alvim, "são as categorias lógico-jurídicas, existentes na doutrina e, muitas vezes na lei (como é claramente o caso do direito vigente), mediante as quais se admite que alguém chegue à obtenção da sentença final".[175] As condições da ação são requisitos a observar, depois de estabelecida regularmente a relação processual, para que o juiz possa solucionar a lide (mérito). Operam, portanto, no plano da *eficácia* da relação processual. Em razão disso, não se confundem com os pressupostos processuais, que são requisitos de *validade*, sem os quais o processo não se estabelece ou não se desenvolve validamente.

Os pressupostos processuais são dados reclamados para análise de viabilidade do exercício do direito de ação sob o ponto de vista estritamente processual. Já as condições da ação importam o cotejo do direito de ação concretamente exercido com a viabilidade abstrata da pretensão de direito material. Os pressupostos, em suma, põem a ação em contato com o direito processual, e as condições de procedibilidade põem-na em relação com as regras do direito material.[176]

Inobservados, porém, os pressupostos processuais, ocorrerá a extinção prematura do processo, sem resolução de mérito ou composição do litígio (art. 485, IV), pois restará frustrada a missão da atividade jurisdicional por ausência de aperfeiçoamento da relação jurídica instrumental indispensável a esse mister.

À falta de uma condição da ação, o processo também será extinto, prematuramente, sem que o Estado dê resposta ao pedido de tutela jurisdicional do autor, isto é, sem julgamento de mérito (art. 485, VI). Haverá ausência do direito de ação, ou, na linguagem corrente dos processualistas, ocorrerá *carência de ação*.

Fala-se, portanto, em ausência ou carência de ação no sentido técnico de falta do direito ao provimento de mérito. Isto, no entanto, não quer dizer que, pelo fato do decreto de carência de ação, não tenha havido processo e exercício da função jurisdicional. O autor provocou a jurisdição e foi ouvido em juízo. Por não concorrerem as condições técnicas para a tutela pretendida, o órgão judicial encerrou prematuramente a relação processual – que era *válida*, mas *não eficaz* –, antes de enfrentar o *mérito* da causa. Este pronunciamento, entretanto, já era, em si, um ato de jurisdição, pois ao processo compete não só propiciar instrumento à realização da tutela jurisdicional, como de controle da necessidade ou cabimento da tutela efetivamente pretendida pela parte, segundo as regras técnicas do devido processo legal.

O atual Código de Processo Civil fugiu do *nomen iuris* "condições da ação", consignando, porém, que "para postular em juízo é necessário ter interesse e legitimidade" (art. 17). Com essa postura, aparentemente ter-se-ia acolhido a tese de que ditas condições perderam a qualidade de preliminares processuais, passando a integrar o próprio mérito do processo, mais propriamente, como "preliminares de mérito". Assim, legitimidade e interesse figurariam no objeto litigioso na mesma categoria de, por exemplo, a prescrição e a decadência. Todavia, não chegou a tanto a estrutura processual renovada, visto que, ao distinguir os provimentos que resolvem ou não o mérito, o acolhimento da falta de legitimidade ou interesse foi arrolado entre as hipóteses de extinção do processo, sem resolução de mérito (CPC/2015, art. 485, VI).

Logo, malgrado o combate feito por numerosa corrente doutrinária à figura das condições da ação, a pretexto de serem elas indissociáveis da matéria de mérito discutida no processo, o certo é que a lei continua a tratá-las como categoria processual distinta, intermediária entre os pressupostos de validade do processo e o mérito da causa. Continua, portanto, o Código atual fiel à doutrina de Liebman.

---

175 ARRUDA ALVIM NETTO, José Manoel de. *Código de Processo Civil comentado*. São Paulo: RT, 1975, v. 1, p. 315.

176 ZANZUCCHI, Marco Tullio. *Diritto Processuale Civile*. 4. ed., 1946, v. I, p. 68.

Para alguns, que reconhecem a impossibilidade de inclusão das condições da ação no julgamento do mérito, teria o atual Código provocado uma fusão entre elas e os pressupostos processuais, ou, em outros termos, legitimidade e interesse teriam passado à categoria de pressupostos processuais.[177] Outros, rebatem essa unificação, a nosso ver, com razão, argumentando com a diferença substancial entre os pressupostos, que se situam no plano puramente processual (validade do processo), e as condições, no campo da inviabilidade de emissão de um provimento de mérito, ainda que o processo seja regular e válido (plano da eficácia).[178] O Código, sem dúvida, perfilhou essa corrente, haja vista ter classificado como hipóteses distintas de extinção do processo sem resolução de mérito as que decorrem da falta de pressuposto processual (art. 485, IV) e aquelas motivadas pela ausência de condição da ação (art. 485, VI). Em consequência, há, para o Código, *coisa julgada material*, somente quando se resolve o mérito da causa (art. 502), não quando se decide apenas sobre as condições da ação (art. 485, VI).[179]

96. Enumeração e conceituação das condições da ação

Não é pacífica, na doutrina, a questão pertinente à determinação da natureza jurídica das condições da ação. Há, como já registrado, correntes que as assimilam ao próprio mérito da causa, de sorte que só haveria, concretamente, o binômio *pressupostos processuais-mérito*. Outras colocam as condições da ação numa situação intermediária entre os pressupostos processuais e o mérito da causa, formando um trinômio entre as três categorias do processo.

Nosso Código, sem o dizer textualmente, optou, sem dúvida, pela teoria do "trinômio", acolhendo, de forma implícita, em sua sistemática, as três categorias fundamentais do processo moderno, como entes autônomos e distintos, quais sejam, os pressupostos processuais, as condições da ação e o mérito da causa.

Mérito da causa é, para o Código, a própria lide, e sentença de mérito é aquela que dê solução definitiva ao litígio, isto é, que julgue procedente ou improcedente o pedido formulado pelo autor (CPC, art. 487, I).

Assim, posto o problema, parece-nos que foi acertada a opção do legislador brasileiro, pois a doutrina predominante entre nós é, sem sombra de dúvida, a que se filia ao aludido "trinômio". Como bem destaca Ada Pellegrini Grinover, "o fenômeno da carência de ação nada tem a ver com a existência do direito subjetivo afirmado pelo autor, nem com a possível inexistência dos requisitos, ou pressupostos, da constituição da relação processual válida. É situação que diz respeito apenas ao exercício do direito de ação e que pressupõe a autonomia desse direito".[180]

---

[177] DIDIER JR., Fredie. Será o fim da categoria "condições da ação"? Um elogio ao projeto do novo Código de Processo Civil. *Revista de Processo*, 197, jul. 2011, p. 255-260; CUNHA, Leonardo Carneiro da. Será o fim da categoria condições da ação? *Revista de Processo*, 198, ago. 2011, p. 227-235.

[178] CÂMARA, Alexandre Freitas. Será o fim da categoria "condições da ação"? Uma resposta a Fredie Didier Jr. *Revista de Processo* 197, jul. 2011, p. 261-269. Reporta-se o autor à lição de Comoglio, Ferri e Taruffo, segundo a qual, a propósito das condições da ação, "não se trata, portanto, de um mero *pronunciamento processual*, como acontece com a verificação negativa dos 'pressupostos processuais', mas se trata de uma decisão que tem por objeto o que os práticos definem como *mérito em sentido amplo*, conectando-se, de qualquer modo, ao *intrínseco* da demanda (ou, se se prefere, à maneira pela qual esta é proposta e quanto ao que nela se pede) (...) Estas, portanto, se comportam funcionalmente como *condições de admissibilidade* da pronúncia sobre o assim chamado *mérito em sentido estrito* (ou seja, sobre o fundamento intrínseco da demanda proposta)" (COMOGLIO, Luigi Paolo; FERRI, Corrado; TARUFFO, Michele. *Lezioni sul processo civile*. 4. ed. Bologna: Il Mulino, 2006, v. 1, p. 240-241).

[179] "O pronunciamento judicial que não resolve o mérito não obsta a que a parte proponha de novo a ação" (CPC, art. 486), desde que o vício causador da extinção prematura do processo anterior seja sanado ou superado (art. 486, § 1º).

[180] GRINOVER, Ada Pellegrini. *As condições da ação penal*, 1977, n. 16, p. 29.

Por isso mesmo, "incumbe ao juiz, antes de entrar no exame do mérito, verificar se a relação processual que se instaurou desenvolveu-se regularmente (*pressupostos processuais)* e se o direito de ação pode ser validamente exercido, no caso concreto (*condições da ação)*".[181]

Como se vê, tanto os pressupostos processuais como as condições da ação são exigências ou requisitos preliminares, cuja inobservância impede o juiz de ter acesso ao julgamento do mérito. São verdadeiras questões prejudiciais de ordem processual e que, por isso mesmo, não se podem confundir com o mérito da causa, já que nada têm a ver com a justiça ou injustiça do pedido ou com a existência ou inexistência do direito material controvertido entre os litigantes. O atual Código deixa claro que a ausência tanto dos pressupostos processuais como das condições da ação é motivo para extinção do processo, sem resolução do mérito, merecendo distinção de papéis demonstrada topologicamente nas fases de configuração (arts. 17, 70, 103, 239 etc.) e de causação da decisão extintiva (art. 485, IV e VI).

Fixados esses conceitos, importantes consequências práticas resultam para os julgamentos que ponham fim ao processo, enfrentando ou não o mérito da causa. Assim, a sentença será de natureza e efeitos diversos, conforme acolha matéria ligada aos pressupostos processuais, às condições da ação, ou ao mérito.

Com efeito:

(a) o reconhecimento da ausência de pressupostos processuais leva ao impedimento da instauração da relação processual ou à nulidade do processo;

(b) o da ausência das condições da ação redunda em extinção do processo válido, sem resolução de mérito; e

(c) o da ausência do direito material subjetivo conduz à declaração judicial de improcedência do pedido, e não da ação, como é de praxe viciosa e corriqueira na linguagem forense. Isto porque, uma vez admitida a ação (ou seja, uma vez presentes as *condições da ação*), nunca poderá ser ela considerada improcedente, posto que sua existência independe do direito material disputado, como já se demonstrou.

Para aqueles que, segundo as modernas concepções processuais, entendem que a ação não é o direito *concreto* à sentença *favorável*, mas o poder jurídico de obter uma *sentença de mérito*, isto é, sentença que componha definitivamente o conflito de interesses de pretensão resistida (*lide*), as *condições da ação* são duas:

1ª) interesse de agir; e

2ª) legitimidade de parte.[182]

Que ocorre se, ausente a condição da ação, o juiz assim mesmo julga a causa pelo mérito? Uma vez que as condições da ação representam requisitos de ordem pública, que afetam tanto a pretensão da parte (direito à prestação jurisdicional),[183] como o poder do juiz de prestá-la, nula será a sentença de mérito que as ofenda. Com efeito, a ação regularmente exercida é a condição e o limite da própria jurisdição. Se a parte carece de ação para exigir o julgamento do mérito, é claro que o juiz – que somente se legitima a prestar a tutela jurisdicional numa

---

181 GRINOVER, Ada Pellegrini. *As condições da ação penal*, 1977, n. 16, p. 29.

182 A antiga condição de *possibilidade jurídica do pedido* (CPC/1973, art. 267, VI) não foi repetida pelo atual Código (ver tópico seguinte).

183 "Para postular em juízo é necessário ter *interesse* e *legitimidade*" (CPC/2015, art. 17). "A petição inicial será indeferida quando: (...) II – a parte for manifestamente ilegítima; III – o autor carecer de interesse processual" (CPC, art. 330). "O juiz não resolverá o mérito quando: (...) VI – verificar ausência de legitimidade ou de interesse processual" (art. 485).

relação processual válida e eficaz –, praticará uma evidente ilegalidade, num terreno dominado pela ordem pública. E, segundo princípio dominante na teoria das invalidades, a hipótese mais típica de nulidade é a que contamina o ato jurídico praticado em fraude de lei imperativa ou contra proibição legal (conf., por exemplo, o Código Civil, art. 166, VI e VII).[184]

Tão grave é o nível de invalidade da sentença de mérito proferida em processo a que falte à evidência condição da ação, que Teresa Arruda Alvim a qualifica como "sentença inexistente":

> "Parece-nos, então, que as sentenças proferidas em processos instaurados por meio de ação, sem que tenham sido satisfeitas uma ou mais condições de ação – legitimidade, interesse e possibilidade jurídica do pedido –, não podem ser consideradas nulas, mas inexistentes".[185]

Pense-se no caso em que o interesse desapareceu pelo pagamento voluntário ocorrido na pendência do processo ou por autocomposição (transação, novação, remissão etc.) e, sem embargo disso, o juiz profere a sentença de mérito condenando o demandado a pagar dívida já então inexistente. Imagine-se, outrossim, o juiz que ignora a evidência da ilegitimidade da parte que atua sem a imprescindível formação do litisconsórcio necessário,[186] e insiste em decidir a causa pelo mérito, em lugar de extinguir o processo sem resolução do mérito, como lhe impõe a imperativa norma do art. 485, do CPC. Pense-se, ainda, na ação movida contra espólio representado por ex-inventariante, quando a figura do espólio já se extinguira pela partilha; ou, também, na ação movida contra pessoa morta, como se ainda fosse viva.[187] Afinal, que valor se poderia atribuir – em tais casos de falta de interesse ou de legitimidade –, a uma sentença que decide uma lide que já não mais existe? Ou ao ato judicial pronunciado sem a presença no processo de quem seria indispensável para se ter como válida a condenação?

Daí por que não se pode deixar de reconhecer a nulidade da sentença de mérito em caso de notória falta de interesse processual ou de evidente ilegitimidade *ad causam*. O comando

---

[184] "Os vícios inerentes à própria sentença, que lhe determinam a nulidade, são (a) *formais*, quando consistentes na inobservância dos requisitos de modo, lugar ou tempo exigidos em lei (*supra*, ns. 1.219 ss.) ou (b) *substanciais*, quando o *conteúdo* da sentença contraria regras de direito processual. Constituem vícios substanciais a falta de *correlação* com a demanda (*supra,* ns. 940 ss.), o *julgamento do mérito apesar de ausente uma condição da ação* (g.n.), a imposição de uma condenação condicional (art. 460, par. – *supra,* n. 900) etc." (DINAMARCO, Cândido Rangel. *Instituições de direito processual civil*. São Paulo: Malheiros, 2001, v. III, p. 681).

[185] WAMBIER, Teresa Arruda Alvim. *Nulidades do processo e da sentença*. 7. ed. São Paulo: RT, 2014, p. 357. Reconhece a autora que há em doutrina opinião de que o caso da ausência de condições da ação não seria de nulidade, mas de inviabilidade do pedido, ficando o juiz desobrigado de prestar a tutela pleiteada. Indaga, porém, "e se proferida tal sentença?" O vício é de nulidade, inegavelmente, diz Cândido Rangel Dinamarco, decorrente do vício caracterizado pela omissão no procedimento do dever de extinguir o processo sem resolução do mérito. "São hipóteses em que os Tribunais, mesmo de ofício, têm anulado as sentenças. É um caso de nulidade decorrente, consequência de vício anterior. Perfeito, de acordo com a nossa posição, estaria o enfoque referido, se se substituísse o termo *nulidade* por *inexistência*" (WAMBIER, Teresa Arruda Alvim. *Nulidades do processo e da sentença*. 7. ed. São Paulo: RT, 2014, p. 357, nota 183).

[186] "Nos casos de litisconsórcio passivo necessário, o juiz determinará ao autor que requeira a citação de todos que devam ser litisconsortes, dentro do prazo que assinar, sob pena de extinção do processo" (CPC, art. 115, parág. único).

[187] 1. requerida a citação editalícia de pessoas que, ao tempo do ajuizamento da ação, já se encontravam falecidas, impõe-se reconhecer a nulidade do processo a partir de então, a falta de comparecimento dos eventuais sucessores. 2. As nulidades *pleno iure*, tais as que decorrem da falta de regular formação da relação processual, podem ser deduzidas a qualquer momento, mesmo em sede de embargos declaratórios opostos a decisão de segundo grau (STJ, 4ªT., REsp 16.391/RJ, Rel. Min. Sálvio de Figueiredo Teixeira, ac. 04.05.1993, *DJU* 21.06.1993, p. 12.370. No mesmo sentido: STJ, 4ª T., RMS 8.865/RJ, Rel. Min. Sálvio de Figueiredo Teixeira, ac. 19.02.1998, *DJU* 30.03.1998, p. 65).

legal de não resolver o mérito, sempre que faltar tais condições da ação (CPC, art. 485), terá sido, induvidosamente, violado, configurando invalidade declarável a qualquer tempo e em qualquer grau de jurisdição.

Há, porém, um limite temporal à apreciação e reapreciação da falta de condição da ação: o julgador está legalmente autorizado a reconhecer a "ausência de legitimidade ou de interesse processual" (art. 485, VI), "em qualquer tempo e grau de jurisdição, enquanto não ocorrer o trânsito em julgado" (art. 485, § 3º). É que o julgamento contra parte ilegítima, ou parte privada de interesse processual, é realmente um decisório inválido, e cuja invalidade pode ser reconhecida a qualquer tempo; mas se for atingido o mérito da causa (solução definitiva do pedido), e a resolução judicial acobertar-se da *res iudicata* (arts. 487, I e 502), só através de ação rescisória poderá a sentença ser desconstituída ou invalidada (art. 966). É isto que o Código de Processo Civil quer dizer quando dispõe que o exame das condições de legitimidade de parte e de interesse processual não precluem e podem ser examinadas e reexaminadas em qualquer tempo e grau de jurisdição, mas sempre enquanto não tiver ocorrido o trânsito em julgado (v., adiante, n. 98 e n. 99).

97. Condições da ação estatuídas pelo Código de Processo Civil

Ao abrir a sistematização do processo civil brasileiro, o Código estatuiu apenas duas condições para o exercício do direito de ação: o interesse e a legitimidade.[188] E, ao prever os casos de extinção do processo, sem julgamento de mérito, o atual Código arrolou essas mesmas condições.[189]

Analisaremos, portanto, essas duas condições de procedibilidade em juízo.

I – Interesse de agir

A primeira condição da ação é o *interesse de agir*, que não se confunde com o interesse *substancial*, ou primário, para cuja proteção se intenta a mesma ação. O interesse de agir, que é instrumental e secundário, surge da *necessidade* de obter por meio do processo a proteção ao interesse substancial.[190] Entende-se, dessa maneira, que há interesse processual "se a parte sofre um prejuízo, não propondo a demanda, e daí resulta que, para evitar esse prejuízo, necessita exatamente da intervenção dos órgãos jurisdicionais".[191]

Localiza-se o interesse processual não apenas na *utilidade*, mas especificamente na *necessidade* do processo como remédio apto à aplicação do direito objetivo no caso concreto, pois a tutela jurisdicional não é jamais outorgada sem uma *necessidade*, como adverte Allorio.[192] Essa necessidade se encontra naquela situação "que nos leva a procurar uma solução judicial, sob pena de, se não o fizermos, vermo-nos na contingência de não podermos ter satisfeita uma pretensão (o direito de que nos afirmamos titulares)".[193] Vale dizer: o processo jamais será utilizável como simples instrumento de indagação ou consulta acadêmica. Só o dano ou o perigo de dano jurídico, representado pela efetiva existência de uma lide, é que autoriza o exercício do

---

188 "Para postular em juízo é necessário ter interesse e legitimidade" (CPC/2015, art. 17).

189 "O juiz não resolverá o mérito quando: VI – verificar ausência de legitimidade ou de interesse processual" (CPC/2015, art. 485, VI).

190 LIEBMAN, Enrico Tullio. *Manuale di Diritto Processuale Civile.* Ristampa da 2. ed. Milano: A. Giuffrè, 1968, v. I, n. 14, p. 41.

191 BUZAID, Alfredo. *Agravo de petição no sistema do Código de Processo Civil.* 2. ed. São Paulo: Saraiva, 1956, n. 39, p. 88-89.

192 ALLORIO, Enrico. *Problemas de derecho procesal.* Buenos Aires: EJEA, 1963, v. II, n. 37, p. 290.

193 ARRUDA ALVIM NETTO, José Manoel de. *Código de Processo Civil comentado.* São Paulo: RT, 1975, v. 1, p. 318.

direito de ação. Falta interesse, portanto, se a lide não chegou a configurar-se entre as partes, ou se, depois de configurada, desapareceu em razão de qualquer forma de composição válida.[194]

O interesse processual, a um só tempo, haverá de traduzir-se numa relação de necessidade e também numa relação de *adequação* do provimento postulado, diante do conflito de direito material trazido à solução judicial.

Mesmo que a parte esteja na iminência de sofrer um dano em seu interesse material, não se pode dizer que exista o *interesse processual*, se aquilo que se reclama do órgão judicial não será *útil* juridicamente para evitar a temida lesão. É preciso sempre "que o pedido apresentado ao juiz traduza formulação adequada à satisfação do interesse contrariado, não atendido, ou tornado incerto".[195] Em outras palavras:

> "Inadmissível, para o caso levado a juízo, a providência jurisdicional invocada, faltará legítimo interesse em *propor a ação*, porquanto inexiste pretensão objetivamente razoável que justifique a prestação jurisdicional requerida. *Pas d'intérêt, pas d'action*".[196]

Falta interesse, em tal situação, "porque é *inútil* a provocação da tutela jurisdicional se ela, em tese, não for apta a produzir a correção arguida na inicial. Haverá, pois, falta de interesse processual se, descrita determinada situação jurídica, a providência pleiteada não for adequada a essa situação".[197]

Isto poderá acontecer, *v.g.*, no caso de mandado de segurança por parte de quem não dispõe da prova documental indispensável, pois só cabe esse remédio processual quando a parte pretender tutela para direito líquido e certo (CF, art. 5º, LXIX); ou, ainda, no caso de o locador intentar a recuperação da posse do imóvel, perante o locatário, por meio de ação possessória, pois a Lei do Inquilinato prevê que, seja qual for o fundamento do término da locação, a ação para reaver o prédio é a de despejo (Lei 8.245, de 18.10.1991, art. 5º).

O interesse processual, em suma, exige a conjugação do binômio *necessidade* e *adequação*, cuja presença cumulativa é sempre indispensável para franquear à parte a obtenção da sentença de mérito.[198] Assim, não se pode, por exemplo, postular declaração de validade de um contrato se o demandado nunca a questionou (*desnecessidade* da tutela jurisdicional), nem pode o credor, mesmo legítimo, propor ação de execução, se o título de que dispõe não é um título executivo na definição da lei (*inadequação* do remédio processual eleito pela parte).

O interesse tutelável, por outro lado, pode referir-se a qualquer prestação que se possa exigir, juridicamente, do réu, assim como:

---

194 Exemplo típico de falta de interesse foi reconhecido pelo STJ num caso em que a ação reivindicatória foi proposta pelo dono depois de o esbulhador já ter abandonado o imóvel: "Se o imóvel está abandonado, o proprietário não precisa de decisão judicial para reavê-lo, devendo ser reconhecida a sua *falta de interesse de agir*, ante à desnecessidade ou inutilidade do provimento jurisdicional perseguido" (STJ, 3ª T., REsp 1.003.305/DF, Rel. Min. Nancy Andrighi, ac. 18.11.2010, *DJe* 24.11.2010).

195 MARQUES, José Frederico. *Manual de Direito Processual Civil*. 13. ed. São Paulo: Saraiva, 1990, v. I, n. 137, p. 176.

196 MARQUES, José Frederico. *Manual de Direito Processual Civil*. 13. ed. São Paulo: Saraiva, 1990, v. I, n. 137, p. 176.

197 GRECO FILHO, Vicente. *Direito Processual Civil Brasileiro*. 11. ed. São Paulo: Saraiva, 1995, n. 14-2, p. 81.

198 "Ora, como sabido, o interesse de agir é condição da ação que possui três aspectos: (i) utilidade, pois o processo deve trazer algum proveito para o autor; (ii) adequação, uma vez que se exige correspondência entre o meio escolhido e a tutela pretendida; (iii) necessidade, haja vista a demonstração de que a tutela jurisdicional seja imprescindível para alcançar a pretensão do autor" (STJ, 2ª Seção, REsp 1.304.736/RS, Rel. Min. Luis Felipe Salomão, ac. 24.02.2016, *DJe* 30.03.2016 – voto do Relator).

(a) a condenação a pagar, dar, fazer ou não fazer;
(b) a constituição de uma nova situação jurídica;
(c) a realização prática de uma prestação devida pelo réu;
(d) a inibição ou cessação do ilícito ameaçado;
(e) alguma medida de prevenção contra alterações na situação litigiosa que possam tornar ineficaz a prestação jurisdicional definitiva.

Admite, outrossim, o art. 19 de nosso Código,[199] na esteira da legislação processual civil mais atualizada do Ocidente, que o interesse do autor pode limitar-se à *declaração* da existência ou da inexistência de relação jurídica, ou da autenticidade ou falsidade de documento.[200]

Durante bastante tempo, entendeu-se que não seria legítimo condicionar o acesso à justiça ao prévio recurso às vias administrativas. No entanto, mais recentemente, em matéria de seguro social, o STF passou a adotar a tese de que a lei pode condicionar o interesse do segurado ao processo judicial à prévia dedução da pretensão perante a administração da entidade previdenciária competente[201]. Não se exige a exaustão da via administrativa, nem que se tenha de aguardar eternamente uma decisão da administração. Após aguardar um tempo determinado, segundo a razoabilidade, o interesse pela abertura da instância judicial estará configurado, se a administração não cuidou de solucionar o pleito do segurado.

II – Legitimidade de parte

A segunda condição da ação, a *legitimidade* (*legitimatio ad causam*), é a titularidade ativa e passiva da ação, na linguagem de Liebman.[202] "É a pertinência subjetiva da ação".[203]

Parte, em sentido processual, é um dos sujeitos da relação processual contrapostos diante do órgão judicial, isto é, aquele que pede a tutela jurisdicional (autor) e aquele em face de quem se pretende fazer atuar dita tutela (réu). Mas, para que o provimento de mérito seja alcançado, para que a lide seja efetivamente solucionada, não basta existir um sujeito ativo e um sujeito passivo. É preciso que os sujeitos sejam, de acordo com a lei, *partes legítimas*, pois se tal não ocorrer o processo se extinguirá sem resolução do mérito (art. 485, VI).

Entende Arruda Alvim que "estará legitimado o autor quando for o *possível* titular do direito pretendido, ao passo que a legitimidade do réu decorre do fato de ser ele a pessoa indicada, em sendo procedente a ação, a suportar os efeitos oriundos da sentença".[204]

A lição, *data maxima venia*, impregna-se excessivamente do conteúdo da relação jurídica material deduzida em juízo, e não condiz bem com a ideia de direito autônomo e abstrato que caracteriza, modernamente, a ação como o direito à composição definitiva da lide.

---

199 CPC/1973, art. 4º.

200 O interesse que justifica a declaratória pode ser patrimonial ou moral (Cód. Civil de 1916, art. 76). "De maneira geral, qualquer relação de direito privado pode ser objeto de ação declaratória, tanto de direito de família, de obrigações, de sucessão, como as de direito real" (BARBI, Celso Agrícola. *Ação Declaratória Principal e Incidente*. 6. ed. Rio de Janeiro: Forense, 1987, p. 97). Também podem ser objeto da mesma ação "relações de direito público em geral (administrativo, fiscal etc.)" (BARBI, Celso Agrícola. *Ação Declaratória Principal e Incidente*. 6. ed. Rio de Janeiro: Forense, 1987, p. 104).

201 STF, Pleno, RE 631.240/MG (Repercussão Geral), Rel. Min. Roberto Barroso, ac. 03.09.2014, *DJe* 10.11.2014.

202 LIEBMAN, Enrico Tullio. *Manuale di Diritto Processuale Civile*. Ristampa da 2. ed. Milano: A. Giuffrè, 1968, v. I, n. 14, p. 42.

203 BUZAID, Alfredo. *Agravo de petição no sistema do Código de Processo Civil*. 2. ed. São Paulo: Saraiva, 1956, n. 39, p. 89.

204 ARRUDA ALVIM NETTO, José Manoel de. *Código de Processo Civil comentado*. São Paulo: RT, 1975, v. 1, p. 319.

Se a lide tem existência própria e é uma situação que justifica o processo, ainda que injurídica seja a pretensão do contendor, e que pode existir em situações que visam mesmo negar *in totum* a existência de qualquer relação jurídica material, é melhor caracterizar a legitimação para o processo com base nos elementos da lide do que nos do direito debatido em juízo.

Destarte, legitimados ao processo são os sujeitos da lide, isto é, os titulares dos interesses em conflito. A legitimação ativa caberá ao titular do interesse afirmado na pretensão, e a passiva ao titular do interesse que se opõe ou resiste à pretensão.[205] Essa legitimação, que corresponde à regra geral do processo civil, recebe da doutrina a denominação de *legitimação ordinária*. Sua característica básica é a coincidência da titularidade processual com a titularidade hipotética dos direitos e das obrigações em disputa no plano do direito material.[206] "Trata-se, em última análise, de saber se o contraditório se estabeleceu entre as pessoas legalmente habilitadas – questão esta a ser decidida *em sentido processual*, não em sentido material".[207]

Processualmente, portanto:

(a) legitimado ativo (ou *para agir*) é o titular do poder de obter uma sentença de mérito, isto é, *quem afirma ser o titular do direito controvertido, não quem efetivamente o seja, questão relativa à relação de direito material apenas*;[208]

(b) a legitimação passiva decorre, para o réu, do mero fato de voltar-se contra ele o pedido do autor. "O réu será parte ilegítima apenas quando (e somente quando) não houver pedido de providência jurisdicional em face dele".[209]

III – Legitimação extraordinária

De par com a legitimação *ordinária*, ou seja, a que decorre da posição ocupada pela parte como sujeito da lide, prevê o direito processual, em casos excepcionais, a legitimação *extraordinária*, que consiste em permitir-se, em determinadas circunstâncias, que a parte demande em nome próprio, mas na defesa de interesse alheio. Ressalte-se, porém, a excepcionalidade desses casos que, doutrinariamente, se denominam "substituição processual", e que podem ocorrer, por exemplo, com o alienante da coisa litigiosa, com o Ministério Público na ação de acidente do trabalho, ou na ação civil de indenização do dano *ex delicto*, quando a vítima é pobre etc.[210]

A não ser, portanto, nas exceções expressamente autorizadas no ordenamento jurídico, a ninguém é dado pleitear, em nome próprio, direito alheio (CPC/2015, art. 18) (ver, adiante,

---

205 AMARAL SANTOS, Moacyr. *Primeiras Linhas de Direito Processual Civil*. 5. ed. São Paulo: Saraiva, 1977, v. I, n. 129, p. 146.

206 Para Marco Tullio Zanzucchi, "legitimados para agir ou contestar a respeito de uma determinada relação jurídica material são os sujeitos titulares da própria relação" (*Diritto Processuale Civile*. 4. ed. Milano: Giuffrè, 1946, v. I, p. 114).

207 MACHADO GUIMARÃES, Luiz. Carência da ação. *In: Estudos de direito processual civil*. Rio de Janeiro: Jurídica e Universitária, 1969, p. 99.

208 BEDAQUE, José Roberto dos Santos. *Comentários ao Código de Processo Civil*. São Paulo: Saraiva, 2019, v. III, p. 133; TOMMASEO, Ferrucio. *Le condizioni di esistenza dell'azione*: apunti di diritto processuale civile – nozione introduttive. 3. ed. Torino: Giappichelli Editore, 2000, p. 206-207.

209 BARBOSA MOREIRA, José Carlos. Legitimação passiva: critério de aferição. Mérito. *In: Direito aplicado II* (pareceres). Rio de Janeiro: Forense, 2000, p. 375-378. Cf., também, BEDAQUE, José Roberto dos Santos. *Direito e processo*. 6. ed. São Paulo: Malheiros, 2011, p. 80 e ss.

210 A Lei 7.347/1985 instituiu a ação civil pública, reconhecendo legitimidade excepcional de associações civis e outras entidades para, na defesa de direitos que não são próprios, demandar em juízo a responsabilidade por danos ao meio ambiente, ao consumidor e aos bens e direitos de valor artístico, estético, histórico, turístico e paisagístico.

n°s 185 e 186).[211] O atual Código adotou o entendimento de parte da doutrina, segundo o qual a *legitimação extraordinária* pode ser atribuída sem previsão expressa de lei em sentido estrito, desde que seja possível identificá-la no ordenamento, visto como sistema.[212] Dispôs, ainda, no parágrafo único do art. 18 que havendo substituição processual, o substituído poderá intervir no processo como assistente litisconsorcial.

IV – Bilateralidade da legitimidade de parte

Em síntese: como toda condição da ação, o conceito da *legitimatio ad causam* só deve ser procurado com relação ao próprio direito de ação, de sorte que "a legitimidade não pode ser senão a titularidade da ação".[213] E, para chegar-se a ela, de um ponto de vista amplo e geral, não há um critério único, sendo necessário pesquisá-la diante da situação concreta em que se achar a parte diante da lide e do direito positivo.

Outrossim, porque a ação só atua no conflito de partes antagônicas, também a legitimação passiva é elemento ou aspecto da legitimação de agir.[214] Por isso, só há legitimação para o autor quando realmente age diante daquele contra quem, na verdade, a tutela jurisdicional deverá operar efeito, o que impregna a ação do feitio de "direito bilateral".[215]

V – Possibilidade jurídica do pedido

Por fim, é importante destacar o acerto da posição adotada pelo atual Código ao excluir a *possibilidade jurídica do pedido* do rol das condições da ação. Pela *possibilidade jurídica do pedido* indicava-se a exigência de que devia existir, abstratamente, dentro do ordenamento jurídico, um tipo de providência como a que se pedia por meio da ação.[216] Esse requisito, de tal sorte, consistia na prévia verificação que incumbia ao juiz fazer sobre a viabilidade jurídica da pretensão deduzida pela parte em face do direito positivo em vigor. O exame realizava-se, assim, abstrata e idealmente, diante do ordenamento jurídico.[217]

---

211 A Constituição Federal de 1988 admitiu que às entidades associativas, quando expressamente autorizadas, cabe legitimidade para representar seus filiados em juízo (art. 5º, XXI). Essa autorização pode provir de alguma lei ou dos próprios estatutos da associação.

212 DIDIER JÚNIOR, Fredie. Fonte normativa da legitimação extraordinária no novo Código de Processo Civil: a legitimação extraordinária de origem negocial. *Revista de Processo*, n. 232, 2014, p. 71. Há quem defenda a possibilidade de transferência negocial da legitimidade *ad causam*, o que se daria, por exemplo, nos casos de administração de imóveis destinados à locação e nas transferências de participação societária em que as patentes dos transmitentes passariam a ser exploradas pela empresa compradora, sem transmissão da respectiva propriedade. A figura negocial, no entanto, a meu ver, não representaria uma transferência de legitimidade, mas apenas uma representação. O certo é que falar-se em autorização do ordenamento jurídico não é algo diverso do que em "permissão da lei", já que sempre se entendeu lei em sentido *latu* como todo o conjunto normativo do direito positivo. Daí não se entender que houve modificação substancial no artigo regulador da substituição processual, quando trocou "lei" por "ordenamento jurídico".

213 GRINOVER, Ada Pellegrini. *As Condições da Ação Penal*. 1977, n. 65, p. 141.

214 LIEBMAN, Enrico Tullio. *Manuale di Diritto Processuale Civile*. Ristampa da 2. ed. Milano: A. Giuffrè, 1968, v. I, n. 14, p. 43.

215 LIEBMAN, Enrico Tullio. *Manuale di Diritto Processuale Civile*. Ristampa da 2. ed. Milano: A. Giuffrè, 1968, v. I, n. 14, p. 43.

216 BUZAID, Alfredo. *Agravo de petição no sistema do Código de Processo Civil*. 2. ed. São Paulo: Saraiva, 1956, n. 39, p. 88; LIEBMAN, Enrico Tullio. *Manuale di Diritto Processuale Civile*. Ristampa da 2. ed. Milano: A. Giuffrè, 1968, v. I, n. 14, p. 45.

217 ARRUDA ALVIM NETTO, José Manoel de. *Código de Processo Civil comentado*. São Paulo: RT, 1975, v. 1, p. 316. A "possibilidade jurídica do pedido consiste na admissibilidade em abstrato da tutela pretendida, vale dizer, na ausência de vedação explícita no ordenamento jurídico para a concessão do provimento jurisdicional" (STJ, 4ª T., REsp 220.623/SP, Rel. Min. Fernando Gonçalves, ac. 03.09.2009, *DJe* 21.09.2009). No mesmo sentido: STJ, 4ª T., REsp 254.417/MG, Rel. Min. Luis Felipe Salomão, ac. 01.12.2008, *DJe* 02.02.2009.

É bom destacar que a preocupação com a conceituação da *impossibilidade jurídica*, como condição da ação, antes mesmo do Código atual, perdeu por completo a primitiva relevância. Sua inserção nessa categoria processual se deveu sobretudo à doutrina de Liebman. Acontece que, nas reedições de sua obra, a impossibilidade jurídica acabou sendo afastada, concentrando-se a categoria apenas na *legitimidade* e no *interesse*.[218] Na verdade, a dificuldade prática e teórica para encontrar casos de impossibilidade puramente processual conduziu à conclusão de que a figura se confundiria sempre ou com a improcedência do pedido (mérito) ou com a falta de interesse (condição de procedibilidade). De fato, não há razão séria para tratar fora do mérito da causa questão como a cobrança de dívida de jogo, ou a disputa sobre herança de pessoa viva. Por outro lado, a impropriedade da via processual eleita, que às vezes se utilizava como exemplo de impossibilidade jurídica do pedido (*v.g.*, uso de mandado de segurança para defesa de direito subjetivo não revestido do requisito da liquidez e certeza), configura situação que perfeitamente pode ser tratada como pertinente à condição do *interesse*, não havendo justificativa para encerrá-la numa espécie própria.

Daí por que foi correto o caminho utilizado pela nova codificação que limita as condições da ação apenas às figuras do art. 17, ou seja, o *interesse* e a *legitimidade*. Deixa-se de lado, por inútil, a condição da *possibilidade jurídica*, que ou se confunde com o mérito ou se subsume no interesse.

VI – Visão unitária das condições da ação

Em conclusão, *as condições da ação* "são requisitos de ordem processual, *intrinsecamente instrumentais* e existem, em última análise, para se verificar se a ação deverá ser admitida ou não. Não encerram, em si, fim algum; são requisitos-meios para, admitida a ação, ser julgado o mérito (a *lide* ou o *objeto litigioso*, respectivamente, na linguagem de Carnelutti e dos alemães)".[219]

98. Limites temporais da apreciação das condições de ação

É reiterada, em doutrina e jurisprudência, a afirmação de que são de ordem pública as condições da ação, e, por isso, não se sujeitam à preclusão, podendo ser apreciadas e dirimidas pelo julgador, de ofício, em qualquer fase do processo e em qualquer grau de jurisdição (CPC, art. 485, § 3º). O problema intrigante a resolver, todavia, é outro: o requisito que, de início, se fora divisado no terreno das preliminares processuais, conservaria indefinidamente essa qualidade? Ou se poderia cogitar de um possível e eventual deslocamento, na evolução do debate em juízo, que fosse capaz de conduzi-lo para o campo da própria controvérsia material a ser concretamente resolvida?

É lícito afirmar, em face da própria natureza das preliminares processuais, que a questão só permanece no terreno das condições da ação enquanto é discutida abstratamente, ou seja, apenas mediante cotejo entre o pedido e a lei, genericamente. Depois que o caso dos autos se submete à análise concreta e detalhada, e exaurida já se acha a instrução da causa, não se pode mais admitir que se mantenha, invariavelmente, como solução de preliminar processual o pronunciamento do juiz que acolha a falta de legitimidade ou de interesse. Em tal estágio, o que, na verdade, se está decidindo é se a prova colhida e o direito invocado sustentam, ou não, o pedido ou, em outras palavras, se *in concreto* o autor tem, ou não, condições de exigir a prestação que reclama do réu.

---

218 "As condições da ação há pouco mencionadas são o interesse de agir e a legitimação. Como ficou dito, eles são os requisitos de existência da ação, devendo, por isso, ser objeto de investigação no processo, preliminarmente ao exame do mérito" (LIEBMAN, Enrico Tullio. *Manual de Direito Processual Civil*. Tradução da 4. ed. italiana por DINAMARCO, Cândido Rangel. Rio de Janeiro: Forense, 1984, v. I, n. 74, p. 153-154).

219 ARRUDA ALVIM NETTO, José Manoel de. *Código de Processo Civil comentado*. São Paulo: RT, 1975, v. 1, p. 319.

A decisão que tardiamente se propõe a examinar condições de ação – principalmente quando proferida por Tribunal de segundo grau para cassar sentença definitiva da instância de origem –, só pode, em regra, qualificar-se como decisão de mérito, pouco importando o rótulo ou o *nomen iuris* que se lhe atribua.[220] É irrelevante, pois, que o julgador afirme ser o autor carecedor de ação, se o faz à luz de conclusão formada diante da prova e do debate exaustivo sobre o pedido e a *causa petendi*.[221]

Numa quadra como essa, não há diferença substancial entre declarar a parte ilegítima para a ação ou afirmar a improcedência do seu pedido. O que, concreta e objetivamente, se está fazendo é, na realidade, o acertamento negativo sobre a pretensão que por ele foi deduzida em juízo. A ilegitimidade, assim afirmada, não é outra coisa senão o reconhecimento definitivo de não ter a parte o direito material para cuja tutela exerceu o direito de ação frente ao réu. O momento próprio para se avaliar a presença, ou não, das condições de ação é o estágio de saneamento do processo, quando ainda faltam os elementos de convencimento completos para que se possa certificar, de maneira definitiva, a procedência ou improcedência da demanda. Quando o processo já se encontra maduro para o julgamento de mérito, não tem sentido falar-se em carência de ação. Se a relação processual é válida, em termos de pressupostos processuais, só resta ao juiz, em princípio, resolver a controvérsia pelo mérito.[222] E se usa a nomenclatura das condições processuais, isto não mudará a natureza do julgamento, já que terá procedido ao acertamento da questão material trazida a juízo na propositura da ação.

Esse enfoque é muito importante, porque dele dependem situações jurídicas relevantíssimas como a coisa julgada e a rescindibilidade da sentença, que pressupõem sentenças de mérito. O apego à literalidade, em tal conjuntura, pode redundar em privação da garantia fundamental de acesso à justiça (CF, art. 5º, XXXV), porquanto, a prevalecer a aparência sobre a essência do decisório, a parte ficaria privada da possibilidade de ver sua causa regular e adequadamente solucionada pela Justiça.

Por outro lado, não se exige que, invariavelmente, as condições da ação bem como os pressupostos processuais estejam presentes desde o momento do aperfeiçoamento inicial da relação processual triangular, sob pena de inutilização do processo. Ao contrário, o que o sistema de primazia do julgamento do mérito impõe ao juiz é o dever de, no curso do processo, "determinar o suprimento de pressupostos processuais e o saneamento de outros vícios processuais" (art. 139, IX), sempre, é claro, que tais defeitos ou omissões se manifestem sanáveis. E, ademais, tanto para os pressupostos processuais como para as condições da ação, ressalva o art. 485, § 3º, a possibilidade de sua apreciação, em qualquer tempo e grau de jurisdição, enquanto não ocorrido o trânsito em julgado. Quer isto dizer, que a falta inicial ou o desaparecimento superveniente de tais requisitos da prestação jurisdicional não contaminam irremediavelmente o processo. Podendo esses defeitos serem sanados ou supridos a qualquer tempo, o importante é que se revelem presentes no momento em que se alcança o estágio de resolução do mérito da causa. Aplica-se aqui a regra geral de que os fatos supervenientes à *litiscontestatio* devem

---

220 "A natureza da sentença, se processual ou de mérito, é definida por seu conteúdo e não pela mera qualificação ou *nomen juris* atribuído ao julgado, seja na fundamentação ou na parte dispositiva" (STJ, 3ª T., REsp 1.157.383/RS, Rel. Min. Nancy Andrighi, ac. 14.08.2012, *DJe* 17.08.2012).

221 Para Mouta Araujo, "se for ultrapassada a análise abstrata da condição da ação e adentrado ao mérito da causa, deve ocorrer a extinção do processo com sua resolução (art. 269 do CPC/1973) [art. 487, do CPC/2015]. Contudo, se ocorrer a extinção sem resolução de mérito, a decisão estará sujeita inclusive à ação rescisória, eis que se trata de falsa carência de ação" (ARAÚJO, José Henrique Mouta. Reflexões sobre perda superveniente de condição da ação e sua análise jurisprudencial. *Revista Dialética de Direito Processual*, n. 135, jun. 2014, p. 37).

222 "De acordo com a teoria da asserção se, na análise das condições da ação, o Juiz realizar cognição profunda sobre as alegações contidas na petição, após esgotados os meios probatórios, terá, na verdade, proferido juízo sobre o mérito da controvérsia" (STJ, 3ª T., REsp 1.157.383/RS, Rel. Min. Nancy Andrighi, ac. 14.08.2012, *DJe* 17.08.2012).

ser levados em conta, pelo juiz, na ocasião da sentença de mérito. É aí que não pode realmente faltar pressuposto processual nem condição da ação. Antes disso, o juiz deve estar sempre disposto a ensejar a integração das exigências preliminares do provimento final de mérito.[223]

99. Inter-relacionamento entre pressupostos processuais, condições da ação e mérito da causa

A relação processual tem um *objeto* e é sobre ele que atuará a *prestação jurisdicional*. O direito de *ação* é o direito ao pronunciamento do juiz sobre aquele objeto,[224] de modo que as partes vejam suas pretensões de direito material atendidas ou rejeitadas. Para que, no processo de conhecimento, isto se dê, o provimento jurisdicional constará de uma sentença, e no processo de execução, de um ato material de satisfação do direito do credor. Em qualquer caso, a solução do mérito da causa somente será possível se a relação processual formada em virtude do exercício do direito de ação for *válida*, segundo as regras do direito processual.

A relação processual é válida quando satisfeitos os requisitos denominados *pressupostos processuais*, como a capacidade das partes, a competência do juiz e a adequação às formas procedimentais de direito.

Segundo a teoria *pura* do direito *abstrato* de ação, o autor tem direito ao provimento de mérito, desde que o processo tenha se formado e desenvolvido validamente. Basta, portanto, a satisfação dos pressupostos processuais para que se obtenha a sentença de procedência ou improcedência do pedido.

Há, contudo, uma teoria, dita *eclética*, que foi admitida e desenvolvida, entre outros, por Liebman,[225] e que foi acolhida pelo Código de Processo Civil brasileiro, a qual subordina o provimento de mérito a outros requisitos, além dos pressupostos de validade da relação jurídica processual, requisitos estes apelidados de *condições da ação*. Estas condições se estabelecem entre os pressupostos processuais e o mérito da causa. Mesmo sendo válido o processo, o juiz só se pronunciará sobre a procedência ou improcedência do pedido se configurada a *legitimidade* das partes e demonstrado o *interesse de agir* em juízo. "Para postular em juízo é necessário ter interesse e legitimidade", dispõe o art. 17 do CPC/2015. Vê-se, portanto, que, na teoria *eclética* de Liebman, os pressupostos processuais atuam sobre o processo apenas como requisitos de direito processual, sem, entretanto, permitir, só com sua presença, o provimento de mérito. Já as condições da ação, sem ainda alcançar o mérito da causa, procedem a um cotejo preliminar entre a pretensão de direito material deduzida em juízo e o quadro jurídico enunciado pela parte na propositura da demanda.[226] O juiz, nesse estágio, não aprecia a existência ou inexistência do direito material que se pretende atuar no processo, mas apenas analisa se, dada a hipótese

---

223 "O Processo Civil foi criado para possibilitar que se profiram decisões de mérito, não para ser, ele mesmo, objeto das decisões que proporciona. A extinção de processos por meros óbices processuais deve ser sempre medida de exceção" (STJ, 3ª T., REsp 802.497/MG, Rel. Min. Nancy Andrighi, ac. 15.05.2008, *DJe* 24.11.2008).

224 Para Liebman, o *direito de ação* é o "direito ao processo e ao julgamento do *mérito*" (LIEBMAN, Enrico Tullio. *Manual de direito processual civil*. Tradução de DINAMARCO, Cândido Rangel. Rio de Janeiro: Forense, 1984, v. I, n. 73, p. 151).

225 LIEBMAN, Enrico Tullio. *Manual de direito processual civil*. Tradução de DINAMARCO, Cândido Rangel. Rio de Janeiro: Forense, 1984, v. I, n. 74, p. 153-154.

226 Ensina Kazuo Watanabe que as *condições da ação*, como a *legitimatio ad causam*, são aferidas "no *plano lógico* e da *mera asserção* do direito", de sorte que "a cognição a que o juiz procede consiste em simplesmente confrontar a afirmativa do autor com o esquema abstrato da lei. Não se procede, ainda, ao acertamento do direito afirmado" (WATANABE, Kazuo. *Da cognição no processo civil*. São Paulo: RT, 1987, n. 17, p. 69). No mesmo sentido: PROTO PISANI, Andrea. *Lezoni di diritto processuale civile*. 3. ed. Napoli: Jovene Editore, 1999, p. 313; DIDIER JR., Fredie. *Curso de direito processual civil*. 11. ed. Salvador: JusPodivm, v. I, p. 181-182.

contida na inicial, a parte teria, ou não, interesse e legitimidade para obter a prestação de mérito *in concreto*.[227] O que se aprecia é, na verdade, apenas a titularidade do direito de ação, quando se define a legitimidade e o interesse.[228]

As condições da ação, nessa perspectiva, põem o processo em cotejo com o direito material em tese, sem avançar, porém, até a afirmação concreta da procedência ou improcedência do pedido, ou seja, sem compor definitivamente o conflito jurídico material. Se falta condição de agir, o autor não terá direito ao provimento judicial de mérito. Será havido como *carecedor da ação*, e o processo será extinto sem resolução de mérito (CPC, art. 485, VI). Quer isto dizer que, malgrado o encerramento do processo, o litígio persistirá e as partes não estarão impedidas de rediscuti-lo em outra ação, desde que, então, seja corrigido o vício que levou à extinção do processo, sem resolução do mérito (CPC, art. 486, § 1º).

Há quem critique a teoria de Liebman, sob a consideração de que as chamadas condições da ação poderiam ser englobadas ao mérito da causa, do qual não passariam de preliminares, de sorte que seu julgamento afinal representaria, também, rejeição ou acolhida do pedido, tal como formulado na petição inicial. O certo, todavia, é que o tratamento das condições da ação fora do julgamento do mérito da causa foi uma opção do legislador, que não pode ser ignorada pelos processualistas, nem pode deixar de ser entendida e explicada segundo a teoria correspondente.

Sintetizando: a) os pressupostos processuais colocam o processo em contato apenas com as regras do direito processual; b) as condições da ação colocam o processo em contato preliminar com o direito material, mas de forma apenas hipotética; e c) o julgamento de mérito resolve *in concreto* o litígio, aplicando o direito material na solução definitiva do conflito, desde que superados os requisitos preliminares dos pressupostos processuais e das condições da ação.

99.1. Mérito da causa: objeto do processo

Para Liebman – em cuja teoria nosso CPC regulou o direito de ação – *mérito* e *objeto* do processo são a mesma coisa, ou seja: constitui objeto do processo, não necessariamente todo o conflito existente entre as partes, mas aquela porção do conflito de interesses, a respeito da qual *pediram as partes* uma decisão. Em outras palavras, "o elemento que delimita em concreto o *mérito da causa* não é, portanto, o conflito existente entre as partes fora do processo, e sim *o pedido* feito ao juiz em relação àquele conflito"[229]. Nesse sentido, dispõe o art. 487, I, do CPC/2015, que haverá resolução de mérito quando o juiz "acolher ou rejeitar o pedido formulado na ação ou na reconvenção", esclarecendo o art. 503, do mesmo Código, que a coisa julgada se formará sobre a resolução da questão principal bem como da questão prejudicial (art. 503, *caput* e § 1º).

Uma vez, portanto, que para acolher ou rejeitar o pedido, a sentença de mérito tem que solucionar necessariamente as questões prejudiciais e as exceções substanciais opostas pelo demandado, é lícito considerar o mérito da causa como abrangente também de todas as *questões de interesse prejudicial* ao pedido configurador do *objeto litigioso*, mas sempre condicionadas ao núcleo do embate entre a pretensão do autor e a contrariedade do réu[230].

---

[227] "As *condições da ação*, como visto, são [apenas] requisitos exigidos para que o processo possa levar a um provimento final, de mérito" (CÂMARA, Alexandre Freitas. *Lições de direito processual civil*. 15. ed. Rio de Janeiro: Lumen Juris, 2006, v. I, p. 126).

[228] A *titularidade do direito de ação* – que é o que se reconhece quando o juiz dá como presente a legitimidade *ad causam* – não se confunde nunca com a *titularidade efetiva do direito substancial* invocado em juízo. O reconhecimento deste "è rimesso ex post alla decisione del mérito del giudice" (COMOGLIO, Luigi Paolo; FERRI, Corrado; TARUFFO, Michele. *Lezioni sul processo civile*. I. Il processo ordinário di cognizione. 4. ed. Bologna: Il Mulino, 2006, p. 243).

[229] LIEBMAN, Enrico Tullio. O despacho saneador e o julgamento do mérito. *Estudos sobre o processo civil brasileiro*, com notas de Ada Pellegrini Grinover. São Paulo: Bushatsky, 1976, p. 114.

[230] WATANABE, Kazuo. *Da cognição no processo civil*. São Paulo: RT, 1987, p. 79.

Assim, a defesa do réu, quando apenas nega o direito pretendido pelo autor (defesa direta), mantém o objeto do processo nos limites do pedido formulado na petição inicial. Quando, porém, a resposta inclui pedido reconvencional, formula questão prejudicial ou manifesta defesa indireta (causas extintivas, modificativas ou impeditivas do direito do autor), ampliado restará o mérito da causa a ser resolvido em juízo.

Costuma-se, em requinte doutrinário, distinguir entre objeto do processo e objeto litigioso do processo, atribuindo-se ao primeiro a qualidade de gênero e ao segundo, a de espécie daquele gênero.[231] Assim, genericamente o objeto do processo seria o complexo de tudo aquilo que o juiz tem de decidir, tanto no plano do direito processual quanto no do direito material para, finalmente, resolver o conflito deduzido no processo pelas partes litigantes.

Já o objeto litigioso seria formado apenas pela pretensão de direito material formulada pelo autor (pedido e causa de pedir) e pela defesa do réu, no tocante à rejeição da pretensão substancial do autor e, eventualmente, à contraposição de pretensões conexas e contrárias às do autor.

Mas, se o objetivo único do processo é a solução definitiva do litígio sob a autoridade da coisa julgada, e se esta somente ocorre com a sentença de mérito, não vemos utilidade prática na distinção entre objeto do processo e objeto litigioso do processo. As questões processuais são episódicas e quando acontecem, não repercutem imediatamente sobre o mérito da causa. São solucionadas, portanto, sem força de gerar coisa julgada; vale dizer, sem aptidão para resolver, nem mesmo minimamente, as pretensões substanciais conflituosas manifestadas pelas partes. Ora, sem tal conteúdo, não merecem, a nosso ver, a qualificação de objeto do processo. Pode, com efeito, um processo principiar, desenvolver-se e ser julgado no mérito, sem que nenhuma questão processual tenha reclamado decisão judicial. Tais questões são elementos acidentais do processo. Nenhum processo, todavia, pode se formar e desenvolver-se validamente sem que alguma questão substancial tenha sido proposta à solução judicial. Trata-se, pois, de elemento essencial do processo, cuja ausência o nulifica. Não havendo possibilidade de processo válido sem questão de mérito que o justifique, razão assiste a Liebman quando ensina que *mérito* e *objeto do processo* são a mesma coisa.[232]

Não se deve, enfim, confundir o objeto do conhecimento do juiz (questões processuais relativas à admissibilidade do julgamento do mérito) com o objeto do processo propriamente dito (pretensão ou mérito da causa).

100. Classificação das ações

I – Classificação relevante

Várias são as classificações doutrinárias das ações, muitas, porém, impregnadas de preconceitos civilísticos que merecem ser abolidos perante o estágio moderno dos estudos processualísticos de nossos tempos.

---

231 ARAÚJO, José Henrique Mouta; LEMOS, Vinicius Silva. A estabilização do objeto do processo pós-fase ordinária. *Revista Síntese de Direito Civil e Processual Civil*, São Paulo, n. 152, nov.-dez. 2024, p. 41-43.

232 Dinamarco, como Liebman, não distingue mérito e objeto do processo: "todo processo tem seu *objeto*, que é a *pretensão* trazida pelo demandante ao juiz, em busca de satisfação ... É em relação a ela que a jurisdição se exerce e a tutela jurisdicional deve ser outorgada àquele que tiver razão. Objeto do processo é o que ordinariamente se chama *mérito* e está presente em qualquer tipo ou espécie de processo – a saber, tanto no processo ou fase de conhecimento quanto no executivo, no monitório ou no cautelar" (DINAMARCO, Cândido Rangel. *Instituições de direito processual civil.* 8.ed. São Paulo: Malheiros, 2016, n. 149, p. 442).

Se a ação consiste na aspiração a determinado provimento jurisdicional[233] a classificação de real relevância para a sistemática científica do direito processual civil deve ser a que leva em conta a espécie e natureza de tutela que se pretende do órgão jurisdicional.

Nessa ordem de ideias, temos:

(a) ação de cognição;
(b) ação de execução.

II – Ações de cognição

A ação de cognição, que provoca a instauração de um processo de conhecimento, busca o pronunciamento de uma sentença que declare entre os contendores quem tem razão e quem não a tem, o que se realiza mediante determinação da regra jurídica concreta que disciplina o caso que formou o objeto do processo.[234]

Pode a ação de cognição ser desdobrada em:

(a) *ação condenatória*: a que busca não apenas a declaração do direito subjetivo material do autor, mas também a formulação de um comando que imponha uma prestação a ser cumprida pelo réu (sanção). Tende, ordinariamente, à formação de um título executivo;
(b) *ação constitutiva*: a que, além da declaração do direito da parte, cria, modifica ou extingue um estado ou relação jurídica material;
(c) *ação declaratória*: aquela que se destina apenas a declarar a certeza da *(i)* existência, inexistência ou do modo de ser de uma relação jurídica, ou de *(ii)* autenticidade ou falsidade de documento[235] (CPC/2015, art. 19). No conceito de relação jurídica compreende-se, para efeito da declaratória, também a situação ou posição jurídica. Não cabe a ação em tela para interpretar tese ou pura questão de direito[236], tampouco para certificar a ocorrência de mero fato[237].

Já se defendeu que a jurisdição declarativa só se justificaria quando se pretendesse conferir certeza a uma situação jurídica controvertida que fosse concreta e atual, e nunca como veículo de indagação sobre situação futura e eventual. A tese, porém, tem sido objeto de revisão na doutrina e jurisprudência. É que a ação declaratória atua como relevante instrumento de promoção da segurança jurídica e essa garantia constitucional, por si só, constitui razão para configurar situação jurídica tutelável jurisdicionalmente, antes mesmo que o nela interessado tenha sofrido resistência concreta a uma pretensão.

Não é, à evidência, uma simples curiosidade acadêmica que irá obrigar o Poder Judiciário a se manifestar sobre pura hipótese de incidência ou não de alguma norma legal. Mas se alguém se acha numa situação real de iminência de sujeição a uma regra que vem sendo interpretada

---

233 ANDRIOLI, Virgílio. *Lezioni di Diritto Processuale Civile*. Napoli: Jovene, 1973, v. I, n. 50, p. 257.

234 LIEBMAN, Enrico Tullio. *Manual de direito processual civil*. Tradução de DINAMARCO, Cândido Rangel. Rio de Janeiro: Forense, 1984, v. I, n. 17, p. 49.

235 A falsidade que pode ser objeto de ação declaratória é a material. A falsidade ideológica que pode conduzir à anulação de negócio jurídico deve ser tratada em ação constitutiva (STJ, 1ª T., REsp 73.560/SP, Rel. Min. Garcia Vieira, ac. 16.06.1998, *DJU* 24.08.1998, p. 9). "A ação verdadeiramente declaratória é aquela em que a prestação jurisdicional pleiteada visa apenas obter a certeza jurídica quanto à existência ou extensão de uma relação intersubjetiva ou à falsidade, ou não, de certo documento" (STJ, 2ª R., AgInt no AREsp. 1.400.307/PR, Rel. Min. Francisco Falcão, ac. 13.05.2024, DJe 15.05.2024).

236 STJ, 4ª T., AgInt no AREsp. 1.870.470/SC, Rel. Min. Luis Felipe Salomão, ac. 14.09.2021, DJe 17.09.2021.

237 NERY JUNIOR, Nelson; NERY, Rosa Maria de Andrade. *Comentários ao Código de Processo Civil*. São Paulo: Ed. RT, 2015, p. 267.

e aplicada de maneira contrária a seus interesses, não se lhe deve sonegar o *acesso preventivo* à tutela jurisdicional declarativa, como instrumento de garantia da segurança jurídica.

Para bem compreender esse papel preventivo da ação declaratória, recorre-se, como exemplo, a situação que, com frequência, acontece no terreno do direito tributário: o contribuinte de imposto exigível periodicamente se depara com alteração do regime tributário, em virtude de inovação normativa qualificável como inconstitucional. Não estará ele obrigado a aguardar a exigência do órgão arrecadador para se defender em juízo. A simples situação da lei nova já expõe o contribuinte sistemático ao risco iminente da imposição fiscal havida como injurídica. A ação declaratória, de tal sorte, prescinde da prova de já ter ocorrido o fato autorizador da aplicação da lei, sendo suficiente que, em virtude da atividade econômica levada a efeito, a parte esteja potencialmente exposta a um ato írrito de lançamento fiscal".[238] Ou seja, não se pode, em situação como esta, negar que, mesmo na ausência de atitude concreta do credor, já existe uma incerteza jurídica atual e grave, suficiente para legitimar o recurso à ação declaratória, em caráter preventivo do litígio que se avizinha.[239]

Ao admitir que a declaratória possa referir-se ao "modo de ser" de uma relação jurídica, o atual CPC positivou o entendimento que a jurisprudência já vinha consagrando, qual seja, o da possibilidade da ação em exame para obter-se certeza quanto a exata interpretação de cláusulas contratuais (Súmula 181/STJ). Manteve-se, outrossim, a regra anteriormente estatuída pelo parágrafo único do art. 4º do CPC/1973 autorizadora da ação meramente declaratória, "ainda que tenha ocorrido a violação do direito" (CPC/2015, art. 20). De tal modo, o fato de poder o autor manejar a ação condenatória não o inibe de propor a declaratória, se lhe for conveniente.

As ações da espécie, na sistemática do CPC/2015, são manejáveis em caráter *principal*. No regime do CPC de 1973, a ação declaratória também poderia ser proposta em caráter *incidental*, na forma de uma cumulação sucessiva de pedidos (art. 5º do Código anterior). Essa orientação não foi seguida pelo Código atual, pelo menos de forma expressa. No entanto, mesmo não existindo uma ação nova rotulada de declaratória incidental, é ampliada a coisa julgada material, de modo que o art. 503, § 1º, inclui nos seus limites objetivos a "questão prejudicial, decidida expressa e incidentalmente no processo". Sendo assim, sem o rótulo e o procedimento do direito velho, as questões prejudiciais continuam passíveis de ser incluídas no objeto litigioso e, assim, solucionadas sob a autoridade da coisa julgada.

III – Ação executiva e medidas cautelares

A ação de execução, ou execução forçada, é a que gera o processo de execução, no qual o órgão judicial desenvolve a atividade material tendente a obter, coativamente, o resultado prático equivalente àquele que o devedor deveria ter realizado com o adimplemento da obrigação.[240]

---

238 GONÇALVES, Marcelo Barbi. *Teoria geral da jurisdição*. Salvador: JusPodivm, 2020, p. 590. No mesmo sentido: MACHADO SEGUNDO, Hugo de Brito. *Processo tributário*. 9. ed. são Paulo: Atlas, 2017, p. 374; STJ, 2ª T., AgRg no RMS 34.015/PR, Rel. Min. Mauro Campbell Marques, ac. 02.04.2013, *DJe* 09.04.2013; STJ, 2ª T., REsp 761.376/PR, Rel. Min. Castro Meira, ac. 15.08.2006, *DJU* 25.08.2006, p. 325; STJ, 1ª Seção, EREsp 18.432/PE, Rel. Min. Humberto Gomes de Barros, ac. 05.12.1995, *DJU* 04.03.1996, p. 5.330.

239 A declaratória, como meio de alcançar a certeza jurídica, pode ser utilizada tanto em caráter satisfativo como preventivo. Pode, portanto, "ser proposta como meio preventivo de litígio, a fim de que a parte que se oponha à pretensão da outra, *ou que se presuma possa vir a opor-se a esta pretensão*, conheça a decisão do Judiciário e não resista, oportunamente, a esta pretensão" (CORRÊA, Orlando de Assis. *Ação declaratória (teoria e prática)*. Rio de Janeiro: AIDE, 1989, p. 45). No mesmo sentido: GONÇALVES, Marcelo Barbi. *Teoria geral da jurisdição*. Salvador: JusPodivm, 2020, p. 588-590; CARVALHO, José Orlando Rocha de. *Ação declaratória*. Rio de Janeiro: Forense, 2002, p. 49.

240 LIEBMAN, Enrico Tullio. *Manual de direito processual civil*. Tradução de DINAMARCO, Cândido Rangel. Rio de Janeiro: Forense, 1984, v. I, n. 30, p. 80.

O atual Código aboliu a ação cautelar como objeto de processo autônomo. Destarte, as tutelas urgentes conservativas (cautelares), satisfativas ou da evidência devem ser requeridas incidentalmente no bojo do processo principal (sobre as tutelas de urgência, ver, adiante, itens 436 e seguintes).

101. Ação e pretensão

Embora a ação seja *abstrata* (*i.e.*, seu exercício não se encontra vinculado à prévia demonstração da existência do direito subjetivo do autor contra o réu), não se pode deixar de observar que tal exercício só é admissível quando o promovente esteja invocando um possível direito material que, pelo menos em tese, se mostre oponível ao demandado.

Além, portanto, da invocação da tutela jurisdicional (que, em princípio, é neutra diante do conflito das partes litigantes), o exercício do direito de ação revela a *pretensão* do autor, por meio da qual este quer subjugar um interesse antagônico do réu.

Ao propor a ação, o autor, como é intuitivo, não age intencionalmente na busca de sua própria sucumbência perante o réu. Não obstante a possibilidade de não deter o direito subjetivo discutido, age ele concretamente como se fosse o seu efetivo titular.

A ação – direito subjetivo público exercitado pelo autor contra o Estado-juiz – revela, pois, a par do pedido de tutela jurídica estatal, uma *pretensão* de direito material contra o réu (sujeito passivo do processo).

Na realidade, o que quer o autor, embora nem sempre o consiga, é que a tutela jurisdicional redunde na proteção de seu interesse e na subjugação do interesse do réu.

A solução da *ação*, afinal, será a solução da *pretensão*. O direito de ação (direito de agir em juízo) é abstrato: isto é, não depende efetivamente do direito subjetivo material do autor. O juiz se pronunciará sobre o mérito, e comporá a lide, tenha ou não o autor o direito substancial invocado, bastando para tanto a concorrência das condições ou pressupostos do direito de ação. Mas a *pretensão* (traduzida no processo pelo pedido formulado na petição inicial) só será acolhida se se provar, nos autos, que o autor realmente detém o direito subjetivo substancial oposto ao réu.

Ação e *pretensão* apresentam-se, destarte, como duas realidades, intimamente coligadas, mas distintas e inconfundíveis, tal como continente e conteúdo, visto que a pretensão se situa, com propriedade, como o objeto da atividade processual, que o direito de ação força o Estado a apreciar, manipular e remediar. A ação sem a pretensão é, como se vê, ideia vazia e sem maior significado, donde se deduz que esta é, na realidade, o *pressuposto* daquela.

Uma vez que não se concebe o exercício do direito de ação a não ser como meio de exigir a composição da *lide*, e desde que a lide seja a situação configurada pela existência de uma *pretensão* resistida, ao invocar a tutela jurisdicional do Estado, o autor nada mais faz do que "ajuizar a lide", ou seja, deduzir perante o órgão judicial a *pretensão* que não foi voluntariamente atendida pelo réu.

Com a ação a parte introduz no processo o fato pré-processual da lide. Com a ação, o autor pede em juízo aquilo que, antes do processo, lhe foi recusado pelo réu. Isto, como é lógico, não lhe assegura, de antemão, que o processo tenha de acolher sua pretensão. Mas o processo irá, sem dúvida, dar-lhe uma solução definitiva, seja acolhendo a pretensão, seja rejeitando-a. E justamente nisso consiste o direito de ação: no direito à prestação jurisdicional do Estado, por meio da qual se compõem os litígios, dando, dessa forma, solução definitiva às pretensões resistidas.

Enquanto a pretensão é, no plano de direito material, a exigência de prevalecimento do interesse próprio sobre o de outrem, a ação é apenas o direito de obter, em juízo, uma solução para a lide (isto é, para a pretensão resistida).

102. Ação e pretensão nos planos material e processual

O regime instaurado pelo Código Civil de 2002, que atribui à prescrição a força de extinguir a *pretensão*, e não a *ação*, como antes se entendia, formatou a necessidade de aprofundar os estudos sobre os conceitos de ação e pretensão, tanto no plano processual como material.

A *ação* é fenômeno que tanto tem sentido no direito material como no direito processual. No sentido material, a ação existe em favor do titular de um direito desde que este nasceu até sua extinção ou preclusão. Esclarece Pontes de Miranda:

> "Ao conceito de ação, no sentido do direito material, não é preciso fazer-se qualquer referência ao juízo em que se deduza. A ação existe durante todo o tempo que medeia entre *nascer e precluir* [o direito material], ou por outro modo se extinguir (...). A *deductio in iudicium* é acidental, na duração da ação; tão acidental, tão estranha ao conteúdo daquela (= tão anterior é ela ao monopólio da justiça pelo Estado), que se pode dar (e é frequente dar-se) que se deduzam em juízo ações [em sentido material] que não existem, tendo o Estado, por seus juízes, de declarar que não existem, ou não existiam quando foram deduzidas".[241]

Direito de ação, no plano de direito processual, isto é, de direito público, não decorre da preexistência de um direito subjetivo material a tutelar, mas provém da própria pretensão à prestação jurisdicional. "O direito à tutela jurídica, com a sua pretensão e o exercício desta pelas 'ações', é direito, no mais rigoroso e preciso sentido; o Estado – adverte Pontes de Miranda – não é livre de prestar, ou não, a prestação jurisdicional, que prometeu desde que chamou a si a tutela jurídica, a Justiça".[242]

O direito de ação, no sentido processual, pressupõe não propriamente o direito material da parte que atua em juízo, mas o direito de obter a prestação jurisdicional pacificadora da controvérsia em que se acha envolvido. O Estado, por sua vez, "tem o dever correspondente a esse direito, que é direito subjetivo e dotado de pretensão, um de cujos elementos é a 'ação', o remédio jurídico processual".[243] A parte envolvida em conflito jurídico detém o direito de ação, em sentido processual, e exerce em juízo a pretensão à prestação jurisdicional, mesmo que afinal essa prestação, quando efetivamente realizada, redunde em declaração de inexistência do direito substancial daquele que exercitou a *actio* em juízo. Pode-se afirmar que, às vezes, coexistem as duas ações e as duas pretensões: as de direito material (visando uma prestação a cargo da parte demandada) e as de direito processual (buscando a prestação jurisdicional). Outras vezes essa coincidência não ocorre, visto que a prestação jurisdicional não redunda em reconhecimento do pretendido direito material da parte.

Outra coisa que não se confunde com a ação, seja no sentido material seja no processual, é a *pretensão*, figura que assume papel decisivo na moderna conceituação do instituto da *prescrição* e da *decadência*, sendo certo, no regime do atual Código Civil, que:

---

241 PONTES DE MIRANDA, Francisco Cavalcanti. *Tratado das ações*. Atualizado por Vilson Rodrigues Alves. Campinas: Bookseller, 1998, t. I, § 24, p. 128. A propósito da exceção de prescrição, lembra PONTES DE MIRANDA que sua força não é a de precluir a ação em sentido material; "só lhe encobre a eficácia" (PONTES DE MIRANDA, Francisco Cavalcanti. *Tratado das ações*. Atualizado por Vilson Rodrigues Alves. Campinas: Bookseller, 1998, t. I, § 24, p. 128).

242 PONTES DE MIRANDA, Francisco Cavalcanti. *Tratado das ações*. Atualizado por Vilson Rodrigues Alves. Campinas: Bookseller, 1998, t. I, § 24, p. 130.

243 PONTES DE MIRANDA, Francisco Cavalcanti. *Tratado das ações*. Atualizado por Vilson Rodrigues Alves. Campinas: Bookseller, 1998, t. I, § 24 , p. 130.

(*a*) pode existir *direito* sem ação – e, consequentemente, sem pretensão (*v.g.*, direito real de propriedade cujo exercício nunca sofreu ameaça ou lesão por parte de terceiro);

(*b*) pode existir direito material insuscetível de gerar *pretensão*, embora possa ser exercitado por meio de ação em juízo (é o que ocorre com os direitos formativos ou potestativos);

(*c*) todo direito violado gera *pretensão*, cuja realização pode ser deduzida em juízo, por meio de *ação*, ou pelas vias extrajudiciais conforme o caso (poder de exigir a prestação a que o violador do direito está obrigado);

(*d*) há direitos à tutela jurisdicional, em casos em que não se referem nem a pretensão de exigir prestação reparadora de lesão a direito da parte, nem à constituição de situação jurídica nova, mas apenas *ação* e *pretensão* à certeza jurídica acerca de determinada relação ou situação jurídica de direito material (é o que se passa nas ações puramente declarativas).

Assim, *ação*, no sentido de direito material, e não processual, é a tutela que o Estado deve e assegura, por meio dos órgãos judiciais, ao titular de qualquer direito que sofra lesão ou ameaça de lesão (Constituição, art. 5º, XXXV).[244] Nesse sentido, dispunha o art. 75 do Código Beviláqua: "A todo direito corresponde uma ação, que o assegura".

Esse fenômeno deita raízes na *actio* do direito romano, que é coisa muito diversa da *ação* em sentido processual, a qual atua, não na relação privada entre as partes do vínculo jurídico material, mas na relação de direito público que se estabelece com o órgão judicial, para definir a solução do conflito jurídico (o litígio). Esta ação processual manifesta-se, independentemente de ser a parte efetivamente titular do direito material invocado, e se apresenta como um *direito subjetivo público*, naturalmente insuscetível de prescrição.[245]

Quando o direito subjetivo corresponde à obrigação do sujeito passivo de realizar em favor do titular uma prestação, e essa a seu devido tempo não é cumprida, dá-se o *inadimplemento*. Dele, segundo o art. 189 do Código Civil, nasce a *pretensão*, que nada mais é do que o poder de exigir a prestação devida pelo inadimplente. Esse poder se origina de um direito de crédito, mas pode também derivar de qualquer outro direito, como o direito de família, os direitos reais, o direito das sucessões etc., desde que, em determinada circunstância, surja para alguém o poder de exigir de outrem uma prestação positiva ou negativa.

Pretensão – fenômeno de direito material e não processual – é, para Pontes de Miranda, portanto, "a posição subjetiva de poder exigir de outrem alguma prestação positiva ou negativa".[246] Na mesma linha de entendimento é a lição de Díez Picazo:

> "*Anspruch* [pretensão] es – se dice – un derecho dirigido a exigir o a reclamar de otra persona una conducta positiva o negativa, es decir, un hacer o un omitir. La 'Anspruch' – que pertenece al mundo del derecho substantivo – se distingue perfeitamente de la 'actio', entendida como 'ius persequendi in iudicio', que se corresponderia en la terminología alemana con la 'Klage' o, acaso mejor, con el 'Klagerecht'. Pero la 'Anspruch' se distingue también del derecho subjetivo considerado como la unidad del poder jurídico conferido a la persona (...)".[247]

---

[244] THEODORO JÚNIOR, Humberto. *Comentários ao novo Código Civil*. 4. ed. Rio de Janeiro: Forense, 2008, v. III, t. II, n. 310, p. 191.

[245] Cf., retro, o item 50.

[246] PONTES DE MIRANDA, Francisco Cavalcanti. *Tratado de direito privado*. 2. ed. Rio de Janeiro: Borsoi, 1955, v. V, § 615, p. 451.

[247] DÍEZ PICAZO, Luis. *La prescripción en el Código Civil*. Barcelona: Bosch, 1964, p. 35.

Outra coisa – que não é ação (seja de direito material seja de direito processual), nem pretensão (no sentido material) – é a *pretensão processual*. Quando alguém ingressa em juízo, no exercício do direito processual de ação, formula a chamada *demanda*, que é *pretensão* de obter do Judiciário um remédio processual capaz de proporcionar-lhe o resultado jurídico que pretende fazer atual contra o sujeito passivo do processo.[248] Pela *demanda*, a parte exercita o direito elementar de acesso à justiça, que vem a ser o *direito de ser ouvido em juízo*, pouco importando tenha ela o direito de ação material ou processual, ou a pretensão material que opõe à contraparte.

O direito de demandar, portanto, é *incondicionado*. Por mais inadmissível que seja a pretensão material (mérito da causa) e mais descabido que seja o remédio processual pleiteado, o juiz não poderá ignorar a *pretensão processual* (*i.e.*, a demanda). Estará sempre obrigado a apreciá-la e a respondê-la, ainda que seja por meio do indeferimento da petição inicial. É que com o simples ajuizamento da demanda, o processo adquire existência e só extinguirá por decisão judicial (sentença).[249]

103. Ação e causa

Por vício de linguagem e apego a conceitos forjados ao tempo em que a ideia de ação se ligava profundamente à do próprio direito subjetivo material lesado, costuma-se falar em vários tipos ou várias espécies de "ação" e, consequentemente, em elementos e critérios identificadores das "ações", para efeito, por exemplo, de demonstrar a ocorrência de "ações iguais" em casos como o da coisa julgada e o da litispendência.

Na realidade, porém, se a jurisdição é um poder único do Estado, qualquer que seja a lide a compor, e se a ação é o direito de provocar o exercício da jurisdição, toda vez que a parte se veja envolvida numa lide, parece-nos claro que também a ação é de ser vista como um direito único da parte em face do órgão jurisdicional do Estado. O que varia são as lides trazidas para serem solucionadas em juízo, não o direito à composição delas, por parte daquele que as traz, sucessivamente, à apreciação jurisdicional.

Como a lide é fato anterior ao processo e pressuposto do exercício do direito de ação, sua existência não depende, naturalmente, da relação processual. Uma vez, contudo, que essa lide pode integrar-se de várias questões, e que o juiz só a apreciará segundo os seus aspectos que forem revelados no processo, temos duas realidades distintas: a *lide* (fato pré-processual) e a *causa* (questão litigiosa deduzida no processo).

Considera-se *causa*, portanto, em direito processual, a *lide* ou *questão* agitada entre os litigantes em juízo, como já ensinava Pedro Lessa.[250]

104. Elementos identificadores da causa

Como não se tolera, a bem da segurança jurídica das partes, que a uma só lide possam corresponder mais de uma solução jurisdicional, impõe-se identificar as *causas* para evitar que um novo processo possa vir a reproduzir outro já findo ou ainda pendente de julgamento final. Fala-se, para distinguir esses dois aspectos do pedido, em pedido *imediato* (modalidade

---

248 "O chamado *direito de ação* é exercido pelo demandante ao longo de todo o arco do procedimento (*infra*, n. 542). O primeiro ato desse exercício é a *demanda*, com a qual ele apresenta sua pretensão ao juiz e, ao fazê-lo, põe o aparelhamento judiciário a exercer a jurisdição e dá causa a *formação do processo* (*supra*, n. 405) (DINAMARCO, Cândido Rangel. *Instituições de direito processual civil*. São Paulo: Malheiros, 2001, v. II, n. 435, p. 110).

249 DINAMARCO, Cândido Rangel. *Instituições de direito processual civil*. São Paulo: Malheiros, 2001, v. II, n. 435, p. 110-111.

250 LESSA, Pedro. *Do Poder Judiciário:* Direito Constitucional brasileiro. Rio de Janeiro: Livraria Francisco Alves, 1915, p. 52.

da prestação jurisdicional pretendida)[251] e em pedido *mediato* ("bem da vida" a ser tutelado concretamente por meio da prestação demandada).[252] Reconhece-se, portanto, que um mesmo bem jurídico pode ser protegido por remédios processuais diferentes.[253]

Tratando da litispendência ou da coisa julgada, é comum ver-se na doutrina a catalogação dos *elementos da ação*, ou seja, dos elementos ou dados que servem para individuar uma *ação* no cotejo com outra. O que, porém, realmente existe na espécie são elementos da *causa*, pois, como já afirmamos, o direito de ação é único, variando apenas as lides deduzidas em juízo (*i.e.*, as *causas*). Na verdade, ao passar do pedido executivo para o condenatório, muda-se o *título jurídico* da pretensão (causa de pedir), sem embargo de ambos remotamente se relacionarem com a mesma obrigação e imediatamente perseguirem o mesmo "bem da vida". A ação de execução funda-se necessariamente na existência do *título executivo*, enquanto a ação de cobrança contenta-se com a existência da relação obrigacional. A mudança, portanto, do pedido *imediato* (forma de tutela pleiteada), mesmo conservando-se o pedido *mediato* (bem da vida pretendido), impede que sejam vistos como idênticos não só os pedidos em sua feição total como também as causas de pedir em toda sua extensão, ainda que, afinal, a parte esteja perseguindo o mesmo resultado (*i.e.*, a satisfação da mesma obrigação).

Para, outrossim, identificar uma *causa*, aponta a doutrina três elementos essenciais:

(a) as partes;
(b) o pedido;
(c) a causa de pedir.

Referindo-se à litispendência e à coisa julgada, nosso Código de Processo Civil dispõe que "uma *ação* (*rectius*: uma *causa*) é idêntica a outra quando possui as mesmas partes, a mesma causa de pedir e o mesmo pedido" (CPC/2015, art. 337, § 2º).

Não se consideram iguais as causas apenas porque envolvem uma mesma tese controvertida, ou os mesmos litigantes, ou ainda a mesma pretensão. É preciso, para tanto, que ocorra a tríplice identidade de partes (ativa e passiva), de pedido e de *causa petendi*.

---

[251] É, por exemplo, pedido *imediato* o que pleiteia uma sentença que *condene* o devedor a realizar alguma prestação em favor do autor, ou o que postula a promoção de um ato de *execução forçada* da prestação que o devedor não satisfez voluntariamente.

[252] Por pedido *mediato* sempre se visualiza o *objeto* final que o autor espera alcançar por meio do provimento judicial, seja este uma *sentença* ou um ato *executivo*: consiste, pois, no "bem da vida" ou na "situação de vantagem" visados pelo autor em face do réu. Será a prestação de uma *coisa*, uma *quantia*, ou um *fato*, à qual o autor deseja seja o réu compelido a realizar em seu benefício, como se passa na sentença condenatória e na execução forçada. Pode, ainda, o pedido *mediato* visar certa vantagem jurídica, como ocorre, por exemplo, nas sentenças *declaratórias*, com que se busca a *certeza* da existência e validade de determinada relação jurídica, ou, ao contrário, a *certeza* de sua inexistência ou de sua invalidade; ou pode, ainda, a vantagem consistir na constituição de uma nova situação jurídica entre as partes, como se dá em consequência das sentenças *constitutivas* promovidas para se obter, por exemplo, a resolução de contrato, a anulação de ato jurídico, a revisão ou renovação de contrato etc. (sobre o tema, ver, adiante, os n.os 572 e 562).

[253] Por exemplo, utilizando os diversos mecanismos do processo de conhecimento, a liberação de uma obrigação pode ser demandada pelo devedor, conforme lhe seja interessante, ora por meio da ação especial de consignação em pagamento, ora pela ação constitutiva de resolução contratual. Vários caminhos judiciais (pedidos *imediatos*), portanto, poderão chegar ao mesmo objetivo de direito material visado pelo devedor, qual seja, a liberação do vínculo jurídico que o prende ao credor (pedido *mediato*). O processo tem de amoldar-se ao objetivo de direito material visado, e cabe à parte escolher a forma procedimental que melhor se preste à tutela de sua situação jurídica.

Para que as partes sejam as mesmas, impõe-se ser idêntica ainda a qualidade jurídica de agir nos dois processos. Se em um o litigante obrou em nome de outrem (como representante legal ou mandatário) e noutro em nome próprio, é claro que inocorre a identidade de parte. Mas a *sucessão*, universal ou singular, é fato inoponível, para descaracterizar a identidade de causas, pois o sucessor passa a ocupar a mesma posição jurídica da parte sucedida.

O *pedido*, como objeto da ação, equivale à *lide*, isto é, à matéria sobre a qual a sentença de *mérito* tem de atuar. É o bem jurídico pretendido pelo autor perante o réu. É também pedido, no aspecto processual, o tipo de prestação jurisdicional invocada (condenação, execução, declaração, cautela etc.).

Para que uma causa seja idêntica à outra, requer-se identidade da pretensão, tanto de direito material como de direito processual. Não há, assim, pedidos iguais, quando o credor, repelido na execução de quantia certa, renova o pleito sob a forma de cobrança ordinária. A pretensão material é a mesma, mas a tutela processual pedida é outra.

A *causa petendi*, por sua vez, não é a norma legal invocada pela parte, mas o *fato jurídico* que ampara a pretensão deduzida em juízo. Todo direito nasce do fato, ou seja, do fato a que a ordem jurídica atribui um determinado efeito. A *causa de pedir*, que identifica uma causa, situa-se no elemento fático e em sua qualificação jurídica. Ao fato em si mesmo dá-se a denominação de "causa remota" do pedido; e à sua repercussão jurídica, a de "causa próxima" do pedido.[254]

Para que sejam duas causas tratadas como idênticas é preciso que sejam iguais tanto a causa próxima como a remota. De um mesmo *fato* podem-se extrair duas ou mais consequências jurídicas, como, por exemplo, na pretensão de ruptura da sociedade conjugal, em que o mesmo procedimento de infidelidades do cônjuge ora pode ser qualificado como adultério, ora como injúria grave. Da mesma forma, o mesmo pedido de separação judicial, como fundamento de adultério, pode ser repetido entre os mesmos cônjuges, desde que o fato caracterizador da infidelidade seja outro.

No primeiro exemplo temos casos de causas próximas diversas (efeitos) oriunda de uma só causa remota (fato); no segundo exemplo, o que varia não é a causa próxima (efeito), mas a causa remota (fatos). Em ambos não se pode divisar nem o impedimento da coisa julgada nem o da litispendência, porque não ocorrente a identidade de *causa petendi*.

A mesma coisa se pode afirmar do contrato de trato sucessivo (fato básico ou causa *remota* do litígio) e das diversas violações contra ele cometidas assim como dos efeitos delas originados (fato jurídico principal ou causa *imediata* do litígio). Não serão iguais, em sentido técnico, as causas de pedir pelo só fato de se ligarem remotamente ao mesmo contrato (dado fático não controvertido), se, *in concreto*, derivarem de distintas questões de direito. Por exemplo, são distintas a ação de cobrança das prestações vencidas e não pagas e a ação de rescisão do contrato descumprido, com perdas e danos, pouco importando que a origem remota de ambas se ligue ao mesmo vínculo obrigacional.

105. Cumulação de ações

A doutrina costuma tratar da cumulação de ações, seguindo lição de Liebman, como a reunião de pretensões diferentes para solucionar uma só lide. Entretanto, em sendo a *ação* um direito *autônomo* e *abstrato*, exercitável contra o Estado para que exerça a atividade jurisdicional solucionando o litígio, não é possível admitir-se a sua cumulação. Se a *ação* não está vinculada ao *direito material* da parte que provoca a atuação do Poder Judiciário,

---

254 GRECO FILHO, Vicente. *Direito Processual Civil Brasileiro*. São Paulo: Saraiva, 1981, v. I, n. 15, p. 83.

mas ao direito de obter uma decisão que componha a lide, não se pode conceber seja a ação dividida em várias figuras.

No entanto, é comum na linguagem doutrinária e jurisprudencial falar-se em cumulação de ações, quando se depara com um processo com várias pretensões, cada uma suficiente para justificar o exercício autônomo do direito de ação. Na verdade, não são ações que se cumulam, mas pretensões de direito material. Assim, esse cúmulo estaria ocorrendo segundo o *conceito material de ação*, e não no *conceito processual* em que não é possível senão conceber uma única ação, como direito à prestação jurisdicional.

O cúmulo que acontece com frequência é de pedidos ou, mais especificamente, de demandas. Por demanda se entende, na moderna visão do direito processual, o ato de vir ao juiz pedir a tutela jurisdicional, deduzindo uma pretensão, identificando o objeto do processo mediante especificação das partes, da causa de pedir e do pedido. Esses elementos da demanda são assim descritos por Dinamarco: "(a) o sujeito que a propõe, (b) aquele em relação ao qual a demanda é proposta, (c) os fatos que o autor alega para demonstrar seu alegado direito, (d) a proposta de enquadramento desses fatos em uma categoria jurídico-material, (e) a postulação de um provimento jurisdicional de determinada natureza e (f) a especificação do concreto bem da vida pretendido".[255] Dessa forma, ao exercitar o direito de ação, a parte apresenta a demanda em juízo como o primeiro ato do referido exercício, que retratará a dimensão da pretensão de direito material para a qual pleiteia a proteção e efetivação em face da parte contrária.

São as demandas que se apresentam como variadas e que podem gerar processos de conteúdo e técnicas diferenciadas e, eventualmente, figuram cumulativamente num só processo. Essa matéria será desenvolvida mais adiante, no tratamento de cumulação de pedidos.

106. A defesa do réu

O direito de ação, manejado pelo autor, é voltado contra o Estado. Mas é exercido *perante* o réu. Dessa forma, se o pedido do autor for acolhido, a sentença produzirá efeitos na esfera jurídica do réu. O processo, por isso, não lhe pode ser estranho e há, mesmo, de assegurar-lhe participação em todos os seus atos e trâmites.

Daí o princípio do contraditório que domina todo o sistema processual moderno e pelo qual fica garantido ao réu o direito de também deduzir em juízo sua pretensão contrária à do autor. Enquanto, todavia, o autor *pretende* que seu pedido seja acolhido pelo Poder Judiciário, o réu *pretende* justamente o contrário, isto é, que o pedido seja *rejeitado*. Em torno da lide, um procura demonstrar a legitimidade da *pretensão*, e outro, a da *resistência*.

O direito de resposta do réu é, por isso, paralelo ou simétrico ao de ação. E é, igualmente, um direito público subjetivo voltado contra o Estado. Autor e réu são tratados pelo Estado-juiz em condições de plena igualdade, pois ambos têm direito ao processo e à consequente prestação jurisdicional que há de pôr fim ao litígio.

Embora participe da mesma natureza do direito de ação, difere dele o direito de defesa, porque o primeiro é ativo e tem o poder de fixar o *thema decidendum*, ao passo que o segundo é passivo e busca apenas resistir à pretensão contida na ação, dentro do próprio campo que o pedido delimitou. Assim, o autor *pede* e o réu *impede*.[256]

---

255 DINAMARCO, Cândido Rangel. *Instituições de direito processual civil*. São Paulo: Malheiros, 2001, v. II, n. 436, p. 112.

256 CINTRA, Antonio Carlos de Araujo; GRINOVER, Ada Pellegrini; DINAMARCO, Cândido Rangel. *Teoria geral do processo*. São Paulo: Malheiros, 1974, n. 142, p. 234.

Mas, não obstante, pode-se dizer que o direito de defesa, sendo análogo ou correlato ao direito de ação, merece mesmo ser classificado como um *aspecto diverso* do próprio direito de ação. Ou, como quer Couture, é, "em certo sentido, a ação do réu".[257]

Como há um direito abstrato de ação, há também um direito abstrato de defesa. Vale dizer: o exercício da defesa não está condicionado à existência efetiva do direito subjetivo que o réu invoca para justificar sua resistência à pretensão do autor.[258]

Dessa forma, o direito de defesa é sobretudo *processual*, e o objetivo primacial dele é tão somente o de libertar o réu da causa. Acima de tudo, aspira-se, por meio de seu exercício, a uma afirmação de liberdade jurídica. Mas, para alcançar esse desiderato, muitas vezes o demandado vai além da pura arguição de inexistência do direito material apontado como fundamento da petição inicial (defesa *direta*) e lança mão da chamada defesa *indireta*. Com tal modalidade de resposta, o réu não discute a substância do referido direito. Opõe-lhe, entretanto, fatos extintivos, modificativos ou impeditivos dos efeitos desejados pelo autor. As questões constitutivas do mérito da causa, em semelhante circunstância, ampliam-se para compreender não só aquelas suscitadas originariamente pelo autor na inicial como também as acrescidas pela defesa indireta do réu. Em suma: a resposta à demanda, ora é pura negação do direito do autor (defesa direta), ora se apresenta como simples negativa dos efeitos afirmados pelo autor (defesa indireta). A resposta do réu, ou sua exceção em sentido lato, é, pois, o direito público subjetivo de opor-se à pretensão que o autor deduziu em juízo, no exercício do direito de ação.

Também como a ação, a contestação está, de certo modo, subordinada a interesse e legitimidade. Assim, se o réu resiste por extravagância ou capricho, sem fundamentação séria, ou jurídica, o juiz pode, desde logo, antecipar o julgamento da lide (art. 355, I).

106.1. Legitimidade e interesse para a resposta à ação

O direito de postular em juízo sujeita-se, como já visto, à condição do interesse e da legitimidade. Observe-se, porém, que o art. 17 do CPC, ao estabelecer as exigências de interesse e legitimidade, não se dirige apenas ao autor, mas a qualquer pessoa que pretenda "postular em juízo". O réu, é verdade, não tem liberdade de figurar ou não na relação processual. Uma vez escolhido pelo autor, e convocado para ocupar o polo passivo do processo, não se lhe pode recusar a possibilidade de se defender, nem que seja para arguir sua falta de legitimidade para a causa.

Há situações, no entanto, em que pessoa não arrolada pelo autor tem legitimidade e interesse para comparecer aos autos e contestar a ação, ao lado daquele ou daqueles que foram demandados na petição inicial. Pense-se no litisconsorte necessário, omitido pelo autor, cuja ausência acarretará a nulidade da sentença. Se tem interesse e legitimidade para promover a ação anulatória, mesmo após a sentença alcançar a coisa julgada formal, por que não lhe franquear o acesso voluntário ao processo, antes que o andamento da causa alcance o julgamento inútil e inválido? Ademais, o art. 343, § 4º, permite, expressamente, que a reconvenção, que é proposta na contestação, seja manifestada pelo réu em *litisconsórcio com terceiro*. Logo, não repugna, a lei, a legitimação e o interesse, também de terceiro, para a resposta voluntária à ação.

Como é óbvio, a defesa do litisconsorte interveniente tem de se fundar em interesse jurídico na solução da demanda, e não em mero interesse econômico ou moral. Ou seja, terá ele de agir para evitar um prejuízo a uma relação jurídica mantida com alguma das partes originárias. Pense-se no locatário, no promissário comprador, ou no condômino em relação à ação reivindicatória do bem locado, prometido à venda ou à coisa comum; ou, ainda, no alienante que possa responder

---

257 CINTRA, Antonio Carlos de Araujo; GRINOVER, Ada Pellegrini; DINAMARCO, Cândido Rangel. *Teoria geral do processo*. São Paulo: Malheiros, 1974, n. 54, p. 89.

258 "Para oponerse a una demanda no se necesita tener razón" (COUTURE, Eduardo J. *Fundamentos del Derecho Procesal Civil*. Buenos Aires: Depalma, 1974, n. 61, p. 96).

pela evicção e não tenha sido convocado por denunciação à lide. Igual interesse não pode ser recusado ao acionista diante da ação de anulação de deliberação assemblear intentada por outro acionista. Em todos esses exemplos, e muitos outros assemelhados, o terceiro acha-se numa situação jurídica que envolve uma ou ambas as partes que, eventualmente, possa vir a sofrer prejuízo, conforme seja a solução do litígio travado entre autor e réu primitivos.

107. Espécies de resposta

De acordo com os arts. 335 e 343 do CPC/2015, a resposta do réu pode consistir em *contestação* ou *reconvenção*. O atual Código inovou ao determinar que a reconvenção seja apresentada na própria contestação e ao não mais catalogar como defesa distinta as exceções de suspeição, impedimento e incompetência. O que fez, entretanto, foi apenas evitar o rótulo das exceções e sua autuação em separado, visto que podem elas, em alguns casos, resumirem-se em preliminar da contestação. Continua, porém, sendo cabível esse tipo de arguição fora da contestação, mediante simples petição, quando decorra de fato superveniente. Ter-se-á, em qualquer caso, um incidente do processo em curso.

A exceção é defesa processual indireta, que visa apenas ao afastamento do juiz da causa, por suspeição ou impedimento, ou o deslocamento do feito para outro juízo, por questão de competência.

A reconvenção, na verdade, não é defesa, mas contra-ataque do réu, por meio da propositura de uma outra ação contra o autor, dentro do mesmo processo.

A contestação, por sua vez, é o meio de resistência direta à pretensão do autor, tanto por motivos de mérito como processuais.

Quando o réu pretende que se reconheça a inexistência do fato jurídico arrolado pelo autor como fundamento do pedido, ou que se lhe negue a consequência buscada pelo promovente, tem-se uma *defesa substancial*, ou *de mérito*.

Quando se restringe ao processo e procura invalidá-lo, sem atingir a solução do litígio, diz-se que a defesa é *formal* ou *processual*.

Sobre o tema das classificações da defesa, vejam-se, adiante, os n.os 590 a 596.

Capítulo IV
ELEMENTOS E EFEITOS DO PROCESSO

§ 11. ELEMENTOS DO PROCESSO

108. Visão dinâmica e estática do processo

O processo, como instituição jurídica, é uma sequência de atos das partes e do órgão judicial, tendentes à formação ou atuação do comando jurídico, conforme a lição de Carnelutti.[1]

Desenvolve-se no processo, com a colaboração das partes, "uma atividade de órgãos públicos destinada ao exercício de uma função estatal",[2] que é a de prevenir ou solucionar o conflito de interesses, fazendo atuar a vontade da lei.[3]

A pendência do processo dá lugar, entre seus participantes, a uma relação jurídica, que é a *relação jurídico-processual*, gerando uma série de direitos e deveres, denominados pela doutrina *direitos e deveres processuais*, que vinculam as partes e o próprio Estado, por meio do juiz: *iudicium est actus trium personarum*[4] (veja-se, adiante, o item 111, a respeito dos vínculos gerados pela relação processual).

Revela-se, destarte, o processo fundamentalmente como o *método* utilizado pelo Estado para promover a atuação do direito[5] diante de situação litigiosa. E, como tal, "é uma unidade, um todo, e é uma *direção* no movimento"[6] que se manifesta e desenvolve na relação processual estabelecida entre os respectivos sujeitos, "durante a substanciação do litígio".

Do ponto de vista dinâmico, o processo se resume, assim, no complexo dos atos ou fatos que o compõem e lhe imprimem movimento em rumo ao provimento judicial que haverá de encerrá-lo (etimologicamente, *processum* deriva de *procedere*, "ação de adiantar-se", "ir adiante", "caminhar" etc.). Mas o fenômeno processual pode também ser analisado estaticamente, isto é, com abstração do seu natural e obrigatório movimento.

Desse novo ponto de vista – o estático – o processo é estudado fora do tempo, ou com abstração dele. É encarado como uma *situação*, dando-se relevo apenas aos elementos que o compõem e à relação que se estabelece entre eles, enquanto a questão controvertida estiver posta em juízo.

---

1 CARNELUTTI, Francesco. *Istituzioni del Processo Civile Italiano*. 5. ed., 1956, v. I, p. 3.

2 CHIOVENDA, Giuseppe. *Instituições de Direito Processual Civil*. Trad. brasileira, 3. ed. São Paulo: Saraiva, 1969, v. I, n. 11, p. 37.

3 CHIOVENDA, Giuseppe. *Instituições de Direito Processual Civil*. Trad. brasileira, 3. ed. São Paulo: Saraiva, 1969, v. I, n. 11, p. 37.

4 COSTA, Sérgio. *Manuale di Diritto Processuale Civile*. 4. ed., Torino: UTET, 1973, n. 15.

5 CARNELUTTI, Francesco. *Istituzioni del Processo Civile Italiano*. 5. ed., 1956, v. I, p. 3.

6 AMARAL SANTOS, Moacyr. *Revista Forense*, Rio de Janeiro: Forense, v. 243, p. 22, jul.-ago.-set. 1973.

109. A relação processual

A relação jurídico-processual estabelece-se, inicialmente, entre o autor e o juiz. É apenas *bilateral* nessa fase. Com a citação do réu, este passa também a integrá-la, tornando-a completa e *trilateral*. Então, estará o Estado habilitado a levar o processo à sua missão pacificadora dos litígios e terá instrumento hábil para dar solução definitiva (de mérito) à causa.

Essa relação, estabelecida entre os sujeitos da lide e o juiz, para fazer atuar a vontade concreta da lei, apresenta, segundo o magistério de Lopes da Costa, as seguintes características:[7]

(a) é *relação jurídica*, porque estabelecida segundo regras de direito e com produção de efeitos jurídicos;

(b) é de *direito público*, pois envolve um sujeito de direito público, que é o órgão judicial, e serve à realização de uma função pública do Estado;

(c) é *autônoma*, posto que pode ser estabelecida independentemente da existência de uma relação jurídica de direito material entre as partes;

(d) é *complexa*, por abranger não apenas um ato, mas uma série de atos processuais;

(e) é *unitária*, porque os vários atos processuais se ligam a uma única relação de finalidade, isto é, todos, em seu conjunto, visam à sentença final, ou de mérito;

(f) é *concreta*, "porque não se pode formar sem um conteúdo material", isto é, não pode deixar de referir-se a uma relação ou situação de direito substancial, sobre a qual deve incidir a prestação jurisdicional. Não pode o processo servir a meras especulações abstratas ou teóricas da parte. O pressuposto é sempre uma *relação material*, que se afirma ou se nega. Se não houver o pressuposto material, *faltará* interesse à parte;

(g) é *dinâmica*, ao contrário do que geralmente ocorre com as relações de direito material, a processual, uma vez constituída, não se estabiliza. Ao contrário, evolui, necessariamente, transformando-se, a cada instante, no caminho e na marcha obrigatória da busca da sentença de mérito.

110. Classificação dos elementos do processo

Como toda relação jurídica, a relação processual estabelece-se entre *sujeitos* e há de incidir sobre determinado *objeto*.

Daí a classificação que doutrinariamente se faz de seus elementos essenciais em:

(a) elementos *subjetivos*; e

(b) elementos *objetivos*.

Os *subjetivos* compreendem as *partes* e o *órgão judicial*, que são os sujeitos principais do processo. Há, também, sujeitos secundários que atuam como auxiliares no desenvolvimento da marcha processual; tais como escrivão, oficial de justiça, depositário, avaliador, perito etc.

Os elementos *objetivos* compreendem as *provas* e os *bens*, que são os objetos do processo.[8]

A finalidade do processo de conhecimento é a definição do direito subjetivo das partes. E isso se faz pelo manuseio das provas que são produzidas no curso da relação processual. A prestação jurisdicional consiste na *sentença*, que dá solução à lide estabelecida entre as partes.

---

[7] LOPES DA COSTA, Alfredo Araújo. *Manual Elementar de Direito Processual Civil*. Rio de Janeiro: Forense, 1956, n. 56, p. 57.

[8] CARNELUTTI, Francesco. *Istituzioni del Processo Civile Italiano*. 5. ed., 1956, v. I, n. 100, p. 97.

No processo de execução, porém, o direito do credor já está previamente definido pelo *título executivo* e a função jurisdicional destina-se apenas a realizar, materialmente, esse direito subjetivo, o que será feito através de agressão estatal a bens do devedor em benefício do exequente.

Daí o acerto da afirmação de que o processo de cognição tem, precipuamente, por objeto as *provas*, e o processo de execução, os *bens*. Em outras palavras: o ofício jurisdicional, no primeiro, manipula as *provas* para obter a definição dos direitos substanciais das partes, e, no segundo, atinge *bens* necessários à satisfação do crédito do exequente.

§ 12. EFEITOS DA RELAÇÃO PROCESSUAL

111. Noções gerais

Em se tratando de relação jurídica, provoca o processo vários efeitos para todas as pessoas a ele vinculadas. Esses efeitos apresentam-se tanto na forma *positiva*, sob a feição de *direitos* ou *faculdades* processuais, como na forma *negativa*, isto é, como *ônus, deveres* e *obrigações* processuais.

Incidem, de forma ampla, não apenas sobre as partes, mas também sobre o órgão julgador e seus auxiliares. Basta dizer que o Estado, por meio de seus órgãos judiciários, tem o direito de investigar a verdade real, de apreender bens, de alienar bens e direitos das partes; mas tem, também, o dever de respeitar o devido processo legal, de assegurar às partes o contraditório etc., e, principalmente, de prestar a tutela jurisdicional, isto é, de dar solução ao litígio, quando regularmente deduzido em juízo.

112. Direitos processuais

Os principais direitos subjetivos das partes são o de ação e o de defesa, mas deles decorrem vários outros, como o de participar de todos os atos do processo, o de recusar o juiz suspeito, o de recorrer etc.

Filiam-se os direitos processuais ao ramo dos "direitos individuais públicos",[9] pois obrigam o Estado, na pessoa do juiz, ao cumprimento do dever da regular tutela jurisdicional.

113. Obrigações processuais

Obrigação em sentido *lato* é todo vínculo jurídico que importe em sujeitar alguém a uma prestação de valor econômico.

Do processo, decorrem várias *obrigações*, como a de pagar a taxa judiciária, a de adiantar o numerário para as despesas dos atos processuais requeridos, a de reembolsar a parte vencedora pelas custas e honorários advocatícios etc.

114. Deveres processuais

Outras prestações, que não as de expressão econômica, a que se sujeitam as partes de qualquer relação jurídica, configuram *deveres*.

No processo, inúmeros são os deveres impostos legalmente aos litigantes e seus procuradores, e até a terceiros (além daqueles imputados ao próprio órgão judicial), como, *v.g.*, o de agir com lealdade e boa-fé, o de testemunhar, o de exibir documentos e coisas, o de colaborar com a Justiça no esclarecimento da verdade etc.

Da mesma forma que os direitos, também os deveres processuais são de natureza pública, e seu descumprimento, em muitos casos, gera graves sanções, até de natureza penal.

115. Ônus processuais

Além dos direitos, deveres e obrigações, existem também os *ônus processuais*, que não obrigam a parte a praticar determinados atos no curso do processo, mas lhe acarretam prejuízos jurídicos quando descumpridos.

Ninguém pode *obrigar*, por exemplo, o réu a contestar, a parte a arrolar testemunhas, o vencido a recorrer. Mas existe o ônus processual de fazê-lo, no momento adequado, pois, se o réu não contesta, são havidas como verdadeiras as alegações de fato formuladas pelo autor

---

9 ECHANDIA, Hernando Devis. *Compendio de Derecho Procesal*. Bogotá: ABC, 1974, v. I, n. 7, p. 7.

(CPC/2015, art. 344); se a parte não apresenta prova do fato alegado, não será ele levado em conta pelo juiz (art. 373); se o vencido não recorre em tempo útil, a sentença transita em julgado e torna-se imutável e indiscutível (art. 502) etc.

Os ônus, diversamente do que se passa com os deveres e obrigações, só existem para as partes. A eles não se submetem nem o juiz nem seus órgãos auxiliares.

As sanções decorrentes dos ônus processuais são, aparentemente, formais, pois quase sempre se traduzem na perda de uma faculdade processual não exercida em tempo hábil. Mas, via de regra, atingem por reflexo o direito substancial da parte omissa, como se dá na revelia ou na falta de interposição de recurso contra a sentença injusta. Em casos como esses, pode o processo, por culpa da parte, ser conduzido a uma solução contrária ao verdadeiro direito material do litigante que não se desincumbiu do ônus que lhe tocava.

A diferença entre *ônus*, de um lado, e *deveres* e *obrigações*, de outro lado, está em que a parte é livre de adimplir ou não o primeiro, embora venha a sofrer dano jurídico em relação ao interesse em jogo no processo. Já com referência às obrigações e deveres processuais, a parte não tem disponibilidade, e pode ser compelida coativamente à respectiva observância, ou a sofrer uma sanção equivalente. É que, nos casos de ônus, está em jogo apenas o próprio direito ou interesse da parte, enquanto, nos casos de deveres ou obrigações, a prestação da parte é direito de outrem.

Por isso, o descumprimento de dever ou obrigação processual é fato *contrário à ordem jurídica*, o que não se dá diante da inobservância de simples ônus processuais.[10]

---

10 LENT, Friedrich. *Diritto Processuale Civile Tedesco*. Napoli: Morano, 1962, § 26, p. 104-108.

Parte II
Competência

Capítulo V
LIMITES DA JURISDIÇÃO NACIONAL

§ 13. NOÇÕES GERAIS

116. Conceito

A composição coativa dos litígios é função privativa do Estado moderno. Do monopólio da justiça enfeixado nas mãos do Estado decorre a jurisdição como um poder-dever de prestar a tutela jurisdicional a todo cidadão que tenha uma pretensão resistida por outrem, inclusive por parte de algum agente do próprio Poder Público.

A *jurisdição*, que integra as faculdades da soberania estatal, ao lado do poder de legislar e administrar a coisa pública, vem a ser, na definição de Couture, a função pública, realizada por órgãos competentes do Estado, com as formas requeridas pela lei, em virtude da qual, por ato de juízo, se determina o direito das partes com o objetivo de dirimir seus conflitos e controvérsias de relevância jurídica, mediante decisões com autoridade de coisa julgada, eventualmente passíveis de execução.[1]

Como função estatal, a jurisdição é, naturalmente, *una*. Mas seu exercício, na prática, exige o concurso de vários órgãos do Poder Público. A *competência* é justamente o critério de distribuir entre os vários órgãos judiciários as atribuições relativas ao desempenho da jurisdição.

Houve época em que se confundiam os conceitos de jurisdição e competência. Em nossos dias, porém, isto não mais ocorre entre os processualistas, que ensinam de maneira muito clara que a competência é apenas a medida da jurisdição, isto é, a determinação da esfera de atribuições dos órgãos encarregados da função jurisdicional.[2]

116.1. Jurisdição e competência

Jurisdição é o poder de julgar e executar, que todo órgão judicial detém. *Competência* são os limites dentro dos quais a jurisdição é exercida por determinado órgão judicial. Embora tradicional, não é bem exata a ideia de competência como *fração* ou *porção* da jurisdição atribuída a um juízo ou tribunal. É que os atributos inerentes ao Poder Judiciário todo juiz

---

1 COUTURE, Eduardo J. *Fundamentos del Derecho Procesal Civil*. Buenos Aires: Depalma, 1974, n. 25, p. 40.

2 COUTURE, Eduardo J. *Fundamentos del Derecho Procesal Civil*. Buenos Aires: Depalma, 1974, n. 17, p. 29; MARQUES, José Frederico. *Manual de Direito Processual Civil*. Campinas: Bookseller, 1997, v. I, n. 158, p. 177.

detém por inteiro. O que a competência define são as condições, ocasiões e limites de exercício dos poderes funcionais da jurisdição entre seus diversos órgãos[3].

Se todos os juízes têm jurisdição, nem todos, porém, se apresentam com competência para conhecer e julgar determinado litígio. Só o juiz competente tem legitimidade para fazê-lo.[4]

Costuma-se identificar a competência como *capacidade* do juiz para atuar em determinados processos. Melhor, entretanto, é qualificá-la como "*legitimidade* para o exercício do poder jurisdicional". Isto porque, civilisticamente, a capacidade é uma aptidão genérica, enquanto a legitimidade se afirma perante uma situação concreta. Assim, a capacidade do juiz se confundiria com o poder de exercitar genericamente a jurisdição, enquanto a competência o *legitimaria* a exercitar a jurisdição em relação a certos processos[5]. Reconhecer a competência, portanto, exige uma análise de *adequação* entre o processo e o órgão jurisdicional[6].

117. Distribuição da competência

A definição da competência se faz por meio de normas constitucionais, de leis processuais e de organização judiciária.

Os critérios legais levam em conta a soberania nacional, o espaço territorial, a hierarquia de órgãos jurisdicionais, a natureza ou o valor das causas, as pessoas envolvidas no litígio.

Na Constituição Federal encontra-se o arcabouço de toda a estrutura do Poder Judiciário nacional. Ali se definem as atribuições do Supremo Tribunal Federal (art. 102), do Superior Tribunal de Justiça (art. 105) e da Justiça Federal (arts. 108 e 109), bem como das justiças especiais (Eleitoral, Militar e Trabalhista) (arts. 114, 121 e 124).

---

3 CABRAL, Antonio do Passo. *Juiz natural e eficiência processual: flexibilização, delegação e coordenação de competências no processo civil (tese)*. Rio de Janeiro: UERJ, 2017, p. 153; DINAMARCO, Cândido Rangel. *Instituições de direito processual civil*. 8. ed. São Paulo: Malheiros, 2016, v. I, p. 597; CÂMARA, Alexandre Freitas. *Lições de direito processual civil*. 15. ed. Rio de Janeiro: Lumen Juris, 2006, n. 10.1, p. 98; OLIVEIRA, Carlos Alberto Alvaro de; MITIDIERO, Daniel. *Curso de processo civil*. 2. ed. São Paulo: Atlas, 2012, v. I, p. 249.

4 "A competência é um critério de legitimação interna à ordem judiciária" (ANDRIOLI, Virgílio. *Lezioni di Diritto Processuale Civile*. Napoli: Jovene, 1973, v. I, n. 23, p. 107). A doutrina explica o fracionamento da jurisdição, segundo as regras de competência, atribuindo-lhe três finalidades: (i) a primeira delas "é racionalizar a administração da justiça, assegurando-lhe eficiência operacional, através da especialização de cada órgão jurisdicional no julgamento de determinados tipos de causa (...)"; (ii) a segunda finalidade "é facilitar o acesso à justiça e o exercício do direito de defesa pelos litigantes, vinculando a jurisdição ao juízo da área geográfica mais próxima das partes, dos bens ou dos fatos a ela submetidos (...)"; (iii) por fim, a terceira finalidade da distribuição da jurisdição entre os diversos órgãos judiciais "consiste na preservação da estrutura hierárquica e piramidal do Poder Judiciário, em cuja base estão os órgãos mais numerosos, compostos por juízes mais novos e que realizam o primeiro exame de praticamente todas as causas. A esses se sobrepõem sucessivamente órgãos menos numerosos, compostos de juízes mais experientes e com grau de qualificação mais elevado, que, em regra, reexaminam o julgamento proferido pelos primeiros quando uma das partes não se conformou com a primeira decisão (...)" (GRECO, Leonardo. *Instituições de direito processual civil*. 5. ed. Rio de Janeiro: Forense, 2009, v. I, n. 6.2, p. 129-131).

5 Segundo Alf Ross, competência seria "a *legitimidade*, estabelecida no ordenamento jurídico, de criar normas jurídicas ou efeitos jurídicos através de declarações ou enunciações a respeito desses efeitos" (ROSS, Alf. *Directives and norms*. New York: Humanities, 1968, p. 130. *Apud:* CABRAL, Antonio do Passo. *Juiz natural e eficiência processual: flexibilização, delegação e coordenação de competências no processo civil (tese)*. Rio de Janeiro: UERJ, 2017, p. 160).

6 NEVES, Celso. *Estrutura fundamental do processo civil: tutela jurídica processual, ação, processo e procedimento*. Rio de Janeiro: Forense, 1995, p. 56; CABRAL, Antonio do Passo. *Juiz natural e eficiência processual: flexibilização, delegação e coordenação de competências no processo civil (tese)*. Rio de Janeiro: UERJ, 2017, p. 158.

A competência da justiça local, ou estadual, assume feição residual, ou seja, tudo o que não toca à Justiça Federal ou às Especiais é da competência dos órgãos judiciários dos Estados.

Respeitadas as regras básicas da Constituição, como, por exemplo, a da obrigatoriedade da existência de um Tribunal de Justiça em cada Estado, a organização das Justiças locais é feita por legislação também local (Constituição Federal, art. 125).

A distribuição da competência é, dentro dos limites gerais traçados pela Constituição, matéria de legislação ordinária: da União, no tocante à Justiça Federal e às Justiças Especiais; e dos Estados, no referente às Justiças locais (Constituição Federal, arts. 107, § 1º, 110 e 125, § 1º).

118. Classificação da competência

Inicialmente, o legislador seleciona abstratamente algumas espécies de *lides* que, com exclusividade ou não, são atribuídas à Justiça brasileira (CPC/2015, arts. 21 a 25). Daí resulta o que se chama "competência internacional".

Na verdade, o Código, quando cuida dos limites da jurisdição nacional, está não apenas tratando da jurisdição, mas também da competência, *i.e.*, está determinando quando pode ou não atuar o próprio poder jurisdicional do Estado.

Assentada a competência da Justiça brasileira, passa-se à questão de estabelecer qual o órgão judiciário nacional que há de encarregar-se da solução da causa. Surge, então, o que o Código denomina "competência interna" (CPC/2015, arts. 42 a 53).

Em resumo: as normas de "competência internacional" definem as causas que a Justiça brasileira deverá conhecer e decidir, e as de "competência interna" apontam quais os órgãos locais que se incumbirão especificamente da tarefa, em cada caso concreto.

§ 14. COMPETÊNCIA INTERNACIONAL

119. Noções gerais

Os arts. 21 a 25 do CPC/2015 traçam objetivamente, no espaço, os limites da jurisdição dos tribunais brasileiros diante da jurisdição dos órgãos judiciários de outras nações.[7]

Essa delimitação decorre do entendimento de que só deve haver jurisdição até onde o Estado efetivamente consiga executar soberanamente suas sentenças. Não interessa a nenhum Estado avançar indefinidamente sua área de jurisdição sem que possa tornar efetivo o julgamento de seus tribunais. Limita-se, assim, especialmente a jurisdição pelo princípio da efetividade.[8]

120. Espécies de competência internacional

A competência da Justiça brasileira, em face dos tribunais estrangeiros, pode ser:

(a) cumulativa;
(b) exclusiva.

Os arts. 21 e 22 do atual CPC enumeram casos em que a ação tanto pode ser ajuizada aqui como alhures, configurando, assim, exemplos de jurisdição *cumulativa ou concorrente.*

Assim, pode a ação ser proposta perante a Justiça brasileira (embora nem sempre seja obrigatória tal propositura), quando (art. 21):

(a) o réu, qualquer que seja sua nacionalidade, estiver domiciliado no Brasil (inciso I);
(b) no Brasil tiver de ser cumprida a obrigação (inciso II);[9]
(c) o fundamento seja fato ocorrido ou ato praticado no Brasil (inciso III).

Compete, ainda, à autoridade judiciária brasileira, sem exclusividade, processar e julgar as ações (art. 22):

(a) de alimentos, quando (inciso I):
  (i) o credor tiver seu domicílio ou sua residência no Brasil; e
  (ii) o réu mantiver vínculos no Brasil, tais como posse ou propriedade de bens, recebimento de renda ou obtenção de benefícios econômicos;
(b) decorrentes de relações de consumo, quando o consumidor tiver domicílio ou residência no Brasil (inciso II);
(c) em que as partes, expressa ou tacitamente, se submeterem à jurisdição nacional (inciso III).

---

[7] MARQUES, José Frederico. *Manual de Direito Processual Civil.* Campinas: Bookseller, 1997, v. I, n. 163, p. 184.

[8] CASTRO, Amílcar de. *Direito Internacional Privado.* Rio de Janeiro: Forense, 1956, v. II, p. 523.

[9] Decidiu o STJ que, em se tratando de serviço ofertado e aceito nos estritos limites territoriais estrangeiros, sem qualquer intenção, por parte de qualquer dos envolvidos, de criar uma relação para além das fronteiras internacionais, e tendo o cumprimento do contrato, de forma eventualmente viciada, também ocorrido no país da avença, não é competente o foro brasileiro para o conhecimento e processamento da demanda, "ainda que se trate de relação de consumo" (STJ, 3ª T., REsp 1.571.616/MT, Rel. Min. Marco Aurélio Bellizze, ac. 05.04.2016, *DJe* 11.04.2016).

Já os casos do art. 23 se submetem com absoluta exclusividade à competência da Justiça Nacional, isto é, se alguma ação sobre eles vier a ser ajuizada e julgada no exterior nenhum efeito produzirá em nosso território, o que não ocorre nas hipóteses de competência concorrente.

São, segundo o art. 23, da competência exclusiva da nossa Justiça:

(a) conhecer de ações relativas a imóveis situados no Brasil (inciso I);

(b) em matéria de sucessão hereditária, proceder à confirmação de testamento particular, inventário e partilha de bens situados no Brasil, ainda que o autor da herança seja de nacionalidade estrangeira ou tenha domicílio fora do território nacional (inciso II);

(c) em divórcio, separação judicial ou dissolução de união estável, proceder à partilha de bens situados no Brasil, ainda que o titular seja de nacionalidade estrangeira ou tenha domicílio fora do território nacional (inciso III).

A contrario sensu, e ainda em função do princípio da efetividade, as ações relativas a imóveis situados fora do País[10] e o inventário e partilha de bens localizados em território estrangeiro escapam à jurisdição nacional.[11]

Uma coisa, porém, é certa: em relação a fatos ocorridos no estrangeiro, "fora das situações previstas nos arts. 88 a 90 [arts. 21 a 25 do CPC/2015] da Lei Adjetiva, a hipótese é de *inexistência de jurisdição*, estando a autoridade judicial brasileira *impedida* de conhecer da questão, por ausência de um dos pressupostos necessários à própria existência do processo".[12]

Nem mesmo a conexão de causas justifica a ampliação da competência internacional do Brasil, porquanto o fenômeno da comunhão de elementos entre uma ação aqui proposta e outra em andamento no exterior "não se inclui entre os pontos de contacto suficientes para estender até ela a jurisdição nacional (art. 88) [art. 21, CPC/2015]".[13] Em outras palavras: "O direito brasileiro não elegeu a conexão como critério de fixação da competência internacional, que não se prorrogará, por conseguinte, em função dela".[14]

Quanto à cláusula de eleição de foro exclusivo estrangeiro, inserida em contrato ajustado fora do País, adotando posicionamento divergente da antiga orientação do STJ, o Código atual afasta a competência da autoridade judiciária brasileira se o réu alegar a incompetência em preliminar de contestação (art. 25). A hipótese, contudo, é de incompetência relativa, podendo ser prorrogada na ausência de impugnação (art. 63, §§ 1º a 4º). Mas, se a eleição de

---

10 BARBI, Celso Agrícola. *Comentários ao Código de Processo Civil*. 11. ed. Rio de Janeiro: Forense, 2002, v. I, n. 488, p. 298; TENÓRIO, Oscar. *Lei de Introdução ao Código Civil*. Rio de Janeiro: Livraria Jacinto Editora, 1944, n. 502, p. 261, *apud* BARBI, Celso Agrícola. *Comentários ao Código de Processo Civil*. 11. ed. Rio de Janeiro: Forense, 2002, v. I, p. 298, nota 5.

11 "Inventário. Sobrepartilha. Imóvel sito no exterior que escapa à jurisdição brasileira. O juízo do inventário e partilha não deve, no Brasil, cogitar de imóveis sitos no estrangeiro. Aplicação do art. 89, inciso II, do CPC [CPC/2015, art. 23, II]. Recurso especial não conhecido" (STJ, REsp 37.356-5/SP, Rel. Min. Barros Monteiro, *DJU* 10.11.1997, p. 57.768).

12 MARTINS, Ives Gandra da Silva. "Parecer". In: CARVALHO, Milton Paulo de (coord.). *Direito processual civil*. São Paulo: Quartier Latin, 2007, p. 31. "É incompetente a Justiça brasileira para processar e julgar ação indenizatória de fato ocorrido fora de seu território, salvo as hipóteses contidas no art. 88, I e II, do Código de Processual Civil [CPC/2015, arts. 23, I e II], ante a limitação da soberania" (STJ, 4ª T., RO 19/BA, Rel. Min. Cesar Asfor Rocha, ac. 21.08.2003, *DJU* 13.10.2003, p. 365; *RT* 823/154). No mesmo sentido, STJ, 1ª R., RO 37/RS, Rel. Min. José Delgado, ac. 19.04.2005, DJU 13.06.2005, p. 167.

13 MESQUITA, José Ignácio Botelho de. "Da competência internacional e dos princípios que a informam", *Revista de Processo*, v. 50, p. 61, abr.-jun. 1988.

14 STJ, 3ª T., REsp 2.170/SP, Rel. Min. Eduardo Ribeiro, ac. 07.08.1990, *DJU* 03.09.1990, p. 8.842; *RSTJ* 12/361.

foro estrangeiro ocorrer em situação abrangida pela competência exclusiva da justiça pátria, a cláusula será nula, devendo prevalecer o foro brasileiro (art. 25, § 1º). Se a demanda versar sobre bens que não imponham a competência exclusiva da justiça brasileira, a regra do art. 25 que consagra a eleição de foro estrangeiro, em detrimento do foro nacional, prestigia a autonomia da vontade e em nada ofende nossa soberania, tampouco ofende qualquer regra ou princípio constitucional.[15]

121. Competência concorrente e litispendência

Nas hipóteses de competência concorrente (CPC/2015, arts. 21 e 22), a eventual existência de uma ação ajuizada, sobre a mesma lide, perante um tribunal estrangeiro, "não induz litispendência e não obsta a que a autoridade judiciária brasileira conheça da mesma causa e das que lhe são conexas, ressalvadas as disposições em contrário de tratados internacionais e acordos bilaterais em vigor no Brasil" (art. 24).

Nada impede, portanto, que a ação, em tal conjuntura, depois de proposta em outro país, venha também a ser ajuizada perante nossa justiça, salvo se já ocorreu a *res iudicata*, pois então será lícito à parte pedir a homologação do julgado para produzir plena eficácia no território nacional (art. 961).

O problema da concorrência de ações sobre um mesmo litígio na justiça brasileira e na estrangeira não vinha sendo decidido de maneira uniforme pelo Superior Tribunal de Justiça.[16] O atual Código supera a divergência adotando a tese clara de que "a pendência de causa perante a jurisdição brasileira não impede a homologação de sentença judicial estrangeira quando exigida para produzir efeitos no Brasil" (art. 24, parágrafo único).[17]

Nenhum efeito, todavia, produz a coisa julgada estrangeira em questão de matéria pertinente à competência exclusiva da Justiça brasileira (art. 23), já que a sentença, em semelhante circunstância, nunca poderá ser homologada por expressa determinação do art. 964 do CPC.[18]

121-A. Imunidade de jurisdição dos Estados estrangeiros

Do confronto entre dois entes igualmente soberanos decorreu a norma de direito internacional público da imunidade de jurisdição, que impede a imposição do poder jurisdicional de um Estado em relação ao outro, salvo o consentimento do Estado estrangeiro. Esse impedimento, de início absoluto, sofreu, ao longo da história, um abrandamento, que o tornou relativo, mediante o reconhecimento da possibilidade de excluir de seu alcance as intervenções do Estado estrangeiro no domínio das relações essencialmente privadas.

---

15 "A inclusão do artigo 25 no CPC/15 respondeu ao anseio de muitos e parecia ser a solução para afastar de vez parte da jurisprudência dos tribunais brasileiros que era vacilante quanto ao reconhecimento da efetividade da cláusula de eleição de foro exclusivo estrangeiro" (CALABUIG, Marina Cavalcante Tavares. Cláusula de eleição de foro exclusivo estrangeiro: efetividade após a entrada em vigor do novo Código de Processo Civil. *Revista dos Tribunais*, v. 996, p. 509, out./2018).

16 STJ, Corte Especial, SEC 3.932/EX, Rel. Min. Félix Fischer, ac. 06.04.2011, DJe 11.04.2011; STJ, Corte Especial, SEC 393/US, Rel. Min. Hamilton Carvalhido, ac. 03.12.2008, DJe 05.02.2009.

17 "A existência de ação ajuizada no Brasil com as mesmas partes, o mesmo pedido e a mesma causa de pedir não obsta a homologação de sentença estrangeira transitada em julgado. Hipótese de competência concorrente (arts. 88 a 90 do Código de Processo Civil), inexistindo ofensa à soberania nacional. Precedente: AgRg na SE 4.091/EX, Rel. Min. Ari Pargendler, Corte Especial, ac. 29.08.2012, *DJe* 06.09.2012" (STJ, Corte Especial, SEC 14.518/EX, ac. 29.03.2017, *DJe* 05.04.2017).

18 CPC/2015, art. 964: "não será homologada a decisão estrangeira na hipótese de competência exclusiva da autoridade judiciária brasileira".

Exemplo dessa relativização é a regra do art. 114, I, da nossa Constituição, que atribui competência à Justiça do Trabalho para as ações sobre relações de trabalho contratadas por entes de direito público externo, situação muito frequente no âmbito das missões diplomáticas e consulares.[19]

Consolidada, pois, se apresenta a jurisprudência do STF, no sentido de que:

> "Não há imunidade de jurisdição para o estado estrangeiro, em causa de natureza trabalhista. Em princípio, esta deve ser processada e julgada pela justiça do trabalho, se ajuizada depois do advento da Constituição Federal de 1988 (art. 114)."[20]

Ou mais explicitamente:

> "A imunidade de jurisdição do Estado estrangeiro, quando se tratar de litígios trabalhistas, revestir-se-á de caráter meramente relativo e, em consequência, não impedirá que os juízes e Tribunais brasileiros conheçam de tais controvérsias e sobre elas exerçam o poder jurisdicional que lhes é inerente."[21]

No último acórdão citado, o STF, embora tratando de uma causa trabalhista, dá uma amplitude muito maior à relativização da imunidade de jurisdição. Estariam excluídas dessa imunidade não só as ações laborais, mas todas aquelas cujo fato gerador tenha ocorrido em função de atuação do Estado estrangeiro nos domínios do relacionamento jurídico privado. Argumentou-se que "Não se revela viável impor aos súditos brasileiros, ou a pessoas com domicílio no território nacional, o ônus de litigarem, em torno de questões meramente laborais, mercantis, empresariais ou civis, perante tribunais alienígenas", se o Estado estrangeiro acionado tiver atuado em terreno completamente estranho "ao específico domínio dos *acta jure imperii*", ou seja, tiver se comportado estritamente *more privatorum*.[22]

Nessa perspectiva, é lícito entender que a competência internacional relativa da Justiça brasileira (CPC, art. 21) inclui as causas trabalhistas e todas as demandas que envolvam Estados estrangeiros, a propósito de atos praticados em nosso território, ou que aqui devam produzir efeitos, no âmbito das relações estritamente privadas.

---

[19] "O que se verifica na senda do costume internacional, na contemporaneidade, é a não aceitação da imunidade de jurisdição do estado de forma absoluta quanto às lides trabalhistas" (NELSON, Rocco Antônio Rangel. Imunidade de jurisdição em questão trabalhista. *Revista Bonijuris*, ano 33, n. 673, p. 64, dez. 2021/jan. 2022; MAZZUOLI, Valério de Oliveira. *Curso de direito internacional público*. 12. ed. Rio de Janeiro: Forense, 2019, p. 485).

[20] STF, Pleno, ACi 9.696/SP, Rel. Min. Sydney Sanches, ac. 31.05.1989, *DJU* 12.10.1990, p. 16. No mesmo sentido: STJ, 4ª T., AgRg no RO 129/TJ, Rel. Min. Marco Buzzi, ac. 02.10.2014, DJe 15.10.2014.

[21] STF, 1ª T., AI 139.671 AgR/DF, Rel. Min. Celso de Melo, ac. 20.06.1995, *DJU* 29.03.1996, p. 375; STJ, 4ª T., AgRg no RO 129/TJ, Rel. Min. Marco Buzzi, ac. 02.10.2014, *DJe* 15.10.2014.

[22] Registrou, ainda, o aresto do STF que os Estados Unidos da América já incluíram em lei a norma que exclui da imunidade de jurisdição as "questões em que o Estado estrangeiro intervém em domínio essencialmente privado" (Foreign Sovereign Immunities Act, de 1976).

§ 15. COOPERAÇÃO INTERNACIONAL

122. Noções gerais

O atual Código atribuiu maior importância à cooperação internacional, levando em conta a necessidade de colaboração entre os Estados, em razão da crescente globalização.[23] Atualmente, é impossível imaginar-se um Estado completamente ilhado e centrado em seus limites territoriais. Cada vez mais as pessoas estão em interação, seja na área econômica, comercial, jurídica ou social, e as distâncias não são mais vistas como obstáculos ao intercâmbio. Essa movimentação de pessoas, bens e dinheiro, a par de incrementar a economia mundial, reclama uma maior assistência entre os Estados para assegurar o pleno funcionamento da Justiça, quer para a execução de atos processuais, quer para a colheita de provas ou simples troca de informações.

Nesse cenário, os tratados internacionais ganham extrema relevância, na medida em que ditam regras de cooperação para a prática de atos processuais entre os diversos países. A jurisdição de um Estado, como ato de soberania, adstringe-se à sua área territorial. Não houvesse, pois, essa colaboração, várias decisões ficariam sem efeito, por impossibilidade de cumprimento fora dos limites jurisdicionais.[24]

De fato, há tradição no Brasil quanto à celebração de tratados internacionais de colaboração jurídica, tais como: o Programa Ibero-americano de Acesso à Justiça, a Rede Ibero-americana de Cooperação Jurídica, a Rede de Cooperação Jurídica Hemisférica em Matéria de Família e Infância, a Rede relativa a Matéria Penal e Extradição, a Rede de Cooperação Jurídica e Judiciária Internacional dos Países de Língua Portuguesa, Acordo de Cooperação e Assistência Jurisdicional em Matéria Civil, Comercial, Trabalhista e Administrativa entre os Estados partes do Mercosul, a República da Bolívia e a República do Chile, entre outros.[25]

Atento a essa circunstância, o atual Código previu que a cooperação jurídica internacional será regida por tratado do qual o Brasil seja parte, observados os seguintes critérios (art. 26):

(a) o respeito às garantias do devido processo legal no Estado requerente (inciso I);
(b) a igualdade de tratamento entre nacionais e estrangeiros, residentes ou não no Brasil, em relação ao acesso à justiça e à tramitação dos processos, assegurando-se assistência judiciária aos necessitados (inciso II);
(c) a publicidade processual, exceto nas hipóteses de sigilo previstas na legislação brasileira ou na do Estado requerente (inciso III);

---

[23] "O termo globalização refere-se ao aprofundamento da integração mundial, que ocorre em diversos setores das relações internacionais públicas e privadas, com aspectos culturais, políticos, sociais e, sobretudo, econômicos" (BELTRAME, Adriana. *Reconhecimento de sentenças estrangeiras*. Rio de Janeiro: GZ, 2009, p. 7).

[24] "O grande crescimento das demandas envolvendo interesses transnacionais – seja no sentido ativo ou passivo – e a correspondente necessidade de atos em um país para cumprimento em outro são tendências resultantes da crescente internacionalização da economia. Para garantir a rapidez e a eficácia do trânsito de atos processuais e jurisdicionais são necessárias normas especiais, que permitam o cumprimento dessas medidas. Essa obrigação dos Estados resulta de um dever de cooperação mútua para assegurar o pleno funcionamento da justiça" (ARAÚJO, Nadia de. *Direito internacional privado:* teoria e prática brasileira. 3. ed. Rio de Janeiro: Renovar, 2006, p. 267).

[25] HILL, Flávia Pereira. A cooperação jurídica internacional no projeto de novo Código de Processo Civil. *Revista de Processo*, n. 205, 2012, p. 351-356. Um tratado de grande repercussão no âmbito da cooperação jurídica internacional, por versar sobre instituto de larga utilização na economia globalizada de nosso tempo, é a Convenção de Nova Iorque sobre o Reconhecimento e a Execução de Sentenças Arbitrais Estrangeiras internalizada pelo Decreto 4.311/2002, e que conta com mais de 150 países signatários (MAIA, Alberto Jonathas. Cooperação jurídica internacional: um ensaio sobre um direito processual comprometido internacionalmente. *Revista dos Tribunais*, v. 1.026, p. 222, São Paulo, abr./2021).

(d) a existência de autoridade central para recepção e transmissão dos pedidos de cooperação (inciso IV);

(e) a espontaneidade na transmissão de informações a autoridades estrangeiras (inciso V).

A eventual ausência de tratado internacional, contudo, não impede a cooperação, que poderá levar em consideração a reciprocidade, manifestada por via diplomática (CPC/2015, art. 26, § 1º). Para a homologação de sentença estrangeira, no entanto, o Código não exige a reciprocidade (art. 26, § 2º).

Apesar de se aceitar a eficácia, no País, de atos proferidos por juízes estrangeiros, a cooperação não será admitida se tais atos contrariarem ou produzirem resultados incompatíveis com as normas fundamentais que regem o nosso Estado (art. 26, § 3º). Dessa maneira, os fundamentos institucionais da jurisdição brasileira jamais poderão ser desrespeitados, a pretexto de colaboração com justiça estrangeira.

A cooperação internacional será operada por meio de uma autoridade central, encarregada da recepção e transmissão dos respectivos pedidos (art. 26, IV). No plano diplomático, a função será exercida pelo Ministério da Justiça, quando inexistir designação específica de órgão diverso por lei federal (art. 26, § 4º)[26].

Por fim, a cooperação internacional poderá ter, conforme o art. 27 do CPC atual, por objeto:

(a) citação, intimação e notificação judicial e extrajudicial (inciso I);

(b) colheita de provas e obtenção de informações (inciso II);

(c) homologação e cumprimento de decisão (inciso III);

(d) concessão de medida judicial de urgência (inciso IV);

(e) assistência jurídica internacional (inciso V);

(f) qualquer outra medida judicial ou extrajudicial não proibida pela lei brasileira (inciso VI).

123. Modalidades de cooperação

A cooperação jurídica internacional pode ser *ativa* ou *passiva*, dependendo do local em que for feito o pedido e daquele onde deverá ser realizado o ato. Se o Brasil requerer a prática de determinado ato a algum Estado estrangeiro, a colaboração é denominada *ativa*, sendo *passiva* quando é a autoridade estrangeira quem solicita a realização de ato em território nacional.

A cooperação, seja ela requerida pela autoridade brasileira ou a ser cumprida por esta autoridade, pode dar-se por meio de auxílio direto (CPC/2015, arts. 28 a 34) ou carta rogatória (art. 36).

---

[26] O Brasil dispõe de várias entidades a que se atribui a função de autoridade central, como o Departamento de Recuperação de Ativos e Cooperação Jurídica Internacional (DRCI) da Secretaria Nacional de Justiça do Ministério da Justiça; a Procuradoria-Geral da República, nos casos relativos à cobrança de alimentos; a Secretaria Especial de Direitos Humanos da Presidência da República, para casos de adoção e subtração internacional de crianças e adolescentes, antes do Decreto 9.150/2017, que transferiu suas atribuições para o DRCI, do Ministério da Justiça (LOPES, Inez. A família transnacional e a cooperação jurídica internacional. Revista dos Tribunais, v. 990 – Caderno Especial, p. 105, abr./2018). O Decreto 9.150/2017 foi revogado pelo Decreto 9.360/2018. Entretanto, a competência para funcionar o DRCI como autoridade central federal em matéria de adoção internacional de crianças mantém-se por força do atual Decreto 9.662/2019.

124. Do auxílio direto

O auxílio direto é cabível, no âmbito das práticas judiciais, quando a medida pretendida decorrer de ato decisório de autoridade jurisdicional estrangeira não submetido a juízo de delibação no Brasil (CPC/2015, art. 28), *i.e.*, decisão que, segundo a lei interna nacional, não dependa de homologação pela justiça brasileira. Se houver tal necessidade, a cooperação só ocorrerá pelas vias judiciais previstas para a homologação de sentenças estrangeiras e para a concessão de *exequatur* a carta rogatória (arts. 960 a 965). Em outros termos, o procedimento do auxílio direto é destinado ao intercâmbio entre órgãos judiciais e administrativos de Estados diversos, cuja prática independe de carta rogatória ou de homologação de sentença estrangeira, "sempre que reclamar de autoridades nacionais atos sem conteúdo jurisdicional".[27-28]

A cooperação internacional, todavia, não se restringe aos atos do Poder Judiciário. Muitas vezes, a medida solicitada é de natureza administrativa e pode ser prestada, por exemplo, por meio de informações dos registros públicos, atos policiais ou alfandegários etc., quando então poderá, até mesmo, ser atendida sem participação direta da justiça.

A cooperação caberá tanto por iniciativa da autoridade brasileira, como da autoridade estrangeira e sempre será processada mediante intermediação do órgão de centralização previsto na legislação federal. As regras gerais desse procedimento são traçadas pelos arts. 28 a 34, para o pedido oriundo de órgão estrangeiro, e pelos arts. 37 a 41, para o formulado por autoridade brasileira.

I – Auxílio direto pleiteado por autoridade estrangeira (cooperação passiva)

Para viabilizar a cooperação nacional, a autoridade estrangeira interessada deverá enviar o pedido à autoridade central brasileira que, na ausência de designação específica, será o Ministério da Justiça (CPC/2015, art. 26, § 4º), na forma estabelecida pelo tratado respectivo. O Estado requerente assegurará, ainda, a autenticidade e clareza do pedido (art. 29).

O auxílio direto tem como objeto a prática de diversos atos, tais como (art. 30): *(i)* obtenção e prestação de informações sobre o ordenamento jurídico e sobre processos administrativos ou jurisdicionais findos ou em curso; *(ii)* colheita de provas, salvo se a medida for adotada em processo, em curso no estrangeiro, de competência exclusiva de autoridade judiciária brasileira; *(iii)* qualquer outra medida judicial ou extrajudicial não proibida pela lei brasileira.

Na hipótese de o ato solicitado pela autoridade estrangeira não necessitar da participação do Poder Judiciário, a própria autoridade central adotará as providências necessárias ao seu

---

27 SILVA, Ricardo Perlingeiro Mendes da. Cooperação jurídica internacional e auxílio direto. *Revista CEJ*, n. 32, p. 78, jan.-mar./2006; LOPES, Inez. A família transnacional e a cooperação jurídica internacional. *Revista dos Tribunais, São Paulo*, v. 990 – Caderno Especial, abr. 2018, p. 99.

28 A propósito da cooperação internacional, o Decreto 9.734/2019 promulgou o texto da Convenção Relativa à Citação, Intimação e Notificação no Estrangeiro, de documentos judiciais e extrajudiciais em matéria civil e comercial, firmado na Haia, em 15 de novembro de 1965. Da Convenção, entre outros dispositivos, consta: *(i)* como instituir a "Autoridade Central" para assumir o encargo de receber as solicitações das medidas de cooperação e diligenciar o respectivo atendimento; *(ii)* ressalva-se, outrossim, que a Convenção "não impedirá que dois ou mais Estados Contratantes acordem admitir, para fins de citação, intimação ou notificação de documentos judiciais, outras vias de transmissão além das previstas nos artigos precedentes e especialmente a comunicação direta entre suas respectivas autoridades" (art. 11); *(iii)* normas particulares foram estabelecidas para a transmissão de documentos extrajudiciais (art. 17); *(iv)* a atual Convenção substituirá, para os signatários das Convenções relativas ao Processo Civil, assinadas na Haia em 1905 e 1954, no tocante aos arts. 1º a 7º daquelas Convenções, e não prejudicará a aplicação dos art. 23 e 24, das mesmas Convenções, respectivamente; *(v)* constam de anexo à Convenção atual, formulários de solicitação, certificado e resumo, relativos a citação, intimação ou notificação no estrangeiro de documentos judiciais e extrajudiciais. A promulgação da Convenção pelo Brasil se deu com reserva aos arts. 8º e 10 do texto original.

cumprimento, recorrendo às autoridades administrativas competentes (art. 32). Se, todavia, o ato demandar participação judicial, a autoridade central encaminhará o pedido à Advocacia-Geral da União, para que requeira em juízo a medida solicitada (art. 33, *caput*). Compete ao Juízo Federal do lugar em que deva ser executada a medida, a apreciação do pedido de auxílio direto passivo, sempre que seu atendimento importe atividade jurisdicional (art. 34).

Se forem conferidas ao Ministério Público as funções de autoridade central, no procedimento da cooperação internacional, não haverá necessidade de intervenção da Advocacia-Geral da União. O próprio Ministério Público requererá a medida jurisdicional cabível diretamente ao juiz federal competente (art. 33, parágrafo único).

Será recusado o pedido de cooperação jurídica internacional passiva sempre que se configurar "manifesta ofensa à ordem pública" (art. 39). Não se procederá, outrossim, pelas vias da cooperação jurídica internacional, aos atos de execução de decisão judicial estrangeira, caso em que se deverá adotar o regime da carta rogatória ou da ação de homologação de sentença estrangeira (art. 40 c/c art. 960).

II – Auxílio direto pleiteado por autoridade brasileira (cooperação ativa)

O pedido de cooperação jurídica internacional oriundo de autoridade brasileira competente será também encaminhado à autoridade central para posterior envio ao Estado estrangeiro requerido para lhe dar andamento (CPC/2015, art. 37). O pedido e os documentos que o instruem serão acompanhados de tradução para a língua oficial do Estado de destino (art. 38).

III – Disposições comuns

Seja o auxílio direto *ativo* ou *passivo*, a autoridade central brasileira deverá ser acionada (CPC/2015, arts. 29 e 37) para proceder aos necessários contatos com suas congêneres estrangeiras ou outros órgãos responsáveis pela tramitação e execução dos pedidos de cooperação internacional, respeitadas sempre as disposições específicas constantes de tratado (art. 31).

IV – Regime especial de cumprimento de decisões de Estados-Membros do Mercosul

O atual Código de Processo Civil dispensa a homologação de sentença estrangeira, bem como a obtenção de *exequatur* para cartas rogatórias, quando houver tratado com disposição especial nesse sentido (CPC/2015, arts. 960 e 961).

O Protocolo de Las Leñas, que regula o Mercosul, confere eficácia extraterritorial, no âmbito do bloco, às sentenças oriundas de Estado-Membro (art. 20), o que importa exclusão da necessidade de submetê-las ao regime comum da delibação pelo STJ para adquirir exequibilidade no Brasil.[29] A propósito, o art. 216-O, § 2º do RISTJ, com a redação da Emenda Regimental 18, prevê que os pedidos de cooperação jurídica internacional que tiverem por objeto atos que não ensejem juízo de delibação por aquela Corte, "ainda que denominados de carta rogatória, serão encaminhados ou devolvidos ao Ministério da Justiça para as providências necessárias ao cumprimento por auxílio direto". Fica certo, portanto, que o cumprimento das sentenças oriundas de país-membro do Mercosul, qualquer que seja sua forma de documentação, será

---

[29] "A interpretação sistemática do Protocolo de Las Leñas, à luz dos princípios fundamentais e em observância às regras hermenêuticas aplicáveis à espécie, permite concluir que o requerimento de cumprimento das sentenças oriundas de outros países integrantes do Mercosul será instrumentalizado através do chamado auxílio direto (...)" (HILL, Flávia Pereira. *O direito processual transnacional como forma de acesso à justiça no século XX*. Rio de Janeiro: GZ Editora, 2013, p. 390).

objeto de auxílio direto, já que se encontram no rol das decisões que dispensam o juízo de delibação pelo STJ[30] (sobre o tema, ver, no vol. III, o item 35).

125. Da carta rogatória

A carta rogatória é o instrumento de cooperação utilizado para a prática de ato como a citação, a intimação, a notificação judicial, a colheita de provas, a obtenção de informações e de cumprimento de decisão interlocutória, sempre que o ato estrangeiro constituir decisão a ser executada no Brasil. Os requisitos formais da rogatória são os mesmos da carta precatória (art. 260)[31].

Pelo art. 35, do Projeto que se converteu na Lei 13.105/2015 (CPC/2015), a carta rogatória seria o meio exclusivo de cooperação internacional para cumprimento dos atos acima enumerados. O veto da Presidência da República a tal dispositivo justificou-se pela inconveniência desta exclusividade, que poderia afetar a celeridade e efetividade da cooperação, de maneira que seria oportuno permitir-se, na espécie, também a via do auxílio direto.

Apesar disso, o Código mantém a exigência de carta rogatória, submetida a *exequatur* do STJ, quando for o caso de decisão interlocutória estrangeira que tenha de ser executada no Brasil (art. 515, IX) (ver item relativo à questão no v. III).

O procedimento da carta rogatória, que é de competência do Superior Tribunal de Justiça, é de jurisdição contenciosa, devendo, portanto, assegurar às partes as garantias do devido processo legal (art. 36, *caput*). Sobre o procedimento para obtenção do *exequatur* junto ao STJ, ver o Capítulo sobre a matéria no vol. III.

A defesa limitar-se-á à discussão quanto ao atendimento ou não dos requisitos para que o pronunciamento estrangeiro judicial produza efeitos no país. Em qualquer hipótese, a autoridade judiciária brasileira não pode rever o mérito do pronunciamento judicial estrangeiro (art. 36, §§ 1º e 2º).

126. Das disposições comuns ao auxílio direto e à carta rogatória

O atual CPC traça algumas normas modernizadoras destinadas a facilitar e incrementar a cooperação internacional, aplicáveis tanto aos mecanismos tradicionais (cartas rogatórias) como à inovadora cooperação direta (realizável sem a solenidade das cartas rogatórias). Acham-se, tais normas, enunciadas nos arts. 37 a 41 e serão arroladas a seguir.

(a) Em todos os casos de cooperação internacional ativa, a autoridade brasileira enviará o pedido à autoridade central (Ministério da Justiça ou outro órgão definido em lei federal) acompanhado dos documentos que o instruem, devidamente traduzidos

---

30 HILL, Flávia Pereira. *O direito processual transnacional como forma de acesso à justiça no século XX*. Rio de Janeiro: GZ Editora, 2013, p. 391.

31 "No Sistema Interamericano, por exemplo, as *cartas rogatórias* expedidas em processos relativos a matéria civil ou comercial pelas autoridades judiciárias de um dos Estados-partes da *Convenção Interamericana sobre Cartas Rogatórias* tem por objeto a realização de atos processuais de mera tramitação, tais como notificações, citações no exterior; e o recebimento e obtenção de provas e informações no estrangeiro" (LOPES, Inez. A família transnacional e a cooperação jurídica internacional. *Revista dos Tribunais, São Paulo,* v. 990 – Caderno Especial, abr. 2018, p. 97). Dita Convenção foi assinada no Panamá, em 30.1.1975, e o Protocolo Adicional à mesma Convenção foi concluído em Montevideo, em 8.5.1979 (A família transnacional e a cooperação jurídica internacional. *Revista dos Tribunais, São Paulo,* v. 990 – Caderno Especial, abr. 2018, nota 29, p. 97). Porém, observa a autora que "no âmbito do Mercosul, a carta rogatória é *sui generis*, uma vez que o instrumento de cooperação, pode ter como objeto *atos executivos*" (A família transnacional e a cooperação jurídica internacional. *Revista dos Tribunais, São Paulo,* v. 990 – Caderno Especial, abr. 2018, 98).

para a língua oficial estrangeira, a qual o remeterá ao Estado requerido para lhe dar o devido andamento (CPC/2015, arts. 37 e 38).

(b) O pedido passivo de cooperação jurídica internacional, qualquer que seja ele (*i.e.*, o procedente de autoridade estrangeira), não poderá ser acolhido no Brasil quando configurar manifesta ofensa à ordem pública nacional (CPC/2015, art. 39).

(c) Os atos de execução de decisão judicial estrangeira não podem ser submetidos à cooperação internacional direta, uma vez que só se admite seu processamento no Brasil quando postulados por meio de carta rogatória ou processados através de ação de homologação de sentença estrangeira (CPC/2015, art. 40).

(d) O atual Código reduziu as formalidades da cooperação, dispensando a ajuramentação, a autenticação ou qualquer outro procedimento de legalização de documentos estrangeiros, sempre que o pedido for encaminhado ao Estado brasileiro por meio de autoridade central ou por via diplomática (CPC/2015, art. 41). Entretanto, quando necessário, o Estado brasileiro poderá aplicar o princípio da reciprocidade de tratamento (art. 41, parágrafo único).

126-A. Convenção de Haia sobre citação no estrangeiro

O Decreto 9.734/2019 promulgou o tratado firmado em Haia, em 15.11.1965, denominado *Convenção Relativa à Citação, Intimação e Notificação no Estrangeiro de Documentos Judiciais e Extrajudiciais.*

A adesão do Brasil ao referido tratado praticamente elimina a necessidade da rogatória para os casos em que se adotar o rito e as cautelas preconizadas pelo Dec. 9.734/2019.[32] Permanecem em vigor, no entanto, outros tratados anteriormente firmados com Estados estrangeiros ou organismos internacionais. Desse modo, em algumas situações, a parte interessada poderá optar entre o trâmite da Convenção de Haia e o de outro acordo internacional em vigor.

O Decreto confere ao Ministério da Justiça e Segurança Pública (MJSP) a função de Autoridade Central para os efeitos da Convenção, a qual atuará através do Departamento de Recuperação de Ativos e Cooperação Jurídica Internacional – DRCI, órgão da Secretaria Nacional de Justiça do MJSP.

É significativa, no regime do Tratado promulgado, a eliminação da via diplomática, pois os atos de intercâmbio jurídico serão tramitados apenas pelo Ministério da Justiça e Segurança Pública, sem necessidade de intervenção de representantes diplomáticos ou consulares.

Outra medida importante, capaz de muito agilizar a cooperação é a adoção de um formulário padrão obrigatório, que substitui, com vantagem, a carta rogatória e que deverá ser assinado diretamente pela autoridade judiciária competente. Seu texto será, no que se refere à Justiça brasileira, redigido em versão trilíngue (português, inglês e francês). O formulário é o mesmo em todos os países que fazem parte da Convenção, o que facilita seu reconhecimento e assegura a indicação de todos os dados necessários ao cumprimento do pedido de cooperação.

O Brasil aderiu à Convenção de Haia sobre citação com algumas reservas. Assim é que não serão aceitas a citação, intimação e notificação de pessoas que se encontrem nos Estados-

---

[32] Com a adesão do Brasil, a Convenção de Haia abrange 74 países, o que importa grande simplificação e facilitação dos procedimentos de citação, intimação e notificação no exterior; e com isso, busca-se aperfeiçoar a cooperação jurídica internacional em matéria civil ou comercial. A divulgação efetuada pela Coordenação Geral de Cooperação Jurídica Internacional – DRCI/SNJ aponta dois objetivos fundamentais visados pelo Dec. 9.734/2019: *(i)* estimular a cooperação, por meio da implementação de um mecanismo ágil e predeterminado; e *(ii)* garantir o direito de defesa do citado, intimado ou notificado perante a Justiça do Estado de origem.

signatários diretamente por via postal ou por meio de agentes diplomáticos ou consulares e autoridades judiciárias ou demais autoridades no Estado de destino.

O formulário-padrão de Solicitação, Certificado e Resumo deverá ser assinado pelo juiz competente e encaminhado à autoridade central do Estado-requerente (o MJSP, no caso do Brasil). Os documentos, objeto de citação, intimação ou notificação, se redigidos em outra língua, deverão ser traduzidos para o português.

§ 16. COMPETÊNCIA INTERNA

127. Noções gerais

A competência interna divide a função jurisdicional entre os vários órgãos da Justiça Nacional, levando em conta os seguintes pontos fundamentais de nossa estrutura judiciária:

1º) existem vários organismos jurisdicionais autônomos entre si, que formam as diversas "Justiças" previstas pela Constituição Federal;

2º) existem, em cada "Justiça", órgãos superiores e órgãos inferiores, para cumprir o duplo grau de jurisdição;

3º) o território nacional e os estaduais dividem-se em seções judiciárias ou comarcas, cada uma subordinada a órgãos jurisdicionais de primeiro grau locais;

4º) há possibilidade de existir mais de um órgão judiciário de igual categoria, na mesma comarca, ou na mesma seção judiciária;

5º) há possibilidade de existirem juízes substitutos ou auxiliares, não vitalícios (CF, art. 95, I).[33]

"Da observação desses dados fundamentais e característicos do direito brasileiro, torna-se possível determinar as diversas etapas através das quais a jurisdição sai do plano abstrato que ocupa como poder que têm todos os juízes, e passa para o plano concreto da atribuição do seu exercício a determinado juiz (com referência a determinado processo)."[34]

Segundo Araújo Cintra, Ada Grinover e Cândido Dinamarco, a operação tendente a determinar a competência interna, diante de cada caso concreto, se faz por meio de sucessivas etapas, cada uma representando um problema a ser resolvido, observada a seguinte sequência:

(a) competência de Justiça: qual a Justiça competente?

(b) *competência originária*: dentro da Justiça competente, o conhecimento da causa cabe ao órgão *superior* ou ao *inferior*?

(c) *competência de foro*: se a atribuição é do órgão de primeiro grau de jurisdição, qual a *comarca* ou *seção judiciária* competente?

(d) *competência de juízo*: se há mais de um órgão de primeiro grau com as mesmas atribuições jurisdicionais, qual a *vara* competente?

(e) *competência interna*: quando numa mesma Vara ou Tribunal servem *vários juízes*, qual ou quais deles serão competentes?

(f) *competência recursal*: a competência para conhecer do recurso é do *próprio órgão* que decidiu originariamente ou de um *superior*?[35]

Prevalecendo, outrossim, em nosso sistema jurisdicional o princípio de duplo grau de jurisdição como regra geral, há sempre, pelo menos, duas operações sucessivas de determinação de competência para cada causa ajuizada:

---

33 Os Juízes não vitalícios, porém, poderão praticar todos os atos reservados por lei aos Juízes vitalícios (art. 22, § 2º, da LC 35/1979).

34 CINTRA, Antônio Carlos de Araújo; GRINOVER, Ada Pellegrini; DINAMARCO, Cândido Rangel. *Teoria Geral do Processo*. São Paulo: Malheiros, 1974, n. 118, p. 196-197.

35 CINTRA, Antônio Carlos de Araújo; GRINOVER, Ada Pellegrini; DINAMARCO, Cândido Rangel. *Teoria Geral do Processo*. São Paulo: Malheiros, 1974, n. 118, p. 197.

(*a*) uma inicial, tendente a determinar o órgão que tomará conhecimento originário da lide; e

(*b*) outra posterior, que fixará o órgão a cuja competência será atribuído o julgamento do recurso eventualmente interposto das decisões daquele que conheceu da causa em primeiro grau de jurisdição.

A primeira recebe a denominação de competência *originária* (juízo da *causa*) e a segunda, de competência *hierárquica* (juízo do *recurso*).

128. Competência em matéria civil

É pela natureza da relação jurídica substancial litigiosa que se faz a distribuição de competência entre as várias *Justiças* do sistema judiciário nacional.

A competência da Justiça Civil é *residual*: excluídas as matérias atribuídas às Justiças Especiais (Trabalhista, Militar e Eleitoral), bem como os temas de direito penal, o resíduo forma o que se convencionou chamar de objeto da *jurisdição civil*.

Dessa forma, para efeito de administração da Justiça, a jurisdição civil abrange, na verdade, assuntos não só pertinentes ao Direito Civil, mas também a outros ramos jurídicos, como o Direito Constitucional, Administrativo, Comercial etc.

Ao nosso estudo, que se refere ao Direito Processual Civil, interessa cuidar apenas da competência relativa à matéria *civil*, pois é da *jurisdição civil* que trata o Código de Processo Civil, como vem expresso em seus arts. 13 e 16.

Duas são as "Justiças" que no Brasil se encarregam do exercício da jurisdição em matéria civil: a *Federal* e a *dos Estados*.

Cumpre, pois, diante de um caso civil concreto, determinar, em primeiro lugar, qual será a "Justiça" competente, para depois descobrir qual o seu órgão interno que se encarregará do processo.

129. Competência da Justiça Federal

É a Constituição da República que define quais as causas civis que tocam à Justiça Federal. Para tanto, observaram-se critérios ligados aos sujeitos e à matéria envolvidos no litígio.

Ratione personae, são da competência da Justiça Federal, dentro da *jurisdição civil*:

(*a*) as causas em que a União, entidade autárquica ou empresa pública federal forem interessadas, na condição de autoras, rés, assistentes ou opoentes, exceto as de recuperação judicial, falência, insolvência civil e as de acidente de trabalho, cuja competência é sempre da Justiça estadual (Constituição Federal, art. 109, I; CPC/2015, art. 45, I);

(*b*) as causas entre Estado estrangeiro, ou organismo internacional, e município ou pessoa domiciliada ou residente no Brasil (Constituição Federal, art. 109, II);

(*c*) os mandados de segurança e os *habeas data* contra ato de autoridade federal, salvo as hipóteses de competência originária do Supremo Tribunal e a dos Tribunais das Justiças Especiais (Constituição Federal, art. 109, VIII).

A competência especial da Justiça Federal não abrange, *ratione personae*, as causas em que são partes as sociedades de economia mista da União, já que se trata de pessoas jurídicas de direito privado. E, como bem observa José Frederico Marques, "não cabe à União, em tais casos, arrogar-se a qualidade de assistente (que não tem, pelo menos em tese) para intervir no processo e deslocar a competência".[36]

No entanto, a Lei 9.469/1997, art. 5º, parágrafo único, prevê a possibilidade de assistência da União às suas sociedades de economia mista, com deslocamento da causa para a Justiça Federal. Mas isso, como é óbvio, só acontecerá no caso de assistência litisconsorcial ou de assistência simples em que a União demonstre, concretamente, seu interesse jurídico na solução da causa (CPC/2015, arts. 119 e 124), muito embora a referida lei não tenha feito semelhante ressalva. É que não basta a natureza da sociedade de economia mista para justificar a assistência em sentido próprio. É preciso ocorrer uma específica relação jurídica entre o ente derivado e a União, que, na iminência de ser prejudicada pela sentença, justifique a intervenção assistencial do acionista. "Para configurar a competência da Justiça Federal, é necessário que a União, entidade autárquica ou empresa pública federal, ao intervir como assistente, demonstre legítimo interesse jurídico no deslinde da demanda, não bastando a simples alegação de interesse na causa" (Súmula 61 do TRF). Não se pode, de tal sorte, tomar ao pé da letra a regra especial da Lei 9.469/1997, como, aliás, entende a boa jurisprudência, inclusive, do STF e do STJ.[37] Em outros termos, autoriza-se a intervenção anômala da União, baseada apenas em interesse econômico e não jurídico, mas sem deslocamento da competência da Justiça Estadual para a Federal.

Ocorre a competência *ratione materiae* da Justiça Federal nas seguintes hipóteses:

(a) causas fundadas em tratado ou contrato da União com Estado estrangeiro ou organismo internacional (Constituição Federal, art. 109, III);

(b) a disputa sobre direitos indígenas (Constituição Federal, art. 109, XI);

(c) execução de carta rogatória após o *exequatur* e de sentença estrangeira após homologação (Constituição Federal, art. 109, X);

(d) causas referentes à nacionalidade, inclusive a respectiva opção, e à naturalização (Constituição Federal, art. 109, X);

(e) causas relativas a direitos humanos, quando verificada a hipótese prevista no § 5º do art. 109 da Constituição (a Emenda Constitucional 45, de 30.12.2004, incluiu o inc. V-A no elenco das competências arroladas no art. 109 da Constituição).

A última competência não se refere a toda e qualquer ação sobre a matéria, mas apenas àquelas em que se questiona "grave violação de direitos humanos", verificada em incidente de deslocamento de competência suscitado pelo Procurador-Geral da República perante o Superior Tribunal de Justiça, sob o fundamento de haver necessidade de "assegurar o cumprimento de obrigações decorrentes de tratados internacionais de direitos humanos dos quais o Brasil seja parte" (CF, art. 109, § 5º, acrescido pela EC 45, de 30.12.2004).

---

36 MARQUES, José Frederico. *Manual de Direito Processual Civil.* Campinas: Bookseller, 1997, v. I, n. 167, p. 188.

37 "1. A intervenção anômala da União, com base unicamente na demonstração de interesse econômico no resultado da lide (artigo 5º da Lei 9.469/97), para juntada de documentos e memoriais reputados úteis, não implica o deslocamento automático da competência para a Justiça Federal. Precedentes do STJ. 2. 'A lei ordinária não tem a força de ampliar a enumeração taxativa da competência da Justiça Federal estabelecida no art. 109, I, da Constituição Federal, razão pela qual o deslocamento da competência para a Justiça especializada somente se verificaria se configurado o efetivo interesse jurídico da União ou de outro ente federal' (EDcl no AgRg no CC 89.783/RS, Rel. Ministro Mauro Campbell Marques, Primeira Seção, julgado em 09.06.2010, *DJe* 18.06.2010)" (STJ, 4ª T., AgRg no REsp 1.045.692/DF, Rel. Min. Marco Buzzi, ac. 21.06.2012, *DJe* 29.06.2012). No mesmo sentido: STF, 1ª T., RE 596.836 AgR, Rel. Min. Cármen Lúcia, ac. 10.05.2011, *DJe* 25.05.2011; STF, 2ª T., RE 400.291 AgR, Rel. Min. Eros Grau, ac. 24.06.2008, *DJe* 14.08.2008; STJ, 1ª T., AgInt no REsp 1.361.769/CE, Rel. Min. Benedito Gonçalves, ac. 20.10.2016, DJe 08.11.2016.

Diante do esquema de competência da Justiça Federal, já exposto, conclui-se que sua posição no quadro geral do sistema judiciário pátrio é, na verdade, a de um *órgão especial da Justiça ordinária*, ou seja, da *Justiça* que se encarrega das ações cíveis e criminais, em contraposição às verdadeiras "Justiças Especiais", que, como o próprio nome indica, cuidam de matérias também *especiais* (eleitoral, trabalhista e militar).

A *Justiça ordinária*, à que se filia a Justiça Federal, ao lado das Justiças Estaduais, é, em conclusão, a que exerce a jurisdição residual em todos os campos do direito material não atribuídos às Justiças Especiais, e que, pela Constituição Federal, abrange:

(a) jurisdição civil; e
(b) jurisdição penal.

Sobre a competência das subseções judiciárias, ver, adiante, o item 156.

130. Competência das Justiças Estaduais

Na jurisdição ordinária (civil e penal), as questões não atribuídas à Justiça Federal, pela Constituição, são da competência das Justiças Estaduais ou locais. Essa competência é, dessa forma, residual.

A própria Constituição Federal, no entanto, autoriza que algumas causas que, naturalmente, seriam da competência da Justiça Federal (*ratione materiae e ratione personae*) possam ser atribuídas, por lei, às Justiças locais. É o que ocorre com:

(a) as causas de interesse da previdência social, cujo objetivo for benefício de natureza pecuniária, sempre que a comarca do domicílio do segurado ou beneficiário não for sede da Vara da Justiça Federal (art. 109, § 3º, da CF com a redação atribuída pela EC 103/2019);
(b) os processos falimentares, mesmo que haja interesse da União perante a massa falida (Constituição Federal, art. 109, I);
(c) os litígios relativos a acidentes do trabalho (Constituição Federal, art. 109, I).

O CPC também exclui da competência da Justiça Federal as ações de recuperação judicial, falência, insolvência civil, acidente de trabalho e aquelas sujeitas à justiça eleitoral e à justiça do trabalho (art. 45, I e II).

§ 17. CRITÉRIOS DE DETERMINAÇÃO DA COMPETÊNCIA INTERNA

131. Generalidades

A Justiça Federal e as Justiças locais compõem-se de órgãos superiores e inferiores, e, no primeiro grau de jurisdição, dividem-se em várias seções territoriais ou comarcas, cada uma gerida por um órgão judiciário próprio.

Para atribuir o processamento e julgamento de uma determinada causa a um desses órgãos, a doutrina tradicional, que vem de Wach e Chiovenda, baseia-se nos seguintes critérios:

(a) *critério objetivo*: se funda no valor da causa, na natureza da causa ou na qualidade das partes;

(b) *critério funcional*: atende às normas que regulam as atribuições dos diversos órgãos e de seus componentes, que devam funcionar em um determinado processo, como se dá nas sucessivas fases do procedimento em primeiro e segundo graus de jurisdição. Por esse critério, determina-se não só qual o juiz de primeiro grau, como também qual o tribunal que em grau de recurso haverá de funcionar no feito, além de estabelecer-se, internamente, qual a câmara e o respectivo relator que atuarão no julgamento;

(c) *critério territorial*: se reporta aos limites territoriais em que cada órgão judicante pode exercer sua atividade jurisdicional. Sua aplicação decorre da necessidade de definir, dentre os vários juízes do país, de igual competência em razão da matéria ou do valor, qual poderá conhecer de determinada causa. Baseando-se ora no domicílio da parte, ora na situação da coisa, ou ainda no local em que ocorreu o fato jurídico, o legislador atribui a competência da respectiva circunscrição territorial. A competência assim firmada recebe o nome de competência *territorial* ou *do foro*.

O Código atual reconhece duas modalidades de definição de competência interna: competência *absoluta* e competência *relativa* (CPC/2015, arts. 62 e 63), embasando-se em critérios ligados ora ao *interesse público* (conveniência da função jurisdicional), ora ao *interesse privado* (comodidade das partes). Não procedeu, de maneira explícita, à antiga divisão doutrinária e da codificação de 1973, que levava em conta *(i)* o valor da causa; *(ii)* a matéria; *(iii)* a função; e, *(iv)* o território. Tal circunstância, no entanto, não significa o abandono pelo novo ordenamento dessas modalidades de competência interna, que podem ser deduzidas da sistemática adotada pela legislação reformadora. Por exemplo, o art. 62 considera inderrogável por convenção das partes a competência determinada em razão da matéria, da pessoa ou da função. Por outro lado, o art. 63 admite que as partes possam modificar a competência estabelecida em razão do valor e do território, valendo-se de eleição de foro. Portanto, a divisão legal entre as competências absolutas e as relativas foi feita justamente em função dos antigos critérios de valor, matéria, função e território.

A divisão da competência em *absoluta* e *relativa* se dá conforme a possibilidade de sofrer ou não alterações.

Absoluta é a competência insuscetível de sofrer modificação, seja pela vontade das partes, seja pelos motivos legais de prorrogação (conexão ou continência de causas). Trata-se de regra fixada em atenção ao interesse público.

Relativa, ao contrário, é a competência passível de modificação por vontade das partes ou por prorrogação oriunda de conexão ou continência de causas, porque atende principalmente ao interesse particular.

São relativas, segundo o Código, as competências que decorrem do valor ou do território (art. 63) e absolutas a *ratione materiae*, a *ratione personae* e a funcional (art. 62).

O legislador leva em consideração, em tema de competência, ora elementos da *lide*, ora dados do *processo*.

Com base em elementos da *lide (interesse, bem e sujeitos)*, há competências estabelecidas à luz da natureza do direito material controvertido; da qualidade da parte; do valor da causa; do domicílio do réu; da situação do imóvel; do local do ato ilícito ou do cumprimento da obrigação convencional; do foro de eleição etc.

Ocorre, outrossim, competência firmada com base em características do *processo*, por exemplo:

(*a*) *competência em razão da natureza do processo*: mandados de segurança contra atos do Presidente da República, ou de Governador de Estado, bem como a ação rescisória, casos em que as ações são da competência originária dos Tribunais Superiores;

(*b*) *competência em razão da natureza do procedimento*: a lei processual especifica, segundo esse critério, por exemplo, qual o Tribunal Superior que na fase do procedimento recursal deverá reexaminar a causa;

(*c*) *competência em razão de relação da causa atual com o processo anterior*: ocorre em casos como o da execução de sentença, que compete ao juiz da ação de conhecimento que proferiu o julgado; em casos também de procedimentos acessórios, de causas conexas etc.

132. Competência do foro e competência do juiz

Há que distinguir a competência do foro da competência do juiz.

Foro é o local onde o juiz exerce as suas funções. Mas no mesmo local podem funcionar vários juízes com atribuições iguais ou diversas, conforme a Organização Judiciária. Se tal ocorrer, há que se determinar, para uma mesma causa, primeiro qual o foro competente e, depois, qual o juiz competente.

Foro competente, portanto, vem a ser a circunscrição territorial (seção judiciária ou comarca) onde determinada causa deve ser proposta. E juiz competente é aquele, entre os vários existentes na mesma circunscrição, que deve tomar conhecimento da causa, para processá-la e julgá-la.

A competência dos juízes é matéria pertencente à Organização Judiciária local. A do foro é regulada pelo Código de Processo Civil.

133. Divisão da competência do foro

A competência do foro classifica-se em:

(*a*) competência *comum* ou *geral*; e

(*b*) competências *especiais*.

A primeira se determina pelo domicílio do réu (CPC/2015, art. 46). E as especiais levam em conta, para certas causas determinadas pelo Código, as pessoas, as coisas e os fatos envolvidos no litígio (CPC/2015, arts. 47 a 53).

134. Cumulatividade de juízos competentes

Quando, numa mesma circunscrição territorial, vários são os juízes em exercício, a cada um se atribui uma *vara*, na linguagem forense, o que quer dizer que cada um responde por um *juízo*, ou *órgão jurisdicional*. Em tais casos, a competência pode ser distribuída por dois critérios:

(*a*) *ratione materiae*: quando há heterogeneidade de competência entre os diversos órgãos, de modo que cada grupo de lides é atribuído a um tribunal ou uma vara específica (ex.: Vara de Família, Vara de Falências etc.);

(*b*) *por simples distribuição*: quando a competência de todos os órgãos é *homogênea* (ex.: diversas varas cíveis da mesma Comarca).

135. Competência por distribuição

Existindo na comarca mais de uma vara, a ação considerar-se-á proposta pelo protocolo da petição inicial para a respectiva distribuição (CPC/2015, art. 312 c/c art. 240).

A competência definida pela distribuição é relativa e, não sendo impugnada, torna-se definitiva, ainda que equivocada. Cabe à parte, porém, o direito de questioná-la, enquanto não ocorrida a prorrogação legal, visto que a irregularidade na espécie pode configurar violação à garantia do juiz natural.

Para coibir a má-fé com que se costumava burlar o princípio do juiz natural graças a expedientes astuciosos para dirigir a distribuição, duas hipóteses elencadas no art. 286 mantiveram regras do Código anterior que ampliavam a prevenção do juízo a que primeiro se atribuiu uma causa:

(*a*) na primeira hipótese, mesmo que a parte desista da ação, ao renovar-lhe a propositura, terá de submeter-se à prevenção estabelecida por força da primeira distribuição (inciso II). Referida prevenção prevalecerá, qualquer que seja a causa de extinção do processo, e não apenas nos casos de desistência da ação. Como exemplos de aplicação da regra em comento, podem ser lembradas as hipóteses de não cumprimento, pelo autor, da diligência prevista no art. 76 e de abandono da causa, também de sua parte (CPC/2015, art. 485, III);

(*b*) na segunda hipótese, quando ações idênticas forem ajuizadas sucessivamente, serão atraídas para o juízo prevento, segundo as regras comuns da prevenção (inciso III). Naturalmente, a *identidade* das ações refere-se ao objeto e não aos sujeitos dos diversos pleitos, senão seria o caso de litispendência (art. 485, V).

Por fim, a regra que prevalece na definição do juízo prevento, para evitar burla a competência definida pela distribuição, é a mesma da conexão ou continência, ou seja, a prevenção ocorre do registro ou da distribuição da petição inicial (art. 59).

Não há mais distinção entre ações distribuídas entre juízos da mesma base territorial e juízos de comarcas distintas, como acontecia ao tempo do Código anterior. A prevenção, em qualquer hipótese, decorre imediatamente da propositura da causa, sem dependência de despacho da inicial ou da citação (ver item 165 a seguir).

136. *Perpetuatio iurisdictionis*

A competência é determinada no momento da propositura da ação, ou seja, no momento em que a petição inicial é registrada ou distribuída. A partir de então, irrelevantes são as modificações do estado de fato ou de direito que venham a ocorrer, "salvo quando suprimirem órgão judiciário ou alterarem a competência absoluta" (CPC, art. 43). Assim, a criação de vara especializada para certas causas pode autorizar a redistribuição de feitos, com fundamento na presença de competência inovada *ratione materiae*. Esse deslocamento, segundo jurisprudência do STF, não afronta o princípio do juiz natural.[38]

---

[38] STF, 1ª T., HC 85.060/PR, Rel. Min. Eros Grau, ac. 23.09.2008, *DJe* 03.10.2008; STF, Pleno, HC 88.660/CE, Rel. Min. Carmen Lucia, ac. 15.05.2008, *DJe* 02.06.2008; STF, 1ª T., HC 96.104, Rel. Min. Ricardo Lewandowski, ac. 16.06.2010, *DJe* 06.08.2010.

Adota nosso Código, portanto, o princípio da *perpetuatio iurisdictionis*, que é norma determinadora da inalterabilidade da competência objetiva, a qual, uma vez firmada, deve prevalecer durante todo o curso do processo. A inalterabilidade, no entanto, é *objetiva*, *i.e.*, diz respeito ao *órgão judicial* (juízo) e não à *pessoa do juiz*, pois este pode ser substituído.

Encontramos exemplos de alterações supervenientes do estado de fato, que não influem na competência já estabelecida, nas mudanças de residência ou domicílio das partes, do valor da causa, do estado material ou da situação do objeto da lide.

Dá-se alteração do estado de direito para fins de modificação da competência quando, *v.g.*, se verifica alteração da lei, que venha a adotar outro critério para a determinação de competência para a espécie de causa a que corresponde o processo pendente.

Com relação a essas alterações jurídicas, cumpre distinguir entre a competência absoluta e a relativa. Se a competência já firmada for territorial ou em razão do valor, em nada serão afetadas as causas pendentes. Mas, se for suprimido o órgão judiciário perante o qual corria o feito, ou se a alteração legislativa referir-se à competência *absoluta* (*ratione materiae*, *ratione personae* ou em razão da função), então os feitos pendentes serão imediatamente alcançados: os autos, em tal caso, terão de ser encaminhados ao outro órgão que se tornou competente para a causa.[39] O mesmo deve ser observado quando se tratar de competência funcional.[40]

Exemplo concreto de alteração de competência em razão da matéria ocorreu com a reforma constitucional, que ampliou a competência da Justiça do Trabalho para compreender ações de indenização que anteriormente corriam perante a justiça comum, mesmo quando o dano acontecesse durante a relação de trabalho (CF, art. 114, VI, acrescentado pela EC 45/2004). Em decorrência disso, tornou-se possível a rediscussão do órgão competente para o julgamento da causa. Os processos que haviam sido ajuizados perante a justiça comum e ainda não haviam sido sentenciados tiveram sua competência deslocada para a justiça especializada.[41]

No entanto, e sem embargo da alteração de competência absoluta, a jurisprudência teve que enfrentar o problema dos processos ainda não encerrados, mas que já haviam sido sentenciados na justiça comum. A solução anteriormente assentada pelo Supremo Tribunal Federal para tal crise foi no sentido de que "a alteração superveniente de competência, ainda que ditada por norma constitucional, não afeta a validade da sentença anteriormente proferida. Válida a sentença anterior à eliminação da competência do juiz que a prolatou, subsiste a competência

---

[39] "O princípio da *perpetuatio iurisdictionis* contido no art. 151 do Código de Processo Civil (hoje, art. 43) sofre as derrogações oriundas da incompetência superveniente, sendo exemplo desta a matéria relativa à competência absoluta, em razão da matéria" (STF – RE 73.368, Rel. Min. Barros Monteiro, ac. 04.12.1973, *RTJ* 71/726).

[40] STJ, REsp 150.902/PR, Rel. Min. Barros Monteiro, ac. 21.05.1998, *DJU* 28.09.1998, p. 65; STF, RE 611.535/MG, Rel. Min. Cármen Lúcia, ac. 19.04.2010, Processo Eletrônico, *DJe* 18.05.2010.

[41] "II – Quando da proposição da presente ação, em junho de 2002, as ações de indenização decorrentes de acidente do trabalho não possuíam tratamento especializado pelo Constituinte, incidindo, por conseguinte, no âmbito da competência residual da Justiça Comum, entendimento que restou, inclusive, cristalizado no Enunciado n. 366 da Súmula do Superior Tribunal de Justiça; III – Em razão da edição da Emenda Constitucional n. 45, publicada no *Diário Oficial da União*, em 31.12.2004, a competência que, até então, era da Justiça Comum (no caso dos autos, Federal, ante a presença de organismo internacional), passou a ser da Justiça Especializada do Trabalho. Operou-se, na verdade, mudança legislativa que excepciona o princípio da 'perpetuatio jurisdicione', pois, em virtude da supracitada alteração legislativa, redefiniu-se, na hipótese dos autos, a competência em razão da matéria; IV – *In casu*, nos termos relatados, a ação indenizatória pelos danos físicos e morais decorrentes de acidente de trabalho até o presente momento não teve seu mérito decidido, na medida em que o r. Juízo da 13ª Vara Cível da Justiça Federal da Seção Judiciária da Bahia/BA, então competente, extinguiu o processo sem julgamento de mérito, o que, de acordo com a atual orientação jurisprudencial desta Corte e do Pretório Excelso, autoriza o deslocamento dos autos à Justiça do Trabalho, competente para conhecer da lide posta (ut Súmula Vinculante n. 22 do STF)" (STJ, 3ª T., Rel. Min. Massami Uyeda, RO 89/BA, ac. 16.08.2011, *DJe* 26.08.2011).

recursal do tribunal respectivo".[42] Daí ter o Superior Tribunal de Justiça, já agora, diante do caso da competência inovada da Justiça do Trabalho, ter consolidado sua jurisprudência na Súmula 367: "a competência estabelecida pela EC 45/2004 não alcança os processos já sentenciados".[43] Eis aí um significativo exemplo de que nenhuma regra, nem mesmo de ordem pública, pode em direito ser havida como absoluta e totalmente inderrogável.

A justificativa para a manutenção da competência primitiva, no caso *supra*, é dupla: *(i)* a sentença, quando prolatada, o foi por juiz legalmente competente, de modo que os efeitos da superveniência da lei inovadora não podem retroagir; *(ii)* reconhecida a validade da sentença, sobre ela só tem competência recursal o tribunal a que o juiz está vinculado hierarquicamente; por isso, a lei nova não pode alcançar o processo no estágio recursal.

Admitida a premissa de afastamento excepcional da *perpetuatio iurisdicionis*, logo a jurisprudência teve um outro problema a resolver: valeria a exceção também para os processos julgados por sentença terminativa (de extinção do processo sem julgamento de mérito), ou por sentença anulada pelo tribunal em grau de recurso? O STJ firmou sua jurisprudência criando exceções para a exceção, ou seja: *(i)* sentença terminativa não é suficiente para fixar a causa na justiça comum, devendo deslocar-se o processo para a Justiça do Trabalho, por força da inovação constitucional;[44] *(ii)* anulada a sentença de mérito, com retorno dos autos à fase instrutória, o processo deve ser deslocado para a justiça que passou a ser competente para a apreciação da causa, "como se fora uma ação recém-ajuizada".[45]

Na hipótese de subdivisão da circunscrição territorial do juízo, também os processos são divididos entre os dois órgãos judiciários resultantes da alteração de organização judiciária. Assim, o juiz da comarca desmembrada será o competente para a continuação dos processos iniciados na outra, observando-se as regras gerais como a do critério de localização do domicílio do réu.[46] O Superior Tribunal de Justiça, nesses casos, já admitiu que a lei de alteração de competência possa conter disposição de direito transitório, determinando forma particular de retenção ou deslocamento de processos entre o juízo primitivo e aqueles que se criaram por desmembramento.[47] Nesse sentido, é comum nas criações ou desdobramento de varas, inclusive com atribuições *ratione materiae*, dispor a lei nova que os processos pendentes não serão deslocados, preservando-se, portanto, a competência absoluta dos juízos já estabelecida. Trata-se de previsão legítima, justificada pela inconveniência de sobrecarregar, excessivamente, as varas recém-criadas.[48]

O deslocamento dos processos para a comarca desmembrada será imperativo, sobretudo se se tratar de feitos sujeitos à competência funcional ou *ratione materiae*, já que, em tais hipóteses, não vigora de maneira alguma o princípio da *perpetuatio iurisdictionis*, como ressalva o art. 43 do

---

42 STF, Pleno, CC 6.967-7, Rel. Min. Sepúlveda Pertence, ac. 01.08.1997, *DJU* 26.09.1997, p. 47.476.

43 "Alinhando-se ao STF (CC 7.204-1/MG), o STJ tem decidido que a nova regra de competência introduzida pelo art. 114, VII, da CF só alcança os processos em curso ainda não sentenciados na data da entrada em vigor da EC 45/04" (STJ, 1ª Seção, CC 123.855/SP, Rel. Min. Sérgio Kukina, ac. 13.03.2013, *DJe* 21.03.2013). Não se considera, porém, processo já sentenciado, para efeito de conservação da competência alterada, aquele em que apenas se concedeu medida liminar de antecipação de tutela, dada a provisoriedade do provimento (STJ, 1ª Seção, CC 77.856/GO, Rel. Min. Teori Zavascki, ac. 14.05.2008, *DJe* 02.06.2008); STJ, 1ª Seção, CC 94.225-EDcl-EDcl no AgRg/SP, Rel. Min. Eliana Calmon, ac. 16.02.2009, *DJe* 20.04.2009.

44 STJ, 1ª Seção, CC 88.883/SP, Rel. Min. Teori Zavascki, ac. 14.11.2007, *DJU* 10.12.2007, p. 277; STJ, 2ª Seção, CC 69.143/SP, Rel. Min. Nancy Andrighi, ac. 09.05.2007, *DJU* 24.05.2007, p. 309.

45 STJ, 1ª Seção, CC 109.045/SP, Rel. Min. Castro Meira, ac. 14.04.2010, *DJe* 10.05.2010.

46 STJ, 4ª T., REsp 156.898/PR, Rel. Min. Ruy Rosado de Aguiar, ac. 30.04.1998, *DJU* 16.11.1998, p. 97; STJ, 3ª T., REsp 664.351/BA, Rel. Min. Carlos Alberto Menezes Direito, ac. 07.05.2007, *DJU* 29.06.2007, p. 579.

47 STJ, 2ª Seção, CC 948, Rel. Min. Sálvio de Figueiredo, ac. 14.03.1990, *DJU* 09.04.1990.

48 GRECO, Leonardo. *Instituições de direito processual civil*. 5. ed. Rio de Janeiro: Forense, 2009, v. I, n. 7.1.1.2, p. 173.

CPC/2015.[49] Outra hipótese em que a *perpetuatio iurisdictionis* se aplica é a do desmembramento do processo pela necessidade ou conveniência de limitar o litisconsórcio facultativo quando muito numeroso (art. 113, § 1º). Dele surgirão diversos processos, que passarão a ter curso próprio, sem, contudo, provocar nova distribuição a outros juízos, porque, para todos eles, a competência já estaria prefixada pela propositura originária (art. 43).[50]

---

49 "Competência. Ação reivindicatória. Execução. Desmembramento de comarca. Remessa dos autos à novel comarca. Tratando-se de competência funcional, absoluta, abre-se exceção ao princípio da *perpetuatio iurisdictionis*" (STJ, 4ª T., REsp 150.902/PR, Rel. Min. Barros Monteiro, ac. 21.05.1998, *DJU* 28.09.1998, p. 65).

50 "O desmembramento do processo, em razão do elevado número de litisconsortes, não constitui causa de modificação da competência, mas de facilitação na tramitação da causa. Competência do suscitado reconhecida" (TJMG, 4ª C. Civ., CC 1.0000.10.024195-9/000, Rel. Des. Almeida Melo, ac. 08.07.2010, *DJEMG* 12.07.2010). No mesmo sentido: TJMG, 4ª C. Civ., CC 1.0000.14.010939-8/000, Rel. Des. Dárcio Lopardi Mendes, ac. 05.06.2014, *DJEMG* 10.06.2014.

§ 18. COMPETÊNCIA EM RAZÃO DO VALOR DA CAUSA E EM RAZÃO DA MATÉRIA

137. Competência em razão do valor da causa

"A toda causa será atribuído um valor certo, ainda que não tenha conteúdo econômico imediatamente aferível" (CPC/2015, art. 291). Esse valor "constará da petição inicial ou da reconvenção" (art. 292).

Com base no valor dado à causa, podem, as normas de Organização Judiciária, atribuí-la à competência de um ou outro órgão judicante. Isso, porém, é matéria pertinente à organização local da Justiça, e que, por isso mesmo, não vem regulada no Código de Processo Civil (art. 44).

As causas atribuídas à competência dos juizados especiais, segundo a Lei 9.099, de 26.09.1995, sujeitam-se, dentre outros, ao critério do valor de até 40 salários mínimos.

Uma hipótese de influência do valor da causa sobre a competência recursal ocorre com os executivos fiscais de pequeno valor, já que a impugnação da sentença não será endereçada ao tribunal de segundo grau, mas ao próprio juiz prolator da decisão (Lei 6.830, de 22.09.1980, art. 34, § 3º).

138. Competência em razão da matéria

Em nosso sistema judiciário, a matéria em litígio (isto é, a natureza do direito material controvertido) pode servir, inicialmente, para determinar a competência civil na esfera constitucional, atribuindo a causa ou à Justiça Federal ou à Justiça local.

Passada essa fase, a procura do órgão judicante competente será feita com base no critério territorial. Mas, dentro do foro, é ainda possível a sua subdivisão entre varas especializadas (por exemplo: varas de família, de falência, de acidentes de trânsito etc.). Estaremos, portanto, em semelhante situação, diante de competência de juízes *ratione materiae*. Mas esse problema é afeto à Organização Judiciária local.

Estaremos, portanto, em semelhante situação, diante de competência de juízes *ratione materiae*. Mas esse problema é afeto à Organização Judiciária local.

§ 19. COMPETÊNCIA FUNCIONAL

139. Conceito

Refere-se a competência funcional, modalidade de competência absoluta, à repartição das atividades jurisdicionais entre os diversos órgãos que devam atuar dentro de um mesmo processo.[51] Uma vez estabelecido o juízo competente para processamento e julgamento de uma determinada causa, surge o problema de fixar quais serão os órgãos jurisdicionais que haverão de funcionar nas diversas fases do respectivo procedimento, visto que nem sempre um só órgão terá condições de esgotar a prestação jurisdicional.

Basta lembrar que, enquanto a causa é ajuizada num foro, a citação deve ser realizada em outro, o mesmo acontecendo com a coleta da prova, a penhora e o praceamento. Há, ainda, a fase recursal, que normalmente desloca a competência de um órgão inferior para outro superior.

140. Classificação

A competência funcional classifica-se:

(a) pelas fases do procedimento;
(b) pelo grau de jurisdição;
(c) pelo objeto do juízo.

Temos, por exemplo, *casos de competência funcional por fases do procedimento*, na execução em curso numa comarca e que incide sobre bens situados em outra. A competência para os atos da fase da penhora, avaliação e praceamento será deslocada para o juízo da situação dos bens (CPC/2015, art. 845, § 2º). O mesmo ocorre quando as testemunhas ou o objeto a ser periciado se encontram fora da circunscrição territorial do juiz da causa. A competência funcional para a fase instrutória será igualmente deslocada. Também na ação rescisória, que é processo de competência originária dos Tribunais Superiores, sempre que houver prova a colher, a competência será delegada pelo relator ao juiz de direito onde ela deva ser produzida (CPC/2015, art. 972).

141. Casos de competência funcional por graus de jurisdição

São os casos de competência hierárquica, que ocorrem normalmente: *(i)* nos casos de competência originária dos Tribunais Superiores para algumas espécies de causas, como a ação rescisória; e *(ii)* a competência recursal.

142. Casos de competência funcional pelo objeto do juízo

No julgamento dos tribunais, quando é suscitada questão de inconstitucionalidade, ocorrem duas decisões por órgãos distintos: a Câmara decide o recurso e o Pleno decide o incidente (CPC/2015, arts. 948 a 950).

Outro exemplo de competência funcional diversificada pelo objeto do juízo ocorre quando a penhora ou a medida cautelar decretada por um juiz é cumprida por outro, em diferente circunscrição territorial. Se houver embargos de terceiro, a competência para o incidente será do juiz deprecado, e não do juiz da causa principal (art. 676, parágrafo único).

---

[51] O conceito de competência funcional foi forjado pela doutrina processual alemã de fins do século XIX e consiste na repartição das diversas funções jurisdicionais na mesma causa entre diferentes órgãos judiciais que nela devam atuar (cf. BARBOSA MOREIRA. "A expressão 'competência funcional' no art. 2º da Lei da Ação Civil Pública", *Revista Forense*, v. 380, p. 180-181).

§ 20. COMPETÊNCIA TERRITORIAL

143. Conceito

Denomina-se competência territorial a que é atribuída aos diversos órgãos jurisdicionais levando em conta a divisão do território nacional em circunscrições judiciárias.

O Código atual, nos arts. 46 e ss., regula a competência territorial que também é chamada de *competência de foro*. A distribuição interna dessa competência, chamada *competência de juízo*, é matéria reservada às organizações judiciárias locais. As leis de organização judiciária dividem os Estados em circunscrições territoriais (foros de primeiro grau), que se denominam comarcas, as quais, internamente, podem se dividir em varas (juízos). Há, ainda, em algumas grandes comarcas a instituição de *foros regionais* ou *varas distritais*, cuja competência também é definida pela legislação local.

Há, para o sistema do Código, um *foro geral* ou *comum* e vários *foros especiais*: aquele é fixado em razão do domicílio do réu (art. 46), e estes levam em conta a natureza da causa, a qualidade da parte, a situação da coisa, o local de cumprimento da obrigação ou da prática do ato ilícito etc. (arts. 47 a 53).

Fora do Código, como matéria constitucional, existe a divisão do território nacional em unidades maiores: Estados e Distrito Federal. Essas unidades políticas formam também unidades judiciárias, com tribunais próprios com hierarquia (juízos de 2º grau) sobre os juízos locais de 1º grau situados em seu território (comarcas).

A Justiça Federal comum abrange todo o território nacional, que se acha dividido em Regiões, as quais, por sua vez, se subdividem em Seções Judiciárias (foros de primeiro grau). A cada Região corresponde um tribunal de segundo grau sob a denominação de Tribunal Regional Federal. Atualmente existem cinco desses Tribunais em atividade (CF, ADCT, art. 27, § 6º; Lei 7.727, de 09.01.1989), com sedes, respectivamente, em Brasília (1ª Região), Rio de Janeiro (2ª Região), São Paulo (3ª Região), Porto Alegre (4ª Região) e Recife (5ª Região). Tal como se passa com a Justiça Estadual, podem existir varas dentro de uma seção judiciária da Justiça Federal, sediadas na capital. Pode, ainda, existir vara sediada no interior de uma mesma seção judiciária (*subseção judiciária*).

Dessa forma, quando, segundo o Código, se fixa o foro competente para uma causa (competência originária), já se estabelece, automaticamente, qual o Tribunal Superior que exercerá a competência funcional, no grau de recurso.

O fracionamento da comarca em varas distritais, e das seções judiciárias em varas regionais ou subseções, ocorre dentro de unidades judiciárias maiores, interferindo diretamente na competência territorial e em sua prorrogabilidade ou não. Muitos conflitos têm surgido entre os juízos centrais e os distritais. O problema será analisado mais adiante.

144. Foro comum

O foro *comum* ou *geral* para todas as causas não subordinadas a foro especial é o do domicílio do réu (CPC/2015, art. 46), regra que se aplica inclusive às pessoas jurídicas (art. 53, III). Vale dizer que, em princípio, qualquer réu tem o direito de ser demandado na comarca ou na seção judiciária em que é domiciliado, se não há, em razão da matéria, competência especial diversa.

O conceito de domicílio é dado pelo Código Civil: para a pessoa física "é o lugar onde ela estabelece a sua residência com ânimo definitivo" (art. 70); para as pessoas jurídicas, "o lugar onde funcionarem as respectivas diretorias e administrações ou onde elegerem domicílio especial no seu estatuto ou atos constitutivos" (art. 75, IV). Há, outrossim, domicílios especiais regulados nos arts. 71 a 77 do Código Civil, que também deverão ser levados em conta na determinação do foro comum, nos casos concretos.

Assim, pertence ao foro comum, e não aos especiais, a norma, aliás desnecessária, do art. 50 do CPC/2015, que manda ser o réu incapaz demandado no foro do domicílio do representante ou assistente. Isso porque o domicílio do incapaz é justamente o de seu representante (CC, art. 76, parágrafo único).[52]

145. Foros subsidiários ou supletivos

Os parágrafos do art. 46 do CPC/2015 estabelecem regras a serem observadas quando o domicílio do réu for múltiplo, incerto ou ignorado:

(a) tendo mais de um domicílio, o réu poderá ser demandado em qualquer deles (§ 1º);
(b) se incerto ou desconhecido o domicílio do réu, a competência será deslocada ou:
  (i) para o local onde for encontrado; ou,
  (ii) para o foro do domicílio do autor (§ 2º).

Quando o réu for domiciliado no estrangeiro, e não tiver residência no País, mas ocorrer a competência internacional da Justiça brasileira, o foro competente será o do autor. Se também este residir fora do Brasil, a ação poderá ser proposta em qualquer foro, à escolha do promovente (art. 46, § 3º), desde que verificada a competência interna de nossa Justiça. Se, porém, a ação for real e versar sobre imóvel, prevalecerá a competência especial do *forum rei sitae* (art. 47).

Se vários são os réus, e diversos são os seus domicílios, poderá o autor ajuizar a ação no foro de qualquer um dos demandados (art. 46, § 4º).

Se se trata de ação de execução fiscal, o ajuizamento dar-se-á "no foro de domicílio do réu, no de sua residência, ou no do lugar onde for encontrado" (art. 46, § 5º).

146. Foros especiais

O atual Código, segundo critérios *ratione materiae*, *ratione personae* e *ratione loci*, estabelece foros especiais para:

(a) ações reais imobiliárias (art. 47);
(b) inventários e partilhas, arrecadação, cumprimento de disposições de última vontade e ações contra o espólio (art. 48);
(c) ações contra o ausente (art. 49);
(d) ações em que a União for parte ou interveniente (art. 51);
(e) ações de divórcio, separação, anulação de casamento, reconhecimento ou dissolução de união estável, alimentos (art. 53, I e II);
(f) ações contra pessoas jurídicas; ações relativas a obrigações com lugar determinado para cumprimento (art. 53, III);
(g) ações de reparação de dano; e ações contra administrador ou gestor de negócios alheios (art. 53, IV).

147. Ações reais imobiliárias

Aplica-se o *forum rei sitae* às ações reais imobiliárias, isto é, "para as ações fundadas em direito real sobre imóveis é competente o foro de situação da coisa" (CPC/2015, art. 47).

---

[52] O foro do incapaz (CPC/2015, art. 50), sendo, na verdade, foro comum, não prevalece para as ações subordinadas a *foro especial* (Simpósio de Direito Processual de Curitiba, de 1975, conf. relato de Edson Prata, *Revista Forense* 252/24).

Não basta que a ação seja apenas *sobre imóvel* (como a de despejo, por exemplo). Para incidir o foro especial, é necessário que verse sobre direito real (reivindicatória, divisória, usucapião etc.). A competência em questão é territorial e, por isso, naturalmente relativa (art. 63). Mas torna-se excepcionalmente *absoluta* e *inderrogável* quando o litígio versar sobre "direito de propriedade, vizinhança, servidão, divisão e demarcação de terras e de nunciação de obra nova" (art. 47, § 1º). Dessa maneira, nem toda ação sobre direito real imobiliário estará sujeita a uma competência absoluta (p. ex., a ação hipotecária não figura no rol do questionado dispositivo, e por isso se sujeita ao critério comum da competência relativa).

Uma particularidade interessante foi a inclusão das ações possessórias entre as *reais imobiliárias* feita desde o Código de 1973, e mantida pela atual codificação (art. 47, § 2º). Com isso, uma antiga polêmica doutrinária e jurisprudencial foi superada.

Para as demais ações reais imobiliárias não contempladas na ressalva do art. 47, § 1º (competência absoluta), instituiu o legislador uma faculdade para o autor: pode ele optar pelo foro do domicílio (foro comum) ou pelo de eleição (foro contratual). É o caso, por exemplo, da execução *hipotecária*,[53] da rescisão ou anulação do compromisso de compra e venda irretratável, das ações relativas aos direitos reais sobre coisas alheias, como o usufruto, o uso e a habitação etc., ações essas que o promovente poderá ajuizar no foro comum ou contratual, embora a situação do imóvel seja em outra circunscrição.[54]

Se o imóvel litigioso estiver situado em mais de uma circunscrição judiciária, qualquer um dos foros que o jurisdiciona será competente para as ações reais a ele relativas, fixando-se a competência pelo critério da prevenção (art. 60).

148. Foro da sucessão hereditária e da ausência

O inventário e a partilha, a arrecadação da herança, bem como a execução dos testamentos e codicilos, a impugnação ou anulação de partilha extrajudicial serão processados no foro onde o *de cujus* (autor da herança) teve seu último domicílio, no Brasil (CPC/2015, art. 48).

Se ocorrer incerteza a respeito do domicílio do finado, aplica-se ao juízo sucessório a norma do parágrafo único do art. 48, que prevê os seguintes foros subsidiários:

(a) o da *situação dos bens imóveis* do espólio, se todos se localizarem no território na mesma circunscrição judiciária;
(b) o da *situação de qualquer dos bens imóveis*, se situados no País em diversos foros;
(c) o do local de qualquer dos bens do espólio, se não possuía imóveis.

Pode acontecer que o local do óbito esteja fora do território nacional e que os bens do espólio, situados no País, estejam em várias comarcas. O foro de qualquer uma delas terá competência para o inventário, observando-se o princípio geral da prevenção[55] e as regras editadas para o caso de domicílio incerto do *de cujus* (art. 48, parágrafo único).

O foro do inventário é universal, de sorte que, além do processo sucessório, atrai para si a competência especial relativa a todas as ações em que o espólio seja réu (art. 48, *in fine*). A norma,

---

53 A Lei 14.711/2023 instituiu a execução extrajudicial da hipoteca, que, uma vez autorizada por cláusula contratual, poderá ser processada perante o oficial de registro de imóveis da situação do bem hipotecado (art. 9º, § 1º). Em tal situação, não é dado às partes eleger outro foro extrajudicial.

54 "Nas ações executivas hipotecárias, havendo cláusula de eleição de foro no contrato, prevalece este sobre o da situação do imóvel" (1º TACivSP – Rev. 177.629, ac. 02.08.1973, *RT* 460/179). No mesmo sentido: STJ, 3ª T., REsp 1.048.937/PB, Rel. Min. Massami Uyeda, ac. 22.02.2011, *DJe* 03.03.2011. Sobre a prevalência do foro de eleição para a ação de anulação de compromisso de compra e venda é a jurisprudência (STJ, 3ª T., AgRg na MC 14.534/GO, Rel. Min. Nancy Andrighi, ac. 16.09.2008, *DJe* 26.09.2008).

55 STJ, 2ª Seção, CC 23.773/TO, Rel. Min. Menezes Direito, ac. 10.02.1999, *DJU* 05.04.1999, p. 77.

entretanto, pressupõe procedimento sucessório ainda em curso. Se o inventário já se encerrou por sentença transita em julgado, a regra especial de fixação de competência não incide.[56] Da mesma forma, não se aplica o foro do art. 48 em relação às ações reais imobiliárias em que o espólio seja réu, porque sujeitas à competência absoluta do foro da situação do imóvel.[57] Igual exceção ocorre em face da ação de desapropriação, que será sempre ajuizada no foro em que o imóvel se localizar.[58]

Se, porém, o espólio for autor na causa, não haverá a atração do foro universal do inventário, e a competência será, então, a do foro comum (do domicílio do réu) ou alguma outra especial que acaso incida na espécie (como a do *forum rei sitae*).

Cuida-se, no dispositivo em análise, de competência territorial e, por isso, relativa. De tal sorte, o inventário proposto fora do juízo nele previsto não pode ser rejeitado pelo juiz de ofício. A competência para o processo sucessório é prorrogável, se não houver impugnação por parte de algum interessado.[59]

A competência regulada pelo art. 48, é bom notar, não é de *juízo*, mas sim de *foro*, conforme os termos da própria lei.[60] Disso decorre, nas comarcas onde existirem muitas varas de igual competência, que a causa contra o espólio poderá correr perante outro juiz que não o do inventário. O que se exige é que as ações corram no mesmo foro e não no mesmo juízo.[61]

Com relação à ausência, o foro do último domicílio do ausente é também universal e, por isso, o competente para:

(a) a arrecadação de seus bens;
(b) a abertura da sucessão provisória ou definitiva (inventário e partilha);
(c) o cumprimento de disposições testamentárias;
(d) as ações em que o ausente for réu (CPC, art. 49).

Ausente, para os efeitos do art. 49, é aquele que desaparece do local em que tinha domicílio, sem deixar representante ou procurador para administrar seus bens. A ele a lei civil manda nomear curador (CC, art. 22 e CPC/2015, art. 744) e a lei processual institui um foro especial para as ações que, contra ele, vierem a ser propostas, que corresponde ao de seu último domicílio (art. 49). Trata-se de uma competência geral, que, todavia, não afeta a competência para as ações propostas pelo curador do ausente, nem aquelas em que, sendo ele o demandado, se sujeitem a foros não vinculados ao domicílio (*v.g.*, ações reais imobiliárias, foro de eleição, foro do local do fato etc.).[62]

149. Foro da União, dos Estados e do Distrito Federal

Os arts. 51 e 52 do atual Código de Processo Civil, que tratam do foro especial da União, dos Estados ou do Distrito Federal, devem ser entendidos em harmonia com o art. 109, § 1º, da Constituição Federal. Assim, o foro especial da União, dos Estados e do Distrito Federal deve ser examinado em duas circunstâncias diferentes:

---

56 STJ, 2ª Seção, CC 124.274/PR, Rel. Min. Raul Araújo, ac. 08.05.2013, *DJe* 20.05.2013.

57 STF, 2.ª T., RE 84.056/MT, Rel. Min. Cordeiro Guerra, ac. 03.09.1976, *RTJ* 79/304.

58 STJ, 1ª Seção, CC 5.579/RJ, Rel. Min. Peçanha Martins, ac. 23.11.1993, *DJU* 13.12.1993, p. 27.370.

59 STJ, 2ª Seção, CC 13.646-6/PR, Rel. Min. Ruy Rosado, ac. 09.08.1995, *DJU* 25.05.1995, p. 31.059; STJ, 1ª Seção, CC 52.781/PR, Rel. Min. Eliana Calmon, ac. 23.11.2005, *DJU* 12.12.2005, p. 255.

60 A regra de foro especial disposta no art. 96 do CPC [art. 48 do CPC/2015] "estabelece como competente o *foro* do último domicílio do morto ou *de cujus*, para a abertura do inventário, o cumprimento do seu testamento e para *o julgamento de todas as ações ajuizadas em face do espólio*" (GRECO, Leonardo. *Instituições de direito processual civil*. 5. ed. Rio de Janeiro: Forense, 2009, v. I, p. 155-156).

61 TJMG, Conf. Comp. 838, Rel. Des. Humberto Theodoro.

62 PONTES DE MIRANDA, Francisco Cavalcanti. *Comentários ao Código de Processo Civil*. 3. ed. Rio de Janeiro: Forense, 1996, t. II, p. 261.

I – União, entidades autárquicas, empresas públicas, fundações, conselho de fiscalização de atividade profissional

(*a*) se for *autora*, a União proporá a ação perante a Justiça Federal, no foro da Seção Judiciária onde o réu tiver seu domicílio;

(*b*) se a União for *ré*, o autor poderá optar entre um dos seguintes foros para o ajuizamento da ação:

1º) o do Distrito Federal;

2º) o da Seção Judiciária onde o autor tiver seu domicílio;

3º) o da Seção Judiciária onde houver ocorrido o ato ou fato que deu origem à demanda;

4º) o da Seção Judiciária onde estiver situada a coisa litigiosa.

As autarquias da União e as empresas públicas federais, também jurisdicionadas pela Justiça Federal, seguem, em matéria de competência, as normas comuns às demais pessoas jurídicas, previstas no art. 53, III, *a* e *b*, do CPC de 2015 (foro da *sede* ou da *agência* que praticou o ato).[63]

Para as ações acerca de benefícios de natureza pecuniária da Previdência Social, há exceção constitucional que permite autorização pela lei para o ajuizamento perante as Justiças locais onde não funcionar vara da Justiça Federal (Constituição Federal, art. 109, § 3º, com a redação atribuída pela EC 103/2019). A Lei 5.010/66 (art. 15, II) também desloca a competência da Justiça Federal para a Estadual, nos casos de vistorias e justificações destinadas a fazer prova perante a administração federal, centralizada ou autárquica, devendo o feito ser processado na Comarca do domicílio do promovente.

Se a causa entre terceiros iniciar-se em foro estranho ao da União ou de suas empresas públicas, entidades autárquicas e fundações, ou conselho de fiscalização de atividade profissional, mas uma dessas entidades vier posteriormente a intervir nela, ocorrerá, em razão da intervenção, um deslocamento de competência para o foro especial. Os autos, por isso, serão remetidos ao juiz federal competente, logo após a intervenção (CPC/2015, art. 45).[64]

Não ocorre, todavia, o deslocamento de competência nos processos de insolvência civil, recuperação judicial, falência, acidente do trabalho, bem como nas ações sujeitas à justiça eleitoral e do trabalho (art. 45, I e II). Tampouco nos casos de intervenção anômala da União, como assistente, sem interesse jurídico, prevista na Lei 9.469/1997, art. 5º (ver item 129 *retro*).

O Código atual prevê, ainda, que, nos casos de cumulação de pedidos, os autos não serão remetidos ao juízo federal competente se, dentre eles, houver algum cuja apreciação seja de competência do juízo junto ao qual a ação foi proposta (art. 45, § 1º). A hipótese trata da cumulação de pedidos, em que os juízos para apreciar e decidir cada um deles são diferentes (ver adiante item 582).

---

63 STF, *Súmulas* 508, 556 e 557.

64 A Lei 9.469, de 10.07.1997, veio a permitir a intervenção da União "nas causas em que figurarem, como autoras ou rés, autarquias, fundações públicas, sociedades de economia mista e empresas públicas federais" (art. 5º). Para tanto, será suficiente o interesse econômico da União, ainda que indireto, não havendo necessidade de comprovar "interesse jurídico" (parágrafo único). Essa interferência de que cogita a nova lei, porém, não chega a ser uma verdadeira assistência e, por isso, não tem força para deslocar o processo da justiça estadual para a federal. Continua prevalecendo, na jurisprudência, o entendimento de que "a intervenção da União Federal, autarquia ou empresa pública como assistente ou opoente, só deslocará a competência se demonstrado legítimo interesse próprio, ficando sem força atrativa a participação *ad adjuvandum*" (STJ, 1ª Seção, CC 20.971/MG, Rel. Min. Milton Luiz Pereira, ac. 25.03.1998, *DJU* 08.06.1998, p. 5). Nesse sentido: STF, 1ª T., RE 596.836 AgR, Rel. Min. Cármen Lúcia, ac. 10.05.2011, *DJe* 25.05.2011.

Essa situação poderia justificar sucessivos conflitos de competência, levando, até mesmo, à extinção do feito em razão da incompetência dos juízos para julgar todos os pedidos. O Código atual traz, portanto, inovação salutar, que preserva a eficácia do processo ao impossibilitar que eventual alegação de incompetência leve à extinção do feito. Nesses casos, o juiz estadual decidirá a lide sem, contudo, apreciar o mérito do pedido em que exista interesse da União, suas entidades autárquicas ou empresas públicas, por ser incompetente em relação a essa demanda (art. 45, § 2º). Ou seja, o juiz irá simplesmente desconsiderar a cumulação, julgando a ação nos limites de sua competência. A parte interessada, se assim o quiser, deverá ajuizar nova ação, com o pedido não decidido, perante o juízo federal competente.

Uma vez remetido o processo ao juiz federal competente, os autos serão restituídos ao juízo estadual sem que seja suscitado o conflito, se o ente federal cuja presença ensejou a remessa for excluído do processo (art. 45, § 3º).

II – Estados e Distrito Federal

(a) se forem autores os entes federados, as ações deverão ser propostas perante a justiça comum no foro de domicílio do réu;

(b) se forem eles réus, o autor poderá optar entre um dos seguintes foros para o ajuizamento da ação:

1º) foro do domicílio do autor;

2º) foro da ocorrência do ato ou fato que originou a demanda;

3º) foro da situação da coisa; e,

4º) foro da capital do respectivo ente federado.

150. Foros *ratione personae*

Ao contrário do sistema do Código anterior, o atual não institui, em regra, foro especial para as ações matrimoniais (anulação de casamento, divórcio, separação etc.). O CPC/2015, art. 53, define apenas o foro especial para tais ações quando o casal tenha filho incapaz. Prevalece, também, foro privilegiado ao alimentando, nas ações em que se pedem alimentos. Privilégio semelhante foi instituído em favor da vítima de violência doméstica e familiar (Lei Maria da Penha), assegurando-lhe o foro de seu domicílio para as ações intentadas contra o agressor (CPC/2015, art. 53, I, alínea "d", acrescida pela Lei 13.894/2019). Sobre a matéria, ver, ainda, os itens 197 e 197-A, adiante.

Assim, o art. 53 estabeleceu dois casos de foros especiais, em busca de melhor tutela a interesses de parte, que o legislador considerou em posição de merecer particular tratamento:

São, portanto, competências especiais:

(a) A do domicílio do guardião do filho incapaz, para a ação de divórcio, separação, anulação de casamento, reconhecimento ou dissolução de união estável. Portanto, caso não haja filho incapaz, observar-se-á o seguinte critério: *(i) foro de último domicílio do casal*; ou, *(ii)* se nenhuma das partes residir no antigo domicílio, a ação deverá ser ajuizada no foro de domicílio do réu.

Trata-se, porém, de competência relativa e não absoluta, de modo que pode haver prorrogação dela quando:

1º) o próprio guardião do menor abra mão de seu privilégio e proponha a ação no foro comum do outro cônjuge; ou quando,

2º) descumprida a regra, o réu deixe de alegar a incompetência em preliminar de contestação (CPC/2015, art. 65).

A mesma regra do art. 53, I, aplica-se à conversão da separação judicial em divórcio (Lei 6.515/1977), lembrando-se que não há prevenção do juízo da causa primitiva. Importante registrar que o Código atual eliminou o privilégio de foro para a mulher, nas ações do atual art. 53.

(b) A do foro do domicílio ou da residência do alimentando, para a ação de alimentos (art. 53, II). Aqui, também, é lícito ao autor optar pelo foro comum (o do domicílio do réu), por não se tratar de competência absoluta, mas apenas de um privilégio de caráter relativo.[65-66] Convém lembrar que, havendo cumulação de pedido de alimentos com investigação de paternidade, prevalece o foro especial do alimentando (Súmula 1/STJ).

151. Foro das pessoas jurídicas

As pessoas jurídicas, de direito público e de direito privado, sujeitam-se à regra geral da competência do domicílio do réu. Como rés, as pessoas jurídicas (inclusive autarquias, empresas públicas, sociedades de economia mista, fundações etc.) devem, por isso, ser demandadas no foro:

(a) da respectiva *sede*; ou
(b) da *agência* ou *sucursal*, quanto às obrigações que a pessoa jurídica tenha contraído (CPC, art. 53, III, *a* e *b*).

Ambas as hipóteses correspondem ao conceito de domicílio das pessoas jurídicas, firmado pelo Código Civil, no art. 75, IV e §§ 1º e 2º.

As sociedades de fato e todas que não possuem personalidade civil, mas que devem responder pelos negócios jurídicos realizados, são demandadas no foro do local onde exercem sua atividade principal (Código Civil, arts. 986 a 990; CPC/2015, art. 53, III, *c*).

Como, em qualquer caso, a pessoa jurídica ré será demandada em seu domicílio, caberá ao autor optar entre o foro da sede ou da agência em que a obrigação foi contraída. A previsão do art. 53, III, *b*, representa uma faculdade para o demandante, e não uma imposição legal.

152. Foro dos Estados e Municípios

Quanto aos Estados e Municípios, é comum a criação, por lei estadual, de varas especializadas, nas capitais, a que se atribui a competência para o processamento das denominadas causas da Fazenda Pública. Não se trata, porém, de foro privilegiado como o da Justiça Federal para as causas da União e suas autarquias, mas de simples critério de organização judiciária para distribuição de feitos.

A jurisprudência, corretamente, entende que essa legislação local não tem força para alterar as regras de competência estabelecidas pelo Código de Processo Civil.[67]

Se a capital corresponde ao foro previsto na lei processual, a causa será normalmente encaminhada à vara da Fazenda Pública, porque é à lei de organização judiciária que cabe definir a atribuição de cada juízo por ela instituído. Se, no entanto, a causa se sujeita a outro foro definido pelo Código de Processo Civil, como o da situação do imóvel ou o do local do dano ou do cumprimento da obrigação, não poderá ser deslocada para a vara da Fazenda

---

65 STJ, 2ª Seção, CC 57.622/PR, Rel. Min. Nancy Andrighi, ac. 10.05.2006, *DJU* 29.05.2006, p. 156; STJ, 4ª T., HC 71.986/MG, Rel. Min. Massami Uyeda, ac. 17.04.2007, *DJU* 25.05.2007, p. 579.

66 A jurisprudência, mui acertadamente, tem entendido que o foro do alimentando prevalece até mesmo no caso de execução da sentença de alimentos, quando ocorre mudança de residência após a condenação (TJSP, Apel. 4.696-1, *RT* 547/62; TJMG, Conf. Comp. 918, ac. 20.02.1986, Rel. Des. Humberto Theodoro); STJ, 3ª T., HC 184.305/GO, Rel. Min. Vasco Della Giustina, ac. 17.03.2011, *DJe* 22.03.2011.

67 STJ, 2ª T., REsp 181.879/RS, Rel. Min. João Otávio de Noronha, ac. 03.02.2005, *DJU* 09.05.2005, p. 322.

Pública existente em foro diverso, *i.e.*, o da capital,[68] pela simples razão de que "a existência de vara privativa, instituída por lei estadual, não altera a competência territorial resultante das leis de processo".[69]

153. Foros *ratione loci* em matéria de obrigações

O art. 53, III, *d*, do CPC/2015 contém uma norma especial para as ações relativas ao cumprimento de obrigações contratuais. Determina a competência do foro do local "onde a obrigação deve ser satisfeita, para a ação em que se lhe exigir o cumprimento". Aplica-se, por exemplo, à cobrança de títulos cambiários que estipulem praça de pagamento em local diverso do domicílio do devedor.

A norma institui, todavia, apenas um privilégio para o credor, que, salvo termos especiais da convenção, pode preferir ajuizar a ação no foro comum do réu, *i.e.*, no de seu domicílio. Se não houver prejuízo para este, o que em regra não se dá, não poderá o demandado impugnar a escolha do juízo feita pelo autor. No art. 53, IV, o atual Código instituiu mais dois foros especiais, também em razão do local em que os fatos se passaram, e que se referem às ações de reparação do dano e às movidas contra o gestor de negócios alheios (letras *a* e *b*).

O primeiro é o *forum delicti comissi*, segundo o qual é competente para a ação de reparação do dano o foro do lugar em que o ato ilícito se deu. Mas, se o dano decorrer em razão de delito ou acidente de veículos, inclusive aeronaves, poderá o autor optar entre o do lugar do evento e o do seu próprio domicílio (art. 53, V). Há, portanto, três opções para o autor das ações de indenização por acidente automobilístico ou aeroviário:

(a) a do foro comum (domicílio do réu);
(b) a do foro especial do lugar do acidente; e, ainda,
(c) a de um segundo foro especial, que é o do domicílio do próprio autor.[70]

Todas essas competências relativas às ações de cumprimento de obrigações, sejam contratuais ou extracontratuais, são sempre derrogáveis, porque relativas e estatuídas em benefício do autor.[71]

O segundo foro especial *ratione loci* do art. 53, IV, *b*, é o relativo à ação em que for réu o administrador ou gestor de negócios alheios. Aqui, também, não prevalece, a benefício do autor, o foro comum do domicílio do réu, pois o gestor ou administrador pode ser demandado, a respeito dos negócios administrados, no local onde praticou a gestão.

153.1. Foro especial em caso de assédio judicial

Em ação direta de inconstitucionalidade, o STF, por meio de interpretação conforme a Constituição, e em defesa da liberdade de expressão e de imprensa, fixou o entendimento de que "constitui assédio judicial comprometedor da liberdade de expressão o ajuizamento de inúmeras ações a respeito dos mesmos fatos, em comarcas diversas, com o intuito ou o efeito de constranger jornalista ou órgão de imprensa, dificultar sua defesa ou torná-la excessivamente

---

[68] STJ, 1ª T., REsp 33.695-1/MG, Rel. Min. Humberto Gomes de Barros, ac. 23.05.1994, *RSTJ* 67/356; STJ, 2ª T., REsp 181.879/RS, Rel. Min. João Otávio de Noronha, ac. 03.02.2005, *DJU* 09.05.2005, p. 322.

[69] STJ, Súmula 206.

[70] "Tratando-se de regra criada em favor da vítima do evento, pode esta perfeitamente abrir mão da prerrogativa e ajuizar a ação no domicílio do próprio réu" (TJMG – Ag. Inst. 14.034, Rel. Des. Monteiro Ferraz, ac. 26.08.1976, *D. Jud. MG* de 20.11.1976). No mesmo sentido: STJ, 2ª Seção, CC 106.676/RJ, Rel. Min. Fernando Gonçalves, ac. 14.10.2009, *DJe* 05.11.2009.

[71] STJ, 3ª T., REsp 1.087.471/MT, Rel. Min. Sidnei Beneti, ac. 14.06.2011, *DJe* 17.06.2011.

onerosa". Como consequência assentou a seguinte tese aplicável aos processos relacionados a tal matéria:

> "(...) Caracterizado o assédio judicial, a parte demandada poderá requerer a reunião de todas as ações no foro de seu domicílio. 3. A responsabilidade civil de jornalistas ou de órgãos de imprensa somente estará configurada em caso inequívoco de dolo ou de culpa grave (evidente negligência profissional na apuração dos fatos)".[72]

154. Foro relativo à arbitragem

A Lei 9.307, de 23.09.1996, eliminou a necessidade de homologação do laudo arbitral, atribuindo-lhe a força equivalente à sentença judicial, sem depender de sua homologação em juízo. A execução forçada, todavia, escapa da competência do juízo arbitral e será promovida perante a justiça estatal (Lei 9.307/1996, art. 31 e CPC/2015, art. 515, VII).

A Lei de Arbitragem, no entanto, prevê, no caso de divergência entre as partes acerca da formalização do compromisso arbitral, uma ação destinada ao cumprimento forçado da cláusula compromissória (art. 7º), cuja competência cabe ao órgão do Poder Judiciário, a que, originariamente, tocaria o julgamento da causa (art. 6º, parágrafo único).

Há previsão, também, na Lei 9.307, de ação para decretação de nulidade da sentença arbitral, cujo ajuizamento deverá ocorrer no prazo de 90 dias após o recebimento da sua notificação (art. 33, § 1º),[73] observando-se o procedimento comum. A competência, no âmbito do Judiciário, será definida conforme as regras ordinárias do Código de Processo Civil. Além da ação principal, a parte fica autorizada, no caso de cumprimento da sentença arbitral em juízo, a requerer a decretação de sua nulidade por meio da impugnação prevista no art. 525 do CPC/2015 (Lei 9.307, art. 33, § 3º).

155. Foro da pessoa idosa

O Estatuto da Pessoa Idosa (Lei 10.741/2003) prevê, para certas demandas, uma competência declarada *absoluta* e que é fixada com base no "foro do domicílio da pessoa idosa", e da qual somente se excluem as competências da Justiça Federal e a competência originária dos Tribunais Superiores (art. 80).[74]

A interpretação do art. 80 da Lei 10.741/2003, é bom ressaltar, tem sido feita de maneira restritiva, evitando sua aplicação a toda e qualquer ação que envolva interesses de pessoa idosa. A competência absoluta nela prevista, como se deduz de seu próprio texto, somente se refere às

---

72 STF, Pleno, ADI 6792/DF, Rel. p/ ac. Min. Luís Roberto Barroso, ac. 22.05.2024, *DJEN* 04.04.2025. O acórdão apontou como dispositivos relevantes alcançados pela interpretação efetuada: Constituição Federal, arts. 5º, IV, V VI, IX, XIV e XXXIII; Código Civil, arts. 186 e 927; Código de Processo Civil, arts. 53, IV, a; 55, § 3º; 69, II e § 2º, VI, 79, 80, 81 e 835, I e § 1º.

73 "O pedido de esclarecimentos interrompe o prazo para ajuizamento da ação anulatória da sentença de arbitragem, mesmo que não tenha sido acolhido" (STJ, 3ª T., REsp 2.179.459/GO, Rel. Min. Nancy Andrighi, ac. 22.04.2025, *DJEN* 25.04.2025).

74 "Art. 79. Regem-se pelas disposições desta Lei as ações de responsabilidade por ofensa aos direitos assegurados à pessoa idosa, referentes à omissão ou ao oferecimento insatisfatório de: I – acesso às ações e serviços de saúde; II – atendimento especializado à pessoa idosa com deficiência ou com limitação incapacitante; III – atendimento especializado à pessoa idosa com doença infectocontagiosa; IV – serviço de assistência social visando ao amparo da pessoa idosa. Parágrafo único. As hipóteses previstas neste artigo não excluem da proteção judicial outros interesses difusos, coletivos, individuais indisponíveis ou homogêneos, próprios da pessoa idosa, protegidos em lei" (Lei 10.741/2003).

ações que envolvam interesses *coletivos* (difusos, coletivos e individuais homogêneos). Quanto aos interesses puramente *individuais* das pessoas idosas, a competência absoluta só alcança os qualificados como *indisponíveis*.[75]

Nesse sentido, decidiu o STJ que dita competência não se aplica à execução de cheque emitido por pessoa idosa, hipótese em que prevalece o foro correspondente ao lugar do pagamento, ou seja, da agência bancária contra a qual o saque foi emitido.[76] Em virtude de igual interpretação, a jurisprudência também entende não prevalecer a competência do art. 80 do Estatuto da Pessoa Idosa: *(i)* em processo sucessório, devendo-se observar o foro do último domicílio do falecido (CPC, art. 48), e não o do herdeiro idoso;[77] *(ii)* em ação de indenização fundada em contrato de compromisso de compra, devendo prevalecer o foro de eleição nele instituído;[78] *(iii)* em ação sobre direito tributário, visto que o art. 80 da Lei 10.741/2003 institui competência absoluta do foro do domicílio da pessoa idosa apenas para as causas que versam sobre interesses difusos, coletivos e individuais ou homogêneos.[79]

Essa é, de fato, a melhor interpretação, uma vez que nem sempre será mais conveniente à pessoa idosa a prevalência do foro de seu domicílio em vez de um foro de eleição ou mesmo do local do evento danoso ou do cumprimento do contrato.

O Código atual, releva notar, cuidou dessa competência como sendo *relativa*, justamente por se tratar de critério territorial, estabelecendo o foro de residência da pessoa idosa como o competente para a causa que verse sobre direito previsto no Estatuto, no art. 53, III, *e*, sem qualificá-lo como necessariamente absoluto.

156. Foro central e foros distritais ou regionais

O gigantismo das capitais e outras cidades de grande porte resultou na criação, pelas leis de organização judiciária, de *varas distritais* ou *regionais*. O fenômeno tem ocorrido tanto na Justiça Estadual como na Federal. Administrativamente, a comarca ou seção judiciária permanece íntegra, mas o território jurisdicionado pelas novas varas regionais é separado daquele território originário que cabia aos diversos juízos do foro central, antes de sua subdivisão.

Todos, juízos originários e novos juízos regionais, apresentam-se como membros de um só grande foro, com a diferença de que as varas centrais compartilham de uma base territorial comum, sobre a qual todas elas exercem concorrentemente a jurisdição, enquanto as varas distritais jurisdicionam território próprio, destacado da área global. Vale dizer: sem embargo da unidade territorial do *foro* (comarca ou seção judiciária), os diversos *juízos* (varas) que o compõem jurisdicionam áreas geográficas distintas.

O problema que várias vezes tem complicado a convivência entre os juízos da sede e os regionais se dá nos conflitos de competência entre eles. Enquanto os titulares das varas antigas pretendem declinar de ofício de demandas que envolvem pessoas domiciliadas no território das novas varas, distritais ou regionais, os titulares destas se recusam a aceitar a declinação. O argumento básico dos primeiros é o de que a divisão de competência, na espécie, derivaria de critério *funcional* e, por isso, a competência seria *absoluta*, autorizando, assim, a declinação *ex officio*. A posição dos que se opõem à medida unilateral funda-se em que, sendo *territorial* a competência das varas regionais, não poderia haver declinação de ofício, porque, sem a

---

75 DIDIER JR., Fredie. *Curso de direito processual civil*. 11. ed. Salvador: JusPodivm, 2009, v. I, p. 156; YARSHELL, Flávio Luiz. *Competência no Estatuto do Idoso (Lei n. 10.741/2003)*. Disponível em: Acesso em: 8 out. 2014.

76 STJ, 3ª T., REsp 1.246.739/MG, Rel. Min. Nancy Andrighi, ac. 02.05.2013, *DJe* 08.05.2013.

77 TJRGS, 7ª Câm. Civ., AI 70051241172, Rel. Des. Sandra Brisolara Medeiros, ac. 27.09.2012, *DJ* 02.10.2012.

78 TJRGS, 17ª Câm. Civ., Ag. 7002023397, Rel. Des. Marco Aurélio dos Santos Caminha, ac. 12.07.2007, *DJ* 26.07.2007.

79 TJRGS, 21ª Câm. Civ., AI 70049354376, Rel. Des. Genaro José Baroni Borges, ac. 08.05.2013, *DJ* 20.05.2013.

impugnação de iniciativa da parte interessada, ter-se-ia a prorrogação legal de competência relativa, operada automaticamente em virtude apenas da inércia de quem poderia impugná-la (CPC/2015, art. 65).[80]

A nosso ver, nenhuma razão de direito justifica tratar a vara distrital ou regional de maneira diferente daquela empregada para definir a competência territorial das varas centrais. Umas e outras recebem competência para ser exercitada em circunscrição territorial definida, representando, para fins processuais, foro comum observável para determinação da competência pelo domicílio do réu ou da ocorrência do fato litigioso, ou de qualquer outro motivo legal influente na chamada competência territorial.[81]

É certo que o foro distrital, tal como se passa com o central, pode exercer tanto competência absoluta como relativa, mas tal se deve à natureza do litígio ou às pessoas nele envolvidas. Não será a qualificação de central ou distrital que influirá na qualificação da competência em relativa ou absoluta, nesse quadro. A competência da vara regional será, portanto, prorrogável ou improrrogável de acordo com o objeto litigioso,[82] da mesma maneira com que as varas centrais exercitam competências dessas duas naturezas.[83] Disso extrai-se a seguinte conclusão aplicável à Justiça Federal, nos casos não sujeitos à competência improrrogável: "de regra, em demanda deduzida em face da União, pode o autor indistintamente ajuizá-la (a) no foro ou no subforo de seu domicílio, vale dizer, (a.1) na sede da Seção Judiciária ou (a.2) na sede da respectiva subseção judiciária federal; (b) no foro ou no subforo em que ocorrido o ato ou fato que deu origem à demanda; (c) no foro ou subforo em que situada a coisa; ou (d) no Distrito Federal".[84]

---

80 A jurisprudência é controvertida: o STJ já considerou *relativa* a competência criada pelo "processo de interiorização da Justiça Federal", sendo, pois, o caso de aplicar-se, no conflito, o disposto na Súmula 33/STJ: "a incompetência relativa não pode ser declarada de ofício" (STJ, 1ª Seção, CC 111.116/RJ, Rel. Min. Herman Benjamin, ac. 24.11.2010, *DJe* 01.02.2011). No mesmo sentido, a posição do STF: "A jurisprudência desta Corte firmou entendimento no sentido de que a parte autora pode optar pelo ajuizamento da ação contra a União na capital do Estado-membro, mesmo quando instalada Vara da Justiça Federal no município do mesmo Estado em que domiciliada" (STF, 1ª T., RE 641.449-AgRg/RJ, Rel. Min. Dias Toffoli, ac. 08.05.2012, *DJe* 31.05.2012). Em sentido contrário: "As regras de distribuição da competência entre a sede da Comarca e o Foro Distrital são de natureza funcional e, portanto, absoluta, nos termos do art. 53, parágrafo único, da Resolução 2/1976" (TJSP, Câmara Especial, CC 0046719-55.2014.8.26.0000, Rel. Des. Camargo Aranha Filho, ac. 01.12.2014).

81 "As Resoluções da Presidência desta Corte, não obstante fixarem a jurisdição das Varas Federais instaladas na Seção Judiciária do Rio de Janeiro, não têm o condão de estabelecer regras de competência absoluta, vez que só tratam de competência territorial e relativa, que só poderia ser arguida através de incidente de exceção" (TRF 2ª Região, 2ª T. Especializada, AC 254.782/RJ 2000.02.01.070786-0, Rel. Des. Fed. Benedito Gonçalves, ac. 09.11.2005, *DJU* 07.12.2005, p. 189).

82 Na linha do texto, o TJMG tem decidido, reiteradamente, que as causas de família são de competência improrrogável das varas regionais do Barreiro (integrante do foro da capital), "enquanto, por outro lado, com relação às ações de natureza cível, foi dada a faculdade à parte autora de optar por ajuizar a ação no Fórum Lafayette ou nas Varas Regionais do Barreiro" (TJMG, 12ª CC., CC 1.0000.14.012114-6/000, Rel. Des. José Flávio de Almeida, ac. 03.09.2014, *DJe* 12.09.2014). Descabida, na espécie, a declinação de ofício de competência (TJMG, 18ª CC., CC 1.0000.13.056705-0/000, Rel. Des. Guilherme Luciano Baeta Nunes, ac. 12.11.2013, *DJe* 19.11.2013).

83 "Como os órgãos jurisdicionais instalados em subseções judiciárias federais ao menos no âmbito desta Segunda Região têm sua competência territorial definida apenas e tão somente em virtude de sua base geográfica, a competência por eles detida é qualificável, de regra, como relativa e, assim, passível de modificação segundo as regras de processo pertinentes (*v.g.*, CPC, arts. 102, 111, 114)" [CPC/2015, arts. 54, 62, 63, 65] (TRF 2ª Região, 4ª T. Especializada, CC 201002010036296/RJ, ac. 26.10.2010, *E-DJF2R* 18.11.2010, p. 146-147).

84 TRF 2ª Região, 4ª T. Especializada, CC 201002010036296/RJ, ac. 26.10.2010, *E-DJF2R* 18.11.2010, p. 146-147.

§ 21. MODIFICAÇÕES DA COMPETÊNCIA

157. Competência absoluta e competência relativa

Conforme ressaltado no item 133 *retro*, o legislador distribuiu a competência interna entre os vários órgãos judiciários com base em critérios ligados ora ao *interesse público* (conveniência da função jurisdicional), ora ao *interesse privado* (comodidade das partes).

Em princípio, é o interesse das partes que determina a distribuição da competência territorial e é o interesse público que conduz às competências de justiças especializadas, de hierarquia, de varas especializadas, de órgãos internos de tribunais etc. Assim, admite-se como regra geral que as partes possam modificar as regras de competência territorial, mas o mesmo não ocorre com os foros estabelecidos segundo o interesse público.

São relativas, segundo o Código, as competências que decorrem do valor e do território (CPC/2015, art. 63) e absolutas a *ratione materiae*, a *rationae personae* e a funcional (art. 62).

Há, no entanto, exceções à relatividade da competência territorial, por ressalvas feitas pelo próprio legislador. Assim, embora se trate de competência de território, são imodificáveis as que se referem às seguintes causas:

(a) ações imobiliárias relativas a direito de propriedade, vizinhança, servidão, posse, divisão e demarcação de terras e nunciação de obra nova (CPC/2015, art. 47, §§ 1º e 2º);[85]

(b) ações em que a União for autora, ré ou interveniente (arts. 45, 51 e 52);[86]

(c) ações de falência.[87]

Sempre absolutas são as competências *funcionais*, não só hierárquicas, mas também as do órgão judiciário oriundas da *perpetuatio iurisdictionis*. Fixado o juiz competente para atuar no processo, pelo ajuizamento da causa, outro não poderá decidir o mesmo litígio, a não ser que ocorra algum caso superveniente que desloque a competência pela conexão ou continência (art. 58), ou alguma modificação da organização judiciária, nos termos do art. 43.

É, outrossim, relativa a competência por distribuição, ou seja, a que se dá entre os vários juízes de igual competência, de uma mesma circunscrição territorial.[88]

158. Prorrogação de competência

O Código institui regras de modificação de competência (CPC/2015, arts. 54 a 63) que se aplicam a processos sujeitos apenas a critérios de competência relativa, permitindo falar-se a seu respeito em prevenção e prorrogação.[89]

---

85 STJ, 1ª Seção, CC 112.647/DF, Rel. Min. Castro Meira, ac. 23.03.2011, *DJe* 04.04.2011.

86 A competência territorial da Justiça Federal é improrrogável apenas exteriormente, em relação aos foros das Justiças estaduais. Não internamente. Dentro do próprio sistema da Justiça Federal, não há motivo para se recusar a prorrogabilidade da competência entre suas diversas Seções Judiciárias, se se tratar de caso em que a definição de atribuições se deu em função de território.

87 MARQUES, José Frederico. *Manual de Direito Processual Civil*. Campinas: Bookseller, 1997, v. I, n. 197, p. 219.

88 MARQUES, José Frederico. *Manual de Direito Processual Civil*. Campinas: Bookseller, 1997, v. I, n. 197, p. 220.

89 DIDIER JR., Fredie. *Curso de direito processual civil*. 14. ed. Salvador: JusPodivm, 2012, v. 1, p. 162.

Dá-se a *prorrogação de competência* quando se amplia a esfera de competência de um órgão judiciário para conhecer de certas causas que não estariam, ordinariamente, compreendidas em suas atribuições jurisdicionais.

A prorrogação pode ser:

(a) *legal* (ou necessária): quando decorre de imposição da própria lei, como nos casos de conexão ou continência (arts. 54 a 56);

(b) *voluntária*: quando decorre de ato de vontade das partes, como no foro de eleição (art. 63), ou na falta de alegação de incompetência relativa em preliminar de contestação ou de impugnação com base em convenção de arbitragem (arts. 65 e 337, § 6º).

A prorrogação, no entanto, em quaisquer desses casos, pressupõe competência *relativa*, visto que juiz absolutamente incompetente nunca se legitima para a causa, ainda que haja conexão ou continência, ou mesmo acordo expresso entre os interessados.[90] Em qualquer fase do procedimento, o réu pode invocar a incompetência absoluta do juízo, e o próprio juiz, *ex officio*, tem poder para reconhecê-la (art. 64, § 1º). Até mesmo depois do trânsito em julgado da sentença, ainda será possível usar a ação rescisória para anular o processo encerrado com tal vício (art. 966, II).

159. Prorrogação legal. Conexão e continência

A *conexão* e a *continência* são as formas mais comuns de modificação ou prorrogação legal de competência relativa.

"Reputam-se conexas 2 (duas) ou mais ações quando lhes for comum o pedido ou a *causa de pedir*" (CPC, art. 55). Já a continência é uma conexão de maior amplitude, porque envolve todos os elementos das duas ações – partes, pedido e causa de pedir –, mas o pedido é mais amplo numa delas (art. 56).

Todo processo tem como objetivo a composição de *lide* ou *litígio*, cujos elementos essenciais são os *sujeitos*, o *pedido* e a *causa petendi* (CPC/2015, art. 337, § 2º). O que caracteriza a conexão entre as várias causas é a identidade parcial dos elementos da lide deduzida nos diversos processos.

O atual Código supera a divergência acerca da possibilidade de conexão entre processo de conhecimento e processo de execução, reconhecendo-a legítima, certamente em razão de similitude, não do pedido, mas da causa de pedir. Textualmente, o § 2º do art. 55 reputa conexas:

(a) a execução de título extrajudicial e a ação de conhecimento relativa ao mesmo ato jurídico (inciso I);

(b) as execuções fundadas no mesmo título executivo (inciso II).

O importante, porém, não é a simples coincidência do título executivo com o ato jurídico base da ação de conhecimento. Não haverá conexidade suficiente para modificar a competência das ações separadas se a pretensão executiva não estiver em risco de colidir com pretensão cognitiva. É possível que se pretenda com base no mesmo título discutir uma prestação que não interfere naquela que é objeto da execução, ainda que um só contrato se apresente como

---

90 "A competência absoluta não pode ser modificada por conexão ou continência (CPC, art. 102)" [CPC/2015, art. 54] (STJ, 1ª Seção, CC 41.953/PR, Rel. Min. Teori Albino Zavascki, ac. 25.08.2004, *DJ* 13.09.2004, p. 165). "A reunião dos processos por conexão, como forma excepcional de modificação de competência, só tem lugar quando as causas supostamente conexas estejam submetidas a juízos, em tese, competentes para o julgamento das duas demandas" (STJ, 2ª Seção, AgR. no CC 35.129/SC, Rel. Min. Cesar Asfor Rocha, ac. 26.06.2002, *DJ* 24.03.2003, p. 136).

suporte dos dois processos. O mais relevante para se reconhecer uma conexão com os efeitos de reunião de processos que correm perante juízes diferentes (art. 58) é o risco de decisões conflitantes ou contraditórias, dado que a lei nova reputa suficiente para impor dita reunião, "mesmo sem conexão entre eles" (§ 3º do art. 55).

160. Modalidades de conexão

O Código admite duas modalidades de conexão: *(i)* pelo *pedido comum*; e *(ii)* pela *mesma causa de pedir* (CPC/2015, art. 55). Não gera prorrogação de competência, portanto, a chamada conexão *subjetiva*, aquela que corresponde à identidade de partes em diversas causas. É legalmente relevante apenas a conexão *objetiva*, ou seja, derivada da comunhão de pedido ou de causa de pedir quando ocorrida entre os processos iniciados perante juízos diferentes.

A conexidade objetiva de que cogita o art. 56 é, pois, aquela registrada entre ações aforadas separadamente e que conduz à reunião posterior dos processos para julgamento simultâneo, na forma prevista no art. 55, § 1º. Há, porém, uma outra conexidade, que a lei trata como cumulação de pedidos e que se passa originariamente na própria petição inicial (art. 327). É também hipótese de cumulação de causas ou demandas, visto que cada pedido, se formulado separadamente, poderia ser objeto de ação autônoma. Esse cúmulo originário, diversamente do cúmulo sucessivo, depende da identidade de *partes* (conexão *subjetiva*) e independe da comunhão dos elementos objetivos. Basta que os pedidos sejam compatíveis entre si e que o procedimento seja adequado a todos eles, e, ainda, que o juízo tenha competência para conhecê-los (art. 327, § 1º).[91]

A primeira forma de conexão se dá quando nas diversas lides se disputa o mesmo objeto (*i.e.*, o pedido é o mesmo), como, por exemplo, no caso de duas ações voltadas, separadamente, contra dois coobrigados de *uma mesma dívida* (devedor e fiador, ou sacado e avalista etc.), pois a ambos os demandados se pede o mesmo objeto, isto é, o pagamento da mesma dívida. Ocorre também conexão entre as várias execuções do devedor comum de que surjam sucessivas penhoras de mesmo bem (*objeto* das diversas execuções é a expropriação do mesmo bem).

A segunda forma de *conexão* é a que se baseia na identidade de *causa petendi* que ocorre quando as várias ações tenham por fundamento o mesmo fato jurídico.[92] É o que ocorre nas hipóteses do § 2º do art. 55, que prevê a conexão entre: *(i)* a execução de título extrajudicial e a ação de conhecimento relativa ao mesmo ato jurídico; e, *(ii)* as execuções fundadas no mesmo título executivo.

Verifica-se, ainda, essa forma de conexão, *v.g.*, quando uma parte propõe a ação de nulidade do contrato e a outra a sua execução ou a consignatória do respectivo preço; ou quando o senhorio propõe a ação de despejo por falta de pagamento de aluguéis e o inquilino, em ação à parte, ajuíza a consignação dos mesmos aluguéis; e ainda quando o credor executa a dívida constante do título que o devedor, em ação de conhecimento, pretende anular ou rescindir. O fato jurídico (contrato ou título) que serve de base às diversas causas é *um só*.

A *causa petendi*, porém, nem sempre é um *fato único*, sendo comum encontrá-la num conjunto de fatos coligados. Assim, o autor que pede a rescisão do contrato não cumprido invoca pelo menos dois fatos relevantes: o contrato (causa remota) e o inadimplemento (causa próxima).

---

[91] Há também conexidade sucessiva em vários casos, como, por exemplo, o das ações acessórias. A conexidade, em tais hipóteses, não opera nos moldes do art. 55, mas segue regras próprias que são analisadas nos itens que lhe dizem respeito (v., adiante, o n. 169).

[92] "A causa da ação (*causa petendi*) é o *fato jurídico* que o autor coloca como fundamento de sua demanda" (Liebman). "Quando duas ou mais ações se fundam no mesmo ato ou fato jurídico, têm elas mesma *causa* de pedir" (BARBI, Celso Agrícola. *Comentários ao Código de Processo Civil*. Rio de Janeiro: Forense, 1975, v. I, t. I, n. 292, p. 270).

Para haver identidade de causas, para efeito de litispendência e coisa julgada, é preciso que a *causa petendi* seja exatamente a mesma, em toda a sua extensão (causa próxima e causa remota). Mas, para o simples caso de conexão, cujo objetivo é a economia processual e a vedação de decisões contraditórias, basta a coincidência *parcial* de elementos da causa de pedir, tal como se dá no concurso do despejo por falta de pagamento, e a consignação em pagamento, em que apenas a causa remota é igual (locação).

No entanto, não é suficiente para a modificação de competência a presença de qualquer modalidade de conexão entre as causas. É sempre necessário que se verifique, no caso concreto, o risco de decisões conflitantes ou contraditórias caso ocorra o julgamento em separado (CPC/2015, art. 55, § 3º). É tão relevante o risco de contradição entre os julgamentos separados que, para evitá-lo, a lei obriga a reunião dos processos e o julgamento conjunto até mesmo quando não se achar configurada a conexão entre as ações, como, por exemplo, se passa com as hipóteses limitadas à prova comum (art. 55, § 3º, *in fine*). Portanto, para o Código a conexão nem sempre impõe a prorrogação de competência, mas o risco de contradição a faz sempre obrigatória, haja ou não conexidade entre as causas.

161. Continência

Fenômeno que se identifica com a conexão é a *continência*, que se dá "entre 2 (duas) ou mais ações quando houver identidade quanto às partes e à causa de pedir, mas o pedido de uma, por ser mais amplo, abrange o das demais" (art. 56). Na verdade, a continência não é mais do que uma modalidade de conexão, já que todos os elementos desta, de alguma forma, devem estar presentes naquela. A diferença está em que, na conexão, os elementos de caracterização não reclamam presença conjunta total nas diversas ações, enquanto na continência é indispensável que uma delas contenha todos os elementos das demais ações.

A continência, portanto, mesmo sendo uma variação da conexão, é maior do que esta, em sua abrangência, dado que uma das causas se contém por inteiro dentro da outra, e não apenas no tocante a alguns elementos da lide, como se passa entre as ações conexas. A relação é de *continente* para *conteúdo*, de modo que todos os elementos da causa menor se fazem também presentes na maior. Envolve a continência, pois, os três elementos da lide: sujeitos, pedido e *causa petendi*.

Essa identidade de elementos faz a continência aproximar-se da figura da litispendência. Não se confundem, todavia, posto que se nota uma diferença *quantitativa* entre as causas ligadas pela continência, eis que na maior o pedido só é parcialmente igual ao da menor. Já na litispendência, a igualdade das duas causas, em todos os elementos da lide, há de ser total.

Por outro lado, a conexão pode verificar-se perante feitos ajuizados até entre partes diferentes; mas a continência, tal como a litispendência, só se pode dar entre os mesmos litigantes.

Exemplo típico de continência é encontrado no caso em que um mesmo credor ajuíza duas ações contra o mesmo devedor: na primeira cobra algumas prestações vencidas e, na posterior, reclama o total da dívida, englobando o objeto da primeira.

Só pode haver prorrogação por conexão ou continência, nos termos dos arts. 58 e 59, quando se tratar de competência em razão do valor e do território (art. 63) (competências *relativas*). Esses fatores não alteram as competências *absolutas*, que são improrrogáveis (art. 62). Pode, no entanto, ocorrer uma inversão da força atrativa em prol da competência do juízo especial (*vide* nº 165, a seguir).

162. Intensidade da conexão

Ao identificar a conexidade capaz de modificar a competência fixada para causas ajuizadas perante juízos diversos, o Código a vincula à comunhão de *pedido* ou de *causa de pedir* (art. 55).

Literalmente, ter-se-ia a impressão de que o fenômeno só ocorreria quando o *mesmo pedido* fosse formulado repetidamente em duas ou mais causas, ou quando todas elas tivessem fundamento na mesmíssima *causa petendi*. Não é, entretanto, dessa maneira radical que a norma legal tem sido interpretada e aplicada pela doutrina e pelos tribunais.

Às vezes os pedidos, se encarados isoladamente, são iguais, mas se correlacionados com a causa de pedir, não mais haverão de ser tratados como idênticos, se a parte os relaciona em cada uma das demandas a fatos e fundamentos jurídicos distintos. Não se pode cogitar de igualdade entre os pedidos de separação judicial formulados entre as mesmas partes em ações diversas, quando cada cônjuge formula sua pretensão em imputações de diferentes infrações aos deveres conjugais. A conexidade será leve e superficial, já que o acolhimento ou rejeição de uma demanda não fará coisa julgada capaz de interferir na solução da outra. Ou seja, o pedido de separação do homem pode ser denegado e o da mulher, acolhido, sem se estabelecer contradição alguma entre as duas sentenças. Outras vezes os pedidos não são exatamente os mesmos, mas a causa de pedir envolve, no mérito, uma questão decisiva para as suas demandas ajuizadas separadamente. Por exemplo: um condômino propõe ação de usucapião sobre uma gleba, cujo domínio pretende ter adquirido, por ter posse exclusiva com ânimo de dono por tempo suficiente para gerar a prescrição aquisitiva. O outro condômino propõe ação de divisão para pôr fim à comunhão relativa ao mesmo imóvel. Pedidos e causa de pedir são distintos, mas ambos recaem sobre o mesmo bem da vida, e não podem ser julgadas separadamente as duas pretensões, porque haverá, sem dúvida, o risco de decisões contraditórias. Não se pode proceder à divisão, obviamente, se for procedente o pedido de usucapião. Nem se pode dar curso isolado à ação de usucapião se essa mesma questão figurar como exceção erguida no juízo divisório.

Por outro lado, o pedido de cobrança de um aluguel vencido e o de despejo por término do prazo de vigência do contrato, mesmo se relacionando com as mesmas partes e com o mesmo contrato, não geram risco de decisões conflitantes, sendo, por isso, insuficientes para alterar a competência das ações aforadas separadamente. Já a ação de despejo por falta de pagamento do aluguel e a de consignação em pagamento devem ser reunidas, se a prestação contratual discutida em cada uma das demandas for a mesma, muito embora os pedidos e as causas de pedir não sejam totalmente iguais. O risco de decisões contraditórias haverá, porque a questão de ocorrência ou não de pagamento válido da mesma prestação contratual estará em jogo nas duas demandas aforadas separadamente.

Esses exemplos, que são frequentes na jurisprudência, permitem-nos extrair algumas conclusões acerca da conexidade mencionada no art. 58 do atual Código de Processo, como causa de alteração de competência:

(a) A comunhão de pedido e de causa de pedir não decorre da identidade absoluta de elementos de duas ou mais demandas; pode ser mais intensa ou menos intensa, conforme a presença de questões iguais a serem apreciadas nas diversas ações; é que, para admitir-se dita comunhão, nas demandas cumulativas, e nas causas de pedir complexas, bastará que apenas algumas pretensões ou alguns fatos causais sejam comuns; daí falar-se na possibilidade de conexão mais intensa ou menos intensa; dita circunstância será decisiva, quando se tiver de analisar o cabimento de prorrogação de competência, mediante reunião de causas ajuizadas separadamente.

(b) A conexidade pode ser divisada entre os pedidos *mediatos* (perseguição do mesmo bem da vida), sendo, em regra, indiferente a diversidade dos pedidos *imediatos* (modalidade da tutela jurisdicional pleiteada). A reivindicação de um imóvel e o pedido de demarcação de suas linhas de confrontação, *v.g.*, são objeto de pedidos imediatos distintos, mas geram prorrogação de competência, porque a questão dominial sobre o mesmo imóvel estará em jogo nas duas demandas.

(c) A conexidade pelo *pedido* pode referir-se à totalidade ou apenas a alguma parte dele, ou do interesse a ele pertinente. O importante é a análise das questões suscitadas pelos pedidos formulados em ações separadas. A comunhão do pedido pode ser remota ou imediata, devendo ser levada em conta a intensidade ou profundidade da comunhão de elementos nas causas confrontadas. É nesse sentido que a jurisprudência reconhece ao juiz o poder de avaliar a conveniência, ou não, de reunir ações conexas. O juízo será feito segundo haja ou não constatação de risco efetivo de julgamentos contraditórios.[93]

(d) A conexidade pela *causa de pedir* também admite graus e refere-se, em regra, à *causa próxima* (fundamento de direito) e não à *causa remota* (questão de fato que precede ao fundamento de direito: efeitos do fato). Assim, a relação contratual (como a locação, o depósito, o comodato etc.) é o *fato* que longinquamente ensejou o surgimento do litígio, mas que não estará sendo questionado em si. É, de tal sorte, a causa remota da demanda; a falta de cumprimento do contrato é que se apresenta como o fato jurídico configurador da *causa imediata* do pedido. Se as demandas ajuizadas separadamente não versam sobre o fato da existência ou validade do contrato presente nas diversas demandas, a conexão será débil, sem embargo de ocorrer a presença de elemento causal comum. Para que a conexidade seja relevante, é necessário que, acerca do mesmo contrato, tenha sido suscitada questão (ponto controvertido) igual numa e noutra demanda. A prorrogação de competência por conexão não depende de igualdade completa de elementos causais, podendo limitar-se a uma parcela da *causa petendi*. Terá, porém, de referir-se à presença de uma ou mais questões (causa próxima) nas diversas demandas ajuizadas separadamente.

Enfim: *(i)* o risco de decisões conflitantes é a justificativa maior para a prorrogação de competência entre demandas conexas; *(ii)* a presença apenas de comunhão sobre causas remotas só justifica a reunião de processos se corresponder a medida de economia processual (evitar a repetição de atos processuais iguais e reduzir a duração dos processos). Nesta última situação, é preciso estar atento ao fato de que a reunião de causas remotamente conexas pode, muitas vezes, complicar e dilatar a duração do processo, por serem muito diversos os meios de provas e os debates reclamados em cada uma delas. A reunião dos processos deverá ser evitada, porque, além de inexistir risco de julgamentos contraditórios, ocorrerá maior dispêndio de tempo e custos do que economia deles.

Quando ocorre o grave risco de decisões contraditórias, a reunião dos processos conexos é obrigatória (CPC/2015, art. 58); ou, se tal não for possível pela diversidade de competência ou de estágio de evolução dos procedimentos já em curso, observar-se-á a suspensão daquele que estiver mais afastado do momento de sentenciamento ou daquele que estiver na dependência de questão prejudicial a ser enfrentada na outra demanda conexa (CPC/2015, art. 313, V, *a*).[94]

163. Efeito prático da conexão

Verificando-se conexão, as ações propostas em separado serão reunidas, mediante apensamento dos diversos autos, a fim de que sejam decididas simultaneamente, numa só

---

93 "A reunião dos processos não se constitui dever do magistrado, mas sim faculdade, na medida em que a ele cabe gerenciar a marcha processual, deliberando pela conveniência ou não, de processamento simultâneo das ações, à luz dos objetivos da conexão" (STJ, 5ª T., AgRg no Ag 1.150.570/RJ, Rel. Min. Laurita Vaz, ac. 17.09.2009, *DJe* 13.10.2009).

94 "A decisão de ações conexas de despejo e consignatória de aluguéis constitui prejudicial da ação renovatória intentada entre as mesmas partes, impondo-se a suspensão do processo até o trânsito em julgado da decisão que resolver a questão prejudicial" (STJ, 4ª T., REsp 23.331-1/RJ, Rel. Min. Sálvio de Figueiredo, ac. 29.06.1992, *DJU* 10.08.1992, p. 11.955).

sentença. Essa reunião de processos pode ser determinada pelo juiz, de ofício, ou a requerimento de qualquer das partes. Embora o atual Código não tenha repetido literalmente a previsão de reunião por iniciativa do juiz de ofício, o certo é que a regra prevalece, já que o § 3º do art. 55 do CPC/2015 tem a forma imperativa, sempre que presente o risco de conflito de decisões, ou seja, diante de tal possibilidade, os processos "serão reunidos" (e não apenas poderão ser reunidos), para impedir o inconveniente temido, "mesmo sem conexão entre eles".

O julgamento comum, *in casu*, impõe-se em virtude da conveniência intuitiva de serem decididas de uma só vez, de forma harmoniosa e sem o risco de soluções contraditórias, todas as ações conexas.[95] Esse objetivo é, na verdade, de ordem pública, não podendo ficar sempre subordinado à deliberação da parte, cabendo ao juiz velar por ele, em nome do prestígio da própria justiça.

Sendo um tanto fluido e impreciso o conceito de conexão, que, muitas vezes, pode decorrer de dados ou elementos bastante remotos das causas, deve-se entender que nem sempre será obrigatória a reunião de processos a esse título, mormente quando correrem separadamente perante juízes diversos.

O que realmente torna imperiosa a reunião de processos, para julgamento em sentença única, e com derrogação de competência anteriormente firmada, é a efetiva possibilidade prática de ocorrerem julgamentos contraditórios nas causas. E isso só se dará quando nas diversas ações houver *questão* comum a decidir, e não apenas fato comum não litigioso.[96]

É nesse sentido que algumas decisões dos tribunais falam numa certa discricionariedade do juiz na deliberação acerca da reunião dos processos conexos.[97] Mas há sempre um limite a essa liberdade judicial, pois quando o ponto comum for relevante para o desfecho das diversas causas conexas, não se pode afastar da necessidade do julgamento conjunto, já que não se deve correr o risco de decisões contraditórias em relação a uma mesma questão.[98] É por isso que o § 3º do art. 55 adota forma imperativa para determinar a reunião dos processos, conexos ou não, quando se depararem com o "risco de prolação de decisões conflitantes ou contraditórias caso decididos separadamente".

164. Efeito prático da continência

Da conexão resulta, na medida do possível, a reunião das ações propostas em separado, para que, no juízo prevento, sejam elas decididas simultaneamente (CPC/2015, art. 58). No caso de reconhecimento da continência, porém, os efeitos nem sempre são os mesmos. Há de se verificar qual ação foi proposta primeiro:

(a) Se a precedência for da ação *continente*, o processo relativo à ação *contida* será extinto sem resolução de mérito (art. 57, 1ª parte). É que existirá litispendência parcial entre elas de modo que a ação menor incorrerá na hipótese de extinção prevista no art. 485, V.

---

95 BARBI, Celso Agrícola. *Comentários ao Código de Processo Civil*. Rio de Janeiro: Forense, 1975, v. I, t. I, n. 609, p. 468.

96 Nos processos que foram ajuizados separadamente, não pode o juiz de um deles declinar da competência para o outro, se inexistir risco de decisões conflitantes (TJMG, Ag. Inst. 17.375, da Comarca de Belo Horizonte, Rel. Des. Humberto Theodoro). "Existindo conexão entre duas ações que tramitam perante juízos diversos, configurada pela identidade do objeto ou da causa de pedir, impõe-se a reunião dos processos, a fim de evitar julgamentos incompatíveis entre si" (STJ, 1ª Seção, AgRg no CC 66.507/DF, Rel. Min. Castro Meira, ac. 23.04.2008, *DJe* 12.05.2008).

97 STJ, 6ª T., REsp 703.429, Rel. Min. Nilson Naves, ac. 03.05.2007, *DJU* 25.06.2007, p. 311; STJ, 4ª T., REsp 5.270, Rel. Min. Sálvio de Figueiredo, ac. 11.02.1992, *DJU* 16.03.1992, p. 3.100; STJ, 3ª T., REsp 1.226.016/RJ, Rel. Min. Nancy Andrighi, ac. 15.03.2011, *DJe* 25.03.2011.

98 STJ, 2ª Seção, CC 110.996/MG, Rel. Min. Maria Isabel Gallotti, ac. 23.03.2011, *DJe* 29.03.2011; STJ, 1ª Seção, CC 107.932/MT, Rel. Min. Eliana Calmon, ac. 09.12.2009, *DJe* 18.12.2009.

(*b*) Se a ação de pedido menor (a *contida*) for a que primeiro se ajuizou, a reunião das ações será obrigatória (art. 57, *in fine*). A regra se aplica se, naturalmente, os dois processos se acharem em situações de desenvolvimento que permitam o julgamento simultâneo, pois se a ação menor já tiver sido sentenciada, por exemplo, não haverá como reuni-la com a continente. Ao juiz da causa em estágio menos avançado caberá precaver-se para evitar o risco de decisões conflitantes, lançando mão, por exemplo, da suspensão do processo durante algum tempo razoável para aguardar a solução do outro. Não haverá de ser, entretanto, um prazo indefinido ou exagerado, afinal, as partes têm direito a uma duração razoável do processo, sob pena de a procrastinação transformar-se em denegação de justiça.[99] Se a causa contida se embaraçar a ponto de não se poder divisar quando se encerrará, o processo continente terá de prosseguir, ainda que se corra o risco de indesejável conflito de decisões.

165. Prevenção

A conexão e a continência não são critérios de determinação, mas de *modificação* da competência, que, em concreto, tocaria (ou poderia tocar) a outro órgão que não aquele que se tornou prevento.

O registro ou distribuição da petição inicial torna prevento o juízo, que, por isso, tem ampliada, *por prevenção*, sua competência para todas as ações interligadas que se lhe seguirem. Só se há, pois, de cogitar de *prevenção* quando mais de um juízo teria teoricamente competência para o feito. Prevento, assim, é aquele que, nas circunstâncias, prefere aos demais.

Prevenção, em tal hipótese, vem a ser a prefixação de competência, para todo o conjunto das diversas causas, do juiz a quem primeiro foi registrada ou distribuída a petição inicial de uma das lides coligadas por conexão ou continência.

Nesse sentido, dispõe o art. 59 que "o registro ou a distribuição da petição inicial torna prevento o juízo". O atual Código adota critério único e diferente do anterior. Agora, em qualquer situação – juízes da mesma circunscrição territorial ou de comarcas diversas –, o que importa é o registro ou a distribuição da petição inicial. Com essa medida processual, define-se o juiz da causa estabelecendo-se sua prevenção para todas as futuras ações conexas (CPC/2015, art. 59).

A regra legal, portanto, é a de que a competência a ser prorrogada é a do juízo em que uma das causas ligadas por conexão ou continência for primeiro registrada ou distribuída (art. 59).

166. A prevenção em caso de continência de ações

Já houve época em que a lei dava força atrativa maior ao foro da ação continente. O Código atual disciplina a prevenção de forma única e não faz qualquer distinção entre conexão e continência, levando sempre em conta apenas a ação que primeiro tenha sido registrada ou distribuída (CPC/2015, art. 59).

A doutrina, aliás, nunca viu a continência senão como uma modalidade de conexão.[100] E essa é também a visão que o Código atual tem da matéria, na medida em que trata da mesma forma a conexão e a continência, no que se refere à prevenção do juízo. Assim é que prevê

---

[99] Nos casos de prejudicialidade entre causas distintas que não podem ser reunidas, a suspensão de uma delas para aguardar o julgamento da outra não pode ultrapassar o prazo de 1 ano (CPC/2015, art. 313, § 4º).

[100] "O regramento da continência é semelhante e, de acordo com o direito processual civil brasileiro, é um exemplo de conexão, produzindo os mesmos efeitos desta. Devem, pois, ser estudadas conjuntamente. O que se falar sobre a conexão vale, também, para a continência, ao menos no processo civil brasileiro" (DIDIER JR., Fredie. *Curso de direito processual civil*. 14. ed. Salvador: JusPodivm, 2012, v. 1, p. 168).

ocorra "a reunião das ações propostas em separado" (seja por conexão ou continência) "no juízo *prevento*, onde serão decididas simultaneamente" (art. 58), entendendo-se ocorrida a *prevenção* do juízo pelo registro ou pela distribuição da petição inicial (art. 59).

167. A conexidade e a competência absoluta

Sendo a norma do CPC/2015, art. 59, peculiar às competências relativas, qual o critério a observar na eventualidade de conexão ou continência quando estiver em jogo uma competência absoluta? Prevaleceria a ordem cronológica de ajuizamento das causas?

Entende Andrioli que a prevenção não poderá ater-se à regra geral de prevenção em favor do juiz a quem primeiro foi distribuída ou registrada a petição inicial de uma das causas conexas. A seu ver, se o juiz da primeira causa for absolutamente incompetente para a segunda, a prorrogação deverá ser feita para o juiz desta e não daquela. Haverá, então, uma inversão no critério cronológico de determinação da competência comum; e o juiz a quem primeiro foi atribuída uma das causas conexas ou continentes perderá a competência em favor daquele a quem posteriormente coube a outra.[101]

A regra exposta, no entanto, merece mitigação, se os juízes concorrentes não pertencerem à mesma Justiça, já que, então, se interporá um embaraço de ordem constitucional à reunião dos processos. Quando a conexão ocorrer, por exemplo, entre processos em curso, um na Justiça Estadual e outro na Justiça Federal, erguer-se-á obstáculo intransponível da inderrogabilidade das competências absolutas fixadas pela Constituição: nem a Justiça do Estado pode conhecer de causa atribuída à Justiça Federal, nem esta pode processar causa constitucionalmente afetada a juízo estadual. A jurisprudência do STJ, por isso, firmou-se no sentido de inaplicabilidade, na espécie, da reunião de autos prevista no art. 58 do CPC/2015. Se houver prejudicialidade entre as causas, deve-se utilizar o mecanismo da suspensão de uma delas, para aguardar o julgamento daquela que for havida como prejudicial à outra, tal como prevê o art. 313, V, *a*.[102]

Ressalvou-se, todavia, a necessidade de uma solução particular para a hipótese de continência entre as ações civis públicas ajuizadas perante a Justiça Federal e a Justiça dos Estados, uma vez que estas podem ser atribuídas indistintamente a qualquer daquelas justiças, dependendo da entidade que assuma o polo ativo da demanda. Assim, para essa modalidade especial de concurso de ações, observar-se-á a reunião das causas na Justiça Federal (Súmula 489 do STJ).

168. Oportunidade da reunião das ações conexas

A conexão e a continência são eventos que influem apenas sobre processos pendentes, no mesmo grau de jurisdição. Encerrado um dos processos, ou proferida a sentença, mesmo que haja interposição de recurso, não se pode falar em conexão diante da outra ação que se venha a ajuizar (CPC/2015, art. 55, § 1º).[103] Se, porém, a segunda causa atingir recurso antes que o da primeira seja julgado pelo Tribunal, haverá oportunidade de reunião dos processos, também em segundo grau de jurisdição, para julgamento comum.

É, outrossim, de ordem pública o princípio que recomenda o julgamento comum das ações conexas, para impedir decisões contraditórias e evitar perda de tempo da Justiça e das partes com exame das mesmas questões em processos diferentes.[104] Não pode, por isso, o juiz

---

101 ANDRIOLI, Virgílio. *Lezioni di Diritto Processuale Civile*. Napoli: Jovene, 1973, v. I, n. 30, p. 154.

102 STJ, 2ª Seção, CC 94.051/GO, Rel. Min. Fernando Gonçalves, ac. 13.08.2008, *DJe* 21.08.2008; STJ, 1ª Seção, CC 105.358/SP, Rel. Min. Mauro Campbell Marques, ac. 13.10.2010, *DJe* 22.10.2010.

103 STJ, REsp 120.404/GO, Rel. Min. Nilson Naves, ac. 10.03.1998, *RSTJ* 111/184; STJ, CComp 15.824/RS, Rel. Min. Humberto Gomes de Barros, ac. 26.06.1996, *DJU* 09.09.1996, p. 32.308.

104 STJ, 1ª Seção, CC 115.532/MA, Rel. Min. Hamilton Carvalhido, ac. 14.03.2011, *DJe* 09.05.2011.

deixar de acolher o pedido de reunião de ações, nos termos do art. 58.[105] Negada a fusão dos processos conexos, haverá nulidade da sentença que julgar separadamente apenas uma das ações,[106] se se verificar, de fato, o risco de julgamentos conflitantes.

Estando as causas em graus de jurisdição diferentes, impossibilitando a reunião para julgamento comum, caberá a suspensão daquela que se achar em estágio mais remoto, para aguardar-se a decisão da que estiver em nível mais avançado (art. 313, V, *a*). Assim, evita-se o risco de contradição entre os dois julgamentos.

169. Outros casos de prorrogação legal

Não são apenas a conexão e a continência as causas legais de prorrogação de competência. Há também a previsão da acessoriedade entre ações, que acarreta distribuição por dependência (CPC/2015, art. 61).

O Código atual abandonou a discriminação do anterior em relação à prevenção de ações acessórias e acidentais e resumiu todas as cumulações sucessivas de ações na categoria de *ação acessória*, submetendo-as ao critério comum de definição de competência para o juízo da ação principal (art. 61). Nessa categoria incluem-se, por exemplo, as antigas acessórias, como a prestação de contas do inventariante, a restauração de autos, a habilitação incidente, a ação de depósito, ou de prestação de contas, contra o depositário do bem penhorado, e outras que respeitam ao terceiro interveniente (como a oposição e os embargos de terceiros); e as chamadas incidentais, como a reconvenção e as ações de garantia (nos casos de garantia da evicção ou de direito regressivo contra terceiros).[107]

Embora o Código tenha pretendido confundir a reconvenção como simples modalidade de contestação, o certo é que a sua natureza de ação incidental é irrecusável, diante do próprio tratamento normativo que a lei nova lhe dá. Assim é que o art. 343 determina que a reconvenção seja proposta para veicular pretensão nova, conexa com a ação principal, conexão esta que somente pode se dar em relação a duas ações. A par disso, sua autonomia se manifesta pela possibilidade de prosseguimento da reconvenção mesmo quando o autor desista da ação principal ou esta se extinga, sem julgamento de mérito (art. 343, § 2º). Por fim, prevê o art. 292 que à reconvenção se deverá atribuir um valor da causa próprio. Logo, é evidente que a reconvenção conserva sua natureza de ação incidental, sujeita à prevenção de competência, dentro do regime da acessoriedade.

Da mesma maneira, é irrelevante que o Código tenha deslocado a oposição do terreno das ações cautelares para atribuir-lhe a categoria de uma ação especial própria e independente (arts. 682 a 686), já que terá de ser distribuída por dependência ao juízo da causa principal (art. 683, parágrafo único). O regime de prevenção, na espécie, é o mesmo que sempre se adotou,

---

[105] STJ, 2ª T., REsp 929.737/RS, Rel. Min. Castro Meira, ac. 21.08.2007, *DJU* 03.09.2007, p. 159.

[106] Mas, nos processos que foram ajuizados separadamente, não pode o juiz de um deles declinar da competência para o outro, se inexistir risco de decisões conflitantes (TJMG, AI 17.375, Rel. Des. Humberto Theodoro). "(...) a declaração de nulidade da conexão depende da demonstração de eventual prejuízo" (STJ, 2ª T., REsp 1.179.286/SP, Rel. Min. Mauro Campbell Marques, ac. 07.10.2010, *DJe* 25.10.2010).

[107] São ações de garantia as que uma das partes da ação principal pretenda exercitar para fazer atuar o direito material de garantia perante um terceiro na eventualidade de sucumbência (ANDRIOLI, Virgílio. *Lezioni di Diritto Processuale Civile*. Napoli: Jovene, 1973, v. I, n. 29, p. 147-150). Exemplo típico de ação de garantia é, pois, a denunciação da lide (CPC/2015, art. 125; CPC/1973, art. 70). Nas intervenções de terceiros que envolvam entidades federais, cabe à Justiça Federal assumir a competência "qualquer que seja a forma de intervenção de ente federal na relação processual, inclusive por 'chamamento ao processo', 'nomeação à autoria' e 'denunciação da lide'" (STJ, 1ª Seção, CC 89.271/SC, Rel. Min. Teori Albino Zavascki, ac. 14.11.2007, *DJU* 10.12.2007, p. 277).

v.g., na ação de embargos de terceiro (art. 676), na ação de restauração de autos (art. 712) ou de habilitação (art. 689) etc.

Deve-se observar que a simples circunstância de sucessão entre duas causas, em torno de uma mesma relação jurídica, ou de relações derivadas da que primeiro se tornou litigiosa, não gera a *acessoriedade*, para efeito de competência. O Código não mais estabelece vinculação necessária da causa nova com a precedente. Salvo a hipótese de acessoriedade, que vem sempre presidida por alguma regra especial de competência no próprio texto do Código, as chamadas causas oriundas de outras (ações revisionais, por exemplo) somente estão ligadas à causa de origem, para efeito de competência, quando esta última ainda não houver sido julgada.[108]

170. Conexão entre ação penal e ação civil

A conexão pode existir, em tese, entre ação civil e ação penal, quando numa e noutra o objeto litigioso gire em torno de um mesmo fato danoso. Todavia, esse tipo de conexão, que leva a várias consequências materiais e processuais, não repercute na reunião de processos ou na prevenção de competência, limitando-se a provocar a suspensão ou o direcionamento do julgamento civil. Mesmo porque a competência, nesses casos, é *ratione materiae* e, portanto, improrrogável, de modo que nem o juiz cível nem o criminal podem decidir a causa do outro.

A responsabilidade civil é independente da criminal (Código Civil, art. 935), mas, "se o conhecimento do mérito depender da verificação da existência de fato delituoso, o juiz *pode* determinar a suspensão do processo até que se pronuncie a justiça criminal" (CPC/2015, art. 315).

Deduz-se do dispositivo legal que a suspensão em causa não é medida obrigatória, mas se trata de uma faculdade que o juiz exercerá em função das particularidades do caso concreto, levando em conta a necessidade de evitar decisões conflitantes entre o juízo cível e o criminal. Muitas vezes, o fato danoso é um só, mas a abordagem a seu respeito é diversa num e noutro processo. Por exemplo, a questão da tipicidade é fundamental para a configuração do delito, sendo indiferente para a responsabilidade civil. Assim, se não se põem em dúvida a autoria e a materialidade do evento danoso no juízo penal, a possibilidade de absolvição ou condenação nenhuma influência, em princípio, terá sobre discussão do dever civil de indenização, já que a aferição da culpa pelo evento ou a responsabilização pela reparação podem acontecer, sem embargo do eventual resultado da ação penal. Em casos como esse, não haverá, diante da forma com que se discute nos dois juízos, risco algum de contradição de julgamentos.

Em outros casos, porém, tal risco se manifesta de maneira mais intensa, como quando se defende no juízo criminal mediante arguição de legítima defesa, estrito cumprimento de dever legal ou exercício regular do direito, visto que a eventual acolhida dessas exceções acarretará julgamento com efeito de coisa julgada para o juízo civil (CPP, art. 65). Pode-se concluir pela ocorrência de igual risco quando se discutir sobre a existência do fato danoso ou sobre quem seja o seu autor, tendo em conta que, quando essas questões se acharem decididas no juízo criminal, não poderão ser reabertas no juízo civil (CC, art. 935).

---

[108] "O Código de Processo Civil não mais estabelece vinculação da causa nova com a precedente, já julgada" (TJRJ, Ag. 272, Rel. Des. Doreste Baptista, ac. 20.04.1976, *Revista de Processo* 5/70). "A ação de anulação de acordo de separação homologado em juízo não está subordinada aos ditames do art. 108 do CPC [art. 61, CPC/2015], sendo causa independente a ser proposta sem vinculação ao juízo da homologação" (STJ, 3ª T., REsp 530.614/RJ, Rel. Min. Menezes Direito, ac. 14.12.2004, *DJU* 25.04.2005, p. 333; STJ, 2ª Seção, Rcl 3.049/SP, Rel. Min. Sidnei Beneti, ac. 12.08.2009, *DJe* 23.02.2010; STJ, 2ª Seção, CC 102.849/CE, Rel. Min. Fernando Gonçalves, ac. 27.05.2009, *DJe* 03.06.2009). "Ação de modificação de cláusula de separação consensual (cláusula de guarda dos filhos). Competência: juízo da sentença ou da nova residência da mulher. 1. A ação de modificação é autônoma; portanto, não se lhe aplica o disposto no art. 108, do CPC" (STJ, 3ª T., REsp 7.420/GO, Rel. Min. Nilson Naves, ac. 14.12.1993, *RSTJ* 59/197).

Assentadas essas premissas, é fácil concluir que a faculdade de suspensão do processo civil deve ser exercitada pelo juiz com prudência e adequação, tendo a jurisprudência tomado posições interessantes a seu respeito:

(*a*) Como regra geral, "a ação civil de indenização contra o preponente não se suspende para aguardar o julgamento do processo criminal a que responde o preposto, se não existe divergência quanto ao fato e sua autoria";[109]

(*b*) "A suspensão do processo, na hipótese de que trata o art. 110 do CPC [CPC/2015, art. 315], é facultativa, estando entregue ao prudente exame do juiz, em cada caso, que deve ter em linha de conta a possibilidade de decisões contraditórias";[110]

(*c*) "Na hipótese em que, tanto na ação penal, como na correspondente ação indenizatória, o argumento de defesa consubstancia-se na alegação de ter-se agido em legítima defesa, resta evidenciada a possibilidade de decisões contraditórias no tocante a essa excludente de ilicitude, pelo que se justifica a suspensão do processo civil, nos termos do art. 110, do CPC [CPC/2015, art. 315]";[111]

(*d*) "Não se dá a suspensão do processo cível para aguardar que se decida em ação penal se houve ou não culpa do agente, mas somente quando se questiona a respeito da existência do fato ou de sua autoria, pois, além de ser a responsabilidade civil independente da criminal, também em extensão diversa é o grau de culpa exigido".[112]

Quanto ao prazo de suspensão, na espécie, o atual Código tem duas regras:

(*a*) Antes da propositura da ação penal: decretada a suspensão da ação civil, seu efeito cessará no prazo de três meses, contado da intimação do ato de suspensão, se a ação criminal não for iniciada. Nesse caso, o juiz cível examinará incidentalmente o fato delituoso (CPC/2015, art. 315, § 1º).

(*b*) Após a propositura da ação penal: se preexiste o processo criminal, o civil ficará suspenso pelo prazo máximo de um ano, ao final do qual, permanecendo sem solução a ação criminal, cessarão os efeitos da suspensão. O juiz cível, *in casu*, examinará incidentalmente o fato delituoso (CPC/2015, art. 315, § 2º).

A disciplina dos §§ 1º e 2º do art. 315 deixa claro que a suspensão da ação civil não está condicionada à existência prévia do processo criminal, tanto que os prazos de paralisação, na espécie, são regulados de maneira diversa, conforme preexista ou não a ação penal.

A cessação de paralisação do processo civil também não se apresenta como imposição legal absoluta. Mesmo além do prazo estipulado, o juiz, diante da relevância da discussão pendente no processo criminal, continuará com o prudente arbítrio de prorrogar, por tempo razoável, o aguardo do desfecho da persecução penal. Inviável, contudo, um sobrestamento

---

109 TJSP, 1ª CCiv., Ap. 167.063, Rel. Des. Pacheco de Matos, ac. 05.03.1968, *Revista Forense* 227/174.

110 STJ, 3ª T., REsp 47.246-6/RJ, Rel. Min. Costa Leite, ac. 30.08.1994, RSTJ 71/343; STJ, 2ª T., REsp 994.893/AM, Rel. Min. Eliana Calmon, ac. 13.05.2008, DJe 26.05.2008; STJ, 2ª T., REsp 1.106.657/SC, Rel. Min. Mauro Campbell Marques, ac. 17.08.2010, DJe 20.09.2010.

111 STJ, 3ª T., REsp 282.235/SP, Rel. Min. Nancy Andrighi, ac. 19.12.2000, *DJU* 09.04.2001, p. 356.

112 TAMG, 2ª CCiv., AI 294.156-4, Rel. Des. Edivaldo George dos Santos, ac. 05.05.2000, *DJ* 04.03.2000. No mesmo sentido: TJMG, 16ª CCiv., Ap. Civ. 1.0499.06.000726-1/001, Rel. Des. Sebastião Pereira de Souza, ac. 29.08.2007, *DJ* 28.09.2007.

indeterminado da ação civil, sobretudo quando ultrapassado o lapso de um ano, previsto na lei (CPC/2015, art. 315, § 2º).[113]

Por último, é de ter-se em conta que é apenas relativa a independência da ação civil perante a ação penal, pois, se a absolvição criminal não impede a condenação civil, a condenação no juízo penal sempre vincula o juízo cível, tanto que a sentença condenatória do primeiro torna certa a obrigação de indenizar o dano causado pelo crime (CP, art. 91, I) e vale como título executivo perante o segundo, para obtenção da reparação do dano *ex delicto* (CPC/2015, art. 515, VI).[114] Merece lembrar que o art. 387, IV, do CPP prevê que a sentença penal conterá a indenização mínima devida ao ofendido, antecipando provisoriamente a quantificação da reparação *ex delicto* (sobre a matéria, ver no volume III o item pertinente ao cumprimento civil da sentença penal condenatória).

171. Prorrogação voluntária

Ocorre a prorrogação *voluntária* de competência quando a modificação provém de ato de vontade das partes, o que é possível em duas circunstâncias previstas pelo Código:

(a) na eleição de foro contratual (CPC/2015, art. 63); e
(b) na ausência de alegação de incompetência relativa em preliminar de contestação (art. 65).

Dispõe o art. 63 que as partes "podem modificar a competência em razão do valor e do território, elegendo foro onde será proposta ação oriunda de direitos e obrigações".

Trata-se do *foro contratual* ou *domicílio de eleição*, previsto no art. 78 do Código Civil, cuja convenção entre as partes, segundo o art. 63 do CPC, está subordinada aos seguintes requisitos:

(a) não se admite convenção das partes quanto à *competência absoluta* (*ratione materiae* e de hierarquia);
(b) só a *competência relativa*, em casos patrimoniais (direitos e obrigações), é que se sujeita ao foro convencional;
(c) as ações reais imobiliárias ressalvadas no art. 47, § 1º, não permitem prorrogação contratual de competência;[115]
(d) o acordo só produz efeito quando constar de contrato escrito e aludir, expressamente, a *determinado* negócio jurídico (art. 63, § 1º). Não é possível, destarte, um acordo geral e indeterminado para todas as ações que surgirem entre as partes, ou mesmo para um grupo de negócios. A cláusula de foro de eleição só vale para o próprio contrato em que foi inserida. Além disso, exige a lei que o foro contratual não seja fruto de puro capricho de uma das partes do negócio jurídico, mas que se justifique por meio de alguma pertinência com o domicílio ou a residência de uma das partes, ou com o local da obrigação (art. 63, § 1º, com a redação da Lei 14.879/2024). Dessa pertinência, exclui-se, conforme o mesmo dispositivo, a pactuação em contrato de consumo, que se admite apenas quando favorável ao consumidor.[116] A restrição imposta

---

[113] STJ, 4ª T., REsp 1.198.068/MS, Rel. Min. Marco Buzzi, ac. 02.12.2014, *DJe* 20.02.2015. No mesmo sentido: STJ, 3ª T., REsp 282.235/SP, Rel. Min. Nancy Andrighi, ac. 19.12.2000, *DJU* 09.04.2001, p. 356.

[114] THEODORO JÚNIOR, Humberto. *Processo de Execução e Cumprimento da Sentença*. 28. ed. São Paulo: Leud, 2014. p. 650-651.

[115] STJ, 1ª Seção, CC 112.647/DF, Rel. Min. Castro Meira, ac. 23.03.2011, *DJe* 04.04.2011. No negócio garantido por hipoteca é válido o foro de eleição (STJ, 2ª T., REsp 1.048.937/PB, Rel. Min. Massami Uyeda, ac. 22.02.2011, *DJe* 03.03.2011).

[116] CARDOSO, Oscar Valente. Lei 14.879/2024 e alterações sobre a cláusula de eleição de foro no Código de Processo Civil. *Revista dos Tribunais*, São Paulo, v. 1.069, p. 325-336, nov. 2024.

pela Lei 14.879/2024 objetiva combater o abuso que se pode cometer no ajuste do denominado *foro aleatório*, municiando o juiz de poder adequado para impedir o *forum non conveniens*, inclusive de ofício;[117]

(e) segundo o STJ, "como consequência da não observância dos novos parâmetros legais [Lei 14.879/2024], será considerada prática abusiva o ajuizamento de demanda em foro aleatório, sem qualquer vinculação com o domicílio ou residência das partes ou com o negócio jurídico, podendo o Juízo declinar de ofício da competência, nos termos do § 5º do art. 63 do CPC". Desse modo, "com a vigência da nova legislação, tem-se a superação parcial da Súmula 33/STJ, segundo a qual 'a incompetência relativa não pode ser declarada de ofício'";[118]

(f) o foro contratual obriga os herdeiros e sucessores das partes (art. 63, § 2º);

(g) a convenção só pode se referir ao foro (circunscrição territorial judiciária), nunca especificamente a um juiz ou vara determinada, que componha ou integre a seção judiciária ou comarca eleita. Vale dizer: a eleição é *objetiva* (foro) e não *subjetiva* (juiz);

(h) o foro de eleição, salvo condições especiais do contrato, é um privilégio e não um ônus para a parte. Dessa forma, é lícito ao proponente da ação abrir mão do privilégio e optar pelo foro comum, isto é, pelo do domicílio do réu, sem que este possa impugnar a escolha, visto que lhe faltaria *interesse* para tanto, pois da opção não lhe advém prejuízo, mas sim benefício ou vantagem.[119] A jurisprudência tem, outrossim, reprimido o abuso de foros de eleição criados por meio de contratos de adesão, com o nítido propósito da parte mais forte de dificultar ou inviabilizar a ação da parte economicamente mais fraca, declarando ditas cláusulas como ineficazes;[120]

(i) na sistemática do art. 63, a arguição e o reconhecimento da abusividade da cláusula de eleição de foro observarão os seguintes critérios: (i) antes da citação, o juiz, reconhecendo a abusividade da cláusula, a reputará ineficaz, de ofício, determinando a remessa dos autos ao juízo do foro de domicílio do réu (art. 63, § 3º); (ii) ocorrida a citação, incumbirá ao réu alegar a abusividade da cláusula na contestação, sob pena

---

117 COSTA NETO, José Wellington Bezerra da. Abuso do direito de demandar e foro aleatório: *forum non conveniens* no Brasil – Parte um. *Revista de Processo*, São Paulo, v. 364, p. 135-150, jun. 2025. Cf., também, PEIXOTO, Ravi. O *forum non conveniens* e o processo civil brasileiro: limites e possibilidades. *Revista de Processo*, São Paulo, v. 279, maio 2018, p. 391.

118 STJ, 2ª Seção, CC 206.933/SP, Rel. Min. Nancy Andrighi, ac. 06.02.2025, *DJEN* 13.02.2025. A título de direito transitório, o STJ fixou o seguinte entendimento: "6. Aplica-se a nova redação do art. 63, §§ 1º e 5º, do CPC aos processos cuja petição inicial tenha sido ajuizada após 4/6/2024, data da vigência da Lei n. 14.879/2024 (art. 2º). O estabelecimento desse marco temporal decorre da interpretação conjugada do art. 14 do CPC, que estabelece a Teoria do Isolamento dos Atos Processuais, e do art. 43 do CPC, segundo o qual a competência será determinada no momento do registro ou da distribuição da petição inicial. 7. Por outro lado, a nova legislação não será aplicada às demandas ajuizadas em momento anterior à sua vigência, sobrevindo a prorrogação da competência relativa – pelo foro de eleição – em razão da inércia da contraparte e da incidência da Súmula 33/STJ" (CC 206.933/SP).

119 Prevalece, pois, o entendimento geral de que, "se o foro de eleição foi estabelecido a favor do credor, pode ele abdicar do mesmo e utilizar o do domicílio do réu, mais favorável a este" (TJPR, Apel. 305/74, ac. 25.02.1975, *RT* 480/169). Ainda nesse sentido: STJ, 4ª T., REsp 961.326/MS, Rel. Min. João Otávio de Noronha, ac. 16.03.2010, *DJe* 29.03.2010; STJ, 2ª Seção, CC 107.769/AL, Rel. Min. Nancy Andrighi, ac. 25.08.2010, *DJe* 10.09.2010.

120 TJRS, Ap. 589.005.011, ac. 19.09.1989, Rel. Des. Ruy Rosado, COAD-ADV, Bol. 50/89, n. 47.121, p. 798. No caso de direito do consumidor, a declinação de competência pode se dar até de ofício, quando reconhecido o caráter abusivo da cláusula de eleição de foro (STJ, 3ª T., REsp 142.936/SP, Rel. Min. Waldemar Zveiter, ac. 17.11.1998, *DJU* 01.02.1999, p. 185; STJ, 4ª T., REsp 192.312/MG, Rel. Min. Ruy Rosado de Aguiar, ac. 01.12.1998, *DJU* 29.03.1999, p. 195).

de preclusão (art. 63, § 4º). Nessa altura, portanto, não caberá mais ao juiz a iniciativa de declinar de ofício da competência.

O segundo caso de prorrogação voluntária de competência está previsto no art. 65, em que se lê que a competência relativa será prorrogada "se o réu não alegar a incompetência em preliminar de contestação".

Isso se dá quando o autor escolhe para ajuizamento da ação um foro que não tem legalmente competência, e o réu, no entanto, o aceita tacitamente, deixando de alegar, em preliminar de contestação, a incompetência.

O juízo, inicialmente sem competência para a causa, tem, diante da atitude das partes, ampliada a sua atribuição jurisdicional e adquire, legalmente, poder para processar e julgar o feito. Para que isso ocorra, é necessário que a competência postergada seja apenas *relativa*, porque a absoluta, como já se viu, é insuscetível de prorrogação voluntária.

Observe-se, outrossim, que prevendo a lei a prorrogação tácita de competência, quando admissível essa forma de modificação, não é permitido ao juiz recusar, de ofício, o conhecimento da causa, mediante ordem de remessa dos autos ao efetivamente competente. Só ao réu é dado recusar o juiz relativamente incompetente.[121] A antiga exigência da arguição de incompetência relativa por meio de procedimento especial de exceção foi abolida pelo atual Código, que a autoriza em mero tópico da contestação (art. 64).

No entanto, o § 5º do art. 63, acrescido pela Lei 14.879/2024, não tolera o ajuizamento da ação em juízo aleatório, entendido como tal aquele escolhido pelo autor "sem vinculação com o domicílio ou a residência das partes ou com o negócio jurídico discutido na demanda". Dita prática é qualificada *ex lege* como abusiva, autorizando a declinação de competência de ofício. Como consequência, a inovação legislativa reduziu muito a preclusão em torno do questionamento da prorrogação de competência estabelecida pelo art. 65 do CPC.

172. Derrogação de foros especiais instituídos por leis de ordem pública

As leis de ordem pública que, em matéria contratual, disponham sobre foro não instituem, em regra, competência absoluta. No entanto, como no âmbito das normas de ordem pública não prevalece a autonomia de vontade, não seria válida a cláusula de eleição do foro, dado que implicaria afastar, prévia e convencionalmente, a tutela especial que a ordem jurídica instituiu justamente para acobertar os interesses da parte contratante mais frágil. Assim, por exemplo, a Lei 4.886, de 09.12.1965, que disciplina o contrato de representação comercial, prevendo "o foro do domicílio do representante" para as demandas entre representante e representado (art. 39), não pode ser ilidida por cláusula contratual de eleição de foro diverso, já que não se discute sobre o seu caráter de lei de ordem pública, voltada para a proteção dos interesses do representante, havido como a parte mais fraca no relacionamento obrigacional. Outras vezes, a lei de ordem pública regula a competência, mas ressalva a possibilidade de convenção diversa entre os contratantes. Isso quer dizer que, dentro do conjunto legal, a disposição acerca da competência não foi havida pelo legislador como de ordem pública. É o que, *v.g.*, se passa com a Lei do Inquilinato (Lei 8.245, de 18.10.1991), cujo art. 58, II, prevê, para as diversas ações locatícias, a competência do foro do lugar da situação do imóvel, "salvo se outro houver sido eleito no contrato".

---

[121] "A incompetência relativa não pode ser declarada de ofício" (STJ, Súmula 33; STJ, CComp 14.519/MG, Rel. Min. Sálvio de Figueiredo Teixeira, ac. 13.12.1995, *DJU* 04.03.1996, p. 5.331; STJ, 2ª Seção, CC 36.052/RJ, Rel. Min. Ari Pargendler, ac. 23.10.2002, *DJU* 18.11.2002, p. 155).

Qualquer que seja, enfim, a forma com que a lei de ordem pública, no campo dos contratos, disponha sobre competência, não se deve tê-la como instituidora de competência *absoluta*, mas de competência territorial, por isso *relativa*. O que não vale é a cláusula negocial previamente derrogadora da competência legal. Sem embargo disso, no caso concreto de demanda, a parte beneficiária da tutela pode aceitar litigar em foro diverso, prorrogando, assim, a competência, seja como autor, propondo a ação no foro do réu, seja como réu, aceitando a escolha da parte contrária, sem oportuna alegação de incompetência.

173. Prorrogação de competência em caso de foro de eleição ajustado em contrato de adesão

O Código atual adota orientação diversa do anterior. Não restringe a rejeição ao foro de eleição aos contratos de adesão e tampouco cogita de nulidade da cláusula. Permite, no entanto, que o juiz possa agir de ofício, considerando ineficaz a convenção, quando reputá-la abusiva, hipótese em "que determinará a remessa dos autos ao juízo do foro de domicílio do réu" (art. 63, § 3º).[122]

A abusividade, *in casu*, corresponderá à instituição de um foro que represente um impedimento ao direito de defesa ou a imposição de uma dificuldade muito séria ao seu exercício. O reconhecimento do abuso será mais facilmente avaliado quando o contrato for pactuado em inferioridade de situação de uma das partes em relação à outra, responsável pela imposição da cláusula. A regra, todavia, não torna a aplicação da ineficácia um fenômeno exclusivo dos contratos de adesão ou de parte hipossuficiente. Em qualquer contrato, em que o abuso seja evidenciado por ofensa ao princípio da boa-fé e lealdade entre os contratantes, terá cabimento a norma do art. 63, § 3º.

Uma vez que o art. 63, § 4º, não qualifica como absoluta a nulidade do foro de eleição, tanto que considera prorrogável a competência firmada com apoio nele, caso o réu não alegue a abusividade em contestação, reforça a insustentabilidade de certa jurisprudência que considerava absoluta a competência do foro do domicílio da parte débil do contrato de adesão. Se se mantivesse o caráter de competência absoluta, seu reconhecimento não estaria sujeito à preclusão e poderia ocorrer em qualquer momento do processo e em qualquer grau de jurisdição.

Portanto, a previsão de prorrogabilidade do § 4º do art. 63 conferiu ao tema do foro de eleição a característica de uma fonte de incompetência apenas relativa, ou seja, a competência firmada com apoio em tal convenção, embora permita o reconhecimento de invalidade até mesmo de ofício, pode ser legalmente prorrogada caso o juiz não decline da competência que lhe foi atribuída pelo contrato e o réu não alegue a abusividade da cláusula na contestação.

Disso decorre que, uma vez prorrogada a competência convencional não rejeitada pelo juiz da causa, lícito não mais será ao tribunal questioná-la em grau de recurso.[123]

---

[122] Já no regime anterior se reconhecia que, por exemplo, nos contratos de concessão comercial entre montadoras e revendedoras de veículos, diante do vulto econômico envolvido, embora configurada a hipótese de contrato de adesão, deve prevalecer o foro de eleição, já que não é possível atribuir hipossuficiência a qualquer das partes (STJ, 2ª Seção, EDcl no AgRg nos EREsp 972.879/RJ, Rel. Min. Aldir Passarinho Jr., ac. 12.08.2009, *DJe* 24.09.2009; STJ, 3ª T., AgRg no Ag 928.027/RJ, Rel. Min. Vasco Della Giustina, ac. 01.06.2010, *DJe* 18.06.2010).

[123] Cabe uma distinção entre o contrato de adesão regulado pelo Código do Consumidor e o disciplinado pelo Código Civil. Para o primeiro, a jurisprudência tem aplicado o art. 51, IV, do CDC, qualificando o foro de eleição como cláusula abusiva, por dificultar a defesa do consumidor. Por isso, o caso seria de cláusula absolutamente nula, donde seria possível a decretação de incompetência a qualquer tempo do foro convencional (STJ, 4ª T., REsp 669.990/CE, Rel. Min. Jorge Scartezzini, ac. 17.08.2006, *DJU* 11.09.2006, p. 289; STJ, 4ª T., REsp 1.032.876/MG, Rel. Min. João Otávio de Noronha, ac. 18.12.2008, *DJe* 09.02.2009). Não haveria lugar para prorrogação de competência, por falta de tempestiva exceção. Para o contrato

Por outro lado, o fato de o § 3º do art. 63 prever a possibilidade de o juiz declinar, de ofício, da competência modificada por ineficácia da cláusula de eleição de foro, não quer dizer que se possa fazê-lo sem cumprir o contraditório. Não há razão para se desprezar, sumariamente, a vontade dos contratantes manifestada na escolha do foro convencional. O prejuízo aparentemente entrevisto na cláusula derrogatória do foro do domicílio do réu pode, na verdade, inexistir, e ninguém melhor do que ele para esclarecer a conveniência, ou não, de mantê-la. Em se tratando de competência prorrogável, por expressa previsão do citado § 4º do art. 63, a nulidade eventual não se revela absoluta, sendo passível de suprimento. Por esse motivo, se recomenda que o poder conferido ao juiz para a declinação *ex officio* de competência na espécie seja visto como excepcional e só seja exercido depois da manifestação do demandado, destinatário final da norma protetiva em foco.[124]

174. Prorrogação de competência no âmbito da Justiça Federal

A competência da Justiça Federal é definida pela Constituição e é qualificada como absoluta e improrrogável, em face das outras Justiças encarregadas da jurisdição nacional, segundo a partilha efetuada pela própria ordem constitucional. Essa improrrogabilidade, todavia, se manifesta apenas exteriormente, isto é, entre as Justiças, não interiormente entre os órgãos judicantes que compõem a Justiça Federal. No plano interno, há competências absolutas (*ratione materiae* e *ratione personae*) e relativas (territoriais).

Entre as competências territoriais, é perfeitamente possível a prevenção e a prorrogação, em casos de conexão e de não impugnação da distribuição da causa a determinado juízo federal. Com efeito, a competência é territorial ou não, segundo sua própria natureza processual. Portanto, "a competência territorial não passa a ser absoluta apenas porque prevista na Carta Política".[125]

Em suma: jamais se poderá cogitar de prevenção ou prorrogação de competência para deslocar um processo da Justiça Federal para outra Justiça (Estadual, Trabalhista, Eleitoral). Aplicar-se-ão, porém, as regras comuns de modificação de competência, quando se tratar de competência da Justiça Federal de natureza territorial, desde que o deslocamento se dê entre seus próprios juízos (*i.e.*, entre suas seções e subseções judiciárias).

Daí o corolário: a regra de competência de foro da Justiça Federal, "pelo simples fato de ter sido erigida à condição de dispositivo constitucional, não lhe retira o cunho de norma de fixação de competência *territorial* e, portanto, *relativa*"[126] – o que torna inadmissível a declinação *ex officio* a seu respeito.[127]

---

paritário regulado pelo Código Civil, entretanto, não há regra de nulidade a aplicar ao foro de eleição, mesmo que se trate de contrato de adesão. Ter-se-ia de apurar, *in concreto*, algum vício de consentimento ou abuso de direito para reconhecer a invalidade da cláusula. Por isso, a matéria ficaria preclusa se o juiz, ao despachar a inicial, não recusasse a competência, ou se o réu, após a citação, não opusesse a exceção declinatória de foro, no prazo de direito (art. 114) – CPC/2015, art. 65. Em outros termos: a competência, no âmbito do CDC, tende a ser tratada como absoluta, mesmo sendo territorial, e nos domínios do Código Civil é inegavelmente relativa, ainda que o foro de eleição se insira em contrato de adesão (STJ, 3ª T., REsp 1.089.993/SP, Rel. Min. Massami Uyeda, ac. 18.02.2010, *DJe* 08.03.2010).

124 COUTO, Mônica Bonetti. "A nova regra do parágrafo único do art. 112", *Tribuna do Direito*. São Paulo, jul. 2006, p. 20.

125 CASTRO MENDES, Aluisio Gonçalves de. *Competência cível da Justiça Federal*. 2. ed. São Paulo: Ed. RT, 2006, n. 7.2, p. 128; SILVA, José Afonso da. *Curso de direito constitucional positivo*. 12. ed. São Paulo: Malheiros, 1996, p. 44.

126 TRF, 3ª Região, 5ª T., Ag 3.016.797, Rel. Juiz Pedro Rotta, *DJU* 22.10.1996, p. 80.352.

127 "O art. 109, § 3º, CF, trata de competência territorial, não podendo o juiz dela declinar de ofício, ainda que o devedor mude de domicílio (art. 15, Lei 5.010/1996 – Súmulas 33 e 58/STJ)" (STJ, 1ª Seção, CC 6.206/PR, Rel. Min. Milton Luiz Pereira, ac. 14.12.1993, *DJU* 21.02.1994, p. 2.080).

§ 22. DECLARAÇÃO DE INCOMPETÊNCIA

175. Verificação de competência

"As causas cíveis serão processadas e decididas pelo juiz nos limites de sua competência" (CPC/2015, art. 42).[128]

A competência, dessa forma, é pressuposto da regularidade do processo e da admissibilidade da tutela jurisdicional.[129] O primeiro dever do juiz, quando recebe a inicial de uma ação, é verificar se é ou não o competente para tomar conhecimento da causa.

Admitida a competência, não há necessidade de pronunciamento positivo expresso da autoridade judiciária. O reconhecimento é feito de maneira implícita pelo deferimento da inicial. Se, porém, essa competência for posta em dúvida pela parte, deverá o juiz pronunciar-se expressamente sobre o reconhecimento.

Há, pois, duas espécies de reconhecimento da competência pelo próprio juiz: a espontânea (que ordinariamente é de forma tácita); e a provocada (que deve ser expressa).

Mas, ao invés de reconhecer a sua competência para a causa, pode se dar o contrário: o juiz pode, muito bem, entender que é incompetente. Deverá então declarar expressamente que lhe não assiste a parcela de jurisdição necessária para legitimar sua atuação no feito. Da mesma forma que o reconhecimento positivo, também o negativo pode ser espontâneo ou provocado.

As controvérsias em torno da competência podem ser solucionadas por meio de dois incidentes:

(a) a alegação de incompetência, absoluta ou relativa, em preliminar de contestação (art. 64);

(b) o conflito de competência (arts. 66 e 951 a 959).

A antiga exceção de incompetência relativa, como incidente processual apartado, foi abolida pelo CPC/2015.

176. Alegação de incompetência

O Código atual optou por simplificar a alegação de incompetência, que deve ser apresentada pelo réu como questão preliminar de contestação, seja ela absoluta ou relativa (CPC/2015, art. 64). Atualmente, não importa a modalidade da incompetência, pois qualquer uma deverá ser arguida pelo demandado como matéria de defesa na contestação. Não fica, porém, preclusa a incompetência absoluta, já que, por ser de ordem pública, poderá ser reconhecida a qualquer tempo (art. 64, § 1º).

Contudo, da inércia do réu, que deixa de alegar a incompetência relativa na contestação, decorre a automática ampliação da competência do juízo da causa (art. 65). Não pode o juiz, *ex officio*, afirmar sua incompetência relativa, portanto. Mas o Ministério Público pode alegá-la nas causas em que atuar (art. 65, parágrafo único).

Entretanto, consoante demonstrado no item 173, quando se tratar de foro de eleição – que gera competência relativa –, o juiz pode de ofício declarar a ineficácia da cláusula, se nela reconhecer abusividade, caso em que declinará da competência para o foro de domicílio do

---

[128] O art. 42 do CPC/2015 ressalva que às partes cabe "o direito de instituir juízo arbitral, na forma da lei". A lei que regula a arbitragem é a Lei 9.307/1996.

[129] MARQUES, José Frederico. *Manual de Direito Processual Civil*. Campinas: Bookseller, 1997, v. I, n. 210, p. 233.

réu, determinando a remessa dos autos ao juízo competente. Essa circunstância, contudo, não altera a natureza da competência, que continua a ser relativa e, por isso, sujeita a prorrogação.

Por outro lado, como a competência absoluta não admite prorrogação, o juiz pode declarar-se incompetente a qualquer momento e até mesmo de ofício. Pela mesma razão, o réu poderá, também, alegar a incompetência absoluta em qualquer fase do processo, inclusive nos graus superiores de jurisdição (art. 64, § 1º), visto que da omissão a seu respeito na preliminar de contestação não decorre modificação da competência legal improrrogável. Para tanto, lançará mão de simples petição. O reconhecimento dessa incompetência, portanto, não está sujeito à preclusão.

Para manter o sistema do contraditório, o juiz sempre deverá ouvir a parte contrária antes de decidir acerca da incompetência, seja ela absoluta ou relativa (art. 64, § 2º). Aplica-se aqui o princípio fundamental de que o processo justo não tolera nenhuma forma de decisão surpresa (art. 9º).

No direito brasileiro, a incompetência do juízo não é causa de extinção do processo sem resolução do mérito.[130] Reconhecida a incompetência, o juiz remeterá os autos ao juízo competente, e, salvo decisão judicial em sentido contrário, conservar-se-ão os efeitos da decisão proferida pelo juízo incompetente, até que outra seja proferida, se for o caso, pelo órgão realmente detentor da competência (art. 64, § 3º). Trata-se de regra inovadora, uma vez que o Código revogado inquinava de nulidade os atos decisórios (CPC/1973, art. 113, § 2º). A legislação atual, portanto, adota entendimento diverso: as decisões proferidas pelo juízo incompetente apenas serão invalidadas: *(i)* se o próprio juiz incompetente revogá-las; ou, *(ii)* se o magistrado destinatário proferir outras sobre a mesma questão.

O Código atual seguiu a orientação de parte da doutrina que, mesmo no regime do CPC de 1973, entendia não ser possível considerar nulos todos os atos decisórios emanados do juízo incompetente.[131] É o que ocorria na legislação revogada com as decisões de deferimento de medidas de urgência que, dada sua alta relevância para assegurar a efetividade da prestação jurisdicional, não haveriam de ser consideradas automaticamente invalidadas.[132] O que antes era visto como exceção, torna-se agora regra aplicável à generalidade dos atos decisórios do juiz incompetente. Suprime-se, com isso, a rigidez com que se separavam os atos do juiz incompetente daqueles reservados ao juiz competente. A *incomunicabilidade* é substituída pela *comunicabilidade* das competências, permitindo-se que, em nome da instrumentalidade das formas, se possa defender a conservação dos atos praticados no juízo incompetente.[133] Dessa maneira, evita-se, pela *translatio iudicii,* a fatalidade da anulação das decisões do juízo incompetente, mesmo nos casos de incompetência absoluta (art. 64, § 4º).[134]

---

[130] Há casos excepcionais, porém, em que a incompetência se apresenta como motivo para extinção do processo, a exemplo do que se passa nos juizados especiais (Lei 9.099/1995, art. 51, III) e nas hipóteses de incompetência internacional (CUNHA, Leonardo Carneiro da. Anotações sobre a competência dos juizados especiais cíveis federais. *Revista de Processo*, v. 173, p. 45-46, São Paulo, jul./2009).

[131] SOUZA, Gelson Amaro de. *Curso de processo civil*. Presidente Prudente: Datajuris, 1978, p. 278-279.

[132] Em matéria de prevenção, tem-se como princípio que, na repressão ao perigo de dano grave e de difícil reparação, nem sempre se há de observar, com precisão, o requisito da competência do juízo (ver item 165). Por isso, a melhor orientação jurisprudencial é aquela que preserva a eficácia das medidas de urgência decretadas por juiz incompetente, até que o juiz competente, assumindo o processo, possa mantê-las ou revogá-las (STJ, 2ª T., AgRg no REsp 1.022.375/PR, Rel. Min. Castro Meira, ac. 28.06.2011, *DJe* 01.07.2011).

[133] GRECO, Leonardo. *Translatio iudicii* e reassunção do processo. *Revista de Processo*, v. 166, p. 11-14, São Paulo, dez./2008; ORIANI, Renato. *Ancora sulla translatio iudicii nei rapporti tra giudice ordinario e giudice speciale. Corrieri Giuridico,* n. 9, p. 1.192, 2004; DINAMARCO, Cândido Rangel. *Instituições de direito processual civil.* 8. ed. São Paulo: Malheiros, 2016, v. I, p. 477.

[134] De acordo com o § 4º do art. 64 do CPC/2015, a decisão do juízo incompetente conserva seus efeitos enquanto não revogada ou substituída por outra proferida pelo juízo competente.

Diante, porém, da insanabilidade da decisão de mérito oriunda de juízo absolutamente incompetente, nem mesmo a coisa julgada a supera em caráter definitivo. Pode, assim, ser objeto de invalidação por meio de ação rescisória a sentença trânsita em julgado, prolatada por juiz absolutamente incompetente (art. 966, II).

177. Foro de eleição e declinação de competência

O foro de eleição é um ajuste expressamente autorizado pelo art. 63 do CPC/2015, para alterar a competência em razão do valor e do território, em relação às ações oriundas de direitos e obrigações, nos limites do negócio jurídico em que a cláusula for inserida. Tem-se, na espécie, um negócio jurídico processual cuja admissão se funda na autonomia privada, bastante valorizada pelo Código atual, conforme se deduz do seu art. 190. Observe-se, no entanto, que a Lei 14.879/2024 veio a restringir bastante o campo de validade da cláusula negocial de eleição de foro, ao incluir duas inovações no art. 63 do CPC:

(a) na relação do § 1º do referido dispositivo, além dos requisitos que já constavam do enunciado primitivo (constar de contrato escrito e relacionar a determinado negócio), o efeito da cláusula dependerá de a escolha do foro convencional se relacionar com o domicílio ou a residência de uma das partes ou com o local da obrigação; regra essa, porém, que nem sempre incidirá sobre os contratos de consumo, já que em relação a estes prevalecerá sempre a solução mais favorável aos interesses do consumidor (art. 63, § 1º, *in fine*);

(b) por outro lado, o § 5º, acrescido ao art. 63 do CPC pela Lei 14.879/2024, qualifica como prática processual abusiva o ajuizamento de ação em juízo aleatório, entendido como tal o escolhido "sem vinculação com o domicílio ou a residência das partes ou com o negócio jurídico discutido na demanda". Dessa abusividade, a lei extrai a justificativa explícita para a declinação de competência de ofício sem distinguir entre demanda civil e demanda consumerista (art. 63, § 5º, *in fine*).[135]

Convém lembrar que, em defesa do contratante vulnerável, à época do Código revogado, a jurisprudência do Superior Tribunal de Justiça já havia firmado o entendimento de que, nos contratos de adesão, especialmente nas relações de consumo, seria abusiva a cláusula imposta pela parte mais forte para deslocar a competência do foro natural do domicílio do consumidor. Diante disso, passara a decidir que o juiz do foro eleito por meio do contrato de adesão poderia declarar *ex officio* a nulidade da cláusula, declinando da sua competência para o juízo do foro do domicílio do réu.[136]

Foi em consonância com essa orientação jurisprudencial que a Lei 11.280/2006 acrescentou ao art. 112 do CPC de 1973 o parágrafo único, para abrir uma exceção à regra nele contida de que só por meio de exceção se poderia arguir a incompetência relativa, e permitir que a

---

135 "(...) 6. Aplica-se a nova redação do art. 63, §§ 1º e 5º, do CPC aos processos cuja petição inicial tenha sido ajuizada após 4/6/2024, data da vigência da Lei n. 14.879/2024 (art. 2º). O estabelecimento desse marco temporal decorre da interpretação conjugada do art. 14 do CPC, que estabelece a Teoria do Isolamento dos Atos Processuais, e do art. 43 do CPC, segundo o qual a competência será determinada no momento do registro ou da distribuição da petição inicial. 7. Por outro lado, a nova legislação não será aplicada às demandas ajuizadas em momento anterior à sua vigência, sobrevindo a prorrogação da competência relativa – pelo foro de eleição – em razão da inércia da contraparte e da incidência da Súmula 33/STJ" (STJ, 2ª Seção, CC 206.933/SP, Rel. Min. Nancy Andrighi, ac. 06.02.2025, *DJEN* 13.02.2025).

136 STJ, 3ª T., REsp 196.043/MG, Rel. Min. Waldemar Zveiter, ac. 09.11.2000, *RSTJ* 140/330; STJ, 2ª Seção, CC 31.227/MG, Rel. Min. Ruy Rosado de Aguiar, ac. 25.04.2001, *RSTJ* 151/223; STJ, 4ª T., AgRg no Ag 1.199.092/SP, Rel. Min. Aldir Passarinho Junior, ac. 21.09.2010, *DJe* 06.10.2010.

nulidade de cláusula de eleição de foro, em contrato de adesão, fosse declarada de ofício pelo juiz. Como consequência dessa nulidade, a declinação de competência dar-se-ia por iniciativa do juiz da causa, sem necessidade de prévia exceção manifestada pela parte débil prejudicada pela cláusula presumida como abusiva.

O Código atual foi além da jurisprudência e da codificação revogada, permitindo a declinação de ofício genericamente em todo e qualquer tipo de contrato, e não apenas naqueles de adesão, desde que, em qualquer caso, se possa considerar abusiva a cláusula de eleição de foro (art. 63, § 3º).[137]

Com efeito, teleologicamente deve prevalecer a ressalva do Superior Tribunal de Justiça quanto ao contrato de adesão, no sentido de que a abusividade da cláusula de eleição de foro não decorre *ipso iure* da natureza daquele contrato. Somente não prevalece o foro convencional se de fato constatada a abusividade do ajuste estipulado contra os interesses do contratante que não tinha como rejeitar a imposição da parte poderosa.[138] Assim, "não se configura a abusividade da cláusula de foro de eleição quando o aderente é empresa de considerável porte, dispondo presumivelmente de condições para exercer sua defesa no foro indicado no contrato. Nesse caso – entende a jurisprudência –, não cabe ao juiz suscitar de ofício a sua incompetência (Súmula 33)".[139] Essa é a tese adotada pelo atual Código, já que subordina a declinação de ofício pelo juiz somente quando a cláusula de eleição de foro for reconhecida abusiva (art. 63, § 3º).

É interessante lembrar que o foro de eleição, mesmo em contratos de adesão, pode corresponder a interesse do próprio aderente, o qual pode pretender manter o foro convencional. Fora, portanto, das típicas relações de consumo, seria pouco recomendável que o juiz, de ofício, tomasse a iniciativa de invalidar a convenção, sem aguardar a manifestação da parte que imagina estar tutelando e que, nas circunstâncias, é a única que realmente pode definir a conveniência ou não de manter a competência contratual. Daí o acerto da orientação adotada pelo art. 63, § 3º, que só admite a declinação sem ouvir o réu quando reconhecer a abusividade do foro de eleição no despacho da petição inicial, ou seja, antes da citação. Uma vez integrado o réu à relação processual, não mais poderá fazê-lo sem antes ensejar oportunidade de manifestação ao demandado. A regra inovadora é de ser aplicada até mesmo às ações do consumidor, visto que também este pode ter interesse na manutenção do foro de eleição.[140] Aliás, citado, incumbe ao réu alegar a abusividade da cláusula de eleição de foro na contestação, sob pena de preclusão (art. 63, § 4º). Logo, não poderá, nessa altura, deliberar o juiz de ofício, já que prorrogada estará sua competência, nos termos do art. 65.

Reservou-se, portanto, um espaço para reflexão do juiz em torno da conveniência, ou não, de declinar de sua competência convencional. As particularidades do caso concreto deverão ser ponderadas pelo juiz antes de tomar a deliberação prevista no § 3º do art. 63, que sempre respeitará o contraditório. De qualquer forma, releva notar que o controle de legalidade da

---

137 A abusividade decorre, ordinariamente, da hipossuficiência do contratante para a adequada compreensão da cláusula de renúncia ao seu foro natural, ou da falta de condições concretas para resistir à imposição do contratante mais poderoso. De qualquer maneira, é indispensável que a cláusula inquinada de abusiva resulte em inviabilidade ou em especial dificuldade de acesso à justiça, para um dos contratantes (STJ, 2ª Seção, CC 32.273/SP, Rel. p/ ac. Min. Castro Filho, ac. 12.12.2001, *DJU* 10.06.2002, p. 137).

138 STJ, 2ª Seção, CC 32.273/SP, Rel. p/ Acórdão Min. Castro Filho, ac. 12.12.2001, *DJU* 10.06.2002, p. 137.

139 STJ, 2ª Seção, CC 13.632-6/MG, Rel. Min. Ruy Rosado, ac. 09.08.1995, *DJU* 25.09.1995, p. 31.059; STJ, 2ª Seção, CC 68.863/SP, Rel. Min. Fernando Gonçalves, ac. 27.08.2008, *DJe* 09.09.2008; STJ, 3ª T., REsp 1.072.911/SC, Rel. Min. Massami Uyeda, ac. 16.12.2008, *DJe* 05.03.2009.

140 Nas causas fundadas no CDC, o juiz pode suscitar de ofício a questão relativa à abusividade da cláusula de eleição de foro, mas não a decretará sem antes ouvir as partes, em atenção ao disposto no art. 10 do CPC/2015.

convenção de foro, pelo juiz, restou ampliado após a Lei 14.879/2024 incluir, entre os requisitos de admissibilidade desse tipo de negócio jurídico processual, a condição de que a escolha do novo foro seja sempre feita em função do domicílio ou da residência de uma das partes, ou do local de cumprimento da obrigação. Sem falar, ainda, na qualificação de abusiva aplicada ao ajuizamento da ação em foro aleatório, qual seja, aquele escolhido sem vinculação alguma com o domicílio ou a residência das partes, ou com o negócio jurídico discutido na demanda, com a consequente autorização à declinação de competência de ofício (atual art. 63, § 5º, *in fine*, do CPC). Sobre a matéria, ver, *retro*, o item 171.

§ 23. CONFLITO DE COMPETÊNCIA

178. Noções gerais

Tecnicamente, a cada causa corresponde a competência de um juiz ou tribunal. Vários órgãos judiciários, no entanto, podem ser convocados a atuar sucessivamente, em graus hierárquicos diversos num mesmo processo, em razão do recurso interposto pela parte ou mesmo *ex officio*, nos casos de duplo grau de jurisdição necessário (CPC/2015, art. 496).

Entretanto, é inadmissível que, simultaneamente, mais de um órgão judiciário seja igualmente competente para processar e julgar a mesma causa.

Acontece, na prática, que, às vezes, diversos juízes se dão por competentes para um mesmo processo ou todos se recusam a funcionar no feito, dando origem a um conflito, que o Código soluciona por meio do incidente denominado "conflito de competência" (arts. 66 e 951 a 959).

Para o Código, há conflito de competência quando (art. 66):

(a) dois ou mais juízes se declaram competentes (inciso I);
(b) dois ou mais juízes se consideram incompetentes, atribuindo um ao outro a competência (inciso II);
(c) entre dois ou mais juízes surge controvérsia acerca da reunião ou separação de processos (inciso III).

Há, pois, conflitos positivos e negativos. Quando os vários juízes se dão por competentes, o conflito é positivo. Ao contrário, quando os diversos juízes se recusam a aceitar a competência, cada um atribuindo a outrem a função jurisdicional, o caso é de conflito negativo.

Para dar surgimento ao conflito positivo, não é necessário que haja decisão expressa de um ou de ambos os juízes a respeito da própria competência e da incompetência de outro. Basta que os diferentes juízes pratiquem atos em causa idêntica, com reconhecimento implícito da própria competência, como se dá, por exemplo, quando o mesmo inventário é requerido perante dois juízes diferentes e ambos lhe dão curso.

A lei nova impõe, necessariamente, para o estabelecimento de conflito negativo, que um juiz atribua a competência ao outro e vice-versa (art. 66, II). Esclarece, porém, que o juiz que rejeita a declinação não deverá devolver o processo àquele que primeiro recusou a competência. Caber-lhe-á suscitar o conflito, salvo se atribuir a competência a um terceiro juízo (art. 66, parágrafo único).

A competência para julgar o conflito é do Tribunal hierarquicamente superior aos juízes conflitantes. Se, porém, a divergência for entre tribunais, bem como entre tribunal e juízes a ele não vinculados e entre juízes vinculados a tribunais diversos, competirá ao Superior Tribunal de Justiça a respectiva solução (Constituição Federal, art. 105, I, *d*).

A competência será do Supremo Tribunal Federal quando o conflito se instalar entre o Superior Tribunal de Justiça e qualquer outro Tribunal, ou entre Tribunais Superiores (TST, TSE e STM), ou ainda entre Tribunal Superior e qualquer outro Tribunal (Constituição Federal, art. 102, I, *o*).

A legitimação para suscitar o conflito cabe:

(a) ao juiz;
(b) à parte;
(c) ao Ministério Público (art. 951).

O Código prevê, também, o conflito entre autoridade judiciária e autoridade administrativa. Em tal caso, o processo e o julgamento do incidente observarão o regimento interno do tribunal competente (art. 959).

179. Conflito de competência e arguição incidental de incompetência

Perde o direito de propor o conflito a parte que antes tenha arguido a incompetência relativa do juízo (CPC/2015, art. 952). Dispõe o litigante, de fato, de dois caminhos processuais para atingir o mesmo objetivo: o conflito ou a arguição em contestação.

Usando um, porém, não lhe é dado repetir a arguição no outro. A regra em questão visa a impedir que uma das partes venha a provocar sucessivas suspensões do processo, de modo a procrastinar abusivamente a prestação jurisdicional.[141]

A parte que, todavia, não requereu o conflito, não estará inibida, por isso, de declinar do foro na contestação (art. 952, parágrafo único), mesmo porque esse procedimento pode ser mais expedito, uma vez que, ensejando ao próprio juiz reconhecer, desde logo, sua incompetência, pode fazer desaparecer o conflito antes mesmo que seja decidido.

De outro lado, o fato de uma parte alegar a incompetência perante o juiz que primeiro conheceu da causa não obriga o juiz a quem o processo for encaminhado, e que naturalmente não participou do incidente, a se submeter ao decisório do magistrado primitivo. Pode, então, suscitar o conflito, apresentando suas razões para recusar a competência definida pelo juiz originário da causa.

180. Procedimento do conflito

Quando a iniciativa é do juiz, o incidente é iniciado por meio de ofício endereçado ao Tribunal Superior (CPC/2015, art. 953, I). Se a arguição for da parte (autor ou réu), ou do representante do Ministério Público, deverá ser formulada ao tribunal por meio de petição (art. 953, II). Tanto o ofício como a petição serão instruídos com os documentos (certidões, traslados, cópias autenticadas extraídas dos autos) necessários à prova do conflito (art. 953, parágrafo único).

No Tribunal, o Presidente, recebendo a petição ou o ofício, promoverá sua distribuição, conforme as normas de organização judiciária local.

"Após a distribuição, o relator determinará a oitiva dos juízes em conflito ou, se um deles for suscitante, apenas do suscitado; no prazo designado pelo relator, incumbirá ao juiz ou aos juízes prestar as informações" (art. 954 e parágrafo único). O prazo de pronunciamento dos juízes é fixado pelo relator (art. 954, *caput* e parágrafo único).

O Ministério Público somente funciona nos conflitos de competência relativos às causas que envolvam: *(i)* interesse público ou social; *(ii)* interesse de incapaz; *(iii)* litígios coletivos pela posse de terra rural ou urbana; e, *(iv)* nas demais hipóteses previstas em lei ou na Constituição Federal (arts. 178 c/c 951, parágrafo único). Em outros termos, o Ministério Público só se legitima a suscitar o conflito quando deva atuar no processo como parte ou fiscal da lei.

Assim, decorrido o prazo marcado pelo relator, com informações ou sem elas, será ouvido, em cinco dias, o representante do Ministério Público, de Segunda Instância, quando deva intervir (art. 956). E, em seguida, o conflito irá a julgamento (art. 956).

"Ao decidir o conflito, o tribunal declarará qual o juízo competente, pronunciando-se também sobre a validade dos atos do juízo incompetente" (art. 957).

Cabe, ordinariamente, ao órgão colegiado do Tribunal julgar o conflito de competência. No entanto, é também permitido, desde logo, ao relator proferir decisão singular sobre o mérito do conflito, caso em que julgará em nome do Tribunal, como um de seus órgãos. Isso acontecerá quando a questão suscitada na arguição do conflito se fundar em: *(i)* súmula do STF, do STJ

---

141 STJ, 2ª Seção, CC 17.588/GO, Rel. Min. Sálvio de Figueiredo, ac. 09.04.1997, *RSTJ* 98/191; STJ, 1ª Seção, CC 44.107/RN, Rel. Min. Francisco Peçanha Martins, ac. 08.03.2006, *DJU* 17.04.2006, p. 162; STJ, 3ª Seção, CC 89.295/CE, Rel. Min. Paulo Gallotti, ac. 10.10.2007, *DJU* 19.11.2007, p. 184.

ou do próprio tribunal; e *(ii)* tese firmada em julgamento de casos repetitivos ou em incidente de assunção de competência (art. 955, parágrafo único).

181. Efeitos do conflito

Se o conflito é negativo, a causa restará, naturalmente, paralisada, no aguardo da definição do Tribunal. Os autos ficarão retidos em poder do juiz suscitante. Quando o conflito for positivo, poderá o relator, de ofício, ou a requerimento das partes, determinar seja sobrestado o processo. Mas, seja no conflito negativo, seja no positivo em que houver sobrestamento, caberá ao relator designar um dos juízes conflitantes para resolver, em caráter provisório, as medidas urgentes (CPC/2015, art. 955).

Uma vez julgado o incidente, "os autos do processo em que se manifestou o conflito serão remetidos ao juiz declarado competente" (art. 957, parágrafo único).

Fluxograma nº 1

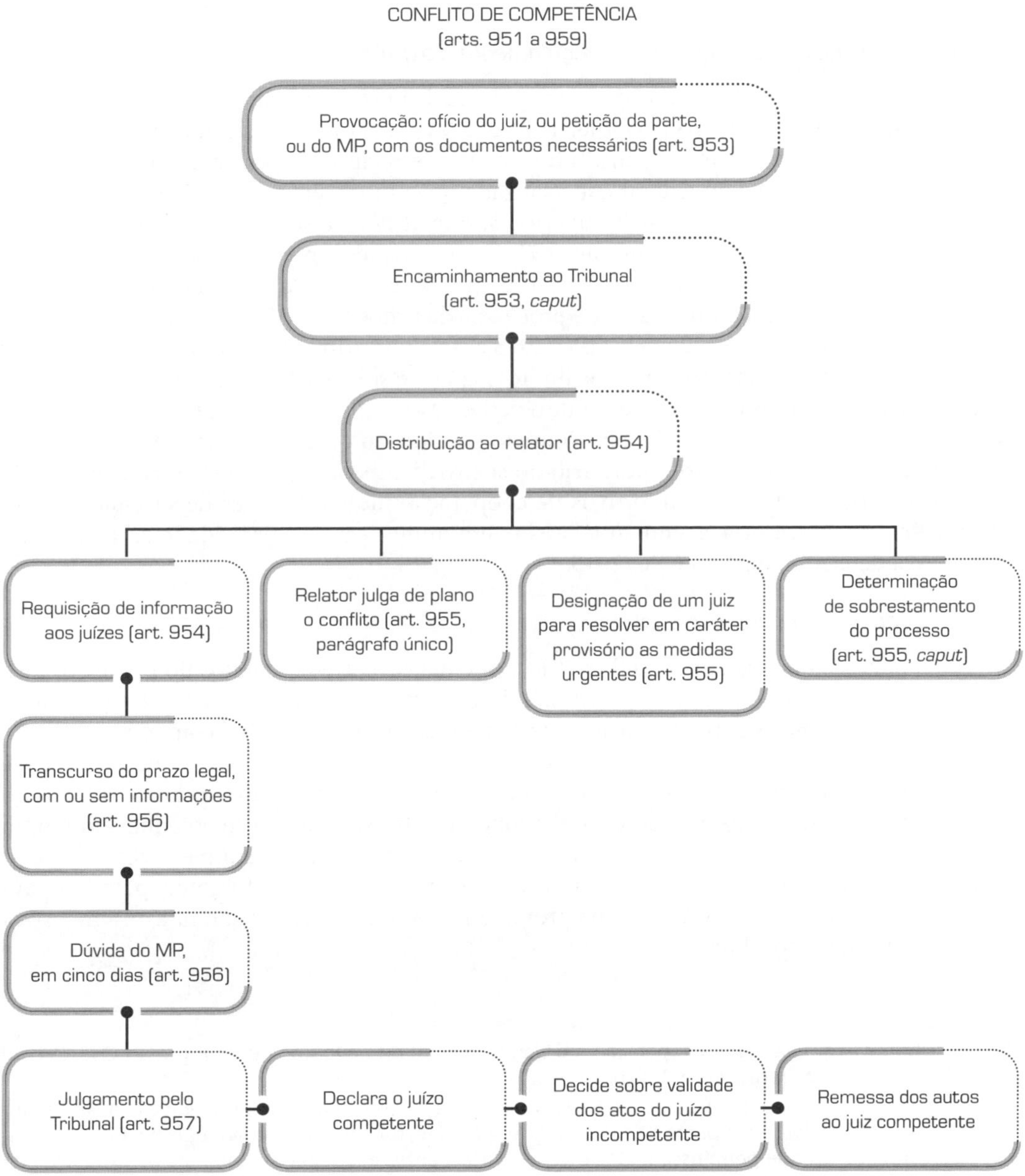

§ 24. COOPERAÇÃO NACIONAL

182. Noções gerais

I – A cooperação segundo o CPC e a regulamentação do CNJ

O Código atual, na implantação de uma política de informalidade e agilidade, destinada a incrementar a eficiência do serviço judiciário – que leva em conta a necessidade de diligências fora da base territorial do foro –, instituiu o dever de recíproca cooperação aos órgãos do Poder Judiciário, estadual ou federal, especializado ou comum, em todas as instâncias e graus de jurisdição, inclusive aos tribunais superiores, o qual deverá se efetivar por meio de seus magistrados e servidores (CPC/2015, art. 67). Uma vez que se presta à prática de quaisquer atos de comunicação processual de obtenção de provas e coleta de depoimentos, bem como ao seu compartilhamento entre juízes de processos distintos (Res. 350/2020 do CNJ, art. 6º, I e VI), a cooperação preconizada pelo CPC/2015 enseja intercâmbio e auxílio recíprocos entre juízos numa dimensão que vai além dos limites rígidos e solenes das cartas precatórias ou de ordem. Em diligências da espécie e outras de objetivos assemelhados, pode-se dizer que as cartas precatória ou de ordem passam "a ser um meio subsidiário ou excepcional de comunicação e cooperação entre os órgãos do Judiciário brasileiro".[142] Preconiza-se, dessa forma, o manejo preferencial dos instrumentos informais de cooperação judiciária antes de suscitar conflito ou expedir carta precatória, acentuando, assim, em muitos casos, a prioridade da sistemática cooperativa determinada pelo CPC/2015.[143]

II – Cooperação endoprocessual

A cooperação no sistema do CPC/2015 pode dar-se entre os sujeitos do processo, caso em que se fala em cooperação *endoprocessual*. É dessa modalidade de cooperação que trata o art. 6º do CPC, inserido entre as normas fundamentais do processo civil contemporâneo, do qual se origina uma nova dimensão do contraditório assegurado constitucionalmente. Trata-se do contraditório *dinâmico* e *participativo*, traduzido no dever imputado a todos os sujeitos do processo (juiz, partes e intervenientes) de "cooperar entre si para que se obtenha, em tempo razoável, decisão de mérito justa e efetiva" (art. 6º). Não basta mais o simples debate entre as partes, é necessário que tanto estas como o juiz se empenhem no esforço cooperativo para chegar, sem delongas injustificáveis, a um provimento compatível com a garantia de tempestiva e justa resolução do conflito.[144]

---

[142] CARDOSO, Oscar Valente. A cooperação judiciária nacional no novo Código de Processo Civil. *Revista Dialética de Direito Processual*, n. 152, p. 46, nov./2015.

[143] Bem antes do advento do CPC/2015, o CNJ já cuidava de incentivar a cooperação judiciária ampla, antes que qualquer lei se ocupasse da matéria. Nesse sentido, foi editada a Recomendação CNJ 38/2011, apontando meios que permitissem atos de cooperação, antes e independentemente da expedição de precatória ou de suscitação de conflito de competência (Res. 38/2011, art. 3º, parágrafo único). Depois do advento do CPC/2015, o CNJ, revogando a Recomendação 38/2011, editou a Res. 350/2020, cujo objetivo foi estabelecer diretrizes e procedimentos sobre a cooperação judiciária nacional entre os órgãos do Poder Judiciário e outras instituições e entidades.

[144] "O contraditório participativo, nesse contexto, exige que o contraditório não se limite à possibilidade de as partes se manifestarem. Tendo em vista a necessária colaboração processual com a repartição de responsabilidades entre o juiz e as partes na condução e nos resultados do processo, também tem a função de permitir que a solução do conflito se dê a partir da soma de esforços e da coparticipação desses sujeitos na prolação da decisão" (ANDRADE, Juliana Melazzi. A redução do formalismo processual na aplicação das regras de impedimento e suspeição do juiz na cooperação judiciária nacional. *Revista dos Tribunais*, São Paulo, v. 1.043, set. 2022, p. 229. Cf., também, CABRAL, Antonio do Passo. *Nulidades no*

III – Cooperação transprocessual

O CPC atual, nos arts. 67 a 69, vai além da cooperação endoprocessual para implantar também a cooperação entre os vários órgãos do Poder Judiciário, de modo que aos diversos juízos e tribunais é imposto o dever de recíproca cooperação, por meio de seus magistrados e servidores (art. 67) (cooperação *transprocessual*).

O procedimento a se observar nos atos de cooperação não é detalhado pelo CPC, revelando a informalidade com que juízes e tribunais poderão se comportar durante a recíproca cooperação. O CNJ, entretanto, cuidou, através da Resolução 350/2020, de estabelecer diretrizes e procedimentos, demonstrando que a cooperação judiciária nacional pode ocorrer não só entre órgãos do Poder Judiciário, mas também entre estes e outras entidades da Administração.[145]

IV – Disciplina constante do CPC

O pedido de cooperação entre os juízos poderá ser formulado para a prática de qualquer ato processual (art. 68) e deve ser prontamente atendido, sendo executado como: *(i)* auxílio direto; *(ii)* reunião ou apensamento de processos; *(iii)* prestação de informações; ou *(iv)* atos concertados entre os juízes cooperantes[146] (procedimentos informais e sem rigorismos, previstos no art. 69, I a IV). A cooperação assumirá, também, maior rigor formal quando realizada por meio das cartas de ordem, precatória e arbitral (arts. 260 a 268).

Os atos concertados entre os juízes cooperantes poderão consistir, segundo o Código, além de outros, no estabelecimento de procedimento para: *(i)* a prática de citação, intimação ou notificação de ato; *(ii)* a obtenção e apresentação de provas e a coleta de depoimentos; *(iii)* a efetivação de tutela provisória; *(iv)* a efetivação de medidas e providências para recuperação e preservação de empresas; *(v)* a facilitação de habilitação de créditos na falência e na recuperação judicial; *(vi)* a centralização de processos repetitivos; e *(vii)* a execução de decisão jurisdicional (art. 69, § 2º).

Interessante exemplo de cooperação interjudicial, de grande utilidade prática, é a possibilidade de atribuir a coleta de prova ao juiz de um dos diversos processos instaurados em face de um mesmo evento danoso causador de prejuízos a várias vítimas, as quais ingressaram em juízos diferentes com as competentes ações indenizatórias. É perfeitamente lícito convencionar-se que a instrução probatória seja confiada a um só juízo, aproveitando-se da prova coligida todos os demais juízos, para julgar as causas a cargo de cada um deles[147]. Dever-se-á, naturalmente, assegurar a participação das partes de todos os processos na instrução concentrada no juízo escolhido convencionalmente[148].

---

processo moderno: contraditório, proteção da confiança e validade *prima facie* dos atos processuais. 2. ed. Rio de Janeiro: Forense, 2010, p. 209-211).

145 DIDIER JR., Fredie. *Cooperação judiciária nacional*: esboço de uma teoria para o direito brasileiro. Salvador: Juspodivm, 2020, p. 80. Para o autor, a cooperação entre órgãos do Poder Judiciário e órgãos administrativos externos advém da observância do art. 15 do CPC, que prevê a aplicação supletiva e subsidiária de suas disposições aos processos administrativos. De qualquer forma, essa cooperação, que a Res. 350/2020 denomina de "cooperação interinstitucional", tem seu cabimento previsto pelo CNJ, nos termos do art. 1º, II, da referida Resolução.

146 Dá-se como exemplo a substituição de expedição de carta precatória para a oitiva de testemunha residente em outra comarca pelo pedido ao juiz local de auxílio para a cessão de sala e equipamento para que o juízo da causa realize a audiência, por videoconferência (CARDOSO, Oscar Valente. A cooperação judiciária nacional no novo Código de Processo Civil. *Revista Dialética de Direito Processual*, n. 152, p. 45, nov. 2015).

147 CÂMARA, Alexandre Freitas. *O novo processo civil brasileiro*. São Paulo: Atlas, 2015, p. 59.

148 CABRAL, Antonio do Passo. *Juiz natural e eficiência processual: flexibilização, delegação e coordenação de competências no processo civil (tese)*. Rio de Janeiro: UERJ, 2017, p. 678-679.

Enquadra-se a hipótese acima aventada na cooperação prevista no art. 69, § 2º, VI, que a denomina *centralização de processos repetitivos*[149]. Outro caso interessante de cooperação é o da prática de *atos executivos comuns* referentes a vários processos contra um só devedor que responde a execuções intentadas por exequentes iguais ou diversos (art. 69, § 2º, VII).

Prática de penhoras e leilões unificados é frequente nas execuções da justiça do trabalho e nos executivos fiscais, com evidentes ganhos de custo e de tempo na ultimação de múltiplas execuções contra um só devedor e, às vezes, até contra executados diferentes. A centralização justifica-se na medida em que possa evitar risco de soluções diferentes para causas repetitivas e em que contribua para evitar repetição desnecessária de atividade processual e assegurar prestação jurisdicional em tempo mais razoável. Deverá ser evitada quando, ao invés desses benefícios, acarrete dificuldades à defesa dos interessados e delongas inconvenientes na solução dos processos concentrados. Há riscos que se devem evitar, mas, no geral, as vantagens da centralização superam suas eventuais desvantagens[150].

Observe-se que a centralização é algo distinto da reunião definitiva de processos (conexão e continência), porque, em regra, não acarreta a unificação das causas, mas apenas a comunhão episódica de diligências, como as probatórias, principalmente. As diversas ações não perdem a identidade e serão afinal decididas no juízo próprio, individualmente. Avaliam-se positivamente as centralizações, sob a visão de que costumam facilitar negociações e composições coletivas, abreviando o encerramento das múltiplas ações.

Registre-se, por outro lado, que, no campo das comunicações processuais, desde os tempos do Código de 1973, acham-se autorizadas citações, intimações e penhoras em comarcas vizinhas ao foro da causa, sem depender de carta precatória. Nesses casos é importante o apoio do juízo do local da diligência para orientar e facilitar seu cumprimento (art. 69, § 2º, II e VII). Medidas de urgência são também palco para a cooperação judicial, superando os entraves formais e burocráticos das cartas precatórias, que muitas vezes se revelam incompatíveis com a urgência e a eficácia das medidas cautelares e antecipatórias (art. 69, § 2º, III). O mesmo se passa, ainda, com os juízos coletivos da recuperação judicial e falência, nos quais medidas de apoio, arrecadação e expropriação, assim como as habilitações de crédito podem ser praticadas ou facilitadas com a cooperação de outros juízos (art. 69, § 2º, IV e V).[151]

Por fim, o pedido de cooperação pode ser realizado entre os vários órgãos jurisdicionais, inclusive de diferentes ramos do Poder Judiciário (art. 69, § 3º). Um juiz federal, por exemplo, pode recorrer à cooperação de juiz estadual ou trabalhista e vice-versa.

---

[149] Cabral cita o exemplo ocorrido em Volta Redonda, num caso de problema estrutural ocorrido num conjunto habitacional de cerca de quinhentas unidades, cujos adquirentes teriam aforado centenas de ações em face da Caixa Econômica Federal. A dificuldade da dilação probatória foi resolvida por meio de perícia única, que se realizou no sistema de amostragem entre um percentual de unidades afetadas pelos mesmos defeitos de construção. A prova técnica se prestou ao julgamento de todas as ações centralizadas apenas na fase probatória (Proc. nº. 2001.51.04.001627-6, 3ª Vara Federal de Volta Redonda) (CABRAL, Antonio do Passo. *Juiz natural e eficiência processual: flexibilização, delegação e coordenação de competências no processo civil (tese)*. Rio de Janeiro: UERJ, 2017, p. 682-683).

[150] CABRAL, Antonio do Passo. *Juiz natural e eficiência processual: flexibilização, delegação e coordenação de competências no processo civil (tese)*. Rio de Janeiro: UERJ, 2017, p. 711.

[151] "Os atos de cooperação são atípicos e flexíveis, tendo ampla margem de utilização para a prática de qualquer ato processual. Nesse sentido, demonstrou-se que a cooperação judiciária pode, inclusive, ter como objeto atos de conteúdo decisório, sem que se fira o princípio do juiz natural (...) o instituto das competências vem passando por transformações: deve ser interpretado, também, pelo princípio da competência adequada, permitindo uma verificação casuística da competência a partir da análise de elementos concretos. Nesse sentido, pode-se pensar também em uma competência *ad actum*" (LAMEGO, Gustavo Cavalcanti. As transformações na garantia do juiz natural e suas consequências na cooperação judiciária nacional no CPC de 2015. *Revista dos Tribunais*, v. 1.023, p. 231, São Paulo, jan./2021).

V – Dimensões da cooperação

No direito anterior, a cooperação judicial já era conhecida e praticada, mas se limitava às delegações previstas tipicamente para serem realizadas por meio das tradicionais cartas precatórias ou de ordem. No regime do CPC/2015, a cooperação judiciária nacional é muito mais ampla e mais informal; e, como lembra Didier, pode realizar-se tanto por *solicitação* de um juízo a outro, como por *delegação* ou *concertação* entre eles.[152] Dessa forma, a cooperação judiciária é hoje realizável por múltiplos instrumentos, dos quais as cartas são algumas espécies. Além destas, destaca-se o pedido de auxílio direto.[153]

Outrossim – como destaca a visão doutrinária –, nota-se com base nas disposições do CPC que a cooperação judicial não cumpre apenas a função de promover atos processuais com maior agilidade e presteza. Há medidas de cooperação que se destinam a unificar num só processo a coleta de provas úteis a diversas demandas, ou a centralizar a apreciação de processos repetitivos (CPC, art. 69, II e IV e § 2º, II e VI). "Nesses casos em que não há somente cooperação *endoprocessual*, mas sim *transprocessual*", a cooperação se torna instrumento que atua em prol tanto da economia processual e da maior eficiência da prestação jurisdicional, como da isonomia e da segurança jurídica.[154]

Embora seja informal a cooperação judiciária autorizada pelo CPC, salvo quando instrumentalizada por cartas precatória e de ordem, os *atos* de cooperação devem ser documentados (Res. CNJ 350/2020, art. 5º, III).

Também, por recomendação da mesma Resolução do CNJ, a cooperação deve ser: *(i)* bem fundamentada e objetiva (art. 5º, IV); e *(ii)* comunicada às partes do processo (art. 5º, V).

VI – Principais características da cooperação judiciária nacional institucionalizada pelo CPC/2015

As cartas precatórias e de ordem, que antes eram os únicos instrumentos de cooperação judiciária legalmente previstos, passaram, no sistema do CPC de 2015, a configurar apenas uma das múltiplas formas de cooperação entre juízes e tribunais. Atribui-se ao modelo atual a natureza de uma cláusula geral, a envolver medidas típicas e atípicas, o que lhe confere força de sistema aberto, cujas dimensões e limites devem ser construídos pela doutrina e jurisprudência. Daí o importante papel regulamentador reconhecido ao Conselho Nacional de Justiça (CNJ).[155] É principalmente por isso que se tem buscado identificar, pela análise conjugada da Resolução

---

152 "A cooperação por *solicitação* tem por objetivo a prática de um ou alguns atos determinados", sem que haja vínculo hierárquico entre o solicitante e o cooperador, como ocorre em geral nas cartas precatórias e pedidos similares (DIDIER JR., Fredie. *Cooperação judiciária nacional.* 2. ed. Salvador: Juspodivm, 2021, p. 63). "A cooperação por *delegação* ocorre quando um órgão jurisdicional transfere a outro, a ele vinculado (arts. 236, § 2º, e 237, I, CPC), competência para a prática de um ou de alguns atos", como ocorre, em geral, nas cartas de ordem. Não se *pede* cooperação, mas se *determina* a prática do ato, em razão da vinculação hierárquica (DIDIER JR., Fredie. *Cooperação judiciária nacional.* 2. ed. Salvador: Juspodivm, 2021, p. 63). Por sua vez, a cooperação por *concertação* "tem por objetivo a disciplina de uma série de atos indeterminados, regulando uma relação permanente entre os juízos cooperantes (DIDIER JR., Fredie. *Cooperação judiciária nacional.* 2. ed. Salvador: Juspodivm, 2021, p. 63-64). Por exemplo, as várias comarcas de uma região metropolitana podem criar um serviço permanente de apoio recíproco ao cumprimento de mandados judiciais fora do território de jurisdição do órgão expedidor.

153 DIDIER JR., Fredie. *Cooperação judiciária nacional.* 2. ed. Salvador: Juspodivm, 2021, p. 55.

154 ANDRADE, Juliana Melazzi. A redução do formalismo processual na aplicação das regras de impedimento e suspeição do juiz na cooperação judiciária nacional. *Revista dos Tribunais*, São Paulo, v. 1.043, set. 2022, p. 234-235.

155 Res. CNJ 350/2020: "Art. 3º Os juízos poderão formular entre si pedido de cooperação para a prática de qualquer ato processual, intimando-se as partes do processo". No art. 6º da mesma Resolução arrolam-se, exemplificativamente, vinte e dois atos praticáveis a título de cooperação judiciária nacional.

CNJ 350/2020 e dos arts. 67 a 69 do CPC, as principais características do modelo brasileiro de cooperação judiciária, que, na orientação de Didier, seriam as seguintes:[156]

(*a*) o modelo de cooperação previsto no art. 67 do CPC é subprincípio dos princípios fundamentais da cooperação (CPC, art. 6º), da duração razoável do processo (CF, art. 5º, LXXVIII), da eficiência (CPC, art. 8º, e CF, art. 37), assim como dos princípios do juiz natural e da competência adequada, dos quais se extrai um "dever geral de cooperação judiciária":[157]

(*b*) há três tipos de cooperação judiciária, que podem combinar-se sujeitando-se a algumas normas gerais comuns: "cooperação por *solicitação* (art. 69, *caput* e § 1º, do CPC) e cooperação por *delegação*, tradicionais no Direito brasileiro, e cooperação por *ato concertado* (art. 69, § 2º, do CPC), inovação do CPC de 2015;[158]

(*c*) o modelo contém *instrumentos* de cooperação *típicos* (como as cartas, o ato concertado e o auxílio direito) e *atípicos* (art. 69, *caput*, do CPC), "sendo essa atipicidade grande novidade do CPC-2015";[159]

(*d*) os *atos* de cooperação "também podem ser *típicos*, como a prestação de informações e o apensamento dos autos, ou *atípicos*";[160]

(*e*) é prevista e estimulada, também, a "cooperação *interinstitucional*" (cooperação entre órgãos judiciais e entidades da Administração Pública).[161]

---

[156] DIDIER JR., Fredie. *Cooperação judiciária nacional*. 2. ed. Salvador: Juspodivm, 2021, p. 55.

[157] Res. CNJ 350/2020: "Art. 2º Aos órgãos do Poder Judiciário, estadual ou federal, especializado ou comum, em todas as instâncias e graus de jurisdição, inclusive aos tribunais superiores, incumbe o dever de recíproca cooperação, por meio de seus magistrados e servidores, a fim de *incrementar mutuamente a eficiência* de suas atividades".

[158] Res. CNJ 350/2020: "Art. 5º A cooperação judiciária nacional: I – pode ser realizada entre órgãos jurisdicionais de diferentes ramos do Poder Judiciário; II – pode ser instrumentalizada por auxílio direto, atos concertados, atos conjuntos e outros instrumentos adequados...".

[159] Res. CNJ 350/2020: "Art. 8º O pedido de cooperação judiciária deve ser prontamente atendido, prescinde de forma específica e pode ser executado por auxílio direto (Anexo I) e por atos conjuntos (Anexo II) ou concertados (Anexo III) entre os(as) magistrados(as) cooperantes. (Redação dada pela Resolução 436, de 28.10.2021)".

[160] Res. CNJ 350/2020: "Art. 6º Além de outros definidos consensualmente, os atos de cooperação poderão consistir: I – na prática de quaisquer atos de comunicação processual, podendo versar sobre a comunicação conjunta a pessoa cuja participação seja necessária em diversos processos (...) IV – na reunião ou apensamento de processos, inclusive a reunião de execuções contra um mesmo devedor em um único juízo...".

[161] Res. CNJ 350/2020: "Art. 1º Esta Resolução dispõe sobre a cooperação judiciária nacional, para a realização de atividades administrativas e para o exercício das funções jurisdicionais, abrangendo as seguintes dimensões: (Redação dada pela Resolução 436, de 28.10.2021) (...) II – a cooperação interinstitucional entre os órgãos do Poder Judiciário e outras instituições e entidades, integrantes ou não do sistema de justiça, que possam, direta ou indiretamente, contribuir para a administração da justiça".

Parte III
Sujeitos do Processo

Capítulo VI
PARTES E PROCURADORES

§ 25. PARTES

183. Partes

O processo só se estabelece plenamente com a participação de três sujeitos principais: Estado, autor e réu. *Judicium est actus trium personarum: judicis, actoris et rei* (Búlgaro). Partes essenciais para a formação e desenvolvimento do processo são aquele que pleiteia a prestação jurisdicional e aquele contra quem essa prestação é postulada.[1]

Gera o processo uma relação jurídica trilateral que vincula os *sujeitos da lide e o juiz*, todos à procura de uma solução para o conflito de interesses estabelecido em torno da pretensão de direito material de um dos litigantes e da resistência do outro.

Sem a presença do órgão judicial, é impossível o estabelecimento da relação jurídico-processual. Mas, também, sem a provocação da parte, o juiz não pode instaurar o processo. Por outro lado, se a parte não cuida de fornecer ou indicar os meios de prova necessários à tutela de sua pretensão ou não exercita as faculdades de defesa ou resposta, a solução a que será conduzido o juiz poderá não ser aquela a que corresponderia a verdadeira situação jurídica material.

Assim, a *parte*, além de *sujeito da lide* ou do *negócio jurídico material* deduzido em juízo, é também *sujeito do processo*, "no sentido de que é uma das pessoas que fazem o processo",[2] seja de forma ativa, seja passiva, com real possibilidade de influir na formação do próprio provimento jurisdicional.

Pode-se, portanto, distinguir dois conceitos de *parte*: como sujeito da lide, tem-se a parte *em sentido material*, e como sujeito do processo, a parte *em sentido processual*. Como nem sempre o *sujeito da lide* se identifica com o que promove o processo, como se dá, por exemplo, nos casos de *substituição processual*, pode-se definir a *parte* para o direito processual como a pessoa que pede ou perante a qual se pede, em nome próprio, a tutela jurisdicional.[3]

A que invoca a tutela jurídica do Estado e toma a posição ativa de instaurar a relação processual recebe a denominação de *autor*. A que fica na posição passiva e se sujeita à relação processual instaurada pelo autor, chama-se *réu* ou demandado. Mas, para que o processo se

---

1 ARRUDA ALVIM, José Manoel. *Manual de direito processual civil*. 20. ed. São Paulo: RT, 2021, n. 10.3, p. 387.

2 CARNELUTTI, Francesco. *Instituciones del Processo Civil*. Buenos Aires: EJEA, v. I, n. 101, p. 175.

3 SCHÖNKE, Adolfo. *Derecho Procesal Civil*. 5. ed. Barcelona: Bosch, 1950, § 23, p. 85.

desenvolva até a efetiva solução da lide, não basta a presença das duas partes interessadas, é necessário que os sujeitos processuais sejam *partes legítimas* (v. *retro*, nº 96).

Por outro lado, uma vez que não apenas autor e réu intervêm no contraditório, que constitui a essência da atividade processual à procura do provimento jurisdicional, é preciso buscar um conceito de *parte processual* de tal dimensão que possa abranger também os terceiros intervenientes, os quais, sem dúvida, exercem direitos processuais e se sujeitam a ônus e deveres no âmbito da relação dialética do processo.

Melhor, por ser mais abrangente, é, nessa ordem de ideias, o conceito de parte que o identifica com o de *litigante*, ou seja, com todo aquele que integra a disputa travada no processo, levando a controvérsia à apreciação judicial. Assim, para Liebman, "são partes do processo os *sujeitos do contraditório instituído perante o juiz* (os sujeitos do processo diversos do juiz, para os quais este deve proferir o seu provimento)".[4] Parte, portanto, em sentido processual, é o sujeito que intervém no contraditório ou que se expõe às suas consequências dentro da relação processual.

184. Nomenclatura

Conforme o tipo de ação, procedimento ou fase processual, a denominação das partes varia, na lei e na terminologia forense. Assim, autor e réu são denominações usuais no processo de conhecimento em geral. Porém, nos casos a seguir, as partes recebem outros nomes, a saber:

I – Processo de conhecimento

(a) nas ações em geral: demandante e demandado;
(b) na reconvenção: reconvinte e reconvindo;
(c) nos recursos em geral: recorrente e recorrido;
(d) na apelação: apelante e apelado;
(e) no agravo: agravante e agravado;
(f) nos embargos de terceiro ou de declaração: embargante e embargado;
(g) nas intervenções de terceiro: o que é chamado a intervir pode ser "denunciado", "chamado", "assistente", *amicus curiae* ou simplesmente "interveniente".

II – Processo de execução

(a) as partes da execução forçada são: exequente e executado;
(b) nos embargos do devedor ou de terceiro: embargante e embargado.

III – Tutela provisória: as partes são tratadas como requerente e requerido

IV – Nos procedimentos de jurisdição voluntária: não há partes, mas apenas interessados

185. Substituição processual

Em regra, a titularidade da ação vincula-se à titularidade do pretendido direito material subjetivo, envolvido na lide (legitimação *ordinária*). Assim, "ninguém poderá pleitear direito alheio em nome próprio, salvo quando autorizado pelo ordenamento jurídico" (CPC/2015, art. 18).

---

[4] LIEBMAN, Enrico Tullio. *Manual de Direito Processual Civil*. Trad. de Cândido Rangel Dinamarco. Rio de Janeiro: Forense, 1984, v. I, n. 41, p. 89.

Há, só por exceção, portanto, casos em que a *parte processual* é pessoa distinta daquela que é *parte material* do negócio jurídico litigioso, ou da situação jurídica controvertida. Quando isso ocorre, dá-se o que em doutrina se denomina substituição processual (legitimação *extraordinária*), que consiste em demandar a parte, em nome próprio, a tutela de um direito controvertido de outrem. Caracteriza-se ela pela "cisão entre a titularidade do direito subjetivo e o exercício da ação judicial", no dizer de Buzaid.[5] Trata-se de uma faculdade excepcional, pois só nos casos expressamente autorizados em lei é possível a *substituição processual* (art. 18).[6]

Uma dessas hipóteses ocorre quando a parte, na pendência do processo, aliena a coisa litigiosa ou cede o direito pleiteado em juízo. Embora o alienante deixe de ser o sujeito material da lide, continua a figurar na relação processual como *parte* (sujeito do processo), agindo, daí em diante, em nome próprio, mas na defesa de direito material de terceiro (o adquirente) (art. 109).

Outro exemplo pode ser encontrado no art. 68 do Código de Processo Penal, que reconhece legitimidade ao Ministério Público para mover a ação civil de reparação do dano *ex delicto*, quando o titular do direito à indenização for pobre.

Há, porém, nos diversos casos excepcionais de substituição processual, um interesse conexo da *parte processual* com o da *parte material*, pois a regra de legitimidade de parte como condição da ação impede que, em geral, qualquer pessoa demande em seu nome a tutela de um interesse alheio. Daí a restrição do art. 18, que só admite a substituição processual quando o próprio ordenamento jurídico reconheça ao terceiro uma legitimação especial para demandar interesse alheio.[7]

De qualquer maneira, não se concebe que a um terceiro seja reconhecido o direito de demandar acerca do direito alheio, senão quando entre ele e o titular do direito exista algum vínculo jurídico especial. Sempre, pois, que a substituição processual se mostre possível perante a lei, ocorrerá o pressuposto de uma conexão de interesse entre a situação jurídica do substituto e a do substituído.[8] Assim, o alienante do bem litigioso pode continuar litigando em nome próprio, embora o bem já não mais lhe pertença, porque o terceiro, ao negociar com as partes, sujeitou-se a estabelecer uma nova situação jurídica material vinculada à sorte da demanda pendente. Uma associação ou um sindicato também pode demandar em defesa de direitos de seus associados porque o fim social da entidade envolve esse tipo de tutela aos seus membros: há, pois, conexão entre o interesse social e o interesse individual em litígio. Daí ser justificável a

---

5 BUZAID, Alfredo. *Considerações sobre o mandado de segurança coletivo*. São Paulo: Saraiva, 1992, p. 63-64.

6 "Não existe, no direito processual civil brasileiro, a chamada substituição processual voluntária, *i.e.*, aquela que decorreria de convergência de vontade, entre o substituído e o substituto, redutível a um negócio jurídico e a essa finalidade circunscrito" (ARRUDA ALVIM. Notas atuais sobre a figura da substituição processual. *Informativo Incijur*, n. 64, p. 1, nov. 2004).

7 A Lei 7.347/1985 criou uma legitimação especial para associações e outras entidades que podem demandar, por meio da ação civil pública, a tutela de interesses difusos, ou seja, a defesa de bens que nem sempre pertencem diretamente à parte do processo. Também a Constituição Federal de 1988 instituiu legitimidade para certas associações pleitearem em juízo direito de seus associados (art. 5º, XXI).

8 Há quem veja na substituição processual uma espécie de "gestão de patrimônio alheio", mediante autorização direta da lei, como ressalta a clássica lição de Hellwig. Melhor, porém, é a constatação feita por Mandrioli de que sempre ocorrerá "alguma relação entre o substituto e o substituído", na qual o legislador se apoiará para, excepcionalmente, legitimar a litigância, em nome próprio, sobre direito ou interesse de outrem. Não haverá, portanto, como fugir da necessária existência, por parte do substituto, da "titularidade de uma situação conexa com aquela feita valer" no processo, em prol do substituído (MANDRIOLI, Crisanto. Delle parti e dei difensori. In: ALLORIO, Enrico. *Commentario del Codice di Procedura Civile*. Torino: UTET, 1973, v. I, t. II, p. 926). No sentido de existir interesse próprio do substituto processual no exercício da demanda em favor de terceiro: ASSIS, Araken de. Substituição processual. *Revista Síntese de Direito Civil e Processual Civil*, n. 26, p. 52-54, nov.-dez. 2003; BUENO, Cássio Scarpinella. *Mandado de Segurança*. São Paulo: Saraiva, 2002, p. 39; CHIOVENDA, Giuseppe. *Principii di diritto processuale civile*. 4. ed. Napoli: Jovene, 1928, § 36, p. 597.

substituição. Será, por isso mesmo, incabível a substituição quando a associação agir na defesa de direito do sócio que não tenha identidade com o objetivo social. Ressalte-se, por fim, que a relevância do vínculo capaz de legitimar a substituição processual só decorre de valoração que se reserva apenas à lei. A vontade das partes, portanto, não é suficiente para criar substituição processual que não tenha sido expressamente prevista em lei.

Quanto aos poderes do substituto processual, eles são amplos, no que dizem respeito aos atos e faculdades processuais, mas não compreendem, obviamente, os atos de disposição do próprio direito material do substituído, como confissão, transação, reconhecimento do pedido etc.[9] Sem embargo da amplitude dos poderes reconhecidos ao substituto, eles se manifestam apenas durante a fase cognitiva do processo. Não lhe cabe, portanto, promover a execução e participar, por iniciativa própria, de atos de satisfação do direito litigioso. Nesse terreno prevalece "a primazia dos titulares das situações jurídicas certificadas",[10] como se deduz no disposto no art. 778 do CPC, que, em regra, atribui legitimidade ativa para a execução ao *credor* a quem a lei confere título executivo. Como o substituto processual não é o credor, mas alguém que apenas defende direito alheio, falta-lhe, em princípio, o requisito necessário para contar, legalmente, com o título executivo, sem o qual não se consegue acesso à execução forçada.[11]

Uma consequência importante da substituição processual, quando autorizada por lei, passa-se no plano dos efeitos da prestação jurisdicional: a coisa julgada forma-se em face do substituído, mas, diretamente, recai também sobre o substituto.[12] A regra, porém, prevalece inteiramente na substituição nas ações individuais, não nas coletivas, como a ação civil pública e as ações coletivas de consumo. Nestas, as sentenças benéficas fazem coisa julgada para todos os titulares dos direitos homogêneos defendidos pelo substituto processual (CDC, art. 103, III). O insucesso, porém, da ação coletiva não obsta as ações individuais, a não ser para aqueles que tenham integrado o processo como litisconsortes (CDC, arts. 94 e 103, § 2º).

Nesse último caso, a coisa julgada impede a repropositura da ação coletiva, mas não o manejo de ações individuais com o mesmo objetivo visado pela demanda coletiva. Diz-se que a pretensão individual nunca será a mesma formulada coletivamente, ou seja: o direito difuso ou coletivo nunca se confunde com o direito individual de cada um dos indivíduos interessados. Mesmo no caso dos direitos individuais homogêneos, o que se discute, coletivamente, é apenas a tese comum presente no grupo de cointeressados. Nunca ficará o indivíduo privado do direito de demonstrar que sua situação particular tem aspectos que justificam a apreciação da ação individual.

186. Sucessão de parte e alienação do bem litigioso

Não se confunde a substituição processual com a sucessão de parte.

---

9 ARRUDA ALVIM NETTO, José Manoel de. Substituição Processual. *Revista dos Tribunais*, São Paulo, v. 426, p. 32, abr. 1971; NOGUEIRA, Pedro Henrique. O regime jurídico da legitimidade extraordinária no processo civil brasileiro. *Revista de Processo*, v. 324, p. 89-90, fev. 2022.

10 NOGUEIRA, Pedro Henrique. O regime jurídico da legitimidade extraordinária no processo civil brasileiro. *Revista de Processo*, v. 324, p. 90-91, fev. 2022.

11 Somente, pois, por mandato ou através de negócio jurídico processual, o credor poderá estender ao substituto processual poderes especiais para promover o cumprimento da sentença. Para o Ministério Público, todavia, não prevalece a restrição, uma vez que, mesmo atuando como legitimado extraordinário, a lei lhe reconhece a possibilidade de promover a execução (CPC, art. 778, § 1º, I). É o que se passa, *v.g.*, nas ações de alimentos movidas em favor de menores.

12 ARRUDA ALVIM NETTO, José Manoel de. Substituição Processual. *Revista dos Tribunais*, São Paulo, v. 426, p. 1, abr. 1971; MARIZ, Waldemar. *Substituição Processual*. São Paulo, Tese de Catedrático da PUC-SP, 1969, p. 172.

Se o direito controvertido se torna, no curso do processo, objeto de transferência a título particular, não importa se, por ato entre vivos ou por causa de morte, o processo prossegue entre as partes originárias (se se trata de ato entre vivos) ou perante o sucessor a título universal (se se trata de ato por causa de morte), mas a sentença produzirá os seus efeitos, mesmo perante o adquirente e o legatário (CPC/2015, art. 109, § 3º). A inoponibilidade da transferência ao adversário do alienante ou de quem tenha feito o legado, que por um lado não espolia da legitimação o alienante e o herdeiro e, por outro lado, estende os efeitos da sentença ao adquirente e ao legatário, é inspirada não pela exigência de tutelar o autor, que poderá até mesmo ser o sucumbente, mas pela necessidade de tornar possível o pronunciamento de mérito, que a oponibilidade da transferência, privando o alienante da legitimação, impediria.[13]

O processo é fonte autônoma de bens, portanto. Desse modo, o direito substancial pode ser transferido sem afetar o direito processual, assim como a ação pode ser transferida, independentemente do direito substancial, conforme haja *sucessão de parte* ou *substituição processual* (*vide*, *infra*, nº 227).

Na sucessão de parte ocorre uma alteração nos polos subjetivos do processo. Uma outra pessoa passa a ocupar o lugar do primitivo sujeito da relação processual (ex.: o herdeiro passa a ser o novo autor ou o novo réu, na ação em que ocorreu o falecimento do litigante originário). Já na substituição processual, nenhuma alteração se registra nos sujeitos do processo. Apenas um deles age, por especial autorização da lei, na defesa de direito material de quem não é parte na relação processual (ex.: a parte que aliena, durante o processo, o bem litigioso, e continua a defendê-lo em juízo, no interesse do novo proprietário, ou a associação que move uma ação não para a defesa de direitos próprios, mas de seus associados).

Após a alienação do bem ou do direito litigioso, em regra ocorre apenas a *substituição processual* (art. 109, *caput*). Eventualmente, porém, poderá verificar-se a completa *sucessão de parte*, mediante saída do litigante primitivo (transmitente) e entrada da parte nova (adquirente). Esta última substituição, no entanto, é uma exceção viável somente quando a parte contrária nela consentir (art. 109, § 1º) (ver, adiante, o item 227).

186-A. Migração de posição processual da parte

Nas ações subjetivamente complexas em que o litisconsórcio é obrigatório, pode acorrer a mutação voluntária de posição processual, por opção do demandado, exercitada no curso do processo. É o que ocorre quando alguém, citado como corréu, comparece ao processo não para contestar a ação, mas para se colocar ao lado do autor na pretensão formulada contra o conjunto litisconsorcial passivo. O migrante deixa, portanto, de ser litisconsorte passivo para tornar-se litisconsorte ativo.

Essa possibilidade de mudança de posição processual de parte é expressamente autorizada, por exemplo, na legislação especial que regula a ação popular e a ação de improbidade administrativa. Assim, o art. 6º da Lei 4.717/1965 dispõe que a ação popular será ajuizada contra a pessoa jurídica de direito público que praticou o ato lesivo ao erário e contra as autoridades e funcionários responsáveis, assim como os beneficiários diretos do ato impugnado. E o § 3º do mesmo dispositivo prevê, por sua vez, que a pessoa jurídica demandada poderá abster-se de contestar o pedido e, ao contrário, optar por atuar ao lado do autor, desde que isso se afigure útil ao interesse público. Igual sistemática prevalece em relação à ação de improbidade administrativa quando convertida em Ação Civil Pública (Lei 8.429/92, art. 17, § 16) voltada contra o ente público e demais envolvidos no ato censurado. É que, na Ação Civil Pública, é sempre reconhecida a faculdade do Poder Público de optar por posicionar-se como litisconsorte de

---

13 ANDRIOLI, Virgilio. *Lezioni di Diritto Processuale Civile*. Napoli: Jovene, 1973, v. I, n. 46, p. 231.

qualquer das partes (Lei 7.347/85, art. 5º, § 2º). No regime comum do CPC, esse deslocamento de posição processual também é admissível. Primeiro, porque, não sendo possível ao autor forçar a formação do litisconsórcio ativo, nos casos em que este se mostre necessário, não lhe restará, no caso de recusa de participação voluntária de colegitimado, outro caminho senão o de incluir indistintamente no polo passivo do processo todos os interessados no resultado da demanda.[14]

Em situações como essa, é perfeitamente possível que um ou alguns dos litisconsortes passivos tenham interesse que justifique colocar-se ao lado da pretensão do autor, e, por isso, prefira referendá-la em vez de contestá-la.[15]

Em segundo lugar, é preciso lembrar que a citação, no regime do CPC/2015, não é mais a convocação do réu para contestar a ação, e sim para "integrar a relação processual" (art. 238). Quer isto dizer que, para o Código atual, aquele que é citado tem a possibilidade, conforme a natureza do processo, de integrar a relação processual, tanto na posição passiva como na ativa. Esse comportamento variável é mais frequente em ações como a popular e a de improbidade administrativa, mas pode ser adotado, por opção do litisconsorte, também em outras ações, a exemplo das ações coletivas e dos processos estruturais.[16]

Até mesmo no processo de execução é possível a variação de posição do executado para exequente, como se dá nas hipóteses de coobrigado secundário (fiador, avalista ou sócio) que solve a obrigação exequenda e se sub-roga no direito do credor; e, assim, dá sequência na execução contra o devedor principal, nos próprios autos, com vistas a recuperar o desembolso sofrido (CPC, arts. 778, § 1º, IV; 794, § 2º; e 795, § 3º). A mesma regra se aplica ao devedor solidário que paga a dívida sozinho[17].

187. Capacidade processual

I – Capacidade de ser parte

A capacidade processual consiste na aptidão de participar da relação processual, em nome próprio ou alheio. Em regra geral, a capacidade que se *exige da parte* para o processo é a mesma que se reclama para os atos da vida civil, isto é, para a prática dos atos jurídicos de direito material (Código Civil de 2002, arts. 5º e 40). Ou seja, "toda pessoa que se encontre no exercício de seus direitos tem capacidade para estar em juízo" (CPC/2015, art. 70).

Quando se faz necessária a representação do *incapaz* ou do privado de demandar pessoalmente, como o falido e o insolvente civil, *o representante* não é considerado parte, mas sim

---

[14] Pense-se, *v.g.*, numa ação anulatória de partilha, que não pode ser validamente processada sem a participação de todos os herdeiros; ou numa ação rescisória de sentença pronunciada sobre relação jurídica que envolva interesses de diversas pessoas, em sentido ativo e passivo; ou, ainda, numa ação anulatória de deliberação de assembleia geral de sociedade empresária que, além do interesse da pessoa jurídica, afete interesses pessoais de administradores e de beneficiados ou prejudicados pelos efeitos do ato questionado etc.

[15] Em ação de nulidade de marca, na qual o INPI era litisconsorte passivo necessário, o STJ decidiu que, após a respectiva citação, era lícito à referida autarquia se deslocar, espontaneamente, da posição inicial de corré para o polo ativo da demanda, com o propósito de impedir que as partes em conluio encerrassem o processo por meio de acordo contrário ao seu legítimo interesse no reconhecimento da nulidade do registro da marca pleiteada na petição inicial (STJ, 4ª T., REsp 1.817.109/RJ, Rel. Min. Luis Felipe Salomão, ac. 23.02.2021, *DJe* 25.03.2021).

[16] "A multiplicidade e a migração interpolar encontra fundamento no CPC/2015 e também no art. 5º, § 2º, da Lei 7.347/85. Logo, é possível concluir que, além da Improbidade Popular, é admitida a variação interpolar em outras ações (especialmente nas ações coletivas e nos processos estruturais)" (ARAÚJO, José Henrique Mouta. Migração interpolar nas ações coletivas: do CPC/2015 ao entendimento do STJ. *Revista Magister de Direito Civil e Processual Civil*, v. 104, p. 58, set./out. 2021).

[17] STJ, 3ª T., REsp. 2.095.925/SP, Rel. Min. Nancy Andrighi, ac. 12.12.2023, *DJe* 15.12.2023.

gestor de interesses alheios.[18] Há representações voluntárias, derivadas de negócio jurídico, e representações legais, oriundas imediatamente da lei, como a do titular do poder familiar em relação aos filhos menores.

Entre as representações voluntárias, que são aquelas em que a pessoa escolhe voluntariamente o representante para atuar em seu nome, distinguem-se casos de *representação necessária*, em que, embora o representante seja de livre escolha do representado, não pode deixar de eleger um representante qualificado para a prática do ato. É o que ocorre com a obrigação da parte de atuar no processo por meio de advogado legalmente habilitado.

Podem ser parte, portanto, as *pessoas naturais* e as *pessoas jurídicas* regularmente constituídas, de direito público ou de direito privado.

Em consequência, não tem capacidade processual quem não dispõe de aptidão civil para praticar atos jurídicos materiais, como os menores e os alienados mentais. Da mesma forma que se passa com a incapacidade civil, supre-se a incapacidade processual por meio da figura jurídica da representação. Por isso, quando houver de litigar, "o incapaz será representado ou assistido por seus pais, ou por tutor ou curador, na forma da lei" (art. 71).

É interessante observar que o sistema de incapacidade civil foi profundamente alterado pela Lei 13.146/2015 (Estatuto da Pessoa com Deficiência), que modificou o regime do Código Civil, prevendo agora apenas para os menores de dezesseis anos a incapacidade absoluta[19]. Todas as demais pessoas com deficiência, inclusive os enfermos mentais, são tratados como relativamente incapazes, ou seja, apenas "são incapazes, relativamente a certos atos ou à maneira de os exercer" (art. 4º do CC, com a redação dada pela Lei 13.146/2015)[20].

Os menores de dezesseis anos são representados, e após essa idade, assistidos, pelos pais, nos atos da vida civil (CC, art. 1,634, VII, com a redação da Lei 13.058/2014). Na falta ou impedimento dos pais, os menores são representados ou assistidos por tutor (CC, art. 1.728). As incapacidades relativas são supridas pela *curatela* (CC, art. 1.767, com as alterações da Lei 13.146/2015), ou pela *tomada de decisão* apoiada (CC, art. 1.783-A, acrescentado pela Lei 13.146) (sobre os procedimentos de nomeação de tutores e curadores, v. no vol. II, os Capítulos XXIV e XXV). A representação ou assistência, no caso de parte relativamente incapaz, dependerá dos limites conferidos à respectiva curatela.

A questão da *capacidade* de atuar em juízo constitui um *pressuposto processual*. Sua inocorrência impede a formação válida da relação jurídico-processual. Seu exame e o reconhecimento de sua falta devem ser procedidos *ex officio* pelo juiz. Mas é claro que as próprias partes podem arguir os defeitos de capacidade processual, seja em relação à própria pessoa, seja em relação à parte contrária.

Além da capacidade, exige-se a *legitimidade* da parte, mas não como pressuposto de validade do processo, e sim como condição e eficácia da sentença de mérito (condição da ação) (v. *retro*, os itens 95 e 96).

Os atos processuais do incapaz e os do juiz ou da parte contrária praticados perante incapaz carecem de eficácia, mas podem ser convalidados com efeito retroativo, pelo representante legal da parte, nos casos em que se admite a ratificação dos atos materiais anuláveis.

---

18 SCHÖNKE, Adolfo. *Derecho Procesal Civil*. 5. ed. Barcelona: Bosch, 1950, § 25, p. 91.

19 "São absolutamente incapazes de exercer pessoalmente os atos da vida civil os menores de 16 (dezesseis) anos" (CC, art. 3º, com a redação da Lei 13.146/2015).

20 CC, art. 4º: "São incapazes, relativamente a certos atos ou à maneira de os exercer: I – os maiores de dezesseis e menores de dezoito anos; II – os ébrios habituais e os viciados em tóxico; (Redação dada pela Lei 13.146, de 2015); III – aqueles que, por causa transitória ou permanente, não puderem exprimir sua vontade; (Redação dada pela Lei 13.146, de 2015); IV – os pródigos".

Sempre que a parte for civilmente incapaz, embora regularmente representada ou assistida, haverá necessidade de intervenção do Ministério Público no processo, sob pena de nulidade (arts. 178, II, e 279),[21] intervenção essa que se dará a título de fiscal da lei e não como parte.

Situação equiparada à da incapacidade civil é aquela relacionada à *legitimação específica* para a prática de determinado ato jurídico. Clóvis trata esse tipo de requisito da validade do ato jurídico como uma *incapacidade especial*.[22] Caio Mário prefere denominá-la *impedimento*,[23] enquanto Betti usa o *nomen iuris* de ausência de *legitimidade*.[24] Tal qual a incapacidade civil, o impedimento funciona como causa de invalidade do negócio praticado com sua inobservância. No plano processual, a presença dessa infração resulta em falta de *pressuposto processual* de formação ou desenvolvimento válido do processo, acarretando-lhe, originariamente ou supervenientemente, a extinção por nulidade da relação processual (CPC/2015, art. 485, IV).

II – Capacidade postulatória. Advogado

A postulação em juízo, além da capacidade civil da parte, exige a representação por advogado regularmente inscrito na Ordem dos Advogados do Brasil (CPC, art. 103, *caput*), a quem toca a chamada capacidade postulatória, que vem a ser a capacidade técnica para atuar no processo em nome da parte. É lícito, porém, à própria parte postular em causa própria quando tiver habilitação legal (art. 103, parágrafo único).

De qualquer modo, a presença de advogado – como representante ou atuando em causa própria – corresponde a um pressuposto processual, isto é, um requisito de formação regular e de desenvolvimento válido do processo, uma vez que, por dispositivo constitucional, "o advogado é indispensável à administração da justiça" (CF, art. 133).

O advogado se legitima a representar a parte por meio de procuração (CPC, art. 104), outorgada por instrumento público ou particular, que, contendo poderes gerais para o foro, o habilita a praticar todos os atos do processo (art. 105, 1ª parte). Há, porém, ressalva legal de alguns atos processuais, que dependem de poderes especiais: receber citação, confessar, reconhecer a procedência do pedido, transigir, desistir, renunciar ao direito sobre o qual se funda a ação, receber e dar quitação, firmar compromisso e assinar declaração de hipossuficiência econômica, poderes esses que "devem constar de cláusula específica" (art. 105, 2ª parte).[25]

III – Assistência judiciária gratuita

A assistência judiciária gratuita é ordinariamente desempenhada pela Defensoria Pública, hipótese em que sua atuação é feita por advogado integrante do respectivo quadro funcional.

---

21 A ausência do Ministério Público, todavia, não gera a nulidade do processo, se a parte que deveria ser assistida por ele sai vitoriosa. Nesse sentido: STJ, 2ª T., EDcl no REsp 449.407/PR, Rel. Min. Mauro Campbell Marques, ac. 28.10.2008, *DJe* 25.11.2008.

22 BEVILAQUA, Clovis. *Teoria Geral do Direito Civil.* Edição revista e autualizada pelo Prof. Caio Mário da Silva Pereira, Rio de Janeiro: Ed. Rio, 1975, § 49, p. 215.

23 PEREIRA, Caio Mário da Silva. *Instituições de direito civil:* introdução ao direito civil, teoria geral do direito civil. 31. ed., Rio de Janeiro: Forense, 2018, nº 84, p. 408. Para o autor, o requisito *subjetivo* dos negócios jurídicos "envolve, pois, além da capacidade geral para a vida civil, a ausência de *impedimento* ou *restrição* para o negócio em foco: é necessário, portanto, que o agente, além de capaz, não sofra ainda diminuição instituída especificamente para o caso".

24 BETTI, Emilio. *Teoria Geral do Negócio jurídico.* Campinas: Servanda Editora, 2008, § 27 B, p. 323 e segs.

25 "§ 1º A procuração pode ser assinada digitalmente, na forma da lei" (art. 105, § 1º). "Se o outorgado integrar sociedade de advogados, a procuração também deverá conter o nome dessa, seu número de registro na Ordem dos Advogados do Brasil e endereço completo" (§ 3º). "Salvo disposição expressa em sentido contrário constante do próprio instrumento, a procuração outorgada na fase de conhecimento é eficaz para todas as fases do processo, inclusive para o cumprimento de sentença" (§ 4º).

Ao Defensor Público, no exercício processual de seu múnus, cabe a representação do hipossuficiente, independentemente de mandato *ad judicia*, por tratar-se de desempenho de função pública institucional (Lei Complementar 80/1994, art. 4º, I). Admite-se, contudo, que a assistência gratuita seja praticada por organismo privado, como os núcleos de prática jurídica, instituídos por entidades universitárias, e que agem por delegação da Defensoria Pública. Em tal circunstância, "o núcleo de prática jurídica deve apresentar o instrumento de mandato quando constituído pelo réu hipossuficiente, salvo nas hipóteses em que é nomeado pelo juízo" (Súmula 644/STJ). É permitido também ao juiz, de ofício, em alguns casos, nomear advogado para atuar no processo como defensor dativo, o qual não está obrigado a exibir procuração nos autos. Por último, o hipossuficiente tem a faculdade de se beneficiar da assistência judiciária gratuita por advogado de sua escolha, devendo, nesse caso, outorgar-lhe o mandato *ad judicia*[26] (CPC, art. 99, § 4º).

188. Massas patrimoniais personalizadas

A capacidade de ser parte no processo civil, porém, não cabe apenas às pessoas naturais e jurídicas. Há, também, certas massas patrimoniais necessárias, que, embora não gozem de personalidade jurídica, são admitidas a figurar em relações processuais como parte ativa ou passiva. Tais são a massa falida, a herança jacente ou vacante e o espólio (art. 75, V, VI e VII), a massa do insolvente civil (art. 766, II, do CPC de 1973, que foi mantido pelo art. 1.052[27] do CPC/2015) e as sociedades sem personalidade jurídica (art. 75, IX).

A essas massas atribui-se a denominação de *pessoas formais*. Têm, portanto, *capacidade* para figurar como *parte* na relação processual:

(a) as pessoas naturais;
(b) as pessoas jurídicas;
(c) as pessoas formais.

189. Capacidade processual das pessoas casadas

I – Capacidade ativa

Dispõe o art. 73 do CPC/2015 que "o cônjuge necessitará do consentimento do outro para propor ação que verse sobre direito real imobiliário, salvo quando casados sob o regime de separação absoluta de bens".

Desaparecida a situação de pessoa relativamente incapaz, para a mulher casada, desde a Lei 4.121, de 27.08.1972, passou esta a uma posição jurídica de independência, análoga à do marido. Assim, nem o marido depende de outorga da mulher, nem esta de autorização daquele, para estar em juízo nas ações em geral.

Somente nas ações que versem sobre direitos reais imobiliários é que o cônjuge (varão ou mulher) dependerá do assentimento de seu consorte para ingressar em juízo. Mas essa restrição à capacidade processual é, como se vê, recíproca, pois atinge ambos os cônjuges. Observe-se, entretanto, que a necessidade de anuência do cônjuge e de seu eventual suprimento pressupõe sociedade conjugal em vigor e a adoção de outro regime de bens que não a de separação absoluta. Extinta esta por separação judicial ou divórcio, a existência de bens não partilhados

---

26 "Nada impede a parte de obter os benefícios da assistência judiciária e ser representada por advogado particular que indique (...)" (STJ, 3ª T., REsp 1.153.163/RS, Rel. Min. Nancy Andrighi, ac. 26.06.2012, *DJe* 02.08.2012).

27 "Art. 1.052. Até a edição de lei específica, as execuções contra devedor insolvente, em curso ou que venham a ser propostas, permanecem reguladas pelo Livro II, Título IV, da Lei nº 5.869, de 11 de janeiro de 1973".

passa para o regime do condomínio ordinário, no qual, obviamente, não vigora a exigência de vênia conjugal para os atos individuais dos ex-cônjuges.

O Código Civil de 2002 abrandou a exigência de consentimento entre os cônjuges para o pleito judicial, dela excluindo o regime da separação absoluta de bens (art. 1.647, I), no que foi seguido pelo atual Código de Processo Civil (art. 73, *caput*, *in fine*). Em regra, continua prevalecendo a exigência, nos diversos regimes matrimoniais. Apenas na hipótese de regime de separação absoluta é que cada cônjuge poderá pleitear em juízo a respeito de bens imóveis próprios, sem necessitar do assentimento do outro consorte[28] (cf. art. 1.687 do Código Civil). Para o Código Civil, outrossim, há duas hipóteses de regime matrimonial de separação de bens: o da separação *legal* e o da separação *convencional*. O primeiro é imposto pela lei, em determinadas circunstâncias; o segundo decorre da vontade dos cônjuges. A separação absoluta é a instituída por convenção (pacto antenupcial).[29]

Para evitar situações de recusa caprichosa ou de outros empecilhos, permite o Código que a autorização do marido e a outorga da mulher possam ser supridas judicialmente, quando um cônjuge a recuse ao outro sem motivo justo, ou lhe seja impossível dá-la (CPC/2015, art. 74, *caput*). O procedimento a observar, anteriormente à propositura da ação, é o comum ou geral de jurisdição voluntária, traçado pelos arts. 719 a 725.[30]

Nas ações do art. 73, a outorga do outro cônjuge é integrativa da capacidade processual; por isso, a sua falta, desde que não suprida pelo juiz, *invalida o processo* (art. 74, parágrafo único).

Quanto à propositura de ações reais imobiliárias, porém, o art. 73 não impõe um litisconsórcio ativo necessário entre os cônjuges. Basta o consentimento de um ao outro, mesmo fora do processo. Por isso, segundo tradicional jurisprudência, a nulidade do processo julgado em descumprimento da norma em tela não é absoluta e só pode ser arguida pelo cônjuge interessado.[31]

Tal entendimento jurisprudencial é de se manter no regime do Código de Processo Civil atual, principalmente em relação aos processos findos e já revestidos da autoridade de coisa julgada. É, analogicamente, o que sempre se passou com a fiança prestada por um cônjuge sem o consentimento do outro (CC, art. 1.647, III).[32] Aliás, o regime legal da invalidade dos atos praticados sem outorga conjugal, dentre os quais a lei civil inclui o pleito judicial nas ações reais imobiliárias (CC, art. 1.647, II), não é o da *nulidade* e, sim, o da *anulabilidade*, cuja decretação "só poderá ser demandada pelo cônjuge a quem cabia concedê-la, ou por seus herdeiros" (CC, art. 1.650).

No entanto, como a anuência conjugal, no processo em que é necessária, corresponde a um pressuposto processual, tem o juiz, na atividade saneadora, poder de controle *ex officio* sobre

---

28 Para Nelson Nery Júnior e Rosa Maria Andrade Nery, o regime de separação absoluta de que cogita o art. 1.647 é o que decorre de pacto antenupcial, e não o do casamento celebrado sob *separação obrigatória de bens* (*Código Civil Comentado*. 3. ed. São Paulo: RT, 2005, p. 780, nota 2 ao art. 1.647).

29 STJ, 3ª T., REsp 992.749/MS, Rel. Min. Nancy Andrighi, ac. 01.12.2009, *DJe* 05.02.2010.

30 BARBI, Celso Agrícola. *Comentários ao Código de Processo Civil*. Rio de Janeiro: Forense, 1975, v. I, t. I, nº 116, p. 145.

31 "Compete ao marido, e não a outrem, a arguição de falta de consentimento marital" (STF, 1ª T., RE 70.945/RJ, Rel. Min. Antonio Neder, ac. 03.05.1977, *RTJ* 82/419). BARBI, Celso Agrícola, *Comentários ao Código de Processo Civil*. Rio de Janeiro: Forense, 1975, v. I, t. I, p. 135.

32 "A nulidade da fiança só pode ser demandada pelo cônjuge que não a subscreveu, ou por seus respectivos herdeiros. Afasta-se a legitimidade do cônjuge autor da fiança para alegar sua nulidade, pois a ela deu causa" (STJ, 5ª T., REsp 772.419/SP, Rel. Min. Arnaldo Esteves Lima, ac. 16.03.2006, *DJU* 24.04.2006, p. 453). No mesmo sentido: STJ, 6ª T., EDcl no AgRg no REsp 1.024.785/SP, Rel. Min. Paulo Gallotti, ac. 14.10.2008, *DJe* 17.11.2008; STJ, 4ª T., EDcl no AgRg no Ag 1.165.674/RS, Rel. Min. Aldir Passarinho Júnior, ac. 05.04.2011, *DJe* 08.04.2011.

tal requisito, exercitável a qualquer tempo ou fase do procedimento, enquanto não julgado o mérito da causa (CPC/2015, art. 485, § 3º). Ordenado o saneamento da falta pela exibição da anuência conjugal e não cumprida a diligência, o juiz extinguirá o processo (art. 74, parágrafo único),[33] que ainda não atingiu o nível da coisa julgada.

É preciso, como se vê, harmonizar o regime de direito material com o do direito processual, mesmo porque este funciona como instrumento de atuação daquele, devendo, pois, sempre ser aplicado de maneira a dar-lhe plena efetividade.

Em suma: *(i)* se o processo se encerrou sem que a ausência de autorização fosse suprida, somente o cônjuge não anuente e seus herdeiros poderão demandar a invalidação da sentença trânsita em julgado (CC, art. 1.650); *(ii)* enquanto pendente o processo, o suprimento da falta do questionado pressuposto processual pode ser ordenado pelo juiz, na atividade saneadora que lhe compete; *(iii)* diante da intimação judicial, o autor poderá juntar a autorização faltante ou alegar que houve recusa injusta de sua concessão e requerer o suprimento pelo juiz, na forma do art. 74, *caput*; *(iv)* o processo será extinto, sem apreciação de mérito, se o consentimento não for apresentado nem suprido pelo magistrado (art. 74, parágrafo único), quando a superação da falta tiver sido determinada pelo juiz.

II – Capacidade passiva

Quanto à capacidade processual passiva, dispõe o art. 73, § 1º, do CPC/2015 que "ambos os cônjuges serão *necessariamente* citados para a ação":

(a) que verse sobre direito real imobiliário, salvo quando casados sob o regime de separação absoluta de bens (inciso I);

(b) resultante de fato que diga respeito a ambos os cônjuges ou de ato praticado por eles (inciso II);

(c) fundada em dívida contraída por um dos cônjuges a bem da família (inciso III);

(d) que tenha por objeto o reconhecimento, a constituição ou a extinção de ônus sobre imóvel de um ou de ambos os cônjuges (inciso IV).

Trata-se de litisconsórcio passivo *necessário*, cuja inobservância leva à nulidade do processo. O juiz, porém, tem o poder de determinar que o autor promova a citação do cônjuge do réu, mesmo se a petição inicial for omissa a respeito. Caberá ao autor promovê-la no prazo que lhe for assinado, sob pena de extinção do processo, sem resolução do mérito (art. 115, parágrafo único). Ver nº 236.

III – Ações possessórias

Embora as ações possessórias devam ser classificadas como ações reais (CPC/2015, art. 47, § 2º), o Código, em regra, não exige, para elas, o litisconsórcio necessário entre os cônjuges. A participação dos dois cônjuges nas possessórias sobre imóveis somente é considerada como indispensável "nas hipóteses de composse ou de ato por ambos praticado" (§ 2º do art. 73). Isso quer dizer que, ativamente, o possuidor, mesmo casado, pode propor ação possessória sem a participação obrigatória do cônjuge, se entre ambos não estiver praticamente

---

33 "Para as demandas fundadas em direito real sobre imóveis, a capacidade processual do autor depende da outorga uxória. Não sanada a falha (CPC, art. 13) [CPC/2015, art. 74], o processo será extinto, sem julgamento do mérito (CPC, art. 267, IV) [CPC/2015, art. 485, IV]" (BEDAQUE, José Roberto dos Santos. In: MARCATO, Antônio Carlos (coord.). *Código de Processo Civil interpretado*. São Paulo: Atlas, 2004, p. 70-71). No mesmo sentido: DIDIER JR., Fredie. *Curso de direito processual civil*. 14. ed. Salvador: JusPodivm, 2012, p. 264.

configurada a composse. Da mesma forma, do lado passivo, o esbulhador ou turbador pode ser demandado pessoalmente, sem a presença do cônjuge, se o ato ofensivo à posse do autor tiver sido praticado isoladamente, sem concurso de seu consorte.

IV – Ações contraídas a benefício da família

No caso de dívidas contraídas apenas pelo marido, o litisconsórcio passivo se torna necessário quando o autor pretenda fazer reconhecida a responsabilidade patrimonial sobre os bens de ambos os cônjuges. A hipótese refere-se àquelas obrigações contraídas a benefício da família (Cód. Civil, art. 1.643), pelas quais os dois cônjuges respondem solidariamente, ainda que firmadas por apenas um deles (Cód. Civil, art. 1.644). A obrigatoriedade do litisconsórcio previsto no inc. III do art. 73, § 1º, do CPC/2015 faz com que, em sua inobservância, o autor perca o direito de executar a futura condenação sobre a meação ou os bens particulares do cônjuge não incluído no processo de conhecimento. O título executivo operará como relativo à dívida apenas do consorte demandado. A solidariedade passiva ficará prejudicada por descumprimento do litisconsórcio exigido pela lei.

V – A união estável

Por fim, o atual Código de Processo Civil estendeu a necessidade de consentimento dos companheiros na união estável, desde que comprovada nos autos (art. 73, § 3º), equiparando-os, para esse fim, aos cônjuges.

190. Curatela especial

Em certos casos, o juiz deve dar à parte um representante especial para atuar em seu nome apenas no curso do processo. Trata-se do *curador especial* ou *curador à lide*, cuja nomeação ocorre em alguns casos de incapacidade e de revelia.

Com efeito, determina o art. 72 do CPC/2015 que o juiz dê curador especial:

(a) ao incapaz, se não tiver representante legal, ou se os interesses deste colidirem com os daquele, enquanto durar a incapacidade (inciso I);

(b) ao réu preso revel, bem como ao revel citado por edital ou com hora certa, enquanto não for constituído advogado (inciso II). A curatela especial será exercida pela Defensoria Pública, nos termos da lei (LC 80/1994, arts. 2º, III, 4º, XVI, e 97) (art. 72, parágrafo único). Na sua falta, o juiz nomeará um estranho, de preferência advogado. Se o curador não for advogado regularmente inscrito na OAB, terá que constituir procurador que o seja, para atuar em seu nome no processo.[34] A nomeação ocorre depois de transcorrido o prazo de contestação sem defesa do demandado. Mesmo estando preso o réu e tendo sido ficta a citação, o réu poderá ter contestado a ação por advogado de sua escolha, caso em que não caberá ao juiz a nomeação de curador especial. A qualquer tempo, a intervenção do curador especial cessa a partir do momento em que o revel se faz representar no processo por advogado constituído.

Ao curador incumbe velar pelo interesse da parte tutelada, no que diz respeito à regularidade de todos os atos processuais, cabendo-lhe ampla defesa dos direitos da parte representada, e podendo, até mesmo, produzir atos de resposta como a contestação e a reconvenção, se encontrar elementos para tanto, pois a função da curatela especial dá-lhe poderes de representação legal da

---

[34] BEDAQUE, José Roberto dos Santos. In: MARCATO, Antônio Carlos (coord.). *Código de Processo Civil interpretado*. São Paulo: Atlas, 2004, p. 67.

parte, em tudo que diga respeito ao processo e à lide nele debatida[35]. Não pode, naturalmente, transacionar, porque a representação é apenas de tutela e não de disposição.

Uma peculiaridade de sua função é a faculdade, ordinariamente negada ao réu, de produzir defesa por negação geral, obrigando o autor a provar suas alegações, mesmo quando não rebatidas especificamente (art. 341, parágrafo único).

É essencial a atuação efetiva do curador em defesa do curatelado, de tal modo que, "se o curador não contestar cumpre ao juiz nomear outro para que apresente a defesa do réu".[36] A curatela à lide é um *munus* processual que não dá direito a exigir honorários da parte representada, mas os serviços profissionais do advogado podem ser reclamados da parte contrária, quando ocorra a sua sucumbência (sobre honorários advocatícios ver item 210 adiante).

191. Representação das pessoas jurídicas e das pessoas formais

Cuida o art. 75 do CPC/2015 da representação das pessoas jurídicas públicas e privadas, bem como das pessoas formais, dispondo que serão representadas em juízo, *ativa* e *passivamente*:

(a) a *União*, pela Advocacia-Geral da União, diretamente ou mediante órgão vinculado; os *Estados* e o *Distrito Federal*, por seus procuradores (inciso I);[37]

O Código atual autoriza que os Estados e o Distrito Federal ajustem compromisso recíproco, por meio de convênio firmado pelas respectivas procuradorias, para a prática de ato processual por seus procuradores em favor de outro ente federado (art. 75, § 4º). A regra da lei processual é autoaplicável, não dependendo de regulamentação na esfera federal ou local. O convênio, quando interessar ao ente federativo, será ajustado administrativamente.

(b) o Estado e o Distrito Federal, por seus procuradores (inciso II);
(c) o *Município*, por seu prefeito, procurador ou Associação de Representação de Municípios, quando expressamente autorizada (inciso III);[38]
(d) a autarquia e a fundação de direito público, por quem a lei do ente federado designar (inciso IV);
(e) a *massa falida*, pelo administrador judicial (inciso V);
(f) a *herança jacente* ou *vacante*, por seu curador (inciso VI);
(g) o *espólio*, pelo inventariante; quando, porém, se tratar de inventariante dativo, a representação caberá aos sucessores do falecido (art. 75, § 1º) (inciso VII);[39]

---

[35] "1. O curador especial tem legitimidade para propor reconvenção em favor de réu revel citado por edital (art. 9º, II, do CPC/1973), poder que se encontra inserido no amplo conceito de defesa" (STJ, 4ª T., REsp 1.088.068/MG, Rel. Min. Antonio Carlos Ferreira, ac. 29.08.2017, *DJe* 09.10.2017).

[36] STJ, REsp 503.003/SC, Decisão monocrática do Rel. Min. Carlos Alberto Menezes Direito, j. 28.04.2003, *DJU* 15.05.2003.

[37] Os procuradores das pessoas jurídicas de direito público, integrantes de seus quadros institucionais, exercem representação legal e não convencional. Por isso, sua intervenção no processo não depende de exibição de mandato. Nesse sentido, é a jurisprudência do STF: "Ao procurador autárquico não é exigível a apresentação de instrumento de mandato para representá-la em juízo" (STF, Súmula 644).

[38] De acordo com o § 5º do art. 75 do CPC, na redação da Lei 14.341/2022, "a representação judicial do Município pela Associação de Representação de Municípios somente poderá ocorrer em questões de interesse comum dos Municípios associados e dependerá de autorização do respectivo chefe do Poder Executivo municipal, com indicação específica do direito ou da obrigação a ser objeto das medidas judiciais".

[39] "Se a inventariante do espólio é dativa, mas tem o pátrio poder sobre os herdeiros menores, a falta de procuração outorgada em nome destes (por ela própria) não compromete a regularidade do processo, ainda mais se o acórdão lhes reconheceu o direito pleiteado" (STJ, 3ª T., AgRg no Ag 439.655/DF, Rel. Min. Ari Pargendler, ac. 04.05.2006, *DJU* 12.06.2006, p. 472).

(h) a pessoa jurídica, por quem os respectivos atos constitutivos designarem, ou, não havendo essa designação, por seus diretores (inciso VIII);[40-41]

Quanto à sociedade que mantenha filiais, urge distinguir duas situações: *(i)* em regra, a citação do gerente depende de poderes especiais, de sorte que, se a ação versar sobre atos que não foram praticados pelo citando, não basta a sua qualidade de gerente, pois indispensável será a existência de poderes adequados para o ato;[42] *(ii)* quando, porém, a ação versar sobre atos praticados pelo gerente da filial, a citação em sua pessoa, em face do art. 242, § 1º, será eficaz, mesmo que não disponha de mandato especial para recebê-la; mas desde que inexista no foro competente outro representante com poderes específicos.[43]

(i) a *sociedade e a associação irregulares e outros entes organizados sem personalidade jurídica*, pela pessoa a quem couber a administração dos seus bens (inciso IX); essas sociedades, quando demandadas, não poderão opor a irregularidade de sua constituição (art. 75, § 2º);[44] podem ser citadas como exemplo de sociedades sem personalidade jurídica, além das irregulares, as sociedades em conta de participação (Código Civil, art. 991) e o consórcio de empresas (Lei 6.404/1976, arts. 278 e 279); as primeiras agirão em juízo em nome do sócio ostensivo, e o último será representado na forma prevista no respectivo contrato, ou, sendo omisso, pelas instituições consorciadas;

Observe-se que a sociedade em conta de participação não é uma sociedade de fato e tampouco uma sociedade formal para efeitos judiciais. Ela existe apenas no plano contratual, com vínculo obrigacional estabelecido entre o sócio ostensivo e o sócio participante. Perante terceiros a sociedade não existe, razão pela qual jamais adquire personalidade jurídica nem pode ser demandada, por carecer absolutamente de capacidade de ser parte em juízo.[45] Somente

---

40 "Tendo a pessoa jurídica pluralidade de domicílio, pode a citação recair na pessoa do gerente do seu estabelecimento filial, pelo qual se determinou a competência do juízo" (TJMG, Apel. 25.918, ac. 17.05.1963, Rel. Des. Hélio Costa, *Jurisprudência Mineira* 43/35; STJ, REsp 173.024/MG, Rel. Min. Nilson Naves, ac. 14.12.1998, *DJU* 29.03.1999, p. 169; STJ, REsp 206.525/PR, Rel. Min. Ruy Rosado de Aguiar, ac. 20.05.1999, *DJU* 28.06.1999, p. 123).

41 "Em se tratando de sociedade em liquidação judicial, deve ser citado o liquidante e não os ex-sócios" (TJSP, Ag. 232.230, ac. 21.03.1974, *RT* 467/95).

42 "É nula a citação efetivada na pessoa de gerente que, declaradamente, não possui, nem ostenta poderes de representação da pessoa jurídica" (STJ, 3ª T., REsp 821.620/RS, Rel. Min. Humberto Gomes de Barros, ac. 21.11.2006, *DJe* 24.11.2008).

43 Conclusão unânime do VII Encontro Nacional de Tribunais de Alçada; cf. Francisco de Paula Xavier Neto. A citação inicial e a regra do art. 215, § 1º, do CPC. *RJTJESP* 99/18. "O entendimento dominante neste Tribunal é no sentido de não declarar nula a citação feita na pessoa do gerente que, sem objeção, ostenta poderes de representação" (STJ, 3ª T., AgRg no Ag 535.833/SP, Rel. Min. Nancy Andrighi, ac. 16.03.2004, *DJU* 19.04.2004, p. 191). "É possível a realização da citação do gerente de agência bancária que não dispõe de poderes para representá-la judicialmente" (STJ, 3ª T., REsp 540.376/SP, Rel. Min. Castro Filho, ac. 09.09.2003, *DJU* 29.09.2003, p. 252).

44 As sociedades de fato, com a orientação do CPC/2015, podem ser sujeito ativo e passivo da relação processual, nas demandas sobre os negócios jurídicos que praticarem. O reconhecimento, porém, de legitimidade processual da sociedade de fato não exclui a responsabilidade pessoal dos sócios pelas obrigações assumidas em nome dela (STJ, 4ª T., AgRg no Ag 1.084.141/RS, Rel. Min. João Otávio de Noronha, ac. 18.08.2009, *DJe* 24.08.2009; STJ, 1ª T., REsp 665.114/RJ, Rel. Min. Teori Albino Zavascki, ac. 07.03.2006, *DJ* 27.03.2006, p. 172; STJ, 3ª T., REsp 612.680/MG, Rel. Min. Carlos Alberto Menezes Direito, ac. 26.08.2004, *DJU* 16.11.2004, p. 277).

45 "Não há falar em citação da sociedade em conta de participação, que não tem personalidade jurídica, nem existência perante terceiros" (STJ, 3ª T., REsp 474.704/PR, Rel. Min. Carlos Alberto Menezes Direito, ac. 17.12.2002, *DJU* 10.03.2003, p. 213).

o sócio ostensivo contrai obrigações perante terceiros, de modo *que apenas ele* responderá, em juízo, pelas dívidas, que, aliás, são sempre contraídas em seu próprio nome (Cód. Civ., art. 991, parágrafo único).

(*j*) a *pessoa jurídica estrangeira*, pelo gerente, representante ou administrador de sua filial, agência ou sucursal aberta ou instalada no Brasil (inciso X); essa representação não depende de poderes especiais, pois o Código presume o gerente da filial ou agência, autorizado pela pessoa jurídica estrangeira, a receber citação inicial para qualquer processo (art. 75, § 3º);

(*k*) o *condomínio*, pelo administrador ou pelo síndico (inciso XI). Havendo condomínio regularmente constituído e síndico escolhido segundo a lei da convenção, "somente o síndico tem legitimidade para representar o condomínio em juízo".[46] A Lei 13.777/2018, alterou o Código Civil para instituir uma nova modalidade de condomínio, o "condomínio em multipropriedade" (CC, arts. 1.358-B a 1.358-U), ao qual se atribui gestão similar à do condomínio edilício, ou seja, por meio de um administrador com poderes iguais ao do síndico, inclusive para atuar processualmente (sobre o tema, ver nosso *Curso* vol. II, item 55).

O administrador, no condomínio edilício, como simples auxiliar do síndico, não goza de poderes de representação do condomínio. Excepcionalmente, poderá desfrutar dessa representação o administrador que houver sido designado em caráter provisório, em razão do litígio entre os condôminos acerca da própria administração do condomínio.[47]

Também, na fase da incorporação, quando inexistir o síndico, a empresa incorporadora, assumindo a posição de administradora, goza da representação provisória do condomínio.

A massa do insolvente civil não foi contemplada no elenco do art. 75. Mas, segundo os arts. 751, II, e 752 do CPC/73,[48] trata-se, também, de massa patrimonial necessária, com capacidade processual ativa e passiva, cuja representação compete ao administrador nomeado pelo juiz da causa (art. 766, II, do CPC/1973).[49]

192. Incapacidade processual e irregularidade de representação

Cumpre ao juiz verificar *ex officio* as questões pertinentes à capacidade das partes e à regularidade de sua representação nos autos (CPC/2015, art. 485, IV, e § 3º), por se tratar de pressupostos de validade da relação processual. Por isso, verificando a incapacidade processual ou a irregularidade da representação das partes, o juiz, suspendendo o processo, marcará prazo razoável para ser sanado o defeito (art. 76, *caput*). Dito prazo não deve ser superior a 15 dias, conforme se vê do art. 351.

Não sendo cumprido o despacho no prazo assinado à parte, o juiz de primeiro grau (art. 76, § 1º):

---

46 1º TACiv.SP, Apel. 211.340, ac. 26.07.1975, *RT* 485/113; "Registrada a convenção, o condomínio será representado pelo síndico; não registrada, será representado pelo administrador, incidindo, na espécie, o artigo 640 do Código Civil, cujo teor dispõe que o condômino que administrar sem oposição dos outros presume-se mandatário comum. Recurso especial conhecido e provido" (STJ, 3ª T., REsp 445.693/SP, Rel. Min. Nancy Andrighi, Rel. p/ Acórdão Min. Ari Pargendler, ac. 06.03.2003, *DJU* 23.06.2003, p. 356). A representação a cargo do síndico compreende "a defesa dos interesses comuns" do condomínio. Falta-lhe legitimidade para pleitear reparação de interesse pessoal dos condôminos, como é o caso dos danos morais (STJ, 3ª T., REsp 1.177.862/RJ, Rel. Min. Fátima Nancy Andrighi, ac. 03.05.2011, *DJe* 1º.08.2011).

47 PEREIRA, Caio Mário da Silva. *Condomínios e Incorporações*. Rio de Janeiro: Forense, 1965, p. 157.

48 Esses artigos foram mantidos pelo art. 1.049 do CPC/2015.

49 Artigo mantido pelo art. 1.052 do CPC/2015.

(a) extinguirá o processo, se a diligência competia ao autor (inciso I);

(b) considerará revel o réu se estivesse a seu cargo a providência saneadora (inciso II);

(c) excluirá o terceiro do processo ou o considerará revel, dependendo do polo em que se encontrar (inciso III).

Se o descumprimento da determinação ocorrer em grau de recurso perante o tribunal de justiça, tribunal regional federal ou tribunal superior, o relator (art. 76, § 2º):

(a) não conhecerá do recurso, se a providência couber ao recorrente (inciso I);

(b) determinará o desentranhamento das contrarrazões, se a providência couber ao recorrido (inciso II).

É ônus das sociedades demonstrar sua personalidade.[50] Por isso, "ao ingressar em juízo, a pessoa jurídica de direito privado deve provar sua constituição, a fim de mostrar a regularidade de sua representação".[51] Mas, segundo jurisprudência dominante, não havendo dúvida sobre a existência da sociedade comercial e não tendo havido impugnação a esse respeito, dispensável é a juntada de contrato social em ação movida pela pessoa jurídica.[52]

---

[50] ARRUDA ALVIM NETTO, José Manoel de. *Código de Processo Civil Comentado*. São Paulo: RT, 1975, v. II, p. 92.

[51] STF, Ag. Inst. 55.116, *DJ* 30.05.1972, p. 3.428, *apud* Sahione Fadel, *Código de Processo Civil comentado*, v. I, p. 63.

[52] STJ, 4ª T., AgRg no Ag 1.084.141/RS, Rel. Min. João Otávio de Noronha, ac. 18.08.2009, *DJe* 24.08.2009; STJ, 1ª T., REsp 665.114/RJ, Rel. Min. Teori Albino Zavascki, 07.03.2006, *DJU* 27.03.2006, p. 172.

§ 26. DEVERES E DIREITOS DAS PARTES E PROCURADORES

193. Deveres

Compete às partes, aos seus procuradores e a todos aqueles que de qualquer forma participam do processo (CPC/2015, art. 77):

(a) expor os fatos em juízo conforme a *verdade* (inciso I);
(b) não formular pretensões ou apresentar defesa, cientes de que são *destituídas de fundamento* (inciso II);
(c) não produzir provas e não praticar atos inúteis ou desnecessários à declaração ou defesa do direito (inciso III);
(d) cumprir com exatidão as decisões jurisdicionais, de natureza antecipada ou final, e não criar embaraços à sua efetivação (inciso IV);
(e) declinar o endereço, residencial ou profissional, onde receberão intimações no primeiro momento que lhes couber falar nos autos, atualizando essa informação sempre que ocorrer qualquer modificação temporária ou definitiva (inciso V);
(f) não praticar inovação ilegal no estado de fato de bem ou direito litigioso (inciso VI);
(g) informar e manter atualizados seus dados cadastrais perante os órgãos do Poder Judiciário e, no caso do § 6º do art. 246 deste Código, da Administração Tributária, para recebimento de citações e intimações (inciso VII, acrescentado pela Lei 14.195/2021).

Dentro da sistemática do processo civil moderno, as partes são livres para escolher os meios mais idôneos à consecução de seus objetivos. Mas essa liberdade há de ser disciplinada pelo respeito aos fins superiores que inspiram o processo, como método oficial de procura da justa e célere composição do litígio.

Daí a exigência legal de que as partes se conduzam segundo os princípios da lealdade e probidade, figuras que resumem os itens do art. 77 do CPC/2015, em sua acepção mais larga, e decorrem da norma fundamental do art. 5º. Como ensina Andrioli, do dever de agir segundo a boa-fé decorrem as noções de *lealdade e probidade* que, entretanto, não são jurídicas, mas sim da experiência social. "A lealdade é o hábito de quem é *sincero* e, naturalmente, abomina a *má-fé* e a traição; enquanto a *probidade* é própria de quem atua com retidão, segundo os ditames da consciência".[53]

Exemplo de *improbidade* encontramos nas *expressões ofensivas*, cujo emprego nos escritos do processo é expressamente vedado às partes, a seus advogados, aos juízes, aos membros do Ministério Público e da Defensoria Pública e a qualquer pessoa que participe do processo, cabendo ao juiz mandar riscá-las, de ofício ou a requerimento do ofendido (art. 78, § 2º). Quando a manifestação ofensiva for feita oral ou presencialmente, em audiência, o juiz deverá advertir o ofensor para não mais repeti-la, sob pena de lhe ser cassada a palavra (art. 78, § 1º). O CPC de 2015, diversamente do que fazia o CPC/73, preferiu não reprimir as "expressões injuriosas", texto que gerava polêmica sobre se havia correspondência ou não, com as figuras catalogadas pelo Código Penal, no tratamento dos crimes contra a honra. Falando a lei nova na vedação de "expressões ofensivas", o que se exige dos sujeitos

---

[53] ANDRIOLI, Virgilio. *Lezioni di Diritto Processuale Civile*. Napoli: Jovene, 1973, v. I, n. 62, p. 328. "'O processo não é um jogo de esperteza, mas instrumento ético da jurisdição para efetivação dos direitos de cidadania' (REsp 65.906/DF, Rel. Ministro Sálvio de Figueiredo Teixeira). O Código de Processo Civil (artigo 14, inciso II) impõe aos litigantes um comportamento regido pela lealdade e pela boa-fé, o que se traduz na obediência a um padrão de conduta que razoavelmente se espera de qualquer pessoa em uma relação jurídica impedindo a conduta abusiva e contrária à equidade" (STJ, 3ª T., AgRg no REsp 709.372, Rel. Min. Paulo de Tarso Sanseverino, ac. 24.05.2011, *DJe* 03.06.2011).

processuais é que a linguagem no processo seja a de pessoas educadas e respeitosas, como, aliás, já vinha sendo entendido pela jurisprudência formada ao tempo do CPC/1973.[54]

Ocorre, outrossim, violação do dever de lealdade em todo e qualquer ato inspirado na malícia ou má-fé e principalmente naqueles que procuram desviar o processo da observância do contraditório. Isso se dá quando a parte desvia, astuciosamente, o processo do objetivo principal e procura agir de modo a transformá-lo numa relação apenas bilateral, em que só os seus interesses devam prevalecer perante o juiz.[55]

Entre os casos de abuso processual ofensivos do dever de boa-fé e lealdade, deve-se incluir a conduta maliciosa da parte que retarda a execução da sentença ou da medida antecipatória para se beneficiar com o exorbitante avolumar da multa judicial (*astreintes*), que às vezes se transforma em ruína do devedor e em verdadeiro enriquecimento indevido do credor. Quanto à não execução imediata da condenação, a jurisprudência evita os efeitos do abuso processual, estatuindo que a multa diária não é exigível senão depois de intimado pessoalmente o devedor a cumprir a obrigação de fazer ou não fazer (Súmula 410 do STJ). Mesmo, porém, quando o devedor tenha sido intimado, a demora exagerada na execução da multa pode ser tratada como ato de má-fé ou deslealdade processual, se dela adveio um crescimento da medida coercitiva que ultrapasse o valor da obrigação principal e possa acarretar a insolvência do devedor, ou que se torne medida incompatível com a equidade reclamada pelo dever de boa-fé no comportamento processual.[56]

É importante ressaltar que a exigência de um comportamento em juízo segundo a boa-fé, atualmente, não cuida apenas da repressão à conduta maliciosa ou dolosa da parte. O atual Código de Processo Civil, na preocupação de instituir o *processo justo* nos moldes preconizados pela Constituição, inclui entre as normas fundamentais o princípio da boa-fé objetiva (art. 5º), que valoriza o comportamento ético de todos os sujeitos da relação processual. Exige-se, portanto, que as atitudes tomadas ao longo do processo sejam sempre conformes aos padrões dos costumes prevalentes no meio social, determinados pela probidade e lealdade. Não importa o juízo íntimo e a intenção de quem pratica o ato processual. Não é só a má-fé (intenção de prejudicar o adversário ou a apuração da verdade) que interessa ao processo justo, é também a avaliação objetiva do comportamento que se terá de fazer para mantê-lo nos limites admitidos moralmente, ainda quando o agente não tenha tido a consciência e a vontade de infringi-los.

---

54 "'Expressões injuriosas' (CPC, art. 15) não tem o sentido empregado no Código Penal, referindo-se a dignidade e ao decoro. Ao contrário, visa a abranger palavras escritas ou orais incompatíveis com a linguagem de estilo forense, a que estão vinculados o juiz, o Ministério Público e o advogado, em homenagem a seriedade do processo. A veemência da postulação precisa cingir-se aos limites da polidez" (STJ, 6ª T., REsp 33.654/RS, Rel. Min. Luiz Vicente Cernicchiaro, ac. 10.05.1993, *DJU* 14.06.1993, p. 11.794).

55 ANDRIOLI, Virgílio. *Lezioni di Diritto Processuale Civile*. Napoli: Jovene, 1973, v. I, n. 62, p. 328.

56 Em matéria de inércia na cobrança de danos progressivos, o STJ considerou a conduta do credor violadora do dever de boa-fé objetiva, do qual resulta "o dever de mitigar o próprio prejuízo". Para o acórdão, a parte a que a perda aproveita não pode permanecer deliberadamente inerte diante do dano, de modo que o "agravamento do prejuízo, em razão da inércia do credor", pode ser considerado como "infringência aos deveres de cooperação e lealdade", para justificar redução do *quantum* da indenização (STJ, 3ª T., REsp 758.518/PR, Rel. Min. Vasco Della Giustina, ac. 17.06.2010, *DJe* 28.06.2010). Para Fredie Didier Jr., o princípio em questão tem aplicação às *astreintes* que só venham a ser cobradas depois de longa inércia do credor: "É lícito conceber a existência de um dever da parte de mitigar o próprio prejuízo, impedindo o crescimento exorbitante da multa, como corolário do princípio da boa-fé processual, cláusula geral prevista no art. 14, II, CPC [CPC/2015, art. 77]" (DIDIER JR., Fredie. Multa coercitiva, boa-fé processual e *suppressio*: aplicação do *duty to mitigate the loss* no processo civil. *Revista de Processo*, v. 171, p. 48, maio 2009).

Registre-se, finalmente, que os deveres de lealdade e probidade, a que aludem os arts. 77 e 78, tocam a ambas as partes (autor e réu), bem como aos terceiros intervenientes, e ainda aos advogados que os representem no processo, além do Ministério Público, da Defensoria Pública e do próprio juiz.

194. Ato atentatório à dignidade da justiça

O Código é claro ao estatuir que os deveres arrolados nos arts. 77 e 78 foram estendidos a "todos aqueles que de qualquer forma participem do processo". Assim, o funcionário público, ou o empregado de empresa privada, por exemplo, quando convocado a informar, a fornecer dados, a exibir registros ou coisas, ou efetuar levantamentos, estarão sujeitos aos deveres de veracidade, lealdade, boa-fé e demais enunciados no art. 77.

I – Condutas qualificadas como atentatórias à dignidade da justiça

A novidade trazida pela Lei 10.358/2001 e que foi ampliada pelo atual Código, no conteúdo de tais deveres, foi no sentido de que cabe não só às partes, como a todo aquele que de qualquer forma participa do processo, submeter-se às ordens contidas nas decisões jurisdicionais, e não apenas naquelas que assumirem a feição mandamental, de natureza antecipada ou final, bem como não criar embaraços a sua efetivação.[57]

A inovação de 2001 consistiu em distinguir entre o cumprimento das medidas de urgência e das sentenças condenatórias, de modo a reprimir a desobediência das primeiras com as penas do delito de desobediência (Código Penal, arts. 329 e 330) e impor o dever de não embaraçar a efetivação de quaisquer atos decisórios, de natureza antecipatória ou final.[58]

Já para o atual CPC, não há que se distinguir entre medida de urgência e decisão normal, no campo de repressão ao dever de acatamento dos pronunciamentos judiciais. Todas as insubmissões da parte aos comandos do juiz, quando injustificáveis, podem representar ato atentatório à dignidade da justiça (art. 77, § 2º). De início, o infrator será advertido, logo após a prática do ato de resistência injusta, de que sua conduta poderá ser punida como ato daquela natureza (art. 77, § 1º). Mantida a postura infracional, o juiz lhe aplicará as sanções administrativas e penais cabíveis (§ 2º). Preconiza-se, dessa forma, uma postura de fiscalização e orientação, por parte do juiz, que poderá evitar penalizações imediatas, na esperança de que a advertência, por si só, ponha fim ao comportamento inadequado do litigante. Insuficiente a admoestação, a sanção pelo atentado à dignidade da justiça será, então, aplicada pelo juiz.

---

57 "Os deveres contidos no art. 14 do CPC [CPC/2015, art. 77] são extensivos a quem quer que cometa o atentado ao exercício da jurisdição. Por esse motivo, a multa por desacato à atividade jurisdicional prevista pelo parágrafo único deste artigo é aplicável não somente às partes e testemunhas, mas também aos peritos e especialistas que, por qualquer motivo, deixam de apresentar nos autos parecer ou avaliação" (STJ, 3ª T., REsp 1.013.777/ES, Rel. Min. Nancy Andrighi, ac. 13.04.2010, *DJe* 01.07.2010). Em outros termos: "É mais amplo ainda, porém, o alcance do art. 14 [CPC/2015, art. 77]. Isto porque não só as partes, mas todos aqueles que de qualquer forma participam do processo têm de cumprir os preceitos estabelecidos pelo art. 14 (...) [CPC/2015, art. 77]" (STJ, 1ª T., REsp 757.895/PR, Rel. Min. Denise Arruda, ac. 02.04.2009, *DJe* 04.05.2009).

58 Por mandamental entende-se a deliberação do juiz em que não apenas se reconhece a obrigação de realizar certa prestação, mas se dispõe, como ordem de autoridade competente, o comando impositivo de certa conduta. Assim, o seu descumprimento equivale à desobediência ou resistência à ordem legal de autoridade pública (crimes capitulados nos arts. 329 e 330 do Código Penal) (As penas de prisão, acaso decorrentes do crime de desobediência, não podem ser aplicadas pelo juiz cível, diante do ato atentatório ao exercício da jurisdição. Somente o juiz criminal, em processo próprio, poderia fazê-lo. Ao juiz cível cabe somente a aplicação da multa disciplinar do parágrafo único do art. 14 do CPC/73 (CPC/2015, art. 77) (acrescido pela Lei 10.358/2001). A cobrança, porém, terá de ser feita pela Fazenda Pública, por meio de executivo fiscal).

Toda ordem judicial, em princípio, há de ser cumprida na forma e prazo determinados. Mesmo quando sujeita a decisão final ou antecipada ao procedimento executivo comum, é dever dos que participam do processo absterem-se de criar embaraços à efetivação de todo e qualquer provimento judicial (art. 77, IV). Foi para reforçar o caráter cogente dos provimentos jurisdicionais e assegurar a sua exequibilidade que o § 2º do Código qualifica a violação do inc. IV como "ato atentatório à dignidade da justiça", independentemente de se tratar de uma decisão mandamental ou não.

O Código preocupou-se com a lisura de comportamento das partes envolvidas no processo, de tal sorte que também previu que a prática de inovação ilegal no estado de fato de bem ou direito litigioso (item VI) será classificada de *ato atentatório à dignidade da justiça*. Com isso, se simplificou largamente o tratamento do *atentado*, cuja repressão, no regime anterior, se fazia por meio de uma ação cautelar e agora se torna sancionável por meio de simples decisão interlocutória.

Para sanar a infração de um dever processual da parte, a reparação deverá ser exigida da própria parte. Não poderá seu representante judicial ser compelido a cumprir a decisão em sua substituição (art. 77, § 8º). Portanto, sempre que couber à parte o cumprimento pessoal da medida, é a ela, e não ao representante, que haverá de ser endereçada a respectiva intimação.

Entre os casos de atentado à dignidade da Justiça, o art. 246, § 1º-C (acrescido pela Lei 14.195/2021), arrolou o do demandado que deixa de confirmar no prazo legal, sem justa causa, o recebimento da citação realizada por meio eletrônico. O infrator sujeita-se, *in casu*, à multa de até 5% do valor da causa.

II – Punição por ato atentatório à dignidade da justiça

Para as condutas capituladas nos incs. IV e VI, o órgão judicial está autorizado, sem prejuízo das sanções criminais, civis e processuais cabíveis, a aplicar ao responsável (parte, interveniente, ou quem, de qualquer forma, participe do processo) a multa de até 20% (vinte por cento) do valor da causa (art. 77, § 2º).[59] Caso o valor da causa seja irrisório ou inestimável, o juiz fixará a multa em até dez vezes o valor do salário mínimo (art. 77, § 5º). Referida multa corresponde a uma sanção àquilo que no direito norte-americano se denomina *contempt of court* e que não confunde com as multas pela litigância de má-fé (art. 81).

O juiz arbitrará a pena nos próprios autos em que incorreu a infração e assinará prazo para seu pagamento. Para fixar-lhe o montante, levará em conta "a gravidade da conduta" do infrator (art. 77, § 2º).

Não ocorrendo o pagamento no tempo devido – cuja contagem se dará após o trânsito em julgado da decisão que a fixou –, a multa será inscrita como dívida ativa da União ou do Estado, conforme se trate de processo da Justiça Federal ou da Justiça Estadual. A execução da multa observará o procedimento da execução fiscal, revertendo-se ao fundo de modernização do Poder Judiciário, que pode ser criado pela União e pelos Estados (art. 77, § 3º).

Referida pena, nos termos do art. 77, § 4º, poderá ser fixada independentemente da incidência das multas previstas para a hipótese de não cumprimento espontâneo da obrigação de pagar quantia certa (art. 523, § 1º) ou como meio coercitivo utilizado pelo juiz para satisfazer o credor de obrigação de fazer ou não fazer (art. 536, § 1º).

---

[59] A multa por ato atentatório ao exercício da jurisdição pode ser aplicada pelo juiz tanto ao autor como ao réu, bem como a terceiros intervenientes, peritos, assistentes técnicos, tradutores, oficiais de justiça, depositários, administradores judiciais e quaisquer outras pessoas que venham a atuar no processo, menos os advogados. As sanções a que estes se submetem são apenas as previstas no Estatuto da OAB. A ressalva de que a multa aos procuradores das partes será feita administrativamente não se aplica apenas aos advogados liberais, cuja disciplina é controlada pela OAB, mas também àqueles vinculados aos entes estatais, sujeitos a regime estatutário próprio da entidade a que servem (STF, Pleno, ADI 2.652-6/DF, ac. 08.05.2003, Rel. Min. Maurício Corrêa, *Revista Forense* 372/247).

O atual Código distinguiu a conduta praticada pela parte e pelos advogados, prevendo sanções distintas para o descumprimento dos deveres processuais. Assim, se o ato atentatório à dignidade da justiça for praticado por advogados públicos ou privados, pelos membros da Defensoria Pública ou do Ministério Público, a eles não será aplicável a multa pelo juiz, que, ao contrário, deverá oficiar o respectivo órgão de classe ou corregedoria para apurar eventual responsabilidade disciplinar (art. 77, § 6º).

III – Repressão à inovação ilegal no estado de fato de bem ou direito litigioso

Se o ato atentatório à dignidade da justiça ocorrer em razão de inovação ilegal no estado de fato de bem ou direito litigioso (inc. VI), o juiz determinará o restabelecimento do estado anterior, podendo, até mesmo, proibir a parte de falar nos autos até a purgação do atentado (art. 77, § 7º).

Em qualquer caso, poderá aplicar a multa prevista no art. 77, § 2º.

Dessa maneira, a antiga medida cautelar de atentado se transformou num incidente de repressão à conduta processual incompatível com a dignidade da justiça.

IV – Execução das multas aplicadas em razão do atentado à dignidade da justiça

Duas questões devem ser ressaltadas quanto à exigência de multa por atentado à dignidade da justiça: *(i)* sua exigibilidade não é imediata, pois só deverá ocorrer após o encerramento do processo pelo trânsito em julgado da decisão final; *(ii)* o beneficiário da multa não é a parte prejudicada (como se dá na comum litigância de má-fé – art. 96); é o Poder Público que a arrecadará como dívida ativa (art. 77, § 3º).

195. Responsabilidade das partes por dano processual

Da má-fé do litigante resulta o dever legal de indenizar as perdas e danos causados à parte prejudicada (CPC/2015, art. 79). Esse dever alcança tanto o autor e o réu como os intervenientes.

A responsabilidade, *in casu*, pressupõe o elemento objetivo *dano* e o subjetivo *culpa*, mas esta não se confunde necessariamente com o dolo e, pelo casuísmo legal, pode às vezes limitar-se à culpa em sentido estrito, mas de natureza grave (art. 80, I e VI).

Assim, o art. 80 considera litigante de má-fé aquele que:

(a) deduzir pretensão ou defesa contra texto expresso de lei ou fato incontroverso (inciso I);
(b) alterar a verdade dos fatos (inciso II);[60]
(c) usar o processo para conseguir objetivo ilegal (inciso III);
(d) opuser resistência injustificada ao andamento do processo (inciso IV);
(e) proceder de modo temerário em qualquer incidente ou ato do processo (inciso V);
(f) provocar incidente manifestamente infundado (inciso VI);
(g) interpuser recurso com intuito manifestamente protelatório (inciso VII).[61]

---

[60] Embora o inc. II do art. 80 (CPC/1973, art. 17, II) fale apenas em "alterar a verdade dos fatos" (conduta ativa), a jurisprudência entende, com base no inc. V (procedimento "temerário"), que se reputa, também, litigância de má-fé "a omissão de fato relevante para o julgamento da causa" (STJ, 2ª Seção, AgRg no CC 108.503/DF, Rel. Min. Paulo de Tarso Sanseverino, ac. 22.09.2010, *DJe* 13.10.2010. No mesmo sentido: TST, Súmula 403).

[61] "Evidente a intenção do agravante em prolongar indefinidamente o exercício da jurisdição, mediante a interposição dos inúmeros recursos e petições desprovidos de qualquer razão e notoriamente incabíveis.

Ocorrendo a litigância de má-fé, a previsão legal é de dupla consequência: sujeição à multa de 1 a 10% do valor da causa corrigido; e indenização dos prejuízos sofridos pela parte contrária (art. 81, *caput*). Mas "o dano processual não é pressuposto para a aplicação da multa por litigância de má-fé a que alude o art. 18 do CPC/73 [art. 81, CPC/2015], que configura mera sanção processual, aplicável inclusive de ofício, e que não tem por finalidade indenizar a parte adversa"[62].

No caso de pluralidade de litigantes de má-fé, o juiz condenará cada um na proporção de seu respectivo interesse na causa. Mas se os litigantes se unirem para lesar a parte contrária, a condenação atingirá, solidariamente, aqueles que se coligaram para prejudicar o adversário (art. 81, § 1º).

I – Indenização

O conteúdo da indenização compreenderá, segundo o art. 81, *in fine*:

(a) os prejuízos da parte;
(b) os honorários advocatícios;
(c) as despesas efetuadas pelo lesado.

Essa reparação, que decorre de ato ilícito processual, será devida, qualquer que seja o resultado da causa, ainda que o litigante de má-fé consiga, ao final, sentença favorável.[63]

Não há necessidade de ação própria para reclamar a indenização. O prejudicado, demonstrando a má-fé do outro litigante, poderá pedir sua condenação, incidentemente, nos próprios autos do processo em que o ilícito foi cometido. Apenas o valor da indenização é que poderá ser relegado para o procedimento separado da liquidação por arbitramento, segundo o rito próprio previsto no art. 510, ou pelo procedimento comum, quando o juiz não dispuser de elementos para fixá-lo de plano (art. 511).

Não há necessidade de a vítima quantificar comprovadamente o dano que lhe foi acarretado pelo litigante temerário, já que, nos termos do art. 81, *caput* e § 3º, do CPC:

(a) ficou explícito que a condenação do litigante de má-fé a indenizar a parte prejudicada nem mesmo depende, necessariamente, de pedido do ofendido. Caberá ao juiz decretá-la "de ofício ou a requerimento" (*caput*);
(b) conferiu-se, outrossim, ao juiz a faculdade de fixar objetivamente a indenização, ou de determinar que se proceda à liquidação por arbitramento ou à liquidação pelo procedimento comum (art. 81, § 3º).

Na maioria das vezes, portanto, o juiz mesmo arbitrará a sanção, tornando-a de aplicação imediata ao infrator. A liquidação, a nosso ver, será recomendável apenas quando houver indícios

---

II – Recurso manifestamente infundado: imposição ao pagamento de multa de 10% (dez por cento) do valor corrigido da condenação, nos termos do art. 557, § 2º, do CPC" (STF, 1ª T., AI 608.735 AgR-ED-AgR-ED-AgR, Rel. Min. Ricardo Lewandowski, ac. 05.05.2009, *DJe* 12.06.2009). Mas é necessário que a utilização do recurso seja dolosamente voltada para o fim de obstar o trâmite normal do processo: "o simples manejo de apelação cabível, ainda que com argumentos frágeis ou improcedentes, sem evidente intuito protelatório não traduz má-fé nem justifica a aplicação de multa" (STJ, 3ª T., REsp 842.688/SC, Rel. Min. Humberto Gomes de Barros, ac. 27.03.2007, *DJU* 21.05.2007, p. 576). No mesmo sentido: STJ, 3ª T., AgRg nos EDcl no REsp 1.333.425/SP, Rel. Min. Nancy Andrighi, ac. 27.11.2012, *DJe* 04.12.2012.

62 STJ, 3ª T., REsp 1.628.065/MG, Rel. p/ ac. Min. Paulo de Tarso Sanseverino, ac. 21.02.2017, *DJe* 04.04.2017.

63 BARBI, Celso Agrícola. *Comentários ao Código de Processo Civil*. Rio de Janeiro: Forense, v. I, t. I, n. 168, p. 182.

de danos efetivos de grande monta, que não permitam a imediata e razoável quantificação. Aí sim haveria necessidade de uma perícia para determinar o prejuízo real sofrido pela parte que suportou as consequências da litigância temerária.

A aplicação do § 3º do art. 81 facilita a condenação do litigante de má-fé, independentemente de prova quantitativa do dano suportado pelo adversário. Não quer isso dizer, todavia, que a sanção será aplicada mesmo sem ter havido dano algum. A litigância de má-fé pressupõe sempre dano sério ao processo e aos interesses da contraparte. Esse dano tem de ser demonstrado, ainda que nem sempre se exija prova exata de seu montante. Dentro da previsão do § 3º do art. 81, o juiz pode, com prudência, arbitrar imediatamente a indenização, sem exigir prova exata de seu *quantum*. Sua existência, contudo, terá de ser inequivocamente provada ou, pelo menos, deduzida, de forma necessária, dos fatos e elementos concretos dos autos. Em nenhuma hipótese, portanto, se admitirá a imposição do dever de indenizar, na ausência de dano efetivo derivado da conduta censurada do litigante.[64]

A Corte Especial do STJ, à luz do CPC/1973, assentou a tese de ser "desnecessária a *comprovação do prejuízo* para que haja condenação ao pagamento da indenização prevista no art. 18, *caput* e § 2º, do Código de Processo Civil [art. 81, *caput* e § 3º, do CPC/2015], decorrente da litigância de má-fé"[65] (g.n.). A decisão, ressalte-se, já foi objeto de remissão ao regime do atual CPC.

A nosso ver, no entanto, esse entendimento não importa, como já afirmado, dispensar a ocorrência do dano, já que, sem este, logicamente não há o que indenizar. O dano, na espécie, é o processual e não aquele cogitado no plano extrajudicial.[66] Decorre do transtorno que o ato de má-fé acarretou sobre a marcha do processo, na provocação de diligências inúteis, na sonegação de dados relevantes, e na protelação da resolução do litígio.[67] Tais fatos devem ser verificados por meio dos próprios termos ou elementos do processo, de sorte que o juiz possa se convencer da respectiva ocorrência, sem depender de instrução probatória específica. É isto, segundo pensamos, que a jurisprudência uniformizada do STJ afirma. O *quantum* do prejuízo é que o próprio juiz pode estimar, uma vez evidenciados o ato abusivo e sua repercussão sobre o processo. Se entender que não se acha habilitado a fazê-lo, determinará sua liquidação por arbitramento ou por procedimento comum, mas sempre como simples incidente do processo.

Rara, porém, não é a conduta de má-fé processual que, sem embargo de censurável, não chega a causar prejuízo mensurável patrimonialmente, a exemplo do que se passa com o requerimento de diligência desnecessária requerida e denegada sem adiamento da audiência de instrução e julgamento, ou dos embargos declaratórios descabidos, mas que foram de pronto rejeitados, ou da dedução de defesa contra texto expresso de lei, cuja repulsa ocorreu sem ampliação do curso do processo, e outras tantas situações semelhantes.

---

64 "A condenação prevista no art. 18, § 2º, do CPC (CPC/2015, art. 81, § 3º), pressupõe dolo da parte que litiga de má-fé, além da demonstração inequívoca do prejuízo causado à parte contrária" (STJ – 3ª T., REsp 756.885/RJ, Rel. Min. Humberto Gomes de Barros, ac. 14.08.2007, *DJU* 17.09.2007, p. 255). No mesmo sentido: STJ – 1ª T., REsp 271.584/PR, Rel. Min. José Delgado, ac. 23.10.2000, *DJU* 05.02.2001, p. 80.

65 STJ, Corte Especial, EREsp 1.133.262/ES, Rel. Min. Luis Felipe Salomão, ac. 03.06.2015, *DJe* 04.08.2015.

66 STJ, 3ª T., REsp 1.011.733/MG, Rel. Min. Massami Uyeda, ac. 01.09.2011, *DJe* 26.10.2011.

67 "Trata-se aqui das perdas e danos, ou seja, tudo o que ela [a parte] efetivamente perdeu mais o que deixou de ganhar. A previsão legal tem intuito reparatório, pois o comportamento desleal do litigante pode gerar maior demora na solução do litígio, causando dano ao adversário. Impõe-se, portanto, a reparação" (BEDAQUE, José Roberto dos Santos. In: MARCATO, Antônio Carlos (coord.). *Código de Processo Civil interpretado*. 2. ed. São Paulo: Atlas, 2005, p. 96).

Sem a ocorrência do prejuízo processual, a litigância de má-fé será punida com multa, mas não se condenará o infrator a indenizar perdas e danos.[68] Contudo, não será por falta de prova, mas por inocorrência de dano que a sanção restará limitada à multa.[69]

II – Multa

Além do ressarcimento dos prejuízos, o litigante de má-fé sujeita-se a pagar multa de valor superior a um por cento e inferior a dez por cento do valor corrigido da causa (art. 81), verba essa que, também, reverterá em benefício da parte prejudicada (art. 96). Se o valor da causa for irrisório ou inestimável, a multa poderá ser fixada em até dez vezes o valor do salário mínimo (art. 81, § 2º).

A multa, que se acresce às perdas e danos, também é aplicável de ofício ou a requerimento da parte, independentemente de demonstração de efetivo prejuízo (art. 81, *caput*).

Às sanções dos arts. 79 e 81 (multa e perdas e danos por litigância de má-fé) pode ser cumulada a multa de até 20% do valor da causa, por ato atentatório à dignidade da justiça (*contempt of court*) (art. 77, § 2º), com a ressalva de que esta última penalidade será revertida em favor da Fazenda Pública, e não da parte prejudicada.

III – Honorários advocatícios e despesas da parte prejudicada

O art. 81 imputa, ainda, ao litigante de má-fé – além da multa e das perdas e danos –, a reposição das despesas processuais acrescidas e o encargo dos honorários advocatícios.

As despesas em questão correspondem a todos os gastos processuais que o ato abusivo provocou para a outra parte. E os honorários são consequência de ter sido imposta ao ímprobo litigante a condenação às perdas e danos. É o montante da indenização que servirá de base para o cálculo da verba honorária.[70] Ou seja: não é sobre o valor da causa, ou da multa, que se apurará a verba advocatícia, mas sobre o *quantum* das perdas e danos ocasionados pelo ato de litigância de má-fé, aludido no art. 81, *caput*, do CPC/2015.[71]

196. Direitos

A jurisdição importa exercício de atos soberanos pelo órgão judicial. Ao mesmo tempo, porém, que o Estado impõe sua justiça aos indivíduos, privando-os da autotutela, contrai perante eles o compromisso de tutelá-los, sempre que ocorrer lesão ou ameaça a seus direitos subjetivos (CF, art. 5º, XXXV). Nasce, assim, para os litigantes, não só a sujeição à justiça oficial, mas também o direito subjetivo público de exigir do Poder Judiciário a prestação jurisdicional, a ser realizada dentro dos parâmetros legais e constitucionais do devido processo legal.

Assim, o direito básico de toda pessoa que se sinta envolvida em litígio é o *direito de ação* como forma de obter o provimento judicial capaz de solucionar o conflito, mediante concretização da vontade da lei. Esse é o denominado *direito de acesso à Justiça*, que deve se

---

68 STJ, 1ª T., REsp 614.254/RS, Rel. Min. José Delgado, ac. 01.06.2004, *DJU* 13.09.2004, p. 178. "Essa pena decorre apenas da má-fé e não tem caráter indenizatório, embora o beneficiário seja a outra parte (art. 35). Mesmo que não caracterizado qualquer prejuízo concreto ou presumido, a multa é devida" (BEDAQUE, José Roberto dos Santos. In: MARCATO, Antônio Carlos (coord.). *Código de Processo Civil interpretado*. 2. ed. São Paulo: Atlas, 2005, p. 96).

69 LOPES, Bruno Vasconcelos Carrilho. *Comentários ao Código de Processo Civil*. São Paulo: Saraiva, 2017, v. II, nº 67, p. 83-85.

70 Não é o resultado final do processo que influirá na imposição dos honorários. Decorre do "reconhecimento da indenização por perdas e danos à parte contrária e, portanto, é com base no montante apurado que [o *quantum*] deverá ser fixado" (WAMBIER, Teresa Arruda Alvim et al. *Novo Código de Processo Civil*: artigo por artigo. 2. ed. São Paulo: RT, 2016, p. 181.

71 STJ, 1ª Seção, EDcl no REsp 816.512/PI, Rel. Min. Napoleão Nunes Maia Filho, ac. 28.09.2011, *DJe* 16.11.2011.

dar segundo a garantia do devido processo legal e seus consectários enunciados na Lei Magna e nas leis processuais que a complementam.

Por outro lado, o Código de Processo Civil elenca uma série de poderes e deveres do juiz, como o de assegurar o tratamento igualitário das partes, velar pela duração razoável do processo, prevenir ou reprimir atos contrários à dignidade da justiça etc. (v., adiante, o item 296). Mas, como a jurisdição é função, e não simples poder, pois engloba poderes e deveres, a todo poder que lhe atribui a lei corresponde o direito da parte de exigir que a função seja regular e adequadamente exercida. Assim, por exemplo, a repressão ao ato contrário à dignidade da Justiça, que se insere nos poderes do juiz, é também um direito subjetivo processual do litigante prejudicado pela conduta abusiva do adversário. Da mesma forma se passa com o cumprimento do contraditório e o tratamento isonômico dos contendores, que o juiz, de ofício, tem de promover, e que à parte cabe o direito de exigir.

197. Direito especial dos litigantes idosos e portadores de doenças graves

O atual Código de Processo Civil instituiu, por meio do art. 1.048, I, o direito dos litigantes idosos a uma preferência de tramitação, a ser observada nos procedimentos em que figure pessoa de idade igual ou superior a 60 anos, regalia que consta, também, do Estatuto da Pessoa Idosa (Lei 10.741/2003, art. 71).[72] Essa regra beneficia, pois, tanto o autor como o réu e, ainda, o terceiro interessado. Uma vez requerido o favor legal da pessoa idosa, mediante petição acompanhada da prova de sua condição, caberá ao juiz ordenar ao cartório as providências tendentes a fazer com que o andamento do feito tenha preferência sobre os demais (art. 1.048, § 1º).[73] Mesmo que o idoso venha a falecer antes do julgamento da causa, a tramitação preferencial continuará prevalecendo em benefício do cônjuge supérstite, companheiro ou companheira, em união estável (art. 1.048, § 3º).

A razão do tratamento especial é intuitiva: o litigante idoso não tem perspectiva de vida para aguardar a lenta e demorada resposta judicial e, por isso, merece um tratamento processual mais célere, a fim de poder, com efetividade, se prevalecer da tutela jurisdicional.

O atual Código equiparou à pessoa idosa o portador de doença grave,[74] de modo que o benefício da tramitação preferencial se aplica indistintamente a ambos (art. 1.048, I). Ao fazer constar no art. 1.045 a expressão "interessado", o Código teve o propósito de assegurar a tramitação privilegiada tanto nos processos contenciosos como nos procedimentos de jurisdição voluntária.

Concedida a prioridade pelo juiz da causa, os autos deverão receber identificação própria que evidencie o regime de tramitação prioritária (art. 1.048, § 2º).

O Código atual estabeleceu, também, prioridade de tramitação dos seguintes procedimentos: (*i*) os regulados pelo Estatuto da Criança e do Adolescente (Lei 8.069, de 13 de julho

---

[72] "Dentre os processos de pessoas idosas, dar-se-á prioridade especial aos das maiores de 80 (oitenta) anos" (Lei 10.741/2003, art. 71, § 5º, acrescido pela Lei 13.466/2017, com redação dada pela Lei 14.423/2022).

[73] No Supremo Tribunal Federal, a Resolução 213/2001 determina que, para atender à prioridade em favor dos idosos, os autos serão identificados mediante etiqueta afixada na capa. Também o Estatuto da Pessoa Idosa (Lei 10.741/2003) determina que a circunstância seja anotada em local visível nos autos do processo (art. 71, § 1º).

[74] O art. 1.062, I (CPC/1973, arts. 1.211-A e 1.211-C), não define o que seja doença grave. No art. 69-A, IV, da Lei 9.784/1999, que cuida do processo administrativo, há um rol de enfermidades qualificadas como graves: "tuberculose ativa, esclerose múltipla, neoplasia maligna, hanseníase, paralisia irreversível e incapacitante, cardiopatia grave, doença de Parkinson, espondiloartrose anquilosante, nefropatia grave, hepatopatia grave, estados avançados da doença de Paget (osteíte deformante), contaminação por radiação, síndrome de imunodeficiência adquirida ou outra doença grave, com base em conclusão da medicina especializada, mesmo que a doença tenha sido contraída após o início do processo".

de 1990) (art. 1.048, II); (*ii*) aqueles em que figure como parte a vítima de violência doméstica e familiar, nos termos da Lei 11.340/2006 (Lei Maria da Penha) (art. 1.048, III, incluído pela Lei 13.894/2019); e, ainda *(iii)* aqueles em que se discuta a aplicação do disposto nas normas gerais de licitação e contratação em todas as modalidades, para as administrações públicas diretas e indiretas, previstas no inciso XXVII, do art. 22 da CF (art. 1.048, IV, incluído pela Lei 14.133, de 2021).

Importante ressaltar que a tramitação prioritária não depende de deferimento pelo órgão jurisdicional, é garantia de observância imediata e automática, que decorre da prova da condição de beneficiário (art. 1.048, § 4º).

Com o fito de instituir a Política Judiciária sobre Pessoas Idosas e suas interseccionalidades, o CNJ editou a Resolução 520/2023, "definindo princípios, diretrizes, objetivos, e ações para o enfrentamento da violência contra as pessoas idosas, bem como garantindo a adequada solução de conflitos, nos termos da legislação vigente".

197-A. Tutela especial das vítimas de violência doméstica

A Lei 13.894/2019 alterou dispositivos do CPC com o fito de assegurar alguns privilégios processuais às vítimas de violência doméstica e familiar (Lei Maria da Penha), que são os seguintes: *(i)* foro do domicílio da vítima para as ações intentadas com base em tais violências (art. 53, I, "d"); *(ii)* intervenção do Ministério Público, quando não for parte, nas ações de família em que figure como parte vítima das mesmas violências (art. 698, parágrafo único); e *(iii)* prioridade de tramitação dos procedimentos judiciais da espécie, em qualquer juízo ou tribunal (art. 1.048, III).

§ 27. DESPESAS E MULTAS

198. Ônus financeiro do processo

A prestação da tutela jurisdicional é serviço público remunerado, a não ser nos casos de miserabilidade, em que o Estado concede à parte o benefício da "assistência judiciária" (Lei 1.060, de 05.02.1950; CPC/2015, arts. 98 a 102). Por isso, tirante essa exceção legal, "incumbe às partes prover as despesas dos atos que realizarem ou requererem no processo" (art. 82).

Essas despesas compreendem as custas e todos os demais *gastos* efetuados com os atos do processo, como indenização de viagem, diária de testemunha e a remuneração de perito e assistentes técnicos (art. 84).

São *custas* as verbas pagas aos serventuários da Justiça e aos cofres públicos, pela prática de ato processual conforme a tabela da lei ou regimento adequado. Pertencem ao gênero dos tributos, por representarem remuneração de serviço público.

Despesas são todos os demais gastos feitos pelas partes na prática dos atos processuais, com exclusão dos honorários advocatícios, que receberam do atual Código tratamento especial (art. 85).

A indenização de viagem, a que alude o art. 84, pode corresponder a gasto da testemunha, da parte ou dos advogados, sempre que tenham que se deslocar do local onde residem para praticar o ato processual. Incide, por exemplo, quando a testemunha reside na zona rural ou em distrito afastado da sede do juízo; quando o advogado tem que se deslocar para acompanhar o cumprimento de uma carta precatória; ou quando a parte tenha que comparecer à tentativa de conciliação em comarca que não a de seu domicílio.

A diária de testemunha será custeada quando esta não for funcionário público ou não estiver sob regime da legislação trabalhista, já que, em semelhantes circunstâncias, nenhum desconto poderá sofrer da fonte pagadora (art. 463, parágrafo único).

199. Antecipação das despesas

Impõe o Código a cada parte o ônus processual de pagar antecipadamente as despesas dos atos que realizar ou requerer, em curso do processo (CPC/2015, art. 82,[75] *caput*). Ao autor incumbe, mais, o ônus de adiantar as despesas relativas aos atos cuja realização for determinada pelo juiz, *ex officio*, ou a requerimento do Ministério Público, quando sua intervenção ocorrer como fiscal da ordem jurídica (art. 82, § 1º). Se este requerer diligência como parte, não será o caso de exigir do outro litigante que a custeie. Cumpre ao autor, também, efetuar o preparo inicial, logo após a propositura da ação (art. 290).

O descumprimento do ônus financeiro processual, pelo não pagamento antecipado das despesas respectivas, conduz à não realização do ato requerido, em prejuízo da parte que o requereu. Assim, se se requereu o depoimento de testemunha, mas não se depositou a verba necessária para a devida intimação, a diligência não será praticada e a audiência será realizada sem a coleta do depoimento. *Mutatis mutandis*, o mesmo acontecerá com a parte que requereu prova pericial, mas não depositou, no prazo que o juiz lhe assinou, a importância para cobrir a remuneração do perito e outros gastos da prova técnica.

Se a falta do ato realizado impedir o prosseguimento da marcha processual (citação de litisconsorte necessário ou promoção de prova determinada pelo juiz como indispensável ao

---

[75] Pela Lei 15.109/2025: "§ 3º Nas ações de cobrança por qualquer procedimento, comum ou especial, bem como nas execuções ou cumprimentos de sentença de honorários advocatícios, o advogado ficará dispensado de adiantar o pagamento de custas processuais, e caberá ao réu ou executado suprir, ao final do processo, o seu pagamento, se tiver dado causa ao processo".

julgamento da causa), o não pagamento de preparo prévio provocará a figura do *abandono da causa*, e poderá redundar em extinção do processo, sem resolução de mérito, observado o disposto no art. 485, II e III, § 1º.

Quando a ausência do preparo prévio é de custas recursais, dá-se a *deserção* do recurso (*vide* vol. III). Quando for das custas iniciais da ação proposta, passados quinze dias da intimação pessoal do advogado da parte, ensejará a extinção do processo, com cancelamento da distribuição e arquivamento dos autos (art. 290). Nesse caso, ultrapassados os quinze dias legais sem o recolhimento das custas, a distribuição do processo será cancelada, sem necessidade de citação do réu e de outra intimação do autor, bastando a constatação da ausência do preparo inicial e da inércia da parte autora, após intimada a regularizá-lo.[76]

No tocante à antecipação das despesas de perícia, dispõe o art. 95 que "cada parte adiantará a remuneração do assistente técnico que houver indicado; sendo a do perito adiantada pela parte que houver requerido a perícia, ou rateada quando a perícia for determinada de ofício ou requerida por ambas as partes". O juiz determinará que a parte responsável pelo pagamento da diligência deposite em juízo o valor correspondente à remuneração do perito (art. 95, § 1º). Quanto ao pagamento, será feito em duas oportunidades: até a metade do valor depositado, o juiz poderá autorizar o levantamento pelo perito no início dos trabalhos; o restante será pago após a apresentação do laudo e a prestação de todos os esclarecimentos necessários pelo *expert* (arts. 95, § 2º, e 465, § 4º). Sendo a perícia inconclusiva ou deficiente, o juiz poderá reduzir a remuneração inicialmente arbitrada para o trabalho (art. 465, § 5º).

O Código previu uma forma diferenciada para o custeio da perícia que for de responsabilidade de beneficiário de justiça gratuita (art. 95, §§ 3º e 4º). A despesa com a prova poderá ser paga com recursos alocados ao orçamento do ente público e realizada por servidor do Poder Judiciário ou por órgão público conveniado. Caso a perícia seja efetuada por particular, o valor será fixado conforme tabela do tribunal respectivo, ou, em caso de sua omissão, do Conselho Nacional de Justiça, e pago com recursos alocados ao orçamento da União, do Estado ou do Distrito Federal.[77]

Toda vez que a diligência for custeada pelo Poder Público, após o trânsito em julgado da decisão final, o juiz oficiará a Fazenda Pública respectiva, para que promova a execução dos valores gastos com a perícia particular ou com a utilização do servidor público ou da estrutura de órgão público contra quem tiver sido condenado ao pagamento dessas despesas processuais. Se o responsável for beneficiário de gratuidade da justiça, a exigibilidade do crédito ficará suspensa até que o credor demonstre que deixou de existir a situação de insuficiência. Caso não haja alteração das condições econômicas do beneficiário em até cinco anos do trânsito em julgado da decisão, a obrigação será extinta (arts. 95, § 4º, e 98, §§ 2º e 3º).

---

76 STJ, 3ª T., Resp 1.906.378/MG, Rel. Min. Nancy Andrighi, ac. 11.05.2021, *DJe* 14.05.2021.

77 A Resolução 232 do CNJ, de 13.07.2016, baixou a tabela, de que fala o art. 95, § 3º, II, do CPC/2015, prevendo sua atualização anual, no mês de janeiro, pela variação do IPCA-E. Previu, outrossim, a hipótese de arbitramento dos honorários periciais, sob responsabilidade dos cofres públicos, na assistência judiciária, em valor superior à tabela do CNJ, caso em que ficarão subordinados aos valores estabelecidos por cada Tribunal. Na falta da limitação local, prevalecerá a do CNJ (Res. 232, art. 2º, § 2º), que não admite arbitramento, em qualquer hipótese, superior a cinco vezes o valor constante de sua própria tabela (Res. 232, art. 2º, § 4º). Quando o beneficiário da justiça gratuita for o vencedor na demanda, a parte contrária (não sendo beneficiária da assistência judiciária) arcará com o pagamento integral dos honorários periciais arbitrados (Res. 232, art. 2º, § 3º). A Resolução 545/2024 acrescentou o art. 2º-A à Resolução 232/2016, tratando das perícias em processos judiciais envolvendo direitos de pessoas, comunidades ou povos indígenas.

Por fim, cumpre ressaltar que o Código proibiu a utilização de recursos do fundo de custeio da Defensoria Pública para o adiantamento das despesas com a realização da perícia de responsabilidade de beneficiário de justiça gratuita (art. 95, § 5º).

Na eventualidade de adiamento ou de repetição de ato processual, por culpa da parte, órgão do Ministério Público ou juiz, as despesas ficarão a cargo do que houver dado causa ao adiamento (art. 93). Não se sujeitam ao ônus de antecipação de preparo a Fazenda Pública e o Ministério Público (art. 91, *caput*).

O Código atual, contudo, adotou entendimento um pouco diverso do anterior em relação ao adiantamento das custas por esses órgãos, no art. 91, § 1º, ao prever que "as perícias requeridas pela Fazenda Pública, Ministério Público ou Defensoria Pública poderão ser realizadas por entidade pública ou, havendo previsão orçamentária, ter os valores adiantados por aquele que requerer a prova". Assim, caso não haja previsão orçamentária para o adiantamento dos honorários periciais, a despesa deverá ser paga no exercício financeiro seguinte ou ao final, pelo vencido, caso o processo se encerre antes do adiantamento a ser feito pelo ente público (art. 91, § 2º). Instituiu-se, dessa forma, a obrigação de diligência pericial sem imediata garantia de remuneração do técnico. Dificilmente se encontrará quem, não integrante do serviço público, se disponha a realizar a perícia, assumindo os gastos respectivos, que normalmente não são pequenos, sem qualquer medida prévia que lhe garanta o posterior pagamento. Sem que se proceda na forma prevista na antiga Súmula 232 do STJ,[78] o certo será que a Fazenda Pública não conseguirá produzir, em regra, prova pericial, diante da impossibilidade jurídica de obrigar alguém a prestar serviço sem a correspectiva e imediata remuneração.

200. Autor residente fora do Brasil (*cautio pro expensis*)

O atual Código de Processo Civil prevê que o autor, nacional ou estrangeiro, que residir fora do Brasil ou deixar de residir no país ao longo da tramitação do processo, deverá prestar caução suficiente ao pagamento das custas e dos honorários de advogado da parte contrária, sempre que não possuir no país bens imóveis que lhes assegurem o pagamento (art. 83). Essa medida tem por intuito resguardar eventual direito do réu que sair vencedor na ação de receber as custas e os honorários sucumbenciais do vencido.[79]

A caução, contudo, poderá ser dispensada quando: *(i)* houver previsão nesse sentido em acordo ou tratado internacional de que o Brasil seja parte; *(ii)* na execução fundada em título extrajudicial; *(iii)* no cumprimento de sentença; e *(iv)* na reconvenção (art. 83, § 1º).

Uma vez prestada a caução, a parte interessada poderá exigir o seu reforço, toda vez que ocorrer o desfalque da garantia, oportunidade em que deverá justificar o pedido com a indicação da depreciação do bem e da importância do reforço que pretende obter (art. 83, § 2º).

201. A sucumbência e as obrigações financeiras do processo

Diversa do *ônus* de antecipar as despesas dos atos processuais é a *obrigação* que resulta para a parte vencida de ressarcir à vencedora todos os gastos que antecipou. Com efeito, impõe

---

78 "A Fazenda Pública, quando parte no processo, fica sujeita à exigência do depósito prévio dos honorários do perito" (Súmula 232 do STJ).

79 "O sistema processual brasileiro, por cautela, exige a prestação de caução para a empresa estrangeira litigar no Brasil, se não dispuser de bens suficientes para suportar os ônus de eventual sucumbência (art. 835 do CPC). Na verdade, é uma espécie de fiança processual para 'não tornar melhor a sorte dos que demandam no Brasil, residindo fora, ou dele retirando-se, pendente a lide', pois, se tal não se estabelecesse, o autor, nessas condições, perdendo a ação, estaria incólume aos prejuízos causados ao demandado" (STJ, 4ª T., REsp 999.799/DF, Rel. Min. Luis Felipe Salomão, ac. 25.09.2012, *DJe* 19.10.2012).

o art. 82, § 2º, do CPC/2015 ao juiz o dever de *condenar* o vencido a "pagar ao vencedor as despesas que antecipou". E o art. 85 determina a condenação do vencido a pagar honorários ao advogado do vencedor. São também devidos honorários de advogado na reconvenção, no cumprimento de sentença, provisório ou definitivo, na execução, resistida ou não, e nos recursos interpostos, cumulativamente (art. 85, § 1º).

Qualquer que seja a natureza principal da sentença – condenatória, declaratória ou constitutiva –, conterá sempre uma parcela de condenação, como efeito obrigatório da sucumbência. Nessa parte formará, portanto, um título executivo em favor do que ganhou a causa (autor ou réu, pouco importa).

Adotou o Código, assim, o princípio da sucumbência, que consiste em atribuir à parte vencida na causa a responsabilidade por todos os gastos do processo. Assenta-se ele na ideia fundamental de que o processo não deve redundar em prejuízo da parte que tenha razão. Por isso mesmo, a responsabilidade financeira decorrente da sucumbência é *objetiva* e prescinde de qualquer culpa do litigante derrotado no pleito judiciário.[80] Para sua incidência basta, portanto, o resultado negativo da solução da causa, em relação à parte.

O regime atual é o de que o ressarcimento das despesas adiantadas para os diversos incidentes e diligências pelo vencedor só seja objeto de decisão por ocasião da sentença e, não, ao final de cada incidente, nos termos dos arts. 82, § 2º e 85.

Se vários forem os litigantes sucumbidos, o que ocorre nos casos de litisconsórcio, os vencidos responderão pelas despesas e honorários em proporção (art. 87). Cada sucumbente será responsabilizado, assim, na medida do interesse que tiver no objeto da decisão. Se um litisconsorte, por exemplo, perdeu R$ 100.000,00 e outro R$ 200.000,00, caberá ao primeiro 1/3 e ao segundo 2/3 dos efeitos da sucumbência. A sentença, portanto, deverá distribuir, de forma expressa, a responsabilidade proporcional pelo pagamento das despesas e honorários. Não o fazendo, os litisconsortes vencidos responderão solidariamente por essas verbas (art. 87, §§ 1º e 2º). Também quando por força da relação jurídica material os litisconsortes vencidos forem solidários, sê-lo-ão, igualmente, na sujeição à responsabilidade pelos gastos processuais do vencedor, independentemente de manifestação judicial.[81]

202. Ressalvas aos efeitos da sucumbência

As consequências normais da sucumbência, no tocante ao ressarcimento de despesas e honorários advocatícios, submetem-se a alguns regimes particulares em procedimentos especiais.

Nos juízos divisórios, não havendo litígio, os interessados pagarão as despesas proporcionalmente aos seus quinhões (art. 89). Se houver controvérsia entre os condôminos, sua solução será dada na primeira fase do procedimento, cuja sentença imporá ao vencido o encargo da sucumbência. Na segunda fase, reservada aos trabalhos divisórios propriamente ditos, as despesas serão sempre rateadas, salvo apenas aquelas provocadas por impugnações ou recursos, que seguirão a regra comum da sucumbência.[82]

Se o processo terminar por desistência, renúncia ou reconhecimento do pedido, as despesas e os honorários serão pagos pela parte que desistiu, renunciou ou reconheceu (art. 90). Porém, se a desistência, a renúncia ou o reconhecimento for parcial, a responsabilidade

---

80 ANDRIOLI, Virgilio. *Lezioni di Diritto Processuale Civile*. Napoli: Jovene, 1973, v. I, n. 63, p. 348.

81 BARBI, Celso Agrícola. *Comentários ao Código de Processo Civil*. Rio de Janeiro: Forense, v. I, t. I, n. 206, p. 209.

82 BARBI, Celso Agrícola. *Comentários ao Código de Processo Civil*. Rio de Janeiro: Forense, v. I, t. I, n. 209, p. 211.

pelas despesas e pelos honorários será proporcional à parte de que se desistiu, se renunciou ou que se reconheceu (art. 90, § 1º).

Se as partes transigirem, extinguindo o litígio, a sucumbência seguirá os termos do acordo celebrado. Contudo, se as partes não dispuserem sobre as despesas na transação, deverão elas ser divididas igualmente (art. 90, § 2º).[83] O CPC/2015 inovou ao dispor que, sendo a transação realizada antes da sentença, as partes ficarão dispensadas do pagamento das custas processuais remanescentes, se houver (art. 90, § 3º).

Prestigiando os princípios da boa-fé e da cooperação processual, o CPC determinou, ainda, que, se o réu reconhecer a procedência do pedido e, simultaneamente, cumprir, de forma integral e espontânea, a prestação reconhecida, os honorários advocatícios serão reduzidos pela metade (art. 90, § 4º). Não basta, portanto, que o réu dê sua adesão ao pedido do autor. Para que os encargos dos honorários sejam reduzidos, é indispensável que se proceda ao mesmo tempo ao reconhecimento do direito e ao imediato pagamento, espontâneo e integral, da prestação reconhecida.

Nas causas em que seja parte a Fazenda Nacional, e nas quais seja permitida a solução por meio de transação, dispõe a Lei 9.469/1997, art. 1º, § 5º (com a redação da Lei 13.140/2015), o seguinte:

> "na transação ou acordo celebrado diretamente pela parte ou por intermédio de procurador para extinguir ou encerrar processo judicial, inclusive os casos de extensão administrativa de pagamentos postulados em juízo, as partes poderão definir a responsabilidade de cada uma pelo pagamento dos honorários dos respectivos advogados." (NR)

Não se pode falar em sucumbência nos procedimentos de jurisdição voluntária, por inexistência de litígio e de parte. Assim, o requerente adiantará o pagamento de todas as despesas, mas terá direito de rateá-las entre os demais interessados (art. 88). Havendo impugnação ao pedido, porém, instala-se contraditório que conduzirá à configuração de sucumbência, cabendo, então, as regras comuns das causas contenciosas, no que diz respeito tanto às despesas comuns do processo como aos honorários de advogado.

Quando houver assistência e ocorrer sucumbência da parte assistida, o assistente será condenado nas custas em proporção à atividade que houver exercido no processo (art. 94). Caberá ao juiz arbitrar em que proporção o assistente atuou no processo, para determinar a sua parcela de responsabilidade pelos encargos sucumbenciais. Não há, contra ele, condenação em honorários.

Nos casos em que o processo for extinto, sem resolução do mérito, a requerimento do réu, o autor não poderá propor novamente a ação sem pagar ou depositar em cartório as despesas e honorários a que foi condenado (art. 92).

203. Extinção do processo por perda do objeto

Uma hipótese frequente é a de extinção do processo que se instaurou com observância de todas as condições da ação, mas que, por fato superveniente, sofre perda do respectivo objeto, fazendo desaparecer o interesse do autor no julgamento do mérito da causa. Quando isso se dá por fato imputável ao réu, como, por exemplo, no pagamento voluntário da dívida ajuizada, é claro que ficará ele responsável pelos honorários de sucumbência, pela simples razão de que foi o causador do litígio, ficando, outrossim, reconhecida de sua parte, implicitamente, a procedência inicial do pedido do autor. O CPC/2015, no tocante aos honorários advocatícios,

---

[83] "O acordo bilateral entre as partes, envolvido na renegociação da dívida, demanda reciprocidade das concessões, não caracteriza sucumbência e é resultado da conduta de ambas as partes. Nessa situação, os honorários devem ser arcados por cada parte, em relação a seu procurador (arts. 90, § 2º, do CPC/15 e 12 da Lei 13.340/16)" (STJ, 3ª T. REsp 1.836.703/TO, Rel. Min. Nancy Andrighi, ac. 06.10.2020, *DJe* 15.10.2020).

foi claro ao determinar que, "nos casos de perda do objeto, os honorários serão devidos por quem deu causa ao processo" (art. 85, § 10).

Em outros casos, a perda de objeto não se apresenta tão claramente atribuível ao réu ou ao autor, como, por exemplo, ocorre nas moratórias ou remissões legais. Caberá, então, ao juiz analisar as circunstâncias em que a causa foi proposta para averiguar a quem se poderia presumivelmente atribuir a culpa pela instauração do processo. Nessa perspectiva, recorre-se não propriamente ao princípio da sucumbência, mas ao *princípio da causalidade*, para condenar ao pagamento das despesas processuais e honorários de advogado a parte que, se chegasse ao julgamento de mérito, perderia a demanda.[84]

Entende a jurisprudência que o princípio da causalidade não se contrapõe propriamente ao da sucumbência, visto que este tem naquele um dos seus elementos norteadores. Com efeito, de ordinário, o sucumbente se apresenta como o responsável pela instauração do processo, e é por isso que recebe a condenação nas despesas processuais. "O princípio da sucumbência, contudo, cede lugar quando, embora vencedora, a parte deu causa à instauração da lide".[85] Por outro lado, é impossível imputar ao autor os ônus da sucumbência "se quando do ajuizamento da demanda existia o legítimo interesse de agir, era fundada a pretensão, e a extinção do processo sem julgamento do mérito se deu por motivo superveniente que não lhe possa ser atribuído".[86] Em tal hipótese, terá o juiz de definir quem de fato foi o responsável pelo litígio deduzido em juízo. E se não conseguir êxito em tal definição, porque a parte interessada não demonstrou, por elementos dos autos, quem, por critério empírico, poderia ter injustamente provocado a demanda, impossível seria a aplicação do princípio da causalidade. A solução justa, diante desse impasse, será a extinção do processo sem condenação de qualquer das partes aos honorários advocatícios.[87]

204. Sucumbência recíproca

Opera-se a sucumbência recíproca quando o autor sai vitorioso apenas em parte de sua pretensão. Tanto ele como o réu serão, pois, vencidos e vencedores, a um só tempo. Nesses casos, "serão proporcionalmente distribuídas entre eles as despesas" (art. 86).

Para tanto, ter-se-á que calcular o total dos gastos do processo e rateá-lo entre os litigantes na proporção em que se sucumbiram. Se a sucumbência for maior para uma parte, esta terá de arcar com maior parcela da despesa. O cálculo, para ser justo, deverá ser sempre total.

O Código anterior permitia a compensação dos honorários, o que foi expressamente vedado pelo atual, na parte final do § 14 do art. 85. Reconheceu, portanto, o Código, que os honorários de sucumbência constituem direito autônomo do advogado, e não da parte. Destarte, a Súmula 306 do STJ não tem mais qualquer aplicação. Assim, na sucumbência recíproca, cada advogado receberá a verba honorária calculada integralmente sobre a parte em que seu cliente saiu vitorioso.

Diante da nova sistemática, se numa ação de valor igual a R$ 100.000,00, o autor teve ganho de causa em R$ 70.000,00 e os honorários foram fixados em 10%, tendo as despesas

---

84 STJ, 2ª T., REsp 687.065/RJ, Rel. Min. Francisco Peçanha Martins, ac. 06.12.2005, *DJU* 23.03.2006, p. 156; STJ, 1ª T., REsp 764.519/RS, Rel. Min. Luiz Fux, ac. 10.10.2006, *DJU* 23.11.2006, p. 223.

85 STJ, 3ª T., REsp 303.597/SP, Rel. Min. Nancy Andrighi, ac. 17.04.2001, *DJU* 11.06.2001, p. 209.

86 STJ, 2ª T., REsp 687.065/RJ, Rel. Min. Francisco Peçanha Martins, ac. 06.12.2005, *DJU* 23.03.2006, p. 156; STJ, 3ª T., AgRg no Ag 801.134/DF, Rel. Min. Sidnei Beneti, ac. 05.04.2011, *DJe* 15.04.2011.

87 STJ, 1ª T., REsp 1.134.249/MG, Rel. p/ ac. Min. Benedito Gonçalves, ac. 1º.12.2011, *DJe* 02.02.2012. Em outros termos: "Não há que se falar em direito à fixação dos honorários advocatícios, ante a ausência de vencedor e vencido na demanda" (STJ, 2ª T., AgRg no Ag 372.136/RS, Rel. Min. João Otávio de Noronha, ac. 07.10.2003, *DJU* 10.11.2003, p. 171).

atingido R$ 3.000,00, a repartição da sucumbência deverá ser a seguinte: o réu ficará responsável por 70% das custas (R$ 2.100,00) e honorários (R$ 7.000,00), e o autor por 30% (R$ 900,00 e R$ 3.000,00, respectivamente). Não poderá, contudo, haver compensação, cabendo a cada um pagar ao advogado da parte contrária o valor integral dos honorários que lhe correspondem.

Entretanto, se um litigante sucumbir em parte mínima do pedido, o juiz desprezará a sucumbência recíproca e atribuirá por inteiro, ao outro, a responsabilidade pelas despesas e honorários (art. 86, parágrafo único). Sobre a sucumbência recíproca em ação de dano moral, v. adiante o item 215.

Já se pretendeu, minoritariamente, que prevendo o art. 86, na sucumbência recíproca, o rateio apenas das despesas processuais, a verba advocatícia deveria, em tal caso, ser assegurada em sua integralidade para o advogado tanto do autor como do réu.[88] O Tribunal de Justiça de São Paulo chegou a decidir que, em caso de sucumbência recíproca, o valor dos honorários "é devido integralmente para os patronos de cada lado", ao argumento de que a vedação legal de compensação "afasta a possibilidade de rateio".[89]

Acontece que o problema não gira em torno nem de rateio, nem de vedação de compensação em caso de sucumbência recíproca, mas de definição da base de cálculo dos honorários a que faz jus cada um dos patronos, já que a regra que incide diretamente na espécie é a do § 2º do art. 85. Isto porque a forma básica de apurar os honorários de sucumbência, ali definida, leva em conta imediatamente o proveito econômico que a sentença proporcionar a uma das partes, qual seja, a vitoriosa. É essa vantagem lograda na disputa judicial graças ao trabalho técnico do respectivo advogado que dimensiona sua verba honorária sucumbencial. Em outros termos, é a vitória da parte que dita o *quantum* dos honorários de seu advogado.

Quando, pois, a vitória processual se der apenas em parte, a base de cálculo da referida verba terá de se cingir ao proveito econômico que cada litigante afinal alcançou. Nessa operação em nada interfere a regra do art. 86, *caput*, que cuida especificamente tão só do rateio de despesas e não de honorários advocatícios na sucumbência bilateral, e tampouco o seu parágrafo único, que na realidade afasta por inteiro o regime da sucumbência recíproca, quando um litigante sucumbe em parte mínima do pedido.

Em suma, configurada tecnicamente a sucumbência recíproca, a verba advocatícia do patrono de cada parte não pode ser calculada sobre todo o valor econômico disputado no processo, mas sim sobre o proveito que cada litigante de fato alcançou através do patrocínio do respectivo advogado, exatamente como determina o § 2º do art. 85, regra fundamental a observar tanto no êxito total como no parcial.

204.1. Sucumbência no caso de exclusão de litisconsorte

Na hipótese de exclusão de apenas um dos litisconsortes da lide, haverá imposição de honorários sucumbenciais. Mas o juiz não estará obrigado a fixar, em benefício do excluído, a verba honorária entre o mínimo de 10% e o máximo de 20% sobre o valor da causa. É que esses limites, estabelecidos pelo art. 85, § 2º, do CPC/2015, devem ser atendidos pela sucumbência global da demanda, e não em relação à cada parte vencedora/vencida. Por isso, havendo exclusão

---

[88] "As despesas poderão ser distribuídas entre as partes, mas os honorários advocatícios não poderão ser impactados com os reflexos da sucumbência recíproca" (LOPES, Wellen Candido. *Honorários 100%*: a integralidade dos honorários advocatícios na sucumbência recíproca. São Paulo: Lura Editorial, 2021, p. 76).

[89] TJSP, 3ª Câm. Dir. Priv., Ag 2.174.270-71.2020.8.26.0000, Rel. Des. Carlos Alberto de Salles, j. 06.11.2020, *DJ* 06.11.2020. No mesmo sentido: TRF 4ª R., 2ª T., AC 50006253820174047102/RS, Rel. Des. Rômulo Pizzolatti, j. 15.05.2018. In: LOPES, Wellen Candido. *Honorários 100%*: a integralidade dos honorários advocatícios na sucumbência recíproca. São Paulo: Lura Editorial, 2021, p. 65-66.

de apenas um dos litisconsortes da lide, a fixação da verba pode ocorrer em patamar inferior ao limite mínimo (10%), pois deve ocorrer de forma proporcional à "parcela" da demanda julgada[90].

Particularmente em hipótese de executivo fiscal movido contra vários coobrigados, decidiu o STJ que, "nos casos em que a exceção de pré-executividade visar, tão somente, à exclusão do excipiente do polo passivo da execução fiscal, sem impugnar o crédito executado, os honorários advocatícios deverão ser fixados por apreciação equitativa, nos moldes do art. 85, § 8º, do CPC/2015, porquanto não há como se estimar o proveito econômico obtido com o provimento jurisdicional" para a parte excluída[91].

205. Realização da obrigação de pagar as despesas processuais

Os serventuários e auxiliares da Justiça dispõem de título executivo para cobrar seus créditos por custas (CPC/2015, art. 515, V). O atual Código conceitua esses créditos como títulos judiciais, desde que tenham sido aprovados por decisão judicial.

A parte vencedora, também, encontra na sentença que encerrou o processo um título executivo judicial (art. 515, I) para exigir o reembolso das despesas antecipadas e honorários de seu advogado. Não é correto, porém, pretender incluir esses ressarcimentos em simples contas de preparo do recurso. Os efeitos da sucumbência dependem da coisa julgada e só podem ser reclamados em execução forçada.

Quando, todavia, o processo tiver sido extinto, sem resolução de mérito, a requerimento do réu, "o autor não poderá propor novamente a ação sem pagar ou depositar em cartório as despesas e os honorários a que foi condenado" (art. 92).

206. Multas

No curso do processo, podem ser impostas multas às partes e demais intervenientes por atentado à dignidade da justiça (CPC/2015, art. 77, § 2º) e por litigância de má-fé (art. 81). No primeiro caso, a multa reverte à Fazenda Pública, sendo cobrada por meio de execução fiscal (art. 77, § 3º). No segundo, a pena reverterá em benefício da parte contrária à que agiu de má-fé (art. 96), hipótese em que constituirá título executivo judicial (art. 515, I), para fins de cumprimento de sentença.

207. Honorários de advogado

Entre os gastos necessários que a parte faz no processo figuram os honorários pagos a seu advogado. Em sentido amplo, são uma espécie do gênero *despesas processuais*, portanto. Mas o Código, em matéria de sucumbência, reserva um tratamento especial para a verba advocatícia, principalmente em alguns aspectos:

(*a*) só a sentença, ao encerrar o processo, é que resolverá a questão dos honorários, salvo na execução e no cumprimento de sentença, quando é tratada em decisão interlocutória (CPC/2015, arts. 85, § 1º, e 827, *caput*);

(*b*) por outro lado, pouco importa o contrato firmado entre a parte e seu advogado, ou a quantia que efetivamente lhe foi paga. O ressarcimento dos gastos advocatícios será sempre feito conforme valor fixado pelo juiz na sentença (art. 85, § 2º);

---

90 SRJ, 4ª T., AgInt nos EDcl no RESp 2.065.876/SP, Rel. Min. Marco Buzzi, ac. 03.09.2024, *DJe* 26.09.2024. No mesmo sentido: STJ, 3ª T., REsp 1.760.538/RS, Rel. Min. Moura Ribeiro, ac. 24.05.2022, *DJe* 26.05.2022.

91 STJ, 1ª Seção, Embargos de Divergência em REsp 1.880.560/RN, Rel. Min. Francisco Falcão, ac. 24.04.2024, *DJe* 25.04.2024.

(c) na verdade, os honorários de sucumbência não revertem para a parte vencedora, mas "constituem direito do advogado e têm natureza alimentar, com os mesmos privilégios dos créditos oriundos da legislação do trabalho". Por isso mesmo, fica vedada a compensação em caso de sucumbência parcial (art. 85, § 14);

(d) inexistindo, em caso de extinção do processo sem resolução de mérito, atuação do advogado, não haverá arbitramento da verba honorária, por falta de trabalho a remunerar[92].

Em regra, somente a sentença impõe ao vencido o encargo de honorários advocatícios. Há, porém, situações especiais em que o tema terá de ser enfrentado no saneador, que nada mais é do que uma decisão interlocutória. Quando, por exemplo, o litisconsorte ou o terceiro interveniente tem sua defesa acolhida, em preliminar, e, assim, são excluídos do processo antes da sentença, terá de ser o autor, ou o requerente da intervenção indevida, condenado na verba do advogado do vencedor no incidente. Para este a relação processual já se findou, de sorte que terá de sair do processo com o reconhecimento completo dos consectários da vitória em juízo, independentemente do resultado a ser dado à lide, entre as partes subsistentes, na sentença final. O mesmo se passa com o incidente de desconsideração da personalidade jurídica: se o incidente é acolhido para ampliar o polo passivo do processo, não há lugar na decisão interlocutória para impor o encargo da verba advocatícia[93]. Se, porém, o caso for de declaração de improcedência do incidente, o advogado do terceiro interveniente fará jus aos honorários sucumbenciais, desde logo arbitrados, sem qualquer vinculação com o resultado que posteriormente venha a prevalecer na sentença final do processo[94] (v., adiante, o item 279-VIII).

208. Honorários sucumbenciais e direito autônomo do advogado

A concepção clássica da inclusão dos honorários de advogado dentro das despesas processuais que o vencido deve repor ao vencedor se fundamentou, sempre, na injustiça que representaria fazer recair sobre o titular do direito reconhecido em juízo os gastos despendidos na obtenção da respectiva tutela. Assim, na velha lição de Chiovenda, relembrada por Cândido Dinamarco: "tudo quanto foi necessário ao seu reconhecimento concorreu para diminuí-lo e deve ser reintegrado ao sujeito do direito, de modo que este não sofra prejuízos em razão do processo".[95]

Coerente com esse princípio de justiça, e com o fito de assegurar a tutela integral ao direito da parte vencedora, o CPC de 1973 estatuiu que, ao decidir a causa, "*a sentença condenará o vencido a pagar ao vencedor* as despesas que antecipou e os honorários advocatícios" (art. 20).

O atual Código, todavia, na esteira do que já preconizava o Estatuto da Advocacia, separou, para fins sucumbenciais, as despesas processuais dos honorários, estabelecendo um regime próprio para cada qual:

(a) "a sentença condenará o vencido *a pagar ao vencedor as despesas que antecipou*" (CPC/2015, art. 82, § 2º); mas tais despesas só "abrangem as custas dos atos do processo, a indenização de viagem, a remuneração do assistente técnico e a diária

---

92 STJ, 3ª T., REsp 2.091.586/SE, Rel. Min. Nancy Andrighi, ac. 05.03.2024, *DJe* 07.03.2024.

93 STJ, 3ª T., REsp 1.812.929/DF, Rel. Min. Marco Aurélio Bellizze, ac. 12.09.2023, *DJe* 28.09.2023.

94 STJ, 3ª T., REsp 1.925.959/SP, Rel. p/ ac. Min. Ricardo Villas Bôas Cueva, ac. 12.09.2023, *DJe* 22.09.2023.

95 DINAMARCO, Cândido Rangel. Tutela jurisdicional. *Doutrinas essenciais do processo civil.* São Paulo: RT, 2011, v. I, p. 935. Para CHIOVENDA, "somente precisa ser dito que esses princípios valem tanto para o bem que é reconhecido ao autor pela sentença de procedência quanto para o que é reconhecido ao réu pela sentença de improcedência – que é a certeza de não estar sujeito à ação adversária" (cf. *La condanna nelle spese giuridiziali*, n. 172, esp. p. 175, *apud* DINAMARCO, Cândido Rangel. Tutela jurisdicional. *Doutrinas essenciais do processo civil.* São Paulo: RT, 2011, v. I, p. 935, nota 70).

de testemunha" (art. 84); não incluem, portanto, os gastos do vencedor com seu advogado;

(b) quanto à remuneração do causídico, a regra legal traçada para a sucumbência, é a de que "a sentença condenará o vencido *a pagar honorários ao advogado do vencedor*" (art. 85). Trata-se, assim, de remuneração direta ao advogado do vencedor, e não de reembolso de gasto da parte. Constituem, tais honorários, como esclarece o atual Código, "direito do advogado", tendo, legalmente, "natureza alimentar" (art. 85, § 14).

Assim dispondo, a lei protegeu a remuneração do advogado que defendeu, com êxito, a parte vitoriosa, mas reduziu a tutela jurisdicional que a esta foi prestada, já que uma porção considerável de seus gastos em juízo restou irrecuperável. Ao contrário do velho desígnio de cobertura total ao direito de quem faz jus à proteção da tutela da Justiça, o vencedor, agora, segundo a sistemática literal do CPC/2015, só logra recuperar uma parte de seu prejuízo. Embora ganhando a causa, a sentença lhe proporcionará um resultado menor do que o correspondente a seu crédito efetivo.

A jurisprudência, já na vigência do Código anterior, se preocupava com essa deficiência da tutela jurisdicional, se aplicado o regime sucumbencial do processo civil, observando-se apenas a lei formal. No tópico seguinte se exporá o entendimento do STJ a respeito do tema.

209. Inclusão dos honorários advocatícios no ressarcimento de perdas e danos

Diante da injustiça que a literalidade da regra de sucumbência gera em torno dos gastos da parte vencedora com advogado, o STJ vinha decidindo que os honorários *contratuais* não se confundiam com os *sucumbenciais*. Estes, de acordo com a Lei 8.906/1994 e o art. 85, § 14, do CPC/2015, constituem "crédito autônomo" do advogado da parte vencedora. São reclamáveis pelo causídico diretamente da parte vencida, como crédito próprio, não beneficiando, portanto, o cliente.

Os honorários despendidos pela parte vencedora com a contratação de seu advogado correspondem a um desfalque patrimonial que teve de ser suportado pelo demandante para alcançar a tutela jurisdicional de seu direito. Segundo o entendimento do STJ, o Código Civil, ao regular a reparação de perdas e danos, inclui expressamente no respectivo montante os gastos com honorários de advogado (CC, arts. 389, 395 e 404). Esses gastos, obviamente, não são recuperados por meio da verba dos honorários de sucumbência, visto que esta constitui "crédito autônomo do advogado". Daí que os honorários *convencionais*, como gasto real suportado pelo vencedor, terão de integrar a indenização das perdas e danos, a fim de que seja proporcionada, a quem de direito, "a reparação integral do dano sofrido", a cargo daquele que deu causa ao processo e nele saiu vencido.[96]

Esclareceu, por fim, o STJ que o valor dos honorários convencionais a integrar as perdas e danos não pode ser abusivo. Se, portanto, o valor contratado se revelar exorbitante, em comparação aos honorários habitualmente cobrados, "o juiz poderá, analisando as peculiaridades do caso, arbitrar outro valor". Em tal conjuntura, segundo o aresto, o juiz poderá usar como parâmetro a tabela de honorários da Ordem dos Advogados do Brasil.

Essa orientação pretoriana, nascida da harmonização entre o direito material e o processual, se nos afigura como subsistente também frente ao sistema do atual Código de Processo Civil, que é o mesmo que vinha sendo tratado e reconhecido pelo STJ.

---

[96] STJ, 3ª T., REsp 1.134.725/MG, Rel. Min. Nancy Andrighi, ac. 14.06.2011, *DJe* 24.06.2011. No mesmo sentido: STJ, 3ª T., REsp 1.027.797/MG, Rel. Min. Nancy Andrighi, ac. 17.02.2011, *DJe* 23.02.2011.

Estabeleceu-se, no entanto, uma ulterior divergência entre a 2ª e a 3ª Turma sobre a matéria, que, submetida à Corte Especial do STJ, acabou sendo solucionada com a fixação do entendimento de que:

> "Cabe ao perdedor da ação arcar com os honorários de advogado fixados pelo Juízo em decorrência da sucumbência (Código de Processo Civil de 1973, art. 20, e Novo Código de Processo Civil, art. 85), e não os honorários decorrentes de contratos firmados pela parte contrária e seu procurador, em circunstâncias particulares totalmente alheias à vontade do condenado".[97]

Pode-se aceitar que na sentença que impõe a verba sucumbencial seria inconveniente cogitar da reposição também dos gastos da parte vencedora com a contratação do advogado que patrocinou a causa em seu nome. De fato, em alguns casos, isso poderia tumultuar a resolução do processo, inserindo questões complexas sobre a quantificação justa da contratação profissional efetuada sem a ciência e a participação do litigante sucumbente.[98]

Daí, entretanto, chegar-se à conclusão de que a contratação de advogado para cobrar a obrigação descumprida pelo devedor não configura dano material passível de indenização vai uma distância muito grande. O problema do inadimplemento de obrigação e da definição das perdas e danos indenizáveis é questão disciplinada pelo direito material e que não sofre interferência alguma do regime sucumbencial específico da resolução judicial dos processos.

O que o art. 85 do CPC cuida é dos honorários decorrentes da sucumbência em juízo, e que são devidos diretamente pelo vencido ao advogado do vencedor. Trata-se de uma despesa processual que, junto com as custas e outros gastos do processo, o vencido tem de suportar, pelo só fato de ter sido utilizado o processo judicial para a cobrança.

No plano material existem, todavia, consequências do inadimplemento que o devedor tem de sofrer, por decorrência da mora, seja ou não o crédito exigido pelas vias judiciais. Os prejuízos do credor, que o devedor inadimplente tem de indenizar, no plano do direito material compreendem, expressamente, além de outros, os gastos com honorários de advogado (CC, arts. 389 e 404). Inaceitável, pois, a todos os títulos, privar a vítima desse prejuízo da respectiva indenização. Se não se admite cobrá-la incidentalmente, na fase dos ressarcimentos sucumbenciais, é absolutamente injurídico impedir sua exigência em ação autônoma de perdas e danos, sob pena de negar vigência às regras explícitas do Código Civil aplicáveis à mora e ao inadimplemento das obrigações.[99]

210. Honorários do curador especial

A matéria de honorários em caso de curador especial tem sido palco de controvérsias na jurisprudência, merecendo destaque os seguintes posicionamentos do Superior Tribunal de Justiça:

---

97 STJ, Corte Especial, EREsp 1.507.864/RS, Rel. Min. Laurita Vaz, ac. 20.04.2016, *DJe* 11.05.2016.

98 Voto da Min. Relatora do EREsp 1.507.864/RS, Rel. Min. Laurita Vaz, ac. 20.04.2016, *DJe* 11.05.2016.

99 "A amplitude nacional dessa deformidade, ocorrendo continuamente em milhões de processos e prejudicando milhares de pessoas, afeta a própria imagem do Judiciário, o poder constituído para fazer justiça. Os constitucionalistas, processualistas e operadores do direito precisam debater esse assunto e propor solução que resgate a dignidade do processo judicial, fazendo com que seja efetivamente instrumento de realização integral do direito, em prol da construção de uma sociedade mais justa" (GIMENES, José Jácomo. Honorários de sucumbência, uma questão espinhosa. *Revista Bonijuris*, ano 34, n. 677, p. 11-12, ago./set. 2022).

(*a*) "O Superior Tribunal de Justiça tem se manifestado no sentido da possibilidade de adiantamento, pelo autor, dos honorários devidos ao curador especial nomeado ao réu citado por edital. Posteriormente, em caso de eventual procedência da demanda, poderá o autor cobrar os valores do sucumbente. Aplica-se ao curador especial, nesses termos, a disciplina dos honorários devidos aos peritos";[100]

(*b*) Melhor orientação, todavia, é a da Segunda Turma, que tende a ser majoritária: "o art. 20 do Código de Processo Civil [1973][101] cuida, expressamente, dos honorários de advogado, prevendo que a sentença os fixará e, ainda que o vencedor receberá as despesas que antecipou. Não há qualquer razão para impor adiantamento de honorários. A regra do art. 19, § 2º [CPC/1973],[102] manda o autor antecipar as despesas 'relativas a atos, cuja realização o juiz determinar de ofício ou a requerimento do Ministério Público'. Evidentemente, honorários de advogado não se enquadram nessa categoria";[103]

(*c*) "A remuneração dos membros integrantes da Defensoria Pública ocorre mediante subsídio em parcela única mensal, com expressa vedação a qualquer outra espécie remuneratória, nos termos dos arts. 135 e 39, § 4º, da CF/1988 combinado com o art. 130 da LC 80/1994. 3. Destarte, o defensor público não faz jus ao recebimento de honorários pelo exercício da curatela especial, por estar no exercício das suas funções institucionais, para o que já é remunerado mediante o subsídio em parcela única. 4. Todavia, caberá à Defensoria Pública, se for o caso, os honorários sucumbenciais fixados ao final da demanda (art. 20 do CPC/1973),[104] ressalvada a hipótese em que ela venha a atuar contra pessoa jurídica de direito público, à qual pertença (Súmula 421 do STJ)";[105]

(*d*) "Restando vencedora em demanda contra o Estado parte representada por advogado legalmente habilitado na condição de curador especial, condenação em honorários advocatícios se perfaz lícita, devendo ser mantida".[106]

211. Cabimento da verba sucumbencial de honorários

I – Omissão no pedido e na sentença a respeito da verba honorária

Ainda que não haja pedido expresso do vencedor, é devido o ressarcimento dos honorários de seu advogado.[107] E, mesmo funcionando o advogado em causa própria, terá direito, se

---

[100] STJ, 3ª T., AgRg no REsp 1.194.795/SP, Rel. Min. Sidnei Beneti, ac. 26.04.2011, *DJe* 04.05.2011. No mesmo sentido: STJ, 4ª T., REsp 849.273/GO, Rel. Min. Aldir Passarinho Júnior, 02.04.2009, *DJe* 11.05.2009; STJ, 5ª T., REsp 957.422/RS, Rel. Min. Arnaldo Esteves Lima, ac. 13.12.2007, *DJU* 07.02.2008, p. 471.

[101] CPC/2015, art. 85.

[102] CPC/2015, art. 82, § 1º.

[103] STJ, 2ª T., REsp 1.225.453/PR, Rel. Min. Mauro Campbell Marques, ac. 02.06.2011, *DJe* 23.09.2011. No mesmo sentido: STJ, 4ª T., REsp 1.268.560/RS, Rel. Min. Maria Isabel Gallotti, ac. 15.05.2012, *DJe* 24.05.2012; STJ, 3ª T., REsp 142.188/SP, Rel. Min. Carlos Alberto Menezes Direito, ac. 08.09.1998, *DJU* 26.10.1998, p. 114.

[104] CPC/2015, art. 85.

[105] STJ, Corte Especial, REsp 1.201.674/SP, Rel. Min. Luis Felipe Salomão, ac. 06.06.2012, *DJe* 01.08.2012. No mesmo sentido: STJ, 3ª T., REsp 1.203.312/SP, Rel. Min. Nancy Andrighi, ac. 14.04.2011, *DJe* 27.04.2011.

[106] STJ, 1ª T., AgRg no REsp 816.383/MG, Rel. Min. Luiz Fux, ac. 21.06.2007, *DJU* 23.08.2007. No mesmo sentido: STJ, 2ª T., AgRg no REsp 765.069/MG, Rel. Min. Mauro Campbell Marques, ac. 24.03.2009, *DJe* 23.04.2009.

[107] "É dispensável pedido expresso para condenação do réu em honorários, com fundamento nos arts. 63 ou 64 do Código de Processo Civil [artigos sem correspondência no CPC/2015]" (Súmula 256/STF). STJ, 2ª T., EDcl no REsp 1.138.912/RS, Rel. Min. Castro Meira, ac. 13.04.2010, *DJe* 23.04.2010. No mesmo

vencedor, à indenização de seus honorários (art. 85, § 17).[108] É que o pagamento dessa verba não é o resultado de uma questão submetida ao juiz. Ao contrário, é uma obrigação legal, que decorre automaticamente da sucumbência, de sorte que nem mesmo ao juiz é permitido omitir-se frente à sua incidência.

O art. 85, *caput*, é taxativo ao dispor, de forma imperativa, que a sentença *condenará* o vencido a pagar honorários ao advogado do vencedor. De tal sorte, essa condenação é parte integrante e essencial de toda sentença.

O atual Código previu, em contrariedade à Súmula 453/STJ, de forma expressa, que, havendo omissão na sentença quanto ao direito aos honorários ou a seu valor, mesmo com o trânsito em julgado, é possível à parte ajuizar ação autônoma para sua definição e cobrança (art. 85, § 18). Ou seja, o Código atual restaurou a orientação antiga do STJ,[109] permitindo o ajuizamento de ação autônoma para a definição e a condenação da parte vencida em honorários advocatícios que foram omitidos anteriormente pela decisão transitada em julgado. Sendo assim, a Súmula 453/STJ deixa de ser aplicável[110].

Por outro lado, uma vez proposta a ação, torna-se obrigatória a imposição dos honorários, de modo que o réu não se libera dessa sanção pelo fato de pagar a dívida logo após a citação.[111] Existem, porém, regras especiais para a responsabilidade da verba em referência, que variam conforme as particularidades de alguns procedimentos e que serão objeto dos tópicos que se seguem.

II – Honorários nas execuções embargadas

Mesmo nas execuções de títulos extrajudiciais não embargados, em que inexiste sentença condenatória, o juiz imporá ao devedor a obrigação de pagar os honorários em favor do credor.[112] Assim, no despacho da petição inicial, o juiz já fixará, de plano, os honorários de dez por cento do valor da execução, a serem pagos pelo executado, sem cogitar de embargos ou não (CPC/2015, art. 827). A inovação consistiu em fixar à lei o percentual dos

---

sentido: STJ, 2ª T., REsp 1.157.286/RS, Rel. Min. Castro Meira, ac. 19.11.2009, *DJe* 27.11.2009. "A condenação, portanto, trata de matéria de ordem pública cognoscível *ex officio*" (STJ, 2ª T., EDcl no REsp 1.143.736/DF, Rel. Min. Mauro Campbell Marques, ac. 08.02.2011, *DJe* 16.02.2011). "A reforma *in totum* do acórdão acarreta inversão do ônus da sucumbência, ainda que não haja pronunciamento explícito sobre esse ponto. Inexistência de omissão" (STJ, 2ª T., EDcl no REsp 839.664/PE, Rel. Min. Castro Meira, ac. 19.10.2006, *DJU* 31.10.2006, p. 268).

108 Por modificação do texto do art. 20 do Código de Processo Civil [CPC/2015, arts. 82, § 2º, e 85], feita pela Lei 6.355, de 08.09.1976, tornou-se expressa a responsabilidade do vencido por honorários de advogado do vencedor, mesmo quando este litigue em causa própria. TJSP, 33ª Câmara de Direito Privado, AI 990102142582/SP, Rel. De Santi Ribeiro, ac. 05.10.2010, *DJe* 13.10.2010. No mesmo sentido: TJSP, CR 1232509000/SP, Rel. Mario A. Silveira, ac. 02.02.2009, *DJe* 17.02.2009.

109 STJ, 1ª T., EDcl no AgRg no REsp 641.276/SC, Rel. Min. Luiz Fux, ac. 16.08.2005, *DJU* 12.09.2005.

110 "5. Como consequência, o entendimento sumulado se encontra parcialmente superado, sendo cabível ação autônoma para cobrança e definição de honorários advocatícios quando a decisão transitada em julgado for omissa, nos termos do art. 85, § 18, do CPC/2015. Julgados recentes da Segunda e da Quarta Turmas desta Corte" (STJ, 3ª T., REsp 2.098.934/RO, Rel. Min. Nancy Andrighi, ac. 05.03.2024, *DJe* 06.03.2024).

111 STJ, 3ª T., AgRg no REsp 1.217.052/SP, Rel. Min. Paulo de Tarso Sanseverino, ac. 17.02.2011, *DJe* 23.02.2011. Nem mesmo quando o pagamento é feito extrajudicialmente, antes da citação, mas após o ajuizamento do processo (STJ, 1ª T., REsp 1.178.874/PR, Rel. Min. Luiz Fux, ac. 17.08.2010, *DJe* 27.08.2010). No mesmo sentido: STJ, 1ª T., REsp 774.331/GO, Rel. Min. Denise Arruda, ac. 08.04.2008, *DJe* 28.04.2008). É que o pagamento, na espécie, corresponde a "reconhecimento do pedido" (STJ, REsp 46.210-0/SP, Rel. Min. Humberto Gomes de Barros, ac. 26.10.1994, *RSTJ* 74/336). No mesmo sentido: STJ, 1ª T., REsp 1.178.874/PR, Rel. Min. Luiz Fux, ac. 17.08.2010, *DJe* 27.08.2010.

112 Simpósio Nacional de Direito Processual Civil, realizado em Curitiba, em 1975, conf. relato de Edson Prata, *Revista Forense*, 257/26.

honorários da execução, uma vez que, no Código de 1973, esse arbitramento liminar não tinha limitação legal.

Ocorrendo embargos, haverá a possibilidade de duas sucumbências do devedor: uma na execução e outra nos embargos (CPC/2015, art. 85, § 13). No regime do Código anterior, a jurisprudência se fixou no sentido de que os honorários acumulados da execução e dos embargos deveriam observar o limite máximo de 20% do antigo art. 20, § 3º (CPC/2015, art. 85, § 2º).[113] Uma vez que o atual Código, ao tratar do cúmulo (art. 85, § 13), não cuida do teto da verba honorária, entende-se que a construção jurisprudencial anterior deve prevalecer. Ou seja, não se deve ultrapassar vinte por cento do valor da execução na soma dos honorários da condenação com os dos embargos improcedentes ou rejeitados.

Tanto na execução de título extrajudicial como no cumprimento de sentença, os honorários advocatícios aplicados nos embargos ou no cumprimento de sentença "serão acrescidas no valor do débito principal, para todos os efeitos legais" (art. 85, § 13). Vale dizer, a execução deles prosseguirá nos próprios autos, não havendo necessidade de instauração de outro procedimento para exigi-los. Essa cumulação não sofre empecilho pelo fato de os honorários constituírem crédito próprio do advogado.

III – Honorários nas exceções de pré-executividade

Embora não haja previsão expressa no Código da exceção de pré-executividade, trata-se de incidente inevitável, visto que não passa do direito de petição que cabe ao executado para forçar o juiz a examinar falta de pressuposto processual ou de condição de procedibilidade *in executivis*, conducente à nulidade da execução (CPC/2015, art. 803, I).[114] Esta é a forma para se dar cumprimento ao disposto no parágrafo único do art. 803, no qual se diz que "a nulidade de que cuida este artigo será pronunciada pelo juiz, de ofício ou a requerimento da parte, *independentemente de embargos à execução*". Ao formular a exceção de pré-executividade, o devedor postula aquilo que o art. 803 considera causa de nulidade da execução.

Por se tratar a exceção de pré-executividade de um simples requerimento de conteúdo sujeito à apreciação *ex officio* pelo juiz, não há, em princípio, que se cogitar de imposição de honorários advocatícios sucumbenciais. A jurisprudência, seguindo posição assentada também na doutrina, entende, majoritariamente, que somente quando configurada a sucumbência do exequente, com o acolhimento da exceção, "deve incidir a verba honorária", seja total[115] ou parcial,[116] como consequência do efeito extintivo sobre a execução.

Quando a exceção é rejeitada e a execução prossegue em toda sua dimensão, o entendimento dominante no STJ é de que "descabe a condenação em honorários advocatícios".[117]

---

113 STJ, 1ª T., AgRg no REsp 1.179.600/RS, Rel. Min. Benedito Gonçalves, *DJe* 13.11.2009; STJ, 6ª T., AgRg no REsp 1.076.802/RS, Rel. Min. Paulo Gallotti, *DJe* 23.03.2009; STJ, 5ª T., EDcl no AgRg no Ag 1.049.416/PR, Rel. Min. Jorge Mussi, *DJe* 12.04.2010; STJ, 2ª T., AgRg no REsp 1.266.090/RS, Rel. Min. Castro Meira, ac. 27.11.2012, *DJe* 06.12.2012.

114 "A nulidade do título em que se embasa a execução pode ser arguida por simples petição – uma vez que suscetível de exame *ex officio*, pelo juiz" (STJ, 3ª T., REsp 3.264/PR, Rel. Min. Nilson Naves, ac. 28.06.1990, *DJU* 18.02.1991, p. 1.033). "A exceção de pré-executividade, admitida em nosso direito por construção doutrinário-jurisprudencial, somente se dá, em princípio, nos casos em que o juízo, de ofício, pode conhecer da matéria, a exemplo do que se verifica a propósito da higidez do título executivo" (STJ, 4ª T., AgRg no Ag. 197.577/GO, Rel. Min. Sálvio de Figueiredo Teixeira, ac. 28.03.2000, *DJU* 05.06.2000, p. 167).

115 STJ, 4ª T., AgRg. nos EDcl. no REsp 434.900/PA, Rel. Min. Fernando Gonçalves, ac. 02.09.2003, *DJU* 15.09.2003, p. 323.

116 STJ, 3ª T., AgRg. no REsp 631.478/MG, Rel. Min. Nancy Andrighi, ac. 26.08.2004, *DJU* 13.09.2004, p. 240.

117 STJ, 5ª T., REsp 446.062/SP, Rel. Min. Felix Fischer, ac. 17.12.2002, *DJU* 10.03.2003, p. 295. A posição adotada pela Corte Especial do STJ é no sentido de que "descabe condenação em honorários advocatícios em

A imposição da verba questionada, mesmo no caso de acolhida da exceção de pré-executividade, não está ligada diretamente ao julgamento do incidente. O que a justifica é a "extinção do processo executivo", conforme se acentua em todos os precedentes do STJ já invocados. Na verdade, ao ser acolhida a exceção, profere-se "sentença terminativa da execução, onde será o autor condenado nas despesas do processo e nos honorários".[118] É por isso que não se cogita de honorários se, rejeitada a arguição incidental, a execução prossegue normalmente. A última hipótese não é de julgamento de causa principal ou incidental, mas solução de mera questão apreciada em decisão interlocutória, caso em que não tem aplicação o art. 85 do CPC/2015 em qualquer de suas previsões. Se, portanto, "a arguição formulada for rejeitada, responsável pelas custas acrescidas, se houver, será o seu autor (da arguição)",[119] não havendo que se cogitar de honorários.[120]

Quando vários são os executados, e apenas um deles consegue excluir-se da execução por meio de exceção de pré-executividade, tornam-se devidos os honorários de sucumbência, ainda que o processo tenha de prosseguir contra os demais coobrigados.[121] É que, contra o excluído, a execução se encerrou.

IV – Honorários no cumprimento de sentença

O Código atual manteve entendimento antigo do STJ dispondo no § 1º do art. 85 serem "devidos honorários advocatícios na reconvenção, no *cumprimento de sentença*, na execução, resistida ou não, e nos recursos interpostos, cumulativamente". Ademais, dispôs no art. 523, § 1º, que, não ocorrendo o pagamento voluntário no prazo de quinze dias, "o débito será acrescido de multa de dez por cento e, também, de honorários de advogado de dez por cento". E, havendo o pagamento parcial do débito no referido prazo, os honorários advocatícios incidirão sobre o restante da dívida (art. 523, § 2º).

Entretanto, excepcionou a regra quando se tratar de decisão proferida em desfavor do Poder Público: "não serão devidos honorários no cumprimento de sentença contra a Fazenda Pública que enseje expedição de precatório, desde que não tenha sido impugnada" (art. 85, § 7º). Logo, sobrevindo embargos, a execução contra a Fazenda Pública sujeitar-se-á, também, à incidência de nova verba honorária sucumbencial.

V – Honorários nos recursos

Os honorários deverão ser fixados pelo juiz não apenas na sentença, mas também no julgamento dos recursos. Por isso, o art. 85, § 11, prevê que o tribunal majore os honorários fixados anteriormente na sentença, levando em conta o trabalho adicional realizado em grau de recurso e observando, conforme o caso, os critérios traçados nos §§ 2º a 6º, do referido art. 85. Caberá, outrossim, ao tribunal respeitar os limites estabelecidos pelo Código para a fase de conhecimento (art. 85, §§ 2º e 3º). Referida verba, entretanto, pode ser cumulada com multas e outras sanções processuais, sem respeitar o limite em questão (art. 85, § 12).

---

exceção de pré-executividade rejeitada (EREsp 1.048.043/SP, Corte Especial)" (STJ, 4ª T., REsp 968.320/MG, Rel. Min. Luis Felipe Salomão, ac. 19.08.2010, *DJe* 03.09.2010). Nesse sentido: STJ, 2ª T., EDcl no REsp 1.759.643/SP, Rel. Min. Herman Benjamin, ac. 14.05.2019, *DJe* 29.05.2019; STJ, 3ª T., AgInt no Resp 1.615.173/SP, Rel. Min. Marco Aurélio Bellizze, ac. 17.04.2018, *DJe* 20.04.2018; STJ, 4ª T., AgInt no REsp 1.551.618/SP, Rel. Min. Marco Buzzi, ac. 22.05.2018, *DJe* 30.05.2018.

118 ROSA, Marcos Valls Feu. *Exceção de pré-executividade*. Porto Alegre: Sérgio Antonio Fabris, 1996, p. 90.

119 ROSA, Marcos Valls Feu. *Exceção de pré-executividade*. Porto Alegre: Sérgio Antonio Fabris, 1996, p. 90.

120 STJ, Corte Especial, EREsp 1.048.043/SP, Rel. Min. Hamilton Carvalhido, ac. 17.06.2009, *DJe* 29.06.2009; STJ, 2ª T., REsp 1.721.193/SP, Rel. Min. Herman Benjamin, ac. 27.02.2018, *DJe* 02.08.2018; STJ, 1ª T., AgInt nos EDcl no REsp 1.769.192/SP, Rel. Min. Benedito Gonçalves, ac. 11.11.2019, *DJe* 18.11.2019.

121 STJ, 5ª T., REsp 784.370/RJ, Rel. Min. Laurita Vaz, ac. 04.12.2009, *DJe* 08.02.2010.

Essa nova regra de sucumbência será observada tanto nos recursos interpostos para os Tribunais de Segundo Grau (TJ e TRF) como naqueles endereçados aos Tribunais Superiores (STJ e STF), inclusive nos recursos internos processados e julgados no seio do próprio Tribunal[122].

Os honorários recursais incidem apenas quando houver a instauração de novo grau recursal, e não a cada recurso interposto no mesmo grau de jurisdição, na orientação do STJ.[123]

A majoração de que cuida o art. 85, § 11, tem cabimento quando, não conhecido integralmente ou não provido o recurso,[124] estiverem presentes, cumulativamente, os seguintes requisitos:

> "a) decisão recorrida publicada a partir de 18.3.2016, quando entrou em vigor o Código de Processo Civil de 2015;
>
> b) recurso não conhecido integralmente ou não provido, monocraticamente ou pelo órgão colegiado competente, e
>
> c) condenação em honorários advocatícios desde a origem no feito em que interposto".[125]

Por outro lado, está assente na jurisprudência que: "'o recurso interposto pelo vencedor para ampliar a condenação – que não seja conhecido, rejeitado ou desprovido – não implica honorários de sucumbência recursal para a parte contrária' (EDcl no AgInt no AREsp 1040024/GO, Rel. Min. Nancy Andrighi, 3ª T., j. em 15/08/2017, *DJe* 31/08/2017)".[126]

VI – Honorários dos advogados públicos

O Código atual reconheceu o direito do procurador do ente público ao recebimento dos honorários. Doravante, "os advogados públicos perceberão honorários de sucumbência, nos termos da lei" (art. 85, § 19). O regime de atribuição e divisão entre os procuradores públicos regular-se-á por lei própria.

Questionada a constitucionalidade do art. 85, § 19, do CPC, a decisão do Supremo Tribunal Federal na ADI 6.053, por maioria, declarou a constitucionalidade da percepção de honorários de sucumbência pelos advogados públicos e julgou parcialmente procedente o pedido formulado na ação direta para, conferindo interpretação conforme à Constituição ao art. 23 da Lei 8.906/1994, ao art. 85, § 19, da Lei 13.105/2015 e aos arts.

---

122 DINAMARCO, Cândido Rangel. O novo Código de Processo Civil brasileiro e a ordem processual civil vigente. *Revista de Processo*, v. 247, p. 39, set./2015. Nesse sentido decidiu o STJ: "no julgamento do AgInt nos EREsp 1.539.725/DF (de minha relatoria, julgado em 9/8/2017, DJe 19/10/2017), a SEGUNDA SEÇÃO desta Corte Superior concluiu que o Colegiado poderá arbitrar, no agravo interno, a verba honorária recursal omitida pelo relator por ocasião da decisão monocrática" (STJ, 4ª T., AgInt no AREsp 976.183/MT, Rel. Min. Antônio Carlos Ferreira, ac. 04.06.2019, *DJe* 10.06.2019).

123 STJ, 1ª T., EDcl no AgInt no REsp 1.716.471/MG, Rel. Min. Napoleão Nunes Maia Filho, ac. 13.05.2019, *DJe* 20.05.2019; STJ, 2ª T., AgInt no AREsp 363.721/RS, Rel. Min. Assusete Magalhães, ac. 07.05.2019, *DJe* 13.05.2019; STJ, 3ª T., AgInt no AREsp 1.411.615/RS, Rel. Min. Marco Aurélio Bellizze, ac. 27.05.2019, *DJe* 31.05.2019.

124 STJ, 2ª T., REsp 1.799.511/PR, Rel. Min. Herman Benjamin, ac. 11.04.2019, *DJe* 31.05.2019; STJ, 3ª T., AgInt no AREsp 1.347.176/SP, Rel. Min. Ricardo Villas Bôas Cueva, ac. 29.04.2019, *DJe* 06.05.2019.

125 STJ, 3ª T., AgInt no AREsp 1.259.419/GO, Rel. Min. Ricardo Villas Bôas Cueva, ac. 03.12.2018, *DJe* 06.12.2018. No mesmo sentido: STJ, 1ª T., AgInt no AREsp 1.328.067/ES, Rel. Min. Gurgel de Faria, ac. 09.05.2019, *DJe* 06.06.2019; STJ, 2ª T., REsp 1.804.904/SP, Rel. Min. Herman Benjamin, ac. 16.05.2019, *DJe* 30.05.2019; STJ, 4ª T., AgInt no AREsp 1.310.670/RJ, Rel. Min. Marco Buzzi, ac. 30.05.2019, *DJe* 03.06.2019.

126 STJ, 1ª T., AgInt no AREsp 1.244.491/SP, Rel. Min. Gurgel de Faria, ac. 28.03.2019, *DJe* 09.04.2019.

27 e 29 a 36 da Lei 13.327/2016, estabelecer que a somatória dos subsídios e honorários de sucumbência percebidos mensalmente pelos advogados públicos não poderá exceder ao teto dos Ministros do Supremo Tribunal Federal, conforme o que dispõe o art. 37, XI, da Constituição Federal.[127]

Em relação a honorários advocatícios objeto de leis especiais, que previam a verba sucumbencial em favor da União, a Lei 13.327/2016 procedeu à sua transferência, no todo ou em parte, para os advogados públicos,[128] nos seguintes termos:

(a) até 75% da taxa de 20% da dívida ativa criada pelo Decreto-lei 1.025/1969; e

(b) a taxa integral de 20% criada pelo § 1º do art. 37-A da Lei 10.522/2002.

VII – Honorários em ação com pedidos alternativos ou sucessivos

Tratando-se de cumulação de pedidos sucessivos, a fim de que o juiz conheça do posterior, quando não acolher o anterior (art. 326, *caput*), ou de formulação de mais de um pedido, alternativamente, para que o juiz acolha um deles (art. 326, parágrafo único), não se considera sucumbente o autor se um deles for acolhido por inteiro.[129]

Já se fez, porém, uma distinção entre sucumbência no cúmulo sucessivo de pedidos e a ocorrida no cúmulo alternativo. No caso de pedidos alternativos (art. 326, parágrafo único), a parte não demonstra preferência por nenhum deles, de modo que qualquer que seja o acolhido, não se pode imputar sucumbência ao autor, para os efeitos de imputação da verba honorária.[130]

Quanto ao cúmulo sucessivo de pedidos, o autor formula um pedido principal e outro ou outros subsidiários que só serão apreciados na hipótese de ser rejeitado o primeiro. Por causa dessa cadeia de preferencialidade, já se decidiu que no insucesso do pedido principal, o autor, perante este, figura como sucumbente, ainda que o pedido subsidiário seja acolhido. Com isto, deveriam os ônus sucumbenciais ser suportados por ambas as partes, "na proporção do sucumbimento de cada um".[131]

Melhor, porém, é a interpretação de Cândido Dinamarco, para quem, mesmo no caso de improcedência apenas do pedido principal, que poderia justificar o interesse do autor em recorrer, não se pode imputar-lhe a sucumbência parcial, se o pedido subsidiário foi acolhido pela sentença. É que, explica o doutrinador, "como os pedidos não são *somados*, basta o acolhimento de um deles para que suporte o réu, por inteiro, os *encargos da sucumbência*".[132] É pelo mesmo motivo que, no cúmulo sucessivo, segundo a mesma lição, "os pedidos não se somam para efeito de atribuir valor à causa: esta terá o valor do pedido principal e não de ambos"[133] (art. 292, VIII, do CPC/2015).

---

[127] STF, Pleno, ADI 6.053/DF, Rel. p/ ac. Alexandre de Moraes, ac. 22.06.2020, *DJe* 30.07.2020.

[128] "A nova regra [criada em favor dos advogados da União] tem sido estendida aos procuradores dos demais entes públicos" (GIMENES, José Jácomo. Honorários de sucumbência, uma questão espinhosa. *Revista Bonijuris*, ano 34, n. 677, p. 11, ago./set. 2022).

[129] "Na hipótese de cumulação alternativa, acolhido integralmente um dos pedidos, a sucumbência deve ser suportada pelo réu" (Enunciado 109/CJF/STJ da II Jornada de Direito Processual Civil).

[130] STJ, 5ª T., AgRg no Ag 572.303/RS, Rel. Min. Arnaldo Esteves Lima, ac. 06.12.2005, *DJU* 05.06.2006, p. 309.

[131] STJ, Corte Especial, EREsp 616.918/MG, Rel. Min. Castro Meira, ac. 02.08.2010, *DJe* 23.08.2010.

[132] DINAMARCO, Cândido Rangel. *Instituições de direito processual civil*. 7. ed. São Paulo: Malheiros, 2017, v. II, n. 553, p. 200.

[133] DINAMARCO, Cândido Rangel. *Instituições de direito processual civil*. 7. ed. São Paulo: Malheiros, 2017, v. II, n. 553, p. 200.

Sobre a matéria, v. também o item 579, adiante.

VIII – Honorários nos procedimentos de jurisdição voluntária

Prevê o art. 85, *caput*, que a sentença deverá condenar o vencido a pagar honorários ao advogado do vencedor. Como nos procedimentos de jurisdição voluntária não há, em princípio, contenciosidade, a sentença que os encerra não se depara com vencedor e vencido, mas apenas com interessados. Daí por que não incide a regra geral de imputação dos ônus da sucumbência à parte vencida.

Diferente, todavia, é o procedimento que se inicia administrativamente, sem contendores, mas que, durante o curso, se depara com impugnação ou resistência do requerido, situação que não é raro acontecer na jurisdição voluntária. Verificada a hipótese, o procedimento perde a característica inicial, tornando-se contencioso. Com isso, a verba advocatícia sucumbencial terá de ser suportada por aquele que afinal for reconhecido como vencido pela sentença.[134]

Segue-se, portanto, a mesma regra estatuída para as *custas e demais despesas processuais* ocorridas nos juízos divisórios processados sem litígio (art. 89) e nos procedimentos administrativos não impugnados (art. 88).

IX – Honorários em homologação de decisão estrangeira

> "Em pedido de homologação de decisão estrangeira, contestado pela própria parte requerida, a verba honorária sucumbencial deve ser estabelecida por apreciação equitativa, nos termos do § 8º do art. 85 do CPC de 2015, com observância dos critérios dos incisos do § 2º do mesmo art. 85".[135]

Sobre o tema, v. também, o item 640.2, do nosso *Curso*, v. III.

X – Honorários em homologação de acordo

Quando o processo se extingue através de acordo homologado judicialmente, antes de a demanda ser sentenciada no mérito, não há sucumbência. Não havendo vencido nem vencedor, não haverá lugar para se aplicar a regra do art. 85, *caput*, que só prevê a condenação do vencido "a pagar honorários ao advogado do vencedor".[136]

Entretanto, o acordo pode, como negócio processual (art. 190), regular a responsabilidade pelos honorários dos advogados das partes, caso em que tal ajuste prevalecerá na respectiva homologação.[137]

---

134 "Nos procedimentos de jurisdição voluntária, em que há litigiosidade, não meros interessados, é cabível a condenação da parte vencida em honorários advocatícios" (STJ, 4ª T., AgRg no Ag 1.362.095/SP, Rel. Min. Maria Isabel Gallotti, ac. 10.04.2012, *DJe* 18.04.2012). No mesmo sentido: STJ, 3ª T., REsp 1.431.036/SP, Rel. Min. Moura Ribeiro, ac. 17.04.2018, *DJe* 24.04.2018.

135 STJ, Corte Especial, HDE 1.809/EX, Rel. Min. Raul Araújo, ac. 22.04.2021, *DJe* 14.06.2021.

136 "Desse modo, não há que se falar em direito à fixação dos honorários advocatícios, ante a ausência de vencedor e vencido na demanda" (STJ, 2ª T., AgRg no Ag 372.136/RS, Rel. Min. João Otávio de Noronha, ac. 07.10.2003, *DJU* 10.11.2003, p. 171).

137 "Transação celebrada pelas partes durante a tramitação de processo, com a participação de seus advogados, devidamente homologada judicialmente. Possibilidade de livre disposição da verba honorária se há intervenção dos causídicos" (STJ, 4ª T., AgRg no REsp 978.109/RS, Rel. Min. Hélio Quaglia Barbosa, ac. 18.12.2007, *DJU* 11.02.2008, p. 1).

Se o acordo, porém, for posterior à sentença condenatória, só prevalecerá em face do advogado do vencedor, se feito com sua participação.[138]

XI – Honorários nas ações de busca e apreensão de bens objeto de alienação fiduciária

A ação de busca e apreensão, prevista pelo Decreto-lei 911/1969, é um procedimento contencioso e, como tal, impõe à parte vencida a responsabilidade pelos honorários do advogado da parte contrária (art. 85, *caput* e § 2º). Se, particularmente, a extinção do processo decorrer de perda do objeto (*v.g.* pagamento da dívida imediatamente à citação), como é comum nas demandas dessa natureza, a questão honorária será solucionada segundo a regra da causalidade, cabendo a responsabilidade a quem houver dado causa ao processo (CPC, art. 85, § 10). Na generalidade, convém destacar, o causador da busca e apreensão costuma ser o devedor fiduciante inadimplente. Por outro lado, nos termos do art. 90, quando ocorrer desistência ou renúncia da ação, a verba advocatícia caberá ao autor (credor fiduciário), tocando ao réu (devedor fiduciante) a responsabilidade quando reconhecer a procedência do pedido.

Reconheceu a jurisprudência do STJ, porém, que:

> "O pedido de extinção do processo levado a efeito pela parte autora, em razão do superveniente pagamento dos valores devidos pelo devedor fiduciante, não encerra, tecnicamente, desistência. O pedido extintivo requerido pela demandante, por evidente, tem por lastro a perda superveniente de objeto da ação e – implicitamente – o próprio reconhecimento da procedência do pedido, ante o cumprimento das prestações pela ré, a ensejar, em ambas as situações, a sua responsabilidade pelo pagamento da verba honorária"[139].

XII – Honorários em incidente de desconsideração da personalidade jurídica

A regra geral é que a verba advocatícia sucumbencial é imposta pela sentença (art. 85, *caput*), como ato que encerra o processo, na fase de conhecimento. Assim, o incidente de desconsideração da personalidade jurídica, quando acolhe o redirecionamento do processo, para incluir o sócio no polo passivo da demanda, não comporta a sua imediata condenação em honorários. Ressalva-se, porém, o caso em que a decisão do incidente é no sentido de rejeitar a desconsideração, por se equiparar à exclusão de parte da relação processual, a exemplo do que se passa com o saneador que elimina litisconsorte, sem pôr fim ao processo.[140]

---

138 "Em se tratando de título executivo judicial com arbitramento de honorários, não pode a transação das partes dispor a respeito, por se tratar de direito autônomo do advogado, o qual pode, inclusive, executar de forma autônoma e em nome próprio" (STJ, 5ª T., AgRg no REsp 837.185/DF, Rel. Min. Laurita Vaz, ac. 17.10.2006, *DJU* 04.12.2006, p. 370).

139 STJ, 3ª T., REsp 2.028,443/SC, Rel. Min. Marco Aurélio Bellizze, ac. 05.03.2024, *DJe* 12.03.2024. Constou do acórdão: "Para a situação retratada nestes autos, que não cuida, propriamente, de 'desistência da ação' – pedido de extinção do feito pela parte autora em virtude do adimplemento das prestações cobradas, a ensejar a perda superveniente de objeto –, o Código de Processo Civil de 2015 conferiu tratamento específico, atribuindo, também com base no princípio da causalidade, a responsabilidade pelo pagamento da verba honorária à parte que deu causa ao processo, que é a ré, devedora fiduciante".

140 STJ, Corte Especial, EREsp 2.042.753/SP, Rel. Min. Mauro Campbell Marques, ac. 02.04.2025, *DJEN* 12.05.2025; STJ, Corte Especial. REsp 2.072.206/SP, Rel. Min. Ricardo Villas Bôas Cueva, ac. 13.02.2025, *DJEN* 12.03.2025.

212. Inoperância da sucumbência

Há caso em que o Código carreia a responsabilidade pelos honorários a uma das partes sem atentar para a sucumbência, quando, por exemplo, a parte vencedora, ou não, for havida como litigante de má-fé (CPC/2015, art. 81).

No entanto, o encargo da verba honorária, na sistemática do art. 85, é, em princípio, imposição que decorre da lei, independentemente de ter, ou não, o vencido atuado de má-fé. Para suportar dito encargo, basta que a parte tenha sido derrotada na solução dada à causa pela sentença. Nisso consiste o *princípio da sucumbência*.

Em muitos casos, porém, a distribuição das despesas do processo não pode se dar apenas à luz de tal princípio, tornando-se necessária "a sua articulação com o *princípio da causalidade*".[141] É o que ocorre, por exemplo, quando o processo se extingue, sem solução do mérito, em razão de fato superveniente que esvaziou o objeto do feito. Caberá ao juiz, em semelhante conjuntura, verificar quem deu causa ao processo, para atribuir-lhe responsabilidade dos gastos processuais. Nisso consiste o princípio da causalidade. Em caso de desistência da ação, a jurisprudência tem, igualmente, aplicado o princípio da causalidade, para imputar os encargos sucumbenciais, não ao autor desistente, mas ao réu, quando, nas circunstâncias do processo, ficar evidenciado que este foi quem deu motivo à instauração da demanda.[142]

Nos embargos de terceiro, também o STJ tem deixado de aplicar o efeito da sucumbência objetiva ao embargado que reconhece a ilegitimidade da penhora, quando esta se deveu a iniciativa apenas do oficial de justiça[143] ou a fato imputável ao próprio executado.[144] Esse entendimento jurisprudencial merece prevalecer, uma vez que o regime do Código atual não introduziu qualquer alteração no tratamento da questão dos honorários na ação especial de embargos de terceiro.

213. Fixação dos honorários

Os limites da fixação dos honorários, pelo juiz, são tratados pelo art. 85, § 2º, em função do valor da condenação principal[145] ou do proveito econômico obtido. Apenas na hipótese de não ser possível mensurar esse proveito é que o Código permite que se utilize o valor atualizado da causa como base do respectivo cálculo.

Assim, o juiz condenará o vencido a pagar honorários ao vencedor entre o mínimo de dez por cento e o máximo de vinte por cento "sobre o valor da condenação, do proveito econômico obtido ou, não sendo possível mensurá-lo, sobre o valor atualizado da causa" (art. 85, § 2º).

Entre esses dois parâmetros, o arbitramento judicial, para chegar ao percentual definitivo, levará em conta:

(a) o grau de zelo profissional;

(b) o lugar da prestação do serviço;

(c) a natureza e a importância da causa;

(d) o trabalho realizado pelo advogado e o tempo exigido para o seu serviço (art. 85, § 2º, I a IV).

---

141 STJ, 3ª T., REsp 684.169/RS, Rel. Min. Sidnei Beneti, ac. 24.03.2009, *DJe* 14.04.2009.

142 STJ, 3ª T., AgRg no AREsp 604.325/SP, Rel. Min. Marco Aurélio Bellizze, ac. 10.02.2015, *DJe* 25.02.2015.

143 STJ, 2ª T., EDcl no REsp 723.952/MS, Rel. Min. Castro Meira, ac. 23.08.2005, *DJU* 19.09.2005, p. 298.

144 STJ, 2ª T., REsp 828.519/MG, Rel. Min. Mauro Campbell Marques, ac. 07.08.2008, *DJe* 22.08.2008.

145 Verbas complementares como multas processuais, despesas de averbação ou cancelamento de registro público, gastos de entrega ou remoção de bens, demolição de obras etc. não integram a base de cálculo dos honorários sucumbenciais.

Devendo a verba sucumbencial ser arbitrada sobre o valor da condenação, a multa por atraso no cumprimento da sentença (*astreinte*) não integra a base de cálculo dos honorários do advogado da parte vencedora, como já decidiu o STJ[146].

Os arbitramentos equitativos são excepcionais no regime do Código atual. Prevalecem, em regra, os critérios objetivos previstos nos §§ 2º e 3º do art. 85, "independentemente de qual seja o conteúdo da decisão, inclusive aos casos de improcedência ou extinção do processo sem resolução do mérito" (art. 85, § 6º). Assim, ainda quando a ação não resultar em condenação ou nas ações constitutivas e declaratórias, o juiz deverá observar aqueles critérios. Até mesmo nas sentenças contrárias à Fazenda Pública, a lei nova evitou o emprego do arbitramento de honorários por critério de equidade.

Em relação às execuções em geral, o Código se orienta de igual maneira ao prever que a verba advocatícia seja arbitrada de forma fixa, qual seja dez por cento do débito (arts. 523, § 1º, e 827). Admite, todavia, redução ou majoração na execução de título extrajudicial, conforme haja pagamento imediato ou oposição de embargos, respectivamente (art. 827, §§ 1º e 2º).[147]

Deixarão de ser aplicados os limites objetivos em questão (máximos e mínimos) apenas quando a causa for de valor inestimável, muito baixo, ou quando for irrisório o proveito econômico (art. 85, § 8º). Somente nessas hipóteses, o juiz fixará os honorários por apreciação equitativa, observando os critérios estabelecidos no § 2º do art. 85. Isso se dará para evitar o aviltamento da verba honorária.[148] Não cuidou o Código, portanto, de redução equitativa da verba advocatícia, a pretexto de ser elevada ou excessiva em função do pequeno volume e da pouca complexidade do trabalho desempenhado pelo causídico no processo.[149]

Para evitar qualquer dúvida, a Lei 14.365, de 2 de junho de 2022, acrescentou o § 6º-A ao art. 85, para proibir, expressamente, o arbitramento equitativo dos honorários advocatícios sucumbenciais, "quando o valor da condenação ou do proveito econômico obtido ou o valor

---

146 É que a multa não se confunde com a condenação, dada sua diversa natureza. Funciona ela como simples forma de coerção judicial para obrigar o réu a cumprir uma obrigação de fazer ou não fazer, não formando sequer a coisa julgada material, já que pode até mesmo ser modificada para mais ou para menos, o que a deixa de fora dos cálculos dos honorários (cf. voto do Relator, Min. Villas Bôas Cueva, no julgamento da 3ª Turma do STJ, no REsp 1.367.212/PR, ac. 20.06.2017, *DJe* 01.08.2017).

147 A fixação legal de honorários mínimos de 10%, nos moldes do art. 827 do CPC/2015, foi feita pelo legislador para observância obrigatória, sem margem flexível, pelo menos, na abertura da execução: "A opção do legislador foi a de justamente evitar lides paralelas em torno da rubrica 'honorários de sucumbência', além de tentar imprimir celeridade ao julgamento do processo, estabelecendo uma espécie de sanção premial ao instigar o devedor a quitar, o quanto antes, o débito exequendo (§ 1º do art. 827)" (STJ, 4ª T., REsp 1.745.773/DF, Rel. Min. Luis Felipe Salomão, ac. 04.12.2018, *DJe* 08.03.2019).

148 "1. Ressalvadas as exceções previstas nos §§ 3º e 8º do art. 85 do CPC/2015, na vigência da nova legislação processual o valor da verba honorária sucumbencial não pode ser arbitrado por apreciação equitativa ou fora dos limites percentuais fixados pelo § 2º do referido dispositivo legal. Precedentes da Terceira e Quarta Turmas e da Segunda Seção do STJ. 2. Segundo dispõe o § 6º do art. 85 do CPC/2015, '[o]s limites e critérios previstos nos §§ 2º e 3º [do mesmo art. 85] aplicam-se independentemente de qual seja o conteúdo da decisão, inclusive aos casos de improcedência ou de sentença sem resolução de mérito'" (STJ, 4ª T., AgInt no REsp 1.711.273/DF, Rel. Min. Antônio Carlos Ferreira, ac. 02.06.2020, *DJe* 12.06.2020; no mesmo sentido: STJ, 3ª T., AgInt no AREsp 1.187.650/SP, Rel. Min. Ricardo Villas Bôas Cueva, ac. 24.04.2018, *DJe* 30.04.2018; STJ, 2ª Seção, REsp 1.746.072/PR, Rel. p/ac Min. Raul Araújo, ac. 13.02.2019, *DJe* 29.03.2019).

149 "Ressalvadas as exceções previstas nos §§ 3º e 8º do CPC/2015, na vigência da nova legislação processual o valor da verba honorária sucumbencial não pode ser arbitrado por apreciação equitativa ou fora dos limites percentuais fixados pelo § 2º do referido dispositivo legal" (STJ, 4ª T., REsp 1.731.617/SP, Rel. Min. Antônio Carlos Ferreira, ac. 17.04.2018, *DJe* 15.05.2018). No mesmo sentido: STJ, 3ª T., AgInt no ARESp 1.187.650/SP, Rel. Min. Ricardo Villas Bôas Cueva, ac. 24.04.2018, *DJe* 30.04.2018. Em sentido contrário: STJ, 2ª T., REsp 1.789.913/DF, Rel. Min. Herman Benjamin, ac. 12.02.2019, *DJe* 11.03.2019.

atualizado da causa for líquido ou liquidável". O novo dispositivo legal positivou o que já era entendimento jurisprudencial do STJ.[150]

Dessa proibição, ressalvou-se apenas a exceção do § 8º do art. 85 que só permite a fixação por equidade quando: *(a)* a causa for de valor inestimável ou de valor muito baixo; ou *(b)* o proveito econômico for irrisório. Nessas duas situações, o novo § 8º-A do art. 85 também acrescido pela Lei 14.365/2022, determina que a fixação equitativa seja feita com observância: *(a)* dos valores recomendados pelo Conselho Seccional da OAB; ou *(b)* do limite mínimo de 10% estabelecido no § 2º do art. 85, aplicando-se o que for maior.

A Lei 14.365 acrescentou ainda o § 20 ao art. 85 do CPC, para dispor que as regras relativas à fixação da verba advocatícia sucumbencial (§§ 2º, 3º, 4º, 5º, 6º, 6º-A, 8º, 8º-A, 9º e 10) aplicam-se também aos honorários fixados por arbitramento judicial, segundo o Estatuto da OAB.

213-A. Proveito econômico inestimável. Irrelevância do valor da coisa

O posicionamento jurisprudencial do STJ acerca do arbitramento da verba advocatícia, segundo o critério equitativo, tem ensejado a seguinte ponderação:

> "4. Embora predeterminados os critérios do art. 85, §§ 2º e 8º, do CPC/2015, a base de cálculo adequada para o arbitramento dos honorários não dispensa a análise casuística da demanda, observando-se, sobretudo, qual a tutela pretendida pelas partes (declaratória, constitutiva, condenatória, mandamental ou executiva). 5. Nas ações mandamentais em que ausente proveito econômico auferível ou mensurável, e quando o valor da causa não refletir o benefício devido, deverá ser aplicado o critério subsidiário da equidade. É o que ocorre na ação de obrigação de fazer consistente na baixa de gravame hipotecário, porquanto não se pode vincular o sucesso da pretensão ao valor do imóvel"[151].

214. Critérios de fixação de honorários nas ações de que participe a Fazenda Pública

Em relação às causas em que for parte a Fazenda Pública, a legislação atual implantou um novo regime de arbitramento dos honorários sucumbenciais, assim caracterizado: *(i)* adotou um critério único de cálculo para todas as "causas em que a Fazenda Pública for parte", aplicável indistintamente a ela e à parte contrária; *(ii)* abandonou o critério da equidade, estabelecendo percentuais sobre o valor da condenação ou do proveito econômico obtido pela parte vencedora, seja a Fazenda ou o adversário (art. 85, § 3º).

O atual sistema determina que sejam considerados os critérios objetivos do § 2º, do art. 85, estabelecendo, ainda, limites mínimos e máximos para o arbitramento, submetendo-os, entretanto, a regras próprias. Quanto maior o valor da condenação ou do proveito econômico

---

150 "A Corte Especial, ao julgar o Tema Repetitivo 1076 (REsp 1.850.512/SP, REsp 1.877.883/SP, REsp 1.906.623/SP e REsp 1.906.618/SP), firmou as seguintes teses jurídicas: i) A fixação dos honorários por apreciação equitativa não é permitida quando os valores da condenação, da causa ou o proveito econômico da demanda forem elevados. Nesses casos, é obrigatória a observância dos percentuais previstos nos §§ 2º ou 3º do art. 85 do CPC/2015 – a depender da presença da Fazenda Pública na lide –, os quais serão subsequentemente calculados sobre o valor: (a) da condenação; (b) do proveito econômico obtido; ou (c) do montante atualizado da causa" (STJ, 3ª T., REsp 1.993.893/SP, Rel. Min. Ricardo Villas Bôas Cueva, ac. 23.08.2022, *DJe* 26.08.2022).

151 STJ, 3ª T., REsp 2.092.798/DF, Rel. Min. Nancy Andrighi, ac. 05.03.2024, *DJe* 07.03.2024.

obtido pela parte vencedora (seja a Fazenda, seja a outra parte), menor será o percentual da verba honorária a ser fixada pelo juiz.

De acordo com o art. 85, § 3º, serão adotados os seguintes percentuais:

(a) mínimo de dez e máximo de vinte por cento sobre o valor da condenação ou do proveito econômico obtido até duzentos salários mínimos (inciso I);

(b) mínimo de oito e máximo de dez por cento sobre o valor da condenação ou do proveito econômico obtido acima de duzentos salários mínimos até dois mil salários mínimos (inciso II);

(c) mínimo de cinco e máximo de oito por cento sobre o valor da condenação ou do proveito econômico obtido acima de dois mil salários mínimos até vinte mil salários mínimos (inciso III);

(d) mínimo de três e máximo de cinco por cento sobre o valor da condenação ou do proveito econômico obtido acima de vinte mil salários mínimos até cem mil salários mínimos (inciso IV);

(e) mínimo de um e máximo de três por cento sobre o valor da condenação ou do proveito econômico obtido acima de cem mil salários mínimos (inciso V).

A aplicação desse critério, dividido em razão de faixas de condenação, deve ser feita de forma cumulativa, *i.e.*, o percentual relativo à condenação que atinge a faixa maior somente será utilizado sobre o que exceder o valor englobado na faixa menor, e assim sucessivamente: "quando, conforme o caso, a condenação contra a Fazenda Pública ou o benefício econômico obtido pelo vencedor ou o valor da causa for superior ao valor previsto no inciso I, do § 3º, a fixação do percentual de honorários deverá observar a faixa inicial e, naquilo que a exceder, a faixa subsequente, e assim sucessivamente" (art. 85, § 5º). Exemplo: se a Fazenda Pública ou a parte contrária for condenada a pagar ao vencedor valor equivalente a três mil salários mínimos, a verba honorária será arbitrada da seguinte forma: *(i)* mínimo de dez e máximo de vinte por cento sobre duzentos salários mínimos; *(ii)* mínimo de oito e máximo de dez sobre o valor que exceder duzentos salários mínimos até o limite de dois mil salários, e; *(iii)* mínimo de cinco e máximo de oito por cento sobre os mil salários mínimos restantes.

Em qualquer caso, esses percentuais devem ser aplicados desde logo quando a sentença for líquida. Caso a decisão seja ilíquida, a definição desses percentuais somente poderá ocorrer após a liquidação da sentença. Se não houver condenação principal ou não sendo possível mensurar o proveito econômico obtido pelo vencedor, a condenação de honorários deverá ser sobre o valor atualizado da causa, observada a gradação do § 3º. Por fim, o salário mínimo a ser considerado para fins de definição dos percentuais será o vigente à época da prolação da sentença líquida ou daquela proferida em sede de liquidação (art. 85, § 4º).

Finalmente, cabe relembrar, que não serão devidos honorários no cumprimento de sentença, não impugnado, contra a Fazenda Pública, quando se tratar de procedimento que enseje a expedição de precatório (art. 85, § 7º). A Fazenda Pública, portanto, tem o privilégio de responder pela execução de sentença sem nova sujeição aos honorários sucumbenciais, desde que não oponha resistência ao cumprimento da condenação. Ao contrário das regras do cálculo dos honorários, que se aplicam indistintamente à Fazenda Pública e à parte contrária, esse é um benefício exclusivo do Poder Público.

A explicação para a atitude do legislador em benefício da Fazenda Pública, no caso das execuções não embargadas, consiste em que o cumprimento da sentença sob a forma de precatório não permite que o pagamento espontâneo da condenação se dê de imediato após a sentença. Assim, a Fazenda Pública é forçada a passar por todos os estágios do procedimento de cumprimento da sentença, mesmo quando não tenha matéria para se defender por meio de embargos. Não teria cabimento puni-la com nova verba advocatícia na execução não impugnada, se não lhe resta outro caminho para realizar legitimamente o cumprimento da sentença. Daí porque o legislador instituiu a regra especial de que não deve a Fazenda Pública ser submetida a pagamento de outros honorários na execução não embargada.

214-A. Dispensa de condenação da Fazenda Nacional em honorários sucumbenciais

Além da previsão do § 7º, do art. 85, do CPC/2015, aplicável apenas às execuções no regime de precatório, há em lei especial dispensa genérica de honorários sucumbenciais em ações ou execuções que não tenham sido contestadas ou embargadas pela Fazenda Pública Nacional, sob as condições a seguir indicadas.

Assim é que o art. 19, *caput*, da Lei 10.522/2002 autoriza a Procuradoria-Geral da Fazenda Nacional "a não contestar, a não interpor recurso ou a desistir do que tenha interposto, desde que inexista outro fundamento relevante", nas hipóteses arroladas por aquele dispositivo legal.[152] Em tais casos, o § 1º, I, dispõe que "não haverá condenação em honorários", condicionando, entretanto, o benefício da Fazenda ao reconhecimento expresso, por seu Procurador, da "procedência do pedido, quando citado para apresentar resposta, inclusive em embargos à execução fiscal e exceções de pré-executividade". Não basta a inércia da Procuradoria diante da demanda. Sem a expressa manifestação de reconhecimento da procedência do pedido formulado pela parte contrária, fica afastada a norma do art. 19, § 1º, I, da Lei 10.522, mormente quando se registrou resistência da Fazenda, afinal vencida.[153] A segunda Turma do STJ, no entanto, adotou interpretação extensiva para o aludido dispositivo legal, aplicando a isenção dos honorários, diante de uma contestação de que, logo em seguida, desistiu a demandada, com o expresso reconhecimento da procedência do pedido. Argumentou-se que dito reconhecimento acontecera em "momento oportuno, a despeito da apresentação de contestação, a qual não foi capaz de gerar nenhum prejuízo para a parte contrária".[154]

214-B. Direito intertemporal em matéria de honorários de sucumbência

O atual CPC inovou, em vários dispositivos, o regime dos honorários de advogado devidos em razão da sucumbência no processo, como, por exemplo, se deu nos §§ 2º, 3º, 4º, 5º, 6º e 11 do art. 85.

---

[152] As hipóteses do referido dispositivo da Lei 10.522/2002, com a nova redação da Lei 13.874/2019, são as seguintes: "I – matérias de que trata o art. 18; II – tema que seja objeto de parecer, vigente e aprovado, pelo Procurador-Geral da Fazenda Nacional, que conclua no mesmo sentido do pleito do particular; III – (VETADO).; IV – tema sobre o qual exista súmula ou parecer do Advogado-Geral da União que conclua no mesmo sentido do pleito do particular; V – tema fundado em dispositivo legal que tenha sido declarado inconstitucional pelo Supremo Tribunal Federal em sede de controle difuso e tenha tido sua execução suspensa por resolução do Senado Federal, ou tema sobre o qual exista enunciado de súmula vinculante ou que tenha sido definido pelo Supremo Tribunal Federal em sentido desfavorável à Fazenda Nacional em sede de controle concentrado de constitucionalidade; VI – tema decidido pelo Supremo Tribunal Federal, em matéria constitucional, ou pelo Superior Tribunal de Justiça, pelo Tribunal Superior do Trabalho, pelo Tribunal Superior Eleitoral ou pela Turma Nacional de Uniformização de Jurisprudência, no âmbito de suas competências, quando: a) for definido em sede de repercussão geral ou recurso repetitivo; ou b) não houver viabilidade de reversão da tese firmada em sentido desfavorável à Fazenda Nacional, conforme critérios definidos em ato do Procurador-Geral da Fazenda Nacional; e VII – tema que seja objeto de súmula da administração tributária federal de que trata o art. 18-A desta Lei".

[153] STJ, 1ª T., REsp 1.202.551/PR, Rel. Napoleão Nunes Maia Filho, ac. 18.10.2011, *DJe* 08.11.2011.

[154] STJ, 2ª T., REsp 1.551.780/SC, Rel. Min. Mauro Campbell Marques, ac. 09.08.2016, *DJe* 19.08.2016.

Segundo antigo entendimento jurisprudencial, não importa, para o direito intertemporal, quando teve início o processo, para se definir qual a regra a observar na decisão judicial acerca da imposição de remuneração do advogado da parte vencedora: o princípio a prevalecer, na espécie, é o de que "a sucumbência rege-se pela lei vigente à data da sentença que o impõe".[155]

De fato, quando da passagem do CPC/1939 para o CPC/1973, o STF consolidou a tese de que "em se tratando de sucumbência – inclusive no que diz respeito a honorários de advogado –, os novos critérios legais de sua fixação se aplicam aos processos em curso",[156] ou seja: tendo ocorrido radical alteração no regime legal da sucumbência, "a ela se aplica o direito vigorante no momento em que é decretada".[157]

É no mesmo sentido da velha orientação do STF que a jurisprudência do STJ vem se firmando diante das inovações dos §§ do art. 85 do CPC/2015,[158] o mesmo ocorrendo com a doutrina.[159]

215. Alguns casos especiais de fixação de honorários

Nas ações de pensionamento decorrente de ato ilícito, a verba de honorários deve ser calculada sobre a soma das prestações vencidas com mais doze prestações vincendas, de conformidade com o art. 85, § 9º.

Em se tratando de ação de alimentos, o cálculo dos honorários, por construção jurisprudencial, que é compatível com o regime do Código atual, será feito sobre o montante das parcelas vencidas mais 12 vincendas.[160]

Nas ações de despejo por falta de pagamento, deverão, em princípio, incidir sobre o valor da causa (locação anual), consoante o disposto no art. 58, III, da Lei 8.245/1991, e não apenas sobre o valor dos aluguéis vencidos.[161]

Em mandados de segurança, não há condenação da autoridade coatora em honorários, tampouco do impetrante quando este sucumbe (STF, Súmula 512 e Lei 12.016, art. 25).

Da mesma forma, a ação popular, regulada inteiramente pela Lei 4.717, de 1965, não enseja aplicação da verba advocatícia quando o autor se sucumbe.[162]

---

155 STJ, 1ª T., REsp 542.056/SP, Rel. Min. Luiz Fux, ac. 19.02.2004, *DJe* 22.03.2004, p. 233. No mesmo sentido: STJ, 2ª T., REsp 439.014/RJ, Rel. Min. Franciulli Netto, ac. 05.06.2003, *DJU* 08.09.2003, p. 284; STJ, 2ª T., EDcl no Resp 1.733.139/PE, Rel. Min. Herman Benjamin, ac. 07.05.2019, *DJe* 23.05.2019.

156 STF, Pleno, RE 93.116/RJ, Rel. Min. Xavier de Albuquerque, ac. 26.11.1980, *DJU* 03.07.1981, p. 6.650; Súmula 509.

157 STF, 1ª T., AI 64.356 AgR/ES, Rel. Min. Antonio Neder, ac. 21.09.1976, *DJU* 08.10.1976, p. 8.741.

158 STJ, 4ª T., AgInt no REsp 1.481.917/RS, Rel. p/ac. Min. Marco Buzzi, ac. 04.10.2016, *DJe* 11.11.2016; STJ, 3ª T., AgInt nos EDcl no REsp 1.357.561/MG, Rel. Min. Marco Aurélio Bellizze, ac. 04.04.2017, *DJe* 19.04.2017.

159 DALL'AGNOL JÚNIOR, Antonio Janyr. Honorários sucumbenciais. Direito intertemporal. Efeito imediato da lei processual civil. Sucumbência: incidência da lei vigente à data do pronunciamento que a define. *Revista Síntese. Direito Civil e Processual Civil,* v. 111, p. 231-238, jan-fev/2018; CAHALI, Yussef Said. *Honorários advocatícios*. 3.ed. São Paulo: RT, 1997, p. 61.

160 "Fixação da base de cálculo da verba honorária no somatório das prestações vencidas mais um ano de parcelas vincendas" (STJ, 3ª T., AgRg no REsp 905.784/DF, Rel. Min. Paulo de Tarso Sanseverino, ac. 16.11.2010, *DJe* 24.11.2010).

161 No caso de cumulação de despejo e cobrança dos aluguéis, a verba "deve ser fixada sobre o valor da condenação" (TJSP, 26ª Câmara de Direito Privado, APL 9051084722009826 SP 9051084-72.2009.8.26.0000, Rel. Mario A. Silveira, ac. 16.03.2011, *DJe* 21.03.2011).

162 STJ, REsp 829/SP, Rel. Min. Miguel Ferrante, ac. 29.11.1989, *RSTJ* 7/376. A matéria está, atualmente, disciplinada pelo art. 5º, LXIII, da CF, que assegura a isenção do ônus da sucumbência ao autor da ação popular, "salvo comprovada má-fé".

Nos casos de sucumbência recíproca, o cálculo dos honorários terá de ser feito observada a proporção em que cada parte saiu vitoriosa, segundo os critérios do art. 85, § 2º, sendo vedada a compensação dos respectivos valores (art. 85, § 14). Discute-se se haveria sucumbência recíproca nos casos de pedidos subsidiários cumulados (art. 326), na hipótese de o pedido principal ser rejeitado. Entendemos que basta que um dos diversos pedidos cumulados seja acolhido, pouco importando se o principal ou o subsidiário, para que o autor seja tratado como parte vencedora, o que exclui a possibilidade de imputar-lhe proporcionalmente as verbas sucumbenciais (ver item 579 adiante).

Posição interessante tem sido adotada pela jurisprudência em torno da ação de indenização por dano moral. Uma vez que o arbitramento da verba indenizatória é de exclusiva competência do juiz, o entendimento sumulado do Superior Tribunal de Justiça fixou-se no sentido de que, "na ação de indenização por dano moral, a condenação em montante inferior ao postulado na inicial não implica sucumbência recíproca" (Súmula 326/STJ). Na vigência do CPC/2015, o STJ mantém-se firme no entendimento sumulado.[163]

No caso de litisconsórcio entre os vencidos, observar-se-á a regra do art. 87 (*vide* item 201). Tratando-se, outrossim, de decisão parcial de mérito, os honorários sucumbenciais devem ser arbitrados de forma proporcional à parcela do pedido efetivamente apreciada.[164]

A fixação de honorários, finalmente, é atribuição que o juiz tem apenas na sucumbência, que pressupõe procedimento contencioso. Por isso, nos procedimentos de jurisdição voluntária e nos inventários não contenciosos, não é lícito ao advogado pretender que o juiz arbitre seus honorários para inclusão na conta de custas e cobrança de seu próprio constituinte. Em tais casos, se não houve contrato prévio, o advogado terá de se valer das vias ordinárias para acertar e cobrar a remuneração a que tem direito.[165]

216. Execução dos honorários de sucumbência

A condenação do vencido ao pagamento de honorários, mesmo quando se considerava destinada a ressarcir os gastos despendidos com seu advogado, não conferia ao vencedor disponibilidade sobre tal indenização. Por isso, não poderia o credor renunciar a ela, nem fazer transação com o vencido a seu respeito, em prejuízo do causídico que o representou no processo.

É que, antes mesmo do Código atual, a Lei 8.906, de 04.07.1994, art. 23, conferia direito autônomo ao advogado que funcionou no processo para executar a sentença, na parte relativa a essa verba.[166] Na esteira dessa legislação, o CPC/2015 estatuiu, expressamente, a autonomia

---

[163] "3. O valor sugerido pela parte autora para a indenização por danos morais traduz mero indicativo referencial, apenas servindo para que o julgador pondere a informação como mais um elemento para a árdua tarefa de arbitrar o valor da condenação. 4. Na perspectiva da sucumbência, o acolhimento do pedido inicial – este entendido como sendo a pretensão reparatória *stricto sensu*, e não o valor indicado como referência –, com o reconhecimento do dever de indenizar, é o bastante para que ao réu seja atribuída a responsabilidade pelo pagamento das despesas processuais e honorários advocatícios, decerto que vencido na demanda, portanto sucumbente" (STJ, 4ª T., REsp 1.837.386/SP, Rel. Min. Antonio Carlos Ferreira, ac. 16.08.2022, *DJe* 23.08.2022).

[164] STJ, 3ª T., REsp 2.149.062/MG, Rel. Min. Nancy Andrighi, ac. 18.02.2025, *DJEN* 25.02.2025.

[165] STJ, 3ª T., AgRg no Ag 387.066/MG, Rel. Min. Humberto Gomes de Barros, 3ª T., 25.09.2006, *DJU* 16.10.2006, p. 362. Todavia, "Nos procedimentos de jurisdição voluntária, em que há litigiosidade, não meros interessados, é cabível a condenação da parte vencida em honorários advocatícios. Precedentes do STJ: REsp 77.057-SP, Rel. Ministro Nilson Naves, *DJ* de 25.3.1996; AgRg no Ag 128.881-MG, Rel. Ministro Waldemar Zveiter, *DJ* de 25.2.1998" (STJ, 2ª T., REsp 283.222/RS, Rel. Min. João Otávio de Noronha, ac. 06.12.2005, *DJU* 06.03.2006, p. 273).

[166] "A jurisprudência desta Corte entende que, nos termos do § 1º do art. 24 da Lei 8.906/1994, o patrono da causa possui direito autônomo de executar os honorários sucumbenciais em legitimidade concorrente com a parte" (STJ, 2ª T., REsp 1.138.111/RS, Rel. Min. Mauro Campbell Marques, ac. 02.03.2010, *DJe* 18.03.2010). No caso de sucumbência recíproca, "deve haver a compensação das verbas, assegurado o

do direito do advogado aos honorários, no art. 85, § 14: "os honorários constituem direito do advogado e têm natureza alimentar, com os mesmos privilégios dos créditos oriundos da legislação do trabalho, sendo vedada a compensação em caso de sucumbência parcial".

O Código permitiu, ainda, que o causídico requeira o pagamento dessa verba em favor da sociedade de advogados que integre na qualidade de sócio (art. 85, § 15). O regime atual dos honorários de sucumbência, dessa forma, confere-lhes total autonomia diante dos demais gastos processuais realizados pela parte vencedora. Pertencem eles ao advogado, por direito próprio, sem qualquer caráter de reembolso em favor da parte vitoriosa.

No entanto, em relação à apelação contra sentença, a orientação jurisprudencial é no sentido de que, sem embargo da autonomia do direito do advogado à verba sucumbencial, o recurso a seu respeito tanto poderá ser interposto pela parte, como por seu advogado.[167]

217. Exigência dos honorários sucumbenciais e encargos moratórios

O crédito de honorários sucumbenciais do advogado, como qualquer outra dívida de dinheiro, está sujeito a juros moratórios e correção monetária, enquanto o vencido não cumpre a obrigação de pagá-los (Código Civil, art. 404). Reinava certa imprecisão no posicionamento do STJ acerca do *dies a quo* da contagem dos juros sobre a referida verba sucumbencial. Predominava, porém, a adoção da citação executiva como termo inicial da fluência de tais juros.[168]

O Código atual supera a dificuldade exegética instaurada em razão da omissão da lei anterior, dispondo que a contagem em causa começa do trânsito em julgado da decisão que impuser a condenação à verba advocatícia, desde que fixada em quantia certa (art. 85, § 16). Logo, contar-se-ão os juros da liquidação dos honorários que figurarem como ilíquidos na condenação. Observe-se, porém, que se consideram líquidos aqueles cujo montante se apura mediante simples cálculo aritmético.

218. Assistência judiciária (gratuidade da justiça)

Como regra geral, a parte tem o ônus de custear as despesas das atividades processuais, antecipando-lhe o respectivo pagamento, à medida que o processo realiza sua marcha. Exigir, porém, esse ônus como pressuposto indeclinável de acesso ao processo seria privar os economicamente fracos da tutela jurisdicional do Estado.

Daí garantir a Constituição a *assistência judiciária* aos necessitados, na forma da lei, assistência essa que também é conhecida como *Justiça gratuita* (Constituição Federal, art. 5º,

---

direito autônomo do advogado à execução do saldo sem excluir a legitimidade da própria parte (Súmula 306 do STJ)" (STJ, 2ª T., AgRg no REsp 790.295/RS, Rel. Min. Mauro Campbell Marques, ac. 14.12.2010, *DJe* 10.02.2011). Tendo funcionado sucessivos advogados da mesma parte no processo "Inadmissível a promoção, por ex-advogado, de execução autônoma de honorários, em novo processo de execução sem o prévio arbitramento judicial do valor proporcional à prestação profissional realizada" (STJ, 3ª T., REsp 930.035/RJ, Rel. Min. Sidnei Beneti, ac. 19.10.2010, *DJe* 09.12.2010).

167 "3. A própria parte, seja na vigência do CPC de 1973, inclusive após o reconhecimento do direito autônomo dos advogados sobre a verba honorária, ou mesmo na vigência do CPC de 2015, pode interpor, concorrentemente com o titular da verba honorária, recurso acerca dos honorários de advogado" (STJ, 3ª T., REsp 1.776.425/SP, Rel. Min. Paulo de Tarso Sanseverino, ac. 08.06.2021, *DJe* 11.06.2021).

168 "A jurisprudência recente deste Sodalício tem orientado no sentido de que os juros moratórios incidentes sobre honorários advocatícios sucumbenciais têm como termo *a quo* a data da citação do executado e não o trânsito em julgado do título executivo. Precedentes do STJ" (STJ, 2ª T., AgRg no REsp 1.298.708/RS, Rel. Min. Mauro Campbell Marques, ac. 27.11.2012, *DJe* 05.12.2012). Tampouco inadmitia o STJ que se adotasse a data da sentença para esse fim (STJ, 3ª T., REsp 1.060.155/MS, Rel. Min. Massami Uyeda, ac. 04.09.2008, *DJe* 23.09.2008).

LXXIV). Acha-se a *assistência judiciária* regulada, ordinariamente, pela Lei 1.060, de 05.02.1950, parcialmente revogada pelo atual Código (art. 1.072, III),[169] que passou a tratar, expressamente, da gratuidade da justiça, nos arts. 98 a 102.[170]

Estabelece a legislação nova que a *Justiça gratuita* pode ser outorgada tanto aos brasileiros como aos estrangeiros aqui residentes, desde que *necessitados*. *Necessitado*, para o legislador, não é apenas o *miserável*, mas, sim, aquele "com insuficiência de recursos para pagar as custas, despesas processuais e honorários advocatícios" (art. 98, *caput*).

Trata-se de direito personalíssimo, que não se transfere aos herdeiros, sucessores ou litisconsorte do beneficiário e é concedido em caráter particular para cada causa (Lei 1.060/1950, art. 10; CPC/2015, art. 99, § 6º). Cabe aos sucessores, se for o caso, demonstrar sua hipossuficiência, requerendo o favor legal para o processo em curso, em benefício próprio, sob pena de se extinguir o benefício concedido à parte primitiva.

Está assente na jurisprudência que o benefício da Lei 1.060/1950 não é exclusivo das pessoas físicas, podendo estender-se também às pessoas jurídicas (art. 98, *caput*, CPC/2015). "Faz jus ao benefício da justiça gratuita a pessoa jurídica com ou sem fins lucrativos que demonstrar sua impossibilidade de arcar com os encargos processuais" (Súmula 481/STJ).[171] A diferença está em que a pessoa natural não precisa comprovar seu estado de carência, pois este é presumido de sua alegação (art. 99, § 3º).[172] Já a pessoa jurídica, para obter assistência judiciária, tem o ônus de comprovar sua incapacidade financeira de custear o processo. Em qualquer caso, o fato de o requerente ser assistido por advogado particular não impede a concessão do benefício (art. 99, § 4º). Quanto à pessoa física, sua afirmação de pobreza goza de presunção de veracidade, mas trata-se de presunção relativa. Por isso, existindo indícios de haver suficiência de recursos para fazer frente às despesas processuais, o magistrado deverá "determinar seja demonstrada a hipossuficiência".[173]

O indeferimento da assistência judiciária pode ser pronunciado, inclusive, de ofício pelo juiz, se houver fundada razão para tanto, desde que "propicie previamente à parte demonstrar sua incapacidade econômico-financeira"[174]. Uma vez negado o benefício, o recurso interposto a respeito do próprio direito do recorrente à assistência judiciária gratuita será processado sem necessidade de preparo[175].

Os benefícios da assistência judiciária compreendem (art. 98, § 1º):

---

[169] Esse dispositivo revogou os arts. 2º, 3º, 4º, *caput* e §§ 1º a 3º, 6º, 7º, 11, 12 e 17 da Lei.

[170] A Resolução 133/2016, do Conselho Superior da Defensoria Pública da União, regulamentou a prestação da assistência judiciária gratuita, a cargo daquela Defensoria. A Resolução 134/2016 da mesma Instituição complementou a Resolução 133, fixando o valor de R$ 2.000,00 (dois mil reais) como sendo o de presunção de necessidade econômica para fins de obtenção da assistência jurídica integral e gratuita, pela Defensoria Pública da União.

[171] "Agravo regimental no agravo em recurso especial. Processo civil e tributário. Gratuidade de justiça. Pessoa jurídica. Necessidade de prova. Insuficiência de declaração de pobreza. Precedente: REsp 1.185.828/RS de relatoria do Ministro Cesar Asfor Rocha. Entendimento adotado pela Corte Especial. No entanto, a empresa que se encontra em fase de recuperação judicial, por óbvio estará em dificuldades financeiras, sendo razoável o deferimento da gratuidade de justiça para o contribuinte que ostente esta condição. Agravo regimental a que se nega provimento" (STJ, 1ª T., AgRg no AREsp 514.801/RS, Rel. Min. Napoleão Nunes Maia Filho, ac. 26.08.2014, *DJE* 02.09.2014).

[172] A pessoa natural não está, desde a Lei 7.510, de 04.07.1986, sujeita a instruir o pedido de assistência judiciária com atestado de pobreza passado por autoridade pública, nem à comprovação de vencimentos ou rendimentos e de encargos próprios e da família.

[173] STJ, 4ª T., REsp 1.584.130/RS, Rel. Min. Luis Felipe Salomão, ac. 07.06.2016, *DJe* 17.08.2016.

[174] STJ, 4ª T., REsp 1.584.130/RS, Rel. Min. Luis Felipe Salomão, ac. 07.06.2016, *DJe* 17.08.2016.

[175] STJ, Corte Especial, AgRg nos EREsp 1.222.355/MG, Rel. Min, Raul Araújo, ac. 04.11.2015, *DJe* 25.11.2015.

(*a*) as taxas ou custas judiciais (inciso I);

(*b*) os selos postais (inciso II);

(*c*) as despesas com publicação na imprensa oficial, dispensando-se a publicação em outros meios (inciso III);

(*d*) a indenização devida à testemunha que, quando empregada, receberá do empregador salário integral, como se em serviço estivesse (inciso IV);

(*e*) as despesas com a realização de exame de código genético – DNA e de outros exames considerados essenciais (inciso V);

(*f*) os honorários do advogado e do perito, e a remuneração do intérprete ou do tradutor nomeado para apresentação de versão em português de documento redigido em língua estrangeira (inciso VI);[176]

(*g*) o custo com a elaboração de memória de cálculo, quando exigida para instauração da execução (inciso VII);

(*h*) os depósitos previstos em lei para interposição de recurso, propositura de ação e para a prática de outros atos processuais inerentes ao exercício da ampla defesa e do contraditório (inciso VIII);

(*i*) os emolumentos devidos a notários ou registradores em decorrência da prática de registro, averbação ou qualquer outro ato notarial necessário à efetivação de decisão judicial ou à continuidade de processo judicial no qual o benefício tenha sido concedido (inciso IX).

Importante destacar que, conforme o grau de necessidade, a assistência judiciária gratuita poderá ser *total* ou *parcial*, ou seja, poderá ser concedida em relação a algum ou a todos os atos processuais. Prevê-se, ainda, que possa consistir na redução percentual de despesas processuais que o beneficiário tiver de adiantar no curso do procedimento (art. 98, § 5º).[177] Segundo o mesmo critério, o juiz poderá parcelar as despesas processuais que o beneficiário tiver que adiantar no curso do procedimento (art. 98, § 6º).

A concessão da gratuidade, no entanto, não afasta a responsabilidade do beneficiário pelas despesas processuais e honorários advocatícios decorrentes de sua sucumbência (art. 98, § 2º), bem como pelas multas processuais que lhe sejam impostas (art. 98, § 4º). Entretanto, dispõe o Código que a exigibilidade de referidas verbas ficará sob condição suspensiva e somente poderão ser executadas se, nos cinco anos subsequentes ao trânsito em julgado da decisão que as certificou, o credor demonstrar que deixou de existir a situação de insuficiência de recursos que justificou a concessão da gratuidade. Passado esse prazo, as obrigações serão extintas (art. 98, § 3º).[178]

---

176 Os honorários periciais, que na assistência judiciária serão suportados pelos cofres públicos, sujeitam-se à tabela e às disposições da Resolução nº. 232/CNJ, de 13.07.2016 (ver o item 199 *retro*).

177 "Ainda, o CPC contém expresso mecanismo que permite ao juiz, de acordo com as circunstâncias concretas, conciliar o direito de acesso à Justiça e a responsabilidade pelo ônus financeiro do processo, qual seja: o deferimento parcial da gratuidade, apenas em relação a alguns dos atos processuais, ou mediante a redução percentual de despesas que o beneficiário tiver de adiantar no curso do procedimento (art. 98, § 5º, do CPC/15)" (STJ, 3ª T., REsp 1.837.398/RS, Rel. Min. Nancy Andrighi, ac. 25.05.2021, *DJe* 31.05.2021).

178 STJ, 2ª T., REsp 1.204.766/RJ, Rel. Min. Mauro Campbell Marques, ac. 14.04.2011, *DJe* 28.04.2011. Note-se que a isenção em favor do beneficiário da justiça gratuita limita-se aos honorários de sucumbência, não afetando sua responsabilidade pelos contratuais (STJ, 3ª T., AgRg no REsp 1.168.344/RS, Rel. Min. Vasco Della Giustina, ac. 26.04.2011, *DJe* 10.05.2011; STJ, 4ª T., REsp 598.877/RJ, Rel. Min. Aldir Passarinho Junior, ac. 16.11.2010, *DJe* 01.12.2010).

A sentença, portanto, que for adversa ao beneficiário o condenará aos encargos da sucumbência, normalmente. Fará, no entanto, a ressalva de que as obrigações correspondentes ficarão suspensas nos termos do art. 98, § 3º.

Após o julgamento do feito, todavia, as consequências da sucumbência incidirão da seguinte forma:

(a) se vitorioso o *necessitado*, seu advogado fará jus ao pagamento dos honorários advocatícios, segundo a regra geral do art. 85, *caput*, que ficará a cargo do vencido;

(b) se vencido o *necessitado*, será condenado ao ressarcimento devido ao vencedor, observando-se, porém, a condição suspensiva do art. 98, § 3º, quanto à respectiva exequibilidade.

218-A. Assistência judiciária ao advogado

A gratuidade de justiça é originariamente deferida à parte, não se estendendo ao seu advogado, quando requer ou executa algum direito próprio dentro dos autos. É o caso, por exemplo, dos honorários de sucumbência, que, por lei, constituem direito do advogado do litigante vitorioso, tendo a natureza alimentar e o privilégio de crédito trabalhista (CPC, art. 85, § 14).

Em virtude dessa titularidade e da autonomia com que se pode exercer a defesa e cobrança de tal verba, prevê o art. 99, § 5º, do CPC que, mesmo estando a parte amparada pela assistência judiciária gratuita, quando o recurso versar exclusivamente sobre o valor dos honorários de sucumbência, não ficará dispensado de preparo. Para que o recurso, na espécie, tramite sem o ônus dos encargos processuais, é necessário que o advogado também esteja sob o regime da justiça gratuita.

O dispositivo legal que impõe a necessidade do preparo do recurso que verse exclusivamente sobre o valor dos honorários sucumbenciais leva em conta o objeto do recurso e não quem o interpõe. Assim, seja interposto pela parte, seja pelo próprio advogado, o recurso terá de ser adequadamente preparado,[179] salvo a situação em que o beneficiário da verba (advogado) também esteja amparado pela gratuidade de justiça (CPC, art. 99, § 5º), benefício que, sendo o caso, poderá ser pleiteado na própria petição do recurso (§ 7º do mesmo dispositivo).[180] Deve-se ressalvar, também, o caso de eventual negociação entre o advogado particular e a parte, em que a verba honorária tenha sido transferida para o próprio litigante beneficiário da assistência judiciária.[181]

---

[179] BENEDUZI, Renato. *In:* MARINONI, Luiz Guilherme; ARENHART, Sérgio Cruz; MITIDIERO, Daniel (coords.). *Comentários ao Código de Processo Civil*. 2. ed. São Paulo: RT, 2018, p. 168-169. STJ, 2ª T., AgInt no AREsp 1.601.476/SP, Rel. Min. Herman Benjamin, ac. 19.10.2020, *DJe* 29.10.2020; STJ, 3ª T., AgInt no AREsp 1.572.165/SP, Rel. Min. Marco Aurélio Bellizze, ac. 08.06.2020, *DJe* 12.06.2020; STJ, 4ª T., AgInt no AREsp 1.411.853/SP, Rel. Min. Antônio Carlos Ferreira, ac. 25.06.2019, *DJe* 01.07.2019; STJ, 1ª T., EDcl no REsp 1.644.846/RS, Rel. Min. Gurgel de Faria, ac. 28.11.2017, *DJe* 16.02.2018.

[180] OLIVEIRA, Rafael Alexandria de. Comentários ao § 5º do art. 99 do CPC/2015. *In:* WAMBIER, Teresa Arruda Alvim; DIDIER JR., Fredie; TALAMINI, Eduardo; DANTAS, Bruno (coords.). *Breves comentários ao novo Código de Processo Civil*. São Paulo: RT, 2015, p. 375.

[181] "Se o advogado provar documentalmente que os honorários de sucumbência pertencem à parte não ao patrono, então a gratuidade deverá ser mantida" [na fase recursal] (DELLORE, Luiz. Comentários ao § 5º do art. 99 do CPC/2015. *In*: GAJARDONI, Fernando; DELLORE, Luiz; ROQUE, André; DUARTE, Zulmar (coords.). *Teoria geral do processo*: comentários ao CPC de 2015 – parte geral. São Paulo: Método, 2015, p. 339. No mesmo sentido: DIDIER JR., Fredie; OLIVEIRA, Rafael Alexandria de. *Benefício da justiça gratuita*. 6. ed. Salvador: JusPodivm, 2016, p. 78.

219. Assistência judiciária e atos notariais ou registrais

Com relação aos emolumentos devidos aos notários ou registradores que tenham de praticar atos em processo de interesse do beneficiário da justiça gratuita, o atual Código, no art. 98, § 7º, determina que se aplique o disposto nos §§ 3º a 5º, do art. 95 (ver item 199, *supra*). Ou seja, o beneficiário da gratuidade de justiça terá direito à prática do ato notarial ou registral sem cobertura dos emolumentos correspondentes. A parte vencida, posteriormente, poderá ser cobrada por iniciativa do notário ou registrador, segundo as disposições dos arts. 95, § 4º, e 98, § 2º.

A legislação atual previu, ainda, especificamente para as verbas notariais, um procedimento para apuração da real necessidade do beneficiário. Havendo dúvida fundada quanto ao preenchimento atual dos requisitos para a concessão da gratuidade, o notário ou registrador, após praticado o ato, pode requerer ao juízo competente para decidir questões notariais ou registrais, que revogue total ou parcialmente o benefício ou determine o parcelamento do pagamento das verbas. Em qualquer caso, o beneficiário deverá ser citado para manifestar-se em quinze dias (art. 98, § 8º).

220. Procedimento para obtenção da assistência judiciária

A assistência judiciária deve ser prestada por órgão oficial, ou, à sua falta, por advogado nomeado pelo juiz, por escolha da parte ou indicação da Ordem dos Advogados do Brasil, ou, finalmente, por eleição do próprio juiz, quando não se verificarem as hipóteses anteriores (art. 5º da Lei 1.060/1950).

Os benefícios da gratuidade de justiça não requerem postulação em procedimento apartado[182] e são deferidos de plano, sem depender de prévia manifestação da parte contrária. Podem ser requeridos na petição inicial, na contestação, na petição para ingresso de terceiro no processo ou em recurso. Caso o pedido seja realizado após a primeira manifestação da parte na instância, poderá ser formulado por simples petição, no bojo do processo, sem suspender o seu curso (CPC/2015, art. 99, § 1º).

Não estando a parte representada pela Defensoria Pública, seu advogado, para requerer os benefícios da assistência judiciária, deverá ter poderes expressos para declarar a hipossuficiência econômica, constantes de cláusula específica do mandato (art. 105, *caput*, *in fine*).

Caberá à parte contrária, após o deferimento, oferecer impugnação, que pode ser feita na contestação, na réplica ou nas contrarrazões de recurso. Se a concessão da assistência for superveniente aos momentos ora aludidos, a impugnação dar-se-á por meio de petição simples, no prazo de quinze dias, nos autos do próprio processo e sem suspensão do seu curso (CPC/2015, art. 100, *caput*). Igual regra se observará quando a gratuidade for deferida a terceiro interveniente (CPC/2015, art. 100, *caput*).

Se a parte requerer o benefício em recurso, estará dispensada de comprovar o recolhimento do preparo. Caso o relator indefira o pedido, deverá fixar prazo para a realização do pagamento (CPC/2015, art. 99, § 7º).

Se a parte for beneficiária da justiça gratuita, o seu advogado não ficará isento do pagamento do preparo do recurso que verse exclusivamente sobre o valor dos honorários fixados em seu favor, a menos que comprove ser, ele mesmo, detentor do direito ao benefício da assistência judiciária (CPC/2015, art. 99, § 5º).

Pleiteada a assistência gratuita, o juiz somente poderá indeferi-la se houver nos autos elementos que evidenciem a falta do preenchimento dos pressupostos legais pelo requerente. Entretanto, antes de indeferir o pedido, deverá permitir o contraditório, determinando à parte a

---

[182] No sistema novo, tudo se passa incidentemente, no curso do processo, bastando que o interessado peticione ao juiz competente.

comprovação de sua necessidade (art. 99, § 2º). O incidente em questão não pode ser suscitado sem que o juiz se apoie em algum elemento do processo que ponha em dúvida o cabimento do benefício pleiteado. Será com fundamento em tal dado objetivo que o juiz abrirá oportunidade para a parte esclarecer sua real situação econômica.

221. Regime especial de intimação da Defensoria Pública

Para o Defensor Público, nos Estados em que exista assistência judiciária organizada e mantida pela Administração Pública, a Lei 7.871, de 08.11.1989, que introduziu o § 5º ao art. 5º da Lei 1.060 (mantido pelo CPC/2015), instituiu dois benefícios: *(i)* a intimação de todos os atos do processo será sempre pessoal; e *(ii)* a contagem de todos os prazos será feita em dobro, a exemplo do que ocorre com o Ministério Público.[183]

222. Revogação do benefício

A revogação dos benefícios da assistência judiciária continua sendo admitida pelo art. 8º da Lei 1.060/1950 (não revogado pelo CPC/2015), de ofício pelo juiz ou a requerimento da parte contrária. Respeitar-se-á, sempre, o contraditório, só podendo a revogação ocorrer depois de ouvida a parte interessada dentro de quarenta e oito horas improrrogáveis (Lei 1.060, art. 8º, *in fine*).

O indeferimento do benefício e a sua revogação são objeto de meros incidentes do processo, julgados, portanto, por decisão interlocutória, que desafia o recurso de agravo de instrumento (CPC/2015, art. 101, *caput*). Se, contudo, a questão for decidida na sentença, o recurso cabível será a apelação (CPC/2015, art. 101, *caput, in fine*)[184].

Em qualquer caso, o recorrente estará dispensado do recolhimento de custas até decisão preliminar do relator sobre a questão (CPC/2015, art. 101, § 1º). Se a denegação do benefício for confirmada pelo tribunal ou sendo revogada a medida, o relator determinará ao recorrente o recolhimento das custas processuais, no prazo de cinco dias, sob pena de não conhecimento do recurso (CPC/2015, art. 101, § 2º).

Segundo o art. 102 do Código atual, sobrevindo o trânsito em julgado da decisão que revoga a gratuidade da justiça, deverá a parte efetuar o recolhimento de todas as despesas de cujo adiantamento foi dispensada, no prazo em que o juiz fixar, sem prejuízo da aplicação das sanções previstas em lei. Caso a parte não faça o referido pagamento, sofrerá uma das seguintes consequências: *(i)* se for autora, o processo será extinto, sem julgamento de mérito; *(ii)* nos demais casos, não poderá ser deferida a realização de qualquer ato ou diligência, enquanto não efetuado o depósito (CPC/2015, art. 102, parágrafo único).

Quando, por qualquer motivo legal, o benefício da gratuidade for revogado, a parte se submeterá às seguintes regras: *(i)* pagará as despesas processuais que tiver deixado de adiantar; *(ii)* em caso de má-fé, pagará multa de até o décuplo do valor de referidas despesas, que será revertida em benefício da Fazenda Pública estadual ou federal e poderá ser inscrita em dívida ativa (art. 100, parágrafo único).

---

183 STJ, 6ª T., AgRg no REsp 1.183.788/AM, Rel. Min. Haroldo Rodrigues, ac. 10.08.2010, *DJe* 06.09.2010; STJ, 1ª T., REsp 1.035.716/MS, Rel. Min. Luiz Fux, ac. 20.05.2008, *DJe* 19.06.2008). No entanto, o prazo duplo é benefício reconhecido apenas "ao Defensor Público da Assistência Judiciária, não se estendendo à parte, beneficiária da justiça gratuita, mas representada por advogado que não pertence aos quadros da Defensoria do Estado" (STJ, 3ª T., AgRg no Ag 765.142/SP, Rel. Min. Carlos Alberto Menezes Direito, ac. 10.10.2006, *DJU* 12.03.2007, p. 226).

184 O STJ entendeu que a concessão de gratuidade de justiça na sentença que julga a ação improcedente, por afetar os honorários do advogado da parte vencedora, configura sucumbência recíproca, apta a autorizar a interposição de recurso adesivo (STJ, 3ª T., REsp 2.111.554/MT, Rel. Min. Nancy Andrighi, ac. 19.03.2024, *DJe* 20.03.2024).

§ 28. ADVOGADOS

223. Capacidade de postulação

Não se confunde a *capacidade processual*, que é a aptidão para ser parte, com a *capacidade de postulação*, que vem a ser a aptidão para *realizar* os atos do processo de maneira eficaz. A capacidade de postulação em nosso sistema processual compete exclusivamente aos advogados, de modo que é obrigatória a representação da parte em juízo por advogado regularmente inscrito na Ordem dos Advogados do Brasil (CPC/2015, art. 103). Trata-se de um pressuposto processual, cuja inobservância conduz à nulidade do processo (arts. 1º e 3º da Lei 8.906, de 04.07.1994).

Entretanto, algumas leis especiais preveem a possibilidade excepcional de a postulação em juízo ocorrer sem a participação do advogado. Por exemplo: *(i)* o art. 9º da Lei 9.099/1995 permite à própria parte ajuizar a ação perante os juizados especiais cíveis ou de pequenas causas, sem assistência de advogado, nas ações cujo valor seja de até vinte salários mínimos. Porém, acima desse valor, a assistência advocatícia é obrigatória; e *(ii)* o art. 791 da CLT admite que os empregados e os empregadores reclamem pessoalmente perante a Justiça do Trabalho e acompanhem as suas reclamações até o final.

Permite, ainda, o art. 103, parágrafo único, do CPC/2015 que a parte postule *em causa própria*, isto é, sem outorga de mandato a advogado, quando tiver habilitação legal.

224. O mandato judicial

Para que o advogado represente a parte no processo, há de estar investido de poderes adequados, que devem ser outorgados por *mandato escrito*, público ou particular assinado pela parte (CPC/2015, art. 105). O instrumento público só é obrigatório para os analfabetos ou para os que não tenham condições de assinar o nome. Admite-se que a procuração *ad judicia* seja assinada digitalmente, na forma da lei (art. 105, § 1º).

Para o instrumento particular de mandato judicial, não se exigem maiores solenidades. Basta que o documento seja assinado pelo outorgante (art. 105), sendo desnecessário o reconhecimento de firma. Qualquer pessoa maior e capaz, mesmo os menores devidamente representados ou assistidos, pode constituir advogado por instrumento particular.[185]

A procuração judicial não depende de especificação de poderes, pois é suficiente outorgá-la como "procuração geral para o foro" (procuração *ad judicia*) para que o advogado esteja habilitado a praticar todos os atos do processo (art. 105, *caput*, primeira parte). Dependem, porém, de outorga expressa em cláusula específica os poderes para receber a citação inicial, confessar, reconhecer a procedência do pedido, transigir, desistir, renunciar ao direito sobre que se funda a ação, receber, dar quitação, firmar compromisso e assinar declaração de hipossuficiência econômica (art. 105, *caput*, segunda parte).[186]

Os poderes podem ser conferidos ao advogado para todo o processo ou algum ato ou fase dele. Não havendo restrição expressa no próprio instrumento, o mandato outorgado na fase de conhecimento é eficaz para todas as fases do processo, inclusive para o cumprimento de sentença (art. 105, § 4º).

A procuração deverá conter, ainda, o nome do advogado, seu número de inscrição na Ordem dos Advogados do Brasil e endereço completo (art. 105, § 2º), bem como, se for o caso,

---

185 AMARAL SANTOS, Moacyr. *Primeiras Linhas*. 5. ed. São Paulo: Saraiva, 1977, v. I, n. 298, p. 313.

186 "O causídico constituído com poderes especiais para receber e dar quitação 'tem direito inviolável à expedição de alvará em seu nome, a fim de levantar depósitos judiciais e extrajudiciais' (AgRg no Ag 425.731/PR). Trata-se de um poder-dever resultante do art. 105 do CPC/2015 e do art. 5º, § 2º, da Lei 8.906/1994" (STJ, 3ª T., REsp 1.885.209/MG, Rel. Min. Nancy Andrighi, ac. 11.05.2021, *DJe* 14.05.2021).

o nome da sociedade de advogados, da qual o outorgante participa, seu número de registro na OAB e endereço completo (art. 105, § 3º).

O advogado, em regra, não pode postular sem a exibição do competente instrumento de mandato (art. 104, *caput*). Essa exigência é dispensada provisoriamente em casos de urgência. Assim é que lhe é permitido, em nome da parte, intentar ação, a fim de evitar preclusão, decadência ou prescrição. E, ainda, poderá intervir no processo, praticar atos reputados urgentes, como contestar uma ação ou embargar uma execução, estando ausente a parte interessada.

Quando a intervenção no processo se der sem a exibição da procuração, o advogado se obrigará, independentemente de caução, a apresentar o competente instrumento no prazo de quinze dias, prorrogável por igual período, por despacho do juiz (art. 104, § 1º).

Apresentada a procuração, o ato praticado estará perfeito e considerar-se-á ratificado na data de sua prática. Mas, não exibido o instrumento no prazo do art. 104, § 1º, o ato do advogado sem mandato "será considerado ineficaz relativamente àquele em cujo nome foi praticado", ficando o causídico, ainda, responsável pelas despesas e perdas e danos que acarretar ao processo (art. 104, § 2º). Superou-se o entendimento antigo de que ocorreria, na espécie, ato processual inexistente.[187]

225. Revogação e renúncia do mandato

O mandato judicial, como qualquer outro, pode ser livremente revogado pelo outorgante, mas a parte terá que, no mesmo ato, constituir outro advogado para substituir o primitivo no processo (CPC/2015, art. 111). Não sendo constituído outro procurador em quinze dias, o juiz suspenderá o processo e designará prazo razoável para que a parte sane o vício, sob pena de: *(i)* ser extinto o processo, se for o autor quem deixar de cumprir a diligência; *(ii)* ser considerado revel, se for o réu; ou *(iii)* ser o terceiro considerado revel ou excluído do processo, dependendo do polo em que se encontre (art. 111, parágrafo único).

A renúncia ao mandato judicial, também, é ato possível no curso do processo, caso em que se observará o disposto no art. 112 (ver item 228 adiante).

226. Direitos e deveres

Os direitos e deveres dos advogados acham-se especificados no Estatuto da Ordem dos Advogados (Lei 8.906, de 04.07.1994). O atual Código de Processo Civil, no entanto, especifica certos deveres e obrigações, diretamente ligados a exercício do mandato judicial.

I – Deveres do advogado

Quando o advogado atua por força de mandato, ele exibirá procuração na qual constam seu número de inscrição na OAB e endereço completo.

Se a postulação se der em causa própria, não haverá procuração, mas a parte deverá (CPC/2015, art. 106):

(a) declarar, na petição inicial ou na contestação, o endereço, seu número de inscrição na Ordem dos Advogados do Brasil e o nome da sociedade de advogados da qual participa, se for o caso, para recebimento de intimações (inciso I);

(b) comunicar ao juízo qualquer mudança de endereço (inciso II).

---

[187] Tanto em primeiro grau como nas instâncias superiores, a falta de mandato ocasionará, sempre, ineficácia e, não, inexistência. O novo regime, por isso, impede que os tribunais superiores se recusem a admitir o saneamento do defeito em questão, durante a tramitação perante eles dos recursos especial e extraordinário.

Descumprido o disposto no item I, o juiz mandará que se supra a omissão no prazo de cinco dias, antes de determinar a citação do réu. Não sanada a falta, a petição será indeferida (art. 106, § 1º). Desobedecida a norma do item II, reputar-se-ão válidas as intimações enviadas por carta registrada ou por meio eletrônico ao endereço constante dos autos (art. 106, § 2º).

II – Direitos do advogado

O art. 107 do CPC/2015 assegura aos advogados, atuando em causa própria ou por mandato, os seguintes direitos:

(*a*) examinar, em cartório de fórum e secretaria de tribunal, mesmo sem procuração, autos de qualquer processo, independentemente da fase de tramitação, assegurados a obtenção de cópias e o registro de anotações, salvo na hipótese de segredo de justiça, nas quais apenas o advogado constituído terá acesso (inciso I);[188]
(*b*) requerer, como procurador, vista dos autos de qualquer processo pelo prazo de cinco dias (inciso II);
(*c*) retirar os autos do cartório ou secretaria, pelo prazo legal, sempre que neles lhe couber falar por determinação do juiz, nos casos previstos em lei (inciso III).

Sendo comum às partes o prazo para falar no processo, os autos não deverão sair do cartório, a não ser em conjunto mediante prévio ajuste dos procuradores, manifestado em petição dirigida ao juiz (art. 107, § 2º). Quando, porém, houver necessidade de extrair cópias de peças do processo, a retirada dos autos, pelo prazo de duas a seis horas, é assegurada ao procurador de qualquer das partes, independentemente de prévio ajuste e sem prejuízo da continuidade do prazo (art. 107, § 3º). Contudo, o advogado perderá no mesmo processo esse direito, caso não devolva os autos tempestivamente, salvo se o prazo for prorrogado pelo juiz (art. 107, § 4º).

Ao receber os autos do escrivão, o advogado dará recibo no competente livro de carga do Cartório ou em documento próprio (art. 107, § 1º).

A faculdade de examinar em cartório os autos (inciso I do art. 107) pode ser usada a qualquer tempo e mesmo por advogado que não tenha procuração nos autos; desde que o feito não corra em segredo de Justiça.

Mas as faculdades de requerer vista dos autos e retirá-los do cartório (incisos II e III do art. 107) são exclusivas dos advogados das partes que litigam no processo e dependem de mandato nos autos.

III – Direitos acrescidos pela Lei 13.363/2016

(*a*) a advogada gestante, lactante, adotante, ou que der à luz, terá preferência na ordem das sustentações orais e das audiências a serem realizadas a cada dia, mediante comprovação de sua condição (Lei 8.906/1994, art. 7º-A, III, acrescido pela Lei 13.363/2016);
(*b*) a advogada adotante, ou que der à luz, terá direito à suspensão de prazos processuais quando for a única patrona da causa, desde que haja notificação por escrito ao cliente

---

[188] A Lei 13.793/2019 incluiu o § 5º ao art. 107 do CPC/2015, prevendo que o disposto no inciso I do *caput* do art. 107 do CPC aplica-se integralmente aos processos eletrônicos, de maneira a deixar claro que ao advogado é assegurado o exame, mesmo sem procuração, de atos e documentos do procedimento eletrônico independentemente da fase de tramitação, bem como a obtenção de cópias, ressalvadas as hipóteses de segredo de justiça (Lei 13.793, art. 1º).

(Lei 8.906/1994, art. 7º-A, IV, acrescido pela Lei 13.363/2016). A suspensão durará pelo prazo de trinta dias, contado a partir da data do parto ou da concessão da adoção, mediante apresentação de certidão de nascimento ou documento similar que comprove a realização do parto, ou de termo judicial que tenha concedido a adoção (CPC/2015, art. 313, § 6º, acrescido pela Lei 13.363/2016);

(c) o advogado terá direito à suspensão do processo quando for o único patrono da causa e tornar-se pai (CPC/2015, art. 313, X, acrescido pela Lei 13.363/2016). A suspensão será de oito dias contados a partir da data do parto ou da concessão da adoção. O benefício se dará mediante apresentação de certidão de nascimento ou documento similar que comprove a realização do parto, ou de termo judicial que tenha concedido a adoção, desde que haja notificação ao cliente (CPC/2015, art. 313, § 7º, acrescido pela Lei 13.363/2016).

§ 29. SUCESSÃO DAS PARTES E DOS PROCURADORES

227. Sucessão de parte

O processo, uma vez aperfeiçoada a relação processual pela integração de todos os seus elementos subjetivos, estabiliza-se. Nesse sentido, dispõe o art. 108 do CPC/2015 que "no curso do processo, somente é lícita a sucessão voluntária das partes nos casos expressos em lei". É o que se passa com o adquirente de coisa ou direito litigioso, que só pode suceder o alienante, com o consentimento da parte contrária (art. 109, § 1º). Isto não quer dizer que o titular do direito material litigioso não possa transferi-lo na pendência do processo. Pode, mas não deixará de ser a parte da relação processual, em que, a partir da alienação, passará a agir como substituto processual do adquirente.

I – Sucessão inter vivos

Ocorre a sucessão *inter vivos* quando a parte aliena, por meio de negócio jurídico, a coisa ou o direito litigioso. Assim, de acordo com o art. 109 do CPC/2015, essa alienação "não altera a legitimidade das partes". Haverá mudança na situação jurídica *material*, mas não na *formal*. Em consequência, o adquirente ou cessionário não poderá ingressar em juízo para ocupar a posição de parte que toca ao transmitente, a não ser que o outro litigante o consinta (art. 109, § 1º).

O sistema do Código inspirou-se na lição de Lopes da Costa, que lembrava que, *in casu*, a insolvência do adquirente não deveria exonerar a parte transmitente da responsabilidade pelas despesas do processo. Fica, outrossim, à escolha da parte contrária consentir ou não na substituição da parte por seu sucessor *inter vivos*, como esclarece o art. 109, § 1º, *in fine*.

Em qualquer caso, todavia, o adquirente ou cessionário terá sempre assegurado o direito de intervir no processo, para *assistir* o transmitente como assistente litisconsorcial (art. 109, § 2º). A assistência não será simples, mas litisconsorcial, visto que o cessionário intervirá no processo em defesa de direito próprio oponível ao adversário do cedente (art. 124). Isto faz com que sua assistência não dependa do consentimento do devedor, sendo irrecusável o interesse jurídico na intervenção, desde, é claro, que seja válida e eficaz a cessão, nos termos do direito material (Código Civil, art. 286) (sobre a assistência, ver parágrafo 32 adiante).

Por outro lado, a alteração de direito material, por não refletir na situação processual pendente, nenhum prejuízo acarretará à força da sentença, cujos efeitos se estenderão normalmente aos sucessores das partes, entre as quais foi prolatado o julgado (art. 109, § 3º). Assim, com ou sem sucessão de parte, o cessionário do direito litigioso receberá os benefícios e encargos da sentença: *(i)* se o cedente ou o assistido for condenado, o adquirente sujeitar-se-á, passivamente, ao cumprimento da sentença; *(ii)* se vitorioso, caberá ao adquirente ou cessionário, o poder de submeter o vencido à execução forçada da sentença.

Em regra, a aplicação da eficácia da sentença contra o adquirente do bem litigioso não está condicionada, no caso de imóveis, à existência de inscrição da ação no registro imobiliário. É que compete a quem compra bem dessa natureza proceder à apuração de sua situação jurídica nos foros e registros pertinentes. Se tal não se fez adequadamente, não cabe afastar a regra do art. 109, § 3º, a pretexto de proteção à boa-fé do adquirente, já que não teria sido diligente ao realizar a compra.[189]

Haverá casos, porém, em que a boa-fé prevalecerá, diante da falta de registro ou averbação da ação no registro público. Pense-se na hipótese em que a demanda corria em comarca que não era nem a do domicílio do alienante, nem a da situação da coisa. Tendo sido providenciada a pesquisa e obtenção das certidões negativas tanto na comarca do imóvel como na do

---

189 STJ, 3ª T., RMS 27.358/RJ, Rel. Min. Nancy Andrighi, ac. 05.10.2010, *DJe* 25.10.2010.

transmitente, não será possível presumir que o adquirente tivesse conhecimento da situação do imóvel ou tivesse negligenciado na sua apuração. Se essa for a conjuntura, negligente terá sido o demandante que não cuidou, como era de natural precaução, de lançar no registro público competente a existência do litígio. Podem-se, portanto, estabelecer, a nosso ver, as seguintes variantes: (i) se o comprador não levanta nos locais adequados a possibilidade de litígio sobre o bem em vias de aquisição, não pode se valer da boa-fé para evitar a eficácia da sentença em seu desfavor; (ii) mas, se o litigante vitorioso foi omisso no registro da ação, e o comprador do bem litigioso efetuou a busca em todos os foros e registros adequados, sem encontrar dado que contraindicasse a aquisição, não será o caso de aplicar-lhe a eficácia extensiva da sentença. A boa-fé, nesse último caso, prevalecerá sobre a regra geral. É bom lembrar que a boa-fé é adotada pelo atual CPC como norma fundamental (art. 5º), e que é expressamente valorizada na desconfiguração da fraude à execução cometida através de alienação do bem litigioso, segundo a regra do art.792, § 2º (v. no vol. III deste *Curso* o nº 222-III).

II – Sucessão universal

No caso de morte de qualquer dos litigantes, a sucessão por seu espólio ou seus sucessores é necessária, salvo a hipótese de ação intransmissível (CPC/2015, art. 110). Haverá suspensão do processo, para que se promova a habilitação incidente dos interessados (art. 687). O Código atual não reproduziu a regra do anterior que, no caso de óbito, estando o feito com a audiência de instrução e julgamento em curso, deveria o processo continuar até a sentença e só aí dar-se-ia sua suspensão até a efetiva habilitação dos sucessores ou do espólio. Enquanto isto não se verificar, não fluirá, obviamente, o prazo de apelação para a parte vencida.

Quanto às alterações estatutárias de pessoas jurídicas, não se pode tratá-las como sucessão de parte em casos de admissão de novos sócios e modificação de denominação social. Tampouco se sujeitam às regras do art. 109, *caput*, as modificações societárias provenientes de fusão ou incorporação de pessoas jurídicas, por não se tratar de *transmissão a título particular*, e, sim, de sucessão universal entre empresas, cujo regime, *mutatis mutandis*, é o mesmo da sucessão pessoal *causa mortis*. A nova pessoa jurídica resultante da fusão ou incorporação sucederá imediatamente àquela que figurava no processo, independentemente de consentimento da parte contrária.

Note-se que a sucessão de parte não se confunde com a substituição processual a que alude o art. 18 (*vide* n. 185 e n. 186).

III – Dissolução, liquidação, extinção e sucessão da pessoa jurídica

A dissolução da sociedade litigante (que pode ser total ou parcial) nem sempre provoca alteração subjetiva nos processos em curso.

A dissolução da sociedade é *parcial* quando ocorre falecimento, retirada ou exclusão de algum sócio. Acarreta apenas "resolução da sociedade em relação a um sócio" (CC, arts. 1.028 a 1.032), resultando em apuração dos haveres pertinentes ao sócio morto, que se retira ou é excluído. Não há extinção da pessoa jurídica e, por isso, não reflete sobre eventual processo em que a sociedade esteja envolvida.

Diferente é a dissolução *total*, que costuma iniciar-se com a liquidação e termina com a efetiva extinção da pessoa jurídica.[190] Essa dissolução não provoca a imediata perda da perso-

---

[190] Essa dissolução decorre do termo de duração da sociedade contratada por prazo determinado, da deliberação dos sócios (distrato), da não recomposição da pluralidade de acionistas de sociedade anônima, da perda da autorização para funcionamento, de decisão judicial ou de outras hipóteses especificadas no contrato ou estatuto social (CC, art. 1.033; Lei 6.404/1976, art. 206) (BIASE, Nicholas Furlan Di; ANDRADE, Juliana Nelazzi. Extinção da sociedade e sucessão processual: os limites da responsabilidade em relações civis, empresariais e consumeristas. *Revista dos Tribunais*, São Paulo, v. 1.073, mar. 2025, p. 229).

nalidade jurídica. Cria apenas a sujeição da sociedade a um regime restritivo das atividades sociais, a partir da instauração do procedimento de liquidação, no qual se praticam os atos de realização do ativo, de pagamento do passivo, bem como a partilha do ativo remanescente entre os sócios ou acionistas. Tudo isso é levado a cabo por um novo e transitório representante da sociedade, o liquidante. Não há necessidade da liquidação quando não há passivo a liquidar e tudo se resolve mediante divisão *in natura* dos bens sociais entre os sócios. Nem mesmo a liquidação ultimada põe fim à personalidade jurídica, fato que somente virá a acontecer quando a ata da assembleia de aprovação das contas do liquidante for, finalmente, levada ao registro público (art. 1.109 do CC).

Da dissolução e liquidação da pessoa jurídica decorre, em primeiro lugar, a substituição do representante processual da sociedade, que passa a ser o liquidante. Finda a liquidação e extinta a sociedade, tudo se passa como na morte da pessoa natural, ou seja, os sócios, tal como os herdeiros, devem se habilitar no processo como sucessores da pessoa jurídica. Opera-se a denominada *sucessão processual*, em analogia com o previsto no art. 110 do CPC para o falecimento da pessoa física.[191]

Quando a extinção se dá por distrato, ou quando inexiste patrimônio social a partilhar, não há a fase de liquidação, e a sociedade é substituída, desde logo, pelos ex-sócios, por meio do procedimento da habilitação de sucessores (CPC, arts. 687-692).

228. Sucessão do advogado

A sucessão do advogado no curso do processo pode decorrer de ato de vontade ou de fato natural. Pode advir de revogação ou renúncia do mandato, da morte ou incapacidade do próprio advogado. Pode, ainda, decorrer de caso de força maior que o impeça de continuar no patrocínio da causa.

Quando a parte revogar o mandato outorgado ao seu advogado, no mesmo ato constituirá outro que assuma sua função nos autos (CPC/2015, art. 111). A desobediência dessa regra levará à extinção do processo, se o autor ficar sem advogado que o represente, pois faltará um pressuposto de desenvolvimento válido da relação processual (art. 485, IV). Se a omissão for do réu, o processo deverá prosseguir à sua revelia, com as consequências dos arts. 344 e 346.

Quando a representação processual tiver de cessar, em virtude de renúncia do advogado ao seu mandato, deverá este cientificar a parte para que lhe nomeie sucessor (art. 112, *caput*). Durante os dez dias seguintes à cientificação, o advogado continuará a representar o mandante, desde que necessário para lhe evitar prejuízo (art. 112, § 1º). Não há exigência legal de uma forma solene de cientificação. Qualquer meio de ciência será válido. Um "ciente" na declaração pessoalmente apresentada, um telegrama, um "telex" ou "fax" ou "*e-mail*", conforme o caso, serão suficientes para a comprovação a ser feita em juízo pelo advogado, para liberar-se do *munus* processual de continuar representando a parte.

O atual Código dispensa a comunicação ao mandante, caso a procuração tenha sido outorgada a vários advogados e a parte continuar representada por outro, apesar da renúncia (art. 112, § 2º).

Na hipótese de morte ou incapacidade do advogado, o juiz suspenderá o processo e marcará o prazo de quinze dias para a parte constituir novo procurador. A falta de sucessão, ao fim do referido prazo, acarretará a extinção do processo sem julgamento de mérito se a omissão for do autor; ou o prosseguimento do feito à revelia do réu se for este a parte omissa (art. 313, § 3º).

---

[191] DINAMARCO, Cândido Rangel. *Instituições de direito processual civil*. 7. ed. São Paulo: Malheiros, 2017, v. II, p. 324; STJ, 3ª T., AgInt no AREsp 2.134.482/SP, Rel. Min. Humberto Martins, ac. 18.03.2024, *DJe* 20.03.2024; STJ, 3ª T., REsp 1.784.032/SP, Rel. Min. Marco Aurélio Bellizze, ac. 02.04.2019, *DJe* 04.04.2019.

Capítulo VII
PLURALIDADE DE PARTES

§ 30. LITISCONSÓRCIO

229. Pluralidade de partes

O tema da pluralidade de partes integra um conceito mais amplo de processo cumulativo, que não é tratado sistematicamente pelo direito positivo, mas que, de fato, existe e se acha disciplinado de modo fragmentado pelo CPC, quando enfrenta problemas como o da cumulação de demandas ou de ações (cumulação objetiva) e o da pluralidade de sujeitos num só polo do processo (cumulação subjetiva ou litisconsórcio).[1] Nesse momento, a abordagem se dará sobre a cumulação subjetiva.

Normalmente, os sujeitos da relação processual são singulares: *um* autor e *um* réu. Há, porém, casos em que ocorre a figura chamada *litisconsórcio*, que vem a ser a hipótese em que uma das *partes* do processo se compõe de *várias pessoas*.

Os diversos litigantes, que se colocam do mesmo lado da relação processual, chamam-se *litisconsortes*. O que justifica o cúmulo subjetivo, *in casu*, é o direito material disputado tocar a mais de um titular ou obrigado, ou é a existência de conexão entre os pedidos formulados pelos diversos autores ou opostos aos diversos réus.[2]

230. Classificações

O *litisconsórcio* pode ser *ativo* ou *passivo*, conforme se estabeleça entre vários autores ou entre diversos réus. Não se confundem com litisconsortes, todavia, os componentes de pessoas jurídicas, ou de massas coletivas como a herança. A *parte*, no caso, é simples: a pessoa moral ou o espólio.

Quanto ao momento em que se estabelece o litisconsórcio, pode ele ser classificado em *inicial* ou *incidental*. Diz-se litisconsórcio *inicial* o que já nasce com a propositura da ação, quando vários são os autores que a intentam, ou quando vários são os réus convocados pela citação inicial.

É *incidental* o litisconsórcio que surge no curso do processo em razão de um fato ulterior à propositura da ação, como o em que a coisa litigiosa é transferida a várias pessoas que vêm a assumir a posição da parte primitiva (CPC/2015, art. 109). É também incidental o que decorre de ordem do juiz, na fase de saneamento, para que sejam citados os litisconsortes necessários não arrolados pelo autor na inicial (CPC/2015, art. 115, parágrafo único). Ou quando terceiro, em situação material semelhante à do autor, pretenda inserção no processo em andamento ao

---

1 GRECO, Leonardo. *Instituições de processo civil*. Rio de Janeiro: Forense, 2009, v. 1, p. 464 e ss.

2 A teorização do litisconsórcio põe em relevo a constatação de que, sem embargo da autonomia do direito de ação e do direito processual como um todo, não se pode deixar de reconhecer a natureza instrumental e a interdependência entre direito substancial e processo (ZANUTTIGH, Loriana. Verbete "Litisconsorzio", *Digesto*. 4. ed. *Discipline Privatistiche, Sezione Civile*, v. 11, 1996, p. 42).

lado da parte primitiva, adicionando pretensão própria. E, ainda, o que surge quando, na denunciação da lide, o terceiro denunciado comparece em juízo e se integra na relação processual ao lado do denunciante (CPC/2015, art. 127).

A propósito do litisconsórcio *incidental*, convém distinguir entre aquele que tem a qualidade de litisconsórcio *unitário* e *necessário* e o que se apresenta como litisconsórcio *facultativo ulterior*. O primeiro é irrecusável, porque os efeitos do processo se estenderão necessariamente ao interveniente. Já o litisconsórcio *facultativo ulterior (i.e.,* aquele em que terceiro espontaneamente requer sua inclusão no processo, buscando se beneficiar do resultado da futura sentença*)*, em regra, é inadmissível, visto que implicaria alteração subjetiva de relação processual já definida e estabilizada. Ademais, o ingresso tardio do litisconsorte corresponderia a uma burla ao juiz natural, dado que sua pretensão seria deduzida perante juiz previamente conhecido. Os direitos desse terceiro, mesmo sendo iguais ou conexos aos da parte do processo pendente, não são os mesmos, de sorte que terão de ser demandados em ação separada, quando não foram originariamente cumulados na propositura da ação.

A Lei 12.016/2009, art. 10, § 2º, autoriza o ingresso de terceiro em ação de mandado de segurança, como *litisconsorte ativo facultativo*, desde que requerido antes do despacho da petição inicial.

Por construção doutrinária, acolhida jurisprudencialmente, tem sido admitido também o chamado *litisconsórcio eventual*, cuja base legal se apoia na permissão de cúmulo de pedidos, em caráter de subsidiariedade, ou seja, pedidos diferentes são formulados, para que os sucessivos só sejam examinados na impossibilidade de acolhimento do anterior (CPC, art. 326). Essa sucessividade pode envolver pedidos diversos contra a mesma parte passiva ou pedidos similares mas contra pessoas distintas.[3] Nessa última hipótese configurar-se-á o *litisconsórcio eventual*, que se tem como caracterizado "pela formulação de pedido em face de um determinado sujeito e, para o evento de não ser possível o acolhimento dessa pretensão primária, formula-se o mesmo ou diverso pedido, em caráter subsidiário, em face de sujeito distinto daquele primitivo".[4]

O STJ, em mais de uma oportunidade, já acolheu a legitimidade do litisconsórcio alternativo eventual. No REsp 727.233/SP, diante da pretensão de dois municípios exigirem o mesmo tributo do mesmo contribuinte, reconheceu aquela Corte Superior a possibilidade de cumularem-se, num só processo, em caráter sucessivo, a ação anulatória do débito fiscal contra um município e, contra o outro, a ação de repetição de indébito, caso fosse decretada a improcedência da primeira ação.[5]

---

[3] "Nessa perspectiva, existe um ambiente propício para se reafirmar que o litisconsórcio eventual é admitido no sistema processual brasileiro em vigor, tem natureza simples e facultativa, fundamenta-se na eventualidade e se concretiza pela dedução escalonada de pedidos, apresentando-se viável a sua formação tanto no polo ativo quanto no passivo (sendo mais frequente neste)" (SANTOS, Silas Silva; BIANCHINI, Samuel Augusto; BIASSOTI, Letícia Rodrigues. O litisconsórcio eventual na jurisprudência do Superior Tribunal de Justiça. *Revista dos Tribunais*, v. 1.037, p. 254, mar. 2022). Cf. também BUENO, Cassio Scarpinella. *Partes e terceiros no processo civil brasileiro*. 2. ed. São Paulo: Saraiva, 2006, p. 98.

[4] SANTOS, Silas Silva. *Litisconsórcio eventual, alternativo e sucessivo.* São Paulo: Atlas, 2013, n. 33, p. 165. Dinamarco cita como exemplo típico de litisconsórcio eventual a denunciação da lide, em que se convoca o terceiro garante para responder subsidiariamente pela evicção, caso o autor não logre êxito na demanda formulada contra o réu principal (DINAMARCO, Cândido Rangel. *Litisconsórcio*. 8. ed. São Paulo: Malheiros, 2009, n. 183, p. 460).

[5] STJ, 2ª T., REsp 727.233/SP, Rel. Min. Castro Meira, ac. 19.03.2009, *DJe* 23.04.2009. Em outro caso, em que se discutia a responsabilidade civil do pai por ato ilícito do filho (CC, art. 928), admitiu-se a cumulação sucessiva de pedido contra o menor, caso frustrasse a pretensão indenizatória contra o genitor (CC, art. 928, *in fine*) (STJ, 4ª T., REsp 1.436.401/MG, Rel. Min. Luis Felipe Salomão, ac. 06.08.2019, *DJe* 24.09.2019). Sobre o tema, cf. SOUZA, André Pagani de. Aspectos processuais da responsabilidade civil do incapaz. *In*: BUENO, Cassio Scarpinella (coord.). *Impactos processuais do direito civil*. São Paulo: Saraiva, 2008, p. 358.

Nos dois precedentes lembrados, o STJ assentou a tese de que, atendidos os requisitos genéricos do litisconsórcio e desde que não haja incompatibilidade absoluta de competência e procedimento, "é viável o ajuizamento conjunto de ações conexas pela causa de pedir com pedidos sucessivos contra réus diversos, hipótese cognominada litisconsórcio eventual".[6]

231. Espécies de litisconsórcio

Quanto às consequências do litisconsórcio sobre o processo, há possibilidade de classificações sob dois ângulos diferentes:

(a) conforme possam ou não as partes *dispensar* ou *recusar* a formação da relação processual plúrima, o litisconsórcio classifica-se em:
  (i) *necessário:* o que não pode ser dispensado, mesmo com o acordo geral dos litigantes;
  (ii) *facultativo:* o que se estabelece por vontade das partes e que se subdivide em *irrecusável* e *recusável.* O primeiro, quando requerido pelos autores, não pode ser recusado pelos réus. O segundo admite rejeição pelos demandados;

(b) do ponto de vista da *uniformidade* da decisão perante os litisconsortes, classifica-se o litisconsórcio em:
  (i) *unitário* (especial): que ocorre quando a decisão da causa deva ser uniforme em relação a todos os litisconsortes; e
  (ii) *não unitário* (comum): que se dá quando a decisão, embora proferida no mesmo processo, pode ser diferente para cada um dos litisconsortes.

Em regra, o litisconsórcio cria uma *unidade procedimental*, mas conserva a autonomia das ações cumuladas, de sorte que os pedidos reunidos pelos diversos autores, ou contra os diversos réus, mesmo sendo julgados por sentença formalmente una, podem ter desfechos diferentes.[7] Em casos particulares, contudo, os colitigantes integram relação materialmente una e incindível. Apesar de não ser necessário o litisconsórcio, o pedido que cada um formula é o mesmo e se funda em igual causa de pedir. Não é possível, portanto, o mesmo pedido, em tais circunstâncias, ser submetido a julgamento diferente para cada um dos colitigantes. É a partir do direito material que se estabelecerá a cindibilidade ou incindibilidade das causas objeto de um litisconsórcio. Se, no plano material, não for possível senão um julgamento, a hipótese será, processualmente, de *litisconsórcio unitário*. Em vez de cúmulo de ações, ter-se-á uma *única ação*, com pluralidade de titulares. Se for possível, materialmente, definir direitos distintos, embora conexos, para cada colitigante, a solução uniforme para todos eles não será obrigatória. Ter-se-á um *cúmulo de ações* em processo único, podendo, por isso, haver julgamento diferente para cada ação acumulada pelos vários litisconsortes.

Como se vê, a classificação do litisconsórcio em *necessário* e *facultativo* não exaure todos os aspectos do fenômeno processual. Por outro lado, não se pode confundir litisconsórcio *necessário* ou *obrigatório* com litisconsórcio *unitário*, nem litisconsórcio *facultativo* ou *não obrigatório* com litisconsórcio *não unitário*. O exemplo da pretensão dos sócios minoritários de anular decisão assemblear é típico de exercício de direito material conferido igualmente

---

[6] STJ, 2ª T., REsp 727.233/SP, Rel. Min. Castro Meira, ac. 19.03.2009, *DJe* 23.04.2009; STJ, 4ª T., REsp 1.436.401/MG, Rel. Min. Luis Felipe Salomão, ac. 06.08.2019, *DJe* 24.09.2019.

[7] A disciplina ordinária do litisconsórcio "é inspirada, de um lado, pelo critério da *unidade formal* do processo no qual se desenvolvem as causas cumuladas e, de outro lado, pelo sistema da independência *substancial* das aludidas causas cumuladas" (MANDRIOLI, Crisanto. *Corso di Diritto Processuale Civile*. 8. ed. Torino: Giappichelli, 1991, v. I, p. 304, nota 21).

a diversas pessoas. Qualquer um dos sócios dissidentes pode mover a ação anulatória, com eficácia geral para todos os demais sócios. Se vários deles se reunirem para propor a ação conjuntamente, o litisconsórcio será *facultativo*, porque não imposto pela lei. O julgamento da causa, todavia, não poderá ser senão um só, já que é impossível invalidar a assembleia para uns e mantê-la para outros.[8]

De outro prisma, é possível entrever-se litisconsórcio *obrigatório*, porque imposto pela lei, sem que o julgamento final tenha de ser o mesmo para todos os consorciados. Pense-se na execução de dívida de um dos cônjuges em que a penhora recaia sobre imóvel do casal. Ambos os cônjuges terão de figurar na relação processual (CPC/2015, art. 842), mas cada qual poderá apresentar defesa distinta e obter sentença diferente, não obstante o caráter necessário do litisconsórcio.[9]

232. Sistema do Código

Conforme o art. 113, *caput*, do CPC/2015, "duas ou mais pessoas podem litigar, no mesmo processo, em conjunto, ativa ou passivamente, quando:

(a) entre elas houver comunhão de direitos ou de obrigações relativamente à lide (inciso I);
(b) entre as causas houver conexão pelo objeto ou pela causa de pedir (inciso II);
(c) ocorrer afinidade de questões por ponto comum de fato ou de direito (inciso III).

O elenco do art. 113 compreende, como se vê, tanto o litisconsórcio necessário como o facultativo. Aliás, como regra geral, os casos arrolados pelo Código, no dispositivo comentado, podem ser havidos como de litisconsórcio *facultativo*, pois, segundo o próprio texto legal, as partes *podem* litigar em conjunto, mas nem sempre estão forçadas a tanto.[10]

Conjugando o art. 113 com o art. 114, conclui-se que, nas mesmas hipóteses do primeiro dispositivo, o litisconsórcio será *necessário* (isto é, não poderá ser dispensado pelos litigantes) "quando, pela natureza da relação jurídica controvertida, a eficácia da sentença depender da citação de todos que devam ser litisconsortes".

---

8 São evidentes e lógicas as razões que revelam os casos em que o julgamento deve ser *"uno e único"*, configurando a situação que se pode definir como "ação única *plurissubjetiva*" ou como "litisconsórcio *unitário*". Embora facultativo o litisconsórcio, nota-se, em virtude da natureza do direito material em litígio, a identidade do *pedido* e da *causa de pedir*, o que exige, no tratamento judicial da causa cumulativa, "um desenvolvimento formal e substancialmente *único*" (MANDRIOLI, Crisanto. *Corso di Diritto Processuale Civile*. 8. ed. Torino: Giappichelli, 1991, v. I, p. 304). Porque não é possível separar uma causa das outras, "por razões lógicas e de ordem positiva", mesmo tendo sido livre a iniciativa de agir em litisconsórcio "a decisão da controvérsia não pode ser senão uniforme" (ZANUTTIGH, Loriana. Verbete "Litisconsorzio", *Digesto*. 4. ed. *Discipline Privatistiche, Sezione Civile*, v. 11, 1996, p. 41).

9 Mesmo havendo obrigatoriedade da participação de várias pessoas no processo, ainda assim "a decisão pode não ser única, na medida em que a posição processual das partes, embora necessária, é diversa" (ZANUTTIGH, Loriana. Verbete "Litisconsorzio", *Digesto*. 4. ed. *Discipline Privatistiche, Sezione Civile*, v. 11, 1996, p. 42). Lembre-se, *v.g.*, dos juízos concursais e divisórios.

10 BARBI, Celso Agrícola. *Comentários ao Código de Processo Civil*. Rio de Janeiro: Forense, 1981. v. I, t. I, n. 287, p. 264-265. No nosso sistema, "O litisconsórcio, quando cabível, é, em regra, facultativo. Para que as partes sejam obrigadas a litisconsorciar-se (para haver litisconsórcio necessário), é indispensável, salvo nos casos em que a lei o imponha, que os litisconsortes sejam partes de uma peculiar relação de direito material, única e incindível, que determina, como imperativo lógico necessário, um julgamento uniforme para todos (CPC, art. 47)" (STJ, 1ª T., REsp 1.061.343/PB, Rel. Min. Teori Albino Zavascki, ac. 12.08.2008, *DJe* 21.08.2008).

Em síntese, o sistema do Código é de reunir no art. 113 os casos em que litisconsórcio *pode* ser facultativo, e no art. 114 especificar as condições para que ele seja necessário.[11]

233. Casos legais de litisconsórcio

Analisemos o casuísmo do art. 113, por meio de exemplos concretos:

I – Comunhão de direitos ou obrigações

Pode ocorrer em casos comuns de condomínio sobre bens quando se faculta a cada condômino reivindicar o todo, mas todos os condôminos, em litisconsórcio facultativo, podem também demandar em conjunto o bem comum (art. 1.314 do Código Civil).

No caso de *cônjuges*, a demanda sobre imóveis ou direitos reais a eles relativos já torna necessário o litisconsórcio de marido e mulher (CC, art. 1.647). O mesmo acontece com a ação divisória, em que todos os condôminos são partes necessárias (art. 588, II, do CPC/2015).

A título de comunhão de obrigações, tem-se litisconsórcio nas causas sobre dívidas suportadas, em comum, por vários devedores, solidários ou não, como, por exemplo, nos títulos cambiários, nos contratos de locação com fiador etc. O litisconsórcio, *in casu*, é apenas facultativo.

II – Conexão pelo pedido ou pela causa de pedir

Se um prédio está ocupado por dois inquilinos parciais, as ações de despejo referentes ao mesmo imóvel podem ser cumuladas por meio de litisconsórcio passivo, porque o bem visado (objeto da ação) é comum às duas causas. É também o que ocorre em ação derivada de ato ilícito praticado por preposto, visto que o preponente também responde solidariamente pela reparação do dano; ou em caso em que de um só ato ilícito decorrem prejuízos para várias vítimas. Na primeira hipótese, o prejudicado pode demandar apenas um dos dois corresponsáveis, ou ambos conjuntamente, em litisconsórcio passivo. Na segunda, cada uma das vítimas pode propor sua ação contra o culpado, ou todos podem reunir-se e propor uma só demanda, em litisconsórcio ativo. Em ambos os casos, porém, o litisconsórcio será apenas *facultativo*.[12]

Há conexão pela causa de pedir quando duas pretensões contra pessoas diferentes se fundam num *só fato jurídico*. Litisconsórcio dessa espécie acontece na ação pauliana (arts. 158 e 159 do CC), pois a ação é de anulação de um só ato praticado em fraude de credores pelo alienante e o adquirente, que assim se tornam partes obrigatórias da causa, formando um litisconsórcio passivo *necessário*.[13]

III – Afinidade de questões por um ponto comum de fato ou de direito

Aqui não há *conexão*, pois os fatos jurídicos não são os mesmos, mas apenas *afins*. Se, por exemplo, vários contribuintes são ameaçados de lançamento de um mesmo tributo ilegal,

---

11 BARBI, Celso Agrícola. *Comentários ao Código de Processo Civil*. Rio de Janeiro: Forense, 1981. v. I, t. I, n. 287, p. 265.

12 "(...) em ação indenizatória o litisconsórcio é sempre facultativo, seja ativo ou passivo, podendo cada um dos prejudicados, isoladamente (ou em conjunto) pleitear, em juízo, o direito ao ressarcimento. Se mais de um for o causador do dano, poderá o prejudicado exigir de um só (ou de todos) a titularidade do pagamento, eis que existe solidariedade entre os devedores" (STJ, 1ª T., REsp 449.352/SC, Rel. Min. Luiz Fux, ac. 25.02.2003, *DJU* 24.03.2003, p. 147).

13 "Em se tratando de ação anulatória (pauliana) para tornar sem efeito negócio jurídico, há litisconsórcio necessário entre todos os que participaram do ato, porquanto a sentença será, necessariamente, a mesma em relação às partes litigantes" (STJ, 4ª T., REsp 242.151/MG, Rel. Min. Luis Felipe Salomão, ac. 02.09.2008, *DJe* 15.09.2008).

para cada um deles haveria um fato jurídico distinto, que poderia ser apreciado separadamente em ações individuais. Mas as pretensões de evitar o lançamento iminente teriam fundamento numa *questão jurídica igual* para todos, pois a ilegalidade do tributo seria a mesma.

Numa medida de economia processual, as várias ações poderiam ser cumuladas num só processo, em litisconsórcio ativo contra a Fazenda Pública.

É claro, porém, que o litisconsórcio do art. 113, III, só será possível quando houver uniformidade de competência do juízo para as diversas ações afins. É que, não havendo conexão para justificar a prorrogação de competência, falece ao autor o direito de demandar um ou alguns dos litisconsortes facultativos fora do juízo que lhes corresponde.

234. Litisconsórcio necessário e litisconsórcio unitário

O Código atual, de modo diferente do anterior, reconhece e define os litisconsórcios *necessário* e *unitário* como figuras distintas.

O *necessário* acontece em duas situações arroladas no art. 114:

(a) pode ser resultado de *imposição da lei*, como, *v.g.*, se dá nas ações reais imobiliárias intentadas contra cônjuges (CPC/2015, art. 73, § 1º; CC, art. 1.647, II); ou

(b) pode decorrer da *natureza da relação jurídica controvertida*, cuja solução judicial, para ser eficaz, dependerá da presença no processo de todos os respectivos sujeitos (CPC/2015, art. 114), como, *v.g.*, ocorre na anulação de um contrato plurilateral e na dissolução de uma sociedade de pessoas.[14]

O *unitário* é, na definição legal, o litisconsórcio formado quando, pela natureza da relação jurídica controvertida, "o juiz tiver de decidir o mérito de *modo uniforme* para todos os litisconsortes" (CPC, art. 116).

A justificação (lógica e jurídica) tanto do litisconsórcio necessário, como do unitário, deita raízes no direito material que o processo terá de enfrentar para chegar à composição do litígio. É, como se depreende dos enunciados dos arts. 114 e 116, a natureza da relação jurídica material controvertida (objeto do processo) que determinará a configuração do litisconsórcio, ora *necessário*, ora *unitário*.

235. Precisão do sistema litisconsorcial instituído pelo Código atual

O sistema do CPC/2015, em matéria de litisconsórcio, é sensivelmente superior ao do código anterior, pois conseguiu identificar adequadamente cada uma das principais modalidades de concurso subjetivo, sem passar pela confusão indesejável outrora estabelecida entre os litisconsórcios necessário e unitário.

Pode o atual sistema ser assim esquematizado:

(a) as hipóteses de litisconsórcio são genericamente enunciadas pelo art. 113, de modo a justificar todas as possibilidades de ocorrência de partes plurissubjetivas, sejam de litisconsórcio facultativo, sejam de litisconsórcio necessário ou unitário;

---

[14] Para o STJ, por exemplo, não há litisconsórcio passivo necessário em ação relacionada com a remoção de publicações ilícitas, entre o autor do texto e o provedor de aplicações, porquanto: *(i)* a obrigação de remover a publicação é do provedor, de modo que seu deferimento não atinge a esfera jurídica do autor da publicação; *(ii)* ademais, "eventual ilicitude do conteúdo da publicação e que poderá, eventualmente, resultar na responsabilização do seu autor, não acarretará, necessariamente, a responsabilidade do provedor" (STJ, 3ª T., REsp 1.980.014, Rel. Min. Nancy Andrighi, j. 14.06.2022, *DJe* 21.06.2022).

(b) será a natureza da relação material controvertida que irá definir, na aplicação do art. 113, quando o litisconsórcio se apresentará como *necessário* (art. 114) ou como *unitário* (art. 116);

(c) tanto no caso do *necessário* como no do *unitário*, é a relação jurídica controvertida que determinará a formação do litisconsórcio. Não se trata, porém, de confundi-los nem de submetê-los aos mesmos requisitos. O *necessário* se impõe a partir do pressuposto lógico-jurídico de que uma relação complexa subjetivamente não pode ser atacada em juízo, sem que todos os seus sujeitos estejam presentes no processo, para que os efeitos sejam eficazes. Já o *unitário* tem como base a necessidade lógico-jurídica de que a solução judicial seja uniforme para todos os colitigantes, sem indagar do caráter obrigatório ou facultativo da reunião de vários litigantes no mesmo polo da relação processual;

(d) é, como já afirmado, a natureza da relação jurídica material que definirá se um litisconsórcio já estabelecido, ou por se estabelecer, deva ser tratado como necessário ou unitário. Isto porque não se pode automaticamente estender a unitariedade a todo e qualquer litisconsórcio que a lei considere obrigatório. Depende – repita-se – do regime da lei material em jogo no litígio, a definição de quando um litisconsórcio, embora *unitário*, possa se apresentar em juízo como *facultativo* e não como obrigatório (ou *necessário*);

(e) com efeito, o litisconsórcio unitário (*i.e.*, aquele estabelecido em demanda cujo resultado há de ser uniforme para todos os litisconsortes) pode ser estabelecido sem a obrigatoriedade da presença de todos os cointeressados. Bastará que a lei material confira legitimidade para qualquer cotitular defender individualmente o interesse comum. Por exemplo, uma obrigação solidária pode ser exigida de um, alguns ou todos os coobrigados, à escolha do credor. A solução será uniforme para os demandados, mas não era imprescindível que todos tivessem sido incluídos no polo passivo da ação: o litisconsórcio, por isso mesmo, terá sido *unitário*, mas não *necessário*. Eis aí uma situação processual de litisconsórcio *unitário facultativo*.

Há, outrossim, casos em que a lei obriga a formação do litisconsórcio, sem que haja previsão de solução uniforme para todos os cointeressados: num processo de extinção de comunhão, todos os comunheiros obrigatoriamente serão partes, mas cada um receberá quinhão diferente e poderá ter benefícios e encargos não idênticos aos demais; no concurso universal de credores, passa-se fenômeno igual, ou seja, todos os credores estão sujeitos à execução coletiva, mas cada crédito se submete a julgamento individualizado.

Assim, o litisconsórcio *necessário* decorre tanto da natureza da relação jurídica litigiosa, que só permite solução uniforme, como de determinação da lei.

Pode-se, portanto, concluir que a remodelação normativa realizada pelo atual CPC, em termos de litisconsórcio, implicou inovação legislativa, mas não se afastou da inteligência doutrinária e jurisprudencial consolidada ainda ao tempo do Código de 1973, malgrado suas deficiências conceituais. Ou seja: *(i)* o litisconsórcio é *necessário* quando imposto por lei ou quando a natureza da relação jurídica material controvertida exija a presença de todos os cointeressados no processo para que a sentença seja eficaz; e *(ii)* é *unitário* quando a solução a ser dada à controvérsia tenha de ser uniforme para todos os litisconsortes.

Muitas vezes a solução do processo submetido a litisconsórcio necessário será uniforme, de sorte que a figura processual consubstanciará, a um só tempo, litisconsórcio *necessário* e *unitário*. No entanto, não há obrigatoriedade de que as coisas sejam sempre assim, pois existem casos em que o litisconsórcio é necessário e o resultado da causa não é obrigatoriamente o mesmo para todos os participantes do processo. Pense-se no concurso de credores do devedor insolvente, na participação dos confrontantes nas ações divisórias e demarcatórias e na de todos os herdeiros no processo sucessório etc. Todos são partes obrigatórias, segundo a lei, mas a decisão das pretensões de uns e outros pode ser diferente.

Para o litisconsórcio unitário, a possibilidade de configuração da modalidade facultativa não é regra, mas exceção, que só pode ser aberta pela própria lei. Se há vários cointeressados numa só relação jurídica material controvertida, é intuitivo que a eficácia da sentença reclame a presença processual de todos eles. O litisconsórcio unitário teria, em princípio, que ser também necessário. Por isso, somente a lei pode criar exceções em que um ou alguns cointeressados demandam na defesa de direitos que também são de terceiros. Aí, sim, diante do permissivo extraordinário da lei, o litisconsórcio, que originariamente tinha de ser necessário, se torna *facultativo unitário*.

Repita-se, porém: fora do âmbito do litisconsórcio necessário, o unitário somente se viabilizará quando, por disposição de lei, a legitimidade *ad causam* for conferida a qualquer um dos diversos titulares do direito material comum. Não ocorrendo previsão semelhante, todos os interessados na relação jurídica controvertida terão de participar da causa em litisconsórcio, sob pena de se tornar inexequível a respectiva decisão judicial. Salvo autorização de lei, como é sabido, ninguém pode ser atingido por sentença em sua esfera jurídica, sem ter sido parte no processo, pessoalmente ou por meio de substituição ou representação processual legalmente instituída (CPC/2015, arts. 18 e 506).

Todas essas observações atuam em prol do reconhecimento da inconveniência de atrelar-se a ideia de necessariedade e unitariedade, em matéria de litisconsórcio. Andou, por isso mesmo, muito bem o Código atual em distinguir e desvincular as duas figuras litisconsorciais em análise.

236. Litisconsórcio necessário ativo e passivo

Segundo antigo entendimento doutrinário, a que o CPC/2015 se manteve fiel, o litisconsórcio necessário ocorre apenas no polo passivo do processo (art. 115, parágrafo único). Não há, pois, litisconsórcio necessário ativo, em regra.

A previsão de litisconsorte necessário é claramente voltada para o litisconsórcio *passivo*, hipótese em que sua citação é indispensável sob pena de, não ocorrendo, acarretar a extinção do processo sem resolução do mérito (CPC/2015, art. 115, parágrafo único). A lei, quando trata de causas que envolvem interesses de mais de uma pessoa, como na hipótese de marido e mulher, não condiciona a eficácia do processo à presença de todos no polo *ativo* da demanda. Cogita apenas de consentimento, que em caso de recusa, admite suprimento judicial (CPC/2015, arts. 73 e 74).

Já no que diz respeito ao polo passivo, o litisconsórcio, quando necessário, não pode ser descumprido. Verificada a omissão, o juiz ordenará a respectiva superação, como medida necessária à regularização do processo.

Não cabe ao juiz, todavia, determinar diretamente a inclusão de outros réus na relação processual. É ao autor que toca identificar contra quem deseja demandar. Por isso, o juiz, *in casu*, verificando que falta litisconsórcio necessário no polo passivo da ação proposta, "determinará ao autor que requeira a citação de todos que devam ser litisconsortes, dentro do prazo que assinar, sob pena de extinção do processo" (CPC/2015, art. 115, parágrafo único).

236-A. Um caso de litisconsórcio facultativo não unitário: a responsabilidade dos pais por atos danosos dos filhos menores

No caso de ato ilícito praticado por filho menor, a responsabilidade principal pela reparação do dano é dos genitores, que o tenham sob sua guarda (CC, art. 932, I).[15] Em caráter

[15] "O art. 932, I, do CC ao se referir a autoridade e companhia dos pais em relação aos filhos, quis explicitar o poder familiar (a autoridade parental não se esgota na guarda), compreendendo um plexo de deveres

subsidiário e eventual, o próprio incapaz responderá pelos prejuízos que causar, "se as pessoas por ele responsáveis não tiverem obrigação [*in concreto*] de fazê-lo ou não dispuserem de meios suficientes" (CC, art. 928, *caput*). Essa responsabilidade, além de esporádica, é mitigada, pois "deverá ser equitativa" e não acontecerá "se privar do necessário o incapaz ou as pessoas que dele dependem" (art. 928, parágrafo único).[16]

Em situação como essa, "não há litisconsórcio passivo necessário, pois não há obrigação - nem legal, nem por força da relação jurídica (unitária) - da vítima lesada em litigar contra o responsável e o incapaz".[17]

Tendo sido, portanto, proposta a ação indenizatória apenas contra o pai, sem formação de litisconsórcio passivo com o filho incapaz ao tempo do ato danoso, não tem este legitimidade para recorrer contra a sentença que foi adversa ao demandado (o genitor), conforme entendimento doutrinário e jurisprudencial.[18]

237. Mobilidade da posição processual do litisconsorte necessário

Os negócios jurídicos plurilaterais, que, obviamente, não podem ser discutidos em juízo sem a presença de todos os seus participantes, ensejam situação interessante no que diz respeito ao litisconsórcio passivo a ser instituído pelo autor da causa que tenha por objeto essa modalidade de relação jurídica. É que, não havendo como instituir forçadamente um litisconsórcio ativo, aquele que toma a iniciativa do processo terá de citar para a causa todos os demais sujeitos do negócio *sub cogitatione*.

O fato, porém, de os diversos litisconsortes terem sido incluídos pelo autor no polo passivo do processo não obriga todos os citados a permanecerem na condição de réus. O litisconsórcio necessário tem de ser observado na propositura da ação, sob pena de invalidade da relação processual. Mas o litígio real pode envolver apenas um ou alguns dos demandados obrigatórios, de sorte que, uma vez concluída a citação, é perfeitamente possível que alguns deles se posicionem favoravelmente à pretensão do autor, passando a atuar ao seu lado no polo ativo. É o caso, por exemplo, da dissolução parcial de uma sociedade, em que o retirante somente pode demandar a alteração do contrato social em presença de todos os demais sócios. Aqueles que não se opõem à dissolução parcial não estão obrigados a permanecer no polo passivo do processo e, para evitar as consequências de uma causa a que nunca resistiram, lícito lhes é, após a citação, manifestar sua adesão ao pedido do autor, em lugar de contestar a ação. Não seria

---

como, proteção, cuidado, educação, informação, afeto, dentre outros, independentemente da vigilância investigativa e diária, sendo irrelevante a proximidade física no momento em que os menores venham a causar danos" (STJ, 4ª T., REsp 1.436.401/MG, Rel. Min. Luis Felipe Salomão, ac. 02.02.2017, *DJe* 16.03.2017).

16 "É subsidiária porque apenas ocorrerá quando os seus genitores não tiverem meios para ressarcir a vítima; é condicional e mitigada porque não poderá ultrapassar o limite humanitário do patrimônio mínimo do infante (CC, art. 928, par. único e En. 39/CJF); e deve ser equitativa, tendo em vista que a indenização deverá ser equânime, sem a privação do mínimo necessário para a sobrevivência digna do incapaz (CC, art. 928, par. único e En. 449/CJF)" (STJ, 4ª T., REsp 1.436.401/MG, Rel. Min. Luis Felipe Salomão, ac. 02.02.2017, *DJe* 16.03.2017).

17 STJ, 4ª T., REsp 1.436.401/MG, Rel. Min. Luis Felipe Salomão, ac. 02.02.2017, *DJe* 16.03.2017.

18 "Incapaz. Ilegitimidade para recorrer de sentença em ação movida apenas contra seu pai. A norma do art. 942 do Código Civil deve ser interpretada em conjunto com aquela dos arts. 928 e 934, que tratam, respectivamente, (i) da responsabilidade subsidiária e mitigada do incapaz e (ii) da inexistência de direito de regresso em face do descendente absoluta ou relativamente incapaz. Na hipótese, conclui-se pela carência de interesse e legitimidade recursal do recorrente porque a ação foi proposta unicamente em face do seu genitor, não tendo sido demonstrado o nexo de interdependência entre seu interesse de intervir e a relação jurídica originalmente submetida à apreciação judicial (STJ, 3ª T., REsp 1.319.626/MG, Rel. Min. Nancy Andrighi, j. 26.2.2013, *DJe* 5.3.2013)" (NERY JÚNIOR, Nelson; NERY, Rosa Maria de Andrade. *Código Civil comentado*, 12. ed. São Paulo: RT, 2017, p. 1.478-1.479).

justo nem razoável obrigá-los a se manterem numa posição processual que não escolheram e que não corresponde a seus desígnios de fato e de direito, principalmente porque não foram causadores do litígio nem lhes interessa mantê-lo. Aliás, eles somente foram colocados como réus porque, sendo necessário o litisconsórcio, não haveria como o autor deixar de convocá-los a comparecer em juízo.[19]

O certo é que – quando o litisconsórcio é inevitável por decorrência de situação jurídica complexa e multilateral disputada em juízo – o autor não tem como deixar de propor a demanda em face de *todos* os figurantes na relação de direito material envolvida no objeto litigioso, ainda que os interesses dos cointeressados não sejam homogêneos. Não poderá ele ficar na dependência da definição dos múltiplos interessados acerca da posição processual que irão adotar, individualmente, após a propositura da demanda. Por isso incluirá, desde logo, no polo passivo da demanda, todos os que não podem escapar do litisconsórcio necessário, sem indagar, naquela altura, quais seriam os interesses particulares de cada um deles no interior do litígio. Relega-se para um momento ulterior ao aforamento da causa a definição individual de tais interesses.

Lembra Cândido Dinamarco que não são raros os casos em que se agrupam no mesmo polo do processo interesses comuns e interesses contrapostos, como se passa, por exemplo, na ação de consignação em pagamento movida diante da disputa do crédito entre vários pretensos credores: entre os corréus, a certa altura, instaura-se a disputa em que cada um passa a impugnar a pretensão do outro.[20]

Antonio do Passo Cabral, dentro da mesma linha e diante da impossibilidade da prévia imposição de forçar alguém a inserir-se num litisconsórcio ativo necessário, reconhece que a solução do impasse consistirá na inclusão do litisconsorte relutante no polo passivo.[21] Destaca, outrossim, que o posicionamento do litisconsorte, *in casu*, no polo passivo, se dá apenas formalmente, se seus interesses materiais, na verdade, se alinharem com os do polo ativo. Observa, ainda, que, na espécie, nem mesmo haverá pedido formulado contra o aludido litisconsorte, "mas apenas sua integração na relação processual para que a participação (forçada) evite a invalidação ou ineficácia da sentença". Por isso mesmo, uma vez citado, "a faculdade de migrar para o polo ativo deve ser-lhe aberta".[22]

Casos como este evidenciam o equívoco de qualificar a citação como ato sempre destinado a chamar o demandado apenas para *se defender* em juízo (CPC/1973, art. 213). O atual CPC corrigiu tal impropriedade, conceituando a citação como "o ato pelo qual são convocados o réu, o executado ou o interessado para integrar a relação processual" (art. 238). Deixou claro,

---

19 GRECO, Leonardo. *A teoria da ação no processo civil*. São Paulo: Dialética, 2003, p. 52; DIDIER JR., Fredie. Litisconsórcio unitário e litisconsórcio necessário. *Revista de Processo*, n. 208, jun. 2012, p. 419.

20 DINAMARCO, Cândido Rangel. *Litisconsórcio*. 7. ed. São Paulo: Malheiros, 2002, p. 34 e 397-398.

21 CABRAL, Antonio do Passo. Despolarização do processo e "zonas de interesse": sobre a migração entre polos da demanda. In: FUX, Luiz (coord.). *O Novo Processo Civil brasileiro*: Direito em expectativa. Rio de Janeiro: Forense, 2011, p. 157.

22 CABRAL, Antonio do Passo. Despolarização do processo e "zonas de interesse": sobre a migração entre polos da demanda. In: FUX, Luiz (coord.). *O Novo Processo Civil brasileiro*: Direito em expectativa. Rio de Janeiro: Forense, 2011, p. 157. Sobre o tema, conferir RODRIGUES, Geisa de Assis. Da ação popular. In: FARIAS, Cristiano Chaves de; DIDIER JR., Fredie (coords.) *Procedimentos especiais cíveis:* legislação extravagante. São Paulo: Saraiva, 2003, p. 286. O Superior Tribunal de Justiça decidiu caso de ação de improbidade administrativa, em que se reconheceu a legitimidade do deslocamento da União do polo passivo para o ativo, estendendo a regra do art. 6º, § 3º, da Lei da Ação Popular à ação civil pública: STJ, 2ª T., AgRg no REsp 1.012.960/PR, Rel. Min. Herman Benjamin, ac. 06.10.2009, *DJe* 04.11.2009.

portanto, que o demandado "não é citado para defender-se, mas para participar, pouco importando a posição processual em que o fará".[23]

Aliás, não é novidade para o direito positivo essa possibilidade de migração de um litisconsorte necessário da posição passiva para a ativa, depois da citação. Na Lei 4.717/1965 há expressa previsão de que, na *ação popular*, serão citados em litisconsórcio passivo necessário todas as pessoas públicas e privadas envolvidas no ato administrativo impugnado, assim como funcionários e beneficiários (art. 6º). No entanto, o § 3º do mesmo dispositivo ressalva que a pessoa jurídica, "cujo ato seja objeto de impugnação, poderá abster-se de contestar o pedido, ou poderá atuar ao lado do autor, desde que isso se afigure útil ao interesse público, a juízo do respectivo representante legal ou dirigente".

238. Litisconsórcio necessário não observado na propositura da ação

Como já visto, o litisconsórcio será necessário quando a sentença tiver que incidir, forçosamente, sobre a esfera jurídica de várias pessoas. Eis a razão pela qual o Código anterior vinculava a eficácia da sentença à citação de todos os litisconsortes necessários no processo (art. 47 do CPC/1973). O Código atual adotou o mesmo entendimento, embora tenha regulado o problema de forma mais ampla, abrangendo os efeitos da ausência de litisconsorte tanto no caso do litisconsórcio necessário como no do unitário (CPC/2015, art. 115).

A previsão do citado art. 115 do CPC/2015 é dupla:

(a) será *nula* a sentença de mérito, que haveria de ser uniforme para todos os participantes da relação jurídica controvertida, quando proferida sem que tenham integrado o contraditório "todos os que deveriam ter integrado o processo" (inciso I), isto é, todos os *litisconsortes necessários*; e

(b) quando o caso for de litisconsórcio não obrigatório, a sentença somente atingirá os participantes do processo, sendo *ineficaz* para os coobrigados que não foram citados (inciso II). É o que se passa, por exemplo, entre fiador e afiançado, quando um só deles integrou o processo.

Se o litisconsórcio for *necessário* e o autor não requerer a citação de todos os litisconsortes, tendo curso o processo até sentença final, esta não produzirá efeito nem "em relação aos que não participam do processo nem em relação aos que dele participaram".[24] Ocorrerá nulidade total do processo.[25] Por outro lado, tratando-se de litisconsórcio *comum*, a sentença não será nula por falta de participação de coobrigado, produzirá efeitos em relação aos que foram citados, e nenhuma eficácia acarretará em face dos ausentes ao processo.

---

[23] CABRAL, Antonio do Passo. Despolarização do processo e "zonas de interesse": sobre a migração entre polos da demanda. In: FUX, Luiz (coord.). *O Novo Processo Civil brasileiro*: Direito em expectativa. Rio de Janeiro: Forense, 2011, p. 158.

[24] BARBI, Celso Agrícola. *Comentários ao Código de Processo Civil*. Rio de Janeiro: Forense, 1981. v. I, t. I, n. 304, p. 280, com apoio em CHIOVENDA e REDENTI.

[25] No RE 69.653, decidiu o STF que o não chamamento à lide do litisconsórcio necessário causa a "nulidade *ab initio* do processo" (ac. 12.03.1974, Rel. Min. Xavier de Albuquerque, *RTJ* 71/72. "Decisão proferida sem a citação dos litisconsortes necessários é nula, nos termos do art. 47, parágrafo único do CPC", de modo que "é o caso de anular-se o processo" (STJ, 2ª T., RMS 21.530/MG, Rel. Min. Mauro Campbell Marques, ac. 02.12.2010, *DJe* 15.12.2010). Omitido o litisconsorte necessário na propositura da ação, sua posterior citação para os fins do art. 47 do CPC só é possível enquanto não verificada a extinção do direito que se lhe pretende opor. "Após essa data, a falta de citação do litisconsorte implica a decadência do direito de pleitear a rescisão, conduzindo à extinção do processo sem resolução do mérito" (STJ, Corte Especial, EREsp 676.159/MT, Rel. Min. Nancy Andrighi, ac. 01.12.2010, *DJe* 30.03.2011).

Ao juiz, todavia, cabe evitar que o processo se desenvolva inutilmente. Por isso, deparando-se com caso de litisconsórcio passivo *necessário*, determinará ele "ao autor que requeira a citação de todos que devem ser litisconsortes, no prazo que assinar, sob pena de extinção do processo" (art. 115, parágrafo único).[26]

239. Citação do litisconsorte necessário ordenada pelo juiz

A respeito da citação dos litisconsortes necessários, o atual Código se filiou, em princípio, à tese de ser imperiosa a presença no processo de todos os interessados em relação litigiosa complexa – seja como autores ou na qualidade de réus –, porquanto, embora falando em litisconsórcio passivo necessário, prevê o cabimento de "citação de todos que devam ser litisconsortes" (art. 115, parágrafo único). Por outro lado, o velho argumento de que a citação seria ato de convocação de alguém para contestar a demanda (isto é, para defender-se contra a pretensão do autor) deixou de existir. O CPC/2015 define a citação de maneira diversa do CPC/1973. Agora, entende-se legalmente, como citação, "o ato pelo qual são convocados o *réu*, o *executado* ou o *interessado*", não mais para se defender contra a pretensão do autor, mas, sim, "para integrar a relação processual" (CPC/2015, art. 238).

Ora, a integração da relação processual tanto pode ocorrer no polo do autor como no do réu, ou ainda no de terceiro interessado, como bem explicita o atual Código, no referido art. 238. Assim, num processo sobre relação originada de negócio jurídico plurilateral, a respeito do qual não se pode discutir em juízo sem a participação de todos os interessados (v., *retro*, o nº 234), ao autor não cabe outra solução que não seja a de incluir na citação todos os demais cointeressados, embora não se saiba de antemão quais sejam os que aderirão, em seguida, à tese do autor ou à de seus opositores.

O que não se pode é negar meio ao autor de ingressar ativamente em juízo contra o agente do ato que diretamente lhe causou prejuízo jurídico, por falta de prévia adesão dos demais litisconsortes necessários, até mesmo daqueles que, eventualmente, se posicionariam a seu lado na demanda. Por isso o demandante, para não ficar privado do acesso à tutela jurisdicional, tem de promover a citação de todos os legitimados *ad causam* necessários, colocando-os todos no polo passivo. Esse posicionamento, porém, é provisório e só é tomado diante da necessidade de serem integrados à relação processual, por imposição da lei, todos aqueles sem os quais o processo não terá condições de prosseguir validamente até o julgamento do mérito. Essa citação corresponde, exatamente, àquela que o art. 238 do CPC/2015 permite seja feita ao *interessado* para integrar a relação processual.

No caso do litisconsórcio necessário passivo, o juiz não ordena de plano a expedição do mandado citatório dos réus omitidos pelo autor. Só a este incumbe a escolha do sujeito passivo da causa. O juiz apenas assina prazo ao autor para promover a citação daqueles que considera como litisconsortes necessários à validade da relação processual. Se o demandante não se dispuser a chamar os novos sujeitos passivos, não caberá ao juiz outra solução que a de extinguir o processo, nos termos do art. 115, parágrafo único.

É por isso que a lei prevê que o juiz, quando for o caso, apenas determinará ao autor que "*requeira* a citação de todos que devam ser litisconsortes" (art. 115, parágrafo único). À parte é que caberá a diligência de requerer a citação e fornecer ao juízo os dados reclamados para sua efetivação. Se o autor entender que não deva promovê-la, o juiz decretará a extinção do processo, nos termos da parte final do aludido dispositivo.

---

26 A necessidade de citação de todos os litisconsortes necessários para validade da sentença é requisito apenas dos julgamentos de mérito. Para extinguir o processo por carência de ação ou falta de pressuposto processual, nenhuma citação é indispensável, posto que até a própria petição inicial pode ser liminarmente indeferida a esse pretexto (CPC/2015, art. 330).

Não terá, contudo, poder de inserir, de ofício, no polo passivo da relação processual, réu não nomeado pelo autor. A decisão que ordena o requerimento da citação de litisconsorte é de natureza interlocutória, desafiando, por isso, recurso de agravo. A que extingue o processo por falta de citação de litisconsorte necessário é sentença terminativa. Pode ser impugnada por apelação.

Que solução adotar quando, malgrado a não citação do litisconsorte necessário, a sentença lhe for favorável? A regra é a do art. 282, § 1º, segundo a qual não se repete o ato nem se supre a falta quando não prejudicar a parte. Sendo assim, mesmo sem ter sido citado, nenhum prejuízo teria sofrido o litisconsorte. Cabe bem a lição de José Roberto dos Santos Bedaque: "a sentença de improcedência será válida, visto que, tendo em vista seu conteúdo, os vícios processuais tornaram-se irrelevantes. Será também plenamente eficaz em relação às partes e a terceiros, estes não vinculados apenas à imutabilidade decorrente da coisa julgada material".[27]

No mesmo sentido, José Rogério Cruz e Tucci observa que o descumprimento do litisconsórcio passivo necessário se torna irrelevante pela falta de prejuízo do litisconsorte não citado, em face do sucesso alcançado, também em seu benefício, "pela parte que foi demandada isoladamente".[28]

240. Litisconsórcio facultativo unitário

A figura do litisconsórcio facultativo unitário, implicitamente incluída no art. 116 do CPC/2015, tem como função resolver a situação daqueles casos previstos no direito material em que a relação jurídica é incindível, mas a legitimação para discuti-la é atribuída por lei a mais de uma pessoa, que pode agir individualmente, provocando solução judicial extensível a todos os cointeressados. O fenômeno, segundo Barbosa Moreira, enquadra-se na substituição processual, cujo papel consiste justamente em resolver o problema dos colegitimados que deixam de participar do processo. Com isso, "fica bem clara a equivalência funcional entre extensibilidade da coisa julgada e litisconsórcio unitário". Trata-se, segundo o autor, na realidade, "de dois expedientes, de duas técnicas distintas a que recorre o legislador para eliminar o risco da quebra de homogeneidade na fixação da disciplina a que há de obedecer a situação jurídica plurissubjetiva". Embora distintos, os métodos visam, em última análise, ao mesmo resultado, atingível por meios diversos e complementares, "sem que se exclua, aliás, o emprego cumulativo de ambos os métodos".[29]

Exemplos frequentes de substituição processual resolvidos por meio do litisconsórcio unitário facultativo ocorrem no caso da reivindicatória ajuizada por um só ou alguns condôminos e na ação de anulação de decisão assemblear de sociedade anônima intentada, também, por

---

27 BEDAQUE, José Roberto dos Santos. *Efetividade do processo e técnica processual*. São Paulo: Malheiros, 2006, p. 379.

28 TUCCI, José Rogério Cruz e. *Limites subjetivos da eficácia da sentença e da coisa julgada civil*. São Paulo: RT, 2006, p. 236; TUCCI, José Rogério Cruz e. *Comentários ao Código de Processo Civil:* artigos 485 ao 538. 2. ed. São Paulo: RT, 2018, v. VIII, p. 222.

29 BARBOSA MOREIRA, José Carlos. *Litisconsórcio unitário*. Rio de Janeiro: Forense, 1987, p. 140. No mesmo sentido: "expediente representado pela extensão subjetiva da coisa julgada concorre eficientemente para evitar o mal do conflito de julgados, guardando boa relação de complementaridade com a unitariedade do litisconsório e oferecendo solução satisfatória nos casos em que este não é, ao mesmo tempo, também necessário" (DINAMARCO, Cândido Rangel. *Litisconsórcio*. 7. ed. São Paulo: Malheiros, 2002, p. 191); "o principal efeito da substituição processual residirá na extensão da eficácia de coisa julgada ao substituído" (ASSIS, Araken de. Substituição processual, *Revista Dialética de Direito Processual*, n. 9, 2003, p. 22).

um ou alguns dos acionistas interessados. A sentença ultrapassará os substitutos e repercutirá na esfera jurídica dos substituídos.[30]

241. Litisconsórcio facultativo recusável

O Código atual manteve a orientação firmada pelo CPC/1973 (art. 46, parágrafo único), no sentido de ser conferido ao juiz o poder de controlar a formação e o volume do litisconsórcio facultativo, embora não seja permitido ao réu pura e simplesmente recusá-lo. A medida mostra-se necessária para evitar, em casos concretos, a quebra do princípio de tratamento igualitário das partes e de andamento célere do processo. Com efeito, é inegável que a reunião de dezenas ou até de centenas de demandantes numa só relação processual pode causar sérios prejuízos ao demandado e à própria tramitação do processo.

Pontes de Miranda, à época da legislação anterior, considerava o litisconsórcio facultativo como "um litisconsórcio convencional" que se estabelece por "acordo expresso ou tácito dos litigantes".[31] E Celso Barbi esclarecia que, "apesar da omissão da lei, deve se entender que o réu pode impugnar o litisconsórcio fundado no item IV (do art. 46) [item III do art. 113 do CPC/2015], demonstrando a inferioridade em que ficará para a defesa, porque essa situação viola o princípio da igualdade das partes. E o juiz tem poderes para atender a essa impugnação, com base no art. 125 [art. 139 do CPC/2015], o qual lhe atribui competência para tomar providências destinadas a assegurar às partes igualdade de tratamento e para rápida solução do litígio".[32]

Essa orientação, como se destacou, foi mantida pelo Código atual, nos parágrafos do art. 113 com previsão mais detalhada a respeito do procedimento a ser adotado pelo juiz. Isto será feito na fase de conhecimento, na liquidação de sentença ou na execução, mediante limitação do número de litigantes, sempre que se tornar evidente que a rápida solução do litígio ou a defesa do réu ou o cumprimento da sentença estejam sendo prejudicados (art. 113, § 1º).

Postulado o desmembramento depois da citação, ficará interrompido o prazo de resposta ou de manifestação, cuja retomada se dará, de maneira integral, a partir da intimação da decisão, seja de acolhida ou de rejeição da pretensão de redução do litisconsórcio (art. 113, § 2º).

A legislação atual não deixa ao puro arbítrio do réu aceitar ou recusar o litisconsórcio passivo facultativo proposto pelo autor. O que se permite é apenas a redução do litisconsórcio excessivamente numeroso, de modo que o juiz, de ofício ou a requerimento, tem o poder de limitar quantitativamente os demandados que permanecerão no polo passivo da relação processual. O litisconsórcio, portanto, não desaparece, mas se conserva com menor número de participantes.[33]

242. Posição de cada litisconsorte no processo

"Os litisconsortes serão considerados, em suas relações com a parte adversa, como litigantes distintos"; e, por isso, "os atos e as omissões de um não prejudicarão os outros, mas os poderão beneficiar" (CPC/2015, art. 117).

---

30 ARMELIN, Donaldo. *Legitimidade para agir no direito processual civil brasileiro*. São Paulo: RT, 1979, p. 125.

31 PONTES DE MIRANDA. *Comentários ao Código de Processo Civil*, 1974, v. II, p. 27.

32 BARBI, Celso Agrícola. *Comentários ao Código de Processo Civil*. Rio de Janeiro: Forense, 1981. v. I, t. I, n. 288, p. 267. "Nada impede que o juiz desconstitua o litisconsórcio ativo facultativo multitudinário, a fim de evitar prejuízos para a defesa do réu" (STJ, 2ª T., REsp 8.665/RJ, Rel. Min. Adhemar Maciel, ac. 28.04.1998, *DJU* 17.08.1998, p. 50). No entanto, o pedido do réu de limitação do litisconsórcio "deverá ser feito antes de decorrido o prazo para a sua defesa, sob pena de preclusão" (STJ, 5ª T., REsp 402.447/ES, Rel. Min. Laurita Vaz, ac. 04.04.2006, *DJU* 08.05.2006, p. 267).

33 OLIVEIRA, Lucas Soares de. O litisconsórcio no Código de Processo Civil de 2015. *Revista de Processo*, v. 313, p. 77, São Paulo, mar./2021.

Em regra, portanto, os litisconsortes se consideram como litigantes autônomos em seu relacionamento com a parte contrária. O princípio, no entanto, é de maior aplicação ao litisconsórcio *simples*, que funciona como *cumulação* de ações dos vários litigantes, sendo possível soluções diferentes para cada um dos vários litisconsortes.

Quando se cuida, porém, de litisconsórcio *unitário*, a regra do art. 117 é de escassa aplicação ou menor efeito prático, posto que a decisão final terá de ser proferida de modo uniforme para todos os litisconsortes. Desse modo, os atos que beneficiarem um litisconsorte *unitário* beneficiarão também os demais.[34] Mas o contrário não prevalece, isto é, os atos e as omissões de um litisconsorte *unitário* potencialmente lesivos aos interesses dos demais não os prejudicam, porque é evidente que não se pode fazer perecer direito de outrem (art. 117).

Em suma: no litisconsórcio unitário, os atos benéficos alcançam todos os litisconsortes, mas não os atos e as omissões prejudiciais.[35]

As provas, todavia, não se consideram como pertinentes apenas ao litisconsorte que as tenha promovido, sejam favoráveis ou contrárias ao interesse comum do litisconsórcio. É que, pelo princípio da livre pesquisa da verdade material, as provas são do *juízo*, não importando a quem tenha cabido a iniciativa de produzi-las. Prevalece, modernamente, o princípio da *comunhão da prova*.[36]

Em matéria recursal, diz o art. 1.005 do CPC/2015 que "o recurso interposto por um dos litisconsortes a todos aproveita, salvo se distintos ou opostos os seus interesses". A regra se aplica, evidentemente, ao litisconsórcio *unitário* apenas, porque nos demais casos não se justifica a comunicação de efeito do recurso aos colitigantes omissos já que não se impõe a necessária uniformidade na disciplina da situação litigiosa.[37]

Nem mesmo a circunstância de ser *necessário* o litisconsorte imporá a comunhão de interesses sobre o recurso de um dos colitigantes, uma vez que esse tipo de consórcio processual nem sempre reclama decisão idêntica para todos. Por isso, a melhor doutrina é categórica: "somente quanto ao litisconsórcio unitário é que incide o preceito do art. 509, *caput* [art. 1.005, CPC/2015]".[38]

Irrelevante, outrossim, é a circunstância de ter-se o litisconsorte como facultativo, pois a configuração do litisconsórcio unitário se dá independentemente de ser necessária sua formação. O que importa, para aplicar-se a expansão recursal determinada pelo art. 1.005, é a necessidade lógico-jurídica de decisão uniforme da causa para todos os litisconsortes, o que pode perfeitamente acontecer num litisconsórcio facultativo.[39] Sempre, porém, que os litisconsortes

---

[34] BARBI, Celso Agrícola. *Comentários ao Código de Processo Civil*. Rio de Janeiro: Forense, 1981. v. I, t. I, n. 312, p. 288.

[35] BARBOSA MOREIRA, José Carlos. *Litisconsórcio Unitário*. Rio de Janeiro: Forense, 1987, p. 174.

[36] BUZAID, Alfredo. Do ônus da prova. *Revista Forense*, v. 204, p. 412-420, out.-nov.-dez. 1963.

[37] BARBOSA MOREIRA, José Carlos. *Comentários ao Código de Processo Civil*. 5. ed. Rio de Janeiro: Forense, 1985, v. V, n. 213, p. 371-372; STJ, Corte Especial, REsp 1.091.710/PR, Rel. Min. Luiz Fux, ac. 17.11.2010, *DJe* 25.03.2011.

[38] MARQUES, José Frederico. *Manual de Direito Processual Civil*. Campinas: Bookseller, 1997, v. III, n. 612, p. 136; BARBI, Celso Agrícola. *Comentários ao Código de Processo Civil*. 2. ed. Forense, v. I, n. 311 e 312, p. 282-283; DINAMARCO, Cândido Rangel. Litisconsórcio. 5. ed. São Paulo: Malheiros, 1997, n. 50, p. 154.

[39] "O consórcio, formado por vários demandantes, para o exercício de ação plurissubjetiva, em busca de um mesmo bem da vida e sob o patrocínio de um mesmo advogado, gera universalidade de interesses, reconhecida pelo direito. O art. 509 do CPC [CPC/2015, art. 1.018] deve ser interpretado com olhos na realidade e nos fins sociais para os quais foi concebido (Lei de Introdução às Normas do Direito Brasileiro, art. 5º)" (STJ, 1ª T., REsp 142.996/SC, Rel. Min. Humberto Gomes de Barros, ac. 01.12.1997, *DJU* 20.04.1998, p. 32). No mesmo sentido: STJ, 1ª Seção, EREsp 286.020/SC, Rel. Min. Humberto Gomes de Barros, ac. 09.05.2002, *DJU* 01.07.2002, p. 205.

facultativos lançarem mão da mesma defesa, o litisconsórcio, sem embargo de não necessário, tornar-se-á unitário, visto que, lógica e juridicamente, não se pode admitir que a mesma questão, no mesmo processo e em torno do mesmo objeto litigioso, possa ser resolvida de maneira diferente para cada um dos litisconsorciados, sem que haja exceção pessoal oponível a apenas um dos codemandados, para quebrar a unitariedade da defesa comum.

No caso, por exemplo, de solidariedade passiva, o litisconsórcio é facultativo e nem sempre será unitário, bastando lembrar que cada demandado pode invocar defesa pessoal e distinta. Quando, porém, as defesas opostas ao credor forem comuns a todos os codemandados solidários, o recurso interposto por um deles a todos aproveitará (CPC/2015, art. 1.005, parágrafo único). A hipótese é mais frequentemente configurável no litisconsórcio facultativo entre devedores solidários, mas não é exclusiva dessa modalidade litisconsorcial. Em qualquer situação em que os litisconsortes passivos apresentem uma só e mesma defesa, trate-se de devedores solidários ou não, e desde que a contraparte não tenha suscitado exceção pessoal a algum ou alguns dos consorciados, o recurso de qualquer dos litisconsortes a todos beneficiará, nos termos da *comunhão de interesses* cogitada no *caput* do referido art. 1.005. O seu parágrafo único apenas explicita o litisconsórcio unitário que se pode estabelecer entre os devedores solidários, sem restringir a incidência da regra apenas a esses devedores. O certo, portanto, é que o litisconsórcio facultativo unitário pode se configurar entre participantes de relação obrigacional solidária ou não solidária, sempre que a defesa deduzida no processo for comum a todos os cointeressados, de modo a exigir solução uniforme, para todos eles (art. 116). E diante de semelhante quadro processual, o recurso de um sempre poderá beneficiar aos demais litisconsortes, mesmo àqueles que não recorreram.

No que tange à *confissão*, existe regra expressa no art. 391, no sentido de que a confissão de um litisconsorte não prejudica os demais. A norma é geral e incide sobre qualquer tipo de pluralidade subjetiva. Mesmo nas ações reais imobiliárias, nas quais o litisconsórcio é necessário entre os cônjuges ou companheiros, o Código é claro ao dispor que a confissão de um deles não valerá sem a do outro, salvo se casados sob o regime de separação absoluta de bens (art. 391, parágrafo único). Para que a parte utilize a confissão, *in casu*, como prova, haverá de promover o depoimento pessoal de ambos os consortes a fim de alcançar igual manifestação de todos eles.[40]

243. Autonomia dos litisconsortes para os atos processuais

Ainda que seja *unitário* o litisconsórcio, "cada litisconsorte tem o direito de promover o andamento do processo, e todos devem ser intimados dos respectivos atos" (CPC/2015, art. 118).

Para a prática dos atos processuais, prevalece autonomia dos litisconsortes, em qualquer circunstância, seja no que toca à iniciativa, seja no que se refere à intimação dos atos do juiz, dos outros litisconsortes ou de outra parte.

Em razão dessa autonomia e da maior complexidade que dela resulta, na prática, para o andamento do processo, há, no Código, uma regra especial sobre contagem de prazo: quando forem diferentes os procuradores dos vários litisconsortes, de escritórios de advocacia distintos, serão contados em dobro os prazos para todas as suas manifestações, em qualquer juízo ou tribunal, independentemente de requerimento (CPC/2015, art. 229). A regra, porém, só se aplica quando, na fase recursal, persiste o litisconsórcio. Se este desaparece, porque apenas um dos litisconsortes sucumbiu, e, portanto, só ele terá legitimidade para recorrer, não há mais como dispensar-lhe o

---

40 AMARAL SANTOS, Moacyr. *Comentários ao Código de Processo Civil*. São Paulo: RT, 1974, v. IV, n. 92, p. 122.

tratamento especial do prazo duplo.[41] Também não prevalecerá quando os advogados dos litisconsortes, embora distintos, pertencerem ao mesmo escritório de advocacia.[42]

Segundo jurisprudência do STJ, a regra da contagem de prazo recursal em dobro "é inaplicável nas hipóteses em que os litisconsortes possuem pelo menos um causídico em comum".[43]

Pode acontecer de a representação dos litisconsortes, de início comum, desfazer-se ao longo do curso do processo, passando cada qual a ter procurador distinto. Em tal situação, o direito ao prazo em dobro se aplica a partir do desdobramento da representação, de maneira a inadmitir, por exemplo, a vantagem legal se a constituição do advogado distinto por algum litisconsorte ocorreu após vencido o prazo simples para recorrer.[44]

A regra da contagem em dobro prevista no *caput* do art. 229 restringe-se apenas aos processos físicos. Adotado o processo em autos eletrônicos, os litisconsortes, mesmo quando representados por advogados distintos, se submeterão à contagem simples de todos os prazos (art. 229, § 2º).[45]

243-A. Litisconsórcio e coisa julgada

Qualquer que seja a modalidade do litisconsórcio, a sentença de mérito fará coisa julgada material para todos os litisconsortes que, efetivamente, integraram a relação processual, segundo a regra geral do art. 506 do CPC/2015: "A sentença faz coisa julgada às partes entre as quais é dada, não prejudicando terceiros".

O problema surge quando o litisconsórcio é unitário ou necessário e nem todos aqueles que poderiam ou deveriam integrar a relação processual estão presentes. A regra básica é a nulidade do julgado, se a sentença for pronunciada sem a convocação prévia e obrigatória de algum dos sujeitos interessados (CPC, art. 115, parágrafo único), invalidade, entretanto, que não prevalecerá quando o litisconsorte faltante, malgrado sua ausência, saiu beneficiado, e não prejudicado pela sentença (CPC, art. 282, § 1º).

Diversa é situação do litisconsórcio unitário, mas não necessário, verificável quando o direito material envolvido no litígio, embora verse sobre bem jurídico incindível, pode ser exercido ou defendido em juízo por qualquer um dos cointeressados. Essa especial outorga legal, quando posta em prática resulta na figura da legitimação extraordinária, verificável quando a lei permite a alguém demandar em nome próprio direito, no todo ou em parte, pertencente a outrem (CPC, art. 18).

---

41 "Não se conta em dobro o prazo para recorrer, quando só um dos litisconsortes haja sucumbido" (STF, Súmula 641). Também não se aplica essa contagem dupla ao prazo de interposição do agravo contra decisão denegatória de recurso especial, ainda que vários fossem os litigantes vencidos, se nem todos tiverem recorrido. Entende o STJ que, em tal conjuntura, "o litisconsórcio foi desfeito durante o curso do processo", se apenas o agravante "entrou com recurso especial contra o acórdão da origem" (STJ, 2ª T., AgRg no Ag 982.267/SC, Rel. Min. Mauro Campbell Marques, ac. 03.09.2009, *DJe* 21.09.2009).

42 "Quando o preceito legal estabelece a figura dos 'diferentes procuradores', refere-se às hipóteses em que os litisconsortes são patrocinados por advogados distintos e sem vinculação entre si, o que não ocorre no caso concreto, no qual todos os litisconsortes outorgam procuração ao mesmo grupo de procuradores integrantes de mesmo escritório profissional" (STJ, 2ª T., AgRg no AREsp 359.034/RN, Rel. Min. Herman Benjamin, ac. 20.05.2014, *DJe* 25.09.2014).

43 STJ, 4ª T., AgRg no AREsp 499.408/RJ, Rel. p/ ac. Min. Luis Felipe Salomão, ac. 05.02.2015, *DJe* 13.03.2015; STJ, 3ª T., AgRg no Ag 616.468/RS, Rel. Min. Paulo Furtado, ac. 13.10.2009, *DJe* 27.10.2009; STJ, 2ª T., AgRg no REsp 1.477.916/MS, Rel. Min. Assusete Magalhães, ac. 24.02.2015, *DJe* 05.03.2015.

44 STJ, 3ª T., REsp 1.309.510/AL, Rel. Min. Nancy Andrighi, ac. 12.03.2013, *DJe* 03.04.2013; STJ, 4ª T., AgRg no REsp 1.096.032/MG, Rel. Min. Antônio Carlos Ferreira, ac. 02.12.2014, *DJe* 10.12.2014.

45 STJ, 4ª T., REsp 1.693. 784/DF, Rel. Min. Luis Felipe Salomão, ac. 28.11.2017, *DJe* 05.02.2018.

Configurada, *ex lege*, a *substituição processual*, a sentença dada em face do substituto alcança também o substituído, de molde a fazer coisa julgada, igualmente, para um e outro. Ou seja: numa hipótese em que o acionista postulou individualmente a anulação de assembleia, a sentença produzirá coisa julgada oponível ao autor e a todos os demais acionistas colegitimados para a mesma ação, mesmo que não tenham participado do litisconsórcio unitário cabível na espécie.[46]

---

46 OLIVEIRA, Lucas Soares de. O litisconsórcio no Código de Processo Civil de 2015. *Revista de Processo*, v. 313, p. 77, São Paulo, mar./2021. O litisconsórcio no Código de Processo Civil de 2015. *Revista de Processo*, São Paulo, v. 313, p. 83-84, mar. 2021.

§ 31. INTERVENÇÃO DE TERCEIROS

244. Conceito

Ocorre o fenômeno processual chamado *intervenção de terceiro* quando alguém ingressa, como parte ou coadjuvante da parte, em processo pendente entre outras partes.[47]

A intervenção de terceiros, do ponto de vista prático, é sempre *voluntária*, sendo injurídico pensar que a lei possa obrigar o estranho a ingressar e atuar no processo. O que ocorre, muitas vezes, é a provocação de uma das partes do processo pendente para que o terceiro venha a integrar a relação processual. Mas "a possibilidade de o juiz obrigar, por ato de ofício, o terceiro a ingressar em juízo deve hoje ser contestada. O juiz não pode, inquisitorialmente, trazer o terceiro a juízo". O que ele faz, em casos como o do parágrafo único do art. 115, é determinar a uma das partes que, se quiser a decisão de mérito, *cite* terceiros (litisconsortes necessários), pois, do contrário, o processo será trancado sem ela. A coação legal exerce-se sobre a parte e não sobre o terceiro. Esse continua livre de intervir ou não, de maneira concreta ou efetiva. Não se lhe comina pena alguma. Suporta apenas o ônus de sujeitar-se aos efeitos da sentença, como decorrência da citação.[48] O efetivo ingresso do terceiro no processo é que pode ser qualificado de *provocado* (ex.: denunciação da lide ou chamamento ao processo) ou dar-se por *iniciativa* do próprio interveniente (ex.: assistência).

Aliás, até mesmo o réu, parte principal e necessária do processo, é citado para figurar na relação processual, mas não pode ser compelido coativamente a intervir *in concreto* nos atos do juízo. Tem o direito de permanecer revel, sem embargo da citação para defender-se.

Por outro lado, a intervenção, sempre facultativa para o terceiro, não é, porém, arbitrária. Só pode ocorrer naquelas hipóteses especialmente previstas pela lei processual.

245. Classificações

Classifica-se a intervenção segundo dois critérios diferentes:

I – Conforme o terceiro vise ampliar ou modificar subjetivamente a relação processual, a intervenção pode ser

(a) *ad coadiuvandum:* quando o terceiro procura prestar cooperação a uma das partes primitivas, como na *assistência*;

(b) *ad excludendum*: quando o terceiro procura excluir uma ou ambas as partes primitivas, como na *oposição*.[49]

II – Conforme a iniciativa da medida, a intervenção pode ser

(a) *espontânea*: quando a iniciativa é do terceiro, como geralmente ocorre na *oposição*, na *assistência*, e, às vezes, na intervenção do *amicus curiae*;

(b) *provocada*: quando, embora voluntária a medida adotada pelo terceiro, foi ela precedida por citação promovida pela parte primitiva (*denunciação da lide, chamamento ao processo* e *desconsideração da personalidade jurídica*).

Os casos de intervenção de terceiros catalogados pelo atual Código de Processo Civil são os seguintes:

---

[47] MARQUES, José Frederico. *Manual de Direito Processual Civil*. São Paulo: Saraiva, 1974, v. I, n. 236, p. 262.

[48] TORNAGHI, Hélio. *Comentários ao Código de Processo Civil*. São Paulo: RT, 1974, v. I, p. 236-237.

[49] O CPC/2015, porém, não trata mais a oposição como procedimento interventivo em causa pendente, mas como objeto de ação autônoma (arts. 682 a 686).

(a) a *assistência* (arts. 119 a 124);
(b) a *denunciação da lide* (arts. 125 a 129);
(c) o *chamamento ao processo* (arts. 130 a 132);
(d) o *incidente de desconsideração da personalidade jurídica* (arts. 133 a 137);
(e) o *amicus curiae* (art. 138).

O Código revogado previa, ainda, outras duas categorias de intervenção de terceiros: a *nomeação à autoria* (arts. 62 a 69) e a oposição (arts. 56 a 61). O Código atual suprimiu referidas modalidades de intervenção sem, contudo, abolir os institutos. A correção do polo passivo, antes feita por meio da nomeação à autoria, agora pode ser realizada em qualquer processo, indistintamente, e não apenas em hipóteses restritas, como ocorria na legislação anterior. Basta que o réu alegue, em contestação, sua ilegitimidade e indique o sujeito passivo da relação jurídica (arts. 338 e 339) (ver item 602 adiante).

O Código de 1973 cuidava da oposição no Capítulo da intervenção de terceiros (arts. 56 a 61). A legislação atual manteve o instituto, com as mesmas características, mas o deslocou para o Título III – Dos Procedimentos Especiais (arts. 682 a 686), tratando-o como ação especial autônoma. Aliás, já ao tempo da lei revogada, a qualificação da oposição como intervenção de terceiros era criticada pela doutrina, visto que, ao contrário das demais figuras interventivas, a oposição assumia "a natureza jurídica de ação incidental, formando nova relação processual", tanto que a dedução do respectivo pedido observava os requisitos da petição inicial e se sujeitava ao preenchimento dos pressupostos processuais e das condições da ação.[50]

Pode-se, também, considerar como uma forma de intervenção voluntária o *recurso do terceiro prejudicado*, previsto no art. 996 do CPC/2015.

[50] ARRUDA ALVIM NETTO, José Manoel; ASSIS, Araken de; ARRUDA ALVIM, Eduardo. *Comentários ao Código de Processo Civil*. 3. ed. São Paulo: RT, 2014, p. 207.

§ 32. ASSISTÊNCIA

246. Conceito

O atual Código, ao contrário do Código revogado, tratou da assistência no Título III da "Intervenção de Terceiros". Fez bem o legislador, na medida em que o ingresso do assistente no processo é caso típico de intervenção voluntária de terceiro, mesmo quando é considerado litisconsorte da parte principal.[51]

Segundo o art. 119, dá-se a *assistência* quando o terceiro, na pendência de uma causa entre outras pessoas, tendo interesse jurídico em que a sentença seja favorável a uma das partes, intervém no processo para prestar-lhe colaboração.

O assistente, portanto, não é parte da relação processual – pelo menos na modalidade de assistência simples – e nisso se distingue do litisconsorte. Sua posição é de terceiro que tenta apenas coadjuvar uma das partes a obter vitória no processo. Não defende direito próprio, mas de outrem, embora tenha um interesse próprio a proteger indiretamente.

247. Pressupostos da intervenção

Normalmente, a sentença não produz efeito senão perante as partes do processo. Não beneficia nem prejudica terceiros. Há casos, porém, em que a situação resultante da sentença para uma das partes tem consequências ou reflexos sobre outras relações jurídicas existentes entre a parte e terceiros. Embora essas relações não sejam objeto de discussão no processo, o terceiro tem interesse em que a solução seja no sentido que favoreça e não prejudique sua posição jurídica frente a uma das partes. Trata-se de encarar a sentença não na sua função e força peculiares, mas como um simples fato que o terceiro não pode ignorar.

A intervenção do terceiro, como assistente, pressupõe interesse. Mas seu interesse não consiste na tutela de seu direito subjetivo, porque não integra ele a lide a solucionar; mas na preservação ou na obtenção de uma situação jurídica de outrem (a parte) que possa influir positivamente na relação jurídica não litigiosa existente entre ele, assistente, e a parte assistida.[52]

Se A., dono de uma coisa, convenciona alugá-la ou emprestá-la a B. e C. ajuíza uma ação reivindicatória sobre a mesma coisa, é intuitivo que B. tem interesse jurídico em que A. saia vitorioso na causa, pois, caso contrário, não poderá desfrutar da coisa que foi objeto do contrato. Legítima será, destarte, sua intervenção no processo para ajudar A. a obter sentença que lhe seja favorável.[53]

Por outro lado, o interesse do assistente há de ser *jurídico*, como reclama do art. 119, *i.e.*, deve relacionar-se com um vínculo jurídico do terceiro com uma das partes, de sorte que não se tolera a assistência fundada apenas em "relação de ordem sentimental"[54] ou em interesse simplesmente econômico.[55]

---

51 TORNAGHI, Hélio. *Comentários ao Código de Processo Civil*. São Paulo: RT, 1974, v. I, p. 222; MARQUES, José Frederico. *Manual de Direito Processual Civil*. Campinas: Bookseller, 1997, v. I, n. 236, p. 263.

52 O TJDF reconheceu ser admissível a assistência do sublocatário na ação revisional de aluguel ajuizada pelo locador contra o locatário (ac. 15.09.1955, *Revista de Direito Mercantil*, v. VI, p. 910). O assistente luta pela vitória do assistido ou porque a sua relação jurídica é vinculada àquele, ou a *res in iudicium deducta* também lhe pertence (STJ, 1ª T., AgRg no REsp 1.080.709/RS, Rel. Min. Luiz Fux, ac. 24.08.2010, *DJe* 10.09.2010).

53 STJ. Corte Especial, EREsp 1.351.256/PR, Rel. Min. Mauro Campbell Marques, ac. 17.12.2014, *DJe* 19.12.2014.

54 STJ, 1ª T. REsp 821.586/PR, Rel. Min. Luiz Fux, ac. 07.10.2008, *DJe* 03.11.2008.

55 STJ, 2ª T., AgRg no REsp 1.241.523/PR, Rel. Min. Humberto Martins, ac. 05.05.2011, *DJe* 12.05.2011; STJ, 1ª T., AgRg no REsp 1.080.709/RS, Rel. Min. Luiz Fux, ac. 24.08.2010, *DJe* 10.09.2010.

Diante disso, podemos sintetizar os pressupostos da assistência em:

(a) existência de uma relação jurídica entre uma das partes (assistido) e o terceiro (assistente); e

(b) possibilidade de vir a sentença a influir na referida relação.[56]

248. Assistência simples e assistência litisconsorcial

Quando o assistente intervém tão somente para coadjuvar uma das partes a obter sentença favorável, sem defender direito próprio, o caso é de assistência *adesiva* ou *simples* (*ad adjuvandum tantum*).

O interesse que justifica essa intervenção decorre de uma relação jurídica entre o terceiro e uma das partes do processo pendente. Não há relação material alguma entre o interveniente e o adversário da parte a que se deseja prestar assistência. Mas, mesmo não estando sendo discutida no processo, a relação do terceiro com uma das partes pode ficar prejudicada em seus efeitos práticos e jurídicos, caso o assistido saia vencido na causa pendente.[57] Os efeitos da decisão do processo, para autorizar a assistência simples, são apenas *indiretos* ou *reflexos*[58], visto que a relação material invocada pelo interveniente não será objeto de julgamento, por não integrar o objeto litigioso.[59]

Quando, porém, o terceiro assume a posição de assistente na defesa direta de *direito próprio* contra uma das partes o que se dá é a assistência *litisconsorcial*. A posição do interveniente, então, passará a ser a de litisconsorte (parte) e não mais de mero assistente (art. 124). Esse assistente entra num processo em que a relação material que o envolve já se acha disputada em juízo, embora a propositura da demanda tenha ocorrido sem sua participação. O assistente não figurou como litisconsorte na origem do processo, mas poderia ter figurado como tal.

É o que se passa, por exemplo, com o herdeiro que intervém na ação em que o espólio é parte representada pelo inventariante.[60] A sentença a ser proferida perante o espólio não terá

---

56 "Para verificar a existência de interesse jurídico de terceiro, para intervir no processo como assistente de uma das partes, há de partir-se da hipótese de vitória da parte contrária para indagar se dela lhe adviria prejuízo juridicamente relevante" (STF, Pleno, MS 21.059, Rel. Min. Sepúlveda Pertence, ac. 05.09.1990, *DJU* 19.10.1990, p. 11.486). No mesmo sentido: STJ, 3ª T., REsp 1.199.940/RJ, Rel. Min. Nancy Andrighi, ac. 01.03.2011, *DJe* 04.03.2011. Mesmo que não haja uma verdadeira relação jurídica entre o assistente e o assistido, haverá de existir a possibilidade de a derrota processual de uma das partes atingir, de alguma forma, "algum direito" do interveniente (STJ, 3ª T., REsp 1.143.166/RJ, Rel. Min. Nancy Andrighi, ac. 16.12.2010, *DJe* 03.11.2011). Assim, "é de se reconhecer o interesse jurídico do credor do falido, devidamente habilitado na ação falimentar, para intervir como assistente da massa falida nos autos em que ela atuar como parte" (STJ, 3ª T., REsp 1.025.633/RJ, Rel. Min. Massami Uyeda, ac. 24.05.2011, *DJe* 29.09.2011).

57 GRECO, Leonardo. *Instituições de processo civil*. Rio de Janeiro: Forense, 2009, v. I, p. 499.

58 BUENO, Cassio Scarpinella. *Curso sistematizado de direito processual civil*. São Paulo: Saraiva, 2007, v. 2, t. I, p. 477.

59 "A assistência simples constitui forma exata de intervenção de terceiro (...) uma vez que o assistente simples, mesmo depois de admitido a ingressar no processo, *não perde a condição de terceiro em face das partes e do litígio* (...). Justamente porque o direito em discussão não lhe pertence, *ele não pode ser atingido pela coisa julgada (a qual atinge as partes), mas apenas pelos reflexos da sentença (que atinge o verdadeiro terceiro)*" (MARINONI, Luiz Guilherme; ARENHART, Sérgio Cruz. *Manual do processo de conhecimento*. 4. ed. São Paulo: RT, 2005, p. 176).

60 DINAMARCO aponta alguns outros exemplos de assistência *qualificada* ou *litisconsorcial* bastante frequentes na jurisprudência: "a) o afiançado como assistente litisconsorcial do fiador, ou vice-versa, no processo da ação de cobrança movida pelo credor; b) a assistência do proprietário do automóvel ao motorista acionado em virtude de danos causados em acidente (ou vice-versa); c) o tabelião intervindo como assistente qualificado do comprador do imóvel, na ação em que é pedida declaração de nulidade da escritura de compra-e-venda; d) vizinhos como assistentes da municipalidade, em processo no qual outro proprietário quer a declaração de não estar vinculado a certas limitações ao direito de construir

apenas efeito reflexo para o herdeiro, mas efeito direto e imediato sobre seu direito na herança litigiosa. O assistente, na hipótese, não será apenas equiparado a litisconsorte, será efetivamente um litisconsorte facultativo do espólio, na defesa de direito próprio.[61]

Dois são os requisitos a serem observados para que a assistência seja qualificada como *litisconsorcial*: "a) há de haver uma relação jurídica entre o interveniente e o adversário do assistido; b) essa relação há de ser formada pela sentença".[62]

De alguma forma, portanto, a relação jurídica em que o assistente se apoia para ingressar em juízo no processo alheio deve estar em cogitação na *res in iudicium deducta*, porque se sabe que sobre ela deverá ocorrer pronunciamento na sentença.

O pressuposto da assistência litisconsorcial, nessa ordem de ideias, é, em regra, a *substituição processual*: alguém está em juízo defendendo, em nome próprio, direito alheio (art. 18). Embora o terceiro seja titular do direito litigioso, sua defesa em juízo, por alguma excepcional autorização da lei, está sendo promovida por outrem. Mesmo não sendo parte processualmente, a coisa julgada o atingirá. Os efeitos da sentença, diversamente do que se passa na hipótese de assistência simples, não são apenas reflexos, pois incidem *diretamente* sobre a situação jurídica do substituído, tenha ele participado ou não do processo.[63]

Como titular do direito discutido, o assistente litisconsorcial ostenta interesse jurídico qualificado, por isso a lei lhe atribui o papel de litisconsorte da parte principal a que presta assistência (art. 124). Estabelece-se entre assistente e assistido, *in casu*, um *litisconsórcio facultativo unitário*, porquanto a relação jurídica material em disputa é uma só, apresentando-se como una e incindível entre os vários titulares reunidos no polo do processo em que se inseriu incidentalmente o assistente.[64]

Mesmo quando, para alguns, não há uma típica substituição processual, mas uma cotitularidade de direitos ou obrigações, continua sendo possível a assistência litisconsorcial, como se passa no caso do condômino que reivindica a coisa comum, sem a presença de todos os comunheiros, e naquele em que cada acionista pode demandar a anulação de decisão assemblear que interessa a todos os demais sócios por ela afetados.[65] Embora se fale em cotitularidade *in casu*, na verdade não deixa de existir substituição processual nos exemplos aventados, já que aquele que comparece em juízo, mesmo defendendo interesse próprio, defende também interesse dos cotitulares não figurantes no processo.

> "Nesse ponto reside a grande diferença entre o assistente *coadjuvante* (art. 50) [art. 119, CPC/2015] e o considerado *litisconsorte* (art. 54) [art. 124, CPC/2015]: aquele não pode assumir, em face do pedido, posição diversa da do assistido; esse, o assistente litisconsorcial, de que trata este artigo, pode fazê-lo. A assistência simples cessa nos casos em que o processo termina por vontade do assistido (art. 53)

---

etc." (DINAMARCO, Cândido Rangel. *Instituições de direito processual civil*. São Paulo: Malheiros, 2001, v. II, n. 597, p. 390). O exemplo mais nítido de assistência litisconsorcial é o do adquirente da coisa litigiosa, quando interfere para coadjuvar o alienante, que conserva a legitimidade de parte, mas atua na defesa do direito de terceiro, ou seja, do atual proprietário (CPC/2015, art. 109, § 2º).

61 STJ, 2ª T., AgRg no REsp 916.010/SP, Rel. Min. Humberto Martins, ac. 19.08.2010, *DJe* 03.09.2010.

62 AMARAL SANTOS, Moacyr. *Primeiras linhas de direito processual civil*. 2. ed. atualizada por Maria Beatriz Amaral Santos Köhnen. São Paulo: Saraiva, 2008, v. II, n. 341, p. 52.

63 GONÇALVES, Marcus Vinicius Rios. *Novo curso de direito processual civil*. 3. ed. São Paulo: Saraiva, 2006, v. I, p. 171.

64 GONÇALVES, Marcus Vinicius Rios. *Novo curso de direito processual civil*. 3. ed. São Paulo: Saraiva, 2006, v. I, p. 172.

65 SANTOS, Ernane Fidelis dos. *Manual de direito processual civil*. 14. ed. São Paulo: Saraiva, 2010, v. I, n. 147, p. 157.

[art. 122, CPC/2015]; a litisconsorcial permite que o interveniente prossiga para defender o seu direito, ainda que a parte originária haja desistido da ação, haja reconhecido a procedência do pedido ou haja transacionado com a outra parte".[66]

Em suma: o assistente litisconsorcial é aquele que mantém relação jurídica própria com o adversário da parte assistida e que assim poderia desde o início da causa figurar como litisconsorte facultativo. Seu ingresso posterior, como assistente, assegura-lhe, assim, o *status* processual de litisconsorte.[67]

O atual Código, reproduzindo em seu art. 124 o que já constava do Código anterior (at. 54), estatui que se considera *litisconsorte* da parte principal o assistente que defende relação jurídica que poderá ser afetada pela sentença. Segundo observa Leonardo Carneiro da Cunha, essa norma dá claras indicações de que o assistente litisconsorcial é, de fato, um litisconsorte, não havendo razão para insistir na tese defendida por parte de velha doutrina, que entendia o assistente litisconsorcial como um terceiro, cuja função era apenas a de coadjuvar a parte principal.[68]

249. Cabimento e oportunidade da intervenção assistencial

"A assistência será admitida em qualquer procedimento e em todos os graus de jurisdição, recebendo o assistente o processo no estado em que se encontre" (art. 119, parágrafo único).[69]

Enquanto não há coisa julgada, é possível a intervenção do assistente, mesmo que já exista sentença e a causa esteja em grau de recurso.[70] Mas, porque a intervenção é apenas facultativa e dela não depende a eficácia da sentença (mesmo nos casos de assistência litisconsorcial), o assistente recebe o processo no estado em que se encontra, sem direito a renovar os atos já praticados pelas partes ou de promover aqueles que sofreram preclusão por inércia do assistido.

No processo de conhecimento, qualquer tipo de procedimento admite a assistência. Mas, no processo de execução propriamente dito, não há lugar para a assistência, porque a execução forçada não se destina a uma sentença, mas apenas à realização material do direito do credor. Assim, não haveria, na realidade, como coadjuvar a parte a obter sentença favorável (art. 119).[71]

Quando, porém, a execução for embargada, pelo devedor ou por terceiro, aí, sim, será admissível a assistência, porque os embargos são ação incidental de cognição, que se desenvolve em busca de uma sentença.

250. Procedimento

A assistência deve ser requerida, por petição do terceiro interessado, dentro dos autos em curso. Ambas as partes serão ouvidas e qualquer delas poderá impugnar o pedido, em quinze dias, contados da intimação (art. 120).

---

66 TORNAGHI, Hélio. *Comentários ao Código de Processo Civil*. São Paulo: RT, 1974, v. I, p. 231.

67 TORNAGHI, Hélio. *Comentários ao Código de Processo Civil*. São Paulo: RT, 1974, v. I, p. 232.

68 CUNHA, Leonardo Carneiro da. A assistência no projeto do novo CPC brasileiro. In: AURELLI, Arlete Inês *et al.* (coords.). *O direito de estar em juízo e a coisa julgada*: Estudos em homenagem a Thereza Alvim. São Paulo: RT, 2014, p. 530-531.

69 Na ação direta de inconstitucionalidade, a Lei 9.868, de 10.11.1999, veda a ocorrência de assistência (art. 7º). A mesma vedação consta do art. 169, § 2º, do RISTF. É possível, a critério do relator, todavia, a participação de entidades que possam eventualmente funcionar como *amicus curiae*, sem, entretanto, assumir a posição de parte ou assistente (art. 7º, § 2º, da Lei 9.868/1999).

70 STJ, 3ª T., REsp 299.685/BA, Rel. Min. Humberto Gomes de Barros, ac. 27.04.2004, *DJU* 17.05.2004, p. 213; STJ, 4ª T., AgRg no REsp 196.656/RJ, Rel. Min. Barros Monteiro, ac. 18.05.2000, *DJU* 21.08.2000, p. 141.

71 "Se a execução não tende à obtenção de sentença destinando-se apenas à realização de atos concretos para realização coativa do título, resulta inadmissível a assistência no processo executivo" (STJ, 6ª T., REsp 329.059/SP, Rel. Min. Vicente Leal, ac. 07.02.2002, *DJU* 04.03.2002, p. 306).

Se não houver impugnação, ao juiz caberá, simplesmente, admitir a assistência sem maior apreciação em torno do pedido, salvo se for caso de rejeição liminar, por evidente descabimento da pretensão, segundo se depreende do *caput* do art. 120.[72] Não se admite um veto puro e simples à assistência, porque, havendo interesse jurídico do terceiro, é direito seu intervir no processo como assistente.

Se, todavia, houver impugnação, esta só poderá referir-se à falta de interesse jurídico do terceiro para interferir a bem do assistido (art. 120, parágrafo único).

Da impugnação decorre um procedimento incidental que não deverá prejudicar, nem suspender, o andamento do processo principal; *i.e.*, o juiz decidirá o incidente, sem suspensão do processo. O julgamento do incidente provocado pelo pedido de assistência configura decisão interlocutória e, como tal, desafia recurso de agravo de instrumento (CPC/2015, art. 1.015, IX).[73]

O Código anterior previa um procedimento apartado para decisão do incidente, cujos autos deveriam ser apensados aos principais, autorizando, inclusive, a produção de provas, o que não foi repetido pela nova legislação.[74] Assim, o incidente será provocado e decidido nos próprios autos da causa, mas, em razão do princípio da ampla defesa, é evidente ser possível a realização de provas quando essenciais para o seu julgamento.

251. Poderes e ônus processuais do assistente simples e litisconsorcial

"O assistente simples atuará como auxiliar da parte principal, exercerá os mesmos poderes e sujeitar-se-á aos mesmos ônus processuais que o assistido" (art. 121). Pode tal assistente produzir provas, requerer diligências e perícias, apresentar razões e participar de audiências. Não é diversa a situação do litisconsorte qualificado, uma vez que se comporta, legalmente, como litisconsorte, ou seja, como parte do processo em que veio a integrar-se, supervenientemente (CPC, art. 124).

Portanto, essa igualdade de faculdades, ônus, poderes e deveres se manifesta em face à relação processual, e ocorre qualquer que seja a modalidade de assistência, como anota Cândido Dinamarco. Assim, o assistente "tem a liberdade de participar, praticando *atos do processo*. É legitimado a recorrer de decisões desfavoráveis ao assistido".[75]

A assistência, simples ou litisconsorcial, tem lugar em qualquer tipo de procedimento e pode ocorrer em qualquer grau de jurisdição. O assistente, porém, recebe "o processo no estado em que se encontre" (art. 119, parágrafo único). Enquanto não transitada em julgado a sentença de extinção do processo, é viável a intervenção do assistente.

Ainda que se possa atribuir ao assistente a qualidade de parte, no sentido puramente processual, o litígio pendente não é seu, não restando autorizado a alterar o *objeto* da demanda, ou *as estratégias da defesa*, fixados pelo assistido. Destaca Dinamarco: "a intervenção do terceiro na qualidade de assistente *não altera o objeto do processo*, uma vez que se limita a *aderir* à pretensão do assistido, sem formular demanda nova (...). O mérito a ser julgado, em

---

72 Mesmo no silêncio das partes, admite-se que o juiz, de ofício, possa indeferir o pedido de assistência, quando evidente a falta de interesse jurídico do postulante (STJ – 1ª T., REsp 821.586/PR, Rel. Min. Luiz Fux, ac. 07.10.2008, *DJe* 03.11.2008).

73 STJ, 3ª T., REsp 46.102-2/MG, Rel. Min. Menezes Direito, ac. 20.08.1996, *DJU* 30.09.1996, p. 36.637.

74 É o que se deduz do art. 120 do CPC/2015, que não cogita mais de autuação apartada, embora preveja, também, que não haverá suspensão do processo. Quando o incidente, porém, envolver muita complexidade probatória, nada impedirá o juiz, como responsável pela "duração razoável do processo", de determinar a autuação separada da impugnação ao pedido de assistência, para evitar a procrastinação desnecessária do procedimento principal.

75 DINAMARCO, Cândido Rangel. *Instituições de direito processual civil.* São Paulo: Malheiros, 2001, v. II, n. 597, p. 385.

caso de assistência, tem os mesmos contornos do que seria sem ela. O juiz simplesmente julga a demanda inicial do autor (...)".[76]

A situação não é diferente para o assistente litisconsorcial, embora se reconheça maior autonomia na prática dos atos processuais, mas não sobre a preclusão dos atos e fases já superados e, principalmente, sobre a definição do objeto do processo. A finalidade institucional da assistência (intervir no processo pendente *inter alios*, para buscar sentença favorável à parte assistida), prevista no art. 119 do CPC/2015, vale tanto para a assistência *simples* como para a *qualificada*.[77]

O assistente, ainda quando *qualificado* (ou litisconsorcial), não perde a sua qualidade de assistente, como bem acentua Dinamarco. A locução "considera-se litisconsorte", contida no art. 54 do CPC/1973, não pode ser entendida como se o assistente qualificado deixasse de ser assistente e passasse a ser um puro litisconsorte.[78] Esclarece o grande processualista: "significa [a locução do art. 54 (CPC/2015, art. 124)] somente que as possibilidades de atuação desse assistente serão tantas quantas as de uma parte principal, ou seja, tantas quanto as de um litisconsorte. Esse dispositivo tem somente o efeito de definir o tratamento destinado ao interveniente nos casos em que a assistência é qualificada por uma proximidade maior entre sua própria situação jurídica e a pretensão que o autor trouxera para julgamento".[79]

252. Encargos do assistente e limites de sua atuação

Sujeita-se, outrossim, o assistente aos ônus ou encargos que tocam ao assistido. Por isso, "se o assistido for vencido, o assistente será condenado ao pagamento das custas em proporção à atividade que houver exercido no processo" (art. 94).

Se a assistência se der em favor do demandado revel ou de qualquer outro modo omisso, "o assistente será considerado seu substituto processual" (art. 121, parágrafo único). Os prazos que, para o revel, correriam independentemente de intimação passarão a depender, então, da ciência a ser dada ao assistente, como substituto processual do assistido.

A participação do assistente é *acessória* e, como tal, pressupõe a do assistido, que é a *principal*.

Como a parte assiste a faculdade de dispor tanto do direito substancial como do processual, a assistência não pode impedir (art. 122) que:

(a) o *autor* desista da ação e provoque a extinção do processo;

(b) o *réu* reconheça a procedência do pedido, provocando julgamento de mérito contrário à parte assistida;

---

[76] DINAMARCO, Cândido Rangel. *Instituições de direito processual civil.* São Paulo: Malheiros, 2001, v. II, n. 597, p. 385.

[77] "Variam em intensidade as possibilidades de participação e liberdade para realizar os atos do processo, conforme se trate de *assistência simples* ou de *qualificada*". O que realmente distingue essas subespécies da assistência é a projeção do "grau maior ou menor dos efeitos" que o julgamento terá sobre a condição jurídica do assistente. "Segundo o art. 54 do Código de Processo Civil, a assistência será *qualificada*, ou *litisconsorcial*, quando a sentença houver de influir na relação jurídica *entre ele e o adversário do assistido*" (DINAMARCO, Cândido Rangel. *Instituições de direito processual civil.* São Paulo: Malheiros, 2001, v. II, n. 597, p. 387). A influência, no caso de assistência qualificada é *direta* sobre a relação jurídica invocada pelo assistente para intervir no processo. Na assistência simples, a situação jurídica que justificou o ingresso do assistente não integra o objeto do julgamento e somente poderá ser afetada de forma *reflexa* ou *indireta*.

[78] Também para Ernane Fidélis dos Santos, o assistente litisconsorcial "não é parte", já que "nada pediu, nem contra ele se pediu nada. É simples assistente, como poderes de parte, mas não litisconsorte. Apenas se equipara ao litisconsorte" (*Manual de direito processual civil*. 14. ed. São Paulo: Saraiva, 2010, v. I, n. 153, p. 159).

[79] DINAMARCO, Cândido Rangel. *Instituições de direito processual civil.* São Paulo: Malheiros, 2001, v. II, n. 597, p. 388.

(*c*) as *partes* ponham fim ao litígio mediante transação;

(*d*) ou as *partes* renunciem ao direito sobre o que se funda a ação.

Essas limitações, no entanto, restringem-se à assistência *simples* ou *adesiva* (art. 121).

No caso de assistência *litisconsorcial* (art. 124), assumindo o assistente a qualidade de *litisconsorte*, ser-lhe-á lícito prosseguir na defesa de seu direito, ainda que a parte originária haja desistido da ação, haja reconhecido a procedência do pedido ou haja transacionado com o outro litigante.[80]

Todo assistente, mesmo o equiparado a litisconsorte, recebe o processo nos termos objetivos em que a parte assistida o havia colocado (art. 119, parágrafo único).[81]

O assistente *litisconsorcial*, embora se sujeite aos efeitos da coisa julgada, não pode formular pedido novo, pois o que lhe é permitido é simplesmente aderir aos pedidos já formulados pela parte à qual se coliga.[82]

É certo que o assistente *litisconsorcial* já tem sua relação material com uma das partes sujeita ao processo. Isto, porém, não o autoriza a *formular pedido novo* e diverso daquele deduzido pelo assistido, em virtude da estabilidade da demanda, ocorrida antes de seu ingresso na relação processual. É bom lembrar que, estabilizado o objeto do processo (CPC/2015, art. 329), nem mesmo o autor original tem poderes para inovar o pedido ou a causa de pedir.[83] Não há, pois, como pensar que o pudesse fazer o terceiro, que veio ao processo, para assisti-lo.

253. Recursos

Sendo o assistente litisconsorcial também *parte* do processo, terá sempre a faculdade de interpor recursos, ainda quando o assistido não o faça.[84]

O Código atual acabou com a discussão existente ao tempo da legislação anterior a respeito da possibilidade ou não de o assistente *simples* recorrer mesmo sem o recurso do assistido, ao conferir ao assistente a qualidade de substituto processual. A alteração da expressão "gestor de negócios" por "substituto processual" amplia a participação do assistente que, por isso, passa a atuar, em nome próprio, mas na defesa de interesses do assistido.[85] Prevaleceu, assim, a jurisprudência do STJ no sentido de que, "segundo o entendimento mais condizente com o instituto da assistência simples, a legitimidade para recorrer do assistente não esbarra na inexistência de proposição recursal da parte assistida, mas na vontade contrária e expressa dessa no tocante ao direito de permitir a continuidade da relação processual".[86]

---

80 TORNAGHI, Hélio. *Comentários ao Código de Processo Civil*. São Paulo: RT, 1974, v. I, p. 231.

81 AMARAL SANTOS, Moacyr. *Primeiras linhas de direito processual*. 2. ed. Atualizada por Maria Beatriz Amaral Santos Köhnen. São Paulo: Saraiva, 2008, v. II, n. 344, p. 55.

82 ALVARO DE OLIVEIRA, Carlos Alberto; MITIDIERO, Daniel. *Curso de processo civil*. São Paulo: Atlas, 2010, v. I, p. 203.

83 MARINONI, Luiz Guilherme; ARENHART, Sérgio Cruz. *Manual do processo de conhecimento*. 4. ed. São Paulo: RT, 2005, p. 175: "o assistente litisconsorcial, assim, é parte interveniente no curso do processo já instaurado e, por isso mesmo, recebe pelo direito processual tratamento idêntico ao dispensado para a parte, em termos processuais, *restrigindo-se-lhe, todavia, os poderes diante do princípio da demanda porque esta já fora instaurada e já se encontra estabilizada*" (grifamos).

84 PONTES DE MIRANDA, Francisco Cavalcanti. *Comentários ao Código de Processo Civil*. 2. ed. Rio de Janeiro: Forense, 1958-1961, v. II, p. 87; COSTA, Moacyr Lobo da. *Assistência*. São Paulo: Saraiva, 1968, p. 149.

85 CUNHA, Leonardo Carneiro da. A assistência no projeto do novo CPC brasileiro. *In:* AURELLI, Arlete Inês *et al.* (coords.). *O direito de estar em juízo e a coisa julgada*: estudos em homenagem a Thereza Alvim. São Paulo: RT, 2014, p. 529.

86 STJ, Corte Especial, ED no REsp 1.068.391/PR, Rel. p/ ac. Min. Maria Thereza de Assis Moura, ac. 29.08.2012, *DJe* 07.08.2013.

É importante ressaltar, ainda, que a nova legislação permite a substituição processual em relação aos direitos e interesses da parte não apenas no caso de revelia do assistido, mas, também, quando for *de qualquer outro modo omisso* (art. 121, parágrafo único). Ampliou também, assim, a esfera de atuação do assistente simples. Para Leonardo Carneiro da Cunha, há duas espécies de omissão da parte principal no processo: *(i)* a omissão contumacial, que permite que o assistente simples atue livremente no processo, auxiliando o assistido na defesa de seu direito; e, *(ii)* a omissão negocial, que não permite ao assistente contrariar a vontade do assistido.[87]

Desta forma, se o assistido deixar de recorrer, "o recurso do assistente evitará a preclusão",[88] por se tratar de omissão contumacial, ou de simples inércia na interposição do recurso pelo assistido. Se, contudo, a parte principal tiver expressamente manifestado a vontade de não recorrer, renunciando ao recurso ou desistindo daquele já interposto, o assistente não poderá apresentar recurso próprio, pois a sua atuação fica vinculada à manifestação de vontade do assistido.

É claro que o assistente litisconsorcial, como parte do processo, não só pode recorrer como deve ser intimado para responder a recurso contrário a seu interesse. No entanto, já decidiu o STJ que não haveria nulidade processual pela simples falta de tal diligência, se o assistente não demonstrar que sua tese contrariada pela decisão teria ficado ausente da devolução efetuada ao tribunal pela defesa da parte assistida. Se o arguente limitar-se aos argumentos presentes no processo e constantes das contrarrazões do assistido, para pretender invalidar a subida do processo, a falta de intimação para resposta ao recurso não teria lhe causado prejuízo suficiente para o reconhecimento de nulidade do julgamento da instância recursal. Para a Alta Corte referida, na espécie, "eventual repetição dos argumentos já levados ao juízo não traria benefício ao julgamento; pelo contrário, retardaria o andamento do processo. Apenas o silêncio quanto a tema relevante para a causa [nas alegações da parte assistida] justificaria a nulidade do acórdão impugnado"[89].

254. A assistência e a coisa julgada

Da assistência, em qualquer de suas formas, resultam efeitos interessantes no que se relaciona à coisa julgada. O assistente *litisconsorcial* é parte do processo e, como tal, sujeita-se, normalmente, à eficácia da coisa julgada, frente à sentença que decidir a causa.

Mas o assistente *coadjuvante*, não sendo parte, não pode sofrer no sentido técnico, os consectários da *res iudicata*, mesmo porque apenas defende direitos de terceiro, ou seja, do assistido. No entanto, em razão de sua intervenção voluntária no processo, impõe-lhe o Código uma restrição que consiste em ficar impedido de voltar a discutir, em outros processos, sobre "a justiça da decisão" (art. 123, *caput*).[90]

---

87 CUNHA, Leonardo Carneiro da. A assistência no projeto do novo CPC brasileiro. *In:* AURELLI, Arlete Inês *et al.* (coords.). *O direito de estar em juízo e a coisa julgada*: estudos em homenagem a Thereza Alvim. São Paulo: RT, 2014, p. 530.

88 CUNHA, Leonardo Carneiro da. A assistência no projeto do novo CPC brasileiro. *In:* AURELLI, Arlete Inês *et al.* (coords.). *O direito de estar em juízo e a coisa julgada*: estudos em homenagem a Thereza Alvim. São Paulo: RT, 2014, p. 529.

89 STJ, 2ª T., REsp 1.619.912/PI, Rel. Min. Og Fernandes, ac. 05.10.2017, *DJe* 05.02.2018.

90 "A justiça da decisão", de que fala o art. 55 [CPC/2015, art. 123], refere-se aos fatos e provas acolhidos como fundamento da sentença proferida contra a parte assistida. Em novo processo intentado pelo assistente, não se poderá opor-lhe a exceção de coisa julgada, no tocante ao dispositivo da sentença anterior. Mas os seus fundamentos fáticos permanecerão indiscutíveis, salvo as exceções previstas nos incisos I e II do art. 55 do CPC [CPC/2015, art. 123, I e II] (cf. ARRUDA ALVIM NETTO, José Manoel de. *Manual de direito processual civil.* 11. ed. São Paulo: RT, 2007, v. II, n. 47, p. 133; BUENO, Cassio Scarpinella. *Curso sistematizado* – Direito processual civil. São Paulo: Saraiva, 2007, v. 2, t. 1, p. 484-485; CARNEIRO, Athos Gusmão. *Intervenção de terceiros.* 14. ed. São Paulo: Saraiva, 2003, p. 167-168).

A essa regra restritiva, porém, o Código abre duas exceções, para permitir ao assistente *simples* a reabertura de discussão em torno do que foi decidido contra o assistido, e que ocorrem quando alegar e provar que (art. 123):

(*a*) pelo estado em que recebera o processo, ou pelas declarações e atos do assistido, foi impedido de produzir provas suscetíveis de influir na sentença (inciso I);
(*b*) desconhecia a existência de alegações ou de provas das quais o assistido, por dolo ou culpa, não se valeu (inciso II).

Das ressalvas feitas nos incisos do art. 123, é fácil concluir que "a justiça da decisão" – sobre a qual o assistente não pode voltar a discutir – refere-se às questões de fato que influíram na sentença adversa à parte assistida e que, por isso, terá ferido algum interesse do interveniente. Não há que se pensar em rediscussão direta pelo assistente, da relação material debatida e alcançada pela coisa julgada, pela razão óbvia de não envolver aquela relação direito algum do assistente. O que o art. 123 impede é, diante de eventuais efeitos externos (práticos) da sentença prejudiciais à relação jurídica do terceiro (aquela que justificou a assistência), venha ele a reabrir a discussão fundada em má apreciação dos fatos e provas examinados e julgados em sua presença. Esse quadro fático, salvo as exceções dos itens I e II do art. 123, não poderá voltar à discussão por iniciativa do assistente, em futuro processo, sobre cujo objeto a sentença anterior tenha de repercutir, ainda que reflexamente.

255. Assistência provocada

Há hipóteses em que nenhuma das figuras interventivas típicas cabe para provocar a inclusão do terceiro no processo, mas esta se faz necessária ou recomendável. Isso pode se dar, *v.g.*, no caso de uma ação cautelar preparatória de futuro processo principal no qual viria a ocorrer a denunciação da lide ou o chamamento ao processo de um estranho que mantenha vínculo jurídico com uma das partes em litígio.

Claro é que no procedimento cautelar não há lugar para obter uma sentença que declare direito regressivo ou coobrigação de terceiro solidário com um dos litigantes, o que torna inaplicáveis as figuras interventivas precitadas, em sua pureza.

Porém, a medida cautelar, como a antecipação de prova ou a exibição de documento, pode influir decisivamente naquilo que se vai mais tarde solucionar no processo de mérito, em que se exercitará a pretensão própria da denunciação da lide ou do chamamento ao processo. O remédio que, então, se pode aplicar ao procedimento cautelar será uma espécie de *assistência provocada*, por meio da qual se incluirá o terceiro no processo preventivo, sem submetê-lo desde logo aos efeitos da ação regressiva ainda não manejável.

Dessa maneira, a convocação do terceiro funciona como *medida preparatória* da denunciação da lide ou do chamamento ao processo, a serem feitos no futuro processo principal, mediante ciência ao interveniente que lhe possibilite participação, em contraditório, no procedimento da prova antecipada.[91]

O art. 119 do CPC autoriza que o terceiro que demonstre interesse jurídico requeira ao juiz a sua intervenção no processo como assistente, para auxiliar uma das partes. A intervenção é, portanto, espontânea e depende da manifestação do interessado: "é uma modalidade de

---

[91] DINAMARCO, Cândido Rangel. *Fundamentos do Processo Civil Moderno*. 2. ed. São Paulo: RT, 1987, n. 203, p. 340; GONÇALVES, Aroldo Plínio. *Da Denunciação da Lide*. Rio de Janeiro: Forense, 1983, p. 314, nota 371; SANCHES, Sydney. *Denunciação da Lide*. São Paulo: RT, 1984, apud DINAMARCO, Cândido Rangel. *Fundamentos do Processo Civil Moderno*. 2. ed. São Paulo: RT, 1987, p. 342, nota 8.

intervenção de terceiros *voluntária*, através da qual o interveniente, invocando o seu próprio *interesse jurídico*, ingressa por sua própria iniciativa em causa em que não é parte, com a finalidade de auxiliar uma das partes como coadjuvante".[92]

Entretanto, nada obsta que, verificando a existência de interesse de um terceiro, o juiz o convoque a participar da lide, na esteira do que ocorre com o litisconsórcio necessário (art. 115, parágrafo único). Da mesma forma, é possível que a própria parte requeira ao juiz a convocação do terceiro para auxiliá-lo em sua defesa como, por exemplo, na produção antecipada de provas, nos casos de evicção e quando não for cabível a denunciação à lide.[93] Afinal, quem será ou poderá ser, litisconsorte de uma das partes no processo principal, poderá ser convocado a acompanhar medidas preparatórias que nele poderão influir.

O interessado é convocado a participar do processo, se quiser, como assistente de uma das partes. Sua participação, portanto, não é obrigatória.

256. Assistência atípica ou negociada

Em regra, a assistência simples depende da demonstração do *interesse jurídico*. Assim, se o terceiro que pretende ingressar na lide para auxiliar uma das partes não conseguir comprovar seu legítimo interesse, não poderá ser deferido o seu pedido de intervenção.

Ocorre que o atual CPC, como já se viu, adota como "norma fundamental" o dever de todos os sujeitos do processo de "cooperar entre si para que se obtenha, em *tempo razoável*, decisão de mérito *justa* e *efetiva*" (art. 6º). Tal princípio transforma o processo numa "comunidade de trabalho",[94] potencializando o diálogo entre todos os sujeitos processuais, de forma a se alcançar a melhor solução para o caso concreto. Além disso, o art. 190 permite que as partes, em se tratando de causa que verse sobre direitos que admitem autocomposição, estipulem mudanças no procedimento para ajustá-lo às especificidades da causa e convencionar sobre os seus ônus, poderes, faculdades e deveres processuais, antes ou durante o processo.

Em razão, pois, dessas regras, é possível que o juiz admita a intervenção de sujeitos, mesmo sem a comprovação do interesse como necessária para a assistência, se houver concordância das partes, concretizando "a ideia de participação democrática no processo civil".[95] É a denominada intervenção *atípica* ou *negociada*.

Nada impede, outrossim, que as partes disciplinem de forma diversa uma intervenção típica. Isto é, as partes podem prever formas diferenciadas de atuação do assistente simples (assistência atípica), a fim de conformar o processo às especificidades do caso concreto. Assim, os sujeitos da lide poderiam negociar a manifestação do assistente sobre atos anteriores ao seu ingresso; a ampliação ou restrição de seus poderes etc.[96]

---

92 GRECO, Leonardo. *Instituições de processo civil*. Rio de Janeiro: Forense, 2009, v. I, p. 498.

93 CUNHA, Leonardo Carneiro da. A assistência no projeto do novo CPC brasileiro. *In:* AURELLI, Arlete Inês *et al.* (coords.). *O direito de estar em juízo e a coisa julgada*: estudos em homenagem a Thereza Alvim. São Paulo: RT, 2014, p. 532.

94 SOUZA, Miguel Teixeira de. *Estudos sobre o novo processo civil*. 2. ed. Lisboa: Lex, 1997, p. 62.

95 CUNHA, Leonardo Carneiro da. A assistência no projeto do novo CPC brasileiro. *In:* AURELLI, Arlete Inês *et al.* (coords.). *O direito de estar em juízo e a coisa julgada*: estudos em homenagem a Thereza Alvim. São Paulo: RT, 2014, p. 526.

96 CUNHA, Leonardo Carneiro da. A assistência no projeto do novo CPC brasileiro. *In:* AURELLI, Arlete Inês *et al.* (coords.). *O direito de estar em juízo e a coisa julgada*: estudos em homenagem a Thereza Alvim. São Paulo: RT, 2014, p. 527.

O CPC/2015 facilita essa flexibilização dos casos de intervenção de terceiro, por meio da nova figura do negócio jurídico processual, que veio a institucionalizar a negociabilidade em torno de procedimentos, ônus, poderes e deveres das partes (art.190, *caput*).[97]

257. Assistência de legitimado coletivo em ação de natureza individual

Dentro desse espírito de conceber uma assistência atípica, em que se flexibiliza ou até mesmo dispensa a interligação de um interesse jurídico direto na admissão da assistência simples, merece ser lembrado o entendimento esposado pelo STF[98] no caso em que se permitiu que uma entidade sindical prestasse assistência a um associado que discutia, individualmente, a constitucionalidade de uma lei. Embora não apresentasse o sindicato uma relação jurídica conexa com aquela discutida no processo, reconheceu o acórdão o cabimento da assistência simples do legitimado coletivo ao argumento de que a solução do tema a ser enfrentado serviria de fundamento para a solução de um número indefinido de casos. Sendo o sindicado legitimado para eventual defesa coletiva de direitos individuais homogêneos de seus filiados, justificada estaria sua intervenção como assistente na ação individual pendente.

Dessa maneira, a orientação do STF permitiu que a assistência simples pudesse ser justificada não pela demonstração de uma relação conexa imediata que fosse mantida pelo assistente junto à parte assistida, mas pela simples convivência de direitos que coletivamente se interligariam com o objeto litigioso do processo individual.

Sem dúvida, a *ratio decidendi* é digna de acolhida, caso se tenha em mira a tendência irrefutável do processo moderno de valorizar a jurisprudência como fonte concreta de direito e de prestigiar a tutela coletiva dos direitos homogêneos. Na verdade, o que fez o STF foi aproximar o instituto da assistência com o do *amicus curiae*, que, aliás, o atual Código estende para muito além das ações de constitucionalidade, generalizando-o para todas as questões de repercussão social (CPC/2015, art. 138).

258. O recurso de terceiro prejudicado

O art. 996 do atual Código de Processo Civil assegura não só à parte vencida, mas também ao terceiro prejudicado, o direito de recorrer. O recurso, portanto, constitui uma oportunidade para realizar a intervenção de quem não é parte no curso do processo.

Essa interferência se justifica pelos mesmos princípios que inspiram os casos gerais de intervenção, que, além da economia processual, atendem também ao desígnio de criar meios de evitar reflexos do processo sobre relações mantidas por alguma das partes com quem não esteja figurando na relação processual.

Assim, o direito de recorrer, reconhecido ao estranho ao processo, justifica-se pelo reconhecimento da legitimidade do seu interesse em evitar efeitos reflexos da sentença sobre relações interdependentes, ou seja, relações que, embora não deduzidas no processo, dependam do resultado favorável do litígio em prol de um dos litigantes.

Dessa maneira, o terceiro que tem legitimidade para recorrer é aquele que, antes, poderia ter ingressado no processo como assistente ou litisconsorte.

---

[97] "A intervenção de terceiros apresenta-se, pois, amplamente negociável, pelas partes, às quais se oferece a possibilidade de adaptar o procedimento às peculiaridades da demanda desde que não se reduzam direitos e garantias dos terceiros intervenientes no processo" (SANTOS, Marina França. Intervenção de terceiro negociada: possibilidade aberta pelo novo Código de Processo Civil. *Revista de Processo*, n. 241, p. 95-108, mar. 2015).

[98] Pleno, RE 550.769 QO/RJ, Rel. Min. Joaquim Barbosa, ac. 28.02.2008, *DJE* 26.02.2013.

É importante ressaltar que o recurso de terceiro não se equipara aos embargos de terceiro ou a uma espécie de rescisória, em que o recorrente pudesse exercer uma *ação nova*, alegando e defendendo direito próprio, para modificar, em seu favor, o resultado da sentença. Mesmo porque seria contrário a todo o sistema do devido processo legal vigente entre nós imaginar que o terceiro pudesse iniciar, sem forma nem figura de juízo, uma ação nova já no segundo grau de jurisdição.

Exata, a respeito da matéria, é a lição de Vicente Greco Filho:

> "O recurso de terceiro prejudicado é *puro recurso*, em que se pode pleitear a nulidade da sentença por violação de norma cogente, mas não acrescentar nova lide ou ampliar a primitiva. Ao recorrer, o terceiro não pode pleitear nada para si, porque ação não exerce. O seu pedido se limita à lide primitiva e a pretender a procedência ou improcedência da ação como posta originariamente entre as partes. Desse resultado, positivo ou negativo para as partes, é que decorre o seu benefício, porque sua relação jurídica é dependente da outra".[99]

Assim, o compromissário comprador não pode recorrer para fazer seu direito prevalecer sobre a pretensão reivindicatória de quem saiu vitorioso em causa contra o promitente vendedor. Pode apenas pleitear a reforma da sentença para que o resultado em prol do promitente vendedor seja também útil para sua relação interdependente (isto é, a que se origina do compromisso de compra e venda).

Mesmo quando o litisconsorte necessário não citado intervém pela via recursal, não se dá o exercício do direito de ação, mas apenas se busca a invalidação da sentença para que, mais tarde, o terceiro possa propor a ação que lhe couber, ou para que a ação pendente retorne à fase de postulação e o recorrente, então, possa exercer, regularmente, seu direito de contestá-la.

Em suma: o recurso de terceiro prejudicado é uma forma de intervenção de terceiro em grau de recurso ou, mais propriamente, uma *assistência* na fase recursal, porque, no mérito, o recorrente jamais pleiteará decisão a seu favor, não podendo ir além do pleito em benefício de uma das partes do processo.[100] É que o assistente nunca intervém para modificar o objeto do processo, mas para ajudar "uma das partes a ganhar a causa", pois é "a vitória do assistido que beneficia indiretamente o assistente".[101] Note-se, contudo, que mesmo diante da maior amplitude dada ao recurso do terceiro prejudicado pelo art. 996, parágrafo único, do CPC/2015, que chega a permitir a invocação de prejuízo a direito próprio, o caso não é de acertamento de tal direito no âmbito do grau recursal, mas apenas de possível invalidação da sentença, para que em outra ação esse direito possa ser acertado e defendido (o tema será mais bem desenvolvido no v. III).

---

[99] GRECO FILHO, Vicente. *Da Intervenção de Terceiros*. 2. ed. São Paulo: Saraiva, 1986, p. 103.

[100] GRECO FILHO, Vicente. *Da Intervenção de Terceiros*. 2. ed. São Paulo: Saraiva, 1986, p. 103-104.

[101] MONIZ DE ARAGÃO. "Parecer", *in RF*, v. 251 1975, p. 164; BARBOSA MOREIRA. *Direito Processual Civil*. Rio de Janeiro: Borsoi, 1971, p. 25.

Fluxograma nº 2

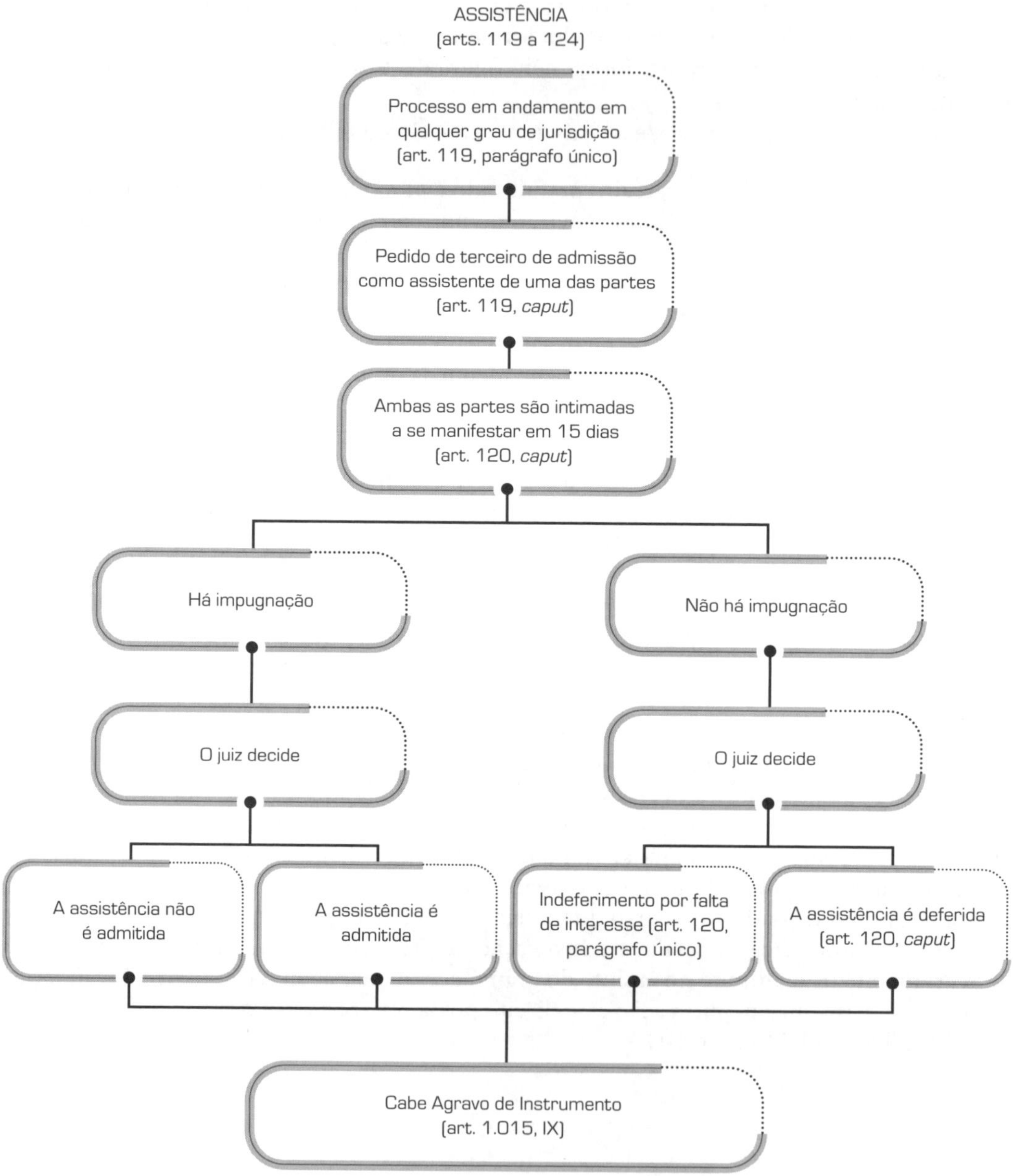

§ 33. DENUNCIAÇÃO DA LIDE

259. Conceito

No Código de Processo Civil atual do Brasil, a denunciação da lide presta-se à dupla função de, cumulativamente, *(a) notificar* a existência do litígio a terceiro; e *(b) propor* antecipadamente a ação de regresso contra quem deva reparar os prejuízos do denunciante, na eventualidade de sair vencido na ação originária.

O Código de 2015 não adotou a obrigatoriedade da denunciação (ver item 262, adiante).

A denunciação da lide consiste em chamar o terceiro (denunciado), que mantém um vínculo de direito com a parte (denunciante), para vir responder pela garantia do negócio jurídico, caso o denunciante saia vencido no processo.

Os casos em que têm cabimento a denunciação da lide, segundo o art. 125 do CPC/2015, são:

(a) o de garantia da evicção (inciso I);
(b) o do direito regressivo de indenização (inciso II).

O Código anterior previa, ainda, a denunciação da lide ao proprietário ou possuidor indireto quando a ação versasse sobre bem em poder do possuidor direto e só este fosse demandado. O Código atual suprimiu referida modalidade de intervenção. Assim, na hipótese de o possuidor direto vir a ser perturbado no uso e gozo da coisa, deverá buscar por outro meio a indenização devida pelo possuidor indireto pelas perdas e danos em razão da não garantia da posse cedida, ou seja, terá de propor outra ação movida diretamente contra o responsável pela cessão da posse.

Examinemos os casos separadamente:

(a) A primeira hipótese refere-se ao chamamento do *alienante imediato*, quando o *adquirente* a título oneroso sofre por parte de terceiro reivindicação da coisa negociada (art. 125, inciso I). A convocação se faz para que o denunciado venha garantir ao denunciante o exercício dos direitos que lhe advém da evicção, nos termos dos arts. 447 a 457 do Código Civil.

(b) A última hipótese do art. 125 (inciso II) refere-se à denunciação da lide àquele que estiver obrigado, por lei ou pelo contrato, a indenizar, em ação regressiva, o prejuízo do que for vencido no processo.

A norma em questão, que reproduz o art. 70, III, do CPC/1973, deveria ser interpretada, restritivamente, de modo a abranger unicamente o *direito regressivo*, como tal conceituado em lei, e não situações apenas assemelhadas, como a do contrato de seguro. Na verdade, a responsabilidade do segurador seria direta e não regressiva, pois decorreria do dano e não da sucumbência do segurado,[102] segundo Celso Barbi.[103]

---

[102] BARBI, Celso Agrícola. *Comentários ao Código de Processo Civil*. Rio de Janeiro: Forense, 1975, v. I, t. II, n. 406, p. 342.

[103] As posições restritivas do Prof. Celso Barbi, tanto com relação à perda do direito de regresso quanto ao descabimento da denunciação da lide em casos de responsabilidade contratual (seguro) foram por ele revistas nas edições mais modernas de sua obra. Assim, por exemplo, na 5ª edição de seus comentários foi expressamente admitido o entendimento de ensejar o contrato de seguro a denunciação da lide (item 408, p. 342).

A concepção restritiva, defendida por vários doutrinadores,[104] limitava a denunciação aos casos de garantia própria, ou seja, decorrentes de transmissão de direito, não abarcando as hipóteses de simples direito de regresso ou garantia imprópria.

Sempre existiu, contudo, uma concepção ampliativa, da qual compartilhávamos, que não distingue a garantia própria da imprópria. Desta forma, a denunciação da lide abrangeria qualquer situação de direito regressivo, fosse ela decorrente de indenização, reembolso, sub-rogação, garantia etc.[105] Essa teoria encontra respaldo no sistema adotado pelo atual Código, porquanto atende aos princípios do processo justo, da celeridade e efetividade da tutela jurisdicional.

A jurisprudência, ao tempo do Código anterior, oscilava entre as duas concepções, sem consolidar um posicionamento uniforme. No entanto, mais correto, a nosso ver, é o entendimento que evoluiu no sentido de ampliar a admissibilidade da denunciação da lide, e não a restringir. Hoje, já não se discute mais sobre a admissibilidade da denunciação da lide nos casos de agente de ato ilícito quando este conte com seguro de responsabilidade civil.

Com o advento do Código Civil de 2002, a estrutura jurídica do seguro de responsabilidade civil sofreu profunda alteração: o seguro não mais garante apenas o reembolso da indenização custeada pelo segurado; garante o pagamento de perdas e danos pela seguradora, diretamente ao terceiro prejudicado pelo sinistro (CC, art. 787). Assim, o segurado que for demandado em ação indenizatória deverá, a rigor, utilizar o chamamento ao processo (CPC/2015, art. 130, III) para forçar a introdução da seguradora no processo, e não mais a denunciação da lide (CPC/2015, art. 125, II). É, aliás, o que reconhece o CDC, o qual nega, nas ações de responsabilidade civil do fornecedor, cabimento à denunciação da lide, mas permite o chamamento ao processo da seguradora (CDC, art. 101, II). Não será um direito de regresso que se estará exercitando, mas o direito de exigir que a seguradora assuma o dever de realizar a indenização direta ao autor da ação indenizatória, pois, no atual regime securitário, o direito da vítima é exercitável tanto perante o causador do dano como em face de sua seguradora (ver, adiante, o item 276).

Todavia, é certo que, ao sistema do CPC/2015 não repugna a utilização da denunciação da lide para os casos de seguro de responsabilidade civil, embora fosse mais razoável que a garantia assumida pela seguradora fosse atuada por meio do chamamento ao processo.

Não se pode, porém, utilizar a denunciação da lide, em qualquer caso, com o propósito de excluir a responsabilidade do réu para atribuí-la ao terceiro denunciado, por inocorrer direito regressivo a atuar na espécie. É que, em tal caso, se acolhidas as alegações do denunciante, a ação haverá de ser julgada improcedente e não haverá lugar para regresso; desacolhidas, estará afastada a responsabilidade do denunciado.[106]

260. Denunciação da lide em outros sistemas jurídicos

Conhecem-se, no direito comparado, duas modalidades principais de intervenção de terceiro relacionadas com o direito de regresso: *(a)* uma em que o terceiro é convocado a participar do processo instaurado contra o beneficiário da garantia, sem que contra o garante

---

104 GRECO FILHO, Vicente. *Intervenção de terceiros*. 3. ed. São Paulo: Saraiva, 1991, p. 90; BUENO, Cassio Scarpinella. *Intervenção de terceiros:* questões polêmicas. 2. ed. São Paulo: CPC, 2002, p. 111; NERY JR., Nelson; NERY, Rosa. *Código de Processo Civil Comentado e legislação processual civil extravagante em vigor*. 6. ed. São Paulo: RT, 2002, p. 375.

105 DINAMARCO, Cândido Rangel. *Intervenção de terceiros*. São Paulo: Malheiros, 1997, p. 179; FUX, Luiz. *Intervenção de terceiros*. São Paulo: Saraiva, 1991, p. 37; GRINOVER, Ada Pellegrini. Ação civil pública em matéria ambiental e denunciação da lide. *Revista de Processo*, São Paulo: RT, abr.-jun. 2002, n. 106, p. 16; PONTES DE MIRANDA, *Comentários ao Código de Processo Civil*. 3. ed. Rio de Janeiro: Forense, 1997, t. II, p. 146-147.

106 STJ, 1ª T., REsp 830.766/RS, Rel. Min. José Delgado, ac. 05.10.2006, *DJU* 09.11.2006, p. 262; STJ, 4ª T., REsp 1.141.006/SP, Rel. Min. Luis Felipe Salomão, ac. 06.10.2009, *DJe* 19.10.2009.

já se esteja propondo a ação regressiva (sistemas romano e francês, denominados *chiamata in garantia* e *exception de garantie*, respectivamente); *(b)* outra em que o garante é chamado a, desde logo, responder pelos prejuízos que o beneficiário venha a sofrer na eventualidade de sair vencido no processo pendente, dando ensejo à substituição do garantido (sistema germânico). Essas modalidades interventivas nem sempre são adotadas de forma pura e exclusiva, havendo com frequência figuras híbridas que conjugam elementos das duas versões históricas.

Certo é, porém, que embora a denunciação da lide no ordenamento brasileiro tenha se inspirado nas ideias do direito estrangeiro de garantia prestada e de direito regressivo em face de terceiro, há certa originalidade do instituto pátrio ao prever uma sentença *formalmente una* e *materialmente dupla*.[107] Ou seja, em uma única decisão o juiz resolve duas relações jurídicas distintas: *(i)* uma, entre o denunciante e a parte contrária; e *(ii)* a outra, entre aquele e o denunciado.

Importante ressaltar, por fim, que a denunciação da lide, qualquer que seja o ordenamento jurídico, fundamenta-se em um direito que deve ser garantido pelo denunciado, ou em eventual ação regressiva que o denunciante tenha em face do terceiro, porque demanda em virtude de ato deste.[108]

261. Responsabilidade civil do Estado e direito regressivo contra o funcionário causador do dano

Há quem, na doutrina e jurisprudência, defenda a tese de que não pode haver denunciação da lide nas ações de responsabilidade civil contra o Estado, porque este responde objetivamente, e o direito regressivo contra o funcionário depende do elemento subjetivo culpa.

A denunciação, na hipótese, para que o Estado exercite a ação regressiva contra o funcionário faltoso, realmente não é obrigatória. Mas, uma vez exercitada, não pode ser recusada pelo juiz. O entendimento de que o fundamento da responsabilidade do Estado é o nexo objetivo do dano, enquanto o da responsabilidade regressiva do funcionário é a culpa, *data venia*, não impede o exercício da denunciação da lide.

Em todos os casos de denunciação da lide, há sempre uma diversidade de natureza jurídica entre o vínculo disputado entre as partes e aquele outro disputado entre o denunciante e o denunciado. Assim, numa ação reivindicatória o que se discute entre as partes é o melhor título dominial; já entre denunciante e denunciado a discussão será sobre a existência ou não da obrigação de responder pela evicção. Numa indenização a respeito de bens segurados, a disputa principal será sobre a verificação do dano e da culpa, enquanto a do denunciante e sua seguradora denunciada terá como objeto a cobertura ou não da apólice sobre o prejuízo noticiado no processo.

Na verdade, quando se exercita a denunciação, promove-se um cúmulo sucessivo de duas ações, pois a denunciação da lide faz surgir uma ação secundária e conexa entre denunciante e denunciado, que impõe julgamento simultâneo com a ação principal.

Existindo o direito regressivo a ser resguardado pelo réu, a instauração do procedimento incidental da denunciação em nada altera a posição do autor na ação principal. Se seu direito de indenização é objetivo, continua com esse caráter perante o Estado-réu. Se o direito regressivo contra o funcionário depende da culpa do servidor que praticou o ato lesivo, ao denunciante é que incumbirá o ônus da prova da culpa, durante a instrução normal do processo. O autor da ação principal não sofrerá agravo nenhum em seus ônus e deveres processuais. O direito

---

107 STJ, 1ª T., REsp 613.190/SP, Rel. Min. Luiz Fux, ac. 06.03.2007, *DJU* 02.04.2007, p. 232.

108 STJ, 1ª T., REsp 613.190/SP, Rel. Min. Luiz Fux, ac. 06.03.2007, *DJU* 02.04.2007, p. 232.

regressivo do Estado é que restará condicionado ao fato da culpa do servidor e só será acolhido se tal restar evidenciado na instrução.

O pressuposto da denunciação da lide fundada no art. 125, II, do CPC/2015 (equivalente ao art. 70, III, do CPC/1973) – segundo decidiu o TJSP – é "que a ação de regresso, contra o terceiro, decorra do texto específico da lei ou de relação jurídica contratual com o denunciante".[109]

O que não se admite é a denunciação da lide simplesmente à vista de qualquer alegação de relação jurídica do demandando com terceiro, que pudesse guardar alguma conexão remota com a questão debatida no processo. Mas, se o fato mesmo em litígio está previsto em contrato ou em texto legal expresso como causa de ação regressiva, não há como negar à parte da ação principal a faculdade de promover o cúmulo sucessivo de ações por meio da denunciação da lide, a fim de que seu direito de regresso seja, desde logo, discutido e executado.

Em se tratando de responsabilidade civil do Estado, é a Constituição que, ao mesmo tempo em que consagra o dever objetivo da Administração de reparar o dano causado por funcionário a terceiros, institui também a ação regressiva do Estado contra o funcionário responsável, desde que tenha agido com dolo ou culpa (art. 37, § 6º).

Se o art. 125, II, do CPC prevê a denunciação da lide "àquele que estiver obrigado, *por lei* ou pelo contrato, a indenizar, em *ação regressiva*, o prejuízo de quem for vencido no processo"; e se o texto constitucional é claríssimo em afirmar que o Estado tem "ação regressiva contra o funcionário responsável" não há como vedar à Administração Pública o recurso à litisdenunciação.

Por isso, já decidiu o TJSP que, "em ação de indenização por acidente de trânsito, a Municipalidade deve denunciar a lide ao motorista, seu funcionário, para os fins de ação regressiva".[110] Esse direito é, aliás, comum a qualquer preponente, em face de ato ilícito cometido por seu preposto. Em outro julgado, o mesmo Tribunal paulista assentou, a propósito, que "o proprietário do veículo, sendo réu em ação de indenização por acidente de trânsito, tem o direito de chamar a juízo o seu preposto, apontado como causador do dano".[111]

O STF, no entanto, já decidiu, à época do Código anterior, que não caberia a obrigatória denunciação da lide ao funcionário causador do dano, quando a ação de responsabilidade civil fosse dirigida contra o Poder Público.[112] Se o problema é, *in concreto*, enfocado a partir do prisma da obrigatoriedade ou não da convocação do funcionário, o entendimento adotado no acórdão do STF harmoniza-se com o Código atual, que não confere mais à denunciação da lide o caráter obrigatório em caso algum.

---

[109] *RT* 518/69. Nos termos do art. 70, III, do CPC/1973, para que se defira a denunciação da lide, é necessário que o litisdenunciado esteja obrigado, pela lei ou pelo contrato, a indenizar a parte autora, em ação regressiva (STJ, 2ª T., REsp 948.553/SC, Rel. Min. Eliana Calmon, ac. 18.12.2008, *DJe* 18.02.2009). No mesmo sentido: STJ, REsp 36.561-9/SP, Rel. Min. Antônio Torreão Braz, ac. 14.12.1993, *DJU* 28.02.1994, p. 2.893; STJ, REsp 21.653/SP, Rel. Min. Ari Pargendler, ac. 05.06.1997, *DJU* 23.06.1997, p. 29.072; TJSP, AI 48.942-4/4, Rel. Des. Cézar Peluso, ac. 05.08.1997, *ADV-COAD* 42/97, Ementa 803.09, p. 671. Nos termos do art. 70, III, do CPC/1973, para que se defira a denunciação da lide, é necessário que o litisdenunciado esteja obrigado, pela lei ou pelo contrato, a indenizar a parte autora, em ação regressiva (STJ, 2ª T., REsp 948.553/SC, Rel. Min. Eliana Calmon, ac. 18.12.2008, *DJe* 18.02.2009).

[110] Ac. *RT* 518/99. No mesmo sentido: STJ, REsp 163.097/SP, Rel. Min. Humberto Gomes de Barros, ac. 18.06.1998, *DJU* 28.09.1998, p. 13.

[111] Ac. 3ª Câmara Cível, Apel. 254.866, Des. Rel. Ferreira de Oliveira, ac. 07.10.1976, *RT* 493/81. No mesmo sentido: STJ, 3ª T., REsp 256.013/MG, Rel. Min. Ari Pargendler, ac. 15.03.2007, *DJU* 16.04.2007, p. 180; STJ, 4ª T., REsp 155.224/RJ, Rel. Min. Fernando Gonçalves ac. 09.03.2004, *DJU* 01.07.2004, p. 196.

[112] STF, 2ª T., RE 93.880/RJ, Rel. Min. Decio Miranda, ac. 01.12.1981 *RTJ* 100/1.352. Também no STJ já se decidiu pelo descabimento em igual situação: STJ, 1ª T., REsp 1.089.955/RJ, Rel. Min. Denise Arruda, ac. 03.11.2009, *DJe* 24.11.2009.

Assim, deve continuar prevalecendo a orientação do STJ de que, mesmo não sendo medida obrigatória, nada impede que a Fazenda Pública utilize a denunciação da lide ao seu servidor, quando demandada para responder civilmente por ato deste. Aliás, tem sido destacado, com procedência, que é de todo recomendável que o agente público, responsável pelos danos causados a terceiros, integre, desde logo, a lide, apresente sua resposta, produza prova e acompanhe a tramitação do processo.[113] Portanto, pode e deve a entidade pública promover a denunciação da lide ao preposto, nas ações indenizatórias.[114]

O que, de maneira geral, vem sendo decidido pelo STJ é que não há propriamente vedação à denunciação da lide nos casos de responsabilidade civil extracontratual do Estado por ato ilícito praticado por servidor público, para exercício do direito regressivo a que alude o art. 37, § 6º, da CF. O que, de fato, ocorre é a facultatividade do exercício de tal direito por via do citado remédio processual interventivo, que pode, assim, ser evitado pelo Poder Público ou impedido por decisão judicial, em situações de inconveniência prática, se não há prejuízo para a defesa do erário e ocorre risco de tumulto processual evitável.[115]

262. Obrigatoriedade da denunciação da lide

O atual Código, na esteira do entendimento jurisprudencial e doutrinário dominante formado à época do CPC/1973, retirou a obrigatoriedade da denunciação da lide, em todos os casos de sua aplicação, ao dispor, no *caput* do art. 125, ser ela apenas "admissível". Substituindo a expressão "obrigatória" por "admissível", a lei atual não deixa qualquer dúvida acerca da facultatividade da denunciação. Além disso, o art. 1.072, II, do CPC/2015 revogou o art. 456 do CC. Ou seja, o argumento de direito material que justificava a obrigatoriedade da intervenção foi suprimido do ordenamento jurídico. Atualmente, não há mais espaço para a alegação de que a falta de denunciação levaria à perda do direito de regresso, na medida em que o § 1º do art. 125 do CPC/2015 dispõe, textualmente, que esse direito "será exercido por ação autônoma quando a denunciação da lide for indeferida, deixar de ser promovida ou não for permitida". Ou seja, o direito de regresso da parte não é prejudicado pela ausência de denunciação da lide, nem mesmo pelo seu indeferimento. Apenas na hipótese de a intervenção ter sido julgada improcedente pela sentença é que à parte não mais caberá ação autônoma para pleitear o direito de regresso.

---

113 STJ, 1ª T., REsp 891.998/RS, Rel. Min. Luiz Fux, ac. 11.11.2008, *DJe* 01.12.2008; STJ, 1ª T., EREsp 313.886/RN, Rel. Min. Eliana Calmon, ac. 26.02.2004, *DJU* 22.03.2004 p. 188; STJ, 1ª T., AgRg no REsp 1.149.194/AM, Rel. Min. Luiz Fux, ac. 02.09.2010, *DJe* 23.09.2010.

114 STJ, 2ª T., REsp 44.503/SP, Rel. Min. Helio Mosimann, ac. 05.02.1998, *RSTJ* 106/167. Reconhece, porém, a jurisprudência do STJ que, mesmo sendo facultativa a denunciação da lide nos casos de direito de regresso, como entre o poder público e seu servidor, pode ser inadmitido quando ferir "os princípios da economia e da celeridade na prestação jurisdicional" (STJ, 1ª Seção, EREsp 313.886/RN, Rel. Min. Eliana Calmon, ac. 26.02.2004, *DJU* 22.03.2004, p. 188). No mesmo sentido: STJ, 2ª T., REsp 955.352/RN, Rel. Min. Eliana Calmon, ac. 18.06.2009, *DJe* 29.06.2009; STJ, 1ª T., AgRg nos EDcl no REsp 927.940/SE, Rel. Min. Francisco Falcão, ac. 07.08.2007, *DJU* 03.09.2007, p. 14; STJ, 2ª T., REsp 975.799/DF, Rel. Min. Castro Meira, ac. 14.10.2008, *DJe* 28.11.2008.

115 "'O STJ entende que a *denunciação* à *lide* na ação de indenização fundada na *responsabilidade* extracontratual do *Estado* é facultativa, haja vista o direito de regresso estatal estar resguardado, ainda que seu preposto, causador do suposto dano, não seja chamado a integrar o feito' (2ª T., REsp 1.292.728/SC, Rel. Min. Herman Benjamin, j. 15.08.2013, *DJe* 02.10.2013)" (STJ, 2ª T., AgInt no AREsp 1.599.867/PR, Rel. Min. Og Fernandes, ac. 22.06.2020, *DJe* 30.06.2020). No mesmo sentido: STJ, 1ª T., AgInt no REsp 1.514.462/SP, Rel. Min. Napoleão Nunes Maia Filho, ac. 28.11.2017, *DJe* 06.12.2017.

263. Casos de não cabimento da denunciação da lide

Em princípio, a previsão legal de cabimento da denunciação da lide abrange todas as causas do processo de cognição, sem distinção da natureza do direito material controvertido e do procedimento da ação.

Entretanto, o Código de Defesa do Consumidor não a admite nas ações de reparação de dano oriundas de relação de consumo (Lei 8.078/1990, art. 88).[116] Permite, porém, o emprego do chamamento ao processo para provocar a reparação devida pelo segurador do fornecedor (Lei 8.078/1990, art. 101, II). Outra hipótese em que a doutrina e a jurisprudência repelem a denunciação da lide é a dos embargos à execução, por seu âmbito restrito e específico.[117]

Trata-se de intervenção típica do processo de conhecimento com o objetivo de ampliar o objeto a ser enfrentado na sentença. Por isso não há lugar para denunciação da lide no processo de execução, nem mesmo na fase de cumprimento da sentença.

264. Objetivo do incidente

Visa a denunciação a enxertar no processo uma nova lide, que vai envolver o denunciante e o denunciado em torno do direito de garantia ou de regresso que um pretende exercer contra o outro. A sentença, de tal sorte, decidirá não apenas a lide entre autor e réu, mas também a que se criou entre a parte denunciante e o terceiro denunciado.

Realiza-se, por meio da denunciação da lide, um cúmulo de ações, que tanto pode ser *originário* (quando promovido pelo autor) como *superveniente* (quando a iniciativa é do réu). Esse cúmulo, no entanto, tem a característica de ser *eventual*, uma vez que o pedido formulado pelo denunciante contra o denunciado pressupõe sempre a condição de sua sucumbência na ação principal. Em outras palavras, o pedido veiculado na ação regressiva somente será apreciado em seu mérito se ocorrer a derrota da pretensão do denunciante na ação primitiva.

Dessa maneira, o objetivo do incidente é instaurar um cúmulo de ações sucessivas, ampliando o objeto do processo, sobre que irá se formar a coisa julgada.[118]

265. Legitimação

Pode a denunciação partir tanto do autor como do réu, em face do alienante imediato da coisa evicta (CPC/2015, art. 125, I). O Código atual, ao contrário do anterior, não permite denunciações sucessivas ou em cascata, devendo o interessado eventual exercer o direito regressivo em ação autônoma, nos moldes do parágrafo único do artigo citado (ver, adiante, item 271).

São legitimados passivos, para o incidente, o alienante a título oneroso e o responsável pela indenização regressiva (art. 125, I e II). A circunstância de ser o responsável pela garantia litisconsorte da ação principal não dispensa nem impede a denunciação da lide. É que o objetivo da intervenção, na espécie, é deduzir uma nova ação em juízo, sem a qual a sentença solucionará

---

[116] "Nas relações de consumo, a denunciação da lide é vedada apenas na responsabilidade pelo fato do produto (artigo 13 do Código de Defesa do Consumidor), admitindo-o nos casos de defeito no serviço (artigo 14 do CDC), desde que preenchidos os requisitos do artigo 70 do Código de Processo Civil [CPC/2015, art. 125]" (STJ, 3ª T., REsp 1.123.195/SP, Rel. Min. Massami Uyeda, ac. 16.12.2010, *DJe* 03.02.2011).

[117] STJ, 2ª T., REsp 691.235/SC, Rel. Min. Castro Meira, ac. 19.06.2007, *DJU* 01.08.2007, p. 435; STJ, 2ª T., REsp 685.621/SP, Rel. Min. Eliana Calmon, ac. 15.09.2005, *DJU* 03.10.2005, p. 201.

[118] Para Fredie Didier Jr., apoiado em Barbosa Moreira, a denunciação da lide representa uma demanda antecipada, pois o denunciante, antes de sofrer o prejuízo, formula a pretensão de ser ressarcido pelo denunciado, caso seja derrotado no processo principal. "Consiste em verdadeira propositura de uma ação de regresso antecipada, para a eventualidade de sucumbência do denunciante" (DIDIER JR., Fredie. *Curso de Direito Processual Civil*. 14. ed. Salvador: JusPodivm, 2012, v. 1, p. 381; BARBOSA MOREIRA, José Carlos. *Estudos Sobre o Novo Código de Processo Civil*. Rio de Janeiro: Liber Juris, 1974, p. 87).

a lide primitiva, mas não poderá condenar o garante regressivo naquilo que diz respeito à sua responsabilidade perante o beneficiário da mesma garantia. Há, portanto, legítimo interesse na propositura da denunciação da lide, mesmo quando o terceiro (litisdenunciado) já figure, a outro título, na relação processual originária.

266. Procedimento

Cumpre distinguir entre a denunciação feita pelo autor e a promovida pelo réu:

I – Denunciação feita pelo autor

Quando a denunciação da lide parte do autor, o momento de sua propositura confunde-se com o da própria ação. É o caso em que, por exemplo, um veículo foi objeto de apreensão policial promovida por alguém que se diz dono e vítima de furto. O comprador, então, move ação reivindicatória ou possessória e, desde logo, inclui o vendedor na demanda como responsável pela garantia da evicção. Na petição inicial, portanto, será pedida a citação do denunciado, juntamente com a do réu, fundada em pretensão regressiva da qual o autor se alega titular. Haverá, assim, um litisconsórcio eventual inicial entre o réu e o denunciado. O juiz deverá marcar o prazo de resposta do denunciado, que, em princípio, será de quinze dias (art. 335, *caput*). Na verdade, o caso é mais de litisconsórcio do que de intervenção de terceiro, porquanto o denunciado já se integra à relação processual desde sua origem. Não é, pois, um estranho que vem a figurar supervenientemente num processo instaurado entre outras partes, tal como se passa com as verdadeiras "intervenções de terceiro".[119]

Sem embargo de figurar na petição inicial ao lado do réu, o denunciado será citado antes deste, para ter oportunidade de eventualmente assumir a posição de litisconsorte do autor e aditar, se lhe convier, a petição inicial, com novos argumentos. Somente depois desse momento processual, consumado com a resposta do denunciado, ou com o esgotamento do prazo para fazê-la, é que se procederá à citação do réu, abrindo-lhe prazo próprio para contestar a ação (CPC/2015, art. 127, *in fine*). Dessa maneira, as duas citações – a do denunciado e a do réu – não são simultâneas, mas sucessivas. Esse mecanismo procedimental permite ao réu defender-se, numa só contestação, contra os argumentos do autor e do denunciado.

Para a diligência citatória do denunciado, marca a lei o prazo de sua realização, que é de trinta dias para o residente na Comarca, e de dois meses para o residente em outra Comarca, ou em lugar incerto (CPC/2015, arts. 126 e 131).

Em resposta à denunciação formulada pelo autor, poderá o denunciado, em síntese, adotar uma das seguintes posturas:

(a) simplesmente permanecer inerte, caso em que findo o prazo de comparecimento, o denunciado incorrerá em revelia, e o juiz determinará a citação do réu, prosseguindo-se a ação sem mais intimações pessoais (art. 346 do CPC/2015); ou

(b) comparecer e assumir a posição de litisconsorte do autor, caso em que poderá acrescentar novos argumentos à petição inicial; ou, finalmente,

(c) negar a procedência da denunciação, quando, então, o autor prosseguirá com a ação contra o réu e terá, mesmo assim, assegurado o direito a ver solucionado na sentença final o direito decorrente da evicção, ou da responsabilidade por perdas e danos a cargo do denunciado, conforme apurado no processo.

---

[119] DINAMARCO, Cândido Rangel. *Instituições de direito processual civil*. 6. ed. São Paulo: Malheiros, 2009, n. 604, v. II, p. 415; CARNEIRO, Athos Gusmão. *Intervenção de terceiros*. 18. ed. São Paulo: Saraiva, 2009, n. 49, p. 132.

Só depois de solucionado o incidente da citação do denunciante é que, restabelecido o curso normal do processo, se realizará a citação do réu (CPC/2015, art. 127, *in fine*).

II – Denunciação feita pelo réu

O réu deverá fazer a denunciação da lide no prazo para contestar a ação, ou mais especificamente, a denunciação figurará na própria contestação (art. 126). Deverão ser observados os mesmos prazos de citação e resposta já aludidos no tópico da denunciação feita pelo autor. Isto é, deverá a citação ser promovida em trinta dias, ou em dois meses, conforme o denunciado resida na própria Comarca ou em outra. Não ocorrida a citação do denunciado dentro dos prazos em questão, o autor terá direito de pedir o prosseguimento do processo, ficando prejudicada a denunciação requerida pelo réu (CPC, art. 126 c/c o art. 131).[120]

O prazo em questão é puramente procedimental e corre em benefício da parte contrária ao denunciante, e não do próprio denunciado. Até mesmo porque a ausência ou ineficácia da denunciação não exclui a obrigação de garantia ou de regresso, na espécie (CPC/2015, art. 125, § 1º).

Ao denunciado, o juiz marcará o prazo de resposta (quinze dias) e, após sua citação, poderá ocorrer uma das seguintes hipóteses previstas pelo art. 128:

(a) se o denunciado aceitar a denunciação, poderá contestar o pedido, no prazo de resposta (15 dias). Nessa hipótese, o denunciado será litisconsorte do denunciante em relação à ação principal (inciso I), devendo observar-se a contagem em dobro dos prazos recursais, nos moldes do art. 229 do CPC/2015;[121]

(b) se o denunciado for revel, ou seja, não responder à denunciação, o denunciante poderá deixar de prosseguir em sua defesa, eventualmente oferecida, e abster-se de recorrer, restringindo sua atenção à ação regressiva (inciso II). Diante do desinteresse do denunciado, pode o denunciante desistir da contestação antes produzida, ou, caso não o faça e a sentença lhe seja adversa, poderá não usar dos recursos cabíveis, sem que essa atitude comprometa a garantia de regresso. Nesse caso, o réu denunciante passa a se preocupar única e exclusivamente com a ação secundária de garantia, na tentativa de obter êxito em seu pedido de regresso. Importante ressaltar que semelhante disposição era encontrada na legislação substancial, em relação à evicção (CC, art. 456, parágrafo único), mas o artigo foi revogado pelo atual Código (art. 1.072, II). A situação, portanto, é agora regulada e permitida diretamente pelo CPC/2015;

(c) se o denunciado comparecer e confessar os fatos alegados pelo autor na petição inicial, poderá o denunciante prosseguir na defesa ou aderir a tal reconhecimento e apenas pedir a procedência da ação de regresso (CPC/2015, art. 128, III).

III – Possibilidade de reconvenção

Uma vez que ao denunciado cabe a possibilidade de contestar a ação de regresso incidental proposta pelo denunciante, é natural que lhe seja também facultado incluir em sua resposta uma reconvenção, desde que presentes os requisitos constantes do art. 343 do CPC[122]. A propósito, é bom lembrar que a denunciação da lide, da mesma forma que a reconvenção, é ação autônoma,

---

[120] A inobservância do prazo de promoção da denunciação da lide é considerada mera irregularidade formal, se o denunciado comparece aos autos e reconhece sua condição de garantidor. Esse vício, portanto, não autoriza a anulação do processo, devendo prevalecer os princípios da primazia do julgamento de mérito e da instrumentalidade das formas (STJ, 3ª T., REsp 1.637.108/PR, Rel. Min. Nancy Andrighi, ac. 06.06.2017, *DJe* 12.06.2017).

[121] STJ, 4ª T., REsp 145.356/SP, Rel. Min. Fernando Gonçalves, ac. 02.03.2004, *DJU* 15.03.2004, p. 274; STJ, 3ª T., REsp 1.637.108/PR, Rel. Min. Nancy Andrighi, ac. 06.06.2017, *DJe* 12.06.2017.

[122] "Para que seja admitida a reconvenção, exige-se que *a)* haja conexão com a ação principal ou *b)* haja conexão com o fundamento da defesa (art. 343, *caput*, do CPC/2015). A conexão aqui referida tem sentido

embora possa ser, por conexão, cumulada com a ação principal, como medida de economia processual. Por isso, as defesas manejáveis nas ações em geral são igualmente utilizáveis nas ações incidentais de objetivo regressivo, como é o caso da denunciação da lide[123].

Nesse sentido tem decidido o STJ:

> "A denunciação da lide é uma ação de regresso na qual o denunciado assume a posição de réu. Assim, a ele se aplica o art. 343 do CPC, que autoriza ao réu a apresentar reconvenção, seja em face do denunciante ou do autor da ação principal, desde que conexa com a lide incidental ou com o fundamento de defesa nela apresentado. Além disso, a reconvenção proposta pelo denunciado deverá ser examinada independentemente do desfecho das demandas principal e incidental (denunciação da lide), devido à sua natureza jurídica de ação e à sua autonomia em relação à lide na qual é proposta (art. 343, § 2º, do CPC)"[124].

267. Efeitos da denunciação da lide

A denunciação provoca uma verdadeira cumulação de ações, de sorte que o denunciante, perdendo a causa originária, já obterá sentença também sobre sua relação jurídica perante o denunciado, e estará, por isso, dispensado de propor nova demanda para reclamar a garantia da evicção ou a indenização de perdas e danos devida pelo denunciado.

Haja ou não aceitação da denunciação, o resultado do incidente é sujeitar o denunciado aos efeitos da sentença da causa. Este decisório, por sua vez, não apenas solucionará a lide entre autor e réu, mas também, julgando a ação procedente, declarará, conforme o caso, o direito do evicto ou a responsabilidade pela indenização regressiva, valendo como título executivo, para o denunciante.

Portanto, numa só sentença, duas demandas serão julgadas. "Se o denunciante for vencido na ação principal, o juiz passará ao julgamento da denunciação da lide" (CPC/2015, art. 129, *caput*); se vencedor, a ação de denunciação não terá o seu pedido examinado, mas ficará sujeito aos encargos da sucumbência (art. 129, parágrafo único):

(a) Na primeira hipótese, num só ato judicial, duas condenações serão proferidas: uma contra o denunciante e em favor do outro demandante; e outra contra o denunciado, em favor do denunciante, desde que este tenha saído vencido na ação principal e que tenha ficado provada a responsabilidade do primeiro.[125] Dar-se-á ensejo, portanto, a duas execuções forçadas, caso não se observe o cumprimento voluntário do julgado, embora o Código atual permita que o autor requeira o cumprimento da sentença que

---

mais amplo do que a conexão prevista no art. 55 do CPC/2015, tratando-se de um vínculo mais singelo" (STJ, 3ª T., REsp 2.076.127/SP, Rel. Min. Nancy Andrighi, ac. 12.09.2023, *DJe* 15.09.2023).

123 "A reconvenção tem natureza jurídica de ação e é autônoma em relação à demanda principal. Desse modo, a ação principal pode ser extinta, com ou sem resolução de mérito, podendo o mesmo ocorrer com a reconvenção, sem que o destino de uma das demandas condicione o da outra (art. 343, § 2º, do CPC/2015)" (STJ, 3ª T., REsp 2.076.127/SP, Rel. Min. Nancy Andrighi, ac. 12.09.2023, *DJe* 15.09.2023). Prevê o CPC, outrossim, que a denunciação da lide tanto pode ser exercitada por ação principal como por ação incidental (art. 125, § 1º).

124 STJ, 3ª T., REsp 2.106.846/SP, Rel. Min. Nancy Andrighi, ac. 05.03.2024, *DJe* 07.03.2024.

125 Decidiu o STF que não é lícito julgar a responsabilidade do litisdenunciado no saneador. O mérito da denunciação é de ser julgado em conjunto com a ação principal, numa só sentença, segundo a regra geral das ações conexas e das cumulações de pedidos (STF, Ação Civ. Orig. 268, Pleno, ac. 30.06.1982, Rel. Min. Buzaid, *RTJ* 103/465). Mas, se por falta de condição da ação ou pressuposto processual, o denunciante for carecedor da ação regressiva, a extinção dela, ou seu descabimento, poderá ser declarado no saneador. Isto porque esta fase é a destinada à eliminação dos defeitos processuais bem como a impedir que o processo tenha seguimento sem possibilidade de solução de mérito.

lhe foi favorável também contra o denunciado, nos limites da condenação deste na ação regressiva (art. 128, parágrafo único) (ver item 268, adiante).

(b) Quando, porém, o denunciante for vitorioso na causa principal, não haverá julgamento de mérito na demanda regressiva. Esta ficará simplesmente prejudicada e, ao contrário do que ocorria sob a égide do Código anterior, o juiz condenará o denunciante ao pagamento das verbas de sucumbência em favor do denunciado (art. 129, parágrafo único, *in fine*). O advogado do denunciado, portanto, fará jus à verba sucumbencial, por expressa determinação legal (CPC/2015, art. 129, parágrafo único).

A propósito dos honorários advocatícios deve ser observado, em síntese, o seguinte:

(a) se o denunciante sair vencido na ação originária e vencedor na denunciação referente à evicção, o denunciado será condenado nos encargos da ação regressiva e no reembolso daqueles a que o evicto for condenado a pagar ao evictor;[126]

(b) se a denunciação for *prejudicada* pela vitória do denunciante na ação originária, haverá condenação do denunciante ao pagamento das verbas de sucumbência em favor do denunciado.

268. Cumprimento da sentença que acolhe a denunciação

Muito se questionou, no regime do CPC/1973, sobre a possibilidade de o credor do denunciante executar diretamente contra o denunciado a sentença condenatória e, de início, a corrente dominante foi no sentido da inviabilidade.

De fato, é de se considerar que, a rigor, as duas ações cumuladas – a principal e a de garantia – referem-se a objeto e pessoas distintas, de modo que jamais se haveria de condenar o litisdenunciado a cumprir diretamente a prestação reclamada pelo autor contra o réu. Primeiro, dever-se-ia condenar o demandado para em seguida condenar o denunciado condicionalmente a reembolsá-lo pelo valor que fosse efetivamente dispendido no cumprimento da prestação àquele imposta. No entanto, em caso de seguro de responsabilidade civil, vinha decidindo o STJ que, "reconhecido o dever de a seguradora denunciada honrar a cobertura do sinistro, é permitido ao julgador proferir decisão condenatória diretamente contra ela".[127]

A posição do STJ, que se formou antes da vigência do atual Código Civil, encontrou acolhida pela sistemática constante de seu art. 787. Estatui, com efeito, dito dispositivo que, "no seguro de responsabilidade civil, o segurador garante o pagamento de perdas e danos devidos pelo segurado a terceiro", o que passou a ser interpretado como fonte de um direito próprio da vítima para exigir diretamente da seguradora a indenização a que tem direito, dentro das forças do seguro.[128]

---

126 O denunciado terá concorrido de alguma forma para a perda suportada pelo denunciante na ação originária e o exercício da garantia a que estava vinculado exigia do evicto o manejo da ação de regresso. Daí a sujeição do denunciado aos efeitos sucumbenciais das duas ações interligadas (CARNEIRO, Athos Gusmão. *Intervenção de terceiros*. 18. ed., 2009, n. 61, p. 159; BUENO, Cássio Scarpinella. *Partes e terceiros no processo civil brasileiro*. 2. ed. São Paulo: Saraiva, 2006, n. 9.3, p. 313).

127 STJ, 4ª T., REsp 290.608-0/PR, Rel. Min. Barros Monteiro, ac. 03.10.2002, *DJU* 16.12.2002, p. 341; STJ, 3ª T., REsp 1.178.680/RS, Rel. Min. Nancy Andrighi, ac. 14.12.2010, *DJe* 02.02.2011; STJ, 3ª T., AgRg no REsp 474.921/RJ, Rel. Min. Paulo de Tarso Sanseverino, ac. 05.10.2010, *DJe* 19.10.2010; STJ, 4ª T., AgRg no REsp 792.753/RS, Rel. Min. Aldir Passarinho Junior, ac. 01.06.2010, *DJe* 29.06.2010. STJ, 3ª T., REsp 686.762/RS, Rel. Min. Castro Filho, ac. 29.11.2006, *DJU* 18.12.2006, p. 368; STJ, 4ª T., REsp 943.440/SP, Rel. Min. Aldir Passarinho Junior, ac. 12.04.2011, *DJe* 18.04.2011.

128 TZIRULNIK, Ernesto; CAVALCANTI, Flávio de Queiroz B.; PIMENTEL, Ayrton. *O Contrato de Seguro de Acordo com o Novo Código Civil Brasileiro*. 2. ed. São Paulo: RT, 2003, § 31.4, p. 138. Ver outros acórdãos na nota 68.

Na verdade, esse novo regime do seguro de responsabilidade civil, no qual a obrigação indenizatória da seguradora antecede a sujeição do segurado, desnatura a denunciação da lide em seus moldes tradicionais. O ofendido passa, após o sinistro, a travar uma relação jurídica direta com a seguradora, que assim poderá desde logo ocupar a posição da ré na ação de ressarcimento do dano. E mesmo quando, em ação ajuizada contra o segurado, for convocada por meio da denunciação da lide, de iniciativa do réu, a posição da seguradora será a de parte principal, sujeita, portanto, à condenação direta e não mais regressiva.[129] Aliás, na sistemática atual do seguro de responsabilidade civil, mais adequado seria utilizar o chamamento ao processo do que a denunciação da lide (v., *retro*, item 259 e, *infra*, item 276).

O entendimento de ser possível a condenação direta do denunciado, como autêntico litisconsorte dele, é de se ter como cabível, no regime do Código de Processo Civil atual, não só nos casos de seguro de responsabilidade civil, mas em todas as hipóteses em que a nova lei qualifica o denunciado como *litisconsorte do denunciante* (arts. 127 e 128). Aliás, o parágrafo único do art. 128 do CPC/2015 espanca qualquer dúvida que ainda pudesse remanescer, dispondo literalmente que, "procedente o pedido da ação principal, pode o autor, se for o caso, requerer o cumprimento da sentença também contra o denunciado, nos limites da condenação deste na ação regressiva".

269. Recursos

Se a admissibilidade da denunciação da lide for rejeitada na fase de saneamento da causa, sem prejuízo do prosseguimento do processo entre as partes originárias, ter-se-á configurado decisão interlocutória, pouco importando que a relação processual incidente (entre denunciante e denunciado) tenha sido extinta (CPC/2015, art. 203, § 2º). Uma vez que a relação processual principal e seu objeto devem permanecer incólumes, o recurso cabível somente poderá ser o agravo de instrumento (art. 1.015, IX).

Quando a apreciação se der na sentença, para acolher ou rejeitar a denunciação, isto é, para julgá-la procedente ou improcedente, o recurso a respeito desta causa incidental será a apelação (art. 1.009).

270. Execução da sentença

Sem dúvida, a sentença que acolhe a denunciação da lide credencia o denunciante a executar regressivamente o denunciado, para realizar a garantia que a este compete, em face do resultado adverso da ação principal.

O problema que sempre preocupou doutrina e jurisprudência situa-se na posição em que fica o vencedor da causa principal, quando o vencido não cumpre a condenação que lhe foi diretamente imposta. Discutia-se se seria possível a execução direta do denunciado, por inexistir relação material entre ele e a parte principal.[130]

No clima atual do direito processual civil, em que os institutos legais são analisados e interpretados não mais do ponto de vista dogmático e positivista, mas antes de tudo à luz das funções que lhes tocam realizar dentro do *devido* (e *justo*) *processo legal*, a tese da execução direta do denunciado é, realmente, a mais recomendável. De fato, essa foi a orientação

---

[129] Aplaudindo a jurisprudência do STJ, acerca da denunciação da lide em matéria de responsabilidade civil (inclusive em caso de seguro e de direito regressivo nas ações contra o Estado), Athos Gusmão Carneiro considera "possível ao autor *executar a sentença condenatória* não só contra o réu denunciante como contra o denunciado, *seu litisconsorte por força da lei processual*, isso naturalmente dentro dos limites da condenação na demanda regressiva" (CARNEIRO, Athos Gusmão. *Intervenção de Terceiros*. 15. ed. São Paulo: Saraiva, 2003, n. 56.3, p. 137).

[130] DINAMARCO, Cândido Rangel. *Instituições de Direito Processual Civil*. 2. ed. São Paulo: Malheiros, 2002, v. II, p. 411; NERY JÚNIOR, Nelson; NERY, Rosa Maria de Andrade. *Código de Processo Civil Comentado*. 6. ed. São Paulo: RT, 2002, p. 383.

adotada expressamente pela nova legislação, no art. 128, parágrafo único: "procedente o pedido da ação principal, pode o autor, se for o caso, requerer o cumprimento da sentença também contra o denunciado, nos limites da condenação deste na ação regressiva".[131]

Mesmo que não se veja uma relação creditícia direta entre o autor e o denunciado, não há razão para, funcionalmente, lhe negar uma sub-rogação nos direitos do réu denunciante em face do terceiro denunciado, no que diz respeito à garantia a seu cargo.

Enfim, é de se considerar o estágio avançado da moderna processualística, que não aceita soluções exegéticas desvinculadas de suas funções institucionais. Correta e aconselhável, nessa ordem de ideias, a moderna visão que permite, principalmente quando se frustram as condições de cobrança perante o devedor principal, o recurso à execução direta contra o denunciado. Isto, sem dúvida, atende satisfatoriamente à economia processual e, sobretudo, à garantia de efetividade da prestação jurisdicional. A composição do conflito, afinal, será completa e efetiva, evitando-se solução formal, insatisfatória, e apenas setorial, porque, a não ser assim, ficaria desguarnecido injustamente o principal direito subjetivo reconhecido pela sentença, qual seja, o do credor (autor da ação principal).

271. Denunciações sucessivas

O denunciado pode ter, com relação a outrem, a mesma posição jurídica do denunciante perante ele. Previa por isso o art. 73, do CPC/1973, a possibilidade de cumulação sucessiva de várias denunciações da lide num só processo.

Entretanto, a denunciação sucessiva não se podia fazer *per saltum*, de sorte que cada denunciado teria que promovê-la regressivamente, em face do transmitente imediato. O tema foi enfocado de maneira diferente pelo Código Civil, ao tratar, no art. 456, da garantia da evicção. Com esta inovação, o direito de reclamar os efeitos da referida garantia poderia ser exercido mediante notificação do litígio, ao alienante imediato, ou a qualquer dos anteriores. Não haveria que se observar, portanto, a ordem rigorosa das alienações do bem evicto. Conferindo-se ao evicto o direito de avançar na cadeia regressiva dos sucessivos alienantes, a lei civil acabou por instituir uma solidariedade passiva entre eles e perante aquele que sofre a evicção.

Essa sistemática não foi acolhida pelo atual Código, que, em primeiro lugar, autorizou à parte denunciar a lide àquele que lhe transmitiu o bem que corre o risco de evicção (CPC/2015, art. 125, I). Apenas e tão somente uma única denunciação sucessiva foi permitida, que é a promovida pelo denunciado ao transmitente imediato, ou seja, daquele de quem ele adquiriu o bem litigioso (CPC/2015, art. 125, § 2º). Dessa forma, a legislação atual só permite duas denunciações num mesmo processo. Os direitos regressivos sucessivos e remotos, portanto, deverão ser reclamados em ação principal à parte, sem tumultuar o processo atual.

A orientação se coaduna com a noção de processo *justo*, que busca efetividade e celeridade das decisões judiciais, ao limitar as denunciações sucessivas sem, contudo, prejudicar o direito de regresso contra o verdadeiro responsável pelo pagamento da indenização. Assim, não se paralisa indefinidamente o processo principal, no aguardo do fim das várias e sucessivas denunciações. Também ao denunciado que não consegue chamar ao processo o seu garantidor sucessivo, restará assegurada a ação autônoma para exercer o seu direito de regresso.

Por fim, ressalte-se que o art. 456 do Código Civil, que permitia a denunciação *per saltum*, foi expressamente revogado pelo atual Código de Processo Civil (art. 1.072, II).

---

[131] Tendo em conta a garantia de efetividade que se espera da tutela jurisdicional na tarefa pacificadora dos litígios, já entendia Ruy Rosado de Aguiar que: "sempre me pareceu que o instituto da denunciação da lide, para servir de instrumento eficaz à melhor prestação jurisdicional, deveria permitir ao juiz proferir sentença favorável ao autor, quando fosse o caso, também e diretamente, contra o denunciado, pois afinal ele ocupa a posição de litisconsorte do denunciante" (STJ, 4ª T., REsp 97.590/RS, Rel. Min. Ruy Rosado de Aguiar, ac. 15.10.1996, *RSTJ* 93/320).

Fluxograma nº 3

DENUNCIAÇÃO DA LIDE PROMOVIDA PELO AUTOR
(arts. 126 e 127)

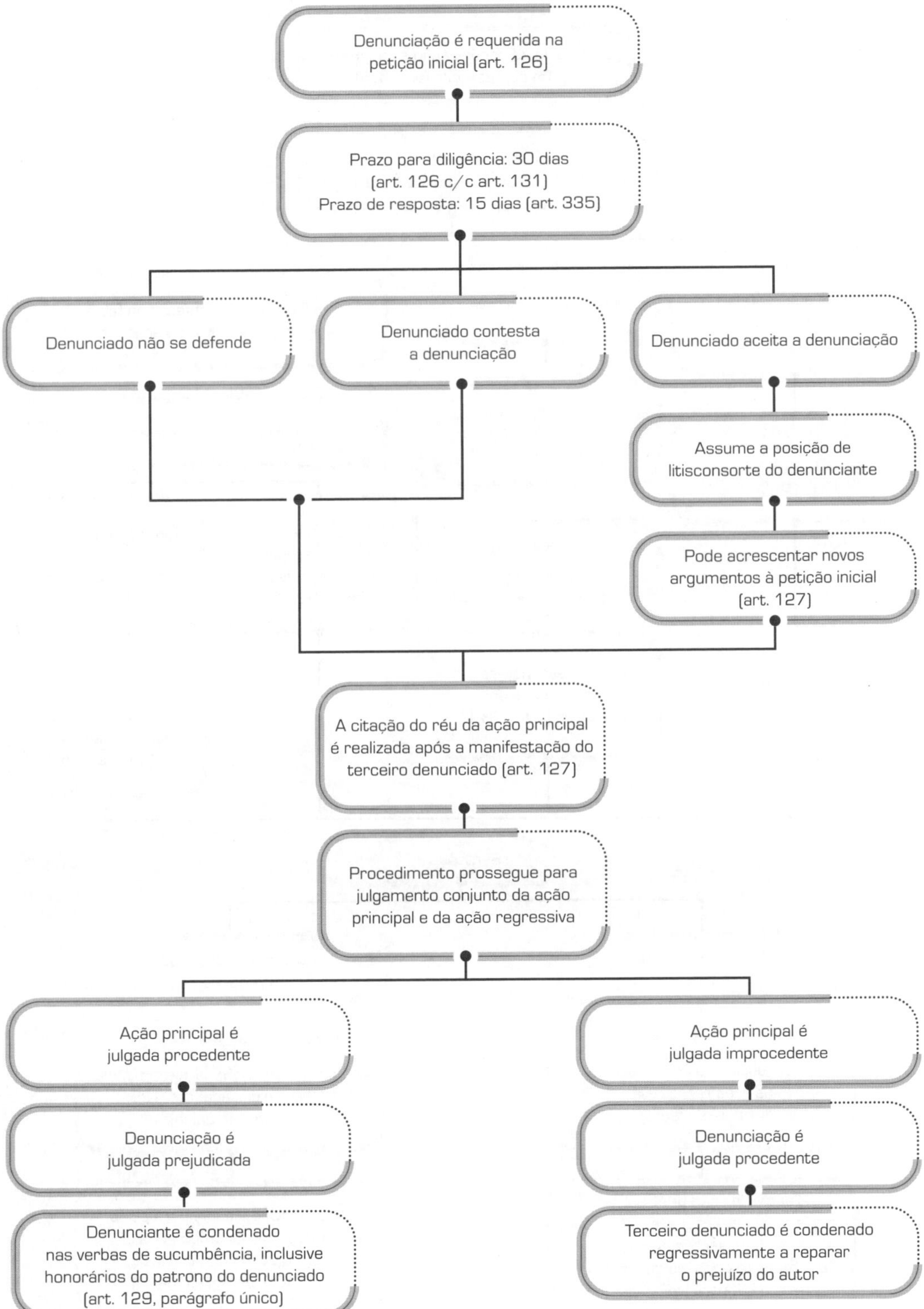

Fluxograma nº 4

DENUNCIAÇÃO DA LIDE PROMOVIDA PELO RÉU
(arts. 126 e 128)

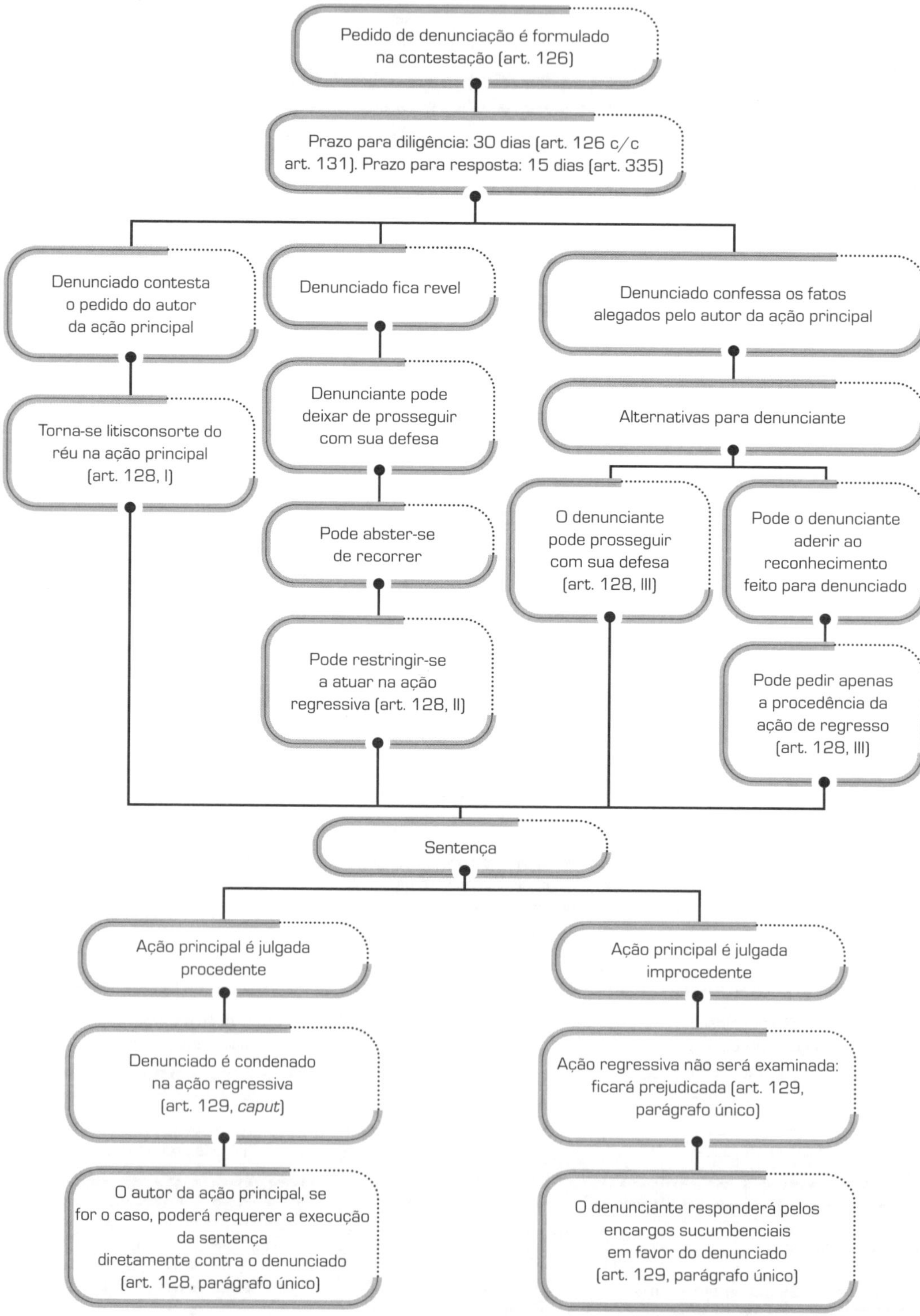

§ 34. CHAMAMENTO AO PROCESSO

272. Conceito

Chamamento ao processo é o incidente pelo qual o devedor demandado chama para integrar o mesmo processo os coobrigados pela dívida, de modo a fazê-los também responsáveis pelo resultado do feito (art. 132). Com essa providência, o réu obtém sentença que pode ser executada contra o devedor principal ou os codevedores, se tiver de pagar o débito.

A finalidade do instituto é, portanto, "favorecer o devedor que está sendo acionado, porque amplia a demanda, para permitir a condenação também dos demais devedores, além de lhe fornecer, no mesmo processo, título executivo judicial para cobrar deles aquilo que pagar".[132]

O chamamento ao processo é uma *faculdade* e não uma obrigação do devedor demandado. Segundo a própria finalidade do incidente, só o réu pode promover o chamamento ao processo.

273. Casos de admissibilidade do incidente

Conforme o art. 130, é admissível o chamamento ao processo:

(*a*) do afiançado, na ação em que o fiador for réu (inciso I);
(*b*) dos demais fiadores, na ação proposta contra um ou alguns deles (inciso II);
(*c*) dos demais devedores solidários, quando o credor exigir de um ou de alguns o pagamento da dívida comum (inciso III).

A norma, no entanto, não se aplica aos coobrigados cambiários, porque, diversamente da solidariedade civil, não há entre os diversos vinculados à mesma cambial unidade de causa nem de responsabilidade. Os diversos coobrigados, no direito cambiário, só aparentemente são solidários (no que toca a responder cada um, por inteiro, pela dívida), pois, na realidade, a obrigação de cada um deles é autônoma, independente e abstrata, contando com causa própria.[133]

O chamamento ao processo é cabível, em qualquer espécie de procedimento, no processo de cognição. Já no processo de execução não é de admitir-se a medida, dado que a finalidade da execução forçada não é a prolação de sentença, mas apenas a realização do crédito do exequente[134]. Não haveria, assim, onde proferir a sentença, a que alude o art. 132, e que viria a servir de título executivo ao vencido contra os codevedores. Mesmo quando opostos embargos, estes têm objetivo exclusivo de elidir a execução, não havendo lugar para o embargante (que é autor e não réu) introduzir outra demanda contra quem não é parte na execução.[135] Além

---

132 BARBI, Celso Agrícola. *Comentários ao Código de Processo Civil.* Rio de Janeiro: Forense, 1975. v. I, t. II, n. 434, p. 359.

133 CUNHA PEIXOTO. Chamamento ao Processo de Devedores Solidários. *Rev. Julgs. do TAMG*, v. I, 1975, p. 15-22; BARBI, Celso Agrícola. *Comentários ao Código de Processo Civil.* Rio de Janeiro: Forense, 1981. v. I, t. I, n. 439, p. 362.

134 "O chamamento ao processo é instituto típico da fase de cognição, que visa à formação de litisconsórcio passivo facultativo por vontade do réu, a fim de facilitar a futura cobrança do que for pago ao credor em face dos codevedores solidários ou do devedor principal, por meio da utilização de sentença de procedência como título executivo (art. 132, do CPC/2015). Não cabe sua aplicação, assim, em fase de cumprimento de sentença, que se faz no interesse do credor, a quem é dada a faculdade de exigir, de um ou mais codevedores, parcial ou totalmente, a dívida comum (art. 275, do CC)" (STJ, 3ª T., AgInt no AREsp 2.076.758/DF, Rel. Min. Nancy Andrighi, ac. 03.04.2023, *DJe* 10.04.2023).

135 THEODORO JUNIOR, Humberto. *Processo de Execução*, 3. ed., p. 61-65; PORTO, Antônio Rodrigues. Do Chamamento ao Processo no Novo Código de Processo Civil, *RT* 458, 1973, p. 261-262; BARBI, Celso Agrícola. *Comentários ao Código de Processo Civil.* Rio de Janeiro: Forense, 1981. v. I, t. I, n. 440, p. 364-366. STJ, 2ª T., REsp 691.235/SC, Rel. Min. Castro Meira, ac. 19.06.2007, *DJU* 01.08.2007, p. 435.

disso, faltaria interesse para justificar a denunciação da lide ou o chamamento ao processo para exercer direito regressivo entre os coobrigados no processo de execução, visto que existe regra especial que permite ao sub-rogado, legal ou convencional, prosseguir na execução contra o responsável regressivamente, uma vez satisfeita a dívida pelo executado (CPC/2015, art. 778, § 1º, IV) (ver no vol. III, item correspondente à execução pelo sub-rogado).[136]

Tanto a denunciação da lide como o chamamento ao processo se prestam ao exercício incidental de direitos regressivos da parte em face de estranho à causa pendente. Mas os direitos de regresso cogitados no art. 130 são bem diferentes daqueles previstos no art. 125, II.

Nas hipóteses de denunciação da lide, o terceiro interveniente não tem vínculo ou ligação jurídica com a parte contrária do denunciante na ação principal. A primitiva relação jurídica controvertida no processo principal diz respeito apenas ao denunciante e ao outro litigante originário (autor e réu). E a relação jurídica de regresso é exclusivamente entre o denunciante e o terceiro denunciado.

Já no chamamento ao processo, o réu da ação primitiva convoca para a disputa judicial pessoa que, nos termos do art. 130, tem, juntamente com ele, uma obrigação perante o autor da demanda principal, seja como fiador, seja como coobrigado solidário pela dívida aforada. Vale dizer que só se chama ao processo quem, pelo direito material, tenha um nexo obrigacional com o autor.[137]

Não se pode chamar ao processo, então, quem não tenha obrigação alguma perante o autor da ação primitiva (adversário daquele que promove o chamamento). Para a aplicação desse tipo de procedimento intervencional, há de, necessariamente, estabelecer-se um litisconsórcio passivo entre o promovente do chamamento e o chamado, diante da posição processual ativa daquele que instaurou o processo primitivo. Isto, contudo, não exclui a possibilidade de uma sentença final, ou de um saneador, que venha a tratar diferentemente os litisconsortes, ou seja, persiste a possibilidade de uma decisão que exclua o chamado ao processo da responsabilidade solidária no caso concreto e que, por isso, condene apenas o réu de início citado pelo autor.

274. Procedimento

O réu deve propor o incidente na contestação (CPC/2015, art. 131). E a citação do chamado deverá ser promovida: *(i)* no prazo de trinta dias, se o chamado residir na mesma Comarca (*caput*); ou *(ii)* em dois meses, se residir em outra Comarca, seção ou subseção judiciárias ou em lugar incerto (parágrafo único). Não sendo promovida a citação no devido prazo, o chamamento tornar-se-á sem efeito (art. 131, *in fine*).

Haja ou não aceitação do chamamento, pelo terceiro (chamado), ficará este vinculado ao processo, de modo que a sentença que condenar o réu terá, também, força de coisa julgada contra o *chamado*.

De tal sorte, havendo sucumbência dos devedores em conjunto, "valerá como título executivo, em favor do réu que satisfizer a dívida, a fim de que possa exigi-la, por inteiro, do devedor principal, ou, de cada um dos codevedores, a sua quota, na proporção que lhes tocar" (art. 132).

---

[136] STJ, Corte Especial, REsp 1.091.443/SP (em regime Repetitivo), Rel. Min. Maria Theresa de Assis Moura, ac. 02.05.2012, *DJe* 29.05.2012.

[137] DINAMARCO, Cândido Rangel. *Direito Processual Civil*. São Paulo: J. BUSHATSKY, 1975, n. 109 e 110, p. 172 e 174. "Regra fundamental, pois, para se distinguir a denunciação à lide do chamamento ao processo, está no fato de que, sempre que o credor puder cobrar tanto de um quanto de outro, em forma de solidariedade passiva, a hipótese é de chamamento e não de denunciação" (SANTOS, Ernane Fidélis dos. *Manual de Direito Processual Civil*. 6. ed. São Paulo: Saraiva, 1998, v. I, p. 95).

Embora o chamamento ao processo não seja obrigatório, quando o réu lança mão do incidente de forma regular, para obter título executivo contra o devedor principal ou outros devedores solidários, não cabe ao juiz denegar-lhe a pretensão.[138]

275. Chamamento ao processo nas ações do consumidor

O Código de Defesa do Consumidor (Lei 8.078/1990, art. 88) veda a denunciação da lide nas demandas derivadas das relações por ele disciplinadas, para simplificar o atendimento das pretensões do consumidor. No entanto, o seu art. 101, II, autoriza, expressamente, o chamamento ao processo da seguradora, quando o fornecedor tiver contrato que acoberte o dano discutido na demanda.

Esse tipo de responsabilidade de terceiro seria típico de denunciação da lide e não de chamamento ao processo, já que esta última modalidade de intervenção de terceiro pressupõe solidariedade passiva entre os responsáveis pela reparação, o que não haveria entre segurador e segurado, em face do autor da ação de indenização. A Lei 8.078/1990, no entanto, desviou o chamamento ao processo de sua natural destinação, com o fito evidente de ampliar a área de garantia para o consumidor. Isso porque, nos primórdios da aplicação do Código anterior, se entendia que a seguradora, permanecendo no regime da denunciação da lide, não se sujeitaria à execução direta da sentença pelo consumidor. Apenas o fornecedor, depois de cumprida a condenação, teria direito de regresso para voltar-se contra a seguradora. A lei especial, autorizando o chamamento da seguradora, transformou-a em litisconsorte do fornecedor, de maneira que, havendo condenação, o consumidor teria como executar a sentença tanto contra este como contra aquela. Com essa inovação, evidentemente, ampliou-se a garantia de efetividade do processo em benefício do consumidor.[139]

Essa diferença entre os efeitos da denunciação da lide e do chamamento ao processo tornou-se de menor relevância no regime do Código atual. Tanto numa como noutra intervenção de terceiro, passou-se a admitir ao credor a execução direta da condenação seja contra a parte primitiva, seja contra o interveniente (arts. 128, parágrafo único, e 132). Tanto faz, portanto, que se use a denunciação da lide como o chamamento ao processo nas ações que envolvam em regresso responsabilidade da seguradora, o resultado será o mesmo.

276. Chamamento ao processo em caso de seguro de responsabilidade civil

A nova conceituação do contrato de seguro de responsabilidade civil feita pelo Código Civil de 2002 teve importante repercussão sobre a intervenção da seguradora na ação indenizatória intentada pela vítima do sinistro. Pelo art. 787 da lei civil, no contrato de que se cuida, a seguradora assume a garantia do pagamento de perdas e danos devidos pelo segurado ao terceiro. Não é mais o reembolso de seus gastos que o seguro de responsabilidade civil cobre. O ofendido tem, portanto, ação que pode exercer diretamente, tanto contra o segurado como

---

[138] O TJSP reconheceu cabível o chamamento ao processo em caso de acidente automobilístico tríplice, em que a ação foi ajuizada apenas entre dois dos motoristas envolvidos. "Não se discute que, no caso de pluralidade de autores do dano, o ofendido pode se voltar contra qualquer deles ou contra todos *in solidum*. Mas a nova lei processual não oferece opção ao magistrado, diante do requerimento de chamamento ao processo, pois, embora tal requerimento não vincule o direito de regresso e afronte o próprio instituto da solidariedade passiva, o certo é que é legal e visa à obtenção, pelo réu, do título executivo contra o devedor ou demais devedores solidários, como preceitua o art. 80 da lei processual [CPC/2015, art. 132]" (Apel. 239.818, ac. 14.02.1975, *Revista Forense* 252/195).

[139] No caso de chamamento da seguradora, o CDC veda a esta a convocação do Instituto de Resseguros do Brasil. Quando o fornecedor cair em falência, o síndico deverá informar a eventual existência de seguro, para que o consumidor lesado possa manejar a ação indenizatória diretamente contra a seguradora, não podendo esta denunciar a lide ao IRB (CDC, art. 101, II, *in fine*). Esse regime, porém, só se aplica às ações de indenização reguladas pelo CDC.

contra a seguradora, embora a jurisprudência não admita que a ação seja intentada apenas e exclusivamente contra a seguradora (Súmula 529/STJ). Havendo, dessa maneira, obrigação direta de indenizar, quando a ação for proposta apenas contra o causador do dano, este, para convocar a seguradora para prestar a *garantia* contratada, terá, a rigor, de utilizar o chamamento ao processo e não mais a denunciação da lide.

Essa modalidade interventiva, no regime do Código Civil de 2002, portanto, deixou de ser remédio aplicável apenas às relações de consumo. Em todos os casos de seguro de responsabilidade civil, o direito do segurado em face da seguradora passou a ser, no campo processual, objeto de chamamento ao processo. No entanto, perdeu sentido o maior rigor na distinção entre cabimento da denunciação da lide e chamamento ao processo na espécie. Isto porque, como já observado, o atual Código assegura execução direta da sentença condenatória indistintamente contra o denunciante (segurado) e o denunciado (seguradora), da mesma forma do que se passa no chamamento ao processo.

O atual Código, entretanto, preferiu colocar a execução direta contra o interveniente no campo da denunciação da lide (art. 128, parágrafo único), quando, pela natureza do chamamento ao processo, este é que seria o remédio adequado para uma condenação conjunta da parte e do interveniente (art. 132). Como as duas intervenções conduzem a resultados praticamente iguais, não haverá prejuízo para nenhuma das partes quando se optar por qualquer delas. Lembre-se que, pelo princípio da instrumentalidade das formas, não se pode anular processo algum por inobservância do procedimento adequado, quando inexista prejuízo (art. 283).

A nova Lei do Seguro Privado (Lei nº 15.040 de 09/12/2024), que só entrará em vigor 1 ano após sua publicação, revogará, a partir de sua vigência, toda a disciplina do Código Civil em matéria securitária. Consta da nova regulação: *(a)* que a ação correspondente à cobertura do seguro de responsabilidade civil poderá ser movida pelo prejudicado contra a seguradora, desde que em litisconsórcio passivo com o segurado (art. 102, *caput*); *(b)* o litisconsórcio será dispensado, porém, quando o segurado não tiver domicílio no Brasil (art. 102, parágrafo único); *(c)* quando a pretensão indenizatória for exercida em ação intentada exclusivamente contra o segurado, este tão logo seja citado, cientificará a seguradora para que esta tome conhecimento da demanda e tome as providências que lhe interessarem (art. 101, *caput*); *(d)* demandado isoladamente, o segurado poderá chamar a seguradora a integrar o processo, na condição de litisconsorte, sem responsabilidade solidária (art. 101, parágrafo único).

Enquanto não expirada a *vacatio legis*, continuará vigorando a sistemática atual acima exposta.

Fluxograma nº 5

CHAMAMENTO AO PROCESSO
(arts. 130 a 132)

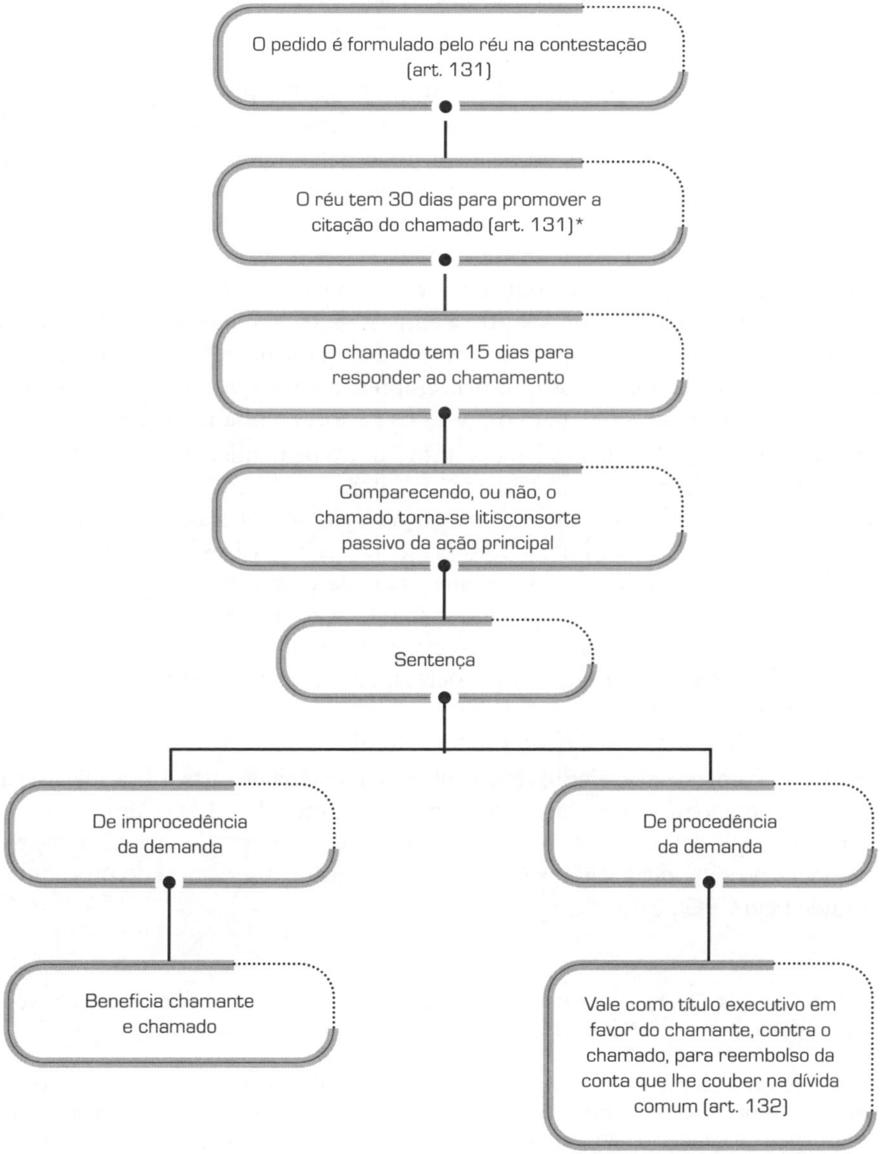

(*) O prazo se amplia para dois meses, se o chamado residir em outra comarca ou em lugar incerto (art. 131, parágrafo único).

§ 35. INCIDENTE DE DESCONSIDERAÇÃO DA PERSONALIDADE JURÍDICA

277. A desconsideração da personalidade jurídica

O Código Civil de 2002 normatizou conduta que já vinha sendo adotada pela jurisprudência, de desconsiderar a personalidade jurídica, a fim de imputar aos sócios ou administradores a responsabilidade pelo ato ilícito praticado pela empresa. De tal sorte, os bens particulares dos sócios que concorreram para a prática do ato respondem pela reparação dos danos provocados pela sociedade.

Assim dispõe o art. 50 da lei substantiva: "em caso de abuso da personalidade jurídica, caracterizado pelo desvio de finalidade, ou pela confusão patrimonial, pode o juiz decidir, a requerimento da parte, ou do Ministério Público quando lhe couber intervir no processo, que os efeitos de certas e determinadas relações de obrigações sejam estendidos aos bens particulares dos administradores ou sócios da pessoa jurídica".[140]

É a denominada *disregard doctrine* do direito norte-americano, que autoriza o Poder Judiciário a ignorar a autonomia patrimonial entre a empresa e seus sócios ou administradores, sempre que for manipulada para prejudicar os credores. Desta forma, o patrimônio dos sócios é alcançado na reparação de danos provocados pela empresa a terceiros, quando houver desvio de finalidade ou confusão patrimonial, para os quais os gestores tenham concorrido[141].

A despeito da previsão na lei material, o instituto carecia de regulação processual. Assim, coube à jurisprudência dar forma à desconsideração. Entendiam os tribunais que ela poderia ocorrer incidentalmente nos próprios autos da execução, sem necessidade de ajuizamento de ação própria.[142] Demonstrando o credor estarem presentes os requisitos legais, o juiz deveria levantar o véu da personalidade jurídica para que o ato de expropriação atingisse os bens particulares de seus sócios, de forma a impedir a concretização de fraude à lei ou contra terceiros. Somente após a desconsideração, os sócios eram chamados a integrar a lide e interpor os recursos cabíveis.[143] O contraditório e a ampla defesa, destarte, eram realizados *a posteriori*, mas de maneira insatisfatória, já que, em grau de recurso, obviamente, não há como exercer plenamente a defesa assegurada pelo devido processo legal.

Suprindo a lacuna processual, o Código atual cuidou da matéria nos arts. 133 a 137, traçando o procedimento a ser adotado na sua aplicação, de maneira a submetê-lo, adequadamente, à garantia do contraditório e ampla defesa. Doravante, portanto, a sujeição do patrimônio do terceiro em razão da desconsideração só poderá ser feita em juízo com a estrita observância do procedimento incidental instituído pelo CPC/2015.[144]

---

140 Além do Código Civil (art. 50), há várias fontes de direito material que preveem a desconsideração da personalidade jurídica, como o CTN (art. 135), o CDC (art. 28), a Lei 9.605/1998 (art. 4º), a Lei 12.529/2011 (art. 34) e a Lei 12.846/2013 (art. 14).

141 "1. A teoria da desconsideração da personalidade jurídica, medida excepcional prevista no art. 50 do Código Civil de 2002, pressupõe a ocorrência de abusos da sociedade, advindos do desvio de finalidade ou da demonstração de confusão patrimonial. 2. A mera inexistência de bens penhoráveis ou eventual encerramento irregular das atividades da empresa não ensejam a desconsideração da personalidade jurídica" (STJ, 4ª T., AgInt no AREsp 1.018.483/SP, Rel. Min. Marco Buzzi, ac. 12.12.2017, *DJe* 01.02.2018).

142 STJ, 3ª T., RMS 16.274/SP, Rel. Min. Nancy Andrighi, ac. 19.08.2003, *DJU* 02.08.2004, p. 359. No mesmo sentido: STJ, 4ª T., REsp 1.096.604/DF, Rel. Min. Luis Felipe Salomão, ac. 02.08.2012, *DJe* 16.10.2012.

143 STJ, 4ª T., AgRg REsp 1.182.385/RS, Rel. Min. Luis Felipe Salomão, ac. 06.11.2014, *DJe* 11.11.2014. No mesmo sentido: STJ, 3ª T., AgRg no REsp 1.459.843/MS, Rel. Min. Marco Aurélio Bellizze, ac. 23.10.2014, *DJe* 04.11.2014.

144 TAMER, Maurício Antônio. Pontos sobre a desconsideração da personalidade jurídica no Código de Processo Civil de 2015: conceito, posição do requerido e outros aspectos processuais. *Revista Brasileira de Direito Comercial*, v. 11, p. 12, jun.-jul./2016; CÂMARA, Alexandre Freitas. *O novo processo civil brasileiro*. 2. ed. São Paulo: Atlas, 2016, p. 95.

De qualquer maneira, uma advertência tem sido feita pela jurisprudência: Tratando-se de regra de exceção, a interpretação e aplicação da desconsideração da personalidade jurídica devem ser feitas segundo interpretação restritiva.[145] Em doutrina também prevalece esse entendimento.[146] Nesse sentido, tem se decidido que não se justifica a desconsideração com a simples demonstração de insolvência e da irregular dissolução da empresa, sem que restem comprovados os requisitos do art. 50 do CC.[147]

A Lei da Liberdade Econômica (Lei 13.874/2019) acrescentou ao Código Civil o art. 49-A, com o fito de ressaltar a autonomia obrigacional e patrimonial da pessoa jurídica, diante de seus sócios, associados, instituidores ou administradores (caput). Ao mesmo tempo, destacou, em parágrafo, a relevância socioeconômica da autonomia patrimonial conferida à pessoa jurídica, dispondo que se trata de "um instrumento lícito de alocação e segregação de riscos, estabelecido pela lei com a finalidade de estimular empreendimentos, para a geração de empregos, tributo, renda e inovação em benefício de todos" (g.n.). Daí por que não se admite o afastamento discricionário ou abusivo dessa autonomia, nem mesmo sua aplicação por meio de interpretação extensiva a casos não explicitados em lei.

Nessa perspectiva, a jurisprudência ressalta que "a inexistência ou não localização de bens da pessoa jurídica não é condição para a instauração do procedimento que objetiva a desconsideração, por não ser sequer requisito para aquela declaração, já que imprescindível a demonstração específica da prática objetiva de desvio de finalidade ou de confusão patrimonial".[148]

O fato de o incidente de desconsideração da personalidade jurídica ter sido disciplinado pelo CPC/2015 entre as intervenções de terceiro cabíveis no procedimento civil comum não exclui sua aplicação aos procedimentos especiais e à execução forçada.[149] Tampouco afasta de seu alcance os processos da Justiça do Trabalho, por duas razões principais: *(i)* inexiste procedimento para a matéria na legislação especial trabalhista, de sorte que há de prevalecer aqui a

---

145 "1. (...) Tratando-se de regra de exceção, de restrição ao princípio da autonomia patrimonial da pessoa jurídica, a interpretação que melhor se coaduna com o art. 50 do Código Civil é a que relega sua aplicação a casos extremos, em que a pessoa jurídica tenha sido instrumento para fins fraudulentos, configurado mediante o desvio da finalidade institucional ou a confusão patrimonial. 2. O encerramento das atividades ou dissolução, ainda que irregulares, da sociedade não são causas, por si sós, para a desconsideração da personalidade jurídica, nos termos do Código Civil" (STJ, 2ª Seção, EREsp 1.306.553/SC, Rel. Min. Maria Isabel Gallotti, ac. 10.12.2014, *DJe* 12.12.2014). Nesse sentido: "A mera demonstração de insolvência e a dissolução irregular da empresa, por si sós, não ensejam a desconsideração da personalidade jurídica (STJ, 3ª T., AgRg no AREsp 243.839/RJ, Rel. Min. João Otávio de Noronha, *DJe* 30.06.2016).

146 Para decretar a desconsideração da personalidade jurídica, "é indispensável a comprovação do uso indevido da sociedade, não se devendo aplicar o instituto de forma indiscriminada, mas de maneira a preservar não só o interesse do lesado, como também a atividade econômica e a posição dos sócios, daí a importância do contraditório prévio" (LIMA, Júlia Lins das Chagas. A desconsideração inversa da personalidade jurídica no novo CPC: uma análise sob o âmbito do direito de família. *Ideias e Opiniões- Informativo do Escritório Wambier e Arruda Alvim Wambier,* n. 22, p. 25, ago.-set.-out./2015. Ensina Arruda Alvim: "A aplicação da teoria da desconsideração não pode acarretar, em termos práticos, a extinção do instituto da pessoa jurídica (...). Há que se observar que a personalidade jurídica é verdadeiro desdobramento da inafastável garantia constitucional da propriedade privada (arts. 170, II, e 5º, XXII, da CF/88)" (ARRUDA ALVIM NETO, José Manoel. Teoria da desconsideração da pessoa jurídica. In: Soluções práticas. São Paulo: Ed. RT, 2011, v. III, p. 143-144). Fala-se, por isso, em "medida eminentemente excepcional", porque "a regra é a preservação da pessoa jurídica e da separação patrimonial entre os bens dela e de seus sócios" (TAMER, Maurício Antônio. Pontos sobre a desconsideração da personalidade jurídica no Código de Processo Civil de 2015: conceito, posição do requerido e outros aspectos processuais. *Revista Brasileira de Direito Comercial*, v. 11, p. 9, jun.-jul. 2016).

147 STJ, 3ª T., AgInt no REsp 1.636.680/MG, Rel. Min. Paulo de Tarso Sanseverino, ac. 07.11.2017, *DJe* 13.11.2017. No mesmo sentido: STJ, 2ª S., AgInt nos EAREsp 960.926/SP, Rel. Min. Maria Isabel Gallotti, ac. 09.08.2017, *DJe* 21.08.2017.

148 STJ, 4ª T., REsp 1.729.554/SP, Rel. Min. Luis Felipe Salomão, ac. 08.05.2018, *DJe* 06.06.2018.

149 "O incidente de desconsideração da personalidade jurídica pode ser aplicado ao processo falimentar" (Enunciado 111/CEJ).

regra da aplicação subsidiária do CPC/2015, preconizada pelo seu art. 15; e, *(ii)* deitando raízes nas garantias constitucionais do devido processo legal e do contraditório e ampla defesa (CF, art. 5º, LIV e LV), a disciplina do incidente, nos moldes do CPC/2015, não poderá ser ignorada pelos processos administrativos e trabalhistas.[150]

Tendo sido enquadrada legalmente como "intervenção de terceiro", a desconsideração estaria afastada, em princípio, dos procedimentos dos juizados especiais. O CPC, contornando esse inconveniente, cuidou de autorizar, expressamente, a aplicação do incidente também aos processos de competência dos juizados especiais (art. 1.062).

277.1. Inovações do art. 50 do Código Civil, introduzidas pela Lei 13.874/2019

A Lei 13.874/2019 alterou o art. 50 do Código Civil, para melhor precisar os alcançados pela desconsideração e definir as circunstâncias em que o incidente tem cabimento, de modo a superar controvérsias que reinavam na matéria:

(a) assim ficou estatuído que a extensão da responsabilidade pela obrigação da pessoa jurídica deve alcançar os bens particulares dos administradores ou sócios *beneficiados direta ou indiretamente pelo abuso* (art. 50, *caput, in fine);*
(b) para os fins da desconsideração, *desvio de finalidade* vem a ser "a utilização da pessoa jurídica com o propósito de lesar credores e para a prática de atos ilícitos de qualquer natureza" (art. 50, § 1º);
(c) pela confusão patrimonial deve-se entender "a ausência de separação de fato entre os patrimônios, caracterizada por: I – cumprimento repetitivo pela sociedade de obrigações do sócio ou do administrador ou vice-versa; II – transferência de ativos ou de passivos sem efetivas contraprestações, exceto os de valor proporcionalmente insignificante; e III – outros atos de descumprimento da autonomia patrimonial (art. 50, § 2º);
(d) a mera existência de grupo econômico sem a presença dos requisitos de que trata o *caput* do art. 50, "não autoriza a desconsideração da personalidade da pessoa jurídica" (art. 50, § 4º), ou seja: mesmo em se tratando de relações entre pessoas jurídicas integrantes de grupo econômico, a desconsideração só ocorrerá se configurados os requisitos do desvio de finalidade ou da *confusão patrimonial*;
(e) "não constitui desvio de finalidade a mera expansão ou a alteração da finalidade original da atividade econômica específica da pessoa jurídica" (art. 50, § 5º).

Os acréscimos efetuados pela Lei 13.874/2019 ao art. 50 do Código Civil consolidaram a prevalência, nas relações paritárias de direito privado, da denominada *teoria maior* da desconsideração da personalidade jurídica, segundo a qual a medida é excepcional e só se aplica quando cumpridos os requisitos do desvio de finalidade ou da confusão patrimonial. Referida lei, no entanto, não alterou o Código de Defesa do Consumidor, cujo § 5º, do art. 28, adotou, para as relações

---

[150] "Assim, o fato de o novo Código de Processo Civil disciplinar, de forma inédita, um procedimento relativo ao instituto da desconsideração da personalidade jurídica exige que tais disposições sejam transportadas ao processo do trabalho, uma vez que há total omissão desse ramo processual a respeito" (NASCIMENTO, Sonia Mascaro. Alguns impactos do novo Código de Processo Civil no processo do trabalho. *In:* CIANCI, Mirna, *et al. Novo Código de Processo Civil: impactos na legislação extravagante e interdisciplinar.* São Paulo: Saraiva, 2016, v. 2, p. 459).

de consumo, a *teoria menor*, segundo a qual a desconsideração se contenta com a insolvência da pessoa jurídica para estender a responsabilidade ao patrimônio dos sócios e administradores.[151]

O fato, porém, de se tratar de desconsideração feita objetivamente à luz do CDC, ou seja, sem o requisito da conduta abusiva do sócio, não afasta a necessidade de observar o procedimento legal do CPC (arts. 133 a 137). É que a pretensão de incluir o patrimônio do sócio na responsabilidade por obrigação da sociedade é sempre objeto de uma demanda, que só se viabiliza segundo o devido processo legal, que não dispensa a citação do novo demandado (CPC, art. 239), e o inteiro respeito ao contraditório e ampla defesa (CF, art. 5º, LV).[152]

Também a Lei 9.605/1998, ao cuidar da repressão às atividades lesivas ao meio ambiente, adotou a teoria menor da desconsideração da personalidade jurídica, como já decidiu o STJ, de modo a afastar dita repressão do regime geral do Código Civil.[153]

277.2. A Lei Anticorrupção e a desconsideração da personalidade jurídica

No campo dos delitos e fraudes contra a Administração Pública, a Lei Anticorrupção (Lei 12.846/2013) cuidou de reprimir os ilícitos praticados pelos sócios e administradores não só por meio da responsabilidade patrimonial das pessoas físicas delinquentes, mas também das pessoas jurídicas envolvidas. A desconsideração foi autorizada, portanto, para responsabilizar pessoalmente o sócio pelo ato praticado em nome da sociedade, assim como para responsabilizar administrativa e civilmente pessoas jurídicas "por condutas que atentem contra a Administração Pública, nacional ou estrangeira".[154]

O que se mostra realmente inovador na Lei Anticorrupção é a extensão de medidas punitivas para alcançar, além dos infratores, as pessoas jurídicas, chegando mesmo a determinar, em casos extremos, a dissolução compulsória da empresa que incorrer nas práticas previstas no art. 5º da Lei 12.846/2013.

Entretanto, a celeridade e a amplitude com que o legislador trata, atualmente, da desconsideração da personalidade jurídica não podem transformá-la em mero instrumento de

---

151 "A aplicação da teoria menor da desconsideração às relações de consumo está calcada na exegese autônoma do § 5º do art. 28, do CDC, porquanto a incidência desse dispositivo não se subordina à demonstração dos requisitos previstos no *caput* do artigo indicado, mas apenas à prova de causar, a mera existência da pessoa jurídica, obstáculo ao ressarcimento de prejuízos causados aos consumidores" (STJ, 3ª T., REsp 279.273/SP, Rel. p/ ac. Min. Nancy Andrighi, ac. 04.12.2003, *DJU* 29.03.2004, p. 230). Na doutrina: TEPEDINO, Gustavo; OLIVA, Milena Donato. *Fundamentos do direito civil* – Teoria geral do direito civil. Rio de Janeiro: Forense, 2020, v. 1, p. 136. No entanto, a jurisprudência tem excluído dos efeitos da desconsideração, mesmo quando fundada no § 5º, do art. 28 do CDC, o administrador não sócio que não participou do ato de gestão abusivo (STJ, 4ª T., REsp 1.860.333/DF, Rel. Min. Marco Buzzi, ac. 11.10.2022, *DJe* 27.10.2022).

152 "Por se tratar de demanda, o pleito de desconsideração da personalidade jurídica deve observar as condições para o regular exercício do direito de ação – legitimidade e interesse de agir" (ROCHA, Henrique de Moraes Fleury da. *Desconsideração da personalidade jurídica*. Salvador: JusPodivm, 2022, p. 237).

153 "No que tange à aplicação do art. 4º da Lei 9.605/1998 (= lei especial), basta tão somente que a personalidade da pessoa jurídica seja 'obstáculo ao ressarcimento de prejuízos causados à qualidade do meio ambiente', dispensado, por força do princípio da reparação *in integrum* e do princípio poluidor-pagador, o requisito do 'abuso', caracterizado tanto pelo 'desvio de finalidade', como pela 'confusão patrimonial', ambos próprios do regime comum do art. 50 do Código Civil (= lei geral)" (STJ, 2ª T., REsp 1.339.046/SC, Rel. Min. Herman Benjamin, ac. 05.03.2013, *DJe* 07.11.2016).

154 MOREIRA, Amanda Pierre de Moraes; AZEVEDO, Mário; MATA, Rodrigo da. A trajetória da Desconsideração da Personalidade Jurídica e a Lei de Liberdade Econômica. *In:* SOUZA, Eduardo Nunes de; GUEDES, Gisela Sampaio da Cruz; OLIVA, Milena Donato (coords.). *O Código Civil após a Lei da Liberdade Econômica: estudos na legalidade constitucional*. Rio de Janeiro: Ed. Processo, 2023, p. 358-359. Informam os autores: "Como revelado na exposição de motivos, a citada lei ambiciona suprir a omissão legislativa quanto à responsabilização de pessoas jurídicas que cometiam ilícitos em desfavor da Administração Pública, ensejando fraudes em licitações, contratos em geral e corrupção de toda sorte" (p. 359).

superação da insolvência empresarial e de penalização indiscriminada da pessoa jurídica por ilícitos individuais dos sócios.

Nesse aspecto, releva notar que a Lei da Liberdade Econômica (na alteração do art. 50 do CC) e a previsão do art. 19 da Lei Anticorrupção "demonstraram o anseio do legislador de refrear a arbitrária utilização da ferramenta, amplamente criticada pela doutrina especializada em especial à prática judicante trabalhista e tributária".[155]

277.3. Terceiros sujeitos aos efeitos da desconsideração

A extensão da responsabilidade pela obrigação da pessoa jurídica pode ocorrer sobre o patrimônio particular dos administradores ou sócios beneficiados direta ou indiretamente pelo abuso cometido na gestão da sociedade, nos termos do art. 50 do Código Civil, na redação da Lei 13.874/2019. No regime da lei comum, portanto, a desconsideração alcança tanto o sócio como o administrador não sócio, desde que se beneficiem do ato irregular enquadrado nas hipóteses enumeradas pelo referido dispositivo do Código Civil.

No regime do Código do Consumidor, a desconsideração é tratada de duas maneiras distintas: *(i)* em geral, funda-se, tal como se dá com o art. 50 do CC, em práticas abusivas dos sócios e gestores;[156] *(ii)* há, porém, uma previsão especial de cabimento da desconsideração que não se baseia em abuso de gestão, mas se contenta com a circunstância de a personalidade jurídica ser, de alguma forma, obstáculo ao ressarcimento dos prejuízos causados aos consumidores (CDC, art. 28, § 5º).

A propósito dessas peculiaridades do tratamento dispensado pelo CDC ao tema da desconsideração, o STJ firmou sua jurisprudência nos seguintes termos:

(a) "No entanto, mesmo sendo aplicada a teoria menor no presente caso, em que não se exige a prova do abuso da personalidade jurídica, o art. 28, § 5º, do Código de Defesa do Consumidor não pode ser interpretado de forma tão ampla a permitir a responsabilização de quem jamais integrou a diretoria ou o conselho de administração da cooperativa, como no caso do ora recorrente, que exerceu, por breve período, apenas o cargo de conselheiro fiscal, o qual não possui função de gestão da sociedade".[157]

(b) Mais especificamente sobre o administrador não sócio, o STJ faz uma ressalva importante: "... dada especificidade do parágrafo em questão [§ 5º do art. 28 do CDC], e as consequências decorrentes de sua aplicação – extensão da responsabilidade obrigacional –, afigura-se inviável a adoção de uma interpretação extensiva, com a

---

155 MOREIRA, Amanda Pierre de Moraes; AZEVEDO, Mário; MATA, Rodrigo da. A trajetória da Desconsideração da Personalidade Jurídica e a Lei de Liberdade Econômica. *In:* SOUZA, Eduardo Nunes de; GUEDES, Gisela Sampaio da Cruz; OLIVA, Milena Donato (coords.). *O Código Civil após a Lei da Liberdade Econômica: estudos na legalidade constitucional.* Rio de Janeiro: Ed. Processo, 2023, p. 358-359. "Patente, portanto, não só a intenção de limitar a intervenção do Poder Público nas atividades privadas – impressão reforçada pelo próprio nome atribuído à legislação [Lei de Liberdade Econômica] –, como do intuito de preservar a autonomia das avenças privadas e da separação do patrimônio da pessoa natural do afetado à atividade empresarial. Assim, frisa o legislador não só a excepcionalidade da desconsideração da personalidade jurídica, mas a sua subsidiariedade em relação às demais ferramentas disponíveis no ordenamento para coibir a prática de abusos" (*idem).*

156 "O juiz poderá desconsiderar a personalidade jurídica da sociedade quando, em detrimento do consumidor, houver abuso de direito, excesso de poder, infração da lei, fato ou ato ilícito ou violação dos estatutos ou contrato social. A desconsideração também será efetivada quando houver falência, estado de insolvência, encerramento ou inatividade da pessoa jurídica provocados por má administração" (CDC, art. 28, *caput*).

157 STJ, 3ª T., REsp 1.804.579/SP, Rel. Min. Marco Aurélio Bellizze, ac. 27.04.2021, *DJe* 04.05.2021. No mesmo sentido: STJ, 3ª T., REsp 1.766.093/SP, Rel. p/ ac. Min. Ricardo Villas Bôas Cueva, ac. 12.11.2019, *DJe* 28.11.2019.

atribuição da abrangência apenas prevista no artigo 50 do Código Civil, mormente no que concerne à responsabilização de administrador não sócio. 1.1 'O art. 50 do CC, que adota a teoria maior e permite a responsabilização do administrador não sócio, não pode ser analisado em conjunto com o parágrafo 5º do art. 28 do CDC, que adota a teoria menor, pois este exclui a necessidade de preenchimento dos requisitos previstos no *caput* do art. 28 do CDC permitindo a desconsideração da personalidade jurídica, por exemplo, pelo simples inadimplemento ou pela ausência de bens suficientes para a satisfação do débito. Microssistemas independentes'. (REsp 1.658.648/SP, relator Ministro Moura Ribeiro, Terceira Turma, julgado em 7/11/2017, *DJe* de 20/11/2017)".[158]

(c) Portanto, na hipótese em que a desconsideração pretendida leva em conta exclusivamente a regra do art. 28, § 5º, do CDC, ante a ausência de bens penhoráveis da pessoa jurídica, sem se apontar qualquer prática de abuso, excesso ou infração ao estatuto social e/ou à lei, impõe-se "afastar os efeitos da desconsideração da personalidade jurídica", em face dos "administradores não sócios".[159]

277.4. Aplicação da desconsideração em face de dívidas contraídas por associação civil

A desconsideração da personalidade jurídica, nos casos enumerados pela legislação material, não se restringe às sociedades empresárias. Também pode ocorrer em face de obrigações contratadas por associações, mas deve-se atentar para algumas particularidades dos vínculos que unem os associados à associação.

Como já ressaltou o STJ, há diferenças estrutural e funcional entre as sociedades e as associações, que repercutem sobre a configuração da desconsideração da personalidade jurídica, quando se trata de estender a responsabilidade obrigacional aos associados de uma associação civil.

O contrato social, para aquela Corte Superior, estabelece vínculos obrigacionais entre os sócios e a sociedade, enquanto as associações são marcadas por um negócio jurídico firmado entre elas e seus associados, "mas sem nenhum vínculo obrigacional, conforme comando do parágrafo único do art. 53 do CC,[160] de modo que o elemento pessoal não lhe é inerente". Assim, "é admissível a desconsideração da personalidade jurídica de associação civil, contudo a responsabilidade patrimonial deve ser limitada apenas aos associados que estão em posições de poder na condução da entidade, pois seria irrazoável estender a responsabilidade patrimonial a um enorme número de associados que pouco influenciaram na prática dos atos associativos ilícitos".[161]

Adotada tal linha de entendimento, a restrição de limitar-se a desconsideração à responsabilização patrimonial dos associados que exerceram algum cargo diretivo e com poder de decisão deve aplicar-se mesmo nos casos de desconsideração objetiva disciplinados pelo CDC (art. 28, § 5º).

277.5. Desconsideração da personalidade "expansiva"

Denomina-se desconsideração da personalidade "expansiva" a que se destina a reconhecer a responsabilidade do sócio oculto ou do sócio de fato, situação em que a imputação de res-

---

158 STJ, 4ª T., REsp 1.860.333/DF, Rel. Min. Marco Buzzi, ac. 11.10.2022, *DJe* 27.10.2022.

159 STJ, 4ª T., REsp 1.860.333/DF, Rel. Min. Marco Buzzi, ac. 11.10.2022, *DJe* 27.10.2022.

160 Código Civil: "Art. 53. Constituem-se as associações pela união de pessoas que se organizem para fins não econômicos. Parágrafo único. Não há, entre os associados, direitos e obrigações recíprocos".

161 STJ, 3ª T., REsp 1.812.929/DF, Rel. Min. Marco Aurélio Bellizze, ac. 12.09.2023, *DJe* 28.09.2023.

ponsabilidade não se funda nos requisitos do art. 50 do CC, mas sim naquilo que antigamente se classificava como "sociedade de fato" ou "sociedade irregular", e que o atual CC apelida de "sociedade em comum" (arts. 986-990).

Na sociedade em comum, a responsabilidade do sócio não se origina de abuso da personalidade jurídica, nem de confusão patrimonial, mesmo porque essa categoria de sociedade não tem personalidade reconhecida em lei e "todos os sócios respondem solidária e ilimitadamente pelas obrigações sociais" (CC, art. 990).

Por sua vez, o incidente de desconsideração da personalidade jurídica (CPC, art. 133-137), em princípio, não diz respeito aos sócios ocultos ou de fato. No entanto, reconhece o STJ a possibilidade de se recorrer ao referido procedimento incidental, por analogia, em casos como o do "sócio oculto", mesmo quando se trate de empresa individual, não sendo razoável exigir a apreciação da matéria apenas em ação própria.[162]

Prevaleceu, portanto, o correto entendimento de que "o procedimento da desconsideração previsto no CPC não tem a sua utilização restrita às hipóteses especificadas de desconsideração da personalidade jurídica do art. 50 do CC, mas sim, pode ser empregado em outras situações de extensão de responsabilidade patrimonial a terceiros – o que, em certa medida, fortifica a posição de que o incidente deveria, na verdade, ser denominado *incidente de corresponsabilização*",[163] como, aliás, sugere Cássio Scarpinella Bueno.[164]

A orientação do STJ, endossada por boa parte da doutrina,[165] atende sem dúvida ao princípio de economia processual e da rápida solução dos litígios (CPC, art. 4º; CF, art. 5º, LXXVIII). É bom ressaltar, contudo, que o incidente, para cumprir a garantia do devido processo legal, terá de se desenvolver com respeito ao pleno contraditório e ampla defesa (CPC, art. 7º; CF, art. 5º, LV), no que diz respeito à comprovação da sociedade em comum, seja ela uma sociedade irregular ou de fato, na dicção do direito antigo.[166]

Registre-se, ainda, a possibilidade de configuração da sociedade em comum entre pessoas físicas, entre pessoa jurídica e pessoa física e até mesmo entre pessoas jurídicas, havendo, outrossim, casos em que se deu o emprego do incidente para inclusão de sucessor empresarial em processo em curso contra outra sociedade,[167] assim como para redirecionar a execução contra sócio por ocorrência de dissolução irregular da pessoa jurídica (Súmula 435/STJ).

278. A desconsideração inversa da personalidade jurídica

A desconsideração inversa da personalidade jurídica, não prevista, originariamente, no Código Civil, foi admitida pelo STJ. Caracteriza-se ela "pelo afastamento da autonomia patrimonial da sociedade para, contrariamente ao que ocorre na desconsideração da personalidade

---

162 STJ, 3ª T., REsp 2.055.325/MG, Rel. Min. Nancy Andrighi, ac. 12.09.2023, *DJe* 02.10.2023.

163 PEREIRA, Guilherme Setoguti J.; MAGALHÃES, Daniel. Desconsideração "expansiva" da personalidade jurídica e responsabilização dos sócios de fato. *In:* PEREIRA, Guilherme Setoguti J.; CUEVA, Ricardo Villas Bôas (coords.). *Direito societário, recuperação judicial e falência na jurisprudência do STJ.* 2. tir. São Paulo: Ed. RT, 2024, p. 157.

164 BUENO, Cássio Scarpinella. O incidente de desconsideração da personalidade jurídica para além da desconsideração: uma homenagem ao Professor Fábio Ulhoa Coelho. *In:* CAMPINHO, Sérgio; FRAZÃO, Ana; CASTRO, Rodrigo Monteiro de (coords.). *Homenagem a Fabio Ulhoa Coelho*. São Paulo: Quartier Latin, 2022, v. IV, p. 412.

165 "Aplica-se o disposto nos arts. 133 a 137 do CPC às hipóteses de desconsideração indireta e expansiva da personalidade jurídica" (Enunciado 11 da I Jornada de Direito Processual Civil/CJF).

166 Sociedade *irregular* é a que não teve o respectivo contrato social inscrito no registro público, e sociedade *de fato* a que sequer possui contrato social. No CC atual, ambas se englobam na categoria da sociedade *em comum* (CC, arts. 986-990).

167 STJ, 1ª T., AgInt no REsp 1.775.466/SP, Rel. Min. Napoleão Nunes Maia Filho, ac. 18.03.2019, *DJe* 26.03.2019.

propriamente dita, atingir o ente coletivo e seu patrimônio social, de modo a responsabilizar a pessoa jurídica por obrigações do sócio controlador".[168] Pressupõe, da mesma forma que se dá na desconsideração direta, "a utilização abusiva da personalidade jurídica".[169]

Essa modalidade particular de desconsideração atualmente encontra previsão no Código de Processo Civil de 2015, no art. 133, § 2º, restando, assim, suprida a lacuna do direito material e chancelada a jurisprudência a respeito. Foi contemplada, também, pela reforma introduzida pela Lei 13.874/2019, no texto do art. 50, § 3º, do Código Civil.

A aplicação da desconsideração inversa segue os mesmos requisitos da direta, ou seja, pressupõe abuso de direito, consubstanciado pelo desvio de finalidade da pessoa jurídica ou pela confusão patrimonial. Deve-se ressaltar, todavia, que se trata de "medida excepcional" e que, por isso, "somente deve ser aplicada quando preenchidos os requisitos legais previstos no art. 50 do Código Civil brasileiro".[170]

A propósito dessa excepcionalidade, lembra a Ministra Nancy Andrighi (no REsp 948.117) que o juiz deve agir com bastante cautela ao aplicar a teoria da desconsideração, sobretudo no sentido inverso. É que a separação entre a responsabilidade do sócio e a da sociedade é fator de estímulo à criação de novas empresas e à preservação da própria pessoa jurídica e de seu fim social. Ressalta, ainda, que, se a empresa fosse responsabilizada sem critério por dívidas de qualquer sócio, "seria fadada ao insucesso". Portanto, sem o comprovado envolvimento da empresa na prática fraudulenta ou no abuso de direito arquitetado pelo sócio, não se pode imputar à pessoa jurídica responsabilidade por dívidas do sócio, a pretexto de aplicar o art. 50 do Código Civil e o art. 133, § 2º, do Código de Processo Civil[171].

Um exemplo de *disregard doctrine* inversa, a que se reporta a jurisprudência do STJ, se dá no caso em que o sócio controlador esvazia o seu patrimônio pessoal e o integraliza, por inteiro, na pessoa jurídica, deixando intencionalmente os credores sem acesso à garantia patrimonial. Mas é preciso que sejam preenchidos os requisitos do art. 50, do Código Civil,[172] pois não é ato ilícito a formalização e capitalização de pessoa jurídica, em si. Daí que, somente por meio da demonstração da fraude cometida pelo sócio, é que se poderá alcançar a desconsideração inversa.

Outro exemplo é o da confusão patrimonial, verificada quando o sócio devedor age como verdadeiro "dono" ou "controlador" da sociedade, retirando do caixa da empresa, mediante expedientes lícitos ou ilícitos, formais ou informais, o necessário para sua manutenção e de sua família. "Se o sócio não possui dinheiro em suas contas pessoais, mas está a usufruir dos benefícios derivados da retirada que faz na sociedade", comete fraude que deve ser coibida para impedir os efeitos da confusão patrimonial.[173]

No já referido REsp 1.236.916, a Relatora observou, com propriedade, que "a desconsideração inversa tem largo campo de aplicação no direito de família, em que a intenção de fraudar

---

[168] STJ, 3ª T., REsp 1.236.916/RS, Rel. Min. Nancy Andrighi, ac. 22.10.2013, *DJe* 28.10.2013.

[169] STJ, 3ª T., AgRg no AREsp 792.920/MT, Rel. Min. Marco Aurélio Bellizze, ac. 04.02.2016, *DJe* 11.02.2016.

[170] LEMES, Gilson Soares. Responsabilização da pessoa jurídica por dívida do sócio com desconsideração inversa da personalidade jurídica. *Amagis Jurídica*, n. 10, p. 29, jan.-jun. 2014.

[171] A desconsideração não produz a "despersonalização" da sociedade nem a declaração de sua "inexistência", e tampouco sua "desconstituição". "Desconsiderar a personalidade jurídica significa considerá-la excepcionalmente ineficaz em determinado caso concreto" (TAMER, Maurício Antônio. Pontos sobre a desconsideração da personalidade jurídica no Código de Processo Civil de 2015: conceito, posição do requerido e outros aspectos processuais. *Revista Brasileira de Direito Comercial*, v. 11, p. 9, jun.-jul. 2016).

[172] STJ, 3ª T., REsp 948.117/MS, Rel. Min. Nancy Andrighi, ac. 22.06.2010, *DJe* 03.08.2010.

[173] LEMES, Gilson Soares. Responsabilização da pessoa jurídica por dívida do sócio com desconsideração inversa da personalidade jurídica. *Amagis Jurídica*, n. 10, p. 25, jan.-jun. 2014.

a meação leva à indevida utilização da pessoa jurídica"[174]. Registra o acórdão duas situações recorrentes nesse terreno:

a) o cônjuge esvazia seu patrimônio pessoal, integrando-o ao da pessoa jurídica para afastá-lo da partilha; ou

b) o cônjuge, às vésperas do divórcio ou dissolução da união estável, efetiva sua retirada aparente da sociedade de que faz parte, transferindo sua cota para outro membro da empresa ou para terceiro, também com o objetivo de fraudar a partilha.

Interessante caso de desconsideração inversa da personalidade jurídica mediante fraude foi apreciado pelo STJ: o sócio controlador retirou-se da sociedade, mediante transferência de suas cotas sociais para suas filhas. No entanto, permaneceu na condução da empresa, representando as novas sócias (suas filhas) por meio de procuração outorgada para "representá-las em todos os assuntos relativos à sociedade".[175]

279. Procedimento do incidente de desconsideração da personalidade jurídica

I – Disposições do CPC

A lei processual nova previu duas oportunidades para se requerer a desconsideração da personalidade jurídica: *(i)* juntamente com a inicial; ou, *(ii)* em petição autônoma, como incidente processual, protocolada no curso da ação. Em qualquer caso, o pedido pode ser feito pela parte ou pelo Ministério Público, quando lhe couber intervir no processo (art. 133, *caput*). O requerimento deve demonstrar, ainda, o preenchimento dos pressupostos legais específicos, que, nos termos do art. 50, do CC, são o desvio de finalidade da pessoa jurídica e a confusão patrimonial entre ela e os sócios (CPC/2015, arts. 133, § 1º, e 134, § 4º).[176]

Segundo o entendimento do STJ, na ausência de previsão legal, o pedido pode ser feito a qualquer momento no processo, não se aplicando os prazos decadenciais para o ajuizamento das ações revocatória falencial e pauliana.[177] Destaque-se que o CPC só permite a desconsideração

---

[174] Também no REsp 1.522.142/PR, se reconheceu a possibilidade de desconsideração inversa da personalidade jurídica, em ação de divórcio em que se apurou transferência fraudulenta de quotas sociais por um dos cônjuges, "com a intenção de retirar do outro consorte ou companheiro direitos provenientes da relação conjugal" (STJ, 3ª T., Rel. Min. Marco Aurélio Bellizze, ac. 13.06.2017, *DJe* 22.06.2017).

[175] STJ, 3ª T., REsp 1.493.071/SP, Rel. Min. Ricardo Villas Bôas Cueva, ac. 24.05.2016, *DJe* 31.05.2016.

[176] Um caso recorrente de confusão patrimonial acontece na dissolução da sociedade conjugal, quando um dos consortes desvia recursos ou rendimentos do casal, colocando-os em nome de sociedade empresarial, e com isso acarreta prejuízos à partilha do patrimônio comum a ser praticada no divórcio (PINTO, Henrique Alves. O incidente de desconsideração da personalidade jurídica do novo CPC: breves considerações, *Revista Amagis Jurídica*, n. 12, p. 192, jan.-jun./2015.

[177] STJ, 4ª T., REsp 1.180.191/RJ, Rel. Min. Luis Felipe Salomão, ac. 05.04.2011, *DJe* 09.06.2011. Pensamos, todavia, que o entendimento pretoriano deva ser considerado restritivamente, ou seja, de modo a não incluir a prescrição. Isso porque a jurisprudência atual do próprio STJ se acha consolidada, no caso análogo do redirecionamento da execução fiscal para alcançar o sócio ou administrador da pessoa jurídica devedora, no sentido de ocorrer a prescrição se esse terceiro corresponsável não vier a ser citado no prazo de cinco anos após o despacho que tiver ordenado a citação da empresa executada (STJ, 1ª T., REsp 521.051/SP, Rel. Min. Luiz Fux, ac. 04.09.2003, *DJU* 20.10.2003, p. 223; STJ, 2ª T., AgRg no REsp 1.477.468/RS, Rel. Min. Herman Benjamin, ac. 20.11.2014, *DJe* 28.11.2014; STJ, 1ª Seção, REsp 1.201.993/SP – recurso repetitivo, Rel. Min. Herman Benjamin, ac. 08.05.2019, *DJe* 12.12.2019). Afinal, não há razão para tratar diferentemente o redirecionamento quando se cuide de credor não tributário. Tenha-se presente que, em caráter geral, a imprescritibilidade é repelida, em princípio, por nosso direito público e privado. Assim, a afirmação jurisprudencial de que a desconsideração da personalidade jurídica pode ser pleiteada a qualquer momento

a requerimento da parte, não havendo lugar para que o incidente seja determinado de ofício pelo juiz, como deixa claro o art. 133, *caput*.

As custas e despesas processuais serão antecipadas por aquele que promove o incidente sem o amparo da gratuidade da justiça (CPC, art. 82, *caput*). E se houver resistência ao pedido de desconsideração, o desconsiderando, sendo vencido no incidente, sujeitar-se-á a verba advocatícia de sucumbência,[178] além do reembolso das despesas eventualmente efetuadas pelo credor (CPC, arts. 82, § 2º, e 85).

As normas previstas no Código atual são aplicáveis, também, à desconsideração inversa da personalidade jurídica (art. 133, § 2º).

II – Desconsideração requerida com a petição inicial

Pode o autor, ao ajuizar a ação, apresentar provas da utilização indevida da personalidade jurídica da empresa e requer a sua desconsideração, para atingir os bens particulares dos sócios ou administradores responsáveis pelos atos fraudulentos. Nesse caso, o requerente promoverá a citação do sócio ou da pessoa jurídica para integrar a lide e contestar o pedido de desconsideração (art. 134, § 2º). Assim, não será necessária a instauração de um incidente específico, nem mesmo a suspensão do processo, na medida em que a defesa a respeito da desconsideração será apresentada pelos réus com a contestação. De igual forma, as provas eventualmente requeridas serão realizadas durante a instrução processual, devendo o juiz julgar o pedido de desconsideração com a sentença.

Na verdade, quando o pedido é formulado pelo autor, ainda na fase de conhecimento da demanda condenatória, o que ocorre é uma cumulação de pedidos conexos, originária ou supervenientemente, máxime quando isto se passa na petição inicial da demanda *principal*. O que se propõe é a inclusão de alguém no processo para que eventualmente seja condenado em conjunto com o réu, ou seja, com o devedor que contraiu em nome próprio a obrigação cobrada em juízo. Esse julgamento, portanto, dar-se-á em sentença única, na qual se solucionarão os dois pedidos cumulados.[179] Não haverá lugar para a decisão interlocutória de que fala o art. 136, *caput*, do CPC.

Convém esclarecer, porém, que a dispensa do incidente em questão autorizada pelo § 2º do art. 134 só se mostra cabível quando a desconsideração é pleiteada na petição inicial de processo de conhecimento, nunca em caso de ação executiva ou de cumprimento de sentença, como adiante se demonstrará (inc. V).

III – Desconsideração requerida como incidente

Se o requerente não tiver conhecimento da fraude ao ajuizar a ação, o pedido pode ser feito posteriormente, durante a marcha processual, por meio de simples petição em que se comprovem os requisitos legais. Em tal circunstância, a instauração do incidente suspenderá o processo (art. 134, § 3º).[180] O incidente pode ser instaurado em todas as fases do processo

---

no processo civil pendente somente merece acolhida com a ressalva de que tal aconteça *enquanto não consumada a prescrição da pretensão de exigir do sócio a prestação devida pela pessoa jurídica respectiva*.

178 ROCHA, Henrique de Moraes Fleury da. *Desconsideração da personalidade jurídica*. Salvador: JusPodivm, 2022, p. 247.

179 A cumulação, na espécie, tem como objetivo a eventual condenação em conjunto do devedor originário e daquele cuja responsabilidade decorre da desconsideração da personalidade jurídica (CÂMARA, Alexandre Freitas. *O novo processo civil brasileiro*. São Paulo: Atlas, 2016, p. 97).

180 A suspensão é passageira, apenas pelo tempo necessário à citação e defesa do sócio interveniente. Após, ocorrerá o cúmulo superveniente de ações conexas cuja instrução será comum, e o julgamento se dará em sentença única (CPC, art. 55, § 1º).

de conhecimento, no cumprimento de sentença e na execução fundada em título executivo extrajudicial (art. 134, *caput*).

A instauração do incidente de desconsideração será imediatamente comunicada ao distribuidor para as anotações devidas (art. 134, § 1º), em decorrência da ampliação subjetiva da relação processual originária. Além disso, o sócio ou a pessoa jurídica serão citados para apresentar defesa e requerer as provas cabíveis no prazo de quinze dias (art. 135), a fim de cumprir-se a garantia fundamental do contraditório. O texto primitivo do Projeto previa também a intimação do executado, o que, no entanto, não constou da redação final do atual Código. Assim, a intenção do legislador foi a de deixar o incidente se desenvolver apenas entre os seus sujeitos ativo e passivo. Realmente, não há, no incidente, interesse direto do demandado no processo principal, o que exclui a necessidade de intimá-lo. O que se discute é apenas a possibilidade ou não de ser o terceiro interveniente passível de responder também pela obrigação exequenda. Não há, pois, interesse do executado em jogo no incidente, pelo que bastará a citação do sujeito passivo da desconsideração.

O incidente deverá ser julgado pelo juiz logo após a defesa ou depois de realizada a instrução, se necessária, por meio de decisão interlocutória, contra a qual caberá agravo de instrumento (arts. 136, *caput*, e 1.015, IV)[181]. Se o incidente for resolvido em sede recursal, pelo relator, a decisão será atacável por meio de agravo interno (art. 136, § 1º)[182].

IV – Natureza do incidente

Instaurado no curso de outro processo, o incidente de desconsideração é regulado pelo CPC como intervenção de terceiro (arts. 133 a 137), o que não lhe retira a natureza de ação incidental. Tem-se, com toda propriedade, uma nova demanda cognitiva, distinta daquela originariamente estabelecida entre as partes do processo primitivo, e que se volta contra terceiro: uma *demanda incidental* envolvendo quem, até então, era estranho à relação processual pendente, proposta e decidida durante o curso de um processo cujo objeto é outro[183].

Da propositura do incidente, surge o cúmulo de duas ações distintas, sendo o objeto da primeira a cobrança de um crédito, geralmente em fase executiva, movida contra o obrigado inadimplente, e a segunda, a pretensão de reconhecimento de responsabilidade patrimonial secundária de terceiro, com a consequente liberação dos meios executivos sobre o patrimônio de quem não figurava como devedor na demanda originária[184].

Como intervenção de terceiro, o julgamento do mérito da ação incidental é feito por meio de decisão interlocutória recorrível por meio de agravo de instrumento (art. 1.015, IV), produzindo coisa julgada material, passível de ação rescisória, nas hipóteses do art. 966 do CPC[185].

---

181 A decisão interlocutória ocorrerá, em regra, quando, pelo estágio do processo principal, não for possível a instrução e julgamento simultâneos da ação principal e da ação incidental. Havendo decisão em sentença única, o recurso cabível será a apelação, seja para impugnar a resolução da demanda originária, ou a da demanda incidental (CPC, art. 1.009, *caput*). Sempre que a desconsideração for objeto de sentença, e mesmo quando for acolhida por decisão interlocutória, impugnada por agravo de instrumento, cabível será o julgamento ampliado, se a decisão do tribunal não for unânime (CPC, art. 942, *caput* e § 3º, II).

182 O incidente de desconsideração processado perante o relator só cabe quando se trata de ação de competência originária do tribunal, não quando o processo tenha subido à instância superior pela via recursal.

183 REIS, Sérgio Cabral dos. Aspetos polêmicos do IDPJ e regularidade do reconhecimento do grupo econômico na execução trabalhista – parte 1. *Revista de Processo,* São Paulo, v. 353, jul. 2024, p. 328.

184 YARSHELL, Flávio Luiz. Do incidente de desconsideração da personalidade jurídica. *In:* CABRAL, Antonio do Passo; CRAMER, Ronaldo (coords.). *Comentários ao novo Código de Processo Civil.* Rio de Janeiro: Forense, 2015. p. 231.

185 MEDINA, José Miguel Garcia. *Direito processual civil moderno.* São Paulo: Ed. RT, 2015. p. 229.

V – Desconsideração incidental e preclusão

O fato de o CPC permitir o incidente em qualquer modalidade de processo e em qualquer fase procedimental (art. 134) não equivale à permissão ao autor para reiterar várias vezes durante o curso da mesma ação o pleito anteriormente denegado, como se fosse o caso de pretensão insuscetível de preclusão. Na verdade, "o trânsito em julgado da decisão que aprecia pedido de desconsideração da personalidade jurídica torna a questão preclusa para as partes da relação processual, inviabilizando a dedução de novo requerimento com base na mesma causa de pedir"[186]. É claro, porém, que tal vedação não ocorrerá quando o novo incidente se apoiar em fundamento diverso daquele em que se apoiou o pedido antes indeferido.

VI – Desconsideração requerida em execução ou no cumprimento de sentença

Na hipótese de a desconsideração da personalidade jurídica ser requerida nos autos da execução ou durante o cumprimento de sentença, mesmo quando a formulação do pedido se der na própria petição inicial ou no requerimento do cumprimento da sentença, será sempre obrigatória a observância do incidente regulado pelos arts. 134 a 136. É que o procedimento executivo, em sua forma pura, não tem sentença para resolver sobre a responsabilidade nova (a do sócio ou da pessoa jurídica não devedores originariamente) e, sem tal decisão, faltará título executivo para sustentar o redirecionamento da execução. Somente, portanto, por meio do procedimento incidental em tela é que, cumprido o contraditório, se chegará a um título capaz de justificar o redirecionamento. Cabe, pois, ao incidente a função de constituir o título legitimador da execução contra aqueles a que se imputa a responsabilidade patrimonial pela obrigação contraída em nome de outrem.

É de se ressaltar, porém, que, embora se admita o incidente de desconsideração em qualquer tipo de processo e em qualquer fase do procedimento, não será possível pretender manejá-lo durante o cumprimento da sentença, se, pelo mesmo fundamento, a pretensão foi definitivamente rejeitada na fase de conhecimento da ação. A renovação, *in casu*, esbarrará na coisa julgada.[187]

Observe-se que "a instauração do incidente de desconsideração da personalidade jurídica não suspenderá a tramitação do processo de execução e do cumprimento de sentença em face dos executados originários" (Enunciado 110/CEJ da II Jornada de Direito Processual Civil).

VII – Desconsideração e processo falimentar

O art. 82-A, parágrafo único, da Lei 11.101/2005 dispõe que a desconsideração da personalidade jurídica da sociedade falida, para fins de responsabilização de terceiros, grupo, sócio ou administrador por obrigação desta, somente pode ser decretada pelo juízo falimentar com a observância do art. 50 do Código Civil de 2002 e dos arts. 133, 134, 135, 136 e 137 do Código de Processo Civil de 2015.

Interpretando a norma falimentar, esclarece a jurisprudência do STJ que seu objetivo, ao cogitar de competência exclusiva, se prende aos casos em que a desconsideração visa incluir terceiros no processo de falência. Tratando-se, portanto, de simplesmente definir responsabilidade de quem não deve sujeitar-se ao regime da quebra, a desconsideração da personalidade jurídica pode ser processada por outros juízes, em demandas que envolvam a falida.

---

186 STJ, 3ª T., REsp 2.123.732/MT, Rel. Min. Nancy Andrighi, ac. 19.03.2024, *DJe* 21.03.2024. No mesmo sentido: STJ, 3ª T., Resp 1.572.655/RJ, Rel. Min. Ricardo Villas Bôas Cueva, ac. 20.03.2018, *DJe* 26.03.2018.

187 STJ, 4ª T., REsp 1.473.782/MG, Rel. Min. Raul Araújo, ac. 15.08.2017, *DJe* 31.08.2017.

Assim, a principal função da regra do art. 82-A da Lei de Falências é regular os requisitos para a desconsideração quando processada no juízo falimentar, evitando eventuais abusos no âmbito da atividade judicial em detrimento do devido processo legal[188].

A propósito do grupo econômico, o entendimento adotado pelo STJ é no sentido de que "o tipo de relação comercial ou societária travada entre as empresas, ou mesmo a existência de grupo econômico, por si só, não é suficiente para ensejar a desconsideração da personalidade jurídica". Assim, "para ensejar a desconsideração da personalidade e a extensão da falência, seria necessário demonstrar quais medidas ou ingerências, em concreto, foram capazes de transferir recursos de uma empresa para outra, ou demonstrar o desvio da finalidade natural da empresa prejudicada". Logo, não havendo comprovação de abuso de personalidade, desvio de finalidade ou confusão patrimonial, não se justifica a desconsideração apenas em função de a empresa falida integrar um grupo econômico[189].

VIII – Redirecionamento da execução fiscal

Embora a responsabilidade tributária dos sócios e dirigentes da sociedade empresarial não seja exatamente um caso de desconsideração da pessoa jurídica, depende seu reconhecimento de ocorrência de conduta irregular do gestor por ocasião da ocorrência do fato gerador. À luz do art. 135, III, do CTN, a responsabilidade do sócio depende de ato violador da lei ou do estatuto social, fatos estes que devem ser apurados pela via administrativa ou judicial. Sem essa apuração, não se pode cogitar de título executivo oponível aos sócios ou administradores, não figurantes na certidão de dívida ativa, ao lado da sociedade devedora.

Como não há possibilidade de execução sem título executivo, o redirecionamento da execução fiscal, para o sócio, haverá de passar por acertamento em um incidente como o regulado pelo CPC sob o *nomen iuris* de desconsideração da personalidade jurídica.

O STJ, todavia, tem decidido que a coobrigação tributária, objeto de legislação especial (CTN) não se submete ao incidente de desconsideração da personalidade jurídica. Poderá, portanto, para aquela alta Corte, determinar o juiz, diretamente na execução fiscal, o seu direcionamento para responsabilizar, tanto o sócio como o sucessor empresarial da sociedade executada.[190] É inadmissível, porém, que esse redirecionamento se faça sem oportunidade de contraditório e ampla defesa para o terceiro estranho ao título executivo fiscal, sob pena de grave atentado à garantia constitucional do devido processo legal. Ainda que sem o rótulo de incidente de desconsideração da personalidade jurídica, algum procedimento similar haverá de ser observado para que regularmente se estenda a força do título exequendo ao terceiro coobrigado tributário.

A melhor orientação doutrinária, por isso, diverge da resistência injustificada da jurisprudência à admissibilidade do incidente de desconsideração da personalidade jurídica nos executivos fiscais. Afinal, quando a corresponsabilidade do sócio ou administrador pela obrigação tributária da pessoa jurídica não for previamente certificada no processo administrativo tributário e, pois, não se achar inserida na Certidão de Dívida Ativa, o caso é, sem dúvida, de responsabilidade patrimonial de terceiro, diante da execução fiscal em andamento. Logo, a atividade processual executiva não será viável contra esse terceiro, enquanto não se formar

---

188 "Portanto, o propósito do dispositivo não é o de conferir ao Juízo da falência competência exclusiva para determinar a desconsideração, mas estabelecer que a personalidade jurídica da sociedade falida somente poderá ser decretada com a observância dos requisitos do art. 50 do CC/2002 e dos arts. 133 e seguintes do CPC/2015" (STJ, 2ª Seção, CC 200.775/SP, Rel. Min. Nancy Andrighi, ac. 28.08.2024, *DJe* 11.09.2024).

189 STJ, 4ª T., REsp 1.897.356/RJ, Rel. Min. Maria Isabel Gallotti, ac. 03.09.2024, *DJe* 05.09.2024.

190 STJ, 2ª T., REsp 1.786.311/PR, Rel. Min. Francisco Falcão, ac. 09.05.2019, *DJe* 14.05.2019.

regularmente contra ele um título executivo equivalente ao que sustenta a execução fiscal instaurada contra a pessoa jurídica.

Há, quando muito, uma lacuna na Lei de Execução Fiscal, no tocante ao procedimento a observar no redirecionamento contra o sócio ou administrador não figurante na CDA. Longe, pois, de ocorrer uma antinomia entre o incidente de desconsideração regulado pelo CPC e o sistema de defesa previsto na LEF, o que há de prevalecer, na espécie, é a necessidade de a lacuna da lei especial ser preenchida pela disciplina geral do CPC[191], como, aliás, recomenda a própria Lei 6.830/1980, em seu art. 1º, em harmonia com o art. 1.046, § 2º, do CPC[192].

Havendo, assim, lacuna na lei especial, a aplicação subsidiária do CPC não pode ser negada aprioristicamente, a pretexto de antinomia. Caberá, em princípio, ao aplicador apenas procurar fazer com que a incidência supletiva e subsidiária seja feita adequadamente, de maneira a propiciar a convivência harmônica na integração entre as duas normas, a lacunosa e a preenchedora da lacuna. Na aplicação do incidente de desconsideração da personalidade jurídica para redirecionar a execução fiscal ao sócio/administrador, a aplicação subsidiária do CPC não é facultativa, é imperiosa por decorrer da observância inafastável dos princípios e garantias constitucionais, que, *in casu*, são, antes de tudo, o *devido processo legal* e o *contraditório e ampla defesa* (CF, art. 5º, LIV e LV).[193]

O incidente de desconsideração da personalidade jurídica, é bom lembrar, não cabe apenas nos casos do art. 50 do Código Civil,[194] mas "em todas as hipóteses de responsabilidade sem dívida ou responsabilidade patrimonial, isto é, em todas as situações em que o terceiro [sócio ou administrador] que não participou da relação obrigacional tem seu patrimônio alcançado

---

191 "Tratado pela Lei 6.830/1980 (LEF), o processo de execução fiscal comporta, pelo seu próprio art. 1º, a aplicação subsidiária do CPC. *Rege o princípio da especialidade, de sorte que, omisso o regramento, têm plena vigência as regras gerais do Código em vigor*" (grifo no original.) (LIMA JÚNIOR, João Carlos de. Incidente de desconsideração de personalidade jurídica e sua aplicação na execução fiscal sob um olhar constitucional. *Revista de Processo,* São Paulo, v. 353, jul. 2024, p. 27). No mesmo sentido: SOUZA JÚNIOR, Antonio Carlos F., *et al. Novo CPC e o processo tributário.* São Paulo: Foco Fiscal, 2015, p. 305.

192 CPC/2015, art. 1.046: "§ 2º Permanecem em vigor as disposições especiais dos procedimentos regulados em outras leis, aos quais se aplicará supletivamente este Código".

193 Se o caso é de sócio/administrador que não participou do PTA e, por isso, não figurou na CDA (título executivo), "então, mais que compatível com a Execução Fiscal, o Instituto de Desconsideração da Personalidade Jurídica veio corrigir uma grave falta legislativa, permitindo ao codevedor por desconsideração da personalidade jurídica exercer plenamente seus direitos constitucionais traduzidos pelos princípios que debatemos até aqui [devido processo legal e contraditório e ampla defesa]. Logo, não estamos diante de antinomia de normas e sim de supressão de lacuna existente, o que nos leva, por conseguinte, à plena subsunção do IDPJ à aplicação subsidiária do Código de Processo Civil prevista no art. 1º da Lei 6.830/1980" (LIMA JÚNIOR, João Carlos de. Incidente de desconsideração de personalidade jurídica e sua aplicação na execução fiscal sob um olhar constitucional. *Revista de Processo,* São Paulo, v. 353, jul. 2024, p. 38). O autor demonstra à saciedade a improcedência lógica e jurídica da tese defendida por aqueles que veem uma infundada antinomia entre o IDPJ – instituído para ampla incidência sobre todos os processos, inclusive o de execução de título extrajudicial (CPC, art. 134, *caput*) – e o executivo fiscal (LIMA JÚNIOR, p. 23-42, especialmente nas p. 32-40).

194 "Reconhecendo que o incidente criado se limita a tratar do procedimento para a desconsideração da personalidade jurídica, o § 1º do art. 133 do Novo CPC prevê que a desconsideração da personalidade jurídica observará os pressupostos estabelecidos em lei. A opção do legislador deve ser saudada porque os pressupostos para a desconsideração da personalidade jurídica são tema de direito material e dessa forma não devem ser tratados pelo Código de Processo Civil" (NEVES, Daniel Amorim Assumpção. *Manual de direito processual civil.* 9. ed. Salvador: Juspodivm, 2017, p. 377). Dentre as normas materiais que, além do art. 50 do CC, autorizam a desconsideração, o autor cita CDC, art. 28; CLT, art. 2º, § 2º; CTN, art. 134; Lei 9.605/1998, art. 4º; Lei 9.847/1999, art. 18, § 3º; Lei 12.529/2011, art. 34; Lei 6.404/1976, art. 246 (NEVES, Daniel Amorim Assumpção. *Manual de direito processual civil.* 9. ed. Salvador: Juspodivm, 2017, p. 376).

pelos atos executórios".[195] Com efeito, sob pena de violar a garantia do devido processo legal, "somente após a observância do contraditório, com a produção das provas necessárias à demonstração dos fatos controvertidos, pode o julgador desconsiderar a personalidade jurídica e sujeitar à execução o patrimônio de terceiro", no caso o sócio ou administrador.[196] Não há, pois, razão jurídica para os responsáveis tributários dos arts. 134 e 135 do CTN ficarem fora do alcance do incidente de desconsideração, mormente porque não são sérias as arguições de pretensa antinomia feitas ora na jurisprudência, ora na doutrina.[197]

IX – O incidente instaurado perante tribunal

A desconsideração da personalidade jurídica pode ocorrer "em todas as fases do processo", inclusive perante o tribunal (art. 134). Nesta última hipótese, caberá ao relator processar e decidir monocraticamente o incidente (art. 932, VI). O seu papel será, em tudo, igual ao do juiz no processo de primeiro grau de jurisdição. Apreciará o cabimento da pretendida intervenção de terceiro e, se for o caso, presidirá a instrução probatória e proferirá, afinal, o julgamento respectivo. Poderá, conforme as circunstâncias, delegar, por carta de ordem, a coleta de alguma prova a juiz de primeira instância.[198] O cabimento do incidente no tribunal ocorre naturalmente nas causas de competência originária. Dificilmente se compatibilizaria com os processos em fase recursal, pela necessidade de atender as limitações do efeito devolutivo e da observância do contraditório e ampla defesa.

Da decisão do relator, terminativa ou de mérito, caberá agravo interno para o colegiado (art. 136, parágrafo único).

Quanto aos tribunais superiores (STF e STJ), cumpre distinguir entre processo de competência originária e aqueles que sobem por via dos recursos extraordinário e especial. No primeiro caso, o incidente de desconsideração da personalidade jurídica será manejável, como se passa com qualquer tribunal. Já durante a tramitação dos recursos extraordinário e especial, a

---

[195] COSTA, Rosalina Moitta Pinto da. Aplicação do incidente de desconsideração da personalidade jurídica nas execuções fiscais: crítica ao posicionamento do STJ e do TRF. *Revista de Processo*, São Paulo, v. 340, p. 378, jun. 2023. Esclarece a autora: "a responsabilidade tributária de terceiros (CTN, art. 134 e 135) é espécie de responsabilidade sem dívida, pois versa sobre hipóteses em que o terceiro que não participou da relação jurídica obrigacional tributária tem o seu patrimônio atingido por atos executivos". Aliás, como adverte Daniel Amorim, o CPC apenas regulamenta o procedimento da desconsideração, deixando para o legislador material a definição dos casos que a autorizam (NEVES, Daniel Amorim Assumpção. *Manual de direito processual civil*. 9. ed. Salvador: Juspodivm, 2017, p. 376-377).

[196] BEDAQUE, José Roberto dos Santos. *Comentários ao Código de Processo Civil*. São Paulo: Saraiva, 2019, v. III, p. 133.

[197] É indispensável, portanto, "o manejo do IDPJ, para exercer o contraditório na execução fiscal em que está sendo demandado", remédio que, segundo os valores constitucionais, "deve ser preferível ao redirecionamento da execução fiscal (...), para todas as hipóteses de responsabilidade sem dívida ou responsabilidade tributária patrimonial (arts. 134 e 135)" (COSTA, Rosalina Moitta Pinto da. Aplicação do incidente de desconsideração da personalidade jurídica nas execuções fiscais: crítica ao posicionamento do STJ e do TRF. *Revista de Processo*, São Paulo, v. 340, p. 378, jun. 2023). Nesse sentido, entre outros: ASSIS, Araken de. *Processo civil brasileiro*. São Paulo: Editora RT, 2015, v. 2, t. I, p. 141; CASSONE, Vittório; ROSSI, Júlio César; CASSONE, Maria Eugênia Teixeira. *Processo tributário*: teoria e prática. 15. ed. São Paulo: Saraiva, 2017, p. 99; MARINONI, Luiz Guilherme; ARENHART, Sérgio Cruz; MITIDIERO, Daniel. *Código de Processo Civil comentado*. 8. ed. São Paulo: Editora RT, 2022, p. 283-284; CUNHA, Leonardo Carneiro da. *A Fazenda Pública em juízo*. 15. ed. São Paulo: Saraiva, 2018, p. 457; BEDAQUE, José Roberto dos Santos. *Comentários ao Código de Processo Civil*. São Paulo: Saraiva, 2019, v. III, p. 124; NEVES, Daniel Amorim Assumpção. *Manual de direito processual civil*. 9. ed. Salvador: Juspodivm, 2017, p. 376.

[198] CÂMARA, Alexandre Freitas. *O novo processo civil brasileiro*. São Paulo: Atlas, 2015, p. 103-104.

especificidade da matéria neles discutível não é condizente com a ampliação do objeto litigioso própria do incidente do art. 133 do CPC/2015.[199]

X – A defesa do terceiro alcançado pela pretendida desconsideração

O incidente provoca a formação de um litisconsórcio passivo superveniente entre o demandado primitivo e o terceiro, a quem se pretende estender a responsabilidade patrimonial pela obrigação disputada em juízo. Mas a obrigação existente é apenas do devedor originário, de modo que o terceiro interveniente se colocará na posição processual de demandado em relação à demanda incidental e – se pretender discutir a dívida –, atuará como assistente litisconsorcial.[200]

Nessa condição, o interveniente será integrado em contraditório que será amplo quanto aos fundamentos da desconsideração e seu cabimento. Quanto, porém, ao objeto da demanda principal, o interveniente (atuando como assistente litisconsorcial) receberá o processo no estado em que se encontre.[201] Vale dizer: se a causa ainda não foi sentenciada, poderá atacar matéria de mérito, para, por exemplo, questionar a validade, no todo ou em parte, da relação obrigacional. Todavia, se já existir decisão a esse respeito, não haveria como fazê-lo, mormente se já se formou a coisa julgada. Não lhe restaria senão a impugnação ao cabimento da desconsideração da personalidade jurídica.

O tema, porém, não é pacífico, e, ao contrário, se envolve em polêmicas doutrinárias sérias. Parece-nos que o melhor posicionamento é aquele que, como regra geral, não impõe restrições à defesa do terceiro que é chamado a responder pela obrigação ajuizada, levando em conta as garantias constitucionais do contraditório e da ampla defesa. Como adverte Leonardo Greco, por mais extensa que seja a responsabilidade promovida pela desconsideração, sociedade e sócio continuam sendo "pessoas diversas", cujo direito de defesa tem de ser respeitado distintamente. Uma vez que o terceiro é chamado ao processo, por provocação do autor, em momento posterior à sentença, seria descabido restringir-lhe a defesa, "não se podendo falar de preclusão, muito menos de coisa julgada",[202] fenômenos processuais naturalmente restritos a quem já figura como parte (CPC, arts. 506 e 507).[203]

De qualquer maneira, releva notar que na disciplina legal do incidente de desconsideração não consta restrição expressa às matérias de defesa do interveniente, o que reforça a prevalência

---

199 XAVIER, José Tadeu Neves. A processualização da desconsideração da personalidade jurídica. *Revista de Processo*, v. 254, p. 183, abr./2016.

200 ROCHA, Henrique de Moraes Fleury da. *Desconsideração da personalidade jurídica*. Salvador: JusPodivm, 2022, p. 245.

201 ROCHA, Henrique de Moraes Fleury da. *Desconsideração da personalidade jurídica*. Salvador: JusPodivm, 2022, p. 245.

202 GRECO, Leonardo. *Comentários ao Código de Processo Civil*. São Paulo: Saraiva, 2020, v. XVI, p. 189. O autor ressalva, porém, a hipótese de *abuso intenso* da personalidade jurídica quando se reconhece na desconsideração que a sociedade e o sócio, na realidade, "são a mesma pessoa, com dois nomes ou duas fachadas diferentes". Aí, sim, seria perfeitamente razoável impor a este "a coisa julgada e a preclusão de todas as decisões a que o réu originário tenha de submeter-se". Cf., também, RODRIGUES, Marcelo Abelha. *Responsabilidade patrimonial pelo inadimplemento das obrigações*: introdução ao estudo sistemático da responsabilidade patrimonial. Indaiatuba: Foco, 2023, p. 194; TUCCI, José Rogério Cruz e. Comentários aos arts. 1º a 12. *In:* TUCCI, José Rogério Cruz e *et al.* (coords.). *Código de Processo Civil anotado*. Rio de Janeiro: GZ, 2016, p. 18.

203 "A sentença faz coisa julgada às partes entre as quais é dada, não prejudicando terceiros" (art. 506). "É vedado à parte discutir no curso do processo as questões já decididas a cujo respeito se operou a preclusão" (art. 507).

da tese de que, "sem previsão legal expressa, não se deve limitar as garantias constitucionais da ampla defesa e do contraditório".[204]

Lembram, outrossim, outros autores que a preclusão e a coisa julgada também não seriam invocáveis em desfavor do terceiro, por não se fundar tecnicamente a desconsideração em sucessão ou substituição processual e, assim, o responsável não teria de se submeter aos efeitos e às estabilidades processuais decorrentes de atuação da parte primitiva.[205]

No caso em que o pedido de desconsideração tiver sido manifestado cumulativamente na petição inicial do processo, a defesa do terceiro a que se imputa a responsabilidade pela dívida do réu principal (o verdadeiro devedor), a resposta, como a de qualquer demandado principal e coobrigado, será feita, de maneira ampla, por meio de *contestação*.

Em se tratando, porém, de desconsideração pretendida na inicial da ação executiva lastreada em título extrajudicial, dar-se-á por *embargos à execução*. Se for requerida incidentalmente, o interveniente se defenderá por meio de simples *petição de impugnação*, tanto na execução de título extrajudicial como no cumprimento da sentença, sempre com as dimensões asseguradas pelas garantias do contraditório e da ampla defesa.

Por último, se de maneira irregular a desconsideração for admitida sem a prévia citação do desconsiderando, tornar-se-á cabível a defesa por meio de *embargos de terceiro*, por expressa autorização do art. 674, § 2º, III, do CPC. Nos embargos de terceiro, entretanto, não será cabível discussão a respeito da dívida ajuizada, nem em torno dos pressupostos específicos da desconsideração. O objeto desses embargos de terceiro será apenas a invalidade da desconsideração processada sem a participação do desconsiderando.[206]

XI – A desconsideração atributiva da personalidade jurídica

Registra-se, nos últimos tempos, uma significativa especulação doutrinária, no âmbito do direito material, em torno da possibilidade de imputação excepcional de responsabilização do sócio por obrigação da sociedade (e vice-versa) fora do casuísmo do art. 50 do Código Civil, movimento que busca inspiração sobretudo no direito alemão.[207] A repercussão processual dessa teoria – a que se atribui a denominação de "desconsideração atributiva" – estaria na

---

204 LEITE, Clarisse Frechiani Lara; OLIVEIRA, Igor Campos. A teoria da desconsideração atributiva no processo e os limites da defesa no incidente de desconsideração da personalidade jurídica. *Revista de Processo*, São Paulo, v. 341, p. 19, jul. 2023.

205 SILVA, João Paulo Hecker. Desconsideração da personalidade jurídica e sucessão. *In:* TALAMINI, Eduardo *et al.* (coords.). *Parte e terceiros no processo civil*. Salvador: Juspodivm, 2020, p. 465; LEITE, Clarisse Frechiani Lara; OLIVEIRA, Igor Campos. A teoria da desconsideração atributiva no processo e os limites da defesa no incidente de desconsideração da personalidade jurídica. *Revista de Processo*, São Paulo, v. 341, p. 25, jul. 2023; YARSHELL, Flávio Luiz. Comentários aos arts. 133 a 137. *In:* CABRAL, Antonio do Passo; CRAMER, Ronaldo (coords.). *Comentários ao novo Código de Processo Civil*. 2. ed. Rio de Janeiro: Forense, 2016, p. 238.

206 ROCHA, Henrique de Moraes Fleury da. *Desconsideração da personalidade jurídica*. Salvador: JusPodivm, 2022, p. 246.

207 "... a aplicação da desconsideração atributiva da personalidade jurídica presta-se a resolver conflitos entre o princípio da separação e determinadas normas cuja interpretação teleológica exija levar em conta a típica relação de proximidade entre sócios e sociedade para imputar fatos (atos, conhecimentos, declarações de vontades, interesses, condições econômicas etc.) de uma a outro" (cf. LEITE, Clarisse Frechiani Lara; OLIVEIRA, Igor Campos. A teoria da desconsideração atributiva no processo e os limites da defesa no incidente de desconsideração da personalidade jurídica. *Revista de Processo*, São Paulo, v. 341, p. 30-31, jul. 2023; CONTE, André Nunes. *Desconsideração atributiva no direito privado*: a imputação de fatos da pessoa jurídica aos seus membros e vice-versa. São Paulo: Quartier Latin, 2022, p. 23-24 e 38; ADAMEK, Marcelo Vieira von; FRANÇA, Erasmo Valladão Azevedo e Novaes. *Direito processual societário*: comentários breves ao CPC/2015. 3. ed. São Paulo: Malheiros, 2022, p. 140-141).

circunstância de a sua aplicação prática dispensar a observância do procedimento especial do incidente disciplinado pelos arts. 133 a 137 do CPC.[208]

De fato, se a imputação de responsabilidade excepcional é o fundamento original da própria demanda, não há que se cogitar da instauração do aludido incidente processual. O tema já estaria integrado ao objeto litigioso (ou objeto do processo), participando, assim, do indispensável contraditório e ampla defesa.

Mesmo que se pense em demanda contra o sócio posterior à condenação definitiva da sociedade, em quadra de excepcional imputação atributiva de responsabilidade, não haveria como negar-lhe, sem autorização em lei, o direito ao contraditório e à ampla defesa. Ainda, mesmo que o abuso da pessoa jurídica tenha sido cometido no processo pendente, a desconsideração atributiva poderia ser reconhecida nos próprios autos, sem, entretanto, suprimir o contraditório e a ampla defesa.[209]

Processualmente – no estágio atual do processo civil brasileiro –, a aplicação da teoria da desconsideração atributiva para fugir do procedimento incidental dos arts. 133 a 137 do CPC, e principalmente com vistas a restringir o direito de defesa do terceiro responsabilizado, gera discussões intensas e complexas, além de graves problemas relacionados com as garantias do devido processo legal no tocante ao contraditório e à ampla defesa.

Apesar da sofisticação e elegância da tese de que a teoria da desconsideração atributiva justificaria a limitação das matérias de defesa do sócio, sujeitando-o aos efeitos estabilizadores da preclusão e da coisa julgada ocorridos anteriormente em face da sociedade, nos casos de grande proximidade entre os entes societários, e em que a mesma questão já tivesse sido debatida pela pessoa jurídica, a melhor conclusão doutrinária é a de que:

> "Sem base legal expressa, não se pode deixar de conhecer de defesa do sócio, sobretudo daquela apta a fulminar a execução, ao argumento de que ele já teria tido oportunidade de se defender 'através' da sociedade".[210]

---

208 CONTE, André Nunes. *Desconsideração atributiva no direito privado*: a imputação de fatos da pessoa jurídica aos seus membros e vice-versa. São Paulo: Quartier Latin, 2022, p. 83-84.

209 "Nunca haveria de todo modo fórmula única e mágica para dirimir todos os problemas de desconsideração atributiva. E sempre se deveria fazer recair os ônus argumentativo e probatório sobre a pretensão de negar a separação de esferas, resolvendo-se a maioria das situações, entre as quais a de dúvida, em favor do direito à ampla defesa do réu da desconsideração. Tudo isso seria decidido depois do contraditório prévio no incidente de desconsideração, em que se discutiria a *desconsideração atributiva como justificativa para não conhecer de determinados fundamentos de defesa* (grifos dos autores), afirmando-se quanto a eles a existência de preclusão (inclusive a decorrente da eficácia preclusiva da coisa julgada – CPC, art. 508)" (LEITE, Clarisse Frechiani Lara; OLIVEIRA, Igor Campos. A teoria da desconsideração atributiva no processo e os limites da defesa no incidente de desconsideração da personalidade jurídica. *Revista de Processo*, São Paulo, v. 341, p. 43, jul. 2023).

210 LEITE, Clarisse Frechiani Lara; OLIVEIRA, Igor Campos. A teoria da desconsideração atributiva no processo e os limites da defesa no incidente de desconsideração da personalidade jurídica. *Revista de Processo*, São Paulo, v. 341, p. 45, jul. 2023. Para os autores, há lógica e razoabilidade na tese ora debatida, mas a solução adequada deve ser buscada *de lege ferenda*, vale dizer, mediante positivação (inserção no direito positivo) "a partir da identificação de *problemas* de desconsideração atributiva – ou seja, de hipóteses de extrema proximidade societária em que se repute ameaçada a paridade de armas entre credor e devedor(es) pela possibilidade de 'duplicação da defesa' –, norma imputando os efeitos da (oportunidade de) participação de um sujeito a outro, de modo a limitar a defesa do réu no incidente de desconsideração pelas preclusões dirigidas ao ente que tenha originariamente figurado como parte. Com isso, será possível resolver, com previsibilidade, a tensão entre o princípio da igualdade e o da ampla defesa, nas situações em que não se justifique a incidência da norma de separação de esferas jurídicas no âmbito processual" (LEITE, Clarisse Frechiani Lara; OLIVEIRA, Igor Campos. A teoria da desconsideração atributiva no processo e os limites da defesa no incidente de desconsideração da personalidade jurídica. *Revista de Processo*, São Paulo, v. 341, p. 45-46, jul. 2023).

XII – Honorários advocatícios sucumbenciais no incidente de desconsideração da personalidade jurídica

Como simples incidente de ampliação subjetiva da relação processual já estabelecida, a desconsideração da personalidade jurídica, quando acolhida, segue a regra geral reconhecida pela jurisprudência do STJ de que "não é cabível a fixação de honorários sucumbenciais em incidente processual diante da ausência de previsão", salvo as hipóteses excepcionais em que a decisão acarreta a extinção ou a alteração substancial do processo[211].

A justificação do entendimento é a de que não se poderia cumular duas verbas sucumbenciais diante de uma só pretensão do credor, a de cobrar a mesma dívida dos respectivos responsáveis patrimoniais, chegando ao excesso indesejável de impor, afinal, 40% de honorários em favor do advogado do credor[212].

A situação, ainda na ótica do STJ, é muito diferente, quando se depara com a desacolhida do incidente de desconsideração, diante do reconhecimento em decisão interlocutória da improcedência do pedido de ampliação subjetiva da relação processual. Nesse caso, que se equipara à exclusão de litisconsorte passivo no estágio de saneamento, sem extinção do processo contra os demais demandados, a orientação jurisdicional que se nos afigura correta[213], é no sentido de que:

> "O indeferimento do pedido de desconsideração da personalidade jurídica, tendo como resultado a não inclusão do sócio (ou da empresa) no polo passivo da lide, dá ensejo à fixação de verba honorária em favor do advogado de quem foi indevidamente chamado a litigar em juízo"[214].

A Corte Especial do STJ consolidou esse entendimento por meio da seguinte tese: "A fixação de honorários advocatícios é cabível em incidentes processuais que resultem em alteração substancial da lide, como no indeferimento do pedido de desconsideração da personalidade jurídica".[215]

280. Efeitos da desconsideração da personalidade jurídica

O principal efeito da desconsideração da personalidade jurídica é imputar aos sócios ou administradores da empresa a responsabilidade pelos atos fraudulentos praticados em prejuízo de terceiros[216]. Desta forma, a indenização será assegurada não apenas pelos bens da pessoa

---

211 STJ, 3ª T., REsp 1.812.929/DF, Rel. Min. Marco Aurélio Bellizze, ac. 12.09.2023, *DJe* 28.09.2023. Precedentes: AgInt no AREsp 2.137.999/RS, 1ª T., Rel. Min. Paulo Sérgio Domingues, ac. 19.06.2023, *DJe* 22.06.2023; REsp 1.943.831/SP, 3ª T., Rel. Min. Ricardo Villas Bôas Cueva, ac. 14.12.2021, *DJe* 17.12.2021; REsp 1.845.536/SC, 3ª T., Rel. Min. Nancy Andrighi, ac. 26.05.2020, *DJe* 09.06.2020.

212 STJ, 3ª T., REsp 1.845.536/SC, Rel. Min. Nancy Andrighi, ac. 26.05.2020, *DJe* 09.06.2020; STJ, 3ª T., AgInt no REsp 1.852.515/SP, Rel. Min. Moura Ribeiro, ac. 24.08.2020, *DJe* 27.08.2020; STJ, 3ª T., AgInt no REsp 1.933.606/SP, Rel. Min. Paulo de Tarso Sanseverino, ac. 21.02.2022, *DJe* 24.02.2022.

213 Cf., *retro*, item 207.

214 STJ, 3ª T., REsp 1.925.959/SP, Rel. p/ ac. Min. Ricardo Villas Bôas Cueva, ac. 12.09.2023, *DJe* 22.09.2023.

215 STJ, Corte Especial, EREsp 2.042.753/SP, Rel. Min. Mauro Campbell Marques, ac. 02.04.2025, *DJEN* 12.05.2025. Precedentes: STJ, Corte Especial, EREsp 1.366.014/SP, Rel. Min. Napoleão Nunes Maia Filho, ac. 29.03.2017, *DJE* 05.04.2017; STJ, Corte Especial, REsp 2.072.206/SP, Rel. Min. Ricardo Villas Bôas Cueva, ac. 13.02.2025, *DJe* 12.03.2025.

216 O Código Civil traça alguns limites à responsabilização dos sócios por obrigações da sociedade, como, *v.g.*, nos arts. 1.032 e 1.052, entre outros. Mas as limitações da responsabilidade dos cotistas de sociedade limitada ao capital subscrito e integralizado (art. 1.052) e aos débitos contraídos pela sociedade no biênio anterior à retirada do sócio (art. 1.032) nenhuma aplicação têm aos casos de desconsideração da

jurídica, mas, também, pelo patrimônio pessoal dos sócios ou administradores envolvidos. De igual sorte, ocorrendo a desconsideração inversa, a pessoa jurídica será responsabilizada por obrigações contraídas por seu sócio, de modo que o patrimônio daquela será utilizado para a reparação dos danos provocados. Trata-se, pois, de uma técnica de imposição de responsabilidade patrimonial a terceiro, por dívida que não é sua[217]. Antes do incidente não há nem dívida, nem responsabilidade do terceiro (sócio ou sociedade), razão pela qual seus bens não poderão ser alcançados pela execução da dívida alheia. Sem o acertamento judicial, o credor não terá título para fazer atuar a responsabilidade patrimonial daquele que não é devedor, e como é de elementar sabença, não há, no direito moderno, execução sem título.[218]

De qualquer maneira, seja a desconsideração pleiteada na inicial ou em incidente, envolverá sempre questão de mérito, capaz de ampliar o objeto do processo. Com isso, a respectiva solução revestir-se-á da autoridade de coisa julgada material. Esgotada a via recursal, somente por meio de ação rescisória será possível revê-la.

É importante notar, outrossim, que não se inclui nos efeitos do incidente a extinção ou dissolução da pessoa jurídica. A acolhida da pretensão de desconsiderar a personalidade jurídica opera no plano da autonomia patrimonial e obrigacional da pessoa jurídica, mas não para anulá-la ou extingui-la.[219] Apenas no caso concreto a eficácia dessa autonomia é suspensa, para, excepcionalmente, imputar responsabilidade ao sócio por dívida da sociedade (ou vice-versa).[220]

---

personalidade jurídica. Os dispositivos em questão referem-se à "ultratividade da responsabilidade do sócio pelas obrigações da sociedade em *situações ordinárias*"; enquanto a desconsideração se funda em "responsabilidade *extraordinária*" (STJ, 3ª T., REsp 1.269.897/SP, Rel. Min. Sidnei Beneti, ac. 05.03.2013, *DJe* 02.04.2013). "A partir da desconsideração da personalidade jurídica, a execução segue em direção aos bens dos sócios, tal qual previsto expressamente pela parte final do próprio art. 50 do Cód. Civil e não há, no referido dispositivo, qualquer restrição acerca da execução, contra os sócios, ser limitada às suas respectivas quotas sociais e onde a lei não distingue, não é dado ao intérprete fazê-lo" (STJ, 3ª T., REsp 1.169.175/DF, Rel. Min. Massami Uyeda, ac. 17.02.2011, *DJe* 04.04.2011).

217 "A desconsideração implica, em verdade, a sujeição do patrimônio do terceiro à satisfação do crédito, e não sua sub-rogação na posição do devedor" (TAMER, Maurício Antônio. Pontos sobre a desconsideração da personalidade jurídica no Código de Processo Civil de 2015: conceito, posição do requerido e outros aspectos processuais. *Revista Brasileira de Direito Comercial*, n. 11, p. 11, jun.-jul. 2016). No mesmo sentido: SOUZA, Gelson Amaro de. Desconsideração da personalidade jurídica no CPC-2015, *Revista de Processo*, v. 255, p. 97, São Paulo, maio/2016.

218 "Com efeito, a sujeição do patrimônio do terceiro em razão da desconsideração só pode ser feita jurisdicionalmente, com observância inexorável do procedimento dos arts. 133 a 137, em prestígio ao devido processo legal" (TAMER, Maurício Antônio. Pontos sobre a desconsideração da personalidade jurídica no Código de Processo Civil de 2015: conceito, posição do requerido e outros aspectos processuais. *Revista Brasileira de Direito Comercial*, n. 11, p. 12, jun.-jul. 2016). O CPC/2015 é categórico a respeito: "Para a desconsideração da personalidade jurídica é obrigatória a observância do incidente previsto neste Código" (art. 795, § 4º).

219 "A desconsideração não importa em dissolução da pessoa jurídica, mas se constitui apenas em um ato de efeito provisório, decretado para determinado caso concreto e objetivo, dispondo, ainda, os sócios incluídos no polo passivo da demanda, de meios processuais para impugná-la" (STJ, 3ª T., REsp 1.169.175/DF, Rel. Min. Massami Uyeda, ac. 17.02.2011, *DJe* 04.04.2011). No mesmo sentido: STJ, 2ª T., AgRg no REsp 1.307.639/RJ, Rel. Min. Herman Benjamin, ac. 17.05.2012, *DJe* 23.05.2012.

220 "A desconsideração da personalidade jurídica opera no *plano da eficácia*, tornando a limitação de responsabilidade *ineficaz* em relação a *credor determinado* e a *crédito específico*" (ANDRADE, Érico; PARENTONI, Leonardo. O incidente de desconsideração da personalidade jurídica. *In:* RODRIGUES, Marcelo Abelha; CASTRO, Roberta Dias Tarpinian de; SIQUEIRA, Thiago Ferreira; NAVARRO, Trícia (coords.). *Desconsideração da personalidade jurídica*: aspectos materiais e processuais. Indaiatuba: Ed. Foco, 2023, p. 49). No mesmo sentido: SALOMÃO FILHO, Calixto. *O novo direito societário*. 3. ed. São Paulo: Malheiros, 2006, p. 238; FRANÇA, Erasmo Valladão Azevedo e Novaes; ADAMEK, Marcelo Vieira von. *Direito processual societário*: *comentários breves ao CPC/2015*. 3. ed. São Paulo: Malheiros, 2022, p. 140.

281. Prevenção contra a fraude

Dispõe o Código atual que a partir do acolhimento do pedido de desconsideração, a alienação ou oneração de bens, havida em fraude de execução, será considerada ineficaz em relação ao requerente (CPC, art. 137). Por acolhimento, a lei não quer dizer decisão de procedência do incidente, mas simplesmente o deferimento do processamento do pedido de desconsideração. Ou seja, antes mesmo que se verifique a penhora, os credores serão acautelados com a presunção legal de fraude, caso ocorram alienações ou desvios de bens pelas pessoas corresponsabilizadas. Como a penhora só será viável depois da decisão do incidente, a medida do art. 137 resguarda, desde logo, a garantia extraordinária que se pretende alcançar por meio da desconsideração. Da mesma forma que se passa com a fraude cometida dentro da execução ordinária, a presunção legal de fraude do art. 137 pressupõe que o sujeito passivo da desconsideração da personalidade jurídica já tenha sido citado para o incidente, quando praticar o ato de disposição (art. 792, § 3º). Justifica-se a fixação desse termo *a quo* pela circunstância de que o sujeito passivo do processo só se integra a ele por meio da citação. Portanto, só pode fraudar a execução quem dela já faça parte.[221]

Antes da citação, o devedor ou responsável não fica imune às consequências da fraude, mas se sujeita ao regime da fraude contra credores e não da fraude à execução. Há, não obstante, mecanismos de proteção cautelar que preservam o credor dos riscos de desvio de bens e de insolvência do devedor que podem ser utilizados, em qualquer caso, antes mesmo da citação executiva (arts. 300 e 301).

Note-se, outrossim, que o negócio jurídico acaso praticado após a instauração do incidente não será nulo, mas apenas ineficaz, *i.e.*, não surtirá efeitos em relação ao credor requerente. Por essa razão, os bens desviados poderão ser penhorados, sem embargo de pertencerem aos terceiros adquirentes, para o fim de garantir a execução ajuizada em desfavor da pessoa jurídica ou de seus sócios ou administradores.

Costuma-se criticar a necessidade de um incidente prévio, em contraditório, para aplicar a desconsideração da personalidade jurídica ao argumento de que a duração desse procedimento ensejaria oportunidade para esvaziamento patrimonial dos novos responsáveis. A crítica, todavia, não procede, porquanto, além da presunção de fraude do art. 137, o exequente contará sempre com a tutela de urgência para debelar o intento fraudulento. Com efeito, demonstrado o risco concreto de desvio de bens, seguido da temida insolvência dos codevedores, o exequente terá, ainda, a seu alcance a proteção cautelar genérica, que, no caso de execução, pode ser pleiteada cumulativamente na própria petição inicial, desde que se aponte, objetivamente, o motivo que justifique seu pedido (art. 799, VIII). Se, portanto, o exequente pode acautelar-se contra a fraude, antes mesmo da citação do executado atingido pela desconsideração, nada há que autorize o afastamento do incidente dos rigores da garantia do contraditório e ampla defesa, tal como regulado pelo CPC/2015. Não procede, por isso, o temor de que o procedimento da desconsideração da personalidade abre ensejo a desvios patrimoniais em fraude dos direitos dos credores.

---

[221] "2. A fraude à execução só poderá ser reconhecida se o ato de disposição do bem for posterior à citação válida do sócio devedor, quando redirecionada a execução que fora originariamente proposta em face da pessoa jurídica. 3. Na hipótese dos autos, ao tempo da alienação do imóvel corria demanda executiva apenas contra a empresa da qual os alienantes eram sócios, tendo a desconsideração da personalidade jurídica ocorrido mais de três anos após a venda do bem. Inviável, portanto, o reconhecimento de fraude à execução" (STJ, 3ª T., REsp 1.391.830/SP, Rel. Min. Nancy Andrighi, ac. 22.11.2016, *DJe* 01.12.2016).

Fluxograma nº 6

INCIDENTE DE DESCONSIDERAÇÃO DA PERSONALIDADE JURÍDICA
(arts. 133 a 137)

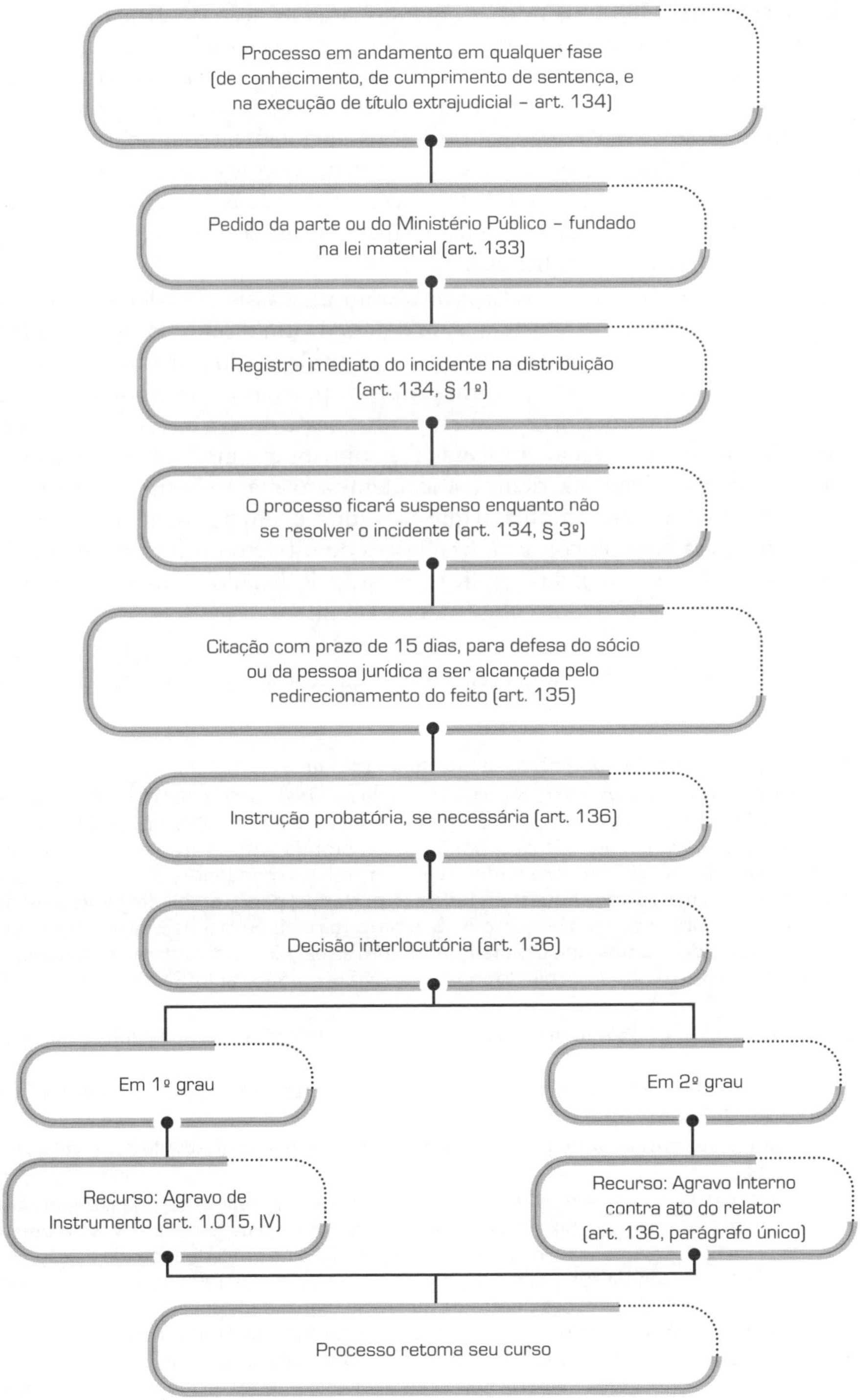

§ 36. *AMICUS CURIAE*

282. Conceito

O *amicus curiae*, ou *amigo do tribunal*,[222] previsto pelo CPC/2015 entre as hipóteses de intervenção de terceiro (art. 138), mostra-se – segundo larga posição doutrinária –, preponderantemente, como um auxiliar do juízo em causas de relevância social, repercussão geral ou cujo objeto seja bastante específico, de modo que o magistrado necessite de apoio técnico. Não é ele propriamente parte no processo – pelo menos no sentido técnico de sujeito da lide objeto do processo –, mas, em razão de seu interesse jurídico (institucional) na solução do feito, ou por possuir conhecimento especial que contribuirá para o julgamento, é convocado a manifestar-se, ou se dispõe a atuar, como colaborador do juízo. Assim, sua participação é, em verdade, meramente opinativa a respeito da matéria objeto da demanda. Sua intervenção, de tal sorte, justifica-se como forma de aprimoramento da tutela jurisdicional.[223]

Para Cassio Scarpinella Bueno, "o *amicus curiae* não atua, assim, em defesa de um indivíduo ou de uma pessoa, como faz o assistente, em defesa de um direito de alguém. Ele atua em prol de um interesse, que pode, até mesmo, não ser titularizado por ninguém, embora seja partilhado difusa ou coletivamente por um grupo de pessoas e que tende a ser afetado pelo que vier a ser decidido no processo".[224] Desempenha, nessa ordem de ideias, uma função importantíssima, de "melhorar o debate processual e contribuir a uma decisão mais justa e fundamentada".[225] Além disso, legitima "democraticamente a formação de precedente judicial, de jurisprudência dominante ou de súmula, o que é levado a efeito por meio da pluralização do diálogo processual para com blocos, grupos, classes ou estratos da sociedade ou, ainda, para com órgãos, instituições, potências públicas ou próprio Estado",[226] de cujos interesses momentaneamente se torna adequado representante, em juízo.

A ideia não é nova no direito brasileiro. Algumas leis esparsas e o próprio Código de Processo Civil de 1973 previam, timidamente, sua participação para hipóteses específicas.[227]

---

[222] Também denominado de *friend of court* no direito norte-americano.

[223] DIDIER JR., Fredie. *Curso de direito processual civil. Introdução ao direito processual civil e processo de conhecimento.* 14. ed. Salvador: JusPodivm, 2012, v. I, p. 420. Para CASSIO SCARPINELLA BUENO, o *amicus curiae* é "um especial terceiro interessado que, por iniciativa própria (intervenção espontânea) ou por determinação judicial (intervenção provocada), intervém em processo pendente com vistas a enriquecer o debate judicial sobre as mais diversas questões jurídicas, portando, para o ambiente judiciário, valores dispersos na sociedade civil e no próprio Estado, que, de uma forma mais ou menos intensa, serão afetados pelo que vier a ser decidido, legitimando e pluralizando, com a sua iniciativa, as decisões tomadas pelo Poder Judiciário" (*Curso sistematizado de direito processual civil.* 6. ed. São Paulo: Saraiva, 2013, v. 2, t. I, p. 500).

[224] BUENO, Cassio Scarpinella. *Curso sistematizado de direito processual civil.* 6. ed. São Paulo: Saraiva, 2013, v. 2, t. I, p. 497.

[225] SILVA, Eduardo Silva da; BRONSTRUP, Felipe Bauer. O requisito da representatividade no *amicus curiae*. *Revista de Processo*, n. 207, maio 2012, p. 193.

[226] PINTO, Roberto Strobel. *Amicus curiae* no projeto de Código de Processo Civil. *Revista de Processo*, n. 220, jun. 2013, p. 232-233.

[227] A Lei 6.385/1976 estabelece a intervenção da CVM nos processos cujo objeto seja da competência da autarquia; a Lei 8.884/1994 prevê a intimação do CADE em todos os processos relativos ao direito da concorrência; a Lei 11.417/2006 autoriza a "manifestação de terceiros" no procedimento de edição, revisão ou cancelamento de enunciado da súmula vinculante do STF; a Lei 9.868/1999 permite a intervenção de "outros órgãos ou entidades" nas ações diretas de inconstitucionalidade; a Lei 9.882/1999 autoriza a manifestação de "outros órgãos ou entidades" no incidente de inconstitucionalidade e de "pessoas com experiência e autoridade na matéria" na arguição de descumprimento de preceito fundamental; o art. 482, §§ 1º, 2º e 3º, do CPC/1973 prevê a participação do *amicus curiae* no incidente de decretação de inconstitucionalidade em tribunal; o art. 543-A, § 6º, do CPC/1973 autoriza a intervenção no incidente

Agora, o atual Código (art. 138) dedicou um capítulo da Parte Geral ao tema, prevendo a forma e os limites da intervenção do *amicus curiae*, em qualquer modalidade de processo, bem como regulando os respectivos poderes.

283. Natureza jurídica

A natureza jurídica do *amicus curiae* é bastante controvertida na doutrina pátria. Alguns autores o qualificam como uma modalidade interventiva *sui generis* ou atípica.[228] Isso porque sua intervenção estaria vinculada à demonstração de um interesse jurídico legítimo. Outros o entendem como um terceiro que intervém no processo a título de auxiliar do juízo, cujo objetivo é aprimorar as decisões, dar suporte técnico ao magistrado.[229]

A jurisprudência do STF, até recentemente, não havia se posicionado de forma específica sobre o tema. Alguns Ministros, entretanto, já vinham apresentando suas opiniões em julgamentos esparsos, ora o qualificando como colaborador da Corte, ora como terceiro.[230] Finalmente, em julgado do Pleno, restou definido que o "*amicus curiae* é um colaborador da Justiça" e que sua participação no processo "ocorre e se justifica não como defensor de interesses próprios, mas como agente habilitado a agregar subsídios que possam contribuir para a qualificação da decisão a ser tomada pelo Tribunal". Donde se extraiu a conclusão de que a natureza dessa participação no processo é "predominantemente instrutória", razão pela qual pode ser indeferida, segundo as conveniências da causa, sem que se reconheça "legitimidade recursal ao preterido".[231]

Nossa opinião é de que o *amicus curiae,* tal como conceituado pelo atual CPC, é um auxiliar especial do juiz, a quem cabe fornecer informações técnicas reputadas relevantes para o julgamento da causa. Não se confunde, entretanto, com aqueles auxiliares que habitualmente participam do processo, tais como o escrivão, o perito, o tradutor, o curador, o *custos legis* etc., pois chega até a dispor do direito de recorrer em alguns casos. Sua interferência é, pois, típica e particularíssima, seja pelas condições em que se dá, seja pelo objetivo visado.

Nem sempre se exige do *amigo da Corte* um interesse próprio na causa. Sua participação se justifica, principalmente, pela aptidão para municiar o juiz de informações, dados, argumentos, relativos ao objeto do debate processual e importantes para o bom julgamento da causa. Sua colaboração ocorre, com maior significado, nas demandas que exigem decisões complexas como

---

de análise da repercussão geral do recurso extraordinário por amostragem e o art. 543-C, §§ 3º e 4º, do CPC/1973, no incidente de julgamento por amostragem dos recursos especiais repetitivos (cf. DIDIER JR., Fredie. *Curso de direito processual civil. Introdução ao direito processual civil e processo de conhecimento.* 14. ed. Salvador: JusPodivm, 2012, v. I, p. 418; TUPINAMBÁ, Carolina. Novas tendências de participação processual – o *amicus curiae* no anteprojeto do novo CPC. In: FUX, Luiz (coord.). *O novo processo civil brasileiro Direito em expectativa.* Rio de Janeiro: Forense, 2011, p. 118-122).

228 CARNEIRO, Athos Gusmão. Mandado de segurança: assistência e *amicus curiae. Revista de Processo*, v. 112, São Paulo: RT, 2003, p. 219; CUNHA, Leonardo José Carneiro da. Intervenção anômala: a intervenção de terceiro pelas pessoas jurídicas de direito pública prevista no parágrafo único do art. 5º da Lei 9.469/1997. In: DIDIER JR., Fredie; WAMBIER, Teresa Arruda Alvim (coords.). *Aspectos polêmicos e atuais sobre os terceiros no processo civil e assuntos afins.* São Paulo: RT, 2004, p. 622-625; CABRAL, Antonio do Passo. Pelas asas de Hermes: a intervenção do *amicus curiae*, um terceiro especial. *Revista de Processo*, v. 117. São Paulo: RT, 2004, p. 17.

229 GÓES, Gisele Santos Fernandes. *Amicus curiae* e sua função nos processos objetivos. Necessidade de universalização do instituto para outras demandas. In: DIDIER JR., Fredie; CERQUEIRA, Luis Otávio Sequeira de; CALMON FILHO, Petrônio; TEIXEIRA, Sálvio de Figueiredo; WAMBIER, Teresa Arruda Alvim (coords.). *O terceiro no processo civil brasileiro e assuntos correlatos:* Estudos em homenagem ao Professor Athos Gusmão Carneiro. São Paulo: RT, 2010; DIDIER JR., Fredie. Possibilidade de sustentação oral do *amicus curiae. Revista Dialética de Direito Processual*, n. 8, 2003, p. 34.

230 ABRAÃO, Pauline do Socorro Lisboa. Algumas considerações críticas sobre a natureza jurídica do *amicus curiae* no direito brasileiro. *Revista Dialética de Direito processual*, São Paulo, n. 105, p. 81-82.

231 STF, Pleno, ADI 3.460/DF, Rel. Min. Teori Zavascki, ac. 12.02.2015, *DJe* 12.03.2015.

aquelas que envolvem áreas específicas e cheias de sutilezas, como, por exemplo, as ligadas ao mercado de capitais e ao direito concorrencial.[232]

Muitas vezes, a atuação do *amicus curiae* participa do objetivo de viabilizar a formação democrática de precedente judicial, pluralizando o debate sobre temas de reconhecida repercussão social.

Justa é a visão doutrinária, segundo a qual, "trata-se de modalidade interventiva cuja finalidade é permitir que terceiro intervenha no processo para a defesa de 'interesses institucionais' tendentes a serem atingidos pela decisão, viabilizando, com a iniciativa, uma maior legitimação na decisão a ser tomada, inclusive perante aqueles que não têm legitimidade para intervir no processo".[233]

As discussões sobre a natureza do papel conferido ao *amicus curiae* passam-se em terreno mais acadêmico do que prático, já que sob este último ângulo há consenso quanto aos requisitos e efeitos da medida. Por outro lado, deve-se registrar que a opção da nova lei processual, ao menos topograficamente, foi regular a participação processual do *amicus curiae* no Título que disciplina a intervenção de terceiros (Livro III, Título III, Capítulo V, da Parte Geral), o que, de certa forma, atende à maioria da doutrina.[234]

284. Procedimento da intervenção

I – Requisitos para a intervenção

A participação do *amicus curiae* no processo pode dar-se por iniciativa do juiz, de ofício ou a requerimento das partes ou do próprio *amigo do tribunal*. A intervenção somente será cabível se: *(i)* a matéria discutida nos autos for relevante; *(ii)* o tema objeto da demanda for específico; ou *(iii)* a controvérsia tiver repercussão social. Presente um desses requisitos, o juiz *poderá* solicitar ou admitir a sua manifestação, por meio de decisão irrecorrível (CPC, art. 138, *caput*). Ou seja, o magistrado é livre para decidir acerca da conveniência ou não da intervenção do *amicus curiae*. Entretanto, deve expor as razões de fato e de direito que o levaram a admitir ou não a participação do amigo do tribunal, em atenção à norma fundamental de publicidade e fundamentação das decisões judiciais (art. 11).[235]

II – Quem pode atuar como amicus curiae

O *amicus curiae* pode ser pessoa natural ou jurídica, órgão ou entidade especializada, com representatividade adequada (CPC/2015, art. 138). É fundamental, contudo, que tenha

---

232 NOBRE, César Augusto Di Natale. *Amicus curiae*: uma abordagem processual da figura no âmbito da CVM e do CADE. *Revista Dialética de Direito Processual*, n. 132, mar. 2014, p. 46.

233 BUENO, Cassio Scarpinella. Visão geral do(s) projeto(s) de novo Código de Processo Civil. *Revista de Processo*, São Paulo: RT, v. 235, p. 359-360, set. 2014.

234 "A maioria da doutrina nacional se inclina a dizer que o *amicus curiae* seria uma espécie de intervenção de terceiros específica ou um tipo inovador de assistência distinta das conhecidas. Enfim, uma nova modalidade interventiva *sui generis* ou atípica" (ABRAÃO, Pauliane do Socorro Lisboa. Algumas considerações críticas sobre a natureza jurídica do *amicus curiae* no direito brasileiro. *Revista Dialética de Direito processual*, São Paulo, n. 105, p. 80).

235 "Consoante o *caput* do art. 138, do CPC/2015, o ingresso no processo como *amicus curiae* deve ser avaliado pelo julgador, o qual, em decisão irrecorrível, apreciará a necessidade e utilidade da participação do requerente na demanda, tendo como elementos de formação da convicção a relevância da matéria, especificidade do tema ou repercussão social da controvérsia" (STJ, 1ª T., AgInt na PET no REsp 1.670.254/CE, Rel. Min. Sérgio Kukina, ac. 05.06.2018, *DJe* 02.08.2018). "A interpretação atribuída ao art. 138 do CPC/2015 é no sentido de que é irrecorrível 'qualquer decisão a respeito da intervenção de terceiro como *amicus curiae*'" (STJ, 2ª T., AgInt na PET no REsp 1.700.197/SP, Rel. Min. Mauro Campbell Marques, ac. 19.06.2018, *DJe* 27.06.2018).

conhecimento específico sobre a matéria objeto da lide, de modo a propiciar ao juiz elementos e informações relevantes para bem solucionar a causa.[236]

O Código de 2015 adotou, portanto, entendimento mais amplo do que aquele que vinha esposando o STF[237] para a intervenção do *amicus curiae* nas ações de controle concentrado de constitucionalidade, na medida em que permite tal intervenção, nas ações em geral, não só de órgãos ou entidades (Lei 9.868/1999, art. 7º, § 2º), mas, também, de pessoa física com evidente conhecimento e autoridade a respeito da matéria em discussão.[238]

O texto legal não define o que seja a representatividade como requisito da intervenção do *amicus curiae*. Deixa certo, porém, que não são apenas órgãos ou entidades de representação coletiva que se legitimam à referida intervenção. Acolheu, portanto, a doutrina que defende seja essa legitimação entendida de modo amplo, compreendendo tanto entidades coletivas como pessoas físicas, desde que, umas e outras envolvam as noções de autoridade, respeitabilidade, reconhecimento científico e perícia acerca da matéria sobre a qual irão se manifestar.[239] É certo que o interveniente não pode se apresentar como defensor de interesses individuais próprios, sempre haverá de participar como alguém que atue em vista de interesses institucionais.[240]

Nessa mesma linha, Cassio Scarpinella Bueno entende que possui representatividade adequada para a função de *amicus curiae* toda pessoa, grupo de pessoas ou entidades que demonstrar um específico interesse institucional na ação, com condição de contribuir para a melhor discussão da questão levada a juízo, fornecendo informações ou dados relevantes para a solução do litígio.[241]

Haverá, portanto, representatividade adequada quando o *amigo do tribunal*: *(i)* for o portador de "valores ou de interesses de blocos, grupos, classes ou estratos da sociedade ou de órgãos, instituições, potências públicas e do próprio Estado"; *(ii)* "gozar de idoneidade na sua área de conhecimento ou no seu ramo de atuação"; e, *(iii)* "ainda, houver pertinên-

---

236 "1. A participação do amicus curiae tem por escopo a prestação de elementos informativos à lide, a fim de melhor respaldar a decisão judicial que irá dirimir a controvérsia posta nos autos. 2. No caso em foco, o agravante não ostenta representatividade em âmbito nacional. A ausência de tal requisito prejudica a utilidade e a conveniência da sua intervenção. 3. A admissão de *amicus curiae* no feito é uma prerrogativa do órgão julgador, na pessoa do relator, razão pela qual não há que se falar em direito subjetivo ao ingresso" (STJ, 1ª Seção, AgInt nos EDcl na PET no REsp 1.657.156/RJ, Rel. Min. Benedito Gonçalves, ac. 11.04.2018, *DJe* 18.04.2018).

237 "Não assiste razão ao pleito de Humberto Monteiro da Costa, Isabella Spinola Alves Corrêa, Luiz Antônio Ferreira Pacheco da Cosata e Emmanuel Lopes Tobias, que requerem admissão na condição de *amicus curiae*. É que os requerentes são pessoas físicas, terceiros concretamente interessados no feito" (STF, Pleno, ADI 4.178-MC-REF/GO, Rel. Min. Cezar Peluso, ac. 04.02.2010, *DJe* 19.03.2010).

238 STF, Pleno, ADI 4.178/GO, Rel. Min. Cezar Peluso, ac. 04.02.2010, *DJe* 18.03.2010; STF, Pleno, ADIn 3.522/RS, Rel. Min. Marco Aurélio, ac. 24.11.2005, *DJU* 12.05.2006, p. 4; SILVA, Eduardo Silva da; BRONSTRUP, Felipe Bauer. O requisito da representatividade no *amicus curiae*. *Revista de Processo*, n. 207, maio 2012, p. 190-191; BUENO FILHO, Edgard Silveira. *Amicus curiae* – A democratização do debate nos processos de controle da constitucionalidade. *Revista de Direito Constitucional Internacional*, São Paulo, n. 47, p. 15, abr.-jun. 2004.

239 AGUIAR, Mirella de Carvalho. *Amicus curiae*. Salvador: JusPodivm, 2005, p. 30-31; NERY JÚNIOR, Nelson; NERY, Rosa Maria de Andrade. *Código de Processo Civil Comentado e legislação processual em vigor*. 6. ed. São Paulo: RT, 2003, p. 1.408.

240 "A orientação jurisprudencial da 1ª Seção deste Sodalício é no sentido de que o ingresso de *amicus curiae* é previsto para as ações de natureza objetiva, sendo excepcional a admissão no processo subjetivo quando a multiplicidade de demandas similares indicar a generalização do julgado a ser proferido. Não é admitido o ingresso quando a pretensão é dirigida para tentar assegurar resultado favorável a uma das partes envolvidas" (STJ, 2ª T., AgInt na PET no REsp 1.700.197/SP, Rel. Min. Mauro Campbell Marques, ac. 19.06.2018, *DJe* 27.06.2018).

241 BUENO, Cassio Scarpinella. Amicus curiae *no processo civil brasileiro:* um terceiro enigmático. São Paulo: Saraiva, 2006, p. 147.

cia temática entre a sua *expertise* ou fins a que se destina e a discussão trazida à baila no processo e que rendeu ensejo à sua intervenção no processo".[242] Não há, na sistemática do Código atual, exigência de cumulatividade entre todos esses requisitos. No caso da contribuição técnica, por exemplo, basta que o interveniente tenha notório saber concernente à matéria discutida.[243]

Do ponto de vista prático, a análise de julgados do STF demonstra que o parâmetro mais utilizado em seus acórdãos é o da pertinência temática entre o assunto debatido e os objetivos institucionais das entidades que se candidatam à participação no processo na qualidade de *amicus curiae*.[244]

Não entra nas exigências legais de permissão da interveniência colaborativa do *amicus curiae* a sua imparcialidade em face da solução da demanda. Ao contrário de alguns julgados do STJ, que vedam a intervenção de entidades defensoras de interesses de uma das partes, o STF tem admitido o ingresso de *amicus curiae* com nítida parcialidade[245]. O que importa é a aptidão para fornecer dados e informações técnicas relevantes para a melhor e mais justa solução do processo, o que pode perfeitamente ser subministrado por quem proceda com prevista parcialidade[246], mas com *idoneidade* institucional.[247]

III – Prazo e oportunidade para a manifestação

Uma vez convocado a se manifestar, o *amigo do tribunal* deve fazê-lo no prazo de quinze dias, a contar de sua intimação (art. 138, *in fine*). Sua intervenção é meramente colaborativa, *i.e.*, não tem por função comprovar fatos, mas, sim, opinar sobre eles, interpretá-los segundo seus conhecimentos técnicos específicos, a fim de auxiliar o juiz no julgamento do feito.[248] Pela especialidade da intervenção colaborativa, não se há de cogitar de preclusão a seu respeito.

O Código nada dispôs acerca da oportunidade em que a intervenção deva ocorrer. Assim, entende a doutrina que a participação do *amicus curiae* pode dar-se a qualquer momento, desde que seja assegurado o contraditório para as partes com ele dialogarem.[249] Cassio Scarpinella Bueno, porém, ensina que o ingresso do *amicus curiae* deve ser admitido apenas até o julgamento da ação; nas ações em tramitação nos tribunais, "o prazo final para a intervenção

---

242 PINTO, Rodrigo Strobel. *Amicus curiae* no projeto de Código de Processo Civil. *Revista de Processo*, São Paulo, v. 220, p. 234, jun. 2013.

243 PISETTA, Francieli. O *amicus curiae* no direito processual civil brasileiro. *Revista brasileira de direito processual*, Belo Horizonte, n. 85, p. 161, jan.-mar. 2014.

244 SILVA, Eduardo Silva da; BRONSTRUP, Felipe Bauer. O requisito da representatividade no *amicus curiae*. *Revista de Processo*, n. 207, maio 2012, p. 191.

245 Cf. decisões monocráticas dos Ministros Gilmar Mendes, Rosa Weber e Marco Aurélio, respectivamente nas: ADC 51, j. 15.05.2020, *DJe* 21.05.2020; ADI 5.527, j. 18.05.2020, *DJe* 22.05.2020; e ADI 5.942, j. 14.11.2018, *DJe* 19.11.2018.

246 Cf. STF, Pleno, ADI 3.460- ED, j. 12.02.2015, *DJe* 12.03.2015, especialmente a ressalva do Rel. Min. Teori Zavascki, de que é de admitir a intervenção do *amicus curiae*, mesmo quando tenha "algum interesse no desfecho da demanda" (Cf. GONÇALVES, Mauro Pedroso. *Amicus curiae* nos tribunais superiores: avanços e equívocos da jurisprudência brasileira. *Revista de Processo*, São Paulo, v. 345, nov. 2023, p. 179-180).

247 BUENO, Cássio Scarpinella. Amicus curiae *no processo civil brasileiro*: um terceiro enigmático. 3. ed. São Paulo: Saraiva, 2012, p. 607.

248 TUPINAMBÁ, Carolina. Novas tendências de participação processual – o *amicus curiae* no anteprojeto do novo CPC. In: FUX, Luiz (coord.). *O novo processo civil brasileiro Direito em expectativa*. Rio de Janeiro: Forense, 2011, n. 7.5.8, p. 135.

249 TUPINAMBÁ, Carolina. Novas tendências de participação processual – o *amicus curiae* no anteprojeto do novo CPC. In: FUX, Luiz (coord.). *O novo processo civil brasileiro Direito em expectativa*. Rio de Janeiro: Forense, 2011, n. 7.5.8, p. 132.

do *amicus curiae*, parece-nos, é a indicação do processo para julgamento, com sua inserção na pauta, dado objetivo que revela que o relator apresenta-se em condições de decidi-lo".[250] O STF, nos julgamentos de ações de controle concentrado de constitucionalidade, já decidiu que a intervenção pode ocorrer até a liberação do processo, pelo relator, para inclusão em pauta,[251] posição a que, em princípio, também aderiu o STJ.[252]

IV – Casos de cabimento da intervenção do amicus curiae

A intervenção do *amicus curiae* está tão amplamente autorizada, como forma consultiva ou informativa, que sua função se presta a coadjuvar com a prestação jurisdicional, qualquer que seja a natureza do processo (art. 138, *caput*). "Caberá ao juiz ou ao relator, na decisão que solicitar ou admitir a intervenção, definir os poderes do *amicus curiae*", como dispõe o § 2º do referido art. 138. Dessa maneira, resta evidenciado que "a possibilidade de sua indicação não fica limitada a casos específicos, mas fica expandida para todos os procedimentos".[253]

Há, ressalte-se, quem limite a atuação do *amicus curiae* ao processo de conhecimento, no qual sua intervenção contribuiria para o melhor *julgamento* da causa.[254] Confessamos que, a princípio, aceitamos essa tese. Mas, analisando com mais atenção o texto do art. 138, concluímos que nele não se encontra – ao contrário do que se passa com a assistência (art. 119) –, a função atribuída ao interveniente de coadjuvar na obtenção de *sentença* favorável a uma das partes. Seu papel de *colaborador da Justiça* concentra-se na prestação de informações, esclarecimentos e dados técnicos de sua especialidade, relevantes para a deliberação judicial.[255] E, nessa ordem de ideias (revendo nosso primeiro posicionamento diante da inovação do CPC/2015), aceitamos que a *colaboração* do *amicus curiae*, em casos complexos, pode ser adequada e relevante também em procedimentos executivos que envolvam aspectos técnicos de alta indagação e de notória repercussão social, mormente nos cumprimentos de obrigações de fazer e não fazer. Imagine-se a situação que envolva a realização de obras de engenharia pesada ou a demolição de grandes edificações, ou, ainda, o grave problema do desalojamento forçado de ocupantes, em número elevado, de áreas públicas ou privadas, objeto de reintegração de posse. O *modus faciendi* do cumprimento de sentença, em casos desse jaez, pode, sim, encontrar aprimoramento, graças ao apoio de um *amicus curiae* dotado de conhecimentos técnicos adequados ao bom planejamento da atividade executiva a ser implementada judicialmente.

V – Representação por meio de advogado

A intervenção do terceiro, como *amicus curiae,* quando realizada espontaneamente, só pode dar-se por meio de representação por advogado, por ser esta a forma legal obrigatória de

---

250 BUENO, Cassio Scarpinella. Amicus curiae *no processo civil brasileiro:* um terceiro enigmático. 2. ed. São Paulo: Saraiva, 2008, p. 161.

251 STF, Pleno, ADI 4.071 AgR/DF, Rel. Min. Menezes Direito, ac. 22.04.2009, *DJe* 15.10.2009.

252 "A jurisprudência do STF na matéria, especialmente por ocasião do julgamento da ADI 4.071 e da ACO 779/RJ, admite o ingresso de *amicus curiae* até a inclusão do feito em pauta. No julgamento do AgRg na ACO 779, Rel. Ministro Dias Toffoli, admitiu-se a possibilidade, em tese, do ingresso na lide de *amicus curiae* após a inclusão do feito em pauta desde que haja demonstração de uma situação excepcional" (STJ, 1ª Seção, EDcl no REsp 1.336.026/PE, Rel. Min. Og. Fernandes, ac. 13.06.2018, *DJe* 22.06.2018).

253 NERY JUNIOR, Nelson; NERY, Rosa Maria de Andrade. *Comentários ao Código de Processo Civil.* São Paulo: RT, 2015, p. 577.

254 OLIVEIRA NETO, Olavo de. O perfil das novas formas positivadas de intervenção de terceiros no Projeto do CPC: desconsideração da personalidade jurídica e *amicus curiae. In:* AURELLI, Arlete Inês; *et. al* (coords.). *O direito de estar em juízo e a coisa julgada: Estudos em homenagem a Thereza Alvim.* São Paulo: RT, 2014, p. 554.

255 STF, Pleno, ADI 3.460/DF, Rel. Min. Teori Zavascki, ac. 12.02.2015, *DJe* 12.03.2015.

pleitear em juízo. Quando, porém, a iniciativa é do próprio órgão judicial, que procura obter contribuição técnica para melhor avaliação da causa, não há como sujeitar o interveniente a se fazer representar por advogado para apresentar a manifestação requisitada pelo juízo.

285. Poderes do *amicus curiae*

O Código atual não determinou especificamente os poderes do *amicus curiae*, dispondo, apenas, que caberá ao juiz ou relator, na decisão que solicitar ou admitir a intervenção, definir os seus poderes (CPC, art. 138, § 2º). Ou seja, o magistrado deverá delimitar a atuação do terceiro, caso a caso, sempre levando em consideração sua função de auxiliar no julgamento, assim como a adequação de sua representatividade.

Contudo, poderá, segundo jurisprudência do STF, fazer sustentação oral e apresentar informações e memoriais nos autos: na dicção do Ministro Celso de Mello, ocorre "a necessidade de assegurar, ao *amicus curiae*, mais do que o simples ingresso formal no processo de fiscalização abstrata de constitucionalidade, a possibilidade de exercer a prerrogativa da sustentação oral perante esta Suprema Corte".[256]

Embora não tenha previsto, de maneira expressa, os atos que o *amicus curiae* possa praticar, é certo que a lei não o autorizou a interpor recursos, em regra. Apenas lhe permitiu opor embargos de declaração (art. 138, § 1º, *in fine*) e recorrer da decisão que julgar o incidente de resolução de demandas repetitivas (art. 138, § 3º). Levou-se em conta, na última hipótese, que a decisão servirá de paradigma para decisões futuras, o que poderá afetar o seu interesse institucional.[257]

286. Deslocamento de competência

A legislação atual foi expressa em determinar que a intervenção do *amicus curiae* "não implica alteração de competência", razão pela qual, ainda que o terceiro seja ente da administração pública federal, não haverá, nos processos afetos a outras justiças, o deslocamento de competência para a justiça federal (CPC, art. 138, § 1º, primeira parte). Isso se deve à circunstância de que o interveniente, *in casu*, não assume a qualidade de parte.

287. Custas e honorários processuais

O *amicus curiae* é um colaborador do juízo, razão pela qual se encontra dispensado do pagamento de custas, despesas e honorários processuais. Entretanto, ressalta-se que ele poderá ser condenado como litigante de má-fé (CPC/2015, art. 79), se incidir numa das hipóteses do art. 80.[258]

---

[256] STF, Pleno, ADI 2.321 MS/DF, Rel. Min. Celso de Mello, ac. 24.10.2000, *DJU* 10.06.2005, p. 4.

[257] OLIVEIRA NETO, Olavo de. O perfil das novas formas positivadas de intervenção de terceiros no Projeto do CPC: desconsideração da personalidade jurídica e *amicus curiae*. *In:* AURELLI, Arlete Inês; *et. al* (coords.). *O direito de estar em juízo e a coisa julgada: Estudos em homenagem a Thereza Alvim*. São Paulo: RT, 2014, p. 555.

[258] OLIVEIRA NETO, Olavo de. O perfil das novas formas positivadas de intervenção de terceiros no Projeto do CPC: desconsideração da personalidade jurídica e *amicus curiae*. *In:* AURELLI, Arlete Inês; *et. al* (coords.). *O direito de estar em juízo e a coisa julgada: Estudos em homenagem a Thereza Alvim*. São Paulo: RT, 2014, p. 556.

Capítulo VIII
DO JUIZ E DOS AUXILIARES DA JUSTIÇA

§ 37. ORGANIZAÇÃO JUDICIÁRIA

288. O Poder Judiciário brasileiro

O sistema constitucional brasileiro divide os órgãos do Poder Judiciário em dois aparelhos, um *federal*, com jurisdição nacional, e os *estaduais*, com jurisdição em cada Estado-membro. Todos são, no entanto, liderados pelo Supremo Tribunal Federal, em matéria constitucional, e pelo Superior Tribunal de Justiça, em tema de direito comum. Ambos têm sede na capital da República e exercem jurisdição em todo o território nacional (Constituição Federal, art. 92, §§ 1º e 2º, com a redação dada pela Emenda Constitucional 45, de 08.12.2004).

Há, ainda, o Conselho Nacional de Justiça, instituído pela Emenda Constitucional 45, de 08.12.2004. Não se trata, porém, de órgão jurisdicional, mas de órgão de natureza administrativa e disciplinar.[1]

O aparelho federal compreende, além da justiça civil, órgãos de jurisdição *especial*, como a justiça militar, a justiça eleitoral e a justiça trabalhista (art. 92 da Constituição Federal).

Em matéria de *jurisdição civil*, que é a que interessa ao presente *Curso*, a administração da justiça está confiada ao aparelho federal, que compreende os Tribunais Regionais Federais e os juízes federais, e os aparelhos estaduais, que compreendem os Tribunais e juízes de cada Unidade da Federação. Ambos os aparelhos se sujeitam à jurisdição *extraordinária* comum e unificadora do Supremo Tribunal Federal e do Superior Tribunal de Justiça.

Forma-se, dessa maneira, uma pirâmide, que tem por ápice o Supremo Tribunal Federal, seguido do Superior Tribunal de Justiça e por base os juízes estaduais e federais de 1º grau de jurisdição.

---

[1] "Compete ao Conselho o controle da atuação administrativa e financeira do Poder Judiciário e do cumprimento dos deveres funcionais dos juízes" (CF, art. 103-B, § 4º, acrescentado pela Emenda 45, de 08.12.2004).

A representação gráfica pode ser feita da seguinte forma:

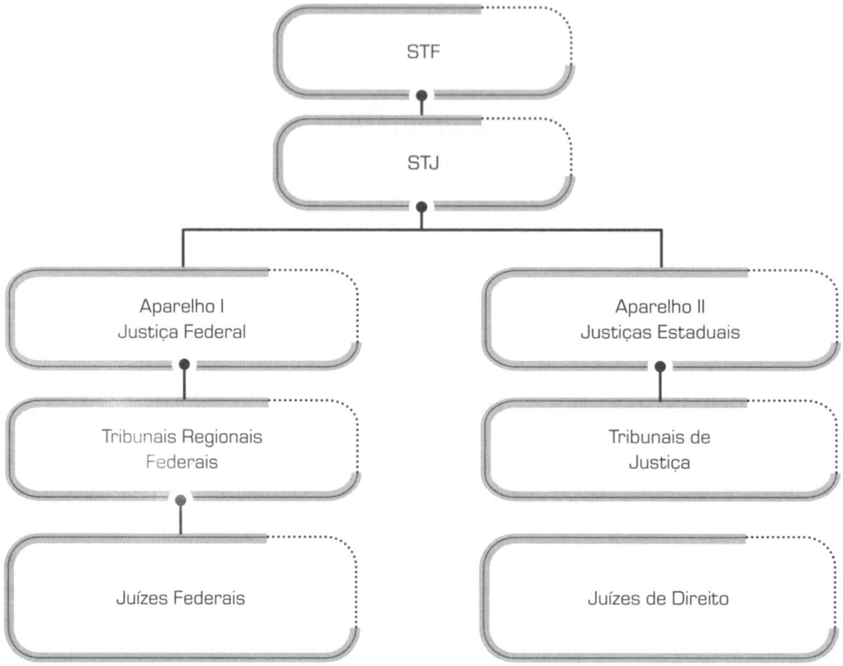

Dentro de cada aparelho, os juízes posicionam-se em dois planos: o do primeiro grau e o do segundo grau de jurisdição.

No primeiro situam-se os juízos singulares (juízes de direito e juízes federais) e no segundo, os juízos coletivos (Tribunais Regionais Federais e Tribunais de Justiça).

Os do primeiro plano estão coordenados por um laço de subordinação a um mesmo tribunal de 2º grau.

Os tribunais formam o grau superior da hierarquia jurisdicional, colocando-se acima dos juízes, como órgãos de competência recursal. Seus membros são, pois, juízes de recurso ou sobrejuízes.[2]

Entre os juízes de 1º grau e os tribunais de 2º grau a que se acham subordinados os primeiros, a hierarquia é *orgânica e funcional*, pois os superiores exercem poder de *reexame e disciplina*.

Entre os aparelhos estaduais e federais de jurisdição civil, no que toca à cúpula do Poder Judiciário nacional (STF e STJ), a hierarquia é apenas *funcional*, pois tão somente se verifica o reexame das matérias decididas, sem que ocorra interferência disciplinar.

Os tribunais gozam de autonomia administrativa e financeira, cabendo-lhes a elaboração de suas propostas orçamentárias, dentro dos limites estipulados conjuntamente com os demais poderes na lei de diretrizes orçamentárias (Constituição Federal, art. 99 e §§, com as inovações da Emenda 45, de 08.12.2004). Compete, ainda, aos tribunais escolher seus dirigentes e elaborar seus regimentos internos, bem como organizar os serviços de suas secretarias e dos juízos que lhes são vinculados, e, ainda, prover os cargos de juiz de carreira e os necessários à administração da justiça (Constituição Federal, art. 96).

---

[2] LOPES DA COSTA, Alfredo de Araújo. *Manual Elementar de Direito Processual Civil.* Rio de Janeiro: Forense, 1956, n. 69.

À União, todavia, compete a elaboração de lei complementar, de iniciativa do Supremo Tribunal Federal, para estabelecer normas, aplicáveis a todo o aparelhamento judiciário do País, sobre organização, funcionamento, disciplina, vencimentos, promoções, remoções etc., observados alguns princípios fundamentais já traçados pela própria Constituição (art. 93).

Dessa forma, as justiças estaduais organizar-se-ão segundo suas leis locais e regimentos internos, mas deverão acomodá-los às normas gerais traçadas pelo Estatuto Nacional.

289. Duplo grau de jurisdição

Tanto no aparelho *federal* como no *estadual*, a jurisdição civil está organizada segundo o sistema do duplo grau de jurisdição, que assegura ao vencido o reexame, pelo tribunal, em grau de recurso, da matéria apreciada e decidida pelos juízes de primeiro grau.

Permitia a Constituição o desdobramento da segunda instância estadual em tribunais de alçada, para divisão de trabalho. Entretanto, a Emenda Constitucional 45, de 08.12.2004, decretou a extinção dos tribunais de alçada existentes e sua absorção pelos tribunais de justiça. Dessa maneira, o segundo grau de jurisdição na justiça dos Estados ficou unificado nos tribunais de justiça.

Houve, no entanto, uma abertura para uma nova experiência descentralizadora: os tribunais de justiça estão autorizados a constituir *câmaras regionais*, "a fim de assegurar o pleno acesso do jurisdicionado à justiça em todas as fases do processo" (§ 6º acrescentado ao art. 125 da CF pela Emenda 45).

290. Jurisdição extraordinária

A jurisdição, via de regra, é exercida em dois *graus*: o originário e o recursal. Existe, porém, a subordinação de toda a justiça nacional ao Supremo Tribunal Federal e ao Superior Tribunal de Justiça, o que permite, em alguns casos, a interposição de recursos contra decisões dos tribunais de segundo grau para aquelas Cortes Superiores.

Essa possibilidade, todavia, não é geral como a que faculta à parte recorrer aos tribunais de segundo grau, quando basta apenas a sucumbência em primeiro grau. Para se obter a prestação jurisdicional do Supremo Tribunal Federal e do Superior Tribunal de Justiça, que apenas julgam questões de direito federal, e não questões de fato ou questões de direito local, o recorrente deverá enquadrar sua pretensão em alguns dos permissivos extraordinários da Constituição Federal (arts. 102, III, e 105, III, da Constituição Federal).

Daí a denominação de recurso *extraordinário* e de recurso *especial* aos apelos endereçados, respectivamente, ao Supremo Tribunal Federal e ao Superior Tribunal de Justiça. Em consequência, não se concilia a posição dessas cortes superiores com a de um terceiro grau de jurisdição, mas, sim, deve ser havida como grau extraordinário ou especial. Embora funcionando como uma instância extraordinária, já que esses Tribunais Superiores podem rejulgar causas decididas por tribunais ordinários, a verdadeira e principal função que desempenham dentro da Federação é de natureza predominantemente política. Atuam como tribunais de *superposição* (ou *sobreposição*), com o fito de defesa da Constituição e das leis federais, quando mal aplicadas ou negadas por órgãos jurisdicionais inferiores. Nessa perspectiva, cabe ao Supremo Tribunal Federal e ao Superior Tribunal de Justiça a missão constitucional de promover, por meio dos recursos *extraordinário* e *especial*, a exata observância e a uniforme interpretação da legislação federal, preservando a "unidade do direito nacional".[3]

---

3 DEMARCHI, Paolo Giovanni. *Il nuovo rito civile*. II. Il giudizio di cassazione e i provvedimenti speciali. Milano: Giuffrè, 2006, p. 53.

Em regra, esses recursos não se prestam ao rejulgamento dos fatos e provas, ou seja, não tratam da justiça ou injustiça da decisão recorrida, enquanto esta tenha analisado as questões fáticas, mas se concentram nas *questões de direito federal*, precipuamente.

Outra função importantíssima conferida constitucionalmente ao Supremo Tribunal Federal é a de expedir súmulas de sua jurisprudência constitucional com efeitos vinculantes para toda a estrutura dos órgãos do Poder Judiciário nacional. Essa sujeição a tais súmulas ocorre em caráter geral e não apenas dentro da mecânica recursal desempenhada pelo recurso extraordinário. Desse modo, juízes e tribunais, ao proferirem qualquer decisão ou sentença, aplicarão os enunciados da súmula vinculante, tal como fazem em relação aos próprios dispositivos da lei (ver, adiante, no vol. III os itens sobre súmula vinculante).

291. Competência

A cada órgão do aparelho jurisdicional cabe exercer uma parcela da jurisdição, que recebe a denominação de *competência* do órgão. Essa competência compreende, além de características da matéria a decidir, uma limitação territorial (a circunscrição do juízo) e uma sede do juízo.

A justiça federal de primeiro grau divide-se em seções judiciárias, dirigidas por juízes federais, as quais abrangem o Distrito Federal e cada um dos Estados, tendo sede nas respectivas capitais (art. 110 da Constituição Federal).

As justiças estaduais dividem-se em comarcas, cuja circunscrição territorial pode abranger um ou mais municípios, tendo sede naquele que dá nome à comarca, e são dirigidas por juízes de direito.

Conforme o movimento da comarca ou da seção judiciária, pode ocorrer desdobramento do juízo de primeiro grau em varas especializadas, ou não, cada uma confiada a um juiz.

O Supremo Tribunal Federal e o Superior Tribunal de Justiça têm sede no Distrito Federal (CF, art. 92, § 1º) e exercem jurisdição sobre todo o território nacional (CF, art. 92, § 2º).

Os Tribunais de Justiça têm sede nas capitais estaduais e jurisdição sobre todo o território do respectivo Estado. Quanto aos Tribunais Regionais Federais, cabe à lei federal definir sua sede e jurisdição (Constituição Federal, art. 107, § 1º, nos termos da Emenda 45, de 08.12.2004).

Na nomenclatura da Constituição, o Supremo Tribunal Federal e o Superior Tribunal de Justiça compõem-se de Ministros. Os Tribunais de Justiça, de Desembargadores. Os Tribunais Regionais Federais, atualmente, também adotam para seus integrantes a denominação de Desembargadores Federais. E os juízos de primeiro grau compõem-se de Juízes (estaduais ou federais).

Os tribunais e os juízos de primeiro grau integram-se, ainda, de órgãos auxiliares; escrivães ou secretários, oficiais de justiça, escreventes, distribuidores, contadores, peritos, avaliadores, tesoureiros etc.

292. Disciplina da magistratura

Os tribunais de segundo grau de jurisdição exercem a função disciplinar em torno da atividade de seus próprios membros e dos juízes que lhes são subordinados (Constituição Federal, art. 93, X). Essa autodisciplina sempre foi explicada como uma das formas de assegurar a independência do Poder Judiciário, no exercício da função jurisdicional, livrando-o da ingerência de elementos estranhos a seus quadros.

A par do autocontrole exercido internamente pelos próprios tribunais e suas corregedorias, a Emenda Constitucional 45, de 08.12.2004, instituiu o Conselho Nacional de Justiça, órgão externo de "controle da atuação administrativa e financeira do Poder Judiciário e do cumprimento dos deveres funcionais dos juízes" (CF, novo art. 103-B, § 4º).

No entanto, as funções desse novo Conselho, cuja composição engloba membros do Judiciário, do Ministério Público, da Ordem dos Advogados e pessoas indicadas pelo Congresso Nacional, não interferem na atividade jurisdicional, mas apenas na esfera disciplinar.

Além do Conselho Nacional de Justiça, que se superpõe, administrativamente, sobre todos os órgãos que compõem a Justiça brasileira, há um sistema nacional administrativo-disciplinar ligado apenas à Justiça Federal, que se localiza no Conselho da Justiça Federal (Constituição Federal, art. 105, § 1º, II). A esse Conselho, que, administrativamente, supervisiona toda a Justiça Federal, tanto em primeiro como em segundo grau, cabem poderes de fiscalizar, investigar, corrigir e, eventualmente, punir as faltas administrativas ocorridas em seu âmbito, inclusive as praticadas pelos membros dos Tribunais Regionais Federais (Lei 11.790, de 29.10.2008). Essa função correcional do CJF tanto pode ser exercida originariamente como em grau de recurso, na última hipótese quando a punição disciplinar tiver sido aplicada originariamente por algum TRF. Dentro do sistema do Conselho da Justiça Federal, atua a Corregedoria-Geral da Justiça Federal, como órgão encarregado de executar e fazer executar as deliberações do Conselho.

§ 38. ÓRGÃOS JUDICIÁRIOS

293. Juízes

Há, no sistema judiciário brasileiro, órgãos judicantes singulares e coletivos. Mas, em todos eles, as pessoas que, em nome do Estado, exercem o poder jurisdicional são, genericamente, denominadas *juízes*.

No primeiro grau de jurisdição, os órgãos judiciários civis são monocráticos ou singulares, isto é, formados apenas por um juiz. Nos graus superiores (instâncias recursais), os juízos são coletivos ou colegiados, formando tribunais, compostos de vários juízes, que, às vezes, recebem denominações especiais como as de desembargador ou ministro (*vide* item 291, *retro*).[4]

A Constituição de 1988 criou, outrossim, a figura do Juiz de Paz, que deve ser eleito pelo voto popular, com competência definida por lei ordinária, para o procedimento de habilitação e celebração do casamento, e para exercer atribuições conciliatórias, sem caráter jurisdicional (CF, art. 98, II).

294. Requisitos de atuação do juiz

A função jurisdicional que toca a todos os juízes, em qualquer grau, para ser válida e eficazmente exercida, reclama a concorrência de vários requisitos jurídicos, que foram sintetizados por Silva Pacheco, por meio do seguinte esquema:

> "*a) jurisdicionalidade*, isto é, devem estar (os juízes) investidos do poder de jurisdição;
>
> *b) competência*, ou seja, devem estar dentro da faixa de atribuições que, por lei, se lhes assegura;
>
> *c) imparcialidade* ou *alheabilidade*, ou seja, devem ficar na posição de terceiro em relação às partes interessadas;
>
> *d) independência*, isto é, sem subordinação jurídica aos tribunais superiores, ao Legislativo ou ao Executivo, vinculando-se exclusivamente ao ordenamento jurídico;
>
> *e) processualidade*, isto é, devem obedecer à ordem processual instituída por lei, a fim de evitar a arbitrariedade, o tumulto, a inconsequência e a contradição desordenada".[5]

Na feliz síntese de Couture, para bem e fielmente cumprir a sua missão jurisdicional, o juiz competente há, enfim, de gozar de *independência* e *autoridade* e ser *responsável*. A *independência* o coloca acima dos poderes políticos e das massas que pretendem exercer pressão sobre suas decisões. A *autoridade* é necessária para que suas decisões não sejam ditames acadêmicos nem peças de doutrina, mas se cumpram efetivamente pelos órgãos encarregados de

---

4 A Lei Federal 7.244/1984 autorizou a criação de "juizados de pequenas causas", nos Estados, no Distrito Federal e nos Territórios, para julgamento célere e informal das causas de reduzido valor. Tais juízos dependem, para sua implantação, das leis de organização judiciária locais. E a utilização deles é apenas facultativa para a parte. Trata-se de órgãos presididos por Juiz de Direito e que deverão funcionar mediante participação de conciliadores e árbitros, dando nítido realce à busca de uma solução imediata e conciliadora para os pequenos litígios. A implantação desses tribunais, que era apenas sugerida pela Lei 7.244/1984, passou a configurar um dever dos Estados e da União, em face do que dispõe o art. 98, I, da Constituição de 1988. Após a vigente Constituição, a regulamentação desses tipos de juízos passou a ser feita pela Lei 9.099, de 26.09.1995, que alterou a respectiva denominação para "Juizados Especiais".

5 PACHECO, José da Silva. *Direito Processual Civil*. São Paulo: Saraiva, 1976, n. 269-a, v. I, p. 157.

executá-las. E a *responsabilidade* é o freio indispensável para que o poder não se converta em despotismo e prepotência.[6]

294.1. Limites necessários à independência do juiz

A independência não pode ser vista como um *privilégio* do juiz, mas sim como *instrumento* de garantia dos jurisdicionados de poder contar com órgãos jurisdicionais em condições que lhes permitam julgar de maneira impessoal.[7] Disso decorrem alguns limites necessários, que o juiz, sem embargo de independente, não pode ignorar e ultrapassar:

(a) *Limites disciplinares e administrativos:* a sujeição a órgãos correicionais e disciplinares (corregedorias) ou de controle administrativo (Conselho Nacional de Justiça) não ofende a independência dos juízes, "desde que não entrem no mérito da atividade judicante",[8] nem "responsabilizem magistrados pelo entendimento externado no exercício de suas funções jurisdicionais";[9]

(b) *Limite da legalidade:* a independência do juiz não pode levá-lo a decidir arbitrariamente. Acha-se ele *vinculado ao direito*, ou seja, decide sempre de acordo com o ordenamento jurídico;[10]

(c) *Limite dos autos:* as questões de fato e de direito que o juiz pode analisar e decidir são apenas aquelas deduzidas em juízo e debatidas entre as partes nos autos do processo. Para o julgador, *quod non est in actis non est in mundo.* Trata-se de um consectário da garantia fundamental do contraditório, à qual se sujeitam tanto as partes como o próprio juiz,[11] e que impede, também, sejam os litigantes vítimas da "arbitrariedade judicial";[12]

(d) *Limite da preservação da imparcialidade:* o juiz, pessoalmente, deve atuar com imparcialidade, sem a qual sua independência, no plano psicológico, resta comprometida. Não há independência quando o julgador se acha comprometido com os interesses em jogo, que afetam a confiança dos indivíduos e da sociedade na imparcialidade dos julgamentos. Daí o estabelecimento em lei dos casos de impedimento e suspeição do juiz (CPC/2015, arts. 144 e 145).[13]

---

6 COUTURE, Eduardo J. *Fundamentos del Derecho Procesal Civil.* Buenos Aires: Depalma, 1974, n. 103, p. 161.

7 CABRAL, Antonio do Passo. *Juiz natural e eficiência processual: flexibilização, delegação e coordenação de competências no processo civil* (tese). Rio de Janeiro: UERJ, 2017, p. 89-90.

8 CABRAL, Antonio do Passo. *Juiz natural e eficiência processual: flexibilização, delegação e coordenação de competências no processo civil* (tese). Rio de Janeiro: UERJ, 2017, p. 91; ARAÚJO, Fábio Caldas de. *Curso de processo civil.* São Paulo: Malheiros, 2016, t. I, p. 140.

9 PICARDI, Nicola. Professionalità e responsabilità del giudice. *Rivista di Diritto Processuale*, Ano XLII, n. 2, p. 253, 1987; CABRAL, Antonio do Passo. *Juiz natural e eficiência processual: flexibilização, delegação e coordenação de competências no processo civil* (tese). Rio de Janeiro: UERJ, 2017, p. 91.

10 AMARAL SANTOS, Moacyr. *Primeiras linhas de direito processual civil.* 25. ed. São Paulo: Saraiva, 2007, v. I, p. 104-105; CANOTILHO, José Joaquim Gomes. *Direito constitucional e teoria da constituição.* 5. ed. Coimbra: Almedina, 2002, p. 657; CABRAL, Antonio do Passo. *Juiz natural e eficiência processual: flexibilização, delegação e coordenação de competências no processo civil* (tese). Rio de Janeiro: UERJ, 2017, p. 91.

11 Ver item 51 *retro.*

12 JAUERNIG, Othmar; HESS, Burkhard. *Zivilprozessrecht.* 30. ed. München: C.H. Beck, 2001, p. 41 (trecho citado traduzido por CABRAL, Antonio do Passo. *Juiz natural e eficiência processual: flexibilização, delegação e coordenação de competências no processo civil* (tese). Rio de Janeiro: UERJ, 2017, p. 92).

13 Sobre o tema, ver, adiante, os itens 301 a 305.

295. Garantias da magistratura

Para assegurar a *independência* dos juízes, sejam membros de juízos singulares ou coletivos, outorga-lhes a Constituição da República três garantias especiais:

(a) *a vitaliciedade*: de modo que não podem perder o cargo senão por sentença judicial;
(b) *a inamovibilidade*: isto é, não podem ser removidos compulsoriamente, senão quando ocorrer motivo de interesse público, reconhecido pelo voto da maioria absoluta do respectivo tribunal ou do Conselho Nacional de Justiça" (CF, arts. 95, II, e 93, VIII, da EC 45/2004);
(c) *a irredutibilidade de subsídio* (art. 95, III, da Constituição Federal, com redação da Emenda 19, de 04.06.1998).

Para completar o sistema de garantias, e preservar a *imparcialidade* dos juízes, a Constituição traça, também, restrições às atividades do magistrado, no processo e fora dele.

Com essa preocupação de assegurar a lisura do exercício da função judicante, o art. 95, parágrafo único, da Carta Magna dispõe que "aos juízes é vedado":

(a) exercer, ainda que em disponibilidade, outro cargo ou função, salvo uma de magistério (inciso I);
(b) receber, a qualquer título ou pretexto, custas ou participação em processo (inciso II);
(c) dedicar-se à atividade político-partidária (inciso III);
(d) receber, a qualquer título ou pretexto, auxílios ou contribuições de pessoas físicas, entidades públicas ou privadas, ressalvadas as exceções previstas em lei (inciso IV);
(e) exercer a advocacia no juízo ou tribunal do qual se afastou, antes de decorridos três anos do afastamento do cargo por aposentadoria ou exoneração (inciso V).

Por outro lado, o atual Código de Processo Civil completa o quadro das garantias do bom exercício da função judicante, estipulando normas sobre requisitos de capacidade, deveres, poderes e responsabilidade dos juízes.

Com tudo isso, procura o legislador, pelos meios a seu alcance, garantir que a prestação jurisdicional seja sempre feita dentro da estrita legalidade e com isenção de suspeita quanto à imparcialidade e independência dos juízes. Mas, para que a autoridade e a independência do juiz não descambem para o autoritarismo, é necessária a sua submissão ao regime de *responsabilidade* pelos desvios ou abusos de função. É nesse sentido que o atual Código de Processo prevê os casos em que terá de reparar os danos injustamente acarretados às partes (art. 143).[14]

296. Poderes e deveres procedimentais do juiz

I – Enumeração legal

Nos termos do art. 139 do Código de Processo Civil de 2015, o juiz dirigirá o processo conforme as disposições daquele estatuto legal, incumbindo-lhe:

(a) assegurar às partes igualdade de tratamento (inciso I);

---

[14] "A garantia da imparcialidade do juiz reclama a coexistência de três condições: (a) independência; (b) autoridade; e (c) responsabilidade" (CUNHA, Leonardo José Carneiro da. Anotações sobre a garantia constitucional do juiz natural. In: FUX, Luiz et al.; *Processo e constituição*. Estudos em homenagem ao Professor José Carlos Barbosa Moreira. São Paulo: RT, 2006, p. 506).

(*b*) velar pela duração razoável do processo (inciso II);
(*c*) prevenir ou reprimir qualquer ato contrário à dignidade da justiça e indeferir postulações meramente protelatórias (inciso III);
(*d*) determinar todas as medidas indutivas, coercitivas, mandamentais ou sub-rogatórias necessárias para assegurar o cumprimento de ordem judicial, inclusive nas ações que tenham por objeto prestação pecuniária (inciso IV);[15]
(*e*) promover, a qualquer tempo, a autocomposição, preferencialmente com auxílio de conciliadores e mediadores judiciais (inciso V);
(*f*) dilatar os prazos processuais e alterar a ordem de produção dos meios de prova, adequando-os às necessidades do conflito de modo a conferir maior efetividade à tutela do direito (inciso VI);
(*g*) exercer o poder de polícia, requisitando, quando necessário, força policial, além da segurança interna dos fóruns e tribunais (inciso VII);
(*h*) determinar, a qualquer tempo, o comparecimento pessoal das partes, para inquiri-las sobre os fatos da causa, hipótese em que não incidirá a pena de confesso (inciso VIII);
(*i*) determinar o suprimento de pressupostos processuais e o saneamento de outros vícios processuais (inciso IX);
(*j*) quando se deparar com diversas demandas individuais repetitivas, oficiar o Ministério Público, a Defensoria Pública e, na medida do possível, outros legitimados a que se referem os arts. 5º da Lei 7.347, de 24 de julho de 1985, e 82 da Lei 8.078, de 11 de setembro de 1990, para, se for o caso, promover a propositura da ação coletiva respectiva (inciso X).

A um só tempo, portanto, o legislador processual põe nas mãos do juiz poderes para bem dirigir o processo e deveres de observar o conteúdo das normas respectivas. Assim, o juiz tem poderes para assegurar tratamento igualitário das partes, para dar andamento célere ao processo e para reprimir os atos contrários à dignidade da Justiça, mas às partes assiste, também, o direito de exigir que o magistrado use desses mesmos poderes sempre que a causa tomar rumo contrário aos desígnios do direito processual.

II – Tratamento isonômico das partes

Embora o tratamento isonômico seja a regra dentro da marcha do processo, deve o juiz observar regime especial em favor de certos litigantes carecedores de atendimento particular, por suas condições pessoais. Assim, por exemplo, em face dos hipossuficientes econômicos, será dispensado o custeio das despesas do processo (CPC/2015, art. 98) e o defensor dativo que os assistir terá direito à intimação sempre pessoal e seus prazos contados em dobro (Lei 1.060/1950, art. 5º, § 5º; CPC/2015, art. 186); ao curador do revel será dado contestar a ação por negação geral, o que não se permite ao réu comum (CPC/2015, art. 341, parágrafo único); ao consumidor, em litígio com fornecedor, dentro do regime do Código de Defesa do Consumidor, poderá ser deferida a inversão do ônus da prova (CDC, art. 6º, VIII) etc. O art. 1.048 manteve um benefício especial instituído, no Código anterior, para os litigantes idosos: sempre que a parte ou interveniente tiver idade igual ou superior a sessenta anos, seus procedimentos terão prioridade na tramitação de todos os atos e diligências em qualquer instância (art. 1.048). Dita preferência poderá ser postulada, pela parte idosa, a qualquer tempo (art. 1.048, § 1º) e

15 O STJ já admitiu, em tese, a possibilidade de aplicação de medida executiva atípica em cumprimento de sentença proferida em caso de improbidade administrativa (STJ, 2ª T., REsp 1.929.230/MT, Rel. Min. Herman Benjamin, ac. 04.05.2021, *DJe* 01.07.2021).

prevalecerá, no caso de óbito, em favor dos sucessores (art. 1.048, § 3º). Trata-se de prioridade que independe de deferimento do órgão jurisdicional, devendo ser imediatamente concedida diante da prova da condição de beneficiário (art. 1.048, § 4º).

III – Duração razoável do processo

O inc. LXXVIII, do art. 5º, da Constituição, acrescido pela EC 45/2004, inclui entre os direitos fundamentais a garantia de *duração razoável* do processo e do emprego de meios que assegurem a *celeridade* de sua tramitação. Esse preceito constitucional é instrumentalizado pelo art. 139, II, do CPC, que impõe ao juiz o dever de "velar pela duração razoável do processo". Para bem desempenhar esse dever funcional, cabe-lhe fazer uso do poder de dirigir o processo, determinando as provas necessárias à sua adequada instrução e indeferindo as "diligências inúteis ou meramente protelatórias" (art. 370, parágrafo único). É pela correta repressão às manobras procrastinatórias e pela vedação das medidas instrutórias irrelevantes para o julgamento da causa que, em boas proporções, se pode combater a crônica demora dos processos na justiça brasileira.[16]

IV – Irrecusabilidade da tutela jurisdicional

Figura, ainda, entre os deveres do juiz despachar e sentenciar nas causas que lhe são propostas, mesmo que haja lacuna ou obscuridade da lei (CPC/2015, art. 140). É que, estando privada a parte de fazer justiça pelas próprias mãos, em nenhuma hipótese é lícito ao juiz abster-se de prestar-lhe a tutela jurisdicional, desde que pleiteada dentro dos cânones processuais adequados.

V – Estímulo à autocomposição

O dever de procurar a solução conciliatória a qualquer tempo foi incluído no art. 139, V, do CPC/2015. Em virtude dessa inovação, o juiz deve tentar a autocomposição dos litigantes não apenas na audiência de instrução e julgamento. Deverá fazê-lo sempre que se deparar com oportunidade para tanto, desde a abertura do processo até o estágio que antecede a prolação da sentença, preferencialmente com o auxílio de conciliadores e mediadores judiciais. E nada impedirá que tal tentativa se repita mais de uma vez ao longo da marcha processual. O art. 334 criou a audiência de conciliação ou de mediação, a ser realizada no início do processo, e, pois, antes da contestação e da fase de coleta da prova, como ato distinto da audiência de instrução e julgamento, que somente será promovida afinal se resultar frustrada a primeira.

VI – Prevenção ou repressão às ofensas à dignidade da justiça

Na prevenção ou repressão às ofensas à dignidade da justiça (arts. 77, §§ 1º a 8º, e 774 do CPC/2015), detém o juiz poder sancionatório equivalente ao *contempt of court* do direito anglo-saxônico, qual seja, o de impor multa ao litigante de má-fé e a todo aquele que, no curso do processo, se recuse a cumprir uma ordem judicial de caráter mandamental, ou que embarace sua concretização, sem prejuízo das sanções civis, criminais e processuais acaso cabíveis.[17]

---

[16] Exemplo de prova corretamente inadmitida encontra-se em acórdão do STJ, que julgou legítimo o indeferimento de diligência para comprovar, em ação de responsabilidade civil, que o dano se deu em virtude de estado de necessidade. Ponderou o aresto não ter ocorrido cerceamento de defesa, porque a comprovação da excludente de ilicitude, na espécie, em nada influencia na conclusão do processo. Isso porque, de qualquer forma, persistiria a obrigação para o réu de indenizar o prejuízo suportado pelo autor (STJ, 3ª T., REsp 1.278.627/SC, Rel. Min. Paulo de Tarso Sanseverino, ac. 18.12.2012, *DJe* 04.02.2013).

[17] ASSIS, Araken de. O *contempt of court* no direito brasileiro. *Revista Jurídica*, v. 318, p. 17, abr. 2004; MAFRA, Jeferson Isidoro. Dever de cumprir ordem judicial. *Revista Forense*, v. 378, p. 450, mar.-abr. 2005.

VII – Amplitude e atipicidade das medidas de coerção para assegurar o cumprimento das decisões judiciais

O Código atual conferiu ao juiz, ainda, o poder de determinar, "de ofício ou a requerimento, todas as medidas coercitivas ou sub-rogatórias necessárias para assegurar a efetivação da decisão judicial e a obtenção da tutela do direito". Trata-se do poder de coerção do juiz, que deve impor às partes e aos terceiros o respeito às suas ordens e decisões.[18] O magistrado emite decisões de caráter mandamental, em que não apenas se reconhece a obrigação de realizar certa prestação, mas se dispõe, como ordem de autoridade competente, o comando impositivo de certa conduta. Assim, o seu descumprimento equivale à desobediência ou resistência à ordem legal de autoridade pública (crimes capitulados nos arts. 329 e 330 do Código Penal).[19] A grande novidade do inciso IV do art. 139 é a autorização ao juiz de empregar, também na execução por quantia certa, as medidas indutivas, coercitivas, mandamentais – como as *astreintes* e aquelas mencionadas no § 1º do art. 536 –, que, no CPC/1973, eram previstas apenas para o cumprimento de títulos executivos relativos a obrigações de fazer, não fazer e de entregar coisa.

A previsão do art. 139, IV, não deve ser confundida com a repressão à litigância de má-fé, e ao atentado à dignidade da justiça, nem se refere apenas às sentenças mandamentais. O legislador quis ampliar a efetividade das ordens judiciais, munindo o juiz da autoridade para criar medidas executivas que complementem e reforcem as medidas executivas típicas já previstas no Código. Não se trata, porém, de uma abertura para o abandono discricionário do procedimento legal. Em regra, o juiz usará da atipicidade executiva, na medida em que inexista medida típica para a hipótese do caso dos autos, ou quando a medida existente não se mostrar capaz de proporcionar a efetividade da tutela jurisdicional satisfativa a que tem direito o exequente.[20]

Uma forma de medida atípica pode se dar por meio de medida típica fora da hipótese legal a que teria sido originariamente destinada. Assim, a *astreinte* prevista para coerção em matéria de cumprimento de decisão relativa à obrigação de fazer pode ser, eventualmente, utilizada no procedimento da execução por quantia certa, quando, *v.g.*, o devedor crie embaraço ao fornecimento de dados necessários ao aperfeiçoamento da penhora, ou à realização da alienação judicial; ou quando, na repressão ao atentado à dignidade da justiça, a advertência e a aplicação da multa previstas nos §§ 1º e 2º do art. 77 não tiverem sido suficientes para

---

[18] MENEZES, Gustavo Quintanilha Telles de. A atuação do juiz na direção do processo. In: FUX, Luis (coord.). *O novo processo civil brasileiro*: direito em expectativa. Rio de Janeiro: Forense, 2011, p. 215. O interessante no poder conferido ao juiz de emitir decisões mandamentais coercitivas, para impor às partes e terceiros o fiel cumprimento de suas deliberações, é que esses provimentos atípicos cabem em qualquer tipo de processo, inclusive naqueles que tenham por objeto prestações pecuniárias (art. 139, IV). Com isso, fica claro que as medidas coercitivas, fora daquelas tipicamente previstas na lei processual, podem ser utilizadas também nas execuções de quantia certa, não para acrescentar encargos novos ao débito exequendo, mas para induzir, por meio de multa, o executado a cumprir medidas de cooperação processual, como exibir documentos ou apontar bens penhoráveis, por exemplo; ou para forçar terceiro a, *v.g.*, cancelar inscrição indevida da execução em cadastro de proteção ao crédito (DIDIER JÚNIOR, Fredie; CUNHA, Leonardo Carneiro da; BRAGA, Paula Sarno; OLIVEIRA, Rafael Alexandria de. Diretrizes para a concretização das cláusulas gerais executivas dos arts. 139, IV, 297 e 536, § 1º, CPC. *Revista de Processo*, v. 267, p. 238-239, maio/2017.

[19] As penas de prisão, acaso decorrentes do crime de desobediência, não podem ser aplicadas pelo juiz cível, diante do ato atentatório ao exercício da jurisdição. Somente o juiz criminal, em processo próprio, poderia fazê-lo. Ao juiz cível cabe somente a aplicação da multa disciplinar do art. 77, § 2º. A cobrança, porém, terá de ser feita pela Fazenda Pública, por meio de executivo fiscal.

[20] Como se trata de tema novo no direito positivo, e que vem suscitando enorme polêmica, no campo doutrinário, caberá à jurisprudência construir os parâmetros para a justa compreensão da atipicidade executiva. Desde logo, é certo que os predicamentos constitucionais do processo justo não poderão ser ignorados, especialmente no que toca ao contraditório (prévio ou diferido) e à fundamentação adequada da decisão respectiva.

levar o destinatário da ordem ao respectivo cumprimento.[21] Observe-se que, outrossim, a imposição dessas medidas não fica restrita às partes, podendo igualmente alcançar terceiros que descumpram ordens judiciais, quando se acham sujeitos ao dever geral de cooperar com o desempenho da prestação da tutela jurídica a cargo do Poder Judiciário, seja no juízo cível como no criminal.[22]

Outra hipótese de medida atípica é a utilização pelo juiz da Central Nacional de Indisponibilidade de bens (CNIB), de forma subsidiária, após o esgotamento das medidas ordinárias e sempre sobre o crivo do contraditório[23].

O que não se deve tolerar é que os efeitos da decisão atinjam terceiros, sem que se lhes dê possibilidade de defesa ou oposição, segundo elementar garantia de respeito ao devido processo legal, ao contraditório e à ampla defesa.[24]

VIII – Força policial

Entre os poderes do juiz está, também, o de requisitar, quando necessário, força policial, além da segurança interna dos fóruns e tribunais. É o poder de polícia, inerente à soberania estatal, que confere ao juiz o poder para assegurar o bom desempenho da função jurisdicional que lhe foi atribuída.

IX – Adequação procedimental

O Código atual previu, ainda, o poder do juiz de adequação do procedimento ao caso concreto, ao permitir a dilatação dos prazos processuais e a alteração da ordem de produção dos meios de prova (art. 139, VI), adequando-os às necessidades do conflito de modo a conferir maior efetividade à tutela do direito. Essa dilação de prazo, contudo, somente é possível se determinada antes de encerrado o prazo regular (CPC, art. 139, parágrafo único).

A nova legislação autoriza a flexibilização do processo pelo juiz, adequando o procedimento e estabelecendo como será o curso processual. O conceito de adequação "consiste exatamente na ideia de rompimento com a obrigatoriedade de uma forma rígida legal, idêntica para todos os casos, permitindo que o juiz modifique os atos e fases do processo, para que atendam es-

---

[21] Embora sejam de natureza e funções distintas, a multa punitiva do atentado à dignidade da justiça e a multa por retardamento no cumprimento de decisão mandamental relativa à obrigação de fazer, as duas sanções podem ser aplicadas isoladamente ou em cumulação sucessiva (STJ, 5ª T., REsp 647.175/RS, Rel. Min. Laurita Vaz, *DJU* 29.11.2004, p 393.; STJ, 3ª T., REsp 1.101.500/RJ, Rel. Min. Nancy Andrighi, ac. 17.05.2011, *DJe* 27.05.2011).

[22] STJ, 5ª T., RMS 45.525/RN, Rel. Min. Reynaldo Soares da Fonseca, ac. 19.06.2018, *DJe* 29.06.2018. Em outro caso, o STJ decidiu, com base no art. 139, IV, do CPC, que "a legalidade da imposição de *astreintes* a terceiros descumpridores de decisão judicial encontra amparo também na teoria dos poderes implícitos, segundo a qual, uma vez estabelecidas expressamente as competências e atribuições de um órgão estatal, *desde que observados os princípios da proporcionalidade e razoabilidade, ele está implicitamente autorizado a utilizar os meios necessários para exercer essas competências*" (g.n.) (STJ, 5ª T., AgRg no RMS 55.050/SP, Rel. Min. Reynaldo Soares da Fonseca, ac. 03.10.2017, *DJe* 11.10.2017). O caso referia-se à astreinte aplicável ao descumprimento de requisição de dados telemáticos a empresa que não era parte do processo. Em doutrina: Cf. TALAMINI, Eduardo. Medidas coercitivas e proporcionalidade: o caso whatsApp. *In*: CABRAL, Antonio do Passo; PACELLI, Eugênio; CRUZ, Rogério Schietti (coords.). *Coleção repercussões do novo CPC*. Salvador: JusPodivm, 2016, p. 380-397.

[23] STJ, 4ª T., AgIn nos EDcl no REsp 2.121.008/SC, Rel. Min. Marco Buzzi, ac. 23.09.2024, *DJe* 25.09.2024.

[24] Cf. ARENHART, Sérgio Cruz. A efetivação de provimentos judiciais e a participação de terceiros. *In*: DIDIER JÚNIOR, Fredie; WAMBIER, Teresa Arruda Alvim (coords.). *Aspectos polêmicos e atuais sobre os terceiros no processo civil*. São Paulo: RT, 2004.

pecificamente um caso".[25] Essa prerrogativa pode ser exercida pelo magistrado de ofício ou a requerimento, como o que ocorre na hipótese do art. 190 do CPC/2015, que permite às partes estipular mudanças no procedimento para atender às especificidades da causa, sempre que versar sobre direitos que admitem autocomposição (ver item 336, adiante).

Importante ressaltar que essa flexibilização do procedimento para melhor adequá-lo às necessidades do caso concreto encontra respaldo na Constituição Federal, na medida em que o devido processo legal não exige processo rigidamente modelado, podendo haver mobilidade judicial.[26]

X – Poder instrutório do juiz

O poder instrutório do juiz o autoriza a indeferir provas inúteis, determinar a realização daquelas imprescindíveis e fiscalizar sua produção, a fim de preparar o processo para julgamento. Dessa forma, pode o juiz "determinar, a qualquer tempo, o comparecimento pessoal das partes, para inquiri-las sobre os fatos da causa, hipótese em que não incidirá a pena de confesso" (CPC/2015, art. 139, VIII). Trata-se, também, do dever de cooperação das partes e do juiz para a apuração da verdade real. A medida, entretanto, não se destina a provocar confissão, diferentemente do que se passa com o depoimento pessoal colhido em audiência de instrução e julgamento (art. 390, § 2º). O interrogatório do art. 139, VIII, objetiva apenas a obtenção pelo juiz de esclarecimentos sobre o quadro fático da causa, através de diligência realizável a qualquer momento do curso do processo, fora da audiência de instrução, em regra, podendo ocorrer até mesmo durante a fase recursal desenvolvida no tribunal.

XI – Primazia do julgamento de mérito

A preocupação do processo moderno com a composição definitiva do litígio confere ao juiz o poder de determinar o suprimento de pressupostos processuais e o saneamento de outros vícios. A meta da jurisdição se concentra nos julgamentos de mérito, de tal sorte que, antes de julgar extinto o processo por força de um embaraço formal, deve o magistrado tentar garantir o prosseguimento do feito, suprindo as deficiências sanáveis (CPC, art. 317).

XII – Demandas repetitivas

Por fim, estabelece o Código que, quando se deparar com diversas demandas individuais repetitivas, deve o juiz oficiar o Ministério Público, a Defensoria Pública e outros legitimados para, se for o caso, promover a propositura da ação coletiva respectiva (CPC, art. 139, X). Trata-se de medida prática e mais salutar do que a conversão em ação coletiva, alvitrada no texto aprovado no Congresso e que foi objeto de veto da Presidência da República.

XIII – Gerenciamento do processo

Em suma: cabe ao juiz o dever de gerenciar o processo, adotando medidas para a boa condução da causa, visando a concretização de um processo justo, célere e efetivo. Referido gerenciamento impõe atribuir maiores poderes ao magistrado, que deverá exercê-los com a finalidade de prestar a tutela jurisdicional da melhor forma possível,[27] sempre com fiel observância das normas fundamentais do processo justo (arts. 1º a 12).

---

25 MENEZES, Gustavo Quintanilha Telles de. A atuação do juiz na direção do processo. In: FUX, Luis (coord.). *O novo processo civil brasileiro*: direito em expectativa. Rio de Janeiro: Forense, 2011, p. 200.

26 ANDRADE, Érico. As novas perspectivas do gerenciamento e da "contratualização" do processo. *Revista de Processo*, v. 193, p. 193, mar. 2011.

27 CAHALI, Cláudia Elisabete Schwerz. *O gerenciamento de processos judiciais em busca da efetividade da prestação jurisdicional*. Coleção Andrea Proto Pisani. Brasília: Gazeta Jurídica, 2013, vol. 10, p. 28 e 33.

297. Outros poderes e deveres do juiz, no plano decisório

No processamento e julgamento da lide, impõe o Código ao juiz mais o poder-dever de ater-se às seguintes regras:

(a) Assim que receber a petição inicial, o juiz tem o poder de admiti-la ou inadmiti-la, conforme estejam presentes ou não os pressupostos de constituição válida do processo e as condições da ação. Trata-se do poder de admissão. Nesse primeiro momento, o magistrado analisa a viabilidade da demanda, admitindo ou não a ação e, no primeiro caso, determinando a citação do réu.

(b) O julgamento deve sujeitar-se ao princípio da legalidade (CPC, art. 8º), ou seja, deve observar as normas legais existentes, pois o juiz não legisla, mas apenas aplica as leis em vigor.

(c) O juiz não pode se eximir de decidir a ação sob o argumento de lacuna ou obscuridade do ordenamento jurídico (art. 140, *caput*). Assim, não havendo norma legal a respeito do *thema decidendum*, o juiz, para julgar, recorrerá à analogia, aos costumes e aos princípios gerais do direito (art. 4º da LINDB). A regra de preenchimento de lacuna pelos princípios gerais refere-se àqueles princípios deduzidos da própria ordem jurídica infraconstitucional. Quanto aos princípios constitucionais, sua aplicabilidade independe de lacuna no ordenamento jurídico, uma vez que são dotados de força normativa própria, independente de qualquer regulamentação por lei ordinária (CF, art. 5º, § 1º). Aplicam-se, pois, seja ou não omisso o direito positivo infraconstitucional.

(d) O recurso à *equidade*, que consiste em abrandar o rigor da norma legal diante das particularidades do caso concreto, só é permitido nos casos previstos em lei (art. 140, parágrafo único).

(e) A lide será decidida nos limites em que a parte a propõe, sendo defeso ao juiz conhecer de questões não suscitadas, a cujo respeito a lei exige iniciativa da parte (art. 141). Não se permitem, pois, os julgamentos *ultra petita*, *citra petita* ou *extra petita*.

(f) Cabe ao juiz proferir decisão que obste a fraude quando, pelas circunstâncias da causa, convencer-se de que autor e réu se serviram do processo para praticar ato simulado ou conseguir fim proibido por lei. Aplicará, *in casu*, de ofício, as penalidades da litigância de má-fé (art. 142).

(g) Na apuração da verdade dos fatos que interessam à solução da causa, caberá ao juiz, de ofício ou a requerimento da parte, determinar as provas necessárias ao julgamento do mérito (art. 370, *caput*), bem como indeferir, em decisão fundamentada, as diligências inúteis ou meramente protelatórias (parágrafo único) (*vide*, adiante, itens 650 e 652).

(h) O Código anterior determinava que, na apreciação da prova, o juiz procederia livremente, atendendo aos fatos e circunstâncias constantes dos autos, ainda que não alegados pelas partes, mas sem ir além do pedido (*iudex secundum allegata et probata decidere debet*). Essa livre apreciação da prova, contudo, não era sinônimo de arbitrariedade, já que havia de ser feita segundo critérios lógicos e máximas da experiência, cabendo ao juiz *fundamentar a sentença*, por meio da indicação expressa dos motivos que formaram o seu convencimento (CPC/1973, art. 131). A nova lei não repetiu o princípio, deixando de atrelar o julgamento ao livre convencimento do juiz, diante do temor de ensejar decisões discricionárias (CPC, art. 371). O juiz, segundo a lei nova, deverá julgar de acordo com a prova dos autos e na conformidade do direito aplicável aos fatos apurados, mas não o fará discricionariamente mediante escolha de uma inteligência que se apoie apenas em sua consciência. Mesmo porque a Constituição Federal de 1988 inclui entre os fundamentos do Estatuto

da Magistratura a obrigatoriedade de que todas as decisões sejam *fundamentadas*, sob pena de nulidade (Constituição Federal, art. 93, IX). Assim, o julgador deverá apresentar as razões da formação de seu convencimento (CPC, art. 11).

Em resumo, o direito processual moderno confere ao juiz a possibilidade de um gerenciamento do processo, capaz de impedir diligências desnecessárias e procrastinatórias; de adaptar o procedimento às necessidades do direito material; de utilizar técnicas de planejamento, organização e condução da marcha processual; de utilizar de forma intensa dos meios alternativos de resolução de conflitos.[28]

298. Atividade criativa do juiz

A ordem legal positiva aspira a ser exaustiva, mas não consegue exaurir toda necessidade normativa da sociedade. Regras incompletas, lacunas legais, normas apenas genéricas são fatos inevitáveis no direito positivo.

Nada obstante, o juiz, na tarefa de prestar a tutela jurisdicional, "não se exime de decidir sob a alegação de lacuna ou obscuridade do ordenamento jurídico" (CPC/2015, art. 140). Caber-lhe-á, em primeiro lugar, aplicar as *normas legais*, mas quando a lei for omissa, "decidirá o caso de acordo com a analogia, os costumes e os *princípios gerais de direito*" (art. 4º da LINDB).

A missão do juiz não é, dessa maneira, apenas a de reproduzir, na composição da lide, a regra editada pelo legislador. Incumbe-lhe, também, uma atividade *criativa*, para completar o preceito legal genérico e pouco detalhado, assim como para suprir-lhe as lacunas.

Nessa perspectiva moderna do direito, os princípios e os costumes assumem força normativa tanto como as regras. Todos são fontes de direito, de que o juiz tem de se valer para compor os conflitos jurídicos e não apenas a lei. O *princípio*, em tal conjuntura, "é a norma sujeita à aplicação graduada em função de circunstâncias fáticas ou jurídicas".[29] Se não há preceito legal específico, se a analogia não oferece oportunidade de incidência, se a lei existente é genérica ou incompleta, os princípios do direito entrarão em atividade com a mesma autoridade e força da lei.

É denegação de justiça, por isso, deixar de examinar uma pretensão deduzida em juízo, apenas porque não disciplinada específica e diretamente por norma legal. O direito não se resume aos preceitos da lei.

No desempenho, porém, da atuação criativa, o juiz não deverá, obviamente, se colocar acima da lei, porque a ordem constitucional se acha apoiada no princípio da legalidade. Pode interpretar a lei atualizando-se o sentido, para adequá-la aos costumes e anseios da sociedade contemporânea. Pode aprimorá-la, pode completá-la, suprindo-lhe as lacunas, mas não deve, de forma alguma, desprezá-la ou revogá-la.[30]

299. Uma advertência sobre o garantismo processual e o ativismo judicial

Está em voga em certos círculos de estudos processuais colocar em confronto o que se convencionou chamar de garantismo processual e o ativismo judicial. Nessa experiência, aponta-se, a

---

[28] Cf. CAHALI, Cláudia Elisabete Schwerz. *O gerenciamento de processos judiciais em busca da efetividade da prestação jurisdicional*. Coleção Andrea Proto Pisani. Brasília: Gazeta Jurídica, 2013. vol. 10.

[29] GOUVÊA, Marcos Maselli. *O Controle Judicial das Omissões Administrativas*. Rio de Janeiro: Forense, 2003, p. 138.

[30] "Il giudice è soggetto soltanto alla legge (100 cost.) e in ciò si manifesta l'aspetto saliente del principio di legalità. Il giudice non può giudicare secondo le proprie visioni del mondo, ma rispetando la Costituzione e le leggi del Parlamento" (PERLINGIERI, Pietro; FEMIA, P. *Manuale di diritto civile*. 3. ed. Napoli: Edizione Schientifiche Italiane, 2002, n. 22, p. 43).

partir de um enfoque maniqueísta, para um antagonismo total entre as duas ideias, em que uma exigiria a anulação da outra, de modo que cada qual só teria possibilidade de ser adotada se o fosse de forma plena e exclusiva, com o que se elimina qualquer possibilidade de convivência entre ambas.

É bom ressaltar, desde logo, que não participamos de semelhante radicalismo, pois levados ao extremo, tanto o garantismo como o ativismo não merecem figurar como padrão ou medida do processo civil contemporâneo. É que, no mundo dialético do direito, instituto algum pode ser entendido e imposto em caráter exclusivo e absoluto.

Para início de ponderação, convém considerar, nesse conflito – que é mais ideológico do que normativo –, que, segundo os garantistas, o mal a combater é o aumento sempre crescente dos poderes do juiz, os quais o colocam num patamar superior ao das partes. A publicização do processo teria reduzido a liberdade de ação dos litigantes, tornando o juiz – como comandante supremo do procedimento e da pesquisa probatória – um agente autoritário da justiça, um verdadeiro ditador judicial.

Em nome do combate a esse autoritarismo, o movimento garantístico preconiza medidas como: *(i)* redução do protagonismo judicial, de modo a diminuir seu papel no comando do processo; *(ii)* ampliação da disponibilidade das partes sobre seus direitos em jogo no processo; *(iii)* reconhecimento da ampla liberdade das partes para escolher os remédios processuais de seu interesse e para definir e produzir os meios de prova que considerem úteis e adequados à defesa de seus interesses disponíveis; *(iv)* reconhecimento do descompromisso do Judiciário com a apuração da verdade (matéria que só diz respeito aos litigantes), devendo limitar-se à avaliação da prova trazida ao processo pelas partes, ou seja, o juiz, para se manter imparcial, deve ser privado de iniciativa probatória.

Reconhece-se a existência de doutrinadores de peso, mas não numerosos, que se empolgam na defesa dessa garantia ampla da autonomia e liberdade das partes e na luta contra o ativismo judicial, por entendê-lo comprometedor da imparcialidade do juiz, valor havido como supremo, que se teria de preservar a todo custo, a bem da melhor qualidade da prestação jurisdicional.

Não é, todavia, nesse rumo que se construiu a atual constitucionalização das garantias básicas do processo concebidas pelo Estado Democrático de Direito. Em síntese, o que se entrevê na ordem constitucional é o intuito evidente de implantar um sistema democrático e cooperativo, em que o esforço para se alcançar uma justa composição dos litígios seja exercido paritariamente pelos litigantes e pelo juiz.

Impõe-se, nessa altura, reconhecer que o direito de nosso tempo é pensado mais a partir das funções dinâmicas que deve desempenhar no meio social, do que das estruturas estáticas com que a ordem jurídica se organiza. Os apriorismos conceituais são de pequena e escassa relevância, nessa perspectiva, pois o que cumpre revelar e interpretar é o papel que se almeja desempenhar e o objetivo a ser alcançado. O que importa para o jurista, no dizer de Bobbio, não é saber o que é o direito, mas para que serve o direito.

Nesse prisma, após a completa constitucionalização do processo, transformado que foi num complexo de garantias fundamentais, todas institucionalizadas como instrumento destinado a produzir a pacificação social, mediante a justa composição dos litígios, o importante deixa de ser o enfoque isolado do papel do juiz. Passa a ser a visualização de como deve ser construída a composição justa do conflito, que ameaça a paz social, dentro do sistema processual democrático.

O que se constata nessa visão dinâmica e funcional do processo constitucionalizado é que não mais se cogita neutralizar e minimizar a função do juiz, tampouco erguer as partes a uma posição de exacerbada hegemonia na determinação do destino da prestação jurisdicional.

Na verdade, o processo justo concebido na ordem constitucional de hoje impõe uma comparticipação de todos os seus sujeitos no iter de construção do provimento com que o juiz definirá a solução do litígio. O processo, portanto, não é obra nem do juiz nem das partes, já que se transformou num sistema de cooperação, em simetria de posições entre as partes e o órgão judicante. No estágio de preparação do provimento não há hierarquia entre os sujeitos do processo. Só no estágio final, isto é, na decretação do ato de autoridade com que a composição do conflito será alcançada, é que se quebrará a simetria, porque esse ato jurisdicional derradeiro implica exercício de soberania estatal, que, dentro do processo, apenas o juiz detém.

Entretanto, a sujeição do processo ao princípio democrático de participação efetiva das partes na construção do provimento judicial, de certa forma, se faz presente até mesmo no próprio ato decisório, porque a Constituição exige que este seja devidamente fundamentado, sob pena de nulidade (CF, art. 93, IX). E exigir que o provimento seja adequadamente motivado implica dizer que o juiz, ao decidir, não poderá ignorar as alegações, razões e provas das partes; e se não as acolher, terá de demonstrar, racional e juridicamente, porque as rejeita.

A par disso, o controle e censura das partes sobre o ato do julgador também ocorre *a posteriori*, por meio do duplo grau de jurisdição, de sorte que pela via dos recursos, erros, abusos e injustiças do juiz da causa poderão ser corrigidos pelo Tribunal, órgão judicial hierarquicamente superior, cuja função consiste justamente em rever e controlar a higidez do julgamento das causas.

É assim que o processo moderno garante, àquele que faz jus à tutela jurisdicional, uma composição justa e efetiva do conflito deduzido em juízo, e não pela redução do juiz à condição de mero expectador do duelo entre as partes.

Por isso mesmo, o confronto maniqueísta entre ativismo judicial e garantismo processual contém um dilema superado pela atual sistemática do processo democrático, em cujo seio o autoritarismo ou ditadura do juiz se contorna e combate pelo dinamismo do contraditório sem surpresa, em que o juiz tem forçosamente de participar do diálogo com as partes, antes de qualquer decisão, e pelo reconhecimento de que aos litigantes não se acha garantido apenas o direito de falar no processo, mas de ser ouvido e de influir efetivamente na preparação e formulação do ato judicial que ditará a justa composição do litígio.

As correntes doutrinárias amplamente majoritárias e os mais modernos Códigos europeus não aceitam a figura do juiz indiferente à busca da verdade e à justiça do provimento, como insistem em defender os que minoritariamente se batem pela teoria do garantismo. O direito como um todo se acha constitucionalizado por inteiro; e as constituições democráticas de nosso tempo são estatutos acentuadamente éticos, e não puro repositório de regras frias e preceptivas. Valores como justiça, solidariedade social, dignidade da pessoa humana passaram à categoria de fundamentos do Estado Democrático.

A justiça, num Estado assim fundamentado, pode alhear-se da verdade, pode ser indiferente à conformidade, ou não, da sentença com a moralidade e com a justiça intrínseca de seus provimentos? Como admitir possa o juiz, responsável pela justiça da sentença, cruzar os braços e permanecer inerte diante de uma instrução probatória incompleta e não reveladora dos fatos relevantes da causa, quando tem condições de determinar a produção de meios de convencimento adequados à formação de um convencimento mais seguro?

Justiça e verdade são ideias indissociáveis, da mesma forma que não se pode dissociar injustiça e mentira ou falsidade.

Falso e injusto, portanto, é o juiz que resolve um litígio, ciente de que a prova do fato básico da causa não foi produzida, embora nada houvesse para impedi-la. A imparcialidade não pode manietá-lo, bloqueando o acesso à verdade, quando nada o impedia de conhecê-la. Parcialidade realmente grave, e incompatível com o processo justo, é a que comete o juiz que decide a demanda em favor de uma das partes, consciente de que o faz por falta de uma prova que estaria perfeitamente a seu alcance, e que só não veio aos autos por ignorância ou desamparo técnico daquele que perdeu a causa.

É preciso não confundir ativismo judicial com gestão do processo pelo juiz. Não se pode, realmente, tolerar o juiz que se torna advogado de uma das partes, diligenciando ostensivamente pela defesa de seus interesses, de maneira desleal e desigual em relação ao tratamento dispensado ao outro litigante. Imparcialidade, em processo, quer dizer igualdade no modo de velar pelo exercício dos direitos e garantias de ambas as partes.

A busca da verdade das alegações dos litigantes não é tarefa apenas deles; é missão também do juiz, a quem cabe fazer justiça aos contendores, e não se consegue fazer justiça ao arrepio da verdade. Logo, tanto ou mais que as partes, o juiz tem de buscar, pelas provas, a apuração da verdade que interesse à justa composição do litígio, missão suprema do Poder Judiciário.

Afirmar que ao Judiciário compete apenas compor os conflitos e não fazer justiça é desconhecer os fundamentos e os fins do atual Estado Democrático de Direito e, dentro dele, as garantias constitucionais do acesso à justiça e do processo que o instrumentaliza.

O autoritarismo judicial não se combate suprimindo as iniciativas do juiz na busca da composição justa dos litígios, mas por meio de mecanismos democráticos como o do contraditório pleno enriquecido pelo princípio da cooperação, pela exigência rigorosa de adequada fundamentação dos decisórios, e pelo seu controle e censura das partes, por meio da garantia do duplo grau de jurisdição.

A nosso ver e salvo melhor juízo, o garantismo por que anseia a sociedade democrática de nosso tempo não é o que afasta o juiz da preocupação pelo destino do processo, mas aquele que assegura seu comando firme à frente do processo, imparcial mas não indiferente à justiça do provimento a ser produzido, sempre dentro do clima de efetiva cooperação entre todos os sujeitos da relação processual.

300. Responsabilidade do juiz

Além das sanções disciplinares, o juiz responde civilmente pela indenização dos prejuízos acarretados à parte nos seguintes casos (CPC/2015, art. 143):

(a) quando proceder com dolo ou fraude no exercício de suas funções (inciso I);

(b) quando recusar, omitir ou retardar, sem justo motivo, providência que deva ordenar de ofício ou a requerimento da parte (inciso II).

A segunda hipótese acima só se reputará verificada depois que a parte requerer ao juiz que determine a providência e o requerimento não for apreciado no prazo de 10 dias (art. 143, parágrafo único).

301. Garantia de imparcialidade do juiz

É imprescindível à lisura e ao prestígio das decisões judiciais a inexistência da menor dúvida sobre motivos de ordem pessoal que possam influir no ânimo do julgador.[31] Não basta, outrossim, que o juiz, na sua consciência, sinta-se capaz de exercitar o seu ofício com a habitual imparcialidade. Faz-se necessário que não suscite em ninguém a dúvida de que motivos pessoais possam influir sobre seu ânimo.[32] Na pitoresca comparação de Andrioli, "o magistrado, como a mulher de César, não deve nunca ser suspeito".[33]

Daí a fixação pelo Código de causas que tornam o juiz *impedido* ou *suspeito*, vedando-lhe a participação em determinadas causas. Os casos de *impedimento* são mais graves e, uma vez desobedecidos, tornam vulnerável a coisa julgada, pois ensejam ação rescisória da sentença (CPC, art. 966, II). Já os de *suspeição* permitem o afastamento do juiz do processo, mas não afetam a coisa julgada, se não houver a oportuna recusa do julgador pela parte.

---

[31] MARQUES, José Frederico. *Manual de Direito Processual Civil*. São Paulo: Saraiva, 1974, v. I, n. 214, p. 237.

[32] LIEBMAN, Enrico Tullio. *Manuale di Diritto Processuale Civile*. Milano: Giuffrè, 1968, n. 59, v. I, p. 127-128.

[33] ANDRIOLI, Virgílio. *Lezioni di Diritto Processuale Civile*. Napoli: Jovene, 1973, v. I, n. 31, p. 155.

Aplicam-se os motivos legais de suspeição e impedimento tanto aos juízes singulares como aos membros dos tribunais. Por afetarem o poder jurisdicional do órgão judicante, é assente na doutrina e jurisprudência que esses motivos legais de impedimento ou suspeita são de direito estrito, não admitindo, por isso, aplicação analógica, nem interpretação extensiva.[34]

302. Casuísmo legal

I – Casos de impedimento do juiz

Segundo o art. 144 do CPC, é *impedido* o juiz, sendo-lhe vedado exercer suas funções no processo:

(a) em que interveio como mandatário da parte, oficiou como perito, funcionou como membro do Ministério Público, ou prestou depoimento como testemunha (inciso I);
(b) de que conheceu em outro grau de jurisdição, tendo-lhe proferido qualquer decisão (inciso II);
(c) quando nele estiver postulando, como defensor público, advogado ou membro do Ministério Público, seu cônjuge ou companheiro, ou qualquer parente, consanguíneo ou afim, em linha reta ou colateral, até o terceiro grau, inclusive (inciso III);
(d) quando for parte no feito ele próprio, seu cônjuge ou companheiro, ou parente, consanguíneo ou afim, em linha reta ou colateral, até o terceiro grau, inclusive (inciso IV);
(e) quando for sócio ou membro de direção ou de administração de pessoa jurídica parte na causa (inciso V);
(f) quando for herdeiro presuntivo, donatário ou empregador de qualquer das partes (inciso VI);
(g) em que figure como parte instituição de ensino com a qual tenha relação de emprego ou decorrente de contrato de prestação de serviços (inciso VII);
(h) em que figure como parte cliente do escritório de advocacia de seu cônjuge, companheiro ou parente, consanguíneo ou afim, em linha reta ou colateral, até o terceiro grau, inclusive (inciso VIII);[35]
(i) quando promover ação contra a parte ou seu advogado (inciso IX).

No caso do nº III, *supra*, não permite o Código que a parte mude de advogado ou defensor público apenas para provocar o impedimento do juiz. Esse impedimento só ocorre quando o juiz, ao tomar conhecimento da causa, já encontra o advogado, o defensor ou o membro do Ministério Público atuando (art. 144, § 1º).

Por outro lado, o impedimento decorrente de mandato conferido a membro de escritório de advocacia que tenha em seus quadros advogado que seja cônjuge ou companheiro, ou qualquer parente, consanguíneo ou afim, em linha reta ou colateral, até o terceiro grau, inclusive, do juiz, configurar-se-á ainda que o mandatário não intervenha diretamente no processo (art. 144, § 3º).

O Código atual veda, ainda, em caráter geral, que se crie fato superveniente apenas com o intuito de caracterizar o impedimento do juiz (art. 144, § 2º).

---

34 ANDRIOLI, Virgílio. *Lezioni di Diritto Processuale Civile*. Napoli: Jovene, 1973, v. I, n. 31, v. I, p. 156.

35 O Plenário do Supremo Tribunal Federal, por maioria, julgou inconstitucional regra do Código de Processo Civil que amplia o impedimento de juízes (art. 144, VIII) (STF, Pleno, ADI 5.953, Rel. p/ ac. Min. Gilmar Mendes, ac. 21.08.2023, pendente de publicação. Disponível em: https://portal.stf.jus.br/noticias/verNoticiaDetalhe.asp?idConteudo=512602&ori=1. Acesso em: 4 out. 2023).

II – Casos de suspeição do juiz

Ocorre *suspeição* de parcialidade do juiz, nos termos do art. 145 do CPC/2015, quando:

(*a*) for amigo íntimo ou inimigo de qualquer das partes ou de seus advogados (inciso I);
(*b*) receber presentes de pessoas que tiverem interesse na causa antes ou depois de iniciado o processo, aconselhar alguma das partes acerca do objeto da causa ou subministrar meios para atender às despesas do litígio (inciso II);
(*c*) qualquer das partes for sua credora ou devedora, de seu cônjuge ou companheiro ou de parentes destes, em linha reta até o terceiro grau, inclusive (inciso III);
(*d*) for interessado no julgamento de causa em favor de qualquer das partes (inciso IV).

Admite o Código, ainda, que o juiz se declare suspeito por motivo de foro íntimo, que, naturalmente, não precisa ser explicitado pelo julgador (art. 145, § 1º). "Nos termos da jurisprudência do Superior Tribunal de Justiça, 'a declaração pelo magistrado de suspeição por motivo superveniente não tem efeitos retroativos, não importando em nulidade dos atos processuais praticados em momento anterior ao fato ensejador da suspeição'".[36]

A nova lei considera ilegítima a alegação de suspeição quando: (i) houver sido provocada por quem a alega; e (ii) a parte que a alega houver praticado ato que signifique manifesta aceitação do arguido (art. 145, § 2º).

Nos tribunais, há um caso especial de impedimento, que se dá entre dois ou mais juízes-membros, quando parentes, consanguíneos ou afins, em linha reta ou colateral, até o terceiro grau, inclusive (*i.e.*, entre avô e bisneto ou entre tio e sobrinho). O primeiro desses juízes que tomar conhecimento do processo, no tribunal, impede que o outro atue no processo, passando os autos ao seu substituto legal (art. 147).

303. Juiz-testemunha

O juiz, como qualquer pessoa, pode presenciar, fora do processo, fatos que se tornam relevantes para o julgamento da causa. Não está, obviamente, impedido de testemunhar a seu respeito em juízo. O que não se tolera é a confusão das duas funções, a de julgar e a de testemunhar.

Se é arrolado o juiz como testemunha, deverá, em primeiro lugar, certificar-se de que realmente tenha algum conhecimento acerca do fato discutido no processo. Inexistindo o que depor, ser-lhe-á possível recusar-se a atuar como testemunha no feito submetido à sua direção. Tendo, porém, conhecimento pessoal a revelar, instalar-se-á a incompatibilidade entre a qualidade de magistrado e a de testemunha. Ficará impedido de continuar como juiz do feito (CPC, art. 144, I).

Ainda, porém, que não seja arrolado como testemunha, não tem o juiz condição de dirigir o processo e julgá-lo, quando houver presenciado os fatos básicos do litígio. É que, em tal circunstância, consciente ou inconscientemente, sua convicção estaria sob impacto de eventos e circunstâncias extra-autos.

Só o fato notório permite invocação pelo juiz sem o prévio crivo da apuração nos autos. Se o juiz profere a sentença segundo conhecimento pessoal dos fatos ou de parte deles, o processo torna-se nulo, pois "atua como testemunha extrajudicial, estando impedido de exercer suas funções jurisdicionais, ante o pressuposto processual da imparcialidade".[37]

---

36 STJ, 1ª Seção, PET no REsp 1.339.313/RJ, Rel. p/ ac. Min. Assusete Magalhães, ac. 13.04.2016, *DJe* 09.08.2016.

37 1º TACivSP, Ap. 387.889, 2ª C., Rel. Juiz Rodrigues de Carvalho, ac. 16.03.1988, *RT* 630/140.

Na verdade, a influência do conhecimento extra-autos que o juiz detenha sobre a base fática da lide traduz-se em quebra da garantia do contraditório. A sentença, diante desse quadro, terá sido proferida sob influência de elementos que não passaram pelo debate dialético da instrução probatória. O que não está nos autos não existe para o processo, segundo clássica parêmia de raízes romanas. O convencimento do juiz tem de ser formado apenas sobre os fatos e elementos do processo (art. 371).

Daí a conclusão de Amaral Santos de que "tudo aconselha que, sabedor como homem e não como juiz, este se dê por incompatível com a função de juiz, transmitindo a direção do processo a outro magistrado".[38]

304. Exclusão do juiz suspeito ou impedido

Há um dever para o juiz de reconhecer e declarar, *ex officio*, seu próprio impedimento ou suspeição. E há, também, para a parte, o remédio processual adequado para afastar da causa o juiz suspeito ou impedido, quando este viola o dever de abstenção. Em outras palavras: à obrigação do juiz de *abster-se* corresponde o direito processual da parte de *recusá-lo*.[39]

Essa recusa da parte processa-se por meio de um incidente de *impedimento* ou *suspeição* (CPC, art. 146), que é autuado em apartado aos autos principais e que pode ter ou não efeito suspensivo com relação ao processo.

305. Procedimento da alegação de impedimento e de suspeição

O impedimento e a suspeição referem-se ao juiz, como pessoa física encarregada da prestação jurisdicional. Assim, quando o juiz é afastado do processo por motivo de impedimento ou suspeição, o processo não se desloca do juízo (foro, vara, tribunal etc.). Apenas o julgador, dentro do mesmo órgão, é que é substituído.

Embora preveja o Código prazo de quinze dias para essas alegações, a contar do conhecimento do fato (art. 146, *caput*, do CPC/2015), no caso de impedimento, pelo menos, é de admitir-se que não ocorre *preclusão* da faculdade de arguir a incapacidade do juiz. Isso porque, até depois da *res iudicata*, o Código permite a invocação desse vício para rescindir a sentença (art. 966, II).

O impedimento e a suspeição devem ser, em regra, reconhecidos pelo juiz, de ofício, ao tomar conhecimento do processo. O incidente formulado pela parte é cabível apenas quando o juiz descumpra o seu dever funcional de afastar-se espontaneamente da causa.

I – Pedido de afastamento do juiz

A arguição de impedimento ou suspeição é feita nos próprios autos. Deve a parte requerente formulá-la em petição específica dirigida ao juiz da causa, indicando o motivo da recusa, que há de ser um dos previstos nos arts. 144 e 145 do CPC/2015, pois a enumeração legal é taxativa.[40] Pode, ainda, instruir a petição com documentos em que se fundar a alegação e com rol de testemunhas (art. 146, *caput*).

Suscitado o incidente, o processo será suspenso, nos termos do art. 313, III, ficando impedida a prática de atos processuais, enquanto não julgada a arguição (art. 314). Em se tratando de atos urgentes e inadiáveis, cujo protelamento possa causar dano irreparável, a solução da emergência dar-se-á por meio de sua submissão ao juiz substituto do impugnado (art. 146, § 3º).

---

38 AMARAL SANTOS, Moacyr. *Prova Judiciária no Cível e no Comercial*. 3. ed. São Paulo: Max Limonad, 1966, n. 51, p. 129.

39 ANDRIOLI, Virgílio. *Lezioni di Diritto Processuale Civile*. Napoli: Jovene, 1973, v. I, n. 31, I, p. 156.

40 ANDRIOLI, Virgílio. *Lezioni di Diritto Processuale Civile*. Napoli: Jovene, 1973, v. I, n. 31, p. 156.

O advogado da parte requerente não necessita de poderes especiais para arguir a suspeição ou o impedimento do juiz, segundo se depreende do art. 105.[41]

II – Respostas do magistrado

Recebida a petição requerendo o seu afastamento, naturalmente não será lícito ao juiz indeferir a petição, nem mesmo quando reputá-la manifestamente improcedente. Não há sequer lugar para ouvida da parte contrária. Caberá ao juiz, tão somente, adotar uma das seguintes condutas:

(i) reconhecer os motivos para sua recusa e ordenar imediatamente a remessa dos autos ao seu substituto legal (art. 146, § 1º);

(ii) rejeitar os motivos de seu afastamento, determinando a autuação em apartado da petição e, no prazo de quinze dias, apresentar suas razões, acompanhadas de documentos e de rol de testemunhas, se houver, ordenando a remessa do incidente ao tribunal (art. 146, § 1º).

Como se vê, no incidente de suspeição ou impedimento, a posição de requerido toca ao próprio juiz recusado, visto que o requerente se dirige ao órgão judiciário superior para tentar diretamente a exclusão de sua pessoa da relação processual. Sua posição assemelha-se à de um réu, durante a tramitação do procedimento incidental, tanto que, se o incidente for procedente, o juiz sofrerá até condenação nas custas (art. 146, § 4º).

Não obstante se reconheça ao magistrado a posição de sujeito passivo do incidente, a petição que o provoca será dirigida ao próprio juiz rejeitado. Porém, não lhe caberá, como é óbvio, indeferir a pretensão, nem mesmo quando reputá-la manifestamente improcedente. A subida dos autos ao tribunal é obrigatória, e não haverá sequer lugar para ouvida da outra parte do processo principal. A questão se restringe ao excipiente e ao excepto.

III – Apreciação e julgamento do incidente

A apreciação e o julgamento do incidente, quando o juiz não acolhe a arguição, tocam ao Tribunal a que ele se acha subordinado, e nunca ao próprio impugnado.[42] Se, em vez de remeter o caso ao tribunal, o juiz *a quo* resolve indeferir a impugnação liminarmente, caberá mandado de segurança "para a cassação tanto daquele indeferimento liminar como dos atos praticados no período de suspensão desencadeado pela oposição da exceção",[43] mesmo porque o CPC/2015 não prevê recurso para a espécie.[44]

Distribuído o incidente no tribunal, o relator deverá declarar os efeitos em que o recebe: *(i)* se não atribuir efeito suspensivo, o processo voltará a correr normalmente em primeira instância; *(ii)* se o receber com efeito suspensivo, permanecerá suspenso o processo até o julgamento do incidente (art. 146, § 2º).

---

41 CALMON DE PASSOS, José Joaquim. *Comentários ao Código de Processo Civil*. 8. ed. Rio de Janeiro: Forense, 1998. v. III. n. 206.1. p. 300.

42 "O juiz a quem se atribui suspeição não pode julgar a exceção, princípio que se aplica também aos magistrados que atuam no segundo grau de jurisdição" (STJ, 3ª T., REsp 704.600/RJ, Rel. Min. Ari Pargendler, ac. 02.05.2006, *DJU* 12.06.2006, p. 477).

43 STJ, 4ª T., RMS 13.739/RJ, Rel. Min. Aldir Passarinho Júnior, ac. 05.06.2007, *DJU* 27.08.2007, p. 253.

44 "Consolidou-se na jurisprudência desta Corte o entendimento no sentido de ser cabível mandado de segurança contra ato judicial quando este não está sujeito a recurso e é teratológico ou manifestamente abusivo" (STJ, 1ª T., RMS 27.608/PR, Rel. Min. Teori Albino Zavascki, ac. 19.03.2009, *DJe* 26.03.2009).

Prevê o Código que, enquanto não declarado o efeito em que é recebido o incidente ou quando este for recebido com efeito suspensivo, o requerimento de tutela de urgência deve ser dirigido ao substituto legal do juiz (art. 146, § 3º).

Por importar afastamento do magistrado do exercício da jurisdição e envolver matéria de ordem moral e de alta relevância, que pode afligir a pessoa do suspeitado e suscitar até menosprezo à própria dignidade da justiça para acolhimento da exceção de suspeição, "é indispensável prova induvidosa".[45]

"Verificando que a alegação de impedimento ou de suspeição é improcedente, o tribunal rejeitá-la-á" (art. 146, § 4º). "Acolhida a alegação, tratando-se de impedimento ou de manifesta suspeição, o tribunal condenará o juiz nas custas e remeterá os autos ao seu substituto legal" (art. 146, § 5º). Neste último caso, o juiz poderá recorrer da decisão. Em se tratando de procedimento de competência originária do tribunal, caberá ao regimento interno designar qual o órgão que se encarregará do julgamento do recurso intentado pelo juiz.

Se o tribunal reconhecer o impedimento ou a suspeição, fixará o momento a partir do qual o juiz não poderia ter atuado (art. 146, § 6º) e decretará a nulidade dos atos, praticados quando já presente o motivo de impedimento ou de suspeição (art. 146, § 7º).

IV – Extensão do reconhecimento do impedimento ou da suspeição

Há casos em que o impedimento e a suspeição se limitam a interditar a atuação do juiz apenas no processo em que a arguição se verificou. Correspondem à maioria das hipóteses dos arts. 144 e 145 do CPC. Há, porém, alguns que se referem a problemas de amizade, inimizade ou parentesco que, uma vez configurados e reconhecidos num processo, afetam a imparcialidade do magistrado não só no caso dos autos, mas para todos e quaisquer processos que envolvam a mesma parte.[46]

306. Impedimento ou suspeição de outros sujeitos processuais

Dispõe o atual Código que se aplicam os motivos de impedimento ou de suspeição: *(i)* ao membro do Ministério Público; *(ii)* aos auxiliares da justiça; e *(iii)* aos demais sujeitos imparciais do processo – perito, intérprete ou serventuário de justiça (CPC/2015, art. 148).

O pedido de suspeição ou impedimento deverá ser feito em petição fundamentada e devidamente instruída, na primeira oportunidade em que couber à parte falar nos autos (art. 148, § 1º, 1ª parte). O incidente será processado em separado e não importará a suspensão do processo. O arguido terá o prazo de quinze dias para apresentar sua manifestação e requerer a produção de prova, quando necessária (art. 148, § 1º, 2ª parte). No tribunal, o incidente observará o rito preconizado por seu regimento interno (art. 148, § 2º).

O procedimento de arguição do impedimento ou suspeição de testemunha segue rito próprio previsto na regulamentação da prova oral, e não aquele estabelecido pelos §§ 1º e 2º, do art. 148, conforme dispõe o § 3º do mesmo artigo.

---

45 PAULA, Alexandre de. *Código de Processo Civil Anotado*. São Paulo: RT, 1976, v. II, p. 135.

46 "6- O juiz que reconheceu sua suspeição com fundamento em inimizade com a parte ou advogado tem a sua neutralidade e imparcialidade comprometidas em relação a quaisquer processos que os envolvam, ainda que a suspeição apenas tenha sido reconhecida em um desses processos. 7- O reconhecimento do impedimento com base no art. 144, IX, e também da suspeição com base no art. 145, I, ambos do CPC/15, uma vez lançado em algum dos processos que envolvem as partes ou advogados em conflito com o julgador, produzem efeitos expansivos em relação aos demais processos, inviabilizando a atuação do juiz em quaisquer deles, independentemente de expressa manifestação em cada um dos processos individualmente" (STJ, 3ª T., HC 762.105/SP, Rel. Min. Nancy Andrighi, ac. 25.10.2022, *DJe* 28.10.2022).

Fluxograma nº 7

ARGUIÇÃO DE IMPEDIMENTO OU SUSPEIÇÃO
(art. 146)

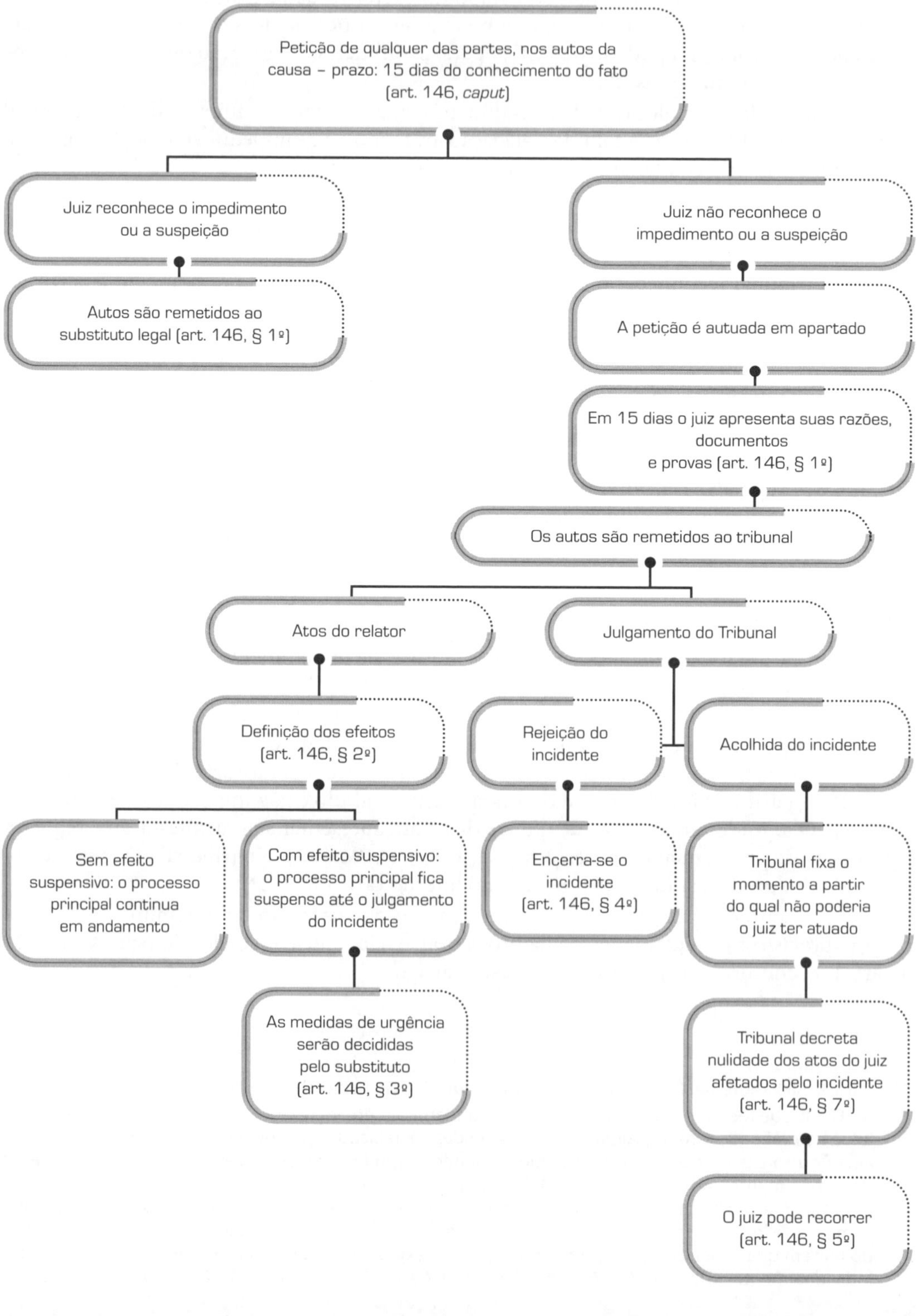

§ 39. AUXILIARES DA JUSTIÇA

307. O juízo

O juiz – detentor do poder jurisdicional –, para consecução de suas tarefas, necessita da colaboração de órgãos auxiliares, que, em seu conjunto e sob a direção do magistrado, formam o *juízo*.

Não é possível a realização da prestação jurisdicional sem a formação e o desenvolvimento do processo. E isso não ocorre sem a participação de funcionários encarregados da documentação dos atos processuais praticados; sem o concurso de serventuários que se incumbam de diligências fora da sede do juízo; sem alguém que guarde ou administre os bens litigiosos apreendidos etc.

Para cada uma dessas tarefas o juiz conta com um auxiliar específico que pode agir isoladamente, como o depositário ou o intérprete, ou que pode dirigir uma repartição ou serviço complexo (*ofício*), como o escrivão.

De acordo com o art. 149 do Código de Processo Civil, "são auxiliares da Justiça, além de outros cujas atribuições sejam determinadas pelas normas de organização judiciária, o escrivão, o chefe de secretaria, o oficial de justiça, o perito, o depositário, o administrador, o intérprete, o tradutor, o mediador, o conciliador judicial, o partidor, o distribuidor, o contabilista e o regulador de avarias".

Entre esses "outros auxiliares" a que alude o Código, o mais comum é o tesoureiro.

Os serventuários do juízo costumam ser divididos em duas categorias: os *permanentes* e os *eventuais*.

Permanentes são os que atuam continuamente, prestando colaboração em todo e qualquer processo que tramite pelo juízo, como o escrivão, o oficial de justiça e o distribuidor. Sem esses auxiliares, nenhum processo pode ter andamento.

Há, porém, auxiliares que não integram habitualmente os quadros do juízo e só em alguns processos são convocados para tarefas especiais, como o que se passa com o intérprete e o perito. Esses são os auxiliares *eventuais*.

308. Escrivão ou chefe de secretaria

É o mais importante auxiliar do juízo, pois é o encarregado de dar andamento ao processo e de documentar os atos que se praticam em seu curso.

I – Atribuições do escrivão ou chefe de secretaria

De acordo com o art. 152, incumbe ao escrivão ou chefe de secretaria:

(a) redigir, na forma legal, os ofícios, mandados, cartas precatórias e demais atos que pertençam ao seu ofício (inciso I);

(b) efetivar as ordens judiciais, realizar citações e intimações, bem como praticar todos os demais atos que lhe forem atribuídos pelas normas de organização judiciária (inciso II);[47]

(c) comparecer às audiências, ou, não podendo fazê-lo, designar servidor para substituí-lo (inciso III);

---

[47] O órgão auxiliar que tem a função específica de *citar* é o Oficial de Justiça, como esclarece o art. 249. Ao escrivão somente incumbe diligenciar a citação nos casos especiais em que a lei permite o uso da *via postal*.

(*d*) manter sob sua guarda e responsabilidade os autos, não permitindo que saiam de cartório (inciso IV), exceto:
   (*i*) quando tenham de seguir à conclusão do juiz;
   (*ii*) com vista a procurador, à Defensoria Pública, ao Ministério Público ou à Fazenda Pública;
   (*iii*) quando devam ser remetidos ao contabilista ou ao partidor;
   (*iv*) quando forem transferidos a outro juízo em razão da modificação da competência;

(*e*) fornecer certidão de qualquer ato ou termo do processo, independentemente de despacho, observadas as disposições referentes ao segredo de justiça (inciso V);

(*f*) praticar, de ofício, os atos meramente ordinatórios (inciso VI).

Nesse último caso, o juiz titular editará ato a fim de regulamentar a prática dos atos meramente ordinatórios (art. 152, § 1º). Dentre os atos dessa natureza, o § 4º do art. 203 prevê que atos como a juntada e a vista obrigatória independem de despacho e devem ser praticados de ofício pelo servidor, sujeitando-se à revisão do juiz quando necessário.

II – Cronologia das publicações e pronunciamentos judiciais

O escrivão ou chefe de secretaria deverá obedecer, preferencialmente, à ordem cronológica de recebimento para publicação e efetivação dos pronunciamentos judiciais (art. 153, modificado pela Lei 13.256, de 04.02.2016), só se afastando de tal ordem quando ocorrer motivo adequadamente justificável. Para conhecimento e controle das partes, deverá ser disponibilizada, de forma permanente, para consulta pública, uma lista de processos recebidos (art. 153, § 1º).

Não prevalece a ordem cronológica nos seguintes casos: (*i*) atos urgentes, assim reconhecidos pelo juiz no pronunciamento judicial a ser efetivado; e (*ii*) preferências legais (art. 153, § 2º). Todavia, essas exceções deverão constar de lista própria a ser elaborada pelo escrivão, respeitando-se, dentro dela, a ordem cronológica de recebimento entre os atos urgentes e as preferências legais (art. 153, § 3º).

A parte que se considerar preterida na ordem cronológica poderá reclamar, nos próprios autos, ao juiz da causa, que requisitará informações ao servidor, a serem prestadas no prazo de dois dias (art. 153, § 4º). Se o juiz constatar a preterição, determinará o imediato cumprimento do ato e a instauração de processo administrativo disciplinar contra o servidor (art. 153, § 5º).

III – Forma e conteúdo dos atos processuais

A forma e o conteúdo dos atos processuais, de documentação e guarda, que tocam ao escrivão, acham-se regulados pelos arts. 206 a 211.

O escrivão tem *fé pública*[48] e sua função recebe do Código o nome de *ofício de justiça* (art. 150). Cartório é a repartição dirigida pelo escrivão onde podem servir outros funcionários subalternos, como os escreventes, cuja função se regula pelas normas de organização judiciária.

Num mesmo juízo pode haver um ou mais ofícios de justiça, como prevê o art. 150. No caso de pluralidade de ofícios, os processos são distribuídos entre eles por natureza ou por sorteio.

IV – Responsabilidade civil do escrivão e do chefe de secretaria

O escrivão e o chefe de secretaria, nos termos do art. 155, são responsáveis civil e regressivamente pelos prejuízos que acarretarem às partes quando:

---

[48] ANDRIOLI, Virgílio. *Lezioni di Diritto Processuale Civile*. Napoli: Jovene, 1973, v. I, n. 32, p. 159.

(*a*) sem justo motivo, se recusarem a cumprir, no prazo, os atos impostos pela lei ou pelo juiz a que estão subordinados;
(*b*) praticarem ato nulo, com dolo ou culpa.

V – Impedimento do escrivão

Em seus impedimentos, o escrivão ou chefe de secretaria é substituído segundo as regras da Organização Judiciária. Mas, se inexistir o substituto legal, o juiz deverá nomear pessoa idônea para o ato (escrivão *ad hoc*), a fim de não paralisar o processo (art. 152, § 2º). Isso porque a atuação desses serventuários é essencial à prática e documentação dos atos do processo.

309. Oficial de justiça

É o antigo *meirinho*, o funcionário do juízo que se encarrega de cumprir os mandados relativos a diligências fora de cartório, como citações, intimações, notificações, penhoras, sequestros, busca e apreensão, imissão de posse, condução de testemunhas etc.

Sua função é subalterna e consiste apenas em cumprir ordens dos juízes, as quais, ordinariamente, se expressam em documentos escritos que recebem a denominação de *mandados*.

São os oficiais de justiça, em síntese, os "mensageiros e executores de ordens judiciais".[49]

As tarefas que lhes cabem podem ser classificadas em duas espécies distintas:

(*a*) atos de *intercâmbio processual* (citações, intimações etc.);
(*b*) atos de *execução* ou de *coação* (penhora, arresto, condução, remoção etc.).

Enumera o art. 154 as seguintes tarefas do oficial de justiça:

(*a*) fazer pessoalmente as citações, prisões, penhoras, arrestos e demais diligências próprias do seu ofício, certificando no mandado o ocorrido, com menção ao lugar, dia e hora, e realizando-os, sempre que possível, na presença de duas testemunhas (inciso I);
(*b*) executar as ordens do juiz a que estiver subordinado (inciso II);
(*c*) entregar o mandado em cartório após seu cumprimento (inciso III);
(*d*) auxiliar o juiz na manutenção da ordem (inciso IV);
(*e*) efetuar avaliações, quando for o caso (inciso V);
(*f*) certificar, em mandado, proposta de autocomposição apresentada por qualquer das partes, na ocasião de realização de ato de comunicação que lhe couber (inciso VI).

Sendo apresentada proposta de autocomposição pelo citando perante o oficial de justiça, o evento será certificado no mandado e o juiz ordenará a intimação da parte contrária para manifestar-se a respeito, no prazo de cinco dias, sem prejuízo do andamento regular do processo. O seu silêncio será entendido como recusa ao acordo (art. 154, parágrafo único). Se aceitar, a autocomposição será reduzida a termo e homologada pelo juiz, extinguindo-se o processo (art. 487, III, *b*).

Os oficiais de justiça gozam, como os escrivães, de *fé pública*, que dá cunho de veracidade, até prova em contrário, aos atos que subscrevem no exercício de seu ofício.

---

49 REZENDE FILHO, Gabriel José Rodrigues de. *Curso de Direito Processual Civil*. 5. ed. São Paulo: Saraiva, 1957, n. 96, v. I, p. 96.

No caso de danos causados à parte, por descumprimento de dever funcional, ocorre a responsabilidade civil e regressiva dos oficiais de justiça, semelhantemente à dos escrivães e chefes de secretaria (art. 155).

Prevê o atual Código que em cada comarca, seção ou subseção judiciária haverá, no mínimo, tantos oficiais de justiça quantos sejam os juízos (art. 151). Quer isso dizer que cada vara deverá contar com, pelo menos, um oficial de justiça.

310. Perito

O perito é um auxiliar eventual do juízo, que assiste o juiz quando a prova do fato litigioso depender de conhecimento técnico ou científico (CPC, art. 156, *caput*). Trata-se, portanto, de um auxiliar ocasional por *necessidade técnica*.

É, geralmente, pessoa estranha aos quadros de funcionários permanentes da Justiça. Sua escolha é feita pelo juiz, para funcionar apenas num determinado processo, tendo em vista o fato a provar e os conhecimentos técnicos do perito.

A nomeação do perito é indispensável, mesmo que o juiz possua conhecimento técnico pertinente à apuração do fato probando. É que a avaliação pericial sujeita-se a procedimento especial, sob controle e participação dos litigantes em contraditório. O juiz, portanto, "não pode substituir critérios técnicos [de perito] por sua própria análise".[50] Enfim, a pretexto de valer-se de conhecimentos pessoais de natureza técnica, não pode o magistrado dispensar a perícia.[51]

O perito, tal qual o juiz, está sujeito à impugnação por suspeição ou impedimento (art. 148, II).

Embora a regra seja a escolha do perito pelo juiz, o CPC admite também que as partes possam fazê-la mediante acordo processual (art. 471).

I – Nomeação pelo juiz

De acordo com o § 1º do art. 156, "os peritos serão nomeados entre profissionais legalmente habilitados e os órgãos técnicos ou científicos devidamente inscritos em cadastro mantido pelo tribunal ao qual o juiz está vinculado".[52] Porém, se não houver profissionais qualificados no local da perícia, "a nomeação do perito é de livre escolha pelo juiz e deverá recair sobre profissional ou órgão técnico ou científico comprovadamente detentor do conhecimento necessário à realização da perícia" (art. 156, § 5º).

---

[50] STJ, 2ª T., REsp 815.191/MG, Rel. p/ ac. Min. Eliana Calmon, ac. 12.02.2006, *DJU* 05.02.2007, p. 207.

[51] TAPR, 2ª Câm., Ap. 970/84, Rel. Juiz Franco de Carvalho, ac. 10.09.1985, *RT* 606/199. "O juiz, mesmo que disponha de conhecimentos técnicos em área estranha ao direito, deverá valer-se do perito, de molde, inclusive, a proporcionar a possibilidade de as partes impugnarem o laudo pericial, valendo-se do acompanhamento de seus respectivos assistentes técnicos" (ARRUDA ALVIM; ASSIS, Araken de; ARRUDA ALVIM, Eduardo. *Comentários ao Código de Processo Civil*. 3. ed. São Paulo: Ed. RT, 2014, p. 353).

[52] Considerando a importância do cadastro de peritos no âmbito do primeiro e segundo graus da justiça, o CNJ regulou o procedimento de sua criação, por meio da Resolução 233, de 13.07.2016, prevendo, entre outros requisitos, que os tribunais deverão instituir Cadastro Eletrônico de Peritos e Órgãos Técnicos ou Científicos – CPTEC, o qual será destinado ao *gerenciamento e a escolha de interessados em prestar serviços de perícia ou de exame técnico* nos processos judiciais, nos termos do art. 156, § 1º, do CPC (Resolução 233, art. 1º, *caput*). A regulamentação é ampla e minuciosa, compondo-se de dezesseis artigos, destacando-se, de início, a necessidade de consulta pública, divulgada pela internet, além de consulta direta a universidades, a entidades, órgãos e conselhos de classe, ao Ministério Público, à Defensoria Pública e à OAB, para indicação de profissionais ou de órgãos técnicos interessados (arts. 1º, § 2º, e 2º). A Resolução do CNJ discrimina, também, os deveres dos profissionais e dos órgãos cadastrados (art. 12), assim como os impedimentos de inserção no cadastro em foco (arts. 8º e 14), ou de nomeação para atuar concretamente em processo (arts. 9º, §§ 3º e 4º, e 14).

Para formar esse cadastro, o tribunal deve realizar consulta pública, por meio de divulgação na rede mundial de computadores ou em jornais de grande circulação, além de consulta direta a universidades, a conselhos de classe, ao Ministério Público, à Defensoria Pública e à Ordem dos Advogados do Brasil, para a indicação de profissionais ou órgãos técnicos interessados (art. 156, § 2º).

Dispõe o Código, ainda, que o tribunal deverá realizar avaliações e reavaliações periódicas para manutenção desse cadastro, considerando a formação profissional, a atualização do conhecimento e a experiência dos peritos interessados (art. 156, § 3º).

Por fim, o órgão técnico ou científico nomeado para a realização da perícia informará ao juiz os nomes e dados de qualificação dos profissionais que participarão da atividade, para que se viabilize a verificação de eventual existência de impedimento ou suspeição (art. 156, § 4º).

II – Aceitação e execução do encargo pelo perito

Uma vez nomeado pelo Juiz, o perito, aceitando o encargo, investe-se, independentemente de compromisso, em função pública e assume "o dever de cumprir o ofício no prazo que lhe designar o juiz, empregando toda a sua diligência" (arts. 157, *caput*, e 466, *caput*). Permite o Código, todavia, que o perito se escuse do encargo, desde que alegue "motivo legítimo" (art. 157, *caput*, *in fine*).

A escusa deve ser apresentada dentro de quinze dias contados da intimação, ou do impedimento ou suspeição supervenientes ao compromisso, sob pena de se considerar renunciado o direito de alegá-la (art. 157, § 1º).

III – Cadastro local dos peritos

O Código atual determina que se organize lista de peritos na vara ou na secretaria, com disponibilização dos documentos exigidos para habilitação à consulta de interessados, para que a nomeação seja distribuída de modo equitativo, observadas a capacidade técnica e a área de conhecimento (art. 157, § 2º). Essa determinação evita que se privilegie um profissional em detrimento de outros, de modo que todos os cadastrados tenham oportunidades iguais de participação, dentro de suas competências técnicas.

IV – Remuneração do perito

A função do perito é remunerada, sendo o ônus das despesas atribuído às partes, segundo a regra do art. 95 (sobre a matéria, ver retro o item 199).

V – Responsabilidade civil do perito

Nos termos do art. 158, "o perito que, por dolo ou culpa, prestar informações inverídicas responderá pelos prejuízos que causar à parte e ficará inabilitado para atuar em outras perícias no prazo de dois a cinco anos, independentemente das demais sanções previstas em lei, devendo o juiz comunicar o fato ao respectivo órgão de classe para adoção das medidas que entender cabíveis".

Além da responsabilidade civil, o perito está sujeito, também, à responsabilidade penal, quando fizer afirmação falsa, ou negar ou calar a verdade (art. 342 do Código Penal).

311. Depositário e administrador

O depositário é o serventuário ou auxiliar da Justiça que se encarrega da guarda e conservação dos bens colocados às ordens do juízo, por força de medidas constritivas, como a penhora, o arresto, o sequestro, a busca e apreensão e a arrecadação (CPC, art. 159).

Quando, pela natureza dos bens, além da guarda e conservação, competir ao auxiliar da Justiça praticar atos de gestão, como na penhora de empresas, a função será exercida por *administrador* nomeado pelo juiz. O administrador é, pois, o depositário com funções de gestor.

Depositário e administrador entram, assim, na classe dos auxiliares da Justiça por *conveniência econômica*. Sua função é remunerada, figurando os respectivos proventos entre as despesas processuais de que trata o art. 82, § 2º. A remuneração será fixada pelo juiz, atendendo à situação dos bens, ao tempo do serviço e às dificuldades de sua execução (art. 160). O depositário e o administrador podem, conforme a complexidade da função, indicar prepostos para auxiliá-los, os quais serão nomeados pelo juiz (art. 160, parágrafo único).

Conforme as normas de organização judiciária, pode haver ou não depositário judicial permanente no juízo. Quando houver funcionário nessas condições, será ele normalmente o encarregado da guarda dos bens judicialmente apreendidos. Na sua falta, o juiz ou o oficial de justiça escolherá pessoa idônea para o encargo.

Para as funções de administrador, que requerem, como é óbvio, conhecimentos e aptidões especiais, não se cogita do depositário judicial acaso existente. Haverá sempre nomeação de pessoa idônea, moral e tecnicamente, que exercerá a missão sob fiscalização e orientação do juiz.

Como os demais auxiliares do juízo, também "o depositário ou o administrador responde pelos prejuízos que, por dolo ou culpa, causar à parte" (art. 161, *caput*, primeira parte). Em tal hipótese, perderá ainda o direito à remuneração que lhe foi arbitrada, mas ficar-lhe-á assegurado o ressarcimento dos gastos feitos no exercício do encargo (art. 161, *caput*, *in fine*).

Por fim, dispõe o parágrafo único do art. 161 que o depositário infiel responde civilmente pelos prejuízos causados, sem prejuízo de sua responsabilidade penal e da imposição de sanção por ato atentatório à dignidade da justiça. Cumpre ressaltar que, por força da Súmula Vinculante 25/STF e da Súmula 419/STJ, é incabível a prisão civil de depositário infiel, qualquer que seja a modalidade do depósito, o que não o isenta de ser punido nos termos da lei penal em ação própria (art. 168, § 1º, II, do Código Penal).

312. Intérprete e tradutor

Intérprete ou *tradutor* é aquele a quem se atribui o encargo de traduzir para o Português os atos ou documentos expressados em língua estrangeira ou em linguagem mímica dos surdos-mudos. É, portanto, como o perito, um auxiliar da justiça por *necessidade técnica*.

Segundo o CPC, art. 162, o juiz nomeará intérprete ou tradutor para as seguintes missões:

(*a*) traduzir documento redigido em língua estrangeira (inciso I);
(*b*) verter para o Português as declarações das partes e das testemunhas que não conhecerem o idioma nacional (inciso II);
(*c*) realizar a interpretação simultânea dos depoimentos das partes e testemunhas com deficiência auditiva que se comuniquem por meio da Língua Brasileira de Sinais, ou equivalente, quando assim for solicitado (inciso III).

A função pode ser exercida por funcionário permanente ou por pessoa idônea da escolha do juiz. Não pode, entretanto, recair sobre quem (art. 163):

(*a*) não tiver a livre administração de seus bens (inciso I);
(*b*) for arrolado como testemunha ou atuar como perito no processo (inciso II);
(*c*) estiver inabilitado ao exercício da profissão por sentença penal condenatória, enquanto durarem seus efeitos (inciso III).

A função do intérprete ou tradutor assemelha-se à do perito e a ela se aplicam, de acordo com o art. 164, as normas de obrigatoriedade e escusa previstas nos arts. 157 e 158.

O regulamento da profissão de tradutor e intérprete público consta, atualmente, da Lei 14.195/2021, arts. 22 a 34, e o respectivo exercício depende, inclusive, de registro na Justiça Comercial e de aferição de aptidão em concurso organizado pelo Departamento Nacional de Registro Empresarial, do Ministério da Economia (atual Ministério do Desenvolvimento, Indústria, Comércio e Serviços).

A nomeação do tradutor e intérprete pelo juiz para atuar em determinado processo deverá recair, em regra, sobre profissional legalmente habilitado, a quem é conferida fé pública no desempenho das respectivas funções. Não existindo tradutor oficial à disposição do juízo, a nomeação incidirá sobre pessoa idônea, nos moldes do art. 163 do CPC.

313. Dos conciliadores e mediadores judiciais

I – O papel da conciliação e da mediação no processo civil

A conciliação e a mediação são métodos alternativos de resolução de conflitos, que vêm ganhando força nos ordenamentos jurídicos modernos, pois buscam retirar do Poder Judiciário a exclusividade na composição das lides. Ninguém melhor do que as próprias partes para alcançar soluções mais satisfatórias para suas contendas, chegando à autocomposição, por meio da *alternative dispute resolution* (ADR), na linguagem do direito norte-americano.[53]

Kazuo Watanabe entende que esses métodos não devem ser estudados "como solução para a *crise de morosidade da Justiça* como uma forma de reduzir a quantidade de processos acumulados no Judiciário, e *sim* como um método para se dar *tratamento mais adequado aos conflitos de interesses* que ocorrem na sociedade".[54] Para o autor, deve-se tentar abandonar o que ele chama de "cultura da sentença", que valoriza excessivamente a resolução dos conflitos por meio do Poder Judiciário, para criar a "cultura da pacificação", valorizando a solução amigável pelos próprios conflitantes, com o auxílio dos mediadores e conciliadores.[55]

O Código atual alçou os conciliadores e mediadores à condição de auxiliares da justiça, regulando minuciosamente suas atividades e competências (arts. 165 a 175), uma vez que conferiu maior relevância à autocomposição como meio de solucionar os conflitos. A legislação atual estimula, no campo das suas normas fundamentais, que as partes, auxiliadas e orientadas por profissionais capacitados, encontrem formas alternativas de resolução do litígio. Preconiza mesmo que juízes, advogados, defensores públicos e membros do Ministério Público se empenhem, inclusive no curso do processo, na tentativa de solução consensual do conflito (art. 3º, § 3º).

Entretanto, o sistema do atual Código não é o da obrigatoriedade de prévia busca da solução conciliatória como requisito para o ingresso em juízo. Ao contrário do que se passa em

[53] O CNJ recomenda, particularmente, "aos magistrados com atuação nas demandas envolvendo o direito à saúde que priorizem, sempre que possível, a solução consensual da controvérsia, por meio do uso da negociação, da conciliação ou da mediação" (Recomendação 100/CNJ, art. 1º).

[54] WATANABE, Kazuo. Política judiciária nacional de tratamento adequado dos conflitos de interesses: utilização dos meios de resolução de controvérsias. In: MENDES, Aluísio Gonçalves de Castro; WAMBIER, Teresa Arruda Alvim (org.). *O processo em perspectiva*: jornadas brasileiras de direito processual. São Paulo: RT, 2013, p. 243.

[55] WATANABE, Kazuo. Política judiciária nacional de tratamento adequado dos conflitos de interesses: utilização dos meios de resolução de controvérsias. In: MENDES, Aluísio Gonçalves de Castro; WAMBIER, Teresa Arruda Alvim (org.). *O processo em perspectiva*: jornadas brasileiras de direito processual. São Paulo: RT, 2013, p. 244-245.

outras legislações atuais, como, por exemplo, a suíça,[56] entre nós, a utilização da conciliação ou mediação pelas partes é facultativa. Nada obstante, o CPC/2015, entre suas normas fundamentais, inclui a que impõe o dever de estimular o uso dos métodos de solução consensual de conflitos, ao qual se submetem todos os sujeitos do processo (juízes, advogados, defensores públicos e representantes do Ministério Público), conforme se vê do § 3º do art. 3º.[57] Nas ações de família, no entanto, a audiência de mediação e conciliação é obrigatória, independentemente do assentimento das partes (art. 695).

As funções de direção e colaboração para a autocomposição foram atribuídas a centros judiciários e câmaras públicas ou privadas de conciliação e mediação, que deverão ser criadas especificamente para tal fim.[58]

II – Distinção legal entre conciliador e mediador

A lei processual assim diferenciou a atividade do conciliador e do mediador:

(*a*) o *conciliador*, que atuará preferencialmente nos casos em que não tiver havido vínculo anterior entre as partes, poderá sugerir soluções para o litígio, sendo vedada a utilização de qualquer tipo de constrangimento ou intimidação para que as partes conciliem (art. 165, § 2º);

(*b*) o *mediador*, que atuará preferencialmente nos casos em que tiver havido vínculo anterior entre as partes, auxiliará os interessados a compreender as questões e os interesses em conflito, de modo que eles possam, pelo restabelecimento da comunicação, identificar, por si próprios, soluções consensuais que gerem benefícios mútuos (art. 165, § 3º).

III – Mediação (CPC/2015, art. 165, § 3º; Lei 13.140/2015, art. 1º, parágrafo único)

A mediação, que conduz a uma solução não originada de órgão judicial, ocorre mediante intervenção de terceiro imparcial que encaminha as partes a negociar e alcançar uma solução consensual para a controvérsia em que se acham envolvidas. "Nessa modalidade [de meio alternativo de solução de conflito], o terceiro [mediador] tem o encargo de, apenas, fazer tratativas e favorecer a convergência, sem dizer qual das partes está [de fato] com a razão, isto é, sem [exercer] qualquer *poder* decisório vinculante"[59].

Na definição da Lei 13.140/2015 (art. 1º, parágrafo único), "considera-se mediação *atividade técnica* exercida por terceiro imparcial *sem poder decisório*, que, escolhido ou aceito

---

56 CÂMARA, Alexandre Freitas. Mediação e conciliação na Resolução 125 do CNJ e no projeto de Código de Processo Civil. In: MENDES, Aluisio Gonçalves; WAMBIER, Tereza Arruda Alvim (orgs.). *O processo em perspectiva*: jornadas brasileiras de direito processual. São Paulo: RT, 2013, p. 45.

57 Com base no art. 3º, § 3º, do CPC, principalmente nas questões consumeristas, alguns tribunais têm considerado necessária a tentativa de solução conciliatória quando exista site como o "consumidordireto" (Ministério da Justiça) a que o fornecedor se ache vinculado (por exemplo: TJRS e TJMG). O recurso a tais sites, entretanto, não exclui o acesso ao Poder Judiciário, se a solução conciliatória no prazo assinalado pelo juiz não for alcançada. A matéria, no entanto, ainda não passou pelo crivo dos Tribunais Superiores.

58 O CNJ instituiu a Política Pública de Tratamento Adequado dos Conflitos de Interesses, por meio da Resolução 125 de 29.11.2010, adaptada à disciplina do CPC/2015 e da Lei de Mediação, de 26.06.2015, pela Emenda 02 de 08.03.2016. Essa política tem como objetivo o aprimoramento da boa qualidade dos serviços judiciários e a disseminação da cultura de pacificação social, tendente à valorização dos mecanismos de solução extrajudicial de controvérsias, bem como à formação de organismos e servidores adequadamente estruturados e capacitados ao exercício da conciliação e mediação.

59 FREITAS, Juarez; JOBIM, Marco Félix. Resolução alternativa de disputas: cláusula inovadora do CPC. *Revista Brasileira de Direito Processual*, Belo Horizonte, ano 2007, v. 91, p. 105, jul./set. 2015.

pelas partes, as auxilia e estimula a identificar ou desenvolver *soluções consensuais* para a controvérsia".[60]

Observa, a propósito, GAIO JÚNIOR que o mediador sequer tem poderes para sugestionar sobre o melhor direito posto em discussão, pois as partes se mantêm como protagonistas de suas próprias soluções[61]. O mediador, entretanto, pode avaliar os interesses em colisão e alvitrar propostas de soluções que os componham, sem arbitrar, vinculativamente, a resolução do litígio, mas apontando formas de possível conciliação para os interesses contrapostos.

Em seu mister, o terceiro intermediador costuma induzir a formação de atmosfera favorável à composição, atuando, porém, "com o cuidado de não manipular nem adentrar no mérito da questão"[62]. Preservam-se, na medida do possível, os interesses de ambos os conflitantes, conduzindo-os a um ponto de equilíbrio e coexistência. A mediação – advirta-se – não tem como objetivo primordial o acordo (no qual ambas as partes sacrificam direitos e pretensões), e sim a satisfação harmônica dos interesses e necessidades de ambas as partes envolvidas na controvérsia[63].

IV – Conciliação (CPC/2015, art. 165, § 2º)

A conciliação, por seu turno, conta com a intervenção de um terceiro cuja função é simplesmente orientar e auxiliar as partes a chegarem a um consenso em torno do conflito. A participação do conciliador é menos intensa que a do mediador, visto que apenas se volta para facilitar o acordo entre os litigantes, como a melhor maneira de pacificar o litígio.

O mediador, diferentemente, formula propostas, sugestões e opina, tudo no presumível intuito de pôr fim de forma harmoniosa ao oneroso dissídio instalado entre as partes, embora o faça sem poder decisório vinculante, e de maneira não impositiva, limitando-se a conduzir as partes à solução ideal para o conflito[64]. Na mediação, portanto, todas as pessoas envolvidas (partes e mediador) precisam ter participação na construção da saída conciliatória[65]. Na conciliação, todavia, a intervenção é menos intensa, e se dá apenas com o intuito de facilitar a solução consensual entre as partes. A posição proeminente é toda das partes. O conciliador tão somente as estimula a negociar a solução conciliatória. É um procedimento

---

[60] A mediação "é o procedimento no qual um terceiro, ou mediador, facilita a comunicação e a negociação entre as partes em conflito, assistindo-as na obtenção de um acordo, por elas voluntariamente escolhido" (BESSO, Chiara. La mediazione italiana: definizioni e tipologie. *Revista Eletrônica de Direito Processual*, v. VI, p. 33, UERJ, Rio de Janeiro, jul.-dez./2010).

[61] GAIO JÚNIOR, Antônio Pereira. *Direito processual civil:* teoria geral do processo, processo de conhecimento e recursos. Belo Horizonte: Del Rey, 2008, v. I, p. 21.

[62] FREITAS, Juarez; JOBIM, Marco Félix. Resolução alternativa de disputas: cláusula inovadora do CPC. *Revista Brasileira de Direito Processual*, Belo Horizonte, ano 2007, v. 91, p. 105, jul./set. 2015.

[63] "Na mediação as pessoas passam, de forma emancipada e criativa, a resolver um conflito pelo diálogo cooperativo, na construção da solução", como costuma acontecer nos processos que envolvem o direito de família (BARBOSA, Oriana Piske de Azevêdo; SILVA, Cristiano Alves da. Os métodos consensuais de solução de conflitos no âmbito do Novo Código de Processo Civil Brasileiro. *Juris Plenum*, vol. 64, p. 102, jul. 2015). O protagonismo é das partes. O mediador apenas as auxilia na tomada de decisão consensual).

[64] FREITAS, Juarez; JOBIM, Marco Félix. Resolução alternativa de disputas: cláusula inovadora do CPC. *Revista Brasileira de Direito Processual*, Belo Horizonte, ano 2007, v. 91, p. 105, jul./set. 2015; COELHO, Fábio Alexandre. *Teoria geral do processo.* São Paulo: Juarez de Oliveira, 2004, p. 10.

[65] TARTUCE, Fernanda. Conciliação em juízo: o que (não) é conciliar? *In:* SALLES, Carlos Alberto de; LORENCINI, Marco Antônio Garcia Lopes; SILVA, Paulo Eduardo Alves da (coords.). *Negociação, mediação e arbitragem:* Curso básico para programa de graduação em direito. Rio de Janeiro: Forense, 2012, p. 159.

muito mais rápido, no qual o conciliador, na maioria dos casos, se restringe a uma reunião com os litigantes[66].

O traço que distingue a conciliação da mediação é basicamente o poder maior do mediador de formular opções, propostas e sugestões para a solução da controvérsia, que não ficam limitadas às meras concessões recíprocas, mas que correspondam à satisfação harmônica dos interesses de ambas as partes.

Nada obstante a singeleza da conciliação, a lei reconhece ao conciliador a possibilidade de "sugerir soluções para o litígio", embora lhe seja vedado o uso de "qualquer tipo de constrangimento ou intimidação para que as partes se conciliem" (CPC/2015, art. 165, § 2º). Afinal, para o regime legal, nos aspectos práticos, resta, muitas vezes, bem tênue a diferenciação das duas modalidades de solução consensual dentro do processo, já que se aceita a "sugestão de soluções" tanto por parte do mediador como do conciliador. Contudo, para que as duas funções não se confundam é preciso ver nessa "sugestão" algo eventual e secundário na conciliação, e algo constitutivo da própria essência da mediação.

V – Solução consensual e renúncia a direitos

A *solução consensual* às vezes é vista como aquela obtida mediante *concessões recíprocas* entre as partes, ou tendente a obter *concessões* de uma parte em favor da outra. As concessões recíprocas ou unilaterais são próprias da autocomposição (transação, desistência ou renúncia). A solução consensual, tal como vista pelo CPC/2015, é forma de solução negociada por meio de interferência de técnico (mediador ou conciliador) que promove ou facilita o consenso entre os conflitantes quanto à melhor forma de pacificar o conflito.

Assim, torna-se viável "construir arranjos negociais que atendam aos interesses de ambas as partes".[67] Pode até acontecer, eventualmente, alguma concessão, mas não é isso o que necessariamente se busca com a mediação e a conciliação,[68] pois o que se visa é a alternativa de não depender da sentença autoritária do juiz, mas de "negociar de forma estruturada, baseando-se não em posições rígidas, mas sim nos interesses dos envolvidos e, ainda, que agreguem valor ao que cada um dos negociadores desejava inicialmente".[69] A base da solução consensual não são, de fato, as posições iniciais, mas os interesses em jogo. Por mais de uma solução esses interesses podem ser atendidos. Assim, a negociação consiste exatamente em negociar as diversas opções em torno do modo de satisfazer os interesses recíprocos, sem que necessariamente se tenha de abrir mão deles.

VI – Escolha do método consensual a utilizar

Dispõe o art. 334 do CPC atual que o juiz – verificando que não é o caso de indeferimento da petição inicial nem de improcedência liminar do pedido – designará audiência de *conciliação* ou de *mediação*.

---

66 BARBOSA, Oriana Piske de Azevêdo; SILVA, Cristiano Alves da. Os métodos consensuais de solução de conflitos no âmbito do Novo Código de Processo Civil Brasileiro. *Juris Plenum*, vol. 64, p. 100, jul. 2015.

67 TARTUCE, Fernanda. *Mediação nos conflitos civis*, 2. ed., São Paulo: Método, 2015, no prelo, *apud* BRANDÃO, Débora; TARTUCE, Fernanda. Reflexões sobre a aplicação das previsões consensuais do novo CPC em demandas familiares. *Revista Brasileira de Direito Processual*, v. 91, p. 90, jul.-set./2015.

68 "A mediação não tem como objetivo primordial o acordo, e sim a satisfação dos interesses e dos valores e necessidades das pessoas envolvidas na controvérsia. Na mediação as pessoas passam, de forma emancipada e criativa, a resolver um conflito pelo diálogo cooperativo, na construção da solução" (BARBOSA, Oriana Piske de Azevêdo; SILVA, Cristiano Alves da. Os métodos consensuais de solução de conflitos no âmbito do Novo Código de Processo Civil Brasileiro. *Juris Plenum*, vol. 64, p. 102, jul. 2015).

69 BRANDÃO, Débora: TARTUCE, Fernanda. Reflexões sobre a aplicação das previsões consensuais do novo CPC em demandas familiares. *Revista Brasileira de Direito Processual*, v. 91, p. 30, jul.-set. 2015.

Ressalte-se a importância da definição da modalidade de solução consensual que se programa para o caso concreto, porque a atuação do terceiro intermediador terá dimensões diferentes conforme se trate de conciliação ou de mediação.

A escolha entre a conciliação e a mediação é orientada pelo atual Código nos parágrafos do art. 165:

a) A *conciliação* é recomendável nos casos em que não houver vínculo anterior entre as partes, podendo o conciliador formular sugestões para o litígio, sendo-lhe, porém, "vedada a utilização de qualquer tipo de constrangimento ou intimidação para que as partes se conciliem" (art. 165, § 2º).

Se se tratar, pois, de conflito relacionado com acontecimento eventual, o melhor remédio será a *conciliação*, porque o conciliador é aquele que não tem necessidade de aprofundar no estudo de um relacionamento antigo, cuja preservação seria de se desejar, e do qual não se esperaria enfrentamento de problemas subjetivos complexos. Pense-se numa causa em torno da reparação de pequenos danos por colisão de veículos ou por rompimento de contrato.

b) Quando, porém, o que se espera do intermediador é a participação na escolha de opções para a melhor composição de interesses recíprocos, diante de relações duradoras que se pretende conservar ou modificar, o remédio adequado será a *mediação*. Conforme o § 3º do art. 165 do CPC, o mediador deve atuar preferencialmente "nos casos em que houver vínculo entre as partes", cabendo-lhe auxiliar os interessados, "a compreender as questões e os interesses em conflito, de modo que eles possam, pelo restabelecimento da comunicação, identificar, por si próprios, soluções consensuais que gerem benefícios mútuos".

A mediação, por exemplo, é o remédio que encontrará natural emprego nos conflitos familiares, dado "seu potencial para permitir digressões aprofundadas sobre o liame entre os envolvidos, que podem precisar trabalhar fatos de seu histórico para restaurar a confiança recíproca porventura perdida".[70] Igual indicação pode ser feita para ações de revisão de contrato de longa duração acometido de desequilíbrio econômico ao longo de sua execução, de renovação de locação empresarial, de interpretação de cláusulas de contrato cuja vigência se queira preservar, e assim por diante.

Ao juiz, de ofício, cabe definir, ao despachar a inicial, se a audiência será de conciliação ou de mediação, diante do que considerar mais adequado à hipótese dos autos. Nada impede, porém – e, aliás, será até interessante que o façam –, que as partes requeiram seja a audiência realizada sob a forma de *conciliação* ou de *mediação*.[71]

Acarretaria algum vício processual a escolha da mediação quando a hipótese justificasse a conciliação, ou vice-versa? A resposta é negativa. A lei, *in casu*, não contém comando rígido e absoluto. Fala simplesmente em atuação preferencial ora do conciliador, ora do mediador (CPC, art. 165, §§ 2º e 3º), de modo que resta às partes e ao juiz certa liberdade de opção, sem que o programa legal de busca da resolução consensual do conflito seja violado.

---

70 BRANDÃO, Débora; TARTUCE, Fernanda. Reflexões sobre a aplicação das previsões consensuais do novo CPC em demandas familiares. *Revista Brasileira de Direito Processual*, v. 91, p. 31, jul.-set. 2015.

71 BRANDÃO, Débora; TARTUCE, Fernanda. Reflexões sobre a aplicação das previsões consensuais do novo CPC em demandas familiares. *Revista Brasileira de Direito Processual*, v. 91, p. 31-32, jul.-set. 2015.

Na verdade, não obstante a possibilidade de distinção técnica entre conciliação e mediação, na prática as duas atividades se confundem e se misturam, tornando objetivamente sem maior relevância a distinção entre elas, como adverte Nieva-Fenoll.[72]

VII – Outros meios alternativos de resolução de conflitos com interferência de terceiro

O atual CPC elenca e regulamenta a mediação e a conciliação como meios alternativos a serem incentivados na busca da solução consensual dos conflitos. Contudo, não se limita a tanto, pois o § 3º do art. 3º contém cláusula geral que abre oportunidade também para a adoção de "outros métodos de solução consensual", além da mediação e da conciliação.

A tendência atual, principalmente, no mundo dos grandes negócios internacionais, é o recurso a uma grande série de métodos extrajudiciais para superação dos conflitos surgidos nas relações contratuais, podendo ser lembrados, para exemplificar, o *ombudsman*, a opinião de experto, a facilitação etc.[73]

Exemplos da atividade própria do *ombudsman* – pessoa ou entidade que exerce *ouvidoria*, recebendo e encaminhando reclamações a quem de direito, para a devida resposta e providências – são aquelas exercidas, entre nós, pelo Ministério Público (CF, art. 129, II) e pelas Agências Reguladoras (Lei 9.986/2000, art. 11).

Outrossim, por meio de cláusula contratual ou de negócio processual, pode-se convencionar que o exame técnico de fato controvertido seja feito, como força vinculante para as partes, por *expert* consensualmente escolhido. Assim, cria-se um caminho consensual para alcançar ou facilitar a composição do litígio.

Quanto à *facilitação*, consiste essa técnica em obter a assistência concedida às partes por terceiro, que "favorece" a construção da saída consensual. Lembra GARCEZ que nos Estados unidos existem centros de ADRs com "grupos de *experts* formados para esse desiderato, que apenas assistem as negociações, esclarecendo condições e explorando cenários de solução".[74]

VIII – A Lei 13.140/2015 e o CPC/2015

Após aprovação e sanção do atual Código de Processo Civil, adveio a Lei 13.140/2015 que "dispõe sobre a mediação entre particulares como meio de solução de controvérsias e sobre a autocomposição de conflitos no âmbito da administração pública". Sua disciplina é mais ampla do que a do Código, pois trata, em detalhes, da autocomposição, inclusive no âmbito dos negócios privados e públicos, cuidando da mediação e conciliação, tanto processual como extraprocessual. Não há, todavia, conflito de normas entre os dois estatutos, principalmente porque a Lei nova pode ser vista como especial, e, assim, não revoga nem modifica a lei geral preexistente (Lei de Introdução às Normas do Direito Brasileiro – art. 2º, § 2º). Devem, como

---

72 "Se são assim as coisas, teria mais sentido falar simplesmente de mediação e de conciliação como uma única instituição. E diante da dificuldade de cunhar um novo termo, talvez fosse mais adequado usar indistintamente os termos mediação ou conciliação" (NIEVA-FENOLL, Jordi. La mediazione: un'alternativa ragionevole al processo? *Rivista Trimestrale di Diritto e Procedura Civile.* Milano: Giuffrè, v. LXVII, n. 4, p. 1.331-1.332, 2013).

73 GARCEZ, José Maria Rossani. *ADRs: Métodos alternativos de solução de conflitos* – Análise estrutural dos tipos, fundamentos e exemplos na prática nacional/internacional. Rio de Janeiro: Lumen Juris, 2013, *passim*.

74 GARCEZ, José Maria Rossani. *ADRs: Métodos alternativos de solução de conflitos* – Análise estrutural dos tipos, fundamentos e exemplos na prática nacional/internacional. Rio de Janeiro: Lumen Juris, 2013, p. 77; FREITAS, Juarez; JOBIM, Marco Félix. Resolução alternativa de disputas: cláusula inovadora do CPC. *Revista Brasileira de Direito Processual*, Belo Horizonte, ano 2007, v. 91, p. 109, jul./set. 2015.

é óbvio, ser interpretados de forma sistemática e harmônica, com vistas a alcançar "a máxima efetividade das importantes novidades legislativas voltadas à pacificação social justa e célere".[75]

IX – A conciliação e a mediação durante o processo

Nos termos da Lei 13.140/2015, a *mediação* pode ser deferida no despacho da petição inicial, e será realizada em audiência liminar específica (art. 27). Pode, também, ser requerida pelas partes, ao longo do curso das causas, de comum acordo, caso em que será suspenso o processo pelo tempo suficiente para a solução consensual do litígio (art. 16). Em qualquer desses casos, a mediação será processada por meio dos centros judiciários de conciliação, onde houver (art. 24). No sistema do CPC, a mediação e a conciliação são objeto de audiências especiais ou não.

O Código atual prevê a possibilidade de realização de três audiências no procedimento comum: *(a) a audiência preliminar* (CPC, art. 334), que poderá ocorrer em qualquer processo, e cujo objetivo específico é a tentativa de composição consensual entre as partes, a qual sendo obtida levará à extinção do processo, com decisão de mérito (art. 487, III, b); *(b)* a *audiência de saneamento* (art. 357, § 3º), que ocorrerá somente em causas complexas, para que o saneamento seja feito em cooperação com as partes. O juiz, ao final, deverá proferir decisão que resolverá as questões previstas no *caput* do art. 357;[76] e *(c) audiência de instrução e julgamento* (arts. 358-368), que será designada na decisão de saneamento quando não for possível o julgamento antecipado de mérito (art. 356, *caput*).

A audiência preliminar de conciliação ou de mediação é ato integrante do procedimento comum, só não sendo observado nas causas em que a autocomposição não for admissível nos termos da lei.

Assim, ainda que o autor manifeste, expressamente na petição inicial, desinteresse pela composição consensual, o juiz a despachará designando dia e hora para a audiência competente. Esse ato conciliatório somente não será realizado se o réu aderir ao desinteresse do autor em petição posterior à citação e anterior à audiência. O autor, portanto, não tem o poder de, isoladamente, impedir ou evitar a audiência. Sem a adesão do réu, a sessão ocorrerá necessariamente. Da mesma forma, o demandado também não tem poder de impedi-la pela só manifestação individual de desinteresse. Nem uma nem outra parte têm possibilidade de, sozinhas, escapar da audiência preliminar.

Mesmo que frustrada a tentativa de solução consensual na audiência preliminar de conciliação ou de mediação, na audiência final de instrução e julgamento o juiz tentará, mais uma vez, conduzir as partes a negociarem a composição do conflito deduzido em juízo (CPC/2015, art. 359).

Porque é dever do juiz velar pela rápida solução do litígio e promover a autocomposição (art. 139, II e IV), determina o Código que, na audiência de instrução, antes de iniciar a atividade probatória, o magistrado "tentará conciliar as partes" (art. 359).

Nos casos em que tem cabimento, a conciliação é parte essencial da audiência. Cumpre ao juiz promovê-la, de ofício, independentemente da provocação das partes. Por isso, o juiz tentará, necessariamente, encontrar uma solução conciliatória para a lide, na medida do possível, antes de iniciar a instrução oral do processo.

---

[75] GARCIA, Gustavo Filipe Barbosa. Mediação e autocomposição: considerações sobre a Lei nº 13.140/2015 e o novo CPC, *Revista Magister de Direito Civil e Processual Civil*, n. 66, p. 34, maio-jun./2015.

[76] CPC/2015: "Art. 357. Não ocorrendo nenhuma das hipóteses deste Capítulo, deverá o juiz, em decisão de saneamento e de organização do processo: I – resolver as questões processuais pendentes, se houver; II – delimitar as questões de fato sobre as quais recairá a atividade probatória, especificando os meios de prova admitidos; III – definir a distribuição do ônus da prova, observado o art. 373; IV – delimitar as questões de direito relevantes para a decisão do mérito; V – designar, se necessário, audiência de instrução e julgamento".

X – Princípios informadores da conciliação e mediação, elencados pelo CPC/2015 e pela Lei 13.140/2015

A conciliação e a mediação, nos termos do art. 166, são reguladas pelos seguintes princípios:[77]

(*a*) *Independência:* os mediadores e conciliadores exercem sua função de forma independente, livres de qualquer pressão ou subordinação (CPC, art. 166, *caput*).
(*b*) *Imparcialidade:* os conciliadores e mediadores são terceiros estranhos às partes, que, portanto, tal como os juízes, deve agir de forma imparcial, objetivando a melhor composição do conflito para os envolvidos. Ao mediador, a Lei 13.140/2015 (art. 5º, *caput*) manda aplicar "as mesmas hipóteses legais de impedimento e suspeição do juiz".

A imparcialidade, todavia, não é afetada pelo fato de se aplicarem técnicas negociais, com o fim de proporcionar um ambiente favorável à autocomposição (CPC/2015, art. 166, § 3º). A propósito da observância desse princípio, a Lei 13.140/2015 (art. 5º, parágrafo único) impõe à pessoa designada para atuar como mediador "o dever de revelar às partes, antes da aceitação da função, qualquer fato ou circunstância que possa suscitar dúvida justificada em relação à sua imparcialidade para mediar o conflito, oportunidade em que poderá ser recusado por qualquer delas".

(*c*) *Isonomia: a* imparcialidade impõe, ainda, que o conciliador e o mediador atuem sem qualquer favoritismo em relação às partes, preservando a isonomia, "de forma a permitir que elas possam ter acesso às mesmas informações", uma vez que, não sendo garantida, "a eficácia dos meios alternativos de solução de conflitos é extremamente diminuída"[78].
(*d*) *Autonomia da vontade:* as partes têm o poder de definir as regras do procedimento conciliatório, a fim de atender às especificidades do caso concreto, desde que não sejam contrárias ao ordenamento jurídico (CPC/2015, art. 166, § 4º). Assim, a possibilidade de as partes celebrarem negócios processuais, prevista no art. 190, do CPC/2015, ganha força e relevância na mediação.
(*e*) *Busca do consenso:* o protagonismo na formação da solução consensual do conflito é reservado às partes. Por isso, "o mediador conduzirá o procedimento de comunicação entre as partes, buscando o entendimento e o consenso e facilitando a resolução do conflito" (Lei 13.140/2015, art. 4º, § 1º).
(*f*) *Confidencialidade:* as partes deverão guardar sigilo não apenas do conflito instaurado, mas, também, de todas as informações produzidas no curso do procedimento, cujo teor não poderá ser utilizado para fim diverso daquele previsto por expressa deliberação das partes (art. 166, § 1º). A principal função da confidencialidade, destarte, é a de garantir que as informações utilizadas nas sessões de conciliação ou mediação não possam ser reveladas sequer em processo arbitral ou judicial, "salvo se as partes expressamente decidirem de forma diversa ou quando sua divulgação for exigida por

---

[77] Além dos princípios previstos no CPC/2015, a Lei 13.140/2015 estabelece os princípios da isonomia entre as partes e o da boa-fé. Ainda, o anexo III da Resolução 125 do CNJ prevê o Código de Ética de Mediadores e Conciliadores.

[78] PEIXOTO, Ravi. Primeiras impressões sobre os princípios que regem a mediação e a conciliação. *Revista Dialética de Direito Processual*, n. 152, p. 97-98, nov./2015.

lei ou necessária para cumprimento de acordo obtido pela mediação" (Lei 13.140/2015, art. 30).[79]

Essa obrigação de sigilo se estende aos conciliadores, mediadores e membros de suas equipes, que não poderão divulgar ou depor acerca dos fatos e elementos decorrentes do procedimento (art. 166, § 2º).

A Lei 13.140/2015, em seu art. 30, § 1º, I a IV, elenca as informações que são abarcadas pela confidencialidade: *(i)* declaração, opinião, sugestão, promessa ou proposta formulada por uma parte à outra na busca de entendimento para o conflito; *(ii)* reconhecimento de fato por qualquer das partes no curso do procedimento de mediação; *(iii)* manifestação de aceitação de proposta de acordo apresentada pelo mediador; *(iv)* documento preparado unicamente para os fins do procedimento de mediação.

Esse dever de confidencialidade não abrange os conflitos que envolvem o poder público, em face do princípio da publicidade dos seus atos (art. 37, *caput*, CF). Aplica-se, por isso, à mediação e conciliação, por analogia com o juízo arbitral, a ressalva da Lei 13.129/2015, art. 1º, § 3º, que afasta a confidencialidade nos casos de interesse da administração pública. Destarte, apenas nas situações excepcionais expressamente contempladas pela Lei de Acesso à Informação dos dados públicos (Lei 12.527/2011) é que se resguardaria o sigilo na conciliação e mediação, por exemplo, matéria afeta à segurança da sociedade ou do Estado e que diga respeito à intimidade, vida privada, honra e imagem das pessoas, bem como às liberdades e garantias individuais;

(g) *Oralidade:* consubstanciada no contato pessoal e direto do mediador e conciliador com as partes.

(h) *Informalidade:* os procedimentos não são rígidos, devem seguir as regras estabelecidas livremente pelas partes. A mediação e a conciliação permitem que os envolvidos usem da criatividade para construir a solução mais satisfatória a seus interesses.[80]

(i) *Decisão informada:* antes de iniciar o procedimento, as partes devem ser devidamente esclarecidas sobre os seus direitos e as opções que lhes são disponibilizadas pelo ordenamento, para que possam chegar a uma composição livre e informada. Esse dever encontra-se previsto, também, no art. 1º, II, do Anexo III, da Resolução 125 do CNJ. Cabe, também, ao mediador "alertar as partes acerca das regras de confidencialidade aplicáveis ao procedimento" (Lei 13.140/2015, art. 14).

XI – Centros Judiciários de Solução Consensual de Conflitos

A política de criação e incentivo dos Centros Judiciários de Solução de Conflitos e Cidadania já era objeto de programa editado pelo Conselho Nacional de Justiça, mesmo antes do advento do CPC/2015 (Resolução 125/CNJ, de 29.11.2010). Fiel a esse programa, a atual legislação processual civil determina que cada tribunal (estadual ou federal), observando as normas do Conselho Nacional de Justiça,[81] crie Centros Judiciários de Solução Consensual de Conflitos responsáveis pela realização de sessões e audiências de conciliação e mediação, e pelo

---

79 Nesse sentido é o art. 7º da Diretiva da Mediação editada em 2008 pela União Europeia: "Dado que se pretende que a mediação decorra de uma forma que respeite a confidencialidade, os Estados-membros devem assegurar que, salvo se as partes decidirem em contrário, nem os mediadores, nem as pessoas envolvidas na administração do processo de mediação sejam obrigadas a fornecer provas em processos judiciais ou arbitragens civis ou comerciais, no que se refere a informações decorrentes ou relacionadas com um processo de mediação".

80 RODRIGUES JÚNIOR, Walsir Edson. *A prática da mediação e o acesso à justiça*. Belo Horizonte: Del Rey, 2007, p. 91.

81 Resolução 125 do CNJ.

desenvolvimento de programas destinados a auxiliar, orientar e estimular a autocomposição (CPC/2015, art. 165, *caput;* Lei 13.140/2015, art. 24). A esses Centros atribuiu-se, na regulamentação do CNJ, a denominação de CEJUSC (Centros Judiciários de Solução de Conflitos e Cidadania).

A composição e a organização desses Centros serão definidas pelo respectivo tribunal, observadas as normas do CNJ (CPC/2015, art. 165, § 1º; Lei 13.140/2015, art. 24, parágrafo único).

Inspirada no programa do CNJ de estímulo à solução consensual de conflitos e nos princípios inspiradores do Código de Processo Civil, principalmente a norma expressa no § 3º do art. 3º, a Resolução 697/2020 criou o Centro de Mediação e Conciliação (CMC), que será responsável pela realização de acordos no âmbito do Supremo Tribunal Federal. Posteriormente, o mesmo STF, por meio da Resolução 790/2022, criou o Centro de Soluções Alternativas de Litígios do STF (CESAL/STF), integrando: *(i)* o Centro de Conciliação e Mediação (CMC/STF), disciplinado pela Resolução STF 697/20202; *(ii)* o Centro de Cooperação Judiciária (CCJ/STF), disciplinado pela Resolução STF 775/2022; e *(iii)* o Centro de Coordenação e Apoio às Demandas Estruturais e Litígios Complexos (CADEC/STF), disciplinado pela própria Resolução 790/2022.

Dentro da regulamentação do CNJ preexistente, esses Centros deverão cobrir toda a circunscrição territorial do respectivo tribunal. O ideal é que existam Centros Judiciários de Solução Consensual de Conflitos na Capital e nas grandes comarcas, podendo, no interior, haver Centros Regionais.[82] De acordo com o CNJ, esses Centros deverão conter setores de solução pré-processual e de solução processual (art. 10 da Resolução 125/CNJ).[83]

Além dos Centros Judiciários, permite-se a criação de câmaras privadas de conciliação e mediação, que, contudo, deverão seguir as normas do CPC (art. 175, parágrafo único). As audiências processuais de conciliação e mediação serão de responsabilidade dos referidos Centros, e se desenvolverão sem a presença do juiz. Obtido o acordo, os autos serão encaminhados ao juiz, para homologação (Lei 13.140/2015, art. 28, parágrafo único).

Enquanto não criados e instalados ditos Centros, a audiência de mediação ou de conciliação será processada em juízo, com participação necessária do conciliador ou mediador, onde houver (CPC, art. 334, § 1º). Não existindo nem Centro, nem conciliador ou mediador, a tentativa de obtenção da solução consensual será promovida pelo juiz.

XII – A atuação pré-processual do CEJUSC

O CEJUSC é uma "unidade judiciária", com atribuições endo e extraprocessuais, razão pela qual pode se dividir em setores, com encargos diversos, e não apenas o de imediata promoção da autocomposição de conflitos. O primeiro desses setores especializados é o denominado *setor da cidadania*, cuja função é a de prestar informações à população sobre as atribuições e os serviços a cargo da unidade, assim como direcionar o interessado, quando necessário, ao órgão capacitado a prestar-lhe a assistência procurada (p. ex.: o PROCON, o

---

82 A Justiça do Estado de Minas Gerais conta com os Centros Judiciais de Solução de Conflitos e Cidadania (CEJUSC) em praticamente todas as Comarcas, atuando inclusive na fase pré-processual (Desembargadora Ana Paula Caixeta. Pacificação Social – Entrevista. *Decisão*, Belo Horizonte, p. 19, nov. 2022).

83 Prestigiando as técnicas modernas de soluções extrajudiciais de conflitos, o STJ assentou que: "2. A Nova Jurisdição é baseada: em desjudicialização, extrajudicialização ou desestatização da solução dos conflitos (inventário, divórcio, mudança de nome a cargo dos Cartórios); em meios estatais (CEJUSCs) e não estatais (Tribunais Arbitrais); em meios privados formais (Justiça Desportiva) ou informais ('Feirões' da SERASA); em iniciativa Estatal (CADE) ou particular (Câmaras de Conciliação); em meios corporificados (JECs) ou não (Microssistema de Defesa do Consumidor). 3. Para efeitos de sistematização, trata-se, especialmente: a) do sistema de Justiça Multiportas e dos Meios Alternativos de Solução de Conflitos (MASCs); b) dos Microssistemas Legais Adequados; e c) das práticas empresariais de governança e de compliance" (STJ, 2ª Seção, REsp 1.326.038/SP – recurso repetitivo, Rel. Min. Raúl Araújo, ac. 25.05.2022, *DJe* 24.10.2022).

Registro Civil, a Defensoria Pública, o Ministério Público, a Autoridade Policial, a Agência da Previdência Social etc.). Uma vez indicado onde o interessado poderá ser atendido, a unidade do CEJUSC proporcionar-lhe-á o apoio técnico para que o acesso útil ao órgão de destino seja viabilizado.[84]

O setor da cidadania, portanto, desempenha função administrativa pré-processual, num estágio em que a assistência do CEJUSC atua nos antecedentes de possível ingresso em juízo. A reclamação pré-processual é informal e, em regra, processa-se gratuitamente. E, se for identificado o cabimento da atividade conciliatória propriamente dita, realizável independentemente de decisão judicial, o CEJUSC agendará uma sessão de conciliação ou mediação, expedindo carta-convite a todos os que dela deverão participar. Não se trata, é bom dizer, de uma ordem ou um comando de autoridade, mas de um convite, já que a submissão à solução consensual do conflito é sempre facultativa. Nessa altura, o procedimento acarretará custas, como acontece com qualquer processo, salvo os casos de assistência judiciária gratuita.

Quando se trata de sessão endoprocessual (i.e., audiência de conciliação ou mediação designada pelo juiz, no curso de processo em andamento), o não comparecimento injustificado do autor ou do réu – embora não interfira no julgamento final da demanda – configurará ato atentatório à dignidade da justiça e será sancionado com multa, nos termos do art. 334, § 8º, do CPC.

XIII – Centros de conciliação extrajudiciais

O Código atual admite outras formas de conciliação e mediação extrajudicial, vinculadas a órgãos institucionais ou realizadas por intermédio de profissionais independentes, que poderão ser regulamentadas por lei específica (art. 175, *caput*).

XIV – Câmaras de Mediação e Conciliação da Administração Pública

Dispõe a legislação atual que a União, os Estados, o Distrito Federal e os Municípios criarão câmaras de mediação e conciliação para auxiliarem na solução consensual de conflitos no âmbito administrativo, tendo, entre outras, as seguintes atribuições (art. 174):

(*a*) dirimir conflitos envolvendo órgãos e entidades da administração pública (inciso I);
(*b*) avaliar a admissibilidade dos pedidos de resolução e conflitos, por meio de conciliação, no âmbito da administração pública (inciso II);
(*c*) promover, quando couber, a celebração de termo de ajustamento de conduta (inciso III).

O modo de composição e funcionamento de tais Câmaras será estabelecido em regulamento de cada ente federado (Lei 13.140/2015, art. 32, § 1º). Para a solução consensual das controvérsias que envolvam a Administração Pública Federal, a Lei 13.140 prevê a "transação por adesão" (art. 35), a qual observará os procedimentos regulados em Ato do Advogado-Geral da União (art. 36).

Esse tipo de solução de conflitos, no âmbito da Administração Pública, é facultativo e está previsto apenas para a instância administrativa (Lei 13.140/2015, art. 32). Mas, enquanto as Câmaras de Mediação Administrativas não forem criadas, o ente público poderá, a seu critério, valer-se dos meios regulados pelos arts. 14 a 20 da Lei de Mediação, conforme autoriza o art. 33 do mesmo diploma legal.

---

[84] Cf. REIS, Wanderlei José dos. O papel do CEJUSC como tribunal de multiportas. *Revista Bonijuris*, Curitiba, ano 34, edição 678, p. 105-106, out.-nov. 2022.

XV – Capacitação e remuneração dos conciliadores e mediadores

Os conciliadores e mediadores judiciais serão inscritos em cadastro nacional e em cadastro de tribunal de justiça ou de tribunal regional federal, que manterão registro dos profissionais habilitados, com indicação de sua área profissional (CPC/2015, art. 167, *caput*; Lei 13.140/2015, art. 12).

Para obter sua inscrição em referidos cadastros, o profissional deverá ser graduado há pelo menos dois anos em curso superior e exibir certificado de sua capacitação mínima, obtido por meio de curso realizado por entidade credenciada[85], segundo parâmetros curriculares definidos pelo Conselho Nacional de Justiça em conjunto com o Ministério da Justiça (CPC/2015, art. 167, § 1º; Lei 13.140/2015, art. 11).

O conciliador e mediador cadastrado, se for advogado, estará impedido de exercer a advocacia nos juízos em que exerça suas funções (art. 167, § 5º).

A atividade é remunerada, pelas partes, de acordo com tabela fixada pelo tribunal, conforme parâmetros estabelecidos pelo CNJ, a menos que o profissional seja integrante de quadro próprio de conciliadores e mediadores, criado pelo tribunal e preenchido por meio de concurso público de provas e títulos (CPC/2015, art. 169, *caput*). Todavia, a mediação e a conciliação podem ser realizadas como trabalho voluntário, observadas a legislação pertinente e a regulamentação do tribunal (CPC/2015, art. 169, § 1º).

Assegura-se, outrossim, aos necessitados, a gratuidade da mediação (Lei 13.140/2015, art. 4º, § 2º), mesmo quando realizada por meio de instituições não estatais. As câmaras privadas de conciliação e mediação, em contrapartida ao seu credenciamento, deverão suportar algumas audiências não remuneradas, cujo percentual será determinado pelos tribunais, com a finalidade de atender aos processos em que haja sido deferida a gratuidade da justiça (CPC/2015, art. 169, § 2º).

XVI – Impedimento e impossibilidade temporária do exercício da função

As hipóteses de impedimento e suspeição do juiz (CPC/2015, arts. 144 e 145) aplicam-se aos conciliadores e mediadores (Lei 13.140/2015, art. 5º). Constatando alguma causa de impedimento, o intermediador deverá comunicá-la imediatamente ao juiz da causa ou ao coordenador do centro judiciário de solução de conflitos, preferencialmente por meio eletrônico, para que este faça nova distribuição (CPC/2015, art. 170, *caput*). Caso o impedimento seja apurado quando já iniciado o procedimento, a atividade será interrompida, lavrando-se ata com o relatório do ocorrido e a solicitação de distribuição para novo conciliador ou mediador (CPC/2015, art. 170, parágrafo único).

Estando o conciliador ou mediador impossibilitado, temporariamente, de exercer suas funções, deverá informar o fato ao centro judiciário de solução de conflitos, preferencialmente por meio eletrônico, para que não lhe sejam feitas novas distribuições durante o período (CPC/2015, art. 171).

O atual Código prevê que o profissional, após a sua participação na conciliação ou mediação, fica impedido de assessorar, representar ou patrocinar qualquer das partes, pelo prazo de um ano, contado do término da última audiência em que atuou (CPC/2015, art. 172; Lei 13.140/2015, art. 6º).

---

85 Segundo a Lei 13.140/2015 (art. 11), a capacitação poderá ser certificada por escola ou instituição de formação de mediadores, reconhecida pela Escola Nacional de Formação e Aperfeiçoamento de Magistrados – ENFAM, ou pelos tribunais.

XVII – Escolha dos conciliadores e mediadores pelas partes

As partes podem, de comum acordo, escolher o mediador, o conciliador ou a câmara privada de conciliação e mediação (CPC/2015, art. 168; Lei 13.140/2015, art. 4º), que podem ou não estar cadastrados junto ao tribunal (CPC/2015, art. 168, § 1º). Não havendo acordo, ocorrerá a distribuição entre aqueles profissionais cadastrados no registro do tribunal, observada a respectiva formação (CPC/2015, art. 168, § 2º). Poderá haver a designação de mais de um mediador ou conciliador para o caso concreto, sempre que for recomendável (CPC/2015, art. 168, § 3º).

XVIII – Cadastro dos conciliadores e mediadores

Os conciliadores, os mediadores e as câmaras privadas deverão ser inscritos em cadastro nacional e em cadastro de tribunal de justiça ou de tribunal regional federal, os quais manterão registro de profissionais habilitados, com a indicação de sua área de atuação (CPC/2015, art. 167, *caput*).

Essa inscrição poderá se dar de duas formas: *(i)* mediante certificado de aprovação em curso de capacitação (CPC/2015, art. 167, § 1º); ou *(ii)* mediante aprovação em concurso público, que será ou não realizado a critério do respectivo tribunal (CPC/2015, art. 167, § 2º).

Uma vez efetivado o registro do profissional, o tribunal remeterá ao diretor do foro da comarca, seção ou subseção judiciária onde atuará o conciliador ou o mediador os dados necessários para que o seu nome passe a constar da respectiva lista local, para efeito de distribuição alternada e aleatória, observado o princípio da igualdade dentro da mesma área de atuação profissional (CPC/2015, art. 167, § 2º).

O credenciamento das câmaras e o cadastro dos conciliadores e mediadores conterão todos os dados relevantes para a sua atuação, tais como "o número de causas de que participou, o sucesso ou insucesso da atividade, a matéria sobre a qual versou a controvérsia, bem como outros dados que o tribunal julgar relevantes" (CPC/2015, art. 167, § 3º). Referidos dados deverão ser classificados pelo tribunal, que os publicará, ao menos anualmente, para conhecimento da população e para fins estatísticos e de avaliação da atividade tanto das câmaras privadas como dos conciliadores e mediadores (CPC/2015, art. 167, § 4º).

Se o tribunal preferir, pode, em vez de cadastrar profissionais e câmaras privadas de conciliação e mediação, criar quadro próprio de servidores, a ser preenchido por concurso público de provas e títulos (CPC/2015, art. 167, § 6º).

Será excluído do respectivo cadastro o profissional que: *(i)* agir com dolo ou culpa na condução da conciliação ou da mediação sob sua responsabilidade, ou violar os deveres de confidencialidade ou sigilo; e *(ii)* atuar em procedimento de mediação ou conciliação, apesar de impedido ou suspeito (CPC/2015, art. 173, *caput*).

Essas hipóteses serão apuradas em processo administrativo (CPC/2015, art. 173, § 1º). Havendo atuação inadequada do mediador ou conciliador, o juiz da causa ou coordenador do centro de conciliação poderá afastá-lo de suas atividades por até cento e oitenta dias, por meio de decisão fundamentada, informando o fato imediatamente ao tribunal para instauração do respectivo processo administrativo (CPC/2015, art. 173, § 2º).

314. Outros auxiliares eventuais

Prevê o Código atual o concurso de vários outros auxiliares da Justiça que são chamados a atuar em circunstâncias especiais do procedimento, como, por exemplo: o serviço postal (arts. 246, I, e 248, § 1º); o serviço telegráfico ou de e-mail (arts. 263 e 413); a imprensa oficial ou particular (arts. 257, II, 272, 887, § 3º); o administrador da massa do insolvente (art. 761, I, do CPC/1973);[86]

[86] Dispositivo mantido pelo art. 1.052 do CPC/2015.

a força policial (arts. 360, III, e 846, § 2º); o comando militar (art. 455, § 4º, III); a repartição pública (art. 455, § 4º, III); o leiloeiro (arts. 888, parágrafo único, 903, 883 e 884); o corretor da Bolsa de Valores (art. 881, § 2º); o Banco do Brasil e outros estabelecimentos de crédito (art. 840, I); o terceiro detentor de documentos (art. 401); os assistentes técnicos (art. 465, § 1º, II), o curador especial (arts. 72 e 671), o síndico nas falências, o comissário nas concordatas etc.

Capítulo IX

SUJEITOS ESPECIAIS DO PROCESSO

§ 40. O MINISTÉRIO PÚBLICO

315. Conceito

Com a instituição da Justiça Pública e o reconhecimento da imprescindibilidade de ocupar o juiz uma posição imparcial no processo, surgiu, para o Estado, a necessidade de criar um órgão que se encarregasse de promover a defesa dos interesses coletivos da sociedade na repressão dos crimes.

Abolida a vingança privada, e reconhecido que os crimes atingem mais as condições de convivência social do que os interesses privados dos ofendidos, era preciso encarregar alguém de defender permanentemente os interesses comuns da sociedade perante o Poder Judiciário. Foi assim que surgiu a figura do Ministério Público como órgão agente da repressão penal, titular da pretensão punitiva do Estado-administração perante o Estado-juiz.

Dessa função primitiva evoluiu a atuação do Ministério Público para áreas do processo civil, em que também se notava prevalência do interesse público sobre o privado. Modernamente, tanto no processo criminal como no civil, o Ministério Público "é a personificação do interesse coletivo ante os órgãos jurisdicionais", ou seja, o representante da "ação do Poder Social do Estado junto ao Poder Judiciário".[1]

Pode, destarte, o Ministério Público ser conceituado como "o órgão através do qual o Estado procura tutelar, com atuação militante, o interesse público e a ordem jurídica, na relação processual e nos procedimentos de jurisdição voluntária. Enquanto o juiz aplica imparcialmente o direito objetivo, para compor litígios e dar a cada um o que é seu, o Ministério Público procura defender o interesse público na composição da lide, a fim de que o Judiciário solucione esta *secundum ius*, ou administre interesses privados, nos procedimentos de jurisdição voluntária, com observância efetiva e real da ordem jurídica".[2]

316. Funções

O Ministério Público atuará na defesa da ordem jurídica, do regime democrático e dos interesses e direitos sociais e individuais indisponíveis (CPC/2015, art. 176; e CF, art. 127). No exercício das múltiplas tarefas que lhe confere a ordem jurídica, o Ministério Público ora age como *parte* (CPC/2015, art. 177), ora como *fiscal da ordem jurídica* (art. 178).

No processo civil, mesmo quando se comete ao Ministério Público a tutela de interesses particulares de outras pessoas, como os interditos, a Fazenda Pública, a vítima pobre do delito etc., a sua função processual nunca é a de um *representante* da parte material. Sua posição jurídica é a de *substituto processual* (CPC/2015, art. 18), em razão da própria natureza e fins da

---

1 REZENDE FILHO, Gabriel José Rodrigues de. *Curso de Direito Processual Civil*. 5. ed. São Paulo: Saraiva, v. I, n. 89, p. 90.

2 MARQUES, José Frederico. *Manual de Direito Processual Civil*. Campinas: Bookseller, 1997, v. I, n. 250, p. 284.

instituição do Ministério Público ou em decorrência da vontade da lei. Age, assim, em nome próprio, embora defendendo interesse alheio. Dessa forma, "quer atue como parte principal, quer como *substituto processual*, o Ministério Público é *parte* quando está em juízo",[3] e nunca procurador ou mandatário de terceiros.

Como parte, o Ministério Público, quase sempre, tem legitimidade apenas *ativa*, isto é, só pode propor ações, visto que nunca pode ser demandado como sujeito passivo ou réu. Pode, no entanto, eventualmente, assumir a defesa de terceiros, como na interdição e na curatela especial de revéis citados por edital ou com hora certa. Outorgado o direito de ação ao Ministério Público, obviamente atribui-lhe o Código os mesmos poderes e ônus que tocam às partes, ainda que isso não seja declarado textualmente no art. 177 do CPC/2015.

Como fiscal da lei, não tem compromisso nem com a parte ativa nem com a passiva da relação processual, e só defende a prevalência da ordem jurídica e do bem comum. Note-se que a relevância social capaz de justificar a intervenção do Ministério Público, na qualidade de *custos legis*, pode evidenciar-se tanto pela qualidade da pessoa (menores, incapazes, por exemplo), como pela natureza do direito disputado (ações de estado, ação popular etc.). Assim, numa ação de paternidade (ação típica de estado da pessoa) iniciada ao tempo em que o investigante era menor, o fato de a parte atingir a maior idade no curso do processo não afeta a legitimidade da participação do MP. A natureza da ação, por si só, a justifica, qualquer que seja a idade do litigante (Recomendação 34/2016, do CNMP, art. 5º, IX).

No sistema do Código, a distinção entre função do Ministério Público como parte e como *custos legis* é meramente nominal, pois, na prática, os poderes que lhe são atribuídos, na última hipótese, são tão vastos como os dos próprios litigantes. Assim é que, intervindo como fiscal da lei, o Ministério Público, segundo o art. 179, "terá vista dos autos depois das partes, sendo intimado de todos os atos do processo" (inc. I); e "poderá produzir provas, requerer as medidas processuais pertinentes e recorrer" (inc. II).

Além disso, o art. 996 do CPC/2015 deixa claro que, nos processos em que atua, o Ministério Público se legitima a recorrer tanto como parte, como fiscal da ordem jurídica.[4]

Não se deve aplicar, porém, ao *custos legis* as dilatações de prazo para recorrer previstas pelo art. 188, já que esse dispositivo se refere especificamente à sua atuação como *parte*.

Dispõe, porém, o Código atual que o Ministério Público gozará de prazo em dobro para "manifestar-se nos autos", o que inclui sua atuação tanto como parte quanto como *custos legis* (art. 180). Sua intimação será pessoal, por carga, remessa ou meio eletrônico (art. 183, § 1º). Só não haverá a contagem em dobro "quando a lei estabelecer, de forma expressa, prazo próprio para o Ministério Público" (art. 180, § 2º).

Caso o Ministério Público tenha de emitir parecer e não o faça no prazo devido, o juiz requisitará os autos e dará andamento ao processo, com ou sem sua manifestação (art. 180, § 1º).

Antigo entendimento previa a exclusividade da Procuradoria-Geral da República para atuar em nome do Ministério Público, perante o Supremo Tribunal Federal, o que excluiria a participação do Ministério Público Estadual, na última instância, mesmo nos processos por ele promovidos inicialmente nas instâncias locais. O STF, todavia, em inequívoca evolução jurisprudencial, proclamou a legitimidade do Ministério Público Estadual para atuar diretamente no âmbito da Corte Constitucional nos processos em que figurar como parte.[5] De fato, quando se trata apenas

---

3 ASSIS, Jacy de. O Ministério Público no Processo Civil. *Revista Brasileira de Direito Processual*, v. III, p. 97.

4 "Os Ministérios Públicos dos Estados e do Distrito Federal têm legitimidade para propor e atuar em recursos e meios de impugnação de decisões judiciais em trâmite no STF e no STJ, oriundos de processos de sua atribuição, sem prejuízo da atuação do Ministério Público Federal" (STF, Plenário Virtual, RE 985.392/RS, Rel. Min. Gilmar Mendes, ac. 26.05.2017).

5 STF, Pleno, RE 593.727/MG, Rel. p/ ac. Min. Gilmar Mendes, ac. 14.05.2015, *DJe* 08.09.2015.

da função de *custos legis*, é natural que fique ela restrita ao Ministério Público Federal, enquanto exercida perante os tribunais superiores. Quando, no entanto, o Ministério Público Estadual é parte no processo, não há como impedir sua atuação no STF ou no STJ, por ser evidente a sua não subordinação à Procuradoria-Geral da República. Afinal, não se poderia mesmo impedir que a parte do processo (o MP Estadual) atuasse em defesa da ação por ele proposta.[6]

A mesma mudança de posicionamento ocorreu no STJ: *(a)* "O Ministério Público Estadual, nos processos em que figurar como parte e que tramitam no Superior Tribunal de Justiça, possui legitimidade para exercer todos os meios inerentes à defesa de sua pretensão"; *(b)* "A função de fiscal da lei no âmbito deste Tribunal Superior será exercida exclusivamente pelo Ministério Público Federal, por meio dos Subprocuradores-Gerais da República designados pelo Procurador-Geral da República".[7]

316.1. Funções de custos legis, *segundo o Conselho Nacional do Ministério Público*

Para o Conselho Nacional do Ministério Público, cabe a seus órgãos priorizar "a limitação da sua atuação em casos sem relevância social para direcioná-la na defesa dos interesses da sociedade" (Recomendação 34 de, 5 de abril de 2016, art. 1º, IV). Também "a identificação do interesse público no processo é juízo exclusivo do membro do Ministério Público" (Recomendação 34 de, 5 de abril de 2016, art. 2º).

Nos termos do art. 5º da referida recomendação, "além dos casos que tenham previsão legal específica, destaca-se de relevância social, nos termos do art. 1º, inciso II, os seguintes casos:

> I – ações que visem à prática de ato simulado ou à obtenção de fim proibido por lei;
>
> II – normatização de serviços públicos;
>
> III – licitações e contratos administrativos;
>
> IV – ações de improbidade administrativa;
>
> V – os direitos assegurados aos indígenas e às minorias;
>
> VI – licenciamento ambiental e infrações ambientais;
>
> VII – direito econômico e direitos coletivos dos consumidores;
>
> VIII – os direitos dos menores, dos incapazes e dos idosos em situação de vulnerabilidade;
>
> IX – ações relativas ao estado de filiação ainda que as partes envolvidas sejam maiores e capazes (inciso revogado pela Recomendação 37/2016);
>
> X – ações que envolvam acidentes de trabalho, quando o dano tiver projeção coletiva;
>
> XI – ações em que sejam partes pessoas jurídicas de Direito Público, Estados estrangeiros e Organismos Internacionais, nos termos do art. 83, inciso XIII, da Lei Complementar 75/1993, respeitada a normatização interna;
>
> XII – ações em que se discuta a ocorrência de discriminação ou qualquer prática atentatória à dignidade da pessoa humana do trabalhador, quando o dano tiver projeção coletiva;

---

[6] "O Ministério Público de estado-membro não está vinculado, nem subordinado, no plano processual, administrativo e/ou institucional, à Chefia do Ministério Público da União, o que lhe confere ampla possibilidade de postular, autonomamente, perante o Supremo Tribunal Federal, em recursos e processos nos quais o próprio Ministério Público estadual seja um dos sujeitos da relação processual" (STF, Pleno, RE 593.727/MG, Rel. p/ ac. Min. Gilmar Mendes, ac. 14.05.2015, *DJe* 08.09.2015).

[7] STJ, Corte Especial, EREsp 1.236.822/PR, Rel. Min. Mauro Campbell Marques, ac. 16.12.2015, *DJe* 05.02.2016.

XIII – ações relativas à representação sindical, na forma do inciso III do artigo 114 da Constituição da República/88;

XIV – ações rescisórias de decisões proferidas em ações judiciais nas quais o Ministério Público já tenha atuado como órgão interveniente;

Parágrafo único. Os assuntos considerados relevantes pelo planejamento institucional (art. 1º, inciso I) são equiparados aos de relevância social".

317. Natureza

O Ministério Público não é órgão do Poder Judiciário,[8] nem é um poder da soberania nacional. Figura entre os órgãos da Administração Pública, pois realiza a tutela sobre direitos e interesses, não no exercício da jurisdição, mas sim sob forma administrativa, ou seja, "promovendo, fiscalizando, combatendo e opinando".[9]

Entretanto, na atual estrutura constitucional brasileira, o Ministério Público é colocado numa posição *sui generis*, como "instituição permanente essencial à função jurisdicional do Estado, incumbindo-lhe a defesa da ordem jurídica, do regime democrático e dos interesses sociais e individuais indisponíveis" (CF, art. 127).

No processo, como não podia deixar de ser, sua atuação é de *parte* e não de *magistrado*.[10] Não lhe cabe decidir ou solucionar litígios, mas apenas bater ou propugnar pela prevalência do interesse geral e do bem comum na prestação jurisdicional a cargo do Poder Judiciário.

318. Ministério Público como parte

Entre outros, são casos em que o Ministério Público, segundo a legislação em vigor, age como *parte*:

(a) na ação de nulidade de casamento (art. 1.549 do Código Civil);

(b) na ação de dissolução de sociedade civil que promove atividade ilícita ou imoral (art. 670 do CPC de 1939, mantido pelo art. 1.218 do CPC/1973 e pelo art. 1.043, § 3º, do CPC/2015);

(c) na liquidação judicial de sociedade cuja autorização governamental para funcionar foi extinta, na forma da lei (art. 1.037 c/c art. 1.033, V, do Código Civil);

(d) na ação rescisória de sentença, fruto de colusão das partes para fraudar a lei (CPC/2015, art. 967, III, *b*), ou quando não foi ouvido no curso do processo em que era obrigatória a intervenção do Ministério Público (CPC/2015, art. 967, III, *a*);

(e) na ação direta de declaração de inconstitucionalidade (CF, art. 129, IV);

(f) na ação de indenização da vítima pobre de delito (art. 68 do Código de Processo Penal), bem como nas medidas cautelares destinadas a garantir a mesma indenização (CPP, arts. 127 e 142);

(g) no pedido de interdição (CPC/2015, art. 747, IV);

---

8 REZENDE FILHO, Gabriel José Rodrigues de. *Curso de Direito Processual Civil*. 5. ed. São Paulo: Saraiva, v. I, n. 89, p. 90.

9 MARQUES, José Frederico. *Manual de Direito Processual Civil*. Campinas: Bookseller, 1997, v. I, n. 254, p. 292.

10 CINTRA, Araújo; GRINOVER, Ada; DINAMARCO, Cândido Rangel. *Teoria Geral do Processo*. São Paulo: Malheiros, 1974, n. 105, p. 178.

(h) na ação civil pública, para defesa de interesses difusos (Lei 7.347/1985, art. 5º, I), e para proteção dos interesses individuais, difusos ou coletivos relativos à infância e à adolescência (Lei 8.069/1990, art. 201, V);

(i) nas ações previstas no Estatuto da Criança e do Adolescente, relativas a alimentos, suspensão e destituição do poder familiar, nomeação e remoção de tutores, curadores e guardiães, especialização de hipoteca legal, prestação de contas dos tutores, curadores e quaisquer administradores de bens de crianças e adolescentes, nas hipóteses do art. 98 do ECA (Lei 8.069/1990, art. 201, III e IV);

(j) na ação contra a improbidade administrativa (Lei 8.429/1992, art. 17);

(k) na ação popular, quando o autor desistir da ação ou der motivo à extinção do processo (Lei 4.717/1965, art. 9º).

Alguns privilégios são assegurados ao Ministério Público, quando age como parte, a saber:

(a) não se sujeita ao pagamento antecipado de custas (CPC/2015, art. 91), favor que se aplica, igualmente, quando exerce apenas a função de *custos legis*;

(b) o prazo para manifestar-se nos autos será em dobro (CPC/2015, art. 180, *caput*), salvo quando a lei estabelecer, de forma expressa, prazo próprio para o Ministério Público (CPC/2015, art. 180, § 2º).

319. Ministério Público como *custos legis*

A intervenção do Ministério Público como fiscal da ordem jurídica se dá, no processo civil (CPC/2015, art. 178):

(a) nas causas que envolvam interesse público ou social (inciso I);

(b) nas causas que envolvam interesse de incapaz (inciso II);

(c) nas causas que envolvam litígios coletivos pela posse de terra rural ou urbana (inciso III);

A regra é que, prevalecendo o poder dispositivo das partes sobre os direitos privados, mormente aqueles de expressão econômica, não cabe ao Ministério Público intervir nas causas a eles relativas. Se o interesse em litígio é público, como o relacionado com os bens e obrigações das pessoas jurídicas de direito público, ou porque envolve uma parcela imprevisível da comunidade, como se dá com a falência, a intervenção do *custos legis* é de conveniência intuitiva. Mas a participação da Fazenda Pública não configura, por si só, hipótese de intervenção do Ministério Público (art. 178, parágrafo único). Assim, por exemplo, "a intervenção do *parquet* não é obrigatória nas demandas indenizatórias propostas contra o Poder Público. Tal participação só é imprescindível quando se evidenciar a conotação de interesse público, que não se confunde com o mero interesse patrimonial-econômico da Fazenda Pública".[11] Tampouco será exigível nas ações de desapropriação indireta,[12] nas execuções fiscais[13] e nas lides em geral que tratam dos interesses patrimoniais das pessoas jurídicas de direito público.[14]

Contudo, mesmo em se tratando de direitos privados, há casos em que o processo contencioso ou procedimento de jurisdição voluntária versa sobre determinados bens que se acham colocados sob tutela especial do Estado, de modo que o litígio passa a atingir

---

11 STJ, 2ª T., REsp 465.580/RS, Rel. Min. Castro Meira, ac. 25.04.2006, *DJU* 08.05.2006, p. 178. No mesmo sentido: STJ, 2ª T., REsp 1.192.255/RS, Rel. Min. Eliana Calmon, ac. 15.06.2010, *DJe* 22.06.2010.

12 STJ, 2ª T., REsp 827.322/PA, Rel. Min. Eliana Calmon, ac. 18.12.2007, *DJe* 28.11.2008.

13 STJ, 5ª T., REsp 702.875/RJ, Rel. Min. Arnaldo Esteves Lima, ac. 19.02.2009, *DJe* 16.03.2009.

14 STJ, 2ª T., REsp 108.232/PR, Rel. Min. Francisco Peçanha Martins, ac. 19.04.2001, *DJU* 11.06.2001, p. 161.

também, e por isso, um interesse público. É o que ocorre nos casos dos arts. 178, II, 720 e 721 do CPC/2015, já explicitados. Na jurisdição voluntária, embora o atual Código fale genericamente em intimação do Ministério Público nos procedimentos da espécie (art. 721), o entendimento prevalente na jurisprudência é no sentido de que a obrigatoriedade de tal intimação somente ocorre nas hipóteses explicitadas pelo art. 178 do CPC/2015, que equivale ao art. 82 do CPC/1973.[15]

O Ministério Público, quando, em todas essas eventualidades, atua como *custos legis*, apresenta-se como *sujeito especial* do processo ou do procedimento. Como destaca José Frederico Marques, "atua em nome próprio, para defesa de interesse que o Estado deve tutelar nos conflitos litigiosos, ou na administração judicial de direitos subjetivos, a fim de que não fiquem à mercê da vontade privada. Ou, ainda, sujeito especial que participa do processo, como *viva vox* de interesses da ordem jurídica a serem salvaguardados na composição da lide".[16]

320. Ausência do Ministério Público no processo

Em todos os casos em que a lei considera obrigatória a intervenção do Ministério Público, a falta de sua intimação para acompanhar o feito é causa de *nulidade* do processo, que afetará todos os atos a partir da intimação omitida (CPC/2015, art. 279) (*vide*, adiante, o n. 421).

Por isso mesmo, é conferida, ainda, legitimação ao Ministério Público para propor ação rescisória de sentença, pela razão de não ter sido ouvido no processo em que se fazia obrigatória sua intervenção de *custos legis* (art. 967, III, *a*) (*vide* o v. III).

321. Órgãos do Ministério Público

O Ministério Público está organizado tanto na ordem federal como na estadual, de modo que a cada aparelho do Poder Judiciário corresponde um organismo próprio do Ministério Público.

Na órbita da Justiça Federal, o seu órgão máximo é o Procurador-Geral da República, e há representante do Ministério Público atuando, de maneira independente, junto ao Supremo Tribunal Federal, ao Superior Tribunal de Justiça, aos Tribunais Regionais Federais, à Justiça Militar, à Justiça Eleitoral, à Justiça do Trabalho e à Justiça Federal de primeira instância.[17]

Em cada Estado e no Distrito Federal há organismos locais formando o Ministério Público de atuação junto à Justiça estadual ou local. Nos Estados, como o de Minas Gerais, a chefia do Ministério Público cabe ao Procurador-Geral, cuja função não se confunde com a do Advogado-Geral do Estado, pois, enquanto este assume a tutela fazendária dos bens do erário, aquele atua na tutela da justiça ideal e da ordem jurídica de maneira lata.

Subdivide-se o Ministério Público estadual em representações que atuam perante os Tribunais de segundo grau e outros que militam no primeiro grau de jurisdição (perante os juízes de direito). Os primeiros costumam ser denominados "Procuradores de Justiça", e os últimos "Promotores de Justiça", ou às vezes recebem nomes particulares devido à especialização de funções, como a de "curadores de incapazes", "curadores de registros públicos", "curador de falência" etc.

---

[15] STJ, 4ª T., REsp 46.770/RJ, Rel. Min. Sálvio de Figueiredo, ac. 18.02.1997, *DJU* 17.03.1997, p. 7.505; STJ, 3ª T., AgRg no Ag 41.605/SP, Rel. Min. Nilson Naves, ac. 08.11.1993, *DJU* 06.12.1993, p. 26.665.

[16] MARQUES, José Frederico. *Manual de Direito Processual Civil*. Campinas: Bookseller, 1997, v. I, n. 253, p. 288.

[17] Fora do âmbito do Judiciário, o Ministério Público atua também junto ao Tribunal de Contas (CF, art. 130).

322. Princípios e garantias

A instituição do Ministério Público está subordinada, em termos constitucionais, a três princípios fundamentais:

(*a*) o da *unidade*, que significa que seus vários agentes integram uma só corporação, para efeito institucional;
(*b*) o da *indivisibilidade*, segundo o qual seus diversos membros podem ser indiferentemente substituídos uns pelos outros em suas funções sem que disso decorra alteração subjetiva nos processos em que o Ministério Público atua;
(*c*) o da *independência*, que significa que cada um dos membros do Ministério Público age segundo sua própria consciência jurídica, sem se submeter à ingerência do Poder Executivo, nem dos juízes, e nem mesmo dos órgãos superiores da própria instituição.[18]

Para assegurar o perfeito exercício da missão que lhe foi conferida, a Constituição Federal (arts. 127, 128 e 129) outorga aos membros do Ministério Público as seguintes garantias:

(*a*) autonomia funcional e administrativa (art. 127, § 2º);
(*b*) estruturação em carreira (arts. 128, §§ 1º e 3º, e 129, § 2º);
(*c*) ingresso na carreira mediante concurso de provas e títulos, exigindo-se do bacharel em direito, no mínimo, três anos de atividade jurídica (art. 129, § 3º, com a redação da Emenda Constitucional 45, de 30.12.2004);
(*d*) vitaliciedade após dois anos de exercício, não podendo perder o cargo senão por sentença judicial transitada em julgado (art. 128, § 5º, I, *a*);
(*e*) inamovibilidade, salvo por motivo de interesse público, mediante decisão do órgão colegiado competente do Ministério Público, por voto da maioria absoluta de seus membros, assegurada ampla defesa (art. 128, § 5º, I, *b*, com a redação da Emenda 45, de 30.12.2004);
(*f*) irredutibilidade de vencimentos (art. 128, § 5º, I, *c*).

Na forma preconizada pela Constituição, a Lei Orgânica do Ministério Público, para todo o País, foi editada por meio da Lei 8.625, de 12 de fevereiro de 1993, que substituiu a antiga Lei Complementar 40, de 14 de dezembro de 1981. Essa lei federal, no âmbito de cada unidade da Federação, é completada por estatutos locais, que sistematizam o Ministério Público estadual (cf. art. 128, § 5º, da Constituição Federal).

Em face da relevância da função desempenhada pelo Ministério Público em prol da preservação da ordem jurídica, do regime democrático e dos interesses sociais e individuais indisponíveis (CF, art. 127), a jurisprudência do STJ, sob o regime dos recursos repetitivos, incluiu entre os privilégios processuais o de que os representantes do Parquet sejam não só intimados pessoalmente, como o aperfeiçoamento do ato de comunicação processual somente se aperfeiçoe com a vista efetiva dos autos (Lei 8.625/1993, art. 41, IV; LC 75/1993, art. 18, II, h; e CPC/2015, art. 180). Mesmo quando a intimação acontecer em audiência ou por certidão cartorária, o STJ assentou que o início do prazo para o ato do MP somente se dará "a partir do ingresso dos autos na secretaria do órgão destinatário da intimação".[19] Naturalmente, quando a

---

[18] CINTRA, Araújo; GRINOVER, Ada; DINAMARCO, Cândido Rangel. *Teoria Geral do Processo*. São Paulo: Malheiros, 1974, n. 106, p. 179; FERREIRA, Pinto. *Comentários à Constituição Brasileira*. São Paulo: Saraiva, 1992, v. V, p. 105.

[19] Tese vinculante fixada pelo STJ: "o termo inicial da contagem do prazo para impugnar decisão judicial é, para o Ministério Público, a data da entrega dos autos na repartição administrativa do órgão, sendo

intimação se der em cartório e os autos forem entregues pessoalmente ao Promotor de Justiça mediante carga, como é usual nas comarcas do interior, não haverá lugar para a contagem do prazo a partir da entrega na secretaria do órgão do MP, a qual muitas vezes nem existirá nos fóruns menores.

É de se ressaltar que a orientação do STJ refere-se, expressamente, às intimações efetuadas "em audiência, em cartório ou por mandado". No mesmo sentido é o entendimento do STF: portanto, "há, em relação ao Ministério Público, uma prerrogativa de ser intimado pessoalmente e com vista dos autos, para qualquer finalidade. Ou seja, não basta a intimação pessoal".[20] Tal regra não se aplica, obviamente, aos processos eletrônicos que seguem regime intimatório incompatível com remessa física de autos para a secretaria do órgão do MP (art. 180 e 183, § 1º).

Ainda no campo dos privilégios, o art. 180 assegura que o Ministério Público gozará de prazo em dobro para manifestar-se nos autos, cujo início se dará sempre a partir de sua intimação pessoal.

323. Responsabilidade civil dos membros do Ministério Público

O membro do Ministério Público será civil e regressivamente responsável pelos danos que provocar, quando agir com dolo ou fraude no exercício de suas funções (CPC/2015, art. 181).

---

irrelevante que a intimação pessoal tenha se dado em audiência, em cartório ou por mandado" (STJ, 3ª S., REsp 1.349.935/SE – repetitivo, Rel. Min. Rogério Schietti Cruz, ac, 23.08.2017, *DJe* 14.09.2017).

20 STF, Decisão Monocrática, Rcl. 17.694/RS, Rel. Min. Roberto Barroso, j. 30.09.2014, *DJe* 07.10.2014.

§ 41. DA ADVOCACIA PÚBLICA

324. Conceito, funções e prerrogativas

A Advocacia Pública é a instituição que, na forma da lei, defende e promove os interesses públicos da União, dos Estados, do Distrito Federal e dos Municípios. Cada ente federativo constituirá sua Advocacia-Geral, que será a responsável pela representação judicial, em todos os âmbitos federativos, das pessoas jurídicas de direito público que integram a administração direta e indireta (CPC/2015, art. 182). No caso da União, exerce essa função a Advocacia-Geral da União (art. 131 da Constituição Federal).

A intimação dos advogados públicos deverá ser pessoal e será feita por carga, remessa ou meio eletrônico (art. 183, § 1º). Além disso, terão eles prazo em dobro para todas as manifestações processuais (art. 183, *caput*). Todavia, não haverá a contagem em dobro quando a lei estabelecer, de forma expressa, prazo próprio para o ente público (art. 183, § 2º).

Não se aplica, portanto, aos advogados da Fazenda Pública a intimação pela imprensa ou pelo correio, devendo sempre dar-se pessoalmente. A jurisprudência, no entanto, considera que se possa utilizar a intimação por carta registrada quando o procurador da Fazenda Pública estiver lotado fora da sede do juízo, caso em que a intimação postal equivaleria à pessoal, para os efeitos da lei.[21]

325. Responsabilidade civil dos membros da Advocacia Pública dos entes federados

Tal como ocorre com os membros do Ministério Público, os advogados públicos dos entes federados serão civil e regressivamente responsáveis pelos prejuízos causados, quando agirem com dolo ou fraude no exercício de suas funções (CPC/2015, art. 184).

---

21 STJ, 1ª Seção, REsp 496.978/RS, Rel. Min. Eliana Calmon, ac. 09.11.2005, *DJU* 12.12.2005, p. 263.

§ 42. DA DEFENSORIA PÚBLICA

326. Conceito, funções e prerrogativas

A Defensoria Pública é instituição essencial à função jurisdicional do Estado, a quem a Constituição Federal incumbiu a orientação jurídica e a defesa, em todos os graus, dos necessitados (CF, art. 134). O Código atual atribuiu um título próprio à Defensoria Pública, tratando de suas funções, prerrogativas e responsabilidade nos arts. 185 a 187 do CPC/2015.

Nos termos da legislação nova, a Defensoria Pública exercerá a orientação jurídica, a promoção dos direitos humanos e a defesa dos direitos individuais e coletivos dos necessitados, em todos os graus, de forma integral e gratuita (art. 185). Ressalte-se que sua atuação, na modernidade, não se limita mais à simples representação de litigante hipossuficiente economicamente, em ação individual. Cabe-lhe, em termos constitucionais, uma função muito mais ampla, que se manifesta institucionalmente através da função do Estado Defensor, a qual lhe permite, além da substituição do advogado privado em ações singulares, a legitimação ativa para ações coletivas e para a intervenção de terceiro em nome próprio em ações de iniciativa alheia, em defesa dos interesses previstos na Constituição. É o caso, por exemplo, de ações que envolvam democratização, pluralismo, tutela de direitos humanos e defesa de necessitados.[22]

Os seus membros também gozarão de prazo em dobro para todas as suas manifestações processuais, cuja contagem se iniciará de sua intimação pessoal, feita por carga, remessa ou meio eletrônico (arts. 186, *caput* e § 1º, e 183, § 1º).[23] Segundo jurisprudência vinculante do STJ, à Defensoria Pública aplica-se o mesmo critério de contagem de prazos instituídos para o Ministério Público: "O termo inicial da contagem do prazo para impugnar decisão judicial é, para o Ministério Público, a data da entrega dos autos na repartição administrativa do órgão, sendo irrelevante que a intimação pessoal tenha se dado em audiência, em cartório ou por mandado".[24] Essa prerrogativa aplica-se também aos escritórios de prática jurídica das faculdades de Direito reconhecidas na forma da lei e às entidades que prestam assistência jurídica gratuita em razão de convênios firmados com a Defensoria Pública (art. 186, § 3º).

Entretanto, ressalva a lei que não haverá contagem em dobro do prazo da Defensoria Pública quando a lei estabelecer, de forma expressa, prazo próprio à instituição (art. 186, § 4º).

Se o ato processual depender de providência ou informação que somente a parte patrocinada pela Defensoria Pública possa realizar ou prestar, o defensor poderá requerer ao juiz a intimação pessoal direta do interessado (art. 186, § 2º).

"O artigo 4º, § 6º, da Lei Complementar 80/1994, na redação dada pela Lei Complementar 132/2009, dispõe que a capacidade postulatória do defensor decorre exclusivamente de sua nomeação e posse no cargo público, para se dedicar unicamente à nobre missão institucional

---

22 "A intervenção constitucional defensorial é movida pelo resguardo do interesse institucional do próprio Estado Defensor, constitucionalmente e legalmente previsto, não se falando aqui em substituir a atuação do advogado privado (...). A jurisprudência, por sua vez, tem acolhido a teoria da Defensoria Pública enquanto custos vulnerabilis, seja para atuar como terceiro interveniente, seja para ingressar, posteriormente, na lide já formada, para atuar em prol dos vulneráveis, para garantia dos direitos fundamentais nas demandas que digam respeito a interesses difusos ou coletivos de pessoas vulneráveis ou hipossuficientes ..." (TARTUCE, Fernanda; QUEIROZ, Roger Moreira de. Distinção conceitual entre vulnerabilidade e hipossuficiência no sistema jurídico brasileiro. *Revista Magister de Direito Civil e Processual Civil*, v. 97, p. 90-91, jul.-ago./2020). Nesse sentido: STJ, 2ª Seção, Edcl no REsp 1.712.163/SP, Rel. Min. Moura Ribeiro, ac. 25.09.2019, *DJe* 27.09.2019, STJ, 3ª T., REsp 1.854.842/CE, Rel. Min. Nancy Andrighi, ac. 02.06.2020, *DJe* 04.06.2020.

23 A Lei 1.060, em seu art. 5º, § 5º (que foi mantido pelo CPC/2015), instituiu esses mesmos benefícios ao Defensor Público que atuar nos Estados onde a assistência judiciária seja organizada e mantida por eles.

24 STJ, 3ª S., REsp 1.349.935/SE, Rel. Min. Rogério Schietti Cruz, ac. 23.08.2017, *DJe* 14.09.2017.

de proporcionar o acesso dos assistidos à ordem jurídica justa. 4. Logo, o Defensor Público submete-se somente ao regime próprio da Defensoria Pública, sendo inconstitucional a sua sujeição também ao Estatuto da OAB."[25] Com esse mesmo fundamento, o Supremo Tribunal Federal declarou também a inconstitucionalidade da exigência de inscrição do Defensor Público nos quadros da Ordem dos Advogados do Brasil.[26]

327. Responsabilidade civil dos membros da Defensoria Pública

Os membros da Defensoria Pública serão civil e regressivamente responsáveis pelos prejuízos causados, quando agirem com dolo ou fraude no exercício de suas funções (CPC/2015, art. 187).

---

[25] STF, Pleno, RE 1.240.999/SP, Rel. Min. Alexandre de Moraes, ac. 04.11.2021, *DJe* 17.12.2021.

[26] "O Tribunal, por maioria, julgou improcedente a ação direta e conferiu, ainda, interpretação conforme à Constituição ao art. 3º, § 1º, da Lei 8.906/1994, declarando-se inconstitucional qualquer interpretação que resulte no condicionamento da capacidade postulatória dos membros da Defensoria Pública à inscrição dos Defensores Públicos na Ordem dos Advogados do Brasil" (STF, Pleno, ADI 4.636/DF, Rel. Min. Gilmar Mendes, ac. 04.11.2021, *DJe* 10.02.2022).

Parte IV
Atos Processuais

Capítulo X
FATOS JURÍDICOS PROCESSUAIS

§ 43. ATOS PROCESSUAIS

328. Conceito

O processo apresenta-se, no mundo do direito, como uma relação jurídica que se estabelece entre as partes e o juiz e se desenvolve, por meio de sucessivos atos, de seus sujeitos, até o provimento final destinado a dar solução ao litígio.

Inicia-se, desenvolve-se e encerra-se o processo por meio de atos praticados ora pelas partes, ora pelo juiz ou seus auxiliares. Há, ainda, acontecimentos naturais, não provocados pela vontade humana, que produzem efeito sobre o processo, como a morte da parte, o perecimento do bem litigioso, o decurso do tempo etc. Assim, é lícito dizer que "o processo é uma sequência ordenada de fatos, atos e negócios processuais", como ensina Hélio Tornaghi.[1]

Em consequência, fato processual seria todo acontecimento natural com influência sobre o processo, e ato processual toda ação humana que produza efeito jurídico em relação ao processo.[2]

Ou, como quer Chiovenda, são "atos jurídicos processuais os que têm importância jurídica em respeito à relação processual, isto é, os atos que têm por consequência imediata a *constituição*, a *conservação*, o *desenvolvimento*, a *modificação* ou a *definição* de uma relação processual".[3]

Distinguem-se dos demais atos jurídicos pelo fato de pertencerem ao processo e produzirem efeito jurídico direto e imediato sobre a relação processual, seja, como se afirmou, na sua constituição, desenvolvimento ou extinção.[4]

Observa Calmon de Passos, com propriedade, que não há atos processuais praticados fora do processo, nem são atos processuais todos os atos praticados dentro do processo. Um mandato *apud acta*, por exemplo, não é ato processual, mas simples contrato regulado pelo direito civil, já que sua eficácia em nada difere do mandato outorgado extra-autos. Ato processual será aquele que o advogado praticar no processo com base no mandato *ad judicia* (a petição, a presença

---

1 Anteprojeto do Código de Processo Penal, art. 177.

2 PACHECO, José da Silva. *Direito Processual Civil*. São Paulo: Saraiva, 1976, n. 54, v. I, p. 65.

3 CHIOVENDA, Giuseppe. *Instituições de Direito Processual Civil*. 3. ed. São Paulo: Saraiva, 1969, v. III, n. 289, p. 15-16.

4 LIEBMAN, Enrico Tullio. *Manuale di Diritto Processuale Civile*. Reimpressão da 2. ed. Milano: A. Giuffrè, 1968, v. I, n. 95, p. 183.

em audiência, o recurso etc.). Da mesma forma, a transação e o pagamento continuam sendo atos de direito material, apenas com efeitos reflexos sobre o processo. Não adquirem natureza diversa apenas porque praticados durante o processo. Ato processual será o uso desses atos materiais para obter a extinção do processo, como a arguição de transação, e sua homologação pelo juiz, bem como a dedução, pela parte, da exceção de pagamento. Para, enfim, ter-se ato processual, em sentido próprio, é necessário que o ato tenha sido praticado no processo, com efeito imediato sobre ele, e que, ainda, somente possa ser praticado no processo.[5]

Assim, a convenção arbitral, a eleição de foro e a convenção sobre ônus da prova, quando praticadas no bojo do contrato, antes de existir qualquer processo, não configuram *ato processual* nem *negócio processual*, por não terem incidência sobre processo algum em curso nem mesmo em preparação de ajuizamento. Ato processual haverá, portanto, apenas quando a parte se valer de alguma dessas convenções para produzir efeito na constituição, conservação, desenvolvimento ou modificação de uma relação processual concreta[6].

329. Características e natureza dos atos processuais

Os atos processuais têm características que os distinguem dos demais atos jurídicos. Consistem na *unidade de finalidade* e na *interdependência*:

(a) Todos os atos de todos os sujeitos do processo se voltam para um único fim, qual seja, a *prestação jurisdicional*. Todos têm o propósito de preparar e atingir o *provimento judicial*, com que se dará solução ao conflito reproduzido em juízo pelo pedido da parte.

(b) Todos eles se integram dentro de uma só relação jurídica dinâmica, formando uma cadeia de atos, de modo que nenhum pode ser isolado dos outros, para sujeitar-se à interpretação que não leve em conta sua posição diante dos demais. É que todo ato praticado no processo influi nos que o sucederão, ao mesmo tempo em que sofre influência dos que o precederam.[7]

Os atos que se inserem no desenvolvimento do processo são praticados pelas mais diversas pessoas, umas são públicas (juízes e auxiliares), outras são predominantemente entidades pri-

---

[5] "Atos processuais, por conseguinte, são os atos jurídicos praticados no processo pelos sujeitos da relação processual ou pelos sujeitos do processo, capazes de produzir efeitos processuais e que só no processo podem ser praticados" (CALMON DE PASSOS, José Joaquim. *Esboço de uma Teoria das Nulidades Aplicada às Nulidades Processuais*. Rio de Janeiro: Forense, 2002, n. 38, p. 53).

[6] Há, porém, quem entenda não ser diferente o ato praticado dentro ou fora do processo. Processual, nesse enfoque, seria o ato apto a produzir efeitos jurídicos processuais. "O ato processual, portanto, é o ato jurídico que produz ou é apto a produzir efeitos no processo" (CABRAL, Antonio do Passo. *Convenções processuais. Entre publicismo e privatismo*. Tese de livre docência. São Paulo: USP, 2015, p. 33). Mas, ainda que praticado fora do processo, é preciso que seja destinado a produzir efeitos sobre uma situação jurídica processual (CARNELUTTI, Francesco. *Istituzioni del nuovo processo civile italiano*. Roma: Il Foro Italiano, 2. ed., 1941, p. 59 ss; *Sistema di diritto processuali civile*. Padova: Cedam, 1932, v. II, p. 70 ss). O contrato civil, o pagamento, o distrato, a remissão de dívida, a novação e a compensação são atos de direito material, cujos efeitos podem eventualmente repercutir sobre a solução de alguma demanda. Não são, todavia, preordenados a produzir efeitos sobre processo algum, mesmo porque, quando praticados, não se correlacionavam a litígio algum entre os interessados. Não podem, em si, configurar ato processual, sem embargo de serem úteis à solução de litígios acaso ocorram supervenientemente. Quando praticados, portanto, tendiam diretamente a gerar efeitos no plano negocial, como ocorre com os negócios jurídicos civis unilaterais e bilaterais. Seus efeitos serão apreciados em juízo, como fator de julgamento da lide, e não, propriamente, como negócio jurídico processual. Afetarão o objeto litigioso (mérito), mas não diretamente o procedimento.

[7] GRECO, Leonardo. *Instituições de processo civil*. Rio de Janeiro: Forense, 2009, v. I, n. 12.1.1, p. 274.

vadas (partes e intervenientes). Aos atos dos entes públicos aplicam-se, em regra, os preceitos do direito público (*in casu*, o direito processual), mais próximos do direito administrativo do que do direito civil. Um ato decisório, por exemplo, ainda quando aplique norma de direito civil para fundamentar sua conclusão, terá sua eficácia dependente da forma e condições ditadas apenas pelo direito processual. Com isso, pode-se reconhecer que a decisão judicial é um ato de direito público por excelência.

O mesmo não ocorre com os atos das pessoas privadas envolvidas no processo, como partes. Podem elas praticar, às vezes, atos cujo aperfeiçoamento e cujos efeitos não se restringem ao campo processual, e que correspondem a negócios jurídicos regidos exclusivamente pelo direito material, embora sendo levados ao processo repercutem de imediato tanto sobre as relações substanciais discutidas em juízo, como sobre o próprio destino processual da causa. Pense-se, *v.g.*, na transação e na renúncia de direito.

Diante dessa diversidade de regras que convivem na disciplina dos atos processuais, a indagação que se faz é a seguinte: os atos praticados pelos sujeitos do processo são sempre regidos apenas pelo direito público processual? A resposta de Leonardo Greco é de ser acatada: "... em relação à capacidade dos sujeitos e à forma, deve sempre prevalecer a lei processual, ao passo que, em relação à licitude do objeto, o ato tem de obedecer tanto às regras do direito processual quanto às de direito material".[8]

330. Agentes

Não apenas as partes praticam atos processuais, mas também o órgão jurisdicional e seus auxiliares. Isso porque o processo, na sua função instrumental de realizar a tutela jurisdicional do Estado, na composição do litígio que envolve as partes, só alcança o seu desígnio mediante conjugação de atividades e esforços dos próprios litigantes e dos órgãos judiciários. *Iudicium est actus trium personarum*, como já ensinava Búlgaro.

"Logo, tanto os atos das partes quanto os do juiz ou dos auxiliares e demais participantes da relação processual se destinam a preparar essa solução" e todos são atos processuais.[9] Até mesmo os atos que visam a evitar a resolução jurisdicional do litígio, como a transação, a conciliação e o juízo arbitral, na verdade se incluem no próprio escopo que engendrou a instituição do processo, mas só adquirem força de sentença, diante da situação litigiosa, em razão da sentença judicial que os homologa e lhes empresta a autoridade da *coisa julgada*, pondo fim à relação processual.[10]

Não é, na verdade, ato processual a transação ou o compromisso arbitral, em si, porque ambos não passam de contratos que evitam o processo e produzem seus efeitos materiais com ou sem processo, o qual pode nem mesmo vir a existir. Atos processuais são a arguição de transação ou de compromisso, bem como a sentença que homologa a solução negocial do litígio.[11]

Não raras vezes, até mesmo terceiros, estranhos à controvérsia dos litigantes, são convocados a praticar atos decisivos para que o processo atinja seu objetivo, tal como se dá nos casos de exibição de documento ou coisa, de testemunhos etc. Se os atos desses terceiros produzem eficácia direta e imediata sobre o desenvolvimento e influem sobre o desfecho do processo, é claro que, também, devem ser considerados atos processuais.

---

8 GRECO, Leonardo. *Instituições de processo civil*. Rio de Janeiro: Forense, 2009, v. I, n. 12.1.1, p. 276.

9 MONIZ DE ARAGÃO, Egas Dirceu. *Comentários ao Código de Processo Civil*. Rio de Janeiro: Forense, 1974, v. II, n. 4, p. 10.

10 MONIZ DE ARAGÃO, Egas Dirceu. *Comentários ao Código de Processo Civil*. Rio de Janeiro: Forense, 1974, v. II, n. 4, p. 10-11.

11 CALMON DE PASSOS, José Joaquim. *Esboço de uma Teoria das Nulidades Aplicada às Nulidades Processuais*. Rio de Janeiro: Forense, 2002, n. 36 e 37, p. 51-58.

Em síntese, há de se entender por ato processual "o ato jurídico emanado das *partes*, dos *agentes da jurisdição*, ou mesmo dos *terceiros* ligados ao processo, suscetível de criar, modificar ou extinguir efeitos processuais".[12]

Assim, uma transação e uma renúncia de direito têm sua validade dependente da observância do direito civil. Seu efeito dentro da relação processual, porém, só ocorrerá quando o juiz pronunciar a necessária homologação. O ato, que se iniciou sob o regime de direito privado, culminará sua eficácia em juízo sob regência do direito processual. A própria sentença de mérito, cujo aperfeiçoamento e validade se regulam, de imediato, pela lei processual, pode se contaminar de vício que comprometa sua eficácia, quando, por violar regra de direito material, se torne passível de rescisão.

É nessa ordem de ideias que se pode reconhecer que, em determinados aspectos, os atos processuais tanto se submetem aos regramentos do direito público como aos do direito privado. Afinal, o processo é um instrumento público destinado a promover a realização da vontade concreta da lei, tanto quando aplica a lei civil como a de direito público.

331. Atos do processo e atos do procedimento

Como o processo pode ser encarado sob dois ângulos distintos – o do *processo* propriamente dito (relação jurídico-processual) e o do *procedimento* (rito ou forma do processo) –, também os atos processuais podem ocorrer no plano do processo e no plano apenas do procedimento.

O processo, enquanto relação jurídica tendente a alcançar um objetivo (a composição da lide), compõe-se de atos que buscam diretamente a consecução de seu fim. Entre os atos que dizem respeito especificamente ao *processo*, nesse sentido, pode-se citar os que provocam a instauração da relação processual, documentam os fatos alegados e solucionam afinal a lide, como a petição inicial, a citação, a contestação, a produção de provas e a sentença.

No plano meramente procedimental, há atos, das partes e dos órgãos jurisdicionais, que somente refletem sobre o rito, sem influir na relação processual e no encaminhamento do feito rumo à solução do litígio. É o que ocorre, por exemplo, quando as partes ajustam uma ampliação ou redução de prazo; quando dividem entre si um prazo comum de vista dos autos; quando se adia uma audiência por acordo das partes ou deliberação do juiz; quando se convenciona substituir um rito especial pelo ordinário; quando se prorroga a competência de um juiz por convenção ou ausência de declinatória de foro etc.

332. Classificação dos atos processuais

Não há, na doutrina, um consenso quanto à classificação dos atos processuais. Enquanto muitos preferem *critérios objetivos* (*i.e.*, que consideram o *objeto* do ato praticado), outros se orientam pela visão *subjetiva*, baseada no sujeito que tenha praticado o ato processual.

Classificação objetiva é, *v.g.*, a de Guasp, apontada por José Frederico Marques como a mais satisfatória, e que distribui os atos do processo segundo três momentos essenciais da relação jurídico-processual: o *nascimento*, o *desenvolvimento* e a *conclusão* do processo.

Dentro desse esquema, os atos processuais podem ser:

(a) *atos de iniciativa*: os que se destinam a instaurar a relação processual (a petição inicial);
(b) *atos de desenvolvimento*: os que movimentam o processo, compreendendo atos de *instrução* (provas e alegações) e de *ordenação* (impulso, direção, formação);

---

12 COUTURE, Eduardo J. *Fundamentos del Derecho Procesal Civil*. Buenos Aires: Depalma, 1974, n. 123, p. 201.

(c) *atos de conclusão*: atos decisórios do juiz ou dispositivos das partes, como a renúncia, a transação e a desistência.[13]

Chiovenda[14] e Lopes da Costa,[15] entre muitos outros, preferem, no entanto, a classificação *subjetiva*, que permite sejam os atos processuais agrupados em:

(a) *atos das partes*; e
(b) *atos dos órgãos jurisdicionais.*

Essa foi também a orientação dos Códigos anterior e atual, que mereceu aplausos de Moniz de Aragão, por ser a classificação subjetiva a mais singela e a que melhor atende às necessidades a esse respeito, seja do ponto de vista didático, seja do ponto de vista legislativo.[16]

O próprio Frederico Marques, apologista da classificação objetiva, reconhece que "a subjetiva é a mais empregada, talvez por atender melhor a critérios de ordem prática e às exigências didáticas".[17]

Para o atual Código, os atos processuais são divididos em:

(a) atos da parte (arts. 200 a 202);
(b) atos do juiz (arts. 203 a 205); e
(c) atos do escrivão ou do chefe de secretaria (arts. 206 a 211).

Não se pode deixar de consignar, todavia, que outras pessoas também praticam, ou podem praticar, atos jurídicos no curso do processo, como oficiais de justiça, depositários, peritos, testemunhas, leiloeiros, arrematantes etc., o que, sem dúvida, torna incompleta a classificação dos Códigos.

Entretanto, como bem esclarece José Frederico Marques, "para um estudo geral dos atos processuais é suficiente a divisão em atos do juiz e atos das partes", pois "os atos que os auxiliares do juízo e terceiros praticam no processo ainda não foram devidamente sistematizados. Os estudos a eles referentes ainda se limitam à exposição dos atos mais importantes individualmente, sem que ainda se tenha formulado algo definitivo no plano geral e abstrato dos princípios".[18]

333. Forma dos atos processuais

Forma é o conjunto de solenidades que se devem observar para que o ato jurídico seja plenamente eficaz.[19] É por meio da forma que a declaração de vontade adquire realidade e se torna ato jurídico processual.

---

13 GUASP, Jaime. *Comentarios a la Ley de Enjuiciamiento Civil*. Madri: Aguilar editor, 1943, v. I, p. 673-681, *apud* MARQUES, José Frederico. *Instituições de Direito Processual Civil*. Rio de Janeiro: Forense, 1958, v. II, n. 424, p. 310-313.

14 CHIOVENDA, Giuseppe. *Instituições de Direito Processual Civil*. 3. ed. São Paulo: Saraiva, 1969, v. III, n. 289, p. 16.

15 LOPES DA COSTA, Alfredo Araújo. *Direito Processual Civil Brasileiro*. 2. ed. Rio de Janeiro: Forense, 1959, v. II, n. 146, p. 110.

16 MONIZ DE ARAGÃO, Egas Dirceu. *Comentários ao Código de Processo Civil*. Rio de Janeiro: Forense, 1974, v. II, n. 5, p. 13.

17 MARQUES, José Frederico. *Instituições de Direito Processual Civil*. Rio de Janeiro: Forense, 1958, v. II, n. 424, p. 310.

18 MARQUES, José Frederico. *Instituições de Direito Processual Civil*. Rio de Janeiro: Forense, 1958, v. II, n. 425, p. 314.

19 BEVILÁQUA, Clóvis. *Teoria Geral do Direito Civil*. Rio de Janeiro: Francisco Alves, 1975, § 62, p. 242.

Quanto à forma, os atos jurídicos em geral costumam ser classificados em solenes ou não solenes. Solenes são aqueles para os quais a lei prevê uma determinada forma como condição de validade. E não solenes, os atos de forma livre, *i.e.*, que podem ser praticados independentemente de qualquer solenidade e que se provam por quaisquer dos meios de convencimento admitidos em direito.

Os atos processuais são solenes porque, via de regra, se subordinam à forma escrita, a termos adequados, a lugares e tempo expressamente previstos em lei.

> "Entre os leigos" – advertia Chiovenda – "abundam censuras às formas judiciais, sob a alegação de que as formas ensejam longas e inúteis querelas, e frequentemente a inobservância de uma forma pode acarretar a perda do direito; e ambicionam-se sistemas processuais simples e destituídos de formalidades. A experiência, todavia, tem demonstrado que as formas são necessárias no processo tanto ou mais que em qualquer relação jurídica; sua ausência carreia a desordem, a confusão e a incerteza".[20]

Realmente, a forma, nos atos jurídicos mais importantes, é sempre instituída para segurança das partes, e não por mero capricho do legislador. O que se pode, razoavelmente, condenar é o excesso de formas, as solenidades exageradas e imotivadas. A virtude está no meio-termo: a forma é valiosa e mesmo imprescindível na medida em que se faz necessária para garantir aos interessados o proveito a que a lei procurou visar com sua instituição. Por isso, as modernas legislações processuais não sacrificam a validade de atos por questões ligadas ao excessivo e intransigente rigor de forma, quando se relacionam com atos meramente instrumentais, como soem ser os do processo.

Sem se chegar ao extremismo da ausência de forma, que levaria ao caos e à inutilização do processo como meio hábil de composição dos litígios (pois é impossível conceber-se o processo desligado da *forma*), nosso Código faz, de maneira clara, prevalecer sobre a forma a substância e a finalidade do ato processual. Assim, o art. 188 dispõe que "os atos e os termos processuais independem de forma determinada, salvo quando a lei expressamente a exigir".[21] Mas, conforme o mesmo dispositivo legal, ainda quando houver exigência de determinada solenidade, considerar-se-ão válidos os atos que, realizados de outro modo, lhe preencham a finalidade essencial. Para o Código, portanto, as formas que prescrevem são relevantes, mas sua inobservância não é causa de nulidade, a não ser que dela tenha decorrido a não consecução da finalidade do ato.[22]

Quando, todavia, o texto legal cominar, expressamente, a pena de nulidade para a inobservância de determinada forma, como no caso das citações (art. 280), não incide a regra liberal do art. 188, de maneira que o ato não produzirá eficácia jurídica, ainda que a ciência da *in ius vocatio* tenha efetivamente chegado ao réu.

Sem embargo da ineficácia do ato solene praticado sem observância das formalidades necessárias, é possível supri-lo por outro que proporcione o efeito processual dele esperado (exemplo: o comparecimento espontâneo do réu ou do executado para se defender supre a falta ou nulidade da citação, nos termos do art. 239, § 1º).

---

20 CHIOVENDA, Giuseppe. *Instituições de Direito Processual Civil*. 3. ed. São Paulo: Saraiva, 1969, v. III, n. 285, p. 4.

21 Além da forma tradicional escrita, "os atos processuais podem ser total ou parcialmente digitais, de forma a permitir que sejam produzidos, comunicados, armazenados e validados por meio eletrônico, na forma da lei" (CPC/2015, art. 193).

22 MARQUES, José Frederico. *Manual de Direito Processual Civil*. Campinas: Bookseller, 1974, v. I, n. 259, p. 301.

A solenidade, em matéria de procedimento, está, em qualquer caso, sempre ligada à instrumentalidade do processo, de modo que somente quando não se atinge o fim visado pelo ato processual é que se deve reconhecer-lhe a invalidade. O interesse público no procedimento não está localizado na forma, mas no objetivo a ser processualmente assegurado (isonomia das partes, contraditório, ampla defesa etc.).[23]

É nesse sentido que se pode afirmar que o processo moderno está, cada vez mais, comprometido com a funcionalidade. Por seu intermédio, buscam-se efeitos predeterminados, de modo que os atos processuais se legitimam antes pelos resultados alcançados do que pelo rigor das formas procedimentais prescritas. Fala-se, portanto, que no atual sistema de prática e documentação dos atos do processo civil, prevalece o *princípio da instrumentalidade das formas processuais*.[24]

334. Publicidade

Um dos princípios fundamentais do processo moderno é o da publicidade de seus atos, que se acha consagrado, em nosso atual Código, pelos arts. 11 e 189 (Constituição Federal, art. 93, IX). São públicos os atos processuais no sentido de que as audiências se realizam a portas abertas, com acesso franqueado ao público, e a todos é dado conhecer os atos e termos que no processo se contêm, obtendo traslados e certidões a respeito deles.

Há, porém, casos em que, por interesse de ordem pública e pelo respeito que merecem as questões de foro íntimo, o Código reduz a publicidade dos atos processuais apenas às próprias partes. Verifica-se, então, o procedimento chamado "em segredo de justiça", no qual apenas as partes e respectivos procuradores têm pleno acesso aos atos e termos do processo.

Nesses procedimentos sigilosos, como dispõe o § 1º do art. 189, "o direito de consultar os autos de processo que tramite em segredo de justiça e de pedir certidões de seus atos é restrito às partes e aos seus procuradores". Porém, ainda, conforme o § 2º do art. 189, os terceiros podem, excepcionalmente, mediante demonstração de interesse no conteúdo do processo sob segredo de justiça, requerer certidão a respeito do dispositivo da sentença (nunca de sua fundamentação ou dos outros dados do processo), bem como de inventário e partilha resultante de divórcio ou separação dos cônjuges. O pedido será endereçado ao juiz, que o indeferirá, se o terceiro não demonstrar interesse jurídico na obtenção do documento.

Os feitos que se sujeitam às restrições do procedimento em segredo de Justiça, de acordo com o art. 189, *caput*, são:

(a) aqueles em que o exija o interesse público ou social (inciso I);

(b) os que versem sobre casamento, separação de corpos, divórcio, separação, união estável, filiação, alimentos e guarda de crianças e adolescentes (inciso II);

(c) aqueles em que constem dados protegidos pelo direito constitucional à intimidade (inciso III); e

---

23 "É necessário evitar, tanto quanto possível, que as formas sejam um embaraço à plena consecução do escopo do processo; é preciso impedir que a cega observância da forma sufoque a substância do direito" (LIEBMAN, Enrico Tullio. *Manual de direito processual civil*. 2. ed. trad. de Cândido Rangel Dinamarco. Rio de Janeiro: Forense, 1985, v. 1, p. 225).

24 "Os atos processuais, portanto, têm a sua forma prevista em lei, nada obstante a prática por outro modo que não lhe subtraia a finalidade legal é igualmente considerada válida no processo civil (arts. 188 e 277). É o que a doutrina chama de *sistema de instrumentalidade das formas processuais*" (g.n.) (MARINONI, Luiz Guilherme; ARENHART, Sérgio Cruz; MITIDIERO, Daniel. *Curso de processo civil*. 3. ed. São Paulo: RT, 2017, v. I, p. 116).

(*d*) os que versem sobre arbitragem, inclusive sobre cumprimento de carta arbitral, desde que a confidencialidade estipulada na arbitragem seja comprovada perante o juiz (inciso IV).

Em todos esses processos, as audiências realizam-se sem acesso público (art. 368), com a presença apenas do juiz e seus auxiliares, bem como das partes e seus advogados, e, ainda, do representante do Ministério Público, quando funcionar como *custos legis*.

335. Meios de expressão

O processo compõe-se de *atos jurídicos* que, obviamente, correspondem a declarações de vontade. Sua exteriorização se faz, necessariamente, pela linguagem, que tanto pode ser a *oral* como a *escrita*.

As petições das partes geralmente são escritas, mas há atos processuais orais como o pregão nas hastas públicas e as audiências de instrução e julgamento. Esses atos orais devem, no entanto, ser reduzidos a termo pelo escrivão, para sua documentação nos autos.

Para todo e qualquer ato do processo, há uma língua oficial e obrigatória, que é o português, nosso vernáculo (art. 192, *caput*).

Por isso, se se pretende juntar aos autos documento redigido em língua estrangeira, deverá a parte providenciar para que sua apresentação em juízo se faça acompanhada de versão para a língua portuguesa tramitada por via diplomática ou pela autoridade central ou firmada por tradutor juramentado (art. 192, parágrafo único).[25]

Se não existir tradutor oficial na sede do juízo, é admissível que a parte junte o documento estrangeiro, mediante requerimento de nomeação, pelo juiz, de tradutor ou intérprete *ad hoc* para fazer, nos autos, a versão devida (art. 162, I).

Há, também, necessidade de intérprete, para dar expressão em língua portuguesa, quando, nos atos orais das partes e testemunhas, estas não souberem se expressar na língua nacional, bem como quando houver necessidade de interpretação simultânea dos depoimentos das partes e testemunhas com deficiência auditiva, que se comuniquem por meio da Língua Brasileira de Sinais, ou equivalente (art. 162, II e III).

336. Os negócios jurídicos processuais

I – Noções gerais

O Código atual adotou a *teoria dos negócios jurídicos processuais*, por meio da qual se conferiu certa flexibilização procedimental ao processo, respeitados os princípios constitucionais, de sorte a que se consiga dar maior efetividade ao direito material discutido.[26] Assim é que disciplinou a possibilidade de mudança procedimental pelas partes no art. 190 e seu parágrafo único.

---

[25] O STJ decidiu que a existência de tradução do documento estrangeiro (CPC, art. 157) [CPC/2015, art. 192, parágrafo único], para servir de prova processual, se prende à compreensão de seu texto pelo juiz e pelas partes. Por isso, se a língua for o espanhol, e se o conteúdo for compreensível por simples leitura, não se deve recusar o documento pela falta de tradução para o português (STJ, 3ª T., REsp 924.992/PR, Rel. Min. Paulo de Tarso Sanseverino, ac. 19.05.2011, *DJe* 26.05.2011). Quanto à tradução e registro do documento estrangeiro no Cartório de Títulos e Documentos (Lei 6.015/1973, arts. 129, § 6º, e 148), o STJ decidiu que se trata de medida ligada à eficácia das obrigações objeto do documento, "notadamente perante terceiros", de sorte que a falta da providência não o invalida, para fins probatórios (STJ, 3ª T., REsp 924.992/PR, Rel. Min. Paulo de Tarso Sanseverino, ac. 19.05.2011, *DJe* 26.05.2011).

[26] MAZZEI, Rodrigo; CHAGAS, Bárbara Seccato Ruis. Breve diálogo entre os negócios jurídicos processuais e a arbitragem. *Revista de Processo*, n. 237, nov. 2014, p. 225. Segundo os autores, a ideia de negócios jurídicos processuais também pode ser vista em diversos pontos da arbitragem.

Parte da doutrina posicionou-se contrária ao negócio jurídico processual, sob o argumento de que afrontaria a segurança jurídica e o devido processo legal. Contudo, Leonardo Greco esclarece que a aceitação dessa figura representa admitir que as partes, "como destinatárias da prestação jurisdicional, têm também interesse em influir na atividade-meio e, em certas circunstâncias, estão mais habilitadas do que o próprio julgador a adotar decisões sobre os seus rumos e a ditar providências em harmonia com os objetivos publicísticos do processo, consistentes em assegurar a paz social e a própria manutenção da ordem pública".[27]

A ideia se coaduna com o princípio da cooperação, que está presente no Código atual, devendo nortear a conduta das partes e do próprio juiz, com o objetivo de, mediante esforço comum, solucionar o litígio, alcançando uma decisão justa.

A alteração convencional de alguns procedimentos, que a lei autoriza para ajustá-los às especificidades da causa, exige o preenchimento dos seguintes requisitos: *(i)* a causa deve versar sobre direitos que admitam autocomposição;[28] *(ii)* as partes devem ser plenamente capazes;[29] e *(iii)* a convenção deve limitar-se aos ônus, poderes, faculdades e deveres processuais das partes (art. 190, *caput*).[30] O ajuste pode ocorrer antes ou durante a marcha processual. Nada impede que o ajuste ocorra antes da existência de um conflito efetivo entre as partes, quando, por exemplo, ao pactuar um contrato, nele se inclui, preventivamente, cláusula acerca de ônus da prova ou determinadas medidas a serem obrigatoriamente tomadas antes da eventual levada da divergência à apreciação judicial. O que caracteriza o negócio jurídico processual autorizado pelo art. 190 do CPC não é o momento em que a convenção é ajustada, mas a sua destinação a produzir efeitos sobre uma relação jurídica processual, seja atual ou futura.[31]

É evidente que a possibilidade de as partes convencionarem sobre ônus, deveres e faculdades deve limitar-se aos seus poderes processuais, sobre os quais têm disponibilidade, jamais podendo atingir aqueles conferidos ao juiz.[32] Assim, não é dado às partes, por exemplo, vetar a iniciativa de prova do juiz, ou o controle dos pressupostos processuais e das condições da ação, e nem qualquer outra atribuição que envolva matéria de ordem pública inerente à função judicante.[33] Tampouco é de admitir-se que se afastem negocialmente os deveres

---

27 GRECO, Leonardo. Os atos de disposição processual: primeiras reflexões. In: MEDINA, José Miguel Garcia, *et al.* (coords). *Os poderes do juiz e o controle das decisões judiciais*: estudos em homenagem à Professora Teresa Arruda Alvim Wambier. São Paulo: RT, 2008, p. 290-291.

28 A *autocomposição* é mais ampla que a *indisponibilidade*, pois há direitos substancialmente indisponíveis como, por exemplo, o direito a alimentos que, genericamente, são irrenunciáveis, mas cujo exercício *in concreto* pode ser negociado e até omitido. Em casos dessa natureza o direito é indisponível, mas não o seu exercício, razão pela qual admitem negociação ou *autocomposição*. Entre outras causas, "as disposições previstas nos arts. 190 e 191 do CPC poderão ser aplicadas ao procedimento de recuperação judicial" (Enunciado 113/CEJ da II Jornada de Direito Processual Civil).

29 "Os entes despersonalizados podem celebrar negócios jurídicos processuais" (Enunciado 114/CEJ da II Jornada de Direito Processual Civil).

30 O negócio não pode versar senão sobre ônus, poderes, faculdades e deveres das próprias partes negociantes, não devendo, de forma alguma, invadir a área dos direitos e interesses de terceiros. Não se pode, por exemplo, impedir o recurso de terceiro prejudicado nem a intervenção do assistente litisconsorcial.

31 NOGUEIRA, Pedro Henrique. *Negócios jurídicos processuais*. Salvador: JusPodivm, 2016, p. 152; BUCHMAN, Adriana; LUIZ, Fernando de Lima. *Disclosure* via negócio processual: a criação voluntária de um pressuposto processual como forma de fomentar a resolução negocial de conflitos. *Revista dos Tribunais*, v. 1.033, p. 277, nov. 2021.

32 Pode-se estabelecer, entre outras, convenção diferente para ratear as despesas processuais, dispensar assistente técnico, eliminar efeito suspensivo da apelação, afastar a possibilidade de execução provisória, reduzir prazos processuais, regular o ônus da prova.

33 A propósito do tema, adverte Remo Caponi, ao ressaltar que a garantia constitucional do processo justo regulado pela lei não pode ser levada ao extremo e impedir uma equilibrada extensão da incidência da autonomia privada na conformação da sistemática processual, desde que ocorra "nos limites em que não

cuja inobservância represente litigância de má-fé.[34] Entre as hipóteses de útil aplicação do negócio jurídico processual, arrola-se o caso das intervenções atípicas de terceiro, como, por exemplo, a ampliação das hipóteses de assistência e da permissão para denunciação da lide, sucessiva e *per saltum*, que, embora não autorizadas pelo Código, podem ser negociadas entre as partes, maiores e capazes, quando litiguem sobre direitos disponíveis. Afinal, as restrições que nessa matéria existem decorrem da preocupação de não embaraçar o encaminhamento do processo para atingir a solução da demanda formulada pelo autor. Se este, no entanto, negocia livremente com o réu, permitindo que outros sujeitos venham a participar do debate e dos efeitos da prestação jurisdicional, não há razão para impedir essa ampliação subjetiva e objetiva do processo.[35]

A par desses requisitos legais, Leonardo Greco afirma ser essencial que se respeite a paridade de armas, para que haja um equilíbrio entre as partes, e que se observem os princípios e garantias fundamentais do processo.[36]

O juiz, no exercício de sua função de gerenciar o processo, deve, de ofício ou a requerimento, controlar a validade dessas convenções, recusando-lhes aplicação somente nos casos de nulidade ou inserção abusiva em contrato de adesão ou no qual qualquer parte se encontre em manifesta situação de vulnerabilidade (art. 190, parágrafo único). Entre essas situações a ponderar, ocorre a negociação realizada previamente ao processo, quando uma das partes não esteja assessorada por advogado.

Em regra, contudo, o negócio jurídico processual, sendo fruto da autonomia da vontade das partes, não se sujeita a um juízo de conveniência pelo juiz.[37] Limita-se este a um exame de validade do acordo, justificado pela sua vinculação à eficácia do negócio praticado pelas partes. A avaliação judicial se dá depois de consumado o negócio processual, não se apresentando como requisito de seu aperfeiçoamento, mas tão somente de verificação de sua legalidade.[38] Não há necessidade de homologação judicial, salvo em casos excepcionais previstos em lei, como na

---

obste a eficiência do processo quanto ao escopo da justa composição da controvérsia" (CAPONI, Remo. Accordi di parte e processo. In: *Quaderni della Rivista Trimestrale di diritto e procedura civile,* n. 11, Milano: Giuffrè Editore, 2008, p. 117).

[34] "O objeto do negócio processual será considerado lícito se respeitar as garantias fundamentais do processo, descritas tanto no texto da Carta Magna, quanto no próprio *Codex* processual civil" (GAIO JÚNIOR, Antônio Pereira; GOMES, Júlio César dos Santos; FAIRBANCKS, Alexandre de Serpa Pinto. Negócios jurídicos processuais e as bases para a sua consolidação no CPC/2015. *Revista de Processo*, São Paulo, v. 267, p. 69, maio/2017)."A modificação do procedimento convencionada entre as partes por meio do negócio jurídico sujeita-se a limites, dentre os quais ressai o requisito negativo de não dispor sobre a situação jurídica do magistrado. As funções desempenhadas pelo juiz no processo são inerentes ao exercício da jurisdição e à garantia do devido processo legal, sendo vedado às partes sobre elas dispor" (STJ, 4ª T., REsp 1.810.444/SP, Rel. Min. Luis Felipe Salomão, ac. 23.02.2021, *DJe* 28.04.2021).

[35] CUNHA, Leonardo Carneiro da. A assistência no projeto do novo CPC brasileiro. In: AURELLI, Arlete Inês *et al.* (coords.). *O direito de estar em juízo e a coisa julgada*: estudos em homenagem a Thereza Alvim. São Paulo: RT, 2014, p. 530-531; SANTOS, Marina França. Intervenção de terceiro negociada: possibilidade aberta pelo novo Código de Processo Civil. *Revista de Processo*, n. 241, p. 95-108, mar. 2015.

[36] GRECO, Leonardo. Os atos de disposição processual: primeiras reflexões. In: MEDINA, José Miguel Garcia, *et al.* (coords). *Os poderes do juiz e o controle das decisões judiciais*: estudos em homenagem à Professora Teresa Arruda Alvim Wambier. São Paulo: RT, 2008, p. 290-291.

[37] DINAMARCO, Cândido Rangel. *Instituições de direito processual civil*. 6. ed. São Paulo: Malheiros, 2009, p. 500.

[38] CABRAL, Antonio do Passo. *Nulidades do processo moderno: contraditório, proteção da confiança e validade prima facie dos atos processuais*. 2. ed. Rio de Janeiro: Forense, 2010, p. 132 ss.

suspensão convencionada do processo. Válido o acordo, seus efeitos manifestam-se desde o momento de sua pactuação.[39-40]

O negócio processual pode ser prévio ou incidental, isto é, pode ocorrer antes do ajuizamento da causa (em caráter preparatório, portanto), como ocorre na convenção arbitral ou na pactuação do foro de eleição, ou acontecer como incidente de um processo já em curso, como nos casos de acordo sobre suspensão do processo ou alteração de prazos. Uma exigência, todavia, há de ser observada, principalmente nos acordos pré-processuais: além de ser lícito, é necessário que o acordo seja *preciso* e *determinado*. Vale dizer: deve versar sobre uma *situação jurídica individualizada e concreta*, de sorte que não são válidas as convenções genéricas, como as que preveem o juízo arbitral ou o foro de eleição, sem identificar com precisão e clareza os casos sobre os quais os efeitos do negócio processual incidirão[41].

II – Limites da negociabilidade procedimental

É claro que, quando a lei prevê um controle judicial de validade do negócio jurídico processual, pressupõe que a modificação de procedimento convencionada entre as partes se sujeita a limites, dentre os quais ressai "o requisito negativo de não dispor sobre a situação jurídica do magistrado"[42]. Isto é, o juiz tem funções no processo que são inerentes ao exercício da jurisdição e à garantia do devido processo legal, sobre as quais, é óbvio, as partes não exercem o poder de dispor.

Quando se acham em jogo faculdades e interesses exclusivos das partes, o juiz não interfere no mérito do negócio processual, a não ser para verificar sua legalidade extrínseca. Se, porém, de alguma forma a convenção importar restrição ou condicionamento à situação jurídica do juiz, como se passa no saneamento consensual das cláusulas complexas (art. 357, § 3º) e no estabelecimento do calendário processual (art. 191), é intuitivo que o negócio só se aperfeiçoará validamente se a ele aquiescer o próprio juiz. Nessas e noutras hipóteses, tipificadas em lei, o juiz atua como sujeito negociante ao lado das partes, e não como simples homologador do acordo.

Podem-se distinguir pelo menos três modalidades de participação do juiz no negócio jurídico processual:

a) aquelas em que o negócio produz sua plena eficácia por força da própria convenção entre os litigantes, sem depender de qualquer autorização judicial, como se dá na eleição de foro ou na renúncia ao direito de recorrer;

---

39 GRECO, Leonardo. Os atos de disposição processual: primeiras reflexões. In: MEDINA, José Miguel Garcia, *et al.* (coords). *Os poderes do juiz e o controle das decisões judiciais*: estudos em homenagem à Professora Teresa Arruda Alvim Wambier. São Paulo: RT, 2008, p. 290.

40 "O negócio jurídico processual somente se submeterá à homologação judicial quando expressamente exigido em norma jurídica, admitindo-se, em todo caso, o controle de validade da convenção" (Enunciado 115/CEJ da II Jornada de Direito Processual Civil).

41 O STF já indeferiu homologação à sentença arbitral estrangeira a pretexto de que a cláusula se achava mal redigida, com conteúdo *impreciso* (STF, Pleno, SEC 6.753/UK, Rel. Min. Maurício Corrêa, ac. 13.06.2002, *DJU* 04/10/2002, p. 96). "Se observadas precisão e determinabilidade, o acordo será válido. *A contrario sensu*, cláusulas genéricas, que não precisem e delimitem o objeto do acordo, devem ser reputadas nulas" (CABRAL, Antonio do Passo. *Convenções processuais. Entre publicismo e privatismo.* Tese de livre docência. São Paulo: USP, 2015, p. 70).

42 AVELINO, Murilo Teixeira. A posição do magistrado em face dos negócios jurídicos processuais. *Revista de Processo,* v. 246, p. 232-233, ago./2015.

b) aquelas em que o ato independe de autorização ou aprovação judicial, mas só produz eficácia no processo depois de homologado pelo juiz (*v.g.*, desistência da ação em curso);

c) aquelas, enfim, em que o próprio negócio processual só se aperfeiçoa com a participação do juiz na sua formulação, como ocorre no saneamento consensual (art. 357, §§ 2º e 3º) e no estabelecimento do calendário processual (art. 191, *caput*).

No caso de negócio processual, que reclame a participação do juiz, é possível que a homologação seja apenas parcial. Mas, em tal hipótese, essa redução do objeto do negócio, não acontecerá senão após consulta às partes (CPC, art. 10).[43] Deve-se respeitar o contraditório, se o negócio vai ser invalidado ou alterado judicialmente (arts. 9º e 10).

III – O controle judicial em torno dos limites do negócio processual

Há negócios processuais tradicionalmente previstos e disciplinados por lei. Para estes – que a doutrina apelida de negócios processuais *típicos* –, os parâmetros de legitimidade controláveis pelo juiz são traçados pelas próprias disposições legais que os regulam (*v.g.*: foro de eleição; convenção sobre ônus da prova; suspensão convencional do processo etc.).

O problema é mais complexo quando se depara com o negócio processual *atípico*, introduzido em nosso direito processual civil pelo art. 190 do CPC de 2015, com dimensões de cláusula geral, e cuja pactuação se funda em ampla liberdade negocial reconhecida às partes para estipularem mudanças no procedimento e nos ônus, poderes, faculdades e deveres processuais.

Antonio do Passo Cabral aponta para os seguintes critérios úteis à definição da liberdade de negociação processual:

a) Limites constitucionais da liberdade de praticar o negócio jurídico processual

Releva notar que o devido processo legal compreende uma série de garantias enquadradas entre os direitos fundamentais tutelados pela Constituição. São eles assegurados por cláusulas pétreas, insuscetíveis de alteração por lei ordinária e preservados até mesmo contra emendas supervenientes praticadas pelo legislador constitucional derivado (CF, art. 60, § 4º, IV).

Urge, portanto, manter intocável o *núcleo essencial* dos direitos e das garantias fundamentais. O *núcleo* e o *conteúdo mínimo* das garantias constitucionais do processo haverão de ser protegidos quando os sujeitos processuais deliberarem negociar sobre o procedimento legal. A não ser assim, "a previsão constitucional poderia ser aniquilada por outras fontes normativas como a lei e o contrato".[44]

Nessa etapa, o controle judicial apreciará as garantias constitucionais do processo, que poderão ser afetadas pelo negócio processual, e, pelo critério da proporcionalidade, verificará qual delas tem maior e mais adequada incidência no caso concreto. Identificada a garantia pertinente, o exame judicial consistirá em apurar se o ajuste das partes não está aniquilando ou anulando totalmente a garantia constitucional. Nesse sentido, "seria impensável uma disposição ou renúncia *absoluta* e *incondicional* às garantias fundamentais do processo".[45] Parte-se do princípio de que os direitos fundamentais processuais nunca poderão ser *totalmente abandonados*. Ainda que se reconheça a possibilidade de negociação sobre o procedimento e os

---

[43] "O juiz pode homologar parcialmente a delimitação consensual das questões de fato e de direito, após consulta às partes, na forma do art. 10 do CPC" (Enunciado 127/CEJ da II Jornada de Direito Processual Civil).

[44] CABRAL, Antonio do Passo. *Convenções processuais*. Salvador: JusPodivm, 2016, p. 336.

[45] CABRAL, Antonio do Passo. *Convenções processuais*. Salvador: JusPodivm, 2016, p. 336.

direitos e deveres processuais, tudo haverá de ser feito de maneira compatível com as garantias constitucionais do devido processo legal. Princípios fundamentais como acesso à justiça, boa-fé e contraditório, entre outros, terão sempre de ser respeitados, como garantias mínimas do processo justo previsto constitucionalmente.

Nessa perspectiva, serão inválidas e inadmissíveis as convenções que subverterem o sistema da tutela jurisdicional, impedindo, por exemplo, a função básica do processo de atuar e proteger o direito substancial. Pense-se, nesta perspectiva, na imposição de diligências preparatórias do ingresso em juízo cujo custo exorbitante em face do bem jurídico disputado se transforme em verdadeiro obstáculo à garantia de *acesso à justiça*; ou nas prorrogações de prazos excessivamente longas ou indefinidas, a ponto de violar a garantia da *duração razoável do processo*; ou, ainda, na exigência prévia de mediação ou conciliação que protelem por tempo ilimitado o ajuizamento da causa, os quais podem se transformar em anulação da garantia de *acesso à justiça*; e mesmo quando submetido a termo fixo, o prazo convencional torna-se ilícito, por exemplo, quando obsta o ingresso em juízo por tempo capaz de submeter a pretensão da parte aos efeitos da prescrição e da decadência. Pense-se, também, na injustiça e ilegalidade da convenção que modifique o ônus da prova, a ponto de impor *prova diabólica* a uma das partes, anulando a garantia constitucional de *ampla defesa*.

Claro que em todas essas hipóteses aventadas, e em todas as demais que a elas se assemelhem, o juiz controlará a validade da convenção, impedindo que o procedimento seja subvertido em detrimento das garantias mínimas do *devido processo legal*.[46] Aliás, é óbvio que a liberdade negocial conferida às partes de forma alguma pode ignorar ou ultrapassar as garantias fundamentais dispensadas pela Constituição ao processo. Embora concebidas para aplicação direta sobre a relação travada entre as partes e o juiz, refletem, também e necessariamente sobre os negócios praticados entre os particulares entre si, em nome da autonomia privada.[47]

b) Limites deduzidos dos negócios típicos

Quando existir negócio processual típico (*i.e.*, negócio processual previsto em lei), e as partes convencionarem sobre matéria correlata, o intérprete deverá fazer um cotejo do negócio atípico com o típico. É que, se o legislador traçou regras para um acordo legalmente tipificado, os seus parâmetros podem, às vezes, criar barreiras à liberdade negocial. As partes não estão impedidas de negociar sobre matéria processual em torno da qual exista disciplina legislada, desde que o façam de modo a não violar aquilo que já se encontre normatizado no direito positivo.

Sempre, portanto, que um negócio atípico puder ser enquadrado em um grupo de convenções que inclua um "negócio tipicamente legislado, atrairá a sistemática do acordo típico".[48]

---

46 "As cláusulas do negócio devem ser estabelecidas com o máximo equilíbrio e respeito à ordem constitucional, sob pena de sofrer o devido crivo de negação da autoridade julgadora no que diz respeito à sua *validade, executoriedade e eficácia processual*" (g.n.) (GAIO JÚNIOR, Antônio Pereira; GOMES, Júlio César dos Santos; FAIRBANCKS, Alexandre de Serpa Pinto. Negócios jurídicos processuais e as bases para a sua consolidação no CPC/2015. *Revista de Processo*, São Paulo, v. 267, p. 69, maio 2017).

47 "Atualmente a ideia de que normas de direitos fundamentais produzem efeitos na relação cidadão/cidadão e, nesse sentido, têm um efeito perante terceiros, ou efeito horizontal, é amplamente aceita" (ALEXY, Robert. *Teoria dos direitos fundamentais*. 2. ed. 5. tir. Trad. Virgílio Afonso da Silva. São Paulo: Malheiros, 2017, p. 528).

48 CABRAL, Antonio do Passo. *Convenções processuais*. Salvador: JusPodivm, 2016, p. 334. Para o autor, "mesmo em se tratando de aplicação da cláusula geral de negociação do art. 190 do CPC, não se pode esquecer ou ignorar os demais acordos típicos. Deve haver, no sistema, algum diálogo entre o típico e o atípico. Assim como os parâmetros gerais de controle do art. 190, parágrafo único, podem ser utilizados para qualquer acordo processual (não apenas para os atípicos, como erroneamente se tem defendido), o raciocínio tipológico pode ser útil para o controle das convenções atípicas à luz da formação e descrição de modelos típicos" (CABRAL, Antonio do Passo. *Convenções processuais*. Salvador: JusPodivm, 2016, p. 333-334).

É, por exemplo, o que se passa com a eleição de foro, a qual tem os limites de admissibilidade expressamente traçados pelos arts. 62 e 63, § 1º, do CPC. Convencionada sobre competência *ratione materiae*, ou em relação a ação que não diga respeito a direitos e obrigações, ou que ajustada de forma genérica, não aludindo expressamente a determinado negócio jurídico, inválida será a convenção processual.

c) Presença do Ministério Público

O fato de tratar-se de processo que corre com a intervenção do Ministério Público não representa impedimento a que as partes pratiquem negócio jurídico processual, dentro dos limites traçados pelo art. 190 e respectivo parágrafo.[49]

IV – Convenção sobre provas

Entre os campos em que a autonomia privada é reconhecida pela lei processual, figura o da instrução probatória: a distribuição do ônus da prova de maneira diversa da previsão legal "pode ocorrer por convenção das partes", conforme dispõe o § 3º do art. 373 do CPC, para as causas que versem sobre direitos disponíveis.

A circunstância de deter o juiz a iniciativa probatória (art. 370) não inibe as partes de definirem as provas utilizáveis no processo, dentro do permissivo do negócio jurídico, que pode envolver ônus, poderes, deveres e faculdades processuais, segundo o art. 190 do CPC. Se a parte pode renunciar ou desistir do processo e até do direito material em disputa, é natural que isto também se dê com relação a algum meio de prová-lo e defendê-lo em juízo. Se assim é, onde a lei abre oportunidade à atuação da autonomia privada, deve cessar, por incompatibilidade, a iniciativa probatória do juiz. A força normativa do negócio se impõe, quando seu objeto se relaciona com direito patrimonial disponível e a lei não lhe impõe barreira limitativa explícita, nem confere ao juiz um protagonismo superior aos poderes e faculdades das partes. Adverte Nelson Nery, a propósito, que "no estado democrático de direito não se pode defender a ideologia *in dubio pro autoritate*. Havendo dúvida, deve ser homologado o negócio jurídico processual porque *in dubio pro libertate*".[50]

Seja perante a convenção arbitral, seja diante do negócio jurídico processual, o julgador se vê vinculado ao procedimento convencionado validamente pelas partes, inclusive quanto às regras ajustadas para a instrução probatória, em razão da legítima expectativa depositada na força normativa que se lhes atribui.[51] Por isso, a limitação dos poderes instrutórios, quando imposta ao árbitro ou ao juiz, nos termos de negócio jurídico processual legítimo, representa a concretização da proteção da confiança, decorrente da aplicação da boa-fé objetiva processual (art. 5º do CPC), pois, desde o início, indica-se o norte da atividade jurisdicional desencade-

[49] "A intervenção do Ministério Público como fiscal da ordem jurídica não inviabiliza a celebração de negócios jurídicos" (Enunciado 112/CEJ da II Jornada de Direito Processual Civil).

[50] NERY JR., Nelson; NERY, Rosa Maria de Andrade. *Código de Processo Civil comentado*. 16. ed. São Paulo: RT, 2016, p. 761.

[51] "Além disso, um argumento forte e decisivo para amparar a tese aqui sustentada é o de que se as partes podem transigir no plano material e até mesmo renunciarem a posições jurídicas de vantagem, desistirem da oitiva de uma testemunha ou da realização da prova pericial, por exemplo, o sistema seria irracional se entendesse que as partes não poderiam voluntariamente transigir sobre as regras do procedimento, inclusive no tocante à restrição da prova submetida ao órgão julgador, afinal, quem pode o mais pode o menos. Uma vez que é inquestionável a admissibilidade da desistência da ação ou da renúncia ao direito, mostra-se de todo razoável também a renúncia ao meio de prova que as partes consideram desnecessário, pelo custo, tempo ou outro fator que seja por elas considerado relevante no caso concreto" (NUNES, Gustavo Henrique Schneider. A convenção arbitral como limite aos poderes instrutórios do árbitro. *Revista dos Tribunais*, v. 1.030, p. 308, ago. 2021).

ada sob o crivo da liberdade negocial, com o objetivo de evitar surpresas e de impulsionar o aumento da previsibilidade.[52]

V – Negócios processuais típicos e atípicos

Negócios jurídicos processuais *típicos* são aqueles cuja admissibilidade conste de previsão legal, na qual se enumeram requisitos, objetivo e o modo com que as partes podem convencionar sobre temas específicos de natureza processual.

Dentro do próprio CPC podem ser identificados numerosos casos de negócios jurídicos processuais típicos, tais como: *(a)* o calendário processual previsto no art. 191; *(b)* a convenção sobre os prazos peremptórios, conforme se subentende do teor do art. 222, § 1º; *(c)* o acordo sobre o saneamento do processo, previsto no art. 357, § 2º; *(d)* a renúncia ao direito de recorrer, disciplinada no art. 999; *(e)* a eleição de foro estabelecido em razão do valor ou do território, prevista no art. 63; *(f)* a escolha do perito pelas partes, nos moldes do art. 471; *(g)* a convenção sobre suspensão do processo, nos termos dos arts. 313, II, e 922; *(h)* a desistência da ação, a teor dos arts. 485, § 4º, e 200, parágrafo único; *(i)* o reconhecimento da procedência do pedido ou a transação previstos no art. 487, III, *a* e *b*; *(j)* a renúncia ao direito no qual se funda a ação (art. 487, III, *c*); *(k)* o adiamento da audiência por convenção das partes (art. 362, I); *(l)* a convenção sobre as alegações orais (art. 364, § 1º); *(m)* o acordo sobre a alteração do pedido ou a causa de pedir (art. 329, II); *(n)* a suspensão da execução, durante prazo ajustado para que o executado cumpra voluntariamente a obrigação (art. 922); *(o)* a convenção sobre o ônus da prova (art. 373, § 3º).[53]

Negócios *atípicos*, por sua vez, são aqueles que não foram previstos pela lei, e que se originam da autonomia negocial reconhecida às partes pelo art. 190 do CPC, podendo ser exercitada em torno de mudanças no procedimento e de convenções ajustadas entre as partes sobre os seus ônus, poderes, faculdades e deveres processuais.

O CPC atual, portanto, abre, por meio de uma cláusula geral, o ensejo a que as partes promovam, nos limites do art. 190, "o autorregramento de suas situações processuais", de modo "a permitir maior valorização da vontade dos sujeitos processuais" no âmbito de um processo democrático e cooperativo. Assim, os negócios processuais atípicos "despontam como mais uma medida de flexibilização e de adaptação procedimental, adequando o processo à realidade do caso submetido à análise judicial".[54]

As possibilidades de negociações das figuras negociais fora do elenco do direito processual positivo são variadíssimas. O meio empresarial, por exemplo, é fértil na criação convencional de cláusulas contratuais atípicas para a eventualidade de surgirem conflitos ou divergências a respeito da execução de determinado contrato. É o caso do estabelecimento da obrigação de não ingressar em juízo sem antes submeter a divergência a um comitê de solução de controvérsias instituído pelos próprios contratantes, ou a um procedimento de mediação extrajudicial perante órgão especializado na busca de composição consensual de conflitos. Enfim, muitas variações da cláusula de *non petendo* são praticáveis pela via dos negócios jurídicos processuais atípicos.

---

52 Cf. THEODORO JÚNIOR, Humberto; NUNES, Dierle; BAHIA, Alexandre Melo Franco; PEDRON, Flávio Quinaud. *Novo CPC*: fundamentos e sistemática. Rio de Janeiro: Forense, 2015, p. 203.

53 Cf. SOARES, Eliel Soeiro; LEMOS, Vinícius Silva. Negócios jurídicos processuais atípicos. *Revista Síntese – Direito Civil e Processual Civil*, v. 134, p. 90, nov.-dez. 2021.

54 CUNHA, Leonardo Carneiro da. *Negócios jurídicos processuais no processo civil brasileiro. Apud* SOARES, Eliel Soeiro; LEMOS, Vinícius Silva. Negócios jurídicos processuais atípicos. *Revista Síntese – Direito Civil e Processual Civil*, v. 134, p. 91, nov.-dez. 2021.

VI – A disclosure *como objeto de negócio jurídico processual*

Um outro exemplo de negócio processual atípico é o que se pratica largamente no direito anglo-americano sob a denominação de *disclosure*, que consiste na inclusão em determinado contrato de uma cláusula que condicione a eventual demanda entre os contratantes à exibição de certos documentos. Com isso, pode-se evitar a propositura da ação e facilitar a solução negocial ou consensual. A cláusula de *disclosure* tem sido vista como praticável no Brasil, no âmbito do negócio jurídico disciplinado pelo art. 190 do CPC.[55]

A *disclosure*, dessa forma, se enquadraria na norma fundamental que impõe sejam estimulados os métodos de solução consensual de conflitos por juízes, advogados, defensores públicos e membros do Ministério Público (CPC, art. 3º, § 3º). Guardaria, ainda, analogia com a "exibição de documento ou coisa", prevista nos arts. 396 a 404 do CPC, e mais proximamente com a "produção antecipada de prova", cuja função, entre outras, é "evitar o ajuizamento de ação" ou "viabilizar a autocomposição ou outro meio adequado de solução de conflito" (art. 381, II e III). Com a *disclosure* prevista em cláusula contratual, as partes, dentro da autonomia negocial, estariam, na verdade, se vinculando, por antecipação, aos deveres processuais exibitórios previstos expressamente em nosso CPC.

VII – O negócio processual e o direito público

A autocomposição não é restrita ao direito privado, de modo que, nos casos em que se revele compatível com o exercício de faculdades, direitos e deveres de entes públicos praticáveis em processos que envolvam controvérsias no plano do direito público, perfeitamente possível será o negócio jurídico autorizado pelo art. 190 do CPC.

É de se lembrar que a possibilidade de a Fazenda Pública submeter-se à arbitragem é expressamente prevista na Lei 9.307/1996. Logo, se assim é, em relação à convenção arbitral, não há razão para impedi-la de praticar negócios jurídicos em geral.[56] Aliás, no âmbito da União e em relação ao direito tributário, a Procuradoria-Geral da Fazenda Nacional tem editado frequentemente Portarias disciplinadoras de negócios da espécie, tanto típicos como atípicos (Exemplos: Portarias nºs: 502/2016, 985/2016, 33/2018, 360/2018 e 742/2018).

Da mesma forma, o Ministério Público, como *custos legis* ou como parte, pode participar de negócio jurídico processual,[57] conforme reconhece a Resolução do Conselho Nacional do Ministério Público 118/2014.[58]

Naturalmente, a validade da convenção processual, na espécie, estará condicionada à inocorrência de prejuízo à tutela processual e substancial do direito protegido pela atividade do Ministério Público.[59]

VIII – O pactum de non petendo *como negócio processual*

Pelo *pactum de non petendo*, figura antiquíssima que remonta ao direito romano, ajusta-se negocialmente o compromisso de não demandar em juízo acerca de determinada relação

---

55 BUCHMAN, Adriana; LUIZ, Fernando de Lima. *Disclosure* via negócio processual: a criação voluntária de um pressuposto processual como forma de fomentar a resolução negocial de conflitos. *Revista dos Tribunais*, v. 1.033, p. 285-286, nov. 2021.

56 "A Fazenda Pública pode celebrar convenção processual, nos termos do art. 190 do CPC" (Enunciado 17 do IJDPC do CEJ).

57 DIDIER JR., Fredie. *Curso de direito processual civil*. 21. ed. Salvador: JusPodivm, 2019, v. I, p. 453-454; MEDINA, José Miguel Garcia; CASAROTTO, Moisés. Novo Código de Processo Civil e negócios jurídicos processuais no âmbito do Ministério Público. *Revista dos Tribunais*, v. 988, p. 233-250, fev./2018.

58 Res. 118/2014 do CNMP, arts. 1º, parágrafo. único; 6º, IV e V, 15, 16 e 17.

59 REDONDO, Bruno Garcia. *Negócios jurídicos processuais atípicos no direito processual civil brasileiro: existência, validade e eficácia* (tese de doutorado). São Paulo: PUC-SP, 2019, p. 176-177.

jurídica, durante certo tempo ou perpetuamente.[60] Trata-se, pois, de espécie de negócio processual, sem dúvida.

Entretanto, é bom esclarecer, desde logo, que o pacto de não demandar não se confunde com o pacto remissório. Enquanto este acarreta, gratuitamente, a extinção do direito material do credor (CC, art. 385),[61] o primeiro apenas suspende ou elimina a pretensão, entendida esta como o poder de exigir a prestação (*i.e.*, a ação no sentido material), podendo o *pactum de non petendo* ser ajustado tanto de forma gratuita como onerosa.[62]

Tal como se passa com a prescrição, o pacto de não demandar não acarreta extinção do direito subjetivo material, apenas suspende a respectiva exigibilidade, de modo que o pagamento voluntário, após tal avença, não é ato nulo, nem autoriza repetição de indébito. De acordo com o art. 882 do Código Civil, "não se pode repetir o que se pagou para solver dívida prescrita, ou cumprir *obrigação judicialmente inexigível*" (g.n.). Explica Frederico Távora:

> "A segunda hipótese [do art. 882] é exatamente o caso do *pactum de non petendo*, obrigação sobre a qual recai o pacto é judicialmente inexigível, mas o seu pagamento é irrepetível por força do dispositivo acima transcrito. O pagamento não é indevido: o credor terá recebido aquilo que fazia jus, conquanto não tivesse o poder de exigi-lo".[63]

Vê-se, pois, que o pacto referido reflete tanto no plano de direito material como no de direito processual, impedindo o exercício de pretensões, entre os contratantes, em juízo ou fora dele.

Há quem considere tal pacto incompatível com a garantia constitucional da inafastabilidade do acesso ao Poder Judiciário (CF, art. 5º, XXXV).[64] De fato, a lei não pode limitar o acesso ao Judiciário, mas isso não significa que o jurisdicionado não pode abrir mão do seu direito de ação. Ao contrário, ninguém (nem mesmo a lei) pode coagir alguém a litigar em juízo,[65] dado o caráter disponível do direito de ação. É o que ensina Arruda Alvim:

> "Lei infraconstitucional não pode obstar o acesso à Justiça, mas o particular, dentro do âmbito de sua esfera e no exercício legítimo de sua autonomia privada, pode legitimamente assim pactuar".[66]

---

60 MOREIRA ALVES, José Carlos. *Direito romano*. 2. ed. Rio de Janeiro: Forense, 1972, v. II, n. 222-III, p. 111.

61 "A remissão da dívida, aceita pelo devedor, extingue a obrigação, mas sem prejuízo de terceiro" (CC, art. 385).

62 A transação entre os litigantes, por exemplo, pode instituir um parcelamento da dívida demandada em juízo, acarretando a suspensão do processo pelo prazo necessário ao cumprimento voluntário do acordo (CPC, art. 922, *caput*). Assim, temporariamente, o credor ficará inibido de continuar exercitando o direito de dar curso ao processo contra o devedor (CPC, art. 314). Em tal hipótese, "findo o prazo sem cumprimento da obrigação, o processo retomará o seu curso" (CPC, art. 922, parágrafo único). Cumprido o pactuado, extinguir-se-ão o processo, a pretensão, a ação e a própria obrigação, pela força natural do pagamento (CC, art. 304).

63 TÁVORA FILHO, Frederico Soares. A viabilidade do *pactum de non petendo* no ordenamento jurídico brasileiro. *Revista de Processo*, São Paulo, v. 342, p. 27, ago. 2023. Cf., também, BARBOSA MOREIRA, José Carlos. Notas sobre pretensão e a prescrição no sistema do novo Código Civil. *Revista Trimestral de Direito Civil*, Rio de Janeiro, v. 3, n. 11, p. 67-78, jul.-set. 2002.

64 TUCCI, José Rogério Cruz e. *Código de Processo Civil anotado*. São Paulo: AASP, 2019, p. 5.

65 TÁVORA FILHO, Frederico Soares. A viabilidade do *pactum de non petendo* no ordenamento jurídico brasileiro. *Revista de Processo*, São Paulo, v. 342, p. 45, ago. 2023.

66 ARRUDA ALVIM NETTO, José Manoel de. Indenização por ato ilícito e *pactum de non petendo*. *Soluções práticas de Direito* – Pareceres – Direito privado. São Paulo: Ed. RT, 2011, v. 2, p. 4. Também para Cabral, o *pactum de non petendo* não fere a inafastabilidade do controle jurisdicional, pois significa uma "autorres-

Quando a ordem jurídica convive com direitos disponíveis a critério do titular, ela o faz como tutora da autonomia da vontade retratada na garantia fundamental da liberdade, um dos alicerces dos direitos do homem. O direito de acesso à justiça instrumentalizado pelo direito de ação, embora fundamental, é genuinamente um direito disponível. Daí por que, considerando a lei processual a propositura de uma ação como ato livre, não há empecilho a que, através de negócio jurídico, as partes excluam a possibilidade de demandar em juízo a seu respeito.[67]

Em suma: segundo doutrina majoritária, tal qual a convenção arbitral, o *pactum de non petendo* é negócio lícito e constitucional, enquadrável na categoria de negócio processual autorizado pelo art. 190 do CPC, desde que, é claro, verse em torno de direitos materiais que admitam autocomposição e se relacionem a partes plenamente capazes, como exige a lei.[68]

IX – Negócios processuais e precedentes vinculantes

Em princípio, a obrigatoriedade legal de o juiz observar os precedentes vinculantes (CPC, art. 927; CF, art. 103-A) impede que as partes, pura e simplesmente, afastem, por meio de negócio processual, a aplicabilidade desses precedentes no julgamento da causa. É que integram eles o ordenamento jurídico, como fonte do direito, tal qual a própria lei. Por isso, não podem as partes afastar sua incidência negocialmente, porquanto estariam dispondo de poderes e deveres de terceiro, isto é, do juiz. Sem falar que estariam violando o princípio básico da legalidade que, reconhecidamente, domina a composição dos litígios, segundo a garantia do devido processo legal.

No entanto, há situações excepcionais, no âmbito do processo civil, como a do saneamento processual consensual, em que os litigantes, em cooperação com o juiz, podem "delimitar as questões de fato sobre as quais recairá a atividade probatória, especificando os meios de prova admitidos" (CPC, art. 357, II); e até mesmo se permite, no referido momento processual, a delimitação das "questões de direito relevantes para a decisão do mérito" (art. 357, IV). Nesse terreno, mesmo normas de ordem pública explicitadas em precedentes vinculantes podem ser

---

trição voluntária, que os próprios titulares do direito ao acesso à justiça se impõem, em nome de outros objetivos negociais" (CABRAL, Antonio do Passo. *Pactum de non petendo*: a promessa de não processar no direito brasileiro. *Revista de Processo*, São Paulo, v. 305, p. 19, jul. 2020). No mesmo sentido, Távora lembra uma passagem de Dinamarco, segundo a qual "o direito de ação, à luz do princípio da autonomia das vontades, representa uma 'faculdade inerente à própria personalidade', não um dever" (TÁVORA FILHO, Frederico Soares. A viabilidade do *pactum de non petendo* no ordenamento jurídico brasileiro. *Revista de Processo*, São Paulo, v. 342, p. 46, ago. 2023). A mesma ideia foi utilizada pelo STF quando reconheceu a constitucionalidade do juiz arbitral, fundando-se na "renunciabilidade, no caso, do exercício do direito de ação", o que não atritaria com a garantia da prestação jurisdicional (CF, art. 5º, XXXV), por relacionar-se "a uma pretensão material disponível" (STF, Pleno, SE 5.206 AgR/EP, voto do Rel. Min. Sepúlveda Pertence, ac. 12.12.2001, *DJU* 30.04.2004, p. 958).

67 "Por outro lado, no contexto do processo civil, a garantia de uma tutela jurisdicional efetiva não dispensa o exercício de um impulso processual proveniente das próprias partes, em homenagem ao *princípio dispositivo*. O reconhecimento da liberdade da parte de *não requerer* uma tutela (judicial ou extrajudicial) do seu direito implica o reconhecimento da admissibilidade de assunção de uma promessa negocial de não exercício do mesmo direito" (COSTA E SILVA, Paula. *Pactum de non petendo*: exclusão convencional do direito de acção e exclusão convencional da pretensão material. *In:* CABRAL, Antonio do Passo; NOGUEIRA, Pedro Henrique (coords.). *Negócios processuais*. 4. ed. Salvador: Juspodivm, 2019, t. 1, p. 474).

68 COSTA E SILVA, Paula. *Perturbações no cumprimento dos negócios processuais*. Salvador: Juspodivm, 2020, p. 63-64; ARRUDA ALVIM NETTO, José Manoel de. Indenização por ato ilícito e *pactum de non petendo*. *Soluções práticas de Direito* – Pareceres – Direito privado. São Paulo: Ed. RT, 2011, v. 2, p. 4; TRIGO, Alberto Lucas Albuquerque da Costa. *Promessas de não processar e de não postular*: o *pactum de non petendo* interpretado. Salvador: Juspodivm, 2020, p. 61; CABRAL, Antonio do Passo. *Pactum de non petendo*: a promessa de não processar no direito brasileiro. *Revista de Processo*, São Paulo, v. 305, p. 19, jul. 2020; TÁVORA FILHO, Frederico Soares. A viabilidade do *pactum de non petendo* no ordenamento jurídico brasileiro. *Revista de Processo*, São Paulo, v. 342, p. 42-46, ago. 2023.

afastadas, em caso concreto, através de negócio processual. Mas isso somente se legitimará se a causa versar sobre direitos disponíveis e o ajuste se aperfeiçoar com a participação e aprovação do juiz (art. 190, parágrafo único).

Portanto, uma das formas de afastar o precedente é o *distinguishing*, realizado em consenso, na situação do art. 357, § 2º, com o fito de reconhecer que o quadro fático ou jurídico envolve questões que não são aquelas configuradoras da *ratio decidendi* sobre as quais se firmou o precedente vinculante.[69] É claro que isso só poderia ser eficazmente ajustado com a aprovação judicial do negócio processual.

Fora dessas hipóteses excepcionais, no entanto, prevalece a regra de que as partes não podem negociar, entre si, sobre poderes e deveres de terceiros, especialmente os que pertencem ao juiz. Somente a lei pode abrir exceções dessa natureza.

337. Calendário para a prática de atos processuais

O Código atual admite, ainda, que as partes e o juiz, de comum acordo, fixem calendário para a prática dos atos processuais, quando for o caso (art. 191, *caput*). Esse calendário é útil quando o processo envolve questões que se submetem a provas em foros distintos ou a perícias mais complexas; haja prazos comuns; etc.

O calendário cumpre significativo papel na implementação do princípio de duração razoável do processo e de emprego de meios que acelerem sua conclusão (CF, art. 5º, LXXVIII). Uma vez fixado, vinculará a todos os sujeitos processuais. Somente se admitirá a modificação dos prazos nele previstos em casos excepcionais, devidamente justificados (CPC/2015, art. 191, § 1º). Por fim, em medida de economia processual evidente, a lei dispensa a intimação das partes para os atos processuais e para a audiência, cujas datas tenham sido designadas no calendário (CPC/2015, art. 191, § 2º).

338. O uso de sistema de transmissão de dados. Fac-símile ou outro similar

Há algum tempo vinha se tentando introduzir na justiça a prática de atos processuais por meios magnéticos como o fac-símile e outros sistemas modernos de transmissão de dados e imagens. O problema que levava a jurisprudência a resistir a esses meios de comunicação situava-se na dificuldade de controle da autenticidade e na pouca duração dos textos retransmitidos. Por influência do Supremo Tribunal Federal e do Superior Tribunal de Justiça, ficou assentado que os recursos manifestados via fax só seriam admitidos se a parte protocolasse o original da petição ainda dentro do prazo previsto para a prática do ato. Isso, como é óbvio, anulava, praticamente, a utilidade do ato processual realizado pelos modernos instrumentos de comunicação.

Adveio, porém, à época do Código anterior, a Lei 9.800, de 26 de maio de 1999, que deu razoável disciplina ao assunto, ao prescrever a possibilidade de as partes amplamente se valerem de sistema de transmissão de dados e imagens tipo fac-símile ou outro similar para a prática de

---

[69] "Em outras palavras, sendo os fatos delimitados pelas partes de forma a não se encaixarem nos fatos de um determinado precedente paradigma, esse precedente – essa situação de direito – não mais poderia ser aplicado" (ABDALLA, Gustavo. Negócios jurídicos processuais e o afastamento de precedentes vinculantes: uma reflexão sobre os limites do consenso. *Revista de Processo*, São Paulo, v. 339, p. 84, maio 2023). Vale dizer que "*indiretamente* é possível afastar a aplicação de um precedente vinculante por meio de um NJP *típico* firmado em sede de *saneamento*, a partir da delimitação das situações fáticas e de direito do caso. (...) também é possível fazê-lo por meio de um NJP *atípico* de afastamento da aplicação de determinado precedente por ser reconhecidamente, e de forma consensual, distinto do caso em vias de julgamento, situação em que será necessário observar as regras previstas nos arts. 190 e 357 do CPC/15" (ABDALLA, Gustavo. Negócios jurídicos processuais e o afastamento de precedentes vinculantes: uma reflexão sobre os limites do consenso. *Revista de Processo*, São Paulo, v. 339, p. 89, maio 2023).

atos processuais que *dependam de petição* (art. 1º). Trata-se de lei especial que não foi revogada pelo atual Código de Processo Civil.

Formulada a petição, nos moldes da referida lei, considerar-se-á cumprido o ato, tempestivamente, sempre que a mensagem chegar ao órgão judicial dentro do prazo legal. Mas incumbirá à parte apresentar os originais em juízo, necessariamente, até cinco dias da data de seu término (art. 2º). O ato processual, assim, torna-se complexo, visto que sua eficácia dependerá da chegada da mensagem fac-similar ao destinatário antes do termo final e, ainda, da posterior juntada da petição em original, nos cinco dias subsequentes.[70] Com isso ganha-se celeridade na postulação, ao mesmo tempo em que se preserva sua autenticidade.

Mesmo quando o ato processual não estiver sujeito a prazo, caberá sempre ao agente o ônus de entregar os originais em cartório, até cinco dias da data da recepção do fac-símile (art. 2º, parágrafo único). No sistema do CPC atual, a apuração do prazo de cinco dias previsto no *caput* e no parágrafo único do art. 2º da Lei 9.800/1999 computará apenas os dias úteis (art. 219). Não importa que a medida esteja regulada por lei especial, porquanto há, na espécie, incidência supletiva do CPC/2015, conforme disposto em seu art. 1.046, § 2º.

Para a determinação do termo inicial da contagem do prazo de cinco dias para apresentação dos originais, o entendimento fixado pela jurisprudência do STJ, que se harmoniza com o do STF, é no sentido de distinguirem-se duas situações: *(i)* se o ato praticado está sujeito a prazo predeterminado, contar-se-á o quinquídio legal a partir do dia seguinte ao término do prazo do recurso ou ato, pouco importando se a petição foi transmitida antes de findo o prazo de lei; *(ii)* se o ato não estiver sujeito a prazo legal, a entrega dos originais terá de ocorrer em cinco dias contados a partir da recepção do fax pelo órgão judiciário de destino.[71] É, aliás, o que decorre da literalidade do art. 2º e parágrafo único da Lei 9.800/1999.

Os atos do juiz que decorrem da petição transmitida magneticamente não dependem da posterior juntada dos originais e poderão ser desde logo praticados (art. 3º da Lei 9.800/1999).

Corre, contudo, por conta de quem usa o sistema de transmissão, a responsabilidade pela qualidade e fidelidade do material transmitido e por sua oportuna entrega ao órgão judiciário (art. 4º da Lei 9.800/1999). Admite-se até que o fac-símile não seja diretamente recebido pelo órgão judicial, mas por agência oficial de telecomunicações ou por outro intermediário, os quais farão a mensagem chegar a seu destino final. A Lei 9.800, aliás, não condiciona sua observância ao fato de existir nos órgãos judiciais equipamentos de recepção (art. 5º). Nesses casos, a aferição de tempestividade do ato se dará não pela transmissão da mensagem, mas pela sua efetiva entrega à secretaria do juízo.

Será, outrossim, considerado litigante de má-fé o usuário do sistema "se não houver perfeita concordância entre o original remetido pelo fac-símile e o original entregue em juízo" (art. 4º, parágrafo único, da Lei 9.800/1999).

Quando a Lei 11.280/2006 acrescentou parágrafo ao art. 154 do CPC/1973, a possibilidade de utilização das vias eletrônicas ampliou-se para alcançar todos os atos e termos do processo, não só os das partes, pois os tribunais ficaram autorizados a usar a internet para "a prática e a comunicação dos atos processuais por meios eletrônicos, atendidos os requisitos de autenticidade, integridade, validade jurídica e interoperabilidade da Infraestrutura de Chaves Públicas

---

[70] A Corte Especial do STJ decidiu, por maioria, que no recurso interposto por meio de fax não há obrigatoriedade de que sejam retransmitidos pela mesma via as cópias dos documentos que o instruem. Sua exibição em juízo poderá dar-se junto com o original da petição (STJ, REsp 901.556/SP, Rel. Min. Nancy Andrighi, ac. 21.05.2008, *DJe* 03.11.2008). STJ, 4ª T., AgRg no Ag 1.119.792/RJ, Rel. Min. Raul Araújo, ac. 08.06.2010, *DJe* 18.06.2010.

[71] STJ, Corte Especial, AgRg nos EREsp 640.803/RS, Rel. Min. Teori Zavascki, ac. 19.12.2007, *DJU* 05.06.2008, p. 1; STJ, 4ª T., AgRg no Ag 1.119.792/RJ, Rel. Min. Raul Araújo, ac. 08.06.2010, *DJe* 18.06.2010.

Brasileira – ICP – Brasil", o que se torna possível graças à assinatura digital (MP 2.200-2, de 24.08.2001). Com isso, a inovação legislativa acabou por viabilizar a informatização parcial ou completa do processo judicial, prescrevendo que "todos os atos e termos do processo podem ser produzidos, transmitidos, armazenados e assinados por meio eletrônico, na forma da lei" (CPC/1973, art. 154, § 2º).[72]

Outra importante aplicação das fontes da Internet para a prática de ato processual foi autorizada pela Lei 11.341, de 07.08.2006. Na esteira do que já vinha sendo aceito pela jurisprudência,[73] o parágrafo único do art. 541 do CPC/1973 sofreu alteração de texto para ficar expressa a autorização legal ao uso da mídia eletrônica no cumprimento do ônus de comprovar o dissídio jurisprudencial em que se apoia o recurso especial. A parte não estaria mais sujeita a se valer de certidão ou de publicidade do acórdão-paradigma em repositório oficial de jurisprudência. Poderia utilizar a "reprodução de julgado disponível na Internet, com indicação da respectiva fonte" (ver v. III).

339. O grande programa de implantação do processo eletrônico no Brasil

A Lei 11.419/2006 (que teve vigência a partir de 20.03.2007) traçou o ambicioso programa de implantação do processo judicial eletrônico a ser utilizado nas justiças civil, penal e trabalhista, bem como nos juizados especiais, em qualquer grau de jurisdição (art. 1º, § 1º).

Definiram-se regras para o processo totalmente eletrônico ou apenas para certos atos do processo ainda desenvolvido sob a forma de documentação atual. Constam da Lei 11.419 normas de tramitação do "processo judicial eletrônico" (arts. 8º a 13) e outras que se referem à comunicação de atos e transmissão de peças processuais (arts. 4º a 7º).

A par dessas regras especiais, os Capítulos I e IV da Lei de Informatização do processo judicial contêm normas gerais sobre critérios a serem observados na técnica de introduzir no mundo das praxes procedimentais expedientes próprios dos meios eletrônicos de armazenamento e transmissão de dados.

Como premissa da eficiência e garantia da segurança jurídica, ficou assentado que o envio de petições, de recursos e a prática de atos processuais em geral por meio eletrônico serão admitidos mediante uso de *assinatura eletrônica*, sendo obrigatório o credenciamento prévio no Poder Judiciário, conforme disciplina a ser definida pelos órgãos judiciais respectivos (Lei 11.419/2006, art. 2º).[74]

Para aplicação do processo eletrônico, a Lei 11.419 define a *assinatura eletrônica* como forma de identificação inequívoca do signatário, que deverá ocorrer de duas maneiras (art. 1º, § 2º, III):

(a) por *assinatura digital* baseada em certificado digital emitido por Autoridade Certificadora credenciada, na forma da legislação específica (Medida Provisória 2.200-2, de 24.08.2001);

---

[72] No projeto que se converteu na Lei 11.419, de 19.12.2006, constava a revogação do parágrafo único do art. 154 do CPC. Entretanto, o dispositivo tendente à supressão daquele parágrafo foi vetado pela Presidência da República, sob o argumento de que era de suma importância manter-se a "obrigatoriedade de uso da ICP – Brasil na prática de atos processuais" (*DOU* 20.12.2006).

[73] STJ, 4ª T., REsp 327.687/SP, Rel. Min. Ruy Rosado de Aguiar, ac. 21.02.2002, *DJU* 15.04.2002, p. 225; STJ, Corte Especial, Emb. Div. no REsp 430.810/MS, Rel. p/ acórdão Min. Fernando Gonçalves, ac. 01.07.2004, *DJU* 09.02.2005, p. 181; STJ, 3ª Seção, AgRg nos EREsp 901.919/RS, Rel. Min. Jorge Mussi, ac. 25.08.2010, *DJe* 21.09.2010.

[74] "O credenciamento no Poder Judiciário será realizado mediante procedimento no qual esteja assegurada a adequada identificação presencial do interessado" (art. 2º, § 1º). "Ao credenciado será atribuído registro e meio de acesso ao sistema, de modo a preservar o sigilo, a identificação e a autenticidade de suas comunicações" (§ 2º). "Os órgãos do Poder Judiciário poderão criar um cadastro único para o credenciamento previsto neste artigo" (§ 3º).

(*b*) mediante *cadastro de usuário* no Poder Judiciário, conforme vier a ser disciplinado pelos órgãos desse poder.

Quanto à comunicação de atos do processo, que pode ser aplicada desde logo, antes mesmo do processo totalmente eletrônico, a Lei 11.419 prevê a possibilidade de os órgãos do Poder Judiciário desenvolverem sistemas eletrônicos de processamento de ações judiciais por meio de autos parcialmente digitais, utilizando, preferencialmente, a rede mundial de computadores e acesso por meio de redes internas e externas (art. 8º). Todos os atos processuais praticados nessa nova linguagem deverão ser assinados eletronicamente na forma já aludida, isto é, por assinatura digital certificada por Autoridade Certificadora, e mediante controle em cadastro do Poder Judiciário (art. 8º, parágrafo único).

Regras específicas foram editadas para as citações e intimações (Lei 11.419/2006, arts. 5º e 6º) e para as cartas precatórias, rogatórias e de ordem (Lei 11.419/2006, art. 7º). Os tribunais ficaram autorizados a instituir o *Diário da Justiça eletrônico*, para publicação dos atos judiciais e administrativos próprios e dos órgãos a ele subordinados, bem como comunicações em geral (Lei 11.419/2006, art. 4º, *caput*), tudo sob autenticação de assinatura digital com base em certificado expedido por Autoridade Certificadora credenciada na forma da lei específica (art. 4º, § 1º). Implantado o *Diário da Justiça eletrônico*, o antigo *Diário Oficial* impresso desapareceu. O eletrônico passou a ser, nos tribunais que o adotaram, o único veículo de divulgação sistemática dos atos judiciais.

O processo eletrônico por meio de autos totalmente digitais foi regulado pelos arts. 8º a 13 da Lei 11.419/2006, permitindo que desde a petição inicial até o julgamento de última instância tudo se passe de maneira informatizada, isto é, a prática de todos os atos processuais possa utilizar-se de sistema eletrônico com autenticação assegurada por assinatura eletrônica. Provas e documentos úteis ao processo devem ser digitalizados, valendo como originais para todos os efeitos legais (art. 11).[75] A remessa de autos de um juízo a outro ou aos tribunais também será feita por via eletrônica. Exceção de falsidade e incidentes de exibição de documentos também se farão, ordinariamente, pela via digital (arts. 11, § 2º, e 13, §§ 1º e 2º).

Em disposições gerais e finais foram traçadas regras de orientação aos tribunais para o desenvolvimento dos sistemas de informatização processual, que deverão usar, preferencialmente, programas com código aberto, acessíveis ininterruptamente por meio da rede mundial de computadores, priorizando-se a sua padronização (art. 14 da Lei 11.419/2006). Recomendou-se a adoção de mecanismos de identificação de prevenção, litispendência e coisa julgada (art. 14, parágrafo único), e buscou-se exigir na distribuição de qualquer petição inicial a informação sobre o número de registro da parte no cadastro de pessoas físicas ou jurídicas, perante a Secretaria da Receita Federal (art. 15).

Livros cartorários e repositórios dos órgãos do Poder Judiciário puderam, desde então, ser gerados e armazenados em meio totalmente eletrônico (art. 16).

---

[75] Pela Lei 13.793/2019, foram acrescidos ao art. 11 da Lei 11.419/2006 os seguintes parágrafos: "§ 6º Os documentos digitalizados juntados em processo eletrônico estarão disponíveis para acesso por meio da rede externa pelas respectivas partes processuais, pelos advogados, independentemente de procuração nos autos, pelos membros do Ministério Público e pelos magistrados, sem prejuízo da possibilidade de visualização nas secretarias dos órgãos julgadores, à exceção daqueles que tramitarem em segredo de justiça. (Incluído pela Lei 13.793, de 2019); § 7º Os sistemas de informações pertinentes a processos eletrônicos devem possibilitar que advogados, procuradores e membros do Ministério Público cadastrados, mas não vinculados a processo previamente identificado, acessem automaticamente todos os atos e documentos processuais armazenados em meio eletrônico, desde que demonstrado interesse para fins apenas de registro, salvo nos casos de processos em segredo de justiça".

Previu-se, finalmente, que aos Órgãos do Poder Judiciário caberia a regulamentação do processo eletrônico esboçado pela Lei 11.419/2006, no que couber, no âmbito das respectivas competências (art. 18). É claro que a adoção de técnicas novas e complexas como as que determinam o emprego dos meios eletrônicos não se impõe apenas com uma lei federal genérica. Os problemas suscitados nessa completa transformação dos hábitos forenses situam-se muito mais na ordem prática do que na ordem normativa. Daí que somente os tribunais e outros órgãos de direção da Justiça poderiam concretizar o programa da efetiva informatização do processo. Foi, por isso mesmo, que a Lei 11.419 reconheceu a necessidade de sua disciplina ser complementada por regulamentação local de cada órgão de gestão do Poder Judiciário.[76]

Na verdade, a maior parte das técnicas eletrônicas previstas pela Lei 11.419 poderia ser implantada por mera vontade administrativa dos órgãos judiciais, sem depender mesmo de lei especial para tanto.

340. A prática eletrônica de atos processuais no atual Código de Processo Civil

Atentando-se à implantação do processo eletrônico no ordenamento jurídico pátrio, o atual Código inseriu uma seção para disciplinar a prática eletrônica de atos processuais (arts. 193 a 199), explicitando que as suas regras podem ser aplicadas, no que couber, também à prática de atos notariais e de registro (art. 193, parágrafo único).

Dispõe o art. 193 que os atos processuais podem ser total ou parcialmente digitais, de forma a permitir que sejam produzidos, comunicados, armazenados e validados por meio eletrônico, na forma da lei. A lei que continua aplicável é a já referida Lei 11.419/2006, com os acréscimos do atual CPC.

A intenção do legislador, e também do Conselho Nacional de Justiça, é uniformizar o processo digital, estabelecendo um sistema nacional, criado por aquele próprio órgão, a ser utilizado por todos os tribunais pátrios, ao contrário do que ocorre atualmente, com cada Estado adotando um sistema próprio, sem qualquer padronização. Em Minas Gerais, por exemplo, a justiça utiliza três sistemas distintos para os processos digitais em curso perante o Juizado Especial, a primeira instância e a segunda instância, respectivamente.

Segundo o Código vigente, os sistemas de automação processual respeitarão a publicidade dos atos, o acesso e a participação das partes e de seus procuradores, inclusive nas audiências e sessões de julgamento, devendo-se observar as seguintes garantias: disponibilidade, independência da plataforma computacional, acessibilidade e interoperabilidade dos sistemas, serviços, dados e informações que o Poder Judiciário administre no exercício de suas funções (CPC/2015, art. 194).

O registro de ato processual eletrônico deverá ser feito em padrões abertos, que atenderão aos requisitos de autenticidade, integridade, temporalidade, não repúdio e conservação. Na hipótese de o processo tramitar em segredo de justiça, deve-se, ainda, respeitar o princípio da confidencialidade, observada a infraestrutura de chaves públicas unificada nacionalmente, nos termos da lei (art. 195).

É competência do Conselho Nacional de Justiça e, supletivamente, dos tribunais regulamentar a prática e a comunicação oficial de atos processuais por meio eletrônico e velar pela compatibilidade dos sistemas, disciplinando a incorporação progressiva dos novos avanços

---

76 Naturalmente, a regulamentação de que cogita a Lei 11.419/2006 não se refere à possibilidade de os tribunais criarem procedimentos novos ou alterarem os já traçados pelo Código ou por leis federais. Só a União tem competência constitucional para legislar sobre direito processual civil. A regulamentação do Tribunal, na espécie, é sobre o sistema e programas de computador a serem utilizados no processo eletrônico, assim como a forma de credenciamento ao acesso (VARGAS, Franciely de; PINTO, Rodrigo Strobel. Aspectos constitucionais destacados dos atos processuais eletrônicos. *Revista de Processo*, v. 141, p. 136, nov. 2006).

tecnológicos e editando, para esse fim, os atos que forem necessários, respeitadas as normas fundamentais do Código de Processo Civil (art. 196).

Os tribunais deverão divulgar, em página própria na rede mundial de computadores, as informações constantes de seu sistema de automação, cuja veracidade e confiabilidade serão presumidas (art. 197, *caput*). E, havendo problema técnico do sistema ou erro e omissão do auxiliar da justiça responsável pelo registro dos andamentos, poderá ser configurada a justa causa prevista no art. 223, *caput* e § 1º, que autoriza o juiz a permitir a prática do ato pela parte em novo prazo que lhe será assinado (art. 197, parágrafo único).[77]

É obrigação das unidades do Poder Judiciário manter, gratuitamente, à disposição dos interessados, equipamentos necessários à prática de atos processuais e à consulta e ao acesso ao sistema e aos documentos dele constantes (art. 198, *caput*). Poderá, contudo, ser admitida a prática de atos por meio não eletrônico no local onde não estiverem disponibilizados os equipamentos previstos no referido dispositivo (art. 198, parágrafo único).

Por fim, as unidades do Poder Judiciário assegurarão às pessoas com deficiência acessibilidade aos seus sítios na rede mundial de computadores, ao meio eletrônico de prática de atos judiciais, à comunicação eletrônica dos atos processuais e à assinatura eletrônica (art. 199).

340.1. O governo digital de acordo com a Lei 14.129/2021

Em caráter geral, a Lei 14.129/2021 dispõe sobre princípios, regras e instrumentos para o aumento da eficiência da administração pública, especialmente por meio da desburocratização, da inovação, da transformação digital e da participação do cidadão (art. 1º). Prevê, outrossim, que sua aplicação deverá observar o disposto nas Leis 12.527, de 18 de novembro de 2011 (Lei de Acesso à Informação), 13.460, de 26 de junho de 2017, 13.709, de 14 de agosto de 2018 (Lei Geral de Proteção de Dados Pessoais), e 5.172, de 25 de outubro de 1966 (Código Tributário Nacional), e na Lei Complementar 105, de 10 de janeiro de 2001 (art. 1º, parágrafo único). Entre outros, são destinatários da Lei 14.129 os órgãos da administração pública direta federal, abrangendo os Poderes Executivo, Judiciário e Legislativo, incluído o Tribunal de Contas da União, e o Ministério Público da União (art. 2º, I).

A Lei 14.129/2021, embora alcance o serviço público desempenhado pelos Poderes Executivo, Judiciário e Legislativo, cuida dos processos administrativos e da atividade administrativa praticada no âmbito de todos esses Poderes, destacando-se a instituição de regras e instrumentos para o Governo Digital e para o aumento da eficiência pública, observado o acesso à informação nos moldes da Lei 12.527/2011 e a proteção aos dados pessoais assegurada pela Lei 13.460/2017. Quanto ao processo judicial eletrônico, a disciplina básica é a do Código de Processo Civil e da legislação específica que a complementa, de modo que a Lei 14.129/2021 terá aplicação direta apenas aos serviços administrativos do Poder Judiciário, e só subsidiariamente alcançará o processo judicial propriamente dito.

Há um aspecto relevante a ser levado em conta na aplicação da Lei 14.129/2021 aos atos e processos a cargo dos órgãos judiciais e dos registros públicos subordinados ao Poder Judiciário. É que os dados pessoais compilados em procedimentos e cadastros administrativos são por natureza

---

[77] Interpretando o § 1º do art. 223 do CPC, assentou o STJ o seguinte entendimento: "3. A falha induzida por informação equivocada prestada por sistema eletrônico de tribunal deve ser levada em consideração, em homenagem aos princípios da boa-fé e da confiança, para a aferição da tempestividade do recurso. Precedentes. 4. 'Ainda que os dados disponibilizados pela internet sejam 'meramente informativos' e não substituam a publicação oficial (fundamento dos precedentes em contrário), isso não impede que se reconheça ter havido justa causa no descumprimento do prazo recursal pelo litigante (art. 183, *caput*, do CPC), induzido por erro cometido pelo próprio Tribunal' (STJ, Corte Especial, REsp 1.324.432/SC, Rel. Min. Herman Benjamin, *DJe* 10.05.2013)" (STJ, Corte Especial, EAREsp 1.759.860/PI, Rel. Min. Laurita Vaz, ac. 16.03.2022, *DJe* 21.03.2022).

sigilosos e de acesso restrito. Já os atos do processo judicial e dos registros públicos controlados pelo Judiciário são praticados sob o signo da ampla publicidade e da livre acessibilidade (CF, art. 93, IX). O segredo de justiça, nesse terreno, é excepcional e só se verifica nos casos enumerados taxativamente na própria Constituição. Ademais, a promoção das políticas públicas sobre a atuação administrativa da Justiça, assim como o gerenciamento dos sistemas de processo eletrônico, cabem aos próprios tribunais e, particularmente, ao Conselho Nacional de Justiça.

É em razão dessa autonomia institucional, que as regras gerais traçadas pela Lei 14.129/2021 para a digitalização dos atos e bancos de dados da Administração só se aplicam subsidiariamente ao Poder Judiciário, sempre sem prejuízo da publicidade e acessibilidade essenciais ao processo judicial e aos seus ofícios registrais auxiliares. A propósito, o STF implementou, em 2024, várias Instruções Normativas[78] voltadas para a segurança da informação, estabelecendo um conjunto de práticas e políticas que protegem a integridade, a confidencialidade e a disponibilidade das informações dentro daquele Tribunal Supremo.

340.2. Regulamentação unificadora de atos processuais eletrônicos em todo o território nacional baixada pelo CNJ

O CPC/2015, no plano das comunicações processuais, estabeleceu que caberia ao CNJ regulamentar sua prática por meio eletrônico (art. 196). Enquanto isto não ocorresse, cada tribunal continuaria adotando seus próprios sistemas e programas, observando, basicamente, a disciplina da Lei 11.419/2006. Assim, alguns tribunais adotaram a intimação pelo Diário de Justiça Eletrônico (*DJe*), enquanto outros continuaram no regime de intimações pelo respectivo *site*, segundo a primitiva disciplina do acesso de advogado, previsto na Lei 11.419. Disso surgiu um verdadeiro caos, com sério comprometimento da segurança jurídica no âmbito da observância dos prazos processuais.

Cumprindo o mandamento do art. 196 do CPC/2015, o CNJ baixou a Resolução 234, de 13.07.2016, pela qual se instituiu o *Diário de Justiça Eletrônico Nacional* (*DJEN*), como instrumento de publicação dos atos judiciais dos órgãos do Poder Judiciário (art. 1º), que posteriormente passou a ser regulamentado pela Resolução/CNJ 455/2022.

O *Diário de Justiça Eletrônico Nacional* (*DJEN*), originalmente criado pela Resolução CNJ 234/2016, passou a ser regulamentado pelo citado ato normativo, constituindo a plataforma de editais do CNJ e o instrumento de publicação dos atos judiciais dos órgãos do Poder Judiciário (Resolução 455/2022, art. 11).

O cadastro no Domicílio Judicial Eletrônico é obrigatório para a União, para os Estados, para o Distrito Federal, para os Municípios, para as entidades da administração indireta e para as empresas públicas e privadas, para efeitos de recebimento de citações e intimações, conforme disposto no art. 246, *caput* e § 1º, do CPC, com a alteração realizada pela Lei 14.195/2021 (Resolução 455/2022, art. 16).

A regra *supra*, relacionada com o cadastro do Domicílio Judicial Eletrônico, não se aplica às microempresas e às empresas de pequeno porte que possuírem endereço eletrônico cadastrado no sistema integrado da Rede Nacional para a Simplificação do Registro e da Legalização de Empresas e Negócios (Redesim), nos termos previstos no § 5º do art. 246 do CPC (Resolução 455/2022, art. 17). Entretanto, as microempresas e as empresas de pequeno porte que não possuírem cadastro no sistema integrado da Redesim ficam sujeitas ao cumprimento do disposto no art. 16 (art. 17, § 2º).

---

[78] Instruções Normativas 298, 299, 300, 301, 302, 303 e 304, todas de 2024.

Às pessoas físicas, nos termos do art. 77, VII, do CPC,[79] é facultada a realização do cadastro no Domicílio Judicial Eletrônico para efetuar consultas públicas, bem como para o recebimento de citações e intimações, por meio: I – do Sistema de Login Único da PDPJ-Br, via autenticação no serviço "gov.br" do Poder Executivo Federal, com nível de conta prata ou ouro; e II – de autenticação com uso de certificado digital (Resolução 455/2022, art. 16, § 2º).

A comunicação processual praticada por meio da Plataforma substituirá as demais formas de comunicação, menos a intimação, que deverá ocorrer pelo *DJEN* (Resolução 455/2022, art. 11, § 2º). O aperfeiçoamento da comunicação processual por meio eletrônico, com a correspondente abertura de prazo, se houver, ocorrerá no momento em que o destinatário, por meio do Portal de Serviços, ou por integração automatizada via consumo de API, obtiver acesso ao conteúdo da comunicação (Resolução CNJ 455/2022, alterada pela Resolução CNJ 569/2024, art. 20, *caput*).[80]

Quanto às intimações pelo *DJEN*, as eventuais contagens de prazo delas decorrentes observarão as regras do CPC, inclusive no que respeita à computação apenas dos dias úteis (arts. 219, *caput*, e 231, VII). A propósito das intimações eletrônicas e da contagem dos prazos processuais delas decorrentes, o tema será desenvolvido, adiante, nos itens 368, 369, 409, V e VI, e, principalmente, no 412-A).

341. O processo eletrônico nos Tribunais Superiores

I – Supremo Tribunal Federal

O processo eletrônico no âmbito do STF acha-se atualmente regulado pela Resolução 693 de 17/07/2020, cujas principais disposições são as seguintes:

(a) A tramitação de processos judiciais, a transmissão de peças processuais e a comunicação de atos serão realizadas via sistemas de processamento oficiais do Supremo Tribunal Federal (STF) (art. 2º);[81]

---

[79] "Art. 77. Além de outros previstos neste Código, são deveres das partes, de seus procuradores e de todos aqueles que de qualquer forma participem do processo: (...) VII – informar e manter atualizados seus dados cadastrais perante os órgãos do Poder Judiciário e, no caso do § 6º do art. 246 deste Código, da Administração Tributária, para recebimento de citações e intimações (Inciso incluído pela Lei 14.195, de 2021)".

[80] O aperfeiçoamento da comunicação processual por meio eletrônico está regulado pelos parágrafos do art. 20 da Resolução CNJ 455/2022, alterada pela Resolução CNJ 569/2024: "§ 1º Quando a consulta ocorrer em dia não útil, a comunicação processual será considerada realizada no primeiro dia útil subsequente. § 2º Efetuado o acesso de que trata o § 1º, o sistema registrará o fato. § 3º Para os casos de citação por meio eletrônico, não havendo aperfeiçoamento em até 3 (três) dias úteis, contados da data do envio da comunicação processual ao Domicílio Judicial Eletrônico, o sistema gerará automaticamente a informação da ausência de citação para os fins previstos no § 1º-A do art. 246 do CPC/2015. § 3º-A. No caso das pessoas jurídicas de direito público, não havendo consulta no prazo de até 10 (dez) dias corridos, contados do envio da citação ao Domicílio Judicial Eletrônico, o ente será considerado automaticamente citado na data do término desse prazo, não se aplicando o disposto no art. 219 do CPC a esse período. § 3º-B. No caso de consulta à citação eletrônica dentro dos prazos previstos nos §§ 3º e 3º-A, o prazo para resposta começa a correr no quinto dia útil seguinte à confirmação, na forma do art. 231, IX, do CPC. § 4º Para os demais casos que exijam intimação pessoal, não havendo aperfeiçoamento em até 10 (dez) dias corridos a partir da data do envio da comunicação processual ao Domicílio Judicial Eletrônico, esta será considerada automaticamente realizada na data do término desse prazo, nos termos do art. 5º, § 3º, da Lei nº 11.419/2006, não se aplicando o disposto no art. 219 do CPC a esse período".

[81] "Compete à Secretaria-Geral da Presidência, com apoio dos Gabinetes dos Ministros (GM), da Secretaria de Gestão de Precedentes (SPR), da Secretaria Judiciária (SEJ) e da Secretaria de Tecnologia de Informação (STI), acompanhar os sistemas judiciais e propor alterações e atualizações a eles pertinentes, a fim de que

(*b*) O acesso aos sistemas de processamento oficiais será feito via: I – sítio eletrônico do Tribunal, por qualquer pessoa credenciada, mediante uso de certificação digital (ICP-Brasil); II – *web* ou outro sistema disponibilizado pelo STF, pelos entes conveniados, por meio da integração; III – sistemas internos, por servidores do Tribunal (art. 3º);

(*c*) A autenticidade, a integridade, a temporalidade, o não repúdio, a disponibilidade, a conservação e, nas hipóteses previstas em lei, a confidencialidade dos atos e das peças processuais deverão ser garantidos por sistema de segurança eletrônico (art. 4º, *caput*). Os documentos produzidos de forma eletrônica deverão ser assinados digitalmente por seus autores, como garantia de sua origem e de sua autoria (§ 1º);[82]

(*d*) As petições referentes a processos eletrônicos deverão ser produzidas eletronicamente e protocoladas nos sistemas de processamento oficiais (art. 7º, *caput*). Compete à SEJ a devolução de documentos apresentados em meio físico (parágrafo único);

(*e*) Nos casos de indisponibilidade do sistema ou de comprovada impossibilidade técnica, serão permitidos o encaminhamento de petições e a prática de outros atos processuais em meio físico (art. 8º, *caput*);[83]

(*f*) A correta formação do processo eletrônico é responsabilidade do advogado ou procurador (art. 9º, *caput*);

(*g*) O protocolo, a autuação e a juntada de petições eletrônicas serão feitos automaticamente, ressalvadas hipóteses específicas regulamentadas em ato normativo próprio (art. 10, *caput*);[84]

(*h*) As publicações e as intimações pessoais serão realizadas por meio eletrônico, nos termos da legislação específica (art. 11);

(*i*) Os atos processuais das partes consideram-se realizados no dia e na hora de seu recebimento no sistema de processamento oficial (art. 12);[85]

(*j*) Os sistemas de processamento oficiais estarão ininterruptamente disponíveis para acesso, salvo nos períodos de manutenção (art. 14, *caput*);[86]

(*k*) A consulta à íntegra dos autos de processos eletrônicos poderá ser realizada por qualquer pessoa credenciada nos sistemas de processamento, sem prejuízo do atendimento pela SEJ (art. 16). Porém, os processos que tramitam em segredo de justiça

---

incorporem, progressivamente, novos avanços tecnológicos, nos termos previstos no art. 196 do Código de Processo Civil" (art. 2º, parágrafo único, da Resolução 693/2020).

82 "A autenticidade dos documentos transmitidos a partir de outros órgãos será garantida por meio de conexão autenticada e confiável" (§ 2º). "É permitida a aposição de mais de uma assinatura digital a um documento" (§ 3º). "A autenticidade dos documentos digitalizados será aferida pelo responsável pela inclusão ou revisão do evento" (§ 4º). "Os dados de usuário logado no momento da inclusão dos documentos, incluindo o horário e o IP, ficarão registrados no sistema e, se necessário, a autenticidade das informações poderá ser atestada pela STI" (§ 5º) (todos os parágrafos são do art. 4º da Resolução 693/2020).

83 "O processo autuado nos termos do *caput* tramitará em meio físico, admitida sua conversão, conforme o art. 30 desta Resolução" (parágrafo único, art. 8º, da Resolução 693/2020).

84 "As petições incidentais protocoladas por quem não seja parte ou procurador habilitado a atuar no processo nos sistemas de processamento serão juntadas pela SEJ" (parágrafo único, art. 10, da Resolução 693/2020).

85 "A petição enviada para atender a prazo processual será considerada tempestiva quando recebida até as vinte e quatro horas de seu último dia, considerada a hora legal de Brasília" (parágrafo único, art. 12, da Resolução 693/2020).

86 "Eventuais indisponibilidades constarão em página específica no Portal do STF" (parágrafo único do art. 14 da Resolução 693/2020).

só podem ser consultados pelas partes e pelos procuradores habilitados nos sistemas de processamento a atuar no processo;[87]

(l) O órgão judicial de origem deverá transmitir o recurso extraordinário admitido ou o recurso extraordinário com agravo via sistemas de transmissão oficiais disponibilizados pelo STF (art. 22, *caput*);

(m) O Relator ou a Presidência poderá requisitar a transmissão de outras peças ou a remessa dos autos físicos (art. 27). Caso se trate de processo digitalizado, os autos físicos permanecerão no órgão judicial de origem até o trânsito em julgado do recurso extraordinário eletrônico (art. 28, *caput*);[88]

(n) A Resolução 653, de 27 de novembro de 2019, que trata da utilização do sistema de transmissão de dados e imagens tipo fac-símile (fax) para a prática de atos processuais, não se aplica aos processos que tramitam eletronicamente nesta Corte (art. 34).

Outra regulamentação importante, relacionada com o processo eletrônico, baixada pelo STF, foi a constante da Resolução 672/2020 que permite o uso de videoconferência nas sessões de julgamento presencial do Plenário e das Turmas da qual se destacam as seguintes normas:

(a) O Tribunal garantirá pleno acesso e participação nas sessões por videoconferência ao Procurador-Geral da República e aos Subprocuradores-gerais da República com atuação nas Turmas (§ 2º do art. 1º).

(b) A sustentação oral também poderá ser realizada por videoconferência (art. 2º).[89]

II – Superior Tribunal de Justiça

O processo eletrônico no âmbito do STJ regula-se pela Resolução STJ 10/2015 (alterada pela Instrução Normativa STJ/GDG 1/2025),[90] que prevê o *e-STJ* (*software*), como sistema eletrônico de tramitação de processos judiciais, comunicação de atos e transmissão de peças processuais, nos termos da Lei 11.419/2006, cujas principais disposições, em essência, não são de sentido muito diverso da regulamentação do STF.

Pela Emenda Regimental 27/2016, foram criados, no STJ, órgãos julgadores virtuais correspondentes à Corte Especial, às seções e às turmas do tribunal, para o julgamento dos recursos sem a necessidade de reunião presencial. O art. 184-A, acrescido por aquela Emenda, previa originariamente que essa modalidade de julgamento era restrita aos recursos cíveis. A Emenda Regimental 36/2020, estendeu a medida para que os julgamentos eletrônicos também se aplicassem aos recursos de natureza criminal.

O procedimento do julgamento virtual acha-se regulado pelos arts. 184-D a 184-H do RISTJ. Destaca-se que "as sessões virtuais devem estar disponíveis para acesso às partes, a seus advogados, aos defensores públicos e aos membros do Ministério Público na página do Superior

---

87 "A indicação de que um processo deve estar submetido a segredo de justiça deverá ser incluída no sistema de processamento oficial" (§ 1º do art. 18 da Resolução 693/2020).

88 "Transitado em julgado o recurso extraordinário, os autos virtuais serão transmitidos à origem" (parágrafo único do art. 28 da Resolução 693/2020).

89 A admissão da sustentação oral por videoconferência sujeita-se às seguintes condições: "I – inscrição mediante formulário eletrônico disponibilizado no sítio eletrônico do STF até 24 horas antes da sessão; II – utilização da mesma ferramenta a ser adotada pelo Tribunal" (art. 2º, *caput*). A Assessoria do Plenário e das Turmas, com auxílio das unidades de tecnologia da informação, telefonia e áudio e vídeo, instruirá aqueles que se cadastrarem para sustentação oral por videoconferência sobre o uso do sistema (parágrafo único, do art. 2º).

90 Entre as informações de dados cadastrais referentes aos processos remetidos ao STJ pelos tribunais locais, a Instrução Normativa STJ/GDG 1/2025 incluiu o valor da causa.

Tribunal de Justiça na internet, mediante identificação eletrônica" (art. 184-B, com a redação dada pela Emenda Regimental 40/2021).

III – Turma Nacional de Uniformização dos Juizados Especiais Federais

A Portaria Conjunta 202/CJF/2020, baixada pela Corregedoria-Geral da Justiça Federal e pela Presidência da Turma Nacional de Uniformização dos Juizados Especiais Federais – TNU, instituiu, no âmbito da TNU, sessões de julgamento em ambiente eletrônico, sem prejuízo da realização de sessões presenciais (art. 1º).

As sessões em ambiente eletrônico observarão as seguintes etapas: "I – designação pelo Presidente da TNU em ato próprio; II – inclusão, pelos relatores, dos processos na plataforma eletrônica de julgamento; III – publicação da pauta no Diário de Justiça Eletrônico da TNU, com antecedência de cinco dias úteis da abertura da sessão; IV – abertura da sessão, que terá duração mínima de cinco e máxima de dez dias úteis, conforme definido pelo Presidente da TNU quando da publicação da pauta de julgamentos; V – fim do julgamento, que corresponderá ao término do prazo fixado pelo Presidente da TNU na forma do inciso anterior" (art. 2º, *caput*).[91]

[91] "As pautas das sessões a serem realizadas em ambiente virtual serão publicadas no Diário de Justiça Eletrônico da TNU, dando-se ciência às partes e ao MPF no sistema processual" (§ 1º do art. 2º da Portaria Conjunta 202/CJF). Os casos de concordância ou de oposição ao julgamento virtual, manifestadas pelas partes, pelo MPF, pela DPU e pelos interessados, estão previstos no § 2º do art. 2º da mesma Portaria.

§ 44. ATOS DA PARTE

342. Conceito e classificação

Consideram-se *atos da parte* os praticados pelo autor ou réu, pelos terceiros intervenientes ou pelo Ministério Público, no exercício de direitos ou poderes processuais, ou para cumprimento de ônus, obrigações ou deveres decorrentes da relação processual. Como todo ato jurídico, os atos processuais da parte consistem, na essência, em declarações de vontade unilaterais ou bilaterais (CPC/2015, art. 200), que, em regra, são expressas, mas que podem, às vezes, se manifestar de forma tácita ou implícita.

Couture os classifica em atos de *obtenção* e atos *dispositivos.*[92] Os primeiros procuram obter do órgão jurisdicional a satisfação de uma pretensão manifestada nos autos; e os últimos têm por objetivo criar, modificar ou extinguir situações processuais.

Os atos de obtenção, por sua vez, compreendem:

(*a*) *atos de petição*, também denominados atos postulatórios, que consistem nos pedidos ou requerimentos em que a parte postula uma providência ou um ato processual específico. Compreendem o pedido do autor, com que se manifesta o direito de ação, e a resposta do réu, com que se resiste à pretensão do autor, bem como outras postulações incidentais em que as partes formulam seus diversos requerimentos, inclusive o de produzir documentos e outras provas e o de recorrer das decisões judiciais adversas;

(*b*) *atos de afirmação*, que também podem ser denominados *atos reais*, são os que a parte não postula e sim age materialmente, criando situações concretas como a da exibição de um documento em seu poder, o pagamento das custas, a prestação de caução etc.;

(*c*) *atos de prova*, ou atos de instrução, são aqueles que conduzem aos autos os meios de demonstrar ao juiz a verdade dos fatos alegados na ação ou na defesa. Geralmente, os atos probatórios envolvem atividade conjunta das partes dos órgãos judiciais, e até de terceiros, como se dá na coleta de depoimentos e nas perícias.

Quanto aos *atos dispositivos*, que também recebem o nome de atos de causação, porque neles o ato de vontade da parte tende a produzir justamente o efeito procurado por sua intenção, tal como ocorre nos atos jurídicos do direito privado, podem ser subdivididos em:

(*a*) *atos de submissão*: quando a parte se submete, expressa ou implicitamente, à orientação imprimida pelo outro litigante ao processo. Há, por exemplo, submissão expressa à pretensão do autor, quando o réu reconhece a procedência do pedido (CPC/2015, art. 487, III, *a*), ou quando a parte vencida aceita, expressa ou tacitamente, a decisão, perdendo, assim, o direito de recorrer (art. 1.000, *caput*).

Há, por exemplo, submissão implícita, quando o demandado, em ato omissivo, deixa de contestar a ação, e permite que a revelia produza o efeito de tornar verídicos, para o processo, os fatos alegados na inicial (art. 344); ocorre, também, submissão dessa natureza quando o vencido, sem qualquer reserva, cumpre logo a decisão, em lugar de interpor o recurso cabível (art. 1.000, parágrafo único).

(*b*) *atos de desistência*: quando há desistência do processo ou renúncia ao direito nele postulado, quer da parte do autor, quer do réu. Podem se referir a questões de direito

---

[92] COUTURE, Eduardo J. *Fundamentos del Derecho Procesal Civil*. Buenos Aires: Depalma, 1974, n. 128, p. 206-208.

material, como a renúncia à pretensão formulada na ação ou na reconvenção (art. 487, III, *c*), e de direito processual, como a desistência da ação (art. 485, VIII) ou da execução (art. 775). São atos unilaterais.

(c) *atos de transação*: representam atos bilaterais realizados pelas partes sob a forma de avenças ou acordos processuais. Podem se referir ao mérito da causa, quando se apresentam como forma de autocomposição da lide, como na conciliação (arts. 334, § 11, e 359) e na transação (art. 487, III, *b*).[93] Podem, outrossim, relacionar-se com questões meramente processuais, como na convenção para adiar a audiência (art. 362, I) ou para abreviar ou aumentar prazos, e para, em geral, introduzir alterações no procedimento visando ajustá-lo às especificidades da causa (art. 190).

343. Eficácia dos atos das partes

Dispõe o art. 200 do CPC/2015 que "os atos das partes consistentes em declarações unilaterais ou bilaterais de vontade produzem imediatamente a constituição, modificação ou extinção de direitos processuais". Isso quer dizer que os efeitos do ato processual, salvo disposição em contrário, são imediatos e não dependem de redução a termo nem de homologação judicial.

A desistência da ação, porém, só produz efeito depois de homologada por sentença (art. 200, parágrafo único). O mesmo se dá com a conciliação das partes (art. 334, § 11) e com a transação (art. 487, III).

344. Petições e autos suplementares

Ao entregar em cartório suas petições, arrazoados, papéis e documentos, as partes têm direito a recibo a ser passado pelo escrivão (CPC/2015, art. 201), o qual comprova observância dos prazos legais e serve para documentar o ato praticado.

O Código de 1973 previa formação de autos suplementares, cuja função era servir de base para a restauração do processo no caso de extravio dos autos originais e de apoio para a execução provisória de sentença (arts. 589 e 1.063, parágrafo único).

Atualmente, a execução provisória independe de autos suplementares (CPC/2015, art. 522), e, adotado o processo eletrônico, não tem sentido cogitar-se de autos suplementares, por óbvio.

Todavia, o CPC/2015, no art. 712, parágrafo único, tratando da restauração de autos desaparecidos, sem distinguir entre eletrônicos e físicos, reconhece, ainda, a possibilidade de existirem *autos suplementares*, nos quais o *processo deverá prosseguir*.

Assim, no regime atual, não há mais a obrigatoriedade de que todas as petições e documentos sejam sempre apresentados, nos autos, em duplicata, como previa o art. 159 do CPC/1973. É possível, no entanto, que regulamentos locais conservem a prática dos autos suplementares, os quais, sem dúvida, são de inegável importância na restauração dos originais desaparecidos.

É bom ter em mente que os desaparecimentos não são tão raros na experiência do foro, e nem mesmo o processo eletrônico impede a ocorrência desses incidentes que tanto prejuízo acarretam aos interesses das partes e tanto desprestígio trazem à eficiência da prestação jurisdicional. A organização dos serviços locais, ministrada por regulamento dos tribunais ou pelas leis de organização judiciária, portanto, tem a faculdade de continuar trabalhando com o mecanismo dos autos suplementares ou de algum expediente que a eles se assemelhe, dentro das modernas técnicas de conservação de documentos, as quais hoje contam com as ferramentas da digitalização, entre tantas outras. Só assim se pode reconhecer utilidade à referência do

---

93 Na verdade, não é a transação (contrato) o ato processual, mas sua invocação em juízo como objeto da exceção manejada pela parte ou de homologação pelo juiz (v., *retro*, n°s 328 e 330).

CPC/2015 aos autos suplementares na disciplina da restauração de autos desaparecidos (art. 712, parágrafo único).

345. Cotas marginais e interlineares nos autos

Aos advogados das partes é assegurado o direito de manusear livremente os autos, inclusive fora do cartório. Mas proíbe o Código que neles se lancem cotas marginais ou interlineares (CPC/2015, art. 202).

Quando tal preceito for infringido, o juiz mandará riscar as cotas, impondo a quem as escreveu multa correspondente à metade do salário mínimo vigente na sede do juízo (art. 202, segunda parte).

"Nem mesmo os traços a lápis, que Batista Martins dizia toleráveis, devem ser permitidos. A não ser assim, em pouco tempo os autos estarão repletos de traços e sinais que os desfigurarão".[94] A multa imposta será incluída na conta de custas para ser cobrada da parte responsável.

---

[94] MONIZ DE ARAGÃO, Egas Dirceu. *Comentários ao Código de Processo Civil*. 6. ed. Rio de Janeiro: Forense, 1989, v. II, n. 26, p. 47.

§ 45. ATOS DO JUIZ

346. Atividade processual do juiz

No comando do processo, o juiz está dotado de duas espécies de poderes: o de dar solução à lide, e o de conduzir o feito segundo o procedimento legal, resolvendo todos os incidentes que surgirem até o momento adequado à prestação jurisdicional. Durante a marcha processual e no exercício de seus poderes de agente da jurisdição, o juiz pratica atos processuais de duas naturezas:

(a) decisórios; e
(b) não decisórios.

Nos primeiros, há sempre um conteúdo de deliberação ou de comando. Nos últimos, predomina a função administrativa, ou de polícia judicial.

347. Atos decisórios

Conforme a natureza do processo (de *cognição* ou de *execução*), os atos do juiz podem ser divididos em:

(a) atos decisórios propriamente ditos; e
(b) atos executivos.

Nos primeiros, visa-se a preparar ou obter a declaração da vontade concreta da lei frente ao caso *sub iudice*. Já nos atos executivos, procura-se a realização efetiva da mesma vontade, por meio de providências concretas sobre o patrimônio do devedor, para satisfação do direito do credor (atos, por exemplo, que ordenam a penhora, a arrematação, a adjudicação etc.).

Quando, no entanto, se faz a confrontação dos atos do juiz com os atos das partes no processo, aqueles, mesmo quando se referem ao processo executivo, "são, regra geral, provisões, ordens, determinações, decisões", logo "atos decisórios" em sentido lato. Assim é perfeitamente válida a afirmação de Amaral Santos de que "as atividades do juiz, no desenvolvimento da relação processual, se manifestam especialmente por meio de atos decisórios – *despachos* e *sentenças*".[95] Todavia, há, sem dúvida, na atividade executiva, e até mesmo na cognitiva, momentos em que o juiz nada decide, e apenas aperfeiçoa negócios processuais como a nomeação de peritos, curadores, depositários, ou integra a eficácia de atos expropriatórios como a arrematação e a adjudicação. Por certo, esse tipo de atividade não se enquadra no conceito de ato decisório, nem se reduz à mera impulsão da marcha processual, se se leva em conta o tipo de eficácia que dela advém tanto para o plano de direito material como processual.

Enfim, deve-se considerar como decisórios os atos que contêm pronunciamentos do juiz a respeito de *questões* que surgem dentro do processo, sejam elas oriundas de *pontos controvertidos* no campo do direito processual como no de direito material. Essas decisões podem versar sobre questões de fato ou de direito, mas sempre produzirão efeitos no âmbito do processo, podendo expandir, às vezes, até para fora dele.

A enumeração dos atos que a lei chama de "pronunciamentos do juiz" é assim feita, conforme o art. 203 do CPC/2015:

(a) sentenças;

---

95 AMARAL SANTOS, Moacyr. *Primeiras Linhas de Direito Processual Civil*. 4. ed. São Paulo: Saraiva, 1973, v. III, n. 641, p. 27-28.

(*b*) decisões interlocutórias; e

(*c*) despachos.

348. Definições legais

O Código atual adotou uma postura objetiva para qualificar os atos judiciais em sentença ou decisão interlocutória. Não se preocupou com a matéria decidida, mas com a finalidade do ato decisório e sua repercussão sobre o encerramento do procedimento cognitivo ou da execução. Superando antigas divergências doutrinárias, o atual Código, em seu art. 203 e parágrafos, assim conceituou os atos decisórios do juiz:

(*a*) *sentença*, na dicção do art. 203, § 1º, com ressalva a algumas disposições dos procedimentos especiais, é "o pronunciamento por meio do qual o juiz, com fundamento nos arts. 485 e 487, põe fim à fase cognitiva do procedimento comum, bem como extingue a execução". Não se faz, no conceito legal, qualquer referência ao conteúdo do julgado, que tanto pode referir-se ao mérito, como a preliminares processuais.

O Código atual andou bem ao explicitar que a sentença coloca "fim à fase cognitiva do procedimento comum, bem como extingue a execução", corrigindo uma impropriedade ocorrida na lei anterior, que induzia ao entendimento de que toda decisão que tivesse como conteúdo uma das hipóteses dos arts. 267[96] ou 269[97] (CPC/1973) seria sentença, o que nem sempre era correto. Não é o conteúdo que qualifica a decisão como sentença, mas, sim, o fato de ela extinguir ou não o processo ou uma de suas fases.

O Código atual, repetindo previsão já existente no Código de Buzaid, utilizou um critério *puramente finalístico* para conceituar a sentença, sem levar em conta a matéria e o conteúdo da decisão. É sentença, portanto, o ato decisório que coloca fim à fase cognitiva do procedimento comum ou à execução, seja a matéria decidida de mérito ou não. "Conclui-se, por conseguinte, que o traço característico da sentença (apontado pela doutrina desde as Ordenações Filipinas) não é o seu conteúdo, mas, sim, sua finalidade dentro do processo", de sorte que "não só o pronunciamento judicial classificado como sentença pode conter conteúdo meritório ou processual – já que a decisão interlocutória também o poderá –, mas somente a sentença tem aptidão de pôr fim à cognição do procedimento comum, sendo este, portanto, seu traço distintivo puro".[98]

Como se vê, a nova lei foi bastante clara e objetiva na conceituação, o que não ocorria no Código anterior, que se limitava a conceituar a sentença de acordo com a matéria decidida pelo juiz (CPC/1973, art. 162, § 1º). Assim, se o ato decisório é proferido durante a marcha processual, sem colocar fim à fase cognitiva ou à execução, trata-se de decisão interlocutória, que desafia o recurso de agravo de instrumento. Se, contudo, a decisão finaliza a atividade jurisdicional da primeira instância, é sentença, contra a qual deve ser interposto o recurso de apelação.

Com efeito, após as Leis 10.444/2002 e 11.232/2005 editadas na vigência do Código de 1973, não há mais uma divisão rígida entre processo de conhecimento e processo de execução. Não existem dois procedimentos distintos e autônomos. Em verdade, o que há é a divisão do processo em fases. Encerrada a fase de cognição com uma sentença, o processo

---

96 CPC/2015, art. 485.

97 CPC/2015, art. 487.

98 SANTOS, José Carlos Van Cleef de Almeida. O projeto do novo Código de Processo Civil e a (re)afirmação da decisão interlocutória de mérito. *Revista dos Tribunais*, v. 950, dez. 2014, p. 74.

continua na fase seguinte, executiva, sem necessidade de instauração de um novo processo.[99] Assim, no procedimento comum, quando dividido em duas fases, é possível identificar-se uma sentença de acertamento (com força condenatória) e, após o seu cumprimento, uma outra sentença de extinção da execução (CPC/2015, arts. 513 e 925). Por isso, correta a disposição do Código de 2015 que qualifica a sentença como o ato que coloca fim à fase de cognição e à execução.

O Código, entretanto, ressalvou dessa conceituação os procedimentos especiais, cujo trâmite foge um pouco do procedimento comum. Por exemplo, estão previstas na ação de demarcação uma sentença para definir o traçado da linha demarcada (CPC/2015, art. 581), e outra para homologar o auto de demarcação (art. 587). Também na ação de consignação em pagamento, em que ocorre dúvida sobre quem seja o legítimo credor, o juiz, diante do comparecimento de mais de um interessado, decidirá primeiro a procedência do depósito e a extinção da obrigação, para, posteriormente, resolver, em sentença, a disputa entre os presuntivos credores (art. 548, III). No processo da sucessão hereditária, porém, a fase de inventário termina por decisão interlocutória de homologação do cálculo do imposto de transmissão *causa mortis* (art. 638, § 2º) e a fase de partilha, por sentença homologatória (art. 654). De qualquer maneira, a coisa julgada material se formará sempre que houver solução de mérito, seja qualificado o decisório como sentença ou como decisão interlocutória. Mas os recursos serão diversos, dependendo da qualificação da decisão: da sentença caberá sempre apelação, não importa a matéria julgada (art. 1.009), enquanto a decisão interlocutória será sempre atacável por agravo de instrumento, mesmo que tenha decidido questão de mérito (art. 1.015);

(b) decisão interlocutória "é todo pronunciamento judicial de natureza decisória que não se enquadre no § 1º", ou seja, que não coloque fim à fase cognitiva do procedimento comum, nem extinga a execução (art. 203, § 2º);

(c) despachos são "todos os demais pronunciamentos do juiz praticados no processo, de ofício ou a requerimento da parte" (art. 203, § 3º).

Recebe a denominação de "acórdão" o julgamento colegiado proferido pelos tribunais (art. 204), seja quando faz o papel de sentença, seja o de decisão interlocutória. Em outros termos, os tribunais, como os juízes de primeiro grau de jurisdição, ora decidem o necessário para encerrar o procedimento cognitivo ou executivo, ora se pronunciam sobre questões incidentais, sem impedir a continuidade do processo e sem exaurir a atividade de acertamento do litígio, e tampouco pôr fim ao procedimento da execução forçada pendente. Em todos os casos, porém, os decisórios colegiados dos tribunais serão denominados "acórdãos".[100]

---

99 "Com base na realidade do procedimento sincrético, que mescla uma 'fase de conhecimento' com uma posterior 'fase de execução', a sentença não mais extingue o processo, mas apenas determina o início de uma 'nova fase' na mesma atividade processual" (GOMES, Magno Federici; RESENDE, Cauã Baptista Pereira de. Parâmetros de delimitação dos provimentos dos magistrados no direito processual, no Código de Processo Civil atual e no Projeto de Lei do Senado n. 166/2010. *Revista do Instituto dos Advogados de Minas Gerais*, n. 17, 2011, p. 338).

100 O termo *acórdão* deriva do verbo *acordar*, entrar em acordo, e isto se deve à circunstância de que as decisões dos tribunais resultam de pronunciamentos dos diversos membros que constituem seus órgãos decisórios, correspondendo, pois, a um acordo total ou majoritário sobre a solução do objeto litigioso. Daí a forma usual utilizada na deliberação dos tribunais: "acordam os membros da (...) Turma (ou Câmara) deste Tribunal, por unanimidade (ou por maioria) em dar (ou negar) provimento ao recurso (...)".

349. Decisão interlocutória

"Decisão, em sentido lato, é todo e qualquer pronunciamento do juiz, resolvendo uma controvérsia, com o que abrange, em seu significado, as próprias sentenças".[101] A decisão interlocutória, porém, tem um conteúdo específico, diante do conceito que o Código lhe emprestou de maneira expressa. Corresponde, assim, ao "pronunciamento judicial de natureza decisória" que não seja a sentença, e, assim, não encerre a fase cognitiva do procedimento, nem ponha fim à execução.

A ideia de decisão interlocutória remonta ao Direito Romano, em que se fazia uma contraposição entre *sentenças* e *interlocuções*. Enquanto aquelas resolviam o mérito, acolhendo ou rejeitando o pedido do autor, as interlocuções abrangiam todos os demais pronunciamentos do juiz, emitidos no curso do processo, sem solucionar o litígio.

Por deturpação do direito germânico, acolhida pelo direito canônico e intermédio, adotou-se o conceito de sentença interlocutória para alguns pronunciamentos que, sem julgar o mérito da causa, solucionavam, contudo, questões outras surgidas durante a tramitação do processo, visando a preparar a sentença final, como, por exemplo, as relacionadas com o ônus da prova, com a tempestividade da defesa, o cabimento de uma prova especial etc.[102]

Chiovenda demonstrou a impropriedade da expressão *sentença interlocutória*, pois, em seu significado próprio, sentença tem por objetivo o resultado final do processo, enquanto *interlocução* é apenas o meio de preparar a solução última do feito.

Procurando fugir a essa lúcida crítica, o Código de 1973, seguido pelo atual, adotou a denominação "decisão interlocutória" para caracterizar as deliberações que solucionam questões incidentes no curso do processo, distinguindo-as dos simples "despachos", dos quais o juiz se serve quando apenas tem que dar andamento ao processo, em sua trajetória normal rumo à sentença.

Há possibilidade de inúmeros incidentes no curso do processo e até se pode deparar com alguns que provoquem o encerramento da própria relação processual, sem solução do litígio, como o da falta de representação ou da ilegitimidade de parte. A solução de tais incidentes, todavia, não se dá por meio de decisão interlocutória, mas sim de sentença *terminativa* (decisão que põe fim ao processo sem julgar o mérito).

Realmente, só ocorre a decisão interlocutória quando a solução da questão incidente não leva ao encerramento do feito ou de alguma de suas fases principais (cognição e execução). Mesmo que se enfrente alguma questão de mérito, ainda será decisão interlocutória, e não sentença, se o objeto da fase de conhecimento ou de execução (isto é, o pedido) não for exaurido pelo pronunciamento incidental.

Por outro lado, a admissão pelo Código de que a decisão interlocutória pode enfrentar questão representativa de parte do mérito da causa (CPC/2015, art. 356), desafiando agravo de instrumento (§ 5º), põe fim à velha discussão doutrinária sobre a unidade do objeto litigioso e unicidade da sentença, como instrumento de solução do litígio, com sérias repercussões sobre a formação da coisa julgada material e sua invalidação por meio da ação rescisória. Fica patente, para o atual Código, que uma decisão interlocutória nem sempre se limita a resolver questão acessória, secundária, de ocorrência anormal no curso do processo e autônoma em relação ao seu objeto. Também o próprio mérito da causa pode sofrer parcelamento e, assim, enfrentar decisão parcial por meio de decisão interlocutória, como deixa claro o referido art. 356. Melhor

---

[101] MARQUES, José Frederico. *Manual de Direito Processual Civil*. Campinas: Bookseller, 1997, v. III, n. 537, p. 41.

[102] MONIZ DE ARAGÃO, Egas Dirceu. *Comentários ao Código de Processo Civil*. Rio de Janeiro: Forense, 1974, v. II, n. 30, p. 39.

orientação, portanto, adotou o Código atual quando evitou limitar a decisão interlocutória à solução de *questões incidentes*,[103] destinando-a a resolução de qualquer questão, desde que não ponha fim à fase cognitiva do procedimento comum ou não extinga a execução (art. 203, §§ 1º e 2º). Em outros termos, a decisão interlocutória, na dicção legal, é a que soluciona qualquer questão, sem enquadrar-se na conceituação de sentença.[104]

Sob pena de nulidade, toda decisão interlocutória deverá ser adequadamente fundamentada (Constituição Federal, art. 93, IX; CPC/2015, art. 11). Essa exigência, portanto, não se limita às sentenças, pois o que a garantia constitucional do processo justo quer é que toda e qualquer decisão judicial seja sempre adequadamente fundamentada.

Note-se, outrossim, que não apenas o juiz singular profere decisão interlocutória. O Tribunal, também, quando julga recurso sobre questão incidente, sem extinguir o processo, prolata acórdão classificável como decisão interlocutória.

350. Despachos

"*Despachos* são as ordens judiciais dispondo sobre o andamento do processo", também denominadas "despachos *ordinatórios* ou *de expediente*".[105] Com eles não se decide incidente algum: tão somente se impulsiona o processo.

Tanto podem ser proferidos *ex officio* como a requerimento das partes. Deve-se, a propósito, lembrar que, pela sistemática de nosso Código, o processo começa sempre por iniciativa da parte. Não há instauração *ex officio* da relação processual. Mas, uma vez provocada a atividade jurisdicional pela parte interessada, o processo desenvolve-se por impulso do juiz, independentemente de nova provocação do litigante (CPC/2015, art. 2º).

São exemplos de despachos ordinatórios: o que recebe a contestação, o que abre vista para parte, o que designa data para audiência, o que determina intimação dos peritos e testemunhas etc. É importante distinguir entre *despacho* e *decisão*, porque do primeiro nunca cabe recurso algum (CPC/2015, art. 1.001), enquanto desta cabe impugnação por meio de agravo ou de preliminar de apelação (arts. 1.009, § 1º, e 1.015).

Para tanto, devem-se considerar despachos de mero expediente (ou apenas despachos) os que visem unicamente à realização do impulso processual, sem causar nenhum dano ao direito ou interesse das partes. "Caso, porém, ultrapassem esse limite e acarretem ônus ou afetem direitos, causando algum dano (máxime se irreparável), deixarão de ser de mero expediente

---

103 "Caminhou bem o legislador ao propor no Projeto a eliminação da expressão 'questão incidente', uma vez que há muito a decisão interlocutória também destina-se a apreciar questão principal, de cunho eminentemente processual ou até de mérito, mesmo que no curso do processo. A expressão 'questão incidente' é subterfúgio de muita argumentação para afastar a possibilidade da decisão interlocutória resolver parte do mérito no curso do processo, uma vez que a interpretação que parte da doutrina emprega à questão incidente é a de que apenas pontos diferentes do mérito integram seu objeto" (SANTOS, José Carlos Van Cleef de Almeida. O projeto do novo Código de Processo Civil e a (re)afirmação da decisão interlocutória de mérito. *Revista dos Tribunais*, São Paulo, v. 950, p. 96, dez. 2014).

104 "E evidencia-se que o Projeto avança, significativamente, também na classificação da decisão interlocutória, uma vez que a identifica através de um critério residual, pelo qual a define como sendo o pronunciamento judicial com natureza decisória e que não seja sentença" (SANTOS, José Carlos Van Cleef de Almeida. O projeto do novo Código de Processo Civil e a (re)afirmação da decisão interlocutória de mérito. *Revista dos Tribunais*, São Paulo, v. 950, p. 96, dez. 2014).

105 REZENDE FILHO, Gabriel José Rodrigues de. *Curso de Direito Processual Civil*. 5. ed. São Paulo: Saraiva, 1959, v. III, n. 804, p. 15.

e ensejarão recurso".[106] Configurarão, na realidade, não *despachos*, mas verdadeiras *decisões interlocutórias*.[107]

Em regra, "como o despacho não pode ser objeto de recurso, nenhuma preclusão decorre desse ato do juiz. Assim é que a citação ordenada no despacho liminar não impede que o juiz, posteriormente, declare inepta a petição inicial em que o referido despacho foi requerido".[108] Da mesma forma, o réu que, no prazo assinado para contestar a ação, não se defende com alegação de prescrição ou de falta de legitimidade da parte, não perde a faculdade de fazê-lo posteriormente; e a parte que não comparece à audiência preliminar de conciliação, para a qual foi regularmente intimada, não perde a possibilidade de se conciliar durante a audiência de instrução e julgamento ou em qualquer momento anterior ao julgamento da causa.

Há, porém, atos ordinatórios que, mesmo sem conteúdo decisório, assinalam prazos fatais definidos por lei a fim de que a parte exerça certa faculdade processual, como ocorre, entre outros, nos casos de impugnação à contestação (CPC, art. 350), de contestação à reconvenção (CPC, art. 343, § 1º) e de contrarrazões à apelação (CPC, art. 1.010, § 1º). Em tais hipóteses, a parte intimada que deixa de praticar o ato processual no devido prazo sofre os efeitos da preclusão temporal. Porém, a perda da faculdade não exercitada é efeito não propriamente do ato ordinatório judicial, mas da lei reguladora da ocorrência.[109]

Para liberar o juiz do peso inútil de despachos meramente ordinatórios e sem qualquer conteúdo valorativo, como os relativos à "juntada" e à "vista obrigatória", o atual Código previu no art. 203, § 4º, que o escrivão ou secretário, de ofício, os pratique.

A Emenda Constitucional 45, de 30.12.2004, acrescentando o inciso XIV ao art. 93 da Constituição, determinou que se torne regra nos juízos a delegação aos servidores "para a prática de atos de administração e atos de mero expediente sem caráter decisório". Com isso, os *despachos* a que alude o art. 203, § 4º, do CPC, passam, em regra, a ser substituídos por atos de rotina das próprias secretarias judiciais.

351. Sentença

O titular do interesse em conflito (sujeito da lide) tem o direito subjetivo (direito de ação) à prestação jurisdicional, a que corresponde um dever do Estado-juiz (a declaração da vontade concreta da lei, para pôr fim à lide). É por meio da sentença que o Estado satisfaz esse direito e cumpre o dever contraído em razão do monopólio oficial da justiça.

A sentença, portanto, "é emitida como *prestação* do Estado, em virtude da obrigação assumida na relação jurídico-processual (processo), quando a parte ou as partes vierem a juízo, isto é, exercerem a pretensão à tutela jurídica".[110]

São elas, tradicionalmente, classificadas em:

(a) sentenças *terminativas*; e
(b) sentenças *definitivas*.

---

[106] MONIZ DE ARAGÃO, Egas Dirceu. *Comentários ao Código de Processo Civil*. Rio de Janeiro: Forense, 1974, v. II, n. 35, p. 45.

[107] MARQUES, José Frederico. *Manual de Direito Processual Civil*. Campinas: Bookseller, 1997, v. III, n. 538, p. 43.

[108] MARQUES, José Frederico. *Manual de Direito Processual Civil*. Campinas: Bookseller, 1997, v. III, n. 538, p. 43.

[109] "A regra é que o Ato Ordinatório não produz a preclusão, salvo quando o impulsionamento realizado apenas exterioriza comandos legais, cujo descumprimento tem por efeito a perda de uma faculdade processual (preclusão temporal)" (GOMES JR., Luiz Manoel; CHUEIRI, Miriam Fecchio. Ato ordinatório e a possibilidade de preclusão. Análise de alguns pontos relevantes. *Revista de Processo*, São Paulo, v. 339, p. 100, maio 2023).

[110] PONTES DE MIRANDA, Francisco Cavalcanti. *Comentários ao Código de Processo Civil*, 1974, v. V, p. 395.

As *terminativas* "põem fim ao processo, sem lhe resolverem, entretanto, o mérito" (casos de extinção do processo previstos no CPC/2015, art. 485). Após elas, subsiste ainda o direito de ação, isto é, o direito de instaurar outro processo sobre a mesma lide, já que esta não chegou a ser apreciada. *Definitivas* são as sentenças "que decidem o mérito da causa, no todo ou em parte", e, por isso, extinguem o próprio direito de ação.[111] Após essa modalidade de julgado, não é mais possível às partes a propositura de outra causa sobre a lide, que nele encontrou sua definitiva solução.

Decidir, no entanto, questão de mérito não é suficiente para se ter uma sentença. Consoante asseverado, o Código adotou um critério finalístico para a conceituação da sentença, sendo irrelevante, portanto, o seu conteúdo ou a matéria decidida. É indispensável que toda a atividade cognitiva do juiz esteja concluída, para que se possa conceituar o ato decisório como sentença.

Há casos em que se resolve questão de mérito de maneira incidental, devendo o processo prosseguir para em momento ulterior ocorrer o exaurimento do provimento jurisdicional exigido pela fase de conhecimento da causa. Deliberações dessa natureza configuram decisão interlocutória e não sentença.[112] Deve-se, pois, conceituar como sentença *definitiva* o ato decisório do juiz que, em primeiro grau de jurisdição, conclui a fase cognitiva do processo. Também é sentença a decisão que decreta a extinção da execução.

O Código de Processo Civil engloba sob o nome genérico de sentença as duas espécies de julgamento, porquanto o art. 203, § 1º, define sentença como sendo o pronunciamento do juiz que, com fundamento nos arts. 485 (sentenças terminativas) e 487 (sentenças definitivas), põe fim à fase cognitiva do procedimento comum, bem como extingue a execução.

Há, como se vê, no sistema do Código, sentenças que solucionam o litígio, apresentando à parte a prestação jurisdicional postulada, e sentenças que encerram o processo pela declaração de inadmissibilidade da tutela jurisdicional, tendo em conta as circunstâncias em que a prestação foi deduzida em juízo. Para o Código, contudo, o que importa para a conceituação de sentença não é o seu conteúdo, mas o papel que a decisão representa para o processo instaurado pelo autor. Tomando-se como objeto do processo de conhecimento o pedido de acertamento judicial do conflito jurídico deduzido em juízo, será sentença o provimento com que o órgão judicial enfrente a pretensão do autor. Pode enfrentá-la em seu mérito ou pode simplesmente se recusar a enfrentá-la por falta de condições técnicas (pressupostos processuais ou condições da ação). Não importa de que modo se posicione o juiz. Se o ato tem como fim encerrar o debate acerca da pretensão que constitui o objeto da causa, tem-se sentença.

No entanto, há consequências, inclusive no bojo do próprio Código, decorrentes da diversidade de natureza jurídica registrada entre a sentença definitiva e a terminativa. Assim é que, ao cuidar da coisa julgada, dispõe que diante da sentença de mérito ficam as partes inibidas de repropor a demanda (art. 502), enquanto tal não se passa com a sentença terminativa (art. 486).

Por outro lado, embora se pudesse caracterizar a sentença pela força de extinguir o processo, na verdade a relação processual nunca se encerra com a simples prolação de uma sentença, qualquer que seja ela (basta lembrar a possibilidade sempre existente de recurso e a devolução do conhecimento da causa a outro órgão jurisdicional, e, às vezes, com reabertura de oportunidade ao próprio juiz, autor da sentença, de proferir novo julgamento, como se dá nos embargos de declaração). A extinção completa da atividade cognitiva, que se pode entrever

---

111 REZENDE FILHO, Gabriel José Rodrigues de. *Curso de Direito Processual Civil*. 5. ed. São Paulo: Saraiva, 1959, v. III, n. 804 e 805, p. 15-16.

112 Lembra Leonardo Greco que não são sentenças os atos do juiz que homologam transação sobre parte do pedido, ou que reduzem o objeto do processo em virtude de renúncia parcial do direito disputado em juízo, assim como os que acolhem pedido de antecipação de tutela, pois todos eles não impedem o prosseguimento do processo. "E tais decisões não serão sentenças, porque não terão concluído a fase cognitiva do processo" (GRECO, Leonardo. Primeiros comentários sobre a reforma da execução oriunda da Lei nº 11.232/05. *Revista Dialética de Direito Processual*, v. 36, p. 71, mar. 2006).

como o fim do processo de conhecimento, só ocorre, na realidade, quando se opera a coisa julgada formal, ou seja, quando o pronunciamento judicial se torna irrecorrível.[113] O que, de ordinário, a sentença encerra é a atividade jurisdicional cognitiva do órgão perante a qual pendia a causa, em primeiro grau de jurisdição.

Uma vez que até mesmo algumas diligências de acertamento complementar e muitas de cumprimento da sentença podem ocorrer após a coisa julgada no mesmo processo, convém delimitar o seu conceito em confronto com o de decisão interlocutória. Esta refere-se sempre à solução de incidentes situados entre o pedido de tutela e a resposta a este pedido. Como solução de questão incidental, a decisão interlocutória não objetiva encerrar a busca de provimento que se relaciona diretamente com o objeto do processo. A sentença, por exclusão, é o ato judicial que não configura decisão interlocutória, por versar não sobre simples incidente, mas sobre o destino final da solução a ser dada ao pedido de tutela formulado na propositura da causa. Assim, não é por versar sobre questão ligada ao mérito da causa que uma decisão configurará sentença. Nem é por tratar de matéria apenas processual que o ato do juiz será decisão interlocutória. Quando o juiz, por exemplo, exclui um litisconsorte no saneador, enfrenta questão de direito material ligada ao mérito da causa, mas não profere sentença, pois apenas elimina da marcha do processo aquilo que não será conveniente persistir para a etapa final de composição do litígio. Por outro lado, não será decisão interlocutória o provimento com que o juiz extingue o processo, sem exame do mérito, por faltar condição técnica para tanto (art. 485).

Como na sistemática do direito positivo é decisão interlocutória qualquer pronunciamento sobre questões surgidas antes ou até depois da sentença, o Código corretamente qualifica como decisão interlocutória a que, após o julgamento de condenação, resolve as impugnações aos atos executivos (atos de cumprimento do julgado) e as decisões proferidas na liquidação da sentença, prevendo, por isso, o cabimento do agravo de instrumento (art. 1.015, parágrafo único).

352. Atos não decisórios

Com o conceito de *despacho*, pretendeu o Código abranger todo e qualquer ato praticado pelo juiz no processo que não fosse tido como sentença ou decisão interlocutória. São despachos – afirma o art. 203, § 3º – "todos os demais pronunciamentos do juiz praticados no processo, de ofício ou a requerimento da parte". No entanto, a enumeração do art. 203 não esgota os atos processuais do juiz, porque só alcança os pronunciamentos de conteúdo decisório ou ordinatório.

Além desses, no entanto, pratica o juiz atos que não são de natureza decisória, nem mesmo de impulso procedimental, como a presidência de audiências (art. 358), a ouvida de peritos e testemunhas (arts. 361, I, e 459, § 1º), a colheita direta e pessoal de outras provas (art. 361, II), a inspeção judicial de pessoas e coisas (art. 481), a entrevista do interditando (art. 751) etc., sem embargo daqueles outros atos chamados pela doutrina de "atos administrativos do processo", derivados do poder de polícia em audiência, poder disciplinar sobre serventuários da justiça etc.

Não se pode deixar de lembrar a existência dos atos executivos que o juiz realiza não apenas no processo de execução propriamente dito, mas também no processo de conhecimento, que atualmente não se encerra com a sentença condenatória, mas prossegue após ela com a prática de medidas de força para compelir a parte vencida a realizar a prestação a que tem direito o vencedor. Mesmo antes da sentença condenatória, o juiz é chamado a presidir atos executivos como os de tutela de urgência ou de evidência. É verdade que os atos executivos são geralmente precedidos de decisão interlocutória. O juiz não se limita, porém, a decidir a seu respeito, pois toma medidas concretas para que sua implementação se dê, como expedição de comandos mandamentais,

---

[113] MARQUES, José Frederico. *Manual de Direito Processual Civil*. Campinas: Bookseller, 1997, v. III, n. 523, p. 25.

requisição de força policial, interdição de estabelecimentos, bloqueios de conta etc. Além disso, há atos de que o juiz participa apenas com função integrativa ou documentária, como os autos de arrematação (art. 903, *caput*) e de adjudicação (art. 877, § 1º), autorização para o inventariante alienar bens do espólio (art. 619, I) ou pagar dívidas do autor da herança (art. 619, III), os formais de partilha (art. 655), os autos de demarcação (art. 586) e de divisão (art. 597), entre outros.

Muitos, como se vê, são os atos do juiz praticados além dos denominados *atos decisórios*.

353. Forma dos atos decisórios

"Os despachos, as decisões, as sentenças e os acórdãos serão redigidos, datados e assinados pelos juízes" (CPC/2015, art. 205). Quando proferidos oralmente em audiência ou sessão de julgamento, "o servidor os documentará, submetendo-os aos juízes para revisão e assinatura" (art. 205, § 1º).

Na busca de modernizar o processo por intermédio da utilização dos meios eletrônicos de transmissão de dados, o art. 205, § 2º, autoriza os Tribunais a implantar sistema que possibilite a assinatura dos juízes, nos atos de seu ofício, por meios eletrônicos, em todos os graus de jurisdição, na forma da lei. Da mesma forma, os despachos, as decisões interlocutórias, o dispositivo das sentenças e a ementa dos acórdãos deverão ser publicados no Diário de Justiça Eletrônico (art. 205, § 3º).

Devem as sentenças e os acórdãos conter os requisitos previstos no art. 489, isto é, o relatório, a fundamentação e o dispositivo (ver n°s 764 a 767, sobre o conceito desses requisitos).

As demais decisões, ou seja, as decisões interlocutórias, não exigem relatório completo do processo, sendo suficiente historiar a questão em julgamento e seus antecedentes dialéticos no processo; mas devem se apoiar em fundamentação adequada e chegar a dispositivo claro e preciso. Os despachos, como é intuitivo, são proferidos sem que o juiz tenha de explicitar fundamentos ou motivos, posto que se limitam ao objetivo de dar andamento ao processo.

Os atos dos juízes singulares, para validade, dependem, efetivamente, da assinatura do autor da decisão.[114] Mas, com relação aos acórdãos, que representam deliberações dos tribunais (órgãos coletivos), não é essencial que sejam assinados por todos os julgadores, para produzir sua eficácia normal.

A lavratura do acórdão é sempre ato posterior à sessão de julgamento. Havendo ulterior impedimento do relator ou de algum julgador, outro juiz elaborará o acórdão e justificada será a não assinatura do faltoso. Há, outrossim, a ata da sessão, que comprova a participação dos diversos membros do órgão julgador, bem como do resultado a que chegou o julgamento. As ausências eventuais de assinatura de alguns juízes em acórdão são inevitáveis e até mesmo comuns em casos como os de afastamento posterior do juiz por aposentadoria, licença ou morte.[115]

---

[114] Em princípio, tem-se como inexistente a sentença não assinada pelo juiz (*RT* 508/64, 750/280, 784/362). Contudo, estando o ato judicial incorporado ao processo por meio da atividade documentária por lei atribuída ao escrivão, a assinatura do juiz tem apenas o escopo de evidenciar a autenticidade da peça. Logo, se essa autenticidade se encontrar comprovada por outro meio processual inequívoco, não haverá razão para considerar de forma radical como *res nullius* a sentença sem assinatura do prolator. Assim, a melhor exegese do art. 164 [CPC/2015 art. 205] é a de que, de fato, a sentença deve ser assinada pelo juiz. A falta de assinatura, todavia, não a torna nula ou inexistente, quando sua existência e autenticidade podem ser comprovadas por intermédio do termo de audiência, de sua publicação, de sua leitura, confirmada pela assinatura do escrivão, das partes, do Ministério Público, advogados e funcionários que participaram do ato (*RT* 577/185) (Cf. NERY JÚNIOR, Nelson; NERY, Rosa Maria de Andrade. *Código de Processo Civil Comentado*. 6. ed. São Paulo: RT, 2002, p. 756). Caso comum é o de o juiz devolver os autos ao escrivão com a cota indicadora de seguir à parte a sentença. A cota está assinada, mas por evidente distração o fecho da sentença ficou sem assinatura. Não haverá razão para se pôr em dúvida a autenticidade do decisório em semelhantes condições, pelo que sua validade terá de ser admitida, depois que o escrivão lhe deu a competente solenização por meio da adequada publicação.

[115] MONIZ DE ARAGÃO, Egas Dirceu. *Comentários ao Código de Processo Civil*. Rio de Janeiro: Forense, 1974, v. II, n. 38, p. 48.

§ 46. ATOS DO ESCRIVÃO OU DO CHEFE DE SECRETARIA

354. Documentação e comunicação dos atos processuais

No processo há um constante movimento, uma sucessão de atos todos concatenados e tendentes a alcançar a meta final, que é o provimento jurisdicional que haverá de solucionar o litígio. As declarações de vontade que formam os atos jurídicos processuais não têm existência e relevância sem seu inter-relacionamento com os demais atos da relação processual em que se insere.

O sistema do nosso Código assegura a marcha do processo, pelo método do impulso oficial, isto é, os próprios agentes do órgão judicial promovem o andamento do processo, mesmo que as partes estejam inertes. Para tanto, existem prazos contínuos e peremptórios previstos para o exercício dos atos processuais que tocam às partes, de par com ônus e deveres processuais, cuja inobservância acarreta soluções prefixadas na lei. Dessa forma, a marcha do processo torna-se quase automática, por força dos imperativos jurídicos que rodeiam a prática dos atos dos sujeitos processuais.

Para atingir sua finalidade, no entanto, os atos jurídicos processuais devem ser documentados e comunicados às partes. Daí a existência do principal órgão auxiliar do juiz, que é o escrivão ou o chefe de secretaria, que se encarrega especificamente dos atos de documentação, comunicação e movimentação do processo e cujas tarefas estão bem delineadas no art. 152 do CPC/2015.

Atos de documentação são os que se destinam a representar em escritos as declarações de vontade das partes, dos membros do órgão jurisdicional e terceiros que acaso participem de algum evento no curso do processo.

O ato processual geralmente precede à sua documentação. O depoimento pessoal, feito oralmente pela parte, é o ato processual propriamente dito. A documentação dele é a lavratura do termo pelo escrivão, após as declarações da parte. Mesmo quando as partes praticam o ato processual por escrito, como no caso de uma transação extra-autos ou no fornecimento de uma quitação ou renúncia de direito à parte contrária, seus efeitos, com relação ao processo, só se farão sentir após sua integração aos autos por ato de documentação que compete ao escrivão promover. A própria sentença do juiz enquanto não publicada e documentada nos autos não tem existência jurídica como ato processual.

Os termos processuais são a forma escrita com que o escrivão procede à documentação dos atos orais do processo, bem como à incorporação dos atos escritos das partes e outros sujeitos processuais.

Além dos atos de documentação, pratica o escrivão ou chefe de secretaria *atos de comunicação* ou de intercâmbio processual, os quais são indispensáveis para que os sujeitos do processo tomem conhecimento dos atos ocorridos no correr do procedimento e se habilitem a exercer os direitos que lhe cabem e a suportar os ônus que a lei lhes impõe.

Os principais atos de comunicação são as citações e as intimações, que se realizam quase sempre pessoalmente, mas há certas comunicações que o escrivão faz por via postal ou epistolar, como as dos arts. 248 e 273, II, além daquelas que se efetuam por edital (art. 256), por meio de publicação na imprensa oficial (art. 272) e através de meio eletrônico (arts. 193 e 270).

Os atos de comunicação feitos no bojo dos autos, como a intimação pessoal do advogado, se perfazem com um só ato do escrivão. Mas há também atos complexos de comunicação, como as citações e intimações feitas por meio de mandado, que se compõe de uma sucessão de solenidades iniciada com a expedição do mandado, seguida da leitura ao destinatário, da entrega da contrafé, da certidão da diligência e concluída com a juntada do mandado cumprido aos autos, pelo escrivão.

Ao mesmo tempo que documenta todos os atos processuais, o escrivão faz que o procedimento tenha andamento, certificando os atos praticados, verificando o vencimento dos prazos, abrindo vista às partes, cobrando os autos indevidamente retidos fora do cartório e fazendo conclusão deles ao juiz para os despachos de expediente ou decisões que o caso reclamar.

Toda documentação do escrivão ou chefe de secretaria está coberta pela presunção de veracidade, que decorre da fé pública que a lei reconhece ao seu ofício.

355. Autuação

O processo se inicia com a provocação do autor por meio da petição inicial. Depois de registrada na distribuição ou de despachada pelo juiz, a petição vai ao escrivão ou ao chefe de secretaria que promoverá o primeiro ato de documentação do processo: a autuação. Consiste este ato em colocar uma capa sobre a petição, na qual será lavrado um termo que deve conter o juízo, a natureza da causa, o número de seu registro nos assentos do cartório, os nomes das partes e a data do seu início (CPC/2015, art. 206).

Dessa autuação surge um volume ao qual se vão acrescentando, sucessivamente, todas as petições e documentos relacionados com a causa. Sempre que o volume inicial se tornar muito grande, outros serão abertos, com novas autuações, com as mesmas cautelas do art. 206.

Além disso, compete ao escrivão ou ao chefe de secretaria numerar e rubricar todas as folhas dos autos principais e suplementares (art. 207). É facultado, também, às partes, ao procurador, ao membro do Ministério Público, ao defensor público e aos auxiliares da justiça rubricar as folhas correspondentes aos atos em que intervierem (art. 207, parágrafo único).

356. Termos processuais

Os termos mais comuns que o escrivão redige no curso do procedimento são os de *juntada, vista, conclusão* e *recebimento*, que se apresentam como notas datadas e rubricadas pelo referido serventuário.

Juntada é o ato com que o escrivão certifica o ingresso de uma petição ou documento nos autos.

Vista é o ato de franquear o escrivão os autos à parte para que o advogado se manifeste sobre algum evento processual.

Conclusão é o ato que certifica o encaminhamento dos autos ao juiz, para alguma deliberação.

Recebimento é o ato que documenta o momento em que os autos voltaram a cartório após uma vista ou conclusão.

357. Forma dos termos

De acordo com o art. 209, *caput*, do CPC/2015, os atos e termos do processo serão assinados pelas pessoas que neles intervierem. Quando estas não puderem ou não quiserem firmá-los, o escrivão ou o chefe de secretaria certificará nos autos a ocorrência (art. 209, *caput*, *in fine*).

É lícito o uso da taquigrafia, estenotipia ou outro método idôneo para simplificar e mecanizar a documentação das audiências ou sessões de qualquer juízo ou tribunal (art. 210).

Na elaboração dos atos e termos processuais, é vedado ao escrivão deixar espaços em branco, salvo os que forem inutilizados, bem como fazer entrelinhas, emendas ou rasuras, salvo se expressamente ressalvadas (art. 211).

Tendo a Lei 11.419, de 19.12.2006, e o CPC/2015 aberto aos tribunais o uso amplo dos recursos eletrônicos no processo, a recepção e armazenamento dos atos processuais passaram, no formato digital, a ser assim controlados:

(a) "quando se tratar de processo total ou parcialmente documentado em autos eletrônicos, os atos processuais praticados na presença do juiz poderão ser produzidos e armazenados de modo integralmente digital em arquivo eletrônico inviolável, na forma da lei, mediante registro, em termo que será assinado digitalmente pelo juiz e pelo escrivão ou chefe de secretaria, bem como pelos advogados das partes" (CPC/2015, art. 209, § 1º);

(b) ocorrendo "eventuais contradições na transcrição deverão ser suscitadas oralmente no momento da realização do ato, sob pena de preclusão". Ao juiz, frente à eventual impugnação, caberá "decidir de plano e ordenar o registro, no termo, da alegação e da decisão" (CPC/2015, art. 209, § 2º).

Capítulo XI
O ATO PROCESSUAL NO TEMPO E NO ESPAÇO

§ 47. O TEMPO E O LUGAR DOS ATOS PROCESSUAIS

358. O tempo

O Código utiliza determinações de tempo para a prática dos atos processuais sob dois ângulos diferentes:

(a) o de *momento* adequado ou útil para a atividade processual; e
(b) o de *prazo* fixado para a prática do ato.

A primeira regra sobre o tempo hábil à prática dos atos processuais é a do art. 212 do CPC/2015, que determina sejam eles realizados em dias úteis, de seis às vinte horas. Entende-se por dias úteis aqueles em que há expediente forense, de modo que "durante as férias forenses e nos feriados não se praticarão atos processuais" (art. 214). O mesmo se diz dos sábados e domingos, que, conforme a maioria das Organizações Judiciárias, não são dias úteis.

Salvo no caso de citação e intimação, de nenhum efeito são os atos praticados em dias não úteis ou fora do horário legal. Permite-se, contudo, que os atos iniciados em momento adequado possam se prolongar além das vinte horas, "quando o adiamento prejudicar a diligência ou causar grave dano" (art. 212, § 1º).

Para a citação, a intimação e a penhora, há exceção expressa que permite sua prática, independentemente de autorização judicial, no período de férias forenses, onde as houver, e nos feriados ou dias úteis fora do horário legal (art. 212, § 2º). A diligência, todavia, dependerá da observância do disposto no art. 5º, XI, da Constituição Federal.[1]

Sempre que o ato for daqueles que se praticam por meio de petição, em autos não eletrônicos, como os recursos, a manifestação da parte terá de ser protocolada, dentro do horário de funcionamento do fórum ou tribunal, conforme disposto na lei de organização judiciária local (art. 212, § 3º). Não se transige, mais, com favores de serventuários que facilitavam a produção de recursos no último dia do prazo legal, fora do horário de expediente. Observe-se, ainda, que o horário útil para protocolar petições não é o genérico do *caput* do art. 212, em que se prevê a eventualidade de atos processuais até às vinte horas. Quando o recurso ou outro ato depender de protocolo, o que fixa o momento final de sua possibilidade é o término do expediente assinalado pela lei de organização judiciária. Também nada vale à parte a obtenção de despacho do juiz na petição de recurso se não for levada ao protocolo do cartório dentro do expediente. É pelo protocolo que a lei avalia a tempestividade do recurso e não pelo despacho do juiz.

Para o processo eletrônico, quando implantado pelos Tribunais, a Lei 11.419 institui regra diferente da fixada pelo art. 212, § 3º, do CPC/2015: as petições serão consideradas tempestivas

---

1 "A Casa é asilo inviolável do indivíduo, ninguém nela podendo penetrar sem consentimento do morador, salvo em caso de flagrante delito ou desastre, ou para prestar socorro, ou durante o dia, por determinação judicial" (Constituição Federal, art. 5º, XI).

quando remetidas por meio eletrônico até as vinte e quatro horas do último dia do prazo (Lei 11.419, arts. 3º, parágrafo único, e 10, § 1º). A regra, porém, só será observada quando o sistema de comunicação eletrônica de atos processuais estiver realmente implantado e a remessa da petição eletrônica observar as cautelas dos arts. 1º e 2º da Lei 11.419, relativas à observância da assinatura eletrônica e ao credenciamento prévio no Poder Judiciário.

A regra foi repetida pelo art. 213, do CPC/2015, ao dispor que a prática eletrônica de ato processual pode ocorrer em qualquer horário até as vinte e quatro horas do último dia do prazo. Mas, considerando que o horário oficial varia no Brasil de região para região, o parágrafo único do referido artigo ressalva que "o horário vigente no juízo perante o qual o ato deve ser praticado será considerado para fim de atendimento do prazo". Nessas circunstâncias, deve-se observar o horário local para determinação do termo final do prazo processual, mesmo que diferente daquele da localidade de expedição.

Utilizado o meio eletrônico para a prática de qualquer ato processual, será ele havido como realizado no dia e hora do seu envio ao sistema do Poder Judiciário, para todos os efeitos. Sem necessidade de intervenção de auxiliar da justiça, a comunicação eletrônica é feita diretamente entre a parte e o órgão judicial, cabendo a este fornecer protocolo eletrônico, dentro de seu sistema (Lei 11.419, art. 3º, *caput*). O controle da tempestividade, portanto, não depende de ato do escrivão, é feito eletronicamente.

359. Feriados e férias forenses

Consideram-se *feriados* os dias não úteis, isto é, aqueles em que habitualmente não há expediente forense, como os domingos, dias de festa nacional ou local e os sábados, quando as normas de organização judiciária suspenderem a atividade judiciária nesses dias (CPC/2015, art. 216). Todo dia em que não houver expediente forense deve ser qualificado como feriado, para efeito processual.

Férias forenses são as paralisações que afetam, regular e coletivamente, durante determinados períodos do ano, todo o funcionamento do juízo, por determinação da lei de organização judiciária. Ao contrário do feriado, que diz respeito pontualmente a determinado dia, as férias correspondem à ideia de suspensão dos serviços forenses por um período prolongado.

Constituem dias não úteis, e equiparam-se aos feriados, os que se compreendem nos períodos de férias da Justiça. Tanto nos feriados como nas férias não se praticam atos processuais (art. 214).[2] Em caráter excepcional, porém, permite o Código a prática dos seguintes atos durante as férias e nos feriados (art. 214, I e II):

(*a*) as citações, intimações e penhoras (art. 212, § 2º);
(*b*) a tutela de urgência (art. 214, II).

Todos esses atos são de notória urgência e a parte estaria sujeita, quase sempre, a suportar prejuízos graves, caso tivesse de aguardar o transcurso das férias para promovê-los. A lei nova, portanto, dispensa a parte de comprovar, caso a caso, o risco concreto de perigo de dano. Este é presumido nos casos arrolados nos incisos do art. 214.

Note-se, ainda, que o art. 214 não autoriza o andamento dos processos nas férias, mas tão somente permite a prática de determinados atos. Destarte, iniciado o processo, praticado o ato urgente e feita a citação, o prazo para a resposta do réu só começará a correr no primeiro dia útil seguinte ao feriado ou às férias.

---

2 Sobre a eficácia dos atos praticados em férias, consulte-se, adiante, o n. 360.

O elenco do art. 214 é genérico, quando cogita da tutela de urgência, já que esta abrange uma imprevisível variedade de hipóteses, como arresto, sequestro, busca e apreensão e qualquer medida que o juiz, no exercício do poder geral de cautela, entender necessária para enfrentar o *periculum in mora*, além das medidas satisfativas antecipatórias que também pode conceder (CPC/2015, arts. 294 a 311).

Caberá, então, ao juiz, diante da amplitude da ideia de tutela de urgência, examinar as características do ato que se pretende praticar nas férias, para verificar se, mesmo fora do enquadramento nas figuras típicas dos arts. 294 a 311, se justifica ou não sua realização durante o recesso da Justiça. Seria o caso de se pensar na produção antecipada de prova, por exemplo, que, embora não enquadrada no capítulo da tutela de urgência, pode reclamar sua imediata realização quando os vestígios do fato probando estiverem na iminência de desaparecer ou a testemunha a ouvir corra risco de vida ou programe mudar-se do país, entre outras hipóteses igualmente urgentes.

Note-se que a eventual existência, no juízo da causa, de juiz em plantão nas férias é irrelevante para os fins do art. 214. Apenas praticará ele os atos processuais que a lei permite sejam efetuados em férias, não autorizando o seguimento do processo após o cumprimento da medida urgente.

360. Processos que correm nas férias

Além dos atos processuais isolados que o art. 214 permite sejam praticados durante a suspensão da atividade forense, há processos que têm curso normal no período de férias, *i.e.*, processam-se durante as férias e não se suspendem, como os demais, pela superveniência delas. Acham-se eles enumerados pelo art. 215 e são os seguintes:

(a) os procedimentos de jurisdição voluntária e os necessários à conservação de direitos, quando puderem ser prejudicados pelo adiamento (inciso I);

(b) a ação de alimentos e os processos de nomeação ou remoção de tutor e curador (inciso II);

(c) os processos que a lei determinar (inciso III).

Embora o Código anterior mencionasse a lei federal como a credenciada a definir as causas de curso em férias, observava José Frederico Marques, que sua interpretação deveria ser "no sentido de que não ficaram privados os Estados de também indicarem causas e processos que possam correr durante as férias, além daqueles indicados e apontados na lei federal de processo civil". Para tanto, o legislador estadual terá em vista "os interesses locais do serviço judiciário e seu andamento".[3] A tese do processualista referido foi encampada pelo atual Código, já que o inciso III do art. 215 remete à lei definir as causas que possam correr em férias, sem qualificá-la de lei federal apenas. Ademais, a Constituição permite aos Estados legislar supletivamente sobre procedimentos judiciais (CF, art. 24, XI), o que, sem dúvida, abrange a enumeração de feitos que podem ocorrer em férias.

---

[3] MARQUES, José Frederico. *Manual de Direito Processual Civil*. Campinas: Bookseller, 1997, v. I, p. 347, nota 2. O STF, porém, decidiu, por seu Pleno, que a competência legislativa para "dispor sobre os atos processuais que se podem praticar e as causas que podem ter curso nas férias forenses e nos feriados (CF, art. 8º, XVII, *b*; CPC, arts. 173 e 174 [CPC/2015, arts. 214 e 215]; CPP, art. 797)" é exclusiva da União (RE 87.728, ac. 05.03.1980, Rel. Min. Décio Miranda, *Juriscível* 89/129). No entanto, como a Constituição Federal de 1988 atribuiu competência concorrente aos Estados para legislar sobre "procedimentos em matéria processual" (art. 24, XI), parece-nos, agora, fora de dúvida que as leis de organização judiciária também podem indicar causas que correm ou não correm em férias.

361. Férias e recesso forense

A reforma constitucional operada pela Emenda 45, de 30.12.2004, determinou que a atividade jurisdicional será "ininterrupta", ficando por isso *vedadas* "férias coletivas nos juízos e tribunais de segundo grau" e determinado o "plantão permanente" de juízes "nos dias em que não houver expediente forense normal" (CF, art. 93, inc. XII).

Com isso, poder-se-ia pensar que as regras do CPC/1973 relativas a férias forenses não teriam sido recepcionadas pela nova ordem constitucional. Acontece que a inovação da Emenda 45 não abrangeu todos os órgãos do Poder Judiciário. Ficou restrita aos juízos (de primeiro grau) e aos tribunais de segundo grau. Os tribunais superiores foram, assim, mantidos sob o regime de férias coletivas. No seu âmbito, portanto, as normas codificadas sobre a matéria continuaram plenamente em vigor.

Mesmo em relação aos órgãos mencionados no novo dispositivo constitucional, não restou de todo afastada a hipótese de algum recesso, a exemplo do que se passa na Justiça Federal (sem embargo de inexistir férias coletivas nos órgãos que a compõem). Em razão disso, com ou sem férias coletivas, o art. 220 do CPC/2015 prevê que se suspende, em toda a Justiça Civil, o curso do prazo processual nos dias compreendidos entre 20 de dezembro e 20 de janeiro, inclusive. Ocorrendo isto, ter-se-á de fato e de direito um *recesso forense*, cujos efeitos, segundo antiga e remansosa jurisprudência, sempre se equipararam aos das férias forenses.[4]

362. O lugar

"Os atos processuais realizar-se-ão ordinariamente na sede do juízo" (CPC/2015, art. 217), ou seja, no edifício do fórum ou do tribunal competente para a causa. O juiz utiliza seu gabinete para os despachos e a sala de audiências para as sessões públicas de colhida de provas orais, debates e julgamento. O escrivão pratica os atos de documentação e comunicação, geralmente, em cartório.

Prevê o art. 217 exceção à regra de que os atos se devem realizar na sede do juízo, em razão de:

(a) deferência;
(b) interesse da justiça;
(c) natureza do ato; ou
(d) obstáculo arguido pelo interessado e acolhido pelo juiz.

Exemplo de ato praticado fora da sede do juízo, pelo critério da deferência, é o da tomada de depoimento do Presidente da República, dos Governadores, Deputados e demais pessoas gradas constantes do art. 454, as quais são inquiridas em sua residência, ou no local em que exercem a sua função.

Ato praticado fora do juízo por interesse da Justiça é, *v.g.*, a inspeção judicial *in loco* (art. 481).

Exemplo de ato praticado fora do juízo por sua natureza é a perícia, em todas as suas modalidades, especialmente aquelas relacionadas com a divisão e demarcação de terras (arts. 474, 478, 580, 582 e 590). São, também, atos praticados necessariamente fora do juízo, os de

---

4 "Segundo entendimento das Turmas que compõem a Segunda Seção o recesso forense equipara-se às férias, ficando os prazos suspensos durante aquele período" (STJ, 4ª T., REsp 193.977/RJ, Rel. Min. Fernando Gonçalves, ac. 16.03.2004, *DJU* 05.04.2004, p. 266. No mesmo sentido: STJ, 3ª T., REsp 163.191/RJ, Rel. Min. Ari Pargendler, ac. 20.08.2005, *DJU* 23.09.2002, p. 350; STJ, 3ª T., AgRg no Ag 481.013/RS, Rel. Min. Humberto Gomes de Barros, ac. 04.11.2004, *DJU* 29.11.2004, p. 317; STJ, 1ª T., REsp 589.992/PE, Rel. Min. Teori Albino Zavascki, ac. 17.11.2005, *DJU* 28.11.2005, p. 193).

comunicação processual, que se devam realizar na pessoa da parte (citação e intimação – arts. 238 e 269), assim como os do processo de execução e os de natureza cautelar, sempre que houver necessidade de apreensão de coisa (penhora, arresto, sequestro, busca e apreensão etc. – arts. 301, 536, § 1º, 806, § 2º, e 845).

Em razão de obstáculo, o ato pode ser levado a efeito em lugar estranho à sede do juízo, em hipótese como a de inquirição de interditando incapaz de locomover-se ou de ser conduzido à presença do juiz (art. 751, § 1º), e a do cumprimento do mandado de arrombamento no caso de resistência do executado à realização da penhora (art. 846).

Finalmente, convém lembrar que a jurisdição de cada juiz está limitada ao território de sua circunscrição. Assim, quando o ato processual tiver de ser praticado em território de outra circunscrição judiciária, como a citação de réu domiciliado em outra comarca e a ouvida de testemunha também não domiciliada no território do juízo da causa, ter-se-á de utilizar a carta precatória, para que o ato se realize sob a jurisdição do órgão judiciário do local adequado (art. 260).

Nos casos, porém, em que se admite a citação por via postal não prevalecem os limites territoriais do juízo, podendo alcançar "qualquer comarca do país" (art. 247).

§ 48. PRAZOS

363. Disposições gerais

O impulso do processo rumo ao provimento jurisdicional (composição do litígio) está presidido pelo sistema da oficialidade, de sorte que, com ou sem a colaboração das partes, a relação processual segue sua marcha procedimental em razão de imperativos jurídicos lastreados, precipuamente, no mecanismo dos prazos. Sob pena de preclusão do direito de praticá-los, "os atos processuais serão realizados nos prazos prescritos em lei" (CPC/2015, art. 218).

Nesse sentido, merece ser relembrada a imagem de Couture, para quem "o processo não é uma coisa feita, um caminho que se deva percorrer, senão uma coisa que se deve fazer ao longo do tempo. Os prazos são, pois, os lapsos outorgados para a realização dos atos processuais".[5] Em outras palavras, *prazo* é o espaço de tempo em que o ato processual da parte pode ser validamente praticado.

Todo prazo é delimitado por dois *termos*: o *inicial (dies a quo)* e o *final (dies ad quem)*. Pelo primeiro, nasce a faculdade de a parte promover o ato; pelo segundo, extingue-se a faculdade, tenha ou não sido levado a efeito o ato. Em processo, o termo inicial é, ordinariamente, a intimação da parte; e o final, o momento em que se encerra o lapso previsto em lei. Ambos costumam ser documentados nos autos por certidões do escrivão.

A maioria dos prazos acha-se prevista no Código. Se, porém, houver omissão da lei, caberá ao juiz determinar o prazo em que o ato do processo pode ser praticado, levando em consideração a sua complexidade (art. 218, § 1º).

No sistema legal vigente, há prazos não apenas para as partes, mas também para os juízes e seus auxiliares. O efeito da preclusão, todavia, só atinge as faculdades processuais das partes e intervenientes. Daí a denominação de prazos *próprios* para os fixados às partes, e de prazos *impróprios* aos dos órgãos judiciários, já que da inobservância destes não decorre consequência ou efeito processual.

Diz-se, outrossim, que o prazo das partes pode ser *comum* ou *particular*. Comum é o que corre para ambos os litigantes, a um só tempo, como o de recorrer, quando há sucumbência recíproca. Particular é o que interessa ou pertence apenas a uma das partes, como o de contestar, o de produzir contrarrazões etc.

Por fim, acabando com discussão que existia à época do Código anterior, especialmente no tocante aos recursos, o atual Código dispôs que "será considerado tempestivo o ato praticado antes do termo inicial do prazo " (art. 218, § 4º). Com efeito, era realmente insustentável a tese que, em alguns julgados, equiparava o recurso prematuro ao intempestivo. Se alguma limitação se podia opor ao recurso manifestado antes da intimação da sentença, seria apenas a de considerá-lo eficaz a partir da publicação do ato impugnado.

364. Classificação

De forma geral, os prazos podem ser:

(a) legais;
(b) judiciais;
(c) convencionais.

Legais são os fixados pela própria lei, como o de resposta do réu e o dos diversos recursos. *Judiciais*, os marcados pelo juiz, em casos como o da designação de data para audiência

---

5 COUTURE, Eduardo J. *Fundamentos del Derecho Procesal Civil*. Buenos Aires: Depalma, 1974, n. 109, p. 174.

(CPC/2015, art. 334), o de fixação do prazo do edital (art. 257, III), o de cumprimento da carta precatória (art. 261), o de conclusão da prova pericial (art. 465) etc.

Os *convencionais*, finalmente, são os ajustados, de comum acordo, entre as partes, como o de suspensão do processo (art. 313, II, e § 4º), ou o de concessão pelo credor ao devedor, na execução, para que a obrigação seja voluntariamente cumprida (art. 922).

365. Natureza dos prazos

Segundo sua natureza, os prazos são considerados *dilatórios* ou *peremptórios*. *Dilatório* é o que, embora fixado na lei, admite ampliação pelo juiz ou que, por convenção das partes, pode ser reduzido ou ampliado, de acordo com a conveniência dos interessados. *Peremptório* é o que, conforme a tradição do direito processual, a convenção das partes e, ordinariamente, o próprio juiz, não poderiam alterar.

No regime do Código de 1973, em caráter excepcional, apenas o juiz poderia, nas comarcas onde fosse difícil o transporte, prorrogar qualquer prazo, inclusive os peremptórios, por até 60 dias (CPC/1973, art. 182),[6] limite esse ultrapassável nos casos de calamidade pública (art. 182, parágrafo único).[7]

O tratamento que o CPC/2015 dispensa aos prazos peremptórios repete as hipóteses constantes do art. 182 do Código anterior, acrescentando-lhes, porém, inovação que abranda o antigo rigor com que se restringia a redução daqueles prazos. Agora, não há mais proibição de redução dos prazos peremptórios, que será possível, por decisão judicial, mas sempre precedida de anuência das partes (CPC/2015, art. 222, § 1º). Quanto às ampliações, conservam-se as do art. 182 do CPC/1973, quais sejam, as derivadas de dificuldades de transporte na comarca e as decorrentes de calamidade pública (CPC/2015, art. 222, *caput* e § 2º). Acrescenta-se, todavia, o poder geral do juiz de dilatar os prazos processuais, "adequando-os às necessidades do conflito de modo a conferir maior efetividade à tutela do direito" (art. 139, VI), sem distinguirem-se os dilatórios e os peremptórios.

Quanto à ampliação ou redução dos prazos *dilatórios*, a convenção das partes é instrumento hábil para operá-la, principalmente porque o atual Código reconhece a legitimidade do negócio jurídico processual, por meio do qual se admite, nas causas sobre direitos que comportem autocomposição, o ajuste entre as partes capazes que estipule mudanças nos procedimentos, tendo por objeto os seus ônus, poderes, faculdades e deveres processuais. A norma consta do art. 190 do CPC/2015, que ainda dispõe ser possível a convenção das partes antes do processo ou durante sua tramitação.

Naturalmente, essas inovações de prazo dependerão, se o processo se acha em curso, de aprovação judicial. Aliás, o § 1º do art. 191 deixa claro que a eficácia da fixação de calendário para a prática dos atos processuais deve se dar de comum acordo entre o juiz e as partes. E, ainda, o art. 139 coloca entre os poderes do juiz, na direção do processo, o de dilatar os prazos processuais. Assim, as partes podem alterar os prazos dilatórios devendo, porém, obter a aprovação do juiz, que, naturalmente, só poderá recusá-la mediante justa motivação.

É bom notar que o Código não determina um critério especial para identificar, dentre os prazos legais, quais são os peremptórios e quais os dilatórios. Caberá, pois, como sempre se fez, à jurisprudência a seleção casuística dos prazos de uma e outra espécie.

Há alguns prazos, todavia, que têm sua natureza já assentada dentro de um consenso mais ou menos uniforme da doutrina processualística. Com efeito, os prazos para contestar, para oferecer reconvenção, bem como o de recorrer, são tidos tradicionalmente como peremptórios. E os

---

6 CPC/2015, art. 222, *caput*.

7 CPC/2015, art. 222, § 2º.

de juntar documentos, arrolar testemunhas e realizar diligências determinadas pelo juiz, dentre outros, são meramente dilatórios.[8]

De um modo geral, peremptório é o prazo que a seu termo cria uma situação que condiciona a própria função jurisdicional, tal como se dá com a revelia, a coisa julgada e a preclusão *pro iudicato*; e dilatório, aquele que põe em jogo apenas interesse particular da parte, como, por exemplo, o de formular quesitos e indicar assistente técnico para a prova pericial.

366. Interpretação e aplicação das regras sobre prazo

A inobservância dos prazos acarreta pesadas consequências para a parte que se manifesta sob a forma de perda de faculdades processuais, com reflexos, muitas vezes, até no plano do direito material.

Nem sempre, porém, é fácil a determinação de ter sido, ou não, inobservado o prazo legal para a prática do ato. Às vezes os fatos são pouco elucidativos e outras vezes a própria norma não é suficientemente clara, gerando dúvidas e perplexidades tanto para as partes como para o juiz.

Há, por isso, uma regra de hermenêutica a ser observada em tal situação: se a norma restringe direito, como é a dos prazos, e, se há dúvida, deve-se preferir a interpretação que assegure o exercício do direito e não a que o elimine. Toda norma restritiva é de ser aplicada estritamente, sem qualquer tipo de ampliação.[9]

367. O curso dos prazos

Todo prazo, no regime do CPC de 1973, era *contínuo*, isto é, uma vez iniciado não sofria interrupção em seu curso pela superveniência de feriado ou dia não útil (art. 178). O sistema adotado pelo atual Código é outro, já que a contagem dos prazos não mais se fará por dias corridos, e sim por dias úteis, pelo menos quando se trate de prazos em dias (CPC/2015, art. 219, *caput*)[10]. Dessa forma, o que realmente se dá é o desprezo de todos os dias não úteis intercalados entre o início e o termo final de prazos processuais fixados pela lei ou pelo juiz em dias. Quanto aos prazos que se contam por meses ou anos, o respectivo curso se fará de acordo com regras próprias estatuídas pelo Código Civil e que se aplicam ao processo por falta de disposição diversa no CPC. Ou seja, "os prazos de meses e anos expiram no dia de igual número do de início, ou no imediato, se faltar exata correspondência" (CC, art. 132, § 3º).

---

8 MARQUES, José Frederico. *Manual de Direito Processual Civil*. Campinas: Bookseller, 1997, v. I, n. 302, p. 354-355. O Simpósio Nacional de Direito Processual Civil, realizado em 1975, em Curitiba, aprovou o entendimento de que, "para os fins do art. 181 [sem correspondência no CPC/2015], por prazo dilatório deve ser entendido o que é fixado por norma dispositiva e por prazo peremptório o fixado por norma cogente (por maioria)" (PRATA, Edson. *Revista Forense*, 252/24, out.-nov.-dez. 1975). Na ordem prática, o impasse persistiu, pois nem sempre é fácil distinguir, em matéria de processo, quais são as normas dispositivas e quais as cogentes, mormente em tema de prazos.

9 "Em se tratando de prazos, o intérprete, sempre que possível, deve orientar-se pela exegese mais liberal, atento às tendências do processo civil contemporâneo – calcado nos princípios da efetividade e da instrumentalidade – e a advertência da doutrina de que as sutilezas da lei nunca devem servir para impedir o exercício de um direito" (STJ, 4ª T., REsp 11.834/PB, Rel. Min. Sálvio de Figueiredo, ac. 17.12.1991, *RSTJ* 34/362. No mesmo sentido: STJ, 2ª T., REsp 1.229.833/PR, Rel. Min. Castro Meira, ac. 05.05.2011, *DJe* 12.05.2011).

10 A controvérsia que se estabeleceu sobre a contagem dos prazos em dias úteis desapareceu. A Lei 13.728/2018 acrescentou o art. 12-A à Lei 9.099/1995, dispondo, expressamente, que, nos Juizados Especiais, "na contagem de prazo em dias, estabelecido por lei ou pelo juiz, para a prática de qualquer ato processual, inclusive para a interposição de recursos, computar-se-ão somente os dias úteis".

Esclarece, outrossim, o CPC/2015 que o novo critério de apuração do curso de prazo em dias restringe-se àqueles de natureza processual (art. 219, parágrafo único), de modo que a ele não se submetem os prazos de direito material, como os de prescrição e decadência.

Enquanto subsistiu o regime de férias coletivas na Justiça, foram elas sempre consideradas causa de suspensão dos prazos processuais em curso. O atual Código conserva essa regra, dispondo que "durante as férias forenses e nos feriados, não se praticarão atos processuais" (art. 214, *caput*), a não ser nos casos excepcionais em que a lei arrola as causas que devam processar-se mesmo durante as férias (art. 215).

A Emenda Constitucional 45/2004 alterou esse regime, vedando as férias coletivas nos juízos de primeiro grau e tribunais de segundo grau, admitindo-as, portanto, apenas nos tribunais superiores (CF, art. 93, XII) (sobre o assunto, v. n. 361, *retro*). No entanto, o art. 220, *caput*, do CPC/2015 determina que, mesmo inexistindo férias coletivas nas instâncias ordinárias, "suspende-se o curso do prazo processual nos dias compreendidos entre 20 de dezembro e 20 de janeiro, inclusive". Criou-se, dessa maneira, um recesso especial cujo efeito é o mesmo das férias forenses coletivas, como já vinha reconhecendo o CNJ, para outros recessos como o da Justiça Federal, antes do advento do Código atual (Resolução 8/2005 do CNJ, revogada e substituída pela Resolução 244/2016/CNJ, na vigência do CPC atual).[11]

Sobrevindo férias coletivas ou recesso, terão eles efeito suspensivo sobre o prazo ainda em marcha, sem distinguir entre prazo dilatório e peremptório. Paralisada a contagem, o restante do prazo recomeçará a fluir a partir do primeiro dia útil seguinte ao término da suspensão.[12]

O efeito suspensivo das férias e do recesso natalino não se verifica quando se trata de prazo decadencial, como o de propositura da ação rescisória,[13] tampouco em relação ao prazo do edital, já que este não se destina à prática do ato processual, mas apenas ao aperfeiçoamento da citação ficta.[14]

Tendo em vista que não são mais admitidas as férias coletivas, o art. 220, §§ 1º e 2º, ressalvou que, embora haja suspensão do curso dos prazos processuais durante o recesso natalino,

---

11 Resolução 244/CNJ: Art. 2º O recesso judiciário importa em suspensão não apenas do expediente forense, mas, igualmente, dos prazos processuais e da publicação de acórdãos, sentenças e decisões, bem como da intimação de partes ou de advogados, na primeira e segunda instâncias, exceto com relação às medidas consideradas urgentes.

12 Para efeito de suspensão do prazo, urge distinguir entre férias e feriados. Como decidiu o STF, "o art. 179 do vigente Código de Processo Civil [CPC/2015, art. 224, § 1º] trata da suspensão de prazos pela superveniência de *férias forenses*, que não se confundem com dias *feriados*, sendo que, neste último caso, continua a fluir o prazo para recurso, prorrogando-se apenas o seu término para o primeiro dia útil imediato" (Ag. Instr. 66.303, ac. 02.04.1976, Rel. Min. Cunha Peixoto, *RTJ* 78/156). Ainda a propósito de suspensão dos processos, é interessante registrar a jurisprudência do STF: "Não se há de ter como suspenso o prazo desde os feriados que antecedem imediatamente o início das férias forenses. Se o feriado precede, imediatamente, as férias forenses, ou lhes sucede, a elas não se incorpora, formando um todo contínuo, aos efeitos do art. 179 do CPC [CPC/2015, art. 224, § 1º]" (RE 111.375-8, ac. 03.03.1989, Rel. Min. Neri da Silveira, *Bol. COAD*, 1989, n. 43.632, p. 221). Essa é a exegese que prevalece, também, no STJ: "Os feriados, mesmo quando contínuos e contíguos às férias, não têm o condão de suspender prazos. Apenas os prorrogam, na forma do disposto no art. 184, § 1º, do CPC [sem correspondência no CPC/2015]" (REsp 57.040-9/RJ, Rel. Min. Sálvio de Figueiredo, ac. 21.03.1995, *DJU* 17.04.1995; REsp 87.830/SP, Rel. Min. Ruy Rosado, ac. 14.05.1996, *DJU* 14.09.1996).

13 STJ, Corte Especial, EREsp 667.672/SP, Rel. Min. José Delgado, ac. 21.05.2008, *DJe* 26.06.2008; STJ, 2ª T., REsp 1.210.186/RS, Rel. Min. Mauro Campbell Marques, ac. 22.03.2011, *DJe* 31.03.2011. O STJ, porém, já decidiu que o prazo de propositura da ação principal, após medida cautelar preparatória, previsto no art. 806 do CPC [CPC/2015, art. 308], pode, quando vencido em férias, ser prorrogado até o primeiro dia útil subsequente (REsp 11.834/PB, 4ª T., Rel. Min. Sálvio de Figueiredo, ac. 17.12.1991, *RSTJ* 34/362; STJ, 5ª T., REsp 770.920/PE, Rel. Min. Arnaldo Esteves Lima, ac. 14.08.2007, *DJU* 24.09.2007, p. 358).

14 STJ, 3ª T., REsp 44.716-0/DF, Rel. Min. Costa Leite, ac. 05.04.94, *RSTJ*, 65/450.

os juízes, membros do Ministério Público, da Defensoria Pública e da Advocacia Pública, e os auxiliares da Justiça exercerão suas atribuições normais durante esse período, suspendendo-se, entretanto, audiências e sessões de julgamento.

Outro caso de suspensão do prazo é o obstáculo criado no andamento do processo em detrimento da parte (embaraço judiciário) (art. 221, *caput*, primeira parte).[15] Suspendem-se, outrossim, os prazos toda vez que o processo deva ser suspenso, nos moldes do art. 313 (sobre a matéria, ver adiante o § 66), e que são os seguintes:

(a) a morte ou perda de capacidade processual da parte, de seu representante legal ou de seu procurador;

(b) a convenção das partes;

(c) a arguição de impedimento ou suspeição;

(d) a admissão de incidente de resolução de demandas repetitivas;

(e) quando a sentença de mérito: *(i)* depender do julgamento de outra causa ou da declaração da existência ou da inexistência da relação jurídica que constitua o objeto principal de outro processo pendente; e, *(ii)* tiver de ser proferida somente após a verificação de determinado fato ou a produção de certa prova, requisitada a outro juízo;

(f) motivo de força maior;[16]

(g) quando se discutir em juízo questão decorrente de acidentes e fatos da navegação da competência do tribunal marítimo;

(h) os demais casos regulados pelo CPC, dentre estes: *(i)* o parágrafo único do art. 221 arrola a hipótese de execução de programa instituído pelo Poder Judiciário para promover a conciliação, incumbindo aos tribunais especificar, com antecedência, a duração dos trabalhos; e, *(ii)* o parágrafo único do art. 685, ao tratar da oposição

---

15 Um exemplo de obstáculo da parte: a retirada dos autos do cartório e sua retenção pelo vencedor, durante o prazo em que o vencido poderia interpor seu recurso. Exemplo de embaraço criado pelo serviço forense, é a justa causa para descumprimento de prazo recursal no caso em que o recorrente tenha considerado como termo inicial do prazo a data indicada equivocadamente pelo Tribunal em seu sistema de acompanhamento processual disponibilizado na internet (STJ, 3ª T., REsp 1.186.276/RS, Rel. Min. Massami Uyeda, ac. 16.12.2010, *DJe* 03.02.2011. No mesmo sentido: STJ, Corte Especial, REsp 1.324.432/SC, Rel. Min. Herman Benjamin, ac. 17.12.2012, *DJe* 10.05.2013).

16 É tranquilo, pois, o entendimento de que o impedimento do acesso da parte aos autos e à secretaria do juízo acarreta necessariamente a suspensão do prazo em andamento. Entre os exemplos de casos dessa natureza, reconhecidos como causas e suspensão por motivo de força maior, figuram o obstáculo judicial, a suspensão dos serviços forenses por greve de serventuários, ou por determinação da autoridade judiciária, a não localização dos autos pelo cartório, a retirada deles pela parte contrária, sua remessa ao contador ou sua conclusão ao juiz. Até a greve dos correios já foi reconhecida como motivo de suspensão dos prazos, por ter prejudicado a circulação do Diário Oficial, por meio do qual os advogados recebem as intimações. Caso rumoroso de interferência no curso dos prazos, por motivo de força maior, foi o ocasionado pela pandemia da Covid-19, que impôs sérias restrições temporárias ao funcionamento da Justiça em todo território nacional. O CNJ, a propósito, baixou várias Resoluções sobre suspensão de expediente forense, regime especial de Plantão Extraordinário, realização de sessões de julgamento por videoconferência, algumas com efeito imediato sobre andamento dos processos e fluência dos respectivos prazos durante o período emergencial (cf. entre outras as Resoluções do CNJ nºs 313, de 19.03.2020; 314, de 20.04.2020; 318, de 07.05.2020 e Portaria do CNJ 61, de 31.03.2020). O CNJ, também em caráter emergencial, recomendou aos Juízos com competência para o julgamento de ações de recuperação empresarial e falência a adoção de medidas para a mitigação do impacto decorrente das medidas de combate à contaminação pelo novo coronavírus causador da Covid-19 (Recomendação 63 de 31/03/2020). No plano de direito material, a Lei 14.010 de 10/06/2020 dispôs sobre o Regime Jurídico Emergencial e Transitório das relações jurídicas de Direito Privado (RJET) no período da pandemia do coronavírus (Covid-19), provocando, entre outras medidas, o impedimento ou a suspensão temporária da fluência de prazos, como os relativos à prescrição e decadência; à usucapião e à abertura do processo sucessório.

proposta após o início da audiência de instrução, prevê a suspensão do curso do processo ao fim da produção das provas.

Superado o motivo que deu causa à suspensão, apenas o remanescente do prazo voltará a fluir (art. 221, *caput*, *in fine*).

Ensina Sergio Bermudes que, com a suspensão, cessa a contagem do prazo, que só recomeça no primeiro dia útil seguinte ao seu termo. E "esse primeiro dia também se computa, já que não pode ser considerado *dies a quo* do prazo já iniciado anteriormente".[17]

A regra, todavia, só vale se a suspensão for com termo *certo*, adrede conhecido (como, por exemplo, as férias forenses e o recesso natalino), já que este operará sem depender de posterior intimação. No entanto, se a cessação da suspensão se der em virtude de um ato judicial que deva ser intimado às partes (como, por exemplo, a habilitação do sucessor do litigante falecido), então o dia da intimação não poderá entrar no cálculo do remanescente do prazo suspenso, devendo observar-se a regra ordinária do *dies a quo non computatur in termino*.

368. Contagem dos prazos: termo inicial

Em regra, os prazos são contados, com exclusão do dia de começo e com inclusão do de vencimento (CPC/2015, art. 224, *caput*). Assim é porque ocorrendo a intimação durante o expediente forense, a computação do dia em que ela se der importaria redução do prazo legal, visto que do primeiro dia a parte somente teria condições de desfrutar de uma fração. Já com relação ao termo final, isto não se dá, pois a parte poderá utilizá-lo por inteiro.

Os dias do começo e do vencimento do prazo serão protraídos para o primeiro dia útil seguinte, se coincidirem com dia em que o expediente forense for encerrado antes ou iniciado depois da hora normal ou houver indisponibilidade da comunicação eletrônica (art. 224, § 1º).

Determina, ainda, o Código que a contagem do prazo deverá ter início no primeiro dia útil que seguir ao da publicação (art. 224, § 3º).[18] Se a publicação ocorrer por meio eletrônico (*i.e.*, pelo *Diário da Justiça eletrônico*), deve-se considerar como data da publicação o primeiro dia útil seguinte ao da disponibilização da informação no *Diário da Justiça eletrônico* (art. 224, § 2º). Só depois disso é que se aplicará a regra do § 3º art. 224, iniciando-se a contagem a partir não do primeiro dia útil posterior à disponibilização da informação eletrônica, mas sim ao segundo dia útil; isto porque, a lei, na espécie considera o ato judicial *publicado* no primeiro dia útil subsequente ao da divulgação pelo *DJe* (art. 224, § 3º). Enfim, o CPC faz, em relação à intimação através do *DJe*, uma distinção importante entre a data da divulgação eletrônica e a data da publicação do ato processual. Esta última é que se leva em conta para efeito da intimação e da contagem do prazo dela decorrente. É um sistema diferente daquele observável quando a comunicação processual ocorre através do *Diário Oficial* físico, já que nessa hipótese publicação e intimação se confundem num só ato, o da divulgação na imprensa.

Por outro lado, dispõe a lei nova que, na contagem de prazos processuais em dias, computar-se-ão somente os úteis (art. 219 e parágrafo único).

Uma distinção se impõe dentro da sistemática dos prazos processuais: refere-se à regra de estabelecimento do começo do prazo e a determinação de como proceder à respectiva con-

---

17 BERMUDES, Sérgio. *Comentários ao Cód. Proc. Civ.* São Paulo: RT, 1975, v. VII, p. 99-100.

18 Assim, a intimação feita numa sexta-feira, em Estado como o de Minas Gerais, cuja organização judiciária não prevê expediente forense aos sábados, só permitirá o início da contagem do prazo a partir da segunda-feira seguinte (STF, Súmula 310).

tagem.[19] Assim, a regra geral é que os prazos começam a correr a partir da intimação, embora a respectiva contagem só possa ter início em dia subsequente, como a seguir se verá:

I – Fixação do dies a quo *da contagem dos prazos processuais*

Com relação à fixação do *dies a quo* da contagem de prazo processual, o art. 231 e seus parágrafos fornecem as seguintes regras, que devem se aplicar tanto às citações como às intimações:[20]

(a) quando a *citação* ou *intimação,* feita por mandado, for pessoal ou com hora certa, o prazo se inicia a partir da juntada aos autos do mandado devidamente cumprido (inciso II e art. 231, § 4º) (*vide*, adiante, o n. 411). O ato de comunicação, *in casu*, é complexo e só se aperfeiçoa com o ato do escrivão que incorpora o mandado aos autos. Só a partir de então é que se pode considerar a parte citada ou intimada, pois *quod non est in actis non est in mundo*;[21]

(b) se a comunicação for feita por edital, o prazo para a prática do ato processual terá início a partir do dia útil seguinte ao fim da dilação assinada pelo juiz no próprio edital para aperfeiçoamento da diligência (inciso IV);[22]

(c) se o ato de comunicação se der por meio de carta precatória ou equivalente, o termo *a quo* do prazo será: *(i)* a data da juntada da comunicação de seu cumprimento pelo juiz deprecado ao juiz deprecante; e, *(ii)* não havendo essa comunicação, da juntada da carta aos autos de origem, devidamente cumprida (inciso VI);[23]

(d) se a intimação for por via postal, a contagem do prazo será feita a partir da juntada aos autos do aviso de recebimento (inciso I);[24]

---

19 O art. 224 do CPC/2015 cuida da contagem, e não do início do prazo (DINAMARCO, Cândido Rangel. O novo Código de Processo Civil brasileiro e a ordem processual civil vigente. *Revista de Processo,* v. 247, p. 99, set/2015).

20 PONTES DE MIRANDA, Francisco Cavalcanti. *Comentários ao Código de Processo Civil*, 1974, v. III, p. 311.

21 PONTES DE MIRANDA, Francisco Cavalcanti. *Comentários ao Código de Processo Civil*, 1974, v. III, p. 311; AMARAL SANTOS, Moacyr. Voto no RE 64.759, do STF, *RTJ* 53/366; MARQUES, José Frederico. *Manual de Direito Processual Civil*, 1976, v. IV, n. 916, nota 1, p. 228-229. Nesse sentido: STJ, REsp 8.633/MG, Rel. Min. Waldemar Zveiter, ac. 29.04.1991, *DJU* 27.05.1991, p. 6.963. Quanto à citação com hora certa, "A jurisprudência do STJ, (...) tem se orientado no sentido de fixar, como termo inicial do prazo para a contestação, a data da juntada do mandado de citação cumprido, e não a data da juntada do Aviso de Recebimento da correspondência a que alude o art. 229 do CPC [CPC/2015, art. 254]" (STJ, 3ª T., REsp 746.524/SC, Rel. Min. Nancy Andrighi, ac. 03.03.2009, *DJe* 16.03.2009).

22 "O que se tem de levar em conta, portanto, não é a juntada do jornal, que é simples ato de documentação nos autos, mas sim o prazo de aperfeiçoamento da citação, contido no próprio edital" (TJMG, Apel. 64.069, Rel. Des. Humberto Theodoro). Nesse sentido: STJ, REsp 44.716-0/DF, Rel. Min. Costa Leite, ac. 05.04.1994, *RSTJ* 65/451; STJ, 2ª T., AgRg no REsp 1.065.049/SC, Rel. Min. Herman Benjamin, ac. 18.06.2009, *DJe* 31.08.2009.

23 Prevê o art. 232 do CPC que "nos atos de comunicação por carta precatória, rogatória ou de ordem, a realização da citação ou da intimação será imediatamente informada, por meio eletrônico, pelo juiz deprecado ao juiz deprecante"; ou seja, para agilizar o andamento do processo, o prazo cuja abertura se der por meio da diligência deprecada pode começar a correr antes do retorno da carta ao juízo de origem (art. 231,VI). Ver, adiante, os itens 385 e 395-A.

24 "2. Não se pode confundir o início do prazo processual com a forma de contagem do mesmo, devendo os arts. 224 e 231 do CPC/2015 serem analisados em conjunto, e não de forma excludente, como feito no acórdão recorrido.3. Dessa forma, quando a intimação ou citação ocorrer pelo correio, o início do prazo será a data de juntada dos autos do aviso de recebimento, porém, a contagem para a prática de ato processual subsequente deverá excluir o dia do começo – data da juntada do respectivo AR – e incluir o dia do vencimento, conforme estabelecem os aludidos dispositivos legais" (STJ, 3ª T., REsp 1.993.773/SP, Rel. Min. Marco Aurélio Bellizze, ac. 16.08.2022, *DJe* 24.08.2022).

(e) se a citação ou a intimação se der por ato do escrivão ou do chefe de secretaria, o início do prazo ocorrerá da data da sua ocorrência (inciso III);

(f) se a intimação se der por meio da retirada dos autos, em carga, do cartório ou da secretaria, considera-se começo do prazo o dia da carga (inciso VIII);

(g) se a citação ou a intimação for eletrônica, o início do prazo ocorrerá no dia útil seguinte à consulta ao seu teor ou ao término do prazo para que a consulta se dê (inciso V). Especificamente para o prazo de resposta do réu citado por meio eletrônico (*e-mail*), o inciso IX do art. 231 (acrescido pela Lei 14.195/2021) criou uma regra particular: o começo do prazo de resposta se dará no quinto dia útil após a confirmação, pelo réu, do recebimento da citação;

(h) se a intimação se der pelo Diário da Justiça impresso ou eletrônico, o dia do começo do prazo será a data da publicação (inciso VII). Entretanto, nos termos do art. 224, § 2º, considera-se como data da publicação o primeiro dia útil seguinte ao da disponibilização da informação no Diário da Justiça eletrônico (sobre a intimação pelo *DJe*, v. *retro*, as observações feitas no início deste item);

(i) quando houver vários réus, o prazo para contestar começará a fluir da última das datas a que se referem os incisos I a VI do art. 231 (art. 231, § 1º);

(j) se houver mais de um intimado, o prazo para cada um é contado individualmente (art. 231, § 2º);

(k) caso o ato deva ser praticado diretamente pela parte ou por quem, de qualquer forma, participe do processo, sem a intermediação de representante judicial, o dia do começo do prazo para cumprimento da determinação judicial será a data em que se der a comunicação (art. 231, § 3º);

(l) nos casos de prazos regressivos, isto é, quando se determina que o ato deva ser praticado com certa antecedência do marco assinalado, o termo final, em caso de dia não útil, é antecipado e não prorrogado. Assim, se a contagem regressiva termina em feriado ou dia em que não há expediente forense, o vencimento se antecipará para o primeiro dia útil antes do que seria o marco regular: se este cairia num sábado, seria antecipado para sexta feira. É o caso que se passa, por exemplo, com o prazo para arrolar testemunhas ou para manifestar desinteresse pela audiência de mediação ou conciliação.

Com exceção do edital, é o termo de juntada que funciona como ato determinante do termo inicial de todos os prazos, na sistemática do Código, sendo certo, todavia, que a respectiva contagem só se dará a partir do primeiro dia útil seguinte ao ato citatório ou intimatório (art. 224).

II – Intimação feita pela imprensa

Com relação às intimações pela imprensa, há duas situações especiais a considerar:

(a) *a dos jornais que circulam à noite ou que só são distribuídos no dia seguinte à data neles estampada*: a doutrina tem salientado "que a data da publicação deve ser a real e não a formal, não podendo a parte ser prejudicada pelo atraso na distribuição do *Diário da Justiça* ou outro órgão oficial".[25] A data da intimação será, portanto, a da distribuição do periódico;

---

[25] WALD, Arnoldo. Contagem de prazo para recurso – Interpretação da *Súmula* 310 do STF. *Revista dos Tribunais*, v. 486, p. 40; e *Revista Forense*, v. 252, p. 161-164.

(b) *a das publicações feitas aos sábados, onde não há expediente forense em tais dias*: se a publicação circula no sábado, "a intimação é considerada feita na segunda-feira e o primeiro dia computado para contagem do prazo do recurso é a terça-feira", de acordo com a *Súmula* 310 e a jurisprudência do Supremo Tribunal Federal, e nos precisos termos dos arts. 224, § 3º, e 230 do CPC/2015.[26]

III – Intimação feita durante o recesso natalino ou férias forenses

Também, se, eventualmente, alguma intimação for realizada durante as férias forenses ou o recesso natalino, em processo que neles não corre, será considerada como efetivada no primeiro dia útil subsequente a eles.[27] O prazo respectivo terá início no dia seguinte ao da reabertura dos trabalhos do foro[28] (sobre férias coletivas, v. o n. 361, *retro*, acerca do reflexo da Emenda Constitucional 45, de 30.12.2004).

IV – Hermenêutica

Encontramos, finalmente, um princípio de hermenêutica importante e que tem sido aplicado de maneira uniforme pela jurisprudência, que consiste em considerar restritivas as normas relativas a prazos processuais. Em consequência, "havendo dúvida sobre a perda de prazo, deve-se entender que ele não se perdeu",[29] isto é, "a solução deve ser a favor de quem sofreu o castigo da perda duvidosa",[30] mediante presunção de que "o prazo não foi ultrapassado".[31] Em matéria de prazos, a regra básica, enfim, é a de que o intérprete, "sempre que possível, deve orientar-se pela exegese mais liberal".[32]

Outra situação que já criou controvérsias jurisprudenciais é a da contagem de prazo quando a intimação tenha sido feita oralmente em audiência. Prevalece, hoje, todavia, o entendimento de que a contagem, em semelhante circunstância, será feita segundo a regra normal do art. 224, *caput*, ou seja, "no cômputo do prazo de recurso não se inclui o dia da realização da audiência de publicação da sentença".[33]

369. Contagem dos prazos no processo eletrônico

I – Intimações no curso do processo eletrônico

Uma vez implantado pelos tribunais, no âmbito das respectivas jurisdições, o processo eletrônico autorizado pela Lei 11.419, de 19.12.2006, a contagem dos prazos submeter-se-á aos critérios especiais que a referida lei institui.

---

26 À época do Código anterior havia discussão sobre o dia a se considerar como feita a intimação publicada aos sábados. A polêmica perdeu sentido, a partir da Lei 8.079/90, que disciplinou a matéria de forma explícita, e de acordo com a orientação seguida no texto principal acima. Nesse sentido: STJ, REsp 36.099/AL, Rel. Min. Hélio Mosimann, ac. 06.09.1995, *DJU* 09.10.1995, p. 33.538; STJ, 3ª T., AgRg nos EDcl no Ag 1.021.883/MG, Rel. Min. Sidnei Beneti, ac. 19.03.2009, *DJe* 03.04.2009.

27 STJ, 2ª T., AgRg no Ag 1.113.950/MG, Rel. Min. Herman Benjamin, ac. 04.06.2009, *DJe* 27.08.2009.

28 STJ, 2ª T., AgRg no Ag 1.113.950/MG, Rel. Min. Herman Benjamin, ac. 04.06.2009, *DJe* 27.08.2009; STJ, 4ª T., AgRg no Ag 926.830/MT, Rel. Min. Aldir Passarinho Junior, ac. 26.02.2008, *DJe* 28.04.2008.

29 STF, RE 70.548, Rel. Min. Luiz Gallotti, *RTJ* 55/465.

30 STF, RE 70.777, Rel. Min. Luiz Gallotti, *RTJ* 57/408.

31 STF, RE 74.869, Rel. Min. Luiz Gallotti, *RTJ* 64/273.

32 STJ, 4ª T., REsp 11.834/PB, Rel. Min. Sálvio de Figueiredo, ac. 17.12.1991, *RSTJ* 34/362. No mesmo sentido: STJ, Corte Especial, REsp 1.112.864/MG, Rel. Min. Laurita Vaz, ac. 19.11.2014, DJe 17.12.2014. Ver, adiante, item 241.

33 STF, RE 78.839, Rel. Min. Bilac Pinto, *Jurisprudência Mineira* 60/258; STF, Decisão Singular, AI 799.809/PE, Rel. Min. Cármen Lúcia, ac. 21.05.2010, *DJe* 08.06.2010.

Duas são as situações em que a intimação eletrônica poderá acontecer:

(*a*) por publicação no *Diário da Justiça eletrônico*, quando este vier a ser criado pelos tribunais (Lei 11.419, art. 4º, *caput*); e,

(*b*) por comunicação pessoal em portal próprio àqueles que se cadastrarem no Poder Judiciário, segundo as regras que os órgãos judiciais instituírem (Lei 11.419, art. 5º).

As mesmas regras de comunicação pessoal aplicam-se à citação eletrônica (art. 6º da mesma Lei). Para a citação eletrônica, entretanto, há uma regra especial de contagem do prazo para defesa: o termo inicial será "o quinto dia útil seguinte à confirmação, na forma prevista na mensagem de citação, do recebimento da citação realizada por meio eletrônico" (CPC, art. 231, inciso IX, acrescido pela Lei 14.195/2021).

No caso de intimação pelo *Diário da Justiça eletrônico*, os prazos serão contados segundo as regras comuns já vigorantes para as comunicações de atos processuais pela impressa escrita (CPC/2015, arts. 272 e 224, § 3º). A Lei 11.419 define como *data da publicação*, para efeito da eficácia da intimação, "o primeiro dia útil seguinte ao da disponibilização da informação no *Diário da Justiça eletrônico*" (art. 4º, § 3º; CPC/2015, art. 224, § 2º). Consequentemente, os prazos, que se abrem em função dessa modalidade de intimação, "terão início no primeiro dia útil que se seguir ao considerado como data da publicação" (art. 4º, § 4º).[34]

Na hipótese de intimação pessoal fora do *Diário da Justiça eletrônico* (*i.e.*, feita por meio eletrônico em portal próprio), a Lei 11.419 considera realizada a intimação "no dia em que o intimado efetivar a consulta eletrônica ao teor da intimação", fato que será certificado nos autos (art. 5º, § 1º; CPC/2015, art. 231, V). Não ficará, contudo, o aperfeiçoamento da intimação sujeito ao puro alvedrio do destinatário de consultar ou não a mensagem eletrônica. Se não o fizer em dez dias corridos contados da data do envio da intimação eletrônica, esta será considerada automaticamente realizada na data do término desse prazo (art. 5º, § 3º; CPC/2015 art. 231, V).[35]

Considerando-se intimada a parte no dia da consulta eletrônica, o prazo começará a ser contado a partir do dia útil subsequente, segundo a regra comum do art. 224 do CPC/2015. Se, porém, a consulta se der em dia não útil, a intimação eletrônica será considerada realizada no primeiro dia útil seguinte (Lei 11.419, art. 5º, § 2º), tal como ocorre com as intimações feitas em jornal que circula em dia em que não há expediente forense (ver, *retro*, o item 368, e adiante, o item 412-A). Não há previsão legal expressa para o caso de o decêndio do § 3º, do art. 5º, recair em dia não útil. A interpretação, em caráter sistemático, do STJ, no entanto, é a de que deve prevalecer a mesma regra estatuída pelo § 2º para a consulta realizada em dia não útil, ou seja, a intimação presumida ter-se-á como ocorrida no primeiro dia útil subsequente[36].

O ato que a parte pode ou deve realizar em consequência da intimação, como a resposta à ação, a contraprova a documentos produzidos pelo adversário, a interposição de recurso, a formulação de contrarrazões etc., deverá ser praticado por meio de petição protocolada dentro do horário do expediente forense até o último dia do respectivo prazo (CPC/2015, art. 212, § 3º). Sendo, todavia, o caso de petição eletrônica, esta será considerada tempestiva se transmitida

---

34 Determina a Lei 11.419/2006, para evitar surpresas, que, quando os tribunais adotarem o *Diário da Justiça eletrônico*, sua criação "deverá ser acompanhada de ampla divulgação, e o ato administrativo correspondente será publicado durante 30 (trinta) dias no diário oficial em uso" (art. 4º, § 5º). Dessa maneira, os advogados terão tempo para se acomodar à nova técnica de publicidade dos atos processuais.

35 O § 4º do art. 5º da Lei 11.419 prevê a existência de um serviço informativo, a que a parte pode aderir, ou não, e que, no caso de abertura automática do prazo ao final do decênio do § 3º, proporcionaria a remessa de correspondência eletrônica acerca da consumação da intimação. Trata-se, porém, de serviço facultativo meramente informativo, sem nenhuma interferência no aperfeiçoamento e validade da intimação.

36 STJ, 3ª T., REsp 1.663.172/TO, Rel. Min. Nancy Andrighi, ac. 08.08.2017, *DJe* 14.08.2017.

até as vinte e quatro horas do último dia do prazo (Lei 11.419, arts. 3º, parágrafo único, e 10, § 1º; CPC/2015, art. 213).

Pode acontecer que, por razões técnico-operacionais, o sistema do Poder Judiciário se torne indisponível no último dia do prazo, para a prática da petição eletrônica. Nesse caso, estando implantado o processo eletrônico, total ou parcialmente, o prazo ficará automaticamente prorrogado para o primeiro dia útil seguinte à resolução do problema.

II – Citação por meio eletrônico (e-mail)

Após a alteração do art. 231 do CPC pela Lei 14.195/2021, há duas regras sobre a contagem do prazo de defesa após a citação realizada eletronicamente: *(i)* a do processo eletrônico, regulado pela Lei 11.419/2006; e *(ii)* a da citação por meio de correio eletrônico (*e-mail*), aplicável (após o devido regulamento do CNJ) a todos os processos em que o citando se ache inscrito no Banco de Dados do Poder Judiciário, seja o processo eletrônico ou não (CPC, art. 246, com as alterações da Lei 14.195/2021).

No caso do ato praticado segundo a sistemática da Lei 11.419/2006, art. 5º, a citação se aperfeiçoa no dia em que a parte consulta o portal eletrônico em que a comunicação se deu, ou, se não houver consulta, nos dez dias subsequentes à divulgação, a citação será havida como consumada automaticamente no dia em que completar o referido prazo (Lei 14.419, art. 5º, § 1º). Nesses casos, o prazo para contestação começa a fluir a partir do *primeiro dia útil* subsequente ao do aperfeiçoamento da citação eletrônica (CPC, art. 224 e 231, V).[37]

Se a citação eletrônica ocorrer por via de *e-mail*, na forma do art. 246, alterado pela Lei 14.195/2021, o prazo de contestação começa a correr do *quinto dia útil* seguinte à confirmação de recebimento da mensagem judicial citatória (CPC, art. 231, IX).[38] Se, porém, o citando não confirmar o recebimento da mensagem eletrônica promovida na forma da Lei 14.195/2021, a citação não se aperfeiçoará e terá de ser promovida novamente, já então pelos meios não eletrônicos (correio, oficial de justiça, escrivão ou edital) (art. 246, § 1º-A, do CPC, com o texto da Lei 14.195). O prazo de resposta, nessa situação, será contado segundo as regras aplicáveis a cada uma dessas modalidades citatórias (v., adiante, os itens 394 e seguintes).

370. Prazos para recurso

O prazo para interposição de recurso foi objeto de um dispositivo especial – o art. 1.003, que manda contá-lo da data em que os advogados, a sociedade de advogados, a Advocacia Pública, a Defensoria Pública ou o Ministério Público forem intimados da decisão.

A particularidade que se registra, a propósito, é a possibilidade de ser a intimação feita, ou não, em audiência. Quando o juiz publica a decisão ou sentença em audiência, reputam-se as partes intimadas na própria audiência (art. 1.003, § 1º). A regra, que cuida de uma forma especial de publicação e intimação, não exige a presença dos intimandos na audiência. Trata-se de forma automática ou presumida de ciência da decisão, da mesma forma que acontece com a publicação pela imprensa. O que, entretanto, não pode faltar é a prévia ciência dos interessados a respeito da designação da audiência.

Efetuada a intimação na forma do art. 1.003, § 1º, segundo a regra geral, a fluência do prazo dar-se-á a partir da audiência, excluindo o dia de sua realização (art. 224).

---

[37] Se a citação eletrônica consumar-se em dia não útil, será havida como ocorrida no primeiro dia subsequente (Lei 11.419, art. 5º, § 2º), e só a partir do dia útil posterior se iniciará a contagem do prazo de contestação (CPC, art. 224, § 1º).

[38] Essa forma de citação eletrônica (via *e-mail*), instituída pela Lei 14.195/2021, só entrará em vigor depois de regulamentação do CNJ.

Entretanto, se a sentença foi publicada apenas em cartório, ou se a parte não foi intimada do dia e hora designados para a audiência de publicação, o prazo de recurso será contado a partir da intimação a ser feita pelo escrivão, nas diversas modalidades que são previstas para a sua atividade.

O fato de o art. 1.003 dispor que "o prazo para a interposição de recurso conta-se da data em que os advogados, a sociedade de advogados, a Advocacia Pública, a Defensoria Pública ou o Ministério Público são intimados da decisão" não quer dizer que a lei tenha criado um método diferente para a fluência dos prazos recursais. Aliás, o texto legal repete o óbvio, pois a regra é que os prazos do processo, em geral, começam a fluir sempre a partir da intimação, citação ou notificação (art. 230).

O que ficou bem claro no art. 1.003 foi a necessidade de a intimação das decisões judiciais ser sempre feita na pessoa do advogado e, se também a parte foi intimada, o prazo recursal se contará da intimação do advogado e não da ciência pessoal da parte.

Como o advogado pode ser intimado de várias maneiras (pelo escrivão, pelo correio, pelo oficial de justiça, pela imprensa, por meio eletrônico e em audiência), a contagem do prazo – embora partindo sempre da intimação – haverá de seguir as regras gerais do art. 231. As disposições do art. 1.003 não modificam as do art. 231; apenas as complementam, de modo que serão aplicadas conjuntamente.[39]

Utilizando-se, por exemplo, a intimação por mandado ou pelo correio, o prazo para recurso não começará a fluir senão depois de juntada do comprovante aos autos (art. 231, I e II). Não há atrito algum entre as regras dos arts. 1.003 e 231. Este simplesmente prevê a contagem do prazo de recurso da data em que o advogado foi intimado. Mas se a intimação for por carta ou mandado ela somente se completará no momento da juntada do comprovante aos autos (v. item 411, adiante). Aí se terá o advogado como intimado, e a partir de então se contará o prazo para recorrer. Dessa maneira, harmonizam-se as regras dos dois dispositivos legais cotejados.[40]

Sobre a polêmica instalada ao tempo do Código de 1973, em torno de ser tempestivo ou não o recurso interposto antes da intimação da parte, o atual CPC tomou partido dispondo, textualmente, que a tese a observar é a da sua tempestividade. Ou seja: "será considerado tempestivo o ato praticado antes do termo inicial do prazo" (art. 218, § 4º) (veja-se o vol. III).

Outra regra esclarecedora de relevante significado é a que trata das decisões *inaudita altera parte*, como as liminares que a lei, muitas vezes, permite sejam deferidas na decisão da petição inicial, sem que o réu esteja integrado ao processo. Para casos como esse, o art. 1.003, § 2º, do CPC/2015 dispõe que o prazo de interposição do recurso pelo réu será contado somente depois de sua citação, observadas as regras gerais do art. 231, I a VI.[41]

Sobre a contagem de prazo recursal em caso de intimação eletrônica, ver, adiante, o item n. 412-A.

---

[39] "O texto (do art. 242) [CPC/2015, art. 1.003] contém a disciplina aplicável à contagem dos prazos para recorrer, que não fica, porém, subtraída à incidência das regras gerais, as quais não regem apenas subsidiariamente..." (MONIZ DE ARAGÃO, Egas Dirceu. *Comentários ao Código de Processo Civil*. 9. ed. Rio de Janeiro: Forense, 1998, v. III, n. 334, p. 255).

[40] A propósito do prazo para interposição de agravo, decidiu o STJ: "Em se tratando de intimação por oficial de justiça, a data a ser considerada deve ser a da juntada aos autos do mandado cumprido, a teor do art. 241, II, do CPC [CPC/2015, art. 231, II]" (STJ, AgRg no AI 300.548/RJ, 6ª T., Rel. Min. Vicente Leal, ac. 21.09.2000, *DJU* 16.10.2000, p. 366. No mesmo sentido: STJ, Corte Especial, EREsp 598.516/DF, Rel. Min. Fernando Gonçalves, ac. 07.04.2010, *DJe* 19.04.2010).

[41] O agravo de instrumento contra decisão interlocutória anterior à citação deve ser interposto no prazo de dez dias contados da juntada do mandado citatório devidamente cumprido (STJ, 3ª T., REsp 1.656.403/SP, Rel. Min. Ricardo Villas Bôas Cueva, ac. 26.02.2019, *DJe* 06.03.2019).

371. Ciência inequívoca

Entende-se na jurisprudência que, tomando conhecimento efetivo da decisão, o advogado da parte dispensa a solenidade da intimação, independentemente de manifestação expressa nesse sentido.[42] Trata-se de aplicação do princípio da instrumentalidade das formas, segundo o qual, atingido o fim visado pelo ato processual, tem-se como cumprida sua função, ainda que fora da solenidade traçada pela lei. É algo equivalente ao suprimento da citação do réu por seu comparecimento espontâneo ao processo (art. 239, § 1º). Daí ser tranquilo o entendimento pretoriano de que o prazo para recurso começa a correr, também, a partir do momento em que o representante processual da parte toma "ciência inequívoca" da sentença ou decisão.

É preciso, no entanto, para substituir o ato intimatório regular, que o conhecimento do advogado seja pleno e inconteste, e que não se traduza em simples *notícia*, mas corresponda a efetiva ciência do *inteiro teor* da decisão judicial, ainda que não intimada formalmente. O exame das circunstâncias em que tal conhecimento se deu há de ser feito à luz de critérios objetivos, para preservar-se a segurança das partes e cumprir-se a tutela teleológica do devido processo legal. Dessa maneira, o sucedâneo da intimação exige que, *in concreto*, não haja *dúvida* alguma acerca daquilo a que se atribui o caráter de ciência *inequívoca*.[43]

Dentre os casos em que a jurisprudência reconhece como verificada a ciência inequívoca arrolam-se a retirada dos autos do cartório pelo advogado, logo em seguida ao decisório,[44] e a formulação por este de pedido de reconsideração do ato judicial.[45]

Adverte-se, porém – e com toda procedência –, que o simples requerimento de vista dos autos não é suficiente para se presumir "ciência inequívoca". Esta, de fato, acontecerá, após a efetiva abertura da vista, quando o advogado retirar os autos do cartório.[46] Da mesma maneira, o fato de se apresentar petição nos autos após o julgado não pode, por si só, caracterizar "ciência inequívoca" para fins de fluência do prazo de recurso, mormente quando o teor da postulação não tratar de matéria relacionada com a decisão proferida e o advogado não tiver tido vista dos autos antes da intimação oficial.[47]

Como já visto, a jurisprudência assentou, em relação ao processo de autos físicos, o entendimento de que a vista deles pelo advogado da parte configura ciência inequívoca da decisão, neles proferida antes da retirada do cartório, equivalente à intimação para efeito dos prazos recursais. O STJ, todavia, decidiu que essa lógica própria dos autos físicos não se aplica

---

[42] STJ, 2ª T., REsp 1.211.882/RJ, Rel. Min. Mauro Campbell Marques, ac. 05.04.2011, *DJe* 14.04.2011; STJ, 1ª T., AgRg nos EDcl no REsp 937.535/RS, Rel. Min. José Delgado, ac. 12.02.2008, *DJe* 10.03.2008.

[43] STJ, 4ª T., REsp 536.527/RJ, Rel. Min. Sálvio de Figueiredo, ac. 04.09.2003, *DJU* 29.09.2003, p. 273; STJ, 6ª T., REsp 880.606/AM, Rel. Min. Og Fernandes, ac. 14.04.2009, *DJe* 04.05.2009.

[44] STJ, 5ª T., AgRg no REsp 1.163.375/DF, Rel. Min. Napoleão Nunes Maia Filho, ac. 05.10.2010, *DJe* 03.11.2010; STJ, 4ª T., REsp 986.151/MG, Rel. Min. Honildo Amaral de Mello Castro, ac. 17.11.2009, *DJe* 30.11.2009.

[45] STJ, 2ª T., REsp 611.989/MG, Rel. Min. João Otávio de Noronha, ac. 24.04.2007, *DJU* 10.05.2007, p. 364. Quando, porém, a parte comparece aos autos para arguir a nulidade da intimação, deve aplicar-se, analogicamente, a regra traçada para a citação, no art. 214, § 2º (sem correspondência no CPC/2015), ou seja, ter-se-á a intimação como feita na data em que o advogado for intimado da decisão que acolher a nulidade (STF, 2ª T., RE 87.174, Rel. Min. Leitão de Abreu, ac. 09.09.1980, *RTJ* 95/730; STF, 1ª T., RE 93.286, Rel.ª Min.ª Xavier de Albuquerque, ac. 04.11.1980, *RTJ* 96/946; STJ, 2ª T., AgRg no Ag 406.233/MG, Rel.ª Min.ª Laurita Vaz, ac. 07.05.2002, *RT* 805/215). Há julgados que, nesses casos, consideram como ocorrida a "ciência inequívoca" na data em que se acusa a nulidade da intimação, o que não nos parece compatível com a sistemática do Código adotada para a citação e que, por analogia, deve prevalecer também para a intimação. Nesse sentido: STJ, 4ª T., AgRg no REsp 770.751/SP, Rel. Min. João Otávio de Noronha, ac. 05.10.2009, *DJe* 26.10.2009.

[46] STJ, 5ª T., AgRg no REsp 945.892/MT, Rel. Min. Arnaldo Esteves Lima, ac. 06.05.2010, *DJe* 24.05.2010; STJ, 1ª T., REsp 968.819/SP, Rel. Min. José Delgado, ac. 22.04.2008, *DJe* 21.05.2008; STJ, Corte Especial, EREsp 647.839/SP, Rel. Min. Hamilton Carvalhido, ac. 03.12.2008, *DJe* 05.02.2009.

[47] STJ, 4ª T., REsp 536.527/RJ, Rel. Min. Sálvio de Figueiredo, ac. 04.09.2003, *DJU* 29.09.2003, p. 273.

aos processos eletrônicos, já que neles o acesso ao conteúdo de uma decisão prolatada e não publicada, depende necessariamente da intimação eletrônica. No caso, ter-se-ia de clicar sobre a decisão para ler o seu conteúdo, o que geraria de imediato a respectiva intimação, a qual passaria a constar da movimentação do processo, dando abertura ao prazo recursal.[48]

372. Termo final

O termo final de qualquer prazo processual nunca cairá em dia não útil, ou em que não houver expediente normal do juízo. Dessa forma, considera-se prorrogado o prazo para o primeiro dia útil seguinte (art. 224, § 1º), se o vencimento coincidir com dia em que:

1º) o expediente forense for encerrado antes;

2º) o expediente forense for iniciado depois da hora normal; ou

3º) houver indisponibilidade da comunicação eletrônica.

Note-se que o vencimento deverá observar o horário normal do expediente do fórum, de sorte que no último dia do prazo o ato da parte deverá ser praticado até às vinte horas (CPC/2015, art. 212), momento em que os protocolos dos cartórios deverão encerrar.[49] Se o expediente do cartório, pela organização judiciária local, encerrar-se antes das vinte horas, o momento final do prazo será o do fechamento da repartição e não o do limite do art. 212.

Uma regra especial será aplicada aos processos eletrônicos, quando totalmente implantados, ou pelo menos quando as comunicações dos atos processuais estiverem sendo praticadas por sistema informatizado de transmissão de dados: trata-se da Lei 11.419, de 19.12.2006, cujo art. 10, § 2º, prevê a situação de embaraço processual gerada por indisponibilidade técnica do Sistema do Poder Judiciário no último dia do prazo para a remessa da petição eletrônica. Segundo o dispositivo da lei especial, o prazo ficará automaticamente prorrogado para o primeiro dia útil seguinte à resolução do problema.

373. Preclusão

Todos os prazos processuais, mesmo os dilatórios, são *preclusivos*. Portanto, "decorrido o prazo, extingue-se o direito de praticar ou emendar o ato processual, independentemente de declaração judicial" (art. 223, *caput*). Opera, para o que se manteve inerte, aquele fenômeno que se denomina *preclusão processual*.

E *preclusão*, nesse caso, vem a ser a perda da faculdade ou direito processual, que se extinguiu por não exercício em tempo útil. Recebe esse evento a denominação técnica de *preclusão temporal*. Mas, há, em doutrina, outras espécies de *preclusão*, como a *consumativa* e a *lógica*, todas elas ligadas à perda de capacidade processual para a prática ou renovação de determinado ato (ver, adiante, o n. 806).

A preclusão, como adverte Couture, está, no processo moderno, erigida à classe de um princípio básico ou fundamental do procedimento. Manifesta-se em razão da necessidade de que as diversas etapas do processo se desenvolvam de maneira sucessiva, sempre para frente, "mediante fechamento definitivo de cada uma delas, impedindo-se o regresso a etapas e momentos processuais já extintos e consumados".[50] Com esse método, evita-se o desenvolvimento arbitrário do processo, que só geraria a balbúrdia, o caos e a perplexidade para as partes e para o próprio juiz.

---

48 STJ, 3ª T., EDcl no REsp 1.592.443/PR, Rel. Min. Paulo de Tarso Sanseverino, ac. 25.03.2019, *DJe* 27.03.2019.

49 "Não se toma conhecimento do recurso de agravinho quando o mesmo é apresentado no último dia do prazo, *após o expediente*" (STF, RE 75.485, voto do Rel. Min. Thompson Flores, *RTJ* 71/769 STJ, 3ª T., AgRg no Ag 655.109/PI, Rel. Min. Carlos Alberto Menezes Direito, ac. 18.08.2005, *DJU* 14.11.2005. Contra: STF, 2ª T., EDcl. em RE 188.349-9, Rel. Min. Maurício Corrêa, ac. 29.11.1996, *DJU* 11.04.1997, p. 12.204.

50 COUTURE, Eduardo J. *Fundamentos del Derecho Procesal Civil*. Buenos Aires: Depalma, 1974, n 121, p. 194.

Permite o Código, não obstante, que após a extinção do prazo, em caráter excepcional, possa a parte provar que o ato não foi praticado em tempo útil em razão de "justa causa" (art. 223, *caput, in fine*). Nessa situação, o juiz, verificando a procedência da alegação da parte, permitirá a prática do ato "no prazo que lhe assinar" (art. 223, § 2º), que não será, obrigatoriamente, igual ao anterior, mas que não deverá ser maior, por motivos óbvios.

Para o Código, "considera-se justa causa o evento alheio à vontade da parte e que a impediu de praticar o ato por si ou por mandatário" (art. 223, § 1º). Trata-se, como se vê, do caso fortuito ou motivo de força maior, em termos análogos ao do art. 393 do Código Civil.

374. Prazos para as partes

I – Regra básica

O prazo para a parte pressupõe a ciência de um ato anterior que lhe abre oportunidade para manifestação no processo, seja de conformidade ou de inconformidade. A regra do CPC/2015 é de que será ele contado da citação, intimação ou da notificação (art. 231), observadas as regras particulares do art. 231, que cuidam de adequar a determinação do termo inicial às diversas modalidades de comunicação processual.

II – Prazo geral

Quando nem a lei nem o juiz fixar prazo para o ato, "será de cinco dias o prazo para a prática de ato processual a cargo da parte" (art. 218, § 3º).

III – Renúncia

É possível a renúncia, pela parte, de prazo estabelecido exclusivamente em seu favor, desde que o faça de maneira expressa (art. 225). Para que essa faculdade seja exercida, é necessário que o prazo não seja comum; que o direito em jogo seja disponível; e que a parte seja capaz de transigir.[51] A renúncia para a lei deve ser sempre *expressa*. O CPC atual superou a tese doutrinária levantada ao tempo do Código de 1973 de que era possível tanto a renúncia expressa como a tácita, diante da ausência de norma restritiva que impedisse esta última modalidade.

A propósito da matéria, decidiu o STJ que, "se após a renúncia ao prazo que decorreu de declaração de vontade emanada de erro substancial e escusável, a parte renunciante alegar que sua vontade era a de recorrer, interpondo recurso que cumpre os demais pressupostos de admissibilidade e o juiz concluir que houve erro, a renúncia deixa de surtir efeitos, devendo o recurso ser conhecido, em prol dos princípios razoabilidade, confiança e boa-fé objetiva que norteiam o Código de Processo Civil"[52].

IV – Litisconsortes

Se figurarem litisconsortes na relação processual e forem diversos os seus advogados, de escritórios de advocacia distintos, os prazos para todas as suas manifestações, em qualquer juízo ou tribunal, serão contados em dobro, independentemente de requerimento (art. 229). Entretanto, se um só dos litisconsortes interpuser recurso especial e tiver seu apelo inadmitido, o prazo para o agravo interno contra a decisão do relator não será contado em dobro, porque, nessa altura, somente o agravante teria interesse e legitimidade para recorrer.[53]

---

51 MONIZ DE ARAGÃO, Egas Dirceu. *Comentários ao Código de Processo Civil*. Rio de Janeiro: Forense, 1974, v. II, n. 122, p. 110.

52 STJ, 3ª T., REsp 2.126.117/PR, Rel. Min. Nancy Andrighi, ac. 14.05.2024, *DJe* 15.05.2024.

53 STJ, 2ª T., AgInt no AREsp 1.250.938/SP, Rel. Min. Og Fernandes, ac. 09.10.2018, *DJe* 15.10.2018. No mesmo sentido: STJ, 3ª T., AgInt no AREsp 1.247.527/SP, Rel. Min. Marco Aurélio Bellizze, ac. 19.06.2018, *DJe* 28.06.2018.

Cessa, contudo, a contagem em dobro dos prazos processuais se, havendo apenas dois réus, é oferecida defesa apenas por um deles (art. 229, § 1º). Ou seja, se a ação for ajuizada contra dois réus e um deles se tornar revel, não haverá mais que se falar em contagem em dobro dos prazos para manifestar nos autos. (Sobre o prazo em dobro para litisconsortes, v., ainda, o item 243, *retro*).

Por outro lado, dispõe o § 2º que a contagem em dobro não se aplica aos processos eletrônicos. Isto porque, nestas hipóteses, não há qualquer dificuldade para os advogados acessarem os autos, que estarão sempre à disponibilidade de todos os interessados, pela própria natureza do processo digital.

V – Prazo mínimo de obrigatoriedade de comparecimento

Quando a lei não marcar prazo e ficar a critério do juiz a determinação do momento para a realização do ato, incide a regra limitativa do art. 218, § 2º, segundo a qual "as intimações somente obrigarão a comparecimento depois de decorridas 48 (quarenta e oito horas)". Isto quer dizer que não tolera o Código, em caso algum, a intimação para comparecimento *incontinenti*, como se a parte "nada mais tivesse a fazer ou pudesse largar de imediato suas ocupações, a fim de se despachar às carreiras, para dar cumprimento ao objeto da intimação".[54]

Incumbe, pois, ao oficial de justiça e ao escrivão fazer constar de suas certidões a hora exata em que procedeu à intimação. Essa restrição, como é lógico, nada tem a ver com as ordens de condução de testemunhas e partes faltosas ou de prisão delas, visto que, por sua própria natureza, esses provimentos judiciais são de observância imediata.

375. Prazos para o juiz e seus auxiliares

Ao juiz, o Código marca os seguintes prazos:

(a) cinco dias, para os despachos (CPC/2015, art. 226, I);
(b) dez dias, para as decisões interlocutórias (art. 226, II); e
(c) trinta dias, para as sentenças (art. 226, III).

Havendo, porém, motivo justificado, pode o juiz exceder, por igual tempo, os prazos a que está submetido (art. 227).

Aos escrivães ou chefes de secretaria, o Código (art. 228, *caput*) marca os prazos de: *(a)* um dia, para remeter os autos conclusos, após o cumprimento do ato anterior (inc. I); e *(b)* cinco dias, para executar os demais atos do processo, a contar da ciência da ordem determinada pelo juiz (inc. II).

O escrivão atua como a corda ou mola que dá permanente movimento ao processo, daí a marcação de prazos curtos para seus atos, que, na maioria, são meras intimações e singelos registros das ocorrências nos autos.

Para controle do cumprimento desses prazos, dispõe o Código que "ao receber os autos, o serventuário certificará o dia e hora em que teve ciência da ordem" do juiz (art. 228, § 1º), o que, na praxe forense, se faz por meio do termo processual de "recebimento" ou "data".

Por fim, nos processos em autos eletrônicos, a juntada de petições ou de manifestações em geral ocorrerá de forma automática, independentemente de ato de serventuário da justiça (art. 228, § 2º). É que o acesso da parte ao processo independe da intermediação de qualquer serventuário; o ingresso se dá eletronicamente, por provocação da própria parte.

376. Prazos para o Ministério Público, Fazenda Pública e Defensoria Pública

Em princípio, os prazos para os representantes da Fazenda Pública (advogados e procuradores), assim como para a Defensoria Pública e o Ministério Público, observarão a mesma

[54] MONIZ DE ARAGÃO, Egas Dirceu. *Comentários ao Código de Processo Civil*. Rio de Janeiro: Forense, 1974, v. II, n. 137, p. 124.

regra básica aplicável às partes do processo, *i.e.*, serão contados da citação, intimação ou da notificação (CPC/2015, art. 230).

I – Ministério Público e Fazenda Pública

Tendo em vista, porém, as notórias dificuldades de ordem burocrática que se notam no funcionamento dos serviços jurídicos da Administração Pública, manda o art. 183 que sejam computados em *dobro* o prazo para manifestar-se nos autos, quando a parte for a União, os Estados, o Distrito Federal, os Municípios e suas respectivas autarquias e fundações de direito público (ver, *retro*, n. 318). Da mesma forma, o art. 180, *caput*, assegura que também o Ministério Público gozará de prazo em dobro para suas manifestações processuais.

Ressalva o Código que o benefício da contagem em dobro não se aplica às hipóteses em que a própria lei, de forma expressa, estabelecer prazo próprio para o ente público (art. 183, § 2º), norma que o art. 180, § 2º, estende também aos prazos fixados por lei para o Ministério Público.

As sociedades de economia mista e as empresas públicas, todavia, não se beneficiam dos favores do art. 183, porque seu regime jurídico é de direito privado, integrando apenas a administração pública indireta, segundo a sistemática do Decreto-lei 200, de 25.02.1967.[55]

II – Defensoria Pública

A contagem em dobro dos prazos processuais beneficia igualmente a Defensoria Pública (art. 186, *caput*). A exclusão dessa regra, a exemplo do que ocorre com a Fazenda Pública e o Ministério Público, se dá em relação aos prazos legais, quando estabelecidos, de forma expressa para a própria Defensoria Pública (art. 186, § 4º).

A assistência judiciária pode ser prestada por outras entidades fora da Defensoria Pública. Quando tal se der por meio dos escritórios de prática jurídica das faculdades de direito reconhecidas na forma da lei, ou de entidades que prestam assistência jurídica gratuita em razão de convênios firmados com a Ordem dos Advogados do Brasil ou com a Defensoria Pública, a contagem dos prazos em dobro continuará sendo observada (art. 186, § 3º). Não estende o Código tal privilégio aos beneficiários da justiça gratuita quando se fizerem representar por advogado particular de sua livre escolha (art. 99, § 4º).

III – Disposição comum

A intimação, de que decorrem os prazos para os representantes da Fazenda Pública, do Ministério Público e da Defensoria Pública, submete-se a uma norma especial. Todos eles têm direito à *intimação pessoal*, entendida como tal aquela que se faz mediante carga ou remessa dos autos, ou por meio eletrônico (arts. 183, § 1º, 180, *caput*, e 186, § 1º).

377. Verificação dos prazos e penalidades: prazos dos serventuários

Cabe ao juiz fiscalizar o cumprimento dos prazos impostos aos seus serventuários (CPC/2015, art. 233). Essa fiscalização pode ser de ofício ou provocada pela parte, pelo Ministério Público ou pela Defensoria Pública (§ 2º).

Se demonstrado motivo legítimo pelo serventuário, dará o juiz por justificado o atraso. Mas, em caso contrário, mandará instaurar procedimento administrativo, para punir o faltoso, na forma da lei (art. 233, § 1º).

---

[55] MONIZ DE ARAGÃO, Egas Dirceu. *Comentários ao Código de Processo Civil*. Rio de Janeiro: Forense, 1974, v. II, n. 137, p. 124; STJ, 2ª T., AgRg no REsp 652.055/RS, Rel. Min. Herman Benjamin, ac. 01.09.2009, *DJe* 08.09.2009; STJ, 1ª T., AgRg no REsp 788.820/RS, Rel. Min. Denise Arruda, ac. 04.09.2008, *DJe* 22.09.2008.

O Código autoriza que qualquer das partes, o Ministério Público ou a Defensoria Pública represente ao juiz contra o serventuário que injustificadamente exceder os prazos previstos em lei (art. 233, § 2º).

378. Inobservância de prazo da parte

I – Regra geral

Compete aos advogados públicos ou privados, ao defensor público e ao membro do Ministério Público restituir os autos no prazo do ato a ser praticado (CPC/2015, art. 234). Portanto, ocorrida a retenção indevida, é lícito a qualquer interessado exigir a restituição dos autos (art. 234, § 1º).

II – Sanções

Pela ilícita retenção dos autos, sujeitam-se os advogados a multa correspondente à metade do salário mínimo. Sua aplicação, porém, só terá lugar se, intimado o advogado, não efetuar a devolução dos autos em três dias (art. 234, § 2º). Além da multa, sujeita-se ele a perder o direito de novas vistas dos autos fora do cartório (art. 234, § 2º).

Não cabe ao juiz aplicar dita penalidade. Constatada a falta, cabe ao magistrado comunicar a ocorrência à Ordem dos Advogados do Brasil para instauração do procedimento disciplinar no qual poderá ocorrer a imposição da referida multa (art. 234, § 3º). Igual providência será adotada quando a retenção ilegal de autos for praticada por membro do Ministério Público, da Defensoria Pública ou da Advocacia Pública, quando a comunicação será feita ao órgão competente responsável pela instauração de procedimento disciplinar (art. 234, § 5º). A multa, nesse caso, quando cabível, será aplicada ao agente público responsável pelo ato, e não à entidade pública a que se acha vinculado (art. 234, § 4º).

379. Inobservância dos prazos do juiz

Em relação ao órgão judicial (juiz ou tribunal) não ocorre preclusão, não havendo, portanto, perda do poder de decidir pelo simples fato de se desobedecer ao prazo legal. Por isso, os prazos em questão são chamados de "prazos impróprios". Os efeitos do descumprimento podem gerar, em regra, sanções disciplinares, mas quase nunca processuais.

Se ocorrer desrespeito a prazo processual estabelecido em lei, regulamento ou regimento interno, por parte do juiz ou do relator, qualquer das partes, o Ministério Público ou a Defensoria Pública poderá representar ao corregedor do tribunal ou ao Conselho Nacional de Justiça, a quem incumbirá o encaminhamento do caso ao órgão competente, para instauração do procedimento para apuração de responsabilidade (CPC/2015, art. 235, *caput*). O Código prevê duas entidades às quais a representação poderá ser endereçada: o corregedor de justiça e o Conselho Nacional de Justiça. Ao primeiro cabe conhecer naturalmente das representações contra juízes de primeiro grau, e ao CNJ, as relativas a relatores de tribunais.

O contraditório e o direito de defesa são assegurados, de modo que, distribuída a representação ao órgão competente, logo de início o juiz terá oportunidade de prévia manifestação. Se, após isto, verificar-se a evidente improcedência da arguição, dar-se-á o seu liminar arquivamento. Não ocorrendo motivo para esse trancamento, será instaurado procedimento para apuração da responsabilidade, com intimação do representado por meio eletrônico para, querendo, apresentar justificativa no prazo de quinze dias (art. 235, § 1º).

Para que a omissão do juiz da causa não seja motivo de protelação indefinida do processo, o corregedor ou o relator no CNJ, em decisão liminar, determinará a intimação do magistrado representado por meio eletrônico para que, em dez dias, pratique o ato (art. 235, § 2º). Persistindo a inércia, ordenará a remessa dos autos ao substituto legal do juiz ou do relator, contra o qual se representou, para decisão em dez dias (art. 235, § 3º).

Capítulo XII
O INTERCÂMBIO PROCESSUAL

§ 49. ATOS DE COMUNICAÇÃO PROCESSUAL E ATOS FORA DA CIRCUNSCRIÇÃO TERRITORIAL DO JUÍZO

380. Intercâmbio processual

O procedimento se desenvolve sob o signo da publicidade e do contraditório. Não há surpresa para as partes nem para terceiros que eventualmente tenham que prestar colaboração à solução da lide ou que tenham que suportar consequências dela.

Há, por isso, um sistema de comunicação dos atos processuais, pelo qual o juízo põe os interessados a par de tudo o que ocorre no processo e os convoca a praticar, nos prazos devidos, os atos que lhes compete.

Esses atos eram classificados pelo Código de 1939 em citações, notificações e intimações. O Código atual eliminou a distinção entre intimação e notificação e só conhece, de ordinário, como ato de comunicação processual a citação e a intimação.

A denominação notificação ficou reservada para o procedimento de jurisdição voluntária, em que a parte pretende manifestar formalmente sua vontade a outrem sobre assunto juridicamente relevante, regulada nos arts. 726 a 729 do CPC/2015.

O Código atual, atento às inovações tecnológicas, admite a prática de atos processuais por meio de videoconferência ou outro recurso tecnológico de transmissão de sons e imagens em tempo real (art. 236, § 3º), além das formas tradicionais de comunicação judicial.

Os órgãos que, normalmente, se encarregam da comunicação processual são o escrivão e o oficial de Justiça. Ao escrivão, o juiz determina a prática do ato em despacho nos autos. Ao oficial, as ordens são transmitidas por meio de mandados, documentos avulsos que, depois de cumprida a diligência, são juntados aos autos para integração e aperfeiçoamento do ato processual de comunicação (arts. 250 e 275, § 1º, I e II). Em alguns casos, o juiz utiliza órgãos estranhos ao juízo para a comunicação, como o Correio (art. 247) e a imprensa (art. 272). No empenho de modernizar os serviços judiciários, o CPC/2015 determina que as intimações se realizem, sempre que possível, por meio eletrônico (art. 270).

381. Forma dos atos de comunicação

A comunicação do ato processual pode ser real ou presumida (ficta). É *real* quando a ciência é dada diretamente à pessoa do interessado; *presumida*, quando feita através de um órgão ou um terceiro que se presume faça chegar a ocorrência ao conhecimento do interessado. São reais as intimações feitas pelo escrivão ou pelo oficial de Justiça, bem como as efetuadas por meio de correspondência postal; e presumidas as feitas por edital ou com hora certa e, ainda, pela imprensa.

382. A comunicação eletrônica

A comunicação oficial, por meio eletrônico, no âmbito do Poder Judiciário, foi objeto de regulamentação pela Resolução 100 do Conselho Nacional de Justiça, na qual se prevê a utilização preferencial do *Sistema Hermes - Malote Digital,* sem prejuízo, porém, de outros meios eletrônicos já adotados pelos Tribunais. Estipula o art. 1º da Resolução que o referido sistema deverá ser o veículo das comunicações oficiais entre o Conselho Nacional de Justiça - CNJ, o Conselho da Justiça Federal - CJF, o Conselho Superior da Justiça do Trabalho - CSJT e os Tribunais descritos no art. 92, II a VII, da Constituição Federal, inclusive entre estes tribunais.

Recomendou o CNJ, especialmente, que o *Sistema Hermes - Malote Digital* deverá ser utilizado, entre outros, para expedição e devolução de cartas precatórias entre juízos de tribunais mais diversos (Resolução cit., art. 1º, § 3º). Recomendou-se, ainda, aos Tribunais já referidos, que o *Sistema Hermes - Malote Digital* seja também adotado como forma de comunicação oficial entre seus órgãos e setores internos, magistrados e servidores (art. 3º).

Mais recentemente, o CNJ, segundo a Resolução 455/2022 (alterada pela Resolução 569/2024), instituiu o sistema de centralização das citações, intimações e publicações judiciais de toda a Justiça do País num único diário eletrônico, o *Diário de Justiça Eletrônico Nacional - DJEN.* Com essa medida, persegue-se eliminar a comunicação processual dispersada pelos múltiplos *DJEs* locais, aumentando a segurança jurídica e impondo a todos os tribunais, advogados e partes "novos deveres de governança tecnológica".[1] Sobre a influência da comunicação processual unificada por meio do *DJEN* e sobre a contagem dos prazos processuais em geral, ver, adiante o item 412-A.

383. Atos processuais fora dos limites territoriais do juízo: cartas de ordem, precatórias e rogatórias

Ao juiz compete dirigir o processo e determinar os atos que as partes e serventuários haverão de praticar. Mas a autoridade do juiz, pelas regras de competência, se restringe aos limites de sua circunscrição territorial. Assim, quando o ato tiver de ser praticado em território de outra comarca, o juiz da causa não poderá ordená-lo diretamente aos serventuários do juízo; terá, então, de requisitá-lo por carta à autoridade judiciária competente (CPC/2015, art. 236, § 1º). Releva notar que, adotando o CPC/2015 um sistema amplo de cooperação entre os órgãos judiciais, a solenidade das cartas precatórias é, às vezes, dispensada. Permite-se contato mais informal, entre autoridades judiciárias de diferentes circunscrições territoriais, quando os atos, a serem realizados fora da comarca, forem de menor significância que as citações, intimações e penhoras e outras diligências que só podem, de fato, ser cumpridas pelas cartas (arts. 67 a 69) (ver, *retro*, item 182).

Estabelece-se assim um intercâmbio e uma colaboração entre dois juízos para que o processo tenha seu devido andamento. Essas cartas, conforme a origem, são:

(a) *carta de ordem*, quando destinadas pelo Tribunal Superior a juiz (art. 236, § 2º);
(b) *carta rogatória*, quando dirigida à autoridade judiciária estrangeira (art. 237, II);
(c) *carta precatória*, nos demais casos, *i.e.*, quando dirigida a juiz nacional de igual categoria jurisdicional (art. 237, III); e
(d) *carta arbitral*, quando dirigida a órgão do Poder Judiciário, para cooperação requerida por juízo arbitral (art. 237, IV).

---

1 CARDOSO, Oscar Valente. Diário de Justiça Eletrônico Nacional, Domicílio Judicial Eletrônico e novas regras de citação, intimação e contagem de prazos processuais. *Revista dos Tribunais*, São Paulo, v. 1.076, p. 303-319, jun. 2025.

O Código atual permite que a carta seja dirigida ao juízo estadual quando, embora o processo tramite na justiça federal ou em tribunal superior, o ato houver de ser praticado em comarca onde não haja vara federal (art. 237, parágrafo único).

384. Requisitos das cartas

São, segundo o art. 260 do CPC/2015, requisitos essenciais da carta de ordem, da carta precatória e da carta rogatória:

(a) a indicação dos juízes de origem e de cumprimento do ato (inciso I);
(b) o inteiro teor da petição, do despacho judicial e do instrumento do mandato conferido ao advogado (inciso II);
(c) a menção do ato processual que lhe constitui o objeto (inciso III);
(d) o encerramento com a assinatura do juiz (inciso IV).

Além disso, o juiz mandará trasladar para a carta quaisquer outras peças, bem como instruí-la com mapa, desenho ou gráfico, sempre que esses documentos devam ser examinados, na diligência, pelas partes, pelos peritos ou pelas testemunhas (art. 260, § 1º). Quando o objeto da diligência for exame pericial em documento, esse será remetido em original, ficando nos autos reprodução fotográfica (art. 260, § 2º).

A carta arbitral atenderá aos requisitos das outras cartas. Será instruída sempre com a convenção de arbitragem e com as provas da nomeação do árbitro e da sua aceitação da função (art. 260, § 3º), ou seja, com a prova de que o tribunal arbitral está instalado, e de que o deprecante se acha investido na função de árbitro.

Como regra geral, toda carta tem caráter itinerante, de modo que pode, "antes ou depois de lhe ser ordenado o cumprimento, ser encaminhada a juízo diverso do que dela consta, a fim de se praticar o ato" (art. 262). Havendo encaminhamento para outro juízo, o fato será imediatamente comunicado ao órgão expedidor, que intimará as partes, a fim de dar-lhes conhecimento do novo juiz encarregado da diligência (art. 262, parágrafo único).

Deve o juiz deprecante, para evitar paralisação indefinida do processo, fixar o prazo dentro do qual a carta deverá ser cumprida, levando em consideração a facilidade das comunicações e a natureza da diligência (art. 261, *caput*). Se, porém, não for possível ao juiz deprecado a realização do ato no prazo constante da carta, poderá dilatá-lo, fazendo a devida comunicação ao deprecante.

As partes devem ser intimadas pelo juiz do ato de expedição da carta (art. 261, § 1º), para que possam acompanhar o cumprimento da diligência junto ao juízo destinatário. A este competirá realizar a intimação de todos os atos a seu cargo (art. 261, 2º). Cabe à parte a quem interessa o cumprimento da diligência cooperar com o juízo destinatário para que o prazo fixado pelo juiz de origem seja cumprido (art. 261, § 3º).

Segundo a tradição do processo, as cartas do art. 260 formalizam-se por escrito e são encerradas pela assinatura do juiz que as expede. Dentro do programa de modernização dos serviços judiciais, a Lei 11.419, de 19.12.2006, editada ao tempo do Código anterior, passou a autorizar que se pudesse expedi-las por meio eletrônico, situação em que a assinatura do juiz deveria ser eletrônica, na forma da Lei. Nos termos do art. 7º da Lei 11.419/2006, as comunicações entre os órgãos do Poder Judiciário (inclusive as cartas precatórias, rogatórias e de ordem) não só podiam efetuar-se por meio eletrônico, como este deveria ser a via preferencial para a respectiva prática (art. 7º). Esta foi também a orientação do Código atual, adotada no art. 263, de sorte que todas as cartas, sempre que possível, devem ser expedidas por meio eletrônico, com as cautelas da Lei 11.419/2006.

385. Cumprimento das cartas

Quem expede o mandado para que a diligência seja realizada é o juízo destinatário da carta, que recebe o nome de juiz deprecado, rogado ou ordenado, conforme se trate de carta precatória, rogatória ou de ordem. O juiz que expede a carta é o deprecante, rogante ou ordenante, conforme o caso.

A carta de ordem, por questão de hierarquia, nunca pode deixar de ser cumprida. A carta rogatória depende de *exequatur* do Presidente do Superior Tribunal de Justiça (Constituição Federal, art. 105, I, *i*; RISTJ, art. 216-A), o qual, uma vez concedido, vincula o juiz inferior (rogado), que também não poderá deixar de cumpri-la.

Já com relação à carta precatória (inclusive a arbitral) que circula entre juízes do mesmo grau de jurisdição, é lícito ao juiz deprecado recusar-lhe cumprimento e devolvê-la ao juiz deprecante, apenas nos casos arrolados no CPC/2015, art. 267, *caput*, que são os seguintes:

(a) quando não estiver revestida dos requisitos legais (inciso I), quais sejam os do art. 260;

(b) quando faltar ao destinatário competência em razão da matéria ou da hierarquia (inciso II). Nesse caso, o juiz deprecado poderá remeter a carta ao juiz ou ao tribunal competente (art. 267, parágrafo único). Por questão apenas de incompetência relativa, o ato não poderá ser recusado;

(c) quando o juiz tiver dúvida acerca de sua autenticidade (inciso III). Nesse caso, seria aconselhável que, não se tratando de falsidade evidente, o deprecado diligenciasse junto ao deprecante para esclarecer-se acerca da origem e autenticidade da carta, antes de recusar-lhe cumprimento.

Em qualquer caso, nunca será admissível uma recusa pura e simples. O juiz deprecado terá sempre de fundamentar adequadamente a decisão de recusa (art. 267, *caput*).

Não sendo juiz da causa, mas simples executor do ato deliberado pelo deprecante, ao deprecado não cabe perquirir-lhe o mérito, antes de fazê-lo cumprir. Deixando de lado a hipótese de irregularidades formais da carta, apenas quando entender que o ato do deprecante importa invasão de sua competência absoluta, é que o deprecado pode devolver a precatória sem cumprimento, caso em que suscitará o conflito de competência.[2] Aqui a situação é diversa daquela prevista no parágrafo único do art. 267, em que ao deprecado falta competência absoluta para cumprir a precatória, cuja solução, por isso, é a remessa ao juiz ou tribunal que tenha competência para tanto. A recusa de que ora se cogita é a de incompetência absoluta do próprio deprecante para o ato de que derivou a expedição da carta. Nessa situação, a rejeição da carta é definitiva, por ocorrer um conflito de competências que só pelas vias adequadas encontrará solução.

Nos casos de delegação de atos de comunicação processual (citação e intimação), praticada a diligência, o ocorrido será informado imediatamente, por meio eletrônico, pelo juiz deprecado ao juiz deprecante (art. 232). Com isso, o início do prazo de contestação ou da prática do ato decorrente da intimação não dependerá do retorno da carta ao juízo de origem. Sua contagem se dará a partir da juntada ao processo do comunicado expedido pelo juiz deprecado, nos moldes do art. 232, como dispõe o art. 231, VI. Somente quando não houver tal comunicado,

---

[2] STJ, 1ª Seção, CC 27.688/SP, Rel. Min. Milton Luiz Pereira, ac. 18.12.2000, *DJU* 28.05.2001, p. 145, *Revista Síntese de Direito Civil e Processual Civil*, v. 12, p. 113; STJ, 3ª Seção, CC 76.879/PB, Rel. Min. Maria Thereza de Assis Moura, ac. 13.08.2008, *DJe* 26.08.2008.

é que o prazo se contará em função da juntada da própria precatória devidamente cumprida (art. 231, VI, *in fine*).

386. Cartas urgentes

O Código de 1973 admitia, nos casos de urgência, a expedição da carta de ordem e da carta precatória por telegrama, radiograma ou telefone (art. 205). O Código de 2015 vai muito além. Torna o meio eletrônico a via preferencial para as diligências processuais através das referidas cartas (CPC/2015, art. 263). Sem indagar do requisito da urgência, simplesmente admite que se possa valer também do telefone e do telegrama para veicular a carta de ordem e a carta precatória.

Na hipótese de carta por telefone, o secretário do tribunal, o escrivão ou chefe de secretaria transmitirá o seu conteúdo ao escrivão do 1º Ofício, da primeira vara, se houver mais de uma vara e mais de um ofício no juízo deprecado, observados os requisitos do art. 264 (art. 265).

O escrivão ou chefe de secretaria que receber o telefonema, reduzirá o seu texto a escrito e, no mesmo dia ou no dia útil imediato, telefonará ou enviará mensagem eletrônica ao secretário ou escrivão do juízo deprecante, lendo-lhe os termos da carta e solicitando-lhe que os confirme (art. 265, § 1º). Havendo confirmação, dará certidão do ocorrido e submeterá a carta a despacho judicial (art. 265, § 2º).

Adotado o meio eletrônico, o telefone ou o telegrama, a mensagem terá de conter, em resumo substancial, os requisitos que se reclamam para os mandados de citação ou intimação, e que são explicitados pelo art. 250 (ver adiante o item 395). Especial atenção dever-se-á dispensar à aferição da autenticidade da carta (art. 264).

387. Custas nas cartas

O processamento das cartas está sujeito ao preparo comum, inclusive pagamento de taxa judiciária, conforme a legislação local. Nos casos, porém, de cartas expedidas por telefone, telegrama ou meio eletrônico, o cumprimento deverá ser imediato, ou de ofício, como recomenda o CPC/2015, art. 266. A parte interessada depositará no juízo deprecante a importância correspondente às despesas que serão feitas no juízo em que houver de ser praticado o ato (art. 266).

Não se pode, assim, deixar de dar imediato cumprimento a essas cartas, sob pretexto de falta de preparo das custas. Quanto às demais cartas, não havendo no juízo deprecado preparo prévio, pode o juiz da diligência devolvê-las, sem cumprimento.

Cumpridas as cartas, quaisquer que sejam elas, serão restituídas no prazo de dez dias ao juízo de origem, desde que pagas pela parte as custas devidas (art. 268). Essa devolução é feita independentemente de traslado.

388. Cartas rogatórias

A carta rogatória, como forma de cooperação jurídica internacional, será regida por tratado do qual o Brasil seja parte e observará os requisitos do CPC/2015, art. 26. À falta de tratado, poderá realizar-se com base em reciprocidade, manifestada por via diplomática (art. 26, § 1º).

No Brasil, o cumprimento das rogatórias estrangeiras depende de *exequatur* (CPC/2015, art. 960) a ser obtido em procedimento que deve observar o disposto no Regimento Interno do Superior Tribunal de Justiça. Sobre o procedimento, v. volume III.

As cartas rogatórias explicam-se pelo princípio da territorialidade da jurisdição, segundo o qual cada Estado exerce a soberania dentro dos limites de seu território. As cartas rogatórias, portanto, são instrumento utilizáveis quando as relações internacionais envolvem a necessidade de cooperação entre as Justiças de diferentes Estados. A par dos problemas jurisprudenciais, porém, existem inúmeras outras relações que reclamam cooperação e assistência recíproca no enfrentamento de problemas que devem ser solucionados fora do âmbito judiciário. Nesse terreno, a cooperação internacional se desenvolve segundo tratados firmados pelo Brasil, cujo cumprimento nem sempre envolve os tribunais judiciários, mas outros órgãos da administração, como a fiscalização tributária, a polícia e o Ministério Público e outros organismos que atuam na prevenção e investigação de ilícitos civis e penais de caráter transnacional[3] (sobre o tema ver item 125, *retro*).

---

3 ZAVASCKI, Teori Albino. Cooperação jurídica internacional e a concessão de *exequatur*. *Revista de Processo*, v. 183, maio 2010, p. 24.

§ 50. CITAÇÃO

389. Conceito

Conforme a definição legal, "*citação* é o ato pelo qual são convocados o réu, o executado ou o interessado para integrar a relação processual" (CPC/2015, art. 238). Sem a citação do réu, não se aperfeiçoa a relação processual e torna-se inútil e inoperante a sentença. Daí dispor o art. 239 que, "para a validade do processo, é indispensável a citação do réu ou do executado".[4] O artigo ressalva as hipóteses de indeferimento da petição inicial ou de improcedência liminar do pedido, situações em que, obviamente, não será necessária a citação do réu ou do executado, visto que o processo não terá regular prosseguimento.

Essa exigência legal diz respeito a todos os processos (de conhecimento e de execução), sejam quais forem os procedimentos (comum ou especiais). Até mesmo os procedimentos de jurisdição voluntária, quando envolverem interesses de terceiros, tornam obrigatória a citação (art. 721).

Tão importante é a citação, como elemento instaurador do indispensável contraditório no processo, que sem ela todo o procedimento se contamina de irreparável nulidade, que impede a sentença de fazer coisa julgada. Em qualquer época, independentemente de ação rescisória, será lícito ao réu arguir a nulidade de semelhante decisório (arts. 525, § 1º, I, e 535, I). Na verdade, será *nenhuma* a sentença assim irregularmente prolatada.

Observe-se, outrossim, que o requisito de validade do processo é não apenas a citação, mas também a *citação válida*, pois o Código fulmina de nulidade expressa as citações e as intimações "quando feitas sem observância das prescrições legais" (art. 280). E trata-se de *nulidade insanável*, segundo o entendimento da melhor doutrina.[5]

389-A. Objetivo da citação

Com o CPC/2015 (art. 238), a citação deixou de ser formalmente o ato processual de convocação do réu e do interessado "para se defender", como dispunha o art. 213 do Código anterior. A doutrina, aliás, já considerava equivocada a conceituação literal da lei velha, pois no seu próprio texto havia hipóteses de citação em que o ato de comunicação processual não passava de uma mensagem oficial para que o destinatário tomasse conhecimento da existência do processo e de seu conteúdo.[6]

A mudança da lei foi, pois, significativa, tendo quebrado a rigidez do sistema citatório tradicional que se atrelava a uma estreita visão da relação processual, polarizada basicamente entre demandante e demandado. Agora, atendida a crítica doutrinária, o direito positivo afeiçoa-se ao processo cooperativo moderno em que se apresentam situações complexas que vão muito além do plano de ataque e defesa, e até mesmo ultrapassam, não raras vezes, os limites da lide travada entre autor e réu.

---

[4] Antes da citação já há processo, mas a relação processual está ainda incompleta, porque só produz vínculo entre o autor e o juiz. É a citação do demandado que irá completá-la com a inserção do terceiro sujeito indispensável ao desenvolvimento do processo rumo ao provimento jurisdicional de mérito.

[5] "Em razão da importância fundamental do ato citatório, consagrada com ênfase pelo novo Código de Processo Civil nos preceitos atrás lembrados (arts. 9º, II, 214 e 741, I) [CPC/2015, arts. 72, II, 239 e 535, I], as formalidades e cautelas previstas para a citação têm o cunho e a marca da indeclinabilidade, sendo insanável a nulidade resultante de sua inobservância ou infringência" (MARQUES, José Frederico. *Manual de Direito Processual Civil*. Campinas: Bookseller, 1997, v. I, n. 287, p. 336).

[6] GREGO, Leonardo. *Instituições de processo civil*. 5. ed. Rio de Janeiro: Forense, 2015, v. I, p. 287; CABRAL, Antonio do Passo. Despolarização do processo e *zonas de interesse*: sobre a migração entre polos da demanda. *Revista Forense*, v. 404, p. 5, jul./ago. 2009.

Nessa perspectiva, "a citação passa a ser compreendida como ato de efetiva comunicação a respeito do processo para que o sujeito integre a relação processual e assuma a posição que lhe pareça mais adequada".[7]

A atual concepção de citação oferece solução sobretudo para os processos subjetivamente complexos, como a dissolução de condomínio sobre bem indivisível ou a dissolução parcial de sociedade, ou até mesmo para o litisconsórcio ativo necessário, situações em que se agrupam em um dos polos da relação processual pessoas com interesses heterogêneos e que, por isso, podem se acomodar em posição própria distinta daquela de demandado tradicional em litisconsórcio passivo. No caso da ação de usucapião de imóvel, por exemplo, o CPC prevê a citação editalícia de terceiros interessados apenas para, querendo, participar do processo (art. 259, I e III). Emblemática, também, é a regra do art. 601, relativa à ação de dissolução parcial de sociedade, em que se prevê a citação dos sócios e da sociedade para "*concordar* com o pedido ou *apresentar* contestação".[8] O mesmo se passa com os procedimentos de jurisdição voluntária, em que todos os interessados são citados, não para contestar o pedido, mas "para que se manifestem, querendo" (art. 721), o que abre ensejo a aderir à pretensão do requerente ou a impugnar o seu cabimento, ou ainda a apresentar pretensão própria relativa aos moldes em que a medida deva ser implementada.

No âmbito da legislação especial, merece lembrança a ação popular, em que são citados como litisconsortes necessários os envolvidos na prática do ato impugnado, inclusive a pessoa jurídica lesada por ato ímprobo de seus agentes. Ao ente público, todavia, o art. 6º, § 3º, da Lei 4.717/1965 assegura, após a citação, optar entre contestar a ação ou aderir à posição do autor, tornando-se seu litisconsorte na defesa do interesse público. Diante do conceito de citação inovado pelo art. 238, a opção permitida pela Lei da Ação Popular pode ser adotada por participante de qualquer litisconsórcio em que a citação envolva, igualmente, agrupamento de citandos com interesses divergentes.

390. Suprimento da citação

A citação é indispensável como meio de abertura do contraditório, na instauração da relação processual. Entretanto, se esse se estabeleceu, inobstante a falta ou o vício da citação, não há que se falar em nulidade do processo, visto que o seu objetivo foi alcançado por outras vias. A nulidade do processo, em razão do art. 280 do CPC/2015, só ocorre, portanto, plenamente, no caso de revelia do demandado (*vide* n. 614).

Assim é que dispõe o art. 239, § 1º, que a falta ou nulidade da citação se supre pelo "comparecimento espontâneo do réu ou do executado", fluindo a partir desta data (*i.e.*, do comparecimento aos autos) o prazo para contestação ou embargos à execução. A simples presença do demandado nos autos produz os mesmos efeitos da citação. Se esta era nula, deixa de ser relevante o vício, porque a parte é dada como citada por força da lei, com o só comparecimento. Deste começará a fluir, automaticamente, o prazo de defesa. Essa reabertura legal de prazo, naturalmente, só será pensável quando o comparecimento tiver ocorrido ainda em tempo de produzir a defesa. Para o comparecimento tardio, outra será a solução, como adiante se exporá.

No regime do CPC anterior, havia entendimento que interpretava restritivamente o sentido de "comparecimento espontâneo" capaz de suprir a nulidade ou a falta de citação. Por exemplo,

---

7 TEMER, Sofia. *Participação no processo*: repensando litisconsórcio, intervenção de terceiros e outras formas de atuação. Salvador: JusPodivm, 2020, p. 202.

8 A regra do art. 601 do CPC/2015 é apontada por Sofia Temer como uma corroboração da "ideia de integração dos sujeitos [no processo] sem prévio alinhamento" (TEMER, Sofia. *Participação no processo*: repensando litisconsórcio, intervenção de terceiros e outras formas de atuação. Salvador: JusPodivm, 2020, p. 203).

não se considerava eficaz para tal fim a simples petição com pedido de vista dos autos.[9] Mas, se o advogado juntasse procuração do réu e retirasse os autos do cartório com carga, a partir desse momento ter-se-ia como suprida a citação. Para isso, seria irrelevante a existência, ou não, de poderes especiais para receber citação.[10] Pensamos que tal orientação deva prevalecer perante o atual Código, por ser compatível com a ideia dos princípios fundamentais do processo justo, estribados na boa-fé e na lealdade, já que não seria razoável ter como ciente do conteúdo da ação quem ainda nem sequer tomou conhecimento do pedido objeto da causa.

A propósito, ao cuidar da intimação, o CPC/2015 foi expresso em considerar que a presunção de ciência dos atos processuais se dá pela "retirada dos autos do cartório ou da secretaria em carga pelo advogado" (art. 272, § 6º). Sendo a citação uma modalidade de intimação, qualificada pelo fim de cientificar o citando sobre a propositura da ação, não há de ser diferente a regra de suprimento a ela aplicável, de modo que não se deve admitir que uma simples petição de vista possa tornar o réu automaticamente citado. Haverá de se seguir a carga dos autos ao advogado, para que ocorra o suprimento da citação.[11]

O Código atual não prevê a possibilidade de o réu comparecer não para apresentar defesa, mas para alegar a nulidade da citação. Comparecendo o réu para alegar dita nulidade, só com o seu comparecimento já está suprido o defeito do ato citatório, começando de imediato o prazo para produzir contestação ou embargos (CPC/2015, art. 239, § 1º).[12] Não lhe cabe, portanto, aguardar a solução da alegação para depois se defender. Se assim proceder, mesmo que a nulidade seja reconhecida, o prazo de resposta já estaria fluindo desde o momento do seu comparecimento; e, provavelmente, pelo aguardo do pronunciamento judicial, já teria se esgotado; a revelia, então, teria se consumado irremediavelmente.

O Código atual, como se vê, é implacável: comparecendo o réu, depois de uma citação nula, terá de produzir logo sua defesa, sob pena de, ultrapassado o prazo para tanto, ser havido como revel, nada obstante a nulidade ocorrida no ato citatório. Essa inflexibilidade da norma codificada, entretanto, só pode prevalecer enquanto o processo se achar em primeiro grau de jurisdição, ou seja, em condições de, ainda, receber a contestação ou os embargos do devedor. Se o estágio processual já alcançou grau superior, não se pode recusar ao réu o direito de só arguir a nulidade da citação, mesmo porque, àquela altura, não teria condições legais e técnicas de imediatamente contestar a ação ou embargar a execução.

Na situação aventada, só restará ao tribunal, ao reconhecer a invalidade da citação, anular todos os atos do processo posteriores à petição inicial. Terá, então, que o fazê-lo, reabrindo o prazo de contestação ou embargos para ensejar ao demandado a oportunidade de defesa de mérito. O prazo para tanto, como é óbvio, não poderia ser contado do comparecimento aos autos, mas somente depois de seu retorno ao juízo da causa.

---

[9] STJ, 4ª T., REsp 877.057/MG, Rel. Min. Aldir Passarinho Júnior, ac. 18.11.2010, *DJe* 01.12.2010.

[10] STJ, 4ª T., REsp 1.026.821/TO, Rel. Min. Marco Buzzi, ac. 16.08.2012, *DJe* 28.08.2012.

[11] Para o STJ, não se aplica o entendimento de que o comparecimento do réu supre a citação, quando tenha sido feito apenas para informar o cumprimento da decisão liminar, sendo que o despacho ordenando a citação só ocorreu posteriormente (STJ, 2ª T., REsp 1.904.530/PE, Rel. Min. Francisco Falcão, ac. 08.03.2022, *DJe* 11.03.2022).

[12] "O comparecimento nos autos de advogado da parte demandada com procuração outorgando poderes para atuar especificamente naquela ação configura comparecimento espontâneo a suprir o ato citatório, *deflagrando-se assim o prazo para a apresentação de resposta*" (STJ, 4ª T., AgRg no AREsp 536.835/SC, Rel. Min. Luis Felipe Salomão, ac. 18.12.2014, *DJe* 03.02.2015). "Reconhecimento do comparecimento espontâneo da parte demandada, que deixou transcorrer *in albis* o prazo para contestação, mesmo tendo adentrado no processo para suscitar a falha de cientificação e, ainda para impugnar a concessão da tutela antecipada" (STJ, 3ª T., REsp 1.625.033/SP, Rel. Min. Paulo de Tarso Sanseverino, ac. 23.05.2017, *DJe* 31.05.2017).

Estando, pois, o processo na instância originária, tenha ou não o réu apresentado defesa, o regime do CPC/2015 é o de que a rejeição da alegação de nulidade da citação acarretará os seguintes efeitos sobre o processo:

(a) se a ação for de conhecimento, o réu será considerado revel (mesmo que tenha se defendido no mérito, se o fez tardiamente em relação à citação inicial não invalidada); e,

(b) se for de execução, o feito terá seguimento normal (ainda que apresentados embargos, fatalmente contaminados por intempestividade em face da citação inicial não anulada) (art. 239, § 2º).

Cumpre, todavia, reconhecer que o STJ tem posição firme sobre em que condições o comparecimento do réu aos autos pode suprir a falta ou nulidade da citação. Trata-se de entendimento consolidado sob o regime do Código de 1973, mas que tem sido mantido em decisões pronunciadas na vigência do Código atual, e que pode ser assim resumido:

(a) não configura comparecimento espontâneo para suprir a citação o simples peticionamento pelo advogado do réu que *não tenha poderes especiais para receber a citação*[13] (g.n.);

(b) para configuração do comparecimento espontâneo é necessário que: *(i)* ocorra a juntada de "procuração com *poderes especiais*, desde que possível o acesso aos autos do processo"; ou *(ii)* se dê a apresentação de *defesa* (contestação, no processo de conhecimento, ou embargos ou exceção de pré-executividade, no processo de execução) "ainda que não outorgados *poderes especiais* ao advogado para receber a citação"[14] (g.n.);

(c) "o comparecimento espontâneo, como ato que supre a citação da parte (art. 214, § 1º, do CPC/1973), *também ocorre nos casos em que a procuração outorgada confere poderes gerais e contém dados específicos sobre o processo* em que se dará a atuação"[15] (g.n.). Nesse caso, é forçoso reconhecer que a outorga de poderes para defesa em processo identificado na procuração equivale, logicamente, à outorga de poderes para receber a citação. Daí o acerto do entendimento do STJ de que o comparecimento do advogado do réu aos autos supre a citação tanto quando tem poderes especiais para recebê-la, como quando tem poderes específicos para atuar em nome do outorgante em determinado processo;

(d) o comparecimento do réu aos autos antes da citação não deflagra o prazo de contestação, se ainda não houve decisão judicial convocando as partes para a audiência preliminar de conciliação e mediação, quando o procedimento admite tal expediente.[16]

---

13 STJ, Corte Especial, EREsp 1.709.915/CE, Rel. Min. Og Fernandes, ac. 01.08.2018, *DJe* 09.08.2018. Para o ac. não perfaz comparecimento espontâneo: "a) o peticionamento nos autos por advogado destituído de poderes especiais para receber a citação e sem a apresentação de defesa; b) o peticionamento para informar a adesão a programa de parcelamento do débito tributário; e c) a carga dos autos por advogado sem poderes específicos para receber citação não supre a ausência do referido ato" (STJ, 1ª T., REsp 1.165.828/RS, Rel. Min. Regina Helena Costa, ac. 07.03.2017, *DJe* 17.03.2017).

14 STJ, Corte Especial, EREsp 1.709.915, Rel. Min. Og Fernandes, ac. 01.08.2018, *DJe* 09.08.2018.

15 STJ, 4ª T., AgInt no Resp 1.390.104/SP, Rel. Min. Antônio Carlos Ferreira, ac. 30.09.2019, *DJe* 03.10.2019. Precedentes: STJ, 4ª T., AgRg no REsp 1.280.911/SP, Rel. Min. Marco Buzzi, ac. 18.02.2016, *DJe* 25.02.2016; STJ, 4ª T., AgRg no AREsp 536.835/SC, Rel. Min. Luis Felipe Salomão, ac. 18.12.2014, *DJe* 03.02.2015; STJ, 4ª T., AgRg no AREsp 336.263/SP, Rel. Min. Raul Araújo, ac. 15.10.2015, *DJe* 09.11.2015.

16 "(...) 6. No procedimento comum para os direitos disponíveis, em regra, a citação do réu para integrar a relação processual conterá a sua convocação para manifestar o seu interesse em participar da audiência

391. Destinatário da citação inicial

Em regra, a citação deve ser sempre pessoal. Pode recair na pessoa do réu, do executado ou do interessado ou do seu representante legal ou procurador (CPC/2015, art. 242). Se incapaz o demandado, a citação será feita na pessoa de seu representante legal (pai, tutor ou curador). Se pessoa jurídica, em quem tenha poderes estatutários ou convencionais para representá-la em juízo (art. 242, *caput*).

I – Citação feita a mandatário, administrador, preposto ou gerente

Permite, outrossim, o § 1º do art. 242, a citação excepcional do mandatário, administrador, preposto ou gerente, mesmo em se tratando de citando pessoa física, e ainda que inexistam poderes específicos outorgados para recebimento da citação, desde que se observem os seguintes requisitos:

(a) tenha a ação se originado de atos praticados pelos referidos gestores; e

(b) esteja o citando *ausente*, não no sentido técnico, porque então sua representação caberia ao curador, mas, no sentido prático, ou seja, de pessoa fora do domicílio. Não é suficiente o fato de ter o citando domicílio ou residência fora da sede do juízo, se conhecidos, nem tampouco basta o afastamento eventual e breve do demandado. O que autoriza a medida excepcional do art. 242, § 1º, é a ausência prolongada e indefinida, maliciosa ou não, que torna embaraçosa a citação pessoal.

Outra regra do Código que abre exceção à obrigatoriedade da citação pessoal é a do § 2º do art. 242, que, nas ações sobre locação predial, permite ao locatário citar o administrador do imóvel encarregado do recebimento dos aluguéis, que será considerado habilitado para representar o locador em juízo, observados os seguintes requisitos:

(a) o locador deve estar ausente do país; e

(b) não deve ter cientificado o inquilino da existência de procurador na localidade do imóvel, com poderes especiais para receber a citação.

II – Citação da União, dos Estados, do Distrito Federal e dos Municípios

O Código excepciona também a regra de citação pessoal dos respectivos gestores ou administradores quando o citando for a União, os Estados, o Distrito Federal ou os Municípios e suas respectivas autarquias e fundações de direito público, hipótese em que o ato citatório será realizado perante o órgão de Advocacia Pública responsável por sua representação judicial (art. 242, § 3º).

III – Citando impossibilitado de receber a citação

Outra norma especial se refere à parte impossibilitada de receber a *in ius vocatio* por questão de saúde. Dispõe o art. 245, *caput*, que, se o citando for mentalmente incapaz ou estiver impossibilitado de receber a citação, o oficial de justiça deixará de cumprir o mandado citatório. Devolvê-lo-á com certidão que descreva minuciosamente o ocorrido (art. 245, § 1º). O juiz, então, nomeará um médico, a fim de examinar o citando, a quem competirá apresentar laudo

---

de mediação e conciliação do art. 340 do CPC/2015, não envolvendo necessariamente, portanto, a apresentação imediata da defesa. (...) 9. Na hipótese em que a apresentação do réu ocorre ainda no momento inicial da fase postulatória, o prazo para a apresentação da contestação será contabilizado nos termos dos incisos I e II do art. 335 do CPC/2015, solução que homenageia o devido processo legal e a boa-fé, na vertente da proteção da expectativa legítima" (STJ, 3ª T., REsp 1.909.271/PR, Rel. Min. Ricardo Villas Bôas Cueva, ac. 11.02.2025, *DJEN* 14.02.2025).

em cinco dias. Ficará dispensada, contudo, a referida nomeação se pessoa da família apresentar declaração do médico do citando que ateste a sua incapacidade (art. 245, § 3º).

Havendo reconhecimento da impossibilidade de citação pessoal, o juiz dará ao citando um curador especial, observando, quanto à escolha, a preferência estabelecida na lei civil (art. 1.775 do Código Civil). Os poderes de representação serão, contudo, restritos à causa pendente (art. 245, § 4º). O curador assim nomeado receberá pessoalmente a citação e se incumbirá da defesa dos interesses do citando (art. 245, § 5º). Se for advogado, poderá ele mesmo produzir a defesa processual. Não sendo, constituirá profissional legalmente habilitado para atuar em juízo em nome do curatelado.

392. Local da citação

Como regra geral, "a citação poderá ser feita em qualquer lugar em que se encontre o réu, o executado ou o interessado" (CPC/2015, art. 243, *caput*), seja sua residência, seu local de trabalho, ou qualquer outro lugar. Mas o militar, em serviço ativo, só será citado na unidade em que estiver servindo, se não for conhecida a sua residência ou nela não for encontrado (art. 243, parágrafo único). O que a lei quer, portanto, é que a citação do militar seja normalmente efetivada em seu endereço domiciliar. Só depois de frustrada esta é que a diligência será realizada na unidade em que servir.

393. Impedimento legal de realização da citação

Há circunstâncias especiais, previstas no Código, que impedem momentaneamente a citação. Assim, salvo se houver necessidade de evitar perecimento de direito (como nos casos de prescrição ou decadência iminentes), não se fará a citação (CPC/2015, art. 244):

- *(a)* a quem estiver participando de ato de culto religioso (inciso I);
- *(b)* ao cônjuge, companheiro ou a qualquer parente do morto, consanguíneo ou afim, em linha reta, ou na linha colateral em segundo grau, no dia do falecimento e nos sete dias seguintes (inciso II);
- *(c)* aos noivos, nos três primeiros dias seguintes ao casamento (inciso III);
- *(d)* aos doentes, enquanto grave o seu estado (inciso IV).

Superado o impedimento, a citação será normalmente feita. Por outro lado, a restrição legal refere-se apenas à pessoa do citando, de modo que, se ele dispuser de procurador com poderes adequados, poderá este ser citado, sem embargo de encontrar-se demandado numa das circunstâncias do art. 244.

Também, para evitar perecimento de direito, pode o juiz autorizar a citação pessoal do citando, mesmo nos momentos e circunstâncias arrolados no art. 244.[17]

394. Modos de realizar a citação

A citação realiza-se de várias maneiras, podendo ser efetuada:

- *(a)* por meio eletrônico, preferencialmente (art. 246, *caput*, com a redação da Lei 14.195/2021); ou
- *(b)* não sendo possível a citação eletrônica, ou frustrando-se a tentativa de efetuá-la dessa forma, será realizada: *(i)* pelo correio; *(ii)* por oficial de justiça; *(iii)* pelo escrivão ou

---

[17] MONIZ DE ARAGÃO, Egas Dirceu. *Comentários ao Código de Processo Civil.* Rio de Janeiro: Forense, 1974, v. II, n. 215, p. 186.

chefe de secretaria, se o citando comparecer em cartório; ou *(iv)* por edital (art. 246, § 1º-A, acrescido pela Lei 14.195/2021).

Com a alteração do art. 246 pela Lei 14.195/2021, passaram a existir três variantes de citação eletrônica das pessoas jurídicas:

(a) a das pessoas jurídicas *previamente cadastradas* no sistema de processos em autos eletrônicos, regulado pela Lei 11.419/2006, caso em que a citação se dará através do acesso do citando ao referido sistema;
(b) a das empresas que não se acham cadastradas no sistema de processos eletrônicos da Lei 11.419/2006 e que se inscreveram no *cadastro de endereços eletrônicos do Poder Judiciário*, a ser criado pelo CNJ, nos moldes da Lei 14.195/2021, caso em que será possível a citação via *e-mail*;
(c) a das empresas não incluídas no sistema de processos em autos eletrônicos, caso em que a citação se dará pelo recebimento do *e-mail* (correio eletrônico): é a situação das microempresas e das empresas de pequeno porte, as quais, mesmo não tendo endereço eletrônico no banco de dados do Poder Judiciário, serão ainda assim citadas por *e-mail*, se possuírem endereço eletrônico cadastrado na REDESIM (Rede Nacional para a Simplificação do Registro e da Legalização de Empresas e Negócios) (CPC, art. 246, §§ 5º e 6º, incluídos pela Lei 14.195/2021).[18]

A citação por meio eletrônico, quando praticável, será efetivada no prazo de até dois dias úteis contado da decisão que a determinar (art. 246, *caput*). Nos demais meios, deverá se efetivar em até quarenta e cinco dias a partir da propositura da ação (art. 238, parágrafo único, com a redação da Lei 14.195/2021), ou seja: a contar do protocolo da petição inicial em juízo (art. 312).

Há uma disposição especial no art. 246, § 3º, prevendo que na ação de usucapião de imóvel os confinantes serão citados pessoalmente, exceto quando tiver por objeto unidade autônoma de prédio em condomínio, caso em que tal citação é dispensada.

395. Citação por meio eletrônico

Implantado nos órgãos do Poder Judiciário sistema adequado para viabilizar os atos processuais por meio eletrônico, as citações serão realizadas preferencialmente por esse meio (art. 246, *caput*, com a redação da Lei 14.195/2021). A citação eletrônica é aplicável a todas as modalidades de processo reguladas pelo CPC, com as seguintes exceções, deduzidas do art. 247: *(i)* ações de estado; *(ii)* citando incapaz; *(iii)* pessoa de direito público[19]; *(iv)* citando não

---

[18] LIPMANN, Rafael Knor. O novo conceito de citação por meio eletrônico da Lei 14.195/2021: um passo para frente, dois passos para trás. *Revista dos Tribunais*, v. 1.035, p. 298, jan. 2022. O autor põe em dúvida a constitucionalidade da alteração do CPC efetuada através de medida provisória emendada indevidamente durante a tramitação legislativa, para inserir temas não relacionados àqueles que deram origem ao ato normativo. "Ainda que se ignore essa premissa, em seu teor, além de confusas nos diversos aspectos aqui trabalhados, as mudanças operadas pela nova Lei, no afã de buscar *celeridade*, parecem fragilizar a observância dos princípios do contraditório e do devido processo legal ao não só admitir, mas estabelecer como regra a citação por correio eletrônico" (LIPMANN, Rafael Knor. O novo conceito de citação por meio eletrônico da Lei 14.195/2021: um passo para frente, dois passos para trás. *Revista dos Tribunais*, v. 1.035, p. 301, jan. 2022).

[19] Com a obrigatoriedade das empresas públicas se inscreverem no cadastro do processo eletrônico (CPC, art. 246, § 1º, com redação da Lei 14.195/2021), a Resolução 455/CNJ, art. 16, tornou obrigatório o cadastro no Domicílio Judicial Eletrônico para a União, para os Estados, para o Distrito Federal, para os Municípios,

registrado no cadastro de endereços eletrônicos do Poder Judiciário;[20] *(v)* quando o autor requerer, com justificação adequada, que a citação seja feita de outra forma.[21]

Mas, para que essa via prioritária seja observada, é necessário, em primeiro lugar, que o citando se ache inscrito no cadastro dos endereços eletrônicos constante do banco de dados do Poder Judiciário, conforme regulamento do Conselho Nacional de Justiça.[22] Enquanto, portanto, não for implantado esse cadastro, a citação eletrônica por via de *e-mail*, nos moldes da Lei 14.195, ainda não se viabilizará. Continuará praticável apenas a citação pelas vias do próprio processo eletrônico sistematizado pela Lei 11.419/2006 e pela Resolução 354/2020 do CNJ.

De acordo com a Lei 11.419/2006, a validade do ato citatório eletrônico dependerá, ainda, de dois requisitos:

(a) ser feita sob as formas e cautelas traçadas pelo art. 5º para as intimações; e
(b) a íntegra dos autos deve ficar acessível ao citando (art. 6º).[23]

O ato de comunicação eletrônico deverá conter todos os dados exigidos para o mandado de citação, nos termos do art. 250 do CPC.[24]

Não são, outrossim, quaisquer citandos que poderão receber a citação eletrônica, mas apenas aqueles que anteriormente já se achem cadastrados no Poder Judiciário para esse tipo de comunicação processual. E de maneira alguma o uso da informática pode comprometer

---

para as entidades da administração indireta e para as empresas públicas e privadas, para efeitos de recebimento de citações e intimações.

20 "Deve-se ser destacado que o endereço eletrônico não será aquele indicado aleatoriamente pelo autor da demanda, *mas apenas aquele indicado pelo réu,* evidentemente em outros processos judiciais ou *constante nos cadastros dos bancos de dados do Poder Judiciário*" (HERTEL, Daniel Roberto. Citação eletrônica no Código de Processo Civil brasileiro. *Revista Magister de Direito Civil e Processual Civil*, v. 104, p. 136, set./out. 2021).

21 Nos casos de ações reguladas por leis especiais, a citação observará, quando houver, a forma especificada na disciplina legal própria. É o que, por exemplo, se passa com a Lei de Execução Fiscal, que adota como forma preferencial a citação pelo correio (Lei 6.830/1980, art. 8º, I). Isto não impede, todavia, que a Fazenda Pública, por opção, requeira a citação por outra forma, inclusive a eletrônica.

22 "Note-se que o preceito não faz nenhuma ressalva em relação à pessoa natural ou jurídica" (no tocante à citação eletrônica, disciplinada pela Lei 14.195/2021) (HERTEL, Daniel Roberto, Citação eletrônica no Código de Processo Civil brasileiro. *Revista Magister de Direito Civil e Processual Civil*, v. 104, p. 137, set.-out. 2021). É preciso, porém, aguardar a Regulamentação do CNJ (Lei 14.195/2021). A regulamentação da citação eletrônica pelo CNJ a que se refere o art. 246 do CPC deverá detalhar o procedimento dessa modalidade de comunicação processual. Registre-se, porém, que anteriormente à Lei 14.195 o CNJ já havia editado a Resolução 354/2020, a respeito de citação eletrônica, a qual provisoriamente pode ser observada, na medida do possível, enquanto se aguarda a regulamentação específica programada pelo novo teor do art. 246 do CPC, decorrente da emenda de 2021 (HERTEL, Daniel Roberto. Citação eletrônica no Código de Processo Civil brasileiro. *Revista de Processo*, v. 325, p. 471, mar. 2022). Na realidade, porém, a citação por *e-mail* instituída pela Lei 14.195 ainda não está em vigor, pois depende da criação e regulamentação do Cadastro de Endereços Eletrônicos do Poder Judiciário, pelo CNJ. Enquanto tal não ocorrer, a citação eletrônica somente poderá se dar nos processos já informatizados, caso em que seguirá a sistemática da Lei 11.419/2006 (ZANETI JÚNIOR, Hermes; ALVES, Gustavo Silva. Breves notas sobre as alterações do Código de Processo Civil pela Lei 14.195/2021: citação eletrônica, exibição de documento ou coisa e prescrição intercorrente. *Revista de Processo*, v. 330, p. 50-51, ago. 2022).

23 O art. 5º determina que as intimações eletrônicas serão feitas em portal próprio aos que se cadastrarem na forma do art. 2º da mesma Lei 11.419. O art. 2º, por sua vez, exige o uso de assinatura eletrônica, sob a forma de assinatura digital, obrigatório o credenciamento prévio no cadastro do Poder Judiciário, conforme disciplinado pelos órgãos respectivos.

24 "As citações por correio eletrônico serão acompanhadas das orientações para realização da confirmação de recebimento e de código identificador que permitirá a sua identificação na página eletrônica do órgão judicial citante" (art. 246, § 4º, acrescido pela Lei 14.195/2021).

a defesa do citado. É obrigatório que, além da mensagem eletrônica, todos os elementos dos autos estejam realmente ao alcance do exame do citado.

Para viabilizar a citação preferencialmente por meio eletrônico, a lei obriga que as empresas públicas e privadas mantenham cadastro nos sistemas de processo em autos eletrônicos, os quais são instituídos justamente para efeito de recebimento de citações e intimações, sempre em caráter preferencial (art. 246, § 1º, com a redação da Lei 14.195/2021).[25] Mas, repita-se, a citação eletrônica via *e-mail* ainda depende da regulamentação do cadastro especial a ser criado pelo CNJ.

Recebida a citação por *e-mail* (quando estiver regulamentada), o citando deverá confirmar, pela mesma via, o respectivo recebimento, no prazo de até três dias úteis. E, se não o fizer, a citação eletrônica ficará prejudicada e terá de ser renovada pelo correio, por oficial de justiça, pelo escrivão ou chefe de secretaria, ou por edital, conforme o caso (art. 246, § 1º-A, acrescido pela Lei 14.195/2021). O citando, todavia, não poderá frustrar caprichosamente a citação eletrônica; na primeira oportunidade de falar nos autos, o réu citado por alguma das formas previstas no referido § 1º-A do art. 246 terá de apresentar justa causa para a ausência de confirmação do recebimento da citação enviada eletronicamente (§ 1º-B do mesmo artigo, acrescido pela Lei 14.195/2021). Será considerada ato atentatório à dignidade da justiça, passível de multa de até cinco por cento do valor da causa, a falta de confirmação, no prazo legal, do recebimento da citação eletrônica, sem justa causa.

A citação por meio eletrônico (como a pelo correio) será feita para qualquer comarca do país (art. 247, com a redação da Lei 14.195/2021).

395-A. A citação eletrônica segundo a Lei 11.419/2006 e segundo a Lei 14.195/2021

De acordo com a sistemática do processo eletrônico regulado pela Lei 11.419/2006, as intimações e citações por meio eletrônico obrigam o destinatário da comunicação processual nos seguintes termos:

(a) As intimações e as citações serão feitas por meio eletrônico em portal próprio aos que se cadastrarem na forma do art. 2º da Lei 11.419, dispensando-se a publicação no órgão oficial, inclusive eletrônico (arts. 5º, *caput*, e 6º).

(b) Considerar-se-á realizada a comunicação processual no dia em que o intimando efetivar a consulta eletrônica ao teor da intimação, certificando-se nos autos a sua realização (art. 5º, § 1º). Nos casos em que a consulta se der em dia não útil, a intimação será considerada como realizada no primeiro dia útil seguinte (art. 5º, § 2º).

(c) A consulta referida nos §§ 1º e 2º do art. 5º deverá ser feita em até 10 (dez) dias corridos contados da data do envio da intimação, sob pena de considerar-se a intimação automaticamente realizada na data do término desse prazo (art. 5º, § 3º).

(d) Observadas as formas e as cautelas do art. 5º da Lei 11.419, as citações, inclusive da Fazenda Pública, excetuadas as dos Direitos Processuais Criminal e Infracional, poderão ser feitas por meio eletrônico, desde que a íntegra dos autos seja acessível ao citando (art. 6º).

---

[25] "As microempresas e as pequenas empresas somente se sujeitam ao disposto no § 1º deste artigo quando não possuírem endereço eletrônico cadastrado no sistema integrado da Rede Nacional para a Simplificação do Registro e da Legalização de Empresas e Negócios (Redesim)" (art. 246, § 5º, acrescido pela Lei 14.195/2021). "Para os fins do § 5º deste artigo, deverá haver compartilhamento de cadastro com o órgão do Poder Judiciário, incluído o endereço eletrônico constante do sistema integrado da Redesim, nos termos da legislação aplicável ao sigilo fiscal e ao tratamento de dados pessoais" (art. 246, § 6º, acrescido pela Lei 14.195/2021).

(e) Ocorrida a citação eletrônica por *e-mail* (quando possível), observar-se-á uma regra especial de contagem do prazo para defesa: o termo inicial será "o quinto dia útil seguinte à *confirmação*, na forma prevista na mensagem de citação, do recebimento da citação realizada por meio eletrônico" (CPC, art. 231, inciso IX, acrescido pela Lei 14.195/2021). Trata-se de regra pertinente apenas à citação por *e-mail*, que é a única que exige a confirmação do citando para aperfeiçoar-se. Para o processo eletrônico regulado pela Lei 11.419/2006, a contagem do prazo de defesa se faz nos termos do art. 231, V, do CPC/2015: a partir do dia útil seguinte à consulta ao teor da citação ou da intimação ou ao término do prazo para que a consulta se dê.[26]

A citação eletrônica, na sistemática da Lei 11.419/2006, uma vez cumpridos os requisitos legais, não pode ser recusada pelo destinatário. Já aquela efetuada por *e-mail*, segundo a Lei 14.195/2021, não produz efeito, se o destinatário não confirmar o respectivo recebimento em três dias úteis (ver item 395, *retro*).

395-B. Citações e intimações por aplicativos de mensagens

Muito se tem discutido sobre a adoção do sistema de aplicativos de mensagens como veículo de realização de citações e intimações. Todavia, adverte o STJ,[27] "a Lei 14.195/2021, ao modificar o art. 246 do CPC/15, a fim de disciplinar a possibilidade de citação por meio eletrônico, isto, pelo envio ao endereço eletrônico (*e-mail*) cadastrado pela parte, estabeleceu um detalhado procedimento de confirmação e de validação dos atos comunicados que, para sua efetiva implementação, pressupõe, inclusive, a preexistência de um complexo banco de dados que reunirá os endereços eletrônicos das pessoas a serem citadas, e não contempla a prática de comunicação de atos por aplicativos de mensagens, matéria que é objeto do PLS 1.595/2020, em regular tramitação perante o Poder Legislativo". De onde se extraiu a seguinte conclusão:

> "A comunicação de atos processuais, intimações e citações, por aplicativos de mensagens, hoje, não possui nenhuma base ou autorização da legislação e não obedece às regras previstas na legislação atualmente existente para a prática dos referidos atos, de modo os atos processuais dessa forma comunicados são, em tese, nulos".

Segundo a enfocada decisão do STJ, nem mesmo a dificuldade ou impossibilidade de localização do citando, a ponto de inviabilizar a citação pessoal, justificaria sua realização pela injurídica adoção dos aplicativos de mensagens ou de redes sociais.[28]

396. Citação pelo correio

A citação por via postal não é mais a regra geral no processo civil, e só ocorre quando não cabível ou frustrada a citação eletrônica. Realiza-se por carta do escrivão, encaminhada

---

[26] ZANETI JÚNIOR, Hermes; ALVES, Gustavo Silva. Breves notas sobre as alterações do Código de Processo Civil pela Lei 14.195/2021: citação eletrônica, exibição de documento ou coisa e prescrição intercorrente. *Revista de Processo*, v. 330, p. 60, ago. 2022.

[27] STJ, 3ª T., REsp 2.045.633/RJ, Rel. Min. Nancy Andrighi, ac. 08.08.2023, *DJe* 14.08.2023. Em argumento de natureza *obiter dictum* cogitou-se a admissibilidade de a comunicação por aplicativo de mensagem por WhatsApp se prestar, excepcionalmente, a comprovação de ciência inequívoca do demandado capaz de suprir a citação ou a intimação, hipótese que o acórdão em referência entendeu não configurada no caso dos autos.

[28] STJ, 3ª T., REsp 2.026.925/SP, Rel. Min. Nancy Andrighi, ac. 08.08.2023, *DJe* 14.08.2023.

ao citando pelo correio, com aviso de recepção. É forma de citação *real*, posto que depende de efetiva entrega da correspondência ao citando (CPC/2015, art. 248, § 1º).

Atualmente, a citação postal não depende de requerimento da parte, mas há casos de sua inaplicabilidade por força da lei (ver, adiante, item n. 397), e ao autor, também, se reconhece a faculdade de afastá-la, bastando que requeira, justificadamente, a citação por oficial de justiça (art. 247, V).

Realiza-se a citação pelo correio, depois de determinada pelo juiz, por meio de carta registrada com aviso de recepção, expedida pelo escrivão do feito, ou chefe da secretaria, que será acompanhada de cópias da petição inicial e do despacho proferido pelo magistrado. De seu texto deverá constar o prazo para resposta, explicitados o juízo e o cartório, com o respectivo endereço (art. 248, *caput*). O Código não faz menção à necessidade de advertência acerca da revelia. Mas, sem dúvida, terá de constar da carta citatória, já que, em se tratando de processo de conhecimento, dita carta deverá conter todos os requisitos do art. 250.

Impõe o Código ao carteiro a obrigação de entregar a carta pessoalmente ao citando, de quem exigirá assinatura no recibo (art. 248, § 1º). Tratando-se, porém, de pessoa jurídica, o Superior Tribunal de Justiça, ainda na vigência do Código de 1973, consagrou o entendimento de que era válida a citação postal quando realizada no endereço da ré, mesmo que o aviso de recebimento tivesse sido firmado por simples empregado. Desnecessário, em tal caso, que a assinatura fosse do representante legal da empresa.[29]

A matéria foi expressamente regulada pelo CPC/2015, no § 2º do art. 248: "sendo o citando pessoa jurídica, será válida a entrega do mandado a pessoa com poderes de gerência geral ou de administração, ou, ainda, a funcionário responsável pelo recebimento de correspondências". Quer isto dizer que, na atual regulamentação legal, a entrega da carta não pode ser a qualquer empregado, mas apenas àqueles responsáveis pelo recebimento de correspondência. No mais, a orientação do Código é a mesma do STJ.[30]

Como o carteiro não dispõe de fé pública para certificar a entrega ou a recusa, se o destinatário se negar a assinar o recibo, a citação postal estará fatalmente frustrada e só restará ao autor renovar a *in ius vocatio* por mandado, cobrando ao citando as custas da diligência fracassada[31] (art. 249, *in fine*).[32]

Atualmente, a citação via postal (da mesma forma que a eletrônica) pode ocorrer mesmo fora da circunscrição territorial do juízo, nos termos do art. 247 do CPC/2015 (com a redação da Lei 14.195/2021), que a admite "para qualquer comarca do País".

O prazo para resposta do citando só começa a fluir a partir da juntada do aviso de recepção aos autos (art. 231, I), porque só então se tem por completa a diligência citatória por via postal, que, da mesma forma que a por mandado, é ato processual complexo.

---

29 STJ, Corte Especial, EREsp 249.771/SC, Rel. Min. Fernando Gonçalves, ac. 07.11.2007, *DJU* 03.12.2007, p. 247. Precedentes: REsp 582.005/BA, *DJU* 05.04.2004; e REsp 259.283/MG, *DJU* 11.09.2000. No mesmo sentido: STJ, 4ª T., AgRg no Ag 1.229.280/SP, Rel. Min. João Otávio de Noronha, ac. 25.05.2010, *DJe* 04.06.2010.

30 Nula, entretanto, é a citação postal de pessoa física que não assinou o aviso de recepção. A exceção aplica-se, segundo o STJ, à citação da pessoa jurídica, nos termos dos arts. 248, § 2º e 280 do CPC (STJ, 3ª T, REsp 1.840.466/SP, Rel. Min. Marco Aurélio Belizze, ac. 16/06/2020, *DJe* 22.06.2020). Nula também é a citação da pessoa jurídica feita por carta em endereço antigo, quando anteriormente a parte já havia comunicado a alteração de endereço à Junta Comercial, já que seria incabível aplicar-se à espécie a teoria da aparência (STJ, 3ª T., REsp 1.976.741/RJ, Rel. Min. Paulo de Tarso Sanseverino, ac. 26.04.2022, *DJe* 03.05.2022).

31 MONIZ DE ARAGÃO, Egas Dirceu. *Comentários ao Código de Processo Civil*. Rio de Janeiro: Forense, 1974, v. II, n. 248 e 249, p. 212.

32 Nas ações relativas à gestão de administrador de sociedade anônima, a lei especial reputa cumprida a intimação ou a citação pela entrega da carta no domicílio indicado no respectivo termo de posse (Lei 6.404/1976, art. 149, § 2º, acrescentado pela Lei 10.303/2001).

Por fim, dispôs o atual Código que, em se tratando de citando residente em condomínio edilício ou loteamento com controle de acesso, será válida a entrega da carta citatória feita a funcionário da portaria responsável pelo recebimento de correspondência. Entretanto, poderá ele recusar o recebimento, desde que declare, por escrito, sob as penas da lei, que o destinatário da correspondência está ausente (art. 248, § 4º).

397. Citação por oficial de justiça

A regra geral no Código atual passou a ser a citação por meio eletrônico (CPC/2015, art. 246, *caput*, com a redação dada pela Lei 14.195/2021). Há casos, porém, em que não se aplica a citação eletrônica, nem a postal, devendo ser utilizada a citação pelo oficial de justiça. São as hipóteses excetuadas pelos incisos do art. 247:

(a) ações de estado, observando-se que a citação deve ser feita na pessoa do réu (inciso I);
(b) citando incapaz (inciso II);
(c) citando pessoa de direito público (inciso III);
(d) citando residente em local não atendido pela entrega domiciliar de correspondência (inciso IV);
(e) quando o autor, justificadamente, requerer outra forma de citação (inciso V).

A citação postal ocupa o segundo grau de preferência na ordem estabelecida pelo art. 246, com a alteração da Lei 14.195/2021. Deu-se, porém, poder à parte de afastar a possibilidade da citação pelo correio, desde que requeira sua feitura por mandado, em qualquer processo. A opção, porém, não é livre, já que o autor terá de justificar sua preferência por outra modalidade citatória, que não a postal (art. 247, V).

Sempre, também, que a citação postal se frustrar, cabível será a sua execução pelo oficial de justiça (art. 249).

Para realizar o ato citatório, o oficial de justiça deve portar o competente mandado, documento que o legitima a praticar a citação, que, por sua vez, depende sempre de prévio despacho do juiz. É, portanto, o mandado o documento que habilita o oficial a atuar em nome do juiz na convocação do citando para integrar o polo passivo da relação processual instada pelo autor.

O mandado citatório, que é expedido pelo escrivão, por ordem do juiz, deve conter os seguintes requisitos, exigidos pelo art. 250:

(a) os nomes do autor e do citando, bem como os respectivos domicílios ou residências (inciso I);
(b) o fim da citação, *(i)* com todas as especificações constantes da petição inicial, *(ii)* bem como a menção do prazo para contestar, sob pena de revelia, ou para embargar a execução (inciso II);[33-34]

---

33 "... do mandado constará que, não sendo contestada a ação, se presumirão aceitos pelo réu, como verdadeiros, os fatos articulados pelo autor" (CPC/73, art. 285, 2ª parte) [CPC/2015, art. 250, II]. A pena de revelia, de que cogita o CPC/2015, é a de presumirem-se "verdadeiras as alegações de fato formuladas pelo autor" (art. 344). Há casos, porém, em que essa pena não se aplica, e que se acham ressalvados no art. 345. Independentemente de sujeitar-se ou não à presunção de veracidade, os prazos contra o revel que não tenha patrono nos autos fluirão sem intimação pessoal, a partir da data da publicação do ato decisório no órgão oficial (art. 346).

34 As especificações exigidas pelo inciso II referem-se a um resumo do pedido. Não há necessidade de reproduzir a causa jurídica do pedido e os fatos narrados pelo autor. É que o mandado citatório será sempre acompanhado de cópia da petição inicial (inciso V).

(c) a aplicação de sanção para o caso de descumprimento da ordem, se houver (inciso III);[35]

(d) se for o caso, a intimação do citando para comparecer, acompanhado de advogado ou de defensor público, à audiência de conciliação ou de mediação, com menção do dia, da hora e do lugar do comparecimento (inciso IV);[36]

(e) a cópia da petição inicial, do despacho ou da decisão que deferir a tutela provisória (inciso V);

(f) a assinatura do escrivão ou do chefe da secretaria e a declaração de que o subscreve por ordem do juiz (inciso VI).

O oficial de justiça, para dar cumprimento ao mandado de citação, localizará o citando e procederá da seguinte maneira (art. 251):

(a) far-lhe-á a leitura do mandado e lhe entregará a *contrafé*, que é uma cópia do mandado e seus anexos (inciso I);

(b) certificará, sob a fé de seu ofício, o recebimento ou a recusa da contrafé pelo citando (inciso II);

(c) obterá a nota de ciente, ou certificará que o citando se recusou a apô-la no mandado (inciso III).

Cumprido o mandado, o oficial o devolverá ao cartório, com a certidão da diligência, nos termos do art. 154, I e III. Ela conterá, pois, a menção ao lugar, dia e hora em que a diligência se efetuou. A certidão é parte integrante do ato citatório, de modo que seus defeitos contaminam toda a citação e podem, "... conforme a gravidade do vício, acarretar até sua nulidade".

O oficial de justiça exerce seu ofício dentro dos limites territoriais da comarca em que se acha lotado. Permite, contudo, o art. 255 que nas comarcas contíguas, de fácil comunicação, e nas que se situem na mesma região metropolitana (caso em que não necessita a contiguidade), possa o mencionado serventuário efetuar citações, intimações, notificações, penhoras e quaisquer outros atos executivos em qualquer delas.[37]

397-A. Citação por carta precatória, rogatória ou de ordem

Quando a citação deva ser praticada fora da jurisdição do juiz da causa, o ato de comunicação processual será delegado ao juiz competente para sua realização, através de carta precatória, rogatória ou de ordem (CPC/2015, arts. 236 e 237).

Nesse caso, há uma regra especial para o prazo de defesa do demandado. O juiz deprecado por meio de mandado diligenciará o cumprimento da citação, e tão logo seja ultimada a diligência, procederá sua comunicação ao juiz deprecante, por meio eletrônico, com o fito de agilizar o andamento do processo (art. 232).

---

[35] Na execução, por exemplo, a pena cominada é a penhora (art. 829, § 1º) ou a busca e apreensão (art. 806, § 2º); na ação monitória, é a constituição de pleno direito do título executivo judicial contra o revel (art. 701, § 2º) etc.

[36] A intimação de que cuida o inciso IV é eventual, uma vez que o processo em alguns casos pode se desenvolver sem a audiência de conciliação ou de mediação (CPC/2015, art. 334, § 4º).

[37] A respeito da citação em comarca contígua, sufragou o Simpósio Nacional de Processo Civil, realizado em Curitiba (1975), os seguintes entendimentos: *a)* "a regra do art. 230 [CPC/2015, art. 255] aplica-se também no caso de comarcas contíguas de Estados diferentes"; *b)* "caberá ao juiz, em cada caso, aferir da proximidade a que se refere a parte final do art. 230 [CPC/2015, art. 255]" (artigo de PRATA, Edson. *Revista Forense* 252/24, out.-nov.-dez. 1975).

Essa providência terá efeito imediato sobre a fluência do prazo de contestação, pois este será contado a partir da juntada aos autos do comunicado expedido pelo juiz deprecado (art. 231, VI, 1ª parte), independentemente do retorno da carta precatória. Somente quando não houver a comunicação do art. 232, é que a contagem do referido prazo ocorrerá a partir do retorno e juntada da carta devidamente cumprida (art. 231, VI, *in fine*).

397-B. Citação com hora certa

I – Cabimento e requisitos

Quando, por malícia do citando, o oficial de justiça não conseguir encontrá-lo para dar-lhe pessoalmente a ciência do ato de cuja prática foi incumbido, permite o Código que a citação se faça de forma *ficta* ou *presumida*, sob a denominação de *citação com hora certa* (CPC/2015, art. 252).

Essa citação especial depende de dois requisitos:

(a) o oficial terá de procurar o citando em seu domicílio, por duas vezes, sem localizá-lo (requisito *objetivo)*; e

(b) deverá ocorrer suspeita de ocultação (requisito *subjetivo)*. Essa suspeita "é elemento fundamental para a designação da hora certa da citação, devendo o oficial ter todo o cuidado em evidenciar que tal procedimento se acha inspirado no propósito de evitar a consumação deste ato processual".[38] Recomenda, por isso, a jurisprudência, que o oficial indique expressamente os fatos evidenciadores da ocultação maliciosa do citando.[39]

II – Procedimento da citação com hora certa

Diante da situação concreta que reúna os dois requisitos citados, o oficial de justiça intimará qualquer pessoa da família, ou, em sua falta, qualquer vizinho, de que no dia imediato voltará, a fim de efetuar a citação, na hora que designar (art. 252, *caput*). O terceiro a quem se intimou haverá, naturalmente, de ser pessoa capaz, de nada valendo a intimação se se tratar de criança ou interdito.

Dispõe o Código atual que nos condomínios edilícios ou loteamentos com controle de acesso, a intimação preparatória para a citação com hora certa poderá ser efetuada a funcionário da portaria responsável pelo recebimento de correspondência, em lugar de se fazer a qualquer pessoa da família ou vizinho (art. 252, parágrafo único).

Em face dos termos do art. 252, somente a procura do citando por duas vezes na residência ou domicílio é que justifica a citação ficta com hora marcada. Se a procura se deu em outros lugares, como escritórios ou locais de trabalho, não autoriza o Código essa forma excepcional de citação.[40] Não há, todavia, necessidade de as duas procuras serem efetuadas num só dia, segundo se depreende do citado art. 252.

---

[38] TJMG, Apel. 30.961, Rel. Des. Monteiro Ferraz, *Jurisprudência Mineira* 44/299; 2º TACiv.SP, Ap. 429.229-00/8, Rel. Juiz João Saletti, ac. 16.05.1995, *RT* 718/192; STJ, 3ª T., REsp 473.080/RJ, Rel. Min. Ari Pargendler, ac. 21.11.2002, *DJU* 24.03.2003, p. 219.

[39] STJ, 2ª T., RMS 22.869/MG, Rel. Min. Castro Meira, Rel. p/ Acórdão Min. Humberto Martins, ac. 13.03.2007, *DJe* 29.10.2008.

[40] MARQUES, José Frederico. *Manual de Direito Processual Civil*. Campinas: Bookseller, 1997, v. I, n. 284, p. 332. Há acórdão, porém, do STJ em que se admitiu a citação por hora certa com base em prévia procura do réu em seu endereço comercial (STJ, 3ª T., REsp 6.865/SP, Rel. Min. Nilson Naves, ac. 25.03.1991, *DJU* 06.05.1991, p. 5.665).

No dia e hora designados, o oficial de justiça, independentemente de novo despacho do juiz, voltará à residência ou ao domicílio do citando, a fim de completar a diligência (art. 253). Se o demandado for encontrado, a citação será feita normalmente, segundo o disposto no art. 251. Se, porém, continuar fora de casa, o oficial procurará informar-se das razões da ausência e, não as considerando justas, dará por feita a citação, mesmo sem a presença do citando, e ainda mesmo que a ocultação tenha se dado em outra comarca, seção ou subseção judiciárias (art. 253, § 1º).

Deixará a contrafé com pessoa da família ou com qualquer vizinho, observado o requisito da capacidade desse intermediário.[41] A citação com hora certa será efetivada ainda que a pessoa da família ou o vizinho, que houver sido previamente intimado, esteja ausente, ou se, embora presente, se recuse a receber o mandado (art. 253, § 2º).

Em seguida, o oficial de justiça lavrará certidão da ocorrência (art. 253, § 3º), da qual deverão constar:

(a) dias e horas em que procurou o citando;
(b) local em que se deu a procura;
(c) motivos que o levaram à suspeita de ocultação intencional;
(d) nome da pessoa com quem deixou o aviso de dia e hora para a citação;
(e) retorno ao local para a citação, no momento aprazado, e motivos que o convenceram da ocultação maliciosa do citando, por ocasião da nova visita;
(f) resolução de dar por feita a citação;
(g) nome da pessoa a quem se fez a entrega da contrafé.

A certidão deve ser copiada também na contrafé, para chegar ao conhecimento do citando o fato da conclusão da diligência sob forma ficta.

Recebido de volta o mandado, o escrivão ou chefe de secretaria procederá à sua juntada aos autos e expedirá, no prazo de dez dias, carta, telegrama ou correspondência eletrônica, dando ao réu, executado ou interessado ciência da citação concluída com hora certa (art. 254).

Essa comunicação é obrigatória, mas não integra os atos de solenidade da citação, tanto que o prazo de contestação começa a fluir da juntada do mandado e não do comprovante de recepção da correspondência do escrivão (art. 231, II e § 4º). Trata-se, na verdade, de reforço das cautelas impostas ao oficial de justiça e que tendem a diminuir o risco de que a ocorrência não chegue ao efetivo conhecimento do réu.[42]

A citação em causa, no entanto, não depende do conhecimento real do citando, pois o Código a trata como forma de citação ficta e presumida, tanto que dá curador especial à parte, caso incorra em revelia (art. 72, II). Mas, de qualquer forma, o oficial de justiça fará constar da certidão de cumprimento do mandado a advertência de que será nomeado curador especial se houver revelia (art. 253, § 4º).

398. Citação pelo escrivão ou chefe de secretaria

Tanto o escrivão (ou chefe de secretaria) como o oficial de justiça são órgãos auxiliares da justiça encarregados de cumprir as ordens e decisões judiciais, inclusive as referentes às

---

[41] 2º TACiv.SP, Agr. Inst. 32.763, Rel. Juiz Mílton Coccaro, *RT* 482/181. Admitindo a validade da entrega da contrafé a menor púbere: 2º TACiv.SP, Ap. 293.329-0-00, Rel. Juiz Mello Junqueira, ac. 13.06.1991, *JTACiv. SP* 133/239. Não, porém, a menor impúbere ou interdito (*idem, ibidem*).

[42] "A jurisprudência do STJ, nas hipóteses de citação por hora certa, tem se orientado no sentido de fixar, como termo inicial do prazo para a contestação, a data da juntada do mandado de citação cumprido, e não a data da juntada do Aviso de Recebimento da correspondência a que alude o art. 229 do CPC [CPC/2015, art. 231]" (STJ, 3ª T., REsp 746.524/SC, Rel. Min. Nancy Andrighi, ac. 03.03.2009, *DJe* 16.03.2009).

citações e intimações (CPC, arts. 152 e 154). A diferença está em que o escrivão atua na sede do juízo, enquanto o oficial de justiça cumpre mandados judiciais fora daquela sede. Portanto, ao escrivão cabe diligenciar a citação apenas quando o citando comparecer em cartório (art. 246, § 1º-A, III, acrescido pela Lei 14.195/2021).

399. Citação por edital

Outra forma de citação *ficta* ou *presumida* é a que se realiza por meio de edital e que tem cabimento apenas nos casos especiais previstos no art. 256 do CPC/2015, ou seja:

(a) *quando desconhecido ou incerto o citando* (inciso I): a hipótese é comum naqueles casos em que se devem convocar terceiros eventualmente interessados, sem que se possa precisar de quem se trata, com exatidão (usucapião, falência, insolvência etc.). Pode, também, ocorrer quando a ação é proposta contra espólio, herdeiros ou sucessores, já que às vezes o autor não terá condições de descobrir quem são as pessoas que sucederam ao *de cujus*;

(b) *quando ignorado, incerto ou inacessível o lugar em que se encontra o citando* (inciso II): no inciso anterior, o desconhecimento era *subjetivo* (ignorava-se a própria pessoa do citando). Agora, a insciência é *objetiva* (conhece-se o citando, mas não se sabe como encontrá-lo).

Equiparam-se, outrossim, ao lugar ignorado, para efeito de citação-edital, aquele que, embora conhecido seja inacessível à Justiça, para realização do ato citatório. A inacessibilidade, por outro lado, tanto pode ser *física* como *jurídica*. Exemplo de local juridicamente inacessível, para efeito de justificar a citação por edital, é o país estrangeiro que se recusa a dar cumprimento à carta rogatória (art. 256, § 1º).[43]

Segundo o Código atual, é considerado em local ignorado ou incerto o citando se infrutíferas as tentativas de sua localização, inclusive mediante requisição pelo juízo de informações de seu endereço nos cadastros de órgãos públicos ou de concessionárias de serviços públicos (art. 256, § 3º).[44] Todavia, assentou o STJ que "a requisição de informações às concessionárias de serviços públicos consiste em uma alternativa dada ao Juízo, e não uma imposição legal". Assim, "a análise, para verificar se houve ou não o esgotamento de todas as possibilidades de localização do réu, a fim de viabilizar a citação por edital, deve ser casuística, observando-se as particularidades do caso concreto".[45]

(c) *nos casos expressos em lei* (inciso III): vários são os procedimentos em que a citação por edital vem determinada, expressamente, pela própria lei, como a recuperação

---

43 "Embora residindo no exterior, a citação do réu mediante carta rogatória só é possível no caso de convênio com o respectivo país, razão pela qual na hipótese negativa a medida deverá efetivar-se mediante edital" (TJMG, Apel. 42.579, Rel. Des. Erotides Diniz, *Revista Brasileira de Direito Processual*, v. VI, p. 161).

44 "Nos termos da jurisprudência desta Corte, a citação por edital somente é admitida quando previamente esgotadas as tentativas de localização da parte demandada" (STJ, 4ª T., AgInt no AREsp 1.346.536/PR, Rel. Min. Marco Buzzi, ac. 30.09.2019, *DJe* 07.10.2019). Ainda segundo entendimento do mesmo Tribunal Superior, sob pena de nulidade a citação por edital só será admissível quando respeitada a "necessidade de esgotamento de todos os meios de localização do réu", inclusive a "pesquisa do endereço nos cadastros de órgãos públicos ou de concessionárias de serviços públicos", nos termos do art. 256, § 3º, do CPC, dispositivo legal que impõe ao autor o *dever de provocar o juízo* no sentido de expedir ofícios àquelas entidades, na tentativa de localizar o réu (STJ, 3ª T., REsp 1.828.219/RO, Rel. Min. Paulo de Tarso Sanseverino, ac. 03.09.2019, *DJe* 06.09.2019).

45 STJ, 3ª T., REsp 1.971.968/DF, Rel. Min. Marco Aurélio Bellizze, ac. 20.06.2023, *DJe* 21.06.2023.

judicial (Lei 11.101/2005, art. 52, § 1º), a falência (Lei 11.101/2005, art. 99, § 1º, na redação da Lei 14.112/2020) e a insolvência (art. 761, II, do CPC/1973, mantido pelo art. 1.052 do CPC/2015). Em tais procedimentos, a citação por edital é ordenada pela lei, sejam ou não conhecidos os citandos. Todos os interessados serão citados apenas por essa via.

I – Procedimento-edital

Há casos em que a própria natureza da demanda envolve a possibilidade de interesses múltiplos de terceiros, nem sempre conhecidos ou determináveis de antemão. Em processos da espécie, além da citação pessoal dos réus conhecidos, determina a lei que sejam expedidos editais para convocar eventuais interessados. Dispõe, a propósito, o atual Código, com esse intuito, que serão publicados editais nos seguintes procedimentos (art. 259):

(a) na ação de usucapião de imóvel (inciso I);
(b) nas ações de recuperação ou substituição de título ao portador (inciso II); e,
(c) em qualquer ação em que seja necessária, por determinação legal, a provocação, para participação no processo, de interessados incertos ou desconhecidos (inciso III).

II – Requisitos de validade da citação por edital

Os requisitos de validade da citação por edital, segundo o art. 257, são:

(a) a afirmação do autor, ou a certidão do oficial, informando a presença das circunstâncias autorizadoras (inciso I) (desconhecimento do citando, de seu paradeiro, ou inacessibilidade do local onde se acha).[46] Esse requisito não incide na hipótese do art. 256, III, isto é, quando a citação por edital é a forma recomendada pela própria lei, como modalidade normal de convocação da parte;
(b) *a publicação do edital*, na rede mundial de computadores, no sítio do respectivo tribunal e na plataforma de editais do Conselho Nacional de Justiça, que deve ser certificada nos autos pelo escrivão ou chefe da secretaria (inciso II). O juiz, contudo, poderá determinar que a publicação do edital seja feita também em jornal de ampla circulação ou por outros meios, considerando as particularidades da comarca, da seção ou da subseção judiciárias (art. 257, parágrafo único). De qualquer maneira, na sistemática do CPC/2015 não há mais a obrigatoriedade de publicação uma vez no órgão oficial e pelo menos duas vezes em jornal local. A publicação normal é sempre feita pelos meios eletrônicos e, quando conveniente a publicação pela imprensa, caberá ao juiz determinar o órgão e a frequência da divulgação. Poderá ainda, sempre em caráter eventual, utilizar outros meios de publicidade, além dos jornais;
(c) *a determinação, pelo juiz, do prazo do edital*, que variará entre vinte e sessenta dias, fluindo da data da publicação única, ou, havendo mais de uma, da primeira (inciso III);
(d) *a advertência de que será nomeado curador especial em caso de revelia* (inciso IV).

---

[46] Não é preciso que o oficial se transforme em investigador minucioso do paradeiro do réu. Basta que ele o procure no endereço indicado pelo autor e ali não encontre nem obtenha informação de seu paradeiro. O autor, também, quando não conheça o paradeiro atual do réu, não está obrigado a realizar investigações custosas e exaustivas para localizá-lo, antes de requerer a citação por edital. O que não se admite é apenas a citação maliciosa por essa via extraordinária.

Quando a citação-edital se fizer em razão de ser inacessível o lugar onde se acha o citando, além da publicação normal, haverá a divulgação da notícia, também, pelo rádio, se na comarca existir emissora de radiodifusão (art. 256, § 2º).

Por se tratar de citação ficta, quando o citado por edital deixa de comparecer e contestar a ação, o juiz nomeia-lhe curador especial para acompanhar o processo em seu nome e defender seus interesses na causa (arts. 72, II, e 257, IV).

400. Responsabilidade do promovente da citação-edital

Ao autor incumbe a alegação dos pressupostos que autorizam essa forma de citação ficta. Se, porém, agir maliciosamente, fazendo afirmação falsa, além de ser nula a citação (CPC/2015, art. 280), incorrerá o autor em multa de cinco vezes o salário mínimo vigente na sede do juízo (art. 258), que reverterá em benefício do citando (parágrafo único, art. 258).

Para que se verifique essa responsabilidade, não basta a conduta culposa do autor. O Código expressamente a condiciona à ação *dolosa* da parte (art. 258, *caput*), a qual, porém, se deve equiparar o erro grosseiro, que, segundo a doutrina, se inclui na ideia de *dolo processual*.[47]

401. Efeitos da citação

Na sistemática de nosso direito processual civil, a citação válida produz os seguintes efeitos (CPC/2015, art. 240):

(a) induz a litispendência;
(b) torna litigiosa a coisa;
(c) constitui em mora o devedor, ressalvado o disposto nos arts. 397 e 398 do Código Civil;[48] e
(d) interrompe a prescrição.

A legislação anterior estipulava ainda como efeito da citação a prevenção do juízo (art. 219, *caput*, do CPC/1973). Entretanto, o Código atual adotou orientação diversa ao determinar que a prevenção do juízo ocorre com o registro ou a distribuição da petição inicial (CPC/2015, art. 59). Assim, não é mais a citação o marco para que o juízo se torne prevento (sobre a prevenção, ver, *retro*, n. 165).

A litispendência e a litigiosidade são consideradas efeitos *processuais* da citação; a constituição em mora e a interrupção da prescrição, efeitos *materiais*. O Código atual, contudo, não distingue os efeitos materiais e os processuais da citação, adotando um critério único para todos eles, os quais ocorrerão, ainda quando a citação for "ordenada por juízo incompetente" (art. 240, *caput*).

O art. 240 do CPC/2015, porém, tratou da interrupção da prescrição não no *caput*, mas no seu § 1º, afirmando que a referida interrupção é operada pelo despacho que ordena a citação, mas com efeito retroativo à data de propositura da ação.

Com isso, poder-se-ia pensar que a citação teria perdido sua força tradicional de interromper a prescrição, já que a nova regra processual a deslocou para o deferimento da inicial,

---

47 MONIZ DE ARAGÃO, Egas Dirceu. *Comentários ao Código de Processo Civil.* Rio de Janeiro: Forense, 1974, v. II, n. 296, p. 245.

48 A constituição em mora por meio da citação nem sempre ocorre, porque, muitas vezes, o citando já se encontra, antes dela, em mora. É nesse sentido que o CPC/2015 ressalva os arts. 397 e 398 do Código Civil, já que estes dispõem que o devedor se constitui em mora: (a) no caso de descumprimento de obrigação, positiva e líquida, na data do seu vencimento (art. 397), e, (b) no caso de responsabilidade civil, na data da prática do ato ilícito (art. 398).

com eficácia retroativa à *data da propositura da ação* (o que equivale à data da distribuição da petição inicial, nos termos do art. 312).

Acontece que a regra do § 1º do art. 240, deixa de ser aplicável quando o autor, no prazo de 10 dias, não promover os atos necessários à realização da citação, conforme dispõe o § 2º do mesmo artigo do CPC. Logo, a eficácia do despacho que ordena a citação, para interromper a prescrição, depende de a citação ser tempestivamente promovida[49].

Aliás, a prescrição e sua interrupção são matérias do direito material, de maneira que é no Código Civil que se encontram as regras básicas desses institutos, cabendo à lei processual apenas regular o procedimento para a respectiva aplicação em juízo.

A propósito o Código Civil/2002 estatui que a interrupção da prescrição, entre outros casos, "dar-se-á por despacho do juiz, mesmo que incompetente, que ordenar a citação, se o interessado a promover no prazo e na forma da lei processual". Assim, a força interruptiva da prescrição estabelecida pela lei para o despacho de deferimento da citação só se manifesta, efetivamente, quando a diligência citatória se aperfeiçoa, no tempo e modo da lei. Portanto, o que, em última análise causará a interrupção é a citação, já que sem esta o despacho judicial será inócuo para tal objetivo.

Mesmo quando a lei manda retroagir os efeitos interruptivos da prescrição à data da propositura da ação, não o faz de modo a desconsiderar o pressuposto da citação do réu. Ao contrário, o art. 312 do CPC é claro ao dispor que a ação se considera proposta quando a petição for protocolada, mas o faz com a expressa ressalva de que: "todavia, a propositura da ação só produz quanto ao réu os efeitos mencionados no art. 240 *depois que for validamente citado*". Ou seja, nenhum efeito material da propositura da ação sobre a esfera jurídica do réu, ocorre antes de sua citação. Enquanto não se dá sua integração ao processo, a relação processual é bilateral e só existe e é eficaz entre o autor e o juiz. A não ser que o réu compareça espontaneamente aos autos para se defender – o que supre a citação – não há de se entender como interrompida a prescrição apenas pela ordem de citação se o ato de comunicação processual nunca for validamente promovido.

402. Litispendência

Consiste a litispendência em tornar completa a relação processual trilateral em torno da lide. Por força da litispendência, o mesmo litígio não poderá voltar a ser objeto, entre as partes, de outro processo, enquanto não se extinguir o feito pendente (sobre a alegação de litispendência, veja-se o n. 600).

Com o instituto da litispendência, o direito processual procura:

- *(a)* evitar o desperdício de energia jurisdicional que derivaria do trato da mesma causa por parte de vários juízes; e
- *(b)* impedir o inconveniente de eventuais pronunciamentos judiciários divergentes a respeito de uma mesma controvérsia jurídica.[50]

---

[49] "5. Referido dispositivo, por outro lado, não socorre a parte desidiosa, que protocola petição inicial em flagrante desacordo com o disposto no art. 319 do CPC/2015 e sem condições de desenvolvimento válido e regular do processo. Nessas situações, a interrupção da prescrição, pelo despacho que ordena a citação do réu, retroage à data da emenda à inicial. Precedentes desta Corte. 6. Tal construção jurisprudencial não se confunde com a necessidade de mera retificação de algum dos elementos da inicial, como ocorre na hipótese dos autos. Aplica-se o art. 240, § 1º, do CPC/2015 quando houver determinação de emenda à inicial para simples retificação do valor atribuído à causa, porquanto tal incorreção não configura desídia da parte autora a fim de afastar a regra geral" (STJ, 3ª T., REsp 2.088.491/TO, Rel. Min. Nancy Andrighi, ac. 03.10.2023, *DJe* 09.10.2023).

[50] ANDRIOLI, Virgílio. *Lezioni di Diritto Processuale Civile*. Napoli: Jovene, 1973, v. I, n. 30, p. 152.

403. Litigiosidade

Pelo fenômeno da litigiosidade, o bem jurídico disputado entre as partes se torna vinculado à sorte da causa, de modo que, entre outras consequências, não é permitido aos litigantes alterá-lo, sob pena de cometer *atentado* (CPC/2015, art. 77, § 7º), nem o alienar sem incorrer nas sanções da *fraude à execução* (art. 790, V).[51] Do atentado decorre a obrigação para a parte de restabelecer o estado anterior, ficando proibida de falar nos autos até que a falta seja purgada (art. 77, § 7º). Da fraude à execução resulta a ineficácia do ato de disposição, de sorte que o bem alienado, mesmo na posse ou propriedade do terceiro adquirente, continuará sujeito aos efeitos da sentença proferida entre as partes (arts. 790 e 792).

A oponibilidade, perante terceiros, da litigiosidade depende, todavia, de prévia inscrição da citação no Registro Público, ou, em relação a bem não sujeito a registro, de prova de má-fé do estranho ao processo.[52]

404. Mora

Quando a mora não é *ex re*, ou de pleno direito (a que decorre do simples vencimento da obrigação) (art. 397 do Código Civil), a citação inicial apresenta-se como equivalente da interpelação, atuando como causa de constituição do devedor em mora (*mora ex persona).* Trata-se, portanto, de um efeito *material* da citação.

O efeito cogitado, naturalmente, pressupõe que o réu ainda não estivesse em mora quando da propositura da ação. Se já se achava ela anteriormente configurada, por qualquer razão de direito, o efeito da citação será apenas o de interromper a prescrição cujo curso se iniciara desde o momento, anterior ao processo, em que o demandado havia incorrido em mora.

405. Prescrição

O Código Civil – lei que disciplina o fenômeno reconhecidamente de direito material que é a prescrição – prevê, no art. 202, I, que a fluência do respectivo prazo será interrompida, entre outras hipóteses, por meio do despacho do juiz, mesmo incompetente, que ordenar a citação do devedor. Mas, para que tal se dê, é preciso que o interessado promova, em seguida, o ato citatório deferido, no *prazo* e na *forma da lei processual* (segundo explicita o mesmo dispositivo substancial, *in fine*).

No mesmo rumo, o CPC dispõe, complementarmente, que a interrupção da prescrição operada pelo despacho que ordena a citação do demandado, poderá retroagir até a data de

---

51 O bem litigioso não é propriamente inalienável, mas, uma vez disposto, permanece vinculado ao processo, estendendo-se os efeitos da sentença ao adquirente (CPC/2015, art. 109, § 3º). A fraude à execução torna a alienação inoponível ao processo (art. 790, V).

52 CASTRO, Amílcar de. *Comentários ao Código de Processo Civil.* São Paulo: RT, 1974, v. VIII, n. 125, p. 86-87. O reconhecimento da ineficácia da alienação do bem litigioso dependerá, na falta de assento no registro público, da prova de que o "terceiro tenha ciência da demanda em curso" (STJ, 4ª T., REsp 4.132/RS, Rel. Min. Sálvio de Figueiredo, ac. 02.10.1990, *RSTJ* 26/346); caberá, pois, ao credor o ônus de "provar a má-fé do terceiro adquirente" (STF, 1ª T., AI 96.838, Rel. Min. Alfredo Buzaid, ac. 20.03.1984, *RTJ* 111/690). Já se decidiu, no entanto, que não se pode reconhecer a boa-fé do terceiro que não cuidou de obter "certidões dos cartórios distribuidores judiciais que lhe permitam verificar a existência de processos envolvendo o comprador, dos quais possam decorrer ônus (ainda que potenciais) sobre o imóvel negociado" (STJ, 3ª T., RMS 27.358/RJ, Rel. Min. Nancy Andrighi, ac. 05.10.2010, *DJe* 25.10.2010). Essa jurisprudência adapta-se ao regime do CPC/2015 fixado para os casos em que a ação pendente não seja sujeita à averbação em registro público, pois, se tal ocorrer, a fraude à execução somente se configurará se verificada a pré-existência do referido registro (CPC/2015, art. 790, I a IV). A má-fé do adquirente, embora não arguível como fraude à execução, poderá ser apurada em ação pauliana (fraude contra credores, regulada como vício do negócio jurídico, pelo Código Civil) (sobre o tema, ver o v. III).

propositura da ação (art. 240, § 1º).[53] Ressalva, porém, que não será aplicada essa regra de retroatividade, se a citação não for viabilizada pelo autor no prazo de dez dias, conforme estatuído no § 2º do mesmo dispositivo processual.[54]

Além disso, não se pode admitir que um despacho unilateralmente obtido pelo autor possa, por si só, prejudicar o réu, acarretando a interrupção da prescrição em seu desfavor sem que este se ache integrado à relação processual. É que, nos termos do art. 312 do CPC, "considera-se proposta a ação quando a petição inicial for protocolada, todavia, a propositura da ação só produz quanto ao réu os efeitos mencionados no art. 240 depois que for validamente citado".

Nesse quadro, malgrado refiram-se as leis material e processual ao momento do deferimento judicial da citação do devedor como sendo um daqueles em que a prescrição se interrompe, "a validade do ato citatório é condição de eficácia de causa interruptiva da prescrição e dependerá [para tanto] da obediência aos requisitos legais estatuídos na lei processual".[55]

Correta, pois, a conclusão doutrinária de que, segundo o Código Civil, a causa interruptiva da prescrição atribuída ao despacho do juiz que ordenar a *citação* só prevalece "desde que esta seja promovida pelo interessado, no prazo e na forma da lei processual".[56] Se assim é, por força do próprio Código Civil (art. 202, I), parece claro que o efeito interruptivo decorre, na verdade, da *citação válida*, "que retroagirá à data do *despacho*, se promovida no *prazo* e na *forma* estabelecidos no Código de Processo Civil".[57]

Por outro lado, não apenas a citação inicial da causa principal tem esse efeito. Pode ser ele alcançado, também, em citações das tutelas cautelares requeridas em caráter antecedente, que visem a conversão em posterior ação principal (CPC/2015, arts. 303 a 308).[58-59]

É interessante registrar que o Código Civil somente permite a interrupção da prescrição uma única vez (art. 202).[60] Portanto, a citação não a afetará se alguma outra causa interruptiva

---

[53] O § 1º do art. 240, do CPC, ao não reproduzir por inteiro o texto do inc. I do art. 202 do CC/2002 obviamente não teve o objetivo de estabelecer regra substancialmente diversa, mesmo porque o tema da prescrição pertence, segundo reconhecimento geral, ao campo do direito material, cabendo ao direito processual apenas estabelecer as formas procedimentais de sua aplicação prática em juízo. Dentro desse prisma, o silêncio do CPC a respeito da condição do efeito interruptivo do despacho deferidor da citação explicitamente imposto pelo CC – necessidade de que esta seja implementada por obra do autor no *prazo* e na *forma* da lei processual –, não pode ser entendido como dispensa de tal requisito. Isto porque originariamente cabe ao direito material (e não ao direito processual) a definição do regime de interrupção da prescrição. Portanto, o silêncio do legislador processual, acerca de detalhes de tal disciplina, opera apenas como confirmação das exigências e condicionamentos já adrede estipulados pela lei material. Embora não seja vedado o tratamento heterotópico de regras substanciais em sede de lei processual, o certo é que a prevalência cabe às leis de fundo, quando se cogita da convivência normativa em torno de temas como a prescrição e a decadência.

[54] O que o § 1º do art. 240 do CPC de fato inovou, em relação ao inc. I do art. 202 do CC, foi na permissão a que o efeito retroativo da citação válida e tempestiva possa ir além do marco temporal fixado anteriormente pela lei material, ou seja, até "a data da propositura da ação".

[55] VENOSA, Silvio da Salvo. *Código Civil interpretado.* 2. ed. São Paulo: Atlas, 2011, p. 225.

[56] GONÇALVES, Carlos Roberto. *Direito Civil brasileiro.* 10. ed. São Paulo: Saraiva, 2012, v. 1, p. 528.

[57] GONÇALVES, Carlos Roberto. *Direito Civil brasileiro.* 10. ed. São Paulo: Saraiva, 2012, v. 1, p. 528.

[58] MONIZ DE ARAGÃO, Egas Dirceu. *Comentários ao Código de Processo Civil.* Rio de Janeiro: Forense, 1974, v. II, n. 229, p. 197.

[59] Por exemplo, o ajuizamento da ação de busca e apreensão fundada no inadimplemento da cédula de crédito comercial garantida por alienação fiduciária, com citação válida do devedor, interrompe o prazo de prescrição da ação de execução com base no mesmo título de crédito (STJ, 4ª T., REsp 1.135.682/RS, Rel. Min. Maria Isabel Gallotti, ac. 13.04.2021, *DJe* 23.04.2021).

[60] "(...) 4. Conforme dispõe o art. 202, *caput*, do CC/02, a interrupção da prescrição ocorre somente uma única vez para a mesma relação jurídica. Precedente" (STJ, 3ª T., REsp 1.924.436/SP, Rel. Min. Nancy Andrighi, ac. 10.08.2021, *DJe* 16.08.2021).

houver ocorrido antes da propositura da ação. Pelo mesmo motivo, quando se sucederem diversas ações sobre a mesma obrigação, somente a primeira citação produzirá a interrupção da prescrição.

Verificada a interrupção pela citação, o fluxo prescricional permanecerá paralisado durante toda a duração do processo, recomeçando a correr, por inteiro, do ato que lhe puser fim (Código Civil, art. 202, parágrafo único). Se, porém, a prescrição já estava interrompida antes da citação, permanecerá ela sem andamento na pendência do processo, mas, uma vez encerrado este, a retomada não se dará a partir de zero, pois permanecerá computável o lapso transcorrido até o momento do ajuizamento da causa. Esta é a consequência necessária da reconhecida falta de força do ato citatório para interromper a prescrição, na espécie.

O STJ, por sua 4ª Turma, já decidiu que, vindo a ser extinto o processo por inércia do autor (CPC/2015, art. 485, II e III), a citação perde a força de interromper a prescrição.[61] Com a devida vênia, não se entende como um ato perfeito e acabado, como a citação inicial, possa perder seu efeito natural, pelo fato ulterior da extinção do processo sem julgamento do mérito. Não é ao processo que a lei confere a força interruptiva da prescrição, mas ao ato isolado da citação, por sua natural função interpelativa, que, aliás, pode ser exercida por vários outros atos isolados, judiciais e extrajudiciais previstos pelo direito material (Cód. Civil, art. 202). O processo pode interferir na duração do efeito interruptivo, fazendo-o durar por maior ou menor tempo antes de iniciar a recontagem da prescrição (Cód. Civil, art. 202, parágrafo único), mas não no fato mesmo da interrupção, cujo aperfeiçoamento é instantâneo e se confunde com o do próprio ato citatório.

A extinção do processo, sendo evento muito posterior à citação, a nosso ver, se depara com a interrupção da prescrição já inteiramente consumada e não há lei alguma que lhe confira eficácia retroativa para suprimir os efeitos materiais do ato jurídico perfeito operado por meio da citação inicial da demanda.

406. Antecipação do efeito interruptivo da prescrição

Se o autor promover a citação do réu nos dez dias seguintes ao despacho que a ordenou, considera o Código a prescrição interrompida, retroativamente, na data da propositura da ação (CPC/2015, art. 240, §§ 1º e 2º), entendida esta propositura como o ato de protocolo da petição inicial (art. 312). Mas, os atrasos da realização do ato citatório que decorrerem exclusivamente dos serviços judiciários não prejudicam o autor (§ 3º).[62]

---

[61] STJ, 4ª T., REsp 523.264/RS, Rel. Min. Jorge Scartezzini, ac. 12.12.2006, *DJU* 26.02.2007, p. 594. No entanto, a jurisprudência daquela Corte é "no sentido de que a citação válida em processo extinto, sem julgamento do mérito, excepcionando-se as causas de inação do autor (art. 267, incisos II e III, do CPC [CPC/2015, art. 485, II e III]), interrompe a prescrição (STJ, 3ª T., AgRg na MC 18.033/RS, Rel. Min. Sidnei Beneti, ac. 16.06.2011, *DJe* 29.06.2011). STJ, 3ª T., REsp 947.264/ES, Rel. Min. Nancy Andrighi, ac. 25.05.2010, DJe 22.06.2010; STJ, 4ª T., AgRg no AREsp 316.215/SP, Rel. Min. Luis Felipe Salomão, ac. 11.06.2013, *DJe* 18.06.2013.

[62] A Lei 8.952/1994, ao alterar a redação dos parágrafos do art. 219 do CPC de 1973, deixou claro que a prorrogação do prazo de citação só teria que ser requerida quando o autor ainda tivesse alguma diligência a seu cargo por cumprir, a fim de que a diligência fosse efetivamente promovida. Se, porém, o atraso ocorresse por responsabilidade do serviço forense, e nada tivesse a parte que diligenciar, também não se poderia imputar culpa ao autor; e o atraso eventual não prejudicaria seu direito de ver a interrupção da prescrição reconhecida no dia em que requereu a providência judicial contra o réu, mesmo que a citação ocorresse além do prazo da lei e mesmo sem prorrogação pelo juiz. O CPC/2015 não cuida de prorrogação do prazo de citação. Qualquer que seja o atraso, distingue entre o que decorreu de omissão da parte e o ocasionado por deficiência dos serviços cartorários. Somente nos casos de demora imputável ao autor é que não ocorrerá o efeito retroativo da citação em matéria de interrupção de prescrição. No segundo caso, sempre estará ressalvado, em benefício da parte, a retroação de que cogita o art. 238 do CPC/2015.

Se a citação, por fato imputável à parte, realizar-se fora do prazo do § 2º do art. 240, não terá efeito retroativo, isto é, não se haverá a prescrição como interrompida na data da propositura da ação, mas apenas na data em que se ultimou a diligência, se ainda for possível.

O efeito retroativo da citação aplica-se, também, à decadência e aos demais prazos extintivos previstos em lei (art. 240, § 4º). O Código de 2015 foi expresso quanto à decadência, o que não ocorria na lei anterior, embora esse instituto também estivesse naturalmente incluído, uma vez que se previa o alcance de "todos os prazos extintivos previstos em lei" (CPC/1973, art. 220).

Estando autorizado o juiz a decretar de ofício a prescrição no despacho da petição inicial, o que corresponde a uma sentença de mérito em favor do réu ainda não citado, após o seu trânsito em julgado, o escrivão ou chefe de secretaria deverá comunicar-lhe o resultado do julgamento (art. 241). Essa comunicação tem por motivo a necessidade de cientificá-lo do ocorrido, uma vez que a sentença foi proferida antes mesmo que a relação processual se tornasse trilateral, pela citação do demandado.

406-A. Eficácia subjetiva da interrupção da prescrição

No sistema do Código Civil, em regra, a interrupção da prescrição tem caráter pessoal, de modo que somente aproveita a quem a promover ou prejudica apenas aquele contra quem for praticada (*persona ad personam non fit interruptio*). Situação especial, porém, ocorre nos casos de fiança, ou seja: "interrompida a prescrição contra o devedor afiançado, *ipso facto*, estará interrompida a pretensão acessória contra o garante fidejussório (*princípio da gravitação jurídica*), nos termos do art. 204, § 4º, do CC" (*rectius:* § 3º).[63]

A recíproca não é verdadeira, uma vez que a interrupção contra o fiador não deve prejudicar o devedor principal, pelo motivo de que é o acessório que acompanha o principal, e não o contrário, de maneira que, interrompida em face do garante, continua a correr a prescrição em favor do afiançado. "Como disposição excepcional, a referida norma deve ser interpretada restritivamente, e, como o legislador previu, de forma específica, apenas a interrupção em uma direção – a interrupção produzida contra o principal devedor prejudica o fiador –, não seria de boa hermenêutica estender a exceção em seu caminho inverso."[64]

Há, todavia, um caso em que a interrupção contra o fiador alcançará, excepcionalmente, também o devedor principal. Isto se dá na hipótese de fiança prestada com renúncia ao benefício de ordem e com assunção de coobrigação solidária entre fiador e afiançado. Aplica-se à hipótese a sistemática da prescrição própria das obrigações solidárias (CC, arts. 204, § 1º, e 275 a 285).[65]

406-B. Uma distinção necessária em matéria de interrupção prescricional em decorrência de exercício do direito de ação

Há que se fazer, como recomenda Cândido Dinamarco, a distinção entre a *provisória* e *condicional* fixação do momento de cessação da fluência da prescrição – ocorrida quando o juiz, no despacho da petição inicial, ordena a citação do réu –, e a *definitiva* interrupção, a qual se aperfeiçoará quando for implementada a condição legal do ato citatório válido e tempestivo. Já então será possível observar a eficácia retroativa, autorizada pelo CPC, que poderá ir além até mesmo do despacho inicial. Ou seja: poderá retroagir à *data de propositura da ação* (art. 240, *caput*). Para

---

63 STJ, 4ª T., REsp 1.276.778/MS, Rel. Min. Luis Felipe Salomão, ac. 28.03.2017, *DJe* 28.04.2017.

64 STJ, REsp 1.276.778/MS, Rel. Min. Luis Felipe Salomão, ac. 28.03.2017, *DJe* 28.04.2017. Segundo o art. 204, § 1º, do CC, "a interrupção por um dos credores solidários aproveita aos outros; assim como a interrupção efetuada contra o devedor solidário envolve os demais e seus herdeiros".

65 STJ, 4ª T., REsp 1.276.778/MS, Rel. Min. Luis Felipe Salomão, ac. 28.03.2017, *DJe* 28.04.2017.

Dinamarco, portanto, "é adequado dizer que no direito brasileiro a interrupção da prescrição ou da decadência pelo exercício do direito de ação opera-se *gradualmente*, ao longo dos passos descritos no art. 240 do Código de Processo Civil".[66] Se, todavia, por ato de responsabilidade do autor, a citação não ocorrer no prazo e forma da lei, e nesse meio tempo, ocorrer o termo final da prescrição, a pretensão que se pretendia exercitar em juízo extinguir-se-á definitivamente.[67]

Corretíssima, nessa ordem de ideias, a conclusão de Medina, no sentido de que "a prescrição é interrompida com o pronunciamento do juiz que ordena a citação, *desde que seja realizada validamente, retroagindo à data da propositura da ação*".[68] Quer isto dizer que o CPC/2015 não revogou o Código Civil, e, muito ao contrário, manteve a regra de que o art. 202, I, que subordina a interrupção provocada pelo despacho que ordena a citação, sob a explícita condição de o interessado promove-la "no prazo e na forma da lei processual". Tanto foi assim que o § 2º do art. 240 do CPC/2015 determinou que não haveria interrupção da prescrição, caso não se observasse o regular procedimento do ato citatório.

Não poderia ser diferente o sistema atual do CPC, visto que, se o processo já existe desde que a petição inicial seja protocolada em juízo pelo autor, os efeitos da propositura da ação em face do réu somente ocorrerão depois que tenha sido validamente citado (art. 312). Daí que o despacho da inicial pode acarretar a interrupção da prescrição, mas os efeitos dessa interrupção só se manifestarão perante o demandado quando se der sua válida citação. Em outros termos: citado o réu, a prescrição será havida como interrompida desde o despacho da inicial. Mas, não ocorrendo a citação no prazo e na forma da lei, não terá havido interrupção alguma da prescrição, tornando-se inócuo, para tanto, o mero despacho que ordenou a citação.

406-C. Falta ou nulidade da citação

Há, ainda, a considerar, em tema de interrupção da prescrição, a distinção entre falta e invalidade da citação. A propósito, é de se ressaltar que para validade do processo é indispensável a citação do réu ou do executado (CPC, art. 239, *caput*). Mas, a relação processual não vincula o réu apenas pela circunstância de o juiz ter deferido a citação. É indispensável, para tanto, que o ato citatório tenha sido validamente cumprido ou, pelo menos, suprido por observância de regra processual explícita (CPC, art. 312). Quando, portanto, a lei cogita dos efeitos da citação, no art. 240 e §§, do CPC, pressupõe, sempre citação *válida*[69] – inclusive nos casos de interrupção da prescrição.[70]

---

66 DINAMARCO, Cândido Rangel. *Instituições de direito processual civil*. 7. ed. São Paulo: Malheiros, 2017, v. II, n. 492, p. 102. Ou seja: "Não basta, portanto, o despacho do juiz, se não realizada a citação. À luz do que dispõe o § 1º do art. 240 do CPC/2015 (que se refere à hipótese prevista no art. 202, I, do CPC/2002, *a citação integra ato complexo que interrompe a prescrição*" (g.n.) (MEDINA, José Miguel Garcia. *Direito processual civil moderno*. 2. ed. São Paulo: Ed. RT, 2016, p. 419).

67 MEDINA, José Miguel Garcia. *Direito processual civil* moderno. 2. ed. São Paulo: Ed. RT, 2016, p. 419. Em sentido contrário, mas a nosso ver sem razão: "Não mais subsiste em nosso ordenamento jurídico norma que atribua à citação qualquer papel no tocante à interrupção da prescrição, efeito que será produzido mesmo que tal ato de comunicação não se concretize" (SICA, Heitor Vitor Mendonça. Comentários ao art. 240. *In*: GOUVÊA, José Roberto F. *et al* (coords.). *Comentários ao Código de Processo Civil*. São Paulo: Saraiva, 2019, n. 40, p. 125. Assim também pensa DIDIER JR., Fredie. *Curso de direito processual civil*. 18. ed. Salvador: JusPodivm, 2016, v. 1, p. 621-622).

68 MEDINA, José Miguel Garcia. *Direito processual civil moderno*. 2. ed. São Paulo: Ed. RT, 2016, p. 419.

69 "A *citação válida*, ainda quando ordenada por juízo incompetente, induz litispendência, torna litigiosa a coisa e constitui em mora o devedor, ressalvado o disposto nos arts. 397 e 398 da Lei n. 10.406, de 10 de janeiro de 2002 (Código Civil)" (CPC, art. 240, *caput*) (g.n.).

70 "A interrupção da prescrição, operada pelo despacho que ordena a citação, ainda que proferido por juízo incompetente, retroagirá à data de propositura da ação" (CPC, art. 240, § 1º). Porém, essa interrupção

É em virtude da essencialidade da citação para a validade do processo que a qualquer tempo em que se pretender o cumprimento forçado da sentença, lícito será à parte vencida impugná-lo mediante arguição da falta ou nulidade da citação, em processo que tenha corrido à revelia do devedor (CPC, art. 525, § 1º, I).

O comparecimento espontâneo do demandado no processo, ainda na fase de conhecimento (antes da sentença e em tempo útil ao exercício do contraditório e ampla defesa), supre tanto a *falta* como a *nulidade* da citação (CPC, art. 239, § 1º). Temos, por isso, três situações a ponderar, no tocante à interrupção da prescrição:

(a) a *falta de citação* não suprida, impede absolutamente que a prescrição seja tida como interrompida pela só existência do processo, sendo irrelevante que o juízo tenha deferido a citação, se esta não chegou a ser praticada na forma da lei processual (CC, art. 202, I);

(b) o mesmo se passa com a *citação nula* não suprida por oportuno comparecimento do demandado ao processo, para o competente exercício do direito de defesa (CPC, art. 239). Se tal comparecimento só veio a acontecer em estágio posterior à sentença, a invalidade desta e de todo o processo será a todo tempo reconhecível, e lugar não haverá para cogitar-se de interrupção da prescrição apenas em função de o juízo ter ordenado a citação, que nunca veio a se consumar (CPC, art. 525, § 1º, I);

(c) finalmente, há de se considerar a situação em que não houve citação, bem como aquela da ocorrência de citação praticada nulamente, mas que, em qualquer caso, se deu o suprimento respectivo pelo oportuno comparecimento do demandado.

Duas ponderações, na espécie, se impõem: *(i)* se a falha processual ocorreu sem culpa do autor, que diligenciou a tempo e modo para que a citação pudesse ser implementada validamente, e tal não se deu em função apenas de deficiência do serviço judiciário, *nenhuma repercussão ocorrerá quanto à interrupção da prescrição.*[71] O comparecimento espontâneo do demandado fará as vezes da citação, para todos os efeitos de direito, inclusive o de validar a relação processual e de fixar retroativamente o momento interruptivo da prescrição na data do ajuizamento da ação (CPC, arts. 239, § 1º, e 240, §§ 1º e 3º); *(ii)* se, porém, a falta ou nulidade da citação decorreu de fato imputável ao autor, não se pode pensar em retroatividade dos efeitos do comparecimento espontâneo do réu.[72] É que não seria possível reconhecer o cumprimento pela parte da promoção da citação no prazo e na forma da lei processual, requisito necessário a que se atribua ao ato judicial de deferimento da citação do réu a força de fixação do momento determinante da interrupção da prescrição (CC, art. 202, I).

406-D. Regime especial de interrupção da prescrição nas execuções fiscais

Diversamente do que se passa com relação às ações civis em geral, sob regência do art. 202, I do Código Civil, a interrupção da prescrição das ações de execução da dívida ativa da Fazenda Pública, disciplinadas pela Lei 6.830/1980, independente da citação do devedor. Basta que o juiz despache a petição inicial, ordenando a citação, para que a prescrição seja interrompida. Enquanto, nas ações civis, o despacho deferidor da citação interrompe a pres-

---

gerada pelo despacho judicial que ordena a citação, só ocorre "se o interessado a promover no prazo e na forma da lei processual" (CC, art. 202, I).

71 "A parte não será prejudicada pela demora imputável exclusivamente ao serviço judiciário" (CPC, art. 240, § 3º).

72 "Incumbe ao autor adotar, no prazo de 10 (dez) dias as providências necessárias para viabilizar a citação, sob pena de não se aplicar o disposto no § 1º" (CPC, art. 240, § 2º).

crição, "se o interessado a promover no prazo e na forma da lei processual" (CC, art. 202, I), na execução fiscal, o despacho que ordena a citação, só por si, produz dita interrupção (Lei 6.830, art. 8º, § 2º).

No caso de redirecionamento da execução fiscal para alcançar sócios e administradores da pessoa jurídica não figurantes na relação processual o prazo quinquenal de prescrição conta-se, para os novos coexecutados a partir da citação da sociedade,[73] salvo se o fato gerador da coobrigação tiver ocorrido no curso do processo, posteriormente à citação da pessoa jurídica.[74] Particularmente para o caso de dissolução irregular da pessoa jurídica devedora, o STJ firmou a seguinte tese: "(ii) a citação positiva do sujeito passivo devedor original da obrigação tributária, por si só, não provoca o início do prazo prescricional quando o ato de dissolução irregular for a ela subsequente, uma vez que, em tal circunstância, inexistirá, na aludida data (da citação), pretensão contra os sócios-gerentes (conforme decidido no REsp 1.101.728/SP, no rito do art. 543-C do CPC/1973, o mero inadimplemento da exação não configura ilícito atribuível aos sujeitos de direito descritos no art. 135 do CTN)".[75]

407. A força de interpelação reconhecida à citação

É comum ouvir-se que a citação tem a mesma força da interpelação, quando se enfoca o seu efeito de constituir o demandado em mora (CPC/2015, art. 240). No entanto, nem sempre se admite que a citação supra a interpelação prévia, principalmente quando a ação é manejada não apenas para exigir os encargos da mora, mas especificamente para pleitear a resolução do contrato.

A jurisprudência, a propósito, faz uma distinção entre *(i)* cobrar alguma prestação e *(ii)* pleitear a resolução do contrato por inadimplemento. O art. 240, que atribui força interpelativa à citação, para constituir em mora o devedor, aplica-se ao primeiro caso, não ao segundo. Se se trata, não de reclamar prestação exigível, mas de optar pelo rompimento do contrato descumprido, a regra de direito material é que, inexistindo cláusula resolutória expressa, o exercício da pretensão rescisória deve ser precedido de interpelação judicial. Com efeito, o Código Civil prevê que "a cláusula resolutiva expressa opera de pleno direito", mas "a tácita depende de interpelação judicial" (art. 474). Por isso, nos casos de rescisão (CC, art. 475), a pretensão do contratante prejudicado nasce da mora do cocontratante faltoso, fato que deve

---

73 "(i) o prazo de redirecionamento da Execução Fiscal, fixado em cinco anos, contado da diligência de citação da pessoa jurídica, é aplicável quando o referido ato ilícito, previsto no art. 135, III, do CTN, for precedente a esse ato processual" (STJ, 1ª Seção, REsp 1.201.993/SP, Rel. Min. Herman Benjamin, ac. 08.05.2019, em regime repetitivo – Tema 444, *DJe* 12.12.2019).

74 "Quando o ato ilícito é posterior à citação da pessoa jurídica, o termo inicial do prazo prescricional para a cobrança do crédito dos sócios-gerentes é a data da prática de ato inequívoco indicador do intuito de inviabilizar a satisfação do crédito tributário, sendo do Fisco o ônus de demonstrar a referida prática" (STJ, 2ª T., EDcl no AgRg no Ag 1.335.110/SP, Rel. Min. Francisco Falcão, ac. 22.06.2020, *DJe* 26.06.2020).

75 STJ, 1ª Seção, REsp 1.201.993/SP, Rel. Min. Herman Benjamin, ac. 08.05.2019, em regime repetitivo – Tema 444, *DJe* 12.12.2019. Consta ainda da tese: "(...) O termo inicial do prazo prescricional para a cobrança do crédito dos sócios-gerentes infratores, nesse contexto, é a data da prática de ato inequívoco indicador do intuito de inviabilizar a satisfação do crédito tributário já em curso de cobrança executiva promovida contra a empresa contribuinte, a ser demonstrado pelo Fisco, nos termos do art. 593 do CPC/1973 (art. 792 do novo CPC – fraude à execução), combinado com o art. 185 do CTN (presunção de fraude contra a Fazenda Pública); e, (iii) em qualquer hipótese, a decretação da prescrição para o redirecionamento impõe seja demonstrada a inércia da Fazenda Pública, no lustro que se seguiu à citação da empresa originalmente devedora (REsp 1.222.444/RS) ou ao ato inequívoco mencionado no item anterior (respectivamente, nos casos de dissolução irregular precedente ou superveniente à citação da empresa), cabendo às instâncias ordinárias o exame dos fatos e provas atinentes à demonstração da prática de atos concretos na direção da cobrança do crédito tributário no decurso do prazo prescricional".

necessariamente ocorrer antes do ingresso da demanda em juízo. A ausência desse requisito inviabiliza o pleito de resolução contratual, já que, para os fins do art. 475 do Código Civil, a falta de prévia constituição em mora "não é suprida pela citação".[76] Enfim, para o Superior Tribunal de Justiça, "a citação inicial somente se presta a constituir mora nos casos em que a ação não se funda na mora do réu, hipótese em que esta deve preceder ao ajuizamento".[77] Se, por exemplo, o comprador pretende indenização por atraso na entrega da mercadoria ou por defeito dela, pode aforar a demanda sem prévia interpelação. A citação constituirá, por si, a mora do devedor. O mesmo acontecerá quando o vendedor exigir do comprador o pagamento do preço do bem que já lhe foi entregue. Se, porém, pela não entrega da mercadoria, o que pretende o comprador é a resolução do contrato de que não conste cláusula resolutiva expressa, somente poderá fazê-lo depois de prévia interpelação judicial (Código Civil, art. 474). Não haverá lugar para a aplicação do art. 240, *caput*, do CPC/2015.

---

76 STJ, 4ª T., REsp 780.324/PR, Rel. Min. Luis Felipe Salomão, ac. 24.08.2010, *DJe* 09.09.2010.

77 STJ, 4ª T., REsp 159.661/RS, Rel. Min. Sálvio de Figueiredo Teixeira, ac. 09.11.1999, *RSTJ* 132/413. No mesmo sentido: STJ, 4ª T., REsp 734.520/MG, Rel. Min. Hélio Quaglia Barbosa, ac. 21.06.2007, *DJU* 15.10.2007, p. 279; STJ, 3ª T., REsp 981.750/MG, Rel. Min. Nancy Andrighi, ac. 13.04.2010, *DJe* 23.04.2010.

§ 51. INTIMAÇÕES

408. Conceito

Intimação é, na definição legal, "o ato pelo qual se dá ciência a alguém dos atos e dos termos do processo" (CPC/2015, art. 269). Não há mais, desde o Código de 1973, a distinção entre intimação e notificação de atos processuais, que o Código de 1939 fazia de maneira imprecisa e imperfeita.

Entre os atos de comunicação processual, o atual Código só conhece a *intimação* dos atos do processo, a qual, tecnicamente, tem o objetivo de dar ciência de um ato ou termo processual.

Trata-se de ato de comunicação processual da mais relevante importância, pois é da intimação que começam a fluir os prazos para que as partes exerçam os direitos e as faculdades processuais.

Em razão do princípio do impulso oficial (art. 2º), as intimações não dependem de provocação das partes e são determinadas pelo juiz, de ofício, no curso do processo, salvo disposição em contrário (art. 271). Aliás, nem sempre dependem de ordem judicial, já que figura na competência do escrivão ou chefe de secretaria realizar as intimações (art. 152, II), que, após qualquer ato relevante do processo, se incluem, teleologicamente, na categoria de "atos meramente ordinatórios" (art. 152, VI).

É, outrossim, em decorrência das intimações que o processo se encaminha, inexoravelmente, gerando preclusão das fases vencidas, rumo à prestação jurisdicional, que é sua razão de ser.

409. Forma

As intimações podem ser feitas pelo escrivão ou pelo oficial de justiça, ou, ainda, por publicação na imprensa ou por meio eletrônico, esta última a via preferencial do Código atual (CPC/2015, art. 270). A matéria encontra-se disciplinada pela Lei 11.419, em que se dispõe que cabe a intimação eletrônica se o destinatário for cadastrado no Poder Judiciário e o ato for feito em portal próprio, mediante assinatura eletrônica, nos termos da lei ou da regulamentação do respectivo tribunal (arts. 2º e 5º).[78]

Há, também, a intimação em audiência que decorre *ipso iure* da prolação oral, no ato, de decisão ou sentença do juiz que o preside (art. 1.003, § 1º). Naturalmente, com relação a esses pronunciamentos judiciais, não haverá necessidade de ato posterior de comunicação às partes.

As intimações, caso necessário, também podem ser feitas por edital e com hora certa, nos mesmos casos em que se admitem essas formas para a citação (art. 275, § 2º).

I – Intimações realizadas pelo órgão oficial

Quando não realizadas por meio eletrônico, a intimação dos advogados se faz pela publicação dos atos processuais no órgão oficial (art. 272). Não é necessário transcrever todo o teor da decisão, bastando enunciar, sinteticamente, o seu sentido. O que é imprescindível para a validade da intimação é a menção dos nomes das partes, sem qualquer abreviatura (art. 272, § 3º), e de seus advogados, com o respectivo número da inscrição na Ordem dos Advogados

---

[78] O art. 1º, § 2º, da Lei 11.419/2006 considera assinatura eletrônica duas formas de identificação eletrônica inequívoca do signatário: *(i)* assinatura digital baseada em certificado digital emitido por Autoridade Certificadora credenciada, na forma de lei específica; e *(ii)* mediante cadastro de usuário no Poder Judiciário, conforme disciplinado pelos órgãos respectivos.

do Brasil,[79] ou, se assim, requerido, da sociedade de advogados (art. 272, § 2º). A preterição desses requisitos causa a nulidade da intimação (art. 272, § 2º).

Os advogados poderão requerer que, na intimação a eles dirigida, figure apenas o nome da sociedade a que pertençam, desde que devidamente registrada na Ordem dos Advogados do Brasil (art. 272, § 1º).

Dispõe o Código atual que a grafia dos nomes dos advogados deve corresponder ao nome completo e ser a mesma que constar da procuração ou que estiver registrada junto à Ordem dos Advogados do Brasil (art. 272, § 4º). Essa obrigação se justifica para facilitar a efetiva cientificação do destinatário, mas não deve ser levado a extremo rigorismo quando não acarrete prejuízo à identificação.[80]

À época do Código anterior, entendia a jurisprudência que se vários fossem os advogados constituídos pela parte, com poderes solidários e com a faculdade de agir conjunta ou separadamente, a intimação pela imprensa de apenas um dos causídicos seria válida e produziria, normalmente, todos os efeitos processuais inerentes ao ato.[81] Embora silente o atual Código, cremos que esse entendimento deva ser mantido, visto que decorre da própria força material do mandato e seria contraproducente exigir que, em face de departamentos jurídicos de grandes empresas e grandes escritórios, o ato citatório tivesse que relacionar dezenas, ou até centenas, de advogados credenciados a atuar no processo. A teleologia do preceito conspira em prol da simplificação do ato intimatório, tanto que permite, a requerimento da parte, que conste da publicação apenas o nome da sociedade a que pertençam os advogados atuantes no processo (art. 272, § 1º).

Da mesma forma, a jurisprudência ao tempo do Código de 1973 entendia que, no litisconsórcio em que os vários litigantes se representassem pelo mesmo advogado, a omissão do nome de um deles ou sua indicação de forma abreviada não poderia ser considerada causa de nulidade da intimação, dada a total ausência de prejuízo para os interessados, que não teriam dificuldade alguma para identificar o processo.[82] Quanto ao nome do advogado único, não há como dispensar a menção de seu nome completo, tal como consta da procuração, pois o Código atual expressamente exige essa grafia, sob pena de nulidade da intimação (art. 272, §§ 2º e 4º). Quanto ao nome de todos os litisconsortes, existe regra genérica de que a grafia dos nomes das partes não deve conter abreviaturas (art. 272, § 3º). Pensamos, porém, que no caso do litisconsórcio, representado

---

79 No regime do art. 236, § 1º, do CPC/1973, a jurisprudência entendia que "a regra é a de que a ausência ou o equívoco quanto ao número da inscrição do advogado na Ordem dos Advogados do Brasil – OAB não gera nulidade da intimação da sentença, máxime quando corretamente publicados os nomes das partes e respectivos patronos, informações suficientes para a identificação da demanda" (STJ, Corte Especial, REsp 1.131.805/SC, Rel. Min. Luiz Fux, ac. 03.03.2010, *DJe* 08.04.2010). O CPC/2015, no entanto, foi mais rigoroso ao dispor que sob pena de nulidade, é indispensável que da publicação conste o nome dos advogados com o respectivo número de inscrição na OAB (art. 272, § 2º).

80 "I – Na intimação pela imprensa, a grafia equivocada no nome do advogado que não dificulta a sua identificação, assim entendida a substituição do conectivo 'do' pelo conectivo 'de', não enseja a sua nulidade, sendo certo que o dispositivo legal, concebido como garantia das partes no processo, se contenta com a identificação suficiente das partes e de seus patronos. II – Em face do princípio da instrumentalidade das formas e da 'regra de ouro' do art. 244, CPC, somente se deve proclamar a nulidade de intimação se demonstrado satisfatoriamente que, em razão do equívoco, não se teve condições de tomar ciência da publicação. III – O processo contemporâneo, calcado na instrumentalidade e na efetividade, instrumento de realização do justo, não deve abrigar pretensões de manifesto formalismo" (STJ, 4ª T., REsp 178.342/RS, Rel. Min. Sálvio de Figueiredo Teixeira, ac. 20.08.1998, *DJU* 03.11.1998, p. 168).

81 "Havendo mais de um advogado constituído, é válida a intimação feita em nome de qualquer deles, independentemente da sede de sua atuação profissional, desde que não haja pedido expresso no sentido de que seja realizada em nome de determinado patrono" (STJ, Corte Especial, AgRg nos EREsp 700.245/PE, Rel. Min. Laurita Vaz, ac. 02.08.2010, *DJe* 23.08.2010; STJ, 5ª T., AgRg nos EDcl no REsp 852.256/SP, Rel. Min. Laurita Vaz, ac. 08.02.2011, *DJe* 28.02.2011).

82 STJ, 5ª T., AgRg nos EDcl no REsp 852.256/SP, Rel. Min. Laurita Vaz, 08.02.2011, *DJe* 28.02.2011.

por um único advogado, não se deva reconhecer nulidade apenas porque um deles foi nomeado de forma abreviada. Seria inadmissível entender que houve qualquer prejuízo para a identificação do processo e dos intimados, e, sem prejuízo, nenhum ato processual merece ser invalidado.

Prevalecia na jurisprudência do tempo do CPC de 1973 a tese de que constando dos autos pedido expresso para que as comunicações sejam feitas em nome dos advogados indicados, o seu desatendimento implicaria nulidade. Esse entendimento foi normatizado pelo atual Código, no art. 272, § 5º. É muito comum sua aplicação nas hipóteses em que o processo esteja tramitando por sucessivas instâncias, sob patrocínio momentâneo de um advogado específico. Para situações como estas, é natural e justo que se pretenda que as intimações se enderecem diretamente àquele que acompanha o recurso ou incidente. Não teria sentido admitir como válida a publicação que mencionasse apenas o nome do advogado substabelecente.

II – Intimação realizada pela retirada dos autos do cartório

O Código atual inovou ao determinar que a retirada dos autos do cartório ou da secretaria em carga pelo advogado, por pessoa credenciada a pedido do advogado ou da sociedade de advogados, pela Advocacia Pública, pela Defensoria Pública ou pelo Ministério Público implicará intimação de qualquer decisão contida no processo retirado, ainda que pendente de publicação (art. 272, § 6º).

O advogado e a sociedade de advogados deverão requerer o respectivo credenciamento para a retirada dos autos por preposto (art. 272, § 7º).

III – Intimação realizada à União, aos Estados, ao Distrito Federal e aos Municípios

A União, os Estados, o Distrito Federal, os Municípios e suas respectivas autarquias e fundações de direito público nunca são intimados pela imprensa, mas sempre pessoalmente (art. 183). A intimação desses entes federativos será realizada perante o órgão de Advocacia Pública responsável por sua representação judicial (art. 269, § 3º).

IV – Intimação do Ministério Público, da Defensoria Pública e da Advocacia Pública

Para que o regime de intimação por forma eletrônica prevaleça em face do Ministério Público, da Defensoria Pública e da Advocacia Pública, o Código obriga que tais instituições mantenham cadastro junto aos sistemas de processo em autos eletrônicos (art. 270, parágrafo único).

Os representantes do Ministério Público e os Defensores Públicos gozam do privilégio de intimação pessoal e de vista dos autos fora dos cartórios e secretarias (Leis Complementares 75 e 80, de 20.05.1993 e 12.01.1994, respectivamente, arts. 18, *h*, e 44, I e VI, respectivamente; Lei 8.625, de 12.02.1993, art. 40, IV; CPC/2015, arts. 180 e 186, § 1º)[83]. Deve-se notar, porém, que se reputa pessoal a intimação feita de forma eletrônica, por carga ou remessa (CPC/2015, arts. 180, 183, § 1º, e 186, § 1º).

No sistema do CPC atual, o termo inicial da contagem do prazo para o Ministério Público é a data da entrega dos autos na repartição administrativa do órgão:

> "A Terceira Seção do Superior Tribunal de Justiça, por ocasião do julgamento do REsp 1.349.935/SE, de relatoria do Ministro Rogério Schietti Cruz, submetido ao rito dos recursos repetitivos, firmou a tese de que o termo inicial da contagem do prazo para impugnar decisão judicial é, para o Ministério Público, a data da entrega dos autos na repartição administrativa do órgão, sendo irrelevante que

[83] O privilégio da intimação pessoal, segundo entendimento do STJ, se estende aos escritórios de prática jurídica das faculdades de Direito, públicas ou privadas (STJ, 3ª T., REsp 1.829.747/AM, Rel. Min. Marco Aurélio Bellizze, ac. 07.11.2023, *DJe* 17.11.2023).

a intimação pessoal tenha se dado em audiência, em cartório ou por mandado (Tema 959, julgado em 23.08.2017, *DJe* de 14.09.2017)".[84]

No mesmo acórdão, de força vinculante, restou declarado que o regime intimatório especial de efetiva entrega dos autos se estenderia também à Defensoria Pública, ao argumento de que o exercício do contraditório nem sempre se daria por meio do representante intimado, motivo pelo qual se torna obrigatória a entrega do processo na repartição competente, para que o prazo pudesse começar a fluir.

Por outro lado, de acordo com o art. 38 da Lei Complementar 73, de 10.02.1993, os membros da Advocacia-Geral da União têm direito a intimação pessoal nos processos de que participem.[85] Este privilégio foi estendido pelo CPC/2015 para os representantes das outras Fazendas Públicas e das outras pessoas jurídicas de direito público (art. 183). Nesse caso, por intimação pessoal do Procurador das entidades públicas, entende-se a que se realiza por carga, remessa ou meio eletrônico (art. 183, § 1º). Não se inclui, portanto, a intimação por mandado, sem que os autos sejam, de fato, remetidos ou entregues, de alguma forma, à procuradoria do ente de direito público, de modo que, salvo o caso de intimação eletrônica, os prazos para o Ministério Público, a Defensoria Pública e a Advocacia Pública sempre serão contados a partir da carga dos autos ou da sua entrega na repartição competente[86].

Há, também, na Lei de Execução Fiscal, dispositivo determinando que "qualquer intimação ao representante judicial da Fazenda Pública será feita pessoalmente" (Lei 6.830/1980, art. 25, *caput*), regra aplicável a qualquer Fazenda, e não apenas à Federal, mas restrita ao processo executivo fiscal. A mesma Lei prevê que a referida intimação "poderá ser feita mediante vista dos autos, com imediata remessa ao representante judicial da Fazenda Pública, pelo cartório ou secretaria" (art. 25, parágrafo único).

Interpretando literalmente o texto legal, o STJ, de início, assentou que, na execução fiscal, "a intimação da Fazenda Pública será feita na pessoa do seu representante judicial, não sendo válida aquela efetuada por carta, mesmo que registrada ou com aviso de recebimento".[87] Entretanto, esse rigor interpretativo foi posteriormente abrandado, em face principalmente da dificuldade de realizar intimação em comarcas onde o Procurador da Fazenda não tem sede. Passou-se a entender que a intimação, nessa conjuntura, sendo feita por carta registrada fora da sede do juízo, equivale à intimação pessoal, a que alude o art. 25 da Lei 6.830/1980.[88]

Com a implantação do processo eletrônico, as intimações da Fazenda Pública, na forma da Lei 11.419/2006, "são consideradas pessoais" para todos os efeitos de direito (art. 5º, § 6º), regra acatada pela Resolução 693/2020 do STF, art. 11.

---

84 STJ, 6ª T., AgRg no REsp 1.635.326/AL, Rel. Min. Nefi Cordeiro, ac. 10.04.2018, *DJe* 23.04.2018.

85 Os procuradores do Banco Central também gozam do privilégio de intimação pessoal (Lei 10.910, de 15.07.2004, art. 17). "Esta Corte já firmou posicionamento no sentido de que a redação original da Lei Complementar 73/93 não conferiu a prerrogativa da intimação pessoal dos membros da Advocacia-Geral da União, mas, tão somente, com a vigência da Medida Provisória 330/93, de 30 de junho de 1993, a exigência de intimação pessoal do representante judicial da União passou a ser legalmente prevista" (STJ, 5ª T., REsp 782.015/RJ, Rel. Min. Laurita Vaz, ac. 04.12.2009, *DJe* 08.02.2010).

86 STJ, 3ª Seção, REsp 1.349.935/SE, Rel. Min. Rogério Schietti Cruz, ac. 23.08.2017, *DJe* 14.09.2017.

87 STJ, 1ª T., REsp 165.231/MG, Rel. Min. José Delgado, ac. 05.08.1998, *DJU* 03.08.1998, p. 125. No mesmo sentido: STJ, 1ª T., AgRg no REsp 1.158.327/MG, Rel. Min. Luiz Fux, ac. 13.04.2010, *DJe* 29.04.2010.

88 STJ, 2ª T., REsp 496.978/MG, Rel. Min. Eliana Calmon, ac. 09.11.2005, *DJU* 12.12.2005, p. 263. No mesmo sentido: STJ, 2ª T., REsp 621.829/MG, Rel. Min. Eliana Calmon, ac. 07.12.2004, *DJU* 14.02.2005, p. 176; STJ, 1ª T., REsp 509.622/MG, Rel. Min. José Delgado, ac. 05.06.2003, *DJU* 08.09.2003, p. 242; STJ, REsp 97.726/MG, *RSTJ* 106/81; STJ, 1ª T., AgRg no REsp 1.157.225/MT, Rel. Min. Benedito Gonçalves, ac. 11.05.2010, *DJe* 20.05.2010.

V – Preferência da intimação eletrônica

Nos termos do art. 270, as intimações, sempre que possível, realizar-se-ão por meio eletrônico. Ressalta a jurisprudência do STJ a necessidade de observar-se o art. 2º da Lei 11.419/2006, ou seja, para que as intimações eletrônicas se viabilizem urge que o destinatário esteja cadastrado na forma do referido dispositivo legal.

A intimação eletrônica dispensa a publicação no órgão oficial, inclusive quando este for igualmente eletrônico, no caso de litigante cadastrado (Lei 11.419, art. 5º). Ocorrendo duplicidade de publicação, a 3ª Turma do STJ já decidiu que a intimação eletrônica prevalecerá sobre a intimação via *DJe*, devendo o prazo recursal ser contado da data em que se considera realizada a intimação por meio eletrônico.[89] No entanto, a 4ª Turma assentou, em sentido contrário – reportando-se a novos acórdãos da própria 3ª Turma –, que "ocorrendo a intimação eletrônica e a publicação da decisão no *DJEERJ*, prevalece esta última, uma vez que nos termos da legislação citada a publicação em Diário de Justiça eletrônico substitui qualquer outro meio de publicação oficial para quaisquer efeitos legais".[90]

O último entendimento, a certa altura, parecia vitorioso pois passara a ser observado por quase todas as Turmas do STJ,[91] mas levada a divergência à apreciação da Corte Especial, o que restou assentado, na tese uniformizadora, foi a de que, o termo inicial de contagem dos prazos processuais, em caso de duplicidade de intimações eletrônicas, é o determinado pela comunicação efetuada pelo Portal Eletrônico (Lei 11.419/2006, art. 5º), cuja função específica é justamente a de intimar os advogados cadastrados.[92] Considerou a decisão uniformizadora que a dupla intimação por obra do próprio tribunal, afronta a regra legal de que as intimações feitas por meio do Portal Eletrônico dispensam a publicação no *DJe* (Lei 11.419/2006, art. 5º) e, assim, cria dúvidas para os litigantes e seus advogados. Em função dos princípios da boa-fé processual, da confiança e da não surpresa, fundamentais para o direito processual moderno, a norma legal há de ser interpretada sempre da forma mais favorável à parte, a fim de evitar prejuízo na contagem dos prazos processuais.

Enfim – para a Corte Especial do STJ –, se a própria Lei do Processo Eletrônico (Lei 11.419/2006) criou uma forma específica de intimação, e dispensou expressamente qualquer outra, tornando tal mecanismo hábil a promover, inclusive, as intimações pessoais dos entes que possuem tal prerrogativa, não há mesmo como afastar a conclusão de que esta regerá o prazo naturalmente em relação ao advogado que esteja cadastrado no sistema eletrônico. Até porque é de presumir-se a validade do comportamento do Poder Judiciário levado a cabo de maneira condizente com os ditames da lei e com a boa-fé processual.

Desse modo, o que entende a tese uniformizadora da jurisprudência do STJ é que sempre que a modalidade de intimação pelo Portal Eletrônico (art. 5º da Lei 11.419/2006) for prevista e aplicável em determinado Tribunal para os advogados devidamente cadastrados, deve esta prevalecer sobre a tradicional intimação pelo *DJe*.

---

89 STJ, 3ª T., AgInt no AREsp 903.091/RJ, Rel. Min. Paulo de Tarso Sanseverino, ac. 16.03.2017, *DJe* 27.03.2017.

90 STJ, 4ª T., AgInt no AREsp 1.054.198/RJ, Rel. Min. Luis Felipe Salomão, ac. 29.08.2017, *DJe* 05.09.2017. No mesmo sentido: STJ, 3ª T., AgRg no AREsp 726.124/RJ, Rel. Min. Moura Ribeiro, ac. 23.06.2016, *DJe* 01.07.2016; STJ, 3ª T., AgRg no AREsp 629.191/RJ, Rel. Min. Moura Ribeiro, ac. 14.06.2016, *DJe* 21.06.2016.

91 STJ, 2ª T., AgInt no AREsp 1.595.007/CE, Rel. Min. Herman Benjamin, ac. 06.05.2020; STJ, 2ª T., AgInt no AREsp 1.521.267/CE, Rel. Min. Og Fernandes, ac. 08.06.2020, *DJe* 17.06.2020; STJ, 3ª T., EDcl no AgInt no REsp 1.827.489/RJ, Rel. Min. Nancy Andrighi, ac. 15.06.2020, *DJe* 18.06.2020; STJ, 5ª T., AgRg no AREsp 1.580.202/RJ, Rel. Min. Leopoldo de Arruda Raposo, ac. 10.03.2020, *DJe* 24.03.2020; STJ, 6ª T., AgInt no AREsp 1.429.731/AP, Rel. Min. Laurita Vaz, ac. 23.04.2019, *DJe* 30.04.2019.

92 STJ, Corte Especial, EREsp 1.663.952/RJ, Rel. Min. Raul Araújo, ac. 19.05.2021, *DJe* 09.06.2021.

VI – Inviabilidade da intimação por meio eletrônico e inexistência de publicação em órgão oficial

Dispõe o Código atual (art. 273) que, sendo inviável a intimação por meio eletrônico e não havendo publicação em órgão oficial, o escrivão ou chefe de secretaria deverá intimar os advogados das partes de todos os atos do processo por duas formas:

(a) pessoalmente, se tiverem domicílio na sede do juízo (inciso I); e,

(b) por carta registrada, com aviso de recebimento, quando forem domiciliados fora do juízo (inciso II).

Nas comarcas do interior é também possível a intimação pela imprensa, segundo a forma do art. 272, desde que haja, na localidade, órgão de publicação dos atos oficiais (art. 273).

VII – Dispensabilidade da intimação do advogado

É dispensável a intimação do advogado que subscreve a petição "quando o despacho é dado na própria petição e na presença do causídico que assim tomou conhecimento do despacho no próprio ato".[93] Mas, "se a petição chegar ao magistrado por intermédio do protocolo, do respectivo despacho as partes devem ser intimadas".[94]

VIII – Arguição de nulidade da intimação

A parte arguirá a nulidade da intimação em capítulo preliminar do próprio ato que lhe caiba praticar, o qual será tido por tempestivo se o vício for reconhecido (art. 272, § 8º).

Por fim, não sendo possível a prática imediata do ato diante da necessidade de acesso prévio aos autos, a parte limitar-se-á a arguir a nulidade da intimação, caso em que o prazo será contado da intimação da decisão que a reconheça (art. 272, § 9º).

IX – Intimação pessoal à parte

Em regra, as intimações dos atos processuais se fazem na pessoa do advogado da parte. Quando, porém, se trate de ato que deva ser cumprido pessoalmente pela parte, esta, e não o advogado, terá de ser diretamente intimada. São exemplos de intimação pessoal necessária: *(i)* para prestar depoimento pessoal (art. 385, § 1º); *(ii)* do devedor para cumprimento da sentença relativa a quantia certa, quando não tem procurador constituído nos autos (art. 513, § 2º, II); *(iii)* do devedor de alimentos para pagar o débito ou justificar a impossibilidade de fazê-lo (art. 528, *caput*); *(iv)* da parte para constituir novo advogado, no caso de morte do que a representava no processo (art. 313, § 3º).

410. Intimação pelo escrivão ou oficial de justiça

À falta de órgão de publicação, as intimações dos advogados serão feitas pelo escrivão. Antigamente, as partes e terceiros eram, de ordinário, intimadas pelo oficial de justiça, em cumprimento de mandado expedido pelo escrivão. Atualmente, a regra passou a ser a intimação por carta, devendo a diligência efetuar-se por meio do oficial de justiça somente quando frustrar-se a sua realização pelo correio ou por meio eletrônico (CPC/2015, art. 275).

Os escrivães atuam no cartório e lá, à vista dos autos, procedem às intimações pessoais dos advogados. Se o advogado reside em outra comarca, deverá utilizar a via postal. Mesmo para os residentes na comarca, a intimação deve se fazer pelo correio, se não comparecem ao cartório. Também as partes e seus representantes legais, os advogados e os demais sujeitos do

---

[93] TJSP, Ag. Pet. 218.904, Rel. Des. Márcio Bonilha, *RT* 454/105; TJRJ, Apel. 24.445, Rel. Des. Pinto Coelho, *RT* 413/323.

[94] TACiv.SP, Mand. Seg. 179.921, Rel. Juiz Evaristo dos Santos.

processo podem ser intimados pelo escrivão ou chefe da secretaria, desde que presentes em cartório e que não haja disposição contrária da lei (art. 274).[95]

Assim, de acordo com o art. 274, compete ao escrivão ou chefe de secretaria:

(a) intimar pessoalmente os advogados, partes e representantes legais, demais sujeitos do processo, se presentes em cartório; e

(b) por carta registrada, com aviso de recebimento, as referidas pessoas, fora do cartório.

Para efeito de intimação por via postal, as partes e seus advogados devem fornecer, nos autos, o respectivo endereço. Não sendo encontrado o destinatário naquele endereço, mesmo assim presumir-se-ão válidas as comunicações e intimações por meio de correspondência a ele encaminhadas pelo escrivão. Para evitar a presunção legal, cumpre às partes atualizar nos autos o respectivo endereço sempre que houver modificação temporária ou definitiva (art. 274, parágrafo único). Nessa hipótese, o prazo flui a partir da juntada aos autos do comprovante de entrega da correspondência no primitivo endereço.

Sendo frustrada a intimação que se tentou pelo correio ou por meio eletrônico, cabe ao oficial de justiça realizá-la em cumprimento de mandado (art. 275, *caput*).

O mandado propriamente dito é o documento que, de ordinário, se destina a transmitir ao oficial a ordem de intimação expedida pelo juiz. Sua utilização é obrigatória sempre que a diligência tiver de se cumprir dentro da circunscrição territorial da comarca, mas fora da respectiva sede (art. 274). Nas intimações a cumprir na sede, cabe tanto ao escrivão ou chefe da secretaria como ao oficial de justiça cumprir a diligência.

As intimações por oficial restringem-se à circunscrição territorial do juízo. Fora daí, ou se usa o correio ou a carta precatória (art. 236, § 1º). No caso, porém, de comarcas contíguas ou integrantes da mesma região metropolitana, o art. 255 permite ao oficial ultrapassar as fronteiras de sua comarca para cumprir o mandado intimatório.[96]

Não valem as intimações feitas à parte quando o ato processual a praticar deve ser do advogado.[97] *A contrario sensu*, não pode ser a intimação feita ao representante processual, se o ato deve ser pessoalmente praticado pela parte.[98] Por exemplo, a intimação para exibição de documento em poder da parte, deverá ser feita diretamente a ela e, não, ao advogado. Já a intimação de uma decisão de que caiba recurso, haverá de ser feita diretamente ao patrono e, não, à parte.

---

[95] Por exemplo, os membros da Advocacia Pública e os representantes do Ministério Público não podem ser intimados pessoalmente por atuação verbal do escrivão, porque a diligência deve ser feita por remessa, carga ou meio eletrônico (CPC/2015, art. 183, § 1º).

[96] Simpósio Nacional de Processo Civil, realizado em Curitiba, em 1975 (PRATA, Edson. *Revista Forense*, 252/24, out.-nov.-dez. 1975).

[97] "Em regra, a intimação será encaminhada à pessoa a quem cabe desempenhar o ato comunicado. Tratando-se da prática de atos postulatórios, a intimação deve ser dirigida ao advogado; tratando-se da prática de ato personalíssimo da parte, ela deve ser intimada pessoalmente" (STJ, 3ª T., REsp 1.309.276/SP, Rel. Min. João Otávio de Noronha, ac. 26.04.2016, *DJe* 29.04.2016).

[98] STJ, 4ª T., AgRg no Ag 1.068.880/SP, Rel. Min. João Otávio de Noronha, ac. 07.06.2011, *DJe* 15.06.2011; STJ, 3ª T., AgRg no REsp 1.102.533/PR, Rel. Min. Vasco Della Giustina, ac. 03.05.2011, *DJe* 10.05.2011. "Acidente do trabalho. Intimação do autor. A intimação do autor, ao contrário do advogado, é feita pessoalmente. Assim, para submeter-se a nova perícia, por força de conversão do julgamento em diligência. A ausência, por isso, não pode gerar presunção de desinteresse e de não promover prova cujo ônus lhe cabia" (STJ, 2ª T., REsp 3.744/RJ, Rel. Min. Vicente Cernicchiaro, ac. 15.08.1990, *RSTJ*, 13/413).

411. Aperfeiçoamento da intimação

A intimação feita pelo escrivão em cartório e a que decorre da prolação de decisão oral em audiência são atos processuais *simples*, que produzem instantaneamente toda sua eficácia jurídica, bastando que fiquem consignadas em termo nos autos. O mesmo pode-se dizer das comunicações realizadas pela imprensa.

Já as intimações por via postal e por meio de oficial de justiça são atos processuais complexos, isto é, diligências que compreendem vários outros atos essenciais ao seu aperfeiçoamento e eficácia.

Assim, no caso de comunicação postal, só se entende intimada a parte depois que o aviso de recebimento da carta retorna e é juntado aos autos (*quod non est in actis non est in mundo*). Tanto é assim que o prazo para a prática do ato a que foi intimado o litigante só começa a fluir da referida juntada, como manda o art. 231, I, do CPC/2015.[99]

Cumprida a intimação pelo oficial de justiça, fora do cartório, caberá ao serventuário certificar a ocorrência através de certidão lançada no mandado. Mas a diligência só se completará com a juntada do documento aos autos, comprovada mediante termo do escrivão.

A certidão do oficial de justiça que realizou a intimação, conforme o art. 275, § 1º, deve conter os seguintes requisitos:

(a) a indicação do lugar e a descrição da pessoa intimada, mencionando, quando possível, o número de sua carteira de identidade e o órgão que a expediu (inciso I);

(b) a declaração de entrega da contrafé (cópia do mandado cumprido) (inciso II);

(c) a nota de ciente da parte intimada ou da certidão de que esta se recusou a apô-la no mandado (inciso III);[100]

(d) a data da certidão e a assinatura do que realizou a diligência.

No entanto, a "certidão – como adverte Hélio Tornaghi – é exigida *ad substantiam*, não apenas *ad probationem*. Quer isso dizer que ela não se destina somente a provar "a intimação; ela a completa e perfaz..."; de modo que "a certificação por isso é requisito essencial e, consequentemente, existencial da intimação. Enquanto o oficial ou o escrivão, que a houver feito, não a portar por fé, ela não estará consumada e, portanto, inexistirá".[101]

Como corolário do entendimento exposto, as deficiências da certidão, como a falta de identificação da pessoa intimada, de data do ato etc., são vícios da própria intimação e que conduzem à nulidade do ato, nos termos do art. 280. No entanto, a nulidade pode ser suprida por outras formas que evidenciem a ciência inequívoca que a parte teve do ato processual.[102]

---

[99] "Revela-se prescindível a assinatura, pelo procurador da parte intimada, no AR postal, sendo suficiente, para fins de intimação, a entrega da carta no endereço do escritório de advocacia constante nos autos. Precedente do STF: RE 85.422/GO, Rel. Min. Rodrigues Alckmin; Julgamento: 06/08/1976" (STJ, 1ª T., AgRg no REsp 827.635/MG, Rel. Min. Luiz Fux, ac. 03.04.2008, *DJe* 05.05.2008).

[100] Depois das alterações introduzidas no CPC de 1973 pelas Leis 8.710/1993 e 8.952/1994, o oficial de justiça não precisa arrolar testemunhas para atestar a recusa do ciente da parte intimada. Basta a sua fé pública para comprovar a ocorrência (CPC/2015, art. 275, § 1º, III).

[101] TORNAGHI, Helio. *Comentários ao Código de Processo Civil*. São Paulo: RT, 1975, v. II, p. 211.

[102] Em matéria de recurso, todavia, firmou-se a jurisprudência do STF de que equivale à intimação a ciência inequívoca do advogado a respeito do decisório, como quando, *v.g.*, os autos são por ele retirados do cartório para a interposição do recurso (STF, Embs. no RE 95.024, Pleno, ac. 11.02.1982, Rel. Min. Soares Muñoz, Juriscível 113/129). No mesmo sentido: STJ, 1ª T., AgRg nos Edcl no REsp 937.535/RS, Rel. Min. José Delgado, ac. 12.02.2008, *DJe* 10.03.2008; STJ, 2ª T., REsp 1.211.882/RJ, Rel. Min. Mauro Campbell Marques, ac. 05.04.2011, *DJe* 14.04.2011. Mas "tal tese somente é aplicável aos casos de ciência inequívoca do con-

412. Intimação em audiência

Forma especial de intimação ocorre quando o ato decisório é proferido pelo juiz durante a audiência. Em tal circunstância, prevê o Código que independentemente de ato intimatório expresso, na forma usual, os sujeitos presentes considerar-se-ão legalmente intimados na própria audiência (CPC/2015, art. 1.003, § 1º).

Trata-se de um sistema de intimação automática, que decorre do próprio ato do juiz de dar publicação em audiência ao seu ato decisório. No entanto, para que essa eficácia opere, é mister que os advogados estejam presentes ou tenham sido previamente intimados para a audiência.

Essa forma de intimação dispensa a intervenção de órgão auxiliar do juiz para fazer a comunicação do decisório à parte. Aperfeiçoa-se, contudo, por meio do registro da ocorrência no termo da audiência, que é lavrado pelo escrivão, para juntada aos autos.

412-A. Intimação eletrônica

I – Regime de intimação pelo DJe *(em extinção)*[103]

Com a adoção da comunicação eletrônica dos atos processuais (Lei 11.419/2006, CPC/2015, art. 270), duas situações devem ser consideradas: *(a)* a intimação feita por meio do Diário da Justiça eletrônico (*DJe*); e *(b)* a intimação promovida por meio do sítio eletrônico do tribunal adequado à cientificação das partes.

Como cada tribunal, inclusive os estaduais, poderia criar o seu próprio *DJe*, sujeito a sistematização digital distinta, gerando dificuldades de acesso e controle para os advogados que atuam em várias unidades federativas, o CNJ, amparado no art. 196 do CPC, instituiu o *Diário de Justiça Eletrônico Nacional* (*DJEN*), com objetivo de unificar o veículo de intimação judicial eletrônica em todo o país (Resolução CNJ 455/2022). Atualmente, acha-se em curso o prazo renovado de noventa dias para que os tribunais completem a adaptação de seus procedimentos ao regime nacional de comunicação processual (Resolução CNJ 569/2024, que alterou a Resolução 455/2022).[104] Durante esse tempo, e enquanto não se der a completa adaptação de todos os tribunais ao padrão do *DJEN*, continuarão a coexistir intimações tanto pelo *DJEN* como pelos diversos *DJe*, observando-se o que se segue:

a) Quando a intimação é feita pelo *DJe*, o regime dos prazos é o mesmo dos atos intimatórios praticados pelo Diário Oficial impresso (CPC/2015, art. 224, § 2º). Considera-se, porém, data da publicação o primeiro dia útil ao da disponibilização da informação no *Diário da Justiça eletrônico* (CPC/2015, art. 231, VII). Tal critério prevalece no regime nacional unificado, por meio do *DJEN*.

---

teúdo da sentença ou decisão recorrível. Nas hipóteses em que remanesce alguma dúvida, inclusive por não haver o advogado recebido os autos em carga, cumpre afastar a presunção e simplesmente aplicar a lei" (STJ, REsp 14939/PR, Rel. Min. Athos Carneiro, ac. 04.12.1991, *DJU* 24.02.1992, p. 1.875). Não se pode adotar dita tese à base de "mera suposição" ou simples "presunção" (STJ, REsp 25.119-2/RS, Rel. Min. Dias Trindade, ac. 08.09.1992, *DJU* 05.10.1992, p. 17.101; STJ, 3ª T., REsp 310.207/PR, Rel. Min. Ari Pargendler, ac. 09.04.2002, *DJU* 20.05.2002, p. 135).

[103] "O *DJEN* substitui os atuais *Diários de Justiça eletrônicos* [*DJe*] mantidos pelos órgãos do Poder Judiciário e estará disponível no Portal de Serviços e no sítio do CNJ na rede mundial de computadores" (art. 12, *caput,* da Resolução do CNJ 455/2022).

[104] O prazo assinado pelo CNJ se esgotou sem que alguns tribunais conseguissem concluir a integração ao Portal de Serviços *Jus.br*, de maneira que continua vigorando, por enquanto, a duplicidade de regime intimatório, ora pelo *DJe*, ora pelo *DJEN*, que durará até que a nacionalização visada pela Resolução 455/2022 (alterada pela Resolução 569/2024) venha a se concretizar.

b) Nesse sentido: "No caso, tendo a disponibilização do *decisum* no *Diário de Justiça eletrônico* ocorrido na data em que os prazos estavam suspensos no Juízo de primeiro grau, considera-se o ato intimatório como efetivamente publicado no primeiro dia útil seguinte à retomada do curso do prazo processual".[105] Portanto, o prazo recursal terá início não no primeiro dia útil, mas no segundo.

c) Na verdade, o que o sistema de intimação pelo *DJEN* – Diário da Justiça Eletrônico Nacional – faz é uma distinção entre "disponibilização" do ato decisório e sua efetiva "publicação" (Resolução 455/2022, art. 11, § 3º). A disponibilização ocorre no momento em que o ato judicial se torna visível no portal do *DJEN*, mas sua publicação somente ocorrerá no primeiro dia útil subsequente à disponibilização. Não é, portanto, a disponibilização que determina o início da contagem do prazo, mas a *publicação*, início esse que se verificará a partir do primeiro dia útil posterior à publicação, observando-se, daí em diante, a disciplina dos artigos 219 e 224 do CPC.

d) Quando não se usa o *Diário da Justiça Eletrônico (DJe)*, nem o *Diário de Justiça Eletrônico Nacional (DJEN)*, remetida pela justiça, a comunicação do ato ou termo processual, por meio do sítio adequado à cientificação da parte, tem-se a intimação como aperfeiçoada no momento em que ocorre o acesso do destinatário ao referido sítio. No entanto, a possibilidade de protelação do acesso não fica ao alvedrio da parte, pois a lei estabelece o prazo máximo de dez dias corridos, após à inserção no sistema informático do juízo para que tal aconteça, sob pena de considerar-se, fictamente, realizada a intimação, pelo simples transcurso do aludido decêndio (art. 5º, § 3º, da Lei 11.419/2006).[106]

Por contagem em dias corridos, entende-se a que é feita de maneira contínua, sem interrupção nos dias não úteis, nem mesmo nos recessos forenses.[107] Entretanto, nenhum prazo processual começa ou termina em dia não útil (CPC/2015, 224, § 1º). Terminando, pois, os dez dias da intimação ficta durante férias ou recesso forense, o termo final do prazo previsto no § 3º do art. 5º da Lei 11.419, ficará prorrogado para o 1º dia útil subsequente ao impedimento,[108-109]

---

105 STJ, 1ª T., REsp 1.538.450/GO, Rel. Min. Sérgio Kukina, ac. 25.08.2015, *DJe* 03.09.2015.

106 O problema da dupla divulgação pelo sítio eletrônico (Portal Eletrônico do tribunal específico para intimação dos advogados cadastrados, nos termos do art. 5º da Lei 11.419/2006) e pelo *Diário da Justiça eletrônico – DJe*, vinha gerando conflito interno de interpretação no STJ: ora se dava prevalência à intimação pelo *DJe*, ora à efetuada pelo Portal Eletrônico. A polêmica, no entanto, foi superada pela Corte Especial daquela Corte Superior, que uniformizou sua jurisprudência no sentido de que a intimação realizada pelo Portal Eletrônico prevalece sobre a publicação no *Diário da Justiça* (*DJe*) (STJ, Corte Especial, EAREsp 1.663.952/RJ, Rel. Min. Raul Araújo, ac. 19.05.2021, *DJe* 09.06.2021).

107 No caso do prazo estipulado pelo art. 5º, § 3º, da Lei 11.419/2006, "dias corridos significa contagem contínua de dias, não se interrompendo aos sábados, domingos e feriados, nem no recesso forense" (STJ, REsp 1.368.138/RS, decisão monocrática do Rel. Min. Napoleão Nunes Maia Filho, j. 14.09.2017, *DJe* 19.09.2017). Não há, assim, suspensão do prazo de aperfeiçoamento ficto da intimação eletrônica, o qual se dá mesmo durante o recesso.

108 "(...) 4. Malgrado o § 3º do art. 5º da Lei 11.419/06, que dispõe sobre a intimação tácita, não trate expressamente da possível prorrogação para o primeiro dia útil seguinte, se o último dia do decêndio for feriado ou outro dia não útil, o § 2º do mesmo dispositivo legal prevê que, 'nos casos em que a consulta se dê em dia não útil, a intimação será considerada como realizada no primeiro dia útil seguinte' 5. A interpretação sistemática, portanto, induz a conclusão de que, recaindo a data da consulta eletrônica ou o término do decêndio em feriado ou dia não útil, considera-se como data da intimação o primeiro dia útil seguinte" (STJ, 3ª T., REsp 1.663.172/TO, Rel. Min. Nancy Andrighi, ac. 08.08.2017, *DJe* 14.08.2017. No mesmo sentido: STJ, 2ª T., AgInt nos EDcl no REsp 1.611.603/SC, Rel. Min. Francisco Falcão. Ac. 17.08.2017, *DJe* 28.08.2017).

109 O TJMG tem entendido, com base em Portaria conjunta da Presidência, Vice-Presidência e Corregedoria de Justiça, que os dez dias para aperfeiçoamento ficto da intimação eletrônica são também um prazo

data em que se terá como aperfeiçoada a intimação. Só a partir do segundo dia útil, portanto, terá início o prazo recursal (CPC/2015, art. 224, *caput* e § 1º) a ser contado em dias úteis segundo a regra geral do art. 219 do mesmo Código.[110]

Sobre intimação eletrônica, ver, ainda, os itens 358, 368-I, 369, 370, 376, 382, 384, 386, 387, 399 e 409, V e VI.

II – Regime de intimação unificado pelo DJEN *(Resolução CNJ 455/2022)*

De acordo com a Resolução CNJ 455/2022 (alterada pela Resolução 569/2024), a contagem dos prazos no processo eletrônico far-se-á de maneira diferente, conforme se trate de intimação pessoal da parte ou de terceiro, ou de intimação do advogado da parte. É bom lembrar desde logo que, uma vez implantado definitivamente o regime único e universal de intimação eletrônica dos atos processuais, os representantes das partes nos autos (os advogados) serão intimados exclusivamente por meio do *DJEN*.[111]

O domicílio judicial eletrônico, que se utiliza para a comunicação processual por *e-mail*, somente se presta à intimação pessoal da própria parte ou de terceiros (Resolução 455, art. 18, com a redação da Resolução 569/2024)[112].

Nas intimações comuns realizadas por meio do *DJEN* – aquelas que se endereçam aos advogados e não visam aos atos pessoais da parte ou terceiros –, os prazos processuais serão contados, exclusivamente, a partir da publicação no referido *DJEN*. Eventual intimação ou comunicação por outros meios terá valor meramente informacional (Resolução 455, art. 11, § 3º, com a redação da Resolução 569). Observar-se-ão, outrossim, os critérios do art. 224, §§ 1º e 2º, do CPC, ou seja:

a) os prazos serão contados excluindo o dia do começo (o da publicação) e incluindo o dia do vencimento (art. 224, *caput*);

b) não começarão nem se encerrarão em dia não útil (art. 224, § 1º);

c) considerar-se-á como data da publicação o primeiro dia útil seguinte ao da disponibilização da informação no *DJEN* (art. 224, § 2º);

d) a contagem do prazo terá início no primeiro dia útil que se seguir ao da publicação (art. 224, § 3º).

---

processual e, por isso, não se conta durante o recesso forense, nos moldes da suspensão determinada pelo art. 220 do CPC (TJMG, 4ª C. Civ., AgInt 1.0000.16.006273-3/002, Rel. Des. Renato Dresch, ac. 13.10.2016, *DJe* 14.10.2016). Não é esse, entretanto, o pensamento do STJ, como se pode ver na nota anterior, relativa ao REsp 1.663.172/TO e ao AgInt nos EDcl no REsp 1.611.603/SC. Em outro acórdão ficou consolidado que "a interpretação do STJ acerca do art. 5º, § 3º, da Lei 11.419/2006 firmou-se no sentido de que, se o término do decêndio ocorrer em feriado ou em dia não útil, considerar-se-á como data da intimação automática o primeiro dia útil seguinte" (STJ, 1ª T., AgInt no AREsp 1.181086/TO, Rel. Min. Sérgio Kukina, ac. 03.04.2018, *DJe* 16.04.2018. No mesmo sentido: STJ, 4ª T., AgInt no REsp 1.661.224/TO, Rel. Min. Antônio Carlos Ferreira, ac. 13.03.2018, *DJe* 23.03.2018).

110 "O termo inicial do prazo [do recurso] só se dá a partir do primeiro dia útil que se seguir ao considerado como data da publicação (§ 4º do art. 4º da lei mencionada)" – Lei 11.419/2006 (STJ, 4ª T., AgRg nos EDcl no Ag 1.406.952/RS, Rel. Min. Marco Buzzi, ac. 02.10.2012, *DJe* 18.10.2012).

111 "Serão objeto de publicação no *DJEN*: [...] II – as intimações destinadas aos advogados nos sistemas de processo judicial eletrônico, cuja ciência não exija vista ou intimação pessoal" (Resolução CNJ 455/2022, art. 13).

112 O Domicílio Judicial Eletrônico constitui "o ambiente digital integrado ao Portal de Serviços, para a comunicação processual entre os órgãos do Poder Judiciário e os destinatários que sejam ou não partes na relação processual" (Resolução CNJ 455, art. 15, *caput*). "É obrigatória a utilização do Domicílio Judicial Eletrônico por todos os tribunais" (parágrafo único do mesmo artigo).

III – Contagem de prazo nas intimações e citações pelo correio eletrônico (Domicílio Judicial Eletrônico)[113]

As citações e intimações por meio do correio eletrônico pressupõem inscrição do destinatário no Cadastro de Domicílio Judicial Eletrônico, seja ele parte ou não na relação processual (Resolução 455, art. 15), mas não o advogado da parte, já que este será sempre intimado pelo *DJEN* (Resolução 455, art. 13, II).

Realizada a comunicação processual no Domicílio Judicial Eletrônico (e não pelo *DJEN*), o aperfeiçoamento da intimação, com a consequente abertura de prazo para parte ou terceiro, se houver, ocorrerá no momento em que o destinatário obtiver acesso ao conteúdo da comunicação (Resolução 455, art. 20), observado o seguinte:

a) quando, no caso de intimação pessoal, a consulta ocorrer em dia não útil, a comunicação processual será considerada realizada no primeiro dia útil subsequente (Resolução 455, art. 20, § 1º), e o sistema registrará esse fato (§ 2º);

b) não havendo consulta em dez dias corridos, a intimação pessoal será considerada realizada na data do término desse prazo, nos termos do art. 5º, § 3º, da Lei 11.419/2006; ficará, portanto, afastada, nesse período, a contagem em dias úteis (Resolução 455, art. 20, § 4º, com a redação da Resolução 569);

c) quando for o caso de citação por meio de correio eletrônico (Resolução 455, art. 20, § 3º), seu aperfeiçoamento dependerá de comunicação por parte do destinatário, da recepção da comunicação processual, em até três dias úteis, contados do recebimento do *e-mail*, sob pena de ser considerada não aperfeiçoada a citação eletrônica, e de ser renovada a medida pelos meios não eletrônicos (CPC, art. 246, § 1º-A), sujeitando-se o citando às consequências dos §§ 1º-B e 1º-C do mesmo artigo. Aperfeiçoada a citação eletrônica, o prazo para a resposta começará a correr no quinto dia útil seguinte à confirmação, na forma do art. 231, IX, do CPC (Resolução 455, art. 20, § 3º-B, incluído pela Resolução 569).

IV – Regime do prazo de citação eletrônica das pessoas jurídicas de direito público

O cadastro no Domicílio Judicial Eletrônico é obrigatório não só para as empresas privadas, mas também para a União, os Estados, o Distrito Federal e os Municípios, assim como para as entidades da administração indireta e as empresas públicas (Resolução 455, art. 16).

Há, no entanto, uma norma específica aplicável às citações eletrônicas e à contagem do respectivo prazo de resposta, quando se trata de entidades públicas. Ao contrário do particular, não cabe às pessoas jurídicas de direito público acusar, ou não, em três dias, a recepção da mensagem judicial, sob pena de não aperfeiçoamento da citação. "Não havendo consulta no prazo de até 10 (dez) dias corridos, contados do envio da citação ao Domicílio Judicial Eletrônico, o ente será considerado automaticamente citado na data do término desse prazo, não se aplicando o disposto no art. 219 do CPC a esse período" (Resolução 455, art. 20, § 3º-A, incluído pela Resolução 569).

Aperfeiçoada a citação, o prazo para resposta começa a correr no quinto dia útil subsequente, na forma do art. 231, IX, do CPC (Resolução 455, art. 20, § 3º-B, incluído pela Resolução 569). O prazo de resposta, também em dias úteis, será contado segundo as regras gerais do processo.

---

113 "O Domicílio Judicial Eletrônico será utilizado exclusivamente para citação por meio eletrônico e comunicações processuais que exijam vista, ciência ou intimação pessoal da parte ou de terceiros, com exceção da citação por edital, a ser realizada via *DJEN*" (Resolução 455, art. 18, com redação da Resolução 569).

Estabeleceu-se, portanto, uma grande diferença entre a citação eletrônica da pessoa jurídica de direito privado e a da pessoa jurídica de direito público: *(i)* as de direito público serão consideradas citadas após 10 dias corridos contados da publicação de sua citação; *(ii)* já para as de direito privado, continua prevalecendo a regra de que expirado o prazo de três dias úteis da publicação da citação, sem que que a citanda tenha acusado a ciência da respectiva mensagem, ter-se-á como não aperfeiçoada a citação, devendo esta ser renovada pelas vias não eletrônicas.

V – Dias corridos e dias úteis no regime de Domicílio Judicial Eletrônico

Na regulamentação dos prazos decorrentes de atos comunicados por meio do Domicílio Judicial Eletrônico (art. 18 da Resolução 455/2022) nem sempre se observa o art. 219 do CPC[114], pois há prazos que se contam em dias corridos e outros que se contam em dias úteis:

a) *em dias úteis*, contam-se: *(i)* os três dias em que o destinatário deve comunicar o recebimento da *citação eletrônica*, para que esse ato se aperfeiçoe (art. 20, § 3º, da Resolução 455); *(ii)* o mesmo se passa com os cinco dias, contados depois da consulta aperfeiçoadora da *citação*, para que a contagem do prazo de resposta tenha início (art. 20, § 3º-B, da Resolução 455, acrescido pela Resolução 569);

b) *em dias corridos*, contam-se: *(i)* os dez dias para que a pessoa jurídica de direito público seja automaticamente *citada*, quando não efetuar consulta à mensagem encaminhada ao Domicílio Judicial Eletrônico (art. 20, § 3º-A, da Resolução 455, acrescido pela Resolução 569); e, *(ii)* também nos casos de *intimação pessoal*, o prazo de dez dias a contar do envio da comunicação ao Domicílio Judicial Eletrônico, para que esta se considere automaticamente realizada, quando o destinatário não efetuar a respectiva consulta (art. 20, § 4º, da Resolução 455).

413. Intimação por edital ou com hora certa

O art. 275, § 2º, do CPC/2015 autoriza, caso necessário, a intimação com hora certa ou por edital. A intimação por edital poderá ocorrer em casos em que o devedor ou terceiro, como o credor hipotecário, tenha que ser intimado da penhora ou da arrematação (art. 799, I), e dos autos não consta endereço, tampouco o exequente tem conhecimento dele.

Em atos da mesma natureza impõe-se, também, a intimação com hora certa se o devedor ou o terceiro se oculta, maliciosamente, para frustrar a diligência. Em tais circunstâncias, a intimação observará, analogicamente, os requisitos formais preconizados pelos arts. 252 a 254 para a citação com hora certa, e pelo art. 257, para a citação-edital.

414. Efeitos da intimação

Além de propiciar a ciência oficial do ato ao interessado, as intimações determinam o *dies a quo* dos prazos processuais; pois, como dispõe o art. 230 do CPC/2015, "o prazo para a parte, o procurador, a Advocacia Pública, a Defensoria Pública e o Ministério Público será contado da citação, da intimação ou da notificação".

Funciona a intimação, destarte, como mecanismo indispensável à marcha do processo e como instrumento para dar efetividade ao sistema de preclusão, que é fundamental ao processo moderno. Sobre as particularidades de contagem dos prazos, a partir da intimação, vejam-se, *retro*, os n. 368 e n. 369. Sobre a preclusão, consultem-se os n. 39 e n. 373.

---

114 "Na contagem de prazo em dias, estabelecido por lei ou pelo juiz, computar-se-ão somente os dias úteis" (CPC, art. 219, *caput*).

Capítulo XIII
INVALIDADE DOS ATOS PROCESSUAIS

§ 52. NULIDADE

415. Conceito

Pertencendo os atos processuais ao gênero dos *atos jurídicos*, aplicam-se-lhes as exigências comuns de validade de todo e qualquer destes atos, isto é, o agente deve ser capaz, o objeto, lícito e a forma, prescrita ou não defesa em lei.

As partes, no entanto, além de atender aos requisitos materiais de capacidade jurídica (maioridade, assistência ou representação), terão também que satisfazer as exigências do *ius postulandi*, que só toca aos advogados regularmente habilitados e inscritos na OAB (CPC/2015, art. 103). Isso porque, segundo o art. 4º, *caput*, da Lei 8.906, de 04.07.1994, "são nulos os atos privativos de advogados praticados por pessoas não inscritas na OAB" ou por inscritos impedidos ou suspensos. Para o órgão judiciário também há de se observar o pressuposto da capacidade, que se apresenta *in casu*, sob a feição de competência (CF, art. 5º, LIII), ou seja, "ninguém será processado nem sentenciado senão pela autoridade competente".

Sobre o requisito de objeto lícito, há expressos dispositivos que mandam o juiz reprimir qualquer ato praticado pelas partes que seja contrário à dignidade da Justiça (CPC/2015, art. 139, III) e a proferir sentença que obste aos objetivos ilícitos das partes, quando autor e réu se servirem do processo para praticar ato simulado ou para conseguir fim proibido por lei (art. 142).

No que toca à violação de forma legal, é onde mais se mostra importante a teoria das nulidades processuais, dado o caráter instrumental do processo e da indispensabilidade da forma para se alcançar seus desígnios.

416. Espécies de vícios do ato processual

Por violação aos seus elementos ou requisitos de validade, os atos do processo, como os demais atos jurídicos, recebem na doutrina múltiplas classificações. Preferimos a de Couture, por julgá-la interessante e bastante razoável para a abordagem do tema. A classificação adotada, portanto, é a seguinte:

(a) atos inexistentes;
(b) atos absolutamente nulos;
(c) atos relativamente nulos.

Há, ainda, atos processuais apenas *irregulares*, que são aqueles praticados com infringência de alguma regra formal, sem, entretanto, sofrer qualquer restrição em sua eficácia normal.[1] São

---

1 As irregularidades são vícios de menor importância, "que não se incluem em qualquer das categorias precedentemente expostas [inexistência, nulidade e anulabilidade]. Trata-se de infrações que não comprometem o ordenamento jurídico nem o interesse da parte; tampouco afetam a estrutura do ato a ponto

exemplos desses pequenos defeitos a inexatidão material ou o erro de cálculo da sentença, que pode ser corrigido a qualquer tempo sem comprometer-lhe a validade e eficácia (CPC/2015, art. 494, I) e as decisões proferidas fora do prazo legal, que nem sequer desafiam qualquer emenda ou correção (art. 226).

417. Atos inexistentes

Ato inexistente é o que não reúne os mínimos requisitos de fato para sua existência como ato jurídico, do qual não apresenta nem mesmo a aparência exterior. O problema da inexistência, dessa forma, não se situa no plano da eficácia, mas sim no plano anterior do ser ou não ser, isto é, da própria vida do ato.[2]

Com relação ao ato juridicamente inexistente, não se pode sequer falar de ato jurídico viciado, pois o que há é um simples *fato*, de todo irrelevante para a ordem jurídica. Falta-lhe um elemento *material* necessário à sua configuração jurídica. Assim, por exemplo, é inexistente o ato falsamente assinado em nome de outrem. O dado fático – declaração de vontade do signatário – nunca existiu, nem mesmo defeituosamente.

Por isso, o ato inexistente jamais se poderá convalidar e tampouco precisa ser invalidado. Nem de fato se pode, por exemplo, considerar ato processual a sentença proferida por quem não é juiz. É intuitivo que somente cabe praticar ato inerente à função de juiz a quem seja titular dela. Tampouco pode-se considerar sentença a decisão que não contenha a parte conclusiva ou dispositivo.[3]

418. Noção de nulidade

Entre os atos jurídicos e o ordenamento jurídico deve haver uma relação de conformidade. Se a declaração de vontade se harmoniza com a lei, será válida (terá aptidão para produzir os efeitos visados pelo agente). Se entra em atrito com a lei, será inválida (não produzirá o efeito jurídico desejado).

A nulidade é, portanto, uma sanção que incide sobre a declaração de vontade contrária a algum preceito do direito positivo. Essa sanção – privação de validade – admite, porém, graus de intensidade. Quando a ilegalidade atinge a tutela de interesses de ordem pública, ocorre a *nulidade* (ou *nulidade absoluta*), que ao juiz cumpre decretar de ofício, quando conhecer do ato processual viciado (não depende, pois, de requerimento da parte prejudicada; o prejuízo é suportado diretamente pela jurisdição).

Sempre, porém, que a ilegalidade tiver repercussão sobre interesse apenas privado da parte (que, por isso, tem disponibilidade do direito tutelado pela norma ofendida), o que ocorre é a *anulabilidade* (ou *nulidade relativa*). Pela menor repercussão social do vício, a lei reserva para o titular da faculdade prejudicada o juízo de conveniência sobre anular ou manter o ato defeituoso. Não cabe ao juiz, por sua própria iniciativa, decretar a invalidação de ato apenas anulável. Sem o requerimento da parte interessada, o ato se convalida (é como se não portasse o defeito que nele se instalou).

419. Atos absolutamente nulos

O ato absolutamente nulo já dispõe da categoria de ato processual; não é mero fato como o inexistente; mas sua condição jurídica mostra-se gravemente afetada por defeito localizado

---

de torná-lo inábil à produção dos efeitos a que é destinado" (MONIZ DE ARAGÃO, E. D. *Comentários ao Código de Processo Civil*. 3. ed. Rio de Janeiro: Forense, 1979, n. 349, p. 342-343).

2 COUTURE, Eduardo J. *Fundamentos del Derecho Procesal Civil*. Buenos Aires: Depalma, 1974, n. 234, p. 377.

3 CINTRA, Antônio Carlos de Araújo; GRINOVER, Ada Pellegrini; DINAMARCO, Cândido Rangel. *Teoria Geral do Processo*. 26. ed. São Paulo: Malheiros, 2010, p. 374.

em seus requisitos essenciais. Compromete a execução normal da função jurisdicional e, por isso, é vício *insanável*. Diz respeito a interesse de ordem pública, afetando, por isso, a própria jurisdição (falta de pressupostos processuais ou condições da ação).

Comprovada a ocorrência de nulidade absoluta, o ato deve ser invalidado, por iniciativa do próprio juiz, independentemente de provocação da parte interessada. Na realidade, a vida do ato absolutamente nulo é aparente ou artificial, pois não é apta a produzir a eficácia de ato jurídico. Perdura, exteriormente, apenas até que o juiz lhe reconheça o grave defeito e o declare privado de validade.

Dada a sua aparência de ato bom, é necessário que o juiz o invalide, embora jamais possa ser convalidado.[4] Havendo ainda oportunidade para a prática eficaz do ato nulamente realizado, deverá o juiz ordenar sua repetição (CPC/2015, art. 282, *caput*). Caso contrário, a parte sofrerá as consequências da preclusão e, para todos os efeitos, ter-se-á o ato como não praticado. Uma das características do ato processual nulo, que o distingue do ato jurídico comum, é que o vício que o contamina, por mais grave que seja, não impede que produza efeitos dentro do processo. A nulidade dependerá sempre de pronunciamento judicial que a reconheça, nunca operando por si mesma.[5]

Exemplo de ato absolutamente nulo é o da citação, com inobservância das prescrições legais (art. 280); e, consequente, nula de pleno direito será também a sentença que vier a ser proferida no processo, se tiver ocorrido a revelia do réu (arts. 525, § 1º, I, e 535, I). A invalidade, no caso, afetou toda a relação processual, não só para a parte ausente como para o próprio órgão jurisdicional, que não se legitima a julgar a causa senão sobre o suporte de um processo regularmente formado.

Em qualquer época que se pretender opor os efeitos de tal sentença ao réu, lícito lhe será arguir a nulidade e obter do juiz a sua decretação. Isto não quer dizer que o ato nulo, embora *insanável*, não possa ser suprido por outro de igual efeito. Assim a citação nula, ou mesmo inexistente, pode ser suprida pelo comparecimento do réu ao processo. Mas este comparecimento não dá eficácia à citação, mas sim a substitui e os efeitos produzidos são do próprio comparecimento e só atuam a partir dele, gerando inclusive reabertura do prazo de defesa. Em outras palavras: o comparecimento do réu faz as vezes da citação válida. *Suprir* uma nulidade não é, em outros termos, convalidar o ato inválido. É, isto sim, praticar um ato novo e diverso que, entretanto, pode produzir efeito análogo ao do ato nulo.

420. Atos relativamente nulos

A nulidade relativa ocorre quando o ato, embora viciado em sua formação, mostra-se capaz de produzir seus efeitos processuais, se a parte prejudicada não requerer sua invalidação. O defeito, aqui, é muito mais leve do que o que se nota nos atos absolutamente nulos, por recair sobre interesses privados (disponíveis) do litigante; de modo que o ato é ratificável, expressa ou tacitamente, e, se a parte não postula sua anulação, é apto a produzir toda a eficácia a que se destinou. O silêncio da parte, portanto, é suficiente para convalidá-lo. Diz respeito a interesse apenas da parte, não afetando, por isso, a jurisdição.

A nulidade relativa é a regra geral observada pelo Código, diante dos defeitos de forma dos atos processuais; a nulidade absoluta, a exceção.

O traço que mais distingue a nulidade absoluta da relativa, em matéria de processo civil, é o da iniciativa: a nulidade absoluta é decretável de ofício pelo juiz, enquanto a relativa de-

---

4 COUTURE, Eduardo J. *Fundamentos del Derecho Procesal Civil*. Buenos Aires: Depalma, 1974, n. 235, p. 378.

5 "Os efeitos processuais da demanda judicial nascem mesmo no processo nulo e duram até que a nulidade seja declarada no próprio processo" (CHIOVENDA, Giuseppe. *Instituições de direito processual civil*. 3. ed. Trad. de J. Guimarães Menegale, São Paulo: Saraiva, 1969, v. II, n. 250, p. 321).

pende de provocação da parte prejudicada. Aquela, inspira-se no interesse público, e esta, no privado. Por isso, a parte que não argui a nulidade relativa sana tacitamente o vício (CPC/2015, art. 278). Quando o defeito atinge uma condição ou pressuposto da própria jurisdição, e o juiz tem o dever de decretar de ofício a nulidade, o silêncio da parte prejudicada não a sana (art. 278, parágrafo único).

Em síntese, pode-se dizer que as nulidades relativas ocorrem quando se violam faculdades processuais da parte (cerceamento do direito ao contraditório e ampla defesa), e as absolutas quando se ofendem regras disciplinadoras dos pressupostos processuais e condições da ação. Exemplo de nulidade absoluta é a do processo presidido por juiz absolutamente incompetente;[6] e de nulidade relativa, a que ocorre quando a incompetência é apenas relativa.

421. Nulidade do processo e nulidade do ato processual

A nulidade pode atingir toda a relação processual ou apenas um determinado ato do procedimento. Há nulidade do processo, quando se desatende aos pressupostos de constituição válida a desenvolvimento regular da relação processual, ou quando existe impedimento processual reconhecido, ou então pressuposto negativo concernente ao litígio (CPC/2015, art. 337, § 5º).

Como o ato processual não tem vida autônoma, pois forma um tecido ou uma cadeia com os diversos atos que integram o procedimento, incumbe ao juiz, ao pronunciar a nulidade, declarar que atos são atingidos, ordenando, ainda, as providências necessárias, a fim de que sejam repetidos ou retificados (art. 282).

Haverá, para o Código, nulidade de todo o processo, como lembra Frederico Marques: *(i)* quando se registrar falta não suprida pelo juiz, da autorização marital ou da outorga uxória, se necessária (art. 74, parágrafo único); *(ii)* quando, em certos casos previstos no Código, omitir-se o autor na prática de atos ordenados pelo juiz, para sanar nulidade do processo ou de atos processuais (arts. 76, § 1º, I;104, § 2º; 313, § 3º, e 321, parágrafo único). Há, também, nulidade do processo, segundo o art. 279, *caput*, quando o Ministério Público não foi intimado a acompanhar o feito em que deva intervir. Via de regra essas nulidades são consideradas absolutas.

As nulidades, nos casos de falta de intimação do Ministério Público e de ausência de outorga uxória, devem ser entendidas, pelo menos em certas circunstâncias, como nulidades relativas, dado que, se o interesse da parte tutelada pelo Ministério Público, ou o do cônjuge ausente, vier a sair vencedor na solução da lide, injustificável será a anulação do processo, por inexistência de prejuízo. Faltará à parte o pressuposto do interesse legítimo para obter tal decretação e o juiz estará, logicamente, impedido de agir *ex officio* porque estaria contrariando a *ratio essendi* da própria norma legal que institui a tutela especial dos interesses em tela. A decretação de nulidade, *in casu*, ao invés de amparar o referido interesse, viria prejudicá-lo, privando-o da tutela já deferida pela sentença.[7]

422. Sistema de nulidades do Código

Embora se reconheça a importância das formas para garantia das partes e fiel desempenho da função jurisdicional, não vai o Código, na esteira das mais modernas legislações processuais,

---

6 "A incompetência absoluta pode ser alegada em qualquer tempo e grau de jurisdição e deve ser declarada de ofício" (CPC/2015, art. 64, § 1º). Prorroga-se a competência relativa "se o réu não alegar a incompetência em preliminar de contestação" (CPC/2015, art. 65).

7 Diversa é a situação em que o Ministério Público, atuando como parte, deixa de ser adequadamente intimado para o julgamento da causa, cuja sentença não acolhe por inteiro a pretensão. Como é óbvio, o que acontece em tal circunstância é a quebra da garantia do contraditório, e não apenas uma simples falta de intimação processual. A nulidade do julgamento, dessa maneira, é inevitável (STJ, 2ª T., REsp 1.436.460/PR, Rel. Min. Og Fernandes, ac. 13.12.2018, *DJe* 04.02.2019).

ao ponto de privar sempre o ato jurídico processual de efeito apenas por inobservância de rito, quando nenhum prejuízo tenham sofrido as partes.

O princípio que inspirou o Código, nesse passo, foi o que a doutrina chama de *princípio da instrumentalidade das formas e dos atos processuais*, segundo o qual o ato só se considera nulo e sem efeito se, além de inobservância da forma legal, não tiver alcançado a sua finalidade.

Assim, dispõe o art. 277 do CPC/2015 que "quando a lei prescrever determinada forma, o juiz considerará válido o ato se, realizado de outro modo, lhe alcançar a finalidade", o que evidencia a fidelidade de nossa lei à lição de Liebman no sentido de que "é necessário evitar, tanto quanto possível, que as formas sejam um embaraço à plena consecução do escopo do processo; é necessário impedir que a cega observância da forma sufoque a substância do direito".[8] Segundo a ideologia inspiradora do atual CPC, prevalece na matéria o princípio básico da primazia da resolução do mérito, incumbindo ao juiz, mesmo em casos de grave infração de normas processuais, dar oportunidade à parte de sanar os defeitos, ou suprir as faltas, antes de extinguir o processo sem apreciação do *meritum causae* (arts. 139, IX; 352 e 932, parágrafo único).

Entretanto, em qualquer caso, mesmo quando haja expressa cominação de nulidade para a inobservância de forma, o juiz não decretará a nulidade nem mandará repetir o ato ou suprir-lhe a falta:

(a) se não houve prejuízo para a parte (art. 282, § 1º);
(b) quando puder decidir do mérito a favor da parte a quem aproveite a decretação da nulidade (art. 282, § 2º).

Isto quer dizer que o ato mesmo absolutamente nulo não prejudicará a validade da relação processual como um todo. Daí poder-se afirmar que, pelo princípio de instrumentalidade dos atos processuais, como regra geral predominam as nulidades relativas no processo.

A rigor, ato nulo de pleno direito é só aquele que contamina o processo de nulidade e o inutiliza inteiramente, como se dá na omissão do autor no cumprimento das diligências que lhe determina o juiz nas hipóteses dos arts. 76, § 1º, I; 104; 313, § 3º, e 321, ou quando um juiz de grau inferior pratica atos privativos de Tribunal Superior, como processar e julgar ação rescisória de sentença, em violação às regras de competência hierárquica.

Mas apenas anuláveis são os atos decisórios, por exemplo, praticados com violação da competência absoluta, entre juízes do mesmo grau de jurisdição. As decisões do juiz incompetente permanecerão válidas enquanto não modificadas pelo juiz competente (art. 64, § 3º).

Há casos de nulidade expressa, como a da falta de intervenção do Ministério Público (art. 279) e da ausência de outorga uxória não suprida pelo magistrado (art. 74, parágrafo único) que obviamente são casos de nulidade absoluta por determinação da própria lei. Mas nem essas nulidades escapam à incidência do princípio da instrumentalidade, pois sem prejuízo do interesse tutelado não haverá invalidação do processo, *i.e.*, não se anulará o processo se a sentença de mérito foi favorável ao titular do interesse questionado (a mulher, o incapaz etc.).

Veja-se o que se dá com a citação nula: a relação processual fica contaminada toda ela do mesmo defeito, se o réu não comparece para se defender, de modo que a qualquer tempo poderá arguir a nulidade da sentença que julgou a causa. Mas, se esta sentença lhe for favorável, que interesse terá ele em obter tal declaração? E o autor, muito menos, poderá pretender anulá-la, visto que, dentro do mesmo princípio, a parte que dá causa à nulidade (ainda que absoluta) não poderá jamais requerer sua decretação (art. 276).

---

8 LIEBMAN, Enrico Tullio. *Manual de direito processual civil*. 2. ed. Trad. de Cândido Rangel Dinamarco. Rio de Janeiro: Forense, 1985, v. 1, p. 225.

Tendo sido, pois, o princípio da instrumentalidade das formas adotado com tamanha largueza pelo processo civil brasileiro, a conclusão a que chega a doutrina é que praticamente não há, em seu domínio, nulidade absolutamente insanável, por mais grave que seja o defeito do ato processual. "Desde que o vício não impeça a finalidade do ato, admissível desconsiderá--lo", segundo a lição de Bedaque[9].

423. Nulidades cominadas pelo Código

Dentro das regras do Código de Processo Civil há nulidades que são expressamente enunciadas por dispositivo da lei (*cominadas*) e outras que se deduzem do sistema processual, em seu conjunto de princípios fundamentais (*não cominadas*).

Sobre as nulidades absolutas, dispõe o art. 278, parágrafo único, do CPC/2015 que sua decretação não depende de provocação da parte e não se sujeita à preclusão. É que as nulidades expressamente cominadas, quando não supridas, se presumem prejudiciais aos interesses da parte e da atividade jurisdicional. Se, por exemplo, o réu não comparece ou a parte não pratica o ato para o qual foi intimado e se houve vício de formalidade na citação ou na intimação, não é preciso demonstrar prejuízo para que o ato se considere nulo (art. 280). Mas se, ao contrário, se provar que a parte compareceu e praticou o ato que lhe competia, a nulidade absoluta do ato de comunicação processual, embora expressamente prevista no art. 280, não será decretada e nenhuma repercussão terá sobre o processo, dentro da sistemática observada pelo Código em matéria de nulidades.[10]

Por outro ângulo, embora a nulidade cominada seja absoluta, não há sinonímia completa entre uma e outra. É que embora não cominada a nulidade por ofensa ao sistema processual pode ferir interesse de ordem pública, caso em que será absoluta, permitindo ao juiz decretá-la a requerimento da parte ou até de ofício. Tome-se, por exemplo, a sentença *extra petita*. Mesmo não estando expressamente enunciada na lei, a hipótese é de nulidade absoluta, porque a nenhum juiz se permite prestar a tutela jurisdicional fora do pedido da parte (CPC/2015, arts. 2º, 141 e 492). Sempre, pois, que estiverem em jogo as condições ou pressupostos da própria prestação jurisdicional, e não apenas o interesse particular da parte, a nulidade será absoluta, ainda que não prevista na lei.

No entanto, o sistema de nulidades do CPC/2015 praticamente inutilizou a velha classificação que diferenciava as nulidades cominadas e não cominadas. É que, adotando o princípio da flexibilidade máxima, qualquer que seja a violação de forma dos atos processuais, o juiz,

---

9 Diante do princípio da instrumentalidade das formas ou da ausência de prejuízo, "não há distinção entre nulidade absoluta e relativa, razão por que ambas são consideradas sanáveis. Qualquer vício torna-se irrelevante se não impedir a finalidade do ato" (BEDAQUE, José Roberto dos Santos. Nulidades processuais e apelação. *Revista de Direitos e Garantias Fundamentais*, Vitória, n. 1, p. 225-254, 2006). Em outros termos: "se o ato processual atingir objetivos para os quais foi realizado, deverá ser aceito, inobstante viciado", de modo que "eventual inobservância da prescrição formal se torna irrelevante se o ato viciado atingiu normalmente seu objetivo" (SICA, Heitor Vitor Mendonça. *Preclusão processual civil*. 2. ed. São Paulo: Atlas, 2008. p. 118-119).

10 Embora haja cominação expressa na lei, "não se declara nulidade, por falta de audiência do MP, se o interesse dos menores se acha preservado, posto que vitoriosos na demanda" (STJ, REsp 26.898-2/SP--EDcl., Rel. Min. Dias Trindade, ac. 10.11.1992, *DJU* 30.11.1992, p. 22.613; STJ, 3ª T., REsp 847.597/SC, Rel. Min. Humberto Gomes de Barros, ac. 06.03.2008, *DJe* 01.04.2008; STJ, 3ª T., REsp 1.010.521/PE, Rel. Min. Sidnei Beneti, ac. 26.10.2010, *DJe* 09.11.2010). No mesmo sentido se decidiu a propósito de interesses de pessoa de direito público, quando, sem embargo da ausência do Ministério Público, os interesses da entidade pública "resultaram plenamente resguardados no decisório" (STJ, REsp 2.734/GO-EDcl., Rel. Min. Athos Carneiro, ac. 28.05.1991, *DJU* 24.06.1991, p. 8.641; STJ, 6ª T., REsp 188.664/RJ, Rel. Min. Fernando Gonçalves, ac. 22.08.2000, *DJU* 11.09.2000, p. 297).

por determinação do art. 277, terá de considerar válido aquele que, realizado de outro modo, lhe alcançar a finalidade. Além disso, nulidades tidas como absolutas e cominadas podem ser superadas, como se prevê, *v. g.*, no art. 279, § 2º.

Razão, portanto, assiste àqueles que atualmente preconizam a perda de relevância da divisão das invalidades processuais em nulidades cominadas e não cominadas, assim como em nulidades absolutas e relativas. O sistema do Código atual se contenta e se justifica com a classificação que se limita a dividir os defeitos do processo em *sanáveis* ou *não sanáveis*. No mais, as classificações tradicionais são de escassa utilidade prática.

424. Nulidades da citação e intimação

As citações e intimações são atos processuais solenes, cujo rito está traçado pelos arts. 238 a 259 e 269 a 275 do CPC/2015, com todos os pormenores. Há cominação expressa de nulidade para esses atos quando feitos "sem observância das prescrições legais" (art. 280).

A forma nas intimações e citações é da *essência* do ato e não apenas meio de prova. Daí por que o código considera nulos os atos de comunicação processual feitos sem observância dos preceitos legais.[11] *Vide* o exposto nos n. 389, n. 395 e n. 411. Admitem, todavia, suprimento pelo comparecimento da parte, desde que não tenha sofrido prejuízo em sua defesa pela deficiência do ato (arts. 282 e 239, § 1º).

425. Arguição das nulidades

Diante do que já se expôs, as nulidades, no sistema do Código, só poderão ser decretadas a requerimento da parte prejudicada e nunca por aquela que foi a sua causadora (CPC/2015, art. 276). Por exemplo, o autor que numa ação real imobiliária não promoveu a citação da mulher do réu e veio a perder a causa não poderá pretender anular o processo pela inobservância do disposto no art. 73, § 1º, I.

Para a arguição, o réu pode usar a contestação ou petição simples. O autor também pode pedir nulidade em petição simples. É possível também a invocação de nulidade em razões de apelação ou em alegações orais de audiência, por qualquer das partes e pelo Ministério Público.

No caso de intimação realizada de forma nula ou ineficaz, ou seja, realizada com descumprimento das prescrições legais (art. 280), a parte prejudicada, sempre que possível, não deverá requerer reabertura de prazo para posteriormente praticar o ato processual a que tem direito (a defesa, a prova, o recurso etc.). A alegação do vício da intimação deverá ser efetuada, em preliminar do próprio ato que lhe caiba praticar, demonstrando, assim, a sua tempestividade, caso a arguição seja acatada (art. 272, § 8º). Trata-se de um ônus processual imposto por regra

---

[11] Nulas, por exemplo, são as citações em que no mandado ocorra omissão do prazo para defesa (art. 225, nº VI) [CPC/2015, art. 250 II] (STJ, 1ª T., REsp 807.871/PR, Rel. Min. Francisco Falcão, ac. 14.03.2006, *DJU* 27.03.2006, p. 238), ou da advertência de que se presumirão verdadeiros os fatos arrolados pelo autor no caso de revelia (art. 225, nº II) [CPC/2015, art. 250, II] (TJSP, Agr. Instr. 257.186, *RT* 505/88; TAMG, Apel. 13.477, *Julgados* 9/115). A jurisprudência do STJ, todavia, é no sentido de que a omissão da advertência determinada pelo art. 225, nº II, do CPC [CPC/2015, art. 250, II] não invalida a citação, mas impede a confissão ficta consequente à revelia prevista no art. 285 daquele Código [CPC/2015, art. 250, II] (STJ, 4ª T., REsp 410.814/MG, Rel. Min. Aldir Passarinho Júnior, ac. 06.11.2007, *DJU* 09.06.2008, p.1; STJ, 2ª T., REsp 1.130.335/RJ, Rel. Min. Herman Benjamin, ac. 18.02.2010, *DJe* 04.03.2010; precedentes: REsp 30.222/PE, *DJU* 15.12.1993, e REsp 10.139/MG, *DJU* 06.02.1995).

especial (e não pela teoria geral das nulidades do CPC)[12] a quem se viu prejudicado por defeito formal da intimação realizada[13].

Por outro lado, embora admita o Código que o juiz decrete de ofício as nulidades absolutas (art. 278, parágrafo único), fica-lhe vedada essa decretação nos casos de falta de prejuízo para a parte (art. 282, § 1º) e de possibilidade de julgamento de mérito em favor da parte a quem aproveite a decretação da nulidade (art. 282, § 2º).

426. Momento da arguição

A nulidade relativa deve ser arguida pela parte interessada em sua decretação na primeira oportunidade em que lhe couber falar nos autos, após o ato defeituoso, sob pena de preclusão (CPC/2015, art. 278), isto é, de perda da faculdade processual de promover a anulação. Permite o parágrafo único do art. 278 que a parte elida a preclusão, provando legítimo impedimento, que não lhe permitiu a alegação no momento adequado.

Se, porém, a nulidade for absoluta, como a falta de citação do cônjuge nas ações reais ou a intervenção do Ministério Público nos casos do art. 178, não prevalece a preclusão, de sorte que a alegação pode ser feita em qualquer fase do processo, salvo as exceções tratadas nos n. 421 e n. 422, *retro*.

Em relação à nulidade por ausência de intervenção do Ministério Público, o juiz invalidará os atos praticados a partir do momento em que ele deveria ter sido intimado (art. 279, § 1º). Entretanto, o Código atual inovou ao determinar que a nulidade somente poderá ser decretada após a intimação do Ministério Público, que se manifestará sobre a existência ou a inexistência de prejuízo (art. 279, § 2º). Ou seja, mesmo na hipótese de inexistência de intimação do Ministério Público em processo do qual ele deve participar, a nulidade pode não ser decretada se inexistir prejuízo. Incide o princípio da conservação dos atos processuais.

Uma característica especial das nulidades processuais é a sanação de todas elas pela preclusão máxima operada por meio da coisa julgada. Mesmo as nulidades absolutas não conseguem ultrapassar a barreira da *res iudicata*, que purga o processo de todo e qualquer vício formal eventualmente ocorrido em algum ato praticado irregularmente em seu curso.[14]

---

12 "Para os casos de nulidade absoluta, como aqueles em que não há intimação, é a teoria geral das nulidades que se aplica, sendo equivocada e temerária a aplicação extensiva do art. 272, § 8º, do CPC/15" (PUGLIESE, Willian Soares; ZWICKER, Lucas Lunardelli Vanzin. A cisão da teoria das nulidades processuais com a jurisprudência e seus efeitos sobre a unirrecorribilidade. *Revista de Processo*, São Paulo, v. 344, out. 2023, p. 116).

13 "Sendo a intimação realizada de forma nula ou ineficaz, a parte tem o ônus de arguir o vício em capítulo preliminar do próprio ato que lhe caiba praticar, o qual será tido por tempestivo se o vício for reconhecido (art. 272, § 8º, CPC)" (MARINONI, Luiz Guilherme; ARENHART, Sérgio Cruz; MITIDIERO, Daniel. *Código de Processo Civil comentado*. 9. ed. São Paulo: Ed. RT, 2023, p. 379). "A regra, contudo, não pode ser aplicada para casos em que a intimação é inexistente ou em que a nulidade não está relacionada a intimações viciadas" (PUGLIESE, Willian Soares; ZWICKER, Lucas Lunardelli Vanzin. A cisão da teoria das nulidades processuais com a jurisprudência e seus efeitos sobre a unirrecorribilidade. *Revista de Processo*, São Paulo, v. 344, out. 2023, p. 112).

14 Enquanto não operada a *res iudicata*, pode-se arguir, em qualquer fase ou instância, a nulidade do processo por ausência do Ministério Público, se obrigatória sua participação no feito. Após o trânsito em julgado, todavia, a *nulidade* transforma-se apenas em *rescindibilidade por violação de literal disposição de lei*. Não pode a parte, nem o órgão do MP, por isso, alegá-la em embargos à execução da sentença ou em outros procedimentos comuns. Somente por meio da ação rescisória (arts. 485, V, e 487, III) [CPC/2015, art. 966, V e 967, III] será arguível a violação do art. 82 (TJMG, Apel. 64.980, Rel. Des. Humberto Theodoro; TJRS, Emb. Infr. 591076633, Rel. Des. Adroaldo Furtado Fabrício, ac. 22.11.1991, *RT* 682/157. BARBOSA MOREIRA, José Carlos. *Comentários ao Cód. Proc. Civil*. 4. ed. Rio de Janeiro: Forense, v. V, Série Forense, n. 101, p. 201).

Há, porém, vícios fundamentais que inutilizam o próprio processo, como relação processual, a exemplo da falta ou nulidade da citação. Neste caso o defeito não é sanado pela preclusão da coisa julgada porque para formar-se a *res iudicata* é indispensável a existência de um processo válido, e sem a citação regular, ou sem o comparecimento do réu que a supre, não se pode sequer cogitar de processo. Daí por que a nulidade absoluta da sentença proferida à revelia do réu pode ser utilizada como simples matéria de defesa em embargos à execução, mesmo depois de operada, aparentemente, a coisa julgada (art. 535, I).

427. Decretação de nulidade

Toda nulidade processual, seja absoluta ou relativa, depende de decretação judicial.[15] Ao decretá-las – recomenda o art. 282, *caput*, do CPC/2015 –, o juiz deve declarar que atos são atingidos e ordenar as providências tendentes a repetir ou retificar os atos sanáveis.

É *sentença* o ato do juiz que anula todo o processo, e *decisão interlocutória* o que se limita a invalidar determinado ato processual. Do primeiro, portanto, cabe apelação de imediato (art. 1.009, *caput*), e, o segundo só poderá ser arguido em preliminar de eventual apelação (art. 1.009, § 1º).

428. Efeitos da decretação

"Anulado o ato, consideram-se de nenhum efeito todos os subsequentes, que dele dependam" (CPC/2015, art. 281), pois, como já se afirmou, o ato processual não tem vida isolada, mas apenas dentro do contexto dos diversos atos que compõem o procedimento, em que se dá um encadeamento, sem solução de continuidade, desde a propositura da ação até final julgamento da lide.

Nos atos complexos, *i.e.*, naqueles que se compõem de um feixe de atos simples, como a audiência de instrução e julgamento e a arrematação, pode ocorrer que a nulidade se refira apenas a parte da complexidade. Nessas circunstâncias, a nulidade apenas de uma parte do ato "não prejudicará as outras que dela sejam independentes" (art. 281, segunda parte). Trata-se de aplicação do princípio do *utile per inulite non vitiatur*. Assim, o cerceamento de defesa reconhecido pela recusa de ouvida de uma testemunha leva à anulação do julgamento, mas não invalida as provas que foram coletadas na mesma audiência. Da mesma forma, se há disputa entre o arrematante e o remidor e este vem a decair de seu direito por omissão do depósito do preço em tempo hábil, válida subsiste a arrematação.

Um desdobramento dessa mesma norma se encontra no art. 283, em que se dispõe que "o erro de forma do processo acarreta unicamente a anulação dos atos que não possam ser aproveitados, devendo ser praticados os que forem necessários, a fim de se observarem, quanto possível, as prescrições legais". Esse aproveitamento dos atos praticados, porém, só poderá ser feito se não houver prejuízo para a defesa de qualquer parte (art. 283, parágrafo único).

Não se admite, assim, a conversão de um rito em outro com aproveitamento da contestação quando o prazo de defesa ou a matéria arguível eram no procedimento anulado menores ou mais restritos do que no procedimento correto. Haverá, então, de ser reaberto o prazo de defesa.

Observe-se, outrossim, que o art. 283 se refere apenas às nulidades decorrentes de procedimento, de modo que não tem aplicação quando o erro se referir à tutela jurisdicional invocada, que corresponde às diversas espécies de processo (de cognição e de execução). Se o feito só poderia ser apreciado no processo de conhecimento e o réu lançou mão da execução forçada, é impossível a conversão, porque o juiz estaria alterando o próprio pedido do autor, o que

---

15 COUTURE, Eduardo J. *Fundamentos del Derecho Procesal Civil*. Buenos Aires: Depalma, 1974, n. 235 e 236, p. 378-379.

nunca lhe é permitido, dentro da sistemática de nosso direito processual. Aliás, existe previsão expressa no Código de que faltando ao título do exequente os requisitos de correspondência à obrigação certa, líquida e exigível, ocorre nulidade da execução, que será pronunciada pelo juiz de ofício ou a requerimento da parte, independentemente de embargos do devedor (art. 803, I e parágrafo único).

A medida do art. 283 só é viável em casos como o da conversão de rito comum em especial, mas sempre dentro do mesmo tipo de processo, *i.e.*, prestando à parte a mesma tutela jurisdicional, com mudança apenas de rito ou forma, dentro da mesma espécie de processo. Nunca será tolerada a sua aplicação, portanto, para adaptar-se um tipo de processo a outro.[16] Observa-se que, mesmo dentro de um só tipo de processo, pode haver variedade de pretensões que se revelam sob a figura de diversas ações.

Assim, a respeito de um mesmo imóvel e de um mesmo ato do réu, pode haver pretensão possessória e petitória do autor. A diversidade, *in casu*, será de ação (pretensão à tutela jurisdicional), hipótese que também não se enquadra no permissivo do art. 283. Converter uma ação em outra seria alterar o pedido do autor, o que, como já se explicou, não é tolerado. Daí a impossibilidade de conversão de ações possessórias em reivindicatórias e vice-versa.

Pela mesma razão, não se admite a transformação de uma ação de consignação em ação de depósito; o erro em todos esses exemplos, por se ligar à pretensão, seria de fundo e não de forma.

---

[16] MONIZ DE ARAGÃO, Egas Dirceu. *Comentários ao Código de Processo Civil*. Rio de Janeiro: Forense, 1974, v. II, n. 369, p. 316.

Capítulo XIV
OUTROS ATOS PROCESSUAIS

§ 53. REGISTRO, DISTRIBUIÇÃO E VALOR DA CAUSA

429. Noções introdutórias

A distribuição e o valor da causa são atos importantes, que podem influir na determinação da competência do juiz e de seus auxiliares, e que, também, apresentam outras consequências processuais, como a abertura da relação jurídico-processual e o estabelecimento da base de cálculo da taxa judiciária e das custas iniciais.

O registro serve apenas para documentar a entrada dos feitos no cartório, como meio de identificação da causa e controle estatístico.

430. Registro

"Todos os processos estão sujeitos a registro, devendo ser distribuídos onde houver mais de um juiz" (CPC/2015, art. 284). Faz-se o registro, por meio de lançamento em livro próprio do cartório, dos dados necessários à identificação do feito. A observância de uma sequência numeral para os atos de registro é medida indispensável para a consecução de seu objetivo.

É o registro o primeiro ato que o escrivão pratica logo após a autuação da petição inicial. Também nas secretarias dos Tribunais, quando sobe o processo em grau de recurso, há novo registro (art. 929).

Por meio do registro, o cartório ou a secretaria estará sempre documentado para certificar a existência ou não de processo sobre determinado litígio.

431. Distribuição

Sempre que houver diversos órgãos concorrentes em matéria de competência ou atribuições, ou seja, vários juízes ou cartórios com igual competência, numa mesma comarca, haverá necessidade de distribuir os feitos entre eles na sua entrada em juízo.

Pode haver distribuição só entre juízes ou só entre cartórios, e pode também haver distribuição simultânea entre juízes e cartórios. Se um só é o juiz competente e vários os cartórios que o auxiliam, a distribuição será só de cartórios. Se vários os juízes competentes e um só o cartório que os serve, a distribuição será só de juízes. Se vários são os juízes e também os cartórios, a distribuição compreenderá, a um só tempo, a determinação do juiz e do cartório do feito. Há em cada juízo um funcionário que se encarrega dos atos de distribuição, que é o distribuidor, o qual age sob o comando e a fiscalização do juiz que dirige as atividades do Fórum, ou outro a que a Lei de Organização Judiciária atribui semelhante função.

Sobre o critério a seguir na prática, determina o Código que a distribuição, que poderá ser eletrônica, se fará de forma alternada e aleatória, obedecendo rigorosa igualdade (CPC/2015, art. 285, *caput*). Dispõe o Código que a lista de distribuição deverá ser publicada no Diário de Justiça (art. 285, parágrafo único).

Isto quer dizer que se devem abrir, em registro adequado, diversas casas para controle, conforme a natureza dos feitos; e, à medida que os processos vão dando entrada, vão sendo atribuídos, por sorteio, um a cada juiz, até completar o número de varas existentes. Depois se reinicia com todas as casas reabertas. Os sorteios realizam-se sempre entre as casas abertas, de modo que as varas já contempladas só voltam a figurar no sorteio depois de iniciada nova sequência. Só assim se mantém a observância dos requisitos legais da aleatoriedade e da igualdade na distribuição, repetindo-se sucessivamente a sequência de sorteios. Como se vê, se várias são as varas igualmente competentes, só após a distribuição é que o juiz estará em condições de proferir o despacho da inicial.

431-A. Cancelamento da distribuição

Da distribuição decorre para o autor o primeiro ônus processual, que é o de pagar as custas iniciais para que o feito possa ter andamento. Assim, registrada e autuada a petição inicial, o cumprimento do despacho de citação ficará na dependência do referido preparo. Se a parte, intimada na pessoa do seu advogado, deixar paralisado, por quinze dias, o feito por falta do preparo inicial, a distribuição será cancelada e o processo trancado em seu nascedouro (art. 290).

Trata-se de uma causa de extinção do processo antes mesmo que a relação processual se tornasse trilateral pela citação do réu.[1] O cancelamento da distribuição, portanto, é ato que ocorre antes e independentemente da citação do demandado. Corresponde a uma extinção do processo por falta de pressuposto de constituição e desenvolvimento válido e regular do processo, nos termos do art. 485, IV, do CPC.

Embora sendo uma sentença de extinção do processo sem apreciação do mérito, não acarreta imposição da verba advocatícia sucumbencial ao autor, visto que, nessa altura, "não houve o aperfeiçoamento da relação processual triangular", ainda que equivocadamente a audiência do réu tenha se verificado.[2] O cancelamento do registro da distribuição tem, com efeito, a força de obstar a produção de todo e qualquer efeito, tanto para o autor como para o réu, no entender do STJ.[3]

432. Distribuição por dependência

Nos casos de continência ou conexão de várias causas (CPC/2015, arts. 55 e 56), a competência para todas elas já está definida pela prevenção do juiz que se tornou competente para o primeiro processo, segundo a regra do art. 59.

---

1 A jurisprudência ao tempo do Código anterior controvertia a respeito das condições do cancelamento da distribuição por falta de pagamento das custas e despesas iniciais. Havia, no STJ, decisões que dispensavam a prévia intimação da parte para a medida extintiva (STJ, Corte Especial, Emb. Div. no REsp 264.895/PR, Rel. Min. Ari Pargendler, ac. 19.12.2001, *DJU* 15.04.2002, p. 156). Outras, porém, consideravam indispensável a intimação prévia da parte da conta de custas, para cancelar-se a distribuição (STJ, 1ª Seção, Emb. Div. no REsp 199.117/RJ, Rel. p/acórdão Min. Humberto Gomes de Barros, ac. 11.12.2002, *DJU* 04.08.2003, p. 212). O CPC/2015 eliminou a discussão, optando pela tese da obrigatoriedade da intimação prévia da parte na pessoa de seu advogado (art. 290).

2 "A determinação de citação do réu, sem que tenha havido o indispensável recolhimento prévio das custas iniciais pelo autor, como condição indispensável ao recebimento da petição inicial, consubstancia manifesto *error in procedendo*, que não tem o condão de afastar o cancelamento da distribuição estabelecido no art. 290 do CPC/2015" (STJ, 3ª T., REsp 1.842.356/MT, Rel. Min. Marco Aurélio Bellizze, ac. 08.11.2022, *DJe* 24.11.2022. No mesmo sentido: STJ, 3ª T., REsp 1.906.378/MG, Rel. Min. Nancy Andrighi, ac. 11.05.2021, *DJe* 14.05.2021).

3 STJ, 3ª T., REsp 2.053.571/SP, Rel. Min. Nancy Andrighi, ac. 16.05.2023, *DJe* 25.05.2023.

A distribuição dos feitos subsequentes será feita, por isso, por dependência, *i.e.*, os feitos conexos serão atribuídos pelo distribuidor ao mesmo juiz da causa anterior (art. 286, I), sem passar por sorteio.

A reconvenção, a intervenção de terceiros ou qualquer outra hipótese de ampliação objetiva do processo, embora não sofram distribuição, pois são apresentadas diretamente ao juiz da causa principal, são, todavia, objeto de anotação no Ofício da distribuição, para efeito de registro e documentação (art. 286, parágrafo único).

A fiscalização exercida pelo distribuidor é superficial e não diz respeito nem ao mérito nem à forma da petição inicial, mesmo que seu ato esteja sendo praticado sob a presidência do juiz. Compete-lhe apenas verificar se o signatário da petição inicial satisfaz o requisito do *ius postulandi*.

Assim, a petição inicial só não será distribuída se não estiver acompanhada do competente instrumento do mandato outorgado a advogado (art. 287, *caput*). Todavia, mesmo sem o aludido mandato, haverá a distribuição, nos termos do art. 287, parágrafo único:

(*a*) se for para evitar a preclusão, decadência, prescrição ou para praticar ato considerado urgente (inciso I);
(*b*) se a parte estiver representada pela Defensoria Pública (inciso II);
(*c*) se a representação decorrer diretamente de norma prevista na Constituição Federal ou em lei (inciso III).

Se houver erro ou falta na distribuição, o juiz que a preside poderá, a pedido do interessado, promover, de plano, a sua correção, fazendo-se a devida compensação para manter a rigorosa igualdade entre os diversos órgãos (art. 288). Passado esse momento, se a irregularidade afetou distribuição vinculada por prevenção (casos de conexão ou continência, por exemplo), a inobservância da necessidade de reunião dos processos, ou sua imposição de maneira indevida, viola, sem dúvida, regra de competência, ensejando a alegação de incompetência, nos moldes do art. 337, II.[4]

A distribuição, como todos os demais atos processuais, é ato público, de sorte que poderá ser livremente fiscalizada pela parte, por seu procurador, pelo Ministério Público e pela Defensoria Pública (art. 289).

433. Distribuição por dependência como medida de coibição à má-fé processual

Ao tempo do Código anterior sucessivas reformas foram realizadas no seu art. 253, para coibir a má-fé com que se costumava burlar o princípio do juiz natural graças a expedientes astuciosos para dirigir a distribuição (Leis 10.358/2001 e 11.280/2006).

Essas regras de prevenção trazidas por aquelas inovações foram repetidas pelo Código atual, nos incisos II e III, do art. 286, de forma que a tentativa de escolher o magistrado, por propositura de sucessivas ações iguais, no todo ou em parte, será evitada das seguintes formas:

(*a*) A nova ação que reproduz causa igual à extinta por desistência ou qualquer outro motivo extintivo provocado pela parte será distribuída por dependência. Como exemplos, podem ser lembrados o não cumprimento, pelo autor, da diligência prevista no art. 76 e o abandono da causa, também de sua parte, na forma do art. 485, II e III. Importante ressaltar a ressalva do inc. II de que a distribuição por dependência

---

[4] Para o STJ, o problema comporta a seguinte solução: se a distribuição se fez sem respeitar a conexão, a irregularidade poderá ser corrigida mediante arguição em preliminar da contestação, na qual se postulará a reunião dos processos conexos (CPC, arts. 105 e 301, VII) [CPC/2015, arts. 55, § 1º e 337, VIII] (STJ, 4ª T., REsp 1.156.306/DF, Rel. Min. Luis Felipe Salomão, ac. 20.08.2013, *DJe* 03.09.2013).

prevalecerá não só quando se alterar o litisconsórcio ativo para a propositura da nova ação, mas também quando se alterarem parcialmente os réus da demanda.

(b) Também haverá distribuição por dependência quando ações idênticas forem ajuizadas sucessivamente, caso em que serão atraídas para o juízo prevento, segundo as regras comuns de prevenção (art. 286, III). Uma ação, para o Código, "é idêntica a outra quando possui as mesmas partes, a mesma causa de pedir e o mesmo pedido" (art. 337, § 2º). E quando isso acontece, o segundo processo deve ser extinto, sem julgamento de mérito, por configuração da litispendência (art. 485, V). Assim, com ou sem a distribuição por prevenção, a segunda ação estaria fatalmente destinada à extinção, sem julgamento de mérito, o que, aparentemente, privaria de maior significado a regra da distribuição por prevenção na hipótese. O que, entretanto, visou o legislador foi cortar pela raiz a manobra de fuga ou escolha arbitrária do juiz natural, mediante a manobra fraudulenta de levar sucessivamente à distribuição várias ações idênticas. De maneira que, entre sucessivas ações idênticas, prevaleça sempre o primeiro juiz fixado pela distribuição. Dessa forma, pouco importa que as sucessivas ações se sujeitem à sentença de extinção liminar por litispendência. Qualquer que seja a solução a ser dada a cada uma das ações idênticas, o juiz natural legitimado para proferi-la será sempre o mesmo, aquele definido por lei como prevento.

Se o caso ocorrido na sucessão de ajuizamento de ação com objeto igual apresentar alguma diferença parcial de sujeitos, a prevenção continuará verificada, não pelo inciso III, mas pelo inciso I, do art. 286, ou seja, pela regra da conexão.

De qualquer modo, a distribuição por dependência, nos moldes dos incisos II e III do art. 286, depende da reiteração do pedido da causa anterior e da coincidência, pelo menos parcial, dos sujeitos processuais.

No caso do inciso III, a identidade de ambas as partes tem de ser total, pois não serão *causas idênticas* as que não envolverem as mesmas partes e somente elas, conforme prevê o art. 337, § 2º, do CPC/2015. Quanto ao inc. II do art. 286, sua aplicação pressupõe identidade de pelo menos um dos autores e de um dos réus, já que a lei fala em *reiteração do pedido*. "Só pode reiterá-lo quem já o fez, e só há alteração parcial dos réus havendo pelo menos um demandado da ação anterior".[5]

Para certa doutrina o que se quis evitar teria sido a concomitância de causas iguais perante juízes diversos, correndo o risco de soluções diferentes e conflitantes. "Entretanto, cabe ressaltar que, se as ações são idênticas não há como serem ambas julgadas, em razão da litispendência. Uma delas necessariamente será extinta sem julgamento do mérito (art. 267, V, CPC/1973) [CPC/2015, art. 485, V]".[6]

A distribuição por dependência, a que alude o inc. III do art. 286, poderia ser aplicada, segundo tal opinião doutrinária, com mais propriedade, às ações *semelhantes* promovidas por autores diferentes. Se as ações forem idênticas, objetiva e subjetivamente, a distribuição por dependência já estaria compreendida pela força da conexão ou continência, no inc. I do art. 286. Após a distribuição ao juiz da causa primitiva (ou a qualquer outro juiz), o processo subsequente seria imediatamente extinto, sem resolução do mérito. Para tanto não seria preciso o acréscimo do inc. III.

Mas há que se destacar que a reunião de um número grande de ações, de autores diversos, pode produzir efeito negativo, não desejado pelo Código, tanto que no litisconsórcio faculta-

---

5 TESHEINER, José Maria Rosa. *Nova sistemática processual*. 2. ed. Caxias do Sul: Plenum, 2006, p. 60.

6 SILVA, Jaqueline Mielke; XAVIER, José Tadeu Neves. *Reforma do Processo Civil*. Porto Alegre: Verbo Jurídico, 2006, p. 226.

tivo por afinidade de questões de fato ou de direito, ao juiz é permitido limitar o número de litigantes, por meio de desdobramento do processo (art. 113, § 1º).

Não se pode, portanto, aplicar o inciso III do art. 286 para uma reunião gigantesca de causas distintas, de interesse de litigantes diversos, apenas porque a causa de pedir seja comum. Seria uma contradição interna muito grave, que obviamente não se pode aceitar. Não foi esse, evidentemente, o propósito do Código.

O mecanismo imaginado pelo legislador do Código anterior e mantido pelo atual é muito defeituoso e enseja, de fato, dificuldades de penosa solução exegética. O que parece óbvio, todavia, é a preocupação em impedir a distribuição dirigida, burlando a escolha do juiz natural. Reunir ações iguais, com autores diversos não contribui, em nada, para alcançar o objetivo da lei. Pelo contrário, a esperteza do advogado poderia, havendo muitas causas assemelhadas a propor, ajuizar algumas perante juízes diferentes, e não haveria como detectar a manobra, visto que as partes não seriam as mesmas. Depois, simplesmente, pediria a distribuição, ao juiz que lhe conviesse, de todas as demais (até então não ajuizadas) sob o argumento de serem causas idênticas (inc. III do art. 286).

Obviamente, não pode ser esta a aplicação prática do dispositivo legal, pois ao invés de coibir a escolha do juiz "conveniente", estaria se prestando a facilitá-la. Diante disso, o que se nos afigura mais consentâneo com a *mens legis* é restringir a aplicação do inc. III apenas ao caso de efetiva repetição do ajuizamento de *ações idênticas*, ou seja, de várias ações com identidade de partes, de pedido e de causa de pedir. Pouco importa que as ações subsequentes tenham de se encerrar sem julgamento do mérito. Isto nem sempre acontecerá, porque pode ser que a primitiva tenha se encerrado por sentença terminativa.

Dir-se-á que, nessa hipótese, o inc. III seria uma superfetação porque seu objeto já estaria compreendido no inciso II. De fato, isto é verdadeiro. O que o legislador, porém, quis foi reafirmar no inc. III o que, de certa forma, já se achava implícito nos incs. I e II, para facilitar a imediata solução do problema no ato mesmo da distribuição. Sendo as mesmas partes, esteja ou não extinta a primitiva causa, fácil será definir a ocorrência de identidade (ou não) do objeto em todas as sucessivas ações.

Criou-se, na dicção de Cândido Dinamarco, uma hipótese de competência *funcional:* "O fato de aquele juízo, naquele foro, haver exercido sua função jurisdicional em determinado caso é suficiente para, de modo automático e direto, estabelecer sua competência para processos futuros, versando a mesma causa".[7]

O art. 286, em seu inc. III, não está preocupado com o tipo de julgamento que virá a acontecer depois de distribuída a causa. Pouco importa que seja de mérito ou não. O que não se admite é que a renovação da mesma causa se dê perante outro juízo que não o da ação anterior travada entre as mesmas partes e sobre o mesmo objeto. Não entra na esfera de incidência do dispositivo o objetivo de reunião de causas afins com o simples propósito de economia processual.

Uma grande dificuldade oferece também a aplicação do inciso II, quando cogita da distribuição, após o encerramento do processo primitivo, de outra causa em que o antigo demandante volta a juízo, reiterando *o pedido,* mas já então em litisconsórcio com outros autores e, às vezes, com parcial alteração dos réus da demanda. Se entre eles se manifesta um litisconsórcio necessário, o pedido será o mesmo, apenas com a inclusão do litisconsorte que faltou no primeiro processo. A distribuição será automaticamente endereçada ao juiz prevento (o da causa anterior, extinta).

Se outros autores novos são litisconsortes facultativos não estarão, em regra, participando do mesmo pedido formulado pelo demandante originário. Formularão pedidos próprios iguais

---

7 DINAMARCO, Cândido Rangel. *A reforma da reforma.* São Paulo: Malheiros, 2002, p. 74.

e apoiados nos mesmos fatos e fundamentos, mas não o mesmo pedido. Nesse caso, a prevenção perdura para o autor da ação extinta, mas não para os litisconsortes facultativos. O juiz prevento mandará desmembrar o litisconsórcio. Os novos demandantes terão de se submeter à distribuição normal de suas demandas. Apenas o autor da ação primitiva permanecerá vinculado à competência funcional determinada pelo art. 286, II. Do contrário, os litisconsortes facultativos estariam escolhendo o juízo para apreciar seus pedidos, sem passar pelo critério normal de definição do juiz natural. Estariam praticando, para pedidos ainda não deduzidos em juízo, a chamada *distribuição dirigida*, que importa afastar, sem razão de direito, a necessária *distribuição livre*.[8]

Um grande efeito prático a ser extraído do inc. III do art. 286 é aquele apontado por Misael Montenegro Filho, ao tempo do Código anterior, qual seja: com a reforma operada pela Lei 11.280/2006, o Código passou a autorizar que "as ações idênticas sejam de logo encaminhadas ao juízo prevento, possibilitando a imediata extinção de uma delas, evitando a expedição de mandado de citação, o oferecimento de defesa indireta pelo réu e o enfrentamento de suas razões pelo juiz. Tudo isto pode (e deve) ser evitado, a partir do emprego da técnica idealizada, permitindo que a identidade entre as demandas seja reconhecida no ato da distribuição, com a consequente remessa do processo idêntico ao mesmo juízo que já processa a ação com os mesmos elementos".[9] Enquanto a conexão depende de provocação da parte para que a distribuição se faça por dependência, as causas idênticas, por reprodução de demanda anterior, são automaticamente sujeitas à competência do juízo prevento. Mesmo que a distribuição seja equivocadamente feita a outro juízo, a este será lícito encaminhar o feito, de ofício, ao juízo determinado pelo art. 286, III. A prevenção define-se simplesmente pela identificação da ação com a outra. Quer isto dizer que, no caso de *ações idênticas* (mesmas partes, mesmo pedido, mesma causa de pedir), o reconhecimento da competência preventa ocorre na própria distribuição.

434. Valor da causa

O valor da causa não corresponde necessariamente ao valor do objeto imediato material ou imaterial, em jogo no processo, ou sobre o qual versa a pretensão do autor perante o réu. É o valor que se pode atribuir à relação jurídica que se afirma existir sobre tal objeto. Assim, o mesmo imóvel pode ser reclamado pelo autor em função do direito contratual de usá-lo temporariamente, ou de preservar apenas sua posse, ou de disputar-lhe o domínio pleno ou apenas algum direito real limitado, como uma servidão ou um usufruto. É claro que em cada uma dessas situações, a expressão econômica da relação jurídica disputada no processo será diferente, muito embora o objeto material imediato permaneça o mesmo.

Tome-se o exemplo de uma execução hipotecária e de uma ação reivindicatória versando sobre um só imóvel: na primeira, a expressão econômica da causa será ditada pelo valor da dívida, garantida pelo imóvel, que pode ser muito maior que o valor deste; e, na segunda, será sempre o valor do próprio imóvel.

---

8 "Parece-nos que o que se quis combater foi a repetição de demanda idêntica (pedido e causa de pedir iguais), razão pela qual a incidência do novo regramento só se justifica em tais casos" (DIDIER JÚNIOR, Fredie. Novas regras sobre incompetência territorial: arts. 112, 114 e 305 do CPC [CPC/2015, arts. 64, 65 e sem correspondência]. In: JORGE, Flávio Cheim; DIDIER JÚNIOR, Fredie; RODRIGUES, Marcelo Abelha. *A terceira etapa da Reforma Processual Civil.* São Paulo: Saraiva, 2006, p. 50). Se um novo litisconsorte facultativo formula pedido ao lado do pedido antigo do autor, não se pode ver nele uma repetição do mesmo pedido da ação primitiva.

9 MONTENEGRO Filho, Misael. *Cumprimento da sentença e outras reformas processuais.* São Paulo: Atlas, 2006, p. 161-162.

Determina-se, portanto, o valor da causa apurando-se a expressão econômica da relação jurídica material que o autor quer opor ao réu. O valor do objeto imediato pode influir nessa estimativa, mas nem sempre será decisivo.

Há, outrossim, aquelas causas que não versam sobre bens ou valores econômicos, e ainda os que, mesmo cogitando de valores patrimoniais, não oferecem condições para imediata prefixação de seu valor. Em todos esses casos, haverá de atribuir-se, por simples estimativa, um valor à causa, já que, em nenhuma hipótese, a parte é dispensada do encargo de atribuir um valor à demanda (CPC/2015, art. 291).

O valor da causa pode ter reflexos sobre a competência, segundo as leis de organização judiciária. Também nos inventários e partilhas o valor da causa influi sobre a adoção do rito de arrolamento (CPC/2015, art. 664).

Costuma ainda o valor atualizado da causa servir de base para arbitramento dos honorários advocatícios, na sentença em que não é possível mensurar o proveito econômico obtido pela parte (CPC/2015, art. 85, § 2º). É sobre esse valor que as leis estaduais costumam cobrar a "taxa judiciária" e estipular as custas devidas aos serventuários da justiça que funcionam no processo.

Daí a norma do art. 291 que dispõe que "a toda causa será atribuído um valor certo, ainda que não tenha conteúdo econômico imediatamente aferível". Essa regra se completa com a do art. 319, V, que inclui entre os requisitos da petição inicial "o valor da causa".

Deve, pois, o valor ser atribuído à causa pelo autor, na própria petição inicial, ou pelo réu, na reconvenção (art. 292). E os critérios que o Código manda observar nesse cálculo são os seguintes:

(a) na ação de cobrança de dívida, o valor da causa é a soma monetariamente corrigida do principal, dos juros de mora vencidos, e de outras penalidades, se houver, até a data da propositura da ação (inciso I);[10]

(b) quando o litígio tiver por objeto a existência, a validade, o cumprimento, a modificação, a resolução, a resilição ou a rescisão de ato jurídico, o valor da causa será o do ato ou o de sua parte controvertida (inciso II);[11]

(c) na ação de alimentos, será o valor de doze prestações mensais, pedidas pelo autor (inciso III);

(d) na ação de divisão, de demarcação e de reivindicação, o valor de avaliação da área ou bem objeto do pedido (inciso IV);

(e) nas ações indenizatórias, inclusive as fundadas em dano moral, o valor pretendido (inciso V);[12]

---

[10] "As parcelas devidas a partir do período compreendido entre a data da citação e a do trânsito em julgado (denominadas vincendas) devem observar as datas dos respectivos vencimentos para que se inicie o cômputo dos juros de mora, pois é desse momento em diante que elas passam a ser exigíveis" (STJ, 3ª T., REsp 1.601.739/RS, Rel. Min. Ricardo Villas Bôas Cueva, ac. 09.04.2019, *DJe* 12.04.2019).

[11] "Quando o litígio não envolve o contrato por inteiro, referindo-se apenas a determinada obrigação, dentre outras estipuladas, deve-se estabelecer o valor da causa sobre o montante correspondente a essa obrigação" (TACiv.RJ, AgI 85.252, Rel. Juiz Fernando Pinto, ac. 06.12.1988, *RF* 315/155). No mesmo sentido: STJ, 4ª T., AgRg no Ag 1.253.347/ES, Rel. Min. João Otávio de Noronha, ac. 16.09.2010, *DJe* 24.09.2010.

[12] "Nas ações de indenização, o valor da causa deve corresponder à soma de todos os valores pretendidos, em consonância com o art. 259, II [CPC/2015, art. 292, V], do Código de Processo Civil. Tendo os autores declinado, na inicial, as importâncias postuladas a título de danos materiais e morais, o valor da causa deverá corresponder ao somatório dos pedidos, não devendo ser acolhida a alegação de que o *quantum* dos danos morais foi apenas sugerido, em caráter provisório" (STJ, 3ª T., AgRg no REsp 1.229.870/SP, Rel. Min. Sidnei Beneti, ac. 22.03.2011, *DJe* 30.03.2011). No mesmo sentido: STJ, 4ª T., AgRg no REsp 937.266/SP, Rel. Min. João Otávio de Noronha, ac. 04.02.2010, *DJe* 11.02.2010.

(f) se houver cumulação de pedidos, o valor da causa será a quantia correspondente à soma dos valores de todos eles (inciso VI);

(g) sendo alternativos os pedidos, será o do de maior valor (inciso VII);

(h) se houver também pedido subsidiário, o valor da causa será do pedido principal (inciso VIII). É o caso da ação de depósito em que o bem pereceu; o pedido do preço do bem não importa alternatividade, mas subsidiariedade, porque não era essa a forma normal de cumprir a obrigação do réu.

Faltou ao Código estatuir regras pertinentes às ações de procedimento especial, como as possessórias, os embargos de terceiros, a usucapião, bem como aos procedimentos de jurisdição voluntária.

Cremos que, por analogia, em se tratando de bens imóveis, se possa seguir a orientação do inciso IV do art. 292, atribuindo ao feito, qualquer que seja ele, o valor de avaliação da área ou bem objeto do pedido. Se se tratar, porém, de ação sobre coisas móveis, outra solução não haverá senão a de arbitrar o valor do bem disputado.

Nos feitos relativos a obrigações, quando o pedido envolver prestações vencidas e vincendas, o valor da causa compreenderá todas elas. Mas, para as vincendas, o valor máximo computável será o de uma prestação anual, se a obrigação for por tempo indeterminado ou por tempo superior a um ano; se por tempo inferior, será igual à soma efetiva de todas as prestações (art. 292, §§ 1º e 2º).

Para a ação de despejo, que o Código não previu uma regra específica, recomendou o Congresso dos Magistrados, reunidos na Guanabara em 1974, que se conservasse o critério tradicional em nosso direito, ou seja, o de arbitrar o valor da causa em importância correspondente a um ano de aluguel.[13] Assim vem se orientando também a jurisprudência.[14]

Finalmente, pela Lei 8.245, de 18.10.1991, instituiu-se uma regra especial para todas as ações locatícias (despejo, consignação de aluguel e acessórios, revisional de aluguel e renovatória de locação): para todas elas o valor da causa corresponderá a 12 meses de aluguel. No caso, porém, de retomada de imóvel ocupado pelo locatário em razão de contrato de trabalho, o valor será equivalente a três salários vigentes por ocasião do ajuizamento da causa (Lei 8.245, art. 58, III).

435. Impugnação ao valor da causa

Na contestação, é lícito ao réu discordar do valor atribuído à causa pelo autor e impugná-lo em preliminar, sob pena de preclusão (CPC/2015, art. 293, primeira parte). Não existe mais a impugnação por meio de um incidente, com curso fora da causa principal, em autos apensados. Assim, na mesma petição da contestação, o réu apresentará as razões pelas quais não aceita o valor constante da inicial.

Uma vez que o prazo para o réu é preclusivo, se não houver impugnação no referido lapso, ocorrerá a presunção legal de aceitação do valor constante da petição inicial. Note-se, porém, que o redimensionamento do valor da causa pode ser provocado tanto por iniciativa do réu, como por ato de ofício do juiz, como a seguir veremos:

---

13 CARNEIRO, Athos Gusmão. *O Novo Código de Processo Civil nos Tribunais do Rio Grande do Sul e Santa Catarina*. Porto Alegre: Ajuris, 1976, v. I, p. 230.

14 2º TACiv.SP, Ag. 41.275, Rel. Juiz Paulo Restiffe, *RT* 488/175; TARS, Ag. 21.271, Rel. Antônio Augusto Fernandes, *Julgados TARS* 33/219; TJSC, Ap. 13.160, Rel. Des. Ayres Gama, in: Alexandre de Paula, *O Proc. Civ. à luz da Jurisprudência*. Rio de Janeiro: Forense, 1982, v. III, n. 4.828, p. 49; TAPR, Ap. 4.283, Rel. Juiz Said Zanlute, in: Alexandre de Paula, *O Proc. Civ. à luz da Jurisprudência*. Rio de Janeiro: Forense, 1982, v. III, n. 4.829, p. 49. Finalmente, o critério foi adotado pela Lei 8.245/1991, art. 58, III (STJ, 6ª T., REsp 184.452/ES, Rel. Min. Hamilton Carvalhido, ac. 24.08.1999, *DJU* 22.11.1999, p. 204, *REPDJ* 29.11.1999, p. 214).

I – Decisão pelo juiz sobre impugnação da parte

Antes de julgar a impugnação formulada na contestação (art. 337, III), o juiz deverá ouvir o autor, com prazo de quinze dias, para respeitar o contraditório (art. 351). Em decisão interlocutória, o juiz solucionará a questão e, se for o caso, determinará a complementação das custas (art. 293, *in fine*).

Da decisão que acolher a impugnação não cabe recurso imediato. No entanto, depois da sentença, a matéria poderá ser questionada em preliminar de eventual apelação contra a sentença final (art. 1.009, § 1º). Se a impugnação tiver sido decidida em capítulo da própria sentença, poderá ser atacada como tema de mérito da apelação (art. 1.009, *caput*).

II – Correção do valor da causa de ofício pelo juiz

O Código atual prevê que "o juiz corrigirá, de ofício e por arbitramento, o valor da causa quando verificar que não corresponde ao conteúdo patrimonial em discussão ou ao proveito econômico perseguido pelo autor" (art. 292, § 3º). Caberá à parte proceder ao recolhimento das custas correspondentes à diferença.

Embora o Código anterior não contivesse dispositivo semelhante, a possibilidade de correção de ofício pelo juiz era defendida pela doutrina, quando se tratasse de valor fixado taxativamente pela lei. Prevalece, perante a disciplina do atual Código, a lição de Moniz de Aragão,[15] adotada na interpretação do art. 261 do CPC/1973. A partir dela, faz-se a distinção entre os valores determinados taxativamente pela lei (*valores legais*) e os provenientes de simples estimativa da parte (*valores estimativos*), acarretando as seguintes consequências:

(a) Tratando-se de causas cujo valor é taxativamente determinado na lei, a infração cometida pelo autor tanto pode ser alvo de imediata corrigenda do juiz, de ofício, como de impugnação pelo réu. A matéria, portanto, não se sujeita à preclusão.

(b) Se o valor da causa for daqueles que se fixam por livre estimativa do autor, por inexistência de conteúdo econômico imediatamente aferível em jogo na ação, a impugnação caberá exclusivamente ao réu, sem que assista ao juiz o poder de intervir de ofício. Em tal caso, o valor se tornará definitivo se não for submetido à impugnação em preliminar da contestação (art. 293).[16]

(c) Ainda que se considere o valor da causa como matéria de ordem pública, a jurisprudência do STJ entende que mesmo essas questões estão sujeitas à preclusão *pro judicato*, razão pela qual não podem ser revisitadas se já tiverem sido objeto de anterior manifestação jurisdicional.[17]

---

15 MONIZ DE ARAGÃO, Egas Dirceu. *Comentários ao Código de Processo Civil*. Campinas: Bookseller, 1997, v. II, n. 421, p. 355.

16 Na jurisprudência tem predominado entendimento similar ao da doutrina. Se a disputa processual se trava em torno de bem insuscetível de avaliação econômica, como a ação de guarda de menor ou de divórcio, sem que haja patrimônio a partilhar, a estimativa do valor da causa não deve submeter-se à alteração judicial. Quando o caso for de pretensão de bem ou valor econômico, a estipulação do valor da causa se depara com duas possibilidades: (a) essa aferição é realizável de imediato, caso em que o juiz pode revê-la de ofício quando incorretamente efetuada pela parte; (b) a aferição precisa ou exata não é viável no momento do ajuizamento da ação, caso em que o autor poderá estimá-lo em quantia provisória, que será passível de posterior adequação ao valor apurado na sentença (STJ, 4ª T., REsp 714.242/RJ, Rel. Min. João Otávio de Noronha, ac. 26.02.2008, *DJe* 10.03.2008).

17 "(...) Se a questão atinente ao valor da causa já foi decidida na sentença, sem que houvesse recurso de quaisquer das partes com a pretensão de reformá-la, ela não poderá ser alterada no juízo de retratação do art. 1.040, II, do CPC, se a matéria a ser reanalisada na adequação ao repetitivo não versa sobre o valor da causa nem se enquadra na hipótese do art. 1.041, § 1º, do CPC" (STJ, 3ª T., REsp 2.174.291/PR, Rel. Min. Nancy Andrighi, ac. 10.06.20255, *DJEN* 16.06.2025).

Parte V
Tutela Provisória

Capítulo XV
TUTELA DE URGÊNCIA E TUTELA DA EVIDÊNCIA

§ 54. NOÇÕES GERAIS

436. Introdução

No Estado Democrático de Direito, o objetivo da jurisdição não é mais visto como apenas realizar a vontade concreta da lei, mas a de prestar a *tutela* ao direito material envolvido em crise de efetividade. Nenhuma lesão ou ameaça a direito será subtraída à apreciação do Poder Judiciário (CF, art. 5º, XXXV). Na superação desse conflito consiste a prestação jurisdicional, pouco importando que o provimento judicial seja favorável à pretensão do autor ou à defesa do réu. O que caracteriza a atividade jurisdicional é a tutela ao direito daquele que, no conflito, se acha na situação de vantagem garantida pela ordem jurídica. *Tutelar os direitos*, portanto, é a função da Justiça, e o processo é o instrumento por meio do qual se alcança a efetividade dessa tutela.

Uma coisa, porém, é a *tutela* e outra a *técnica* de que se serve o Poder Judiciário para realizar, nas diversas situações litigiosas, a *tutela* adequada.

Assim, a tutela principal corresponde ao provimento que compõe o conflito de direito material, de modo exauriente e definitivo. Isto pode acontecer mediante provimento de acertamento ou definição, ou por meio de atividade executiva, que incida sobre o plano fático, para pôr as coisas em estado coincidente com o direito reconhecido à parte cuja situação de vantagem já se encontra juridicamente certificada. Nesse sentido, fala-se em *tutela de conhecimento* e em *tutela de execução*.

Mas há situações concretas em que a duração do processo e a espera da composição do conflito geram prejuízos ou risco de prejuízos para uma das partes, os quais podem assumir proporções sérias, comprometendo a efetividade da tutela a cargo da Justiça. O ônus do tempo, às vezes, recai precisamente sobre aquele que se apresenta, perante o juízo, como quem se acha na condição de vantagem que afinal virá a merecer a tutela jurisdicional. Estabelece-se, em quadras como esta, uma situação injusta, em que a demora do processo reverte-se em vantagem para o litigante que, no enfoque atual, não é merecedor da tutela jurisdicional. Criam-se, então, *técnicas de sumarização*, para que o custo da duração do processo seja mais bem distribuído, e não mais continue a recair sobre quem aparenta, no momento, ser o merecedor da tutela da Justiça.

Fala-se, então, em *tutelas diferenciadas*, comparativamente às *tutelas comuns*. Enquanto estas, em seus diferentes feitios, caracterizam-se sempre pela *definitividade* da solução dada ao conflito jurídico, as diferenciadas apresentam-se, invariavelmente, como meios de *regulação provisória* da crise de direito em que se acham envolvidos os litigantes.

O manejo dessas técnicas redunda nas tradicionais medidas cautelares, que se limitam a conservar bens ou direitos, cuja preservação se torna indispensável à boa e efetiva prestação final, na justa composição do litígio, por isso, se qualificam tais medidas como *conservativas*. Dessas técnicas também podem surgir provimentos que antecipam provisoriamente resultados materiais do direito disputado em juízo, motivo pelo qual as medidas provisórias que ostentem tal característica se denominam *medidas satisfativas*. O Código atual sistematizou, ainda, dentro das tutelas sumárias, as que se prestam a proteger provisoriamente situações jurídicas substanciais reveladoras da existência de direitos subjetivos reconhecíveis *prima facie*, hipótese em que a tutela provisória se denomina *tutela da evidência*.

437. Tutelas de urgência e da evidência

Sob o rótulo de "Tutela Provisória", o CPC/2015 reúne três técnicas processuais de tutela provisória, prestáveis eventualmente em complemento e aprimoramento eficacial da tutela principal, a ser alcançada mediante o provimento que, afinal, solucionará definitivamente o litígio configurador do objeto do processo. Nesse aspecto, as ditas "tutelas provisórias" arroladas pela legislação processual civil renovada correspondem, em regra, a incidentes do processo, e não a processos autônomos ou distintos. De tal sorte que a antiga dicotomia do processo em principal (de cognição ou execução) e cautelar, existente no código revogado, não mais subsiste na nova lei, pelo menos como regra geral, restando bastante simplificado o procedimento.

As tutelas provisórias têm em comum a meta de combater os riscos de *injustiça* ou de *dano*, derivados da espera, sempre longa, pelo desate final do conflito submetido à solução judicial. Representam provimentos imediatos que, de alguma forma, possam obviar ou minimizar os inconvenientes suportados pela parte que se acha numa situação de vantagem aparentemente tutelada pela ordem jurídica material (*fumus boni iuris*). Sem embargo de dispor de meios de convencimento para evidenciar, de plano, a superioridade de seu posicionamento em torno do objeto litigioso, o demandante, segundo o procedimento comum, teria de se privar de sua usufruição, ou teria de correr o risco de vê-lo perecer, durante o aguardo da finalização do curso normal do processo (*periculum in mora*).

Correspondem esses provimentos extraordinários, em primeiro lugar, às tradicionais *medidas de urgência – cautelares* (conservativas) e *antecipatórias* (satisfativas) –, todas voltadas para combater o perigo de dano, que possa advir do tempo necessário para cumprimento de todas as etapas do *devido processo legal*.

A essas tutelas de urgência, agregou-se, mais modernamente, a *tutela da evidência*, que tem como objetivo não propriamente afastar o risco de um dano econômico ou jurídico, mas, sim, o de combater a *injustiça* suportada pela parte que, mesmo tendo a evidência de seu direito material, se vê sujeita a privar-se da respectiva usufruição, diante da resistência abusiva do adversário. Se o processo democrático deve ser *justo*, haverá de contar com remédios adequados a uma gestão mais equitativa dos efeitos da duração da marcha procedimental. É o que se alcança por meio da *tutela sumária da evidência*: favorece-se a parte que à evidência tem o direito material a favor de sua pretensão, deferindo-lhe tutela satisfativa imediata, e imputando o ônus de aguardar os efeitos definitivos da tutela jurisdicional àquele que se acha em situação incerta quanto à problemática juridicidade da resistência manifestada.

Não se há, portanto, de assimilar a tutela da evidência a uma simples modalidade de tutela de urgência. Na lição de Mitidiero, "o objetivo da *tutela da evidência* está em *adequar* o processo à maior ou menor evidência da posição jurídica defendida pela parte no processo, tomando a maior ou menor consistência das alegações das partes como elemento para *distri-*

buição isonômica do ônus do tempo ao longo do processo".[1] Prevalece, pois, nesse segmento da tutela provisória, a proteção do direito, como objetivo principal. O que se tem em mira, nessa modalidade de tutela provisória, não é afastar o perigo de dano gerado pela demora do processo, é eliminar, de imediato, a injustiça de manter insatisfeito um direito subjetivo, que, a toda evidência, existe e, assim merece a tutela do Poder Judiciário.

438. Tentativa doutrinária de fixar uma unidade ontológica entre todas as tutelas sumárias provisórias

No campo das tutelas de urgência (cautelares ou satisfativas) é fácil compreender a unidade funcional que há entre elas, pois, ambas se fundam na aparência do bom direito e têm como objetivo combater o perigo de dano que a duração do processo possa criar para o respectivo titular. Já a tutela da evidência não tem o mesmo objetivo e se justifica pela extrema densidade da prova da existência do direito para o qual se procura tutela liminar. O *periculum in mora*, portanto, não se apresenta como requisito dessa medida liminar de tutela provisória.

A conexão possível entre tutelas de urgência e tutela de evidência, assim, só pode ser buscada no tocante ao *fumus boni iuris*, o qual com intensidade variada se encontra nos pressupostos de todas as medidas que o CPC/2015 qualifica como *tutelas provisórias*.

Quando se pensa na tutela da evidência, a primeira ideia é de uma proteção sumária para um direito incontestado ou inconteste, suficientemente provado, de modo que a respectiva proteção judicial possa ser concedida de imediato, sem depender das diligências e delongas do procedimento comum, e mesmo, sem necessidade de achar-se, o direito, sujeito a risco de dano iminente e grave (CPC/2015, art. 311). Não é, porém, no sentido de uma tutela rápida e exauriente que se concebeu a tutela que o Código de Processo Civil de 2015 denomina de *tutela da evidência*, a qual, de forma alguma, pode ser confundida com um julgamento antecipado da lide, capaz de resolvê-la definitivamente. Não foi, com efeito, com vistas a uma proteção jurisdicional definitiva que a questionada tutela se inseriu no mesmo gênero em que as tutelas de urgência figuram. O intuito normativo foi o de permitir que tanto as tutelas de urgência como a da evidência pudessem ser prestadas em procedimentos e com requisitos comuns, de modo a autorizar o emprego do rótulo abrangente de tutelas sumárias.

O que, nessa perspectiva, se encontra na regulamentação do Código como característica genérica, na espécie, é apenas a sumariedade procedimental adotada como remédio para proporcionar uma tutela, sempre provisória e, por isso, não exauriente, para escapar do aguardo da longa duração inevitável para obtenção da tutela definitiva (de mérito). Como os fins perseguidos pelas três tutelas sumárias não são os mesmos na sistematização legal, o que o Código, à primeira vista, consegue é o estabelecimento, entre tutelas de urgência e de evidência, tão somente de "uma uniformidade procedimental".[2] Essa sumariedade restrita ao procedimento, todavia, pode encontrar, na doutrina, uma *unidade ontológica*, ou uma *unidade na pluralidade*, explicada pela *conexão vital* que interliga todas as liminares esparsamente autorizadas pelo direito processual. Com efeito, nesse terreno, tudo se passa em torno do modo com que são tratados o *fumus boni iuris* e o *periculum in mora*. É sempre da conjugação desses dois requisitos que se pode deduzir a necessidade ou não de uma providência liminar, seja ela destinada

---

1 MITIDIERO, Daniel. Tendências em matéria de tutela sumária: da tutela cautelar à técnica antecipatória. *Revista de Processo*, n. 197, p. 41. No mesmo sentido: MARINONI, Luiz Guilherme. *A antecipação da tutela*. 11. ed. São Paulo: RT, 2009.

2 COSTA, Eduardo José da Fonseca. Tutela de evidência no Projeto do Novo CPC – uma análise dos seus pressupostos. In: ROSSI, Fernando *et al* (coords.). *O futuro do processo civil no Brasil*. Obra em homenagem ao advogado Claudiovir Delfino. Belo Horizonte: Ed. Fórum, 2011, p. 165.

a cumprir o papel de cautelar, ou de medida antecipatória satisfativa urgente, seja o de tutelar de imediato um direito evidente.

O que varia, na aplicação prática das tutelas sumárias (*i.e.*, liminares), é, no dizer de Costa, a *densidade* maior ou menor com que ora se manifesta o *fumus boni iuris* ou o *periculum in mora*. Em regra, a doutrina conceitua isoladamente cada um desses requisitos e os exige cumulativamente para justificar as tutelas de urgência. A experiência, todavia, demonstra que nem sempre são eles aplicados, pela lei e pelos tribunais, de maneira simétrica.

Segundo o princípio da proporcionalidade, o que se passa é que quanto mais verossímil o direito, menos rigorosa se apresenta a exigência do risco de dano; e quanto mais grave o perigo de uma lesão extrema e irreparável, mais se atenua o rigor na exigência do *fumus boni iuris*. Assim é que se vai da admissibilidade de medidas liminares para "tutela pura do *fumus* extremado" (tutela da evidência, sem reportar-se ao perigo de dano) até a adoção de "tutela do *periculum* extremado" (como nas medidas autorizadas pela legislação ambiental, que se fundam no "princípio da precaução", sem maior preocupação com demonstração efetiva do direito – *fumus* – dada a "emergência crítica" evidenciada no caso analisado). Entre os dois extremos, cabem inúmeros tipos, em que ora se valoriza mais intensamente o *fumus*, ora o *periculum*, embora ambos sejam exigidos, ainda que assimetricamente.

É bom lembrar que no próprio ordenamento jurídico nem mesmo medidas típicas das tutelas de urgência se apresentam sempre subordinadas à duplicidade de fundamentação prevista no art. 300 do CPC/2015. Há, às vezes, antecipações de tutela satisfativa que, tal como as da tutela da evidência, não exigem a concorrência do *periculum in mora* (*v.g.*, a preliminar das possessórias, a ordem de pagamento *initio litis* na ação monitória, as execuções provisórias em geral etc.). Existem, também, várias medidas cautelares típicas nas mesmas condições. Basta lembrar, nesse sentido, as normas processuais que permitem o arresto *ex officio* de bens da moradia do devedor, quando o oficial de justiça não o encontra para a citação da execução por quantia certa (art. 830, § 1º, do CPC/2015) e as que autorizam a reserva de bens do espólio para garantia do credor de título de obrigação líquida e certa, que não encontrou concordância dos herdeiros a que o pagamento fosse feito administrativamente no bojo do inventário (art. 643, parágrafo único). Não se pode negar o caráter cautelar dessas medidas e, nada obstante, o Código as permite, sem exigir a comprovação do perigo de dano. Como se vê, não são apenas as medidas da tutela da evidência que, no direito positivo, dispensam o *periculum in mora*, já que também no campo das tutelas de urgência fenômeno igual pode ocorrer.

É possível, destarte, correlacionar todas as tutelas liminares com o binômio *perigo de dano-aparência de direito*, submetendo-as, todavia, a graus ou níveis distintos, e desacolhendo a sua fixação em termos genéricos, para preferir uma concretização judicial, em presença de cada caso que venha a ser deduzido em juízo. O binômio, em vez de ser "definido", seria "explicado". É assim que as tutelas de urgência poderiam ser agrupadas com as da evidência, já que, para se obter uma liminar nem sempre haveria a presença simultânea obrigatória dos dois pressupostos. Entre eles – na doutrina que se vem expondo – haveria "uma espécie de *permutabilidade livre*", de modo que, "se o caso concreto desviar-se do *tipo normal* e somente um dos pressupostos estiver presente em *peso decisivo*, mesmo assim será possível conceder-se a medida, embora por força de uma *configuração atípica* ou *menos típica*".[3]

---

[3] COSTA, Eduardo José da Fonseca. Tutela de evidência no Projeto do Novo CPC – uma análise dos seus pressupostos. In: ROSSI, Fernando *et al* (coords.). *O futuro do processo civil no Brasil*. Obra em homenagem ao advogado Claudiovir Delfino. Belo Horizonte: Ed. Fórum, 2011, p. 169. Para o autor, "tudo se passa como se, nos processos concretos de concessão de tutelas liminares, o *fumus boni iuris* e o *periculum in mora* fossem 'elementos' ou 'forças' que se articulam de forma variável, sem absolutismo e fixidez dimensional. O que importa, no final das contas, é a 'imagem global' do caso, ainda que a relação entre o *fumus* e o

É, pois, à luz dessa concepção que, segundo a engenhosa doutrina exposta, se pode ir além da *uniformidade procedimental*, para alcançar uma unidade ontológica entre as diversas tutelas liminares (ou sumárias, como quer o CPC/2015), já que todas jogariam com os pressupostos do *fumus boni iuris* e do *periculum in mora*, sem embargo da variabilidade da densidade com que cada um deles pode se apresentar *in concreto*.

439. A abolição da ação cautelar

As medidas cautelares no regime do Código revogado eram objeto de ação apartada do processo principal, embora tivessem seus efeitos atrelados ao destino deste (arts. 796 e 800 a 804 do CPC/1973). Já as medidas satisfativas urgentes eram invocáveis sempre no bojo do próprio processo principal (art. 273 do CPC/1973), não dependendo, portanto, do manejo de ação distinta. Eram, assim, objeto de mero incidente do processo já em curso.

O Código atual eliminou essa dualidade de regime processual. Tanto a tutela conservativa como a satisfativa são tratadas, em regra, como objeto de mero incidente processual, que pode ser suscitado na petição inicial ou em petição avulsa (art. 294, parágrafo único, do CPC/2015).

Como as particularidades do caso podem dificultar o imediato aforamento do pedido principal, o Código prevê também a possibilidade de ser o pedido de tutela de urgência formulado em caráter antecedente. Em tal circunstância a petição inicial, tratando-se de tutela cautelar, conterá apenas o pedido da medida urgente, fazendo sumária indicação da lide, seu fundamento de fato e de direito (art. 305). Quando se referir à tutela satisfativa, exige-se que, também, se proceda "à indicação do pedido de tutela final", além dos requisitos reclamados para a medida cautelar antecedente (art. 303, *caput*).

Porém, mesmo quando se trata de tutela antecedente, o pedido principal deverá ser formulado, nos mesmos autos, no prazo de 30 dias da efetivação da medida urgente, se esta for de natureza cautelar (art. 308). Sendo de natureza satisfativa, o prazo será de 15 dias (art. 303, § 1º, I). Isto é, mesmo nas tutelas urgentes cautelares, em que o promovente não necessita desde logo anunciar o pedido principal, este, a seu tempo, será formulado nos próprios autos em que ocorrer o provimento antecedente ou preparatório, sem necessidade de iniciar uma ação principal apartada. Não haverá, como se vê, dois processos. Ainda que o caso seja de tutela urgente antecedente, tudo se passa dentro de um só processo. O pedido principal superveniente observará o regime da adição de pedidos, do qual participará, também, a causa de pedir. De tal sorte, quando a medida for cautelar, pedido principal e causa *petendi* não precisam ser formulados desde logo na petição inicial das tutelas antecedentes. Podem ser apresentados e explicitados no aditamento previsto no art. 308, *caput*, e § 2º.

Já no caso de medida satisfativa, exige o art. 301, *caput*, que a petição inicial desde logo indique "o pedido de tutela final", que poderá ser confirmado e complementado em seus fundamentos, no prazo de 15 dias (ou naquele maior fixado pelo juiz) contados da concessão da medida antecedente (art. 303, § 1º).

440. A visão unitária da tutela de urgência

Nosso sistema jurídico tradicional tem sido infenso a unificar as tutelas cautelares e antecipatórias, preferindo, antes do Código de 2015, submetê-las a conceituações, requisitos e procedimentos distintos. Todavia, não é esse o critério predominante no direito

---

periculum seja assimétrica" (COSTA, Eduardo José da Fonseca. Tutela de evidência no Projeto do Novo CPC – uma análise dos seus pressupostos. In: ROSSI, Fernando *et al* (coords.). *O futuro do processo civil no Brasil*. Obra em homenagem ao advogado Claudiovir Delfino. Belo Horizonte: Ed. Fórum, 2011, p. 169).

comparado, especialmente no europeu, no qual toda a tutela de urgência é concentrada, sob a denominação única de tutela cautelar.

Sobre a possibilidade de utilizar as medidas de urgência para antecipar efeitos do possível julgamento de mérito, dentro daquilo que se denominava "regulamento provisório" do litígio, Tarzia dá seu testemunho de que a ideia assumiu foros de generalidade entre os principais países europeus:

> "In Germania, in Francia, in Svizzera, in Belgio, in Austria, in Grecia, in Italia, da ultimo anche in Spagna, ci si è spinti fino ad ammettere che la misura di urgenza possa tal volta anticipare la sentenza definitiva, cioè, accordare al richiedente, dal punto de vista degli effetti, la medesima tutela, che otterrebbe, se riuscisse vittorioso, attraverso la procedura ordinaria".[4]

Pautado pelo mesmo critério, o atual Código de Processo Civil de Portugal, editado em 2013 (Lei 41) também insere no poder geral de cautela a possibilidade de medidas tanto conservativas como antecipatórias. Eis o texto em vigor do seu art. 362º, nº 1:

> "Sempre que alguém mostre fundado receio de que outrem cause lesão grave e dificilmente reparável ao seu direito, pode requerer a providência *conservatória* ou *antecipatória* concretamente adequada a assegurar a efetividade do direito ameaçado".

Na linguagem do direito português a antecipação de tutela representa uma "composição provisória" da lide, ou seja, a "litisregulação" de que falam Tesheiner e Araken de Assis, entre nós.[5]

Explica Miguel Teixeira de Souza que o sistema português opera da seguinte maneira:

> "A composição provisória pode prosseguir uma de três finalidades: ela pode justificar-se pela necessidade de garantir um direito, de definir uma regulação provisória ou de antecipar a tutela pretendida ou requerida. No primeiro caso, tomam-se providências que garantem a utilidade da composição definitiva; no segundo, as providências definem uma situação provisória ou transitória; no terceiro, por fim, as providências atribuem o mesmo que a composição definitiva".[6]

Toda a tutela de urgência, isto é, tanto a conservativa como a satisfativa, está na lei processual portuguesa sujeita ao regime de medidas cautelares. Esse tratamento processual unificado leva a que, no direito português, "os requisitos de decretamento de uma providência cautelar antecipatória são os habituais em sede de jurisdição cautelar: *a) periculum in mora* – receio de que outrem cause lesão grave dificilmente reparável a um direito próprio – arts. 381º, nº 1, 384º, nº 1, e 387º, nº 1, do CPC; *b) fumus boni iuris* – prova sumária do direito ameaçado – arts. 384º, nº 1, e 387º, nº 1, do CPC".[7]

Em suma, pode-se afirmar que "a tutela antecipatória no processo civil português está prevista integralmente no âmbito dos procedimentos cautelares em paridade com as providên-

---

4 TARZIA, Giuseppe. Considerazioni Conclusive. *Les Mesures Provisoires en Procédure Civile.* Milano: Giuffrè Editore, 1985, p. 315.

5 ASSIS, Araken de. Fungibilidade das medidas cautelares e satisfativas. *Revista de Processo*, 100/41; TESHEINER, José Maria Rosa. *Medidas Cautelares.* São Paulo: Saraiva, 1974, p. 49-58.

6 SOUSA, Miguel Teixeira de. *Estudos sobre o novo processo civil.* São Paulo: Lex, 1996, p. 187.

7 SILVA, Carlos Miguel Ferreira da. *Providências antecipatórias no processo civil português*, n. 5. Palestra proferida nas Jornadas ibero-amaricanas de Derecho Procesal, Brasília, 1998. Os dispositivos citados pelo autor referem-se aos CPC revogado, cujo teor, no entanto, se mantém no atual.

cias conservatórias e com o mesmo regime".[8] Trata-se, pois, do mesmo regime hoje adotado pelo atual Código brasileiro (art. 294, parágrafo único).

441. Da fungibilidade à unificação das tutelas de urgência

No direito nacional, a marcha para unificação das tutelas de urgência teve início com a reforma do CPC de 1973, operada pela Lei 10.444/2002, ao implantar o critério da fungibilidade entre medida antecipatória e medida cautelar (art. 273, § 7º, do CPC anterior). Observamos, naquela ocasião, que a regulamentação separada da tutela antecipatória não teria vindo para o nosso Código com o propósito de restringir a tutela de urgência, mas para ampliá-la, de modo a propiciar aos litigantes em geral a garantia de que nenhum risco de dano grave, seja ao processo, seja ao direito material, se tornasse irremediável e, por conseguinte, se transformasse em obstáculo ao gozo pleno e eficaz da tutela jurisdicional. O mais importante, de fato, é a repressão ao *periculum in mora* e não o rigor classificatório a respeito de suas subespécies.[9]

A melhor doutrina, nessa linha de pensamento, firmou-se no sentido de que, a respeito do tema, a melhor solução era mesmo a flexibilização do procedimento cautelar ou antecipatório, justificada com o irrespondível argumento de que "questões meramente formais não podem obstar à realização de valores constitucionalmente garantidos", como é o caso da garantia de efetividade da tutela jurisdicional.[10]

O Código atual acolheu a doutrina em questão, deixando bem claro que medidas cautelares e medidas antecipatórias são mesmo espécies de um só gênero, qual seja, a tutela de urgência.

442. Traços comuns entre a tutela de urgência e a tutela da evidência

Os traços comuns existentes entre a tutela de urgência e a tutela de evidência são a *sumariedade* do procedimento e a provisoriedade da tutela, merecendo destaque o seguinte:

(a) A sumariedade no processo civil pode adotar duas roupagens diversas: substancial ou processual.

A *sumariedade substancial* tem como objetivo simplificar o rito, mas sem abdicar da finalidade de compor o mérito definitivamente. É o que ocorre, por exemplo, em procedimentos especiais como o mandado de segurança, a ação de busca e apreensão, as ações nos juizados especiais. Embora sumário, o processo não foge da composição exauriente do litígio.

A *sumariedade processual* visa à simplificação do procedimento apenas para atender a uma emergência do caso concreto, sem a pretensão de dar uma solução definitiva ao litígio. A diferença entre estas sumariedades reside na coisa julgada. Enquanto na sumariedade substancial tem-se a formação da coisa julgada, uma vez que a solução do litígio se dá de maneira satisfativa e exauriente; na sumariedade processual a solução é interinal, precária, destinada a

---

8 SILVA, Carlo Miguel Ferreira da. *Providências antecipatórias no processo civil português*, n. 5. Palestra proferida nas Jornadas ibero-americanas de Derecho Procesal, Brasília, 1998, n. 25.

9 "A toda evidência, o equívoco da parte em pleitear sob forma autônoma providência satisfativa, ou vice-versa, não importa inadequação procedimental, nem o reconhecimento do erro, a cessação da medida porventura concedida. E isso, porque existem casos em que a natureza da medida é duvidosa, sugerindo ao órgão judiciário extrema prudência ao aplicar distinções doutrinárias, fundamentalmente corretas, mas desprovidas de efeitos tão rígidos" (ASSIS, Araken de. Fungibilidade das medidas cautelares e satisfativas. *Revista de Processo*, n. 100, p. 52).

10 BEDAQUE, José Roberto dos Santos. *Tutela cautelar e tutela antecipada:* tutelas sumárias de urgência. 3. ed. São Paulo: Malheiros, 2003, p. 291; ASSIS, Araken de. Fungibilidade das medidas cautelares e satisfativas. *Revista de Processo*, 100/41; TESHEINER, José Maria Rosa. *Medidas Cautelares*. São Paulo: Saraiva, 1974, p. 55-56.

durar apenas enquanto se aguarda a futura solução definitiva da lide. Desta forma, não há que se falar em formação de *res iudicata*.

As tutelas de urgência e de evidência apresentam a *sumariedade processual*, *i.e.*, embora simplifiquem o procedimento, conferindo provimento imediato à parte que se acha numa situação de vantagem aparentemente tutelada pela ordem jurídica material, não têm a pretensão de decidir definitivamente o litígio. As decisões, portanto, não se revestem da autoridade da coisa julgada.

(b) As tutelas de urgência e da evidência, nos termos do Código, são caracterizadas pela *provisoriedade*, no sentido de que não se revestem de caráter definitivo, e, ao contrário, se destinam a durar por um espaço de tempo delimitado. São remédios *interinais*, seguindo a técnica de cognição sumária em rito de *incidente* do processamento completo e definitivo da causa. Não compõem objeto de processo autônomo e exauriente.

Significa essa provisoriedade, mais precisamente, que as tutelas têm duração *temporal limitada* àquele período de pendência do processo (CPC/2015, art. 296), conservando sua eficácia também durante o período de eventual suspensão da ação, salvo decisão judicial em contrário (art. 296, parágrafo único). Além disso, por estarem sujeitas ao regime do "cumprimento provisório da sentença" (art. 297, parágrafo único), revestindo-se do caráter de solução não definitiva, são passíveis de revogação ou modificação, a qualquer tempo (art. 296), mas sempre por meio de decisão fundamentada (art. 298).

(c) Desse regime decorrem as seguintes consequências:

(i) a medida será prontamente executada, nos próprios autos, (art. 297, parágrafo único);

(ii) a lei não condicionou à prestação de caução, de maneira sistemática, mas ao juiz caberá impô-la se as circunstâncias aconselharem tal medida (art. 300, § 1º);

(iii) a execução da tutela, por ser provisória, corre por conta e risco da parte que a promove, a qual responderá pelos prejuízos injustos dela resultantes, devendo a indenização ser liquidada nos autos em que a medida tiver sido concedida, sempre que possível (art. 302 e parágrafo único).

442-A. Modificação e revogação da medida provisória

A tutela provisória – seja a de urgência, seja a da evidência – está sempre sujeita, a qualquer tempo, a ser *revogada* ou *modificada*, segundo a regra do art. 296 do CPC/2015. Duas circunstâncias básicas definem essa mutabilidade constante dessa espécie de tutela jurisdicional: *(i)* a *sumariedade* da cognição dos fatos justificadores do provimento emergencial; e *(ii)* a *provisoriedade* intrínseca das medidas, que não se destinam a resolver em caráter definitivo o conflito existente entre as partes, mas apenas a regulá-lo, precária e temporariamente.

É, pois, a avaliação superficial e não exauriente do suporte fático bem como a sua possível alteração ao longo do tempo de espera da tutela definitiva que conferem à decisão em torno das medidas da tutela de urgência ou da evidência o seu caráter essencialmente *provisório*. Apoiada a decisão sobre fatos mutáveis, a permanência de seus efeitos fica, por isso mesmo, subordinada à continuidade do estado de coisas em que se assentou o respectivo deferimento.[11]

---

11 LOPES DA COSTA, Alfredo Araújo. *Medidas preventivas*. 2. ed. Belo Horizonte: Bernardo Álvares, 1958, n. 53, p. 50.

Alterados os fatos, modifica-se a base da decisão, a qual, ao tentar amoldar-se a eles, pode exigir *modificação*, ou até mesmo ter de ser *revogada*. O julgamento provisório, de tal sorte, enquadra-se na categoria das "sentenças condicionais *lato sensu*", ou "sentenças incompletas".[12] Sentença (ou decisão) da espécie não pode subsistir se o fato que pretende atingir já não é o mesmo que se demonstrou em juízo, anteriormente à sua prolação.[13]

Modificar um provimento provisório é substituir, no todo ou em parte, uma medida por outra ou convertê-la em outra,[14] como se dá quando o juiz permite a substituição da medida inicialmente decretada por caução[15] ou por outra garantia menos gravosa para o requerido;[16] ou, ainda, nos casos em que se converte o arresto em sequestro; ou o depósito em arresto; ou se altera o valor dos alimentos provisionais; ou se permite a substituição do fiador judicial; ou se autoriza a substituição do arresto de determinado bem por depósito de dinheiro ou por seguro garantia judicial.

A *revogação*, quando ocorre, importa a subtração total da eficácia da medida antes deferida, retirando à parte toda a tutela provisória, por não mais subsistirem as razões que, de início, a determinaram.

O Código de 2015 aboliu a *ação cautelar* e submeteu todas as modalidades de tutela provisória ao antigo regime dispensado pelo Código anterior à tutela antecipatória, ou seja, o pedido de revogação ou modificação dessa modalidade de tutela urgente pode ser requerido por simples petição no bojo do processo principal (CPC/1973, art. 273, § 4º), ou até mesmo de ofício[17], sem necessidade de ajuizamento de ação específica para tal fim. Isso quer dizer que, no sistema atual, tanto o pedido de tutela provisória, em suas diversas variações, como seu pedido de modificação serão igualmente provocados em petição sem necessidade de instauração de ação e processo especiais. Cumprirá ao juiz e às partes respeitar o necessário contraditório (CPC/2015, arts. 9º e 10).

Há, contudo, uma situação particular, que é a configurada quando a tutela antecipada é obtida em procedimento antecedente (preparatório), e vem a se estabilizar sem que o pleito definitivo tenha sido deduzido em juízo (CPC/2015, art. 304, *caput*). Em tal caso, a reforma ou invalidação da tutela antecipada estabilizada só se viabilizará mediante decisão de mérito, em ação própria (art. 304, § 3º). Não haverá como pleiteá-la em simples petição nos autos de um processo já extinto, devendo o interessado, por isso, ajuizar ação com o objetivo explícito de reformar ou invalidar a medida provisória, como deixa claro o dispositivo legal referido.

---

12 CARRION, Valentin. Medidas cautelares atípicas. *Revista Forense*, v. 246, p. 324, abr./1974.

13 THEODORO JÚNIOR, Humberto. *Processo cautelar*. 25. ed. São Paulo: LEUD, 2010, n. 125, p. 185.

14 PONTES DE MIRANDA, Francisco Cavalcanti. *Comentários ao Código de Processo Civil*. Rio de Janeiro: Forense, 1959, t. VIII, p. 431.

15 A substituição da medida cautelar pela prestação de caução pode ter lugar antes ou depois do julgamento definitivo da ação cautelar (STJ, 3ª T., REsp 1.052.565/RS, Rel. Min. Sidnei Beneti, ac. 02.12.2008, *DJe* 03.02.2009).

16 No âmbito do poder geral de cautela, compreende-se o de impor prestação de caução e o de deferir ou não o pedido de substituição do sequestro de bens por depósito de dinheiro (STJ, 3ª T., REsp 142.434/ES, Rel. Min. Waldemar Zveiter, ac. 03.12.1998, *RSTJ*, v. 137, p. 303, jan./2001). "De acordo com o poder geral de cautela e o princípio da fungibilidade entre as medidas cautelares e as antecipatórias dos efeitos da tutela, o perigo de dano pode ser evitado com a substituição da sustação do protesto pela suspensão dos seus efeitos, se o protesto já tiver sido lavrado na pendência da discussão judicial do débito" (STJ, 3ª T., REsp 627.759/MG, Rel. Min. Nancy Andrighi, ac. 25.04.2006, DJU 08.05.2006, p. 198).

17 STJ, 3ª T., REsp 1.020.785/ES, Rel. Min. Nancy Andrighi, ac. 20.04.2010, *DJe* 06.05.2010. "O juiz pode revogar a antecipação da tutela, até de ofício, sempre que, ampliada a cognição, se convencer da inverossimilhança do pedido" (STJ, 3ª T., REsp 193.298/MS, Rel. Min. Waldemar Zveiter, ac. 13.03.2001, *RSTJ*, v. 152, p. 312).

442-B. Fundamentos do pedido de revogação ou modificação da tutela provisória

O pedido de revogação ou modificação da medida provisória não pode ser tratado como simples veículo de reexame dos fatos que serviram de base ao provimento que a deferiu. Se não houve recurso, ou se a impugnação foi rejeitada na via recursal, o questionamento se acha encerrado por preclusão. Mas a preclusão se refere não à análise de todo e qualquer fato, e sim apenas aos fatos e questões apreciadas na decisão provisória. Fatos novos e argumentos jurídicos novos, dentro da perspectiva da provisoriedade da tutela de urgência, não devem sofrer recusa de análise em pedido de revogação ou modificação de medida deferida à base de cognição apenas superficial do suporte de fato e de direito.

Se o fundamento é novo, do ponto de vista jurídico, pode ser avaliado, ainda que se reporte a fatos anteriores à decisão provisória, quando não aventados no debate que a precedeu. O procedimento justo não pode conduzir a uma omissão ou negação de revisão da tutela de urgência, mediante a criação de obstáculos que a lei não opôs à pretensão revisional por ela autorizada.

Releva notar que a tutela provisória jamais se reveste da autoridade da coisa julgada, de modo a tornar-se imutável e indiscutível após a exaustão ou impossibilidade do manejo dos recursos. Ao contrário, surgem as medidas da espécie sob o signo da precariedade, sendo sua revogação ou modificação, a qualquer tempo, uma faculdade conferida pelo art. 296 do CPC/2015, sem qualquer restrição quanto aos fatos e argumentos jurídicos que a parte possa invocar para o respectivo exercício. Daí a inaceitabilidade da tese de que a modificação ou revogação da medida provisória somente possa ser pleiteada com argumento extraído de fatos novos, isto é, fatos acontecidos após a decisão deferidora da tutela. O que a preclusão consumativa impede é o rejulgamento das questões já decididas no processo (CPC/2015, art. 505). Mas a questão não é a mesma quando a segunda decisão versa sobre fato diverso ou sobre novo argumento de direito em relação ao objeto da decisão anterior.

442-C. Casos especiais de extinção da tutela de urgência decretada em caráter antecedente

Quando a medida urgente é deferida antes do aperfeiçoamento do processo principal, o CPC/2015 cria regimes extintivos distintos para as medidas conservativas (*cautelares*) e para as satisfativas (*antecipatórias*):

a) As medidas cautelares antecedentes perdem a eficácia se o autor não deduzir o pedido principal em trinta dias, após a efetivação da tutela provisória (art. 309, I, c/c art. 308, *caput*), contando-se tal prazo em dias úteis.[18]

b) As medidas antecedentes de natureza satisfativa não se sujeitam, necessariamente, à extinção por falta de dedução do pedido principal. Estabilizam-se, se o requerido não agravar da medida liminar, ficando o requerente dispensado do ajuizamento do pedido principal (art. 304, *caput*). Interposto, porém, o recurso pelo requerido, terá o requerente de aditar a petição inicial, com os requisitos adequados ao pedido principal, em quinze dias, sob pena de extinção do processo e da medida antecipatória (art. 303, §§ 1º e 2º).

c) Sobre o casuísmo legal da extinção das medidas de urgência antecedentes, ver, adiante, o item 495.

---

[18] "Constatação de que o prazo de 30 (trinta) dias para a formulação do pedido principal previsto no art. 308 do Código de Processo Civil possui natureza jurídica processual e, consequentemente, sua contagem deve ser realizada em dias úteis, nos termos do art. 219 do CPC" (STJ, Corte Especial, Embargos de Divergência em REsp 2.066.868/SP, Rel. Min. Sebastião Reis Júnior, ac. 03.04.2024, *DJe* 05.04.2024).

443. Regras comuns a todas as tutelas provisórias

O Código atual institui um complexo de regras aplicáveis a todas as medidas provisórias (de urgência ou da evidência) que pode ser assim sintetizado:

(a) possibilidade de obtenção das medidas provisórias em caráter antecedente ou incidental (CPC/2015, art. 294, parágrafo único);

(b) o procedimento da tutela provisória pode fundar-se tanto na urgência como na evidência (art. 294, *caput*);

(c) isenção de custas nas medidas de caráter incidental (art. 295);

(d) temporariedade das medidas, que conservam sua eficácia na pendência do processo, inclusive durante o período de suspensão (art. 296, *caput* e parágrafo único);

(e) provisoriedade das medidas, que podem, a qualquer tempo, ser revogadas ou modificadas (art. 296, *caput, in fine*);

(f) poder tutelar geral do juiz, mais amplo do que o antigo poder geral de cautela, já que se estende a todas as medidas provisórias, sejam elas fundadas na urgência ou na evidência (art. 297, *caput*) e não se restringem apenas a figuras ou hipóteses predefinidas em lei (arts. 297 e 301); evitou-se, até mesmo, a regulamentação de medidas cautelares típicas, ficando tudo a depender das exigências concretas de medidas urgentes, caso a caso;

(g) submissão da tutela provisória às normas do "cumprimento provisório da sentença", no que couber (art. 297, parágrafo único), vedados, entretanto, atos de natureza antecipatória de efeitos irreversíveis (art. 300, § 3º);

(h) dever de motivação das decisões que concederem, negarem, modificarem ou revogarem a tutela provisória, de maneira que as razões do convencimento do juiz sejam justificadas de modo claro e preciso (art. 298, *caput*);

(i) recorribilidade por meio de agravo de instrumento (art. 1.015, I);

(j) necessidade de que seja a tutela provisória requerida pela parte (art. 299);

(k) competência em primeiro grau do juiz a que cabe conhecer do pedido principal e, nos tribunais, do órgão a que couber a apreciação do mérito das ações de competência originária e dos recursos (art. 299 e parágrafo único);

(l) não há previsão, no sistema de tutela provisória do CPC/2015, de possibilidade de medidas fundadas na urgência ou na evidência serem decretadas de ofício pelo juiz, de modo que a regra legal é de que sejam elas provocadas por requerimento da parte (arts. 299, 303, 305 e 311, IV).[19] Existem, todavia, ao longo do Código, algumas medidas cautelares previstas para adoção, sem necessitar de requerimento da parte, como, *v.g.*, o arresto de bens localizados na residência do executado, quando não é encontrado para a citação da execução por quantia certa (art. 830) e a reserva de bens em poder do inventariante para garantir o pagamento de dívida do *de cujus* documentalmente comprovada, quando não ocorra concordância dos herdeiros em satisfazê-la dentro do inventário (art. 643, parágrafo único).

---

[19] A regra contida no art. 797 do CPC/1973 e que chegou a figurar no art. 277 do Projeto apresentado originariamente ao Senado, segundo a qual "em casos excepcionais ou expressamente autorizados por lei, o juiz poderá conceder medidas de urgência de ofício", não constou do texto final do CPC/2015 aprovado pela Câmara e pelo Senado.

Capítulo XVI
TUTELAS DE URGÊNCIA (I)

§ 55. CLASSIFICAÇÃO, CARACTERÍSTICAS, REQUISITOS, INICIATIVA, FORMA E CONTEÚDO

444. Classificação das tutelas provisórias cautelares

Embora o Código de 2015 não classifique as diversas formas que as tutelas provisórias cautelares possam revestir, havia, na vigência do Código revogado, várias classificações apontadas pela doutrina, conforme o ponto de vista particular de cada autor, que ainda podem ser adotadas para fins didáticos.

Reputamos mais interessante, por seu caráter prático e objetivo, a de Ramiro Podetti, que leva em conta não puramente o caráter finalístico da medida, mas faz uma conjugação entre a finalidade e o objeto sobre que deva incidir o provimento.

Assim, podem-se encontrar *três espécies* de providências cautelares:

(a) Medidas para assegurar bens, compreendendo as que visam garantir uma futura execução forçada e as que apenas procuram manter um estado de coisa.[1]

(b) Medidas para assegurar pessoas, compreendendo providências relativas à guarda provisória de pessoas e as destinadas a satisfazer suas necessidades urgentes.[2]

(c) Medidas para assegurar provas, compreendendo antecipação de coleta de elementos de convicção a serem utilizadas na futura instrução do processo principal.[3]

Para o Código de 1973, era muito relevante a distinção entre medidas *típicas* e *atípicas*, visto que se traçavam procedimentos diferentes e se estabeleciam requisitos e objetivos diversos para umas e outras. Com base nessa classificação, a doutrina dividia as ações cautelares em *nominadas* (as especiais para determinadas situações) e *inominadas* (as que derivam do *poder geral de cautela*, e que não tinham um fim especial, prestando-se genericamente a enfrentar qualquer tipo de perigo de dano).

O Código atual admite qualquer das classificações usuais. Embora exemplifique algumas medidas cautelares no art. 301 – arresto, sequestro, arrolamento de bens, registro de protesto contra alienação de bem –, é expresso em admitir que o juiz adote "qualquer outra medida idônea para asseguração do direito". O Código, portanto, acolhe o poder geral de cautela, admitido pelo art. 798, da codificação revogada, dispondo que "o juiz poderá determinar as medidas que considerar adequadas para a efetivação da tutela provisória" (art. 297, *caput*).

Em relação àquelas medidas antes denominadas "típicas" no Código revogado, o atual não as contempla com um procedimento diferenciado. A visão legal, portanto, passa a ser única, sem

---

1 PODETTI, Ramiro. *Tratado de las Medidas Cautelares*. Buenos Aires, 1956, p. 36.

2 PODETTI, Ramiro. *Tratado de las Medidas Cautelares*. Buenos Aires, 1956, p. 43.

3 PODETTI, Ramiro. *Tratado de las Medidas Cautelares*. Buenos Aires, 1956, p. 45.

se preocupar em distinguir medidas típicas e atípicas. Quando muito, permite entrever eventual conotação de certas medidas com a finalidade de tutelar determinados direitos (art. 301).

Outra classificação divide as tutelas de urgência, conforme o momento em que são deferidas (art. 294, parágrafo único), em:

(a) *Tutelas de caráter antecedente:* são as que precedem o pedido principal. O autor irá indicar, na petição inicial, a lide, seu fundamento e a exposição sumária do direito que se visa assegurar e o perigo na demora da prestação da tutela jurisdicional (arts. 303, *caput* e 305, *caput*). Apenas após efetivada a tutela, é que o pedido principal deverá ser formulado, nos mesmos autos em que veiculado o pedido cautelar (arts. 303, § 1º e 308).

(b) *Tutelas incidentes*: são as que surgem no curso do processo, como incidentes dele (arts. 294 e 295). Podem ser requeridas por simples petição nos autos, a qualquer tempo.

445. Requisitos da tutela provisória de urgência

As tutelas de urgência – cautelares e satisfativas – fundam-se nos requisitos comuns do *fumus boni iuris* e do *periculum in mora*. Não há mais exigências particulares para obtenção da antecipação de efeitos da tutela definitiva (de mérito). Não se faz mais a distinção de pedido cautelar amparado na aparência de bom direito e pedido antecipatório amparado em prova inequívoca.

Continua, porém, relevante a distinção entre tutela *cautelar* (conservativa) e tutela *antecipatória* (satisfativa), porque *(i)* a medida cautelar tem a sua subsistência sempre dependente do procedimento que, afinal, deverá compor o litígio que se pode dizer "principal", ou "de mérito"; enquanto *(ii)* a tutela antecipada pode, por conveniência das partes, estabilizar-se, dispensando o prosseguimento do procedimento para alcançar a sentença final de mérito, e, portanto, sem chegar à formação da coisa julgada. Em outros termos: a medida cautelar, por restringir direito, sem dar composição alguma ao litígio, não pode se estabilizar, fora ou independentemente da prestação jurisdicional definitiva; só a medida de antecipação de tutela pode, eventualmente, estabilizar-se, porquanto nela se obtém uma sumária composição da lide, com a qual os litigantes podem se satisfazer.

Os requisitos, portanto, para alcançar-se uma providência de urgência de natureza cautelar ou satisfativa são, basicamente, dois:

(a) *Um dano potencial*, um risco que corre o processo de não ser útil ao interesse demonstrado pela parte, em razão do *periculum in mora*, risco esse que deve ser objetivamente apurável.

(b) *A probabilidade do direito substancial* invocado por quem pretenda segurança, ou seja, o *fumus boni iuris*.

O art. 300 não deixa dúvida sobre a necessidade da ocorrência cumulativa dos dois requisitos, dispondo que "a tutela de urgência será concedida quando houver elementos que evidenciem a probabilidade do direito e o perigo de dano". Ambos, portanto, terão de ser objetivamente demonstrados pela parte no respectivo requerimento, e pelo juiz, na fundamentação do decisório que deferir a tutela emergencial.

446. O *fumus boni iuris*

Para a tutela de urgência, não é preciso demonstrar-se cabalmente a existência do direito material em risco, mesmo porque esse, frequentemente, é litigioso e só terá sua comprovação e declaração no final do processo. Para merecer a tutela cautelar, o direito em risco há de revelar-se apenas como o interesse que justifica o "direito de ação", ou seja, o direito ao processo de mérito.

É claro que deve ser revelado como um "interesse amparado pelo direito objetivo, na forma de um direito subjetivo, do qual o suplicante se considera titular, apresentando os elementos que *prima facie* possam formar no juiz uma opinião de credibilidade mediante um conhecimento sumário e superficial", como ensina Ugo Rocco.[4] O juízo necessário não é o de certeza, mas o de verossimilhança, efetuado sumária e provisoriamente à luz dos elementos produzidos pela parte.

Não se pode, bem se vê, tutelar qualquer interesse, mas tão somente aqueles que, pela aparência, se mostram plausíveis de tutela no processo. Assim, se da própria narração do requerente da tutela de urgência, ou da flagrante deficiência do título jurídico em que se apoia sua pretensão de mérito, conclui-se que não há possibilidade de êxito para ele na composição definitiva da lide, caso não é de lhe outorgar a proteção de urgência. Aliás, em princípio, quando da narração dos fatos não decorre, logicamente, a conclusão pretendida pelo autor, a petição inicial é, no mérito, inepta e merece indeferimento liminar (CPC/2015, art. 330, § 1º, III). Ora, sendo inviável a demanda, não se concebe possa deferir-se a tutela de urgência, seja de caráter satisfativo ou cautelar, cujo objetivo maior é precisamente servir de instrumento para melhor e mais eficaz atuação da jurisdição.

Ensina Ronaldo Cunha Campos que é o *direito de ação*, como direito a um processo eficaz, que, a rigor, se defende por meio da tutela cautelar, pelo que não se há de transformá-la, basicamente, num veículo de indagação profunda do direito subjetivo material do promovente. Na ótica do autor, o que se perquire, na espécie, é sobretudo a ocorrência das *condições do direito de ação*, compreendida esta, a meu ver, por sua feição material.

Incertezas ou imprecisões a respeito do direito material do requerente não podem assumir a força de impedir-lhe o acesso à tutela de urgência. Se, à primeira vista, conta a parte com a possibilidade de exercer o direito de ação e se o fato narrado, em tese, lhe assegura provimento de mérito favorável, e se acha apoiado em elementos de convencimento razoáveis, presente se acha o *fumus boni iuris*, em grau suficiente para autorizar a proteção das medidas sumárias.

Somente é de cogitar-se da ausência do *fumus boni iuris* quando, pela aparência exterior da pretensão substancial ou pela total inexistência de elementos probatórios a sustentá-la, se divise a fatal carência de ação ou a inevitável rejeição do pedido, pelo mérito.

447. O *periculum in mora*

Para obtenção da tutela de urgência, a parte deverá demonstrar fundado temor de que, enquanto aguarda a tutela definitiva, venham a faltar as circunstâncias de fato favoráveis à própria tutela.[5] E isto pode ocorrer quando haja o risco de perecimento, destruição, desvio, deterioração, ou de qualquer mutação das pessoas, bens ou provas necessários para a perfeita e eficaz atuação do provimento final do processo.[6]

O perigo de dano refere-se, portanto, ao interesse processual em obter uma justa composição do litígio, seja em favor de uma ou de outra parte, o que não poderá ser alcançado caso se concretize o dano temido. Ele nasce de dados concretos, seguros, objeto de prova suficiente para autorizar o juízo de grande probabilidade em torno do risco de prejuízo grave. Pretende-se combater os riscos de injustiça ou de dano derivados da espera pela finalização do curso

---

4 ROCCO, Ugo. *Tratado de Derecho Procesal Civil.* Buenos Aires: Depalma, 1979, v. V. p. 433.

5 LIEBMAN, Henrico Tullio. *Manual de direito processual civil.* Trad. de Cândido Rangel Dinamarco. Rio de Janeiro: Forense, 1984. v. I. n. 96. p. 216-227.

6 CALVOSA, Carlo. Sequestro Giudiziario. *Novissimo Digesto Italiano*, v. XVII, p. 66.

normal do processo. Há que se demonstrar, portanto, o "perigo na demora da prestação da tutela jurisdicional" (CPC/2015, art. 300).

Esse dano corresponde, assim, a uma alteração na situação de fato existente ao tempo do estabelecimento da controvérsia – ou seja, do surgimento da lide – que é ocorrência anterior ao processo. Não impedir sua consumação comprometerá a efetividade da tutela jurisdicional a que faz jus o litigante.

448. Reversibilidade

Determina o art. 300, § 3º, do CPC/2015 que "a tutela de urgência, de natureza antecipada, não será concedida quando houver perigo de irreversibilidade dos efeitos da decisão". Quer a lei, destarte, que o direito ao devido processo legal, com os seus consectários do contraditório e ampla defesa, seja preservado, mesmo diante da excepcional medida antecipatória.

A necessidade de valorização do princípio da efetividade da tutela jurisdicional não deve ser pretexto para a pura e simples anulação do princípio da segurança jurídica. Adianta-se a medida de urgência, mas preserva-se o direito do réu à reversão do provimento, caso ao final seja ele, e não o autor, o vitorioso no julgamento definitivo da lide.

Ademais, é importante que a reversibilidade seja aferida dentro dos limites do processo em que a antecipação ocorre. Como é óbvio, não pode justificar a medida excepcional do art. 300 a vaga possibilidade de a parte prejudicada ser indenizada futuramente por aquele a quem se beneficiou com a medida antecipatória. Só é realmente reversível, para os fins do art. 300, § 3º, a providência que assegure ao juiz as condições de restabelecimento pleno, caso necessário, dentro do próprio processo em curso. Se, portanto, para restaurar o *status quo* se torna necessário recorrer a uma problemática e complexa ação de indenização de perdas e danos, a hipótese será de descabimento da tutela de urgência. É que, a não ser assim, se estará criando, para o promovido, uma nova situação de risco de dano problematicamente ressarcível, e, na sistemática das medidas de urgência, dano de difícil reparação e dano só recuperável por meio de novo e complicado pleito judicial são figuras equivalentes. O que não se deseja para o autor não se pode, igualmente, impor ao réu.

O *periculum in mora* deve ser evitado para o autor, mas não à custa de transportá-lo para o réu (*periculum in mora inversum*). Em outros termos: o autor tem direito a obter o afastamento do perigo que ameaça seu direito. Não tem, todavia, a faculdade de impor ao réu que suporte dito perigo. A tutela provisória, em suma, não se presta a deslocar ou transferir risco de uma parte para a outra.

Sem embargo da previsão categórica que impõe a reversibilidade como condição indispensável à medida do art. 300, § 3º, do CPC/2015, forçoso é reconhecer que "casos há, de urgência urgentíssima, em que o julgador é posto ante a alternativa de *prover* ou *perecer* o direito que, no momento, apresenta-se apenas provável, ou confortado com prova de simples verossimilhança". "Em tais casos" – adverte Ovídio A. Baptista da Silva – "se o índice de plausibilidade do direito for suficientemente consistente aos olhos do julgador – entre permitir sua irremediável destruição ou tutelá-lo como simples aparência, esta última solução torna-se perfeitamente legítima".[7]

É, aliás, o que sempre ocorreu com os alimentos provisionais e outras medidas tutelares, no âmbito do direito de família, em que o caráter provisório nunca se apresentou como impedimento a que fossem tomadas providências satisfativas de natureza irreversível.

> "O que – conclui Baptista da Silva –, em tais casos especialíssimos, não se mostrará legítimo será o Estado recusar-se a tutelar o direito verossímil, sujeitando seu titular

---

[7] BAPTISTA DA SILVA, Ovídio. A antecipação da tutela na recente reforma processual. In: Teixeira, Sálvio de Figueiredo. *Reforma do Código de Processo Civil*. São Paulo: Saraiva, 1996, p. 142.

a percorrer as agruras do procedimento ordinário, para depois, na sentença final, reconhecer a existência apenas teórica de um direito definitivamente destruído pela sua completa inocuidade prática".[8]

O que, a nosso ver, não pode deixar de ser levado em conta é a *irreversibilidade* como regra da antecipação de tutela, regra que somente casos extremos, excepcionalíssimos, justificam sua inobservância.[9]

449. Perigo de dano reverso

A lei, como já observado, ao tutelar provisoriamente o direito de uma parte, não quer que a medida de urgência crie uma situação de fato e de direito que não possa ser revertida, na eventualidade de sucumbência do beneficiário no julgamento final do litígio (CPC/2015, art. 300, § 3º). O motivo para justificar essa postura normativa funda-se na natureza provisória da tutela de urgência, que exige sempre a possibilidade de retorno ao *status quo*, caso a solução definitiva do litígio se dê de maneira contrária àquela imaginada ao tempo da providência acauteladora primitiva. Há, porém, um outro fenômeno, no campo de *periculum in mora*, que a ordem jurídica também não aceita. Trata-se daquilo que a teoria da tutela de urgência denomina *perigo de dano inverso* (ou *reverso*), evento que se aproxima da irreversibilidade, mas que com esta não se confunde. Tanto aquele como esta são empecilho à obtenção de medidas de urgência, mas por motivos diversos.

Ocorre o *periculum in mora* inverso, quando o deferimento da medida de urgência, ao afastar o perigo de dano irreparável enfrentado pelo requerente, acaba por impor ao requerido que suporte risco igual ou maior, como consequência imediata da própria providência emergencial decretada.

A função da tutela cautelar ou antecipatória é eliminar, durante a demora do processo, o perigo de dano, seja em defesa do autor como do réu. Quando a medida provisória afasta o perigo para o requerente mas o mantém para o requerido, forçoso é reconhecer que o *periculum in mora* não foi eliminado do processo. Apenas se alterou o sujeito processual a ele submetido.

A propósito do tema, fala-se que esse tipo de solução é inaceitável, porquanto o *periculum in mora* não pode ser visto como via de mão única, endereçada apenas a favorecer uma das partes. Para que a tutela jurisdicional seja justa e equitativa a avaliação do *periculum* tem de comportar-se como via dupla,[10] em que se balanceiem igualmente os interesses de ambas as partes contrapostas. Afinal, é dever do juiz dispensar o tratamento mais igualitário possível aos litigantes (CPC/2015, art. 139, I) e de ser sempre imparcial na condução do processo (arts. 144 e 145). É, de tal sorte, inaceitável que o magistrado escolha a seu bel prazer a quem impor a sujeição ao risco de dano derivado da duração do processo. Sua função é a de eliminá-lo, na medida do possível, e nunca de transferi-lo de uma pessoa para outra.

O Código de Processo Civil português contém regra expressa sobre o tema a qual prevê a recusa da medida cautelar pelo tribunal "quando o prejuízo dela resultante para o requerido exceda consideravelmente o dano que com ela o requerente pretende evitar" (art. 368º, nº 2).

A inexistência do *periculum* reverso, nessa perspectiva, apresenta-se como pressuposto ou requisito da concessão das liminares e das medidas de urgência em geral, mesmo porque

---

8 BAPTISTA DA SILVA, Ovídio. A antecipação da tutela na recente reforma processual. In: Teixeira, Sálvio de Figueiredo. *Reforma do Código de Processo Civil*. São Paulo: Saraiva, 1996, p. 142.

9 São reiterados os exemplos na jurisprudência de concessão de medidas imediatas e irreversíveis nas tutelas urgentes satisfativas relacionadas com fornecimento de medicamentos, internação hospitalar, inclusão de procedimentos médicos na cobertura de planos de saúde etc.

10 BEZNOS, Clóvis. *Curso de mandado de segurança*. São Paulo: RT, 1986. p. 117-118.

a falta de critério judicial, na espécie, pode comprometer "o bom nome e até a seriedade da justiça".[11] A jurisprudência entre nós, prestigia igual entendimento: "É improcedente – segundo o STJ – o pedido de cautela, se a medida pleiteada simplesmente inverteria o perigo de lesão irreversível, fazendo-o incidir sobre o réu do processo cautelar".[12]

450. Fungibilidade das tutelas de urgência

O Código atual manteve a orientação do revogado quanto à fungibilidade das tutelas de urgência, conservativas e satisfativas, no parágrafo único do art. 305, ao disciplinar, expressamente, que se o juiz entender que o pedido de tutela cautelar requerida em caráter antecedente tem, na verdade, natureza satisfativa, deverá observar o disposto no art. 303, que trata da tutela satisfativa antecedente.

Decerto não se pode negar a diferença existente entre a tutela cautelar e a tutela satisfativa, conforme já demonstrado. Cada uma, evidentemente, exerce *função* distinta. No entanto, ambas as tutelas integram um só gênero, o das tutelas de urgência, concebidas para conjurar o perigo de dano pela demora do processo. Além disso, o Código de 2015 unificou, inclusive, os requisitos que cada uma delas deve preencher para sua concessão, razão pela qual a distinção torna-se cada vez menos significativa. Por isso, em muitos casos, poderá haver uma certa dificuldade em descobrir, com rigor, a qual das duas espécies pertence a providência que, *in concreto*, se vai adotar para contornar o *periculum in mora*.

É reiterado o entendimento jurisprudencial, já sob a égide do Código revogado, de que não é pelo rótulo, mas pelo pedido de tutela formulado, que se deve admitir ou não seu processamento em juízo; assim como é pacífico que não se anula procedimento algum simplesmente por escolha errônea de forma.

Ora, tanto na tutela cautelar como na satisfativa, a parte pede uma providência urgente para fugir das consequências indesejáveis do perigo de dano enquanto pende o processo de solução de mérito. E o que distingue o procedimento de um e de outro pedido de tutela de urgência, atualmente, é basicamente a possibilidade de a tutela satisfativa estabilizar-se na ausência de recurso da parte contrária, o que não acontece com a tutela conservativa. Assim, a utilização de uma ao invés da outra é, na verdade, mero equívoco formal, que pode e deve ser corrigido pelo juiz.

É bom lembrar que no direito comparado, como já foi registrado, nem sequer se faz distinção entre os dois tipos de tutela provisória e facilmente se admitem, no mesmo regime processual, sob o rótulo comum de medidas cautelares, tanto as conservativas como as satisfativas. O mais importante, de fato, é a repressão ao *periculum in mora* e não o rigor classificatório a respeito de suas subespécies.

Se a fungibilidade das tutelas de urgência era admitida e prestigiada quando seguiam procedimentos e requisitos totalmente distintos para sua concessão, com maior razão deve ser observada atualmente, em que são tratadas como espécies do mesmo gênero.

451. Necessidade de fundamentação adequada

O Código atual dispõe que na decisão que conceder, negar, modificar ou reformar a tutela provisória, "o juiz motivará seu convencimento de modo claro e preciso" (CPC/2015, art. 298, *caput*). Justamente porque não se trata de mero poder discricionário do magistrado, a lei exige que a decisão acerca da tutela provisória seja sempre *fundamentada*, cabendo-lhe

---

[11] LACERDA GALENO. *Comentários ao Código de Processo Civil.* 7. ed. Rio de Janeiro: Forense, 1998, v. VIII, t. I, n. 28, p. 116.

[12] STJ, 1ª T., MC 523/RS, Rel. Min. Humberto Gomes de Barros, ac. 14.11.1996, *DJU* 03.02.1997, p. 675.

enunciar "de modo claro e preciso" as razões de seu convencimento. A necessidade decorre do fato de a medida provisória ser deferida a partir de uma instrução sumária, havendo inversão da sequência natural e lógica entre os atos de debate, acertamento e decisão.

O juiz, nessa esteira, deverá fundamentar a decisão, apresentando às partes os fundamentos de fato e de direito que lhe formaram o convencimento acerca da plausibilidade do perigo de dano e do direito invocado. Aliás, o dever de motivação de toda e qualquer decisão judicial é uma imposição de ordem constitucional (CF, art. 93, IX). O maior rigor da lei, com relação às medidas sumárias de urgência, prende-se ao fato de que a investigação fática nessas medidas se dá com base numa instrução muito superficial.

O legislador, por isso, revelou não apenas o caráter excepcional da medida, como impôs rigor e cautela no seu emprego. Incumbirá ao juiz cumprir o encargo "de modo objetivo, isto é, deve a decisão expor os fatos que acenem para a plausibilidade do direito e para a probabilidade da ocorrência de dano de, ao menos, difícil reparação, ou, se for o caso, deve ela mencionar de que modo se revela o abuso de direito ou o propósito procrastinatório por parte do réu. Não basta mencionar a decisão que é manifesto o propósito procrastinatório ou que há abuso por parte do demandado; mas será imprescindível dizer que sua recalcitrância se revela por tal ou qual atitude. Enfim, deverá a decisão mencionar por que, nas circunstâncias, a antecipação da tutela não se mostra irreversível, para ser deferido provimento antecipatório. Ou, para ser negado, deverá ser esclarecido em que medida mostra-se presente o *periculum in mora inversum*".[13]

Sobre o que não se pode considerar como fundamentação adequada, diante das exigências do moderno processo justo, deve-se reportar ao disposto pelo art. 489, § 1º.

452. Medida liminar *inaudita altera parte*

Inclui-se entre os poderes atribuídos ao juiz em relação às tutelas de urgência a faculdade de conceder a medida de segurança previamente, ou seja, antes da citação do promovido (CPC/2015, art. 300, § 2º).

As medidas cautelares conservativas representam, quase sempre, restrições de direito e imposição de deveres extraordinários ao requerido. As cautelares satisfativas, por sua vez, garantem, de forma imediata, as vantagens de direito material para as quais se busca a tutela definitiva. Reclamam, por isso, demonstração, ainda que sumária, dos requisitos legais previstos para a providência restritiva excepcional que tendem a concretizar, requisitos esses que devem ser apurados em contraditório segundo o princípio geral que norteia todo o espírito do Código.

Muitas vezes, porém, a audiência da parte contrária levaria a frustrar a finalidade da própria tutela preventiva, pois daria ensejo ao litigante de má-fé justamente a acelerar a realização do ato temido em detrimento dos interesses em risco.

Atento à finalidade preventiva das medidas sumárias de urgência, o Código permite ao juiz concedê-las, sem ouvir o réu, liminarmente ou após justificação prévia (art. 300, § 2º). A concessão de liminar, todavia, não depende apenas de estar o requerente na iminência de suportar ato do requerido que venha a provocar a consumação do dano temido. O perigo tanto pode derivar de conduta do demandado como de fato natural. O que justifica a liminar é simplesmente a possibilidade de o dano consumar-se antes da citação, qualquer que seja o motivo. Impõe-se o provimento imediato, porque, se se tiver de aguardar a citação, o perigo se converterá em dano, tornando tardia a medida cuja finalidade é, essencialmente, preveni-lo.

---

[13] FRIAS, J. E. S. *Tutela Antecipada em face da Fazenda Pública*. São Paulo: RT, v. 728, jun. 1996, p. 66.

Essas medidas excepcionais podem ser autorizadas, tanto de forma *incidente* como *antecedente*, e não dispensam a demonstração sumária dos pressupostos necessários para a tutela preventiva.

453. Limitações especiais às liminares contra atos do Poder Público

De conformidade com o art. 7º, § 2º, da Lei 12.016/2009, mantido pelo art. 1.059 do CPC/2015, há casos em que no mandado de segurança é vedada a concessão de medida liminar. São aqueles em que se pleiteia:

(a) a compensação de créditos tributários;
(b) a entrega de mercadorias e bens provenientes do exterior;
(c) a reclassificação ou equiparação de servidores públicos;
(d) a concessão de aumento ou a extensão de vantagens;[14]
(e) o pagamento de qualquer natureza.

Tais restrições, editadas diretamente para a liminar do mandado de segurança, estendem-se a todas as medidas de antecipação de tutela a que se referem os arts. 273 e 461 do CPC de 1973 (Lei 12.016/2009, art. 7º, § 4º) e, consequentemente, às atuais tutelas de urgência.

Já a Lei 8.437, de 30.06.1992, também mantida pelo art. 1.059 do CPC/2015, cuidando especificamente de medidas cautelares contra atos do Poder Público, determina, entre outras disposições, que:

(a) não caberá liminar em ação cautelar contra o Poder Público toda vez que providência semelhante não puder ser concedida em ações de mandado de segurança, em virtude de vedação legal (art. 1º, *caput*). Ex.: Lei 12.016/2009, art. 7º, § 2º;
(b) não será cabível, no juízo de primeiro grau, medida cautelar inominada ou sua liminar, quando impugnado ato de autoridade sujeita, na via de mandado de segurança, à competência originária de tribunal (art. 1º, § 1º);
(c) não será admissível liminar que esgote, no todo ou em parte, o objeto da ação (art. 1º, § 3º);
(d) caberá ao presidente do tribunal, ao qual competir o conhecimento do respectivo recurso, suspender a execução da liminar nas ações cautelares intentadas contra o Poder Público, em caso de manifesto interesse público ou de flagrante ilegitimidade, e para evitar grave lesão à ordem, à saúde, à segurança e à economia públicas (art. 4º);
(e) comportará agravo (interno), no prazo de cinco dias, a decisão do presidente, tanto no caso de conceder ou negar a suspensão da liminar (art. 4º, § 3º);
(f) as regras sobre suspensão de liminar aplicar-se-ão também à sentença da ação cautelar inominada contra o Poder Público (art. 4º, § 1º).

---

14 O STJ entende que "a vedação contida na Lei 9.494/1997, a qual deve ser interpretada restritivamente, não abrange o restabelecimento de vantagens" (STJ, 2ª T., AgRg no AREsp 548.441/RJ, Rel. Min. Mauro Campbell Marques, ac. 18.09.2014, *DJe* 24.09.2014). No mesmo sentido: "O STJ afirmou entendimento de que as vedações previstas no art. 2º-B da Lei 9.494/1997 devem ser interpretadas restritivamente" de modo que "a imediata implantação do benefício (pensão por morte)", por meio de tutela antecipada, seria possível, uma vez que a restrição em tela não seria aplicável "nas causas de natureza previdenciária" (STJ, 1ª T., AgRg no EDcl no AREsp 240.513/PE, Rel. Min. Napoleão Nunes Maia Filho, ac. 24.02.2015, *DJe* 06.03.2015).

As restrições à tutela de urgência contra o Poder Público já vinham sofrendo temperamentos pela jurisprudência, por sua evidente incompatibilidade, em muitas situações, com a garantia constitucional do acesso à justiça através de prestação justa e efetiva. O art. 7º, § 2º, da Lei 12.016, que vedava medida liminar em mandado de segurança nos casos nele arrolados, e que serviram de padrão para estender a restrição também às liminares de medidas cautelares, teve sua constitucionalidade questionada perante o STF através da ADI 4.296/DF, cujo julgamento culminou com a declaração de sua inconstitucionalidade.

O fundamento da declaração pronunciada na referida ADI foi que "o preceito dá à Fazenda Pública tratamento preferencial incompatível com o Estado Democrático de Direito, relegando à inocuidade possível direito líquido e certo a ser examinado pelo julgador daquele que se diga prejudicado por um ato público".[15] Na mesma decisão ocorreu, ainda, a declaração de inconstitucionalidade do art. 22, § 2º, da Lei do Mandado de Segurança, que criava embaraço temporal ao deferimento de liminar. Já, então, o argumento do STF endereçou-se à incompatibilidade da restrição com a própria natureza da tutela cautelar:

> "O § 2º versa que a liminar somente pode ser implementada após audiência do representante judicial da pessoa jurídica de direito público, que deverá se pronunciar no prazo de 72 horas. O preceito contraria o sistema judicial alusivo à tutela de urgência. Se esta surge cabível no caso concreto, é impertinente, sob pena de risco do perecimento do direito, estabelecer contraditório ouvindo-se, antes de qualquer providência, o patrono da pessoa jurídica. Conflita com o acesso ao Judiciário para afastar lesão ou ameaça de lesão a direito."[16]

Conclui-se, pois, que a inconstitucionalidade pronunciada atinge não só as restrições às liminares impostas pela Lei 12.016, como também as que constam de legislação relativa a medidas cautelares por simples extensão das vedações preconizadas na lei especial da ação de segurança. De tal sorte, já não mais vigoram as limitações do impugnado art. 7º, § 2º, seja no campo do mandado de segurança, seja em relação às medidas cautelares intentadas contra a Fazenda Pública.[17]

454. Comprovação dos requisitos da medida liminar

Para deferir-se a medida liminar, conservativa ou satisfativa, a cognição sumária dos seus pressupostos pode ser feita à luz de elementos da própria petição inicial, ou, se insuficientes, de dados apurados em justificação prévia, unilateral, produzida pelo requerente, sem a ciência da parte contrária (CPC/2015, art. 300, § 2º).

---

15 STF, Pleno, ADI 4.296, Rel. p/ ac. Min. Alexandre de Moraes, ac. 09.06.2021, 11.10.2021.

16 STF, Pleno, ADI 4.296, Rel. p/ ac. Min. Alexandre de Moraes, ac. 09.06.2021, 11.10.2021.

17 Quanto às liminares em geral, antiga jurisprudência do STF resguardava ao Poder Judiciário a autonomia para superar limitações, de acordo com as características e as exigências do caso concreto: "Constitucional. Medidas cautelares e liminares: suspensão. Medida Provisória 375, de 23.11.1993. I. Suspensão dos efeitos e da eficácia da Medida Provisória 375, de 23.11.1993, que, a pretexto de regular a concessão de medidas cautelares inominadas (CPC, art. 798) e de liminares em mandado de segurança (Lei 1.533/1951, art. 7º, II) e em ações civis públicas (Lei 7.347/1985, art. 12), acaba por vedar a concessão de tais medidas, além de obstruir o serviço da Justiça, criando obstáculos à obtenção da prestação jurisdicional e atentando contra a separação dos poderes, porque sujeita o Judiciário ao Poder Executivo. II. Cautelar deferida, integralmente, pelo Relator. III. Cautelar deferida, em parte, pelo Plenário" (STF, Pleno, ADI 975 MC, Rel. Min. Carlos Velloso, ac. 09.12.1993, *DJ* 20.06.1997).

"Essa cognição prévia é incompleta; não dispensa a instrução sumária posterior, em contraditório".[18] A justificação prévia, quando necessária, não é um procedimento em separado, mas sim parte integrante da própria medida cautelar proposta, como um simples ato de "fluxo normal do processo".[19]

A sumariedade do conhecimento inicial nessas medidas não se confunde, porém, com puro arbítrio do julgador. Não apraz à lei "prodigar medidas preventivas" sem atentar para seus específicos pressupostos, mormente sem sequer ouvir a outra parte interessada. De sorte que a faculdade conferida ao juiz no art. 300, § 2º, só deve ser exercitada quando a inegável urgência da medida e as circunstâncias de fato evidenciarem que a citação do réu poderá tornar ineficaz a providência preventiva. E, pelas mesmas razões, a decisão, ainda que sucinta, deve ser fundamentada.

A medida *inaudita altera parte*, todavia, não exclui a contenciosidade do procedimento, não afetando, por isso mesmo, o direito de defesa do requerido. Uma vez realizada a providência de urgência, o promovido será citado e terá oportunidade de defesa, por meio de contestação ou agravo de instrumento, conforme o caso, competindo ao juiz da causa, afinal, decidir a pretensão de urgência, segundo o que restar provado nos autos. A medida tomada liminarmente, assim, será mantida ou cassada, conforme o que se apurar na instrução da causa.

Sendo a tutela provisória *initio litis* um direito da parte, quando reunidos os seus pressupostos legais, não pode o juiz tratá-la como se fosse objeto de sua discricionariedade. Quer concedendo-a, quer denegando-a, resolve questão incidente e, assim, profere decisão interlocutória a desafiar recurso de agravo, e não simplesmente despacho de expediente irrecorrível.[20]

455. Distinção entre liminar e medida de urgência

Costuma-se confundir liminar com medida de urgência e, às vezes, chega-se a afirmar que a liminar, quase sempre, não é mais do que uma medida cautelar.[21] Assim, uma tarefa a cumprir, no exame das tutelas provisórias, é a de precisar a noção jurídica de *liminar* para depois cuidar do tema das medidas que compõem a tutela de urgência, ou seja, as medidas cautelares conservativas e as medidas satisfativas.

Liminar, lexicamente, é um adjetivo que atribui a algum substantivo a qualidade de *inicial*, preambular, vale dizer, "é tudo aquilo que se situa no início, na porta, no limiar".[22] Na linguagem jurídica, usa-se a expressão "liminar" para identificar qualquer medida ou provimento tomado pelo juiz na abertura do processo – *in limine litis* – vale dizer: liminar é o provimento judicial emitido "no momento mesmo em que o processo se instaura";[23] em regra, se dá antes

---

18 PONTES DE MIRANDA, Francisco Cavalcanti. *Comentários ao Código de Processo Civil*. Rio de Janeiro: Forense, 1959, v. VIII, p. 313.

19 PONTES DE MIRANDA, Francisco Cavalcanti. *Comentários ao Código de Processo Civil*. Rio de Janeiro: Forense, 1959, v. VIII, p. 313.

20 TJSP, Ag. 19.129-4/7, Rel. Des. Ruiter Oliva, ac. 01.10.1996, *RT* 737/232; *JTJ* 186/246; TJSP, MS 81.665-2, Rel. Des. Mohamed Amaro, ac. 26.11.1984, *RJTJSP* 92/354; STJ, 3ª T., REsp 122.488/MT, Rel. Min. Waldemar Zveiter, Rel. p/ acórdão Min. Ari Pargendler, ac. 20.02.2001, *DJU* 25.06.2001, p. 167. Quando a liminar deferida por decisão monocrática do relator em segunda instância, cabe "recurso interno ao Colegiado, ainda que ausente a previsão regimental" (STJ, 2ª T., RMS 21.786, Rel. Min. Castro Meira, ac. 27.03.2007, *DJU* 12.04.2007, p. 258). O agravo interno contra toda decisão singular do relator está previsto no art. 1.021 do CPC/2015, e seu procedimento consta dos parágrafos do mesmo dispositivo.

21 FRIEDE, Reis. *Medidas Liminares*. Rio de Janeiro: Forense Universitária, 1997, p. 14-25.

22 FABRÍCIO, Adroaldo Furtado. Breves Notas sobre Provimentos Antecipatórios, Cautelares e Liminares. *Revista Ajuris*, 66/13.

23 FABRÍCIO. Adroaldo Furtado. Breves Notas sobre Provimentos Antecipatórios, Cautelares e Liminares. *Revista Ajuris*, 66/13.

da citação do réu, embora o Código considere, ainda, como liminar a decisão de medida a ser tomada depois de justificação para que foi citado o réu, mas antes ainda de abertura do prazo para resposta à demanda (CPC/2015, arts. 562 e 564, e respectivos parágrafos).

A rigor, portanto, liminar qualifica qualquer medida judicial tomada antes do debate em contraditório do tema que constitui o objeto do processo, e nessa categoria entrariam os diversos provimentos, inclusive os de saneamento do processo, como os tendentes a suprir defeitos da petição inicial ou a propiciar-lhe emendas, antes da contestação do réu, e outras como a concessão de prazo ao advogado do autor para que exiba posteriormente, e em prazo certo, o mandato *ad judicia* que, pela urgência do aforamento da causa, não pôde ser previamente obtido. Até mesmo o indeferimento da petição inicial, quando totalmente inviável o ajuizamento da demanda, pode-se ter como medida de caráter unilateral e liminar.[24]

O conteúdo do ato decisório, como se vê, não tem influência alguma sobre a identificação da liminar como categoria processual. Essa identificação liga-se apenas e tão somente ao momento em que o provimento é decretado pelo juiz. Para ter-se como configurada uma liminar, nada importa que a manifestação judicial expresse um juízo cognitivo, executório, cautelar ou até mesmo administrativo, ou de antecipação da apreciação do *meritum causae*. O critério a observar, para esse fim, portanto, é o temporal ou de lugar no tempo, dentro da sequência dos atos que compõe a cadeia processual.[25]

Incorreta, portanto, a tentativa de confundir sempre a natureza das liminares com a das medidas provisórias.

456. Liminar nem sempre corresponde à cautelaridade

Como o tempo de duração do processo pode comprometer a eficácia e utilidade do provimento judicial esperado na composição definitiva do litígio, a história do direito processual vem registrando, de longa data, a configuração de medidas provisórias, distintas das de satisfação do direito material da parte, mas que asseguram o seu útil exercício, caso a solução final da demanda lhe seja favorável.

Assim, ao lado da tutela de conhecimento e da executiva, ambas de caráter satisfativo, concebeu-se, sob a égide do Código revogado, a função acessória, complementar, da tutela cautelar, com o propósito claro de afastar os incômodos da demora inevitável entre a dedução da demanda em juízo e a resposta definitiva da jurisdição.

De início, delimitou-se bem o terreno da tutela cautelar, que não poderia ultrapassar o campo das providências conservativas, já que as medidas de satisfação do direito da parte somente seriam alcançáveis após a exaustão do contraditório.

No entanto, como havia casos em que não era possível evitar-se o *periculum in mora* senão antecipando-se o exercício, no todo ou em parte, do próprio direito subjetivo material, a tutela de emergência foi sendo ampliada por dois caminhos distintos:

(a) o da *antecipação de tutela*, por expediente como o das liminares frequentemente introduzidas pela lei em procedimentos especiais (mandado de segurança, ação popular, ação de inconstitucionalidade, ação de nunciação da obra nova, ações locatícias etc.);

---

[24] BEDAQUE. José Roberto dos Santos. *Tutela cautelar e tutela antecipada:* tutelas sumárias de urgência. 3. ed. São Paulo: Malheiros, 2003, p. 278; FABRÍCIO. Adroaldo Furtado. Breves Notas sobre Provimentos Antecipatórios, Cautelares e Liminares. *Revista Ajuris*, 66/13.

[25] FABRÍCIO, Adroaldo Furtado. Breves Notas sobre Provimentos Antecipatórios, Cautelares e Liminares. *Revista Ajuris*, 66/13.

(*b*) pela dilatação do poder geral de cautela, tendente a admitir seu uso não só para fins conservativos, mas também para, excepcionalmente, cumprir a provisória satisfação de pretensões de mérito.[26]

Nesse sentido, a última corrente acabaria por inserir toda a tutela de emergência dentro do universo cautelar, de sorte que tudo o que se baseasse na defesa do *fumus boni iuris* (apreciação superficial sobre a plausibilidade ou verossimilhança do direito da parte) e na necessidade de evitar o *periculum in mora* (risco de dano durante o processo), seria absorvido pelas medidas de natureza cautelar. Não haveria razão, em tal conjuntura, para um tratamento jurídico diferenciado para as antecipações de tutela e as medidas de cunho conservativo.[27]

Na Europa, esse tem sido o rumo predominante de forma bem marcante no direito francês e no direito italiano, em que o poder geral de cautela passou, naturalmente, por via de interpretação doutrinária e pretoriana, a abranger as providências de urgência de natureza satisfativa.

Entre nós, embora vozes abalizadas tivessem se erguido em prol da admissão das medidas cautelares satisfativas,[28] a opinião que no passado prevaleceu, principalmente na jurisprudência, foi no sentido de que o poder geral de cautela não comportaria tal ampliação, devendo restringir-se às providências meramente conservativas. Antecipação de tutela satisfativa somente haveria nos casos em que a lei expressamente previsse, em procedimentos especiais, a concessão de liminar.[29]

Adveio, porém, em 1994, a reforma do Código de Processo Civil de 1973 e, fora do processo cautelar, mas dentro do processo de conhecimento, instituiu-se a possibilidade emergencial genérica da antecipação de tutela, sujeitando-a, outrossim, a requisitos mais rigorosos do que os exigidos para as medidas cautelares (redação dada aos arts. 273 e 461 do CPC de 1973, pela Lei 8.952, de 13.12.1994). Essa ampla possibilidade de antecipar medidas satisfativas não se confundia, necessariamente, com as antigas e conhecidas liminares, pois a providência urgente poderia acontecer em qualquer momento ou fase do processo, enquanto não solucionado definitivamente o processo de conhecimento, e não apenas na abertura da relação processual.

Atualmente, o Código de 2015 unificou o regime normativo instituído para as medidas conservativas e satisfativas, estabelecendo um gênero comum de *tutela de urgência*, que se submete a idênticos requisitos (*fumus boni iuris* e *periculum in mora*).

Não obstante, descartou o tratamento indiscriminado das liminares, no direito processual brasileiro, como medidas cautelares. Muitas delas não se baseiam sequer no *periculum in mora*, mas na conveniência da tutela do direito evidente, como é o caso dos interditos possessórios e das ações locatícias, a propósito das revisionais e renovatórias, em que se cuida de assegurar

---

26 Carreira Alvim, por exemplo, entendia que se o "processo cautelar" dentro do texto do Código de Processo Civil "alberga tantas tutelas de índole tão diversificadas", dentre as quais várias medidas específicas "reconhecidamente satisfativas, como os alimentos provisionais, a busca e apreensão, as previstas no art. 888 do CPC", não haveria razão para se recusar o uso do poder geral de cautela também em caráter satisfativo, quando necessária "uma tutela de urgência, no âmbito de uma tutela jurisdicional diferenciada" (CARREIRA ALVIM, J. E. *O direito na doutrina*. Curitiba: Juruá, 1998, p. 27).

27 Esse o posicionamento de José Roberto dos Santos Bedaque: "Se admitirmos, com Calamandrei e Proto Pisani, a instrumentalidade e a consequente provisoriedade como características identificadoras da *tutela cautelar*, esta terá como espécies os provimentos *conservativos e antecipatórios*" (BEDAQUE, José Roberto dos Santos. *Tutela cautelar e Tutela antecipada:* tutela sumária e de urgência. São Paulo: Malheiros, 1998, p. 380).

28 Pela viabilidade de usar o poder geral de cautela para obter *medidas cautelares satisfativas* era o ensinamento de J. E. Carreira Alvim (*O direito na doutrina*. Curitiba: Juruá, 1998, p. 28-29).

29 "Salvo os casos expressos em lei, não cabe medida cautelar com efeito satisfativo, isto é, como sucedâneo da ação principal" (TJSP, Ap. 156.602-2, Rel. Des. Dínio Garcia, ac. 28.06.1990, *RJTJSP* 126/174; STJ, 3ª T., AgRg no AgRg na MC 17.057/RN, Rel. Min. Paulo de Tarso Sanseverino, ac. 02.09.2010, *DJe* 15.09.2010).

efeitos econômicos imediatos, sem o pressuposto do *periculum in mora*. Em outras, não basta a aparência do bom direito, mas se exige logo a verossimilhança do direito da parte, formada por meio de prova inequívoca geradora de convicção sobre direito líquido certo *prima facie* (Lei 12.016/2009 [art. 7º, III], para as ações de mandado de segurança).

Ora, se múltiplos são os motivos que levam a lei a quebrar o ritmo normal do processo de conhecimento, para autorizar as liminares e se nem mesmo o *periculum in mora* é traço comum a todas elas, é totalmente inadequado pretender inseri-las todas e sempre no campo da cautelaridade. O que, enfim, permite encarar a *liminar* como uma categoria jurídico-processual é tão somente o seu específico aspecto temporal, ou seja, a excepcional possibilidade de providências no início do processo, antes pois de realizar e completar o contraditório. Nada mais do que isto.

Enfim, *liminar* não é sinônimo de providência *cautelar*, é qualquer medida deliberada logo no início da relação processual e tanto pode ter cunho cautelar como satisfativo. Medida cautelar (conservativa) e medida antecipatória (satisfativa) são espécies distintas *de um mesmo* gênero – a *tutela de urgência* – porque ambas têm em comum a força de quebrar a sequência normal do procedimento ordinário, ensejando sumariamente provimentos que, em regra, só seriam cabíveis depois do acertamento definitivo do direito da parte.

A tutela da evidência, que não se baseia no *periculum in mora*, também admite liminar, à luz de prova convincente das situações particulares em que a lei prevê essa modalidade de tutela sumária, observado o mesmo procedimento previsto para as liminares das tutelas de urgência (CPC/2015, arts. 294 e 311, parágrafo único). Aliás, grande parte das liminares previstas em procedimentos especiais correspondem a medidas de tutela da evidência, com acentuada função antecipatória.

456-A. Medidas cautelares e liminar em defesa do erário: ação executiva fiscal, ação de improbidade administrativa e ação anticorrupção

Os interesses patrimoniais da Fazenda Pública, como ocorre com os litigantes em geral, podem ser acautelados, tanto por medidas tipicamente cautelares como por meio de liminares de caráter satisfativo ou conservativo. Há, porém, tratamento legal particularizado para algumas situações em que a tutela jurisdicional se volta para a defesa do erário:

I – Créditos fiscais (dívida ativa)

Com relação aos créditos fiscais, tributários ou não, exigíveis em juízo através da Execução Fiscal regulada pela Lei 6.830/1980, existe a *medida cautelar fiscal*, que pode ser requerida pela Fazenda Pública,[30] após a constituição do crédito, antes da execução judicial ou no curso desta.

O objetivo da medida cautelar fiscal instituída pela Lei 8.397/1992, é gerar a indisponibilidade de bens penhoráveis do devedor da Fazenda Pública, assegurando a futura garantia judicial da competente execução fiscal.

Na sistemática da referida lei, a medida cautelar fiscal se funda, em regra, nos dois requisitos cumulativos das medidas de urgência previstas pelo CPC, ou seja: o *fumus boni iuris* e o *periculum in mora* (CPC, art. 300).

O *fumus boni iuris* deve ser demonstrado pela prova literal da constituição do crédito fiscal (Lei 8.397, art. 3º, I). Quanto ao *periculum in mora*, há de ser deduzido de algumas

---

30 A medida cautelar, que é regulada pela Lei 8.397/1992, beneficia a execução da Dívida Ativa da União, dos Estados, do Distrito Federal e dos Municípios e respectivas autarquias (art. 1º, com a redação da Lei 9.532/1997).

práticas duvidosas do devedor, as quais se acham arroladas nos incisos I a IX do art. 2º, da mesma lei.[31] Todas elas correspondem a indícios concludentes do risco de insolvência do devedor, antes que a penhora se torne factível dentro do procedimento normal da execução fiscal. Devem, também, ser objeto de prova documental, da mesma forma que o *fumus boni iuris* (Lei 8.397, art. 3º, II). Na ausência de documentação adequada, a Fazenda Pública deverá proceder à justificação, em juízo, do risco de dano (CPC, art. 300, § 2º), para obter a medida cautelar antes da citação.

Estando regularmente documentado o requerimento, o juiz concederá liminarmente, a medida cautelar fiscal, dispensada a Fazenda Pública de justificação prévia e de prestação de caução (Lei 8.397, art. 7º).

A indisponibilidade de bens, decorrente da medida cautelar fiscal (Lei 8.397, art. 4º) pode, a qualquer tempo, ser substituída, na forma dos incisos I e II do art. 9º da Lei 6.830/1980, por depósito bancário em estabelecimento oficial de crédito, com garantia de atualização monetária; ou por fiança bancária ou seguro garantia (art. 10 da Lei 8.397). A medida cautelar também se extinguirá pela nomeação, pelo executado, de bens à penhora, com observância da ordem legal de preferência (Lei 6.830, art. 9º, III).

A medida cautelar fiscal, tal como prevista na Lei 8.397, independe da inscrição em Dívida Ativa, bastando que o crédito tenha sido constituído na forma da legislação tributária (art. 3º, I).

O legitimado passivo para a ação contra o ato de improbidade e, por conseguinte para a medida cautelar fiscal, é o agente ímprobo da Fazenda Pública. Mas também terceiro comparsa do agente público pode ser incluído como litisconsorte passivo.[32]

II – Improbidade administrativa

A Lei 8.429/1992, alterada pela Lei 14.230/2021, cuida das sanções aplicáveis em virtude da prática de atos de improbidade administrativa, de que trata o § 4º do art. 37 da Constituição Federal, e cria a *ação de improbidade* administrativa, que observa o procedimento comum regulado pelo CPC (art. 17, *caput*), e incluirá no polo passivo os responsáveis pelas infrações arroladas nos arts. 9º, 10 e 11 da referida Lei. "Sem prejuízo da citação dos réus, a pessoa ju-

---

[31] "Art. 2º A medida cautelar fiscal poderá ser requerida contra o sujeito passivo de crédito tributário ou não tributário, quando o devedor: (redação dada pela Lei 9.532, de 1997) I – sem domicílio certo, intenta ausentar-se ou alienar bens que possui ou deixa de pagar a obrigação no prazo fixado; II – tendo domicílio certo, ausenta-se ou tenta se ausentar, visando a elidir o adimplemento da obrigação; III – caindo em insolvência, aliena ou tenta alienar bens; (redação dada pela Lei 9.532, de 1997) IV – contrai ou tenta contrair dívidas que comprometam a liquidez do seu patrimônio; (redação dada pela Lei 9.532, de 1997); V – notificado pela Fazenda Pública para que proceda ao recolhimento do crédito fiscal: (redação dada pela Lei 9.532, de 1997) a) deixa de pagá-lo no prazo legal, salvo se suspensa sua exigibilidade; (incluída pela Lei 9.532, de 1997) b) põe ou tenta por seus bens em nome de terceiros; (incluída pela Lei 9.532, de 1997); VI – possui débitos, inscritos ou não em Dívida Ativa, que somados ultrapassem trinta por cento do seu patrimônio conhecido; (incluído pela Lei 9.532, de 1997); VII – aliena bens ou direitos sem proceder à devida comunicação ao órgão da Fazenda Pública competente, quando exigível em virtude de lei; (incluído pela Lei 9.532, de 1997); VIII – tem sua inscrição no cadastro de contribuintes declarada inapta, pelo órgão fazendário; (incluído pela Lei 9.532, de 1997); IX – pratica outros atos que dificultem ou impeçam a satisfação do crédito. (incluído pela Lei 9.532, de 1997)".

[32] "(...) 3. O art. 4º, § 2º, da Lei 8.397/1992, autoriza o requerimento da medida cautelar fiscal contra terceiros, desde que tenham adquirido bens do sujeito passivo (contribuinte ou responsável) em condições que sejam capazes de frustrar a satisfação do crédito pretendido. 4. Essas condições remontam à fraude de execução e à fraude contra credores. 5. Descaracterizada a fraude à execução e não ajuizada a ação pauliana ou revocatória em tempo hábil, impõe-se o reconhecimento da perda superveniente do interesse de agir do credor em medida cautelar fiscal contra terceiros" (STJ, 2ª T., REsp 962.023/DF, Rel. Min. Mauro Campbell Marques, ac. 17.05.2011, *DJe* 16.03.2012).

rídica interessada será intimada para, caso queira, intervir no processo" (§ 14). A sentença, se não houver solução conciliatória e se for procedente a demanda, condenará "ao ressarcimento dos danos e à perda ou à reversão dos bens e valores ilicitamente adquiridos, conforme o caso, em favor da pessoa jurídica prejudicada pelo ilícito" (art. 18).

Prevê o art. 16 da Lei 8.429 que, na ação por improbidade administrativa, em caráter antecedente ou incidente, poderá ser formulado pedido de indisponibilidade de bens dos réus, a fim de garantir a integral recomposição do erário ou do acréscimo patrimonial resultante de enriquecimento ilícito. A respeito dessa medida provisória de urgência, observar-se-ão as seguintes cautelas:

(a) "quando for o caso, o pedido de indisponibilidade de bens a que se refere o *caput* deste artigo incluirá a investigação, o exame e o bloqueio de bens, contas bancárias e aplicações financeiras mantidas pelo indiciado no exterior, nos termos da lei e dos tratados internacionais" (§ 2º na redação da Lei 14.230/2021);

(b) o pedido de indisponibilidade "apenas será deferido mediante a demonstração no caso concreto de perigo de dano irreparável ou de risco ao resultado útil do processo, desde que o juiz se convença da probabilidade da ocorrência dos atos descritos na petição inicial com fundamento nos respectivos elementos de instrução, após a oitiva do réu em 5 (cinco) dias" (§ 3º incluído pela Lei 14.230);

(c) "a indisponibilidade de bens poderá ser decretada sem a oitiva prévia do réu, sempre que o contraditório prévio puder comprovadamente frustrar a efetividade da medida ou houver outras circunstâncias que recomendem a proteção liminar, não podendo a urgência ser presumida" (§ 4º incluído pela Lei 14.230);

(d) "se houver mais de um réu na ação, a somatória dos valores declarados indisponíveis não poderá superar o montante indicado na petição inicial como dano ao erário ou como enriquecimento ilícito" (§ 5º incluído pela Lei 14.230)[33];

(e) "o valor da indisponibilidade considerará a estimativa de dano indicada na petição inicial, permitida a sua substituição por caução idônea, por fiança bancária ou por seguro-garantia judicial, a requerimento do réu, bem como a sua readequação durante a instrução do processo" (§ 6º incluído pela Lei 14.230);

(f) "a indisponibilidade de bens de terceiro dependerá da demonstração da sua efetiva concorrência para os atos ilícitos apurados ou, quando se tratar de pessoa jurídica, da instauração de incidente de desconsideração da personalidade jurídica, a ser processado na forma da lei processual (§ 7º incluído pela Lei 14.230);

(g) aplica-se à indisponibilidade de bens regida por esta Lei, no que for cabível, o regime da tutela provisória de urgência do CPC (§ 8º incluído pela Lei 14.230);

(h) da decisão que deferir ou indeferir a medida relativa à indisponibilidade de bens caberá agravo de instrumento, nos termos do CPC (§ 9º incluído pela Lei 14.230);

(i) "a indisponibilidade recairá sobre bens que assegurem exclusivamente o integral ressarcimento do dano ao erário, sem incidir sobre os valores a serem eventualmente

---

33 "Para fins de indisponibilidade de bens, há solidariedade entre os corréus da Ação de Improbidade Administrativa, de modo que a constrição deve recair sobre os bens de todos eles, sem divisão em quota-parte, limitando-se o somatório da medida ao *quantum* determinado pelo juiz, sendo defeso que o bloqueio corresponda ao débito total em relação a cada um" (STJ, 1ª Seção, Tese fixada sobre o Tema 1.213, nos REsps 1.955.116/AM e outros em regime repetitivo, Rel. Min. Herman Benjamin, ac. 22.05.2024).

aplicados a título de multa civil ou sobre acréscimo patrimonial decorrente de atividade lícita" (§ 10 incluído pela Lei 14.230);[34]

(j) "a ordem de indisponibilidade de bens deverá priorizar veículos de via terrestre, bens imóveis, bens móveis em geral, semoventes, navios e aeronaves, ações e quotas de sociedades simples e empresárias, pedras e metais preciosos e, apenas na inexistência desses, o bloqueio de contas bancárias, de forma a garantir a subsistência do acusado e a manutenção da atividade empresária ao longo do processo" (§ 11 incluído pela Lei 14.230);

(k) "o juiz, ao apreciar o pedido de indisponibilidade de bens do réu a que se refere o *caput* deste artigo, observará os efeitos práticos da decisão, vedada a adoção de medida capaz de acarretar prejuízo à prestação de serviços públicos" (§ 12 incluído pela Lei 14.230);

(l) "e vedada a decretação de indisponibilidade da quantia de até 40 (quarenta) salários mínimos depositados em caderneta de poupança, em outras aplicações financeiras ou em conta-corrente" (§ 13 incluído pela Lei 14.230);

(m) é vedada a decretação de indisponibilidade do bem de família do réu, salvo se comprovado que o imóvel seja fruto de vantagem patrimonial indevida, conforme descrito no art. 9º da Lei 8.429/1992 (§ 14 incluído pela Lei 14.230).

Antes de qualquer ação judicial ou medida cautelar, a autoridade que tomar conhecimento de indícios de ato de improbidade representará ao Ministério Público competente, para que sejam promovidas as providências necessárias (art. 7º da Lei 8.429, com a redação da Lei 14.230), independentemente da eventual medida de indisponibilidade (art. 16, § 1º-A, da Lei de Improbidade).

A indisponibilidade, como garantia de ressarcimento do dano acarretado ao erário, deve recair sobre bens penhoráveis, respeitando-se a impenhorabilidade do bem de família, dos alimentos, e demais casos de bens inexequíveis previstos em lei.[35] Mas quando se trata de confiscar bens objeto do enriquecimento ilícito, não há lugar para se cogitar da impenhorabilidade ordinária. O objeto ilicitamente adquirido, qualquer que seja a sua natureza, será perdido em favor da Fazenda Pública. Quando isto ocorre, o caráter de bem de família do bem ilicitamente adquirido em nada interfere em sua indisponibilidade.[36]

A medida cautelar, na espécie, pode ser promovida em procedimento antecedente, como prevê o art. 7º da Lei de Improbidade. Pode, também, ser requerida na própria ação ressarcitória, em caráter de liminar ou de incidente, "independentemente de ação cautelar autônoma".[37]

III – Indisponibilidade administrativa (Lei 13.606/2018)

O art. 20-B, § 3º, II, da Lei 10.522/2002, introduzido pela Lei 13.606/2018, instituiu a indisponibilidade de bens, por via extrajudicial. A própria Fazenda Pública a obtém, levando a certidão

---

[34] "A constrição [do art. 7º da Lei de Improbidade Administrativa] não deve recair sobre o patrimônio total do réu, mas tão somente sobre parcela que se mostre suficiente para assegurar futura execução" (STJ, 1ª T., REsp 1.161.049/PA, Rel. Min. Sérgio Kukina, ac. 18.09.2014, *DJe* 29.09.2014).

[35] STJ, 1ª T., REsp 1.164.037/RS, Rel. p/ac. Napoleão Maia Filho, ac. 20.02.2014, *DJe* 09.05.2014, *RT* 945/428.

[36] STJ, 2ª T., REsp 840.930/PR, Rel. Min. Eliana Calmon, ac. 16.09.2008, *DJe* 07.11.2008; STJ, 1ª T., REsp 806.301/PR, Rel. Min. Luiz Fux, ac. 11.12.2007, *DJe* 03.03.2008.

[37] STJ, 2ª T., REsp 469.366/PR, Rel. Min. Eliana Calmon, ac. 13.05.2003, *DJU* 02.06.2003, p. 285; STJ, 1ª T., REsp 199.478/MG, Rel. Min. Humberto Gomes de Barros, ac. 21.03.2000, *DJU* 08.05.2000, p. 61; STJ, 2ª T., REsp 930.650/DF, Rel. Min. Herman Benjamin, ac. 18.08.2009, *DJe* 27.08.2009.

de dívida ativa à averbação no registro público de bens e direitos sujeitos a arresto ou penhora.[38] Trata-se de expediente muito mais simples do que a medida cautelar fiscal instituída pela Lei 8.397/1992, que, entretanto, não elimina a utilidade desta última medida. É que a medida cautelar fiscal não depende da inscrição em dívida ativa, bastando que o crédito tenha sido constituído (Lei 8.397/1992, art. 3º, I). Já a indisponibilidade administrativa só é admissível depois que a Fazenda Pública tenha inscrito seu crédito em Dívida Ativa e tenha notificado o devedor, dando-lhe cinco dias de prazo para pagar o débito (Lei 10.522/2002, art. 20-B, § 3º, II).

Além da averbação da CDA em registo público, o mesmo dispositivo da Lei 10.522 (art. 20-B, § 3º, I) autoriza a comunicação da inscrição em Dívida Ativa aos órgãos que operam bancos de dados e cadastros relativos a consumidores e aos serviços de proteção ao crédito e congêneres.

IV – Lei Anticorrupção: Processo administrativo de responsabilização (PRA). Medida cautelar judicial

A Lei Anticorrupção (Lei 12.846/2013) veio a completar o sistema jurídico brasileiro de combate aos atos lesivos à Administração, por meio da instituição da responsabilidade objetiva das empresas (pessoas jurídicas) por atos de corrupção praticados em seu nome, em prejuízo da gestão pública, nacional ou estrangeira (art. 1º).[39]

A função básica da Lei 12.846 é estabelecer sanções administrativas endereçadas diretamente às pessoas jurídicas quando atuam como agente corruptor, em face da Administração. Afetam, tais sanções, o patrimônio da entidade infratora, abrindo caminho, se for o caso, para a busca do ressarcimento dos cofres públicos. A responsabilização empresarial assim estabelecida é objetiva, por não depender da averiguação de culpa ou dolo, enquanto limitada às esferas administrativa e civil (Lei 12.846, art. 2º).

A apuração e sancionamento dessa responsabilidade não é processada judicialmente. Cabe à própria Administração, que, para tanto, observará o procedimento traçado pelo Decreto 11.129/2022, que contém o Regulamento da Lei 12.846/2013.[40] Trata-se do "Processo Administrativo de Responsabilização – PAR", cuja instauração pode ser de ofício ou a requerimento (Lei 12.846, art. 8º, *caput*).

O objetivo específico do PAR, segundo o art. 6º da Lei 12.846 e o art. 19 do Dec. 11.129/2022, é a aplicação à pessoa jurídica infratora de duas sanções administrativas: I – multa; e II – publicação extraordinária da decisão administrativa.

---

38 Há, em curso, duas ações de inconstitucionalidade no STF contra o art. 20-B, § 3º, incs. I e II, da Lei 10.522, e da Portaria 33 da Procuradoria da Fazenda Nacional, que o regulamentou (ADI 5.925/DF e ADI 6.046).

39 O disposto na Lei Anticorrupção aplica-se "aos atos lesivos praticados: I – por pessoa jurídica brasileira contra administração pública estrangeira, ainda que cometidos no exterior; II – no todo ou em parte no território nacional ou que nele produzam ou possam produzir efeitos; ou III – no exterior, quando praticados contra a administração pública nacional" (Decreto 11.129/2022, art. 1º, § 1º). "São passíveis de responsabilização nos termos do disposto na Lei 12.846, de 2013, as pessoas jurídicas que tenham sede, filial ou representação no território brasileiro, constituídas de fato ou de direito" (Decreto 11.129, art. 1º, § 2º).

40 "A competência para a instauração e para o julgamento do PAR é da autoridade máxima da entidade em face da qual foi praticado o ato lesivo ou, em caso de órgão da administração pública federal direta, do respectivo Ministro de Estado" (Decreto 11.129/2022, art. 4º). Essa competência "será exercida de ofício ou mediante provocação e poderá ser delegada, vedada a subdelegação" (art. 4º, parágrafo único). No âmbito do Poder Executivo federal, porém, a Controladoria-Geral da União (CGU) possui competência concorrente para instaurar e julgar o PAR (Lei 12.846, art. 8º, § 2º). Nos ilícitos praticados contra administração estrangeira a competência é exclusiva da CGU (Lei 12.846, art. 9º).

Quanto à reparação integral dos danos e prejuízos constatados no PAR, caberá ao órgão de representação judicial ou equivalente dos órgãos ou entidades lesados a tomada das providências judiciais competentes (Dec. 11.129/2022, art. 30). Fora do PAR e de eventual negociação de acordo de leniência, outros processos administrativos específicos podem se ocupar da apuração da ocorrência de danos e prejuízos à Administração Pública resultantes do ato lesivo cometido por pessoa jurídica, com ou sem a participação de agente público (Dec. 11.129, art. 66).

Encerrado o PAR, e não ocorrido o pagamento da multa imposta à pessoa jurídica no prazo de trinta dias, o débito será inscrito em Dívida Ativa (Dec. 11.129, art. 29, § 2º), seguindo-se a cobrança como executivo fiscal (Lei 6.830/1980).

A cobrança judicial da multa, assim como a publicação extraordinária da decisão sancionatória e a reparação integral dos danos e prejuízos serão solicitadas ao órgão de representação judicial ou equivalente dos órgãos ou entidades lesados (Decreto 11.129, art. 30).[41]

A competência do Ministério Público para promover, judicialmente, as sanções previstas no art. 6º da Lei 12.846/2013, é subsidiária e somente é exercitável, por via de ação civil pública, quando comprovada a omissão injustificada da autoridade administrativa competente para promoção da responsabilização disciplinada pela Lei Anticorrupção (art. 20).

Em relação à tutela cautelar, a Lei Anticorrupção prevê que "o Ministério Público ou a Advocacia Pública ou o órgão de representação judicial, ou equivalente, do ente público, poderá requerer a indisponibilidade de bens, direitos ou valores necessários à garantia do pagamento da multa ou da reparação integral do dano causado, conforme previsto no art. 7º, ressalvado o direito do terceiro de boa-fé" (Lei 12.846/2013, art. 19, § 4º).

Trata-se de medida cautelar e não de mera liminar de aplicação automática e imotivada. O caso é de provimento de urgência, que objetiva assegurar o cumprimento da decisão administrativa e que depende de procedimento judicial. Portanto, para que se proceda ao requerimento eficaz da indisponibilidade de bens, direitos ou valores do responsável pela lesão ao erário, é indispensável a ocorrência e comprovação dos requisitos da tutela cautelar, quais sejam, o *fumus boni iuris* e o *periculum in mora* (CPC, art. 300).[42]

457. Contracautela

Atribui o art. 300, § 1º, do CPC/2015, ao juiz que defere a tutela de urgência, o poder de impor ao requerente a prestação de uma caução, que pode ser real ou fidejussória, e que tem o fito de ressarcir qualquer prejuízo que a providência sumária possa, eventualmente, acarretar ao requerido, a quem nem sequer se facultou, ainda, o direito de se defender.

A proteção de urgência, como se tem procurado demonstrar, dirige-se predominantemente ao interesse público de preservar a força e a utilidade do processo para o desempenho da missão de promover a justa composição da lide, assim como a efetividade da prestação jurisdicional devida no plano do direito material.

Por isso, não é ela apanágio do requerente da tutela de urgência. Muitas vezes, o juiz, ao conceder a garantia pleiteada pelo requerente, sente que também o requerido pode correr algum risco de dano, igualmente merecedor de precaução processual.

---

41 No âmbito da administração federal direta, a atuação judicial será exercida pela Procuradoria-Geral da União. A cobrança da multa aplicada no PAR, porém, será promovida pela Procuradoria-Geral da Fazenda Nacional (Dec. 11.129/2022, art. 31). Quanto às autarquias e às fundações públicas federais, a atuação judicial será exercida pela Procuradoria-Geral Federal, inclusive no que se refere à multa aplicada no PAR (Dec. 11.129/2022, art. 31, parágrafo único).

42 TEIXEIRA, Tarcísio; BATISTI, Beatriz; SALES, Marlon de. *Lei Anticorrupção comentada dispositivo por dispositivo.* São Paulo: Almedina Brasil, 2016, p. 162.

Para contornar tais situações, existe a figura da *contracautela*, segundo a qual o juiz, ao conceder determinada providência urgente a uma parte, condiciona a consecução da medida à prestação de caução, a cargo do requerente.

Essa contracautela é de imposição *ex officio* pelo juiz, mas nada impede que seja provocada por requerimento do promovido, se houver inércia do magistrado.

Com a contracautela, o juiz estabelece um completo e equitativo regime de garantia ou prevenção, de sorte a tutelar bilateralmente todos os interesses em risco.[43]

Note-se que a contracautela não é uma imposição permanente da lei ao juiz, que tenha de ser observada em todo e qualquer deferimento da tutela de urgência. É apenas uma faculdade a ele oferecida, cujo exercício dependerá da verificação, no caso concreto, da existência de risco bilateral para ambos os litigantes na situação litigiosa a acautelar.

Trata-se, na verdade, de um grande remédio colocado nas mãos do juiz para agilizar a pronta prestação da tutela preventiva. Assim, nos casos de dúvida ou insuficiência de provas liminares, o juiz, ao invés de indeferir a medida de urgência, deverá, na sistemática da contracautela, impor ao requerente a prestação da competente caução.[44]

É importante observar, contudo, que essa prestação liminar de caução favorece o deferimento *initio litis* da medida urgente, mas não dispensa o requerente do ônus de provar os fatos constitutivos dos requisitos legais da tutela emergencial, na fase instrutória do processo, se seu pedido vier a ser contestado.

Por fim, caso o requerente não tenha condições patrimoniais para oferecer a caução, o juiz poderá dispensá-la, razão pela qual a hipossuficiência econômica não pode configurar óbice ao direito de acesso à tutela de urgência, dentro da concepção atual de um processo justo (art. 300, § 1º, *in fine*).[45]

458. Oportunidade da tutela de urgência

Dispõe o art. 294, parágrafo único, do CPC/2015, que "a tutela provisória de urgência, cautelar ou antecipada, pode ser concedida em caráter antecedente ou incidental". O legislador não prefixou, rigidamente, o momento adequado para a tutela de urgência. Nada impede, portanto, que seja postulada na inicial, cabendo ao juiz apreciá-la antes ou depois da citação do réu – "liminarmente ou após justificação prévia" (CPC/2015, art. 300, § 2º) –, conforme sua maior ou menor urgência.

---

43 STJ, REsp 23.074/PR, Rel. Min. Nilson Naves, ac. 31.08.1992, *DJU* 28.09.1992, p. 16.428; STJ, 2ª T., AgRg na MC 7.895/SP, Rel. Min. Eliana Calmon, ac. 13.04.2004, *DJU* 21.02.2005, p. 115. Para Pestana de Aguiar, a contracautela se apresenta "como providência contraposta não só às medidas específicas, como às inespecíficas emanadas do poder cautelar do juiz, num bem equilibrado sistema legal de pesos e contrapesos" (PESTANA DE AGUIAR, João Carlos. Síntese Informativa do Processo Cautelar. *Seleções Jurídicas (ADV)*, v. 19, n. 16, p. 30).

44 "(...) a caução funciona, pois, em qualidade de cautela da cautela, ou, como se diz autorizadamente, de *contracautela:* enquanto a providência cautelar serve para prevenir os danos que poderiam nascer do retardamento da providência principal, e sacrifica tal objeto, em vista da urgência, as exigências da justiça às da celeridade, a caução que acompanha à providência cautelar serve para assegurar o ressarcimento dos danos que poderiam causar-se a parte contrária pela excessiva celeridade da providência cautelar, e deste modo restabelece o equilíbrio entre as duas exigências discordantes" (CALAMANDREI, Piero. *Introducción al Estudio Sistemático de las Providencias Cautelares*, p. 64. *Apud* MOURA ROCHA, José de. *Exegese do Código de Processo Civil*. Rio de Janeiro: Aide, 1981, p. 104).

45 "Art. 300, § 1º (...); a caução ser dispensada se a parte economicamente hipossuficiente não puder oferecê-la".

É possível, ainda, que a urgência seja contemporânea à propositura da ação e que o autor não tenha condições para elaboração de petição inicial completa ou lhe falte interesse imediato numa composição exauriente do litígio. Nessas situações, o Código atual permite que o requerente, num primeiro momento, limite-se "ao requerimento da tutela antecipada e à indicação do pedido de tutela final, com exposição da lide, do direito que se buscar realizar e do perigo de dano ou do risco ao resultado útil do processo" (art. 303). Também a medida cautelar (conservativa) permite deferimento em procedimento antecedente, embora o regime de estabilização, de que se cuidará adiante, não se lhe aplique (art. 305).

Caso a necessidade da tutela de urgência surja durante a tramitação da ação, o autor deverá provocar a medida incidentalmente, oportunidade em que não será necessário o pagamento de novas custas processuais (art. 295), nem ocorrerá propositura de ação incidental, mas simples requerimento no bojo dos autos.

Em síntese: há três oportunidades para pleitear a tutela de urgência:

(a) antes da dedução da pretensão principal (tutela antecedente);
(b) na petição inicial da ação principal (tutela cumulativa); e
(c) no curso do processo principal (tutela incidental).

459. Iniciativa da tutela de urgência e da evidência

A tutela jurisdicional realiza-se por meio do processo, que se inicia sob regência do princípio da disponibilidade, de sorte que cabe à parte definir o objeto litigioso e a tutela que, sobre ele, pretende obter em juízo (CPC/2015, art. 2º). As tutelas de urgência e da evidência são parcela da tutela geral que incumbe à parte postular, de maneira que, em princípio, deverão se submeter à demanda do interessado. O Código de 1973 era expresso em exigir o requerimento da parte, tanto nas ações cautelares como nas antecipações de tutela:

(a) "só em casos excepcionais, expressamente autorizados por lei, determinará o juiz medidas cautelares sem a audiência das partes" (art. 797, CPC/1973);
(b) "o juiz poderá, a requerimento da parte, antecipar, total ou parcialmente, os efeitos da tutela pretendida no pedido inicial, desde que, existindo prova inequívoca, se convença da verossimilhança da alegação" (art. 273, *caput*, CPC/1973).

O Código de 2015 não reproduz, literalmente, essas normas, e já ao tempo da legislação anterior, vozes abalizadas defendiam a necessidade de flexibilizar a vedação às medidas de urgência *ex officio*. Embora se reconhecesse que o pedido do interessado decorria do princípio dispositivo, seu abrandamento era preconizado, para adequá-lo ao modelo constitucional do processo, comprometido com a tutela efetiva do direito material, em nível que ultrapassava o interesse limitado da parte.[46] Excepcionalmente, portanto, admitia-se que, "em casos graves e de evidente disparidade de armas entre as partes" pudesse, à luz da razoabilidade, antecipar a tutela de ofício no processo civil brasileiro.[47]

O sistema do Código atual, todavia, não é muito diverso do anterior. O art. 299, *caput*, do CPC/2015, pressupõe a iniciativa da parte ao dispor que "a tutela provisória será requerida ao juízo da causa e, quando antecedente, ao juízo competente para conhecer do pedido principal".

---

46 PORTANOVA, Rui. *Princípios do processo civil*. 7. ed. Porto Alegre: Livraria do Advogado, 2008, p. 124-124. BEDAQUE, José Roberto dos Santos. *Tutela cautelar e tutela antecipada*: tutelas sumárias e de urgência. 5. ed. São Paulo: Malheiros, 2009. p. 413.

47 MARINONI, Luiz Guilherme; MITIDIERO, Daniel. *Código de Processo Civil comentado artigo por artigo*. São Paulo: RT, 2008, p. 270.

Dessa maneira, pode-se entender que, em linhas gerais, se manteve a orientação doutrinária exposta: em regra, a tutela de urgência, cautelar ou antecipatória, deverá ser requerida pela parte, mesmo porque, a respectiva execução corre por sua conta e risco, configurando hipótese legal de responsabilidade civil processual objetiva (art. 302).

A contrário senso, somente quando houver situação de vulnerabilidade da parte e risco sério e evidente de comprometimento da efetividade da tutela jurisdicional, poder-se-á excepcionalmente, fugir do rigor do princípio dispositivo, tornando-se cabível a iniciativa do juiz para determinar medidas urgentes indispensáveis à realização da justa composição do litígio.[48] É bom lembrar, porém, que no CPC/2015 não há regra expressa que sequer reproduza a faculdade excepcional prevista no art. 797 do CPC/1973.

No entanto, a jurisprudência do STJ continua firme no sentido de que, em hipóteses extremas, é admissível a concessão de tutela antecipada de ofício, como, por exemplo, ocorre com os benefícios previdenciários. Tais créditos, de natureza alimentar, ensejam a determinação de implementação imediata, assumindo a decisão a esse respeito o caráter mandamental, cuja execução independe de requerimento expresso da parte.[49] Mesmo fora das questões previdenciárias, o STJ conserva a orientação genérica de que, estando em jogo a preservação da "utilidade de provimento jurisdicional futuro", o poder geral de cautela, positivado pelo art. 297 do CPC/2015, "autoriza que o magistrado defira medidas cautelares *ex officio*"[50].

460. Medidas cautelares nominadas e medidas cautelares inominadas

O Código de 1973, focado inicialmente apenas na tutela cautelar, previa a existência de medidas típicas e atípicas. A propósito das últimas, conferia ao juiz um poder geral de cautela, que permitia a criação de providências cautelares além das especificamente reguladas pela lei. O Código atual, uniformizando o regime aplicável tanto às medidas cautelares como às satisfativas, conserva o antigo poder geral, que, no entanto, passa a ser pertinente não apenas às medidas cautelares, mas a todos os provimentos provisórios (CPC/2015, art. 297), de modo a tornar certo que também as medidas antecipatórias se inserem no amplo universo do poder geral de prevenção.

Ao regular o poder cautelar do juiz, o Código de 2015 nomeou algumas medidas tipificadas na codificação revogada, sem, contudo, prever um procedimento especial e diferenciado para cada uma delas (CPC/2015, art. 301). É o caso do arresto, sequestro, arrolamento de bens, registro de protesto contra alienação de bens.

Mas a função cautelar não fica restrita às providências nominadas pelo Código, porque o intuito da lei é assegurar meio de coibir qualquer situação de perigo que possa comprometer a eficácia e a utilidade do provimento jurisdicional. Daí existir, também, a previsão de que caberá ao juiz determinar outras medidas provisórias idôneas para asseguração do direito em risco (arts. 297 e 301), desde que julgadas adequadas, sempre que configurados os requisitos do art. 300, *caput* (*fumus boni iuris* e *periculum in mora*). Há, destarte, medidas que foram nominadas e, também, medidas que são criadas e deferidas pelo próprio juiz, diante de situações de perigo não previstas ou não reguladas expressamente pela lei.

---

48 BUENO, Cassio Scarpinella. *Curso sistematizado de direito processual civil*. São Paulo: Saraiva, 2009, v. 4, p. 11.

49 STJ, 5ª T., AgRg no REsp 1.056.742/RS, Rel. Min. Napoleão Nunes Maia Filho, ac. 14.09.2010, *DJe* 11.10.2010; STJ, 2ª T., REsp 1.309.137/MG, Rel. Min. Herman Benjamin, ac. 08.05.2012, *DJe* 22.05.2012; TRF 1ª Região, 1ª T., Ap. Civ. 0064259-28.2016.4.01.9199/MT, Rel. Des. Gilda Simaringa Seixas, ac. 29.09.2017, *e-DJF1* 11.10.2017.

50 STJ, 4ª T., AgInt no AREsp 1.915.609/DF, Rel. Min. Raul Araújo, ac. 14.03.2022, *DJe* 01.04.2022. No mesmo sentido: STJ, 4ª T., AgInt no AREsp 1.735.781/PR, Rel. Min. Luis Felipe Salomão, ac. 22.11.2021, *DJe* 25.11.2021; STJ, 4ª T., AgInt no AREsp 2.244.318/DF, Rel. Min. Antônio Carlos Ferreira, ac. 08.05.2023, *DJe* 12.05.2023.

Esse poder de criar providências de segurança, fora dos casos já arrolados pelo Código, recebe, doutrinariamente, o nome de "poder geral de cautela". É, porém, de ressaltar que entre as medidas nominadas e as que provêm do poder geral de cautela não há diferença de natureza ou substância.

Em todos os casos – adverte Rocco – os órgãos judicantes desempenham a mesma função de natureza cautelar, ou seja, a atividade destinada a evitar um perigo proveniente de um evento possível ou provável, que possa suprimir ou restringir os interesses tutelados pelo direito.[51]

Diante, porém, do poder geral de cautela, a atividade jurisdicional apoia-se em "poderes indeterminados", porque a lei, ao prevê-los, não cuidou de preordená-los a providências de conteúdo determinado e específico. Já nas medidas nominadas, a função preventiva está predestinada a um objetivo determinado pela lei anterior.

O CPC/2015 refere-se às antigas figuras típicas, mas evita vinculá-las a objetivos específicos predeterminados, como fazia o CPC/1973. O propósito foi mais exemplificativo de como pode atuar o poder de cautela do que conservar rigorosos condicionamentos outrora traçados pela lei para as questionadas figuras cautelares. Desse modo, sequestro e arresto, como medidas cautelares de apreensão e conservação de bens, poderão ser utilizados de maneira mais livre, sem estar sempre rigorosamente atrelados a futuras execuções por quantia certa ou de entrega de coisa.

461. Poder discricionário na tutela de urgência genérica

Deixando ao critério do juiz a determinação das medidas práticas cabíveis no âmbito do poder geral de prevenção, a lei, na realidade, investe o magistrado de um poder discricionário de amplíssimas dimensões.

Apreciando o tema, observa Galeno Lacerda que "no exercício desse imenso e indeterminado poder de ordenar as 'medidas provisórias que julgar adequadas' para evitar o dano à parte, provocado ou ameaçado pelo adversário, a discrição do juiz assume proporções quase absolutas. Estamos em presença de autêntica norma em branco, que confere ao magistrado, dentro do estado de direito, um poder puro, idêntico ao do pretor romano, quando, no exercício do *imperium*, decretava os *interdicta*".[52] Entretanto, impõe-se reconhecer, desde logo, que discricionariedade não é o mesmo que arbitrariedade, mas apenas possibilidade de escolha ou opção dentro dos limites traçados pela lei. Na verdade, a outorga de um poder discricional resulta de um ato de confiança do legislador no juiz, não, porém, num *bill* para desvencilhá-los dos princípios e parâmetros que serviram de fundamento à própria outorga.

Assim, o Código de 2015, em seus arts. 297 e 301, ao instituir o poder geral de prevenção, já o destinou apenas aos casos em que alguma medida provisória for *necessária* para coibir risco de injustiça ou de lesão, que ameace o direito de uma das partes, antes do julgamento de mérito ou da solução do processo, comprometendo a efetividade da tutela jurisdicional.

Vê-se, pois, que, ao mesmo tempo em que o poder discricionário foi criado, recebeu também destinação e condicionamentos que o limitam estritamente dentro da função tutelar de urgência e de seus pressupostos tradicionais.

462. Forma e conteúdo das tutelas de urgência

Dispõe o art. 301 do Código de Processo Civil atual que além das providências ali nominadas, a tutela cautelar pode ser efetivada por meio de "qualquer outra medida idônea para asseguração do direito". Qualquer que seja a situação de perigo que venha a antepor-se ao inte-

---

51 ROCCO, Ugo. *Tratado de Derecho Procesal Civil*, 1979, v. V, p. 409.

52 LACERDA, Galeno. *Comentários ao Cód. Proc. Civil*. 2. ed. Rio de Janeiro: Forense, 1981, v. VIII, t. 1, n. 25, p. 135-136.

resse da parte, enquanto não solucionado o processo, é de ser provisoriamente coibida através de medidas adequadas, criadas e aperfeiçoadas dentro do poder geral de cautela.

Tais medidas, nominadas ou não, apresentar-se-ão sempre como uma "ordem", um "comando", ou uma "injunção" imposta pelo órgão judicial a uma das partes em conflito.

Essas ordens podem ser de caráter ou conteúdo "positivo" (ordens de fazer), ou "negativo" (ordens de não fazer), e terão como destinatário a pessoa que com sua ação ou omissão ameaça restringir ou suprimir o interesse substancial do promovente, interesse esse que, teoricamente, está protegido pelo direito.[53]

É certo que a ordem de não fazer é sempre destinada ao adversário do promovente da medida de urgência. Já a ordem positiva tanto pode dirigir-se a um como a outro dos interessados, posto que, muitas vezes, o ato a praticar é do interesse do próprio requerente, o qual se vale da tutela cautelar apenas para obter a autorização necessária. Nessa hipótese, o comando positivo que franqueia o *facere* ao promovente corresponde, naturalmente, a um preceito contrário em relação ao promovido, qual seja, o de abster-se de impedir o promovente de realizar o ato que o juiz permitiu dentro do exercício do poder geral de cautela.

Não são diversas as providências de que se pode valer o juízo para prestar a tutela de urgência satisfativa, com o detalhe de que as medidas deferidas terão de ser relacionadas com os futuros efeitos do julgamento de mérito, no plano do direito material envolvido no litígio.

463. A discricionariedade do poder geral de prevenção e a escolha da medida

As ordens ou injunções de fazer, não fazer, ou de prestar, no exercício do poder geral de prevenção (cautelar e satisfativa), podem assumir o conteúdo mais variado possível, segundo as situações de fato ou de direito sobre as quais terão de incidir, para preservar ou tutelar o interesse em risco de lesão. Mas, uma vez requeridas por uma das partes, terão de ser valoradas pelo juiz no que diz respeito não só à sua necessidade, como também à sua adequação ou capacidade para eliminar o perigo evidenciado.

É certo que, em regra, o juiz não tem a iniciativa da tutela urgente, como, aliás, ocorre com a tutela de mérito, já que ambas só devem ser prestadas quando requeridas pela parte, nos casos e forma legais (CPC/2015, arts. 2º e 299, *caput*). Mas, uma vez invocada a prestação de tutela preventiva, e, especialmente, no tocante ao poder geral de cautela, incumbe ao juiz a função de adequar a medida aos limites e objetivos da jurisdição de prevenção. Nesse sentido, o art. 297 dispõe que: "o juiz poderá determinar as medidas que considerar adequadas para efetivação da tutela provisória" (e não apenas a cautelar). Conclui-se, pois, que ele não fica adstrito a deferir ou indeferir o pedido da parte. Poderá adequar a tutela de urgência às características do caso, deferindo providências não exatamente iguais àquelas requeridas, mas que se prestam a resguardar os interesses em risco.

Nesse passo, o poder discricionário do juiz atua:

(a) no que se refere à apreciação da probabilidade do direito da parte revelador do interesse a proteger;

(b) no que concerne ao juízo de probabilidade de que se verifique o evento danoso e à oportunidade de providenciar a eliminação do perigo; e, também

(c) relativamente à escolha e determinação da providência que, segundo as circunstâncias, se afigura, no juízo discricionário do julgador, mais idônea para conservar o estado de fato e de direito envolvido na lide.[54]

---

[53] ROCCO, Ugo. *Tratado de Derecho Procesal Civil*, 1979, v. V, p. 435.

[54] ROCCO, Ugo. *Tratado de Derecho Procesal Civil*, 1979, v. V, p. 410-411.

Como se vê, a discricionariedade de que se cogita em matéria de tutela de urgência não é aquela típica do direito administrativo, onde o agente público tem poder discricionário quando pode optar em praticar ou não determinado ato de seu ofício, segundo um juízo de oportunidade e conveniência. O juiz, no processo, nunca pode deixar de praticar o ato necessário, segundo a regra legal. A conveniência e oportunidade decorrem da própria vontade da lei. Ao juiz cabe apenas a liberdade restrita de traçar-lhe o conteúdo prático.[55]

464. Aplicação prática de medidas inominadas

Pela amplitude do poder geral de prevenção, é praticamente ilimitada a possibilidade de seu desdobramento em figuras práticas, diante do infinito e imprevisível número de situações de perigo que podem surgir antes do julgamento das diversas causas que o Poder Judiciário tem de dirimir.

Apenas para ilustrar e para lembrar os casos mais frequentes, em nossa experiência e na do direito europeu, podem-se arrolar os seguintes exemplos de medidas inominadas:

(a) a sustação do protesto cambiário, antes da ação anulatória do título ou de desconstituição do negócio subjacente, para evitar o notório prejuízo comercial que a medida acarreta ao devedor;[56]

(b) a suspensão provisória de deliberação social, quando a minoria ou algum sócio vencido pretenda mover ação principal para anular a decisão tomada pela assembleia da sociedade civil ou comercial;

(c) a proibição de dispor, como medida menor do que o sequestro e o arresto, pois conserva a posse do dono, e apenas interdita a possibilidade de alienação da coisa;

(d) o depósito, quando a parte litigante quer se desonerar do risco de continuar com a guarda do objeto litigioso e há recusa em recebê-lo por parte do adversário;

(e) a proibição de fabricar determinado produto, enquanto pende o juízo de tutela ao direito de invenção;

(f) a proibição de usar nome ou marca comercial, que se confunda com outro ou outra;

(g) admissão de exercício provisório de servidão de passagem sob litígio;

(h) autorização para o locador prover por meios próprios a cultura de um fundo rústico abandonado pelo locatário, que não o cultivava convenientemente;

(i) suspensão dos efeitos de uma eleição realizada por sociedade corporativa para composição dos órgãos de administração, sob fundamento de irregularidade na convocação da assembleia;

(j) autorização ao parceiro-proprietário para fazer a colheita da lavoura e depositar os frutos para posterior partilha, tendo em vista o abandono da plantação pelo parceiro-agricultor;

(k) suspensão de mandato social e nomeação de administrador judicial;

---

55 A doutrina especializada esclarece que a discricionariedade em tema de processo se resume ao reconhecimento de que o legislador, às vezes, se vale de conceitos vagos ou imprecisos, como boa-fé, interesse público, bons costumes, verossimilhança, aparência de bom direito, perigo de dano grave etc. É claro que ao aplicador da norma imprecisa não compete deixar de aplicá-la, mas terá de dar-lhe aplicação prática, completando a ideia genérica da lei com dados de um juízo concreto sobre as particularidades do caso *sub examine*. Dessa maneira, há necessariamente, um espaço criativo reservado ao juiz no momento de concretização do preceito legal (cf. WAMBIER, Teresa Arruda Alvim. *O Novo Regime do Agravo*. 2. ed. São Paulo: RT, 1996, p. 381-382).

56 A sustação do protesto já foi admitida como medida cautelar cabível em ação revisional de contrato bancário (STJ, 4ª T., REsp 1.243.238/SP, Rel. Min. Luiz Felipe Salomão, ac. 10.05.2011, *DJe* 23.05.2011).

(*l*) condicionamento de certos atos de administração de bens litigiosos à prévia autorização judicial;

(*m*) suspensão de atos de disposição do interditando, durante o processo de interdição.

Diante desse variado mostruário, é fácil ter uma ideia de quão amplo e, até mesmo ilimitado, é o campo de aplicação das medidas cautelares inominadas, que, na realidade, se multiplicam infinitamente, diante das necessidades universais dos casos concretos.

465. Limites do poder geral de cautela

I – Interesse de agir

Se o poder cautelar genérico é amplo e não restrito a casos predeterminados, nem por isso é ilimitado e arbitrário.

A primeira e mais evidente limitação do arbítrio do juiz, em matéria do poder geral de cautela, localiza-se no requisito da "necessidade", pois somente a medida realmente "necessária", dentro dos objetivos próprios da tutela de urgência, é que deve ser deferida.

A propósito, adverte Calvosa que a situação substancial, para justificar a medida atípica, deve ser, por sua natureza, suscetível de modificações no tempo e que tais modificações prováveis possam acarretar prejuízo, por ato de outrem.

Fora daí a medida preventiva fica sem ambiente adequado sobre que possa influir. A decisão de mérito, por si só, será capaz de compor a lide, sem necessidade de proteção ou auxílio da tutela cautelar genérica.[57]

II – Proporcionalidade entre a medida provisória e a ação principal

Por outro lado, como bem ressalta Lopes da Costa, "a medida não deve transpor os limites que definem a sua natureza provisória".[58]

Sob o aspecto do alcance da tutela de urgência, é forçoso reconhecer que deve haver proporção entre a providência atípica e a prestação que se espera obter no julgamento definitivo de mérito.

Anota Lopes da Costa, a propósito do tema, que "a medida deve restringir-se aos limites do direito cuja realização se pretende assegurar, providências a que o requerente, mesmo que vencesse na causa principal, não teria direito, não lhe podem ser concedidas. Se, por exemplo, tem ele um direito de uso comum, este não pode ser garantido como medida que conceda uso exclusivo. Não se concede, finalmente, medida preventiva que não se possa aplicar em execução de sentença em ação satisfativa. Por exemplo, o restabelecimento da vida conjugal; a prestação de serviços; a prisão, para obrigar a exibição de bens para arresto".[59]

III – Suspensão de executividade de sentença

Por último, convém registrar que durante muito tempo prevaleceu a tese de não cabimento da medida atípica para sustar a executoriedade da sentença transitada em julgado. Aliás, é

---

57 CALVOSA, Carlo. *Il processo cautelare:* i sequestri e i provvedimenti d'urgenza. Torino: Torinese, 1970, p. 768.

58 LOPES DA COSTA, Alfredo Araújo. *Medidas Preventivas*. 2. ed. Belo Horizonte: Bernardo Alvares, n. 16, p. 21.

59 LOPES DA COSTA, Alfredo Araújo. *Medidas Preventivas*. 2. ed. Belo Horizonte: Bernardo Alvares, n. 16, p. 22.

texto legal expresso a regra de que nem mesmo a interposição de ação rescisória suspende a execução do decisório trânsito em julgado (art. 969).[60]

Com o advento, porém, da permissão para a antecipação dos efeitos da tutela de mérito (art. 273 do CPC, de 1973, com a redação da Lei 8.952, de 13.12.1994), deixou de haver maior resistência à possibilidade de providência liminar para sustar os efeitos executivos da sentença submetida à ação rescisória. Passou-se, porém, a exigir que a parte comprovasse, convincentemente, todos os requisitos legais da tutela antecipada.[61] Por último, essa orientação veio a ser adotada por texto expresso de lei na reforma do art. 489, do CPC revogado, realizada pela Lei 11.280, de 16.02.2006, disposição esta mantida pelo Código de 2015, no art. 969, no que diz respeito tanto à tutela conservativa, como à satisfativa.

IV – Outras limitações

Partindo da exigência do *fumus boni iuris*, como pressuposto de qualquer medida preventiva, Calvosa faz, ainda, as seguintes restrições ao poder geral de cautela:

(*a*) só o direito que, pelo menos aparentemente, se pode fazer valer em juízo é que merece a tutela das medidas atípicas;
(*b*) não cabe essa tutela quando a situação substancial for constituída de um direito natural, insuscetível de exigência ou realização coativa por força do julgamento de mérito;
(*c*) não cabe, também, a proteção de simples expectativa de direito; o que se garante é o exercício de um direito já adquirido (o que, todavia, não exclui o direito exigível a termo);
(*d*) não protege um direito que depende do acolhimento de uma ação constitutiva (aqui, porém, Rocco discorda, a meu ver com razão, já que não há motivo para negar a tutela de segurança àquele que revela o *fumus boni iuris* do direito potestativo de desconstituir uma situação jurídica);
(*e*) por último, não impede a configuração do *fumus boni iuris* e, consequentemente, a tutela do poder geral de cautela, a circunstância de ser incerta ou controvertida a relação jurídica existente entre as partes. Basta que, em tese, o direito invocado pela parte seja tutelável nas vias ordinárias, naturalmente, com aparência suficiente para permitir uma razoável previsão de sucesso.

Registre-se, outrossim, que na redação do Substitutivo da Câmara dos Deputados ao Projeto do atual Código de Processo Civil, a tutela de urgência tinha sido limitada de modo a não permitir "o bloqueio e a penhora de dinheiro, de aplicação financeira ou de outros ativos financeiros" (parágrafo único do então art. 298). O dispositivo, todavia, foi objeto de rejeição na redação final dada pelo Senado. A restrição, de fato, não se justificaria, a não ser quando houvesse outros bens do requerido idôneos a realizar a tutela de urgência a que o requerente tenha direito. Explicar-se-ia a limitação legal pelo princípio da menor onerosidade para o devedor, que prevalece quando por vários meios se puder realizar a expropriação executiva (art. 805, CPC/2015). A supressão não merece reparos e a previsão restritiva não tinha razão de ser. Se há como realizar a tutela de urgência sem afetar os recursos de caixa da empresa, isso haverá

---

60 CALVOSA, Carlo. *Il processo cautelare:* i sequestri e i provvedimenti d'urgenza. Torino: Torinese, 1970, p. 457; FURNO, Carlo. *La Sospensione del Processo Esecutivo*. Milão, 1956, n. 14, p. 60; TAMG, ac. no MS 462, em *DJMG*, de 26.11.1977; TJRJ, ac. na A. Resc. 180, *RT* 535/167.

61 Cf. STF, Pleno, Pet. 147/SP, Rel. Min. Nelson Jobim, ac. 19.09.1997, *Inf. STF*, 84, de 15 a 19.09.1997; STJ, 1ª Seção, AgRg na AR 4.442/MS, Rel. Min. Mauro Campbell Marques, ac. 23.06.2010, *DJe* 30.06.2010.

de ser ponderado pelo juiz caso a caso, cumprindo o duplo dever de garantia para o credor e de menor sacrifício para o devedor.

Deve-se ponderar que o problema, antigamente polêmico, de a medida cautelar não comportar efeitos satisfativos perdeu relevância depois da reforma do CPC de 1973 instituidora da antecipação de tutela (arts. 273 e 461). É que aquilo que não se podia alcançar por meio de ação cautelar passou a ser alcançável por intermédio de pedido incidental no próprio processo principal, desde que presentes os requisitos legais da tutela antecipada. Também no direito europeu, houve uma evolução que, sem dar autonomia à figura da antecipação de tutela, acabou por absorvê-la no poder geral de cautela, sob formas especiais de medidas cautelares satisfativas (v. o n. 440 *retro*). O atual Código de Processo Civil brasileiro, por sua vez, encerra definitivamente o problema, já que unifica as tutelas de urgência (cautelares e satisfativas) na ideia genérica de tutelas de urgência, submetidas a requisitos comuns e indiferenciados (arts. 294 e 300).

V – Impedimento de execução

É antiga a posição jurisprudencial que tem como descabida a pretensão preventiva de impedir, através do poder geral de cautela, o ajuizamento de ação executiva. Fundamenta-se tal restrição no argumento de que "o poder geral de cautela atribuído ao juiz não pode ser absoluto, de molde a inviabilizar o princípio constitucional de acesso à tutela jurisdicional do Estado".[62]

Especialmente no que diz respeito à ação de execução, o respectivo exercício, se fosse coarctado cautelarmente, representaria afronta imediata a referida garantia constitucional, por se tratar de remédio processual assegurado especificamente ao beneficiário de título líquido, certo e exigível, *ex vi legis*.[63] Portanto, "extrapola do poder geral de cautela o deferimento de cautelar para impedir o credor de ajuizar a execução".[64]

No entanto, cumpre distinguir impedimento de executar e suspensão de execução já em curso. A suspensão do processo executivo é autorizada em lei para várias situações, inclusive aquela em que a ação de embargos do devedor é recebida com efeito suspensivo (art. 921, II). Logo, a suspensão que a lei permite para a ação cognitiva de mérito pode também ser obtida preventivamente através de medida cautelar inominada,[65] sem que configure vedação ao credor de acesso a execução. É, aliás, o que o Código de Processo Civil admite expressamente possa acontecer até contra a execução do título executivo judicial acobertado por coisa julgada, por meio de liminar deferida em ação rescisória (art. 969, *in fine*).

VI – Particularidades a observar na tutela provisória deferida nas ações societárias

A tutela provisória acha-se estruturada para aplicação em qualquer tipo de demanda, desde que a eficiência e atualidade da prestação jurisdicional relacionada a um direito evidente (*fumus boni iuris*) se mostrem sujeitas a risco de dano em função da demora natural do processo para chegar à solução de mérito definitiva (*periculum in mora*).

As ações societárias, que são várias e complexas, e têm como origem conflitos no relacionamento entre os sócios em torno das deliberações acerca da gestão empresarial e dos direitos e deveres dos membros da sociedade, não estão, tais demandas, excluídas do campo de atuação das medidas provisórias, inclusive em caráter liminar, nos casos de perigo grave, atual

---

62 STJ, 4ª T., REsp 23.677/SP, Rel. Min. Sálvio de Figueiredo Teixeira, ac. 25.10.1994, *DJU* 05.12.1994, p. 33.561.

63 STJ, 3ª T., REsp 19.217/ES, Rel. Min. Cláudio Santos, ac. 30.06.1992, *DJU* 28.09.1992, p. 16.428; STJ, 3ª T., REsp 204.231/RJ, Rel. Min. Carlos Alberto Menezes Direito, ac. 17.02.2000, *DJU* 02.05.2000, p. 137.

64 STJ, 3ª T., REsp 406.803/SE, Rel. Min. Carlos Alberto Menezes Direito, ac. 27.08.2002, *DJU* 28.10.2002, p. 310.

65 STJ, 1ª T., REsp 36.970/RS, Rel. Min. Demócrito Reinaldo, ac. 06.10.1993, *DJU* 08.11.1993, p. 23.531; STJ, 4ª T., Rep 1.241.509/RJ Rel. Min. Luis Felipe Salomão, ac. 09.08.2011, *DJe* 01.02.2012.

ou iminente. Pense-se, apenas para exemplificar, no sócio majoritário que esteja abusando de seu poder de gerência, mediante atos ruinosos graves, em afronta à lei ou aos estatutos; assim como no sócio que se recusa a cumprir o acordo de acionista obstaculizando certos atos indispensáveis à consecução de metas traçadas para viabilizar os objetivos da empresa; e ainda, nas deliberações assembleares que, abusivamente, impeçam alguns sócios de votar ou de participar da partilha legal dos lucros.

Situações como estas, e muitas outras igualmente censuráveis e inadiáveis, não podem permanecer intocáveis, no aguardo de remota coisa julgada. Se tal demora torna previsível, nas circunstâncias do processo, a ineficácia da futura sentença de mérito para evitar dano atual ou iminente, o cabimento da tutela provisória não poderá ser negado, desde, é claro, que esse risco seja demonstrado por meio de provas adequadas e suficientes.

Mas é preciso ter em conta que as situações conflituosas, na espécie, acontecem num ambiente jurídico caracterizado por regime e valores próprios, que haverão de ser ponderados com particular atenção pelo juiz. É importante, por exemplo, estar atento ao princípio da conservação da empresa e ao risco frequente de irreversibilidade das medidas de intervenção judicial na vida societária. Anota Norat, com propriedade:

> "Compatibilizar a *probabilidade do direito* aos ditames estruturais da sistemática societária e os *riscos da demora* ao sistema valorativo serve de base para garantir que a decisão judicial observe seus requisitos de motivação (art. 489, § 1º, do CPC), preocupando-se com as consequências práticas da medida (art. 20 da LINDB), e mitigando, pelas medidas que melhor se apresentarem no caso (art. 139 do CPC), os riscos de irreversibilidade da decisão" (g.a.).[66]

Assim, quando se trata de afastar o sócio provisoriamente da gestão social – medida excepcional comportável na tutela cautelar –, é preciso que a demonstração sempre de faltas graves se apoie em provas realmente suficientes para justificar medida tão drástica. Ainda quando a demanda se refira à pretensão de excluir sócio gestor em razão de política abusiva de restrição da partilha de lucros, a medida provisória pode bem limitar-se ao depósito judicial do valor disputado, evitando o desnecessário afastamento imediato do administrador. Quando também medida provavelmente irreversível se mostrar imprescindível, a onerosidade incomum poderá ser mitigada através de caução (contracautela). Por fim, na avaliação da tutela provisória pretendida, o juiz, em princípio, "deve observar a *intervenção mínima nas sociedades*, ao vislumbrar se a medida proposta é efetivamente aquela que garante a *preservação da empresa*, bem como aferir se o princípio majoritário (plutocrático), ao ser excepcionado, o foi por razões comprováveis" (g.a.).[67]

---

66 NORAT, Leonardo Costa. Tutela provisória em direito societário. *Revista de Processo*, São Paulo, v. 359, jan. 2025, p. 354.

67 NORAT, Leonardo Costa. Tutela provisória em direito societário. *Revista de Processo*, São Paulo, v. 359, jan. 2025, p. 357.

Capítulo XVII
TUTELAS DE URGÊNCIA (II)

§ 56. COMPETÊNCIA E PROCEDIMENTOS DA TUTELA DE URGÊNCIA

466. Competência

I – Justiça comum

Segundo o art. 299 do CPC/2015, "a tutela provisória será requerida ao juízo da causa e, quando antecedente, ao juízo competente para conhecer do pedido principal". Se já existe a ação, a parte interessada faz o pedido de tutela de urgência diretamente ao juiz, por meio de simples petição, não havendo, como antigamente, necessidade de instauração de um processo cautelar apartado. Se, contudo, a tutela sumária é *antecedente*, a determinação da competência se faz examinando, segundo as regras comuns do processo de cognição ou de execução (CPC/2015, arts. 42 a 53), qual seria o órgão judicial competente para o pedido principal.

Dispõe, ainda, o parágrafo único do art. 299, que "na ação de competência originária de tribunal e nos recursos a tutela provisória será requerida ao órgão jurisdicional competente para apreciar o mérito". Assim, durante a tramitação recursal, é do tribunal e não do juiz de primeiro grau, a competência para decidir acerca do pedido de tutela de urgência.

No tribunal, caberá ao relator "apreciar o pedido de tutela provisória nos recursos e nos processos de competência originária do tribunal" (art. 932, II). Essa decisão monocrática desafia agravo interno, nos termos do art. 1.021. Não havendo retratação pelo relator, o recurso será levado a julgamento pelo órgão colegiado (art. 1.021, § 2º).

Atualmente, a controvérsia existente à época do Código revogado sobre a competência para as medidas tendentes à obtenção do efeito suspensivo para recurso especial ou extraordinário desapareceu, já que o art. 1.029, § 5º (com a redação dada pela Lei n. 13.256/2016), contém regulação detalhada para a hipótese.[1] A solução do novo dispositivo do CPC/2015 resolve também a atribuição de efeito suspensivo aos recursos repetitivos retidos ou sobrestados no aguardo da solução do tribunal superior para o caso-padrão. Nessa última hipótese caberá ao presidente ou vice-presidente do tribunal recorrido a competência, enquanto perdurar o sobrestamento (art. 1.029, § 5º, III).

---

[1] "Art. 1.029 (...) § 5º O pedido de concessão de efeito suspensivo a recurso extraordinário ou a recurso especial poderá ser formulado por requerimento dirigido ao: I – ao tribunal superior respectivo, no período compreendido entre a publicação da decisão de admissão do recurso e sua distribuição, ficando o relator designado para seu exame prevento para julgá-lo; II – relator, se já distribuído o recurso; III – ao presidente ou ao vice-presidente do tribunal recorrido, no período compreendido entre a interposição do recurso e a publicação da decisão de admissão do recurso, assim como no caso de o recurso ter sido sobrestado, nos termos do art. 1.037".

Outro aspecto interessante das medidas de urgência é o da dificuldade de obter do juízo competente, em tempo útil, a medida inadiável e indispensável, pelas circunstâncias extraordinárias do caso concreto. É que o perigo de dano imediato pode estar acontecendo longe da circunscrição territorial do juízo competente previsto pelo art. 299 do CPC/2015. Sendo a tutela de urgência condição *sine qua non* para evitar o perigo de dano e assegurar a eficiência da tutela jurisdicional de mérito, não pode o juiz – mesmo incompetente para a causa principal, mas que tem a seu alcance impedir a frustração do acesso à justiça – se recusar a evitá-la, dentro dos mecanismos emergenciais dos provimentos cautelares e antecipatórios. A garantia da tutela efetiva e eficiente não só envolve a satisfação de direito da parte, mas corresponde, também e principalmente, a imposição de ordem pública, no resguardo da autoridade e dignidade da Justiça.

Pontes de Miranda, ainda no regime do CPC de 1939, lembrava que o silêncio do legislador, a propósito do tema, não impedia o aplicador da lei processual de ter em conta que se a medida preventiva, retardando-se, ou não sendo pedida e concedida imediatamente, onde se acha o objeto a que ela se refere, perderia toda a pertinência ou estaria quase completamente sacrificada. E sendo, assim, o caso urgente, segundo a tradição que remonta às Ordenações Filipinas,[2] terá mesmo de ser resolvido, preventiva e provisoriamente, pelo juízo incompetente (o único capaz de debelar o perigo de dano, nas circunstâncias)[3].

Insistir em que só o juiz ordinariamente competente tenha poder de evitar o dano imediato que ameaça o direito da parte, em tal conjuntura, equivaleria a ignorar o papel insubstituível da tutela de urgência, quando é o próprio destino do processo principal que se acha em jogo.

A propósito, como adverte Carnelutti, a competência, em tema de cautela, não deve ser apreciada sob o ângulo comum, pois aqui a escolha do juízo se dá não em razão da qualidade da lide, mas da qualidade da atividade que é reclamada ao juízo. Por isso, reconhece o mesmo processualista que a noção desse tipo de competência muito raramente vem esclarecida em toda sua amplitude.[4]

É, por isso, que a tradição de nosso direito sempre contemplou a permissão ao manejo da ação cautelar *onde se fizer necessária*, quando houver risco de se frustrar sua missão institucional, tradição essa que, segundo Pontes de Miranda, não foi eliminada pelo simples silêncio dos últimos Códigos, porque, para todos eles, fora da competência *ratione materiae, se mantém a política da eficiência e conservação dos atos judiciais.*[5]

---

2 Segundo as Ordenações Filipinas, a medida poderia mesmo ser resolvida por juiz incompetente: *Quando est periculum in mora incompetentia, non attenditur* (Silvestre Gomes de Moraes, *Tratactus de Executionibus*, I, 92, *apud* PONTES DE MIRANDA. *Comentários ao Código de Processo Civil* (de 1939). Rio de Janeiro: Forense, 1959, v. VIII, p. 418.

3 PONTES DE MIRANDA, Francisco Cavalcanti. *Comentários ao Código de Processo Civil* (de 1939). Rio de Janeiro: Forense, 1959, v. VIII, p. 418. Também Carvalho Santos e Jorge Americano adotavam, àquele tempo, o mesmo entendimento (cf. THEODORO JÚNIOR, Humberto. *Processo cautelar*. 25. ed. São Paulo: LEUD, 2010, n. 79, p. 121-124). No âmbito do direito positivo, o Regulamento 737, de 1850, conferia competência cumulativa para o arresto tanto ao juiz da causa principal como ao juiz do local em que estivessem os bens a embargar (art. 332).

4 CARNELUTTI, Francesco. *Sistema di diritto processuale civile*. Padova: CEDAM, 1936, v. I, n. 246, p. 616.

5 PONTES DE MIRANDA, Francisco Cavalcanti. *Comentários ao Código de Processo Civil* (de 1939). Rio de Janeiro: Forense, 1959, v. VIII, p. 418, p. 418. No mesmo sentido: SILVA, Ovídio A. Baptista da. *As ações cautelares e o novo processo civil*. 2. ed. Rio de Janeiro: Forense, 1974, n. 11, p. 96.

A jurisprudência, por sua vez, não tem destoado de tal posicionamento,[6] não havendo razão para ser diferente a postura exegética em face do CPC de 2015[7].

Aliás, a regra geral do CPC atual não é a da imediata nulidade das decisões proferidas, em qualquer caso, por juiz incompetente. Ao contrário, o regime da lei processual civil é o da conservação dos efeitos da decisão proferida pelo juízo incompetente "até que outra seja proferida, se for o caso, pelo juízo competente" (art. 64, § 4º). Enquadra-se nessa sistemática, a justificativa do deferimento de medidas provisórias urgentes pelo juiz da situação do bem a ser preservado. Cumprida a diligência, o juiz remeterá o processo ao juízo competente, que, por sua vez, a manterá ou não, conforme o caso, incorporando-a ao processo principal, se reconhecer sua utilidade para bem assegurar a eficiência da justa composição definitiva do litígio.[8]

Além de tudo, o Código de 2015 dedica especial atenção à cooperação entre os juízos, despindo-a dos rigores formais que outrora se exigiam para a prática de atos processuais do interesse do juízo competente e que tivessem de ser concretizados sob a jurisdição de juízo diverso. Entre esses expedientes de cooperação figuram justamente aqueles destinados à efetivação de tutela provisória fora da circunscrição do juízo da causa principal. Nessa mesma ideologia processual há de ser inserida a permissão para ajuizamento de medidas urgentes inadiáveis perante juiz incompetente para a demanda de mérito.

Concedida a liminar pelo juízo incompetente, a parte prejudicada poderá agravar da decisão (art. 1.015, I). O recurso, entretanto, deverá ser dirigido ao tribunal ao qual o juízo competente para a causa principal está vinculado. Isto porque a permissão excepcionalmente deferida pela lei ao magistrado incompetente é apenas transitória, com a finalidade única e específica de evitar o perigo de dano e assegurar a eficiência da tutela jurisdicional de mérito. A partir do deferimento da liminar, a direção do processo transfere-se ao juízo competente e, por conseguinte, a autoridade para rever *o decisum* provisório passa a ser do órgão que lhe é hierarquicamente superior.

Pense-se numa tutela provisória deferida por um juiz estadual em comarca na qual não há vara da Justiça Federal, para impedir que determinada mercadoria, caucionada para garantir dívida do contribuinte em favor da Fazenda Nacional, seja vendida. Após a liminar, os autos

---

6 "Em regra, o reconhecimento da incompetência absoluta do juízo implica a nulidade dos atos decisórios por ele praticados, mas isso não impede, em face do poder de cautela previsto nos arts. 798 e 799 do CPC [de 1973], de conceder ou manter, em caráter precário, medida de urgência, para prevenir perecimento de direito ou lesão grave e de difícil reparação, até ulterior manifestação de juízo competente" (STJ, 2ª T., REsp 1.038.199/ES, Rel. Min. Castro Meira, ac. 07.05.2013, *DJe* 16.05.2013). Também sobre a possibilidade de decisão proferida por juízo incompetente em regime de urgência, cf. STJ, 4ª T., AgRg no REsp 937.652/ES, Rel. Min. Maria Isabel Gallotti, ac. 19.06.2012, *DJe* 28.06.2012; STJ, 1ª T., Resp 1.288.267/ES, Rel. Min. Benedito Gonçalves, ac. 14.08.2012, *DJe* 21.08.2012; STJ, 1ª Seção, EDcl na Pet 7.939/DF, Rel. Min. Arnaldo Esteves Lima, ac. 10/04/2013, *DJe* 18.04.2013.

7 Na vigência do Código atual, decidiu o TJMG que, reconhecida a incompetência do juízo e remetidos os autos ao competente, "deve ser aplicada a regra constante do mencionado § 4º, do art. 64, do CPC/15, que estabelece a conservação dos efeitos da decisão de urgência proferida pelo juízo incompetente até que outra seja proferida, se for o caso, pelo juízo competente" (TJMG, 4ª Câm. Civ., Embargos de Declaração – CV 1.0000.16.029090-4/003, Rel. Des. Dárcio Lopardi Mendes, ac. 20.04.2018, DJMG 23.04.2018). Igual entendimento adotou o STJ, a propósito de medida de antecipação de tutela proferida por juízo incompetente (STJ, 2ª T., AgInt no REsp 1.633.210/MG, Rel. Min. Mauro Campbell Marques, ac. 23.05.2017, *DJe* 30.05.2017).

8 "Em caso de *urgência*, a medida liminar pode ser concedida por *juiz incompetente*, que 'determinará, em seguida, a remessa dos autos ao *juízo competente*, que, inclusive, nos termos do art. 807 do CPC, poderá manter, ou não, a medida liminar' (*RJTJESP* 131/299)" (NEGRÃO, Theotônio; GOUVÊA, José Roberto F.; BONDIOLI, Luís Guilherme A.; FONSECA, João Francisco N. da. *Código de Processo Civil e legislação processual em vigor*. 52. ed. São Paulo: Saraiva, 2021, p. 387, nota 2 ao art. 299).

serão remetidos à Justiça Federal e eventual agravo contra a medida deverá ser interposto no Tribunal Regional Federal respectivo.

Não se desconhece a jurisprudência no sentido de que o Tribunal Regional Federal não tem competência para rever decisão de juiz estadual que não lhe esteja vinculado jurisdicionalmente.[9] Entretanto, esse entendimento não se aplica à hipótese em análise. A medida, na espécie, não terá sido deferida com o propósito de afirmar competência para a continuidade do processo. Ao contrário, a atuação do juiz estadual é realizada em colaboração espontânea e emergencial, em feito de competência de outro juízo. Aplica-se, por extensão, o enunciado 3 da Súmula do STJ, segundo o qual "compete ao Tribunal Regional Federal dirimir conflito de competência na respectiva região, entre juiz federal e juiz estadual investido de jurisdição federal". Em verdade, sequer há conflito de competência, porquanto o juiz estadual pratica o ato somente no interesse de cooperar com a justiça federal.

II – Juízo arbitral

O juízo arbitral não se acha subordinado à hierarquia dos órgãos da jurisdição estatal, os quais não têm poder de revisão sobre as decisões dos árbitros. Por outro lado, se a atividade cognitiva é totalmente autônoma, o mesmo não se passa com o cumprimento ou a execução dos provimentos arbitrais, que só são praticáveis pelo Poder Judiciário. Quanto às medidas cautelares que envolvem, cumulativamente, atos de cognição e de execução, a competência se divide entre o juízo arbitral e o juízo estatal.

Está assente na jurisprudência que "o Tribunal Arbitral é competente para processar e julgar pedido cautelar formulado pelas partes, limitando-se, porém, ao deferimento da tutela, estando impedido de dar cumprimento às medidas de natureza coercitiva, as quais, havendo resistência da parte em acolher a determinação do(s) árbitro(s), deverão ser executadas pelo Poder Judiciário, a quem se reserva o poder de *imperium*".[10]

Situações particulares, todavia, induzem solução emergencial diferente. Quando se está na pendência da constituição do Tribunal Arbitral, "admite-se que a parte se socorra do Poder Judiciário, por intermédio de medida de natureza cautelar, para assegurar o resultado útil da arbitragem".[11] Solução igual se permite para a hipótese em que, embora pendente o procedimento arbitral, o árbitro esteja momentaneamente impedido de manifestar-se. É o que ocorre, por exemplo, quando se acha em tramitação conflito de competência entre o juízo estatal e o arbitral.[12]

É que o acesso à justiça não pode ser subtraído à parte, e se o órgão competente não se acha, ainda, em condição de proporcionar a tutela urgente, a justiça comum deverá proporcioná-la, na medida do possível, mesmo que o faça a título precário ou provisório. Desatende-se, dessa maneira, as regras de competência, submetendo-se o pedido de tutela cautelar ao juízo estatal. "Considerando que a celebração do compromisso arbitral implica, como regra, a derrogação da jurisdição estatal, os autos devem ser prontamente encaminhados ao juízo arbitral", tão logo cesse o respectivo impedimento de atuação daquele tribunal, para que "assuma o processamento da ação e, se for o caso, reaprecie a tutela conferida, mantendo, alterando ou revogando a respectiva decisão".[13]

---

9 STJ, CC 2.783/RS, Rel. Min. Sálvio de Figueiredo Teixeira, 2ª Seção, jul. 13.05.1992, *DJ* 08.06.1992, p. 8598.

10 STJ, 3ª T., REsp 1.297.974/RJ, Rel. Min. Nancy Andrighi, ac. 12.06.2012, *DJe* 19.06.2012.

11 STJ, REsp 1.297.974/RJ, Rel. Min. Nancy Andrighi, ac. 12.06.2012, *DJe* 19.06.2012. No mesmo sentido: STJ, 3ª T., AgRg na MC 19.226/MS, Rel. p/ ac. Min. Nancy Andrighi, ac. 21.06.2012, *DJe* 29.06.2012.

12 STJ, 2ª Seção, CC 111.230/DF, Rel. Min. Nancy Andrighi, ac. 08.05.2013, *DJe* 03.04.2014.

13 STJ, REsp 1.297.974/RJ, Rel. Min. Nancy Andrighi, ac. 12.06.2012, *DJe* 19.06.2012.

467. Os procedimentos das tutelas de urgência

O art. 294, parágrafo único, do Código atual, dispõe que a tutela provisória, de natureza cautelar ou satisfativa, pode ser concedida em *caráter antecedente* ou *incidental*. Já o art. 303 autoriza a parte, nos casos em que a urgência for contemporânea à propositura da ação, a peticionar ao juízo requerendo apenas a tutela provisória, com indicação sumária da lide, do direito que se busca realizar e do perigo da demora e, posteriormente, aditar a inicial com o pedido principal, se for o caso. E o art. 305 e seguintes preveem o procedimento para a concessão da tutela conservativa (cautelar) de forma antecedente. Em qualquer caso, não há uma ação sumária distinta da ação dita principal. A pretensão de medida urgente se apresenta como parcela eventual da ação que objetiva solucionar o litígio, quer quando a antecede e a prepara, quer quando a complementa já em seu curso.

468. Tutela de urgência incidental

O pedido incidental não apresenta dificuldades, uma vez que será feito por simples petição nos autos, sem necessidade sequer de pagamento de custas (CPC/2015, art. 295). É claro, porém, que o requerente deverá comprovar a existência dos requisitos legais: *fumus boni iuris* e *periculum in mora*. Deduzida a pretensão por qualquer uma das partes, proceder-se-á à audiência da outra para cumprir-se o mandamento constitucional do contraditório e ampla defesa (CF, art. 5º, LV). Observar-se-á o prazo de resposta de cinco dias, uma vez que o regulamento do procedimento sumário de urgência não prevê prazo especial para tanto (art. 218, § 3º), isso se o juiz não estipular prazo diferente.

Prevê o art. 300, § 2º, a possibilidade de concessão liminar, ou após justificação, da medida de urgência. A regra geral, no entanto, é a ouvida prévia da parte contrária. A liminar *inaudita altera parte* se justifica quando o risco de dano é imediato e sua coibição não permite aguardar o contraditório. Mesmo nesses casos excepcionais, não se elimina totalmente o contraditório, mas apenas o posterga. Deferida a liminar, a defesa será assegurada ao requerido e, uma vez produzida e instruída, o juiz manterá, revogará ou modificará o provimento de urgência conforme aquilo que do contraditório emergiu.

Em qualquer caso, é bom ressaltar que o pedido de tutela de urgência será sempre formulado em petição que demonstre a ocorrência dos requisitos do art. 300 e que venha instruída com prova adequada das alegações. Quando faltar prova pré-constituída, o requerente ficará autorizado a proceder a uma justificação preliminar, que, conforme a urgência, poderá ser realizada antes mesmo da intimação do requerido. Essa justificação refere-se a depoimentos testemunhais, aos quais se recorre quando não se dispõe de elementos documentais suficientes.

Contra a decisão que concede ou denega a tutela, caberá agravo de instrumento (art. 1.015, I).

469. Tutela de urgência antecedente

Considera-se antecedente toda medida urgente pleiteada antes da dedução em juízo do pedido principal, seja ela cautelar ou satisfativa. Em regra, ambas são programadas para dar seguimento a uma pretensão principal a ser aperfeiçoada nos próprios autos em que o provimento antecedente se consumou.

O Código de 2015, entretanto, faz uma distinção entre medidas antecedentes *conservativas* e medidas antecedentes *satisfativas*, para tratar as primeiras como acessórias do processo principal, e as últimas como dotadas, eventualmente, de autonomia frente a este processo. A consequência é a seguinte:

(*a*) No caso das *conservativas* (como, *v.g.*, arresto, sequestro, busca e apreensão etc.), a parte terá sempre de formular o pedido principal em trinta dias após a efetivação da medida deferida em caráter antecedente ou preparatório (CPC/2015, art. 308, *caput*), *sob pena de cessar sua eficácia* (art. 309, I). A medida de urgência, nessas condições, não tem vida própria capaz de sustentá-la sem a superveniência do tempestivo pedido *principal* (ou de *mérito*).

(*b*) Quanto às medidas de urgência *satisfativas*, o regime pode, eventualmente, ser o de *autonomia*, visto que se permite estabilizar sua eficácia (art. 304), não ficando, assim, na dependência de formulação do pedido principal no prazo do art. 308. O que, na espécie, se prevê é a possibilidade de recurso contra a respectiva decretação (art. 304, *caput*) e de demanda posterior para rever, reformar ou invalidar a tutela satisfativa estabilizada (art. 304, § 2º). Seus efeitos, no entanto, se conservarão, enquanto não ocorrer a revisão, reforma ou invalidação por ação própria (art. 304, § 3º). Na sistemática instituída pelo Código, portanto, para que a estabilização da tutela satisfativa ocorra, basta que o demandado não interponha recurso contra a decisão que a concedeu (art. 304, *caput*). Com isso, o processo será extinto (art. 304, § 1º), mas a medida satisfativa provisória perdurará (art. 304, § 3º).[14]

O Código implanta, portanto, regime similar ao francês e ao italiano: as medidas de urgência satisfativas obtidas em caráter antecedente perduram indefinidamente, sem depender da propositura da ação principal, mas não se recobrem da força de coisa julgada material. Deixa ao critério das partes a deliberação de provocar, ou não, o julgamento definitivo da lide em processo principal.

---

[14] Embora o art. 304 só preveja o agravo de instrumento como meio de evitar a estabilização, decidiu o STJ, diante de controvérsia doutrinária, ser possível ao réu, que não recorreu do deferimento da liminar, antecipar sua contestação e com isso impedir a estabilização (STJ, 3ª T., REsp 1.760.966/SP, Rel. Min. Marco Aurélio Bellizze, ac. 04.12.2018, *DJe* 07.12.2018). Melhor, a nosso ver, é o entendimento da 1ª Turma, do mesmo Tribunal Superior, de que, nos claros termos do art. 304 do CPC, só não haverá estabilização da medida de tutela urgente antecedente quando o requerido interpuser recurso (agravo) contra a decisão que a tiver deferido (STJ, 1ª T., REsp 1.797.365/RS, Rel. p/ ac. Min. Regina Helena Costa, ac. 03.10.2019, DJe 22.10.2019). Sobre o tema, v., adiante, o item 487-V.

§ 57. COMPETÊNCIA E PROCEDIMENTOS DA TUTELA DE URGÊNCIA CONSERVATIVA ANTECEDENTE

470. Petição inicial

Embora as medidas cautelares e as satisfativas tenham sido integradas ao gênero comum da tutela de urgência, há, no Código atual, disposições procedimentais que as tratam de maneira diferenciada, no caso da tramitação em caráter antecedente, diante da demanda principal.

A tutela conservativa (cautelar) requerida em caráter antecedente é regulada pelos arts. 305 a 310 do CPC/2015. A sua finalidade é conservar bens, pessoas ou provas, que possam sofrer alguma lesão ou perigo de lesão em razão da longa duração da marcha processual. Assim, antes mesmo de ajuizada a ação contendo o pedido principal, a parte poderá requerer, de forma antecedente, a proteção provisória de seu direito.

Essa tutela é requerida mediante *petição inicial*, que, segundo o art. 305, deverá conter: *(i)* a indicação da lide e seu fundamento; *(ii)* a exposição sumária do direito que se visa assegurar; e, *(iii)* o perigo de dano ou o risco ao resultado útil do processo.

471. Lide e seu fundamento

Exige-se, na petição, a designação da lide que será composta no processo a que vai servir a tutela de urgência. A lide, que é o conflito de interesse qualificado por pretensão resistida, é o objeto imediato do processo (o seu mérito) a ser resolvido pelo provimento definitivo. Não se busca, com essa indicação, uma resposta para o pedido principal, que só será enfrentado no final, sem influência daquilo que for assentado na decisão provisória cautelar. O fim da exigência de identificação da lide é demonstrar a viabilidade da ação de mérito. E isto se faz mediante descrição da lide e de seus fundamentos. Do ponto de vista prático, esse requisito legal é atendido pela indicação de qual será o pedido principal ou de mérito, com explicitação da respectiva *causa petendi*. Para a pretensão cautelar, o que incumbe à parte é a demonstração de que, genericamente, o *fumus boni iuris* do requerente corresponde a alguma ação de mérito, cuja possibilidade jurídica exista. A demonstração dos fundamentos, portanto, é destinada a comprovar a existência das *condições da ação*. Se estas inexistirem, o processo será inviável e a tutela de urgência também não terá cabimento.

472. Exposição sumária do direito que se visa assegurar

A exposição sumária do direito, a que alude o art. 305, é justamente a forma de evidenciar o interesse processual, representado pelo direito de ação, com um mínimo de viabilidade jurídica. Trata-se da demonstração do *fumus boni iuris*. Há que se demonstrar que o *interesse* do autor envolvido na lide é relevante, porque, pelo menos em princípio, aparenta conter um "bom direito", e que merece ser resguardado através de um instrumento hábil até que a solução definitiva do litígio seja alcançada.

473. Perigo na demora de prestação da tutela jurisdicional

A utilização da tutela de urgência antecedente conservativa exige, além da aparência do bom direito, a demonstração de que, por algum fato, existe o "receio de lesão" ao interesse que legitima o exercício da ação. Essa lesão receada "é tudo quanto, contra direito, impossibilita ou dificulta a satisfação de um interesse garantido por lei".[15]

---

15 LOPES DA COSTA, Alfredo Araújo. *Medidas Preventivas*. 2. ed. Belo Horizonte: Bernardo Alvares, 1958, n. 41, p. 41.

474. Outros requisitos da petição inicial

Embora o Código enumere apenas os três requisitos já expostos, é intuitivo que a petição inicial deve estar em consonância com o art. 319 do CPC/2015. Isto é, deve ser endereçada a um órgão judiciário específico (juiz, relator, Tribunal etc.); conter não só o nome das partes, mas também sua indispensável individualização, mediante dados completos da qualificação civil de cada um dos litigantes; indicar o pedido com suas especificações; o valor da causa, inerente a toda e qualquer ação; e as provas com que pretende comprovar os fatos (a respeito dos requisitos da petição inicial no procedimento comum, ver item 562 adiante). O autor deverá, ainda, pagar as custas iniciais do processo, uma vez que se trata de ajuizamento de uma demanda.

Sobre o valor da causa, que figurará no pedido cautelar antecedente, deve levar em conta o interesse econômico em jogo no pleito principal. Como medida acessória, não pode ter valor superior ao da demanda principal. Assim, um arresto que se destine a garantir uma execução deve ter seu valor estimado não pelo valor da coisa arrestada, mas pelo montante do crédito exequendo. Isto porque, a medida cautelar não proporcionará, ao promovente, vantagem econômica maior do que aquela perseguida na execução. Se o bem arrestado valer mais que o crédito do promovente, no final da execução terá ele de restituir ao executado o valor sobejante do seu crédito. Por outro lado, se o bem a arrestar for de valor inferior ao crédito exequendo, o proveito econômico garantido pela medida cautelar terá sido menor. Logo, em tal caso, o valor da causa cautelar não poderá ser maior do que o valor do bem provisoriamente constrito.

Dessa maneira, a regra geral a observar é a de que o valor da causa em que se demanda medida cautelar antecedente será equivalente ao proveito econômico a ser absorvido pela demanda principal. Poderá ser menor do que o valor da causa principal, poderá ser até igual, mas, em regra, nunca será maior do que aquele valor.

475. Despacho da petição inicial e a citação do réu

Ao receber a inicial, o juiz verificará se está em ordem e se cabe a liminar. É possível o deferimento da tutela de urgência *liminarmente*, ou após justificação prévia (CPC/2015, art. 300, § 2º) (ver item 460 *retro*). Se, contudo, entender que o pedido tem natureza satisfativa, o juiz determinará que o processo siga os trâmites previstos no art. 303 (art. 305, parágrafo único) (ver item 487 adiante). Essa disposição é, na verdade, a manutenção da fungibilidade entre as tutelas de urgência conservativas e satisfativas, regra que, aliás, já constava do art. 273, § 7º, do CPC de 1973.

Sanadas as irregularidades, se as houver, promovida a justificação unilateral, se se fizer necessária, e deferida a medida liminar, se cabível, o juiz mandará que o réu seja citado para, no prazo de cinco dias, contestar o pedido cautelar e indicar as provas que pretende produzir (art. 306).

476. A defesa do réu

Na contestação a que alude o art. 306, CPC/2015, o réu deverá alegar toda a matéria de defesa, expondo as razões de fato e de direito com que impugna o pedido da medida cautelar e especificando as provas que pretende produzir. Contestado o pedido, deverá ser observado o procedimento comum quanto à instrução da pretensão cautelar (art. 307, parágrafo único).

Não sendo contestado o pedido, o réu será considerado revel, presumindo-se aceitos os fatos narrados pelo autor como ocorridos, devendo o juiz decidir o pedido cautelar em cinco dias, independentemente de audiência (arts. 306 e 307).

O pedido cautelar gera um incidente, cuja solução se dá mediante decisão interlocutória,[16] passível de impugnação por agravo de instrumento (art. 1.015, I). Nesse julgamento, o juiz poderá conceder ou negar a tutela e, se esta já tiver sido objeto de liminar, poderá mantê-la, modificá-la ou revogá-la, sempre mediante justificação, de modo claro e preciso (art. 298).

Uma vez, porém, que a decisão que concede tutela provisória desafia agravo de instrumento (art. 1.015, I), compete ao demandado, independentemente da contestação, recorrer imediatamente ao tribunal, pleiteando a cassação da liminar, sob pena de preclusão.[17] Trata-se de posicionamento consolidado do STJ, formado à luz das preliminares possessórias, mas que se aplica, também, às liminares dos procedimentos sumários em geral, por se acharem presentes as mesmas razões normativas. Aliás, o mesmo tribunal superior já aplicou tal entendimento a propósito da medida cautelar de arresto, deferida em caráter liminar e em instrumentalização de ação principal de liquidação extrajudicial, reportando-se à regra geral de preclusão enunciada nos arts. 471 e 473 do CPC de 1973: "a não interposição do recurso próprio para combater essa decisão [deferimento da liminar], exarada nos autos, torna precluso o direito de ver, em qualquer deles, a questão reapreciada pela superior instância".[18]

Com a contestação, será, de fato, reaberta a possibilidade do juízo modificativo, pelo magistrado *a quo*. Mas, isto se dará na decisão final do incidente, após observado procedimento comum, recomendado pelo art. 307, parágrafo único. Mais uma vez, caberá agravo de instrumento, com igual oportunidade de retratação pelo juiz da causa.

Convém lembrar que são duas coisas distintas: a discussão do incidente de tutela provisória cautelar antecedente e o aditamento da petição inicial para dar curso ao pedido principal (art. 308). O aforamento da pretensão de mérito não pode ficar paralisado indefinidamente à espera da solução da medida de urgência, se existe liminar já cumprida. Isto porque o Código marca um prazo para a providência, que corre a partir da efetivação da tutela cautelar, que pode se extinguir antes da conclusão do incidente.[19]

Outra hipótese a se cogitar é a de a tutela de urgência ter sido postulada em petição inicial juntamente com a pretensão de mérito, caso em que a contestação será única e abrangente, tanto da matéria principal, como da cautelar. Também aqui haverá de se lembrar do cabimento do agravo de instrumento contra a eventual liminar, sob pena de preclusão. Não haverá, entretanto, um julgamento em procedimento próprio para o incidente como aquele previsto para a tutela de urgência antecedente (arts. 307, parágrafo único, e 308, § 1º).

---

16 "O conceito de 'decisão interlocutória que versa sobre tutela Provisória' abrange as decisões que examinam a presença ou não dos pressupostos que justificam o deferimento, indeferimento, revogação ou alteração da tutela provisória e, também, as decisões que dizem respeito ao prazo e ao modo de cumprimento da tutela, a adequação, suficiência, proporcionalidade ou razoabilidade da técnica efetiva da tutela provisória e, ainda, a necessidade ou dispensa de garantias para a concessão, revogação ou alteração da tutela provisória" (STJ, 3ª T., REsp 1.752.049/PR, Rel. Min. Nancy Andrighi, ac. 12.03.2019, *DJe* 15.03.2019).

17 "Concedida a liminar em ação possessória, o juiz só a poderá revogar, em juízo de retratação, se interposto o agravo de instrumento" (STJ, 3ª T., RESp 29.311/MG, Rel. Min. Eduardo Ribeiro, ac. 24.11.1992, *DJU* 14.12.1992, p. 23.923). Nesse sentido: "Concedida a liminar em ação possessória, não deve o juiz revogá-la, salvo através do juízo de retratação do agravo" (VI ENTA – concl. 46, aprovada por maioria).

18 STJ, 4ª T., RESp 26.602/SP, Rel. Min. Sálvio de Figueiredo Teixeira, ac. 20.09.1994, *DJU* 31.10.1994, p. 29.501.

19 "(...) *Caberá ao autor deduzir o pedido principal no prazo de trinta dias contados da efetivação da cautelar* (...) por meio de petição apresentada nos mesmos autos em que deduzido o pedido cautelar, sem pagamento de novas custas processuais" (WAMBIER, Teresa Arruda Alvim *et al. Primeiros comentários ao novo Código de Processo Civil*. São Paulo: Ed. RT, 2015, p. 517-518).

477. Prazo para o autor deduzir o pedido principal

Há duas situações a considerar após a fase processual relativa à medida cautelar antecedente:

(a) a pretensão de tutela de urgência é denegada, caso em que o processo se extingue, sem chegar ao estágio de formulação do pedido principal;

(b) a pretensão cautelar é deferida, hipótese em que o pedido principal deverá ser formulado nos próprios autos, em trinta dias (CPC/2015, art. 308).[20]

No primeiro caso, o indeferimento da tutela cautelar não obsta a que a parte formule o pedido principal (art. 310), devendo, porém, constar de petição inicial de processo novo, de cognição plena, e não sumário. Em se tratando de ação nova, em autos próprios, não há prazo preclusivo para sua propositura, tanto que a lei só cogita de prazo quando o pedido principal é formulado em seguida a medida urgente já deferida e executada (art. 308, *caput*).

Uma vez obtida e efetivada a tutela cautelar, não pode a parte manter-se inerte, eternizando, a seu bel-prazer, a medida de urgência que lhe foi deferida em caráter antecedente. Por isso, marca-lhe a lei um prazo dentro do qual o juízo de mérito terá de ser instaurado. Esse prazo, de acordo com o art. 308, é de trinta dias,[21] e tem caráter de *fatal* ou *peremptório*, o que quer dizer que se mostra improrrogável. Mas, por ser fatal esse prazo processual, nem por isso deixará de suspender-se nas férias ou nos recessos forenses (arts. 214 e 220).

É preciso não confundir a decadência, como figura do direito material, com a preclusão ou peremptoriedade, figura de direito processual. Num caso e noutro há prazos fatais, mas na sistemática do direito processual, mesmo os prazos fatais ou peremptórios, como aqueles ligados à formação da coisa julgada, não correm nas férias. Em processo, a peremptoriedade está ligada apenas à impossibilidade de prorrogação por acordo de partes ou deliberação do juiz.

O prazo do art. 308 é, outrossim, contado não da decisão que defere a medida, mas da data de sua *efetivação*, conforme faz claro o citado dispositivo legal.

A forma de contagem do prazo não pode ser outra que a estatuída para a generalidade dos prazos de lei: exclui-se o dia do começo e inclui-se o do vencimento, computando-se apenas os dias úteis (CPC/2015, arts. 219 e 224; Cód. Civ., art. 132). Não se pode computar o dia em que a tutela cautelar foi efetivada, pela evidente razão de que isto implicaria redução do prazo legal, já que só acontecendo os atos do processo durante o curso do expediente forense (*i.e.*, das seis às vinte horas, conforme o art. 212 do CPC/2015) a parte só disporia de uma fração do *dies a quo*. Assim, a se contar o prazo para aforar o pedido principal, incluindo-se o dia da tutela cautelar, o autor teria vinte e nove dias e fração para fazê-lo, e não os trinta dias que lhe assegura o art. 308 do CPC/2015. Evidentemente, não podem os prazos em processo ser interpretados restritivamente de modo a reduzir, sem motivo lógico ou de direito, a faculdade que a lei instituir em benefício do litigante.

---

20 "*Ação cautelar de exibição de documentos. Extratos bancários. Natureza satisfativa. Desnecessidade de propositura da ação principal. Precedentes.* 1. O Superior Tribunal de Justiça possui entendimento no sentido de que na medida cautelar de cunho satisfativo é desnecessária a propositura da ação principal. 2. Recurso especial provido" (STJ, REsp 1.440.600/MG, Decisão monocrática do Rel. Min. Paulo de Tarso Sanseverino, de 1º.06.2016, *DJe* 03.06.2016). Nesse sentido: STJ, 4ª T., AgRg no AREsp 623.891/RJ, Rel. Min. Raúl Araújo, ac. 12.05.2015, *DJe* 11.06.2015; STJ, 2ª T., AgRg no REsp 1.161.459/RS, Rel. Min. Mauro Campbell Marques, ac. 05.08.2010, *DJe* 01.09.2010.

21 "O prazo de 30 (trinta) dias para apresentação do pedido principal, nos mesmos autos da tutela cautelar requerida em caráter antecedente, previsto no art. 308 do CPC/2015, possui natureza processual, portanto deve ser contabilizado em dias úteis (art. 219 do CPC/2015)" (STJ, 4ª T., REsp 1.763.736/RJ, Rel. Min. Antonio Carlos Ferreira, ac. 21.06.2022, *DJe* 18.08.2022).

478. Inobservância do prazo de dedução do pedido principal

Se o pedido principal não é proposto nos trinta dias seguintes à efetivação da tutela cautelar antecedente, esta automaticamente perde sua eficácia, por força de lei (art. 309, I, do CPC/2015). A extinção opera *ipso jure*,[22] cabendo ao juiz simplesmente declará-la, pondo fim ao processo sem resolução de mérito. O requerente, como já se observou (item 477), não ficará inibido de propor, em novo processo, a ação principal, não poderá, todavia, repetir o pedido cautelar, senão com base em fundamentos novos (art. 309, parágrafo único).

479. Indeferimento da medida: dedução do pedido principal e possibilidade de formação de coisa julgada

I – Dedução do pedido principal em caso de indeferimento da medida

A lei cuidou de fixar o prazo de trinta dias para a dedução do pedido principal a contar da efetivação da medida cautelar antecedente (CPC/2015, art. 308), silenciando-se quanto ao caso de seu indeferimento. Certamente, isto se deu porquanto o aforamento da pretensão principal, nessa última situação, não ocorrerá dentro dos autos em que se rejeitou a pretensão cautelar, conforme exposto no item 469 *retro*. Previu, todavia, que "o indeferimento da tutela cautelar não obsta a que a parte formule o pedido principal, nem influi no julgamento desse" (art. 310). Logo, é perfeitamente possível que a formulação do pedido principal se dê fora dos autos e sem observância do prazo do art. 308, *caput*.

II – Indeferimento por decadência ou prescrição

Consta, ainda, do art. 310 a regra de que o indeferimento da medida cautelar, excepcionalmente, poderá, num único caso, importar solução de mérito, prejudicial, portanto, à pretensão principal. Isto se dará quando a rejeição da medida cautelar tiver como fundamento o reconhecimento de decadência ou de prescrição. Assim, a regra geral de que a decisão cautelar não produz coisa julgada, em detrimento da pretensão de mérito, é excepcionada, transformando-se em empecilho à propositura da demanda principal. Em outros termos, prescrição e decadência são questões de mérito da causa principal, cuja apreciação pode ser antecipada para solução ainda no bojo do procedimento das tutelas de urgência. Diante de tais temas de direito material, a tutela que se buscava em caráter provisório e não exauriente, transmuda-se em definitiva e exauriente, pondo fim, de uma só vez, tanto à pretensão preventiva como à definitiva.

480. Procedimento de dedução do pedido principal

Há três momentos para a dedução do pedido de tutela cautelar ou conservativa:

(*a*) antes de formulada a pretensão principal, caso em que a lei fala em *tutela antecedente* (CPC/2015, art. 305);

(*b*) juntamente com a pretensão principal, em *petição inicial única* (*tutela cumulativa*) (art. 308, § 1º); e

(*c*) durante o curso do processo instaurado para tutela definitiva, quando se fala de tutela conservativa de *caráter incidental* (art. 294, parágrafo único) (ver *retro* 468).

---

22 PONTES DE MIRANDA, Francisco Cavalcanti. *Comentários ao Código de Processo Civil*. 2. ed. Rio de Janeiro: Forense, 2003, t. XII, p. 62; Ac. do TFR, na Apel. 1.780, Rel. Min. Aguiar Dias. *Rev. Forense*, v. 170, p. 220.

A formulação do pedido principal, também pode acontecer em momentos diferentes, *i.e.*, *(i)* a ação principal pode ser proposta antes da medida cautelar, *(ii)* juntamente com ela, ou *(iii)* após a efetivação da tutela chamada antecedente.

Quando requerida a tutela conservativa de forma antecedente, a petição inicial conterá apenas o pedido da medida urgente, e observará os requisitos do art. 305, anunciando somente a lide que será composta posteriormente em caráter principal (ver *retro* 471). Uma vez efetivada a tutela conservativa, o autor terá de formular o pedido principal em trinta dias e o fará nos mesmos autos em que veiculado o pedido cautelar, não sendo necessário o adiantamento de novas custas processuais (art. 308).

Ao deduzir o pedido principal, se for necessário, a causa de pedir poderá ser aditada, tendo em vista que na petição inicial cautelar a lide foi apenas sumariamente descrita e fundamentada (art. 308, § 2º). Apresentado o pedido principal, as partes deverão ser intimadas, pessoalmente ou por seus advogados, para a audiência de conciliação ou de mediação (art. 334 – ver item 588 abaixo), sem necessidade de nova citação do réu (art. 308, § 3º) (a citação é única e se realiza ainda na fase cautelar do procedimento).

A audiência tem por finalidade tentar a autocomposição da lide, por meio de conciliação das partes, antes de dar início à fase específica da instrução processual. Não havendo autocomposição, o prazo de quinze dias para o réu contestar o pedido principal será contado a partir da audiência ou, frustrada a realização desta, a partir dos momentos indicados nos incisos do art. 335. Daí em diante, observar-se-á o procedimento comum.

481. Impossibilidade de renovar a medida conservativa que perdeu a eficácia

"Se por qualquer motivo cessar a eficácia da tutela cautelar, é vedado à parte renovar o pedido, salvo sob novo fundamento" (CPC/2015, art. 309, parágrafo único).

A tutela cautelar fundamenta-se em fatos justificadores da pretensão de obter-se, ao longo da duração do processo, medida adequada para afastar o perigo de dano. Se os fatos alegados pela parte e apreciados pelo juiz não foram tidos como hábeis a autorizar a cautela ou se a cautela deferida com base neles veio a se extinguir pelas razões enumeradas no art. 309, a renovação da pretensão de obter medida preventiva só será acolhida se fundada em novos fatos.

Com efeito, a provisoriedade e o caráter restritivo de direitos que se entreveem nas tutelas cautelares não coadunam com o uso reiterado dessas providências, quando a parte sofra, por carência de direito material ou desídia processual, as consequências da extinção da eficácia da medida.

Vem daí a vedação do parágrafo único do art. 309, que opera mesmo naquelas hipóteses em que, extinguindo-se o processo sem julgamento do mérito, possa o autor renová-lo (art. 486). A renovação possível refere-se ao pedido principal e não ao pedido de tutela provisória, se não houver novo fundamento para sustentá-lo.

Se, todavia, o fundamento da renovação da tutela cautelar se apoia em fatos novos, diversos daqueles que motivaram a providência extinta, já então inexistirá o óbice ao novo pedido de tutela cautelar, como expressamente ressalva o parágrafo único, *in fine*, do art. 309.

Fluxograma nº 8

TUTELA CAUTELAR ANTECEDENTE (arts. 305 a 310)

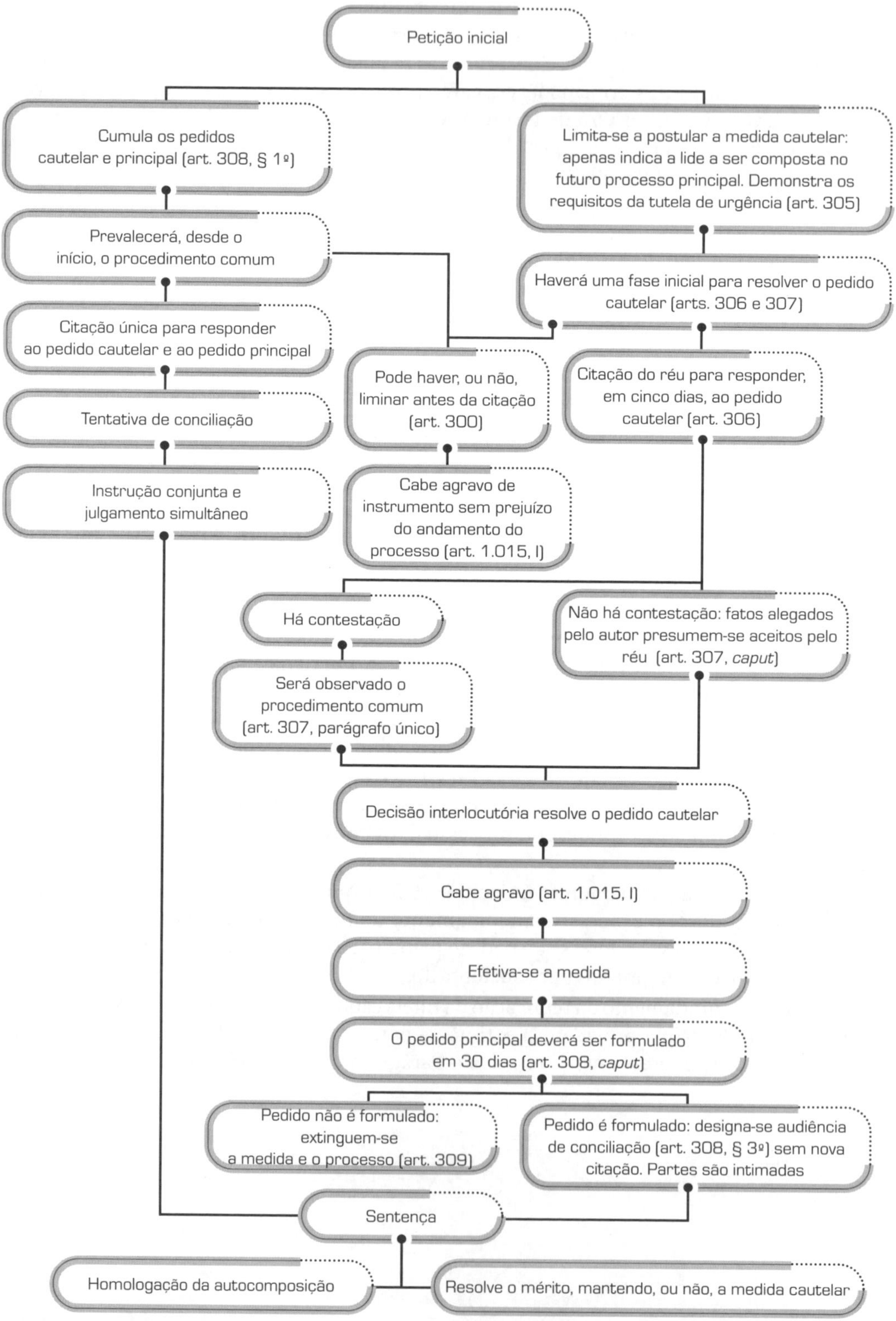

§ 58. PROCEDIMENTO DA TUTELA DE URGÊNCIA SATISFATIVA ANTECEDENTE

482. Reafirmação da distinção entre tutela satisfativa e tutela conservativa

A tutela de urgência é *satisfativa* quando, para evitar ou fazer cessar o perigo de dano, confere, provisoriamente, ao autor a garantia imediata das vantagens de direito material para as quais se busca a tutela definitiva. Seu objeto, portanto, se confunde, no todo ou em parte, com o objeto do pedido principal. São efeitos da futura acolhida esperada desse pedido que a tutela satisfativa de urgência pode deferir provisoriamente à parte.

Assim, a tutela de urgência satisfativa tem utilidade em casos de ameaça não à utilidade do processo, mas ao próprio direito subjetivo material da parte, que não se acha em condições de aguardar o desfecho natural do processo ordinário. De certa forma, o juiz, em nome da tutela de urgência, antecipará, provisoriamente, os efeitos prováveis do julgamento futuro do mérito, *i.e.*, concederá ao autor um provimento imediato que, de forma provisória, lhe assegure, no todo ou em parte, a usufruição do bem jurídico correspondente à prestação de direito material reclamada como objeto da relação jurídica envolvida no litígio.

A hipótese é diversa da que se protege pelas medidas conservativas ou cautelares. É tratada particularmente nos arts. 303 e 304 do CPC/2015, que traçam um procedimento próprio para o caso de tutela provisória satisfativa antecedente ao aforamento da demanda principal, cujas principais características são:

(a) em sendo a urgência contemporânea à propositura da ação, o requerimento inicial conterá o pedido apenas de tutela de urgência satisfativa, limitando-se à simples indicação do pedido de tutela final apenas para demonstração do *fumus boni iuris*; da petição inicial constarão, ainda,

(b) a exposição sumária da lide e do direito que se busca realizar; e

(c) a demonstração do perigo da demora da prestação da tutela jurisdicional.

Justifica-se essa abertura do processo a partir apenas do pedido de tutela emergencial, diante da circunstância de existirem situações que, por sua urgência, não permitem que a parte disponha de tempo razoável e suficiente para elaborar a petição inicial, com todos os fatos e fundamentos reclamados para a demanda principal. O direito se mostra na iminência de decair ou perecer se não for tutelado de plano, razão pela qual merece imediata proteção judicial. O Código atual admite, portanto, que a parte ajuíze a ação apenas com a exposição sumária da lide, desde que, após concedida a liminar, adite a inicial, em quinze dias ou em outro prazo maior que o órgão jurisdicional fixar, com a complementação de sua argumentação e a juntada de novos documentos (art. 303, § 1º, I).

Essa emenda, todavia, nem sempre acontecerá, visto que o pedido do autor na inicial não corresponde à propositura da demanda principal, resumindo-se ao pedido de tutela antecipada imediata. A lei prevê que deferida a liminar e, intimado o réu, a medida provisória se estabilizará, caso não haja recurso, e o processo se extinguirá sem resolução do mérito, conservando-se, porém, o provimento já emitido (CPC/2015, art. 304, § 1º).

Para melhor compreensão prática desse procedimento antecipatório, imagine-se o industrial que está em divergência com a concessionária de energia elétrica e sofre abrupto corte de fornecimento, paralisando sua produção e deixando em risco de perecimento volumosa matéria prima. Não há tempo para organizar todos os dados que serão necessários para fundamentar os argumentos da petição inicial da demanda principal. Mediante demonstração sumária, no entanto, é possível argumentar com a possibilidade de sucesso para sua posição no litígio estabelecido com a concessionária de energia elétrica. Fácil é entender que fará jus a uma medida antecipatória satisfativa que permita o restabelecimento imediato da energia e a retomada da produção industrial, enquanto se aguarde o provimento final. As pretensões principais e os argumentos de sua sustentação poderão ser deduzidos, adequadamente, depois que a medida liminar for efetivada. O autor, em tais circunstâncias, pode ter esperança de que a concessionária não irá recorrer, diante dos termos em que a petição inicial se funda. Valer-se-á da faculdade do art. 301 para pretender, de início, apenas a medida satisfatória urgente. Se a ré, no entanto, recorrer da liminar, terá de ser emendada obrigatoriamente a petição inicial para instaurar a causa principal (art. 303, § 1º, I)

Outro exemplo seria um paciente que deve se submeter a determinado tratamento, a que o seu plano de saúde se recusa a cobrir. O estado de saúde do segurado é grave, sendo imprescindível que o tratamento seja iniciado imediatamente. Assim, o paciente pode usar da tutela satisfativa antecedente para viabilizar a imediata proteção do seu direito, postergando a formulação e fundamentação completa do pedido principal para um aditamento da petição inicial, como previsto no art. 303, se for o caso.

A principal justificação para o procedimento detalhado pelos arts. 303 e 304 para a tutela antecipada requerida em caráter antecedente é a preparação para uma possível estabilização da medida provisória, capaz de abreviar a solução da controvérsia, evitando, assim, a continuidade do processo até a composição definitiva de mérito (art. 304). O procedimento sumário, *in casu*, é franqueado ao autor, na esperança de que o demandado, diante do quadro em que a liminar foi requerida e executada, não se animará a resisti-la. Daí a previsão de estabilização da medida, sem instauração do processo principal e sem formação de coisa julgada.

483. Legitimação

Partes no procedimento relativo à tutela provisória, como é óbvio, são as mesmas do processo principal. Não necessariamente na mesma posição processual: a proteção urgente (cautelar) tanto pode ser pleiteada pelo autor como pelo réu da causa principal.

O pedido de tutela satisfativa antecedente, todavia, cabe, em regra, apenas ao autor da demanda principal, pois seu aforamento pressupõe antecipação dos efeitos da ação que o requerente já identifica na própria petição inicial da medida provisória, comprometendo a complementá-la, após a execução do provimento urgente, se for o caso (CPC/2015, art. 303, § 1º, I).

Quanto às medidas incidentais, o requerimento da tutela satisfativa antecipada poderá, indistintamente, partir de qualquer dos sujeitos do processo principal em curso. Por exemplo, numa demanda em que o locador pleiteia a rescisão do contrato e a retomada do imóvel, o autor pode requerer autorização judicial para entrar no prédio e realizar reparos urgentes e inadiáveis. O réu, por seu lado, pode pedir ao juiz da causa que permita compensar os aluguéis com o custeio de obras de responsabilidade do locador (autor), o qual se recusa a promovê-las. O mesmo pode ocorrer na disputa judicial em torno de descumprimento de contrato de parceria agrícola. A renda a partilhar entre os litigantes pressupõe colheita e armazenamento a cargo do parceiro agricultor, o qual não toma a iniciativa devida, no momento adequado, pondo em risco o interesse do parceiro proprietário. É possível que a medida satisfativa antecipada seja requerida pelo autor, consistindo em autorização judicial para que a colheita seja por ele processada, a fim de eliminar o perigo de prejuízo iminente. É também possível que a situação se apresente invertida: o agricultor, para ultimar a colheita, depende da disponibilização de maquinaria do proprietário, o qual injustificadamente se recusa a cumprir a obrigação contratual respectiva. Em tal conjuntura, a tutela antecipada pode ser deferida ao réu.

Nem sempre, como se vê, há uma obrigatória simetria, entre as posições ativas e passivas nos procedimentos da tutela provisória satisfativa e aquelas ocupadas pelas partes no processo principal.

484. Processos que comportam a antecipação de tutela satisfativa

Todos os processos, e não apenas os de tutela condenatória ou executiva, dão oportunidade para aplicação emergencial da tutela provisória satisfativa. A tutela jurisdicional, no processo de conhecimento, se cumpre basicamente por meio de provimentos condenatórios, declaratórios e constitutivos, que se atingem após a sentença de mérito transitar em julgado, e todos eles podem ter sua eficácia e utilidade asseguradas por meio de medidas sumárias e provisórias.

Como os elementos da situação jurídica litigiosa podem sofrer mutações antes que o processo alcance o provimento jurisdicional definitivo, desde remotas eras se conceberam providências de natureza preventiva para assegurar a eficácia e utilidade da tutela a cargo da Justiça.

Durante muito tempo, essas medidas de natureza preventiva ou cautelar tiveram função instrumental neutra, isto é, defendiam a eficácia do provimento jurisdicional, mas não chegavam ao plano da satisfação imediata do direito subjetivo material do litigante.

Sempre existiam, porém, casos de extrema gravidade e relevância em que as leis processuais admitiam, em caráter excepcional, liminares que, provisoriamente, antecipavam soluções de feitio satisfativo, como, *v.g.*, nos interditos possessórios.

Reclamavam-se, contudo, diante das modernas concepções de instrumentalidade e efetividade do processo, medidas que representassem atenção maior e tutela mais pronta e imediata ao direito subjetivo sob risco de frustração, pela demora da tutela jurisdicional. Assim, aos poucos a jurisprudência foi, lentamente, ampliando o uso do poder geral de cautela para fazer produzir resultados satisfativos, sempre que o direito material em jogo estivesse sob risco de inutilizar-se caso não executado desde logo. Surgiram, não sem grandes contestações, medidas cautelares satisfativas, por criação pretoriana.

A acirrada controvérsia sobre o tema provocou, de início, uma atividade legislativa no sentido de criar, caso a caso, hipóteses de liminares para um número sempre crescente de ações, mas sempre de natureza especial e sob o signo da excepcionalidade.

Finalmente, adveio a Lei 8.952, de 13.12.1994, que, dando nova redação ao art. 273 do Código de Processo Civil de 1973, introduziu, no direito brasileiro, em caráter geral, a possibilidade da "antecipação de tutela", como um incidente diverso das medidas cautelares, situado dentro do próprio processo de conhecimento. Segundo a dicção daquele novo dispositivo do Código, *o juiz poderia, a requerimento da parte, antecipar, total ou parcialmente, os efeitos da tutela pretendida no pedido inicial.*

Não se tratava, todavia, de uma autorização para o juiz livremente introduzir medidas liminares de mérito em toda e qualquer ação, pois, embora prevista em caráter geral, a antecipação de tutela do art. 273 do Código de Processo Civil de 1973 continuava sendo providência de exceção, subordinada a requisitos rigorosamente traçados pela lei. O normal continuava sendo a tomada de medidas satisfativas após a coisa julgada. A exceção, *i.e.*, o deferimento de antecipação de providências de tal natureza, somente se tolerava para cumprir a meta da efetividade da prestação jurisdicional, quando posta em risco pela iminência de dano grave e de difícil reparação ou de conduta temerária e inaceitável do réu, frente a direito líquido e certo do autor.

Atualmente, o Código de Processo Civil de 2015, no Livro V, da Parte Geral, cuidou do gênero "Tutela Provisória", em que incluiu três espécies de tutelas: as cautelares (conservativas), as satisfativas (antecipatórias) e a da evidência. Referidas tutelas, como visto anteriormente, submetem-se, em maior ou menor grau, aos mesmos requisitos legais – *fumus boni iuris* e *periculum in mora* –, e exercem funções específicas e distintas, dentro do processo de mérito. A tutela satisfativa, à semelhança da antecipação prevista no art. 273 do CPC de 1973, tem como função garantir à parte a imediata usufruição das vantagens de direito material para as quais busca a tutela definitiva. Assim, ela também se aplicará a todos os processos, desde que preenchidos os requisitos legais. A tutela da evidência prescinde do *periculum in mora*, mas não do *fumus boni iuris*, que deve assumir a máxima densidade.

485. Antecipação de tutela satisfativa e as diversas modalidades de sentença de mérito

Em todo processo de conhecimento o órgão judicial procede a um juízo *declarativo* sobre a existência ou inexistência do direito subjetivo debatido nos autos. Em alguns casos a atividade judicial se limita a essa declaração e a sentença então se diz *meramente declaratória*; em outros, o julgamento ultrapassa o plano da declaração para impor uma prestação à parte (sentença *condenatória*) ou para alterar a situação jurídica material existente entre os litigantes (sentença *constitutiva*). As sentenças declaratórias e constitutivas exaurem, em si, toda a prestação jurisdicional esperada do juiz. Já as condenatórias encerram a atividade cognitiva, mas deixam ainda pendente de realização a prestação imputada ao vencido, a qual, se necessário, será objeto de outro processo – o de execução.

Como não há execução de sentença no procedimento declaratório e no constitutivo, há quem negue cabimento à antecipação de tutela satisfativa em relação a esses tipos de cognição, restringindo a aplicação dos arts. 294 e 300 do CPC/2015 tão somente aos procedimentos tendentes à obtenção de sentença condenatória, únicos que abrem ensejo à *execução forçada*. Nesse sentido, J. E. S. Frias entende que: "Como a sentença de cunho meramente declaratório não admite execução, porque o autor se contenta com o mero *acertamento* do direito litigioso, claro que, quando o pedido tiver sido de tal espécie, *não tem cabimento pretensão antecipatória...* Porque a sentença constitutiva independe de execução, é possível concluir que, sob pena de vulneração do princípio do contraditório, não é possível deferir liminarmente a antecipação de tutela de tal ordem".[23] No direito italiano, também Ricci defende a tese de ficar a tutela antecipada restrita "aos casos de atuação forçada (*lato sensu* executiva) dos direitos, com exclusão quer da tutela declarativa, quer da tutela constitutiva".[24]

Parece intuitivo que a declaração de certeza e a constituição de uma nova situação jurídica apenas possam ser alcançadas pela sentença definitiva de mérito, após cognição completa e exauriente, não havendo como antecipar provisoriamente o puro efeito declaratório e constitutivo. Há, porém, que se fazer a distinção entre o efeito declaratório e constitutivo e os efeitos práticos que decorrem da declaração e da constituição de uma situação jurídica. Se a declaração e a constituição, em si mesmas, não correm risco de dano pela demora do processo, o mesmo não se pode dizer em relação aos efeitos práticos que o titular da pretensão tem em mira alcançar com apoio no provimento judicial.

A propósito, adverte Carlos Alberto Alvaro de Oliveira, "nada impede que, para evitar o dano, possa o órgão judicial adotar providências de ordem mandamental, se convencido da verossimilhança do direito constitutivo alegado pelo autor. Exemplo típico tem-se na *constituição* sentencial da servidão de passagem, que, embora não possa ser antecipada, não impede o órgão judicial de ordenar a passagem ou o desfazimento da obstrução à luz, para prevenir o dano", tudo em forma de antecipação dos *efeitos* da tutela postulada na petição inicial.[25]

A "execução" que se antecipa provisoriamente, para os fins do art. 294 do CPC, não é propriamente "execução no sentido técnico de processo à parte, mas de realização prática, al-

---

23 FRIAS, J. E. S. Tutela antecipada em face da Fazenda Pública. *RT*, 728/72 e 77.

24 RICCI, Eduardo Flavio. Possíveis novidades sobre a tutela antecipada na Itália. *Genesis – Revista de Direito Processual Civil*, Curitiba, v. 7, jan.-mar. 1998, p. 89.

25 OLIVEIRA, Carlos Alberto Alvaro de. Alcance e natureza da tutela antecipatória. In: MOREIRA, José Carlos B. (coord.). *Estudos de direito processual em memória de Luiz Machado Guimarães*. Rio de Janeiro: Forense, 1997. p. 117.

cançável no normal das espécies por ordens ou mandados emanados do órgão judicial, de modo compatível com a instante necessidade de prevenção do dano"; "são propriamente os *efeitos práticos* antecipados, mais precisamente os atos materiais adequados à prevenção do dano".[26]

Nem é preciso que o objeto da medida antecipatória corresponda ao exato conteúdo da sentença, como objeto preciso da declaração judicial a ser proferida para solucionar o pedido formulado na inicial. Basta que corresponda a um *efeito normal* da situação jurídica a ser declarada no mérito da causa.[27]

A antecipação de tutela, muito embora faculte *atos executivos* à parte, antes da sentença, não o faz somente para compreender providências que seriam tecnicamente objeto de futuro processo de execução forçada. Qualquer tipo de processo de conhecimento pode ter a eficácia de sua sentença sob o risco de encontrar um direito subjetivo material sem condições de atuar praticamente. É possível, portanto, pretender algum tipo de medida satisfativa que afaste o perigo não de eficácia executiva da sentença, mas de efetividade dela perante o direito substancial do litigante, que já terá perdido toda capacidade de atuar *in concreto* pela supressão total ou profunda de seu suporte fático, enquanto se aguardava a sentença declaratória ou constitutiva.

A *execução* de que se cogita para justificar a antecipação de tutela, nessa ordem de ideias, é a que se entende no sentido mais amplo do termo, não se confundindo, por isso, com aquele restrito significado de atuação judicial da força do título executivo *stricto sensu*.

Qualquer sentença, mesmo as declaratórias e constitutivas, contém um preceito básico, que se dirige ao vencido e que se traduz na necessidade de não adotar um comportamento que seja contrário ao direito subjetivo reconhecido e declarado ou constituído em favor do vencedor. É a sujeição do réu a esse comportamento negativo ou omissivo em face do direito do autor que pode ser imposto por antecipação de tutela, não só nas ações condenatórias, como também nas meramente declaratórias e nas constitutivas. Reconhece-se, provisoriamente, o direito subjetivo do autor e impõe-se ao réu a proibição de agir de maneira contrária, ou incompatível com a *facultas agendi* tutelada.

Dessa maneira, é antecipação de tutela a liminar que no mandado de segurança suspende a execução do ato administrativo ilegal ou nulo, assim como é da mesma natureza a liminar que, na ação declaratória de inconstitucionalidade, suspende o cumprimento, provisoriamente, da lei impugnada. É, ainda, medida de tutela antecipatória a liminar na ação possessória, bem como as que arbitram aluguel, *in limine*, nas ações revisionais, ou a indenização nas ações desapropriatórias.

As mais variadas ações, portanto, admitem liminares de natureza antecipatória, tanto em caráter *positivo*, permitindo ao autor verdadeira execução provisória de seu direito contra o réu, como também em caráter *negativo*, sujeitando este a vedações e proibições, diante da situação jurídica provisoriamente reconhecida àquele.[28]

O importante, *in casu*, é o caráter *satisfativo*, porque a medida antecipatória se volta diretamente à proteção da pretensão de direito material do litigante e não apenas à defesa de alguma faculdade processual. O risco que se busca eliminar situa-se, por isso, no plano do direito substancial, de sorte que, à falta da providência antecipatória, a sentença do processo principal estará, na prática, deferindo tutela a direito subjetivo esvaziado pela perda de objeto.

---

26 OLIVEIRA, Carlos Alberto Alvaro de. *Op. cit.*, p. 118.

27 O dano que se busca impedir, lembra Arruda Alvim, não tem de corresponder necessariamente "ao perecimento da pretensão". O dano, aludido no art. 273, I, do CPC, "*pode ser externo à pretensão*, ou seja, pode ser um dano evitável por causa do acolhimento da pretensão" (ARRUDA ALVIM NETTO, José Manoel de. Tutela Antecipatória. *Direito do Consumidor*, v. 21, p. 74).

28 Cf. ZAVASCKI, Teori Albino. Antecipação da tutela e colisão de direitos fundamentais. In: TEIXEIRA, Sálvio de Figueiredo. *Reforma do Código de Processo Civil*. São Paulo: Saraiva, 1996, p. 158-159.

Sendo, assim, o perigo na demora da prestação da tutela jurisdicional repercutirá diretamente sobre a efetividade da sentença, seja condenatória, declaratória ou constitutiva.

> "Ciò significa, più semplicemente, che il pregiudizio può concretarsi in un evento esterno ed anche interno alla situazione giurídica cautelanda, capace di mettere in pericolo il diritto del quale si invoca tutela cautelare atipica".[29]

O perigo que se afasta com a medida cautelar antecipatória não se localiza, outrossim, apenas na situação *estática* do direito material e de seu objeto imediato. A tutela tem em mira, igualmente, sua fase *dinâmica*, pelo que pode referir-se à situação jurídica subjetiva do promovente posterior à sentença definitiva.[30]

Os que se recusam a admitir tutela antecipatória em ação declaratória argumentam com a impossibilidade lógica de estabelecer-se a *certeza* em caráter provisório. Para eles, a certeza ou existe ou não existe. E, se existe, somente pode ser definitiva. Por outro lado, a declaração de certeza seria sempre possível, em qualquer tempo, não havendo propriamente um risco de impossibilitar-se tal tipo de provimento principal. O mesmo aconteceria com o provimento constitutivo, que independe de execução, e não corre risco de frustração pela demora do processo, dispensando, por isso mesmo, a antecipação de tutela.

Num raciocínio de lógica pura, a tese impressiona. Mas a lógica do direito não é a formal, mas a do razoável. Essa lógica se inspira na busca do *justo*, revelando-se, por isso, *deontológica* ou *pragmática-dialética*. "Pragmática porque visa a resultados, e a validade do discurso vai ser aferida por sua maior ou menor eficiência. E é dialética à medida que o raciocínio é argumentativo, pesando e selecionando argumentos a favor das diversas soluções possíveis".[31] E, como já se expôs, a antecipação de tutela, teleologicamente, não se exaure na garantia da sentença de mérito. Vai mais além para preocupar-se com a plena efetividade da prestação jurisdicional e, nesse plano, cogita não só de efeito imediato no campo da certeza jurídica, inerente à declaração e constituição de direitos subjetivos materiais, como procura garantir ao respectivo titular o reconhecimento de situação jurídica que lhe seja dinamicamente útil. O que virá depois do acertamento jurisdicional também é cogitado pelo direito cautelar, ainda que não seja efeito processual imediato da sentença.

Se não é razoável antecipar-se a declaração provisória de certeza, é irrecusável que se pode formar um juízo de verossimilhança a seu respeito e a partir dele analisarem-se *atos do titular* que seriam legítimos em função da situação pendente de acertamento e que se não assegurados desde logo poderão acarretar-lhe lesão irreparável ou dificilmente reparável. Esses atos não são objeto imediato do processo, mas dependem da situação jurídica nele debatida.

Tommaseo observa que os exemplos extraídos da experiência jurisprudencial revelam que o interesse da parte em obter antecipação de tutela em ação de mero acertamento pode justificar-se enquanto aguarda condições de valer-se do pronunciamento judicial para determinar o próprio comportamento em função da relação substancial *sub iudice*,[32] pelo que não haveria motivo para excluir-se de seu alcance as ações declaratórias e constitutivas.[33]

---

29 ARIETA, Giovanni. *I provvedimenti d'urgenza*. 2. ed. Padova: Cedam, 1985, n. 31, p. 121.

30 ARIETA, Giovanni. *I provvedimenti d'urgenza*. 2. ed. Padova: Cedam, 1985, n. 32, p. 123.

31 SCHNAID, David. A interpretação jurídica constitucional e legal. *RT*, 733/39; VIEHWEG, Theodor. *Topica y filosofia del derecho*. Barcelona: Gedisa Editorial, 1991, p. 127.

32 TOMMASEO, Ferrucio. *I provvedimenti d'urgenza*. Padova: Cedam, 1983, p. 259.

33 Lembra ARIETA, em reforço de seu entendimento, lições de ANDRIOLI (*Commento*, p. 260), MONTESANO (*I provvedimenti*, p. 68-69), PROTO PISANI (*I provvedimenti...*, p. 393-394) e CERINO CANOVA (*I provvedimenti...*, p. 134) (ARIETA, Giovanni. *I provvedimenti d'urgenza*. 2. ed. Padova: Cedam, 1985, n. 32, p. 123).

No Brasil, é bastante elucidativa a lição de Kazuo Watanabe, no sentido de que:

> "Qualquer tipo de provimento poderá ser antecipado, inclusive o condenatório, inclusive para pagamento de quantia certa...
>
> Mas, em alguns tipos de ação, principalmente nos provimentos *constitutivos* e *declaratórios*, deverá o juiz, em linha de princípio, limitar-se a antecipar alguns efeitos que correspondam a esses provimentos, e não o próprio provimento. Por exemplo, na ação em que se peça a anulação de uma decisão assemblear de sociedade anônima de aumento de capital, ao invés de antecipar desde logo o provimento constitutivo, deverá ater-se à antecipação de alguns efeitos do provimento postulado, como o exercício do direito de voto correspondente segundo a situação existente antes do aumento de capital objeto da demanda ou a distribuição de dividendos segundo a participação acionária anterior ao aumento de capital impugnado etc.
>
> O mesmo se deve dizer em relação à ação declaratória, pois a utilidade da declaratória está, precisamente, na certeza jurídica a ser alcançada com a sentença transitada em julgado. Antes do seu julgamento, porém, a parte poderá ter interesse em obter os efeitos práticos que correspondam à certeza jurídica a ser alcançada com o provimento declaratório. Isto ocorre principalmente em relação àquelas ações declaratórias que tenham repercussões práticas, como a ação declaratória de paternidade em relação aos alimentos, ou que contenha alguma carga constitutiva, como a de desfazimento da eficácia de um ato nulo, ou a sua propriedade de, apesar de nulo, produzir alguns efeitos".[34]

Em suma, na lição de Flávio Luiz Yarshell, as sentenças constitutivas, de fato, "não ensejam (porque dispensam) *a prática de atos de execução*", nada obstante, "a simples vedação à execução definitiva não impede que se antecipe efeitos da sentença constitutiva",[35] mediante tutela provisória.

Luiz Guilherme Marinoni, quem melhor estudou e explorou o tema entre nós, com muita propriedade, lembra os ensinamentos de Tarzia, para quem não se concebe a executividade antecipada da sentença puramente declaratória, mas é possível cogitar-se de uma *executoriedade provisória* ou *antecipada* de sentença constitutiva, tendo em conta o fato de que esse tipo de sentença "cria situações novas", as quais "a executoriedade pode antecipar em relação à coisa julgada". Segundo o autor italiano, sua conclusão se sustenta a partir da premissa de que a *executoriedade* – pressuposto da antecipação de tutela – "não equivale à idoneidade da sentença para constituir título executivo".[36] Basta que exista, diante do proces-

---

34 WATANABE, Kazuo. Tutela antecipatória e tutela específica das obrigações de fazer e não fazer. *Direito do Consumidor*, 2010, v. 19, p. 89-90. No mesmo sentido, BATALHA, Wilson Campos. *Cautelares e Liminares*. 3. ed. São Paulo: LTr, 1996, p. 67-68. FADEL, Sérgio Sahione. *Antecipação da tutela no processo civil*. São Paulo: Dialética, 1998, n. 11, p. 43.

35 YARSHELL, Flávio Luiz Antecipação de Tutela Específica nas Obrigações de Declaração de Vontade, no Sistema do CPC. In: WAMBIER, Teresa Arruda Alvim (coord.). *Aspectos Polêmicos da Antecipação de Tutela*. São Paulo: RT, 1997, p. 176-177. Reforça o autor sua tese com a invocação do pensamento de Cândido Rangel Dinamarco (*A Reforma do Código de Processo Civil*. 3. ed. São Paulo: Malheiros, 1996, n. 105, p. 144), Nelson Nery Júnior (*Atualidades sobre Processo Civil*. São Paulo: RT, 1996, p. 73) e Ernane Fidelis dos Santos (*Novos Perfis do Processo Civil Brasileiro*. Belo Horizonte: Del Rey, 1996, n. 7, p. 10).

36 MARINONI, Luiz Guilherme. A Tutela Antecipatória nas Ações Declaratória e Constitutiva. In: WAMBIER, Teresa Arruda Alvim. *Aspectos Polêmicos da Antecipação de Tutela*. São Paulo: RT, 1997, p. 270; TARZIA, Giuseppe. *Lineamenti del Nuovo Processo di Cognizione*. Milano: Giuffrè, 1991, p. 186-187.

so, a perspectiva de criar-se uma situação jurídica, capaz de gerar pretensões práticas para o autor diante do réu.

O problema, para Marinoni, não está em admitir ou não uma declaração provisória ou uma constituição provisória, mas, sim, em indagar sobre "a viabilidade e a utilidade destas tutelas em face das diversas situações concretas". É claro, para o processualista brasileiro, que uma constituição provisória de aluguel (em ação constitutiva revisional ou renovatória) tem grande e imediato interesse tanto para o senhorio como para o inquilino. Da mesma forma, uma pura declaração de certeza nenhum interesse antecipatório revela. No entanto, casos há em que a cognição imediata, de natureza declaratória, "pode ser útil ao autor que necessita praticar urgentemente um ato e tema que a sua atuação possa ser considerada ilegítima".[37] Da pretensão à anulação de um ato assemblear pode, *v.g.*, decorrer para o autor o interesse em obter autorização provisória do juiz para votar, imediatamente, em assembleia social.

Em outros casos o cabimento da antecipação é mais evidente, ainda, como quando, por exemplo, ao pedido declaratório ou constitutivo se acumula um condenatório, que pressupõe o prévio acolhimento do primeiro (caso, *v.g.*, da rescisão ou anulação de um contrato com restituição do bem contratual ao primitivo alienante). A pretensão antecipatória refere-se à condenação a restituir, mas sua apreciação somente será possível depois de um acertamento provisório acerca da pretensão de rescindir ou anular o contrato *sub iudice*.

Sempre, pois, que de uma demanda declaratória ou constitutiva for possível extrair uma pretensão *executiva* ou *mandamental* haja, ou não, cumulação de pedidos, é irrecusável a possibilidade de usar a antecipação de tutela, se presentes, naturalmente, os seus pressupostos legais.

Em suma, Marinoni conclui que, nos casos de sentença declaratória e constitutiva, a tutela antecipatória "é genuinamente preventiva ou inibitória, não se confundindo com a cautelar". Seu caráter antecipatório está em "ordenar ao réu não fazer aquilo que somente a sentença final poderá demonstrar ser ilegítimo fazer". A tutela não é cautelar, mas antecipatória, porque se refere ao exercício de um direito material que "ainda será declarado ou constituído". Com ela não se está "assegurando a possibilidade de o autor exercer o direito no futuro, mas sim viabilizando desde logo ao autor o exercício do direito". Também é inegavelmente antecipatória, para Marinoni, "a tutela que suspende a eficácia de um ato que se pretende ver anulado ou declarado nulo. Nesse caso impede-se, antecipadamente, que o ato produza efeitos contrários ao autor". O autor, obtida a antecipação de tutela, "desde logo se vê livre dos efeitos do ato impugnado"[38] Daí sua conclusão:

> "Há tutelas que dão ao autor, desde logo, aquilo que ele somente poderia obter após a pronúncia da sentença. Tais tutelas não são cautelares, porém antecipatórias".[39]

É que as medidas cautelares, protegendo apenas a utilidade do processo, defendem remotamente a possibilidade futura de realização prática do direito, enquanto as medidas antecipatórias, mesmo no caso de ações declaratórias e constitutivas, asseguram à parte o

---

[37] MARINONI, Luiz Guilherme. A Tutela Antecipatória nas Ações Declaratória e Constitutiva. In: WAMBIER, Teresa Arruda Alvim. *Aspectos Polêmicos da Antecipação de Tutela*. São Paulo: RT, 1997, p. 273-274.

[38] MARINONI, Luiz Guilherme. A Tutela Antecipatória nas Ações Declaratória e Constitutiva. In: WAMBIER, Teresa Arruda Alvim. *Aspectos Polêmicos da Antecipação de Tutela*. São Paulo: RT, 1997, p. 279.

[39] MARINONI, Luiz Guilherme. A Tutela Antecipatória nas Ações Declaratória e Constitutiva. In: WAMBIER, Teresa Arruda Alvim. *Aspectos Polêmicos da Antecipação de Tutela*. São Paulo: RT, 1997, p. 281-282.

exercício imediato de direitos materiais pendentes de futuro acertamento. Por isso se diz que são satisfativas e, não, conservativas.

486. Tutela de urgência satisfativa: procedimento especial dos arts. 303 e 304 do CPC/2015

I – Estabilização da tutela satisfativa de urgência

O procedimento dos arts. 303 e 304 é destinado especificamente a proporcionar oportunidade à estabilização da medida provisória satisfativa. Baseia-se na existência de elementos que permitam, sem maiores dificuldades, o deferimento de liminar *inaudita altera parte*, com grande probabilidade de a medida não ser contestada. O atual Código de Processo Civil brasileiro se aproximou do regime do *référé* francês, que autoriza provimentos de urgência em situações que a eles não se opõe nenhuma contestação, nem fato que justifique a litigiosidade ordinária.[40]

Daí que a citação só se faz depois de deferida a tutela urgente, concomitantemente com a convocação das partes para uma audiência de conciliação (art. 303, § 1º, II).

Não é, porém, a única via para se buscar essa modalidade de tutela de urgência. Aliás, o art. 303, § 5º, esclarece que, quando a pretensão do requerente for, de fato, trilhar esse sistema tutelar, deverá indicar na petição inicial que pretende valer-se do benefício previsto no *caput* do art. 303, qual seja, o de limitar inicialmente sua pretensão à obtenção da tutela antecipada.

Se esta reduzida prestação de tutela não for o intento do requerente, poderá usar outras vias com pedido mais amplo, visando preparar realmente a propositura da demanda principal e buscando a liminar satisfativa apenas para momentaneamente afastar o *periculum in mora*. Nessa situação, requererá a citação do réu, com prazo para defesa imediata quanto à liminar, e a conversão em demanda principal se dará na sequência sem, portanto, passar pelo incidente da estabilização (art. 304), utilizando, por analogia, o procedimento do art. 305 e ss., relativo à tutela cautelar antecedente. Poderá, ainda, requerer a medida antecipatória cumulada com a pretensão principal, ou também mediante formulação incidental já no curso da ação principal, casos em que, obviamente, não haverá lugar para se cogitar da questionada estabilização.

II – Natureza do procedimento especial destinado a autonomizar a tutela de urgência

Ao instituir um procedimento com o objetivo de conferir autonomia à medida urgente satisfativa, criando condições a que sua eficácia se torne duradoura (estável) sem depender de ulterior propositura de um processo principal para avaliação exauriente da controvérsia, o Código de Processo Civil não se limitou a criar um procedimento cautelar especial.

Na verdade, o que se fez foi a institucionalização de uma *nova técnica de sumarização de resolução de conflito*, inserida no contexto do processo justo, que valoriza as soluções consensuais, no pressuposto de que essa via, muitas vezes, produz resultados melhores do que os alcançados no procedimento adversarial finalizado por ato autoritário de agente do Poder Público.[41]

Assim, quando se permite estabilizar-se o efeito de um provimento urgente ditado *inaudita altera parte* é porque se sabe que muitas vezes medidas emergenciais de tal natureza nem sempre nascem de verdadeiro conflito e, uma vez autorizadas pelo juiz, possivelmente nem sequer en-

---

40 SANTOS, Ernane Fidelis dos. Tutela cautelar e antecipatória. In: AURELLI, Arlete Inês, *et al. O direito de estar em juízo e a coisa julgada* – Estudos em Homenagem a Thereza Alvim, São Paulo: RT, 2014, p. 132.

41 Explica Arruda Alvim: "Está estabelecido no art. 304 uma técnica especial de resolução provisória de conflito, por meio do qual uma tutela provisória, passa a gozar de autonomia, permitindo às partes a fruição de seus efeitos práticos, independentemente da discussão do mérito na expectativa de que isso sirva para *diminuir a litigiosidade*" (ARRUDA ALVIM, José Manoel. *Manual de direito processual civil*. 20. ed. São Paulo: RT, 2021, n. 17.6.1, p. 794; ARRUDA ALVIM, Eduardo. *Tutela provisória*. 2. ed. São Paulo: Saraiva, 2017, p. 200).

contrarão resistência do demandado. Sua aquiescência tácita é mais provável do que a rejeição belicosa. Estimulando a pronta pacificação, a isenção dos encargos sucumbenciais – porque a medida urgente é tomada antes mesmo da citação do demandado, havendo possibilidade até de que esta nunca virá a acontecer – é um fator importante para que este se convença, nas circunstâncias da causa, da infrutífera e onerosa contestação.

Em semelhante perspectiva, é fácil de ver que o objetivo da autonomia da medida urgente instituída pelos arts. 303 e 304 do CPC/2015 não é o de criar apenas mais um procedimento de urgência, mas sim o de implantar uma nova técnica de pacificação que não dependa de sentença e que visivelmente participa da política de valorização dos meios consensuais de resolução de conflitos, estimulados em norma fundamental do direito processual civil contemporâneo (art. 3º, §§ 2º e 3º, do CPC).

Diante dessa moderna técnica, cabe à doutrina e à jurisprudência, em vez de complicar e dificultar sua prática, interpretá-la de modo que sua utilização seja facilitada e estimulada, como quer a lei, que ocorra com todos os meios tendentes à promoção da solução consensual dos conflitos.[42]

487. Detalhamento do procedimento destinado a obter possível estabilização da medida satisfativa

I – Petição inicial

Conforme já visto, o autor poderá ingressar em juízo limitando-se ao requerimento da tutela provisória satisfativa e procedendo apenas à indicação do pedido de tutela final, que posteriormente poderá formular por emenda, se for o caso. Não será formulado o pedido principal, isto é, aquele que seria o objeto do processo definitivo. Da inicial constará, também, a exposição sumária da lide, do direito a que se busca realizar e do *periculum in mora*. É evidente que, por se tratar de procedimento antecedente, a petição deverá indicar o juiz competente, as partes com sua qualificação, as provas com que o autor pretende demonstrar a verdade dos fatos alegados (CPC/2015, art. 319), bem como o valor da causa, que deverá levar em consideração o pedido de tutela final (art. 303, § 4º). Caberá ao autor indicar, ainda, que, diante da demonstração dos requisitos do art. 303, *caput*, pretende valer-se dos benefícios da tutela provisória satisfativa (art. 303, § 5º). Por fim, o autor deverá adiantar o pagamento das custas e despesas processuais (art. 82).

Melhor esclarecendo:

(a) O pedido deve ser de um provimento que corresponda à noção jurídica de antecipação de algo que figure nos efeitos esperados da situação jurídica substancial a ser definida com a resolução final de mérito (por exemplo: numa ação reivindicatória, o autor pode pretender, de imediato, a posse provisória do bem reivindicando, ou o direito de perceber durante o processo os aluguéis que dito bem rende, ou, ainda, autorização para ter acesso a ele a fim de realizar obras urgentes de reparo, e assim por diante).

(b) Os fundamentos do pedido compreenderão, em primeiro lugar, a demonstração de que, no exemplo aventado, o direito de propriedade, em que se apoia a pretensão principal, cabe efetivamente ao requerente (*fumus boni iuris*).

---

[42] "O Estado promoverá, sempre que possível, a solução consensual dos conflitos" (CPC, art. 3º, § 2º). E, mais do que isto, há a imposição de um dever a todos os sujeitos que atuam no processo: "A conciliação, a mediação e *outros métodos de solução consensual de conflitos deverão ser estimulados por juízes, advogados, defensores públicos e membros do Ministério Público*, inclusive no curso do processo judicial" (CPC, art. 3º, § 3º) (g.n.).

(c) Compreenderão, em seguida, a demonstração dos fatos que, *in concreto*, permitam reconhecer a ocorrência do perigo de dano grave e de difícil reparação que ameaça o direito do requerente e que está a exigir imediata e inadiável eliminação.

II – Valor da causa

Diz o CPC/2015 que o valor da causa, na espécie, levará em consideração o pedido de tutela final (art. 303, § 4º), ou seja, devendo a pretensão antecipatória, em princípio, instrumentalizar o pleito principal, a vantagem econômica visada pelo procedimento acessório confunde-se, em boa parte, com aquela perseguida no procedimento de mérito. De fato, não tem sentido atribuir ao pleito acessório um *valor da causa* maior do que o do principal. No entanto, a medida urgente pode ter uma dimensão menor já que é possível pretender antecipação de efeitos apenas parciais do julgamento final de mérito. Sendo assim, o valor da causa a ser atribuído ao pedido de tutela satisfativa antecedente poderá ser até igual ao pedido principal, mas não deverá ultrapassá-lo e, eventualmente, poderá ser menor.

III – Procedimento

Após analisar a inicial, o juiz, reconhecendo a urgência da medida, tomará uma das seguintes deliberações:

(a) Deferirá liminarmente o pedido (art. 300, § 2º).
(b) Ou entendendo que a petição inicial está incompleta, por não apresentar elementos suficientes para a concessão da tutela antecipada (satisfativa), o juiz determinará a respectiva emenda, em cinco dias (art. 303, § 6º).[43]

Não efetuada a emenda, a petição inicial será indeferida e o processo extinto, sem resolução do mérito (art. 303, § 6º, *in fine*). Nesse caso, não haverá, como é claro, lugar para transformar o procedimento sumário em procedimento principal. Essa transformação somente é autorizada, mediante ampliação do objeto do processo, quando a tutela provisória satisfativa antecedente tiver sido concedida (art. 303, § 1º, I).

Realizada a emenda, de modo satisfatório, o procedimento prosseguirá, com a solução sobre a medida urgente. De qualquer modo, se for o caso de conceder liminarmente a medida antecipatória, ou de negá-la, a decisão interlocutória deverá ser fundamentada, de modo claro e preciso, com a apresentação das razões do convencimento do juiz (art. 298).

No procedimento sumário de tutela antecipatória, o CPC/2015 não prevê citação e defesa do requerido antes da decisão sobre o pedido da medida urgente, a ser liminarmente solucionado. Se a pretensão à tutela antecipada, mesmo depois da emenda saneadora das deficiências da petição inicial, não apresentar condições para justificar a medida provisória satisfativa, o juiz a denegará e o processo se extinguirá, sem que o réu tenha sido citado. É sempre bom lembrar que o objeto da pretensão formulada na petição inicial, *in casu*, é a medida liminar *inaudita altera parte*, razão pela qual não há como se prosseguir depois que essa pretensão for denegada.

IV – Citação e audiência

Ocorrendo o deferimento da liminar antecipatória, duas faculdades processuais se abrem para as partes:

---

43 A emenda de que fala o art. 303, § 6º, refere-se a dados pertinentes ao pedido antecedente satisfativo, e não a elementos da ação principal, os quais poderão ser analisados e eventualmente sanados quando do aditamento da petição inicial, se for o caso, nos termos do § 1º, I, do mesmo art. 303.

(i) o requerido terá oportunidade de interpor agravo de instrumento em quinze dias a contar da ciência da liminar (CPC/2015, arts. 1.003, § 2º, e 1.015, II), e se não o fizer, a medida antecipatória se estabilizará (art. 304, *caput*);

(ii) o requerente, por sua vez, terá o prazo de quinze dias (ou o prazo maior que o juiz houver por bem designar) para aditar a petição inicial, a fim de que seja confirmado o pedido de tutela final, e assim possibilitar a transformação da demanda provisória em demanda principal (art. 303, § 1º, I). Tudo se passará no bojo dos autos do pleito de tutela provisória, sem acréscimo de custas (art. 303, § 3º).[44]

Se não houver o aditamento, diz a lei que, o processo será extinto sem resolução do mérito (art. 303, § 2º). A concomitância dos dois prazos (de aditamento e de recurso) que a lei aparentemente prevê oferece uma dificuldade de interpretação, já que as consequências de ambos devem ser sucessivas e prejudiciais entre si. Com efeito, é bom lembrar que, se intimado da liminar, o réu não houver interposto recurso, o provimento provisório já terá se estabilizado (art. 304, *caput*). Nesse caso, não se poderá cogitar de aditamento da inicial, já que a sua função seria dar sequência ao processo no tocante à busca da solução final da pretensão de mérito. Exigir, nessa altura, do autor a tomada de providência somente compatível com a não estabilização da medida provisória, seria uma incongruência, seria forçar o andamento de uma causa cujo objeto já se extinguiu.

Diante desse aparente impasse procedimental, a regra do inciso I, do § 1º do art. 303, deve ser interpretada como medida a ser tomada após o prazo reservado ao requerido para recorrer, prazo esse que no sistema da tutela antecipatória deve funcionar como uma oportunidade legal para ser apurada a sua aquiescência ou não ao pedido do autor. Assim, os dois prazos em análise (o de aditamento e o de recurso) só podem ser aplicados sucessivamente e nunca simultaneamente. Foi justamente por isso que o art. 303, § 1º, I, estipulou o prazo de 15 dias para o autor aditar a inicial, mas não disse, expressamente, de quando a respectiva contagem se iniciaria. A interpretação sistemática, portanto, é a de que o prazo para aditar a inicial somente fluirá depois de ocorrido o fato condicionante, que é a interposição do recurso do réu contra a liminar. Sem o recurso do réu, não há aditamento algum a ser feito pelo autor: o processo se extinguiu *ex lege* (art. 304, § 1º).[45] Aliás, justamente porque a ciência do autor acerca do eventual

---

44 Não há mais, como no Código de 1973, duas ações, uma cautelar e outra principal. Mesmo quando a medida de urgência é tomada em caráter antecedente, não se abre um novo processo para a demanda principal. Tudo se passa dentro de um só processo. Terá prazo para aditar a inicial, complementando os argumentos, juntando novos documentos e confirmando o pedido de tutela final que fora apenas indicado na petição inicial. Caso o autor não apresente, oportunamente, o aditamento da inicial, o processo será extinto, sem resolução de mérito.

45 "O processo só prosseguirá rumo à audiência de conciliação e mediação *se o réu interpuser agravo contra a decisão que antecipou a tutela* (art. 302) [art. 304, *caput*]. Se não o fizer, *a decisão torna-se estável* e o *processo é extinto* (art. 302, §§ 1º, 3º, 5º e 6º) [art. 304, §§ 1º, 3º, 5º e 6º]" (MITIDIERO, Daniel. Autonomização e estabilização da antecipação da tutela no Novo Código de Processo Civil. *Revista Magister de Direito Civil e Processual Civil*, Porto Alegre, n. 63, p. 26, nov.-dez. 2014). O autor admite que, ao invés de agravar, o réu possa, no prazo de recurso, oferecer contestação ou requerer a designação de audiência de conciliação, como medida de economia processual para evitar a via recursal. Não se me afigura boa a medida, porque não se compatibiliza com o procedimento legal, que cuida de audiência e contestação somente depois de emendada a petição inicial para formular o pedido principal por parte do autor. Contestar antes de o pedido ter sido complementado e antes de realizada a audiência de conciliação, provoca um tumulto e uma subversão do procedimento comum, ao qual se sujeita a medida antecipatória, quando não estabilizada. Portanto, a só preocupação com a economia processual não justifica a solução extralegal em cogitação, tendo em vista que fatalmente conduziria a perplexidades e procrastinações maiores do que o uso do agravo para evitar a estabilização da medida provisória satisfativa. Registre-se, todavia, que a jurisprudência do STJ é tergiversante, como se pode ver da alínea V deste item, adiante.

agravo impeditivo da estabilização pode demorar, ou suscitar questões complexas importantes sobre a adequada formalização do pedido e da causa de pedir da demanda principal, é que ao juiz é conferido o poder de, nas circunstâncias do caso concreto, fixar outro prazo (distinto e maior) para a *emendatio libelli*, prevista no art. 303, § 1º, inc. I.[46]

Esse, aliás, foi o entendimento adotado pelo STJ no REsp 1.766.376/TO, *in verbis*: "Os prazos do requerido, para recorrer, e do autor, para aditar a inicial, não são concomitantes, mas subsequentes". Ou seja, só depois do agravo do requerido contra a liminar é que se dá a passagem do "procedimento provisório" para o "definitivo", justificando, então, o aditamento da petição inicial para adequá-la aos moldes definidos pela "tutela definitiva". Somente, pois, a partir do eventual agravo do requerido, se pode cogitar da intimação do requerente para emendar a petição inicial em quinze dias, como estipulado pelo § 1º, inc. I, do art. 303.[47]

Em doutrina, também se encontra lição no sentido de que "o aditamento da inicial só deveria ser exigido após a constatação da não apresentação de recurso contra a decisão antecipatória da tutela, quando se estabilizariam os seus efeitos".[48]

A citação do réu, na sistemática dos arts. 303 e 304, está prevista para ocorrer depois que o procedimento já se converteu em principal, por força do aditamento da petição inicial. A designação de audiência de conciliação de que cogita o art. 303, § 1º, II, também, só tem cabimento depois da mesma emenda da inicial, por se tratar de diligência própria do processo principal, que não chegou a se abrir em virtude da extinção do procedimento antecipatório antes da eventualidade de sua transformação em causa definitiva. Em suma, a falta de recurso

---

46 "O autor deverá aditar a petição inicial, com a complementação de sua argumentação, a juntada de novos documentos e a confirmação do pedido de tutela final, em 15 (quinze) dias ou em outro prazo maior que o juiz fixar" (art. 303, § 1º, I). É claro que o juiz somente poderá deliberar sobre esse tema, depois de ter sido impedida a estabilização da medida liminar satisfativa, tanto que o não aditamento a que se refere o inciso I, do § 1º, do art. 303, tem como consequência a imediata extinção do processo "sem resolução do mérito" (§ 2º do mesmo artigo). Nessa altura, a subsistência da liminar só será viável se se proceder à convolação do procedimento sumário em procedimento contencioso pleno.

47 STJ, 3ª T., REsp 1.766.376/TO, Rel. Min. Nancy Andrighi, ac. 25.08.2020, *DJe* 28.08.2020: "... 9. O propósito da previsão dos arts. 303 e 304 do CPC é, especificamente, proporcionar oportunidade à estabilização da medida provisória satisfativa, valorizando a economia processual por evitar o desenvolvimento de um processo de cognição plena e exauriente, quando as partes se contentarem com o provimento sumário para solucionar a lide. 10. O procedimento da tutela provisória é, portanto, eventualmente autônomo em relação à tutela definitiva, pois, para a superação dessa autonomia, é preciso que o requerido recorra da decisão que concede a antecipação da tutela, sob pena de a tutela estabilizar-se e o processo ser extinto. 11. Como, na inicial da tutela antecipada antecedente, o autor somente faz a indicação do pedido de tutela final, existe a previsão de que deve complementar sua argumentação, com a confirmação do pedido de tutela final, no prazo de 15 (quinze) dias ou outro maior fixado pelo juiz. 12. Os prazos do requerido, para recorrer, e do autor, para aditar a inicial, não são concomitantes, mas subsequentes. 13. Solução diversa acarretaria vulnerar os princípios da economia processual e da primazia do julgamento de mérito, porquanto poderia resultar na extinção do processo a despeito da eventual ausência de contraposição por parte do adversário do autor, suficiente para solucionar a lide trazida a juízo. 14. Como a interposição do agravo de instrumento é eventual e representa o marco indispensável para a passagem do 'procedimento provisório' para o da tutela definitiva, impõe-se a intimação específica do autor para que tome conhecimento desta circunstância, sendo indicada expressa e precisamente a necessidade de que complemente sua argumentação e pedidos". A 4ª Turma igualmente decidiu ser necessária a intimação específica do autor para ditar a petição inicial, não bastando, para contagem do prazo de aditamento da inicial, a mera intimação da concessão da medida liminar (STJ, REsp 1.938.645/CE, Rel. Min. Maria Isabel Gallotti, ac. 04.06.2024).

48 GAJARDONI, Fernando da Fonseca; DELLORE, Luiz; ROQUE, André Vasconcelos; OLIVEIRA JÚNIOR, Zulmar Duarte de. *Teoria geral do processo*: parte geral – comentários ao CPC de 2015. 3. ed. São Paulo: Método, 2019, p. 917.

do requerido funciona como prejudicial da possibilidade de aditamento da inicial pelo requerente. Extinto o processo dessa maneira, só por ação apartada poderá ser discutida a solução definitiva (principal) da lide existente entre as partes, seja para cassar, manter ou confirmar a medida provisória estabilizada.

Já tendo o autor aditado a petição inicial antes da audiência, a contestação, se houver, já vai ser contra a demanda principal, podendo, naturalmente, em preliminar, questionar a medida provisória já deferida e provavelmente executada, tendo em conta a urgência que a justificou na abertura do processo.

V – Posição adotada pela 3ª Turma do STJ[49]

É de se reconhecer que, contra nossa interpretação, a 3ª Turma do STJ decidiu ser possível ao réu, que não recorreu do deferimento da liminar, antecipar sua contestação e com isso impedir a estabilização determinada pelo art. 304.[50] Igual entendimento também prevaleceu na 4ª Turma.[51]

A solução não nos parece a que mais se afeiçoa ao enunciado do art. 304 e §§. Mas como o art. 303 e seus §§ 1º e 2º são de complicada conciliação com o art. 304, § 1º, a exegese recomendada pelo STJ se apresenta como uma interpretação construtiva, encontrada por meio de critérios sistemáticos e teleológicos, para pôr fim às divergências instaladas a propósito do tema polêmico.

Melhor se nos afigura o entendimento da 1ª Turma do mesmo Colendo Tribunal que, na espécie, distingue as funções da contestação e da impugnação recursal (agravo de instrumento) para reconhecer que, nos termos do art. 304 do CPC, a tutela antecipada deferida em caráter antecedente (art. 303) só se estabilizará "quando não interposto o respectivo recurso". Portanto, a apresentação de contestação, cuja função processual é outra, não tem o condão de afastar a preclusão decorrente da não utilização do instrumento adequado, ou seja, o agravo de instrumento.[52]

Nesse sentido, entre outras, é a interpretação doutrinária de Gilberto Azevedo de Moraes Costa, para quem, não concordando o requerido com a medida deferida liminarmente, terá de recorrer, interpondo o agravo de instrumento (ou o agravo interno, se for o caso de provimento obtido junto a relator no Tribunal). É depois do recurso do demandado, quando não mais será possível a estabilização da medida liminarmente deferida, que o requerente será intimado a aditar a petição inicial. As partes, com isso, serão intimadas a comparecer à audiência de conciliação, oportunidade a partir da qual se viabilizará a contestação, frustrando-se a tentativa de solução consensual.[53] Para o CPC, portanto, não basta ao requerido impugnar de qualquer forma o pedido antecedente deferido. É preciso *interpor o recurso cabível* (art. 304, *caput*), sob

---

[49] STJ, 3ª T., REsp 1.760.966/SP, Rel. Min. Marco Aurélio Bellizze, ac. 04.12.2018, *DJe* 07.12.2018.

[50] STJ, 3ª T., REsp 1.760.966/SP, Rel. Min. Marco Aurélio Bellizze, ac. 04.12.2018, *DJe* 07.12.2018.

[51] STJ, 4ª T., REsp 1.938.645/CE, Rel. Min. Maria Isabel Gallotti, ac. 04.06.2024.

[52] "I – Nos termos do disposto no art. 304 do Código de Processo Civil de 2015, a tutela antecipada, deferida em caráter antecedente (art. 303), estabilizar-se-á, quando não interposto o respectivo recurso. II – Os meios de defesa possuem finalidades específicas: a contestação demonstra resistência em relação à tutela exauriente, enquanto o agravo de instrumento possibilita a revisão da decisão proferida em cognição sumária. Institutos inconfundíveis. III – A ausência de impugnação da decisão mediante a qual deferida a antecipação da tutela em caráter antecedente, tornará, indubitavelmente, preclusa a possibilidade de sua revisão. IV – A apresentação de contestação não tem o condão de afastar a preclusão decorrente da não utilização do instrumento processual adequado – o agravo de instrumento. V – Recurso especial provido" (STJ, 1ª T., REsp 1.797.365/RS, Rel. p/ ac. Min. Regina Helena Costa, ac. 03.10.2019, *DJe* 22.10.2019).

[53] A contestação não se presta a impedir a estabilização da medida antecipatória, porque não se enquadra na hipótese de recurso expressamente exigida pelo art. 304 do CPC, e principalmente porque se trata de resposta que, na espécie, somente pode ocorrer depois de impedida a estabilização por meio do recurso adequado e após, portanto, a emenda da inicial para convolar o procedimento provisório em definitivo. Ou seja: a contestação está prevista pelo art. 303, § 1º, II, como ato posterior a audiência preliminar do processo principal, já em seu rito comum (art. 303, § 1º, III).

pena de extinção do processo (art. 304, § 1º). Nos termos da lei, portanto, restou claro que, em primeiro grau de jurisdição, "o único meio para impedir a estabilização é o agravo".[54]

487-A. Justificação da estabilização da medida satisfativa urgente sem contraditório

No processo justo, o contraditório continua sendo garantia fundamental, seja nos procedimentos comuns, seja nos sumários. Entretanto, na perspectiva funcional – uma das características básicas do processo justo –, o contraditório pode ser:

(a) *prévio* (regra geral do procedimento comum);
(b) *diferido*, mas realizado dentro ainda do mesmo processo, antes da resolução definitiva da causa (regra aplicável aos procedimentos em que se inserem liminares ou medidas provisórias de tutela cautelar ou antecipatória, ou de tutela da aparência); e
(c) *eventual*, quando o procedimento pode se encerrar sem contraditório, postergando para outro processo, instaurável posteriormente a critério da parte, e, por isso, se diz *eventual* essa modalidade de contraditório (regra especial dos arts. 303 e 304 do CPC).

É nessa última categoria que se enquadra a medida urgente satisfativa antecedente, quando processada e deferida nos moldes dos arts. 303 e 304 do CPC.

Justifica-se a estabilização ali prevista pela dupla ocorrência de necessidade imediata e evidente da medida e de provável aquiescência do demandado, a ser confirmada pela ausência de impugnação após o respectivo deferimento. A estabilização, *in casu*, é, pois, reconhecida pela lei, como proveniente de "um ato de concordância provisória do requerido com os efeitos de uma decisão judicial que lhe é contrária".[55]

A nova figura procedimental faz parte da sistemática do *processo justo* que segue a lógica da relativização e flexibilização do procedimento comum, a mesma que permitiu o cumprimento da sentença independentemente de uma ação específica, e como simples fase procedimental pós-resolução judicial da controvérsia. Assim, para o CPC, "em vez de se flexibilizar o procedimento apenas para atender à efetivação antes da sentença, o que ocorreu com o surgimento e a generalização da tutela antecipada, a aceitação pela parte *ex adversa* da tutela concedida pelo juízo já permite a sua estabilização do ponto de vista fático, pondo fim ao processo".[56]

Como a estabilização é medida provisória, que não conduz à formação de coisa julgada, em face da superficial e sumária apreciação do conflito substancial levada a efeito em juízo, os interesses de ambas as partes, são resguardados e satisfeitos, de imediato e com grande economia, não só para os interessados, como para a própria Justiça, sem que isto represente comprometimento algum das garantias de acesso ao Poder Judiciário e do contraditório e da ampla defesa. Sempre estará resguardado o amplo e irrestrito debate de mérito em contraditório, se alguma das partes julgar conveniente instaurá-lo em ulterior processo adequado à exauriente e definitiva resolução.

---

[54] COSTA, Gilberto Azevedo de Moraes. Estabilização da tutela antecipada. *Revista de Processo*, São Paulo, v. 332, p. 126, out. 2022. A interpretação do autor invoca, inclusive, o histórico do debate parlamentar havido em torno da emenda que introduziu a exigência de "recurso" como requisito único do impedimento à estabilização, que afinal prevaleceu no texto do art. 304 do CPC/2015. No mesmo sentido: ALVIM, Thereza; CARVALHO, Vinícius Bellato Ribeiro de. Requisitos para a estabilização da tutela antecipada. *Revista de Processo*, São Paulo, v. 303, p. 95, maio 2020.

[55] ZANETTI JR., Hermes; REGGIANI, Gustavo Mattedi. Estabilização da tutela antecipada antecedente e incidental: sugestões pragmáticas para respeitar a ideologia de efetividade do CPC/2015. *Revista de Processo*, v. 284, p. 233. São Paulo, out./2018.

[56] ZANETTI JR., Hermes; REGGIANI, Gustavo Mattedi. Estabilização da tutela antecipada antecedente e incidental: sugestões pragmáticas para respeitar a ideologia de efetividade do CPC/2015. *Revista de Processo*, v. 284, p. 223. São Paulo, out. 2018.

Confirma-se, de tal sorte, que as garantias do sistema processual, como a do contraditório e ampla defesa, não são estruturais e indispensáveis. São elas *funcionais* e se apresentam como essenciais quando se dá ou se teme violação do *processo justo*, e não em todo e qualquer processo judicial. Não havendo risco para os interesses conflitantes, o procedimento pode conduzir a uma decisão *justa* por outros caminhos, como o dos juízos sumários, nos quais o contraditório pode ser deixado para outro momento, ou até mesmo ser dispensado. É nesse sentido que o CPC admite como possível a extinção do procedimento provisório urgente sem contraditório, quando a medida antecedente satisfativa não é impugnada pelo requerido, denotando, portanto, sua provisória aquiescência com os respectivos efeitos.

488. Defesa do sujeito passivo da medida de urgência satisfativa antecedente

No procedimento da medida conservativa antecedente (medida cautelar), há previsão de um prazo de cinco dias para contestação ao pedido de tutela urgente (art. 306), defesa essa manejável tanto quando ocorre deferimento de liminar, como quando esta não é deferida (ver item 476 *retro*). Naturalmente, na contestação poder-se-á atacar a liminar, pretendendo sua revogação ou modificação, mesmo porque, cabe ao juiz o poder de, a qualquer tempo, revê-la, desde que haja fato novo a considerar (art. 296, *caput*).[57]

No procedimento de medida satisfativa antecedente (medida antecipatória), por outro lado, não há um incidente que preveja contestação separada para a pretensão de tutela provisória. O réu será intimado, imediatamente após a concessão da tutela urgente satisfativa, para dar-lhe cumprimento. O prazo de contestação, porém, somente começará a correr após ser citado do aditamento da inicial, que explicitou o objeto da pretensão principal (art. 303, § 1º, II). Não há um incidente para se discutir especificamente a tutela antecipatória, ao contrário do que se passa com a tutela cautelar (arts. 306 e 307). Dessa maneira, ou existem, desde logo, elementos para o deferimento da tutela satisfativa sumária, ou, à sua falta, a pretensão de tutela urgente formulada nos moldes especiais dos arts. 303 e 304 será de plano denegada, com extinção do processo sem resolução do mérito (art. 303, § 6º).

Contra a medida liminar acaso deferida, a defesa imediata do réu deverá ser feita apenas por meio do agravo de instrumento. A discussão por meio da contestação poderá ocorrer, mas a eventual cassação da liminar não recorrida dependerá da sentença que resolver a demanda principal.

O procedimento da tutela satisfativa provisória antecedente segue, sem dúvida, a técnica monitória, voltada para efeitos práticos imediatos, os quais só serão inibidos pelo demandado se empregada a medida específica prevista na lei, que não é a contestação e tampouco uma impugnação qualquer, sem forma nem figura de juízo. Admitir que o réu fuja da técnica monitória legalmente traçada implicaria frustrar o empenho do legislador de abreviar a solução do conflito, mediante desestímulo à litigiosidade desnecessária e incentivo à estabilização da medida liminar.

489. Pedido de reconsideração

Deferida a medida liminar, não fica a parte demandada autorizada a renovar o pedido de reexame indefinidas vezes, na expectativa de mudar o entendimento do juiz. O meio natural de provocar o reexame da matéria cautelar ou antecipatória é o agravo de instrumento (CPC/2015,

---

[57] É antigo o entendimento jurisprudencial que, por exemplo, em matéria de liminar em possessórias, assenta a tese de que "sem modificações no cenário fático-jurídico do processo, não se admite que o juiz reforme a decisão inicial que concedeu ou denegou a liminar (v. art. 471). Em sentido semelhante: *JTA* 90/71, *RJTAMG* 23/259" (NEGRÃO, Theotonio. *Código de Processo Civil e legislação processual em vigor*. 46. ed. São Paulo: Saraiva, 2014, p. 1.024).

art. 1.015, I). Trata-se de posicionamento consolidado do STJ o de que o pedido de reconsideração não pode ser usado como meio alternativo ou substitutivo ao agravo.

A reconsideração do juiz *a quo*, se houver, decorrerá da própria sistemática do agravo, que viabiliza ao magistrado exercer o juízo de retratação (art. 1.018). Havendo reforma da liminar anteriormente deferida, o juiz deverá comunicar o fato ao relator, que considerará prejudicado o recurso (art. 1.018, § 1º).

A jurisprudência autoriza, apenas em hipóteses excepcionais e quando ainda não houve a efetivação da liminar, que a parte formule pedido de reconsideração diretamente ao juiz, independentemente da interposição do recurso próprio, desde que o faça dentro do prazo recursal. Esse foi o posicionamento adotado pelo STJ no julgamento de recurso especial interposto em ação de reintegração de posse, em que foi deferida medida liminar: "inobstante se exija, para a revogação de liminar em ação possessória, que ela ocorra ou em juízo de retratação, mediante a interposição de agravo pela parte, ou na sentença que julga a causa, admite-se, em hipóteses excepcionais, tal ato, quando a parte, tendo formulado o pedido de reconsideração dentro do prazo recursal, aponta erro de direito, que vem a ser reconhecido pelo juízo, ainda antes de concretamente realizada a desocupação do imóvel, portanto sem que a liminar houvesse operado qualquer efeito prático".[58]

A tolerância do tratamento da impugnação à liminar por meio de pedido de reconsideração, como se vê, só foi admitida pelo STJ, porque deduzido em juízo antes de tornar-se preclusa a decisão a respeito da medida provisória e antes mesmo que fosse ela executada. Ultrapassado o prazo de recurso contra o deferimento da liminar, sem o manejo do agravo, dá-se a preclusão, e o pedido de reconsideração torna-se inadmissível.

No caso particular da medida provisória satisfativa antecedente, contudo, o pedido de reconsideração se não for excepcionalmente acatado, nenhum efeito terá sobre o prazo peremptório do agravo. Dessa forma, ultrapassado o termo final do recurso específico (o agravo), e não revogada a liminar, sua estabilização terá ocorrido *ex vi legis*, sem embargo da manifestação do frustrado pedido de reconsideração.

490. Esquema do procedimento da tutela urgente satisfativa antecedente, no rito adequado à estabilização da medida provisória

O procedimento especial previsto pelos arts. 303 e 304 do CPC/2015 pode ser assim esquematizado:

(a) *Petição Inicial:* o autor deverá pedir a concessão liminar de medida satisfativa, afirmando que pretende apenas o provimento provisório. Mas, para a hipótese de haver recurso contra a liminar, fará, de início, uma simples indicação de qual seria o *pedido* e a *causa* para a eventual solução definitiva do litígio.

(b) *Deferida a medida pleiteada*, proceder-se-á à intimação do réu a submeter-se ao respectivo cumprimento.

(c) *O réu terá quinze dias* para agravar da decisão liminar.

(d) *Havendo recurso,* o autor terá, no mínimo, trinta dias para aditar a inicial, provocando a conversão do procedimento provisório em definitivo, ou seja, os quinze dias do agravo de instrumento já transcorridos, mais os quinze dias do art. 303, § 1º, I, desde que se adote a tese da sucessividade dos prazos referidos (ver, *retro*, item 487, alínea IV).

---

58 STJ, 4ª T., REsp 443.386/MT, Rel. Min. Aldir Passarinho Júnior, ac. 19.11.2002, *DJU* 14.04.2003, p. 228.

(e) *Não havendo recurso*, ao termo do prazo de agravo, a medida provisória se estabiliza e o processo se extingue, sem sentença de mérito, porque a pretensão do autor na inicial – que era apenas de obter o provimento liminar – já terá se exaurido.

(f) *Se o réu agrava*, inviabilizar-se-á a estabilização procurada pelo autor para a medida provisória. O aditamento da petição inicial, para preparar o início do procedimento comum de cognição e ensejar a citação do réu, torna-se indispensável.

(g) *Faltando o aditamento* no prazo legal, que se contará após ultrapassado o prazo de agravo do réu sem que o recurso tenha sido interposto, o processo se extinguirá, e com ele a medida satisfativa provisória.

(h) *Verificado o aditamento*, o juiz designará audiência de conciliação ou mediação, citando o réu e intimando o autor para dela participarem. Obtido o acordo, será homologado, extinguindo-se o processo com resolução do mérito.

(i) *Frustrada a autocomposição do litígio*, abrir-se-á para o réu o prazo de quinze dias para contestação e o feito prosseguirá segundo o procedimento comum.

491. Esquema do procedimento da tutela urgente satisfativa antecedente sem a perspectiva de estabilização da medida liminar

Quando o autor não deseja se valer do benefício da tutela provisória estabilizável, e requer a medida antecipatória em caráter preparatório de procedimento definitivo, o rito a observar, por analogia, será aquele previsto para as medidas cautelares antecedentes (CPC/2015, arts. 303 a 310), no qual se estabelece a obrigatoriedade da posterior ação principal. O procedimento, na espécie, pode ser assim esquematizado:

(a) *Petição Inicial:* o pedido do autor é de concessão de medida satisfativa que antecipa efeitos da sentença de mérito que espera obter, no final do procedimento principal.

(b) *Citação:* deferida ou não a liminar, o réu será citado para responder, em cinco dias, o pedido de tutela urgente, prosseguindo-se segundo o procedimento comum.

(c) *Deferimento da tutela de urgência:* efetivada a tutela provisória, o pedido principal terá de ser formulado pelo autor, nos próprios autos da medida de urgência, no prazo de trinta dias (art. 308), sob pena de extinção do processo, sem resolução do mérito e com extinção, também, da medida antecipatória.

(d) *Apresentado o pedido principal*, as partes serão intimadas para audiência de conciliação ou de mediação, através de seus advogados, sem necessidade de nova citação. Prosseguir-se-á na tramitação do feito segundo o procedimento comum.

Fluxograma nº 9

TUTELA ANTECIPADA ANTECEDENTE, TENDENTE A ESTABILIZAR-SE
(arts. 303 e 304)

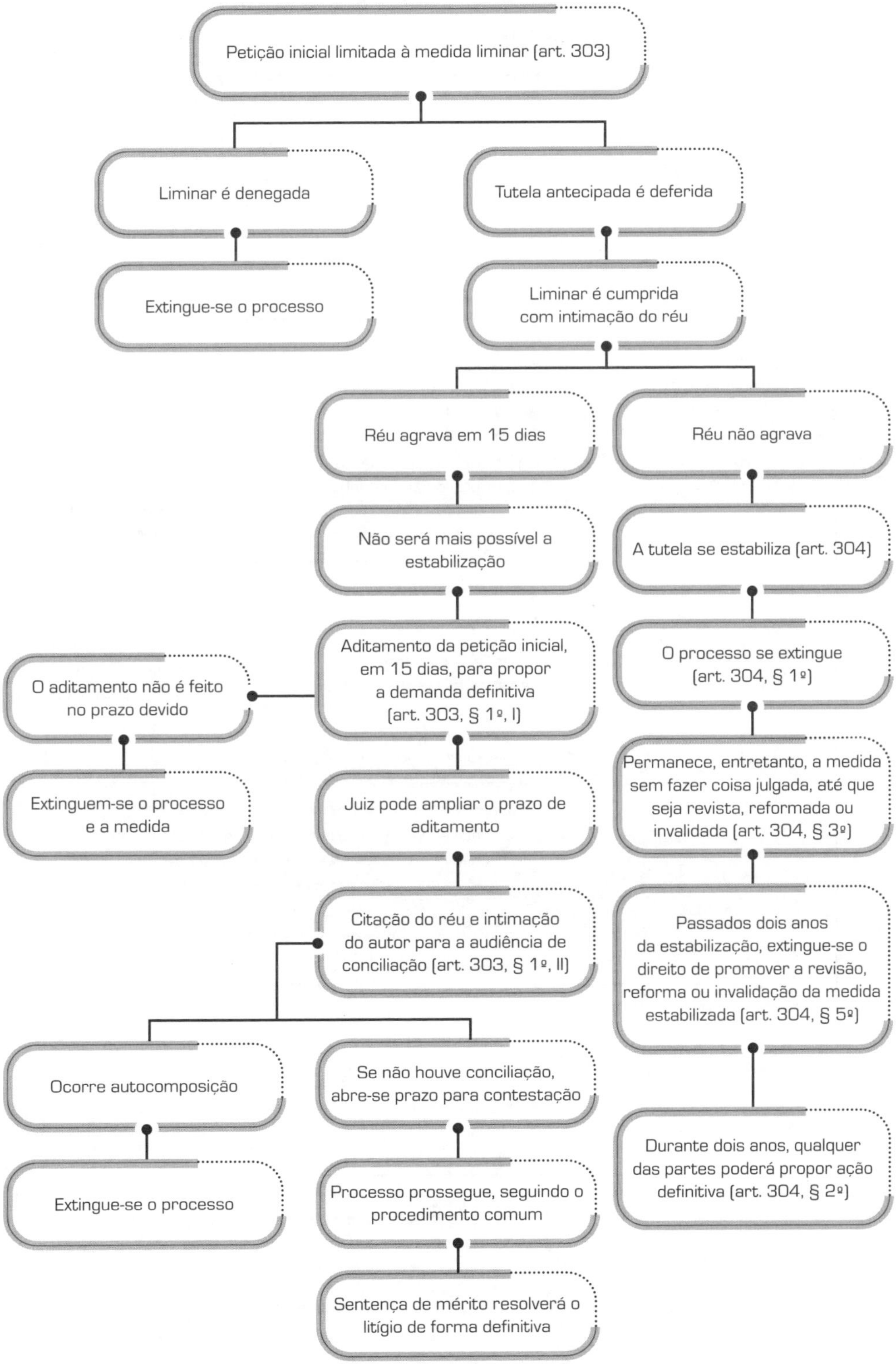

Fluxograma nº 10

TUTELA PROVISÓRIA SATISFATIVA NÃO TENDENTE À ESTABILIZAÇÃO
(arts. 303 a 310, por analogia)

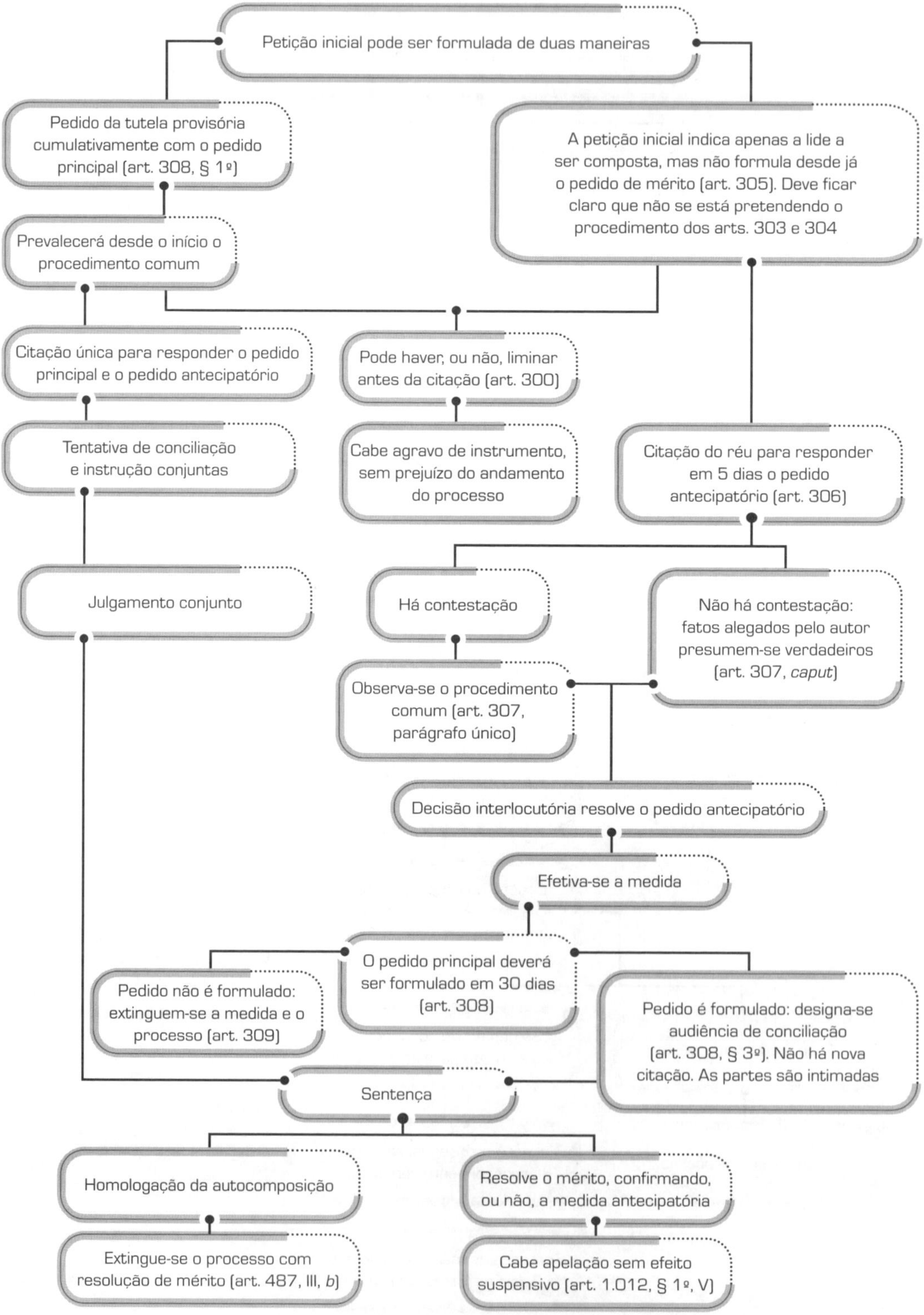

§ 59. ESTABILIZAÇÃO DA TUTELA DE URGÊNCIA SATISFATIVA ANTECEDENTE

491-A. Advertência sobre a correta compreensão e adequada aplicação da técnica de estabilização da medida satisfativa antecipada

A técnica da estabilização da tutela urgente de medidas liminares de caráter satisfativo integra uma política de economia processual voltada ao combate do mal social gerado pelo demandismo gigantesco e intolerável que dominou, nos últimos séculos, o exercício da garantia do acesso à tutela jurisdicional no Estado Democrático de Direito implantado pela cultura ocidental.

Ao abolir e incriminar a justiça privada realizável pela força do próprio ofendido em sua esfera jurídica, o Estado teve de assegurar, praticamente sem limites, o recurso de todos à Justiça estatal, sempre que alguém sofra, ou suponha sofrer, alguma lesão ou ameaça de lesão. Essa estatização da proteção aos direitos envolvidos em conflito – é bom que se diga – não se fez apenas em defesa dos direitos subjetivos, visto que em muitos casos estes seriam até mais eficientemente resguardados pela reação da força própria do ofendido, mas, sobretudo, pela necessidade de combater os efeitos deletérios e inevitáveis que afinal a justiça pelas próprias mãos acarreta para a convivência pacífica numa sociedade realmente civilizada.

Portanto, tanto ou mais que a defesa dos direitos individuais, a paz social se apresentou como justificativa para o monopólio do Estado-Juiz na função de compor conflitos jurídicos. Entretanto, não se faz justiça apenas com a instituição de órgãos judicantes e o estabelecimento de procedimento legal para provocar a atuação de tais organismos. Por isso, entre as garantias fundamentais se incluíram a do *devido processo legal,* com vistas a proporcionar uma *tutela justa* tanto procedimental como substancial, capaz de permitir o debate e a ampla defesa e de promover, enfim, efetividade ao direito subjetivo merecedor da tutela estatal.

Como justiça não condiz com demora das medidas reparadoras das lesões ou ameaças, agregou-se ao devido processo a garantia também fundamental da *duração razoável do processo* e do emprego de mecanismos que se prestem a acelerar e abreviar a tramitação dos procedimentos judiciais rumo à obtenção do provimento de resolução definitiva do conflito (CF, art. 5º, LXXVIII).

Quando se deparou, porém, com a dura realidade de tribunais colapsados por acervos sempre crescentes, contáveis aos milhões de processos, e de que a maioria das demandas teria de aguardar até mais de uma dezena de anos para alcançar a tutela jurisdicional definitiva, a conclusão inevitável foi a de que a garantia de tutela jurisdicional justa, na experiência da vida, não era prestada apenas com a observância do processo legal. Não se poderia, portanto, confiar apenas no devido procedimento da lei para se fazer justiça aos ofendidos e ameaçados – uma vez que justiça tardia não é outra coisa senão a mais dolorosa e arrematada denegação de justiça – e tampouco para se manter a paz social, já que não se pode preservar a paz numa sociedade obrigada a conviver com a rotina da eternização dos conflitos que a Justiça estatal não consegue compor a tempo e modo.

Nesse clima de frustração era imperioso, pois, buscar e encontrar outros meios de solução de conflitos, tanto dentro das técnicas processuais oficiais, como fora da Justiça estatal. Múltiplos expedientes foram sendo criados legislativamente para fugir dos procedimentos ordinários, e sumarizar o acesso a medidas satisfativas, capaz de tutelar com mais eficiência os interesses que podem permanecer insatisfeitos durante a longa duração que, na contingência dos pretórios abarrotados, a observância do devido processo legal não consegue evitar.

Mais do que adotar a sumarização procedimental, a lei processual, ostensivamente, abdicou do rígido monopólio estatal da jurisdição, para reconhecer e legitimar a superioridade pacificadora de múltiplos instrumentos extrajudiciais de solução de conflitos e de realização de direitos. Assim, nos deveres do juiz, ao lado do encargo de "velar pela duração razoável do processo" (art. 139, II, do CPC), inclui-se o de "promover, a qualquer tempo, a autocomposição, preferencialmente (mas não com exclusividade) com auxílio de conciliadores e mediadores judiciais" (art. 139, V).[59]

Foi nessa linha de sumarização da solução dos conflitos, de economia processual e de estímulo à autocomposição, que se concebeu o sistema de estabilização das medidas liminares satisfativas, no âmbito das tutelas jurisdicionais urgentes (CPC, arts. 303 e 304).

Os juízes, portanto, ao interpretá-lo e aplicá-lo, não devem atuar com preocupações restritivas e de excepcionalidade, mas levando em conta sua função específica e institucional de fator importante na política legislativa de redução da duração processual e de estímulo à autocomposição dos conflitos, como mecanismo de tutela justa, efetiva e mais célere e eficiente. Cumpre-lhes, isto sim, evitar interpretações que possam facilitar ao litigante caprichoso simplesmente impedir a estabilização, fora dos estritos meios da lei e sem demonstração de legítimo interesse na convolação do procedimento provisório em procedimento ordinário e exauriente de mérito. Por exemplo, nada justifica exigir do requerente o aditamento da inicial (art. 303, § 1º, I), quando o requerido não agravou em tempo hábil do deferimento da liminar (art. 304, *caput*);[60] e tampouco há justificativa plausível para uma descabida e prematura contestação, por quem deixa de agravar e de evitar de maneira regular a estabilidade perseguida pela lei. Na verdade, o art. 303, § 1º, II só cuida de citação para contestar a demanda depois de convertido o pleito de urgência em demanda de mérito definitiva, e de realizada a subsequente audiência de conciliação. É que, na técnica de sumarização do Código, só se abre o prazo de defesa após realização de tal audiência sem êxito na tentativa de autocomposição (art. 303, § 1º, III).

É preciso ter em conta que a autonomização da tutela sumária em relação à cognição plena se deu num quadro normativo caracterizado pelo reconhecimento legal de que a técnica de estabilização constitui uma nova forma de solução judicial de conflitos ao lado da forma tradicional realizada nos processos de cognição plena.[61] Trata-se, sem dúvida, de ruptura com o sistema tradicional e que, por isso mesmo, leva ao repensamento da função do processo e à revisão do papel das tutelas sumárias dentro do moderno processo justo.[62] É importante estar sintonizado com os esforços do direito europeu, a fim de absorver a nova configuração que vem assumindo a sumarização procedimental, não só para resolver as situações de urgência, mas também para atuar, de maneira eficaz, em prol da economia processual. Releva notar a possibilidade de economizar o juízo de cognição plena quando, deferida a tutela sumária, a parte já tem a percepção de que seu suposto direito não é forte o bastante para ser a disputa levada adiante; de modo que só em casos

---

59 Entre suas normas fundamentais, o CPC, dispõe que "o Estado proverá, sempre que possível, a solução consensual dos conflitos" (art. 3º, § 2º).

60 Antes do termo inicial do prazo de agravo, o juiz pode determinar emenda à inicial, mas esta só poderá referir-se aos elementos exigíveis para a concessão da tutela antecipada (art. 303, § 6º), e nunca à complementação dos requisitos da petição inicial da demanda principal, a qual só terá cabimento depois de regularmente impedida a estabilização pelo agravo (art. 304).

61 Na estabilização da medida antecipatória, deve-se ver um esforço no sentido de melhorar a atuação do processo em relação ao direito material, para torná-lo mais célere e efetivo, mediante criação de novas formas de tutela jurisdicional, hábeis a resolver a situação de crise do direito material em contexto de maior eficácia e de menor duração do processo (Cf. THEODORO JÚNIOR, Humberto; ANDRADE, Érico. A autonomização e a estabilização da tutela de urgência no Projeto de CPC. *Revista de Processo*, v. 206, p. 13-59. São Paulo, abr./2012).

62 MENCHINI, Sergio. Nuove forme di tutela e nuovi modi di resoluzione delle controversie: verso il superamento della necessità dell'accertamento con autorità di giudicato. *Rivista di Diritto Processuale*, v. LXI (seconda serie), n. 1, p. 900, Padova: CEDAM, jan.-mar./2006.

de divergência séria é que se poderia dar sequência ao processo de cognição plena, impedindo a estabilização procurada pelo autor, desde a petição inicial (art. 303, *caput*).[63]

Lembra RICCI que o processo de conhecimento tem sempre um inevitável custo em termos de duração, que quanto maior mais se traduz em termos de tutela ineficaz, a ponto de o acertamento não despertar maior interesse para a parte. A ideia de fundo, que sustenta a autonomia da tutela antecipatória é, pois, muito simples: "se não é o acertamento que se deseja, não há necessidade do processo de cognição, que foi pensado e construído em função do acertamento".[64]

O fato de não se atribuir força de coisa julgada à medida satisfativa urgente é o estímulo da lei a que as partes evitem o processo de conhecimento exauriente, de modo que, sendo aceito o provimento sumário, expressa ou tacitamente, ter-se-á pacificado o conflito de plano e com o mínimo custo possível, sem prejuízo da possibilidade de abertura de futuro processo contencioso, se for do interesse de qualquer das partes.

A nova ideia – explica MENCHINI – não é acabar com o processo declarativo de cognição plena, mas simplesmente criar, ao lado dele, procedimentos mais céleres, como alternativa para aquele que necessita recorrer à tutela jurisdicional:

> "Em função de economia processual, de aceleração da tutela, de deflação do contencioso, se está abrindo caminho para uma nova forma de jurisdição, que prevê remédios que não são substitutivos do processo declarativo, mas são aditivos dele: a jurisdição cognitiva ou de acertamento não é mais remédio único e necessário para a tutela das situações jurídicas substanciais, mas está, todavia, à disposição das partes. Estas podem escolher entre meios diversos, conforme suas necessidades: se entendem que não seja necessário ou menos útil um acertamento com força de coisa julgada, recorrerão à forma especial não declarativa e renunciarão à cognitiva, evitando dar vida ao processo de mérito ou dar-lhe prosseguimento, se esse eventualmente já tenha sido instaurado; ao contrário, se considerarem insuficiente a tutela sem definitividade, poderão sempre utilizar o juízo de cognição".[65]

Enfim, aos operadores do direito é preciso manejar a estabilização da tutela antecipatória autônoma dos arts. 303 e 304 do atual CPC, atentando, sobretudo, à exigência de economia processual e de evitar o abuso de direito de defesa da parte do demandado de má-fé, e ainda tendo em conta a necessidade de assegurar a efetividade da tutela jurisdicional. Ou, como alerta QUERZOLA, deve-se atentar para a doutrina mais autorizada que modernamente tem afirmado

---

63 "As normas sobre cautela recentemente reformadas hão de, evidentemente, ser interpretadas à luz de uma avaliação global do espírito que se acha à base das referidas reformas. Cai-se quase na obviedade ao recordar que o escopo principal do ter feito certas medidas cautelares independentes da instauração, ou do prosseguimento do juízo comum, consiste na agilização do contencioso civil; do ponto de vista *quantitativo*, porque se pretende diminuir o número de causas instauradas; e ainda do ponto de vista *qualitativo*, não necessariamente em sentido menos significativo, quando se pensa ser possível fazer justiça por meio de um procedimento de cognição sumária – o qual, mesmo tendenciosamente mais veloz, não é privado de garantias –, tanto como através de um mais pesado processo de cognição plena" (QUERZOLA, Lea. Tutela cautelare e dintorni: contributo alla nozione di "provvedimento anticipatorio". *In*: BONGIORNO, Girolamo. *Studi in onore di Carmine Punzi*, Torino: G. Giappichelli, 2008, v. III, p. 403).

64 RICCI, Edoardo. Verso un nuovo processo civile? *Rivista di Diritto Processuale*, v. LVIII (seconda serie). Padova: CEDAM. 2003, p. 215.

65 MENCHINI, Sergio. Nuove forme di tutela e nuovi modi di resoluzione delle controversie: verso il superamento della necessità dell'accertamento con autorità di giudicato. *Rivista di Diritto Processuale*, v. LXI (seconda serie), n. 1, p. 900, Padova: CEDAM, jan.-mar. 2006.

como a tutela (e, consequentemente, a cognição) sumária se tornou um componente essencial e ineliminável de um sistema de tutela jurisdicional dos direitos que queira ser eficiente e efetivo.[66]

492. O sistema de estabilização adotado pelo Código de 2015

O Código de 2015 trilhou a enriquecedora linha da evolução da tutela sumária, encontrada nos direitos italiano e francês: admitiu a desvinculação entre a tutela de cognição sumária e a tutela de cognição plena ou o processo de mérito, ou seja, permitiu a chamada autonomização e estabilização da tutela sumária.[67] Em outras palavras, a nova codificação admite que se estabilize e sobreviva a tutela de urgência satisfativa, postulada em caráter antecedente ao pedido principal, como decisão judicial hábil a regular a crise de direito material, mesmo após a extinção do processo antecedente e sem o sequenciamento para o processo principal ou de cognição plena. Todavia, para que isso ocorra exige a lei que o pedido de tutela antecedente explicite a vontade do requerente (art. 303, § 5º) de que a medida urgente seja processada segundo o procedimento especial traçado pelos arts. 303 e 304 (*i.e.*, de que a tutela pleiteada se limite à medida provisória).

O art. 304 dispõe que a tutela antecipada satisfativa "torna-se estável se da decisão que a conceder não for interposto o respectivo recurso". E o art. 304, § 1º, completa que, nesse caso, o processo será extinto e a tutela de urgência continuará a produzir seus efeitos concretos.

Observe-se que, nos termos do dispositivo legal referido, apenas a interposição do agravo de instrumento impedirá a estabilização da medida antecipatória, e deixará fora da preclusão a possibilidade de sua revisão no mesmo processo. A eventual apresentação de contestação "não tem o condão de afastar a preclusão decorrente da não utilização do instrumento processual adequado – o agravo de instrumento"[68] (ver, *retro*, o item 487, alínea V).

Essa decisão antecipatória, todavia, não opera a coisa julgada,[69] ou seja, não se reveste dos efeitos da coisa julgada material, que a tornaria imutável e indiscutível, com força vinculante

---

66 QUERZOLA, Lea. *La tutela antecipatoria fra procedimento cautelare e giudizio di merito*. Bologna: Bonomia University Press. 2006, p. 182; THEODORO JÚNIOR, Humberto; ANDRADE, Érico. A autonomização e a estabilização da tutela de urgência no Projeto de CPC. *Revista de Processo*, v. 206, São Paulo, p. 13-59, abr. 2012: "se as partes ficam satisfeitas com a decisão antecipatória, baseada em cognição sumária, sem força de coisa julgada, mas com potencial para resolver a crise de direito material, não se mostra conveniente obriga-las a prosseguir no processo, para obter a decisão de cognição plena. Colocam-se à disposição das partes, ao lado do processo de conhecimento clássico, mais longo e hábil a operar a coisa julgada, procedimentos mais céleres, voltados para a solução da crise de direito material sem que se opere a coisa julgada, fundados em forma diversa de cognição, como a sumária".

67 Um dos institutos contemplados pelo Código de Processo Civil português de 2013 foi exatamente a alteração do regime do processo cautelar, para lhe conferir autonomia em relação ao processo principal no que diz respeito à solução da crise de direito material, na linha da quebra do vínculo obrigatório entre o processo cautelar e o principal, na esteira dos modelos francês e italiano. Quebrou-se o princípio segundo a qual estes são sempre dependência de uma causa principal, proposta pelo requerente para evitar a caducidade da providência cautelar decretada em seu benefício, evitando que tenha de se repetir inteiramente, no âmbito da ação principal, a mesma controvérsia que acabou de ser apreciada e decidida no âmbito do procedimento cautelar – obstando aos custos e demoras decorrentes desta duplicação de procedimentos, nos casos em que, apesar das menores garantias formais, a decisão cautelar haja, na prática, solucionado o litígio que efetivamente opunha as partes. Para alcançar tal objetivo, consagrou o Código português o regime de inversão do contencioso, conduzindo a que, em determinadas situações, a decisão cautelar se possa consolidar como definitiva composição do litígio, se o requerido não demonstrar, em ação por ele proposta e impulsionada, que a decisão cautelar não devia ter, afinal, essa vocação de definitividade.

68 STJ, 1ª T., REsp 1.797.365/RS, Rel. p/ ac. Min. Regina Helena Costa, ac. 03.10.2019, *DJe* 22.10.2019.

69 Como destaca DENTI, trata-se de nova tendência nos sistemas processuais modernos: "Nei più recenti interventi legislativi, invero, si assiste ad una progressiva estensione dell'area della giurisdizione senza

para todos os juízos. As partes poderão, no prazo decadencial de dois anos, contado da ciência da decisão que extinguiu o processo, apresentar, se lhes convier, a ação principal para discutir a matéria no mérito (art. 304, §§ 2º e 5º). A opção, *in casu,* pela não ocorrência da coisa julgada é lógica e faz sentido, pois não se poderia conferir a mesma dignidade processual a um provimento baseado em cognição sumária e a um provimento lastreado na cognição plena.[70]

Percebe-se que foi acolhida a ideia denominada genericamente de tutela sumária, em que se admite que a decisão de cognição não exauriente, que contém a antecipação de tutela, possa ter força para resolver a crise de direito material por si só, independentemente do desenvolvimento do pedido principal ou da ação principal em sede de processo de conhecimento de cognição plena.

Com isso, a decisão proferida por meio de antecipação de tutela, no âmbito do procedimento preparatório, por opção dos próprios interessados, pode produzir seus efeitos sem depender de instauração do processo de conhecimento de cognição plena. São as partes mesmas que se mostram não interessadas no efeito da coisa julgada material. Se ficam satisfeitas com a decisão antecipatória, baseada em cognição sumária, sem força de coisa julgada, mas com potencial para resolver a crise de direito material, não se mostra conveniente obrigá-las a prosseguir no processo, para obter a decisão de cognição plena.[71] Colocam-se à disposição das partes, ao lado do processo de conhecimento clássico, mais longo e hábil a operar a coisa julgada, procedimentos mais céleres, fundados em forma diversa de cognição, como a sumária, e voltados para a solução da crise de direito material, mas sem cogitar da definitividade da *res iudicata*.

Nosso sistema de processo civil, portanto, contém, ao lado da tutela *definitiva*, um procedimento de tutela *provisória* que, na ótica do STJ, se apresenta "eventualmente *autônomo* em relação à tutela definitiva", diante da admissibilidade de estabilização alcançável antes e independentemente da dedução do litígio no objeto processual: "para a superação dessa autonomia [vale dizer, da *vida própria* atribuída à tutela provisória satisfativa antecedente], é preciso que o requerido recorra da decisão que concede a antecipação da tutela, sob pena de a tutela estabilizar-se e o processo ser extinto".[72]

O Código, por outro lado, deixa aberta a porta para posterior ajuizamento da ação principal, de cognição plena, para rediscutir o direito material objeto da tutela editada no processo

---

giudicato: lo speciale procedimento sommario previsto dalla recente riforma del processo societario costituisce uno degli esempi più significativi di questa tendenza verso la configurazione di provvedimenti giurisdizionali decisori idonei a produrre effetti esecutivi, ma non la definitività della decisione" (DENTI, Vittorio. *La giustizia civile.* Bologna: Il Mulino, 2004, p. 132). Também QUERZOLA: "Già in precedenza ho ricordato come il legislatore delle recenti riforme abbia sancito inequivocabilmente l'inaccessibilità del nuovo modello provvedimentale alla cosa giudicato (...) Il legislatore ha preso atto delle esigenze dei litiganti postmoderni, ai quali preme essenzialmente una decisione più possibile rapida, efficace ed effettiva, poco loro importando, invece, della perennità delle statuizioni del giudicante" (QUERZOLA, Lea. *La tutela anticipatoria fra procedimento cautelare e giudizio di merito*. Bologna: Bononia University Press, 2006, p. 243-244).

70 QUERZOLA, Lea. La Tutela Anticipatoria fra Procedimento Cautelare e Giudizio di Merito, p. 246/247.

71 Cf. RICCI, Edoardo Flavio. *A tutela antecipatória brasileira vista por um italiano*. Instituto Brasileiro de Direito Processual – IBDP. Disponível em: <http://direito-processual.org.br/content/blocos/104/1>. Acesso em: 28 out. 2011, p. 25). Cf. também QUERZOLA: "la ricetta que il legislatore ha approntato, riformando la tutela cautelare nel rito commerciale ed in quello civile in generale, sembra idonea a soddisfare potenzialmente numerosi palati. Ciò che già è buono, tuttavia, potrebbe sempre diventare migliore; e se l'obiettivo è la deflazione del contenzioso civile, la strada da percorrere è quella che porta a risolvere quanto più le liti in via sommaria, facendo a meno del processo di cognizione (...)" (QUERZOLA, Lea. Tutela cautelare e dintorni: contributo alla nozione di "provvedimento anticipatorio". In: BONGIORNO, Girolamo. *Studi in Onore di Carmine Punzi*. Torino: Giappichelli, 2008, v. III, p. 408).

72 STJ, 3ª T., REsp 1.766.376/TO, Rel. Min. Nancy Andrighi, ac. 25.08.2020, *DJe* 28.08.2020.

antecedente – revendo, reformando ou invalidando a tutela satisfativa –, conforme se extrai do art. 304, § 2º. Todavia, mesmo com o ajuizamento da ação principal, a medida concedida no procedimento antecedente mantém seus efeitos, enquanto não revista, reformada ou invalidada pelo juiz (art. 304, § 3º). Essa dupla possibilidade, de continuidade da medida provisória ou aperfeiçoamento posterior do processo de mérito de cognição plena, afasta, como destaca a doutrina italiana, qualquer consideração de inconstitucionalidade da tutela provisória, que tivesse como base a violação da garantia de defesa ou do acesso à jurisdição.[73]

Por outro lado, ocorrendo o recurso do requerido contra a liminar, extingue-se a possibilidade de estabilização da tutela satisfativa provisória (art. 304, *caput* e § 1º). O prosseguimento do feito até a solução definitiva da lide será obrigatório. Terá o autor de aditar a petição, cuja falta acarretará a extinção do processo e da medida antecipatória (art. 303, § 2º). "Além disso, a intimação do autor para o aditamento da inicial e o início do prazo de 15 (quinze) dias para a prática desse ato, previstos no art. 303, § 1º, I, do CPC/15, exigem *intimação específica* com indicação precisa da emenda necessária"[74] (g.n.).

493. Propositura da ação principal depois de ocorrida a estabilização da tutela provisória satisfativa

A estabilização da tutela satisfativa provisória não impede que qualquer das partes promova, ulteriormente, a propositura da ação principal de cognição plena, visando revisão, reforma ou invalidação da medida provisória estabilizada (CPC/2015, art. 304, § 2º). Sua tramitação observará o procedimento comum.

Dessa demanda advirá, não uma nova regulação provisória do litígio, mas um julgamento definitivo de mérito, que substituirá a tutela provisória até então em vigor (art. 304, § 3º).

A pretensão em tela será deduzida em juízo como *nova ação*, diretamente voltada para a composição definitiva do litígio, mediante cognição plena e exauriente, capaz de revestir-se da autoridade da *coisa julgada material*. Esse novo julgamento poderá *rever, reformar* ou *invalidar* a tutela primitiva, ou seja, poderá confirmá-la, modificá-la ou cassá-la.

Em qualquer caso, o juízo que deferiu a tutela provisória estabilizada conservará, por prevenção, a competência para a nova ação (art. 304, § 4º, *in fine*). Exigir-se-á, porém, uma nova petição inicial, podendo, qualquer das partes, que tenha tomado a iniciativa do pleito, requerer o desarquivamento dos autos da tutela provisória originária, que serão utilizados para instrução da inicial da nova demanda (art. 304, § 4º, primeira parte).

494. Prazo para ajuizamento da ação de cognição plena

A faculdade de rediscutir o direito material efetivado na tutela estabilizada, entretanto, não pode perdurar eternamente. Eis a razão pela qual o art. 304, § 5º, estabelece o prazo decadencial de dois anos, contado da ciência da decisão que extinguiu o processo. Se a ação não for ajuizada nesse prazo, tem-se a estabilização definitiva da decisão sumária. Em face do caráter decaden-

---

[73] "Ciò che dovrebbe più rilevare, infatti, non è l'assioma 'svolgimento della cognizione piena-definitività' (o giudicato, che dir si voglia), perché affinché la garanzia della cognizione piena sia rispettata, non è necessario che il processo si sia effettivamente svolto nelle forme della cognizione piena, essendo invece sufficiente che la struttura procedimentale sia tale da consentire alle parti, specie a quella risultata soccombente nella prima eventuale fase sommaria, la possibilità dello svolgimento del processo a cognizione piena" (QUERZOLA, Lea. La Tutela Anticipatoria fra Procedimento Cautelare e Giudizio di Merito, p. 178).

[74] STJ, 3ª T., REsp 1.766.376/TO, Rel. Min. Nancy Andrighi, ac. 25.08.2020, *DJe* 28.08.2020: "A intimação das partes acerca dos conteúdos decisórios é indispensável ao exercício da ampla defesa e do contraditório, pois somente o conhecimento dos atos e dos termos do processo permite a cada litigante encontrar os meios necessários e legítimos à proteção de seus interesses".

cial, não se dá a possibilidade de suspensão ou interrupção do prazo extintivo do direito de propor a ação para rediscutir o direito em litígio. Essa estabilização definitiva gera efeito similar ao trânsito em julgado da decisão, que não poderá mais ser revista, reformada ou invalidada.

Admitida certa equivalência com a coisa julgada, o prazo de dois anos para a modificação da decisão, estabilizada, à primeira vista, não abrangeria nem anularia o prazo correspondente à ação rescisória, uma vez que este somente começaria a correr após o trânsito em julgado das decisões. Assim, apenas após a estabilização definitiva da decisão sumária é que se poderia pensar no eventual início do prazo para o manejo da rescisória.[75]

Na verdade, porém, não cabe cogitar de ação rescisória na espécie, pela simples razão de que por disposição expressa da própria lei a decisão estabilizada não assume a autoridade de coisa julgada, e a rescisória, também por expressa previsão legal, só se presta a desconstituir decisão acobertada pela coisa julgada material (CPC/2015, art. 966). Logo, após o biênio do art. 304 § 5º, qualquer tentativa de discutir em juízo a questão resolvida na decisão estabilizada esbarrará na barreira intransponível, não da *res iuticata*, mas da decadência, como sói acontecer com qualquer direito extinto por ultrapassagem do prazo fatal de exercício.

Como se vê, embora nascida sob o signo da provisoriedade, a tutela de urgência satisfativa pode tornar-se inatacável graças a um mecanismo processual que a põe a salvo de demandas tendentes à revisão, reforma ou invalidação, ao cabo de um prazo fatal ou peremptório.

Há quem pense ser inadmissível a marcação de um prazo fatal para o exercício da ação de revisão ou invalidação da medida antecipada estabilizada, ao argumento de que não seria constitucional a interdição a uma ação de contraditório pleno em torno de um litígio que apenas sumariamente se compôs. Ter-se-ia uma incompatibilidade, na espécie, com o processo justo. Dessa maneira, mesmo depois do prazo de dois anos do art. 304, § 5º, continuaria "sendo possível o exaurimento da cognição até que os prazos previstos no direito material para a estabilização das situações jurídicas atuem sobre a esfera jurídica das partes", como o que ocorre, por exemplo, através da prescrição, da decadência e da *suppressio.*[76]

A crítica, a nosso sentir, não procede. Ao estabelecer o Código um prazo para o exercício do direito de propor a questionada ação de revisão ou de invalidação, nada mais fez do que criar um prazo decadencial, que tanto pode ser estabelecido em lei material, como em lei processual. Exemplo típico de prazo decadencial instituído pelo Código de Processo Civil é aquele referente à propositura da ação de rescisão da sentença de mérito transitada em julgado (art. 975, *caput*). Nunca se pôs em dúvida, em nosso direito positivo, a viabilidade de se instituir em lei prazos decadenciais para o ajuizamento de certas demandas, sejam elas precedidas ou não de algum acertamento em juízo. Além da ação rescisória vários são os casos de ações anulatórias ou revisionais, de larga presença no foro, que se extinguem pelo decurso do tempo (vícios de consentimento, incapacidade do contratante, renovação de locação, revisão de aluguel etc.).

Em suma, não se trata de conferir a autoridade de coisa julgada material à decisão provisória estabilizada nos termos do art. 304, mas simplesmente de submetê-la ao regime da prescrição e decadência, fenômenos que impedem a demanda, apresentando-se como causas de extinção liminar do processo, com resolução do mérito. Não é preciso, pois, instaurar-se uma celeuma em torno da verificação ou não da coisa julgada na espécie, quando o que o legislador fez foi simplesmente estabelecer um prazo de decadência.

---

75 MACIEL JÚNIOR, Vicente de Paula. A tutela antecipada no projeto do Novo CPC. In: FREIRE, Alexandre *et al.* (coords.). *Novas tendências do processo civil.* Estudos sobre o projeto do novo Código de Processo Civil. Salvador: JusPodivm, 2013, p. 329.

76 MITIDIERO, Daniel. Autonomização e estabilização da antecipação da tutela no novo Código de Processo Civil. *Revista Magister de Direito Civil e Processual Civil*, Porto Alegre, n. 63, p. 28-29.

§ 60. NORMAS COMUNS ÀS TUTELAS URGENTES

495. Extinção das tutelas de urgência antecedentes

A duração dos efeitos da tutela de urgência não é tratada de forma igual para as medidas conservativas e para as satisfativas.

Para as cautelares puras (*i.e.*, as conservativas), a previsão, de acordo com o CPC/2015, art. 309, é de cessação de eficácia da medida deferida em caráter antecedente, nos seguintes casos:

(*a*) não dedução do pedido principal no prazo de direito, como já visto (inciso I);
(*b*) não efetivação da medida em trinta dias (inciso II);
(*c*) decretação da improcedência do pedido principal, ou da extinção do processo sem resolução de mérito (inciso III).

Convém ficar claro que o prazo de dedução do pedido principal, a que se refere o inciso I, não se conta do deferimento da medida provisória urgente, mas da sua efetivação (art. 308, *caput*). Como às vezes a efetivação (execução) se dá liminarmente, a fluência do prazo ocorre, na verdade, a partir do momento em que o requerido é intimado da medida deferida e cumprida. A intimação será pessoal, ou na pessoa do advogado, esta quando a parte já se achar representado nos autos.

À medida satisfativa obtida em caráter antecedente, nos moldes dos arts. 303 e 304, não se aplicam as causas extintivas dos incisos I e II do art. 309. Mesmo que o autor não cuide de formular o pedido principal no prazo de lei, a medida de urgência se manterá estável, continuando a produzir seus efeitos, enquanto não for revista, modificada ou invalidada por meio de recurso ou de outra ação (art. 304, § 3º). O processo, *in casu*, se extingue (art. 304, § 1º), mas não a medida provisória satisfativa, se contra ela o demandado deixou de interpor recurso (art. 304, *caput*).

Pode-se concluir, então, que os casos de cessação de eficácia das medidas urgentes de caráter satisfativo são:

(*a*) o provimento de recurso manifestado contra a decisão que deferiu a tutela urgente;
(*b*) a sentença que acolha a revisão, reforma ou invalidação da medida;
(*c*) a sentença de rejeição do pedido principal, ou a extinção do processo sem resolução do mérito da causa.

O processo sumário satisfativo antecedente em que o aditamento da petição inicial não for realizado no prazo de quinze dias da concessão da tutela provisória (art. 303, § 1º, I) e não tiver sido objeto de recurso pelo réu, será extinto, mas sem cessação dos efeitos da tutela de urgência. Diante da estabilização prevista no art. 304, *caput*, só por sentença de mérito em outra ação é que se tornará viável a supressão de tais efeitos.

Prevê, ainda, o Código atual, como já o fazia o anterior, a possibilidade de as medidas provisórias, quaisquer que sejam, sofrerem modificação ou revogação, a todo tempo, por provocação da parte (art. 296, *caput*). Sobre esse tema, ver, *retro*, o item 442-A.

496. Responsabilidade civil pela tutela de urgência

O requerente da tutela de urgência (cautelar e antecipatória), age à base de uma sumária e superficial demonstração de seu possível direito, e quase sempre impõe restrições mais ou menos graves a direitos do promovido. O Estado defere essas restrições no pressuposto de que o bom resultado do processo, que aparentemente deve ser favorável ao requerente, esteja de fato dependendo das medidas de prevenção.

Nada há, todavia, de certo e definitivo em torno daquilo em que se apoia, na realidade, a tutela preventiva. Por isso, a lei faz com que o requerente da tutela de urgência assuma todo o risco gerado por sua execução. Recorrente e certeira é a afirmação de que a tutela de urgência é sempre praticada por conta e risco do promovente.[77]

Nessa ordem de ideias, o art. 302 do CPC/2015 impõe ao requerente o dever de responder pelo prejuízo que a efetivação da tutela de urgência causar à parte adversa, nos seguintes casos:

(a) se a sentença (de mérito) lhe for desfavorável (inciso I);
(b) se obtida liminarmente a tutela em caráter antecedente, não fornecer os meios necessários para a citação do requerido no prazo de cinco dias (inciso II);
(c) se ocorrer a cessação da eficácia da medida em qualquer hipótese legal (inciso III);
(d) se o juiz acolher a alegação de decadência ou prescrição da pretensão do autor (inciso IV).

O prejudicado pela tutela de urgência infundada ou frustrada não precisa propor ação de indenização contra o requerente para obter o reconhecimento de seu direito e a condenação do responsável. Precisa, entretanto, comprovar o dano que a medida extinta lhe acarretou. Nos termos do art. 302, parágrafo único, a indenização será liquidada nos autos em que a medida tiver sido concedida, sempre que possível. A fonte da obrigação, na espécie, é a própria lei, que a faz assentar sobre dados objetivos, que prescindem de acertamento em ação condenatória apartada.[78]

A obrigação, todavia, depende, para tornar-se exequível, de dois requisitos:

(a) a ocorrência de prejuízo efetivo causado pela execução da tutela de urgência; e
(b) a determinação do *quantum* líquido desse prejuízo.

Antes, pois, de executar o requerente da medida, a parte prejudicada terá de promover a competente liquidação, pelo procedimento comum (art. 509, II).

Essa modalidade de liquidação se faz necessária justamente porque a apuração do prejuízo se dá originariamente à base de fatos novos, quais sejam, os que concretamente virão demonstrar em que consistiu o prejuízo e em quanto montou ele.[79]

Liquidado o dano, a execução se processará conforme o rito de quantia certa.[80]

---

77 "Em princípio, a obrigação de indenizar o dano causado pela execução de tutela antecipada posteriormente revogada é consequência natural da improcedência do pedido, decorrência *ex lege* da sentença, e, por isso, independe de pronunciamento judicial, dispensando também, por lógica, pedido da parte interessada" (STJ, 2ª Seção, REsp 1.548.749/RS, Rel. Min. Luís Felipe Salomão, ac. 13.04.2016, *DJe* 06.06.2016).

78 "Em relação à forma de se buscar o ressarcimento dos prejuízos advindos com o deferimento da tutela provisória, o parágrafo único do art. 302 do CPC/2015 é claro ao estabelecer que 'a indenização será liquidada nos autos em que a medida tiver sido concedida, sempre que possível', dispensando-se, assim, o ajuizamento de ação autônoma para esse fim" (STJ, 3ª T., REsp 1.770.124/SP, Rel. Min. Marco Aurélio Bellizze, ac. 21.05.2019, *DJe* 24.05.2019).

79 "A sentença de improcedência, quando revoga tutela antecipadamente concedida, constitui, como efeito secundário, título de certeza da obrigação de o autor indenizar o réu pelos danos eventualmente experimentados, cujo valor exato será posteriormente apurado em liquidação nos próprios autos" (STJ, 2ª Seção, REsp 1.548.749/RS, Rel. Min. Luís Felipe Salomão, ac. 13.04.2016, *DJe* 06.06.2016).

80 MARQUES, José Frederico. *Manual de Direito Processual Civil*. São Paulo: Saraiva, 1976, v. IV, n. 1.084, p. 396.

Em nenhuma circunstância se exigirá prova de culpa ou dolo do promovente da tutela de urgência. A responsabilidade civil, na espécie, é puramente objetiva,[81] de sorte que seus fundamentos são apenas a lesão do requerido, a frustração da medida cautelar nos termos do art. 302 e o nexo causal entre a medida e o dano.[82]

A propósito dessa execução, o STJ admitiu, em caso de benefício pago provisoriamente por entidade previdenciária, uma forma especial de reposição: autorizou o "desconto no percentual de 10% do montante total do benefício mensalmente recebido pelo assistido, até que ocorra a integral compensação da verba percebida"[83] indevidamente.

---

[81] "Os danos causados a partir da execução de tutela antecipada (assim também a tutela cautelar e a execução provisória) são disciplinados pelo sistema processual vigente à revelia da indagação acerca da culpa da parte, ou se esta agiu de má-fé ou não. Com efeito, à luz da legislação, cuida-se de responsabilidade processual objetiva, bastando a existência do dano decorrente da pretensão deduzida em juízo para que sejam aplicados os arts. 273, § 3º, 475-O, incisos I e II, e 811 do CPC/1973 (correspondentes aos arts. 297, parágrafo único, 520, I e II, e 302 do novo CPC)" (STJ, 2ª Seção, REsp 1.548.749/RS, Rel. Min. Luís Felipe Salomão, ac. 13.04.2016, *DJe* 06.06.2016).

[82] Cf. nosso *Processo Cautelar*, LEUD, 23. ed., n. 137.

[83] STJ, 2ª Seção, REsp 1.548.749/RS, Rel. Min. Luis Felipe Salomão, ac. 13.04.2016, *DJe* 06.06.2016. Segundo o acórdão, o desconto em folha de pagamento, "a par de ser solução equitativa, a evitar o enriquecimento sem causa, cuida-se também de aplicação de analogia, em vista do disposto no art. 46, § 1º, da Lei 8.112/1990 – aplicável aos servidores públicos".

Capítulo XVIII
TUTELA DA EVIDÊNCIA

§ 61. REGIME PARTICULAR DA TUTELA DA EVIDÊNCIA

497. Tutela da evidência

A tutela da evidência não se funda no *fato* da situação geradora do *perigo de dano*, mas no fato de a pretensão de tutela imediata se apoiar em comprovação suficiente do direito material da parte. Justifica-se pela possibilidade de aferir a *liquidez* e *certeza* do direito material, ainda que sem o caráter de definitividade, já que o debate e a instrução processuais ainda não se completaram. No estágio inicial do processo, porém, já se acham reunidos elementos de convicção suficientes para o juízo de mérito em favor de uma das partes[1].

Mesmo abstraindo do risco de dano material imediato, a tutela da evidência parte do princípio de que a duração do processo não deve redundar em maior prejuízo para quem já demonstrou, satisfatoriamente, melhor direito dentro do conflito material a ser ao final composto pelo provimento definitivo. Essa técnica tutelar não é nova na prestação jurisdicional, pois é, por exemplo, utilizada, de longa data, em procedimentos especiais que prevejam liminares satisfativas como as ações possessórias, o mandado de segurança, a ação monitória, a ação de busca e apreensão promovida pelo credor com garantia de alienação fiduciária, a ação de depósito, a ação de despejo por falta de pagamento, a ação declaratória de inconstitucionalidade, a ação popular, a ação de improbidade administrativa, entre outras.

A tutela da evidência não se confunde, na estrutura do Código atual, com um julgamento antecipado da lide. A medida é deferida sumariamente, em alguns casos de maior urgência, até sem audiência da parte contrária, mas não impede o prosseguimento do feito, para completar-se o contraditório e a instrução probatória. A *provisoriedade* da tutela da evidência é, aliás, o traço comum que o Código de 2015 adotou para qualificar as tutelas de urgência e da evidência como espécies do mesmo gênero, ao qual se atribuiu o *nomem iuris* de *tutelas provisórias*.

498. Oportunidade e conteúdo da tutela da evidência

A tutela da evidência pressupõe, por sua própria natureza, demanda principal já ajuizada, pois é por meio da dedução da pretensão em juízo, com todos os seus fundamentos e suas provas disponíveis que se pode avaliar a evidência do direito da parte sobre o qual a medida provisória irá recair. Aforada a ação, a parte terá oportunidade de postular essa medida, desde logo, cumulando-a com o pedido principal na petição inicial; poderá, também, pleiteá-la pos-

---

[1] "2. A tutela provisória pode ser concedida com base na urgência (cautelar ou antecipada), quando houver elementos que evidenciem a probabilidade do direito e o perigo de dano, ou o risco ao resultado útil do processo; ou com fulcro na evidência, caracterizada por situações que autorizam a concessão de tutela jurisdicional, quando o direito se apresenta cristalino, evidente, dispensando-se o perigo de dano e o resultado útil do processo" (STJ, 4ª T., AgInt no AREsp 1.735.781/PR, Rel. Min. Luis Felipe Salomão, ac. 22.11.2021, *DJe* 25.11.2021).

teriormente, a qualquer momento durante o curso do processo. Não há lugar, contudo, para a decretação de ofício de medidas de tutela da evidência.[2]

É assim que o CPC/2015 prevê que a tutela da evidência pode ser deferida, tanto em liminar (art. 311, parágrafo único), como em decisão incidental (art. 311, I):

I – Concessão em liminar

Antes mesmo da citação do réu é possível obter-se liminar, nas hipóteses do parágrafo único do art. 311, ou seja, quando:

(a) as alegações de fato do requerente puderem ser comprovadas, apenas documental e cumulativamente, o pedido estiver fundado em tese assentada em julgamento de casos repetitivos ou em súmula vinculante (art. 311, II e IV); ou quando
(b) se tratar de pedido reipersecutório, fundado em prova documental adequada do contrato de depósito, caso em que a liminar consistirá na ordem de entrega do objeto custodiado, sob cominação de multa (art. 311, III).

II – Concessão incidental

No curso do processo é possível, após a contestação, obter medida de tutela da evidência, em duas situações:

(a) quando evidenciado o abuso de defesa ou o manifesto propósito protelatório da parte (art. 311, I);
(b) quando a petição inicial for instruída com prova documental suficiente dos fatos constitutivos do direito do autor, a que o réu não tenha oposto prova capaz de gerar dúvida razoável (art. 311, IV).

O requisito básico da tutela da evidência é, tão somente, a comprovação já deduzida em juízo do direito material da parte, ainda não afetada por contraprova séria do adversário. Combate-se a *injustiça* de, da demora do processo, resultar prejuízo para a parte que, comprovadamente, reúne melhores condições de sair vitoriosa na solução final do processo.

III – Conteúdo da medida

A tutela da evidência, embora haja controvérsia, pode dar-se por qualquer provimento que se mostre adequado às circunstâncias do caso concreto: seja por meio de medida *satisfativa*, seja por medida *conservativa*. O que distingue a tutela da evidência das medidas de urgência é a desnecessidade do *periculum in mora* (art. 311, *caput*). Este pode favorecer o seu deferimento, mas não é requisito indispensável.

Os casos de tutela da evidência são tipicamente hipóteses de antecipação de tutela satisfativa, mesmo porque o que se protege diretamente é a própria usufruição do direito material, e não propriamente a conservação da utilidade do processo. Não é fácil imaginar, *in concreto*, medidas apenas cautelares na espécie. Não se pode, nada obstante, ser radical a ponto de se negar, em caráter absoluto, o cabimento de eventual medida cautelar, dentro da sistemática da tutela da evidência. Como as medidas cautelares não prescindem do pressuposto do perigo de dano, o caso acabaria, na maioria das vezes, mais bem enquadrado nas tutelas

---

2 SANTOS, Ernane Fidelis dos. Tutela cautelar e antecipatória. In: AURELLI, Arlete Inês *et al. O direito de estar em juízo e a coisa julgada* – Estudos em Homenagem a Thereza Alvim, São Paulo: RT, 2014, p. 134.

de urgência do que na tutela da evidência.[3] No entanto, o direito positivo prevê alguns casos de medidas cautelares que, sem o pressuposto do *periculum in mora*, cuidam de proteção a direitos evidentes, como, *v.g.*:

(a) o arresto de bens do devedor, quando este não é encontrado para a citação executiva (art. 830);

(b) o sequestro de receita pública na execução contra a fazenda pública, no caso de desobediência à ordem cronológica dos precatórios (art. 100, § 6º, da CF);

(c) a separação de bens do espólio, no processo de inventário, quando: *(i)* a habilitação de crédito se funda em título documental (art. 643, parágrafo único), e *(ii)* a solução da habilitação de herdeiro for remetida para as vias ordinárias (art. 627, § 3º);

(d) a autorização para levantamento imediato pelo réu do depósito feito pelo autor na ação de consignação em pagamento, mesmo quando contestado o pedido (art. 545, § 1º).

Em todas essas hipóteses, o fundamento da medida cautelar é simplesmente a comprovação imediata do direito material da parte, sem qualquer cogitação de risco iminente de prejuízo para o credor, de modo que a tutela se apresenta como relacionada com direito evidente apenas.

IV – Fungibilidade

Em princípio, não se pode admitir fungibilidade em matéria de medidas próprias da tutela da evidência.[4] A fungibilidade só é pensada, com propriedade, nas medidas conservativas (cautelares), em que o interesse gira em torno de proteger a eficácia do processo. Na tutela da evidência é o pedido substancial da parte que se intenta proteger, não havendo como substituir o objeto da tutela, sem comprometer a liberdade do autor de definir o objeto litigioso e de pleitear o remédio processual que entenda útil à sua defesa. Ou se acata o pedido da parte, ou se lhe nega acolhida. Não há como decretar, por iniciativa do juiz, medida satisfativa diversa daquela requerida pela parte. Pode deferi-la em parte, mas não a substituir por outra completamente distinta.

Há, porém, casos em que a parte poderá se valer da tutela da evidência para pleitear medidas conservativas, sem os rigores do *periculum in mora*. Em semelhante quadra, a tutela da evidência estará se prestando a atuar no plano da cautelaridade, em que é normal o poder do juiz de praticar a substituição da medida pleiteada por outra que, na mesma linha de prevenção, melhor se adapte às particularidades do caso *sub iudice*.

V – Tutela da evidência e julgamento antecipado do mérito

O Código atual não confunde *tutela da evidência com julgamento antecipado do mérito*. A tutela da evidência corresponde a medidas *provisórias*, que às vezes se tomam liminarmente, e, quase sempre, de forma incidental, no curso do processo de conhecimento. O *julgamento antecipado da lide* (CPC/2015, art. 355) acontece na fase em que, após a postulação, se realiza

---

3 "A técnica antecipatória pode prestar tutela jurisdicional ao direito em face da *evidência* do direito postulado em juízo. Aí a tutela antecipada vem prevista *despregada* totalmente do *perigo*, fato que deixa à vista importante mudança na sua função, não mais assimilável simplesmente à tutela de urgência" (MITIDIERO, Daniel. Tendências em matéria de tutela sumária: da tutela cautelar à técnica antecipatória. *Revista de Processo*, São Paulo: RT, v. 197, p. 41, jul. 2011).

4 SANTOS, Ernane Fidelis dos. Tutela cautelar e antecipatória. In: AURELLI, Arlete Inês, *et al. O direito de estar em juízo e a coisa julgada* – Estudos em Homenagem a Thereza Alvim, São Paulo: RT, 2014, p. 134.

de ordinário o saneamento do processo. É uma das modalidades do *julgamento conforme o estado do processo*.

Ao contrário do que se passa com a tutela provisória da evidência, o julgamento antecipado da lide é definitivo. Resolve o mérito da causa, quando esta já se acha madura, tornando dispensável a audiência de instrução e julgamento. Por isso, põe fim ao processo, com resolução do mérito, por meio de sentença. O provimento de tutela da evidência, mesmo quando adianta efeitos da resolução do mérito, o faz provisoriamente, por meio de decisão interlocutória, que não põe fim ao procedimento cognitivo, devendo este prosseguir em busca da instrução adequada e da sentença final de mérito.

VI – Tutela da evidência em grau de recurso

A circunstância de o art. 995, parágrafo único, do CPC prever a possibilidade de o relator, durante a tramitação do processo no tribunal, suspender a eficácia da decisão recorrida, nos casos de risco de dano grave, de difícil ou impossível reparação, mediante demonstração da probabilidade de provimento do recurso, não pode ser interpretada como limitação da tutela provisória recursal apenas às medidas de urgência.

A tutela da evidência, autorizada pelo art. 311, destinada a coibir o abuso do direito de defesa ou o manifesto propósito protelatório da parte, é invocável a qualquer tempo e em qualquer fase procedimental, não estando limitada apenas ao primeiro grau de jurisdição. Por exemplo, tanto no regime da apelação como no dos embargos de declaração, há previsão de suspensão, pelo relator, da decisão recorrida diante da probabilidade de provimento do recurso (arts. 1.012, § 4º, e 1.026, § 1º).

Portanto, numa interpretação sistemática dos arts. 311, I; 1.012, § 4º; e 1.026, § 1º, é fácil concluir que, independentemente do *periculum in mora*, a probabilidade evidente de desprovimento do recurso torna perfeitamente possível a concessão de tutela da evidência em favor do recorrido, vítima de recurso abusivo ou procrastinatório da parte contrária.[5] Também se pode recorrer à tutela da evidência para se permitir o exercício provisório do direito do recorrente, quando seja evidente a possibilidade de provimento do apelo, diante da relevância de sua fundamentação e da irrelevância da resistência do recorrido. Isto porque, satisfeitos os requisitos do art. 311 do CPC, a tutela da evidência é assegurada em qualquer tempo e durante qualquer fase procedimental em qualquer grau de jurisdição, e não apenas no primeiro grau.

499. Legitimação

Em regra, quem se legitima a postular a tutela da evidência é o autor da demanda principal, como se passa com os casos de abuso de defesa (art. 311, I), de ação de depósito instruída com prova documental adequada (art. 311, III), e de qualquer ação em que a petição inicial se apresentar instruída com prova documental a que o réu não opôs contraprova suficiente para gerar dúvida razoável (art. 311, IV). Já em outros permissivos do art. 311, a tutela da evidência pode ser pleiteada tanto pelo autor como pelo réu. É o caso em que se achar caracterizado o manifesto propósito protelatório (art. 311, I), ocorrência que pode ser imputada ao comportamento processual de qualquer das partes. Naturalmente, para legitimar-se ao pleito da tutela da evidência, a parte prejudicada terá de comprovar que seu direito é, de fato, o que se apresenta

---

5 DIDIER JR., Fredie; BRAGA, Paula Sarno; OLIVEIRA, Rafael Alexandria. *Curso de direito processual civil*. 11. ed. Salvador: JusPodivm, 2016, v. 2, p. 587-589; PANTOJA, Fernanda Medina; MARÇAL, Felipe Barreto. Tutela de evidência recursal. *Revista de Processo*, v. 324, p. 179, fev. 2022; STF, Pleno, RE 574.706/PR – repercussão geral, Rel. Min. Cármen Lúcia, ac. 15.03.2017, *DJe* 02.10.2017; STJ, 1ª T., AgInt no TutPrv no AREsp 300.743/SP, Rel. Min. Napoleão Nunes Maia Filho, ac. 25.03.2019, *DJe* 01.04.2019.

como viável de amparo no julgamento final do mérito. É que a tutela da evidência dispensa o *periculum in mora*, mas não o *fumus boni iuris*.

O mesmo se pode dizer das alegações apoiadas em documentos, e em tese firmada em julgamentos de casos repetitivos ou em súmulas vinculantes (art. 311, II), já que esse tipo de motivação pode ser utilizado por qualquer dos litigantes.

500. O casuísmo legal da tutela da evidência

I – Casos enumerados no art. 311 do CPC

Em lugar de conceituar genericamente a tutela da evidência, o Código atual preferiu enumerar, de forma taxativa, os casos em que essa modalidade de tutela sumária teria cabimento. Não se pode, por isso, ampliar sua área de atuação, mediante interpretação extensiva.[6]

Segundo o art. 311 do CPC/2015, a tutela em causa, sem exigir demonstração do perigo da demora da prestação jurisdicional, terá cabimento quando:

(*a*) ficar caracterizado o *abuso do direito de defesa* ou o *manifesto propósito protelatório* da parte (inciso I);

(*b*) as alegações de fato *puderem ser comprovadas apenas documentalmente* e houver *tese firmada em julgamento de casos repetitivos* ou em *súmula vinculante* (inciso II);

(*c*) se tratar de pedido reipersecutório fundado em *prova documental adequada do contrato de depósito*, caso em que será decretada a ordem de entrega do objeto custodiado, sob cominação de multa (inciso III);

(*d*) a petição inicial for instruída com *prova documental suficiente dos fatos constitutivos do direito do autor, a que o réu não oponha prova capaz de gerar dúvida razoável* (inciso IV).

A Lei de Defesa da Concorrência instituiu uma nova hipótese de tutela da evidência, aplicável às ações promovidas pelos prejudicados por infração à ordem econômica, nos termos dos arts. 47 e 47-A da Lei 12.529/2011, com as alterações da Lei 14.470/2022 (v., adiante, o subitem II).

Em todas as quatro hipóteses, o traço comum é a necessidade de uma prova completa que permita ao juiz reconhecer a comprovação do quadro fático-jurídico suficiente para sustentar a pretensão da parte. O seu direito a ser tutelado em juízo se acha comprovado de tal maneira que, no momento, não se divisa como a parte contrária possa resisti-lo legitimamente. É claro que, sem embargo da prova suficiente, o juízo a seu respeito é provisório, visto que sujeito a reexame no julgamento final do processo, após o contraditório e a instrução probatória. No estágio, porém, em que se pretende a tutela da evidência, a prova produzida é convincente na demonstração das alegações do requerente.

A estrutura procedimental, a propósito, é a mesma que se observa na ação monitória, cuja providência liminar é a expedição de um mandado de pagamento baseado em prova escrita que torna evidente o crédito do autor (art. 701, *caput*). Se o réu não embarga, a ordem provisória se transforma, automaticamente, em mandado executivo (art. 701, § 2º). Se há embargos, a subsistência ou não do mandado liminar dependerá da sentença final (art. 702, § 8º).[7]

---

6 SANTOS, Ernane Fidelis dos. Tutela cautelar e antecipatória. In: AURELLI, Arlete Inês, *et al. O direito de estar em juízo e a coisa julgada* – Estudos em Homenagem a Thereza Alvim, São Paulo: RT, 2014, p. 136.

7 TALAMINI, Eduardo. Tutela de urgência no projeto de novo Código de Processo Civil: a estabilização da medida urgente e a "monitorização" do processo civil brasileiro. *Revista de Processo*, n. 209, jul. 2012, p. 22-24.

Examinaremos, a seguir, cada uma das hipóteses do art. 311:

(a) Inciso I:

Quando se admite a tutela da evidência diante do "abuso do direito de defesa" ou o "manifesto propósito protelatório da parte", não se quer dizer que se estaria aplicando uma sanção ao dolo processual do réu.[8] A tutela sumária, em qualquer de suas formas, inclusive a da evidência, nunca prescinde da comprovação do *fumus boni iuris*. Sem prova (ainda que sumária e superficial) do direito que se deseja tutelar, não se pode pretender provimento que o assegure, em caráter provisório.

O dolo processual (abuso do direito de defesa ou prática de ato processual revelador de manifesto propósito protelatório), nesse sentido, não é, *per si*, o fundamento suficiente para a concessão da tutela da evidência. O que se obtém por seu intermédio é um reforço da "plausibilidade do direito".[9]

Os elementos de convicção produzidos pelo autor, autorizadores de um juízo de verossimilhança, tornam-se, após a defesa abusiva e procrastinatória, fonte de certeza, por decorrência de uma *presunção legal*. Não se trata, de tal sorte, de tutelar um direito *naturalmente* evidente, mas de impulsionar um salto da *verossimilhança* para a *certeza*, por força da lei e por meio de uma *presunção relativa*, que, afinal, poderá ser destruída por prova contrária, provocando a revogação da tutela antecipada e deferimento da tutela definitiva em favor do demandado que antes abusara do direito de defesa.[10]

O que prevalece, na antecipação de tutela autorizada pelo inc. I do art. 311 – e como observa Mitidiero –, é "a maior consistência de uma das posições jurídicas assumidas pelas partes no processo. Vale dizer: *se a versão mais provável é a do demandante, esse merece tutela imediata, ainda que provisória, a fim de que o tempo do processo não seja um peso exclusivamente por ele suportado*".[11] A defesa abusiva ou a atitude procrastinatória do réu, faz, por opção legal, pender em favor do autor o juízo acerca da procedência das posições antagônicas defendidas no processo. A versão do autor, que em si já era verossímil, passa a revestir-se, enfim, da qualidade da *certeza*, diante da resistência inconsistente e maliciosa do réu. Justifica-se, por isso, a antecipação de tutela em favor do autor, visto que o prosseguimento do processo motivado pelo litigante ímprobo e o consequente aumento da duração do tempo necessário para atingir-se a sentença de mérito definitiva somente a ele deve ser debitado. Para evitar uma injustiça para o autor, que se acha em evidente melhor condição de merecer a tutela jurisdicional, é que a lei lhe concede o benefício de sua antecipação provisória.

O manifesto propósito protelatório, também admitido como causa justificadora da tutela da evidência, pode ser praticado tanto pelo réu quanto pelo autor. Se o *fumus boni iuris* milita

---

8 "Essas observações forçam reconhecer que a finalidade da tutela antecipatória baseada no art. 273, II, do CPC, [CPC/2015, art. 311, II] não está em *sancionar* eventual comportamento inadequado de uma das partes. Para *punir* o comportamento do litigante de má-fé, a propósito, a legislação alça mão de outras técnicas processuais" (MITIDIERO, Daniel. Tendências em matéria de tutela sumária: da tutela cautelar à técnica antecipatória. *Revista de Processo*, São Paulo: RT, v. 197, p. 42, jul. 2011). A tutela antecipatória fundada no art. 273, II, do CPC [atual 311, I, do CPC/2015] *não pode ser tomada como tutela antecipatória sancionatória*. Não é essa a sua natureza. A tutela antecipatória fundada em abuso do direito de defesa ou manifesto propósito protelatório do réu constitui mais propriamente tutela antecipatória fundada na maior probabilidade de veracidade da posição jurídica de uma das partes. Trata-se de tutela antecipatória da simples evidência.

9 WAMBIER, Teresa Arruda Alvim. *Nulidades do processo e da sentença*. 5. ed. São Paulo: RT, 2004; FUX, Luiz. *Tutela de segurança e tutela da evidência:* fundamentos da tutela antecipada. São Paulo: Saraiva, 1996, p. 346-347.

10 COSTA, Sérgio. *Manuale di diritto processuale civile*. 4. ed. Torino: UTET, 1973, n. 43, p. 57-59.

11 *REPRO* 197/43.

em favor da tese do réu, a tutela da evidência pode redundar em medida provisória de antecipação de efeitos da tutela de mérito em seu favor.

(b) Inciso II:

A tutela da evidência autorizada pelo inciso II reclama a satisfação de dois requisitos cumulativos: *(i)* as alegações de fato, formuladas pela parte (e não só pelo autor) puderem ser comprovadas "apenas documentalmente"; e *(ii)* os fundamentos de direito do pedido deverão apoiar-se em "tese firmada em julgamento de casos repetitivos ou em súmula vinculante".[12]

O primeiro requisito não restringe a tutela da evidência apenas aos atos solenes, para os quais a lei imponha a forma documental como solenidade única indispensável e suficiente. O que se objetiva é a proteção sumária e imediata para o direito, qualquer que seja, cuja existência se possa comprovar, satisfatoriamente, por via de documentos. Trata-se da "prova documental idônea", ou seja, daquela que, na situação em que o processo se encontra, seja "apta a atestar, *prima facie*, a viabilidade da pretensão do demandante".[13]

Não se pode exigir que essa prova seja *irrefutável*, visto que, a tutela da evidência é, em regra, definida antes que a instrução probatória da causa tenha se concluído, de modo que não se pode descartar a eventualidade de posterior prova em contrário por parte do requerido, capaz de desfazer a força de convencimento daquela anteriormente produzida pelo requerente. Todas as tutelas sumárias, inclusive a da evidência, são prestadas mediante apuração provisória do suporte fático do pedido, e, por isso mesmo, sempre suscetível de reexame, modificação ou revogação, segundo o desenvolvimento do contraditório e da instrução probatória (CPC/2015, art. 298).

Não basta, porém, que o requerente da tutela da evidência comprove o fundamento fático de sua pretensão. Exige, ainda, a lei, que o fundamento de direito invocado esteja respaldado em tese firmada em jurisprudência oriunda de casos repetitivos ou em súmula vinculante. Essa última exigência retrata, mais uma vez, a preocupação do Código de 2015 em prestigiar o precedente jurisprudencial, máxime quando originado dos tribunais superiores, com vocação vinculativa.[14]

A exigência, contudo, não se aplica quando lei, reguladora de procedimentos especiais, prevê liminar, sem cogitar do perigo de dano. Nesses casos, a medida, por vontade da lei, não se funda senão na evidência do direito do autor. E sendo expressa a autorização legal, não se há de condicionar a liminar à existência de precedente jurisprudencial, obviamente. O suporte em tese de direito sumulado refere-se apenas aos casos em que a jurisprudência se formou em torno de lacuna do ordenamento jurídico positivo.

O propósito do art. 311, II, dessa maneira, é o de condicionar a antecipação de tutela amparada na evidência, a um elevado grau de certeza, tanto fática como de direito. Com isso, a tutela provisória, quando fundada apenas no referido inciso, fica com cabimento muito restrito.

A possibilidade de tutela da evidência, com apoio no aludido inciso, embora seja mais frequente na defesa dos interesses do autor, não descarta seu emprego também por iniciativa

---

12 "É admissível a concessão de tutela da evidência fundada em tese firmada em incidente de assunção de competência" (Enunciado 135/CEJ da II Jornada de Direito Processual Civil).

13 BODART, Bruno Vinícius da Rós. Simplificação e adaptabilidade no anteprojeto do novo CPC. In: FUX, Luiz (coord.). *O novo processo civil brasileiro.* Direito em expectativa. Rio de Janeiro: Forense, 2011, p. 81.

14 Por exemplo, seria facilmente deferível a tutela da evidência em ações em que: (i) se combatesse a exigência de ISS sobre rendimentos de locação de imóveis (Súmula Vinculante 31); (ii) a pretensão da seguradora fosse de não sujeição dos salvados de sinistros ao ICMS (Súmula Vinculante 32); (iii) se pretendesse a matrícula em Universidade Pública sem sujeitar-se a pagamento de taxa (Súmula Vinculante 12); (iv) se questionasse a exigência de depósito para admissão de recurso administrativo (Súmula Vinculante 21); e, (v) se buscasse afastar a exigência de depósito prévio para propor ação destinada a discutir crédito tributário (Súmula Vinculante 28).

do réu. Sem dúvida, é previsível a situação em que a tese jurisprudencial milite em favor da pretensão do réu, e não do autor.

(c) Inciso III:

A tutela da evidência permitida pelo inciso III, do art. 311, é destinada especificamente à tutela da pretensão fundada no contrato de depósito. Serve para suprir a medida liminar que antigamente se obtinha por meio de ação especial de depósito, e que, segundo o CPC/2015, passará a observar o procedimento comum.

O contrato de depósito é *real*, pois se aperfeiçoa com a entrega da coisa móvel ao depositário, o qual assume a obrigação de guardá-la, "até que o depositante a reclame" (Código Civil, art. 627). O vínculo contratual se extingue, portanto, no momento em que o pedido de restituição é formulado. Se a devolução imediata não ocorre, a retenção da coisa depositada se torna verdadeiro esbulho.

Por isso, na antiga ação de depósito, o réu era citado, com base em prova literal do contrato, para, no prazo de cinco dias, "entregar a coisa, depositá-la em juízo ou consignar-lhe o equivalente em dinheiro" (CPC/1973, art. 902, I). Esse procedimento especial não foi mantido pelo CPC/2015. Pode, entretanto, o autor, na petição inicial da ação comum intentada para recuperar a coisa custodiada, formular pedido de tutela da evidência, desde que disponha de prova documental adequada para comprovar a existência do contrato de depósito entre as partes (art. 311, III).

A medida, a exemplo do que se passa nos interditos possessórios, assume a feição de uma injunção ou um mandado para que o depositário entregue a coisa imediatamente, sob pena de busca e apreensão. O autor, com isso, retoma a posse do objeto depositado, mas em caráter provisório, porquanto a ação deve prosseguir seus trâmites ordinários até que a sentença de mérito seja pronunciada em caráter definitivo. A liminar, deferida nos termos do art. 311, III, não é um julgamento antecipado da lide, mas apenas uma antecipação dos efeitos da futura sentença, como, aliás, ocorre com todos os provimentos sumários, seja de urgência ou da evidência.

Trata-se de medida que, *in casu*, se baseia apenas no *fumus boni iuris*, não havendo necessidade de alegação ou comprovação do *periculum in mora*. A liminar funda-se, portanto, apenas na natureza do contrato existente entre as partes e na prova documental produzida pelo requerente.

(d) Inciso IV:

A tutela da evidência é dispensável ao autor sempre que a petição inicial venha instruída com prova documental suficiente dos fatos constitutivos do direito perseguido no processo, à qual o réu "não oponha prova capaz de gerar dúvida razoável" (art. 311, IV).

Trata-se, pois, de medida destinada a tutela de interesses apenas do autor, e que somente pode ser deferida em caráter incidental, depois de conhecida a defesa do demandado. Em função desta é que o juiz poderá avaliar se a força probante da documentação do autor foi anulada ou reduzida pela contraprova do adversário.

II – Caso especial de tutela da evidência em favor dos prejudicados por infração à ordem econômica

O CADE (Conselho Administrativo de Defesa Econômica) é uma autarquia federal, que, entre seus órgãos, conta com o Tribunal Administrativo de Defesa Econômica (Lei 12.529/2011, art. 5º, I), com poder para "decidir sobre a existência de infração à ordem econômica e aplicar as penalidades previstas em lei" (Lei 12.529/2011, art. 9º, II).

À Procuradoria Federal, junto ao CADE, cabe a promoção de providências administrativas e judiciais, para dar cumprimento às decisões do Tribunal Administrativo (Lei 12.529/2011, arts. 9º, XIII, e 15, III).[15]

Por outro lado, os prejudicados também têm legítimo interesse para ingressar em juízo, em defesa de seus interesses individuais ou individuais homogêneos, com vistas a obter a cessação de práticas que constituam infração da ordem econômica, bem como o recebimento de indenização por perdas e danos. Essas demandas podem ser manejadas independentemente do inquérito ou processo administrativo (Lei 12.529/2011, art. 47).

Entretanto, se a questão já tiver sido objeto de decisão administrativa do Plenário do Tribunal do CADE, torna-se cabível, em demanda judicial posterior, a *tutela da evidência*, "permitindo ao juiz decidir liminarmente" nas ações de iniciativa dos prejudicados referidos no art. 47 da Lei de Defesa da Concorrência (art. 47-A, incluído pela Lei 14.470/2022).

---

15 "A decisão do Plenário do Tribunal, cominando multa ou impondo obrigação de fazer ou não fazer, constitui título executivo extrajudicial" (Lei 12.529/2011, art. 93), sujeito a inscrição em Dívida Ativa, para fins de execução fiscal (arts. 15, IV, e 81).

Fluxograma nº 11

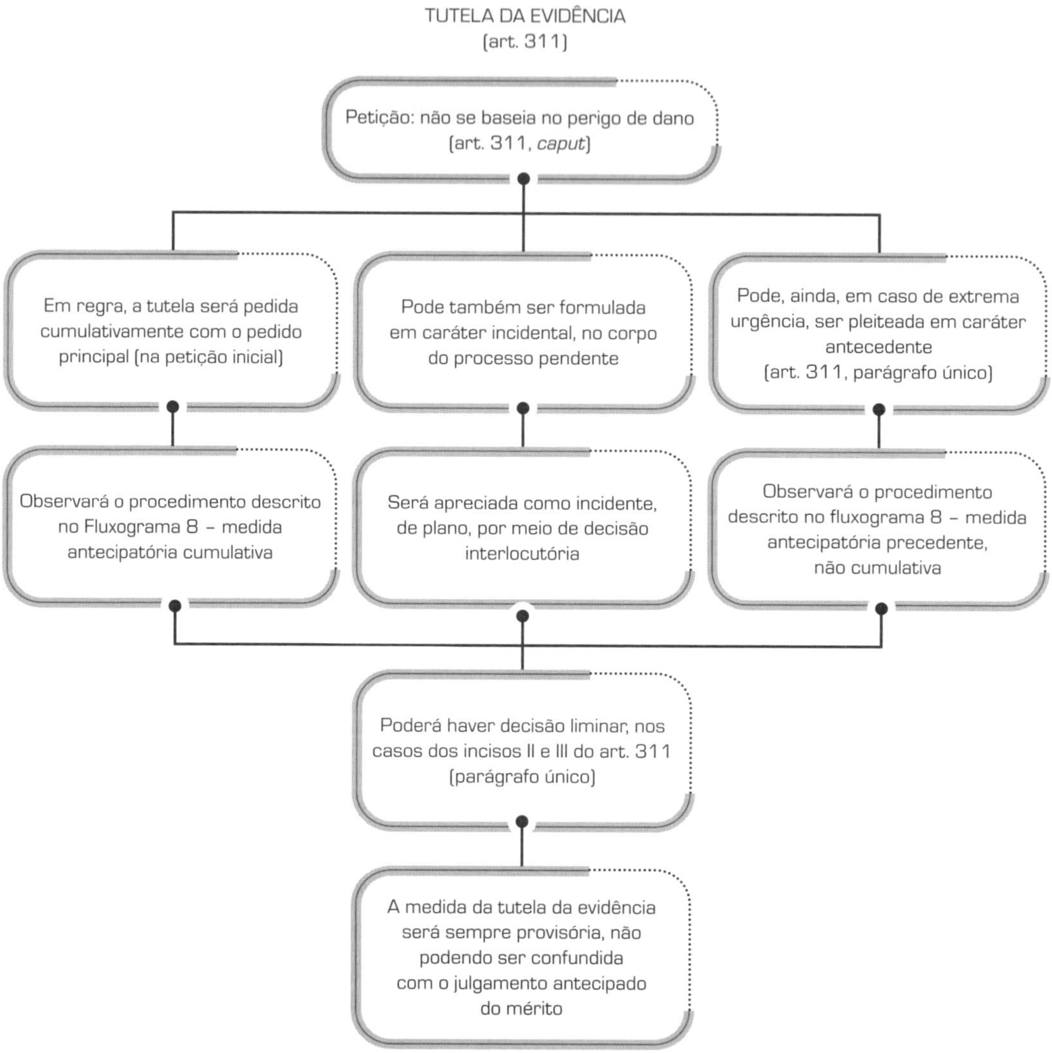

Capítulo XIX
FORÇA DAS MEDIDAS PROVISÓRIAS

§ 62. DECISÃO E CUMPRIMENTO DAS MEDIDAS PROVISÓRIAS

501. Julgamento da pretensão à tutela provisória

A tutela provisória (cautelar ou satisfativa) pode ser obtida liminar ou incidentalmente, por força de decisão interlocutória.

Embora o Código atual tenha abolido a ação cautelar como procedimento autônomo e distinto do processo de conhecimento ou de execução, certo é que o requerimento de tutela provisória instaurado pela parte, seja ele incidental ou antecedente, deve cumprir o itinerário próprio, com contraditório e instrução, encerrando-se com uma decisão concessiva ou denegatória (procedimentos dos arts. 303 e 305-307, do CPC/2015). Esta solução será sempre dada em decisão interlocutória, desafiando o recurso de agravo de instrumento (art. 1.015, I).

É necessário destacar que o *decisum* não faz coisa julgada. Isto porque as tutelas de urgência, embora simplifiquem o procedimento, conferindo provimento imediato à parte que se acha numa situação de vantagem aparentemente tutelada pela ordem jurídica material, não têm a pretensão de decidir definitivamente o litígio. Assim, não se revestem da autoridade da coisa julgada. Seu objetivo não vai além da eliminação do perigo de dano derivado da duração do processo necessário para alcançar a tutela definitiva.

502. Cumprimento das medidas de urgência

A lei não criou a antecipação de tutela como mera hipótese de julgamento antecipado da lide, cabível em processo com instrução já madura, capaz de autorizar, desde logo o julgamento do mérito, como a alguns já se afigurou.[1] O objetivo visado é a concreta eliminação da situação de perigo ou de injustiça que a manutenção do estado fático das partes representa para o direito subjetivo material do autor. Fala-se, por isso, não em antecipação do julgamento do mérito, mas, sim, em antecipação dos "efeitos" da tutela de mérito postulada na inicial. Quer isto dizer que o provimento emergencial terá de entrar no plano fático, gerando injunções, mutações, interdições, permissões, que haverão de traduzir-se em resultados práticos correspondentes à pretensão veiculada na ação em andamento.

Nessa ordem de ideias, o que se intenta, como essência da finalidade da tutela provisória, é exatamente prevenir o dano iminente e grave: "antecipa-se *efeito* bastante e suficiente para impedir a lesão, mediante tomada de *medidas práticas*, a se consubstanciarem em *ordens* ou *mandados* do órgão judicial. De outro modo não se agiria com rapidez no plano sensível, externo ao processo, único no qual interessa interferir para que o receio de lesão seja afastado. Não é difícil compreender, dessa maneira, que só esses *mandados* ou *ordens*, e mais precisamente

---

1 CALMON DE PASSOS, José Joaquim. *Inovações no Código de Processo Civil*. Rio de Janeiro: Forense, 1995, n. 1.2.1, p. 13.

a sua *realização prática*, podem constituir objeto da antecipação de *efeitos*, e sem a referida interferência externa não teria sentido antecipar pura e simplesmente os efeitos da sentença do processo de conhecimento".[2]

Assim sendo, mais do que se passa no julgamento antecipado da lide, a medida facultada pelo art. 294 do CPC/2015 vai mais longe, entrando, antes da sentença de mérito, no plano da atividade executiva. Com efeito, o que a lei permite é, em caráter liminar, a execução de alguma prestação, positiva ou negativa, que haveria, normalmente, de ser realizada depois da sentença de mérito e já no campo da execução forçada ou de algo a esta equivalente. Promove-se, então, uma provisória e condicional execução, total ou parcial, daquilo que se espera virá a ser o efeito de uma sentença ainda por proferir.

O mais importante do instituto da tutela de urgência localiza-se na quebra do dicotomismo rígido, outrora concebido pelo direito processual clássico, entre o processo de conhecimento e o processo de execução. Permitindo a tomada de medidas de natureza prática dentro do âmbito do processo de conhecimento, a tutela antecipada entra logo no plano da execução e pode, em alguns casos, até mesmo dispensar o uso da fatura *actio iudicati*, já que o efeito prático provisoriamente alcançado se tornaria definitivo, após a sentença, e, conforme sua extensão, esvaziaria por completo a execução forçada. Em tal conjuntura, a pretensão do autor, definida na sentença, já estaria satisfeita de antemão pela medida sumária antecipada. O efeito da sentença de mérito operaria por meio da simples transformação em definitivo da providência antes realizada em caráter provisório.

Isto quer dizer que a natureza do processo de conhecimento, após a concepção geral da tutela antecipada, já não é mais a tradicional, que via nele uma atividade puramente ideal de definição de direitos subjetivos e de sanções correspondentes a suas infrações. Agora, o juiz da cognição, além de acertamentos sobre a situação jurídica dos litigantes, exercita, desde logo, também, *atos práticos* de satisfação de pretensões materiais deduzidas no processo. O processo de conhecimento, a partir da Lei 8.952/1994, mantido pelo CPC/2015, tornou-se um verdadeiro *processo interdital*, transformando em sistema geral o que, até então, era privilégio apenas de alguns procedimentos especiais, como os interditos possessórios.

Faz parte, portanto, do moderno processo de conhecimento brasileiro a possibilidade de provisória "realização prática do direito ameaçado", de modo a investir a antecipação de tutela – não obstante sua inserção no processo de conhecimento – "de função preponderantemente executiva".[3]

Em outros termos, "a decisão antecipatória transforma o fato em direito, o que é a função e a finalidade do processo de *conhecimento*, possibilitando, desde logo, e como consequência, à parte favorecida, promover a transformação em fato, do direito reconhecido, através do processo de *execução*".[4]

Superou-se, com a nova tutela, a inflexibilidade do princípio romanístico do *nulla executio sine titulo*, já que se inseriu no processo de conhecimento a possibilidade de *executar* medidas práticas em favor do direito da parte antes da formação do título executivo sentencial, fundado em cognição provisória e não exauriente. Representou a inovação processual "um rompimento com a tradição romano-canônica, que revestiu o processo civil brasileiro e que só tornava possível qualquer medida satisfativa com a sentença definitiva, ato final do juiz no processo de cognição que, por isso mesmo, tinha de ser exauriente".[5]

---

2 OLIVEIRA, Carlos Alberto Alvaro de. Alcance e natureza da tutela antecipatória. In: MOREIRA, José Carlos B. (coord.). *Estudos de direito processual em memória de Luiz Machado Guimarães*. Rio de Janeiro: Forense, 1997. p. 114.

3 OLIVEIRA, Carlos Alberto Alvaro de. *Op. cit.*, p. 120.

4 FADEL, Sérgio Sahione. *Antecipação da Tutela no Processo Civil*. Rio de Janeiro: Dialética, 1998, p. 14.

5 FADEL, Sérgio Sahione. *Antecipação da Tutela no Processo Civil*. Rio de Janeiro: Dialética, 1998, p. 15.

Sob outro ângulo, a efetivação das medidas antecipatórias não depende de uma verdadeira execução forçada. Tudo se passa sumária e provisoriamente dentro do desenrolar do próprio processo de conhecimento. O provimento é mandamental, realizando-se como imperativo *incontinenti* do decisório, "sem necessidade de instauração de execução específica".[6]

Também as medidas cautelares, cujo deferimento não mais reclama processo próprio, são geradas por atos decisórios incidentais nos autos do processo principal. Não buscam, nem mesmo provisoriamente, antecipar solução do mérito da causa. Limitam-se a conservar bens relevantes para a eficácia e utilidade do futuro provimento pacificador do litígio deduzido em juízo. As decisões a respeito das medidas conservativas, porém, se apresentam semelhantes àquelas com que o juiz se orienta para chegar à solução final do litígio no processo de conhecimento. Podem conter declarações, condenações, injunções, mas tudo em caráter provisório e restrito ao afastamento da situação de perigo de dano. Os provimentos cautelares (conservativos), tal como os satisfativos (antecipativos), para alcançar seu objetivo prático, hão de traduzir-se em resultados concretos, no plano fático. Não podem permanecer no campo estático das declarações. Em outras palavras: a decisão cautelar reclama, sempre, cumprimento forçado.

Mais do que em qualquer outro processo, as decisões judiciais, no campo cautelar, assim como no antecipatório, correspondem a verdadeiras *injunções*, que tendem a impor prestações imediatas aos sujeitos processuais, tanto positivas (fazer ou dar alguma coisa) como negativas (não fazer ou abster-se de impedir que a outra parte faça o que lhe permitiu a decisão cautelar).

O que distingue a execução das tutelas sumárias da execução satisfativa do processo de mérito é que sua implementação não se dá pelo procedimento executivo comum, mas por mandados judiciais que nascem imediatamente da própria decisão que ordena a medida urgente.

Quando o juiz decide o pleito cautelar ou antecipatório, não se limita apenas a estabelecer o conteúdo do provimento de prevenção deferido ao litigante sob o risco de dano, mas já determina, de forma concreta, como entende deva ser executada a providência decretada.[7] Não age como o juiz que condena o devedor a realizar o pagamento da obrigação descumprida, e assim encerra a prestação jurisdicional cognitiva, deixando a cargo do credor a iniciativa de fazer cumprir a sentença (execução forçada). O juiz cautelar que, por exemplo, decrete o sequestro de um bem, ou a busca e apreensão de um incapaz, não se limita a declarar o direito do requerente a executar a providência. No próprio decisório cautelar já faz constar a ordem para a expedição do mandado de execução imediata do sequestro ou da busca e apreensão. Da mesma forma, quando se interdita uma obra ou um comportamento qualquer do requerido, de plano se promove a diligência para que o decreto provisório seja posto em prática. E, recebida a intimação, o requerido não terá alternativa de cumpri-la ou não, porque não se trata de simples condenação, mas de ordem legal de autoridade competente, cujo cumprimento se há de fazer até mesmo com o emprego da força pública e sob pena da prática de delito de desobediência (cf. art. 536, § 1º).

O que está em jogo na atividade própria da tutela de urgência é o interesse público do Estado na preservação da efetividade de sua função jurisdicional.

Já houve no passado quem defendesse a tese de configurar a decisão cautelar um título executivo e, portanto, sujeitar-se ao rito da *actio iudicati*, cabendo, apenas, para agilizar o seu andamento, a adoção analógica de providências previstas no processo de execução das obrigações de fazer e não fazer, como, por exemplo, a ordem para que o *facere* fosse cumprido por obra do autor ou de terceiro, sob seu comando ou custeio. Sobre a necessidade de observar-se a forma técnica da execução forçada, também, em sede cautelar, foi, *v.g.*, entendimento, entre outros, de Carlo Furno, segundo registra Tommaseo.[8]

---

6 FUX, Luiz. *Tutela de segurança e tutela de evidência*. São Paulo: Saraiva, 1996, p. 370 e 372.

7 TOMMASEO, Ferruccio. *I provvedimenti d'urgenza*. Padova: Cedam, 1983, p. 328.

8 TOMMASEO, Ferruccio. *I provvedimenti d'urgenza*. Padova: Cedam, 1983, p. 30, nota 6.

No entanto, a mais atualizada e ampla doutrina de nossos tempos é no sentido de que a execução dos provimentos urgentes é de natureza muito diferente da execução forçada ordinária, visto que se confere ao próprio juiz que desempenha a tutela preventiva uma ampla dimensão de poder para afastar o perigo de dano, na qual se insere, também e principalmente, a autoridade para determinar como executar sua decisão.[9]

503. Mandamentalidade das medidas de tutela sumária

Tem-se como mandamental a decisão que sujeita a parte a cumpri-la, de plano, sob pena de emprego de medidas judiciais de coerção para efetivá-la, sem prejuízo das sanções criminais, civis e processuais cabíveis (CPC/2015, art. 77, § 2º). O ato judicial se apresenta como auto-executivo, ou seja, seu cumprimento imediato se impõe, por decorrência da força da própria decisão, sem depender de ação ou procedimento executivo comum.

A propósito da necessidade de enérgico e pronto cumprimento das medidas de urgência, impõe-se ao juiz o emprego, sempre que houver injusta resistência, das providências autorizadas pelo art. 139, IV, do CPC, ou seja, caber-lhe-á "determinar todas as medidas indutivas, coercitivas, mandamentais ou sub-rogatórias *necessárias para assegurar o cumprimento de ordem judicial*".[10]

O caráter injuncional (mandamental) é inerente às medidas de tutela de urgência e da evidência[11]. Seu papel consiste, precisamente, em buscar a máxima efetividade da prestação jurisdicional, eliminando ou minimizando os efeitos da inevitável demora da solução definitiva da lide. Por isso mesmo a imposição das medidas provisórias não se faz por meio do sistema comum condenatório, mas através de ordem (comando) judicial a ser imediatamente acatada, sob pena de configurar uma intolerável violação à dignidade da Justiça.[12]

Essa ofensa, a que o direito processual anglo-saxônico denomina *contempt of court*,[13] a par do emprego de medidas de força para compelir o obrigado ao cumprimento da ordem da autoridade judiciária, acarreta-lhe, entre outras, sanções econômicas, dentre as quais as *astreintes* e a sujeição à reparação do dano sofrido pela contraparte sem excluir as sanções derivadas diretamente do atentado à dignidade da justiça.[14]

As *astreintes* são *multas progressivas* pelo atraso (mora) no cumprimento de obrigações de fazer ou não fazer e de entrega de coisa (art. 536, § 1º), aplicáveis tanto nas decisões provisórias como nas definitivas e nos atos da execução forçada (art. 537). Há, outrossim, *multa moratória fixa*, cabível no cumprimento de sentença relativa a obrigação de pagar quantia certa (art. 523,

---

9 TOMMASEO, Ferruccio. *I provvedimenti d'urgenza*. Padova: Cedam, 1983, p. 331.

10 Fala-se, no regime do Código de 2015, não mais em poder geral de cautela, mas, sim, em *poder geral de efetivação*, poder este destinado "a impor o cumprimento a todo o espectro de medidas antecipadas, *cautelares* ou *satisfativas*, mesmo quando ausente a *urgência* – como ocorre com a *tutela da evidência*" (PRITSCH, Cesar Zucatti. Tutela provisória no Brasil: fragilidades em comparação com o contexto norte-americano. *Revista dos Tribunais*, São Paulo, v. 1.052, p. 188, jun. 2023).

11 MAIA, Renata Christiana Vieira; JAYME, Fernando Gonzaga. Da natureza mandamental da tutela provisória cautelar. *In:* JAYME, Fernando Gonzaga, *et al. Inovações e modificações do Código de Processo Civil*. Belo Horizonte, Del Rey, 2017, p. 213-215.

12 Entre os deveres das partes, consta o de cumprir, com exatidão, as decisões judiciais, de natureza antecipada, e o de não criar embaraços a sua efetivação (CPC/2015, art. 77, IV; CPC/1973, art. 14, V).

13 "Pode-se definir o *contempt of court* como sendo 'a prática de qualquer ato que tenda a ofender um juiz ou tribunal na administração da justiça, ou a diminuir sua autoridade ou dignidade, incluindo a *desobediência a uma ordem*' (GRINOVER, Ada Pellegrini. Abuso do processo e resistência às ordens judiciárias: o *contempt of court*. *Marcha*, 2000, p. 62/69)" (NERY JÚNIOR, Nelson; NERY, Rosa Maria A. *Código de Processo Civil comentado e legislação extravagante*. 11. ed. São Paulo: RT, 2010. p. 221).

14 A violação dos deveres de cumprimento dos provimentos de tutela sumária é expressamente qualificada pela lei como "ato atentatório à dignidade da justiça", sancionado com multa arbitrada e imposta pelo juiz (CPC/2015, art. 77, § 2º).

§ 1º). As multas pelos atos atentatórios à dignidade da justiça (como os de descumprimento dos mandados oriundos da tutela urgente ou evidente) (art. 77, § 2º), são aplicáveis, sem prejuízo das sanções *moratórias* (fixas ou progressivas) cabíveis na execução forçada dos títulos judiciais definitivos (art. 77, § 4º).

É que a natureza e função das multas são muito diferentes: *(i)* as *moratórias* levam em conta o prejuízo sofrido pela parte afetada pelo retardamento do devedor no cumprimento da obrigação prevista na decisão judicial; *(ii)* enquanto a do descumprimento da ordem mandamental do juiz se funda no atentado cometido contra a dignidade do própria justiça, do qual podem surgir, até mesmo, sanções que ultrapassam a multa aplicável no processo em que ocorreu o *contempt of court*, ensejando "reprimenda nas esferas civil, penal, administrativa e processual".[15]

504. Execução das medidas urgentes satisfativas

Deixar que um direito subjetivo pereça no aguardo do provimento jurisdicional definitivo é, sem dúvida, negar a tutela jurídica que o Estado garantiu, é vetar, praticamente, ao lesado o acesso à Justiça. Daí por que as medidas de antecipação satisfativas previstas no Código são, por essência, providências emergenciais, cuja implementação não admite delongas e, por isso mesmo, hão de ser tomadas de plano, em feitio de liminar, deferível até *inaudita altera parte*, quando a urgência do caso concreto o determinar.

Seu regime executivo não pode ser diferente do das medidas cautelares conservativas. Não se submetem, portanto, ao procedimento da *actio iudicati* nem a procedimentos complexos de cumprimento das sentenças de mérito. Ao juiz que as defere, compete ordenar a sua forma de cumprimento, que deverá sempre ser a mais prática e expedita.

Vale dizer que, para prevenir o dano, nas tutelas satisfativas como nas conservativas, o efeito prático provisório opera de imediato, sem maiores solenidades, e resume-se em dar cumprimento ao mandado judicial expedido logo após a prolação do respectivo decisório.

Até mesmo quando, excepcionalmente, compreenderem imposições de pagamento de somas de dinheiro (como, *v.g.*, nos alimentos provisionais, outros pensionamentos similares, participações em rendas comuns etc.), as medidas antecipatórias, se possível, dispensarão o rito das execuções por quantia certa, e, conforme o caso, poderão ser efetivadas por meio de averbação em folha de pagamento, retenção de receitas, ou bloqueio de somas junto a devedores do responsável pela prestação envolvida na medida antecipatória.[16] Como é óbvio, esse tipo de execução deverá ser adotado com muita cautela, porque a provisoriedade da antecipação de tutela impõe ao juiz preservar sempre a reversibilidade da medida, para a hipótese de, afinal, o provimento definitivo não ser favorável à parte que a promoveu (CPC/2015, art. 300, § 3º).

A exigência de caução idônea, aliás, é, em regra, condicionamento legal ao deferimento de qualquer medida antecipatória que importe levantamento de dinheiro pela parte (art. 297, parágrafo único c/c o art. 520, IV), salvo as hipóteses excepcionadas pelo art. 521.[17]

---

15 NERY JÚNIOR, Nelson; NERY, Rosa Maria A. *Código de Processo Civil comentado e legislação extravagante*. 11. ed. São Paulo: RT, 2010. p. 221.

16 FUX, Luiz. *Tutela de segurança e tutela de evidência*, São Paulo: Saraiva, 1996, § 23, p. 129.

17 "Art. 521. A caução prevista no inciso IV do art. 520, poderá ser dispensada nos casos em que: I – o crédito for de natureza alimentar, independentemente de sua origem; II – o credor demonstrar situação de necessidade; III – pender o agravo do art. 1.042; IV – a sentença a ser provisoriamente cumprida estiver em consonância com súmula da jurisprudência do Supremo Tribunal Federal ou do Superior Tribunal de Justiça ou em conformidade com acórdão proferido no julgamento de casos repetitivos. Parágrafo único: A exigência de caução será mantida quando da dispensa possa resultar manifesto risco de grave dano de difícil ou incerta reparação".

A propósito do tema, é interessante registrar o precedente em que o Tribunal de Justiça do Rio Grande do Sul, apreciando uma ação de indenização *ex delicto*, deferiu antecipação de tutela relativa ao pensionamento civil devido ao menor filho de vítima de homicídio, uma vez que o autor do crime já fora condenado pelo Tribunal do Júri, estando, porém, o decisório pendente em grau de recurso extraordinário.[18]

505. Execução das medidas definidas com base na tutela da evidência

Embora não se apoiem no *periculum in mora*, as medidas tutelares firmadas na evidência seguem o mesmo procedimento *cognitivo* e *executivo* aplicável às medidas de urgência. Todas, segundo o Código atual, pertencem a um mesmo gênero, *i.e.*, o das *tutelas sumárias*, cuja característica básica é a simplificação procedimental em busca da maior efetividade dos provimentos, manifestada, principalmente, na concentração dos atos cognitivos e executivos, de modo a permitir a imediata realização dos comandos editados nos respectivos provimentos.

Aliás, as medidas da tutela da evidência são basicamente provimentos satisfatórios antecipados, podendo, às vezes, se apresentarem como medidas cautelares ou conservativas, com o destaque apenas de dispensarem o requisito do *periculum in mora* (CPC/2015, art. 311). Por isso, da mesma forma que as medidas de urgência (conservativas e satisfativas), as medidas fundadas na evidência se resolvem por meio de decisão interlocutória, sujeitam-se ao recurso de agravo de instrumento, e são imediatamente executáveis, dentro do modelo da mandamentalidade.

506. Provisoriedade do cumprimento de todas as decisões deferidoras das tutelas sumárias

Uma vez que as tutelas sumárias não têm por fundamento decidir definitivamente a lide, mas, tão somente, proteger uma situação ou um direito que está em risco, em razão da demora na tramitação do processo de mérito, são, por sua natureza provisórias. Eis a razão pela qual o parágrafo único do art. 297, do CPC/2015 determina que a sua efetivação observe as normas referentes ao cumprimento provisório da sentença, no que couber.

O procedimento que orienta o cumprimento provisório da sentença é basicamente o mesmo do definitivo. Devem, no entanto, ser observadas normas peculiares ao caráter provisório da decisão e que, conforme o art. 520, do CPC/2015, são as seguintes:

(a) corre por iniciativa e responsabilidade do exequente, que se obriga, se a sentença for reformada, a reparar os danos que o executado haja sofrido (inciso I);

(b) fica sem efeito, sobrevindo decisão que modifique ou anule a sentença objeto da execução, restituindo-se as partes ao estado anterior e liquidados eventuais prejuízos nos mesmos autos (inciso II);

(c) se a sentença objeto de cumprimento provisório for modificada ou anulada apenas em parte, somente nesta ficará sem efeito a execução (inciso III);

(d) o levantamento de depósito em dinheiro, a prática de atos que importem transferência de posse ou alienação de propriedade ou de outro direito real, ou dos quais possa resultar grave dano ao executado dependem de caução suficiente e idônea, arbitrada de plano pelo juiz e prestada nos próprios autos (inciso IV).

---

[18] TJRS, 9ª CC, Ag. 70001961218, Rel.ª Des.ª Rejane Maria Dias de Castro Bins, ac. 28.03.2001, *RJTJRGS* 207/267.

Capítulo XX
MEDIDAS CAUTELARES NOMINADAS

§ 63. REGIME DO CPC/2015

507. Introdução

O CPC/2015 não contemplou um procedimento diferenciado em relação àquelas medidas antes denominadas "típicas" no Código revogado. Assim, toda e qualquer tutela de urgência passa a ter o mesmo procedimento, variando, tão somente, o tipo de medida que será adotada pelo juiz para proteger o interesse em conflito.

O Código atual, no art. 301, apresenta um rol exemplificativo das formas em que a tutela de urgência pode se efetivar – arresto, sequestro, arrolamento de bens, registro de protesto contra alienação de bem –, deixando o juiz livre para adotar "qualquer outra medida idônea para asseguração do direito". Nessa esteira, a depender da situação fática em conflito, o juiz pode adotar a medida que entender ser mais adequada à proteção do direito do requerente.

Apesar de a legislação nova nomear apenas quatro medidas tradicionalmente típicas, deixou claro que foi assegurado o poder geral de cautela do juiz, e que, com base nele, é perfeitamente cabível a utilização de todas as medidas que o Código revogado tipificava, desde que observado o procedimento comum previsto para a tutela provisória na Parte Geral da legislação atual (CPC/2015, arts. 294 a 310).

Em razão disso, serão brevemente analisadas as diversas formas que a tutela de urgência pode apresentar.

508. Arresto

Arresto, ou embargo, como diziam os antigos praxistas, é a medida cautelar de garantia da futura execução por quantia certa. Consiste na apreensão judicial de bens indeterminados do patrimônio do devedor.[1] Assegura a viabilidade da futura *penhora* (ou *arrecadação*, se se tratar de insolvência), na qual virá a converter-se ao tempo da efetiva execução.

É figura cautelar típica, com as nítidas marcas da prevenção e da provisoriedade, posta a serviço da eliminação do perigo de dano jurídico capaz de pôr em risco a possibilidade de êxito da execução por quantia certa.

Garante, enquanto não chega a oportunidade da penhora, a existência de bens do devedor sobre os quais haverá de incidir a provável execução por quantia certa. Realiza-se, destarte, por meio da apreensão e do depósito de bens do devedor, com o mencionado fito.[2]

---

1 ROSENBERG, Leo. *Tratado de Derecho Procesal Civil*. Buenos Aires: EJEA, 1955, v. III, § 211, p. 259; LIMA, Cláudio Vianna de. O processo cautelar no Novo Código de Processo Civil. *Rev. Forense*, v. 246, 1974, p. 110.

2 LOPES DA COSTA, Alfredo Araújo. *Medidas Preventivas*. 2. ed. Belo Horizonte: Bernardo Alvares, 1958, n. 63, p. 63; ALSINA, Hugo. *Tratado Teórico Práctico de Derecho Procesal Civil y Comercial*. Buenos Aires: Cia. Argentina de Editores, 1943, v. III, p. 292.

Corresponde, conforme a lição de Lopes da Costa, ao *sequestro conservativo* do direito italiano, à *penhora de segurança* do direito francês, ao *dinglische arrest* do direito alemão, ao *embargo preventivo* do direito espanhol.[3]

Era, na tradição de nosso direito, exercitado por intermédio de *ação*, ou seja, tipicamente, de *ação cautelar*,[4] ou, mais modernamente, como incidente da ação que persegue a realização de obrigação de pagar quantia monetária. Há casos excepcionais, porém, de arresto *ex officio*, como o previsto no art. 830.

Atua, ao instrumentalizar a execução forçada, como meio de preservar a responsabilidade patrimonial a ser efetivada pela execução por quantia certa.[5] E isso se faz mediante "inibição (constrição) de bens suficientes para segurança da dívida até que se decida a causa".[6]

509. Sequestro

Sequestro é a medida cautelar que assegura futura execução para entrega de coisa e que consiste na apreensão de bem *determinado*, objeto do litígio, para lhe assegurar entrega, em bom estado, ao que vencer a causa.[7]

Atua o sequestro, praticamente, por meio de desapossamento, com o escopo de conservar a integridade de uma coisa sobre que versa a disputa judicial, preservando-a de danos, de depreciação ou deterioração.[8] A conservação do objeto sequestrado é assegurada por meio de sua guarda confiada a um depositário judicialmente nomeado.

510. Arresto e sequestro

Embora o arresto e o sequestro sejam medidas cautelares que visam igualmente à constrição de bens para assegurar sua conservação até que possam prestar serviço à solução definitiva da causa, há entre eles profunda diversidade de requisitos e consequências, segundo a doutrina tradicional.

Assim é que o sequestro atua na tutela da execução para entrega de coisa certa, enquanto o arresto garante a execução por quantia certa. Em decorrência disto, o sequestro sempre visa um bem especificado, qual seja, o "bem litigioso", exatamente aquele sobre cuja posse ou domínio se trava a lide, que é objeto do processo principal. Já o arresto não se preocupa com a especificidade do objeto. Seu escopo é preservar "um valor patrimonial" necessário para o futuro resgate de uma dívida de dinheiro. Qualquer bem patrimonial disponível do devedor, portanto, pode prestar-se ao arresto.

511. Arrolamento de bens

O *arrolamento de bens* surgiu como uma medida cautelar meramente probatória, similar à vistoria *ad perpetuam rei memoriam*. Obtinha-se com a medida, a prova da existência de

---

3 LOPES DA COSTA, Alfredo Araújo. *Medidas Preventivas*. 2. ed. Belo Horizonte: Bernardo Alvares, 1958, n. 63, p. 62.

4 COSTA, Sergio. "Sequestro Conservativo". *Novissimo Digesto Italiano*, v. XVII, p. 44.

5 CONIGLIO, Antonino. *Il sequestro Giudiziario e Conservativo*. 3. ed. Milano: A. Giuffrè, 1949, n. 31, p. 46-47.

6 PONTES DE MIRANDA, Francisco Cavalcanti. *Comentários ao Código de Processo Civil*. Rio de Janeiro: Forense, 1959, p. 330.

7 LIMA, Cláudio Vianna de. O Processo Cautelar no Novo Código de Processo Civil. *Rev. Forense*, v. 246, p. 110; PITOMBO, Sérgio M. de Moraes. *Do Sequestro no Processo Penal Brasileiro*. São Paulo: Ed. José Bushatsky, 1973, n. 33, p. 116.

8 MOSCHELLA, Ignazio. Misure Conservative. In: SCIALOJA, Vittorio. *Dizionario Pratico del Diritto Privato*. Milano: F. Vallardi, 1952 v. III, p. III, p. 1.134-1.135.

bens comuns do casal, que, futuramente, deveriam ser partilhados, após a solução da demanda matrimonial.

No entanto, o Código revogado, esposando o modelo português, transformou o arrolamento em medida protetiva dos próprios bens arrolados, a exemplo do que se passa com o arresto e o sequestro.

O arrolamento volta-se para o objetivo de conservar bens litigiosos em perigo de extravio ou dilapidação. Sua execução, por isso, implica necessariamente a nomeação de um depositário, a quem se atribui a tarefa prática de relacionar os bens sob sua guarda. Nada impede que, conforme as circunstâncias da causa, a nomeação recaia sobre uma das partes, mais especificamente sobre aquela que tem os bens arrolados em sua posse. Além do mais, não tendo o CPC/2015 cuidado de estipular requisitos e limites específicos, fica o juiz com a possibilidade de traçar o alcance e a eficácia do arrolamento cautelar, dentro do poder geral de prevenção que lhe é atribuído. Nesse sentido, pode limitar o arrolamento a uma simples providência de certificação da existência de bens, como conferir-lhe função conservativa mais enérgica, impondo depósito ou, sem constrição, determinando indisponibilidade apenas. Em caso de imóveis, por exemplo, não tem sentido o desapossamento da parte que os detém, sendo suficiente o levantamento e a averbação no registro público.

512. Registro de protesto contra alienação de bens

É o *protesto, lato sensu*, ato judicial de comprovação ou documentação de *intenção* do promovente. Revela-se, por meio dele, o propósito do agente de fazer atuar no mundo jurídico uma pretensão, geralmente, de ordem substancial ou material.

Sua finalidade pode ser:

(a) *prevenir responsabilidade*, como, por exemplo, o caso do engenheiro que elaborou o projeto e nota que o construtor não está seguindo seu plano técnico;

(b) *prover a conservação de seu direito*, como no caso de protesto interruptivo de prescrição;

(c) *prover a ressalva de seus direitos*, como no caso de protesto contra alienação de bens, que possa reduzir o alienante à insolvência e deixar o credor sem meios de executar seu crédito.

O protesto não acrescenta nem diminui direitos ao promovente.[9] Apenas conserva ou preserva direitos porventura preexistentes. Não tem feição de litígio e é essencialmente unilateral em seu procedimento. O outro interessado apenas recebe ciência dele.[10]

O protesto, em si, não pode se qualificar como medida jurisdicional cautelar. A medida é administrativa e se esgota no plano da documentação de vontade ou intenção do promovente. A seu respeito, nada se manifesta o juiz, a não ser no sentido de ordenar que o protesto formulado pelo requerente seja intimado ao requerido.

À vista disso, a medida cautelar exemplificada no art. 301 compreende provimento não restrito ao simples protesto contra alienação de bens. Vai além, ao permitir sua inserção em registro público de propriedade, com o que se torna ato preventivo contra possível alienação

---

9 AMERICANO, Jorge. *Comentários ao Cód. de Proc. Civil do Brasil*. 2. ed. São Paulo: Saraiva, 1958, v. III, p. 110.

10 A competência para processar o protesto é do juiz de primeiro grau, como ocorre com as medidas cautelares em geral (CPC/1973, art. 800) [CPC/2015, art. 297], e com os procedimentos de jurisdição voluntária (CPC/1973, arts. 1.103 a 1.112) [CPC/2015, arts. 719 a 725]. Mesmo quando o protesto, a notificação ou a interpelação sejam requeridos contra Ministro de Estado, não se desloca a competência para o STF, já que a prerrogativa de foro se restringe aos procedimentos de caráter penal, não se estendendo aos de natureza civil (STF, Pleno, Pet-AgR 4.089/DF, Rel. Min. Celso de Mello, ac. 24.10.2007, *DJe* 01.02.2013).

fraudulenta, mediante divulgação *erga omnes*. Com a medida, a disposição do bem não é proibida, mas o terceiro adquirente fica inibido de alegar boa-fé, caso tenha o interessado de demandar o reconhecimento judicial da fraude praticada em seu detrimento.

A inscrição no Registro Público, todavia, não é livre e automática, depende de autorização judicial, pois não se trata de ato rotineiro previsto na lei própria do cartório de imóveis ou de outros registros administrativos de propriedade mobiliária.

Com a regulamentação do CPC/2015, supera-se a grande controvérsia que se estabeleceu no regime do Código anterior, época em que forte corrente recusava a medida, por considerá-la veículo manejado com o propósito de molestar, embaraçar e coagir o requerido, sem amparo na lei.[11] Havia, no entanto, posição jurisprudencial menos radical, admitindo pudesse a averbação no Registro Imobiliário ser apreciada, caso a caso, dentro do poder geral de cautela do juiz.[12] Esta corrente mereceu acolhimento da lei nova, por se apresentar mais compatível com os desígnios da tutela cautelar e com as modernas preocupações com a efetividade da jurisdição.[13]

513. Outras medidas cautelares tradicionais

Além das *medidas nominadas* relacionadas exemplificativamente no art. 301, do CPC/2015, há outras modalidades tradicionais de cautela, antes também tratadas como nominadas, que continuam adotáveis dentro das finalidades reconhecidas no direito antigo, merecendo menção, *v.g.*, a *caução*, o *depósito preparatório de ação*, a *busca e apreensão*.

I – Caução

A *caução*, sob a forma real ou fidejussória, é amplamente utilizada nos casos de contracautela previstos no § 1º do art. 300. Há, outrossim, exigências de caução que se impõem por força de regras especiais materiais ou processuais. É o caso, por exemplo, dos contratos bilaterais, quando um dos contratantes se depara com o risco de insolvência do outro (Código Civil, art. 477). É o que se passa, também, no cumprimento provisório de sentença, no qual não se permite o levantamento de dinheiro em depósito, ou atos de transferência do domínio ou posse, senão mediante prestação de caução suficiente e idônea (CPC/2015, art. 520, IV). Exige-se caução, também, nas ações de reintegração ou manutenção de posse, quando o beneficiário da liminar carecer de idoneidade financeira, para responder por perdas e danos, na eventualidade de decair da ação (art. 559). De igual modo, pode se exigir caução no caso de liminar em ação de embargos de terceiro (art. 678, parágrafo único). Caução (garantia idônea) é exigível no procedimento de regulação de avaria grossa no transporte marítimo, para liberação de cargas (art. 708). Os casos de caução ora elencados são apenas alguns exemplos, uma vez que muitos outros existem no direito positivo.

---

11 TJSP, Ap. 276.495, *RT* 523/119; STJ, REsp 73.662/MG, Rel. Min. Carlos Alberto Menezes Direito, ac. 12.05.1997, *RSTJ* 100/155; STJ, REsp 145.015/SP, Rel. Min. Garcia Vieira, ac. 17.04.1998, *DJU* 08.06.1998, p. 26. Entretanto, registra-se uma evolução na jurisprudência do STJ no sentido de tratar a matéria da averbação do protesto à luz do poder geral de cautela do juiz (STJ, 4ª T., REsp 536.538/SP, Rel. Min. Luis Felipe Salomão, ac. 18.05.2010, *DJe* 26.05.2010).

12 STJ, 4ª T., REsp 146.942/SP, Rel. Min. César Asfor Rocha, ac. 02.04.2002, *DJU* 19.08.2002, p. 167.

13 A 3ª Turma do STJ, em mais de uma oportunidade, decidiu que "a averbação do protesto no registro imobiliário viola os artigos 869 e 870 do Código de Processo Civil [CPC/2015, sem correspondência]" (STJ, 3ª T., RMS 15.256/RS, Rel. Min. Castro Filho, ac. 29.10.2003, *DJU* 17.11.2003, p. 316). A Corte Especial daquele Tribunal, porém, por maioria, assentou ser possível referida averbação, a qual "está dentro do poder geral de cautela do juiz (art. 798, CPC) [CPC/2015. art. 297] e se justifica pela necessidade de dar conhecimento do protesto a terceiros, prevenindo litígios e prejuízos para eventuais adquirentes" (STJ, Corte Especial, Emb. Div. no REsp 440.837/RS, Rel. p/ acórdão Min. Barros Monteiro, ac. 16.08.2006, *DJU* 28.05.2007, p. 260). Nesse sentido: STJ, 3ª T., AgRg no Ag 1.333.611/MT, Rel. Min. Sidnei Beneti, ac. 18.11.2010, *DJe* 26.11.2010.

Dentro do espectro com que o Código atual assegura a tutelar cautelar (art. 301), deve-se ressaltar a grande funcionalidade da caução, que pode, por exemplo, ser utilizada tanto a benefício do sujeito ativo do processo como do sujeito passivo, tanto pelo credor, como pelo devedor. Aquele que, nesse aspecto, está em vias de sofrer medida constritiva de segurança ou medida executiva provisória ou definitiva pode se valer da caução para amenizar ou eliminar o risco que, *in concreto*, lhe é imposto, evitando assim a onerosidade maior da medida ameaçada. No caso de sentença que condene à entrega de coisa, o credor pode prestar caução para obter a imediata imissão na posse, quando cabível a execução provisória. Já na hipótese de condenação a cumprir obrigação de quantia certa, o devedor, em grau de recurso, tem a possibilidade de se valer da caução mediante depósito do *quantum* devido, para evitar o cúmulo perigoso e imprevisível dos juros e correção monetária, caso tenha, a longo prazo, de suportar os pesados ônus do insucesso na via recursal.[14]

Na realidade, o direito à caução pode originar-se não apenas de situações regidas pelo direito processual (caso em que se endereça a evitar os danos provocados pelo *periculum in mora* inerente à inevitável duração do processo).[15] No próprio direito material muitos são os casos em que a medida de segurança em questão se apresenta como direito subjetivo, cujo exercício nenhuma conotação imediata mantém com o plano do processo.[16]

Diversamente do que ocorria no direito antigo, o CPC de 2015, em matéria de caução, não estabelece um regime diferenciado para medidas típicas ou atípicas. Nem sequer considera necessária uma ação distinta da principal para processamento do pedido de tutela urgente (conservativa ou satisfativa). A pretensão preventiva é, em regra, deduzida no bojo dos autos da demanda já em andamento. Só há um procedimento apartado se a medida provisória anteceder o ajuizamento da ação a ser intentada em torno da pretensão principal ou de direito.

Assim, na sistemática processual vigente, a caução (ou o depósito judicial preventivo) haverá de ser proposta ou exigida em petição simples nos autos já existentes, ou, se não existirem, em procedimento cautelar antecedente, nos moldes dos arts. 305 a 307 do CPC/2015.

---

[14] "A jurisprudência do Superior Tribunal de Justiça se firmou no sentido de que, efetivado o depósito judicial, cessa a responsabilidade do devedor pela correção monetária e pelos juros de mora. Aplicação da Súmula 179 do STJ. Precedentes" (STJ, 4ª T., AgInt no REsp 1.772.334/SP, Rel. Min. Marco Buzzi, ac. 11.11.2019, *DJe* 19.11.2019). No mesmo sentido: STJ, 3ª T., AgInt no AREsp 1.484.349/RS, Rel. Min. Marco Aurélio Bellizze, ac. 16.09.2019, *DJe* 19.09.2019; STJ, 3ª T., AgInt no REsp 1.629.206/PR, Rel. Min. Ricardo Villas Bôas Cueva, ac. 18.02.2019, *DJe* 21.02.2019; STJ, 4ª T., AgInt no AREsp 688.982/RS, Rel. Min. Antônio Carlos Ferreira, ac. 16.12.2019, *DJe* 19.12.2019. Naturalmente, o depósito judicial importa, para o banco depositário, a assunção do dever de responder pela correção monetária e pelos juros legais (moratórios). Se o título do credor compreender outras verbas remuneratórias convencionais, além dos juros legais, por esses encargos responderá apenas a parte devedora, e não o banco depositário. (cf. STJ, 4ª T., AgInt nos EDcl no REsp 1.460.908/PE, Rel. Min. Raul Araújo, ac. 04.06.2019, *DJe* 02.08.2019). "O estabelecimento de crédito que recebe dinheiro, em depósito judicial, responde pelo pagamento da correção monetária relativa aos valores recolhidos" (Súmula 179, Corte Especial, julgado em 05.02.1997, *DJ* 17.02.1997). "A correção monetária dos depósitos judiciais independe de ação específica contra o banco depositário" (Súmula 271, Corte Especial, julgado em 01.08.2002, *DJ* 21.08.2002 p. 136).

[15] Exemplo típico de caução processual é o da contracautela (CPC, art. 300, § 1º). Da mesma natureza é a faculdade do executado de substituir o bem penhorado por depósito judicial do equivalente em dinheiro do *quantum* do débito exequendo (CPC, art. 835, §§ 1º e 2º); assim como o depósito efetuado pelo devedor para segurança do juízo, com o fito de obter efeito suspensivo para os embargos à execução (CPC, art. 919, § 1º); e ainda a caução prestada pelo credor para viabilizar a execução provisória de sentença (CPC, art. 520, IV) etc.

[16] Alguns exemplos de caução de direito material: caução exigível nos contratos, quando um dos contratantes sofrer redução patrimonial capaz de comprometer o futuro cumprimento da prestação a seu cargo (CC, art. 477); substituição da caução fidejussória, no caso de o fiador tornar-se insolvente (CC, art. 826); caução em favor do vizinho, em caso de risco de ruína do prédio confinante (CC, art. 1.280); caução para cobrir o risco derivado de construção rente à parede do prédio do vizinho (CC, art. 1.305, parágrafo único) etc.

É preciso, porém, em qualquer caso, que, partindo do devedor a iniciativa do depósito judicial, cuide ele de explicitar bem a natureza de caução da medida, para evitar o risco de que o depósito seja havido como reconhecimento da dívida e, consequentemente, como forma de pagamento, o que equivaleria à renúncia ao direito de contestar ou de recorrer, e acarretaria o encerramento definitivo do processo (CPC arts. 487, III, *a*, e 1.000, *caput* e parágrafo único).

II – Depósito preparatório de ação

O depósito preparatório de ação é medida cautelar que permite ao devedor liberar-se dos encargos e riscos da guarda da coisa litigiosa, ou dos acréscimos de juros, multas e correção monetária, quando a ação versa sobre obrigações de quantia certa.[17] O local mais adequado para a sua postulação é a própria petição da ação principal, o que não exclui, porém, a possibilidade de ser requerido incidentalmente.

III – Busca e apreensão

Há *busca e apreensão* "sempre que o mandamento do juiz é no sentido de que se faça mais do que quando só se manda exibir a coisa para se produzir prova ou exercer algum direito e se não preceitua o devedor, ou possuidor da coisa, a que a apresente".[18]

Busca "é a procura, a cata, a pesquisa de uma coisa ou pessoa". É ato que não esgota em si mesmo sua finalidade.[19] Vem sempre ligado ao seu complemento que é a "apreensão" da coisa buscada. Não há separação ou autonomia entre os dois atos. "Há seguimento, o buscar, e o apreender, que depende do bom êxito da busca".[20] Há, portanto, verdadeira fusão dos dois atos.

A medida da busca e apreensão costuma apresentar-se como simples meio de execução de outras providências cautelares, como sequestro, arresto etc. Mas é possível prevê-la também fora dessas funções auxiliares, pois há casos em que certos bens não se enquadram no âmbito daquelas medidas, mas há evidente necessidade de sua apreensão judicial. Assim, por exemplo, um objeto pode não ser litigioso, mas representar grande importância para apuração dos fatos controvertidos. Os documentos, de maneira geral, não são passíveis de sequestro. Nessas situações em que as medidas tradicionais não se revelam adequadas, aplica-se a busca e apreensão, quando presentes os requisitos da tutela de prevenção.

IV – Atentado

O atentado, antes visto como ação cautelar típica, hoje é cogitado no âmbito dos deveres das partes e das medidas da preservação da dignidade da justiça. Assim, o art. 77, VI, do CPC/2015 insere entre tais deveres o de "não praticar inovação ilegal no estado de fato de bem ou direito litigioso". A violação desse dever constitui, segundo o § 2º, "ato atentatório à dignidade da justiça, devendo o juiz, sem prejuízo das sanções criminais, civis e processuais cabíveis, aplicar ao responsável multa de até vinte por cento do valor da causa, de acordo com a gravidade da conduta". A par disso, uma vez reconhecida a violação, "o juiz determinará o restabelecimento do estado anterior, podendo, ainda, proibir a parte de falar nos autos até a purgação do atentado"

---

17 Nesse sentido, a jurisprudência do STJ, sobre a transferência de tais encargos para o banco encarregado do depósito judicial: "Após a realização do depósito judicial, a responsabilidade pela correção monetária e juros é da instituição financeira em que o numerário foi depositado, não sendo admissível que o exequente pretenda receber do executado qualquer diferença a esse título, sob pena da configuração de *bis in idem*" (STJ, 3ª T., REsp 1.436.075/RS, Rel. Min. Sidnei Beneti, ac. 10.06.2014, *DJe* 20.08.2014).

18 PONTES DE MIRANDA, Francisco Cavalcanti. *Comentários ao Código de Processo Civil*. 1959, v. VIII, p. 353.

19 LOPES DA COSTA, Alfredo Araújo. *Medidas Preventivas*. 2. ed. Belo Horizonte: Bernardo Alvares, 1958, n. 94, p. 100.

20 PONTES DE MIRANDA, Francisco Cavalcanti. *Comentários ao Código de Processo Civil*. 1959, v. VIII, p. 353.

(§ 7º). Tudo isso se resolve em simples incidente do processo, sem necessidade da instauração de uma ação cautelar como no passado se reclamava.

V – Medidas provisionais diversas

Atualmente, é possível aplicar, como medidas de urgência satisfativas, desde que atendidos os requisitos legais da tutela de urgência, aquelas tutelas de emergência denominadas pelo Código revogado como "outras medidas provisionais". Para essas medidas enumeradas no art. 888 do CPC/1973 não se estipulava rito especial e a admissibilidade tanto podia dar-se em caráter preparatório como incidental.[21]

Essas medidas eram as seguintes:

(a) obras de conservação em coisa litigiosa ou judicialmente apreendida (inciso I);
(b) a entrega de bens de uso pessoal do cônjuge e dos filhos (inciso II);
(c) a posse provisória dos filhos, nos casos de separação judicial ou anulação de casamento (inciso III);
(d) o afastamento do menor autorizado a contrair casamento contra a vontade dos pais (inciso IV);
(e) o depósito de menores ou incapazes castigados imoderadamente por seus pais, tutores ou curadores, ou por eles induzidos à prática de atos contrários à lei ou à moral (inciso V);
(f) o afastamento temporário de um dos cônjuges da morada do casal (inciso VI);
(g) a guarda e a educação dos filhos, regulado o direito de visita que, no interesse da criança ou do adolescente, pode, a critério do juiz, ser extensivo a cada um dos avós (inciso VII);
(h) a interdição ou a demolição de prédio para resguardar a saúde, a segurança ou outro interesse público (inciso VIII).

Na verdade, as medidas em questão, na quase totalidade, embora estivessem elencadas no bojo do processo cautelar, correspondiam tecnicamente a providências de antecipação de tutela, visto que atendiam, em maior ou menor grau, à satisfação de pretensões ligadas ao mérito do processo principal.

---

[21] Cf. nosso *Processo Cautelar*. 6. ed., n. 314 a 322.

Parte VI

Instauração, Crise e Fim do Processo

Capítulo XXI
FORMAÇÃO, SUSPENSÃO E EXTINÇÃO DO PROCESSO

§ 64. INTRODUÇÃO

514. Noções gerais

Como relação jurídica complexa e dinâmica, o processo nasce, se desenvolve e se exaure, normalmente, quando atinge a sua meta, que é a composição do litígio, encontrada na sentença de mérito (nas ações de cognição) ou na satisfação do credor (na execução forçada). Entre o pedido do autor e a prestação jurisdicional do Estado nasce, vive e se extingue o processo, portanto.

Mas pode ocorrer, eventualmente, o que Carnelutti denomina *crise do processo*, que são obstáculos que se interpõem ao longo de seu andamento, provocando uma paralisação que impede momentânea ou definitivamente que a relação processual prossiga e atinja sua meta: são determinados acontecimentos que causam a *suspensão* temporária do processo ou sua *extinção* prematura, antes que se lograsse a composição do litígio.

Há uma corrente doutrinária que recusa ao processo a natureza de relação jurídica, tendo em vista a complexidade e variedade dos atos que o compõem e a diversidade dos agentes que a cada momento nele intervêm. Prefere-se qualificá-lo como uma situação jurídica, que se caracteriza por ser um procedimento em contraditório. Não se vê vantagem alguma em tal orientação, nem se lhe pode atribuir superioridade pedagógica sobre sua tradicional conceituação como relação jurídica, à luz da qual se forjou toda a moderna configuração científica do direito processual.

Afinal, seja uma relação jurídica, seja uma situação jurídica, há de se analisar como se forma, se desenvolve e se extingue esse fenômeno dinâmico e complexo que é o processo. É o que o Código de Processo Civil de 2015 regula nos Títulos I, II e III do Livro VI (arts. 312 a 317).

§ 65. FORMAÇÃO DO PROCESSO

515. O processo

Relação *jurídica* é o vínculo estabelecido entre pessoas, provocado por um fato que produz mudança de situação, regido por norma jurídica.[1] O processo é uma relação jurídica, pois apresenta tanto o seu elemento *material* (o *vínculo* entre as partes e o juiz) como o *formal* (regulamentação pela norma jurídica), produzindo uma nova situação para os que nele se envolvem.

A finalidade do processo é a composição do litígio a ser feita mediante definição e aplicação da vontade concreta da lei pelo juiz. Entretanto, "até que o juiz possa chegar à sentença final, é preciso percorrer um caminho mais ou menos longo e o processo atravessa as mais diferentes fases de evolução. Através da atividade das partes e do juiz e também por meio de outros acontecimentos, os sujeitos do processo são colocados numa posição da qual lhes resultam direitos e obrigações".[2]

Para saber se o pedido do autor é fundado ou não, o juiz se baseia nas alegações e nos elementos de convicção que as partes lhe fornecem no curso do processo. Há, pois, com relação ao desenvolvimento e solução do processo, deveres e direitos, tanto da parte dos litigantes como do juiz, enquanto a causa está pendente em juízo. Daí a conclusão de que o processo, como causa geradora desses ônus, faculdades, direitos e deveres entre seus participantes, sob regulamentação e imposição legal, é, sem dúvida, uma *relação jurídica*.

516. Sujeitos da relação jurídico-processual

O direito comum, pela palavra de Búlgaro, já entendia que *iudicium est actus trium personarum: iudicis, actoris et rei* (o processo é atividade de três pessoas: o juiz, o autor e o réu).

Embora se discuta a relação jurídica material controvertida, o processo não se confunde com ela, pois pode se travar entre outras pessoas e pode levar inclusive à negação de existência da mesma relação material.

A relação processual é de direito público e se relaciona com o exercício da função soberana do Estado, que é a jurisdição (poder de solucionar os litígios e de assegurar o império da ordem jurídica). Nesta relação, o direito que se exerce não é aquele de ordem privada que eventualmente gerou o conflito de interesses entre o réu e o autor, mas sim o de ordem pública, que é o direito à tutela jurisdicional do Estado na composição da lide.

Assim, a atividade das partes é relevante para o processo na medida em que participa do desenvolvimento da atividade estatal de decidir, como ensina Hellwig. No Estado Democrático de Direito, o processo, enquanto procura definir o provimento jurisdicional, coloca partes e juiz no mesmo nível de colaboradores na obra comum de pacificar o conflito. O juiz, porém, quando pronuncia o provimento jurisdicional, coloca-se num plano diferente e superior ao das partes. Estas provocam e colaboram, enquanto aquele exerce a função soberana de julgar, embora não possa ignorar, no ato decisório, a contribuição das partes. A força vinculatória da sentença, apesar de ligada ao processo (obra conjunta de todos os seus sujeitos), tem sua razão de ser última na autoridade do Estado e não simplesmente na atividade das partes. O juiz moderno não pode mais ser visto como mero espectador do duelo travado entre os litigantes.

As partes têm, realmente, direito à tutela jurisdicional e o juiz tem o dever de prestá-la, o que leva ao estabelecimento de uma autêntica relação jurídica entre eles, corporificada no processo.

---

1 TORNAGHI, Hélio. *Comentários ao Código de Processo Civil*. 1. ed. São Paulo: RT, 1975, v. II, p. 272.

2 HELLWIG, LEHRBUCH, v. 2, p. 31, *apud* TORNAGHI, Hélio. *Comentários ao Código de Processo Civil*. 1. ed. São Paulo: RT, 1975, v. II, nota 97, p. 286.

Sobre a relação processual, três teorias procuraram estabelecer suas características:

(a) A *linear*, de Köhler, segundo a qual os direitos e deveres do processo se estabeleceriam entre autor e réu, isto é, entre os sujeitos da *lide*, sendo o juiz um estranho a ela. A relação processual seria a mesma relação de direito material tornada litigiosa. Sua representação gráfica seria:

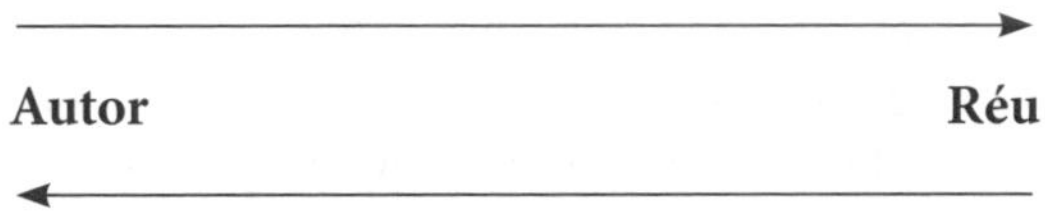

Diante do conceito moderno e publicístico do direito de ação, não mais se pode admitir como correta essa teoria.

(b) Teoria triangular. Sendo o processo uma relação jurídica de direito público, Wach a definiu como uma relação triangular, contendo direitos e deveres não só entre as partes, mas também entre estas e o juiz. A sua representação gráfica seria:

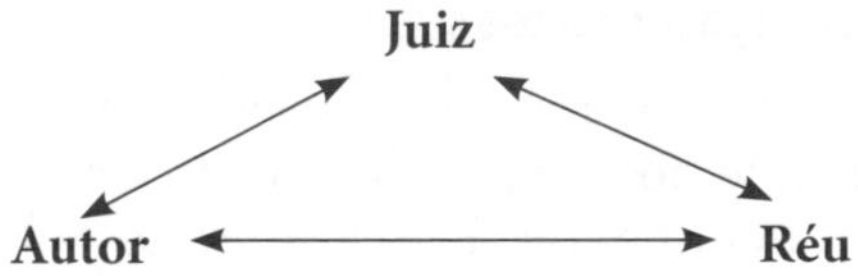

(c) Teoria angular. Se é certo que o processo vincula três pessoas – autor, réu e juiz –, não menos exato é que o órgão jurisdicional se coloca no plano superior do Poder do Estado e as partes se submetem à sua soberania. À autoridade deste é que compete exclusivamente a solução final do litígio. Toda atividade das partes é voltada para estimular o poder de decidir e alcançar a prestação jurisdicional devida pelo Estado.

O vínculo das partes não é, portanto, estabelecido entre si, mas entre elas e o juiz, e se relaciona com o impulso do processo rumo à composição final do litígio. Os direitos da parte se exercem, portanto, perante o juiz e não propriamente perante a outra parte.

Daí a teoria de Hellwig, hoje a mais aceita pelos modernos processualistas, segundo a qual a relação processual tem a forma angular, estando os direitos e deveres processuais de cada parte voltados para o juiz. Os litigantes, dessa forma, não atingem um ao outro diretamente, no processo, mas por meio das decisões do juiz. Este é também o entendimento de Goldschmidt.[3] Sua representação gráfica é:

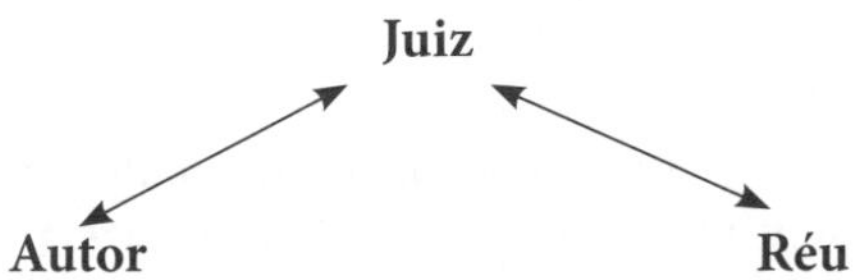

[3] Cf. TORNAGHI, Hélio. *Comentários ao Código de Processo Civil*. 1. ed. São Paulo: RT, 1975, v. II, p. 295-300.

517. Início do processo

O processo é *dispositivo* quando sua sorte é deixada exclusivamente ao arbítrio da parte. É *inquisitivo* quando o juiz, de ofício, promove a prestação jurisdicional. Não há, porém, uma contradição insuperável entre os dois princípios. As mais modernas legislações têm feito uma fusão entre os dois, com excelentes resultados práticos em favor de uma tutela jurisdicional mais próxima dos ideais da boa e efetiva justiça. Todo processo, em nosso tempo, é, em parte, regido pelo princípio dispositivo, e, em parte, pelo inquisitivo.

O Código atual seguiu esta orientação ao dispor, em seu art. 2º, que "o processo começa por iniciativa da parte e se desenvolve por impulso oficial, salvo as exceções previstas em lei".

Na instalação da relação processual prevalece o princípio dispositivo. A parte tem o alvitre de postular ou não a tutela jurisdicional, isto é, a propositura da demanda é ato privativo da parte. Mas, vencida esta fase inaugural, o processo passa a se desenvolver por impulso oficial do juiz. É que, estabelecida a relação processual, entra em atividade uma função pública – a jurisdição, que faz com que o interesse público na justa composição do litígio e na pacificação social predomine sobre o simples interesse privado da parte. Em outras palavras, uma vez proposta a ação, a marcha do processo rumo à sentença não depende de provocação da parte; o próprio juiz impulsiona o processo, com ou sem colaboração da parte (sobre o tema, ver o item 42).

518. Formação gradual da relação processual

A relação angular que se contém no processo, e que vincula o autor, o juiz e o réu, não se estabelece num só ato. Inicialmente, ao receber a petição do autor, o Estado vincula-se em relação apenas linear, por força do direito de ação. Forma-se um dos lados da relação processual, o lado *ativo:* a ligação autor-juiz e juiz-autor.

Numa segunda fase, com a citação do réu, a relação processual se completa com o seu lado passivo: *i.e.*, com a vinculação réu-juiz e juiz-réu. Aí, sim, o processo estará perfeito em sua forma angular de *actus trium personarum.*

Nesse sentido, dispõe o art. 312 do CPC/2015 que se considera proposta a ação, quando a petição inicial for protocolada. Mas, ainda segundo o referido artigo, "a propositura da ação, todavia, só produz quanto ao réu os efeitos mencionados no art. 240 depois que for validamente citado". Vale dizer: o réu só é parte da relação processual depois de regularmente citado.

Em resumo:

(a) a propositura da ação vincula autor e juiz à relação processual por meio do exercício do direito de ação;

(b) a citação amplia a relação e nela integra o réu, para assegurar-lhe o exercício do direito de defesa; e

(c) completa a relação, assegurado ao Estado estará o exercício pleno do poder jurisdicional, diante do caso concreto.

519. Estabilização do processo

Nessa perspectiva, o autor pode, "até a citação, aditar ou alterar o pedido ou a causa de pedir, independentemente do consentimento do réu" (CPC/2015, art. 329, I), justamente porque, até então, a relação processual só existe entre autor e juiz. Todavia, feita a citação e ampliada subjetivamente a relação processual, até o saneamento do processo, o demandante somente poderá "aditar ou alterar o pedido e a causa de pedir com o consentimento do réu" (art. 329, II).[4]

---

[4] No regime do Código anterior, estava prevista, expressamente, a proibição de alterar o pedido ou a causa de pedir depois do saneamento (art. 264, parágrafo único). Não há, no CPC/2015, regra literalmente igual. Porém, sendo prevista a alteração, com o consentimento de ambas as partes, até o saneamento, deduz-se que isto continuará não sendo possível após aquele momento processual.

Da citação decorre, portanto, a estabilização do processo graças à litispendência (art. 240): a lide exposta pelo autor, na inicial, passa a ser o objeto do processo; e ocorre fixação tanto de seus elementos objetivos como subjetivos.

Em consequência, desde então, não mais se permite:

(a) a modificação do *pedido* ou da *causa de pedir*, salvo acordo com o réu;

(b) nem a alteração das partes litigantes, salvo as substituições permitidas por lei;[5]

(c) o juízo, também, não será alterado, pois se vincula pelo registro ou distribuição da petição inicial (art. 43); mas essa vinculação é do órgão *(juízo)* e não da pessoa física do *juiz*, e recebe a denominação de *perpetuatio iurisdictionis*.

A inalterabilidade das partes, após a citação, não impede, porém, que litisconsortes necessários sejam posteriormente citados para integrar a relação processual (art. 115, parágrafo único), a fim de regularizá-la e permitir seu desenvolvimento válido até a resolução do mérito da causa. Nem impede, nas ações ajuizadas contra vários codemandados, que um ou alguns dos litisconsortes passivos se desloquem voluntariamente do polo passivo para o polo ativo da demanda, colocando-se, portanto, ao lado do autor, como litisconsorte ativo (sobre essa matéria, v., *retro*, o item 186-A).

520. Alteração do pedido

Não é mais a *litiscontestatio* que estabiliza o objeto da relação processual. A estabilidade do processo é atingida pelo aperfeiçoamento da relação processual ocorrida no momento em que o réu é alcançado pela citação válida. Admite o Código atual, todavia, que, em convenção, as partes possam, de comum acordo, alterar o pedido ou a causa de pedir, mesmo depois da citação (art. 329, II).

A vedação às citadas alterações visa, apenas, às medidas de caráter unilateral, isto é, o autor é que, isoladamente, está impedido de alterar o objeto da causa. Mas, se houver acordo do réu, a modificação poderá ser feita. E é de observar que não se exige acordo expresso, podendo, por isso, dar-se de forma tácita, como, por exemplo, na hipótese em que, alterado, incidentalmente, pelo autor, o pedido ou a causa de pedir, o réu aceita prosseguir na marcha processual com amplo debate da causa nos termos da inovação operada.[6]

Há, todavia, um limite temporal definitivo à faculdade de alterar, livre e consensualmente, o pedido ou a causa de pedir: é o saneamento do processo (art. 329, II). Vencida a fase do saneamento, no regime do Código anterior, ficava expressamente proibido alterar o pedido ou a causa de pedir (art. 264, parágrafo único). Por inexistir no CPC/2015 regra literalmente

---

5 "1. Após a citação, não é possível ao magistrado, de ofício, alterar o polo passivo da demanda, incluindo parte contra a qual os autores não formularam pretensão. Precedentes. 2. 'De acordo com a orientação sedimentada nesta Corte, 'por força do princípio da estabilização subjetiva do processo, prestigiado nos arts. 41 e 264 do CPC, feita a citação validamente, não é mais possível alterar a composição dos polos da relação jurídica processual, salvo as substituições permitidas por lei.' (REsp 151.877/PR, Rel. Ministro Adhemar Maciel, Segunda Turma, julgado em 8/10/1998, *DJ* 22/2/1999, p. 92). No mesmo sentido: AgRg nos EDcl no AREsp 297.191/GO, Rel. Ministro Marco Buzzi, Quarta Turma, julgado em 19/9/2017, *DJe* 27/9/2017; REsp 435.580/RJ, Rel. Ministro João Otávio de Noronha, Segunda Turma, julgado em 3/8/2006, *DJ* 18/8/2006, p. 362; REsp 758.622/RJ, Rel. Ministro Castro Filho, Terceira Turma, julgado em 15/9/2005, *DJ* 10/10/2005, p. 366; REsp 617.028/RS, Rel. Ministra Nancy Andrighi, Terceira Turma, julgado em 29/3/2005, *DJ* 2/5/2005, p. 344' (REsp 1.701.812/SP, Relator Ministro Herman Benjamin, Segunda Turma, julgado em 21/11/2017, *DJe* 19/12/2017)" (STJ, 4ª T., AgInt no REsp 1.723.225/GO, Rel. Min. Antônio Carlos Ferreira, ac. 15.04.2019, *DJe* 23.04.2019).

6 STJ, 3ª T., REsp 21.940/MG, Rel. Min. Eduardo Ribeiro, ac. 09.02.1993, *DJU* 08.03.1993, p. 3.114.

igual, houve quem entendesse que continuava prevalecendo a vedação de alteração do objeto litigioso, uma vez saneado o processo, mesmo porque a legislação nova só regulava as modificações verificáveis até aquele momento procedimental.[7]

No entanto, não é bem essa a conclusão a se extrair do texto do art. 329 do CPC/2015. Se é verdade que o dispositivo regulou a modificação do pedido e da causa de pedir somente até o saneamento, não é menos certo que não reproduziu a proibição de alterações ulteriores, da forma com que o fazia o CPC/1973. Como o CPC/2015, entretanto, permite alterações negociais do procedimento a qualquer tempo (art. 190), poderão as partes avençar, por meio de ajuste de tal natureza, ampliação ou redução do pedido e da causa de pedir, mesmo depois do saneamento, enquanto não sentenciada a causa.

Não se pode entrever um conflito normativo entre os arts. 190 e 329, primeiro porque aquele não estabelece uma livre e completa negociabilidade, e este não veda, pelo menos expressamente, que o objeto litigioso sofra modificação após a fase de saneamento. É possível, portanto, uma convivência das duas normas, a fim de reconhecer ao Código de 2015 uma posição mais flexível quanto ao fenômeno da estabilização do processo.

A diferença que se pode estabelecer na aplicação das duas disposições legais reside em que até o saneamento o problema se resolve pela pura convenção entre as partes. Saneado o processo, o negócio jurídico fica sujeito ao controle e aprovação do juiz (art. 190, parágrafo único), o qual poderá reconhecer ou negar eficácia ao acordo das partes, levando em conta interesses públicos que acaso desaconselhem a reabertura da fase postulatória, em nome de seus deveres de velar pela rápida e efetiva composição do litígio.

Portanto, as possibilidades de alteração do pedido e da causa de pedir, no regime do CPC/2015, podem ser esquematicamente vistas da seguinte forma:

(a) *antes da citação*, a inovação pode dar-se por ato unilateral e livre do autor;

(b) *depois da citação e antes do saneamento do processo*, as partes são livres para fazê-lo, mediante consenso, independentemente de aprovação judicial;

(c) *depois da fase de saneamento*, as partes ainda poderão fazê-lo mediante negócio jurídico processual, cujo efeito, todavia, dependerá de controle e aprovação do juiz.[8]

Sobre aditamento e modificação do pedido em razão de ulterior arguição de questão prejudicial, ver adiante o item 586.

521. Alterações subjetivas

O juízo, como já se explicou, não se altera, depois do registro ou da distribuição da petição inicial, salvo se ocorrer conexão, continência, ou algum motivo legal posteriormente reconhecido que o torne incompetente. As partes, também, se estabilizam após a citação, e não se substituem, a não ser nos casos expressamente previstos em lei. O falecimento é uma causa obrigatória de substituição da parte por seu espólio ou seus sucessores (CPC/2015, art. 75, VI e § 1º).

---

[7] NERY JUNIOR, Nelson; NERY, Rosa Maria de Andrade. *Comentários ao Código de Processo Civil.* São Paulo: RT, 2015, p. 900, nota 6 ao art. 329; BONDIOLI, Luis Guilherme Aidar. Comentários ao art. 329. In: WAMBIER, Teresa Arruda Alvim, *et al. Breves comentários ao novo Código de Processo Civil.* São Paulo: RT, 2015, p. 833, nota 1; AMARAL, Guilherme Rizzo. *Comentários às alterações do novo CPC.* São Paulo: RT, 2015, p. 443, nota 2.1, ao art. 329.

[8] MEDINA, José Miguel Garcia. *Novo Código de Processo Civil comentado.* 3. ed. São Paulo: RT, 2015, p. 545, nota IV ao art. 329; MARINONI, Luiz Guilherme. ARENHART, Sérgio Cruz; MITIDIERO, Daniel. *Novo curso de processo civil.* São Paulo: RT, 2015, v. 2, p. 164.

Entretanto, no caso de sucessão entre vivos, a substituição da parte por seu sucessor só se dará, no processo, mediante assentimento do outro litigante (art. 109, § 1º).[9] Recusada a substituição, o adquirente do bem litigioso e o cessionário do direito sob disputa não ficarão totalmente impedidos de participar do processo, visto que a lei lhes assegura a intervenção a título de assistência litisconsorcial ao transmitente (art. 109, § 2º).

521.1. Alienação do bem litigioso

A alienação do bem litigioso durante a pendência do processo exerce efeitos relevantes sobre as partes originais, a intervenção de terceiro e a sujeição do adquirente à coisa julgada, bem como sua responsabilidade diante da execução da respectiva sentença. Esses temas são analisados nos seguintes itens deste volume: *(i)* 186. Sucessão de parte e alienação do bem litigioso; e *(ii)* 227. Sucessão de parte I – Sucessão *inter vivos*. E no volume III, deste *Curso*, no item 222. Excussão de bens do sucessor singular.

---

9 MONIZ DE ARAGÃO, Egas Dirceu. *Comentários ao Código de Processo Civil*. Rio de Janeiro: Forense, 1974, v. II, n. 440, p. 373-374.

§ 66. SUSPENSÃO DO PROCESSO

522. Conceito

Ocorre a suspensão do processo quando um acontecimento voluntário, ou não, provoca, temporariamente, a paralisação da marcha dos atos processuais. Ao contrário dos fatos extintivos, no caso de simples suspensão, tão logo cesse o efeito do evento extraordinário que a causou, a movimentação do processo se restabelece normalmente. Na verdade, a suspensão inibe o andamento do feito, mas não elimina o vínculo jurídico emanado da relação processual, que, mesmo inerte, continua a subsistir com toda sua eficácia.

Assim, nenhum prejuízo sofrem os atos processuais anteriormente praticados que permanecem íntegros e válidos à espera da superação da crise. Até mesmo os prazos iniciados antes da suspensão não ficam prejudicados na parte já transcorrida. Sua fluência restabelece-se, após cessada a paralisação do feito, apenas pelo restante necessário a completar o lapso legal (CPC/2015, art. 221).

Todavia, durante a suspensão, em regra, nenhum ato processual é permitido (art. 314) e o desrespeito a essa proibição legal levaria à inexistência jurídica do ato praticado, segundo antiga doutrina.[10] A jurisprudência, todavia, tem aplicado à espécie o princípio de "pas de nullité sans grief", máxima maior do sistema das nulidades no direito processual contemporâneo, de maneira que os atos praticados, indevidamente, durante a suspensão obrigatória do processo seriam afetados apenas por uma nulidade relativa, afastável sempre que deles não tenha decorrido prejuízo para os interessados.[11]

Permite o Código, no entanto, que o juiz da causa excepcionalmente possa, ainda no prazo da suspensão, determinar a realização de atos urgentes, a fim de evitar dano irreparável (art. 314, segunda parte), a exemplo da necessidade de citação diante da iminência de prescrição ou decadência, bem como de antecipação de prova em risco de se perder. Essa permissão, todavia, não se aplica quando a suspensão decorre de arguição de impedimento e suspeição do juiz (art. 314, segunda parte). Nesse caso, a tutela de urgência será requerida ao substituto legal do juiz da causa (art. 146, § 3º).

523. Os casos de suspensão do processo

Prevê o art. 313 do CPC/2015 causas de ordem *física*, *lógica* e *jurídica* para a suspensão do processo e que são as seguintes:

- *(a)* a morte ou perda da capacidade processual de qualquer das partes, do seu representante legal ou de seu procurador (inciso I);
- *(b)* a convenção das partes (inciso II);
- *(c)* a arguição de impedimento ou suspeição (inciso III);
- *(d)* a admissão de incidente de resolução de demandas repetitivas (inciso IV);
- *(e)* quando a sentença de mérito (inciso V):
    - *(i)* depender do julgamento de outra causa, ou da declaração da existência ou inexistência da relação jurídica, que constitua o objeto principal de outro processo pendente (inciso V, alínea *a*);

---

10 TORNAGHI, Hélio. *Comentários ao Código de Processo Civil.* São Paulo: RT, 1975, v. II, p. 313; MARQUES, José Frederico. *Manual de Direito Processual Civil.* Campinas: Bookseller, 1997, v. III, n. 576, p. 92.

11 STJ, 4ª T., REsp 959.755/PR, Rel. Min. Luiz Felipe Salomão, ac. 17.05.2012, *DJe* 29.05.2012; STJ, 3ª T., AgRg no Ag 1.342.853/MG, Rel. Min. Paulo Sanseverino, ac. 02.08.2012, *DJe* 07.08.2012; STJ, 1ª T., REsp 1.328.760/MG, Rel. Min. Napoleão Nunes Maia Filho, ac. 26.02.2013, *DJe* 12.03.2013.

(*ii*) tiver de ser proferida somente após a verificação de determinado fato ou a produção de certa prova, requisitada a outro juízo (inciso V, alínea *b*);

(*f*) motivo de força maior (inciso VI);

(*g*) quando se discutir em juízo questão decorrente de acidentes e fatos da navegação da competência do tribunal marítimo (inciso VII);

(*h*) demais casos regulados pelo Código (inciso VIII);

(*i*) o parto ou a concessão de adoção, quando a advogada responsável pelo processo constituir a única patrona da causa (inciso IX, acrescido pela Lei 13.363, de 25.11.2016);

(*j*) quando o advogado responsável pelo processo constituir o único patrono da causa e tornar-se pai (inciso X, acrescido pela Lei 13.363, de 25.11.2016).

A suspensão sempre depende de uma decisão judicial que a ordene, pois o comando do processo é do juiz. Essa decisão, todavia, é meramente declarativa, de sorte que, para todos os efeitos, considera-se suspenso o processo desde o momento em que ocorreu o fato que a motivou e não apenas a partir de seu reconhecimento nos autos.[12]

O término da suspensão é automático naqueles casos em que haja um momento preciso, fixado na própria *lei* (como na hipótese de arguição de suspeição regulada pelo art. 146, § 2º, II), ou no *ato judicial* que a decretou (como no caso em que se defere a paralisação do feito por prazo determinado). Sendo, porém, impreciso o termo da suspensão (tal como se passa em situação de motivo de força maior), a retomada da marcha e dos prazos processuais dependerá de uma nova deliberação judicial e da consequente intimação das partes.

524. Suspensão por morte ou perda de capacidade processual

I – Morte de qualquer das partes

Com a morte da parte desaparece um dos sujeitos da relação processual, que, como é óbvio, não pode prosseguir enquanto não houver sua substituição pelo respectivo espólio ou sucessores (CPC/2015, art. 110).

Nos casos de direito intransmissível, a morte da parte ocasiona não apenas a suspensão, mas a extinção do processo pendente (art. 485, IX). Isso pode ocorrer, por exemplo, em ações de separação conjugal, alimentos etc.

Nas demais hipóteses, morta a parte (autor ou réu), o juiz determinará a suspensão do processo, para que, nos termos do art. 689, seja promovida a respectiva habilitação do espólio ou sucessores, (art. 313, § 1º).

Não ajuizada a ação de habilitação, o juiz determinará uma das seguintes providências:

(*i*) falecido o réu, o autor será intimado a promover a citação do espólio ou de quem for sucessor, no prazo que o juiz designar, não podendo ser inferior a dois nem superior a seis meses (art. 313, § 2º, I). Descumprida a diligência, configurar-se-á o abandono da causa, ensejando a sua extinção, sem resolução do mérito (art. 485, II);

(*ii*) falecido o autor, sendo transmissível o direito em litígio, ordenará a intimação do seu espólio ou de quem for sucessor, pelos meios de divulgação que reputar mais adequados (edital, imprensa, carta, meio eletrônico etc.), para que manifestem interesse na sucessão processual e promovam a respectiva habilitação, no prazo que for

---

12 Cf. MONIZ DE ARAGÃO, Egas Dirceu. *Comentários ao Código de Processo Civil.* 3. ed. Rio de Janeiro: Forense, 1979, v. II, n. 492, p. 481; BARBOSA MOREIRA, José Carlos. *Comentários ao Código de Processo Civil.* 4. ed. Rio de Janeiro: Forense, 1981, v. V, n. 205, p. 416.

designado, sob pena de extinção do processo, sem resolução do mérito (art. 313, § 2º, II), por falta de pressuposto processual de desenvolvimento válido e regular do processo, nos termos do art. 485, IV.

A inobservância da suspensão do processo e o seu prosseguimento sem a habilitação dos sucessores do morto acarretam a nulidade dos atos praticados após o óbito. Trata-se, porém, de nulidade relativa, que não prevalecerá se os interessados não tiverem sofrido prejuízo em razão da irregularidade processual.[13]

II – Dissolução ou extinção de pessoa jurídica

A dissolução ou extinção de pessoa jurídica não se equipara à morte da pessoa natural, para efeito de suspensão do processo, porque sempre haverá alguém encarregado de representá-la, legalmente, até final liquidação de seus direitos e obrigações.

III – Perda de capacidade das partes

A capacidade civil de exercício (Código Civil, arts. 5º e 120) é pressuposto de validade da relação processual; daí a necessidade de suspender o processo quando uma parte se torna interdito, para que o curador se habilite a representá-la nos autos. Se não houver curador investido regularmente na representação do interdito, o juiz terá de nomear um curador especial, para que o processo possa retomar seu curso (art. 72, I). O mesmo se dá quando o representante legal da parte (pai, tutor ou curador) se torna incapaz. O processo só poderá ter andamento depois da respectiva substituição.

A suspensão, seja por morte, seja por incapacidade da parte ou de seu representante legal, não é automática. É ato do juiz, que será praticado quando apresentada, nos autos, a prova do óbito ou da incapacidade (arts. 313, § 1º, e 689).

IV – Morte ou perda da capacidade do advogado de qualquer das partes

Na hipótese de morte do advogado de qualquer das partes, o processo, mesmo depois de iniciada a audiência, não pode prosseguir. Imediatamente, o juiz suspenderá o processo e promoverá, a requerimento de interessado ou *ex officio*, a intimação pessoal da parte para constituir novo mandatário em quinze dias. Outorgado mandato a outro causídico, cessará a suspensão (art. 313, § 3º).

Se, no entanto, o morto era procurador do autor e este não nomeou outro advogado no prazo legal, o processo será declarado extinto, sem julgamento de mérito, arcando a parte omissa com as despesas processuais e honorários advocatícios. Se a inércia for do réu, em substituir seu advogado falecido, após transcorrido o prazo legal, o juiz mandará que o processo tenha prosseguimento à sua revelia (art. 313, § 3º, *in fine*).

---

13 "... 2. Nos termos do art. 313, I, do Código de Processo Civil, a superveniência do óbito de uma das partes enseja a imediata suspensão do processo – desde o evento morte, portanto –, a fim de viabilizar a substituição processual da parte por seu espólio. Fica nítido, de seus termos, o objetivo de preservar o interesse particular do espólio, assim como dos herdeiros do falecido. Naturalmente, em sendo este o propósito da norma processual, a nulidade advinda da inobservância desta regra é relativa, passível de declaração apenas no caso de a não regularização do polo ensejar real e concreto prejuízo processual ao espólio. Do contrário, os atos processuais praticados, a despeito da não suspensão do feito, hão de ser considerados absolutamente válidos" (STJ, 3ª T., REsp 2.033.239/SP, Rel. Min. Marco Aurélio Bellizze, ac. 14.02.2023, *DJe* 16.02.2023).

Embora o Código não tenha previsto expressamente o procedimento a observar na eventualidade de perda de capacidade do advogado, a solução, por analogia, deve ser a mesma do óbito, *i.e.*, a intimação da parte para a providência do art. 313, § 3º.

525. Suspensão por convenção das partes

Permite o art. 313, II, do CPC/2015, que as partes convencionem a suspensão do processo, mas seu acordo para produzir efeito depende de ato subsequente do juiz, posto que, no sistema do Código, o impulso do procedimento é oficial, isto é, o andamento do processo não fica na dependência da vontade ou colaboração das partes (art. 2º).

Feito, por isso, o acordo, as partes devem comunicá-lo ao juiz, para que este decrete a suspensão ajustada. Mas sua decisão é ato vinculado e não discricionário, de sorte que, na hipótese do art. 313, II, não é dado ao juiz vetar a suspensão.

Não pode, todavia, a suspensão convencional ultrapassar o prazo de seis meses, porque não convém aos desígnios buscados pela justiça a eternização da relação processual, ou a excessiva procrastinação da composição da lide (art. 313, § 4º, *in fine*).

Findo o prazo convencionado, a retomada do curso do processo não depende de provocação da parte, devendo o juiz determinar, de ofício, o prosseguimento do feito (art. 313, § 5º).

526. Suspensão em razão de arguição de impedimento ou suspeição do juiz

Arguido o impedimento ou a suspeição do juiz, o principal sujeito da relação processual – o órgão judicante – fica inabilitado a continuar no exercício de sua função jurisdicional no processo, pelo menos enquanto não for solucionado o incidente. A arguição do juiz da causa se processará na forma do art. 146 do CPC/2015. Nos tribunais, o procedimento deverá observar o respectivo regimento interno.

Na dúvida sobre a legitimidade da atuação do juiz, prescreve o Código a abstenção da prática de atos processuais, inclusive daqueles urgentes com a finalidade de evitar dano irreparável, até que a situação se defina pelos meios adequados (art. 314). Ou seja, o juiz, cuja suspeição ou impedimento foi alegado, não pode, em nenhuma circunstância, praticar qualquer ato, enquanto não solucionado o incidente. Nesse ponto, o atual Código se distanciou da legislação anterior que permitia, excepcionalmente, a realização de atos urgentes pelo próprio juiz arguido, a fim de evitar dano irreparável, durante qualquer suspensão do processo (art. 266, CPC/1973). Hoje esse tipo de incidente será resolvido pelo substituto legal (art. 146, § 3º) (ver, *retro*, item 305).

A suspeição e o impedimento são também obstáculos à atuação dos auxiliares do juízo, do membro do Ministério Público e dos demais sujeitos imparciais do processo (CPC/2015, arts. 144, 145 e 148), nos mesmos casos previstos para o juiz (art. 148, *caput*). No entanto, o processamento, nessa situação, ocorrerá em autos apartados e sem suspensão do processo (art. 148, § 1º) (ver, *retro*, item 306).

527. Suspensão por prejudicialidade

O inciso V do art. 313 do CPC/2015 determina a suspensão do processo sempre que a sentença de mérito estiver na dependência de solução de uma questão prejudicial que é objeto de outro processo, ou de ato processual a ser praticado fora dos autos, como as diligências deprecadas a juízes de outras comarcas ou seções judiciárias.[14]

---

[14] No caso de cartas precatórias e rogatórias, a suspensão do processo para aguardar o seu cumprimento só ocorrerá quando o juiz considerar a prova imprescindível nos termos do art. 338 [CPC/2015, art. 377] (STJ – 3ª T., REsp 1.132.818/SP, Rel. Min. Nancy Andrighi, ac. 03.05.2012, *DJe* 10.05.2012).

Prejudiciais são as questões de mérito que antecedem, logicamente, à solução do litígio e nela forçosamente haverão de influir. A prejudicial é *interna* quando submetida à apreciação do mesmo juiz que vai julgar a causa principal. É *externa* quando objeto de outro processo pendente.

Se a prejudicial é interna, *i.e.*, proposta no bojo dos mesmos autos em que a lide deve ser julgada, não há suspensão do processo, pois seu julgamento será apenas um capítulo da sentença da causa. Convém lembrar que o Código atual, no tratamento das questões prejudiciais, as coloca dentro do objeto litigioso, e, por isso, não reclama a interposição de ação declaratória incidental para que sobre sua resolução incida a força da coisa julgada (art. 503, § 1º).

Só há razão para a suspensão do processo, de que cogita o art. 313, V, letra *a*, quando a questão prejudicial for objeto principal de outro processo pendente (questão prejudicial *externa*, portanto).[15]

Note-se, por outro lado, que prejudicial e preliminar não são, tecnicamente, a mesma coisa. Preliminares são questões geralmente de natureza processual que condicionam a apreciação do mérito. Prejudiciais são questões ligadas ao próprio mérito e que por si só podem ser objeto autônomo de um outro processo.

Nessa ordem de ideias, a alínea *b* do art. 313, V, que fala em suspensão do processo por depender a sentença da verificação de *determinado* fato, ou da produção de *certa prova* requisitada a outro juízo, não cuida de verdadeiras questões prejudiciais, mas tão só de simples questões lógico-processuais (preliminares) a que está condicionado o julgamento da causa. Sua eficácia suspensiva, no entanto, é similar à da questão prejudicial externa, por depender de ocorrência a verificar fora do processo.[16]

A suspensão, em todos os casos do inciso V, do art. 313, perdura até que a questão prejudicial ou preliminar seja solucionada. Mas esse prazo não pode ultrapassar um ano, hipótese em que o processo retomará seu curso normal e será julgado independentemente da diligência que provocara sua paralisação (art. 313, §§ 4º e 5º).

528. Prejudicialidade e conexão

Não há contradição entre a regra do art. 313, V, *a*, do CPC/2015, que manda suspender a causa prejudicada, e a do art. 55, § 1º, que manda reunir as causas conexas, para julgamento simultâneo.

Quase sempre a prejudicialidade gera conexão de causas em virtude da *causa comum* ou da *identidade de objeto* que se apura entre a causa prejudicial e a prejudicada. Em tal situação, e sendo a questão prejudicial da competência do mesmo juiz da causa prejudicada, ainda que figure em outro processo, nenhuma razão lógica ou jurídica existe para aplicar-se o disposto no art. 313, V. O processo não se suspenderá e, ao contrário, sendo comum nos dois feitos o objeto ou a causa de pedir, a regra a observar será a da reunião dos processos para julgamento comum, numa só sentença, em que a questão prejudicial será, obviamente, apreciada em primeiro lugar (art. 55, § 1º).

Muitas vezes, porém, a prejudicialidade externa não enseja oportunidade de reunir os dois processos, na forma do art. 55, § 1º, pois poderá ocorrer que:

(a) *a competência seja diferente em caráter absoluto*, como se passa entre ação penal e a civil, ou entre feitos afetos à justiça comum e à especial etc.;

---

15 GRINOVER, Ada Pellegrini. *Direito Processual Civil*. São Paulo: J. Bushatsky, 1974, p. 64-65.

16 MONIZ DE ARAGÃO, Egas Dirceu. *Comentários ao Código de Processo Civil*. 9. ed. Rio de Janeiro: Forense, 1998, v. II, n. 485, p. 363.

(b) *as fases em que se encontram as duas causas sejam inconciliáveis*, o feito prejudicado, por exemplo, está em primeiro grau de jurisdição e o prejudicial em segundo;

(c) *os procedimentos são diversos e inteiramente incompatíveis*, como, por exemplo, a pretensão à divisão geodésica manifestada individualmente por um dos herdeiros antes da partilha sucessória;

(d) a *causa petendi* na ação prejudicial seja totalmente diversa da que fundamenta a causa prejudicada.

É claro que em todos esses casos o julgamento único dos processos encontrará obstáculo intransponível, dando ensejo à suspensão da causa prejudicada, para aguardar-se a solução da prejudicial, nos termos do art. 313, V, *a*.

Fora, porém, dessas hipóteses, a *prejudicialidade*, mormente quando relacionada com questões oriundas de um mesmo negócio jurídico e estabelecida entre as mesmas partes, é quase sempre forma de *conexão* de causas, nos moldes do art. 55, que conduz ao julgamento comum dos processos e não à suspensão de um deles. É, por exemplo, o que ocorre entre a ação de cobrança e a de consignação em pagamento, ambas versando sobre o cumprimento da mesma obrigação; ou entre a ação de despejo e a consignatória, relativas ao pagamento dos mesmos aluguéis etc. Sem dúvida que a consignatória, nos dois exemplos, envolve questão prejudicial com relação à cobrança ou ao despejo. Entretanto, inexistindo óbice algum à reunião das causas conexas por prejudicialidade, há de prevalecer a regra geral do art. 55, § 1º, e não a excepcional do art. 313, V, *a*.

Com esse entendimento, encontra-se perfeita harmonia entre o primeiro dispositivo, que manda reunir as ações conexas, e o segundo, que determina a sustação da causa cuja solução dependa de prévio julgamento de questão prejudicial submetida à decisão em outro processo.

529. Suspensão pela admissão de incidente de resolução de demandas repetitivas

A era dos processos massificados levou à implantação, no regime atual do processo civil, de medidas que pudessem contornar a avalanche de feitos, tanto nas instâncias inferiores como nos tribunais superiores do País. Nessa linha, o Código atual criou um incidente, a ser instaurado nos tribunais de segundo grau, a que atribuiu o *nomen iuris* de "Incidente de resolução de demandas repetitivas" (CPC/2015, arts. 976 a 987).

Por seu intermédio, os processos pendentes, individuais ou coletivos, que tramitam no estado ou na região, identificados como relativos à mesma questão de direito são paralisados até que o tribunal de segundo grau julgue a tese comum, com eficácia para todo o conjunto de demandas iguais (arts. 313, IV, e 982, I). A suspensão determinada pelo relator do incidente será comunicada aos juízes diretores dos fóruns de cada comarca ou seção judiciária, por meio de ofício (art. 982, § 1º).

Com efeito, nenhum ato processual pode ser praticado durante a paralisação processual. Entretanto, o Código permite a realização de atos urgentes para evitar dano irreparável (art. 314). No caso de suspensão em razão de incidente de resolução de demandas repetitivas, o pedido de tutela de urgência deve ser dirigido ao juízo onde tramita o processo suspenso (art. 982, § 2º).

Determina o Código, ainda, cessar a suspensão dos processos pendentes que versem sobre a mesma questão de direito se não for interposto recurso especial ou recurso extraordinário contra a decisão proferida no incidente (art. 982, § 5º). Ou seja, interposto recurso para os Tribunais Superiores, a suspensão prevalecerá até decisão deste.

Superada a causa da suspensão, os processos individuais ou coletivos retornarão curso e serão julgados mediante aplicação da tese de direito assentada pelo tribunal (art. 985, I).

530. Suspensão pela discussão em juízo de questão decorrente de acidentes e fatos da navegação da competência do tribunal marítimo

Por tribunal marítimo entende-se órgão administrativo que cuida de certos problemas ocorridos durante a navegação. O processo judicial pode referir-se a pretensões apoiadas em fatos que se encontrem sob a averiguação e regulação de órgão dessa natureza. Daí a previsão de que se dará a suspensão do processo judicial quando se discutir em juízo questão decorrente de acidentes e fatos da navegação da competência do tribunal marítimo (CPC/2015, art. 313, VII).

Em torno do comércio marítimo, institui o Código atual um procedimento especial para regulação de avaria grossa (arts. 707 a 711), cuja competência é atribuída ao juiz de direito da comarca do primeiro porto onde o navio houver chegado. A definição do que seja avaria grossa consta dos arts. 763 e 764 do Código Comercial de 1850.

531. Suspensão por motivo de força maior

O motivo de força maior é uma razão física que torna impossível o funcionamento do órgão jurisdicional e, consequentemente, o andamento do feito, como um incêndio, ou uma guerra, que destruísse o edifício do Fórum, ou o tornasse inacessível, ou, ainda, causasse a morte dos agentes do juízo. *Vis maior est cui humana infirmitas resistire non potest*:[17] força maior é a que não pode resistir à fraqueza humana.

Sendo, como é, uma impossibilidade de ordem física, ou natural, seus efeitos perduram enquanto não desaparece a respectiva causa.

O retorno da marcha processual dependerá, na espécie, de deliberação judicial intimada às partes.

532. Outros casos legais de suspensão

Há previsão de suspensão do processo, entre outros, em casos como o:

(*a*) da verificação, pelo juiz, de que ocorre *incapacidade processual* ou *irregularidade da representação de parte* (CPC/2015, art. 76);

(*b*) dos *embargos à execução* (art. 921, II);

(*c*) da *execução frustrada* por falta de bens penhoráveis (art. 921, III);

(*d*) da *execução* em que o credor concede prazo ao devedor para cumprir voluntariamente a obrigação (art. 922);

(*e*) da *execução fiscal* (Lei 6.830/1980, art. 40);

(*f*) da *ação declaratória de constitucionalidade*, que permite ao relator determinar aos juízes e tribunais que suspendam o julgamento dos processos que envolvam a aplicação da lei ou do ato normativo objeto da ação até a solução definitiva pelo STF (Lei 9.868/1999, art. 21).

532-A. Suspensão por motivo de parto ou concessão de adoção

A Lei 13.363/2016 instituiu uma nova hipótese de suspensão do processo, consistente no parto ou na concessão de adoção, quando a advogada responsável pelo processo for a única patrona da causa (CPC/2015, art. 313, IX, inserido pela Lei 13.363). A suspensão em tela vigorará pelo período de trinta dias, contado a partir da data do parto ou da concessão da adoção. A interessada deverá apresentar certidão de nascimento do filho recém-nascido ou documento

---

[17] GAIO, *Digesto*, Lei I, § 4º, do Livro 44, Tít. 7º.

similar que comprove a realização do parto. Tratando-se de adoção, o documento necessário será o termo judicial respectivo (CPC/2015, art. 313, § 6º, inserido pela Lei 13.363).

Também o Estatuto da OAB (Lei 8.906/1994) foi alterado pela mesma Lei 13.363 para incluir o atual art. 7º-A, que arrola os direitos da advogada em relação à gestação, ao parto e à adoção. Entre tais direitos figura a suspensão de prazos processuais, devendo, contudo, a patrona única da causa notificar, por escrito, ao cliente, a suspensão do processo (art. 7º-A, IV). Essa notificação deverá também ser comprovada em juízo (art. 313, § 6º, do CPC/2015).[18]

532-B. Suspensão por motivo de o advogado tornar-se pai

Ainda em virtude de inovação criada pela Lei 13.363/2016, o CPC/2015 passou a prever outra causa de suspensão do processo, que ocorre quando o advogado responsável pelo processo, sendo o único patrono da causa, venha a tornar-se pai (art. 313, X, inserido pela referida Lei).

A suspensão em foco dura pelo período de oito dias, contado a partir da data do parto ou da concessão da adoção. Para que isto se dê, o patrono terá de apresentar certidão de nascimento ou documento similar que comprove a realização do parto, ou de termo judicial que tenha concedido a adoção. Caber-lhe-á ainda, provar que seu cliente foi devidamente notificado da suspensão (CPC/2015, art. 313, § 7º, acrescido pela Lei 13.363).

533. Férias e suspensão do processo

Durante as férias forenses e nos feriados, não se praticam atos processuais (CPC/2015, art. 214, *caput*), salvo as exceções legais (arts. 214, I e II). Não obstante, se algum ato processual for praticado durante as férias, "nulo ele não será só por isso, visto que terá eficácia a partir do momento em que as férias ou o feriado se encerrarem".[19]

Observe-se, que o Código distingue bem entre férias e feriados, e apenas à superveniência de férias é que atribui o efeito suspensivo do processo e, consequentemente dos prazos (art. 215). No caso de dias feriados, se neles cair o vencimento de algum prazo, apenas ficará este prorrogado para o primeiro dia útil seguinte. Assim, a intercalação desses dias não úteis no curso do prazo é irrelevante e não afeta, de maneira nenhuma, o seu cômputo final (*vide* n. 368). Já no caso de férias, paralisa-se a fluência dos prazos, retomando a contagem depois de findas aquelas.

---

[18] A Lei 13.363/2016 produziu o acréscimo do art. 7º-A ao Estatuto da OAB, no qual vários direitos foram conferidos particularmente à advogada gestante, lactante, adotante ou que der à luz, além daquele de suspensão de prazos processuais, tais como não se submeter a detectores de metais, ter preferência na ordem das sustentações orais e das audiências etc. Por sua vez, o art. 7º-B do referido Estatuto, inserido pela Lei 13.869/2019, qualificou como crime, entre outros, a violação do direito da advogada previsto no art. 7º-A.

[19] MARQUES, José Frederico. *Manual de Direito Processual Civil.* Campinas: Bookseller, 1997, v. III, n. 584, p. 100, STJ, REsp 8.249/SP, Rel. Min. Fontes de Alencar, ac. 02.04.1991, *RSTJ* 30/375; STJ, REsp 11.914/SP, Rel. Min. Waldemar Zveiter, ac. 31.10.1991, *RSTJ* 36/392; STJ, 2ª T., AgRg no REsp 744.426/AL, Rel. Min. Castro Meira, ac. 14.10.2008, *DJe* 27.11.2008. No mesmo sentido, decidiu o STF que, em nenhum dispositivo do Código, "se diz que o recurso manifestado nas férias é nulo. E, *data venia*, seria uma verdadeira *contradictio in adjecto*". E prossegue o acórdão: a superveniência de férias gera "uma simples dilatação do prazo em favor do vencido, pelas dificuldades que experimenta com a paralisação dos cartórios nas férias e feriados... Nada impede que o litigante vencido venha a juízo nas férias declarar-se inconformado e manifestar seu desejo de recorrer para a instância superior. Não diz a lei que ele deva ser tolhido nesse desejo, aguardando o termo das férias; se não quiser usar da prorrogação que a lei lhe faculta, recorrerá logo. A ser decretada a nulidade (do ato praticado nas férias), viria a ser prejudicado exatamente aquele que a lei visou beneficiar" (RE 76.116, Rel. Min. Oswaldo Trigueiro, *Revista da Processualística Fiscal do Estado de Minas Gerais*, 1976, n. 1, p. 22).

Além das férias coletivas que perduram para os Tribunais Superiores, o Código de 2015 prevê, no art. 220, um recesso parcial que acarreta não a paralisação total dos processos, mas, apenas, a suspensão do *curso do prazo processual* nos dias compreendidos entre 20 de dezembro e 20 de janeiro, inclusive.

A Emenda Constitucional 45, de 08.12.2004, extinguiu as férias coletivas na Justiça, mas não o fez em todos os níveis. Segundo o novo inciso XII incluído no art. 93 da Constituição, a vedação a ditas férias só alcançou os juízos de primeiro grau e os tribunais de segundo grau. Continuam sujeitos, portanto, ao regime de férias coletivas os tribunais superiores. Há, ainda, a considerar a hipótese de recesso, que a jurisprudência equipara, para efeito de fluência de prazos, às férias forenses (v., sobre o mesmo tema, o n. 361, *retro*).

534. Suspensão por necessidade de verificação de fato delituoso na justiça criminal

O Código atual prevê, ainda, a suspensão do processo quando o conhecimento do mérito depender da verificação da existência de fato delituoso, até que a justiça criminal se pronuncie (art. 315). Entretanto, para que o processo não fique paralisado eternamente, estabelece a lei que se a ação penal não for proposta no prazo de três meses, contado da intimação do ato de suspensão, o processo prosseguirá, incumbindo ao juiz cível examinar incidentalmente a questão prévia (art. 315, § 1º).

Por fim, se a ação penal for proposta no prazo de três meses, o processo cível poderá ficar suspenso por, no máximo, um ano, ao final do qual o juiz deverá dar prosseguimento ao feito e examinar incidentalmente a questão prévia (art. 315, § 2º) (ver, *retro*, item 170).

PARTE ESPECIAL – PROCESSO DE CONHECIMENTO

§ 67. EXTINÇÃO DO PROCESSO

535. Encerramento da relação processual

O estabelecimento da relação processual se faz com um objetivo, que é a composição ou solução da *lide* (considerada esta como o conflito de interesses em que uma parte ostenta uma pretensão e a outra lhe opõe resistência). Atingida essa meta, o processo exaure-se naturalmente. Mas certos fatos extraordinários podem impedir o prosseguimento da marcha processual e causar sua interrupção definitiva, provocando a dissolução do processo, sem que a lide tivesse sido solucionada.

No primeiro caso diz-se que houve extinção do processo com resolução de mérito (CPC/2015, art. 487); e, no segundo, sem resolução de mérito (art. 485). Em ambos os casos, porém, o ato do juiz necessário para pôr fim à relação processual é a *sentença* (art. 203, § 1º), contra a qual o recurso cabível é sempre a *apelação* (art. 1.009).

O Código atual arrolou no capítulo da sentença os casos de extinção do processo, com ou sem resolução do mérito (ver itens 754 e 759 adiante). Assim, no Título da extinção do processo dispôs, apenas, que "a extinção do processo dar-se-á por sentença" (art. 316). E, ainda, antes de proferir decisão sem resolução de mérito, o órgão jurisdicional deverá conceder à parte oportunidade para, se possível, corrigir o vício (art. 317).

536. Sentenças definitivas e terminativas

O processo sempre se extinguirá por sentença, visto que se trata de uma relação jurídica complexa e dinâmica sob direção do juiz. Só ele admite a formação de tal relação e apenas ele pode pôr-lhe fim. Uma vez que, para encerrar o processo, o juiz tanto pode fazê-lo por motivos de defeitos instrumentais como por razões suficientes para decretar a solução definitiva do litígio, as sentenças costumam ser classificadas em *terminativas* e *definitivas*. Por meio das primeiras, o processo se encerra sem resolução do mérito (CPC/2015, art. 485). E das segundas, com resolução do mérito (art. 487). O tema será desenvolvido no tratamento das sentenças (v. adiante os itens (760, 761, 762, 763).

Parte VII
Processo e Procedimento

Capítulo XXII
PROCEDIMENTO COMUM E PROCEDIMENTOS ESPECIAIS

§ 68. PROCESSO E PROCEDIMENTOS DE COGNIÇÃO

537. Processo

Para solucionar os litígios, o Estado põe à disposição das partes duas espécies de tutela jurisdicional: a cognição e a execução. O que as distingue são os diferentes *provimentos judiciais* com que o juízo responde ao exercício do direito de ação.

Se a lide é de pretensão contestada e há necessidade de definir a vontade concreta da lei para solucioná-la, o processo aplicável é o de *conhecimento* ou cognição, que deve culminar por uma sentença de mérito que contenha a resposta definitiva ao pedido formulado pelo autor. No acertamento contido na sentença consiste o provimento do processo de conhecimento.

Se a lide é pretensão apenas insatisfeita (por já estar o direito do autor previamente definido pela própria lei, como líquido, certo e exigível), sua solução será encontrada por intermédio do processo de *execução*, que é o meio de realizar de forma prática a prestação a que corresponde o direito da parte. A efetiva satisfação do direito do credor é o provimento nessa modalidade de processo.

A tutela provisória (cautelar, satisfativa ou de evidência), que no Código anterior correspondia a um tipo de processo autônomo, diferente do de conhecimento e do de execução, deixa de ser, no Código de 2015, um terceiro processo, para ser praticada como incidente dos dois processos clássicos. Com efeito, a prestação da tutela provisória, além de não exigir a formação de um processo independente, corresponde a atividades judiciais que, em essência, não se distinguem dos acertamentos realizáveis na prestação cognitiva, nem dos atos materiais com que se efetua a prestação satisfativa na execução forçada. Para solucionar qualquer pretensão à medida provisória, o juiz sempre terá de proceder à verificação e certificação do direito a ela (o que configura atividade cognitiva) e, para pô-la em prática, terá de recorrer aos mesmos expedientes do processo de execução.

Com atos conjugados, de natureza cognitiva e executiva, o juiz, provisoriamente, antes da solução definitiva da lide, em incidente do processo, justificado pela necessária duração deste, emite provimentos para afastar o risco de alteração no equilíbrio das partes diante da lide. Sua função, nesse contexto, é:

(*a*) conservar o estado de fato e de direito, ou antecipar efeitos da futura sentença, em caráter provisório e preventivo, para que a prestação jurisdicional não venha a se tornar inútil quando prestada em caráter definitivo (tutelas de urgência);

(*b*) favorecer a parte que à evidência tem o direito material a favor de sua pretensão, deferindo-lhe, imediatamente, tutela satisfativa provisória (tutela da evidência).

Sendo, pois, o processo o método utilizado para solucionar os litígios, conhece o Direito Processual Civil, na verdade, duas espécies básicas de tutela: a prestada através do processo de *conhecimento* (Livro I da Parte Especial do Código de 2015) e a realizada por meio do processo de *execução* (Livro II da Parte Especial). Embora se possa, teoricamente, distinguir e analisar, com precisão, o processo de conhecimento e o processo de execução, na prática nunca se encontrará um só deles em sua configuração pura. Os procedimentos, por meio dos quais se põe em prática as diversas modalidades de tutela, sempre mesclam atividades de cognição e de execução, de modo que o típico processo de cognição, ultrapassa a sentença e penetra o campo executivo no tocante ao cumprimento dela, seja quando é essencialmente condenatória em seu objeto principal, seja no tocante à condenação aos encargos sucumbenciais, a qual não falta em sentença alguma, pouco importando sua qualificação e o procedimento em que foi pronunciada. Os procedimentos especiais, por seu lado, em regra, contêm, na mesma relação processual, atividades de cognição e de execução. Os incidentes da tutela de urgência também introduzem em processos originariamente cognitivos momentos de execução. Por fim, o processo puro de execução, que é o fundado em título extrajudicial não fica imune à presença de atos de acertamento, como os de imposição de honorários advocatícios, os de solução de controvérsias a respeito dos atos expropriatórios, a exemplo da adjudicação, da remissão, da arrematação, da venda extrajudicial e dos embargos do devedor.

538. Procedimento

Em razão de vários fatores, como o valor da causa, a natureza do direito material controvertido, a pretensão da parte etc., a forma com que o processo se desenvolve assume feições diferentes. Enquanto o processo é uma unidade, como relação processual em busca da prestação jurisdicional, o procedimento é a exteriorização dessa relação e, por isso, pode assumir diversas feições ou modos de ser. A essas várias formas exteriores de se movimentar o processo aplica-se a denominação de *procedimentos*.

Procedimento é, destarte, sinônimo de *rito* do processo, ou seja, "o modo e a forma por que se movem os atos no processo".[1] Como os agentes do Poder Público, em regra, atuam sob o comando do princípio da legalidade, o processo judicial, em seus vários procedimentos, sempre se desenvolverá segundo a forma prevista em lei.

539. Procedimentos no processo de cognição

Conhece o nosso Código, em matéria de processo de conhecimento, o procedimento comum e os procedimentos especiais.

Especiais são os ritos próprios para o processamento de determinadas causas selecionadas pelo legislador no Título III, do Livro I, da Parte Especial do Código de Processo Civil e em leis extravagantes. Entre os procedimentos especiais merecem ser lembrados os dos *Juizados Especiais* previstos na Lei 9.099, de 26.09.1995, que pressupõem órgãos específicos instituídos pela organização judiciária local para se ocupar das causas cíveis de menor complexidade

---

[1] AMARAL SANTOS, Moacyr. *Primeiras Linhas de Direito Processual Civil*. 3. ed. São Paulo: Max Limonad, 1971, v. II, n. 350, p. 82.

(v. vol. II). Sendo sua característica a predominância dos princípios da oralidade, simplicidade, informalidade, economia processual e celeridade, tudo com acentuada preocupação com a conciliação ou transação (Lei 9.099, art. 2º), pode ser qualificado como *procedimento sumaríssimo* o observado pelos *Juizados Especiais*.

O procedimento comum é o que se aplica a todas as causas para as quais a lei processual não haja instituído um rito próprio ou específico (CPC/2015, art. 318). Seu âmbito é, portanto, delimitado por exclusão: onde não houver previsão legal de um procedimento especial, a causa será processada sob as regras do procedimento comum.

O procedimento comum, no Código atual, é único, uma vez que não mais cogita do procedimento *sumário* (art. 272, CPC/1973). Mesmo para os casos regulados por leis extravagantes, à falta de especificação de um rito específico, determina o CPC/2015 a observância do procedimento comum (art. 1.049, *caput*). Para os casos em que tais leis preveem o procedimento sumário, a regra do CPC/2015 é de que doravante será observado o procedimento comum com as modificações previstas na própria lei especial, se houver (art. 1.049, parágrafo único).

Em verdade, o procedimento comum exerce a função de completar a disciplina processual da legislação que, fora do regime codificado, se ocupe de ações especiais, sem detalhar o respectivo rito, como deixa claro o disposto no art. 1.046, *caput*.

Em conclusão: procedimento comum é o que se aplica às causas para as quais não seja previsto algum procedimento especial. Apenas ele é regulado de maneira completa e exaustiva pelo Código. Os especiais são abordados pelo legislador, no próprio Código ou em normas apartadas, apenas naqueles pontos em que se afasta do procedimento comum, de sorte que este se aplica subsidiariamente a todos os ritos, inclusive os do processo de execução (art. 318, parágrafo único).

Às normas do procedimento comum incumbe, assim, o papel de "enchedoras das lacunas da lei no trato de outros processos, na medida em que não lhes apague a especialidade".[2]

540. Procedimentos especiais: jurisdição contenciosa e jurisdição voluntária

Há, no bojo do CPC/2015, duas modalidades de procedimentos especiais: os de jurisdição contenciosa e os de jurisdição voluntária. Os primeiros se referem à solução de litígios e os últimos apenas à administração judicial de interesses privados não litigiosos (Capítulo XV, do Título III, do Livro I, da Parte Especial do Código de Processo Civil). Não há, assim, processo nos feitos de jurisdição voluntária, mas apenas procedimentos, que, no dizer de Frederico Marques, "constituem a coordenação formal de atos não processuais".[3]

Neles o juiz não exerce função jurisdicional, mas tão só administrativa, tendente à formação de negócios jurídicos em que a lei houve por bem exigir a participação de órgãos da Justiça para aperfeiçoamento e eficácia. É o que ocorre com as alienações judiciais, as nomeações de tutores e curadores, o divórcio e a partilha consensuais etc. (veja-se, *retro*, n. 72).

Quanto aos procedimentos especiais de jurisdição contenciosa, o que neles se encontra é, quase sempre, uma simbiose de cognição e execução, gerando, numa só relação processual, um complexo de atividades que configuram as chamadas *ações executivas* "lato sensu" (ações possessórias, divisórias, demarcatórias, de consignação em pagamento, de despejo etc.). Com eles o Código pretende adequar o procedimento às particularidades e exigências do direito material cogitado no litígio.

---

2 PONTES DE MIRANDA, Francisco Cavalcanti. *Comentários ao Código de Processo Civil*. 1974, v. III, p. 466.

3 MARQUES, José Frederico. *Manual de Direito Processual Civil*. São Paulo: Saraiva, 1974, v. I, n. 309, p. 362.

541. Esquema do procedimento comum

Pode ser assim esquematizado o procedimento comum traçado pelo CPC/2015:

(a) inicia-se pela petição inicial, com os requisitos do art. 319;

(b) deferida a inicial, segue-se a citação do réu ou do interessado (art. 238), para comparecer à audiência de conciliação ou de mediação (art. 334), a partir da qual, sendo frustrada a autocomposição, começa o prazo do réu, para responder ao pedido do autor (art. 335);

(c) o terceiro estágio é reservado para a verificação da revelia e seus efeitos (arts. 344 e 345), ou para a tomada das providências preliminares (art. 347). Se o réu não contestar a ação, os fatos afirmados pelo autor serão reputados verdadeiros (art. 344), salvo as hipóteses do art. 345, que exigem a instrução do feito, mesmo quando o réu é revel. Se houver contestação, o juiz examinará as questões preliminares e determinará as providências necessárias para cumprir o contraditório, perante o autor, em relação a defesa (arts. 350 e 351). Determinará, ainda, a correção das irregularidades e dos vícios sanáveis constatados no processo (art. 352);

(d) cumpridas as providências preliminares, ou não havendo necessidade delas, o juiz proferirá "julgamento conforme o estado do processo" (art. 353). Essa decisão poderá ser:

   (i) *de extinção do processo, sem julgamento do mérito*, caso o autor não tenha diligenciado o saneamento das falhas apontadas pelo juiz e ocorra alguma das hipóteses de sentença terminativa previstas nos arts. 485;

   (ii) *de extinção do processo* por ocorrência de decadência e prescrição (art. 487, II) ou por homologação de ato de autocomposição do litígio (art. 487, III) (art. 402);[4]

   (iii) *de julgamento antecipado do mérito*, quando não houver necessidade de mais provas (art. 355);

   (iv) *de saneamento e organização do processo*, quando o processo deva prosseguir, por não ter sido objeto de extinção sem julgamento de mérito, nem de julgamento antecipado da lide (art. 357);

(e) se o processo não foi extinto na fase do julgamento conforme o estado do processo, realiza-se a audiência de instrução e julgamento quando, numa só solenidade, se concentram: a coleta das provas orais (art. 361), o debate oral (art. 364), e a prolação da sentença de mérito (art. 366).

542. Fases do procedimento comum

O procedimento comum é o mais completo e o mais apto à perfeita realização do processo de conhecimento, pela amplitude com que permite às partes e ao juiz pesquisar a verdade real e encontrar a justa composição da *lide*. Está estruturado segundo fases lógicas, que tornam efetivos os princípios fundamentais do procedimento, como o da iniciativa da parte, o do contraditório e o do convencimento motivado do julgador.

---

4 Nos casos do art. 269, II a V [CPC/2015, art. 487, V], embora a lei considere encerrado o processo *com julgamento de mérito* (art. 269, *caput*) [CPC/2015, art. 487], na verdade o juiz não dá solução própria à lide, pois esta ou decorre de autocomposição encontrada pelas partes ou de exceção (prejudicial) que afasta a penetração do julgamento sobre o conteúdo propriamente do litígio (preliminares de mérito).

Para consecução de seu objetivo, o procedimento comum desdobra-se em quatro fases: a postulatória, a de saneamento, a instrutória e a decisória. Estas fases, na prática, nem sempre se mostram nitidamente separadas, e às vezes se interpenetram. O que, todavia, caracteriza cada uma delas é a predominância de um tipo de atividade processual desenvolvida pelas partes e pelo juiz.

543. Fase postulatória

É a que dura da propositura da ação à resposta do réu, podendo ocasionalmente penetrar nas providências preliminares determinadas pelo juiz, como preâmbulo do saneamento.

Compreende a petição inicial, formulada pelo autor, a citação do réu, a realização de audiência de conciliação e mediação, a eventual resposta do requerido, pois pode encerrar-se sem esta última, caso o demandado não faça uso de sua faculdade processual de defender-se em tempo hábil, e a impugnação à contestação, quando esta levante preliminares ou contenha defesa indireta de mérito. A resposta do réu pode consistir em contestação, impugnação ou reconvenção (CPC/2015, arts. 335 e 343).

Na contestação podem ser arguidas questões preliminares e de mérito. As impugnações, que se referem ao impedimento ou suspeição do juiz, geram incidentes que correm nos próprios autos, em regra, sem efeito suspensivo.

A reconvenção é a forma de contra-ataque. O réu não apenas rechaça o pedido do autor, como formula contra ele um pedido diferente, de sentido contrário àquele que provocou a abertura do processo.

A impugnação à contestação e à reconvenção são atividades que ainda pertencem à fase postulatória.

544. Fase saneadora

Desde o recebimento da petição inicial até o início da fase de instrução, o juiz exerce uma atividade destinada a verificar a regularidade do processo, mediante decretação das nulidades insanáveis e promoção do suprimento daquelas que forem sanáveis. Com isso, procura-se chegar à instrução, sem correr o risco de estar o processo imprestável para a obtenção de um julgamento de mérito.

Compreende essa fase as diligências de emenda ou complementação da inicial (CPC/2015, art. 321), as "providências preliminares" (arts. 347 a 353) e o "saneamento do processo" (art. 357). Pode conduzir ao reconhecimento de estar o processo em ordem, ou pode levar à sua extinção sem julgamento do mérito, quando concluir o juiz que o caso não reúne os requisitos necessários para uma decisão da lide.

545. Fase instrutória

Destina-se à coleta do material probatório, que servirá de suporte à decisão do mérito. Reconstituem-se por meio dela, no bojo dos autos, os fatos relacionados à lide. É a de contornos menos definidos, as partes já começam sua atividade probatória com a inicial e a contestação, momentos em que, de ordinário, devem produzir a prova documental (CPC/2015, art. 434). Saneado o processo, porém, surge um momento em que os atos processuais são preponderantemente probatórios: é o da realização das perícias e o da primeira parte da audiência de instrução e julgamento, destinada ao recolhimento dos depoimentos das partes e testemunhas.

Nos casos de revelia (art. 344), bem como nos de suficiência da prova documental e de questões meramente de direito (art. 355), a fase instrutória propriamente dita é eliminada, e o julgamento antecipado do mérito ocorre logo após a fase postulatória, no momento que normalmente seria reservado ao saneamento do processo.

Comumente, no entanto, ao encerrar o saneamento, o juiz decidirá sobre as provas a produzir, determinando o exame pericial, quando necessário; e designará a audiência de instrução e julgamento, deferindo as provas que nela hão de produzir-se (art. 357).

546. Fase decisória

É a que se destina à prolação da sentença de mérito. Realiza-se após o encerramento da instrução que, de ordinário, ocorre dentro da própria audiência, quando o juiz encerra a coleta das provas orais e permite às partes produzir suas alegações finais (CPC/2015, art. 364). Há, contudo, possibilidade de antecipação da fase decisória (julgamento conforme o estado do processo), como se explicou no tópico anterior. Há, ainda, possibilidade de extrema abreviação do procedimento, em situações de decisão que extingue o processo no nascedouro, antes mesmo de completar-se a fase postulatória com a citação do réu, como a do indeferimento liminar da petição inicial (art. 330) e a da decretação liminar de improcedência do pedido (art. 332).

Fora da extinção liminar do processo e das decisões que põem fim a ele no estágio reservado normalmente ao saneamento, a sentença, dentro do procedimento comum completo, pode ser proferida oralmente, ao final da audiência de instrução e julgamento, ou ser elaborada por escrito nos trinta dias seguintes (art. 366).

A sentença, todavia, só assume a feição de ato processual com a sua *publicação*, isto é, com sua integração efetiva ao processo, o que pode se dar por ato do escrivão, quando proferida fora da audiência, ou pela leitura dela pelo próprio juiz, quando divulgada em audiência de instrução e julgamento, ou em outra especialmente designada para a publicação.

547. Adequação do procedimento

A previsão legal de determinado procedimento para certas causas envolve matéria de ordem pública, pelo que não há, seja para as partes, seja para o juiz, a liberdade de substituir um rito por outro.[5] No entanto, como o erro de forma não conduz necessariamente à nulidade do processo (CPC/2015, art. 283), o que incumbe ao juiz, diante da eventual irregularidade, é apenas ordenar a adaptação da causa ao procedimento adequado, qualquer que seja a fase em que se encontre, aproveitando-se sempre os atos já praticados, dos quais não tenha decorrido prejuízo para as partes ou para a jurisdição.[6]

Se, pois, contrariando previsão legal, o processo vier a ser julgado em primeiro grau segundo o procedimento comum, não haverá motivo para pleitear-se, em grau de recurso, a sua anulação, se da inobservância do rito determinado pela lei não tiver decorrido prejuízo algum para o contraditório e ampla defesa assegurados aos litigantes.[7] Assiste razão a Bedaque quando reconhece a existência de interesse público na regulamentação do procedimento sem, todavia, atribuir-lhe supremacia absoluta. Com efeito, o que deve merecer maior valorização não é a forma em si, mas sim o objetivo visado pela norma procedimental. Se este objetivo foi preservado, dentro do escopo maior do processo e segundo o sistema geral do contraditório e ampla defesa, cumpriu-se a instrumentalidade esperada do procedimento. Mesmo inobservado algum ritual, não haverá razão para atribuir relevância ao vício formal. O interesse público na definição do rito está na garantia dos valores que o inspiram, e não em si mesmo.[8]

---

5 STJ, 3ª T., REsp 717.276/PR, Rel. Min. Nancy Andrighi, ac. 21.06.2007, *DJU* 29.06.2007, p. 581.

6 STJ, 1ª T., REsp 1.172.369/RS, Rel. Min. Benedito Gonçalves, ac. 19.05.2011, *DJe* 03.06.2011.

7 STJ, 3ª T., REsp 737.260/MG, Rel. Min. Nancy Andrighi, ac. 21.06.2005, *DJU* 01.07.2005, p. 533; STJ, 2ª T., REsp 1.131.741/RJ, Rel. Min. Humberto Martins, ac. 27.10.2009, *DJe* 11.11.2009.

8 BEDAQUE, José Roberto dos Santos. *Efetividade do processo e técnica processual*: tentativa de compatibilização. Tese para concurso de Professor Titular, USP, São Paulo, 2005, p. 63; LACERDA, Galeno. O Código e o formalismo, *Ajuris*, 28/10, 1983.

Por outro lado, em matéria de procedimento, não é o nome dado à ação pela parte que importa. O que se tem de apurar é a compatibilidade entre o pedido e o rito escolhido.[9]

[9] "O nome com o qual se rotula a causa é sem relevância para a ciência processual" (STJ, 4ª T., REsp 7.591/SP, Min. Sálvio de Figueiredo, ac. 26.11.1991, *RSTJ*, 37/368). "Sendo os fatos expostos aptos a conduzir, em tese, à consequência jurídica traduzida no pedido, não importa o rótulo que se tenha dado à causa" (STJ, 3ª T., REsp 14.944/MG, Rel. Min. Eduardo Ribeiro, ac. 17.12.1991, *DJU* 17.02.1992, p. 1.377). No mesmo sentido: STJ, 2ª T., REsp 682.378/RS, Rel. Min. João Otávio de Noronha, ac. 20.04.2006, *DJU* 06.06.2006, p. 143. Por exemplo: será apreciada como reivindicatória a ação em que se pede a posse com base no domínio, ainda que incorretamente se lhe dê o nome de possessória (STJ, 3ª T., REsp 37.187/RJ, Rel. Min. Eduardo Ribeiro, ac. 04.04.1995, *RSTJ* 73/280; STJ, 3ª T., REsp 45.421-2/SP, Rel. Min. Nilson Naves, *RSTJ* 97/174).

Fluxograma nº 12

PROCEDIMENTO COMUM (arts. 318 a 495)

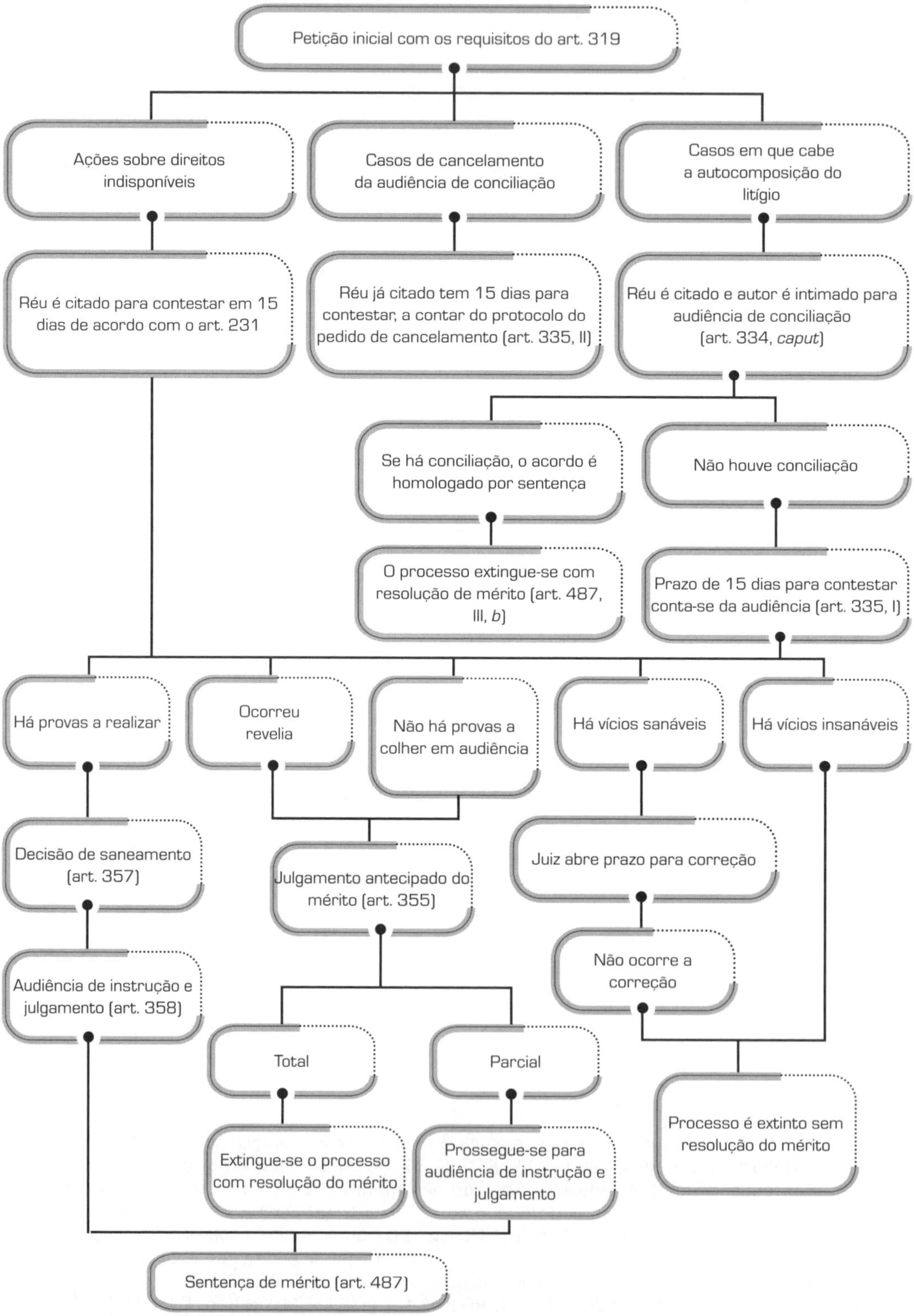

§ 69. PROCEDIMENTO SUMÁRIO

Sumário: 548. Introdução. 549. Causas de rito sumário. 550. Elenco das causas sujeitas ao procedimento sumário. 551. Outras causas de procedimento sumário. 552. Indisponibilidade do rito sumário. 553. O procedimento. 554. A petição inicial e seu despacho. 555. A citação e a resposta do réu. 556. Audiência de conciliação. 557. Audiência de instrução e julgamento. 558. Revelia. 559. Declaratória incidental, intervenção de terceiros, litisconsórcio e assistência.

O procedimento sumário foi abolido pelo Código de 2015, razão pela qual todas as ações não sujeitas a procedimento especial, após a vigência da lei nova, passaram a seguir apenas o rito comum. Entretanto, por previsão de direito intertemporal (CPC/2015, art. 1.046, § 1º), os dispositivos do Código revogado relativos ao rito sumário (arts. 275 a 281) continuaram sendo aplicados às ações propostas antes do início da vigência da nova lei, até que fossem sentenciadas. Passados quase dez anos, é presumível que tenham sido extintas todas as ações da espécie.

Por esse motivo, resolvemos eliminar o capítulo pertinente ao tema e que compreende os itens 548 a 559 conservados até a 65ª edição desta obra. A numeração dos itens subsequentes, no entanto, foi provisoriamente mantida inalterada para não prejudicar as remissões internas existentes nos três volumes da obra, todos com reedição já no prelo.

Parte VIII
Procedimento Comum

Capítulo XXIII
FASE DE POSTULAÇÃO

§ 70. PETIÇÃO INICIAL

560. Fases do procedimento comum

O Código de 2015 não mais divide o procedimento comum de cognição ampla e exauriente em ordinário e sumário, como fazia o Código anterior. O procedimento comum, *i.e.*, aquele que se aplica à tutela cognitiva em caráter geral, é apenas um. Salvo os procedimentos especiais, todas as ações de cognição (aquelas que visam a uma sentença de definição de um conflito caracterizado pela incerteza de uma situação jurídica controvertida (lide ou litígio) submetem-se ao procedimento comum definido pelos arts. 318 a 538 do CPC/2015.

A característica desse procedimento no direito brasileiro é o seu feitio sincrético ou unitário: uma única relação processual se presta a alcançar a sentença, que define a situação conflituosa, e, se for o caso, a promover os atos executivos ou satisfativos do direito material reconhecido em favor da parte vencedora. Não há, nesse sistema, a velha dicotomia entre ação de conhecimento e ação de execução de sentença (*actio iudicati*). O cumprimento da sentença é apenas um capítulo (uma parcela) do procedimento comum, que se segue à definição do direito subjetivo material ameaçado ou lesado, rumo a realizar, concretamente, a prestação a que faz jus aquele que o provimento judicial reconheceu como titular de uma situação de vantagem tutelada pela ordem jurídica.

Além do procedimento comum, o Código prevê vários procedimentos especiais contenciosos, cuja estrutura básica é a mesma do procedimento comum, mas adaptada ritualmente às necessidades específicas da tutela reclamada por determinadas relações ou situações de direito material. É o que se passa, por exemplo, com as ações de família, os juízos divisórios e demarcatórios, a sucessão *causa mortis*, as consignações em pagamento, as prestações de conta e várias outras demandas, cujo acertamento não se comportaria, adequadamente, dentro do procedimento comum.

Há, também, procedimentos diferenciados para atender às peculiaridades das tutelas de urgência e da evidência, que se distinguem do procedimento comum e dos especiais, não apenas pelo rito, mas pelo menor alcance da composição do litígio. São procedimentos sumários tanto pela celeridade com que se atinge o provimento jurisdicional, como pela sua precariedade ou provisoriedade. A cognição neles realizada é superficial e não exauriente, e a prestação jurisdicional que proporcionam não aspira à definitividade própria da coisa julgada.

Na maioria das vezes, as tutelas não exaurientes não passam de simples incidentes do procedimento contencioso principal, este, sim, sempre exauriente e definitivo. Outras vezes, embora principiem antes do procedimento principal, cumprem apenas a função de preparar o terreno sobre o qual futuramente atuará a prestação jurisdicional definitiva, de maneira mais útil e eficiente.

O procedimento comum,[1] em si e como método subsidiário que complementa os procedimentos especiais (art. 318, parágrafo único),[2] costuma ser dividido, pedagogicamente, em quatro fases básicas: de postulação (arts. 319 a 346), de saneamento (arts. 347 a 357), de instrução (arts. 358 a 484) e de decisão (arts. 485 a 508). Eventualmente, podem-se agregar duas outras fases: a de *liquidação*, quando a sentença condenatória se apresentar como genérica ou ilíquida (arts. 509 a 512), e a *satisfativa*, quando houver necessidade de promover o cumprimento forçado do comando sentencial (arts. 513 a 538).

A fase de postulação, que se analisará a seguir, tem início com a petição inicial, passa pela resposta do réu e, eventualmente, pela réplica ou impugnação do autor à defesa do demandado.

561. Petição inicial

"Nenhum juiz prestará a tutela jurisdicional senão quando a parte ou o interessado a requerer, nos casos e forma legais", dispunha o art. 2º do CPC de 1973. O Código atual não reproduz esse enunciado, mas dispõe que "o processo começa por iniciativa da parte", cabendo ao juiz a promoção subsequente de seu desenvolvimento[3] com vistas ao provimento jurisdicional que haverá de resolver o conflito deduzido em juízo.

A função jurisdicional, portanto, embora seja uma das expressões da soberania do Estado, só é exercida mediante provocação da parte interessada, princípio esse que se acha confirmado pelo art. 2º.

A *demanda* vem a ser, tecnicamente, o ato pelo qual alguém pede ao Estado a prestação jurisdicional, isto é, exerce o direito subjetivo público de ação, causando a instauração da relação jurídico-processual que há de dar solução ao litígio em que a parte se viu envolvida.[4]

O veículo de manifestação formal da demanda é a petição inicial, que revela ao juiz a lide e contém o pedido da providência jurisdicional, frente ao réu, que o autor julga necessária para compor o litígio.

Duas manifestações, portanto, o autor faz na petição inicial:

(a) a *demanda* da tutela jurisdicional do Estado, que causará a instauração do processo, com a convocação do réu;

(b) o *pedido* de uma providência contra o réu, que será objeto do julgamento final da sentença de mérito.

Por isso mesmo, "petição inicial e sentença são os atos extremos do processo. Aquela determina o conteúdo desta. *Sententia debet esse libello conformis*. Aquela, o ato mais importante da parte, que reclama a tutela jurídica do juiz; esta, o ato mais importante do juiz, a entregar a prestação jurisdicional que lhe é exigida".[5]

---

1 "Aplica-se a todas as causas o procedimento comum, salvo disposição em contrário deste Código ou de lei" (art. 318 do CPC/2015).

2 "O procedimento comum se aplica subsidiariamente aos demais procedimentos especiais e ao processo de execução" (CPC/2015, art. 318, parágrafo único).

3 "O processo começa por iniciativa da parte e se desenvolve por impulso oficial, salvo as exceções previstas em lei" (art. 2º do CPC/2015).

4 BARBOSA MOREIRA. *O Novo Processo Civil Brasileiro*. Rio de Janeiro: Forense, 1975, v. I, p. 21.

5 AMARAL SANTOS, Moacyr. *Primeiras Linhas de Direito Processual Civil*. 3. ed. São Paulo: Max Limonad, 1971, v. II, n. 361, p. 98.

562. Requisitos da petição inicial

A petição inicial, que só pode ser elaborada por escrito e que, salvo a exceção do art. 103, há de ser firmada por advogado legalmente habilitado, constituído representante judicial do demandante, deverá conter os seguintes requisitos, indicados pelo art. 319 do CPC/2015:

(a) *O juízo a que é dirigida* (inciso I): indica-se o órgão judiciário e não o nome da pessoa física do juiz.

(b) *Os nomes, os prenomes, o estado civil, a existência de união estável, a profissão, o número no cadastro de pessoas físicas ou no cadastro nacional de pessoas jurídicas, o endereço eletrônico, o domicílio e a residência do autor e do réu* (inciso II): os dados relativos à qualificação das partes são necessários para a perfeita individualização dos sujeitos da relação processual e para a prática dos atos de comunicação que a marcha do processo reclama (citações e intimações). O Código atual ampliou os requisitos de identificação e qualificação de ambas as partes, reclamando dados como a referência à união estável, quando existente, ao número de inscrição no CPF ou no CNPJ e ao endereço eletrônico.

Uma vez que o autor nem sempre terá acesso aos dados completos de qualificação do réu, as lacunas da petição inicial, nessa matéria, não autorizarão o seu indeferimento de imediato. Prevê o Código, a respeito, o seguinte:

(i) Caso não disponha das informações previstas no inciso II do art. 319, poderá o autor, na petição inicial, requerer ao juiz diligências necessárias a sua obtenção (art. 319, § 1º).

(ii) A petição inicial não será indeferida se, a despeito da falta de informações a que se refere o inciso II do art. 319, for possível a citação do réu (art. 319, § 2º). Portanto, mesmo que permaneça incompleta a qualificação do réu, o juiz abster-se-á de indeferir a inicial, sempre que a lacuna não representar embaraço à prática da citação (é o caso, por exemplo, em que não se consegue apurar o CPF ou o endereço eletrônico, mas se indica com precisão a profissão do demandado, seu local de trabalho ou seu endereço residencial).

(iii) Além disso, em nenhum caso será justificado o indeferimento da petição inicial, por incompletude dos elementos identificadores do réu, "se a obtenção de tais informações tornar impossível ou excessivamente oneroso o acesso à justiça" (art. 319, § 3º).

Convém lembrar que o próprio Código prevê a citação por edital de réu "desconhecido ou incerto" (art. 256, I), o que torna evidente que a lei, em nome da garantia fundamental de acesso à justiça, contemporiza não só com a incompleta identificação do demandado, mas até mesmo com a situação extrema de sua completa não identificação. Pense-se no caso de demandado que falece sem deixar herdeiro conhecido do autor; ou dos invasores de imóvel que nele permanecem à força, sem que o dono tenha meio de identificá-los pessoalmente; ou do usucapiente que ignora o dono do imóvel possuído, por não constar do registro público e ser desconhecido na localidade; e tantas outras situações de igual natureza.

(c) *O fato e os fundamentos jurídicos do pedido* (inciso III): todo direito subjetivo nasce de um fato, que deve coincidir com aquele que foi previsto, abstratamente, pela lei como o idôneo a gerar a faculdade de que o agente se mostra titular. Daí que, ao postular a prestação jurisdicional, o autor tem de indicar o direito subjetivo que pretende exercitar contra o réu e apontar o fato do qual ele provém. Incumbe-lhe, para tanto, descrever não só o fato material ocorrido como atribuir-lhe um nexo jurídico capaz de justificar o pedido constante da inicial.

Quando o Código exige a descrição do *fato* e dos *fundamentos jurídicos do pedido*, torna evidente a adoção do princípio da *substanciação* da causa de pedir, que se contrapõe ao princípio da *individuação*.

Para os que seguem a *individuação*, basta ao autor apontar genericamente o título com que age em juízo, como, por exemplo, o de proprietário, o de locatário, o de credor etc. Já para a *substanciação*, adotada por nossa lei processual civil, o exercício do direito de ação deve se fazer à base de uma *causa petendi* que compreenda o *fato* ou o *complexo de fatos* de que se extraiu a conclusão a que chegou o pedido formulado na petição inicial. A descrição do *fato gerador* do direito subjetivo passa, então, ao primeiro plano, como requisito que, indispensavelmente, tem de ser identificado desde logo. Não basta, por isso, dizer-se proprietário ou credor, pois será imprescindível descrever todos os fatos de que adveio a propriedade ou o crédito.

Entretanto, não é obrigatória ou imprescindível a menção do texto legal que garanta o pretenso direito subjetivo material que o autor opõe ao réu. Mesmo a invocação errônea de norma legal não impede que o juiz aprecie a pretensão do autor à luz do preceito adequado. O importante é a revelação da lide por meio da exata exposição do fato e da consequência jurídica que o autor pretende atingir. Ao juiz incumbe solucionar a pendência, segundo o direito aplicável à espécie: *iura novit curia*.

Para as demandas que envolvam obrigações decorrentes de operações financeiras - empréstimo, financiamento ou arrendamento mercantil - há norma que exige detalhamento, na petição inicial, para discriminar quais são as obrigações objeto de controvérsia, e determinar qual o valor que permanecerá incontroverso (art. 330, § 2º) (v., adiante, item 574).

(d) *O pedido com as suas especificações* (inciso IV): é a revelação do objeto da ação e do processo. Demonstrado o fato e o fundamento jurídico, conclui o autor pedindo duas medidas ao juiz: 1ª, uma *sentença* (pedido *imediato*); e 2ª, uma *tutela específica* ao seu bem jurídico que considera violado ou ameaçado (pedido *mediato*, que pode consistir em condenação do réu, declaração ou constituição de estado ou relação jurídica, conforme a sentença pretendida seja condenatória, declaratória ou constitutiva). Exemplificando: numa ação de indenização, o autor alega ato ilícito do réu, afirma sua responsabilidade civil pela reparação do dano e pede que seja proferida uma sentença que dê solução à lide (pedido *imediato*) e condene o demandado a indenizar o prejuízo sofrido (pedido *mediato*).

(e) *O valor da causa* (inciso V): a toda causa o autor deve atribuir um valor certo (art. 291) (ver, *retro*, n. 434).

(f) *As provas com que o autor pretende demonstrar a verdade dos fatos alegados* (inciso VI): não basta ao autor alegar os fatos que justificam o direito subjetivo a ser tutelado jurisdicionalmente. Incumbe-lhe, sob pena de sucumbência na causa, o ônus da prova de todos os fatos pertinentes à sua pretensão (art. 373, I). Daí a necessidade de indicar, na petição inicial, os meios de prova de que se vai servir. Não quer dizer que deva, desde já, requerer medidas probatórias concretas. Basta-lhe indicar a espécie, como testemunhas, perícia, depoimento pessoal etc. No entanto, os documentos indispensáveis à propositura da ação - como o título de domínio na ação reivindicatória de imóvel - devem ser produzidos, desde logo, com a inicial (art. 320) (veja-se, adiante, o n. 732).

(g) *A opção do autor pela realização ou não de audiência de conciliação ou de mediação* (inciso VII).

Constará, ainda, da petição inicial, sob pena de inépcia, *(i) a discriminação das obrigações objeto da controvérsia e (ii) a quantificação do valor incontroverso do débito*, sempre que se trate de ações que tenham por objeto a revisão de obrigação decorrente de empréstimo, financiamento ou alienação de bens (art. 330, § 2º). Nesse caso, o valor incontroverso deverá continuar a ser pago no tempo e modo contratados (art. 330, § 3º).

O *requerimento para a citação do réu* (que figurava no inciso VII do art. 282 do CPC/1973), não foi arrolado pelo CPC/2015, pela razão de que se trata de ato necessário ao impulso da marcha processual, que incumbe ao juiz providenciar, como ato de seu ofício (art. 2º).

Finalmente, de acordo com o art. 106, I, deve o advogado declarar, quando postular em causa própria, na petição inicial, o endereço em que receberá as intimações no curso do processo.

Segundo o art. 294, parágrafo único, "a tutela provisória de urgência, cautelar ou antecipada, pode ser concedida em caráter antecedente ou incidental". Assim, o autor ficou autorizado a incluir, na petição inicial, quando necessário e cabível, o pedido de liminar, qualquer que seja a ação ou o procedimento.

563. Despacho da petição inicial

Onde há mais de um juiz com igual competência, a petição inicial deve ser, previamente, submetida à distribuição perante a repartição adequada do juízo. Sendo apenas um o competente, a petição é registrada e encaminhada diretamente ao magistrado. Com a distribuição, ou com o protocolo da petição inicial ao juiz, instaurada se acha a relação processual (ainda não trilateral), e proposta se considera a ação (CPC/2015, art. 312).

Chegando a petição às mãos do juiz, caberá a este examinar seus requisitos intrínsecos e extrínsecos antes de despachá-la positiva ou negativamente.

O Código atual, em melhor disciplina da possibilidade de trancamento liminar do processo, distingue, com clareza, as situações de indeferimento da petição inicial por falhas de natureza processual (CPC/2015, art. 330) e de decretação de improcedência liminar do pedido (art. 332). Embora se fale na linguagem corriqueira dos tribunais em "despacho da petição inicial", quando esta é indeferida ou quando o pedido é rejeitado liminarmente, o juiz, na verdade, profere sentença, nos termos do art. 203, § 1º, ora terminativa, ora definitiva, conforme a matéria que lhe serve de fundamento.

Após o devido exame, proferirá uma decisão que pode assumir quatro naturezas, a saber:

(a) *de determinação da citação*: se a petição estiver em termos, o juiz a despachará, ordenando a citação do réu para responder. É o chamado despacho *positivo*. Cumprida a diligência deferida, o réu estará integrado à relação processual, tornando-a completa (trilateral);

(b) *de saneamento da petição*: quando a petição inicial apresentar-se com lacunas, defeitos ou irregularidades, mas esses vícios forem sanáveis, o juiz não a indeferirá de plano. "Determinará que o autor, no prazo de 15 (quinze) dias, a emende ou a complete, indicando com precisão o que deve ser corrigido ou completado" (art. 321). Só se o autor não cumprir a diligência no prazo que lhe foi assinado, é que o juiz, então, indeferirá a inicial (art. 321, parágrafo único);

Convém ressaltar que o poder do juiz de indeferir a petição inicial é limitado pelo princípio do contraditório que obriga todos os sujeitos do processo, inclusive o magistrado. É por isso que qualquer decisão que afete o interesse da parte não pode ser tomada sem antes ser-lhe dada oportunidade de manifestação e defesa, ainda quando se trate de matéria conhecível de ofício pelo juiz. Assim, sendo sanável o defeito é dever, e não faculdade do juiz, ensejar à parte a emenda ou corrigenda da petição inicial, antes de indeferi-la (art. 321), sob pena de, não o fazendo, cometer ilegalidade e violar o devido processo legal.[6]

---

6 "Em outras palavras, é expressamente vedado ao juiz indeferir a petição inicial sem dar ao autor a oportunidade de corrigi-la" (MARINONI, Luiz Guilherme; ARENHART, Sérgio Cruz. *Manual do Processo de Conhecimento*. 4. ed. São Paulo: RT, 2005, p. 104).

Entende-se por petição inicial defeituosa e carente de saneamento a que não preenche os requisitos exigidos pelo art. 319, a que não se faz acompanhar dos documentos indispensáveis à propositura da ação, ou a que apresenta defeitos e irregularidades capazes de dificultar o julgamento de mérito (art. 321, *caput*).

Nesses casos, o pronunciamento do juiz determinando o saneamento da inicial tem natureza de decisão interlocutória (art. 203, § 2º). Será sentença terminativa, a decisão que extingue o processo por falta de cumprimento da medida saneadora determinada (art. 321, parágrafo único, c/c art. 203, §§ 1º e 2º);

(c) *de indeferimento da petição:* do exame da inicial, ou do não cumprimento da diligência saneadora de suas deficiências pelo autor, pode o juiz ser levado a proferir uma *decisão* de caráter negativo, que é indeferimento da inicial. O julgamento é de natureza apenas processual e impede a formação da relação processual trilateral. A relação bilateral (autor/juiz), no entanto, já existe, mesmo quando o despacho é de simples indeferimento liminar da postulação, tanto que cabe recurso de apelação perante o tribunal superior a que estiver subordinado o juiz;

Por se tratar de decisão meramente formal ou de rito, o indeferimento da petição inicial não impede que o autor volte a propor a mesma ação, evitando, logicamente, os defeitos que inutilizaram sua primeira postulação.

Há casos, porém, em que o juiz profere, excepcionalmente, julgamento de mérito ao indeferir a inicial, isto é, decide definitivamente a própria lide. É o que ocorre quando o juiz, do cotejo entre os fatos narrados pelo autor e o pedido, concluir que não decorre logicamente a conclusão exposta (art. 330, § 1º, III). Isto poderia ocorrer, por exemplo, na hipótese em que uma noiva, diante do descumprimento de promessa de casamento, ajuizasse uma ação para pedir a condenação do noivo a contrair o matrimônio prometido; ou quando um credor de prestação de fato infungível pretendesse a prisão civil do devedor para compeli-lo ao cumprimento da obrigação; ou, ainda, quando alguém já separado judicialmente pretendesse alterar a partilha dos bens do casal, em razão de herança recebida pelo outro cônjuge, após a dissolução da sociedade conjugal (*vide*, *retro*, nºs 95 e 96).

Em todos os casos de indeferimento da petição inicial, tanto por deficiências formais como por motivos de mérito, o pronunciamento judicial assume a natureza de *sentença* (*i.e.*, julgamento que põe fim ao processo) e desafia o recurso de apelação. Poderá, assim, surgir do indeferimento liminar coisa julgada *formal* e até *material*.[7]

Havendo apelação, o juiz poderá, no prazo de cinco dias, rever sua decisão e reformá-la, em juízo de retratação análogo ao do agravo (art. 331, *caput*). Não ocorrendo a reforma, o juiz mandará citar o réu para responder ao recurso (art. 331, § 1º).

O Código atual reformou a orientação da lei anterior, que não mais permitia a citação do réu para acompanhar a apelação contra o indeferimento da inicial. Isto porque, se ele não integrava, ainda, a relação processual ao tempo do ato recorrido, era natural que não se visse compelido a ter de participar da tramitação recursal que, até então, só dizia respeito ao autor. Somente, pois, após o eventual provimento do recurso, é que, baixando os autos à comarca de origem, haveria a normal citação do demandado para responder à ação.[8] Atualmente, portanto,

---

7 "Sob a égide do CPC/2015, a decisão que determina, sob pena de extinção do processo, a emenda ou a complementação da petição inicial não é recorrível por meio do recurso de agravo de instrumento, motivo pelo qual eventual impugnação deve ocorrer em preliminar de apelação, na forma do art. 331 do referido Diploma" (STJ, 3ª T., REsp 1.987.884/MA, Rel. Min. Nancy Andrighi, ac. 21.06.2022, *DJe* 23.06.2022).

8 A sistemática da apelação e retratação, ou subida imediata dos autos ao tribunal, sem ouvida do réu (art. 296) [CPC/2015, sem correspondência], só será observada quando o indeferimento da inicial ocorrer limi-

o réu, sendo de logo citado, participa do processamento e julgamento do recurso, de modo que o acórdão que manda prosseguir o feito ser-lhe-á oponível. Por isso, não lhe caberá reabrir, em contestação, discussão sobre o tema decidido no recurso.

Caso a sentença seja reformada pelo tribunal, o prazo para a contestação começará a contar da intimação do retorno dos autos, observado o disposto no art. 334 que trata da audiência de conciliação ou de mediação, quando for o caso (art. 331, § 2º).

Se o autor, contudo, se conformar com o indeferimento da petição inicial, o réu será intimado do trânsito em julgado da sentença (art. 331, § 3º), fato acontecido sem sua anterior presença nos autos;

(d) *de improcedência liminar do pedido:* o juiz profere julgamento *in limine litis* de rejeição do pedido, ou seja, mediante julgamento de mérito negativo imediato, independente de citação do réu. São casos excepcionais arrolados de forma taxativa pelo Código de 2015 no art. 332 (ver, adiante, n. 566). Em todas as situações de improcedência liminar do pedido, o pronunciamento judicial assume a natureza de *sentença* (*i.e.*, julgamento que põe fim ao processo) e desafia o recurso de apelação.

564. Casos de indeferimento da petição inicial

Dispõe o art. 330 que o indeferimento da petição inicial ocorrerá:

(a) *quando for inepta* (inciso I);
(b) *quando a parte for manifestamente ilegítima* (inciso II);
(c) *quando o autor carecer de interesse processual* (inciso III);
(d) *quando não atendidas as prescrições dos arts. 106 e 321* (inciso IV): ou seja, quando o autor não proceder à diligência determinada pelo juiz para sanar omissões, defeitos ou irregularidades da petição inicial.

Como se vê, os casos de indeferimento são de três espécies:

(a) *de ordem formal* (art. 330, I e IV);
(b) *de inadmissibilidade da ação,* por faltar-lhe condição necessária ao julgamento de mérito (art. 330, II e III); e
(c) *por motivo excepcional de improcedência do próprio pedido* (mérito) (art. 330, § 1º, III).

Entende-se por inepta a petição inicial quando (art. 330, § 1º):

(a) lhe faltar *pedido* ou *causa de pedir* (inciso I);
(b) o pedido for *indeterminado,* ressalvadas as hipóteses legais em que se permite o pedido genérico (inciso II);
(c) da narração dos fatos não decorrer logicamente a conclusão (inciso III);
(d) contiver pedidos *incompatíveis* entre si (inciso IV).

---

narmente (antes da citação). Se o demandado já foi citado e se acha representado nos autos, a extinção do processo por inépcia da inicial deverá ensejar apelação com procedimento normal e completo, sem retratação e com ensejo de contrarrazões (cf. NERY JÚNIOR, Nelson. *Princípios Fundamentais* – Teoria Geral dos Recursos. 4. ed. São Paulo: RT, 1997, p. 254).

O Código de 2015 não mais considera inepta a petição inicial quando o pedido for juridicamente impossível, porquanto essa matéria é tratada como pertencente ao mérito da causa, ou, às vezes, se confunde com a falta do interesse.

Não se recomenda uma interpretação ampliativa, ou extensiva, das hipóteses legais de indeferimento sumário da inicial. O correto será estabelecer-se, primeiro, o contraditório, sem o qual o processo, em princípio, não se mostra completo e apto a sustentar o provimento jurisdicional nem a solução das questões incidentais relevantes. O indeferimento liminar e imediato da petição inicial, antes da citação do réu, é de se ver como exceção. A regra é a audiência bilateral, *i.e.*, o respeito ao contraditório. Por isso, mesmo os motivos evidentes de indeferimento da peça de abertura do processo passam a ser, após o aperfeiçoamento da relação processual, causas de extinção do processo sem apreciação do mérito (art. 485).

Entre as situações que desaconselham o indeferimento da inicial antes da citação do réu, lembra-se a da possível preexistência da coisa julgada, cujo reconhecimento não figura, de forma expressa, no elenco do art. 330. Dessa maneira, não é legítimo o ato judicial que, de plano, denega a inicial a pretexto de existir *res iudicata* e, muito menos, é de admitir-se o imediato acolhimento do pedido, sem audiência do réu, sob o argumento de estar a pretensão do autor apoiada em coisa julgada. Em ambas as situações maltrata-se o devido processo legal.[9]

565. Extensão do indeferimento

Pode haver indeferimento *total* ou *parcial* da petição inicial. Será parcial quando, sendo vários os pedidos manifestados pelo autor, o despacho negativo relacionar-se apenas com um ou alguns deles, de modo a admitir o prosseguimento do processo com relação aos demais.

Será total quando o indeferimento trancar o processo no nascedouro, impedindo a subsistência da relação processual.

O primeiro é decisão interlocutória, e o segundo, sentença terminativa.

566. Improcedência liminar do pedido

O Código atual autoriza o julgamento imediato de improcedência do pedido, independentemente da citação do réu, em duas circunstâncias (CPC/2015, art. 332): *(i)* quando o pedido contrariar súmula dos tribunais superiores ou de tribunal de justiça local; acórdão ou entendimento firmado pelos tribunais superiores a respeito de recursos repetitivos ou de incidente de resolução de demandas repetitivas ou de assunção de competência; e *(ii)* quando se constatar a ocorrência de prescrição ou decadência.

I – Pedido contrário a súmula do STF ou STJ; acórdão proferido pelo STF ou STJ firmado em julgamento de recurso repetitivo; entendimento firmado em incidente de resolução de demanda repetitiva ou assunção de competência; enunciado de súmula de tribunal de justiça sobre direito local

Em dispositivo altamente revolucionário, a Lei 11.277, de 07.02.2006, introduziu no CPC de 1973 o art. 285-A, cujo *caput* previa que "quando a matéria controvertida for unicamente de direito e no juízo já houver sido proferida sentença de total improcedência em outros casos idênticos, poderá ser dispensada a citação e proferida sentença, reproduzindo-se o teor da anteriormente prolatada". Ou seja, admitiu, em casos restritos, o julgamento imediato do pedido na apreciação da petição inicial.

---

9 TAMG, 3ª CC., Ap. 352.406-1, Rel. Juiz Edilson Fernandes, ac. 28.11.2001, *DJMG* 08.12.2001.

O Código de 2015, de forma semelhante e mais ampla, possibilitou em seu art. 332 o julgamento liminar de improcedência do pedido, toda vez que ele contrariar:

(a) enunciado de súmula do STF ou do STJ;
(b) acórdão proferido pelo STF ou pelo STJ em julgamento de recursos repetitivos;
(c) entendimento firmado em incidente de resolução de demandas repetitivas ou de assunção de competência;
(d) enunciado de súmula de tribunal de justiça sobre direito local.

As justificativas para essa medida drástica ligam-se ao princípio da economia processual, bem como a valorização da jurisprudência, principalmente nos casos de demandas ou recursos repetitivos. Prendem-se, também, à repulsa, *prima facie,* das demandas insustentáveis no plano da evidência, dada a total ilegitimidade da pretensão de direito material veiculada na petição inicial.

Entre as causas repetitivas que se beneficiam de solução imediata, são comuns aquelas relativas aos direitos do funcionalismo público e às obrigações tributárias ou previdenciárias, além das que envolvem as relações de consumo. Um mesmo tema, sobre uma só questão de direito, repete-se cansativamente, por centenas e até milhares de vezes, o que enseja a análise pelos tribunais superiores por meio de recursos ou demandas repetitivas, podendo, até mesmo, ser objeto de súmula.

Para evitar que os inúmeros processos sobre casos análogos forcem o percurso inútil de todo o *iter* procedimental, para desaguar, longo tempo mais tarde, num resultado já previsto, com total segurança, pelo juiz da causa, desde a propositura da demanda, o art. 332 muniu o juiz do poder de, antes da citação do réu, proferir a sentença de improcedência *prima facie* do pedido traduzido na inicial.

Esse julgamento liminar do mérito da causa é medida excepcional e se condiciona aos seguintes requisitos:

(a) preexistência de enunciado de súmula dos tribunais superiores ou do tribunal de justiça local; acórdão proferido pelo STJ ou pelo STF em julgamento de recursos repetitivos; ou de entendimento firmado em incidente de resolução de demandas repetitivas ou de assunção de competência; e
(b) a matéria controvertida deve prescindir de fase instrutória.

A aplicação do art. 332, como se vê, só se presta para rejeitar a demanda, nunca para acolhê-la. Na rejeição, é irrelevante qualquer acertamento sobre o suporte fático afirmado pelo autor. A improcedência somente favorece o réu, eliminando pela *res iudicata* qualquer possibilidade de extrair o promovente alguma vantagem do pedido declarado sumariamente improcedente. Limitando-se ao exame da questão de direito na sucessão de causas idênticas, para a rejeição liminar do novo pedido ajuizado por outro demandante, pouco importa que o suporte fático afirmado seja verdadeiro ou não. Pode ficar de lado esse dado, porque no exame do efeito jurídico que dele se pretende extrair a resposta judicial será fatalmente negativa para o autor e benéfica para o réu.

Se o juiz pudesse também proferir o julgamento *prima facie* para pronunciar a procedência do pedido, jamais teria condições de considerar a causa como reduzida a uma questão de direito. É que todo direito provém de um fato (*ex facto ius oritur*). Somente depois de ouvido o réu em sua resposta, ou diante de sua revelia, é que se teria condição de concluir pela ausência de controvérsia sobre os fatos em que a pretensão do autor se apoia. Ninguém poderia prever qual a reação do demandado frente à afirmação fática formulada pelo demandante na petição inicial, ainda que a motivação se apresentasse igual à de outras ações anteriormente propostas e julgadas. A redução da causa à questão de direito, portanto, não seria possível se tal pronunciamento fosse de procedência do pedido.

É por isso que o art. 332 somente permite o julgamento liminar de causas repetitivas ou seriadas quando se tratar de improcedência da pretensão. Em tais hipóteses, é perfeitamente possível limitar o julgamento à questão de direito, sem risco algum de prejuízo para o demandado e sem indagar da veracidade ou não dos fatos afirmados pelo autor. Se a questão no plano de direito não lhe favorece, pode a pretensão ser denegada *prima facie*, sem perigo de prejuízo jurídico algum para o demandado, que ainda não foi citado.

II – Prescrição e decadência

Segundo o § 1º do art. 332 do CPC/2015, "o juiz poderá julgar liminarmente improcedente o pedido se verificar, desde logo, a ocorrência de decadência ou de prescrição". O reconhecimento de ofício pelo juiz não está condicionado, pela nova lei, à natureza dos direitos em litígio ou à capacidade das partes.

O legislador, ao tratar da sentença de mérito (art. 487), estabeleceu que, no caso de prescrição ou decadência, o juiz, embora possa atuar de ofício, não as reconhecerá "sem que antes seja dada às partes oportunidade de manifestar-se" (art. 487, parágrafo único). Contudo, ressalvou que, no caso da improcedência liminar do pedido (art. 332, § 1º), a oitiva das partes não será exigível.

Malgrado o Código dispense a manifestação prévia dos litigantes na hipótese em análise, nenhum juiz tem, na prática, condições de, pela simples leitura da inicial, reconhecer ou rejeitar uma prescrição. Não se trata de uma questão apenas de direito, como é a decadência, que se afere por meio de um simples cálculo do tempo ocorrido após o nascimento do direito potestativo de duração predeterminada. A prescrição não opera *ipso iure*; envolve necessariamente fatos verificáveis no exterior da relação jurídica, cuja presença ou ausência são decisivas para a configuração da causa extintiva da pretensão do credor insatisfeito. Sem dúvida, as questões de fato e de direito se entrelaçam profundamente, de sorte que não se pode tratar a prescrição como uma simples questão de direito que o juiz possa, *ex officio*, levantar e resolver liminarmente, sem o contraditório entre os litigantes. A prescrição envolve, sobretudo, questões de fato, que, por versar sobre eventos não conhecidos do juiz, o inibem de pronunciamentos prematuros e alheios às alegações e conveniências dos titulares dos interesses em confronto.

Se é difícil para o juiz decretar *ex officio* e liminarmente a prescrição objetiva do Código Civil (arts. 189, 205 e a maioria dos incisos do art. 206), impossível será fazê-lo nos casos de prescrição subjetiva, como a do art. 27 do Código de Defesa do Consumidor e alguns incisos do art. 206 do Código Civil. É que nesses casos, além da interferência dos impedimentos, interrupções e suspensões, há a imprecisão do termo inicial da prescrição que se relaciona com um dado pessoal e subjetivo: a data do "conhecimento do dano e de sua autoria".

Outras leis que autorizam decretação de prescrição no terreno tributário, sem provocação da parte devedora, não o fazem, todavia, sem condicionar a decisão a uma prévia audiência da Fazenda credora (Lei 6.830/1980, art. 40, § 4º), cautela que, com a devida vênia, não poderia ter sido omitida pelo Código de Processo Civil de 2015 a pretexto de rejeição liminar do pedido.

O Código atual remediou, de certa forma, os inconvenientes da decretação de ofício da prescrição, determinando que esta não ocorra "sem que antes seja dada às partes oportunidade de manifestar-se" (art. 487, parágrafo único).

567. Intimação da sentença *prima facie*

É óbvio que o autor, segundo as regras de comunicação processual, terá de ser intimado do julgamento de rejeição liminar de seu pedido, proferido nos termos do art. 332 do CPC/2015, já que o pronunciamento judicial que diz respeito a interesse ou direito dele aconteceu de modo contrário à sua pretensão. É dessa intimação que começará a fluir o prazo do recurso cabível (art. 231).

Dispõe, a propósito, o § 2º do art. 332 que, não interposta a apelação pelo autor contra a decisão de improcedência liminar do pedido, o réu será intimado do trânsito em julgado da sentença, nos termos do art. 241. Explica-se essa intimação ao beneficiário da sentença proferida sem sua presença nos autos, não só pelo interesse manifesto que tem sobre a solução do litígio de que é parte, mas principalmente para que possa se prevalecer da exceção de coisa julgada, caso o autor, maliciosamente, venha a propor, outra vez, a causa perante outro juízo.[10]

568. Recurso contra o julgamento *prima facie*

Embora proferido sem a presença do réu no processo, o pronunciamento da improcedência *prima facie* do pedido configura, sem dúvida, uma sentença, que desafia apelação. Todavia, o recurso foge dos padrões normais dessa modalidade recursal. Com efeito, prevê o § 3º do art. 332 um juízo de retratação, exercitável pelo juiz prolator da sentença no prazo de cinco dias contado da interposição do recurso. Dentro desse interstício, é lícito ao juiz manter ou não a sentença liminar.

Se ocorrer a revogação, determinar-se-á o prosseguimento do feito, devendo o demandado ser citado para responder à ação. Se o caso for de manutenção da sentença, também haverá citação do réu, mas não para contestar a ação, e, sim, para responder ao recurso, em quinze dias (ou seja, para apresentar contrarrazões à apelação) (art. 332, § 4º).

Em seu julgamento, o tribunal poderá manter a decisão de primeiro grau, negando provimento à apelação. Não será possível, porém, reformá-la, no todo ou em parte, porque não cabe no julgamento *prima facie* entrar no mérito da causa para acolher o pedido, nem mesmo parcialmente, porque isto quebraria o contraditório em desfavor do demandado, que ainda não teve oportunidade de produzir sua contestação. Se o tribunal entender que há questões a esclarecer em dilação probatória, terá de anular (ou cassar) a sentença, já que não será o caso de demanda que dispensa a fase instrutória, como exige o *caput* do art. 332 para autorizar o julgamento de mérito *in limine*. O processo baixará à origem e prosseguirá segundo o procedimento comum, com observância plena do contraditório e ampla defesa.[11] O prazo de contestação correrá a partir do retorno dos autos ao juízo da causa.

569. Preservação do contraditório e ampla defesa

O julgamento liminar, nos moldes traçados pelo art. 332, não agride o devido processo legal, no tocante às exigências do contraditório e ampla defesa. A previsão de um juízo de retratação e do recurso de apelação assegura ao autor, com a necessária adequação, um contraditório suficiente para o amplo debate em torno da questão de direito enfrentada e solucionada *in limine litis*.

---

10 CAMPOS, Gledson Marques de. A sentença liminar de improcedência, os requisitos para que seja proferida e os limites da apelação interposta contra ela. *Revista Dialética de Direito Processual*. São Paulo, v. 46, p. 52, jan. 2007.

11 Em tal situação, "não poderá o tribunal converter o julgamento em diligência, pois quando a questão depender de dilação probatória a matéria não será exclusivamente de direito" (CAMBI, Eduardo. Julgamento *prima facie* [imediato] pela técnica do art. 285-A do CPC [CPC/2015, art. 332]. *Revista dos Tribunais*, São Paulo, v. 854, p. 67, dez. 2006).

Do lado do réu, também, não se depara com restrições que possam se considerar incompatíveis com o contraditório e a ampla defesa. Se o pedido do autor é rejeitado liminarmente e o decisório transita em julgado, nenhum prejuízo terá suportado o demandado, diante da proclamação judicial de inexistência do direito subjetivo que contra este pretendeu exercitar o demandante. Somente como vantajosa deve ser vista, para o réu, a definitiva declaração de certeza negativa pronunciada contra o autor.

Se o juiz retratar sua decisão liminar, o feito terá curso normal, e o réu usará livremente do direito de contestar a ação e produzir os elementos de defesa de que dispuser, dentro do procedimento completo por que tramitará a causa. Se a hipótese for de manutenção da sentença, ao réu será assegurada a participação no contraditório por meio das contrarrazões da apelação e, eventualmente, de contestação se o tribunal não mantiver a decisão liminar.

De qualquer maneira, portanto, ambas as partes disporão de condições para exercer o contraditório, mesmo tendo sido a causa submetida a uma sentença prolatada antes da citação de demandado.

570. Efeitos do despacho da petição inicial

Do despacho positivo, decorrem os efeitos inerentes à propositura da ação, se antes não ocorrera a distribuição (ver, *retro*, n°s 401 e 518).

Do despacho negativo, decorre a extinção do processo e a extinção dos efeitos da propositura da ação, acaso derivados da anterior distribuição.

Fluxograma nº 13

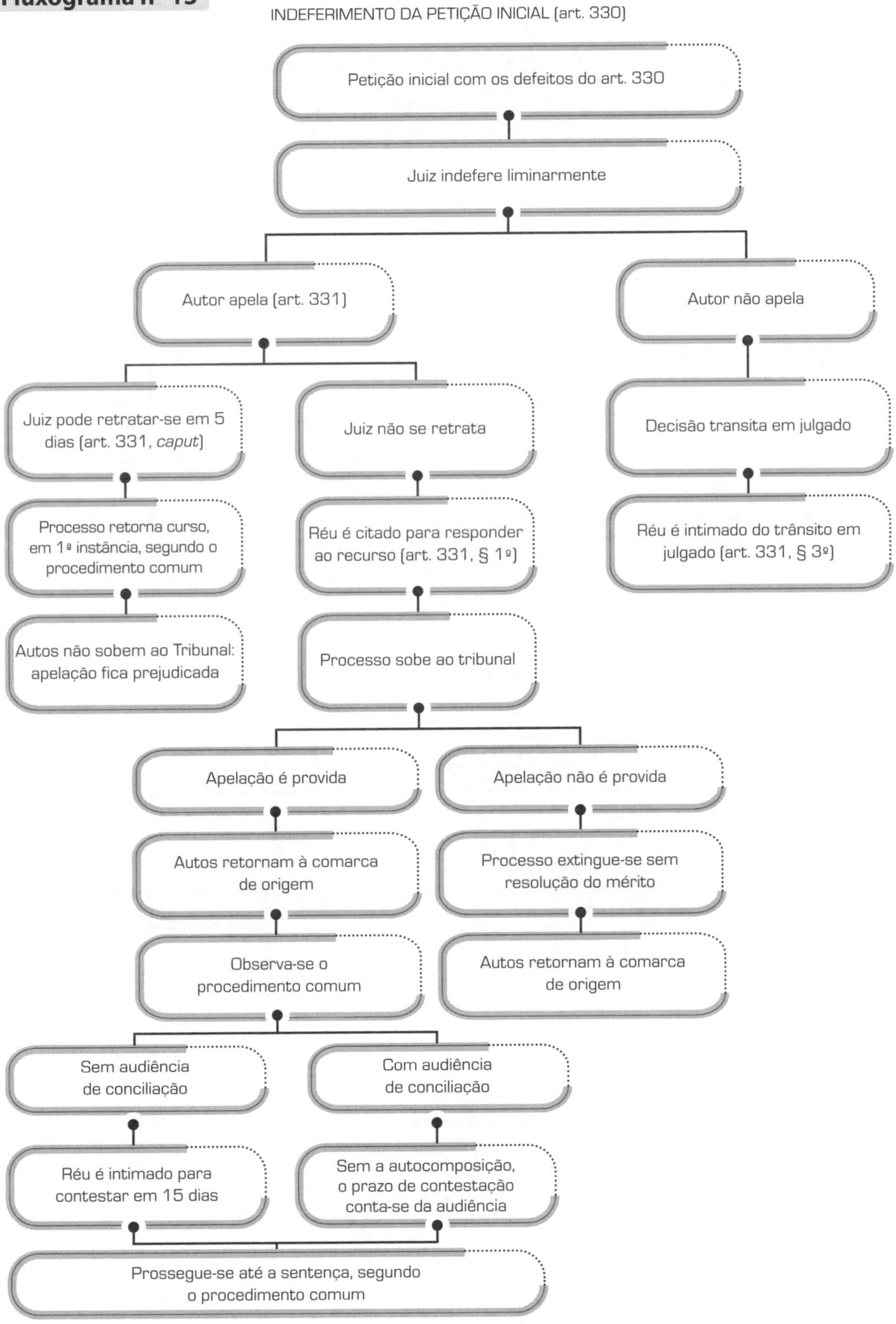

Fluxograma nº 14

IMPROCEDÊNCIA LIMINAR DO PEDIDO (art. 332)

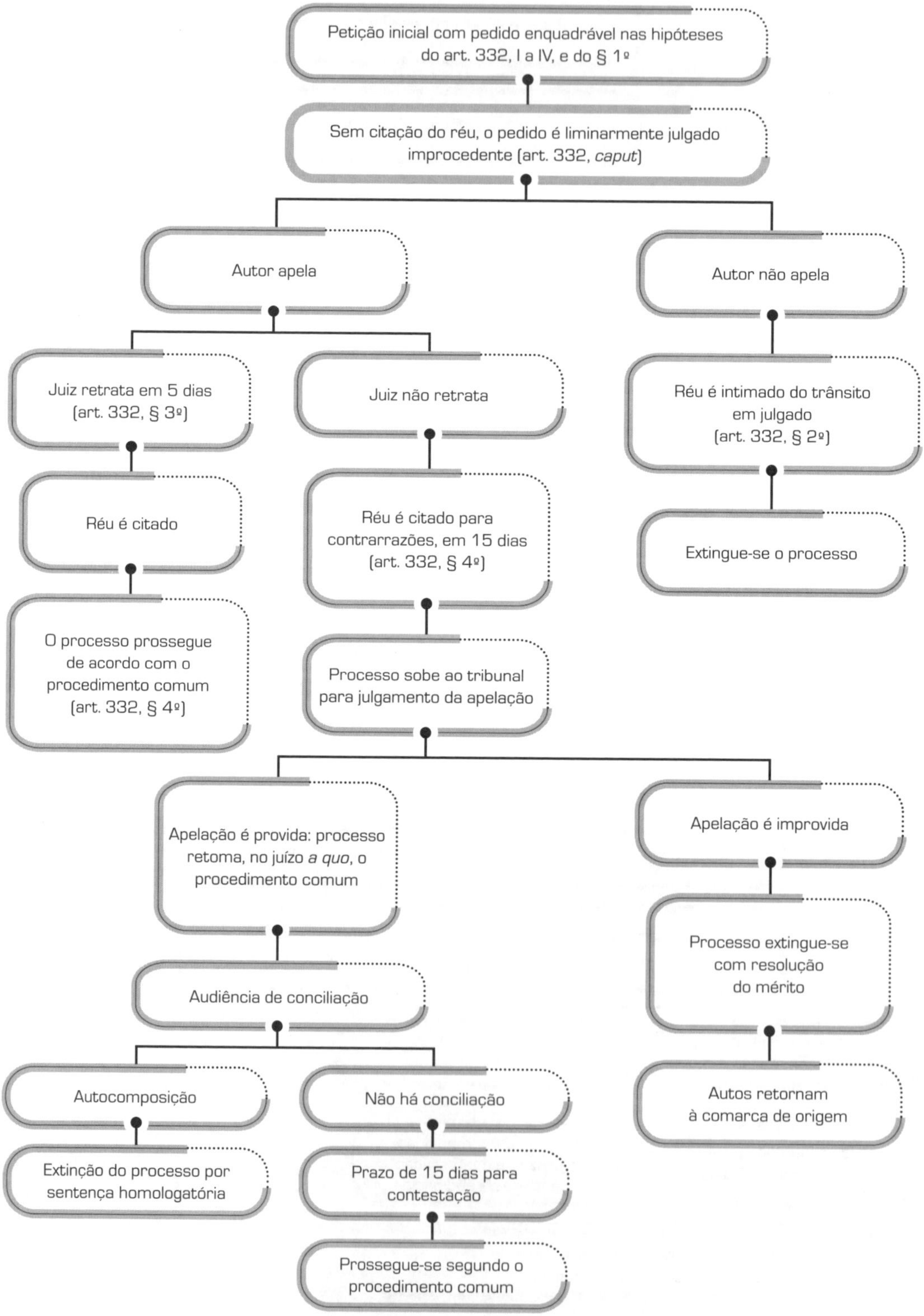

§ 71. O PEDIDO

571. Petição inicial

Sem a petição inicial, não se estabelece a relação processual. É ela que tem a força de instaurar o processo e de fixar o objeto integral daquilo que vai ser solucionado pelo Órgão Jurisdicional: *o litígio.*

Essa petição, pois, na linguagem de Afonso Fraga, é destinada a representar grande e preponderante papel no desdobrar de todo o processo; ela é a chave que o abre, ou como diziam os antigos, quando queriam proclamar a sua importância, é o "tronco da árvore judiciária, e, como o tronco suporta o peso de toda a árvore, assim ela apoia, como base inabalável, todo o processo e juízo".[12]

572. Pedido

O núcleo da petição inicial é o *pedido*, que exprime aquilo que o autor pretende do Estado frente ao réu. É a revelação da *pretensão* que o autor espera ver acolhida e que, por isso, é deduzida em juízo. Como ensina Jacy de Assis, "o pedido é a conclusão da exposição dos fatos e dos fundamentos jurídicos; estes são premissas do silogismo, que tem no pedido a sua conclusão lógica".[13] Nele, portanto, se consubstancia a *demanda*, sem a qual não pode atuar a jurisdição (CPC/2015, art. 2º) e fora da qual não pode decidir o órgão judicial (arts. 141 e 492).

Sua finalidade é dupla: obter a tutela jurisdicional do Estado (uma condenação, uma declaração etc.) e fazer valer um direito subjetivo frente ao réu. Assim, a manifestação inaugural do autor é chamada de *pedido imediato*, no que se relaciona à pretensão a uma sentença, a uma execução ou a uma medida cautelar; e *pedido mediato* é o próprio bem jurídico que o autor procura proteger com a sentença (o valor do crédito cobrado, a entrega da coisa reivindicada, o fato a ser prestado etc.). Destarte, *o pedido imediato* põe a parte em contato direto com o direito processual, e o *mediato*, com o direito substancial.

O pedido *põe em marcha* o processo e, por isso, é o ato mais importante do autor, além disso, delimita o objeto litigioso (a lide) e, consequentemente, fixa os limites do ato judicial mais importante, que é a *sentença*.[14] Por meio do *pedido*, a parte invoca a tutela jurisdicional que deverá ser prestada pela sentença. É a forma, portanto, de exercitar o *direito de ação*. Ele é dirigido contra o Estado, mas visa atingir o réu em suas últimas consequências.

573. Requisitos do pedido

Recomendam os arts. 322 e 324 do CPC/2015 que o pedido deve ser certo e determinado. A *certeza* e a *determinação* não são sinônimos, nem requisitos alternativos.

Entende-se por *certo* o pedido *expresso*, pois não se admite que possa o pedido do autor ficar apenas *implícito*, salvo apenas nas exceções definidas pela própria lei. Já a *determinação* se refere aos limites da pretensão. O autor deve ser claro e preciso naquilo que espera obter da prestação jurisdicional. Somente é determinado o pedido se o autor faz conhecer *com segurança*, o que pede que seja pronunciado pela sentença.

Deve explicar com clareza qual a espécie de tutela jurisdicional solicitada: se de condenação a uma prestação, se de declaração de existência ou não de relação jurídica, ou se de constituição de nova relação jurídica. A prestação reclamada ou a relação jurídica a declarar ou

---

12 FRAGA, Afonso. *Instituições do Processo Civil do Brasil*. São Paulo: Saraiva, 1940, t. II, § 72, p. 198-199.

13 ASSIS, Jacy de. *Procedimento Ordinário*. São Paulo: LAEL, 1975, n. 4.2, p. 67.

14 SCHÖNKE, Adolfo. *Derecho Procesal Civil*. 5. ed. Barcelona: Bosch, 1950, § 43, p. 150.

constituir também devem ser explicitamente definidas e delimitadas. Em conclusão, a certeza e a determinação são requisitos tanto do pedido imediato como do mediato.[15]

574. Pedido em ação relacionada com contratos de empréstimos, financiamento ou alienação de bens

De acordo com o art. 330, § 2º, do CPC/2015, quando o intento seja discutir obrigações decorrentes de *empréstimo, financiamento* ou *alienação de bens,* cabe ao autor proceder a uma discriminação na petição inicial, capaz de precisar:

(a) quais as obrigações contratuais que pretende controverter; e

(b) quais os valores derivados do contrato impugnado que permanecem incontroversos.

O Código anterior traçava igual regra para operações de natureza bancária ou financeira. O atual incluiu no campo de sua incidência também as obrigações decorrentes de alienação de bens, o que abrange uma enorme variedade de negócios jurídicos, como a compra e venda de móveis ou imóveis para pagamento a prazo.

Para exemplificar praticamente a aplicação da regra em comento, tome-se, por exemplo, o caso em que o devedor, qualificando como ilícita a taxa de juros ou o índice de atualização monetária previstos no contrato, terá de elaborar um demonstrativo que explicite o valor do principal e os acessórios havidos como lícitos, definindo, assim, o "valor incontroverso", não afetado pela demanda. Se o questionamento se refere à cumulação de cláusula penal e comissão de permanência, o "valor incontroverso" deverá ser discriminado de modo a compreender o principal e o acessório que a parte considere fora de discussão. Se a impugnação se refere à exigência de juros compostos, o demonstrativo deverá se referir ao *quantum* calculado segundo os juros simples, e assim por diante.

A exigência do § 2º do art. 330 decorre da regra geral que obriga o autor a formular sempre pedido certo e determinado, ainda quando sua pretensão seja genérica (arts. 322 e 324). Portanto, se o questionamento é parcial, haverá de ser suscitado de maneira a identificar seu alcance, com precisão. Com isso, permitirá que, *(i)* em relação às partes, o contraditório e a defesa do demandado sejam objetivamente exercitados sobre questões identificadas de maneira adequada; e, *(ii)* em relação ao juiz, reste bem delimitado o litígio ou objeto litigioso, a ser resolvido por meio do provimento com que se realizará a prestação jurisdicional, e que nunca poderá ficar aquém ou além do pedido, nem se situar fora dele (arts. 141 e 492).

Há, também, um efeito importante no plano do direito material: sendo bem identificada a obrigação controvertida, a eficácia do restante do contrato não será afetada pela litigiosidade, e, assim, permitirá ao credor exigir o respectivo cumprimento, sem que o devedor lhe oponha a exceção de litispendência. O § 3º do art. 330 deixa claro que, no caso de litígio parcial, "o valor incontroverso deverá continuar a ser pago no tempo e modo contratados".

A exigência de especificação da obrigação controvertida e da quantificação do "valor incontroverso" assume o feitio de estabelecimento de um pressuposto processual, que, uma vez descumprido, acarretará a inépcia da petição inicial (art. 330, § 2º). Entretanto, não será caso de seu imediato indeferimento. Caberá, primeiro, a diligência saneadora preconizada pelo art. 321, qual seja, a determinação judicial para que a petição seja emendada ou completada no prazo de quinze dias. Se o autor não cumprir a diligência, *i.e.*, não apresentar a discriminação precisa das obrigações questionadas e o demonstrativo do "valor incontroverso" no prazo que lhe foi assinado, aí sim, "o juiz indeferirá a petição inicial" (parágrafo único do

---

15 AMARAL SANTOS, Moacyr. *Primeiras Linhas de Direito Processual Civil*. 3. ed. São Paulo: Max Limonad, 1971, v. II, n. 376, p. 115.

art. 321). Deve-se ter em conta que regra similar à do art. 330, § 2º, também existe no âmbito dos embargos previstos no processo de execução (art. 917, § 3º) e da impugnação ao cumprimento de sentença (art. 525, § 4º).

575. Pedido concludente

Além de certo e determinado, o pedido deve ser concludente, *i.e.*, deve estar de acordo com o fato e o direito expostos pelo autor, que são a causa de pedir.[16] A estrutura da petição tem de ser lógica e jurídica, de maneira que da motivação há de decorrer necessariamente a conclusão a que chega o pedido. Quando não há conexidade entre a *causa petendi* e o *petitum*, a petição inicial torna-se *inepta* e deve ser liminarmente indeferida (CPC/2015, art. 330, § 1º, III).

576. Pedido genérico

O objeto *imediato* do pedido nunca pode ser genérico e há sempre de ser *determinado* (uma condenação, uma constituição, uma declaração, uma execução, uma tutela provisória). Porém, o pedido *mediato* (a utilidade prática visada pelo autor) pode ser genérico (ou ilíquido), nos seguintes casos (CPC/2015, art. 324, § 1º):

(a) nas ações universais, se não puder o autor individuar na petição os bens demandados (inciso I);
(b) quando não for possível determinar, desde logo, as consequências do ato ou do fato (inciso II);
(c) quando a determinação do objeto ou do valor da condenação depender de ato que deva ser praticado pelo réu (inciso III).

A indeterminação, contudo, nunca pode ser *total* ou *absoluta*. Na sua *generalidade*, o pedido há sempre de ser certo e determinado. Não se pode, por exemplo, pedir a condenação a *qualquer prestação*. O autor terá, assim, de pedir a condenação a entrega de certas coisas indicadas pelo gênero ou o pagamento de uma indenização de valor ainda não determinado. A indeterminação ficará restrita à quantidade ou qualidade das coisas ou importâncias pleiteadas. Nunca poderá, portanto, haver indeterminação do gênero da prestação pretendida.

Nas ações de indenização, que são aquelas em que mais frequentemente ocorrem pedidos genéricos, tem o autor sempre de especificar o prejuízo a ser ressarcido. Expressões vagas como "perdas e danos" e "lucros cessantes" não servem para a necessária individuação do *objeto* da causa. Obrigatoriamente haverá de ser descrita a lesão suportada pela vítima do ato ilícito, *v.g.*: prejuízos (danos emergentes) correspondentes à perda da colheita de certa lavoura, ou ao custo dos reparos do bem danificado, ou à desvalorização do veículo após o evento danoso, ou, ainda, os lucros cessantes representados pela perda do rendimento líquido do veículo durante sua inatividade para reparação, ou dos aluguéis do imóvel durante o tempo em que o dono ficou privado de sua posse etc.

Quando o pedido for genérico, e não for possível ao juiz, durante a instrução do processo, obter elementos para proferir uma sentença líquida, o vencedor terá de promover o procedimento de *liquidação da sentença*, antes da respectiva execução (art. 509).

As normas relativas ao pedido determinado e genérico aplicam-se também à reconvenção (art. 324, § 2º).

---

[16] PONTES DE MIRANDA, Francisco Cavalcanti. *Comentários ao Código de Processo Civil*. São Paulo: RT, 1974, v. IV, p. 34.

577. Pedido cominatório

Há dois expedientes utilizáveis para aplicar a sanção ao devedor que deixa de cumprir a prestação devida, que são os meios de *sub-rogação* e os meios de *coação*.

Nas obrigações por quantia certa e nas obrigações de dar, a *sub-rogação* consiste em o Estado agredir o patrimônio do devedor para dele extrair o bem ou valor a que tem direito o credor. Dessa forma, o Estado sub-roga-se na posição do devedor e efetua, em seu lugar (mesmo contra sua vontade), o pagamento ao credor.

Nos casos, porém, em que as prestações decorrem de obrigações de fazer e não fazer, o direito encontra o óbice de não ser possível atuar para coagir fisicamente o devedor a cumprir a prestação a que se obrigou. A coação, portanto, se dá por meio de sanção econômica, consistente em impor multa crescente em função do tempo do retardamento do pagamento da prestação.

A lei abre ao credor a oportunidade de substituir a prestação devida por seu equivalente econômico ou usar a pena pecuniária como meio indireto de pressão ou coação sobre o devedor, para forçá-lo a abandonar a posição de resistência ao cumprimento da obrigação. Promove-se, assim, a citação executiva convocando-o a realizar a prestação em determinado prazo, sob pena de pagar pena pecuniária, que crescerá na proporção da duração do inadimplemento.

O pedido de condenação sob pena de multa cabe não apenas em relação às obrigações patrimoniais convencionais, mas perante todos os tipos de prestações de fazer e não fazer, inclusive aqueles correspondentes a deveres legais, qualquer que seja sua origem. Uma vez que a Constituição assegura a tutela jurisdicional para todas as situações de lesão ou ameaça a direito subjetivo (CF, art. 5º, XXXV), pode o pedido cominatório previsto no art. 497 do CPC/2015 ser utilizado, legitimamente, na tutela inibitória, *i.e.*, nos casos em que a parte manifeste a pretensão de proibir a consumação da ameaça de lesão a direito próprio, seja qual for sua natureza (obrigação de não fazer *lato sensu*).

O Código atual autoriza o uso da cominação de pena pecuniária não apenas para as obrigações de fazer e de não fazer (obrigações de prestar fato), mas, também, para as obrigações de entregar coisa (arts. 498 e 538, § 3º), na mesma linha da reforma operada pela Lei 10.444, de 07.05.2002 sobre o sistema primitivo do Código de 1973.

A razão da nova orientação legal foi aumentar a efetividade do processo, abolindo a *actio iudicati* e tornando as sentenças condenatórias autoexequíveis. O feitio dessas condenações passou a ser o de sentença executiva *lato sensu*, cumprível mediante simples mandado, tal como já acontecia com as ações possessórias e as de despejo. Dentro desse escopo de reforço da autoridade da sentença, entendeu o legislador de prestigiá-la ainda com o acréscimo da medida coercitiva da *astreinte*. Destarte, não só nas ações sobre obrigações de fazer e não fazer, mas também nas pertinentes às obrigações de entregar coisa, é possível inserir na ordem judicial a pena pecuniária pelo atraso no seu cumprimento.[17]

Essa cominação tem cabimento na sentença condenatória definitiva, mas pode, também, ser empregada nos provimentos de tutela provisória nos termos dos arts. 297 e 537.

A aplicação da pena pecuniária, em regra, é requerida pela parte, mas o juiz está autorizado pela lei a incluir a *astreinte* como meio de coerção até mesmo de ofício, nas sentenças, nas decisões de tutela provisória, no cumprimento de sentenças e nas execuções de títulos extrajudiciais (art. 537). Todavia, no cumprimento provisório de decisão que imponha multa,

---

[17] A reforma do CPC/1973 realizada pela Lei 11.232/2005 instituiu, por meio do novo art. 475-J [CPC/2015, art. 523, § 1º], multa de 10% aplicável ao cumprimento de sentença relativa a obrigação por quantia certa. Não se trata, porém, de *astreinte*, já que é fixa e incide pelo simples fato do não pagamento do valor da condenação no prazo legal de quinze dias após o trânsito em julgado da sentença. É, na verdade, uma sanção legal pelo inadimplemento, que se incorpora ao saldo devedor, em caráter definitivo.

o seu valor será depositado em juízo para levantamento apenas após o trânsito em julgado favorável à parte, como prevê o § 3º do art. 537.

578. Pedido alternativo

O pedido é fixo quando visa a um só resultado imediato e mediato, como a condenação a pagar certa indenização ou restituir determinado bem.

Permite o Código, todavia, que possa haver pedido *alternativo*, "quando, pela natureza da obrigação, o devedor puder cumprir a prestação de mais de um modo" (CPC/2015, art. 325). Não quer dizer que o autor possa pedir cumulativamente as diversas prestações, mas sim que qualquer uma delas, uma vez realizada pelo réu, satisfaz a obrigação.

Pedido alternativo é, pois, o que reclama *prestações disjuntivas*: *ou uma prestação ou outra*. Alternatividade refere-se, assim, ao pedido *mediato*, ou seja, ao bem jurídico que o autor pretende extrair da prestação jurisdicional.

Exemplo de pedido alternativo encontramos na pretensão do depositário que pede a restituição do bem depositado ou o equivalente em dinheiro. E também na hipótese do art. 500 do Código Civil, em que se pode pedir complementação da área do imóvel ou abatimento do preço.

Se a alternatividade for a benefício do credor, este poderá dispensá-la e pedir a condenação do devedor apenas a uma prestação *fixa*, escolhida entre as que faculta a lei ou o negócio jurídico. Mas, se a escolha couber ao devedor, "o juiz lhe assegurará o direito de cumprir a prestação de um ou de outro modo, ainda que o autor não tenha formulado pedido alternativo" (art. 325, parágrafo único).

579. Pedidos subsidiários

É lícito ao autor – segundo o art. 326 do CPC/2015 – "formular mais de um pedido em ordem subsidiária, a fim de que o juiz conheça do posterior, em não podendo acolher o anterior".[18]

Enquanto a alternatividade se refere apenas à prestação que é objeto do pedido mediato, no caso de pedidos subsidiários, a substituição pode também se referir ao pedido imediato, ou seja, à própria tutela jurisdicional. Assim, é lícito ao autor pedir a rescisão do contrato com perdas e danos, ou, se não configurada razão para tanto, a condenação do réu a pagar a prestação vencida.

Pode-se dar, também, a subsidiariedade de pedidos em litígios matrimoniais, mediante a formulação de pretensão à anulação do casamento ou, se inviável, à decretação do divórcio.

A regra do art. 326 é, como se vê, regra de cumulação de pedidos, mas de cumulação apenas *eventual*. Há, na verdade, um pedido *principal* e um ou vários *subsidiários*, que só serão examinados na eventualidade de rejeição do primeiro.

O parágrafo único do art. 326 permite, ainda, que o autor formule mais de um pedido subsidiário, alternativamente, para que o juiz acolha um deles.

A cumulação eventual de pedidos subsidiários compreende o intuito do autor de ter o exame da pretensão múltipla realizado segundo a ordem de preferência que na petição inicial se estabeleceu. Desse modo, o juiz só poderá passar para o subsidiário depois de examinado e rejeitado o principal. Se essa ordem for desobedecida e a sentença enfrentar diretamente um ou

---

18 O pedido subsidiário a que se refere o CPC/2015 é o mesmo que o Código anterior denominava pedido sucessivo.

alguns dos subsidiários, ficará eivada do vício de julgamento *citra petita*, "porquanto compete ao juiz julgar o pedido como posto pelo autor".[19]

Em matéria de sucumbência, a doutrina entende que o cúmulo de pedidos por subsidiariedade não acarreta a responsabilidade dos encargos derivados da improcedência, na hipótese em que se dá a rejeição do principal e a acolhida do subsidiário. Com efeito, os pedidos, na espécie, não são somados, de modo que basta o acolhimento de um deles para que o autor seja havido como vitorioso, devendo o réu suportar por inteiro a verba sucumbencial. Essa cumulação não influi, tampouco, na fixação do valor da causa, que será apenas o do pedido principal.[20] O STJ já adotou, por suas 1ª e 4ª Turmas, a mesma tese,[21] mas em decisão da Corte Especial prevaleceu entendimento diverso, qual seja, verifica-se a sucumbência parcial do autor se apenas o pedido secundário, de menor importância, for o acolhido.[22] Nesse caso, porém, o arbitramento será feito proporcionalmente, cotejando o valor do pedido rejeitado com o do acolhido.[23]

A nosso ver, o melhor posicionamento é, de fato, o da doutrina dominante, que repele a sucumbência recíproca na espécie. Na verdade, a cumulação por subsidiariedade não é mais do que uma modalidade de pedidos alternativos, com a característica de que as pretensões são colocadas, voluntariamente, em ordem de preferência para julgamento. O próprio autor, já antevendo a eventualidade de o primeiro pedido não ser atendido, indica a alternatividade para outra ou outras opções. Se assim é, não se pode tratá-lo como sucumbente se qualquer das pretensões cumuladas vier a ser julgada procedente.

580. Pedido de prestações periódicas

Há casos em que a obrigação se desdobra em várias *prestações periódicas*, como os aluguéis, juros e outros encargos, que formam o que a doutrina chama de "obrigações de trato sucessivo".

Quando isso ocorre, mesmo sem menção expressa do autor na petição inicial, o Código considera incluídas no pedido as prestações periódicas sucessivas de vencimento posterior àquelas referidas no ajuizamento da causa. Dessa forma, se o devedor, no curso do processo, deixar de pagá-las ou de consigná-las, a sentença as incluirá na condenação, enquanto durar a obrigação (CPC/2015, art. 323). Trata-se de *pedido implícito,* na sistemática do Código.

Numa ação de despejo por falta de pagamento, por exemplo, se a purga da mora se dá após vencimento de outros aluguéis, além daqueles relacionados na inicial, deverá a emenda compreender todas as prestações efetivamente vencidas até o momento do pagamento.

Perante essas obrigações de trato sucessivo é, outrossim, possível também a condenação a prestações vincendas, ou seja, prestações que só se vencerão em data posterior à sentença. Com isso, evita-se a repetição inútil de demandas em torno do mesmo negócio jurídico. A execução da sentença, no entanto, ficará subordinada à ultrapassagem do termo (art. 514), pois, sem o vencimento da prestação, ela não será exigível e não terá ocorrido o inadimplemento, que é pressuposto ou requisito de qualquer execução forçada (art. 786). Mas nada impede que a exigibilidade ocorra ao longo da execução da sentença, de modo que, se não permite executar parcelas inexigíveis, é, no entanto, perfeitamente possível que, na solução final da execução, se

---

19 STJ, 1ª T., REsp 844.428/SP, Rel. Min. Luiz Fux, ac. 04.03.2008, *DJe* 05.05.2008.

20 DINAMARCO, Cândido Rangel. *Instituições de direito processual civil*. São Paulo: Malheiros, 2001, p. 172; DIDIER JR., Fredie. *Curso de direito processual civil*. 14. ed. Salvador: JusPodivm, 2012, v. 1, p. 458-459.

21 STJ, 1ª T., REsp 844.428/SP, Rel. Min. Luiz Fux, ac. 04.03.2008, *DJe* 05.05.2008; STJ, 4ª T., REsp 52.750/PE, Rel. Min. Barros Monteiro, ac. 12.09.1994, *DJU* 14.11.1994, p. 30.962.

22 STJ, Corte Especial, EREsp 616.918/MG, Rel. Min. Castro Meira, ac. 02.08.2010, *DJe* 23.08.2010. No mesmo sentido: STJ, 3ª T., REsp 193.278/PR, Rel. Min. Pádua Ribeiro, ac. 23.04.2002, *DJU* 10.06.2002, p. 201, com voto vencido da Min. Nancy Andrighi.

23 STJ, 2ª T., REsp 1.139.856/SC, Rel. Min. Mauro Campbell Marques, ac. 19.08.2010, *DJe* 28.09.2010.

efetue a satisfação de todas as prestações até então vencidas, isto é, as primitivamente vencidas e todas as demais que se venceram durante o curso do processo.[24-25]

581. Pedido de prestação indivisível

Quando vários credores são titulares, em conjunto, de uma relação jurídica que representa obrigação *indivisível*, isto é, insuscetível de cumprimento fracionado ou parcial, qualquer deles é parte legítima para pedir a prestação por inteiro (Código Civil, art. 260). Não há litisconsórcio necessário na hipótese, pois cada um dos credores tem direito próprio a exigir toda a prestação, cabendo-lhe acertar posteriormente com os demais credores as partes que lhes tocarem.

À vista dessas regras de direito material, dispõe o art. 328 do CPC/2015 que aquele credor que não tiver movido a ação também receberá a sua parte, devendo, porém, reembolsar ao autor as despesas feitas no processo, na proporção de sua parcela no crédito. Por conseguinte, o autor só estará legitimado a levantar, na execução, a parte que lhe couber no crédito indivisível,[26] quando puder, naturalmente, separá-la fisicamente. Quando a indivisibilidade decorrer da natureza da coisa devida, o credor que obtiver sentença favorável poderá levantá-la por inteiro, ficando responsável pela entrega em dinheiro da parte dos demais credores (Código Civil, art. 261), se não lhes convier manterem-se em condomínio.

582. Pedidos cumulados

Já vimos que o art. 326 do CPC/2015 permite cumulação de pedidos subsidiários, em caráter de eventualidade da rejeição de um deles. Mas há, também, casos em que a cumulação é plena e simultânea, representando a soma de várias pretensões a serem satisfeitas cumulativamente, num só processo.

Na verdade há, em tais casos, cumulação de diversas ações, pois cada pedido distinto representa *uma lide* a ser composta pelo órgão jurisdicional, ou seja, *uma pretensão do autor resistida pelo réu.*[27] Não há necessidade de *conexão* para justificar a cumulação de pedidos na inicial (art. 327).

---

24 Quando se cuida de obrigação de trato sucessivo, até mesmo depois de liquidadas e executadas as prestações previstas na sentença condenatória, continuam as supervenientes sujeitas a nova liquidação e nova exigência executiva, "sem necessidade de outra ação de cobrança com sentença condenatória" (1ª TACivSP, 8ª C.C., Ap. 426.675-5, Rel. Juiz Costa de Oliveira, ac. 13.12.1989, *RT* 651/97). No mesmo sentido: ZAVASCKI, Teori Albino. Controle das liquidações fraudulentas. Fraude nas execuções contra a Fazenda Pública. *In: Cadernos do CEJ*, v. 23, p. 281-282.

25 Uma situação interessante pode acontecer no plano da prescrição, já que, ao longo da vigência da relação continuativa, o regime prescricional pode sofrer mutação na lei, de modo que num mesmo processo algumas prestações se apresentarão sujeitas a prazo diferente de outras. Por exemplo: "Em se tratando de obrigação de trato sucessivo, podem incidir, no contexto da mesma relação jurídica, dois prazos prescricionais diferentes – CC/1916 e CC/2002 – a serem contados a partir de dois marcos temporais diferentes – data da entrada em vigor do CC/2002 e data do vencimento de cada prestação –, a depender do momento em que nasce cada pretensão, isoladamente considerada, tendo como referência a vigência do CC/2002" (STJ, 3ª T., REsp 2.001.617/PR, Rel. Min. Nancy Andrighi, ac. 02.08.2022, *DJe* 05.08.2022).

26 CALMON DE PASSOS, José Joaquim. *Comentários ao Código de Processo Civil*. Rio de Janeiro: Forense, 1974, v. III, n. 105, p. 183.

27 Com a *cumulação de ações*, que provém da reunião de vários pedidos numa só causa, não se confunde o *concurso de ações*, que decorre do cabimento de pretensões diferentes para solucionar uma só lide, tocando ao autor a escolha de uma delas, a seu livre critério. É o que se passa, *v.g.*, com o caso dos vícios redibitórios em que ao comprador cabe optar entre a ação para enjeitar a coisa e para reclamar abatimento do preço (Código Civil, arts. 1.101 e 1.105) (Cf. Amaral Santos, Moacyr. *Primeiras Linhas...*, 7. ed. São Paulo: Saraiva, 1984, n. 144 e 145, p. 190-191).

Os requisitos legais de cumulação são os do § 1º do art. 327, ou seja:

(*a*) *os pedidos devem ser compatíveis entre si* (inciso I): na cumulação subsidiária, sucessiva ou eventual, os pedidos podem ser até opostos ou contraditórios, porque um exclui o outro. Mas, se a cumulação é efetiva, a sua admissibilidade pressupõe que todos os pedidos sejam compatíveis ou coerentes. Isto é, juridicamente há de existir a *conciliação* entre eles;

(*b*) *o juízo deve ser competente para todos os pedidos* (inciso II): a competência material ou funcional é improrrogável e afasta a admissibilidade da cumulação de pedidos. De ofício caberá ao juiz repeli-la. Mas, se a incompetência para algum pedido for relativa (em razão de foro ou de valor da causa), não deverá o juiz repelir *ex officio* a cumulação, pois a ausência de alegação declinatória levará a prorrogação de sua competência para todos os pedidos (art. 65);

(*c*) *o tipo de procedimento deve ser adequado para todos os pedidos* (inciso III): em regra, só é possível a cumulação de pedidos, quando houver uniformidade de procedimento para todos eles. Mas, se o autor adotar o rito comum, poderá haver a cumulação, mesmo que para alguns dos pedidos houvesse previsão de um rito especial. Essa reunião de pedidos não deve ser empecilho ao emprego das técnicas processuais diferenciadas previstas nos procedimentos especiais a que se sujeitam um ou mais pedidos cumulados, que não forem incompatíveis com as disposições sobre o procedimento comum (art. 327, § 2º)[28]. É o caso, por exemplo, de um depósito preliminar ou de uma providência *initio litis* e outras medidas de urgência.

Nunca, porém, poderá haver cumulação de *processos* diferentes, como o de execução e o de conhecimento.[29] Ressalva-se, todavia, a viabilidade de cumulação no processo de conhecimento de pedido principal com pedidos urgentes cautelares ou satisfativos, que reclamam atividade executiva provisória imediata, sem interferir no objeto da ação.[30]

Em princípio, a cumulação de pedidos se dá contra "o mesmo réu" (art. 327, *caput*). Esse dado, porém, não deve ser visto como um requisito de admissibilidade da cumulação, pois, ocorrendo conexão por objeto ou causa de pedir, é possível reunirem-se réus diferentes em litisconsórcio (art. 113, II), caso em que pedidos não necessariamente iguais poderão ser endereçados a cada demandado, desde que se observem os requisitos dos §§ 1º e 2º do art. 327.[31] Essa possibilidade pode ser exemplificada em casos como o da ação movida contra o devedor e seu fiador, quando este responda apenas por certo limite da obrigação, ou ainda da vítima

---

28 O disposto no § 2º do art. 327 representa uma grande inovação em relação ao Código anterior, da qual decorre o reconhecimento da flexibilidade do procedimento comum: para viabilizar a reunião de pedidos sujeitos a procedimentos diversos, o procedimento comum pode ser alterado para adotar medidas diferenciadas extraídas do procedimento especial a que antes se vinculavam os pedidos cumulados ou algum deles. Para o CPC/2015, portanto, não é apenas o procedimento comum que interfere no especial; também este pode influir naquele, ampliando-o ou modulando-o.

29 Isso, porém, não impede que um só processo (*i.e.*, uma só relação processual) se preste sucessivamente ao acatamento e à execução do mesmo direito subjetivo. O que não se admite é que se cumulem pedidos diferentes para que, simultaneamente, uns sejam objeto de sentença e outros de provimento executivo.

30 "(...) Dessa forma, considerando a cognição limitada dos embargos de terceiro, revela-se inadmissível a cumulação de pedidos estranhos à sua natureza constitutivo-negativa, como, por exemplo, o pleito de condenação a indenização por danos morais (STJ, 3ª T., REsp 1.703.707/RS, Rel. Min. Marco Aurélio Bellizze, ac. 25.05.2021, *DJe* 28.05.2021).

31 BARBOSA MOREIRA, José Carlos. *O Novo Processo Civil Brasileiro*. 21. ed. Rio de Janeiro: Forense, 2000, p. 14.

do sinistro que move a ação indenizatória contra o causador do dano e seu segurador, sendo este garantidor de valor inferior ao prejuízo a ressarcir.

O réu terá de ser único quando entre os pedidos cumulados houver apenas compatibilidade, mas não conexidade, como, por exemplo, acontece com a cobrança numa só causa de diversas faturas oriundas de diferentes vendas mercantis. Nesse caso, só se há de pensar na cumulação porque os diferentes negócios, embora distintos, são todos de responsabilidade do mesmo comprador. Seria inimaginável, contudo, a reunião, numa só ação, de múltiplas faturas sacadas contra diferentes compradores apenas por se encontrar o mesmo credor na posição de autor.

Por fim, o Código de 2015 não estabelece como requisito de admissibilidade da cumulação que os pedidos sejam compatíveis entre si quando se tratar de pedidos subsidiários (art. 327, § 3º), porque eles se submeterão a exame sucessivo e nunca serão deferidos simultaneamente.

583. Espécies de cumulação de pedidos

Já se analisou a cumulação eventual ou subsidiária, prevista no art. 326 do CPC/2015, e que, na realidade, não chega a ser uma verdadeira espécie de cumulação, visto que nunca leva ao acolhimento de todos os pedidos, mas apenas o de um deles. Além disso, há, no sistema do Código, hipóteses de autêntica cumulação de pedidos, porque formulados com o objetivo de acolhimento de todas as pretensões deduzidas em juízo. São elas:

(a) *cumulação simples:* o acolhimento ou a rejeição de um não afeta o outro pedido. Exemplo: cobrança do preço de duas vendas de mercadoria havidas entre as mesmas partes;

(b) *cumulação sucessiva:* o acolhimento de um pedido pressupõe o do pedido anterior. Exemplo: rescisão do contrato e consequentes perdas e danos; ou decretação de separação de cônjuges e perda de direito da mulher de usar o apelido de família do marido; ou, ainda, investigação de paternidade e petição de herança;

(c) *cumulação superveniente:* quando, por exemplo, ocorre a denunciação da lide ou o chamamento ao processo, no curso da ação principal (arts. 125 e 130).

584. Interpretação do pedido

Consoante o art. 322, § 2º, do CPC/2015, "a interpretação do pedido considerará o conjunto da postulação e observará o princípio da boa-fé". Como se vê, o Código atual explicita sua preocupação com a boa-fé que, inclusive, foi inserida como norma fundamental (art. 5º). A regra incorpora ao direito processual um princípio ético que se acha presente no moderno processo justo, como garantia constitucional. Consiste ela em buscar o sentido do pedido, quando não se expresse de maneira muito clara, interpretando-o sempre segundo os padrões de honestidade e lealdade. Por isso mesmo, a leitura do pedido não pode limitar-se à sua literalidade, devendo ser feita sistematicamente, ou seja, dentro da visão total do conjunto da postulação.

O CPC atual, dessa maneira, superou o formalismo do Código anterior, que impunha fosse o pedido submetido a interpretação restritiva (CPC/1973, art. 293). Fugindo da literalidade, o que ora se adota, é a interpretação lógico-sistemática da petição inicial como um todo, não porém para que o juiz defira *ex officio* algo que nem implicitamente se possa compreender na postulação, nem muito menos se possa ter como consequência lógica e necessária dela.

Abolir a interpretação restritiva, é bom ressaltar, não equivale a liberar o julgamento *extra* ou *ultra petita*, principalmente quando o demandado não teria tido sequer oportunidade de antever a possibilidade de apreciação judicial da matéria inovada pelo julgador.[32] Nesse aspecto, é bom atentar para o comportamento processual do réu que, conforme os termos de sua defesa, pode contribuir para dimensionar o próprio pedido do autor, fornecendo elemento importante para interpretação do pleito veiculado na petição inicial.[33]

De qualquer forma, o abandono da interpretação restritiva do pedido não representa a larga adoção da interpretação ampliativa, mas tão somente a permissão ao juiz de decidir aquilo que logicamente se contém no arcabouço da postulação do autor, ou que seja consequência jurídica necessária do seu pleito, independentemente de manifestação explícita, como será demonstrado no item seguinte.

No campo da interpretação lógico-sistemática do pedido, a jurisprudência do STJ tem entendido que o reconhecimento da nulidade ou da resolução do contrato importa *ipso iure* o retorno das partes ao *status quo ante*, devendo a sentença determinar a restituição das prestações pagas pelo contratante, "independentemente de requerimento expresso nesse sentido, sob pena de enriquecimento sem causa".[34] Trata-se, na ótica do STJ, de concretização da "eficácia restitutória", inerente à desconstituição do negócio jurídico, ou seja, uma "consequência natural" do evento jurídico em causa (CC, art. 182)[35].

Em outra oportunidade, o STJ declarou consolidado o seu entendimento de que "não configura julgamento *ultra petita* ou *extra petita* o provimento jurisdicional exarado nos limites do pedido, o qual deve ser interpretado lógica e sistematicamente a partir de toda a petição inicial, e não apenas de sua parte final".[36]

585. Pedidos implícitos

Em regra, o pedido tem de ser certo e determinado (CPC/2015, arts. 322 e 324), o que repele, em princípio, a viabilidade de pedido oculto, indeterminado ou implícito. Todavia, por exceção, admite o Código alguns pedidos que dispensam formulação expressa pela parte. Assim, devem ser lembradas as seguintes situações:

(a) no caso de ação sobre cumprimento de obrigação em prestações sucessivas são consideradas incluídas no pedido aquelas que se vencerem no curso do processo, mesmo que não haja declaração expressa do autor a seu respeito (art. 323);

(b) em relação aos ônus das despesas processuais e dos honorários advocatícios, o juiz deve impor ao vencido o pagamento dessas verbas, mesmo diante do silêncio do vencedor (arts. 82, § 2º, 85 e 322, § 1º);

---

32 Em função do princípio da boa-fé, lembrado pelo art. 322, § 2º, do CPC, adverte Arruda Alvim que "do pedido só se possa extrair aquilo que é plenamente acessível à compreensão do réu" (ARRUDA ALVIM NETO, José Manoel. *Manual de direito processual civil*: teoria geral do processo, processo de conhecimento, recursos, precedentes. 20. ed. São Paulo: Ed. RT, 2021, p. 836).

33 "O conteúdo da defesa apresentada pelo réu assume importância para a interpretação do pedido" (GONÇALVES, Tiago Figueiredo. *O procedimento comum no processo de conhecimento* – da petição inicial à sentença. Londrina: Thoth Editora, 2025, p. 89). Diante da pouca clareza da petição do autor, "a contestação, que também deverá ser interpretada, serve para revelar o sentido em que a postulação do autor foi formulada – sentido esse que foi efetivamente contestado pelo réu" (DIDIER JÚNIOR, Fredie. *Curso de direito processual civil*. 17. ed. Salvador: JusPodivm, 2015, v. I, p. 589).

34 STJ, 3ª T., REsp 1.611.415/PR, Rel. Min. Marco Aurélio Bellizze, ac. 21.02.2017, *DJe* 07.03.2017; STJ, 4ª T., REsp 300.721/SP, Rel. Min. Ruy Rosado de Aguiar, ac. 04.09.2001, *DJU* 29.10.2001.

35 STJ, 3ª T., REsp 1.286.144/MG, Rel. Min. Paulo de Tarso Sanseverino, ac. 07.03.2013, *DJe* 01.04.2013; STJ, 4ª T., REsp 500.038/SP, Rel. Min. Aldir Passarinho Júnior, ac. 22.04.2003, *DJU* 25.08.2003.

36 STJ, 4ª T., AgInt no REsp 1.244.217/ES, Rel. Min. Lázaro Guimarães, ac. 28.11.2017, *DJe* 04.12.2017.

(c) a inclusão no valor do pedido principal dos juros legais e da correção monetária (art. 322, § 1º). Isso quer dizer que, nas obrigações de prestação em dinheiro, o pedido, implicitamente, sempre compreende o acessório, que são os juros legais e a atualização monetária, nos termos do art. 398 do Código Civil.

O pedido implícito, todavia, compreende apenas os juros legais moratórios e não os convencionais, pois estes dependem sempre de pedido da parte e o juiz não poderá concedê-los *de ofício*, sob pena de julgamento *ultra petita*.[37] Havendo previsão negocial sobre a correção monetária, prevalecerá o índice convencionado. Não havendo, será aplicada a variação do IPCA apurado pelo IBGE, ou do índice que vier a substitui-lo (CC, art. 389, parágrafo único, com a redação da Lei 14.905/2024). Os juros moratórios, por sua vez, também serão apurados segundo a convenção ajustada entre as partes.[38] Não a havendo, serão observados os juros fixados de acordo com a *taxa legal* (CC, art. 406, *caput*). Por taxa legal, entende-se a taxa referencial SELIC, deduzido o índice de atualização monetária nele incluso (IPCA) (CC, art. 406, § 1º).[39]

Por outro lado, ainda que a sentença seja omissa, será possível ao credor fazer incluir na sua liquidação os juros moratórios e a correção monetária, implicitamente pedidos na inicial.[40]

Quanto ao *dies a quo* da contagem dos juros moratórios e da atualização monetária, cumpre distinguir: a) se a obrigação é líquida, contam-se, juros e correção, a partir do respectivo vencimento (CC, arts. 394 e 397); b) se for ilíquida, a correção será feita a partir do momento em que se procedeu à sua liquidação, e os juros correrão a partir da citação, sobre o valor corrigido (CC, art. 405);[41] c) situação especial é a da responsabilidade *ex delicto*, em que os juros moratórios, também sobre o valor atualizado da indenização, fluem a partir do evento danoso, e não da citação,[42] mercê do que dispõe o art. 398 do Código Civil.[43] Mas, se a responsabilidade

---

37 CALMON DE PASSOS, José Joaquim. *Comentários ao Código de Processo Civil*. Rio de Janeiro: Forense, 1974, v. III, n. 115, p. 195; PIMENTEL, Wellington Moreira. *Comentários ao Código de Processo Civil*. São Paulo: RT, 1975, v. III, p. 206; PONTES DE MIRANDA, Francisco Cavalcanti. *Comentários ao Código de Processo Civil*. São Paulo: RT, 1974, v. IV, p. 96.

38 A estipulação convencional dos juros respeitará os limites da Lei da Usura (Dec. 22.626/1933), limites que, entretanto, não se aplicam às obrigações: I – contratadas entre pessoas jurídicas; II – representadas por títulos de crédito ou valores mobiliários; III – contraídas perante: a) instituições financeiras e demais instituições autorizadas a funcionar pelo Banco Central do Brasil; b) fundos ou clubes de investimento; c) sociedades de arrendamento mercantil e empresas simples de crédito; d) organizações da sociedade civil de interesse público de que trata a Lei 9.790, de 23 de março de 1999, que se dedicam à concessão de crédito; ou IV – realizadas nos mercados financeiro, de capitais ou de valores mobiliários (Lei 14.905/2024, art. 3º).

39 "A metodologia de cálculo da taxa legal e sua forma de aplicação serão definidas pelo Conselho Monetário Nacional e divulgadas pelo Banco Central do Brasil" (CC, art. 406, § 2º, incluído pela Lei 14.905/2024). A taxa legal em hipótese alguma poderá ser negativa. Caso o cálculo do § 1º do art. 406 do CC chegue a resultado negativo, "este será considerado igual a 0 (zero) para efeito de cálculo dos juros no período de referência" (CC, art. 406, § 3º, incluído também pela Lei 14.905/2024).

40 STF, *Súmula 254*. Também a inclusão da correção monetária nas liquidações de indenização de ato ilícito, mesmo quando não pedida na inicial, nem prevista na sentença, não se considera julgamento *ultra petita*, conforme jurisprudência do STF (RE 92.061, Rel. Min. Cunha Peixoto, ac. 26.02.1980, *DJU* 21.03.1980, p. 1.554).

41 "A definição do termo inicial dos juros de mora decorre da liquidez da obrigação. Sendo líquida, os juros moratórios incidem a partir do vencimento da obrigação, nos termos do art. 397, *caput*, do Código de Civil de 2002; se for ilíquida, o termo inicial será a data da citação quando a interpelação for judicial, a teor do art. 397, parágrafo único, do Código Civil de 2002 c.c. o art. 219, *caput*, do Código de Processo Civil" (STJ, 3ª Seção, AgRg nos EmbExe no MS 12.707/DF, Rel. Min. Laurita Vaz, ac. 08.06.2011, *DJe* 27.06.2011).

42 STJ, Súmula 54.

43 STJ, 2ª Seção, REsp 1.132.866/SP, Rel. p/ ac. Min. Sidnei Beneti, ac. 23.11.2011, *DJe* 03.09.2012; STJ, Corte Especial, ED no REsp 494.183/SP, Rel. Min. Arnaldo Esteves, ac. 16.10.2013, *DJe* 12.12.2013.

ilíquida decorre de dano *ex contractu*, os juros moratórios correm da citação, segundo a regra geral do art. 405 do Código Civil.[44]

É relevante, todavia, o fato de que a limitação da sentença aos pedidos expressos na petição inicial tem merecido um tratamento atual menos rígido pelo STJ, que valoriza mais a compreensão dos limites reais do pretendido pela parte. Assim, não se deve considerar *extra petita* o julgado que decide questão que é reflexo necessário do pedido deduzido na inicial. Urge superar, na espécie, a ideia da absoluta congruência entre o pedido (literal) e a sentença, para outorgar uma tutela jurisdicional adequada e efetiva à parte.[45]

Fugindo da literalidade, torna-se viável, segundo a mesma orientação pretoriana, extrair do capítulo da inicial referente aos pedidos, através de interpretação lógico-sistemática, aquilo que a parte pretendeu alcançar efetivamente.[46] Quem, por exemplo, pede a decretação de nulidade do negócio jurídico que implicou em transferência de posse ao outro contratante, pretende, logicamente, recuperar a pose cedida, porquanto a consequência legal da declaração de nulidade é a reposição das partes na situação anterior ao negócio jurídico invalidado (CC, art. 182). A sentença que acolhe o pedido de anulação, portanto, não depende de requerimento expresso da parte para ordenar tal reposição.[47] O mesmo se passa no caso da ação redibitória de compra e venda, quando provoca a resolução do negócio jurídico.[48]

Nessa mesma linha, a sentença que decreta a resolução do contrato de compromisso de compra e venda e ordena a restituição do imóvel ao promitente vendedor pode determinar ao promissário comprador inadimplente que pague valor equivalente ao aluguel do bem durante o tempo que o ocupou, "ainda que não haja pedido expresso na petição inicial, visto que é consectário lógico do retorno ao status quo ante pretendido com a ação".[49] Também não é *extra petita* a decisão judicial que, ao julgar procedente pedido de reintegração de servidor público, determina o pagamento dos direitos e vantagens retroativos à data do afastamento, "porquanto tal providência consiste em consequência lógica do acolhimento do pedido".[50] *A contrario sensu*, não é lícito, por exemplo, incluir na indenização do ato ilícito a reparação do dano moral se o autor apenas pediu o ressarcimento da lesão material, visto que inexiste vínculo necessário entre essas duas modalidades de dano. O mesmo se passa entre o dano emergente e os lucros cessantes, que, ainda quando ligados a um só ato ilícito, não guardam vínculo obrigatório entre si, podendo ocorrer qualquer um deles sem a presença do outro. Sendo assim, trata-se de verbas autônomas, ficando o juiz limitado à apreciação daquela demandada pelo autor.

De maneira geral, portanto, tem prevalecido na jurisprudência do STJ o entendimento de que "Não há julgamento *extra petita* quando o Tribunal de origem decide questão reflexa ao

---

[44] "Em caso de responsabilidade contratual, quando não se tratar de dívida líquida e com vencimento em termo certo, os juros de mora incidem, em princípio, a partir da citação verificada no processo principal, e não naquela verificada na ação cautelar preparatória que o antecedeu" (STJ, 3ª T., REsp 1.432.859/SP, Rel. Min. Sidnei Beneti, ac. 15.05.2014, *DJe* 25.06.2014).

[45] STJ, 4ª T., AgInt no REsp 1.802.192/MG, Rel. Min. João Otávio de Noronha, ac. 12.12.2022, *DJe* 15.12.2022. Para o acórdão, não configurou decisão *extra petita* a sentença que, reconhecendo a usucapião, determinou a posterior liquidação para individualizar a área usucapida, ainda que não houvesse pedido expresso na inicial a respeito da medida.

[46] STJ, 4ª T., AgInt no REsp 1.823.194/SP, Rel. Min. Luís Felipe Salomão, ac. 14.02.2022, *DJe* 17.02.2022; STJ, 4ª T., AgInt no AREsp 1.746.990/SP, Rel. Min. Raul Araújo, ac. 07.06.2021, *DJe* 01.07.2021.

[47] STJ, 3ª T., AgRg no REsp 1.289.600/TO, Rel. Min. Ricardo Villas Bôas Cueva, ac. 25.11.2014, *DJe* 17.12.2014.

[48] STJ, 3ª T., REsp 1.823.284/SP, Rel. Min. Paulo de Tarso Sanseverino, ac. 13.10.2020, *DJe* 15.10.2020.

[49] STJ, 4ª T., AgInt no REsp 1.167.766/ES, Rel. p/ ac. Min. Maria Isabel Gallotti, ac. 16.11.2017, *DJe* 01.02.2018.

[50] STJ, 5ª T., AgRg no Ag 693.564/SE, Rel. Min. Arnaldo Esteves Lima, ac. 06.12. 2005, *DJU* 03.04.2006, p. 395. No mesmo sentido: STJ, 5ª T., AgRg no Ag 1.259.493/PE, Rel. Min. Jorge Mussi, ac. 01.03.2011, *DJe* 14.03.2011.

pedido inicial".[51] Ocorre, entretanto, tal vício sentencial quando o julgador inclui na condenação questão independente e apenas conexa com a pretensão contida na inicial.

586. Aditamento e modificação do pedido

Salvo os casos de pedidos implícitos (nº 585, *supra*), incumbe ao autor cumular na petição inicial todos os pedidos que forem lícitos formular contra o réu. Se não o fizer naquela oportunidade, só por ação distinta poderá ajuizar contra o réu os pedidos omitidos.

Entretanto, o art. 329 do CPC/2015 admite que o autor adite ou altere o pedido ou a causa de pedir: *(i)* independentemente do consentimento do réu, se o fizer até a citação; *(ii)* com o consentimento do réu, assegurado o contraditório mediante a possibilidade de manifestação deste no prazo de quinze dias, facultado o requerimento de prova suplementar, se o fizer até o saneamento do processo. Certo é, contudo, que, nos termos da lei, o aditamento e a alteração do pedido terão de ser feitos somente até o saneamento do processo.

A regra do Código é a da liberdade de alteração do pedido, que pode ser feita pela vontade exclusiva do autor, se o fizer até a citação. Mesmo após a citação, "não há proibição de alterar o pedido ou a *causa petendi*", mas "a mudança é negócio bilateral: exige, também, o assentimento do réu".[52] A adesão do demandado, entretanto, tanto pode ser *expressa* como *tácita*. Lino Palacio ensina, a propósito, que "*la transformación de la pretensión es admisible cuando el demandado acepta, expresa o implicitamente, debatir los nuevos planteamientos introducidos por el actor*".[53] Isso quer dizer que basta a postura do réu, que deixa de impugnar a modificação e passa a discutir nos autos o novo pedido ou os novos fundamentos do pedido, para ter-se como tacitamente admitida a inovação processual.

De qualquer forma, deverá ser sempre assegurado o contraditório, mediante a possibilidade de manifestação do réu no prazo mínimo de quinze dias, podendo, inclusive, requerer prova suplementar.

Sendo possível a modificação do pedido após a citação, deve-se observar se o réu é, ou não, revel. Mesmo que o CPC/2015 não tenha repetido a regra do art. 321 do CPC/1973,[54] continua necessária a renovação da citação no caso de réu que não contestou a ação, pois é impossível alguém responder processualmente por pretensão que não tenha sido objeto de prévia citação.

Se o réu se acha representado por advogado nos autos, o pedido modificativo do autor terá de ser objeto de intimação, a fim de obter-se o assentimento à modificação, seja de forma explícita, seja implícita.[55]

Essas disposições aplicam-se à reconvenção e à respectiva causa de pedir (art. 329, parágrafo único).

---

51 STJ, 2ª T., AgInt no AREsp 1.518.866/SP, Rel. Min. Mauro Campbell Marques, ac. 12.11.2019, *DJe* 19.11.2019.

52 TORNAGHI, Hélio. *Comentários ao Código de Processo Civil*. São Paulo: RT, 1975, v. II, p. 307.

53 PALACIO, Lino Enrique. *Manual de Derecho Procesal Civil*. 4. ed. Buenos Aires: Abeledo-Perrot, 1977, v. I, n. 53, p. 126-127.

54 Art. 321 do CPC/1973: "Ainda que ocorra revelia, o autor não poderá alterar o pedido, ou a causa de pedir, nem demandar declaração incidente, salvo promovendo nova citação do réu, a quem será assegurado o direito de responder no prazo de 15 (quinze) dias".

55 Já decidiu, todavia, o STJ que a ampliação do pedido só obriga o réu, se este for novamente citado. Se for apenas intimado, deverá consentir expressamente na modificação feita pelo autor. Para inadmitir a aceitação, invocou-se a regra do art. 321 do CPC/1973 (STJ – 2ª T., REsp 1.307.407/SC, Rel. Min. Mauro Campbell Marques, ac. 22.05.2012, *DJe* 29.05.2012).

Sobre o negócio jurídico processual em torno do pedido e da causa de pedir, ver, *retro*, o item 520.

O sistema de modificação do pedido merece uma nova visão no regime do CPC/2015, uma vez que os limites da coisa julgada não mais devem ser vistos apenas em função do pedido formulado originariamente na petição inicial. A força de lei atribuída à sentença transitada em julgado alcança a questão principal expressamente decidida (art. 503, *caput*), bem como a questão prejudicial, decidida expressa e incidentemente no processo (art. 503, §1º). Assim, a exceção substancial arguida na resposta do réu torna-se objeto do processo, independentemente da antiga ação declaratória incidental[56]. Da mesma forma, ao responder em réplica a essa exceção, o autor também terá condição de arguir questão incidental capaz de excluir ou reduzir a dimensão do objeto litigioso alterado pelo réu (art. 350). Tudo isso se passará, como exige a lei, em regime de pleno contraditório, seja por iniciativa do autor (art. 350), seja do réu (art. 503, § 1º, II). Conclui-se, portanto, que, na moderna sistemática processual, há modificações do objeto litigioso, e consequentemente do pedido primitivo, que não dependem do sistema tradicional de aquiescência da parte contrária e que ocorrem diante da atual mecânica de inserção de questões prejudiciais no processo tanto partidas da defesa do demandado, como da resposta do autor a essas questões. O CPC/2015 foi, como se vê, muito mais flexível no tratamento de ampliação ou modificação do pedido inicial (sobre a matéria, ver, adiante, os itens 807, 808.2. 808.8 e 810).

---

[56] Sobre a definição dos limites da coisa julgada a partir do objeto litigioso, e não apenas do pedido, cf. MATTOS, Sérgio. Resolução de questão prejudicial e coisa julgada: primeiras linhas sobre o art. 503, §§ 1º e 2º, do CPC/2015. *In:* DIDIER JR.; Fredie; CABRAL, Antonio do Passo (coords.). *Coisa julgada e outras estabilidades processuais*. Salvador: JusPodivm, 2018, p. 207-229; THAMAY, Rennan Faria Kruger. A coisa Julgada do atual ao projetado novo Código Processo Civil. *In:* SARRO, Luís Antônio Giampaulo (coord.), *Novo Código de Processo Civil. Principais alterações do sistema processual civil*. 2. ed. São Paulo: Rideel, 2016, p. 283-302.

§ 72. A AUDIÊNCIA DE CONCILIAÇÃO OU DE MEDIAÇÃO

587. Introdução

O Código atual prevê a possibilidade de realização de três audiências no procedimento comum: *(a) a audiência de conciliação ou de mediação* (CPC/2015, art. 334), que poderá ocorrer liminarmente em qualquer processo para tentativa de solução consensual do conflito, a qual, se obtida, levaria à extinção do processo, com resolução de mérito (art. 487, III, b); *(b)* a *audiência de saneamento* (art. 357, § 3º), que ocorrerá somente em causas complexas, para que o saneamento seja feito em cooperação com as partes. O juiz, ao final, deverá proferir decisão que resolverá as questões previstas no *caput* do art. 357; e *(c) audiência de instrução e julgamento* (arts. 358-368), que será designada na decisão de saneamento quando não for possível o julgamento antecipado de mérito (art. 357, *caput*).

588. Audiência preliminar de conciliação ou de mediação

A audiência preliminar de conciliação ou de mediação é ato integrante do procedimento comum, só não sendo observado nas causas em que a autocomposição não for admissível nos termos da lei.

Assim, ainda que o autor manifeste, expressamente na petição inicial, desinteresse pela autocomposição, o juiz a despachará designando dia e hora para sua realização. Esse ato conciliatório somente não será realizado se o réu aderir ao desinteresse do autor em petição posterior à citação e anterior à audiência. O autor, portanto, não tem o poder de, isoladamente, impedir ou evitar a audiência. Sem a adesão do réu, a sessão ocorrerá necessariamente. Da mesma forma, o demandado também não tem poder de impedi-la pela só manifestação individual de desinteresse. Nem uma nem outra parte têm possibilidade de, sozinha, escapar da audiência preliminar.

A audiência de conciliação ou de mediação é, pois, designada pelo juiz no despacho da petição inicial, sempre que ela preencher os requisitos essenciais e não for o caso de improcedência liminar do pedido. Observar-se-á a antecedência mínima de trinta dias. Para participar da audiência, o réu será citado com pelo menos vinte dias de antecedência (art. 334, *caput*). A intimação do autor dar-se-á na pessoa de seu advogado (art. 334, § 3º).

A audiência obedecerá às normas do Código e da lei de organização judiciária, e dela participarão, necessariamente, o conciliador ou o mediador, salvo se não existirem na Comarca esses auxiliares do juízo (art. 334, § 1º). Poderá realizar-se, inclusive, por meios eletrônicos, nos termos da lei própria (art. 334, § 7º). Participando o mediador ou o conciliador da audiência, a ele competirá a condução dos trabalhos de facilitação da autocomposição.[57] Na realidade, quando os tribunais implantarem todo o sistema operacional previsto pelo CPC/2015 para a mediação e a conciliação, a audiência respectiva deverá ser realizada no Centro Judiciário de Solução Consensual de Conflitos (art. 165), sem a presença do juiz.[58]

---

[57] A audiência será conduzida pelo terceiro facilitador, mas, na Comarca onde não existir conciliador ou mediador, a tarefa caberá ao juiz (DINAMARCO, Cândido Rangel. O novo Código de Processo Civil brasileiro e a ordem processual civil vigente. *Revista de Processo,* v. 247, p. 85, set/2015).

[58] "A audiência não deverá ser realizada na vara ou serventia judicial. Ela deve ser conduzida em um centro judiciário de solução consensual de conflito, que pode ser mantido pelo Poder Judiciário ou pertencer à instituição privada credenciada. O objetivo é que a audiência de mediação ou conciliação seja realizada em um local adequado, informal, que permita que as partes se sintam confortáveis para negociar francamente sobre o caso" (LESSA NETO, João Luiz. O novo CPC adotou o modelo multiportas!!! E agora?! *Revista de Processo*, v. 244, p. 431-432, jun./2015).

É possível a designação de mais de uma sessão destinada à conciliação e à mediação, desde que seja necessário à composição das partes e que não se exceda o prazo de dois meses da primeira audiência (art. 334, § 2º).

Não haverá audiência em duas situações: *(i)* se houver manifestação de desinteresse das partes na conciliação; e, *(ii)* quando o objeto do litígio não admitir a autocomposição (art. 334, § 4º, II). A falta de interesse na composição da lide deve ser manifestada pelo autor na petição inicial e pelo réu em petição apresentada ao juízo com dez dias de antecedência, contados da data designada para a audiência (art. 334, § 5º). Havendo litisconsórcio, o desinteresse na realização dessa audiência deve ser manifestado por todos os litisconsortes (art. 334, § 6º).

O não comparecimento injustificado de qualquer das partes é considerado ato atentatório à dignidade da justiça, ensejando a aplicação de multa de até dois por cento da vantagem econômica pretendida no processo, ou do valor da causa, que será revertida em favor da União ou do Estado (art. 334, § 8º).[59] Há quem critique a não adoção de obrigatoriedade da audiência conciliatória pelo Código atual. A falta, todavia, é compensada pela cominação de pena pecuniária significativa, com que o legislador imaginou pressionar os litigantes a participar da busca de autocomposição.

O comparecimento das partes deve se dar com acompanhamento de advogado ou de defensor público (art. 334, § 9º). É possível, entretanto, constituir representante com poderes para negociar e transigir, o que deve ser feito por meio de procuração específica (art. 334, § 10).

Obtida a autocomposição, será ela reduzida a termo e homologada pelo juiz por sentença de extinção do processo, com julgamento de mérito (arts. 334, § 11, e 487, III, *b*). Frustrada a tentativa de conciliação, começará a fluir o prazo de contestação.

Prevê o Código que a pauta das audiências de conciliação ou de mediação seja organizada de modo a respeitar o intervalo mínimo de vinte minutos entre o início de uma e o início da seguinte (art. 334, § 12). Essa medida é importante para que, num só dia, sejam realizadas várias audiências, evitando designações distanciadas em datas remotas.

O sistema do Código de 2015 é o seguinte: a audiência de mediação ou conciliação realiza-se *in limine litis*, antes, portanto, da resposta do réu ao pedido do autor. Em tal estágio, entende o legislador que seria mais fácil encaminhar os litigantes para uma solução negocial da contenda, mormente porque a tentativa de conciliação não mais será realizada pelo juiz, mas por auxiliares técnicos do juízo (mediadores ou conciliadores).

O contato pessoal do juiz com as partes, visando melhor delinear o objeto do litígio e especificar as provas adequadas à sua resolução, não foi totalmente suprimido pelo CPC/2015. Frustrada a tentativa liminar de autocomposição, o juiz, depois de concluída a fase da litiscontestação, procederá ao *saneamento e à organização do processo*, ocasião em que, diante da complexidade das questões de fato e de direito em jogo, *deverá designar audiência*, cuja finalidade será, segundo a lei, efetuar o saneamento "em cooperação com as partes", permitindo o convite aos litigantes "a integrar ou esclarecer suas alegações" (CPC/2015, art. 357, § 3º). Com essa atividade conjunta dos sujeitos processuais, é evidente que se tornará mais fácil e mais eficiente a tarefa do juiz de "delimitar as questões de fato sobre as quais recairá a atividade probatória",

---

59 Não cabe a multa prevista no art. 334, § 8º, do CPC se a parte se fizer representar na audiência de conciliação por advogado com poderes específicos para transigir, conforme expressamente autoriza o § 10 do mesmo art. 334 (Cf. STJ, 4ª T., AgInt no RMS 56.422/MS, Rel. Min. Raúl Araújo, ac. 08.06.2021, *DJe* 16.06.2021). O STJ já considerou ato violador de direito líquido e certo do litigante, reparável por meio de mandado de segurança, a aplicação de multa pelo não comparecimento pessoal da parte (CPC, art. 334, § 8º), quando esta se fazia representar, na audiência de conciliação, por advogado com poderes específicos para transigir, "conforme expressamente autoriza o § 10 do mesmo art. 334" (STJ, 4ª T., AgInt no RMS 56.422/MS, Rel. Min. Raul Araújo, ac. 08.06.2021, *DJe* 16.06.2021).

bem como de especificar os "meios de prova admitidos" (art. 357, II); e, se for o caso, promover a redistribuição do ônus da prova permitida pelo art. 373, § 1º.

Esse diálogo do juiz com as partes, como reconhece a doutrina, apressa "o encerramento da fase cognitiva com uma maior segurança, que resultará na entrega da tutela jurisdicional, mais eficaz e célere, sem deixar de respeitar os princípios basilares do contraditório, ampla defesa".[60]

Sobre a conciliação e mediação, sobreveio ao CPC/2015 a Lei 13.140/2015 que cuidou da autocomposição por via dos mecanismos citados, tanto nos conflitos entre particulares como naqueles que envolvam a administração pública (ver, *retro*, item 313).

589. Prazo para a contestação

O prazo para resposta do réu conta-se de maneira distinta, conforme ocorra ou não a audiência de conciliação ou mediação.

I – Com audiência

A realização da audiência de conciliação ou de mediação determina que o prazo de quinze dias, para contestação, tenha início após seu encerramento, sem se obter a autocomposição. Isto porque sua citação, de início, foi para comparecer à audiência designada e, não, para apresentar logo sua defesa.

Ocorrida a audiência, o termo inicial do referido prazo, será a data de sua realização, ou da última sessão de conciliação, quando qualquer parte não comparecer ou, comparecendo, não houver autocomposição (CPC/2015, art. 335, I). Observando o disposto no art. 224, a contagem se fará com exclusão do dia do começo e inclusão do dia do vencimento. Ou seja, o primeiro dia do prazo será o dia útil seguinte ao da realização da audiência.[61]

II – Sem audiência

(*a*) Se não houver designação de audiência por se tratar de processo cuja autocomposição não é admissível pela lei, a citação será feita dentro dos moldes comuns e o prazo começará a correr da conclusão da diligência, observadas as regras do art. 231, de acordo com o modo como foi feita (art. 335, III): se realizada pelo correio, contar-se-á da juntada do aviso de recebimento aos autos (art. 231, I); se por meio do oficial de justiça, da juntada do respectivo mandado cumprido (art. 231, II); se por ato do escrivão, da data da ocorrência, e assim por diante (sempre na conformidade dos diversos itens do art. 231);

(*b*) Ocorrendo o cancelamento da audiência – porque o réu aderiu ao desinteresse apresentado pelo autor em sua realização (art. 334, § 4º, I) –, o prazo para contestação começará a correr a partir da data do protocolo da petição do demandado que houver requerido o cancelamento (art. 335, II);

(*c*) No caso de litisconsórcio passivo, só haverá cancelamento da audiência se todos os litisconsortes manifestarem, conjuntamente, o desinteresse na sua realização, caso em que o prazo para apresentação da contestação começará a correr, em comum, para todos eles, na forma do art. 335, II, da data de apresentação de seu respectivo pedido de cancelamento (art. 335, § 1º);

---

[60] TROISE. Maria Regina Caldeira. A fase ordinatória do processo e a produção das provas. In: OLIVEIRA NETO, Olavo de; NETO, Elias Marques de Medeiros; LOPES, Ricardo Augusto de Castro (coords.). *A prova no Direito Processual Civil, estudos em homenagem ao professor João Batista Lopes.* São Paulo: Verbatim, 2013, p. 507.

[61] "O prazo de contestação é contado a partir do primeiro dia útil seguinte à realização da audiência de conciliação ou mediação, ou da última sessão de conciliação ou mediação, na hipótese de incidência do art. 335, inc. I, do CPC" (Enunciado 122/CEJ da II Jornada de Direito Processual Civil).

(d) Se, porém, cada corréu manifestar, individualmente, seu desinteresse, em petições e momentos diversos, o prazo de contestação fluirá separadamente para cada litisconsorte passivo, contando-se da data de apresentação de seu respectivo pedido de cancelamento da audiência (art. 335, § 1º);

(e) No caso em que a autocomposição é inadmissível (art. 334, § 4º, II), o prazo para resposta se contará da citação, segundo as regras do art. 231;

(f) Ainda, em caso de não cabimento de autocomposição, em que haja litisconsórcio passivo, e o autor desista de prosseguir com o processo em relação a réu ainda não citado, o prazo para resposta somente correrá da data de intimação da decisão que homologar o pedido de desistência (art. 335, § 2º).

Em todos esses casos, é bom advertir que o prazo de contestação, por recusa da audiência, não se conta da intimação do réu a respeito do seu cancelamento, mas flui, imediatamente, do protocolo do requerimento de desinteresse pela autocomposição (art. 335, II). De tal sorte, o réu, quando apresenta o pedido, já está ciente de que o prazo de defesa já teve início, sem dependência de qualquer despacho judicial.

§ 73. A RESPOSTA DO RÉU

590. A defesa do réu

O sistema do processo de conhecimento é dominado pelo princípio do contraditório, que consiste em garantir-se às partes o direito de serem ouvidas, nos autos, sobre todos os atos praticados, antes de qualquer decisão (CPC/2015, arts. 9º e 10). O processo é, dessa forma, essencialmente dialético e a prestação jurisdicional só deve ser concretizada após amplo e irrestrito debate das pretensões deduzidas em juízo.

Por isso, após a propositura da ação, o réu é citado para vir responder ao pedido de tutela jurisdicional formulado pelo autor. Isto, porém, não quer dizer que o demandado tenha o *dever* ou a *obrigação* de responder. Há, para ele, apenas o *ônus* da defesa, pois, se não se defender, sofrerá as consequências da *revelia* (arts. 344 a 346). Na verdade, a resposta é, para o réu, pura faculdade, da qual pode livremente dispor. Há, no sistema processual civil, mesmo a possibilidade de expressa adesão do réu ao pedido do autor, caso em que, no nascedouro, a lide se compõe por ato das próprias partes (art. 487, III, *a*). Quando, porém, o direito em litígio for *indisponível*, desaparece para o réu a possibilidade de renunciar à defesa, por meio de simples inação ou revelia. O Ministério Público, então, é convocado para atuar como *custos legis* e o autor, mesmo diante do silêncio do demandado, não se desobriga do ônus de provar os fatos não contestados (art. 345, II).

Há, destarte, oportunidade de adotar o réu três atitudes diferentes após a citação, ou seja:

(a) a inércia;
(b) a resposta;
(c) o reconhecimento da procedência do pedido.

591. A resposta do réu

Nos quinze dias seguintes à citação ou à realização da audiência de conciliação – cuja contagem se faz segundo o exposto no n. 589, *retro* –, o réu poderá responder ao pedido do autor por meio de *contestação* e *reconvenção*. O Código atual não mais prevê exceções processadas em incidente fora dos autos da ação, como ocorria no art. 297 do CPC de 1973.[62] Tudo se resolve mediante arguição em preliminar da contestação, seja a arguição de incompetência absoluta ou relativa; a impugnação ao valor da causa; ou a impugnação à concessão da gratuidade de justiça.

Essa resposta deve ser formalizada em petição escrita, no prazo de quinze dias, subscrita por advogado, endereçada ao juiz da causa (CPC/2015, art. 335).

O prazo de defesa, no litisconsórcio passivo, é comum a todos os réus, tanto quando corre da audiência de conciliação frustrada, como da citação direta para a contestação, sem passar pela audiência. Só há prazo separado quando é designada a audiência e os litisconsortes passivos manifestam seu desinteresse pela autocomposição em petições distintas. Nesse caso, aplica-se o disposto no art. 335, § 1º, isto é, cada réu terá prazo próprio para responder à ação.

A contagem, outrossim, será feita em dobro (trinta dias), sempre que os litisconsortes estiverem representados por advogados diferentes e de escritórios de advocacia distintos (art. 229). A nova regra procura evitar a dilatação caprichosa de prazo de contestação, que no passado se obtinha por meio de outorga de mandatos, pelos corréus, a diferentes advogados do mesmo escritório.

---

[62] Art. 297 do CPC/1973: "O réu poderá oferecer, no prazo de 15 (quinze) dias, em petição escrita, dirigida ao juiz da causa, contestação, exceção e reconvenção".

O início do prazo de resposta, fora da hipótese de audiência de conciliação, só se verifica após a citação do último litisconsorte (art. 231, § 1º), documentada por uma das formas previstas nos incisos I a VI do art. 231, *caput*. Se, porém, o autor desistir da ação quanto a algum réu ainda não citado, todos os demais deverão ser intimados do despacho que homologar a desistência, data a partir da qual correrá o prazo para resposta (art. 335, § 2º). Assim dispondo, procura o Código evitar surpresa para os litisconsortes já citados, que sofreriam retroação do *dies a quo* do prazo de resposta, se se considerasse, no caso, apenas a data da última citação efetivamente realizada.

Entretanto, como já observado, se não for realizada a audiência de conciliação ou de mediação, a pedido dos réus (art. 334, § 6º), o prazo de resposta, para cada um deles, começará a correr a partir da apresentação de seu respectivo pedido de cancelamento da audiência (art. 335, § 1º). Ou seja, nesse caso, o prazo de resposta de cada um dos réus poderá ter termo inicial distinto.

O Código de 2015 inovou ao determinar que a contestação e a reconvenção não serão objeto de petições autônomas, como ocorria ao tempo do Código anterior. Assim, a reconvenção é proposta dentro da própria contestação, numa única petição (art. 343, *caput*). Tratando-se, porém, de pura regra formal, não haverá nulidade se a contestação e a reconvenção forem apresentadas em peças separadas, simultaneamente.[63]

592. Espécies de defesa

Sabe-se que entre as partes em litígio duas relações jurídicas distintas podem ser apreciadas:

(a) a *relação processual*, que é de ordem pública e nasce da propositura da ação e se aperfeiçoa com a citação do demandado, vinculando, assim, autor, juiz e réu (*iudicium est actus trium personarum*);

(b) a *relação de direito material*, que é objeto da controvérsia existente entre as partes (lide ou litígio) e que configura o *mérito da causa*, comumente de natureza privada, mas não necessariamente. Identifica-se pela *causa petendi* e pelo pedido que o autor formula na petição inicial.

Assim, quando o réu responde ao autor, tanto pode defender-se no plano da relação processual (preliminares) como no do direito material (questão de mérito). Daí a classificação das defesas em defesa *processual* e defesa *de mérito*.

593. Defesa processual

Denomina-se defesa processual a que tem conteúdo apenas formal. Costuma também ser chamada de defesa de *rito*. É "*indireta*, porque ela visa obstar a outorga da tutela jurisdicional pretendida pelo autor mediante inutilização do processo, ou seja, do meio, do instrumento de que ele se valeu, sem que se ofereça oportunidade para composição da lide, isto é, sem apreciação do mérito pelo juiz".[64] São exemplos de defesa indireta as que invocam a inexistência de pressupostos processuais ou de condições da ação (CPC/2015, art. 337).

---

63 "Não se trata de motivo para o indeferimento liminar da reconvenção. Nem sequer é motivo para determinar a emenda ou correção da petição de contestação" (WLADECK, Felipe Scripes. *In:* WAMBIER, Teresa Arruda Alvim; DIDIER JR., Fredie; TALAMINI, Eduardo; DANTAS, Bruno (coords.). *Breves comentários ao novo Código de Processo Civil.* 3. ed. São Paulo: RT, 2016, p. 1.038).

64 CALMON DE PASSOS, José Joaquim. *Comentários ao Código de Processo Civil.* Rio de Janeiro: Forense, 1974, v. III, n. 133, p. 234.

Nem todas as defesas processuais, no entanto, visam à total e imediata inutilização do processo, razão pela qual elas podem ser subdivididas em *peremptórias* e *dilatórias*.

São *peremptórias* as que, uma vez acolhidas, levam o processo à extinção, como a de inépcia da inicial, ilegitimidade de parte, litispendência, coisa julgada, perempção etc. (art. 485). Aqui, o vício do processo é tão profundo que o inutiliza como instrumento válido para obter a prestação jurisdicional.

São *dilatórias* as defesas processuais que, mesmo quando acolhidas, não provocam a extinção do processo, mas apenas causam ampliação ou dilatação do curso do procedimento. Assim, quando se alega nulidade da citação, incompetência do juízo, conexão de causas, deficiência de representação da parte ou falta de autorização para a causa, ou ausência de caução ou de outra prestação que a lei exige como preliminar (art. 337, I, II, VIII, IX e XII), em todos esses casos a defesa provoca apenas uma paralisação temporária do curso normal do procedimento, enquanto o obstáculo processual não seja removido. Superado o impasse, a relação processual retoma sua marcha regular rumo à solução de mérito, que é o objetivo final do processo.

Pode, no entanto, uma defesa meramente dilatória adquirir a força de peremptória, quando, acolhida pelo juiz, a parte deixar de cumprir a diligência saneadora que lhe for determinada, no prazo legal ou naquele que o juiz houver marcado (exemplo: o juiz determina ao autor que regularize sua representação nos autos em cinco dias e este deixa escoar o prazo sem diligenciar o saneamento da falta). A exceção que, inicialmente, foi dilatória acabou se tornando peremptória, porque o juiz terá de decretar a extinção do processo (art. 485, II e § 1º).

A solução da defesa processual varia de natureza, conforme o sentido que lhe dê o magistrado. É decisão interlocutória o ato do juiz que rejeita exceção dilatória ou que julga sanada a falha que a motivou. Mas é sentença o ato que acolhe a defesa processual para extinguir a relação processual.

O procedimento a observar nas defesas processuais é, atualmente, o mesmo, pois devem ser formuladas como preliminares da contestação (art. 335), ao contrário do que ocorria no Código anterior, em que algumas eram formuladas como preliminar de defesa e, outras, em procedimentos apartados (exceções de suspeição, impedimento e incompetência) (art. 301 do CPC/1973).

594. Defesa de mérito

Quando o réu ataca o fato jurídico que constitui o mérito da causa (a sua *causa petendi*), tem-se a defesa chamada *de mérito*. O ataque do contestante pode atingir o próprio *fato* arguido pelo autor (quando, por exemplo, nega a existência do dano a indenizar), ou suas *consequências jurídicas* (quando reconhecido o fato, nega-lhe o efeito pretendido pelo autor). Em ambos os casos, diz-se que a defesa de mérito é *direta*, "porque dirigida contra a própria pretensão do autor e objetivando destruir-lhe os fundamentos de fato ou de direito".[65]

Mas a defesa de mérito pode, também, ser *indireta*, quando, embora se reconheça a existência e eficácia do fato jurídico arrolado pelo autor, o réu invoca outro fato novo que seja "impeditivo, modificativo ou extintivo do direito do autor" (CPC/2015, art. 350). São exemplos de defesa indireta de mérito a prescrição e a compensação.

Tal como as defesas processuais, também as defesas de mérito podem ser *dilatórias* ou *peremptórias*, conforme visem à total exclusão do direito material do autor, ou apenas à procrastinação do seu exercício. São defesas dilatórias de mérito, *v.g.*, as que se fundam no direito de retenção por benfeitorias (Código Civil, art. 1.219) ou na exceção de contrato não cumprido

---

[65] CALMON DE PASSOS, José Joaquim. *Comentários ao Código de Processo Civil*. Rio de Janeiro: Forense, 1974, v. III, n. 133, p. 235.

(Código Civil, art. 476). Essas alegações não conduzem à improcedência do pedido do autor, pois provocam apenas uma condenação subordinada a condição de que previamente se comprove o adimplemento da condicionante (art. 798, I, *c* e *d*). Daí seu exato enquadramento na modalidade de defesa dilatória de mérito.

Entre as defesas de mérito que podem ser formuladas na contestação contra o autor para condená-lo a alguma sanção legal figura aquela prevista no art. 940 do Código Civil, consistente no pagamento em dobro no caso de cobrança judicial de dívida já paga. Tal pena, na interpretação do STJ, firmada em regime de recursos repetitivos, independe de postulação em reconvenção ou em ação autônoma, cumprindo, porém, à parte a demonstração de má-fé do credor.[66]

595. Reconvenção

Entre as respostas de mérito, arrola-se, também, a reconvenção, que, todavia, não é meio de defesa, mas verdadeiro contra-ataque do réu ao autor, propondo dentro do mesmo processo uma ação diferente e em sentido contrário àquela inicialmente deduzida em juízo.

Na reconvenção, o réu passa a chamar-se *reconvinte* e visa elidir a pretensão do autor, dito *reconvindo*, formulando contra este uma pretensão de direito material, de que se julga titular, conexa ao direito invocado na inicial, e que tenha sobre ele eficácia extintiva ou impeditiva. Enquanto o contestante apenas procura evitar sua condenação, numa atitude passiva de resistência, o reconvinte busca mais obter uma condenação do autor-reconvindo.

596. Síntese

Diante do exposto, podemos classificar as respostas do réu, admitidas por nosso sistema processual civil, da seguinte maneira:

(a) defesa processual (sempre indireta);
(b) defesa direta de mérito;
(c) defesa indireta de mérito;
(d) reconvenção.

Por sua vez, as defesas indiretas, processuais ou de mérito, podem ser:

(a) peremptórias; ou
(b) dilatórias.

---

66 STJ, 2ª Seção, REsp 1.111.270/PR, Rel. Min. Marco Buzzi, ac. 25.11.2015, *DJe* 16.02.2016.

§ 74. CONTESTAÇÃO

597. Conceito

O direito de ação, como direito subjetivo público, autônomo e abstrato, que visa à tutela jurisdicional do Estado, não cabe apenas ao autor. Assim como este o exercita, por meio da petição inicial, o réu, da mesma forma, também o faz mediante contestação; pois, tanto no ataque do primeiro como na defesa do segundo, o que se busca é uma só coisa: a providência oficial que há de pôr fim à lide, mediante aplicação da vontade concreta da lei à situação controvertida.

Daí a lição de Couture de que o direito de defesa em juízo se afigura como um direito paralelo à ação manipulada pelo autor. Pode-se dizer, com o grande mestre, que é a ação do réu. "O autor pede justiça reclamando algo contra o demandado e este pede justiça solicitando a repulsa da demanda".[67]

Como o autêntico direito de ação, o direito de defender-se não está vinculado ao direito material. É puramente processual, tanto que, mesmo sem o menor resquício de amparo em direito substancial comprovado, sempre se assegura ao réu o direito formal de formular sua contestação ao pedido do autor.[68]

Há, porém, profunda diferença entre a ação do autor e a contestação do réu. Na ação, o autor formula uma *pretensão*, faz um *pedido*. Diversamente, na defesa, não se contém nenhuma pretensão, mas *resistência* à pretensão e ao pedido do autor.

O contestante, na realidade, ao usar o direito abstrato de defesa, busca tão somente libertar-se do processo em que o autor o envolveu. Isto pode ser feito de duas maneiras, isto é:

(a) por intermédio de ataque à relação processual, apontando-lhe vícios que a invalidem ou tornem inadequada ao fim colimado pelo autor; ou
(b) por meio de ataque ao mérito da pretensão do autor.

Contestação, portanto, é o instrumento processual utilizado pelo réu para opor-se, formal ou materialmente, à pretensão deduzida em juízo pelo autor.

598. Conteúdo e forma da contestação

A forma da contestação é a de petição escrita, endereçada ao juiz da causa (CPC/2015, art. 335). Nela, o réu tem que alegar "toda a matéria de defesa, expondo as razões de fato e de direito com que impugna o pedido do autor e especificando as provas que pretende produzir" (art. 336).

O ônus de arguir na contestação "toda a matéria de defesa" é consagração, pelo Código, do princípio da *eventualidade* ou da *concentração*, que consiste na preclusão do direito de invocar, em fases posteriores do processo, matéria de defesa não manifestada na contestação.

Dessa forma, incumbe ao réu formular, de uma só vez, na contestação, todas as defesas de que dispõe, de caráter formal ou material, inclusive aquelas que, ao tempo do Código revogado, constituíam objeto específico de outras respostas ou incidentes, como as exceções e a recon-

---

67 COUTURE, Eduardo J. *Fundamentos del Derecho Procesal Civil*. Buenos Aires: Depalma, 1974, n. 55, p. 91. Para o novo Código de Processo Civil francês, a ação cabe tanto ao autor como ao réu. Para o autor é o direito de ser ouvido em juízo acerca de uma pretensão, a fim de que o juiz a reconheça procedente ou improcedente. Para o demandado, é o direito de discutir a procedência da mesma pretensão (art. 300) – CPC/2015, art. 336.

68 AMARAL SANTOS, Moacyr. *Primeiras Linhas de Direito Processual Civil*. 3. ed. São Paulo: Max Limonad, 1971, v. II, n. 401, p. 145.

venção. Se alguma arguição defensiva for omitida nessa fase, impedido estará ele, portanto, de levantá-la em outros momentos ulteriores do procedimento.

Há, porém, três hipóteses em que o Código abre exceção ao princípio da eventualidade ou concentração da defesa, para permitir que o réu possa deduzir novas alegações no curso do processo, depois da contestação.

Isso é possível quando as novas alegações (art. 342):

(a) sejam relativas a direito ou fato superveniente (como, *v.g.*, o réu que adquire a propriedade da coisa litigiosa, no curso do processo, por herança; ou que obtém quitação do autor relativamente à obrigação disputada em juízo) (inciso I);

(b) quando a matéria arguida for daquelas que o juiz pode conhecer de ofício (exemplo: condições da ação e pressupostos processuais) (inciso II);

(c) quando, por expressa autorização legal, a matéria puder ser formulada em qualquer tempo e juízo (exemplo: prescrição) (inciso III).

598.1. Direito ou fato superveniente

Quando o art. 342, I, permite ao réu deduzir, após a contestação, alegações novas relativas "a direito ou a fato superveniente", não está cogitando de direito objetivo. A lei nova, por previsão constitucional, nunca pode retroagir em prejuízo dos atos jurídicos perfeitos ou dos direitos adquiridos (CF, art. 5º, XXXVI). O que se exclui da preclusão prevista no art. 336 do CPC é a arguição do "direito superveniente", entendido como tal "a situação jurídica nova" formada no curso do processo, cujos efeitos interferirão na resolução do litígio. Essa eficácia inovativa, aliás, tanto pode se manifestar em favor do réu como do autor, razão pela qual pode ser invocada por qualquer deles.[69] Pense-se, *v.g.*, na morte do credor, do qual o réu é o único herdeiro, ou na troca de correspondência em que o credor confirma implicitamente já haver compensado o crédito reclamado no processo etc.

599. Ônus da defesa especificada

Além do ônus de defender-se, o réu tem, no sistema de nosso Código, o ônus de impugnar especificadamente todos os fatos arrolados pelo autor. Pois dispõe o art. 341 do CPC/2015 que "incumbe também ao réu manifestar-se precisamente sobre as alegações de fatos constantes da petição inicial", sob pena de presumirem-se verdadeiras "as não impugnadas". É, de tal sorte, ineficaz a contestação por negação geral, bem como "a que se limita a dizer não serem verdadeiros os fatos aduzidos pelo autor".[70] O efeito de contestação em tais circunstâncias é o mesmo da ausência de contestação (revelia), qual seja a presunção de veracidade dos fatos afirmados pelo autor e não recusados pelo réu (CPC, art. 344).[71]

---

[69] GONÇALVES, Tiago Figueiredo. *O procedimento comum no processo de conhecimento*: da petição inicial à sentença. Londrina: Thoth Editora, 2025, p. 140-141.

[70] CALMON DE PASSOS, José Joaquim. *Comentários ao Código de Processo Civil*. Rio de Janeiro: Forense, 1974, v. III, n. 150, p. 274.

[71] GONÇALVES, Tiago Figueiredo. *O procedimento comum no processo de conhecimento*: da petição inicial à sentença. Londrina: Thoth Editora, 2025, p. 144. Lembra o autor que a vedação à negativa geral deve ser vista como uma diretriz genérica, "mas não como uma regra, pois inevitavelmente haverá situações em que o réu, ao se defender, resta simplesmente apresentar negativa dos fatos" (GONÇALVES, Tiago Figueiredo. *O procedimento comum no processo de conhecimento*: da petição inicial à sentença. Londrina: Thoth Editora, 2025, p. 145). Nesse sentido: ARRUDA ALVIM NETO, José Manoel. *Manual de direito processual civil*. 7. ed. São Paulo: Ed. RT, 2000, v. 2, p. 298. É o caso, por exemplo, da acusação feita ao réu de que dirigia o veículo embargado quando do ato ilícito noticiado na inicial. Se não é verdadeira a afirmação, bastará

Diante do critério adotado pela legislação processual civil, os fatos não impugnados precisamente são havidos como verídicos, o que dispensa a prova a seu respeito.[72] Quando forem decisivos para a solução do litígio, o juiz deverá, em face da não impugnação especificada, julgar antecipadamente o mérito, segundo a regra do art. 355, I.

Ressalvou, no entanto, o art. 341 três casos em que não ocorre a presunção legal de veracidade dos fatos não impugnados pelo contestante. São os seguintes:

(a) *quando não for admissível, a respeito deles, a confissão* (inciso I): é o caso dos direitos *indisponíveis*, como os relacionados com a personalidade e o estado das pessoas naturais;[73]

(b) *quando a petição inicial não estiver acompanhada do instrumento público que a lei considerar da substância do ato* (inciso II): a norma harmoniza-se com o art. 406, no qual se diz que, "quando a lei exigir instrumento público como da substância do ato, nenhuma outra prova, por mais especial que seja, pode suprir-lhe a falta";

(c) *quando os fatos não impugnados estiverem em contradição com a defesa, considerada em seu conjunto* (inciso III): isto pode acontecer quando o autor arrola uma sequência de fatos e o réu impugna diretamente apenas alguns, mas da impugnação destes decorre implicitamente a rejeição dos demais, por incompatibilidade lógica entre o que foi arguido e os fatos não apreciados pelo contestante. Se o réu, por exemplo, baseia sua defesa no álibi de não ter sequer estado presente no local em que ocorreu o ato ilícito que lhe é imputado, implicitamente estarão impugnados todos os demais fatos alegados pelo autor que pressuponham a referida presença do contestante.

Há, também, outro caso em que a presunção de veracidade dos fatos não impugnados deixa legalmente de operar: ocorre quando a contestação é formulada por advogado dativo, curador especial (art. 341, parágrafo único). É que, em tais circunstâncias, o relacionamento entre o representante e o representado não tem a intimidade ou profundidade que é comum entre os clientes e seus advogados normalmente contratados. O Código atual não inclui o órgão do Ministério Público na dispensa da impugnação especificada dos fatos.

Por autorizar, *in casu*, a contestação por negação geral a simples resposta torna controvertidos todos os fatos invocados na petição inicial, mantendo-se, por conseguinte, o ônus da prova inteiramente a cargo do autor.[74]

De qualquer maneira, a regra do art. 341 contém uma presunção apenas relativa e não uma presunção absoluta e intransponível. Ainda que algum fato constitutivo do direito pretendido

---

ao contestante simplesmente negar-lhe a veracidade, sem necessidade de invocar outros argumentos para justificar-se. Ao autor é que caberá o ônus de provar sua afirmação.

72 "Fato alegado na inicial e não impugnado pelo réu é *fato provado*" (TJSP, Apel. 248.406, Rel. Des. Gonzaga Júnior, *RT*, 486/79). No mesmo sentido: STJ, 4ª T., AgRg no Ag 89.254/RS, Rel. Min. Barros Monteiro, ac. 09.12.1996, *DJU* 17.03.1997; STJ, 3ª T., REsp 1.128.646/SP, Rel. Min. Nancy Andrighi, ac. 18.09.2011, DJe 14.09.2011. "O princípio da concentração da defesa ou da eventualidade impõe ao réu o ônus de impugnar, especificadamente, as alegações de fato formuladas pelo autor, sob pena de serem havidas como verdadeiras (art. 341 do CPC/2015)" (STJ, 3ª T., REsp 1.885.201/SP, Rel. Min. Nancy Andrighi, ac. 03.11.2021, DJe 25.11.2021). "Todavia, não se opera se não for admissível, a respeito dos fatos não impugnados, a confissão (art. 302, I do CPC)" (STJ, 2ª T., AgRg no REsp 1.187.684/SP, Rel. Min. Humberto Martins, ac. 22.05.2012, DJe 29.05.2012).

73 Os direitos tutelados pela Fazenda Pública são, em regra, indisponíveis. Não estando eles sujeitos aos efeitos da confissão, não se aplica ao poder público a presunção de veracidade prevista no art. 302 do CPC (CPC/2015, art. 341), consoante a ressalva da sua alínea I (STJ – 2ª T., AgRg no REsp 1.187.684/SP, Rel. Min. Humberto Martins, ac. 22.05.2012, *DJe* 29.05.2012).

74 STJ, 3ª T., REsp 1.009.293/SP, Rel. Min. Nancy Andrighi, ac. 06.04.2010, *DJe* 22.04.2010.

pelo autor não tenha sido objeto de impugnação especificada na contestação, não poderá o juiz ignorar a prova acaso existente nos autos que lhe negue a veracidade. O elemento de convicção, uma vez que revele o contrário da presunção, há de ser levado em conta no julgamento da causa, porque o compromisso maior do juiz, no desenvolvimento do devido processo legal, é com a verdade real e com a justa composição do litígio. Não importa quem tenha carreado para o processo a prova de inexistência do fato constitutivo da *causa petendi*. A prova, qualquer que seja sua origem, é do processo, e não do autor ou do réu. Se ela nega o direito do autor, não pode a sentença protegê-lo. A tutela jurisdicional cabe ao *direito* lesado ou ameaçado. Se este, comprovadamente, não existe, a sentença haverá de ser de improcedência da demanda, mesmo que o réu não tenha atacado o fato constitutivo do direito do autor e mesmo, ainda, que a prova contrária tenha surgido nos autos sem a iniciativa do demandado.[75] Terá sido, enfim, aniquilada a presunção legal relativa.

600. Preliminares da contestação

A contestação, em nosso sistema processual, não é apenas meio de defesa de ordem material ou substancial. Cabe ao réu usá-la, também, para as defesas de natureza processual, isto é, para opor ao autor alegações que possam invalidar a relação processual ou revelar imperfeições formais capazes de prejudicar o julgamento do mérito. Essas arguições meramente processuais se revestem de caráter prejudicial, de maneira que seu exame e sua solução hão de preceder à apreciação do litígio (mérito).

Por isso, dispõe o art. 337 do CPC/2015 que compete ao contestante, antes de discutir o mérito, alegar, se for o caso, as seguintes preliminares:

(*a*) *Inexistência ou nulidade da citação* (inciso I). Trata-se de exceção ou defesa dilatória, porque o comparecimento do réu supre a citação (art. 239, § 1º), fluindo a partir desta data o prazo para apresentação de contestação.

(*b*) *Incompetência absoluta e relativa* (inciso II). O Código de 2015 inovou ao determinar que a incompetência, tanto absoluta como relativa, seja alegada em preliminar de contestação (arts. 64 e 337, II). A lei anterior autorizava a alegação em preliminar apenas da incompetência absoluta, uma vez que a relativa deveria ser oposta por meio de incidente específico (exceção de incompetência – arts. 307 a 311 do CPC/1973). Juiz absolutamente incompetente é aquele a que falta competência para a causa, em razão da matéria ou da hierarquia (art. 62). A incompetência relativa, por sua vez, diz respeito à competência em razão do valor e do território (art. 63). A defesa, aqui,

---

[75] "A prova, depois de feita, é comum, não pertence a quem a faz, pertence ao processo; pouco importa sua fonte, pouco importa sua proveniência. E, quando digo que pouco importa a sua proveniência, não me refiro apenas à possibilidade de que uma das partes traga a prova que em princípio competiria à outra, senão também que incluo aí a prova trazida aos autos por iniciativa do juiz" (BARBOSA MOREIRA, José Carlos. O juiz e a prova. *Revista de Processo*, v. 35, p. 181). "Na hipótese de não contestação tácita ou implícita, o fato alegado conserva-se '*da provare*', e assim continua, malgrado o silêncio da contraparte, a constituir um possível objeto de prova" (TARUFFO, Michele. Prova (in generale), *Digesto delle discipline provatistiche*, Sezione Civile. Turino: UTET, 1992, v. 16, p. 12). "La prueba no puede ser de una parte ni para una parte; ni tampoco para el juzgador. La prueba es para el proceso. (...) El principio de adquisición quiere decir precisamente que las pruebas se adquieren para el proceso" (MELENDO, Santiago Sentís. La prueba es libertad. *La prueba*. Los grandes temas del derecho probatorio. Buenos Aires: EJEA, 1978, p. 20). Em outro texto, o autor afirma: "no hay pruebas de una parte y pruebas de la otra, sino *pruebas del proceso y para el juez*; y cualquiera de las partes pude producir pruebas sobre los hechos articulados por ella o articulados por la contraria" (MELENDO, Santiago Sentís. La prueba es libertad. *La prueba*. Los grandes temas del derecho probatorio. Buenos Aires: EJEA, 1978, p. 116).

também é dilatória, pois seu acolhimento não leva à extinção do processo, mas à remessa dele ao juiz competente.

Se a incompetência relativa não for suscitada em preliminar de contestação, haverá prorrogação da competência do juiz que tomou conhecimento da inicial (art. 65, *caput*). A absoluta, por sua vez, poderá ser alegada não só em preliminar de contestação, como também em qualquer tempo e grau de jurisdição e deve ser declarada de ofício, uma vez que é improrrogável (art. 64, § 1º).

No procedimento comum, não está o réu obrigado a aguardar a realização da audiência de mediação ou conciliação para arguir, na contestação, a incompetência do juízo. Pode, desde a citação, entrar com petição avulsa excepcionando-o. Essa arguição, como expediente de economia processual, não acarreta perda do direito de contestar a ação a seu devido tempo, por não ensejar, de forma alguma, preclusão consumativa, em torno de um ato processual que a parte ainda não está autorizada a praticar[76].

(c) *Incorreção do valor da causa* (inciso III). A nova lei determina que a impugnação constará de preliminar de contestação, sob pena de preclusão, não mais configurando exceção autuada em apenso (art. 293).

(d) *Inépcia da inicial* (inciso IV). É defesa processual peremptória, já que dá lugar à extinção do processo, sem julgamento do mérito. É acolhível nos casos previstos no art. 330, § 1º. (v., *retro*, item 564).

(e) *Perempção* (inciso V). É, também, defesa peremptória. Ocorre a perempção quando o autor dá ensejo a três extinções do processo, sobre a mesma lide, por abandono da causa (art. 486, § 3º). Em consequência da perempção, embora não ocorra extinção do direito subjetivo material, fica o autor privado do direito processual de renovar a propositura da mesma ação. Pode, todavia, a questão ser suscitada em defesa.

(f) *Litispendência* (inciso VI). A existência de uma ação anterior igual à atual impede o conhecimento da nova causa. Ocorre litispendência, segundo o Código, "quando se reproduz ação anteriormente ajuizada" (art. 337, § 1º) e que ainda esteja em curso, pendendo de julgamento (art. 337, § 3º). Define, outrossim, o § 2º do mesmo artigo, o que se deve entender por ação idêntica, dizendo que, para haver litispendência, é necessário que nas duas causas sejam as mesmas *partes*, a mesma *causa de pedir*, e o mesmo *pedido* (veja-se, *retro*, o n. 402). A exceção de litispendência, que visa a impedir a duplicidade de causas sobre um só litígio, quando acolhida, é defesa peremptória.

(g) *Coisa julgada* (inciso VII). Com o advento da coisa julgada, o dispositivo da sentença torna-se imutável e indiscutível (art. 502). Daí a impossibilidade de renovar-se a propositura de ação sobre o mesmo tema. Para acolhimento da preliminar de coisa julgada, é necessário que ocorra identidade de partes, *causa petendi* e pedido, tal como se passa com a litispendência (art. 337, §§ 1º e 2º). A diferença entre essas duas figuras processuais está em que a litispendência ocorre com relação a uma causa anterior ainda em curso, e a coisa julgada relaciona-se com um feito já definitivamente julgado por sentença, de que não mais cabe nenhum recurso (art. 337, § 4º). É, igualmente, defesa processual peremptória.

(h) *Conexão* (inciso VIII). Ocorre a conexão entre várias ações nos casos previstos no art. 55 (comunhão de *pedido* ou de *causa de pedir*). A defesa que invoca a conexão

---

[76] "Não há preclusão consumativa do direito de apresentar contestação, se o réu se manifesta, antes da data da audiência de conciliação ou de mediação, quanto à incompetência do juízo" (Enunciado 124/CEJ da II Jornada de Direito Processual Civil).

é apenas dilatória, já que não visa à extinção do processo, mas apenas à reunião das causas conexas (art. 55, § 1º). Os autos, no caso de acolhimento da preliminar, são simplesmente remetidos ao juiz que teve preventa sua competência, segundo a regra do art. 58. Compreende-se, por outro lado, na expressão *conexão*, utilizada pelo art. 337, VIII, também a *continência* (art. 56), porque, além de ser esta uma figura que, *lato sensu*, se contém no conceito de conexão, produz processualmente a mesma consequência que esta.

(i) *Incapacidade da parte, defeito de representação ou falta de autorização* (inciso IX). Cuida-se agora de vários pressupostos processuais, ou seja, de requisitos necessários para que a relação processual se estabeleça e se desenvolva eficazmente. Essa defesa formal é simplesmente dilatória porque, ao acolhê-la, o juiz não extingue, desde logo, o processo, mas sim enseja oportunidade à parte para sanar o vício encontrado. Só depois de, eventualmente, não ser cumprida a diligência, é que, então, haverá a extinção do processo. Aí, sim, a defesa processual assumirá a figura de exceção peremptória.

(j) *Convenção de arbitragem* (inciso X). O juízo arbitral, nos casos em que a lei o permite (Lei 9.307, de 23.09.1996), é modo de excluir a aptidão da jurisdição para solucionar o litígio. Se as partes ajustaram o compromisso para julgamento por árbitros, ilegítima será a atitude de propor ação judicial sobre a mesma lide. A defesa processual que opõe à ação a preexistência de compromisso arbitral é peremptória. Essa matéria, entretanto, não pode ser conhecida de ofício pelo juiz (art. 337, § 5º) e, se não alegada pela parte, implica aceitação da jurisdição estatal e a consequente renúncia ao juízo arbitral (art. 337, § 6º).

(k) *Carência de ação* (inciso XI). Ocorre a carência de ação quando não concorrem, no caso deduzido em juízo, as condições necessárias para que o juiz possa examinar o mérito da causa e que são a legitimidade das partes e o interesse processual do autor (art. 17). Consoante já asseverado, o Código atual excluiu a possibilidade jurídica como condição da ação (vejam-se, *retro*, os nºs 95 e 96).

(l) *Falta de caução ou de outra prestação, que a lei exige como preliminar* (inciso XII). A preliminar, na espécie, configura defesa processual dilatória. O juiz, ao acolhê-la, deve ensejar oportunidade ao autor para sanar a falha. Se não houver o suprimento, no prazo marcado, a preliminar assumirá força de peremptória e o juiz decretará, então, a extinção do processo, sem julgamento do mérito.

(m) *Indevida concessão do benefício da gratuidade de justiça* (inciso XIII). O atual Código determinou que a impugnação ao benefício da gratuidade de justiça seja alegada em preliminar de contestação, na réplica, nas contrarrazões de recurso, ou, ainda, por meio de simples petição, nos próprios autos do processo, quando o pedido for superveniente ou feito por terceiro (art. 100) (ver item 220, *retro*). Assim, caso o autor tenha requerido a assistência judiciária na petição inicial, deve o réu impugná-la em preliminar de contestação.

Não se inclui nas preliminares da contestação a arguição de suspeição ou impedimento do juiz. Tais questões são objeto de incidente próprio (ver, *retro*, itens 304 e 305).

601. Conhecimento *ex officio* das preliminares

O juízo arbitral, mesmo quando previamente compromissado, pode ser renunciado, até mesmo de forma tácita. Basta, por exemplo, ao réu não o alegar na contestação para presumir-se a renúncia ao julgamento que antes fora confiado aos árbitros (CPC/2015, art. 337, § 6º). Assim, não pode o juiz conhecer *ex officio* da preliminar do inciso X do art. 337 (art. 337, § 5º).

Da mesma forma, o Código não autoriza que a incompetência relativa seja conhecida de ofício pelo juiz (art. 337, § 5º), uma vez que a competência, nesse caso, pode ser prorrogada se não houver arguição tempestiva pela parte (art. 65).

Todas as demais preliminares do artigo 337 devem, no entanto, ser apreciadas e decididas pelo juiz de ofício, isto é, independentemente de arguição pelo contestante (art. 337, § 5º). Esse poder do julgador decorre, na espécie, do fato de que qualquer uma das referidas preliminares afeta os requisitos de constituição ou desenvolvimento válido e regular do processo, matéria na qual há, sem dúvida, evidente interesse público.

602. Alegação de ilegitimidade *ad causam*

A alegação de ilegitimidade *ad causam* tanto pode ser feita em relação ao autor, como em relação ao réu.

Quando a arguição se referir ao réu, este, em preliminar de contestação, poderá alegar ser parte ilegítima ou não ser o responsável pelo prejuízo invocado. Nesse caso, o juiz facultará ao autor, em quinze dias, a alteração da petição inicial para substituição do demandado (CPC/2015, art. 338, *caput*). Com essa medida, o Código atual aboliu a antiga intervenção de terceiro da nomeação à autoria, permitindo que tudo se resolva como mera correção da petição inicial.

Caso o autor faça a substituição da parte ilegítima, deverá reembolsar as despesas feitas pelo réu excluído. Da mesma forma, pagará ao procurador da parte ilegítima honorários advocatícios, que serão fixados entre três e cinco por cento do valor da causa ou, sendo este irrisório, serão arbitrados por apreciação equitativa, observando-se: *(i)* o grau de zelo do profissional; *(ii)* o lugar da prestação do serviço; *(iii)* a natureza e a importância da causa; e *(iv)* o trabalho realizado pelo advogado e o tempo exigido para o seu serviço (art. 338, parágrafo único).

O Código atual estabeleceu, ainda, a obrigatoriedade do réu que alegar sua ilegitimidade indicar o sujeito passivo da relação jurídica discutida em juízo, sempre que tiver conhecimento de quem seja, sob pena de arcar com as despesas processuais e indenizar o autor pelos prejuízos decorrentes da falta da indicação (art. 339, *caput*).

Se o autor aceitar a indicação, deverá, no prazo de quinze dias, proceder à substituição do réu, reembolsando as despesas e efetuando o pagamento dos honorários advocatícios do procurador da parte excluída (art. 339, § 1º). Entretanto, se não aceitar a alegação de ilegitimidade do réu, poderá alterar a petição inicial não para substituir, mas para incluir na lide, como litisconsorte passivo, o sujeito indicado pelo réu (art. 339, § 2º) (é o caso, por exemplo, da corresponsabilidade entre preponente e preposto). Nessa hipótese, o processo prosseguirá contra todos os réus indicados pelo autor.

A substituição da parte ilegítima pela legítima repercutirá sobre o efeito retroativo da citação, no tocante à interrupção da prescrição:

(a) Se a ação foi endereçada a parte manifestamente ilegítima, inobservou-se a forma legal do ato, "e, por conseguinte, não há falar em interrupção do prazo prescricional",[77] e muito menos em efeito retroativo de qualquer natureza.

(b) Havendo, porém, dúvida acerca da parte legítima, pode-se, eventualmente, mitigar-se o tratamento da interrupção do prazo prescricional, relevando-se o equívoco inicial do autor na identificação do sujeito passivo da ação.[78] Assim, aceitada a nomeação do substituto da parte ilegítima, o autor terá quinze dias para promover sua citação. Esse prazo é que definirá a *tempestividade*, ou não, do novo ato citatório e respectivo efeito interruptivo da prescrição.

---

77 STJ, Corte Especial, EAREsp 1.294.919/PR, Rel. Min. Laurita Vaz, ac. 05.12.2018, *DJe* 13.12.2018.

78 STJ, Corte Especial, EAREsp 1.294.919/PR, Rel. Min. Laurita Vaz, ac. 05.12.2018, *DJe* 13.12.2018.

(c) Admitida a razoabilidade do equívoco do autor, e "promovidos os atos de citação pela autora na oportunidade processualmente assegurada, a interrupção da prescrição retroage à data da propositura da ação",[79] e não à data do requerimento da citação do novo demandado.

603. Alegação de incompetência do juízo

I – Alegação por réu residente fora da comarca da causa

O réu domiciliado fora da comarca da causa pode alegar, em preliminar de contestação, a incompetência absoluta ou relativa do juízo e indicar a prevalência do foro de seu domicílio. O Código de 2015 autoriza nessa hipótese que a contestação seja protocolada no foro de domicílio do réu, em vez de enviada ao juiz da causa. Trata-se de medida de economia processual, aplicável às citações pelo correio, carta precatória ou por edital, para desonerar o demandado dos ônus de deslocamento até o foro da causa para se defender. A defesa assim apresentada será remetida pelo juiz local ao juízo da causa, o qual procederá à imediata comunicação a este, preferencialmente por meio eletrônico (CPC/2015, art. 340, *caput*).

II – Réu citado por carta precatória

Se o réu houver sido citado por meio de carta precatória, a sua contestação será juntada aos autos desta, que será imediatamente remetida para o juízo deprecante (art. 340, § 1º).

III – Réu citado por outro meio

Se, contudo, a citação tiver sido feita por outro meio (como por correio), a contestação será submetida à livre distribuição no foro de domicílio do réu e ao posterior envio ao juízo da causa (art. 340, § 1º).

IV – Prevenção da competência do juízo em que foi protocolada a contestação

Caso acolhida a arguição de incompetência do juiz da causa e reconhecida a competência do foro indicado pelo réu, o juízo para o qual fora distribuída a contestação ou a carta precatória será considerado prevento para processamento e julgamento da causa (art. 340, § 2º).

V – Suspensão da audiência de conciliação ou de mediação designada pelo juiz da causa

Havendo alegação de incompetência absoluta ou relativa do juízo, será suspensa a realização da audiência de conciliação ou de mediação, acaso designada pelo juiz que ordenou a citação do réu (art. 340, § 3º). Definida a competência, o juiz competente designará nova data para a referida audiência (§ 4º).

604. Alegação de abusividade da cláusula de eleição de foro

É sabido que as partes podem eleger foro, no qual será proposta a ação oriunda de direitos e obrigações, sempre que a competência ocorrer em razão do valor ou do território (art. 63).

Se a cláusula de eleição do foro não for reputada ineficaz de ofício pelo juiz (art. 63, § 3º), o que se permite em relação a convenção abusiva, caberá ao réu arguir a matéria, em preliminar da contestação, sob pena de preclusão (art. 63, § 4º) (ver item 173 *retro*). Nessa hipótese, dar-se-á a prorrogação da competência do juízo a que a causa foi originariamente afetada.

---

[79] STJ, 3ª T., REsp 1.705.703/SP, Rel. Min. Marco Aurélio Bellizze, ac. 02.10.2018, *DJe* 08.10.2018.

605. Réplica ou impugnação do autor

Para manter a observância do princípio do contraditório, sempre que a contestação contiver defesa indireta de mérito, ou seja, quando o réu invocar fato impeditivo, modificativo ou extintivo do direito alegado na inicial, o juiz mandará ouvir o autor sobre a resposta, em quinze dias (CPC/2015, art. 350). A mesma audiência do autor será observada, também, quando o contestante arguir qualquer das preliminares previstas para a contestação no art. 337 (art. 351).

Em ambos os casos, além de se permitir a impugnação da defesa do réu, será facultado ao autor produzir prova (arts. 350 e 351).

Observe-se que, conforme o conteúdo da resposta do réu, podem surgir questões novas de fato e de direito, sobre as quais o autor tem de ter oportunidade de se manifestar e de se defender, sob pena de quebra do contraditório e ampla defesa. É nesse sentido que o art. 7º do CPC assegura a ambas as partes a "paridade de tratamento" no exercício dos "direitos e faculdades processuais", ao mesmo tempo que impõe ao juiz "zelar pelo efetivo contraditório". Assim como o réu tem assegurada a faculdade de se defender, através da contestação, das alegações iniciais do autor, este simetricamente tem de contar com a adequada réplica para se defender diante das inovações introduzidas no estágio postulatório pelo réu.

Ainda em função da simetria observável entre o tratamento da faculdade defensiva assegurada a ambas as partes, ao autor que se abstém de defender-se no prazo aberto para réplica aplicam-se as mesmas sanções cabíveis ao réu, em situação de revelia, ou seja: presunção de veracidade das alegações fáticas da contraparte (art. 344), salvo, é claro, as hipóteses do art. 345, em que a eficácia probatória da revelia não opera.[80]

A réplica, porém, não é faculdade assegurada diante de qualquer contestação, mas apenas naquelas em que o réu tenha arguido preliminares ou fato impeditivo, modificativo ou extintivo do direito do autor. Caso a defesa se limite à contestação apenas do mérito *stricto sensu*, não haverá réplica, devendo o processo prosseguir sem manifestação do autor sobre a resposta do demandado.[81] É preciso, pois, que o réu tenha invocado algumas das matérias do art. 337 do CPC/2015, ou tenha trazido dados inéditos ao processo, para justificar a oitiva do autor, em função da garantia do contraditório e ampla defesa.[82]

Não se pode recusar, outrossim, o cabimento de tréplica ao réu, se o autor, na réplica, apresentar documentos novos ou fatos novos. Na espécie, a tréplica será, também, uma exigência da garantia do contraditório e ampla defesa.[83]

---

80 "O que for regra para a contestação, nos mesmos critérios, deve ser utilizado para a réplica, no que couber", seja tanto no tocante à revelia, como na exigência de concentração, completude e tempestividade da resposta (ARAÚJO, José Henrique Mouta; LEMOS, Vinícius Silva. A réplica no processo civil: momentos, conteúdos e importância para o contraditório. *Revista de Processo*, v. 328, p. 144 e ss., jun. 2022. No mesmo sentido: REDONDO, Bruno Garcia. Réplica, tréplica e quadrúplica: institutos relevantes indevidamente desprestigiados. *Revista Eletrônica de Direito Processual*, v. XI, p. 38, 2013; YARSHELL, Flávio Luiz; PEREIRA, Guilherme Setoguti J.; RODRIGUES, Viviane Siqueira. *Comentários ao novo Código de Processo Civil*: arts. 334 a 368. São Paulo: RT, 2016, v. V, p. 247).

81 NERY JR., Nelson; NERY, Rosa Maria de Andrade. *Código de Processo Civil comentado*. 19. ed. São Paulo: RT, 2020, p. 994.

82 As hipóteses em que o juiz necessariamente ensejará oportunidade à réplica são: "(i) alegação de qualquer preliminar do art. 337 do CPC, motivado pela dicção do art. 351 do CPC; (ii) a alegação de fatos novos, com modificação, extinção ou impedimento do direito do autor, com base no art. 350 do CPC; (iii) a juntada de documentos pelo réu na sua contestação, diante do teor do art. 437, § 1º, do CPC; (iv) a existência de pedido de reconvenção na contestação do réu, com base no art. 343, § 1º, do CPC" (ARAÚJO, José Henrique Mouta; LEMOS, Vinícius Silva. A réplica no processo civil: momentos, conteúdos e importância para o contraditório. *Revista de Processo*, v. 328, p. 146, jun. 2022. Nesse sentido: STJ, 3ª T., REsp 1.051.652/TO, Rel. Min. Nancy Andrighi, ac. 27.09.2011, *DJe* 03.10.2011.

83 DIDIER JR., Fredie. *Curso de direito processual civil*. 17. ed. Salvador: JusPodivm, 2015, v. I, p. 696; SICA, Heitor Vitor Mendonça. *O direito de defesa no processo civil brasileiro:* um estudo sobre a posição do réu. São Paulo: Atlas, 2011, p. 270.

§ 75. RECONVENÇÃO

606. Conceito

Reconvenção é, na clássica definição de João Monteiro, "a ação do réu contra o autor, proposta no mesmo feito em que está sendo demandado".[84] Ao contrário da contestação, que é simples resistência à pretensão do autor, a reconvenção é um contra-ataque, uma verdadeira ação ajuizada pelo réu (*reconvinte*) contra o autor (*reconvindo*), nos mesmos autos.[85]

Segundo tradição que remonta ao Direito Romano, com ela se formam duas ações mútuas num só processo: "a originária, que os jurisconsultos romanos chamavam *conventio*, e a segunda, oposta àquela pelo réu, *reconventio*".[86]

Da reconvenção resulta um *cúmulo de lides*, representado pelo acréscimo do pedido do réu ao que inicialmente havia sido formulado pelo autor. Ambas as partes, em consequência, passam a atuar reciprocamente como autores e réus.

O fundamento do instituto está no princípio de economia processual, com que se procura evitar a inútil abertura de múltiplos processos entre as mesmas partes, versando sobre questões conexas, que muito bem podem ser apreciadas e decididas a um só tempo.

A reconvenção, todavia, é mera faculdade, não um ônus como a contestação. Da sua omissão, nenhum prejuízo decorre para o direito de ação do réu, pois, se não formulou a resposta reconvencional, pode, mesmo assim, ajuizar ação paralela diante do mesmo juiz, até depois de vencido o prazo de reconvir, para ajuizar o pedido contra o autor que poderia ter sido objeto da reconvenção.[87]

607. Contestação reconvencional: uma inovação do Código de Processo Civil

Quem fixa o objeto do processo e delimita a prestação jurisdicional é a *demanda*, ordinariamente formulada pelo autor. Dela não pode se afastar a sentença, nem para ultrapassá-la (decisões *extra* ou *ultra petita*), nem para reduzi-la (decisão *citra petita*). A coisa julgada, por isso mesmo, cinge-se à solução dada à demanda (CPC/2015, art. 503).

É bom advertir, porém, que a demanda não é privilégio do autor, pois ao réu também é dado formular, em sua resposta, pedidos com poder de ampliar o objeto litigioso. Isto se dá no caso típico da reconvenção, mas não só nele. Muitos são os exemplos em que a lei prevê a possibilidade de o juiz, acolhendo defesa deduzida em contestação, pronunciar sentença de mérito sobre matéria que ultrapassa o pedido e a causa de pedir formulados pelo autor.

Lembre-se dos exemplos das ações possessórias, que podem redundar em tutela à posse do réu, em lugar da do autor, chegando mesmo a condená-lo a perdas e danos em favor do demandado, sem que este tenha formulado, formalmente, uma reconvenção (art. 556) e das ações de consignação em pagamento, quando o demandado arguir insuficiência do depósito, caso em que o juiz, acolhendo a defesa, condenará o autor ao pagamento da diferença em favor

---

[84] MONTEIRO, João. *Programa do Curso de Processo Civil*. 3. ed. São Paulo: Duprat, 1912, v. VIII, § 292, p. 346.

[85] "É inepta a petição reconvencional omissa no formular uma pretensão contra o autor, limitando-se ao pedido de rejeição da ação" (TJRS, Apel. 21.829, Rel. Des. Athos Gusmão Carneiro, ac. 11.02.1974, In: PAULA, Alexandre de. *Código de Processo Civil Anotado*. São Paulo: RT, 1976, v. II, p. 143). No mesmo sentido: TJDF, 1ª T. Cível, 95541720058070000; DF 0009554-17.2005.807.0000, Rel. Des. Fernando Habibe, ac. 12.08.2009, *DJe* 24.08.2009, p. 45. "Mostra-se incabível a reconvenção quando a matéria puder ser arguida em contestação com o mesmo efeito prático" (STJ, 3ª T., AgRg no Ag 1.127.708/SP, Rel. Min. Sidnei Beneti, ac. 25.08.2009, *DJe* 09.09.2009).

[86] MONTEIRO, João. *Programa do Curso de Processo Civil*. 3. ed. São Paulo: Duprat, 1912, v. VIII, § 291, p. 343.

[87] TJSP, 28ª Câmara de Direito Privado, 990102078817/SP, Rel. Des. Celso Pimentel, ac. 28.09.2010, pub. 06.10.2010.

do réu, sem que este tenha reconvindo (art. 545, § 2º). Esse fenômeno deita raízes em terreno que vai além do processo, atingindo o plano de direito material disputado em juízo.

Pode-se reconhecer que em todos os casos de exceções substanciais, cuja invocação na defesa do réu importa exclusão ou redução do direito que o autor pretendeu fazer valer contra o excipiente, a contestação tem aptidão para assumir o feitio reconvencional, ou seja, provoca ampliação do objeto do processo e, consequentemente, dilata os limites objetivos da coisa julgada. Exemplos dessa contestação de força reconvencional podem ser entrevistos nas arguições de prescrição, decadência, nulidade ou anulabilidade de negócio jurídico por vício de consentimento, cláusula resolutória etc.

Porém, para que tal ampliação do objeto litigioso ocorra, é necessário que a pretensão do réu seja expressa em sua contestação. Se a defesa tiver simplesmente o propósito de resistir ao pedido do autor, a solução judicial ficará restrita à decretação de improcedência da demanda, com base na causa de pedir arrolada pelo autor. Não haverá empecilho a que este volte a formular o mesmo pedido em outra ação, apoiado em diferente causa de pedir. Para que a rejeição se dê em caráter categórico, e sob autoridade de coisa julgada, é necessário que o réu formule *demanda*, mesmo que isto se dê no bojo da contestação.

Defesa e demanda são atos postulatórios que podem ter influência sobre a tutela jurisdicional visada pelo processo. Entretanto, para que a defesa do réu vá além da resistência passiva ao pedido do autor, é necessário que assuma a forma e o conteúdo de reconvenção, ou, pelo menos, veicule, expressamente, alguma *exceção substancial*. Em qualquer caso, a *demanda do réu* há de ser identificada por manifestação inequívoca de pretensão de obter um bem da vida, no sentido de instaurar ou ampliar o objeto litigioso do processo. Sem esse propósito explícito, a defesa sempre se limitará à mera *resistência*, no sentido de que o bem da vida pleiteado pelo autor não seja entregue.[88]

Não se pode, por exemplo, considerar como reconvencional a defesa em ação possessória em que o réu afirme apenas ter sido ele o prejudicado no conflito, para excluir a pretensão de perdas e danos formulada pelo autor. Se o réu limitar-se a provar seu prejuízo, sem pedir explicitamente a condenação do autor a repará-lo, a sentença, ainda que reconheça a improcedência da demanda do autor, não terá como condená-lo a indenizar os danos infligidos à contraparte. Tudo isto sem embargo de ter a ação possessória o caráter dúplice, capaz de permitir demanda contraposta, independentemente de reconvenção. O que, porém, não se tolera é o julgamento sem demanda ou fora da demanda (seja esta do autor ou do réu), por se configurar mácula da sentença *extra* ou *ultra petita*.

A grande novidade do Código de 2015 consistiu em permitir que contestação e reconvenção fossem formuladas numa única peça processual. Nada obstante, continua obrigatória a formulação da demanda reconvencional, ainda que inserida no corpo da contestação. Além disso, é possível também que a reconvenção seja proposta isoladamente, quando o réu se desinteresse pela contestação (art. 343, § 6º). Vê-se, portanto, que substancialmente as duas respostas do

---

[88] "Esta distinção é relevante, pois a ausência de vontade clara e inequívoca do réu em ampliar o objeto litigioso do processo, em nosso sistema, é interpretada no sentido de que este pretende apenas a rejeição da demanda do autor, e nada mais. Tudo isto independentemente da forma ou do *nomen iuris* atribuído a sua manifestação" (MACHADO, Marcelo Pacheco. Demanda, reconvenção e defesa: o que é o que é. *Revista de Processo*, n. 236, out. 2014, p. 93). Nesse sentido, decidiu o STJ que "malgrado possua a ação renovatória caráter dúplice, possibilitando ao réu, na contestação, formular pedidos em seu favor, não exigindo reconvenção, caracteriza julgamento *ultra petita* decisão fixando novo *quantum* do aluguel, sem que haja requerimento nesse sentido, mas, tão somente, informação no tocante ao seu valor de mercado. O pedido deve ser interpretado restritivamente (art. 293 do CPC) [CPC/2015, art. 322], ou seja, há necessidade de invocação expressa da pretensão pelo autor e, na espécie, também pelo réu" (STJ, 6ª T., REsp 285.472/SP, Rel. Min. Fernando Gonçalves, ac. 16.10.2011, *DJU* 05.11.2001, p. 147).

demandado configuram atos processuais distintos. A formulação em petição única é medida apenas de economia processual, que, por isso mesmo, não anula a natureza de ação incidental, da essência da reconvenção.

608. Pressupostos da reconvenção

I – Cabimento da reconvenção

Em se tratando de uma verdadeira ação, a admissibilidade da reconvenção está subordinada aos pressupostos e às condições que se exigem para o exercício de toda e qualquer ação, isto é, aos pressupostos processuais e às condições da ação, sem os quais não se estabelece validamente o processo e não se pode obter um julgamento sobre o mérito.[89]

Dada a sua natureza especial, a reconvenção exige alguns requisitos específicos, de par com aqueles que se observam em qualquer ação. Com efeito, dispõe o art. 343, *caput*, do CPC/2015 que é lícito "ao réu propor reconvenção para manifestar pretensão própria, conexa com a ação principal ou com o fundamento da defesa".

Desde logo, se vê que o fenômeno da conexão é tratado de maneira particular na espécie, pois a ação reconvencional não se limita a suscitar pretensão conexa com a do autor da ação principal. Pode se prevalecer de conexidade estabelecida diretamente com o fundamento da defesa, *i.e.*, com a matéria utilizada na contestação para resistir ao pedido do autor.

II – Pressupostos específicos da resposta reconvencional

Da norma do art. 343 do CPC/2015 podemos deduzir a existência dos seguintes pressupostos específicos da resposta reconvencional:

(a) *Legitimidade de parte*. Não apenas o réu é legitimado ativo para ajuizar a reconvenção; e nem apenas o autor pode ser reconvindo. Ao polo ativo ou passivo da reconvenção podem ser incluídos terceiros legitimados em litisconsórcio com a parte originária (art. 343, §§ 3º e 4º). O Código atual afastou-se do entendimento doutrinário predominante no regime anterior de que, pela natureza especial de resposta do réu ao autor, não se poderia admitir que o reconvinte constituísse litisconsórcio com terceiro para reconvir ao autor.[90] Ampliou, expressamente, a reconvenção ao dispor, no art. 343, §§ 3º e 4º, que a reconvenção pode ser proposta tanto *contra o autor e terceiro*, como manejada *pelo réu em litisconsórcio com terceiro*. Aderiu, portanto, à lição de Cândido Dinamarco, que não via na lei anterior dispositivo que impedisse a referida litisconsorciação e que, "ao contrário, fortes razões existem para admitir essas variações, que alimentam a utilidade do processo como meio de acesso à tutela jurisdicional justa e efetiva".[91]

Por outro lado, tanto na ação como na reconvenção, as partes devem atuar na mesma qualidade jurídica, de sorte que, se um age como *substituto processual* de terceiro, não poderá figurar em nome próprio na lide reconvencional. Em outras palavras, quem foi demandado em

---

89 Se há, por exemplo, um litisconsórcio necessário passivo na ação principal, não pode um só réu, isoladamente, opor a reconvenção. Também a viabilidade da ação reconvencional dependerá do requisito do art. 47 do CPC – CPC/2015, art. 114.

90 BARBOSA MOREIRA, José Carlos. *O novo processo civil brasileiro*. 22. ed. Rio de Janeiro: Forense, 2002, p. 44. Nesse sentido: STJ, 3ª T., REsp 274.763/GO, Rel. Min. Castro Filho, ac. 07.11.2002, *DJU* 16.12.2002, p. 313.

91 DINAMARCO, Cândido Rangel. *Instituições de direito processual civil*. 2. ed. São Paulo: Malheiros, 2003, p. 506. Nesse sentido: STJ, 4ª T., REsp 147.944/SP, Rel. Min. Cesar Asfor Rocha, ac. 18.12.1997, *RSTJ* 105/361.

nome próprio não pode reconvir como representante ou substituto de outrem e vice-versa.[92] Nesse sentido, o § 5º do art. 343: "se o autor for substituto processual, o reconvinte deverá afirmar ser titular de direito em face do substituído e a reconvenção deverá ser proposta em face do autor, também na qualidade de substituto processual".

Assumindo o autor primitivo a qualidade de réu na ação reconvencional, é de reconhecer-lhe também a possibilidade de manejar sucessivamente reconvenção à reconvenção proposta pelo réu, desde que presentes os requisitos legais dessa modalidade defensiva.[93]

(b) *Conexão*. Só se admite a reconvenção se houver *conexão* entre ela e a ação principal ou entre ela e o fundamento da defesa (contestação) (art. 343, *caput*):[94]

(i) A conexão entre as duas causas (a do autor e a do réu) pode ocorrer por identidade de *objeto* ou de *causa petendi*.

Há identidade de objeto quando os pedidos das duas partes visam ao mesmo fim (ex.: o marido propõe ação de separação por adultério da esposa e esta reconvém pedindo a mesma separação, mas por injúria grave cometida pelo esposo; um contraente pede a rescisão do contrato por inadimplemento do réu e este reconvém pedindo a mesma rescisão, mas por inadimplemento do autor).

Há identidade de *causa petendi* quando a ação e a reconvenção se baseiam no mesmo ato jurídico, isto é, ambas têm como fundamento o mesmo *título* (ex.: um contraente pede a condenação do réu a cumprir o contrato, mediante entrega do objeto vendido; e o réu reconvém pedindo a condenação do autor a pagar o saldo do preço fixado no mesmo contrato).

(ii) A conexão pode ocorrer entre a defesa do réu e o pedido reconvencional, quando o fato jurídico invocado na contestação para resistir à pretensão do autor sirva também para fundamentar um pedido próprio do réu contra aquele (ex.: a contestação alega ineficácia do contrato por ter sido fruto de coação e a reconvenção pede a sua anulação e a condenação do autor em perdas e danos, pela mesma razão jurídica)[95].

(c) *Competência*. Obviamente, o juiz da causa principal é também competente para a reconvenção. Essa prorrogação, que decorre da conexão das causas, não alcança as hipóteses de incompetência absoluta, mas apenas a relativa, segundo dispõe o art. 54.

Portanto, só pode haver reconvenção quando não ocorrer a incompetência do juiz da causa principal para a ação reconvencional. Por exemplo, é impossível formular reconvenção

---

92 CALMON DE PASSOS, José Joaquim. *Comentários ao Código Processual Civil*. Rio de Janeiro: Forense, 1974, v. III, n. 171, p. 312.

93 THEOTÔNIO NEGRÃO arrola várias decisões que permitem a reconvenção do autor reconvindo e observa que "quando quis restringir reconvenção sucessiva, o legislador o fez expressamente", tal como se dá na ação monitória (art. 702, § 6º, do CPC). "Sendo a intimação para responder, e não apenas para contestar, o *reconvindo pode reconvir* diante da reconvenção (*RT* 596/85; 679/88; *RJTJESP*, 135/258; *JTJ*, 155/180; *RJTJERGS*, 146/164; RJ, 211/53)" (NEGRÃO, Theotônio *et al. Código de Processo Civil e legislação processual em vigor*. 49. ed. São Paulo: Saraiva, 2018, p. 422, nota 9 ao art. 343).

94 STJ, 6ª T., REsp 293.784/SP, Rel. Min. Og Fernandes, ac. 17.05.2011, *DJe* 06.06.2011.

95 "A conexão aqui referida tem sentido mais amplo do que a conexão prevista no art. 55 do CPC/2015, tratando-se de um vínculo mais singelo. Assim, cabe reconvenção quando a ação principal ou o fundamento da defesa e a demanda reconvencional estiverem fundados nos mesmos fatos ou na mesma relação jurídica, houver risco de decisões conflitantes ou mesmo entrelaçamento de questões relevantes, com aproveitamento das provas" (STJ, 3ª T., REsp 2.076.127/SP, Rel. Min. Nancy Andrighi, ac. 12.09.2023, *DJe* 15.09.2023).

diante de juízo estadual, com base em relação jurídica que se pode ser apreciada pela justiça federal ou pela justiça do trabalho.

(d) *Rito*. O procedimento da ação principal deve ser o mesmo da ação reconvencional. Embora não haja previsão expressa da compatibilidade de rito para reconvenção, essa uniformidade é exigência lógica e que decorre analogicamente do disposto no art. 327, § 1º, III, que regula o processo cumulativo em casos de conexão de pedidos, gênero a que pertence a ação reconvencional. Por conseguinte, só há de se admitir reconvenção quando seja possível atribuir-se à causa, após a contestação, o procedimento comum. Constatada a adequação de rito, a reconvenção é admissível em qualquer modalidade de ação, seja ela principal, acessória ou incidental[96].

Quanto ao rito, é bom lembrar, ainda, que não cabe a reconvenção nas ações dos juizados especiais, não só por sua estrutura simplificada, como também pelo fato de a lei conferir-lhe natureza de ação dúplice, isto é, o réu na contestação pode formular pedido contra o autor, desde que fundado nos mesmos fatos que constituem objeto da controvérsia (Lei 9.099/1995, art. 31).

Quanto à ação executiva, também não há que se falar em reconvenção, porque simplesmente não mais existe, no Código, essa ação especial. Agora, só há o processo de execução, que não se presta a nenhuma resposta do demandado, mas apenas a atos executivos, de modo que não enseja, por isso mesmo, o pedido reconvencional. Nos embargos do devedor, que têm a natureza de ação de cognição, também não se concebe a reconvenção, por parte do embargado, dado o procedimento especial que devem observar. Outrossim, no que toca ao executado, não deverá usar a reconvenção para pleitear possível compensação de crédito; bastará se valer, para tanto, dos embargos à execução.[97]

Não cabe reconvenção, também, por absoluta desnecessidade, em ações dúplices, como as possessórias (art. 556), pois, pela própria natureza dessas causas, a contestação do demandado já tem força reconvencional.[98]

---

96 Cabe reconvenção, por exemplo, em denunciação da lide (STJ, 3ª T., REsp 2.106.846/SP, Rel. Min. Nancy Andrighi, ac. 05.03.2024, *DJe* 07.03.2024); em ação de exibição de documentos (STJ, 3ª T., REsp 2.076.127/SP, Rel. Min. Nancy Andrighi, ac. 12.09.2023, *DJe* 15.09.2023); em ação declaratória (STF, Súmula 258); em ação monitória convertida em procedimento ordinário (STJ, Súmula 292); em ação de dissolução parcial de sociedade (STJ, 3ª T., REsp 450.129/MG, Rel. Min. Carlos Alberto Menezes Direito, ac. 08.10.2002, *DJU* 16.12.2002, p. 327); em ação de impedimento de protesto (STJ, 3ª T., REsp 953.192/SC, Rel. Min. Sidnei Beneti, ac. 07.12.2010, *DJe* 17.12.2010); em ação de rito especial (TJMG, 17ª Câm. Civ., Ag 1.0024.02.828141-8/002, Rel. Des. Eduardo Mariné da Cunha, ac. 14.06.2007, *DJ* 27.07.2007) etc. Não cabe, porém, reconvenção nas ações dúplices, como as possessórias e a renovatória de locação, diante da possibilidade de o demandado formular pedido contraposto na própria contestação (STJ, 3ª T., REsp 4.258/SP, Rel. Min. Nilson Naves, ac. 11.09.1990, *DJU* 09.10.1990, p. 10.897; STJ, 6ª T., Resp 285.472/SP, Rel. Min. Fernando Gonçalves, ac. 16.10.2001, *DJU* 05.11.2001, p. 147; STJ, 4ª T., REsp 147.944/SP, Rel. Min. César Asfor Rocha, ac. 18.12.1997, *DJU* 16.03.1998, p. 156).

97 MARQUES, José Frederico. *Manual de Direito Processual Civil*. Campinas: Bookseller, 1974, v. II, n. 388, p. 93.

98 STJ, 4ª T., REsp 1.085.664/DF, Rel. Min. Luis Felipe Salomão, ac. 03.08.2010, *DJe* 12.08.2010. "Admissibilidade, em ação de despejo, de pedido reconvencional referente à indenização por benfeitorias necessárias" (STF, RE 68.276, Rel. Min. Eloy da Rocha, ac. 21.11.1972, *DJU* 02.03.1973. "É admissível reconvenção em ação declaratória" (STF, *Súmula* 258). Admite-se reconvenção em ação negatória de renovação de locação comercial, para obter a renovação do contrato (STF, RE 79.772, Rel. Min. Rodrigues Alckmin, ac. 13.05.1975, *RTJ* 76/585). Admite-se reconvenção em ação de consignação em pagamento (STF, RE 76.891, Rel. Min. Thompson Flores, ac. 23.11.1973, *RT* 471/252). *Idem*, em ação de anulação de casamento, para obter o desquite, ou vice-versa (STF, RE 68.670, Rel. Min. Aliomar Baleeiro, ac. 27.04.1973, *RTJ* 66/753). Idem para pleitear retenção por benfeitorias (STJ, 5ª T., REsp 1.036.003/SP, Rel. Min. Jorge Mussi, ac. 26.05.2009, *DJe* 03.08.2009). Em ação rescisória também cabe reconvenção desde que o pedido reconvencional

609. Reconvenção e compensação

Nas origens do instituto, a reconvenção se destinava apenas a realizar a compensação entre obrigações contrapostas, de modo que se chegava a confundi-las. Hoje, isto não mais pode ocorrer, pois está nitidamente esclarecido que a compensação é uma figura de direito material, como forma de extinção de obrigações recíprocas entre as mesmas partes (Código Civil, art. 368), e a reconvenção é um instrumento de direito processual, para permitir ao réu demandar o autor no mesmo processo. Continua sendo, todavia, objeto de grande interesse a correlação entre compensação e reconvenção.[99]

É frequente, por exemplo, a indagação em torno de ser, ou não, necessário o uso da ação reconvencional para submeter o autor a compensar seu crédito com outro que lhe opõe o réu. A resposta é negativa, uma vez que a compensação é causa legal de extinção das obrigações recíprocas, desde que líquidas, vencidas e de coisas fungíveis (Código Civil, arts. 368 e 369). Basta, portanto, que o réu a invoque em simples contestação.[100] A defesa representa uma *exceção material*, cuja acolhida depende de arguição da parte, mas independe de ação própria. É o mesmo que se passa com o pagamento, a remissão, a novação etc., ou seja, com as defesas indiretas de mérito (fatos extintivos, modificativos ou impeditivos do direito do autor).

Isto, porém, pressupõe liquidez, certeza e atualidade dos créditos contrapostos, porquanto só entre obrigações revestidas de tais características se pode pensar na compensação automática autorizada pela lei civil. Logo, se o réu quer neutralizar a pretensão do autor mediante contraposição de obrigação que ainda depende de verificação e liquidação em juízo, não terá como arguir sua defesa, invocando-a em simples contestação. O caso não será de mera resistência (exceção), mas exigirá o manejo de ação para que o autor seja condenado a cumprir a obrigação, depois de sua certificação em juízo.[101]

De tal sorte, cumpre distinguir as duas situações para bem definir a necessidade, ou não, da reconvenção:

(a) se de parte a parte as obrigações se apresentem líquidas, vencidas e de coisas fungíveis, a compensação poderá ser arguida em contestação (só haverá necessidade de reconvenção se o crédito do autor for menor que o do réu, e este pretender condená-lo ao pagamento do excesso, depois de consumada a compensação, na parte em que as dívidas se neutralizaram);[102]

(b) obrigações incertas ou ilíquidas não se compensam, senão depois de acertamento por sentença, razão pela qual somente podem ser pleiteadas por via de reconvenção. Por força de sentença, se for o caso de procedência do pleito contraposto, ocorrerá o que se costuma chamar de *compensação judicial*.[103]

---

possua "natureza rescisória e refira-se ao mesmo julgado que é objeto da inicial" (TJDF, 3ª Câmara Cível, 96006420098070000 DF 0009600-64.2009.807.0000, Rel. Des. João Mariosa, ac. 14.02.2011, *DJe* 17.02.2011).

99 BARBOSA MOREIRA, José Carlos. *Direito processual civil* (ensaios e pareceres). Rio de Janeiro: Borsoi, 1971, p. 118.

100 Se o crédito do autor é igual ao do réu, ou maior do que ele, "a compensação deve necessariamente ser alegada como matéria de defesa [contestação] se o réu pretender deduzi-la no processo" (FORNACIARI JÚNIOR, Clito. *Da reconvenção no direito processual civil brasileiro*. São Paulo: Saraiva, 1979, p. 35).

101 BARBOSA MOREIRA, José Carlos. *Direito processual civil* (ensaios e pareceres). Rio de Janeiro: Borsoi, 1971, p. 119; FORNACIARI JÚNIOR, Clito. *Da reconvenção no direito processual civil brasileiro*. São Paulo: Saraiva, 1979, p. 33.

102 BARBOSA MOREIRA, José Carlos. *Direito processual civil* (ensaios e pareceres). Rio de Janeiro: Borsoi, 1971, p. 119.

103 "Porque a compensação judicial se opera através da reconvenção, chamam-na também *compensação reconvencional*" (AMARAL SANTOS, Moacyr. *Da reconvenção no direito brasileiro*. São Paulo: Max Limonad, 1958, n. 46, p. 124).

Poder-se-á pensar que a discussão ora enfrentada teria perdido sentido no regime do CPC/2015, uma vez que este admite que a reconvenção seja proposta dentro da própria contestação. Não é bem assim, o que o Código dispensa é a formulação do pleito reconvencional em petição separada. Continua, porém, necessária a dedução do pedido do réu reconvinte, visto que ao juiz, em face do princípio da demanda, não será dado julgar pedido algum que não tenha sido formulado pela parte (arts. 2º e 490). Se o réu se limita a contestar a ação, ainda que argua matéria cabível em reconvenção, a sentença dela só conhecerá como instrumento de resistência ao pedido formulado na petição inicial. Não avançará no julgamento ao ponto de condenar ou impor sujeição que ultrapasse o objeto da causa fixado pelo autor, sob pena de proferir sentença *extra petita*.

610. Procedimento

A grande inovação do Código de 2015 se deu na instauração do procedimento da reconvenção que, doravante, será proposta na petição da *contestação* (CPC/2015, art. 343, *caput*) e não mais em petição autônoma, juntada aos autos tal como a contestação.

Agora, a reconvenção *será proposta na própria contestação*, como parte integrante da respectiva petição, da qual formará um capítulo. É, porém, mera irregularidade formal a reconvenção elaborada em peça autônoma que, portanto, não compromete a validade do ato.[104] É importante ressaltar, entretanto, que, a despeito da alteração procedimental, a reconvenção continua a ser uma ação autônoma e, não, um simples meio de defesa.

Da autonomia da reconvenção decorre a possibilidade de o réu deixar de oferecer a contestação e limitar-se à propositura da primeira resposta (art. 343, § 6º). Todavia, como a reconvenção não substitui a contestação, em tal hipótese ocorrerá revelia quanto à ação principal, o que não impede a apreciação do pedido formulado na ação incidental.[105] Eventualmente, o réu, mesmo sucumbente na ação principal, poderá sair vitorioso na ação reconvencional. *A contrario sensu*, "não cabe reconvenção quando a matéria possa ser alegada com idêntico efeito prático em contestação".[106] É o que se passa, por exemplo, com as defesas indiretas de mérito (*exceções* em sentido material) consistentes em fatos jurídicos extintivos, modificativos ou impeditivos do direito invocado pelo autor (pagamento, novação, compensação, prescrição, confusão, transação etc.). Todas se comportam na defesa manejável por contestação, tornando descabida a reconvenção.[107]

Proposta a reconvenção, na forma de incidente do processo em curso, não se procede à citação formal do autor reconvindo. Este é apenas *intimado* na pessoa de seu advogado para apresentar resposta no prazo de quinze dias (art. 343, § 1º). Essa intimação, todavia, produz todos os efeitos legais da citação, que são aqueles enunciados no art. 240.

A resposta do reconvindo deverá ser redigida com observância de todas as exigências aplicáveis à contestação comum, e que se acham contidas nos arts. 335 a 342.

---

104 TJSP, 25ª Câmara de Direito Privado, AI 2155171-57.2016.8.26.0000, Rel. Des. Hugo Crepaldi, ac. 27.10.2016, Data de registro 27.10.2016. Embora se admita seja a reconvenção elaborada em petição autônoma, deve o réu fazê-lo simultaneamente com a contestação, "sob pena de preclusão consumativa" (STJ, 3ª T., REsp. 1.634.076/PE, Rel. Min. Nancy Andrighi, ac. 06.04.2017, *DJe* 10.04.2017).

105 STJ, REsp 50.535-6/DF, Rel. Min. Barros Monteiro, ac. 22.11.1994, *RSTJ* 76/246; STJ, 4ª T., REsp 735.001/RJ, Rel. Min. Cesar Asfor Rocha, ac. 08.11.2005, *DJU* 06.03.2006.

106 2º TACiv.SP, AI 357.925-2/00, Rel. Juiz Quaglia Barbosa, ac. 29.06.1992, *RT* 688/131. No mesmo sentido: STJ, 3ª T., MC 12.809/RS, Rel. Min. Nancy Andrighi, ac. 02.10.2007, *DJU* 10.12.2007.

107 BARBOSA MOREIRA, José Carlos. *Direito processual civil* (ensaios e pareceres). Rio de Janeiro: Borsoi, 1971, p. 119.

Após a resposta, a reconvenção integrará a marcha normal do processo e, afinal, será julgada, de forma explícita, juntamente com a ação, numa só sentença, que, todavia, tratará do pleito incidental, em dispositivo específico. A necessidade de um julgamento explícito, na espécie, decorre de ser a reconvenção não um simples meio de defesa, mas, sim, uma ação autônoma, embora cumulada com a contestação.[108] A inobservância da regra, que impõe esse julgamento distinto e expresso, conduz à nulidade da sentença.[109]

O pedido reconvencional pode ser indeferido liminarmente nos mesmos casos em que se permite a rejeição da petição inicial (art. 330). Há, também, possibilidade de indeferimento por inobservância dos requisitos específicos de admissibilidade da reconvenção (ver item 564). A concessão de prazo para a emenda ou complementação da petição inicial defeituosa, prevista no art. 321 aplica-se, também ao pedido reconvencional, cuja função é a propositura de uma ação incidental.[110]

A decisão que não admite a reconvenção não está expressamente incluída no rol das interlocutórias sujeitas a agravo, nos termos do art. 1.015. Entretanto, corresponde a um caso de extinção de parcela do processo, hipótese prevista no parágrafo único do art. 354 como impugnável por meio de agravo de instrumento. É, pois, um dos "outros casos expressamente referidos em lei", a que alude o último inciso do elenco de cabimento do agravo constante do art. 1.015.

A sucumbência na reconvenção equivale à que ocorre na ação. Assim, rejeitado o pedido por carência ou por improcedência, deve o reconvinte arcar com os honorários do advogado do reconvindo (art. 85, § 1º).[111]

611. Reconvenção sem contestação

A reconvenção, conforme visto no item anterior, embora prevista legalmente para ser produzida no bojo da contestação, não está obrigatoriamente subordinada a essa conjunta formulação. Mesmo se omitindo quanto à contestação, pode o demandado, que não tem defesa contra a ação ou que não deseja simplesmente resisti-la, ter matéria conexa para reconvir (CPC/2015, art. 343, § 6º). Nesse caso, será revel na ação principal e nela sucumbirá. Poderá, no entanto, diminuir o efeito da condenação obtendo êxito na pretensão reconvencional conexa. Por exemplo: o réu que não tem como negar a falta de pagamento de uma prestação a seu cargo pode, no entanto, ter direito a cobrar multa contratual por descumprimento por parte do autor de outra prestação relacionada ao mesmo contrato, que este realizou fora do prazo convencionado. A reconvenção, nesse quadro, terá vida própria, sem depender do manejo simultâneo da contestação.

---

108 PAULA, Alexandre de. *Código de Processo Civil anotado*. São Paulo: RT, 1976, v. II, p. 148; STJ, REsp 474.962/SP, Rel. Min. Sálvio de Figueiredo Teixeira, 4ª T., j. 23.09.2003, *DJ* 01.03.2004, p. 186.

109 "É nula a sentença que não julga explicitamente a reconvenção" (STF, RE 78.963, Rel. Min. Oswaldo Trigueiro, ac. 07.06.1964, *RT* 472/254). Porém, "a simples ausência de dispositivo expresso quanto à reconvenção não torna nula a sentença se a procedência total da ação revela implicitamente – em razão da contraposição dos pedidos – a rejeição total do pedido reconvencional" (STJ, 3ª T., REsp 431.058/MA, Rel. Min. Humberto Gomes de Barros, ac. 05.10.2006, *DJU* 23.10.2006, p. 294). Também não há nulidade na decisão que julga separadamente a reconvenção para decretar sua extinção sem apreciação de mérito, já que se trata de decisão interlocutória e não de sentença (FORNACIARI JÚNIOR, Clito. *Da Reconvenção no Direito Processual Civil*. São Paulo: Saraiva, 1979, n. 49, p. 168-170). No mesmo sentido: STJ, 4ª T., REsp 323.405/RJ, Rel. Min. Sálvio de Figueiredo Teixeira, ac. 11.09.2001, *DJ* 04.02.2002, p. 386.

110 "Deve o juiz determinar a emenda também na reconvenção, possibilitando ao reconvinte, a fim de evitar a sua rejeição prematura, corrigir defeitos e/ou irregularidades" (Enunciado 120/CEJ da II Jornada de Direito Processual Civil).

111 STJ, 4ª T., AgRg no Ag 1.309.003/SP, Rel. Min. Aldir Passarinho Junior, ac. 09.11.2010, *DJe* 23.11.2010.

612. Extinção do processo principal

A desistência da ação principal, ou a ocorrência de causa extintiva que impeça o exame de seu mérito, não obsta ao prosseguimento do processo quanto à reconvenção (CPC/2015, art. 343, § 2º).

Sendo a reconvenção outra ação, a extinção do processo sem julgamento de mérito, no que se relaciona ao pedido do autor reconvindo, em nada afeta a relação processual decorrente do pedido reconvencional.

Em outras palavras, "a nulidade do pedido do autor não prejudica o pedido reconvencional, uma vez que a ação e a reconvenção são independentes; devem ser consideradas *per se*".[112] O processo continuará em andamento para que, afinal, seja julgado o pedido reconvencional. *Contrario sensu*, a desistência da reconvenção ou sua extinção, sem apreciação do mérito, também não atinge em nada a marcha do processo principal[113].

---

[112] TJSP, ac. *RT* 146/106. No mesmo sentido: STJ, 1ª T., REsp 61.378/DF, Rel. p/ Acórdão Min. Demócrito Reinaldo, ac. 21.06.1995, *DJU* 04.09.1995; STJ, 4ª T., AgInt no AgInt no REsp 1.250.182/PR, Rel. Min. Lázaro Guimarães, ac. 08.02.2018, *DJe* 1602.2018.

[113] "A reconvenção tem natureza jurídica de ação e é autônoma em relação à demanda principal. Desse modo, a ação principal pode ser extinta, com ou sem resolução de mérito, podendo o mesmo ocorrer com a reconvenção, sem que o destino de uma das demandas condicione o da outra (art. 343, § 2º, do CPC/2015)" (STJ, 3ª T., REsp 2.076.127/SP, Rel. Min. Nancy Andrighi, ac. 12.09.2023, *DJe* 15.09.2023).

§ 76. REVELIA E RECONHECIMENTO DO PEDIDO

613. Revelia

Ocorre a *revelia* ou *contumácia* quando, regularmente citado, o réu deixa de oferecer *resposta* à ação, no prazo legal. Como já se expôs, o réu não tem o dever de contestar o pedido, mas tem o ônus de fazê-lo. Se não responde ao autor, incorre em *revelia*, que cria para o demandado inerte um particular estado processual, passando a ser tratado como um ausente do processo.

Todos os atos processuais, em consequência dessa atitude, passam a ser praticados sem intimação ou ciência do réu, ou seja, o processo passa a correr *à revelia* do demandado, numa verdadeira abolição do princípio do contraditório. O que, todavia, não configura uma ofensa àquele princípio, visto que se deve à conduta do próprio réu o estabelecimento da situação processual que inviabiliza as intimações na forma prevista em lei. A dispensa de intimação, no entanto, só prevalece em relação ao demandado revel que não tenha advogado nos autos (CPC/2015, art. 346, *caput*).

Assim, contra o revel correrão todos os prazos a partir da data de publicação do ato decisório no órgão oficial, vale dizer, independentemente de intimação específica do réu, inclusive os de recurso. A lei não faz qualquer distinção, de sorte que mesmo a sentença contra ele passará em julgado, sem necessidade de intimação, bastando a sua comum publicação.[114]

Há revelia, outrossim, tanto quando o réu não comparece ao processo no prazo da citação, como quando, comparecendo, deixa de oferecer contestação.

No procedimento sumário, por exemplo, (que embora extinto pelo Código atual, continuará aplicável às ações em andamento e as que forem ajuizadas no seu período de *vacatio legis*) quando o réu comparece à audiência desacompanhado de advogado para formular sua resposta, há revelia, embora esteja o demandado pessoalmente presente.

O fato, porém, de não ter contestado o pedido não impede o réu de comparecer posteriormente a juízo e de se fazer representar por advogado nos autos. O Código lhe assegura o direito de "intervir no processo em qualquer fase". Mas, quando isto se der, o revel receberá o feito no estado em que se encontrar (art. 346, parágrafo único). Sua intervenção, contudo, afastará os efeitos da revelia apenas para "os atos processuais posteriores", não interferindo "nos prazos já em curso".[115] Daí em diante, respeitados os atos preclusos, participará da marcha processual em par de igualdade com o autor, restabelecendo o império do contraditório, e tornando obrigatórias as intimações a seu advogado.[116]

---

114 "Não sendo a sentença publicada em audiência, o prazo para o recurso, mesmo para o revel, contar-se-á da intimação" (STJ, 1ª T., REsp 6.381/PR, Rel. Min. Garcia Vieira, ac. 05.12.1990, *DJU* 04.02.1991, p. 565). Na verdade, não é a intimação do autor, mas a publicação da sentença em cartório que determina a fluência do prazo contra o réu revel (STJ, Corte Especial, EREsp 318.242/SP, Rel. Min. Franciulli Netto, ac. 17.11.2004, *DJU* 27.06.2005; STJ, 3ª T., AgRg no REsp 749.970/PR, Rel. Min. Vasco Della Giustina, ac. 03.08.2010, *DJe* 16.08.2010; STJ, 4ª T., AgRg no REsp 1.087.140/TO, Rel. Min. Luis Felipe Salomão, ac. 10.05.2011, *DJe* 13.05.2011). No sistema do CPC/2015, a contagem do prazo contra o revel não se faz mais em função da publicação da decisão em cartório, mas da que deve necessariamente ser feita no Diário Oficial físico ou eletrônico (STJ, 3ª T., REsp 1.951.656/RS, Rel. Min. Marco Aurélio Bellizze, ac. 07.02.2023, *DJe* 10.02.2023).

115 STJ, 3ª T., REsp. 324.080/RS, Rel. Min. Humberto Gomes de Barros, ac. 18.03.2004, *DJU* 12.04.2004, p. 204.

116 É tradicional e dominante a tese de que comparecendo o réu ao processo, por meio de advogado, a partir de então cessa a contumácia, não correndo mais os prazos contra ele independentemente de intimação (STJ, 5ª T., REsp. 31.914-0/SP, Rel. Min. Assis Toledo, ac. 24.03.1993, *DJU* de 19.04.93, p. 6.688). Daí por diante, terá de ser intimado, na pessoa do advogado, de todos os atos processuais subsequentes (STJ, 4ª T., REsp. 19.094/RJ, Rel. Min. Athos Carneiro, ac. 31.03.92, RSTJ 32/445; STJ, 5ª T., REsp. 33.084-5/RJ, Rel. Min. José Dantas, ac. 05.04.1993, *RSTJ* 50/352; STJ, 1ª T., REsp. 876.226/RS, Rel. Min. Luiz Fux, ac. 25.03.2008, *DJe* 14.04.2008). Não corresponde ao devido processo legal o entendimento, apenas esporádico, de que

Em outra perspectiva, o art. 346, *caput*, deixa claro que nem sempre a presença do advogado do réu nos autos impede a configuração da revelia, mas tem repercussão sobre os seus efeitos processuais. Assim, se o réu se apresenta como revel, por não ter contestado a ação, mas tem advogado nos autos, os efeitos de sua revelia só atuam no plano de presunção da veracidade dos fatos arrolados na inicial. O efeito puramente processual – fluência do prazo sem intimação, a partir da publicação do ato decisório no órgão oficial – não se dará, uma vez que o réu, mesmo revel, está presente em juízo. As intimações de seu advogado, na espécie, haverão de ocorrer, normalmente, a cada ato do processo.

614. Os efeitos da revelia

> "Se o réu não contestar a ação, será considerado revel e presumir-se-ão verdadeiras as alegações de fato formuladas pelo autor" (CPC/2015, art. 344).

Para alertar o demandado a respeito da relevância da revelia, o mandado de citação deve conter a menção "do prazo para contestar, sob pena de revelia" (art. 250, II). A falta de semelhante nota no mandado compromete a validade do ato citatório e impede a verificação da presunção legal prevista no art. 344. Diante da revelia, torna-se desnecessária, portanto, a prova dos fatos em que se baseou o pedido de modo a permitir o julgamento antecipado da lide, dispensando-se, desde logo, a audiência de instrução e julgamento (art. 355, II).

Isto, porém, não quer dizer que a revelia importe automático julgamento de procedência do pedido. Pode muito bem-estar a relação processual viciada por defeito que torne impraticável o julgamento de mérito, e ao juiz compete conhecer de ofício as preliminares relativas aos pressupostos processuais e às condições da ação (art. 337, § 5º). A revelia, por si, não tem força para sanar tais vícios do processo.

De mais a mais, embora aceitos como verídicos os fatos, a consequência jurídica a extrair deles pode não ser a pretendida pelo autor. Nesse caso, mesmo perante a revelia do réu, o pedido será julgado improcedente.[117]

Há, outrossim, hipóteses em que o Código expressamente afasta os efeitos da revelia. Dispõe a propósito o art. 345 que a revelia não produz o efeito de presunção de veracidade dos fatos alegados pelo autor quando:

(a) havendo pluralidade de réus, algum deles contestar a ação (inciso I);
(b) o litígio versar sobre direitos indisponíveis (inciso II);[118]

---

o revel, mesmo se fazendo presente nos autos, continuará não sendo intimado dos prazos processuais, porquanto tal tese nega, simplesmente, a garantia constitucional do contraditório.

117 A presunção de veracidade, decorrente da revelia, não é absoluta e insuperável nem pretendeu a lei transformar o juiz, na espécie, num *robot* que tivesse que aprovar, conscientemente, a inverdade e a injustiça, sem qualquer possibilidade de coactar a iniquidade e a mentira. "Não há como se não considerar implícita a ideia de que a presunção de veracidade decorrente de revelia do adversário só poderá produzir todos os efeitos quanto a fatos revestidos de credibilidade ou verossimilhança. Aliás, há que se distinguir entre reconhecimento de *fatos* (juízos de afirmação sobre realidades externas, que se opõem a tudo o que é ilusório, fictício, ou apenas possível) e *sequelas de sua afirmação*. Só o fato objetivo não contestado é que se presume verdadeiro. Tal presunção não alcança cegamente as consequências de sua afirmação. Assim, não assumem véstia de dogma de fé meras estimativas de prejuízo perante fato tornado indiscutível pela revelia do adversário" (TJSP, Apel. 255.718, Rel. Des. Azevedo Franceschini). Nesse sentido: STJ, 4ª T., AgRg no REsp 590.532/SC, Rel. Min. Maria Isabel Galloti, ac. 15.09.2011, *DJe* 22.09.2011.

118 De modo geral, "pode-se dizer que direitos indisponíveis são os direitos *essenciais* da personalidade, também chamados fundamentais, absolutos, personalíssimos, eis que inerentes da pessoa humana. Entre os direitos fundamentais do ser humano devem figurar, em primeiro plano, o direito à *vida*, o direito à *liberdade*, o direito à *honra*, o direito à *integridade física e psíquica*... Numerosos direitos personalíssimos

(c) a petição inicial não estiver acompanhada de instrumento que a lei considere indispensável à prova do ato (inciso III);

(d) as alegações de fato formuladas pelo autor forem inverossímeis ou estiverem em contradição com prova constante dos autos (inciso IV).

Entre as causas sobre direitos indisponíveis, que se excluem da presunção de veracidade em virtude da revelia (inc. II do art. 345), a jurisprudência costuma arrolar as ações de separação litigiosa,[119] as ações de estado, as disputas sobre guarda de filhos[120] e as investigações de paternidade,[121] entre outras.

A propósito, ainda, do inc. II do art. 345, é bom ressaltar que as relações obrigacionais ajustadas pelo Poder Público nem sempre envolvem direitos indisponíveis. É o que se passa, por exemplo, diante de contratos da Administração Pública ajustados nos padrões do direito privado, hipótese em que a falta de contestação, precedida de regular citação da pessoa jurídica de direito público, produzirá os efeitos materiais previstos no art. 344. Em semelhante situação, o reconhecimento tácito da Fazenda Pública revel não significa "disposição de direito indisponível", conforme já decidiu o STJ.[122]

O inc. III do mesmo artigo adverte para a existência de atos e negócios jurídicos cuja prova somente se admite por via documental, seja por instrumento público, seja por instrumento particular. Diante de semelhante quadro, a revelia não tem a força de presumir a veracidade a que alude o art. 344. Mesmo que o réu não tenha contestado a ação, continuará o autor com o ônus de provar, por documento, aqueles atos que o inc. III do art. 345 exclui dos efeitos normais da revelia.

O inc. IV trata de hipótese não prevista pelo CPC/1973, mas que já era objeto de antiga aceitação jurisprudencial, ou seja: "a presunção de veracidade dos fatos alegados pelo autor em face da revelia do réu é *relativa*, podendo ceder a outras circunstâncias constantes dos autos, de acordo com o princípio do livre convencimento do juiz"[123] (g.n.). Portanto, as alegações fáticas do autor, quando inverossímeis ou se acharem em contradição com prova existente nos autos, não incidem na presunção legal de veracidade (art. 344 do CPC/2015), uma vez que "não está no espírito da lei obrigar o juiz a abdicar de sua *racionalidade* e julgar contra a *evidência*"[124] (g.n.).

Discute-se sobre a eficácia da revelia nos casos de citação ficta, isto é, por edital ou com hora certa, em que a ciência do réu é apenas presumida. De fato, diante da fragilidade da citação

---

podem juntar-se aos já citados, como, por exemplo, o direito ao *estado civil*, o direito ao *nome*, o direito à *igualdade perante a lei*, o direito à *intimidade*, o direito aos *alimentos*, o direito à *inviolabilidade de correspondência*... Conforme, de resto, prescreve o art. 1.035 do Cód. Civil, só com referência a direitos patrimoniais de caráter privado se permite a transação... Consequentemente, direitos *indisponíveis* são todos aqueles que não possuem um conteúdo econômico determinado"... e que não admitem a *renúncia* ou que não comportem a *transação* (SODRÉ, Hélio. *Manual Compacto do Direito*. 3. ed. Rio de Janeiro: Forense, 1980, p. 217).

119 STJ, 4ª T., REsp 485.958/SP, Rel. Min. Aldir Passarinho Júnior, ac. 18.02.2003, *DJU* 08.03.2004, p. 259.

120 STJ, 3ª T., REsp 50.703/RJ, Rel. Min. Nilson Naves, ac. 01.10.1998, *RSTJ*, n. 124, p. 273, dez./1999; STJ, 3ª T., REsp 1.773.290/MT, Rel. Min. Marco Aurélio Bellizze, ac. 21.05.2019, DJe 24.05.2019.

121 TJSP, *JTJ* n. 148, p. 139.

122 STJ, 4ª T., REsp 1.084.745/MG, Rel. Min. Luis Felipe Salomão, ac. 06.11.2012, *DJe* 30.11.2012.

123 STJ, 4ª T., REsp 47.107/MT, Rel. Min. César Asfor Rocha, ac. 19.06.1997, *RSTJ*, n. 100, p. 183; STJ, 3ª T., REsp 1.758.786/TO, Rel. Min. Paulo de Tarso Sanseverino, ac. 02.04.2019, DJe 05.04.2019.

124 STJ, 4ª T., AgRg no Ag 123.413/PR, Rel. Min. Sálvio de Figueiredo Teixeira, ac. 26.02.1997, *DJU* 24.03.1997, p. 9.037. Nesse sentido: Se, malgrado a falta de defesa do réu, "de documentos trazidos com a inicial se concluir que os fatos se passaram de forma diversa do nela narrado, o juiz haverá de considerar o que deles resulte e *não se firmar em presunção que se patenteia contrária à realidade*" (g.n.) (STJ, 3ª T., REsp 60.239/SP, Rel. Min. Eduardo Ribeiro, ac. 28.05.1996, *RST*, n. 88, p. 115).

ficta, dispõe o art. 257, IV, que o edital de citação conterá a advertência de que será nomeado curador especial em caso de revelia. Mandando o art. 72, II, que seja dado curador especial ao revel citado por edital ou com hora certa e ao réu preso, a quem incumbirá a função de contestar a ação em nome do réu, fica praticamente excluída na situação aventada a figura da própria revelia.

José Frederico Marques coloca o problema nos seus devidos termos, distinguindo duas situações: a do revel que não comparece (ausente) e a do que comparece, mas não contesta (embora presente nos autos). É bem possível, na prática, que, tomando ciência do edital ou da citação por hora certa, o réu compareça e peça vista dos autos, mas deixe de produzir contestação. Nessa hipótese, o citado por edital ou com hora certa estará plenamente incurso em revelia, com todos os consectários do art. 344, mesmo porque o comparecimento aos autos funciona, para todos os efeitos, como algo equivalente à citação pessoal (art. 239, § 1º). Porém, quando o revel mantiver-se totalmente ausente do processo e sua citação for resultado apenas de uma presunção legal, não haverá, realmente, lugar para a eficácia do art. 344.[125] Malgrado não ter o réu se defendido pessoalmente, revelia não haverá, já que, mesmo depois do prazo da citação, o curador especial estará autorizado a contestar a ação.

É de se notar que ao revel, representado por curador (art. 72, II), ao contrário do que se passa com o réu citado pessoalmente, a lei faculta a contestação sem necessidade de impugnação específica, ou seja, pode-se responder à ação por meio de "negação geral" (art. 341, parágrafo único). Com isso, facilita-se a defesa, afastando-se por completo os efeitos da revelia, de modo que não se terá como presumir verdadeiros os fatos afirmados na inicial (art. 344). Daí que, diante da contestação genérica, formulada pelo curador especial,[126] continuará o autor com a incumbência de provar os fatos constitutivos de seu direito (art. 373, I).[127]

É de se ter em conta que a revelia, qualquer que seja a condição em que se configurou, nem sempre anula o poder de iniciativa probatória do juiz, na tentativa de busca da verdade real (art. 370). Entretanto, para que a presunção do art. 344 deixe de ser observada, é necessário que elementos dos próprios autos a comprometam. Fora daí, em se tratando de direitos disponíveis, o juiz não pode deixar de submeter-se à presunção legal e de pronunciar, de imediato, o julgamento antecipado da lide, tal como impõe o art. 355, II. Não há, em suma, um poder discricionário que lhe permita aplicar, ou não, a presunção em causa, segundo uma livre opção de conveniência. Somente fatos concretos e relevantes do processo, comprometedores da verossimilhança da versão do autor, podem autorizar o afastamento dos efeitos da revelia, se o objeto litigioso, repita-se, girar em torno de direitos disponíveis.

---

125 MARQUES, Frederico. *Manual de Direito Processual Civil*. Campinas: Bookseller, 1974, v. II, n. 370, p. 68. Já decidiu, também, o STF que a presunção de veracidade do art. 319 [CPC/2015, art. 344] só se aplica ao revel citado pessoalmente, não ao réu citado por edital, a que se dá curador especial com poderes de contestação até por negativa geral (art. 302, parágrafo único) (STF, RE 93.234, 2ª Turma, ac. 20.10.1981, Rel. Min. Firmino Paz, *Juriscível*, 111/100). Não se aplica ao curador especial: STJ, 3ª T., REsp 1.009.293/SP, Rel. Min. Nancy Andrighi, ac. 06.04.2010, *DJe* 22.04.2010.

126 A regalia da contestação por negação geral aplica-se, também, ao Ministério Público e ao Defensor Dativo (art. 338, parágrafo único; CPC/1973, art. 302, parágrafo único).

127 NERY JÚNIOR, Nelson; NERY, Rosa Maria Andrade. *Código de Processo Civil Comentado*. 6. ed. São Paulo: RT, 2002, p. 660. No mesmo sentido: 2º TACiv.SP, Apel. 40.395, Rel. Juiz Bastos de Barros, ac. 11.05.1976, PAULA, Alexandre de. *O Processo Civil à Luz da Jurisprudência*. Rio de Janeiro: Forense, 1982, v. III, p. 370, n. 6.224; STF, *RTJ* 99/847; TJRJ, Apel. 6.956, Rel. Des. Graccho Aurélio, ac. 17.10.1978, *RT* 524/236; TAPR, Apel. 590/79, Rel. Des. Silva Wolff, ac. 17.10.1979, *RT* 538/226.

615. Alteração do pedido

Citado o réu, a lide estabiliza-se e ao autor não é mais permitido alterar os elementos da causa sem consentimento do réu (art. 329, II).

Com ou sem resposta, o fenômeno processual é o mesmo. Por isso, ainda que ocorra revelia, o autor não poderá alterar o pedido, ou a causa de pedir, sem a ciência do demandado.

Se pretender alguma das medidas mencionadas, terá de promover nova citação do réu, a quem será assegurado novo prazo de quinze dias para responder. Tal providência é indispensável, porquanto não cabe ao juiz decidir questão alguma que não tenha sido previamente submetida à parte que possa ser prejudicada com a respectiva resolução. A marca inicial do contraditório situa-se na citação do réu. Naquele instante foi definido o objeto sobre o qual poderá ser pronunciada a sentença, sendo indiferente a ocorrência ou não de contestação. Ainda que ocorrida a revelia, não terá o juiz poder de decisão sobre alterações do pedido e da causa de pedir posteriores à citação, se não forem estas levadas ao conhecimento do réu por meio de novo ato citatório.

616. Reconhecimento da procedência do pedido

Além da resposta e da revelia, existe uma terceira atitude que o réu pode tomar frente à ação ajuizada. Consiste em reconhecer o demandado "a procedência do pedido formulado" (CPC/2015, art. 487, III, *a*), fato que leva ao julgamento antecipado do processo, com solução de mérito, tanto na ação principal como na reconvenção.

Como adverte Barbosa Moreira, o reconhecimento do pedido não se confunde com a confissão, que é apenas meio de prova e se refere a um ou alguns fatos arrolados pela parte contrária. O reconhecimento tem por objeto o próprio pedido do autor,[128] como *um todo*, isto é, com todos os seus consectários jurídicos. É verdadeira adesão do réu ao pedido do autor, ensejando autocomposição do litígio e dispensando o juiz de dar sua própria solução ao mérito.

O juiz apenas encerra o processo, reconhecendo que a lide se extinguiu por eliminação da resistência do réu à pretensão do autor. Desaparecida a lide, não há mais tutela jurisdicional a ser dispensada às partes, o que, todavia, não exime o juiz de proferir sentença que reconheça esse fato jurídico e que ponha fim definitivamente ao processo. A sentença, contudo, não interferirá na autocomposição, será meramente homologatória do acontecimento processual, ou seja, do "reconhecimento da procedência do pedido formulado na ação ou na reconvenção" (art. 487, III, *a*).

[128] BARBOSA MOREIRA, José Carlos. O *Novo Processo Civil Brasileiro*, p. 79.

Capítulo XXIV
FASE DE SANEAMENTO

§ 77. PROVIDÊNCIAS PRELIMINARES

617. Conceito

Sob o *nomen iuris* de "providências preliminares", o Código instituiu certas medidas que o juiz, eventualmente, deve tomar logo após a resposta do réu e que se destinam a encerrar a fase postulatória do processo e a preparar a fase saneadora. O saneamento propriamente dito deverá se aperfeiçoar, na fase seguinte, por meio do "julgamento conforme o estado do processo".

Resultam as "providências preliminares" da necessidade de manter o processo sob o domínio completo do princípio do contraditório. Sem elas, o método dialético que inspira o sistema processual restaria comprometido, pois haveria o risco de decisões proferidas sobre questões deduzidas em juízo, sem que o autor fosse ouvido sobre elas.

Assim, findo o prazo de resposta do réu, os autos são conclusos ao juiz, que, em cinco dias (CPC/2015, art. 226, I), conforme o caso, poderá tomar uma das seguintes providências (art. 347):

I – Em caso de revelia

Se o réu não contestar a ação, o juiz, em regra, passará diretamente à fase decisória e proferirá, desde logo, "julgamento antecipado do mérito" (art. 355). Para sentenciar, terá o prazo de trinta dias (art. 226, III). Mesmo havendo revelia, há casos em que não se produzem os efeitos de presunção de veracidade dos fatos alegados na inicial, que se acham arrolados no art. 345, não sendo, por isso, cabível o imediato julgamento de mérito. Nessas hipóteses, o juiz, em cinco dias (art. 226, I), ordenará que o autor especifique as provas que pretenda produzir, se ainda não as tiver indicado (art. 348), assinando-lhe o prazo para cumprir a diligência (art. 218, § 1º).

II – Em caso de contestação

(a) *Defesa indireta:* tendo o réu alegado em sua resposta fato impeditivo, modificativo ou extintivo do direito do autor, o juiz determinará sua ouvida, a título de réplica, em quinze dias, (art. 350);
(b) *Preliminares:* se o réu alegar na contestação qualquer das preliminares processuais arroladas no art. 337 (falta de pressuposto processual ou de condição da ação, defeito de citação, coisa julgada, conexão etc.), o juiz determinará a ouvida do autor, em quinze dias, para cumprir o contraditório (art. 351);
(c) Em seguida, se verificar a ocorrência de nulidades ou irregularidades sanáveis, mandará supri-las em prazo nunca superior a 30 dias (art. 352).

Como se vê, as providências preliminares nem sempre se verificam. Não são requisitos necessários do procedimento, mas acontecimento eventual que ocorre e varia de conteúdo, conforme as circunstâncias de cada caso. Pode até não haver necessidade de nenhuma providência preliminar em casos como o de *revelia* (fora da hipótese do art. 345) ou de contestação sem arguição das matérias dos arts. 337 e 350. Na primeira hipótese (revelia), o juiz passará diretamente à fase decisória e proferirá, desde logo, "julgamento antecipado do mérito" (art. 355); na segunda, proferirá diretamente o "julgamento, conforme o estado do processo", saneando o processo ou decidindo o mérito, tendo em conta a matéria controvertida e as provas existentes no bojo dos autos (arts. 354 a 357).

Se as nulidades encontradas de ofício pelo juiz forem de natureza insanável, também não haverá determinação de providências preliminares. O juiz, de plano, proferirá sentença de extinção do processo (art. 354).

É, destarte, na ocasião das "providências preliminares" que o juiz realiza o complexo exame dos pressupostos processuais e das condições da ação, para penetrar no saneamento do feito.

618. Réplica do autor

Em dois casos, há providência preliminar consistente em facultar ao autor o direito de réplica à resposta do réu:

(a) quando o demandado, reconhecendo o fato em que se fundou a ação, outro lhe opuser impeditivo, modificativo ou extintivo do direito do autor (CPC/2015, art. 350);

(b) quando, em preliminar da contestação, for alegada qualquer das matérias enumeradas no art. 337 (art. 351).

Em ambos os casos, para manter a observância do princípio do contraditório, será facultado ao autor replicar a resposta do réu, bem como produzir prova documental, tudo no prazo de quinze dias.

No caso da defesa indireta do art. 337, depois de ouvida a réplica do autor, se o juiz entender que as irregularidades ou nulidades comprovadas são sanáveis, marcará prazo de até 30 dias, para que sejam supridas (art. 352).

A solução, de acolhimento ou rejeição da preliminar, será dada no "julgamento, conforme o estado do processo".

619. Revelia e provas

Da falta de contestação, presume-se ordinariamente a veracidade dos fatos afirmados pelo autor (CPC/2015, art. 344), desde que válida a citação.

Logo, não há necessidade da fase probatória e o juiz, pela simples ausência de resposta do réu, fica autorizado a proferir o julgamento antecipado do mérito (art. 355, II). Dá-se um salto da fase postulatória diretamente à fase decisória.

Entretanto, há casos em que, mesmo sem a resposta do réu, o autor não se desobriga do ônus de provar os fatos jurídicos que servem de base à sua pretensão, como ocorre nos litígios sobre direitos indisponíveis. Quando isto se dá (art. 345), o juiz, após escoado o prazo de contestação, profere despacho mandando que o autor especifique as provas que pretenda produzir na audiência (art. 348).

O prazo de especificação fica a critério do juiz, mas se não houver estipulação expressa no despacho será de cinco dias, conforme a regra do art. 218, § 3º.

Quando, mesmo sem a resposta do réu, o juiz se deparar com citação nula (art. 337, I), terá de decretar a nulidade *ex officio* (§ 5º) e a revelia nenhum efeito produzirá. Mandará, então, que a diligência citatória seja renovada, com as cautelas de direito.

Embora o Código tenha previsto o despacho de especificação de provas apenas para hipótese em que a revelia não produz a eficácia do art. 344, força é admitir que essa providência preliminar tem cabimento também nas ações contestadas, sempre que as partes na fase postulatória não tenham sido precisas no requerimento das provas que pretendam produzir. É muito comum, na praxe forense, o protesto vago e genérico nas iniciais e contestações, "pelas provas em direito admitidas". É claro que, diante disso, terá o juiz de mandar que, antes do encerramento da fase postulatória, as partes especifiquem, devidamente, as provas que irão produzir, para sobre elas decidir no saneamento.

O Código atual enfrentou o problema do direito ou não do revel produzir provas. Na linha de jurisprudência antiga, prestigiada pela Súmula 231 do STF,[1] o art. 349 do CPC/2015 assegura ao réu que não contestou a ação o direito de produzir provas contrapostas às alegações do autor. Para tanto, deverá fazer-se representar por advogado nos autos a tempo de praticar os atos processuais indispensáveis a essa produção.[2]

620. Intervenção do Ministério Público

Quando o Ministério Público deva funcionar na causa (CPC/2015, art. 178), tenham as partes requerido ou não sua audiência, caberá ao juiz determinar que se lhe abra vista dos autos na fase das "providências preliminares".

Da omissão dessa providência decorre nulidade do processo (art. 279). Entretanto, não se declarará a nulidade se o resultado do processo não causar prejuízo aos interesses que deveriam ser tutelados pelo Ministério Público. Observar-se-á o princípio que veda o reconhecimento de nulidade processual sem o pressuposto do prejuízo.

621. Ação declaratória incidental

O Código de 2015 aboliu a ação declaratória incidental, por meio da qual era possível obter julgamento de questão prejudicial de mérito, para permitir que a questão dessa natureza seja suscitada como simples matéria de defesa e, mesmo assim, reconheceu a possibilidade de ter sua solução acobertada pela *res iudicata*. É indispensável, todavia, que haja ampla discussão e instrução probatória a respeito (CPC/2015, art. 503, § 1º).

Diante da suscitação da questão prejudicial, na fase das providências preliminares, caberá ao juiz adotar medida similar à aplicada às defesas indiretas (fato impeditivo, modificativo ou extintivo do direito do autor), ou seja, abrirá vista à parte contrária, pelo prazo de quinze dias, para manifestar-se, permitindo-lhe a produção de prova (art. 350).

622. Outras providências preliminares

É, também, no estágio das providências preliminares que o juiz deve deliberar sobre a citação de litisconsortes necessários, na forma do art. 115, parágrafo único, do CPC/2015 (ver, *retro*, n. 234).

É, ainda, no mesmo momento processual que se examinam as questões pertinentes à intervenção de terceiros, sob as formas de denunciação da lide ou de chamamento ao processo. Quando a denunciação é feita pelo autor na petição inicial, ocorre cúmulo de demandas de forma originária. O denunciado, entretanto, é citado antes do réu. Depois de sua resposta ou do esgotamento do prazo legal sem manifestação, é que se procede à citação do réu, cuja contestação poderá versar tanto sobre as pretensões do autor como sobre as do denunciado, se for o caso. As providências preliminares, portanto, serão adotadas quando já cumprida a fase postulatória da ação principal e da ação interventiva cumulada. Se a denunciação vier com a contestação, o

---

1 Súmula 231: "O revel, em processo cível, pode produzir provas desde que compareça em tempo oportuno".

2 ARRUDA ALVIM *et al. Comentários ao Código de Processo Civil*. 3. ed. São Paulo: RT, 2014, p. 641.

denunciado será citado e terá oportunidade de se manifestar antes das medidas preliminares, que, quando deliberadas, proverão sobre as duas demandas cumuladas sucessivamente.

Quanto ao chamamento ao processo, que só pode partir de iniciativa do réu, seu ajuizamento se dará na contestação. Abrir-se-á prazo para promoção da citação do chamado, cabendo a este defender-se no prazo ordinário de quinze dias. Durante esse período, a causa principal ficará paralisada e, após sua superação, o juiz procederá às medidas preliminares cabíveis em torno da ação principal e da interventiva.

Assim, depois de solucionadas todas as questões relativas à citação de litisconsortes necessários ou à intervenção de terceiros, é que o juiz diligenciará as medidas determinadas pelos arts. 347 a 354.

§ 78. JULGAMENTO CONFORME O ESTADO DO PROCESSO

623. Conceito

Cumpridas as providências preliminares, ou não havendo necessidade delas, determina o art. 353 do CPC/2015 que o juiz proferirá *julgamento conforme o estado do processo*, resolvendo as questões previstas nos arts. 354 a 357, quais sejam, as pertinentes à extinção do processo, ao julgamento antecipado do mérito, total ou parcial, e ao saneamento e à organização do processo.

Deve-se lembrar que não há necessidade das providências preliminares quando: *(i)* não houver resposta do réu nem inocorrência dos efeitos da revelia; *(ii)* o réu não produzir defesa indireta; *(iii)* inexistir irregularidade processual a sanar; e, ainda, *(iv)* não se produzir documento com a contestação.

Como já se afirmou, o saneamento processual não se concentra numa decisão única, mas se faz ao longo de uma fase processual, numa sucessão de atos ou providências, que se inicia desde o despacho da petição inicial.

Com o "julgamento conforme o estado do processo", o juiz encerra as "providências preliminares" e realiza o completo saneamento do processo. Além de preparar o processo para a instrução probatória, ou de extingui-lo nos casos de vícios insanáveis, o moderno *julgamento conforme o estado do processo*, em algumas hipóteses, pode ensejar ao juiz a apreciação da própria *lide*, caso em que antecipadamente proferirá sentença de mérito e extinguirá o processo sem necessidade de passar pela dilação probatória.

Pode o julgamento conforme o estado do processo consistir numa das seguintes decisões:

(a) extinção do processo (CPC/2015, art. 354);
(b) julgamento antecipado do mérito (CPC/2015, art. 355);
(c) julgamento antecipado parcial do mérito (CPC/2015, art. 356);
(d) saneamento e organização do processo (CPC/2015, art. 357).

Como se vê, o instituto tem múltipla finalidade e pode ater-se a questões meramente processuais ou penetrar no âmago do litígio, resolvendo desde logo a questão de direito material deduzida em juízo, no todo ou em parte.

Ao instituir o julgamento conforme o estado do processo, o legislador brasileiro, além de conservar a tradição luso-brasileira a respeito do despacho saneador, deu-lhe nova feição, sob inspiração do julgamento conforme o estado dos autos, do direito germânico. Ampliou, porém, seus contornos para além dos simples casos de revelia a que se refere o sistema alemão, "de modo a propiciar, em grande número de casos, sem maior delonga, a provocada ou espontânea extinção do processo com ou sem resolução do mérito".[3]

624. Extinção do processo

No julgamento conforme o estado do processo (CPC/2015, art. 354), o juiz proferirá sentença, sem apreciar o mérito da causa, nas hipóteses previstas no art. 485, ou seja:

(a) nos casos de indeferimento da petição inicial (art. 330) (ver, *retro*, n. 564);
(b) quando o processo ficar parado durante mais de um ano por negligência das partes (ver n. 754.2);
(c) quando o autor abandonar a causa por mais de trinta dias (ver, adiante, n. 754.2);

---

3 TUCCI, Rogério Lauria. *Do julgamento conforme o Estado do Processo.* São Paulo: RT, 1975, n. 19, p. 40.

(*d*) quando não ocorrem os pressupostos processuais, ou seja, os requisitos de constituição e de desenvolvimento válido e regular do processo (ver n. 87 e n. 754.3);
(*e*) nos casos de perempção, litispendência ou coisa julgada (ver n. 754.4 e n. 754.5);
(*f*) quando não concorrer as condições da ação: interesse e legitimidade (ver n. 95, n. 96 e n. 754.6);
(*g*) no caso de preexistência de compromisso arbitral (ver n. 73 e n. 754.8);
(*h*) quando houver desistência da ação (ver n. 754.9);
(*i*) quando a ação for considerada intransmissível por disposição legal (ver n. 754.10);
(*j*) nos demais casos prescritos no Código (ver n. 754.11).

Em todos esses casos do art. 485, a sentença do juiz é apenas *terminativa*, pois os aspectos examinados são de natureza *formal*, isto é, são ligados ao exame da admissibilidade do processo tão somente, sem ferir o mérito da causa. Não há, portanto, uma resposta direta ao pedido do autor e a coisa julgada é, por isso, apenas *formal*.

Poderá, também, o juiz, segundo o art. 354, proferir julgamento conforme o estado do processo, para extingui-lo antecipadamente, com resolução de mérito nos casos do art. 487, II e III, ou seja:

(*a*) quando ocorrer decadência ou prescrição (ver n. 759.2);
(*b*) quando ocorrer o reconhecimento da procedência do pedido formulado na ação ou na reconvenção (ver n. 759.4);
(*c*) quando houver transação entre as partes (ver n. 759.5);
(*d*) quando se verificar renúncia à pretensão formulada na ação ou na reconvenção (ver n. 759-7).

Em todos esses casos do art. 487, o juiz, embora nem sempre dê solução própria à *lide*, profere sentença *definitiva*, com composição do mérito da causa, não obstante limitar-se, às vezes, ao reconhecimento judicial da autocomposição do litígio, obtida pelas partes entre si. Isto porque, "homologatória ou não, a decisão que tem por objeto o *meritum causae* corresponde à *prestação integral da tutela jurisdicional*, com todos os seus efeitos e consequências".[4]

Segundo o atual Código, essa sentença proferida pelo juiz pode dizer respeito a toda a ação ou a apenas parte do processo. Se o julgamento conforme o estado do processo abranger apenas parcela deste, o recurso cabível será o agravo de instrumento (art. 354, parágrafo único).

625. Julgamento antecipado do mérito

No momento do julgamento conforme o estado do processo, o juiz examinará o pedido e proferirá sentença contendo sua própria solução para a *lide*, sem passar pela audiência de instrução e julgamento, quando (CPC/2015, art. 355):

(*a*) não houver necessidade de produção de outras provas (art. 355, I);
(*b*) o réu for revel, ocorrer os efeitos da revelia (art. 344) e não houver requerimento de prova pelo réu revel (art. 349) (art. 355, II).

---

[4] TUCCI, Rogério Lauria. *Do julgamento conforme o Estado do Processo*. São Paulo: RT, 1975, n. 71, p. 133, com apoio em Pontes de Miranda e Luiz Eulálio Bueno Vidigal.

Nessas duas hipóteses, a desnecessidade de audiência faz que se elimine a incidência do princípio da oralidade do processo de conhecimento.

A sentença é *definitiva* e tem a mesma natureza e os requisitos daquela que se profere, normalmente, após a instrução em audiência.

Em todas as hipóteses arroladas no art. 355, o juiz, logo após o encerramento da fase postulatória, já se encontra em condições de decidir sobre o mérito da causa, pois:

(a) não se realiza a audiência por desnecessidade de outras provas, além daquelas que já se encontram nos autos (o juiz não deve, segundo o art. 370, promover diligências inúteis); e

(b) não há prova a produzir, pois, ocorrendo os efeitos da revelia, as alegações de fato formuladas pelo autor são presumidas verdadeiras.

Assim, se a questão de fato gira em torno apenas de interpretação de documentos já produzidos pelas partes; se não há requerimento de provas orais; se os fatos arrolados pelas partes são incontroversos; e, ainda, se não houve contestação, o que também leva à incontrovérsia dos fatos da inicial e à sua admissão como verdadeiros (art. 344), o juiz não pode promover a audiência de instrução e julgamento, porque estaria determinando a realização de ato inútil e, até mesmo, contrário ao espírito do Código. Observe-se que o art. 374 expressamente dispõe que não dependem de prova os fatos "admitidos no processo como incontroversos" e aqueles "em cujo favor milita presunção legal de existência ou de veracidade" (n°s III e IV).

Por outro lado, harmoniza-se o julgamento antecipado do mérito com a preocupação de celeridade que deve presidir à prestação jurisdicional, e que encontra regra pertinente no art. 139, II, que manda o juiz "velar pela duração razoável do processo", e no art. 370 que recomenda indeferir "as diligências inúteis ou meramente protelatórias".

Nessa ordem de ideias, não havendo necessidade de dilação probatória, o juiz poderá julgar antecipadamente o mérito sem que ocorra cerceamento de defesa.[5]

Sobre os casos em que a revelia não permite o julgamento antecipado do mérito, veja-se o n. 614, *retro*.

A instituição do julgamento antecipado do mérito, introduzida pelo Código de 1973 e mantida pelo CPC/2015, cumpriu, portanto, o princípio de economia processual, trazendo aos pretórios grande desafogo pela eliminação de enorme quantidade de audiências que, ao tempo do Código de 1939, eram realizadas sem nenhuma vantagem para as partes e com grande perda de tempo para a Justiça.

626. Julgamento antecipado parcial do mérito

O Código de 2015 repudia a tese da indivisibilidade do objeto litigioso, que segundo seus defensores exigiria um único julgamento de mérito em cada processo e, consequentemente, atingiria a coisa julgada numa única oportunidade. Prevê, pelo contrário, expressamente, a possibilidade de fracionamento do objeto do processo, regulando no art. 356 as condições para que um ou mais pedidos, ou uma parcela de pedidos, sejam solucionados separadamente.[6]

---

5 "Não há que se falar em cerceamento de defesa se a prova que se pretenda produzir for desnecessária" (ARRUDA ALVIM *et al. Comentários ao Código de Processo Civil.* 3. ed. São Paulo: RT, 2014, p. 647). No mesmo sentido: STJ, 1ª T., REsp 976.599/SC, Rel. Min. Denise Arruda, ac. 10.11.2009, *DJe* 01.12.2009; STJ, 3ª T., AgRg no REsp 806.289/SP, Rel. Min. Vasco Della Giustina, ac. 01.09.2009, *DJe* 23.10.2009.

6 "Na prática, significa dizer que o mérito da causa poderá ser cindido e examinado em duas ou mais decisões prolatadas no curso do processo" (STJ, 3ª T., REsp 1.845.542/PR, Rel. Min. Nancy Andrighi, ac. 11.05.2021, *DJe* 14.05.2021).

Na sistemática de nosso atual sistema processual civil, o julgamento antecipado e parcial do mérito não é visto como faculdade, mas, sim, como um dever do juiz, segundo o tom imperativo do art. 356, nas duas situações nele enumeradas, "o juiz *decidirá* parcialmente o mérito", ordena o dispositivo legal. Trata-se de uma exigência do princípio que impõe a rápida e efetiva solução da lide, requisito fundamental à configuração da garantia constitucional do *processo justo* (moderna visão do *devido processo legal*).

Os casos de decisão parcial do mérito ocorrem na fase do *julgamento conforme o estado do processo*, evitando protelação de questões maduras para resolução. Ainda que alguns pedidos cumulados reclamem elucidação em provas orais e periciais, poderá haver julgamento imediato, isto é, antes da audiência de instrução e julgamento, sobre os outros pedidos cuja solução independa daquelas providências instrutórias. Ou seja, não é necessário, para que parte do mérito seja desde logo resolvida, que todo o objeto litigioso independa de dilação probatória.[7]

Não pondo fim à fase cognitiva do processo, a resolução parcial antecipada do mérito se dá por meio de *decisão interlocutória* (art. 203, § 2º). Dela caberá, portanto, não apelação, mas agravo de instrumento, segundo a previsão do art. 1.015, II.

Os casos que ensejam o julgamento parcial de mérito, de acordo com o art. 356, são dois:[8]

(a) quando, entre os diversos pedidos cumulados, um ou mais deles, ou parcela deles "mostrar-se incontroverso"; ou

(b) "estiver em condições de imediato julgamento", segundo a regra do art. 355. Ou seja:

  (i) quando, para solução de parte destacável do objeto litigioso, não houver necessidade de produção de "outras provas", além daquelas disponíveis nos autos (caso em que, por exemplo, a questão a dirimir for apenas de direito, ou sendo de direito e de fato, mostrar-se solucionável mediante exame apenas dos documentos já produzidos em juízo); ou

  (ii) quando a revelia produzir o efeito de presunção de veracidade (art. 344) sobre parte apenas das alegações de fato formuladas pelo autor (caso em que, por exemplo, o réu revel comparece ao processo a tempo de requerer prova, e de fato requer contraprova pertinente, nos moldes do art. 349, afetando, porém, tão somente, uma parcela da demanda).

Para que se proceda ao julgamento parcial da lide determinado pelo art. 356 é necessário que a questão a ser enfrentada antecipadamente seja autônoma e destacável do destino do restante do mérito da causa. Vale dizer que a parcela destacada desafia solução

---

7 "Presentes tais requisitos [art. 356 do CPC], não há óbice para que os tribunais apliquem a técnica do julgamento antecipado parcial do mérito. Tal possibilidade encontra alicerce na teoria da causa madura, no fato de que a anulação dos atos processuais é a *ultima ratio*, no confinamento da nulidade (art. 281 do CPC/2015, segunda parte) e em princípios que orientam o processo civil, nomeadamente, da razoável duração do processo, da eficiência e da economia processual" (STJ, 3ª T., 1.845.542/PR, Rel. Min. Nancy Andrighi, ac. 11.05.2021, *DJe* 14.05.2021).

8 Qualquer uma das hipóteses do art. 356 enseja o julgamento parcial de mérito, já que na sistemática legal representam requisitos autônomos e são cumulativos (ARAÚJO, Luciano Vianna. O julgamento antecipado parcial sem ou com resolução do mérito no CPC/2015. *Revista de Processo*, v. 286, p. 244, São Paulo, dez./2018).

que não sofrerá mudança em razão do ulterior julgamento das demais questões, qualquer que seja ele.[9-10]

Não se exige, todavia, que a parcela enfrentada antecipadamente corresponda à obrigação líquida. A decisão, na espécie, pode reconhecer a existência tanto de obrigação líquida como ilíquida (art. 356, § 1º). Por *líquida*, entende-se a obrigação que, além de certa quanto à existência, é determinada (precisa) quanto ao respectivo objeto. *Ilíquida*, por sua vez, é a obrigação genérica, visto que, mesmo sendo certa sua existência, não se tem condição, desde logo, de identificar, quantitativamente, o objeto da prestação devida. Sendo certa a existência da obrigação, o julgamento parcial do mérito estará legalmente autorizado, sendo a determinação do *quantum debeatur* relegada para o procedimento ulterior de liquidação, nos moldes dos arts. 509 a 512.

Em se tratando de julgamento de mérito, a decisão prevista pelo art. 356 configura *decisão interlocutória*, desafiadora de agravo de instrumento, nos termos do art. 1.015, inc. II. O juiz, portanto, não pode reapreciar o julgamento parcial antecipado do mérito, a não ser no juízo de retratação franqueado pelo agravo (art. 1.018, § 1º).[11] Sem a interposição do agravo, opera-se a preclusão *pro iudicato*: "nenhum juiz decidirá novamente as questões já decididas relativas à mesma lide" (art. 505, *caput*), salvo apenas em casos previstos em lei (incisos I e II do mesmo artigo). Transcorrido o prazo legal sem que o agravo tenha sido interposto, ou uma vez decidido definitivamente o agravo interposto, o julgamento parcial do mérito revestir-se-á da autoridade de coisa julgada material.[12]

627. Liquidação e execução da decisão antecipada parcial

O credor beneficiado pelo julgamento antecipado parcial não depende, para executá-lo, da complementação da prestação jurisdicional sobre o restante do objeto litigioso. Depende apenas da liquidez da obrigação que lhe foi judicialmente reconhecida. Assegura-lhe o § 2º do art. 356, a faculdade de promover, desde logo, a liquidação (se for o caso) e a execução, tanto provisória como definitiva.

---

9 Há quem equipare o julgamento antecipado de mérito previsto no art. 356, I, com o caso de pedidos fundados em fatos constitutivos do direito do autor confessados pelo réu (fatos incontroversos, portanto), de modo que a incontrovérsia não diria respeito ao pedido, e, sim, ao fato constitutivo não questionado pelo demandado (TUCCI, José Rogério Cruz e. *Comentários ao Código de Processo Civil*. São Paulo: Saraiva, 2016, v. VII, p. 284). No entanto, não basta a incontrovérsia fática (confissão), porque o réu pode reconhecer o fato arguido pelo autor e, não obstante, produzir defesa indireta capaz de afetar-lhe os efeitos. Daí que a lei corretamente, para autorizar o julgamento parcial antecipado do mérito exige, no inc. I do art. 356, que seja incontroverso um dos pedidos ou uma parcela do pedido. O que, na realidade, se impõe é, pois, um "parcial reconhecimento jurídico do pedido", e não uma simples incontrovérsia sobre fatos (NEVES, Daniel Amorim Assumpção. *Manual de direito processual civil*. 8. ed. Salvador: JusPodivm, 2016, p. 624-625). Vale dizer: o julgamento parcial antecipado de mérito, na espécie, equivale a uma autocomposição de parte da demanda, nos moldes do art. 487, III, *a* (DIDIER JR., Fredie. *Curso de direito processual civil*. 17. ed. Salvador: JusPodivm, 2015, v. 1, p. 691).

10 "O juiz pode resolver parcialmente o mérito, em relação à matéria não afetada para julgamento, nos processos suspensos em razão de recursos repetitivos, repercussão geral, incidente de resolução de demandas repetitivas ou incidente de assunção de competência" (Enunciado 126/CEJ da II Jornada de Direito Processual Civil). Naturalmente, desde que as questões a decidir sejam autônomas em relação às afetadas.

11 "A decisão parcial de mérito não pode ser modificada senão em decorrência do recurso que a impugna" (Enunciado 125/CEJ da II Jornada de Direito Processual Civil).

12 "Não há dúvidas de que a decisão interlocutória que julga parcialmente o mérito da demanda é proferida com base em cognição exauriente e ao transitar em julgado, produz coisa julgada material (art. 356, § 3º, do CPC/2015)" (STJ, 3ª T., REsp 1.845.542/PR, Rel. Min. Nancy Andrighi, ac. 11.05.2021, *DJe* 14.05.2021).

Definitivo será o cumprimento da decisão parcial do mérito, quando esta já houver transitado em julgado (art. 356, § 3º); *provisório*, quando existir recurso pendente sem efeito suspensivo. Observe-se que, no regime do Código, a coisa julgada forma-se paulatinamente, à medida que as parcelas do objeto litigioso vão sendo decididas e exaurem-se as possibilidades de recurso. Daí a previsão legal de que a execução do decisório que antecipa solução parcial do mérito tanto poderá ser *definitiva* como *provisória*.

Pelas circunstâncias especiais em que ocorre o julgamento antecipado parcial do mérito (ou seja, na ausência de controvérsia entre as partes e com existência de prova suficiente do direito que fundamenta a causa), o art. 356, § 2º, dispensa o credor de prestar caução para a promoção imediata do cumprimento provisório do julgado. Isto, porém, não exime o exequente provisório do dever de repor o executado no estado anterior à execução, caso seu recurso seja afinal provido (sobre o cumprimento provisório de sentença, ver o v. III).

Dispõe, ainda, o Código atual, que tanto a liquidação como o cumprimento da decisão que julgar parcialmente o mérito poderão ser processados em autos suplementares, a requerimento da parte ou a critério do juiz (art. 356, § 4º). Levar-se-á em conta o risco de a liquidação ou o cumprimento da decisão acarretar prejuízo ao andamento do restante do feito. Por suplementares entendem-se, *in casu*, os autos apartados formados com cópias de peças do processo principal, a exemplo do que se passa no cumprimento provisório de sentença (art. 522, parágrafo único).

628. Procedimento e recurso do julgamento parcial antecipado

O julgamento parcial de mérito não se dá sob a forma procedimental da tutela *provisória* da evidência (art. 311). Seu regime é o da tutela *definitiva*, prestável no estágio que no procedimento comum recebe a denominação de "julgamento conforme o estado do processo" (Livro I da Parte Especial do CPC, Título I, Capítulo X).

Embora configure *decisão interlocutória*, visto que não põe fim à fase cognitiva do procedimento comum nem extingue a execução, o julgamento em causa é uma *decisão de mérito*, e, como tal, transita materialmente em julgado (arts. 502 e 503).

Sendo, porém, decisão interlocutória (e não sentença), o recurso manejável em face da resolução parcial antecipada do mérito é o agravo de instrumento (e não a apelação), como expressamente determina o § 5º do art. 356.

Em razão de o recurso cabível ser o agravo de instrumento, o regime de cumprimento da decisão parcial de mérito é mais imediato que o da sentença final. É que, sendo esta impugnada por apelação, que ordinariamente tem efeito suspensivo (art. 1.012), sua execução ficará protelada para após a coisa julgada, não sendo possível a execução provisória, a não ser nos casos especiais contemplados no § 1º do referido artigo. Já quando se trata de decisão parcial de mérito, a execução provisória é a regra, em razão de um agravo de instrumento não ser dotado de efeito suspensivo (art. 995, *caput*). Somente não se logrará o cumprimento provisório de tal decisão, quando o agravante obtiver, do relator, a suspensão cautelar da eficácia do ato judicial recorrido, nas condições previstas no parágrafo único do art. 995.

Fluxograma nº 15

JULGAMENTO CONFORME O ESTADO DO PROCESSO
(arts. 354 a 357)

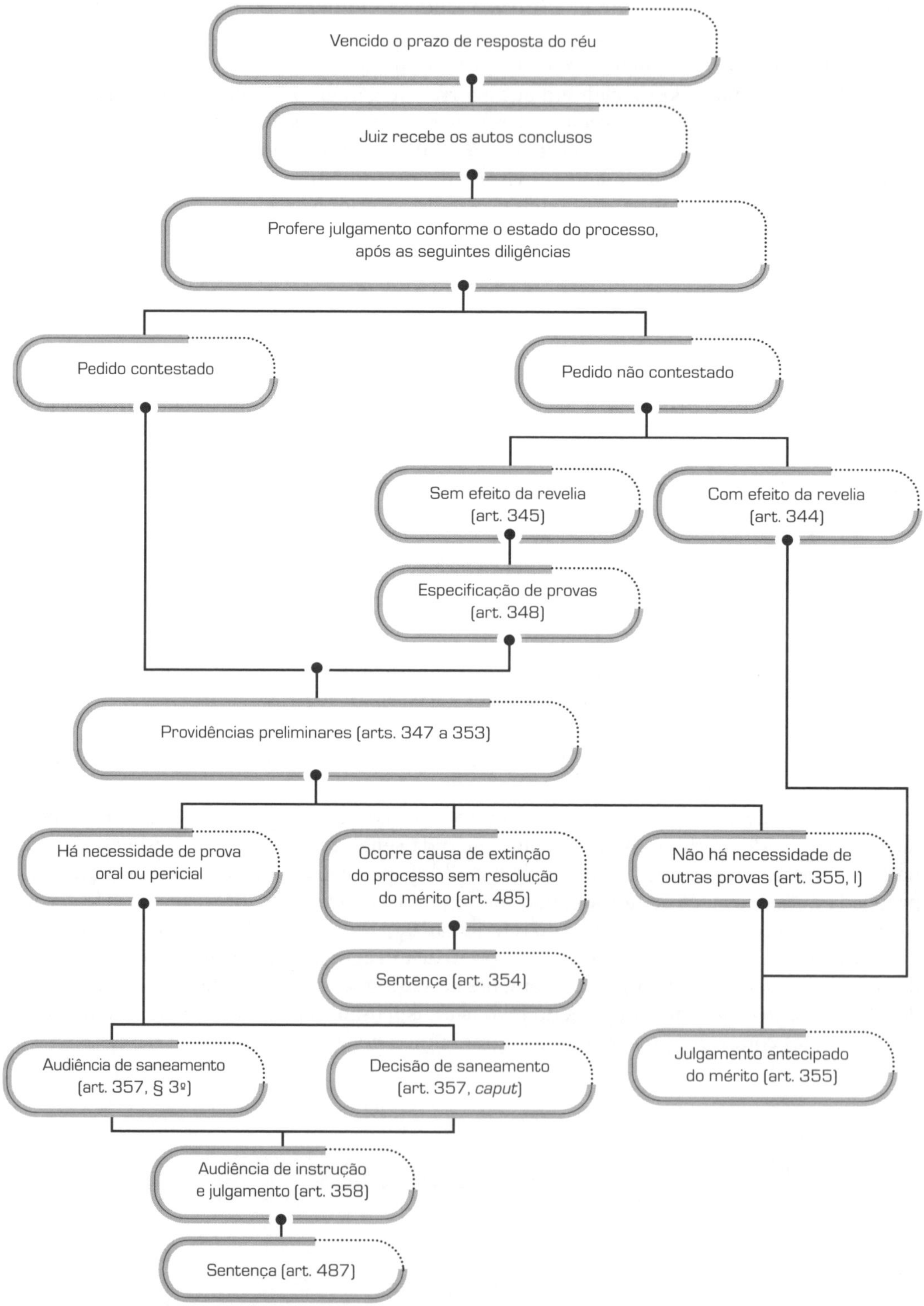

§ 79. SANEAMENTO E ORGANIZAÇÃO DO PROCESSO

629. Decisão de saneamento

O saneamento do processo é feito por uma prolongada fase processual, cujo início pode dar-se com o despacho da petição inicial e cujo término obrigatoriamente será o julgamento conforme o estado do processo.

Não há limites necessários e bem definidos para início da atividade de saneamento, nem para sua separação da fase postulatória, mas seu encerramento tem um momento processual exato, que se situa, atualmente, na decisão de saneamento (art. 357).

Segundo a tradição do direito luso-brasileiro, o saneamento do processo deveria dar-se em decisão interlocutória escrita, após o encerramento da fase postulatória. O sistema germânico adota, porém, a *audiência preliminar*, destinada a preparar o feito para ingressar na fase instrutória, depois de resolvidas oralmente as questões preliminares.

O Código atual aboliu a audiência preliminar após a fase postulatória, instituída pelo Código de 1973 para incentivar a autocomposição dos litígios. O saneamento do processo é feito, portanto, por *decisão interlocutória* do juiz (art. 357). Contudo, pode, eventualmente, haver *audiência de saneamento* em causas complexas, nos termos do art. 357, § 3º, cuja matéria de fato ou de direito exija que a atividade saneadora seja feita em cooperação com as partes. Nessa hipótese, serão elas convidadas a integrar ou esclarecer suas alegações. E, havendo necessidade de oitiva de testemunhas, o rol deverá ser apresentado nessa audiência de saneamento (art. 357, § 5º).[13]

Quase sempre essa atividade saneadora se superpõe à fase postulatória, pelo menos em boa parte, e, enquanto os litigantes ainda estão deduzindo suas pretensões em juízo, vai o juiz, paulatinamente, suprindo ou fazendo suprir as nulidades ou irregularidades sanáveis ou decretando as nulidades insanáveis (arts. 352 e 353).

Na sistemática do Código atual, não pode mais o juiz relegar questões formais ou preliminares, como os pressupostos processuais e as condições da ação, para exame na sentença final. Incumbe-lhe decidi-las, com mais propriedade, no momento das providências preliminares, ou, no máximo, no "julgamento conforme o estado do processo", de sorte que a decisão de saneamento e de organização do processo, prevista no art. 357, é quase sempre uma eventual declaração de regularidade do processo.

Trata-se de decisão eventual porque nem sempre ocorre, mesmo quando o processo está em ordem, dado que em muitos casos o juiz deve passar diretamente da fase postulatória para o julgamento do mérito (art. 355).

A decisão de saneamento, portanto, passou a ser aquela decisão que o juiz profere, ao final das providências preliminares, para reconhecer que o processo está em ordem e que a fase probatória pode ser iniciada, eis que será possível o julgamento do mérito e, para tanto, haverá necessidade de prova oral ou pericial (art. 357, V).

Essa decisão é a quarta e última modalidade de julgamento conforme o estado do processo. Trata-se de verdadeira *decisão interlocutória*, que dá solução à questão do cabimento da tutela jurisdicional e da admissibilidade dos meios de prova a serem utilizados na fase de instrução

---

13 O Código prevê o saneamento em audiência para as causas *complexas*, sem, entretanto, definir o que torna complexa uma causa. Destinando-se a diligência, sobretudo, a definir as provas necessárias para a resolução do mérito, a complexidade se manifestará em torno da adequada programação da instrução do processo, a qual, no quadro dos autos, foge aos padrões habituais. O que justifica a audiência é, assim, a dificuldade encontrada pelo juiz na pronta definição dos meios probatórios a utilizar. Com a cooperação das partes (art. 6º), os pontos controvertidos, de fato e de direito, poderão ser mais bem identificados, evidenciando a pertinência de um ou outro meio de prova, cujo detalhamento e calendarização se estabelecerão na própria audiência (arts. 191 e 357, §§ 5º a 8º).

do processo.[14] Todavia, na relação do art. 1.015, de cabimento do agravo de instrumento, não figura a decisão de saneamento e de organização do processo (sobre o recurso manejável na espécie, ver adiante o item 632). Não obstante, o STJ, seguindo sua teoria da taxatividade mitigada aplicada ao rol do art. 1.015, já decidiu que, em determinadas circunstâncias, cabe agravo de instrumento contra decisão de saneamento do processo.[15]

630. Cabimento

Na ordem lógica das questões, só haverá decisão de saneamento quando não couber a extinção do processo, nos termos do art. 354, nem for possível o julgamento antecipado do mérito (art. 355).

Pressupõe, destarte, a inexistência de vícios na relação processual ou a eliminação daqueles que acaso tivessem existido, bem como a necessidade de outras provas, além dos elementos de convicção produzidos na fase postulacional.

Se, portanto, após as providências preliminares, subsistirem defeitos insupríveis ou insupridos, como a ausência de algum pressuposto processual, ou de alguma condição da ação, não haverá decisão de saneamento, mas, sim, extinção do processo (art. 354). Por outro lado, se o juiz, à luz dos elementos já existentes no processo, julgar-se habilitado a decidir o mérito, também não deverá proferir decisão de saneamento, e sim *sentença definitiva*, sob a forma de "julgamento antecipado do mérito" (art. 355).

Permite-se, também, a extinção parcial do processo por deficiências que afetem apenas parcela dele, caso em que prosseguirá em busca da solução das partes do objeto litigioso não afetadas. O ato judicial configurará decisão interlocutória pelo fato de que não porá fim ao processo. O recurso manejável, portanto, será o agravo de instrumento, segundo prevê textualmente o parágrafo único do art. 354.

631. Conteúdo

Se as questões preliminares suscitadas pelo réu não foram suficientes para provocar o julgamento da extinção do processo (art. 354), terá o juiz de apreciá-las e rejeitá-las no saneador, pois só assim terá condições de declarar *saneado* o feito. Caso contrário, terá de extinguir o processo sem resolução do mérito.

Após isto, ou quando não houver questões preliminares, o juiz, ao declarar saneado o processo, deverá, segundo o art. 357, proferir *decisão de saneamento e organização do processo*, para:

(*a*) resolver as questões processuais pendentes (inciso I);

(*b*) delimitar as questões de fato sobre as quais recairá a atividade probatória, especificando os meios de prova admitidos. Ou seja, o juiz deverá fixar os pontos controvertidos (inciso II);

(*c*) definir a distribuição do ônus da prova, observando o art. 373 (inciso III);

(*d*) delimitar as questões de direito relevantes para a decisão do mérito (inciso IV); e

(*e*) designar, se necessário, a audiência de instrução e julgamento (inciso V).

---

[14] "A fase de saneamento e organização do processo, portanto, é relevantíssima para um adequado desenvolvimento do processo, porque permite, a um só tempo, garantir-se a sua regular constituição e, de outro lado, organizar e prever como se seguirão as fases seguintes, evitando-se discussões inúteis, com a prática de atos de maneira mais célere e efetiva possível, preparando a causa de modo que fique madura para a prolação da decisão final de mérito" (BAPTISTA, Bernardo Barreto. *Saneamento e organização do processo*: a evolução histórica e o CPC de 2015 (tese de mestrado). Rio de Janeiro: UERJ, 2017, p. 13).

[15] STJ, 4ª T., REsp 1.703.571/DF, Rel. Min. Antônio Carlos Ferreira, ac. 22.11.2022, *DJe* 07.03.2023.

Determinada a produção de prova testemunhal, o juiz fixará prazo comum, não superior a quinze dias, para que as partes apresentem o respectivo rol de testemunhas (art. 357, § 4º), cujo número não poderá ser superior a dez, sendo três, no máximo, para a prova de cada fato (§ 6º). Poderá o juiz limitar o número de testemunhas, levando em consideração a complexidade da causa e dos fatos individualmente considerados (§ 7º).

Para a boa ordem dos serviços judiciais e para evitar tumulto na sucessão das audiências de instrução e julgamento designadas para um só dia, estabelece o Código que as pautas sejam preparadas com intervalo mínimo de uma hora entre elas (§ 9º).

Se for o caso de exame pericial, o momento de deferi-lo, com a nomeação do perito e a abertura de prazo para a indicação de assistentes pelas partes, é, também, a decisão de saneamento (*vide*, *infra*, nºˢ 629 e ss.). Nessa oportunidade, deverá o juiz, ainda, estabelecer calendário para a realização da prova técnica (art. 357, § 8º).

Enfim, nota-se que não há, para o Código, um ato único para concentrar toda a atividade saneadora do juiz, no procedimento comum. Essa função é exercida de maneira mais evidente durante todo o estágio das "providências preliminares" (arts. 347 a 357) que se inicia logo após a exaustão do prazo de resposta do réu e vai findar-se na decisão de saneamento e organização do processo, para permitir, se necessário, o ingresso na instrução probatória.

Assim, a decisão de saneamento e organização do processo pode ser havida como uma decisão interlocutória que contém a múltipla declaração positiva de:

(*a*) *admissibilidade do direito de ação*, por concorrerem as condições da ação, sem as quais não se legitima o julgamento de mérito;

(*b*) *validade do processo*, por concorrerem todos os pressupostos e requisitos necessários à formação e desenvolvimento válido da relação processual, e se acharem resolvidas as questões processuais ainda pendentes;

(*c*) *delimitação* dos fatos a provar, com especificação dos meios de prova pertinentes;

(*d*) *definição* da distribuição do ônus da prova;

(*e*) *delimitação* das questões de direito relevantes para a decisão do mérito; e

(*f*) *deferimento de prova* oral ou pericial, com designação da audiência de instrução e julgamento.

Nunca é pouco ressaltar a relevância do *saneamento e organização do processo*, em face de seu papel na orientação do procedimento com vistas a alcançar, com segurança e economia, um julgamento da lide justo e adequado, sem desvio das questões integradas ao mérito da causa e sem perda de tempo com diligências inúteis e coleta de provas desnecessárias. Velha e sempre acatada é a lição de Amaral Santos, no sentido de que "num bom processo não se deve iniciar a produção da prova senão quando haja segurança de que o juiz conhecerá do objeto da causa".[16] É, pois, o *saneamento e organização do processo* que desempenha a função de reconhecer que o processo está em condições de alcançar a decisão de mérito, bem como se há ou não necessidade de provas e, em caso positivo, quais são elas. Trata-se, como se vê, de atividade judicial de fundamental importância, na perspectiva do *processo justo*, capaz de contribuir para "o adequado e célere desenvolvimento do processo, o que [sem dúvida] pode trazer, como consequência, uma melhor prestação jurisdicional".[17]

---

16 AMARAL SANTOS, Moacyr. *As condições da ação no despacho saneador*. São Paulo: Livraria dos Advogados, 1946, p. 37.

17 BAPTISTA, Bernardo Barreto. *Saneamento e organização do processo*: a evolução histórica e o CPC de 2015 (tese de mestrado). Rio de Janeiro: UERJ, 2017, p. 12.

Importante inovação do Código de 2015 consistiu na permissão a que as partes, em negócio jurídico processual, delimitem, consensualmente, as questões de fato e de direito relativas à lide, e as submetam ao juiz para homologação. Naturalmente, esse ajuste só será lícito se a causa referir-se a direitos disponíveis e travar-se entre pessoas capazes. Verificada a regularidade e a não ofensa à ordem pública, o juiz o homologará, e após isso a delimitação vinculará as partes e o juiz (art. 357, § 2º). Por isso, uma vez homologada a convenção, não mais poderá o juiz redistribuir o ônus da prova (Enunciado 128/CEJ da II Jornada de Direito Processual Civil). Se entender que só em parte poderá homologar o ajuste delimitador das questões de fato e de direito, somente estará autorizado a fazê-lo após consulta às partes, nos termos do art. 10. A convenção é das partes e só elas poderão anuir em sua alteração.[18]

A permissão da negociabilidade entre as partes sobre a delimitação dos fatos a provar (art. 357, II), sobre a distribuição equânime do ônus da prova (art. 373, § 3º) e sobre as questões de mérito relevantes para o julgamento da causa (art. 357, IV) evidencia o compromisso fundamental do processo contemporâneo com o respeito à autonomia privada, com a flexibilidade processual e com a efetiva participação dos litigantes na construção do provimento jurisdicional, dentro de um modelo procedimental fundado na cooperação entre os sujeitos do processo, que prime pela justa composição do conflito.[19]

631.1. Delimitação consensual das questões de fato e de direito

I – Questões de direito

Defende-se que, podendo as partes delimitar negocialmente a questão de direito (art. 357, § 2º), teriam a faculdade de escolher a norma legal sob a qual desejam se dê o julgamento da causa.[20] Naturalmente, isto só pode acontecer diante de regras dispositivas. Quando a questão posta em juízo encontrar-se submetida a norma de ordem pública, cuja aplicação deve ocorrer de ofício, não haverá como as partes afastá-la negocialmente. É para permitir esse controle de legalidade da convenção que o § 2º do art. 357 condiciona sua eficácia à homologação do juiz. Com isso impede que o negócio das partes subtraia seu poder-dever de proceder ao julgamento segundo a lei inafastável. Aqui, portanto, não se opera o efeito imediato da convenção judicial a que se refere o art. 200 do CPC.[21] A homologação, quando prevista em lei, é *condição de eficácia* do negócio jurídico celebrado pelas partes[22]. Portanto, o juiz, nessas circunstâncias, se vincula aos efeitos do acordo das partes, tão somente quando o houver homologado.

Por outro lado, se é certo que as partes e o juiz se acham colocados numa relação de paridade na possibilidade de alterar ou criar situações jurídicas procedimentais fora, ou diversa do padrão legislado, com reflexos, às vezes, no gerenciamento das questões de mérito solucionáveis

---

18 "O juiz pode homologar parcialmente a delimitação consensual das questões de fato e de direito, após consulta às partes, na forma do art. 10 do CPC" (Enunciado 127/CEJ da II Jornada de Direito Processual Civil).

19 Hoje, a gestão processual, "para assegurar a melhor passagem possível da previsão abstrata das normas processuais para sua aplicação ao caso concreto, de acordo com suas peculiaridades, deve ser exercida em conjunto com as partes permeada pela ideia de colaboração" (ANDRADE, Érico. Gestão processual flexível, colaborativa e proporcional: cenários para implementação das novas tendências do CPC/2015. *Revista da Faculdade de Direito da UFMG*, nº 76, jan.-jun./2020, p. 192).

20 LIPIANI, Júlia; SIQUEIRA, Marília. O saneamento consensual. *In:* DIDIER JR., Fredie (coord.). *Novo CPC. Doutrina selecionada: processo de conhecimento e disposições finais e transitórias.* Salvador: JusPodivm, 2005, p. 222-223.

21 GAJARDONI, Fernando da Fonseca; *et al. Processo de conhecimento e cumprimento de sentença.* Rio de Janeiro: Forense, 2016, p. 182.

22 CABRAL, Antonio do Passo. *Convenções processuais.* Salvador: JusPodivm, 2016, p. 232-233.

pelo provimento judicial,[23] uma advertência, porém, se impõe: as autogestões negociais podem ensejar às partes delimitar o direito aplicável ao caso, mas isto haverá de ser feito a partir dos referenciais normativos constantes do ordenamento jurídico vigente, e não através de uma liberdade plena, capaz de desprezar e contrariar direitos indisponíveis, ou ofender princípios e valores assegurados constitucionalmente.[24]

II – Questões de fato (prova)

É, outrossim, válido o acordo das partes quanto aos fatos a serem objeto de prova (art. 357, § 2º), porque os demais fatos que poderiam interferir no julgamento da causa se tornam *não controversos*; e não reclamam prova os fatos "admitidos no processo como incontroversos" (art. 374, III). Ademais, quem define o objeto litigioso (pedido e fundamento de fato e de direito) são as partes, e não o juiz (arts. 319, III, e 336). Aqui também a eficácia do acordo das partes ficará na dependência de sua homologação pelo juiz, para que este a ele se vincule (art. 357, § 2º, *in fine*).

É de se observar a faculdade de delimitação consensual das questões de fato e de direito que serão submetidas a atividade probatória e quais os meios de prova utilizáveis podem ser exercidos tanto nos casos de saneamento em audiência, como em decisão escrita.

Por outro lado, não é só o fato da incontrovérsia diante do acordo sobre uma questão que leva o juiz a ter de se submeter ao negócio processual das partes sobre dispensa de prova. Há questões que, legalmente, só se esclarecem mediante determinadas provas, como ocorre, por exemplo, com a propriedade e demais direitos reais imobiliários, e com a definição da linha divisória entre imóveis confinantes. Quando, pois, fica evidente que o acordo das partes, de limitação dos meios de prova não permitirá ao juiz chegar à convicção necessária para o correto julgamento da causa, não o homologará. Continuará no exercício do poder processual de designar, de ofício ou a requerimento, a prova necessária. Com isso, evidencia-se que, na espécie, a homologação não é ato meramente formal, mas ato praticado pelo juiz mediante penetração e avaliação do conteúdo do negócio jurídico processual.[25]

632. Direito de esclarecimentos sobre a decisão de saneamento

A *preclusão* é fato processual impeditivo que acarreta a perda de faculdade da parte. Pode decorrer simplesmente do transcurso do prazo legal (preclusão *temporal*); da incompatibilidade de um ato já praticado e outro que se deseje praticar (preclusão *lógica)*; ou do fato de já ter sido utilizada a faculdade processual, com ou sem proveito para a parte (preclusão *consumativa)*. Por efeito da preclusão, a parte perde a faculdade de exercer determinada atividade ou

---

23 "Isto é, as partes podem chegar a um acordo sobre como conduzir a fase instrutória do processo, ajustando entre si, sobre quais fatos a prova recairá, quais serão os meios de prova empregados para esclarecê-los e também sobre quais questões jurídicas são relevantes ao processo. Se homologada a proposta, estarão vinculados à delimitação as partes e também o juiz" (BUENO, Cassio Scarpinella. Comentários ao art. 357. *In* CABRAL. Antonio do Passo; CRAMER, Ronaldo. *Comentários ao novo Código de Processo Civil*. Rio de Janeiro: Forense, 2015, p. 564).

24 Entre os limites da autonomia privada, na matéria aberta à negociação processual, figuram, entre outros, "a *disponibilidade* e a *derrogabilidade* das questões de direito, tendo em vista que, referentemente àqueles direitos que possuam os atributos de *indisponíveis* ou de *inderrogáveis*, não é admissível a realização de acordos que restrinjam, limitem ou reduzam o seu conteúdo nuclear, que sempre permanecerá inatacável pela disposição de vontade das partes" (FREITAS, Pedro Augusto Silveira. Autogestão normativa no processo civil brasileiro: limites e possibilidades da contratualização do sentido do direito por meio de "acordos de direito aplicável". *Revista dos Tribunais*, v. 1.028, p. 302, São Paulo, jun./2021).

25 FERNANDES, Luís Eduardo Simardi. *In:* WAMBIER, Teresa Arruda Alvim; *et al.* (coords.). *Breves comentários ao novo Código de Processo Civil*. 2. ed. São Paulo: RT, 2016, p. 1.040; CÂMARA, Alexandre Freitas. *O novo processo civil brasileiro*. 2. ed. São Paulo: Atlas, 2016, p. 217.

de obter certa utilidade no processo. Assim, quem não recorre, em tempo útil, da decisão que lhe é desfavorável, sofre a perda do direito de questionar suas conclusões. Isto naturalmente pressupõe que o ato judicial seja recorrível. Se não o for, o sistema do Código de 2015 é o da não preclusão das decisões interlocutórias, de maneira que sua impugnação fica procrastinada para depois da sentença final (art. 1.009, § 1º).

Em outras palavras, as decisões interlocutórias nem sempre desafiam recurso, de sorte que, salvo aquelas arroladas no art. 1.015 e as previstas em dispositivos especiais do Código, não geram preclusão, permanecendo passíveis de ataque em futura e eventual apelação.

Não há previsão de agravo contra a decisão de saneamento. Assegura, todavia, o art. 357, § 1º, às partes "o direito de pedir esclarecimentos ou solicitar ajustes, no prazo comum de 5 (cinco) dias, findo o qual a decisão se torna estável". Esses pedidos de esclarecimentos e ajustes não se equiparam a recurso e por isso não podem, na sua falta, tornar preclusa a matéria assentada no saneamento. Se alguma aproximação tiver que ser feita com o sistema recursal do Código, o pedido de esclarecimentos se equipararia aos embargos de declaração, que sabidamente não têm a função de impugnar a decisão embargada. O fato de falar em estabilidade, na espécie, quer dizer que, após o prazo de esclarecimentos, não podem os interessados voltar a reclamar contra o ato judicial. De qualquer forma, sendo a decisão de saneamento não sujeita a agravo, é forçoso reconhecer que a parte prejudicada sempre terá a seu alcance a possibilidade de se defender, em grau recursal, por meio das preliminares de apelação ou de suas contrarrazões (art. 1.009, § 1º). Esta, sim, será a via recursal disponibilizada à parte inconformada com a decisão interlocutória contida no saneador.[26] Nada obstante, o STJ já admitiu o manejo do agravo de instrumento, na espécie, sob invocação do caráter "taxativo mitigado" do rol do art. 1.015 do CPC.[27]

Pode, entretanto, haver preclusão em torno de matéria resolvida no saneamento, quando envolver extinção parcial do processo, em decorrência de resolução de questões processuais pendentes, como previsto no art. 357, I, se contra a decisão a parte prejudicada não interpõe o recurso de agravo de instrumento, previsto expressamente nos arts. 354, parágrafo único, e 356, § 5º.

De qualquer maneira, ainda que não requerida pela parte, ou até quando requerida e denegada pelo saneador, não ocorre preclusão em matéria de prova, pois, na verdade, o poder do juiz não é simplesmente o de deferir provas pleiteadas pelas partes, é muito mais amplo. Em qualquer estágio do procedimento, cabe-lhe, mesmo de ofício, ordenar a realização das provas que entender necessárias (art. 370). Se tem ele esse poder, não há empecilho a que a parte, salvo a hipótese de má-fé, volte a provocar, por petição o exame, a qualquer tempo, da conveniência ou necessidade de determinada prova relevante para o julgamento da causa.

Não sendo recorrível o saneador, as questões de ordem pública, que pelo sistema do próprio Código, podem ser examinadas *ex officio* em qualquer fase do processo, como a incompetência

---

[26] "Findo o prazo legal, a decisão torna-se *estável* e seu conteúdo só poderá ser objeto de novo debate no juízo de segundo grau, acaso devidamente impugnada a questão em preliminar de apelação ou nas respectivas contrarrazões (art. 1.009, § 1º), ressalvada eventual decisão sobre a *distribuição do ônus da prova,* que é imediatamente recorrível mediante agravo de instrumento (art. 1.015, XI)" (MARINONI, Luiz Guilherme; ARENHART, Sergio Cruz; MITIDIERO, Daniel. *Novo curso de processo civil.* São Paulo: RT, 2015, v. II, p. 232).

[27] "... Saneamento do processo. Art. 357, § 1º, do CPC/2015. Agravo de instrumento. Tempestividade. Termo inicial. Publicação da decisão de pedido de esclarecimento e/ou ajuste. Transcurso do quinquídio legal. Recurso provido. 1. O termo inicial para interposição do agravo de instrumento, na hipótese do pedido previsto no art. 357, § 1º, do CPC/2015, somente se inicia depois de estabilizada a decisão de saneamento, o que ocorre após publicada a deliberação do juiz sobre os esclarecimentos e/ou ajustes ou, não havendo requerimento, com o transcurso do prazo de 5 (cinco) dias" (STJ, 4ª T., REsp 1.703.571/DF, Rel. Min. Antônio Carlos Ferreira, ac. 22.11. 2022, *DJe* 07.03.2023).

absoluta, a nulidade insanável, a coisa julgada, os pressupostos processuais, as condições da ação (art. 485, § 3º), ficam imunes aos efeitos da preclusão, podendo ser reexaminadas em qualquer grau de jurisdição, enquanto não transitar em julgado a resolução definitiva do mérito da causa.[28]

Quando se afirma que não ocorre preclusão em torno das questões solucionadas em decisão interlocutória não sujeitas a agravo, tem-se em mira a preclusão temporal e, não, as preclusões lógica e consumativa. Se, por exemplo, a parte optou por outra medida processual diversa da que lhe foi indeferida, e que com esta é incompatível, sem dúvida deu-se a preclusão lógica, de modo que não haverá como voltar a discutir a questão em preliminar da apelação. Da mesma forma, quando se escolhe uma via impugnativa, antes da apelação, para atacar a decisão não agravável, como, por exemplo, um mandado de segurança, também não caberá rediscutir o tema nas preliminares da apelação ou nas contrarrazões, terá ocorrido a preclusão consumativa.

633. Formas da decisão de saneamento

Se não houve controvérsia na fase postulatória, a respeito da admissibilidade da ação ou dos pressupostos processuais, bastará ao juiz, no saneador, proferir decisão sucinta em que afirme estar o processo em ordem, declarando-o saneado, em seguida. Isto feito, passará a deliberar sobre as provas.

A jurisprudência tem entendido que "o simples despacho do juiz designando a audiência de instrução e julgamento importa em declarar o processo implicitamente saneado", e repelidas, também de forma implícita, as preliminares arguidas.[29] Acontece, porém, que, ao repelir qualquer preliminar da contestação, deverá fundamentar sua decisão de maneira que se deve evitar a prática de soluções implícitas, na matéria. Mesmo que indevidamente se tenha adotado tal prática viciosa, preclusão alguma ocorrerá, cabendo sempre à parte o direito de reclamar pronunciamento expresso.

---

[28] Por se tratar de questões de ordem pública, sobre as quais não têm disponibilidade as partes, e que funcionam como pressupostos de legitimidade da própria função jurisdicional do Estado, não há preclusão, nem lógica, nem temporal, nem consumativa, sobre a matéria pertinente às condições da ação e aos pressupostos processuais. Tanto o próprio juiz de primeiro grau como o Tribunal Superior (em grau de recurso) podem voltar a examinar essas questões, em qualquer fase do processo, enquanto não julgado o mérito da causa (cf. acs. STJ, REsp 60.110-0/GO, Rel. Min. Sálvio de Figueiredo, ac. 05.09.1995, *RSTJ* 81/308; STJ, REsp 61.420-1/SP, Rel. Min. Assis Toledo, ac. 03.05.1995, *DJU* 19.06.1995, p. 18.723; STJ, 2ª T., REsp 1.175.100/SC, Rel. Min. Mauro Campbell Marques, ac. 05.04.2011, *DJe* 13.04.2011).

[29] PAULA, Alexandre de. *Código de Processo Civil Anotado.* São Paulo: RT, 1976, v. II, p. 178-179.

Capítulo XXV
INSTRUÇÃO E DEBATE DA CAUSA

§ 80. AUDIÊNCIA DE INSTRUÇÃO E JULGAMENTO

634. Audiência

Audiência é o ato processual solene realizado na sede do juízo que se presta para o juiz colher a prova oral e ouvir pessoalmente as partes e seus procuradores. Em várias oportunidades, o juiz promove audiências, como a de conciliação ou mediação (art. 334), e as de justificação liminar nas ações possessórias (art. 562) e nas tutelas de urgência (art. 300, § 2º).

Contudo, a principal audiência regulada pelo Código de Processo Civil é a de instrução e julgamento (arts. 358 a 368), que é momento integrante do procedimento comum e também se aplica a todos os demais procedimentos, desde que haja prova oral ou esclarecimento de peritos a ser colhido antes da decisão da causa.

No procedimento oral, é ela o ponto alto, pois concentra os atos culminantes da disputa judicial. Nela, o juiz entra em contato direto com as provas, ouve o debate final das partes e profere a sentença que põe termo ao litígio. Por meio dela, põem-se em prática os princípios da oralidade e concentração do processo moderno.

Em regra, "a designação da audiência de instrução e julgamento não é faculdade conferida ao juiz e sim imposição da lei adjetiva, aplicável sempre que haja prova a ser produzida".[1]

É, pois, ato solene, revestido de publicidade, substancial ao processo, que se realiza sob a presidência do juiz e que se presta à instrução, discussão e decisão da causa.[2] Pela sistemática do Código, a audiência só é, entretanto, indispensável quando haja necessidade de prova oral ou de esclarecimentos de perito e assistentes técnicos. Fora desses casos, o julgamento da lide é antecipado e prescinde da solenidade de audiência (art. 355).

Quando, no entanto, se fizer necessária a audiência de instrução e julgamento, o momento adequado à sua designação pelo juiz é a decisão de saneamento e organização do processo, oportunidade em que deferirá as provas que nela hão de produzir-se (art. 357).

635. Características da audiência

A audiência é *pública* (art. 368). Aliás, em regra, todos os atos processuais são públicos para o nosso Código (art. 189). Consiste a publicidade da audiência em franquear-se a presença, a seus trabalhos, a qualquer pessoa que quiser assisti-los. Deve, por isso, a sessão realizar-se de portas abertas.

---

1 TAMG, Ag. 1.649, Rel. Juiz Vaz de Melo, ac. 14.05.1976, *Rev. Lemi*, 106/205; STJ, REsp 7.267/RS, Rel. Min. Eduardo Ribeiro, ac. 20.03.1991, *DJU* 08.04.1991, p. 3.887. Ocorre cerceamento de defesa quando se julga a causa sem a realização da audiência de instrução e julgamento necessária (STJ, 4ª T., REsp 330.036/SP, Rel. Min. Luis Felipe Salomão, ac. 21.05.2009, *DJe* 01.06.2009).

2 ROSA, Eliezer. *Dicionário de Processo Civil*. São Paulo: Bushatsky, 1973, p. 83-86.

Há casos, porém, em que o decoro ou o interesse público recomenda a não divulgação dos atos judiciais. Praticar-se-ão, por isso, em *segredo de justiça*. São eles, segundo o art. 189, os processos:

(a) cujo sigilo seja recomendado pelo interesse público ou social (inciso I);
(b) que versem sobre casamento, separação de corpos, divórcio, separação, união estável, filiação, alimentos e guarda de crianças e adolescentes (inciso II);
(c) em que constem dados protegidos pelo direito constitucional à intimidade (inciso III);
(d) que versem sobre arbitragem, inclusive sobre cumprimento de carta arbitral, desde que a confidencialidade estipulada na arbitragem seja comprovada perante o juízo (inciso IV).

Quando isto se dá, a audiência realiza-se a portas fechadas, mas com presença assegurada às partes e seus advogados.

Na presidência dos trabalhos da audiência, o juiz exerce o poder de polícia, de modo que lhe compete (art. 360):

(a) manter a ordem e o decoro na audiência (inciso I);
(b) *ordenar* que se retirem da sala da audiência os que se comportarem inconvenientemente (inciso II);
(c) requisitar, quando necessário, a força policial (inciso III);
(d) tratar com urbanidade as partes, os advogados, os membros do Ministério Público e da Defensoria Pública e qualquer pessoa que participe do processo (inciso IV); e,
(e) fazer registrar em ata, com exatidão, todos os requerimentos apresentados em audiência (inciso V).

O juiz exerce um dos poderes constitucionais inerentes à soberania estatal; daí dispor do poder de polícia para assegurar o bom desempenho da função jurisdicional que lhe foi atribuída.

Cabe, outrossim, ao juiz a *direção formal do processo*, como dispõe o art. 139. Esse poder, nas audiências, revela-se por meio das seguintes atribuições, anteriormente expressas no art. 446 do CPC/1973, que, embora não repetidas literalmente pelo Código atual, continuam, como é óbvio, aplicáveis, quais sejam:

(a) dirigir os trabalhos da audiência;
(b) proceder direta e pessoalmente à colheita das provas;
(c) exortar os advogados e o órgão do Ministério Público a que discutam a causa com elevação e urbanidade. Porque somente ao juiz compete a direção dos trabalhos e a colheita das provas, durante os depoimentos de partes, peritos e testemunhas, não podem os advogados intervir ou apartear sem licença do magistrado (art. 361, parágrafo único).

A audiência será realizada em dia e hora designados pelo juiz, com prévia intimação das partes (art. 358). É sempre considerada "una e contínua" e, se não for possível concluir num só dia, a instrução, o debate e o julgamento, "o juiz marcará o seu prosseguimento para a data mais próxima possível, em pauta preferencial" (art. 365, parágrafo único).

Una, na expressão do Código, quer dizer que, embora fracionada em mais de uma sessão, a audiência é tratada como uma *unidade*, um *todo*. Há, assim, uma *continuidade* entre os atos fracionados, e não uma multiplicidade de audiências, quando não é possível iniciar e encerrar os trabalhos numa só sessão.

Corolário dessa regra é que, se houver motivo para nulidade da primeira sessão, todas as demais posteriormente realizadas estarão afetadas, pois o vício atingirá a audiência como um todo.

Além da exigência de publicidade, traça o Código várias normas de solenidade para que a audiência cumpra a sua finalidade processual, a partir do pregão das partes e advogados e que têm seguimento por meio das regras a serem observadas no curso dos trabalhos, todas voltadas para o objetivo de assegurar ampla defesa dos interesses das partes e propiciar ao juiz condições de proferir bom julgamento.

Como todo formalismo exigido pela atividade judiciária, a solenidade da audiência de instrução e julgamento visa, precisamente, garantir a observância de princípios indispensáveis à própria eficiência e eficácia do ato processual.[3]

Em síntese, as características da audiência de instrução e julgamento são: *(i)* a publicidade; *(ii)* a solenidade; *(iii)* a essencialidade; *(iv)* a presidência do juiz; *(v)* a finalidade, complexa e concentrada de instrução, discussão e decisão da causa; *(vi)* a unidade e continuidade.[4]

Compreende a audiência, na sistemática do Código, atos de quatro espécies:

(a) *atos preparatórios*: a designação de data e horário para a audiência, a intimação das partes e outras pessoas que devem participar; depósito do rol de testemunhas em cartório; o pregão das partes e advogados na sua abertura;

(b) *atos de tentativa da conciliação das partes*: quando a lide versar sobre direitos patrimoniais privados;

(c) *atos de instrução*: esclarecimento do perito e assistentes técnicos; depoimentos pessoais; inquirição de testemunhas; acareação de partes e testemunhas;

(d) *ato de julgamento*: debate oral e sentença.

636. Atos preparatórios

Designada a audiência, no saneador, o juiz deferirá as provas a produzir e determinará a intimação dos advogados, cuja omissão é causa de nulidade (art. 357).[5] Ainda no saneador, ao determinar a necessidade de produção de prova testemunhal, o juiz fixará prazo comum, não superior a quinze dias, para que as partes apresentem o rol das testemunhas a serem ouvidas em audiência (art. 357, § 4º).

Também o depoimento pessoal da parte, se for o caso, será precedido de intimação para prestá-lo na audiência, com a advertência da pena de confesso (art. 385, § 1º). A parte que desejar esclarecimentos do perito e assistentes técnicos terá de formular quesitos e requerer a intimação dos expertos, por meio eletrônico, com pelo menos dez dias antes da audiência (art. 477, §§ 3º e 4º).

---

3 LIMA, Cláudio Vianna de. *Procedimento Ordinário*. Rio de Janeiro: Forense, 1973, p. 72.

4 LIMA, Cláudio Vianna de.*Procedimento Ordinário*. Rio de Janeiro: Forense, 1973, p. 70.

5 STJ, 4ª T., REsp 75.061/PB, Rel. Min. Barros Monteiro, ac. 07.04.1998, *DJU* 29.06.1998, p. 189. Decidiu o TJMG que a falta de intimação regular do advogado da parte, que provocou seu não comparecimento à audiência, é caso de nulidade do processo (Apel. 30.700, ac. 24.03.1969, Rel. Des. Hélio Costa, *D. Jud. MG*, de 10.05.1969). "É nula a intimação, quando feita com inobservância das prescrições legais" (STJ, REsp 46.495-1/BA, Rel. Min. Antônio de Pádua Ribeiro, ac. 25.05.1994, *RSTJ* 79/130); STJ, 2ª T., EDcl no REsp 688.762/AL, Rel. Min. Mauro Campbell Marques, ac. 06.08.2009, DJe 19.08.2009. Porém, se não houver prejuízo para a parte, não há que se falar em nulidade do ato processual (STJ, 3ª T., AgInt no AgInt no AREsp 2.523.108/MG, Rel. Min. Humberto Martins, ac. 14.010.2024, *DJe* 17.10.2024).

A abertura da audiência observará o disposto no art. 358. Isto é, "no dia e hora designados, o juiz declarará aberta a audiência e mandará apregoar as partes e os seus respectivos advogados, bem como outras pessoas que dela devam participar".

Consiste o *pregão* no anúncio feito, de viva voz, pelo oficial de justiça ou outro serventuário encarregado do ofício de porteiro do auditório forense, convocando aqueles que devam participar da audiência.

637. Adiamento da audiência

Na fase de abertura, poderá o juiz determinar a suspensão dos trabalhos e o adiamento da audiência, em virtude de (CPC/2015, art. 362):

(a) convenção das partes (inciso I);
(b) ausência, por motivo justificado, de qualquer das pessoas que dela devam necessariamente participar (inciso II);
(c) por atraso injustificado de seu início em tempo superior a trinta minutos do horário marcado (inciso III).

O impedimento de comparecimento deverá ser comprovado pelo interessado até a abertura da audiência; não feita a comprovação, o juiz dará sequência à audiência, procedendo à instrução (art. 362, § 1º).

A ausência do juiz impede a abertura da audiência, porque, sem ele, não é possível promovê-la. A ausência injustificada de outras pessoas que deveriam participar da audiência, via de regra, não é motivo de adiamento, mas de realização sem a sua participação. Assim, se o ausente é o advogado ou o defensor público, o juiz realizará a audiência e poderá dispensar a produção das provas requeridas em nome da parte que lhe tocava representar. O mesmo se aplica ao Ministério Público (art. 362, § 2º).

Faltando ambos os advogados, poderá o juiz dispensar toda a instrução e proferir logo o julgamento conforme o estado do processo, ou, então, promover a colheita da prova, sem a presença dos interessados.[6]

Se a parte que deveria prestar depoimento pessoal não comparece à audiência de modo injustificado, o juiz aplicar-lhe-á a pena de confesso, desde que tenha ela sido advertida da sanção na intimação (art. 385, § 1º). Diante da confissão ficta, poderá o juiz dispensar as demais provas, se a causa não versar sobre direitos indisponíveis (arts. 374, II, e 392).

Faltando sem justificativas, a testemunha previamente intimada sujeitar-se-á a condução forçada à presença do juiz (art. 455, § 5º). Só haverá adiamento se não for possível a condução durante a própria audiência. Além disso, a falta da testemunha não impede o juiz de ouvir as demais arroladas pelas partes. Embora omisso o Código, entende-se que o perito e os assistentes técnicos também se sujeitam à condução forçada,[7] mesmo porque, tal como a testemunha,

---

[6] "A sistemática atual do processo civil não autoriza a extinção do processo por falta de comparecimento das partes à audiência de instrução e julgamento. Apregoadas as partes, não comparecendo elas, poderá o juiz adiar a audiência, mas, de regra, dispensando ou não a prova requerida pelos faltosos, deverá o magistrado levar a audiência a seu termo, eis que as razões das partes já constam do processo, no libelo ou na defesa" (TAMG, Apel. 7.021, ac. 22.04.1975, Rel. Juiz Oliveira Leite, *Rev. Julgs. TAMG*, v. 2, p. 215). Nesse sentido: TRF da 2ª R., Ap. 50.249/RJ, Rel. Juiz Paulo Freitas Barata, ac. 03.10.1995, *RT* 724/441. Nesse sentido: STJ, 2ª T., EDcl no REsp 688.762/AL, Rel. Min. Mauro Campbell Marques, ac. 06.08.2009, *DJe* 19.08.2009.

[7] MARQUES, José Frederico. *Manual de Direito Processual Civil*. São Paulo: Saraiva, 1976, v. III, n. 518, p. 19.

eles têm o dever de comparecer à audiência para ser inquirido, sempre que intimado com a antecedência mínima de dez dias.[8]

A ausência do órgão do Ministério Público, com ou sem justificativa, não impede a realização da audiência, diante dos termos dos arts. 277 e 362, § 2º, visto que a lei exige, para a validade do processo, apenas a intimação do *custos legis* e não a sua presença obrigatória.

Por outro lado, mesmo as hipóteses de ausência justificada de outras pessoas que deveriam participar da audiência, o adiamento de que fala o art. 362, II, nem sempre abrange toda a audiência, mas apenas os atos que dependiam do ausente.

O sistema do Código atual é mais flexível que o do anterior, pois determina que as provas orais serão ouvidas na ordem do art. 361, apenas preferencialmente. Vale dizer: não há uma escala rigorosa de gradação da lei para a oitiva das testemunhas. Logo, cabe ao juiz decidir, nas circunstâncias do caso concreto, se há ou não prejuízo para o processo com a eventual quebra da sequência estipulada pela lei.

Dessa forma, o adiamento total da audiência somente ocorrerá se a falta for do advogado e tiver sido justificada até a abertura da audiência (art. 362, § 1º), pois, é claro que, em tal caso, os trabalhos não poderão sequer iniciar-se.[9]

A parte que der causa ao adiamento, quer por falta de comparecimento pessoal ou do respectivo advogado, quer por ter requerido o depoimento ou esclarecimento do perito ou testemunha que deixou de comparecer, ficará responsável pelas despesas acrescidas com a realização da nova audiência (art. 362, § 3º).[10]

638. Antecipação de audiência

Por motivos de conveniência da Justiça, ou a requerimento de uma das partes, pode o juiz antecipar a data inicialmente designada para a audiência de instrução e julgamento.

Em tais casos, ao contrário do determinado pelo Código anterior, o juiz determinará a intimação dos advogados ou da sociedade de advogados, podendo esta ser feita por publicação na imprensa (CPC/2015, art. 363). Isso porque a lei nova não repetiu o disposto no art. 242, § 2º, do CPC/1973, que exigia a intimação *pessoal* na espécie e previu regime único para a antecipação e o adiamento, submetendo-os à intimação do advogado na forma comum.

639. Conciliação

A composição do litígio é o objetivo perseguido pelas partes e pelo juiz. O fim do processo é alcançar essa meta. Isso pode ser feito por ato do juiz (sentença de mérito) ou das próprias

---

8 "O trabalho pericial não se esgota com a apresentação do laudo escrito. As partes e o próprio juiz podem necessitar de esclarecimentos a respeito do laudo". Daí o "dever de comparecer à presença do juiz para ser inquirido" (GREGO, Leonardo. *Instituições de processo civil*. Rio de Janeiro: Forense, 2010, v. II, p. 282).

9 Há caso em que será humanamente impossível a justificativa da ausência do advogado antes da abertura da audiência: quando, por exemplo, o motivo surgir inesperadamente e pouco antes da audiência (desastre, morte etc.). O Código não abre exceções, mas a jurisprudência, conforme a lição de Moacyr Amaral Santos, tem suavizado a lei, dando-lhe "inteligência consentânea com os fatos" (AMARAL SANTOS, Moacyr. *Comentários ao Código de Processo Civil*. 5. ed. Rio de Janeiro: Forense, 1989, v. IV, n. 306, p. 384). É lógico que o juiz terá de aceitar a justificativa *a posteriori*, nessas hipóteses excepcionais, e, em consequência, terá de anular a audiência, se ainda não proferiu sentença. Nesse sentido, "tem o STF admitido a justificação de força maior após a audiência, quando impossível a justificação prévia (por exemplo, mal súbito, acidente de automóvel quando o advogado viaja para a cidade em que se realizará a audiência etc.)" (STF, RE 73.316, ac. 02.05.1972, Rel. Min. Luiz Gallotti, *Rev. Lemi* 56/1.781). No mesmo sentido: STJ, 3ª T., REsp 54.710/SP, Rel. Min. Carlos Alberto Menezes Direito, ac. 10.10.1996, *DJU* 03.02.1997, p. 713.

10 AMARAL SANTOS. *Comentários ao Código de Processo Civil*. 5. ed. Rio de Janeiro: Forense, 1989, v. IV, n. 306, p. 385.

partes (autocomposição). Muitas vezes é mais prático, mais rápido e conveniente que as próprias partes solucionem seu conflito de interesses. Ninguém mais indicado do que o próprio litigante para definir seu direito, quando está de boa-fé e age com o reto propósito de encontrar uma solução justa para a controvérsia que se estabeleceu entre ele e a outra parte.

Por isso, e porque cumpre ao juiz velar pela rápida solução do litígio e promover a autocomposição (art. 139, II e V), determina o Código que, na audiência de instrução, antes de iniciar a atividade probatória, o magistrado "tentará conciliar as partes" (art. 359).

Somente nas causas sujeitas à audiência é que tem cabimento a tentativa de conciliação. Por isso, quando houver julgamento antecipado, ou extinção do processo sem apreciação do mérito, não caberá a medida. Havendo, porém, audiência, a conciliação será tentada, em todos os processos de natureza patrimonial privada, até nos de rito especial e nos incidentais. Essa tentativa de conciliação ocorre independentemente do emprego anterior de outros métodos de solução consensual de conflitos, como a mediação e a arbitragem (art. 359, *in fine*).

A conciliação é, em nosso processo civil, um acordo entre as partes para solucionar o litígio deduzido em juízo. Assemelha-se à transação, mas dela se distingue, porque esta é ato particular das partes e a conciliação é ato processual realizado por provocação e sob mediação do juiz ou de auxiliares do juízo.

Por participar da natureza da transação e assim envolver potencialmente renúncia de direitos eventuais, só se admite a conciliação nas causas que versem sobre direitos patrimoniais de caráter privado, e em algumas causas relativas à família, em que a lei permite às partes transigir (art. 334, § 4º, II). É pressuposto da autocomposição, pois, a disponibilidade do direito em disputa.

Nos casos em que tem cabimento, a conciliação é parte essencial da audiência. Cumpre ao juiz promovê-la, de ofício, independentemente da provocação das partes. Por isso, o juiz tentará, necessariamente, encontrar uma solução conciliatória para a lide, na medida do possível, antes de iniciar a instrução oral do processo.

Como regra, o juiz tentará conciliar as próprias partes, mas é válida, também, a tentativa de conciliação realizada perante advogado com poderes especiais para transigir, desistir e acordar.[11] Não é, pois, indispensável a presença das partes em pessoa para o ato,[12] nem estão elas sujeitas ao dever de comparecer à audiência só para a tentativa de conciliação, ainda que intimadas. O não comparecimento, segundo antiga jurisprudência, deveria ser interpretado simplesmente como "recusa a qualquer acordo".[13] Na sistemática do Código atual, porém, a recusa de comparecimento sem justificação à audiência dedicada à tentativa de conciliação é vista como ato atentatório à dignidade da justiça (art. 334, § 8º). O rigor com que se trata a matéria decorre de figurar entre as normas fundamentais do processo civil, em sua nova versão, a que impõe o dever a juízes e advogados de estimular a conciliação e a mediação, não só no início do processo, mas também durante todo o seu curso (art. 3º, § 3º). Assim, as intimações e sanções expressamente estatuídas para a audiência de conciliação ou de mediação deverão ser observadas também na audiência de instrução e julgamento, sempre que nela houver o juiz de tentar conciliar as partes (art. 359).[14]

---

[11] STJ, 4ª T., REsp 705.269/SP, Rel. Min. João Otávio de Noronha, ac. 22.04.2008, *DJe* 05.05.2008; STJ, 4ª T., REsp 439.955/AM, Rel. Min. Sálvio de Figueiredo Teixeira, ac. 16.09.2003, *DJU* 25.02.2004, p. 180.

[12] STJ, REsp 705.269/SP, Rel. Min. João Otávio de Noronha, 4ª T., j. 22.04.2008, *DJe* 05.05.2008.

[13] STJ, REsp 29.738-6/BA, Rel. Min. Torreão Braz, ac. 24.05.1994, *DJU* 15.08.1994, p. 20.337; TJPR, Ag. 40.447-5, Rel. Des. Troiano Netto, ac. 23.08.1995, *Paraná Judiciário* 49/64.

[14] Não se deve considerar vício grave da audiência de instrução e julgamento a falta de intimação das partes para a tentativa de conciliação, quando, no início do processo, autor e réu já tiverem manifestado, expressamente, seu desinteresse pela autocomposição (CPC/2015, art. 334, § 4º, I).

Comparecimento pessoal obrigatório, sob sanção, ocorre sempre que as partes tenham sido intimadas tanto para prestação de depoimento pessoal, como para a tentativa de autocomposição.

Por outro lado, não obstante tenha o juiz o dever de tentar a conciliação das partes, não há cominação de nulidade para a omissão da providência. Isto porque o objeto dela é apenas abreviar a solução do litígio, de sorte que, se houve a instrução completa e o julgamento de mérito, não haverá prejuízo algum que a parte possa invocar para justificar a anulação do processo.[15] Se a lide restou solucionada, o processo atingiu seu objetivo, pouco importando se por meio da conciliação ou da sentença de mérito. Seria bom que, a seu tempo, tivesse sido tentada a solução consensual. Sua falta, todavia, restou superada pela ulterior instrução e julgamento do mérito. Incide, pois, o art. 277.[16] Mormente se as partes nada alegaram na oportunidade, não terá cabimento que, posteriormente, venham pleitear anulação do processo, em grau de recurso, a pretexto de não ter o juiz tentado a solução conciliatória do litígio.[17]

Convém lembrar que o procedimento comum conta com uma audiência liminar destinada à conciliação ou mediação, realizável antes da abertura de prazo para a própria contestação, e que será conduzida com a participação de auxiliares técnicos do juízo na promoção de autocomposição de controvérsias (art. 334, § 1º) (ver item 588 *retro*).

640. Procedimento da conciliação

Não há maiores solenidades para a tentativa de conciliação. Ao abrir a audiência, o juiz, verbalmente, e sem prejulgar a causa, concitará os litigantes a procurarem uma composição amigável para suas divergências.

Feita sem êxito a proposta de acordo, o juiz passará à instrução da causa. Se, porém, as partes entrarem em composição, o juiz mandará tomar por termo o acordo e o homologará por sentença, extinguindo o processo, com julgamento de mérito (art. 487, III, *b*), ainda na mesma audiência, que, com isso, ficará encerrada, sendo dispensadas as provas e o debate oral. O processo, então, se extinguirá, com decisão definitiva de mérito, gerando coisa julgada material.[18]

641. Instrução e julgamento

Passada a fase da conciliação, sem que o juiz consiga êxito na tentativa de obter a autocomposição do litígio, ou quando não couber a medida, terão início os atos instrutórios da audiência.

A colheita da prova oral na audiência observará a seguinte ordem, preferencialmente, conforme o art. 361:

(a) em primeiro lugar, o perito e os assistentes técnicos responderão aos quesitos de esclarecimentos, requeridos no prazo e na forma do art. 477, caso não respondidos anteriormente por escrito (inciso I). As partes e o juiz poderão pedir maiores esclarecimentos em torno das respostas dos expertos, mas não lhes cabe transformá-los em testemunhas, formulando perguntas estranhas aos quesitos esclarecedores;

---

15 STJ, REsp 35.234-8/SP, Rel. Min. Athos Carneiro, ac. 28.06.1993, *DJU* 25.10.1993, p. 22.499; STJ, 4ª T., AgRg no Ag 1.071.426/RJ, Rel. Min. Luis Felipe Salomão, ac. 16.12.2010, *DJe* 01.02.2011.

16 STJ, REsp 7.184/SP, Rel. Min. Sálvio de Figueiredo Teixeira, ac. 08.10.1991, *RT* 683/183; STJ, 3ª T., AgRg no REsp 240.934/ES, Rel. Min. Paulo de Tarso Sanseverino, ac. 21.10.2010, *DJe* 19.11.2010.

17 STJ, 4ª T., REsp 611.920/PE, Rel. Min. Aldir Passarinho Junior, ac. 05.08.2010, *DJe* 19.08.2010.

18 AMARAL SANTOS, Moacyr. *Comentários ao Código de Processo Civil*. 5. ed. Rio de Janeiro: Forense, 1989, v. IV, n. 302, p. 379.

(b) em segundo lugar, o juiz tomará os depoimentos pessoais, primeiro do autor e depois do réu (inciso II);

(c) finalmente, completará a instrução, tomando, sucessivamente, os depoimentos das testemunhas do autor e do réu (inciso III).

Os empecilhos à observância da ordem de produção da prova não devem ser razão para a obrigatória suspensão ou o adiamento da audiência. Dentro do poder que toca ao juiz de velar pela rápida solução do litígio (art. 139, II) e de indeferir diligências inúteis ou meramente protelatórias (art. 370, parágrafo único), poderá o magistrado, entendendo pertinente, inverter a sequência de provas sugerida pelo art. 361.[19]

Assim, o juiz colherá as provas possíveis e adiará a audiência apenas para a produção daquelas que deveriam ser prestadas por pessoas que justificadamente não puderem comparecer à audiência (ver, *retro*, nº 637).

Os advogados e o Ministério Público não podem intervir ou apartear, sem a licença do juiz, o perito, os assistentes técnicos, as partes e as testemunhas enquanto estiverem depondo (art. 361, parágrafo único).

Finda a instrução, terão lugar os debates orais. O juiz, então, dará a palavra, sucessivamente, ao advogado do autor e ao do réu, bem como ao membro do Ministério Público, se for caso de sua intervenção, pelo prazo de vinte minutos para cada um deles. Se houver necessidade, a critério do juiz, esse prazo poderá ser ampliado por mais dez minutos (art. 364, *caput*).

Havendo litisconsorte ou terceiro interveniente, o prazo de sustentação oral será de trinta minutos para cada grupo e se dividirá entre os diversos interessados, salvo se convencionarem de modo diverso (art. 364, § 1º).

Em causas que versem sobre questões complexas de fato ou de direito, o debate oral poderá ser substituído pela posterior apresentação de *memoriais*, que serão produzidos pelo autor e pelo réu, bem como pelo Ministério Público, se for caso de sua intervenção, em prazos sucessivos de quinze dias, assegurada vista dos autos (art. 364, § 2º). O juiz, então, suspenderá a audiência ao encerrar a instrução e aguardará o oferecimento das alegações escritas.

Encerrado o debate ou oferecidas as razões finais, na mesma audiência, o juiz proferirá a sentença, ditando-a ao escrivão. Caso não se julgue em condições de sentenciar imediatamente, poderá fazê-lo no prazo de trinta dias (art. 366). No segundo caso, a sentença será elaborada por escrito e depositada em mãos do escrivão para dar a necessária publicidade processual ao ato. O Código atual não prevê a designação de nova audiência para leitura e publicação da sentença.

642. Documentação da audiência

Os atos praticados na audiência deverão ser documentados em livro próprio e nos autos do processo. No livro de audiências, lavrar-se-á o *termo* respectivo, que será redigido pelo escrivão, sob ditado do juiz, e conterá, em resumo, o relato de tudo o que ocorreu durante os trabalhos da audiência (art. 367, *caput*). Obrigatoriamente, ficarão consignados: *(a)* as presenças registradas na abertura da audiência; *(b)* todos os requerimentos formulados durante os trabalhos; *(c)* as decisões do juiz a respeito dos requerimentos; *(d)* o debate oral; *(e)* a sentença.[20]

---

[19] "A ordem estabelecida no art. 452 do CPC [art. 361, CPC/2015] não é peremptória, reclamando da parte prova de prejuízo alegado" (TJRGS, Ag. Inst. 70007613417, Rel. Des. Planella Villarinho, ac. 24.06.2004, *RJTJRGS*, 237/170). STJ, 5ª T., HC 160.794/RS, Rel. Min. Jorge Mussi, ac. 12.04.2011, *DJe* 04.05.2011.

[20] BORGES, Marcos Afonso. *Comentários ao Código de Processo Civil*. São Paulo: Leud, 1975, v. II, p. 135.

Admite-se, para fins de documentação da audiência, o uso de folhas soltas, sempre que não houver registro eletrônico. As folhas utilizadas serão rubricadas pelo juiz e encadernadas em volume próprio (art. 367, § 1º).

O termo de audiência, em livro ou em folhas soltas, será subscrito pelo juiz, pelos advogados e órgãos do Ministério Público e pelo escrivão ou chefe de secretaria. As partes são dispensadas de firmá-lo pessoalmente, exceto quando o termo contiver ato de disposição para cuja prática os advogados não tenham poderes (art. 367, § 2º). Se o advogado se retirar, sem justificativa, antes do encerramento dos trabalhos, o fato será consignado na ata e acarretará a nulidade do termo lavrado sem sua assinatura.[21]

A sentença, desde que proferida oralmente, será transcrita por inteiro no termo da audiência. Os depoimentos das partes e testemunhas, bem como os esclarecimentos dos peritos e assistentes técnicos, ficarão constando de termo em separado, que acompanharão, nos autos, o termo geral da audiência.

Quando se der a conciliação, não haverá necessidade de um termo separado só para o acordo das partes. O ajuste será incluído no texto do termo da audiência, que conterá, também, a sentença homologatória do juiz.

Redigido e assinado o termo, o escrivão ou chefe de secretaria providenciará traslado, mediante cópia autêntica, que será juntada aos autos (art. 367, § 3º). Essa cópia pode ser obtida por traslado manuscrito ou datilografado, ou por reprodução mecânica, mas deverá conter a autenticação do escrivão ou chefe de secretaria, com remissão ao número e página do livro em que se encontra o original do termo.

Tratando-se de autos eletrônicos, a documentação da audiência deverá observar o disposto no Código, em legislação específica e nas normas internas dos tribunais (art. 367, § 4º), ficando armazenada em meio digital. Permite ele, ainda, que a audiência seja integralmente gravada em imagem e áudio, em meio digital ou analógico, desde que seja assegurado o rápido acesso das partes e dos órgãos julgadores, observada a legislação específica (art. 367, § 5º). É garantido, ainda, às partes, independentemente de autorização judicial, realizar diretamente a gravação da audiência (art. 367, § 6º).

---

21 PAULA, Alexandre de. *Código de Processo Civil Anotado*. São Paulo: RT, 1976, v. II, p. 376.

Fluxograma nº 16

AUDIÊNCIA DE INSTRUÇÃO E JULGAMENTO
(arts. 358 a 368)

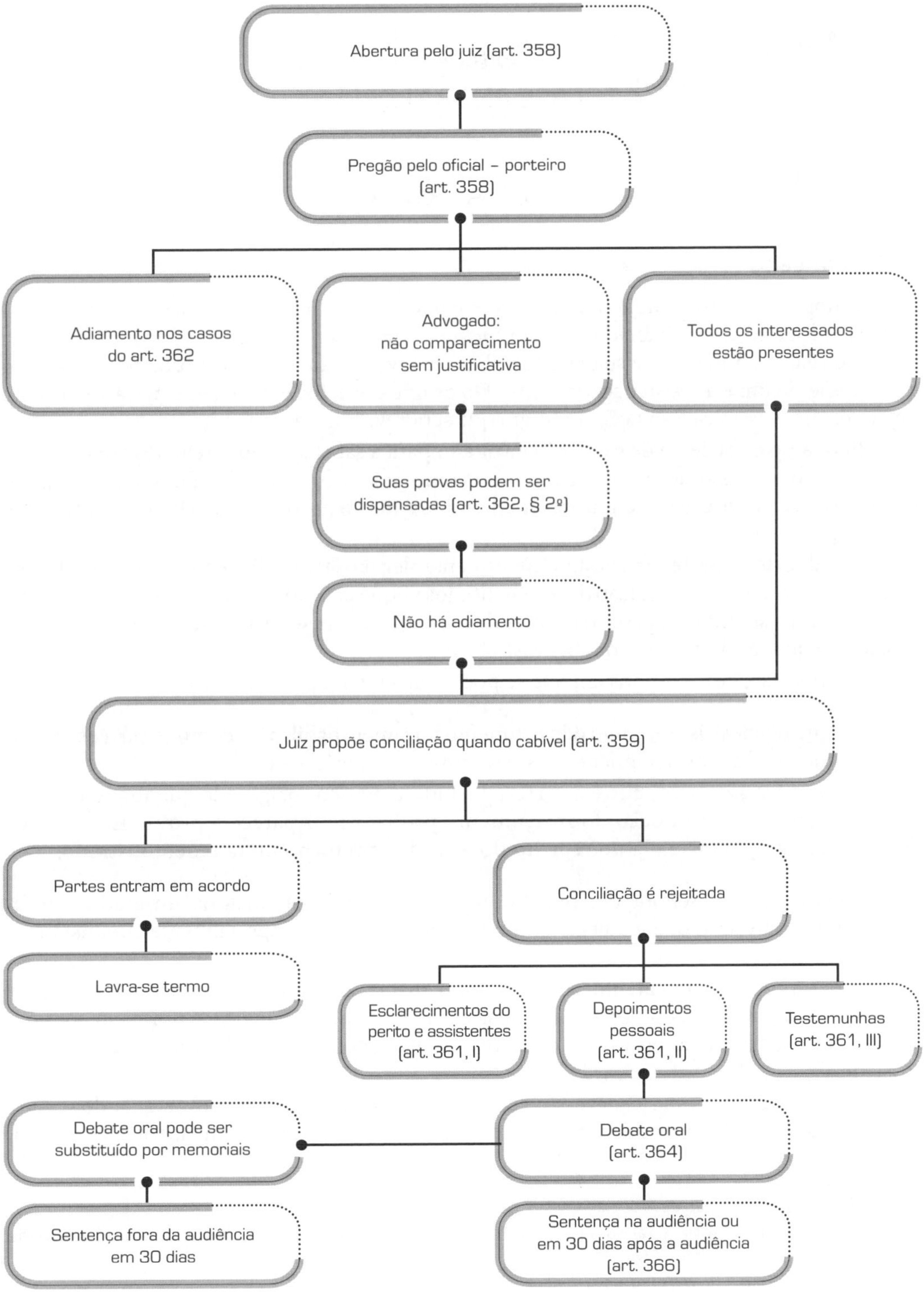

Capítulo XXVI
FASE PROBATÓRIA

§ 81. A PROVA

643. Conceito

Todos os pretensos direitos subjetivos que podem figurar nos litígios a serem solucionados pelo processo se originam de *fatos* (*ex facto ius oritur*). Por isso, o autor, quando propõe a ação, e o réu, quando oferece sua resposta, hão de invocar fatos com que procurem justificar a pretensão de um e a resistência do outro. Do exame dos fatos e de sua adequação ao direito objetivo, o juiz extrairá a solução do litígio que será revelada na sentença.

Enquanto o processo de execução é voltado para a satisfação do direito do credor e atua sobre *bens*, o processo de conhecimento tem como objeto as *provas* dos fatos alegados pelos litigantes, de cuja apreciação o juiz deverá definir a solução jurídica para o litígio estabelecido entre as partes.

De tal sorte, às partes não basta simplesmente alegar os fatos. "Para que a sentença declare o direito, isto é, para que a relação de direito litigiosa fique definitivamente garantida pela regra de direito correspondente, preciso é, antes de tudo, que o juiz se certifique da verdade do fato alegado", o que se dá por meio das provas.[1]

Há, por isso, dois sentidos em que se pode conceituar a prova no processo:

(a) um *objetivo*, isto é, como o instrumento ou o meio hábil, para demonstrar a existência de um fato (os documentos, as testemunhas, a perícia etc.);

(b) e outro *subjetivo*, que é a certeza (estado psíquico) originada quanto ao fato, em virtude da produção do instrumento probatório. Aparece a prova, assim, como convicção formada no espírito do julgador em torno do fato demonstrado.

Prova é, pois, em sentido objetivo, "todo e qualquer elemento material dirigido ao juiz da causa para esclarecer o que foi alegado por escrito pelas partes, especialmente circunstâncias fáticas".[2]

Para o processo, no entanto, a *prova*, como ensinava João Monteiro, não é (em sentido subjetivo) somente um fato processual, "mas ainda uma indução lógica, é um meio com que se estabelece a existência positiva ou negativa do fato probando, e é a própria certeza dessa existência".[3]

A um só tempo, destarte, deve-se ver na *prova* a ação e o efeito de provar, quando se sabe, como Couture, que "provar é demonstrar de algum modo a certeza de um fato ou a veracidade

---

1 MONTEIRO, João. *Curso de Processo Civil*. 3. ed., v. II, § 122, nota 2, p. 93.

2 RUBIN, Fernando. Teoria geral da prova: do conceito de provas aos modelos de constatação da verdade. *Revista Magister de Direito Civil e Processual Civil*, n. 52, p. 43, jan.-fev. 2013.

3 MONTEIRO, João. *Curso de Processo Civil*. 3. ed., v. II, p. 96.

de uma afirmação".[4] Não é raro a parte produzir um grande volume de instrumentos probatórios (documentos, perícia, testemunhas etc.) e mesmo assim a sentença julgar improcedente o seu pedido "por falta de prova". De fato, quando o litigante não convence o juiz da veracidade dos fatos alegados, prova não houve, em sentido jurídico; houve apenas apresentação de elementos com que se pretendia provar, sem, entretanto, atingir a verdadeira meta da prova – o convencimento do juiz.

Merece, pois, remontar-se à lição de Mittermaier, para definir-se a prova judiciária, como a soma dos meios produtores da certeza a respeito dos fatos que interessam à solução da lide.[5]

Chama-se *instrução do processo* a fase em que as partes devem produzir as provas de suas alegações. Normalmente, essa fase, que o direito antigo denominava de dilação probatória, se inicia logo após o despacho saneador e se finda na audiência, no momento em que o juiz declara encerrada a instrução e abre o debate oral (art. 364).

Porém, há provas que já são produzidas antecipadamente na fase postulatória: são os documentos (arts. 320 e 434).

644. Direito fundamental à prova

O acesso à justiça, mediante um *processo justo*, é garantido por direito inserido entre os fundamentais catalogados pela Constituição. Entre os requisitos desse processo, figuram o contraditório e a ampla defesa (CF, art. 5º, LIV e LV), que envolvem, sem dúvida, o direito inafastável à prova necessária à solução justa do litígio.

Sem a garantia da prova, anula-se a garantia dos próprios direitos, já que "todo direito resulta de norma e fato". Portanto, sendo a existência ou o modo de ser do fato (origem do direito controvertido) posto em dúvida, não há como se possa fazer valer o direito sem a produção de prova. Vale dizer: "como a Constituição Federal diz que *a lei não excluirá da apreciação do Poder Judiciário lesão ou ameaça a direito*, e que *ninguém será privado da liberdade ou de seus bens sem o devido processo legal*, e diz, ainda, que *aos litigantes, em processo judicial ou administrativo, e aos acusados em geral serão assegurados o contraditório e ampla defesa, com os meios e recursos a ela inerentes* [grifos do original], resulta claro que o direito de produzir prova é um direito fundamental constitucionalmente assegurado".[6]

Ainda que a Constituição não lhe faça referência expressa, o direito à prova ocupa, reconhecidamente, posição de extrema relevância no sistema processual, pois, "sem ele, as garantias da ação e da defesa careceriam de conteúdo substancial; afinal impedir que a parte tivesse direito à prova significaria privá-la dos meios legítimos de acesso à ordem jurídica justa, a serviço da qual o processo deve estar constitucionalmente predisposto.[7]

Com efeito, não é, de fato, possível o exercício da ampla defesa sem o concurso do direito fundamental à prova, já que, dentro do processo justo, idealizado no âmbito da Constituição, o ato de provar constitui "*projeção prática* do direito fundamental à ampla defesa e ao contraditório".[8]

---

4 COUTURE, Eduardo J. *Fundamentos del Derecho Procesal Civil*. Buenos Aires: Depalma, 1974, n. 135, p. 215. "Probar es establecer la existencia de la verdad; y las pruebas son los diversos medios por los cuales la inteligencia llega al descubrimiento de la verdad" (MARTINEZ SILVA, Carlos. *Tratado de Pruebas Judiciales*, Buenos Aires: Atalaya, 1947, p. 21, *apud Revista de Direito Administrativo*, 111/38).

5 *Apud* MONTEIRO, João. *Curso de Processo Civil*. 3. ed., v. II, § 122, p. 90.

6 MACHADO, Hugo de Brito. O direito de produzir provas. *Revista Dialética de Direito Processual*, São Paulo, n. 103, p. 45-46.

7 CAMBI, Eduardo. *Direito Constitucional à prova no processo civil*. São Paulo: RT, 2001, p. 113.

8 TAVARES, Fernando Horta; CUNHA, Maurício Ferreira. O direito fundamental à prova e a legitimidade dos provimentos sob a perspectiva do direito democrático. *Revista de Processo*, São Paulo, n. 195, maio 2011, p. 129.

Nessa ordem de ideias, por se tratar de garantia fundamental, não pode agir o juiz de maneira excessivamente rígida no indeferimento de pedido de prova. Ainda que seja o caso de dúvida acerca do cabimento ou da eficiência de certo meio probatório, o caso será de deferimento, visto que as garantias constitucionais devem sempre ser interpretadas e aplicadas no sentido da máxima eficiência. Somente quando se evidenciar o descabimento ou a inutilidade da prova, é que sua inadmissão será legítima.[9] Fora desse quadro, configura-se o cerceamento do direito à ampla defesa, cuja consequência refletirá sobre a decisão que resolver o mérito da causa, acarretando-lhe a nulidade.[10]

Em decorrência da garantia constitucional do contraditório e da ampla defesa, não é o juiz que, autoritariamente, define ou limita as provas utilizáveis pela parte. É, antes de tudo, às partes que o CPC atual assegura "o *direito* de empregar todos os meios legais, bem como os moralmente legítimos, ainda que não especificados neste Código, para provar a verdade dos fatos em que se funda o pedido ou a defesa e influir eficazmente na convicção do juiz" (art. 369). Está hoje totalmente superado o entendimento estabelecido à luz da legislação antiga de que, sendo o juiz o destinatário da prova, teria o poder discricionário de indeferir outros meios instrutórios, por desnecessários diante da circunstância de já se achar convencido. No processo justo, o convencimento judicial não pode se formar antes que a instrução da causa esteja exaurida para os litigantes, a quem se assegura, como norma fundamental, a cooperação e influência na decisão de mérito justa e efetiva (CPC, art. 6º).[11]

645. Características da prova

Toda prova há de ter um *objeto*, uma *finalidade*, um *destinatário*, e deverá ser obtida mediante *meios* e *métodos* determinados. A prova judiciária tem como *objeto* os fatos deduzidos pelas partes em juízo, relevantes para o julgamento da causa. Sua *finalidade* é a formação da convicção em torno dos mesmos fatos. O *destinatário* é o *juiz*, pois é ele que deverá se convencer da verdade dos fatos para dar solução jurídica ao litígio.[12] Os *meios legais de prova* são os previstos nos arts. 369 a 484 do CPC/2015; mas, além deles, permite o Código outros não especificados, desde que "moralmente legítimos" (art. 369).

---

9 À luz da garantia constitucional de ampla defesa, o permissivo infraconstitucional que autoriza o juiz a indeferir diligências inúteis deve ser exercido com "menor liberdade", de modo a ser aplicado "tão somente quando o caso concreto apontasse para esse sentido; nos demais casos, inclusive os de dúvida a respeito da necessidade ou não de produzir a prova, a mesma deve ser admitida em respeito ao direito prioritário à prova" (RUBIN, Fernando. Teoria geral da prova: do conceito de prova aos modelos de constatação da verdade. *Revista Magister de Direito Civil e Processual Civil*, n. 52, p. 51, jan.-fev. 2013).

10 MACHADO, Hudo de Brito. O direito de produzir provas. *Revista Dialética de Direito Processual*, São Paulo, n. 103, p. 47.

11 Cf. APRIGLIANO, Ricardo de Carvalho. *Comentários ao Código de Processo Civil.* Das provas: disposições gerais. São Paulo: Saraiva, 2020. v. VIII, t. I, n. 2, p. 24. Ensina, ainda, o autor: "Não há mais espaço para compreensão de que a prova só serve ao julgador, com o argumento de que é ele que dará o peso adequado ao conjunto probatório para a solução do caso. Tanto mais se essa perspectiva for adotada apenas para restringir o direito à prova das partes, ou com um olhar simplista de diminuir a própria carga de trabalho" (APRIGLIANO, Ricardo de Carvalho. *Comentários ao Código de Processo Civil.* Das provas: disposições gerais. São Paulo: Saraiva, 2020. v. VIII, t. I, p. 26).

12 O destinatário último é o juiz, ou mais genericamente o juízo ou o processo, mas o direito de provar é, antes de tudo, das partes, como elemento integrante do direito constitucional ao contraditório e ampla defesa (CF, art. 5º, LV; CPC, art. 369). Na realidade, não é bem exata a afirmação corrente em doutrina de que as provas se destinam ao juiz, para formação de seu convencimento e sustentação de sua sentença. Se o processo justo se funda na garantia de participação e cooperação de todos os sujeitos da relação processual e que o direito fundamental das partes não é o de participar de um contraditório apenas formal, mas o que permite influir na construção do provimento jurisdicional, correto é o reconhecimento de que as provas se destinam ao processo, palco em que todos os partícipes, e não somente o juiz, se empenham na busca da justa composição do conflito.

Há quem faça distinção entre *fontes*, *objeto* e *meio* de prova. O *objeto*, para a doutrina dominante, são, realmente, os *fatos* relevantes para o julgamento da causa, ou seja, os acontecimentos cuja existência pretérita, presente ou futura, possa se prestar à revelação histórica do conflito a ser solucionado. *Fonte* é aquilo que se utiliza para comprovar o *fato* inspecionado (como o relato *in concreto* de uma testemunha, o efetivo conteúdo de um documento, o teor de uma confissão ou a informação técnica prestada pelo perito). *Meio*, por fim, seriam os modos admitidos em lei genericamente para a realização da prova (como, *v.g.*, o testemunho, o documento, a confissão, a perícia, a inspeção judicial, o indício). É, em relação aos *meios de prova*, que se costuma falar que o processo judicial se serve da prova documental, da prova testemunhal, da prova pericial etc.

Embora seja teoricamente demonstrável a distinção entre as noções de *meio* e *fonte*, convém lembrar a advertência de Echandía[13] de que, na prática, se revela medida de pouca serventia, uma vez que "tanto os legisladores como os juristas utilizam o termo *prova* para se referirem a ambos; assim, quando se diz que um *fato* é prova de outro, se está contemplando a *fonte*, e quando se afirma que a confissão ou a escritura pública ou os testemunhos são provas de certo fato, trata-se dos *meios*". Vale dizer: não se costuma, na realidade, extrair maior utilidade jurídica do diferenciamento entre *meio* e *fonte* de prova.

Há, outrossim, um *método* ou sistema processual preconizado legalmente para o emprego dos meios de prova que forma o *procedimento probatório* minuciosamente regulado pelo Código e que deve ser observado pelas partes e pelo juiz para que a apuração da verdade fática seja eficaz para fundamentar e justificar a sentença.

Desse modo, só o que consta regularmente dos autos pode servir de prova para o julgamento da lide (*quod non est in actis non est in mundo*).[14]

646. Objeto da prova e fatos que dispensam prova

Há quem afirme que a prova não versa sobre os fatos, mas sobre as alegações feitas pelas partes.[15] Contudo, o que são tais alegações senão a afirmação de fatos dos quais se extrai a pretensão que se deseja atuar em juízo? Portanto, provar a alegação consiste justamente em demonstrar a ocorrência de tais fatos.[16]

Por isso, para a lei processual, os meios legais de prova e os moralmente legítimos são empregados no processo "para provar a verdade dos *fatos* em que se funda o pedido ou a defesa

---

13 ECHANDIA, Hernando Devis. *Teoria general de la prueba judicial*. 5. ed. Bogotá: Temis, 2002, t. I, n. 63, p. 258.

14 AMARAL SANTOS, Moacyr. *Primeiras Linhas de Direito Processual Civil*. 3. ed. São Paulo: Max Limonad, 1971, v. II, n. 510, p. 281-282.

15 "Los hechos no se prueban; los hechos existen. Lo que se prueba son afirmaciones, que podrán referirse a ellos" (SANTIS MELENDO, Santiago. La prueba: los grandes temas del derecho probatori. Buenos Aires: EJEA, 1978; Naturaleza de la prueba, *Revista dos Tribunais*, v. 462, p. 13, abr. 1974). O entendimento encontra respaldo em Carnelutti (*Sistema di diritto processuale civile*. Padova: Cedam, 1938, v. I, p. 674), e entre nós foi sufragado por Luiz Guilherme Marinoni e Sérgio Cruz Arenhart, para quem "se o fato obviamente existe independentemente do processo, esse apenas pode servir para declarar a verdade acerca de uma afirmação de fato. A sentença de cognição exauriente, fundada no convencimento do juiz, declara somente a verdade ou a falsidade de uma afirmação" (*Comentários ao Código Processo Civil*. 2. ed. São Paulo: RT, 2005, v. 5, t. 1, p. 142).

16 Observa Araújo Cintra que, "se as provas giram em torno de afirmações de fato, elas recaem diretamente sobre os próprios fatos afirmados" (*Comentários ao Código de Processo Civil*, Rio de Janeiro: Forense, 2000, v. IV, n. 4, p. 5). Nesse sentido, lembra Devis Echandía que os elementos de convicção coletados no processo, como testemunhos, laudos periciais, documentos nem sempre se restringem às afirmações das partes, e deles o juiz extrai, muitas vezes, conhecimento acerca dos fatos "no precedidos de afirmación o alegación de nadie", e que, não obstante, serão úteis para o julgamento da causa (cf. *Teoría general de la prueba judicial*. 5. ed. Bogotá: Temis, 2002, t. I, n. 36, p. 148).

e influir eficazmente na convicção do juiz" (CPC/2015, art. 369). São, pois, os fatos litigiosos o objeto da prova.[17]

O direito ordinariamente não se prova, pois *jura novit curia*. Porém, quando a parte alegar direito municipal, estadual, estrangeiro ou consuetudinário, poderá o juiz exigir-lhe a respectiva prova (art. 376).

Com relação aos fatos, a prova pode ser *direta* ou *indireta*. *Direta* é a que demonstra a existência do próprio fato narrado nos autos. *Indireta*, a que evidencia um outro fato, do qual, por raciocínio lógico, se chega a uma conclusão a respeito dos fatos dos autos. É o que se denomina também prova *indiciária* ou por *presunção*.[18]

Só os fatos *relevantes* para a solução da lide devem ser provados, não os impertinentes e inconsequentes. Assim, compete ao juiz fixar, na decisão de saneamento, os fatos a serem provados (art. 357, II).

Há certos fatos que, embora arrolados pelas partes e relevantes para o processo, não reclamam prova para serem tidos como demonstrados. Assim, "não dependem de prova os fatos" (art. 374):

(a) notórios (inciso I);
(b) afirmados por uma parte e confessados pela parte contrária (inciso II);
(c) admitidos, no processo, como incontroversos (inciso III);
(d) em cujo favor milita presunção legal de existência ou veracidade (inciso IV).

A propósito dos *fatos notórios*, já os antigos praxistas ensinavam que *notoria non egent probatione*.[19] São notórios os acontecimentos ou situações de conhecimento geral inconteste, como as datas históricas, os fatos heroicos, as situações geográficas, os atos de gestão política etc.

O conceito de generalidade pode não se referir à unanimidade de um povo, já que a notoriedade pode ocorrer apenas num determinado círculo social ou profissional. Assim, como Couture, podemos considerar fatos notórios aqueles que entram naturalmente no conhecimento,

---

[17] Há dois momentos na instrução probatória: (i) o da alegação dos fatos em que se fundam o pedido e a defesa; e (ii) o de sua comprovação segundo os meios probatórios utilizáveis no processo. Cabe às partes, antes de tudo, definir o suporte fático de suas posições processuais, de maneira que não são quaisquer fatos que constituirão objeto da prova judiciária, mas apenas os invocados na fundamentação das alegações dos litigantes. "O fato principal com que trabalha o órgão judicial é sempre e só fornecido pelas partes" (OLIVEIRA, Carlos Alberto Alvaro de. *Do formalismo no processo civil*. 2. ed. São Paulo: Saraiva: 2003, p. 146).

[18] "Segundo a regra do art. 131 do CPC [CPC/2015, art. 371], o juiz pode apreciar livremente a prova, levando em conta até mesmo fatos não alegados pelas partes. Isto, porém, não o autoriza a considerar fatos constitutivos ou extintivos da pretensão que não tenham figurado no fundamento das situações jurídicas defendidas pelos litigantes. A prova de fatos estranhos àqueles sobre que se apoiam as partes somente será cabível na instrução e no julgamento da causa quando *direta* ou *indiretamente* refletirem sobre os fatos *principais* arrolados pelos litigantes, servindo, pois, de prova indireta do fato jurídico constitutivo da *causa petendi*. O art. 131, portanto, refere-se à liberdade de apreciação dos fatos *secundários*, por meio dos quais se pode chegar, direta ou indiretamente, a alguma convicção em torno dos fatos jurídicos objeto do processo" (OLIVEIRA, Carlos Alberto Alvaro de. *Do formalismo no processo civil*. 2. ed. São Paulo: Saraiva: 2003, p. 154, nota 56).

[19] "A circunstância de ser notório determinado fato dispensa sua prova, mas não dispensa a parte de alegá-lo, se pretende nele fundamentar alguma pretensão; ou seja, o juiz somente o levará em conta, no julgamento da lide, se tiver sido arrolado no fundamento do pedido ou da defesa" (MARINONI, Luiz Guilherme; ARENHART, Sérgio Cruz. *Comentários ao Código Processo Civil*. 2. ed. São Paulo: RT, 2005, v. 5, t. 1, p. 395).

na cultura ou na informação normal dos indivíduos, com relação a um lugar ou a um círculo social, no momento em que o juiz tem que decidir.[20-21]

Quando, porém, a lei exige a *notoriedade* como requisito ou elemento essencial de um direito ou de um fato jurídico, como na ação pauliana, em que a insolvência do devedor deve ser notória para ensejar a anulação do ato oneroso de transmissão de bens (art. 159 do Código Civil), já então a própria *notoriedade* se transforma em objeto da prova, que se mostra indispensável.

Também o *fato incontroverso* não é objeto de prova, porque prová-lo seria inutilidade e pura perda de tempo, em detrimento da celeridade processual que é almejada como ideal do processo moderno. Para que algum fato seja objeto de prova é necessário que sobre ele tenha se instalado uma *questão* (ponto controvertido) *relevante* para o julgamento da causa. As afirmações ou alegações que não são *questionadas* entre os litigantes prescindem de prova, nos termos do art. 374, III, do CPC/2015.[22] É que não havendo divergência entre as partes a seu respeito, os fatos incontroversos não compõem o dissídio (lide) a ser julgado. A lide começa depois deles.

Nas hipóteses de direitos indisponíveis, porém, como os provenientes do estado da pessoa natural, a falta de contestação não dispensa a parte do ônus de provar mesmo os fatos incontroversos. É o que ocorre, por exemplo, nas ações de anulação de casamento, nas negatórias de paternidade etc.

Se os fatos incontroversos, por simples falta de impugnação, não precisam ser provados, com muito maior razão ocorre a mesma dispensa de prova em relação aos fatos alegados por uma parte e confessados pela outra.

Também são inteiramente desnecessárias e inúteis as provas de fatos em cujo favor milita presunção legal de existência ou de veracidade. Assim, o filho nascido nos 300 dias subsequentes à dissolução da sociedade conjugal não precisa provar que sua concepção se deu na constância do casamento (Código Civil de 2002, art. 1.597, III); e o devedor que tem em seu poder o título de crédito não precisa provar o respectivo pagamento (Código Civil de 2002, art. 1.206).

Duas observações importantes, portanto, devem ser feitas acerca do *thema probando*: *objetos da prova* são as questões de fato *relevantes* e *precisas* a serem enfrentadas no julgamento da causa:

---

20 COUTURE, Eduardo J.*Fundamentos del Derecho Procesal Civil*. Buenos Aires: Depalma, 1974, n. 150, p. 235.

21 No mundo atual, dominado pela massificante informação digital, sem controle algum das fontes que abastecem as redes sociais atuantes através da internet, a notoriedade pode estabelecer-se tanto em torno dos fatos verdadeiros como falsos. Daí a advertência de que, nos dias que correm, a norma do art. 374, I, do CPC, tem de ser observada com muita cautela, para evitar que uma versão fática mentirosa venha a ser acolhida em juízo, sem prova alguma e com grave ofensa ao importante papel do ônus da prova no processo justo concebido e garantido pelo Estado Democrático de Direito. Como tem sido destacado por importante doutrina, as *fake news* se tornaram, por várias razões (econômicas, sociais, políticas, ideológicas etc.), integrantes das técnicas de comunicação social, em profundidade tamanha, que, por enquanto, não há como erradicá-las ou evitá-las por inteiro no seu deletério papel desinformador. Nesse ambiente, o conceito de notoriedade acolhido pelo art. 374, I, não pode continuar prevalecendo na plenitude com que o CPC o esposou, em meio cultural e momento histórico muito diferentes daqueles que o mundo digital impôs à humanidade em nosso século (cf. FIORILLO, Celso Antonio Pacheco; FERREIRA, Renata Marques. Os fatos notórios em face das lides vinculadas ao meio ambiente digital na sociedade da informação. *Revista de Processo,* v. 310, p. 225). Para os autores, particularmente no que diz com a tutela jurídica do meio ambiente digital, o fato, ainda que *notório*, "admite prova em face do que estabelece o devido processo legal, sendo de duvidosa constitucionalidade o conteúdo indicado no art. 374/I do CPC" (FIORILLO, Celso Antonio Pacheco; FERREIRA, Renata Marques. Os fatos notórios em face das lides vinculadas ao meio ambiente digital na sociedade da informação. *Revista de Processo,* v. 310, p. 233).

22 "A controvérsia gera a *questão*, definida como dúvida sobre um ponto, ou como *ponto controvertido*. Se não há controvérsia, o ponto (fundamento da demanda ou da defesa) permanece sempre como ponto, sem se erigir em *questão*. E mero ponto, na técnica do processo civil, em princípio, independe de prova" (DINAMARCO, Cândido Rangel. *Instituições de direito processual civil*. São Paulo: Malheiros, 2001, v. III, p. 59).

I – Questões relevantes

> "Fatos *relevantes* são aqueles cujo reconhecimento seja capaz de influir nos julgamentos a proferir no processo. Mais precisamente, são os acontecimentos ou condutas que, havendo sido alegados na demanda inicial ou na defesa do réu, tenham em tese a desejada eficácia constitutiva, impeditiva, modificativa ou extintiva pretendida por aquele que os alegou".[23]

II – Questões precisas

Para se apresentar como *objeto da prova* é necessário que a alegação fática seja *precisa*, já que as "alegações genéricas ou vagas não comportam prova (ex.: não basta alegar genericamente a insinceridade do pedido de retomada, mas é necessário *descrever fatos concretos e precisos* que indiquem sua ocorrência".[24]

Tanto a demanda do autor como a defesa do réu estão sujeitas ao princípio da substanciação, ou seja, devem se fundar em *fatos concretos* adequados ao acolhimento da pretensão ou da resistência a ela oposta (CPC/2015, arts. 319, III, e 336). Assim, não basta afirmar genericamente que o ato jurídico a ser anulado foi praticado sob dolo ou coação (fundamento genérico, apenas de direito). É indispensável que a parte alegue *fatos concretos* que se possam subsumir na hipótese legal do vício de consentimento; assim como a arguição de cobrança excessiva somente pode ser considerada relevante caso se demonstre *in concreto* em que se constituiu o excesso. Mesmo porque, a se aceitar demandas e defesas em termos apenas genéricos, sacrificada restaria a garantia do contraditório e da ampla defesa, pela dificuldade que a parte contrária teria em sua defesa e contraprova.

Reitere-se, por fim, que os fatos afirmados por uma das partes para fundamentar sua pretensão só se tornam *objeto de prova* quando contrariados pela outra parte. Se não negados, permanecem como *ponto* (*i.e.*, fundamento de uma alegação referente ao mérito da causa), que, de ordinário, não reclama demonstração probatória. *Questão,* que exige prova em juízo, passa a existir quanto configurada, sobre o *ponto* de fato, "uma controvérsia no processo".[25]

647. Finalidade e destinatário da prova

O processo moderno procura solucionar os litígios à luz da verdade *real* e é, na prova dos autos, que o juiz busca localizar essa verdade. Como, todavia, o processo não pode deixar de prestar a tutela jurisdicional, isto é, não pode deixar de dar solução jurídica à lide, muitas vezes essa solução, na prática, não corresponde exatamente à verdade real. O juiz não pode eternizar a pesquisa da verdade, sob pena de inutilizar o processo e de sonegar a justiça postulada pelas partes.

O processo é um método de composição dos litígios. As partes têm que se submeter às suas regras para que suas pretensões, alegações e defesas sejam eficazmente consideradas. A

---

[23] DINAMARCO, Cândido Rangel. *Instituições de direito processual civil*. São Paulo: Malheiros, 2001, v. III, p. 65. Em outras palavras: "o objeto da prova recai sobre fatos cuja existência devidamente reconhecida pelo juiz darão ensejo ao acolhimento ou à rejeição do(s) pedido(s) de tutela jurisdicional" (BUENO, Cassio Scarpinella. *Curso sistematizado de direito processual*. 4. ed. São Paulo: Saraiva, 2011, v. 2, t. 1, p. 281).

[24] LOPES, João Batista. *A prova no direito processual civil*. 3. ed. São Paulo: RT, 2006, p. 32.

[25] Equivale a uma *questão*, também, a dúvida do juiz acerca de uma arguição da parte, levando-o a exigir a respectiva comprovação, ou, ainda, as hipóteses em que a própria lei impõe à parte a obrigação de comprovar sua afirmação, mesmo que não contestada (OLIVEIRA NETO, Olavo de. O objeto da prova no direito processual civil. *A prova no direito processual civil.* Estudos em homenagem ao prof. João Batista Lopes. São Paulo: Verbatim, 2013, p. 512).

mais ampla defesa lhes é assegurada, desde que feita dentro dos métodos próprios da relação processual.

Assim, se a parte não cuida de usar das faculdades processuais e a verdade real não transparece no processo, não cabe ao juiz a culpa de não ter feito a justiça pura, que, sem dúvida, é a aspiração das partes e do próprio Estado. Só às partes, ou às contingências do destino, pode ser imputada semelhante deficiência.

Ao juiz, para garantia das próprias partes, só é lícito julgar segundo o alegado e provado nos autos. O que não se encontra no processo, para o julgador não existe. Há, ainda, presunções legais que, em muitos casos, condicionam a verdade a critérios apriorísticos do legislador, sem que exista qualquer prova nos autos. Em consequência, deve-se reconhecer que o direito processual se contenta com a *verdade processual*, ou seja, aquela que aparenta ser, segundo os elementos do processo, a realidade.

Dessa forma, o juiz deve convencer-se acerca da verdade do suporte fático das alegações da parte. É certo que a prova atua no plano e nos limites das *alegações*, mas visando sempre à demonstração da *verdade* dos fatos que as sustentam.

Os *fatos* existem ou não existem, aconteceram ou não aconteceram, por isso, no dizer de Dinamarco, são as *alegações* a seu respeito que podem ser qualificadas como corretas ou incorretas, ou seja, podem ser condizentes ou não com a *verdade*. Daí "a pertinência de prová-las, ou seja, demonstrar que são boas e verazes".[26]

Filosoficamente, a afirmação é irrepreensível. Porém, processualmente, como se pode demonstrar que uma alegação é ou não verdadeira, senão apurando se os fatos invocados nas arguições da parte correspondem ou não à realidade, isto é, à verdade? A prova, portanto, na lição de Taruffo, "é o instrumento por meio do qual o juiz pode verificar a verdade dos fatos sobre os quais versa a decisão".[27]

648. Prova e verdade

Há uma necessária conexão entre a função da prova e a função do processo. A este cabe não apenas encontrar uma solução qualquer para o litígio, mas sim aquela que seja *justa*. E para que seja *justa*, deve ser resultado de uma "correta aplicação da norma jurídica que constitui a regra de decisão do caso", como adverte Taruffo, para quem:

> "entre as condições necessárias para que se tenha uma decisão justa, e para que a norma que regula o caso seja aplicada corretamente, urge que seja certificada a *verdade* dos fatos que se acham à base da controvérsia (...) tal certificação configura como uma *condição necessária* da justiça da decisão, cuja falta, por si, faz com que não se possa ser aceita como justa" (grifos do autor).[28]

Em conclusão, demonstra Taruffo, que a prova é, pois, necessária para que o juiz possa chegar à formulação de uma decisão afinada com a verdade, e, portanto, *justa*, diante das alegações conflituosas dos litigantes. É claro que a decisão girará em torno das alegações deduzidas pelas partes em juízo, mesmo porque a elas, e não ao juiz, compete definir o *objeto litigioso* a ser solucionado no processo. Assim, para certificar se tais alegações são verdadeiras, ou não, hão de ser apurados os fatos que as sustentam. Logo:

---

26 DINAMARCO, Cândido Rangel. *Instituições de direito processual civil*. São Paulo: Malheiros, 2005, v. 3, p. 58.

27 TARUFFO, Michele. Il concetto di "prova" nel diritto processuale. *Revista de Processo*, São Paulo, n. 229, mar. 2014, p. 80.

28 TARUFFO, Michele. Il concetto di "prova" nel diritto processuale. *Revista de Processo*, São Paulo, n. 229, mar. 2014, p. 80.

> "A prova é o meio exclusivo de conhecimento da verdade dos fatos... Isto corresponde a um dos princípios fundamentais da epistemologia geral, segundo o qual a verdade de um enunciado se funda sobre sua interpretação metodologicamente correta de todas as informações disponíveis. *Id est*: a prova é aquilo que permite ao juiz adquirir todas as informações que são necessárias para estabelecer a verdade dos enunciados relativos *aos fatos da causa*".[29]

Nessa perspectiva epistemológica, a prova demonstra a veracidade ou não das alegações dos litigantes, mas, para tanto, é endereçada e concluída pela apuração da verdade dos fatos.[30]

Não conduz a resultados significativos ou relevantes, no domínio do direito processual, a distinção entre ser objetivo da prova a apuração da verdade das alegações ou da verdade dos fatos. No fundo, tudo se resume a verificar se o suporte fático das afirmações das partes corresponde ou não à realidade ou à verdade.

É claro que a *verdade absoluta* jamais será alcançada pelo homem, tampouco estará ao alcance do juiz no processo, em vista das limitações do conhecimento humano. Isto, porém, não deve resultar numa indiferença do processo pela veracidade dos fatos com que as partes sustentam suas alegações perante o juiz. O processo não pode ser reduzido a um mero jogo retórico. As provas têm a missão de proporcionar ao juiz o acesso à verdade possível, ainda que de maneira não plena. Em outras palavras, devem proporcionar "um razoável conhecimento dos fatos".[31]

Num processo compromissado com a *justa composição* do litígio, "a orientação que é digna de ser seguida é aquela segundo a qual um *acertamento verdadeiro dos fatos* pode ser, e aliás deve ser alcançado no processo, como condição de justiça da decisão.[32]

O que o processo há de garantir é a busca da verdade, ainda que não absoluta, já que o conhecimento de como os fatos se passaram é fator de legitimação da decisão judicial, e por isso deve ser perseguido.[33] Assim, segundo a lição de Taruffo, nos mais variados ordenamentos jurídicos, de diferentes culturas e em diferentes momentos históricos, esteve sempre presente a noção de que a *prova visa estabelecer se determinados fatos ocorreram ou não*[34] e, com isso, no processo a prova *legitimaria a decisão judicial*.[35]

Dessa forma, a busca pela verdade foi e continua a ser vista por muitos sob uma perspectiva ainda mais ampla, ou seja, como a função não só da prova, mas também do próprio processo, principalmente quando se trata do processo de conhecimento.[36]

---

29 TARUFFO, Michele. Il concetto di "prova" nel diritto processuale. *Revista de Processo*, São Paulo, n. 229, mar. 2014, p. 81.

30 TARUFFO, Michele. Il concetto di "prova" nel diritto processuale. *Revista de Processo*, São Paulo, n. 229, mar. 2014, p. 81.

31 COMOGLIO, Luigi Paolo; TARUFFO, Michele; FERRI, Corrado. *Lezioni sul processo civile*. 4. ed. Bologna: Il Mulino, 2006, p. 414.

32 COMOGLIO, Luigi Paolo; TARUFFO, Michele; FERRI, Corrado. *Lezioni sul processo civile*. 4. ed. Bologna: Il Mulino, 2006, p. 414.

33 GRECO, Leonardo. *Estudos de direito processual civil*. São Paulo: RT, 2006, p. 379. Cf., também, BUENO, Cassio Scarpinella. *Curso de direito processual civil sistematizado*. São Paulo: Saraiva, 2007, v. 2, t. 1, p. 237.

34 TARUFFO, Michele. *La prueba de los hechos*. Trad. de Jordi Ferri Beltran. Madrid: Trotta, 2005, p. 21.

35 Primeiro, se *acerta* a verdade sobre os fatos, para depois *decidir* sobre qual norma jurídica geral a eles seja aplicável, criando-se, dessa maneira, a norma concreta particular que regerá o caso *sub judice* (cf. EGGLESTON, Richard. *Prova, conclusione probattoria e probabilità*. Milano: Giuffrè, 2004, p. 2; *apud* PEREIRA, Guilherme Setoguti J. Verdade e finalidade da prova. *Revista de processo*, n. 213, nov. 2012, p. 162.

36 PEREIRA, Guilherme Setoguti J. Verdade e finalidade da prova. *Revista de processo*, n. 213, nov. 2012, p. 162, apoiado em MALATESTA, para quem "o fim supremo da crítica judiciária é, portanto, a *verificação de uma realidade explicada*" (cf. MALATESTA, Nicola Framarino Dei. *A lógica das provas em matéria cri-*

649. Valoração da prova

I – Critério de valoração

A prova se destina a produzir a certeza ou convicção do julgador a respeito dos fatos litigiosos. Porém, ao manipular os meios de prova para formar seu convencimento, o juiz não pode agir arbitrariamente; deve, ao contrário, observar um método ou sistema.

Três são os sistemas conhecidos na história do direito processual:

(a) o *critério legal;*
(b) o *da livre convicção;*
(c) o *da persuasão racional.*

O critério legal está totalmente superado. Nele, o juiz é quase um autômato, apenas afere as provas seguindo uma hierarquia legal e o resultado surge automaticamente. Representa a supremacia do formalismo sobre o ideal da verdadeira justiça. Era o sistema do direito romano primitivo e do direito medieval, ao tempo em que prevaleciam as *ordálias* ou *juízos de Deus*, os *juramentos*. Da rigorosa hierarquia legal do valor das diversas provas, o processo produzia simplesmente uma *verdade formal*, que, na maioria dos casos, nenhum vínculo tinha com a realidade.

O sistema da *livre convicção* é o oposto do critério da prova legal. O que deve prevalecer é a *íntima convicção* do juiz, que é soberano para investigar a verdade e apreciar as provas. Não há nenhuma regra que condicione essa pesquisa, tanto quanto aos meios de prova como ao método de avaliação. Vai ao extremo de permitir o convencimento extra-autos e contrário à prova das partes. Peca o sistema, que encontrou defensores entre os povos germânicos, portanto, por excessos, que chegam mesmo a conflitar com o princípio básico do contraditório, que nenhum direito processual moderno pode desprezar.

O sistema de *persuasão racional* é fruto da mais atualizada compreensão da atividade jurisdicional. Mereceu consagração nos Códigos napoleônicos e prevalece entre nós, como orientação doutrinária e legislativa.

Enquanto no *livre convencimento* o juiz pode julgar sem se atentar, necessariamente, para a prova dos autos, recorrendo a métodos que escapam ao controle das partes, no sistema da *persuasão racional*, o julgamento deve ser fruto de uma operação lógica armada com base nos elementos de convicção existentes no processo.

Sem a rigidez da *prova legal*, em que o valor de cada prova é previamente fixado na lei, o juiz, atendo-se apenas às provas do processo, formará seu convencimento com liberdade e segundo a consciência formada. Embora seja livre o exame das provas, não há arbitrariedade, porque a conclusão deve ligar-se logicamente à apreciação jurídica daquilo que restou demonstrado nos autos. Além disso, o juiz não pode fugir dos meios científicos que regulam as provas e sua produção, tampouco às regras da lógica e da experiência.

A convicção fica, pois, condicionada, segundo Amaral Santos:[37]

(a) aos fatos nos quais se funda a relação jurídica controvertida;
(b) às provas desses fatos, colhidas no processo;

---

minal. Trad. Waleska Girotto Silverberg. São Paulo: Conan, 1995, v. I, p. 67. Cf, também, MARINONI, Luiz Guilherme; ARENHART, Sérgio Cruz. *Comentários ao Código de Processo Civil*. São Paulo: RT, 2000, v. 5, t. I, p. 29.

37 AMARAL SANTOS, Moacyr. *Prova judiciária no cível e comercial*. 4. ed. São Paulo: Max Limonad, 1971, v. I, n. 244, p. 347.

(c) às regras legais e máximas de experiência;

(d) e o julgamento deverá sempre ser motivado.

II – Racionalidade da valoração

A lei determina que o juiz aprecie a prova constante dos autos, indicando "as razões da formação de seu convencimento" (CPC, art. 371) a respeito dos fatos relevantes para o julgamento da causa.

Quais seriam essas razões?

Se não há na lei algum critério legal prefixado sobre o valor de determinada prova (como ocorre, por exemplo, com os negócios solenes), o juiz vai além da técnica jurídica de aplicação das normas legais e passa a atuar no plano da lógica, ou seja, o seu convencimento deverá ser formado através da heterointegração dos cânones da lógica e dos modelos das ciências empíricas. Na lição de Proto Pisani, submeter-se-á, com as devidas adaptações, à observância do esquema silogístico ou dedutivo, como esquema lógico fundamental para a devida valoração da prova.

Como a ciência processual não é uma ciência exata, mas uma ciência humana, fundada na lógica do razoável (dominada pela argumentação dialética, pelas máximas da experiência comum, pela tópica) e sujeita, ainda, às peculiaridades da investigação processual (sob influência de limitações do procedimento legal da coleta das provas, da vedação ao conhecimento privado do juiz, das preclusões, do ônus da prova, do encerramento da investigação em determinado momento, para permitir a definitividade da formação da coisa julgada sobre a solução da disputa judicial), não se pode ver no objetivo da prova civil um compromisso com a plena apuração da verdade material, mas apenas com a pesquisa tendencial dessa verdade. Vale dizer, da verdade possível de se divisar dentro dos limites da técnica processual.[38]

Isso, porém, não libera o juiz para, dentro dos limites da investigação probatória efetivada no processo, agir livre e discricionariamente na atividade de analisar e valorar as provas coletadas em juízo. O convencimento acerca da verdade fática haverá de resultar de uma *dedução lógica*. Em outros termos: a dedução judicial terá de resultar de uma "atividade lógico-racional, e não perceptiva sensorial". Na lição de Proto Pisani, terá de consistir (ou poderá ser descrita) "em um silogismo (ou mais exatamente num feixe de silogismos), cuja premissa menor é o fato comprovado (documento ou declaração de ciência), e cuja premissa maior é uma regra ou máxima de experiência comum, cuja ilação é a existência ou não do fato (principal ou secundário) a ser provado".[39]

Como se vê, o convencimento motivado do juiz, na valoração da prova, não escapa dos parâmetros da lógica formal, uma vez coletados os elementos de convicção úteis à instrução do processo.

650. Sistema legal da valorização da prova

O Código atual adota o princípio democrático da participação efetiva das partes na preparação e formação do provimento que haverá de ser editado pelo juiz para se chegar à *justa*

---

[38] PROTO PISANI, Andrea. *Lezioni di diritto processuale civile*. 6. ed. Napoli: Jovene Editore, 2014, p. 449. "... Ademais, deve-se ter em conta o fato de que no processo, como de resto em qualquer contexto no qual se realizam conhecimento prático e empírico, trata-se sempre de verdade *relativa* e nunca de verdade *absoluta*" (COMOGLIO, Luigí Paolo; FERRI, Corrado; TARUFFO, Michele. *Lezioni sul processo civile*. I. Il processo ordinário di cognizione. 4. ed. Bologna: Il Mulino, 2006, p. 414). Com a prova, busca-se o convencimento do juiz acerca da verdade do fato alegado. Prova, nessa ordem de ideias, não é sinônimo de verdade. É o *meio* de chegar à verdade (CASTRO, Jerônimo dos Santos de. A fase probatória no processo civil: a instrumentalidade da prova e sua relevância no convencimento do juiz. *Revista Síntese – Direito Civil e Processual Civil*, v. 110, p. 110, nov.-dez. 2017).

[39] PROTO PISANI, Andrea. *Lezioni di diritto processuale civile*. 6. ed. Napoli: Jovene Editore, 2014, p. 419.

composição do litígio. Assim, o legislador suprimiu a menção ao "livre convencimento do juiz" na apreciação da prova, que constava do art. 131 do CPC/1973. Agora está assentado, no art. 371 do CPC/2015, que "o juiz *apreciará a prova constante dos autos*, independentemente do sujeito que a tiver promovido, e indicará na decisão as *razões da formação de seu convencimento*".[40] Com isso, estabeleceu-se o dever de apreciar não a prova que livremente escolher, mas todo o conjunto probatório existente nos autos. Repeliu-se a tendência esboçada em certa corrente jurisprudencial que reconhecia ao juiz o dever de justificar a conclusão a que chegou, expondo apenas as razões capazes de sustentá-la. Segundo tal entendimento, o juiz, no regime do CPC de 1973, não estaria sujeito a responder a todos os argumentos da parte, nem a analisar exaustivamente todas as provas, desde que sua fundamentação pudesse explicar as razões do decisório.[41]

O Código de 2015, de tal sorte, esposou a teoria, até então minoritária nos tribunais, mas não menos expressiva, de que "sentença e acórdão haverão de examinar os vários fundamentos relevantes deduzidos na inicial e na contestação [assim como todas as provas que lhes sejam pertinentes – acrescentamos], justificando porque não são acolhidos".[42] É bom lembrar que a corrente majoritária, que se satisfazia com a fundamentação parcial, nunca foi aplaudida pela boa doutrina. Pelo contrário, Taruffo advertia que semelhante tese, por trás de aparente razoabilidade, esconde grave equívoco procedimental.[43]

Enfim, a doutrina nunca reconheceu ao juiz o poder de agir livremente na escolha e na avaliação da prova que servirá de fundamento de sua decisão. O convencimento, *in casu*, só é livre "no sentido de que não acarreta pré-valorações legais que vinculem o juiz; não é livre, por outro lado, das regras da lógica e da racionalidade em geral. Afinal, de nada adiantaria produzir amplo e rico material probatório, se o juiz pudesse simplesmente desconsiderá-lo na hora de tomar a decisão".[44]

---

40 Observe-se que "livre convencimento motivado" é princípio referente à apreciação e avaliação das provas pelo juiz, na tarefa de apuração da veracidade dos fatos relevantes para a resolução do litígio. "Não se deve relacionar livre convencimento à aplicação do direito (...). Conquanto o exame do direito material sempre pressuponha interpretação (...), não há liberdade nessa atividade"; há sim *vinculação* "na parcela da atividade de cognição que podemos chamar de subsuntiva ou jurídica; não, *liberdade*" (LEITE, Clarisse Frechiani Lara. Persuasão racional e prova documental na arbitragem brasileira. *Revista de Processo,* v. 321, p. 398-399, nov. 2021; cf., também: CARMONA, Carlos Alberto. *Arbitragem e processo:* um comentário à Lei 9.307/96. 3. ed. São Paulo: Atlas, 2009, p. 298; DINAMARCO, Cândido Rangel. *A arbitragem na teoria geral do processo*. São Paulo: Malheiros, 2013, n. 61, p. 164-165).

41 Exemplo de semelhante tese encontra-se no seguinte aresto: "Saliente-se que o magistrado tem o dever de fundamentar devidamente sua decisão, mas não tem a obrigação de analisar todos os argumentos apresentados pelas partes" (TJRS, 6ª Câm. Civ., ED 70016937179, Rel. Des. Ney Wiedemann Neto, ac. 19.10.2006. No mesmo sentido: TJRS, 10ª Câm. Civ., ED 70022860035, Rel. Des. Paulo Roberto Lessa Franz, ac. 28.02.2008; STJ, 2ª T., EDcl no AgRg no Ag 492.969/RS, Rel. Min. Herman Benjamin, ac. 19.10.2006, *DJU* 14.02.2007, p. 206; STJ, 1ª T., REsp 799.564/PE, Rel. Min. Teori Albino Zavascki, ac. 18.10.2007, *DJU* 05.11.2007, p. 225.

42 STJ, 3ª T., REsp 30.220/MG, Rel. Min. Eduardo Ribeiro, ac. 08.02.1993, *DJU* 08.02.1993, p. 3.118.

43 TARUFFO, Michele. *La motivazione dela sentenza.* Padova: CEDAM, 1975, p. 445 e ss. Também MONIZ DE ARAGÃO reconhecia a existência da afirmação corriqueira de que na fundamentação da sentença ou acórdão o magistrado não precisaria examinar todas as questões do processo: "Isto está absolutamente equivocado (...); é inadmissível supor que o juiz possa escolher, para julgar, apenas algumas questões que as partes lhe submeteram. Sejam preliminares, prejudiciais, processuais ou de mérito, o juiz tem de examiná-las todas. Se não o fizer, a sentença estará incompleta" (MONIZ DE ARAGÃO, Egas. *Sentença e coisa julgada*. Rio de Janeiro: AIDE, 1992, p. 101-103).

44 RAMOS, Vitor de Paula. Direito fundamental à prova. *Revista de Processo*, n. 224, out. 2013, p. 51.

Portanto, só é legítima a valorização da prova quando feita pelo juiz de forma racional e analítica, "respeitando critérios de *completude, coerência, congruência e correção lógica*".[45]

Com efeito, o processo democrático não pode tolerar construções de resultados processuais que sejam fruto do puro discricionarismo do juiz. A participação de todos os sujeitos do processo na formação do provimento jurisdicional é uma imposição da constitucionalização da tutela jurisdicional. A fundamentação da sentença, portanto, não pode se confundir com a simples fundamentação escolhida pelo juiz para justificar seu convencimento livre e individualmente formado diante da lide. Todos os argumentos e todas as provas deduzidas no processo terão de ser racional e objetivamente analisados, sem preconceitos subjetivos.[46] O juiz interpreta e aplica o direito e não seus sentimentos pessoais acerca de justiça. É por isso que não se deve atrelar o julgamento ao *livre convencimento* do sentenciante. O exame das provas, sem hierarquização de valor entre elas, terá de se realizar, segundo critérios objetivos que se voltem para a definição não da *vontade do julgador*, mas do ordenamento jurídico, como um todo, concretizado e individualizado diante do caso dos autos. O juiz apenas a descobre e declara na sentença, aplicando-a à solução do conflito submetido à jurisdição.

De fato, na constitucionalização do processo democrático, no Estado contemporâneo, não cabe mais pensar-se num comando processual apoiado no "livre convencimento" e na "livre apreciação da prova" a cargo do juiz, pelo risco que tais critérios trazem de gerar "decisões conforme a consciência do julgador", quando se sabe que toda evolução do Estado Constitucional contemporâneo se deu no sentido de que, no processo, "as decisões judiciais não devem ser tomadas a partir de critérios pessoais, isto é, a partir da consciência psicologista (...) A justiça e o Judiciário não podem depender da opinião pessoal que juízes e promotores tenham sobre as leis ou fenômenos sociais, até porque os sentidos sobre as leis (e os fenômenos) são produto de uma intersubjetividade, e não de um indivíduo isolado".[47]

O direito não é aquilo que o Judiciário diz livremente que é. Muito antes do litígio e do processo, o direito já existe e se acha configurado naquilo que se costuma qualificar de dogmática jurídica, de maneira que todos (partes, juízes, intérpretes) "estão já sempre e necessariamente vinculados e sustentados por um processo de compreensão que envolve o surgimento de qualquer enunciado teórico do direito".[48] Não há como admitir que interpretação e aplicação concreta do direito sejam operações autônomas ou independentes. A apreciação judicial do direito não se dá *ex novo*, com força de substituir o direito abstrata e aprioristicamente construído. A situação prática, vivida no processo, é "simplesmente instrumental de interpretação/aplicação das normas". Não há discricionariedade na função instrumental que possa permitir ao juiz "corrigir o direito" e muito menos "criar direito" apreciável pela sentença. O direito é um *a priori*, que o Judiciário apenas aplica e concretiza. Às vezes, tem de adaptar criativamente o preceito literal do enunciado da lei, mas não o fará por meio de ditames originados de sua consciência pessoal, mas por operação integrativa realizada a partir dos princípios constitucionais e da inserção da norma cogitada dentro do sistema jurídico como um todo.

---

45 RAMOS, Vitor de Paula. Direito fundamental à prova. *Revista de Processo*, n. 224, out. 2013, p. 53.

46 A necessidade de garantir a *racionalidade* jurídica da sentença tem o escopo de "proteger o cidadão da possível arbitrariedade de quem decide, e de assegurar também, na medida do possível, a igualdade das pessoas perante a lei, e a ausência de tratamento discriminatório" (PARGA, M. Otero. Sobre motivaciòn, fundamentaciòn, justificaciòn y explicaciòn de las sentencias judiciales. *In: Ars Ivdicandi: Estudos em homenagem ao Prof. Doutor António Castanheira Neves*. Coimbra: Boletim da Faculdade de Direito da Universidade de Coimbra, 2008, v. I, p. 804-805).

47 STRECK, Lenio Luiz. *O que é isto – decisão conforme minha consciência?* 4. ed. Porto Alegre: Livraria do Advogado, 2013, p. 117.

48 STRECK, Lenio Luiz. *O que é isto – decisão conforme minha consciência?* 4. ed. Porto Alegre: Livraria do Advogado, 2013, p. 118.

Não merece censura, portanto, o CPC/2015, quando afastou, em matéria de avaliação dos elementos probatórios do processo, a menção ao "livre convencimento" do julgador. O juiz julgará sempre segundo a prova dos autos e segundo o direito aplicável aos fatos apurados, mas não o fará discricionariamente mediante escolha de uma inteligência que se apoie apenas em sua consciência de justiça. É preciso ter sempre presente que o princípio da legalidade é o primeiro entre os qualificadores do Estado de Direito (CF, art. 5º, II).

651. O sistema do Código

Consoante se viu, o art. 371 do CPC/2015 determina que o juiz apreciará a prova constante dos autos, independentemente do sujeito que a tiver promovido, mas deverá indicar na decisão os motivos que lhe formaram o convencimento.

Já o art. 375 recomenda, ainda, que o juiz aplique, na avaliação das questões de fato, "as regras de experiência comum subministradas pela observação do que ordinariamente acontece e, ainda, as regras da experiência técnica, ressalvado, quanto a esta, o exame pericial".

Adotou o Código, como se vê, o sistema da *persuasão racional*, ou "livre convencimento *motivado*",[49] pois:

(a) o convencimento não é livre e, portanto, não pode ser arbitrário, pois fica condicionado às alegações das partes e às provas dos autos (arts. 371; 487; 489, III, e § 1º, IV);

(b) a observância de certos critérios legais sobre provas e sua validade não pode ser desprezada pelo juiz (arts. 375 e 406) nem as regras sobre presunções legais (art. 374, IV);

(c) o juiz fica adstrito às regras de experiência quando faltam normas legais sobre as provas, isto é, os dados científicos e culturais do alcance do magistrado são úteis e não podem ser desprezados na decisão da lide (art. 375);[50]

(d) as sentenças devem ser sempre fundamentadas e tratar sobre todos os pontos levantados pelas partes, o que impede julgamentos arbitrários ou divorciados da prova dos autos (arts. 11 e 489, § 1º, IV).[51]

A propósito do disposto no art. 375, há de se ter em conta que as *máximas de experiência* não se confundem com o conhecimento pessoal do juiz sobre algum fato concreto. Esse testemunho particular o juiz não pode utilizar na sentença, porque obtido sem passar pelo crivo do contraditório e porque quebra a imparcialidade resguardada pelo princípio dispositivo. As máximas de experiência não se ressentem dessas impropriedades, uma

---

49 PESTANA DE AGUIAR. *Comentários ao Código de Processo Civil*. São Paulo: RT, 1974, v. IV, p. 245.

50 As regras ou máximas de experiência criam, na maioria das vezes, *tipos* jurídicos extraídos da prática da convivência social, ou dos costumes, que são muito úteis para não só preencher lacunas do ordenamento jurídico como para concretizar regras éticas jurisdicizadas por meio de cláusulas gerais ou normas abertas ou imprecisas, fenômeno muito comum na política legislativa contemporânea. Assim, regras como as da boa-fé e lealdade nos contratos e na repressão à fraude, acabam sendo aplicadas pelos juízes segundo análise dos fatos controvertidos em que a experiência da vida exerce papel decisivo. Por exemplo: farta e uniforme é a jurisprudência que presume a má-fé, na ação pauliana, quando o negócio praticado em detrimento dos credores se travou entre parentes, sócios, amigos íntimos, já que entre eles não se poderia aceitar, segundo o que comumente acontece, o não conhecimento da situação de dificuldades financeiras do alienante. Da mesma maneira, fácil foi para a jurisprudência fixar, por presunção, o entendimento de que a convenção de um foro de eleição em contrato de consumo, que dificulta a defesa do consumidor em juízo, seja fruto de abuso de poder exercido pelo fornecedor, parte reconhecidamente mais forte, na estipulação das cláusulas do contrato. E assim por diante.

51 AMARAL SANTOS, Moacyr. *Prova judiciária no cível e comercial*. 4. ed. São Paulo: Max Limonad, 1971, v. I, n. 556, p. 337-339.

vez que não decorrem de ciência privada do juiz acerca de fatos concretos. Representam, na verdade, percepções em abstrato do que ordinariamente acontece. Integram a "cultura média da sociedade", isto é, a "cultura do homem médio", formando um verdadeiro "patrimônio comum de uma coletividade". Por isso que, sendo noções conhecidas e indiscutíveis, podem ser utilizadas sem depender de prova e sem violação da imparcialidade do juiz e do contraditório.[52]

As máximas de experiência podem formar-se a partir da experiência *comum* (empírica) como da experiência *técnica* (científica). Entretanto, em qualquer caso, deverão cair no domínio público, isto é, no conhecimento geral do homem médio da coletividade.[53] Quando se trata de experiência técnica, não é lícito ao julgador valer-se de conhecimento científico próprio acerca da matéria em jogo no processo para a análise dos fatos relevantes da causa. Só se pode admitir o recurso às máximas da experiência, quando estas (não obstante técnicas) tenham caído no conhecimento comum. Fora disso, não há lugar para o juiz se valer de experiência própria de natureza técnica. A prova pericial será de adoção obrigatória e insubstituível, como, aliás, ressalva o art. 375, *in fine*.

651-A. Prova e argumento de prova

A doutrina costuma distinguir prova e argumento de prova.[54] Com efeito, a lei, na disciplina da instrução probatória do processo civil, assegura às partes o direito de empregar todos os meios legais (*provas típicas*), bem como os moralmente legítimos (*meios atípicos*), ainda que não especificados no CPC, para *provar a verdade dos fatos* em que se fundam o pedido ou a defesa e "influir eficazmente na convicção do juiz" (CPC, art. 369).

Admite o Código, por outro lado, que o convencimento do juiz possa sofrer influência de elementos que não se enquadram, a rigor, no conceito de prova típica, nem mesmo de prova atípica. Assim é que independem de prova os fatos notórios, os incontroversos e aqueles em cujo favor milita presunção legal de existência ou de veracidade (art. 374, I, III e IV). Além disso, o comportamento da parte e as "regras de experiência" atuam também como fatores idôneos influentes na formação do convencimento do juiz (art. 375).

Exemplos de acertamento dos fatos litigiosos validados pela lei independentemente dos recursos aos autênticos meios de prova são numerosos e de muita frequência na prática forense. Enumeraremos, a seguir, alguns deles:

(a) Diante da revelia do demandado, em muitos casos, o CPC autoriza sejam presumidas verdadeiras as alegações de fato formuladas pelo autor (art. 344), naturalmente

---

52 ROSITO, Francisco. *Direito Probatório:* As máximas de experiência em juízo. Porto Alegre: Livraria do Advogado, 2007, n. 1.7.2, p. 52. AMARAL SANTOS, Moacyr. *Prova judiciária no cível e comercial*. 4. ed. São Paulo: Max Limonad, 1971, v. 5, p. 458.

53 ROSITO, Francisco. *Direito Probatório:* As máximas de experiência em juízo. Porto Alegre: Livraria do Advogado, 2007, p. 149.

54 No direito italiano, os argumentos de prova são vistos – ao lado de outros mecanismos, a exemplo das presunções de veracidade ou falsidade de alegações fáticas – como instrumentos geradores de *raciocínio indutivo* utilizáveis pelo juiz na formação de convencimento sobre o fato probando, a partir de várias circunstâncias verificadas no curso do processo. Os casos mais frequentes e idôneos são os relacionados com o comportamento processual das partes, tais como a falta de contestação de fatos alegados pela contraparte e a proposição de tese defensiva incoerente, obscura ou contraditória (COMOGLIO, Luidi Paolo; FERRI, Corrado; TARUFFO, Michele. *Lezioni sul processo civile*: I. Il processo ordinario di cognizione. 4. ed. Bologna: Il Mulino, 2006, p. 465).

quando forem verossímeis e não estiverem em contradição com prova constante dos autos (art. 345, IV).[55]

(*b*) Da mesma forma, a contestação omissa quanto à impugnação de algum fato alegado pelo autor na petição inicial enseja a presunção de sua veracidade, salvo se houver contradição com a defesa considerada em seu conjunto (art. 341, III) ou se faltar à inicial o instrumento tido por lei como da essência do ato (art. 341, II).

(*c*) Significativa é, ainda, a regra que impõe a todos, inclusive às partes, "colaborar com o Poder Judiciário para o descobrimento da verdade" (art. 378), compreendido nesse dever o de colaborar com o juízo na realização de inspeção judicial quando for considerada necessária (art. 379). Em consequência de tal imposição legal, diante da ordem judicial de exibição de documento ou coisa em poder da parte, o juiz, descumprido o mandado sem justificativa legítima, "admitirá como verdadeiros os fatos que, por meio do documento ou da coisa, a parte pretendia provar" (art. 400, *caput*).

(*d*) Na mesma linha de formação do convencimento sob influência valorativa do comportamento não cooperativo da parte, pode-se citar a regra do art. 232 do Código Civil, segundo a qual "a recusa à perícia médica ordenada pelo juiz poderá suprir a prova que se pretendia obter com o exame".

(*e*) Lembre-se, ainda, que, diante de prova não totalmente esclarecedora da verdade, o juiz, na formação de seu convencimento, aplicará as regras de experiência comum subministradas pela "observação do que ordinariamente acontece" (CPC, art. 375).[56]

Entre os vários argumentos de prova utilizáveis nos julgamentos civis, arrola-se a "prova estatística", como ensina Arenhart, lembrando que essa particular modalidade de prova científica consiste no emprego do método estatístico para, "a partir da avaliação de um universo de elementos – inteiramente ou por amostragem – extrair conclusões que possam servir como *argumento de prova* no processo civil" (g.n.).[57]

Enfim, o CPC acolhe como instrumento de formação do convencimento do julgador não só as *provas* em sentido técnico, mas também os *argumentos de prova*, que se extraem

---

[55] Uma vez que a doutrina tradicional italiana exclui a possibilidade de os argumentos de prova fundamentarem por si sós o acertamento do fato probando, entende a corrente majoritária que a revelia do demandado não se incluiria propriamente entre os argumentos da espécie, mas, sim, entre as *presunções legais*, que melhor se explicariam no âmbito dos consectários do ônus da prova (cf. COMOGLIO, Luidi Paolo; FERRI, Corrado; TARUFFO, Michele. *Lezioni sul processo civile*: I. Il processo ordinario di cognizione. 4. ed. Bologna: Il Mulino, 2006, p. 463 e 465).

[56] "É de conhecimento geral que, salvo as raras hipóteses nas quais a formação se funda sobre leis gerais de porte científico (p. ex., a física, a matemática etc.), em todos os demais casos a regra de julgamento é dada pelas máximas de experiência, que por serem fundadas sobre *id quod plerumque accidit*, ou seja, sobre generalizações que acontecem na maioria dos casos conhecidos, garantem suficientemente a certeza" (RICCI, Gian Franco. Prove e argomenti di prova. *Rivista Trimestrale di Diritto e Procedura Civile*, Milano: Giuffrè, ano XLII, n. 4, p. 1.097, dez. 1988).

[57] ARENHART, Sérgio Cruz. A prova estatística e sua utilidade em litígios complexos. *Revista Direito e Praxis*, Rio de Janeiro: UERJ, v. 10, n. 1, p. 664, 2019. Taruffo, embora afirme que a estatística por si só não seria suficiente para provar em juízo a relação causal individual da demanda, não deixa de reconhecer sua utilidade ou necessidade para o processo (TARUFFO, Michele. Notes abaut statistical evidence. *Teoria jurídica contemporânea*, Rio de Janeiro: UFRJ, p. 169, jan.-jul. 2016, *apud* CARDOSO, Natasha Reis de Carvalho. O direito fundamental à prova: da produção à valoração das provas estatísticas. *Revista de Processo*, São Paulo, v. 338, p. 149, abr. 2023). Para essa última autora, "nesse sentido, é possível afirmar que a prova estatística, por si só, não poderia inferir uma determinada conclusão, mas poderia ser utilizada como um complemento às outras provas apresentadas, salvo raras exceções" (CARDOSO, Natasha Reis de Carvalho. O direito fundamental à prova: da produção à valoração das provas estatísticas. *Revista de Processo*, São Paulo, v. 338, p. 153, abr. 2023).

principalmente do comportamento processual da parte,[58] dentro de um processo que, a par de ser *legal*, deve, sobretudo, ser *justo* e submeter todos os seus sujeitos aos ditames da *boa-fé e lealdade* (art. 5º), bem como ao dever de cooperação na obtenção, em tempo razoável, de decisão de mérito que seja *justa e efetiva* (art. 6º). Nesse quadro principiológico, é natural que a certificação pelo juiz da conduta desleal da parte durante a exposição e discussão do fato probando poderá exercer efeito significativo sobre a formação do seu convencimento.[59]

651-B. Aquisição da prova pelo processo

Para a instrução do processo e para a formação do convencimento do juiz não importa quem tenha carreado o elemento probatório para os autos. Se ele é legítimo e existe no processo, e sua introdução se deu de forma regular, haverá de ser levado em conta pelo julgador, sempre que retratar fato relevante para o correto julgamento da causa (art. 371).[60]

Denomina-se *aquisição da prova pelo processo* o fenômeno pelo qual se dá a incorporação da prova ao acervo instrutório coligido em juízo, no bojo dos autos, sendo irrelevante quem tenha tomado a iniciativa de promovê-la. O que determina o valor da prova não é a relação de sua produção com quem tinha o ônus de comprovar o fato alegado, mas sua intrínseca força de convencimento. O ônus da prova é uma técnica que se aplica ao julgamento do processo quando uma comprovação necessária não é feita pela parte a quem a lei impunha tal encargo. Se a prova veio aos autos sem esforço da parte onerada, mesmo assim não será afetada no julgamento do mérito, em razão de seu comportamento omissivo. O convencimento judicial, como já visto, se dará sempre à luz das provas disponíveis nos autos, sem indagação da respectiva autoria de produção (art. 371).[61]

---

58 É algo que, antes de ser regra jurídica, se impõe como uma intuição lógica: "ou seja, também os comportamentos humanos podem constituir critério de julgamento. Sob condição, porém, de que seja determinado com precisão o seu papel, que certamente não pode ser o de substitutivo da prova. Trata-se de critérios subsidiários que podem ser utilizados analogamente às máximas, na avaliação das outras provas: e nesse sentido é seguramente exata a posição da doutrina que considera os argumentos de prova como critérios de avaliação das provas colhidas... A sua função é apenas a de poder ser agregada à prova colhida por outra via, com o fim de reforçar a íntima convicção do juiz" (RICCI, Gian Franco. Prove e argomenti di prova. *Rivista Trimestrale di Diritto e Procedura Civile*, Milano: Giuffrè, ano XLII, n. 4, p. 1.101, dez. 1988).

59 Um dos efeitos do princípio da boa-fé objetiva, seja no plano do direito material ou processual, é a repulsa ao comportamento contraditório por parte dos sujeitos do processo (litigantes e juiz). De maneira ampla, "*no campo processual*, em face do modelo constitucional de processo e de sua evidente decorrência do devido processo legal, a boa-fé induz a adoção de comportamentos que não quebrem a proteção da confiança e que obstem o recorrente comportamento não cooperativo de todos os sujeitos processuais, sejam os dos juízes mediante voluntarismos e decisionismos, sejam os das partes e advogados, mediante, *v.g.*, estratégias com a finalidade de atrasar o curso do procedimento" (THEODORO JÚNIOR, Humberto; NUNES, Dierle; BAHIA, Alexandre Melo Franco; PEDRON, Flávio Quinaud. *Novo CPC. Lei 13.105, de 16.03.2015:* fundamentos e sistematização. 3. ed. Rio de Janeiro: Forense, 2016, p. 221). Por isso, são deveres das partes "expor os fatos em juízo conforme a verdade" e "não produzir provas e não praticar atos inúteis ou desnecessários à declaração ou à defesa do direito" (CPC, art. 77, I e III). E ao juiz incumbe o dever de proferir decisão que impeça os litigantes de atingir, nas circunstâncias do processo, fim vedado por lei, aplicando de ofício, as penalidades da litigância de má-fé (art. 142).

60 "O nosso sistema processual civil é orientado pelo princípio do livre convencimento motivado (...), sendo-lhe [ao juiz] permitido formar a sua convicção com base em qualquer elemento de prova disponível nos autos, bastando para tanto que indique na decisão os motivos que lhe formaram o convencimento" (STJ, 3ª T., REsp 1.409.914/RS, Rel. Min. Ricardo Villas Bôas Cueva, ac. 05.06.2018, *DJe* 11.06.2018).

61 NERY, JR., Nelson; NERY, Rosa Maria de Andrade. *Comentários ao Código de Processo Civil*. 2. tir. São Paulo: Ed. RT, 2015, p. 991-992.

652. Poder de instrução do juiz

"Caberá ao juiz, de ofício ou a requerimento da parte, determinar as provas necessárias ao julgamento do mérito" (CPC/2015, art. 370).

O Código atual, como se vê, na esteira da legislação anterior, não consagra o princípio dispositivo em sua plenitude. Se a parte tem a disposição da ação, que só pode ser ajuizada por ela, o impulso do processo, após o ajuizamento, é oficial. Além do interesse da parte, em jogo na lide, há o interesse estatal, em que a lide seja composta de forma justa e segundo as regras do direito. Não era assim no direito antigo. Em Roma, por exemplo, não se atribuía ao juiz a atividade investigatória, que ficava a cargo apenas das partes, princípio que perdurou na Idade Média entre os povos que se orientavam pelas tradições romano-germânicas. Foi somente a partir do Código Prussiano (1793-1795) que se ensaiou, durante algum tempo, o regime de investigação probatória a cargo do juiz.[62] No século XIX, enfim, graças à influência dos Códigos de Processo Civil do Cantão de Genebra (1819) e da Áustria (1895) e, sobretudo, sob a influência de Franz Klein, os poderes do juiz em tema de apuração da verdade foram acentuados. Daí em diante o processo civil europeu continental, assim como os dos países ocidentais dele derivados, generalizou a iniciativa probatória do juiz como uma das mais importantes características do processo justo, cuja finalidade tutelar não pode se afastar da busca da verdade real, na medida do possível.

Eis por que o juiz, no processo moderno, deixou de ser simples árbitro diante do duelo judiciário travado entre os litigantes e assumiu poderes de iniciativa para pesquisar a verdade real e bem instruir a causa. Entretanto, esse poder não é ilimitado, pois, segundo as regras que tratam dos ônus processuais e presunções legais, na maioria das vezes a vontade ou a conduta da parte influi decisivamente sobre a prova e afasta a iniciativa do juiz nessa matéria. Assim acontece, por exemplo, quando o réu deixa de contestar ação e esta não versa sobre direitos indisponíveis, ou quando, na contestação, deixa de impugnar precisamente os fatos ou algum fato narrado na inicial.

Nesses casos, ocorre presunção legal de veracidade dos fatos que se tornaram incontroversos (arts. 341 e 344) e ao juiz não será dado produzir prova de sua iniciativa para contrariar a presunção (arts. 355 e 374, IV).

Também a confissão, de forma expressa ou como consequência de recusa a depoimento pessoal, tem grande efeito sobre a prova (cf. item 706, adiante). Uma vez estabelecida a *verdade plena* acerca do fato constitutivo do direito disputado no processo por força da confissão, não cabe iniciativa alguma do juiz para buscar outras provas contra a versão do confitente, máxime quando se tratar de litígio acerca de direitos disponíveis.[63]

Antiga doutrina, prestigiada em edições velhas deste curso, encontrava no ônus da prova um empecilho a que o juiz tomasse a iniciativa de promover a prova não diligenciada oportunamente pela parte interessada. Apenas nos estados de perplexidade entre elementos de convicção conflitantes, já existentes nos autos, é que se admitia o juiz, de ofício, determinar a produção de outras provas.[64]

---

62 MILLAR, Robert Wyness. *Los principios formativos del procedimiento civil*. Buenos Aires: Ediar, 1945, p. 69.

63 Há na confissão "*prova legal* a que o juiz se acha vinculado, tanto como nos casos do art. 319 [CPC/2015, art. 341]" (MARQUES, Frederico. *Manual de Direito Processual Civil*. 10. ed. São Paulo: Saraiva, 1989, v. II, n. 467, p. 206).

64 COUTURE, Eduardo J.*Fundamentos del Derecho Procesal Civil*. Buenos Aires: Depalma, 1974, n. 136 e 138, p. 217 e 219. O poder do juiz, nessa matéria, no entendimento de Amaral Santos, não é o de suprir a inatividade da parte interessada, se a matéria não é de ordem pública. "Se tivesse esse poder, se colocaria mais como parte do que como juiz. Deverá agir apenas para sair do estado de perplexidade

A evolução do direito processual, rumo à plenitude do devido processo legal, modernamente visto como o *processo justo*, conduziu à superação dos velhos limites opostos à iniciativa judicial em matéria de instrução probatória. Acima do ônus da prova – cujas regras atuam na fase final de julgamento da lide e não durante a coleta dos elementos de instrução da causa – prevalece o compromisso com a verdade real.

O entendimento do STJ, que se consolidou em torno do tema, foi esse:

> "– Os juízos de primeiro e segundo graus de jurisdição, sem violação ao princípio da demanda, podem determinar as provas que lhes aprouverem, a fim de firmar seu juízo de livre convicção motivado, diante do que expõe o art. 130 do CPC (de 1973).
>
> – A iniciativa probatória do magistrado, em busca da verdade real, com realização de provas de ofício, é amplíssima, porque é feita no interesse público de *efetividade da Justiça*".[65]

Sem embargo de a iniciativa probatória do juiz encontrar-se consagrada na maioria dos Códigos modernos, persistem na doutrina algumas poucas vozes hostis à liberdade judicial de perseguição da verdade real, sob o pretexto de que a assunção de tal poder quebraria a imparcialidade do julgador, elemento indispensável à configuração do devido processo legal.[66] Para os que assim pensam, o melhor seria tratar a prova como matéria de controle e ampla disponibilidade das partes, longe, portanto, da interferência do juiz.[67]

A lei, no entanto, quando confia ao juiz a iniciativa da prova, para a necessária busca da verdade real, está, como adverte Taruffo, pensando no bom juiz, isto é, naquele que comanda o processo cumprindo as técnicas e poderes próprios do *justo processo*, os quais haverão de ser exercitados, como é óbvio, de maneira correta e racional. Quem assim age não oferece margem a suspeitas, uma vez que, exercitando racionalmente seus poderes, não haverá motivo para tê-lo

---

em que o deixaram as provas oferecidas pelos litigantes; apenas para formar convencimento seguro diante da incerteza em que se encontrar, dadas as provas oferecidas, havendo sinais de que poderão ser completadas; para um lado ou para outro; nunca para completar a prova no sentido de fazer pesar a balança para um lado ou para outro; nunca para fazer prova que poderia ser e não foi proposta pela parte a quem cumpria o ônus de provar. Não é porque a prova seja deficiente que o juiz tomará a iniciativa de completá-la, mas sim porque a prova colhida o tenha deixado perplexo, em estado de não poder decidir com justiça" (AMARAL SANTOS, Moacyr. *Prova Judiciária no Cível e Comercial*. 4. ed. São Paulo: Max Limonad, 1971, v. I, n. 235, p. 336).

65 STJ, 3ª T., AgRg no REsp 738.576/DF, Rel. Min. Nancy Andrighi, ac. 18.08.2005, *DJU* 12.09.2005, p. 330.

66 LIEBMAN. Fondamento del principio dispositivo. *Problemi del processo civile*. Napoli, 1962, p. 12-13.

67 Adotam tal pensamento, entre outros, Montero Aroca, na Espanha, e Franco Cipriani, na Itália. Para o primeiro, por exemplo, o processo é visto como simples *técnica de compor litígios*, de modo que o juiz, no seu exercício, deve "renunciar à verdade no âmbito do processo", e há de proceder apenas como árbitro em relação ao duelo travado entre as partes (cf. *Los princípios políticos de la nueva Ley de Enjuiciamiento Civil*. Los poderes del juez y la oralidad. Valencia: Tirant lo Blanch, 2001, p. 109; *La prueba en el proceso civil*. 3. ed. Madrid: Civitas, 2002, p. 244 e 248). Nessa mesma linha, Damaška entende que "o processo de resolução dos conflitos é indiferente a como se sucederam as coisas" (*I volti della giustizia e del poder*. Analise comparatistica del processo. Trad. Italiana. Bologna: Il Mulino, 1991, p. 213). Michele Taruffo, rebatendo esse estranho posicionamento, invoca as críticas de Owen Fiss, para quem "a teoria do processo como [pura] resolução de conflitos [tal como a imaginam Montero Aroca e Damaška] se funda sobre um individualismo radical e inaceitável na sociedade moderna, e sobre a 'privatização' dos valores em jogo na administração da justiça, com total desprezo a outros valores caros ao direito contemporâneo como a igualdade real" (TARUFFO, Michele. Poderes instrutorios de las partes e del juez en Europa. *Revista Iberoamericana de Derecho Procesal*, Buenos Aires, n. 10, p. 329, nota 85, 2007).

como parcial e incapaz de valorar honestamente as provas, apenas pelo fato de ter partido dele a ordem ou a sugestão de produção de determinado meio de convicção.[68]

Os meios de controle da imparcialidade do juiz não exigem sua inércia diante da iniciativa da busca da verdade real. Os remédios contra os danos que a parcialidade pode contaminar a atividade do magistrado são outros, e "consistem na plena atuação do *contraditório* das partes, também por obra do próprio juiz, e na necessidade de que ele redija uma *motivação* analítica e completa, racionalmente estruturada, sobre a base de justificações controláveis, para a decisão sobre os fatos".[69]

As partes têm o direito de demandar a tutela jurisdicional quando se sentem ameaçadas ou lesadas em seus direitos. Mas o juiz tem o poder/dever (função) de dar ao litígio uma *justa* composição, a ser encontrada numa comunhão de esforços estabelecida entre ele e os litigantes (art. 6º).

A orientação preconizada pelo art. 370 do Código de 2015, que corresponde a postura tradicional presente em nosso direito positivo desde o CPC de 1939 (art. 117), afina-se com a doutrina largamente dominante. Com efeito, o que hoje se tem como certo é que o juiz do Estado Democrático de Direito tem, no processo justo, o dever não só de admitir a participação dos litigantes, mas também de atuar, ele próprio, para realizar o contraditório dinâmico, que não prescinde do clima de ativismo judicial e de cooperação efetiva entre todos os sujeitos do processo.[70]

Assim, o juiz, no processo moderno, não pode permanecer *ausente* da pesquisa da verdade material. Como entende Fritz Baur, "antes fica autorizado e obrigado a apontar às partes as lacunas nas narrativas dos fatos e, em casos de necessidade, a colher de ofício as provas existentes". Essa *ativização* do juiz visa não apenas a propiciar a rápida solução do litígio e o encontro da verdade real, mas também a prestar às partes uma "assistência judicial". No entender do professor, "não devem reverter em prejuízo destas o desconhecimento do direito, a incorreta avaliação da situação de fato, a carência em matéria probatória; cabe ao juiz sugerir-lhes que requeiram as providências necessárias e ministrem material de fato suplementar, bem como introduzir no processo as provas que as partes desconhecem ou lhes sejam inacessíveis".[71]

Em pleno século XXI, não se pode, de fato, aceitar que o objeto da prova se restrinja às afirmações das partes de maneira absoluta, pois, "se bem cada uma delas estará interessada em demonstrar a sua verdade, também o juiz, procurando alcançar uma *justa decisão* (g.n.), tem a obrigação de *descobrir a verdade* – assim, sem adjetivos –, sustentada sobre os acontecimentos e não, cega e estritamente, em respeito das afirmações questionadas, pois corre o risco de que [sem suas diligências investigatórias] a convicção judicial tenha sua origem numa comprovação apenas formal de um silogismo".[72]

No processo justo, autor, réu e juiz não são mais tratados como sujeitos singulares e autônomos. Integram um trinômio, que atua interativamente e de maneira harmoniosa em busca de alcançar a verdadeira pacificação social. Nesse contexto democrático do processo

---

68 Cf. TARUFFO, Michele. Poderes instrutorios de las partes e del juez en Europa. *Revista Iberoamericana de Derecho Procesal*, Buenos Aires, n. 10, p. 339.

69 TARUFFO, Michele. Poderes instrutorios de las partes e del juez en Europa. *Revista Iberoamericana de Derecho Procesal*, Buenos Aires, n. 10, p. 340.

70 Repudia-se no processo justo "a figura do *juiz Pilatos*, que 'deixa acontecer sem interferir'" (DINAMARCO, Cândido Rangel. *Instituições de direito processual civil*. 2. ed. São Paulo: Malheiros, 2002, v. 1, p. 233; COSTA, Ana Surany Martins; CARVALHO, Newton Teixeira. A magistratura diante da iniciativa probatória no moderno contexto processual civil: um confronto entre o juiz Pilatos *versus* o juiz contemporâneo. *Revista Brasileira de Direito Processual*, Belo Horizonte, n. 74, p. 171).

71 BAUR, Fritz. Transformações do Processo Civil em nosso Tempo. *Revista Brasileira de Direito Processual*, v. VII, p. 58-59.

72 ARMIENTA CALDERON, Gonzalo M. La prueba. In: CALDERON ARMIENTA. *Homenage al maestro Hernando Devis Echandía*. Colombia: Instituto Colombiano de Derecho Procesal, 2002, p. 690.

constitucionalizado, o juiz, de forma alguma, pode ser reduzido ao papel de mero espectador do duelo das partes, tem de atuar necessariamente como participante ativo do processo "tanto atuante quanto as demais partes".[73]

O juiz, porém, deve cuidar para não comprometer sua imparcialidade na condução do processo. A necessidade da prova, ordenada de ofício, deve surgir do contexto do processo e não de atividade extra-autos, sugerida por diligências e conhecimentos pessoais ou particulares hauridos pelo magistrado fora do controle do contraditório. O juiz pode ordenar a produção de provas não requeridas pela parte, mas não pode tornar-se um investigador ou um inquisidor.[74]

Os poderes conferidos ao juiz, em matéria de investigação probatória, engendram a figura do juiz *ativo*, mas não do juiz *autoritário*, como adverte Taruffo. Sua participação na busca da verdade real não tem o fito de anular ou impedir a iniciativa própria das partes. Trata-se de atividade integrativa e supletória, de modo que, quando estas exercitam seus poderes para produzir todas as provas disponíveis e o munem dos elementos suficientes para a comprovação dos fatos relevantes da causa, não há nenhuma necessidade de que o magistrado utilize seus poderes instrutórios. Cabe, contudo, ao juiz, usar dos poderes de iniciativa, na espécie, sempre que algum meio de prova a seu alcance possa ser empregado para o melhor conhecimento dos fatos fundamentais do conflito, mesmo que os litigantes não o requeiram.[75] Nesse passo, seu compromisso não é com a posição de nenhuma das partes, mas com a verdade, sem a qual não se consegue fazer a justiça, para cuja realização se idealizou a tutela jurisdicional no Estado Democrático de Direito.

Grave é a falta cometida pelo juiz que faz inclinar seu poder para forçar a prova apenas dos fatos que interessam e beneficiam uma das partes, pouco importando com o neutro e imparcial conhecimento de todo o quadro fático do litígio. Tão ou mais grave é, todavia, a postura de indiferença à verdade, quando está ao alcance do juiz o meio de desvendá-la, e prefere julgar o litígio na sombra da indefinição e ao amparo da frieza técnica de pura distribuição legal do ônus da prova. Esse, definitivamente, não é um juiz comprometido com os rumos constitucionais do *justo processo* programado pelo moderno Estado Democrático de Direito.

653. Iniciativa probatória do juiz e democracia

Costuma-se, em alguns setores da doutrina processual, associar-se a iniciativa probatória do juiz aos regimes políticos autoritários, enquanto o alheamento do juiz à instrução proces-

---

[73] COSTA, Ana Surany; CARVALHO, Newton Teixeira. A magistratura diante da iniciativa probatória no moderno contexto processual civil: um confronto entre o juiz Pilatos *versus* o juiz contemporâneo. *Revista Brasileira de Direito Processual*, Belo Horizonte, n. 74, p. 175-176: "... a determinação de uma prova pelo magistrado não significa que o resultado prático da diligência deva ser interpretado como favorável ao autor ou ao réu, mas sim ao convencimento do próprio magistrado, e ao desvendamento da verdade". Representa apenas uma diligência à procura do conhecimento da verdade dos fatos alegados pelas partes, sem o qual não se pode realizar a *justa composição* do litígio. Se a diligência é deliberada e executada com observância do devido processo legal e do contraditório, não há quebra alguma do princípio da imparcialidade do juiz.

[74] Sobre o tema, ver nosso Estudo "Prova – Princípio da Verdade Real – Poderes do Juiz – Ônus da Prova e sua Eventual Inversão – Provas Ilícitas – Provas e Coisa Julgada nas Ações Relativas à Paternidade (DNA)", publicado na *Revista Brasileira de Direito de Família*, Ed. Síntese, p. 5-23, out.-nov.-dez. 1999.

[75] Absolutamente diversa da função *ativa* seria a função *inquisidora* e *autoritária* do juiz que, a pretexto de deter a iniciativa da prova, limitasse a pesquisa dos fatos apenas aos meios e objetos que ele mesmo definisse, expropriando às partes direitos e garantias que lhes cabem no âmbito do processo. Não é isso, entretanto, o que se passa nos modernos ordenamentos. A liberdade de iniciativa probatória é tanto das partes como do juiz, e o exercício dela por qualquer de seus agentes não deve restringir ou inibir a dos outros (cf. TARUFFO. Michele. Poderes instrutorios de las partes e del juez en Europa. *Revista Iberoamericana de Derecho Procesal*, Buenos Aires, p. 325).

sual seria mais consentânea com as liberdades individuais preconizadas pela democracia. Tais teses, todavia, distanciam-se da essência do problema, já que não existe um padrão único de Estado Democrático, e, mesmo entre os incontestavelmente democráticos, o papel atribuído às políticas públicas pode estar estabelecido de formas muito diferentes. Assim, há aqueles que como os Estados Unidos da América perseguem políticas de estado mínimo no que toca ao controle das liberdades individuais, primando-se o sistema normativo que apenas visa "proteger a ordem e em constituir-se em foro para a resolução dos conflitos que não possam ser compostos pelos próprios cidadãos". A esse modelo, a teoria política denomina "Estado reativo". Já em outras Democracias, o Estado assume programas de modificação e progresso social, com fito de introduzir melhorias morais e materiais nas condições de vida da população. A política de intervenção estatal na solução dos conflitos não se dá de forma neutra, já que o Estado tem interesse próprio nos programas de progresso da convivência comunitária. A essas democracias ativistas atribui-se o nome de "Estado ativo", sem necessariamente descambar para regime autoritário e antidemocrático.[76]

Para aferir se a regra processual que confere amplos poderes de iniciativa probatória ao juiz é ou não autoritária e incompatível com o Estado Democrático de Direito brasileiro, é preciso: *(i)* primeiro definir que modelo de democracia escolheu nossa Constituição, para depois *(ii)* chegar à conclusão de que o juiz ativo, com os poderes instrutórios conferidos por nossa lei processual civil, seria ou não compatível com o ordenamento constitucional a que se acha vinculado.

Responde Alexandre Freitas Câmara, com segurança, que o Estado brasileiro está mais próximo do Estado *ativo* que do Estado *reativo*, consoante os princípios adotados pela Teoria Geral do Estado. É que o Estado Democrático de Direito foi organizado por nossa atual Constituição com objetivos básicos de transformação do *status quo*, e com previsão explícita de intervenções para promover "uma adaptação *melhorada* das condições sociais de existência".[77]

Um Estado como o nosso, que se afirma solenemente empenhado na implementação da igualdade, da justiça e da segurança jurídica, buscando a melhoria das condições de vida das pessoas, em nome da dignidade do homem, somente pode ser qualificado como um Estado Democrático *Ativo*, e não apenas reativo, como adverte Alexandre Freitas Câmara. Esse qualificativo mais se impõe quando a Constituição brasileira estabelece, em seu art. 3º, que são *objetivos fundamentais* do Estado: construir uma *sociedade livre, justa e solidária*; garantir o *desenvolvimento nacional*; erradicar a *pobreza* e a *marginalização* e *reduzir as desigualdades sociais e regionais*; promover o *bem de todos*, sem qualquer tipo de preconceito ou discriminação".[78]

Se esta é a estrutura político-institucional do Brasil, o processo civil nela estruturado de permeio com os direitos e garantias fundamentais não pode deixar de ter os mesmos escopos sociais e políticos perseguidos pela Constituição.

A teoria da prova, em nossa lei processual, não pode ser vista como algo manejável com indiferença à verdade, e como simples peça útil à resolução de conflitos. A função do processo é dar atuação efetiva à vontade concreta do direito, e não apenas dar solução a lides. A ordem constitucional se acha comprometida com a promoção da justiça, e não se garante justiça, sem que o juiz (representante do Estado no processo) se empenhe em apurar a verdade dos fatos

---

[76] CÂMARA, Alexandre Freitas. Poderes instrutórios do juiz e processo civil democrático. In: WAMBIER, Luiz Rodrigues; WAMBIER, Teresa Arruda Alvim (orgs.). *Doutrinas essenciais*. Processo civil. São Paulo: RT, 2014, v. IV, p. 1.208-1.209.

[77] Cf. STRECK, Lenio; MORAES, Luiz Bolzan de. *Ciência política e teoria geral do Estado*. Porto Alegre: Livraria do Advogado, 2000, p. 89-90.

[78] CÂMARA, Alexandre Freitas. Poderes instrutórios do juiz e processo civil democrático. In: WAMBIER, Luiz Rodrigues; WAMBIER, Teresa Arruda Alvim (orgs.). *Doutrinas essenciais*. Processo civil. São Paulo: RT, 2014, v. IV, p. 1.210.

em torno dos quais se estabeleceu o litígio. Se a Constituição exige dele solução justa, é claro que lhe impõe o dever de se preparar, adequadamente, para conhecer a verdade e com base nela chegar à justa composição do conflito. Não é de outra forma que haverá de participar da construção da sociedade justa e solidária programada pela nossa Constituição (art. 3º, I).

Não comete, portanto, o CPC/2015, pecado algum contra a democracia brasileira, quando confere amplo poder de iniciativa da prova ao juiz. Isto porque, na sempre lembrada lição de Alexandre Freitas Câmara, no modelo de Estado Democrático de Direito adotado por nossa Constituição (que é o de um Estado democrático *ativo*), "a busca da verdade é absolutamente essencial para que o processo possa atingir seus fins, entre os quais a correta atuação da vontade do direito objetivo nos casos concretos submetidos à apreciação do Poder Judiciário".[79]

654. Garantismo processual e ativismo judicial

Por garantismo processual qualifica-se um movimento doutrinário contemporâneo que, contrariando a tendência generalizada no direito positivo ocidental, procura anular o ativismo judicial, principalmente no campo da iniciativa das provas. Para assegurar a imparcialidade do juiz melhor seria, para essa corrente, que ficasse restrita às partes a escolha e produção dos meios de prova.

O compartilhamento das iniciativas probatórias entre as partes e o juiz – regra predominante nos Códigos atuais –, é, sem dúvida, o caminho mais adequado ao processo democrático de nosso tempo. Nesse compartilhamento, com efeito, situa-se "o cerne da conformação ideológico-cultural do processo". É de se lamentar, todavia, que a perseguição da inevitável evolução seja, muitas vezes, embaçada por radicalismos, conferindo aos debates doutrinários "um tom passional próximo ao paroxismo e ao maniqueísmo".[80]

É muito mais relevante a preocupação com a correta avaliação da prova e com a adequada fundamentação da sentença nela assentada, do que a censura à iniciativa probatória do juiz, uma vez que aquela se justifica pela evidente necessidade, que tem o juiz, de conhecer a verdade sobre os fatos alegados pelas partes. A fundamentação da decisão é, realmente, "a pedra de toque de um processo que leve a sério o devido processo legal. Não se pode confundir a decisão com *escolhas arbitrárias* (g.n.) do que se produziu em determinado processo".[81] O esforço de aprimoramento do processo democrático não há de ser feito retirando do juiz os poderes investigatórios, mas impondo-lhe regras de avaliação racional da prova e de critérios lógicos de motivação do convencimento acerca do suporte fático da causa, adotado para resolver o litígio.

Nessa ordem de ideias, o Código atual enfatiza que o juiz não pode ser lacônico e parcial no exame da prova e da defesa das partes. Não é, para o direito positivo, qualquer argumentação que se presta para sustentar o julgamento de um processo que se quer, constitucionalmente, como *justo*. A valoração do material de convencimento existente no processo há de ser feita de maneira racional, completa e concludente (art. 489, § 1º).

---

79 "Para que tal desiderato seja alcançado, impõe-se o reconhecimento de amplos poderes de iniciativa probatória do juiz, permitindo-se que este agente estatal cumpra sua missão constitucional: fazer justiça" (CÂMARA, Alexandre Freitas. Poderes instrutórios do juiz e processo civil democrático. In: WAMBIER, Luiz Rodrigues; WAMBIER, Teresa Arruda Alvim (orgs.). *Doutrinas essenciais*. Processo civil. São Paulo: RT, 2014, v. IV, p. 1.213). Também Cavani adverte que, na ordem constitucional, não se pode admitir como justo um processo em que a prestação jurisdicional se realize "sem a busca da verdade" (CAVANI, Renzo. "Decisão justa": mero *slogan*? Por uma teorização da decisão judicial para o processo civil contemporâneo. *Revista de Processo*, v. 236, p. 122, São Paulo, out. 2014).

80 GODINHO, Robson Renault. Reflexões sobre os poderes instrutórios do juiz: o processo não cabe no "leito de Procusto". *Revista de Processo*, São Paulo, n. 235, set. 2014, p. 102.

81 GODINHO, Robson Renault. Reflexões sobre os poderes instrutórios do juiz: o processo não cabe no "leito de Procusto". *Revista de Processo*, São Paulo, n. 235, set. 2014, p. 108.

É claro que muitos argumentos, muitas alegações e muitos instrumentos probatórios podem ser qualificados como irrelevantes, por nada contribuírem para a apuração da verdade em torno dos fatos realmente influentes no julgamento do mérito da causa. Entre, porém, os elementos idôneos a influir na composição do litígio, não pode o juiz agir discricionariamente, escolhendo para sustentar a sentença apenas aqueles que se afinem com sua concepção pessoal adrede formada acerca do modo que subjetivamente arquitetou como sendo o ideal para a hipótese dos autos.

A fundamentação, no processo justo, não pode se resumir tão apenas a um "discurso retórico/persuasivo". Cabe ao juiz, ao avaliar o conjunto probatório reunido no processo, "demonstrar a *veracidade dos fatos* de acordo com as provas disponíveis, explicitando as razões que sustentam racionalmente a conclusão".[82] É exatamente nesse sentido a orientação traçada pelo Código de Processo Civil de 2015.

Isto importa no destaque de que, independentemente de "quaisquer gestos retóricos", a obrigação de motivar a decisão "exige que a fundamentação da decisão de fato *exista*, seja *completa* e seja também consistente".[83] Mostra-se, portanto, atentatória à plenitude da motivação a inferência parcial às provas, limitando-se, o juiz, a mencionar as "que confirmam a conclusão, desprezando as demais, como se fosse possível uma espécie de seleção artificial em matéria probatória".[84]

O exercício dos poderes instrutórios do juiz, quando praticado com observância do contraditório e demais predicamentos da garantia constitucional do processo justo, somente pode ser visto como contribuição legítima para "a essência e a finalidade do processo jurisdicional". Insere-se, portanto, no quadro de garantias processuais, com o fito de impedir que se desnature sua finalidade institucional, e que acabe representando "uma ameaça ao devido processo legal".[85] É evidente, por fim, que esses poderes não poderão jamais ser desviados por práticas judiciais abusivas tendentes a maliciosamente tutelar, ao arrepio da lei, interesses processuais de uma das partes, em prejuízo injusto da outra. A iniciativa bem como a valoração das provas haverão de ser realizadas sem quebra da imparcialidade do juiz na direção do processo e no julgamento do mérito da causa.

O direito processual contemporâneo não se resume em outorgar a iniciativa da prova ao juiz, mas, a par disso, empenha-se em imputar-lhe rigorosos deveres no plano de respeitar e fazer cumprir um efetivo e dinâmico contraditório, cujos efeitos haverão de se fazer sentir sobre o provimento judicial, construído sempre em ampla cooperação entre todos os sujeitos da relação processual, sobre bases racionais e jurídicas, a partir da verdade real, tal como exige o processo justo programado constitucionalmente.

---

82 GODINHO, Robson Renault. Reflexões sobre os poderes instrutórios do juiz: o processo não cabe no "leito de Procusto". *Revista de Processo*, São Paulo, n. 235, set. 2014, p. 108.

83 TARUFFO, Michele. *La símplice verità:* il giudice e la costruzione dei fatti. Roma: Laterza, 2009, p. 241.

84 GODINHO, Robson Renault. Reflexões sobre os poderes instrutórios do juiz: o processo não cabe no "leito de Procusto". *Revista de Processo*, São Paulo, n. 235, set. 2014, p. 116.

85 GODINHO, Robson Renault. Reflexões sobre os poderes instrutórios do juiz: o processo não cabe no "leito de Procusto". *Revista de Processo*, São Paulo, n. 235, set. 2014, p. 116.

§ 82. ÔNUS DA PROVA

655. Ônus da prova

No processo civil, em que quase sempre predomina o princípio dispositivo, que entrega a sorte da causa à diligência ou interesse da parte, assume especial relevância a questão pertinente ao ônus da prova. Esse ônus consiste na conduta processual exigida da parte para que a verdade dos fatos por ela arrolados seja admitida pelo juiz.

Ônus, no direito processual, vem a ser "uma conveniência de o sujeito agir de determinada maneira no intuito de não se expor às consequências desfavoráveis que poderiam surgir com sua omissão".[86] Ou seja, esse conceito indica que o ônus não é uma obrigação, mas "uma atitude positiva de um sujeito, a fim de evitar que sobre esse possa recair qualquer prejuízo de ordem processual".[87]

O ônus da prova refere-se à atividade processual de pesquisa da verdade acerca dos fatos que servirão de base ao julgamento da causa. Aquele a quem a lei atribui o encargo de provar certo fato, se não exercitar a atividade que lhe foi atribuída, sofrerá o prejuízo de sua alegação não ser acolhida na decisão judicial.

Não há um dever de provar, nem à parte contrária assiste o direito de exigir a prova do adversário. Há um simples ônus, de modo que o litigante assume o risco de perder a causa se não provar os fatos alegados dos quais depende a existência do direito subjetivo que pretende resguardar por meio da tutela jurisdicional. Isso porque, segundo máxima antiga, fato alegado e não provado é o mesmo que fato inexistente[88].

No dizer de Kisch, o ônus da prova vem a ser, portanto, a *necessidade de provar para vencer a causa*,[89] de sorte que nela se pode ver uma imposição e uma sanção de ordem processual.[90]

Inexistindo obrigação ou dever de provar para a parte, o ônus da prova se torna, em última análise, um critério de julgamento para o juiz: sempre que, ao tempo da sentença, ele se deparar com falta ou insuficiência de provas para retratar a veracidade dos fatos controvertidos, o juiz decidirá a causa contra aquele a quem o sistema legal atribuir o ônus da prova, ou seja, contra o autor, se foi o fato constitutivo de seu direito o não provado; ou contra o réu, se o que faltou foi a prova do fato extintivo, impeditivo ou modificativo invocado na defesa.[91]

No ônus da prova, portanto, verifica-se um aspecto de "regra de decisão", qual seja, evitar o *non liquet* (recusa de julgar). Por meio desse mecanismo processual, impede-se que a causa se encerre sem julgamento por falta de prova. Decide-se o mérito, segundo a regra do *onus probandi*, desprezando-se a alegação de quem não provou o fato que lhe competia comprovar.

---

86 ARAZI, Roland. *La prueba en el processo civil*. 3 ed. Santa Fé: Rubinzal-Culzoni, 2008, p. 67.

87 MELLO, Felipe Viana de. O reconhecimento da aplicabilidade da teoria do ônus dinâmico no processo civil brasileiro. *Revista Dialética de Direito Processual*, São Paulo, n. 139, p. 33, out./2014.

88 Costuma-se falar, na espécie, em ônus imperfeito, porque o descumprimento do ônus da prova "não necessariamente irá acarretar automaticamente uma consequência desfavorável" (FULMIGNAN, Silvano José Gomes. O panorama da distribuição do ônus da prova no novo CPC. *Revista dos Tribunais*, São Paulo, v. 981, p. 258, jul./2017). Ver, adiante, o item 656.

89 *Apud* MARQUES, José Frederico. *Manual de Direito Processual Civil*. São Paulo: Saraiva, 1974, v. II, n. 457, p. 187.

90 COUTURE, Eduardo J. *Fundamentos del Derecho Procesal Civil*. Buenos Aires: Depalma, 1974, n. 153, p. 241-243.

91 ECHANDÍA, Hernando Devis. *Teoria General de la prueba judicial*, t. I, p. 424. "O juiz somente utilizará as normas de distribuição dos ônus da prova, quando o produto da atividade de instrução se revela insuficiente para formar no espírito do julgador uma convicção razoavelmente sólida a respeito dos fatos" (TJRS, 13ª CC., Ap. Civ. 70003044039, Rel. Des. Sérgio Luiz Grassi Beck, ac. 20.12.2005, *DJ* 04.01.2006). Nesse sentido: STJ, 2ª T., REsp 840.690/DF, Rel. Min. Mauro Campbell Marques, ac. 19.08.2010, *DJe* 28.09.2010.

Assim, o inaceitável *non liquet* (não julgamento) se transforma num *liquet* (julgamento do litígio) contra a parte que descumpriu a regra legal de distribuição dos encargos probatórios.[92]

656. Ônus da prova: natureza

O encargo de comprovar os fatos em que se apoia uma pretensão é algo que ultrapassa o mero terreno processual. É uma decorrência da própria norma de direito material, que sempre pressupõe um suporte fático necessário à sua incidência. Por isso, é intuitivo que toque a cada parte alegar e provar os pressupostos dos preceitos jurídicos aplicáveis como "realidades acontecidas" – ou, no dizer de Rosemberg –, quem não pode ter êxito no pleito judicial senão nos termos de determinado preceito jurídico, tem de suportar "la carga de la prueba respecto de los presupuestos del precepto jurídico aplicable".[93]

Sem a prova do fato previsto como pressuposto do preceito de direito material, a situação da parte que o invoca remanesce envolvida em incerteza, impedindo que sua pretensão ou defesa seja acolhida em juízo.

No entanto, não basta provar os fatos alegados, pois o acolhimento deles, para o alcance desejado pelas partes, depende de sua valorização diante dos pressupostos de direito material. E, por outro lado, ainda que não tenha a parte responsável pelo ônus deles se desincumbido pessoalmente, mesmo assim poderá obter a tutela jurisdicional se o elemento de convicção necessário vier ter aos autos por outras mãos (iniciativa de outra parte ou do juiz). Fala-se, por isso, em ser o ônus da prova um "ônus imperfeito".[94]

A conclusão acerca do tema do ônus da prova, embora cogitado no direito processual de forma expressa e direta, é que suas regras não são exclusivas nem do direito material nem do direito processual. Trata-se de normas de natureza mista, uma vez que, embora sua aplicação ocorra no processo, têm vínculo indissociável com o direito substancial. Afinal, a prova reclamada pelo processo refere-se a *fatos jurídicos*, cuja regulação pertence ao direito material.[95]

657. Os dois aspectos do ônus da prova

Embora prevaleça hoje, em doutrina, a tese de que o ônus da prova funciona *objetivamente* como mecanismo ou técnica de julgamento, não se pode deixar de enfocá-lo, também, como norma de procedimento, que, de certa forma, exerce pressão sobre a atividade das partes na fase de instrução do processo. Nesse aspecto de influência *subjetiva*, a norma informa à parte qual é a sua tarefa a cumprir com relação aos fatos dependentes de apuração em juízo, para atingir a solução do mérito da causa. "Importante assegurar que tais regras [as definidoras do *onus probandi*] também são direcionadas às partes, como verdadeiras normas de procedimento, de modo a orientá-las na produção probatória e qualificar o contraditório, pois estimula tais

---

92 ANTUNES VARELA, João de Matos; NORA, Sampaio; BEZERRA, J. Miguel. *Manual de processo civil de acordo com o Dec.-Lei 242/85*. 2 ed. Coimbra: Coimbra Editora, 2004, p. 477.

93 ROSEMBERG, Leo. *La carga de la prueba*. Buenos Aires: EJEA, 1956, p. 11.

94 MACÊDO, Lucas Buril. Revisitando o ônus da prova. *Revista Dialética de Direito Processual*, São Paulo, n. 123, jun./2013, p. 72. "O ônus da prova possui uma especificidade em relação à categoria do ônus em sentido geral, porque o seu simples cumprimento não assegura, necessariamente, uma consequência favorável; isto é, realizar a prova não é um dado decisivo ou o único meio para conseguir a obtenção da tutela jurisdicional plena" (CAMBI, Eduardo. *A prova civil:* admissibilidade e relevância. São Paulo: RT, 2006, p. 315).

95 "A regra jurídica sobre o ônus da prova não é de direito material (*res in iudicium deducta*), nem *é processual*; a existência do ônus é comum aos dois ramos do direito, porque concerne à tutela jurídica" (PONTES DE MIRANDA, Francisco Cavalcanti. *Comentários ao Código de Processo Civil*. 3. ed. Rio de Janeiro: Forense, 1999, t. IV, p. 254. Cf. MACÊDO, Lucas Buril. Revisitando o ônus da prova. *Revista Dialética de Direito Processual*, São Paulo, n. 123, jun./2013, p. 73.

sujeitos a participarem mais ativamente do processo, corroborando com o alcance de uma decisão mais justa".[96]

Há quem negue a existência do caráter de norma de procedimento, *in casu*, visto que o onerado não estaria obrigado ou compelido a agir no sentido de cumprir o encargo referido no preceito legal. A tese, todavia, não merece acolhida. A regulamentação do ônus da prova é parcela importante do sistema democrático de prestação jurisdicional, baseado no princípio da cooperação, que preconiza a efetiva participação de todos os sujeitos do processo na formação do provimento judicial (CPC/2015, art. 6º). A busca da verdade, porque sem ela não se logra a justa composição do litígio, assume a qualidade de dever de todos os participantes do processo democrático que aspira à qualificação de *processo justo*. A norma distribuidora da carga probatória, portanto, atua na promoção e estímulo de um maior diálogo e cooperação, sempre direcionada a alcançar uma prestação jurisdicional efetiva e justa.[97]

A maior evidência do caráter procedimental da norma definidora da distribuição do ônus probatório encontra-se na possibilidade legal conferida ao juiz para dinamizar esse encargo, afastando-o do sistema estático da lei (art. 373, § 1º). Essa alteração, porém, exige o cumprimento do contraditório e só pode acontecer mediante decisão judicial fundamentada. Só se justifica, outrossim, com o propósito de transferir o *onus probandi* à parte que possua, de fato, melhores condições de cumpri-lo, e desse modo possa "irrigar o processo com as provas fulcrais para o deslinde da questão de maneira mais justa".[98]

A partir desse duplo enfoque da norma regedora do *onus probandi*, pode-se compreendê-la, na perspectiva *subjetiva*, como fonte de estímulo do interessado a cooperar na apuração da verdade do fato cuja comprovação ditará o sentido da tutela jurisdicional, em favor de um ou outro litigante. Como ensina Barbosa Moreira, "todo ordenamento processual, sejam quais forem as diretrizes filosóficas ou políticas que o inspirem, conta em larga extensão a eficácia desse estímulo".[99]

A razão é simples: ciente uma parte de que a incerteza do fato, do qual depende sua vitória processual, precisa ser contornada por meio da instrução probatória, e que tal comprovação é de sua responsabilidade, a consequência evidente será o esforço dessa parte para "clarear a situação de fato discutida, para evitar o resultado desfavorável do pleito".[100] É nesse sentido que se reconhece uma função procedimental (subjetivamente avaliável) à regra legal do ônus da prova.[101] De sua observância decorre a melhor apuração da verdade, de cujo êxito depende a mais justa composição do litígio.

Na perspectiva *objetiva* – e uma vez que não se admite que a causa deixe de ser julgada por falta ou insuficiência de prova –, o ônus da prova é a regra legal que vai permitir ao juiz compor o conflito (objeto do processo), ainda que a parte responsável pela prova não tenha se desincumbido de seu encargo. A sanção, em regra, será a rejeição da arguição de mérito daquele

---

96 MELLO, Felipe Viana de. O reconhecimento da aplicabilidade da teoria do ônus dinâmico no processo civil brasileiro. *Revista Dialética de Direito Processual*, São Paulo, n. 139, p. 34, out./2014.

97 MELLO, Felipe Viana de. O reconhecimento da aplicabilidade da teoria do ônus dinâmico no processo civil brasileiro. *Revista Dialética de Direito Processual*, São Paulo, n. 139, p. 34, out./2014.

98 MELLO, Felipe Viana de. O reconhecimento da aplicabilidade da teoria do ônus dinâmico no processo civil brasileiro. *Revista Dialética de Direito Processual*, São Paulo, n. 139, p. 43, out./2014.

99 BARBOSA MOREIRA, José Carlos. Julgamento e ônus da prova. *Temas de direito processual civil*. 2ª série. São Paulo: Saraiva, 1980, p. 74.

100 ROSEMBERG, Leo. *La carga de la prueba*. Buenos Aires: EJEA, 1956, p. 15.

101 "O desejo de obter a vitória cria para o litigante a necessidade, antes de mais nada, de pesar os meios de que se poderá valer no trabalho de persuasão, e de esforçar-se, depois, para que tais meios sejam efetivamente utilizados na instrução da causa" (BARBOSA MOREIRA, Julgamento e ônus da prova. *Temas de direito processual civil*. 2ª série. São Paulo: Saraiva, 1980, p. 74).

que deixou de dar cumprimento ao ônus probatório. É assim que se afirma o caráter *objetivo* do ônus da prova, como *regra de julgamento*. Diz-se *ônus* porque a parte por ele responsável não está obrigada a produzir a prova que lhe toca, mas não o fazendo, assume o risco de perder a causa.

Essa regra de julgamento, todavia, é *eventual e subsidiária*, ou seja, não é de aplicação necessária ou obrigatória pelo simples fato de a parte onerada não ter produzido a prova que lhe tocava. A regra fundamental é que a sentença de mérito será pronunciada segundo os fatos provados nos autos, de modo que, mesmo não tendo sido cumprido o *onus probandi*, ainda assim, poderá o julgamento ser favorável a quem nenhum esforço probatório efetivou. Existindo nos autos elementos reveladores da verdade do fato básico de apoio da versão defendida pelo litigante omisso, a sentença, ainda assim, será pronunciada em seu favor. A prova a que se vincula o juiz para decidir o mérito da causa é aquela existente nos autos, pouco importando quem a tenha carreado para o processo. A prova, uma vez presente nos autos, não é dessa ou daquela parte; é do processo, e como tal terá de ser conhecida e avaliada, em sua força de convencimento, pelo órgão judicial sentenciante.[102]

A aplicação da norma do ônus da prova como único fator de julgamento é excepcional, e somente se dará se o conjunto probatório disponível nos autos nenhum elemento esclarecedor da verdade oferecer para exame do julgador. Não será pela falha do *onus probandi*, mas consoante as provas dos autos, que a decisão da causa ocorrerá sempre que existirem elementos no processo suficientes para um juízo de veracidade acerca das alegações fáticas controvertidas.[103]

Se, porém, ocorre serem as provas dos autos inaptas à formação da convicção do julgador, a regra do ônus da prova deve ser aplicada, como *norma de julgamento*. O juiz identificará o fato probando não aclarado e a quem tocaria o encargo legal de esclarecê-lo. Julgará, então, "em desfavor daquele que, independentemente de ter se esforçado ou não, e mesmo que tenha feito tudo ao seu alcance, não logrou êxito em provar o fato jurídico".[104]

658. Sistema legal do ônus da prova

O art. 373, fiel ao princípio dispositivo, reparte o ônus da prova entre os litigantes da seguinte maneira:

(a) ao autor incumbe o ônus de provar o fato constitutivo do seu direito; e

(b) ao réu, o de provar o fato impeditivo, modificativo ou extintivo do direito do autor.

Cada parte, portanto, tem o ônus de provar os pressupostos fáticos do direito que pretenda seja aplicado pelo juiz na solução do litígio.

Quando o réu contesta apenas negando o fato em que se baseia a pretensão do autor, todo o ônus probatório recai sobre este. Mesmo sem nenhuma iniciativa de prova, o réu ganhará

---

102 O Código atual deixa clara essa ideia ao estabelecer, no art. 371, que "o juiz apreciará a prova constante dos autos, *independentemente* do sujeito que a tiver promovido".

103 "Se a obscuridade cessou para dar lugar à certeza da ocorrência do fato, em nada prejudica à parte onerada a circunstância de que ela própria não tenha contribuído, sequer com parcela mínima, e ainda que pudesse fazê-lo, para a formação convencimento judicial, devendo-se o êxito, com exclusividade, a outros fatores. Ao juiz, por conseguinte, toca ver se são completos ou incompletos os resultados da atividade instrutória", como ressalta BARBOSA MOREIRA (Julgamento e ônus da prova. *Temas de direito processual civil.* 2ª série. São Paulo: Saraiva, 1980, p. 75). Se são completos, não lhe importa a quem se deveu a completude.

104 MACÊDO, Lucas Buril. Revisitando o ônus da prova. *Revista Dialética de Direito Processual*, São Paulo, n. 123, jun./2013, p. 72.

a causa, se o autor não demonstrar a veracidade do fato constitutivo do seu pretenso direito. *Actore non probante absolvitur reus.*[105]

Quando, todavia, o réu se defende por meio de defesa indireta, invocando fato capaz de alterar ou eliminar as consequências jurídicas daquele outro fato invocado pelo autor, a regra inverte-se. É que, ao se basear em fato modificativo, extintivo ou impeditivo do direito do autor, o réu implicitamente admite como verídico o fato básico da petição inicial, ou seja, aquele que causou o aparecimento do direito que, posteriormente, veio a sofrer as consequências do evento a que alude a contestação.

O fato constitutivo do direito do autor, em tal circunstância, torna-se incontroverso, dispensando, por isso mesmo, a respectiva prova (art. 374, III). A controvérsia deslocou-se para o fato trazido pela resposta do réu. A este, pois, tocará o ônus de prová-lo. Assim, se o réu na ação de despejo por falta de pagamento nega a existência da relação *ex locato*, o ônus da prova será do autor. Mas, se a defesa basear-se no prévio pagamento dos aluguéis reclamados ou na inexigibilidade deles, o *onus probandi* será todo do réu.

Cumpre, porém, distinguir entre *negação do fato* e *fato negativo*. A simples *negação do fato* constitutivo, naturalmente, não reclama prova de quem a faz. O *fato negativo*, porém, aquele que funciona como *fato constitutivo* de um direito, tem sua prova muitas vezes exigida pela própria lei. É o que ocorre, por exemplo, com a prova do *não uso*, por 10 anos, para extinguir-se a servidão (CC, art. 1.389, III), ou da *omissão culposa*, em matéria de responsabilidade civil (CC, arts. 186 e 927). Em casos como esses, a parte que alega o *fato negativo* terá o ônus de prová-lo.

Por outro lado, de quem quer que seja o *onus probandi*, a prova, para ser eficaz, há de apresentar-se como completa e convincente a respeito do fato de que deriva o direito discutido no processo. Falta de prova e prova incompleta equivalem-se, na sistemática processual do ônus da prova.[106]

659. Conflito de versões sobre o fato constitutivo do direito do autor

Para aplicar-se corretamente o art. 373, II, deve-se levar em conta que não é defesa indireta aquela em que o réu nega veracidade à versão do autor e indica outra versão para o fato invocado na petição inicial. Se o autor, por exemplo, afirma que seu veículo foi abalroado pelo do réu, e este contesta afirmando ter sido o veículo do autor que abalroou o seu, não se pode dizer que o contestante teria invocado fato extintivo ou modificativo do direito do autor. O promovente da ação continua com o ônus de provar que seu automóvel foi abalroado, para lograr êxito na ação intentada. Na verdade, ao descrever o ocorrido de maneira diferente, o réu negou o fato constitutivo do direito do autor.

Para ter-se o fato extintivo ou modificativo que, segundo o art. 373, II, desloca o *onus probandi* para os réus, é necessário o confronto de dois fatos sucessivos: o primeiro, alegado pelo autor, e o segundo, que parte da aceitação do primeiro, mas coloca na defesa um evento superveniente, cujo efeito anula ou altera as consequências jurídicas do fato incontroverso apontado na petição inicial. Não é a multiplicidade de versões diferentes que transfere, portanto, o ônus da prova do autor para o réu. É, isto sim, o concurso de eventos sucessivos, ambos interferindo no direito do autor, um para constituí-lo e outro para modificá-lo. No simples conflito de versões para um só fato, o encargo de provar o fato constitutivo continua inteiramente na responsabilidade do autor, mesmo que o réu nada prove a respeito de sua versão. O

---

105 STJ, 3ª T., REsp 696.816/RJ, Rel. Min. Sidnei Beneti, ac. 06.10.2009, *DJe* 29.10.2009.

106 TJMG, 7ª C.C., Ap. Civ. 2.0000.00.382960-9/000(1), Rel. Des. Unias Silva, ac. 13.03.2003, pub. 26.03.2003.

importante é que o fato fundamental da causa de pedir não foi aceito pelo réu e, portanto, terá necessariamente de ser comprovado pelo autor, nos termos do art. 373, I.

660. Iniciativa probatória do juiz e ônus legal da prova

Como já demonstrado, não há contradição entre a regra que distribui o ônus da prova entre as partes (CPC/2015, art. 373, I e II) e a que confere a iniciativa da prova ao juiz (art. 370). É que "as regras que distribuem esse ônus são regras destinadas a ser aplicadas em relação aos fatos que afinal *não* se provam, que afinal *não* resultam provados. O juiz – como ressalta Barbosa Moreira – não tem que preocupar-se com as regras legais de distribuição do ônus da prova, a não ser no momento de sentenciar".[107] Impõem-se, de tal sorte, as seguintes observações esclarecedoras sobre a matéria:[108]

(a) Uma vez formado o processo e definido o seu objeto por iniciativa exclusiva dos litigantes, exaure-se a aplicação do *princípio dispositivo*, no que diz com sua incidência sobre a relação processual. Nessa altura, o princípio em questão aplica-se limitadamente em face dos atos processuais postos à disposição da parte para a prática de atos destinados a permitir-lhe o exercício da liberdade de dispor dos direitos materiais.

(b) O juiz deve contribuir na produção de provas em real igualdade com as partes, desde que preserve o *contraditório* e o *equilíbrio*, cautela que, assim, evita qualquer risco à sua imparcialidade.

(c) As regras de ônus da prova são predominantemente *regras de julgamento*.

(d) A relação entre autor-juiz-réu é sempre pública e tem escopo diverso da relação jurídico-substancial disputada no processo.

(e) Estando o processo comprometido institucionalmente com o ideal de justiça, é forçoso admitir que esse escopo de ordem pública e de interesse social jamais será alcançado se ao juiz forem negados os poderes instrutórios.[109]

Foi, portanto, impulsionado pela necessidade de munir o juiz dos instrumentos indispensáveis ao fiel cumprimento da função pública que lhe toca, que o atual Código, tal como já o fazia a legislação antiga, dispôs que "caberá ao juiz, de ofício ou a requerimento da parte, determinar as provas necessárias ao julgamento do mérito" (art. 370).

Com essa norma de meridiana clareza, os poderes do juiz, no domínio da prova, permanecem reconhecidos e reforçados no direito positivo, capacitando-o a realizar de ofício a instrução processual. Munido de tais poderes instrutórios, estará ele sempre credenciado a atuar de modo coerente e compatível com os ideais constitucionais, relacionados com a garantia de acesso efetivo à justiça e, particularmente, com a meta de promover a justa composição dos litígios.

---

[107] BARBOSA MOREIRA, José Carlos. O juiz e a prova. *Revista de Processo*, São Paulo, n. 35, p. 181.

[108] BEDAQUE, José Roberto dos Santos. *Poderes instrutórios do juiz*. 4. ed. São Paulo: RT, 2009. Cf. CORREIA, Rafael Motta e. Poderes instrutórios do juiz e as novas diretrizes da norma processual. *Revista de Processo*, São Paulo, n. 194, abr. 2011, p. 336.

[109] "(...) esse escopo imediato da atividade jurisdicional proporciona a integridade do ordenamento jurídico criado pelo Estado e, em última análise, torna possível a verdadeira pacificação social. Tal resultado que corresponde ao ideal de justiça, jamais será atingido se o magistrado não participar ativamente da produção da prova" (BEDAQUE, José Roberto dos Santos. *Poderes instrutórios do juiz*. 4. ed. São Paulo: RT, 2009, p. 159).

661. Distribuição estática do ônus da prova

Diante da regra de distribuição estática do *onus probandi*, traduzida no art. 373 do CPC/2015, estabelecem-se as premissas de que *(i)* as partes, uma vez completada a fase postulatória do procedimento de cognição, sabem que fatos haverão de ser provados, e *(ii)* o que cada uma delas deverá se encarregar de provar. A regra geral da lei é que, em princípio, quem alega um fato atrai para si o ônus de prová-lo.

Dentro desse sistema legal, a partilha do ônus de provar é muito simples: *(i)* ao autor cabe a prova do fato constitutivo do seu direito; e *(ii)* ao réu, incumbe provar a existência de fato que impeça, modifique ou extinga o direito do autor.

A aplicação da partilha estática do ônus da prova se vale da premissa de que as partes litigam em condições equânimes de acesso à prova, de maneira que os encargos em questão seriam objeto de repartição legal equilibrada. No entanto, a realidade aponta para rumos diferentes, pois não são raros os casos em que a parte encarregada pela lei do *onus probandi* não se acha, *in concreto*, em condições favoráveis de acesso aos meios demonstrativos da verdade acerca dos fatos alegados na fase postulatória, relevantes para o juiz chegar à solução justa do litígio.

Por isso, a lei nova reconhece a necessidade de, em tais situações, afastar-se a rigidez da partilha estática do ônus legal da prova, adotando critério mais flexível, a que a doutrina denomina *ônus dinâmico da prova*, atribuindo-o, de maneira diversa do sistema ordinário da lei, à parte que realmente esteja em condições de melhor esclarecer os fatos relevantes da causa (CPC/2015, art. 373, § 1º) (ver item 662 a seguir).

Trata-se de um mecanismo de que se vale o juiz para, na busca da verdade, contar com a cooperação da parte que tem melhores condições de trazer para os autos os elementos de convencimento mais adequados à revelação da verdade. A ideia não é nova, pois já a defendia Bentham de longa data, e, no direito argentino já vinha sendo adotada há algum tempo graças à doutrina de Jorge W. Peyrano, o principal difusor da teoria da *distribuição dinâmica do ônus da prova* em sua feição moderna.[110]

Importante ressaltar, outrossim, que a distribuição estática do ônus da prova se traduz em regra a ser observada apenas no momento da sentença. Ao contrário, a distribuição dinâmica atua no curso do procedimento, cabendo ao juiz determiná-la, quando pertinente, por meio de decisão interlocutória, sujeitando-se, porém, ao mecanismo do contraditório.[111]

---

[110] Segundo JEREMY BENTHAM, o problema da produção das provas reclamadas pela instrução processual, deve ser assim equacionado: "a carga probatória deve ser imposta, em cada caso concreto, àquela das partes que possa aportá-las com menos inconvenientes, ou seja, menos demora, humilhações e despesas" (*Tratado de las pruebas judiciales*. Trad. Manuel Ossorio Florit. Buenos Aires: EJEA, 1971, p. 149). BRUNO GARCIA REDONDO registra que a tese de JORGE W. PEYRANO (Nuevos lineamentos de las cargas probatórias dinâmicas. *Cargas probatórias dinâmicas*. Santa Fé: Rubinzal-Culzoni, 2008) e seus seguidores apoiou-se, também, nas concepções de JAMES GOLDSCHMIDT (Distribuição dinâmica do ônus da prova: breves apontamentos. *Revista Dialética de Direito Processual*, São Paulo, n. 93, p. 17, dez. 2010. Cf. também, LAZARINI, Rafael José Nadim de; SOUZA, Gelson Amaro de. Reflexões sobre a perspectiva de uma distribuição dinâmica do ônus da prova: análise de viabilidade. *Revista Dialética de Direito Processual*, São Paulo, n. 99, 2011, p. 99-100).

[111] Enquanto a regra legal da *distribuição estática* do ônus da prova se aplica no momento da sentença, e por isso se afirma tratar-se de *regra de julgamento*, a adoção judicial da *distribuição dinâmica* de tal encargo apresenta-se como *norma de procedimento*, que se sujeita ao contraditório, por importar "alteração nas *regras do jogo*", que não pode surpreender a parte, cerceando-lhe o direito de ampla defesa (LAZARINI, Rafael José Nadim de; SOUZA, Gelson Amaro de. Reflexões sobre a perspectiva de uma distribuição dinâmica do ônus da prova: análise de viabilidade. *Revista Dialética de Direito Processual*, São Paulo, n. 99, 2011, p. 102). O caso, portanto, envolve "inegável regra de instrução (de processamento ou de procedimento), realizada até o instante inicial da fase instrutória (...) jamais na fase decisória (prolação da sentença)" (REDONDO, Bruno Garcia. Distribuição dinâmica do ônus da prova: breves apontamentos. *Revista Dialética de Direito Processual*, São Paulo, n. 93, p. 21, dez. 2010).

662. Distribuição dinâmica do ônus da prova

I – Noções gerais

Como se viu, o sistema de partilha do ônus da prova previsto no art. 373 do CPC/2015 é estático e rígido. Na experiência da vida, entretanto, constata-se que as causas disputadas em juízo nem sempre permitem uma satisfatória separação de fatos constitutivos e fatos extintivos de direito em compartimentos estanques. Não poucas vezes o acesso à verdade real por parte do juiz fica comprometido ou prejudicado se se mantiver o esquema de apreciação do litígio rigorosamente imposto no momento de concluir a instrução processual, e de enfrentar o julgamento do mérito segundo a fria aplicação das presunções que haveriam de defluir da literalidade do art. 370.

Diante da diversidade de teorias doutrinárias para resolver os problemas crônicos do ônus da prova, Verde chega a defender que a melhor orientação é relegar a solução para o juiz, que adotará o critério adequado a cada caso concreto.[112]

Ainda que a teoria do Código de 1973 (a de distribuição estática do *onus probandi*) – devida à autoridade de Chiovenda – seja idônea para solucionar a maioria das hipóteses, o certo é que, em muitas situações, se revela inadequada ao equacionamento do caso concreto segundo as exigências do *processo justo*. Assim, exige-se do juiz, em condições especiais, a flexibilização das regras legais ordinárias sobre o ônus da prova, "cuja aplicação fria pode acarretar sacrifício excessivo a uma das partes e, às vezes, até mesmo iniquidade".[113]

A revisão da doutrina estática do ônus da prova passou a ser reclamada por forte corrente, liderada por Jorge W. Peyrano, sob o argumento de que a tradicional partilha das cargas probatórias, em sua rigidez, se mostrava indiferente à possibilidade de causar injustiças em sua aplicação.[114]

Daí ter-se, modernamente, formado um entendimento, com trânsito doutrinário e jurisprudencial, mesmo antes do Código atual, segundo o qual, nas ações de responsabilidade civil, sobretudo em situações de prestação de serviços técnicos como o dos médicos, dentistas e outros de grande complexidade, é de admitir-se um abrandamento no rigor da distribuição do ônus da prova traçado pelo art. 373 do CPC/2015.[115]

---

[112] VERDE, Giovanni. *L'onere dela prova nel processo civile*. Napoli: Jovene Editore, 1974, p. 37, 38 e 48.

[113] LOPES, João Batista. Ônus da prova e teoria das cargas dinâmicas no novo Código de Processo Civil. *Revista de Processo*, São Paulo, n. 204, fev. 2012, p. 235.

[114] PEYRANO, Jorge W. Nuevos lineamientos de las cargas probatorias dinámicas. In: WHITE, Inés Lépori (coord.). *Cargas probatorias dinámicas*. Santa Fé: Rubinzal-Culzoni, 2004, p. 15. Sob a direção do acatado jurista argentino (WHITE, Inés Lépori. *Cargas probatorias dinámicas*. Santa Fé: Rubinzal-Culzoni, 2004) foi organizada uma coletânea de numerosos estudos do tema (LOPES, João Batista. Ônus da prova e teoria das cargas dinâmicas no novo Código de Processo Civil. *Revista de Processo*, São Paulo, n. 204, fev. 2012, p. 236), de cujos ensaios se extraíram importantes conclusões, como as de que: *(a)* a doutrina das cargas dinâmicas da prova representa um giro epistemológico fundamental no modo de observar o fenômeno probatório, sob a perspectiva da finalidade do processo e do valor justiça (JUAN ALBERTO RAMBALO); *(b)* leva em conta, essa doutrina, o comportamento das partes, a responsabilidade do juiz e a justiça do caso concreto (INÉS LÉPORI WHITE); *(c)* não viola, a teoria das cargas dinâmicas, o direito de defesa, mas, ao contrário, mantém a igualdade material e real das partes no processo e atende ao valor justiça (IVANA MARIA AIRASCA); *(d)* essa doutrina atende aos anseios da sociedade democrática, refletindo a moderna visão solidarista e de colaboração das partes com o órgão judicial, no desenvolvimento do *processo justo* (MARÍA BELÉN TEPSICH); *(e)* a tese logrou importantes reflexos no direito comparado (Argentina, França, Itália, Alemanha etc.) (SILVANA PEREIRA MARQUES).

[115] a) "Responsabilidade civil. Médico. Clínica. Culpa. Prova. 1. Não viola regra sobre a prova o acordão que, além de aceitar implicitamente o princípio da carga dinâmica da prova, examina o conjunto probatório e conclui pela comprovação da culpa dos réus" (STJ, 4ª T., REsp 69.309/SC, Rel. Min. Ruy Rosado de Aguiar, ac. 18.06.1996, *DJU* 26.08.1996, p. 29.688); b) "Processual civil. Penhora. Depósitos em contas correntes. Natureza salarial. Impenhorabilidade. Ônus da prova que cabe ao titular. 1. Sendo direito do exequente

Fala-se em *distribuição dinâmica do ônus probatório*, por meio da qual, no caso concreto, conforme a evolução do processo, seria atribuído pelo juiz o encargo de prova à parte que detivesse conhecimentos técnicos ou informações específicas sobre os fatos discutidos na causa, ou, simplesmente, tivesse maior facilidade na sua demonstração. Com isso, a parte encarregada de esclarecer os fatos controvertidos poderia não ser aquela que, de regra, teria de fazê-lo.[116]

II – A distribuição dinâmica do ônus da prova no CPC/2015

O Código atual, de maneira diversa do anterior, autoriza expressamente ao juiz distribuir o ônus da prova entre as partes de maneira diferente da previsão dos critérios legais ordinários (art. 373, § 1º)[117]; e, com isto, essa disciplina inovadora tem sido qualificada como um dos temas de maior relevância dentro do CPC/2015[118].

Para alteração do ônus da prova, o juiz pode se valer, *objetivamente*, das peculiaridades da causa, ou, *subjetivamente*, do comportamento da parte, que cria obstáculos ao adversário para comprovação dos fatos relevantes à sua defesa (conduta contrária à boa-fé e lealdade processuais).

Na primeira hipótese, duas situações podem recomendar a atribuição do ônus da prova de modo diverso do legalmente estabelecido de maneira estática:

(*a*) a parte que ordinariamente tinha o encargo da prova acha-se diante da *impossibilidade* ou de *excessiva dificuldade* de cumpri-lo, no caso dos autos (o embaraço deve ser de ordem técnica e não de insuficiência de recursos econômicos, já que esta se supre pela assistência judiciária gratuita, e não pela inversão do ônus da prova);

(*b*) a parte que ordinariamente não tinha o encargo da prova se acha, no caso dos autos, em condição de "maior facilidade de obtenção da prova do *fato contrário*" (o fato

---

a penhora preferencialmente em dinheiro (art. 655, inciso I, do CPC), a impenhorabilidade dos depósitos em contas correntes, ao argumento de tratar-se de verba salarial, consubstancia fato impeditivo do direito do autor (art. 333, inciso II, do CPC) [CPC/2015, art. 373, II], recaindo sobre o réu o ônus de prová-lo. 2. Ademais, à luz da teoria da carga dinâmica da prova, não se concebe distribuir o ônus probatório de modo a retirar tal incumbência de quem poderia fazê-lo mais facilmente e atribuí-la a quem, por impossibilidade lógica e natural, não o conseguiria" (STJ, 4ª T., REsp 619.148/MG, Rel. Min. Luiz Felipe Salomão, ac. 20.05.2010, *DJe* 01.06.2010).

116 A inversão do ônus da prova foi expressamente prevista em favor do consumidor nas causas regidas pelo CDC (art. 6º, VIII). Mas, advoga-se a extensão desse mecanismo a outras demandas em que também se tornaria necessário flexibilizar o sistema rígido do art. 333 do CPC [CPC/2015, art. 373] (MARINONI, Luiz Guilherme. Formação da Convicção e Inversão do Ônus da Prova segundo a Peculiaridade do Caso Concreto. *Revista dos Tribunais*, v. 862, p. 11-21, ago. 2007). Na legislação civil, há um caso de adoção expressa do mecanismo de inversão do ônus da prova. Trata-se dos negócios por meio dos quais se pratica a agiotagem: "Havendo indícios suficientes da prática de agiotagem, nos termos da MedProv 2.172-32, é possível a inversão do ônus da prova, imputando-se, assim, ao credor, a responsabilidade pela comprovação da regularidade jurídica da cobrança" (STJ – 3ª T., REsp 1.132.741/MG, Rel. Min. Massami Uyeda, ac. 06.09.2011, *Rev. de Processo*, v. 201, p. 443-444). Não basta, porém, ao devedor acusar o credor da prática de negócio usurário; é preciso demonstrar a existência de indícios de que o credor é um agiota e de que o negócio discutido em juízo se liga a essa modalidade ilícita de mútuo, para, em consequência, obter-se a respectiva invalidação.

117 Lembra JOÃO BATISTA LOPES – a quem se deve o resumo esquemático da coletânea já mencionada –, que, no Brasil, a teoria das cargas dinâmicas da prova, mesmo antes de sua adoção pelo atual Código de Processo Civil, já contava com amplo apoio doutrinário e jurisprudencial. O autor cita dezenas de doutrinadores e arrola vários acórdãos do TJSP e do TJRJ, todos acolhendo e aplicando a teoria das cargas dinâmicas (Ônus da prova e teoria das cargas dinâmicas no novo Código de Processo Civil. *Revista de Processo*, São Paulo, n. 204, fev. 2012, p. 237).

118 FULMIGNAN, Silvano José Gomes. O panorama da distribuição do ônus da prova no novo CPC. *Revista dos Tribunais*, São Paulo, v. 981, p. 258, jul./2017.

a provar não é o constitutivo do direito do adversário, mas aquele que o exclui, ou impede os seus efeitos).

Além dessas hipóteses expressamente arroladas pelo art. 373, § 1º, do CPC/2015, é admissível a alteração dinâmica do ônus da prova, com base no comportamento processual, quando ele se mostrar ofensivo ao princípio da boa-fé.[119]

É necessário, todavia, que os elementos já disponíveis no processo tornem verossímil a versão afirmada por um dos contendores e que o juiz, na fase de saneamento, ao determinar as provas necessárias, defina também a nova responsabilidade pela respectiva produção (art. 357, III). Nesse sentido é a orientação do STJ no tocante à prova da agiotagem[120].

Não se trata de revogar o sistema do direito positivo, mas de complementá-lo à luz de princípios inspirados no ideal de um processo justo, comprometido sobretudo com a verdade real e com os deveres de boa-fé e lealdade que transformam os litigantes em cooperadores do juiz no aprimoramento da boa prestação jurisdicional. De qualquer modo, esse abrandamento do rigor da literalidade do art. 373 depende de condições particulares do caso concreto que, na evolução do processo, permitam um juízo de verossimilhança em torno da versão de uma das partes, capaz de sugerir, de antemão, a possibilidade de o fato ter ocorrido tal como afirma o litigante a que toca o ônus da prova, mas que, nas circunstâncias, evidencie menos capacidade a esclarecê-lo por completo.

Assim, havendo prova incompleta, mas configurada a verossimilhança segundo a experiência do que comumente acontece, o juiz estaria autorizado a exigir o esclarecimento completo do ocorrido ao outro litigante, ou seja, àquele que detenha, de fato, condições para demonstrar que o evento não teria se passado de acordo com o afirmado pela parte considerada hipossuficiente, em termos probatórios. A não elisão dos fatos constitutivos do direito exercitado em juízo, por aquele contra quem o ônus fora invertido, acarretará a vitória daquele que do mesmo ônus fora liberado. O juízo, antes de verossimilhança, se consolidará graças ao novo rumo emprestado à distribuição dinâmica do ônus da prova.

Mas, para que essa excepcional posição adotada pelo juiz não se torne arbitrária, é preciso que a decisão alteradora da partilha do art. 373 (dita *divisão do ônus estático da prova*) seja feita racionalmente: o juiz deverá, ao ordenar a inversão, proferir um julgamento lógico, capaz de revelar e fazer compreender, por meio de adequada fundamentação, como formou de maneira racional sua convicção e quais os elementos que a determinaram.[121]

Não se presta esta teoria – advirta-se – a dispensar totalmente do ônus da prova aquela parte que, segundo o art. 373, tem o encargo legal de provar a base fática de sua pretensão, mas apenas de aliviá-la de algum aspecto do evento probando, ao qual não tem acesso ou condições de investigação satisfatória, ao passo que o adversário se acha em situação de fazê-lo. Nesse sentido, adverte Peyrano de que o deslocamento do ônus da prova é sempre parcial e nunca total.[122]

---

119 CAMBI, Eduardo; HOFFMANN, Eduardo. Caráter probatório da conduta [processual] das partes. *Revista de Processo*, n. 201, nov. 2011, p. 97.

120 "Esta Corte Superior registra precedentes no sentido de que, havendo indícios suficientes da prática de agiotagem, nos termos da Medida Provisória n. 2.172-32, é possível a inversão do ônus da prova, imputando-se, assim, ao credor a responsabilidade pela comprovação da regularidade jurídica da cobrança" (STJ, 3ª T., AgInt no REsp 1.325.505/MG, Rel. Min. Ricardo Villas Bôas Cueva, ac. 20.09.2016, *DJe* 04.10.2016).

121 MARINONI, Luiz Guilherme. Formação da Convicção e Inversão do Ônus da Prova segundo a Peculiaridade do Caso Concreto. *Revista dos Tribunais*, v. 862, p. 21, ago. 2007.

122 PEYRANO, Jorge W. Nuevos rumos de la doctrina de la cargas probatorias dinámicas. *Revista de Processo*, São Paulo, n. 217, mar. 2013, p. 222.

III – Requisitos

A correta aplicação da teoria exige a observância dos seguintes requisitos:

(a) A parte que suporta o redirecionamento não fica encarregada de provar o fato constitutivo do direito do adversário; *sua missão é a de esclarecer o fato controvertido apontado pelo juiz,* o qual já deve achar-se parcial ou indiciariamente demonstrado nos autos, de modo que a diligência ordenada tanto pode confirmar a tese de um como de outro dos litigantes; mas, se o novo encarregado do ônus da prova não desempenhar a contento a tarefa esclarecedora, sairá vitorioso aquele que foi aliviado, pelo juiz, da prova completa do fato controvertido;

(b) *A prova redirecionada deve ser possível.* Se nenhum dos contendores tem condição de provar o fato, não se admite que o juiz possa aplicar a teoria da dinamização do *onus probandi;* para aplicá-la de forma justa e adequada, o novo encarregado terá de ter condições efetivas de esclarecer o ponto controvertido da apuração da verdade real (art. 373, § 2º); se tal não ocorrer, o ônus da prova continuará regido pela regra legal estática, isto é, pelo art. 373, *caput*;

(c) *A redistribuição não pode representar surpresa para a parte,* de modo que a deliberação deverá ser tomada pelo juiz, com intimação do novo encarregado do ônus da prova esclarecedora, a tempo de proporcionar-lhe oportunidade de se desincumbir a contento do encargo. Não se tolera que o juiz, de surpresa, decida aplicar a dinamização no momento de sentenciar; o processo justo é aquele que se desenvolve às claras, segundo os ditames do contraditório e ampla defesa, em constante cooperação entre as partes e o juiz e, também, entre o juiz e as partes, numa completa reciprocidade entre todos os sujeitos do processo;[123]

(d) O CPC/2015 deixa bem claro que "a aplicação da técnica da distribuição dinâmica do ônus da prova não deve ser aplicada, tão somente, na sentença. Cabe ao magistrado, quando da fixação dos pontos controvertidos e da especificação das provas, na audiência preliminar ou na decisão saneadora, deixar claro que a causa não será julgada pela técnica da distribuição estática do ônus da prova (art. 333 do CPC/73) [CPC/2015, art. 373], esclarecendo o que deve ser provado pela parte onerada pela distribuição dinâmica do ônus probatório. Caso contrário, se utilizada a técnica de distribuição dinâmica como *regra de julgamento*, ficará comprometida a garantia constitucional do contraditório, retirando da parte o direito à prova contrária. Justamente para evitar a utilização da técnica de distribuição dinâmica como mecanismo de prejulgamento da causa e a fim de evitar *decisões surpresas*, contrárias à ideia do Estado Democrático de Direito e às garantias fundamentais previstas na Constituição Federal, é que deve ser oportunizada à parte onerada o direito à prova";[124]

(e) O CPC/2015 não deixa lugar à dúvida: "o juiz deverá dar à parte a oportunidade de se desincumbir do ônus que lhe foi atribuído" (art. 373, § 1º, *in fine*).

---

123 VALE, Juliana Leite Ribeiro do. *A funcionalidade do ônus da prova no processo civil brasileiro* (Dissertação de mestrado). Porto Alegre: Faculdade de Direito da Universidade Federal do Rio Grande do Sul, 2007, p. 134; AZÁRIO, Márcia Pereira. *Dinamização da distribuição do ônus da prova no processo civil brasileiro* (Dissertação de mestrado). Porto Alegre: Faculdade de Direito da Universidade Federal do Rio Grande do Sul, 2006, p. 180; KNIJNIK, Danilo. As (perigosíssimas) doutrinas do "ônus dinâmico da prova" e da "situação de senso comum" como instrumentos para assegurar o acesso à justiça e superar a *probatio diabolica*. In: FUX, Luiz *et al* (org.). *Processo e Constituição:* estudos em homenagem ao prof. José Carlos Barbosa Moreira. São Paulo: RT, 2006, p. 942-952.

124 CAMBI, Eduardo; HOFFMANN, Eduardo. Caráter probatório da conduta [processual] das partes. *Revista de Processo*, n. 201, nov. 2011, p. 97.

Um exemplo extraído da jurisprudência demonstra bem como se pode, de maneira justa, aplicar a dinamização da prova: apreciando uma causa entre o adquirente de cartela de "tele-bingo" e a empresa promotora do sorteio pela televisão, reconheceu o acórdão do STJ que ao consumidor bastaria comprovar que se achava habilitado ao concurso, mediante exibição da cartela e do registro dos números sorteados. Tudo o mais seria por conta "de quem promove o evento", pois, "apenas a organizadora do certame televisionado poderia fornecer os elementos esclarecedores do ato que promoveu".[125]

O sistema da distribuição dinâmica do ônus da prova, enfim, compatibiliza-se com o direito positivo brasileiro, no qual se reconhece que, em princípio, todos os meios legais bem como os moralmente legítimos, ainda que não especificados no CPC, são hábeis "para provar a verdade dos fatos em que se funda o pedido ou a defesa e influir eficazmente na convicção do juiz" (art. 369); e também se atribui à *presunção* a força do meio de prova (CC, art. 212, IV). Além disso, figura entre os deveres da parte o de, durante a instrução da causa, "praticar o ato que lhe for determinado" pelo juiz (CPC/2015, art. 379, III). Assim, se se ordena a uma parte produzir prova ou esclarecimento a seu alcance, e se esta, sem justificar a recusa, omite-se no cumprimento da ordem judicial, autorizado estará o uso de seu comportamento como indício, que juntamente com outros elementos de prova ou outros indícios já presentes nos autos, funcionará como elemento útil ao julgamento da causa.[126] É, pois, no terreno das provas indiciárias ou circunstanciais que a utilização do dinamismo do ônus da prova será melhor empregada. Entretanto, uma total inversão do ônus da prova, com quebra completa do sistema do direito positivo, não deve, a nosso ver, ser feita sob o rótulo de distribuição dinâmica do ônus da prova.[127]

IV – Aplicação a todos os processos de conhecimento

Pelo fato de o Código de 2015 ter inserido a regra do ônus dinâmico da prova no Livro "Do Processo de Conhecimento e do Cumprimento de Sentença", e não na "Parte Geral", não se pode deduzir que sua aplicação seja restrita ao procedimento comum. Sua extensão aos procedimentos especiais é necessária e inevitável, mesmo porque, por disposição expressa do parágrafo único do art. 318, acha-se previsto que "o procedimento comum" (no qual figura a permissão para a redistribuição judicial do encargo probatório) "aplica-se subsidiariamente aos demais procedimentos especiais".

V – Custeio das provas na inversão do respectivo ônus

Tem ensejado controvérsias o problema do custeio da prova quando o respectivo ônus tenha sido objeto de modificação judicial. O STJ, porém, em decisão esclarecedora fixou uma solução bastante razoável e convincente, assim explicitada:[128]

(a) "A alteração *ope legis* ou *ope judicis* da sistemática probatória ordinária leva consigo o custeio da carga invertida, não como dever, mas como simples faculdade. Logo,

[125] STJ, 3ª T., REsp 316.316/PR, Rel. Min. Ruy Rosado, ac. 18.09.2001, *DJU* 12.11.2001, p. 156. No mesmo sentido: STJ, 3ª T., REsp 327.257/SP, Rel. Min. Nancy Andrighi, 3ª T., ac. 22.06.2004, *DJ* 16.11.2004, p. 272.

[126] VALLEJOS, Juan Carlos. Las cargas probatorias dinámicas en el Derecho de Daños. In: PEYRANO, Jorge W. *Cargas Probatorias Dinámicas*. Santa Fé: Rubinzal-Culzoni, 2004, p. 474; ZANFERDINI, Flávia de Almeida Montingelli; GOMES, Alexandre Gir. Cargas Probatórias Dinâmicas no Processo Civil Brasileiro. *Revista Dialética de Direito Processual*, n. 69, dez. 2008, p. 26.

[127] CAMBI, Eduardo. *A prova civil:* admissibilidade e relevância. São Paulo: RT, 2006, p. 342.

[128] STJ, 2ª T., REsp 1.807.831/RO, Rel. Min. Herman Benjamin, ac. 07.11.2019, *DJe* 14.09.2020.

não equivale a compelir a parte gravada a pagar ou a antecipar pagamento pelo que remanescer de ônus do beneficiário".

(*b*) "Modificada a atribuição, desaparece a necessidade de a parte favorecida provar aquilo que, daí em diante, integrar o âmbito da inversão. Ilógico e supérfluo, portanto, requisitar produza o réu prova de seu exclusivo interesse disponível, já que a omissão em nada prejudicará o favorecido ou o andamento processual".

(*c*) "Ou seja, a inversão não implica transferência ao réu de custas de perícia requerida pelo autor da demanda, pois de duas, uma: ou tal prova continua com o autor e somente a ele incumbe, ou a ele comumente cabia e foi deslocada para o réu, titular da opção de, por sua conta e risco, cumpri-la ou não".

(*d*) "Claro, se o sujeito titular do ônus invertido preferir não antecipar honorários periciais referentes a seu encargo probatório, presumir-se-ão verdadeiras as alegações da outra parte".

663. Justificativa da redistribuição dinâmica do ônus da prova

A redistribuição dinâmica do ônus da prova justifica-se como meio de equilibrar as forças das partes litigantes e possibilitar a cooperação entre elas e o juiz na formação da prestação jurisdicional *justa*.[129] Se, no caso concreto, a observância da distribuição estática do art. 373 praticamente inviabilizaria a entrada nos autos de meios probatórios relevantes, por deficiência da parte que ordinariamente caberia produzi-los, o deslocamento se impõe, como medida de justiça e equidade. Com isso, ambas as partes assumem as mesmas possibilidades de convencer o julgador sobre a veracidade das alegações de fatos aduzidas, além de ser fomentada a solidariedade entre os sujeitos processuais, nos termos previstos no CPC/2015.[130]

A redistribuição do *onus probandi*, no fugir da inflexibilidade do sistema estático de carga probatória, integra-se no modelo de processo cooperativo, idealizado nas normas fundamentais do Código atual (art. 6º). Trata-se, porém, de medida excepcional[131], já que se conserva, como regra geral, a *distribuição estática*, que é tradicional em nosso direito processual civil e que se apresenta *funcional* para a grande maioria dos casos, só merecendo modificação quando verificada "forte dificuldade probatória (prova diabólica) relacionada a alguma das partes em detrimento da outra".[132]

---

[129] A distribuição dinâmica do ônus da prova é uma técnica processual que decorre do princípio do processo cooperativo, que o atual Código trata como *norma fundamental* do moderno *processo justo*, o qual se empenha numa pacificação social efetiva e justa, a ser obtida democraticamente, "através da cooperação entre os sujeitos processuais para a *busca* do que se convencionou chamar de verdade real" (ainda que a verdade absoluta seja inalcançável pelos limites do conhecimento humano) (GOUVEIA, Lúcio Grassi. A função legitimadora do princípio da cooperação intersubjetiva no processo civil brasileiro. *Revista de Processo*, São Paulo, n. 172, p. 36-37, jun. 2009).

[130] MELLO, Felipe Viana. O reconhecimento da aplicabilidade da teoria do ônus dinâmico no processo civil brasileiro. *Revista Dialética de Direito Processual*, São Paulo, n. 139, p. 43, out./2014. No mesmo sentido: GOUVEIA, Lúcio Grassi. A função legitimadora do princípio da cooperação.

[131] "Nesse cenário, resta evidente que a aplicação do ônus da prova dinâmico constitui uma ferramenta que pretende tornar o processo mais justo, devendo sua utilização ser restringida para casos pontuais, para resguardar a segurança jurídica dos sujeitos processuais" (PEDRON, Flávio Quinaud; FERREIRA, Isadora Costa. O ônus da prova dinâmico no Código de Processo Civil de 2015. *Revista de Processo*, v. 285, p. 145, São Paulo, nov./2018).

[132] MACÊDO, Lucas Buril de; PEIXOTO, Ravi. A dinamização do ônus da prova sob a ótica do novo Código de Processo Civil. In: FREIRE, Alexandre *et al.* (orgs.). *Novas tendências do processo civil*. Salvador: JusPodivm, 2014, p. 216.

Na lição de Eduardo Cambi,[133] que trilha o mesmo caminho exegético, a distribuição dinâmica do ônus da prova pode ser justificada pelos seus objetivos de:

(a) evitar os riscos de injustiça que às vezes decorrem da aplicação fria do sistema da partilha estática do ônus da prova;

(b) atribuir a carga à parte que melhores condições tem para clarear a situação fática controvertida, com o que se inibe julgamento em situação de incerteza, baseado apenas na regra formal ordinária;

(c) impedir que a parte possuidora de informações privilegiadas as maneje arbitrariamente, com o que se pode garantir o contraditório segundo o princípio da paridade de armas e da boa-fé processual;

(d) garantir a maior cooperação entre os sujeitos do processo, para evitar decisões surpresa, potencializar a busca da verdade real e proporcionar o alcance do processo justo e estruturado de modo a enaltecer o valor solidariedade, consagrado na Constituição Federal.

No sistema do CPC, a redistribuição do ônus da prova não se justifica especificamente pela hipossuficiência econômica (falta de recursos para custear a prova, como se esclarece no item 664, adiante),[134] mas, sobretudo, pela hipossuficiência ou dificuldade técnica: *impossibilidade ou dificuldade* de cumprir o ônus probatório estabelecido nos termos do *caput* do art. 373, conforme estabelece o § 1º do mesmo dispositivo do CPC.

Por fim, importante destacar que essa redistribuição do *onus probandi* é sempre *parcial*. Não pode nunca ser *total*[135]. Adverte Peyrano que "é lógico que o deslocamento atípico do *onus probandi* que decorre da aplicação da doutrina das cargas probatórias dinâmicas, funciona, de ordinário, acerca de determinados fatos ou circunstâncias, e não de todo o material fático. Isto implica que tal aplicação não acarreta um deslocamento completo da carga probatória, mas apenas parcial; conservando-se na cabeça da outra parte a imposição de certos esforços probatórios".[136] Sobre o particular, o grande divulgador moderno da teoria, Jorge W. Peyrano, também já teve oportunidade de ressaltar que a inversão do *onus probandi,* segundo diretriz dos estudos que incentivou e presidiu, tem de ser sempre parcial.[137]

---

133 CAMBI, Eduardo. *A prova civil:* admissibilidade e relevância. São Paulo: RT, 2006, p. 342-343.

134 Deve-se notar que o art. 98 do CPC, no seu § 5º, admite a concessão de gratuidade de justiça a todos ou algum dos atos processuais apenas, como é o caso de perícias que ultrapassam a capacidade de pagamento da parte, mesmo quando disponha de recursos para custear as despesas ordinárias do processo. Havendo indício de suficiência de recursos do pretendente ao benefício, "o magistrado deverá investigar a real condição econômico-financeira do requerente", determinando seja demonstrada a hipossuficiência (ainda que *parcial*, caso se pretenda apenas o parcelamento)" (STJ, 4ª T., AgInt no AREsp 1.450.370/SP, Rel. Min. Luís Felipe Salomão, ac. 25.06.2019, *DJe* 28.06.2019).

135 "Além do caráter excepcional da norma, ressalta-se que a dinamização não abrange, necessariamente, todos os fatos que demandam provas no processo, mas apenas aqueles fatos que sejam de difícil comprovação por uma das partes" (PEDRON, Flávio Quinaud; FERREIRA, Isadora Costa. O ônus da prova dinâmico no Código de Processo Civil de 2015. *Revista de Processo*, v. 285, p. 145, São Paulo, nov. 2018).

136 PEYRANO, Jorge W. Informe sobre la doctrina de las cargas probatorias dinámicas. *Revista de Processo*, São Paulo, n. 217, p. 222.

137 "A parte autora, nos casos citados, continua suportando um transcendental papel orientado para averiguação da verdade jurídica objetiva, devendo produzir as provas que se encontrem em seu alcance. É assim como, no caso da responsabilidade médica por *mala praxia* (erro técnico), o prejudicado deverá comprovar, pelo menos, a existência da prestação médica, o dano sofrido e o nexo causal; (...) (PEYRANO, Jorge W. Nuevos rumos de la doctrina de las cargas probatorias dinámicas: las cargas probatorias sobrevenientes. ED. Del. 12.05.1999)" (PEYRANO, Jorge W. Informe sobre la doctrina de las cargas probatorias dinámicas. *Revista de Processo*, São Paulo, n. 217, p. 222).

664. O emprego da técnica da distribuição dinâmica não é discricionário

A quebra do sistema estático do ônus da prova não se dá segundo o juízo de conveniência e oportunidade feito pelo magistrado no caso concreto. O Código atual estatui que o emprego da redistribuição dinâmica da carga probatória está sujeito a requisitos legais que são objetivos e escapam, portanto, do subjetivismo do juiz, quais sejam:

(a) impossibilidade ou excessiva dificuldade de cumprir o encargo nos termos estáticos da lei; ou

(b) maior facilidade de obtenção da prova do fato contrário, por parte daquele a quem a lei ordinariamente não impunha o ônus da prova.[138]

É importante destacar que a hipossuficiência determinadora da alteração do ônus da prova, permitida pelo § 1º do art. 373, é a de ordem técnica, e não a econômica. A falta de recursos para a promoção da prova necessária supre-se pelo regime da assistência judiciária gratuita, nunca pela inversão do encargo probatório.[139]

Além disso, ao inovar o regime das cargas legais da prova, o juiz deverá fazê-lo em *decisão fundamentada*, em que demonstre, com adequação, a ocorrência de um dos requisitos objetivos do § 1º do art. 373 do CPC/2015. E, ainda que presente tal requisito, a decisão jamais poderá gerar situação em que a desincumbência do encargo pelo novo destinatário "seja impossível ou excessivamente difícil" (art. 373, § 2º). A vedação da exigência de prova diabólica, aquela insuscetível de ser produzida, é, nessa ordem de ideias, um limite rigoroso à aplicação da distribuição dinâmica do ônus probatório.

Restringindo-se a permissão da lei às hipóteses objetivas de impossibilidade ou excessiva onerosidade na produção da prova, ou na maior facilidade da prova do fato arguido pela defesa, o sistema da redistribuição dinâmica da carga probatória adotado pelo Código atual corresponde a um aprimoramento adequado à função do moderno *processo justo* e não se reverte de caráter discricionário.[140]

Ressalte-se que o encargo probatório dinâmico não se dá, ordinariamente, em relação ao fato constitutivo da pretensão da parte contrária. Com efeito, refere-se à defesa daquele que estaticamente não teria o ônus de prová-la, mas que as circunstâncias particulares da causa justificam a exigência de fazê-lo, dada a dificuldade extrema do adversário em demonstrar a improcedência ou não da questionada defesa[141].

665. Procedimento a observar para alterar o regime legal do ônus probatório

A redistribuição do *onus probandi* pode decorrer de requerimento da parte ou ser decretada de ofício pelo juiz. O pleito deverá anteceder a fase de saneamento do processo, visto que será nela que, conforme o art. 357, III do CPC/2015, o juiz haverá de "definir a distribuição do ônus da prova, observado o art. 373".

---

[138] LOPES, João Batista. Ônus da prova e teoria das cargas dinâmicas no novo Código de Processo Civil. *Revista de Processo*, São Paulo, n. 204, fev. 2012, p. 240.

[139] AUFIERO, Mario Vitor M. Dinamização do ônus da prova e o dever de custeá-la. *Revista de Processo*, v. 273, p. 163-165, São Paulo, nov./2017.

[140] LOPES, João Batista. Ônus da prova e teoria das cargas dinâmicas no novo Código de Processo Civil. *Revista de Processo*, São Paulo, n. 204, fev. 2012, p. 240.

[141] "Percebe-se ainda que a verossimilhança das alegações não é um requisito para dinamização probatória. 'No entanto, isso de forma alguma permite que o juiz venha a dinamizar uma alegação inverossímil ou absurda' (MACEDO; PEIXOTO, 2016, p. 175)" (PEDRON, Flávio Quinaud; FERREIRA, Isadora Costa. O ônus da prova dinâmico no Código de Processo Civil de 2015. *Revista de Processo*, v. 285, p. 145, São Paulo, nov. 2018).

Para se cumprir o contraditório, quando o incidente for provocado pela parte, o juiz ouvirá a parte contrária antes de decidir (art. 9º). Se a iniciativa partir do juiz, caber-lhe-á cumprir o dever de prévia consulta às partes, previsto nos arts. 9º e 10. Esta consulta terá de ser feita como ato preparatório da decisão de saneamento. Se o juiz deliberar pelo redirecionamento sem cumprir o dever de consulta, a parte que se considerar prejudicada pela inovadora atribuição de encargo probatório terá "direito de pedir esclarecimentos ou solicitar ajustes", no prazo de cinco dias (art. 357, § 1º). Assim, embora não se trate de decisão agravável, a quebra do contraditório, a que também se sujeita o juiz, pode ser corrigida *a posteriori*, por meio do expediente previsto no citado dispositivo legal.

Por fim, se malgrado a impugnação ulterior, o redirecionamento for mantido e contiver ilegalidade, restará à parte eventualmente lesada o uso da apelação contra o julgamento final da causa, como medida recursal corretiva do *error in iudicando* praticado em seu desfavor (art. 1.009, § 1º). É que esse tipo de decisão interlocutória não incorre em preclusão.

666. Teoria do ônus dinâmico da prova e garantismo processual

Segundo os defensores da teoria apelidada de "garantismo processual", o processo civil não teria compromisso com a *justiça* em seus provimentos. Seu objetivo seria apenas *pacificar* os litígios, e não os pacificar *com justiça*. Disso resultaria o descompromisso com a verdade real e a negativa do poder do juiz de iniciativa probatória.

O Código atual brasileiro põe-se em antagonismo total com esse posicionamento ideológico, não só porque se empenha em estabelecer um processo *justo*, segundo os princípios constitucionais da jurisdição democrática, como consagra, de maneira expressa e categórica, o amplo poder de iniciativa do juiz na busca da verdade (CPC/2015, art. 370).

Uma evidência do poder conferido ao juiz para melhor julgar segundo a verdade dos fatos relevantes para o destino da causa, localiza-se na possibilidade de alteração dos encargos probatórios definidos pela lei para os litigantes (art. 373, § 1º).

Justamente em direção oposta ao "garantismo", o instituto da carga dinâmica da prova ressalta as características do processo democrático sob uma perspectiva cooperacionista e publicística, prestigiada pela "compreensão do processo como instrumento de tutela dos direitos fundamentais". Ao juiz, nessa concepção constitucional, atribui-se "um papel mais importante na direção do processo, conferindo-lhe uma soma de poderes bastante ampla, na busca da verdade", de sorte a reconhecer-lhe a função não apenas de julgar, mas de pacificar os litígios "com justiça". E para que tal objetivo se torne realizável, o direito processual civil de nosso tempo torna dever de todos os sujeitos processuais, principalmente partes e juiz, o de colaborar efetivamente para o atingimento desse escopo.[142]

O direito fundamental à tutela jurisdicional *justa e efetiva* engloba necessariamente o direito também fundamental à igualdade substancial e à prova.[143] E é em nome da busca da verdade real que se reconhece ao juiz o amplo poder na iniciativa da prova, que exerce em nome do interesse público na efetividade da justiça.[144] E é, ainda, como decorrência dessa mesma função, que se lhe atribui o poder de redistribuir o ônus da prova, quando necessário à adequada apuração da verdade.

---

142 SILVEIRA, Bruna Braga da. Notas sobre a teoria dinâmica do ônus da prova. *Revista de Direito Privado*, São Paulo, n. 52, out. 2012, p. 273; CARPES, Artur. *Ônus dinâmico das provas*. Porto Alegre: Livraria do Advogado, 2010, p. 65.

143 "E nos casos em que há desigualdade na produção probatória, a dinamização do ônus nada mais é do que uma técnica para a conformação constitucional do procedimento probatório" (SILVEIRA, Bruna Braga. NNotas sobre a teoria dinâmica do ônus da prova. *Revista de Direito Privado*, São Paulo, n. 52, out. 2012, p. 274. Cf. também CARPES, Artur. *Ônus dinâmico das provas*. Porto Alegre: Livraria do Advogado, 2010, p. 85).

144 STJ, 3ª T., AgRg no REsp 738.576, Rel. Min, Nancy Andrighi, ac. 18.08.2005, *DJU* 12.09.2005, p. 330.

Enfim, a técnica da alteração do ônus estático da prova consiste em criar a norma adequada ao caso concreto, que a regerá "a fim de evitar uma sucumbência *injusta*, pela lógica de impor o ônus à parte que tenha maior facilidade/disponibilidade em trazer os elementos de juízo necessários à prova do fato objeto de prova, evitando-se sobrecarga no acesso aos direitos e *observando-se o imperativo de colaboração e lealdade processual*. A regra de ônus da prova diz não só para se deixar de prolatar um *non liquet*; ela diz *como resolver o mérito da causa de forma justa*" (g.n.).[145]

667. Ônus dinâmico da prova e contraditório

É relevante, para que a teoria das cargas dinâmicas do ônus da prova seja corretamente aplicada, observar-se o aspecto subjetivo e procedimental do *onus probandi*. Quando as partes ingressam em juízo, os encargos probatórios já estão estabelecidos pela lei e são conhecidos por elas. O comportamento necessário à defesa de cada litigante se acha predeterminado. Qualquer deliberação judicial que altere essa regulação não pode ser feita de surpresa e a destempo, sob pena de redundar em prejuízo para a garantia do contraditório e ampla defesa.

A parte que, a meio caminho da marcha processual, se depara com inovação judicial de seus encargos probatórios, tem de ser intimada a tempo de se empenhar na tarefa que lhe foi agregada, de maneira útil à defesa de seus interesses em jogo no processo.

A aplicação da tese da redistribuição dinâmica dos encargos probatórios há de constar de decisão interlocutória, adequadamente fundamentada e pronunciada a tempo de estabelecer a seu respeito o indispensável contraditório e a ampla defesa. Do contrário, ter-se-ia a implantação de decisões surpresa e a adoção de caminhos que obstacularizariam a busca da verdade real em vez de facilitá-la.

O Código de 2015 absorveu a teoria do ônus dinâmico da prova, mas o fez com todas as cautelas necessárias para evitar decisões surpresa e para cumprir, com efetividade, o contraditório, e bem observar o princípio democrático da cooperação entre os sujeitos do processo (CPC/2015, art. 373, §§ 1º e 2º).

668. A distribuição dinâmica do ônus da prova e as provas difíceis

O sistema de distribuição dinâmica do ônus da prova liga-se a fenômeno processual mais amplo, que é o da *prova difícil*, que admite vários graus e reclama soluções variadas, quase sempre derivadas de regras do direito material aplicáveis ao fato probando.

Registram Paula Costa e Silva e Nuno Trigo dos Reis, como ponto de partida para o exame da matéria, que a parte pode se deparar, no processo, com provas *subjetivamente difíceis* e com *provas objetivamente difíceis*.[146] As primeiras decorrem de condição da parte, que se acha numa situação pessoal que lhe torna impossível demonstrar, convincentemente, ao juiz, toda a veracidade dos fatos em que se apoia sua pretensão. Por isso se afirma que a dificuldade é *subjetiva*. No caso, por exemplo, das relações de consumo, o consumidor (um não profissional) tem sempre dificuldade na demonstração da causa do defeito do produto ou do serviço, enquanto o fornecedor (um profissional) detém todo o conhecimento técnico a respeito da estrutura e do funcionamento do bem ou serviço fornecido. A causa e os efeitos do acidente de consumo não são, objetivamente, indemonstráveis. O consumidor é que não se acha em situação de comprová-los adequadamente.

---

145 TRENTO, Simone. Os *standards* e o ônus da prova: suas relações e causas de variação. *Revista de Processo*, São Paulo, n. 226, dez. 2013, p. 178.

146 COSTA E SILVA, Paula; REIS, Nuno Trigo dos. A prova difícil: da *probatio levior* à inversão do ônus da prova. *Revista de Processo*, São Paulo, n. 222, ago. 2013, p. 149 e ss.

Há, porém, casos em que a dificuldade probatória decorre da própria natureza da coisa ou do evento a serem demonstrados em juízo, como, *v.g.*, se passa na determinação das perdas e danos nas ações de responsabilidade civil, em muitos casos, principalmente quando se trata de lucros cessantes, desvalorização de bens danificados, determinação de culpa concorrente ou de culpa exclusiva da vítima. A dificuldade, *in casu*, não diz respeito apenas a uma das partes, já que nenhuma delas se achará em condições de produzir um convencimento total e perfeito no juiz sobre o tema probando.

Essa distinção é importante, porque se uma das partes se acha em situação que lhe permite demonstrar as afirmações formuladas em sua defesa, sendo verossímil a narração dos fatos invocados pela parte contrária, é razoável que o juiz redistribua o encargo probatório afetando aquele que se acha em melhores condições de esclarecer o quadro fático da causa. Mas, se a dificuldade ou impossibilidade atinge igualmente a ambas as partes, sua superação não poderá ser buscada pela técnica da distribuição dinâmica do ônus da prova.[147] Ao prevalecer semelhante critério, estar-se-ia imputando ao novo destinatário do encargo a chamada *prova diabólica*, pois de antemão se estaria decretando sua derrota processual, visto que desde logo se teria exigido dele missão impossível de ser cumprida.[148]

Para as dificuldades objetivas, outras são as soluções que a lei prevê, como, por exemplo, os indícios e presunções, as máximas de experiência e outros expedientes quase sempre preconizados pelo direito material.

Por outro lado, como já arrolado, não se pode recorrer à redistribuição do ônus da prova como expediente que libere o primitivo sujeito do encargo de toda e qualquer comprovação do fato constitutivo de seu pretenso direito. Antes de alterar, *in concreto*, o sistema legal de distribuição do *onus probandi*, é necessário que o juiz, diante dos elementos já produzidos no processo, tenha atingido um "determinado grau de convicção acerca da correspondência entre a versão que lhe é apresentada e a realidade".[149]

Ainda que sem a certeza completa, deverá ele ter formado um juízo favorável a uma versão. É na busca de confirmá-la ou afastá-la que se exige de uma das partes o ônus de provar sua defesa, sob pena de prevalecer a versão do adversário. Note-se que o juiz não imputa a uma parte o encargo de provar o fato constitutivo do direito do adversário (que é havido àquela altura como verossímil), mas o de comprovar a própria alegação com que sustentou a sua defesa. O réu, por exemplo, que nega tenha tido culpa no ato danoso suportado pelo autor, nada teria de provar, segundo o sistema legal do ônus da prova estático, visto que a controvérsia teria se instalado sobre o fato constitutivo do direito à indenização pretendida pelo autor. Dessa forma, quando o juiz entendeu de reclamar provas do réu, seu objetivo era esclarecer apenas a matéria de sua defesa, o que se fez a partir de pré-convencimento acerca do ato danoso e sua autoria. A dúvida remanescente prendia-se apenas ao elemento subjetivo, *i.e.*, culpa ou não do réu. Sobre esse aspecto é que ficará limitado o objeto do encargo probatório que a este foi redirecionado.

---

147 "Ademais, à luz da teoria da carga dinâmica da prova, não se concebe distribuir o ônus probatório de modo a retirar tal incumbência de quem poderia fazê-lo mais facilmente e atribuí-la a quem, por impossibilidade lógica e natural, não o conseguiria" (STJ, 4ª T., REsp 619.148/MG, Rel. Mui. Luiz Felipe Salomão, ac. 20.05.2010, *DJe* 01.06.2010).

148 "(...) o deslocamento do *onus probandi* será aceitável, somente se, a respeito de tais fatos, o demandado se encontrar, por sua vez, em reais possibilidades de demonstrá-los, pois em caso contrário, quando as dificuldades probatórias afetarem tanto o autor quanto o demandado, a inversão da carga processual respectiva não encontrará justificativa alguma, levando em conta que constituiria, também, uma quebra dos relembrados princípios fundantes da distribuição do esforço probatório, e, em tal oportunidade, até mesmo contra a inviabilidade de êxito da demanda" (PEYRANO, *Revista de Processo*, n. 217, p. 223).

149 COSTA E SILVA, Paula; REIS, Nuno Trigo dos. A prova difícil: da *probatio levior* à inversão do ônus da prova. *Revista de Processo*, São Paulo, n. 222, ago. 2013, p. 170.

669. Ônus da prova nas ações do consumidor

Para as demandas intentadas no âmbito das relações de consumo, existe regra especial que autoriza, em certos casos, a inversão do ônus da prova, transferindo-o do autor (consumidor) para o réu (fornecedor) (art. 6º, VIII, do CDC). Não se pode, todavia, entender que o consumidor tenha sido totalmente liberado do encargo de provar o fato constitutivo do seu direito, nem que a inversão especial do CDC ocorra sempre, e de maneira automática, nas ações de consumo.[150] Em primeiro lugar, a lei tutelar do consumidor condiciona a inversão a determinados requisitos (verossimilhança das alegações ou hipossuficiência do consumidor), que haverão de ser aferidos pelo juiz para a concessão do excepcional benefício legal. Em segundo lugar, não se pode cogitar de verossimilhança de um fato ou da hipossuficiência da parte para prová-lo sem que haja um suporte probatório mínimo sobre o qual o juiz possa deliberar para definir o cabimento, ou não, da inversão do ônus da prova.

Ao réu, segundo a melhor percepção do espírito da lei consumerista, competirá provar, por força da regra *sub examine*, não o fato constitutivo do direito do consumidor, mas aquilo que possa excluir o fato da esfera de sua responsabilidade, diante do quadro evidenciado no processo, como, *v.g.*, o caso fortuito, a culpa exclusiva da vítima, a falta de nexo entre o resultado danoso e o produto consumido etc. Se, entretanto, o autor não tiver trazido ao processo qualquer prova do dano que afirma ter sofrido e nem mesmo elementos indiciários do nexo entre esse dano e o produto ou serviço prestado pelo fornecedor demandado, impossível será realizar o juízo que o art. 6º, VIII, do CDC, exige do magistrado para carrear o ônus da prova ao réu.

Sem prova alguma, por exemplo, da ocorrência do fato constitutivo do direito do consumidor (autor), seria diabólico exigir do fornecedor (réu) a prova negativa do fato passado fora de sua área de conhecimento e controle. Estar-se-ia, na verdade, a impor prova impossível, a pretexto de inversão de *onus probandi*, o que repugna à garantia do devido processo legal, com as características do contraditório e ampla defesa.

O sistema do art. 6º, VIII, do CDC, só se compatibiliza com as garantias democráticas do processo se entendido como critério de apreciação das provas pelo menos indiciárias, disponíveis no processo. Não pode ser aplicado a partir do nada.[151]

---

[150] Mesmo quando caracterizada a relação de consumo, continuam os ônus da prova submetidos, em regra, ao art. 333 do CPC [CPC/2015, art. 373]. A inversão só pode ocorrer, durante a marcha do processo, quando o juiz verificar a dificuldade em que se encontra o consumidor para provar o fato constitutivo de seu direito. Esse fato, todavia, tem de revestir-se de verossimilhança diante dos elementos disponíveis no processo e ao consumidor deve faltar condições técnicas para prová-lo adequadamente. Se o juiz não se basear na verossimilhança nem na hipossuficiência para fundamentar o decreto de inversão, esta não subsistirá, e o que haverá de prevalecer será a regra geral do art. 333 do Código de Processo Civil [NCP, art. 373] (STJ, 4ª T., REsp 437.425/RS, Rel. Min. Barros Monteiro, ac. 15.08.2002, *DJU* 24.03.2003, p. 232). No mesmo sentido: STJ, 4ª T., AgRg no Ag 1.360.186/RS, Rel. Min. Raul Araújo, ac. 26.04.2011, *DJe* 10.5.2011; STJ, 3ª T., REsp 1.178.105/SP, Rel. Min. Massami Uyeda, Rel. p/ Acórdão Min. Nancy Andrighi, ac. 07.04.2011, *DJe* 25.04.2011. "A jurisprudência do STJ sedimentou-se no sentido da possibilidade de inversão do ônus da prova em hipóteses que versem acerca de saques indevidos em conta bancária, diante do reconhecimento da hipossuficiência técnica do consumidor, ainda que não reconhecida a verossimilhança das alegações apresentadas. Precedentes" (STJ, 3ª T., AgRg no REsp 906.708/RO, Rel. Min. Paulo de Tarso Sanseverino, ac. 19.05.2011, *DJe* 30.05.2011).

[151] Imagine-se a ação de indenização proposta por um consumidor do norte do país que afirmasse ter se intoxicado, há vários meses, ou anos, com produto fabricado pelo réu em Santa Catarina, e o pedido de inversão do ônus da prova tivesse sido feito na petição inicial, a que não se juntou prova alguma, fosse da aquisição, do consumo e do mal à saúde do demandante. Que tipo de prova seria possível ao fabricante produzir, caso a inversão fosse deferida, em tais circunstâncias?

É importante, outrossim, aplicar a inversão do ônus da prova no sentido teleológico da lei consumerista, que não teve o propósito de liberar o consumidor do encargo probatório previsto na lei processual, mas apenas o de superar dificuldades técnicas na produção das provas necessárias à defesa de seus direitos em juízo. Todo consumidor é vulnerável em seu relacionamento com o fornecedor, segundo o direito material. Mas nem todo consumidor é hipossuficiente no sentido processual, ou seja, nem sempre estará desprovido de meios tecnoprocessuais para promover a prova do fato constitutivo do seu direito. Logo, se, no caso concreto, não ocorre a referida dificuldade técnica, não pode o juiz inverter o ônus da prova, apenas diante da vulnerabilidade genericamente reconhecida pelo CDC.[152]

O expediente da inversão do ônus da prova tem de ser utilizado com equidade e moderação, dentro da busca de harmonização dos interesses em conflito nas relações de consumo. Dessa maneira, tem de ser visto como "instrumento para a obtenção do equilíbrio processual entre as partes, não tendo por fim causar indevida vantagem, a ponto de se conduzir o consumidor ao enriquecimento sem causa, vedado pelo art. 884 do Código Civil".[153]

670. Convenção sobre ônus da prova

Como as partes têm disponibilidade de certos direitos e do próprio processo, é perfeitamente lícito que, em cláusula contratual, se estipulem critérios próprios a respeito do ônus da prova, para a eventualidade de litígios a respeito do cumprimento do contrato. A permissão legal consta do § 3º do art. 373 do CPC/2015.

Trata-se de negócio jurídico similar à cláusula de eleição convencional de foro, que deve ser pactuado em harmonia com as disposições gerais aplicáveis aos negócios em geral, quais sejam: agentes capazes e legítimos, objeto lícito e forma admitida ou não defesa em lei.[154]

Isso, porém, só será admissível quando a cláusula se referir a direitos *disponíveis*, ou quando não tornar impraticável o próprio direito da parte. Assim, o § 3º do art. 373 declara não ser possível a convenção das partes que distribua o ônus da prova de forma diversa daquela prevista em seu *caput*, quando:

(a) recair sobre direito indisponível da parte (inciso I);
(b) tornar excessivamente difícil a uma parte o exercício do direito (inciso II).

Quanto à forma, não há exigência alguma no dispositivo pertinente no Código, de sorte que as partes são livres para ajustar a distribuição negocial do ônus da prova, o que, obviamente, terá de ser feito em instrumento escrito, para ser apresentado em juízo.

Como o Código autoriza que o negócio seja ajustado antes ou no curso no processo (art. 373, § 4º) – e nisso diverge do foro de eleição, que somente pode acontecer antes do ajuizamento da causa –, as partes podem convencionar a partilha dos ônus probatórios por instrumento público ou particular, por petição conjunta ou mediante termo nos autos.

Ao restringir-se o negócio aos direitos disponíveis, restaram excluídos de seu alcance os litígios sobre direitos de incapazes, já que seus representantes legais só contam com poder de gestão e não de disposição sobre o patrimônio administrado.

---

152 MORAES, Paulo Valério Dal Pai. *Código de Defesa do Consumidor*: princípio da vulnerabilidade no contrato, na publicidade, nas demais práticas comerciais. Porto Alegre: Síntese, 1999, p. 109; TJRGS, 6ª CC., Ag 70005616644, Rel. Des. Carlos Alberto Alvaro de Oliveira, dec. monocr. de ac. 27.12.2002. STJ, 3ª T., REsp 1.021.261/RS, Rel. Min. Nancy Andrighi, ac. 20.04.2010, *DJe* 06.05.2010.

153 STJ – 4ª T., REsp 1.256.703/SP, Rel. Min. Luís Felipe Salomão, ac. 06.09.2011, *DJe* 27.09.2011.

154 MACÊDO, Lucas Buril de. Revisitando o ônus da prova. *Revista Dialética de Direito Processual*, São Paulo, n. 123, jun./2013, p. 83.

Por outro lado, ao vetar a convenção que torne excessivamente difícil a uma das partes o exercício do direito, o Código tem em mira a necessidade de não restar inviabilizado o acesso à tutela jurisdicional efetiva. Prestigia-se, com semelhante restrição, a conveniência de manter-se viável a busca da verdade real e o pleno acesso à Justiça, por meio sempre de decisão capaz de realizar o direito material, com efetividade. Reprime-se, também, a infração à boa-fé e à lealdade, que se acham asseguradas pelas normas fundamentais do processo democrático (art. 5º).

Deve-se ponderar, outrossim, que o negócio jurídico válido em torno do ônus da prova, uma vez admitido no processo, retira do juiz o poder de redistribuição do encargo. É claro que, observados os limites do § 3º do art. 373, prevalece a autonomia da vontade dos contratantes, cuja força jurídica não pode ser simplesmente ignorada pelo juiz.[155]

Se é certo que a lei reconhece a iniciativa do juiz no campo da instrução probatória do processo,[156] também não é menos certo que se reserva às partes a negociabilidade sobre o ônus da prova concretamente, ou seja, em relação a determinada controvérsia, quando verse sobre direitos disponíveis (art. 373, § 3º).

O poder probatório do juiz, portanto, cessa diante da desnecessidade concreta do meio de convencimento, seja por inexistir controvérsia acerca do fato (art. 374), seja por existir convenção a respeito de qual fato terá de ser comprovado e de que modo haverá de ser demonstrada a respectiva veracidade em juízo (art. 190 c/c art. 373, § 3º). Prevalecendo a regra convencional na espécie, cessa a autoridade do juiz para determinar prova distinta daquela eleita pelas partes. Ainda que a entenda necessária para elucidação da causa, faltar-lhe-á condição jurídica para exigir sua produção no processo, em face da disponibilidade do direito em jogo e da prevalência do regime negocial reconhecida por lei. Em tal situação, produzida ou não a prova convencionada, e não sendo suficiente para comprovar a situação de vantagem buscada pelo autor, nada mais restará ao juiz senão julgar a demanda segundo as regras tradicionais do ônus da prova, constantes do art. 373:[157] *(a)* se o ônus legal era do autor, quanto ao fato constitutivo de seu pretenso direito, a insuficiência da prova convencionada redundará na improcedência da demanda; *(b)* se era do réu, em caso de defesa fundada em fato extintivo, modificativo ou impeditivo do direito do autor, a insuficiência probatória acarretará a procedência da demanda. Em outros termos: se não há nulidade na convenção sobre o *onus probandi,* não poderá o juiz redistribuí-lo, e tampouco ignorá-lo.

670-A. O ônus da prova e o direito ao silêncio

O art. 379 do CPC, ao disciplinar o *ônus da prova*, ressalvou à parte "o direito de não produzir prova contra si própria", estendendo, em certa medida, ao processo civil a garantia que a Constituição prevê de forma expressa para o acusado no processo penal (CF, art. 5º,

---

155 "Exceto quando reconhecida sua nulidade, a convenção das partes sobre o ônus da prova afasta a redistribuição por parte do juiz" (Enunciado 128/CEJ da II Jornada de Direito Processual Civil).

156 CPC, art. 370, *caput*: "Caberá ao juiz, de ofício ou a requerimento da parte, determinar as provas necessárias ao julgamento do mérito".

157 "Assim, caso se trate de uma situação de vulnerabilidade, nulidade, inserção de cláusula abusiva ou direitos indisponíveis, o juiz tem liberdade investigativa para determinar provas de ofício, com amparo no art. 370, ainda que as partes tenham acordado em sentido contrário (...). No entanto, superadas as hipóteses mencionadas, as partes têm um maior grau de liberdade e disponibilidade, podendo afastar a produção de determinada prova sem que o juiz a determine de ofício. Dessa forma, conclui-se que, versando o processo sobre direitos disponíveis e havendo paridade de armas, as partes podem suprimir a produção de determinada prova, ainda que ela seja, eventualmente, considerada relevante para o deslinde do feito. Nessa hipótese, devem ser aplicadas as regras relativas à distribuição do ônus probatório" (PINTO, Nelson Luiz; DELBONI, Beatriz Krebs. A liberdade de disposição das partes e a liberdade investigatória do juiz cível no âmbito probatório. *Revista de Processo*, v. 318, p. 87, São Paulo, ago./2021).

LXIII). É o que a Lei Maior nomeia de direito de "permanecer calado" e a doutrina identifica como "direito ao silêncio".[158]

Bem entendido, o preceito instituído no âmbito das acusações criminais se traduz na garantia de que o indiciado não poderá ser coagido a confessar, reconhecendo a autoria do fato delituoso que lhe é imputado ou as circunstâncias que o desfavorecem na respectiva investigação, assim como não se poderá exigir dele a obrigação de produzir qualquer outra prova contra si próprio.

No processo civil, todavia, a garantia de não ser obrigado a produzir prova contra si próprio deve ser avaliada em harmonia com outras normas fundamentais explicitadas no sistema adotado pelo Código de Processo Civil, como aquelas constantes dos princípios da *verdade* (CPC, arts. 77, I, 80, II, 369, 370, 378 e 379), da *boa-fé e lealdade* (CPC, art. 5º) e da *cooperação* (CPC, art. 6º, 378 e 379).

Assim, no campo do direito processual civil, o direito de não produzir prova contra si próprio tem dimensão diferente daquela relacionada com a acusação criminal. Não é uma garantia absoluta de que a parte possa abster-se de participação na produção de qualquer prova, sem suportar sanção alguma pela não cooperação na busca processual da verdade em torno dos fatos relevantes para a justa composição do litígio.[159]

O próprio CPC, que garante o direito de não produzir prova contra si próprio, comina a presunção de veracidade para o fato não contestado pelo réu (arts. 341 e 344) ou para o fato que uma parte queria demonstrar por meio de documento em poder do adversário (art. 399) quando este se recusa a exibi-lo sem justificação legítima (art. 400). Submete, ainda, a parte à pena de confesso, quando não comparece à audiência para prestar depoimento pessoal ou, comparecendo, recusa-se, sem razão de direito, a depor (art. 385).[160]

Nem sempre, como se vê desses exemplos, o silêncio da parte é praticado impunemente dentro do sistema probatório da lei processual civil.[161] E, dessa garantia, em nenhuma hipótese decorre alteração da dinâmica do ônus da prova, salvo quando incidir, na técnica do processo

---

[158] COUTURE, Eduardo Juan. Sobre el precepto "nemo tenetur edere contra se". *Estudios de derecho procesal civil.* Buenos Aires: Ediar, 1948, t. II, p. 137.

[159] "Aquele que de qualquer forma participa do processo deve comportar-se de acordo com a *boa-fé*" (CPC, art. 5º). "Todos os sujeitos do processo devem cooperar entre si para que se obtenha, em tempo razoável, decisão de mérito *justa e efetiva*" (CPC, art. 6º). "... Todos aqueles que de qualquer forma participem do processo" têm o dever de: "... I – expor os fatos em juízo conforme a *verdade*" (CPC, art. 77, I). "Considera-se litigante de má-fé aquele que: (...) II – alterar a *verdade* dos fatos" (CPC, art. 80, II). "Ninguém se exime do dever de colaborar com o Poder Judiciário para o descobrimento da *verdade*" (CPC, art. 378). "Preservado o direito de não produzir prova contra si própria, incumbe à parte: I – comparecer em juízo, respondendo ao que lhe for interrogado" (CPC, art. 379, I).

[160] A parte pode, por exemplo, recusar-se a responder à inquirição que o juiz lhe fizer durante o depoimento pessoal, se com a indagação se estaria intentando criar uma prova mediante confissão, acerca de um fato que a parte contrária afirmou sem produzir qualquer prova, sequer a indiciária, a seu respeito. O mesmo se passa com a revelação de fato a respeito do qual o depoente está obrigado a resguardar em nome do sigilo profissional, ou com a recusa de exibir documento quando feita com fundamento em alguma das justificativas admitidas pelo art. 404 do CPC. *A contrario sensu*, não pode haver recusa de depor ou de exibir documento se o demandado não justificar legitimamente sua resistência à ordem legal, sob pena de serem admitidos como verdadeiros "os fatos que, por meio do documento ou da coisa, a parte pretendia provar" (CPC, art. 400). Em outros termos: o exercício do silêncio sem justificativa adequada não evitará que a presunção legal de existência ou de veracidade opere, já que quando essa presunção incidir (CPC, art. 385, § 1º) não haverá mais, *ex vi legis*, necessidade de prova a respeito do fato investigado (CPC, art. 374, IV).

[161] "Não existe no âmbito civil um 'direito geral de não produzir prova contra si', semelhante ao direito contra a autoincriminação criminal" (MARINONI, Luiz Guilherme; ARENHART, Sérgio Cruz; MITIDIERO, Daniel. *Novo Código de Processo Civil comentado*. 8. ed. São Paulo: Ed. RT, 2022, p. 510).

civil, alguma regra especial de confissão ficta ou de presunção legal de veracidade de certos fatos. Mas, nesses casos, o que realmente ocorre é a acolhida do fato pela sentença, sem necessidade de prova alguma, em função de uma técnica específica do processo civil,[162] que é, como já afirmado, muito diversa daquela adotado no processo penal. Enquanto neste se exige a apuração da verdade real, o processo civil se satisfaz com uma técnica que se contenta em ser apenas tendencial à verdade, como ensina Proto Pisani,[163] e que, às vezes, se limita excepcionalmente, por vontade do legislador, à verdade apenas *formal* (presumível ou ficta) (sobre o tema, ver, *retro*, os itens 34 e 648).

Por fim, há consenso, acima de tudo, sobre a impossibilidade absoluta de incluir no direito ao silêncio a prática desleal e ofensiva à boa-fé configurada na alteração dos fatos ou na manipulação da prova, com vistas a obter vantagem processual ilícita. De forma alguma se tolera que a parte possa mentir em juízo.[164]

---

162 "Não dependem de prova os fatos: (...) IV – em cujo favor milita presunção legal de existência ou de veracidade" (CPC, art. 374, IV). Assim, a parte pode se recusar a responder à inquirição do juiz feita durante o depoimento pessoal, mas não evitará a presunção legal de existência ou de veracidade, já que, quando essa presunção incide (CPC, art. 385, § 1º), torna-se desnecessária qualquer prova a respeito do fato investigado (CPC, art. 374, IV).

163 A *certeza* resulta da prova processual "apenas no caso de aplicação de regra oriunda das ciências exatas; fora de tal hipótese o resultado é a *probabilidade*. A consequência é que quase sempre no momento final da avaliação da prova a dúvida é ineliminável no plano lógico; em teoria o juiz deveria sempre aplicar a regra contida no art. 2.697 [i.e., a regra do ônus da prova]: para contornar esse absurdo, exigências práticas inevitáveis impõem admitir que um fato seja havido como provado desde que se apresente fortemente provável", segundo a livre apreciação do juiz. "Diferente é o discurso no processo penal, onde se exige o mais alto grau de probabilidade" (PROTO PISANI, Andrea. *Lezioni di diritto precessuale civile*. 6. ed. Napoli: Jovene Editore, 2014, p. 417-418 – tradução livre).

164 "Não produzir uma prova contra si mesmo não pressupõe, obviamente, destruir uma prova ou mesmo alterá-la para induzir o juiz em erro, ou ainda poder mentir impunemente em juízo" (RIBEIRO, Darci Guimarães. O direito fundamental de não produzir prova contra si e o *iura noviti cúria versus* o princípio *candor toward the Court: duty to disclose adverse authority* no sistema brasileiro de padrões decisórios. Limites e possibilidades. *Revista de Processo*, São Paulo, v. 336, p. 29, fev. 2023).

§ 83. MEIOS DE PROVA

671. Meios de prova

A convicção do juiz deve ser estabelecida segundo meios ou instrumentos reconhecidos pelo direito como idôneos, isto é, conforme as *provas juridicamente admissíveis*. Mas não é atributo apenas do Código de Processo Civil a discriminação dos meios de prova. De acordo com o art. 369 do CPC/2015, "as partes têm o direito de empregar todos os meios legais, bem como os moralmente legítimos, ainda que não especificados neste Código, para provar a verdade dos fatos em que se funda o pedido ou a defesa e influir eficazmente na convicção do juiz".[165]

Os meios especificados pelo Estatuto Processual Civil foram os seguintes:

(a) ata notarial (art. 384);
(b) depoimento pessoal (arts. 385 a 388);
(c) confissão (arts. 389 a 395);
(d) exibição de documento ou coisa (arts. 396 a 404);
(e) prova documental (arts. 405 a 441);
(f) prova testemunhal (arts. 442 a 463);
(g) prova pericial (arts. 464 a 480);
(h) inspeção judicial (arts. 481 a 484);
(i) prova emprestada (art. 372).

Em outras leis se encontra, também, especificação de meios de prova, como no art. 212 do Código Civil de 2002, que inclui a presunção. Finalmente, entre os meios não previstos no Código, mas "moralmente legítimos", podem ser arrolados os clássicos indícios e presunções.[166]

Diante do exposto, é forçoso concluir que o Código de 2015, assim como o de 1973, foi bastante liberal em matéria de meios de prova, mostrando-se consentâneo com as tendências que dominam a ciência processual de nossos dias, nas quais, acima do formalismo, prevalece o anseio da justiça ideal, lastreada na busca da verdade material, na medida do possível.

672. Prova por presunção

As presunções correspondem mais a um tipo de raciocínio do que propriamente a um meio de prova. Com elas pode-se chegar a uma noção acerca de determinado fato sem que este seja diretamente demonstrado.[167] Usa-se na operação a denominada *prova indireta* (*circunstancial* ou *indiciária*).

---

165 A Constituição Federal, todavia, adverte que "são inadmissíveis, no processo, as provas obtidas por meios ilícitos" (art. 5º, LVI).

166 "O valor probante dos indícios e presunções, no sistema do livre convencimento que o Código adota, é em tudo igual ao das provas diretas" (MARQUES, José Frederico. *Elementos de Direito Processual Penal*. 2. ed. Campinas: Millenium, 2000, v. II, p. 378).

167 A presunção, no dizer de Barbosa Moreira, não é exatamente um meio de prova, mas sim um processo de compreensão, para que se dê por provado um fato. É fenômeno que se passa exclusivamente em nível intelectual, *in mente iudicis*: "Seria de todo impróprio dizer que, nesse momento, se adquire mais uma prova: o que se adquire é um novo conhecimento, coisa bem diferente" (BARBOSA MOREIRA, José Carlos. A presunção e a prova. In: *Temas de direito processual*. São Paulo: Saraiva, 1977, p. 56-57. No mesmo sentido: DINAMARCO, Cândido Rangel. *Instituições de direito processual civil*. 7. ed. São Paulo: Malheiros, 2017, v. III, p. 145-147; SCHMITZ, Leonardo. *Presunções judiciais:* raciocínio probatório por interferências. São Paulo: RT, 2020, p. 206).

Presunção, nessa ordem de ideias, é a consequência ou ilação que se tira de um fato conhecido (provado) para deduzir a existência de outro, não conhecido, mas que se quer provar.[168] O fato realmente provado não é o objeto da indagação, é um caminho lógico, para alcançar-se o que em verdade se deseja demonstrar. De tal sorte, as presunções "são as consequências que resultam dos constantes efeitos de um fato: *ex eo quod plerumque fit ducantur presumptiones*".[169]

As presunções às vezes são adotadas por regra legal (presunções *legais*);[170] outras vezes, são estabelecidas na experiência da vida, segundo o que comumente acontece (presunções *comuns* ou *simples*) e, por isso, se dizem presunções *do homem*. Estas, as presunções comuns, é que realmente se inserem na instrução probatória por obra das partes e do juiz, quando não se consegue prova direta do fato litigioso.[171] Ninguém, por exemplo, viu o acusado matar a vítima, mas a bala encontrada no cadáver corresponde à arma do primeiro e em suas mãos foram detectados vestígios de pólvora que confirmam ter ele efetivado disparo com o revólver. Eis aí uma prova indiciária capaz de autorizar a presunção de que o dono da arma foi o assassino do seu desafeto. O proprietário de um veículo que se supõe ter atropelado alguém prova que no momento do acidente seu automóvel estava em outra cidade, numa oficina de reparos. Provou, indiretamente, que o atropelamento não foi causado por seu carro.

Em matéria de negócio jurídico é possível, também, usar-se a presunção como meio de prova. Mas não se pode empregá-la indiscriminadamente, porque há regras especiais que interferem na forma e nos meios de prova de certos negócios, tornando-os solenes ou, pelo menos, sujeitos a certas exigências probatórias. Há negócios que só valem se praticados por escritura pública e outros que exigem a forma escrita para valer. Os requisitos formais, obviamente, não podem ser supridos por simples indícios, pelo que, em princípio, somente se pode fazer uso, em juízo, da prova por presunção *hominis*, nos casos de atos de forma livre e, quando a lei, a seu respeito, admita a prova puramente testemunhal.[172]

É preciso não confundir *indício*, reconhecido como tal pela lei, com a verdadeira *presunção legal*. O indício é apenas o ponto de partida para se caminhar rumo à *presunção*, se possível. Às vezes a lei simplesmente prevê ou recomenda a valorização de determinado indício como utilizável no procedimento probatório. Isto, porém, não implica imediata instituição de uma *presunção legal*. Para se ter uma presunção da espécie é preciso que a avaliação do indício seja feita aprioristicamente pelo próprio legislador. Quando a lei não chega a uma qualificação definitiva de certo fato como suficiente para autorizar o reconhecimento de outro, não se pode

---

168 CARVALHO SANTOS. *Código Civil Brasileiro Interpretado*. 7. ed. Rio de Janeiro: Freitas Bastos, 1958, v. III, p. 180.

169 AMARAL SANTOS, Moacyr. *Prova Judiciária no Civil e no Comercial*. 4. ed. São Paulo: Max Limonad, 1971, v. I, n. 57, p. 82.

170 As presunções legais se subdividem em *absolutas* (*iuris et de iure*) e *relativas* (*iuris tantum*). As absolutas são instituídas pela lei em caráter definitivo, de modo que não cabe no processo cogitar-se de prova contrária. É o caso da presunção de que a lei é conhecida de todas as pessoas (Lei de Introdução, art. 3º). Já as relativas se firmam a partir de fatos considerados relevantes pela lei, mas que podem ser desmentidos por prova em contrário. A presunção *iuris tantum*, portanto, não é definitiva e perdura apenas enquanto não surgir prova em sentido contrário. É, por exemplo, a que se estabelece em favor do pagamento quando o credor entrega o título ao devedor (CC, art. 324), uma vez que a quitação assim presumida pode ser desfeita mediante prova de que, na realidade, o pagamento não ocorreu (CC, art. 324, parágrafo único).

171 O recurso à presunção *hominis* (presunção que não é definida pela lei) encontra apoio na regra do art. 375 do CPC, em que o legislador autoriza o juiz a utilizar, na falta de norma legal, "as regras de experiência comum" para conhecer o fato relevante para o julgamento da causa.

172 BEVILÁQUA, Clóvis. *Código Civil dos Estados Unidos do Brasil Comentado*. Rio de Janeiro: Francisco Alves, 1959, v. I, p. 332; AMARAL SANTOS, Moacyr. *Prova Judiciária no Civil e no Comercial*. 4. ed. São Paulo: Max Limonad, 1971, v. I, n. 57, p. 84. O Código Civil de 2002 dispõe textualmente no mesmo sentido (art. 230).

entrever, ainda, a *presunção*. É, por exemplo, o que se passa com o art. 232 do Código Civil: o dispositivo permite ao juiz atribuir à recusa do litigante de submeter-se à perícia médica a força de suprir a prova que se pretendia obter com o exame. Ao julgador, todavia, em tal conjuntura, é que caberá avaliar, diante das circunstâncias do processo e dos demais elementos indiciários disponíveis, se tal recusa é ou não suficiente para a formação de um juízo de convencimento capaz de merecer o qualificativo de uma *presunção*. Se a tanto chegar o juiz, terá havido uma presunção *simples*, mas nunca uma presunção *legal*. Caso contrário, o permissivo do art. 232 do Código Civil nada terá produzido no campo probatório do processo. O indício apontado na lei terá sido inócuo.[173]

673. Presunção legal e ficção legal

A presunção e a ficção são dois expedientes muito próximos de que se vale a lei para estabelecer a verdade de certos fatos independente de sua direta comprovação. Não se confundem, todavia.

Na presunção legal, quando absoluta, a lei impõe a veracidade de certo fato, sem admitir contraprova. Mas parte de um fato comprovado, do qual extrai-se a consequência jurídica para outro fato, porque, segundo a experiência, o fato provado é indicativo também da ocorrência do outro. Na ficção legal, porém, o legislador simplifica a realidade, atribuindo ao fato provado uma equiparação a outra situação, mesmo que a afirmação de veracidade da lei se faça sem qualquer pesquisa de correspondência com a realidade. O dono do terreno que não impugna construção ou plantação feita por terceiro, em sua presença, presume-se legalmente de má-fé, para efeito de obrigação de indenizar a acessão (CC, art. 1.256, parágrafo único). Eis um exemplo de *presunção legal*, porque a afirmação do fato desconhecido (a má-fé) se fez a partir de um outro fato certo (a presença do dono à feitura da obra ou da plantação), que, segundo a experiência da vida, conduz à veracidade do primeiro. Já quando a lei processual considera como verdadeiros os fatos afirmados pelo autor e não contestados pelo réu (CPC/2015, art. 344), o que se tem é uma ficção legal. O mesmo é de se dizer da regra que reputa como verificada a condição, quanto aos efeitos jurídicos, diante do impedimento malicioso da parte à sua implementação (CC, art. 129). Não há, com efeito, fato provado, nos exemplos, de que a lei tenha se servido para deduzir sua conclusão de veracidade. O que a lei impõe não é uma conclusão necessária do fato conhecido; é apenas um efeito que se lhe atribui por vontade exclusiva dela. Alegação de uma parte não negada pela outra corresponde à verdade. *Tollitur quaestio*. Até se sabe que a condição não implementou, mas a lei a toma por implementada, em face da conduta maliciosa da parte. Por isso se diz que casos como os apontados correspondem à *ficção da lei* e não à *presunção legal*).[174]

Observa Trabucchi que, conceitualmente, pode-se dizer que a presunção se coloca entre as provas, e, por isso, sua aplicação é confiada à prudência do juiz. Já a ficção é estabelecida exclusivamente pelo legislador, sob sua inteira responsabilidade.[175]

---

173 "A recusa do réu em se submeter ao exame de código genético-DNA gerará a presunção de paternidade, a ser apreciada em conjunto com o contexto probatório" (Lei 8.560, de 29.12.1992, art. 2º-A, § 1º, alterado pela Lei 14.138/2021). A mesma presunção ocorrerá quando verificar-se o falecimento do suposto pai ou o desconhecimento de seu paradeiro, hipótese em que o juiz determinará o exame de pareamento do código genético (DNA) em parentes consanguíneos, e esses se recusarem a submeter ao referido exame (Lei 8.560, de 29.12.1992, art. 2º-A, § 2º, acrescido pela Lei 14.138/2021). "Em ação investigatória, a recusa do suposto pai a submeter-se ao exame de DNA induz presunção *juris tantum* de paternidade" (STJ, Súmula 301).

174 THEODORO JÚNIOR, Humberto. *Comentários ao novo Código Civil*. 4. ed. Rio de Janeiro: Forense, 2008, v. III, t. II, n. 516, p. 646-647.

175 TRABUCCHI, Alberto. *Istituzioni di diritto civile*. 38. ed. Padova: CEDAM, 1998, n. 94, p. 228.

674. Regras de experiência comum e conhecimento privado do juiz

O juiz não pode decidir a causa com base em conhecimento pessoal e direto dos fatos discutidos em juízo. Seria utilizar "prova" estranha ao processo obtida sem os mecanismos de controle e crítica das partes.

Pode, porém, se valer, em algumas situações especiais, daquilo que o CPC/2015 (art. 375) chama de *regras de experiência comum*,[176] que, entretanto, não correspondem a conhecimento pessoal acerca dos acontecimentos que constam do objeto litigioso.

Máximas de experiência ou regras de experiência comum, no magistério de Stein, "são definições ou juízos hipotéticos de conteúdo geral, desligados dos fatos concretos que se julgam no processo, procedentes da experiência, mas independentes dos casos particulares de cuja observação foram induzidos e que, além desses casos, pretendem ter validade para outros novos".[177] Não se trata da existência de meros casos repetidos, sendo necessário que se verifique "algo independente que nos permite esperar que os casos vindouros, ainda não observados, produzir-se-ão da mesma forma que os observados".[178]

As máximas de experiência, portanto, não se referem apenas às vivências pessoais do juiz. "Ao contrário, as noções que expressam devem pertencer ao patrimônio comum. Significa dizer que as máximas de experiência devem tratar de fenômenos que possam ser observados por todos, mesmo que não concretamente conhecidos por todos".[179]

Por isso, sua invocação no processo pode ser feita pelo juiz de ofício ou a requerimento da parte, dispensando-se, em regra, a respectiva demonstração probatória. Funcionam, basicamente, como regras gerais de conhecimento comum, mas se houver impugnação séria a respeito da veracidade da afirmação, não se poderá recusar o direito do impugnante à prova contrária, quando, por exemplo, se refira à falta de vivência do litigante no âmbito geográfico ou técnico, em que a máxima foi gerada.[180]

Terreno em que as máximas de experiência são de notória relevância é aquele em que o litígio deva ser solucionado com base na interpretação de conceitos jurídicos indeterminados ou mediante observância de cláusulas gerais, como, *v.g.*, a função social do contrato, a boa-fé objetiva e a proteção do consumidor contra cláusulas contratuais abusivas. A imprecisão e incerteza presentes na observância de normas da espécie podem ser superadas ou, pelo menos, reduzidas, através do recurso às máximas de experiência, conforme lembrava Stein, entre outros. E isto vale tanto para a valoração probatória como para a interpretação e aplicação de textos normativos, diante de situação como as ora cogitadas.[181]

---

[176] As regras de experiência comum são as que, na linguagem do direito antigo e da doutrina, se denominavam *máximas de experiência.*

[177] STEIN, Friedrich. *Das Private Wissen des Richters*, 1999, p. 27. Tradução do trecho de Flávia Pessoa. Pontes de Miranda e a possibilidade de utilização das máximas de experiência para dispensa de provas no processo civil. In: DIDIER JR., Fredie *et. al. Pontes de Miranda e o direito processual*. Salvador: JusPodivm, 2013, p. 376.

[178] STEIN, Friedrich. *Das Private Wissen des Richters*, 1999, p. 25. Tradução do trecho de Flávia Pessoa, *in* Pontes de Miranda e a possibilidade de utilização das máximas de experiência para dispensa de provas no processo civil. In: DIDIER JR., Fredie *et. al. Pontes de Miranda e o direito processual*. Salvador: JusPodivm, 2013, p. 376.

[179] PESSOA, Flávia Moreira Guimarães. Pontes de Miranda a possibilidade de utilização das máximas de experiência para dispensa de provas no processo. *In*: DIDIER JR., Fredie *et al. Pontes de Miranda e o direito processual*. Salvador: JusPodivm, 2013, p. 376-377.

[180] BARBOSA MOREIRA, José Carlos. Regras da experiência e conceitos jurídicos indeterminados. In: *Temas de direito processual.* 2ª série. Rio de Janeiro: Forense, 1988, p. 63.

[181] PEIXOTO, Ravi. As regras de experiência, os deveres de justificação e os limites à discricionariedade do convencimento judicial. *Revista de Processo,* v. 320, p. 78, out. 2021. Observa o autor que, "sem a regra da experiência, não seria viável a interpretação da boa-fé objetiva. Para que sejam inseridos os princípios

Pense-se no reconhecimento de deveres acessórios em nome da boa-fé no caso de cumprimento de um contrato ou no conflito entre provas testemunhais quando um depoente presenciou o fato probando com grande proximidade e o outro apenas remotamente, dada a longa distância que o separava do local do evento retratado. Numa e noutra situação, a experiência do que comumente acontece será de grande valia para a decisão do juiz da causa.

Uma limitação óbvia ao emprego das máximas de experiência: em nenhuma hipótese será permitido invocar máxima de experiência para julgar contra regra legal, nem mesmo os conceitos legais se sujeitam a formulação através dessa técnica, cuja aplicação só se dá em torno da avaliação de circunstâncias fáticas, sobre as quais incidem as normas jurídicas.[182]

Já houve quem qualificasse como inconstitucional a autorização do CPC para o julgamento lastreado em máxima de experiência, a pretexto de se tratar de decisão de foro íntimo incontrolável objetivamente, em contrariedade às garantias do devido processo legal.[183] A censura, porém, não procede. Se nossa Constituição se funda, substancialmente, em valores morais e insere nas garantias fundamentais princípios éticos a que atribui força e executividade imediata, não há como deixar de reconhecer a necessidade de se recorrer, em boa escala, à sistemática das regras de experiência para que esses valores e princípios sejam observados na solução judicial dos conflitos. Não há outro meio para impor a observância, *in concreto*, de regras principiológicas e cláusulas gerais, senão o das regras de experiência. É claro que pode haver abuso nesse terreno, mas nada que escape das exigências do controle do contraditório e ampla defesa nem que fuja da obrigatoriedade de adequada fundamentação para todas as decisões judiciais, assim como da correta e racional valoração da prova.

Na verdade, a crítica dos adversários das regras de experiência ignora um aspecto fundamental dessas máximas: o de limitador do convencimento judicial. Ao contrário da liberdade decisional apontada pela aludida censura, as regras de experiência agasalhadas pelo CPC servem para limitar e não para aumentar os poderes do juiz. Assim, em lugar do questionamento radical da constitucionalização do sistema, o que cabe à doutrina do *processo justo* é ocupar-se com a interpretação que fortaleça a exigência de justificação segundo a lógica do CPC/2015, "justamente para que haja a adequada utilização das regras de experiência e que ela possa servir à sua verdadeira função de limitar os poderes do juiz".[184]

Nunca se deverá confundir máximas de experiência com fatos de conhecimento pessoal do juiz, em sua vida privada. Esse tipo de conhecimento não deve ser utilizado no processo, já que seria difícil, ao juiz e às partes, valorar tal percepção. Caso tenha o juiz conhecimento direto dos fatos litigiosos, ou de fatos que os expliquem, "poderá até ser testemunha, mas não

---

éticos que adentram o direito por meio da boa-fé, é imprescindível a utilização das regras de experiência do que se espera do comportamento de um litigante. Isso reforça a importância de sua utilização seja para a valoração probatória, seja para a interpretação de textos normativos" (PEIXOTO, Ravi. As regras de experiência, os deveres de justificação e os limites à discricionariedade do convencimento judicial. *Revista de Processo,* v. 320, p. 81, out. 2021).

[182] O art. 375 do CPC, que autoriza o juiz a formar seu convencimento à base das regras da experiência, relaciona-se apenas com a valoração das provas carreadas aos autos e não com qualquer análise da interpretação de um dado texto normativo: "nenhum doutrinador que se conheça defende que o art. 375 do CPC/2015 pode ser usado como base, seja para interpretar conceitos jurídicos ou, pior ainda, para julgar em desacordo com o ordenamento jurídico" (PEIXOTO, Ravi. As regras de experiência, os deveres de justificação e os limites à discricionariedade do convencimento judicial. *Revista de Processo,* v. 320, p. 87, out. 2021).

[183] STRECK, Lenio Luiz. O NCPC e as esdrúxulas "regras de experiência" (*apud* PEIXOTO, Ravi. As regras de experiência, os deveres de justificação e os limites à discricionariedade do convencimento judicial. *Revista de Processo*, v. 320, p. 86, out. 2021).

[184] PEIXOTO, Ravi. As regras de experiência, os deveres de justificação e os limites à discricionariedade do convencimento judicial. *Revista de Processo,* v. 320, p. 92, out. 2021.

deverá utilizar esse conhecimento como elemento de convicção".[185] Sobre o juiz-perito e o juiz-testemunha, ver os itens 303 e 652, *retro*.

Sendo vedado ao juiz recorrer a sua "ciência privada", deverá fundar o acertamento dos fatos "exclusivamente sobre as provas que foram adquiridas pelo processo".[186]

No que toca à ressalva do art. 375 quanto às regras de experiência técnica, deve-se entender que é possível utilizá-las no julgamento, desde que tenham caído no domínio do conhecimento público comum, de modo a dispensar a informação pericial.[187] Não pode, entretanto, o juiz usar seu eventual conhecimento pessoal técnico não jurídico, se a matéria não se incluir no conhecimento vulgarizado no meio social, ou seja, não se achar ao alcance do homem comum[188]. Nesse caso, é obrigatória a prova pericial[189], salvo se algum órgão técnico oficial ou privado oferecer informação elucidativa considerada suficiente pelo juiz (CPC, art. 472). Entre esses órgãos credenciados a ministrar informações técnicas para subsidiar a decisão judicial, podem ser incluídas as Agências Reguladoras mantidas pelo Poder Público instituídas como autarquias, a partir das Emendas Constitucionais 8 e 9, de 1995. É que tais agências são entidades dotadas de expertise e autonomia, atuando sempre com amparo de estudos e levantamentos específicos. Os dados que recolhem e as orientações que traçam, na sua função regulatória, podem, por isso mesmo, ser utilizados como fontes de *regras de experiência técnica*, de observância necessária nos julgamentos judiciais, nos moldes do art. 375 do CPC.[190]

674-A. Prova por meio de estatística

Entre os meios atípicos de prova inclui-se a chamada "prova estatística" ou "prova por amostragem", que consiste no emprego de técnicas próprias das ciências matemáticas para demonstrar, a partir de padrões estatísticos, a probabilidade de ocorrência de um determinado evento.[191] Todavia, trata-se de recurso probatório de caráter complementar, não podendo ser utilizado como a única prova em determinada causa. Para que seja utilmente usada no processo, é necessário que seja acompanhada de outros elementos aptos a possibilitar, numa visão conjunta, o estabelecimento da premissa fática da sentença,[192] tal como se dá com as provas

---

185 PESSOA, Flávia Moreira Guimarães. Pontes de Miranda a possibilidade de utilização das máximas de experiência para dispensa de provas no processo. *In*: DIDIER JR., Fredie *et al. Pontes de Miranda e o direito processual*. Salvador: JusPodivm, 2013, p. 378.

186 TARUFFO, Michele. Il concetto di "prova" nel diritto processuale. *Revista de Processo*, São Paulo, v. 229, mar. 2014, p. 80.

187 DIDIER JR., Fredie; BRAGA, Paula Sarno; OLIVEIRA, Rafael Alexandria de. *Curso de direito processual civil*. 10. ed. Salvador: JusPodivm, 2015, v. 2, p. 66.

188 BARBOSA MOREIRA, José Carlos. Regras de experiência e conceitos juridicamente indeterminados. *In: Temas de direito processual*. São Paulo: Saraiva, 1977, p. 62.

189 CINTRA, Antônio Carlos de Araújo. *Comentários ao Código de Processo Civil*. 2. ed. Rio de Janeiro: Forense, 2003, v. IV, p. 32; FABRÍCIO, Adroaldo Furtado. Fatos notórios e máximas de experiência. *Revista Forense*, v. 376, p. 8-10. Rio de Janeiro, nov.-dez./2004.

190 DALLEDONE, Rodrigo Fernandes Lima; MOREIRA, Egon Bokmann. O Supremo Tribunal Federal, a LINDB e as regras de experiência técnica: considerações sobre prognoses judiciais no âmbito regulatório. *Revista de Processo*, v. 310, p. 344, dez./2020.

191 ZAMPAR JÚNIOR, José Américo; BIZARRIA, Juliana Carolina Frutuoso. Prova estatística: admissibilidade e valoração. *Revista de Processo*, São Paulo, v. 341, p. 88, jul. 2023. Para Eduardo Cambi, a prova estatística é meio atípico de prova fundado na "frequência probabilística, por meio de dados científicos idôneos" (CAMBI, Eduardo. *Habeas corpus* coletivo e prova estatística. *Revista dos Tribunais*, São Paulo, v. 1.025, p. 145-174, mar. 2021). Também Didier Júnior reconhece à estatística a qualidade de prova atípica (DIDIER JÚNIOR, Fredie; BRAGA, Paula Sarno; OLIVEIRA, Rafael Alexandria de. *Curso de direito processual civil*. 16. ed. Salvador: Juspodivm, 2021, v. 2, p. 92-96).

192 ZAMPAR JÚNIOR, José Américo; BIZARRIA, Juliana Carolina Frutuoso. Prova estatística: admissibilidade e valoração. *Revista de Processo*, São Paulo, v. 341, p. 101, jul. 2023.

indiciárias em geral.[193] Fala-se, mesmo, em meio científico de, por meio de avaliação de um universo de elementos, "extrair conclusões que possam servir como *argumentos de prova*".[194]

675. Procedimento probatório

As provas, para penetrarem no processo com a eficácia que delas se espera, devem seguir certas formalidades, como aliás ocorre com todo e qualquer ato processual. Hão, pois, de ser observados na instrução da causa requisitos de forma e oportunidade.

Existe, assim, dentro do processo, um procedimento reservado à coleta das provas, o qual recebe doutrinariamente a denominação de *procedimento probatório*. Nele se compreendem requisitos gerais e particulares concernentes a cada um dos meios de prova admissíveis.

A não ser as provas excepcionalmente determinadas de ofício pelo juiz, todas as demais hão de ser produzidas dentro das características do contraditório. Deverão ser requeridas por uma parte, deferidas pelo juiz e realizadas sob fiscalização da parte contrária.[195]

Compreende o procedimento probatório, destarte, três estágios, que são:

(a) a proposição;
(b) o deferimento;
(c) a produção.

Ao requerer uma prova, incumbe à parte indicar o fato a provar e o meio de prova a ser utilizado. Já na inicial, incumbe ao autor especificar os fatos que fundamentam o pedido e indicar os meios de prova (CPC/2015, art. 319, III e VI). O mesmo ocorre com a resposta do réu, tanto quando se manifesta por meio de contestação como quando se manifesta por meio de reconvenção (arts. 336 e 343). Ainda no caso da impugnação ou réplica à contestação indireta, deverá o autor manifestar-se sobre a contraprova (arts. 350 e 351). São estes os momentos processuais em que as partes, dentro da fase postulatória, propõem suas provas.

O deferimento dos meios de prova, genericamente, se dá no saneamento do processo. Mas, depois de especificados, há uma outra apreciação que o juiz realiza no momento mesmo da produção, ou logo antes dele. Admitida a prova testemunhal, pode o juiz indeferir a produção dela em audiência, se a parte não depositar o rol no prazo exigido pelo Código. Pode, ainda, o juiz indeferir a ouvida da testemunha, por se achar impedida de depor.

Também a juntada de documentos é apreciada e deferida fora do saneador, tão logo a parte requeira sua juntada aos autos, o que se dá ainda na fase postulatória (arts. 434 e 435).

À proposição e ao deferimento segue-se a produção da prova, que consiste em diligência do juiz e seus auxiliares e das próprias partes, realizada para que a prova se incorpore materialmente aos autos.

O momento processual adequado à produção da prova oral é, normalmente, audiência de instrução e julgamento, realizada na sede do juízo (arts. 358 a 368 e 449). São elas coletadas por meio de termos em que se registram as declarações orais das partes e testemunhas.

Excepcionalmente, pode haver antecipação de tais provas, como prevê o art. 381, I, quando haja fundado receio de que venha a tornar-se impossível ou muito difícil a verificação de certos

---

193 DIDIER JÚNIOR, Fredie; BRAGA, Paula Sarno; OLIVEIRA, Rafael Alexandria de. *Curso de direito processual civil*. 16. ed. Salvador: Juspodivm, 2021, v. 2, p. 92-96.

194 MARINONI, Luiz Guilherme; ARENHART, Sérgio Cruz. A prova estatística e sua utilidade em litígios complexos. *Revista Direto e Praxis*, Rio de Janeiro, v. 10, n. 1, p. 661-677, 2019.

195 COUTURE, Eduardo J. *Fundamentos del Derecho Procesal Civil*. Buenos Aires: Depalma, 1974, n. 162, p. 253.

fatos na pendência da ação; como nas hipóteses de enfermidade, idade avançada ou necessidade de ausentar-se o depoente, importante para o esclarecimento das alegações das partes.

Quando, também, houver impossibilidade de a parte ou a testemunha comparecer à audiência, mas não de prestar depoimento, em razão de enfermidade ou outro motivo relevante, o juiz poderá designar outro dia, horário e local para ouvir o depoente (art. 449, parágrafo único).

Os documentos são produzidos no processo mediante sua juntada aos autos. Isto ocorre normalmente fora da audiência e, ainda, na fase postulatória (arts. 434 e 435).

676. Instrução por meio de carta

Quando a prova tiver que ser colhida fora da comarca onde corre o feito, o juiz da causa, em razão dos limites da sua jurisdição, terá de requisitar a cooperação do juiz competente que é o do local da prova. Isto será feito por meio de carta precatória ou rogatória.

Essa diligência, todavia, só suspenderá o curso do processo (CPC/2015, art. 313, V, *b*) quando houver sido requerida antes da decisão de saneamento e a prova solicitada apresentar-se imprescindível (art. 377).[196] Diligências fora do juízo da causa, não explicadas ou mal explicadas pela parte, ficarão a cargo do requerente, sem comprometer o desenvolvimento normal do processo. Somente as que, à evidência, forem relevantes serão dotadas de força suspensiva.

Mesmo quando se confere efeito suspensivo à carta precatória ou rogatória, deve o juiz fixar o prazo dentro do qual a parte interessada haverá de promover o cumprimento da diligência. Mas quando a carta retornar após o prazo assinado pelo juiz, ou quando for expedida sem efeito suspensivo, deverá, ainda assim, ser juntada aos autos, "a qualquer momento" (art. 377, parágrafo único).

Sobre os requisitos das cartas em matéria de provas orais e periciais, vejam-se o n. 384 e o n. 385.

677. Dever de colaboração com a Justiça

A realização da justiça é um dos objetivos primaciais do Estado moderno. O poder de promovê-la inscreve-se entre os atributos da soberania. Acima dos interesses particulares das partes, há um interesse superior, de ordem pública, na justa composição da lide e na prevalência da vontade concreta da lei, como desígnios indissociáveis do ideal da manutenção da paz social e do império da ordem jurídica.

É por esta razão que a autoridade do juiz é reforçada pelos Códigos atuais, naquilo que se refere à pesquisa da verdade real. E para todo cidadão surge, como um princípio de direito público, *o dever de colaborar com o Poder Judiciário na busca da verdade*. Trata-se de uma sujeição que atinge não apenas as partes, mas todos que tenham entrado em contato com os fatos relevantes para a solução do litígio.

Nesse sentido, dispõe expressamente o art. 378 do CPC/2015 que "ninguém se exime do dever de colaborar com o Poder Judiciário para o descobrimento da verdade".

Complementando a regra do art. 378, o art. 379 impõe à parte, além dos deveres da *verdade* e da *lealdade*, especificados no art. 77, mais os seguintes, em matéria de instrução do processo:

(*a*) o de comparecer em juízo, respondendo ao que lhe for interrogado (inciso I);
(*b*) o de colaborar com o juízo na realização de inspeção judicial, que for julgada necessária (inciso II); e
(*c*) o de praticar o ato que lhe for determinado pelo juiz.

---

196 STJ – 3ª T., REsp 1.132.818/SP, Rel. Min. Nancy Andrighi, ac. 03.05.2012, *DJe* 10.05.2012.

Em relação aos terceiros, isto é, àqueles que não são partes do processo, o art. 380 impõe o dever de:

(*a*) informar ao juiz os fatos e as circunstâncias de que tenham conhecimento (inciso I);
(*b*) exibir coisa ou documento, que esteja em seu poder (inciso II).

As informações do inciso I são tomadas por meio de depoimentos testemunhais e ainda mediante correspondência, quando o juiz requisita dados, como nos casos de salários do devedor em ação de alimentos e outras situações análogas. As próprias repartições públicas não se excluem desse dever de informar, o mesmo ocorrendo com as pessoas jurídicas de direito privado, como os estabelecimentos bancários, companhias de seguro etc.

Sobre a exibição de documento ou coisa, há um incidente apropriado, que se regula pelos arts. 396 a 404 (*vide*, *infra*, n. 709 e ss.).

678. Prova emprestada

Por prova emprestada entende-se aquela que foi produzida em outro processo e que é trasladada por meio de certidão para os autos de nova causa, nos quais entra sob a forma documental. Pode-se referir a qualquer uma das modalidades probatórias, como documentos, testemunhas, confissões, perícias ou depoimento pessoal. É, enfim, o aproveitamento de atividade judiciária já anteriormente praticada, em nome do princípio da economia processual.[197]

O Código atual – ao contrário da legislação anterior, que era omissa – prevê, expressamente, a possibilidade de o juiz utilizar "prova emprestada", para julgar a lide (CPC/2015, art. 372).[198] Entretanto, é bastante liberal no tratamento desse meio de prova, não tendo inserido no texto do art. 372 nenhuma das antigas exigências doutrinárias e pretorianas existentes à época da legislação anterior. Porém, uma vez que estas exigências serão levadas em conta para aferir-se o maior ou menor valor de convencimento da prova tomada de empréstimo diante da instrução do novo processo, mostra-se necessária a sua análise.

A despeito da omissão do Código de 1973, doutrina[199] e jurisprudência[200] já admitiam a utilização da prova emprestada, fosse porque a lei permitia o emprego de "todos os meios legais, bem como os moralmente legítimos" para provar a verdade dos fatos em que se funda a ação ou a defesa (art. 332, CPC/1973), fosse por força dos princípios da economia processual e celeridade nos julgamentos.

Ora, a produção repetida de uma prova que já existe em outro processo posterga, de forma desnecessária, a entrega da prestação jurisdicional. Assim, "a prova emprestada evita o

---

[197] TALAMINI, Eduardo. A prova emprestada no processo civil ou penal. *Revista de Processo*, São Paulo, n. 91, p. 93; CAMBI, Eduardo. *A prova civil*. Admissibilidade e relevância. São Paulo: RT, 2006, p. 53; DIDIER JR., Fredie; BRAGA, Paula Sarno; OLIVEIRA, Rafael. *Curso de direito processual civil*. 7. ed. Salvador: JusPodivm, 2012, v. 2, p. 51. ARRUDA ALVIM. Prova emprestada. *Revista de Processo*, São Paulo, n. 202, p. 408.

[198] Segundo Heloisa Leonor Buika, "a prova emprestada consiste na transferência da produção probatória realizada num processo para outro, ou melhor, é o aproveitamento da atividade probatória desenvolvida num processo, através do traslado dos elementos que a documentaram, em outro processo" (Prova emprestada. *Revista Dialética de Direito Processual*, São Paulo, n. 127, 2013, p. 31).

[199] ARRUDA ALVIM. *Manual de direito processual civil*. 8. ed. São Paulo: RT, 2003, p. 460; FADEL, Sergui Sahione. *Código de Processo Civil comentado*. 7. ed. Rio de Janeiro: Forense, 2003, p. 411.

[200] "É admissível a prova emprestada quando tenha sido colhida mediante garantia do contraditório, com a participação da parte contra quem deva operar" (*RT* 300/229, através de citação no ac. do STF, publicado na *RTJ* 56/285). Nesse sentido: STJ, 5ª T., REsp 925.223/RS, Rel. Min. Arnaldo Esteves Lima, ac. 11.12.2008, *DJe* 02.02.2009.

desperdício de tempo e de despesas processuais, sendo extremamente útil quando as fontes de prova não estiverem mais disponíveis como, por exemplo, o falecimento de testemunha, o perecimento de um bem, objeto de prova pericial".[201]

Havia pontos polêmicos àquele tempo. Todavia, a utilização da prova emprestada se sujeitava, na opinião majoritária, ao preenchimento de certos requisitos, principalmente, ao da *observância do contraditório* na elaboração da prova. Ao tempo do Código anterior, por construção doutrinária e jurisprudencial, foram estabelecidos os seguintes requisitos para a correta utilização da prova emprestada:

(a) *identidade de partes*: para que o contraditório fosse observado, era essencial que as partes do processo em que fora produzida a prova fossem as mesmas da ação que a aproveitaria ou, pelo menos, que a parte contra a qual a prova iria atuar tivesse participado da sua produção.[202] Para Nelson Nery Jr., por exemplo, "a condição mais importante para que se dê validade e eficácia à prova emprestada é a sua sujeição às pessoas dos litigantes, cuja consequência primordial é a obediência ao contraditório";[203]

(b) *identidade ou semelhança do objeto da prova*: deveria haver coerência entre o fato objeto da prova produzida originariamente e os fatos a serem provados no outro processo. Tratava-se de pressuposto genérico de pertinência e relevância, que deveria ser considerado para a admissão de qualquer meio de prova;[204]

(c) *a prova emprestada deveria ter sido produzida na presença de um juiz natural*: o juiz não precisava ser o mesmo nos dois processos, mas o magistrado condutor da realização da prova deveria ter sido o competente para atuar naquela ação.

Caso não fossem observados todos esses requisitos, o empréstimo da prova tornar-se-ia inadmissível, visto que seria impossível corrigir o vício de origem em outro processo.

Atualmente, a força probante da prova emprestada será máxima se se reunirem todas as condicionantes tradicionais existentes à época do CPC/1973. Na falta de alguma, entretanto, aplicar-se-á a regra nova, segundo a qual caberá ao juiz atribuir à prova emprestada "o valor que considerar adequado". Com isso, é tratada a prova extraída de outro processo como documental, independentemente de terem as partes atuais participado da respectiva produção, de serem diversos os objetos dos dois processos e de inexistir conexão íntima entre os fatos básicos investigados num e noutro. O importante é que a prova transplantada documentalmente tenha sido colhida em processo regular, e que o fato nela revelado seja relevante para o julgamento da nova demanda.

---

[201] BUIKA, Heloisa Leonor. Prova emprestada. *Revista Dialética de Direito Processual*, São Paulo, n. 127, 2013, p. 33; ARRUDA ALVIM. *Manual de direito processual civil*. 8. ed. São Paulo: RT, 2003, p. 460.

[202] "A mera participação no processo anterior daquele a quem a prova trasladada irá desfavorecer não basta, é necessário que o grau do contraditório e de cognição do processo anterior tenha sido tão intenso quanto deveria ser no segundo processo" (TALAMINI, Eduardo. Prova emprestada no processo civil e penal. *Revista de Processo*, São Paulo, n. 91, jul. 1998, p. 97). "É admissível a prova emprestada quando tenha sido colhida mediante a garantia do contraditório, com participação da parte contra quem deve operar" (TJSP, Ap. 99.894, ac. 02.05.1960, Rel. Des. Raphael de Barros Monteiro. In: ARRUDA ALVIM. *Manual de direito processual civil*. 8. ed. São Paulo: RT, 2003, p. 410).

[203] NERY JR., Nelson; NERY, Rosa Maria de Andrade. *Código de Processo Civil comentado e legislação processual extravagante em vigor*. 6. ed. São Paulo: RT, 2002, p. 693.

[204] BUIKA, Heloisa Leonor. Prova emprestada. *Revista Dialética de Direito Processual*, São Paulo, n. 127, 2013, p. 34; TALAMINI, Eduardo. A prova emprestada no processo civil ou penal. *Revista de Processo*, São Paulo, n. 91, p. 153.

Essa orientação do CPC/2015 corresponde, em linhas gerais, ao posicionamento mais recente do STJ, como se pode deduzir do seguinte aresto: "em vista das reconhecidas vantagens da prova emprestada no processo civil, é recomendável que essa seja utilizada sempre que possível, desde que se mantenha hígida a garantia do contraditório. No entanto, a prova emprestada não pode se restringir a processos em que figurem partes idênticas, sob pena de se reduzir excessivamente sua aplicabilidade, sem justificativa razoável para tanto".[205]

O contraditório exigido no art. 372 do CPC/2015 não é, necessariamente, o acontecido ao tempo da produção da prova no outro processo. Refere-se ao direito da parte contra quem o documento é produzido de contradizê-lo no processo atual, inclusive com contraprova. É natural que um documento formado sem participação alguma do novo litigante se apresente muito mais frágil que o produzido em sua presença. Isso, contudo, não o anula aprioristicamente como meio de prova. Apenas será avaliado pelo juiz nos moldes do art. 372, ou seja, "atribuindo-lhe o valor que considerar adequado" nas circunstâncias apuradas no novo processo.[206]

É importante, outrossim, ter em mente que o que se importa é a prova e não a valoração que lhe deu o juiz da causa primitiva. Esta não vincula o juiz do novo processo, que a recebe como prova e aprecia com liberdade o valor probante para julgamento da causa que preside, no cotejo com os demais meios de convencimento constantes dos autos. Em outras palavras, "não é o convencimento do juiz originário que se transporta: apenas a prova fisicamente concretizada".[207]

679. Boa-fé e prova: o comportamento da parte como argumento de prova

Entre as normas fundamentais do processo civil, o Código atual prevê o dever, que cabe a qualquer participante do processo, de "comportar-se de acordo com a boa-fé" (CPC/2015, art. 5º). Incorpora-se, com isso, ao campo processual, aquilo que a doutrina geral do direito moderno chama de princípio da *boa-fé objetiva*, que se traduz na exigência de que todos os envolvidos em relacionamento jurídico observem os padrões de conduta ditados pelos bons costumes vigentes no meio social em que os interessados atuam. Trata-se, em suma, de impor aos agentes de qualquer ato jurídico o *standard* comportamental do homem médio *probo e leal*.

Esse princípio repercute sobre a validade dos atos e negócios jurídicos e sobre seus efeitos. Dele se extraem não só critérios de interpretação das declarações de vontade, mas até deveres acessórios ou anexos que se acrescentam aos atos e negócios jurídicos, como, por exemplo, o dever de cooperação entre credor e devedor para facilitar o cumprimento do contrato, e, consequentemente, não embaraçar ou dificultar, com deslealdade, a prestação a cargo do obrigado.

Da exigência de que as partes ajam processualmente segundo a boa-fé, resulta a possibilidade de extrair-se do seu comportamento "argumento de prova ou indício", conforme lição de Capelletti.[208]

Tal como se passa com qualquer indício, no domínio da prova, a conduta processual de um litigante configura *um fato* conhecido que pode provar *outro fato* relevante para a solução

---

205 STJ, Corte Especial, EREsp 617.428/SP, Rel. Min. Nancy Andrighi, ac. 04.06.2014, *DJe* 17.06.2014. No mesmo sentido: STJ, 4ª T., AgRg no AREsp 426.343/SP, Rel. Min. Luis Felipe Salomão, ac. 11.03.2014, *DJe* 18.03.2014.

206 Na hipótese de prova produzida sem a presença da parte contra a qual é oposta no novo processo, ensina Amaral Santos que "não terá ela eficácia em relação à parte contrária que não participou de sua produção, podendo valer tão somente como adminículo probatório para a formação da convicção do juiz" (AMARAL SANTOS, Moacyr. *Primeiras linhas de direito processual civil*. 4. ed. São Paulo: Saraiva, 1979, v. II, p. 322-323).

207 ARRUDA ALVIM. *Manual de direito processual civil*. 8. ed. São Paulo: RT, 2003, p. 413.

208 CAPPELLETTI, Mauro. *La oralidade y las pruebas en el processo civil*. Trad. de Santiago Sentis Mellendo. Buenos Aires: EJEA, 1971, p. 154-155.

da causa, e desse modo se prestará à busca da verdade, como um "motivo subsidiário", com natureza de "indício".[209]

Naturalmente, não é dado ao juiz extrair sempre deduções probatórias do comportamento, de maneira livre e discricionária. O indício gera prova quando é capaz de, por raciocínio lógico, gerar convicção acerca da ocorrência de outro fato que, por sua vez, terá influência na decisão judicial. Por isso, a dedução indiciária extraível do comportamento da parte no processo, por corresponder a uma *praesumptio hominis*, haverá de ser utilizada pelo juiz "com toda cautela" e de acordo com os requisitos que a lei impõe ao emprego dos indícios no plano probatório.[210]

Não há no direito processual civil brasileiro uma regra direta e expressa sobre a avaliação do comportamento processual da parte como meio de prova.[211] No entanto, a previsão do art. 369 do CPC/2015 – ao assegurar de maneira ampla o emprego no processo civil de "todos os meios legais, bem como os moralmente legítimos, ainda que não especificados neste Código, para provar a verdade dos fatos em que se funda o pedido ou a defesa e influir eficazmente na convicção do juiz" –, abarca, sem dúvida, o comportamento processual, na categoria de meio indiciário de convencimento.

Hipótese de frequente incidência da teoria da boa-fé no terreno da prova, é a da conduta contraditória, configurada por meio da apresentação, pela mesma parte, de diversas versões acerca de um mesmo fato. Ofende a boa-fé, por exemplo, a versão apresentada por uma das partes que, supervenientemente, altera a versão anterior, que era mais favorável ao adversário. Aplica-se, à espécie, a teoria do *venire contra factum proprium non potest*, uma das modalidades de repressão ao comportamento contrário à boa-fé objetiva.[212]

Por outro lado, se é mais fácil extrair consequências probatórias negativas como as que se extraem da conduta processual contraditória, merece valoração positiva também o comportamento da parte que atua por meio de sucessão de condutas corretas, prestantes a corroborar os argumentos apresentados em seu favor.[213]

Em suma:

(a) o direito processual civil brasileiro, como de resto prevalece no direito comparado, adota como norma fundamental o princípio da boa-fé objetiva (art. 5º do CPC/2015),

---

209 FURNO, Carlo. *Teoria de la prueba legal*. Trad. Sérgio Gonzales Collado. Madrid: Editorial Revista de Derecho Privado, 1954, p. 76.

210 FURNO, Carlo. *Teoria de la prueba legal*. Trad. Sérgio Gonzales Collado. Madrid: Editorial Revista de Derecho Privado, 1954, p. 76.

211 A Lei de Arbitragem, contudo, contém dispositivo expresso sobre a matéria: "Art. 22. (...) § 2º Em caso de desatendimento, sem justa causa, da convocação para prestar depoimento pessoal, o árbitro ou o tribunal arbitral levará em consideração o comportamento da parte faltosa, ao proferir sua sentença". CAMBI e HOFFMANN fazem a seguinte observação: "percebe-se que a lei permite a extração de uma prova a partir do comportamento faltoso. Logo, como se pode retirar uma prova a partir de um comportamento faltoso, também é possível extrair prova do comportamento ativo, de modo que se pode concluir que todo o comportamento da parte está sob avaliação do árbitro/tribunal arbitral, ainda que não tenha sido este modelo fixado, quando do início da arbitragem" (HOFFMANN, Eduardo; CAMBI, Eduardo. Comportamento das partes como prova na arbitragem. *Revista de Processo*, São Paulo, v. 340, p. 467, jun. 2023).

212 CAMBI e HOFFMANN lembram o exemplo da parte que, para livrar-se da pena no juízo criminal, reconhece sua culpa em acidente de trânsito, e, posteriormente, para isentar-se da obrigação civil de indenizar, atribui a culpa à vítima. É caso em que haverá de prevalecer, no julgamento civil, a primeira versão e não a que contraditoriamente foi invocada em prejuízo da vítima (Cf. CAMBI, Eduardo; HOFFMANN, Eduardo. Caráter probatório da conduta [processual] das partes. *Revista de Processo*, São Paulo, n. 201, p. 93).

213 CAMBI, Eduardo; HOFFMANN, Eduardo. Caráter probatório da conduta [processual] das partes. *Revista de Processo*, São Paulo, n. 201, p. 94.

do qual decorre para os litigantes o dever de comportamento processual que respeite a ética, seja em relação à parte contrária, seja quanto ao juiz;

(b) do comportamento processual da parte, em cotejo com os deveres de probidade e lealdade, podem ser extraídas *provas atípicas* autorizadas pelo art. 369 do CPC/2015, nos moldes dos indícios e presunções, utilizáveis no julgamento da causa, desde que se revelem coerentes e concludentes no plano lógico-jurídico.

§ 84. DA PRODUÇÃO ANTECIPADA DA PROVA

680. Noções introdutórias

O Código de 2015 adere ao posicionamento doutrinário existente à época do direito positivo anterior que defendia um direito autônomo à prova, exercitável em determinadas circunstâncias, sem cogitar de qualquer futuro processo.[214] Assim, regulou, sob a denominação de "produção antecipada de prova", casos em que se combate o risco de prejuízo para a instrução de processo atual ou iminente e, também, casos em que a parte age em busca de conhecimento de fatos que possam esclarecer sobre a conveniência de não demandar ou de obter composição extrajudicial para controvérsias (CPC/2015, art. 381, II e III).

681. Antecipação de prova

Dá-se a antecipação de prova propriamente quando a parte não tem condições de aguardar o momento processual reservado à coleta dos elementos de convicção necessários à instrução da causa pendente ou por ajuizar. São hipóteses em que o litigante exerce a "*pretensão à segurança da prova*",[215] sem, contudo, antecipar o julgamento da pretensão de direito substancial. O interesse que autoriza a medida se relaciona apenas com a obtenção, preventiva, da "documentação de estado de fato que possa vir influir, de futuro, na instrução de alguma ação".[216]

O Código atual, como já advertido, amplia o campo de acesso imediato à prova, permitindo-o, também, para situações especiais, desvinculadas do risco e da utilidade imediata para algum processo. Pode-se afirmar que, nos tempos modernos, a prova deixou de ser vista apenas como instrumento de apuração dos fatos relevantes para a apreciação e solução das demandas. Reconhece-se, hoje, a existência de um *direito autônomo à prova*, que se desvincula da visão clássica de que o destinatário da prova seria apenas o juiz. Às partes cabe o direito, em determinadas circunstâncias, "à produção ou à aferição da veracidade da prova, antes e independentemente do processo".[217]

Nessa linha de autonomia, fala-se em *ações probatórias*, quando a prova, em si, transforma-se em objeto do processo. No CPC de 2015, pelo menos três ações da espécie são previstas: *(i)* a ação declaratória de autenticidade ou de falsidade de documento (art. 19, II); *(ii)* a de produção antecipada de prova (art. 381, II e III) e *(iii)* a de exibição de documento ou coisa (art. 396).

O conflito que se estabelece na ação antecipatória de prova liga-se ao contexto de um conflito maior, mas o provimento que ora se busca em juízo restringe-se à obtenção apenas da prova. Não se avança sobre a avaliação e consequências dos fatos previamente investigados.

---

[214] Numa concepção atualizada do devido processo legal compromissada com a justiça e efetividade da prestação jurisdicional, "a prova [também] pode e deve ser vista como elemento pelo qual os interessados avaliam suas chances, riscos e encargos em processo futuro, e pelo qual norteiam sua conduta, inclusive de sorte a evitar uma decisão imperativa" (YARSHELL, Flavio Luiz. *Antecipação da prova sem o requisito da urgência e direito autônomo à prova*. Tese da Faculdade de Direito da USP, São Paulo, s/d, n. 24, p. 129). Daniel Amorim Assumpção Neves, nessa ordem de ideias, admite que a produção antecipada de prova, como ação probatória autônoma (não cautelar), possa ser utilizada "como forma de preparação para qualquer demanda principal, sempre que os dados necessários ou úteis à propositura correta de tal demanda exigirem a produção de uma prova pericial" (NEVES, Daniel Amorim Assumpção. *Ações probatórias autônomas*. São Paulo: Saraiva, 2008, p. 356-357).

[215] PONTES DE MIRANDA, Francisco Cavalcanti. *Comentários ao Código de Processo Civil*. Rio de Janeiro: Forense, 1959, v. VIII, p. 367.

[216] PONTES DE MIRANDA, Francisco Cavalcanti. *Comentários ao Código de Processo Civil*. Rio de Janeiro: Forense, 1959, v. VIII, p. 368.

[217] TALAMINI, Eduardo. Produção antecipada de prova no Código de Processo Civil de 2015. *Revista de Processo*, v. 260, p. 77, out/2016.

Trata-se, outrossim, de procedimento sumário, já que exclui contestação e recurso, e porque o juiz o admite mediante cognição superficial dos requisitos da produção antecipada de prova, sem ainda avaliar a utilidade que de fato a prova colhida terá na composição do litígio em que vier a ser, eventualmente, utilizada.

682. Cabimento

A produção antecipada de prova, permitida pelo CPC/2015, tem cabimento qualquer que seja a natureza da demanda visada – que pode ser contenciosa, ou mesmo de jurisdição voluntária –, e tanto pode ser manejada por quem pretenda *agir* como por quem queira *defender-se*,[218] como ainda por quem apenas queira certificar a ocorrência de determinado fato, documentando-a judicialmente.

Sua admissibilidade, porém, não fica subordinada ao alvedrio do promovente. É essencial que esteja presente a necessidade de antecipar-se a prova para alguns dos objetivos traçados pelo art. 381 do CPC/2015, ou seja:

(a) para evitar a impossibilidade de sua realização futura (inciso I);

(b) para viabilizar a autocomposição ou outro meio adequado de solução de conflito (inciso II); ou

(c) para conhecimento prévio dos fatos que possa justificar ou evitar o ajuizamento de ação (inciso III).

Analisemos cada uma dessas hipóteses:

I – Fundado receio de impossibilidade ou dificuldade de verificação de certos fatos

O fundado receio exigido pela lei corresponde à probabilidade de não ter a parte condições, no momento processual adequado, de produzir a prova, seja porque o fato é passageiro, seja porque a coisa ou pessoa possam perecer ou desaparecer. Se não existe esse risco, a medida autorizada no inciso I do art. 381 não terá cabimento e poderá, inclusive, ser contestada pelo promovido como medida desnecessária e onerosa.

Na hipótese do inciso I, do art. 381, tem-se uma medida que desempenha tutela cautelar, justificada pelo risco de ficar a parte impedida de contar com a prova, caso tenha de aguardar o desenvolvimento normal do processo principal para produzi-la. Esse traço, porém, não se faz presente nos demais itens do art. 381, os quais autorizam produção antecipada de prova sem qualquer conotação com sua urgência.

II – Desnecessidade de vínculo com processo futuro

Como já advertido, acolhendo à moderna visão doutrinária que alarga o conceito de interesse legítimo na produção antecipada de prova para além do simples risco de impossibilidade física da futura instrução no juízo contencioso, o Código atual admitiu a medida em duas outras situações:

(a) quando a prova a ser produzida seja suscetível de viabilizar a autocomposição ou outro meio adequado de solução de conflito; e

(b) quando o prévio conhecimento dos fatos possa justificar ou evitar o ajuizamento de ação.

---

[218] PONTES DE MIRANDA, Francisco Cavalcanti. *Comentários ao Código de Processo Civil*. Rio de Janeiro: Forense, 1959, v. VIII, p. 368.

O Código de 2015 reconhece, pois, riscos ou motivos jurídicos distintos da impossibilidade de produção futura da prova, mas que se mostram relevantes para ulterior tomada de decisões pela parte promovente. A falta de prova atual, por si só, pode obstar, dificultar ou simplesmente comprometer a futura defesa de interesses em juízo. Por isso, antes de decidir sobre o ingresso em juízo, ou mesmo sobre a conveniência de não demandar, é justo que o interessado se certifique da realidade da situação fática em que se acha envolvido. Obtendo provas elucidadoras previamente, evitar-se-ia demanda temerária ou inadequada à real situação da controvérsia. Esclarecida a quadra fática, facilitar-se-ia a autocomposição, ou até mesmo se evitaria o ingresso em juízo com demanda desnecessária e inviável.

De fato, se a lei processual civil impõe às partes o dever de veracidade na condução do processo (art. 77, I), é natural que não se lhes recuse o acesso ao prévio esclarecimento dos fatos, por meio de prova antecipada, sempre que não dispuserem de elementos suficientes para conhecer e retratar, desde logo e com maior precisão, o suporte fático sobre que versará o processo futuro. Só assim se terá como exigir-lhes que os fatos sejam expostos em juízo, "conforme a verdade" e, até mesmo, haverá condição de evitar o aforamento de demanda inviável ou mal proposta.

Aliás, é bom de ver que a justificação, que também é meio de produção antecipada de prova, é autorizada pelo art. 381, § 5º, sem qualquer subordinação ao perigo de dano, sendo bastante o propósito de documentar fato relevante para futuro processo.

As hipóteses dos incisos II e III do art. 381 *não têm caráter contencioso*, tratando-se de "veículo de consulta, de exame prévio acerca da viabilidade de determinada ação cognitiva principal".[219]

III – Casuísmo da antecipação de prova

Embora o Código atual não tenha explicitado, ao contrário do que ocorria na legislação anterior, os casos que permitem prova antecipada mais frequentes permanecem os mesmos, quais sejam:

(a) A *inquirição de testemunhas* ou o *interrogatório da parte* serão antecipados quando o depoente:
  (i) tiver de ausentar-se; ou
  (ii) por motivo de idade ou de moléstia grave, houver justo receio de que o depoente ao tempo da prova já não exista, ou esteja impossibilitado de depor.

(b) O *exame pericial* poderá ser antecipado quando houver fundado receio de que venha a tornar-se impossível ou muito difícil a verificação de certos fatos na pendência da ação.

(c) Qualquer das provas se justifica, em caráter anterior ao processo, se sua imediata obtenção pode se prestar a viabilizar a autocomposição do conflito; ou a justificar conhecimento de fatos que possa fundamentar ou evitar o ajuizamento de ação. É, por exemplo, de conhecimento geral a grande utilidade prática das vistorias na atividade forense, já que a respeito do pressuposto exigido para o exame pericial, mormente porque é verdade aceita por todos que essas medidas prestam relevantes serviços à justa composição dos litígios, muitas vezes antecipando ajustes e transações extrajudiciais ou evitando demandas infundadas ou mal propostas.

---

[219] MELLO, Rogério Licastro Torres de. Ação probatória: um redutor de litigiosidade. In: OLIVEIRA NETO, Olavo de; MEDEIROS NETO, Elias Marques de; LOPES, Ricardo Augusto de Castro (coords.). *A prova no direito processual civil:* estudos em homenagem ao professor João Batista Lopes. São Paulo: Verbatim, 2013, p. 580.

Assim, quem, *v.g.*, vai propor ação reivindicatória sobre uma gleba de terras rurais deve descrever, desde logo, a área reivindicanda com precisão, sob pena de inépcia da inicial ou nulidade do processo. A natureza da ação – que só pode versar sobre corpo certo – impede que a apuração das características da área se faça no curso da instrução do processo. Se o autor não dispõe de dados em seu poder que lhe permitam tal descrição depara-se, no limiar do feito, com uma *dificuldade* ou mesmo uma *impossibilidade jurídica* de provar um requisito básico da reivindicatória, muito embora não houvesse impossibilidade *material* de que a verificação desses dados ocorresse no futuro.

Isso é comum nos casos de grandes áreas do sertão, onde o apossamento se dá por várias pessoas, cada uma agindo isoladamente e ocupando porções irregulares nas faixas limítrofes da propriedade rústica.

Ao reivindicante não há outro remédio senão promover um levantamento prévio das regiões invadidas para obter os dados indispensáveis à propositura da ação, o que, sem dúvida, pode dar-se por meio de uma antecipação de prova pericial (vistoria *ad perpetuam rei memoriam*). Isto porque, nos precisos termos do inciso I, do art. 381, o autor teria, no caso, o fundado receio de tornar-se impossível ou muito difícil a verificação do fato básico da pretensão reivindicatória na pendência da ação, por uma questão de técnica jurídica. Sem elementos para descrever, com adequação, a área invadida, o autor não teria como, tecnicamente, identificar o objeto reclamado na petição inicial da ação reivindicatória. A dificuldade ou impossibilidade jurídica de identificar o objeto da causa no curso do processo justificaria, portanto, a antecipação probatória.

Em ações de indenização derivadas, por exemplo, de má execução de obra de engenharia ou de abuso de gestão de sociedade, é quase sempre muito difícil ao autor descrever, desde logo, com segurança, os fatos constitutivos de sua pretensão, assim como delinear, com adequada precisão, os danos realmente acarretados pela conduta irregular do demandado. É de intuitiva conveniência o exame pericial antecipado em tais demandas, até mesmo para propiciar negociações entre as partes e, principalmente, para evitar os dissabores e contratempos das ações mal propostas. Justifica-o a dificuldade que teria o autor de implementar a prova depois de já fixada a extensão do pedido e apresentado o seu fundamento fático na inicial da demanda.

A jurisprudência tem sido sensível a esse problema, favorecendo sempre a realização da perícia antecipada, mesmo quando haja uma certa dificuldade em considerar *in concreto*, como ocorrente, o requisito legal da impossibilidade de produção da prova durante a instrução do processo principal. Na dúvida, é preferível realizar a perícia antecipada a denegá-la.[220]

À época do Código anterior, decidiu o STJ, ao permitir a antecipação de prova pericial, que o fundado receio de que venha a tornar-se impossível ou muito difícil a verificação de certos fatos na pendência da ação "há de ser visto e entendido *cum grano salis*, em ordem a não tolher o exercício da ação a quem pretende, sem a rígida observância do texto normativo, prevenir-se contra situações adversas que por acaso possam surgir".[221]

O Código atual consagra essa orientação de maneira expressa, e não só nos casos de risco de perda da prova a produção antecipada é franqueada, mas também quando a parte tenha legítimo interesse em obtê-la. Com esse largo espectro de possibilidades de obtenção de prova, tornou-se viável a ação (ou pelo menos o procedimento) que tenha por objeto apenas a produção de certa prova, sem vinculá-la, necessariamente, a uma futura ação principal.

---

220 PONTES DE MIRANDA, Francisco Cavalcanti. *Comentários ao Código de Processo Civil*. Rio de Janeiro: Forense, 1976, v. XII, p. 259-260.

221 STJ, 4ª T., REsp 50.492-9/SP, Rel. Min. Torreão Braz, ac. 10.04.1995, *DJU* 15.05.1995. Nesse sentido: STJ, 3ª T., REsp 31.219/SP, Rel. Min. Castro Filho, ac. 23.04.2002, *DJU* 03.06.2002, p. 200; LACERDA, Galeno. *Comentários ao CPC*. 3. ed. Rio de Janeiro: Forense, 1998, v. VIII, t. II, n. 82, p. 249.

O sistema do CPC/2015, em outros termos, reconhece a existência do direito subjetivo à prova *tout court*, e o tutela por meio de procedimento próprio, nos moldes do art. 381, sem feitio contencioso imediato.

IV – Legitimação

A produção antecipada de prova tanto pode ser requerida por aquele que a pretende usar como autor da futura ação como por quem busca premunir-se de prova para defesa em ação que teme ser proposta contra ele.

Mesmo quando a iniciativa seja de outrem, o demandado tem a faculdade de inserir no procedimento outras provas de seu interesse (art. 382, § 3º), desde que demonstre pertinência com o caso dos autos e justifique o cabimento da nova antecipação postulada. Ou seja: "cabe ao réu, tanto quanto se impõe ao autor, justificar a necessidade de antecipação da prova".[222]

683. Oportunidade

A antecipação de prova pode dar-se antes do ajuizamento da ação principal, em caráter cautelar, ou no curso desta. No curso da ação principal, a coleta antecipada de elemento de convicção é fruto de simples deliberação do juiz da causa, que importa apenas inversão de atos processuais e que integra a própria atividade instrutória do processo.

Se a antecipação ocorrer antes do ajuizamento da ação principal, será procedimento antecedente que, contudo, não ensejará a prevenção da competência do juízo para o processo futuro, se vier a ser proposto (CPC/2015, art. 381, § 3º).

684. Objeto da antecipação de prova

A produção antecipada de prova pode consistir em:

(a) *prova oral* (inquirições *ad perpetuam rei memoriam*), compreendendo: *(i)* interrogatório da *parte* (depoimento pessoal); *(ii)* inquirição de *testemunhas* (prova testemunhal);

(b) *prova pericial* (vistorias *ad perpetuam rei memoriam*), compreendendo exames técnicos em geral, como os relacionados com a engenharia, a medicina, a psiquiatria, as atividades agrárias, a contabilidade etc.;

(c) *qualquer meio de prova*, em princípio, pode ser objeto de produção antecipada, em face dos termos amplos do art. 381 do CPC/2015. Ao contrário do Código anterior, o atual não restringe a antecipação à prova oral e à perícia.

Quando a pretensão for de alcançar documento em poder de terceiro, o procedimento a observar será, em regra, o da *exibição de documento ou coisa*, previsto nos arts. 396 a 404), procedimento contencioso manejável entre as partes do processo, ou contra terceiro. É possível utilizar-se, também, o procedimento administrativo da *produção antecipada de prova*,[223] o qual, no entanto, não se presta à solução do contencioso em torno do dever, ou não, de exibir o documento disputado (art. 381, § 5º). Para resolver controvérsia a respeito de tal obrigação, o caminho normal é da ação exibitória, segundo o rito dos arts. 396 e ss., ou, no caso de exibição

---

[222] TALAMINI, Eduardo. Produção antecipada de prova no Código de Processo Civil de 2015. *Revista de Processo*, v. 260, p. 96, out./2016.

[223] "É admitida a exibição de documentos como objeto de produção antecipada de prova, nos termos do art. 381 do CPC" (Enunciado 129/CEJ da II Jornada de Direito Processual Civil).

em caráter principal (desvinculada de qualquer processo atual ou futuro), também se admite o procedimento comum das ações de conhecimento (arts. 318 e ss.).[224]

685. Competência

O Código de 2015 não torna prevento o juízo da vistoria *ad perpetuam rei memoriam*, como expressamente disposto no § 3º do art. 381: "a produção antecipada da prova não previne a competência do juízo para a ação que venha a ser proposta".

Ao contrário do que ocorria no direito anterior, em que os autos da produção antecipada de provas eram conservados em cartório, no aguardo da propositura da ação principal, atualmente permanecerão apenas durante um mês, para a extração de cópias e certidões pelos interessados, findo o qual, "serão entregues ao promovente da medida" (art. 383, parágrafo único).

A competência para a produção antecipada da prova será do juízo do foro onde esta deva ser produzida ou do foro de domicílio do réu (art. 381, § 2º).

O juízo estadual tem competência para produção antecipada de prova requerida em face da União, entidade autárquica ou empresa pública federal se, na localidade, não houver vara federal (art. 381, § 4º). Fora dessa hipótese excepcional, haverá de ser respeitada a competência absoluta *ratione materiae* e *ratione personae*, derivada da partilha constitucional das "Justiças" às quais a jurisdição foi confiada. Se a prova antecipada se destina a utilização futura perante a Justiça Federal (CF, art. 109, I), ou a Justiça do Trabalho (CF, art. 114), é natural que a competência para a causa principal haverá de ser respeitada, igualmente, na medida instrutória previamente colhida.

Apenas se quebra essa regra geral, como já visto, na hipótese do art. 381, § 4º, do CPC/2015, que se funda no princípio da economia processual.

686. Procedimento

O procedimento da antecipação de prova é sumário e não contencioso. Deve ser provocado por petição inicial que satisfaça os requisitos comumente exigíveis para tais postulações (CPC/2015, art. 319), se tiver caráter cautelar ou se for ajuizada como ação autônoma. Se, contudo, o pedido ocorrer durante a marcha de processo pendente, apenas para adiantar a produção de determinada prova, ela será requerida nos autos por simples petição que comprove a necessidade da medida.

Na petição, seja ela inicial ou incidental, deverá o requerente apresentar as razões que justificam a necessidade de antecipação da prova e mencionar, com precisão, os fatos sobre os quais a prova há de recair (art. 382, *caput*). É essencial que se demonstre a necessidade de se produzir antecipadamente certa prova, seja em razão do perigo de se tornar impossível ou muito difícil sua produção, seja para evitar futuro litígio ou para auxiliar na autocomposição.

Recebida a petição, o juiz determinará, de ofício ou a requerimento, a citação de interessados na produção da prova ou no fato a ser provado, salvo se inexistir caráter contencioso (art. 382, § 1º).

Em se tratando de prova oral, o juiz, ao despachar a petição, simplesmente designará audiência para inquirição da testemunha ou interrogatório da parte. A testemunha será intimada e a parte contrária citada.

---

224 "É admissível o ajuizamento de ação de exibição de documentos, de forma autônoma, inclusive pelo procedimento comum do CPC (art. 318 e seguintes)" (Enunciado 119/CEJ da II Jornada de Direito Processual Civil).

Se a prova a antecipar for pericial, o procedimento terá de adaptar-se ao disposto nos arts. 464 a 480. O promovente deverá formular seus quesitos e indicar seu assistente técnico na própria petição, bem como pedir a citação da parte contrária para acompanhar a perícia.

Ao despachá-la, o juiz, de plano, nomeará o perito (art. 465) e fixará de imediato o prazo para a entrega do laudo. A parte, em quinze dias, deverá arguir impedimento ou suspeição do perito, indicar seu assistente técnico e apresentar quesitos.

Se os assistentes não subscreverem o laudo do perito do juízo, terão o prazo comum de quinze dias para oferecerem seus pareceres, a contar do momento em que as partes forem intimadas da apresentação do laudo (art. 477, § 1º). As partes poderão, após o laudo, ou laudos, pedir esclarecimentos sobre as respostas dadas (art. 474, § 3º).

Aplicam-se às perícias antecipadas as regras sobre substituição, escusa, impedimento ou suspeição do perito. O assistente, por assumir a posição de auxiliar de confiança da parte, não se sujeita a impedimentos e suspeição.

Neste procedimento não se admitirá defesa ou recurso, uma vez que a medida limita-se à realização da prova e nada mais. Entretanto, caberá apelação contra a decisão que indeferir totalmente a produção da prova pleiteada pelo requerente originário (art. 382, § 4º).

O procedimento é de natureza administrativa, não estando restrito ao pedido inicialmente manifestado. Podem os interessados, por isso, requerer a produção de qualquer outra prova no mesmo procedimento, desde que relacionada ao mesmo fato. Contudo, isso não será admitido se a produção conjunta acarretar excessiva demora (art. 382, § 3º).

O Código de 2015 regula no sistema da produção antecipada de prova alguns procedimentos não contenciosos que o Código de 1973 arrolava entre as ações cautelares:

I – Justificação

O Código atual excluiu a justificação do rol das medidas cautelares, inserindo-a entre os casos de produção antecipada de prova, nos seguintes termos: "aplica-se o disposto nesta Seção àquele que pretender justificar a existência de algum fato ou relação jurídica para simples documento e sem caráter contencioso, que exporá, em petição circunstanciada, a sua intenção" (art. 381, § 5º).

II – Arrolamento de bens

Se o requerente da medida pretender o arrolamento de bens apenas para realizar documentação, sem a prática de atos de apreensão, deverá seguir as regras da produção antecipada (art. 381, § 1º). Se também visar a segurança e conservação de bens, o procedimento a adotar será o da tutela cautelar. A medida compreenderá, além da documentação, o depósito judicial, sob a forma de um sequestro.

687. Sentença

A sentença que o juiz profere nas ações de antecipação de prova é apenas homologatória, isto é, refere-se tão somente ao reconhecimento da eficácia dos elementos coligidos, para produzir efeitos inerentes à condição de prova judicial. Não se pronunciará, contudo, acerca da ocorrência ou da inocorrência do fato, bem como sobre as respectivas consequências jurídicas (art. 382, § 2º). Não há qualquer declaração sobre sua veracidade e suas consequências sobre a lide. Não são ações declaratórias e não fazem coisa julgada material.[225] Apenas há *documentação judicial* de fatos. E nesse sentido merece acolhida a lição de Pontes

---

[225] PONTES DE MIRANDA, Francisco Cavalcanti. *Comentários ao Código de Processo Civil*. Rio de Janeiro: Forense, 1976, v. XII, p. 369.

de Miranda, que considera essa espécie de ação como *constitutiva* por pré-constituir prova judicial para os interessados.[226]

Não há recurso contra a sentença que homologa a coleta da prova antecipada (art. 382, § 4º). Somente quando o pleito for indeferido totalmente é que o requerente poderá interpor apelação.

Em se tratando de julgamento irrecorrível, é de se reconhecer o cabimento do mandado de segurança se o ato do juiz contiver violação a direito líquido e certo a qualquer das partes (Lei 12.016/2009, art. 5º, II).[227]

A sentença atribuirá os encargos processuais (despesas da produção da prova) ao requerente, em face do caráter não contencioso da medida, que sequer admite contestação (CPC/2015, art. 382, § 4º). Havendo, porém, ampliação das provas a requerimento do réu (art. 382, § 3º), este arcará com o custo das medidas acrescidas.

Em regra, não se há de cogitar de honorários advocatícios sucumbenciais, dado o caráter meramente administrativo da antecipação de prova, que nem sequer admite contestação (art. 382, § 4º). Entretanto, havendo resistência indevida à medida, o juiz, ao reconhecer a manobra abusiva do requerido, poderá impor-lhe os encargos da sucumbência, inclusive a verba advocatícia.[228]

688. Valoração da prova antecipada

A valoração da prova pertence ao juiz da causa principal e não ao juiz da medida antecipatória. No curso do procedimento, nem sequer há controvérsia ou discussão sobre o mérito da prova. A coleta de depoimentos ou a realização de laudos periciais em procedimentos antecipatórios não mudam a natureza da prova realmente feita, transformando-as em prova documental. Os depoimentos continuarão sendo prova oral e o exame continuará sendo prova pericial. "O valor, portanto, de um e de outro, é valor de prova oral e de prova pericial. Nunca, de documental".[229]

689. Eficácia

A antecipação de prova não é medida restritiva de direito nem constritiva de bens. É, outrossim, medida completa, isto é, que não se destina a converter-se em outra medida definitiva após o provimento final de mérito. O processo principal se utilizará dela tal como se acha, sem necessitar transformá-la em outro tipo de ato processual.

Se, ademais, o fim da prova é a demonstração da verdade de um fato, uma vez feita tal demonstração, a eficácia produzida é, necessariamente, perpétua. A verdade é una, imutável e eterna. O tempo não a afeta. Não se trata, portanto, de medida que se sujeita a perder eficácia por falta de ajuizamento de ação principal, no prazo previsto no regulamento das ações provisórias de urgência processadas em caráter antecedente (CPC/2015, art. 309, II).[230]

---

226 PONTES DE MIRANDA, Francisco Cavalcanti. *Comentários ao Código de Processo Civil*. Rio de Janeiro: Forense, 1976, v. XII, p. 369.

227 TALAMINI, Eduardo. Produção antecipada de prova no Código de Processo Civil de 2015. *Revista de Processo*, v. 260, p. 98, out./2016.

228 "É cabível a fixação de honorários advocatícios na ação de produção antecipada de provas na hipótese de resistência da parte requerida na produção da prova" (Enunciado 118/CEJ da II Jornada de Direito Processual Civil).

229 FADEL, Sérgio Sahione. *Código de Processo Civil Comentado*. Rio de Janeiro: J. Konfino, 1974, v. IV, p. 271.

230 STJ, REsp 1.440.600/MG, Decisão monocrática do Rel. Min. Paulo de Tarso Sanseverino, de 1º.06.2016, *DJe* 03.06.2016. Nesse sentido: STJ, 4ª T., AgRg no AREsp 623.891/RJ, Rel. Min. Raúl Araújo, ac. 12.05.2015, *DJe* 11.06.2015; STJ, 2ª T., AgRg no REsp 1.161.459/RS, Rel. Min. Mauro Campbell Marques, ac. 05.08.2010, *DJe* 01.09.2010.

690. Medida *inaudita altera parte*

A antecipação de prova geralmente se faz com prévia citação da parte contrária. Mas casos urgentes, como o risco de vida da testemunha, e a necessidade de citação por precatória em vistoria, poderão ensejar deferimento liminar da medida, na forma do art. 300, § 2º, do CPC/2015. Feitas, porém, a inquirição ou a vistoria, seguir-se-á a citação do promovido que, na medida do possível, poderá requerer diligências complementares, como nova inquirição, se ainda possível, ou formulação de quesitos complementares e indicação de assistente técnico.

691. Despesas processuais

As despesas do processo são pagas pela parte que o promoveu. E, por não haver contenciosidade, não há que se falar em sucumbência. Todavia, uma vez demonstrada a utilização da ação de má-fé, mediante abuso processual, poderão ser aplicadas ao autor as penas de litigância de má-fé[231] (ver item 194 *supra*).

692. Destino dos autos

Após a sentença homologatória, os autos da antecipação de prova permanecem em Cartório durante um mês, para extração de cópias e certidões pelos interessados (CPC/2015, art. 383). Após esse prazo, os autos serão entregues ao promovente da medida para a adoção das providências que entender pertinentes (art. 383, parágrafo único).

---

231 MELLO, Rogério Licastro Torres de. Ação probatória: um redutor de litigiosidade. In: OLIVEIRA NETO, Olavo de; MEDEIROS NETO, Elias Marques de; LOPES, Ricardo Augusto de Castro (coords.). *A prova no direito processual civil:* estudos em homenagem ao professor João Batista Lopes. São Paulo: Verbatim, 2013, p. 580.

Fluxograma nº 17

PRODUÇÃO ANTECIPADA DE PROVA
(arts. 381 a 383)

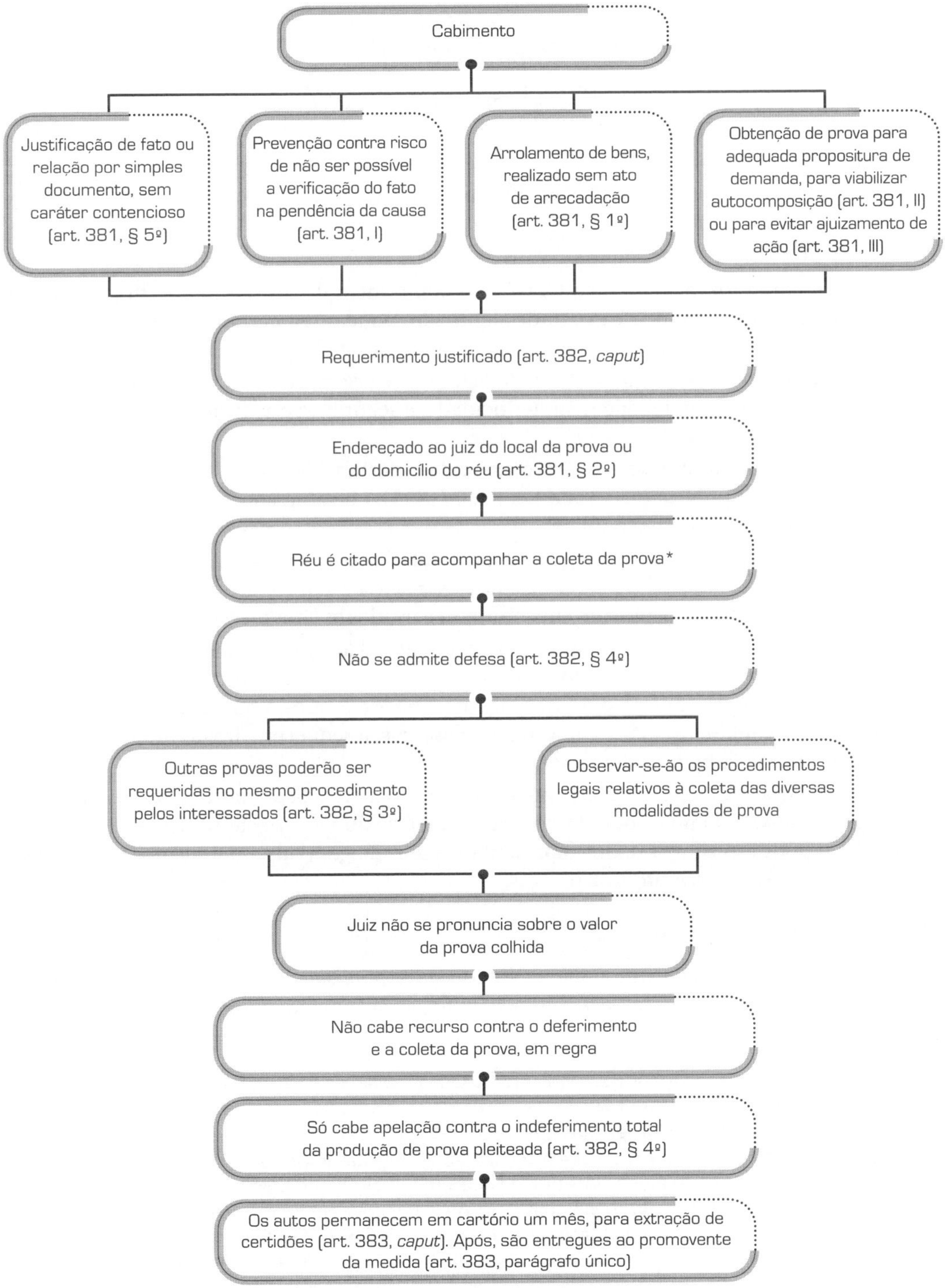

(*) A citação pode ser dispensada se inexistente o caráter contencioso (art. 382, § 1º).

Capítulo XXVII
MEIOS LEGAIS DE PROVA

§ 85. ATA NOTARIAL

693. Conceito

A ata notarial foi incluída pelo CPC/2015 como meio de prova, no art. 384, que assim dispõe: "a existência e o modo de existir de algum fato podem ser atestados ou documentados, a requerimento do interessado, mediante ata lavrada por tabelião".

Entende-se por serviço notarial e de registro os de organização técnica e administrativa, destinados a garantir a publicidade, a autenticidade, a segurança e a eficácia dos atos jurídicos (art. 1º da Lei 8.935/1994).

A atividade notarial e de registro é exercida pelo tabelião ou notário, profissional do direito, dotado de fé pública (art. 3º da Lei 8.935/1994), que atua como delegatário do Poder Público, por meio de concurso público.

Uma vez que a lei não define o que é a ata notarial, a doutrina a conceitua como "o testemunho oficial de fatos narrados pelo notário no exercício de sua competência em razão de seu ofício",[1] ou, ainda, como o "documento em que foram narrados os fatos presenciados pelo tabelião".[2]

Importante ressaltar que o notário não dá autenticidade ao fato, apenas o relata *com autenticidade*. Ele "produz o documento autêntico, que representa o fato".[3] Assim, a ata notarial não se confunde com a escritura pública. Enquanto esta se destina a provar negócios jurídicos e declarações de vontade, aquela simplesmente descreve, a requerimento do interessado, fatos constatados presencialmente pelo tabelião.[4]

A ata notarial, de tal forma, atesta ou documenta a existência e o modo de existir de algum fato (art. 384, *caput*), além de poder preservar a memória do registro eletrônico, na medida em que também pode reproduzir dados representados por imagem ou som gravados em arquivos eletrônicos (art. 384, parágrafo único).

694. Natureza da ata notarial

A ata notarial é *documento público*, dotado de *fé pública*,[5] razão pela qual goza de presunção de veracidade. Destarte, "descrito pelo autor da ação o fato que se acha contido em ata

---

1 CHAVES, Carlos Fernando Brasil; REZENDE, Afonso Celso F. *Tabelionato de notas e o notário perfeito*. 5. ed. Campinas: Millennium, 2010, p. 172.

2 RIBEIRO, Juliana de Oliveira Xavier. *Direito notarial e registral*. Rio de Janeiro: Elsevier, 2008, p. 219.

3 ORLANDI NETO, Narciso. Ata notarial e a retificação no registro imobiliário. In: BRANDELLI, Leonardo (coord.). *Ata notarial*. Porto Alegre: Instituto de Registro Imobiliário do Brasil: S/A, 2004, p. 156.

4 BARIONI, Rodrigo. Os limites da ata notarial como meio de prova em juízo. In: OLIVEIRA NETO, Olavo de; MEDEIROS NETO, Elias Marques de; LOPES, Ricardo Augusto de Castro (coords.). *A prova no direito processual civil: estudos em homenagem ao professor João Batista Lopes*. São Paulo: Verbatim, 2013, p. 558.

5 A fé pública é definida como "a veracidade presumida das afirmações de Oficiais de Justiça, de Escrivães e Notários. A *fé pública* é o princípio legal, mas é presunção *tantum*" (MOREIRA, Alberto Camiña. Ata no-

notarial, está cumprido o seu ônus probatório", não sendo necessária a complementação por outras provas.[6]

Em razão dessa presunção de veracidade, diz-se que a ata faz *prova plena* do fato nela narrado. "Independente de corroboração por outras provas, o instrumento constitui elemento bastante dos fatos nela declarados como aferidos diretamente pelo oficial público que a lavrou".[7] Todavia, a presunção é *juris tantum*, ou seja, admite prova em contrário. Vale dizer, reconhecer a veracidade do fato atestado na ata notarial não enseja a automática procedência ou improcedência do pedido. O juiz deverá cotejar a ata com as outras provas existentes nos autos para formar o seu convencimento a respeito do litígio. E, caso o material probatório abale a fé da ata, a sua veracidade poderá ser afastada.

A ata, portanto, não se constitui em *prova legal* absoluta que, uma vez presente no processo, não possa ser ignorada e que se imponha com supremacia no juízo de valoração da prova dos autos.

Não se pode confundir, ainda, a ata com a prova testemunhal. O notário não é testemunha, mas, sim, um documentador público. "O notário não leva a cabo testemunhos, senão que forma documentos enquanto descreve fatos, que ocorrem ante sua vista, a fim de que a descrição sirva para representá-los em um momento posterior".[8] No entanto, o Provimento 149 do CNJ/2023 (que aprovou o Código Nacional de Normas da Corregedoria Nacional de Justiça – Foro Extrajudicial), ao estabelecer as diretrizes para o procedimento da usucapião extrajudicial no âmbito dos serviços notariais e de registro de imóveis, nos termos do art. 216-A da Lei de Registros Públicos, admitiu que podem constar da ata notarial depoimentos testemunhais, além de imagens, documentos e sons gravados em arquivos eletrônicos, não podendo, entretanto, "basear-se apenas em declarações do requerente" (art. 402, § 2º).

695. Necessidade de requerimento da parte interessada

Dispõe o CPC/2015, em seu art. 384, que o tabelião lavre a ata *a requerimento do interessado*. Ou seja, sua atividade não pode ser exercida de ofício. É o denominado princípio da instância, vigente no sistema de registros públicos.

696. Falsidade da ata

A ata notarial, como visto, goza de presunção de veracidade. Entretanto, esta circunstância não impede que o seu conteúdo seja questionado pela parte contrária, que poderá, inclusive, comprovar a sua falsidade *ideológica* (formar documento não verdadeiro – CPC/2015, art. 427, parágrafo único, I) ou *material* (alterar documento verdadeiro – art. 427, parágrafo único, II). Nesse caso, cessa a fé da ata, nos termos do art. 427, *caput*.

697. Exemplos de fatos registráveis em ata notarial

A jurisprudência apresenta vários exemplos de fatos que podem ser registrados em ata notarial com o fim de servir de prova no processo:

---

tarial. In: OLIVEIRA NETO, Olavo de; MEDEIROS NETO, Elias Marques de; LOPES, Ricardo Augusto de Castro (coords.). *A prova no direito processual civil: estudos em homenagem ao professor João Batista Lopes.* São Paulo: Verbatim, 2013, p. 16).

6 MOREIRA, Alberto Camiña. Ata notarial. In: OLIVEIRA NETO, Olavo de; MEDEIROS NETO, Elias Marques de; LOPES, Ricardo Augusto de Castro (coords.). *A prova no direito processual civil: estudos em homenagem ao professor João Batista Lopes.* São Paulo: Verbatim, 2013, p. 24.

7 CHICUTA, Kioitsi. In: BRANDELLI, Leonardo (coord.). *Ata notarial.* Porto Alegre: SAFE, 2004, p. 180.

8 CARNELUTTI, Francesco. *Sistema de derecho procesal civil.* Trad. de Niceto Alcalá-Zamora Y Castillo e Santiago Sentís Melendo. Buenos Aires: Uteha, 1944, p. 409, v. II.

(*a*) *Informações veiculadas pela internet*: para conferir maior segurança quanto ao conteúdo de página da *internet,* o tabelião atesta haver consultado determinado endereço eletrônico, a partir de seu computador, em dia e hora anotados, descrevendo as informações ali constantes. É possível, ainda, que se prove, por meio da ata, os "caminhos" percorridos por determinada página, como o que ocorre com os *sites* de compras.[9]

(*b*) *Diligências de constatação*: tabelião registra os fatos *in loco* e os informa ao juiz tal como verificados, como, por exemplo, atestar (i) as cores da testeira e do uniforme de frentistas, para comprovar a concorrência desleal; (ii) o descumprimento de decisão judicial de obrigação de derrubar cercas e porteiras;[10] (iii) as informações que foram prestadas ao consumidor por funcionários de empresas[11] etc.

(*c*) *Declaração de testemunhas*: importante ressaltar que a ata não pode servir de instrumento de coleta de depoimentos testemunhais, que devem ser tomados seguindo o rito do Código de Processo Civil. Contudo, nada impede que as partes, de comum acordo, solicitem a um tabelião que registre a oitiva da testemunha em ata, para posterior juntada em juízo, como simples peça informativa.

(*d*) *Reuniões assembleares*: é comum que os sócios ou acionistas requeiram a um tabelião que compareça à assembleia para registrar os fatos ocorridos durante sua realização, tais como número de presentes, discussões, deliberações etc.

No tocante à produção antecipada de provas, entende a doutrina que a ata notarial não pode substituir a prova testemunhal, o depoimento pessoal e a perícia. Referidas provas devem ser produzidas e colhidas em juízo, sob a direção do magistrado e respeitando o contraditório.

Deve-se ressalvar, contudo, a confissão, que pode ser tanto *judicial* como *extrajudicial* (CPC/2015, art. 389). Logo, é perfeitamente possível haver confissão produzida em *ata notarial,* mesmo sem a presença do adversário. No processo, entretanto, essa prova passará pelo crivo do contraditório e da valoração dentro do conjunto das provas, não ficando descartada a convocação do confitente para depor novamente em juízo.

Também não é de todo vedado o uso da ata notarial em matéria de coleta de parecer de perito. É que o Código valoriza, também, os pareceres técnicos e os documentos elucidativos que a critério do juiz podem substituir e dispensar a prova pericial (art. 472). Se documentos particulares podem ser acolhidos na instrução como sucedâneos da prova técnica, não se deve impedir que o tabelião colha informações dessa natureza por meio de ata notarial, cujo valor probante será, naturalmente, apreciado pelo juiz, segundo as circunstâncias do processo.

Em Minas Gerais, o Tribunal de Justiça, através da Corregedoria-Geral, baixou o Provimento Conjunto 93/2020 (e suas alterações subsequentes), que regulamenta os procedimentos referentes aos serviços notariais e de registro do Estado, cujo art. 263, § 1º, arrola como objeto da ata notarial:

> "I – colher declaração testemunhal para fins de prova em processo administrativo ou judicial;
>
> II – fazer constar o comparecimento, na serventia, de pessoa interessada em algo que não se tenha realizado por motivo alheio a sua vontade;

---

9 BARIONI, Rodrigo. Os limites da ata notarial como meio de prova em juízo. In: OLIVEIRA NETO, Olavo de; MEDEIROS NETO, Elias Marques de; LOPES, Ricardo Augusto de Castro (coords.). *A prova no direito processual civil: estudos em homenagem ao professor João Batista Lopes.* São Paulo: Verbatim, 2013, p. 560.

10 TJSP, 17ª Câm. Direito Privado, AI 0480425-03.2010.8.26.0000, Rel. Des. Souza Lopes, ac. 11.05.2011.

11 TJSP, 1ª Câm. Direito Privado, AI 990.10.146753-4, Rel. Des. Rui Cascaldi, ac. 05.10.2010.

III – fazer constar a ocorrência de fatos que o tabelião de notas ou seu escrevente, diligenciando em recinto interno ou externo da serventia, respeitados os limites da circunscrição nos termos do art. 173 deste Provimento Conjunto, ou em meio eletrônico, tiver percebido ou esteja percebendo com seus próprios sentidos;

IV – averiguar a notoriedade de um fato;

V – atestar o tempo de posse do requerente e de seus antecessores, conforme o caso e suas circunstâncias, para fins de reconhecimento de usucapião".[12]

---

12 "Em que consiste 'atestar o tempo da posse'? A lei não esclareceu, mas a interpretação da norma deve ser feita no sentido de gerar segurança jurídica para o ato. Assim, o verbo 'atestar' deve ser lido no sentido de 'comprovar' e, para comprovar, não basta mera declaração feita pelo requerente. Há de ser apresentada prova da posse (contas de IPTU, água, luz, telefone, cartões de crédito, cartas, avisos de corte de árvores, de interrupção de luz, fotografias da pessoa na casa, entre outros), que será analisada pelo tabelião e reproduzida na ata. Importante também que seja tomado o depoimento dos confrontantes, sendo possível, ou, não o sendo, de outras pessoas que tenham conhecimento da posse por tê-la presenciado ao longo dos anos" (BOCZAR, Ana Clara Amaral Arantes; LONDE, Carlos Rogério de Oliveira; CHAGAS, Daniela Bolivar Moreira; ASSUMPÇÃO, Letícia Franco Maculan. *Usucapião extrajudicial*: questões notariais, registrais e tributárias. 4. ed. Leme: Ed. Mizuno, 2023, p. 85).

§ 86. DEPOIMENTO PESSOAL

698. Conceito

Depoimento pessoal é o meio de prova destinado a realizar o interrogatório da parte, no curso do processo. Aplica-se tanto ao autor como ao réu, pois ambos se submetem ao ônus de comparecer em juízo e responder ao que lhe for interrogado pelo juiz (CPC/2015, art. 379, I).

A iniciativa da diligência processual pode ser da parte contrária ou do próprio juiz (art. 385, *caput*). A finalidade desse meio de prova é dupla: provocar a confissão da parte e esclarecer fatos discutidos na causa. O momento processual da ouvida do depoimento pessoal é a audiência de instrução e julgamento (art. 385).

Entre os poderes do juiz há um outro expediente determinado a ouvir a parte, que, entretanto, não se confunde com o depoimento pessoal. Trata-se da determinação do "comparecimento pessoal das partes, para inquiri-las sobre os fatos da causa", o que se dará sem a cominação da "pena de confesso" e que poderá ocorrer "a qualquer tempo", durante o curso do processo (art. 139, VIII).

Essa diligência, que se costuma chamar de "interrogatório livre", é utilizada pelo juiz para esclarecimentos sobre a matéria fática do litígio, dentro do poder de "direção material do processo", segundo linguagem de Cappelletti.[13]

699. Sanção decorrente do ônus de prestar depoimento pessoal

Incumbe à parte intimada: *(i)* comparecer em juízo; e *(ii)* prestar o depoimento pessoal, respondendo, sem evasivas, ao que lhe for perguntado pelo juiz.

Se a parte não comparecer, ou, comparecendo, se recusar a depor, o juiz lhe aplicará a pena de confissão (CPC/2015, art. 385, § 1º). Essa pena consiste em admitir o juiz como verdadeiros os fatos contrários ao interesse da parte faltosa e favoráveis ao adversário. Sua imposição, todavia, dependerá de ter sido o depoente intimado com a advertência prevista no § 1º do art. 385 (*vide*, *infra*, n. 702).

Diante dessa situação, se tais fatos forem suficientes para o acolhimento do pedido do autor, o juiz poderá dispensar as demais provas e passar ao julgamento da causa, observado, porém, o debate oral, se a falta de depoimento pessoal ocorrer em audiência.

O ônus da parte não é apenas o de depor, mas o de responder a todas as perguntas formuladas pelo juiz, com clareza e lealdade. Dessa forma, quando a parte, sem motivo justificado, deixar de responder ao que lhe for perguntado, ou empregar evasivas, o juiz, apreciando as demais circunstâncias e elementos de prova, declarará, na sentença, que houve recusa de depor (art. 386). Isto quer dizer que o juiz pode, conforme as circunstâncias, considerar como *recusa de depoimento pessoal* o depoimento prestado com omissões ou evasivas. E a consequência será a mesma do art. 385, § 1º, *i.e.*, a aplicação da *pena de confesso*.

Há casos, porém, em que se considera liberta a parte do ônus de depor. Sua recusa, então, será feita com "motivo justificado", como diz a ressalva do art. 386, e não terá aplicação a pena de confesso. Essas exceções estão previstas no art. 388, que dispõe não estar a parte obrigada a depor sobre:

(a) fatos criminosos ou torpes que lhe forem imputados (inciso I);
(b) fatos a cujo respeito, por estado ou profissão, deva guardar sigilo (inciso II);

---

13 LOPES, João Batista. Ônus da prova e teoria das cargas dinâmicas no novo Código de Processo Civil. *Revista de Processo*, São Paulo, n. 204, p. 233.

(c) fatos a que não possa responder sem desonra própria, de seu cônjuge, de seu companheiro ou de parente em grau sucessível (inciso III); e

(d) fatos que coloquem em perigo a vida do depoente ou das pessoas referidas acima (inciso IV).

A exigência do processo civil de que a parte não se recuse a depor sobre os fatos relevantes da causa não ofende a garantia constitucional do direito ao silêncio (CF, art. 5º, LXIII), visto que este se refere apenas aos reflexos negativos que possam ocorrer no âmbito da persecução criminal, hipótese que já se acha contemplada nas escusativas do art. 388.

O direito de escusa, todavia, não se aplica a ações de estado e de família (art. 388, parágrafo único).

700. Legitimação para o depoimento

A parte deve comparecer em juízo e prestar *pessoalmente* o depoimento, como se vê, de forma clara, dos arts. 385 e 387. Trata-se de ato personalíssimo, de modo que nem procurador com poderes expressos pode prestá-lo em nome da parte.[14]

Os terceiros intervenientes – como o denunciado à lide, o chamado ao processo – também se sujeitam a prestar depoimento pessoal.

701. Objeto do depoimento pessoal

O depoimento pessoal deve limitar-se aos fatos controvertidos no processo. Seu objeto específico são os fatos alegados pela parte contrária, como fundamento de seu direito. Pode, no entanto, para aclarar a situação da lide, haver depoimento pessoal, também, sobre fatos alegados pelo próprio depoente.[15]

Uma coisa, porém, é certa: o depoimento pessoal, quando útil, destina-se a criar prova para o adversário do depoente, nunca para a própria parte que o presta. A razão é óbvia: ninguém produz, com suas próprias palavras, prova para si mesmo.

Esta assertiva corresponde ao que comumente acontece, devendo, contudo, ser acolhida *cum grano salis*. Se a informação do depoente é a única existente no processo, naturalmente não pode ser utilizada como prova em seu favor e em prejuízo da parte contrária. Mas, se, conjugada com outros elementos da instrução probatória, fornece ao juiz esclarecimento idôneo para sustentar a boa compreensão dos fatos discutidos nos autos, não se pode deixar de dispensar ao depoimento pessoal o tratamento de meio de prova. Aliás, na conceituação do depoimento pessoal (nº 698, *retro*), já havíamos consignado que se tratava de um "meio de prova", com dupla finalidade: "provocar a *confissão* da parte e *esclarecer fatos* discutidos na causa".[16]

É importante lembrar a lição de Cappelletti, para quem "a pessoa mais bem informada sobre o fato deduzido em juízo é, normalmente, a parte. De muitos fatos, *apenas a parte pode*

---

14 MARQUES, José Frederico. *Manual de Direito Processual Civil*. São Paulo: Saraiva, 1974, v. II, n. 463, p. 195. No mesmo sentido: *RT* 640/137; 651/116; *RJTJESP* 89/94, 101/198 e 107/304; *RSTJ* 191/321. Admitindo depoimento pessoal por procurador, desde que disponha de poderes específicos: *RT* 481/165, 679/147, *RJ* 175/74; *RP* 1/199, 6/307; *RBDP* 40/134; *RF* 256/258.

15 AMARAL SANTOS, Moacyr. *Comentários ao Código de Processo Civil*. São Paulo: RT, 1974, v. IV, n. 58, p. 79-80.

16 "Ainda quando do depoimento da parte não resulte confissão, como de ordinário acontece, tem ele a virtude, muitas vezes, de melhor precisar os fatos, fornecendo ao juiz úteis subsídios para a formação de sua convicção" (AMARAL SANTOS, Moacyr. *Primeiras linhas de direito processual civil*. 24. ed. rev. e atual. por Maria Beatriz Amaral Santos Köhnen. São Paulo: Saraiva, 2008, v. 2, p. 451).

ter notícia. Daí a inderrogável necessidade, acolhida por todos os ordenamento civis, de *utilizar as partes como fonte de prova*",[17] mesmo quando não se trata de uma confissão.[18]

702. Procedimento

A forma de interrogação das partes é a mesma prevista para a inquirição de testemunhas. Prestará, portanto, seu depoimento pessoal, fora da audiência normal e nos locais mencionados no art. 454 do CPC/2015, a parte que for uma das autoridades elencadas no referido dispositivo.[19]

Como as provas a serem produzidas devem ser definidas pelo juiz na decisão de saneamento (art. 357, II), o requerimento do depoimento pessoal da parte contrária haverá de ser apresentado em juízo, pelo interessado, antes da referida decisão.

Se o depoente residir fora da comarca onde corre o feito, poderá ser ouvido por meio de carta precatória ou rogatória.[20] Mas o Código atual inovou, ao permitir que a oitiva também possa ser feita por meio de videoconferência ou outro recurso tecnológico de transmissão de sons e imagens em tempo real, podendo dar-se, inclusive, durante a realização da audiência de instrução e julgamento (art. 385, § 3º).

A intimação da parte para prestar o depoimento deverá ser feita *pessoalmente*, e no mandado constará a advertência da pena de confesso (art. 385, § 1º). Na audiência, o depoimento das partes será tomado antes da ouvida das testemunhas, primeiro o do autor e depois o do réu (art. 361, II).

Poderá, naquele ato ou em petição anterior, a parte pedir dispensa do ônus de depor, alegando motivo justo. O juiz decidirá de plano e aplicará a pena de confesso, caso haja indeferimento do pedido e recusa de depor (art. 385, § 1º).

O interrogatório será feito pelo juiz diretamente à parte, que, em princípio, não poderá se representar por procurador (art. 387).[21] Ao advogado da parte contrária, também será franqueado o direito de interrogar o depoente. O juiz indeferirá as perguntas que julgar pertinentes.

---

17 CAPPELLETTI, Mauro. *La testimonianza della parte nel sistema dell'oralità*. Milano: Giuffrè, 1962, p. 3.

18 Num processo fundado no princípio da cooperação, como o brasileiro (CPC, art. 6º), "o objetivo do interrogatório formal (depoimento pessoal) deve sobrepassar os limites da simples confissão, agregando-lhe a intenção de esclarecimento e compreensão da causa posta em julgamento. Devem-se oportunizar as partes a possibilidade de explicar, esclarecer e argumentar suas razões, de modo a verdadeiramente cooperarem com o juiz, enriquecendo a sua visão e concretizando um autêntico procedimento dialético, a culminar, com maior correção, na justa e legítima decisão" (AZZOLIN, José Antônio Chagas. Análise do depoimento pessoal em perspectiva cooperativa. *Revista de Processo*, v. 285, São Paulo, p. 111, nov./2018). Também Pontes de Miranda, de longa data, advertia para a necessidade de conceituação do depoimento pessoal como "o conjunto de comunicações (julgamento de fato) da parte, autor ou réu, para dizer o que sabe a respeito do pedido, ou da defesa, ou das provas produzidas ou a serem produzidas, como esclarecimento de que se sirva o juiz para o seu convencimento". Considerava, por isso, "erro definir-se o depoimento pelo resultado eventual de se obter confissão", já que "nem sempre isso ocorre e "nem sempre, ao requerê-lo, é intuito da parte adversa, ou do juiz, ou dos interessados na demanda..." (PONTES DE MIRANDA, Francisco Cavalcanti. *Comentários ao Código de Processo Civil*. Rio de Janeiro: Forense, 1974, t. IV, p. 267). Mais modernamente, esse é, também, o pensamento de NEVES, Daniel Amorim Assumpção. *Manual de direito processual civil*. 5. ed. São Paulo: Método, 2013, p. 436-437).

19 TJPR, 1ª CC., Ag. 14.653, Rel. Des. Sydney Zappa, ac. 23.03.1998, *Juis – Jurisprudência Informatizada Saraiva*, n. 23. PONTES DE MIRANDA, Francisco Cavalcanti. *Comentários ao Código de Processo Civil*. 3. ed. Rio de Janeiro: Forense, 1996, t. IV, p. 311; SANTOS, Ernane Fidélis dos. *Manual de Direito Processual Civil*. 8. ed. São Paulo: Saraiva, 2001, v. I, p. 230.

20 PONTES DE MIRANDA, Francisco Cavalcanti. *Comentários ao Código de Processo Civil*. Rio de Janeiro: Forense, 1974, v. IV, p. 271; LOPES, João Batista. *Manual das Provas no Processo Civil*. Campinas: Kennedy, 1974, p. 48.

21 "O depoimento pessoal é ato personalíssimo em que a parte revela ciência própria sobre determinado fato. Assim, nem o mandatário com poderes especiais pode prestar depoimento pessoal no lugar da parte" (STJ,

Ao litigante que ainda não prestou depoimento é vedado assistir ao interrogatório da outra parte (art. 385, § 2º).

As respostas ao interrogatório devem ser orais, não podendo a parte "servir-se de escritos anteriormente preparados". O Código, todavia, autoriza o juiz a permitir que a parte consulte notas breves, desde que objetivem completar esclarecimentos (art. 387, *in fine*).

Ao advogado da própria parte que está prestando depoimento não se permite formular perguntas. Isto não impede, contudo, sua intervenção para pedir ao juiz que esclareça dubiedades ou pontos obscuros no relato do depoente, o que poderá ser requerido ao final do interrogatório, antes de seu encerramento.

O depoimento pessoal, como o das testemunhas, deve ser reduzido a termo, assinado pelo juiz, pelo interrogado e pelos advogados.

Sobre a possibilidade de antecipação da tomada do depoimento pessoal, ver *retro*, o n. 682.

3ª T., REsp 623.575/RO, Rel. Min. Nancy Andrighi, ac. 18.11.2004, *RSTJ* 191/321. Há, porém, precedentes que permitem o depoimento por procurador com poderes especiais, ora sem restrições (STF, 2ª T., RE 85.655/SP, Rel. Min. Cordeiro Guerra, ac. 05.10.1976, *RePro* 6/307), ora em circunstâncias excepcionais (TJSP, 10ª Câm. Dir. Privado, Ap. 9.411-4, Rel. Des. Quaglia Barbosa, ac. 15.10.1996, *JTJ* 186/144). A pessoa jurídica prestará depoimento pessoal por seu representante legal ou por preposto especialmente credenciado (STJ, 3ª T., REsp 191.078/MA, Rel. Min. Ari Pargendler, ac. 15.09.2000, *DJU* 09.10.2000, p. 142).

§ 87. CONFISSÃO

703. Conceito

Há *confissão* quando, segundo o art. 389, do CPC/2015 "a parte admite a verdade de um fato, contrário ao seu interesse e favorável ao adversário". Ela pode ser feita em juízo ou fora dele.

Para bem se alcançar o conceito desse meio de prova, deve-se recorrer à definição extraída dos clássicos ensinamentos de João Monteiro e Lessona, aproximadamente, nos seguintes termos: *confissão* é a declaração, judicial ou extrajudicial, provocada ou espontânea, em que um dos litigantes, capaz e com ânimo de se obrigar, faz da verdade, integral ou parcial, dos fatos alegados pela parte contrária, como fundamentais da ação ou da defesa.[22]

Não se trata de reconhecer a justiça ou injustiça da pretensão da parte contrária, mas apenas de reconhecer a veracidade do fato por ela arrolado. Dessa forma, a confissão não pode ser confundida com a figura do reconhecimento da *procedência do pedido*, que, segundo o art. 487, III, *a*, é causa de extinção do processo, com resolução de mérito.

É a confissão apenas um meio de prova, que, como os demais, se presta a formar a convicção do julgador em torno dos fatos controvertidos na causa. Pode muito bem ocorrer confissão e a ação ser julgada, mesmo assim, em favor do confitente. Basta que o fato confessado não seja causa suficiente, por si só, para justificar o acolhimento do pedido.

Em regra, a confissão deve conter:

(a) o reconhecimento de um fato alegado pela outra parte;
(b) a voluntariedade desse reconhecimento;
(c) um prejuízo para o confitente, em decorrência do reconhecimento.[23]

Há, pois, um elemento *subjetivo* na confissão, que é o ânimo de confessar, ou seja, a intenção de reconhecer voluntariamente um fato alegado pela outra parte. E há, também, um elemento *objetivo*, que é o próprio *fato litigioso* reconhecido em detrimento do confitente.

Ninguém está obrigado a confessar e a fazer prova em favor do adversário. Mas todo litigante tem o dever de veracidade e lealdade no comportamento processual (arts. 5º e 77, I). Daí que, sendo a parte intimada a depor, não pode se recusar a fazê-lo, nem a responder às indagações que o juiz lhe formular. A sanção para a recusa, na espécie, é uma quebra no mecanismo do ônus da prova. Aquele que requereu o depoimento ficará exonerado de provar o fato do qual deriva sua pretensão material, visto que, diante da injusta recusa, a lei presume verdadeira a versão fática apresentada pelo adversário daquele que tinha o dever de depor (art. 385, § 1º). Ter-se-á, por força da lei, uma confissão ficta ou presumida.

Há, porém, uma distinção a ser feita: *(a)* a confissão ficta aplica-se no caso de intimação da parte a prestar *depoimento pessoal* requerida pela parte contrária, ou ordenada de ofício pelo juiz, mas sempre sob a expressa cominação da pena de confesso (art. 385, *caput* e § 1º); *(b)* no caso de *interrogatório* – medida através da qual o juiz, de ofício, determina o comparecimento pessoal da parte, a qualquer tempo, para inquiri-la sobre os fatos da causa – não se aplica a pena de confesso, por expressa ressalva do art. 139, VIII (v., *retro*, o item 296, X).

A circunstância de a parte ter o direito ao silêncio sobre fatos que lhe sejam desfavoráveis na solução da causa, ou que se achem sob sigilo profissional, não lhe franqueia a faculdade de mentir ou de obstruir o acesso à verdade, mediante manobras astuciosas durante o depoimento pessoal. É preciso ter em conta que o dever de dizer a verdade, na cooperação judicial durante

---

[22] MONTEIRO, João. *Programa do Curso de Processo Civil.* 3. ed. São Paulo: Duprat, 1912, v. II, § 144, p. 190.

[23] LOPES, João Batista. *Manual das Provas no Processo Civil.* Campinas: Kennedy, 1974, p. 45.

a instrução probatória (CPC, art. 378), convive com o direito ao silêncio. Ambos, todavia, são incompatíveis com a mentira, já que esta, praticada em juízo, caracteriza ilícito, passível de punição.[24] Depoimento pessoal falso ou mentiroso equivale a recusa de depoimento e, como manobra intencional de impedir o acesso do juiz à verdade, pode ser tratado como confissão ficta (art. 385).[25]

704. Requisitos da confissão

A confissão tem valor de *prova legal* que obriga o juiz a submeter-se a seus termos para o julgamento da causa. Seus efeitos são análogos aos da revelia e do ônus da impugnação especificada dos fatos, isto é, as alegações da parte contrária passam a ser havidas, em razão dela, como *verídicas*.[26]

Diante da confissão plena do fato básico da pretensão do autor, assim como na hipótese de confissão ficta (recusa de depoimento pessoal), o juiz pode dispensar as demais provas e enfrentar logo o mérito da causa, proferindo a sentença definitiva.

Como a confissão pode importar, reflexamente, verdadeira renúncia de direitos (os possíveis direitos envolvidos na relação litigiosa), só as pessoas maiores e capazes têm legitimidade para confessar. E, assim mesmo, apenas quando a causa versar sobre direitos disponíveis (CPC/2015, art. 392) ou quando o ato não for daqueles cuja eficácia jurídica reclama forma solene.

De tal sorte, podem-se arrolar os seguintes requisitos para eficácia da confissão:

(a) *capacidade plena* do confitente; os representantes legais de incapazes nunca podem confessar por eles;

(b) inexigibilidade de *forma especial* para a validade do ato jurídico confessado (não se pode confessar um casamento sem demonstrar que ele se realizou com as solenidades legais; ou a aquisição da propriedade imobiliária sem a transcrição no Registro de Imóveis);

(c) *disponibilidade* do direito relacionado com o fato confessado (art. 392, § 1º).[27]

705. Classificações

A confissão, conforme o art. 389 do CPC/2015, pode ser *judicial* ou *extrajudicial*. *Judicial* é a confissão feita nos autos, na qual é tomada por termo. *Extrajudicial* é a que o confitente faz, fora do processo, de forma escrita ou oral, perante a parte contrária ou terceiros, ou ainda por meio de testamento (art. 394).

---

[24] DIDIER JR., Fredie. Direito ao silêncio no processo civil brasileiro. *Apud*: MIGUEL, José Antônio; ALVES, Fernando de Brito. As ilações probatórias retiradas pelo juiz. O direito/dever ao silêncio e a colaboração das partes no processo civil brasileiro e português. *Revista dos Tribunais,* v. 1.037, p. 274, mar. 2022.

[25] MIGUEL, José Antônio; ALVES, Fernando de Brito. As ilações probatórias retiradas pelo juiz. O direito/dever ao silêncio e a colaboração das partes no processo civil brasileiro e português. *Revista dos Tribunais,* v. 1.037, p. 275, mar. 2022.

[26] MARQUES, José Frederico. *Manual de Direito Processual Civil*. Campinas: Bookseller, 1997, v. II, n. 469.

[27] LOPES, João Batista. *Manual das Provas no Processo Civil*. Campinas: Kennedy, 1974, p. 45. O Código Civil, ao tratar do mesmo tema, dispõe que "não tem eficácia a confissão se provém de quem não é capaz de dispor do direito a que se referem os fatos confessados" (art. 213). Barbosa Moreira considera melhor o texto do Código Civil que o do Código de Processo Civil (art. 351 [CPC/2015, art. 389]: "Não vale como confissão a admissão, em juízo, de fatos relativos a direitos indisponíveis"). É que a hipótese "é realmente de eficácia, não de validade" (BARBOSA MOREIRA, José Carlos. Anotações sobre o título "Da prova" do Novo Código Civil. *Revista Jurídica*, v. 370, p. 27, ago. 2008).

A confissão pode ser feita pessoalmente ou por procurador, mas este necessita de poderes especiais (art. 390, § 1º). Além disso, a confissão feita pelo representante somente é eficaz nos limites em que este possa vincular o representado (art. 392, § 2º).

A confissão judicial é subdividida pelo Código (art. 390) em:

(*a*) *espontânea*: a que resulta de iniciativa do próprio confitente, que dirige petição nesse sentido ao juiz, manifestando seu propósito de confessar. Deve, em seguida, ser reduzida a termo nos autos (art. 390);

(*b*) *provocada*: a que resulta de depoimento pessoal, requerido pela parte contrária, ou determinado, *ex officio*, pelo juiz.[28] Esta não pode ser prestada por mandatário e constará do termo do depoimento pessoal (art. 390, § 2º).

A confissão, judicial ou extrajudicial, pode ainda ser *total* ou *parcial*, conforme admita o confitente a veracidade de todo o fato arrolado pela parte contrária, ou apenas de uma parcela dele.

706. Efeitos da confissão

A confissão costuma ser chamada de rainha das provas, pela maior força de convicção que gera no espírito do juiz.

Seus principais efeitos, segundo clássica doutrina, são:

(*a*) fazer prova plena contra o confitente; e

(*b*) suprir, em regra, eventuais defeitos formais do processo.[29]

Quanto à confissão judicial, há expressa disposição do Código de que ela "faz prova contra o confitente" (CPC/2015, art. 391), não prejudicando, todavia, os litisconsortes. Nas ações que versem sobre bens imóveis ou direitos reais sobre imóveis alheios, a confissão de um cônjuge ou companheiro não valerá sem a do outro, salvo se o regime de casamento for o da separação absoluta de bens (art. 391, parágrafo único).

Há, em tais casos, *prova legal*, da qual não pode fugir nem a parte que confessou, nem o juiz.[30] Corolário dessa plena eficácia da confissão é a sua irretratabilidade, que decorre de uma verdadeira preclusão processual: uma vez proferida, a confissão não mais se retrata.[31]

Somente quando provar erro de fato ou coação poderá a parte pleitear a anulação de confissão (art. 393, *caput*).[32] O Código atual corrigiu a impropriedade de linguagem da lei anterior que falava em "revogar" a confissão quando, em verdade, tratava-se de caso de *anulação*, já que se trata de desconstituir ato contaminado por vício de consentimento. O Código Civil, ao tratar

---

28 No interrogatório determinado de ofício pelo juiz, que pode acontecer em qualquer fase do processo, não é possível a cominação da pena de confissão ficta pela recusa da parte de comparecer em juízo ou de prestar depoimento (art. 139, VIII).

29 MONTEIRO, João. *Programa do Curso de Processo Civil.* 3. ed. São Paulo: Duprat, 1912, v. II, § 153, p. 210.

30 MARQUES, José Frederico. *Manual de Direito Processual Civil*. Campinas: Bookseller, 1997, v. II, n. 467, p. 200.

31 MONTEIRO, João. *Programa do Curso de Processo Civil.* 3. ed. São Paulo: Duprat, 1912, v. II, § 152, p. 209.

32 O Código Civil admite a anulação da confissão com base apenas no erro de fato e na coação (art. 214). É que, mesmo sendo o confitente induzido por dolo do adversário a respeito da conveniência de depor, o fato confessado, sendo verdadeiro, não há de ser ignorado pelo juiz. No entanto, se o dolo for utilizado para induzir o depoente a supor verdadeiro fato que não o é, subsistirá a possibilidade de anular a confissão, não por dolo, mas por erro (conferir: THEODORO JÚNIOR, Humberto. *Comentários ao novo Código Civil*. 3. ed. Rio de Janeiro: Forense, 2005, v. III, t. II, n. 431, p. 431-433; MARINONI, Luiz Guilherme; ARENHART, Sérgio Cruz. *Comentários ao Código de Processo Civil.* 2. ed. São Paulo: RT, 2005, v. 5, t. II, p. 147-149).

do mesmo tema, também corrigiu o equívoco terminológico. Seu art. 214 dispõe, com mais precisão, que quando decorre de erro de fato ou de coação, a confissão "pode ser anulada".[33]

Para furtar-se aos efeitos da confissão assim viciada, o confitente terá de ajuizar ação de anulação, cuja legitimidade é apenas do próprio confitente. Mas se, depois de iniciada a causa, vier a falecer o autor, seus herdeiros poderão dar-lhe prosseguimento (art. 393, parágrafo único).

707. Indivisibilidade da confissão

"A confissão é, de regra, indivisível, não podendo a parte que a quiser invocar como prova aceitá-la no tópico que a beneficiar e rejeitá-la no que lhe for desfavorável" (CPC/2015, art. 395).

A questão de indivisibilidade da confissão, no entanto, não pode ser examinada sem se atentar para as regras do ônus da prova. Assim, se o réu, ao confessar, tem o ônus de provar fato extintivo ou modificativo do direito do autor, sua confissão pode perfeitamente ser cindida. Isto porque, ao proferir tese de defesa indireta, o réu admite a veracidade do fato constitutivo do direito do autor e assume ônus processual de provar o outro fato impeditivo, extintivo ou modificativo (art. 373, II).

Por isso, dispõe a segunda parte do art. 395 que a confissão será cindida "quando o confitente lhe aduzir fatos novos, capazes de constituir fundamento de defesa de direito material ou de reconvenção".

É que esses fatos novos só poderiam ser levados em conta pelo julgador, se o confitente os provasse, segundo a regra legal do *onus probandi*. Há, pois, de distinguir entre a *confissão pura* (a que se relaciona apenas com os fatos arrolados pelo autor) e a *confissão qualificada* (a que reconhece alguns fatos do autor mas aduz outros que lhe cessam ou restringem a eficácia).[34]

Finalmente, convém observar que a regra da indivisibilidade da confissão só é absoluta quando seja esta o único meio de prova para basear a sentença. Quando o juiz dispõe de outros elementos para fundar seu convencimento, pode cotejar trechos da confissão com outras provas, para aproveitar apenas aquilo que estiver em harmonia com o conjunto dos elementos de convencimento. Não há hierarquia de valor probante da confissão que impeça a aplicação da regra fundamental do art. 371.[35]

Destarte, prevalece, ainda hoje, o ensinamento de João Monteiro, firmado ao abrigo do art. 156 do Regulamento 737, de 1850, no sentido de que "a confissão é indivisível para não ser aceita em parte, e rejeitada em parte, *se outra prova não houver*".[36]

708. Valor da confissão extrajudicial

A confissão extrajudicial pode ser feita por escrito ou verbalmente.

---

33 Barbosa Moreira aplaude o aprimoramento redacional feito pelo atual Código Civil (BARBOSA MOREIRA, José Carlos. Anotações sobre o título "Da prova" do Novo Código Civil. *Revista Jurídica*, v. 370, p. 27, ago. 2008).

34 É sobretudo na confissão complexa que se manifesta a quebra do princípio da indivisibilidade de que fala o art. 395 do CPC (SOUSA, Luís Felipe Pires de. *Prova testemunhal.* Coimbra: Almedina, 2013, p. 213).

35 Segundo Luís Felipe Pires de Sousa (*Prova testemunhal.* Coimbra: Almedina, 2013, p. 213), a confissão pode ser *simples, qualificada* ou *complexa*: (i) é *simples* a confissão que se resume ao reconhecimento de determinado fato, sem reservas, condições e qualquer outro fato que possa afetar o efeito a ser produzido pelo fato confessado; (ii) a confissão é *qualificada* quando o reconhecimento de um fato acarreta outra qualificação ou efeito jurídico; e (iii) é *complexa* quando o reconhecimento de um fato vem acompanhado por outro que destrói o efeito a ser produzido pela confissão. Nesse cenário, a *indivisibilidade* a que alude o art. 395 só pode ser cogitada em face da confissão simples. As demais enquadrar-se-iam na ressalva contida no próprio art. 395, *in fine*.

36 MONTEIRO, João. *Programa do Curso de Processo Civil.* 3. ed. São Paulo: Duprat, 1912, v. II, § 151, p. 204.

A confissão verbal fora dos autos só se prova com testemunhas e só é admissível para prova de atos jurídicos não solenes. Seu valor será apreciado segundo o merecimento que tiver, no caso, a prova testemunhal.[37]

A confissão extrajudicial por escrito compreende a feita: *(i)* diretamente à parte ou a seu representante; *(ii)* a terceiro; *(iii)* em testamento.

[37] AMARAL SANTOS, Moacyr. *Comentários ao Código de Processo Civil*. São Paulo: RT, 1976, v. IV, n. 100, p. 133.

§ 88. EXIBIÇÃO DE DOCUMENTO OU COISA

709. Conceito

Do dever que incumbe às partes e aos terceiros de colaborar com o Poder Judiciário "para o descobrimento da verdade" (CPC/2015, arts. 378 a 380), decorre para o juiz o *poder* de determinar a exibição de *documento* ou *coisa* que se ache na posse das referidas pessoas, sempre que o exame desses bens for útil ou necessário para a instrução do processo.[38]

A exibição pode ser feita como prova *direta* do fato litigioso (ex.: o recibo de um pagamento controvertido; uma cópia do contrato em poder do litigante etc.), ou como instrumento de prova *indireta* ou circunstancial (a exibição de um veículo acidentado para submeter-se à perícia; ou de certa escrita contábil do litigante quando se queria demonstrar que entre as partes houve outros negócios além do litigioso e que as quitações dos autos estariam ligadas àqueles e não ao objeto da lide).

O documento ou coisa a ser exibida terá, obviamente, que manter algum nexo com a causa, para justificar o ônus imposto à parte ou ao terceiro possuidor. Caso contrário, a exibição deverá ser denegada por falta de interesse da parte em postulá-la.

Promovida entre partes do processo, a exibição funciona, de certa maneira, como quebra do sistema normal de distinção do ônus da prova (art. 373). Estando em situação em que a lei a considera obrigatória, o litigante não tem a liberdade de se recusar ao fornecimento do meio de prova reclamado pelo adversário (art. 399). Se resistir ao comando do juiz, suportará a sanção legal de ter presumido como verdadeiro o fato que o adversário pretendia comprovar por meio da exibição. Com isto, aquele que tinha normalmente o ônus da prova ficará dele desonerado (art. 400, II), graças a uma presunção legal.

Não se trata de impor o dever de fazer prova para a parte contrária, mas de exigir cumprimento do dever de veracidade e lealdade que cabe a todo litigante (art. 77, I). Aliás, a exibição, quando consumada, nem sempre fará a prova que o promovente pretendia, pois o documento exibido pode, perfeitamente, não confirmar a versão a ele atribuída. O que não se admite é que o requerido, tendo condições de esclarecer o fato litigioso, deixe injustamente de fazê-lo.

710. Oportunidade da medida

A exibição pode dar-se no curso do processo, como incidente da fase probatória (CPC/2015, arts. 396 a 404), ou antes do ajuizamento da causa, como tutela cautelar em caráter antecedente (arts. 305 a 310).

711. Legitimação e interesse

Ao processo de conhecimento pertence a exibição apenas como incidente da fase probatória. Pode provocá-la o juiz, de ofício[39] ou a requerimento de uma das partes, ou de interveniente no processo.

A medida não é arbitrária, de modo que o requerente há de demonstrar interesse jurídico na exibição, e o juiz só poderá denegá-la se concluir que o documento ou coisa visada pelo requerente não guarda conexão com objeto da lide ou não terá nenhuma influência no julgamento da causa.

---

[38] BETTI, Emilio. *Diritto Processuale Civile*. 2. ed. Roma: Società editrice del "Foro Romano", 1936, p. 355.

[39] Amaral Santos entende que o juiz não tem poderes para determinar a exibição *ex officio* (AMARAL SANTOS, Moacyr. *Comentários ao Código de Processo Civil*. 2. ed. São Paulo: RT, 1977, v. IV, n. 107, p. 141). *Concessa venia*, não aceitamos como válida a restrição do renomado mestre porque há de prevalecer o poder de iniciativa, assegurado pelo art. 367 ao juiz, no tocante à completa instrução da causa.

O legitimado passivo pode ser uma das partes ou o terceiro detentor da coisa ou documento.

A questão incidente em torno da exibição gera uma verdadeira ação entre os interessados, com resultados processuais próprios, paralelos ao do processo principal.

A propósito do interesse, assentou o STJ, invocando a lição de Ovídio Batista da Silva, que "há interesse de agir para a exibição de documentos sempre que o autor pretender conhecer e fiscalizar documentos próprios ou comuns de seu interesse, notadamente referentes a sua pessoa e que estejam em poder de terceiro, sendo que 'passou a ser relevante para a exibitória não mais a alegação de ser comum o documento, e sim a afirmação de ter o requerente interesse comum em seu conteúdo'".[40]

No STJ havia uma controvérsia acerca do interesse justificador da exibição. Enquanto alguns arestos exigiam que a necessidade da medida fosse caracterizada pela recusa da parte promovida em fornecer extrajudicialmente o documento,[41] a maioria dos julgados era no sentido da dispensabilidade da prévia solicitação na esfera administrativa.[42] Nada obstante, já no regime do CPC/2015, a Segunda Seção do STJ assentou a seguinte tese, em regime de Recursos Repetitivos: "A propositura de ação cautelar de exibição de documentos bancários (cópias e segunda via de documentos) é cabível como medida preparatória a fim de instruir a ação principal, bastando a demonstração da existência de relação jurídica entre as partes, *a comprovação de prévio pedido à instituição financeira não atendido em prazo razoável*, e o pagamento do custo do serviço conforme previsão contratual e normatização da autoridade monetária" (g.n.).[43]

712. Procedimento e efeitos da exibição requerida contra a parte

O pedido de exibição poderá ser formulado na inicial, na contestação ou em petição posterior. Não há autuação em separado. O incidente corre dentro dos próprios autos do processo, como parte da fase instrutória, mas pode também ser objeto de procedimento apartado, conexo ou autônomo.[44]

São requisitos do pedido, segundo o art. 397 do CPC (com a redação da Lei 14.195/2021):

(a) a descrição, tão completa quanto possível, do documento, ou da coisa, ou das categorias de documentos ou de coisas buscadas (inciso I);

(b) a finalidade da prova, com indicação dos fatos que se relacionam com o documento ou com a coisa, ou com suas categorias (inciso II);

(c) as circunstâncias em que se funda o requerente para afirmar que o documento ou a coisa existe, ainda que a referência seja a categoria de documentos ou de coisas, e se acha em poder da parte contrária (inciso III).

---

40 STJ, 2ª Seção, REsp 1.304.736/RS, Rel. Min. Luis Felipe Salomão, ac. 24.02.2016, *DJe* 30.03.2016; SILVA, Ovídio A. Batista da. *Do processo cautelar*. Rio de Janeiro: Forense, 2009, p. 376.

41 STJ, 3ª T., REsp 659.139/RS, Rel. Min. Nancy Andrighi, ac. 15.12.2005, *DJU* 01.02.2006, p. 537.

42 STJ, 3ª T., AgRg no REsp 1.326.450/DF, Rel. Min. Marco Aurélio Bellizze, ac. 14.10.2014, *DJe* 21.10.2014; STJ, 4ª T., AgRg no AREsp 24.547/MG, Rel. Min. Antônio Carlos Ferreira, ac. 15.05.2012, *DJe* 21.05.2012; e STJ, 2ª Seção, REsp 1.133.872/PB, Recurso repetitivo, Rel. Min. Massami Uyeda, ac. 14.12.2011, *DJe* 28.03.2012.

43 STJ, 2ª S., REsp 1.349.453/MS, Rel. Min. Luís Felipe Salomão, ac. 10.12.2014, *DJe* 02.02.2015.

44 "(...) Exibição de documento. Ação autônoma. Procedimento comum. Ação de produção antecipada de prova. Interesse e adequação. 1. Admite-se o ajuizamento de ação autônoma para a exibição de documento, com base nos arts. 381 e 396 e seguintes do CPC, ou até mesmo pelo procedimento comum, previsto nos arts. 318 e seguintes do CPC" (STJ, 4ª T., REsp 1.774.987/SP, Rel. Min. Maria Isabel Gallotti, ac. 08.11.2018, *DJe* 13.11.2018).

Essas exigências legais são de observância rigorosa, sob pena de inépcia do requerimento. É que, sem os dados do art. 397, não é possível cumprir-se a função específica do procedimento exibitório: comprovar-se determinado fato, ou presumi-lo provado, conforme o caso (art. 400).

Deferido o pedido exibitório, a parte contrária será intimada na pessoa de seu advogado, pois a lei não exige que o demandado o seja pessoalmente, e terá cinco dias para responder.

Se a exibição é feita, encerra-se o incidente, sem se cogitar de verbas sucumbenciais, dada a natureza administrativa do incidente. Pode, porém, o demandado permanecer inerte ou contestar o pedido, afirmando a inexistência do documento ou coisa, ou negando o dever de exibi-los.

Se a exibição não se fizer, sem qualquer justificativa, o juiz proferirá decisão interlocutória, em que admitirá como verdadeiros os fatos que, por meio do documento ou da coisa, a parte pretendia provar (art. 400, I). Daí a necessidade de que esses fatos venham convenientemente enunciados na petição que provoca o incidente (art. 397, II).

Quando o promovido nega possuir o documento ou a coisa, caberá ao promovente o ônus de provar, por qualquer meio, que a declaração não corresponde à verdade, e a solução do incidente ficará na dependência dessa prova (art. 398, parágrafo único).

Se houve alegação de inexistência da obrigação de exibir, o juiz examinará a procedência ou não dos argumentos e, se julgá-los injustos, aplicará à parte que se escusou a sanção do art. 400, II, isto é, admitirá a veracidade dos fatos a cuja prova se destinava o documento ou coisa.[45]

O Código atual inovou ao permitir que o juiz, se necessário for, adote medidas indutivas, coercitivas, mandamentais ou sub-rogatórias para que o documento seja exibido (art. 400, parágrafo único). Com essa previsão, o CPC/2015 afasta o entendimento da Súmula 372 do STJ, que impedia a imposição de multa à parte que descumprisse a ordem exibitória. A penalidade, todavia, não excluirá a presunção de veracidade do *caput* do art. 400, se for o caso.

Prevê o art. 399 os casos em que o juiz, obrigatoriamente, não deverá admitir a recusa do promovido, e que são:

(a) quando o requerido tiver *obrigação legal* de exibir (inciso I), ou seja, quando existir texto expresso de lei instituindo o dever de exibir, como se dá no Código Civil, com relação a certos casos de exibição de livros mercantis (CC, arts. 1.190 e 1.191);

(b) quando o requerido aludiu ao documento ou à coisa, no processo, com o intuito de constituir prova (inciso II). Dessa alegação resulta o caráter de *prova comum* às partes, que não mais poderá ser recusada pelo litigante, que afirmou a respectiva existência;

(c) quando o documento, por seu conteúdo, for comum às partes (inciso III). O que interessa nesse caso não é a propriedade do documento, mas a declaração nele contida, que deve se relacionar com as duas partes. Assim, o recibo ou a cópia do contrato pertencem apenas a um dos contraentes, mas seu conteúdo é comum a ambos os participantes do negócio jurídico documentado.

Segundo o art. 404, o juiz considerará justo o motivo invocado pelo requerido e o dispensará da exibição, quando ficar comprovado que:

(a) a coisa ou documento for concernente a negócios da própria vida da família (inciso I);

(b) a apresentação poderá violar dever de honra (inciso II);

---

45 "(...) É firme a orientação do Superior Tribunal de Justiça no sentido de que, em ação de exibição de documentos, para haver condenação em honorários advocatícios, deve estar caracterizada a pretensão resistida. Precedentes" (STJ, 3ª T., AgInt no AREsp 1.289.543/SP, Rel. Min. Ricardo Villas Bôas Cueva, ac. 03.12.2018, *DJe* 06.12.2018).

(c) a publicidade do documento redundará em desonra à parte ou ao terceiro, bem como a seus parentes consanguíneos ou afins até o terceiro grau; ou lhes representará perigo de ação penal (inciso III);

(d) a exibição acarretará a divulgação de fatos, a cujo respeito, por estado ou profissão, deva guardar segredo (inciso IV);

(e) subsistem outros motivos graves que, segundo o prudente arbítrio do juiz, justifiquem a recusa da exibição (inciso V); e

(f) há disposição legal que justifique a recusa da exibição (inciso VI).

A propósito do sigilo profissional, convém ressaltar que essa escusação não pode ser vista como obstáculo absoluto à investigação judicial. Assim, *v. g.*, o Código de Ética Médica prevê o impedimento do médico de "*revelar fato de que tenha conhecimento em virtude do exercício de sua profissão*, salvo *por* justa causa, dever legal *ou* autorização do paciente" (art. 102). Isso quer dizer que, por interesse público, o juiz pode ordenar a quebra do sigilo, e o médico, ou outro profissional acobertado por igual dever de sigilo, terá de exibir o conteúdo de seus assentos. Caberá ao juiz, diante da natureza do processo e da relevância do direito em litígio, definir a presença, ou não, do interesse de ordem pública, para concluir, pela ocorrência, ou não, da *justa causa* para a ruptura do sigilo profissional. A jurisprudência da Suprema Corte registra importante precedente sobre o tema assim ementado: "A obrigatoriedade do sigilo profissional do médico não tem caráter absoluto. A matéria, pela sua delicadeza, reclama diversidade de tratamento diante das particularidades de cada caso".[46]

Iguais ponderações podem ser feitas a respeito da atividade do advogado, cuja relação contratual com seu cliente baseia-se na confiança e na confidencialidade. Reconhece-se, pois, que "o contrato de prestação de serviços advocatícios está sob a guarda do sigilo profissional, assim como se comunica à inviolabilidade da atividade advocatícia, sendo possível o afastamento daquelas garantias tão somente por meio de ordem judicial expressa e fundamentada e em relação a questões envolvendo o próprio advogado e que sejam relativas a fato ilícito em que ele seja autor".[47] Em princípio, portanto, terceiro não pode exigir a exibição do contrato ajustado entre o advogado e o respectivo cliente.

Se os motivos da recusa disserem respeito só a um item do documento, a parte ou terceiro deverá exibir a outra em cartório, para dela ser extraída cópia reprográfica, de tudo sendo lavrado auto circunstanciado (art. 404, parágrafo único).

O julgamento do incidente de exibição contra parte, seja de procedência ou improcedência, é sempre conteúdo de decisão interlocutória, que, contudo, não poderá ser objeto de agravo de instrumento, devendo o prejudicado, se assim o desejar, atacá-lo em preliminar de apelação (art. 1.009, § 1º). Se a decisão for abusiva e violar direito líquido e certo da parte, cabível será a impetração de mandado de segurança, se a futura impugnação em sede de apelação não for capaz de impedir a lesão imediata decorrente do ato judicial ilícito (Lei 12.016/2009, art. 5º, II).

712.1. Exibição intentada contra cadastro de pontualidade

Em regime de recursos repetitivos, o STJ adotou uma exigência especial para o ajuizamento da exibição de documentos quando intentada para conhecer dados constantes de cadastro de pontualidade organizado segundo o sistema de *credit scoring*, após ter o interessado recusado pretensão de crédito, com fundamento em informação do referido cadastro. A tese assentada foi a seguinte: "Em relação ao sistema *credit scoring*, o interesse de agir para a propositura da

---

46 STF, 2ª T., RE 91.218/SP, Rel. Min. Djaci Falcão, ac. 10.11.1981, *RTJ* 101/676.

47 STJ, 4ª T., RMS 67.105/SP, Rel. Min. Luis Felipe Salomão, ac. 21.09.2021, *DJe* 17.11.2021.

ação cautelar de exibição de documentos exige, no mínimo, a prova de: i) requerimento para obtenção dos dados ou, ao menos, a tentativa de fazê-lo à instituição responsável pelo sistema de pontuação, com a fixação de prazo razoável para atendimento; e ii) que a recusa do crédito almejado ocorreu em razão da pontuação que lhe foi atribuída pelo sistema *Scoring*".[48]

Assim, a petição inicial *in casu* deverá ser instruída com o comprovante de que houve a prévia tentativa de obter da respectiva fonte a informação pretendida, bem como da recusa da pretensão creditória por parte da instituição de crédito, sob pena de configurar a falta de interesse para agir em juízo.

713. Procedimento e consequências da exibição requerida contra terceiro

O pedido de exibição, quando formulado contra quem não é parte no processo principal, provoca a instauração de um novo processo, em que são partes o pretendente à exibição e o possuidor do documento ou coisa. Estabelece-se, pois, uma relação processual paralela, com partes diferentes, tendo também por objeto uma lide diferente, girando em torno da existência do documento ou coisa procurada e do dever de exibir.

Esse feito incidental, para evitar tumulto no andamento da ação, deverá ser processado em autos próprios, em apenso aos principais, e será julgado por *decisão interlocutória*, como dispõe o art. 402, *in fine*, da qual caberá agravo de instrumento (art. 1.015, VI).

O rito a observar é dos arts. 401 a 403 do CPC/2015. O pedido conterá os requisitos do art. 397. Se deferido, o juiz mandará que o *terceiro* seja citado para responder em quinze dias (art. 401).

Tal como a *parte*, também o terceiro pode assumir três atitudes diferentes: *(a)* exibir o documento ou coisa; *(b)* silenciar-se; ou *(c)* contestar o pedido.

A exibição exaure a *actio ad exhibendum* e põe fim ao processo incidental. A revelia importa confissão presumida da veracidade dos fatos alegados pelo promovente (art. 344) e enseja julgamento antecipado do mérito (art. 355, II), com a condenação do terceiro a depositar em juízo ou outro lugar designado, em cinco dias, a coisa ou documento reclamado pela *parte* (art. 403). Se, porém, houver contestação, em que o promovido negue a obrigação de exibir ou a posse do objeto reclamado, seguir-se-á a fase de instrução que poderá constar de depoimentos das partes e de testemunhas e de outras provas.

Quando houver provas orais, o juiz promoverá audiência de instrução e julgamento (art. 402). Caso contrário, proferirá a decisão de plano.

As defesas acolhíveis para justificar a recusa são a inexistência do objeto em poder do demandado ou a ocorrência dos fatos escusativos previstos no art. 404. O ônus de provar a posse do documento ou coisa pelo terceiro é da parte promovente (art. 398, parágrafo único, por analogia).

Já se decidiu que, em matéria de exibição de livros mercantis, não deve ser deferido o pedido formulado contra quem não é parte no feito. Pontes de Miranda, a meu ver, com razão, considera essa orientação jurisprudencial injusta e contrária ao espírito da lei. O que não se deve permitir é a exibição ou devassa de toda a escrita do terceiro. Isso só é possível nos casos do art. 420 (*vide* n. 721). Mas a pesquisa de um documento determinado ou de um lançamento especificado, que tenha pertinência com a causa pendente, não deve ser obstada pelo Judiciário. "Se os pressupostos do art. 18 do Código Comercial ou do art. 360 do Código de Processo Civil [CPC/2015, art. 401] estão satisfeitos, nada obsta a que se invoque aquele, ou esse", mesmo em se tratando de livros comerciais de terceiro.[49]

---

48 STJ, 2ª Seção, REsp 1.304.736/RS, Rel. Min. Luis Felipe Salomão, ac. 24.02.2016, *DJe* 30.03.2016.

49 PONTES DE MIRANDA, Francisco Cavalcanti. *Comentários ao Código de Processo Civil*, 1974, v. IV, p. 329.

A decisão que julgar a *actio ad exhibendum* poderá ser declaratória negativa, quando reconhecer a improcedência do pedido e acolher a defesa do terceiro. Mas será condenatória quando não acolher a escusa do promovido, pois, então, o juiz o condenará a depositar o documento ou a coisa em cartório ou noutro lugar, no prazo de cinco dias, atribuindo-lhe, ainda, o ônus das despesas do depósito (art. 403).

Trata-se, na verdade, de decisão preponderantemente executiva (ou mandamental, como quer Pontes de Miranda[50]), visto que prescinde do processo de execução forçada para atuar sobre o vencido. Assim, transcorrido o prazo de cinco dias da intimação da sentença, e não sendo cumprida a ordem, o juiz expedirá mandado de busca e apreensão, requisitando, se necessário, força policial, para efetivar, compulsoriamente, o depósito do objeto da execução (art. 403, parágrafo único).

São diversas, portanto, as consequências da não exibição, conforme seja a ação incidental movida contra parte da causa pendente ou contra terceiro.

Para a parte, a ação tem efeito cominatório, e o inatendimento da ordem de exibição importa declaração de veracidade dos fatos a cuja prova se destinava o objeto da exibição (art. 400).

Para o *terceiro* a consequência é a execução coativa por meio da apreensão judicial do referido objeto, "sem prejuízo" - ainda - "da responsabilidade por crime de desobediência, pagamento de multa e outras medidas indutivas, coercitivas, mandamentais ou sub-rogatórias necessárias para assegurar a efetivação da decisão" (art. 403, parágrafo único).

Se, finalmente, o promovido destruir a coisa ou documento que deveria exibir, ficará, além disso, responsável civilmente pelas perdas e danos que acarretar ao promovente, as quais poderão ser demandadas em ação ordinária de indenização.[51]

---

50 PONTES DE MIRANDA, Francisco Cavalcanti. *Comentários ao Código de Processo Civil*, 1974, v. IV, p. 332.

51 PONTES DE MIRANDA, Francisco Cavalcanti. *Comentários ao Código de Processo Civil*, 1974, v. IV, p. 333.

Fluxograma nº 18

EXIBIÇÃO DE DOCUMENTO OU COISA PELA PARTE
(arts. 396 a 400)

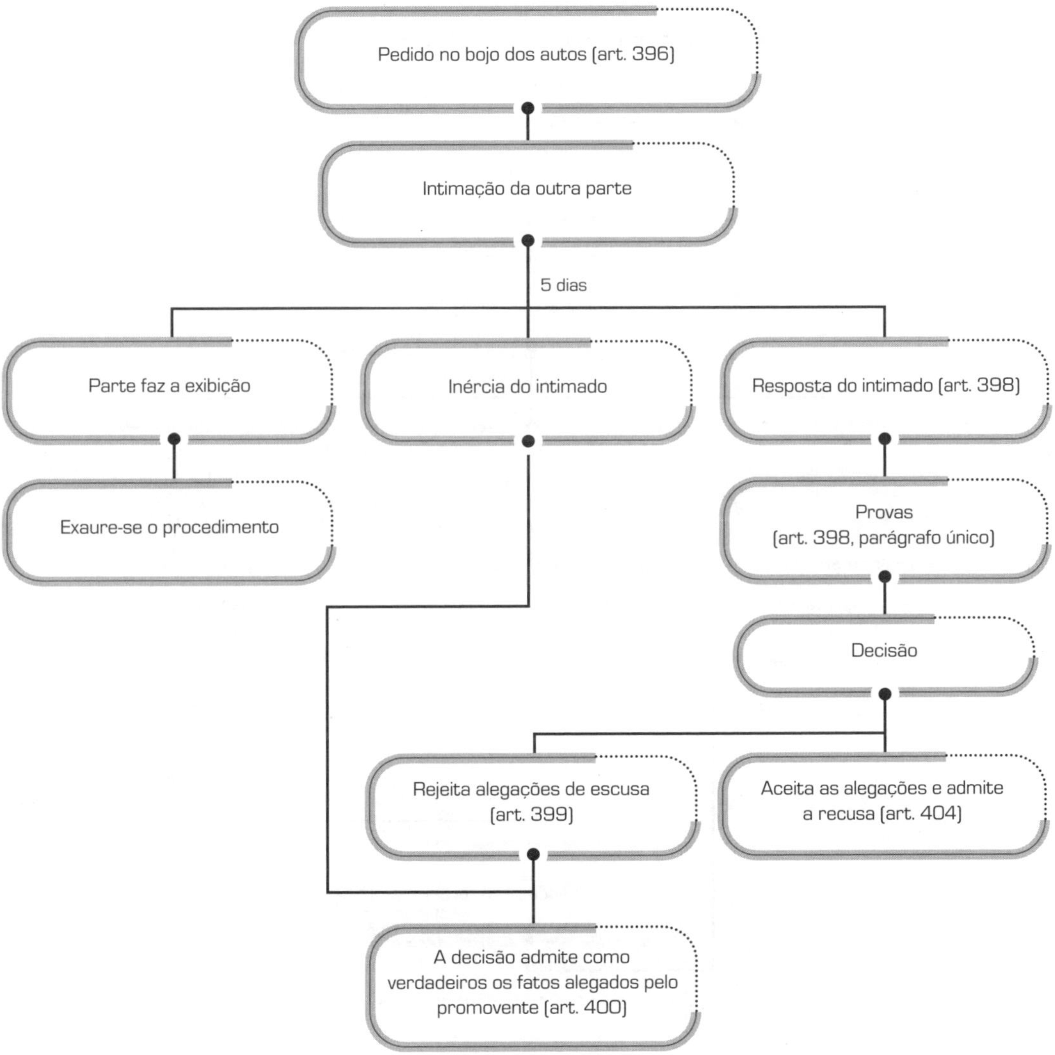

Fluxograma nº 19

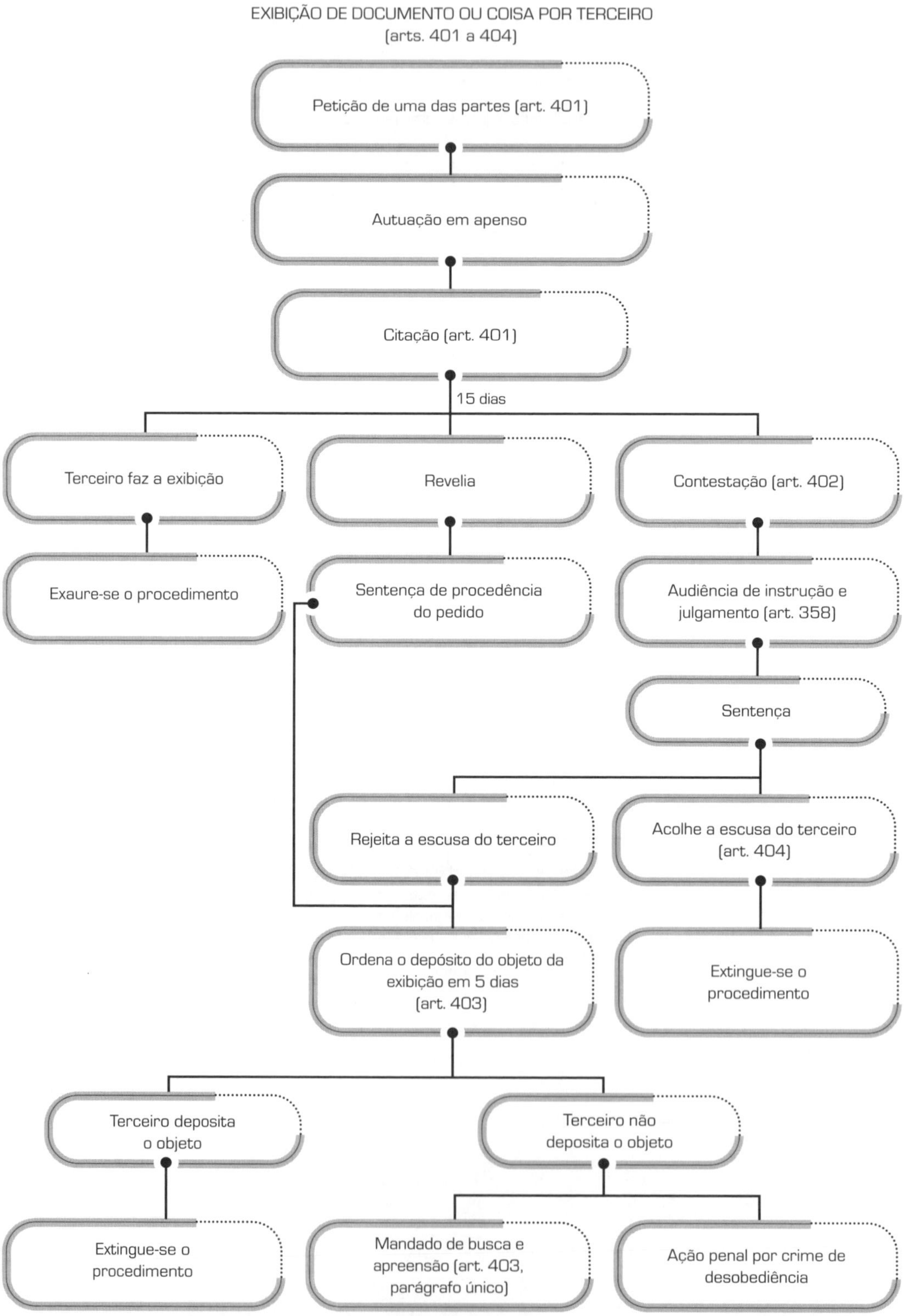

§ 89. PROVA DOCUMENTAL

714. Conceito

Na definição de Carnelutti, *documento* é "uma coisa capaz de representar um fato".[52] É o resultado de uma obra humana que tenha por objetivo a fixação ou retratação material de algum acontecimento. Contrapõe-se ao testemunho, que é o registro de fatos gravados apenas na memória do homem.

Em sentido lato, documento compreende não apenas os escritos, mas toda e qualquer *coisa* que transmita diretamente um registro físico a respeito de algum fato, como os desenhos, as fotografias, as gravações sonoras, filmes cinematográficos etc.

Mas, em sentido estrito, quando se fala da prova documental, cuida-se especificamente dos documentos escritos, que são aqueles em que o fato vem registrado pela palavra escrita, em papel ou outro material adequado.

Podem esses documentos ser classificados em públicos e particulares, conforme provenham de repartições públicas ou sejam elaborados pelas próprias partes.

Costuma-se distinguir entre documento e instrumento. Documento é gênero a que pertencem todos os registros materiais de fatos jurídicos. Instrumento é, apenas, aquela espécie de documento adrede preparado pelas partes, no momento mesmo em que o ato jurídico é praticado, com a finalidade específica de produzir prova futura do acontecimento. Assim, a escritura pública é instrumento do contrato de compra e venda de imóveis e o recibo de pagamento dos aluguéis é instrumento da quitação respectiva. Mas uma carta, que um contraente dirigisse ao outro, tratando de questões pertinentes ao cumprimento de um contrato anteriormente firmado entre eles, seria um *documento*, mas nunca um *instrumento*.

Pode, outrossim, o documento ser utilizado como prova, em *original* ou por meio de *cópias*.

São reproduções eficazes dos documentos públicos ou particulares:

(a) o traslado;
(b) o traslado do traslado;
(c) a pública-forma;
(d) o registro público;
(e) a certidão de inteiro teor, de tudo que constar de livro público ou de autos;
(f) a certidão por extrato parcial de documento, ou a certidão em forma de relatório sobre o processo;
(g) a fotocópia ou a xerocópia autenticada.[53]

715. Força probante dos documentos

O documento, quando autêntico, é prova que goza de enorme prestígio, pela grande força de convencimento que encerra. Mas no sistema processual brasileiro não há propriamente hierarquia de provas, de modo que o juiz examina o conjunto dos elementos instrutórios do processo, formando seu convencimento com liberdade (CPC/2015, art. 371). Podem, assim, a confissão, a prova pericial e até mesmo a testemunhal sobrepujar, num caso concreto, a prova documental.

---

52 CARNELUTTI, Francesco. *La Prueba Civil*. Buenos Aires: Ed. Arayú, 1955, n. 34-35, p. 154-156, *apud* PESTANA DE AGUIAR, João Carlos. *Comentários ao Código de Processo Civil*. São Paulo: RT, 1974, v. IV, p. 158.

53 MARQUES, José Frederico. *Manual de Direito Processual Civil*. Campinas: Bookseller, 1974, v. II, n. 472, p. 206.

Entrevê-se no documento duplo aspecto: o fato representativo, que é o próprio documento em seu aspecto material; e o fato representado, que é o acontecimento nele reproduzido.

Para que o documento seja eficaz como meio de prova, é indispensável que seja subscrito por seu autor e que seja autêntico. Autor, no entanto, não é, no dizer de Carnelutti, "quem o faz por si" (como o tabelião), "mas quem o faz para si" (como as partes contraentes, que firmam a escritura pública).[54]

Só é documento o escrito assinado, ou de outra forma, inegavelmente reconhecido por seu autor, como se dá, por exemplo, com os lançamentos da contabilidade mercantil, que prescindem da subscrição do comerciante que os faz ou manda fazer em seus livros. E só ocorre autenticidade quando se tem certeza acerca da veracidade da assinatura nele contida, ou da origem do documento.[55]

Não obstante a adoção pelo Código do princípio do convencimento judicial formado sobre o conjunto probatório dos autos, sem hierarquia entre os meios de prova, nos atos solenes, isto é, naqueles em que a forma é substancial, o documento público exigido por lei para sua validade assume supremacia sobre qualquer outra prova, e não pode mesmo ser substituído por nenhum outro meio de convicção (art. 406).

Se o documento estiver redigido em língua estrangeira, só poderá ser juntado ao processo "quando acompanhado de versão para a língua portuguesa tramitada por via diplomática ou pela autoridade central, ou firmada por tradutor juramentado" (art. 192, parágrafo único). A Lei 6.015/1973 prevê, também, o registro do documento estrangeiro, em sua versão portuguesa, no Cartório de Títulos e Documentos (arts. 129, § 6º, e 148). Trata-se, porém, de medida que condiciona o documento, notadamente em face de terceiros.[56]

716. Documentos públicos

"O documento público faz prova não só da sua formação, mas também dos fatos que o escrivão, o chefe da secretaria, o tabelião ou o servidor declarar que ocorreram em sua presença" (CPC/2015, art. 405).

Há, pois, presunção legal de autenticidade do documento público, entre as partes e perante terceiros, fato que decorre da atribuição de *fé pública* conferida aos órgãos estatais.

Esses documentos contêm afirmações que se referem: *(a)* às circunstâncias de formação do ato, como data, local, nome e qualificação das partes etc.; e *(b)* às declarações de vontade que o oficial ouvir das partes.

A presunção da veracidade acobertada pela fé pública do oficial só atinge os elementos de formação do ato e a autoria das declarações das partes, e não o conteúdo destas mesmas declarações. Pela verdade das afirmações feitas perante o oficial, só mesmo os autores delas são os responsáveis.

Há, destarte, que se distinguir, como faz Chiovenda, entre a verdade extrínseca e a verdade intrínseca, em matéria de documento público.[57]

Os documentos públicos, segundo as fontes enunciadas pelo art. 405, podem ser:

---

54 CARNELUTTI, Francesco. *Sistema di diritto processuale civile*. Padova: Cedam, 1936, v. I, p. 691.

55 AMARAL SANTOS, Moacyr. *Comentários ao Código de Processo Civil*. 2. ed. São Paulo: RT, 1976, v. IV, n. 131 e 132, p. 164-165. "A certeza da proveniência do documento do autor indicado chama-se *autenticidade*" (CARNELUTTI, Francesco. *Sistema di diritto processuale civile*. Padova: Cedam, 1936, I, p. 701, *apud* BARBI, Celso Agrícola. *Ação Declaratória*. 3. ed., p. 108).

56 STJ, 3ª T., REsp 924.992/PR, Rel. Min. Paulo de Tarso Sanseverino, ac. 19.05.2011, *DJe* 26.05.2011.

57 *Apud* LOPES, João Batista. *Manual das Provas no Processo Civil*. Campinas, Kennedy, 1974, p. 40.

(a) *judiciais*, quando elaborados por escrivão, com base em atos processuais ou peças dos autos;
(b) *notariais*, quando provenientes de tabeliães ou oficiais de Registros Públicos, e extraídos de seus livros e assentamentos;
(c) *administrativos*, quando oriundos de outras repartições públicas.

Todos gozam da mesma presunção de veracidade, quando legitimamente elaborados, dentro da competência do órgão expedidor.

A presunção é, no entanto, apenas *iuris tantum*, porque pode ser desconstituída por declaração judicial de falsidade do documento (art. 427), que deve ser suscitada em contestação, réplica ou no prazo de quinze dias da juntada aos autos do documento, e será resolvida como questão incidental, salvo se a parte requerer que o juiz a decida como questão principal. O incidente seguirá o procedimento dos arts. 430 a 433.

O instrumento público, quando for exigido pela lei, como da substância do ato, como nos atos de transmissão *inter vivos* de bens imóveis (CC, art. 108), é insuprível por qualquer outro meio de prova, por mais especial que seja (art. 406). O mesmo não ocorre com o documento particular, pois, ainda quando a lei exija a prova escrita, o depoimento pessoal, confessando o contrato, suprirá a falta do instrumento, qualquer que seja o valor da obrigação.[58]

O instrumento público, outrossim, para ser hábil a produzir os efeitos de direito, deve ser feito por tabelião ou oficial público com competência para o ato, no local de sua lavratura, e com observância das formalidades prescritas em lei.[59]

Mas o documento público, quando elaborado por oficial incompetente, ou sem as formalidades legais, embora perca a força própria dos instrumentos oficiais, gozará, ainda assim, da mesma eficácia probatória do documento particular, se estiver subscrito pelas partes (art. 407).

717. Reprodução de documentos públicos

Nem sempre é possível a exibição dos documentos públicos em original, presos que se acham aos processos, livros, registros ou arquivos das repartições onde se praticou o ato. Daí a necessidade de usar cópias ou reproduções para juntada aos autos judiciais.

A propósito, dispõe o art. 425 do CPC/2015 que fazem a mesma prova que os originais:

(a) as certidões textuais de qualquer peça dos autos, do protocolo das audiências, ou de outro livro a cargo do escrivão ou chefe de secretaria, sendo extraídas por ele ou sob sua vigilância e por ele subscritas (inciso I);
(b) os traslados e as certidões extraídas por oficial público de instrumentos ou documentos lançados em suas notas (inciso II);[60]

---

58 TJSP, 29ª Câmara de Direito Privado, Apel. 992090533193/SP, Rel. Des. Reinaldo Caldas, ac. 17.03.2010, pub. 31.03.2010.

59 MONTEIRO, João. *Programa do Curso de Processo Civil*. 3. ed. São Paulo: Duprat, 1912, v. II, § 134, p. 138. Os requisitos formais de escritura pública constam do art. 215 do Código Civil de 2002.

60 O art. 216 do Código Civil de 2002 acrescenta uma solenidade ao traslado: a necessidade de ser a reprodução conferida, também, por outro escrivão. Trata-se de um retrocesso em relação ao Código de Processo Civil, que se contenta com a fé pública daquele que formou o traslado. De qualquer forma a exigência é inócua, porque a certidão tem a mesma força do traslado e se este não valer como tal valerá como certidão, independentemente do conserto aludido na lei material. Em suma, não foi abalado o sistema do art. 365 do Código de Processo Civil [CPC/2015, art. 425] que colhe o traslado e a certidão como provas equivalentes, sem o requisito da dupla conferência com o original, sendo suficiente a fé pública do escrivão ou notário que subscreve a reprodução.

(c) as reproduções dos documentos públicos, desde que autenticadas por oficial público ou conferidas em cartório, com os respectivos originais (inciso III);

(d) as cópias reprográficas de peças do próprio processo judicial declaradas autênticas pelo advogado sob sua responsabilidade pessoal, se não lhes for impugnada a autenticidade (inciso IV). Questionada a fidelidade da cópia, o incidente resolve-se pela conferência com o original existente nos autos;

(e) os extratos digitais de bancos de dados, públicos e privados, desde que atestado pelo seu emitente, sob as penas da lei, que as informações conferem com o que consta na origem (inciso V);

(f) as reproduções digitalizadas de qualquer documento público ou particular, quando juntadas aos autos pelos órgãos da Justiça e seus auxiliares, pelo Ministério Público e seus auxiliares, pela Defensoria Pública e seus auxiliares, pelas procuradorias, pelas repartições públicas em geral e por advogados, ressalvada a alegação motivada e fundamentada de adulteração (inciso VI).[61]

718. Documentos particulares

Os documentos particulares, isto é, aqueles em que não ocorre interferência de oficial público em sua elaboração, podem assumir as feições de declaração:

(a) escrita e assinada pelo declarante;

(b) escrita por outrem e assinada pelo declarante;

(c) escrita pela parte, mas não assinada (papéis domésticos e anotações posteriores em documentos assinados);

(d) nem escrita nem assinada pela parte (livros comerciais).

É indiferente que a redação do texto tenha sido manuscrita, datilografada ou impressa. A autenticidade e a força probante variam conforme o tipo do documento particular, como a seguir veremos.

Com relação aos documentos particulares assinados, considera-se o autor quem os firmou, mesmo que redigidos por outrem (CPC/2015, art. 410, I e II). Daqueles escritos que, conforme a experiência comum, não se costumam assinar, como os livros comerciais e os assentos domésticos, reputa-se autor quem os mandou compor (art. 410, III).

Se o escrito foi assinado em presença de tabelião e este reconheceu a firma declarando a circunstância em que se deu a assinatura, o documento gozará de presunção legal de autenticidade (art. 411, I). Também gozará dessa presunção o documento quando a autoria estiver identificada por qualquer outro meio legal de certificação, inclusive eletrônico, nos termos da lei (art. 411, II). A presunção é *iuris tantum*, de sorte que prevalecerá até prova em contrário.

A mesma presunção ocorre quando, embora não reconhecida a firma, ou reconhecida sem a solenidade, a parte contrária não arguir dúvida sobre a autenticidade do documento após sua juntada aos autos (art. 411, III).

Com efeito, diz o art. 430 que "a falsidade deve ser suscitada na contestação, na réplica ou no prazo de quinze dias, contado a partir da intimação da juntada aos autos do documento".

---

[61] Os originais dos documentos digitalizados, a que alude o inciso VI do art. 365 [CPC/2015, art. 425, VI], deverão ser preservados pelo seu detentor até o final do prazo para interposição de ação rescisória. Essa regra não se aplica ao título executivo extrajudicial, ou outro documento relevante à instrução do processo, casos em que o juiz poderá determinar o depósito do original em cartório ou secretaria (art. 365, § 2º, CPC [CPC/2015, art. 425, § 2º].

Ultrapassado esse prazo, sem impugnação, não poderá mais a parte alegar a falta de autenticidade ou a inveracidade do seu contexto.

Fora dos casos de assinatura perante tabelião (art. 411, I), a presunção de autenticidade do documento particular é muito menor que a do documento público, pois decorre de aceitação dele, expressa ou tácita, pela parte contrária (art. 411, III). Basta, pois, a simples impugnação da parte para que se imponha o dever de provar em juízo a autenticidade, sob pena de tornar-se inócuo o documento (arts. 428, I, e 429, II).

719. Valor probante do documento particular

Cumpre distinguir entre *instrumentos particulares* e *simples documentos particulares*. *Instrumentos* são os escritos redigidos com o fito específico de documentar a prática de um ato jurídico e, assim, formar uma prova pré-constituída para uso futuro (ex.: o instrumento do mandato ou do contrato de locação, o recibo de um pagamento feito etc.). *Simples documentos particulares* são quaisquer outros escritos que casualmente sirvam para provar algum acontecimento ligado ao ato jurídico.

Nos instrumentos predominam as *declarações de vontade* e, nos simples documentos, as *declarações de conhecimento* acerca de fatos. A força probante varia conforme o conteúdo do documento particular.

Quando a vontade é enunciada expressamente no instrumento, incide a regra do art. 408, *caput*, do CPC/2015, segundo a qual "as declarações constantes do documento particular escrito e assinado, ou somente assinado presumem-se verdadeiras em relação ao signatário".[62]

Trata-se de enérgica força probante, que se exerce, no entanto, apenas contra o signatário e não perante terceiros. Isto quer dizer que "o documento particular, de cuja autenticidade se não duvida, prova que o seu autor fez declaração que lhe é atribuída" (art. 412, *caput*).

Importante ressaltar que o documento particular admitido expressa ou tacitamente é indivisível, sendo vedado à parte que pretende utilizar-se dele aceitar os fatos que lhe são favoráveis e recusar os que são contrários ao seu interesse, salvo se provar que estes não ocorreram (art. 412, parágrafo único).

Quando, porém, em vez de uma declaração de vontade, contiver "declaração de ciência de determinado fato, o documento particular prova a ciência, mas não o fato em si, incumbindo o ônus de prová-lo ao interessado em sua veracidade" (art. 408, parágrafo único).

Assim, se o vendedor declara no contrato que o prédio transmitido foi construído há dez anos, haverá presunção legal de veracidade da autoria e do contexto da declaração, mas não do fato em si, isto é, de que a construção se deu na época mencionada.

Pode, outrossim, surgir controvérsia não sobre o teor das declarações de vontade contidas no documento particular, mas apenas quanto à época em que foram manifestadas. Resolve-se a questão por meio da norma do art. 409, na qual se dispõe que "a data do documento particular, quando a seu respeito surgir dúvida ou impugnação entre os litigantes, provar-se-á por todos os meios de direitos". Assim, há presunção de que a data lançada no documento seja verdadeira, mas, mediante as provas ordinárias, pode-se demonstrar o contrário.

Perante terceiros, a data lançada no documento particular é inoperante, pois, em tais casos, a eficácia é limitada às partes. Para aqueles que não participaram do negócio jurídico

---

62 Dispõe o art. 221 do Código Civil de 2002: "O instrumento particular, feito e assinado, ou somente assinado por quem esteja na livre disposição e administração de seus bens, prova as obrigações convencionais de qualquer valor". Aboliu a nova lei civil, portanto, a velha exigência de testemunhas para condicionar o valor probante dos instrumentos negociais por documento particular.

documentado, a eficácia do instrumento particular só se inicia a partir de sua transcrição no Registro Público (CC/2002, art. 221).

O art. 406 do Código de Processo Civil, todavia, apresenta cinco exceções em que a data do instrumento particular operará contra terceiros, mesmo antes da transcrição no Registro Público.

Assim, "em relação a terceiros, considerar-se-á datado o documento particular:

(a) no dia em que foi registrado;
(b) desde a morte de algum dos signatários;
(c) a partir da impossibilidade física que sobreveio a qualquer dos signatários;
(d) da sua apresentação em repartição pública ou em juízo;
(e) do ato ou fato que estabeleça, de modo certo, a anterioridade da formação do documento".

As presunções dos n°s II a V, entre os quais se pode incluir no último inciso a que provém do reconhecimento da firma por tabelião, referem-se à *prova da data apenas*, mas não à eficácia do negócio jurídico, pois essa, em matéria de instrumento particular, depende sempre da transcrição no Registro Público, segundo a sistemática de nosso direito material (CC de 2002, art. 221).

720. Telegramas, cartas, registros domésticos

A *autenticidade* das declarações de vontade manifesta por telegramas, radiogramas ou qualquer outro meio similar de transmissão é dada pela assinatura do remetente no original constante da estação expedidora (CPC/2015, art. 413, *caput*), a qual poderá ser reconhecida por tabelião (art. 413, parágrafo único). "O telegrama ou radiograma presume-se conforme com o original, provando as datas de sua expedição e do recebimento pelo destinatário" (art. 414). A presunção, obviamente, é *iuris tantum*.

A evolução dos meios magnéticos de comunicação tem criado substitutivos para o tradicional telegrama, como o "telex" e o "telefax", que se intercambiam diretamente entre o expedidor e o destinatário, sem necessidade da intermediação do serviço telegráfico. Havendo controle e registro dos aparelhos de origem e destino, devem ser havidas como autênticas as mensagens, independentemente de comprovação das assinaturas dos originais, mesmo porque ditos originais serão inacessíveis ao destinatário, por pertencerem ao próprio expedidor.

Segundo o art. 415, as cartas e os registros domésticos, provam contra quem os escreveu quando:

(a) enunciam o recebimento de um crédito (inciso I);
(b) contêm anotação que visa a suprir a falta de título em favor de quem é apontado como credor (inciso II);
(c) expressam conhecimento de fatos para os quais não se exija determinada prova (inciso III).

As cartas compreendem todas as correspondências entre duas pessoas, tanto quando se refiram diretamente à formação de contrato (caso em que se transformam em instrumento do ajuste), como quando apenas registram fatos relevantes para a causa. Quando assinadas, as cartas se enquadram na categoria geral de documentos particulares (art. 408). A hipótese do art. 425 refere-se, porém, às cartas domésticas, sem assinatura, ou com firma incompleta. São os bilhetes ou pequenas correspondências em que o remetente apenas coloca o prenome ou um cognome qualquer, ou mesmo deixa de se identificar expressamente.[63]

Também os *registros domésticos* são apontamentos *escritos* pela parte, mas não assinados. Referem-se às anotações, memórias, diários, relacionados com a vida profissional ou privada do autor. Podem referir-se também à escrituração rudimentar de débitos e créditos da vida econômica da parte.

Fazem prova, as cartas e registros domésticos, apenas *contra quem os escreveu*, e desde que a lei não exija determinada prova para o ato (art. 415). Embora não assinados, esses documentos devem ter sido escritos pela própria pessoa contra quem se pretende opô-los.

Vale, também, em benefício do devedor, independentemente de assinatura, a nota escrita pelo credor, em qualquer parte do documento representativo de obrigação (art. 416). Apenas as anotações favoráveis ao devedor é que têm esse efeito, como as quitações parciais, prorrogação de vencimento etc. Essa regra é aplicada tanto para o documento que o credor conservar em seu poder como para aquele que se achar em poder do devedor ou de terceiro (art. 416, parágrafo único).

721. Livros empresariais

Os livros empresariais, conforme o art. 418, CPC/2015 fazem prova contra o seu autor. Mas, se o litígio se estabeleceu entre dois comerciantes, "os livros empresariais que preencham os requisitos exigidos por lei provam a favor do seu autor" (art. 418).[64]

Em ambos os casos, porém, é lícito à parte "demonstrar, por todos os meios permitidos em direito, que os lançamentos não correspondem à verdade dos fatos" (art. 417).

Na apreciação dos livros mercantis prevalece a regra da indivisibilidade da escrituração. "Se dos fatos que resultam dos lançamentos, uns são favoráveis ao interesse de seu autor e outros lhe são contrários, ambos serão considerados em conjunto como unidade" (art. 419).

Isto não impede, porém, que a parte contrária use de outros meios de prova para demonstrar a inverdade parcial dos lançamentos. A regra do art. 419 aplica-se apenas quando a escrituração é a única prova existente.

Sobre a exibição dos livros comerciais em juízo, cumpre distinguir entre a exibição integral da contabilidade e a exibição parcial de lançamentos ou documentos de comerciante.

A exibição integral dos livros comerciais e dos documentos do arquivo, a requerimento de parte interessada, o juiz só pode ordenar nas hipóteses previstas pelo art. 420,[65] ou seja:

(a) na liquidação da sociedade (inciso I);
(b) na sucessão por morte de sócio (inciso II);
(c) quando e como determinar a lei, como, por exemplo, nas falências e concordatas (inciso III).

---

63 AMARAL SANTOS, Moacyr. *Comentários ao Código de Processo Civil*. 2. ed. São Paulo: RT, 1976, v. IV, n. 157, p. 198; PONTES DE MIRANDA, Francisco Cavalcanti. *Comentários ao Código de Processo Civil*, 1974, v. IV, p. 352.

64 Sobre o tema dispõe o Código Civil de 2002: "Art. 226. Os livros e fichas dos empresários e sociedades provam contra as pessoas a que pertencem, e, em seu favor, quando, escriturados sem vício extrínseco ou intrínseco, forem confirmados por outros subsídios. Parágrafo único. A prova resultante dos livros e fichas não é bastante nos casos em que a lei exige escritura pública, ou escrito particular revestido de requisitos especiais, e pode ser ilidida pela comprovação da falsidade ou inexatidão dos lançamentos".

65 Dispõe o art. 1.191, *caput*, do Código Civil de 2002: "O juiz só poderá autorizar a exibição integral dos livros e papéis de escrituração quando necessária para resolver questões relativas à sucessão, comunhão ou sociedade, administração ou gestão à conta de outrem, ou em caso de falência".

Já a exibição parcial dos livros e documentos do comerciante pode ser ordenada pelo juiz, de ofício ou a requerimento da parte, para que se extraia deles a suma que interessar ao litígio.[66]

Pode, outrossim, a suma ser substituída por reproduções fotográficas ou mecânicas autenticadas (art. 421).

Ao ordenar a exibição parcial da contabilidade do comerciante, o juiz deve ter sempre presente o caráter excepcional da medida em face do direito ao sigilo dos negócios da empresa. Apenas será pesquisado o que for estritamente necessário para a apuração do fato em jogo no processo.

A recusa à ordem legal de exibição dos livros contábeis acarreta a sua apreensão judicial e autoriza, conforme o caso, a presunção de veracidade do fato que a parte contrária desejava provar pelos assentos contábeis (Código Civil, art. 1.192, *caput*). Trata-se, porém, de presunção *juris tantum*, já que se permite elidi-la por prova documental em contrário (parágrafo único do mesmo artigo).

722. Documentos arquivados em meio eletromagnético

O valor probante da digitalização, armazenamento em meio eletrônico, óptico ou equivalente, assim como a reprodução de documentos públicos e privados, arquivados em meios eletromagnéticos, acha-se regulado pela Lei 12.682, de 9 de julho de 2012, que determina as seguintes cautelas:

(a) deve-se entender por digitalização a conversão da fiel imagem de um documento para código digital (art. 1º, parágrafo único);

(b) o processo de digitalização deverá ser realizado de forma a manter a integridade, a autenticidade e, se necessário, a confidencialidade do documento digital, com o emprego de assinatura eletrônica (art. 3º, com a redação da Lei 14.129/2021);

(c) os meios de armazenamento dos documentos digitais deverão protegê-los de acesso, uso, alteração, reprodução e destruição não autorizados (art. 3º, parágrafo único);

(d) as empresas privadas ou os órgãos da Administração Pública direta ou indireta que utilizarem procedimentos de armazenamento de documentos em meio eletrônico, óptico ou equivalente deverão adotar sistema de indexação que possibilite a sua precisa localização, permitindo a posterior conferência da regularidade das etapas do processo adotado (art. 4º);

(e) os registros públicos originais, ainda que digitalizados, deverão ser preservados de acordo com o disposto na legislação pertinente (art. 6º).

O CPC/2015 trouxe disposição específica sobre a utilização de documentos eletrônicos, em seu art. 439: "a utilização de documentos eletrônicos no processo convencional dependerá de sua conversão à forma impressa e de verificação de sua autenticidade, na forma da lei".

Se o documento eletrônico não for convertido à forma expressa, o juiz apreciará o seu valor probante, assegurado às partes o acesso ao seu teor (art. 440). Por fim, estabelece o Código que somente serão admitidos documentos eletrônicos produzidos e conservados com a observância da legislação específica (art. 441), no caso, referida Lei 12.682/2012 e a Lei 11.419/2006 (sobre documentos eletrônicos, ver item 734 e seguintes adiante).

---

[66] Dispõem os parágrafos do art. 1.191 do Código Civil de 2002: "§ 1º O juiz ou tribunal que conhecer de medida cautelar ou de ação pode, a requerimento ou de ofício, ordenar que os livros de qualquer das partes, ou de ambas, sejam examinados na presença do empresário ou da sociedade empresária a que pertencerem, ou de pessoas por estes nomeadas, para deles se extrair o que interessar à questão. § 2º Achando-se os livros em outra jurisdição, nela se fará o exame, perante o respectivo juiz".

Observe-se que a Lei 13.874/2019 que instituiu a Declaração de Direitos de Liberdade Econômica, estabelecendo garantias de livre mercado, dispôs, em seu art. 3º que, entre outros, "são direitos de toda pessoa, natural ou jurídica, essenciais para o desenvolvimento e o crescimento econômicos do País, observado o disposto no parágrafo único do art. 170 da Constituição Federal (...) X – arquivar qualquer documento por meio de microfilme ou por meio digital, conforme técnica e requisitos estabelecidos em regulamento, hipótese em que se equiparará a documento físico para todos os efeitos legais e para a comprovação de qualquer ato de direito público".[67]

723. Reprodução de documentos particulares

Os documentos particulares podem ser reproduzidos de duas formas:

(a) por meios mecânicos, como a fotografia, a xerox etc.;
(b) por simples traslado.

As reproduções dos documentos particulares, fotográficas ou obtidas por outros processos de repetição, valem como *certidões*, sempre que o escrivão ou chefe de secretaria certificar sua conformidade com o original (CPC/2015, art. 423). É o que na vida forense recebe a denominação de autenticação da fotocópia, ato que pode ser praticado pelo escrivão do feito ou por qualquer tabelião ou oficial público.

Se o documento constar do processo, sua cópia poderá ser autenticada pelo advogado que a utiliza (por exemplo: para instruir recurso ou embargo). Enquanto não impugnada, a reprodução fará a mesma prova que o original (art. 425, IV). As outras cópias, aquelas que não são reprodução mecânica do documento, mas simples traslados feitos sem intervenção de oficial público, para produzir o mesmo efeito probante do original, deverão ser submetidas à conferência pelo escrivão do processo, depois de intimadas as partes (art. 424).

O Código de 2015 acolheu o entendimento que tem prevalecido nos tribunais de que a autenticação da cópia de documento nem sempre é requisito de sua acolhida como prova no processo. Se a cópia não é impugnada, "há de ter-se como conforme ao original"[68] e desse modo gozar do "mesmo valor probante do original".[69] Em suma, a conferência ou autenticação da cópia somente é imprescindível se a parte contra quem produzida impugná-la.[70]

Esta, aliás, foi a orientação adotada no plano de direito material, pelo art. 225 do Código Civil de 2002, *in verbis*: "As reproduções fotográficas, cinematográficas, os registros fonográficos e, em geral, quaisquer outras reproduções mecânicas ou eletrônicas de fatos ou de coisas fazem prova plena destes, se a parte, contra quem forem exibidos, não lhes impugnar a exatidão". A regra foi editada diretamente para as reproduções mecânicas de coisas, mas não há como

---

67 O Decreto 10.278, de 18.03.2020, "regulamenta o disposto no inciso X do *caput* do art. 3º da Lei 13.874, de 20 de setembro de 2019, e no art. 2º-A da Lei 12.682, de 9 de julho de 2012, para estabelecer a técnica e os requisitos para a digitalização de documentos públicos ou privados, a fim de que os documentos digitalizados produzam os mesmos efeitos legais dos documentos originais" (art. 1º).

68 STJ, 3ª T., REsp 11.725, Rel. Min. Eduardo Ribeiro, ac. 18.02.1992, *DJU* 16.03.1992, p. 3.098; STJ, 1ª T., AgRg no Ag 535.018/RJ, Rel. Min. José Delgado, ac. 16.03.2004, *DJU* 10.05.2004, p. 178.

69 STJ, 1ª T., Mand. Seg. 919-PE, Rel. Min. Garcia Vieira, ac. 22.05.1991, *DJU* 01.07.1991, p. 9.161; STJ, 2ª T., REsp 622.804/RJ, Rel. Min. Eliana Calmon, ac. 21.09.2004, *DJU* 29.11.2004, p. 296.

70 STJ, 5ª T., REsp 803.113/PR, Rel. Min. Laurita Vaz, ac. 16.06.2009, *DJe* 03.08.2009. Com relação às pessoas jurídicas de direito público, as cópias reprográficas podem ser autenticadas por servidor da própria repartição interessada (STJ, Emb. Div. em REsp 125.196/SP, Corte Especial, Rel. Min. Waldemar Zveiter, ac. 01.04.1998, *RSTJ* 109/15; STJ, Corte Especial, EREsp 135.107/SP, Rel. Min. Waldemar Zveiter, ac. 07.10.1998, *DJU* 14.12.1998, p. 80).

recusar-lhe aplicação também à reprodução de documentos, como, aliás, já vinha fazendo a jurisprudência, antes do Código Civil de 2002.

Não se admite, todavia, a substituição do título de crédito por cópia no processo de sua execução ou naquele que o credor dispute reconhecimento de sua existência ou validade (CC, art. 223, parágrafo único). É que, em relação aos títulos da espécie, a titularidade do direito incide diretamente sobre a coisa e só mediante sua posse se prova o crédito respectivo. Pela sistemática do direito cambiário, a propriedade circula com o documento, de sorte que apenas o original do título tem o poder jurídico de revelar sua atual titularidade.

724. Reproduções mecânicas de coisas ou fatos

I – Generalidades

A prova documental, como já se afirmou, não compreende apenas os escritos, mas abrange toda reprodução material de fatos. Daí admitir o art. 422, *caput*, do CPC/2015 que qualquer reprodução mecânica, como a fotográfica, a cinematográfica, a fonográfica ou de outra espécie, tem aptidão para fazer prova dos fatos ou das coisas representadas, se a sua autenticidade não for impugnada por aquele contra quem foi produzida.[71]

II – Fotografias digitais e extraídas da rede mundial de computadores

As fotografias digitais e as extraídas da rede mundial de computadores fazem prova das imagens que reproduzem. Sendo impugnada a sua autenticidade, deverá ser apresentada a respectiva autenticação eletrônica ou, não sendo possível, realizada perícia (art. 422, § 1º).

III – Fotografias publicadas em jornal ou revista

Se a prova for uma fotografia publicada em jornal ou revista, será exigido um exemplar original do periódico, caso impugnada a veracidade pela outra parte (art. 422, § 2º).

IV – Impressão de mensagem eletrônica

O Código atual deu o mesmo tratamento das fotografias digitais à forma impressa de mensagens eletrônicas, ou seja, reconhece sua força probante, desde que não impugnada pela parte contrária. Ocorrendo impugnação, deverá ser apresentada a respectiva autenticação eletrônica ou, não sendo isto possível, realizada perícia (art. 422, § 3º).

V – Reprodução dos documentos particulares

As reproduções dos documentos particulares obtidas por fotografias ou por outros processos de repetição – como, por exemplo, o xerox –, valem como certidões sempre que o escrivão ou chefe de secretaria certificar sua conformidade com o original (art. 423).

VI – Cópia de documento particular

A cópia de documento particular, mesmo quando não seja fotográfica ou reprográfica, pode assumir o mesmo valor probante que o original, quando o escrivão, mediante prévia intimação das partes, proceder à conferência e certificar a conformidade entre a cópia e o original (art. 424).

---

[71] Há interessante artigo de Hermano Duval sobre a prova à base de fitas magnéticas, *Revista Forense* 251/384. Sobre o mesmo tema consultar nossos estudos "A gravação telefônica como meio de prova no processo civil" (*Boletim Técnico da OAB*, v. 1º, EAOAB, Belo Horizonte, 1994, p. 11-22); "Aspectos relevantes da prova no processo civil" (*Rev. Jurídica*, v. 195, Porto Alegre, jan. 1994, p. 5-27 e *Rev. Julgados do Tribunal de* Alçada *de Minas Gerais*, v. 51, Belo Horizonte, abr.-jun. 1993, p. 15-38).

Todas as providências acima apontadas, necessárias nos casos em que a parte contrária não admite a veracidade da reprodução, justificam-se pela facilidade com que as peças dessa natureza se prestam a fraudes realizadas por meio de *montagens*, retoques, revelações às avessas etc.

725. Documentos viciados em sua forma

Quando o documento contiver, em ponto substancial e sem ressalva, *entrelinha, emenda, borrão* ou *cancelamento*, o juiz apreciará fundamentadamente a fé que deva merecer como meio de prova (CPC/2015, art. 426).

Não há, portanto, uma condenação apriorística de toda validade do documento, mas também perde ele a presunção legal de veracidade da declaração nele contida, contra seu autor.

O documento passa à condição de uma prova comum que o juiz examinará fundamentadamente e no cotejo com os demais elementos de convicção dar-lhe-á a fé que seu merecimento justificar.

Cumpre, em tais casos, averiguar se a emenda, borrão, entrelinha ou rasura foi anterior ou posterior à assinatura do autor do documento, o que, na prática, nem sempre é fácil, mesmo para as perícias mais sofisticadas.

Se ficar provado que a alteração se deu antes de ser firmado o documento particular, seu valor probante em nada ficará prejudicado. O ônus dessa prova compete a quem produz o documento nos autos.

Mas, se persistir a dúvida, porque as demais provas nada esclareceram, a presunção normal é de que o documento tenha sido adulterado posteriormente à sua assinatura, pois cabia aos interessados o ônus de ressalvar a emenda, o borrão, a entrelinha ou a rasura antes de firmá-lo, para que se aperfeiçoasse como instrumento idôneo a provar a declaração de vontade.

Observe-se que apenas o defeito "em ponto substancial" é que vicia o documento, não aquele que apenas atinge cláusula ou palavra de significado secundário e não relevante para a solução do litígio. Também não terá consequências o vício documental em questão, quando, ainda referente a ponto substancial, não tiver sido objeto de impugnação pela parte contrária.

Note-se, finalmente, que a ressalva colocada antes do fecho e da assinatura do documento elimina inteiramente o defeito do documento naquilo que se refere à emenda, borrão, entrelinha ou rasura discriminada.

Esses vícios podem ser arguidos em contestação ou impugnação ou em quinze dias após a juntada aos autos (art. 430).

Podem referir-se a documentos públicos ou particulares. Quando for o caso de certidões ou traslados, a solução será fácil, pois bastará efetuar-se o cotejo do documento produzido defeituosamente com o original das notas ou arquivos da repartição pública de onde proveio.

726. Falsidade documental

O documento escrito compõe-se do contexto, que enuncia a declaração de vontade ou de conhecimento do fato, e da assinatura que lhe dá autenticidade. O documento é idôneo quando a declaração é verdadeira e a assinatura é autêntica. Em regra, estabelecida a autenticidade do documento, presume-se verdadeira a declaração nele contida.

Por isso, a não ser os casos de vícios materiais evidentes (rasuras, borrões, entrelinhas e emendas), não basta à parte impugnar simplesmente o documento contra si produzido. Pois, no sistema do Código, só cessa a fé do documento, público ou particular, "sendo-lhe declarada judicialmente a falsidade" (CPC/2015, art. 427).

Há dois caminhos para obter esse reconhecimento judicial: *(i)* a ação declaratória autônoma prevista pelo art. 19, II; e *(ii)* o incidente de falsidade a que alude o art. 430.

727. Espécies de falsidade

Cumpre, inicialmente, distinguir entre falsidade da assinatura e falsidade do documento. A primeira não reclama, necessariamente, o incidente de falsidade para seu reconhecimento. Pois a fé do documento particular cessa a partir do momento em que "lhe for impugnada a autenticidade", e, por isso, a sua eficácia probatória não se manifestará "enquanto não se lhe comprovar a veracidade" (CPC/2015, art. 428, I).

Produzido o documento por uma parte, portanto, e negada a assinatura pela outra, incumbirá à primeira o ônus de provar a veracidade da firma, o que será feito na própria instrução da causa, sem a necessidade de incidente especial.

Deixando de lado a questão da assinatura (autenticidade), o documento pode ser falso em dois sentidos:

(a) quando a declaração *intrinsecamente* se refere a um fato não verdadeiro; e

(b) quando há vício na forma e nos aspectos exteriores da formação do documento.

Quando a declaração, consciente ou inconscientemente, revela um fato inverídico, ocorre o que se chama *falsidade ideológica*, que corresponde ao fruto da simulação ou dos vícios de consentimento (erro, dolo e coação).

Nas hipóteses em que o vício se manifestou na elaboração física do documento, e não na vontade declarada, o defeito chama-se *falsidade material*.

A falsidade ideológica enseja anulação do ato jurídico, mas isso só pode ser pretendido em ação própria (principal ou reconvencional) em que se busque uma *sentença constitutiva*. Para tanto, não se presta a simples impugnação em contestação, tampouco o incidente de falsidade, pois a primeira é simples resistência passiva do réu e o segundo é apenas o de função declaratória. Nenhum deles tem a força *desconstitutiva* capaz de desfazer o ato jurídico viciado ideologicamente.[72]

Daí a opinião majoritária da doutrina brasileira de que apenas os vícios instrumentais (falsidade material) são objeto de incidente de falsidade.[73] Há, porém, alguns casos em que o documento ideologicamente falso também pode ser objeto desse incidente. É o que ocorre quando o documento não espelha declaração negocial de vontade, mas apenas registra objetivamente fato relevante para prova pertinente ao litígio. É que, então, a falsidade poderá ser declarada independentemente de desconstituição de qualquer ato jurídico.[74]

Com efeito, dispõe o art. 427, parágrafo único, do CPC/2015 que a falsidade que faz cessar a fé do documento público ou particular, e que pode ser arguida no incidente do art. 430, consiste:

(a) em formar documento não verdadeiro (inciso I);

(b) em alterar documento verdadeiro (inciso II).

---

[72] PESTANA DE AGUIAR, João Carlos. *Comentários ao Código de Processo Civil.* São Paulo: RT, 1974, v. IV, p. 213.

[73] MARQUES, José Frederico. *Op. cit.*, v. III, n. 568, p. 79; BUZAID, Alfredo. *Apud* BARBI, Celso Agrícola. *Ação Declaratória*. 3. ed. p. 109; PESTANA DE AGUIAR, João Carlos. *Comentários ao Código de Processo Civil.* São Paulo: RT, 1974, v. IV, p. 213-214; GRINOVER, Ada Pellegrini. *Ação Declaratória Incidental.* São Paulo: Revista dos Tribunais, 1972, n. 56, p. 85-86.

[74] Cf. THEODORO JÚNIOR, Humberto. Ação Declaratória e Incidente de Falsidade: Falso Ideológico e Intervenção de Terceiros. *Rev. de Processo*, São Paulo, 51/32. No sentido do texto: REsp 19.920-0/PR, 4ª T., Rel. Min. Sálvio de Figueiredo, ac. 15.06.1993, *DJU* 25.10.1993, p. 2.298; e *LEX – JSTJ* 54/187.

Forma-se, materialmente, um documento falso quando, por exemplo, se utiliza papel assinado em branco e nele se lança uma declaração nunca formulada, nem desejada pelo signatário; ou quando se utiliza apenas a parte final de um texto, de onde se extrai a assinatura da parte para incluí-la num outro texto totalmente diverso do primitivo. Nesse caso, não se pode falar em falsidade ideológica, porque o autor nunca quis declarar o fato não verdadeiro, pois a declaração falsa foi lançada por outrem.

Por outro lado, *altera-se* um instrumento quando não se cria um documento novo, mas apenas se modificam palavras, cláusulas ou termos de escrito preexistente.

Em suma: formar documento não verdadeiro é criar um documento por inteiro, e alterar documento verdadeiro é apenas inserir novidade no documento para modificar o sentido da declaração nele contida.

Completa a ideia de falsidade material do documento particular o disposto no art. 428, em que se dispõe que cessa a fé de tais documentos quando:

(a) lhe for impugnada a autenticidade e enquanto não se lhe comprovar a verdade (inciso I);

(b) assinado em branco, lhe for impugnado o conteúdo, por preenchimento abusivo (inciso II).

No primeiro caso, como já se afirmou, basta a impugnação do signatário para afastar a presunção de autenticidade do documento particular, o que dispensa o incidente de falsidade e carreia para a parte que produziu o documento o ônus de provar a veracidade da firma (art. 428, II).

No segundo caso, estamos diante de um documento falso na sua elaboração em vista de má-fé do portador a quem foi confiado documento assinado com texto não escrito, no todo ou em parte. O abuso ocorrerá quando o portador formar ou completar o documento acima, por si ou por meio de outrem, "violando o pacto feito com o signatário" (art. 428, parágrafo único).

728. Ônus da prova

Pondo fim à controvérsia que existia em torno do ônus da prova em questões pertinentes à falsidade documental, dispõe o art. 429 do CPC/2015 que incumbe o ônus da prova quando:

(a) se tratar de falsidade de documento ou de preenchimento abusivo, à parte que a arguir (inciso I);

(b) se tratar de impugnação da autenticidade, à parte que produziu o documento (inciso II).[75]

Essas regras são de observar-se tanto no incidente de falsidade como nas ações declaratórias principais, bem como quando a assinatura é apenas impugnada em alegação de defesa no curso do processo.

Observe-se, outrossim, que a impugnação à assinatura, a que alude o art. 429, II, é apenas a que se relaciona com os documentos particulares, pois os documentos públicos gozam de presunção legal de autenticidade, a qual só pode ser destruída por sentença judicial, cabendo, então, a regra de que o ônus da prova toca à parte que arguir a falsidade (art. 429, I).

Também não incide a regra do nº II, e sim a do nº I do art. 429, quando o documento particular tiver sido firmado nas condições do art. 411, I.

---

[75] Contestada a assinatura aposta em documento particular não autenticado, cabe à parte que o apresentou em Juízo o ônus de provar, na instrução da causa, sua veracidade, independentemente de incidente de falsidade.

Quando o caso for de impugnação da validade de documento assinado em branco, competirá ao impugnante "o ônus da prova, não só de que ele foi assinado em branco, mas, também, de que foi ele abusivamente preenchido".[76]

729. A arguição de falsidade

A arguição de falsidade pode se dar como simples matéria de defesa, mas pode, também, constituir um incidente em que a falsidade se torne questão principal a ser solucionada por decisão de mérito.

Consiste o incidente de falsidade, quando arguido como questão principal, numa verdadeira ação declaratória incidental, com que se amplia o *thema decidendum*: o juiz, além de solucionar a lide pendente, terá de declarar a falsidade ou não do documento produzido nos autos. E o efeito da *res iudicata* atingirá não só a resposta ao pedido principal, mas também a questão incidental da falsidade.

Há, assim, uma cumulação sucessiva de pedidos, por via incidental. Nesse sentido, é a lição de José Frederico Marques,[77] Pontes de Miranda,[78] Pestana de Aguiar[79] e Ada Pellegrini Grinover.[80]

A arguição, todavia, é regulada de maneira mais singela no CPC/2015, pois não se exige processamento em autos próprios, nem mesmo petição inicial distinta, já que pode figurar em capítulos de outras petições, e seu julgamento dar-se-á junto com o da causa principal, numa só sentença. A arguição é admissível na contestação, na réplica ou no prazo de quinze dias, contado a partir da intimação da juntada aos autos do documento (CPC/2015, art. 430) e pode referir-se tanto aos documentos públicos como aos particulares. O Código atual não manteve a regra do anterior, que permitia a instauração do incidente em qualquer grau de jurisdição (art. 390 do CPC/1973). Com isso, não se pode cogitar da arguição de falsidade nas instâncias recursais, mas apenas na pendência do processo perante o juízo de primeiro grau ou de grau único.

Se foi produzido com a inicial, o réu deverá suscitar o incidente na contestação. Se em qualquer outro momento processual, a parte interessada terá quinze dias, a contar da intimação da juntada, para propor o incidente.

O prazo é preclusivo, de maneira que, não interposta a arguição de falsidade em tempo útil, nem impugnada de qualquer forma a autenticidade, presume-se que a parte aceitou o documento como verdadeiro (art. 411, III).

Sendo a preclusão um fenômeno cujos efeitos ocorrem internamente no processo, sem projetá-los para outros casos a serem resolvidos em outros feitos, o fato de a parte ter perdido a oportunidade de arguir a falsidade nos momentos e prazos o art. 430 não impede que sua alegação venha a ser objeto de ação posterior, voltada para a anulação do ato jurídico viciado pelo *falsum*.

730. Procedimento do incidente de falsidade

O incidente de falsidade corre nos próprios autos, uma vez que deve ser suscitado na contestação, na réplica ou em quinze dias da juntada do documento ao processo (CPC/2015, art. 430). O incidente, em regra, não suspende o curso do processo.

---

76 TJSP, 24ª Câmara de Direito Privado, Apel. 7240587500/SP, Rel. Des. José Luiz Germano, ac. 22.08.2008, pub. 16.09.2008.

77 MARQUES, José Frederico. *Manual de direito processual civil*. Campinas: Bookseller, 1997. n. 570 e 572. p. 100-104.

78 PONTES DE MIRANDA, Francisco Cavalcanti. *Comentários ao Código de Processo Civil*, 1974, v. IV, p. 364.

79 PESTANA DE AGUIAR, João Carlos. *Comentários ao Código de Processo Civil*. São Paulo: RT, 1974, v. IV, p. 219.

80 GRINOVER, Ada Pellegrini. *Ação Declaratória Incidental*. São Paulo: Revista dos Tribunais, 1972, n. 56, p. 85.

A parte, ao arguir a falsidade, deverá expor os motivos em que funda a sua pretensão e os meios com que provará o alegado (art. 431). Recebida a arguição, o juiz deverá intimar a parte contrária para, em quinze dias, se manifestar. Ouvidas as partes, será realizada a prova pericial. Não haverá necessidade da realização do exame pericial se a parte que produziu o documento concordar em retirá-lo dos autos (art. 432, parágrafo único).

Uma vez arguida, nos termos do art. 430, parágrafo único, a falsidade será decidida pelo juiz como questão incidental, a menos que a parte requeira a sua decisão como questão principal, nos termos do art. 19, II.

Decidir como questão incidente quer dizer apreciar a falsidade no plano dos *motivos* da sentença, e não como questão de mérito. Logo, não fará coisa julgada material o reconhecimento ou a rejeição da arguição. Incidirá a regra do art. 504, I, segundo a qual "não fazem coisa julgada os motivos, ainda que importantes para determinar o alcance da parte dispositiva da sentença". A circunstância de tratar a arguição de falsidade como questão incidental não implica deva ser julgada separadamente da sentença, *i.e.*, em decisão interlocutória. Significa simplesmente que a questão se transformará apenas num problema da instrução probatória, e como tal será resolvida na valoração das provas para formação do convencimento do juiz ao tempo da sentença. Requerida a apreciação da falsidade como *questão principal*, ter-se-á ampliado o objeto litigioso, passando o tema a integrar o mérito da causa. A sentença, por conseguinte, não tratará dela apenas na motivação, mas incluirá no dispositivo, dando-lhe resposta qualificada como julgamento de mérito, apto a conferir autoridade de coisa julgada material à declaração de falsidade.

A arguição de falsidade, no sistema do Código atual, não cria um incidente apartado, fora dos autos existentes, nem exige a paralisação do processo, para aguardar decisão sobre a controvérsia nova criada sobre a legitimidade do documento apresentado em juízo como elemento da respectiva instrução probatória. Seja a título de questão incidental, seja de questão principal, o procedimento será sempre o mesmo: haverá perícia sobre o documento e a arguição será examinada e solucionada num capítulo da sentença. A diferença situa-se no plano da eficácia: *(i)* se a sentença enfrenta a falsidade como *questão incidental*, a resolução integrará o estágio dos *motivos* do julgamento, e como tal não se formará a seu respeito a coisa julgada material; *(ii)* se a arguição é respondida como *questão principal*, a declaração figurará no dispositivo da sentença, como parte do julgamento do mérito da causa, e assim passará em julgado materialmente.

Diante desses termos, podemos esquematizar o procedimento do incidente de falsidade da seguinte forma:

(a) deve ser provocado por petição da parte endereçada ao juiz da causa expondo os motivos em que se funda a sua pretensão e indicando os meios com que provará o alegado. Quando a parte suscitar o incidente na contestação ou na réplica, não haverá necessidade de elaborar petição separada;[81]

(b) admitido o incidente, o juiz mandará intimar a parte que produziu o documento a responder no prazo de quinze dias;

(c) pode o intimado responder ou silenciar, caso em que se presume que está insistindo na validade do documento. Pode, também, requerer a retirada do documento do processo;

(d) se a parte não responder ou se afirmar a improcedência da arguição, o juiz mandará realizar prova pericial, que é necessária, mas não exclui a admissibilidade de outros meios de convencimento pertinentes a cada caso;

(e) o incidente será encerrado na sentença, pouco importando tenha sido feita a arguição de falsidade como questão incidental ou como questão principal.

---

[81] PESTANA DE AGUIAR, João Carlos. *Comentários ao Código de Processo Civil.* São Paulo: RT, 1974, v. IV, p. 223.

731. Facultatividade do incidente de falsidade

O incidente de falsidade, como já se afirmou, quando a arguição é feita como questão principal, é uma espécie de ação declaratória incidental, com que uma parte amplia o objeto da lide, de maneira que o mérito a decidir passe a ser não só o pedido inicial, como também a questão incidente. Com isso, obtém-se a eficácia da *res iudicata* não apenas sobre a solução do pedido inicial, mas igualmente sobre a questão superveniente da falsidade.

Isso, porém, não quer dizer que, apurada a falsidade de uma prova deduzida nos autos, seja o juiz forçado a não a reconhecer apenas porque a parte interessada omitiu-se na instauração da ação incidental dos arts. 430 a 433 do CPC/2015. O compromisso do processo é com a *verdade real* apenas, e o juiz tem de decidir de acordo com seu convencimento a respeito dessa verdade, formado à luz dos elementos probatórios dos autos, sem indagar quem foi o responsável pela respectiva produção. Pense-se, por exemplo, na sentença criminal que, no curso da ação civil, condena por delito de falsidade a parte que está se valendo do documento criminoso como prova no processo civil. O fato de não ter sido tempestivamente arguida a falsidade no juízo cível não impedirá o juiz de levá-la em conta no julgamento, se ao final da instrução probatória esse dado relevante restou eficazmente provado nos autos.

As provas tarifadas, consagradoras de uma verdade puramente formal, desde muito foram banidas definitivamente do processo judicial civilizado. Por isso, a ação incidental de falsidade é mera *faculdade da parte*, e jamais um limite ao poder amplo de investigação do juiz em torno da força probante de qualquer documento ou qualquer elemento de convicção.[82]

A parte interessada, por sua vez, pode optar entre arguir a falsidade como questão incidental ou argui-la como questão principal. Se escolhe a primeira via, a consequência será que o reconhecimento eventual do *falsum* figurará tão somente entre os "motivos" da sentença, que, segundo o art. 504, I, não fazem coisa julgada. Por isso, em futuros processos, a mesma questão poderá ser reaberta, já que inexistirá o empecilho da *res iudicata*.

Se, porém, o interessado alegar a falsidade como questão principal, nos moldes do art. 19, II, do CPC/2015, o que ocorrerá será o deslocamento da matéria do *falsum* da área dos simples *motivos* para o campo do *mérito*, de tal modo que o pronunciamento jurisdicional a respeito da falsidade documental se revestirá da indiscutibilidade e imutabilidade que caracterizam a coisa julgada material (art. 433).

732. Produção da prova documental

Produzir prova documental é fazer com que o documento penetre nos autos do processo e passe a integrá-lo como peça de instrução. O Código de 2015 especifica, no art. 434, os momentos adequados para a produção dessa prova, dispondo que os documentos destinados à prova dos fatos alegados devem ser apresentados em juízo com a petição inicial (art. 320) ou com a resposta (art. 335).

Boa parte da doutrina e jurisprudência, ao tempo do Código anterior, entendia que, quanto aos documentos "não indispensáveis", não estariam as partes impedidas de produzi-los em outras fases posteriores àquelas aludidas pelo art. 344.[83]

Mesmo para os que são mais rigorosos na interpretação do dispositivo em mira, o que se deve evitar é a malícia processual da parte que oculta desnecessariamente documento que poderia ser produzido no momento próprio. Assim, quando já ultrapassado o ajuizamento da inicial ou a produção da resposta do réu, desde que "inexistente o espírito de ocultação pre-

---

82 GRINOVER, Ada Pellegrini. *Ação Declaratória Incidental*. São Paulo: RT, 1972, n. 56, p. 85.

83 MARQUES, José Frederico. *Manual de Direito Processual Civil*. Campinas: Bookseller, 1997, v. II, n. 396, p. 219-220.

meditada e o propósito de surpreender o juízo, verificada a necessidade, ou a conveniência, da juntada do documento, ao magistrado cumpre admiti-la".[84]

A solução é justa e harmoniza-se com os poderes de instrução que o art. 370 confere ao juiz, os quais não sofrem efeitos da preclusão e podem ser manejados em qualquer momento, enquanto não proferida a sentença.

Em síntese, o entendimento dominante é o de que "a rigor somente os documentos havidos como pressupostos da ação é que, obrigatoriamente, deverão ser produzidos com a petição inaugural e com a resposta. Tratando-se de documentos não reputados indispensáveis à propositura da ação, conquanto a lei deseje o seu oferecimento com a inicial ou a resposta, não há inconveniente em que sejam exibidos em outra fase do processo".[85]

No mesmo sentido decidiu o Tribunal de Justiça de São Paulo, admitindo a produção de prova documental, "inclusive em razões ou contrarrazões de recurso, com a única exigência de ser ouvida a parte contrária".[86]

Quando o documento consistir em reprodução cinematográfica ou fonográfica, a parte deverá trazê-lo na inicial ou na contestação, porém, sua exposição será realizada em audiência, intimando-se previamente as partes (art. 434, parágrafo único).

Há, outrossim, dois casos em que o Código permite, de forma expressa, a juntada de documentos novos em qualquer tempo. São aqueles previstos pelo art. 435, *i.e.*:

(a) quando destinados a fazer prova de fatos ocorridos depois dos articulados; ou
(b) quando produzidos como contraprova a outros documentos juntados pela parte contrária.

O Código atual inovou ao admitir, também, a juntada posterior de documentos formados após a petição inicial ou a contestação, bem como daqueles que se tornaram conhecidos, acessíveis ou disponíveis após esses atos, cabendo à parte que os produzir comprovar o motivo que a impediu de juntá-los anteriormente. Em qualquer caso, o juiz deverá avaliar se a conduta da parte está em consonância com a boa-fé (art. 435, parágrafo único).

Para assegurar a observância do princípio do contraditório, determina o art. 437, *caput*, que, sobre os documentos juntados à inicial, o réu deverá manifestar-se em contestação; e sobre aqueles colacionados à contestação, o autor deverá manifestar-se na réplica.

Ainda dispõe o § 1º do mesmo dispositivo que, "sempre que uma das partes requerer a juntada de documento aos autos, o juiz ouvirá, a seu respeito, a outra, que disporá do prazo de quinze dias para adotar qualquer das posturas indicadas no art. 436". Isto é, ao ser intimada para falar sobre os documentos, a parte poderá: *(i)* impugnar a admissibilidade da prova documental; *(ii)* impugnar sua autenticidade; *(iii)* suscitar sua falsidade, com ou sem deflagração do incidente de arguição de falsidade; e *(iv)* manifestar-se sobre seu conteúdo (art. 436). Se impugnar a autenticidade ou suscitar a falsidade, a parte terá de basear-se em argumentação específica, não podendo fazer alegação genérica de falsidade (art. 436, parágrafo único).

---

84 AMARAL SANTOS, Moacyr. *Prova Judiciária*. São Paulo: Max Limonad, 1966, v. IV, n. 200, p. 396.

85 TJMG, Ag. Inst. 14.014, Rel. Des. Horta Pereira, ac. 18.12.1975, *D. Jud. MG*, de 26.02.1976; STJ, 4ª T., REsp 826.660/RS, Rel. Min. Luis Felipe Salomão, ac. 19.05.2011, *DJe* 26.05.2011. Assim também entendeu o Simpósio Brasileiro de Direito Processual Civil realizado em Curitiba, em 1975 (artigo de Édson Prata, *Revista Forense*, 252/26).

86 Apel. 243.627, Rel. Des. Moretzohn de Castro, ac. 03.07.1975, *RT* 484/93. De igual sentido: STJ, 4ª T., REsp 431.716/PB, Rel. Min. Sálvio de Figueiredo Teixeira, ac. 22.10.2002, *DJU* 19.12.2002, p. 370; STJ, 4ª T., AgRg no REsp 785.422/DF, Rel. Min. Luis Felipe Salomão, ac. 05.04.2011, *DJe* 12.04.2011.

É possível ao juiz, a pedido da parte, dilatar o seu prazo para manifestação sobre a prova documental produzida, levando em consideração a quantidade e a complexidade da documentação (art. 437, § 2º).

Com relação aos documentos pertencentes à administração pública, prevê o art. 438, I, o poder conferido ao juiz de requisitar, em qualquer tempo ou grau de jurisdição, "as certidões necessárias à prova das alegações das partes".

Requerida a certidão pelas partes, não cabe ao juiz, segundo o teor do art. 438, apenas a *faculdade* de requisitá-la, pois o Código determina imperativamente que o juiz *terá* de assim o fazer.

Entretanto, não é lícito à parte transformar o juiz num mero preposto para obtenção de quaisquer certidões. Dessa forma, o dever do juiz de requisitar tais documentos ficará na dependência do exame do requisito de sua necessidade e da *dificuldade ponderável* de ser a certidão obtida diretamente pela parte.[87] É importante destacar, porém, que o inc. XXXIII do art. 5º da Constituição declara ser "direito fundamental" de todos o de "receber dos órgãos públicos informações de seu interesse particular, ou de interesse coletivo ou geral, que serão prestadas no prazo da lei, sob pena de responsabilidade, ressalvadas aquelas cujo sigilo seja imprescindível à segurança da sociedade e do Estado".

A Lei 12.527/2011, editada para regulamentar o dispositivo constitucional referido, evidencia que a publicidade das informações devida pelos Órgãos Públicos é a regra e o sigilo, a exceção (art. 3º, I). Na esteira da disciplina constitucional, a Lei regulamentadora reitera o dever de informação da Administração Pública, como "direito fundamental, acentuando a obrigatoriedade de oferta das informações de modo objetivo, ágil, transparente, clara e em linguagem de fácil compreensão (art. 5º da Lei 12.527/2011)".[88]

O Código previu uma outra modalidade de fornecimento de documentos pelas repartições públicas: todos os documentos que devam fornecer poderão ser transmitidos em meio eletrônico conforme disposto em lei, certificando, pelo mesmo meio, que se trata de extrato fiel do que consta em seu banco de dados ou do documento digitalizado (art. 438, § 2º).

Naquelas causas em que forem interessados a União, o Estado, o Município, ou as respectivas entidades da administração indireta, o juiz poderá, além das certidões necessárias, requisitar os *procedimentos administrativos* relacionados com o feito (art. 438, II).

Essa requisição é de efeito apenas temporário: recebidos os autos, o juiz ouvirá as partes e determinará que sejam extraídas, no prazo máximo de um mês, certidões ou reproduções fotográficas das peças que indicar e das que forem indicadas pelas partes; findo o prazo, os autos serão devolvidos à repartição de origem (art. 438, § 1º).

Também, aqui, a requisição do procedimento administrativo não é faculdade, mas dever do juiz.

733. Desentranhamento de documentos

Há dois casos em que, na vida forense, comumente se pede o desentranhamento de documentos existentes no bojo dos autos:

(a) quando a parte contrária entende intempestiva ou impertinente a prova documental produzida;

(b) quando o processo já se findou e a própria parte que produziu o documento pretende obtê-lo de volta.

---

[87] PESTANA DE AGUIAR, João Carlos. *Comentários ao Código de Processo Civil.* São Paulo: RT, 1974, v. IV, p. 245.

[88] SILVEIRA, Marco Antonio Karam. Lei de acesso à informação pública (Lei nº 12.527/2011). Democracia, República e Transparência no Estado Constitucional. *Revista dos Tribunais*, v. 927, p. 140, jan. 2013.

Sobre a intempestividade da juntada, a regra a observar é da livre apreciação da conveniência de permanecer ou não o documento nos autos, segundo os critérios já expostos no n. 459.

Quanto ao desentranhamento de documento impertinente, isto é, desnecessário à solução da lide, é medida perfeitamente cabível, pois não deve o juiz permitir que o processo seja tumultuado com medidas ou diligências inúteis ou meramente protelatórias (CPC/2015, art. 370). Essa deliberação, todavia, deve ser tomada com certa cautela pelo magistrado, "pois o que apresenta ser impertinente à primeira vista pode, face outras circunstâncias e ao conjunto das provas, revelar-se absolutamente pertinente".[89] Já, depois de findo o processo, o pedido da parte, a respeito de desentranhamento de documento, deverá ser analisado à luz da conveniência e do interesse da Justiça em conservar a prova nos autos.

Em regra, "finda a causa, poderá o juiz deferir pedido de desentranhamento de documento sem audiência da parte contrária, ou, apesar da impugnação desta, se não houver interesse evidente na conservação do original".[90]

Dentro dessa ordem de ideias, não deverá o juiz autorizar desentranhamento, em favor do credor, de título cambial que serviu de base à execução forçada em que houve alienação forçada e pagamento, ainda que apenas parcial. Mas nada impedirá que se faça o desentranhamento, quando a execução for frustrada pela inexistência de bens penhoráveis do devedor, desde que o credor tenha desistido da execução.

Da mesma forma, o instrumento do contrato, que foi judicialmente rescindido pela sentença, não pode ser retirado dos autos, tampouco os títulos cambiários a ele vinculados.[91]

Em conclusão: "Embora extinto o litígio, os atos praticados pelo juiz no processo e relacionados à sua conservação serão atos de tutela a interesse das partes e, consequentemente, atos de jurisdição desafiantes do recurso processual que a natureza indicar. Uma vez requerido o desentranhamento ou devolução de documento anexado ao processo, pela parte que o produziu, o que deve o juiz fazer é verificar se há necessidade ou real conveniência de conservá-lo nos autos para indeferir ou deferir a pretensão, segundo o apurado".[92]

Uma providência de ordem prática e que deve ser sempre observada, quando o juiz autoriza o desentranhamento de autos findos, é a substituição do documento original por cópia fotográfica ou xerográfica. Com isso, preserva-se a imagem completa do feito para memória futura e eventual preservação de interesses outros dos litigantes que possam surgir quanto à exata individuação do processo e de seu objeto.

---

89 TJMG, Apel. 33.871, Rel. Des. Ribeiro do Valle, ac. *D. Jud. MG*, de 13.03.1971. "Ausentes os elementos ensejadores da conexão, é de rigor o desentranhamento e a remessa à origem de documentação que não guarda pertinência" (STJ, 4ª T., AgRg no REsp 968.458/GO, Rel. Min. Luis Felipe Salomão, ac. 20.11.2008, *DJe* 15.12.2008). Sobre a necessidade de cautela no desentranhamento: TJMG, 8ª Câmara Cível, AI 1.0090.07.017757-2/002(1), Rel. Des. Teresa Cristina da Cunha Peixoto, ac. 26.03.2009, pub. 20.05.2009; TJSP, 16ª Câmara de Direito Público, AI 0246582-65.2009.8.26.000, Rel. Des. Amaral Vieira, ac. 27.07.2010, pub. 26.08.2010.

90 2º TACivSP, Apel. 34.631, Rel. Juiz Sabino Neto, ac. 21.10.1975, *RT* 481/157; TRF 3ª Região, 4ª T., MC 2000.03.00.053738-8/SP, Rel. Batista Gonçalves, ac. 14.10.2010, *DJe* 22.10.2010.

91 TJSP, 13ª Câmara de Direito Privado, AI 0364729-50.2009.8.26.000, Rel. Des. Zélia Maria Antunes Alves, ac. 07.04.2010, pub. 19.04.2010.

92 TJMG, Ag. Inst. 14.271, Rel. Des. Hélio Costa, ac. 05.08.1976, *D. Jud. MG*, de 05.11.1976. Nesse sentido: TJSP, 16ª Câmara de Direito Público, AI 9018215-56.2009.8.26.0000, Rel. Des. Amaral Vieira, ac. 09.03.2010, pub. 29.03.2010.

§ 90. DOCUMENTOS ELETRÔNICOS

734. Noção introdutória

O direito, regulando o relacionamento entre as pessoas, não pode permanecer estático em face do sistema de comunicação de vontade sempre dinâmico e inovador. Os agentes das relações mais importantes do mercado, há tempos, superaram a documentação de seus negócios por meio dos registros em papel. O comércio bancário, por exemplo, realiza-se basicamente por meio de sistemas informáticos, sem perda da segurança jurídica. O mesmo se passa nas relações tributárias entre o Fisco e os contribuintes.

O direito positivo não tem permanecido indiferente a essa substituição da grafia tradicional pelos registros cibernéticos. Leis materiais e processuais têm cuidado de preservar a autenticidade e a confiabilidade da documentação eletrônica, como são exemplos a Medida Provisória 2.220-2/2001, sobre a assinatura digital, a Lei 11.419/2006, sobre a informatização do processo judicial, a Lei 12.686/2012, sobre a elaboração e o arquivamento de documentos em meios eletromagnéticos, e, por fim, o Código de Processo Civil de 2015, que, entre outros temas ligados ao intercâmbio digital, reconhece a força de prova documental aos *documentos eletrônicos* (arts. 439 a 441).

735. Documento eletrônico

Documento é, no mundo da prova judicial, uma coisa que registra ou reproduz um fato relevante para o processo. Não são apenas os papéis escritos, pois, compreendem, segundo a lei processual, também os desenhos, mapas, fotografias, sons ou imagens gravados em fitas, filmes, discos, vídeos etc.

O documento eletrônico é aquele que resulta do armazenamento de dados em arquivo digital. Consiste, portanto, numa "sequência de *bits* que, traduzida por meio de um determinado programa de computador, seja representativo de um fato".[93] Ou, mais exemplificativamente, "o documento eletrônico pode ser entendido como a representação de um fato concretizado por meio de um computador e armazenado em formato específico (organização singular de *bits* e *bytes*)[94] capaz de ser traduzido ou apreendido pelos sentidos mediante o emprego de *programa (software)* apropriado".[95]

736. Regime legal

O problema do uso do documento eletrônico como prova no processo judicial liga-se à sua autenticidade e integridade, uma vez que ele não é assinado por seu autor, na forma gráfica tradicional, e, além disso, é suscetível de sofrer alterações depois de sua composição originária. Problemática se mostra, ainda, a determinação precisa da data de sua criação.

O direito positivo resolve a questão da *autenticidade, integridade* e *tempestividade*, por meio de tecnologia concebida para apuração de tais dados. Mediante o sistema da *Infraestrutura*

---

93 MARCACINI, Augusto Tavares Rosa. O documento eletrônico como meio de prova. *Apud* MARIANI, Rômulo Greff. O documento eletrônico como meio de prova no processo civil. *Revista Síntese de Direito Civil e Processo Civil*, n. 79, p. 75, set.-out. 2012.

94 "Os computadores 'entendem' impulsos elétricos, positivos ou negativos, que são representados por 1 ou 0. A cada impulso elétrico damos o nome de *bit* (*BInary digiT*)" (MARIANI, Rômulo Greff. O documento eletrônico como meio de prova no processo civil. *Revista Síntese de Direito Civil e Processo Civil*, n. 79, p. 75, nota 7).

95 CASTRO, Aldemario Araujo. O documento eletrônico e a assinatura digital (uma visão geral). *Apud* MARIANI, Rômulo Greff. *OO documento eletrônico como meio de prova no processo civil. Revista Síntese de Direito Civil e Processo Civil*, n. 79, p. 75, set.-out. 2012. nota 6.

de Chaves Públicas Brasileira, baseado no mecanismo da criptografia assimétrica, é possível obter-se o *certificado digital*, como garantia de *autenticidade, integridade e tempestividade*.

Esse sistema é operado por órgão governamental, vinculado ao Instituto Nacional de Tecnologia da Informação – ITI, que é uma autarquia federal ligada à Casa Civil da Presidência da República. Seu objetivo institucional é manter a Infraestrutura de Chaves Públicas Brasileira – ICP-Brasil. A cadeia de certificação dos documentos digitais parte da ICP-Brasil, que se coloca na cabeça do sistema, ao qual se ligam outros agentes também certificadores, aos quais se reconhece uma função assemelhada à dos tabeliães (certificação da autenticidade do documento digital).

As autoridades certificadoras atuam com apoio no mecanismo da *assinatura digital*, resultado da conjugação de duas chaves, uma *pública* e uma *privada*. Com a privada, que é de conhecimento apenas do autor do documento, seu conteúdo é cifrado, por meio de um programa especial de computador, tornando-se inacessível. Com a chave pública pode-se descodificar o registro, com a garantia de saber quem o criou, quando o fez e qual foi o texto original, bem como se sofreu alguma alteração posterior e quando isso teria se dado.

O documento eletrônico acompanhado do certificado digital, emitido de acordo com o ICP-Brasil, presume-se verdadeiro em relação ao seu signatário (Medida Provisória 2.200-2/2001, art. 10, § 1º, ainda em vigor no regime do atual CPC e da Lei 14.063/2020, que dispõe sobre o uso de assinaturas eletrônicas em interações com entes públicos).

Para a legislação especial, do processo eletrônico, a regra é a mesma: "os documentos produzidos eletronicamente e juntados com garantia de origem e de seu signatário, na forma estabelecida nesta lei, serão considerados originais para todos os efeitos legais" (Lei 11.419/2006, art. 11).[96]

O Código de Processo Civil atual, por fim, reconhece como prova, em qualquer processo (eletrônico ou físico), o documento eletrônico, que gozará da força de documento particular autêntico quando verificada "sua autenticidade, na forma da lei" (arts. 439 a 441). Ou seja: não se discute a força probante do documento eletrônico emitido a partir do mecanismo da assinatura digital, prevista na Medida Provisória 2.200-2/2001.

737. Documento eletrônico não certificado

O documento eletrônico desacompanhado da certificação digital não perde por inteiro sua eficácia probatória. O não uso da assinatura digital não pode alijar, por si só, o documento eletrônico do rol dos meios de prova com que conta a instrução processual. "Cumprirá ao juiz dar o valor que julgar o documento merecer".[97] Em outros termos, dispõe o CPC/2015 que o juiz apreciará o valor probante do documento eletrônico, verificando sua autenticidade, na forma da lei (arts. 439 e 441). Como o sistema da valoração probatória civil é o da convicção formada sobre todo o conjunto dos meios disponíveis nos autos, sem hierarquia entre eles,

---

96 A Lei 13.793/2019 incluiu os seguintes parágrafos ao art. 11 da Lei 11.419/2006: "§ 6º Os documentos digitalizados juntados em processo eletrônico estarão disponíveis para acesso por meio da rede externa pelas respectivas partes processuais, pelos advogados, independentemente de procuração nos autos, pelos membros do Ministério Público e pelos magistrados, sem prejuízo da possibilidade de visualização nas secretarias dos órgãos julgadores, à exceção daqueles que tramitarem em segredo de justiça; § 7º Os sistemas de informações pertinentes a processos eletrônicos devem possibilitar que advogados, procuradores e membros do Ministério Público cadastrados, mas não vinculados a processo previamente identificado, acessem automaticamente todos os atos e documentos processuais armazenados em meio eletrônico, desde que demonstrado interesse para fins apenas de registro, salvo nos casos de processos em segredo de justiça".

97 MARIANI, Rômulo Greff. O documento eletrônico como meio de prova no processo civil. *Revista Síntese de Direito Civil e Processo Civil*, n. 79, p. 96, set.-out. 2012.

é perfeitamente possível que o juiz admita a autenticidade do documento eletrônico, ainda quando não tenha sido formado com obediência aos requisitos da certificação digital. O § 2º do art. 10 da Medida Provisória 2.200-2/2001 é eloquente a propósito do tema: "O disposto nesta Medida Provisória não obsta a utilização de outro meio de comprovação da autoria e integridade de documentos em forma eletrônica, *inclusive os que utilizem certificados não emitidos pela ICP-Brasil*, desde que admitido pelas partes como válido ou aceito pela pessoa a quem for oposto o documento" (g.n.).

Para tanto, poderá se valer de outras provas capazes de esclarecer a origem e assegurar a veracidade do documento eletrônico, que não passou pelos mecanismos certificatórios do ICP-Brasil. Será lícito, por exemplo, completar sua avaliação por meio de perícia que ateste sua origem e inteireza, ou que demonstre a presença de adulterações.

A troca de correspondência entre os interessados e a existência de depoimentos testemunhais podem ser esclarecedoras acerca da realidade do documento digital não certificado. Outro elemento importante para preservar a inteireza do documento eletrônico é o recurso à *ata notarial*, para certificação, em dado momento, do conteúdo da mensagem disponibilizada, por exemplo, em *site* da internet. A par disso, a não impugnação do documento pela parte contra quem foi produzido nos autos equivale ao reconhecimento de sua autenticidade, segundo a regra geral do art. 411, II, do CPC/2015.

Em síntese, o regime da prova por documento eletrônico, segundo o CPC/2015, é o seguinte:

(a) o documento emitido por meio de assinatura digital, acompanhado de certificação nos moldes do ICP-Brasil, equivale a documento particular autêntico (art. 439);

(b) o documento eletrônico formado sem as cautelas da assinatura digital é meio de prova, cuja força de convencimento, entretanto, será avaliada dentro das circunstâncias do caso concreto;

(c) para a utilização do documento eletrônico no processo convencional, deverá ele ser convertido à forma impressa, e submeter-se à verificação de autenticidade, na forma da lei (art. 439);

(d) no processo digital, o documento eletrônico não convertido será avaliado pelo juiz em seu valor probante, assegurado sempre às partes o acesso ao respectivo teor (não poderá, por exemplo, permanecer cifrado) (art. 440);

(e) a produção e conservação dos documentos eletrônicos utilizados no processo judicial observará a legislação específica (Lei 11.419/2006, arts. 11 e 12) (art. 441);

(f) a exibição e o envio de dados e de documentos existentes em cadastros públicos, mantidos por entidades públicas, concessionárias de serviço público ou empresas privadas, e que contenham informações indispensáveis ao exercício da função judicante, poderão ocorrer por meio eletrônico, se o juiz assim determinar (Lei 11.419/2006, art. 13) (art. 425, V); e

(g) a digitalização de documento físico para uso em processo comum ou eletrônico equivale a cópia reprográfica (*xerox*), devendo o original ser conservado pela parte, para conferência em juízo, se ocorrer futura impugnação (art. 425, VI e § 1º).

737-A. Vídeo como prova digital

O vídeo, como instrumento de registro de imagens em movimento, cada vez mais se mostra útil, no campo da instrução probatória, tanto no processo criminal como no civil. Hoje, principalmente nos grandes centros, quase não há logradouro ou via pública que não se ache supervisionado, em nome da segurança coletiva, por modernos olhos de vídeos. Mesmo em locais privados (bancos, lojas, escritórios, edifícios residenciais, casas etc.) é grande a presença dessa fonte de documentação digital.

Contudo, tão grande é a serventia desse elemento revelador da verdade, como é sua aptidão para a fraude, já que, com a cooperação da inteligência artificial, o litigante ímprobo consegue falsear, com aparente perfeição, as cenas captadas por vídeos. Inserem-se, no cenário documentado, pessoas, coisas, sons, movimentos e vozes que nunca ocorreram na realidade, ou exclui-se dele o que se quer omitir.

É claro, porém, que a tecnologia que possibilita o falseamento é a mesma que permite detectá-lo. A prova pericial é, pois, adequada tanto para o combate às fakenews como para a preservação do registro dos eventos verdadeiros[98]. Não há, assim, razão para se reprimir o emprego desse moderno meio de conhecimento dos fatos relevantes para o processo. O essencial é que "os agentes processuais cooperem para se alcançar a devida confiabilidade nesse tipo de prova e se utilize de perícias quando necessário"[99].

---

98 "Em casos mais complexos, o auxílio de uma perícia sobre o que é representado pela filmagem pode se revelar essencial" (AGUIAR NETO, Francisco Silveira de. Perspectivas sobre a prova em vídeo na era digital. *Revista de Direito Privado*, São Paulo, v. 121, p. 292, jul./set. 2024).

99 "Ademais, em uma época de provas digitais, deve o judiciário estar preparado para o uso de tecnologias que permitam a alteração de imagens e vozes. É indiscutível o amplo acesso a ferramentas digitais de falsificação de vídeos. Esse tipo de tecnologia não pode ser uma desculpa para que o processo não labore mais com esse tipo de prova" (AGUIAR NETO, Francisco Silveira de. Perspectivas sobre a prova em vídeo na era digital. *Revista de Direito Privado*, São Paulo, v. 121, p. 292, jul./set. 2024). Sobre a técnica de averiguar a autenticidade, a integridade e a preservação da cadeia de custódia, dados importantes para avaliar a integridade da prova digital, v., entre outros, RODRIGUES, Marco Antônio; TEMER, Maurício. *Justiça digital*. São Paulo: JusPodivm, 2021.

§ 91. PROVA TESTEMUNHAL

738. Conceito

Prova testemunhal é a que se obtém por meio do relato prestado, em juízo, por pessoas que conhecem o fato litigioso. Testemunhas, pois, são – no dizer de Paula Batista – "as pessoas que vêm a juízo depor sobre o fato controvertido".[100] Não podem ter interesse na causa e devem satisfazer a requisitos legais de capacidade para o ato que vão praticar. Assim, é completa a definição de João Monteiro que conceitua a testemunha como "a pessoa, capaz e estranha ao feito, chamada a juízo para depor o que sabe sobre o fato litigioso".[101]

Não se confunde com o perito, porquanto este informa sobre dados atuais extraídos do exame do objeto litigioso, feito após a ocorrência do fato que serviu de base à pretensão da parte. Já a testemunha reproduz apenas os acontecimentos passados que ficaram retidos em sua memória, desde o momento em que presenciou o fato litigioso ou dele tomou conhecimento.

Só é prova testemunhal a colhida com as garantias que cercam o depoimento oral, que obrigatoriamente se faz em audiência, em presença do juiz e das partes, sob compromisso legal previamente assumido pelo depoente e sujeição à contradita e reperguntas daquele contra quem o meio de convencimento foi produzido. Não se pode atribuir valor de prova testemunhal, portanto, às declarações ou cartas obtidas, particular e graciosamente, pela parte.[102]

Há testemunhas presenciais, de referência e referidas. As presenciais são as que, pessoalmente, assistiram ao fato litigioso; as de referência, as que souberam dele por meio de terceiras pessoas; e referidas, aquelas cuja existência foi apurada por meio do depoimento de outra testemunha.

Costuma-se, também, classificar as testemunhas em *judiciárias* e *instrumentárias*. Aquelas são as que relatam em juízo o seu conhecimento a respeito do litígio e estas as que presenciaram a assinatura do instrumento do ato jurídico e, juntamente com as partes, o firmaram.

739. Valor probante das testemunhas

Segundo o prisma histórico, a prova testemunhal é o mais antigo dos meios de convencimento utilizados pela Justiça. Deplorada por muitos, dada à notória falibilidade humana, e pelo mau uso que não poucos inescrupulosos fazem do testemunho, a verdade é que o processo não pode prescindir do concurso das testemunhas para solucionar a grande maioria dos litígios que são deduzidos em juízo. Daí ver Bentham nas testemunhas "os olhos e os ouvidos da Justiça".[103]

Por isso mesmo, para o nosso Código, "a prova testemunhal é sempre admissível, não dispondo a lei de modo diverso" (art. 442). A inquirição de testemunhas, assim, só não terá cabimento naqueles casos em que o próprio Código veda esse tipo de prova (art. 443).[104]

---

[100] PAULA BATISTA, Francisco de. *Compêndio de Teoria e Prática*. Rio de Janeiro: Garnier, 1901, § 149, p. 194.

[101] MONTEIRO, João. *Programa do Curso de Processo Civil*. 3. ed. São Paulo: Duprat, 1912, v. II, § 162, p. 240.

[102] "A carta-missiva de pessoa não impedida de depor em juízo é documento gracioso que não merece fé, porque o signatário fica livre de contradita, de responder a perguntas e, sobretudo, da pena do delito de perjúrio, por não haver prestado a promessa legal de dizer a verdade" (TJPR, Apel. 423/72, ac. 25.09.1973, *RT* 461/177. No mesmo sentido: TJMT, ac. 27.08.1973, *RT* 458/187; TJMG, 1º Grupo de Câmaras Criminais, Revisão Criminal, 1.0000.06.447293-9/000(1), Rel. Des. Márcia Milanez, ac. 12.11.2007, pub. 17.01.2008).

[103] *Apud* PESTANA DE AGUIAR, João Carlos. *Comentários ao Código de Processo Civil*. São Paulo: RT, 1974, v. IV, p. 250.

[104] CPC/2015, Art. 443: "O juiz indeferirá a inquirição de testemunhas sobre fatos: I – já provados por documento ou confissão da parte; II – que só por documento ou por exame pericial puderem ser provados".

Dentro do sistema de valoração das provas do Código (art. 371), a prova testemunhal não é mais nem menos importante do que os outros meios probatórios, a não ser naqueles casos em que a lei exija a forma solene para reconhecer eficácia ao ato jurídico.

Nas hipóteses comuns, o valor probante das testemunhas será aferido livremente por meio do cotejo com as alegações das partes e com os documentos, perícias e mais elementos do processo.

Já vigorou, no direito antigo, a regra de que o testemunho de uma só pessoa seria ineficaz para demonstrar a veracidade de um fato (*testis unus testis nullus*). Hoje, no sistema do Código, não é o número de testemunhas, mas a credibilidade delas que importa.

Há, no dizer de Paula Batista, uma multidão de motivos que influencia na grande força probante dos depoimentos testemunhais e que não pode ser submetida a regras, mas que representa para o juiz elementos de apreciação livre e moral. "Assim, umas vezes o mérito interno do depoimento, outras vezes as qualidades e reputação das testemunhas, outras o seu número, outras as coincidências que venham em socorro de algumas, tais são as circunstâncias, que o juiz deverá examinar com religiosa atenção, escrupulosa imparcialidade".[105]

A verossimilhança e a improbabilidade do relato, a honorabilidade ou má fama da testemunha, a coerência entre os vários depoimentos são, sem dúvida, elementos valiosos a serem computados pelo juiz na aferição do valor de convencimento da prova testemunhal.

São, outrossim, quase inevitáveis as contradições e abusos nessa prova. Mas, à luz do bom senso e do critério do juiz, poderão ser superados os conflitos que ordinariamente ocorrem entre os depoimentos das várias testemunhas ouvidas no mesmo processo.

740. Inadmissibilidade da prova testemunhal

Embora a regra seja a admissibilidade da ouvida de testemunhas em todos os processos, o Código permite ao juiz dispensar essa prova oral, quando a documental for suficiente para fornecer os dados esclarecedores do litígio, ou quando inexistirem fatos controvertidos a apurar, casos em que o julgamento do mérito poderá ser antecipado e proferido até mesmo sem audiência, se configuradas as hipóteses do art. 355.

Haverá, por isso mesmo, indeferimento da inquirição de testemunhas, segundo o art. 443, quando a prova versar sobre fatos:

(a) já provados por documento ou confissão da parte (inciso I);

(b) que só por documento ou por exame pericial puderem ser provados (inciso II).

Incide o inc. I se o documento é autêntico e não houve impugnação à sua veracidade, pois em tais casos há presunção legal da verdade da declaração nele contida contra o autor do documento. Quando, porém, houver discussão em torno da autenticidade ou veracidade do próprio documento, não ocorrerá restrição à produção de testemunhas.

Contudo, se o documento exibido em juízo é incompleto ou insuficiente para solucionar o litígio, pode a prova testemunhal ser deferida como complementar (art. 444).

O Código anterior limitava a prova *exclusivamente testemunhal* aos contratos cujo valor não excedia o décuplo do maior salário mínimo vigente no País, ao tempo em que foram celebrados (art. 401 do CPC/1973). A norma não foi repetida pelo CPC/2015. Assim, atualmente, a prova exclusivamente testemunhal é admitida, independente do valor do contrato, desde que a lei não exija prova escrita (art. 444).

---

105 PAULA BATISTA, Francisco de. *Compêndio de Teoria e Prática*. Rio de Janeiro: Garnier, 1901, § 159, p. 207.

Tratando-se de contrato solene, a respeito do qual a lei material exige pelo menos a forma escrita, a prova por testemunhas somente será admitida:

(a) quando houver começo de prova por escrito emanado da parte contra a qual se pretende produzir (art. 444); ou
(b) quando o credor não pode ou não podia, moral ou materialmente, obter prova escrita da obrigação, em casos como: *(i)* o do parentesco, *(ii)* o do depósito necessário, *(iii)* o da hospedagem em hotel ou *(iv)* em razão das práticas comerciais do local onde contraída a obrigação (art. 445).

Uma ressalva se impõe: não se pode confundir provar um contrato com provar os seus efeitos já produzidos. Se um contrato só pode ser comprovado pela forma escrita, e foi ajustado por convenção oral, é claro que esse negócio solene não pode ser reconhecido como eficaz em juízo. No entanto, se prestações foram pagas, ou posse e exploração do bem negociado foram cedidas e usufruídas, não pode, quem assim se beneficiou, se locupletar em prejuízo do outro contratante. Em casos como estes, a parte lesada pode, sem qualquer documento escrito, e com base em testemunhas, demandar o ressarcimento do dano sofrido em virtude do contrato inválido. A pretensão não terá sido de forçar o cumprimento do contrato, mas de evitar o locupletamento ilícito e recuperar o prejuízo injusto daquele que sofreu lesão em virtude de efeitos concretos do negócio. Assim, se passa, também, com todos os contratos afetados por vícios de consentimento, já que a fraude, o dolo, o erro, a coação e tudo mais que gera nulidade e dever de indenizar são práticas ilícitas cujo meio natural de comprovação são as provas orais e as indiciárias.

Daí que o contrato, mesmo sem ser reduzido à forma escrita necessária, tendo gerado, de fato, efeitos econômicos entre as partes, poderão eles, perfeitamente, ser provados por testemunhas.

Com essa orientação, tem-se decidido, por exemplo, que, em se tratando de contratos de locação de serviços ou avenças dessa mesma natureza, não importa o valor, "é admissível a prova exclusivamente testemunhal para comprovação dos serviços prestados, porque, caso contrário, estar-se-ia infringindo o salutar princípio de direito, segundo o qual a ninguém é lícito locupletar-se com a jactura alheia".[106]

Nessa linha de cogitação, o art. 446 do CPC/2015 prevê, expressamente, sem menção à natureza do contrato, ser lícito à parte provar com testemunhas:

(a) a divergência entre a vontade real e a vontade declarada, nos casos de contratos simulados;
(b) os vícios de consentimento, nos contratos em geral.

Em conclusão, a prova testemunhal, que é, no sistema do Código atual, regra geral, só não será admitida, nos moldes do art. 443:

(a) se o fato já estiver provado por documento, ou confissão, expressa ou presumida; ou
(b) se o fato só puder ser demonstrado por documento ou perícia.

---

[106] TJMG, Apel. 32.769, Rel. Des. Jacomino Inacarato, *DJMG* 06.06.1970; no mesmo sentido: STF, RE 68.704, Rel. Min. Barros Monteiro, *RTJ* 54/63; TJSP, ac. 10.08.1972, *RT* 449/100; TJMG, Apel. 34.112, Rel. Des. Ribeiro do Valle, *Jurisprudência Mineira* 48/262; STJ, REsp 13.508-0/SP, Rel. Min. Cláudio Santos, ac. 14.12.1992, *DJU* 08.03.1993, p. 3.113; STJ, 3ª T., REsp 895.792/RJ, Rel. Min. Paulo de Tarso Sanseverino, ac. 07.04.2011, *DJe* 25.04.2011.

741. Direitos e deveres da testemunha

I – Deveres

É dever de todo cidadão colaborar com o Poder Judiciário na apuração da verdade a fim de que os litígios sejam legitimamente compostos.[107] O depoimento testemunhal, assim, não é uma faculdade, mas um dever, imposto expressamente pelo art. 380, I.

Qualquer pessoa, desde que não seja considerada, pela lei, incapaz, impedida ou suspeita, pode ser chamada a depor como testemunha (art. 447). Até as impedidas, menores ou suspeitas, porém, poderão ser ouvidas pelo juiz, "sendo necessário". Mas seus depoimentos serão prestados independentemente de compromisso e o juiz lhes atribuirá o valor que possam merecer (art. 447, § 4º). O juiz da causa, também, poderá ser arrolado como testemunha, o que lhe acarretará o seguinte procedimento (art. 452):

(a) Se realmente tiver conhecimento de fatos que possam influir na decisão da causa, o juiz se declarará *impedido*[108] de continuar funcionando no processo e determinará a remessa dos autos a seu substituto legal. Nesse caso, "será vedado à parte, que o incluiu no rol, desistir de seu depoimento" (art. 452, I). Com isso, evita-se manobra de má-fé para simplesmente excluir o juiz natural do processo.

(b) Se o juiz nada souber, simplesmente mandará excluir seu nome do rol de testemunhas (art. 452, II).

II – Incapacidade

Os incapazes de prestar depoimento são (art. 447, § 1º):

(a) o interdito por enfermidade ou deficiência mental (inciso I);

(b) o que, acometido por enfermidade ou retardamento mental, ao tempo em que ocorreram os fatos, não podia discerni-los; ou, ao tempo em que deve depor, não está habilitado a transmitir as percepções (inciso II);

(c) o menor de dezesseis anos (inciso III);

(d) o cego e o surdo, quando a ciência do fato depender dos sentidos que lhes faltam (inciso IV).

III – Impedimentos

São impedidos de depor (art. 447, § 2º):

(a) o cônjuge, o companheiro, o ascendente e o descendente em qualquer grau, e o colateral, até o terceiro grau, de alguma das partes, por consanguinidade ou afinidade. Não prevalecerá esse impedimento quando o testemunho for exigível em razão de interesse público; e também quando, tratando-se de causa relativa ao estado da pessoa, não se puder obter de outro modo a prova que o juiz repute necessária ao julgamento do mérito (inciso I);[109]

---

107 "Não pode o terceiro, injustificadamente, recusar sua colaboração para esclarecer fatos necessários ao julgamento da causa" (STJ, RO em HC 8.448/PR, Rel. Min. Eduardo Ribeiro, ac. 11.05.1999, *DJU* 21.06.1999, p. 148). Nesse sentido: STJ, 2ª T., AgRg no REsp 1.265.174/PR, Rel. Min. Humberto Martins, ac. 13.09.2011, *DJe* 21.09.2011.

108 Sobre o impedimento do juiz-testemunha, mesmo quando não arrolado pelas partes, v. o item 303, *retro*.

109 Decidiu o Tribunal de Justiça de Minas Gerais que "o que tanto a lei substantiva, como a adjetiva falam, expressamente, no tocante ao impedimento para testemunhar em juízo, é apenas o parentesco com

(*b*) o que é parte na causa, incluindo-se nessa categoria o assistente e o terceiro interveniente (inciso II);[110]

(*c*) o que intervém em nome de uma parte, como o tutor na causa do menor, o representante legal da pessoa jurídica, o juiz, o advogado e outros, que assistam ou tenham assistido às partes (inciso III).

IV – Suspeições

São *suspeitas* as testemunhas que se enquadrarem numa das seguintes situações (art. 447, § 3º):

(*a*) *O inimigo da parte ou o seu amigo íntimo* (inciso I). O Código anterior exigia, para reconhecer a suspeição, que o inimigo da parte fosse qualificado como "inimigo capital". O CPC/2015 é mais singelo e veda o testemunho a partir apenas da inimizade sem adjetivos. De fato, o inimigo, até psicologicamente, terá dificuldade de evitar as distorções de percepção dos fatos que envolvam seu desafeto. O estranho é que o qualificativo tenha sido excluído apenas do inimigo, quando o mesmo defeito de percepção ocorre, também, entre os amigos. Nada obstante, a regra legal só contempla a suspeição da testemunha amiga de uma das partes, quando tal amizade seja íntima, o que acarretará sempre dificuldades para o adversário e o juiz, visto que, na prática, é muito problemático distinguir uma amizade de uma amizade íntima.

(*b*) *O que tiver interesse no litígio* (inciso II),[111] como, por exemplo, o preponente em relação ao preposto, em ação de responsabilidade civil movida contra este; o agente policial, apontado como autor de espancamento, na ação de indenização movida contra o Estado;[112] e o assistente técnico que participou do trabalho da parte, objeto da causa.[113]

O Código de 2015 excluiu do rol de *suspeitos* o condenado por crime de falso testemunho, havendo transitado em julgado a sentença; e o que, por seus costumes, não for digno de fé.

V – Testemunhas informantes

As testemunhas incapazes, impedidas ou suspeitas podem ser, em casos excepcionais, ouvidas como meras informantes (art. 457, § 2º), quando o juiz, com a necessária cautela, dará

---

uma das partes litigantes". Por isso, se a testemunha for parente de ambas as partes, "não há falar-se em impedimento em tal caso, porque a interpretação diversa implicaria distinguir onde a lei não distingue" (Ag. Inst. 13.777, ac. 07.10.1974, Rel. Des. Régulo Peixoto, *Rev. Lemi* 86/257). No mesmo sentido: TAMG, 3ª Câmara Cível, Ap. Civ. 2.0000.00.377497-8/000(1), Rel. Maurício Barros, ac. 18.12.2002, pub. 08.02.2003. Por outro lado, "a jurisprudência é pacífica, no entendimento de que, a exemplo do Direito Canônico, os descendentes prestem depoimento em causas matrimoniais" (TJSP, Apel. 224.760, ac. 01.11.1973, Rel. Des. Barbosa Pereira, *Revista Forense* 248/201; TJSP, 3ª Câmara de Direito Privado, Apel. 0001072-55.2009.8.26.0471, Rel. João Pazine Neto, ac. 26.04.2011, pub. 28.04.2011).

110 Satta equipara o sócio à própria parte, nos casos de sociedade de pessoas, para efeito de impedimento de testemunhar (SATTA, Salvatore. *Direito Processual Civil*. Rio de Janeiro: Borsoi, 1973, v. I, n. 51, p. 134).

111 Já se decidiu que não são suspeitos os depoimentos de empregados da parte (TJSP, 3ª Câmara de Direito Privado, Apel. 9214495-39.2005.8.26.0000, Rel. Des. Adilson de Andrade, ac. 26.04.2011, pub. 28.04.2011). O STF, porém, considerou suspeitos os depoimentos prestados em execução fiscal de dívida ativa, por funcionários que tenham participação na arrecadação do imposto em litígio (RE 65.628, *RTJ* 51/778).

112 STJ, 2ª T., AgRg no Ag 652.861/RJ, Rel. Min. Francisco Peçanha Martins, ac. 21.02.2006, *DJU* 27.03.2006, p. 247.

113 STJ, 3ª T., AgRg no Ag 283.323/SP, Rel. Min. Carlos Alberto Menezes Direito, ac. 27.04.2000, *DJU* 26.06.2000, p. 171.

à prova assim aproveitada "apenas o valor que dela se pode extrair nessas circunstâncias e sem torná-la o principal fundamento da decisão".[114]

VI – Deveres principais

A doutrina reconhece como os principais deveres das testemunhas:

(a) o de comparecer em juízo;
(b) o de prestar depoimento (art. 378);
(c) o de dizer a verdade (art. 458).

Se a testemunha deixar de comparecer à audiência, sem motivo justificado, será conduzida coercitivamente para a nova audiência que o juiz designar e responderá pelas despesas da diligência decorrente do adiamento do ato judicial (art. 455, § 5º).

VII – Direitos

Quanto ao dever de depor, o Código prevê, no art. 448, hipóteses em que a testemunha pode se recusar a prestar depoimento. Essas exceções ocorrem quando tiver que depor sobre:

(a) fatos que lhe acarretam grave dano, bem como ao seu cônjuge ou companheiro e aos seus parentes consanguíneos ou afins, em linha reta ou na colateral até o terceiro grau (inciso I);
(b) fatos a cujo respeito, por estado ou profissão, deva guardar sigilo (inciso II).

A violação do segredo profissional é crime (Código Penal, art. 154).[115] E ninguém deve ser obrigado a depor sobre fatos que importem desonra própria ou dos que lhe são próximos.[116]

Acobertam-se, porém, pelo sigilo profissional, apenas os fatos que foram confiados pela parte à testemunha, no estrito exercício de sua profissão. "Sobre os fatos que, por outros meios, tenham chegado ao seu conhecimento, não prevalece o sigilo" (TJSP – *RT* 127/212), ainda que haja relação com a atividade profissional do depoente.

A desobediência ao dever da verdade, sobre o qual a testemunha é advertida expressamente antes de depor (art. 458), acarreta-lhe pena criminal de dois a quatro anos de reclusão (art. 342 do Código Penal). O crime de falso testemunho ocorre tanto quando se faz afirmação falsa, como quando se nega ou oculta a verdade (CPC/2015, art. 458, parágrafo único).

Reconhecem-se às testemunhas, em suma, os seguintes direitos:

(a) o de se recusar a depor. Quando ocorrerem as hipóteses do art. 448 a testemunha requererá ao juiz a dispensa e este, ouvidas as partes, decidirá de plano (art. 457, § 3º);
(b) o de ser tratado pelas partes com urbanidade, às quais não é lícito formular perguntas ou considerações impertinentes, capciosas ou vexatórias (art. 459, § 2º);

---

114 STJ, 3ª T., REsp 732.150/SP, Rel. Min. Nancy Andrighi, ac. 03.08.2006, *DJU* 21.08.2006, p. 248.

115 "Não é de deferir-se requerimento para audiência da parte contrária, a fim de desobrigar a testemunha, que se escusa a revelar segredo profissional" (PAULA, Alexandre de. *Código de Processo Civil Anotado*. São Paulo: RT, 1976, v. II, p. 286, ac. do TJBA).

116 "A pessoa apontada como cúmplice do cônjuge adúltero não é obrigada a depor sobre fatos que importam em desonra própria. Mas, desde que consinta em depor, deve ser tomado o seu depoimento" (TJSP, ac. 08.11.1974, na Apel. 226.065, Rel. Des. Weiss de Andrade. In: PAULA, Alexandre de. *Código de Processo Civil Anotado*. São Paulo: RT, 1976, v. II, n. 286). "A testemunha pode escusar-se a prestar depoimento se este colidir com o dever de guardar sigilo" (STF, HC 71.039-5, Rel. Min. Paulo Brossard, ac. 07.04.1994, *RF* 333/329). O advogado tem direito de recusar-se a depor sobre fatos de "que teve conhecimento no exercício profissional" (TJMG, AI 14.248/9, Rel. Des. Lúcio Urbano, ac. 09.09.1993, *Jurisp. Min.* 124/66). Nesse sentido: STJ, 6ª T., MS 48.843, Rel. Min. Nilson Naves, ac. 30.10.2007, *DJU* 11.02.2008, p. 1.

(c) o de ser reembolsada pela despesa que efetuou para comparecer à audiência, "devendo a parte pagá-la logo que arbitrada, ou depositá-la em cartório dentro de três dias" (art. 462);

(d) o depoimento prestado em juízo é considerado serviço público. E a testemunha, quando sujeita ao regime da legislação trabalhista, não pode sofrer, por comparecer à audiência, perda de salário nem desconto no tempo de serviço (art. 463, parágrafo único).

VIII – Sistema de garantia de direitos da criança ou adolescente vítima ou testemunha de violência

A Lei 13.431/2017 disciplina os direitos e garantias da criança ou adolescente quando tenha de depor perante autoridade policial ou judiciária, na qualidade de vítima ou testemunha de violência (art. 5º e 6º). Entre estes, destacam-se a opção de permanecer em silêncio; a assistência qualificada jurídica e psicossocial especializada; a segurança com avaliação contínua sobre possibilidade de intimidação, ameaça e outras formas de violência; a confidencialidade das informações prestadas; o resguardo e a proteção de sofrimento, com direito a apoio, planejamento de sua participação, prioridade na tramitação do processo, celeridade processual, idoneidade do atendimento e limitação das intervenções (art. 5º).

Para o depoimento especial da criança ou adolescente vítima ou testemunha de violência, o art. 5º da referida Lei instituiu em *procedimento especial*, com tramitação ou segredo de justiça e assistência de profissionais especializados, com várias cautelas para preservação da intimidade e da privacidade do menor. A descrição de todos os passos desse *depoimento especial* (que *facultativamente* pode ser aplicado a vítimas e testemunhas maiores, entre dezoito e vinte e um anos) consta do item 236, do v. II, deste *Curso*, dedicado às *ações de família*.

742. A produção da prova testemunhal

I – Requerimento

O momento adequado para requerer a prova testemunhal é a petição inicial (CPC/2015, art. 319, VI), para o autor, ou a contestação, para o réu (art. 336), ou então na fase de especificação de prova, durante as providências preliminares (art. 348)[117].

É na decisão de saneamento que o juiz admitirá, ou não, essa espécie de prova (art. 357, II). Entende-se, porém, implicitamente deferida a prova testemunhal previamente requerida quando o juiz simplesmente designa a audiência de instrução e julgamento.

A parte que desejar produzir essa prova deverá, no prazo que o juiz fixar na decisão de saneamento, depositar, em Cartório, o respectivo rol, no qual figurarão nomes, profissões, estado civil, idade, o número de cadastro de pessoa física e do registro de identidade e endereço completo da residência e local de trabalho das testemunhas a ouvir (arts. 357, § 4º, e 450).[118]

Se a causa apresentar complexidade em matéria de fato ou de direito, o juiz deverá designar audiência para que o saneamento seja feito em cooperação com as partes (art. 357, § 3º). Nesses casos, elas deverão levar o respectivo rol de testemunhas à audiência (art. 354, § 5º).

---

117 Não somente as partes podem arrolar testemunhas. O juiz pode, de ofício, determinar a produção de qualquer modalidade de prova, inclusive a testemunhal, desde que necessária para o julgamento da causa (CPC, art. 370). Sobre a iniciativa probatória do juiz, v. *retro* n. 652 e n. 653.

118 "Não pode ser tomado o depoimento de testemunhas cujo rol haja sido depositado sem observância do prazo legal" (STJ, REsp 67.007-1/MG, Rel. Min. Eduardo Ribeiro, ac. 06.08.1996, *DJU* 29.10.1996, p. 41.642). Nesse sentido: STJ, 3ª T., AgRg no Ag 954.677/RJ, Rel. Min. Humberto Gomes de Barros, ac. 06.12.2007, *DJU* 18.12.2007, p. 277.

Quando não há a audiência de saneamento e o juiz deferir a produção de prova testemunhal na decisão saneadora, marcará o prazo dentro do qual as partes deverão depositar o respectivo rol. A lei diz que tal prazo é comum e não poderá ser superior a quinze dias (art. 357, § 4º). Omitindo-se o juiz na estipulação do referido prazo, prevalecerá aquele fixado pela lei em seu limite maior, ou seja, quinze dias.

Esse prazo é estabelecido pelo Código em benefício da parte contrária, a fim de que possa conhecer com a necessária antecedência a idoneidade da prova que contra si será produzida. Há, por isso, de ser observado tanto nos casos de testemunhas a serem intimadas como daquelas que comparecerão independentemente de intimação.

Cada parte poderá arrolar, no máximo, dez testemunhas; mas ao juiz é permitido dispensar, na audiência, as excedentes de três, quando destinadas à prova do mesmo fato (art. 357, § 6º).

Tem, outrossim, entendido a jurisprudência que a falta de requerimento ou especificação da prova testemunhal pela parte, antes do saneador, não a impede de arrolar testemunhas quando o juiz designa audiência de instrução e julgamento, desde, é claro, que não tenha havido expresso indeferimento desse tipo de prova.[119] Mesmo ao revel, isto é, ao que não contestou a ação, é assegurado o direito de produzir testemunhas, quando os efeitos da revelia não ocorreram, nos termos do art. 349.[120]

Depois de apresentado o rol de que fala o art. 357, §§ 4º e 5º, a parte só pode substituir a testemunha (art. 451):[121]

(a) que falecer (inciso I);

(b) que, por enfermidade, não estiver em condições de depor (inciso II);

(c) que, tendo mudado de residência ou de local de trabalho, não for encontrada (inciso III).

II – Intimação

Uma inovação importante do Código atual foi a atribuição ao advogado da obrigação de informar ou intimar a testemunha que arrolou do local, do dia e do horário da audiência designada, dispensando-se a intimação do juízo (art. 455, *caput*). Essa intimação feita pelo próprio advogado deverá ser realizada por carta com aviso de recebimento, devendo ser juntada aos autos, com antecedência de pelo menos três dias da data da audiência, cópia da correspondência de intimação e do comprovante de recebimento (art. 455, § 1º).

---

[119] STF, RE 75.743, ac. 23.03.1973, Rel. Oswaldo Trigueiro, *RT* 453/272: "A falta anterior de especificação de provas não prejudica o direito da parte de oferecer suas testemunhas, a qualquer tempo, observado o disposto no art. 239, § 1º, do Cód. de Processo Civil" (*hoje*: art. 407, *caput*). No mesmo sentido: TAMG, Ag. 197.340-6, Rel. Juiz Páris Pena, ac. 05.09.1995. In: Alexandre de Paula, *Código de Processo Civil Anotado*, 7. ed., São Paulo: RT, 1998, v. II, p. 1.745. Em sentido contrário: "O silêncio da parte, em responder ao despacho de especificação de provas, faz precluir o direito à produção probatória, implicando desistência do pedido genérico formulado na inicial" (STJ, 3ª T., REsp 329.034/MG, Rel. Min. Gomes de Barros, ac. 14.02.2006, *DJU* 20.03.2006, p. 263). No entanto, quando o requerimento de prova testemunhal constar expressamente da petição inicial, haverá cerceamento de defesa se o juiz deixar de colher aquela prova, mesmo que não especificada no prazo assinado no saneador (STJ, 3ª T., AI 388.759/MG AgRg, Rel. Min. Gomes de Barros, ac. 25.09.2006, *DJU* 16.10.2006, p. 362).

[120] TAMG, Apel. 2.443, ac. 22.10.1969, Rel. Juiz Agostinho de Oliveira, *Revista Forense* 230/189; STJ, 2ª T., REsp 1.198.159/RS, Rel. Min. Mauro Campbell Marques, ac. 02.09.2010, *DJe* 04.10.2010.

[121] Fora dos permissivos legais, "não é admissível a substituição de testemunha no correr da audiência" (TJMG, Apel. 16.601, ac. 06.11.1959, Rel. Des. Lahyre Santos, *Minas Forense* 33/119); TJRJ, Ap. 651/97, Rel. Des. Marlan Moraes Marinho, *Adcoas* 22.08.1997, n. 8.155.359; "Apresentado o referido rol de testemunhas, é inviável a apresentação de 'rol complementar', salvo para substituir testemunha que, nos termos do art. 408, I, II e III, do CPC, houver falecido, estiver enferma ou não for encontrada pelo oficial de justiça, o que não ocorreu *in casu*" (STJ, 5ª T., REsp 700.400/PR, Rel. Min. Arnaldo Esteves Lima, ac. 26.06.2007, *DJe* 06.08.2007).

Se o advogado não diligenciar a intimação, implicará a desistência da inquirição da testemunha (art. 455, § 3º). Se, intimada, a testemunha não comparecer sem motivo justificado, será conduzida e responderá pelas despesas do adiamento (art. 455, § 5º).

Admite, contudo, o Código de 2015 a intimação da testemunha pela via judicial quando (art. 455, § 4º):

(a) frustrada a intimação realizada pelo próprio advogado (inciso I);
(b) a necessidade da realização via judicial for devidamente demonstrada pela parte ao juiz (inciso II);
(c) figurar no rol servidor público ou militar, hipótese em que o juiz requisitará a intimação ao chefe da repartição ou ao comando do corpo em que servir (inciso III);
(d) a testemunha houver sido arrolada pelo Ministério Público ou pela Defensoria Pública (inciso IV); e
(e) a testemunha for uma daquelas que devam ser ouvidas em sua residência ou onde exercem sua função (inciso V).

É possível, ainda, à parte comprometer-se a levar à audiência a testemunha, independentemente de intimação. Nessa hipótese, o não comparecimento da testemunha à audiência faz presumir a desistência de sua inquirição pela parte (art. 455, § 2º).[122]

A testemunha intimada, não importa de que forma, deverá comparecer em juízo, no dia, hora e local que forem designados para a audiência. E haverá condução coercitiva caso a testemunha deixe de atender à intimação sem motivo justificado (art. 455, § 5º).

III – Audiência

As testemunhas são ouvidas pelo juiz na audiência de instrução e julgamento, depois dos esclarecimentos dos peritos e dos depoimentos pessoais das partes (art. 361, I, II e III).

Fora da audiência, mas em juízo, são inquiridas as testemunhas que "prestam depoimento antecipadamente" e as que "são inquiridas por carta" (art. 453).

A oitiva de testemunha que residir em comarca, seção ou subseção judiciárias diversa daquela onde tramita o processo poderá ser realizada por meio de videoconferência ou outro recurso tecnológico de transmissão de sons e imagens em tempo real, o que poderá ocorrer, inclusive, durante a realização da audiência de instrução e julgamento (art. 453, § 1º). Para tanto, os juízos deverão manter equipamento para a transmissão e recepção dos sons e imagens (art. 453, § 2º).

IV – Ouvida fora de audiência

Fora do juízo, serão ouvidas as testemunhas que possuem privilégio de função e, portanto, são inquiridas em sua residência ou onde exercem sua função (art. 454). São elas:

(a) o Presidente e o Vice-Presidente da República (inciso I);
(b) os Ministros de Estado (inciso II);
(c) os Ministros do Supremo Tribunal Federal, os conselheiros do Conselho Nacional de Justiça, os ministros do Superior Tribunal de Justiça, do Superior Tribunal Militar,

---

[122] "A parte que arrola testemunha para comparecer independentemente de intimação corre o risco de perder o seu depoimento, se ela não comparece" (TARS, ac. 17.08.1973, *RT* 458/234). Nesse sentido: STJ, REsp 57.144-8, Rel. Min. Garcia Vieira, ac. 06.02.1995, *RT* 715/297; STJ, 5ª T., HC 117.952/PB, Rel. Min. Napoleão Nunes Maia Filho, ac. 27.05.2010, *DJe* 28.06.2010.

do Tribunal Superior Eleitoral, do Tribunal Superior do Trabalho e do Tribunal de Contas da União (inciso III);

(d) o Procurador-Geral da República e os conselheiros do Conselho Nacional do Ministério Público (inciso IV);

(e) o advogado-geral da União, o procurador-geral do Estado, o procurador-geral do Município, o defensor público-geral federal e o defensor público-geral do Estado (inciso V);

(f) os senadores e deputados federais (inciso VI);

(g) os governadores dos Estados e do Distrito Federal (inciso VII);

(h) o prefeito (inciso VIII);

(i) os deputados estaduais e distritais (inciso IX);

(j) os desembargadores dos Tribunais de Justiça, de Tribunais Regionais Federais, dos Tribunais Regionais do Trabalho e dos Tribunais Regionais Eleitorais e os conselheiros dos Tribunais de Contas dos Estados e do Distrito Federal (inciso X);

(k) o procurador-geral de justiça (inciso XI);

(l) o embaixador de país que, por lei ou tratado, concede idêntica prerrogativa ao agente diplomático do Brasil (inciso XII).

Nesses casos, o juiz oficiará à autoridade que deve depor, solicitando que designe dia, hora e local, a fim de ser inquirida. Remeterá, com o ofício, cópia da petição inicial ou da defesa oferecida pela parte, que a arrolou como testemunha (art. 454, § 1º).

Caso a autoridade não responda ao ofício em um mês, o juiz designará dia, hora e local para o depoimento, preferencialmente na sede do juízo (art. 454, § 2º). O mesmo será feito pelo juiz caso a autoridade não compareça, injustificadamente, à sessão agendada para a colheita do seu testemunho, nos dia, hora e local por ela mesma indicados (art. 454, § 3º).

Ocorrendo impossibilidade de a testemunha ser ouvida na audiência de instrução e julgamento, por doença ou outro motivo relevante, o juiz poderá tratar do problema dentro das regras emergenciais de prova antecipada (art. 381, I). Designará, na hipótese, dia e hora para realizar a inquirição no local em que o depoente se encontrar.

V – Inquirição

Na audiência de instrução e julgamento, as testemunhas serão inquiridas separada e sucessivamente; primeiro as do autor e depois as do réu, providenciando de modo que uma não ouça o depoimento das outras (art. 456). A ordem em questão não deve ser vista como absoluta, podendo ser alterada segundo conveniências do caso concreto, desde que não acarrete prejuízo para nenhuma das partes.[123] É a hipótese, *v.g.*, das testemunhas ouvidas em audiências diferentes ou em juízos diversos. A alteração da ordem, contudo, deverá ter a concordância das partes (art. 456, parágrafo único).

Antes de depor, a testemunha será qualificada, *i.e.*, declarará ou confirmará o nome por inteiro, a profissão, a residência e o estado civil, bem como se tem relações de parentesco com a parte, ou interesse no objeto do processo (art. 457, *caput*).

Nessa fase, é lícito à parte contrária contraditar a testemunha por meio de arguição de incapacidade, impedimento ou suspeição, de acordo com o art. 447. Sobre a contradita, o juiz ouvirá a testemunha e a parte que a arrolou. Se reconhecida a procedência da arguição, o § 2º

---

[123] TJRGS, 18ª C. Civ., Ag. Inst. 70007613417, Rel. Des. Planella Villarinho, ac. 24.06.2004, *RJTJRGS* 237/170; STJ, 5ª T., HC 160.794/RS, Rel. Min. Jorge Mussi, ac. 12.04.2011, *DJe* 04.05.2011.

do art. 457 determina que o juiz dispensará a testemunha ou lhe tomará o depoimento como informante.

Se, todavia, a testemunha negar os fatos que lhe são imputados, a parte poderá provar a contradita com documentos ou com testemunha até três, apresentadas no ato e inquiridas em separado (art. 457, § 1º).

Após a qualificação, e antes do início da inquirição, a testemunha prestará o compromisso de dizer a verdade do que souber e lhe for perguntado e será advertida pelo juiz que se sujeita à sanção penal quem faz afirmação falsa, cala ou oculta a verdade (art. 458 e seu parágrafo).

O Código atual alterou a forma do interrogatório, que antes era ato exclusivo do juiz. Agora será feito pelas partes diretamente à testemunha, começando por quem a arrolou. Entretanto, o juiz não admitirá as perguntas que puderem induzir a resposta, não tiverem relação com as questões de fato objeto da atividade probatória ou importarem repetição de outra já respondida (art. 459, *caput*). As perguntas que o juiz indeferir serão transcritas no termo, se a parte o requerer (art. 459, § 3º).

A inquirição da testemunha pelo próprio advogado é técnica tradicional do *common law*, onde se trava um verdadeiro duelo mental entre interrogante e interrogado, a que se atribui a denominação *cross-examination* e cujo claro objetivo é desacreditar a confiabilidade da testemunha, inclusive partindo para devassa da sua vida, em matéria que não tenha pertinência direta com a demanda, o que, definitivamen-te, o processo civil brasileiro não admite.[124]

Não foi subtraído ao juiz o poder de inquirir a testemunha. O Código de 2015 continua assegurando-lhe a possibilidade de fazê-lo, a seu critério, antes e depois da inquirição efetuada pelas partes (art. 459, § 1º).

O depoimento é sempre oral, de modo que não é lícito à parte substituí-lo por declaração escrita adrede preparada.[125] Isso não impede que se permita à testemunha consultar breves anotações ou documentos em seu poder.

Findo o depoimento, lavrará o escrivão o competente termo, que deve ser digitado, taquigrafado ou estenotipado, e assinado pelo juiz, pela testemunha e pelos advogados das partes (art. 460, § 1º). Destina-se o termo a documentar, para os autos, as declarações do depoente.

Segundo o Código atual, o depoimento poderá também ser documentado por meio de gravação (art. 460, *caput*). Se houver recurso em processo em autos não eletrônicos, o depoimento gravado somente será digitado quando for impossível o envio de sua documentação eletrônica (art. 460, § 2º). Tratando-se de autos eletrônicos, deve-se observar o disposto no Código e na legislação específica sobre a prática eletrônica de atos processuais (art. 460, § 3º) (ver item 340 *retro*).

---

[124] "A inquirição de testemunhas no sistema processual brasileiro opera de *modo* diverso da *cross-examination* norte-americana, especialmente por meio da reprovação do uso de *leading questions* (perguntas altamente sugestivas e indutivas), conforme expressamente preveem o art. 459 do Código de Processo Civil e o art. 212 do Código de Processo Penal" (PINTER, Rafael Wobeto. O sistema processual brasileiro adotou a *cross-examination*? *Revista de Processo*, v. 306, p. 389. São Paulo, ago/2020).

[125] "Ensina Costa Manso que os escritos particulares provam apenas contra quem os fez; o testemunho de um terceiro, salvo o caso de fé pública, deve ser produzido sempre sob a forma de depoimento. Do contrário, ficariam anuladas as prescrições legais relativas à prova testemunhal, bem como as garantias outorgadas à parte contrária, consistentes nas contraditas, reperguntas e contestações". Por isso, "não é possível reconhecer-se numa simples declaração o efeito de prova testemunhal(...)" (TJMG, Apel. 33.302, ac. 31.08.1971, Rel. Des. Ribeiro do Valle, *D. Jud. MG*, de 30.09.1971). STJ, 3ª Seção, AR 2.043/SP, Rel. Min. Arnaldo Esteves Lima, ac. 14.12.2009, *DJe* 01.02.2010.

VI – Incidentes

Dois incidentes podem se seguir à tomada de depoimento da testemunha:

(a) a acareação; e
(b) a ouvida de testemunhas referidas.

Testemunha referida é a pessoa estranha ao processo, que foi mencionada no depoimento de outra testemunha, ou da parte. A audiência daquela pode se destinar a confirmar ou esclarecer o depoimento já tomado.

A *acareação* consiste em promover o confronto pessoal numa só audiência, das pessoas que prestaram depoimentos contraditórios. É cabível também entre testemunhas e parte, mas não entre as duas partes.[126]

Essas duas diligências podem ser determinadas pelo juiz, a requerimento da parte ou de ofício (art. 461). Sua efetivação pode ocorrer na própria audiência de instrução e julgamento, se estiverem presentes os interessados; ou em outra data, designada pelo juiz, caso em que a conclusão dos trabalhos da audiência ficará suspensa.[127] Pode, ainda, ocorrer por meio de videoconferência ou outro recurso tecnológico de transmissão de sons e imagens em tempo real (art. 461, § 2º).

Os acareados serão reperguntados para que expliquem os pontos de divergência, reduzindo-se a termo o ato de acareação (art. 461, § 1º).

---

[126] MARQUES, José Frederico. *Manual de Direito Processual Civil*. Campinas: Bookseller, 1974, v. II, n. 498, p. 241.

[127] "Indeferimento motivado do pedido de acareação de testemunhas (...) não importa em cerceamento de defesa quando o conjunto probatório dos autos tornar desnecessária a produção de tais provas" (STJ, 5ª T., RMS 13.144/BA, Rel. Min. Arnaldo Esteves Lima, ac. 21.03.2006, *DJU* 10.04.2006, p. 229).

§ 92. PROVA PERICIAL

743. Conceito

Os fatos litigiosos nem sempre são simples de forma a permitir sua integral revelação ao juiz, ou sua inteira compreensão por ele, através apenas dos meios usuais de prova, que são as testemunhas e os documentos. Nem é admissível exigir que o juiz disponha de conhecimentos universais a ponto de examinar cientificamente tudo sobre a veracidade e as consequências de todos os fenômenos possíveis de figurar nos pleitos judiciais.

Não raras vezes, portanto, terá o juiz de se socorrer de auxílio de pessoas especializadas, como engenheiros, agrimensores, médicos, contadores, químicos etc., para examinar as pessoas, coisas ou documentos envolvidos no litígio e formar sua convicção para julgar a causa, com a indispensável segurança. Aparece, então, a prova pericial como o meio de suprir a carência de conhecimentos técnicos de que se ressente o juiz para apuração dos fatos litigiosos.

Como ensina Amaral Santos, a perícia pode consistir "numa declaração de ciência ou na afirmação de um juízo, ou, mais comumente, naquilo e nisto". *É declaração de ciência* "quando relata as percepções colhidas, quando se apresenta como prova representativa de fatos verificados ou constatados", como, *v.g.*, no caso em que são descritos os danos sofridos pelo veículo acidentado, bem como os sinais materiais encontrados na via pública onde se deu a colisão. *É afirmação de um juízo* "quando constitui parecer que auxilie o juiz na interpretação ou apreciação dos fatos da causa", como, *v.g.*, ao dar sua explicação de como ocorreu o choque dos veículos e qual foi a causa dele.[128]

É a perícia, destarte, meio probatório que, de certa forma, se aproxima da prova testemunhal, e no direito antigo os peritos foram, mesmo, considerados como testemunhas. Mas, na verdade, há uma profunda diferença entre esses instrumentos de convencimento judicial. O fim da prova testemunhal é apenas reconstituir o fato tal qual existiu no passado; a perícia, ao contrário, descreve o estado atual dos fatos; das testemunhas, no dizer de Lessona, invoca-se a *memória*, dos peritos, a *ciência*.[129]

Segundo o art. 464 do atual Código de Processo Civil, "a prova pericial consiste em exame, vistoria ou avaliação".

O *exame* é a inspeção sobre coisas, pessoas ou documentos, para verificação de qualquer fato ou circunstância que tenha interesse para a solução do litígio. *Vistoria* é a mesma inspeção, quando realizada sobre bens *imóveis*. E *avaliação* ou *arbitramento* é a apuração de valor, em dinheiro, de coisas, direitos ou obrigações em litígio.[130]

A perícia regulada pelo Código é a *judicial*, *i.e.*, a realizada em juízo, por perito nomeado pelo juiz. Mas existem também perícias *extrajudiciais* promovidas por iniciativa das partes, por meio de técnicos particulares ou agentes administrativos. Sua força de convencimento não pode, naturalmente, ser a mesma da perícia judicial, e o juiz examinará tais laudos como simples *pareceres*, dando-lhes a credibilidade que merecem.

A jurisprudência, no entanto, tem entendido que "o laudo do exame pericial administrativo realizado, logo após a colisão dos veículos, por agente do DNER, órgão incumbido da fiscalização do trânsito nas rodovias federais, tem a presunção de verdade dos atos administrativos em geral". De sorte que não se pode admitir que suas conclusões sejam elididas por "depoimentos

---

128 AMARAL SANTOS, Moacyr. *Comentários ao Código de Processo Civil*. 2. ed. São Paulo: RT, 1976, v. IV, n. 245, p. 334.

129 MONTEIRO, João. *Programa do Curso de Processo Civil*. 3. ed. São Paulo: Duprat, 1912, v. II, § 178, nota 1, p. 318.

130 AMARAL SANTOS, Moacyr. *Comentários ao Código de Processo Civil*. 2. ed. São Paulo: RT, 1976, v. IV, n. 247, p. 336.

de testemunhas que, nada podendo relatar, por não haverem presenciado o fato, permitiram-se emitir apreciações opinativas".[131]

Milita em favor dos laudos oficiais expedidos pela administração pública uma presunção *iuris tantum* de veracidade, que, segundo a jurisprudência dominante, não pode ser infirmada por simples suscitação de dúvidas. Suas conclusões, por isso, devem prevalecer até prova em contrário.

Contudo, se o laudo administrativo foi elaborado tardiamente, ou se entra em conflito com as testemunhas que presenciaram o evento, deve prevalecer a prova oral e não a do documento elaborado pelos agentes públicos.[132]

Ainda, dentro do conceito de perícia judicial, os tribunais têm admitido, em casos de acidentes automobilísticos, que "as custosas e demoradas vistorias" sejam substituídas "por orçamentos de oficinas idôneas" a respeito do custo dos reparos do veículo.[133]

A legislação atual abre grande área para utilização das perícias extrajudiciais, visto que o juiz ficou autorizado a dispensar a perícia judicial "quando as partes, na inicial e na contestação, apresentarem sobre as questões de fato pareceres técnicos ou documentos elucidativos que considerar suficientes" (art. 472) (v., adiante, o nº 746).

744. Admissibilidade da perícia

Por se tratar de prova especial, subordinada a requisitos específicos, a perícia só pode ser admitida, pelo juiz, quando a apuração do fato litigioso não se puder fazer pelos meios ordinários de convencimento. Somente haverá perícia, portanto, quando o exame do fato probando depender de conhecimentos técnicos ou especiais e essa prova, ainda, tiver utilidade, diante dos elementos disponíveis para exame.

Assim, dispõe o art. 464, § 1º, do CPC/2015 que o juiz indeferirá a perícia quando:

(a) *a prova do fato não depender do conhecimento especial de técnico* (inciso I): bastará, para apuração da verdade, em tal hipótese, que sejam ouvidas as testemunhas e compulsados os documentos acaso existentes;
(b) a *verificação pretendida for impraticável* (inciso II): é o caso dos eventos transitórios que não deixam vestígios materiais a examinar. A perícia, *in casu*, seria completamente inócua por falta de objeto.

No entanto, mesmo quando não exista mais o objeto a ser periciado, ainda será admissível, em alguns casos, a perícia indireta. Se existem, por exemplo, registros oficiais acerca de dados do acidente, é possível ao perito, muitas vezes, um juízo lógico acerca de suas causas, conforme o teor de tais dados e sua idoneidade para uma análise técnica. O mesmo pode ocorrer com a aferição, numa determinada época, da capacidade da pessoa já falecida. Se existem dados convincentes a respeito de enfermidade de que padecia, internamentos psiquiátricos, medica-

---

131 STF, RE 77.458, ac. 25.03.1974, Rel. Min. Xavier de Albuquerque, *RTJ* 69/865. "O testemunho indireto é plenamente válido como elemento de prova no sistema processual brasileiro, cabendo ao magistrado sopesar tais relatos à luz do restante do acervo probatório produzido no feito, contudo, o testemunho por 'ouvir dizer' ('*hearsay testimony*') não pode ser a única prova a fundamentar a sentença condenatória" (TJDFT, 3ª T. Crim., Recurso em sentido estrito 0700409-66.2024.8.07.0019, Rel. Des. Jansen Fialho de Almeida, ac. 25.07.2024, *DJe* 05.08.2024).

132 TJSP, Apel. 245/666, ac. 09.10.1975, Rel. Des. Carlos Ortiz, *RT* 484/88; no mesmo sentido: TJPR, Apel. 437/72, *RT* 456/195; TAMG, Ap. 197.839-8, Rel. Juiz Antônio Carlos Cruvinel, ac. 23.11.1995, *DJMG* 28.05.1996, p. 17.

133 STJ, 4ª T., REsp 260.742/RJ, Rel. Min. Barros Monteiro, ac. 10.04.2001, *DJU* 13.08.2001, p. 164.

mentos de que fazia uso, prontuários e outros elementos similares, o perito psiquiátrico pode emitir laudo para concluir se, em determinado momento, a pessoa estava ou não incapacitada de gerir sua pessoa e seus bens.[134]

Situação interessante surge quando a perícia deve recair sobre a pessoa do litigante, o que frequentemente ocorre nos exames hematológicos nas ações de paternidade. Prevalece o entendimento de que ninguém deve ser coagido fisicamente a submeter-se a exame ou inspeção corporal.[135] Todavia, a recusa *in casu* será interpretada como indício autorizador da presunção de veracidade do fato que se desejaria provar por meio da perícia (Código Civil, art. 232). Trata-se, no entanto, de presunção relativa que pode ser derrubada por outras provas nos autos e que não pode ser formulada apenas com base na recusa; haverá de ser apreciada sempre no cotejo com o conjunto probatório disponível, com o qual deverá harmonizar-se.[136]

Enfim, cabe ao juiz, na direção da instrução da causa, deliberar sobre o cabimento, ou não, da prova pericial (art. 370). Mas quando, pela natureza dos fatos, sua verificação e avaliação somente forem possíveis por meio de técnicos, não cabe ao magistrado denegar a prova técnica, sob pena de cometer cerceamento de defesa ao litigante que a requereu.[137]

Quando o ponto controvertido da demanda for de menor complexidade, o Código atual autoriza que o juiz, de ofício ou a requerimento, substitua a prova pericial pela produção de prova técnica simplificada (art. 464, § 2º). Essa prova simplificada consistirá na inquirição pelo juiz de especialista, que deverá ter formação acadêmica específica na área objeto de seu depoimento, sobre o ponto controvertido da causa, que demande especial conhecimento científico ou técnico (art. 464, § 3º). O profissional poderá valer-se de qualquer recurso tecnológico de transmissão de sons e imagens com o fim de esclarecer os pontos necessários (art. 464, § 4º).

745. O perito

I – Escolha do perito pelo juiz

O técnico que deve servir no processo como perito é escolhido pelo juiz (CPC/2015, art. 465). Uma vez nomeado, passa a exercer a função pública de órgão auxiliar da Justiça (art. 149), com o encargo de assistir o juiz na prova do fato que depender de seu conhecimento técnico ou científico (art. 156). O perito pode escusar-se, deixando de aceitar o encargo que o juiz lhe destinou. Pode, também, ser recusado pelas partes, por impedimento ou suspeição (art. 467).

Tratando-se de perícia complexa, que abranja mais de uma área de conhecimento especializado, o juiz poderá nomear mais de um perito (art. 475). É o caso, por exemplo, do julgamento de uma demanda indenizatória por falha de equipamentos industriais, cuja solução reclamará trabalho técnico de engenheiro e de economista, ou de técnico em contabilidade; ou a hipótese de avaliação de sequelas de lesões pessoais que tenham afetado as funções motora e psíquica da vítima, reclamando laudos de ortopedista e de psiquiatra etc.

---

[134] AMARAL SANTOS, Moacyr. *Prova Judiciária no Civil e Comercial*. 3. ed. São Paulo: Max Limonad, 1971, v. V, p. 181. Nesse sentido: STJ, 2ª T., REsp 1.060.753/SP, Rel. Min. Eliana Calmon, ac. 01.12.2009, *DJe* 14.12.2009.

[135] STF, Pleno, HC 71.373/RS, Rel. Min. Marco Aurélio, ac. 10.11.1994, *DJU* 18.11.1994, p. 31.390; STF, 1ª T., HC 76.060-4/SC, Rel. Min. Sepúlveda Pertence, ac. 31.03.1998, *DJU* 15.05.1998, p. 44.

[136] STJ, 4ª T., REsp 409.285/PR, Rel. Min. Aldir Passarinho Jr., ac. 07.05.2002, *DJU* 26.08.2002, p. 241; STJ, 3ª T., REsp 1.046.105/SE, Rel. Min. Nancy Andrighi, ac. 01.09.2009, *DJe* 16.10.2009. STJ, Súmula 301.

[137] É o que ocorre, por exemplo, com o caso de "análise dos balanços contábeis da empresa", medida que "depende de conhecimentos técnicos específicos, sendo matéria que escapa às regras da experiência comum ao magistrado". Se, pois, a matéria em discussão no processo envolve fato e demanda análise técnica, terá de ser instruída "com a realização da perícia por profissional habilitado". Para que tal se cumprisse, o STJ proveu o recurso especial manejado pela parte prejudicada na instância local (STJ, 3ª T., REsp 1.324.681/SC, Rel. Min. Nancy Andrighi, ac. 09.04.2013, *DJe* 15.04.2013).

A nomeação do perito é feita pelo juiz na decisão de saneamento, quando houver por bem deferir a prova técnica, estabelecendo, de logo, o prazo para a entrega do laudo e o calendário para sua realização (arts. 357, § 8º, e 465, *caput*).

Ao tomar ciência de sua nomeação, o perito deverá apresentar, em cinco dias: *(i)* sua proposta de honorários; *(ii)* o seu currículo, com a comprovação de sua especialização; e, *(iii)* seus contatos profissionais, em especial o endereço eletrônico, para onde serão dirigidas as intimações pessoais (art. 465, § 2º).

As partes, então, serão intimadas da proposta de honorários para, querendo, manifestar-se no prazo comum de cinco dias. Posteriormente, o juiz arbitrará o valor, intimando-se as partes para depositar os honorários, nos moldes do art. 95 (art. 465, § 3º). Os honorários periciais devem ser depositados pela parte por eles responsável antes do início da prova técnica. Poderá o juiz autorizar o pagamento de até 50% no início dos trabalhos, devendo o remanescente ser pago apenas ao final, depois de entregue o laudo e prestados todos os esclarecimentos necessários (art. 465, § 4º) (sobre o processo promovido sob os benefícios da assistência judiciária gratuita, v., *retro*, os itens 199 e 218).

Quando a perícia for inconclusiva ou deficiente, o juiz poderá reduzir a remuneração inicialmente arbitrada para o trabalho (art. 465, § 5º).

II – Escolha do perito pelas partes

O Código de 2015 permite que as partes, de comum acordo, escolham o perito, indicando-o ao juiz mediante requerimento. Essa possibilidade depende dos seguintes requisitos: *(i)* que as partes sejam plenamente capazes; e, *(ii)* que a causa possa ser resolvida por autocomposição (art. 471, *caput*).

Ao escolherem o perito, as partes já devem indicar seus assistentes técnicos para acompanharem a realização da perícia, que se realizará em data e local previamente anunciados (art. 471, § 1º).

Estabelece o Código atual que o perito e os assistentes entreguem, respectivamente, seu laudo e pareceres em prazo que deverá ser fixado pelo juiz (art. 471, § 2º). Essa perícia consensual substitui, para todos os efeitos, a que seria realizada por perito nomeado pelo juiz (art. 471, § 3º), e porque nasce de um consenso entre as partes pode ser bastante simplificada e agilizada. No requerimento conjunto, por exemplo, já poderão ser formulados os quesitos e identificados o lugar e a hora da perícia, predeterminados por ajuste com o perito consensualmente escolhido.

III – Escolha do perito quando o objeto da prova for autenticidade ou falsidade de documento, de autenticidade da letra e da firma ou de natureza médico-legal

Quando o exame tiver por objeto a autenticidade ou a falsidade de documento ou for de natureza médico-legal, o perito será escolhido, de preferência, entre os técnicos dos estabelecimentos oficiais especializados (art. 478, *caput*). Se a autenticidade a pesquisar for de letra e de firma, o perito procederá de acordo com o § 3º do art. 478.[138] Nos demais casos, a escolha dos peritos recairá sobre profissionais de nível universitário, devidamente inscritos no órgão de classe competente, salvo se na localidade inexistir quem detenha a necessária qualificação técnica, hipótese em que a indicação do experto será de livre escolha do juiz (art. 156, §§ 1º e 5º).

---

[138] Se o caso for exame de autenticidade da letra e da firma, a comparação poderá ser feita pelo perito com documentos existentes em repartições públicas, ou com paradigmas colhidos, de forma manuscrita, em juízo (art. 478, § 3º).

O juiz autorizará, em tais hipóteses, a remessa dos autos, bem como do material sujeito a exame ao diretor do estabelecimento oficial especializado (art. 478, *caput*).

Se a parte for beneficiária da justiça gratuita, os órgãos e as repartições oficiais deverão cumprir a determinação judicial com preferência, no prazo estipulado (art. 478, § 1º). Mas, se for necessário, poderão requerer, motivadamente, a prorrogação do prazo (art. 478, § 2º).

IV – Participação dos assistentes técnicos na elaboração da perícia

Permite o sistema do Código que os litigantes participem da perícia por meio da formulação de quesitos e da escolha de assistentes técnicos (art. 465, § 1º, II e III), cuja qualificação profissional deve respeitar as mesmas exigências impostas ao perito do juízo. Se o juiz nomear mais de um perito, com conhecimentos técnicos diferenciados, também as partes poderão, cada uma, designar assistentes técnicos diferentes para cada experto do juiz (art. 475).[139]

V – Substituição do perito ou de assistente

Admite o Código que o perito ou o assistente possa ser substituído, no curso da prova, quando:

(a) carecer de conhecimento técnico ou científico;

(b) sem motivo legítimo, deixar de cumprir o encargo no prazo que lhe foi assinado (art. 468). Nessa hipótese, o juiz comunicará a ocorrência à corporação profissional respectiva, podendo, ainda, impor multa ao perito, fixada em função do valor da causa e do possível prejuízo decorrente do atraso no processo (art. 468, § 1º).

Substituído o perito, terá ele de restituir, em quinze dias, os valores recebidos pelo trabalho não realizado, sob pena de ficar impedido de atuar como perito judicial pelo prazo de cinco anos (art. 468, § 2º). À parte que efetuou o gasto da perícia frustrada caberá execução para recuperar o *quantum* levantado pelo perito substituído, caso não ocorra a restituição voluntária (art. 468, § 3º).

Sobre a escusa do perito (art. 157) ou sua recusa pelas partes (art. 148, III), bem como sobre a responsabilidade civil por dolo ou culpa (art. 158), consulte-se o nº 310, *retro*.

VI – Suspeição e impedimento do perito

Como agente auxiliar do juízo, está o perito sujeito a impedimento e suspeição, nos mesmos casos em que o juiz se submete a essas interdições de atuação no processo (art. 148, II).[140] O mesmo não ocorre com o assistente técnico, que é considerado apenas elemento de confiança da parte, e por isso não se sujeita a impedimento ou suspeição (art. 466, § 1º).

---

139 "Da leitura do art. 475 do CPC/15 infere-se que a nomeação de mais de um perito constitui faculdade do juiz, não sendo possível, no caso concreto, obrigá-lo à designação de equipe multidisciplinar, especialmente quando, segundo seu convencimento, um perito especialista em engenharia ambiental é hábil a analisar os pontos levantados pelas partes" (STJ, 1ª T., AgInt no REsp 1.648.745/PR, Rel. Min. Sérgio Kukina, ac. 27.11.2018, *DJe* 06.12.2018). E quando isto acontece, dispõe o art. 475, do CPC que é facultado à parte também "indicar mais de um assistente técnico".

140 O STJ já decidiu que o parentesco entre o juiz e o perito não figura entre as hipóteses de suspeição previstas no CPC, embora seja prática não exemplar de ética profissional. Não há, porém, na lei processual, "nada que impeça o juiz de nomear o seu próprio irmão para oficiar nos autos como seu assistente, não sendo causa suficiente, portanto, para se declarar, de ofício, a nulidade do julgamento", se a parte interessada não arguiu oportunamente a suspeição do perito (1ª T., REsp 906.598/MT, Rel. Min. Denise Arruda, ac. 19.06.2007, *DJU* 02.08.2007, p. 407).

A arguição de suspeição ou de impedimento do perito deve ser feita na primeira oportunidade em que couber à parte falar nos autos, "sob pena de preclusão da matéria".[141] A propósito, o art. 465, § 1º, estabelece o prazo de quinze dias, a contar da intimação do ato de nomeação do perito, para arguir seu impedimento ou suspeição.

746. O procedimento da prova pericial

I – Generalidades

O pedido de perícia pode ser formulado na inicial, na contestação ou na reconvenção, bem como na réplica do autor à resposta do réu. O juiz o apreciará na decisão de saneamento, oportunidade em que, se deferir a perícia, nomeará, desde logo, o perito e determinará a intimação das partes para que, em quinze dias, indiquem seus assistentes técnicos, apresentem os quesitos a serem respondidos pelos louvados e arguam o impedimento ou a suspeição do *expert*, se for o caso (art. 465, § 1º).

Dispõe o juiz de poderes para *(i)* indeferir quesitos impertinentes e *(ii)* formular, de ofício, os quesitos que considerar necessários ao esclarecimento da causa (art. 470).

Segundo entendimento majoritário da jurisprudência, o prazo de que dispõe a parte para indicar assistente técnico e formular quesitos não é preclusivo, podendo o ato ser praticado posteriormente, "desde que não iniciada a realização da prova".[142] Tanto assim é que o art. 469 permite às partes a apresentação de quesitos suplementares até mesmo durante a diligência pericial, enquanto não apresentado o laudo em juízo.

Quando a perícia for complexa e abranger mais de uma área de conhecimento especializado, o juiz é autorizado a nomear mais de um perito oficial. Igual faculdade toca também às partes, na indicação de mais de um assistente técnico para as perícias complexas (art. 475). A medida corresponde a uma necessidade lógica e intuitiva, e, por isso mesmo, já vinha sendo observada na prática forense, independentemente da previsão expressa da lei.

No regime do Código de 1973, após a Lei 8.455, de 24.08.1992, que cancelou a nomeação de assistente único para os litisconsortes, antes prevista no seu art. 421, § 1º, I, passou-se a entender que cada um deles poderia indicar seu próprio assistente. O Código atual não alterou dita norma, pois seu art. 465, § 1º, II, contém disposição similar. Logo, continuam os litisconsortes com a faculdade de se assessorar, cada um deles, por assistente técnico próprio.

O Código de 2015, a exemplo do anterior, dispensa a formalidade do compromisso do perito, impondo-lhe, porém, a obrigação de cumprir escrupulosamente o encargo judicial que lhe foi cometido (art. 466, *caput*).

O perito deverá, ainda, assegurar aos assistentes das partes o acesso e o acompanhamento das diligências e dos exames que realizar, com prévia comunicação, comprovada nos autos, com antecedência mínima de cinco dias (art. 466, § 2º). O juiz assinará o prazo para a conclusão da diligência e entrega do laudo, quando de sua determinação na decisão de saneamento (art. 357,

---

[141] STJ, 1ª T., REsp 906.598/MT, Rel. Min. Denise Arruda, ac. 19.06.2007, *DJU* 02.08.2007, p. 407; STJ, 3ª T., AgRg no REsp 1.157.079/MT, Rel. Min. Sidnei Beneti, ac. 09.02.2010, *DJe* 24.02.2010; TJRS, 6ª C. Civ., AI 70011874872, Rel. Des. Cacildo de Andrade Xavier, ac. 21.09.2005, *in* ARRUDA ALVIM, *et al.*, *Comentários ao Código de Processo Civil*. 3. ed. São Paulo: RT, 2014, p. 741.

[142] STJ, 4ª T., REsp 148.204/SP, Rel. Min. Sálvio de Figueiredo Teixeira, ac. 21.10.1997, *DJU* 09.12.1997, p. 64.742; STJ, 2ª T., REsp 193.178/SP, Rel. Min. Castro Meira, ac. 04.10.2005, *DJU* 24.10.2005, p. 225; STJ, 1ª T., REsp 639.257/MT, Rel. Min. Luiz Fux, ac. 13.12.2005, *DJU* 13.02.2006, p. 667.

§ 8º). Depois de examinar os quesitos apresentados pelas partes, indeferirá os impertinentes e formulará, de ofício, os que entender necessários ao esclarecimento da causa (art. 470).

Havendo escusa do perito, ou recusa dele pela parte, o juiz, se acolher a alegação, nomeará outro técnico (art. 467, parágrafo único).

II – A função do perito e do assistente técnico

A presença do assistente técnico na prova pericial integra o direito da parte de controlar, por intermediação de um técnico de sua confiança, a implementação desse especial meio de prova. Daí por que, à luz dos arts. 466, § 2º, e 473, § 3º, do CPC, o assistente tem de ser comunicado, com a necessária antecedência, da data de início da perícia, sendo-lhe assegurado o acompanhamento de todas as diligências e de todos os exames efetuados durante o desenvolvimento da prova técnica.

O papel atribuído ao assistente técnico é em tudo igual ao do próprio perito, segundo se deduz do § 2º, do art. 466, cabendo-lhe, afinal, elaborar parecer próprio, se divergir das conclusões do perito do juiz (art. 477, §§ 1º e 2º, II). Desse modo, o acompanhamento de que fala o § 1º do art. 471 equivale a uma atividade conjunta dos dois técnicos, o perito nomeado pelo juiz e o assistente designado pela parte. Assim, cercear ou restringir a efetiva e ampla participação do assistente na execução da perícia corresponde a cercear a ampla defesa assegurada constitucionalmente à própria parte assistida, nos moldes do devido processo legal e do contraditório (CF, art. 5º, LIV e LV).[143]

III – Nomeação do perito e perícia consensual

Cabe ao juiz nomear, em cada processo, o perito que deverá ser especializado no objeto a ser submetido à prova técnica (art. 465, *caput*). O CPC/2015, no entanto, apresenta uma novidade na matéria, ao prever que as partes, de comum acordo, podem escolher o perito, antecipando-se, portanto, à nomeação do juiz (art. 471, *caput*). O requerimento será acolhido pelo juiz, desde que *(i)* as partes sejam plenamente capazes, e *(ii)* a causa possa ser resolvida por autocomposição (art. 471, I e II).

Ao escolher o perito, as partes já deverão indicar, no requerimento, os respectivos assistentes técnicos que acompanharão a perícia, cuja realização dar-se-á em data e local previamente anunciados (art. 471, § 1º). Nessa perícia consensual, perito e assistentes técnicos entregarão o laudo e os pareceres no prazo desde logo fixado pelo juiz (art. 471, § 2º).

Admitida a perícia consensual, substituirá ela, para todos os efeitos, a que seria realizada por perito nomeado pelo juiz, na forma ordinária da prova técnica (art. 471, § 3º).

IV – Coleta dos elementos necessários à perícia

Para desempenho de sua função, poderão os peritos e os assistentes utilizar-se de todos os meios necessários, ouvindo testemunhas, obtendo informações, solicitando documentos que estejam em poder de parte, de terceiros ou em repartições públicas, bem como instruir o laudo com planilhas, mapas, plantas, desenhos, fotografias ou outros elementos necessários ao esclarecimento do objeto da perícia (art. 473, § 3º).

Antes de proceder aos trabalhos técnicos, as partes serão intimadas da data e local designados para início da perícia, seja tal designação de iniciativa do juiz ou do perito (art. 474).

---

143 MOLLICA, Rogério; ANTUNES, Thiago Caversan. As garantias fundamentais do contraditório e da ampla defesa e os limites de atuação do assistente técnico na produção da prova pericial: uma leitura do art. 466, § 2º, do Código de Processo Civil de 2015, sob as luzes da Constituição Federal de 1988. *Revista de Processo*. São Paulo, v. 355, p. 71-92, set. 2024.

Se a deliberação for do juiz, constará dos autos e será intimada como todas as deliberações processuais. Se for do perito, deverá informar ao escrivão para que este tome as providências intimatórias. A intimação far-se-á na pessoa dos advogados, salvo se a perícia tiver de recair sobre o próprio litigante (exames médicos, psiquiátricos etc.).[144]

Quando o exame tiver por objeto a autenticidade da letra e firma, o perito poderá fazer a verificação de duas maneiras: *(i)* por confronto com documentos requisitados de repartições públicas, como cartões de firmas ou escrituras existentes em poder de tabeliães; ou *(ii)* com originais colhidos em juízo, em papel que o sindicado preencherá por cópia ou sob ditado, com dizeres diferentes do documento periciado (art. 478, § 3º).

V – O laudo pericial

O trabalho do perito é reduzido a laudo, que será depositado em cartório, pelo menos vinte dias antes da audiência de instrução e julgamento (art. 477).

O laudo, conforme o art. 473, deverá conter:

(a) a exposição do objeto da perícia (inciso I);
(b) a análise técnica ou científica realizada pelo perito (inciso II);
(c) a indicação do método utilizado, esclarecendo-o e demonstrando ser predominantemente aceito pelos especialistas da área do conhecimento da qual se originou (inciso III); e
(d) resposta conclusiva a todos os quesitos apresentados pelo juiz, pelas partes e pelo órgão do Ministério Público (inciso IV).

O perito deverá fundamentar o laudo em linguagem simples e com coerência lógica, indicando como alcançou suas conclusões (art. 473, § 1º), sendo-lhe vedado ultrapassar os limites de sua designação, bem assim emitir opiniões pessoais que excedam o exame técnico ou científico do objeto da perícia (§ 2º). O perito não substitui o juiz, pelo que não lhe cabe extrair conclusões jurídicas dos fatos periciados. Seu papel é o de fornecedor de informação de dados relevantes para a instrução probatória. Mas a avaliação desses dados no plano jurídico é ato de competência exclusiva do juiz.

A entrega do laudo, em regra, ocorrerá dentro do prazo fixado, mas, havendo motivo legítimo, o juiz poderá conceder ampliação daquele prazo, pela metade e apenas por uma única vez (art. 476). Mesmo além do termo assinalado, poder-se-á aceitar o laudo, desde que se respeite a antecedência mínima de vinte dias da audiência. As regras dos arts. 465, 477 e 476 não devem ser entendidas como inflexíveis, cumprindo evitar inteligência que as considere como geradoras de prazos fatais e irremediáveis.

Em hipótese alguma, admite-se que o juiz proceda ao julgamento da causa imediatamente após a juntada do laudo pericial, sem ouvir as partes a seu respeito (art. 477, § 1º). Semelhante proceder representaria grave violação ao contraditório, acarretando nulidade da sentença por cerceamento de defesa.[145]

---

[144] As partes devem ser cientificadas da *data e local do início da perícia*, quer a designação seja feita pelo juiz, quer por deliberação do perito. A preocupação da norma contida no art. 431-A [CPC/2015, art. 474], criado pela Lei 10.358, é a de evitar perícias levadas a efeito em segredo e sem condições de acompanhamento pelas partes e seus assistentes. Portanto, antes de dar início a suas tarefas técnicas, o perito tem de certificar-se da prévia intimação dos litigantes.

[145] É nula a sentença se o juiz a profere sem dar oportunidade às partes de falarem sobre o laudo apresentado (cf. STJ, 3ª T., REsp 275.686/PR, Rel. Min. Ari Pargendler, ac. 23.10.2000, *DJU* 04.12.2000, p. 65).

VI – O parecer dos assistentes técnicos

Os assistentes não estão obrigados a subscrever o laudo do perito, embora possam fazê-lo, quando estiverem de acordo com suas conclusões. Seu encargo é o de apresentar parecer, seja para apoiar o laudo, seja para dele discordar. Terão o prazo comum de quinze dias, que corre da intimação das partes sobre a juntada do laudo (art. 477, § 1º). Não há intimação pessoal dos assistentes. Cumpre à parte interessada diligenciar para que o trabalho de seus assistentes seja produzido no referido prazo.

VII – Prazos

O prazo que o juiz inicialmente marca para a prova técnica (art. 357, § 8º) é o que se julga razoável para a conclusão da perícia, em face de suas peculiaridades. É um ponto de referência, a partir do qual o juiz se sentirá habilitado a escolher a data da audiência, sem risco de cercear a prova. Os próprios peritos, todavia, podem demonstrar que ele não foi suficiente para concluir a diligência. Daí a permissão legal para sua prorrogação (art. 476).

O prazo para os assistentes técnicos, como já se viu, não é o mesmo do perito. Se tiverem acompanhado a perícia e concordado com as conclusões do perito, poderão, naturalmente, subscrever o seu laudo. Se não o fizerem, terão todos os assistentes o prazo comum de quinze dias para a apresentação de seus pareceres, contados na forma do art. 477, § 1º.[146]

Com ou sem o laudo e os pareceres, o juiz pode marcar a audiência de instrução e julgamento. Eventual atraso na produção do laudo não pode ser tratado como causa de preclusão a respeito da prova técnica, mesmo porque não se trata, na espécie, de prazo destinado à prática de ato da parte, mas de prazo endereçado a ato de agente auxiliar de juízo, e a preclusão, na melhor técnica, é fenômeno que diz respeito às faculdades atribuídas aos litigantes, durante a marcha processual.

De qualquer forma, o laudo do perito judicial terá de ser protocolado em juízo pelo menos vinte dias antes da audiência de instrução e julgamento, a fim de proporcionar tempo às partes para se inteirarem do respectivo conteúdo e requererem os eventuais esclarecimentos que o louvado prestará durante aquela audiência (art. 477, § 3º).

A não apresentação do parecer do assistente técnico não é empecilho à realização da audiência. Mas se a falta for do laudo do perito do juízo, a audiência terá que ser suspensa, caso em que o juiz nomeará substituto para o técnico (art. 468, II), podendo impor multa ao remisso (art. 468, § 1º).

VIII – Quesitos suplementares

Os quesitos suplementares não são simples pedidos de esclarecimento. Estes se formulam depois de apresentado o laudo, e não se destinam a ampliar o objeto da perícia, mas apenas a esclarecer dados e informações trazidos pelo técnico (art. 477, §§ 2º e 3º). Os suplementares são quesitos novos, que, de certa forma, ampliam o objeto do trabalho pericial e que são permitidos pelo art. 469. Não podem, por isso mesmo, ser formulados depois de concluída a perícia e apresentado o laudo em juízo.

---

[146] Desde a alteração do texto do parágrafo único do art. 433 do CPC/1973 [CPC/2015, art. 477, § 1º], a sistemática da produção do parecer do assistente técnico passou a ser a seguinte: *(a)* o perito do juízo deposita seu laudo em cartório, e após juntado aos autos as partes são *intimadas*; *(b) dessa intimação corre o prazo comum de quinze dias* para que os assistentes técnicos de ambas as partes ofereçam seus pareceres. O prazo dos assistentes *não é mais comum ao perito*, é posterior à conclusão da tarefa deste. É comum, todavia, o prazo para todos os assistentes.

Autoriza, porém, o dispositivo citado, que os quesitos suplementares apresentados e aprovados pelo juiz sejam submetidos ao perito e assistentes, com prévia ciência ao outro litigante, podendo ser respondidos pelo perito, desde logo, ou na audiência de instrução e julgamento (art. 469 e parágrafo único).

IX – Perícia a ser realizada fora da comarca

Quando o objeto da perícia estiver fora da comarca por onde corre o processo, a diligência será realizada por meio de carta precatória. Nesse caso, a nomeação de perito e a indicação de assistentes técnicos tanto poderão se dar no juízo deprecante como no deprecado, conforme for da conveniência do juiz ou das partes (art. 465, § 6º) (*vide*, *retro*, nº 384).

X – Esclarecimentos do perito

O perito do juízo tem o dever de prestar esclarecimentos, em quinze dias, contados de sua intimação, a requerimento de qualquer das partes ou do Ministério Público, ou por determinação do juiz de ofício, nos casos enumerados no § 2º do art. 477, ou seja:

(a) quando se estabelecer divergência ou dúvida, sobre o laudo, oriunda da parte, do juiz ou do órgão do Ministério Público (inciso I);
(b) quando ocorrer divergência entre o laudo e o parecer do assistente técnico da parte (inciso II).

Os esclarecimentos serão prestados por escrito, nos autos, dentro do prazo do art. 477, § 2º. Se persistir a inconformidade da parte, requererá ela, ao juiz, que mande intimar o perito ou o assistente técnico a comparecer à audiência de instrução e julgamento para responder aos quesitos esclarecedores, desde logo formulados. O perito, nessa hipótese, deverá ser intimado por meio eletrônico, com pelo menos dez dias de antecedência da audiência (§ 4º).

XI – Perícia extrajudicial

As partes, na inicial ou na contestação, podem apresentar sobre as questões da causa (de fato apenas) pareceres técnicos ou documentos elucidativos. Se o juiz os considerar suficientes para a solução da lide, poderá dispensar a realização da perícia judicial (art. 472). A providência, como é natural, será aplicada com prudente arbítrio, para não se cercear o direito de defesa da parte contrária. Havendo qualquer dúvida a respeito do laudo ou do documento, necessária se fará a produção da prova técnica em juízo, pois só assim se cumprirá a garantia maior do contraditório e ampla defesa (Constituição, art. 5º, LV).

XII – Prova técnica simplificada

Em lugar da perícia judicial minuciosamente regulada pela lei, o CPC/2015 permite a denominada *produção de prova técnica simplificada*, aplicável quando o ponto controvertido for de menor complexidade (art. 464, § 2º). Essa substituição da perícia pode ocorrer a requerimento das partes ou de deliberação do juiz de ofício.

Consiste a prova técnica simplificada na simples inquirição em audiência de especialista, pelo juiz, sobre ponto controvertido da causa que demande especial conhecimento científico ou técnico (art. 464, § 3º). O especialista deverá ter formação acadêmica específica na área, objeto de seu depoimento, e ao prestá-lo poderá valer-se de qualquer recurso tecnológico de transmissão de sons e imagens, com o fim de esclarecer os pontos controvertidos da causa (art. 464, § 4º).

747. Valor probante da perícia

O laudo pericial é o relato das impressões captadas pelo técnico, em torno do fato litigioso, por meio dos conhecimentos especiais de quem o examinou. Vale pelas informações que contenha, não pela autoridade de quem o subscreveu, razão pela qual deve o perito indicar as razões em que se fundou para chegar às conclusões enunciadas em seu laudo (art. 473, § 1º).

O perito é apenas um auxiliar da Justiça e não um substituto do juiz na apreciação do evento probando. Deve, por isso, apenas apurar a existência de fatos cuja certificação dependa de conhecimento técnico. Seu parecer não é uma sentença, mas apenas fonte de informação para o juiz, que não fica adstrito ao laudo e pode formar sua convicção de modo contrário à base de outros elementos ou fatos provados no processo (art. 479). E, realmente, deve ser assim, pois, do contrário, o laudo pericial deixaria de ser simples meio de prova para assumir o feitio de decisão arbitral[147] e o perito se colocaria numa posição superior à do próprio juiz, tornando dispensável até mesmo o pronunciamento jurisdicional.

Assim, "o parecer do perito é meramente opinativo e vale pela força dos argumentos em que repousa".[148]

Deles, em consequência, o juiz pode divergir, em duas hipóteses:

(a) quando carecer de fundamentação lógica. "Se o perito subtrair ao conhecimento do juiz e dos interessados os motivos em que se baseou para emitir a sua opinião, nenhum valor se poderá atribuir ao seu laudo: é como se não existisse laudo pericial";[149]

(b) quando outros elementos de prova do processo o conduzirem à formação de convicção diversa daquela apontada pelo perito, posto que a perícia não é prova hierarquicamente superior às demais provas; e, na técnica do Código, o juiz não se vincula à opinião do perito, mas apenas à própria convicção.

O juiz, enfim, não está adstrito ao laudo (art. 479), mas, ao recusar o trabalho técnico, deve motivar fundamentadamente a formação de seu convencimento em rumo diverso.[150]

O que de forma alguma se tolera é desprezar o juiz o laudo técnico para substituí-lo por seus próprios conhecimentos científicos em torno do fato periciado. Eventualmente, o magistrado pode deter cultura técnica além da jurídica, mas não poderá utilizá-la nos autos, porque isso equivaleria a uma inaceitável cumulação de funções inconciliáveis. Assim como o juiz não pode ser testemunha no processo submetido a seu julgamento, também não pode ser, no mesmo feito, juiz e perito. A razão é muito simples: se, ao julgar, ele invoca dados que só seu conhecimento científico lhe permite alcançar, na verdade estará formando sua convicção a partir de elementos que previamente não passaram pelo crivo do contraditório e que, efetivamente, sequer existem no bojo dos autos. Todo meio de convencimento, para ser útil ao processo, tem de obedecer ao respectivo procedimento legal de produção dentro dos autos, sempre com inteira submissão ao princípio do contraditório. *Quod non est in actis non est in mundo*. Informes técnicos, estranhos ao campo jurídico, portanto, somente podem penetrar no

---

147 MONTEIRO, João. *Programa do Curso de Processo Civil*. 3. ed. São Paulo: Duprat, 1912, v. II, § 180, p. 322.

148 BATISTA MARTINS, Pedro. *Comentários ao Código de Processo Civil*. 2. ed. Rio de Janeiro: Forense, 1961, v. III, t. 2, n. 77, p. 99.

149 BATISTA MARTINS, Pedro. *Comentários ao Código de Processo Civil*. 2. ed. Rio de Janeiro: Forense, 1961, v. III, t. 2, n. 77, p. 99.

150 STJ, 3ª T., REsp 30.380-5/RJ, ac. 22.11.1994, *RT* 718/253; *RSTJ* 77/145; STJ, 1ª T., AgRg no REsp 1.156.222/SP, Rel. Min. Hamilton Carvalhido, ac. 02.12.2010, *DJe* 02.02.2011; STJ, 5ª T., HC 161.158/RJ, Rel. Min. Gilson Dipp, ac. 16.08.2011, *DJe* 31.08.2011.

processo por intermédio de laudo pericial produzido na forma da lei, por perito regularmente nomeado para a diligência probatória,[151] e sob controle procedimental das partes.

Ao juiz não cabe, no sistema processual brasileiro, representar, reproduzir ou fixar os fatos, isto é, "não cabem funções próprias de testemunhas ou peritos".[152] Mesmo quando procede à inspeção judicial, deve fazê-lo acompanhado de peritos e dos representantes das partes, a fim de que o caráter técnico e o contraditório prevaleçam na diligência (arts. 482 e 483, parágrafo único).

748. Nova perícia

Quando o juiz entender que, não obstante o laudo, a matéria controvertida não restou "suficientemente esclarecida", poderá determinar "a realização de nova perícia" (art. 480, *caput*). Essa deliberação poderá ser tomada, de ofício ou a requerimento da parte, logo após a juntada do laudo ao processo, ou em diligência após os esclarecimentos dos peritos em audiência e coleta dos demais meios de prova, desde que persista a dúvida em torno do *thema probandum*.

A nova perícia é uma exceção e não uma faculdade da parte, de sorte que o juiz só a determinará quando julgá-la realmente imprescindível diante de uma situação obscura refletida nos elementos de prova dos autos.

Conforme o sábio conselho de Batista Martins, "o juiz deverá usar desse arbítrio com moderação e prudência, para evitar a perda de tempo e o aumento das despesas, mas semelhantes preocupações não lhe deverão embaraçar a ação, desde que o laudo pericial e a crítica não lhe hajam subministrado os conhecimentos de que precisa".[153]

Sua finalidade, portanto, é apenas eliminar a perplexidade do julgador, gerada pela prova existente nos autos. Mas se o laudo é, de fato, inconclusivo, incoerente ou inconvincente, a prova técnica não terá cumprido o papel que lhe cabe na pesquisa da verdade em torno das alegações fáticas das partes. Se este for o quadro dos autos, não se pode considerar a renovação da perícia como simples faculdade do juiz. O que estará em jogo será o direito à ampla defesa, que é inerente à garantia constitucional do devido processo legal (CF, art. 5º, LIV e LV). A parte prejudicada pela inépcia da prova técnica, então, não poderá ser privada de uma segunda perícia, sob pena de cerceamento de defesa.

Determinada a segunda perícia, seu objeto serão os mesmos fatos sobre que recaiu a primeira e sua finalidade corrigir as omissões ou inexatidões dos resultados a que esta conduziu (art. 480, § 1º). O procedimento da nova perícia é o comum das provas da espécie (art. 480, § 2º), e, logicamente, o perito e assistentes não poderão ser os mesmos que serviram na anterior.

O segundo laudo não anula ou invalida o primeiro. Ambos permanecerão nos autos e o juiz fará o cotejo entre eles, apreciando livremente o valor de um e outro (art. 480, § 3º), a fim de formar seu convencimento, segundo a regra geral do art. 371. Poderão, destarte, ser extraídos dados ou elementos de convicção de ambos os trabalhos periciais, não obstante as imperfeições do primeiro laudo.

---

[151] "Manifesta a incompatibilidade entre a função do juiz e a de perito. Se o próprio juiz da causa pudesse servir de perito, o seu parecer, proferido nessa qualidade, constituiria muitas vezes legítimo prejulgamento. Aliás, os juízes não podem ser senão juízes" (AMARAL SANTOS, Moacyr. *Prova Judiciária no Civil e Comercial*. 3. ed. São Paulo: Max Limonad, 1971, v. V, n. 38, p. 97). Na jurisprudência já se decidiu que é ilegal a alteração técnica do laudo pericial por parte do juiz:
"I – Não pode o juiz interferir na confecção do laudo pericial determinando, no caso da desapropriação, a inclusão ou exclusão da área. II – Havendo discordância do laudo, poderá o juiz desconsiderar a referida prova" (TRF 1ª Região, AI 207.01.00.018886-8/MT, Rel. Des. Cândido Ribeiro, ac. 24.09.2007, *DJU* 09.11.2007).

[152] AMARAL SANTOS, Moacyr. *Prova Judiciária no Civil e Comercial*. 3. ed. São Paulo: Max Limonad, 1971, v. V, n. 75, p. 171.

[153] BATISTA MARTINS, Pedro. *Comentários ao Código de Processo Civil*. 2. ed. Rio de Janeiro: Forense, 1961, v. III, t. 2, n. 83, p. 106.

§ 93. INSPEÇÃO JUDICIAL

749. Conceito

Inspeção judicial é o meio de prova que consiste na percepção sensorial direta do juiz sobre qualidades ou circunstâncias corpóreas de pessoas ou coisas relacionadas com litígio.[154] Como regulamentação legal, acha-se consagrada pelo art. 481 do CPC/2015, que confere, expressamente, ao juiz o poder de, *ex officio* ou a requerimento da parte, "em qualquer fase do processo, inspecionar pessoas ou coisas, a fim de se esclarecer sobre fato que interesse à decisão da causa".

Entretanto, a praxe forense e a opinião doutrinária já, mesmo antes dos dois últimos Códigos, acolhiam esse meio de prova. O objeto da inspeção pode ser:

(*a*) *pessoas:* podem ser partes ou não do processo, desde que haja necessidade de verificar seu estado de saúde, suas condições de vida etc.;

(*b*) *coisas:* móveis ou imóveis e mesmo documentos de arquivos, de onde não possam ser retirados;

(*c*) *lugares:* quando, por exemplo, houver conveniência de se conhecer detalhes de uma via pública onde se deu um acidente ou outro acontecimento relevante para a solução da causa.

Não se reconhece à parte o direito de exigir a inspeção judicial. Cabe apenas ao juiz deliberar sobre a conveniência, ou não, de realizá-la, de sorte que seu indeferimento não configura cerceamento de defesa.[155]

750. Procedimento

A exibição da coisa ou pessoa a ser inspecionada, normalmente, deve ser feita em juízo, em audiência, para isso determinada, com prévia ciência das partes. O juiz, no entanto, pode também deslocar-se e realizar a diligência no próprio local onde se encontre a pessoa ou coisa. Isso ocorrerá quando (art. 483):

(*a*) julgar necessário para melhor verificação ou interpretação dos fatos que deva observar (inciso I);

(*b*) a coisa não puder ser apresentada em juízo sem consideráveis despesas ou graves dificuldades (inciso II);

(*c*) determinar a reconstituição dos fatos (inciso III).

Durante a inspeção, o juiz poderá ser assistido de um ou mais peritos, se julgar conveniente (art. 482), os quais serão de sua exclusiva escolha, por se tratar, a inspeção, de ato pessoal do magistrado. Pode, naturalmente, ser o perito já nomeado no processo, ou outro escolhido para o ato.

Às partes é assegurado o direito de assistir à inspeção, prestando esclarecimentos e fazendo observações que reputem de interesse para a causa (art. 483, parágrafo único). Nada

---

[154] ROSENBERG, Leo. *Tratado de Derecho Procesal Civil.* 1955, v. II, § 177; LIEBMAN, Enrico Tullio. *Manuale di Diritto Processuale Civile.* 1959, v. II, n. 238; FRAGA, Afonso. *Instituições do Processo Civil do Brasil.* 1940, v. II, p. 568; MARQUES, José Frederico. *Manual de Direito Processual Civil.* Campinas: Bookseller, 1974, v. II, n. 493; AMARAL SANTOS, Moacyr. *Comentários ao Código de Processo Civil.* 2. ed. São Paulo: RT, 1976, v. IV, n. 284, p. 386.

[155] STJ, 3ª T., REsp 480.697/RJ, Rel. Min. Nancy Andrighi, ac. 07.12.2004, *DJU* 04.04.2005, p. 300.

impede, outrossim, que sejam assessoradas por técnicos de sua confiança,[156] os quais, porém, lhes prestarão esclarecimentos particulares, sem assumir a posição processual de *assistentes técnicos*, como ocorre na prova pericial.

Concluída a diligência, mandará o juiz que seja, logo em seguida, lavrado auto circunstanciado, mencionando nele tudo quanto for útil ao julgamento da causa (art. 484, *caput*).

O mais interessante é iniciar a lavratura do auto já no curso da inspeção, de modo que cada fato, circunstância ou esclarecimento apurado pelo juiz vá ficando logo registrado, para evitar controvérsias ou impugnações que são comuns diante de documentos redigidos *a posteriori*. Para tanto, o juiz se fará acompanhar do escrivão do feito, que redigirá o auto no próprio local da inspeção, colhendo, ao final, a assinatura do juiz, das partes e demais pessoas que tenham tido participação na diligência.

Para melhor documentação da prova, o juiz poderá determinar que o auto seja instruído com desenho, gráfico ou fotografia (art. 484, parágrafo único). A iniciativa dessa medida pode, também, partir das partes presentes.

Observe-se, finalmente, que o auto não é local adequado para o juiz proferir julgamento de valor quanto ao fato inspecionado, apreciação que deverá ficar reservada para a sentença. O auto deve ser objetivo, limitando-se à enunciação ou notícia dos fatos apurados.[157]

---

[156] PESTANA DE AGUIAR, João Carlos. *Comentários ao Código de Processo Civil*. São Paulo: RT, 1974, v. IV, p. 390.

[157] PAULA, Alexandre de. *Código de Processo Civil Anotado*. São Paulo: RT, 1976, v. II, p. 345.

Capítulo XXVIII
FASE DECISÓRIA

§ 94. NOÇÕES INTRODUTÓRIAS

751. Conceito de processo

Antes de penetrarmos no estudo da *sentença*, convém recapitular as noções básicas do direito processual. A convivência do homem em sociedade é possível graças ao Direito, que cria e impõe aos indivíduos as normas de conduta indispensáveis à manutenção da justiça e da segurança de cada um e da comunidade.

As normas do Direito são traçadas abstratamente como previsão a ser observada nas relações intersubjetivas. São normas de conduta (*norma agendi*) ditadas para a generalidade dos membros da coletividade. Em situações concretas, geram, para determinadas pessoas, a faculdade de exigir de outras uma certa conduta, positiva ou negativa (*facultas agendi*).

Quando a pessoa pretende satisfazer uma necessidade, ela procura o objeto adequado: o bem apto. Pode, no entanto, ocorrer que outra pessoa também avoque a si a faculdade de satisfazer-se à custa do mesmo bem.

Surge, então, o conflito de interesses, que ocorre justamente quando "a situação favorável à satisfação de uma necessidade, se verificada em relação a um sujeito, exclui a possibilidade de constituir-se a mesma situação relativamente a outro sujeito".[1]

Esse conflito pode ser resolvido particularmente pelos próprios interessados, quer por intermédio do reconhecimento do direito subjetivo da outra parte, quer por meio de renúncia à própria *facultas agendi*.

Se o conflito persiste, pela impossibilidade de composição voluntária e pela resistência oposta por uma parte à pretensão da outra, temos a *lide*. Para solucioná-la, a ordem jurídica instituiu o remédio denominado processo, que, segundo Chiovenda, é o complexo dos atos coordenados ao objetivo da atuação da vontade da lei (com respeito a um bem que se pretende garantido por ela) por parte dos órgãos jurisdicionais.[2]

752. Conteúdo e finalidade do processo

Consiste o processo, praticamente, no fenômeno que ocorre quando alguém, com ou sem razão, propõe ao juiz uma demanda. Este, atendidas as exigências formais, apreciará o pedido e seus fundamentos, convocará a parte contrária, ouvirá sua defesa (se houver), e, depois de uma série mais ou menos complexa de atividade intermediária, concluirá por acolher ou rejeitar a demanda. Eis aí, no dizer de Redenti, o que vem a ser *o processo*.[3]

---

1 CAMPOS, Ronaldo Cunha. *Estudos de Direito Processual Civil*. Uberaba: Jornal da Manhã, 1974, p. 50.

2 CHIOVENDA, Giuseppe. *Instituições de Direito Processual Civil*. 3. ed. São Paulo: Saraiva, 1969, v. I, n. 11.

3 REDENTI, Enrico. *Diritto Processuale Civile. Milano: A. Giuffrè*, 1947, v. I, n. 23, p. 57.

Uma vez que o Estado moderno não tolera a justiça privada, "*o fim* do processo é a entrega da *prestação jurisdicional*, que satisfaz a *pretensão à tutela jurídica*".[4] Por meio dele, desenvolve-se "uma atividade de órgãos públicos destinada ao exercício de uma função estatal".[5] É o processo "um instrumento que o Estado põe à disposição dos litigantes (sujeitos da *lide*), a fim de administrar justiça".[6]

Não se limita, porém, à simples definição dos direitos dos litigantes. Por meio dos interesses em conflito, o processo atinge um interesse maior, que é o interesse público da atuação da lei na composição dos conflitos. "A aspiração de cada uma das partes é a de ter razão: a finalidade do processo é a de dar razão a quem efetivamente a tem. Ora, dar razão a quem a tem é, na realidade, não um interesse privado das partes, mas um interesse público de toda a sociedade".[7]

Eis por que se pode afirmar que o processo civil é preordenado a assegurar a observância da lei,[8] atuando como método para a aplicação do direito e realização da paz, que seja justa e certa.[9]

A pendência do processo dá lugar, entre os seus participantes, a uma relação jurídica, que é "a relação jurídica processual", gerando uma série de direitos e deveres que a doutrina denomina direitos e deveres processuais, que vinculam as partes e o próprio Estado, por meio do juiz: *judicium est actus trium personarum*.[10]

Para realizar o objetivo do processo, que é a aplicação do direito à situação concreta exposta pelas partes, o Órgão Judicial exerce, ordinariamente, dupla atividade:

1ª – examina os *fatos* demonstrados pelas partes; e

2ª – examina o *direito* como vontade abstrata da lei.

Conjugando as duas premissas, extrai a conclusão por meio da *sentença*, que é a manifestação *concreta* da vontade da lei.[11]

Uma vez, porém, que, para compor o litígio e realizar a prestação jurisdicional, a lei exige que a relação processual se estabeleça de modo a atender a determinados requisitos e certas condições, o juiz, antes de enfrentar o mérito da causa, terá de exercer juízo de admissibilidade do processo. Há ou pode haver em cada processo julgamento, portanto, sobre a demanda e as preliminares processuais que autorizam ou impedem a apreciação do mérito da causa.

Corresponde, portanto, a sentença ao ato judicial que põe fim à fase cognitiva do processo judicial (e às vezes encerra a execução), resolvendo o litígio retratado na propositura da demanda, ou abstendo-se de solucioná-lo, quando faltarem pressupostos ou condições necessárias ao provimento de mérito.

752-A. Vedação ao *non liquet*

A garantia constitucional é de que o Poder Judiciário não recusará a tutela ao direito ameaçado ou lesado, desde que requerida pelo interessado de conformidade com os ditames do devido processo legal (CF, art. 5º, XXXV e LIV).

---

4 PONTES DE MIRANDA, Francisco Cavalcanti. *Comentários ao Código de Processo Civil*. Rio de Janeiro: Forense, 1974, v. V, p. 395.

5 CHIOVENDA, Giuseppe. *Instituições de Direito Processual Civil*. 3. ed. São Paulo: Saraiva, 1969, v. I, n. 11.

6 BUZAID, Alfredo. *Exposição de Motivos do CPC de 1973*, n. 5.

7 BETTI, Emilio. *Diritto Processuale Civile*. Apud: BUZAID, Alfredo. *Exposição de Motivos do CPC de 1973*, n. 5.

8 BUZAID, Alfredo. *Exposição de Motivos do CPC de 1973*, n. 5.

9 CARNELUTTI, Francesco. *Instituciones del Proceso Civil*. Buenos Aires: EJEA, 1973, v. I, n. 1, p. 22.

10 COSTA, Sergio. *Manuale de Diritto Processuale Civile*. 4. ed. Torino: UTET, 1973, n. 15.

11 CHIOVENDA, Giuseppe. *Instituições de Direito Processual Civil*. 3. ed. São Paulo: Saraiva, 1969, v. I, n. 11.n. 11. Embora não caiba à sentença a função primária de fonte do direito, cabe-lhe, em certa dose, uma significativa "função criativa", em suprimento ou complemento da norma legislada (v., *retro*, o n. 66).

Regularmente exercido o direito de ação, o conflito jurídico (objeto do processo) terá, obrigatoriamente, de ser resolvido pelo juiz (CPC, art. 3º, *caput*), seja por ato de definição ou de realização prática do direito controvertido, ou de concomitante acertamento e execução, conforme a natureza do conflito trazido à apreciação judicial.[12]

Cumpre-se a prestação jurisdicional, portanto, quando o juiz acolher ou rejeitar o pedido formulado na ação ou reconvenção (CPC, art. 487, I). Como é claro, aquele que formula pedido em juízo nem sempre poderá exigir que a Justiça invariavelmente o acolha. É que a situação de vantagem tutelada pela lei nem sempre favorece à pretensão da parte. A garantia fundamental de acesso ao Poder Judiciário (CF, art. 5º, XXXV) lhe assegura que o pedido de prestação jurisdicional não será ignorado e que, portanto, o juiz terá de dar-lhe solução, ainda que seja para declará-lo improcedente. Inadmissível, por conseguinte, frente à garantia constitucional, é a abstenção do juiz de resolver o mérito da causa, se as exigências formais do devido processo legal tiverem sido regularmente cumpridas (CPC, art. 4º).

Em outros termos, repugna ao processo justo da Constituição o *non liquet*, ou seja, a recusa do juiz de julgar o processo pelo mérito, sem motivo previsto na lei. Configurado esse abuso de poder, ter-se-á uma pura e simples *denegação de justiça*, em manifesta ofensa à garantia de tutela jurisdicional.

Na história do direito nem sempre foi assim. Em Roma, em tempos mais antigos (período das *legis actiones* e período *formulário*), em que prevalecia o regime arbitral, o julgamento do litígio não se dava por ato do magistrado (*praetor*), mas de alguém que este designava com o consenso das partes (*iudex*). A esse julgador privado reconhecia-se a possibilidade de encerrar o processo com a abstenção de decidir a ação, por motivos de consciência, como não ter-se convencido das razões suscitadas por ambas as partes, no tocante aos fatos da causa.[13] Inexistia, então, regra sobre ônus da prova, de sorte que, a pretexto de melhor garantir uma justiça substancial, a ser obtida futuramente, em maior espaço de deliberação, admitia-se o encerramento do processo em curso, através do *non liquet*.[14]

Todavia, a era da *ordo iudiciorum privatorum* foi superada, nos últimos séculos do Império Romano, pelo sistema da *cognitio extra ordinem*, passando o processo a ser dirigido e julgado pelo magistrado, já então diretamente vinculado ao poder político, numa situação completamente diversa daquela em que se punha o juízo privado do processo formulário. Surge nesse novo plano jurisdicional não só o juiz burocrata, como também a regra do *ônus da prova* acerca dos fatos constitutivos, modificativos e extintivos, ônus da prova do fato negativo, e a respectiva atribuição ao autor ou ao réu. Com isto, libera-se o julgamento dos condicionamentos antigos à *legitimação substancial*, capazes de justificar o *non liquet*. Desde então, deixou de haver motivo jurídico para o juiz justificar o não julgamento do processo por dúvida ou falta de prova, porque passou a existir regra que definia qual seria o sentido da sentença, diante da sistemática do *onus probandi*: *(i)* se o autor não provar os fatos constitutivos de seu pretenso direito, absolver-se-á o réu; *(ii)* se o réu não comprovar os fundamentos de sua resposta apoiada em fatos modificativos ou extintivos do direito do autor, acolhida será a demanda.[15]

---

12 "As partes têm o direito de obter em prazo razoável a solução integral do mérito, incluída a atividade satisfativa" (CPC, art. 4º).

13 PALMA, Antonio. *Il luogo dele regole: riflessioni sul processo civile romano*. Torino: G. Giappichelli Editore, 2016, p. 100-107.

14 PALMA, Antonio. *Il luogo dele regole: riflessioni sul processo civile romano*. Torino: G. Giappichelli Editore, 2016, p. 112.

15 PALMA, Antonio. *Il luogo dele regole: riflessioni sul processo civile romano*. Torino: G. Giappichelli Editore, 2016, p. 112-115.

Na sistemática, portanto, da *extraordinaria cognitio*, restou adotado regime probatório em moldes que, com algumas poucas inovações, perduram no direito processual contemporâneo (CPC, art. 373 e ss.). Vale dizer: não cabe ao juiz o recurso discricionário ao *non liquet*, em face de falta ou deficiência de prova. O convencimento do julgador deve, em regra, ser formado à luz da verdade reproduzida na prova (arts. 370 e 371). Se, porém, esta não exsurge do material probatório, o julgamento se dará segundo as regras do ônus da prova. O mérito da causa somente não será resolvido por razões de ordem técnica, expressamente previstas em lei, como se passa com a falta de cumprimento dos pressupostos processuais e das condições da ação e demais hipóteses arroladas no art. 485 do CPC.

§ 95. SENTENÇA (I)

753. Definição legal e classificação doutrinária

O sujeito da lide (parte) tem o direito subjetivo à prestação jurisdicional (ação), a que corresponde o dever do Estado de declarar a vontade concreta da lei, para solucionar o litígio. No processo de conhecimento, é por meio da sentença que o Estado cumpre esse dever.

A sentença, portanto, "é emitida como prestação do Estado, em virtude da obrigação assumida na relação jurídico-processual (processo), quando a parte ou as partes vierem a juízo, isto é, exercerem a pretensão à tutela jurídica".[16]

Nem sempre, porém, a parte satisfaz os requisitos legais para obter do Estado a solução de mérito, de modo que, muitas vezes, o juiz tem de encerrar o processo sem penetrar no âmago da controvérsia que causou o ajuizamento da ação.

No caso do processo de execução, que não é destinado a solucionar uma controvérsia, mas a realizar atos materiais de satisfação do direito do exequente, a sentença tem função meramente processual, qual seja, a de encerrar o processo apenas. Nela não se manifesta declaração alguma sobre o crédito executado em juízo. O juiz reconhece tão somente que não há mais atos executivos a realizar e, por isso, decreta a extinção do processo, cuja função já se exauriu.

Para o Código atual, *sentença* é o pronunciamento por meio do qual o juiz, com fundamento nos arts. 485 e 487 do CPC/2015, põe fim à fase cognitiva do procedimento comum, bem como extingue a execução (art. 203, § 1º), ou seja, é tanto o ato que extingue o processo sem resolução de mérito como o que o faz resolvendo o mérito da causa. Mas, teórica e praticamente, há que se distinguir, dada a completa diversidade de efeitos, entre os provimentos que solucionam a lide e os que não a alcançam.

Assim, as sentenças são tradicionalmente classificadas em:

(a) sentenças terminativas; e
(b) sentenças definitivas.

Terminativas são as que "põem fim ao processo, sem lhe resolverem, entretanto, o mérito". São as que correspondem aos casos de extinção previstos no art. 485. Importam reconhecimento de inadmissibilidade da tutela jurisdicional nas circunstâncias em que foi invocada pela parte. O direito de ação permanece latente, mesmo depois de proferida a sentença (ver itens 351 e 763).

Definitivas são as sentenças "que decidem o mérito da causa, no todo ou em parte". Apresentam à parte a prestação jurisdicional postulada e, de tal sorte, extinguem o direito de ação,[17] no pertinente ao acertamento pretendido pela parte. Como a resolução do mérito da causa pode ser fracionada, não se deve considerar sentença senão o julgamento que completa o acertamento em torno do objeto do processo. As soluções incidentais de fragmentos do mérito são decisões interlocutórias (art. 203, § 2º), ainda quando versem sobre questões de direito material. Sentença, realmente, só ocorre quando, no primeiro grau de jurisdição, o juiz conclui a fase cognitiva do processo. O Código de 2015 corrigiu a incorreção da legislação anterior e qualificou a sentença de forma objetiva, sem se importar com o seu conteúdo, que tanto pode referir-se ao mérito, como a preliminares processuais. Não é, pois, o conteúdo que qualifica a decisão como sentença, mas, sim, o fato de ela extinguir ou não o processo ou uma de suas fases.

---

[16] PONTES DE MIRANDA, Francisco Cavalcanti. *Comentários ao Código de Processo Civil*. Rio de Janeiro: Forense, 1974, v. V, p. 395.

[17] REZENDE FILHO, Gabriel. *Direito Processual Civil*. 5. ed. São Paulo: Saraiva, 1959, v. III, n.os 804 e 805.

Entretanto, essa unidade conceitual não impede que, no plano da eficácia, se encontre tratamento legal diferenciado para uma e outra modalidade sentencial. Por exemplo, só as sentenças definitivas se revestem da autoridade da coisa julgada material, tornando impossível a rediscussão judicial sobre a mesma causa (art. 502). As sentenças terminativas só produzem efeitos dentro do processo, de modo que não vedam às partes voltar a discutir o litígio em outro processo (art. 486). Ainda no plano dos efeitos, somente a sentença de mérito tem a força de produzir a hipoteca judicial (art. 495). Procedeu o legislador, porém, a uma salutar unificação em matéria recursal, de maneira que, de toda sentença (seja definitiva ou terminativa), o recurso será sempre de apelação (art. 1.009).

Embora o Código considere a força de extinguir o processo ou a fase cognitiva do processo como um dos traços distintivos da sentença, na verdade, a relação processual nunca se encerra com a simples prolação de uma sentença. Isso só ocorre quando se dá a coisa julgada formal, ou seja, quando o pronunciamento judicial se torna irrecorrível.[18] Com a sentença, na verdade, o que finda é a função do órgão jurisdicional, perante o qual fluía o processo, já que o objetivo com que profere o ato decisório, naquele momento, é encerrar o seu encargo diante da pretensão de acertamento que lhe foi submetida pela parte. Publicada a sentença, já não mais poderá alterar seu julgamento, salvo apenas nas hipóteses excepcionais e taxativas dos arts. 494 e 505.

754. Sentença terminativa: extinção do processo sem julgamento do mérito

Dá-se a extinção do processo, sem julgamento do mérito, quando o juiz põe fim à relação processual sem dar uma resposta (positiva ou negativa) ao pedido do autor, ou seja, sem outorgar-lhe a tutela jurisdicional, que se revelou inadmissível diante das circunstâncias do caso concreto.

A negativa da prestação jurisdicional, com a consequente extinção do processo sem julgamento de mérito, pode acontecer nas seguintes fases do procedimento:

1) logo após a propositura da ação, por meio do indeferimento da petição inicial (CPC/2015, art. 485, I);
2) na fase destinada ao saneamento do processo, ou seja, na sentença que acolhe, no julgamento conforme o estado do processo (art. 354), alguma preliminar dentre as previstas no art. 485;
3) na sentença proferida ao final do procedimento (art. 366);
4) em qualquer fase do processo, quando ocorrer abandono da causa ou outros fatos impeditivos do prosseguimento da relação processual, como o compromisso arbitral, a desistência da ação etc. (art. 485, § 3º).

Segundo o texto do art. 485, são os seguintes os casos que provocam a extinção do processo sem resolução de mérito:

(a) indeferimento da inicial (inciso I);

(b) paralisação do processo durante mais de um ano por negligência das partes (inciso II);

(c) abandono da causa, pelo autor, que deixa o processo paralisado por mais de trinta dias, sem promover os atos e diligências que lhe competir (inciso III);

(d) ausência de pressupostos de constituição e de desenvolvimento válido e regular do processo (inciso IV);

---

[18] MARQUES, José Frederico. *Manual de Direito Processual Civil*. São Paulo: Saraiva, 1976, v. III, n. 523, p. 25.

(e) acolhimento da alegação de perempção, litispendência ou de coisa julgada (inciso V);

(f) inocorrência de legitimidade das partes ou de interesse processual (condições da ação) (inciso VI);

(g) acolhimento da alegação de convenção de arbitragem ou quando o juízo arbitral reconhecer sua competência (inciso VII);

(h) desistência da ação (inciso VIII);

(i) intransmissibilidade da ação (inciso IX), em caso de morte da parte;

(j) demais casos prescritos no Código (inciso X) (como, *v.g.*, o dos arts. 76, § 1º, I; 115, parágrafo único; 313, § 3º etc.).

Analisaremos, a seguir, cada uma dessas hipóteses de sentenças terminativas.

754.1. *Indeferimento da inicial*

Ocorre o indeferimento da petição inicial nas hipóteses do art. 330 do CPC/2015 (veja-se, *supra*, o n. 564).

Note-se que o deferimento da inicial é simples *despacho*, que, por isso, não tem efeito preclusivo, de sorte que, mesmo depois da contestação, o juiz poderá voltar ao exame da matéria e, uma vez reconhecida a inépcia da petição com que o autor abriu a relação processual, ser-lhe-á lícito decretar a extinção do processo.

754.2. *Abandono da causa*

A inércia das partes diante dos deveres e ônus processuais, acarretando a paralisação do processo, faz presumir desistência da pretensão à tutela jurisdicional. Equivale ao desaparecimento do interesse, que é condição para o regular exercício do direito de ação.[19]

Presume-se, legalmente, essa desistência quando ambas as partes se desinteressam e, por negligência, deixam o processo paralisado por mais de um ano, ou quando o autor não promove os atos ou diligências que lhe competir, abandonando a causa por mais de trinta dias.

A extinção, de que ora se cuida, pode dar-se por provocação da parte ou do Ministério Público; pode, ainda, ser decretada de ofício pelo juiz, salvo no caso de abandono pelo autor, pois mesmo que após sua intimação permaneça inerte, o réu que já ofereceu contestação pode ter interesse no prosseguimento do processo e na resolução do mérito da causa.

Em qualquer hipótese, porém, a decretação não será de imediato. Após os prazos dos incisos II e III do art. 485, o juiz terá, ainda, que mandar intimar a parte, pessoalmente, por mandado, para suprir a falta (*i.e.*, dar andamento ao feito), em cinco dias (art. 485, § 1º). Só depois dessa diligência é que, persistindo a inércia, será possível a sentença de extinção do processo, bem como a ordem de arquivamento dos autos (art. 485, § 1º).

A intimação pessoal da parte, exigida textualmente pelo Código, visa a evitar a extinção nos casos em que a negligência e o desinteresse são apenas do advogado, e não do sujeito processual propriamente dito. Ciente do fato, a parte poderá substituir seu procurador ou cobrar dele a diligência necessária para que o processo retome o curso normal.

O STJ, em decisão não unânime, já entendeu ser desnecessária a intimação pessoal quando o advogado litiga em causa própria, e nessa condição já estaria ciente do ato judicial respectivo.[20] O voto vencido, do Min. Aldir Passarinho Júnior, ressaltou, porém, que a exigência legal não se

---

[19] TORNAGHI, Hélio. *Comentários ao Código de Processo Civil*. São Paulo: RT, 1974, v. II, p. 331.

[20] "Tratando-se de advogado em causa própria, prescindível é a sua intimação pessoal para fins do disposto no art. 267, § 1º, do CPC [CPC/2015, art. 485, § 1º]" (STJ, 4ª T., REsp 218.284/RS, Rel. Min. Barros Monteiro, ac. 15.02.2001, *RSTJ* 162/351).

restringe apenas ao problema da "ciência" do evento, "mas à própria *formalidade* do ato, de que seja inequívoco esse conhecimento de que a causa (...) está prestes a se extinguir por omissão sua". O legislador solenizou a intimação porque entendeu que, na espécie, não seria suficiente para alcançar a meta visada a intimação do advogado ordinariamente feita pela imprensa, de eficiência, portanto, apenas presumida. Essa ponderação é procedente. Quando se trata de solenidade imposta pela lei às intimações e citações, não é dado ao intérprete ser liberal para dispensá-la. Para a hipótese, o Código é rigoroso, cominando de maneira categórica a sanção de nulidade para o ato praticado em desconformidade com os requisitos legais.[21] A regra é, pois, de ordem pública, não podendo, por isso, ser afastada por exegese pretoriana.

Quando a extinção decorre de negligência de ambas as partes (art. 485, II), as custas serão rateadas entre elas, proporcionalmente, e não haverá condenação à verba de honorários de advogado. Se, porém, o abandono for cometido apenas pelo autor (art. 485, III), será este condenado nas despesas e honorários advocatícios (art. 485, § 2º).

Diante do sistema de impulso oficial do processo (art. 2º), o juiz não está jungido a aguardar a provocação de interessado para extinguir a relação processual abandonada pela parte. Verificada a paralisação por culpa dos litigantes, de ofício será determinada a intimação pessoal da parte (ou partes), na forma recomendada pelo § 1º do art. 485. E, não sanada a falta, decretará a extinção, mesmo sem postulação do interessado ou do Ministério Público.[22]

A situação é idêntica à que autoriza o indeferimento da inicial, que, também, não se condiciona à provocação da outra parte.

Quando, porém, o abandono for só do autor (art. 485, III), e o réu não for revel, o juiz só pode decretar a extinção a requerimento do demandado (art. 485, § 6º). É que, também, o réu tem legítimo interesse na composição da lide, por meio da sentença de mérito e, por isso, pode tomar diligência para contornar a omissão do autor e ensejar o andamento do feito paralisado. Só quando a inércia de ambos os litigantes demonstrar que há total desinteresse pela causa é que o juiz, então, decretará a extinção do processo sem julgamento de mérito.[23]

754.3. Ausência de pressupostos processuais

O processo é uma relação jurídica e, como tal, reclama certos requisitos ou pressupostos para se formar e desenvolver validamente. Podem, ordinariamente, se agrupar em duas categorias: os *subjetivos* e os *objetivos*. Os primeiros se referem aos sujeitos do processo, que são o juiz e as partes. Manifestam-se por meio do requisito da competência e da ausência de impedimento ou suspeição do órgão jurisdicional. Do lado dos litigantes, relacionam-se com a capacidade civil de exercício, bem como com a necessidade de representação por advogado.

Pressupostos objetivos são, por sua vez, os que dizem respeito à regularidade dos atos processuais, segundo a lei que os disciplina, principalmente no tocante à forma do rito, quando for da substância do ato, e à ausência de fatos impeditivos do processo (veja-se, *retro*, o n. 87).

O reconhecimento da falta de pressuposto pode verificar-se logo no início da relação processual, o que levará a indeferimento da inicial. Ainda em toda a fase de saneamento a questão continua sujeita à apreciação. E, até mesmo no julgamento final, o tema poderá ser objeto de exame, pois não há preclusão temporal para a matéria de pressupostos do processo e condições da ação (CPC/2015, art. 485, § 3º).

---

21 "As citações e as intimações serão nulas, quando feitas sem observância das prescrições legais" (CPC, art. 247) [CPC/2015, art. 280].

22 MONIZ DE ARAGÃO, Egas Dirceu. *Comentários ao Código de Processo Civil*. Rio de Janeiro: Forense, 1974, v. II, nºs 488 e 491, p. 421 e 423.

23 STJ, Súmula 240: "A extinção do processo, por abandono da causa pelo autor, depende de requerimento do réu".

Os pressupostos processuais são requisitos de ordem pública, que condicionam a legitimidade do próprio exercício da jurisdição. Por isso, não precluem e podem, a qualquer tempo, ser objeto de exame, em qualquer fase do processo e em qualquer grau de jurisdição, desde que ainda não decidido o mérito da causa, com trânsito em julgado.

Uma coisa, porém, é a constatação da falta de pressuposto processual ou de condição da ação, outra é a sanabilidade dessa falta. Enquanto não encerrada a fase de saneamento, é possível, em regra, a regularização da relação processual estabelecida com defeito, mesmo de séria gravidade (como falta ou nulidade da citação do réu, ou ausência de parte necessária, ou ocorrência de incapacidade, ou ilegitimidade de qualquer das partes etc.). Entretanto, uma vez julgada a causa por sentença, não haverá como salvá-la da nulidade que contaminou toda a relação processual que lhe dava suporte. O vício, àquela altura, se apresenta insanável, porque não é juridicamente possível cogitar de inclusão retroativa de parte processual que regular e obrigatoriamente deveria figurar na relação processual, desde sua origem[24]. Ou as partes necessárias estão presentes e capacitadas previamente no processo, e o julgamento será válido, ou, estando ausentes, ter-se-á decisão inevitavelmente inválida.

Em outros termos, não incorre em preclusão o exame das questões pertinentes aos pressupostos processuais e às condições de ação, mas não os efeitos de falta de tempestiva superação.

Até aqui cogitamos de pressupostos que deveriam ser atendidos desde a origem do processo. Mas a ausência de requisito de procedibilidade pode decorrer, também, de fato superveniente à regular instauração do processo, como, por exemplo, se dá com a perda de capacidade da parte ou com a não substituição de advogado falecido no curso do processo. Em tais circunstâncias, não sendo superado o defeito surgido incidentemente, haverá de ser extinto o processo, na fase em que estiver, sem julgamento do mérito (art. 313, § 3º).

O mesmo se passa quando o advogado do autor renuncia ao mandato que lhe foi conferido. Se a parte não o substitui por outro causídico, no prazo do art. 112, o processo não terá condições de prosseguir e será extinto, sem julgamento do mérito, por falta de um pressuposto de desenvolvimento regular.

Impõe-se, enfim, reiterar a advertência, especialmente relevante quando se depara com falta ou irregularidade de pressuposto processual: embora se esteja diante de vício invalidante do processo (reconhecível a qualquer tempo, até mesmo de ofício), o caso é, em regra, de defeito sanável. Por isso, não se permite ao juiz ou tribunal acatá-lo sem antes abrir oportunidade, à parte interessada, de suprir-lhe a falta ou sanar-lhe o defeito (CPC, arts. 139, IX, e 352).

754.4. Perempção

A extinção do processo por abandono da causa não impede que o autor volte a propor, em nova relação processual, a mesma ação (CPC/2015, art. 486). Se der causa, porém, por três vezes, à extinção do processo pelo fundamento previsto no art. 485, III (abandono de causa), ocorrerá o fenômeno denominado *perempção*, que consiste na perda do direito de renovar a propositura da mesma ação (art. 486, § 3º).

Embora a perempção cause a perda do direito de ação, não impede que a parte invoque o seu eventual direito material em defesa, quando sobre ele vier a se abrir processo por iniciativa da outra parte (art. 486, § 3º, *in fine*) (veja-se, *supra*, o n. 600).

754.5. Litispendência e coisa julgada

Não se tolera, em direito processual, que uma mesma lide seja objeto de mais de um processo simultaneamente (ver nºs 402 e 600); nem que, após o trânsito em julgado, volte a mesma

---

[24] A validade e a regularidade da relação processual são pressupostos de validade da sentença de mérito (CPC, art. 485, I, IV e VI).

lide a ser discutida em outro processo (ver nºs 600, 796 e 800). Demonstrada, pois, a ocorrência de litispendência ou de coisa julgada (isto é, verificada a identidade de partes, de objeto e de causa *petendi*) entre dois processos, o segundo deverá ser extinto, sem apreciação do mérito.[25]

A decretação dessa extinção faz-se de ofício ou a requerimento da parte (CPC/2015, art. 485, § 3º) e, ao contrário das demais causas extintivas do art. 485, impede que o autor intente de novo a mesma ação (art. 486, *caput*). Assim, embora não se trate de sentença de mérito, sua força é equivalente à da coisa julgada material (art. 502).

No que toca particularmente à litispendência, entende-se em doutrina que a exceção não afeta a competência do juiz da segunda causa e que se afigura apenas como uma condição objetiva de *improcedibilidade*. Sua repercussão é menor, portanto, do que a da *res iudicata*. Em consequência, é lícito ao juiz do segundo feito examinar as particularidades da primeira causa, para verificar se há possibilidade de afastar a improcedibilidade, o que será possível em hipótese como a de nulidade da citação ou de extinção do processo primitivo sem julgamento de mérito.[26]

Por outro lado, a litispendência é fenômeno típico da competência interna, de sorte que nunca ocorre entre causas ajuizadas no País e no exterior. O mesmo pode-se afirmar da coisa julgada. Somente no caso de sentença estrangeira homologada pelo Superior Tribunal de Justiça é que será lícito arguir exceção de coisa julgada perante a Justiça nacional (*vide* tratamento do tema no vol. III).

754.6. Condições da ação

O direito de ação é o direito público subjetivo à prestação jurisdicional do Estado. Para obter a solução da lide (sentença de mérito), incumbe, porém, ao autor atender a determinadas condições, sem as quais o juiz se recusará a apreciar seu pedido: são elas as *condições da ação*, ou *condições do exercício do direito de ação*.

Não se confundem com os pressupostos processuais, pois estes dizem respeito apenas à validade da relação processual, enquanto as condições da ação se relacionam com a possibilidade ou não de obter-se, dentro de um processo válido, a sentença de mérito. Há, dessa forma, para perfeita consecução do objetivo do processo, um trinômio a ser apreciado sucessivamente pelo julgador: "os pressupostos processuais – as condições da ação – o mérito".

Antes do Código de 1973, havia séria controvérsia sobre a natureza das questões relativas às condições da ação. O Código regulou expressamente o caso e colocou essas condições fora do âmbito do mérito da causa. "Na realidade" – como explica Ada Pellegrini Grinover – "as condições da ação situam-se em posição intermediária, entre o mérito e os pressupostos processuais".[27]

Assim, para se obter uma composição do litígio (mérito), a parte tem de não só constituir uma relação processual válida, como também satisfazer as condições jurídicas requeridas, para que o juiz, dentro do processo, se manifeste sobre seu pedido.

---

25 Segundo o art. 301, §§ 1º e 2º [CPC/2015, art. 337, §§ 1º e 2º], ocorrem a litispendência e a coisa julgada quando uma ação reproduz outra anteriormente ajuizada, havendo entre elas identidade de partes, de pedido e de causa de pedir. A identidade, porém, pode ser parcial e, mesmo assim, ensejar a configuração de litispendência ou coisa julgada, que operarão no limite da coincidência. Se a nova ação tiver objeto maior que a anterior, acontecerá a continência: as duas serão reunidas para julgamento conjunto (arts. 104 e 105) [CPC/2015, arts. 56 e 57]. Se a segunda tiver objeto igual ou menor, o novo processo será extinto por litispendência (art. 267, V) [CPC/2015, art. 485, V]. Quanto à coisa julgada, dar-se-á algo similar: se apenas parte do pedido da nova ação coincidir com o julgado anteriormente, o processo terá curso, mas não se rejulgará a parcela alcançada pela *res iudicata* (arts. 467 e 468) [CPC/2015, arts. 502 e 503]. Sendo igual ou menor o objeto da nova ação, em comparação com a anterior, extinguir-se-á a causa superveniente, sem resolução de mérito (art. 267, V) [CPC/2015, art. 485, V].

26 ANDRIOLI, Virgílio. *Lezioni di Diritto Processuale Civile*. Napoli: Jovene, 1973, v. I, n. 30, p. 153.

27 GRINOVER, Ada Pellegrini. *Direito Processual Civil*. São Paulo: Bushatsky, 1974, p. 30.

As condições da ação, segundo o Código de 2015, são:

(a) a legitimidade de parte para a causa;
(b) o interesse jurídico na tutela jurisdicional.[28]

Sobre a conceituação dessas condições, consulte-se o que ficou exposto nos n.os 95 e 96, *retro*.

O reconhecimento da inexistência de condição da ação conduz ao julgamento que se denomina *carência de ação* e que, por não dizer respeito ao mérito, não produz a eficácia de coisa julgada material. Por essa mesma razão, não impede que a parte venha novamente a propor a ação sobre a mesma lide (CPC/2015, art. 486), uma vez superado o defeito da postulação primitiva.

A proclamação da ausência de condição da ação e a consequente decretação de extinção do processo podem ocorrer por provocação da parte ou por iniciativa oficial do juiz (art. 485, § 3º).

As condições da ação, sendo requisitos de legitimidade da própria atuação do Poder Jurisdicional (arts. 2º e 17), podem ser examinadas a qualquer tempo, não se sujeitando à preclusão, enquanto não houver sentença de mérito, ainda que o saneador reste irrecorrido.[29] Há, porém, dois casos em que se verifica a preclusão *pro iudicato*, para o juiz de primeiro grau de jurisdição, acerca das condições da ação: a) quando publica a sentença de mérito, definindo a lide [CPC/2015, art. 494]; b) quando a questão controvertida já tiver sido decidida em grau recursal [CPC/2015, art. 505]. Vale dizer: ao juiz de primeiro grau não é dado retornar ao exame das condições da ação depois de já ter julgado o mérito da causa, ou depois que a questão a elas relativa já tiver sido solucionada em acórdão do tribunal de grau superior, mesmo que a sentença de mérito ainda não tenha sido pronunciada. É que, operada a substituição da decisão recorrida pelo julgamento do tribunal (art. 1.008), faltaria competência ao juiz *a quo* para rever a decisão do órgão hierárquico a ele superior.

Por outro lado, as condições da ação devem existir no momento em que se julga o mérito da causa e não apenas no ato da instauração do processo. Quer isso dizer que, se existirem na formação da relação processual, mas desaparecerem ao tempo da sentença, o julgamento deve ser de extinção do processo por carência de ação, isto é, sem apreciação do mérito.[30]

Na mesma ordem de ideias, se alguma condição inexistia ao tempo do ajuizamento da causa, mas, antes que se declarasse a carência de ação, veio a ser suprida, cabível será o julgamento de mérito, não havendo mais razão para o trancamento do processo mediante simples sentença terminativa (art. 493).

Em suma, as condições da ação devem necessariamente se manifestar, não só no momento da propositura da ação, mas também na ocasião de seu julgamento,[31] lembrando-se sempre que a falta ou irregularidade na espécie, embora seja causa invalidante do julgamento do mérito, configura, em regra, vício sanável, razão pela qual não é dado ao juiz reconhecê-lo sem antes dar oportunidade ao interessado de suprir-lhe a falta ou de sanar-lhe o defeito (CPC, arts. 139, IX, e 352).

---

28 O CPC atual excluiu a possibilidade jurídica do pedido como condição da ação.

29 TJRGS, Apel. 30.590, ac. 12.07.1978, *Rev. de Jurisp., TJRGS* 72/679; STJ, EDcl. no REsp 67.579-0/SP, Rel. Min. Sálvio de Figueiredo Teixeira, ac. 08.11.1995, *RSTJ* 81/268; STJ, REsp 41.292/SP, Rel. Min. Waldemar Zveiter, ac. 15.03.1994, *DJU* 18.04.1994, p. 8.495; STJ, 2ª T., REsp 1.175.100/SC, Rel. Min. Mauro Campbell Marques, ac. 05.04.2011, *DJe* 13.04.2011.

30 BARBI, Celso Agrícola. *Comentários ao Código de Processo Civil*. 2. ed. Rio de Janeiro: Forense, 1981, vol. I, n. 32, p. 51.

31 ZANZUCCHI, Marco Tullio. *Diritto Processuale Civile*. 4. ed. Milano: Giuffrè, 1946, vol. I, p. 119.

754.7. *Perda do objeto*

Usa-se o argumento da *perda de objeto* para extinguir o processo ou o recurso, sempre que algum evento ulterior venha a prejudicar a solução de questão pendente, privando-a de relevância atual, de modo que se tornaria meramente acadêmica ou hipotética a decisão a seu respeito. É o que se passa, por exemplo, com a ação de cobrança diante do pagamento voluntário da dívida antes da sentença, ou com o agravo manejado contra o indeferimento de uma prova, depois que o agravante saiu vitorioso na sentença de mérito transitada em julgado.

Na verdade, o que ocorre nesses casos e em tantos outros similares é o desaparecimento do *interesse*, já que a parte não teria mais necessidade da medida postulada para sustentar a situação de vantagem que pretendia preservar ou recuperar, por seu intermédio.

Contudo, é bom lembrar que a perda de objeto não decorre simplesmente do julgamento definitivo do mérito após a interposição do agravo ou de outro remédio impugnativo contra a decisão interlocutória. O interesse somente desaparece quando realmente não mais possa a parte extrair utilidade alguma da medida processual pendente de julgamento. Uma ação de embargo de terceiro, por exemplo, perde seu objeto quando o exequente desiste da penhora. O embargante, todavia, conserva o interesse em obter uma sentença que defina a responsabilidade do embargado relativamente às verbas sucumbenciais. Igual fenômeno ocorre com a tutela provisória, a qual, mesmo tendo sido obtida por quem afinal se consagrou vencedor da causa, pode representar um ato abusivo e ilegal e, assim, justificar a persistência do interesse do vencido no julgamento do agravo pendente, para se assegurar do ressarcimento dos prejuízos injustos a que foi submetido. Outras vezes, que, aliás, são frequentes, é o perdedor da decisão de mérito que continua a se beneficiar de uma liminar injusta, em detrimento do direito material já reconhecido ao vencedor da causa. Irrecusável é, portanto, o interesse deste em que se julgue o agravo manejado contra o deferimento de tal liminar.

Enfim, é indispensável que o juiz, ao cogitar da perda de objeto do processo ou do recurso, o faça de maneira compatível com a técnica das condições da ação, especificamente, com a da condição do *interesse* (CPC/2015, art. 17). Ou seja: a decisão extintiva haverá de ser pronunciada mediante fundamentação capaz de demonstrar, de forma clara, por que o julgamento de mérito se tornou inútil para a parte promovente.[32] Aí, sim, lícito será reconhecer o desaparecimento do interesse antes existente, tornando-se, então, legítimo o decreto de extinção do processo ou do recurso, sem a competente resolução de mérito. Decretada a extinção do processo por perda do objeto, mesmo sem solução do mérito, haverá a sentença de enfrentar a questão dos encargos sucumbenciais, inclusive os honorários advocatícios (sobre o tema, ver o item 203, *retro*).

754.8. *Convenção de arbitragem*

A cláusula compromissória e o compromisso arbitral são espécies do que a Lei 9.307/1966 denomina "convenção de arbitragem", à qual o art. 485, VII, do CPC/2015 atribui o efeito de extinguir o processo sem resolução de mérito.

Na sistemática primitiva do Código, a cláusula compromissória não vedava, nem prejudicava, o direito de recorrer à jurisdição, porque se entendia que ninguém poderia ser previamente impedido de recorrer ao Poder Judiciário. Com o novo regime de arbitragem, instituído pela Lei 9.307, basta existir entre as partes a cláusula compromissória (*i.e.*, a promessa de submeter-se ao juízo arbitral) para ficar a causa afastada do âmbito do Judiciário. Essa cláusula funciona, portanto, como o impedimento ao exercício do direito de ação, tornando a parte carecedora

---

[32] Cf. MAGALHÃES, Marcelo José. Breve estudo sobre a perda de interesse de agir no âmbito recursal *(a chamada "perda de objeto"). Revista Dialética de Direito Processual*, n. 105, p. 66-67, dez. 2011.

da ação por ausência da condição de *possibilidade jurídica* do respectivo exercício, ou, mais especificamente, por falta do *interesse* de agir em juízo (art. 17).

Se a convenção de arbitragem é anterior ao processo, impede sua abertura; se é superveniente, provoca sua imediata extinção, impedindo que o órgão judicial lhe aprecie o mérito. Havendo controvérsia sobre sujeição ou não do conflito à resolução arbitral, caberá ao juízo arbitral, e não ao juízo estatal resolver a questão. Sobre a matéria, "a jurisprudência do STJ se firmou no sentido de que, segundo o princípio do kompetenz-kompetenz, previsto no art. 8º da Lei 9.307/1996, cabe ao juízo arbitral, com precedência sobre qualquer outro órgão julgador, deliberar a respeito de sua competência para examinar as questões que envolvam a existência, validade e eficácia da convenção de arbitragem e do contrato que tenha cláusula compromissória".[33]

Quando, porém, a convenção de arbitragem constar de contrato a que a lei atribui a força de título executivo, o ingresso da execução em juízo independerá de prévio julgamento arbitral. Somente quando já existir procedimento em curso perante tribunal arbitral acerca do contrato é que se poderá cogitar de suspensão da execução para aguardar-se a sentença dos árbitros, à qual se deva reconhecer o caráter prejudicial. Se o objeto da arbitragem não afetar a prestação objeto da execução, esta terá curso normal no juízo comum.[34] Sendo, porém, a execução do título judicial objeto de embargos do devedor, que suscite questão de mérito, em torno do contrato, a apreciação da oposição do executado haverá de ser solucionada pela via da arbitragem, e não pelo juiz da execução.

754.9. Desistência da ação

Pela desistência, o autor abre mão do processo e não do direito material que eventualmente possa ter perante o réu. Daí por que a desistência da ação provoca a extinção do processo sem julgamento do mérito e não impede que, futuramente, o autor venha outra vez a propor a mesma ação, uma vez que inexiste, *in casu*, a eficácia da coisa julgada (*vide*, *infra*, os nºs 755 e 807). É a desistência da ação ato *unilateral* do autor, quando praticado antes de vencido o prazo de resposta do réu, não depois dessa fase processual.

Na verdade, porém, o que é decisivo é a contestação, pois se o réu apresentou sua defesa mesmo antes de vencido o prazo de resposta, já não mais poderá o autor desistir da ação sem o assentimento do demandado. O ato passa a ser necessariamente *bilateral* (CPC/2015, art. 485, § 4º). Em regra, portanto, a desistência da ação não será admitida, após a contestação, sem o consentimento do réu. A sua recusa, porém, para impedir a imediata extinção do processo sem resolução do mérito da causa, haverá de ser fundamentada razoavelmente. Não pode corresponder a mero capricho do demandado, já que, se tal se configurar, o caso será de exercício abusivo de um direito processual.[35] Assim como o autor não pode instaurar o processo sem demonstrar interesse de agir em juízo (art. 17), da mesma forma não é lícito ao réu exigir

---

33 STJ, 2ª T., AgInt no AREsp 1.276.872/RJ, Rel. Min. Og Fernandes, ac. 01.12.2020, *DJe* 30.06.2021.

34 "A solução não aponta para o caráter excludente desses institutos, mas, ao contrário, deve-se admitir que a cláusula compromissória pode conviver com a natureza executiva do título; algumas controvérsias oriundas de um contrato devem ser submetidas à arbitragem e outras não" (STJ, 3ª T., REsp 944.917/SP, Rel. Min. Nancy Andrighi, ac. 18.09.2008, *DJe* 03.10.2008). Nesse caso, a matéria dos embargos de mérito deverá ser suscitada perante o órgão arbitral (STJ, 3ª T., MC 13.274/SP, Rel. Min. Nancy Andrighi, ac. 13.07.2007, *DJU* 20.09.2007).

35 O STJ, diante de ação de revisão de contrato bancário, considerou não abusiva a recusa de assentimento do réu, tendo em conta que já existia contestação ao pedido do autor, e que a oposição se fundara no interesse de prosseguir no processo, para obter a coisa julgada material e, assim, evitar a futura repropositura da ação (STJ, 3ª T., REsp 1.318.558/RS, Rel. Min. Nancy Andrighi, ac. 04.06.2013, *DJe* 17.06.2013).

o prosseguimento do feito, após a desistência da ação por parte do primeiro, sem que tenha efetivo interesse no julgamento do mérito da causa.[36]

Por outro lado, ainda que se tenha ultrapassado o termo do prazo de defesa, mas tenha o réu permanecido inerte, tornando-se revel, não tem sentido exigir seu consentimento para que o autor possa desistir da ação. Diante das consequências da revelia, a desistência do autor só benefícios pode trazer ao réu. De mais a mais, estando ausente do processo, por falta de representação nos autos, não há como ouvi-lo sobre a pretensão manifestada pelo autor.

De outro ponto de vista, se o Código permite ao autor abandonar, tácita e unilateralmente, a causa e provocar, com isso, a extinção do processo (art. 485, III), é claro que, estando revel o réu, pode antecipar sua intenção de forma expressa e, desde logo, desistir da ação, sem ouvir o réu, que, mais do que ele, desde a origem, se desinteressou pela sorte da causa.

O limite temporal do direito de desistir da ação é a sentença, de sorte que não é concebível desistência da causa em grau de apelação ou outro recurso posterior, como o recurso extraordinário (art. 485, § 5º).

Como ensina José Alberto dos Reis, se a causa está pendente de recurso interposto pelo autor, pode este desistir do recurso, mas não pode desistir da ação. Com a desistência do recurso opera-se o trânsito em julgado da decisão recorrida: com a desistência da ação far-se-ia cair a decisão de mérito, "e não é admissível que o autor, mesmo com a aquiescência do réu, inutilize uma verdadeira sentença proferida, não sobre a relação processual, mas sobre a relação substancial, uma sentença que tem o alcance de pôr termo ao litígio".[37]

Depois da sentença de mérito, o que pode haver é a *renúncia à pretensão formulada na ação* (art. 487, III, *c*), que não depende de anuência do réu, mas que, uma vez homologada, provoca solução de mérito contrária ao pedido do autor, equivalente à sua improcedência, com eficácia de coisa julgada material (ver n. 759.7).

A desistência, quer como ato unilateral, quer como bilateral, só produz efeito depois de homologada por sentença (art. 200, parágrafo único). É que a relação processual não envolve apenas as partes, mas também o juiz, que, por isso, não pode ficar estranho ao ato extintivo. Ao tomar conhecimento da pretensão, o juiz pratica, embora numa só sentença, dois atos jurisdicionais distintos: a homologação da desistência, para que ela surta os efeitos de direito, e a declaração da consequente extinção do processo, em razão do ato homologado.

754.10. Intransmissibilidade da ação

A intransmissibilidade da ação, como causa impeditiva de prosseguimento da relação processual, está ligada ao direito material controvertido. É consequência de sua natureza (direito personalíssimo) ou de expressa vedação legal à transmissão do direito subjetivo. Morto o titular do direito intransmissível, o próprio direito se extingue com a pessoa do seu titular. Não há sucessão, nem de fato nem de direito. Isso se dá, por exemplo, com a ação de divórcio e a de alimentos. Falecida a parte, no curso de causa dessa natureza, o processo há de encerrar-se, sem atingir julgamento de mérito, por dissolução *ipso iure* da relação processual, que sem um dos seus sujeitos não tem como subsistir.

---

36 Já decidiu o STJ que, "após a citação, o pedido [de desistência da ação] somente pode ser deferido com a anuência do réu ou, a critério do magistrado, se a parte contrária [o réu] deixar de anuir, *sem motivo justificado*" (STJ, 2ª T., REsp 435.688/RJ, Rel. Min. Eliana Calmon, ac. 02.09.2004, *DJU* 29.11.2004, p. 274. No mesmo sentido: STJ, 2ª T., REsp 1.189.845/RN, Rel. Min. Castro Meira, ac. 18.05.2010, *DJe* 02.06.2010).

37 *Comentários ao Código de Processo Civil*. Coimbra: Coimbra, 1946, v. III, p. 476.

754.11. Confusão entre autor e réu

O processo é relação jurídica entre três pessoas: autor-juiz-réu. Se as duas partes se confundem, por sucessão, numa só pessoa, deixa de existir um dos sujeitos da relação processual. Logo, desaparece a própria relação processual.

Além do mais, o processo pressupõe litígio (conflito de interesses entre as partes) a solucionar. Se não existem mais duas partes (mas apenas um interessado), desapareceu a própria *lide*, sem a qual não se justifica a relação processual. As condições da ação devem subsistir até o momento da prolação do julgamento do mérito da causa – se a confusão faz desaparecer o interesse de agir, a solução não poderá ser outra senão a de reconhecer que o processo não pode prosseguir. Sua extinção, sem julgamento do mérito, haverá de ser decretada.

Daí operar a sua extinção, sem julgamento do mérito.

Esse fato pode ocorrer, praticamente, em litígios entre descendentes e ascendentes, em que por morte de um dos litigantes o outro se torne o único sucessor com direito ao bem litigioso.

O CPC de 1973 previa especificamente a confusão como causa de extinção do processo sem resolução de mérito (art. 267, X). O CPC/2015 não repetiu o dispositivo, e não o fez certamente por considerá-lo desnecessário, uma vez que a confusão acarreta perda do interesse processual, e como tal se acha implícita na hipótese extintiva contemplada no inciso VI de seu art. 485.

755. Efeito da extinção do processo sem julgamento do mérito

A sentença terminativa que encerra o processo sem julgamento do mérito não faz coisa julgada material, visto que não chegou a apreciar a substância da controvérsia estabelecida entre as partes em torno da situação jurídica material (*lide*) (CPC/2015, arts. 502 e 503).

O seu efeito é apenas de coisa julgada formal, isto é, o de impedir que dentro do mesmo processo volte a parte a postular novo julgamento, depois de exaurida a possibilidade de impugnação recursal.

Não tolhe à parte, porém, o direito de renovar a propositura da ação (art. 486). A petição inicial do novo processo, todavia, não será despachada sem a prova do pagamento ou do depósito das custas e honorários advocatícios devidos pela extinção do feito anterior (arts. 92 e 486, § 2º).

Nos casos de extinção em razão de litispendência, indeferimento da inicial, ausência de pressupostos de constituição e de desenvolvimento válido e regular do processo, ausência de condição da ação e convenção de arbitragem, a propositura da nova ação depende da correção do vício que levou à extinção do processo, sem resolução do mérito (art. 486, § 1º).

Há, não obstante, três casos previstos no Código em que a sentença terminativa, tal como a definitiva (ou de mérito), impede a renovação do processo: isso se dá quando a extinção tiver sido decretada por reconhecimento de litispendência, coisa julgada ou perempção (art. 485, V).

756. Iniciativa da extinção do processo

A matéria pertinente aos pressupostos processuais, às condições da ação, bem como à perempção, litispendência, coisa julgada e intransmissibilidade da ação, será conhecida pelo juiz, de ofício, em qualquer tempo e grau de jurisdição, enquanto não proferida definitivamente a sentença de mérito (CPC/2015, art. 485, § 3º).

Incumbe ao réu, todavia, o dever processual de alegar essas preliminares na primeira oportunidade em que lhe caiba falar nos autos. Mas, se o não fizer, nem por isso incorrerá em preclusão, nem impedirá o juiz de reconhecê-las de ofício mais tarde.

757. Saneamento do processo, quando o defeito for suprível

O objetivo final de toda a atividade processual é o julgamento do mérito, isto é, a solução do litígio instalado entre as partes. Mas para atingir-se esse desiderato é imprescindível que se forme uma relação jurídica válida e que a pretensão deduzida em juízo atenda aos requisitos lógico-jurídicos reclamados pela lei para autorizar a tutela jurisdicional.

É, pois, necessário que se atendam aos pressupostos processuais e às condições da ação, de sorte que, antes de enfrentar o pedido do autor, o juiz tem de verificar se a relação processual está validamente constituída, bem como se concorrem as condições de legitimidade de parte e interesse de agir. O exame desses requisitos prévios é feito na fase saneadora do processo, de tal maneira que, comprovada a ausência de qualquer um deles, a relação jurídica processual deverá ser extinta prematuramente, isto é, sem julgamento do mérito da causa.

Uma vez, porém, que o objetivo precípuo da função processual é a composição da lide, não pode o magistrado supervalorizar as questões formais para colocá-las, desde logo, num plano superior ao do mérito. Por isso mesmo, a extinção do processo por vício de pressuposto ou ausência de condição da ação só deve ter lugar quando o defeito detectado pelo juiz for insuperável, ou quando, ordenado o saneamento, a parte deixar de promovê-lo no prazo que se lhe tenha assinado.

Nesse sentido, dispõe claramente o art. 352 do CPC/2015 que, "verificando a existência de irregularidades ou vícios sanáveis, o juiz determinará sua correção, em prazo nunca superior a trinta dias". E mais, que, "desde que possível, o juiz resolverá o mérito sempre que a decisão for favorável à parte a quem aproveitaria eventual pronunciamento nos termos do art. 485" (CPC/2015, art. 488).

Dessa forma, não pode o juiz, na sistemática do Código, desde logo extinguir o processo, sem apreciação do mérito, simplesmente porque encontrou um defeito nas questões preliminares de formação da relação processual. Agir dessa maneira, frente a um vício sanável, importaria subverter a missão do processo e a função jurisdicional. Diante, pois, da constatação de que há preliminar capaz de acarretar a extinção do processo, o juiz, por imposição legal, "deverá conceder à parte oportunidade para, se possível, corrigir o vício" (art. 317).

758. Juízo de retratação

A sentença que extingue o processo, sem julgamento de mérito, desafia recurso de apelação (CPC/2015, art. 1.009). Nesse caso, nos termos do art. 485, § 7º, o juiz terá o prazo de cinco dias para retratar-se. Não o fazendo, deverá remeter os autos ao tribunal competente, para julgamento do recurso, sem manifestar-se sobre o cabimento ou não do recurso. É que no regime do Código atual não cabe mais ao juiz de primeiro grau de jurisdição exercer juízo de admissibilidade da apelação atribuído que foi ao tribunal (art. 1.010, § 3º).

§ 96. SENTENÇA (II)

759. Extinção do processo com resolução de mérito

Lide e *mérito da causa* são sinônimos para o Código. O pedido do autor, manifestado na propositura da ação, revela processualmente qual a lide que se pretende compor por meio da tutela jurisdicional.

> "O julgamento desse conflito de pretensões (lide ou litígio), mediante o qual o juiz, acolhendo ou rejeitando o pedido, dá razão a uma das partes e nega-a a outra, constitui uma sentença definitiva de mérito."[38]

Outras vezes, as próprias partes se antecipam e, no curso do processo, encontram, por si mesmas, uma solução para a lide. Ao juiz, nesses casos, compete apenas homologar o negócio jurídico praticado pelos litigantes, para integrá-lo ao processo e dar-lhe eficácia equivalente ao de julgamento de mérito. É o que ocorre quando o autor renuncia ao direito material sobre o qual se funda a ação (CPC/2015, art. 487, III, *c*), ou quando as partes fazem transação sobre o objeto do processo (art. 487, III, *b*), ou, ainda, quando o réu reconhece a procedência do pedido do autor (art. 487, III, *a*).

Nesses casos, como em todos os demais em que, por um julgamento do juiz ou por um outro ato ou fato reconhecido nos autos, a lide tenha deixado de existir, haveria sempre para o art. 269 do CPC de 1973, em sua redação primitiva, *extinção do processo com resolução de mérito*, ainda que a sentença judicial fosse meramente homologatória.

Com a eliminação da ação autônoma de execução de sentença e a inclusão dos atos de cumprimento da condenação na própria relação processual em que esta foi pronunciada (art. 475-I, do CPC de 1973,[39] com a redação da Lei 11.232/2005), nem toda sentença de mérito porá fim ao processo. Apenas as declaratórias e as constitutivas terão possibilidade de ser o provimento final da prestação jurisdicional do processo de conhecimento. Nas ações julgadas por sentença de natureza condenatória (ou que tenha força equivalente, como as homologatórias de transação e os julgados de partilha, por exemplo), o julgamento de mérito será apenas uma etapa do procedimento, visto que a prestação jurisdicional terá, ainda, que se desdobrar em ulteriores atos de cunho executivo. Aliás, nem mesmo as sentenças constitutivas e declaratórias têm condições de encerrar o processo, pois sempre conterão uma parte condenatória, no relativo às despesas e honorários sucumbenciais, cujo cumprimento se dará no prolongamento do processo pós-decisão de mérito.

Diante dessa postura legal, o texto do art. 487 do CPC/2015, ao disciplinar a matéria, desatrela a ideia de resolução de mérito da noção de sentença, para correlacioná-la com qualquer

---

[38] BUZAID, Alfredo. *Exposição de Motivos*, nº 6. Para Fazzalari, "mérito é o objeto da controvérsia, ou seja, a situação substancial e seus componentes", o que equivale a dizer que o mérito corresponde à ideia de objeto do processo, ou seu objeto litigioso. Dessa forma, julgar o mérito da causa significa, "para o juiz, resolver a questão da existência dessa situação, ou seja, a questão de mérito" (FAZZALARI, Elio. *Istituzioni di diritto processuale*. 8. ed. Padova: CEDAM, 1996, p. 122). Cândido Dinamarco prefere identificar o mérito com a pretensão, ou seja, "aquilo que alguém vem a juízo pedir, postular, exigir" (DINAMARCO, Cândido Rangel. *Fundamentos do processo civil moderno*. 2. ed. São Paulo: Malheiros, 1987, n. 110, p. 202). Mérito, portanto, há tanto no processo de conhecimento como no de execução. O que nem sempre há, no processo de execução, é sentença de mérito, já que esta costuma ser proferida nos embargos e não diretamente no processo executivo (DINAMARCO, Cândido Rangel. *Fundamentos do processo civil moderno*. 2. ed. São Paulo: Malheiros, 1987, n. 112, p. 207).

[39] CPC/2015, art. 513.

decisão (final ou não) que consiga pôr fim ao litígio (não ao processo), seja por ato de autoridade, seja por obra das próprias partes. As hipóteses são as mesmas arroladas pela lei antiga. A novidade está em que a solução do mérito não é mais vista como causa necessária de extinção do processo. Pode acontecer na sentença ou antes dela, de modo que às vezes o litígio se compõe e o processo ainda prossegue. Dito de outra forma, nem sempre o mérito é decidido por meio de sentença (há possibilidade de ser decidido, em parte, por decisão interlocutória, como *v.g.* permite o art. 356) e nem sempre a sentença é destinada a enfrentar questões de mérito (pois há possibilidade de ser utilizada com o fito único de pôr fim ao processo por razões técnicas de natureza instrumental, como se passa nos casos de sentenças extintivas sem resolução do mérito constantes do art. 485). Daí falar-se em sentenças definitivas e sentenças terminativas, conforme resolvam, ou não, o mérito da causa (v. *retro* o n.º 753).

Na atual sistemática prevista pelo Código de 2015 (arts. 497e 498), a sentença de mérito, em si mesma, tanto pode provocar extinção do processo, como pode ser indiferente à sua continuação em busca de providências jurisdicionais complementares, acaso necessárias para satisfazer de maneira integral e efetiva a pretensão acolhida em juízo. O normal, porém, será que, à falta de cumprimento voluntário do vencido, o procedimento deverá prosseguir até que a condenação de verbas principais ou acessórias seja efetivamente cumprida.

Em todos os casos de encerramento do processo, uma coisa é certa: é imprescindível a sentença do juiz da causa, ainda que se restrinja a homologar ato das próprias partes. E, portanto, nunca é, a rigor, a sentença que, por si só, faz extinguir, prontamente, a relação processual, pois, mesmo depois dela, há sempre possibilidade de o feito prosseguir na esfera recursal ou na fase executiva. Na verdade, é a *coisa julgada formal* (exaustão dos recursos ou perda do prazo de manifestá-los) assim como os eventuais atos de cumprimento da sentença que põem termo ao processo, após a sentença ou o acórdão.

A sentença é, porém, o último ato jurisdicional antes do encerramento da fase processual de conhecimento, e, na execução, é ato judicial que decreta o fim do processo executivo. Para o Código de 2015, que em linhas gerais repete o casuísmo do Código anterior, as sentenças definitivas (*i.e.*, as que resolvem o mérito) são, de acordo com o art. 487, as seguintes:

(a) a que acolhe ou rejeita o pedido formulado na ação ou na reconvenção;
(b) a que decide sobre a ocorrência de decadência ou prescrição;
(c) a que homologa: *(i)* o reconhecimento da procedência do pedido formulado na ação ou na reconvenção; *(ii)* a transação; *(iii)* a renúncia à pretensão formulada na ação ou na reconvenção.

759.1. Acolhimento ou rejeição do pedido

O art. 487, I, do CPC/2015 cuida, da forma mais pura e completa, da composição da lide. Acolhendo ou rejeitando o pedido, o juiz está proclamando qual das partes tem a melhor pretensão no conflito de interesses que gerou a lide. Esse julgamento exterioriza-se, tecnicamente, pela declaração judicial de procedência ou improcedência do *pedido*. A forma usual no foro de julgar procedente ou improcedente a *ação* é pouco técnica, porquanto o direito de ação é sempre reconhecido, desde que haja uma sentença de mérito favorável ou não ao autor. O que pode não proceder é, portanto, o *pedido* (pretensão de direito material) e não a *ação* (direito subjetivo à prestação jurisdicional).

Em outras palavras: a ação é o direito abstrato à composição da lide, que é satisfeito por meio da resposta que o juiz dá na sentença ao pedido do autor, pouco importando que seja positiva ou negativa, pois, de qualquer maneira, a prestação jurisdicional terá sido deferida e o litígio estará composto. Se houve, destarte, solução da lide, não se concebe que a ação possa ser julgada improcedente. Na precisa linguagem do art. 487, I, o juiz deve, na sentença de mérito, acolher ou rejeitar o *pedido* (e nunca a ação). Entre as modalidades de extinção do processo com resolução da lide figura a de rejeição liminar do pedido, quando configurada a hipótese prevista no art. 332 (sobre tema, v., *retro*, os itens 564 a 569).

759.1.1. Fato superveniente

Ao identificar o conteúdo da sentença definitiva, o art. 490 determina que o juiz deverá nela resolver o mérito da causa "acolhendo ou rejeitando, no todo ou em parte, os pedidos formulados pelas partes". Cabe-lhe, portanto, limitar-se ao enfrentamento dos pedidos formulados na fase postulatória e respectiva causa de pedir, sob pena de nulidade do julgado.

A função do juiz é compor a lide, tal qual foi posta em juízo. Deve proclamar a vontade concreta da lei apenas diante dos termos da *litis contestatio,* isto é, nos limites do pedido do autor e da resposta do réu. São defesos, assim, os julgamentos *extra petita* (matéria estranha à *litis contestatio*); *ultra petita* (mais do que pedido) e *citra petita* (julgamento sem apreciar todo o pedido).

Como lembra Jorge Americano, "é a litiscontestação que determina o objeto da sentença".[40] O seu tema terá de ser apreciado integralmente, sem ampliações nem restrições. A ofensa a esses princípios leva à nulidade da sentença[41] e dá ensejo à ação rescisória (art. 966, V).

A proibição de mudar o pedido e aquela que impede o juiz de julgar *ultra* ou *extra petita* não excluem a possibilidade de o juiz levar em conta fato superveniente à propositura da ação. A tanto autoriza o art. 493, desde que o fato novo tenha influência no julgamento da lide, se refira, obviamente, ao mesmo fato jurídico que já constitui o objeto da demanda e possa ser tido, em frente a ele, como fato constitutivo, modificativo ou extintivo de efeitos jurídicos. Não se pode, contudo, em hipótese alguma, admitir fato novo que importe mudança de *causa petendi.*

Entretanto, determina o Código atual - em homenagem ao princípio da *não surpresa* - que se o juiz constatar, fato novo, que tenha de conhecer de ofício, deverá ouvir as partes, a seu respeito, antes de decidir (art. 493, parágrafo único).

759.1.2. Lei nova como fato superveniente

A jurisprudência, por sua vez, está assente no sentido de que a regra do fato novo se dirige não só ao juiz de primeiro grau, mas também "ao juízo de segundo grau, uma vez que deve a tutela jurisdicional compor a lide como esta se apresenta no momento da entrega".[42] Para tanto, reconhece-se à inovação legislativa a qualidade de fato novo para os fins da regra processual em apreciação, uma vez que aplicável à situação jurídica posta na inicial ou na contestação.[43]

---

40 AMERICANO, Jorge. *Comentários ao Código de Processo Civil do Brasil.* 2. ed. São Paulo: Saraiva, 1958, v. I, p. 29.

41 AMERICANO, Jorge. *Comentários ao Código de Processo Civil do Brasil.* 2. ed. São Paulo: Saraiva, 1958. v. I. p. 29; "é nula a sentença que contraria ao que se fixou como objeto do litígio através da contestação e que decidiu assunto a respeito do qual não existe controvérsia" (TJMG, Apel. 37.261, Rel. Des. Jacomino Inacarato, *Rev. Lemi*, 62/210). No mesmo sentido: STJ, 3ª T., REsp 1.058.967/MG, Rel. Min. Nancy Andrighi, ac. 20.09.2011, *DJe* 29.09.2011; STJ, 2ª T., AgRg no Ag 1.386.067/SC, Rel. Min. Herman Benjamin, ac. 16.08.2011, *DJe* 05.09.2011.

42 STJ, 3ª T., REsp 75.003/RJ, Rel. Min. Waldemar Zveiter, ac. 26.03.1996, *DJU* 10.06.1996, p. 20.323. No mesmo sentido: STJ, 1ª T., REsp 847.831/SP, Rel. Min. Francisco Falcão, ac. 28.11.2006, *DJU* 14.12.2006, p. 302; STJ, 4ª T., REsp 704.637/RJ, Rel. Min. Luis Felipe Salomão, ac. 17.03.2011, *DJe* 22.03.2011.

43 As normas legais editadas após o ajuizamento da ação devem levar-se em conta para regular a situação posta na inicial" (STJ, 1ª T., REsp 665.683/MG, Rel. Min. Teori Albino Zavascki, ac. 26.02.2008, *DJe* 10.03.2008).

Há, entretanto, para prevalecer a inovação normativa, que se destacar a aptidão da lei superveniente para criar uma situação jurídica nova com força prejudicial à questão de mérito constitutiva do objeto litigioso, como é o caso de uma moratória ou de uma anistia tributária. Quando se disputa, porém, sobre contrato ou se trate de responsabilidade por ato ilícito, a lei nova não se aplica, sempre que atrite com efeito de ato jurídico perfeito ou direito adquirido. Pense-se numa lei que estabeleça nova causa de nulidade ou de anulabilidade, ou que altere a configuração do defeito do ato, em face da lei do tempo em que ocorreu o evento danoso. Em nome da garantia constitucional de irretroatividade da lei (CF, art. 5º, XXXVI), aplicar-se-á o princípio *tempus regit actum* e não a regra da relevância do fato superveniente disposta no art. 490 do CPC.

Particularmente nos casos de obrigação de trato sucessivo, também se admite que a lei de ordem pública superveniente seja observada, mas apenas com relação às prestações vencidas ou vencíveis a partir da sua vigência. Pense-se, a propósito, nas taxas dos juros legais, que, quando alteradas, não afetarão as prestações vencidas antes da mudança legislativa.

759.2. Prescrição e decadência

I – Conceito e distinção

Os atos jurídicos são profundamente afetados pelo tempo. Decadência e prescrição são alguns dos efeitos que o transcurso do tempo pode produzir sobre os direitos subjetivos, no tocante à sua eficácia e exigibilidade.

A prescrição é a sanção que se aplica ao titular do direito que permaneceu inerte diante de sua violação por outrem. Perde ele, após o lapso previsto em lei, aquilo que os romanos chamavam de *actio*, e que, em sentido material, é a possibilidade de fazer valer o seu direito subjetivo. Em linguagem moderna, extingue-se a *pretensão*. Não há, contudo, perda da ação no sentido processual, pois, diante dela, haverá julgamento de mérito, de improcedência do pedido, conforme a sistemática do Código.[44]

Recentemente, o STJ entendeu que o reconhecimento da prescrição da pretensão impediria tanto a cobrança judicial quanto a cobrança extrajudicial do débito[45]. Entretanto, com a devida vênia, o raciocínio não está correto. É que se a prescrição não extingue a obrigação nem a faculdade do devedor de pagar validamente o crédito prescrito – por meio da renúncia à prescrição, por exemplo –, o reconhecimento judicial de sua ocorrência não tem o condão de impedir que o credor convide o devedor a negociar a dívida. Uma coisa é a possibilidade de exercício da pretensão – em juízo ou fora dele –, coagindo o devedor a quitar o débito; outra, diferente, é a possibilidade de o credor tentar obter o pagamento amigavelmente após o desaparecimento da pretensão. Neste último caso, a cobrança não obrigará o pagamento – pois a pretensão estará extinta –, mas propiciará ao devedor consciencioso, ciente da subsistência da dívida, liquidá-la voluntariamente para não permanecer inadimplente. Não se deve ignorar que, por explícita disposição legal, se acha o devedor credenciado a renunciar, expressa ou tacitamente, a prescrição já consumada (Código Civil, art. 191). Além disso, o pagamento vo-

---

No mesmo sentido: STJ, 2ª T., REsp 30.774/PR, Rel. Min. Peçanha Martins, ac. 08.04.1997, *DJU* 23.06.1997, p. 29.073.

[44] "Com a prescrição não desaparece o direito e sim a possibilidade de fazê-lo valer. Também a ação fica de pé, pode ser movida: será inútil para fazer valer o direito, mas terá utilidade de obter uma decisão judicial que espanque dúvidas quanto à prescrição" (TORNAGHI, Hélio. *Comentários ao Código de Processo Civil.* São Paulo: RT, 1975, v. II, p. 349-350).

[45] STJ, 3ª T., REsp. 2.088.100/SP, Rel. Min. Nancy Andrighi, ac. 17.10.2023, *DJe* 23.10.2023.

luntário de dívida prescrita não configura ilicitude alguma, inclusive, não autoriza repetição de indébito (CC, art. 882). Portanto, a cobrança extrajudicial efetuada pelo credor, sem a ameaça da coação judicial, não passará de simples proposta de negócio jurídico, cuja aceitação pelo oblato poderá ser aceita, ou não, dentro da autonomia negocial que lhe assiste.

Decadência, por seu lado, é figura bem diferente da prescrição. É a extinção não da força do direito subjetivo (*actio*), isto é, da *pretensão*, mas do próprio direito em sua substância, o qual, pela lei ou pela convenção, nasceu com um prazo certo de eficácia. O reconhecimento da decadência, portanto, é o reconhecimento da inexistência do próprio direito invocado pelo autor. É genuína decisão de mérito, que põe fim definitivamente à lide estabelecida em torno do direito caduco.

Comprovada a prescrição, ou a decadência, o juiz, desde logo, rejeitará o pedido, no estado em que o processo estiver, independentemente do exame dos demais fatos e provas dos autos.

A decadência estabelecida por lei, para ser acolhida, não depende de provocação da parte interessada (Código Civil de 2002, art. 210). A prescrição, porém, por ser livremente renunciável pelo devedor (Cód. Civil, art. 191), nunca pôde (segundo a tradição do direito material) ser decretada de ofício pelo juiz (Cód. Civil de 2002, art. 194). Abria-se no direito material exceção apenas para os devedores absolutamente incapazes, cujos interesses em torno da prescrição eram tratados como indisponíveis e, por isso mesmo, tuteláveis pelo juiz, independentemente de provocação dos respectivos representantes legais (Cód. Civil de 2002, art. 194, *in fine*). A pretexto de imprimir maior celeridade ao processo, a Lei 11.280, de 16.02.2006, alterou o texto do § 5º do art. 219 do CPC de 1973, para dispor, contra todas as tradições do direito ocidental, que, em qualquer caso, "o juiz pronunciará, de ofício, a prescrição".

A nosso sentir, essa revolucionária regra processual não teve o alcance que o afoito legislador pretendeu, pois a sistemática da prescrição é própria do direito material, e na sede que lhe é específica não há, em regra, como fazer a vontade do juiz passar por cima da autonomia da vontade das partes, quando o que está em questão é um direito potestativo da livre disposição do respectivo titular. Tratamos do tema, com mais vagar, quando analisamos os casos de improcedência liminar do pedido (CPC/2015, art. 332, § 1º) (v., *retro*, o item 566).

Atento à dificuldade de um decreto deliberado de ofício, nessa complicada matéria, o Código atual, ao tratar da sentença de mérito (art. 487), estabeleceu que, no caso de prescrição ou decadência, o juiz não as reconhecerá "sem que antes seja dada às partes oportunidade de manifestar-se" (parágrafo único, art. 487). Assim, o juiz, embora possa ter iniciativa na abordagem da questão, deverá permitir o contraditório antes de proferir decisão de mérito que reconheça a prescrição ou a decadência.[46]

II – Prescrição intercorrente

A prescrição é fenômeno de natureza material que se inicia antes de qualquer demanda ajuizada, a partir do momento em que o direito subjetivo é violado (CC, art. 189), e pode fluir

---

46 Contraditoriamente, o CPC/2015 admite, no entanto, que a petição inicial possa ser liminarmente indeferida, de ofício, sem prévia discussão com o autor, quando verificada a ocorrência de decadência ou prescrição (art. 487, parágrafo único, c/c o art. 332, § 1º). A melhor aplicação da norma, porém, deve ser feita dentro de uma visão sistemática que valorize a norma fundamental dos arts. 9º e 10, os quais preconizam que nenhuma decisão pode ser proferida contra uma das partes, sem que ela seja previamente ouvida e que o juiz não pode decidir com base em fundamento sobre o qual as partes não tiveram oportunidade de se manifestar, "ainda que se trate de matéria sobre a qual deva decidir de ofício". Assim, o melhor será reconhecer que o juiz tem a iniciativa de suscitar, liminarmente e de ofício, a questão da prescrição e da decadência, mas só emitirá seu pronunciamento depois de ter ensejado ao autor prazo para se manifestar.

até a extinção da pretensão do credor, sem que esta tenha sido exercitada através de ação. Deduzida, porém, em juízo, interrompe-se a marcha prescricional, cuja retomada só acontecerá a partir do último ato do processo (CC, art. 202, parágrafo único).

Em princípio, portanto, não corre prescrição enquanto durar o processo, mas essa regra pressupõe que a relação processual se mantenha e desenvolva regularmente, não sendo aplicável aos processos abandonados ou paralisados por inércia dos litigantes, ou por obstáculos que a lei considere adequados a justificar o reinício da prescrição. Denomina-se prescrição intercorrente a que ocorre em tais circunstâncias. Há, por exemplo, previsão dessa prescrição no CPC, arts. 921, § 4º, e 924, V, e na Lei de Execução Fiscal, art. 40, § 4º. A propósito do tema, dispõe o Código Civil que a prescrição intercorrente observará o mesmo prazo de prescrição da pretensão, observadas as causas de impedimento, de suspensão e de interrupção da prescrição previstas naquele Código e observado, ainda, o disposto no art. 921 do CPC (CC, art. 206-A, na redação da Lei 14.382/2022)[47]. Sobre o assunto, v., também, no v. III, deste *Curso*, itens 282-II; 576-II; 577 e 587.

759.3. A prescrição e os diversos tipos de ação

Costumava-se afirmar que a prescrição é a perda da ação sem a perda do direito e que a decadência seria a perda direta e total do próprio direito. Hoje, todavia, tanto a prescrição quanto a decadência são vistas como formas de extinção de efeitos do direito e o que as distingue é apenas a causa da respectiva perda de eficácia. Na prescrição, dentro dessa ótica, o que se dá é que, diante da inércia do titular em face da violação de seu direito, a faculdade de reação em sua defesa – a pretensão de exigir a prestação que lhe foi sonegada – extingue-se com o decurso do tempo. Diverso é o que se passa com o direito potestativo – direito de estabelecer situação jurídica nova –, que, por si só, se extingue se não exercido em tempo certo, sem que para isso se tenha de cogitar de violação do direito da parte a uma prestação inadimplida por devedor. Aí, sim, se pode cogitar do fenômeno da decadência.

Como é pela ação condenatória que se impõe a realização de prestação ao demandado, é nas causas dessa natureza que pode ocorrer a *prescrição*. Prescreve, então, a ação que em sentido material (pretensão) objetiva exigir prestação devida e não cumprida.

As ações constitutivas, por sua vez, não se destinam a reclamar prestação inadimplida, mas a constituir situação jurídica nova. Diante delas, portanto, não há que se cogitar de prescrição. O decurso do tempo faz extinguir o direito potestativo de criar novo relacionamento jurídico. Dá-se, então, a *decadência* do direito não exercido no seu tempo de eficácia. Do ponto de vista prático, a distinção é importante porque os prazos prescricionais são passíveis de suspensão e interrupção, enquanto os decadenciais são *fatais*, não podendo sujeitar-se nem a suspensão nem a interrupção.

Por fim, é corrente a afirmativa de que as ações declaratórias são imprescritíveis. De fato, por mais tempo que dure a incerteza acerca de uma relação jurídica, seria ilógico pretender que os interessados tenham perdido o direito à certeza jurídica. Na verdade, o direito de alcançar a segurança jurídica há de perdurar enquanto durar a controvérsia acerca da relação discutida, o que nos leva a concluir que, realmente, "a ação declaratória típica é imprescritível".[48]

No entanto, não se pode concluir que o decurso do tempo seja totalmente inócuo para as ações declaratórias. Nenhuma ação será manejável sem que a parte demonstre

---

[47] Segundo a jurisprudência do STJ, em caso de prescrição intercorrente, é o princípio da causalidade que deve nortear o julgador para fins e fixação das verbas sucumbenciais. Mesmo na hipótese de resistência do exequente, é indevido atribuir-se ao credor-exequente o pagamento de honorários (STJ, Corte Especial, Embargos de Divergência em AREsp 1.854.589/PR, Rel. Min. Raul Araújo, ac. 09.11.2023, *DJe* 24.11.2023).

[48] PONTES DE MIRANDA, Francisco Cavalcanti. *Tratado das ações*. São Paulo: RT, 1971, t. II, § 11, n. 1, p. 80.

interesse por um resultado prático em sua esfera jurídica. Embora a declaratória não se destine a impor prestações nem a criar situações jurídicas novas, é claro que o litigante somente poderá usá-la se tiver condições de demonstrar a existência ou a inexistência de uma relação da qual lhe resulte algum proveito efetivo. Nenhuma ação pode ser exercida apenas para deleite acadêmico. Pode acontecer, destarte, que, mesmo sendo imprescritível a ação declaratória, venha o titular do direito material a perder o interesse no seu exercício, diante da prescrição (não da declaratória), mas da pretensão que poderia surgir do direito material já extinto.

Nesse sentido, já assentou a jurisprudência: "Não há confundir a declaratória como ação de natureza processual, que não regula pretensão civil alguma, com a ação em que o conteúdo declaratório do julgado é germe de direito patrimonial. A ação declaratória, como ação de natureza processual, não prescreve. Mas se contém ela pretensão civil a ser protegida pelo preceito, a prescrição incide, embora Ferrara a isso chame de *perda de interesse* da ação declaratória, porque o direito que se pretende defender já está extinto pela prescrição".[49]

Em suma: *(i)* as ações condenatórias sujeitam-se à *prescrição*; *(ii)* as constitutivas, à decadência; *(iii)* as declaratórias são *imprescritíveis*, mas só duram enquanto não se extinguir, por prescrição ou decadência, o direito que com elas se queira justificar a tutela jurisdicional.

Outra ponderação merece ser feita a propósito dos créditos que podem ser objeto de ações de diferentes naturezas, como ocorre com as obrigações retratadas em títulos de crédito e com aquelas que já foram objeto de acertamento em sentença no processo de conhecimento.

Para as cambiais e alguns títulos cambiariformes (como as cédulas de crédito rural), a ação executiva prescreve em três anos; mas, depois de verificada a extinção da pretensão executiva, ainda subsiste a ação ordinária de cobrança, cuja prescrição é distinta e se dá em cinco anos, como prevê o art. 206, § 5º, I, do Código Civil, em relação à pretensão de cobrança de todas as dívidas líquidas constantes de instrumento público ou particular.[50] Da mesma forma, nos casos de bem alienado fiduciariamente em garantia, a prescrição da cobrança da dívida não exclui o direito de o credor requerer busca e apreensão do bem, como ação autônoma, com base no seu direito de propriedade (CC, art. 1.228), que não se sujeita a prescrição.[51]

Em relação aos créditos que já foram submetidos à condenação judicial, incidem duas prescrições: uma para a pretensão condenatória, e outra para a pretensão executiva. Segundo jurisprudência sumulada, a execução de sentença prescreve em prazo igual ao que antes prevalecia para a ação de conhecimento, contando-se a nova prescrição a partir do respectivo trânsito em julgado (Súmula 150/STF).

---

49 TJSP, AR 197.340, Rel. Des. Edgar de Souza, ac. 11.05.1972, *RT* 447/128.

50 O posicionamento do STJ "é firme no sentido de que o prazo prescricional para a cobrança de título de crédito que perdeu a eficácia de título executivo é aquele previsto no art. 206, § 5º, inciso I, do Código Civil" (*i.e.*, cinco anos) (STJ, 3ª T., AgRg no AREsp 259.939/SE, Rel. Min. Sidnei Beneti, ac. 19.02.2013, *DJe* 01.03.2013. No mesmo sentido: STJ, 4ª T., AgRg no Ag 1.301.237/RS, Rel. Min. João Otávio de Noronha, ac. 16.12.2010, *DJe* 04.02.2011; STJ, 3ª T., REsp 1.153.702/MG, Rel. Min. Paulo de Tarso Sanseverino, ac. 10.04.2012, *DJe* 10.05.2012).

51 "2. Na alienação fiduciária, a propriedade da coisa é transmitida ao credor, que outrossim se investe na posse indireta do bem. Em caso de descumprimento das obrigações contratuais, pode o fiduciário optar pelo ajuizamento de ação de cobrança – ou de execução, se aparelhado de título executivo – ou, à sua escolha, a busca e apreensão do bem dado em garantia. Nessa última hipótese, assim o faz na qualidade de proprietário, exercendo uma das prerrogativas que lhe outorga o art. 1.228 da lei civil, qual seja 'o direito de reavê-la [a coisa] do poder de quem quer que injustamente a possua ou detenha'" (STJ, 4ª T., REsp 1.503.385/CE, Rel. Min. Antonio Carlos Ferreira, ac. 04.06.2024, *DJe* 10.06.2024).

759.4. Reconhecimento da procedência do pedido pelo réu

Dá-se o reconhecimento do pedido pelo réu quando este proclama expressamente que a pretensão do autor é procedente. Consiste, segundo Ernane Fidélis dos Santos, no acolhimento pelo réu da postulação do autor, ou seja, em "sua adesão àquilo que contra ele foi pedido".[52] Da mesma forma, o autor pode reconhecer a procedência do pedido feito pelo réu em sua reconvenção (CPC/2015, art. 487, III, *a*).

Não se pode confundir o reconhecimento da procedência do pedido com a confissão. Enquanto a confissão apenas se relaciona com os fatos em discussão, sem que a parte se manifeste sobre a juridicidade da pretensão do outro litigante, o reconhecimento do pedido refere-se diretamente ao próprio direito material sobre o qual se funda a pretensão do autor.[53]

Em outros termos, o reconhecimento a que alude o art. 487, III, *a*, é forma de antecipar a solução da lide pela aceitação da procedência do pedido, pelo demandado, antes mesmo que sobre ele se pronunciasse o juiz.

Reconhecida a procedência do pedido, pela parte contrária, cessa a atividade especulativa do juiz em torno dos fatos alegados e provados pelas partes. Só lhe restará dar por findo o processo e por solucionada a lide nos termos do próprio pedido a que aderiu a outra parte. Na realidade, o reconhecimento acarreta o desaparecimento da própria lide, já que sem resistência de uma das partes deixa de existir o conflito de interesses que provocou sua eclosão no mundo jurídico.

Em se tratando de forma de autocomposição do litígio, o reconhecimento do pedido só é admissível diante de conflitos sobre direitos disponíveis. Pode, outrossim, a declaração de reconhecimento dar-se tanto nos autos (no depoimento pessoal, em petição, nas alegações orais etc.) como em documento à parte, que, naturalmente, terá de ser juntado ao processo. Pode fazê-la a parte pessoalmente ou por meio de procurador. Se manifestada pelo advogado, depende sua eficácia de poderes especiais (art. 105).

O reconhecimento, embora torne dispensável o prosseguimento do feito, não dispensa, como é intuitivo, a sentença do juiz, que haverá de reconhecer a ocorrência da autocomposição do litígio. Declarando, pois, que o demandado aderiu ao pedido do demandante, a decisão, que porá fim ao processo, com resolução do mérito, constituirá na homologação do ato de reconhecimento da procedência do pedido (art. 487, III, *a*). Muito embora não tenha sido a composição do litígio imposta por decisão judicial, a sentença homologatória torna definitiva a solução do processo, revestindo-a da autoridade da coisa julgada e conferindo ao beneficiário título executivo judicial para submeter o demandado ao cumprimento forçado do decisório (art. 513).

O reconhecimento pode ser total, parcial ou condicional. Se o demandado apenas acolhe uma parcela do pedido, ou se o faz em toda extensão, mas o condiciona a uma contraprestação do demandante (como a arguição do direito de retenção por benfeitorias nas ações reipersecutórias), não caberá a homologação de que cuida o art. 487, III, *a*. O caso será de julgamento por sentença, no qual o reconhecimento será levado em conta como questão dirimida pelas próprias partes, e apenas ao ponto remanescente da controvérsia o juiz dará a solução competente. Não lhe caberá entrar no mérito da autocomposição parcial, a não ser que a causa verse sobre direitos indisponíveis.

---

52 SANTOS, Ernane Fidélis dos. *Estudos de direito processual civil*. Uberlândia: Ed. F. Direito Universidade, 1975, p. 114.

53 GRINOVER, Ada Pellegrini. *Direito processual civil*. São Paulo: J. Bushatsky, Rio de Janeiro: Forense, 1974, p. 32.

759.5. Transação

Transação é o negócio jurídico bilateral realizado entre as partes para prevenir ou terminar litígio mediante concessões mútuas (Código Civil 2002, art. 840). É, como o reconhecimento do pedido, forma de autocomposição da lide, que dispensa o pronunciamento do juiz sobre o mérito da causa. A intervenção do juiz é apenas para verificar a capacidade das partes, a licitude do objeto e a regularidade formal do ato, integrando-o, afinal, ao processo, se o achar em ordem.

Contudo, como dá solução à lide pendente, a transação homologada pelo juiz adquire força de extinguir o processo como se julgamento de mérito houvesse sido proferido em juízo. Isso quer dizer que a lide fica definitivamente solucionada, sob a eficácia da *res iudicata,* embora a composição tenha sido alcançada pelas próprias partes, e não pelo juiz.

A transação pode ser feita em documento elaborado pelas partes ou em termo nos autos. No primeiro caso, juntado o documento aos autos, não há obrigatoriedade de sua redução a termo.[54] É, também, transação a conciliação obtida em audiência, na forma do art. 334 do CPC/2015.

Por envolver potencial renúncia de direitos, só as pessoas maiores e capazes, isto é, as dotadas de plena capacidade de exercício na ordem civil, podem transigir. Pela mesma razão, só os direitos disponíveis podem ser objeto de transação, ou seja, apenas os "direitos patrimoniais de caráter privado" (Código Civil de 2002, art. 841).

759.6. Retratação e rescisão de transação

A transação, como negócio jurídico destinado a extinguir litígio já deduzido em juízo, tem dois momentos distintos de eficácia:

(a) entre as partes, o ato jurídico é perfeito e acabado logo que ocorre a declaração de vontade convergente de ambos os litigantes;

(b) para o processo, como fator de extinção da relação processual pendente, o efeito se dá no momento em que o juiz homologa o negócio jurídico concluído entre as partes.

A homologação é, pois, ato jurisdicional dotado, também, de dupla eficácia, já que, a um só tempo, põe fim à relação processual em curso e outorga ao ato negocial das partes a qualidade de ato processual, com aptidão para gerar a *res iudicata* e o título executivo judicial, conforme a natureza do acordo (CPC/2015, arts. 487, III, *b*, e 515).

O só acordo de vontades entre os litigantes, assim, já é negócio jurídico perfeito e acabado no que lhes diz respeito. A sentença não é condição essencial de sua validade, tanto que pode haver transação antes do ajuizamento da ação, e, em tal hipótese, nenhuma necessidade há de sujeitar o negócio jurídico à aprovação da autoridade judiciária (Cód. Civ., arts. 840 e 842).

Quando o dissídio já está posto em juízo, necessária se torna a homologação, porque seu efeito vai repercutir sobre a relação processual, que é de direito público e envolve também o juiz, único sujeito processual que tem poderes para extingui-la.

Uma vez, porém, que o negócio jurídico da transação já se acha concluído entre as partes, impossível é a qualquer delas o arrependimento unilateral, mesmo que ainda não tenha sido homologado o acordo em Juízo. Ultimado o ajuste de vontade, por instrumento particular ou público, inclusive por termo nos autos, as suas cláusulas ou condições obrigam definitivamente os contraentes, de sorte que sua rescisão só se torna possível "por dolo, coação, ou erro essencial quanto à pessoa ou coisa controversa" (Código Civil, art. 849).

---

[54] MONIZ DE ARAGÃO, Egas Dirceu. *Comentários ao Código de Processo Civil*, v. II, n. 539, p. 462.

Por isso, enquanto não rescindida regularmente a transação, nenhuma das partes pode impedir, unilateralmente, que o juiz da causa lhe dê homologação para pôr fim à relação processual pendente. O certo é que, concluído, em forma adequada, o negócio jurídico entre as partes, desaparece a lide, e sem lide não pode o processo ter prosseguimento.

Se, depois da transação, uma parte se arrependeu ou se julgou lesada, nova lide pode surgir em torno da eficácia do negócio transacional. Entretanto, a lide primitiva já está extinta. Só em outro processo, portanto, será possível rescindir-se a transação por vício de consentimento.

O arrependimento ou a denúncia unilateral é ato inoperante no processo em que se produziu a transação, mesmo antes da homologação judicial.[55]

759.7. Renúncia à pretensão

O pedido do autor baseia-se em fato e fundamento jurídico, dos quais decorre o pretenso direito subjetivo (direito material), cujo exercício estaria sendo obstado pela resistência do réu. Na verdade, ao ajuizar a ação, a parte afirma ter um direito material do qual extrai um efeito que pretende fazer valer em face da parte contrária. O Código de 1973, ao enunciar os casos de resolução do mérito, falava em "renunciar ao direito sobre que se funda a ação" (art. 269, V). O Código atual substitui a nomenclatura antiga por "renúncia à pretensão formulada na ação ou na reconvenção" (art. 487, III, *c*).

O sentido prático é o mesmo, pois quando se abre mão da pretensão deduzida em juízo se está mesmo renunciando ao direito que a sustenta. É de se reconhecer, contudo, que a linguagem do Código atual é mais precisa, porque o objeto litigioso revelado nos autos nem sempre corresponde à integralidade do direito material titulado pelo demandante. O que realmente se pede é algum efeito da relação material existente entre as partes, vale dizer, a sujeição do demandado a esse efeito. Portanto, quando a parte quer dar fim voluntário ao litígio, sem contar com a sentença judicial, o que faz é, mais precisamente, a *renúncia à pretensão* de direito material formulada contra o demandado.

Para os fins do art. 487, III, *c*, do CPC/2015, ocorre *renúncia* quando, de forma expressa, o autor abre mão da pretensão de direito material que manifestou quando da dedução da causa em juízo; ou quando o réu abre mão do direito que invocou na reconvenção. Demitindo de si a titularidade do direito que motivou a eclosão da lide, a parte elimina a própria lide. E, sem lide, não pode haver processo, por falta de objeto.

Manifestada ou provada nos autos a renúncia da parte à pretensão de direito material em que se funda a ação ou a reconvenção, o juiz dará por finda a relação processual, mediante sentença, em cujos termos reconhecerá estar solucionada a lide (julgamento de mérito). Trata-se, porém, de decisão homologatória, pois o juiz não avaliará a essência do ato jurídico abdicatório, apenas o chancelará para que opere seus efeitos extintivos sobre a relação processual.

Há, porém, direitos indisponíveis, que, por isso, não podem ser renunciados, como os inerentes ao estado das pessoas e os relativos a alimentos, *verbi gratia*.

Por outro lado, "admitida embora no direito material, será incabível no plano processual a renúncia condicional, ou a termo. A renúncia ao direito em que se funda a ação há de ser, sempre, pura".[56]

---

55 "Efetuada e concluída a transação, é vedado a um dos transatores a rescisão unilateral, como também é obrigado o juiz a homologar o negócio jurídico, desde que não esteja contaminado por defeito insanável (objeto ilícito, incapacidade das partes ou irregularidade do ato)" (STJ, 3ª T., REsp 650.795/SP, Rel. Min. Nancy Andrighi, ac. 07.06.2005, *RSTJ* 195/301). No mesmo sentido: STJ, 3ª T., REsp 825.425/MT, Rel. Min. Sidnei Beneti, ac. 18.05.2010, *DJe* 08.06.2010.

56 MONIZ DE ARAGÃO, Egas Dirceu. *Comentários ao Código de Processo Civil*, v. II, n. 543, p. 465.

Para renunciar validamente, a parte deve possuir capacidade civil plena, como se exige para a transação e o reconhecimento do pedido. Da mesma forma, o advogado, para renunciar em nome da parte, depende de poderes especiais (art. 105).

Não há renúncia tácita. *In casu*, a manifestação de vontade de renunciar só pode ser expressa e deve constar de documento escrito juntado aos autos. Quando manifestar a parte, oralmente, a renúncia a seu direito, em depoimento pessoal, por exemplo, será ela reduzida a termo.

O efeito da *renúncia* é profundamente diverso daquele que provém da *desistência* da ação. Embora se submeta à sentença meramente homologatória, a renúncia elimina a possibilidade de reabertura de processo em torno da mesma lide: há coisa julgada material. Já, perante a desistência, o efeito da sentença é meramente formal. Extingue-se a relação processual pendente, mas não há decisão de mérito nem, consequentemente, coisa julgada material. A parte não fica, por isso mesmo, privada do direito de propor uma outra ação em torno da mesma lide.

Em síntese: a renúncia à pretensão de direito material elimina o direito de ação; a desistência do processo não o atinge.

A renúncia não depende, finalmente, de aquiescência da parte contrária, mesmo quando manifestada após a contestação, visto que leva, necessariamente, ao encerramento do processo com julgamento de mérito em favor do demandado.

Ao contrário do que se passa com a desistência da ação, a renúncia ao direito subjetivo material pode ser manifestada pela parte até mesmo em grau de recurso, desde que ainda não esteja encerrado o processo por meio da coisa julgada.[57] O que não quer dizer que, após a *res iudicata*, o titular de um direito material disponível não possa mais abrir mão dele. O que não é possível é, no bojo de um processo definitivamente encerrado, cogitar-se de desconstituir o decisório definitivo e imutável por meio de renúncia. O direito disponível é sempre renunciável, pouco importando tenha sido ou não submetido a reconhecimento em sentença judicial.

Quando se depara com uma relação jurídica já sentenciada, o que a posterior renúncia provoca não é a revogação pela parte da eficácia de uma composição da lide operada em juízo, mas sim o autodespojamento voluntário do direito subjetivo disponível da parte, o que é viável em qualquer época, com ou sem processo. No entanto, essa renúncia, que vai além da simples extinção do processo, importará sempre em solução de mérito, de sorte que sua homologação, em qualquer instância e em qualquer tempo, fará coisa julgada material, para todos os efeitos de direito. Não terá ocorrido desconstituição da sentença, mas *fato novo*, sujeito a efeito próprio, posterior à coisa julgada, como se passa com o pagamento da dívida após a condenação judicial, ou com qualquer ato extintivo ulterior a ela, a exemplo da prescrição, da novação, da transação, da confusão etc.

760. Natureza da sentença definitiva

Sentença definitiva, ou sentença em sentido estrito, é a que no processo de conhecimento exaure a instância ou o primeiro grau de jurisdição por intermédio da definição do juízo, isto é, a que dá solução ao litígio posto *sub iudice*, fazendo-o mediante acolhimento ou rejeição (total ou parcial) do pedido formulado pelo autor (CPC/2015, art. 490).[58]

O Código procurou esclarecer bem as dúvidas existentes, consignando, de forma casuística, que há sentença de mérito nas hipóteses do art. 487,[59] ou seja, quando o juiz:

---

57 REIS, José Alberto dos. *Código de Processo Civil anotado*. Coimbra: Editora Coimbra, 1948, v. III, p. 479.

58 MARQUES, José Frederico. *Manual de direito processual civil*. São Paulo: Saraiva, 1975, v. III, n. 525.

59 DINAMARCO, Cândido R. *Direito processual civil*. São Paulo: J. Bushatsky, 1975, n. 30.

(*a*) acolher ou rejeitar o pedido formulado na ação ou na reconvenção (inciso I);
(*b*) decidir, de ofício ou a requerimento, sobre a ocorrência de decadência ou prescrição (inciso II);
(*c*) homologar o reconhecimento da procedência do pedido formulado na ação ou na reconvenção (inciso III, *a*);
(*d*) homologar a transação (inciso III, *b*);
(*e*) homologar a renúncia à pretensão formulada na ação ou na reconvenção (inciso III, *c*).

Em todo esse casuísmo legal, o que se dá é a *composição definitiva da lide*, que corresponde ao mérito da causa, muito embora, em algumas das hipóteses arroladas, o juiz apenas chancele a solução encontrada pelos próprios litigantes (autocomposição). Contudo, é evidente que em todas elas desaparece definitivamente o conflito que havia provocado o surgimento do processo.[60]

Discute-se sobre se seria a sentença de mérito apenas um ato de *inteligência* do juiz (ato lógico), ou um ato de *inteligência e de vontade*. Entretanto, como adverte Amaral Santos, "a considerar-se um simples ato de inteligência, a sentença não conteria senão um parecer idêntico ao que qualquer jurisconsulto emitisse, valendo-se dos mesmos elementos utilizados pelo juiz".[61]

Daí inclinar-se a doutrina dominante para o entendimento de que a sentença contém um ato de inteligência, um ato lógico (um silogismo: premissa maior – a lei; premissa menor – os fatos; conclusão – acolhimento ou rejeição do pedido); mas nela também se encontra, e muito especialmente, um ato de vontade. Isso porque a sentença sempre conclui com uma ordem, uma decisão, um "comando". "Sem o elemento vontade, a sentença não teria força obrigatória. Sem o elemento razão, fora ato de puro arbítrio", o que importaria em negação do próprio direito.[62]

O caráter de ato de vontade contido na sentença, de par com o ato de inteligência ou razão, decorre da premissa maior utilizada pelo julgador para chegar à decisão. Se aquela é a lei ou a regra jurídica, a decisão (sentença) "nada mais é do que a sua concretização, aplicação à espécie".[63]

Como toda regra legal contém um imperativo, esse mesmo comando não pode faltar à sentença, já que, segundo Chiovenda, esta não é outra senão a afirmação da vontade da lei aplicada ao caso concreto.[64] Mesmo nos casos de imprecisão ou lacuna da lei, o que o juiz faz,

[60] De início, "o mérito da causa é formado por questões levadas ao processo pelo demandante mediante a propositura da ação". Dessa maneira, "causa de pedir e pedido compõem [em princípio] o mérito da causa no direito brasileiro" (MITIDIERO, Daniel. Abrangência da Coisa Julgada no plano objetivo – segurança jurídica. *Revista de Processo*, v. 184, jun. 2010, p. 317). Conforme a modalidade de defesa produzida, o réu pode, eventualmente, ampliar o mérito da causa. Ordinariamente, a contestação simples, limitando-se a negar as alegações do autor, mantém o mérito circunscrito ao pedido e à causa de pedir enunciados na petição inicial. "Todavia, articulando o demandado defesas indiretas na contestação, isto é, alegando fatos impeditivos, modificativos ou extintivos do direito do autor, estas alegações também formarão o mérito da causa" (MITIDIERO, Daniel. Abrangência da Coisa Julgada no plano objetivo – segurança jurídica. *Revista de Processo*, v. 184, jun. 2010, p. 317. Cf., também, OLIVEIRA, Carlos Alberto Alvaro de; MITIDIERO, Daniel. *Curso de processo civil*. São Paulo: Atlas, 2010, v. I, p. 69).

[61] AMARAL SANTOS, Moacyr. *Primeiras linhas de direito processual civil*. 21. ed. São Paulo: Saraiva, 2003, v. III, n. 713, p. 11.

[62] LOPES DA COSTA, Alfredo de Araújo. *Direito processual civil brasileiro*. Rio de Janeiro: Forense, 1959, v. III, n. 274, p. 287.

[63] AMARAL SANTOS, Moacyr. *Primeiras linhas de direito processual civil*. 21. ed. São Paulo: Saraiva, 2003, v. III, n. 645.

[64] AMARAL SANTOS, Moacyr. *Primeiras linhas de direito processual civil*. 3. ed. São Paulo: Saraiva, 1979. v. 3, n. 703, p. 10-11.

por meio de interpretação integrativa, é revelar a norma abstrata que já existia dentro do ordenamento jurídico em estado potencial ou inorgânico, aplicando-a ao caso concreto.[65]

Funciona, em outras palavras, o juiz como o porta-voz da vontade concreta do ordenamento jurídico (direito objetivo *lato sensu*) perante o conflito de interesses retratado no processo. Proferindo a sentença, o Estado-juiz emite uma ordem, que Carnelutti chama de "comando", e impregna a decisão do caráter de ato de vontade; vontade manifestada pelo julgador como órgão do Estado diante daquilo que a lei exprime.

761. Função da sentença definitiva

Diante da natureza da sentença já exposta, sua função inegável é a de "declarar o direito aplicável à espécie".[66] O "comando" da sentença, ao compor a lide, "traduz a vontade da lei, o imperativo da lei, na sua aplicação à espécie decidida.[67] Por ele se declara a vontade da lei reguladora do caso concreto. O direito preexistente se manifesta, se concretiza, com a declaração jurisdicional".[68]

Fala-se em "função criadora do direito" quando a sentença encontra lacunas na lei ou mesmo ausência de norma legal para solução de determinado litígio (Bülow, Geny e outros).

Contudo, ainda aqui, a função da sentença continua sendo declaratória do direito. Normas de direito são sempre genéricas e destinadas a todo o conjunto social juridicamente organizado, o que não ocorre com a sentença, que sempre fica limitada ao caso concreto dos autos. Fala-se também numa "atividade criadora" do juiz quando, ao sentenciar, define a norma que concretamente será aplicada na solução do litígio. De fato, na operação de individualizar a norma abstrata da lei, para aplicá-la ao caso dos autos, o juiz não se limita a ler e a compreender o enunciado legal, pois deverá interpretar também o fato litigioso e as circunstâncias em que ele ocorreu para chegar à justa solução da controvérsia. Essa operação, todavia, não é estranha ou indiferente à lei. Ao contrário, a norma legislada é o necessário ponto de partida da operação judicial, que, em última análise, consiste em pesquisar e definir qual o sentido que dita norma deve assumir perante as particularidades do caso concreto. Dessa maneira, a norma concretizada não é mais do que a descoberta de uma regra que já estava potencialmente inserida na norma genérica da lei.[69]

Nos casos de imperfeição da lei, o juiz nada mais faz do que interpretá-la conforme os princípios jurídicos da hermenêutica. Se a hipótese é de lacuna da lei, a decisão orienta-se pela analogia e pelos princípios gerais do direito. Não haverá criação de norma conflitante com o direito positivo existente, não haverá criação de novo direito. O juiz simplesmente "declarará" a forma de uma "norma jurídica existente, embora em estado potencial ou inorgânico no sistema jurídico de um povo", para aplicá-la ao caso concreto.[70]

Mesmo quando se admite o julgamento por equidade, o juiz não estipula norma geral e nem foge dos princípios cardeais do sistema jurídico em vigor. De maneira que, sempre, a função da sentença será "declaratória de direito preexistente", para o efeito de compor a lide com a manifestação de vontade concreta da lei.

---

65 AMARAL SANTOS, Moacyr. *Primeiras linhas de direito processual civil*. 3. ed. São Paulo: Saraiva, 1979. v. 3, n. 704, p. 12.

66 REZENDE FILHO, Gabriel. *Curso de direito processual civil*. 5. ed. São Paulo: Saraiva, 1959, v. III, n. 809.

67 Quando se fala em "vontade da lei", não se está restringindo apenas aos enunciados da *lei* em sentido estrito. O vocábulo *lei*, na espécie, é utilizado em sentido *lato* como representativo de todos os regramentos que formam o *direito positivo*, seja sob a forma de regras, seja de princípios.

68 AMARAL SANTOS, Moacyr. *Primeiras linhas de direito processual civil*. 21. ed. São Paulo: Saraiva, 2003, v. III, n. 646.

69 GRAU, Eros Roberto. *Ensaio e discurso sobre a interpretação/aplicação do direito*. 2. ed. São Paulo: Malheiros, 2003, p. 71-74; MÜLLER, Friedrich. *Juristische Methodik*. 5. ed. Berlin: Duncker & Humblot, 1993, p. 168-169.

70 AMARAL SANTOS, Moacyr. *Primeiras linhas de direito processual civil*. 21. ed. São Paulo: Saraiva, 2003, v. III, n. 646.

762. Preferência da sentença definitiva sobre a terminativa (primazia do julgamento de mérito)

Importante ressaltar a preferência do Código atual em que o juiz, sempre que possível, julgue o mérito, em vez de extinguir o processo sem julgamento de mérito. Eis a razão pela qual o CPC/2015, art. 488, dispõe que: "desde que possível, o juiz resolverá o mérito sempre que a decisão for favorável à parte a quem aproveitaria eventual pronunciamento nos termos do art. 485".

A função do processo não é a de servir de palco a um debate teórico sobre as regras e princípios do direito processual. É, isto sim, proporcionar às partes uma solução justa e efetiva ao litígio que as intranquiliza e compromete a convivência social pacífica.

Por isso, as nulidades em geral não se decretam quando, malgrado o vício procedimental, o juiz tem condições de decidir o mérito em favor da parte que se poderia beneficiar com a decretação de invalidade (art. 282, § 2º).

Da mesma maneira, e pelas mesmas razões, não se deve extinguir o processo sem resolução do mérito quando for possível emitir decisão de mérito favorável à parte a quem aproveitaria o pronunciamento que não o resolve (art. 488). Pense-se no caso em que o autor deixou de constituir advogado para substituir o que falecera no curso do processo. Estando madura a causa para julgamento, seria contraproducente extingui-lo nos termos do art. 313, § 3º, quando se tem perfeitas condições para sentenciá-lo em favor do réu. O direito de ação (direito à tutela jurisdicional efetiva) pertence tanto ao autor como ao réu. É por isso que a lei não admite que o promovente desista da ação após a contestação, sem que o demandado consinta (art. 485, § 4º). E é, também, por isso, que o art. 488 determina ao juiz não extinguir o processo sem apreciação do mérito, se há, nos autos, elementos que permitem o julgamento do mérito a favor de quem não contribuiu para o evento anômalo que autorizaria a eventual sentença terminativa.

Ora, a função do juiz dentro do *processo democrático cooperativo* é de prestar assistência às partes para que seja possível obter, em tempo razoável, decisão de mérito justa e efetiva (art. 6º). É claro que a prestação jurisdicional será mais bem prestada se decide o mérito, encerrando, de uma vez por todas, o conflito existente. Assim, sempre que possível, o juiz deve preferir solucionar o mérito a deixar as portas abertas para um novo litígio (sobre a matéria, ver, *retro*, o item 88). Por isso mesmo, ainda que exista algum vício grave de ordem formal, o juiz não deverá decretar a extinção do processo sem resolução de mérito de imediato, mas antes terá de dar oportunidade à parte de suprir a falta ou corrigir o vício, quando sanável (arts. 317 e 252).[71]

763. Função da sentença terminativa

O objetivo do processo de conhecimento é a sentença de mérito, de sorte que, ordinariamente, a relação processual só se extingue quando o juiz profere uma decisão de acolhimento ou rejeição do pedido, ou que a tanto equivalha (CPC/2015, art. 487, I).

Às vezes, porém, por faltar pressuposto processual (nulidade do processo) ou condição da ação (carência de ação), o juiz se vê compelido a extinguir o processo, sem decidir a lide, por ser impossível, nas circunstâncias, apreciar o pedido.

Ocorrerá, então, a sentença dita *terminativa*, cuja função é exclusivamente pôr fim à relação processual, em virtude de sua imprestabilidade para o objetivo normal do processo.

Quando tal ocorre, a deliberação permanece puramente no plano formal, e o juiz não pode antecipar, nem mesmo a título ilustrativo, qualquer comentário ou apreciação em torno

---

[71] É dever do juiz, segundo o art. 139, IX, do CPC, "determinar o suprimento de pressupostos processuais e o saneamento de outros vícios processuais".

da lide, porquanto a função jurisdicional, ou seja, a função de compor litígios (mérito), só é legítima e só é autorizada, pela lei, quando em processo se encontrem todos os pressupostos e condições reclamados para validade e plena eficácia da relação processual (arts. 312 a 314). Não cabe, por isso mesmo, ao magistrado emitir juízos opinativos, como se fora um parecerista, a pretexto de extinguir processo nulo ou ineficaz.

Pode-se dizer, então, que o processo se presta à dupla função: *(i)* a de ensejar a composição do conflito jurídico (lide), que se concretiza por meio da sentença definitiva ou de mérito; e *(ii)* a de verificar e definir as condições necessárias para desenvolver a relação processual até a prestação jurisdicional, e cuja ausência levará à recusa do julgamento do mérito e à prolação da sentença terminativa.

§ 97. ESTRUTURA E FORMALIDADES DA SENTENÇA

764. Conteúdo da sentença

A eficácia da sentença depende da reunião de condições intrínsecas e formais. Como ato de inteligência, a sentença contém um silogismo; daí a necessidade de ela resumir todo o processo, a partir da pretensão do autor, a defesa do réu, os fatos alegados e provados, o direito aplicável e a solução final dada à controvérsia.

O Código de 1973, ao tratar da configuração da sentença, falava em "requisitos essenciais" (art. 458). O Código de 2015, porém, atento à advertência de Barbosa Moreira a respeito da distinção entre *requisitos* e *elementos*, houve por bem utilizar a expressão *elementos essenciais da sentença*. Com efeito, requisitos são "qualidades, atributos, que se expressam mediante adjetivos", ou seja, não são substanciais, sendo apenas qualificativos. Já os elementos são "partes que devem integrar a estrutura"[72] do ato composto.[73]

Assim, de acordo com o art. 489 do atual Código de Processo Civil, os elementos essenciais (condições intrínsecas) da sentença são:

(a) o relatório (histórico do debate processual);
(b) os fundamentos de fato e de direito (motivação do decisório);
(c) o dispositivo (conclusão do julgado).

Registre-se, outrossim, que as formalidades prescritas pelo Código são substanciais, isto é, correspondem a *elementos essenciais*, na dicção da lei, de modo que sua inobservância leva à nulidade da sentença.[74] Requisitos, na espécie, seriam, por exemplo, a existência de uma relação processual válida, e a concorrência das condições da ação.

A sentença que apresentar nulidade por inobservância dos requisitos em apreciação poderá ser invalidada em grau de apelação. E se passar em julgado, por não ter havido recurso em tempo hábil, poderá ser objeto de ação rescisória,[75] por violação de literal disposição da lei - *error in procedendo* (CPC/2015, arts. 489 e 966, V).

765. Relatório

O relatório é o introito da sentença no qual se faz o histórico de toda a relação processual. Deve conter "os nomes das partes, a identificação do caso, com a suma do pedido e da contestação, e o registro das principais ocorrências havidas no andamento do processo" (art. 489, I). "O relatório é peça de grande valia e fundamental importância. Através dele o juiz delimita o campo do *petitum* e a área das controvérsias e questões que necessitará resolver".[76]

A propósito, convém lembrar que a decisão do juiz não pode ser de natureza diversa da pretensão do autor, mesmo quando lhe seja favorável. Não pode haver condenação do réu em quantidade superior ou em objeto diverso do que lhe foi demandado (CPC/2015, art. 492).

---

72 BARBOSA MOREIRA, José Carlos. O que deve e o que não deve figurar na sentença. *Temas de Direito Processual*. 8ª Série. São Paulo: Saraiva, 2004, p. 117.

73 Para Antônio Junqueira de Azevedo, os elementos são necessários para que o ato exista, e os requisitos, para que ele seja válido (*Negócio jurídico*: existência, validade e eficácia. 3. ed. São Paulo: Saraiva, 2000, p. 29).

74 MARQUES, José Frederico. *Manual de direito processual civil*. São Paulo: Saraiva, 1975, v. III, n. 530, p. 32; STJ, 5ª T., EDcl no AgRg no REsp 687.456/RS, Rel. Min. Napoleão Nunes Maia Filho, ac. 21.09.2010, *DJe* 25.10.2010.

75 MARQUES, José Frederico. *Manual de direito processual civil*. São Paulo: Saraiva, 1975, v. III, n. 530, p. 33.

76 MARQUES, José Frederico. *Instituições de direito processual civil*. Rio de Janeiro: Forense, 1959, v. III, n. 844.

Tendo em conta o papel relevante do relatório na identificação do objeto da causa e, pois, da delimitação da atividade decisória do juiz, observará o magistrado na sua elaboração o critério da *clareza*, da *precisão* e da *síntese*, sem deixar de ser minucioso na descrição do objeto da decisão e da controvérsia.[77]

O relatório, segundo Pontes de Miranda, "é condição de validade da sentença", sua falta torna nula a decisão.[78] Sem ele, com efeito, não se consegue aquilatar se o juiz se deparou com todas as questões propostas, se as abordou adequada e suficientemente, nem se avaliou convincentemente todas as provas constantes dos autos.

766. Motivação

O relatório prepara o processo para o julgamento. Contudo, antes de declarar a vontade concreta da lei diante do caso dos autos, cumpre ao juiz motivar sua decisão. Daí a necessidade de expor os fundamentos de fato e de direito que geraram sua convicção (CPC/2015, arts. 371 e 489, II). Na segunda etapa da sentença, portanto, "o magistrado, examinando as questões de fato e de direito, constrói as bases lógicas da parte decisória da sentença. Trata-se de operação delicada e complexa em que o juiz fixa as premissas da decisão após laborioso exame das alegações relevantes que as partes formularam, bem como do enquadramento do litígio nas normas legais aplicáveis".[79]

Cumpre lembrar que, em matéria da norma de direito aplicável, o juiz não fica adstrito aos fundamentos das pretensões das partes. *Jura novit curia*. Não há uma sequência obrigatória entre o exame do fato e do direito. Dadas a complexidade e a interpenetração de temas que comumente se notam nas questões judiciais, muitas vezes, "de par com a elucidação dos fatos, opera-se a resolução dos pontos controversos sobre a norma aplicável e seu devido entendimento".[80] Por isso, "em alguns casos, o juiz faz preceder a *quaestio juris* à *quaestio facti*, enquanto em outros é o inverso que se dá. Hipóteses ainda surgem em que se opera concomitantemente a resolução das questões de fato e de direito, tal o entrelaçamento íntimo que apresentam".[81]

O Código de 2015 foi severo e minucioso na repulsa à tolerância com que os tribunais vinham compactuando com verdadeiros simulacros de fundamentação, em largo uso na praxe dos juízos de primeiro grau e nos tribunais superiores. Enumerou, em longa série, situações em que, exemplificativamente, a sentença não pode, *in concreto*, ser havida como fundamentada em sentido jurídico (art. 489, § 1º). Vale dizer, a legislação atual preocupou-se com a motivação da decisão judicial (seja ela interlocutória, sentença ou acórdão), a qual, segundo Taruffo, deve *(i)* existir de fato; *(ii)* ser completa; e *(iii)* ser coerente.[82] Há, evidentemente, em um processo que se pretende democrático e cooperativo, um maior rigor do legislador com relação à motivação. O esforço normativo efetuado por meio do art. 489, inc. II, e § 1º, tem como objetivo impor a adoção, por juízes e tribunais de critérios racionais, para legitimar a decisão judicial. De tal modo, não é qualquer palavreado do julgador que se pode ter, para o Código, como fundamento

---

77 MARQUES, José Frederico. *Instituições de direito processual civil*. Rio de Janeiro: Forense, 1959, v. III, n. 844.

78 AMARAL SANTOS, Moacyr. *Primeiras linhas de direito processual civil*. 21. ed. São Paulo: Saraiva, 2003, v. III, n. 649.

79 MARQUES, José Frederico. *Instituições de direito processual civil*. Rio de Janeiro: Forense, 1959, v. III, n. 845; é nula a sentença que careça de fundamentação (cf. STJ, 3ª T., REsp 547.743/PI, Rel. Min. Carlos Alberto Menezes Direito, Rel. p/ Acórdão Min. Nancy Andrighi, ac. 16.10.2003, *DJU* 08.03.2004, p. 252).

80 MARQUES, José Frederico. *Instituições de direito processual civil*. Rio de Janeiro: Forense, 1959, v. III, n. 845.

81 MARQUES, José Frederico. *Instituições de direito processual civil*. Rio de Janeiro: Forense, 1959, v. III, n. 845.

82 "A obrigação de motivação exige que a justificação da decisão (i) *exista* de fato, (ii) seja *completa* e (iii) seja sobretudo *coerente*" (TARUFFO, Michele. *La semplice verità e la costruzione dei fatti*. Roma: Laterza, 2009, p. 234).

da decisão judicial.[83] A sentença só será havida como fundamentada quando sua motivação se apresentar como *adequada* lógica e juridicamente.[84]

Assim, o CPC/2015 (art. 489, § 1º) não considera fundamentada a decisão que:

(a) Se limitar à indicação, à reprodução ou à paráfrase de ato normativo, sem explicar sua relação com a causa ou a questão decidida (inciso I): não basta a indicação da lei que seria aplicável ao caso concreto, tampouco a transcrição do enunciado da norma em que se fundamenta o julgado. É essencial que o juiz explique o motivo da escolha da norma.[85]

(b) Empregar conceitos jurídicos indeterminados, sem explicar o motivo concreto de sua incidência no caso (inciso II): a legislação moderna cada vez mais vem se utilizando de conceitos vagos e indeterminados, cujo referencial semântico não é tão nítido, como meio de adequar-se à realidade em que hoje vivemos, caracterizada pela velocidade com que as coisas acontecem[86] e os relacionamentos sociais se modificam. Dessa forma, os conceitos vagos podem abranger um maior número de situações concretas. Daí a necessidade de o juiz explicar o motivo da incidência do conceito vago ao caso concreto, para evitar a arbitrariedade na sua aplicação nas decisões judiciais. Embora os conceitos jurídicos indeterminados não se confundam inteiramente com os princípios, muito se aproximam deles, de modo que sua aplicação pelo julgador também deve observar as técnicas da ponderação e os critérios da razoabilidade e da proporcionalidade, nos casos de conflitos, além das regras gerais da hermenêutica jurídica.

(c) Invocar motivos que se prestariam a justificar qualquer outra decisão (inciso III): é o que comumente ocorre quando o juiz, por exemplo, defere uma liminar, afirmando tão somente que *estão presentes os pressupostos legais*. Ao julgador cabe justificar o seu posicionamento, de maneira clara e precisa, não podendo, simplesmente, proferir uma decisão "padrão", ou "estereotipada".[87]

Nessa mesma perspectiva, não pode a decisão restringir-se à reafirmação de teses abstratas de direito, sem justificar sua aplicação concreta ao quadro fático da controvérsia. É que, enquanto tese, o argumento justificaria teoricamente "qualquer decisão", e não concretamente aquela pronunciada no caso dos autos, cuja validade depende, obrigatoriamente, da análise

---

83 "A decisão judicial não é um ato autoritário, um ato que nasce do arbítrio do julgador, daí a necessidade da sua apropriada fundamentação" (STF, 1ª T., RE 540.995/RJ, Rel. Min. Menezes Direito, ac. 19.02.2008, *DJe* 30.04.2008).

84 "Esse dispositivo parece que sepultará de vez a ideia de livre convencimento motivado e de que o juiz ou tribunal não deve responder a todos os argumentos levantados pela parte, já que explicitamente o dispositivo deixa claro que essas posturas, se assumidas em uma decisão, levarão à sua nulidade, por falta de fundamentação" (OMMATI, José Emílio Medauar. A fundamentação das decisões jurisdicionais no projeto do Novo Código de Processo Civil. In: FREIRE, Alexandre, *et al* (orgs.). *Novas tendências do processo civil:* estudos sobre o projeto do novo Código de Processo Civil. Salvador: JusPodivm, 2014, v. III, p. 121).

85 WAMBIER, Teresa Arruda Alvim. *Embargos de declaração e omissão do juiz*. 2. ed. São Paulo: RT, 2014, p. 277.

86 WAMBIER, Teresa Arruda Alvim. *Embargos de declaração e omissão do juiz*. 2. ed. São Paulo: RT, 2014, p. 278.

87 "O dever de motivar as decisões implica necessariamente cognição efetuada diretamente pelo órgão julgador. Não se pode admitir que a Corte estadual limite-se a manter a sentença por seus próprios fundamentos e a adotar o parecer ministerial, sendo de rigor que acrescente fundamentação que seja própria do órgão judicante. A mera repetição da decisão atacada, além de desrespeitar o regramento do art. 93, IX, da Constituição Federal, causa prejuízo para a garantia do duplo grau de jurisdição, na exata medida em que não conduz a substancial revisão judicial da primitiva decisão, mas a cômoda reiteração" (STJ, 6ª T., HC 232.653/SP, Rel. Min. Maria Thereza de Assis Moura, ac. 24.04.2012, *DJe* 07.05.2012).

justificada dos elementos e argumentos deduzidos pelas partes para sustentar suas pretensões em conflito[88].

(d) Não enfrentar todos os argumentos deduzidos no processo capazes de, em tese, infirmar a conclusão adotada pelo julgador (inciso IV): o juiz tem o dever de enfrentar as alegações das partes e confrontá-las com o caso concreto e a legislação, principalmente aquelas que levariam a uma conclusão diversa. A fundamentação incompleta, para o CPC/2015, não é admissível. É o que se passa quando o juiz se limita a mencionar as provas que confirmam sua conclusão, desprezando as demais, como se fosse possível uma espécie de seleção artificial e caprichosa em matéria probatória.[89]

É inaceitável, para a sistemática do CPC/2015, que a decisão se limite a deduzir a motivação pela qual adotou a tese eleita pelo órgão julgador. Se o processo democrático fundamentalmente adota o princípio da cooperação e da possibilidade de efetiva contribuição ou participação dos litigantes na formação do provimento judicial (arts. 6º, 9º e 10), todos os argumentos deduzidos pelas partes que, em tese, poderiam ser contrapostos à conclusão adotada devem, obrigatoriamente, ser apreciados e respondidos pelo órgão julgador, sob pena de se apresentar incompleto e nulo o ato judicial, nos termos do art. 93, IX da CF, e do art. 11 do CPC/2015. Não se trata de exigir longos e extenuantes arrazoados dos julgadores, mas uma fundamentação objetiva e completa, que não incorra nos defeitos e omissões sancionados pelo § 1º do art. 489 do CPC/2015. O que, enfim, não pode faltar é uma resposta aos argumentos relevantes da parte, que seja *completa* e *adequada*, lógica e juridicamente.

A lição do Ministro Luiz Fux e do Juiz Bruno Bodart é, com inteira propriedade, no sentido de que não se coaduna com a sistemática do Código atual, a jurisprudência antiga que reconhecia "que os juízes e tribunais não estão obrigados a responder a todos os argumentos das partes na fundamentação da sentença". Explicam os autores que:

> "Por força do mandamento constitucional, havendo diversos argumentos igualmente aptos, em tese, a dar supedâneo ao direito que a parte alega ter, o magistrado tem o dever de analisar cada um deles, sob pena de vício na fundamentação do julgado (...) É nesse contexto que deve ser compreendida a previsão do art. 489, § 1º, IV, do CPC/2015".[90]

(e) Se limitar a invocar precedente ou enunciado de súmula, sem identificar seus fundamentos determinantes, nem demonstrar que o caso sob julgamento se ajusta àqueles fundamentos (inciso V): o juiz tem de demonstrar a semelhança do caso concreto com o precedente utilizado ou com o quadro fático que ensejou a elaboração de súmula, para justificar sua utilização. Incumbe-lhe, enfim, demonstrar a pertinência com o caso concre-

---

88 "E isso não se faz necessariamente por meio de longos arrazoados, mas por meio de uma fundamentação objetiva – a fundamentação prescrita pelo Código de Processo Civil de 2015" (KOCHEM, Ronaldo. Uma breve interpretação da breve interpretação judicial do art. 489 do CPC/2015. *Revista de Processo*, São Paulo, v. 269, p. 218, jul./2017).

89 "Nula é a sentença que, julgando improcedente a ação, abstém-se de examinar um dos fundamentos, apresentado como causa de pedir" (STJ, 3ª T., REsp 14.825/PR, Rel. Min. Eduardo Ribeiro, ac. 11.11.1991, *DJU* 02.12.1991, p. 17.539). GODINHO, Robson Renaut. Reflexões sobre os poderes instrutórios do juiz: o processo não cabe no "Leito de Procusto". *Revista de Processo*, São Paulo, n. 235, p. 116.

90 FUX, Luiz; BODART, Bruno. Notas sobre o princípio da motivação e a uniformização da jurisprudência no novo Código de Processo Civil à luz da análise econômica do Direito. *Revista de Processo*, São Paulo, v. 269, p. 424-425, jul./2017. No sentido da citação decidiu o STF: RMS 27.967/DF, 1ª T., Rel. Min. Luiz Fux, ac. 14.02.2012, *DJe* 07.03.2012.

to.[91] É claro que o juiz, ao aplicar, nos fundamentos da sentença, a súmula ou o precedente, não precisa repetir todo o histórico e todo o debate que conduziram à formulação da tese jurisprudencial consolidada. A fundamentação terá como ponto de partida a referida tese, que já ultrapassou a discussão de seus pressupostos. O julgador terá de preocupar-se com o enquadramento ou não da nova causa nos moldes do precedente invocado. A operação é de interpretação e aplicação racional da tese pretoriana já assentada, e, por conseguinte, apenas de demonstração de sua adequação fático-jurídica ao objeto da nova causa sob exame.

(f) Deixar de seguir enunciado de súmula, jurisprudência ou precedente invocado pela parte, sem demonstrar a existência de distinção no caso em julgamento ou a superação do entendimento (inciso VI): o julgador não pode, simplesmente, ignorar precedentes e súmulas, como se o caso concreto estivesse sendo colocado à apreciação do Judiciário pela primeira vez. Para deles afastar-se, terá de demonstrar que o caso apresenta peculiaridades em relação àquele do precedente ou que a tese tratada anteriormente já se encontra superada.[92]

Atento à necessidade de fundamentação adequada, a doutrina tem afirmado que não se pode tolerar a sentença com *(i) fundamentação fictícia*, ou seja, a que se apresenta dissociada das circunstâncias do caso concreto; *(ii) fundamentação apenas implícita*, *i.e*, a que se satisfaz com a incompatibilidade aparente entre argumentos, sem que se explique até mesmo no que consiste a incompatibilidade; *(iii) fundamentação* per relationem, que simplesmente faz referência a outra;[93] *(iv) fundamentação que se limita a reproduzir jurisprudência*; e *(v) fundamentação incompleta*.[94]

A propósito da motivação *per relationem*, há dissídio entre a jurisprudência do STF e a do STJ. Para o STF, não há nulidade quando o acórdão adota, por exemplo, o parecer do Ministério Público como razão de decidir, por se ter, na espécie, como satisfeito o requisito constitucional que exige sejam as decisões fundamentadas, sob pena de nulidade (CF, art. 93, IX).[95] O STJ, embora genericamente concorde com a validade da fundamentação *per relationem*, ressalva que não basta ao julgador reenviar a fundamentação de seu decisório à outra peça constante do processo: "deve-se garantir, tanto às partes do processo, quanto à sociedade em geral, a possibilidade de ter acesso e de compreender as razões pelas quais determinada decisão foi tomada".[96]

---

91 "Nulo é o acórdão que se limita a reportar aos fundamentos de outros não trazidos aos autos" (STJ, 4ª T., REsp 82.116/MG, Rel. Min. Aldir Passarinho Júnior, ac. 10.10.2000, *DJU* 04.12.2000, p. 70).

92 WAMBIER, Teresa Arruda Alvim. *Embargos de declaração e omissão do juiz*. 2. ed. São Paulo: RT, 2014, p. 283. Segundo o STJ, "a regra do art. 489, § 1º, VI, do CPC/15, segundo a qual o juiz, para deixar de aplicar enunciado de súmula, jurisprudência ou precedente invocado pela parte, deve demonstrar a existência de distinção ou de superação, somente se aplica às súmulas ou precedentes vinculantes, mas não às súmulas e aos precedentes apenas persuasivos, como, por exemplo, os acórdãos proferidos por Tribunais de 2º grau distintos daquele a que o julgador está vinculado" (STJ, 3ª T., REsp 1.698.774/RS, Rel. Min. Nancy Andrighi, ac. 01.09.2020, *DJe* 09.09.2020).

93 Por motivação *per relationem* entende-se a que não é feita pelo julgador especialmente para o caso decidendo, mas que consiste em basear-se nas razões de outra decisão ou em ato (judicial ou não) praticado no próprio processo, como o acórdão que mantém a sentença recorrida por seus próprios fundamentos, ou aquele em que o tribunal adota como razão de decidir a fundamentação do parecer do Ministério Público (CARDOSO, Oscar Valente. A motivação *per relationem* inversa nos Juizados Especiais Cíveis. *Revista Dialética de Direito Processual*, n. 144, São Paulo, p. 56, mar. 2015).

94 GODINHO, Robson Renault. Reflexões sobre os poderes instrutórios do juiz: o processo não cabe no "Leito de Procusto". *Revista de Processo*, São Paulo, n. 235, p. 116.

95 "Reveste-se de plena legitimidade jurídico-constitucional a utilização, pelo Poder Judiciário, da técnica da motivação *per relationem*, que se mostra compatível com o que dispõe o art. 93, IX, da Constituição da República" (STF, 2ª T., AI 825.520 AgR-ED/SP, Rel. Min. Celso de Mello, ac. 31.05.2011, *DJe* 09.09.2011. No mesmo sentido: STF, 1ª T., AI 167.580 AgR/RJ, Rel. Min. Ilmar Galvão, ac. 12.09.1995, *DJU* 20.10.1995, p. 35.271).

96 STJ, 5ª T., HC 176.238/SP, Rel. Min. Jorge Mussi, ac. 24.05.2011, *DJe* 01.06.2011.

Na orientação do STJ, que a meu ver é a mais condizente com os requisitos do processo constitucional justo, não se deve aceitar a motivação *per relationem* mediante simples e vaga remissão a alguma decisão ou parecer constante do processo. Considera-se, portanto, nulo o acórdão *por ausência de fundamentação*, quando se limite "a fazer referência à sentença, em formato genérico de resposta judicial, sem a reprodução de nenhum trecho do julgado e sem apresentar motivação própria".[97]

Sob o ângulo exposto, a fundamentação *per relationem* não se apresenta totalmente incompatível com a sistemática adotada pelo atual Código de Processo Civil, em seu art. 489, § 1º. É necessário, contudo, que a remissão não seja puramente genérica, devendo, de alguma forma, evidenciar os fundamentos apropriados da decisão ou parecer referido, para permitir a compreensão exata da decisão tomada no caso concreto. O que é de todo inaceitável é a decisão que, por exemplo, se resume a manter, em grau de recurso, a sentença recorrida, "por seus próprios fundamentos". Se a parte, para recorrer está sempre obrigada a expor "as razões do pedido" de reforma ou de nulidade da decisão impugnada (CPC, art. 1.010, III; art. 1.016, III; art. 1.021, § 1º; 1.029, III; 1.043, § 4º), é óbvio que, num procedimento dialético e em contraditório, também o tribunal terá de enfrentar todos os argumentos deduzidos pelo recorrente "capazes de, em tese, infirmar a conclusão adotada pelo julgador" no decisório recorrido (CPC, art. 489, § 1º, IV). O simples ato de adotar as razões da decisão recorrida ou de outra peça dos autos não cumpre os princípios do processo democrático assegurado constitucionalmente em nosso tempo.[98]

Ainda na preocupação com a fundamentação, o Código de 2015 destaca que, havendo colisão entre normas, o juiz deve justificar o objeto e os critérios gerais da ponderação efetuada, enunciando as razões que autorizam a interferência na norma afastada e as premissas fáticas que fundamentam a conclusão (art. 489, § 2º).

A falta de motivação da sentença (de motivação adequada, repita-se) dá lugar à nulidade do ato decisório.[99] Tão relevante é a necessidade de fundamentar a sentença que a previsão de nulidade por sua inobservância consta de regra constitucional (CF, art. 93, IX), e não de preceito apenas do CPC/2015 (art. 11).

De resto, impõe-se reconhecer que o Código atual, embora sem filiar-se sistematicamente a nenhuma das várias teorias doutrinárias de controle da racionalidade da argumentação no tocante aos fundamentos das decisões, não ignorou que tal controle tem de existir. Não deixou, por isso mesmo, de arrolar, explicitamente, alguns critérios importantes para que seu exercício se dê, *in concreto*. Basta atentar para o repúdio explícito do § 1º do art. 489 a vários casos em que a atividade interpretativa-argumentativa não será havida, *ex vi legis*, como eficazmente praticada.

Nesse contexto, pode-se, em ampla perspectiva, considerar que a avaliação in concreto dos argumentos do julgador – a fim de tê-los, ou não, como jurídicos – terá de ser feita den-

---

97 STJ, 5ª T., AgRg no REsp 1.223.861/RJ, Rel. Min. Laurita Vaz, ac. 26.02.2013, *DJe* 06.03.2013.

98 No art. 1.021, § 3º, o CPC/2015, ao tratar do agravo interno, veda expressamente o julgamento de improcedência daquele recurso, mediante simples reprodução dos fundamentos da decisão agravada. Sobre o tema, assentou o STJ: "Conquanto o julgador não esteja obrigado a rebater, com minúcias, cada um dos argumentos deduzidos pelas partes, o novo Código de Processo Civil, exaltando os princípios da cooperação e do contraditório, lhe impõe o dever, dentre outros, de enfrentar todas as questões pertinentes e relevantes, capazes de, por si sós e em tese, infirmar a sua conclusão sobre os pedidos formulados, sob pena de se reputar não fundamentada a decisão proferida". Por isso, "é vedado ao relator limitar-se a reproduzir a decisão agravada para julgar improcedente o agravo interno" (STJ, 3ª T., REsp 1.622.386/MT, Rel. Min. Nancy Andrighi, ac. 20.10.2016, *DJe* 25.10.2016).

99 Nesse sentido é a lição, entre outros, de Amaral Santos, Frederico Marques, Lopes da Costa, Gabriel Rezende Filho; STJ, REsp 44.266-4/MG, Rel. Min. Costa Leite, ac. 05.04.1994, *RSTJ* 66/415; STF, 1ª T., HC 95.706/RJ, Rel. Min. Ricardo Lewandowski, ac. 15.09.2009, *DJe* 06.11.2009.

tro do próprio ordenamento jurídico, notadamente em observância das regras e princípios constitucionais. Não é suficiente apenas uma racionalidade subjetiva, é indispensável uma argumentação objetiva e jurídica.

Vale dizer: o controle haverá de ser efetuado, a partir das técnicas tradicionais da hermenêutica jurídica, e de modo a dar prevalência aos argumentos institucionais (como os linguísticos, sistemáticos, históricos e genéticos) sobre os não institucionais (como os argumentos meramente consequencialistas, ou simplesmente silogísticos, que, no plano lógico, podem ser plúrimos e não unívocos). Essa prevalência, segundo Humberto Ávila, é uma imposição do regime democrático da separação dos poderes (cláusula pétrea da ordem constitucional), de modo que argumentos não institucionais divergentes poderiam comprometer o império da lei e, assim, não seriam oponíveis por representarem meras opiniões subjetivas e individuais, insuscetíveis de controle objetivo.

E mesmo entre os institucionais, é preciso distinguir entre os argumentos inerentes (isto é, os linguísticos e os sistemáticos) e os *transcendentes* (como os históricos). Os imanentes preferem aos transcendentes por várias razões: em primeiro lugar, em função da supremacia geral de princípios como o democrático e o da segurança jurídica; e, sobretudo, do princípio da legalidade e do papel constitucionalmente atribuído, no plano jurídico-normativo, ao Poder Legislativo: "ninguém será obrigado a fazer ou deixar de fazer alguma coisa senão em virtude de lei" (CF, art. 5º, II).[100] Critérios históricos e genéticos são, por isso, secundários em relação aqueles que se apoiam nas perspectivas linguísticas e sistemáticas.

Ademais, a atual legislação processual brasileira valoriza, no campo da fundamentação das decisões judiciais, o respeito aos precedentes, submetendo-as, todas, aos precedentes das Cortes Supremas, às quais se atribui a função institucional de interpretar, para a solução dos casos concretos, a ordem jurídica. Desse modo, na motivação dos julgados, "as Cortes de primeira e segunda instância devem respeitar a ideia de que *texto e norma não são a mesma coisa e que quem dá a última palavra na interpretação são as Cortes constitucionalmente encarregadas para tanto*"[101] (g.n.). Não é, portanto, válida a argumentação do julgador que se recuse, arbitrariamente, a respeitar precedentes do STF e do STJ.

Uma vez que, no campo do direito, a argumentação do aplicador da norma jurídica não pode ser a de um livre pensador, ou de um filósofo metafísico, cumpre-lhe – principalmente quando se trata de um julgador – utilizar critérios de decisão afinados com a racionalidade jurídica (logos do razoável), explicitados adequadamente na motivação do decisório, de modo a permitir o necessário controle dentro dos princípios e técnicas de avaliação institucionalizados pela hermenêutica jurídica objetiva.

766.1. Funções da fundamentação da sentença

À fundamentação exigida para validade da sentença são atribuídas importantes funções, tanto dentro do processo como fora dele.[102]

As funções *endoprocessuais* manifestam-se perante as partes e as instâncias recursais:

(a) *em relação às partes*, a fundamentação integra a garantia do devido processo, em dois sentidos: *(i)* de um lado, cumpre o dever de cientificar os litigantes das razões pelas

[100] ÁVILA, Humberto. Teoria giuridica dell'argomentazione. *In: Analisi e Diritto*. Madrid: Marcial Pontes, 2012, p. 33-34.

[101] RAMOS, Vitor de Paula. Teorias e doutrinas da argumentação: a argumentação no Novo CPC brasileiro. Revista de Processo, v. 307, p. 65, São Paulo, set/2020.

[102] ALI, Anwar Mohamad. Fundamentação: para quê e para quem? Notas sobre sua relação com os escopos do processo. *Revista de Processo*, v. 320, p. 17-39, out. 2021.

quais suas pretensões foram acatadas ou não, com expressas remissões às provas e argumentos jurídicos produzidos em juízo; *(ii)* e de outro, procede à autocontenção do poder estatal e à proteção do indivíduo contra o arbítrio do julgador;

(b) *ainda em relação às partes*, a fundamentação é relevante tanto para o vencedor como para o sucumbente, na medida em que bem delimita o alcance do julgado, para o efeito do cumprimento voluntário ou forçado, como para a impugnação recursal adequada e eficiente pelo litigante inconformado com o decisório;

(c) *em relação aos órgãos judiciários superiores*, a função dos motivos da sentença é a de proporcionar as condições necessárias a que o recurso seja avaliado e resolvido com segurança, em torno do cabimento da manutenção ou reforma do julgado recorrido.

As *funções extraprocessuais* da fundamentação são relevantes em dois planos principais: *(i)* permite o controle das decisões judiciais tanto pela sociedade como pelo próprio Estado, o que é viabilizado justamente pela revelação de como os litígios são concretamente apreciados e solucionados pelo Poder Judiciário; e *(ii)* nos sistemas de precedentes como o do CPC/2015, a fundamentação se apresenta como o instrumento de identificação da *ratio decidendi*, a ser transformada em norma jurídica de observância necessária em outros conflitos similares.[103]

767. Dispositivo da sentença

Dispositivo ou conclusão é o fecho da sentença. Nele se contém a decisão da causa. Trata-se do "elemento substancial do julgado", no dizer de Afonso Fraga.[104] Sua falta acarreta mais do que a nulidade da decisão, pois "sentença sem dispositivo é ato inexistente – deixou de haver sentença".[105]

No dispositivo, o juiz poderá, conforme o caso: anular o processo (falta de pressuposto processual), declarar sua extinção (variadas razões de direito material e processual), julgar o autor carecedor da ação (ilegitimidade *ad causam*), ou julgar o pedido procedente ou improcedente.

O dispositivo, finalmente, pode ser: *(i) direto*, quando específica a prestação imposta ao vencido (ex.: pagar o réu a importância X ao autor); *(ii) indireto*, quando o juiz apenas se reporta ao pedido do autor para julgá-lo procedente ou improcedente.[106]

768. Condições formais da sentença

Dispunha o Código de 1939 que a sentença deve ser "clara e precisa" (art. 280). É óbvio que a sentença tenha de ser clara, para evitar ambiguidades e incertezas, e cumprir a sua função de instrumento pacificador na composição de litígios. Dela não podem resultar incertezas.

Tão lógica é essa exigência que o Código de 1973 e, agora, a nova legislação nem sequer a mencionaram diretamente. No entanto, os requisitos da clareza e da precisão continuam a ser básicos para a sentença, tanto que cabem embargos de declaração quando houver, na sentença ou no acórdão, obscuridade ou contradição (CPC/2015, art. 1.022, I). Nota-se, assim, que a falta de clareza ou precisão nem sempre se resolve em nulidade, pois corrige-se por meio do

---

[103] ALI, Anwar Mohamad. Fundamentação: para quê e para quem? Notas sobre sua relação com os escopos do processo. *Revista de Processo*, v. 320, p. 35, out. 2021.

[104] FRAGA, Afonso. *Instituições do processo civil do Brasil*. São Paulo: Saraiva, 1941, v. II, p. 598.

[105] AMARAL SANTOS, Moacyr. *Primeiras linhas de direito processual civil*. 21. ed. São Paulo: Saraiva, 2003, v. III, n. 651.

[106] AMARAL SANTOS, Moacyr. *Primeiras linhas de direito processual civil*. 21. ed. São Paulo: Saraiva, 2003, v. III, n. 651.

recurso de embargos de declaração.[107] Somente quando não se utilizar do recurso e a sentença apresentar-se totalmente ininteligível, por absoluta falta de clareza, é que se pode falar em decisão ineficaz e rescindível.[108]

769. Clareza

Diz-se *clara* a sentença que se apresenta "inteligível e insuscetível de interpretações ambíguas ou equívocas", o que requer emprego de linguagem simples, em bom vernáculo, aproveitando, quando for o caso, a palavra técnica do vocabulário jurídico.[109]

770. Precisão

Refere-se à *certeza* da decisão, como ato de inteligência e vontade, dirimindo-se as controvérsias trazidas a juízo. A sentença é incompatível com a dúvida. De premissas certas, chega-se à conclusão certa. "Decisão incerta torna a sentença inexequível".[110] Por isso, "a decisão deve ser certa, ainda que resolva relação jurídica condicional" (CPC/2015, art. 492, parágrafo único).[111] Para ser precisa, a sentença deve conter-se nos limites do pedido. Não pode dar o que não foi pedido, nem mais do que se pediu, tampouco deixar de decidir sobre parte do pedido (art. 492).

O CPC/1973 continha regra que vedava ao juiz proferir sentença ilíquida à parte, quando formulado pedido certo (art. 459, parágrafo único), a qual gerava forte controvérsia sobre ser ou não nula a decisão que a descumprisse.[112] O CPC/2015 não reproduz essa norma, de sorte que nada impede o juiz de acolher genericamente o pedido certo, quando não encontre elementos na prova para quantificar a condenação em termos exatos. Em lugar de julgar improcedente a demanda, remeterá a definição do *quantum debeatur* para a liquidação da sentença. Afinal, como leciona Pontes de Miranda, seria absurdo considerar improcedente o pedido formulado de maneira líquida pelo só fato de não se encontrar elementos para a condenação líquida. Iliquidez jamais poderá ser equiparada à falta de fundamento, para o fim de ter-se o pedido certo como improcedente.[113]

Por outro lado, havendo no processo elementos que definam o montante da obrigação, determina o CPC/2015 que o juiz profira condenação líquida, mesmo diante de pedido genérico do autor (art. 491, *caput*). Trata-se de preceito lastreado nos princípios da efetividade da tutela jurisdicional e da celeridade de sua prestação.

---

107 REZENDE FILHO, Gabriel. *Curso de direito processual civil*. 5. ed. São Paulo: Saraiva, 1959, v. III, n. 820.

108 PONTES DE MIRANDA, Francisco Cavalcanti. *Comentários ao Código de Processo Civil*. 2. ed. Rio de Janeiro: Forense, 1960, v. X (art. 798, I, *c*, do Código de 1939).

109 AMARAL SANTOS, Moacyr. *Primeiras linhas de direito processual civil*. 21. ed. São Paulo: Saraiva, 2003, v. III, n. 653.

110 AMARAL SANTOS, Moacyr. *Primeiras linhas de direito processual civil*. 21. ed. São Paulo: Saraiva, 2003, v. III, n. 654.

111 O que pode ser condicional é apenas a *obrigação material* litigiosa, pela sua própria estrutura (*v.g.*: devolver a coisa quando o dono reparar os gastos de benfeitorias feitas pelo possuidor). A sentença, porém, como ato de comando judicial, será sempre *certa*. Jamais poderá haver, por exemplo, uma decisão cuja *validade* fique na dependência de fatos incertos a serem futuramente apurados em liquidação de sentença (*v.g.*: indenizar perdas e danos, se o autor provar na liquidação que teve prejuízos).

112 PIMENTEL, Wellington Moreira. *Comentários ao Código de Processo Civil*. São Paulo, RT, 1975, v. III, p. 509-510; PONTES DE MIRANDA, Francisco Cavalcanti. *Comentários ao Código de Processo Civil*. Rio de Janeiro: Forense, 1974, v. V, p. 93-94.

113 PONTES DE MIRANDA, *Comentários ao Código de Processo Civil*. Rio de Janeiro: Forense, 1974, v. V, p. 93-94.

770-A. Observações sobre a certeza da sentença que decide sobre relação jurídica condicional

Assim como deve ser *certo* e *determinado* o pedido (CPC, arts. 322 e 324), a sentença, que é a resposta ao pedido, há também de "ser *certa*, ainda que resolva relação jurídica condicional" (CPC, art. 492, parágrafo único).

A possibilidade de sentença condicional, por sua inevitável incerteza, sempre foi alvo de rejeição doutrinária.[114] No entanto, os Códigos costumam conter dispositivos prevendo resolução de sentenças sobre relações jurídicas condicionais e reconhecendo a possibilidade de que, mesmo em tais situações, seria possível ter a decisão como *certa*, como dispõe o art. 492, parágrafo único, do CPC brasileiro. Mas, pelo fato de permitir decisão sobre relação jurídica condicional, estaria a lei processual realmente autorizando a sentença condicional?

A resposta deve partir da análise do direito material, pois o art. 492, parágrafo único, não se refere, a rigor, à condicionalidade da sentença, mas da relação jurídica que constitui o objeto de sua resolução. Impõe-se, portanto, descobrir, no plano do direito material, quando uma relação condicional ensejaria o aparecimento de um direito tutelável por sentença que pudesse se qualificar como *certa*.

Antes de tudo, é preciso levar em conta que a palavra *condição*, na linguagem jurídica, tem pelo menos dois sentidos bem diferentes: *(i)* um *típico* ou *específico*, que se aplica a uma das *modalidades* do negócio jurídico arroladas no art. 121 do Código Civil, dentre as quais figura a denominada *condição suspensiva*, e cuja configuração *ex lege* é a da "cláusula que, derivando exclusivamente da *vontade das partes*, subordina o efeito do negócio jurídico a evento *futuro* e *incerto*" (CC, art. 121); é o que corresponde à *condição em sentido próprio ou técnico*; e *(ii)* outro *atípico* ou *genérico*, que se aplica amplamente a qualquer caso em que o negócio jurídico tenha a eficácia subordinada a algum evento externo, diferente daqueles que tipificam as condições definidas no art. 121 do Código Civil.[115]

O CPC, no dispositivo que trata da sentença *certa* sobre relação jurídica *condicional*, obviamente não pode estar se referindo a obrigação sujeita a condição suspensiva (condição em sentido próprio ou técnico), pela simples razão de que relações da espécie, enquanto pendente o evento condicionante, não geram direito para o interessado, mas simples expectativa ou esperança de direito, derivada da completa falibilidade do fato futuro que poderá eventualmente dar-lhe vida.[116]

---

[114] Cf. nosso *Processo de execução e cumprimento de sentença*. 31. ed. Rio de Janeiro: Forense, 2021, n. 561, p. 797-799; LOPES DA COSTA, Alfredo Araújo. *Direito processual civil brasileiro*. 2. ed. Rio de Janeiro: Forense, 1959, v. IV, n. 81, p. 78. Para Carnelutti, como para Chiovenda, é inaceitável uma sentença "cuja eficácia depende de um acontecimento futuro e incerto". A lição que repele a sentença condicional assenta-se no fundamento comumente aduzido e indubitavelmente fundado, que é "a contradição entre o estado de pendência e a função da declaração no processo" (CARNELUTTI, Francesco. *Sistema di diritto processuale civile*. Padova: Cedam, 1938, v. II, n. 541, p. 475).

[115] MARTINS-COSTA, Fernanda Mynarski. *Condição suspensiva*: função, estrutura e regime jurídico. São Paulo: Almedina, 2017, p. 23-24. Lembra Caio Mário que não são condição, no sentido técnico de modalidade do negócio jurídico, as disposições contratuais ou legais que interfiram na eficácia do ajuste como fruto de vontade das partes ou da lei, sem as características da futuridade e da falibilidade, pois, como prevê o art. 121 do Código Civil, só se considera condição típica "a cláusula que, derivando exclusivamente da vontade das partes, subordina o efeito do negócio jurídico a evento futuro e incerto". Nesse sentido, adverte o autor, "não constitui, em suma, condição o requisito que provém da lei ou da própria natureza do direito a que acede" (PEREIRA, Caio Mário da Silva. *Instituições de direito civil*. 31. ed. Rio de Janeiro: Forense, 2018, v. I, p. 465).

[116] Lopes da Costa observa, a propósito, que "a sentença condicional destoa, ainda de certo modo, da sistemática de nosso direito substantivo" (CC, art. 125), pois "o direito sujeito a condição suspensiva não é ainda direito, mas simples esperança de direito: *spes debitum iri*". Lembra, por isso, que o Código Civil, na

Com efeito, dispõe o art. 125 do Código Civil que, "subordinando-se a eficácia do negócio jurídico à condição suspensiva, enquanto esta se não verificar, *não se terá adquirido o direito, a que ele visa*" (g.n.). Nessa perspectiva de direito material, o que se estabelece é que "a condição suspensiva posterga tanto a *aquisição* quanto o *exercício* do direito (art. 125)".[117] Torna-se, por conseguinte, insuscetível de figurar como objeto de processo judicial a tutela de mérito de uma obrigação dependente de condição suspensiva. Afinal, a parte, se tem algum interesse, não é sobre direito atual e eficaz.

O que se enquadra na hipótese aventada pelo art. 492 do CPC é aquilo que Cândido Dinamarco chama de "condenações para o futuro", que ocorre frequentemente com os casos de sentenças que dispõem em geral sobre as obrigações de trato sucessivo, e em particular com as ações de alimento, abrangendo as prestações periódicas vencidas e as vincendas que se tornarão ulteriormente exigíveis, enquanto perdurar a obrigação continuativa declarada no processo (CPC, art. 323).[118]

É também o que se passa com as sentenças que condenam o vencido a cumprir a obrigação reclamada pelo autor sujeita a uma *condição atípica*,[119] como alguma contraprestação, hipótese em que o interessado somente poderá executar a prestação imposta ao condenado depois de cumprida a contraprestação a seu cargo.[120] O mesmo acontece com a sentença que acolhe exceção de contrato bilateral não cumprido, defesa que tem a força de condicionar a exigibilidade da prestação de cada parte ao prévio ou simultâneo cumprimento da obrigação do outro contratante (CC, art. 476).[121]

Nas condições atípicas exemplificadas, bem como em todas as outras que a elas se assemelhem, o problema não é de existência do direito da parte, mas apenas de *exigibilidade*. A relação obrigacional existe, é atual, o dever de cumprimento é que ainda não se configurou: isso vai ocorrer mais tarde, ou seja, quando se atingir o termo (o vencimento da obrigação) ou quando o evento condicionante da exigibilidade da prestação se implementar.

Em todos esses casos de prestações vincendas ou sujeitas a condição não incerta, não se pode afirmar que a sentença condenatória seja condicional, pois a exigibilidade imediata ou futura apresenta-se como *predicado do direito substancial*, não da decisão judicial. Esclarece, com propriedade, Cândido Dinamarco:

> "O que se considera sujeito a *condição* é o direito afirmado em sentença, não ela própria – uma vez que sentenças em si mesmas condicionais são contrárias

---

espécie, só prevê, quando muito, o cabimento de medidas cautelares para conservação da expectativa do direito futuro e eventual, cuja aquisição pende de condição suspensiva (CC, art. 130) (LOPES DA COSTA, Alfredo Araújo. *Direito processual civil brasileiro*. 2. ed. Rio de Janeiro: Forense, 1959, v. IV, n. 81, p. 78).

117 Enquanto o termo inicial apenas "represa o exercício do direito já adquirido", a condição suspensiva "posterga tanto a *aquisição* quanto o *exercício* do direito (art. 125)" (g.n.) (NEGRÃO, Theotônio; GOUVÊA, José Roberto F.; BONDIOLI, Luís Guilherme A.; FONSECA, João Francisco N. da. *Código Civil e legislação processual em vigor*. 40. ed. São Paulo: Saraiva, 2022, p. 102, nota 1 ao art. 131).

118 "Na ação que tiver por objeto cumprimento de obrigação em prestações sucessivas, essas serão consideradas incluídas no pedido, independentemente de declaração expressa do autor, e serão incluídas na condenação, enquanto durar a obrigação, se o devedor, no curso do processo, deixar de pagá-las ou de consigná-las" (CPC, art. 323).

119 Entende-se por condição *atípica* ou *imprópria* a que condiciona a exigibilidade da obrigação a evento a que falte um ou alguns dos requisitos da condição tipificada pelo art. 121 do Código Civil, ou seja, a *voluntariedade* da cláusula e a *futuridade* e *eventualidade* do fato condicionante.

120 "Quando o juiz decidir relação jurídica sujeita a condição ou termo, o cumprimento da sentença dependerá de demonstração de que se realizou a condição ou de que ocorreu o termo" (CPC, art. 514).

121 "Nos contratos bilaterais, nenhum dos contratantes, antes de cumprida a sua obrigação, pode exigir o implemento da do outro" (CPC, art. 476).

> ao sistema e proibidas em lei: 'a sentença deve ser certa, ainda que decida relação jurídica condicional' (art. 492, par. – supran. 1.081)".[122]

Sentença condicional em si mesma, e portanto inadmissível, seria, por exemplo, a que condenasse a indenização de danos não provados na instrução processual, relegando sua apuração para ulterior procedimento liquidatório. Em tal situação, o direito reconhecido como base do julgado seria puramente hipotético.

O que se admite, na sistemática da *sentença certa* de que cogita o parágrafo único do art. 492 do CPC, é, enfim, a resultante do reconhecimento de relação jurídica concreta atual (e, portanto, *certa*), da qual decorre prestação cuja exigibilidade é futura ou subordinada ao cumprimento de requisito a ser preenchido pelo sujeito ativo da obrigação. Não é nunca a que condena a cumprir uma obrigação inteiramente subordinada a condição suspensiva, visto que o problema então não seria de direito ainda não exigível, mas de direito *inexistente*, pura expectativa de direito, substancialmente impregnada de completa *incerteza* (CC, art. 125).[123]

771. A precisão da sentença no caso de obrigação de pagar quantia certa

A regra do art. 491 do CPC/2015 está editada nos seguintes termos: "na ação relativa à obrigação de pagar quantia, ainda que formulado pedido genérico, a decisão definirá desde logo a extensão da obrigação, o índice de correção monetária, a taxa de juros, o termo inicial de ambos e a periodicidade da capitalização dos juros, se for o caso". Desse preceito podem-se deduzir duas conclusões:

(a) Sempre que possível, a condenação relacionada com obrigação por quantia deverá ser *líquida*, pouco importando que o pedido tenha sido líquido ou genérico[124];

(b) Ainda que genérica a condenação, a sentença deverá conter os elementos necessários à determinação da *extensão da obrigação*, no que diz respeito ao principal e respectivos acessórios.

Genérica ou ilíquida, a sentença na espécie não pode deixar de definir as taxas e os índices dos juros e da correção monetária, assim como a periodicidade da capitalização dos

---

[122] DINAMARCO, Cândido Rangel. *Instituições de direito processual civil*. 7. ed. São Paulo: Malheiros, 2017, v. III, n. 1.103, p. 289.

[123] "O sentido de solução judicial para 'relação jurídica sujeita a condição' há de ser diverso daquele com que o Código Civil define obrigação cujo efeito é subordinado a 'evento futuro e incerto' (art. 121 do CC). O condicionamento aceitável no plano do processo só pode ser o lógico, segundo o qual uma pretensão certa tem o seu exercício dependente de um fato também certo a ser cumprido ou respeitado pelo credor. A sentença a respeito só pode ser pronunciada quando formada a certeza acerca dos dois fatos, isto é, do constitutivo do direito da parte, e do outro que lhe condiciona os efeitos. Pense-se no locador, que tem direito de retomada do imóvel locado, uma vez vencido o prazo negocial, mas que, diante de benfeitorias necessárias introduzidas no prédio pelo locatário, só pode executar a sentença de despejo depois de superar o contradireito de retenção, ou seja, depois de pagar os gastos efetuados pelo réu com a conservação do bem a restituir. Pense-se, também, nos contratos bilaterais em geral, como a compra e venda, a permuta etc., em que o adquirente só pode exigir a entrega da coisa depois de pago ou ofertado o preço ou a contraprestação" (THEODORO JÚNIOR, Humberto. *Processo de execução e cumprimento de sentença*. 31. ed. Rio de Janeiro: Forense, 2021, n. 561, p. 798-799).

[124] O CPC/2015 ressalta a obrigação do juiz de proferir sentença líquida quando se trata de prestação de quantia, "vedando a prolação de sentença ou decisão ilíquida no processo civil" (art. 491), diante de obrigações de tal natureza (STJ, 3ª T., REsp 1.442.975/ PR, Rel. Min. Paulo de Tarso Sanseverino, ac. 27.06.2017, *DJe* 01.08.2017). É excepcional, portanto, a previsão de sentença ilíquida autorizada pelo art. 324, § 1º, do CPC. Mesmo diante de pedido ilíquido, cabe ao juiz proferir condenação líquida, se houver elementos no processo suficiente para a respectiva quantificação.

juros, para evitar as previsíveis discussões na fase de cumprimento do julgado, tendo em vista a multiplicidade de critérios presentes na legislação e no mercado para cálculo desses acessórios.

A exigência do art. 491, *caput,* como é óbvio, também se aplica ao acórdão que alterar a sentença, razão pela qual deverá, também, condenar ao pagamento de quantia certa e determinada, com explicitação dos acessórios (art. 491, § 2º).

Portanto, a condenação, relacionada com dívida a ser solvida com dinheiro, somente poderá ser genérica ou ilíquida em duas situações (art. 491, *caput*):

(a) se não for possível determinar, de modo definitivo, o montante devido (inciso I); e

(b) se a apuração do valor devido depender de produção de prova de realização demorada ou excessivamente dispendiosa, assim reconhecida na sentença (inciso II).

Havendo condenação ilíquida, após a sentença, deverá ser feita a apuração do *quantum* devido, por liquidação (art. 491, § 1º), nos próprios autos em que o litígio foi decidido.

O importante a ressaltar é que, na sua generalidade, a sentença ilíquida há de ser precisa, tanto quanto possível, acerca da extensão da prestação imposta à parte, ainda que seu montante exato não tenha sido definido. Pense-se, por exemplo, nos lucros cessantes devidos pela paralisação do veículo acidentado: a condenação deverá prever a base de cálculo para sua apuração (renda líquida) e o tempo razoável a ser levado em conta (tempo necessário para os reparos). O mesmo se passa com os danos materiais, quando se controverte quanto às verbas que devam figurar nas perdas e danos a reparar: a sentença terá de decidir, desde logo, quais são as verbas que a condenação genérica compreende.

A sentença, para o CPC/2015, não pode ser tão genérica que deixe em aberto a própria definição do objeto da condenação. Perigosíssimas e mesmo intoleráveis são as sentenças que vagamente condenam a perdas e danos, sem qualquer esclarecimento sobre sua extensão. Por isso, prevalece, no regime atual, a antiga advertência de que mesmo a sentença ilíquida deve ser sempre certa em sua generalidade.

772. Sentença condenatória ilíquida

A condenação, na sistemática do Código, pode ser de valor determinado ou de valor a ser posteriormente apurado. Há, pois, sentenças líquidas e sentenças ilíquidas (sobre pedido genérico e condenação ilíquida, ver, *retro*, item 576).

Como a execução forçada reclama sempre título de obrigação certa, líquida e exigível (art. 783), não se pode cogitar do cumprimento da sentença de condenação genérica senão depois de liquidado o respectivo *quantum debeatur.*

Se a sentença – diz o art. 509 – "condenar ao pagamento de quantia ilíquida, proceder-se-á à sua liquidação", cuja promoção independe de trânsito em julgado, podendo ser requerida na pendência de recurso. É da liquidação que, nos casos de iliquidez da sentença, se contará o prazo de 15 dias para cumprimento da condenação (art. 523).

No regime primitivo do Código de 1973, a liquidação se dava em novo processo de acertamento, instaurado mediante citação, e que culminava com nova sentença de mérito, impugnável por apelação. Dentro da política legislativa de simplificar o acesso à execução forçada e de acelerar a efetiva satisfação dos direitos reconhecidos em juízo, a reforma, produzida pela Lei 11.232, de 22 de dezembro de 2005, transformou a liquidação em simples incidente complementar do processo em que se profere condenação genérica, o que foi acompanhado pelo Código atual. Depois da sentença, portanto, não ocorre encerramento do processo. Na mesma ação processual serão, em seguida, providenciados os expedientes necessários à definição do valor da condenação. Como se trata de mero incidente processual, seu julgamento configura decisão interlocutória, e o recurso manejável será o agravo de instrumento, e não mais a apelação (art. 1.015, parágrafo único) (ver vol. III).

773. A precisão da sentença que tenha por objeto obrigação de fazer ou não fazer

O CPC/2015 conserva a orientação antes adotada pelo Código de 1973, a partir da reforma de seu art. 461, realizada pela Lei 8.952/1994, com a preocupação de assegurar efetividade à tutela das obrigações de fazer e de não fazer. Em suas linhas básicas, o tratamento processual dispensado a tais obrigações é o da garantia de tutela específica, de modo a impedir a saída fácil para as condenações a perdas e danos ou a simples pagamento de multas contratuais.[125]

Esse regime processual está assim estatuído pelo CPC/2015:

(a) em regra, o juiz está obrigado a conceder a tutela específica da obrigação (art. 497, *caput*);

(b) não sendo viável a execução específica, a sentença, ao condenar o réu ao cumprimento da obrigação de fazer ou não fazer, determinará providências concretas que assegurem o resultado prático equivalente ao do adimplemento (art. 497, *caput*). Dessa forma, não se pratica a conversão da obrigação de fazer ou de não fazer em perdas e danos, mas se impõe uma outra prestação capaz de garantir resultados práticos equivalentes ao do cumprimento *in natura*. Por exemplo, quando o fornecedor de máquina ou equipamento descumpre a garantia contratada, pode o juiz, em lugar do serviço não prestado, condená-lo à entrega de outra maquinaria capaz de substituir a que não foi consertada ou reparada;

(c) para a concessão da tutela inibitória destinada a impedir a prática, a reiteração ou a continuação de um ilícito, ou sua remoção (tutela às obrigações de não fazer), é irrelevante a demonstração da ocorrência de dano ou da existência de dolo ou culpa (art. 497, parágrafo único). A repressão ao dano ou ao perigo de dano, por meio de imposição de prestação de fazer e não fazer, é aqui deferida objetivamente, ou seja: *(i)* sem necessidade da concreta ocorrência de um dano já iniciado ou consumado; ou *(ii)* da existência de dolo ou culpa na previsão do dano em perspectiva. Destaque-se, ainda, que a tutela processual autorizada pelo art. 497, parágrafo único, se volta contra o ilícito de duas maneiras: *(i)* como *tutela inibitória*, reagindo contra a prática, a repetição ou a continuação de um ilícito; ou *(ii)* como *tutela de remoção do ilícito*, mediante providências de superação dos efeitos concretos da conduta ilícita[126].

---

[125] A sistemática do art. 461 [CPC/2015, art. 497] aplica-se tanto às obrigações de fazer e não fazer de origem negocial, como às relacionadas com deveres positivos e negativos de fundo puramente legal, como as dos direitos de vizinhança, dos direitos de família, e até mesmo do dever geral de não lesar. Refere-se, na verdade, às prestações de fazer e não fazer previstas, em todos os ramos do direito (obrigações de fazer e não fazer *lato sensu*). Tem, pois, cabimento, com perfeita adequação às tutelas inibitórias, quando acionadas para evitar a consumação do dano ameaçado a qualquer direito (CF, art. 5º, XXXV) (v., *retro*, o item 577).

[126] MARINONI, Luiz Guilherme; ARENHART, Sérgio Cruz; MITIDIERO, Daniel. *Comentários ao Código de Processo Civil*. São Paulo: Ed. RT, 2016, v. IV, p. 71-72; CARVALHO, Delton Winter de; ZANETI JR., Hermes. O direito processual dos desastres e o papel das cortes judiciais na prevenção e no preparo aos desastres. *Revista de Processo,* São Paulo, v. 346, p. 178-179, dez. 2023. Lembram estes últimos autores o preceito constitucional que consagra o direito de todos ao meio ambiente ecologicamente equilibrado (CF, art. 225, *caput*), e que, para assegurar a efetividade desse direito, atribui ao Poder Público a função de "controlar a produção, a comercialização e o emprego de técnicas, métodos e substâncias que comportem risco para a vida, a qualidade de vida e o meio ambiente" (art. 225, § 1º, V). É fácil, portanto, compreender a relevância extraordinária que pode assumir a tutela jurisdicional exercitada nos moldes dos arts. 497, parágrafo único, e 139, IV, ambos do CPC).

Principalmente quando se trata de prevenir ou reparar danos ao meio ambiente, que ponham em risco a vida ou a qualidade de vida, o recurso às tutelas de emergência e da evidência deve ser, na medida do possível, manejado com prontidão, presteza, flexibilidade e eficiência, sem depender de qualquer indagação prévia em torno de culpa ou dolo na origem da situação danosa ou perigosa;

(d) a conversão em perdas e danos somente se dará: *(i)* se for requerida pelo autor; ou *(ii)* se impossível a tutela específica ou a obtenção do resultado prático equivalente (art. 499). Entretanto, em tal situação, optando o credor pelas perdas e danos, conservará o devedor a faculdade de cumprir a prestação na forma originária, no prazo que o juiz lhe assinar (parágrafo único do art. 499, acrescido pela Lei 14.833/2024);

(e) sempre que se converter a condenação em perdas e danos, tal providência será dada sem prejuízo da multa fixada periodicamente para compelir o réu ao cumprimento específico da obrigação (art. 500);

(f) admite-se, *in casu*, a concessão, antes de sentença definitiva, de tutela provisória de urgência, sob a forma de liminar, desde que ocorram os seguintes pressupostos: *(i)* probabilidade do direito; e *(ii)* o perigo de dano ou o risco ao resultado útil do processo (art. 300);

(g) a medida liminar será sempre provisória e admitirá revogação ou modificação, a qualquer tempo, em decisão fundamentada (art. 296). É bom lembrar que a motivação da decisão é requisito indispensável tanto no momento da concessão da liminar como no de sua revogação ou modificação (CF, art. 93, IX);

(h) a medida liminar e a sentença final podem ser reforçadas com a imposição de multa diária ao réu (*astreintes*), providência que o juiz é autorizado a tomar independentemente de pedido do autor, se for suficiente e compatível com a obrigação (art. 537). O texto legal (art. 537) fala em multa "suficiente e compatível", evidenciando que não há alternatividade.[127] Deve ser suficiente para coagir o devedor a adimplir, e não pode ser exagerada em face da expressão econômica e jurídica da prestação. Caberá ainda ao magistrado fixar prazo razoável para o cumprimento do preceito (art. 815), de modo que somente após o escoamento de tal prazo, se haverá de começar a fluir a multa coercitiva;

(i) entre as providências cabíveis (medidas de apoio) para efetivação da tutela específica ou para a obtenção do resultado prático equivalente, que o juiz está autorizado a tomar, a lei cita, a título exemplificativo: imposição de multa por tempo de atraso, busca e apreensão, remoção de pessoas e coisas, desfazimento de obras e impedimento de atividade nociva, se necessário, com requisição de força policial. Tais medidas serão determináveis pelo juiz, de ofício ou a requerimento da parte (art. 536, § 1º);

(j) a multa estabelecida para atraso no cumprimento do provimento antecipatório ou definitivo admite revisão a qualquer tempo e, até mesmo de ofício, o juiz estará autorizado a aumentá-la ou a reduzi-la e a alterar a sua periodicidade, nos seguintes casos:

   (i) quando a multa tornar-se insuficiente ou excessiva; *(ii)* quando se demonstrar cumprimento parcial superveniente da obrigação; ou *(iii)* quando se comprovar justa causa para o descumprimento (art. 537, § 1º).[128]

---

127 CALMON DE PASSOS, José Joaquim. *Comentários ao Código de Processo Civil*. 8. ed. Rio de Janeiro: Forense, 1998, n. 133.1, p. 186.

128 Decidiu o STJ, a propósito de cumprimento de obrigação de fazer, que a multa convencionada entre as partes em transação homologada judicialmente não configura *astreinte* propriamente dita, mas cláusula penal. Nada obstante, a coisa julgada não impede sua redução equitativa em juízo, quando for

Esses poderes conferidos ao juiz deverão manifestar-se em face de qualquer obrigação de fazer ou de não fazer. Lembra-se, por exemplo, das dificuldades práticas de cumprir-se completamente o compromisso de compra e venda e demais contratos preliminares tão difundidos no comércio jurídico atual, tanto em torno de bens imóveis como de bens e valores mobiliários de todo tipo.

Uma das consequências imediatas das características da tutela específica é a definitiva superação da antiga jurisprudência que supervalorizava a perfeição formal dos compromissos, não admitindo a adjudicação compulsória quando o pré-contrato não estivesse previamente inscrito no Registro de Imóveis ou quando não contivesse todos os dados necessários ao atendimento das exigências de acesso àquele registro público. Hoje, o juiz está armado de poderes processuais para, antes da sentença, apurar e completar tudo o que for necessário à expedição de um título judicial que seja perfeito para cumprir o anseio de efetividade da tutela jurisdicional, num terreno de enorme repercussão social, como é o dos compromissos de compra e venda, mormente em relação às camadas mais humildes da população. Dados faltosos no contrato, como os pertinentes ao registro anterior, confrontações, área e demais características do prédio negociado, poderão ser objeto de ampla pesquisa durante a instrução da causa, e o juiz deve empenhar-se para tudo esclarecer e suprir de tal modo a proferir uma sentença de adjudicação compulsória que contenha declaração sobre tudo aquilo que seja útil e necessário ao acesso ao registro de imóveis. Assim é que, por exemplo, estará cumprindo a missão ora a ele confiada de determinar na sentença de procedência do pedido de cumprimento da obrigação de fazer as providências que assegurem o resultado prático equivalente ao do adimplemento (arts. 497, *caput*).

A orientação da lei diante das obrigações de contratar superou até mesmo a postura doutrinária e jurisprudencial que tentava salvar o compromisso de compra e venda incompleto, conferindo-lhe a ação de outorga de escritura em lugar da sentença de adjudicação compulsória. Não há mais razão para distinções desse tipo. A sentença deverá sempre ser dotada da carga máxima de eficácia prática. O juiz, portanto, terá de, na medida do possível, suprir as lacunas do contrato, apurando e declarando os dados omissos, de tal modo que a sentença de adjudicação compulsória, sempre que possível, seja completa, ainda que o compromisso não o fosse.

Outro caso de grande repercussão prática da sistemática do art. 497 dá-se nas vendas de bens de consumo duráveis, em que figura a obrigação de assistência técnica pelo vendedor, durante o prazo convencional de garantia. Se, por exemplo, a sucessão de defeitos graves evidenciar a impotência da assistência para removê-los, a obrigação de repará-los (obrigação de fazer) pode ser convertida na de substituir o bem por um novo, sem defeito (obrigação de dar). Obtém-se, assim, providência capaz de assegurar o resultado prático equivalente ao do adimplemento da obrigação de fazer contraída pelo vendedor (arts. 497, *caput*, e 536).

Diante da sistemática do art. 497, e especialmente da determinação de que o juiz, ao decretar a procedência do pedido, "determinará providências que assegurem a obtenção de tutela pelo resultado prático equivalente", pode-se concluir que a eficiência da tutela específica das obrigações de fazer e não fazer está assegurada da maneira mais ampla possível; e que o sistema pode adequar-se à tutela tanto ressarcitória como inibitória: pode servir tanto para impedir a consumação de dano ao direito da parte, mediante coibição de mal apenas ameaçado (obrigação de não fazer), como para fazer cessar o dano decorrente do inadimplemento já

---

manifestamente excessiva ou tiver sido a obrigação parcialmente cumprida (CC, art. 413) (STJ, 3ª T., REsp 1.999.836/MG, Rel. Min. Nancy Andrighi, ac. 27.09.2022, *DJe* 30.09.2022). A regulamentação da cláusula penal, portanto, não é diferente da que se aplica às *astreintes*, na sistemática do CPC, cujo art. 537, § 1º, também autoriza o juiz a reduzi-la por excessividade ou por superveniência de cumprimento parcial.

consumado (obrigação de fazer). Em todo e qualquer caso, a lei está preocupada em prestigiar a execução específica da obrigação, deixando em segundo plano a saída para sua substituição por perdas e danos.[129]

As providências lembradas pelo art. 536, § 1º, e outras que se revelarem úteis e convenientes à realização da efetividade da prestação jurisdicional terão seu campo natural de atuação na fase de cumprimento ou execução da sentença. Poderão, no entanto, conforme o título de que dispuser o autor e as circunstâncias do caso concreto, ser objeto também da medida liminar de urgência autorizada pelo art. 300.

Pode-se concluir que, em face do atual texto do art. 497, ao autor de uma ação de cumprimento de compromisso de compra e venda quitado é lícito, por exemplo:

(*a*) cumular, na inicial, pedido de adjudicação compulsória com pedido de imissão de posse ou de busca e apreensão;
(*b*) pleitear, desde logo, liminar que lhe assegure a posse provisória do bem compromissado.

Sobre o procedimento executivo para cumprir a sentença relativa às obrigações de fazer e de não fazer, consultar o volume III deste *Curso*.

774. Extensão das regras de tutela às obrigações de fazer e não fazer aos deveres de natureza não obrigacional

O art. 536, § 5º, do CPC/2015 dispõe que as regras pertinentes ao cumprimento da sentença que reconheça exigibilidade de obrigação de fazer ou de não fazer aplicam-se também, no que couber, ao cumprimento da sentença que reconheça *deveres de fazer e de não fazer de natureza não obrigacional*. Sempre, portanto, que uma parte possa exigir da outra determinada conduta positiva ou negativa, mesmo aquelas que derivam diretamente de mandamentos legais, a sentença que imponha o respectivo cumprimento será executada dentro dos mesmos procedimentos aplicáveis às obrigações negociais.

Com isso, estende-se a tutela específica das obrigações de fazer e não fazer aos casos de repressão ou inibição das práticas do ilícito, e o Código de 2015 pode ser visto como consagrador das modernas *tutelas inibitórias e sancionatórias*. Com efeito, o parágrafo único do art. 497 já previa que a tutela específica cogitada para as obrigações de fazer e de não fazer poderia ser utilizada para "inibir a prática, a reiteração ou a continuação de um ilícito, ou a sua remoção".

Da conjugação dos dois dispositivos em análise, conclui-se que a sentença, na espécie, pode condenar o demandado a abster-se do ato ilícito ameaçado, sob cominação de multa, ou a cessar a prática ilícita em curso, sob igual cominação (*tutelas inibitórias*). Pode, também, condenar o infrator a desfazer o ilícito já consumado, em lugar de simplesmente lhe impor a obrigação de indenizar (*tutela de remoção do ilícito*).

Em todos esses casos de prevenção ou repressão do ilícito, o regime da sentença e de seu cumprimento é exatamente o mesmo aplicável genericamente às obrigações de fazer e não fazer. E será imposto judicialmente sem depender de comprovação, pelo autor, de que tenha suportado dano *in concreto*, e de que tenha o réu agido com culpa ou dolo (art. 497, parágrafo

---

[129] Sérgio Cruz Arenhart enumera, com pertinência, os requisitos necessários para que a proteção inibitória, na tutela das obrigações de fazer e não fazer seja, de fato, eficiente, tais como: a) adoção de meios de coerção adequados e flexíveis, para assegurar o efetivo cumprimento do comando judicial; b) celeridade procedimental, para que o provimento seja emanado a tempo de impedir a violação do direito; c) antecipação de tutela, nos casos de lesão grave e iminente ao direito do autor, além do comando inibitório, sempre que a eficácia da tutela final se mostrar inviável sem a medida satisfativa provisória (Cf. *Perfis da tutela inibitória coletiva*. São Paulo: RT, 2003, p. 219-220).

único, *in fine*). A tutela é, assim, *objetiva* e *efetiva,* sujeitando o réu a cumprir a obrigação positiva ou negativa *in natura.* Caberá ao juiz, portanto, especificar na sentença as providências asseguradoras do resultado prático da condenação, tal como se passa com a tutela comum das obrigações da espécie.

775. Regras especiais de tutela às obrigações de entrega de coisa

Para apreciação e julgamento das ações reipersecutórias, o art. 538, § 3º, do CPC/2015 estendeu às obrigações de entrega de coisa as regras tutelares anteriormente traçadas para as obrigações de fazer e de não fazer, que são as seguintes:

(a) o credor das obrigações de dar coisa certa tem direito à tutela específica, devendo o juiz fixar na sentença o prazo para sua entrega (art. 498, *caput*);

(b) a conversão da obrigação em perdas e danos só acontecerá se o credor a requerer ou se a execução específica mostrar-se impossível (perecimento ou desvio da coisa), de modo a torná-la inalcançável pela parte (art. 499). Não há para o credor de coisa certa a possibilidade prevista para as prestações de fato de substituir a prestação devida por providência capaz de produzir resultado prático equivalente ao adimplemento (*caput* do art. 497). O objeto vinculado à obrigação de dar não se submete a outra substituição que não seja seu equivalente econômico. Não há vantagem relevante no fato de a sentença substituí-lo por coisa diversa. Isso não seria, de forma alguma, uma execução específica, nem conduziria a um resultado que se pudesse pretender equivalente. O prestígio da obrigação, *in casu*, está justamente na fiel perseguição da exata *coisa devida*, que fica mais ao alcance do órgão judicial que o *facere* ou o *non facere*;

(c) a cominação de multa pelo atraso no cumprimento da sentença tornou-se aplicável às sentenças que ordenam a entrega de coisa, de sorte que as *astreintes* não são mais exclusivas das obrigações de fazer e não fazer (arts. 536, § 1º, e 538, § 3º);

(d) ocorrendo a inviabilização da entrega da coisa, apurada depois da condenação específica, sua conversão em indenização pelas perdas e danos dar-se-á sem prejuízo da multa prevista (art. 500); não tem cabimento, no entanto, impor multa da espécie se a entrega da coisa se inviabilizou antes da condenação, ou se o credor já optou de antemão pelo equivalente econômico;

(e) é possível a tutela provisória, dentro do regime do art. 300, com base em prova documental pré-constituída, ou mediante justificação prévia, com citação do réu. A medida liminar terá feitio provisório, podendo ser revogada ou modificada a qualquer tempo, mas tanto a concessão como a revogação (ou modificação) terão de ocorrer por meio de decisão fundamentada (art. 298);

(f) a cominação da multa por atraso na entrega da coisa poderá ser utilizada tanto na sentença como na concessão de tutela antecipada, e será sempre vinculada a um prazo razoável para cumprimento do preceito (art. 537);

(g) para efetivação da ordem de entrega da coisa, o juiz, de ofício, ou a requerimento, poderá empregar medidas de pressão ou de apoio, como multa, busca e apreensão, remoção de pessoas e coisas, inclusive com auxílio de força policial (arts. 537, § 1º, e 538);

(h) a multa cominada poderá ser alterada de ofício pelo juiz, em seu valor ou em sua periodicidade, quando: *(i)* se tornar insuficiente ou excessiva; *(ii)* houver cumprimento parcial; ou *(iii)* houver justa causa para o descumprimento, como, *v.g.*, a superveniência de impossibilidade de o devedor realizar a entrega *in natura* (art. 537, § 1º).

Por fim, dispõe o Código de 2015 que, tratando-se de entrega de coisa determinada pelo gênero e pela quantidade, o autor deverá individualizá-la na petição inicial, se lhe couber a escolha; se a escolha, contudo, couber ao réu, este a entregará individualizada, no prazo fixado pelo juiz (art. 498, parágrafo único).

776. Regra especial de tutela específica às obrigações de declaração de vontade (modalidade de obrigação de fazer)

Prevê o Código atual, em seu art. 501, que a sentença que julgar ação que tenha por objeto a emissão de declaração de vontade, uma vez transitada em julgado, produzirá todos os efeitos da declaração não emitida.

Obtida a sentença que condenou o devedor a emitir a prometida declaração de vontade, o atendimento da pretensão do credor não mais dependerá de qualquer atuação do promitente. A própria sentença, uma vez transitada em julgado, substituirá a declaração não emitida, produzindo todos os efeitos jurídicos a que esta se destinava. A sentença, em outras palavras, supre a declaração de vontade sonegada pelo devedor.

Os casos mais comuns de pré-contrato ou promessa de contratar são os compromissos de compra e venda.[130] No entanto, o art. 501 refere-se a qualquer promessa de contratar, salvo aquelas em que se admitir a possibilidade de arrependimento. Existindo essa faculdade contratual, o devedor deverá exercitá-la na fase da contestação, pois, após a sentença condenatória, não haverá a oportunidade dos embargos. A sentença é autoexequível e não depende da *actio iudicati* para surtir os efeitos a que se destina.

O registro da sentença não é propriamente uma forma de execução. Tem apenas a função própria dos atos de registro público: eficácia *erga omnes*, transferência dominial, criação de direito real etc., tal como ocorreria com a transcrição do contrato principal se firmado fosse diretamente pelas partes. Deve o registro, no entanto, ser feito mediante mandado do juiz da ação.

777. Regras especiais de tutela das obrigações de quantia certa

I – Particularidades da condenação e cumprimento das obrigações por quantia certa

O CPC/2015 disciplina com particularidades tanto a condenação como o cumprimento das obrigações por quantia certa. Na condenação, mesmo quando a obrigação seja ilíquida ou genérica, caberá ao juiz definir os parâmetros da obrigação, o índice de correção monetária, a taxa de juros, o termo inicial de ambos e a periodicidade da capitalização dos juros, se for o caso (CPC/2015, art. 491, *caput*).

Quanto ao cumprimento da sentença, as regras principais são:

(a) o devedor terá de ser intimado para cumprir a sentença, a requerimento do exequente, e terá o prazo de 15 dias para fazê-lo, sob pena de seu débito ser acrescido de multa de dez por cento e de novos honorários advocatícios, também de dez por cento (art. 523, § 1º);

(b) os atos da penhora e da satisfação do direito do credor realizar-se-ão de acordo com as normas comuns do processo de execução (art. 513).

130 Sobre as exigências da jurisprudência para admitir a ação de adjudicação compulsória, em caso de compromisso de compra e venda, veja-se nosso *Processo de execução e cumprimento da sentença.* 31. ed. Rio de Janeiro: Forense, 2021, Cap. XL, n. 577 a 581.

O detalhamento do procedimento de cumprimento da sentença, na modalidade de execução por ofício do juízo, consta do vol. III deste *Curso*.

II – Hipoteca judiciária

A decisão que condenar o réu ao pagamento de quantia em dinheiro, bem como a que determinar a conversão de prestação de fazer ou de dar coisa em prestação pecuniária, valerá como título constitutivo de hipoteca judiciária (art. 495, *caput*) (ver, adiante, item 793).

§ 98. PUBLICAÇÃO, INTERPRETAÇÃO E CORREÇÃO DA SENTENÇA

778. Publicação e intimação da sentença

Pode a sentença ser proferida em circunstâncias diferentes, isto é:

(*a*) *na audiência de instrução e julgamento*, quando o juiz a dita oralmente ao escrivão, que a lança no respectivo termo (CPC/2015, art. 366);
(*b*) *nos 30 dias após a audiência*, em documento escrito pelo próprio juiz, quando não se sentir habilitado a proferi-la na mesma audiência (art. 366). Nesse caso, não há necessidade de designar-se nova audiência para leitura e publicação da sentença;
(*c*) *nos 30 dias seguintes à conclusão*, também em documento redigido pelo juiz, quando o julgamento se dá independentemente de audiência (art. 354 c/c o art. 226, III).

Esta última hipótese é possível quando:

(*a*) ocorrerem os casos de reconhecimento do pedido, transação, reconhecimento judicial da decadência ou prescrição e renúncia à pretensão formulada na ação ou na reconvenção (arts. 487, III, e 354);
(*b*) a questão de mérito for unicamente de direito, ou, sendo de direito e de fato, não houver necessidade de produzir provas em audiência (art. 355, I);
(*c*) ocorrer a revelia e o revel não tiver comparecido posteriormente para requerer a produção de prova em audiência (art. 355, II).[131]

A sentença, como ato processual que é, é ato público (art. 189). "Enquanto não publicada, não será ato processual e, pois, não produzirá qualquer efeito".[132]

É só com a publicação da sentença de mérito que o juiz realmente cumpre o ofício jurisdicional relativo ao acertamento que lhe foi pleiteado. Desde então, já não pode mais alterar o seu decisório (art. 494). Esse cumprimento do ofício do juiz é completo no tocante aos provimentos declaratórios e constitutivos, que, via de regra, trazem em seu próprio teor toda a prestação jurisdicional pretendida pela parte. Nos provimentos condenatórios (ou de força equivalente à condenação), embora seja vedado ao juiz alterar a sentença publicada, deve continuar prestando tutela jurisdicional à parte vencedora até que se alcance o efetivo cumprimento do comando sentencial.

Quando proferida em audiência, a publicação consiste na leitura da sentença (art. 366). Estando presentes os representantes das partes, ou mesmo ausentes, mas tendo sido previamente intimados da audiência, reputar-se-ão todos intimados da sentença no mesmo ato. A publicação feita em audiência tem o mesmo efeito daquela feita pela imprensa, daí por que, com ou sem a presença da parte, o ato solene da publicação produz sua eficácia. Somente se há de pensar em necessidade de intimação pela forma usual se o advogado não foi previamente intimado para a audiência.

Se a sentença não for proferida na própria audiência de instrução e julgamento, por inexistência desse ato, ou porque o juiz não se achou habilitado a prolatá-la de pronto, a inti-

---

131 BARBOSA MOREIRA, José Carlos. *O novo processo civil brasileiro*. Rio de Janeiro: Forense, 1975-1976, p. 137-138.

132 AMARAL SANTOS, Moacyr. *Primeiras linhas de direito processual civil*. 21. ed. São Paulo: Saraiva, 2003, v. III, n. 655.

mação ficará subordinada à regra dos arts. 270 e 272, que disciplinam as intimações por meio eletrônico ou por publicação no órgão oficial.

Inexistindo audiência, a publicação será feita por ato do escrivão, por meio de termo nos autos, seguindo-se a intimação na forma usual. É preciso, portanto, não confundir publicação com intimação da sentença, embora em alguns casos os dois atos se deem simultaneamente (publicação e intimação em audiência). De ordinário, contudo, são atos distintos e praticados separadamente: o escrivão publica a decisão, fazendo-a integrar o processo por meio de termo de juntada lavrado nos autos; em seguida, a intimação ocorre pela ciência dada às partes, segundo os diversos meios de comunicação autorizados em lei (intimação pelo escrivão, pelo correio, pelo oficial de justiça, pela imprensa etc.). É bom ressaltar, por fim, que a divulgação da sentença pela imprensa oficial não é ato de publicação, em sentido técnico, mas ato de intimação, que pressupõe anterior publicação praticada nos autos. Quando, pois, se realiza a intimação pela imprensa, a sentença já estava adrede publicada e já era imodificável pelo juiz que a prolatou. A intimação na imprensa cumpre outra função: faz apenas iniciar a contagem do prazo para recurso, ou para aperfeiçoamento da coisa julgada, caso o vencido não maneje o recurso cabível em tempo hábil.

779. Efeitos da publicação

Ao publicar a sentença de mérito, o juiz cumpre o seu ofício jurisdicional em relação à fase de conhecimento do processo, embora a decisão nem sempre ponha fim à sua função processual, já que terá de prosseguir, no mesmo processo, até que seja realmente satisfeita a prestação a que tem direito a parte vencedora, caso se diligencie o cumprimento de sentença. O certo, porém, é que, enquanto não publicada, a sentença não adquire a qualidade de ato processual. E uma vez ocorrida a publicação, nos termos da lei, dois efeitos importantes se manifestam:

a) torna-se pública a prestação jurisdicional;

b) fixa-se o teor da sentença, tornando-se irretratável para seu prolator.

Assim, "o juiz, ou órgão jurisdicional, que a proferiu, não mais poderá revogá-la ou modificá-la na sua substância"[133] (CPC/2015, art. 494).

Isso não quer dizer que o juiz não possa praticar nenhum outro ato no processo, pois os recursos que se seguem à sentença são processados perante o próprio julgador de primeiro grau de jurisdição, a quem compete intimar a parte contrária para apresentar contrarrazões e remeter os autos ao tribunal, independentemente de juízo de admissibilidade (art. 1.010). Há casos em que o próprio sentenciante pode retratar sua decisão, como no indeferimento da petição inicial (art. 331), na improcedência liminar do pedido (art. 332, § 3º), e pode, ainda, rever o decisório para afastar omissão, obscuridade ou contradição (art. 1.022). Cabe-lhe, outrossim, nos casos de sentença condenatória, promover os atos executivos tendentes ao cumprimento forçado da prestação imposta à parte vencida (art. 513).

780. Correção e integração da sentença

Ao princípio de irretratabilidade da sentença de mérito, pelo mesmo julgador que a proferiu, a lei abre duas exceções, admitindo sua alteração nas seguintes hipóteses (CPC/2015, art. 494):

(a) A primeira se refere às "inexatidões materiais" e "erros de cálculo", vícios que se percebam à primeira vista e sem necessidade de maior exame, tornando evidente que o texto da

---

133 AMARAL SANTOS, Moacyr. *Primeiras linhas de direito processual civil*. 21. ed. São Paulo: Saraiva, 2003, v. III, n. 656.

decisão não traduziu "o pensamento ou a vontade do prolator da sentença".[134] A correção do erro, *in casu*, poderá ser feita a requerimento da parte, ou, *ex officio*, pelo juiz.

Exemplos: erro na grafia de palavra que lhe desfigura o sentido e cria contradição no texto; omissão de nome de alguma parte; erro ou modificação involuntária do nome de alguma parte; resultado de operação aritmética em desacordo com as parcelas indicadas na própria sentença etc.

(*b*) A segunda hipótese é a dos embargos declaratórios, que são uma espécie de recurso endereçado ao próprio prolator da sentença. São cabíveis embargos declaratórios (art. 1.022):

(*i*) quando há na sentença obscuridade ou contradição (inciso I);

(*ii*) quando for omitido ponto ou questão sobre o qual devia pronunciar o juiz de ofício ou a requerimento (inciso II);

(*iii*) quando houver erro material (inciso III).

Acolhidos os embargos, o juiz profere nova sentença, que complementa a primitiva. Esse remédio, todavia, não se destina a modificar o mérito da decisão, mas apenas a clareá-lo, afastando os vícios da falta de clareza e imprecisão. Sobre eventuais efeitos infringentes do julgamento dos embargos declaratórios, ver o vol. III deste *Curso*.

Os embargos podem ser propostos em cinco dias após a publicação, devendo o juiz julgá-los em igual prazo. Não estão sujeitos a preparo, nem possuem efeito suspensivo, mas interrompem o prazo de interposição de outros recursos cabíveis (arts. 1.023 e 1.026).

A regra da imutabilidade da sentença pelo juiz, instituída pelo art. 494, aplica-se tanto às sentenças de mérito como às sentenças terminativas.[135] Outra exceção que ocorre, na prática, com referência ao encerramento da atividade jurisdicional do juiz de primeiro grau no processo já sentenciado é aquela provocada pelo acolhimento do recurso pelo tribunal, quando se cassa a sentença terminativa para determinar a apreciação do mérito ou se anula a decisão da lide para que outra sentença seja prolatada no juízo *a quo*.

781. Princípio da demanda e princípio da congruência

Como o juiz não pode prestar a tutela jurisdicional senão quando requerida pela parte (CPC/2015, art. 2º), conclui-se que o pedido formulado pelo autor na petição inicial é a condição sem a qual o exercício da jurisdição não se legitima. *Ne procedat iudex ex officio*. Como, ainda, a sentença não pode versar senão sobre o que pleiteia o demandante, forçoso é admitir que o pedido é também o limite da jurisdição (arts. 141 e 492). *Iudex secundum allegata partium iudicare debet*.

O primeiro enunciado corresponde ao *princípio da demanda*, que se inspira na exigência de imparcialidade do juiz, que restaria comprometida caso pudesse a autoridade judiciária agir por iniciativa própria na abertura do processo e na determinação daquilo que constituiria o objeto da prestação jurisdicional.[136]

---

[134] AMARAL SANTOS, Moacyr. *Primeiras linhas de direito processual civil*. 21. ed. São Paulo: Saraiva, 2003, v. III, n. 657. "Demonstrada a existência de erro material na decisão agravada, deve ser reapreciado o recurso" (STF, 2ª T., RE-AgR 575.803/RJ, Rel. Min. Cezar Peluso, ac. 01.12.2009 *DJe* 18.12.2009, p. 165).

[135] MARQUES, José Frederico. *Manual de direito processual civil*. São Paulo: Saraiva, 1975, v. III, n. 541.

[136] COMOGLIO, Luigi Paolo; FERRI, Corrado; TARUFFO, Michele. *Lezioni sul processo civile*. 4. ed. Bologna: Il Mulino, 2006, v. I, p. 231.

A segunda afirmativa traduz o *princípio da congruência entre o pedido e a sentença*, que é uma decorrência necessária da garantia do contraditório e ampla defesa (CF, art. 5º, LV). É preciso que o objeto do processo fique bem claro e preciso para que sobre ele possa manifestar-se a defesa do réu. Daí por que, sendo o objeto da causa o pedido do autor, não pode o juiz decidir fora dele, sob pena de surpreender o demandado e cercear-lhe a defesa, impedindo-lhe o exercício do pleno contraditório. O princípio da congruência, que impede o julgamento fora ou além do pedido, insere-se, destarte, no âmbito maior da garantia do devido processo legal. O mesmo se diz do princípio da demanda, porque sua inobservância comprometeria a imparcialidade, atributo inafastável da figura do juiz natural.

Note-se, ainda, que o princípio da demanda vincula o juiz não apenas ao pedido, mas igualmente aos seus fundamentos (causa de pedir), de modo que não lhe é permitido solucionar o litígio por meio de razões ou motivos diferentes daqueles regularmente formulados pelos litigantes.[137]

Chiovenda, numa visão ampla do princípio da congruência entre a demanda e a sentença, chega aos seguintes enunciados: *(i)* ao juiz é impossível decidir a respeito de pessoas que não sejam sujeitos do processo; *(ii)* é-lhe vedado conferir ou denegar coisa distinta da solicitada; *(iii)* não lhe é permitido alterar a causa de pedir eleita pela parte.[138]

Em síntese, o pedido é a condição e o limite da prestação jurisdicional, de maneira que a sentença, como resposta ao pedido, não pode ficar aquém das questões por ele suscitadas (decisão *citra petita*) nem se situar fora delas (decisão *extra petita*), tampouco ir além delas (decisão *ultra petita*). E esse limite – repita-se – alcança tanto os aspectos *objetivos* (pedido e causa de pedir) como os *subjetivos* (partes do processo). Nem aqueles nem estes podem ser ultrapassados no julgamento da demanda.

782. Nulidade da sentença *ultra petita, citra petita* e *extra petita*

Já vimos que, em face dos arts. 141 e 492 do CPC/2015, o limite da sentença válida é o pedido, de sorte que são nulas as sentenças *extra petita* e *citra petita* (cf. n. 765 e n. 781, *retro*).

A sentença *extra petita* incide em nulidade porque soluciona *causa* diversa da que foi proposta pelo pedido.[139] E há julgamento fora do pedido tanto quando o juiz defere uma prestação diferente da que lhe foi postulada como quando defere a prestação pedida, mas com base em fundamento jurídico não invocado como causa do pedido na propositura da ação. Quer isso dizer que não é lícito ao julgador alterar o *pedido*, tampouco a *causa petendi*.[140]

É, ainda, *extra petita*, em face do art. 141, a sentença que acolhe, contra o pedido, *exceção* não constante da defesa do demandado, salvo se a matéria for daquelas cujo conhecimento de ofício pelo juiz seja autorizado por lei (exemplo: art. 485, § 3º). A propósito, é bom ressaltar que o Código de Processo Civil não faculta ao juiz apreciar, de ofício, as questões pertinentes às condições da ação e aos pressupostos, mas impõe-lhe, na verdade, o dever de assim proceder (art. 485, § 3º). Do mesmo modo, o Código Civil ordena que as nulidades absolutas sejam pronunciadas pelo juiz, independentemente de requerimento da parte, "quando conhecer do

---

137 Cândido Dinamarco lembra que os limites da demanda, dos quais não pode escapar o juiz, compreendem tanto os *objetivos* (pedido e causa de pedir), como os *subjetivos* (partes da demanda), de sorte que o juiz não pode ultrapassar o objeto do processo, nem envolver na sentença sujeitos outros que não as partes da relação processual (*Instituições de direito processual civil*. São Paulo: Malheiros, 2001, v. III, n. 940, p. 273).

138 CHIOVENDA, Giuseppe. *Instituições de direito processual civil*. Trad. de J. Guimarães Menegale. 3. ed. São Paulo: Saraiva, 1969, v. 2, p. 343; ARENHARDT, Sergio Cruz. Reflexões sobre o princípio da demanda. In: FUX, Luiz *et al* (coords.). *Processo e Constituição* – Estudo em homenagem a José Carlos Barbosa Moreira. São Paulo: RT, 2006, p. 592.

139 STJ, REsp 59.151-1/RS, Rel. Min. Cesar Asfor Rocha, ac. 15.03.1995, *RSTJ* 79/100; STJ, 2ª T., AgRg nos EDcl no REsp 987.925/MT, Rel. Min. Castro Meira, ac. 24.05.2011, *DJe* 13.06.2011.

140 BARBI, Celso Agrícola. *Comentários ao Código de Processo Civil*. 2. ed. Rio de Janeiro: Forense, 1981, v. I, n. 689, p. 524.

negócio jurídico ou dos seus efeitos e as encontrar provadas, não lhe sendo permitido supri-las, ainda que a requerimento das partes" (Código Civil, art. 168, parágrafo único). Portanto, essas matérias, como todas as demais de ordem pública, quando examinadas de ofício (isto é, sem terem figurado previamente na *causa petendi*), não contaminam o julgamento do vício próprio das sentenças *extra petita*.

O defeito da sentença *ultra petita*, por seu turno, não é totalmente igual ao da *extra petita*. Aqui, o juiz decide o pedido, mas vai além dele, dando ao autor mais do que fora pleiteado (CPC/2015, art. 492). A nulidade, então, é parcial, não indo além do excesso praticado, de sorte que, ao julgar o recurso da parte prejudicada, o tribunal não anulará todo o decisório, mas apenas decotará aquilo que ultrapassou o pedido.[141]

Se, malgrado a nulidade da sentença *ultra* ou *extra petita*, ocorrer o trânsito em julgado, ficará ela sujeita à ação rescisória, por conter violação manifesta a norma jurídica (art. 966, V), no tocante aos limites da jurisdição impostos pelos arts. 141 e 492.

A sentença, enfim, é *citra petita* quando não examina todas as *questões* propostas pelas partes. O réu, por exemplo, se defendeu do pedido reivindicatório alegando nulidade do título dominial do autor e prescrição aquisitiva em seu favor. Se o juiz acolher o pedido do autor, mediante reconhecimento apenas da eficácia do seu título, sem cogitar do usucapião invocado pelo réu, terá proferido sentença nula, porque *citra petita*, já que apenas foi solucionada uma das duas questões propostas.[142]

No entanto, o exame imperfeito ou incompleto de uma questão não induz, necessariamente, nulidade da sentença, porque o tribunal tem o poder de, no julgamento da apelação, completar tal exame, em face do efeito devolutivo assegurado pelo art. 1.013, § 1º. Assim, se a parte pediu juros da mora a partir de determinado momento e o juiz os deferiu sem especificar o *dies a quo*, pode o tribunal completar o julgamento, determinando o marco inicial da fluência dos juros. O mesmo ocorre quando o pedido é líquido e a condenação apenas genérica, graças à insuficiente apreciação da prova. Aqui, também, o Tribunal pode completar o julgamento da lide, fixando o *quantum debeatur, sem necessidade de anular a sentença recorrida*.

Na vigência do Código anterior, antes do acréscimo do § 3º ao art. 515[143] (por força da Lei 10.352/2001), entendia-se não poder o Tribunal conhecer originariamente de uma *questão* a respeito da qual não tivesse sequer havido um começo de apreciação, nem mesmo implícito, pelo juiz de primeiro grau. Por exemplo, se se tivesse acolhido na sentença tão somente a exceção de prescrição oposta a uma ação de vício de consentimento, não era lícito ao Tribunal, ao repelir a prescrição, decidir a *outra questão* em torno do defeito substancial do negócio jurídico, uma vez que sobre ela não se dera, ainda, pronunciamento algum do juiz *a quo*.

A inovação constante do referido § 3º acarretou substancial alteração no tratamento da sentença *citra petita*, já que ao Tribunal se atribuiu competência para, em grau de apelação, completar o julgamento do mérito efetuado pelo juiz de primeiro grau, mesmo quando as questões de fundo não tenham sido enfrentadas na sentença recorrida (v. vol. III). Vale dizer: após a Lei 10.352/2001, e até hoje, uma vez que o Código de 2015 repetiu o entendimento do anterior (CPC/2015, art. 1.013, § 3º), o Tribunal, em regra, não anulará a sentença *citra petita*, mas superará a sua deficiência, proferindo, na apreciação do recurso, o julgamento das questões de mérito omitidas no decisório apelado.

---

141 STJ, REsp 36.866/SP, Rel. Min. Sálvio de Figueiredo Teixeira, ac. 02.04.1996, *DJU* 06.05.1996, p. 14.419; STJ, REsp 62.680/SP, Rel. Min. José Dantas, ac. 10.03.1997, *RSTJ* 96/381; STF, 1ª T., RMS 25.104/DF, Rel. Min. Eros Grau, ac. 21.02.2006, *DJU* 31.03.2006.

142 STJ, 2ª T., REsp 1.205.340/PE, Rel. Min. Mauro Campbell Marques, ac. 16.12.2010, *DJe* 08.02.2011.

143 CPC/2015/1973, art. 1.013, § 3º.

Para que isso aconteça, todavia, é necessário que o processo esteja maduro para o completo julgamento de todas as questões de fundo. Pode, por exemplo, ocorrer a hipótese de um julgamento antecipado da lide fundado em questão puramente de direito, ou em questão solucionável à luz de prova documental; mas a questão que foi omitida na sentença *citra petita* era daquelas assentadas sobre matéria fática, cujo desate reclamava instrução probatória, ainda não realizada. Em casos como este, o Tribunal forçosamente terá de anular a sentença para ensejar a coleta das provas cabíveis e propiciar novo julgamento da lide no juízo de primeiro grau. Contudo, se a instrução já se encontra completa e encerrada, o Tribunal não deverá anular a sentença *citra petita*. Enfrentará, desde logo, as questões sobre as quais a sentença foi omissa.

A nulidade da sentença *citra petita*, portanto, pressupõe *questão* debatida e não solucionada pelo magistrado, entendida por questão *o ponto de fato ou de direito sobre que dissentem os litigantes*, e que, por seu conteúdo, seria capaz de, fora do contexto do processo, formar, por si só, uma *lide autônoma*, a qual não se acha ainda madura para julgamento pelo Tribunal.

Só se anula, destarte, uma sentença em grau de recurso, pelo vício do julgamento *citra petita*, quando a matéria omitida pelo decisório de origem não esteja compreendida na devolução que o recurso de apelação faz operar para o conhecimento do Tribunal (art. 1.013, §§ 1º e 3º).

Ademais, é preciso ter em conta a autonomia ou não da questão omitida, em relação ao que se decidiu e foi impugnado no recurso. Se as questões são completamente autônomas, como, por exemplo, ocorre entre a condenação ao pagamento de indenização e a da verba sucumbencial advocatícia, não há motivo para se cogitar de invalidação da sentença omissa em relação à última verba, se contra tal omissão não se insurgiu o recorrente. O mesmo se pode dizer de dois pedidos cumulados, de restituição do imóvel e de indenização de danos por ele sofridos, tendo a apelação do réu cogitado apenas da condenação à devolução do imóvel, enquanto o autor nenhum recurso interpôs em torno da indenização, sobre a qual nada resolvera a decisão de primeiro grau.

A propósito, segundo o efeito recursal devolutivo, cabe às partes definir o objeto do recurso (arts. 1.008, 1.010, IV, e 1.013, *caput*). Se, pois, a parte vencedora não se interessou em impugnar a sentença *citra petita*, no relacionado à omissão, que só a ela interessava, não seria razoável anular *ex officio* um julgamento que lhe fora favorável. A lacuna do julgamento, de forma alguma, pode ser tratada como questão devolvida pela parte vencida, que, por sua vez, também não teria outro interesse senão o de rever a condenação tal qual a sentença lhe impôs.

Diante da visão funcional e finalística das figuras processuais, a invalidação da sentença *citra petita*, em regra, deverá ser pleiteada pelo recorrente. Só haverá motivo para a decretação de ofício quando a conexão entre o decidido e o omitido for de tal profundidade que tenha de influir, necessariamente, sobre a solução a ser dada ao recurso. Do contrário, correr-se-ia o risco de prejudicar, com a invalidação da sentença, justamente a parte a quem o decreto de nulidade teria a finalidade de beneficiar. Não se trata de negar a nulidade da sentença *citra petita*, mas de identificar a quem toca o interesse em sua invalidação. Se nenhuma das partes revela interesse na colmatação da lacuna do julgado, não se haveria de reconhecer ao tribunal interesse suficiente para justificar a sua anulação *ex officio*.

A cassação de uma sentença apenas por ser *citra petita*, sem qualquer cogitação do interesse das partes em jogo no recurso, teria como consequência imediata apenas, e tão somente, o retardamento da prestação da tutela jurisdicional, por razões não imputáveis aos litigantes, e até contrárias à sua intenção implícita. Contrariar-se-ia, portanto, a garantia constitucional de duração razoável do processo e da observância de meios que acelerem a solução do litígio (CF, art. 5º, LXXVIII), sem que motivo sério concorresse para justificar o incidente procrastinatório não provocado nem questionado pelas partes. Restaria ademais, afrontada, desnecessariamente, a regra básica de que é a parte, e não o tribunal, quem define o limite das questões a ele devolvidas pelo recurso (CPC/2015, arts. 1.002 e 1.013).

Há jurisprudência do STJ, entretanto, que não considera *extra petita* a sentença que resolve, sem requerimento explícito da parte, questão que se apresenta, lógica e necessariamente, como reflexo ou consectário da pretensão manifestada na petição inicial (sobre o tema, v., *retro*, o item 585).

783. Interpretação da sentença

A sentença é um ato jurídico *lato sensu*, pois corresponde a ato de vontade e inteligência praticado pelo juiz com o específico objetivo de produzir uma situação jurídica definitiva em torno da lide. Como ato de declaração de vontade, desafia sempre interpretação para ser cumprida pelos sujeitos da relação processual e, se necessário, executada forçadamente pelo órgão judicial. Há no CPC/2015 uma regra importante a propósito do tema, que determina seja a decisão judicial interpretada a partir da conjugação de todos os seus elementos e em conformidade com o princípio da boa-fé (CPC/2015, art. 489, § 3º).

Em linhas gerais, porém, as regras de hermenêutica dos atos jurídicos hão de ser observadas na exegese da sentença. Dessa maneira, deve-se partir do princípio básico de que não é pela simples leitura de seu dispositivo e de seu sentido literal que se consegue extrair seu sentido e alcance. Se se trata de ato de vontade e inteligência, interpretá-lo exige ir além das palavras utilizadas, para alcançar efetivamente a vontade e a intenção do subscritor. E, para tanto, não pode ser enfocada como peça isolada, autônoma e completa. Fruto que é da dinâmica processual, seu teor só será bem compreendido se se buscar, antes de tudo, harmonizá-la com o *objeto do processo* e com as *questões* que a seu respeito as partes suscitaram na fase de postulação.

A sentença de mérito, com efeito, não surge como ato originário ou primitivo. Ao contrário, é sempre ato final de um longo e necessário encadeamento de fatos processuais, todos de repercussão maior ou menor sobre o provimento com que se terá de pôr fim ao litígio deduzido em juízo. Com a sentença definitiva, portanto, a Justiça cumpre a prestação jurisdicional, encerrando a instância. Com ela, enfim, o juiz cumpre e acaba, no processo de conhecimento, o ofício jurisdicional.

O que a lei processual determina para o juiz é só atuar quando provocado pela parte e limitar sua atuação ao necessário para solucionar o pedido do autor. De tal sorte, o provimento básico a ser lançado na sentença de mérito será a *acolhida* ou a *rejeição* do pedido formulado pelo autor (art. 487, I).

O *pedido* formulado na inicial torna-se o *objeto* da prestação jurisdicional sobre o qual a sentença irá operar. É ele, portanto, o mais seguro critério de interpretação da sentença, visto que esta é justamente a *resposta do juiz ao pedido do autor*, não podendo o provimento, por imposição legal, ficar aquém dele, nem ir além dele, sob pena de nulidade (arts. 141 e 492).

Estando o julgador limitado às barreiras do princípio da *demanda*[144] e do princípio da *congruência*,[145] também o intérprete da sentença encontrará nestes princípios a melhor orientação para desenvolver a operação exegética do provimento judicial.

Toma-se como ponto de partida o *pedido* formulado na petição inicial. Depois de definido o conteúdo, isto é, depois de revelada a *pretensão deduzida pelo autor*, passa-se à análise da *resposta* que lhe deu a sentença.

---

[144] *Ne procedat iudex ex officio* (CPC, art. 2º) [CPC/2015, art. 2º]: a ação é condição da prestação jurisdicional.

[145] *Iudex secundum allegata partium iudicare debet* (CPC, arts. 128 e 460) [CPC/2015, arts. 141 e 492]: do princípio do contraditório, imposto pela Constituição, art. 5º, LV, resulta que o juiz só pode apreciar o que regularmente se deduziu no debate processual travado em torno do pedido – objeto do processo.

Assim, as palavras com que o juiz acolheu ou rejeitou o pedido terão seu sentido e alcance clareados pelo que na inicial o autor demandou. Se houver alguma imprecisão ou alguma dubiedade na linguagem do sentenciante, a fixação do real sentido do comando jurisdicional será encontrada por meio de sua sistematização com o pedido.

Não se pode, como é óbvio, resolver a dúvida pela inteligência da sentença que a faça abranger o que não era objeto do processo. Com esse critério, adota-se a interpretação conducente a mantê-la dentro da congruência obrigatória entre o pedido e a prestação jurisdicional, e evita-se dar-lhe o impróprio sentido de ter decidido o que não era objeto do processo.

Seria de todo inadmissível escolher-se, entre diversas opções, a interpretação que afastasse a dúvida gerada pela linguagem da sentença, fazendo-a portadora de um sentido ilegal e incompatível com seus obrigatórios limites.[146]

Seja em face da interpretação da lei,[147] seja em face da interpretação do contrato,[148] seja, enfim, em face da interpretação da sentença, o critério é sempre o mesmo: na dúvida, não se pode entender que o sentenciante tenha julgado a causa de maneira a contrariar seus deveres jurisdicionais, proferindo decisório ilegal e nulo; há de prevalecer o outro sentido verossímil e que ponha em sintonia com a lei e os limites determinados pelo objeto da demanda posta em juízo.[149]

Em conclusão: se o texto da sentença permite dois sentidos literais, um conforme os limites do pedido, e outro exorbitante, a leitura correta será a conducente ao respeito ao princípio da congruência obrigatória entre pedido e sentença, e nunca a que a leve ao campo dos julgamentos nulos (*extra* ou *ultra petita*).

Repugna à hermenêutica qualquer interpretação que opte por um significado que torne o ato jurídico ou a sentença contaminados de *ilegalidade*, quando haja a possibilidade de reconhecer-lhe outro sentido, também verossímil, que não padeça nem de nulidade nem, muito menos, de ilegalidade.

É claro que o esforço interpretativo para evitar o sentido ilegal da sentença só se mostra possível quando o texto, embora impreciso ou dúbio, permita a definição legítima sem violar a declaração de vontade do juiz. Se esta claramente tiver sido manifestada em determinado sentido, não é dado ao intérprete negá-lo, a pretexto de corrigir a ilegalidade contida no ato judicial. A interpretação pode e deve encontrar o melhor sentido para a sentença, mas não é instrumento de reforma ou correção dos erros judiciais cometidos pelo julgador. A interpretação,

---

146 Lembra Carlos Maximiliano, quando aprecia a interpretação do negócio jurídico, que a obra interpretativa, conforme a ciência da hermenêutica, deve consistir na escolha da exegese que se mostre compatível com a norma legal aplicável. "Na dúvida, presume-se que as partes quiseram conformar-se com a lei" (*Hermenêutica e aplicação do direito*. 7. ed. Rio de Janeiro: Forense, 1961, n. 424, p. 427).

147 "*O princípio da prevalência da constituição* impõe que, dentre as várias possibilidades de interpretação, só deve escolher-se a interpretação que não seja contrária ao texto e programa da norma ou normas constitucionais" (CANOTILHO, José Joaquim Gomes. *Direito constitucional*. 4. ed. Coimbra: Almedina, 1989, p. 164).

148 MAXIMILIANO, Carlos. *Hermenêutica e aplicação do direito*. 7. ed. Rio de Janeiro: Forense, 1961, n. 424, p. 427.

149 "Presume-se que juízes e tribunais exerçam a atividade jurisdicional no pleno conhecimento dos lindes postos pelo ordenamento legal à sua cognição e no firme propósito de respeitá-lo. Assim, do supracitado princípio de interpretação dos pedidos deriva logicamente outro, relativo à interpretação das decisões: a não ser que o respectivo teor, de maneira inequívoca, repila tal possibilidade, deve entender-se que a correlação imposta pela lei foi preservada. É a essa luz que hão de resolver questões atinentes a eventuais imprecisões na formulação do dispositivo, e sobretudo à valoração de afirmações na fundamentação do julgado" (BARBOSA MOREIRA, José Carlos. Condenação a fazer. Limites da coisa julgada e da execução. *RT*, v. 711, p. 75).

portanto, deve ser feita em conformidade com o princípio da boa-fé, como, aliás, recomenda o § 3º do art. 489.

Há, ainda, um outro importante critério de interpretação da sentença, que consiste no cotejo entre o dispositivo e a fundamentação do julgado. Assim como a parte não pode formular pedido sem explicitar a *causa de pedir* (art. 319, III), o órgão judicial também não pode solucioná-lo sem expor os *fundamentos* da resposta contida no julgamento (art. 489, II). Embora a coisa julgada incida sobre a *conclusão* ou *dispositivo* da sentença, e não sobre os *motivos* invocados para sustentá-la, o certo é que estes se prestam "para determinar o alcance" da sua "parte dispositiva" (art. 504, I). Daí a importância dos elementos constantes dos fundamentos ou motivos da sentença para sua interpretação. Até mesmo o relatório exerce papel significativo na compreensão daquilo que o juiz avaliou para chegar ao dispositivo (ou conclusão) do ato sentencial. Sendo a sentença um ato judicial complexo, do qual são elementos essenciais o relatório, a fundamentação e o dispositivo, todos eles deverão ser objeto de análise sistemática para se alcançar a efetiva compreensão do desfecho a que o provimento chegou na obra de solucionar o litígio deduzido em juízo. É exatamente isso que o CPC/2015 preconiza no art. 489, § 3º.

Uma última advertência se impõe em nome da segurança jurídica e da intangibilidade da coisa julgada, as quais não permitem liberdades ao intérprete praticáveis por meios analógicos ou extensivos. A propósito, Pontes de Miranda – atento às particularidades da interpretação da sentença decorrentes da própria natureza do ato judicial, e de seus atributos jurídicos – ressalta: se é, por exemplo, admissível a existência de leis que têm de ser interpretadas estritamente e de outras que ensejam interpretação extensiva, o mesmo não se passa com os critérios de interpretação das sentenças. "*As sentenças* – doutrina o consagrado autor – *devem, sempre, ser interpretadas de modo estrito*". Trata-se, na sua visão, da "primeira regra do *método de interpretação das sentenças* e merece toda a atenção: *Sententia est stricti iuris et stricto intelligi debet*" (g.n.).[150]

---

[150] PONTES DE MIRANDA, Francisco Cavalcanti. *Comentários ao Código de Processo Civil.* 3. ed. Rio de Janeiro: Forense, 1997, t. V, p. 63.

§ 99. CLASSIFICAÇÃO DAS SENTENÇAS

784. Classificações

A *sentença*, segundo o Código, é a decisão do juiz singular que põe termo à fase cognitiva do procedimento comum, no primeiro grau de jurisdição (CPC/2015, arts. 203, 485 e 487) (sobre conceito legal de sentença, ver, *retro*, os itens 351 e 753). Se o julgamento é proferido por órgão colegiado (Tribunal), recebe a denominação de *acórdão* (art. 204).[151]

É clássica a distinção entre sentença *terminativa* e sentença *definitiva*. A primeira diz respeito à decisão que põe fim ao processo, sem julgamento do mérito da causa. A segunda é a que encerra o processo, ferindo a substância da lide.

O Código não faz qualquer distinção, rotulando ambas simplesmente de "sentença", quer o processo finde com resolução de mérito ou não (art. 203, § 1º). Fala-se na doutrina, também, em sentença *interlocutória*,[152] que seria a decisão proferida no curso do processo sobre questão incidente. O Código, todavia, não considera essa espécie de pronunciamento jurisdicional como sentença. Classifica-o como "decisão interlocutória" (art. 203, § 2º). A classificação realmente importante das sentenças (considerando tanto a decisão do juiz singular como o acórdão dos tribunais) é a que leva em conta a natureza do bem jurídico visado pelo julgamento, ou seja, a espécie de tutela jurisdicional concedida à parte.

Nessa ordem de ideias, ensina Chiovenda que, "se a vontade da lei impõe ao réu uma prestação passível de execução, a sentença que acolhe o pedido é de *condenação* e tem duas funções concomitantes, de declarar o direito e de preparar a execução; se a sentença realiza um dos direitos potestativos que, para serem atuados, requerem o concurso do juiz, é *constitutiva*; se, enfim, se adscreve a declarar pura e simplesmente a vontade da lei, é de *mera declaração*".[153]

Classificam-se, portanto, as sentenças em:

(a) sentenças *condenatórias;*
(b) sentenças *constitutivas;*
(c) sentenças *declaratórias.*

Há casos, porém, em que a definição do direito subjetivo dos litigantes não parte do juiz; verifica-se a autocomposição da lide, e o juiz se limita a comprovar a capacidade das partes para o ato e a regularidade formal do negócio jurídico para opor-lhe a chancela de validade e força de ato judicial (ato processado em juízo).

É o que se passa naqueles "julgamentos de mérito", que o Código afirma ocorrerem nas hipóteses de reconhecimento do pedido, transação e renúncia ao direito subjetivo em que se funda a ação (art. 487, III, *a*, *b* e *c*); isso porque o ato judicial no caso não penetra no mérito do negócio jurídico realizado pela parte e restringe-se a homologá-lo, a fim de conferir-lhe eficácia de composição definitiva da lide.

---

[151] "Pôr fim à fase cognitiva", em tema de sentença, equivale a "encerrar a atividade judicial cognitiva", pois sentença é o provimento jurisdicional específico do processo de conhecimento. Não importa tenha sido ou não solucionado o mérito da causa. Se o juiz não vai prosseguir no acertamento do litígio, encerrado está, para ele, o processo de conhecimento (arts. 267 e 269) [CPC/2015, arts. 485 e 487]. Sobre o conceito legal de sentença, ver, *retro*, os nºs 351 e 753; sobre a distinção entre sentença e decisão interlocutória, v., *retro*, os nºs 349 e 351.

[152] REZENDE FILHO, Gabriel. *Curso de direito processual civil*. 5. ed. São Paulo: Saraiva, 1959, v. III, n. 804.

[153] CHIOVENDA, Giuseppe. *Instituições de direito processual civil*. 3. ed. São Paulo: Saraiva, 1969, v. I, n. 10.

Assim, de par com a tradicional classificação das sentenças em condenatórias, declaratórias e constitutivas, existem também as sentenças homologatórias, que são aquelas de mera verificação de legitimidade de ato das partes para alcançar a autocomposição do litígio.

Na sua essência, no entanto, o negócio jurídico homologado, *ad instar* do que se passa com as autênticas sentenças, pode ter eficácia de constituição, declaração ou condenação, conforme o ajuste estabelecido entre as partes. A sentença, porém, que sobre ele se profere, por nada lhe acrescentar em termos substanciais, exerce um papel assemelhado ao declaratório: torna certo que as próprias partes puseram fim à lide, nos termos do acordo homologado.

785. Sentenças declaratórias

Há sentenças cujo efeito não é senão o de declarar a certeza da existência ou inexistência de relação jurídica, ou da autenticidade ou falsidade de documento (CPC/2015, art. 19). A declaração de certeza esgota a prestação jurisdicional. Quando a parte vencedora quiser fazer valer o seu crédito contra o vencido, exigindo o respectivo pagamento, "terá que propor outra ação contra o devedor, esta de natureza condenatória".[154]

Na sentença declaratória, o Órgão Judicial, verificando a vontade concreta da lei, apenas "certifica a existência do direito", e o faz "sem o fim de preparar a consecução de qualquer bem, a não ser a certeza jurídica".[155] A moderna concepção de tutela jurisdicional efetiva vai, todavia, além dessa postura clássica. Mesmo que, no momento do ajuizamento da causa, o propósito não fosse além da pretensão declaratória, se, no futuro, a sentença declarar a existência de uma obrigação revestida de certeza e liquidez, com relação à *res debita* e sua exigibilidade, terá constituído título suficiente para justificar a pretensão executiva. O direito processual contemporâneo, para permitir o cumprimento forçado, não exige que a sentença seja formalmente condenatória. Basta que a sentença, qualquer que seja, defina integralmente a relação obrigacional, acertando seu objeto e seu termo de exigibilidade. É o que dispõe o art. 515, I, do CPC/2015, ou seja, são títulos executivos judiciais "as decisões proferidas no processo civil que reconheçam a exigibilidade de obrigação de pagar quantia, de fazer, de não fazer ou de entregar coisa".

O que importa para que a sentença seja predominantemente declaratória é o pedido formulado na propositura da causa. Se a parte se limitou a pedir certificação de existência de uma relação jurídica, a resposta jurisdicional será dada, sem dúvida, por meio de uma sentença declaratória. Se essa decisão terá ou não aptidão para configurar título executivo judicial, isso dependerá dos termos com que a sentença efetuará a declaração. Se o fizer genericamente, sem especificar o *quantum* do débito e sem precisar o termo e as condições de exigibilidade da prestação obrigacional, a sentença será puramente declaratória e não terá aptidão para funcionar como título executivo. Se, todavia, entrar em detalhes da relação material, declarando seus elementos de maneira a estabelecer a certeza e liquidez da obrigação certificada, a sentença, ainda que não contenha o comando condenatório típico, será havida como título executivo judicial, nos termos do art. 515, I, do CPC/2015.

A par disso, é bom lembrar que não apenas a sentença proferida na ação declaratória é sentença *declaratória*. Em qualquer ação, toda sentença que dá pela improcedência do pedido

---

[154] AMARAL SANTOS, Moacyr. *Primeiras linhas de direito processual civil*. 21. ed. São Paulo: Saraiva, 2003, v. III, n. 659. Com a reforma do Código pela Lei 11.232/2005, a força executiva foi estendida a algumas sentenças declaratórias, quais sejam, aquelas em que não apenas se declare existir ou inexistir uma relação jurídica, mas se reconheça a existência de obrigação de fazer, não fazer, entregar coisa ou pagar quantia certa (art. 475-N, inc. I) [CPC/2015, art. 515, I] (sobre o tema, ver, v. III).

[155] CHIOVENDA, Giuseppe. *Instituições de direito processual civil*. 3. ed. São Paulo: Saraiva, 1969, v. I, n. 42, p. 182-183.

é sentença declaratória, "declaratória negativa", como ensina Frederico Marques.[156] É que, "julgando improcedente a ação, a sentença nada mais faz do que declarar a inexistência da relação jurídica em que o autor fundamentava a ação".[157] Assim também, há sempre declaração negativa na sentença que desacolhe pedido de declaração positiva de existência de relação jurídica, e vice-versa.

786. Sentenças condenatórias

Na sentença condenatória, certifica-se a existência do direito da parte vencedora, "como preparação à obtenção de um bem jurídico".[158] Exerce, pois, dupla função, essa modalidade sentencial: "Aprecia e declara o direito existente e prepara a execução. Contém, portanto, um comando diverso do comando da sentença declaratória, pois determina que se realize e torne efetiva determinada sanção, isto é, que o vencido cumpra a prestação de dar, fazer ou não fazer, ou de abster-se de realizar certo fato, ou de desfazer o que realizou".[159]

Em outras palavras, a sentença condenatória, em regra, atribui ao vencedor "um título executivo", possibilitando-lhe recorrer ao processo de execução, caso o vencido não cumpra a prestação a que foi condenado. Uma vez, porém, que existem condenações relacionadas a obrigações não suscetíveis de execução forçada (*v.g.*, as relativas às obrigações de declaração de vontade, à obrigação de cumprir compromisso de contratar, às obrigações de fazer infungíveis etc.), melhor é definir a sentença condenatória como aquela que, ao acertar (ou certificar) uma situação jurídica, prescreve um certo comportamento para o obrigado, consistente no cumprimento de uma prestação.[160]

Se, em regra, a condenação prepara a execução, não se deve, entretanto, atrelar esse tipo de sentença, necessariamente, à formação de título executivo, pois na própria lei se encontrarão casos em que a eficácia condenatória se dará sem o concurso de ulterior execução forçada. Lembre-se da sentença condenatória genérica, que impõe à parte indenizar o dano cujo montante ainda se desconhece. Enquanto não ocorrer a liquidação por meio do procedimento adequado (CPC/2015, arts. 509 a 512), existirá uma sentença condenatória, mas não existirá um título executivo judicial. Mais significativo, ainda, é o caso da sentença que condena ao cumprimento de um pré-contrato ou de uma obrigação de declaração de vontade (modalidades de obrigação de fazer): proferida a condenação, a sentença produz, por si mesma, o efeito que corresponde à prestação omitida pelo obrigado inadimplente, sem depender, portanto, do recurso à execução forçada (art. 501).

De tal sorte, a sentença condenatória, em termos gerais, é aquela que tem por conteúdo a imposição do cumprimento de uma obrigação já violada ou cuja violação se ameaça. Pode-se, com efeito, recorrer à tutela condenatória, tanto para reparar a lesão já consumada (tutela repressiva) como para impedir o dano temido (tutela inibitória). No primeiro caso, aparelha-se a execução forçada da prestação devida (art. 513), e no segundo, proíbe-se a prática do

---

156 MARQUES, José Frederico. *Instituições de direito processual civil*. Rio de Janeiro: Forense, 1959, v. III, n. 852.

157 AMARAL SANTOS, Moacyr. *Primeiras linhas de direito processual civil*. 21. ed. São Paulo: Saraiva, 2003, v. III, n. 659.

158 CHIOVENDA, Giuseppe. *Instituições de direito processual civil*. 3. ed. São Paulo: Saraiva, 1969, v. I, n. 42, p. 182-183.

159 REZENDE FILHO, Gabriel. *Curso de direito processual civil*. 5. ed. São Paulo: Saraiva, 1959, v. III, n. 813.

160 COMOGLIO, Luigi Paolo; FERRI, Corrado; TARUFFO, Michelle. *Lezioni sul processo civile*. 4. ed. Bologna: Il Mulino, 2006, v. I, p. 581.

ato, impondo-se obrigação de não fazer, sob cominação de multa e emprego de outros meios coercitivos (arts. 497, 536, § 1º, e 537).[161]

Há quem advogue a existência, também, de sentenças *executivas* e *mandamentais*, que seriam diferentes das condenatórias porque não preparariam a execução futura a ser realizada em outra relação processual, mas importariam comandos a serem cumpridos dentro do mesmo processo em que a sentença foi proferida, dispensando, dessa maneira, a *actio iudicati* (*v.g.*, ações possessórias, de despejo, mandado de segurança etc.). Nas mandamentais, outrossim, o desrespeito à ordem judicial, além das medidas executivas usuais, acarretaria responsabilidade penal para a parte que não a cumprisse voluntariamente. Essas peculiaridades, a meu ver, não são suficientes para criar sentenças essencialmente diversas, no plano processual, das três categorias clássicas. Tanto as que se dizem executivas como as mandamentais realizam a essência das condenatórias, isto é, declaram a situação jurídica dos litigantes e ordenam uma prestação de uma parte em favor da outra. A forma de realizar processualmente essa prestação, isto é, de executá-la, é que diverge. A diferença reside, pois, na execução e no respectivo procedimento. Sendo assim, não há razão para atribuir uma natureza diferente a tais sentenças. O procedimento em que a sentença se profere é que foge dos padrões comuns. Esse, sim, deve ser arrolado entre os especiais, pelo fato de permitir que em uma só relação processual se reúnam os atos do processo de conhecimento e os do processo de execução. O procedimento é que merece a classificação de executivo *lato sensu* ou mandamental.

A diferença que leva a considerar uma sentença como executiva ou mandamental situa-se no plano da *tutela* prestada ao direito da parte, como bem observa Marinoni, e não na função processual da sentença.[162] Há sentenças que, por si sós, exaurem a tutela proporcionada ao litigante, e outras que dependem de atividade complementar, isto é, dos *meios executivos*. Sem a atividade executiva, a tutela não se realiza ou não se completa.

É a tutela complementar (ou subsequente à sentença) que no plano executivo pode ser *sumária ou imediata* – como as que correspondem à simples expedição de um mandado executivo após a condenação – ou pode reclamar providências de *maior complexidade* – como as que exigem a instauração de uma nova relação processual (*actio iudicati*) ou a realização de atos expropriatórios no domínio do executado – antes de proporcionar o bem devido ao exequente. Tudo, porém, se passa no âmbito da *tutela satisfativa, e não da definição* contida na sentença.

Para chegar-se, outrossim, aos atos executivos, ou seja, à agressão à posse ou ao patrimônio do devedor, nem mesmo se exige que a sentença tenha ordenado a realização compulsória de determinada prestação. Basta que tenha definido ou certificado a existência de uma obrigação, em todos os seus elementos subjetivos e objetivos, de maneira a reconhecer-lhe certeza, liquidez e exigibilidade (art. 783).

Quando o Código, em seus termos atuais, define o título executivo judicial, não mais se refere à sua natureza condenatória. Considera dotada de tal força qualquer decisão proferida, em processo civil, que reconheça "a exigibilidade de obrigação de pagar quantia, de fazer, de não fazer ou de entregar coisa" (art. 515, I). Podem gerar execução forçada, de tal sorte, tanto as sentenças condenatórias como as constitutivas, e até mesmo as meramente declaratórias.

---

[161] CAPONI, Remo; PROTO PISANI, Andrea. *Linementi di diritto processuale civile*. Napoli: Jovene Editore, 2001, p. 123-124.

[162] "A sentença é apenas uma técnica processual destinada à prestação da tutela jurisdicional do direito" (MARINONI, Luiz Guilherme. Classificação das sentenças que despendem de execução. *Revista Jurídica*, Porto Alegre, v. 351, jan. 2007, p. 61).

Não há, nessa ordem de ideias, de distinguir, pelos efeitos executivos, as sentenças declaratórias, as constitutivas e as condenatórias, se todas podem, conforme as circunstâncias, funcionar como título executivo judicial.

Executividade pronta ou diferida, simples ou complexa, e mandamentalidade são características não da sentença civil, mas propriamente das vias executivas previstas no ordenamento jurídico para proporcionar à parte o bem da vida que a sentença lhes reconhece, pouco importando seja ela condenatória, constitutiva ou declaratória.

787. Sentença constitutiva

Sem se limitar à mera declaração do direito da parte e sem estatuir a condenação do vencido ao cumprimento de qualquer prestação, a sentença constitutiva "cria, modifica ou extingue um estado ou relação jurídica".[163] O seu efeito opera instantaneamente, dentro do próprio processo de cognição, de modo a não reclamar ulterior execução da sentença. A simples existência da sentença constitutiva gera a "modificação do estado jurídico existente".[164]

Enquanto na sentença declaratória o juiz se restringe a atestar a preexistência de relações jurídicas; na sentença constitutiva, sua função é essencialmente "criadora de situações novas".[165] São exemplos de sentenças constitutivas: a que decreta a separação dos cônjuges; a que anula o ato jurídico por incapacidade relativa do agente, ou por vício resultante de erro, dolo, coação, simulação ou fraude; as de rescisão de contrato; as de anulação de casamento etc.

788. Momento de eficácia da sentença

As sentenças declaratórias e as condenatórias produzem efeito *ex tunc*.[166] Nas primeiras, o efeito declaratório retroage à época em que se formou a relação jurídica, ou em que se verificou a situação jurídica declarada.[167] Exemplo: declarado nulo o casamento, o efeito da sentença retroage à data da celebração. Nas sentenças condenatórias, também o efeito é *ex tunc*, mas a retroação se faz apenas até a data em que o devedor foi constituído em mora, via de regra, à data da citação, conforme o art. 240 do CPC/2015.[168]

Já o efeito das sentenças constitutivas é normalmente *ex nunc*. Produz-se para o futuro, a partir do trânsito em julgado. São casos especiais de sentença constitutiva:

(a) sentença que anula o ato jurídico por incapacidade relativa do agente, ou vício de erro, dolo, coação, simulação ou fraude, porque sua eficácia é *ex tunc* em decorrência do art. 182 do Código Civil, que manda, *in casu*, sejam as partes restituídas ao estado em que se achavam antes do ato anulado;

---

163 REZENDE FILHO, Gabriel. *Curso de direito processual civil*. 5. ed. São Paulo: Saraiva, 1959, v. III, n. 813.

164 CHIOVENDA, Giuseppe. *Instituições de direito processual civil*. 3. ed. São Paulo: Saraiva, 1969, v. I, n. 42, p. 182-183. Pela mutação jurídica que a sentença constitutiva acarreta, é ela dotada, na verdade, de força executiva *lato sensu*. "La sentencia constitutiva, mientras es acto de declaración de certeza, por cuanto declara cierto el derecho potestativo, es también acto de ejecución, encuanto lo actúa (y, nótese, lo consuma)" (ALLORIO, Enrico. *Problemas de derecho procesal*. Buenos Aires: EJEA, 1963, v. II, p. 184).

165 LORETO, Luís. *Revista Forense* 98/8.

166 MARQUES, José Frederico. *Instituições de direito processual civil*. Rio de Janeiro: Forense, 1959, v. III, n. 852.

167 AMARAL SANTOS, Moacyr. *Primeiras linhas de direito processual civil*. 21. ed. São Paulo: Saraiva, 2003, v. III, n. 659.

168 AMARAL SANTOS, Moacyr. *Primeiras linhas de direito processual civil*. 21. ed. São Paulo: Saraiva, 2003, v. III, n. 660.

(*b*) a sentença de interdição, de prestação de alimentos, de concessão ou revogação da tutela provisória, de homologação da divisão ou demarcação de terras, entre outras, porque seus efeitos *ex nunc* começam a atuar a partir da sentença, antes mesmo do trânsito em julgado (CPC/2015, art. 1.012, § 1º).

789. Multiplicidade de efeitos da sentença

A classificação da sentença se faz pelo efeito principal do julgado, conforme contenha uma condenação, uma declaração ou uma constituição de relação jurídica. No entanto, na prática, as sentenças nunca se limitam a tais provimentos. Assim, na sentença declaratória e na constitutiva, sempre haverá condenação do vencido nas custas e nos honorários advocatícios (CPC/2015, arts. 82 e 85). Assim, a sentença de ação condenatória deve ser considerada sentença declaratória na parte, por exemplo, em que nega a ocorrência de prescrição da ação; e as sentenças de ações declaratórias e constitutivas devem ser havidas como sentenças condenatórias na parte que condenam os vencidos às despesas do processo.

§ 100. EFEITOS DA SENTENÇA

790. Conceito

Vários são os efeitos da sentença definitiva, mas o principal é, sem dúvida, o de pôr fim à função do julgador na fase cognitiva do processo e na execução, mediante a apresentação da prestação jurisdicional (CPC/2015, art. 494). Na dicção do CPC português de 2013, "proferida a sentença, fica imediatamente esgotado o poder jurisdicional do juiz, quanto à matéria da causa" (art. 613º, nº 1).

Poderíamos apelidar esse efeito principal de "efeito formal" da sentença. Tem ela, por outro lado, efeitos "materiais" que criam novas situações jurídicas para os litigantes. Assim, a sentença condenatória gera o título executivo que faculta ao vencedor utilizar-se da atividade jurisdicional de execução forçada, caso o vencido não satisfaça a prestação assegurada no julgado. A sentença constitutiva, por sua vez, opera a extinção da relação jurídica litigiosa ou cria nova situação jurídica para as partes. E a sentença declaratória, finalmente, gera a certeza jurídica sobre a relação jurídica questionada em juízo.

Entre os efeitos secundários da sentença, podem-se citar a hipoteca judicial e outros que, em alguns casos, surgem como consequência ou efeito automático do provimento com que se decidiu o litígio.

Se a sentença é apenas terminativa, isto é, aquela que encerra o processo sem solucionar o mérito, seu efeito é tão somente interno (atua apenas sobre a relação processual), pois, conforme dispõe o art. 486, em tal caso, "o pronunciamento judicial que não resolve o mérito não obsta a que a parte proponha de novo a ação". A essa regra, abre o Código, porém, exceção para as extinções motivadas por perempção, litispendência ou coisa julgada.

Em regra, a sentença terminativa, como se vê, não vai além da relação processual, deixando incólume a relação substancial controvertida. Portanto, quando há extinção do processo sem resolução do mérito, a sentença não faz coisa julgada material, mas apenas formal, de maneira que, superados os óbices verificados no processo extinto, é viável a reproposição da mesma ação (art. 486).[169]

791. Entrega da prestação jurisdicional

Ao publicar a sentença de mérito, o juiz cumpre o ofício jurisdicional pertinente ao acertamento do litígio (prestação típica do processo de conhecimento). No entanto, se ainda há possibilidade de recurso, a sentença não corresponde a uma definitiva "*entrega* da prestação jurisdicional". O juiz, ao proferir a sentença, apenas está apresentando a questionada prestação. "A sua *entrega* só ocorre quando não cabe ou não mais cabe recurso, ou quando já não cabe, ou a lei não o dá, de decisão que a confirmou ou a reformou. A *entrega*, portanto, da prestação jurisdicional ocorre na última decisão",[170] naquela que virá revestir-se da indiscutibilidade da coisa julgada.

Por outro lado, enquanto passível de recurso, a sentença, na lição de Chiovenda, "não encerra nenhum valor atual" e, "simplesmente, apresenta o valor de um ato que *pode converter-se em sentença*, se o recurso for renunciado ou perempto. A sentença de primeiro grau, portanto, constitui mera possibilidade de sentença, mera *situação jurídica*".[171] Em outras palavras, a entrega da prestação jurisdicional "só se efetua quando a sentença passa em julgado".[172]

---

169 STJ, 4ª T., REsp 1.215.189/RJ, Rel. Min. Raul Araújo Filho, ac. 02.12.2010, *DJe* 01.02.2011.

170 PONTES DE MIRANDA, Francisco Cavalcanti. *Tratado da ação rescisória*, 1957, p. 203.

171 *Apud* MARQUES, José Frederico. *Manual de direito processual civil*. Rio de Janeiro: Forense, v. III, n. 540, p. 46.

172 MARQUES, José Frederico. *Instituições de direito processual civil*. Rio de Janeiro: Forense, 1960, v. V, n. 1.069.

792. Classificação das sentenças quanto aos efeitos

Na sua função pacificadora dos litígios, a sentença produz sua eficácia sobre o relacionamento jurídico material dos litigantes, e o faz no desempenho de três funções básicas: *(i)* o acertamento positivo ou negativo em torno da existência e conteúdo da relação controvertida; *(ii)* a alteração da situação jurídica existente entre as partes; e *(iii)* a determinação de medidas para impor a realização de prestação devida por uma das partes em favor da outra.

O acertamento ocorre em todas as sentenças; a constituição de situação jurídica nova acontece em face do acertamento do direito potestativo; e a condenação se dá diante do reconhecimento da violação de um direito.

Em todos esses casos, os efeitos da sentença manifestam-se de imediato, mas nem sempre se esgotam somente com sua prolação. Às vezes, tudo o que se espera juridicamente da sentença ocorre no ato do pronunciamento; outras vezes, o efeito prático visado somente se consumará mediante a adoção de providências complementares posteriores ao advento da sentença. Podem, assim, as sentenças ser classificadas, quanto aos efeitos, em duas espécies:

(a) *Sentenças de eficácia imediata ou completa*: quando por si só produzem todos os efeitos para os quais foi pronunciada. É o caso das sentenças constitutivas e declaratórias em geral, bem como a de certas sentenças condenatórias, cuja imposição se consuma independentemente de ato executivo ulterior, como a condenação a prestar declaração de vontade (CPC/2015, art. 501), a cumprir obrigação de não fazer, a perder o sinal dado em contrato rescindido, a que proíbe preventivamente determinado comportamento etc. A certeza jurídica que se busca com umas e a inovação jurídica que se procura com outras tornam-se realidade por meio do próprio ato sentencial. Ela se apresenta, portanto, como exauriente da prestação jurisdicional postulada e deferida.

(b) *Sentenças de eficácia contida ou mediata*: quando a concretização da tutela é diferida para estágio ulterior ao provimento de certificação do direito da parte e somente se completa mediante outras providências judiciais de natureza coercitiva sobre a pessoa do devedor ou seu patrimônio. É o caso das sentenças condenatórias em geral e de outras que a lei a elas equipara no tocante à eficácia executiva. A prestação imposta pela sentença, ou pelo negócio por ela homologado, somente será alcançada depois de praticados outros atos do juízo tendentes a materializar o comando sancionatório.

Quanto ao modo de realizar os atos de cumprimento da sentença condenatória, podem ser de maior ou menor complexidade:

(a) às vezes, basta um mandado executivo expedido após a sentença (*v.g.*, mandado de despejo, de entrega de coisa, de imissão na posse, de demolição etc.);

(b) algumas vezes, por dificuldade do emprego de meios sub-rogatórios, adotam-se medidas indiretas de coerção para compelir o devedor a realizar pessoalmente a prestação devida (*v.g.*, multa, prisão civil, fechamento de estabelecimento, suspensão de direitos etc.);

(c) outras vezes, mesmo sendo possível a adoção de meios sub-rogatórios, torna-se necessário um procedimento mais complexo, entre a sentença e a realização forçada da prestação a realizar, como na condenação a pagamento de quantia certa, em que se tem de passar pelos atos de constrição e expropriação de bens do devedor para se obter o numerário com que se irá satisfazer executivamente o comando da sentença;

(d) por fim, há a hipótese de maior complexidade processual, em que, após a sentença condenatória, o credor tem de recorrer a um novo processo, impulsionado por uma nova ação – a ação de execução –, para alcançar a realização compulsória da prestação a que tem direito (*v.g.*, execução da sentença arbitral, da sentença estrangeira, da sentença contra a Fazenda Pública etc.).

Em resumo, a execução forçada das sentenças de efeito contido ou mediato acontece por duas vias:

(a) pelo caminho sumário da *executio per officium iudicis*, em que na mesma relação processual em que ocorreu o acertamento do direito da parte se realizam os atos de sua execução; ou

(b) pela via complexa da *actio iudicati*, que exige o estabelecimento de outra relação processual, de natureza distinta daquela em que ocorreu o acertamento, voltada apenas para a prática dos atos jurissatisfativos.

793. Hipoteca judiciária

Dispõe o art. 495, *caput*, do CPC/2015 que a "decisão que condenar o réu ao pagamento de prestação consistente em dinheiro e a que determinar a conversão de prestação de fazer, de não fazer ou de dar coisa em prestação pecuniária valerão como título constitutivo de hipoteca judiciária". Trata-se de um efeito secundário próprio da sentença condenatória a prestação de quantia de dinheiro ou de outras prestações que se tenham convertido em dinheiro. Incide sobre imóveis do vencido. Decorre imediatamente da sentença condenatória, sendo irrelevante a interposição ou não de recurso contra ela. Tampouco importa sua liquidez ou iliquidez;[173] mas, para ser hipoteca oposta a terceiros, depende de averbação no registro de imóveis (art. 495, § 2º).

Dita hipoteca, no regime do CPC/1973, continha apenas o elemento "sequela", inexistindo a "preferência". Na lição de Amílcar de Castro, funcionava como "um meio preventivo da fraude, para evitar a alienação em fraude de execução e impedir a constituição de novas garantias, e não com o intuito de conferir preferência ao credor que a inscreva".[174] O Código atual, além de facilitar sua constituição, deu-lhe maiores dimensões, de sorte que o gravame legal passou a contar também com "o direito de preferência quanto ao pagamento, em relação a outros credores, observada a prioridade no registro" (art. 495, § 4º).

Com a cautela da inscrição da hipoteca judiciária, o credor evita os percalços de provar os requisitos da fraude de execução. A inscrição não se faz *ex officio*, dependendo de requerimento do interessado. Decorre a faculdade da simples publicação da sentença. Não se subordina à coisa julgada. Para inscrevê-la, não há necessidade de mandado do juiz. Basta que a parte apresente ao registro de imóveis, cópia da sentença, a qual, naturalmente, deverá estar autenticada (art. 495, § 2º). E é admissível, de acordo com § 1º do art. 495, ainda que:

(a) seja genérica a condenação (inciso I);
(b) exista arresto de bens do devedor (inciso II);
(c) seja possível o cumprimento provisório da sentença (inciso II); e
(d) tenha sido impugnada por recurso dotado de efeito suspensivo (inciso III).

---

173 STJ, 3ª T., REsp 1.133.147/SP, Rel. Min. Sidnei Beneti, ac. 04.05.2010, *DJe* 24.05.2011; STJ, 2ª T., REsp 762.230/SP, Rel. Min. Castro Meira, ac. 16.10.2008, *DJe* 06.11.2008.

174 *Apud* REZENDE FILHO, Gabriel. *Curso de direito processual civil*. 5. ed. São Paulo: Saraiva, v. III, n. 827.

Atualmente, o título executivo judicial não é mais apenas a sentença condenatória. Qualquer modalidade de sentença pode assumir força executiva, bastando que contenha o reconhecimento da existência de obrigação de fazer, não fazer, entregar coisa ou pagar quantia (art. 515, I). Diante disso, embora o CPC/2015 fale, no art. 495, em decisão que condene o réu ao pagamento de quantia de dinheiro, o certo é que a hipoteca judiciária não mais depende de uma sentença tipicamente condenatória. Poderá ser deferida, também, com base em sentenças declaratórias ou constitutivas, sempre que nelas se der o acertamento da existência de obrigação cuja prestação seja o pagamento de soma de dinheiro ou de decisões que tenham convertido em dinheiro prestações originariamente relacionadas a outros bens.

Como não se exige a condenação em sentido literal, a hipoteca judiciária poderá ser obtida tanto pelo autor como pelo réu, conforme os termos do reconhecimento da obrigação contido na sentença. Mas, mesmo partindo a iniciativa do devedor, ele não ficará isento da responsabilidade pelo pagamento da multa e dos honorários previstos no art. 525, § 1º, do CPC, porque a hipoteca judiciária não tem força de pagamento, visa tão somente assegurar futura execução.[175]

A hipoteca judiciária, como o nome indica, deverá recair sobre bem imóvel, de escolha do credor. Destinando-se a garantir futura execução por quantia certa, o gravame há de incidir sobre bem penhorável, como é óbvio. A propósito, o Superior Tribunal de Justiça já decidiu que a impenhorabilidade do bem de família (Lei 8.009/1990, art. 1º) impede que sobre ele seja constituída a hipoteca judiciária. Mesmo porque, "a constituição da hipoteca judicial sobre bem impenhorável não conduz a nenhuma utilidade, pois ela em nada resultaria, já que não é permitida a expropriação desse bem".[176]

A parte que obtém a hipoteca judiciária, nos 15 dias que se seguirem ao registro, deverá comunicá-la ao juízo da causa, que determinará a intimação da outra parte para que tome ciência do ato (art. 495, § 3º). Não se trata, porém, de simples ato de ciência, visto que, em caso de medida que restringe o direito de propriedade do devedor, não se pode encerrar a diligência sem assegurar-lhe o contraditório (CF, art. 5º, LV). A lei facilita a inscrição, que ocorre por iniciativa unilateral do credor, sem que, entretanto, isto elimine o direito de defesa do devedor, o qual será objeto de contraditório diferido, praticável após a intimação prevista no art. 495, § 3º, do CPC.[177]

Um dos questionamentos possíveis é o que se refere ao valor da dívida garantido: é possível a inscrição da hipoteca judiciária sem prévia autorização judicial, mas, se o caso é de condenação genérica, não é admissível promovê-la sem estimativa do respectivo *quantum*. A Lei 6.015/1973 exige que o registro da hipoteca se faça sempre com referência expressa ao valor da dívida (art. 176, § 1º, III, 5). Temas a respeito desse elemento, bem como ao excesso ou abuso da inscrição são matérias passíveis de impugnação após concluído o ato registral, cabendo ao juiz da causa a respectiva solução.

Se a sentença autorizadora da hipoteca judiciária vier a ser reformada ou invalidada, a parte que constituiu o gravame responderá, independentemente de culpa, pelos danos que a outra parte tiver sofrido. O valor da indenização será liquidado e executado nos próprios autos (art. 495, § 5º).

---

175 STJ, 3ª T., REsp 2.090.733/TO, Rel. Min. Nancy Andrighi, ac. 17.10.2023, *DJe* 27.10.2023.

176 STJ, 4ª T., RMS 12.373/RJ, Rel. Min. Cesar Asfor Rocha, ac. 14.11.2000, *RSTJ* 141/409; STJ, 4ª T., RMS 12.373/RJ, Rel. Min. César Asfor Rocha, ac. 14.11.2000, *DJU* 12.02.2001, p. 115.

177 TUCCI, José Rogério Cruz e. *Comentários ao Código de Processo* Civil. 2. ed. São Paulo: RT, 2018, v. VIII, p. 155; MEDINA, José Miguel Garcia. *Novo Código de Processo Civil comentado*. 5. ed. São Paulo: RT, 2017, p. 805; FONSECA, João Francisco Naves da. *Comentários ao Código de Processo Civil*, São Paulo: Saraiva, 2017, v. IX, p. 87-88.

794. Outros efeitos secundários da sentença

Para os partidários da doutrina de Liebman, a que se filiou nosso Código, os efeitos principais da sentença são a *condenação*, a *declaração* ou a *constituição*. A coisa julgada é uma *qualidade* desses efeitos. Várias são, todavia, as consequências de fato da sentença, que, conforme o caso, se apresentam como efeitos acessórios ou secundários, atuando em decorrência da própria lei e independentemente de qualquer pedido das partes no processo.

Os processualistas, comumente, arrolam os seguintes exemplos de efeitos secundários da sentença, no direito pátrio:

(a) hipoteca judiciária, nos casos de sentença condenatória (CPC/2015, art. 495);

(b) dissolução da comunhão de bens, nos casos de sentença de separação judicial (Código Civil, art. 1.575) e de divórcio (CF, art. 226, § 6º);

(c) perda do direito de usar o sobrenome de outro cônjuge, quando declarado culpado na ação de separação judicial (Código Civil, art. 1.578);

(d) perempção do direito de demandar, quando o autor der motivo a três extinções do processo, por abandono da causa (CPC/2015, art. 486, § 3º);

(e) havendo condenação do devedor a emitir declaração de vontade, "a sentença que julgar procedente o pedido, uma vez transitada em julgado, produzirá todos os efeitos da declaração não emitida" (CPC/2015, art. 501);

(f) a decisão judicial transitada em julgado pode ser levada a protesto, depois de transcorrido o prazo previsto para pagamento voluntário (CPC/2015, art. 517 c/c o art. 523).

Sobre o efeito do julgado que condene o devedor a emitir a declaração de vontade, caso frequente nas ações relativas aos contratos preliminares (Código Civil, arts. 462 a 466), e, mais especificamente, aos compromissos de compra e venda, a matéria será abordada no vol. III, entre os casos de cumprimento das sentenças de condenação a prestações de fazer.

795. Duplo grau de jurisdição (remessa *ex officio* ou reexame necessário)

O duplo grau de jurisdição necessário, previsto no art. 496, não é um recurso *ex officio* como no direito antigo se afirmava: ao condicionar a eficácia da sentença contra a Fazenda Pública a sua confirmação pelo tribunal, o que a lei realmente se propõe é conferir maior segurança ao julgamento dessa modalidade. Diversamente do que se passa com os recursos, não há na remessa necessária impugnação alguma ao conteúdo da sentença, mas apenas uma protelação do momento de eficácia do julgamento da causa.[178]

O CPC/2015, sob o *nomen iuris* de "remessa necessária", prevê no art. 496 que só após a confirmação pelo tribunal é que produzirá efeito a sentença:

(a) proferida contra a União, os Estados, o Distrito Federal, os Municípios, e as respectivas autarquias e fundações de direito público (inciso I);[179]

---

[178] "O duplo grau obrigatório é proteção que se destina a conferir maior segurança aos julgamentos de mérito desfavoráveis à Fazenda Pública" (STJ, 2ª T., AgRg no AREs 335.868/CE, Rel. Min. Herman Benjamin, ac. 05.11.2013, *DJe* 09.12.2013. Cf também: STJ, 1ª T., AgRg no AgInt no REsp. 1.349.876/PE, Rel. Min. Napoleão Maia Filho, ac. 09.03.2020, *DJe* 11.03.2020).

[179] Submetem-se ao duplo grau necessário as sentenças proferidas contra a Fazenda Pública em liquidação de sentença por artigos ou por arbitramento (STJ, 5ª T., AGREsp 236.589/SP, Rel. Min. Gilson Dipp, ac.

(b) que julgar procedentes, no todo ou em parte, os embargos à execução fiscal (inciso II).[180]

Em tais casos, cumpre ao juiz, de ofício, determinar a subida dos autos ao Tribunal se a Fazenda Pública não interpuser apelação no prazo legal. Se não o fizer, o presidente do Tribunal poderá avocá-los para que o reexame necessário seja cumprido (art. 496, § 1º). A novidade do CPC de 2015 é a supressão da superposição de remessa necessária e apelação. Se o recurso cabível já foi voluntariamente manifestado, o duplo grau já estará assegurado, não havendo necessidade de o juiz proceder à formalização da remessa oficial. A sistemática do Código anterior complicava o julgamento do tribunal, que tinha de se pronunciar sobre dois incidentes – a remessa necessária e a apelação –, o que, quase sempre, culminava com a declaração de ter restado prejudicado o recurso da Fazenda Pública diante da absorção de seu objeto pelo decidido no primeiro expediente. Andou bem, portanto, o Código de 2015 em cogitar da remessa necessária apenas quando a Fazenda Pública for omissa na impugnação da sentença que lhe for adversa (art. 496, § 1º).

Segundo o mecanismo referido, da omissão da interposição do recurso pela Fazenda Pública não decorre preclusão lógica ou aceitação tácita da sentença capazes de impedir o reexame da causa em segundo grau de jurisdição. O que se tem na espécie é um privilégio da Fazenda Pública, muito criticado pela doutrina, que consiste na garantia de contar com a apreciação do mérito, em duas instâncias, ainda quando o ente público tenha descurado de aviar o recurso cabível.[181]

Naturalmente, a coisa julgada não ocorre senão a partir da confirmação da sentença pelo tribunal, com esgotamento da possibilidade de recursos voluntários pelas partes.[182]

Nas causas de alçada, reintroduzidas em nosso direito processual civil pela Lei 6.830, de 22.09.1980, no âmbito das execuções fiscais, e para as quais aboliu-se o recurso de apelação, não incide também o duplo grau necessário de jurisdição.[183]

Quanto ao conteúdo do julgamento que o Tribunal deve pronunciar, por força do reexame *ex officio*, há de lembrar-se que, operando o duplo grau de jurisdição como um remédio

---

16.03.2000, *DJU* 10.04.2000, p. 120; STJ, 1ª T., REsp 90.245/TO, Rel. Min. José Delgado, ac. 17.06.1996, *DJU* 19.08.1996, p. 28.444; STJ, 2ª T., AgRg no REsp 1.112.621/SP, Rel. Min. Herman Benjamin, ac. 03.09.2009, *DJe* 11.09.2009).

180 "No cumprimento de sentença contra a Fazenda Pública, oposta a impugnação e julgada improcedente, não há remessa necessária do CPC 496, pois não houve decisão 'contra' a Fazenda Pública, mas simplesmente confirmou-se a presunção de liquidez, certeza e exigibilidade, que já pesava sobre o título executivo judicial (...). A decisão 'contra' a Fazenda Pública já foi proferida no anterior processo de conhecimento, esta sim submetida ao duplo grau necessário" (NERY JR., Nelson; NERY, Rosa Maria de Andrade. *Código de Processo Civil comentado*. 19.ed. São Paulo: Ed. RT, 2020, p. 1396, nota 5 ao art. 534). Nesse sentido é também a jurisprudência do STJ (REsp 1.107.662/SP, 2ª T., Rel. Min. Mauro Campbell Marques, ac. 23.11.2010, *DJe* 02.12.2010).

181 STJ, Corte Especial, REsp 905.771/CE, Rel. Min. Teori Albino Zavascki, ac. 29.06.2010, *DJe* 19.08.2010; STJ, 2ª T., REsp 1.173.724/AM, Rel. Min. Mauro Campbell Marques, ac. 26.10.2010, *DJe* 10.11.2010.

182 "Não transita em julgado a sentença por haver omitido o recurso *ex officio*, que se considera interposto *ex lege*" (STF, *Súmula* 423). O julgamento nos casos de duplo grau de jurisdição configura ato complexo, que só se torna perfeito e exequível após a consumação de todos os atos parciais. Por isso, a remessa *ex officio* do processo ao Tribunal acarreta sempre os efeitos devolutivo e suspensivo (TFR, MS 40.330, Rel. Min. Amarilio Benjamin, *Rev. Forense* 215/94; SEABRA FAGUNDES, *Dos recursos ordinários em matéria civil*, p. 190). Nesse sentido: STJ, 2ª T., EDcl no AgRg nos EDcl no REsp 1.108.636/SP, Rel. Min. Humberto Martins, ac. 23.11.2010, *DJe* 01.12.2010.

183 STF, RE 95.574, Rel. Min. Djaci Falcão, *RTJ* 105/737; TJSP, AI 36.078, Rel. Des. Kazuo Watanabe, *RT* 558/83; STJ, 1ª T., REsp 413.677/RS, Rel. Min. José Delgado, ac. 16.04.2002, *DJU* 13.05.2002, p. 173. A Lei 6.825/1980 foi revogada pela Lei 8.197, de 27.06.1991.

processual de tutela dos interesses da Fazenda Pública, não pode a reapreciação da instância superior conduzir a um agravamento de sua situação no processo, sob pena de cometer-se uma intolerável *reformatio in pejus*. Dessa maneira, a sentença só poderá ser alterada contra a Fazenda quando, a par da remessa *ex officio*, houver também recurso voluntário da parte contrária.[184]

No que diz respeito às pessoas jurídicas de direito público beneficiadas com o duplo grau de jurisdição, o CPC/2015 deixa claro que não são apenas a União, os Estados, o Distrito Federal e os Municípios, mas também as respectivas autarquias e fundações de direito público (art. 496, I). Não se aplica, pois, a remessa necessária às sentenças contrárias às sociedades de economia mista e às empresas públicas.

795.1. Julgamento da remessa necessária

Seja a remessa feita pelo juiz *a quo* ou provocada pela avocação do processo, o tribunal sempre julgará a remessa necessária (art. 496, § 2º). Na segunda instância, o julgamento do duplo grau de jurisdição necessário sujeitar-se-á à regra do art. 932 do CPC/2015 que autoriza o relator a decidir o recurso de forma singular (STJ, *Súmula* 253).

Na linguagem dos tribunais, utilizam-se, também, para identificar a medida, as expressões "remessa *ex officio*" ou "reexame necessário".

Toda eventual alteração ou supressão de casos de remessa *ex officio* importa modificação ou eliminação de competência absoluta (hierárquica). É de aplicação imediata, provocando a devolução dos processos ao juízo de origem, e tornando definitiva a sentença que até então pendia de confirmação pela instância de segundo grau. Isso somente não ocorrerá se houver, além da remessa oficial, recurso voluntário de parte ou do Ministério Público.[185]

Assim, tendo o CPC/2015 eliminado a remessa necessária quando a Fazenda houver recorrido, o Tribunal, nos processos em andamento, desprezará o reexame *ex officio* e apreciará apenas o recurso.

795.2. Exclusões da remessa necessária

O art. 496, § 3º, exclui do reexame necessário as ações cuja condenação ou proveito econômico obtido for de valor certo e líquido, inferior a:

(a) mil salários mínimos para a União e as respectivas autarquias e fundações de direito público (inciso I);

(b) quinhentos salários mínimos para os Estados, o Distrito Federal, as respectivas autarquias e fundações de direito público, e os Municípios que constituam capitais dos Estados (inciso II);

(c) cem salários mínimos para todos os demais municípios e respectivas autarquias e fundações de direito público (inciso III).

Veja-se que o Código atual manteve a orientação do anterior no sentido de excluir as causas de menor valor do reexame necessário. Contudo, não é o pedido inicial que importa, senão o valor em que a sentença condena o Poder Público, ou lhe nega direito em face do adversário.

---

184 STF, RE 78.766, Rel. Min. Aliomar Baleeiro, *RT* 478/229; "No reexame necessário, é defeso, ao Tribunal, agravar a condenação imposta à Fazenda Pública" (STJ, Súmula 45). Nesse sentido: STJ, 1ª T., REsp 940.367/BA, Rel. Min. Luiz Fux, ac. 16.09.2008, *DJe* 02.10.2008; STJ, 2ª T., REsp 1.233.311/PR, Rel. Min. Mauro Campbell Marques, ac. 24.05.2011, *DJe* 31.05.2011.

185 LACERDA, Galeno. *O novo direito processual civil e os feitos pendentes*. Rio de Janeiro: Forense, 1974, p. 83.

A dispensa de reexame necessário, todavia, não se aplica a sentenças ilíquidas, qualquer que seja o valor da causa (Súmula 490 do STJ).

O Código de 2015 também excluiu do reexame necessário a sentença contrária à Fazenda Pública que estiver lastreada num dos seguintes fundamentos (art. 496, § 4º):

(a) súmula de tribunal superior (inciso I);[186]
(b) acórdão proferido pelo Supremo Tribunal Federal ou pelo Superior Tribunal de Justiça em julgamento de recursos repetitivos (inciso II);
(c) entendimento firmado em incidente de resolução de demandas repetitivas ou de assunção de competência (inciso III);
(d) entendimento coincidente com orientação vinculante firmada no âmbito administrativo do próprio ente público, consolidada em manifestação, parecer ou súmula administrativa (inciso IV).

Em todos os casos em que o CPC/2015 suprimiu a remessa necessária (arts. 496, §§ 3º e 4º), chegando o processo à segunda instância já na vigência da lei nova, o tribunal não deverá conhecer do reexame, segundo o princípio de direito intertemporal lembrado por Galeno Lacerda, acima invocado. Os autos serão simplesmente restituídos ao juízo *a quo*, se não houver recurso voluntário a julgar.

---

[186] "A jurisprudência ou a súmula do tribunal superior que, invocada na sentença, dispensa o reexame necessário, há de ser entendida como aquela que diga respeito *aos aspectos principais da lide, às questões centrais decididas*, e não aos seus aspectos secundários e acessórios" (g.n.) (STJ, 1ª T., REsp 572.890/SC, Rel. Min. Teori Albino Zavascki, ac. 04.05.2004, *DJ* 24.05.2004, p. 190).

§ 101. COISA JULGADA

796. A conceituação de coisa julgada no Código atual

Ampla corrente doutrinária ensinava outrora que o principal efeito da sentença era a formação da coisa julgada.[187] Para o Código de 1973 e o atual, no entanto, o efeito principal da sentença, no plano do processo de conhecimento, é apenas "esgotar o ofício do juiz e acabar a função jurisdicional" (CPC/2015, art. 494), como adverte Ada Pellegrini Grinover.[188]

A *res iudicata*, por sua vez, apresenta-se como uma qualidade da sentença, assumida em determinado momento processual. Não é efeito da sentença, mas a qualidade dela representada pela "imutabilidade" do julgado e de seus efeitos, depois que não seja mais possível impugná-los por meio de recurso.

Assim é que, para o nosso Código, "denomina-se coisa julgada material a autoridade que torna imutável e indiscutível a decisão de mérito[189] não mais sujeita a recurso" (art. 502). Com a publicação, a sentença se torna irretratável para o julgador que a proferiu (art. 494). Mas o vencido pode impugná-la, valendo-se do duplo grau de jurisdição consagrado pelo nosso sistema judiciário e pedindo a outro órgão superior da Justiça que reexamine o julgado. Isso se faz por meio do recurso.

Para todo recurso a lei estipula prazo certo e preclusivo, de sorte que, vencido o termo legal, sem manifestação do vencido, ou depois de decididos todos os recursos interpostos, sem possibilidade de novas impugnações, a sentença torna-se definitiva e imutável.

Enquanto pende o prazo de recurso, ou enquanto o recurso pende de julgamento, a sentença apresenta-se apenas como um ato judicial, ato do magistrado tendente a traduzir a vontade da lei diante do caso concreto. A vontade concreta da lei, no entanto, "somente pode ser única". Por isso, apenas "pelo esgotamento dos prazos de recursos, excluída a possibilidade de nova formulação, é que a sentença, de simples ato do magistrado, passará a ser reconhecida pela ordem jurídica como a *emanação da vontade da lei*".[190]

Enquanto sujeita a recurso, a sentença não passa de "uma situação jurídica". Os efeitos próprios da sentença só ocorrerão, de forma plena e definitiva, no momento em que não mais seja suscetível de reforma por meio de recursos. Ocorrerá, então, o trânsito em julgado, tornando o decisório imutável e indiscutível (art. 502).

Há, outrossim, diante da possibilidade de ação rescisória da sentença (art. 966), dois graus de coisa julgada, conforme a lição de Frederico Marques: a *coisa julgada* e a coisa *soberanamente julgada*, ocorrendo esta última quando se escoe o prazo decadencial de propositura da rescisória (art. 975), ou quando seja ela julgada improcedente.[191]

Sendo, outrossim, rescindível e não nula a nova sentença que infringiu a coisa julgada, e como não podem coexistir duas coisas julgadas a respeito da mesma lide, força é concluir

---

[187] REZENDE FILHO, Gabriel. *Curso de direito processual civil*. 5. ed. São Paulo: Saraiva, 1959, v. III, n. 825.

[188] GRINOVER, Ada Pellegrini. *Direito Processual Civil*. São Paulo: J. Bushatsky, 1974, p. 81.

[189] Note-se que a coisa julgada não é exclusiva da sentença, mas de toda e qualquer decisão que resolva, no todo ou em parte, o mérito da causa. O CPC/2015 admite expressamente a formação parcelada da coisa julgada, inclusive por meio de decisões interlocutórias (art. 356). Superou, portanto, o mito (aliás, insustentável) da *incindibilidade* do julgamento do mérito e da pretensa *unitariedade* da *res iudicata*.

[190] AMARAL SANTOS, Moacyr. *Primeiras Linhas de Direito Processual Civil*. 4. ed. São Paulo: Max Limonad, 1973, v. III, n. 664.

[191] MARQUES, José Frederico. *Manual de Direito Processual Civil*. Campinas: Bookseller, 1997, v. III, n. 696.

que, em nosso sistema processual, enquanto não rescindida, deverá prevalecer a eficácia do segundo julgamento.[192]

Por último, é de se ter em conta que a coisa julgada é uma decorrência do conteúdo do julgamento de mérito, e não da natureza processual do ato decisório. Quando os arts. 502 e 503 do Código de 2015 estabelecem o conceito legal e a extensão do fenômeno da coisa julgada, e se referem a ela como uma qualidade da *decisão de mérito*, e não apenas da sentença, reconhecem a possibilidade de a *res iudicata* recair sobre qualquer ato decisório, que solucione "total ou parcialmente o mérito". Dessa maneira, a coisa julgada leva em conta o objeto da decisão, que haverá de envolver o mérito da causa, no todo ou em parte, seja o ato decisório uma sentença propriamente dita, seja um acórdão, seja uma decisão interlocutória. O importante é que o pronunciamento seja definitivo e tenha sido resultado de um acertamento judicial precedido de contraditório efetivo (Sobre a matéria, ver os itens relativos à ação rescisória e ao incidente de impugnação ao cumprimento de sentença, no volume III).

797. Sentença, efeitos e coisa julgada

Antigamente, tinha-se a coisa julgada como um dos efeitos da sentença. Posteriormente, além de ser vista como um efeito, a coisa julgada se considerava como superposta aos demais efeitos, não em toda extensão, mas limitadamente ao *efeito declarativo*. Desse modo, a *indiscutibilidade* e *imutabilidade*, que lhe são próprias, atingiriam a sentença apenas em seu conteúdo declaratório. Os efeitos condenatório e constitutivo estariam fora de seu alcance.

Essa visão que desfrutou do prestígio de ser defendida, no direito alemão, por Hellwig, e, no direito pátrio, por Pontes de Miranda e Celso Neves, foi superada no regime do Código de Processo Civil brasileiro, no qual se esposou, claramente, a doutrina de Liebman. De fato, explica o mestre italiano, não se pode confundir a indiscutibilidade de um julgamento com o efeito produzido por esse mesmo julgamento.

O que a coisa julgada acarreta é uma transformação qualitativa nos efeitos da sentença, efeitos esses que já poderiam estar sendo produzidos antes ou independentemente do trânsito em julgado. Uma sentença exequível provisoriamente produz, por exemplo, efeitos, sem embargo de ainda não se achar acobertada pela coisa julgada. Quando não cabe mais recurso algum, é que o decisório se torna imutável e indiscutível, revestindo-se da autoridade de coisa julgada. Não se acrescentou, portanto, efeito novo à sentença. Deu-se-lhe apenas um qualificativo e reforço, fazendo que aquilo até então discutível e modificável se tornasse definitivo e irreversível.

Por outro lado, se a coisa julgada não é um efeito da sentença, tampouco se pode afirmar que seja uma qualidade de aplicação limitada ao seu efeito declarativo. Quando uma sentença passa em julgado, a autoridade da *res iudicata* manifesta-se sobre todos os efeitos concretos da sentença, sejam eles declaratórios, condenatórios ou constitutivos. A situação emergente da definição e comando da sentença, toda ela adquire a força de lei entre as partes e o juiz, de modo a impedir que novas discussões e novos julgamentos a seu respeito venham a acontecer (CPC/2015, arts. 502, 503 e 505). Não é, portanto, só a declaração que se reveste da autoridade de coisa julgada, mas também o pronunciamento constitutivo e o condenatório.

De modo algum se haverá de pensar que a anulação de um contrato (provimento constitutivo) e a condenação a cumprir uma obrigação (provimento condenatório) sejam passíveis de reexame e rejulgamento depois do trânsito em julgado. Todas as questões decididas na sentença de mérito adquirem, com o trânsito em julgado, a *força de lei*, como claramente dispõe o

[192] "(...) os precedentes desta Corte são no sentido de que havendo conflito entre duas coisas julgadas, prevalecerá a que se formou por último, enquanto não se der sua rescisão para restabelecer a primeira" (STJ, 6ª T., AgRg no REsp 643.998/PE, Rel. Min. Celso Limongi, ac. 15.12.2009, *DJe* 01.02.2010).

art. 503 do CPC/2015, elucidando, assim, até onde vai a imutabilidade e indiscutibilidade previstas no art. 502 do mesmo Código.

Há quem vá além da tese de Liebman para não apenas negar à coisa julgada a qualidade de efeito da sentença, mas também para desvinculá-la completamente do plano da eficácia do julgado. É que não haveria imutabilidade dos efeitos da sentença, sempre que a relação de direito material por ela acertada permanecesse suscetível de sofrer, mesmo após a coisa julgada, mutação ou extinção, por ato do respectivo titular ou pelo decurso do tempo, a exemplo do que pode ocorrer com o pagamento, com a novação, com a remissão, com a prescrição e outras causas extintivas ou modificativas previstas em lei (art. 525, § 1º, VII). Assim, "o que se torna imutável (ou, se se prefere, indiscutível)" não seriam os efeitos da sentença, mas "é o *próprio conteúdo* da sentença, como norma jurídica concreta referida à situação sobre que se exerceu a atividade cognitiva do órgão judicial".[193]

A nosso ver, porém, o efeito da sentença não é, propriamente, o estabelecimento dos direitos e das obrigações substanciais a vigorar entre as partes, mas a composição do litígio que motivara a instauração do processo. Esse acertamento ou definição é que, não sendo mais impugnável, se torna imutável ou indiscutível após a coisa julgada. Dessa maneira, a lide que foi composta pela sentença não poderá mais ser submetida a uma nova definição em juízo. Por isso, é lícito afirmar que o trânsito em julgado torna imutável e indiscutível aquilo que na sentença se assentou em torno do litígio outrora estabelecido entre demandante e demandado. Se, por exemplo, com autoridade de coisa julgada, se reconheceu a existência de uma relação jurídica, esta relação, entre as mesmas partes, nunca mais poderá ser negada, ou discutida; se se decretou uma nulidade de negócio jurídico, nunca mais se poderá pretender tê-lo como válido; se se dissolveu um contrato, este nunca mais poderá ser havido como vigorante entre os litigantes; se se condenou alguém a cumprir uma obrigação, nunca mais poderá ele pretender negar que estava sujeito, ao tempo da sentença, àquela dívida. O efeito definitivo do julgado, em qualquer dessas situações, foi precisamente o de tornar certa a situação de validade ou invalidade da relação jurídica litigiosa, ou de sua desconstituição, ou de sua violação.

Se o titular do direito subjetivo definitivamente acertado vem, posteriormente, a exauri-lo pelo recebimento da prestação que lhe corresponde, ou dela abre mão, por ato unilateral ou bilateral, gratuito ou oneroso, não se pode afirmar que os efeitos da sentença foram modificados. O que houve terá sido a superveniência de novo ou novos fatos jurídicos, estranhos ao quadro definido pela sentença passada em julgado.

Toda sentença tem como objeto o quadro fático-jurídico deduzido em juízo na propositura da ação, e são estranhos a esse quadro os eventos que depois do julgamento da causa venham a envolver os litigantes e suas relações jurídicas. Inovações ocorridas nessas relações, após a sentença, por isso mesmo, não alteram os seus efeitos acobertados pela coisa julgada, justamente porque não incidem sobre aquilo que constituiu o objeto do processo sobre o qual a sentença se pronunciou.

De certo modo – observa Liebman – "todas as sentenças [e não apenas as que apreciam relações continuativas] contêm implicitamente a cláusula *rebus sic stantibus*", já que "a coisa julgada não impede absolutamente que se tenham em conta os fatos que intervierem sucessivamente à emanação da sentença",[194] como é o caso do pagamento da soma devida, o qual uma vez

193 BARBOSA MOREIRA, José Carlos. *Temas de Direito Processual*. São Paulo: Saraiva, 1997, p. 89.

194 LIEBMAN, Enrico Tullio. *Eficácia e autoridade da sentença*. 2. ed. Rio de Janeiro: Forense, 1981, p. 25. Explica o autor que a autoridade da coisa julgada tem "função meramente negativa", já que "os efeitos que a sentença produz são de todo em todo independentes da coisa julgada, e que esta serve tão só para torná-los imutáveis". Claro, portanto, se torna que "a sua função é unicamente a de impedir todo juízo diferente que contradiga ou contraste os efeitos produzidos pela precedente sentença" (p. 59).

ocorrido elimina a possibilidade de execução da condenação, sem que, entretanto, se altere a vontade concreta do direito definida na sentença revestida da autoridade de coisa julgada.[195]

A relação jurídica acertada pela sentença continua a ter vida própria e, sem prejuízo do provimento judicial, se submete às vicissitudes próprias de todas as relações jurídicas, *i.e.*, continua passível de extinção ou modificação por fenômenos supervenientes ao acertamento judicial.

Toda sentença, seja declaratória, condenatória ou constitutiva, contém um comando, no qual se revela o direito do caso concreto. A coisa julgada se pode definir como "a imutabilidade do *comando* emergente de uma sentença", como observa Liebman. É ela, destarte, "uma qualidade, mais intensa e mais profunda, que reveste o ato também em seu conteúdo e torna assim imutáveis, alem do ato em sua existência formal, os *efeitos*, quaisquer que sejam, do próprio ato".[196]

Em resumo:

(a) o efeito principal e necessário da sentença de mérito é a composição do litígio; com ele extingue-se o conflito jurídico que levou as partes à justiça;

(b) esta composição se dá por meio da definição que confere certeza à existência ou inexistência da relação jurídica litigiosa (provimento *declaratório*), assim como pela constituição de uma nova situação jurídica entre os litigantes (provimento *constitutivo*), ou, ainda, pela imposição de sanção àquele que descumpriu obrigação legal ou negocial (provimento *condenatório*);

(c) é esta composição que, em qualquer de suas modalidades, representará a situação jurídica que, em determinado momento (*i.e.*, quando não mais caiba recurso contra a sentença), *transitará em julgado*, tornando-se imutável e indiscutível, de maneira a impedir que outros processos, entre as mesmas partes, venham a rediscutir e rejulgar o conflito já então definitivamente solucionado;

(d) é nesse sentido que se afirma que a coisa julgada não é um efeito da sentença, mas uma qualidade que o ato judicial e seus efeitos assumem, quando não mais se possa questioná-los pela via recursal.

798. Coisa julgada administrativa

Onde as questões que envolvem o Estado são objeto de composição fora do Poder Judiciário, por meio do contencioso administrativo, as respectivas decisões revestem-se da mesma autoridade assumida pela sentença judicial. Isto é, fazem também *coisa julgada*. No Brasil, porém, não existe o contencioso administrativo. Dessa maneira, os órgãos que julgam os procedimentos instaurados perante Tribunais como, *v.g.*, o Tribunal de Contas e o Conselho de Contribuintes, proferem decisões definitivas, para a esfera da Administração. Não adquirem, entretanto, a indiscutibilidade própria da *res iudicata*, de sorte que, instaurado o processo judicial, o Judiciário não estará impedido de reapreciar o conflito e de dar-lhe solução diversa da decretada pelo órgão administrativo. Inexiste, entre nós, a verdadeira coisa julgada administrativa, porque, por força de preceito constitucional, nenhuma lesão ou ameaça a direito será excluída da apreciação do Poder Judiciário (CF, art. 5º, XXXV). A este cabe o monopólio

---

195 LIEBMAN, Enrico Tullio. *Eficácia e autoridade da sentença*. 2. ed. Rio de Janeiro: Forense, 1981, p. 25.

196 LIEBMAN, Enrico Tullio. *Eficácia e autoridade da sentença*. 2. ed. Rio de Janeiro: Forense, 1981, p. 54. É nesse sentido que Barbosa Moreira entende ter a coisa julgada a força de tornar imutável (ou, se se prefere, indiscutível) "o *próprio conteúdo* da sentença, como norma jurídica concreta referida à situação sobre que se exerceu a atividade cognitiva do órgão judicial" (BARBOSA MOREIRA, José Carlos. *Temas de Direito Processual*. São Paulo: Saraiva, 1997, p. 89). É, em outras palavras, a composição do litígio que, ao final do processo de conhecimento, e uma vez esgotada a possibilidade de recurso, se tornará imutável e indiscutível. É a situação litigiosa acertada na sentença que, salvo caso de ação rescisória, jamais voltará a ser objeto de decisão em juízo.

da jurisdição, perante a qual se alcançará sempre a última palavra em termos de solução dos litígios (inclusive os que envolvam a Administração Pública).[197]

799. Coisa julgada total e parcial

Quando o juiz se vê na contingência de proferir a sentença, o objeto de seu pronunciamento nunca se resumirá a uma só questão. Sempre terá, por exemplo, que responder ao pedido do autor (mérito) e que decidir sobre os encargos sucumbenciais (imputação de responsabilidade pelas custas e demais despesas do processo). Muitas vezes terá que enfrentar questões processuais (debate sobre pressupostos processuais e condições da ação), além da demanda propriamente dita. Há, também, as cumulações originárias de pedidos e acumulação sucessiva de ações incidentais (*v.g.*, reconvenção, chamamento ao processo, denunciação da lide etc.). Pode, ainda, o julgador desdobrar a análise do pedido único por meio do enfoque das unidades que o integram (ex.: o autor pretende a entrega de 100 reses, mas a sentença só lhe reconhece o direito a 50; a demanda envolve o principal e a multa, e o juiz defere o primeiro, mas nega a segunda, e assim por diante).

Em todas essas eventualidades, a sentença apresentar-se-á composta por *capítulos*, cuja autonomia terá grande influência, sobretudo, na sistemática recursal, na formação da coisa julgada, na execução da sentença e no regime da ação rescisória.

Os capítulos de uma sentença, por sua vez, podem ser homogêneos ou heterogêneos, conforme versem, ou não, sobre questões da mesma natureza. Há homogeneidade quando todos eles solucionam questões de mérito, ou todos se refiram a preliminares processuais; dar-se-á a heterogeneidade quando alguns capítulos incidem sobre questões de processo e outros sobre o *meritum causae*.

É apenas na parte dispositiva que se devem identificar os capítulos da sentença, porque é ali que se dá solução às diversas questões que revelam as pretensões solucionadas judicialmente. A motivação da sentença, mesmo quando vários argumentos de fato e de direito são trabalhados pelo juiz, não chega a formar capítulos, porque não correspondem a soluções das questões propostas.[198] Somente quando a sentença enfrenta *questões autônomas*, dentro do debate processual, é que realmente se enseja a formação de capítulos em sentido técnico. O capítulo da sentença, na lição de Dinamarco, afinada com a de Liebman, corresponde a "uma unidade elementar autônoma" dentro das questões enfrentadas pelo julgado.[199]

Da autonomia (e não necessariamente *independência*),[200] decorre a possibilidade de o recurso abordar apenas um ou alguns dos capítulos, o que provocaria o trânsito em julgado

---

197 No âmbito do Tribunal de Contas, por exemplo, "a decisão que aprecia as contas dos administradores de valores públicos faz coisa julgada administrativa no sentido de exaurir as instâncias administrativas, não sendo mais suscetível de revisão naquele âmbito. Não fica, entretanto, excluída de apreciação pelo Poder Judiciário, porquanto nenhuma lesão a direito pode dele ser subtraída (...). A apreciação, pelo Poder Judiciário, de questões que foram objeto de pronunciamento pelo TCU coaduna-se com a garantia constitucional do devido processo legal, porquanto a via judicial é a única capaz de assegurar ao cidadão todas as garantias necessárias a um pronunciamento imparcial" (STJ, 1ª T., REsp 472.399-0/AL, Rel. Min. José Delgado, *DJU* 19.12.2002, p. 351; *Ementário Jurisp., STJ*, v. 35, p. 70). No mesmo sentido: STJ, 1ª T., REsp 1.032.732/CE, Rel. Min. Luiz Fux, ac. 19.11.2009, *DJe* 03.12.2009.

198 DINAMARCO, Cândido Rangel. *Capítulos da sentença*. São Paulo: Malheiros, 2004, n. 11, p. 33.

199 Com essa concepção de *unidade autônoma*, pretende-se identificar os capítulos da sentença mediante constatação de que "cada um deles expressa uma deliberação específica; cada uma dessas deliberações é distinta das contidas nos demais capítulos e resulta da verificação de pressupostos próprios, que não se confundem com os pressupostos das outras" (DINAMARCO, Cândido Rangel. *Capítulos da sentença*. São Paulo: Malheiros, 2004, n. 11, p. 34).

200 A autonomia dos capítulos é *funcional* (cada qual decide matéria própria, com fundamentos próprios), mas nem sempre há independência entre eles, porque o tema decidido em um pode, eventualmente, repercutir, prejudicialmente, em outro (cf. DINAMARCO, Cândido Rangel. *Capítulos da sentença*. São Paulo:

dos que não foram alcançados pela impugnação. Mas, para tanto, é preciso que a conservação da parte não discutida no recurso não esteja vinculada por nexo de prejudicialidade àquela que foi nele atacada. Muitas vezes, os capítulos da sentença são não só autônomos, mas também independentes, de sorte a corresponder a objetos que poderiam ser tratados em ações separadas. Aí, sim, o trânsito em julgado de cada um deles ocorre com total independência em face dos demais (*v.g.*, a ação em que se cobram duas prestações do mesmo contrato, e o recurso somente discute uma delas). Em outras hipóteses, questões diferentes foram tratadas em capítulos distintos da sentença. O recurso, porém, atacou aquele que envolve matéria sem a qual não podem subsistir os demais capítulos (*v.g.*, a sentença acolheu dois pedidos: o de rescisão do contrato e o de restituição do bem negociado; se o recurso impugnou a rescisão, não há como pensar que transitou em julgado o capítulo que ordenou a restituição do objeto do contrato). Havendo nexo de prejudicialidade, o recurso, mesmo limitado a um capítulo só da sentença, poderá vir a afetar todos os seus demais capítulos.

Esse panorama da sentença dividida em capítulos oferecerá reflexos também no plano da rescisória, que, como dispõe o art. 966, se presta a desconstituir a decisão de mérito transitada em julgado, e não apenas a sentença transitada em julgado.[201] Logo, se é possível no mesmo processo formar-se, por capítulos, a coisa julgada em momentos diferentes, claro é que se poderá também cogitar de rescisão desses capítulos em ações rescisórias aforadas separadamente e em tempo diverso. Isto, porém, pressupõe a autonomia e independência entre os capítulos, pois só assim se haverá de pensar na possibilidade de sucessivas coisas julgadas em diferentes momentos.

É claro que não se pode intentar rescisória contra a solução dada à cláusula penal (não recorrida) antes que transite em julgado o decisório do recurso manifestado contra o pedido principal de rescisão do contrato. Mas é também óbvio que não tem sentido exigir que se aguarde a solução final do recurso contra o capítulo da reconvenção para dar início à ação rescisória do capítulo, já passado em julgado, da mesma sentença que julgou procedente o pedido da ação principal.

Enfim, o cabimento da rescisória, *in casu*, prende-se à definição de existir, ou não, prejudicialidade entre os capítulos recorridos e os não recorridos.

A regra é a mesma para a execução: se o capítulo irrecorrido for independente da sorte daquele que foi impugnado, livre estará a parte para contrapor-lhe a execução definitiva.[202] Havendo nexo de prejudicialidade, terá de aguardar a solução do recurso pendente, porque não terá ainda se formado a coisa julgada no processo, nem mesmo em relação àquilo que não se está discutindo diretamente no recurso.[203]

O STJ, no entanto, tem adotado a estranha teoria da indivisibilidade da coisa julgada, segundo a qual esse fenômeno só ocorreria uma vez em cada processo, depois do último recurso nele manejável, pouco importando seu objeto e sua extensão. Mesmo quando o mérito tivesse sido objeto de julgamentos parcelados, em momentos diferentes, e por meio de capítulos autônomos da matéria litigiosa.[204] A consequência seria a indivisibilidade, também, da ação

---

Malheiros, 2004, n. 11, p. 34). O capítulo das preliminares processuais é sempre prejudicial ao capítulo pertinente ao mérito da causa. O capítulo das verbas sucumbenciais é sempre dependente do capítulo do mérito etc.

201 Art. 966: "A decisão de mérito, transitada em julgado, pode ser rescindida quando: ...".

202 DINAMARCO, Cândido Rangel. *Capítulos da sentença*. São Paulo: Malheiros, 2004, n. 64, p. 129.

203 Podem coexistir execução provisória e execução definitiva se o capítulo da sentença submetida a recurso não estiver sujeito à eficácia suspensiva. Podem coexistir, também, execução do capítulo líquido e liquidação do capítulo genérico de uma só sentença.

204 STJ, Corte Especial, EREsp 404.777/DF, Rel. Min. Francisco Peçanha Martins, ac. 03.12.2003, *DJU* 11.04.2005, p. 169; STJ, Corte Especial, AgRg no EREsp 492.171/RS, Rel. Min. Humberto Gomes de Barros, ac. 29.06.2007, *DJU* 13.08.2007, p. 312.

rescisória, assim como do prazo para sua propositura.[205] Esse entendimento, porém, contraria a longa tradição de nosso direito processual e atrita com o próprio conceito de coisa julgada (CPC/2015, art. 502) bem como com o sistema de sua formação e rompimento dentro da técnica do próprio Código (arts. 966 e 975). Muito mais consentânea com a ordem jurídica positiva é a jurisprudência do STF, que sempre considerou divisível a formação da coisa julgada e múltiplas as oportunidades de ação rescisória, tanto no plano subjetivo como no objetivo, desde que o litígio tenha sido solucionado por capítulos autônomos.

O CPC/2015, no entanto, seguiu, em seu art. 975, a tese do STJ (Súmula 401), ao prever um só momento e um único prazo para o ajuizamento da rescisória, sem levar em conta a possibilidade de múltiplas decisões de mérito, aliás admitida expressamente pela nova lei processual (art. 356). Se assim dispôs, em relação à rescisória, o preceito incorre em evidente inconstitucionalidade. É de se lembrar que o STF já havia analisado a tese adotada na Súmula 401 do STJ (equivalente à regra do art. 975 do CPC/2015) e concluído por sua incompatibilidade com a garantia constitucional outorgada à coisa julgada.

O posicionamento do STF foi no sentido de que "descabe colar à ação rescisória conceito linear de indivisibilidade. Contando o acórdão rescindendo, sob o ângulo subjetivo, com capítulos distintos, possível é o ajuizamento limitado, desde que não se tenha o envolvimento, no processo que desaguou na decisão, de litisconsórcio necessário".[206] Também, do ponto de vista objetivo, entende o STF que a coisa julgada pode ser formada progressivamente, como, por exemplo, nos casos de recursos parciais. A impugnação contida em recurso contra parte da sentença impede o aperfeiçoamento da coisa julgada apenas em relação às questões da demanda impugnadas. "Com relação às demais, ocorre a coisa julgada", dando início, desde logo, à contagem do prazo decadencial de propositura da ação rescisória.[207]

Malgrado a regra do CPC/2015 (art. 975) que pretendeu unificar o prazo de rescisão de todas as decisões de mérito de um mesmo processo, a ação rescisória continuará cabível individualmente para cada capítulo independente de resolução do mérito da causa, correndo o prazo de ajuizamento das diversas ações a partir do momento em que cada uma das decisões parciais autônomas houver passado em julgado, e não depois do trânsito em julgado da última decisão proferida no processo (sobre a matéria, v., ainda, no v. III do nosso *Curso*, os itens 687, 688 e 689).

799.1. A possibilidade de suscitação de questões de ordem pública no julgamento do recurso seria obstáculo à formação de coisa julgada parcial?

Sem embargo de o entendimento exposto no item anterior contar com o apoio da jurisprudência do STF, há na doutrina quem defenda a impossibilidade da formação da coisa julgada parcial por capítulos da sentença de mérito. O argumento é o de que nunca pode ocorrer a coisa julgada de uma parte da sentença porque, mesmo parcial o recurso, o tribunal ao apreciá-lo terá a possibilidade de anular o decisório por inteiro, de ofício, se se deparar com uma questão de ordem pública, como, por exemplo, a ilegitimidade de parte.

Há um equívoco, *data venia*, em tal tese, pois a definição legal de coisa julgada não se atrela a uma unidade incindível da sentença. Para que se configure a coisa julgada material basta que uma decisão de mérito, qualquer que seja, não mais se sujeite a recurso. É o que textualmente dispõe o art. 502 do CPC, sem discriminar entre sentença e decisão interlocutória.[208]

---

205 Súmula 401 do STJ.

206 STF, Pleno, AR 1.699-AgRg, Rel. Min. Marco Aurélio, ac. 23.06.2005, *DJU* 09.09.2005, p. 34.

207 STF, Pleno, AR 903, Rel. Min. Cordeiro Guerra, ac. 17.06.1982, *DJU* 17.09.1982, *RTJ* 103/472.

208 "Relevante destacar que a formação da coisa julgada não está condicionada à extinção do processo e, *data venia*, qualquer interpretação nesse sentido afronta a melhor técnica processual sobre a matéria"

Ademais, o enfrentamento parcial do mérito em decisão interlocutória é autorizado pelo art. 356 do CPC, cujo trânsito em julgado está previsto no § 3º, para a hipótese de não interposição de agravo de instrumento, ou de improvimento do recurso acaso interposto (§ 5º). Não há dúvida, portanto, que a coisa julgada parcial ocorrerá, nessa conjuntura, antes e independentemente da sentença remanescente. Tanto é assim, que o § 4º do mesmo dispositivo processual define como definitiva a execução dessa decisão interlocutória quando passada em julgado (§ 2º), devendo ser processada em autos suplementares, enquanto o procedimento cognitivo se achar pendente, à espera do julgamento definitivo da parte restante do mérito da causa.

O mesmo se passa com a sentença definitiva composta de capítulos autônomos e independentes, quando submetida à apelação parcial. A devolução do conhecimento da causa ao tribunal restará limitada ao capítulo recorrido, como previsto no art. 1.013, *caput*, do CPC. Logo, transitará em julgado a parte do mérito constante do capítulo não recorrido, antes do julgamento da apelação.

Seja no caso de decisão parcial de mérito antecipada, seja no de apelação de capítulo autônomo da sentença de mérito, não cabe ao tribunal ir além do reexame da parcela recorrida do julgado impugnado. O efeito devolutivo da apelação só se expande às questões não suscitadas no recurso quando sejam antecedentes lógicos daquelas nele contidas.[209]

Nem mesmo as questões de ordem pública podem ser pretexto para o tribunal avançar até o reexame ou a invalidação do capítulo sentencial não recorrido. É que tendo sido esse capítulo alcançado pela imutabilidade e indiscutibilidade próprias da *res iudicata*, qualquer tentativa de alterar ou anular o conteúdo no capítulo não recorrido infringiria a garantia constitucional da coisa julgada (CF, art. 5º, XXXVI).

Só a ação rescisória, nos excepcionais casos em que a lei a admite, terá força para desconstituir uma decisão de mérito transitada em julgado, não havendo lugar para que isso seja ignorado pelo tribunal, sob o falso argumento de estar resolvendo questão de ordem pública. Matéria dessa natureza permite exame de ofício pelo tribunal, mas tão somente em relação ao capítulo sentencial impugnado na apelação.[210]

É irrelevante que a lei reconheça como de ordem pública a condição de procedibilidade da legitimação *ad causam* e que, por isso, permita seu exame de ofício em qualquer tempo e grau de jurisdição. A regra, porém, é limitada pelo seu próprio enunciado, que restringe sua observância apenas "enquanto não ocorrer o trânsito em julgado" (CPC, art. 485, § 3º). Não tem aplicação, portanto, em relação ao capítulo da sentença não recorrido, já que o processo chega ao conhecimento limitado do tribunal, sempre que a coisa julgada já houver acobertado a parte autônoma do decisório não atacada pela apelação.

(LEITE, Gisele. Coisa julgada parcial. *Revista Síntese- Direito Civil e Processual Civil,* v. 132, p. 71, São Paulo, jul.-ago./2021).

209 "A apelação devolverá ao tribunal o conhecimento da matéria impugnada" (art. 1.013, *caput*). "Serão, porém, objeto de apreciação e julgamento pelo tribunal todas as questões suscitadas e discutidas no processo, ainda que não tenham sido solucionadas, *desde que relativas ao capítulo impugnado*" (g.n.) (§ 1º do mesmo artigo).

210 "Entende-se que o efeito translativo [que permite ao tribunal apreciar expansivamente capítulos de pendentes além daqueles impugnados no recurso] fica limitado pelo efeito devolutivo, no seu plano horizontal. Significa isso que o tribunal poderá reconhecer alguma questão de ordem pública de ofício apenas nos capítulos da sentença recorridos e nos seus dependentes. É que os demais capítulos da sentença foram atingidos pela coisa julgada. E admitir que o tribunal anule a sentença toda, inclusive os capítulos que não foram objeto de recurso, *é aceitar a desconstituição da coisa julgada por vias transversas, ou seja, sem ação rescisória,* com violação ao art. 5º, XXXVI, da CF/1988" (LEITE, Gisele. Coisa julgada parcial. *Revista Síntese- Direito Civil e Processual Civil,* v. 132, p. 73, São Paulo, jul.-ago./2021) (g.n.).

O tema é de ordem constitucional, de modo que a interpretação que deve prevalecer é a do Supremo Tribunal Federal, segundo a qual "os capítulos autônomos do pronunciamento judicial precluem no que não atacados por meio de recurso, surgindo, ante o fenômeno, o termo inicial do biênio decadencial para a propositura da rescisória".[211] Ou seja, de acordo com a Suprema Corte, o início do prazo para a rescisória é o dia do trânsito em julgado dos capítulos não recorridos, porque, como ressaltou o Ministro Marco Aurélio, Relator do RE 666.589, "o Supremo admite, há muitos anos, a coisa julgada progressiva ante a recorribilidade parcial também no processo civil".[212]

800. Coisa julgada formal e material

O Código atual, no art. 502, limitou-se a definir a coisa julgada material, afirmando que: "Denomina-se coisa julgada material a autoridade que torna imutável e indiscutível a decisão de mérito não mais sujeita a recurso".

No entanto, existe, também, a coisa julgada *formal*, que se difere daquele fenômeno descrito no Código e que é tradicionalmente tratada pelos processualistas como fato relevante em matéria de eficácia da sentença. Decorre essa modalidade de *res iudicata* da regra que impede o juiz de reapreciar, dentro do mesmo processo, as questões já decididas (CPC/2015, art. 505).

Na verdade, a diferença entre a coisa julgada material e a formal é apenas de grau de um mesmo fenômeno. Ambas decorrem da impossibilidade de interposição de recurso contra a sentença. A coisa julgada formal decorre simplesmente da imutabilidade da sentença dentro do processo em que foi proferida pela impossibilidade de interposição de recursos, quer porque a lei não mais os admite, quer porque se esgotou o prazo estipulado pela lei sem interposição pelo vencido, quer porque o recorrente tenha desistido do recurso interposto ou ainda tenha renunciado à sua interposição.

Imutável a decisão, dentro do processo "esgota-se a função jurisdicional". O Estado, pelo seu órgão judiciário, "faz a entrega da prestação jurisdicional a que estava obrigado".[213] Mas a imutabilidade, que impede o juiz de proferir novo julgamento no processo, para as partes tem reflexos, também, fora do processo, impedindo-as de virem a renovar a discussão da lide em outros processos. Para os litigantes sujeitos à *res iudicata*, o comando emergente da sentença se projeta, "também, fora do processo em que foi proferida, pela imutabilidade dos seus efeitos".

A partir do trânsito em julgado material "a decisão que julgar total ou parcialmente o mérito tem força de lei nos limites da questão principal expressamente decidida" (art. 503).

A coisa julgada formal atua dentro do processo em que a sentença foi proferida, sem impedir que o objeto do julgamento volte a ser discutido em outro processo. Já a coisa julgada material, revelando a lei das partes, produz seus efeitos no mesmo processo ou em qualquer outro, vedando o reexame da *res in iudicium deducta*, por já definitivamente apreciada e julgada.

A coisa julgada formal pode existir sozinha em determinado caso, como ocorre nas sentenças meramente terminativas, que apenas extinguem o processo sem julgar a lide. Mas a coisa

---

211 STF, 1ª T., RE 666.589/DF, Rel. Min. Marco Aurélio, ac. 25.03.2014, *DJe* 03.06.2014.

212 "Assim, conforme a jurisprudência do Tribunal [STF], a coisa julgada, reconhecida na Carta como cláusula pétrea no inciso XXXVI do art. 5º, constitui aquela, material, que pode ocorrer de forma progressiva quando fragmentada a sentença em partes autônomas". Disso decorre que "ocorrendo, em datas diversas, o trânsito em julgado de capítulos autônomos da sentença ou do acórdão, tem-se, segundo Barbosa Moreira, a viabilidade de rescisórias distintas, com fundamentos próprios" (LEITE, Gisele. Coisa julgada parcial. *Revista Síntese- Direito Civil e Processual Civil,* v. 132, p. 75, São Paulo, jul.-ago./2021).

213 AMARAL SANTOS, Moacyr. *Primeiras Linhas de Direito Processual Civil*. 4. ed. São Paulo: Max Limonad, 1973, v. III, n. 666.

julgada material só pode ocorrer de par com a coisa julgada formal, isto é, toda sentença para transitar materialmente em julgado deve, também, passar em julgado formalmente.

Para o nosso Código, lide é sempre o mérito da causa.[214] Filiou-se, assim, abertamente à lição de Carnelutti, que define lide como o conflito de interesses qualificado pela pretensão de um dos litigantes e pela resistência do outro. "O julgamento desse conflito de pretensões, mediante o qual o juiz, acolhendo ou rejeitando o pedido, dá razão a uma das partes e nega-a à outra, constitui uma sentença definitiva de mérito. A lide é, portanto, o objeto principal do processo e nela se exprimem as aspirações em conflitos de ambos os litigantes".[215]

No sistema do Código, a coisa julgada material só diz respeito ao julgamento do mérito, de maneira que não ocorre quando a sentença é apenas terminativa (não incide sobre o mérito da causa). Assim, não transitam em julgado, materialmente, as sentenças que anulam o processo e as que decretam sua extinção, sem cogitar da procedência ou improcedência do pedido. Tais decisórios geram apenas coisa julgada formal. Seu efeito se faz sentir apenas nos limites do processo. Não solucionam o conflito de interesses estabelecidos entre as partes, e, por isso, não impedem que a lide volte a ser posta em juízo em nova relação processual (art. 486).[216]

Por não importarem solução da lide, não produzem, também, coisa julgada: *(i)* os despachos de expediente e as decisões interlocutórias sobre questões estranhas ao mérito; *(ii)* as sentenças proferidas em procedimentos de jurisdição voluntária; *(iii)* as decisões provisórias proferidas no campo das tutelas de urgência ou da evidência, que podem, a qualquer tempo, ser revogadas ou modificadas (art. 296).[217]

Já se decidiu, também, que a sentença que nega a anulação do casamento, ou a decretação do desquite, por falta ou insuficiência de prova, não faz coisa julgada e permite ao cônjuge renovar a ação com base em melhores elementos de convicção.

A melhor tese, todavia, é a que nega qualquer privilégio para tais sentenças, pois o Código não conhece três espécies de julgamento para encerrar o processo, mas apenas duas: *(i)* as sentenças *terminativas* (art. 485); e *(ii)* as sentenças *definitivas* (art. 487). Aquelas extinguem o processo sem solução do mérito, e estas com julgamento do mérito.

As terminativas, portanto, não fazem coisa julgada material, mas as definitivas, isto é, as que acolhem ou rejeitam o pedido do autor (art. 487, I), produzem, sempre e necessariamente, a eficácia material da *res iudicata* (art. 503).

Desconhecendo o Código o *tertium genus* de sentença que apenas declara insuficiente a prova do autor, o que acarreta a não desincumbência do *onus probandi* é o julgamento de mérito (rejeição do pedido) contrário à pretensão que motivou o ajuizamento da causa, posto que, em processo civil, *actore non probante absolvitur reus* (art. 373, I).

Assim, em toda causa, o juiz ou extingue o processo sem julgamento de mérito (por questões preliminares) ou aprecia o mérito, hipótese em que, qualquer que seja a solução, haverá de submeter-se às consequências da *res iudicata*.

Não há, portanto, nenhuma exceção no sistema do Código, que crie um regime diverso para a coisa julgada em matéria de ações matrimoniais. Se o cônjuge interessado não logrou provar o fato em que assentava sua pretensão, e assim viu rejeitado o pedido de separação,

---

214 BUZAID, Alfredo. *Exposição de Motivos*, 1972, n. 6.

215 BUZAID, Alfredo. *Exposição de Motivos*, 1972, n. 6.

216 Sanados os óbices verificados ao processo extinto, outra ação pode ser ajuizada sobre a mesma lide, mediante aplicação do art. 268 do CPC (STJ, 4ª T., REsp 1.215.189/RJ, Rel. Min. Raul Araújo Filho, ac. 02.12.2010, *DJe* 01.02.2011).

217 O § 6º do art. 304 prevê a possibilidade de estabilizar-se à medida que antecipa provisoriamente efeitos da solução do mérito da causa, mas ressalva que a decisão, *in casu*, "não fará coisa julgada".

divórcio ou anulação do casamento, inadmissível será a volta ao pretório para abrir novo processo sobre a mesma base fática.

Igual orientação seguiu o STJ no caso de ação de investigação de paternidade, repelindo a pretensão de desprezar a autoridade de coisa julgada em face de realização de exame pericial genético (DNA) posterior à sentença, com resultados técnicos contrários ao que chegara o julgamento definitivo da investigatória, ainda que sua base pudesse ter sido a insuficiência da prova produzida.[218] No entanto, posteriormente, tem-se registrado no STJ a tendência a flexibilizar a coisa julgada nas ações de filiação.[219] Até mesmo no campo da ação rescisória, o STJ tem adotado o exame de DNA posterior à coisa julgada como documento novo para os fins do art. 966, VII (ver v. III).

A posição atual do STJ pode ser assim resumida:

(a) mesmo que os julgamentos sejam anteriores ao exame de DNA, a reabertura da investigação de paternidade não será admitida, se a negação se fundou em exame dos grupos sanguíneos do investigante e do investigado que culminou pela negativa da possibilidade da filiação pretendida; em tal caso não se há de cogitar de *flexibilização da coisa julgada*;[220]

(b) mediante utilização do exame de DNA, é possível flexibilizar a coisa julgada formada em investigação de paternidade julgada improcedente por falta de prova, visto que,

---

[218] "1. Seria terrificante para o exercício da jurisdição que fosse abandonada a regra absoluta da coisa julgada que confere ao processo judicial força para garantir a convivência social, dirimindo os conflitos existentes. Se, fora dos casos nos quais a própria lei retira a força da coisa julgada, pudesse o Magistrado abrir as comportas dos feitos já julgados para rever as decisões, não haveria como vencer o caos social que se instalaria. A regra do art. 468 do CPC [CPC/2015, art. 502] é libertadora. Ela assegura que o exercício da jurisdição completa-se com o último julgado, que se torna inatingível, insuscetível de modificação. E a sabedoria do Código é revelada pelas amplas possibilidades recursais e, até mesmo, pela abertura da via rescisória naqueles casos precisos que estão elencados no art. 485 [CPC/2015, art. 966]. 2. Assim, a existência de um exame pelo DNA posterior ao feito já julgado, com decisão transitada em julgado, reconhecendo a paternidade, não tem o condão de reabrir a questão com uma declaratória para negar a paternidade, sendo certo que o julgado está coberto pela certeza jurídica conferida pela coisa julgada. 3. Recurso especial conhecido e provido" (STJ, 3ª T., REsp 107.248/GO, Rel. Min. Carlos Alberto Menezes Direito, ac. 07.05.1998, *DJU* 29.06.1998). Nesse sentido: STJ, 4ª T., REsp 960.805/RS, Rel. Min. Aldir Passarinho Junior, ac. 17.02.2009, *DJe* 18.05.2009.

[219] "Investigação de paternidade. Repetição de ação anteriormente ajuizada, que teve seu pedido julgado improcedente por falta de provas. Coisa julgada. Mitigação. Doutrina. Precedentes. Direito de família. Evolução. Recurso acolhido. I. Não excluída expressamente a paternidade do investigado na primitiva ação de investigação de paternidade, diante da precariedade da prova e da ausência de indícios suficientes a caracterizar tanto a paternidade como a sua negativa, e considerando que, quando do ajuizamento da primeira ação, o exame pelo DNA ainda não era disponível e nem havia notoriedade a seu respeito, admite-se o ajuizamento de ação investigatória, ainda que tenha sido aforada uma anterior com sentença julgando improcedente o pedido" (STJ, 4ª T., REsp 226.436/PR, Rel. Min. Sálvio de Figueiredo, ac. 28.06.2001, *RSTJ* 154/403). No mesmo sentido: 4ª T., REsp 330.172/RJ, Rel. Min. Sálvio de Figueiredo, ac. 18.12.2001, *RSTJ* 158/409. Em sentido contrário: STJ, 3ª T., AgRg no REsp 1.193.486/SP, Rel. Min. Vasco Della Giustina, ac. 03.05.2011, *DJe* 11.05.2011; STJ, 2ª Seção, REsp 706.978/SP, Rel. p/ac. Min. Ari Pargendler, ac. 14.05.2008, *DJe* 10.10.2008. O STF, no entanto, consagrou a tese da relativização da coisa julgada em matéria de investigação de paternidade, permitindo que contra ela se possa opor prova de DNA posteriormente obtida. Prevaleceu no julgado da Suprema Corte a tese de que, em investigação de paternidade, fundada em exame de DNA, há de se dar prevalência aos princípios da verdade real e da dignidade da pessoa humana sobre a coisa julgada (STF, Pleno, RE 363.889/DF, Rel. Min. Dias Toffoli, j. 02.06.2011, ata de julg. *DJe* 10.06.2011).

[220] STJ, 4ª T., AgRg no REsp 929.773/RS, Rel. Min. Maria Isabel Gallotti, ac. 06.12.2012, *DJe* 04.02.2013. Precedentes invocados: STF, RE 363.889/DF, *DJe* 16.12.2011; STJ, REsp 706.987/SP, *DJe* 10.10.2008.

hoje, o recurso ao referido exame é capaz de produzir elementos de convicção quase absolutos em torno do vínculo de parentesco.[221]

801. Terminologia do julgamento de mérito

Para se considerar sentença de mérito o julgamento de uma causa não é preciso que o juiz empregue especificamente os termos "procedência" ou "improcedência do pedido". Sempre que houver exame e solução do *pedido do autor* (ou seja, solução da *lide*), favorável ou não à sua pretensão, *de mérito* será a sentença, ainda que o julgador empregue expressão tecnicamente imprópria para o caso.

O processo moderno não é mais formalístico e sacramental como outrora ocorria no antigo direito romano, em que a fórmula prevalecia acima de tudo na solução das pendências judiciais.

Diz nosso Código que há resolução de mérito quando o juiz acolher ou rejeitar o pedido do autor. O que importa, destarte, é verificar se o juiz, no todo ou em parte, examinou ou não o pedido, sendo irrelevante a forma verbal com que o acolheu ou rejeitou.

Assim, por falta de técnica, é muito comum na praxe forense sentenças que declaram o autor carecedor da ação justamente porque não conseguiu provar a existência do direito material reclamado na propositura da causa, ou mesmo porque restou demonstrado que o autor não é o titular do mesmo direito.

Ora, reconhecer que o autor não tem o direito que pretende fazer atuar em juízo é a forma mais completa de compor a lide e solucionar definitivamente a controvérsia entre os litigantes pela declaração negativa de certeza sobre a relação jurídica material litigiosa.

Sendo abstrato o direito de ação, não é pela existência ou inexistência do direito material que se reconhece à parte o direito à prestação jurídico-processual, mas pela necessidade de dirimir-se uma controvérsia jurídica instalada entre os litigantes e deduzida em juízo com atendimento dos pressupostos processuais e das condições da ação.

É, por isso mesmo, de somenos, em situações como as aventadas, o emprego da locução "carência de ação", ou outra equivalente, mas imprópria, já que ação houve e foi acolhida, tanto que se apreciou o mérito e deu-se solução cabal à pretensão do autor contra o réu (pedido).

Num caso como o figurado, para efeito de ação rescisória e de exceção de coisa julgada, a sentença terá de ser examinada e considerada como decisão de mérito, malgrado o emprego de termos e expressões inadequados pelo respectivo prolator.[222]

802. Fundamento da autoridade da coisa julgada

Para Chiovenda, a sentença traduz a lei aplicável ao caso concreto. Vale dizer que "na sentença se acha a lei, embora em sentido concreto. Proferida a sentença, esta substitui a lei".[223]

Filiando-se ao entendimento de Liebman, o Código de 2015 não considera a *res iudicata* como um efeito da sentença. Qualifica-a como uma qualidade especial do julgado, que reforça sua eficácia por meio da imutabilidade conferida ao conteúdo da sentença como ato processual

---

221 STJ, 4ª T., REsp 1.223.610/RS, Rel. Min. Maria Isabel Gallotti, ac. 06.12.2012, *DJe* 07.03.2013. Precedentes citados: STF, RE 363.889/DF, *DJe* 16.12.2011; STJ, REsp 226.436/PR, *DJU* 04.02.2002 e REsp 826.698/MS, *DJe* 23.05.2008.

222 "A circunstância de o julgado ter proclamado a carência da ação é irrelevante para o cabimento da rescisória (CPC, art. 485) [CPC/2015, art. 966] se na realidade houve pronunciamento de mérito" (STJ, REsp 1.678-MT, Rel. Min. Fontes de Alencar, ac. 13.02.1990, *DJU* 09.04.1990, p. 2.744). No mesmo sentido: STJ, 3ª T., REsp 127.956/RS, Rel. Min. Carlos Alberto Menezes direito, ac. 12.05.1998, *DJU* 22.06.1998, p. 73.

223 AMARAL SANTOS, Moacyr. *Primeiras Linhas de Direito Processual Civil*. 4. ed. São Paulo: Max Limonad, 1973, v. III, n. 677.

(coisa julgada formal) e da imutabilidade e indiscutibilidade dos seus efeitos internos e externos (coisa julgada material).

Por que deve revestir-se a sentença passada em julgado da imutabilidade e indiscutibilidade? Para o grande processualista, as qualidades que cercam os efeitos da sentença, configurando a coisa julgada, revelam a inegável necessidade social, reconhecida pelo Estado, de evitar a perpetuação dos litígios, em prol da segurança que os negócios jurídicos reclamam da ordem jurídica.

É, em última análise, a própria lei que quer que haja um fim à controvérsia da parte. A paz social o exige. Por isso também é a lei que confere à sentença a autoridade de coisa julgada, reconhecendo-lhe, igualmente, a força de lei para as partes do processo.

Tão grande é o apreço da ordem jurídica pela coisa julgada, que sua imutabilidade não é atingível sequer pela lei ordinária garantida que se acha a sua intangibilidade por preceito da Constituição Federal (art. 5º, XXXVI).

Há quem defenda o fundamento da coisa julgada com argumento na tese de que a sentença encerra uma presunção de verdade ou de justiça em torno da solução dada ao litígio (*res iudicata pro veritate habetur*).

Na realidade, porém, ao instituir a coisa julgada, o legislador não tem nenhuma preocupação de *valorar* a sentença diante dos fatos (verdade) ou dos direitos (justiça). Impele-o tão somente uma exigência de ordem prática, quase banal, mas imperiosa, de não mais permitir que se volte a discutir acerca das questões já soberanamente decididas pelo Poder Judiciário. Apenas a preocupação de segurança nas relações jurídicas e de paz na convivência social é que explicam a *res iudicata*.

Nessa ordem de ideias, "o *pro veritate habetur* não implica juízo algum de correspondência com a verdade, mas expressa uma ordem de estabilidade e imutabilidade, à semelhança do estável e imutável que é a verdade".[224]

803. Arguição da coisa julgada

A coisa julgada é instituto processual de ordem pública, de sorte que a parte não pode abrir mão dela. Cumpre ao réu argui-la nas preliminares da contestação (CPC/2015, art. 337, VII). Entretanto, de sua omissão não decorre qualquer preclusão, porquanto, em razão de seu aspecto de interesse iminentemente público, pode a exceção de *res iudicata* ser oposta em qualquer fase do processo e em qualquer grau de jurisdição, devendo ser decretada, até mesmo de ofício, pelo juiz.[225]

Outrossim, para ser acolhida a exceção de *res iudicata*, haverá de concorrer, entre as duas causas, a tríplice identidade de *partes, pedido* e *causa de pedir* (art. 337, § 2º). "Configura-se, destarte, a coisa julgada quando há identidade de fato e de relação jurídica entre as duas demandas. Se, porém, for comum a relação de direito, mas houver diversidade do tempo e da natureza da lesão, não se caracteriza a coisa julgada".[226]

---

224 BARBERO, Domenico. *Derecho Privado*, Buenos Aires, 1962, v. I, n. 182, p. 377.

225 STJ, 5ª T., REsp 767.790/PR, Rel. Min. Arnaldo Esteves Lima, ac. 27.09.2007, *DJU* 22.10.2007, p. 352.

226 STJ, 3ª T., REsp 1.058.967/MG, Rel. Min. Nancy Andrighi, ac. 20.09.2011, *DJe* 29.09.2011; STF, AgRg em AI 227.335-7/RS, Rel. Min. Marco Aurélio, ac. 15.12.1998, *DJU* 30.04.1999, p. 11; STJ, REsp 34.237-9/SP, Rel. Min. Vicente Cernicchiaro, ac. 10.05.1993, *DJU* 14.06.1993, p. 11.795. "A essência da coisa julgada, do ponto de vista objetivo, consiste em não se admitir que o juiz, em futuro processo, possa de qualquer maneira desconhecer ou diminuir o bem reconhecido no julgado anterior" (TJSP, Apel. 110.811, Rel. Des. Carmo Pinto, *Revista Forense* 209/189).

Mesmo após o encerramento do processo por sentença definitiva e depois de esgotadas as possibilidades de recurso, ainda é possível, durante dois anos, a invalidação do decisório ofensivo à coisa julgada, por meio da ação rescisória autorizada pelo art. 966, IV.

804. Dimensões possíveis da exceção de coisa julgada

A ocorrência de coisa julgada opera como um pressuposto processual negativo, isto é, o processo somente pode desenvolver-se validamente até o julgamento do mérito da causa, se não houver a seu respeito decisão anterior transitada em julgado.

Contudo, só há realmente possibilidade de arguir-se a exceção de coisa julgada quando se demonstra entre duas causas a repetição das partes, do pedido e da causa de pedir. Isto não implica a conclusão de que, sendo maior ou menor o número de questões propostas, na segunda causa, não se mostre possível o reconhecimento de coisa julgada na parte em que haja identidade entre as questões decididas e as renovadas.

A coisa julgada tem, objetivamente, duas dimensões: uma exterior, a lide, e outra interior, as questões decididas (CPC/2015, art. 503). Quando, pois, em outra causa, a parte repete todas as questões solucionadas na anterior, a *res iudicata* inviabiliza totalmente o julgamento de mérito do novo processo. Os limites objetivos da coisa julgada afetam todo o objeto do feito repetido. Quando, porém, o objeto da nova demanda compreende questões velhas e questões novas, a coincidência de elementos será apenas parcial. Não haverá, por isso, lugar para trancamento do processo pela preliminar de coisa julgada, muito embora continue vedada a reapreciação das questões acobertadas pela intangibilidade própria da *res iudicata*. No limite das questões iguais, portanto, operará a indiscutibilidade da sentença passada em julgado. O processo não se extingue prematuramente, mas o juiz somente enfrentará no julgamento do mérito as questões situadas fora dos limites da coisa julgada formada no processo anterior. Em tal situação, o decidido naquele processo atuará como premissa para o julgamento da nova demanda. Ou seja, o juiz tomará como ponto de partida a certeza e indiscutibilidade da situação jurídica estabelecida pela coisa julgada, e decidirá as questões novas, oriundas do mesmo conflito entre as mesmas partes, de modo a respeitar o que já se acha definitivamente julgado. Tudo que se acrescentar, no plano de mérito, haverá de ser feito em termos que não afetem as soluções anteriores.

Deve-se, nessa ordem de ideias, admitir que a exceção de coisa julgada pode ser total ou parcial. No limite, porém, de sua incidência, haverá sempre de configurar-se a tríplice identidade de partes, pedido e causa de pedir.

805. Efeitos positivos e negativos da coisa julgada

A coisa julgada é fenômeno próprio do processo de conhecimento, cuja sentença tende a fazer extinguir a incerteza provocada pela lide instalada entre as partes. Mas fazer cessar a incerteza jurídica não significa apenas fazer conhecer a solução cabível, mas impô-la, tornando-a obrigatória para todos os sujeitos do processo, inclusive o próprio juiz. Às vezes, o comando sentencial tem de ser executado por meio de realização coativa da prestação devida pelo vencido. Outras vezes, a declaração apenas é suficiente para eliminar o foco da desavença. Nem sempre, portanto, o processo civil está predisposto a providências executivas. Há acertamentos condenatórios, mas há também os não condenatórios, que se desenvolvem em torno de pretensões constitutivas ou apenas declaratórias.

Uma vez, porém, concluído o acertamento da controvérsia, seja por sentença de imposição de sanção, seja por sentença puramente declaratória, a coisa julgada se estabelece com a mesma função, ou seja, a certeza jurídica em torno da relação controvertida se implanta com plenitude, vinculando as partes e o juiz.

Essa situação jurídica cristalizada pela coisa julgada caracteriza-se por dois aspectos fundamentais: de um lado, vincula definitivamente as partes; de outro, impede, partes e juiz, de restabelecer a mesma controvérsia não só no processo encerrado, como em qualquer outro.

Admite-se, dessa maneira, uma *função negativa* e uma *função positiva* para a coisa julgada. Pela função negativa exaure ela a *ação exercida*, excluindo a possibilidade de sua *reproposição*. Pela função positiva, "impõe às partes obediência ao julgado como *norma indiscutível* de disciplina das relações extrajudiciais entre elas e obriga a autoridade judiciária a ajustar-se a ela, nos pronunciamentos que a pressuponham e que a ela se devem coordenar".[227]

A coisa julgada, por sua força vinculativa e impeditiva, não permite que partes e juiz escapem da definitiva sujeição aos efeitos do acertamento consumado no processo de conhecimento. O resultado prático é caber a qualquer dos litigantes "a *exceptio rei iudicatae*, para excluir novo debate sobre a relação jurídica decidida";[228] e ao juiz o poder de, até mesmo de ofício, extinguir o processo sem julgamento do mérito, sempre que encontrar configurada a ofensa à coisa julgada (art. 485, V e § 3º). Portanto, quando o art. 502 fala em *indiscutibilidade* e *imutabilidade* da sentença transitada em julgado refere-se a duas coisas distintas: *(i)* pela *imutabilidade*, as partes estão proibidas de propor ação idêntica àquela em que se estabeleceu a coisa julgada; *(ii)* pela *indiscutibilidade*, o juiz é que em novo processo, no qual se tenha de tomar a situação jurídica definida anteriormente pela coisa julgada como razão de decidir, não poderá reexaminá-la ou rejulgá-la; terá de tomá-la simplesmente como *premissa* indiscutível. No primeiro caso atua a força *proibitiva* (ou negativa) da coisa julgada, e, no segundo, sua força *normativa* (ou positiva).[229]

806. Preclusão

Dispõe o art. 507 do CPC/2015 que "é vedado à parte discutir no curso do processo as questões já decididas a cujo respeito se operou a preclusão". Embora não se submetam as decisões interlocutórias, em regra, ao fenômeno da coisa julgada material, ocorre frente a elas a preclusão, de que defluem consequências semelhantes às da coisa julgada formal.

Dessa forma, as questões incidentemente discutidas e apreciadas ao longo do curso processual não podem, após a respectiva decisão, voltar a ser tratadas em fases posteriores do processo. Não se conformando a parte com a decisão interlocutória proferida pelo juiz (art. 203, § 2º), cabe-lhe o direito de recurso por meio do agravo de instrumento (art. 1.015) ou das preliminares da apelação (art. 1.009, § 1º). Mas se não interpõe o recurso no prazo legal, ou se é ele rejeitado pelo tribunal, opera-se a preclusão, não sendo mais lícito à parte reabrir discussão, no mesmo processo, sobre a questão.

A essência da preclusão, para Chiovenda, vem a ser a perda, extinção ou consumação de uma faculdade processual pelo fato de se haverem alcançado os limites assinalados por lei ao seu exercício.[230] Decorre a preclusão do fato de ser o processo uma sucessão de atos que devem ser ordenados por fases lógicas, a fim de que se obtenha a prestação jurisdicional, com precisão e rapidez. Sem uma ordenação temporal desses atos e sem um limite de tempo para que as partes os pratiquem, o processo se transformaria numa rixa infindável.

---

227 NEVES, Celso. *Coisa Julgada Civil*. São Paulo: RT, 1971, p. 384-385.

228 NEVES, Celso. *Coisa Julgada Civil*. São Paulo: RT, 1971, p. 489.

229 "A imutabilidade *impede* que o juiz posterior se pronuncie sobre a ação já decidida por sentença transitada em julgado. Cria a exceção de coisa julgada. A indiscutibilidade *obriga* o juiz posterior a decidir em conformidade com o decidido pela sentença transitada em julgado" (MESQUITA, José Ignácio Botelho de. *Coisa julgada*. Rio de Janeiro: Forense, 2004, p. 11-12).

230 Cf. artigo de FREITAS, Elmano Cavalcanti. *Revista Forense*, 240/22, 1972.

Justifica-se, pois, a *preclusão* pela aspiração de *certeza* e *segurança* que, em matéria de processo, muitas vezes prevalece sobre o ideal de *justiça* pura ou absoluta.

Trata-se, porém, de um fenômeno interno, que só diz respeito ao processo em curso e às suas partes.[231] Não atinge, obviamente, direitos de terceiros e nem sempre trará repercussões para as próprias partes em outros processos, onde a mesma questão venha a ser incidentalmente tratada, mas a propósito de lide diferente.[232]

A preclusão classifica-se em temporal, lógica e consumativa,[233] a saber:

(a) Preclusão temporal

O processo é um caminhar sempre para frente, subordinando-se a prazos contínuos e peremptórios (art. 223). "Em processo, a capacidade da parte está sempre condicionada pelo tempo." Assim, "decorrido o prazo, extingue-se o direito de praticar ou de emendar o ato processual, independentemente de declaração judicial" (art. 223). Tem-se, de tal forma, a preclusão temporal, que se apresenta como "um dos efeitos da inércia da parte, acarretando a perda da faculdade de praticar o ato processual".[234]

(b) Preclusão lógica

É a que "decorre da incompatibilidade entre o ato praticado e outro, que se queria praticar também".[235] Quem, por exemplo, aceitou uma sentença, expressa ou tacitamente, não mais poderá interpor recurso contra ela (art. 1.000).

(c) Preclusão "pro iudicato"

Fenômeno que se assemelha à coisa julgada formal, sem com ela se confundir, é o da preclusão "pro iudicato". Enquanto a coisa julgada formal ocorre com a decisão que extingue o processo sem resolver o mérito da causa (CPC, art. 485), a preclusão pro iudicato se passa em relação às questões incidentalmente resolvidas por meio de decisões interlocutórias, as quais, obviamente, não extinguem o processo, mas impedem o juiz de voltar a reapreciá-las, fora dos mecanismos recursais. É o que prevê o art. 505: "nenhum juiz decidirá novamente as questões já decididas relativas a mesma lide", salvo apenas as duas exceções expressamente ressalvadas pelos incisos I e II do próprio art. 505.[236]

Quer isto dizer que, mesmo quando a lei deixe livre o momento em que a parte possa suscitar alguma questão – como é o caso da prescrição, cuja arguição a lei material permite possa ocorrer em qualquer grau de jurisdição (CC, art. 193) – não é dado ao órgão judicial voltar ao reexame da questão, se a parte não recorreu da respectiva decisão, ou se o recurso interposto já foi julgado em caráter definitivo pela instância competente.

---

[231] "Por si mesma, pois, a preclusão não produz efeito a não ser no processo em que advém" (CHIOVENDA, Giuseppe. *Instituições de direito processual civil*. Trad. de Menegale. 3. ed. São Paulo: Saraiva, 1969, n. 355, v. III, p. 157).

[232] MONIZ DE ARAGÃO, Egas Dirceu. *Comentários ao Código de Processo Civil*. Rio de Janeiro: Série Forense, 1974, v. II, n. 112.

[233] LOPES DA COSTA, Alfredo Araújo. *Direito Processual Civil Brasileiro*. 2. ed. Rio de Janeiro: Forense: 1956, v. II, n. 207.

[234] MONIZ DE ARAGÃO, Egas Dirceu. *Comentários ao Código de Processo Civil*. Rio de Janeiro: Série Forense, 1974, v. II, n. 112.

[235] MONIZ DE ARAGÃO, Egas Dirceu. *Comentários ao Código de Processo Civil*. Rio de Janeiro: Série Forense, 1974, v. II, n. 112.

[236] Os incisos do art. 505 ressalvam, basicamente, as decisões sobre as relações jurídicas de trato sucessivo (art. 505, I), e as decisões sobre tutela de urgência (art. 304, § 6º) e aquelas atacadas por recurso cujo regime permita o juízo de retratação ou de declaração (art. 505, II).

Uma coisa é a liberdade de arguição da questão a qualquer tempo, outra é a preclusão que impede reabertura de discussão sobre o julgado que resolveu a alegação manejável a qualquer tempo antes ou depois da sentença. Uma vez decidida a questão pertinente à prescrição, exauriu-se o direito de argui-la, porque já exercido o direito potestativo que lhe diz respeito (art. 507). E o juiz que o solucionou também não pode voltar a reapreciá-lo porque o veda o art. 505. Em ambas as situações terá operado a preclusão consumativa, seja para a parte, seja para o juiz.

(d) Preclusão "pro iudicato" e preclusão hierárquica

Nas questões decididas interlocutoriamente ocorre, mesmo sem a verificação da coisa julgada, o fenômeno endoprocessual da preclusão pro iudicato, de modo que, salvo exceções pela própria lei, não é dado ao juiz voltar a decidir sobre a mesma questão (art. 505).

Ainda que se trate daquelas exceções em que a preclusão pro iudicato não se manifesta para impedir o juiz de rever e alterar sua decisão (como é, *v.g.*, as matérias de ordem pública ligadas aos pressupostos processuais e às condições da ação), há casos em que, mesmo assim, se configura a chamada preclusão hierárquica: tal se dá quando a decisão interlocutória, naturalmente revogável pelo prolator, é objeto de agravo de instrumento e o julgador do Tribunal substitui o do juiz recorrido.

A preclusão hierárquica, *in casu*, é algo diverso da preclusão pro iudicato, já que se não houvesse a superposição de pronunciamento do órgão de segundo grau, o juiz de primeira instância não estaria impedido de reexaminar a questão de ordem pública que julgara interlocutoriamente. Acontece, porém, que interfere a hierarquia judiciária no problema, segundo a qual nunca se admite que um órgão inferior desconheça ou desobedeça o decidido pelo órgão superior.

Consiste, portanto, a preclusão hierárquica na vedação a que o juiz de instância inferior venha a decidir a mesma questão, no mesmo processo, de forma diferente daquelas com que a instância superior a resolveu.[237]

Trata-se de um fenômeno interno: a preclusão hierárquica, como as preclusões em geral, só atua dentro do processo, sem obrigar que o juiz fique vinculado ao dever de sempre decidir da mesma forma em todos os feitos futuros. Sua interferência ocorre exclusivamente "na eficácia concreta do preceito estabelecido superiormente para o caso concreto".[238]

Não se verifica a preclusão hierárquica, todavia, quando apenas se instaurou o feito em 2º grau de jurisdição, mas ocorreu a desistência do recurso pela parte ou quando o tribunal dele não conheceu, em preliminar.

(e) Preclusão consumativa

É a de que fala o art. 507. Origina-se de já ter sido realizado um ato, não importa se com mau ou bom êxito, não sendo possível tornar a realizá-lo.[239] Pense-se no caso de um recurso flagrantemente incabível ou num recurso cabível, mas incompletamente elaborado: a faculdade

---

237 Se um juiz profere decisão acerca de determinado tema, e tal decisão é atacada pelo recurso cabível, em sobrevindo pronunciamento do Tribunal em sentido diverso daquilo que o juiz julgou, o que deve prevalecer é o julgamento do Tribunal, não podendo o juiz reavivar seu entendimento, contrariando o julgamento superior, *naquele processo*" (ALMEIDA, Flávio Renato Correia de. *Preclusão hierárquica*. Rio de Janeiro: Lumen Juris, 2019, p. 69).

238 DINAMARCO, Cândido Rangel. *Nova era do processo civil*. São Paulo: Malheiros, 2004, p. 202.

239 "No caso de interposição de dois recursos pela mesma parte e contra a mesma decisão, apenas o primeiro poderá ser submetido à análise, em face da preclusão consumativa e do princípio da unicidade recursal, que proíbe a interposição simultânea de mais de um recurso contra a mesma decisão judicial" (STJ, 2ª T., EDcl no AgInt no REsp 1.673.933/AM, Rel. Min. Francisco Falcão, ac. 04.12.2018, *DJe* 11.12.2018).

de recorrer teria sido exercitada, pouco importando a má utilização do meio impugnativo manejado, de sorte que preclusa restaria a possibilidade de novamente recorrer (sobre a preclusão em matéria de decisões interlocutórias não agraváveis, vide item 632).

Como os despachos não ferem direitos ou interesses das partes, não ocorre perante estes atos judiciais o fenômeno da preclusão, de modo que podem ser revistos ou revogados livremente pelo juiz.[240]

A preclusão é, pois, fenômeno que se relaciona apenas com as decisões interlocutórias e as faculdades conferidas às partes com prazo certo de exercício.

Mesmo quando o juiz não enfrenta o mérito, e, portanto, sua decisão não pode fazer coisa julgada material, o ato judicial não fica sujeito a ser, livremente, desfeito ou ignorado por seu prolator ou por outros juízes. Há, em relação a todas as decisões processuais, a chamada preclusão *pro iudicato*, segundo a qual, com ou sem solução de mérito, "nenhum juiz decidirá novamente as questões já decididas, relativas à mesma lide" (art. 505). Somente pelas vias recursais próprias, e no devido tempo e forma da lei, é que se pode provocar a revisão e a reforma das decisões judiciais.

É certo que a preclusão temporal se destina apenas às partes, mesmo porque os prazos para a prática de atos do juiz são "impróprios", isto é, quando ultrapassados não lhe acarretam perda do poder de realizá-los tardiamente. Assim, em matéria de prova, por exemplo, é tranquilo que o juiz possa, a qualquer tempo, ordenar sua produção, embora as partes já tenham incorrido em preclusão a seu respeito. O mesmo, porém, não se passa com a preclusão consumativa, de sorte que, quando o juiz enfrenta uma questão incidental e soluciona por meio de decisão interlocutória, não se pode deixar de reconhecer que, por força do art. 505, está formada, também para o órgão judicial, a preclusão *pro iudicato*, de modo a impedi-lo, fora das vias recursais, de voltar ao reexame e rejulgamento da mesma questão em novos pronunciamentos no processo.[241] Somente não ocorrerá esse tipo de preclusão quando afastada por regra legal extraordinária, como se dá, *v.g.*, com as condições da ação e os pressupostos processuais (art. 485, § 3º).[242]

A preclusão, sobretudo a temporal, está intrinsecamente relacionada com a disponibilidade do direito ou faculdade processual conferidos à parte pela lei. Há, pois, um consenso em torno de sua não aplicabilidade às questões ou matérias que envolvem a *ordem pública*. É por isso que o legislador processual, quando se depara com temas dessa natureza, afasta-se do sistema geral da preclusão para conferir ao juiz o poder-dever de conhecer da matéria, sem depender de provocação da parte, isto é, de ofício. É que, em tais situações, mais do que o interesse do litigante, sobressai o interesse público no bom e adequado desempenho da jurisdição. Não se pode esquecer que o processo é o instrumento de atuação de uma das funções soberanas do Estado Democrático de Direito. Não opera a preclusão, portanto, pelo simples motivo de que o litigante não tem disponibilidade da ordem pública. Logo, diante de um ato processual de interesse público, seu exercício, ainda que a destempo, não é atingido pela preclusão, pela óbvia razão de que, em semelhante conjuntura, ao juiz incumbe o dever de atuar de ofício,

---

240 MARQUES, José Frederico. *Manual de Direito Processual Civil*. Campinas: Bookseller, 1997, v. III, p. 43.

241 Mormente quando se resolve questão em torno da matéria sujeita à disponibilidade das partes, "a falta de impugnação importa concordância tácita à decisão. Firma-se o efeito preclusivo não só para as partes, mas também para o juiz, no sentido de que vedada se torna a retratação" (STF, Pleno, ACO 142/SP, Rel. Min. Soarez Muñoz, ac. 13.11.1980, *RTJ* 100/7. Nesse sentido: STJ, 5ª T., HC 130.540/RJ, Rel. Min. Felix Fischer, ac. 02.09.2010, *DJe* 04.10.2010; LACERDA, Galeno. *Despacho Saneador*. Porto Alegre: Liv. Sulina, 1953, p. 161). Por exemplo: "Uma vez decidida na fase de saneamento do processo, a questão prescricional, sem recurso da parte que a arguira, tem-se por preclusa a matéria" (STJ, 4ª T., REsp 37.217-8/SP, Rel. Min. Dias Trindade, ac. 19.10.1993, *RSTJ* 53/318).

242 STJ, 4ª T., REsp 43.138/SP, Rel. Min. Sálvio de Figueiredo, ac. 19.08.1997, *DJU* 29.09.1997, p. 48.208; STJ, 1ª T., AgRg no REsp 1.049.391/MG, Rel. Min. Arnaldo Esteves Lima, ac. 23.11.2010, *DJe* 02.12.2010.

sem as peias do tempo.[243] É o que se passa, por exemplo, em face das condições da ação e dos pressupostos processuais, que sabidamente se apresentam como requisitos de legitimação da própria função jurisdicional (art. 485, § 3º). Pode-se concluir que, em regra, não se configura a preclusão temporal em face das questões pertinentes à ordem pública.[244]

Entretanto, a jurisprudência do STJ[245] entende que não basta tratar-se de matéria de ordem pública para afastar a preclusão *pro iudicato*. É preciso, segundo tal orientação, que encontra apoio também da doutrina atual,[246] distinguir entre o poder do juiz de examinar a qualquer tempo e sem provocação da parte as matérias de ordem pública, e a restrição decorrente do art. 505 do CPC/2015 que lhe impõe a vedação de reexame de questões já decididas ao longo da marcha processual. Não incide, em tal circunstância, a preclusão temporal para o julgador, mas prevalece a preclusão *pro iudicato* se a questão, mesmo de ordem pública, já foi resolvida sem recurso da parte interessada.

---

[243] DINAMARCO, Cândido Rangel. *Instituições de Direito Processual*. São Paulo: Malheiros, 2001, v. II, p. 454; GIANICO, Maurício. *A preclusão no direito processual civil brasileiro*. São Paulo: Saraiva, 2005, p. 157-159.

[244] Esclarece Cândido Dinamarco: "O *interesse público transcende* aos limites objetivos e subjetivos do litígio(...)", o que, perante ele, acarreta a ineficácia da "inércia das partes ou ato dispositivo de situações jurídico-processuais, pois do contrário esses comportamentos conduziriam indiretamente ao sacrifício da sociedade interessada no resultado do pleito" (DINAMARCO, Cândido Rangel. *A instrumentalidade do processo*. 5. ed. São Paulo: Malheiros, 1996, n. 5, p. 57). Pelo maior valor que, no *processo justo*, se atribui ao princípio da *verdade real*, tem a jurisprudência também afastado a matéria probatória do alcance da preclusão temporal: "Nos termos do art. 130, não há preclusão absoluta em matéria de prova, até por se tratar de questão de ordem pública. Mesmo proferido o despacho saneador, o juiz pode, mais tarde, determinar a realização de outras provas, caso entenda que essa providência é necessária à instrução do processo" (STJ – 3ª T., REsp 1.132.818/SP, Rel. Min. Nancy Andrighi, ac. 03.05.2012, *DJe* 10.05.2012).

[245] STJ, 3ª T., AgInt no AREsp 2.394.596/RS, Rel. Min. Nancy Andrighi, ac. 26.02.2024, *DJe* 28.02.2024; STJ, 4ª T., AgInt no Resp 1.768.396/MG, Rel. Min. Luís Felipe Salomão, ac. 14.03.2022, *DJe* 18.03.2022; STJ, 2ª Seção, EREsp. 1.488.048/MT, Rel. Min. Marco Aurélio Bellizze, ac. 13.11.2024, *DJe* 22.11.2024.

[246] DIDIER JR., Fredie. *Curso de direito processual civil*: introdução ao direito processual civil, parte geral e processo de conhecimento. Salvador: JusPodivm, 2019, v. 1, p. 811; CUNHA, Igor Martins da. *Teoria geral dos recursos*: ensaio sobre a autonomia privada nos recursos cíveis. São Paulo: Ed. RT, 2024, p. 49; CARVALHO, Nathália Gonçalves de Macedo. Preclusão para o juiz: vedação de reapreciação de questões decididas. *Revista dos Tribunais*, São Paulo, v. 1.073, p. 252-254, mar. 2025.

§ 102. LIMITES DA COISA JULGADA

807. Limites objetivos

I – Limites traçados pela lei para a coisa julgada material

"A decisão que julgar total ou parcialmente o mérito tem força de lei nos limites da questão principal expressamente decidida" (CPC/2015, art. 503).[247] O processo é o meio utilizado pelo Estado para compor os litígios, dando aplicação ao direito objetivo frente a uma situação contenciosa.[248] Objetivamente, portanto, a coisa julgada material se estabelece em função da questão de mérito solucionada no processo.

II – Noção de ponto e questão como premissa da coisa julgada

Para se definirem os limites objetivos da coisa julgada material, costuma-se fazer distinção entre *ponto* e *questão*: *ponto* seria qualquer afirmação, de fato ou de direito, que se tenha feito no processo, enquanto *questão* seria todo ponto controvertido, de fato ou de direito.[249] Chega-se, às vezes, ao extremo de afirmar que somente seria *questão*, para o efeito de limitar objetivamente a extensão da coisa julgada, o *ponto* que, *dentro do processo*, gerasse um conflito de razões acerca de determinada matéria. Assim, as premissas da pretensão deduzida pelo autor (formuladas como *causa petendi*) não passariam de *ponto*, enquanto não fossem rebatidas pelo réu[250] e, por consequência não integrariam o campo alcançado pela *res iudicata*.

De fato é preciso que o *ponto* se transforme em *questão* para que se possa pensar em viabilidade do próprio processo, porque sem controvérsia sobre algum ponto de fato e de direito não haveria *interesse* de agir em juízo (CPC, art. 17), e o processo teria de ser extinto sem julgamento de mérito (CPC, art. 485, V). Mas não é necessariamente dentro do processo que surge a controvérsia, solucionável pela sentença de mérito, embora haja situações em que a questão só apareça com a discussão travada entre as partes no debate sobre os fundamentos do pedido do autor e da defesa do réu (questão prejudicial, defesa indireta de mérito, exceção substancial, reconvenção). É que, ao ajuizar a ação o demandante tem de submeter à resolução judicial uma *questão*, isto é, uma controvérsia, ou seja, aquilo que o Código de Processo Civil chama de *questão principal* e cuja solução se presta a definir os *limites* objetivos da coisa julgada material.[251] Ou seja: somente quando preexiste uma *questão* entre as partes é que se pode cogitar do direito de ação: direito a uma sentença de mérito que ponha fim ao conflito jurídico estabelecido entre demandante e demandado.

Se assim não fosse não se poderia pensar em *questão* nas demandas processadas perante o réu revel, e consequentemente não faria coisa julgada material a sentença que acolhesse o pedido formulado em casos de revelia, já que o pronunciamento judicial não teria enfrentado

---

247 Duas deduções são autorizadas pelo art. 503: *(i)* não só as sentenças, mas também as decisões interlocutórias podem produzir a coisa julgada; e *(ii)* a lide pode ser resolvida no todo ou em parte pela decisão que passa em julgado.

248 MARQUES, José Frederico. *Instituições de Direito Processual Civil*. Rio de Janeiro: Forense, 1959, v. I, n. 1.

249 CÂMARA, Alexandre Freitas. Limites objetivos da coisa julgada no Novo Código de Processo Civil. In: MACÊDO, Lucas Buril de *et al.* (orgs.); DIDIER JR., Fredie (coord.). *Novo CPC*: doutrina selecionada – procedimento comum. 2. ed. Salvador: JusPodivm, 2016, v. 2, p. 700.

250 AUFIERO, Mário Vitor. *Questões prejudiciais e coisa julgada*. Rio de Janeiro: Lumen Juris, 2019, p. 13; RODRIGUES, Rafael Ribeiro. Questão prejudicial e a coisa julgada material. Requisitos e reflexões. *Revista dos Tribunais*, v. 1.031, p. 311, set. 2021.

251 "A decisão que julgar total ou parcialmente o mérito tem força de lei nos limites da questão principal expressamente decidida" (CPC, art. 503).

questão alguma, e tão somente versado sobre mero *ponto* não controvertido. Semelhante tese, como é óbvio, bateria frontalmente contra a dogmática construída pela história da coisa julgada.

Certo é, portanto, que a coisa julgada se estabelece sobre a lide (ou o objeto litigioso), a qual se forma a partir de uma controvérsia formada sobre algum ponto de fato e de direito, anteriormente ao exercício do direito de ação, e que, por isso mesmo, não se pode aceitar que a coisa julgada material se limite à resolução das controvérsias travadas efetivamente durante a discussão da causa em juízo.

III – O conflito como limite objetivo da coisa julgada

Lide ou litígio é o conflito de interesses a ser solucionado no processo. As partes em dissídio invocam razões para justificar a pretensão e a resistência, criando dúvidas sobre elas, que dão origem às questões. Questões, portanto, são os pontos controvertidos envolvendo os fatos e as regras jurídicas debatidas entre as partes, sem que, entretanto, essa controvérsia tenha que acontecer, necessariamente, nos autos, após o ajuizamento da demanda.

Pode haver lide sem questões, e questão sem lide. Como exemplo da primeira cita-se o caso de pura resistência a uma pretensão, sem qualquer justificativa para a atitude. E como hipóteses de questão sem lide têm-se as dúvidas puramente teóricas.

Quando a lide apresenta uma ou mais questões, costuma-se falar em controvérsia que, conforme Carnelutti, é o termo adequado para designar essa espécie de lide.[252]

A lide pode ser posta em juízo por todas ou por apenas algumas de suas questões, e sendo múltiplas as questões, não há empecilho a que as soluções de algumas ocorram em decisões distintas (*v.g.*: questões que permitam imediato julgamento cumuladas com outras que reclamem instrução probatória – art. 356, II; recursos que impugnem a sentença apenas parcialmente – arts. 1.002 e 1.008). Alguém, por exemplo, que tem título translatício de domínio e posse *ad usucapionen*, com referência ao mesmo bem, pode defender seu direito demonstrando o primeiro ou a segunda, ou ambos. Se a postulação de prestação jurisdicional se referir apenas ao título translatício ou apenas à usucapião, a lide será a mesma: pretensão de reconhecimento do domínio. Mas as questões, *i.e.*, os pontos de fato e de direito em que controvertem as partes,[253] serão diversas. Cumuladas questões múltiplas e autônomas num só processo, surgirá, como já previsto, a possibilidade de julgamentos parciais da lide em decisões distintas.

Quando o processo abrange todas as questões que integram a lide, diz-se que há processo *integral*; quando se refere tão só a uma ou algumas das questões existentes entre as partes, fala-se em processo *parcial*.[254] Essa totalidade ou parcialidade refere-se à *lide pré-processual*, ou seja, ao conflito jurídico existente entre as partes anteriormente à instauração do processo. Uma vez, porém, formado o processo, a *lide* é uma só e se confundirá com o seu *objeto* de modo que a *lide processual* é aquela que se deduziu em juízo, pouco importando se compreende, ou não, todas as questões existentes entre os litigantes. O provimento jurisdicional versará sobre as questões trazidas a julgamento *in concreto* e sobre a solução que lhe for dada recairá a coisa julgada material (art. 503). Isto não impede que as questões formadoras do objeto do processo sejam decididas e formem a *res iudicata* em momentos processuais diferentes. Nem sempre haverá uma *sentença única*, embora essa seja a regra geral.

Casos de julgamento parcial da lide, lembrados por Frederico Marques, são os da sentença condenatória genérica, em que o *quantum debeatur* será resolvido em outro momento do

---

252 CARNELUTTI, Francesco. *Instituciones del Processo Civil*. Buenos Aires: EJEA, 1973, v. I, n. 13, p. 36.

253 AMARAL SANTOS, Moacyr. *Primeiras Linhas de Direito Processual Civil*. 4. ed. São Paulo: Max Limonad, 1973, v. III, n. 684, p. 83.

254 CARNELUTTI, Francesco. *Instituciones del Processo Civil*. Buenos Aires: EJEA, 1973, v. I, n. 273, p. 410.

processo (o de liquidação da sentença), e o da sentença que julga procedente a ação de prestação de contas, ficando os haveres para serem apurados e julgados na segunda fase do processo.[255] É ainda o do recurso parcial, que leva à apreciação do tribunal apenas uma ou algumas das questões de mérito enfrentadas pelo julgamento do primeiro grau de jurisdição.

É pela sentença que o Estado dita a solução visada pelo processo, isto é, compõe a lide, resolvendo as questões propostas pelos interessados. "O que individualiza a lide, objetivamente, são o pedido e a *causa petendi*, isto é, o pedido e o fato constitutivo que fundamenta a pretensão".[256] Decidindo a lide, a sentença acolhe ou rejeita o pedido do autor, pois é ela, na feliz expressão de Amaral Santos, nada mais do que "a resposta do juiz ao pedido do autor".[257] Logo, "a sentença faz coisa julgada sobre o pedido"[258] e só se circunscreve aos limites da lide e das questões expressamente decididas (art. 503).[259]

Assim, se o herdeiro legítimo também contemplado em testamento reivindica a herança apenas invocando a disposição testamentária (uma questão) e perde a demanda, não estará inibido pela *res iudicata* de propor outra ação baseada na vocação hereditária legítima (outra questão ainda não decidida).

IV – Exceção de coisa julgada

Objetivamente a coisa julgada reclama reprodução, entre as mesmas partes e em outra ação, do pedido e da causa de pedir de ação anteriormente decidida pelo mérito (art. 337, §§ 1º e 2º). A exceção, todavia, para ser acolhida não exige que se verifique total identidade das questões tratadas nas duas causas. Basta que algumas delas coincidam. A *res iudicata* pode ser total ou parcial. Se todas as questões são idênticas, a segunda ação será inviável e o processo se extinguirá sem apreciação do mérito (art. 485, V). Se a coincidência for parcial e o objeto da nova ação for menor, também ocorrerá a extinção do processo, como no caso anterior. Quando, porém, o objeto da segunda causa contiver questões novas, apenas quanto a estas haverá julgamento de mérito, devendo incidir a barreira da *res iudicata* para impedir a reapreciação da lide em tudo aquilo já definitivamente julgado. De maneira alguma a nova sentença poderá negar ou reduzir o que antes se acobertara da imutabilidade da coisa julgada. O assentado na sentença anterior será o pressuposto ou o ponto de partida para o enfrentamento das questões novas. Enfim, da resposta jurisdicional dada ao pedido, a sentença, após a coisa julgada, cria ou estabiliza uma *situação jurídica substancial* entre as partes, e é essa situação jurídica que se revestirá da indiscutibilidade e imutabilidade de que cogita o art. 502, e que se identifica pelos limites da lide e das questões decididas, como determina o art. 503.

Ressalte-se que, diante da sistemática adotada pelo art. 503, que limita objetivamente a coisa julgada às questões expressamente decididas, a sentença *citra petita* não pode gerar efeitos acerca

---

[255] MARQUES, Jose Frederico. *Manual de Direito Processual Civil*. Campinas: Bookseller, 1997, v. III, nº 686, p. 237.

[256] MARQUES, Jose Frederico. *Manual de Direito Processual Civil*. Campinas: Bookseller, 1997, v. III, nº 686, p. 237.

[257] AMARAL SANTOS, Moacyr. *Primeiras Linhas de Direito Processual Civil*. 4. ed. São Paulo: Max Limonad, 1973, v. III, n. 685.

[258] LOPES DA COSTA, Alfredo Araújo. *Direito Processual Civil Brasileiro*. 2. ed. Rio de Janeiro: Forense, 1959, v. III, n. 441.

[259] "A coisa julgada, tal qual definida em lei, abrangerá unicamente as questões expressamente decididas, assim consideradas as que estiverem expressamente referidas na parte dispositiva da sentença" (STJ, REsp 77.129/SP, Rel. Min. Demócrito Reinaldo, ac. 04.11.1996, *RSTJ* 94/57). "É cediço que é o dispositivo da sentença que faz coisa julgada material, abarcando o pedido e a causa de pedir, tal qual expressos na petição inicial e adotados na fundamentação do *decisum*, compondo a *res judicata*" (STJ, 1ª Seção, Rcl 4.421/DF, Rel. Min. Luiz Fux, ac. 23.02.2011, *DJe* 15.04.2011).

dos pedidos que não chegou a apreciar. Com efeito, para que haja coisa julgada, é indispensável "que exista pedido e, sobre ele, decisão", razão pela qual "a parte que não foi decidida – e que, portanto, caracteriza a existência de julgamento *infra petita* –, poderá ser objeto de nova ação judicial para que a pretensão que não fora decidida o seja agora".[260] Em tal hipótese não incide a regra da eficácia preclusiva da coisa julgada material (art. 508) pela simples razão de que sobre a questão omitida nenhuma repercussão terá a decisão dada a outro pedido distinto e autônomo formulado pelo autor. Contudo, é necessário que a solução do pedido sobre a qual se formou a coisa julgada não seja prejudicial ao pedido não respondido. Se o for, a eficácia preclusiva da coisa julgada refletirá sobre a questão não apreciada pela sentença, impedindo sua renovação em outra ação (art. 508).

808. Motivos da sentença

Sabe-se que a sentença se compõe de três partes: o relatório, a motivação e a decisão ou dispositivo. A *res iudicata* não envolve a sentença como um todo, pois não se inclui na coisa julgada "a atividade desenvolvida pelo julgador para preparar e justificar a decisão".[261] Na verdade, "só o comando concreto pronunciado pelo juiz torna-se imutável" por força da coisa julgada,[262] segundo arraigada tradição da doutrina processual.

Entre nós, há mais de século já ensinava Paula Batista que "a coisa julgada restringir-se-á à parte dispositiva do julgamento e aos pontos aí decididos e fielmente compreendidos em relação aos seus objetivos".[263]

O Código vigente não deixa margem a dúvidas, dispondo expressamente que "não fazem coisa julgada os motivos, ainda que importantes para determinar o alcance da parte dispositiva da sentença" (CPC/2015, art. 504, I).

Assim, chegou-se a consolidar na vigência dos Códigos anteriores que entre os motivos que não transitam em julgado se incluiriam a causa de pedir (fato jurídico invocado pelo autor para sustentar sua pretensão). Com isso, defendia-se que a rejeição de uma ação reivindicatória por falta de prova do domínio do autor jamais poderia ter autoridade de coisa julgada quanto a ser ou não o réu o verdadeiro proprietário; pelo que "se o antigo autor tornar-se depois possuidor da mesma coisa, e o antigo réu quiser, a seu turno, propor reivindicação, este não poderá valer-se do primeiro julgamento; mas está rigorosamente obrigado a provar o seu direito

---

260 STJ, Corte Especial, EREsp 1.264.894/PR, Rel. Min. Nancy Andrighi, ac. 16.09.2015, *DJe* 18.11.2015.

261 LIEBMAN, Enrico Tullio. *Efficacia ed autorità della sentenza*. Milão, 1962, n. 16; STJ, REsp 36.807-3/SP, Rel. Min. Demócrito Reinaldo, ac. 15.08.1994, *RSTJ* 73/270; STJ, REsp 27.490-8/MG, Rel. Min. Nilson Naves, ac. 11.05.1993, *DJU* 14.06.1993, p. 11.783; STJ, REsp 31.161/SP, Rel. Min. Cesar Asfor Rocha, ac. 20.05.1997, *DJU* 04.08.1997, p. 34.775; STJ, 3ª T., AgRg no REsp 1.165.635/RS, Rel. Min. Paulo de Tarso Sanseverino, ac. 06.09.2011, *DJe* 13.09.2011.

262 LIEBMAN, Enrico Tullio. *Efficacia ed autorità della sentenza*. Milão, 1962, n. 16; STF, RE 117.600/MG, Rel. Min. Celso de Mello, ac. 18.12.1990, *RTJ* 133/1.311; STJ, 1ª T., REsp 875.635/MG, Rel. Min. Luiz Fux, ac. 16.10.2008, *DJe* 03.11.2008.

263 *Apud* AMARAL SANTOS, Moacyr. *Primeiras Linhas de Direito Processual Civil*. 4. ed. São Paulo: Max Limonad, 1973, v. III, n. 686. No julgamento de um mandado de segurança, decidiu o STF que, se há contradição entre os fundamentos e a conclusão do voto do relator, "a coisa julgada recai sobre o dispositivo ou conclusão do acórdão, no caso concessivo da segurança impetrada" (Rec. Man. Seg. 7.007, Rel. Min. Amaral Santos, *RTJ* 56/223). No mesmo sentido: "A coisa julgada restringe-se à parte dispositiva da sentença" (TJRS, Ap. 597.026.681-5, Rel. Des. Luiz Felipe Brasil Santos, ac. 21.08.1997, *RJTJRS* 186/254). Também o TJDF decidiu que "um *considerando* de sentença, fora do eixo da questão, fora da contenda, não poderá constituir coisa julgada para impedir apreciação em ação própria da questão em debate" (Apel. 41.687, Rel. Des. Omar Dutra, *Jurisprudência Mineira*, 14/242). Ainda nesse sentido: STJ, 4ª T., AgRg no Ag 1.219.679/RS, Rel. Min. Luis Felipe Salomão, ac. 02.12.2010, *DJe* 09.12.2010.

de propriedade".[264] Da mesma forma, "a sentença que decidir que o devedor é obrigado a pagar juros de certa dívida, cujo montante é simplesmente enunciado, não tem força de coisa julgada quanto ao montante dessa mesma dívida".[265]

Os motivos (puros), ainda que relevantes para fixação do dispositivo da sentença, limitam-se ao plano lógico da elaboração do julgado. Influenciam em sua interpretação, mas não se recobrem do manto de intangibilidade que é próprio da *res iudicata*. O julgamento, que se torna imutável e indiscutível, é a resposta dada ao pedido do autor, não o "porquê" dessa resposta.

O juiz, para julgar, exerce processualmente dois tipos de atividades: *(i)* a *cognição* a respeito de tudo que, no plano lógico, for necessário para chegar a uma conclusão a respeito do pedido; e *(ii)* a *decisão*, que envolve a relação jurídica material controvertida e que redunda na declaração final de acolhimento ou rejeição do pedido formulado em torno da citada relação. É na *decisão* que se situa a autoridade da *res iudicata*, tornando imutável e indiscutível o que aí se declarar.[266]

Convém advertir, contudo, que, se o fundamento é tão precípuo que, abstraindo-se dele, o julgamento será outro, faz ele praticamente parte do dispositivo da sentença. Às vezes, no trato da *causa petendi*, o juiz chega a solucionar verdadeira questão com imediata e inegável influência na resolução da lide. Em tais casos, mesmo fora do espaço físico do dispositivo da sentença, terá sido julgada parte do mérito da causa, e o pronunciamento revestir-se-á da autoridade de coisa julgada.[267]

808.1. Motivo e ratio decidendi

Uma corrente exegética, formada nos primeiros tempos de vigência do Código de 1973, esboçou uma distinção entre *motivos* e *razões* da decisão.[268] Argumentava-se que, ao fundamentar

---

264 PAULA BATISTA, Francisco de. *Compêndio de Teoria e Prática do Processo Civil Comparado com o Comercial*. 6. ed. Rio de Janeiro: Garnier, 1901, § 185, p. 250.

265 PAULA BATISTA, Francisco de. *Compêndio de Teoria e Prática do Processo Civil Comparado com o Comercial*. 6. ed. Rio de Janeiro: Garnier, 1901, § 185, p. 250. Nesse sentido, decidiu o TJSP que "a sentença proferida em embargos de terceiro, considerando duvidoso o domínio do embargante, não faz coisa julgada para efeito de impedir a ação reivindicatória ajuizada pelo mesmo embargante" (Ag. 106.919, Rel. Des. Cardoso Filho, *Revista Forense* 203/164). Também o Superior Tribunal de Justiça julgou que "a sentença proferida em executivo fiscal não faz coisa julgada quanto à legitimidade, em tese, da cobrança de certo tributo, quando esta cobrança é pertinente a processos diferentes e a exercícios também diversos" (STJ, REsp 36.807-3/SP, Rel. Min. Demócrito Reinaldo, ac. 15.08.1994, *RSTJ* 73/270). "A sentença vale pelo 'decisum'; é ele que colhe a situação lamentada pelo autor na demanda inicial e é somente ele que tende a tornar-se imutável" (STJ, 3ª T., AgRg no REsp 1.165.635/RS, Rel. Min. Paulo de Tarso Sanseverino, ac. 06.09.2011, *DJe* 13.09.2011).

266 "O juiz, enquanto razoa, não representa o Estado; representa-o enquanto lhe afirma a vontade. As razões de decidir preparam, em operação lógica, a conclusão a que vai chegar o juiz no ato de declarar a vontade da lei" (STF, RE 94.530, 1ª Turma, Rel. Min. Buzaid, ac. 21.05.1982, *RTJ* 103/759). "A coisa julgada, tal qual definida em lei, abrangerá unicamente as questões expressamente decididas" (STJ, REsp 77.129/SP, Rel. Min. Demócrito Reinaldo, ac. 04.11.1996, *RSTJ* 94/57). "São, pois, as pretensões formuladas e respectivas causa de pedir (questões litigiosas) julgadas pelo Judiciário (questões decididas) que se revestirão da eficácia da imutabilidade e indiscutibilidade de que trata o art. 468 do CPC" (STJ, 1ª Seção, Rcl 4.421/DF, Rel. Min. Luiz Fux, ac. 23.02.2011, *DJe* 15.04.2011).

267 GRINOVER, Ada Pellegrini. *Direito Processual Civil*. São Paulo: J. Bushatsky, 1974, p. 91. A parte dispositiva que transita em julgado deve ser entendida em "sentido substancial, e não formalista, de modo que abranja não só a parte final da sentença, como também qualquer outro ponto em que tenha o juiz eventualmente provido sobre os pedidos das partes" (STJ, 1ª T., REsp 900.561/SP, Rel. Min. Denise Arruda, ac. 24.06.2008, *DJe* 01.08.2008).

268 "Embora os motivos do julgamento não se revistam da condição de imutabilidade e indiscutibilidade, muitas vezes esses motivos nada mais são que questões levantadas pelas partes e decididas, sobre as quais incide a preclusão máxima (STJ, REsp 63.654/RJ, Rel. Min. Sálvio de Figueiredo Teixeira, ac. 24.10.1995, *DJU* 20.11.1995, p. 39.603).

uma decisão, o juiz recorre à análise dos acontecimentos que provocaram a eclosão da lide (*fatos jurídicos* litigiosos) e a outros que apenas servem como argumentos para convencimento (*fatos simples*, úteis à busca da verdade).

À luz de tal distinção, a invocação do fato jurídico básico pelo juiz seria a *razão de decidir*, que integraria a solução do pedido lançada no dispositivo da sentença e, assim, alcançaria, também, a força de *res iudicata*.[269] Já os fatos simples, aqueles que apenas servem à formação da convicção do julgador, seriam os *motivos* da sentença que não se incluiriam na área de incidência da coisa julgada.

Essa interpretação não foi, entretanto, a que mereceu a consagração da maioria na doutrina e jurisprudência, enquanto vigorou o CPC/1973. Em matéria de motivação da sentença, para os efeitos de exclusão da coisa julgada, a tese que prevaleceu foi a de que a lei realmente não distinguia entre fatos jurídicos e fatos simples. Todos, uma vez utilizados na argumentação do juiz, seriam *motivos* e não *objeto* do *judicium* e, por isso, não seriam abrangidos pela autoridade de coisa julgada. As razões (ou fundamentos) da sentença desempenhariam, de fato, importante papel na compreensão do dispositivo. Principalmente na interpretação dos limites objetivos da coisa julgada sempre se teria de reportar aos fatos jurídicos figurantes nos motivos do decisório. A influência desses motivos, entretanto, não ultrapassaria o âmbito da *situação jurídica* identificada no pedido e resolvida pelo dispositivo da sentença. Não poderia dela se desprender para assumir uma autonomia no plano próprio da coisa julgada material.

Mesmo, pois, a *causa petendi*, configuradora de questão enfrentada e dirimida pela sentença, só faria coisa julgada em conjunto com o pedido, ou seja, como elemento da situação jurídica definida pelo dispositivo. Não seria possível, por isso, isolar o *fundamento*, para, em contexto diverso do que foi objeto da decisão judicial, atribuir-lhe a indiscutibilidade própria da *res iudicata*. Em outros termos: o fato jurídico que servira de motivo para a sentença só não poderia ser novamente discutido em juízo se a nova pretensão conduzisse a um resultado que anulasse, reduzisse ou modificasse a situação jurídica acobertada pela sentença passada em julgado.

Se, todavia, o mesmo fundamento fosse invocado, em processo superveniente, para sustentar pedido diverso do anteriormente decidido, não se depararia com o embaraço da *res iudicata*, de maneira que o novo julgamento poderia até mesmo interpretar a antiga *causa petendi* de maneira diferente. É nesse sentido que se deveria, nessa velha concepção, entender o papel importante desempenhado pela causa de pedir e pela motivação da sentença, como instrumento apenas influente na compreensão do alcance da coisa julgada, mas não como objeto mesmo da *res iudicata*.[270]

Portanto, para que a causa de decidir deixasse de ser motivo e fosse inserida no alcance da coisa julgada, seria preciso que fosse objeto de pedido expresso de declaração, pois só assim se transformaria em objeto do acertamento judicial (mérito) a ser definido pela resposta da

---

269 CAMPOS, Ronaldo Cunha. *Revista Brasileira de Direito Processual*, v. III, p. 181. Deve-se ter como *objetivo* da coisa julgada o *pedido* (relação jurídica material litigiosa e questões invocadas na petição inicial) e como *motivos* os fatos examinados, para responder ao pedido, inclusive as questões jurídicas novas acrescentadas em razão da defesa do réu, que não se incluem no campo do *iudicium*, a não ser quando requerida a declaração incidental.

270 "Coisa julgada – Limites objetivos. A imutabilidade própria de coisa julgada alcança o pedido com a respectiva causa de pedir. Não esta última isoladamente, pena de violação do disposto no art. 469, I, do CPC [CPC/2015, art. 504, I]" (STJ, 3ª T., REsp 11.315/RJ, Rel. Min. Eduardo Ribeiro, ac. 31.08.1992, *RSTJ* 37/413. No mesmo sentido: STJ, 3ª T., REsp 20.754/MS, Rel. Min. Nilson Naves, ac. 25.06.1996, *RSTJ* 92/179-180). Não se pode atribuir isoladamente à *causa petendi* a autoridade de *res iudicata* pela simples razão de que "para que se caracterize a coisa julgada, é necessária a identidade de três elementos, quais sejam, as partes, o pedido e a causa de pedir" (STJ, 3ª T., EDcl nos EDcl no AgRg nos EDcl no Ag 999.324/RS, Rel. Min. Sidnei Beneti, ac. 17.05.2011, *DJe* 25.05.2011).

sentença ao pedido. E uma vez tornada objeto da pretensão, *i.e.*, objeto da demanda, sua definição, aí sim, alcançaria a autoridade da coisa julgada.[271]

808.2. Revisão do mito de que só o dispositivo da sentença passa em julgado

Para definir o alcance da indiscutibilidade gerada pela coisa julgada, a concepção atual do instituto não tem como subsistente a velha teoria de Chiovenda, segundo a qual a parte da sentença que passa em julgado seria apenas o seu *dispositivo.* Nessa ótica, os motivos e fundamentos da conclusão do decisório ficariam fora da coisa julgada.[272] Entretanto, a correlação que se tem de fazer é entre o *objeto do processo* e o *pronunciamento* que a sentença efetuou para solucioná-lo. Dentro do processo uma situação jurídica litigiosa reclamou o acertamento judicial, de maneira que é esse acertamento que, em nome da segurança jurídica, se sujeitará à força ou autoridade da *res iudicata.*

Em termos práticos, o que deve ser pesquisado é aquilo, dentro do pronunciamento judicial, que tem de ser conservado imutável para que "não perca autoridade o que restou decidido", como adverte Jordi Nieva-Fenoll. Explica o autor que é preciso apurar, no bojo do processo findo, quais são as questões decididas que "conferem estabilidade à sentença". O processo só cumprirá sua função de lograr a composição definitiva do litígio se proporcionar garantia de permanência à solução de tais questões. Então, para apurar qual parte do decisório adquiriu a indiscutibilidade própria da *res iudicata*, "é necessário determinar quais pronunciamentos exigem estabilidade para não comprometer o valor do processo já concluído".[273]

A operação, com esse objetivo, é singelíssima, muito mais prática e casuística do que a luta infindável e pouco frutífera da doutrina antiga desgastada na busca da teorização complexa e da dogmatização sempre problemática, como tem ocorrido de longa data na tentativa de uma definição científica e geral dos limites objetivos da coisa julgada.

Afinal, segundo as origens remotas do instituto, sempre se explicou a coisa julgada pela simples finalidade de vetar, em nome da segurança jurídica, a renovação do julgamento de uma causa já definitivamente decidida. Ora, julgar uma causa, em seu mérito, consiste justamente em resolver as questões que integram o objeto do processo (*o objeto litigioso*). Por isso, o artigo 503 do CPC/2015, na perspectiva de delimitar a coisa julgada, afirma que a sentença de mérito "tem força de lei nos limites da *questão principal* expressamente decidida". E o art. 505, em seguida, aduz que "nenhum juiz decidirá novamente as *questões* já decididas relativas à mesma lide".

---

271 Convém lembrar que uma outra orientação tem sido adotada pelo Supremo Tribunal Federal, quando se trata da coisa julgada formada nas ações de controle concentrado da constitucionalidade. Nesses casos, a jurisprudência daquela Corte é no sentido de que a eficácia do julgado transcende o caso singular decidido, de modo que o efeito vinculante é *erga omnes* e atinge também *a motivação* do julgamento, não ficando restrito ao seu *dispositivo*. Daí o cabimento da reclamação, em defesa da *tese constitucional* reconhecida nas *razões de decidir*, "contra qualquer ato, administrativo ou judicial, que desafie a exegese constitucional consagrada pelo STF em sede de controle concentrado de constitucionalidade, ainda que a ofensa se dê de forma oblíqua" (STF, Pleno, Rcl. 1.987/DF, Rel. Min. Maurício Corrêa, ac. 01.10.2003, *DJU* 21.05.2003, p. 33; Rcl. 2.363/PA, Rel. Min. Gilmar Mendes, ac. 23.10.2003, *RSTJ*, v. 193, p. 513.). Isto é, a coisa julgada será ofendida, ainda que a lei declarada inconstitucional não tenha sido o fundamento do ato impugnado. Prevalecerá a eficácia do julgado mesmo que apenas a tese adotada pelo STF esteja sendo questionada.

272 "O objeto do julgado é a conclusão *última* do raciocínio do juiz, e não as premissas; o último e imediato resultado da decisão, e não a série de fatos, das relações ou dos estados jurídicos que, no espírito do juiz, constituíram os pressupostos de tal resultado" (CHIOVENDA, Giuseppe. *Instituições de direito processual civil.* 3. ed. São Paulo: Saraiva, 1969, v. I, n. 129, p. 411).

273 NIEVA-FENOLL, Jordi. La cosa giudicata: la fine de un mito. *Rivista Trimestrale di diritto e procedura civile.* Ano 2014, nº 4, Milano: Giuffrè, p. 1375.

Na verdade, não é o pedido que o juiz decide direta e unicamente, como aparentemente se deduz do dispositivo de uma sentença. Ali só se chega por meio da resolução de todas as questões relevantes do litígio, de maneira que o dispositivo não é mais que a resultante necessária de todas as decisões das questões que compõem o objeto litigioso.

O provimento judicial de mérito é, em suma, o conjunto indissociável de todas as questões resolvidas que motivaram a resposta jurisdicional à demanda enunciada no dispositivo da sentença. Se estas questões não se estabilizarem juntamente com a resposta-síntese, jamais se logrará conferir segurança à *situação jurídica* discutida e solucionada no provimento. É, por isso, que a doutrina processual mais evoluída de nossos dias vê como alcançada pela segurança jurídica proporcionada pela coisa julgada não esta ou aquela parte da sentença, mas toda a situação jurídica material objeto do acertamento contido no provimento definitivo de mérito. Não pode, em tal perspectiva, permanecer fora da autoridade da *res iudicata* a solução da questão principal (*i.e.*, a *causa de pedir*, seja a invocada pelo autor, seja a que fundamenta a resistência do réu).

De tal sorte, toda resolução de questão qualificada como principal feita pela decisão de mérito assume força de lei (art. 503), entre as partes, tornando-se no devido tempo *imutável e indiscutível* (art. 502), e por consequência, impedirá que qualquer juiz volte a *rejulgá-la* (art. 505), entre os mesmos litigantes (art. 506).

Ao estender a coisa julgada à questão prejudicial, independentemente de pedido de declaração incidental formulado pela parte, o CPC/2015 (art. 503, § 1º) tornou *questão principal*, para efeito de estabelecimento dos limites objetivos da *res iudicata*, todas as questões de mérito cuja solução tenha sido, lógica e juridicamente, necessária para resolução do objeto litigioso do processo. Existe, em tal sistemática, questão principal formulada mediante o *pedido* da parte e questão tornada principal pela *necessidade lógica* de enfrentamento pelo julgador, na obra de construir a sentença de mérito (resolução do objeto litigioso deduzido pela parte). Não é mais possível, portanto, continuar defendendo a tese de que a imutabilidade e indiscutibilidade da sentença passada em julgado se restringe ao seu dispositivo, não alcançando as questões trazidas como fundamento do pedido, se sobre elas a parte não houver requerido a declaração judicial. Toda questão substancial a que se subordinou a solução do mérito da causa, com ou sem pedido da parte, entende-se alcançada pela coisa julgada, se sem sua integração não for possível manter-se a situação estabelecida pela sentença para a composição definitiva do objeto litigioso do processo.[274]

Por isso mesmo, impende reconhecer que "a tradicional restrição da coisa julgada ao dispositivo [da sentença] reflete uma perspectiva excessivamente liberal a privatista, incompatível não apenas com a natureza pública do processo como também com os princípios da economia

---

274 O objetivo da inovação do § 1º do art. 503 do CPC/2015 foi justamente "o de coibir a contradição lógica tornada possível pelo sistema anterior, impedindo que uma determinada questão, originariamente discutida em um processo como prejudicial, possa ser rediscutida e decidida diferentemente em ações futuras (...). Assim, a alteração dos limites objetivos teria por finalidade impedir a existência de decisões conflitantes sobre uma mesma situação concreta". Um contrato considerado válido, quando se questionou a cobrança de juros, por exemplo, não pode futuramente ser declarado inválido, quando se cobrar a prestação principal (MINAMI, M. Y.; PEIXOTO, Ravi. Da questão prejudicial incidental constitucional no STF e o novo regime de coisa julgada. *Revista de Processo,* São Paulo, v. 263, p. 86, jan./2017). Sobre a definição dos limites da coisa julgada a partir do objeto litigioso, e não apenas do pedido, cf., ainda, MATTOS, Sérgio. Resolução de questão prejudicial e coisa julgada: primeiras linhas sobre o art. 503, §§ 1º e 2º, do CPC/2015. In: DIDIER JR.; Fredie; CABRAL, Antonio do Passo (coords.). Coisa julgada e outras estabilidades processuais. Salvador: JusPodivm, 2018, p. 207-229; THAMAY, Rennan Faria Kruger. A coisa Julgada do atual ao projetado novo Código Processo Civil. In: SARRO, Luís Antônio Giampaulo (coord.). Novo Código de Processo Civil. Principais alterações do sistema processual civil. 2. ed. São Paulo: Rideel, 2016, p. 283-302.

processual, da segurança jurídica, de contraditório-influência e da cooperação, consagrados pelo Código de Processo Civil de 2015".[275]

Enfim, como ensina Marinoni, o sistema do CPC atual, ao definir os limites objetivos da coisa julgada, fez com que esta passasse a recair sobre as *questões* – principal e prejudicial – e não mais sobre o *pedido*.[276]

808.3. Tendência do direito comparado e a posição do atual CPC

A tese, outrora dominante, entre nós, de que não se poderia isolar a *causa petendi* para reconhecer coisa julgada sobre ela, fora de sua intervinculação com o pedido respondido pelo dispositivo da sentença, não é a que tem prevalecido no direito comparado nos últimos tempos, nem é a que merece ser prestigiada diante do regime implantado pelo nosso Código de Processo Civil de 2015, principalmente se levarmos em conta o reconhecimento expresso de que a resolução da questão prejudicial, por si só, tornou-se passível de transitar em julgado (CPC/2015, art. 503, § 1º).

Com efeito, se a legislação atual aboliu a necessidade de ação declaratória incidental para que a decisão sobre a *questão prejudicial* se revista da autoridade da coisa julgada, é óbvio que não há mais como justificar, lógica e juridicamente, que a *questão principal* (*i.e.*, a *causa de pedir*) continue sendo tratada como simples *motivo* insuscetível de ter a respectiva solução colocada no terreno da indiscutibilidade e imutabilidade próprias do julgamento definitivo do litígio.

Se até a *questão nova* agregada incidentalmente ao processo, por interferir na apreciação do pedido, não deve ser vista como questão estranha ao acertamento do mérito da causa, para efeito de ser alcançada pela autoridade da coisa julgada, impossível e incongruente seria continuar defendendo que a solução dada à *relação jurídica litigiosa* (objeto *principal* do litígio) não tem aptidão para ultrapassar a condição de mero *motivo* da sentença de mérito. Urge, pois, inserir essa relação jurídica (*i.e.*, a *causa de pedir*) entre as questões solucionadas pela sentença no ato de julgar o mérito da causa e reconhecer que, por isso mesmo, como objeto da questão principal, a declaração a seu respeito não pode deixar de qualificar-se como imutável e indiscutível, uma vez esgotada a possibilidade de impugnação recursal, nos moldes dos arts. 502 e 503.

Não é, dentro do sistema atual, o pedido de declaração que torna a relação jurídica material litigiosa objeto do acertamento efetuado na sentença de mérito; é, isto sim, a circunstância de se apresentar ela como uma *questão* (ponto controvertido) que a insere no plano das questões decididas para se definir a composição judicial do litígio deduzido em juízo por meio do processo. Se, para responder ao pedido do autor e às objeções do réu, o juiz teve de reconhecer ou negar a relação jurídica material controvertida (*causa petendi*), é lógico e irrecusável que houve solução judicial de *questão principal*, sobre a qual a autoridade da coisa julgada haverá de recair. É, aliás, a própria lei que afirma incidir a força de lei do julgamento do mérito "nos limites da questão principal expressamente decidida" (art. 503, *caput*).

Ressalte-se que o CPC/2015 foi coerente e inovador, tratando harmonicamente o regime do julgamento da *questão principal* (mérito) e o da *questão prejudicial*, incidentalmente suscitada e resolvida. Dispôs, com efeito, não só que a força de lei atribuída à sentença de mérito se aplica à solução da *questão principal* (art. 503, *caput*), mas também à da *questão prejudicial* "decidida, expressa e incidentalmente no processo" (art. 503, § 1º). Pouco importa, portanto, que as questões cuja apreciação seja necessária para o julgamento do mérito se apresentem

---

275 SCHAITZA, Letticia de Pauli. Coisa julgada sobre questão em benefício de terceiro e o devido processo legal. *Revista de Processo*, v. 286, p. 153, dez./2018.

276 MARINONI, Luiz Guilherme. Coisa julgada sobre questão, inclusive em benefício de terceiro. *Revista Magister de Direito Civil e Processual Civil*, Porto Alegre, v. 76, jan.-fev./2017, p. 05-23.

como *principais* ou *incidentais*. Em qualquer situação que a solução da questão figurar como requisito lógico-jurídico da resolução do objeto litigioso (*meritum causae*), e sua discussão e apreciação observarem os requisitos da competência e do contraditório, a formação da *res iudicata* será inevitável.

Essa ampliação do espectro objetivo da coisa julgada, levada a cabo pelo CPC de 2015, corresponde à preocupação do legislador com um sistema que permita a cada processo ter o "maior rendimento possível" (exposição de motivos do Anteprojeto do CPC/2015). Donde a conclusão de que "estender a coisa julgada à motivação [*i.e.*, às questões de mérito resolvidas pela sentença] proporcionará simplesmente maior aproveitamento do conteúdo da decisão, sem modificar a essência da atividade jurisdicional a ser desenvolvida".[277]

A tônica dos Códigos estrangeiros mais recentes acentua essa nova visão que enxerga a relação jurídica básica da controvérsia como objeto que se mostra alcançável pela autoridade da coisa julgada, uma vez irrecorrível a sentença de mérito, a seu respeito. Logo, se a *causa petendi* envolve a relação jurídica material controvertida, não precisa que se use uma ação declaratória a seu respeito, para que a coisa julgada sobre ela se forme. Bastará que essa relação tenha sido tratada e reconhecida como *questão decidida* para se chegar ao dispositivo da sentença de mérito. Essa tese é a que adotam os Códigos europeus mais modernos, a exemplo do CPC português de 2013, cujo art. 619º, nº 1, estatui que "transitada em julgado a sentença ou o despacho saneador que decida o mérito da causa, a decisão sobre a *relação material controvertida* fica a ter força obrigatória dentro do processo e fora dele ...".

Registre-se, por fim, que o CPC/2015 brasileiro, superando as incertezas do regime da *res iudicata* do Código anterior, deu mais um importante passo na política de aproximação ao processo adotado tradicionalmente pelos países do *common law*, onde prevalece uma *severa disciplina da coisa julgada*, a ponto de incluir "até mesmo a sua extensão a causas de pedir não propostas, mas relacionadas ao mesmo ato ilícito (mesmo *tort*)".[278] Com isso, o sistema do *common law* visa prevenir "a multiplicidade de processos, ônus sucumbenciais, morosidade e abuso de processo contra o réu",[279] exigindo que as partes apresentem a julgamento pela Corte Judicial "a integralidade de seu caso", sobre o qual se estabelecerá a coisa julgada, de maneira a vedar a repropositura de novas demandas decorrentes de omissão negligente dos interessados acerca de arguições relevantes ligadas a questões relacionadas ao mesmo caso.[280]

808.4. Processo civil espanhol

Na atual *Ley de Enjuiciamiento Civil* (CPC espanhol, de 2000) está previsto que os efeitos da coisa julgada abarcam os fatos e os fundamentos jurídicos arguidos em um litígio e até mesmo os não alegados, se fossem passíveis de alegação no processo, para solução da causa (art. 400).

808.5. Processo civil da Federação Russa

O Código de Processo Civil de 2003 da Federação Russa, sobre o tema, dispõe que "depois que a sentença passa em julgado, as partes e seus sucessores, não podem propor uma nova de-

---

277 LOPES, Bruno Vasconcelos Carrilho. *Limites objetivos e eficácia preclusiva da coisa julgada*. São Paulo: Saraiva, 2012, p. 79; cf. também DE LUCCA, Rodrigo Ramina. Os limites objetivos da coisa julgada no novo Código de Processo Civil. *Revista de Processo*, v. 252, p. 87, fev/2016.

278 DE LUCCA, Rodrigo Ramina. Os limites objetivos da coisa julgada no novo Código de Processo Civil. *Revista de Processo*, v. 252, p. 88, fev/2016.

279 DE LUCCA, Rodrigo Ramina. Os limites objetivos da coisa julgada no novo Código de Processo Civil. *Revista de Processo*, v. 252, p. 89, fev/2016.

280 DE LUCCA, Rodrigo Ramina. Os limites objetivos da coisa julgada no novo Código de Processo Civil. *Revista de Processo*, v. 252, p. 88, fev/2016.

manda para fazer valer um mesmo direito e tampouco contestar em outro processo os *fatos* e *relações jurídicas* que com aquela foram certificados" (art. 209, 2). Como se vê, na legislação russa recente, a coisa julgada se estende sobre as relações jurídicas que foram acertadas pela sentença.

808.6. Processo civil português

Na mesma linha, o moderníssimo Código de Processo Civil de Portugal, editado em 2013, dispõe que a coisa julgada material incide "sobre a relação material controvertida" (art. 619º).

808.7. Processo civil italiano

Na Itália, não por meio de reforma legislativa, mas por via de exegese jurisprudencial, vem sendo construída uma noção de coisa julgada material muito mais ampla que a admitida pela doutrina tradicional. Assim é que para a jurisprudência italiana, mais recente, o objeto do processo, sobre o qual recai a coisa julgada, não mais se resume no *petitum*, já que nele se incluem, também, as razões de fato e de direito que sustentam a resolução do pedido. Não é, então, a resposta ao pedido o único elemento do decisório que se torna imutável e indiscutível entre as partes, por efeito da coisa julgada.

Virginia Petrella, analisando essa evolução pretoriana, cita vários arestos dos tribunais italianos, principalmente da Corte de Cassação, em que teria sido proclamado que "a autoridade da coisa julgada se estende a todas as situações, ainda que implícitas, que constituam, para a decisão final, pontos necessariamente alcançados pelo arco lógico da decisão, representando o pressuposto indispensável da solução acolhida, inclusive as situações em torno de fato".[281]

Esse posicionamento jurisprudencial, segundo a mesma autora, tem sido adotado em numerosos casos nos quais os processos guardam conexão com os anteriores, mesmo tendo uns e outros por objeto direitos distintos. Assim, por exemplo, tem sido decidido que

> "Sempre que dois processos entre as mesmas partes tenham por objeto um mesmo negócio ou relação jurídica, e um deles tenha sido definido por sentença passada em julgado, o acertamento já realizado em torno da situação jurídica a respeito da qual a resolução de uma questão de fato ou de direito tenha incidido sobre um ponto fundamental comum a ambas as causas e que haja constituído a premissa lógica da decisão contida no dispositivo da sentença passada em julgado, preclui o reexame do ponto definido e resolvido, *ainda que o processo subsequente tenha finalidade diversa daquela que constituiu o escopo e o* petitum *do primeiro*" (tradução livre).[282]

Basta que o fato histórico fundamental ensejador do litígio seja comum a diversos processos, para que a solução definitiva de um deles tenha de prevalecer como coisa julgada entre as mesmas partes, pouco importando que diferentes sejam os pedidos formulados em cada um deles. O acertamento sobre o fato fundamental comum não deve ser renovado. É o que se passa em face de uma só relação negocial duradoura acerca da qual surgiram entre as partes sucessivas demandas. Numa se discutiu, *v.g.*, a validade do contrato para solucionar o pedido de cumprimento de uma determinada prestação; noutra reclamou-se a satisfação de outra obrigação gerada pelo mesmo negócio jurídico. Embora diversos os pedidos, todos se fundam no mesmo contrato. Por isso, na segunda causa não é mais lícito discutir a validade do contrato, se isto já foi acertado pela sentença anterior.

---

281 PETRELLA, Virginia. Note problematiche sul giudicato in punto di fatto alla luce dei principi del giusto processo civile. *Studi in onore di Carmine Punzi*. Torino: G. Giappichelli, 2008, v. I, p. 424.

282 PETRELLA, Virginia. Note problematiche sul giudicato in punto di fatto alla luce dei principi del giusto processo civile. *Studi in onore di Carmine Punzi*. Torino: G. Giappichelli, 2008, v. I, p. 424.

Não se pode arguir a diversidade de pedidos, em tais casos, nem se pode invocar que a coisa julgada não incide sobre os motivos da sentença. Para a corrente majoritária da Corte de Cassação italiana transitam em julgado tanto o acertamento final dado ao pedido como o fato histórico definido para solucionar o pedido.

Diversamente do que, entre nós, está assentado na jurisprudência do STJ, formada no regime do CPC de 1973, para a Corte de Cassação italiana, transitam em julgado, com autonomia, tanto o *petitum* como a *causa petendi*. Ou seja: nessa ótica o fato jurídico causal não é visto mais apenas como critério de interpretação do dispositivo da sentença, é também encarado como objeto do acertamento definitivo operado com força de coisa julgada.[283]

Numa época em que a ordem constitucional do Estado Democrático de Direito transforma em garantia fundamental a efetividade de um processo de duração razoável e de estrutura voltada para a economia processual (CF, art. 5º, XXXV e LXXVIII), a postura da jurisprudência italiana parece mais afinada com as metas do "processo justo" do que a tradicional, cuja conformação se construiu mais à luz do dogmatismo do que da busca de resultados práticos sensíveis à política moderna de tutela jurisdicional facilitada e eficiente.

Os argumentos que na doutrina italiana ainda resistem à posição da jurisprudência apegam-se a que o direito de ação não teria sido concebido como destinado à tutela da verdade dos fatos, mas apenas dos direitos subjetivos. No entanto, o que a nova dimensão da *res iudicata* assume não é a de simplesmente atribuir indiscutibilidade ao decidido sobre o fundamento fático da sentença, mas a de reconhecer que o fato jurídico certificado seja havido como objeto do processo e, por isso, seja incluído nos limites da coisa julgada. É o acertamento não de qualquer fato apreciado em juízo que se incluirá na área da *res iudicata*, mas apenas daquele que assume em qualquer disputa a qualidade de fonte de algum direito subjetivo, ou seja, aquele qualificado pela Corte de Cassação como *fundamental* no acertamento do direito subjetivo objeto do processo em que a sentença transitou em julgado. É o chamado *fato principal* (aquele que foi relevante na individuação do objeto de um processo)[284] que deve suportar o efeito preclusivo e, assim, ser impedido de voltar à discussão judicial em outro processo, ainda que de *petitum* diverso, mas cuja causa de pedir tenha origem no mesmo fato histórico acertado, em caráter principal, no feito anterior.

Remo Caponi e Andrea Proto Pisani, por exemplo, dão como certo o posicionamento da jurisprudência italiana que, para efeito da coisa julgada externa (material), amplia o objeto do decisório para alcançar a hipótese da *prejudicialidade lógica*, independentemente de formulação de declaratória incidental, nos casos de relação jurídica complexa[285] a qual vem a ser deduzida em

---

283 Dois exemplos extraídos de arestos da cassação italiana: um determinado fato ilícito foi utilizado para pretender, em embargos à execução, a nulidade do título exequendo, e foi rejeitado por sentença. Numa segunda demanda a mesma parte pretendeu perdas e danos, pelo mesmo fato que antes fora invocado nos embargos à execução. Aplicou-se, para rejeitar a segunda demanda, a coisa julgada sobre o fato jurídico fundamental de ambas as causas, tratando-se como irrelevante a diversidade de pedidos. Outro exemplo: na primeira causa, entre vizinhos, travou-se disputa visando o fechamento de uma janela, tendo sido discutida a propriedade do autor; na segunda, as mesmas partes, enfrentaram a pretensão de reduzir as dimensões do acesso de luz de um dos prédios. A Corte de Cassação entendeu que estava preclusa a questão em torno da propriedade, já decidida no primeiro processo, sem embargo da diversidade de pedidos formulados nos dois processos (PETRELLA, Virginia. Note problematiche sul giudicato in punto di fatto alla luce dei principi del giusto processo civile. *Studi in onore di Carmine Punzi*. Torino: G. Giappichelli, 2008, v. I, p. 425).

284 Para identificação de uma causa (ou ação), o direito brasileiro utiliza três elementos: as partes, o pedido e a causa de pedir (CPC/73, art. 301, § 2º; CPC/2015, art. 337, § 2º. São todos eles levados em conta pela atual jurisprudência da Corte de Cassação italiana, para identificar, também, os limites da coisa julgada.

285 Por relação jurídica complexa entende-se aquela da qual se podem extrair diversas pretensões em diferentes momentos.

juízo de maneira fracionada. Por exemplo: a pretensão ao aluguel tem como pressuposto lógico necessário a relação locatícia, de modo que a sentença, passada em julgado, de condenação ao aluguel de um determinado período, põe em relevo a existência e validade da locação.[286] Esse pressuposto da sentença não pode ser ignorado em posterior demanda originada do mesmo contrato.

Pelo menos nas relações complexas derivadas de um só contrato, Caponi e Proto Pisani estão acordes com a posição jurisprudencial, no sentido de que o objeto do processo e da coisa julgada não pode ficar limitado à pretensão deduzida em juízo, sob risco de, em sucessivas demandas em torno de outras prestações derivadas do mesmo contrato, chegar-se a uma grave contradição lógica de julgamento. Acertada a existência do contrato para justificar a condenação ao pagamento de uma prestação, não seria lógico e aceitável negar tal relação jurídica complexa, quando outra prestação dele derivada viesse a ser exigida em outro processo entre as mesmas partes.[287]

Enfim, o que transita em julgado, para a jurisprudência italiana, a exemplo do que se passa nos Códigos da Espanha, Portugal e Rússia, é algo mais do que a resposta da sentença ao pedido do autor, é, também, a relação jurídica básica da controvérsia, ou seja, aquela que forma a *causa petendi* e, portanto, exprime a *ratio decidendi* que conduziu à conclusão do julgamento.

A valorização da coisa julgada ampla, abarcando o acertamento em torno do pedido e da causa de pedir (relação jurídica material básica), tem sido acolhida com maior tranquilidade que no passado, a partir da constatação de que se harmoniza melhor com a moderna leitura constitucional do processo justo, que há de ser aquele de duração razoável, de tramitação célere e de resultados efetivos.[288]

808.8. Tentativa de síntese conclusiva

I – Limitação da coisa julgada pelas questões resolvidas

No processo civil moderno, os fatos e a certificação da verdade a seu respeito não podem simples e aprioristicamente ser ignorados no estabelecimento dos limites objetivos da coisa julgada. Embora no plano das abstrações teóricas seja possível isolar o fato e o direito, no mundo concreto do processo fato algum é apreciado sem conotação com seu reflexo no direito, e direito algum entra em cogitação sem inteirar-se com seu suporte fático. Portanto, para o processo – segundo a doutrina moderna, a que se filia Júlio Lanes –, "pensar o fato implica pensar o direito" e "pensar o direito depende do fato pensado". Logo, "para que um ganhe sentido, é necessário o outro". Fato e direito, em tal perspectiva, inserem-se numa relação circular de completa e recíproca implicação. E se assim é, "um sem o outro, nada diz para o processo".[289]

Daí a conclusão de que, por corresponder a uma artificialidade, não se pode continuar isolando a *causa petendi* (na sua dupla abrangência de fato e de direito) do alcance da autoridade da coisa julgada, que sabidamente deve recair sobre o *objeto litigioso*. Isto porque o objeto litigioso em torno do qual gira a resolução judicial, não se restringe apenas à questão de direito, mas indissoluvelmente "é constituído pela *causa de pedir*, pela *defesa indireta* [do réu] e pelo

---

286 CAPONI, Remo; PISANI, Andrea Proto. *Lineamenti di diritto processuale civile*. Napoli: Jovene, n. 24, p. 82.

287 CAPONI, Remo; PISANI, Andrea Proto. *Lineamenti di diritto processuale civile*. Napoli: Jovene, n. 25, p. 83. Diante de um só contrato – esclarecem os autores referidos – que, por exemplo, "acertado o direito do vendedor ao pagamento do preço, não se pode sucessivamente negar o direito do comprador à entrega da coisa ao argumento de não existir o contrato de compra e venda" (CAPONI, Remo; PISANI, Andrea Proto. *Lineamenti di diritto processuale civile*. Napoli: Jovene, n. 25, p. 83).

288 PETRELLA, Virginia. Note problematiche sul giudicato in punto di fatto alla luce dei principi del giusto processo civile. *Studi in onore di Carmine Punzi*. Torino: G. Giappichelli, 2008, v. I, p. 435.

289 LANES, Júlio Cesar Goulart. *Fato e direito no processo civil cooperativo*. São Paulo: RT, 2014, p. 211.

pedido [do autor]".[290] É assim que se deve ter como vitoriosa no processo civil de nosso tempo a tese de que a coisa julgada abrange não só a resposta contida no dispositivo da sentença, mas se estende à relação jurídica material básica acertada em função das questões solucionadas para compor a situação jurídica controvertida. Esse o entendimento que se impõe diante da sistemática observada pelo CPC/2015 em matéria de coisa julgada.

Em outros termos, o sistema moderno de conceituação da coisa julgada não se apega restritivamente ao dispositivo da sentença, como no passado se defendia em nome do *princípio dispositivo*: o juiz, na ótica da velha e ultrapassada doutrina, somente na resposta ao pedido resolvia o mérito da demanda, e, por isso, era nessa resposta que se assentava a *coisa julgada*. A evolução e racionalização do instituto, no entanto, resultaram na convicção de que "restringir a coisa julgada em virtude do princípio dispositivo ou da liberdade das partes obviamente não tem sentido. Afinal, são as próprias partes que controvertem a questão em juízo, tornando-a capaz de ser decidida com força de coisa julgada".[291]

O que, portanto, fez o CPC/2015 – na esteira da mais atual tendência do direito comparado – foi deslocar o limite objetivo da coisa julgada do dispositivo da sentença para a solução das questões jurídicas controvertidas entre as partes e na qual se apoia a conclusão do decisório de mérito.[292] O sistema do Código em vigor – é importante ressaltar – é, sem dúvida, o da coisa julgada sobre a *solução* de questões (tanto principais como prejudiciais). Essa opção legal está muito bem delineada pelos arts. 503, *caput* e § 1º, e 507 do CPC. É por meio de tal solução que se dimensiona objetivamente a situação jurídica tornada imutável e indiscutível, quando não mais se possa impugná-la pela via recursal (art. 502).[293]

II – Questão principal: uma última palavra sobre o confronto entre questão principal e questão secundária no plano da coisa julgada

A coisa julgada é algo muito singelo, que não justifica a celeuma que historicamente tem sido feita em torno da definição de seus limites objetivos e subjetivos. Ela se resume, na precisa lição de Jordi Nieva-Fenoll, "na proibição da reiteração de juízos":

> "O princípio básico de que parte o conceito de coisa julgada é o seguinte: os juízos só devem realizar-se uma única vez. Deste princípio se deriva que a *coisa julgada consiste em uma proibição de reiteração de juízos (...)*. (g.n.)

---

290 LANES, Júlio Cesar Goulart. *Fato e direito no processo civil cooperativo.* São Paulo: RT, 2014, p. 211.

291 MARINONI, Luiz Guilherme. Coisa julgada sobre questão, inclusive em benefício de terceiro. *Revista Magister de Direito Civil e Processual Civil,* v. 76, p. 7, Porto Alegre, jan.-fev./2017. Observa o autor que "não há motivo para fingir não ver que a possibilidade de voltar a discutir e decidir questão já decidida representa a admissão de que o juiz só exerce poder – ou realmente decide – quando julga o pedido. Isso obviamente não tem racionalidade" (MARINONI, Luiz Guilherme. Coisa julgada sobre questão, inclusive em benefício de terceiro. *Revista Magister de Direito Civil e Processual Civil,* v. 76, p. 7, Porto Alegre, jan.-fev./2017).

292 Lembra Marinoni que "a questão só ficará revestida pela coisa julgada se dela depender o julgamento do mérito. Vale dizer: a questão ficará acobertada pela coisa julgada apenas se o julgamento do pedido exigir a sua resolução incidental" (MARINONI, Luiz Guilherme. Coisa julgada sobre questão, inclusive em benefício de terceiro. *Revista Magister de Direito Civil e Processual Civil,* v. 76, p. 9, Porto Alegre, jan.-fev./2017). Por isso, o art. 503 do CPC/2015 exige que tenha havido contraditório sobre a questão prejudicial e exclui a ocorrência de coisa julgada sobre questão quando o processo é julgado à revelia do demandado (MARINONI, Luiz Guilherme. Coisa julgada sobre questão, inclusive em benefício de terceiro. *Revista Magister de Direito Civil e Processual Civil,* v. 76, p. 23, Porto Alegre, jan.-fev./2017).

293 "A coisa julgada impede a rediscussão de questão decidida, em plano abstrato. A questão decidida no pronunciamento, em toda a sua dimensão jurídica, não poderá ser objeto de rediscussão em outro processo" (NERY, Rodrigo. *Repensando a coisa julgada e os motivos da decisão.* Londrina: Thoth, 2022, p. 225).

> A razão disso é muito evidente e pode resumir-se desse modo: a segurança jurídica requer que sobre cada assunto somente se possa decidir uma única vez. A jurisdição existe para dar estabilidade e segurança às relações humanas conflitivas (...). Como disse Mayer com grande simplicidade, o que se pretende é que *não se decida de novo o já decidido*. Ou como afirmou Valticos, 'le príncipe général de l'autorité de la chose jugée a pour but primordial d'éviter la répétition des procès'."[294]

O grande problema tem sido o de definir, de forma prática, o alcance ou os limites da coisa julgada, ou seja, daquilo que foi julgado e não mais pode ser novamente julgado.

Não é essencial, para Jordi Nieva-Fenoll, apegar-se, para tanto, a noções como o objeto do processo, ou a existência de debate sobre a questão decidida pelo juiz.

O importante é que o juízo adquira *estabilidade*, para cumprir sua meta de conferir segurança jurídica ao relacionamento conflituoso acertado em juízo. Proporcionar essa *estabilidade* é a função da coisa julgada, e isso se cumpre vedando que novo julgamento venha a afetar qualquer ponto que desestabilize o juízo anterior.

Todas as questões de fato e de direito levadas em consideração para uma *decisão judicial*, cuja definição tenha sido indispensável para o raciocínio conclusivo do juízo, são incluídas nos limites da coisa julgada, já que sua reapreciação em novo processo acarretaria a desestabilização do pronunciamento judicial anterior, em detrimento da autoridade da *res iudicata*.

Para se estabelecer, em cada caso, quais pronunciamentos foram alcançados pela *res iudicata*, é preciso fazer uma análise de prescindibilidade ou imprescindibilidade dos pontos acertados para a sustentação do juízo. Aqueles que, subtraídos, desestabilizam o decisório devem ser havidos como imprescindíveis, e, por isso, incluem-se entre os pronunciamentos abarcados pela autoridade da coisa julgada, não importa se qualificada como principais ou prejudiciais, se de fatos ou de direito, se suscitados pelo autor ou pelo réu, ou avaliados por iniciativa do julgador.

Assim, num caso de responsabilidade civil objetiva, por exemplo, o reconhecimento de que o réu agiu com culpa grave não é relevante para incluí-lo no alcance da *res iudicata*, por não ser indispensável à estabilidade do julgamento. Pode, pois, ser revisto em outro processo, sem desestabilizar a sentença anterior passada em julgado. Mas o mesmo não se pode dizer a respeito da afirmação da culpa no caso de ação relativa a responsabilidade delitual. Numa ação reivindicatória, também, é relevante o reconhecimento pela sentença da autenticidade do título de propriedade do autor, para se dimensionar a coisa julgada de modo que em demanda posterior será inadmissível acusá-lo de falso ou inválido; mas, numa ação de despejo, não é relevante a afirmação de ser ou não o autor proprietário do imóvel, de sorte que a rediscussão acerca do domínio poderá ser renovada em outro processo, sem prejuízo algum para a estabilidade do assentado na decisão locatícia transitada em julgado (a relação *ex locato* certificada na ação de despejo independe de ser o locador proprietário do bem locado).

Aplicando essa lição ao nosso direito, quando o art. 503 do CPC afirma que "a decisão que julgar total ou parcialmente o mérito tem *força de lei* nos limites da *questão principal* expressamente decidida", está dimensionando a autoridade da coisa julgada definida pelo art. 502, justamente dentro dos limites correspondentes à *resolução das questões cujo papel é indispensável à manutenção da estabilidade da situação jurídica acertada judicialmente*, e que, por isso mesmo, estão proibidas de sofrerem novos julgamentos, para não abalar a estabilidade da situação jurídica definida sob autoridade da coisa julgada.[295]

---

294 NIEVA-FENOLL, Jordi. *Coisa julgada*. Trad. António do Passo Cabral. São Paulo: RT, 2016, n. 3.1, p. 134-135.

295 "La cosa juzgada (...) existe para dar fijeza a los juicios ya emitidos, y como consecuencia, seguridad jurídica al sistema jurídico-social. Para existir, precisa de un enjuiciamiento, así como de la necesidad de estabilidad de ese enjuiciamiento. Toda resolución judicial que posea esos dos elementos, tiene eficacia de cosa juzgada" (NIEVA-FENOLL, Jordi. *Coisa julgada*. São Paulo: RT, 2016, p. 314).

Com efeito, decisão de mérito passível de assumir a autoridade de coisa julgada é a que acolhe ou rejeita, no todo ou em parte, a pretensão deduzida pelo autor na petição inicial.[296] E essa acolhida ou rejeição se dá, necessariamente, pela solução das questões suscitadas nos fundamentos da causa de pedir do autor, e da defesa oposta pelo réu. Em razão disso, a *questão principal* – que pode ser simples ou complexa, isto é, envolver um ou mais problemas jurídicos – "é o ponto duvidoso sobre a procedência ou improcedência do pedido formulado na demanda, razão pela qual *a sua resolução, consequentemente, também julga o mérito da demanda, de modo que o conteúdo decisório fica abrangido pelos efeitos jurídicos da coisa julgada material*".[297]

III – Exclusão dos motivos do julgamento (questões secundárias ou incidentais)

Na delimitação do alcance da coisa julgada, é importante distinguir entre a resolução da *questão principal* e a das *questões incidentais*. É principal a questão cuja solução é indispensável para sustentar o decreto judicial de procedência ou improcedência do pedido. É *incidental* a questão que, mesmo se relacionando com o mérito, sua abordagem não se revela essencial para a decisão que acolhe ou rejeita o pedido. Situa-se, portanto, no campo argumentativo (ou lógico) e não no âmbito das razões jurídicas determinantes do juízo de procedência ou improcedência do pedido. Aquilo que constituiu fundamento jurídico da resolução da *questão principal* transita em julgado (CPC, arts. 502 e 503, *caput*), tornando-se imutável e indiscutível em outros processos. O que, porém, é abordado *incidenter tantum*, não é indispensável à sustentação da composição do mérito da causa e, por conseguinte, não entra nos limites da coisa julgada. Não passa de *motivo* do decisório, nos termos do art. 504, I, do CPC. Pode, pois, ser objeto de nova discussão em outro processo, e até mesmo negado por ulterior sentença, sem que tal afronte ou desestabilize a situação jurídica acertada na demanda primitiva, acobertada pela autoridade da coisa julgada.

808.9. Coisa julgada e revelia

A revelia do demandado, em princípio, não afeta a formação da coisa julgada, já que seus limites, no tocante às partes, se circunscrevem à *questão principal*, que se identifica por obra do autor pelo pedido e pela causa de pedir, os quais são levados ao conhecimento do demandado através da citação.

Ao estender, porém, a coisa julgada à *questão prejudicial* decidida incidentalmente no processo, o CPC condiciona essa ampliação ao requisito de que a seu respeito tenha havido "contraditório prévio e efetivo" (art. 503, § 1º, II), o que, por expressa ressalva do próprio dispositivo, exclui a hipótese de aplicação ao processo julgado à revelia do demandado.

Dir-se-ia que a questão principal e a questão incidental teriam sido tratadas de forma diferente, no pertinente ao alcance objetivo da *res iudicata*, visto que nos requisitos da primeira não se incluiu o "contraditório pleno e efetivo" e nenhuma alusão se fez à "revelia".

A diversidade, porém, inexiste. É que a observância do contraditório é requisito obrigatório à validade de qualquer julgamento de mérito que se destine a ser acobertado pela autoridade da coisa julgada. Mas, para se ter como cumprida essa garantia fundamental, não é preciso que as partes tenham, de maneira efetiva, se manifestado expressamente sobre a questão a ser resolvida pela decisão judicial. Ocorre, entretanto, a observância do contraditório, por força do art. 10 do CPC, desde que se tenha dado adequadamente às partes "oportunidade de se manifestar".

---

296 "Art. 487 (do CPC). Haverá resolução de mérito quando o juiz: I – acolher ou rejeitar o pedido formulado na ação ou na reconvenção."

297 CAVALCANTI, Marcos de Araújo. *Coisa julgada & questões prejudiciais*: limites objetivos e subjetivos. São Paulo: RT, 2019, n. 4.9.4.2, p. 371.

Assim, a solução da questão principal é alcançada pela coisa julgada automaticamente, porque sobre ela o réu teve aberta a possibilidade de se manifestar pela citação inicial, sendo desnecessário referir-se, novamente, a esse evento na delimitação dos efeitos objetivos da *res iudicata*. Pouco importa, então, que tenha efetivamente contestado a ação ou tenha se tornado revel.

Já com relação à questão prejudicial, suscitada nos autos após a citação, trata-se de questão nova, que só pode ser inserida no objeto do processo passível de ser enfrentada como parte do julgamento de mérito, depois de ensejada manifestação adequada às partes. É assim que o Código, para estender-lhe a autoridade de coisa julgada, impõe a observância de submissão a prévio e efetivo contraditório (art. 503, § 1º, II). O revel, portanto, não se sujeita à *res iudicata* em relação à questão prejudicial superveniente à citação, por não se ter cumprido o contraditório prévio a seu respeito.

Em suma: para serem alcançadas pela *res iudicata*, tanto a questão principal como a questão prejudicial dependem de terem sido submetidas a contraditório adequado antes das respectivas resoluções; e a revelia só impede que tal ocorra, quando se trate de questão nova, suscitada no processo após a citação do revel e sem que se lhe tenha reaberto oportunidade de manifestação a respeito.

809. Verdade dos fatos

Não faz coisa julgada "a verdade dos fatos, estabelecida como fundamento da sentença" (art. 504, II).[298] Trata-se de mais uma decorrência do princípio clássico de que só passa em julgado o dispositivo ou a conclusão da sentença, não a sua motivação. A regra, todavia, há de ser interpretada à luz da nova sistemática do CPC/2015, que não mais dimensiona o alcance da coisa julgada pelo dispositivo da sentença, e sim pelas questões decididas (art. 503, *caput* e § 1º)[299].

É bom relembrar que em matéria de solução de questões, a análise do fato pode acontecer em circunstâncias distintas: ora como argumento de raciocínio lógico de formação do convencimento do juiz, ora como certificação de elementos essenciais da situação jurídica litigiosa em disputa.

A veracidade que nunca faz coisa julgada é a dos fatos invocados apenas a título argumentativo, ou a do fato que integrou o fundamento da solução de uma questão de mérito, mas que, no processo posterior, é invocado agora como requisito ou elemento de outra relação jurídica distinta dequela que foi objeto da coisa julgada anterior.

Nunca, portanto, se viabilizará a negativa de veracidade do fato certificado como elemento essencial da questão resolvida sob autoridade da coisa julgada, se a relação jurídica debatida no novo processo for a mesma. Em outros termos, não é dado alegar a regra do art. 504, II, com o propósito de negar ou pôr em risco a estabilidade da situação jurídica definida por sentença passada em julgado.

Postas as coisas nesses termos, um fato tido como verdadeiro em um processo pode muito bem, em determinadas circunstâncias, ter sua inverdade demonstrada em outro, sem que a tanto obste a coisa julgada estabelecida na primeira relação processual. Naturalmente,

---

298 "A teor do art. 469 do Código de Processo Civil [CPC/2015, art. 504], os motivos e a verdade dos fatos estabelecidos como fundamento da sentença não fazem coisa julgada" (STF, AR 1343/SC, Rel. Min. Marco Aurélio, ac. 18.02.1993, *RTJ* 147/570). Nesse sentido: STJ, 5ª T., AgRg no REsp 1.172.646/SC, Rel. Min. Laurita Vaz, ac. 26.10.2010, *DJe* 22.11.2010; STJ, 3ª T., AgRg no REsp 1.165.635/RS, Rel. Min. Paulo de Tarso Sanseverino, ac. 06.09.2011, *DJe* 13.09.2011.

299 A imutabilidade provocada pela *res iudicata* "opera por meio da extinção de posições jurídicas daqueles que são alvo da coisa julgada, como situação jurídica. É a extinção do direito de discutir determinada questão perante o judiciário, ou do dever de determinado juízo jurisdicional decidir sobre essa questão, quando proposta pelo meio adequado, assim como também a vinculação ao que foi decidido, ante a proibição de julgar a questão novamente" (NERY, Rodrigo. *Repensando a coisa julgada e os motivos da decisão*. Londrina: Thoth, 2022, p. 211).

o segundo julgamento, embora baseado no mesmo fato, há de referir-se à lide ou questões diversas, porquanto não será lícito reabrir-se processo sobre o que já foi decidido e se acha acobertado pela *res iudicata*.

A regra do art. 504, II, conduz, outrossim, a uma distinção necessária entre as questões normalmente enfrentadas pela sentença que podem ser *questões de fato* e *questões de direito*. Na *quaestio facti* discutem-se os eventos naturais ou as ações humanas de que originaram os direitos e as obrigações cuja atuação se pretende alcançar no processo. Indaga-se sobre a verdade, ou não, dos fatos alegados pelas partes. Na *quaestio iuris* trava-se discussão apenas sobre a lei ou a norma jurídica cuja aplicação se reclama para compor o conflito.

Ambas as questões se entrelaçam sempre para formar os fundamentos da demanda (a *causa de pedir*). A apreciação, todavia, da base fática da *causa petendi* era feita, segundo o direito anterior, apenas no plano lógico da argumentação, de sorte que não chegava a integrar a coisa julgada, visto que esta se daria apenas em relação à questão de direito solucionada no dispositivo da sentença. No regime atual de coisa julgada sobre questão, o exame dos fatos não mais pode ser visto apenas como caminho lógico para se alcançar a definição da *situação jurídica* envolvida no litígio. Muitas vezes, constitui parcela elementar da própria questão principal a dirimir. Definida, pois, a relação jurídica material controvertida, à luz das questões de fato e de direito debatidas no processo, a coisa julgada se estenderá sobre ela, nos limites da lide e das *questões decididas*, sejam elas principais (art. 503, *caput*) ou *incidentais* (ditas prejudiciais) (art. 503, § 1º), tanto em suas dimensões de fato e de direito.

A apreciação judicial, em tal situação não abordará o elemento fático essencial como simples critério lógico de resolver a questão principal do processo, afastando, por isso, a regra do art. 504, II e inviabilizando a rediscutibilidade a seu respeito.

Em suma, só não prevalecerá a indiscutibilidade do fato constitutivo da situação jurídica resolvida sob autoridade da *res iudicata*, quando o reexame se der em função de relação jurídica diversa da que foi solucionada no processo anterior. De maneira alguma, portanto, será admitido que o novo julgamento entre em contradição com a solução de questão que se acha imutabilizada pela coisa julgada firmada em função da mesma relação jurídica material.

810. Questões prejudiciais

I – Inclusão na coisa julgada

O Código de 1973 excluía da coisa julgada "a apreciação da questão prejudicial, decidida incidentemente no processo" (art. 469, III). O Código de 2015 segue rumo diametralmente oposto, ou seja, a coisa julgada pode abranger a resolução de questão prejudicial, decidida expressa e incidentalmente, desde que observados os requisitos do § 1º, do art. 503.

Para abordagem do tema, de início, não se deve confundir *questões preliminares* (que se relacionam com os pressupostos processuais e condições da ação) com *questões prejudiciais* (que se referem a fatos anteriores relacionados à lide), cujo plano dentro do processo é o do mérito da causa.

Prejudicial "é aquela questão relativa à outra relação ou estado que se apresenta como mero antecedente lógico da relação controvertida (à qual não diz diretamente respeito, mas sobre a qual vai influir), mas que poderia, por si só, ser objeto de um processo separado".[300]

São exemplos de questões prejudiciais as que se relacionam com o domínio da coisa numa ação de indenização de danos; à sanidade mental do devedor ao tempo da constituição da dívida numa ação de cobrança; à relação de paternidade numa ação de alimentos etc.

---

[300] GRINOVER, Ada Pellegrini. *Direito Processual Civil*. São Paulo: J. Bushatsky, 1974, p. 49; MARQUES, José Frederico. *Manual de Direito Processual Civil*. Campinas Bookseller, 1997, v. III, n. 548, p. 55.

Por não dizerem respeito diretamente à lide (entendida esta como retratada no *pedido*), situam-se as questões prejudiciais como antecedentes lógicos da conclusão da sentença. E por não pertencerem imediatamente ao litígio deduzido em juízo, pela petição inicial, entendia o CPC de 1973, que o dispositivo da sentença (declaração que transita em julgado) não abrangeria a solução das questões prejudiciais; seriam apreciadas apenas como motivos do julgamento, razão pela qual não tinham tais questões, condição de ser incluídas na área acobertada pela *res iudicata*.

O sistema do Código anterior conduzia à seguinte conclusão: no tocante à lide, "exerce o juiz o *iudicium*, poder principal de sua função jurisdicional, enquanto, em relação à prejudicial, tão só a *cognitio*, poder implícito no de jurisdição. O juiz conhece da prejudicial e a resolve, sem vincular as partes, imutavelmente, a essa decisão, a qual só produz efeitos no processo em que foi proferida".[301] Portanto, "a decisão da questão prejudicial, feita *incidenter tantum*, possui eficácia limitada à preclusão, no sentido de se impedir que a mesma questão seja suscitada novamente no mesmo processo. Fora desse processo, pode essa questão ser novamente debatida, porque absolutamente não se lhe estendeu a coisa julgada".[302]

A solução da questão prejudicial, contudo, poderia, excepcionalmente, apresentar a eficácia de coisa julgada quando a parte interessada requeresse a declaração incidental a que aludiam os arts. 5º, 325 e 470 do CPC de 1973, porque então a lide teria sido ampliada para englobá-la, também, como uma de suas questões internas.

O Código de 2015 alterou o tratamento da questão prejudicial. Não há mais ação declaratória incidental. O que era tratado naquela extinta ação passa a ser uma pura alegação no curso do processo e se resolve na sentença, juntamente com o mérito da ação, por nele influir necessariamente.

Se por um lado, não se exige o ajuizamento formal de uma nova ação para decidir a questão prejudicial, é evidente que os requisitos para sua inserção no julgamento de mérito prevalecem nos moldes da legislação anterior. Ou seja, se não se cumprirem os requisitos dos incisos do § 1º do art. 503, a questão prejudicial, ainda que analisada, não atingirá a força da coisa julgada. Não passará de questão apreciada no plano dos motivos da sentença e, nos termos do art. 504, I, não se tornará inapreciável em outros processos.

Nessa esteira, o Código atual optou por entendimento bem diferente daquele que a lei anterior seguia. A coisa julgada, doravante recobrirá também a questão prejudicial, decidida *expressa* e *incidentalmente* no processo. Mas, para que isso aconteça, o § 1º do art. 503, estabelece três requisitos:

(*a*) da resolução da questão prejudicial deve depender o julgamento do mérito[303] (inciso I);

(*b*) a seu respeito deve ter havido contraditório prévio e efetivo (requisito que exclui a revelia dos casos em que a solução de questão incidental surgida ulteriormente ao pedido possa sujeitar-se à regra do art. 503, § 1º)[304] (inciso II); e

---

301 MARQUES, José Frederico. *Instituições e Direito Processual Civil*. Rio de Janeiro: Forense, 1960, v. V, n. 1.097, p. 57.

302 GRINOVER, Ada Pellegrini. *Direito Processual Civil*. São Paulo: J. Bushatsky, 1974, p. 52.

303 A solução da questão dita prejudicial só será capaz de fazer coisa julgada quando for *imprescindível* para a resolução da *questão principal* (objeto litigioso do processo), não quando for apenas elemento esclarecedor da convicção do julgador.

304 A revelia do demandado, embora não vede que questão prejudicial seja apreciada pelo juiz, impede que sobre ela se estabeleça a coisa julgada. Isto porque um dos requisitos impostos pelo § 1º do art. 503 para que a extensão da coisa julgada ocorra sobre a questão prejudicial incidentemente surgida no processo é a observância do "contraditório efetivo". E tal não acontece no caso de revelia, em que o juiz decide a causa, sem que o réu tenha realmente participado do debate processual. Portanto, a questão prejudicial, que não tenha figurado como objeto de declaração na inicial, será avaliada pelo juiz, diante do revel,

(c) o juízo deve ter competência em razão da matéria e da pessoa para resolver a prejudicial como questão principal[305] (inciso III).

A política que orientou o CPC/2015 foi a de facilitar a inclusão da questão prejudicial no alcance da coisa julgada, a partir de um critério de economia processual, "para que os jurisdicionados (e o Estado judicante) obtenham o máximo resultado possível em determinado processo".[306]

Isto será possível desde que a matéria suscitada no incidente de prejudicialidade *(i)* seja essencial para o julgamento do mérito da causa; *(ii)* tenha se submetido a contraditório prévio e efetivo; e *(iii)* o sentenciante tenha a necessária competência *ratione materiae* para apreciar o incidente como causa principal. Sem a ocorrência cumulativa desses três requisitos, a questão prejudicial somente será apreciada pelo julgador como *motivo* da sentença, ficando sua resolução, portanto, fora do alcance da coisa julgada (art. 504, I).

É com essa preocupação que o § 2º do art. 503 não autoriza a formação da coisa julgada em torno da questão incidental, quando a causa principal for daquelas sujeitas a restrições probatórias ou limitações à cognição, que tenham impedido o aprofundamento de sua análise. Em tal hipótese, a solução da prejudicial, somente poderá integrar o julgamento na categoria de motivo da sentença (art. 504, I). Seria o caso, por exemplo, de uma ação possessória em que certas características da posse levaram em conta dados do título dominial do possuidor. Tal exame teria sido feito sem nenhuma possibilidade de influir no julgamento do mérito interdital, uma vez que não se julga o pleito possessório com base no domínio. O título de propriedade, por isso, não teria, na espécie, senão a qualidade de instrumento probatório, o que acarretaria sua qualificação apenas como um dos argumentos utilizados na motivação da sentença. É o que se passa, também, com a ação de mandado de segurança. Uma questão prejudicial, tratada apenas à luz da prova documental (única possível, na espécie), seria incapaz de gerar coisa julgada, se uma ampla incursão por outros meios de convencimento fosse exigível para a avaliação exauriente do tema.[307]

II – Questão prejudicial e contraditório efetivo

Acerca da "questão principal" (aquela que é obrigatoriamente trazida pelo autor na petição inicial, como fundamento do pedido; ou, eventualmente, pelo réu, como exceção substancial), o contraditório imposto pela lei é apenas facultado. O que não se pode deixar de observar é a abertura, à parte contrária, da oportunidade de exercitá-lo. O litigante, uma vez cientificado dessa abertura, não estará obrigado a exercitar efetivamente a faculdade de defesa que lhe é

---

como *motivo* de decisão e não como tema de *mérito*, ficando por isso fora do alcance da coisa julgada (art. 504, I).

305 No campo da motivação da sentença o juiz pode, incidentemente, apreciar questão cuja solução definitiva pertença à competência absoluta de outro órgão judicial. Por exemplo, o juiz do trabalho pode reconhecer a filiação de herdeiro do trabalhador morto, para acolher reclamação de créditos trabalhistas devidas pelo ex-empregador. Esse reconhecimento funcionará como fundamento do julgamento de mérito, na esfera laboral. Não impedirá, porém, que numa investigação de paternidade na justiça civil, a mesma filiação seja discutida e até negada.

306 BLOCH, Francisco dos Santos Dias. Coisa julgada e questão prejudicial no novo CPC. In: AURELLI, Arlete Inês *et al* (coords.). *O direito de estar em juízo e a coisa julgada: estudos em homenagem à Thereza Alvim*. São Paulo: RT, 2014, p. 736.

307 CÂMARA, Alexandre Freitas. Limites objetivos da coisa julgada no novo Código de Processo Civil. *In:* PEIXOTO, Ravi; MACÊDO, Lucas Buril de; FREIRE, Alexandre (coords.). *Doutrina selecionada- processo de conhecimento e disposições finais e transitórias.* Salvador: JusPodivm, v. 2, 2015, p. 574; MINAMI, M. Y.; PEIXOTO, Ravi. Da questão prejudicial incidental constitucional no STF e o novo regime de coisa julgada. *Revista de Processo,* São Paulo, v. 263, p. 89, jan./2017.

ensejada: a resolução da questão principal se tornará objeto da coisa julgada, tenha a parte exercitado efetivamente, ou não, o direito de ampla defesa.

No caso, porém, da "questão prejudicial", a formação da coisa julgada a respeito da respectiva solução só acontecerá quando a seu respeito tiver ocorrido, *in concreto, prévio e efetivo contraditório,* por imposição do art. 503, § 1º, II. Na lição de Lucon, "não basta, portanto, o contraditório meramente potencial. A coisa julgada apenas se estenderá às questões prejudiciais se as partes efetivamente deliberarem a seu respeito".[308] Observe-se, todavia, que não é necessária a submissão da questão prejudicial a uma impugnação formal. Suscitada a questão nova como antecedente lógico do objeto litigioso (mérito da causa), é obrigatória a ouvida da parte contrária, a qual, entretanto, pode impugná-la ou não. A aceitação expressa, na espécie, equivale, em efeitos, ao contraditório efetivo, para fins da respectiva inclusão no mérito da causa (art. 503, §§ 1º e 2º, do CPC). Teria havido, com a aceitação do adversário, uma verdadeira solução consensual da matéria, a qual, homologada pela sentença, pode perfeitamente submeter-se ao trânsito em julgado (de acordo com o art. 487, III, *a*, do CPC, há resolução de mérito quando o juiz homologa o reconhecimento do pedido).

Daí o entendimento doutrinário de que, se a parte "preferiu concordar expressamente com a questão prejudicial, resta suprida a necessidade de contraditório".[309] A propósito, Antonio do Passo Cabral lembra a possibilidade de as partes ajustarem, em negócio jurídico processual, "que a coisa julgada se forme sobre uma determinada questão prejudicial", uma vez que "a vinculatividade da coisa julgada atingir uma determinada questão está na esfera de disposição das partes".[310]

III – Questão prejudicial e Juizado Especial

Discute-se em doutrina sobre a possibilidade ou não de formação da coisa julgada sobre questão prejudicial apreciada em Juizado Especial, tendo em conta a restrição probatória que prevalece nos processos daquele órgão judicial. Não vemos, porém, razão para que haja uma recusa absoluta à possibilidade de *res iudicata* nos processos da espécie. É que nem sempre a apreciação da questão prejudicial se mostra dependente de ampla divagação probatória, pois é comum que a matéria arguida seja apenas de direito ou se mostre elucidável adequadamente por simples documentos ou testemunhas. Sendo assim, em casos como esses, a resolução da questão prejudicial pelo Juizado Especial não sofre prejuízo algum em decorrência da restrição legal a alguns meios de prova, os quais nenhuma relevância teriam no caso concreto.

Portanto, entendemos que a aferição da coisa julgada no âmbito do Juizado Especial, em torno de questão prejudicial, é matéria a ser apreciada e ponderada mediante análise do caso concreto. Em cada processo é que se procederá à avaliação da presença, ou não, dos requisitos do art. 503, §§ 1º e 2º, do CPC.[311]

---

308 LUCON, Paulo Henrique dos Santos. Tutela ao contraditório. *In*: LUCON, Paulo Henrique dos Santos; OLIVEIRA, Pedro Miranda de (orgs.). *Panorama atual do novo CPC:* de acordo com as Leis 13.256/2016 e 13.363/2016. São Paulo: Empório do Direito; Santa Catarina: EASA, 2017, p. 384.

309 VEIGA, Guilherme. *A coisa julgada sobre questão em benefício de terceiro.* São Paulo: Dialética, 2022, p. 131.

310 CABRAL, Antonio do Passo. *Coisa julgada e preclusões dinâmicas.* Salvador: Juspodivm, 2019, p. 115.

311 "De modo que, em uma ação proposta no juizado especial, em que questão prejudicial que não dependa de prova pericial tenha sido submetida ao contraditório e expressamente decidida por juiz competente, será capaz de produzir coisa julgada nos termos dos §§ 1º e 2º, do art. 503, do CPC" (VEIGA, Guilherme. *A coisa julgada sobre questão em benefício de terceiro.* São Paulo: Dialética, 2022, p. 144). Cf., nesse sentido: SILVA, Ricardo Alexandre da. *A nova dimensão da coisa julgada.* São Paulo: Ed. RT, 2019, p. 253; STEFFLER, Luan Eduardo; OLIVEIRA, Rafael Niebuhr Maia de. A coisa julgada de questão prejudicial no CPC 15 e o princípio dispositivo. *Revista Eletrônica de Direito Processual*, Rio de Janeiro, v. 23, n. 1, p. 785, 2022.

IV – Questão prejudicial e motivo da sentença

Diante das perspectivas abertas pelo CPC/2015 para a incorporação da questão incidental no objeto litigioso, a ser resolvido pela sentença de mérito, a conclusão a que se chega é que não se pode considerar julgamento *extra petita* a solução dada à questão prejudicial: *(i)* se o incidente se passa sem observância dos requisitos do § 1º do art. 503, sua solução não é havida como decisão de mérito, mas apenas como motivo da resolução da questão principal de mérito; ou *(ii)* caso tais requisitos tenham sido cumpridos, a questão incidental por força de lei passará a ser parte integrante do objeto litigioso do processo, logo sua resolução não terá sido *extra petita*.

Na sistemática do CPC/2015, embora não se exija o manejo da ação declaratória incidental para que a solução da questão prejudicial faça coisa julgada, a possibilidade de a parte recorrer formalmente a tal incidente se mantém por duas razões:

(a) No caso da *arguição de falsidade de documento*, o CPC/2015 prevê, expressamente, a faculdade conferida à parte de promovê-la como simples defesa (questão incidental) ou como objeto (questão principal) de ação declaratória incidental, e só nesta última hipótese haverá formação de coisa julgada a seu respeito (art. 433);

(b) Quanto às questões prejudiciais, não basta a respectiva suscitação para que sua apreciação seja feita como questão de mérito, apta a recobrir-se da autoridade da *res iudicata*. Há vários requisitos procedimentais para que tal se dê (art. 503, §§ 1º e 2º). Logo, encerrado o processo, haveria sempre possibilidade de discussão sobre se formou, ou não, a coisa julgada no tocante à prejudicial. É lícito, pois, reconhecer interesse à parte a preordenar a arguição ao cumprimento do contraditório e demais requisitos, sem os quais a solução da prejudicial não passará de simples motivo da sentença. Se assim é, legítimo será o interesse do arguente de requerer, de antemão, que o tratamento procedimental a ser dispensado satisfaça as exigências do art. 503, §§ 1º e 2º. E, se assim proceder, terá nada mais nada menos do que proposto a velha ação declaratória incidental, seja por meio de reconvenção (se a iniciativa for do réu), seja por meio de réplica à contestação (se a pretensão for manifestada pelo autor). Com isso, restará assegurado, desde logo, o julgamento da questão incidental como parte do mérito da causa – ainda que o pedido não seja literalmente rotulado de *ação declaratória incidental* –, evitando no futuro qualquer dúvida acerca da autoridade de coisa julgada material, na espécie.

V – Sede da resolução da questão prejudicial

Embora se mostre omisso o Código, duas medidas são recomendáveis, em nome da segurança jurídica: (a) a sentença, ou o saneador, sem que a lei obrigue, deve declarar que a questão prejudicial foi ou será definida como tal, para os fins do art. 503, § 1º; (b) a declaração deverá ser feita no dispositivo da sentença de mérito, mas como dispositivo não se deve considerar apenas a parte final do ato decisório. Em qualquer momento do julgado em que o juiz resolva *uma questão*, aí haverá dispositivo, o que frequentemente ocorre na fase de fundamentação.

811. Questões implicitamente resolvidas

Embora o art. 503 limite a força da *res iudicata* à lide e às questões principais expressamente decididas, o certo é que, para o Código, "transitada em julgado a decisão de mérito, considerar-se-ão deduzidas e repelidas todas as alegações e as defesas que a parte poderia opor tanto ao acolhimento quanto à rejeição do pedido" (Código de Processo Civil, art. 508).

A coisa julgada material abrange o deduzido e o deduzível. Por isso, após ela, não se podem levantar, a respeito da mesma pretensão, "questões arguidas ou que o podiam ser, se com isto se consiga diminuir ou atingir o julgado imutável e, consequentemente, a tutela jurisdicional nele contida".[312]

Trata-se de aplicação do princípio clássico *tantum iudicatum disputatum vel quantum disputari debebat*, que o art. 508 adota para aplicar tanto ao pedido do autor como à defesa do réu. Após a coisa julgada, nem aquele pode renovar o pedido rejeitado com novas alegações; nem este pode, diante do pedido acolhido, pretender reabrir o debate para obter sua rejeição com defesa diversa da anteriormente manifestada.

Interessante é a demonstração feita por Liebman, diante do exemplo do réu que não opôs uma série de deduções defensivas que poderia ter oposto e, em consequência, foi condenado. Mesmo que tal defesa fosse apta a lhe dar ganho de causa, "não poderá ele valer-se daquelas deduções para contestar a coisa julgada. A finalidade prática do instituto exige que a coisa julgada permaneça firme, embora a discussão das questões relevantes tenha sido eventualmente incompleta; absorve ela desse modo, necessariamente, tanto as questões que foram discutidas como as que poderiam ser".[313]

O raciocínio aplica-se tanto em relação ao réu como ao autor. Se este, por exemplo, ao cobrar uma indenização omitiu um fato do réu decisivo para configurar sua culpa pelo evento danoso, e teve a ação julgada improcedente, terá perdido, após a coisa julgada, irremediavelmente a possibilidade de argumentar em juízo com base no referido fato para pretender furtar-se às consequências da imutabilidade do julgado. Da mesma maneira, o réu que poderia se defender com o argumento do caso fortuito, mas o fez apenas com a alegação de culpa do próprio autor, e perdeu a causa, não poderá rediscuti-la em outra ocasião, mediante invocação da defesa omitida, ainda que realmente pudesse prová-la.

Não se deve, contudo, confundir questões implicitamente resolvidas com pedidos não formulados pela parte ou não apreciados pelo juiz, no processo já encerrado.

"O princípio, segundo o qual a coisa julgada abarca o deduzido e o deduzível, encontra seu limite no objeto da controvérsia, e, portanto, no relativo à *exceptio rei iudicatae* é necessário estabelecer se concorre a *eadem causa petendi*, isto é, a identidade do fato jurídico de que brota a pretensão".[314] O efeito preclusivo da coisa julgada, por isso, não pode ser invocado quando a parte renova o mesmo pedido do processo anterior, mas o faz com base em outra *causa de pedir*.[315] As alegações omitidas de que fala o art. 508 são apenas os argumentos ou fatos pertinentes à *causa petendi* do processo cuja sentença transitou em julgado, não aquelas capazes de configurar diversa causa de pedir. Assim, se o pedido de despejo rejeitado tinha fundamento na falta de pagamento dos aluguéis, não estará o locador inibido de repropor o mesmo pedido lastreado, por exemplo, em violação de contrato por destinação do prédio a fim diverso do autorizado pelo contrato, ou por não ter sido renovada a fiança extinta, ou, ainda, por se achar vencido o prazo contratual.[316]

---

312 MARQUES, José Frederico. *Instituições e Direito Processual Civil*. Rio de Janeiro: Forense, 1960, v. V, n. 1.098, p. 59.

313 LIEBMAN, Enrico Tullio. *Eficácia e Autoridade da Sentença*. 2. ed. Rio de Janeiro: Forense, 1981, p. 52-53.

314 ROCCO, Ugo. *Tratado de Derecho Procesal Civil*. Buenos Aires: Depalma, 1970.

315 GRECO, Leonardo. *A teoria da ação no processo civil*. São Paulo: Dialética, 2003, n. 3.7, p. 71.

316 Segundo a teoria da substanciação, adotada no Brasil, a petição inicial deve indicar o *fato* e os *fundamentos jurídicos* do pedido (art. 319, III), para que o autor individualize a ação proposta. "Cada fato (ou conjunto de fatos) constitutivo do direito caracteriza uma causa de pedir distinta, de modo que, em havendo alteração dos fatos alegados se reputará também alterada a *causa petendi*". Assim, só se poderá falar "em eficácia preclusiva da coisa julgada em causa que envolva as mesmas partes, o mesmo pedido e a mesma causa de pedir existente em processo anterior, ou seja, que trate da mesma lide. Alterando-se qualquer desses elementos, estar-se-á diante de diferente pretensão, a qual não poderá ferir a autoridade da coisa julgada nem de sua eficácia preclusiva" (AMARAL, Thaís Ferrão Miranda do. A eficácia preclusiva da coisa julgada e a causa de pedir. *Revista Dialética de Direito Processual*, São Paulo: Dialética, n. 124, p. 141 e 142).

Só prospera a exceção de coisa julgada quando o novo processo reproduz o anterior, isto é, quando nos dois a *lide* é a mesma. E, como ensina Carnelutti, só há identidade de lide quando os seus elementos – *sujeitos, objeto* e *pretensão* – são os mesmos.[317] Assim dispõe textualmente o art. 337, § 2º, de nosso Código.

Para aplicação, portanto, da norma do art. 508, a comparação há de ser feita não entre as diversas pretensões formuladas nos dois processos, mas sim entre as decisões de mérito, porque só transitam em julgado as soluções da lide (art. 503).

Quando o juiz, por exemplo, num caso de cumulação de pedidos (reintegração de posse e perdas e danos, *v.g.*), deixa de apreciar na sentença a questão da indenização e apenas defere o interdito possessório, não é possível falar em julgamento implícito sobre o pedido não examinado. Cada pedido, na verdade, revela uma lide, de sorte que, quando o autor cumula vários deles numa só ação, o que ocorre é "processo com pluralidade de lides".[318] Se o juiz, por descuido, não resolveu um dos pedidos, a coisa julgada só se estabelecerá sobre a questão decidida. Quanto àquele que não foi apreciado na sentença, ficará livre à parte o direito de renová-lo em outra ação, posto que nosso direito desconhece julgamentos presumidos ou implícitos. Só as premissas da conclusão do julgado é que se têm por decididas, nos termos do art. 508.[319]

Em conclusão: "Só quando há incompatibilidade entre a sentença passada em julgado e o novo pedido (eventualmente omitido no processo primitivo) é que se pode falar em solução implícita, nos moldes do dispositivo ora examinado, porquanto é "nas soluções das questões" que a coisa julgada "encontra seus limites objetivos".[320]

811-A. Conflito entre coisas julgadas sucessivas

Embora não devesse se estabelecer conflito entre coisas julgadas, o certo é que, por falta de oportuna exceção, pode acontecer que, em processos distintos entre partes iguais, a mesma questão venha a ser objeto de sentenças diferentes, formando, assim, o chamado *conflito de coisas julgadas*, ensejador de ação rescisória manejável contra a sentença que por último transitou em julgado (CPC, art. 966, IV). Sobre esse problema, v., no vol. III, o item 657.

812. A eficácia preclusiva da coisa julgada

Duas dimensões objetivas da coisa julgada já foram definidas: *(i)* a dimensão interna, que aponta para a lide e as questões que realmente foram decididas como sendo os temas que a respeito da mesma lide não poderão mais ser objeto de discussão e julgamento em processos futuros, entre as mesmas partes (art. 503); e *(ii)* a dimensão *externa*, que deixa de fora da indiscutibilidade os motivos que sustentaram a conclusão definida no dispositivo da sentença transitada em julgado (art. 504, I).

O *objeto* da causa (ou da demanda) – direito substancial que a parte fez valer ou atuar em juízo – é que, após o provimento definitivo do processo de conhecimento, atinge a força (*autoridade*) de coisa julgada. O acertamento (*definição*) feito pela sentença a seu respeito sujeitar-se-á à preclusão máxima que vedará sua rediscussão e rejulgamento no mesmo ou em outros processos futuros.

Os fatos apurados na instrução da causa e que se prestaram a formar o convencimento do juiz acerca da constituição, modificação ou extinção do direito material disputado no processo,

---

317 CARNELUTTI, Francesco. *Sistema di Diritto Processuale Civile*. Padova: Cedam, 1936, v. I, n. 130, p. 355.

318 PIMENTEL, Wellington Moreira. *Comentários ao Código de Processo Civil*. São Paulo: RT, 1975, v. III, p. 557.

319 PONTES DE MIRANDA, Francisco Cavalcanti. *Comentários ao Código de Processo Civil*. 1974, v. V, p. 156.

320 CAMPOS, Ronaldo Cunha. *Limites Objetivos da Coisa Julgada...*, p. 65. Veja-se nosso comentário na *Revista Brasileira de Direito Processual*, v. 9, p. 106-111, na qual o tema foi mais longamente desenvolvido.

e que são adotados para fundamentar o dispositivo (*conclusão*), não integram a coisa julgada, embora sirvam de importante meio para interpretar seu alcance. Por isso, podem ser objeto de discussão e julgamento em outros processos, sem, pois, contaminar-se da intangibilidade prevista no art. 502. Em outros termos, a preclusão inerente à coisa julgada não atinge os motivos da sentença que, em razão disso, poderão voltar ao debate judicial em novos processos, acerca de outros litígios entre as mesmas partes.

Qualquer novo debate judicial a seu respeito, contudo, só será viável se não afetar a situação jurídica substancial recoberta pela coisa julgada formada no processo anterior. Se a lide for outra, se o pedido a resolver for diverso, novo objeto litigioso terá sido deduzido em juízo, e livre será o reexame dos mesmos fatos (enquanto simples motivos) sobre que versou a causa cuja sentença já se acha revestida da anterioridade de *res iudicata*. O que essa autoridade impõe, em sua essência, é a impossibilidade de futuro processo vir a desconhecer ou diminuir o bem ou a situação jurídica material reconhecida à parte no julgamento anterior. O resultado do segundo processo, nessa perspectiva, nunca poderá questionar o resultado do anterior. Ou, como diz Proto Pisani, não se podem repropor questões para obter resposta judicial que importe "diminuir ou desconhecer o bem reconhecido no precedente julgado".[321]

Assentadas essas premissas, cumpre ressaltar que da passagem da sentença em julgado decorre uma consequência jurídica imediata, que se manifesta paralelamente à composição da lide posta em juízo e que vem a ser o seu efeito preclusivo. Dois dispositivos do Código tornam evidente tal efeito: *(i)* o art. 505, que proíbe qualquer juiz de voltar a decidir "as questões já decididas *relativas à mesma lide*"; e *(ii)* o art. 508, que reputa deduzidas e repelidas "todas as alegações e as defesas, que a parte poderia opor tanto ao acolhimento quanto à rejeição do pedido" solucionado na sentença de mérito passada em julgado.

Assim, o que o sistema do Código deixa bem evidenciado é que, mesmo não incidindo a coisa julgada sobre os motivos da sentença, não poderão eles ser invocados para, em novas demandas, ou em decisões supervenientes no mesmo processo, provocar a modificação ou frustração daquilo que se acha sob a autoridade da *res iudicata*. Nem mesmo alegações e defesas que, se usadas a seu tempo, modificariam o julgamento da causa podem ulteriormente fundamentar decisões em detrimento daquilo que logrou alcançar o *status* de coisa julgada.

Esse efeito impeditivo de qualquer novo julgamento, no mesmo ou em outro processo, que possa redundar em prejuízo da situação de indiscutibilidade e imutabilidade da sentença adquirida nos termos do art. 502, consubstancia o denominado *efeito preclusivo* da coisa julgada material. Efeito esse que, em torno da mesma lide, abrange tudo o que se arguiu no processo e se decidiu na sentença, como o que não se arguiu nem se decidiu, embora fosse alegável para sustentar ou repelir o pedido solucionado na sentença passada em julgado. Nada mais se pode erguer, em juízo algum, contra a situação jurídica dela emergente. Impede-o o efeito preclusivo inerente à coisa julgada material, sempre, é claro, dentro dos limites da lide e das questões decididas.[322]

---

[321] PISANI, Andrea Proto. *Lezioni di diritto processuale civile*. 3. ed. Napoli: Jovene, 1999, p. 67. Nesse sentido, ensina ARRUDA ALVIM que o art. 474 [CPC/2015, art. 508] "deixa bem claro que a assim dita eficácia preclusiva da coisa julgada é um meio para atingir um fim último, que é o de preservar a autoridade da coisa julgada" (*Comentários ao Código de Processo Civil*. 3. ed. São Paulo: RT, 2014, p. 832).

[322] "A coisa julgada (art. 2.909 do CC) forma-se sobre o acertamento do direito que se fez valer em juízo, independentemente de que se no processo tenham sido alegados todos os fatos impeditivos, modificativos, extintivos juridicamente relevantes na hipótese de que deriva o direito atuado pelo autor; isto quer dizer que os fatos juridicamente relevantes (meros fatos ou fatos jurídicos), tenham sido ou não deduzidos no processo que se fez valer o direito sobre o qual o juiz decidiu com autoridade de coisa julgada, não poderão ser deduzidos num segundo processo com o objetivo de recolocar em discussão o resultado (o acertamento coberto pela autoridade de coisa julgada) do primeiro processo. Esse conceito é eficazmente expresso na fórmula segundo a qual a *coisa julgada cobre o deduzido e o deduzível*" (grifamos) (PISANI, Andrea Proto. *Lezioni di diritto processuale civile*. 3. ed. Napoli: Jovene, 1999, p. 63).

Em outros termos, nenhuma questão, cuja solução pudesse influir na resolução do pedido definitivamente julgado, poderá ser invocada em outro processo entre as mesmas partes, se de sua apreciação resultar efeito capaz de alterar a estabilidade da coisa julgada formada sobre a demanda anterior. Nisso consiste o efeito *preclusivo* previsto no art. 508 do CPC/2015.

A teoria da preclusão foi concebida, é certo, para operar dentro do processo, correspondendo à perda ou exaustão das faculdades processuais, à medida que se ultrapassam as oportunidades adequadas ao seu exercício. Assim, a coisa julgada formal seria a última preclusão, porque com ela se encerraria a relação processual. A coisa julgada material, atuando fora do processo, não se enquadraria na ideia de preclusão. Uma vez, porém, que esta nada mais é do que um grau a mais imposto à coisa julgada formal, não é incorreto reconhecer à coisa julgada material a natureza de uma projeção da coisa julgada formal para além das fronteiras do processo encerrado. Assim, não haverá impropriedade na categorização da coisa julgada material como preclusão máxima, porque sua eficácia nada mais é do que uma ampliação quantitativa da coisa julgada formal, levando seus efeitos inibitórios a prevalecer, também, perante futuros processos.

A preclusão gerada pela coisa julgada é, nessa ordem de ideias, uma preclusão especial por se manifestar tanto interna como externamente ao processo em que a sentença de mérito é proferida.

812.1. Reflexos diferentes da eficácia preclusiva em face do autor e do réu

A aplicação do art. 508 se dá mais especificamente na esfera do réu, visto que o autor só fica impedido de renovar igual pedido, contra o mesmo demandado, se estiver fundado na mesma causa de pedir. Se agir com base em fundamento diverso, não estará ele impedido de demandar porque trará a juízo lide diversa daquela anteriormente julgada. Portanto, o que eventualmente impede o autor de demandar novamente é a própria coisa julgada, sendo despiciendo invocar a preclusão consumativa do art. 508, embora de alguma forma também esta terá se verificado. O fenômeno maior (*res iudicata*) terá por sua própria autoridade compreendido o menor (a preclusão).

Dessa maneira, as restrições ao atuar do autor são definidas pela própria coisa julgada. É, pois, para o réu que a eficácia preclusiva da coisa julgada tem maior e real significado prático. Isto porque, definida a lide (objeto litigioso) pelo autor, a lei impõe ao demandado o ônus de arguir, na contestação, "toda a matéria de defesa, expondo as razões de fato e de direito com que impugna o pedido do autor" (art. 336). Se não arguir todas as defesas cabíveis, a coisa julgada formada sobre a sentença favorável ao autor impedirá que o réu vencido venha a propor, supervenientemente, demanda com fundamento novo veiculando qualquer pretensão cujo acolhimento redunde em rejeição ou alteração daquilo que a *res iudicata* tornou imutável e indiscutível em favor do autor[323].

O art. 508 não tem o propósito de ampliar os limites da coisa julgada, mas simplesmente de blindá-la contra reduções que possam advir de outras demandas fundadas em questões que deveriam ter sido suscitadas e não o foram, pela parte que legalmente tinha o ônus de fazê-lo dentro do processo encerrado.

---

[323] É bom lembrar que – diversamente do que se passa com o réu –, o autor, ao propor uma demanda, não tem, por lei, o ônus de basear o pedido em todos os fundamentos possíveis, mas apenas na *causa petendi* que considerar suficiente para sustentá-lo. É por isso que a rejeição de sua pretensão não impede que outro processo se instaure sobre igual pretensão, desde que fundada em diferente *causa petendi*.

813. Limites subjetivos

"A sentença faz coisa julgada às partes entre as quais é dada, não prejudicando terceiros" (art. 506).[324] Não quer dizer isto que os estranhos possam ignorar a coisa julgada. "Como todo ato jurídico relativamente às partes entre as quais intervém, a sentença existe e *vale com respeito a todos*."[325] Não é certo, portanto, dizer que a sentença só prevalece ou somente vale entre as partes. O que ocorre é que apenas a imutabilidade e a indiscutibilidade da sentença não podem prejudicar estranhos ao processo em que foi proferida a decisão transitada em julgado.[326]

Assim, determinado credor, embora estranho à lide, não pode pretender ignorar a sentença em favor de outrem que condenou seu devedor, desfalcando o patrimônio que lhe servia de garantia comum. O prejuízo que não se alcança com a coisa julgada é o *jurídico* (a negação de um direito do terceiro, ou a restrição direta a ele) e não o simplesmente *de fato* (caso de diminuição do patrimônio do devedor comum).[327]

Segundo Liebman, deve ser distinguida a *eficácia natural* da sentença da *autoridade da coisa julgada*. Para o grande processualista, na verdade, a coisa julgada não é efeito da sentença, mas sim uma qualidade especial da sentença, que, em determinada circunstância, a torna imutável.

Dentro dessa ordem de ideias, esclarece Liebman:

(a) a eficácia natural vale para todos (como ocorre com qualquer ato jurídico);[328] mas
(b) a autoridade da coisa julgada atua apenas para as partes.[329]

Assim, um estranho pode rebelar-se contra aquilo que já foi julgado entre as partes e que se acha sob a autoridade de coisa julgada, em outro processo, desde que tenha sofrido prejuízo jurídico. Exemplo: quando o Estado é condenado a indenizar o dano causado por

---

324 O art. 472 do CPC/1973 afirmava que a sentença passada em julgado não beneficiava, nem prejudicava terceiros. Na verdade, porém, o que é relevante é a demarcação dos limites em que os efeitos prejudiciais se manifestam. Os que são beneficiados não têm interesse em fugir dos efeitos da sentença. São os prejudicados por ela que ostentam interesse em insurgir-se contra a situação jurídica acobertada pela *res iudicata*, formada em função de um processo de que não participara.

325 CHIOVENDA, Giuseppe. *Instituições de Direito Processual Civil*. 3. ed. São Paulo: Saraiva, 1969, v. I, n. 133, p. 414.

326 "Os limites subjetivos da coisa julgada – os quais se destinam a definir quais sujeitos estão impedidos de discutir novamente provimentos judiciais definitivos – não se confundem com os *efeitos legítimos* que a sentença pode irradiar sobre terceiros que, embora não figurem como sujeitos ativos ou passivos da relação jurídico-substancial versada no litígio, são titulares de relações jurídicas que com ela se relacionam ou que dela dependam" (STJ, 3ª T., REsp 1.763.920/SP, Rel. Min. Nancy Andrighi, ac. 16.10.2018, *DJe* 18.10.2018).

327 CHIOVENDA, Giuseppe. *Instituições de Direito Processual Civil*. 3. ed. São Paulo: Saraiva, 1969, v. I, n. 133, p. 414.

328 Por exemplo, o contrato de locação de um prédio não pode ter seu efeito (a transferência temporária da posse) ignorado ou desprezado por terceiro. Da mesma forma, o contrato de compra e venda entre o primitivo proprietário e o adquirente prevalece entre os contratantes e os terceiros sofrem as consequências de seus efeitos translatícios do domínio. Essa situação negocial, todavia, não é indiscutível como a que resulta da sentença passada em julgado. O terceiro que tiver interesse jurídico violado pelo contrato *inter alios* pode demandar para fugir de seus efeitos, se o negócio estiver, por exemplo, contaminado por ilegalidade ou fraude. Nessa mesma linha, decidiu o STJ que o reconhecimento de paternidade declarado entre pai e filho obriga o avô, mesmo que não tenha participado da ação investigatória: "1. Os efeitos da sentença, que não se confundem com a coisa julgada e seus limites subjetivos, irradiam-se com eficácia *erga omnes*, atingindo mesmo aqueles que não figuraram como parte na relação jurídica processual. 2. Reconhecida, por decisão de mérito transitada em julgado, a relação de parentesco entre pai e filho, a consecutiva relação avoenga (vínculo secundário) é efeito jurídico dessa decisão (CC/2002, art. 1.591) (...)" (STJ, 4ª T., REsp 1.331.815/SC, Rel. Min. Antônio Carlos Ferreira, ac. 16.06.2016, *DJe* 01.08.2016).

329 LIEBMAN, Enrico Tullio. *Efficacia ed Autorità della Sentenza*, n. 36.

funcionário, cabe-lhe o direito de exercer a ação regressiva contra o servidor. Este, no entanto, no novo processo poderá impugnar a conclusão da sentença condenatória, para provar que não teve culpa no evento, e assim exonerar-se da obrigação de repor aos cofres públicos o valor da indenização. A sentença era válida para todos. Mas aquele estranho que teve direitos diretamente atingidos pode reabrir discussão em torno da decisão, sem ser tolhido pela eficácia da coisa julgada. Outro exemplo: uma pessoa, exibindo título dominial, move ação reivindicatória que é acolhida, com o reconhecimento de sua qualidade de proprietário do bem litigioso, ocorrendo por isso a condenação do possuidor sem título a entregá-lo ao autor. Isto não impede ao verdadeiro titular do domínio, que não foi parte na reivindicatória, de propor outra ação contra o ganhador daquela causa, para provar, *v.g.*, a falsidade do título que a sustentou, fazendo, já agora, prevalecer a superioridade de sua situação jurídica. Isso se torna possível justamente porque a declaração de ser o autor proprietário do bem disputado na primitiva ação reivindicatória somente adquiriu indiscutibilidade entre as partes do processo em que a sentença se deu. Como o verdadeiro dono do bem não se incluiu dentro dos limites subjetivos da coisa julgada, nada o impede de, em outro processo, instaurar novo debate em torno do direito subjetivo reconhecido *inter alios*.

A impugnação da *res iudicata* pelos terceiros prejudicados pode ser feita "na simples forma de defesa ou réplica à exceção de coisa julgada em todas as oportunidades em que uma das partes pretende utilizar a sentença contra eles".[330] Cabem, ainda, os embargos de terceiro, quando se tratar de execução de sentença condenatória que atinja bens de estranho.

Não é terceiro, porém, o sucessor, a título singular ou universal da parte. "Consoante a doutrina, o sucessor na coisa litigiosa fica sujeito aos efeitos da coisa julgada, seja na própria relação objetiva a ele transferida pelo litigante, seja na relação jurídica dependente". Não pode, pois, manejar embargos de terceiro para fugir às consequências do julgado.[331]

Outro aspecto interessante do tema dos limites subjetivos da coisa julgada situa-se na própria regra do art. 506, que exclui da eficácia da sentença apenas os terceiros que poderiam ser prejudicados, não aqueles eventualmente beneficiados. Com efeito, é perfeitamente possível que um estranho à relação processual se prevaleça da sentença passada em julgado *inter alios*, por achar-se em situação de direito material que é a mesma do demandante vitorioso, ou por ser titular de relação conexa com a resolvida no processo de que não participou. Por exemplo, nos termos do art. 274 do Cód. Civ., "o julgamento contrário a um dos credores solidários não atinge os demais, mas o julgamento favorável aproveita-lhes (...)".[332]

Com a abertura do art. 506, feita no sentido de estender a coisa julgada a terceiros, que possam extrair dela efeitos benéficos, restaram superados os limites subjetivos outrora rígidos e circunscritos apenas às partes do processo, de modo que, no sistema atual, terceiros titulares

---

330 LIEBMAN, Enrico Tullio, citado por MARQUES, José Frederico. *Instituições e Direito Processual Civil*. Rio de Janeiro: Forense, 1960, v. V, n. 1.107. Cf., também, ac. do STF, no RE 69.721, Rel. Min. Aliomar Baleeiro, *Rev. Lemi* 38/461; e ac. do TJMG, na Apel. 16.082, Rel. Des. Abreu e Silva, *Minas Forense* 42/112.

331 TJSP, Apel. 219.407, Rel. Des. Lafaiete Salles Jr., *RT* 453/98; STJ, REsp 9365/SP, Rel. Min. Waldemar Zveiter, ac. 04.06.1991, *DJU* 01.01.1991, p. 9.193; STJ, 3ª T., REsp 775.841/RS, Rel. Min. Nancy Andrighi, ac. 19.03.2009, *DJe* 26.03.2009. Já se decidiu, porém, que, em se tratando se terceiro adquirente de boa-fé não sujeito aos efeitos da coisa julgada, é de se admitir, excepcionalmente, sua legitimação para propor embargos de terceiro (STJ, 4ª T., REsp 691.219/MS, Rel. Min. Aldir Passarinho Júnior, ac. 15.10.2009, *DJe* 16.11.2009).

332 "Conclui-se, assim, que, enquanto a eficácia da sentença pode trazer prejuízo ao terceiro, a imutabilidade da decisão vincula-o tão somente quando lhe propiciar benefício. Esse fenômeno ocorre toda vez que a situação subjetiva do terceiro for favorecida pela sentença proferida em processo *inter alios*. A coisa julgada, em tais casos, fulmina o potencial interesse de agir de alguém que, embora não tenha integrado o contraditório travado num determinado processo, acabou sendo privilegiado pelo respectivo desfecho" (TUCCI, José Rogério Cruz e. *Comentários ao Código de Processo Civil:* artigos 485 ao 538. 2. ed. São Paulo: RT, 2018, v. VIII, p. 221).

de situações jurídicas intervinculadas com a que foi objeto da sentença *inter alios* poderão também se valer da indiscutibilidade e imutabilidade da solução definida no processo de que não participaram.[333]

814. Expansão dos limites subjetivos para além das partes do processo

O sistema geral do Código limita o alcance da coisa julgada às partes entre as quais a sentença foi pronunciada, de modo que os terceiros não podem ser, por ela, prejudicados (art. 506). Essa limitação, porém, não é absoluta, pois há na lei exceções em que a força da coisa julgada repercute também sobre pessoas que não figuraram como partes na relação processual.

O primeiro e mais significativo exemplo é o da *substituição processual* (art. 18), que se verifica quando, por previsão legal, alguém é autorizado a demandar em nome próprio a defesa de direito alheio. A substituição, na espécie, provoca uma dissociação entre a parte processual (substituto) e a parte material (substituído). A coisa julgada provocada pela atividade do substituto operará sobre a situação jurídica material do substituído, mesmo que este, processualmente, não tenha figurado como parte. É que foi essa situação jurídica que figurou como objeto do processo.[334] Outros casos de extensão da coisa julgada a terceiros ocorrem na legitimação *ad causam* concorrente e nas ações coletivas. Quando, por exemplo, a lei autoriza diversos acionistas a demandarem, em conjunto ou individualmente, a anulação de uma deliberação assemblear, a coisa julgada alcançará, indistintamente, a todos os legitimados concorrentes, tenham ou não participado da ação anulatória. Os legitimados que não figuraram no processo estarão impedidos de, após a coisa julgada, propor ação igual. Só não prevalecerá o impedimento se a nova ação anulatória se fundar em causa de pedir distinta da que foi apreciada no processo anterior. É que, então, não haverá coisa julgada, porquanto dessa exceção só se pode cogitar se presentes nas duas ações as mesmas partes, o mesmo pedido e a mesma causa de pedir (art. 337, §§ 1º e 2º).

Nos casos de comunhão de direitos e obrigações, em que o direito material legitima qualquer dos comunheiros a defender a situação jurídica litigiosa comum, como ocorre com as obrigações solidárias, com o condomínio, com a composse, com o casamento etc., também é possível ocorrer coisa julgada perante o cointeressado que poderia ter participado do processo como litisconsorte, mas não o fez.[335] Essa matéria, todavia, não é pacífica, havendo quem reconheça ao comunheiro, que não participou do processo petitório ou possessório, a possibilidade de renovar a demanda, sem que se lhe possa opor a exceção de coisa julgada.[336]

---

333 Não se pode ver nessa ampliação da coisa julgada em favor de terceiro, nenhuma colisão com a garantia constitucional do contraditório (DINAMARCO, Cândido Rangel. *Instituições de direito processual civil*. 7. ed. São Paulo: Malheiros, 2017, v. III, n. 1.158, p. 385).

334 "O principal efeito da substituição processual residirá na extensão da eficácia de coisa julgada ao substituído" (ASSIS, Araken de. Substituição processual. *Rev. Dialética de Direito Processual*, v. 9, p. 22. Conf., também, ARRUDA ALVIM, *Tratado de direito processual civil*. 2. ed. São Paulo: RT, 1990, v. I, p. 529; e NERY JUNIOR, Nelson. *Código de Processo Civil comentado e legislação extravagante:* atualizado até 17 de fevereiro de 2010. 11. ed. São Paulo: RT, 2010, p. 737.

335 Em relação a quem poderia ter sido *litisconsorte unitário* (facultativo), "a coisa julgada vai atingi-lo inexoravelmente, tenha ou não participado do processo. Trata-se de eficácia direta da *coisa julgada* sobre quem não é parte processual, mas é titular do direito material sobre o qual se formou a autoridade da coisa julgada" (NERY JUNIOR, Nelson; NERY, Rosa Maria de Andrade. *Código de Processo Civil comentado*. 11. ed. São Paulo: RT, 2010, p. 738).

336 Por exemplo, MONIZ DE ARAGÃO defende a tese de que, nos casos de legitimação concorrente, a coisa julgada somente atingirá os que promoveram a ação ou que foram convocados a acompanhá-la (MONIZ DE ARAGÃO, Egas. *Sentença e coisa julgada*. Rio de Janeiro: AIDE, 1992, p. 301-304). Já se decidiu, também, que nas hipóteses de legitimação concorrente entre condôminos, a coisa julgada formada na ação reivindicatória de alguns deles "não inibirá a futura propositura de outra demanda reivindicatória pelo

815. Limites subjetivos da coisa julgada e obrigações solidárias

Duas situações enfrentadas pela sentença que resolve questão relacionada com obrigações solidárias desafiam enfoque diferente no plano do alcance subjetivo da coisa julgada: *(i)* a dos credores solidários e *(ii)* a dos devedores solidários.

De início, é de se ressaltar que o CPC/2015 adotou orientação diversa daquela seguida pelo Código anterior. Em lugar de dispor que a sentença transitada em julgado *não beneficia nem prejudica terceiros,* como antes se afirmava no art. 472 do CPC/1973, agora a regra do art. 506 do CPC/2015 é que dita sentença apenas *não prejudica terceiros*. Com isso, o sistema processual se afeiçoou ao regime do direito material, em casos como o dos credores solidários, os quais se beneficiam do julgamento favorável obtido por qualquer um deles contra o devedor comum (CC, art. 274). O mesmo, porém, não se aplica quando o julgamento seja contrário a um dos credores solidários, segundo dispõe o mesmo artigo do Código Civil.

Harmonizando-se o direto material com o processual, podemos chegar às conclusões que se seguem:

I – Credores solidários

À solidariedade ativa aplica-se a regra, ditada pelo Código Civil no art. 274, que determina o aproveitamento, pelos demais credores solidários, do julgamento favorável a qualquer um deles. A coisa julgada cobre, portanto, todos os credores solidários, inclusive aqueles que não foram partes no processo. O preceito de direito material harmoniza-se, perfeitamente, com a previsão do direito processual que, na sistemática do CPC/2015, prevê a não extensão da coisa julgada a terceiros apenas quando a sentença os prejudique (art. 506). Logo, se o credor solidário pode se beneficiar do julgamento favorável obtido por outro cocredor, superam-se todas as controvérsias que ocorriam no regime do CPC/1973, sobre se a regra do art. 274 do CC acarretava a ampliação dos limites subjetivos da coisa julgada,[337] ou apenas conferia ao terceiro solidário título para executar o devedor comum.[338]

A interpretação da mudança operada pelo CPC/2015 no enunciado da norma que regula os limites subjetivos da coisa julgada (art. 506), deixa claro que prevaleceu no âmbito do novo direito processual a tese de Barbosa Moreira, para quem o art. 274 do CC permite a extensão, *secundum eventus litis*, da coisa julgada aos demais integrantes do polo ativo da relação obrigacional solidária em caso de procedência da demanda com objeto condenatório, promovida por um dos cocredores.[339]

O art. 274 do CC, no entanto, faz uma ressalva à extensão da coisa julgada entre os credores solidários, que se dá quando a vitória daquele que promoveu a ação de cobrança do crédito comum se fundou em exceção pessoal. A interpretação dessa ressalva é feita no sentido de compreender a sentença como fundada em argumento de ordem pessoal, impossível de ser ampliado aos cotitulares da relação obrigacional que não participaram do processo. A expressão *exceção pessoal*

---

condomínio" (STJ – 3ª T., REsp 1.015.652/RS, Rel. Min. Massami Uyeda, ac. 02.06.2009, *R. Forense* 405/433). Muito embora, o mesmo Tribunal já houvesse assentado que "em determinadas circunstâncias, diante da posição do terceiro na relação de direito material, bem como pela natureza desta, a coisa julgada pode atingir quem não foi parte no processo" (STJ – 3ª T., REsp 775.841/RS, Rel. Min. Nancy Andrighi, ac. 19.03.2009, *DJe* 26.03.2009).

337 No sentido de fazer coisa julgada: TUCCI, José Rogério Cruz e. *Limites subjetivos da eficácia da sentença e da coisa julgada*. São Paulo: RT, 2006, p. 277.

338 No sentido de não fazer coisa julgada: TALAMINI, Eduardo. *Coisa julgada e sua revisão*. São Paulo: RT, 2005, p. 106.

339 BARBOSA MOREIRA, José Carlos. Solidariedade ativa: efeitos da sentença e coisa julgada na ação de cobrança proposta por um único credor. *Temas de direito processual* – nona série. São Paulo: Saraiva, 2007, p. 224-227.

utilizada pelo direito material, na espécie, equivale, portanto, à rejeição de defesa do devedor que "é aproveitável somente àquele credor que integrou a relação processual".[340] Dois exemplos elucidam bem a exceção do art. 274: *(i)* se a obrigação for indivisível, a suspensão da prescrição invocada por um dos credores aproveita aos demais (CC, art. 201). Sendo divisível, como ocorre nas dívidas de dinheiro, a suspenção da prescrição só beneficia aquele credor que a promoveu; *(ii)* se a solidariedade ativa se estabeleceu entre maiores e menor absolutamente incapaz, o impedimento do curso da prescrição opera apenas em favor do incapaz, de modo que, movida a cobrança pelo incapaz, a causa extintiva invocada pelo devedor e rejeitada pela sentença não aproveitará aos cocredores maiores, se o prazo prescricional em face deles já se perfez.

II – Devedores solidários

Em relação à solidariedade passiva, a lei material admite a liberdade do credor de escolher contra quem pretende demandar o pagamento da obrigação (CC, art. 275). A coisa julgada e o respectivo título executivo formar-se-ão apenas contra o devedor demandado, segundo a regra geral do art. 506 do CPC/2015.

Ao devedor cobrado individualmente, todavia, cabe um incidente (chamamento ao processo) por meio do qual provoca a inserção de outros codevedores da mesma obrigação, a fim de obter título para, se for o caso, ratear o que vier a pagar com todos os corresponsáveis pela dívida ajuizada (CPC/2015, art. 130, III). A condenação ocorrida após o chamamento gera coisa julgada para o devedor primitivo e aqueles que a ele se agregaram por meio da intervenção de terceiros (CPC/2015, art. 132).[341] Se, porém, o demandado não cogitar de incluir os demais coobrigados no processo pendente, correrá o risco de não poder exercer o direito de regresso em situações como aquela em que o devedor ausente, embora solidário, tenha defesa ou exceção pessoal oponível ao credor (CC, art. 281). É que a coisa julgada, sem a presença do codevedor solidário, só produz eficácia em face do demandado.

816. Coisa julgada nas ações coletivas

Com a instituição das ações coletivas (ação popular, ação civil pública, ação coletiva dos consumidores etc.), criou-se, também, um novo regime de eficácia subjetiva da coisa julgada, que, diversamente do que se passa nas ações individuais do CPC, não se limita às partes do processo em que a sentença é dada.[342]

De início, impõe-se observar que diante das infrações aos interesses coletivos podem ocorrer lesões a dois tipos de interesses, tal como ocorre, aliás, com os delitos sancionados pelo direito penal: há sempre uma lesão ao interesse público e pode haver, no mesmo evento, um dano ao patrimônio ou à pessoa da vítima. Assim também numa ação civil acerca de agressão ao meio ambiente, cogita-se necessariamente da repressão genérica ao atentado contra o direito de toda a coletividade de usufruir condições ambientais saudáveis. Eventualmente, pode acontecer que a ação civil pública impeça a contaminação sem que pessoa alguma tenha sofrido lesão individual. Nesse caso, os efeitos da sentença permanecerão no âmbito próprio da tutela dos interesses difusos ou coletivos. Pode, no entanto, ocorrer que, concretamente, além do dano geral ao meio ambiente

---

340 LAUX, Francisco de Mesquita. Notas a respeito do regime jurídico das obrigações solidárias e seus reflexos sobre os limites subjetivos da coisa julgada. *Revista de Processo*, São Paulo, n. 239, p. 30.

341 "A utilidade do chamamento ao processo é evitar a necessidade de novo processo de conhecimento destinado a produzir a condenação do terceiro a reembolsar total ou parcialmente o que o réu vier a despender em razão da sentença" (DINAMARCO, Cândido Rangel. *Instituições de direito processual civil*. 6. ed. São Paulo: Malheiros, 2009, v. II, p. 427-428).

342 A Lei 12.016/2009 instituiu, também, para o mandado de segurança coletivo, um regime especial de coisa julgada (art. 22) (ver no v. II).

(interesse coletivo), um ou alguns membros da comunidade afetada tenham suportado danos pessoais em razão da referida agressão ao meio ambiente (interesse individual).[343]

A coisa julgada formada no processo coletivo não respeita os limites subjetivos traçados pelo art. 506, tanto entre os legitimados para demandar a tutela dos interesses transindividuais como diante das pessoas individualmente lesadas. Há, nesse tipo de processo, possibilidade de eficácia *erga omnes* (isto é, perante quem não foi parte no processo), embora nem sempre de forma plena. No campo restrito do interesse transindividual, o sistema observado pela legislação é, em regra, o da coisa julgada *erga omnes*, atingindo não só as partes ativa e passiva do processo como outras entidades que teriam igual legitimidade para a demanda. Se, por exemplo, uma associação de defesa dos consumidores decair da pretensão coletiva, não poderá o Ministério Público reiterar a mesma ação.

Existe, porém, uma exceção legal: não prevalecerá a coisa julgada, nem *erga omnes*, nem para a própria entidade autora, se a ação coletiva for julgada improcedente por deficiência de prova (Lei 4.717, de 29.06.1965, art. 18; Lei 7.347, de 24.07.1985, art. 16; Lei 7.853, de 24.10.1989, art. 4º). Em ocorrendo esta última hipótese – ação julgada desfavoravelmente ao autor por falta de prova suficiente – qualquer legitimado poderá intentar outra ação coletiva com idêntico fundamento, valendo-se de "nova prova", como ressalvam os dispositivos legais acima apontados. Caso contrário, a improcedência da ação coletiva intentada por um legitimado inibe outros legitimados de propor ação igual, embora não tenham figurado como sujeito do processo extinto.

Tem-se, desta maneira, nas ações coletivas uma extensão subjetiva da coisa julgada *erga omnes*, em regra, mas que nem sempre prevalecerá se o resultado for adverso à pretensão do autor. Dá-se o que se denomina coisa julgada *secundum eventum litis*, ou da coisa julgada cuja eficácia *erga omnes* é, quase sempre, para beneficiar e não para prejudicar.

Então, de acordo com o art. 103, § 1º, da Lei 8.078, de 11.09.1990 (Código de Defesa do Consumidor), que se aplica a todas as ações coletivas (arts. 110 e 117), ou seja, a qualquer ação que cuide de "interesses coletivos, difusos, ou individuais homogêneos, coletivamente tratados",[344] deve-se analisar a eficácia da coisa julgada coletiva, separando-se, primeiro, as ações julgadas procedentes das que foram rejeitadas. Depois, entre as últimas, separando-se as em que a pretensão do autor for rejeitada em julgamento exauriente sobre ilegitimidade material da pretensão e aqueles outros em que o julgamento não encontrou elementos probatórios suficientes nem para acolher nem para rejeitar, em definitivo, a pretensão.

Por outro lado, impõe-se verificar o reflexo do julgamento da pretensão coletiva sobre eventuais pretensões de natureza individual envolvidos no evento base da demanda. A sentença de procedência da ação coletiva sempre produzirá coisa julgada *erga omnes*, beneficiando todos os titulares de direitos subjetivos individuais integrantes da comunidade, que poderão apoiar suas pretensões particulares contra a parte vencida, a partir da indiscutibilidade da respectiva *causa debendi* (Lei 8.078, arts. 97 e 103).

Se a sentença for de improcedência, a coisa julgada operará plenamente no âmbito da ação coletiva, se não se tratar de insuficiência de prova, mas de inexistência mesma do direito material manejada na ação. Nenhuma outra ação coletiva poderá ser proposta seja pelo autor, seja por outro legitimado. Isto, porém, não prejudicará os direitos subjetivos *individuais* de terceiros, isto é, de quem não figurou no processo coletivo a nenhum título (litisconsorte, as-

---

343 Súmula 623/STJ: "As obrigações ambientais possuem natureza *propter rem*, sendo admissível cobrá-las do proprietário ou possuidor atual e/ou dos anteriores, à escolha do credor"; Súmula 629: "Quanto ao dano ambiental, é admitida a condenação do réu à obrigação de fazer ou à de não fazer cumulada com a de indenizar".

344 GRINOVER, Ada Pellegrini. Da Coisa Julgada no Código de Defesa do Consumidor. *Livro de Estudos Jurídicos*. Rio de Janeiro: Instituto de Estudos Jurídicos, 1991, v. I, p. 391.

sistente etc.). Os efeitos da sentença coletiva operam sempre no terreno da ação coletiva e não necessariamente no dos interesses individuais. Os particulares se beneficiam das vantagens advindas da sentença, mas não se prejudicam por suas desvantagens (Lei 8.078, art. 103, § 3º). Também aqui se observa a regra da *res iudicata secundum eventum litis*.

Por exemplo: numa demanda coletiva foi declarado improcedente o pedido de retirada do mercado de um produto medicinal por nocividade à saúde pública, tendo a sentença proclamado que o medicamento não era danoso. Haverá coisa julgada suficiente para impedir que qualquer nova ação coletiva venha a ser aforada contra o fabricante em torno do aludido produto, mesmo que outro seja o legitimado. Isto, todavia, não impedirá que um determinado consumidor, reputando-se lesado pelo medicamento, venha a ajuizar uma ação indenizatória individual.

Como observa Ada Pellegrini Grinover, não há o risco temido por Barbosa Moreira de contradição propriamente entre duas coisas julgadas, ou seja, entre a coletiva e a individual, visto que, na sistemática implantada a partir do Código de Defesa do Consumidor para todas as ações relativas a interesses difusos ou coletivos, a coisa julgada desfavorável está limitada aos entes e pessoas legitimadas às ações coletivas, "deixando a salvo apenas os particulares, em suas relações intersubjetivas pessoais, os quais (em suas ações individuais) alcançarão uma coisa julgada normalmente restrita às partes".[345]

Em se tratando, pois, de ação sobre interesses difusos ou coletivos, "há coisa julgada no plano da ação civil coletiva, exclusivamente"; em outros termos, "essa coisa julgada no plano da ação civil coletiva não interfere no agir individual", se o particular interessado não chegou a figurar no processo, nos termos do art. 94 c/c o art. 103, § 2º, do CDC.[346]

Em resumo, a relação entre a coisa julgada na ação coletiva e os interesses individuais dos membros da coletividade representada na causa pode ser assim sintetizada:

(a) se a ação coletiva é *rejeitada*, seja por insuficiência de prova ou não, os particulares não serão alcançados pela coisa julgada que se manifestará apenas entre os legitimados para a ação coletiva; poderão os particulares exercitar suas ações individuais para buscar ressarcimento para os danos pessoalmente suportados (Lei 8.078, art. 103, § 3º);

(b) se a ação coletiva é julgada *procedente*, os particulares poderão valer-se da *coisa julgada*, ficando dispensados de nova ação individual condenatória; apenas terão de liquidar o montante de seus prejuízos individuais em procedimento de *liquidação de sentença* (Lei 8.078, arts. 97 e 100). A exemplo do que se passa com a sentença penal condenatória, também a sentença de procedência da ação civil coletiva representa para as vítimas uma coisa julgada acerca da *causa petendi* da pretensão indenizatória.[347] Dá-se o "transporte, à ação individual, da sentença coletiva favorável", ampliando a lei "o objeto da ação coletiva" para nele incluir a indenização de danos sofridos individualmente.[348]

Causou grande polêmica doutrinária e jurisprudencial a alteração do art. 16 da Lei 7.347/1985 pela Lei 9.494/1997, com a qual se reduziram os efeitos *erga omnes* da coisa julgada formada em ação civil pública aos limites da competência territorial do juiz prolator da sentença.

---

345 GRINOVER, Ada Pellegrini. Da Coisa Julgada no Código de Defesa do Consumidor. *Livro de Estudos Jurídicos*. Rio de Janeiro: Instituto de Estudos Jurídicos, 1991, v. I, p. 396.

346 ARRUDA ALVIM. Notas sobre a coisa julgada. *Revista de Processo*, v. 88, p. 31.

347 GRINOVER, Ada Pellegrini. Da Coisa Julgada no Código de Defesa do Consumidor. *Livro de Estudos Jurídicos*. Rio de Janeiro: Instituto de Estudos Jurídicos, 1991, v. I, p. 399-400.

348 SAAD, Eduardo Gabriel. *Comentário ao Código de Defesa do Consumidor*. 2. ed. São Paulo: LTr, 1997, n. 282, p. 608.

Superou-se, entretanto, a controvérsia pela decretação de inconstitucionalidade da disposição inovadora, com repristinação da regra original, que nenhuma restrição continha que pudesse impedir a eficácia *erga omnes* da coisa julgada nos casos de danos nacionais ou regionais, além do território delimitador da competência ordinária do juiz sentenciante. O alcance da coisa julgada, portanto, se mede, na espécie, pela extensão do objeto litigioso. Se este se inclui na competência do juiz, não importa até onde vai alcançar territorialmente o efeito do julgamento da ação civil pública.[349]

817. Relações jurídicas de trato continuado e outros casos de rejulgamentos

Nenhum juiz decidirá novamente as questões já decididas, relativas à mesma lide. Tratando-se, porém, de relação jurídica de trato continuado, se sobrevier modificação no estado de fato ou de direito, poderá a parte pedir a revisão do que foi estatuído na sentença (art. 505, I).[350]

Isto se dá naquelas situações de julgamento *rebus sic stantibus*, como é típico o caso de alimentos. A sentença – nesse caso denominada *sentença determinativa* – baseando-se numa situação atual, tem sua eficácia projetada sobre o futuro. Como os fatos que motivaram o comando duradouro da sentença podem se alterar ou mesmo desaparecer, é claro que a eficácia do julgado não deverá perdurar imutável e intangível. Desaparecida a situação jurídica abrangida pela sentença, a própria sentença tem que desaparecer também. Não se trata, como se vê, de alterar a sentença anterior, mas de obter uma nova sentença para uma situação também nova.

A modificação do decisório será objeto de outra ação – a ação revisional – cuja sentença, se for de procedência, terá natureza constitutiva, pois alterará a relação jurídica vigente entre as partes.[351] A inovação, porém, vigorará *ex nunc*, atuando apenas sobre as prestações posteriores ao surgimento do novo quadro fático-jurídico justificador da ação revisional. Os efeitos anteriores à revisão judicial permanecerão intactos, sob o pálio da coisa julgada gerada pela sentença anterior.

A jurisprudência dominante do STJ é no sentido de que a revisão da sentença autorizada pelo art. 505, I, deve ser promovida mediante *ação judicial*, se já consumada a *coisa julgada* a seu respeito. Não cabe à Administração Pública *ex autoritate propria* cancelar, por exemplo, benefícios previdenciários, quando concedidos por decisão judicial. Pode, é certo, rever a concessão do benefício de natureza continuativa; terá, porém, de fazê-lo por

---

[349] STF, Pleno, RE 1.101.937/SP, Rel. Min. Alexandre de Moraes, ac. 08.04.2021, *DJe* 14.06.2021 – Repercussão Geral – Tese assentada: I – É inconstitucional a redação do art. 16 da Lei 7.347/1985, alterada pela Lei 9.494/1997, sendo repristinada sua redação original; II – Em se tratando de ação civil pública de efeitos nacionais ou regionais, a competência deve observar o art. 93, II, da Lei 8.078/1990 (Código de Defesa do Consumidor); III – Ajuizadas múltiplas ações civis públicas de âmbito nacional ou regional e fixada a competência nos termos do item II, firma-se a prevenção do juízo que primeiro conheceu de uma delas, para o julgamento de todas as demandas conexas.

[350] O Código de 2015 substituiu a expressão "relação continuativa" da lei anterior por "relação jurídica de trato continuado", para dar maior alcance ao dispositivo legal.

[351] As relações jurídicas continuativas também podem ser afetadas por modificação superveniente da norma jurídica que as rege. O STF já decidiu que "a coisa julgada não impede que a lei nova passe a reger diferentemente os fatos ocorridos a partir de sua vigência" (Reclamação 839-RE 90.518, *in RTJ*, 89.344); STJ, REsp. 38.815-5/SP, Rel. Min. Garcia Vieira, ac. 29.11.93, *in RSTJ* 60/367. Em face dessas relações, "a autoridade da coisa julgada material sujeita-se sempre à regra *rebus sic stantibus*, de modo que, sobrevindo fato novo 'o juiz, na nova decisão, não altera o julgado anterior, mas, exatamente, para atender a ele, adapta-o ao estado de fatos superveniente'" (STJ, 2ª T., AgRg no REsp 1.193.456/RJ, Rel. Min. Humberto Martins, ac. 07.10.2010, *DJe* 21.10.2010).

meio de ação judicial, sempre que definidos pelo Poder Judiciário.[352] Observe-se, todavia, que a Lei 13.457/2017, oriunda de conversão da Medida Provisória n. 767, de 06.01.2017, no campo dos benefícios da Previdência Social, acrescentou parágrafos novos aos arts. 43 e 60 da Lei 8.213/1991, prevendo que o aposentado por invalidez ou o segurado em gozo de auxílio-doença – sejam os benefícios concedidos judicial ou administrativamente – pode ser convocado pelo órgão previdenciário para avaliação das condições que ensejaram a respectiva concessão e sua manutenção.

Campo fértil na geração de relações de trato continuado é o do direito tributário, em que frequentes e numerosos são os tributos que geram obrigações periódicas. Mas nem sempre a *res in iudicium deducta*, em matéria de direito tributário, envolve essa relação material em seu aspecto dinâmico e continuativo, pois grande parte dos litígios fica restrita a determinados lançamentos. Definir, portanto, se a sentença deve fazer coisa julgada sobre toda a relação jurídica tributária duradoura, ou se deve restringir-se ao lançamento impugnado vai depender da lide posta em juízo.

A extensão da coisa julgada em Direito Tributário, destarte, tanto pode ficar restrita a um exercício, ou um lançamento, como pode estabelecer-se em caráter permanente para alcançar todo o desenrolar futuro da relação continuativa mantida entre o contribuinte e o Fisco. O que vai determinar uma ou outra extensão será a demanda retratada no pedido formulado no processo. Se a pretensão veio estribada numa razão de ordem permanente, a questão solucionada na sentença abrangerá, sem dúvida, a relação jurídica de trato continuado em sua dimensão duradoura. Caso contrário, se a controvérsia exposta pela parte cinge-se a um isolado ato de tributação, não haverá como estender a eficácia da sentença para atingir outros lançamentos, ainda que promovidos em termos iguais ao enfrentado, pelo julgamento pretérito.

Além das sentenças sobre situações jurídicas continuativas, permite o art. 505, II, que o juiz decida novamente questões já resolvidas "nos demais casos prescritos em lei", *i.e.*, naqueles casos em que a própria lei abre oportunidade excepcional ao rejulgamento. Entre estes casos, podem ser arrolados a correção de inexatidões materiais ou erros de cálculo (art. 494, I), os embargos declaratórios (art. 494, II) o agravo (art. 1.018, § 1º), e algumas hipóteses de apelação (arts. 485, § 7º; 332, § 3º; 331, *caput*).

818. Limites temporais da coisa julgada

Costuma-se identificar o fenômeno da coisa julgada sobre relação jurídica continuativa com o chamado *limite temporal da coisa julgada*. Pretende-se, com isso, delimitar, no tempo, a eficácia da sentença dita determinativa, por consequência, também, a duração da coisa julgada. Na verdade, contudo, não é o efeito da sentença que é temporário, nem muito menos é a *res iudicata* que se extingue ao final de determinado momento. É o objeto do julgado que desaparece e, por isso, o comando sentencial deixa de atuar, não por ter extinguido sua força, mas por não ter mais sobre o que incidir. Entretanto, o acertamento feito, em face da situação fático-jurídica apurada no tempo da sentença, continuará imutável e indiscutível, para sempre. Se algum novo julgamento vier a acontecer entre as partes, já não será sobre o mesmo objeto, visto que a relação jurídica litigiosa estará envolvendo elementos novos que não foram apreciados na sentença anterior. Operará para o futuro, e não para o passado, este, sim, vinculado à coisa julgada.

---

352 STJ, 6ª T., REsp 1.239.006/RS, Rel. Min. Maria Thereza de Assis Moura, ac. 19.11.2012, *DJe* 26.11.2012; STJ, 6ª T., AgRg no REsp 1.267.699/ES, Rel. Min. Alderita Ramos de Oliveira, ac. 16.05.2013, *DJe* 28.05.2013; STJ, 5ª T., AgRg no REsp 1.221.394/RS, Rel. Min. Jorge Mussi, ac. 15.10.2013, *DJe* 24.10.2013. Em sentido contrário: STJ, 2ª T., REsp 1.429.976/CE, Rel. Min. Humberto Martins, ac. 18.02.2014, *DJe* 24.02.2014.

819. Extensão da coisa julgada ao terceiro adquirente do bem litigioso

A litigiosidade de um bem ou direito não o torna intransmissível ou inalienável, de maneira que é válido o negócio jurídico, oneroso ou gratuito, com que o litigante transmite a outrem o seu direito subjetivo material ao objeto litigioso. Essa alteração da situação jurídica material, porém, não afetará a legitimidade das partes primitivas do processo (art. 109), nem diminuirá a eficácia da sentença proferida entre elas, já que seus efeitos se estenderão, por força da lei, aos sucessores das partes, entre as quais foi prolatado o julgamento (art. 109, § 3º).

A alienação da coisa litigiosa (como tal considerado não só o bem corpóreo, mas também qualquer direito disputado em juízo) produz uma verdadeira substituição processual. Após o ato de disposição negocial, o alienante continua no processo como parte legítima, mas já então na defesa de direito material de outrem. Em se tratando, assim, de substituto processual, a coisa julgada se formará também perante aquele que foi processualmente substituído pela parte formal.

O fenômeno da coisa julgada material em face do terceiro adquirente é inegável quando tudo se passa de maneira clara: tanto o alienante como o adquirente praticam conscientemente negócio sobre o bem que sabem constituir objeto de disputa judicial. Há, todavia, casos em que o terceiro efetua a aquisição ignorando por completo a litigiosidade existente. O tratamento jurídico do caso não pode ser sempre o mesmo. Além da tutela do direito processual do litigante a executar *erga omnes* a sentença reipersecutória, há também a proteção da ordem jurídica em caráter geral à boa-fé, da qual decorre a estabilidade assegurada aos negócios consumados sob o clima de sua prevalência.

É para evitar o conflito entre essas duas situações igualmente protegidas pela ordem jurídica que a lei prevê o mecanismo do assentamento das ações reais ou reipersecutórias em registro público. Com isso, dá-se oportunidade ao terceiro que pretenda adquirir determinados bens, mormente aqueles cuja titularidade se constitua por transmissão solene, de contar com uma fonte oficial de informação. Se a litigiosidade estiver consignada no registro público competente, não haverá como o adquirente ignorá-la e, consequentemente, não haverá como invocar boa-fé para fugir aos efeitos do art. 109, § 3º, do CPC/2015. Na espécie, a coisa julgada operará plenamente em face do adquirente, sem possibilidade de arguir desconhecimento do processo em que o alienante litigava acerca da coisa negociada.

Se, porém, o litigante não cuidou de preservar a eficácia *erga omnes* da ação reipersecutória, lançando-a no registro público, restará ao terceiro adquirente defender-se contra a execução da sentença com a invocação de sua boa-fé. E se esta realmente for demonstrada, tudo se passará como se a aquisição não tivesse se referido a bem litigioso. Se o adquirente não tinha motivo para conhecer a litigiosidade, nem mesmo de suspeitá-la, haverá – conforme as circunstâncias de fato e de direito – possibilidade de fazer seu direito material subjetivo prevalecer sobre o que a sentença reconheceu ao litigante vitorioso.

Releva notar que o problema de incidirem ou não os efeitos da sentença sobre o adquirente do bem litigioso nem sempre se define pelo direito processual. Quando o direito material leva em conta a boa-fé como fator decisivo para dar efeito a determinada forma de aquisição, sua eficácia desvincula-se do direito da parte (titular do direito transmitido). Isto é, se o titular, fora do campo processual, não pode opor seu direito ao adquirente de boa-fé, também não poderá fazê-lo com apoio na sentença a ele pertinente. Na espécie, a eficácia da aquisição encontrará disciplina no direito material e não no processual. Nem se poderá, em tal conjuntura, cogitar de uma substituição processual, dado que o direito material independe da pretensão discutida no processo.

Para o direito processual a coisa julgada forma-se sempre para o alienante e o adquirente, em razão do mecanismo da substituição processual. Se, contudo, o negócio jurídico alienatório é daqueles em que o direito material admite a boa-fé, ou a falta de registro público, como capaz de operar eficazmente até contra o verdadeiro titular da situação jurídica substancial, configura-se para o terceiro adquirente um fenômeno do mundo do direito material relevante no qual não deve prevalecer regra de direito processual alguma, nem mesmo a da coisa julgada. É que então a parte que litiga sobre o bem não terá sido um substituto processual.

Carlos Alberto Alvaro de Oliveira escrevendo ainda sobre o regime do CPC de 1973, distingue, com precisão, as seguintes situações a respeito do novo titular da coisa litigiosa:[353]

> *(a)* quando a aquisição é feita pelo terceiro, mas o transmitente não foi a parte do processo (como na hipótese de sucessivas alienações), ou se deu de forma originária como na usucapião ou na ocupação e outras situações similares, não há lugar para aplicar o art. 109, § 3º, e, consequentemente, não ocorrerá coisa julgada contra o novo titular da coisa ou direito litigioso;
>
> *(b)* se a aquisição se deu diretamente da parte processual, mas de tal maneira que o direito material permitia ao adquirente defender sua posição a partir da boa-fé, a regra processual do art. 109, § 3º, somente será aplicada quando o terceiro houver efetuado a aquisição da coisa sabendo-a litigiosa;
>
> *(c)* se, finalmente, no plano material não há como o adquirente defender sua posição estribado na boa-fé, o art. 109, § 3º, incidirá, quer o terceiro soubesse quer não soubesse, da litigiosidade do bem que lhe foi transmitido pela parte do processo pendente.[354]

A posição do Superior Tribunal de Justiça, porém, tem sido no sentido de valorizar sobretudo a boa-fé do terceiro adquirente nos negócios onerosos. Dessa maneira, entre a norma que trata os limites subjetivos da coisa julgada (art. 506) e a que singelamente estende os efeitos sentenciais ao terceiro adquirente (art. 109, § 3º), o STJ valoriza a primeira.[355]

O Código de 2015 possui um regime de combate à fraude de execução, mais claro no que toca a alienação da coisa ou o direito litigioso, e que pode ser assim resumido:

> *(a)* para haver fraude e a alienação ser inoponível ao litigante prejudicado, no caso de ação fundada em direito real ou com pretensão reipersecutória, é necessário que a pendência do processo tenha sido averbada no registro público, quando se tratar de bem a ele sujeito (art. 792, I);
>
> *(b)* no caso de execução, é necessário que no registro do bem alienado conste a pendência do processo (art. 792, II);
>
> *(c)* quando se tratar de hipoteca judiciária ou de outro ato de constrição judicial (penhora, arresto, sequestro, depósito etc.), a fraude dependerá de averbação do gravame no registro do bem alienado (art. 792, III);
>
> *(d)* nos casos de bens litigiosos não sujeitos a registro, a fraude não será reconhecida se o terceiro adquirente provar que adotou as cautelas necessárias para aquisição, mediante a exibição das certidões pertinentes (negativas de ações), obtidas no domicílio do vendedor e no local onde se encontra o bem (art. 792, § 2º).

---

353 OLIVEIRA, Carlos Alberto Alvaro de. *Alienação da Coisa Litigiosa*. Rio de Janeiro: Forense, 1984, § 31, p. 231.

354 OLIVEIRA, Carlos Alberto Alvaro de. *Alienação da Coisa Litigiosa*. Rio de Janeiro: Forense, 1984, § 31, p. 233.

355 "O terceiro adquirente de imóvel, a título oneroso e de boa-fé, não é alcançável por decisão em processo de que não fora parte, ineficaz, quanto a este, a decisão" (STJ, 3ª T., REsp 158.097/RJ, Rel. Min. Waldemar Zveiter, ac. 01.12.1998, *DJU* 10.05.1999, p. 167). Nesse sentido: STJ, 4ª T., REsp 691.219/MS, Rel. Min. Aldir Passarinho Júnior, ac. 15.10.2009, *DJe* 16.11.2009.

A diferença mais acentuada na passagem do Código de 1973 para o atual, situa-se na proteção da boa-fé, que foi adotada de maneira mais ampla na lei nova. Assim, se o bem litigioso ou a ação que o vinculava eram passíveis de figurar em registro público, o terceiro só será alcançado pelo efeito do processo pendente, se a parte interessada houver promovido o competente registro. Faltando essa publicidade, o terceiro adquirente não terá o ônus de provar sua boa-fé para manter incólume sua aquisição. Somente quando se tratar de bem não sujeito a registro, é que incumbirá ao adquirente demonstrar sua boa-fé por meio de certidões negativas de ações contra o alienante, obtidas no domicílio deste e no local de situação do bem adquirido.

820. Execução forçada e coisa julgada

Reconhece-se que a coisa julgada é fenômeno típico do processo de conhecimento,[356] destinado a dar cunho de definitividade e indiscutibilidade ao elemento declaratório da sentença de mérito.

Como a execução forçada não contém nenhum acertamento jurisdicional sobre o direito do credor, seu resultado equipara-se ao simples adimplemento. É mero pagamento forçado. Somente quando se interpuserem embargos (ação de conhecimento, paralela à execução), é que haverá possibilidade de sentença de mérito e, consequentemente, de coisa julgada sobre o objeto da execução forçada.

Se a execução de título extrajudicial não embargada foi injusta, por inexistência do direito material do exequente, o que houve foi *pagamento indevido* e, por ausência de coisa julgada, ao devedor será lícito o manejo da ação de *repetição do indébito*, na forma do art. 876 do Código Civil.

Aliás o pagamento ao credor, na execução, é ato judicial que se realiza, independentemente de sentença; e, como dispõe o art. 966, § 4º, do CPC/2015, "os atos de disposição de direitos, praticados pelas partes ou por outros participantes do processo e homologados pelo juízo, bem como os atos homologatórios praticados no curso da execução, estão sujeitos à anulação nos termos da lei". Basta, pois, uma ação comum de repetição do indébito para reparar a injustiça feita ao devedor, no caso de execução fundada em título extrajudicial não embargada.

Nenhum dispositivo de lei ou princípio de direito abona a tese daqueles que pretendem ver nos resultados da execução não embargada uma estabilidade equivalente à da coisa julgada (na verdade, a estabilidade de uma simples execução de título extrajudicial seria maior do que a da *res iudicata*, porque esta admite ação rescisória, o que seria impossível no primeiro caso, dada a inexistência de sentença de mérito a desconstituir).

O tema do pagamento indevido, que inclui necessariamente o pagamento forçado obtido por meio da execução judicial, "integra-se no assunto mais geral do enriquecimento ilegítimo, no locupletamento injusto, sem causa, de que constitui hipótese particularmente frequente e de especial importância".[357]

Em virtude de um ato injusto como esse, "o *solvens* se empobrece; enriquece o *accipiens*; a conexidade laça o empobrecimento de um ato ao enriquecimento de outro, *e nenhum direito existe permitindo ao* accipiens *a conservação da riqueza obtida*".[358]

Não se trata de anular a execução, já que esta correu segundo os trâmites legais e se apoiou em legítimo título executivo, que por si só é causa bastante para a coação executiva contra o patrimônio do devedor. "No hay aquí ninguna nulidad a reparar", como adverte Couture. "El

---

356 NEVES, Celso. *Coisa Julgada Civil*. São Paulo: RT, 1971, p. 500-501.

357 NONATO, Orosimbo. *Curso de Obrigações*. Rio de Janeiro: Forense, 1959, v. II, p. 91.

358 FULGÊNCIO, Tito. *Programa, apud* NONATO, Orosimbo. *Curso de obrigações, segunda parte*. Rio de Janeiro: Forense, 1960, v. II, p. 89.

juicio ordinario será tan solo una acción apoyada en la pretensión legítima de repetición de pago de lo indebido".[359]

Perfeita, portanto, a lição de Liebman para quem, "concluída a execução com a entrega ao credor daquilo que lhe pertence, exclui-se definitivamente toda possibilidade de oposição (embargos). Tal não exclui, porém, que o devedor possa ainda alegar contra o credor a inexistência do crédito e, consequentemente, a ilegitimidade da execução realizada, sob condição, é claro, de que não se lhe hajam anteriormente rejeitado as alegações em seguida à oposição (embargos) por ele formulada antes. Semelhante ação, que nenhuma relação tem, mais, com o processo de execução, já encerrado, e não se dirige nem contra um ato executivo nem contra o título, destina-se à restituição das coisas subtraídas com a execução (arts. 2.083 do Código Civil e 571 do Código de Processo Civil), ou, pelo menos, se tal não é mais possível, ao pagamento de uma quantia equivalente a título de indenização".[360]

Finalmente, é de ressaltar-se que a ação de enriquecimento sem causa se restringe às relações do devedor com o credor e, por não anular a execução, que processualmente não apresentou nenhum vício, não pode, naturalmente, prejudicar terceiros que tenham adquirido direitos como os de arrematante ou de remidor, em razão de atos jurídicos perfeitos.

---

359 COUTURE, Eduardo J. *Fundamentos del Derecho Procesal Civil*. Buenos Aires: Depalma, 1974, n. 310, p. 475.

360 LIEBMAN, Enrico Tullio. *Embargos do Executado*. 2. ed. São Paulo: Saraiva, 1968, n. 140, p. 211.

Capítulo XXIX

TÍTULO JUDICIAL ILÍQUIDO

§ 103. LIQUIDAÇÃO DA SENTENÇA CONDENATÓRIA GENÉRICA

821. Sentença ilíquida

O processo de conhecimento está preparado para atingir um provimento jurisdicional que ponha fim à controvérsia instalada entre as partes. É a sentença que cumpre essa função, realizando o acertamento da situação litigiosa. Com sua publicação o juiz apresenta o provimento devido aos sujeitos da lide e não mais pode discuti-la ou modificá-la (CPC/2015, art. 494). Considera-se solucionado o mérito da causa (art. 487).

Eliminado o litígio com o acertamento da relação jurídica entre as partes, o direito reconhecido ao vencedor pode ser satisfeito voluntariamente pelo vencido, e não haverá mais ensejo para a atuação da Justiça. Mas, sem embargo do pronunciamento judicial, a pretensão do credor pode continuar insatisfeita. Surge, então, a necessidade de voltar perante os órgãos judiciários em busca de novas providências para que o direito proclamado na sentença seja tornado efetivo. Esta tarefa é a finalidade, o objeto da *execução forçada*, que outrora se promovia numa nova relação processual, independente e autônoma diante do processo de conhecimento, mas que, após a reforma do processo civil brasileiro, passou à categoria de simples incidente complementar da condenação.

As sentenças condenatórias, contudo, embora sejam as que tipicamente se destinam a ensejar a execução, nem sempre o fazem imediatamente. Se sempre declaram a certeza do crédito do vencedor, nem sempre são precisas quanto ao valor da dívida ou à individuação do objeto da prestação. Às vezes ficam apenas no campo da generalidade, sem descer à espécie do bem da vida a ser prestado.

Existem, nessa ordem de ideias, sentenças *líquidas* e sentenças *ilíquidas.*

822. Execução da sentença ilíquida

Ilíquida é a sentença que não fixa o valor da condenação ou não lhe individua o objeto. Essa condição é incompatível com a índole do processo executivo que pressupõe, sempre, a lastreá-lo um título representativo de obrigação *certa, líquida* e *exigível* (CPC/2015, art. 783).

Como é sabido, a atividade própria da execução forçada não é de índole contraditória, no que diz respeito à obrigação do executado. Não se presta a *acertamento* ou *definição*, mas apenas e tão somente à *realização* prática de uma situação jurídica, cuja certeza e legitimidade já se encontram demonstradas no *título executivo*. A cognição do juiz fica, destarte, limitada à comprovação de existência e perfeição do título *in limine litis.*

Como o juiz executivo não vai julgar, mas apenas realizar o conteúdo do título, é imprescindível que o conteúdo desse documento seja *líquido*, isto é, determinado especificamente quanto à *quantidade*, à *coisa*, ou ao *fato* devidos.

Daí a necessidade de recorrer o credor à prévia liquidação sempre que a sentença condene ao pagamento de quantia ilíquida (art. 509). É que, sem a identificação exata do bem devido pelo condenado, a sentença ainda não produziu a *exigibilidade* da prestação para o vencedor e, portanto, o título executivo, embora dotado de certeza, ainda se acha incompleto, por carecer de *liquidez*, requisito que lhe será agregado por nova decisão no procedimento liquidatório, que ainda tem a natureza de atividade de conhecimento.

Essa providência é típica do título executivo judicial. Quanto aos documentos extrajudiciais, faltando-lhes a determinação exata da soma devida, perdem a própria natureza executiva e só podem ser cobrados pelo processo de cognição.[1] Não há, portanto, liquidação de título executivo extrajudicial.[2]

Embora o normal seja a liquidação acontecer logo após a sentença, a medida pode também se dar incidentalmente no curso da execução, em casos como o da conversão em perdas e danos de obrigação de fazer ou de entrega de coisa (arts. 809, § 2º, e 816, parágrafo único).

823. Liquidação de sentença declaratória e de outros títulos judiciais

O título executivo judicial básico não é mais identificado com a sentença condenatória, mas sim com a decisão que reconheça "a exigibilidade de obrigação de pagar quantia, de fazer, de não fazer ou de entregar coisa" (CPC/2015, art. 515, I). Tanto faz, portanto, que a sentença seja condenatória, constitutiva ou declaratória. Se do seu conteúdo se extrair o reconhecimento judicial de uma obrigação a ser cumprida por uma das partes em relação à outra, configurado estará o título executivo judicial.

Como toda execução pressupõe certeza, liquidez e exigibilidade da obrigação (art. 783), a sentença declaratória, como qualquer das outras previstas no art. 515, somente terá força executiva quando contiver todos os elementos da relação jurídica obrigacional, ou seja, quando identificar partes, natureza e objeto da obrigação, tempo e demais condições para o seu cumprimento. Portanto, sentença que simplesmente declara a inexistência de uma relação jurídica ou a existência genérica de um dever jurídico, não pode ser qualificada como título executivo.

Quid juris se a sentença declaratória (ou a homologatória de um acordo) contiver todos os elementos da obrigação, mas não lhe fixar o valor devido? Admitir-se-á, sem dúvida, sua submissão ao procedimento de liquidação regulado nos arts. 509 a 512. É importante registrar que, coerentemente com a nova sistematização legal dos títulos executivos judiciais (art. 515), a disciplina da liquidação não se restringe às sentenças condenatórias genéricas. Por certo, o art. 509 dispõe que, "quando a sentença condenar ao pagamento de quantia ilíquida, proceder-se-á a sua liquidação, a requerimento do credor ou devedor". Mas é certo que o art. 515, I, conceitua o título executivo judicial sem levar em conta a natureza da sentença, também o procedimento liquidatório deve ser visto como traçado para ser aplicado a qualquer sentença – e não apenas à condenatória – que acerte a existência de uma obrigação sem determinar o respectivo valor.[3]

---

1 REIS, José Alberto dos. *Processo de Execução*. Coimbra: Coimbra Ed., 1943, v. I, n. 54, p. 177.

2 Aqueles que advogam a possibilidade de liquidação de título extrajudicial, o fazem encaminhando o caso para uma ação autônoma, que culminaria, na verdade, numa sentença condenatória (ARAÚJO, Luciano Vianna. A ação de liquidação de título executivo extrajudicial. *Revista de Processo*, São Paulo, n. 229, 2014, p. 225). Ao contrário da sentença genérica, a certeza da obrigação retratada no título extrajudicial não estaria imune à controvérsia e ao julgamento de mérito na pretensão "ação de liquidação". Logo, tudo não passaria de mera ação ordinária de cobrança em que, o título executivo líquido e certo gerado seria, em verdade, a sentença e, não, aquele extrajudicial que apenas funcionou como fundamento da ação cognitiva.

3 "Caso a sentença declaratória contenha todos os elementos da obrigação, mas não faça referência ao valor devido, admitir-se-á a liquidação de tal sentença, tal como ocorre com a liquidação de sentença condenatória" (MEDINA, José Miguel Garcia. A sentença declaratória como título executivo. *Revista de Processo*, v. 136, p. 77, jun. 2006).

824. Casos de iliquidez da sentença

A *iliquidez* da condenação pode dizer respeito à quantidade, à coisa, ou ao fato devidos.

Nas dívidas de dinheiro, dá-se a iliquidez da sentença, em relação ao *quantum debeatur* quando:

(a) condena ao pagamento de perdas e danos, sem fixar o respectivo valor;
(b) condena em juros, genericamente;
(c) condena à restituição de frutos, naturais ou civis;
(d) condena o devedor a restituir o equivalente da coisa devida;
(e) em lugar do fato devido, e a que foi condenado o devedor, o credor prefere executar o valor correspondente, ainda não determinado.[4]

Em relação à *coisa devida*, a sentença é ilíquida quando condena: *(i)* à restituição de uma universalidade de fato, como por exemplo na petição de herança; *(ii)* em obrigação alternativa.[5]

Considera-se, finalmente, ilíquida a sentença, com relação ao *fato devido*, quando condena o vencido a obras e serviços não individualizados, tais como reparação de tapumes, medidas para evitar ruína, poluição ou perigo de dano a bens de outrem etc.

Embora vários sejam os casos de iliquidez de sentença, o procedimento liquidatório especial regulado pelos arts. 509 a 512 do CPC/2015 cuida apenas das sentenças genéricas proferidas sobre obrigações de prestação em dinheiro, ou substituídas por prestação dessa espécie.

A iliquidez pode ocorrer no julgamento de qualquer modalidade de ação ou procedimento. Todavia, no procedimento sumário *ratione materiae*, previsto no art. 275, II, do CPC de 1973 e mantido temporariamente pelo art. 1.046, § 1º, do CPC/2015, a condenação pecuniária não pode ser ilíquida. Compete ao juiz, em tais causas, proferir sempre condenação de valor determinado, valor que será definido segundo a prova disponível, ou o mesmo sendo imprecisa dita prova, caberá ao sentenciante fixá-lo "a seu prudente critério" (art. 475-A, § 3º, do CPC/1973).

Também nas ações de competência do Juizado Especial Civil, o art. 38, parágrafo único, da Lei 9.099/1995 não admite sentença condenatória por quantia ilíquida, ainda que genérico o pedido.

825. Natureza jurídica da liquidação da sentença

O procedimento de liquidação da sentença genérica já foi tratado, no direito antigo, como uma nova ação de conhecimento, cujo exercício, depois do encerramento do processo de conhecimento, teria a função de gerar uma nova sentença, agora com o objetivo específico de definir o *quantum* da obrigação anteriormente certificada apenas no tocante à respectiva existência.

O CPC atual, entretanto, manteve o regime, criado pela Lei 11.232/2005, que eliminou a exigência de uma ação autônoma (*actio iudicati*) para se promover o cumprimento forçado das condenações judiciais. Um simples *incidente processual*, no bojo dos autos da própria ação de conhecimento, passou a ser o suficiente para pôr em prática o comando do julgado, quando não cumprido voluntariamente pelo devedor.

Se a atividade executiva (principal) passou à categoria de incidente, não há razão para ser diferente o regime da liquidação de sentença, simples meio de preparar o ingresso na fase dedicada à satisfação da obrigação contemplada no título judicial.

---

4 LOPES DA COSTA, Alfredo Araújo. *Direito Processual Civil Brasileiro*. Rio de Janeiro: Forense, 1959, v. IV, n. 73, p. 71; CASTRO, Amílcar de. *Comentários ao Código de Processo Civil*. 2. ed. Rio de Janeiro: Forense, 1963, v. X, t. I, n. 127, p. 130.

5 LOPES DA COSTA, Alfredo Araújo. *Direito Processual Civil Brasileiro*. Rio de Janeiro: Forense, 1959, v. IV, p. 72.

Assim como os próprios atos de cumprimento da sentença deixaram de ser objeto de ação separada (*actio iudicati*), também os atos de liquidação passaram à condição de simples incidente complementar da sentença condenatória genérica.

Não há mais uma nova sentença de mérito. A definição do *quantum debeatur* transmudou-se em simples decisão interlocutória de caráter complementar e com função integrativa. Tal como se fora um embargo de declaração, o decisório de liquidação simplesmente agrega o elemento faltante à sentença, *i.e.*, o *quantum* a ser pago em função do débito já reconhecido no julgado ilíquido.

Isto não quer dizer que o julgamento do incidente não decida sobre o mérito da causa. Embora sob a forma de decisão interlocutória (CPC/2015, art. 1.015, parágrafo único), o tema enfrentado integra questão genuinamente de mérito, por versar sobre um dos elementos da lide. Não deixará, portanto, de produzir a coisa julgada material. Aliás, o Código atual desatrelou o conceito de coisa julgada material da sentença, reconhecendo-a, genericamente, a qualquer decisão de mérito não mais sujeita a recurso (art. 502).

Não ofende a coisa julgada a liquidação que, por meio de compensações, chegue a um saldo igual a zero ou negativo em desfavor daquele que tenha sido beneficiado com a sentença de procedência da pretensão condenatória. Ser reconhecido como credor de certa obrigação não exclui a possibilidade de compensação, mormente quando tal tenha sido previsto na sentença. Se o julgado é ilíquido, a apuração definitiva dos créditos de cada parte dependerá do procedimento liquidatório, cujo resultado era imprevisível ao tempo do julgamento do processo de conhecimento. O que se acertou na fase cognitiva foi apenas a existência do *an debeatur*, de sorte que o *quantum debeatur* somente passaria por acertamento por meio da liquidação da sentença. Nessa altura, é que será definido o crédito de cada um dos litigantes e apurado o saldo credor, que tanto poderá ser igual a zero (se os créditos recíprocos se igualarem) como poderá se revelar favorável ao autor ou ao réu.[6]

Outra situação interessante ocorre quando a sentença define a obrigatoriedade de indenização de determinado dano, "mas nenhuma das partes está em condições de demonstrar a existência e extensão desse dano", caso em que "não é possível ao juízo promover a liquidação da sentença valendo-se, de maneira arbitrária, de meras estimativas". A orientação do STJ é no sentido de que "impossibilitada a demonstração do dano sem culpa de parte a parte, deve-se, por analogia, aplicar a norma do art. 915 do CPC/1939, extinguindo-se a liquidação sem resolução de mérito quanto ao dano cuja extensão não foi comprovada". Assim, facultar-se-á à parte interessada "o reinício dessa fase processual, caso reúna, no futuro, as provas cuja inexistência se constatou".[7]

826. A liquidação e os honorários advocatícios

Antes da Lei 11.232/2005, à época do CPC/1973, havia na jurisprudência controvérsia acerca da aplicação de nova verba honorária no procedimento de liquidação da sentença genérica. Na liquidação por arbitramento, o STJ entendia que não era o caso de honorários advocatícios, porquanto a disputa se limitava ao quantitativo da condenação e não à sua qualidade.[8] Na liquidação por artigos (hoje denominada liquidação pelo procedimento comum), chegou-se

6 Chegar na liquidação à conclusão de que *o quantum debeatur* é zero, "de forma alguma, significa inobservância da coisa julgada". Ou seja, a situação, "ainda que não desejada, tem o condão de adequar à realidade uma sentença condenatória que, por ocasião de sua liquidação, mostra-se vazia, porquanto não demonstrada sua quantificação mínima e, por conseguinte, sua própria existência" (STJ, 3ª T., REsp 1.011.733/MG, Rel. Min. Massami Uyeda, ac. 1º.09.2011, *DJe* 26.10.2011).

7 STJ, 3ª T., REsp 1.280.949/SP, Rel. Min. Nancy Andrighi, ac. 25.09.2012, *DJe* 03.10.2012.

8 STJ, 4ª T., REsp 276.010/SP, Rel. Min. Sálvio de Figueiredo Teixeira, ac. 24.10.2000, *RSTJ* 142/387; STJ, 3ª T., REsp 39.371/RS, Rel. Min. Nilson Naves, ac. 08.08.1994, *DJU* 24.10.1994, p. 28.753.

a decidir que o cunho de maior contenciosidade permitia a imposição de novos honorários à parte sucumbente.[9] Havia, contudo, decisões em sentido contrário.[10]

Tendo a liquidação perdido o caráter de um novo e separado procedimento para se tornar um simples incidente do procedimento ordinário, tanto que o art. 1.015, parágrafo único, do CPC/2015, prevê a interposição do agravo de instrumento contra as decisões proferidas na fase de liquidação de sentença, passamos a entender que não haveria mais razão para se pretender aplicar a verba sucumbencial advocatícia, na espécie. Com efeito, no processo de conhecimento a condenação em honorários ocorre na sentença (CPC/2015, art. 85) e na reconvenção, no cumprimento de sentença, provisório ou definitivo, na execução resistida ou não, e nos recursos interpostos (CPC/2015, art. 85, § 1º). Os incidentes e recursos desse tipo de processo, julgados por decisão interlocutória, não dariam lugar à aplicação de tal sanção.[11] Daí a conclusão de que, no atual sistema da liquidação embutida no processo condenatório, não se poderia aplicar a verba de honorários advocatícios prevista no art. 85 do CPC/2015.

Força é notar que a orientação adotada pelo Superior Tribunal de Justiça, no tocante ao incidente de cumprimento da sentença, tomou rumo diferente daquele que havíamos preconizado (ver o item 842 neste volume e item 19 do volume III do nosso Curso). Sem embargo de reconhecer que a execução de sentença não configura mais ação e que não passa de mero incidente processual, a jurisprudência mantém sua sujeição à nova verba sucumbencial advocatícia, aplicando-lhe, portanto, a regra do art. 85, § 1º, do CPC/2015. Se assim é para o cumprimento e a impugnação, no caso de sentença líquida, assim também haverá de sê-lo para o caso do incidente de liquidação da sentença genérica.

Conservar-se-ia, de tal sorte, o antigo posicionamento do STJ, segundo o qual na liquidação por arbitramento, como mero acertamento de valores, não haveria em regra sucumbência e, portanto, seria descabida a imposição de honorários de advogado. Já na liquidação pelo procedimento comum, em que por regra se registra contenciosidade, poder-se-ia divisar parte vencida e parte vencedora, justificando a aplicação do encargo advocatício.[12] O STJ, todavia, na aplicação do CPC/2015, tem aprimorado seu entendimento: em regra, não há imposição da verba advocatícia sucumbencial no julgamento do incidente de liquidação de sentença, seja pelo procedimento comum, seja por arbitramento. Apenas excepcionalmente se procederá à fixação de tais honorários, quando concretamente se estabelecer, nessa fase do processo, uma real disputa entre as partes capaz de prolongar a atuação contenciosa, patrocinada pelos advogados dos litigantes.[13] Não basta que a liquidação tenha observado o procedimento comum potencial-

---

[9] STJ, 3ª T., REsp 7.489/SP, Rel. Min. Dias Trindade, ac. 20.03.1991, *DJU* 22.04.1991, p. 4.787; STJ, Corte Especial, EREsp 179.355/SP, Rel. Min. Barros Monteiro, ac. 17.10.2001, *RSTJ* 164/34.

[10] STJ, 3ª T., REsp 29.151/RJ, Rel. Min. Nilson Naves, ac. 20.09.1994, *RSTJ* 76/162.

[11] STF, 1ª T., RE 97.031/RJ, Rel. Min. Alfredo Buzaid, ac. 05.11.1982, *RTJ* 105/388; STJ, 4ª T., REsp 40.879/SP, Rel. Min. Fontes de Alencar, ac. 05.04.1994, *RSTJ* 63/405; STJ, 1ª T., REsp 3.925/SE, Rel. Min. Armando Rolemberg, ac. 20.08.1990, *RSTJ* 13/419; STJ, 1ª T., REsp 1.016.068/PR, Rel. Min. Francisco Falcão, ac. 17.04.2008, *DJe* 15.05.2008.

[12] STJ, Corte Especial, EREsp 179.355/SP, Rel. Min. Barros Monteiro, *DJU* 11.03.2002. Até mesmo nas liquidações por arbitramento tem-se imposto a verba advocatícia quando o procedimento assumir "nítido caráter contencioso" (STJ, 3ª T., AgRg no Ag 1.324.453/ES, Rel. Min. Nancy Andrighi, ac. 14.12.2010, *DJe* 02.02.2011). No mesmo sentido: STJ, 4ª T., AgRg no REsp 1.195.446/PR, Rel. Min. Aldir Passarinho Junior, ac. 08.02.2011, *DJe* 24.02.2011; STJ, 3ª T., AgRg no AREsp 530748/SP, Rel. Min. Marco Aurélio Bellizze, ac. 21.10.2014, *DJe* 29.10.2014.

[13] "Verifica-se que o entendimento adotado pelo acórdão recorrido encontra-se de acordo com a atual jurisprudência do Superior Tribunal de Justiça, que define que a fixação de honorários sucumbenciais na fase de liquidação de sentença não é a regra, mas sim uma exceção, a ser verificada quando, nessa fase, estiver configurada uma litigiosidade entre as partes capaz de prolongar a atuação contenciosa dos patronos das partes. Precedentes" (STJ, 1ª T., AgInt nos EDcl no REsp 1.919.219/RJ, Rel. Min. Benedito

mente contencioso. É necessário que, no caso concreto, tenha se verificado uma litigiosidade evidente, manifesta, que vá além dos simples atos de quantificação do *quantum debeatur*, pois somente assim haverá justificação para se aplicar os honorários de sucumbência ao litigante vencido na excepcional controvérsia instalada no incidente liquidatório.[14]

Deve-se atentar, outrossim, para a circunstância de que os honorários da liquidação nem sempre serão fixados em favor do advogado credor, haja vista que, mesmo sendo vencedor na fase encerrada pela sentença ilíquida, ele pode se tornar vencido na disputa travada na fase de liquidação.[15]

De qualquer modo, para se cogitar de sucumbência, seja para o fim de honorários de advogado, seja para justificar a remessa necessária (nos casos de participação da Fazenda Pública), é indispensável que a liquidação tenha sido impugnada, pois somente na solução de pontos controvertidos (*i.e.*, de *questões)* é possível divisar vencidos e vencedores. Logo, se o incidente complementar da condenação ilíquida transcorre livre de qualquer resistência ou questionamento, de parte a parte, inexistirá justificativa para outra verba honorária, a par daquela constante na sentença.

827. Limites da liquidação

A decisão de liquidação é um simples complemento da sentença de condenação.[16] O procedimento preparatório da liquidação não pode ser utilizado como meio de ataque à sentença liquidanda, que há de permanecer intacta. Sua função é apenas a de gerar uma decisão declaratória do *quantum debeatur* que, na espécie, já se contém na sentença genérica, e que é proferida em complementação desta.[17] Por isso, o Código é taxativo ao dispor que "na liquidação é vedado discutir de novo a lide ou modificar a sentença que a julgou" (CPC/2015, art. 509, § 4º).

Não se deve nunca perder de vista o conceito que o Código faz da sentença, considerando-a solenemente como portadora da "força de lei nos limites da questão principal expressamente decidida" (art. 503, *caput*) e tornando-a imutável e indiscutível após o trânsito em julgado (art. 502).

A restrição do art. 509, § 4º, todavia, não atinge os juros, nas dívidas de dinheiro ou que se reduzem a dinheiro, porque nas condenações a elas referentes considera-se implicitamente contida a verba acessória dos juros, nos termos do art. 322, § 1º. Dessa forma, "incluem-se os juros moratórios, na liquidação, embora omisso o pedido inicial ou a condenação" (STF, *Súmula* 254).[18] O mesmo é de observar-se com a correção monetária, prevista no art. 389 do Código Civil, que é um complemento legal ou necessário de qualquer sentença condenatória e que, por isso mesmo, independe de pedido do autor ou de declaração expressa da sentença.

Gonçalves, ac. 20.03.2023, *DJe* 13.04.2023). No mesmo sentido: STJ, 3ª T., AgInt no AREsp 2.331.035/DF, Rel. Min. Marco Aurélio Bellizze, ac. 30.10.2023, *DJe* 03.11.2023.

14 STJ, 2ª T., AgInt nos EDcl no AREsp 2.124.832/SP, Rel. Min. Herman Benjamin, ac. 29.05.2023, *DJe* 26.06.2023; STJ, 4ª T., AgInt no REsp 2.016.278/SP, Rel. Min. Raul Araújo, ac. 13.02.2023, *DJe* 28.02.2023.

15 CUNHA, Leonardo Caneiro da; TERCEIRO NETO, João Otávio. Honorários sucumbenciais na liquidação de sentença. *Revista de Processo,* São Paulo, v. 363, maio 2025, p. 452.

16 LOPES DA COSTA, Alfredo Araújo. *Direito Processual Civil Brasileiro*. 2. ed. Rio de Janeiro: Forense, n. 75, p. 73.

17 AMARAL SANTOS, Moacyr. *Primeiras linhas do Direito Processual Civil.* 4. ed. São Paulo: Max Limonad, 1973, v. III, n. 827, p. 262.

18 Quando se trata, porém, de *juros sobre capital próprio*, regulados pela legislação especial das sociedades anônimas, o STJ, em regime de recursos repetitivos (CPC, art. 543-C – CPC/2015, art. 1.036) fixou o seguinte entendimento: "admite-se a condenação ao pagamento de dividendos e juros sobre capital próprio independentemente de pedido expresso"; mas, descabe incluir tais juros no cumprimento da sentença, sem que esta os tenha previsto. (STJ, 2ª Seção, REsp 1.373.438/RS, Rel. Min. Paulo de Tarso Sanseverino, ac. 11.06.2014, *DJe* 17.06.2014).

Tratando-se de obrigação legal, a verba de honorários advocatícios sucumbenciais, quando omitida na sentença, poderia ser apurada na liquidação, tal como a dos juros. Entretanto, a jurisprudência consolidada do STJ é no sentido de que "os honorários sucumbenciais, quando omitidos em decisão transitada em julgado, não podem ser cobrados em execução ou em ação própria" (Súmula 453/STJ).

Embora o Código de 2015 não tenha acolhido integralmente o entendimento do STJ, pois admite o ajuizamento de ação autônoma na hipótese, parece que também não permitiu, pelo menos expressamente, a cobrança dos honorários omitidos em execução, uma vez que dispôs, expressamente, no art. 85, § 18, que "caso a decisão transitada em julgado seja omissa quanto ao direito aos honorários ou ao seu valor, *é cabível ação autônoma* para sua definição e cobrança". Assim, ao que tudo indica, se a parte não interpuser embargos declaratórios para suprir a lacuna, antes da formação da coisa julgada, não poderá pleitear a inclusão dos honorários na ulterior liquidação de sentença.

No entanto, se o art. 322, § 1º, do CPC atual considera as verbas sucumbenciais, assim como os juros legais e a correção monetária, como incluídos automaticamente no pedido, por que apenas os juros e a correção poderiam ser incluídos na liquidação, quando omissa a sentença liquidante? O que justificaria o tratamento diferenciado da verba advocatícia, se tanto como os juros e a correção monetária figuram os honorários sucumbenciais na mesma qualificação de complementos da condenação, tanto no nível material (CC, art. 395, *caput*) como no processual (CPC, art. 322, § 1º)? Se, nessas condições, a inclusão dos juros legais na liquidação não ofende a coisa julgada, por que o mesmo tratamento se aplicado aos honorários sucumbenciais encontraria obstáculo na *res iudicata*?

O fato de o § 18 do art. 85 do CPC prever a possibilidade de ação autônoma para a definição e cobrança dos honorários advocatícios omitidos na decisão transitada em julgado não tem o sentido (nem mesmo literal) de que a medida somente possa ser veiculada por aquela via processual. Essa previsão é de adequação da ação alvitrada, mas não de vedação de outros remédios procedimentais igualmente idôneos para viabilizar o acertamento e a execução dos acessórios sucumbenciais da condenação judicial.

Em conclusão: a interpretação funcional e sistemática do disposto no § 18 do art. 85 do CPC conduz ao entendimento de que os honorários sucumbenciais, tais como os juros legais e a correção monetária, podem ser calculados e impostos por meio tanto de ação autônoma como através da liquidação de sentença omissa.

Os limites da coisa julgada, nesse caso, somente serão desrespeitados quando a sentença liquidanda houver negado o cabimento da verba honorária, nunca quando apenas ocorrer omissão acerca de sua inclusão nos consectários da sucumbência. São as questões decididas, e não as omitidas, que definem os limites objetivos da coisa julgada (CPC, art. 503). Se a sentença não enfrentou a questão dos honorários, obviamente inexiste coisa julgada a seu respeito.

Observe-se que a coisa julgada que não pode ser rediscutida na liquidação é a *coisa julgada material*, que se estabelece sobre o mérito da dívida (*quantum debeatur*), e não sobre a forma de apurá-lo. Se não houver prejuízo para a parte, e, principalmente, se o procedimento observado tiver se desenvolvido sob adequado contraditório, não haverá razão jurídica para questionar a liquidação levada a efeito por meio diferente daquele previsto na sentença condenatória. Nesse sentido é a jurisprudência sumulada do STJ: "a liquidação por forma diversa da estabelecida na sentença não ofende a coisa julgada" (Súmula n. 344/STJ).

Inadmissível, mais ainda, será impugnar o cumprimento da sentença, a pretexto apenas de diversidade do procedimento liquidatório, se o resultado deste tiver sido aprovado por decisão já transitada em julgado. Ao cumprimento da sentença só se opõem defesas fundadas em fatos posteriores à *res iudicata* (CPC, art. 525, § 1º).

828. Contraditório

O devedor é sempre ouvido na liquidação, que segue a forma de um contraditório perfeito. Poderá defender-se, combatendo excessos do credor e irregularidades na apuração do *quantum debeatur*. Tal defesa não se confunde com os embargos à execução e, por isso mesmo, pode ser produzida independentemente de penhora.

Aliás, é bom lembrar que a impugnação oposta ao cumprimento da sentença, após a sua liquidação, não pode reabrir discussão sobre as questões solucionadas na decisão liquidatória. Sobre seu conteúdo incide a *res iudicata*, de maneira que à impugnação do devedor só resta a matéria do art. 525, § 1º, do CPC/2015.

829. Liquidez parcial da sentença

Pode ocorrer que uma só sentença condene o vencido a uma parcela líquida e outra ilíquida, como é comum acontecer nas reparações do dano provocado em colisão de automóveis, em que quase sempre se determina o ressarcimento do valor exato das despesas de oficina e mais os prejuízos da paralisação do automóvel a serem estimados em liquidação do julgado. Em tais hipóteses, é direito do credor, desde logo, executar a parte líquida da sentença. Poderá, também, facultativamente, propor em paralelo a liquidação da parte ilíquida.

São, no entanto, dois procedimentos distintos e de objetos totalmente diversos, que poderão, em suas marchas processuais, inclusive dar ensejo a provimentos e recursos diferentes e inconciliáveis. Deverão, por isso, correr em autos apartados: a execução nos autos principais e a liquidação em autos apartados formados com cópias das peças processuais pertinentes (CPC/2015, art. 509, § 1º).[19]

Observe-se, porém, que o ajuizamento simultâneo é uma faculdade apenas do credor, que, por isso, poderá preferir liquidar primeiro a parte ilíquida e depois ajuizar a execução, de uma só vez, sobre toda a condenação. Ao devedor, no entanto, será permitido, a qualquer tempo, depositar o correspondente à parte líquida, para evitar o acréscimo dos consectários da mora.

830. Liquidação por iniciativa do vencido

O devedor tem não apenas o dever de cumprir a condenação, mas também o direito de se liberar da obrigação. Assim, o Código de 1973 reconhecia legitimidade tanto ao vencedor como ao vencido para promover a execução da sentença (art. 570), embora fosse tecnicamente impróprio falar-se em execução pelo devedor.

A Lei 11.232 revogou o art. 570 de referida lei, porque na nova sistemática de cumprimento da sentença não há mais ação de execução do título judicial. Se não há ação do credor para exigir do devedor o cumprimento da prestação devida, também não pode existir ação consignatória do devedor para forçar aquele a receber o pagamento ordenado pela sentença. Tudo se resolve sumariamente em incidentes complementares à sentença.

Sendo a liquidação um processo preparatório da execução, e também um meio de propiciar ao devedor a solução de sua obrigação, e se o credor permanece inerte após a sentença condenatória, não se pode recusar ao devedor a faculdade de tomar a iniciativa de propor a liquidação, assumindo posição ativa no procedimento. Por esse motivo, o CPC/2015 foi expresso em autorizar a liquidação pelo devedor: "quando a sentença condenar ao pagamento de quantia ilíquida, proceder-se-á a sua liquidação, *a requerimento do credor ou do devedor*" (art. 509, *caput*).

---

19 LIMA, Alcides de Mendonça. *Comentários ao Código de Processo Civil*. Rio de Janeiro: Forense, 1974, v. VI, t. II, n. 920, p. 413.

831. Recursos

Com a simplificação do procedimento de cumprimento da sentença, o decisório que julga o incidente de liquidação, em qualquer de suas formas (arbitramento ou procedimento comum), passou a configurar *decisão interlocutória*, cuja impugnação recursal haverá de ser feita por agravo de instrumento (CPC/2015, art. 1.015, parágrafo único). Tal recurso é desprovido de efeito suspensivo (art. 995), de sorte a não impedir os atos subsequentes de cumprimento da sentença liquidada.

Não só da decisão final do incidente de liquidação, mas também das questões resolvidas incidentalmente no curso da liquidação, caberá o agravo de instrumento (art. 1.015, parágrafo único).[20]

Nos atos preparatórios da execução de títulos extrajudiciais não há lugar para o procedimento específico de liquidação disciplinado pelos arts. 509 a 512. É comum, no entanto, discussão e deliberação acerca dos cálculos de atualização do valor executado com fundamento em títulos extrajudiciais. O caso, também, é de decisão interlocutória atacável por agravo de instrumento, se a controvérsia não se travar no bojo dos embargos do devedor.[21] Somente nesta última hipótese é que se há de admitir apelação.

Também não tem sentido a exigência de um procedimento liquidatório sujeito à sentença de mérito e duplo grau de jurisdição, quando o título judicial contém condenação de valor certo sujeito apenas a juros e correção monetária, por índices certos ou oficiais. Ditos acessórios que variam dia a dia não retiram da condenação o caráter de liquidez. Devem, por isso, ser apurados no curso do processo, no momento da satisfação efetiva do direito do credor, por simples cálculo aritmético. Tal como se passa em relação ao título executivo extrajudicial, devem ser tratados e solucionados, quando houver alguma controvérsia a seu respeito, em simples decisões interlocutórias, sem procrastinação dos atos executivos normais. Exigir o julgamento de cálculos desse tipo por sentença antes do início da execução é um formalismo inútil e sem qualquer sentido prático, pois, ao efetuar-se a citação executiva, o cálculo prévio do *quantum debeatur* já estará inevitavelmente defasado.

Cumpre, todavia, advertir que nem sempre o julgamento da liquidação se dá por decisão interlocutória. Se o juiz, por exemplo, reconhece que a condenação não abrange a verba que o requerente pretende liquidar, ou que a compensação das parcelas ativas e passivas leva ao saldo zero, a decisão porá fim ao processo, já que não haverá prosseguimento de seu curso para a fase seguinte, isto é, a de execução. Portanto, o julgado será uma sentença (art. 203, § 1º) e não uma decisão interlocutória, desafiando, por isso mesmo, o recurso de apelação (art. 1.009).

O agravo de instrumento está previsto, pelo art. 1.015, parágrafo único, para as *decisões interlocutórias* proferidas no cumprimento e na liquidação de sentença. Se o decisório, a seu respeito, assume a qualidade de *sentença*, a impugnação recursal haverá de ser feita por meio da apelação.[22] Se, de outro lado, a decisão liquidatória não encerrou a execução, possuirá, na ótica do STJ, "nítida natureza de interlocutória", mostrando-se agravável nos moldes do art. 475-H do CPC/1973, vigente ao tempo do recurso.[23] Em tal hipótese, aquela Alta Corte considera *erro grosseiro* a interposição de apelação no lugar do agravo de instrumento.[24] Da mesma forma, também qualifica como erro grosseiro o manejo do agravo em vez de apelação, quando

---

20 "O recurso cabível contra a decisão que julga a liquidação de sentença é o agravo de instrumento" (Enunciado 145/CEJ da II Jornada de Direito Processual Civil).

21 STJ, Emb. Div. em REsp 16.541-0/SP, Rel. Min. Costa Leite, ac. 12.11.1992, *RSTJ* 42/385. No mesmo sentido: STJ, 1ª T., AgInt no AREsp 1.452.516/PB, Rel. Min. Benedito Gonçalves, ac. 10.02.2020, *DJe* 12.02.2020.

22 STJ, 3ª T., REsp 1.127.488/RJ, Rel. p/ ac. Min. Paulo de Tarso Sanseverino, ac. 18.11.2014, *DJe* 02.03.2015.

23 STJ, 2ª T., AgInt no REsp 1.623.870/PB, Rel. Min. Mauro Campbell Marques, ac. 07.03.2017, *DJe* 13.03.2017.

24 STJ, 4ª T., EDcl no AgRg no REsp 1.044.447/SP, Rel. Min. Raul Araújo, ac. 01.12.2016, *DJe* 14.12.2016.

o julgamento da liquidação importa extinção da execução cabível[25]. Em ambas as situações, recusou-se cabimento à fungibilidade recursal.

Na interpretação do CPC/2015, Didier Júnior e Cunha entendem que a liquidação é uma nova fase de conhecimento e que, como tal, seu encerramento sempre acontecerá por meio de sentença, recorrível, portanto, por apelação[26]. Pensamos, no entanto, que o regime procedimental da liquidação é o mesmo do cumprimento da sentença. A sentença ilíquida, como qualquer sentença, encerra a fase ordinária de conhecimento dentro do procedimento comum, no sistema do CPC/2015. Em seguida, o processo unitário prossegue na fase de execução (se a condenação for líquida), ou na fase complementar de liquidação (se ilíquida). Nos dois casos o recurso das fases subsequentes, será o agravo de instrumento, se o decisório não puser fim ao processo (art. 1.015, parágrafo único). Todavia, se a decisão da impugnação ao cumprimento da sentença puser fim à execução, ou a da liquidação determinar a extinção do processo, impedindo a execução, em ambos os casos, a hipótese é de sentença, já que não haverá continuidade da relação processual. A decisão, por isso mesmo, não terá a qualidade de interlocutória, será final, portanto, sentença nos moldes do art. 203, § 1º, do CPC/2015, conforme entendia o STJ, ao tempo do CPC/1973 e continua a entender. Mesmo no caso em que a liquidação se processa segundo o procedimento comum (art. 509, II), não desaparece o seu caráter de incidente do processo em curso, de sorte que não se altera, só por isso, a natureza do respectivo decisório e do recurso normalmente cabível.

Em suma, a decisão da liquidação ou da impugnação ao cumprimento da sentença tanto poderá configurar decisão interlocutória, como sentença, dependendo de sua força para extinguir o processo, ou para fazê-lo prosseguir na atividade executiva.

832. Liquidação frustrada

Quando o promovente não fornece os elementos necessários à apuração do *quantum debeatur*, ou quando promove a liquidação por meio inadequado (arbitramento em lugar do procedimento comum, por exemplo), o processo fica frustrado, por não alcançar o seu objetivo, que é a definição precisa do objeto da condenação.

In casu, não corre improcedência do pedido, mas sim extinção do processo sem julgamento do mérito, que será reconhecida por sentença. Esse julgamento acarretará o ônus das custas para o credor, mas não impedirá que ele proponha nova liquidação,[27] porque não haverá coisa julgada material.

Esta, também, será a solução quando, tentada a liquidação pelo procedimento comum, não se conseguir a prova dos fatos necessários para a definição do *quantum debeatur*. Extinguir-se-á o processo liquidatório e, à falta de outros meios, proceder-se-á à sua reabertura sob a forma de *liquidação por arbitramento*, para não se transformar em inexequível a sentença condenatória genérica que já apurou e declarou a existência da obrigação do vencido. Ao devedor, porém,

---

25 STJ, 4ª T., AgRg no AREsp 434.031/RS, Rel. Min. Maria Isabel Gallotti, ac. 25.03.2014, *DJe* 01.04.2014.

26 DIDIER JR., Fredie; CUNHA, Leonardo Carneiro da. *Curso de direito processual civil*. v. 3, 13. ed. Salvador: JusPodivm, 2016, p. 208. Daniel Amorim, também, pensa que a decisão da liquidação desafia apelação, mas por motivo diferente: para ele, a sentença ilíquida não encerra a fase de conhecimento do processo. Por isso, seria, na verdade, uma decisão interlocutória agravável; o julgamento da liquidação, pondo fim à fase de conhecimento, é que seria a sentença do procedimento comum, desafiando, nessa linha, a apelação (NEVES, Daniel Amorim Assumpção. *Novo Código de Processo Civil- Lei 13.105/2015*. São Paulo: Método, 2015, n. 35.1, p. 305-306). No entanto, é de se ponderar que a condenação ilíquida não pode ser tratada como decisão interlocutória, porquanto foi a própria lei que lhe atribuiu a qualidade de sentença, como se vê da literalidade do art. 509 do CPC/2015.

27 STJ, 3ª T., AgRg no REsp 373.891/SP, Rel. Min. Humberto Gomes de Barros, ac. 18.08.2005, *DJU* 12.09.2005, p. 315; STJ, 3ª T., REsp 1.280.949/SP, Rel. Min. Nancy Andrighi, ac. 25.09.2012, *DJe* 03.10.2012.

será admissível opor-se ao arbitramento, assumindo o ônus de provar os fatos necessários à quantificação da obrigação de maneira precisa, evitando assim sua mera estimativa. É importante lembrar que o direito de liquidar a sentença genérica não é exclusivo do credor e cabe igualmente ao devedor (CPC/2015, art. 509, *caput*, *in fine*).

A rigor não deveria acontecer liquidação negativa, ou seja, sem saldo algum a favor do credor, pois a condenação, se pode ser genérica, não pode, entretanto, ser hipotética. Ao juiz é dado condenar sem conhecer exatamente o montante do débito a ser satisfeito; não lhe cabe, porém, condenar sem saber se existe o débito. A liquidação, na verdade, pressupõe certeza da obrigação já definida no julgamento anterior. Não obstante, é possível que a previsão do juiz falhe e ao liquidar-se a condenação genérica se chegue justamente à conclusão de que nada há a ser pago pelo réu ao autor. É o que se passa, por exemplo, quando, ao se compensarem os danos a indenizar com benfeitorias a ressarcir, se chega à ausência de saldo em favor da parte promovente da liquidação; ou quando ao se quantificar os efeitos dos fatos cogitados na sentença se apure lucro em vez de prejuízo.

A sentença liquidatória, em tal situação, encerrará o processo declarando a inexistência de crédito em prol da parte que o promoveu. Não se terá, todavia, frustrado a liquidação, visto que, de qualquer modo, estará definitivamente acertada entre as partes a situação imprecisa decorrente da condenação genérica. Nesse caso, a decisão configurará sentença, e o recurso, portanto, será a apelação (ver item 831 *retro*).

§ 104. PROCEDIMENTOS DA LIQUIDAÇÃO

833. Procedimentos possíveis

O processamento da liquidação faz-se, ordinariamente, nos próprios autos da ação condenatória. Quando couber a execução provisória (CPC/2015, arts. 520 e 1.012, § 2º), liquida-se a sentença em autos apartados formados com cópias das peças processuais pertinentes (art. 512). Assim também se procede quando a sentença contém parte líquida e parte ilíquida, porque o credor tem direito de promover, paralelamente, o cumprimento da condenação já liquidada na sentença e a liquidação da sua parte genérica (art. 509, § 1º)[28].

Nos casos de liquidação e execução, parciais e simultâneas, de um só julgado, os pedidos devem ser formulados e processados separadamente. Procedimentos de conhecimentos e de execução não podem ser acumulados simultaneamente num só feito, como é óbvio.

O procedimento da liquidação de sentença variará conforme a natureza das operações necessárias para fixação do *quantum debeatur* ou do *quod debeatur*.

Para tanto, prevê o Código duas modalidades distintas de liquidação:

(a) liquidação por arbitramento (art. 509, I);
(b) liquidação pelo procedimento comum (art. 509, II).

Na estrutura de cumprimento da sentença, adotada pelo Código de Processo Civil de 1973 e seguida pelo atual, a liquidação não se dá mais por meio de nova relação processual. Resume-se a simples incidente do processo em que houve a condenação genérica. Por isso, não há mais citação do devedor, mas simples intimação de seu advogado para acompanhar os atos de definição do *quantum debeatur* requeridos pelo credor (arts. 510 e 511). Se o réu for revel e não tiver patrono nos autos, nenhuma intimação lhe será feita, porque, na sistemática do art. 346, o feito corre independentemente de intimação da parte ausente, enquanto não intervier no processo, sendo suficiente a publicação do ato decisório no órgão oficial.

834. Liquidação por cálculo

Já sob a égide do Código anterior, foi abolida a judicialidade da liquidação por simples cálculos, para as hipóteses em que a apuração do *quantum debeatur* se fazia por meio de operações aritméticas sobre dados já conhecidos no processo (juros, gêneros e títulos cotados em bolsa). O critério foi conservado pelo Código atual que, em seu art. 509, § 2º, dispõe que o próprio credor promova, desde logo, o cumprimento da sentença. Obviamente, embora o Código não determine de forma expressa, o credor deverá elaborar o demonstrativo do montante da dívida na data da instauração da execução, desde, é claro, que tudo se faça mediante simples cálculo aritmético. Para esse fim, o requerimento de cumprimento da sentença será instruído com "demonstrativo discriminado e atualizada do crédito" (CPC/2015, art. 524, *caput*).

Se, eventualmente, o executado não aceitar o cálculo do credor, terá de impugná-lo com fundamento em excesso de execução (art. 525, § 1º, V). Sendo material o erro ocorrido, poderá ser corrigido em qualquer tempo, já que a respeito de tais lapsos não se opera a preclusão, ainda que o cálculo tivesse sido homologado judicialmente,[29] providência hoje totalmente dispensada pela lei. Não se pode, outrossim, aceitar que o devedor impugne laconicamente o cálculo do

---

[28] "Na fase de liquidação de sentença, a quantia que o devedor reconhece e expressamente declara como devida representa a parte líquida da condenação, e como tal pode ser exigida desde logo" (STJ, 4ª T., REsp 2.067.458/SP, Rel. Min. Antonio Carlos Ferreira, ac. 04.06.2024, *DJe* 07.06.2024).

[29] RIBAS, Antônio Joaquim Ribas. *Consolidação das Leis do Processo Civil.* Rio de Janeiro: Dias da Silva Junior, 1879 (comentário CCCLXXI); PEREIRA E SOUZA, Joaquim José Caetano. *Primeiras linhas sobre o Processo*

credor. Assim como o exequente tem o ônus de discriminar a formação do montante do seu crédito, também o executado, para atacá-lo, terá de apontar, analiticamente, o saldo que entende correto (art. 525, § 4º).

Como a lei marca um prazo (quinze dias) para o devedor cumprir a prestação a que foi condenado (art. 523), a ele também cabe a elaboração da memória de cálculo, se o credor não a diligenciar antes do referido termo. É bom lembrar que o devedor tem não só a obrigação de pagar a prestação devida, mas também tem o direito de fazê-lo, para se libertar do vínculo jurídico que o prende ao credor. É de se ressaltar, ainda, que o não pagamento no prazo legal (*tempus iudicati*) acarreta-lhe pesada sanção representada pela multa de dez por cento prevista no art. 523, § 1º. Daí seu legítimo interesse em providenciar tempestivamente o cálculo necessário ao cumprimento da sentença.

O Código atual inovou ao determinar que o Conselho Nacional de Justiça desenvolva e coloque à disposição dos interessados programa de atualização financeira, a fim de uniformizar os cálculos para todos os tribunais e foros nacionais (art. 509, § 3º). Até então, à falta de previsão legal, vigorava a praxe de cada tribunal instituir sua própria tabela de índices de atualização monetária a ser observada nos juízos sob sua jurisdição. A nova disposição legal supera, portanto, os inconvenientes notórios do regime pretérito, que não convivia bem com o princípio da isonomia.

835. Cálculo com base em dados ainda não juntados aos autos

É muito comum, principalmente em litígios com a Administração Pública e com instituições do sistema financeiro, que o cálculo do crédito a executar, embora apurável por simples operações aritméticas, dependa, para ser preciso, de dados e datas que se acham nos registros do devedor ou de outra fonte oficial.

Cabendo a todos, partes ou não do processo, o dever cívico de colaborar com o Poder Judiciário na prestação jurisdicional (CPC/2015, arts. 6º e 378) e sendo dever da parte cumprir com exatidão as decisões jurisdicionais e não criar embaraços à sua efetivação (art. 77, IV), é dado ao juiz ordenar, ao litigante ou terceiro, que apresente em juízo os dados úteis à elaboração da memória de cálculo, no prazo que fixar (arts. 396, 401 e 524, § § 3º e 4º).

Se os dados se acham sob controle do devedor, o não cumprimento da ordem judicial redundará na sanção de reputarem-se corretos os cálculos apresentados pelo credor (art. 524, § 5º). Tal como se passa com a ação de prestação de contas, o executado perderá o direito de impugnar o levantamento da parte contrária. É óbvio, contudo, se o demonstrativo se mostrar duvidoso ou inverossímil, o juiz poderá se valer do contador do juízo para conferi-lo, ou de qualquer outro expediente esclarecedor a seu alcance, se entender conveniente (art. 524, § 2º).

Quando o detentor dos dados não for parte no processo, a sanção será a da desobediência à ordem de autoridade competente, sem prejuízo das sanções criminais e de medidas coercitivas, como a busca e apreensão (art. 403, parágrafo único e 524, § 3º).[30]

836. Memória de cálculo a cargo da parte beneficiária da assistência judiciária

Quando a parte estiver sob o pálio da *assistência judiciária* e tiver dificuldades para preparar, com precisão, o cálculo da condenação, o encargo que lhe toca poderá ser transferido,

---

Civil. Rio de Janeiro: Garnier, 1907, p. 882; CASTRO, Amílcar de. *Comentários ao Código de Processo Civil*. 2. ed. Rio de Janeiro: Forense, 1963, v. X, n. 136, p. 137.

30 CPC/73, art. 362 e sem correspondente quanto ao atual art. 524.

por decisão judicial, ao contador do juízo.[31] Aplica-se à hipótese a regra geral do § 3º, I, do art. 95 do CPC/2015, de que a parte hipossuficiente tem direito a que a perícia seja realizada por servidor do Poder Judiciário ou por órgão público conveniado.

837. Liquidação por arbitramento

Far-se-á a liquidação por arbitramento quando (CPC/2015, art. 509, I):

(a) determinado pela sentença;
(b) convencionado pelas partes;
(c) o exigir a natureza do objeto da liquidação.

Quando a própria sentença condenatória determina que a liquidação se faça por arbitramento, a questão é simples e nada mais resta ao credor senão cumprir o julgado.

A convenção das partes, capaz de conduzir o procedimento liquidatório para o arbitramento, pode decorrer de cláusula contratual anterior à sentença, ou de transação posterior ao decisório.

Havendo necessidade de provar fatos novos para se chegar à apuração do *quantum* da condenação, a liquidação terá de ser feita sob a forma do procedimento comum (art. 509, II). Se, porém, já existirem nos autos todos os elementos necessários para os peritos apurarem o valor do débito, o caso será de arbitramento (art. 509, I).

A diferença deste procedimento com o analisado nos itens anteriores é que, agora, reclamam-se conhecimentos técnicos dos árbitros para estimar-se o montante da condenação, enquanto nas liquidações por simples cálculo ocorrem apenas operações aritméticas, que o próprio exequente se encarrega de realizar no requerimento do cumprimento de sentença (art. 524).

São exemplos de arbitramento: estimativa de desvalorização de veículos acidentados, de lucros cessantes por inatividade de pessoa ou serviço, de perda parcial da capacidade laborativa etc.

Além dos casos em que a sentença de condenação determina o arbitramento, ou em que as partes elegem de comum acordo esse sistema de liquidação, terá ele cabimento, ainda, em todos os outros em que a própria natureza da prestação o exigir. Sua admissibilidade não é restrita às obrigações por quantia certa. Cabe, igualmente, nas condenações de entrega de coisa e nas prestações de fazer.

O Código de 2015 simplificou e facilitou o procedimento da liquidação por arbitramento, na medida em que conferiu ao juiz poder de intimar as partes para apresentarem pareceres ou documentos elucidativos, no prazo que fixar (art. 510).[32] Após analisar a documentação apresentada, se entender possuir todos os elementos necessários para decidir, julgará a liquidação de plano, dispensando até mesmo a prova pericial (art. 510, *in fine*).

---

[31] "Se o credor for beneficiário da gratuidade de justiça, pode-se determinar a elaboração dos cálculos pela contadoria judicial" (STJ, 2ª Seção, REsp 1.274.466/SC, Rel. Min. Paulo de Tarso Sanseverino, ac. 14.05.2014, *DJe* 21.05.2014, Rec. repetitivo: CPC, art. 543-C [CPC/2015, art. 1.036]. Precedente: STJ, Corte Especial, EREsp 450.809/RS, Rel. Min. Franciulli Netto, ac. 23.10.2003, *DJU* 09.02.2004, p. 126).

[32] "Na fase autônoma de liquidação de sentença (por arbitramento ou por artigos), incumbe ao *devedor* a antecipação dos honorários periciais", e não ao credor, porque, na espécie, quem deve suportar os custos da execução é aquele e não este (STJ, 2ª Seção, REsp 1.274.466/SC, Rel. Min. Paulo de Tarso Sanseverino, ac 14.05.2014, *DJe* 21.05.2014). A decisão foi pronunciada em regime de recursos repetitivos, na forma do art. 543-C do CPC [CPC/2015, art. 1.036].

Somente, portanto, na hipótese de não serem suficientes os documentos apresentados pelas partes é que o juiz nomeará perito, e o arbitramento se processará com observância das normas gerais da prova pericial[33] (ver item 746, *retro*).

Ao final do procedimento, o juiz proferirá decisão interlocutória, na qual definirá o objeto líquido da condenação.

838. Liquidação pelo procedimento comum

Far-se-á a liquidação pelo procedimento comum "quando houver necessidade de alegar e provar fato novo" (art. 509, II). Esse tipo de liquidação era denominado, pelo Código anterior, de liquidação por artigos.

O credor, discriminará, em petição, o fato ou os fatos a serem provados para servir de base à liquidação. Não cabe a discussão indiscriminada de quaisquer fatos arrolados ao puro arbítrio da parte. Apenas serão arrolados e articulados os fatos que tenham influência na fixação do *valor da condenação* ou na *individuação do seu objeto*. E a nenhum pretexto será lícito reabrir a discussão em torno da lide, definitivamente decidida na sentença de condenação (art. 509, § 4º). Por isso mesmo a expressão "fato novo" que o art. 509, II, toma como requisito da liquidação pelo procedimento comum não equivale a *fato superveniente* que possa ensejar rediscussão da controvérsia resolvida pela sentença liquidanda, mas apenas fato que ainda não chegou a ser apreciado e que seja capaz de, sem qualquer inovação quanto aos limites do julgado genérico, fornecer os dados necessários à quantificação da condenação. O fato, portanto, é *novo em relação àqueles já apreciados pela sentença,* e não quanto ao *objeto do processo* resolvido genericamente. Desenvolve papel complementar, não inovativo e sua data é indiferente para a função que lhe é atribuída, podendo tanto ser anterior como posterior à sentença.

O direito em jogo na liquidação é bilateral, pois a legitimidade para promovê-la é comum a autor e réu. Ambos têm legítimo interesse na correção e completude da operação de fixação do valor exato da condenação. Assim, em sua defesa, o devedor pode impugnar inclusão de verbas indevidas, o arrolamento de fatos irrelevantes e desinfluentes na apuração do *quantum debeatur*, bem como pretender a inclusão de fatos não invocados pelo promovente, mas que devem influir na operação liquidatória.

Para compreender-se bem o conteúdo das provas a serem produzidas na liquidação, é útil o exemplo da ação de indenização. No processo de cognição, deve o lesado provar a *existência dos danos*: ruína do prédio, estragos do veículo, paralisação dos serviços, redução da capacidade de trabalho etc. Na liquidação da sentença, apurar-se-á apenas o valor desses danos já reconhecidos como existentes na condenação. É injurídica a pretensão, por isso mesmo, de provar o dano na liquidação da sentença, já que, nesse procedimento especial, nunca será possível nem restringir nem ampliar o fato dos danos e seus limites obrigatoriamente assentados na sentença condenatória.

Exata é a afirmação de Amaral Santos, de que "a liquidação se destina a *demarcar* os limites enunciados na sentença liquidanda".[34] Nada além do *quantum debeatur*. O fim colimado é apenas e tão somente uma sentença declaratória que, obviamente, não pode assentar-se em fatos ou direitos tendentes a modificar ou inovar a condenação.

A forma de requerer a liquidação pelo procedimento comum, com rigoroso controle de conteúdo da petição inicial, prende-se à necessidade de forçar o exequente a deduzir

---

[33] Na liquidação por arbitramento, podem as partes, de comum acordo, nomearem o perito (CPC, art. 471, *caput*).

[34] AMARAL SANTOS, Moacyr. *Primeiras linhas do Direito Processual Civil.* 4. ed. São Paulo: Max Limonad, 1973, v. III, n. 827, p. 262.

sua pretensão da maneira mais clara possível, evidenciando, à primeira vista, os *fatos novos*, com que intentará fixar o *quantum debeatur*, e, ao mesmo tempo, facilitando à parte contrária e ao juiz aquilatarem da pertinência, ou não, dos mesmos fatos diante da condenação a liquidar.

Um exemplo: um sitiante foi condenado a indenizar seu vizinho pelo prejuízo decorrente da invasão da lavoura por animais com destruição de toda a colheita esperada. Na ação de conhecimento, como não podia deixar de ser, ficaram provadas a invasão e a destruição da lavoura. Na liquidação, o prejudicado articulará os seguintes fatos a serem provados para a apuração do valor da indenização:

(a) extensão da área cultivada destruída;
(b) produtividade da lavoura;
(c) volume da produção prevista;
(d) qualidade do produto esperado;
(e) sua cotação no mercado;
(f) valor final líquido da produção não obtida (prejuízo a ser indenizado, que será igual à diferença entre o valor da produção e o custo da lavoura).

Apresentado o requerimento do credor, será realizada a intimação do vencido, na pessoa de seu advogado ou da sociedade de advogados a que tiver vinculado, para, querendo, acompanhar a liquidação, apresentando contestação, no prazo de quinze dias (art. 511). Na sequência, será observado, o disposto no Livro I da Parte Especial, ou seja, o procedimento comum (especialmente os dispositivos que cuidam da fase postulatória, da audiência de conciliação, do saneamento e da instrução probatória) (art. 511, *in fine*).

Muito embora a liquidação, na espécie, observe o procedimento contencioso completo das ações de conhecimento, seu encerramento não se dá por meio de sentença, mas, de decisão interlocutória, desafiadora de agravo de instrumento, já que se forma e se resolve incidentalmente dentro do processo de cognição (art. 1.015, parágrafo único).

839. A indisponibilidade do rito da liquidação

Não têm as partes, nem o juiz, disponibilidade acerca dos procedimentos previstos para a liquidação de sentença. Cada um deles foi traçado pela lei visando a situações específicas e só o uso daquele que for adequado ao caso concreto é que deverá prevalecer.

O ponto de partida para a escolha entre os diversos ritos está na análise do grau de imprecisão da sentença liquidanda, já que será esse o dado que irá permitir a adoção de um dos caminhos autorizados pela lei, ou seja, o cálculo do próprio credor, o arbitramento ou o procedimento comum.

Se o julgado se aproximar bastante do *quantum debeatur*, deixando-o apenas a depender de simples operações aritméticas, bastará ao credor fazer ditas operações no próprio requerimento do cumprimento da sentença. Se o grau de imprecisão é muito grande, a ponto de não se encontrarem nos autos todos os dados e fatos indispensáveis à liquidação e, ao contrário, só se alcançará o *quantum debeatur* recorrendo-se a fatos estranhos àqueles até então apurados e comprovados, será a liquidação pelo procedimento comum a única capaz de permitir a declaração válida do objeto da condenação genérica.

Se, por fim, não é a sentença suficientemente precisa para que o *quantum* seja alcançado por operações aritméticas, nem é tão imprecisa a ponto de exigir apuração de fatos novos, podendo, por isso, a operação liquidatória realizar-se com fundamento em dados já disponíveis, o caso será de liquidação por arbitramento. Age-se, na verdade, por exclusão, isto é, procede-se por arbitramento, quando não é o caso nem de cálculo nem de artigos.[35]

Só se admite o uso judicial de um procedimento quando a parte revela *interesse*, e só há interesse, em sentido processual, quando o procedimento eleito seja *útil* e *adequado* à pretensão do promovente. "Trata-se – segundo Cândido Dinamarco – de matéria de ordem pública, uma vez que situada no campo das *condições da ação*", cujo exame se impõe ao órgão judicial, de ofício, "a qualquer tempo ou grau de jurisdição".[36]

Não se pode deixar de observar que, em alguns casos, o procedimento estipulado pela lei acaba sendo infrutífero, visto que não logra alcançar a efetiva determinação do *quantum debeatur*, por particularidades do caso concreto. Não podendo permanecer eternamente ilíquida a condenação, haverá de ser tomada providência para que por outro meio procedimental se possa superar o indesejável impasse (v., *retro*, n. 832).

Também não se pode impugnar o cumprimento da sentença alegando que não se observou o procedimento liquidatório previsto na sentença, se tal ocorreu sem impugnação oportuna e sem prejuízo para a parte (Súmula 344/STJ) (ver item 827 *retro*). Em outras palavras, ninguém é obrigado a concordar com a liquidação promovida em desacordo com a forma determinada pela sentença. Em nome, porém, do princípio da instrumentalidade das formas, não haverá nulidade da liquidação por rito diferente, levada a cabo sem oposição da parte e, afinal, julgada por sentença transitada em julgado.

840. Rescisão da decisão liquidatória

Nos casos de condenação ilíquida, a lide fica apenas parcialmente solucionada: assenta-se a certeza do direito do litigante, mas não se define, ainda, exatamente o seu *quantum*. Por isso, quando, no julgamento subsequente, chega-se à definição exata do objeto da condenação, o decisório ainda está versando sobre parte da lide, e, consequentemente, diz respeito ao mérito da causa.

Jurisprudência antiga e remansosa sempre entendeu, no regime originário do CPC, que o julgamento da liquidação, como sentença de mérito que era, fazia coisa julgada material e, por isso, esgotada a via recursal, somente poderia ser atacada por ação rescisória (art. 966). Não haveria que se pensar, na espécie, em ação comum anulatória, como a mencionada no art. 486 do CPC/1973;[37] tampouco seria lícito pretender rediscutir o conteúdo da decisão liquidatória na oportunidade de embargos à execução.[38]

Após a reforma da Lei 11.232, de 22.12.2005, que transformou o julgamento da liquidação em decisão interlocutória atacável por agravo de instrumento (art. 475-H, CPC/1973;

---

[35] PONTES DE MIRANDA, Francisco Cavalcanti. *Comentários ao Código de Processo Civil*. Rio de Janeiro: Forense, 1976, v. 9, p. 534-535.

[36] DINAMARCO, Cândido Rangel. "As três figuras da liquidação de sentença". *Estudos de Direito Processual em Memória de Luiz Machado Guimarães*. Rio de Janeiro: Forense, 1997, p. 110.

[37] "No julgamento da liquidação de sentença, ainda que por cálculo do contador, existe verdadeira decisão do juiz. Não se limita a autenticar o ato do contador. Fixa os limites do aresto exequendo e, consequentemente, é sentença de mérito. Ela não é apenas uma sentença na forma, mas também de conteúdo, de fundo" (STF, RE 87.109, Rel. Min. Cunha Peixoto, ac. 18.03.1980, *DJU* 25.04.1980). Qualquer que seja a forma de liquidação, a sentença faz coisa julgada e só pode ser desconstituída mediante rescisória, tanto na ótica do STF como do STJ (*RTJ* 101/665 e 114/788; *RSTJ* 99/37).

[38] Como decidiu o TJMG, não se pode discutir, em embargos, a pretexto de excesso de execução, o valor "formado pela sentença condenatória liquidada com aprovação do recorrente", e que "deu ensejo a uma sentença que julgou a liquidação, sem que houvesse contra ela qualquer recurso" (TJMG, 4ª CC., Ap. 76.841-4, Rel. Des. Paulo Viana Gonçalves, ac. 18.08.1988, *Jurisprudência Mineira* 104/228). Nesse sentido: STJ, 2ª T., REsp 1.107.662/SP, Rel. Min. Mauro Campbell Marques, ac. 23.11.2010, *DJe* 02.12.2010.

CPC/2015, art. 1.015, parágrafo único), a natureza do julgamento não sofreu alteração alguma. Se o *quantum debeatur* é algo indissociável do mérito da causa, não importa se sua apreciação se dá formalmente em sentença ou em decisão interlocutória; o julgado a seu respeito será sempre decisão de mérito e sua força sempre será a de coisa julgada material. Continuará, pois, sendo atacável por ação rescisória.

Assim, já se decidiu que, embora as decisões de agravo não apreciem, em regra, questões de mérito, o que afastaria o cabimento da ação rescisória, há, contudo, casos em que, no julgamento de recurso de espécie (proposto contra decisão interlocutória), a decisão final do incidente "constitui autêntico exame do mérito, de forma que, deferida ou indeferida a pretensão (...), contra ela cabe, evidentemente, ação rescisória".[39] O entendimento merece prevalecer para o regime atual da liquidação de sentença, já que, embora julgada por decisão interlocutória, se aperfeiçoa com exame e solução de questão de mérito.

---

[39] 1º TACivSP, AR 380.002, Rel. Juiz Bruno Neto, ac. 10.08.1988, *RT* 634/93. O STJ, nessa linha, admite ação rescisória contra decisão singular do relator em agravo contra o despacho denegatório do especial, se a questão federal (mérito) foi apreciada (STJ – 2ª Seção, AR 311-0/MA, Rel. Min. Nilson Naves, *RSTJ* 82/139. No mesmo sentido: *RSTJ* 103/279 e *RT* 712/731; STJ, 3ª Seção, AR 2.716/RJ, Rel. Min. Nilson Naves, Rel. p/ Acórdão Ministro Felix Fischer, ac. 13.02.2008, *DJe* 13.08.2008).

Fluxograma nº 20

LIQUIDAÇÃO POR CÁLCULO
(art. 509, § 2º)

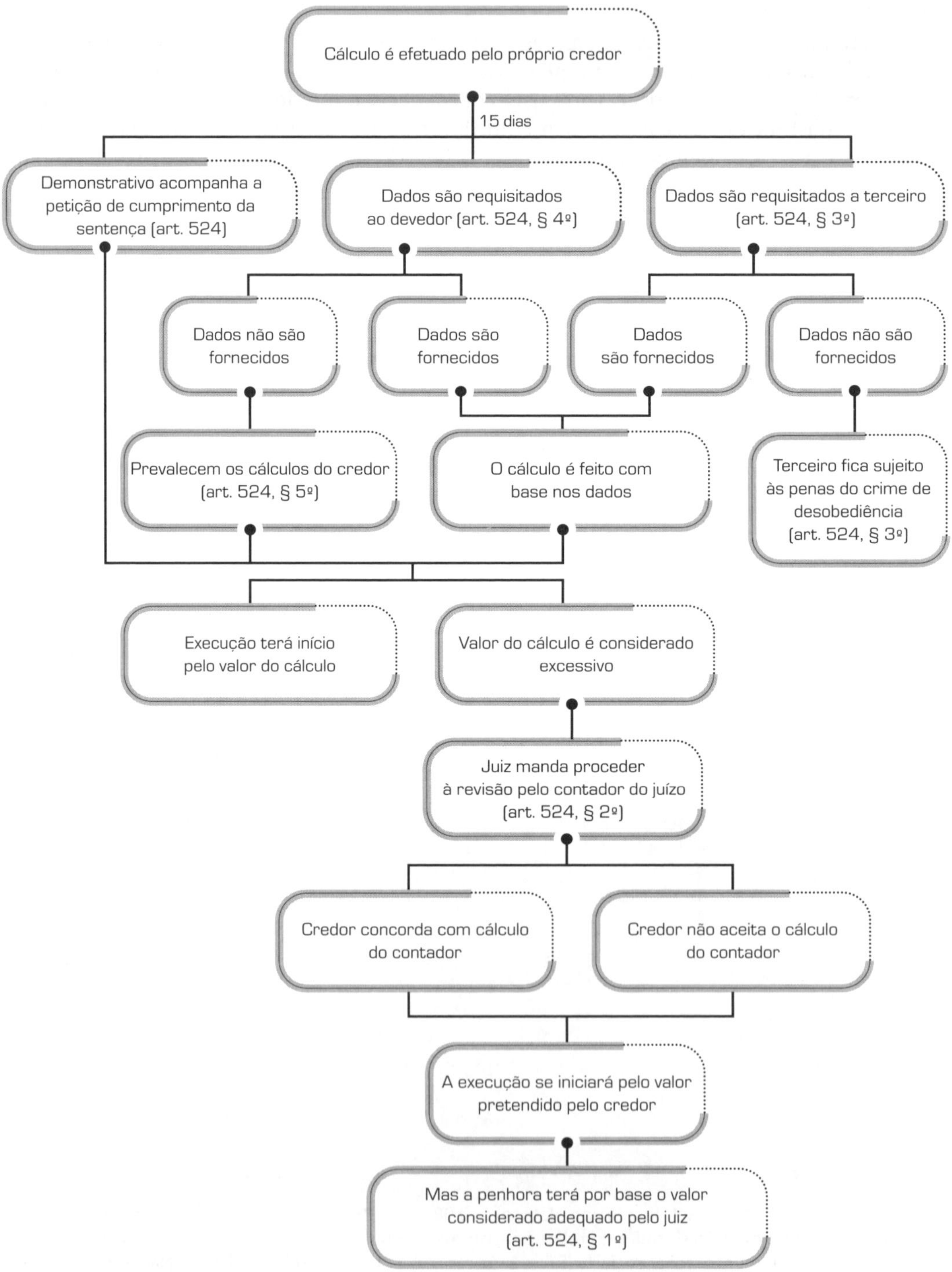

Fluxograma nº 21

LIQUIDAÇÃO POR ARBITRAMENTO
(arts. 509 e 510)

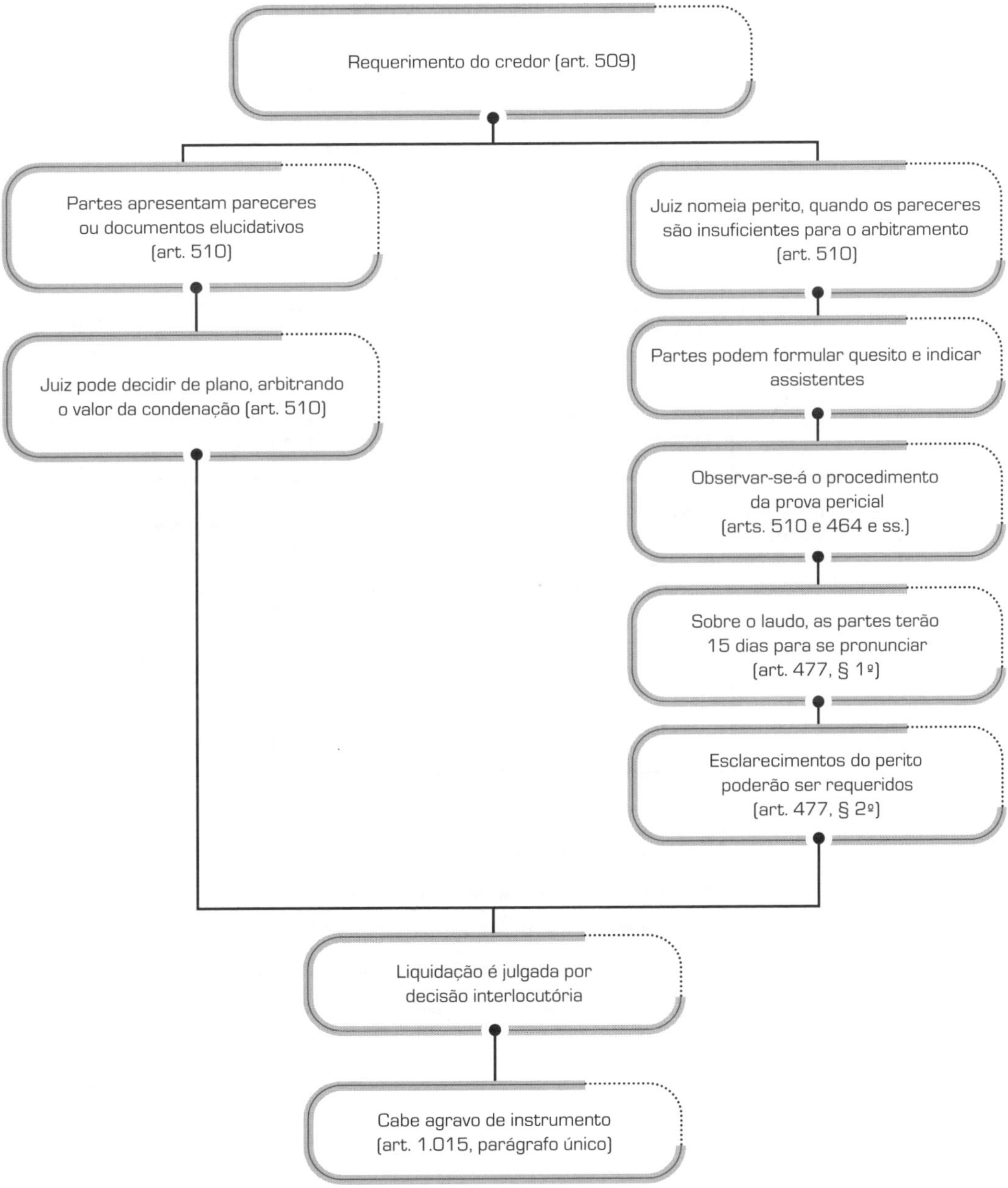

Fluxograma nº 22

LIQUIDAÇÃO POR PROCEDIMENTO COMUM
(arts. 509 e 511)

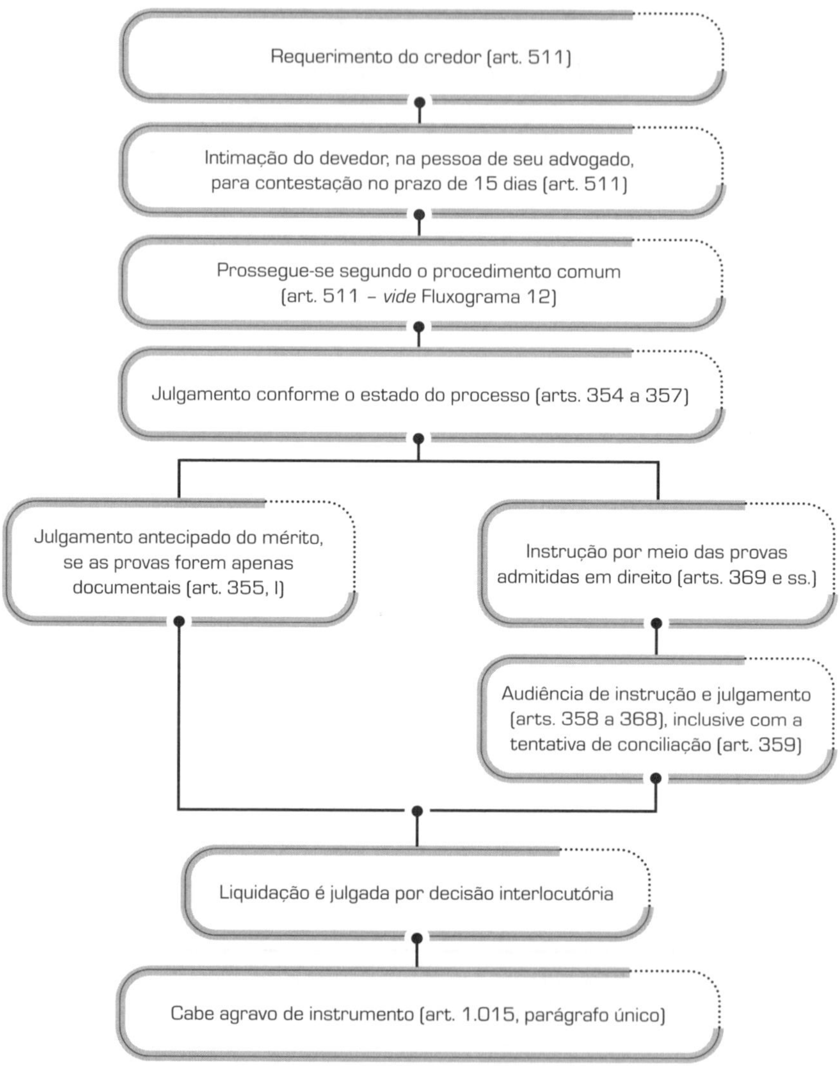

Capítulo XXX
CUMPRIMENTO DA SENTENÇA

§ 105. DISPOSIÇÕES GERAIS

841. Introdução

O sistema clássico herdado do direito romano e revigorado pelo direito moderno (pós Revolução Francesa), a que aderiu o processo civil brasileiro tradicional era o da duplicidade de processos e ações para o acertamento do direito controvertido e para o cumprimento forçado da sentença, quando este não se desse voluntariamente pelo devedor. Havia, portanto, um processo de conhecimento condenatório, a que correspondia uma ação, e um outro processo de execução, com a respectiva ação, que se denominava executória.

O credor se via forçado a ingressar duas vezes em juízo, com duas ações diferentes, para afinal conseguir o seu único objetivo prático, que era o de satisfazer o seu direito de crédito.

Entretanto, desde as Leis 8.952, de 13.12.1994; 10.444, de 07.05.2002; e 11.232, de 22.12.2005, houve uma remodelação do sistema executivo, para abolir a dualidade de procedimentos, unificando o processo de conhecimento e o executivo, no tocante aos títulos judiciais. Assim, com uma única ação, o autor passou a conseguir a certificação de seu direito e a satisfação do seu crédito. Esse foi o modelo também seguido pelo Código de 2015.

O CPC/2015, dentro de tal sistemática, prevê duas vias de execução forçada singular:

(a) o cumprimento forçado das sentenças condenatórias, e outras a que a lei atribui igual força (arts. 513 e 515);

(b) o processo de execução dos títulos extrajudiciais enumerados no art. 784, que se sujeita aos diversos procedimentos do Livro II da Parte Especial do CPC/2015.[1]

A unificação dos processos de conhecimento e execução traz como benefícios a economia processual, de custo, de tempo e de formalidade.

Embora seja desnecessário o ajuizamento pelo credor de nova ação para satisfazer o crédito reconhecido na fase de conhecimento, deve haver um requerimento de sua parte para o início da fase executiva, em razão do princípio dispositivo (art. 513, § 1º).

Uma vez, porém, requerido o cumprimento da sentença, pode essa atividade satisfativa prosseguir até as últimas consequências por impulso oficial. A interferência do credor pode, no entanto, fazer cessar ou suspender essa atividade, já que toda execução se desenvolve no seu exclusivo interesse (arts. 775 e 797).

O art. 775, repetindo norma que já constava do art. 569 do Código de 1973, proclama que "o exequente tem o direito de desistir de toda a execução ou de apenas alguma medida

---

1 A Lei 14.711/2023 instituiu a possibilidade de execução extrajudicial do crédito hipotecário, desde que haja cláusula contratual nesse sentido (art. 9º).

executiva". Nisso consiste o clássico princípio da livre disponibilidade da execução pelo credor, que se aplica, também, ao cumprimento da sentença.

Além disso, a fase executiva deve respeitar sempre e integralmente o contraditório. Ao devedor deve ser garantido o amplo direito de defesa, para apresentar impugnação a qualquer desvio de procedimento eventualmente perpetrado pelo credor. Entretanto, não será necessário o ajuizamento de uma nova ação de embargos à execução. Tudo se processará por meio de mero incidente, nos próprios autos (art. 518).

Por fim, o procedimento do cumprimento de sentença deverá respeitar o tipo de obrigação a ser cumprida pelo devedor (pagar quantia certa – arts. 523 e segs. –; fazer e não fazer – arts. 536 e segs. –; e entregar coisa – arts. 538 e segs.), adequando-se às peculiaridades de cada caso.

842. Custas e encargos do cumprimento de sentença

O cumprimento da sentença, a exemplo da execução de título extrajudicial, corre a expensas do devedor, que deverá suportar as custas e despesas processuais, inclusive novos honorários do advogado do credor (CPC/2015, arts. 85, § 1º, e 523, § 1º). Há medidas de apoio e sanção que se aplicam ao devedor recalcitrante no descumprimento da condenação.

No cumprimento de sentença por quantia certa, incide o executado na multa legal de dez por cento sobre o valor da condenação caso não efetue o pagamento em quinze dias (art. 523, § 1º). No cumprimento das sentenças relativas a obrigações de fazer, não fazer e entregar coisa, o retardamento da prestação enseja multa periódica progressiva (*astreintes*) e provoca medidas coercitivas como a busca e apreensão, a remoção de pessoas e coisas, o desfazimento de obras e o impedimento de atividade nociva, etc. (arts. 536, § 1º, 538, § 3º).

A decisão judicial transitada em julgado poderá ser levada a protesto, nos termos da lei, depois de transcorrido o prazo para pagamento voluntário pelo devedor (art. 517).

843. Regras gerais disciplinadoras do cumprimento das sentenças

I – Generalidades

Há sentenças que trazem em si toda a carga de eficácia esperada do provimento jurisdicional. Dispensam, portanto, atos ulteriores para satisfazer a pretensão deduzida pela parte em juízo. É o que se passa, em regra, com as sentenças declaratórias e constitutivas. Há, contudo, aquelas que, diante da violação de direito cometida por uma parte contra a outra, não se limitam a definir a situação jurídica existente entre elas, e determinam também a prestação ou prestações a serem cumpridas em favor do titular do direito subjetivo ofendido. Estas últimas são as sentenças que se qualificam como *condenatórias.*

II – Atos executivos

Para o cumprimento das sentenças condenatórias, dispõe o art. 513 do CPC/2015 que se deverá proceder, no que couber e conforme a natureza da obrigação, o disposto no Livro II da Parte Especial do Código, vale dizer, as regras da execução de título extrajudicial.

O fato de as sentenças declaratórias e as constitutivas não dependerem de atos executivos para realizar o provimento jurisdicional a que correspondem, não afasta a hipótese de ser tomada alguma providência ulterior, no terreno, principalmente, da documentação e publicidade. Assim, em muitas ações de rescisão ou anulação de negócios jurídicos (sentenças constitutivas), de nulidade de contratos, ou de reconhecimento de estado de filiação (sentenças declaratórias), há necessidade de expedir-se mandado para anotações em registros públicos (efeitos mandamentais complementares aos efeitos substanciais da sentença). Além do efeito principal, todas essas sentenças contêm, necessariamente, uma condenação secundária, que diz respeito aos encargos da sucumbência (custas e honorários advocatícios). Dessa maneira, não há sentença que fique realmente fora do alcance das providências executivas, ou seja, do cumprimento da condenação.

III – Certeza, liquidez e exigibilidade da obrigação

Para passar à execução do comando sentencial é indispensável que a condenação corresponda a uma obrigação certa, líquida e exigível. Por isso, se a sentença condenar ao pagamento de quantia ilíquida, ter-se-á de complementá-la por meio do procedimento de liquidação (arts. 509 a 512), antes de dar andamento aos atos destinados a efetivar o seu cumprimento forçado. Eis aí um tipo de sentença condenatória que não se apresenta, desde logo, como título executivo, dando razão a Proto Pisani[2] e Barbosa Moreira[3] quando advertem que muitas sentenças condenatórias não correspondem a título executivo (v. vol. III), pelo menos quanto ao seu objeto principal.

Como toda execução pressupõe obrigação certa, líquida e exigível, se a relação jurídica acertada judicialmente for sujeita a termo ou condição, o cumprimento da sentença dependerá da demonstração de que se realizou a condição ou de que ocorreu o termo (art. 514).

IV – Iniciativa do credor

O cumprimento de sentença deve ser requerido pelo exequente (art. 513, § 1º). Uma vez que a atividade executiva é mero prosseguimento da cognitiva, as partes serão as mesmas. Assim, o cumprimento não poderá ser promovido em face do fiador, do coobrigado ou do corresponsável que não tiver participado da fase de conhecimento (art. 513, § 5º).

O STJ, no entanto, criou um regime diferente para o cumprimento da sentença da ação renovatória de locação, segundo o qual "o fiador não necessita integrar o polo ativo da relação processual na renovatória, porque tal exigência é suprida pela declaração deste de que aceita os encargos da fiança referente ao imóvel cujo contrato se pretende renovar. Destarte, admite-se a inclusão do fiador no polo passivo do cumprimento de sentença, caso o locatário não solva integralmente as obrigações pecuniárias oriundas do contrato que foi renovado – ou, como na espécie, ao pagamento das diferenças de aluguel decorrentes da ação renovatória".[4]

Com toda vênia, o fundamento do aresto daquela Alta Corte não convence, a ponto de afastar a incidência do texto claro do art. 513, § 5º, do CPC. A fiança assegurada ao contrato renovando não é diferente daquela prestada ao contrato renovado. Se o fiador do contrato original não pode ser executado em cumprimento de sentença pronunciada apenas contra o afiançado, não se entende como possa sê-lo pela decisão que renovou a mesma locação em processo de que não foi parte nem litisconsorte, sem que isto importe em negativa de observância da regra contida no art. 513, § 5º, do CPC. A fiança, em tal conjuntura, não se deu em

---

2 Numa exata compreensão da tutela condenatória, Proto Pisani divisa nela uma duplicidade de funções – repressiva e preventiva. Daí que a atuação dos efeitos da condenação tanto pode transitar pela *execução forçada* como pelas *medidas coercitivas* (PROTO PISANI, Andrea. *Lezioni di diritto processuale civile*. 6. ed. Napoli: Jovene Editore, 2014, p. 144-151).

3 Também Barbosa Moreira aponta vários exemplos de sentença condenatória que não correspondem a título executivo e, portanto, não desencadeiam o processo de execução, como a que condena à perda do sinal pago, a relativa à prestação futura de alimentos a serem descontados em folha de pagamento, as referentes a prestações de obrigações de fazer infungíveis; em todas elas o credor poderá apenas utilizar medidas coercitivas em face do obrigado, mas nunca terá como realizar a execução forçada para obter a prestação objeto da condenação (BARBOSA MOREIRA, José Carlos. *Temas de direito processual:* oitava série. São Paulo: Saraiva, 2004, p. 135).

4 STJ, 3ª T., REsp 1.911.617/SP, Rel. Min. Nancy Andrighi, ac. 24.08.2021, *DJe* 30.08.2021. No mesmo sentido: STJ, 6ª T., AgRg no Ag 1.017.282/RJ, Rel. Min. Maria Thereza de Assis Moura, ac. 15.02.2011, *DJe* 09.03.2011; STJ, 3ª T., REsp 2.167.764/SP, Rel. Min. Nancy Andrighi, ac. 01.10.2024, *DJe* 03.10.2024.

garantia do processo, mas da relação contratual locatícia, de maneira que não se trata de recusar a força obrigacional da garantia, a qual, no entanto, não passou pelo crivo do acertamento judicial relativamente ao inadimplemento cometido pelo afiançado e seu reflexo sobre a garantia fidejussória. O que de fato ocorreu é que não se chegou à formação de título executivo judicial contra o fiador, razão pela qual a cobrança de sua obrigação haverá de ser feita em ação própria, que é a de execução de título extrajudicial (CPC, art. 784, V), para que se respeite o devido processo legal, especialmente no tocante ao contraditório e ampla defesa, muito mais amplo do que o ensejado pelo procedimento de cumprimento de sentença.

V – Intimação do devedor

Iniciada a fase executiva, o devedor será intimado para cumprir a sentença (art. 513, §§ 2º, 3º e 4º). Não há uma nova citação, pois o cumprimento da condenação não passa de um incidente do processo em que esta foi pronunciada. A intimação do devedor, por outro lado, se dá, em regra, na pessoa de seu advogado constituído nos autos, mediante publicação no Diário da Justiça. As intimações somente serão pessoais quando não for possível fazê-las na pessoa do representante processual, quando o devedor estiver representado pela Defensoria Pública ou quando tiver sido revel na fase de conhecimento. Nesses casos, se lançará mão da intimação postal, eletrônica ou por edital.

VI – Títulos executivos judiciais

O art. 515 enumera o rol de títulos executivos judiciais, hábeis a autorizar o procedimento do cumprimento de sentença, que não são apenas as sentenças tipicamente condenatórias. São eles:

(*a*) as decisões proferidas no processo civil que reconheçam a exigibilidade de obrigação de pagar quantia, de fazer, de não fazer ou de entregar coisa (inciso I);
(*b*) a decisão homologatória de autocomposição judicial (inciso II);[5]
(*c*) a decisão homologatória de autocomposição extrajudicial de qualquer natureza (inciso III);
(*d*) o formal e a certidão de partilha, exclusivamente em relação ao inventariante, aos herdeiros e aos sucessores a título singular ou universal (inciso IV);
(*e*) o crédito de auxiliar da justiça, quando as custas, emolumentos ou honorários tiverem sido aprovados por decisão judicial (inciso V);
(*f*) a sentença penal condenatória transitada em julgado (inciso VI);
(*g*) a sentença arbitral (inciso VII);
(*h*) a sentença estrangeira homologada pelo Superior Tribunal de Justiça (inciso VIII);
(*i*) a decisão interlocutória estrangeira, após a concessão do *exequatur* à carta rogatória pelo Superior Tribunal de Justiça (inciso IX).

VII – Competência para o cumprimento da sentença

O exequente poderá requerer o início do procedimento perante: *(i)* os tribunais, nas causas de sua competência originária; *(ii)* o juízo que decidiu a causa no primeiro grau de jurisdição; e *(iii)* o juízo cível competente, quando se tratar de sentença penal condenatória, de sentença arbitral, de sentença estrangeira ou de acórdão proferido pelo Tribunal Marítimo (art. 516). Nas hipóteses dos itens *ii* e *iii*, o exequente poderá optar pelo cumprimento no juízo do atual domicílio

5 Para efeito do cumprimento de sentença, a autocomposição judicial pode envolver sujeito estranho ao processo e versar sobre relação jurídica que não tenha sido deduzida em juízo (CPC/2015, art. 515, § 2º).

do executado, no juízo do local onde se encontrem os bens sujeitos à execução ou no juízo do local onde deva ser executada a obrigação de fazer ou de não fazer (art. 516, parágrafo único).

VIII – Impugnação ao procedimento

As questões relativas à validade do procedimento e dos atos executivos subsequentes poderão ser arguidas pelo executado nos próprios autos e neste serão decididas pelo juiz (art. 518). Ou seja, não é necessário o ajuizamento de ação nova (embargos à execução).

IX – Cumprimento provisório

O Código autoriza que o exequente realize o cumprimento provisório, mesmo antes de transitada em julgado a decisão condenatória, prescrevendo procedimento próprio (arts. 520 a 522).

X – Cumprimento definitivo

Estabelece o CPC/2015 regras próprias para cada tipo de obrigação a ser cumprida: de pagar quantia certa, de fazer, de não fazer, de entregar coisa, com especialização para a obrigação de prestar alimentos e de pagar quantia certa pela Fazenda Pública.

XI – Tutela provisória

Por fim, as regras relativas ao cumprimento de sentença, provisório ou definitivo, e à liquidação de sentença, aplicam-se, no que couber, às decisões que concederem tutela provisória (art. 519).

XII – Observação

O tema de cumprimento de sentença será mais amplamente tratado no vol. III deste *Curso*.

Fluxograma nº 23

CUMPRIMENTO DA SENTENÇA EM GERAL
(arts. 513 a 519)

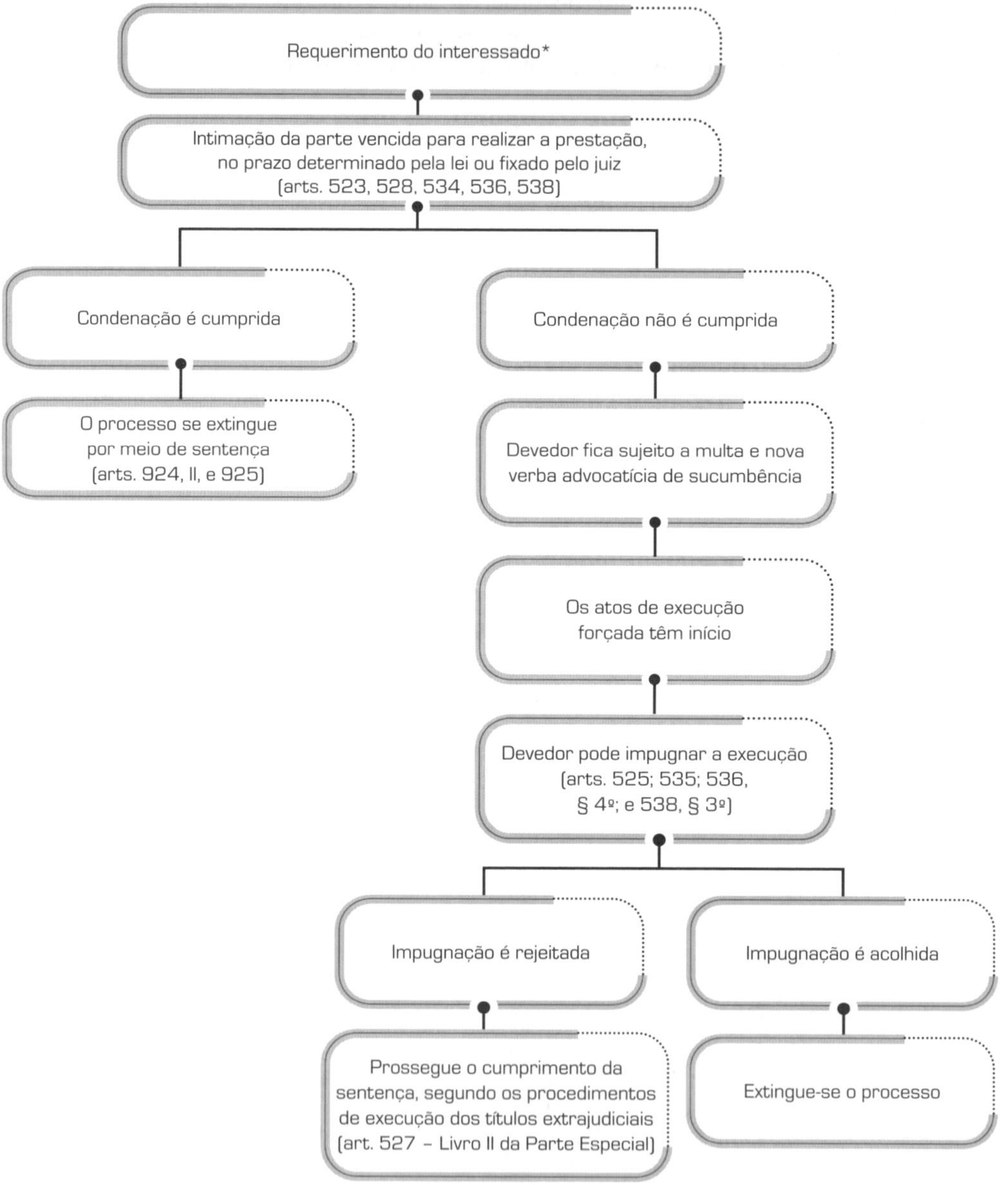

(*) A petição do credor é obrigatória nos casos de condenação do cumprimento de obrigação de quantia certa (art. 513, § 1º). Nos casos de obrigação de fazer, não fazer ou entregar coisas, em regra, não há necessidade de requerimento da parte mormente quando a tutela assume a forma mandamental. A própria sentença emite a ordem e determina a forma de cumprimento da condenação. Haverá, contudo, em todas as modalidades obrigacionais, a prévia intimação do devedor a cumprir voluntariamente o comando sentencial em prazo determinado. Só após escoado dito prazo é que a execução forçada terá início e os efeitos do descumprimento se tornarão aplicáveis ao inadimplente.

Bibliografia

ABBOUD, Georges. Consequencialismo jurídico: o lugar da análise de consequências em direito e os perigos do ativismo judicial consequencialista. *Revista dos Tribunais*, São Paulo, v. 1.009, nov. 2019.

ABBOUD, Georges. *Processo constitucional brasileiro*. 4. ed. São Paulo: RT, 2020.

ABBOUD, Georges. *Processo constitucional brasileiro*. 5. ed. São Paulo: RT, 2021.

ABDALLA, Gustavo. Negócios jurídicos processuais e o afastamento de precedentes vinculantes: uma reflexão sobre os limites do consenso. *Revista de Processo*, São Paulo. v. 339, maio 2023.

ABRAÃO, Pauline do Socorro Lisboa. Algumas considerações críticas sobre a natureza jurídica do *amicus curiae* no direito brasileiro. *Revista Dialética de Direito Processual*, São Paulo, n. 105, dez. 2011.

ADAMEK, Marcelo Vieira von; FRANÇA, Erasmo Valladão Azevedo e Novaes. *Direito processual societário*: comentários breves ao CPC/2015. 3. ed. São Paulo: Malheiros, 2022.

AGUIAR, Mirella de Carvalho. *Amicus curiae*. Salvador: JusPodivm, 2005.

AGUIAR NETO, Francisco Silveira de. Perspectivas sobre a prova em vídeo na era digital. *Revista de Direito Privado*, São Paulo. v. 121, jul.-set. 2024

ALEXY, Robert. *Teoria dos direitos fundamentais*. 2. ed. São Paulo: Malheiros, 2011.

ALEXY, Robert. *Teoria dos direitos fundamentais*. 2. ed. 2. tir. São Paulo: Malheiros, 2012.

ALEXY, Robert. *Teoria dos direitos fundamentais*. 2. ed. 5. tir. Trad. Virgílio Afonso da Silva. São Paulo: Malheiros, 2017.

ALI, Anwar Mohamad. Fundamentação: para quê e para quem? Notas sobre sua relação com os escopos do processo. *Revista de Processo*, São Paulo, v. 320, out. 2021.

ALLORIO, Enrico. *Problemas de derecho procesal*. Buenos Aires: EJEA, 1963. v. II.

ALMEIDA, Flávio Renato Correia de. *Preclusão hierárquica*. Rio de Janeiro: Lumen Juris, 2019.

ALSINA, Hugo. *Tratado teórico práctico de derecho procesal civil y comercial*. Buenos Aires: Cia. Argentina de Editores, 1943. v. I.

ALSINA, Hugo. *Tratado teórico práctico de derecho procesal civil y comercial*. Buenos Aires: Cia. Argentina de Editores, 1943. v. III.

ALVIM, Teresa Arruda. Argumentos consequencialistas nas decisões judiciais-Possibilidades, limites e riscos. *Revista de Processo*, São Paulo, v. 349, mar. 2024.

ALVIM, Thereza; CARVALHO, Vinícius Bellato Ribeiro de. Requisitos para a estabilização da tutela antecipada. *Revista de Processo*, São Paulo. v. 303, maio 2020.

AMARAL, Guilherme Rizzo. *Comentários às alterações do novo CPC*. São Paulo: RT, 2015.

AMARAL SANTOS, Moacyr. *Comentários ao Código de Processo Civil*. Rio de Janeiro: Forense, 1976. v. IV.

AMARAL SANTOS, Moacyr. *Comentários ao Código de Processo Civil*. 2. ed. Rio de Janeiro: Forense, 1977. v. IV.

AMARAL SANTOS, Moacyr. *Comentários ao Código de Processo Civil*. 5. ed. Rio de Janeiro: Forense, 1989. v. IV.

AMARAL SANTOS, Moacyr. *Da reconvenção no direito brasileiro*. São Paulo: Max Limonad, 1958.

AMARAL SANTOS, Moacyr. *Primeiras linhas de direito processual civil*. 3. ed. São Paulo: Max Limonad, 1971. v. I.

AMARAL SANTOS, Moacyr. *Primeiras linhas de direito processual civil*. 3. ed. São Paulo: Max Limonad, 1971. v. II.

AMARAL SANTOS, Moacyr. *Primeiras linhas de direito processual civil*. 4. ed. São Paulo: Saraiva, 1973. v. III.

AMARAL SANTOS, Moacyr. *Primeiras linhas de direito processual civil*. 5. ed. São Paulo: Saraiva, 1977. v. I.

AMARAL SANTOS, Moacyr. *Primeiras linhas de direito processual civil*. 4. ed. São Paulo: Saraiva, 1979. v. II.

AMARAL SANTOS, Moacyr. *Primeiras linhas de direito processual civil*. 7. ed. São Paulo: Saraiva, 1984.

AMARAL SANTOS, Moacyr. *Primeiras linhas de direito processual civil*. 21. ed. São Paulo: Saraiva, 2003. v. III.

AMARAL SANTOS, Moacyr. *Primeiras linhas de direito processual civil*. 25. ed. São Paulo: Saraiva, 2007. v. I.

AMARAL SANTOS, Moacyr. *Primeiras linhas de direito processual civil*. 2. ed. atual. por Maria Beatriz Amaral Santos Köhnen. São Paulo: Saraiva, 2008. v. II.

AMARAL SANTOS, Moacyr. *Primeiras linhas de direito processual civil*. 22. ed. São Paulo: Saraiva, 2008. v. III.

AMARAL SANTOS, Moacyr. *Prova judiciária no cível e comercial*. 3. ed. São Paulo: Max Limonad, 1966.

AMARAL SANTOS, Moacyr. *Prova judiciária no cível e comercial*. 3. ed. São Paulo: Max Limonad, 1966. v. IV.

AMARAL SANTOS, Moacyr. *Prova judiciária no cível e comercial*. 3. ed. São Paulo: Max Limonad, 1971. v. V.

AMARAL SANTOS, Moacyr. *Prova judiciária no cível e comercial*. 4. ed. São Paulo: Max Limonad, 1971. v. I.

AMARAL SANTOS, Moacyr. *Prova judiciária no cível e comercial*. 4. ed. São Paulo: Max Limonad, 1971. v. 5.

AMARAL SANTOS, Moacyr. Prova judiciária no cível e comercial. *Revista Forense*, Rio de Janeiro. v. 243, jul.-ago.-set. 1973.

AMARAL, Thaís Ferrão Miranda do. A eficácia preclusiva da coisa julgada e a causa de pedir. *Revista Dialética de Direito Processual*, São Paulo, n. 124, jul. 2013.

AMERICANO, Jorge. *Comentários ao Código de Processo Civil do Brasil*. 2. ed. São Paulo: Saraiva, 1958. v. I.

AMERICANO, Jorge. *Comentários ao Código de Processo Civil do Brasil.* 2. ed. São Paulo: Saraiva, 1958. v. III.

ANDOLINA, Italo Augusto. Il "Giusto Processo" nell'esperienza italiana e comunitaria. *Annali del seminario giuridico,* Milano: Giuffrè, 2006. v. VI.

ANDOLINA, Italo Augusto; VIGNERA, Giuseppe. *I fondamenti costituzionali dela giustizia civile:* il modelo costituzional del processo civile italiano. 2. ed. Torino: G. Giappichelli Editore, 1997.

ANDRADE, Érico. As novas perspectivas do gerenciamento e da "contratualização" do processo. *Revista de Processo,* São Paulo. v. 193, mar. 2011.

ANDRADE, Érico; PARENTONI, Leonardo. O incidente de desconsideração da personalidade jurídica. *In:* RODRIGUES, Marcelo Abelha; CASTRO, Roberta Dias Tarpinian de; SIQUEIRA, Thiago Ferreira; NAVARRO, Trícia (coords.). *Desconsideração da personalidade jurídica*: aspectos materiais e processuais. Indaiatuba: Ed. Foco, 2023.

ANDRADE, Juliana Melazzi. A redução do formalismo processual na aplicação das regras de impedimento e suspeição do juiz na cooperação judiciária nacional. *Revista dos Tribunais,* São Paulo, v. 1.043, set. 2022.

ANDRIOLI, Virgilio. *Lezioni di diritto processuale civile.* Napoli: Jovene, 1961. v. I.

ANDRIOLI, Virgilio. *Lezioni di diritto processuale civile.* Napoli: Jovene, 1973. v. I .

APRIGLIANO, Ricardo de Carvalho. *Comentários ao Código de Processo Civil.* Das provas: disposições gerais. São Paulo: Saraiva, 2020. v. VIII, t. I.

ARAÚJO, Fábio Caldas de. *Curso de processo civil.* São Paulo: Malheiros, 2016. t. I.

ARAÚJO, José Henrique Mouta. Migração interpolar nas ações coletivas: do CPC/2015 ao entendimento do STJ. *Revista Magister de Direito Civil e Processual Civil,* Porto Alegre, n. 104, set.-out. 2021.

ARAÚJO, José Henrique Mouta. Reflexões sobre perda superveniente de condição da ação e sua análise jurisprudencial. *Revista Dialética de Direito Processual,* São Paulo, n. 135, jun. 2014.

ARAÚJO, José Henrique Mouta; LEMOS, Vinicius Silva. A estabilização do objeto do processo pós-fase ordinária. *Revista Síntese de Direito Civil e Processual Civil,* São Paulo, n. 152, nov.-dez. 2024.

ARAÚJO, José Henrique Mouta; LEMOS, Vinícius Silva. A réplica no processo civil: momentos, conteúdos e importância para o contraditório. *Revista de Processo,* São Paulo, v. 328, jun. 2022.

ARAÚJO, Luciano Vianna. A ação de liquidação de título executivo extrajudicial. *Revista de Processo,* São Paulo, v. 229, mar. 2014.

ARAÚJO, Luciano Vianna. O julgamento antecipado parcial sem ou com resolução do mérito no CPC/2015. *Revista de Processo,* São Paulo, v. 286, dez. 2018.

ARAÚJO, Nadia de. *Direito internacional privado*: teoria e prática brasileira. 3. ed. Rio de Janeiro: Renovar, 2006.

ARAÚJO, Taís Santos de. A *suppressio* no direito processual civil: análise da aplicabilidade para além de incidência das preclusões processuais. *Revista de Direito Privado,* São Paulo, v. 122, out.-dez. 2024.

ARAÚJO CINTRA, Antonio Carlos de. *Comentários ao Código de Processo Civil.* Rio de Janeiro: Forense, 2000. v. IV.

ARAÚJO CINTRA, Antonio Carlos de; GRINOVER, Ada Pellegrini; DINAMARCO, Cândido Rangel. *Teoria geral do processo.* 16. ed. São Paulo: Malheiros, 2000.

ARENHART, Sérgio Cruz. A efetivação de provimentos judiciais e a participação de terceiros. *In:* DIDIER JR., Fredie; WAMBIER, Teresa Arruda Alvim (coords.). *Aspectos polêmicos e atuais sobre os terceiros no processo civil.* São Paulo: RT, 2004.

ARENHART, Sérgio Cruz. A prova estatística e sua utilidade em litígios complexos. *Revista Direito e Praxis*, Rio de Janeiro, UERJ, v. 10, n. 1, 2019.

ARENHART, Sérgio Cruz. O papel do Judiciário na implementação de direitos fundamentais: homenagem ao Ministro Luiz Edson Fachin. *In:* VITORELLI, Edilson; OSNA, Gustavo; ARENHART, Sérgio Cruz; JOBIM, Marco Félix; ZANETTI JR., Hermes; REICHELT, Luís Alberto. *Coletivização e unidade do direito.* Londrina: Thoth Editora, 2020. v. II.

ARENHART, Sérgio Cruz. *Perfis da tutela inibitória coletiva.* São Paulo: RT, 2003.

ARENHART, Sérgio Cruz. Reflexões sobre o princípio da demanda. *In:* FUX, Luiz *et al.* (coords.). *Processo e Constituição* – Estudo em homenagem a José Carlos Barbosa Moreira. São Paulo: RT, 2006.

ARENHART, Sérgio Cruz; OSNA, Gustavo. Desmistificando os processos estruturais: "processos estruturais" e "separação de poderes". *Revista de Processo*, São Paulo, v. 331, set. 2022.

ARENHART, Sérgio Cruz; OSNA, Gustavo; JOBIM, Marco Félix. *Curso de processo estrutural.* São Paulo: Ed. RT, 2021.

ARIETA, Giovanni. *I provvedimenti d'urgenza.* 2. ed. Padova: Cedam, 1985.

ARMELIN, Donaldo. *Legitimidade para agir no direito processual civil brasileiro.* São Paulo: RT, 1979.

ARMIENTA CALDERON, Gonzalo M. La prueba. *In:* CALDERON ARMIENTA, G. M. *Homenage al maestro Hernando Devis Echandía.* Colombia: Instituto Colombiano de Derecho Procesal, 2002.

ARRUDA ALVIM, Eduardo. *Tutela provisória.* 2. ed. São Paulo: Saraiva, 2017.

ARRUDA ALVIM NETTO, José Manoel de. *Código de Processo Civil comentado.* São Paulo: RT, 1975. v. 1.

ARRUDA ALVIM NETTO, José Manoel de. *Código de Processo Civil comentado.* São Paulo: RT, 1975. v. II.

ARRUDA ALVIM NETTO, José Manoel de. *Código de Processo Civil comentado.* São Paulo: RT, 1976. v. III.

ARRUDA ALVIM NETTO, José Manoel de. Indenização por ato ilícito e *pactum de non petendo. Soluções práticas de Direito* – Pareceres – Direito privado. São Paulo: RT, 2011. v. 2.

ARRUDA ALVIM NETTO, José Manoel de. *Manual de direito processual civil.* 8. ed. São Paulo: RT, 2003. v. I.

ARRUDA ALVIM NETO, José Manoel de. *Manual de direito processual civil.* 7. ed. São Paulo: RT, 2000. v. 2.

ARRUDA ALVIM NETTO, José Manoel de. *Manual de direito processual civil.* 11. ed. São Paulo: RT, 2007. v. II.

ARRUDA ALVIM NETTO, José Manoel de. *Manual de direito processual civil*: teoria geral do processo, processo de conhecimento, recursos, precedentes. 20. ed. São Paulo: RT, 2021.

ARRUDA ALVIM NETTO, José Manoel de. Notas atuais sobre a figura da substituição processual. *Informativo Incijur*, Joinville/SC, n. 64, nov. 2004.

ARRUDA ALVIM NETTO, José Manoel de. Notas sobre a coisa julgada. *Revista de Processo,* São Paulo, n. 88, out.-dez. 1997.

ARRUDA ALVIM NETTO, José Manoel de. Processo e Constituição. *Revista Forense*, Rio de Janeiro, v. 408, mar.-abr. 2010.

ARRUDA ALVIM NETTO, José Manoel de. Prova emprestada. *Revista de Processo*, São Paulo, n. 202, dez. 2011.

ARRUDA ALVIM NETTO, José Manoel de. *Tratado de direito processual civil*. 2. ed. São Paulo: RT, 1990. v. I.

ARRUDA ALVIM NETTO, José Manoel de. Substituição processual. *Revista dos Tribunais*, São Paulo, v. 426, abr. 1971.

ARRUDA ALVIM NETTO, José Manoel de. Tutela antecipatória. *Revista de Direito do Consumidor*, São Paulo, n. 21, jan.-mar. 1997.

ARRUDA ALVIM NETTO, José Manoel de. Teoria da desconsideração da pessoa jurídica. *Soluções práticas*. São Paulo: RT, 2011. v. III.

ARRUDA ALVIM NETTO, José Manoel de. José Manoel de; ASSIS, Araken de; ARRUDA ALVIM, Eduardo. *Comentários ao Código de Processo Civil*. 3. ed. São Paulo: RT, 2014.

ASCARELLI, Tullio. Norma giuridica e realtà sociale. *Il diritto dell'economia*, ano 1, n. 10, 1955.

ASCARELLI, Tullio. *Problemas das sociedades anônimas e direito comparado*. 2. ed. São Paulo: Saraiva, 1969.

ASCENSÃO, José de Oliveira. *O direito – introdução e teoria geral*: uma perspectiva luso-brasileira. Rio de Janeiro: Renovar, 1994.

ASSIS, Araken de. Fungibilidade das medidas cautelares e satisfativas. *Revista de Processo*, São Paulo, n. 100, out. 2000.

ASSIS, Araken de. *Processo civil brasileiro*. São Paulo: RT, 2015. v. 2, t. I.

ASSIS, Araken de. Substituição processual. *Revista Dialética de Direito Processual*, São Paulo, n. 9, dez. 2003.

ASSIS, Araken de. O *contempt of court* no direito brasileiro. *Revista Jurídica*, Sapucaia do Sul, n. 318, abr. 2004.

ASSIS, Jacy de. O Ministério Público no processo civil. *Revista Brasileira de Direito Processual*, Uberaba, n. 3, 3º trim. 1975.

ASSIS, Jacy de. *Procedimento ordinário*. São Paulo: LAEL, 1975.

AUFIERO, Mario Vitor M. Dinamização do ônus da prova e o dever de custeá-la. *Revista de Processo*, São Paulo, v. 273, nov. 2017.

AUFIERO, Mario Vitor M. *Questões prejudiciais e coisa julgada*. Rio de Janeiro: Lumen Juris, 2019.

ÁVILA, Humberto. *Constituição, liberdade e interpretação*. 3. ed. São Paulo: Malheiros, 2022.

ÁVILA, Humberto. O que é "devido processo legal"? *Revista de Processo*, São Paulo, n. 163, set. 2008.

ÁVILA, Humberto. *Teoria da segurança jurídica*. 6. ed. São Paulo: Malheiros, 2021.

ÁVILA, Humberto. *Teoria dos princípios*. 8. ed. São Paulo: Malheiros, 2008.

ÁVILA, Humberto. *Teoria dos princípios*. 13. ed. São Paulo: Malheiros, 2012.

ÁVILA, Humberto. Teoria giuridica dell'argomentazione. *Analisi e Diritto*. Madrid: Marcial Pontes, 2012.

ÁVILA, Leonardo; POPP, Carlyle. Alienação do estabelecimento empresarial e a assimetria informacional: a tutela da boa-fé objetiva e seus deveres colaterais à luz da experiência consumerista. *Revista dos Tribunais*, São Paulo, v. 926, dez. 2012.

AZÁRIO, Márcia Pereira. *Dinamização da distribuição do ônus da prova no processo civil brasileiro* (Dissertação de mestrado). Porto Alegre: Faculdade de Direito da Universidade Federal do Rio Grande do Sul, 2006.

AZEVEDO, Antônio Junqueira de. *Negócio Jurídico*: existência, validade e eficácia. 3. ed. São Paulo: Saraiva, 2000.

AZZOLIN, José Antônio Chagas. Análise do depoimento pessoal em perspectiva cooperativa. *Revista de Processo*, São Paulo, v. 285, nov. 2018.

BANDEIRA DE MELO, Celso Antônio. *Curso de direito administrativo*. 10. ed. São Paulo: Malheiros, 1998.

BAPTISTA, Bernardo Barreto. *Saneamento e organização do processo: a evolução histórica e o CPC de 2015* (Tese de doutorado). Rio de Janeiro: UERJ, 2017.

BAPTISTA DA SILVA, Ovídio. A antecipação da tutela na recente reforma processual. *In:* TEIXEIRA, Sálvio de Figueiredo. *Reforma do Código de Processo Civil*. São Paulo: Saraiva, 1996.

BARACHO, José Alfredo de Oliveira. Lei, jurisprudência, filosofia e moral em HART. *O sino do Samuel*. Belo Horizonte: Faculdade de Direito da UFMG, jan.-mar. 2007.

BARBERO, Domenico. *Derecho privado*. Buenos Aires, 1962. v. I.

BARBI, Celso Agrícola. *Ação declaratória principal e incidente*. 6. ed. Rio de Janeiro: Forense, 1987.

BARBI, Celso Agrícola. *Comentários ao Código de Processo Civil*. Rio de Janeiro: Forense, 1975. v. I, t. II.

BARBI, Celso Agrícola. *Comentários ao Código de Processo Civil*. 2. ed. Rio de Janeiro: Forense, 1981. v. I.

BARBI, Celso Agrícola. *Comentários ao Código de Processo Civil*. 11. ed. Rio de Janeiro: Forense, 2002. v. I.

BARBI, Celso Agrícola. O papel da conciliação como meio de evitar o processo e de resolver conflitos. *Revista de Processo*, São Paulo, n. 39, jul.-set. 1985.

BARBOSA MOREIRA, José Carlos. A expressão "competência funcional" no art. 2º da Lei da Ação Civil Pública. *Revista Forense*, Rio de Janeiro, v. 380, jul. 2005.

BARBOSA MOREIRA, José Carlos. A motivação das decisões judiciais como garantia inerente ao estado de direito. *Temas de direito processual*. 2ª série. São Paulo: Saraiva, 1988.

BARBOSA MOREIRA, José Carlos. Anotações sobre o título "Da prova" do Novo Código Civil. *Revista jurídica*, Sapucaia do Sul, n. 370, ago. 2008.

BARBOSA MOREIRA, José Carlos. A presunção e a prova. *Temas de direito processual*. São Paulo: Saraiva, 1977.

BARBOSA MOREIRA, José Carlos. *Comentários ao Código de Processo Civil*. 4. ed. Rio de Janeiro: Forense. v. V.

BARBOSA MOREIRA, José Carlos. *Comentários ao Código de Processo Civil*. 5. ed. Rio de Janeiro: Forense, 1985. v. V.

BARBOSA MOREIRA, José Carlos. Condenação a fazer. Limites da coisa julgada e da execução. *Revista dos Tribunais*, São Paulo, v. 711, jan. 1995.

BARBOSA MOREIRA, José Carlos. *Direito processual civil*. Rio de Janeiro: Borsoi, 1971.

BARBOSA MOREIRA, José Carlos. *Estudos sobre o novo Código de Processo Civil*. Rio de Janeiro: Liber Juris, 1974.

BARBOSA MOREIRA, José Carlos. Legitimação passiva: critério de aferição. Mérito. *Direito aplicado II (pareceres)*. Rio de Janeiro: Forense, 2000.

BARBOSA MOREIRA, José Carlos. *Litisconsórcio unitário*. Rio de Janeiro: Forense, 1987.

BARBOSA MOREIRA, José Carlos. Notas sobre pretensão e a prescrição no sistema do novo Código Civil. *Revista Trimestral de Direito Civil*, Rio de Janeiro, v. 3, n. 11, jul.-set. 2002.

BARBOSA MOREIRA, José Carlos. O juiz e a prova. *Revista de Processo*, São Paulo, n. 35, jul.-set. 1984.

BARBOSA MOREIRA, José Carlos. *O novo processo civil brasileiro*. Rio de Janeiro: Forense, 1975. v. I.

BARBOSA MOREIRA, José Carlos. *O novo processo civil brasileiro*. 21. ed. Rio de Janeiro: Forense, 2000.

BARBOSA MOREIRA, José Carlos. *O novo processo civil brasileiro*. 22. ed. Rio de Janeiro: Forense, 2002.

BARBOSA MOREIRA, José Carlos. O que deve e o que não deve figurar na sentença. *Temas de direito processual*. 8ª Série. São Paulo: Saraiva, 2004.

BARBOSA MOREIRA, José Carlos. Por um processo socialmente efetivo. *Revista de Processo*, São Paulo. v. 27, n. 105, jan.-mar. 2002.

BARBOSA MOREIRA, José Carlos. Solidariedade ativa: efeitos da sentença e coisa julgada na ação de cobrança proposta por um único credor. *Temas de direito processual*. 9ª série. São Paulo: Saraiva, 2007.

BARBOSA MOREIRA, José Carlos. *Temas de direito processual*. 3ª série. São Paulo: Saraiva, 1984.

BARBOSA MOREIRA, José Carlos. *Temas de direito processual*. 6ª série. São Paulo: Saraiva, 1997.

BARBOSA MOREIRA, José Carlos. *Temas de direito processual*. 8ª série. São Paulo: Saraiva, 2004.

BARBOSA MOREIRA, José Carlos. Regras de experiência e conceitos juridicamente indeterminados. *Temas de direito processual*. São Paulo: Saraiva, 1977.

BARBOSA MOREIRA, José Carlos. Regras da experiência e conceitos jurídicos indeterminados. *Temas de direito processual*. 2ª série. Rio de Janeiro: Forense, 1988.

BARIONI, Rodrigo. Eficácia da sentença na denunciação da lide: execução direta do denunciado. *Revista Jurídica*, Sapucaia do Sul/RS, n. 325, nov. 2004.

BARIONI, Rodrigo. Os limites da ata notarial como meio de prova em juízo. *In:* NETO, Olavo de Oliveria; NETO, Elias Marques de Medeiros; LOPES, Ricardo Augusto de Castro (coords.). *A prova no direito processual civil*: estudos em homenagem ao professor João Batista Lopes. São Paulo: Editora Verbatim, 2013.

BARROS, Marcus Aurélio de Freitas. *Dos litígios aos processos coletivos estruturais*: novos horizontes para a tutela coletiva brasileira. Belo Horizonte: Ed. D'Plácido, 2020.

BARROSO, Luís Roberto. *Curso de direito constitucional contemporâneo*: os conceitos fundamentais e a construção do novo modelo. 2. ed. São Paulo: Saraiva, 2010.

BARROSO, Luís Roberto. *Interpretação e aplicação da Constituição*. 6. ed. São Paulo: Saraiva, 2004.

BARROSO, Luís Roberto. *O direito constitucional e a efetividade de suas normas*. 7. ed. Rio de Janeiro: Renovar, 2003.

BATALHA, Wilson Campos. *Cautelares e liminares*. 3. ed. São Paulo: LTr, 1996.

BATISTA, Lia Carolina. Pressupostos processuais e efetividade do processo civil. Uma tentativa de sistematização. *Revista de Processo*, São Paulo, v. 214, dez. 2012.

BATISTA MARTINS, Pedro. *Comentários ao Código de Processo Civil*. 2. ed. Rio de Janeiro: Forense, 1961. v. III, t. 2.

BAUR, Fritz. Transformações do processo civil em nosso tempo. *Revista Brasileira de Direito Processual*, Uberaba, n. 7, 3º trim. 1976.

BEDAQUE, José Roberto dos Santos. *In:* MARCATO, Antônio Carlos (coord.). *Código de processo civil interpretado*. São Paulo: Atlas, 2004.

BEDAQUE, José Roberto dos Santos. *In:* MARCATO, Antônio Carlos (coord.). *Código de processo civil interpretado*. 2. ed. São Paulo: Atlas, 2005.

BEDAQUE, José Roberto dos Santos. *Comentários ao Código de Processo Civil*. São Paulo: Saraiva, 2019. v. III.

BEDAQUE, José Roberto dos Santos. *Direito e processo*. 6. ed. São Paulo: Malheiros, 2011.

BEDAQUE, José Roberto dos Santos. *Efetividade do processo e técnica processual:* tentativa de compatibilização. Tese para concurso de Professor Titular, USP, São Paulo, 2005.

BEDAQUE, José Roberto dos Santos. *Efetividade do processo e técnica processual*. São Paulo: Malheiros, 2006.

BEDAQUE, José Roberto dos Santos. *Efetividade do processo e técnica processual*. 2. ed. São Paulo: Malheiros, 2007.

BEDAQUE, José Roberto dos Santos. Nulidades processuais e apelação. *Revista de Direitos e Garantias Fundamentais*, Vitória, n. 1, 2006.

BEDAQUE, José Roberto dos Santos. *Poderes instrutórios do juiz*. 4. ed. São Paulo: RT, 2009.

BEDAQUE, José Roberto dos Santos. *Tutela cautelar e tutela antecipada*: tutela sumária e de urgência. São Paulo: Malheiros, 1998.

BEDAQUE, José Roberto dos Santos. *Tutela cautelar e tutela antecipada*: tutela sumária e de urgência. 3. ed. São Paulo: Malheiros, 2003.

BEDAQUE, José Roberto dos Santos. *Tutela cautelar e tutela antecipada*: tutela sumária e de urgência. 5. ed. São Paulo: Malheiros, 2009.

BEDÊ JR., Américo; ALTOÉ, Marcelo Martins. Investigações empresariais internas e proteção de dados. *Revista dos Tribunais*, São Paulo, v. 1.008, out. 2019.

BELTRAME, Adriana. *Reconhecimento de sentenças estrangeiras*. Rio de Janeiro: GZ Ed., 2009.

BENEDUZI, Renato. *In*: MARINONI, Luiz Guilherme; ARENHART, Sérgio Cruz; MITIDIERO, Daniel (coords.). *Comentários ao Código de Processo Civil*. 2. ed. São Paulo: RT, 2018.

BENTHAM, Jeremy. *Tratado de las pruebas judiciales*. Trad. Manuel Ossorio Florit. Buenos Aires: EJEA, 1971.

BERMUDES, Sérgio. *Comentários ao Código de Processo Civil*. São Paulo: RT, 1975. v. VII.

BESSO, Chiara. La mediazione italiana: definizioni e tipologie. *Revista Eletrônica de Direito Processual*, Rio de Janeiro: UERJ, v. VI, jul.-dez. 2010.

BETTI, Emilio. *Diritto processuale civile*. 2. ed. Roma: Società editrice del "Foro Romano", 1936.

BEVILÁQUA, Clóvis. *Código Civil dos Estados Unidos do Brasil comentado*. Rio de Janeiro: Francisco Alves, 1959. v. I.

BEVILÁQUA, Clóvis. *Teoria geral do direito civil*. Rio de Janeiro: Francisco Alves, 1975.

BEZNOS, Clóvis. *Curso de mandado de segurança*. São Paulo: RT, 1986.

BIASE, Nicholas Furlan Di; ANDRADE, Juliana Nelazzi. Extinção da sociedade e sucessão processual: os limites da responsabilidade em relações civis, empresariais e consumeristas. *Revista dos Tribunais*, São Paulo, v. 1.073, mar. 2025.

BLOCH, Francisco dos Santos Dias. Coisa julgada e questão prejudicial no novo CPC. *In:* AURELLI, Arlete Inês *et al.* (coords.). *O direito de estar em juízo e a coisa julgada*: estudos em homenagem à Thereza Alvim. São Paulo: RT, 2014.

BOBBIO, Norberto. Igualdad y dignidad de lós hombres. *El tiempo de los derechos*. Madrid: Sistema, 1991.

BOCZAR, Ana Clara Amaral Arantes; LONDE, Carlos Rogério de Oliveira; CHAGAS, Daniela Bolivar Moreira; ASSUMPÇÃO, Letícia Franco Maculan. *Usucapião extrajudicial*: questões notariais, registrais e tributárias. 4. ed. Leme: Ed. Mizuno, 2023.

BODART, Bruno Vinícius da Rós. Simplificação e adaptabilidade no anteprojeto do novo CPC. *In:* FUX, Luiz (coord.). *O novo processo civil brasileiro.* Direito em expectativa. Rio de Janeiro: Forense, 2011.

BONDIOLI, Luis Guilherme Aidar. Comentários ao art. 329. *In:* WAMBIER, Teresa Arruda Alvim *et al. Breves comentários ao novo Código de Processo Civil.* São Paulo: RT, 2015.

BONNA, Alexandre Pereira. Cooperação no processo civil – A paridade do juiz e o reforço das posições jurídicas das partes a partir de uma nova concepção de democracia e contraditório. *Revista Brasileira de Direito Processual*, Belo Horizonte, n. 85, jan.-mar. 2014.

BORGES, Marcos Afonso. *Comentários ao Código de Processo Civil.* São Paulo: Leud, 1975. v. II.

BORTOLUCI, Lygia Helena Fonseca; MIRANDA, Victor Vasconcelos. As condutas dos sujeitos do processo: uma releitura do regime das preclusões a partir da boa-fé. *Revista de Processo*, São Paulo, v. 345, nov. 2023.

BRASIL. Exposição *de Motivos do Anteprojeto do novo Código de Processo Civil.* Brasília, Senado Federal, 2010.

BRIDA, Nério Andrade de; MEDEIROS NETO, Elias Marques de. A (im)possibilidade da atuação obstativa do juiz de primeiro grau em juízo de admissibilidade ao recurso de apelação no processo civil. *Revista de Processo*, São Paulo, v. 331, set. 2022.

BUCHMAN, Adriana; LUIZ, Fernando de Lima. *Disclosure* via negócio processual: a criação voluntária de um pressuposto processual como forma de fomentar a resolução negocial de conflitos. *Revista dos Tribunais*, São Paulo, v. 1.033, nov. 2021.

BUENO, Cassio Scarpinella. Amicus curiae *no processo civil brasileiro*: um terceiro enigmático. São Paulo: Saraiva, 2006.

BUENO, Cassio Scarpinella. Amicus curiae *no processo civil brasileiro*: um terceiro enigmático. 2. ed. São Paulo: Saraiva, 2008.

BUENO, Cássio Scarpinella. Amicus curiae *no processo civil brasileiro*: um terceiro enigmático. 3. ed. São Paulo: Saraiva, 2012.

BUENO, Cassio Scarpinella. *Curso sistematizado de direito processual* civil. São Paulo: Saraiva, 2007. v. 2, t. I.

BUENO, Cassio Scarpinella. *Curso sistematizado de direito processual* civil. 2. ed. São Paulo: Saraiva, 2009. v. 3.

BUENO, Cassio Scarpinella. *Curso sistematizado de direito processual* civil. São Paulo: Saraiva, 2009. v. 4.

BUENO, Cassio Scarpinella. *Curso sistematizado de direito processual* civil. 4. ed. São Paulo: Saraiva, 2011. v. 2, t. 1.

BUENO, Cassio Scarpinella. *Curso sistematizado de direito processual* civil. 6. ed. São Paulo: Saraiva, 2013. v. 2, t. I.

BUENO, Cassio Scarpinella. *Direito processual civil.* São Paulo: Saraiva, 2007. v. 2, t. 1.

BUENO, Cassio Scarpinella. *Intervenção de terceiros*: questões polêmicas. 2. ed. São Paulo: CPC, 2002.

BUENO, Cassio Scarpinella. O incidente de desconsideração da personalidade jurídica para além da desconsideração: uma homenagem ao Professor Fábio Ulhoa Coelho. In: CAMPINHO, Sérgio; FRAZÃO, Ana; CASTRO, Rodrigo Monteiro de (coords.). *Homenagem a Fabio Ulhoa Coelho*. São Paulo: Quartier Latin, 2022. v. IV.

BUENO, Cassio Scarpinella. *Partes e terceiros no processo civil brasileiro*. 2. ed. São Paulo: Saraiva, 2006.

BUENO, Cassio Scarpinella. Visão geral do(s) projeto(s) de novo Código de Processo Civil. *Revista de Processo,* São Paulo. v. 235, set. 2014.

BUENO, Cassio Scarpinella. *Novo Código de Processo Civil anotado.* São Paulo: Saraiva, 2015.

BUENO FILHO, Edgard Silveira. *Amicus curiae* – A democratização do debate nos processos de controle da constitucionalidade. *Revista de Direito Constitucional Internacional*, São Paulo, n. 47, abr.-jun. 2004.

BUFULIN, Augusto Passami; BALESTREIRO FILHO, Marcos Alberto. Afinal, existe uma cláusula geral para adaptação procedimental judicial no Código de Processo Civil de 2015? *Revista dos Tribunais*, São Paulo, v. 1.029, jul. 2021.

BUIKA, Heloisa Leonor. Prova emprestada. *Revista Dialética de Direito Processual*, São Paulo, n. 127, out. 2013.

BULOS, Uadi Lammêgo. *Constituição Federal anotada.* 3. ed. São Paulo: Saraiva, 2001.

BUZAID, Alfredo. *Considerações sobre o mandado de segurança coletivo.* São Paulo: Saraiva, 1992.

BUZAID, Alfredo. Do ônus da prova. *Revista Forense*, Rio de Janeiro, v. 204, out.-nov.-dez. 1963.

BUZAID, Alfredo. *Exposição de Motivos*, 1972 .

BUZAID, Alfredo. *Exposição de Motivos do CPC de 1973*, n. 5.

BUZAID, Alfredo. *Do agravo de petição no sistema do Código de Processo Civil.* 2. ed. São Paulo: Saraiva, 1956.

CABRAL, Antonio do Passo. Accordi di parte e processo. *Quaderni della Rivista Trimestrale di Diritto e Procedura Civile,* Milano: Giuffrè Editore, n. 11, 2008.

CABRAL, Antonio do Passo. Despolarização do processo e "zonas de interesse": sobre a migração entre polos da demanda. *In:* FUX, Luiz (coord.). *O novo processo civil brasileiro*: direito em expectativa. Rio de Janeiro: Forense, 2011.

CABRAL, Antonio do Passo. *Coisa julgada e preclusões dinâmicas*. Salvador: JusPodivm, 2019.

CABRAL, Antonio do Passo. *Convenções processuais.* Salvador: JusPodivm, 2016.

CABRAL, Antonio do Passo. Despolarização do processo e zonas de interesse: sobre a migração entre polos da demanda. *Revista Forense*, Rio de Janeiro, v. 404, jul.-ago. 2009.

CABRAL, Antonio do Passo. *Juiz natural e eficiência processual: flexibilização, delegação e coordenação de competências no processo civil.* (Tese.) Rio de Janeiro: UERJ, 2017.

CABRAL, Antonio do Passo. *Nulidades do processo moderno*: contraditório, proteção da confiança e validade *prima facie* dos atos processuais. 2. ed. Rio de Janeiro: Forense, 2010.

CABRAL, Antonio do Passo. *Pactum de non petendo*: a promessa de não processar no direito brasileiro. *Revista de Processo*, São Paulo. v. 305, jul. 2020.

CABRAL, Antonio do Passo. Pelas asas de Hermes: a intervenção do *amicus curiae*, um terceiro especial. *Revista de Processo*, São Paulo, n. 117, 2004.

CAHALI, Cláudia Elisabete Schwerz. *O gerenciamento de processos judiciais em busca da efetividade da prestação jurisdicional*. Coleção Andrea Proto Pisani. Brasília: Gazeta Jurídica, 2013. v. 10.

CAHALI, Yussef Said. *Honorários advocatícios*. 3. ed. São Paulo: RT, 1997.

CALABUIG, Marina Cavalcante Tavares. Cláusula de eleição de foro exclusivo estrangeiro: efetividade após a entrada em vigor do novo Código de Processo Civil. *Revista dos Tribunais*, São Paulo, v. 996, out. 2018.

CALAMANDREI, Piero. *Estudios sobre el proceso civil*. Buenos Aires: Editorial Bibliografia Argentina, 1945.

CALAMANDREI, Piero. Processo e democrazia. *Opere Giuridiche*. Napoli: Morano, 1965. v. I.

CALAMANDREI, Piero. *Proceso y democracia*. Trad. de Hector Fix-Zamudio. Lima: Ara Editores, 2006.

CALMON DE PASSOS, José Joaquim. *Comentários ao Código de Processo Civil*. Rio de Janeiro: Forense, 1974. v. III.

CALMON DE PASSOS, José Joaquim. *Comentários ao Código de Processo Civil*. 8. ed. Rio de Janeiro: Forense, 1998. v. III. n. 206.1.

CALMON DE PASSOS, José Joaquim. *Esboço de uma teoria das nulidades aplicada às nulidades processuais*. Rio de Janeiro: Forense, 2002.

CALMON DE PASSOS, José Joaquim. *Inovações no Código de Processo Civil*. Rio de Janeiro: Forense, 1995.

CALMON FILHO, Petrônio. *Fundamentos da mediação e da conciliação*. Rio de Janeiro: Forense, 2007.

CALVOSA, Carlo. *Il processo cautelare*: i sequestri e i provvedimenti d'urgenza. Torino: Torinese, 1970.

CALVOSA, Carlo. Sequestro Giudiziario. *Novissimo Digesto Italiano*. Torino: UTET, 1960. v. XVII.

CÂMARA, Alexandre Freitas. *Lições de direito processual civil*. 13. ed. Rio de Janeiro: Lumen Juris, 2005. v. I.

CÂMARA, Alexandre Freitas. *Lições de direito processual civil*. 15. ed. Rio de Janeiro: Lumen Juris, 2006. v. I.

CÂMARA, Alexandre Freitas. Mediação e conciliação na Res. 125 do CNJ e no projeto de Código de Processo Civil. *In:* MENDES, Aluísio Gonçalves de Castro; WAMBIER, Teresa Arruda Alvim (org.). *O processo em perspectiva*: jornadas brasileiras de direito processual. São Paulo: RT, 2013.

CÂMARA, Alexandre Freitas. Limites objetivos da coisa julgada no novo Código de Processo Civil. *In:* PEIXOTO, Ravi; MACÊDO, Lucas Buril de; FREIRE, Alexandre (coords.). *Doutrina selecionada* – processo de conhecimento e disposições finais e transitórias. Salvador: JusPodivm, 2015. v. 2.

CÂMARA, Alexandre Freitas. Limites objetivos da coisa julgada no Novo Código de Processo Civil. *In:* MACÊDO, Lucas Buril de *et al.* (orgs.); DIDIER JR., Fredie (coord.). *Novo CPC*: doutrina selecionada – procedimento comum. 2. ed. Salvador: JusPodivm, 2016. v. 2.

CÂMARA, Alexandre Freitas. *O novo processo civil brasileiro*. São Paulo: Atlas, 2015.

CÂMARA, Alexandre Freitas. *O novo processo civil brasileiro*. 2. ed. São Paulo: Atlas, 2016.

CÂMARA, Alexandre Freitas. Poderes instrutórios do juiz e processo civil democrático. *In:* WAMBIER, Luiz Rodrigues; WAMBIER, Teresa Arruda Alvim (orgs.). *Doutrinas essenciais.* Processo civil. São Paulo: RT, 2014. v. IV.

CÂMARA, Alexandre Freitas. Será o fim da categoria "condições da ação"? Uma resposta a Fredie Didier Jr. *Revista de Processo,* São Paulo, v. 197, jul. 2011.

CAMBI, Eduardo. *A prova civil – Admissibilidade e relevância.* São Paulo: RT, 2006.

CAMBI, Eduardo. *Direito Constitucional à prova no processo civil.* São Paulo: RT, 2001.

CAMBI, Eduardo. *Habeas corpus* coletivo e prova estatística. *Revista dos Tribunais,* São Paulo, v. 1.025, mar. 2021.

CAMBI, Eduardo. Julgamento *prima facie* [imediato] pela técnica do art. 285-A do CPC. *Revista dos Tribunais,* São Paulo, v. 854, dez. 2006.

CAMBI, Eduardo; HOFFMANN, Eduardo. Caráter probatório da conduta [processual] das partes. *Revista de Processo,* São Paulo. v. 201, nov. 2011.

CAMPOS, Gledson Marques de. A sentença liminar de improcedência, os requisitos para que seja proferida e os limites da apelação interposta contra ela. *Revista Dialética de Direito Processual,* São Paulo, n. 46, jan. 2007.

CAMPOS, Ronaldo Cunha. *Estudos de direito processual civil.* Uberaba: Jornal da Manhã, 1974.

CANOTILHO, José Joaquim Gomes. *Direito constitucional.* 4. ed. Coimbra: Almedina, 1989.

CANOTILHO, José Joaquim Gomes. *Direito constitucional e teoria da constituição.* 5. ed. Coimbra: Almedina, 2002.

CANOTILHO, José Joaquim Gomes. *Direito constitucional e teoria da constituição.* 7. ed. Coimbra: Almedina, 2003.

CANOTILHO, José Joaquim Gomes; MOREIRA, Vital. *Constituição da República portuguesa anotada.* 4. ed. Coimbra: Coimbra Editora, 2014. v. I.

CAPONI, Remo. Accordi di parte e processo. *Quaderni della Rivista Trimestrale di Diritto e Procedura Civile,* Milano: Giuffrè Editore, n. 11, 2008.

CAPONI, Remo; PROTO PISANI, Andrea. *Linementi di diritto processuale civile.* Napoli: Jovene Editore, 2001.

CAPPELLETTI, Mauro. *La oralidade y las pruebas en el processo civil.* Trad. de Santiago Sentis Mellendo. Buenos Aires: EJEA, 1971.

CAPPELLETTI, Mauro. *La testimonianza della parte nel sistema dell'oralità.* Milano: Giuffrè, 1962.

CAPPELLETTI, Mauro; GARTH, Bryant. *Acesso à justiça.* Trad. de Ellen Gracie Northfleet. Porto Alegre: Fabris, 1988.

CARDOSO, Natasha Reis de Carvalho. O direito fundamental à prova: da produção à valoração das provas estatísticas. *Revista de Processo,* São Paulo, v. 338, abr. 2023.

CARDOSO, Oscar Valente. A cooperação judiciária nacional no novo Código de Processo Civil. *Revista Dialética de Direito Processual,* São Paulo, n. 152, nov. 2015.

CARDOSO, Oscar Valente. A motivação *per relationem* inversa nos Juizados Especiais Cíveis. *Revista Dialética de Direito Processual,* São Paulo, n. 144, mar. 2015.

CARDOSO, Oscar Valente. Diário de Justiça Eletrônico Nacional, Domicílio Judicial Eletrônico e novas regras de citação, intimação e contagem de prazos processuais. *Revista dos Tribunais,* São Paulo, v. 1.076, jun. 2025.

CARDOSO, Oscar Valente. Lei 14.879/2024 e alterações sobre a cláusula de eleição de foro no Código de Processo Civil. *Revista dos Tribunais*, São Paulo, v. 1.069, nov. 2024.

CARDOSO, Oscar Valente. O aspecto quádruplo da motivação das decisões judiciais: princípio, dever, direito e garantia. *Revista Dialética de Direito Processual*, São Paulo, n. 111, jun. 2012.

CARMONA, Carlos Alberto. *Arbitragem e processo*: um comentário à Lei n. 9.307/96. 3. ed. São Paulo: Atlas, 2009.

CARNEIRO, Athos Gusmão. *Intervenção de terceiros*. 14. ed. São Paulo: Saraiva, 2003.

CARNEIRO, Athos Gusmão. *Intervenção de terceiros*. 15. ed. São Paulo: Saraiva, 2003.

CARNEIRO, Athos Gusmão. *Intervenção de terceiros*. 18. ed. São Paulo: Saraiva, 2009.

CARNEIRO, Athos Gusmão. Mandado de segurança: assistência e *amicus curiae*. *Revista de Processo*, São Paulo, n. 112, out. 2003.

CARNEIRO, Athos Gusmão. *O novo Código de Processo Civil nos Tribunais do Rio Grande do Sul e Santa Catarina*. Porto Alegre: Ajuris, 1976. v. I.

CARNELUTTI, Francesco. *Instituciones del proceso civil*. Buenos Aires: EJEA, 1973. v. I.

CARNELUTTI, Francesco. *Istituzioni del processo civile italiano*. 5. ed. Roma: Società Editrici del Foro Italiano, 1956. v. I.

CARNELUTTI, Francesco. *Sistema di diritto processuale civile*. Padova: Cedam, 1936. v. I.

CARNELUTTI, Francesco. *Sistema di diritto processuale civile*. Padova: Cedam, 1938. v. I.

CARNELUTTI, Francesco. *Sistema di diritto processuale civile*. Padova: Cedam, 1938. v. II.

CARNELUTTI, Francesco. *Sistema de derecho procesal civil*. Trad. de Niceto Alcalá-Zamora Y Castillo e Santiago Sentís Melendo. Buenos Aires: Uteha, 1944. v. II.

CARPES, Artur. *Ônus dinâmico das provas*. Porto Alegre: Livraria do Advogado, 2010.

CARREIRA ALVIM, José Eduardo. *Elementos de teoria geral do processo*. 4. ed. Rio de Janeiro: Forense, 1995.

CARREIRA ALVIM, José Eduardo. *O direito na doutrina*. Curitiba: Juruá, 1998.

CARREIRA ALVIM, José Eduardo. *Teoria geral do processo*. 8. ed. Rio de Janeiro: Forense, 2002.

CARRION, Valentin. Medidas cautelares atípicas. *Revista Forense*, Rio de Janeiro, v. 246, abr. 1974.

CARVALHO, Angelo Prata de. O abuso de direito de ação no processo civil brasileiro: contornos teóricos e práticos do assédio processual a partir da análise do Recurso Especial 1.817.845. *Revista de Processo*, São Paulo, v. 319, set. 2021.

CARVALHO, Delton Winter de; ZANETI JR., Hermes. O direito processual dos desastres e o papel das cortes judiciais na prevenção e no preparo aos desastres. *Revista de Processo*, São Paulo, v. 346, dez. 2023.

CARVALHO, Fabiano; BARIONI, Rodrigo. Eficácia da sentença na denunciação da lide: execução direta do denunciado. *Revista Jurídica*, Sapucaia do Sul/RS, n. 325, ago. 2010.

CARVALHO, José Orlando Rocha de. *Ação declaratória*. Rio de Janeiro: Forense, 2002.

CARVALHO, Nathália Gonçalves de Macedo. Preclusão para o juiz: vedação de reapreciação de questões decididas. *Revista dos Tribunais*, São Paulo, v. 1.073, mar. 2025.

CARVALHO, Paulo de Barros. *Direito tributário, linguagem e método*. 2. ed. São Paulo: Noeses, 2008.

CARVALHO SANTOS, J. M. *Código Civil Brasileiro interpretado*. 7. ed. Rio de Janeiro: Freitas Bastos, 1958. v. III.

CASSONE, Vittório; ROSSI, Júlio César; CASSONE, Maria Eugênia Teixeira. *Processo tributário*: teoria e prática. 15. ed. São Paulo: Saraiva, 2017.

CASTRO, Aldemario Araujo. O documento eletrônico e a assinatura digital (uma visão geral). Apud MARIANI, Rômulo Greff. O documento eletrônico como meio de prova no processo civil. In: *Revista Síntese de Direito Civil e Processo Civil*, São Paulo, n. 79, set.-out. 2012.

CASTRO, Amílcar de. *Comentários ao Código de Processo Civil*. 2. ed. Rio de Janeiro: Forense, 1963. v. X, t. I.

CASTRO, Amílcar de. *Comentários ao Código de Processo Civil*. São Paulo: RT, 1974. v. VIII.

CASTRO, Amílcar de. *Direito internacional privado*. Rio de Janeiro: Forense, 1956. v. II.

CASTRO, Cássio Benevenutti de. Releitura da Súmula 54 do Superior Tribunal de Justiça: *narrowing* dos precedentes em relação ao termo inicial dos juros na reparação do dano extrapatrimonial. *Revista dos Tribunais*, São Paulo, v. 1.037, mar. 2022.

CASTRO, Jerônimo Fernando dos Santos de. A fase probatória no processo civil: a instrumentalidade da prova e sua relevância no convencimento do juiz. *Revista Síntese – Direito Civil e Processual Civil*, São Paulo, n. 110, nov.-dez. 2017.

CASTRO MENDES, Aluisio Gonçalves de. *Competência cível da Justiça Federal*. 2. ed. São Paulo: RT, 2006.

CAVALCANTI, Marcos de Araújo. *Coisa julgada & questões prejudiciais*: limites objetivos e subjetivos. São Paulo: RT, 2019.

CAVANI, Renzo. "Decisão justa": mero slogan? Por uma teorização da decisão judicial para o processo civil contemporâneo. *Revista de Processo*, São Paulo, v. 236, out. 2014.

CENTRO DE PESQUISAS JURÍDICAS (CPJ). Direito e Fraternidade. *Revista AMB+*, 2022.

CHAVES, Carlos Fernando Brasil; REZENDE, Afonso Celso F. *Tabelionato de notas e o notário perfeito*. 5. ed. Campinas: Millennium, 2010.

CHICUTA, Kioitsi. *In*: BRANDELLI, Leonardo (coord.). *Ata notarial*. Porto Alegre: SAFE, 2004.

CHIOVENDA, Giuseppe. *Ensayos de derecho procesal civil*. Trad. de Santiago Sentis Melendo. Buenos Aires: EJEA, 1949. v. II.

CHIOVENDA, Giuseppe. *Instituições de direito processual civil*. Trad. de J. Guimarães Menegale. 3. ed. São Paulo: Saraiva, 1969. v. I.

CHIOVENDA, Giuseppe. *Instituições de direito processual civil*. Trad. de J. Guimarães Menegale. 3. ed. São Paulo: Saraiva, 1969. v. II.

CHIOVENDA, Giuseppe. *Instituições de direito processual civil*. 3. ed. São Paulo: Saraiva, 1969. v. III.

CHIOVENDA, Giuseppe. *Principii di diritto processuale civile*. 4. ed. Napoli: Jovene, 1928.

CIANCI, Mirna. A razoável duração do processo – Alcance e significado. Uma leitura constitucional da efetividade no direito processual civil. *Revista de Processo*, São Paulo, v. 225, nov. 2013.

CINTRA, Antonio Carlos de Araujo. *Comentários ao Código de Processo Civil*. Rio de Janeiro: Forense, 2000. v. IV.

CINTRA, Antonio Carlos de Araújo. *Comentários ao Código de Processo Civil*. 2. ed. Rio de Janeiro: Forense, 2003. v. IV.

CINTRA, Antonio Carlos de Araujo. *Comentários ao Código de Processo Civil*. 22. ed. São Paulo: Malheiros, 2006.

CINTRA, Antonio Carlos de Araujo. *Comentários ao Código de Processo Civil*. 25. ed. São Paulo: Malheiros Editores, 2009.

CINTRA, Antonio Carlos de Araujo. *Comentários ao Código de Processo Civil*. 26. ed. São Paulo: Malheiros, 2010.

CINTRA, Antonio Carlos de Araujo; GRINOVER, Ada Pellegrini; DINAMARCO, Cândido Rangel. *Teoria geral do processo*. São Paulo: Malheiros, 1974.

CIPRIANI, Franco. *La prueba en el proceso civil*. 3. ed. Madrid: Civitas, 2002.

COMOGLIO, Luigi Paolo. Il "giusto processo" civile in Italia e in Europa. *Revista de Processo*, São Paulo, n. 116, jul.-ago. 2004.

COMOGLIO, Luigi Paolo; FERRI, Corrado; TARUFFO, Michele. *Lezioni sul processo civile*. 4. ed. Bologna: Il Mulino, 2006. v. I.

COMOGLIO, Luigi Paolo; FERRI, Corrado; TARUFFO, Michele. *Lezioni sul processo civile*. 4. ed. Bologna: Il Mulino, 2006. v. II.

COMPARATO, Fábio Konder. *Para viver a democracia*. São Paulo: Brasiliense, 1989.

CONIGLIO, Antonino. *Il sequestro giudiziario e conservativo*. 3. ed. Milano: A. Giuffrè, 1949.

CONTE, André Nunes. *Desconsideração atributiva no direito privado*: a imputação de fatos da pessoa jurídica aos seus membros e vice-versa. São Paulo: Quartier Latin, 2022.

CORRÊA, Orlando de Assis. *Ação declaratória (teoria e prática)*. Rio de Janeiro: AIDE, 1989.

CORREIA, Atalá; GONÇALVES FILHO, Mário Assis. Consequencialismo jurídico e democracia constitucional: em busca de um espaço de equilíbrio democrático na justificação da decisão judicial. *Revista dos Tribunais*, São Paulo, v. 1.070, dez. 2024.

CORREIA, Rafael Motta e. Poderes instrutórios do juiz e as novas diretrizes da norma processual. *Revista de Processo*, São Paulo, n. 194, abr. 2011.

COSTA, Ana Surany Martins; CARVALHO, Newton Teixeira. A magistratura diante da iniciativa probatória no moderno contexto processual civil: um confronto entre o juiz Pilatos *versus* o juiz contemporâneo. *Revista Brasileira de Direito Processual*, Belo Horizonte, n. 74, abr.-jun. 2011.

COSTA, Eduardo José da Fonseca. Tutela de evidência no Projeto do Novo CPC – uma análise dos seus pressupostos. *In:* ROSSI, Fernando *et al.* (coords.). *O futuro do processo civil no Brasil*. Obra em homenagem ao advogado Claudiovir Delfino. Belo Horizonte: Ed. Fórum, 2011.

COSTA E SILVA, Paula. *Pactum de non petendo*: exclusão convencional do direito de acção e exclusão convencional da pretensão material. *In:* CABRAL, Antonio do Passo; NOGUEIRA, Pedro Henrique (coords.). *Negócios processuais*. 4. ed. Salvador: JusPodivm, 2019. t. 1.

COSTA E SILVA, Paula. *Perturbações no cumprimento dos negócios processuais*. Salvador: JusPodivm, 2020.

COSTA E SILVA, Paula; REIS, Nuno Trigo dos. A prova difícil: da *probatio levior* à inversão do ônus da prova. *Revista de Processo*, São Paulo, v. 222, ago. 2013.

COSTA, Gabriel Ahid; NINA, Leandro Costa. O princípio constitucional da boa-fé: garantia de lealdade e confiança nas relações jurídicas privadas. *In*: CRUZ, André Gonzalez *et al.* *Estudos atuais de direito constitucional*. Rio de Janeiro: Barra Livros, 2014.

COSTA, Gilberto Azevedo de Moraes. Estabilização da tutela antecipada. *Revista de Processo*, São Paulo, v. 332, out. 2022.

COSTA, Moacyr Lobo da. *Assistência*. São Paulo: Saraiva, 1968.

COSTA, Rosalina Moitta Pinto da. Aplicação do incidente de desconsideração da personalidade jurídica nas execuções fiscais: crítica ao posicionamento do STJ e do TRF. *Revista de Processo*, São Paulo, v. 340, jun. 2023.

COSTA, Sergio. *Manuale di diritto processuale civile*. 4. ed. Torino: UTET, 1973.

COSTA, Sergio. "Sequestro Conservativo". *Novissimo Digesto Italiano*. v. XVII.

COSTA NETO, José Wellington Bezerra da. Abuso do direito de demandar e foro aleatório: forum non conveniens no Brasil – parte um. *Revista de Processo*, São Paulo, v. 364, jun. 2025.

COSTA NETO, José Wellington Bezerra da. Análise econômica da litigância predatória – parte 1. *Revista de Processo*, São Paulo, v. 356, out. 2024.

COUTO, Mônica Bonetti. "A nova regra do parágrafo único do art. 112". *Tribuna do Direito*, São Paulo, jul. 2006.

COUTURE, Eduardo Juan. *Fundamentos del derecho procesal civil*. Buenos Aires: Depalma, 1974.

COUTURE, Eduardo Juan. Sobre el precepto "nemo tenetur edere contra se". *Estudios de derecho procesal civil*. Buenos Aires: Ediar, 1948, t. II.

CRAMER, Ronaldo. Comentários ao art. 13. *In:* CABRAL, Antônio do Passo; CRAMER, Ronaldo. *Comentários ao novo Código de Processo Civil*. 2. ed. Rio de Janeiro: Forense, 2016.

CRUZ, André Gonzalez; DUARTE JR., Hildelis Silva; JESUS, Thiago Alisson Cardoso de. (Orgs.). *Estudos atuais de direito constitucional*. Rio de Janeiro: Barra Livros, 2014.

CUNHA, Igor Martins da. *Teoria geral dos recursos*: ensaio sobre a autonomia privada nos recursos cíveis. São Paulo: RT, 2024.

CUNHA, Leonardo Carneiro da. A assistência no projeto do novo CPC brasileiro. *In:* AURELLI, Arlete Inês *et al.* (coords.). *O direito de estar em juízo e a coisa julgada*: estudos em homenagem a Thereza Alvim. São Paulo: RT, 2014.

CUNHA, Leonardo Carneiro da. *A Fazenda Pública em juízo*. 15. ed. São Paulo: Saraiva, 2018.

CUNHA, Leonardo Carneiro da. A previsão do princípio da eficiência no Projeto do novo Código de Processo Civil brasileiro. *Revista de Processo*, São Paulo, v. 233, jul. 2014.

CUNHA, Leonardo Carneiro da. Anotações sobre a garantia constitucional do juiz natural. *In*: FUX, Luiz *et al. Processo e constituição*. Estudos em homenagem ao Professor José Carlos Barbosa Moreira. São Paulo: RT, 2006.

CUNHA, Leonardo Carneiro da. Anotações sobre a competência dos Juizados Especiais Cíveis Federais. *Revista de Processo*, São Paulo, n. 173, jul. 2009.

CUNHA, Leonardo Carneiro da. Intervenção anômala: a intervenção de terceiro pelas pessoas jurídicas de direito pública prevista no parágrafo único do art. 5º da Lei 9.469/1997. *In:* DIDIER JR., Fredie; WAMBIER, Teresa Arruda Alvim (coords.). *Aspectos polêmicos e atuais sobre os terceiros no processo civil e assuntos afins*. São Paulo: RT, 2004.

CUNHA, Leonardo Carneiro da. O princípio do contraditório e a cooperação no processo. *Revista Brasileira de Direito Processual*, Belo Horizonte, n. 79, jul.-set. 2012.

CUNHA, Leonardo Carneiro da. Será o fim da categoria condições da ação? *Revista de Processo*, São Paulo, v. 198, ago. 2011.

CUNHA, Leonardo Caneiro da; TERCEIRO NETO, João Otávio. Honorários sucumbenciais na liquidação de sentença. *Revista de Processo*, São Paulo, v. 363, mai. 2025.

CUNHA PEIXOTO, Carlos Fulgêncio da. Chamamento ao processo de devedores solidários. *Rev. Julgs. do TAMG*, v. I, 1975.

DALL'AGNOL JÚNIOR, Antonio Janyr. Honorários sucumbenciais. Direito intertemporal. Efeito imediato da lei processual civil. Sucumbência: incidência da lei vigente à data do pronunciamento que a define. *Revista Síntese. Direito Civil e Processual Civil,* São Paulo, n. 111, jan.-fev. 2018.

DALLARI, Dalmo de Abreu. *Elementos de teoria geral do Estado.* São Paulo: Saraiva, 1995.

DALLEDONE, Rodrigo Fernandes Lima; MOREIRA, Egon Bokmann. O Supremo Tribunal Federal, a LINDB e as regras de experiência técnica: considerações sobre prognoses judiciais no âmbito regulatório. *Revista de Processo*, São Paulo, v. 310, dez. 2020.

DE LUCCA, Rodrigo Ramina. Os limites objetivos da coisa julgada no novo Código de Processo Civil. *Revista de Processo,* São Paulo. v. 252, fev. 2016.

DELFINO, Lúcio; ROSSI, Fernando. Interpretação jurídica e ideologias: o escopo da jurisdição no Estado Democrático de Direito. *Revista Jurídica UNIJUS*, Uberaba, v. 11, n. 15, nov. 2008.

DELLORE, Luiz. Comentários ao § 5º do art. 99 do CPC/2015. *In*: GAJARDONI, Fernando; DELLORE, Luiz; ROQUE, André; DUARTE, Zulmar (coords.). *Teoria geral do processo*: comentários ao CPC de 2015 – parte geral. São Paulo: Método, 2015.

DEMARCHI, Paolo Giovanni. *Il nuovo rito civile.* II. Il giudizio di cassazione e i provvedimenti speciali. Milano: Giuffrè, 2006.

DENTI, Vittorio. *La giustizia civile.* Bologna: Il Mulino, 2004.

DENTI, Vittorio. Intervento. *La tutela d'urgenza – Atti del XV Convegno Nazionali.* Rimini: Maggiole, 1985.

DENTI, Vittorio. *Verbete Azione*: diritto processuale civile. *Enciclopedia giuridica.* Roma: Istituto della Enciclopédia Italiana Fondata da Giovanni Treccani, 1988. v. IV.

DERRIDA, Jaques. *Força de lei.* 2. ed. Trad. de Leyla Perrone-Moisés. São Paulo: Martins Fontes, 2010.

DIDIER JR., Fredie. Cláusulas gerais processuais. *Revista Magister de Direito Civil e Processual Civil*, Porto Alegre, n. 44, set.-out. 2011.

DIDIER JR., Fredie. *Curso de direito processual civil.* 11. ed. Salvador: JusPodivm, 2009. v. I.

DIDIER JR., Fredie. *Curso de direito processual civil* – Introdução ao direito processual civil e processo de conhecimento. 14. ed. Salvador: JusPodivm, 2012. v. I.

DIDIER JR., Fredie. *Curso de direito processual civil.* 17. ed. Salvador: JusPodivm, 2015. v. 1.

DIDIER JR., Fredie; BRAGA, Paula Sarno; OLIVEIRA, Rafael Alexandria de. *Curso de direito processual civil.* 10. ed. Salvador: JusPodivm, 2015. v. 2.

DIDIER JR., Fredie. *Curso de direito processual civil.* 18. ed. Salvador: JusPodivm, 2016. v. 1.

DIDIER JR., Fredie. *Curso de direito processual civil.* 21. ed. Salvador: JusPodivm, 2019. v. I.

DIDIER JR., Fredie. *Sobre a teoria geral do processo (tese de livre-docência).* São Paulo: Faculdade de Direito da USP, 2011.

DIDIER JR., Fredie. *Cooperação judiciária nacional*: esboço de uma teoria para o direito brasileiro. Salvador: JusPodivm, 2020.

DIDIDER JR., Fredie. *Cooperação judiciária nacional.* 2. ed. Salvador: JusPodivm, 2021.

DIDIER JR., Fredie. Litisconsórcio unitário e litisconsórcio necessário. *Revista de Processo,* São Paulo, v. 208, jun. 2012.

DIDIER JR., Fredie. Multa coercitiva, boa-fé processual e *suppressio*: aplicação do *duty to mitigate the loss* no processo civil. *Revista de Processo*, São Paulo, n. 171, maio 2009.

DIDIER JR., Fredie. Multa coercitiva, boa-fé processual e *suppressio*: aplicação do *duty to mitigate the loss* no processo civil. *Revista de Processo,* São Paulo, v. 11, maio 2009.

DIDIER JR., Fredie. Novas regras sobre incompetência territorial: arts. 112, 114 e 305 do CPC [NCPC, arts. 64, 65 e sem correspondente]. *In*: JORGE, Flávio Cheim; DIDIER JR., Fredie; RODRIGUES, Marcelo Abelha. *A terceira etapa da reforma processual civil.* São Paulo: Saraiva, 2006.

DIDIER JR., Fredie. Os três modelos de direito processual: inquisitivo, dispositivo e cooperativo. *In:* CRUZ E TUCCI, José Rogério *et al.* (coord.). *Processo civil*: homenagem a José Ignacio Botelho de Mesquita. São Paulo: Quartier Latin, 2013.

DIDIER JR., Fredie. Possibilidade de sustentação oral do *amicus curiae. Revista Dialética de Direito Processual*, São Paulo, n. 8, nov. 2003.

DIDIER JR., Fredie. Será o fim da categoria "condições da ação"? Um elogio ao projeto do novo Código de Processo Civil. *Revista de Processo*, São Paulo, v. 197, jul. 2011.

DIDIER JR., Fredie. Comentários ao art. 5º. In: CABRAL, Antônio do Passo; CRAMER, Ronaldo (coords.). *Comentários ao novo Código de Processo Civil.* 2. ed. Rio de Janeiro: Forense, 2016.

DIDIER JR., Fredie; BRAGA, Paula Sarno; OLIVEIRA, Rafael Alexandria de. *Curso de direito processual civil.* 11. ed. Salvador: JusPodivm, 2016. v. 2.

DIDIER JR., Fredie; BRAGA, Paula Sarno; OLIVEIRA, Rafael Alexandria de. *Curso de direito processual civil.* 16. ed. Salvador: JusPodivm, 2021. v. 2.

DIDIER JR., Fredie; BRAGA, Paula Sarno; OLIVEIRA, Rafael Alexandria de. *Curso de direito processual civil.* 5. ed. Salvador: JusPodivm, 2010. v. II.

DIDIER JR., Fredie; BRAGA, Paula Sarno; OLIVEIRA, Rafael Alexandria de. *Curso de direito processual civil.* 7. ed. Salvador: JusPodivm, 2012. v. 2.

DIDIER JR., Fredie; CUNHA, Leonardo Carneiro da. *Curso de direito processual civil.* 9. ed. Salvador: JusPodivm, 2011. v. 3.

DIDIER JR., Fredie; CUNHA, Leonardo Carneiro da. *Curso de direito processual civil.* 13. ed. Salvador: JusPodivm, 2016. v. 3.

DIDIER JR., Fredie; CUNHA, Leonardo Carneiro da; BRAGA, Paula Sarno; OLIVEIRA, Rafael Alexandria de. Diretrizes para a concretização das cláusulas gerais executivas dos arts. 139, IV, 297 e 536, § 1º, CPC. *Revista de Processo,* São Paulo, v. 267, maio 2017.

DIDIER JR., Fredie; OLIVEIRA, Rafael Alexandria de. *Benefício da justiça gratuita.* 6. ed. Salvador: JusPodivm, 2016.

DIDIER JR., Fredie; TALAMINI, Eduardo; DANTAS, Bruno. *Breves comentários ao novo Código de Processo Civil.* São Paulo: RT, 2015.

DÍEZ PICAZO, Luis. *La prescripción en el Código Civil.* Barcelona: Bosch, 1964.

DINAMARCO, Cândido Rangel. *A arbitragem na teoria geral do processo.* São Paulo: Malheiros, 2013.

DINAMARCO, Cândido Rangel. *A instrumentalidade do processo*. 4. ed. São Paulo: RT, 1994.

DINAMARCO, Cândido Rangel. *A instrumentalidade do processo*. 5. ed. São Paulo: Malheiros, 1996.

DINAMARCO, Cândido Rangel. *A instrumentalidade do processo*. 12. ed. São Paulo: Malheiros, 2005.

DINAMARCO, Cândido Rangel. *A reforma do Código de Processo Civil.* 3. ed. São Paulo: Malheiros, 1996.

DINAMARCO, Cândido Rangel. *A reforma da reforma*. São Paulo: Malheiros, 2002.

DINAMARCO, Cândido Rangel. As três figuras da liquidação de sentença. *Estudos de direito processual em memória de Luiz Machado Guimarães*. Rio de Janeiro: Forense, 1997.

DINAMARCO, Cândido Rangel. *Capítulos da sentença*. São Paulo: Malheiros, 2004.

DINAMARCO, Cândido Rangel. *Direito processual civil*. São Paulo: J. Bushatsky, 1975.

DINAMARCO, Cândido Rangel. *Fundamentos do processo civil moderno*. 2. ed. São Paulo: Malheiros, 1987.

DINAMARCO, Cândido Rangel. *Intervenção de terceiros*. São Paulo: Malheiros, 1997.

DINAMARCO, Cândido Rangel. *Instituições de direito processual civil*. São Paulo: Malheiros, 2001. v. II.

DINAMARCO, Cândido Rangel. *Instituições de direito processual civil*. São Paulo: Malheiros, 2001. v. III.

DINAMARCO, Cândido Rangel. *Instituições de direito processual civil*. 2. ed. São Paulo: Malheiros, 2002. v. II.

DINAMARCO, Cândido Rangel. *Instituições de direito processual civil*. 2. ed. São Paulo: Malheiros, 2003.

DINAMARCO, Cândido Rangel. *Instituições de direito processual civil*. São Paulo: Malheiros, 2005. v. III.

DINAMARCO, Cândido Rangel. *Instituições de direito processual civil*. 6. ed. São Paulo: Malheiros, 2009. v. II

DINAMARCO, Cândido Rangel. *Instituições de direito processual civil*. 7. ed. São Paulo: Malheiros, 2013. v. I.

DINAMARCO, Cândido Rangel. *Instituições de direito processual civil*. 8. ed. São Paulo: Malheiros, 2016. v. I.

DINAMARCO, Cândido Rangel. *Instituições de direito processual civil*. 7. ed. São Paulo: Malheiros, 2017. v. II.

DINAMARCO, Cândido Rangel. *Instituições de direito processual civil*. 7. ed. São Paulo: Malheiros, 2017. v. III.

DINAMARCO, Cândido Rangel. *Litisconsórcio*. 5. ed. São Paulo: Malheiros, 1997.

DINAMARCO, Cândido Rangel. *Litisconsórcio*. 7. ed. São Paulo: Malheiros, 2002.

DINAMARCO, Cândido Rangel. *Litisconsórcio*. 8. ed. São Paulo: Malheiros, 2009.

DINAMARCO, Cândido Rangel. O novo Código de Processo Civil brasileiro e a ordem processual civil vigente. *Revista de Processo,* São Paulo, v. 247, set. 2015.

DINAMARCO, Cândido Rangel; LOPES, Bruno Vasconcelos Carrilho. *Teoria geral do novo processo civil*. 3. ed. São Paulo: Malheiros, 2018.

DINAMARCO, Cândido Rangel. Tutela jurisdicional. *Doutrinas essenciais do processo civil*. São Paulo: RT, 2011. v. I.

DINAMARCO, Cândido Rangel. Comentários ao art. 14. *In:* GOUVÊA, José Roberto F.; BONDIOLI, Luís Guilherme; FONSECA, João Francisco N. da (coords). *Comentários ao Código de Processo Civil*. São Paulo: Saraiva, 2018. v. I.

DINAMARCO, Cândido Rangel. *Nova era do processo civil*. São Paulo: Malheiros, 2004.

DINIZ, Maria Helena. *Lei de Introdução ao Código Civil brasileiro interpretada*. 4. ed. São Paulo: Saraiva, 1998.

DIP, Ricardo. Prudência judicial e consciência. *Revista Forense*, Rio de Janeiro, v. 408, mar.-abr. 2010.

DWORKIN, Ronald. *Justice for Hedgehogs*. Cambridge: ed. Harvard University Press, 2011.

DWORKIN, Ronald. Igualdad, democracia y Constitución: nosostros, el Pueblo, en los tribunales. *In:* CARBONELL, Miguel; JARAMILLO, Leonardo García (orgs.). *El canon neoconstitucional*. Madrid: Trotta, 2010.

ECHANDIA, Hernando Devis. *Compendio de Derecho Procesal*. Bogotá: ABC, 1974. v. I.

ECHANDIA, Hernando Devis. *Teoria general de la prueba judicial*. 5. ed. Bogotá: Temis, 2002. t. I.

EMERENCIANO, Adelmo da Silva; AZEVEDO, Cláudia Regina de. Dever do credor de mitigar seus próprios danos como consequência da boa-fé objetiva. *Revista dos Tribunais*, São Paulo, v. 1.060, fev. 2024.

Enunciado n. 37 – art. 334, I – Carta do Rio – III Fórum Permanente de Processualistas Civis. Disponível em: https://www.academia.edu/7103232/Carta_do_Rio_III_Fórum_Permanente_de_Processualistas_Civi). Acesso em: 3 set. 2014. (*Revista de Processo*, n. 233, p. 300).

Enunciado n. 38 – art. 334, II – Carta do Rio – III Fórum Permanente de Processualistas Civis. Disponível em: https://www.academia.edu/7103232/Carta_do_Rio_III_Fórum_Permanente_de_Processualistas_Civis). Acesso em: 3 set. 2014. (*Revista de Processo*, v. 233, p. 300).

Enunciado n. 39 – art. 334 – Carta do Rio – III Fórum Permanente de Processualistas Civis. Disponível em: https://www.academia.edu/7103232/Carta_do_Rio_III_Fórum_Permanente_de_Processualistas_Civi). Acesso em: 3 set. 2014. (*Revista de Processo*, v. 233, p. 300).

Enunciado n. 40 – art. 334 – Carta do Rio – III Fórum Permanente de Processualistas Civis. Disponível em: https://www.academia.edu/7103232/Carta_do_Rio_III_Fórum_Permanente_de_Processualistas_Civi). Acesso em: 3 set. 2014. (*Revista de Processo*, v. 233, p. 300).

Enunciado n. 41 – art. 334 – Carta do Rio – III Fórum Permanente de Processualistas Civis. Disponível em: https://www.academia.edu/7103232/Carta_do_Rio_III_Fórum_Permanente_de_Processualistas_Civis). Acesso em: 3 set. 2014. (*Revista de Processo*, v. 233, p. 300).

FABRÍCIO, Adroaldo Furtado. Breves notas sobre provimentos antecipatórios, cautelares e liminares. *Revista Ajuris*, Porto Alegre, n. 66, mar. 1966.

FABRÍCIO, Adroaldo Furtado. Fatos notórios e máximas de experiência. *Revista Forense*, Rio de Janeiro, v. 376, nov.-dez. 2004.

FADEL, Sérgio Sahione. *Antecipação da tutela no processo civil*. Rio de Janeiro: Dialética, 1998.

FADEL, Sérgio Sahione. *Código de Processo Civil comentado*. Rio de Janeiro: J. Konfino, 1974. v. IV.

FADEL, Sérgio Sahione. *Código de Processo Civil comentado*. 7. ed. Rio de Janeiro: Forense, 2003.

FARIA, Márcio Carvalho. *A lealdade processual na prestação jurisdicional*: em busca de um modelo de juiz leal. São Paulo: RT, 2017.

FAZZALARI, Elio. *Istituzioni di diritto processuale*. 8. ed. Padova: CEDAM, 1996.

FERNANDES, Luís Eduardo Simardi. *In:* WAMBIER, Teresa Arruda Alvim *et al.* (coords.). *Breves comentários ao novo Código de Processo Civil*. 2. ed. São Paulo: RT, 2016.

FERRAJOLI, Luigi. *Derechos y garantias*: la ley del más débil. Madrid: Editorial Trotta, 2004.

FERRAZ, Tais Schilling. O tratamento das novas faces da litigiosidade: das espécies anômalas à litigância predatória. *Revista de Processo*. São Paulo, v. 349, mar. 2023.

FERRAZ JÚNIOR, Tercio Sampaio. Introdução. *In*: FERRAZ JÚNIOR, Tercio Sampaio *et al.* *Constituição de 1988:* legitimidade, vigência e eficácia, supremacia. São Paulo: Atlas, 1989.

FERRAZ JÚNIOR, Tércio Sampaio. Miguel Reale: o direito como experiência e os escritos posteriores a 1961. *Revista dos Tribunais*, São Paulo, v. 1.046, dez. 2022.

FERREIRA, Pinto. *Comentários à Constituição Brasileira*. São Paulo: Saraiva, 1992. v. V.

FERRIANI, Adriano; DONNINI, Rogério. A autonomia privada máxima nos contratos paritários e sua interpretação. *Revista de Direito Privado*, São Paulo, v. 119, jan.-mar.2024.

FIORILLO, Celso Antonio Pacheco. Os fatos notórios em face das leis vinculadas ao meio ambiente digital na sociedade da informação. *Revista de Processo*, São Paulo, v. 310, dez. 2020.

FORGIONI, Paula Andrea; CAMILO JR., Ruy Pereira. Tullio Ascarelli. *In:* NEVES, José Roberto de Castro (org.). *Os juristas que formaram o Brasil*. Rio de Janeiro: Nova Fronteira, 2024.

FLAKS, Milton. *Denunciação da lide*. Rio de Janeiro: Forense, 1984.

FRAGA, Afonso. *Instituições do processo civil do Brasil*. São Paulo: Saraiva, 1940. t. II.

FRAGA, Afonso. *Instituições do processo civil do Brasil*. São Paulo: Saraiva, 1941. v. II.

FRANÇA, Eduarda Peixoto da Cunha; CASIMIRO, Matheus. Processo estrutural e a proteção dos direitos socioeconômicos e culturais: apontamentos normativos para a implementação progressiva do mínimo existencial. *Revista de Processo*, São Paulo, v. 336, fev. 2023.

FRANÇA, Erasmo Valladão Azevedo e Novaes; ADAMEK, Marcelo Vieira von. *Direito processual societário*: comentários breves ao CPC/2015. 3. ed. São Paulo: Malheiros, 2022.

FRANCO, Marcelo Veiga; LEROY, Guilherme Costa. Boa-fé processual e abuso de direito de ação: o assédio processual definido pelo Superior Tribunal de Justiça e outras modalidades estrangeiras de ilícito processual. *Revista de Processo*, São Paulo, v. 356, out. 2024.

FREITAS, Elmano Cavalcanti. Da preclusão. *Revista Forense*, Rio de Janeiro, v. 240, out.-dez. 1972.

FREITAS, José Manuel Lebre de. *Introdução ao processo civil*. Conceito e princípios gerais. 2. ed. Coimbra: Coimbra Editora, 2006.

FREITAS, José Manuel Lebre de. *Introdução ao processo civil:* conceito e princípios gerais à luz do código revisto. Coimbra: Coimbra Editora, 1996.

FREITAS, Juarez; JOBIM, Marco Félix. Resolução alternativa de disputas: cláusula inovadora do CPC. *Revista Brasileira de Direito Processual*, Belo Horizonte, ano 2007, v. 91, p. 105, jul.-set. 2015.

FRIAS, J. E. S. Tutela antecipada em face da Fazenda Pública. *Revista dos Tribunais*, São Paulo, v. 728, jun. 1996.

FRIEDE, Reis. *Medidas liminares*. Rio de Janeiro: Forense Universitária, 1997.

FONSECA, João Francisco Naves da. *Comentários ao Código de Processo Civil*. São Paulo: Saraiva, 2017. v. IX.

FORNACIARI JÚNIOR, Clito. Citação pelo correio. *Revista Forense*, Rio de Janeiro, v. 252, out.-nov.-dez. 1975.

FORNACIARI JÚNIOR, Clito. *Da reconvenção no direito processual civil brasileiro*. São Paulo: Saraiva, 1979.

FULMIGNAN, Silvano José Gomes. O panorama da distribuição do ônus da prova no novo CPC. *Revista dos Tribunais*, São Paulo, v. 981, jul. 2017.

FURNO, Carlo. *La sospensione del processo esecutivo*. Milão, 1956.

FURNO, Carlo. *Teoria de la prueba legal*. Trad. de Sérgio Gonzales Collado. Madrid: Editorial Revista de Derecho Privado, 1954.

FUX, Luiz. *Intervenção de terceiros*. São Paulo: Saraiva, 1991.

FUX, Luiz. *Tutela de segurança e tutela da evidência*: fundamentos da tutela antecipada. São Paulo: Saraiva, 1996.

FUX, Luiz; BODART, Bruno. Notas sobre o princípio da motivação e a uniformização da jurisprudência no novo Código de Processo Civil à luz da análise econômica do Direito. *Revista de Processo*, São Paulo, v. 269, jul. 2017.

GADAMER, Hans Georg. *O problema da consciência histórica*. Trad. de Paulo César Duque Estrada. 2. ed. Rio de Janeiro: FGV, 2003.

GAIO. *Digesto,* Lei I, § 4º, do Livro 44, Tít. 7º.

GAIO JÚNIOR, Antônio Pereira; GOMES, Júlio César dos Santos; FAIRBANCKS, Alexandre de Serpa Pinto. Negócios jurídicos processuais e as bases para a sua consolidação no CPC/2015. *Revista de Processo*, São Paulo, v. 267, maio 2017.

GAJARDONI, Fernando da Fonseca. Pontos e contrapontos sobre o Projeto do Novo CPC. *Revista dos Tribunais*, São Paulo, v. 950, dez. 2014.

GAJARDONI, Fernando da Fonseca *et al. Processo de conhecimento e cumprimento de sentença*. Rio de Janeiro: Forense, 2016.

GAJARDONI, Fernando da Fonseca; DELLORE, Luiz; ROQUE, André Vasconcelos; OLIVEIRA JÚNIOR, Zulmar Duarte de. *Teoria geral do processo*: parte geral – comentários ao CPC de 2015. 3. ed. São Paulo: Método, 2019.

GARCIA, Gustavo Filipe Barbosa. Mediação e autocomposição: considerações sobre a Lei n. 13.140/2015 e o novo CPC. *Revista Magister de Direito Civil e Processual Civil*, Porto Alegre, n. 66, maio-jun. 2015.

GASTAL, Alexandre; SCHÖNHOFEN, Vivian. Processo estrutural, ativismo judicial e diálogos institucionais. *Revista de Processo,* São Paulo, v. 353, jul. 2024.

GEORGAKILAS, Ritinha Alzira Stevenson. A Constituição e sua supremacia. *In:* FERRAZ JÚNIOR, Tercio Sampaio. *Constituição de 1988:* legitimidade, vigência e eficácia, supremacia. São Paulo: Atlas, 1989.

GERALDES, António Santos Abrantes. *Temas de reforma do processo civil.* 2. ed. Coimbra: Almedina, 2006.

GIANICO, Maurício. *A preclusão no direito processual civil brasileiro.* São Paulo: Saraiva, 2005.

GIMENES, José Jácomo. Honorários de sucumbência, uma questão espinhosa. *Revista Bonijuris*, Curitiba, ano 34, n. 677, ago.-set. 2022.

GODINHO, Robson Renault. Reflexões sobre os poderes instrutórios do juiz: o processo não cabe no "leito de Procusto". *Revista de Processo*, São Paulo, v. 235, set. 2014.

GÓES, Gisele Santos Fernandes. *Amicus curiae* e sua função nos processos objetivos. Necessidade de universalização do instituto para outras demandas. *In:* DIDIER JR., Fredie; CERQUEIRA, Luis Otávio Sequeira de; CALMON FILHO, Petrônio; TEIXEIRA, Sálvio de Figueiredo; WAMBIER, Teresa Arruda Alvim (coords.). *O terceiro no processo civil brasileiro e assuntos correlatos*: estudos em homenagem ao Professor Athos Gusmão Carneiro. São Paulo: RT, 2010.

GOLDSCHMIDT, James. Distribuição dinâmica do ônus da prova: breves apontamentos. *Revista Dialética de Direito Processual*, São Paulo, n. 93, dez. 2010.

GOMES JR., Luiz Manoel; CHUEIRI, Miriam Fecchio. Ato ordinatório e a possibilidade de preclusão. Análise de alguns pontos relevantes. *Revista de Processo*, São Paulo, v. 339, maio 2023.

GOMES, Magno Federici; RESENDE, Cauã Baptista Pereira de. Parâmetros de delimitação dos provimentos dos magistrados no direito processual, no Código de Processo Civil atual e no Projeto de Lei do Senado n. 166/2010. *Revista do Instituto dos Advogados de Minas Gerais*, Belo Horizonte, n. 17, 2011.

GONÇALVES, Aroldo Plínio. *Da denunciação da lide*. Rio de Janeiro: Forense, 1983.

GONÇALVES, Aroldo Plínio. *Técnica processual e teoria do processo*. Rio de Janeiro: Aide, 1992.

GONÇALVES, Carlos Roberto. *Direito civil brasileiro*. 10. ed. São Paulo: Saraiva, 2012. v. 1.

GONÇALVES, Gláucio Maciel. A calendarização do processo e a ampliação do prazo de defesa no CPC de 2015. *Revista do Tribunal Regional Federal – 1ª Região*, Brasília, v. 28, n. 11/12, nov.-dez. 2016.

GONÇALVES, Marcelo Barbi. *Teoria geral da jurisdição*. Salvador: JusPodivm, 2020.

GONÇALVES, Marcus Vinicius Rios. *Novo curso de direito processual civil*. 3. ed. São Paulo: Saraiva, 2006. v. I.

GONÇALVES, Mauro Pedroso. *Amicus curiae* nos tribunais superiores: avanços e equívocos da jurisprudência brasileira. *Revista de Processo*, São Paulo, v. 345, nov. 2023.

GONÇALVES, Tiago Figueiredo. *O procedimento comum no processo de conhecimento*: da petição inicial à sentença. Londrina: Thoth, 2025.

GOUVÊA, Marcos Maselli. *O controle judicial das omissões administrativas*. Rio de Janeiro: Forense, 2003.

GOUVEIA, Lúcio Grassi. A função legitimadora do princípio da cooperação intersubjetiva no processo civil brasileiro. *Revista de Processo*, São Paulo, n. 172, jun. 2009.

GOUVEIA FILHO, Roberto P. Campos; DI SPIRITO, Marco Paulo Denucci: sobre o negócio jurídico de espraiamento sentencial. *Revista Brasileira de Direito Processual*, Belo Horizonte, n. 100, out.-dez. 2017.

GRAJALES, Amós Arturo; NEGRI, Nicolás Jorge. Ronald Myles Dworkin e as teorias da argumentação jurídica (*in memoriam*). *Revista de Processo*, São Paulo, v. 232, jun. 2014.

GRAU, Eros Roberto. *Ensaio e discurso sobre a interpretação/aplicação do direito*. 2. ed. São Paulo: Malheiros, 2003.

GRAU, Eros Roberto. *Ensaio e discurso sobre a interpretação/aplicação do direito*. 3. ed. São Paulo: Malheiros, 2005.

GRAU, Eros Roberto. *Por que tenho medo dos juízes*: a interpretação/aplicação do direito e os princípios. 8. ed. São Paulo: Malheiros, 2017.

GRAU, Eros Roberto. *Por que tenho medo dos juízes?* Coimbra: Almedina, 2020.

GRECO, Leonardo. A teoria *da ação no processo civil*. São Paulo: Dialética, 2003.

GRECO, Leonardo. *Comentários ao Código de Processo Civil*. São Paulo: Saraiva, 2020. v. XVI.

GRECO, Leonardo. *Estudos de direito processual civil*. São Paulo: RT, 2006.

GRECO, Leonardo. *Instituições de direito processual civil*. 5. ed. Rio de Janeiro: Forense, 2009. v. I.

GRECO, Leonardo. Justiça civil, acesso à justiça e garantias. *In*: ARMELIN, Donaldo (coord.). *Tutelas de urgência e cautelares*. São Paulo: Saraiva, 2010.

GRECO, Leonardo. Novas perspectivas da efetividade e do garantismo processual. *In*: MITIDIERO, Daniel; AMARAL, Guilherme Rizzo. *Processo Civil* – estudos em homenagem ao professor doutor Carlos Alberto Alvaro de Oliveira. São Paulo: Atlas, 2012.

GRECO, Leonardo. Publicismo e privatismo no processo civil. *Revista de Processo*, São Paulo, n. 164, out. 2008.

GRECO FILHO, Vicente. Os atos de disposição processual – primeiras reflexões. *Revista Eletrônica de Direito Processual*, Rio de Janeiro, out.-dez. 2007.

GRECO FILHO, Vicente. Primeiros comentários sobre a reforma da execução oriunda da Lei n. 11.232/05. *Revista Dialética de Direito Processual*, São Paulo, n. 36, mar. 2006.

GRECO FILHO, Vicente. *Translatio iudicii* e reassunção do processo. *Revista de Processo*, São Paulo, n. 166, dez. 2008.

GRECO FILHO, Vicente. *Da intervenção de terceiros*. 2. ed. São Paulo: Saraiva, 1986.

GRECO FILHO, Vicente. *Direito processual civil brasileiro*. 11. ed. São Paulo: Saraiva, 1995.

GRECO FILHO, Vicente. *Direito processual civil brasileiro*. São Paulo: Saraiva, 1981. v. I.

GRECO FILHO, Vicente. *Intervenção de terceiros*. 3. ed. São Paulo: Saraiva, 1991.

GRINOVER, Ada Pellegrini. Ação civil pública em matéria ambiental e denunciação da lide. *Revista de Processo*, São Paulo, n. 106, abr.-jun. 2002.

GRINOVER, Ada Pellegrini. *Ação declaratória incidental*. São Paulo: RT, 1972.

GRINOVER, Ada Pellegrini. *As condições da ação penal*. 1977.

GRINOVER, Ada Pellegrini. Da coisa julgada no Código de Defesa do Consumidor. *Livro de Estudos Jurídicos*. Rio de Janeiro: Instituto de Estudos Jurídicos, 1991. v. I.

GRINOVER, Ada Pellegrini. *Direito processual civil*. São Paulo: J. Bushatsky, 1974.

GRINOVER, Ada Pellegrini. Abuso do processo e resistência às ordens judiciárias: o *contempt of court*. *Marcha*, p. 62-69, ano 2000.

GRINOVER, Ada Pellegrini. O controle de políticas públicas pelo Poder Judiciário. *Revista do Curso de Direito da Faculdade de Humanidades e Direito*, São Paulo, v. 7, n. 7, 2010.

GRINOVER, Ada Pellegrini; FERNANDES, Antônio Scarance; GOMES FILHO, Antônio Magalhães. *As nulidades no processo penal*. São Paulo: Malheiros, 1992.

GUERRA FILHO, Willis Santiago. *Processo constitucional e direitos fundamentais*. 4. ed. São Paulo: RCS, 2005.

GUSMÃO, Manuel Aureliano de. *Processo civil e comercial*. 3. ed. São Paulo: Saraiva, 1934. v. I.

HABERMAS, Jüergen. *Direito e democracia*: entre facticidade e validade. Rio de Janeiro: Tempo Brasileiro, 1997. v. 1.

HERTEL, Daniel Roberto. Citação eletrônica no Código de Processo Civil brasileiro. *Revista Magister de Direito Civil e Processual Civil*, Porto Alegre, n. 104, set.-out. 2021.

HERTEL, Daniel Roberto. Citação eletrônica no Código de Processo Civil brasileiro. *Revista de Processo*, São Paulo, v. 325, mar. 2022.

HILL, Flávia Pereira. A cooperação jurídica internacional no projeto de novo Código de Processo Civil. *Revista de Processo*, São Paulo, v. 205, mar. 2012.

HILL, Flávia Pereira. *O direito processual transnacional como forma de acesso à justiça no século XX*. Rio de Janeiro: GZ Editora, 2013.

HOFFMANN, Eduardo; CAMBI, Eduardo. Comportamento das partes como prova na arbitragem. *Revista de Processo*, São Paulo, v. 340, jun. 2023.

JASPERS, Karl. *Introdução ao pensamento filosófico*. Trad. de Leônidas Hegenberg e Octanny Silveira da Mota. São Paulo: Ed. Cultrix, s/d.

JAUERNIG, Othmar; HESS, Burkhard. *Zivilprozessrecht*. 30. ed. München: C.H. Beck, 2001.

JAYME, Fernando Gonzaga; MAIA, Renata Christiana Vieira. Da natureza mandamental da tutela provisória cautelar. *In:* JAYME, Fernando Gonzaga *et al. Inovações e modificações do Código de Processo Civil*. Belo Horizonte: Del Rey, 2017.

KANT, Immanuel. *A metafísica dos costumes*. Trad. de José Lamego. 3. ed. Lisboa: Fundação Calouste Gulbenkian, 2017.

KNIJNIK, Danilo. As (perigosíssimas) doutrinas do "ônus dinâmico da prova" e da "situação de senso comum" como instrumentos para assegurar o acesso à justiça e superar a *probatio diabolica*. *In:* FUX, Luiz *et al.* (org.). *Processo e Constituição*: estudos em homenagem ao prof. José Carlos Barbosa Moreira. São Paulo: RT, 2006.

KOCHEM, Ronaldo. Uma breve interpretação da breve interpretação judicial do art. 489 do CPC/2015. *Revista de Processo*, São Paulo, v. 269, jul. 2017.

KOEHLER, Frederico Augusto Leopoldino. *A razoável duração do processo*. 2. ed. Salvador: JusPodivm, 2013.

LACERDA, Galeno. *Comentários ao Código de Processo Civil*. 2. ed. Rio de Janeiro: Forense, 1981. v. VIII, t. 1.

LACERDA, Galeno. *Comentários ao CPC*. 3. ed. Rio de Janeiro: Forense, 1998. v. VIII, t. II.

LACERDA, Galeno. *Despacho saneador*. Porto Alegre: Liv. Sulina, 1953.

LACERDA, Galeno. O Código e o formalismo. *Ajuris*, Porto Alegre, v. 10, n. 28, jul. 1983.

LACERDA, Galeno. *O novo direito processual civil e os feitos pendentes*. Rio de Janeiro: Forense, 1974.

LAMEGO, Gustavo Cavalcanti. As transformações na garantia do juiz natural e suas consequências na cooperação judiciária nacional no CPC de 2015. *Revista dos Tribunais*, São Paulo, v. 1.023, jan. 2021.

LANES, Júlio Cesar Goulart. *Fato e direito no processo civil cooperativo*. São Paulo: RT, 2014.

LARENZ, Karl. *Derecho de obligaciones*. Tradução espanhola de Jaime Santos Briz. Madrid: Revista de Derecho Privado, 1958. t. 1.

LARENZ, Karl. *Metodologia da ciência do direito*. Trad. de José Lamego. 5. ed. Lisboa: Fundação Coulouste Gulbenkan, 1983.

LAUX, Francisco de Mesquita. Notas a respeito do regime jurídico das obrigações solidárias e seus reflexos sobre os limites subjetivos da coisa julgada. *Revista de Processo*, São Paulo, v. 239, jan. 2015.

LAZARINI, Rafael José Nadim de; SOUZA, Gelson Amaro de. Reflexões sobre a perspectiva de uma distribuição dinâmica do ônus da prova: análise de viabilidade. *Revista Dialética de Direito Processual*, São Paulo, n. 99, jun. 2011.

LEAL, Rosemiro Pereira. *Teoria geral do processo*: primeiros estudos. 7. ed. Rio de Janeiro: Forense, 2008.

LEITE, Clarisse Frechiani Lara. Persuasão racional e prova documental na arbitragem brasileira. *Revista de Processo*, São Paulo, v. 321, nov. 2021.

LEITE, Clarisse Frechiani Lara; OLIVEIRA, Igor Campos. A teoria da desconsideração atributiva no processo e os limites da defesa no incidente de desconsideração da personalidade jurídica. *Revista de Processo*, São Paulo, v. 341, jul. 2023.

LEITE, Gisele. Coisa julgada parcial. *Revista Síntese Direito Civil e Processual Civil*, São Paulo, n. 132, jul.-ago. 2021.

LEMES, Gilson Soares. Responsabilização da pessoa jurídica por dívida do sócio com desconsideração inversa da personalidade jurídica. *Amagis Jurídica*, Belo Horizonte, n. 10, jan.-jun. 2014.

LEMES, Selma Maria Ferreira. Cláusula escalonada, mediação e arbitragem. *Revista Resultado*, Brasília, n. 10, jan. 2005.

LENT, Friedrich. *Diritto processuale civile tedesco*. Napoli: Morano, 1962.

LESSA, Pedro. *Do Poder Judiciário:* direito constitucional brasileiro. Rio de Janeiro: Livraria Francisco Alves, 1915.

LESSA NETO, João Luiz. O novo CPC adotou o modelo multiportas!!! E agora?! *Revista de Processo*, São Paulo, v. 244, jun. 2015.

LIEBMAN, Enrico Tullio. *Efficacia ed autorità della sentenza*. Milão, 1962.

LIEBMAN, Enrico Tullio. *Eficácia e autoridade da sentença*. 2. ed. Rio de Janeiro: Forense, 1981.

LIEBMAN, Enrico Tullio. *Embargos do executado*. 2. ed. São Paulo: Saraiva, 1968.

LIEBMAN, Enrico Tullio. Fondamento del principio dispositivo. *Problemi del processo civile*. Napoli, 1962.

LIEBMAN, Enrico Tullio. *Manuale di diritto processuale civile*. Milano: Giuffrè, 1959. v. II.

LIEBMAN, Enrico Tullio. *Manuale di diritto processuale civile*. 2. ed. Milano: Giuffrè, 1966. v. I.

LIEBMAN, Enrico Tullio. *Manuale di diritto processuale civile*. Milano: Giuffrè, 1968.

LIEBMAN, Enrico Tullio. *Manual de direito processual civil*. Tradução da 4. ed. italiana por Cândido Rangel Dinamarco. Rio de Janeiro: Forense, 1984. v. I.

LIEBMAN, Enrico Tullio. *Manual de direito processual civil*. Trad. de Cândido Rangel Dinamarco. Rio de Janeiro: Forense, 1984. v. I.

LIEBMAN, Enrico Tullio. *Manual de direito processual civil*. 2. ed. Trad. de Cândido Rangel Dinamarco. Rio de Janeiro: Forense, 1985. v. 1.

LIEBMAN, Enrico Tullio. *Manual de direito processual civil*. 3. ed. Trad. de Cândido Rangel Dinamarco. São Paulo: Malheiros, 2005. v. I.

LIEBMAN, Enrico Tullio. O despacho saneador e o julgamento do mérito. *Estudos sobre o processo civil brasileiro*. Notas de Ada Pellegrini Grinover. São Paulo: Bushatsky, 1976.

LIEBMAN, Enrico Tullio. *Processo de execução*. 3. ed. São Paulo: Saraiva, 1968.

LIMA, Alcides de Mendonça. *Comentários ao Código de Processo Civil*. Rio de Janeiro: Série Forense, 1974. v. VI, t. II.

LIMA, Cláudio Vianna de. O processo cautelar no Novo Código de Processo Civil. *Revista Forense*, Rio de Janeiro, v. 246, abr. 1974.

LIMA, Cláudio Vianna de. *Procedimento ordinário*. Rio de Janeiro: Forense, 1973.

LIMA JÚNIOR, João Carlos de. Incidente de desconsideração de personalidade jurídica e sua aplicação na execução fiscal sob um olhar constitucional. *Revista de Processo,* São Paulo, v. 353, jul. 2024.

LIPIANI, Júlia; SIQUEIRA, Marília. O saneamento consensual. *In:* DIDIER JR., Fredie (coord.). *Novo CPC*. Doutrina selecionada: processo de conhecimento e disposições finais e transitórias. Salvador: JusPodivm, 2005.

LIPMANN, Rafael Knor. O novo conceito de citação por meio eletrônico da Lei 14.195/2021: um passo para frente, dois passos para trás. *Revista dos Tribunais*, São Paulo, v. 1.035, jan. 2022.

LOPES, Bruno Vasconcelos Carrilho. *Limites objetivos e eficácia preclusiva da coisa julgada*. São Paulo: Saraiva, 2012.

LOPES, Bruno Vasconcelos Carrilho. *Comentários ao Código de Processo Civil.* São Paulo: Saraiva, 2017. v. II.

LOPES, Inez. A família transnacional e a cooperação jurídica internacional. *Revista dos Tribunais,* São Paulo, v. 990 – Caderno Especial, abr. 2018.

LOPES, João Batista. *A prova no direito processual civil.* 3. ed. São Paul: RT, 2006.

LOPES, João Batista. *Manual das provas no processo civil.* Campinas: Kennedy, 1974.

LOPES, João Batista. Ônus da prova e teoria das cargas dinâmicas no novo Código de Processo Civil. *Revista de Processo,* São Paulo, v. 204, fev. 2012.

LOPES, Wellen Candido. *Honorários 100%*: a integralidade dos honorários advocatícios na sucumbência recíproca. São Paulo: Lura Editorial, 2021.

LOPES DA COSTA, Alfredo Araújo. *A administração pública e a ordem jurídica privada.* Belo Horizonte: Bernardo Álvares, 1961.

LOPES DA COSTA, Alfredo Araújo. *Direito processual civil brasileiro.* 2. ed. Rio de Janeiro: Forense: 1956. v. II.

LOPES DA COSTA, Alfredo Araújo. *Direito processual civil brasileiro.* Rio de Janeiro: Forense, 1959. v. III.

LOPES DA COSTA, Alfredo Araújo. *Direito processual civil brasileiro.* Rio de Janeiro: Forense, 1959. v. IV.

LOPES DA COSTA, Alfredo Araújo. *Manual elementar de direito processual civil.* Rio de Janeiro: Forense, 1956.

LOPES DA COSTA, Alfredo Araújo. *Manual elementar de direito processual civil.* 3. ed. atual. por Sálvio de Figueiredo Teixeira. Rio de Janeiro: Forense, 1982.

LOPES DA COSTA, Alfredo Araújo. *Medidas preventivas.* 2. ed. Belo Horizonte: Bernardo Alvares, 1958.

LUCON, Paulo Henrique dos Santos. Tutela ao contraditório. *In*: LUCON, Paulo Henrique dos Santos; OLIVEIRA, Pedro Miranda de (orgs.). *Panorama atual do novo CPC*: de acordo com as Leis 13.256/2016 e 13.363/2016. São Paulo: Empório do Direito; Santa Catarina: EASA, 2017.

LUISO, Francesco P. *Diritto processuale civile.* 11. ed. Milano: Giuffrè, 2020. v. I.

LUPION, Ricardo. *Boa-fé objetiva nos contratos empresariais:* contornos dogmáticos dos deveres de conduta. Porto Alegre: Livraria do Advogado, 2011.

MACÊDO, Lucas Buril de. Boa-fé no processo civil – parte I. *Revista de Processo*, São Paulo, v. 330, ago. 2022.

MACÊDO, Lucas Buril. Revisitando o ônus da prova. *Revista Dialética de Direito Processual,* São Paulo, n. 123, jun. 2013.

MACÊDO, Lucas Buril; PEIXOTO, Ravi. A dinamização do ônus da prova sob a ótica do novo Código de Processo Civil. *In:* FREIRE, Alexandre *et al.* (orgs.). *Novas tendências do processo civil.* Salvador: JusPodivm, 2014.

MACEDO, Lucas Buril de. Litigância predatória. *Revista de Processo.* São Paulo, v. 351, maio 2023.

MACHADO, Hugo de Brito. O direito de produzir provas. *Revista Dialética de Direito Processual*, São Paulo, n. 103, out. 2011.

MACHADO, Izabella Carvalho. Danos modernos e os direitos fundamentais. *Revista Bonijuris*, Curitiba, ano 33, n. 672, out.-nov. 2021.

MACHADO GUIMARÃES, Luiz. Carência da ação. *Estudos de direito processual civil.* Rio de Janeiro: Jurídica e Universitária, 1969.

MACHADO SEGUNDO, Hugo de Brito. *Processo tributário.* 9. ed. São Paulo: Atlas, 2017.

MACHADO, Marcelo Pacheco. Demanda, reconvenção e defesa: o que é o que é. *Revista de Processo*, São Paulo, v. 236, out. 2014.

MACIEL JÚNIOR, Vicente de Paula. A tutela antecipada no projeto do Novo CPC. *In:* FREIRE, Alexandre et al. (coords). *Novas tendências do processo civil.* Estudos sobre o projeto do novo Código de Processo Civil. Salvador: JusPodivm, 2013.

MADUREIRA, Cláudio; ZANETI JR., Hermes. Processos estruturais e formalismo valorativo. *In:* SICA, Heitor; CABRAL, Antônio; SEDLACEK, Frederico; ZANETI JR., Hermes (orgs.) *Temas de direito processual civil contemporâneo.* Serra: Ed. Milfontes, 2019.

MAIA, Alberto Jonathas. Cooperação jurídica internacional: um ensaio sobre um direito processual comprometido internacionalmente. *Revista dos Tribunais*, São Paulo, v. 1.026, abr. 2021.

MAIA, Renata Christiana Vieira. *A efetividade do processo de conhecimento mediante a aplicação do processo oral* (tese de doutoramento). Belo Horizonte: UFMG, Faculdade de Direito, 2015.

MAIA, Renata Christiana Vieira; JAYME, Fernando Gonzaga. Da natureza mandamental da tutela provisória cautelar. *In:* JAYME, Fernando Gonzaga *et al. Inovações e modificações do Código de Processo Civil.* Belo Horizonte: Del Rey, 2017.

MAJO, Adolfo di. *La tutela civile dei diritti.* 4. ed. Milano: Giuffrè, 2003.

MALATESTA, Nicola Framarino Dei. *A lógica das provas em matéria criminal.* Trad. de Waleska Girotto Silverberg. São Paulo: Conan, 1995. v. I.

MALLET, Estêvão. Notas sobre o problema da chamada "decisão-surpresa". *Revista de Processo*, São Paulo, v. 233, jul. 2014.

MANCUSO, Rodolfo de Camargo. *Teoria geral do processo.* Rio de Janeiro: Forense, 2018.

MANDRIOLI, Crisanto. *Corso di diritto processuale civile.* 8. ed. Torino: Giappichelli, 1991. v. I.

MANDRIOLI, Crisanto. Delle parti e dei difensori. *In*: ALLORIO, Enrico. *Commentario del Codice di Procedura Civile.* Torino: UTET, 1973. v. I, t. II.

MARIANI, Rômulo Greff. O documento eletrônico como meio de prova no processo civil. *Revista Síntese de Direito Civil e Processo Civil,* São Paulo, n. 79, set.-out. 2012.

MARINONI, Luiz Guilherme. *A antecipação da tutela.* 11. ed. São Paulo: RT, 2009.

MARINONI, Luiz Guilherme. A tutela antecipatória nas ações declaratória e constitutiva. *In:* WAMBIER, Teresa Arruda Alvim. *Aspectos polêmicos da antecipação de tutela.* São Paulo: RT, 1997.

MARINONI, Luiz Guilherme. Classificação das sentenças que despendem de execução. *Revista Jurídica,* São Paulo, n. 351, jan. 2007.

MARINONI, Luiz Guilherme. Cláusula geral e recurso especial. *Revista de Processo,* São Paulo, v. 352, jun. 2024.

MARINONI, Luiz Guilherme. Formação da convicção e inversão do ônus da prova segundo a peculiaridade do caso concreto. *Revista dos Tribunais*, São Paulo, v. 862, ago. 2007.

MARINONI, Luiz Guilherme. *Técnica processual e tutela dos direitos.* 2. ed. São Paulo: RT, 2008.

MARINONI, Luiz Guilherme. *Técnica processual e tutela dos direitos.* 3. ed. São Paulo: RT, 2010.

MARINONI, Luiz Guilherme. Coisa julgada sobre questão, inclusive em benefício de terceiro. *Revista Magister de Direito Civil e Processual Civil,* Porto Alegre, n. 76, jan.-fev. 2017.

MARINONI, Luiz Guilherme; ARENHART, Sérgio Cruz. A prova estatística e sua utilidade em litígios complexos. *Revista Direto e Praxis*, Rio de Janeiro, v. 10, n. 1, 2019.

MARINONI, Luiz Guilherme; ARENHART, Sérgio Cruz; MITIDIERO, Daniel. *Código de Processo Civil comentado*. 9. ed. São Paulo: Ed. RT, 2023.

MARINONI, Luiz Guilherme; ARENHART, Sérgio Cruz. *Comentários ao Código de Processo Civil*. São Paulo: RT, 2000. v. 5, t. I.

MARINONI, Luiz Guilherme; ARENHART, Sérgio Cruz. *Comentários ao Código de Processo Civil*. 2. ed. São Paulo: RT, 2005. v. 5, t. 1.

MARINONI, Luiz Guilherme; ARENHART, Sérgio Cruz. *Comentários ao Código de Processo Civil*. 2. ed. São Paulo: RT, 2005. v. 5, t. II.

MARINONI, Luiz Guilherme; ARENHART, Sérgio Cruz. *Comentários ao Código de Processo Civil. Manual do processo de conhecimento*. 4. ed. São Paulo: RT, 2005.

MARINONI, Luiz Guilherme; ARENHART, Sérgio Cruz. *Comentários ao Código de Processo Civil. Código de Processo Civil comentado artigo por artigo*. São Paulo: Editora RT, 2008.

MARINONI, Luiz Guilherme; ARENHART, Sérgio Cruz; MITIDIERO, Daniel. *Comentários ao Código de Processo Civil*. São Paulo: Ed. RT, 2016. v. IV.

MARINONI, Luiz Guilherme; ARENHART, Sérgio Cruz; MITIDIERO, Daniel. *Curso de processo civil*. 3. ed. São Paulo: RT, 2017. v. I.

MARINONI, Luiz Guilherme; ARENHART, Sérgio Cruz; MITIDIERO, Daniel. *Novo Código de Processo Civil comentado*. 8. ed. São Paulo: RT, 2022.

MARINONI, Luiz Guilherme; ARENHART, Sérgio Cruz; MITIDIERO, Daniel. *Novo curso de processo civil*. São Paulo: RT, 2015.

MARIZ, Waldemar. *Substituição processual*. São Paulo, Tese de Catedrático da PUC-SP, 1969.

MARQUES, José Frederico. *Elementos de direito processual penal*. 2. ed. Campinas: Millenium, 2000. v. II.

MARQUES, José Frederico. *Instituições de direito processual civil*. Rio de Janeiro: Forense, 1958. v. I.

MARQUES, José Frederico. *Instituições de direito processual civil*. Rio de Janeiro: Forense, 1958. v. II.

MARQUES, José Frederico. *Instituições de direito processual civil*. Rio de Janeiro: Forense, 1960. v. V.

MARQUES, José Frederico. *Manual de direito processual civil*. São Paulo: Saraiva, 1974. v. I.

MARQUES, José Frederico. *Manual de direito processual civil*. São Paulo: Saraiva, 1974. v. II.

MARQUES, José Frederico. *Manual de direito processual civil*. São Paulo: Saraiva, 1976. v. III.

MARQUES, José Frederico. *Manual de direito processual civil*. São Paulo: Saraiva, 1976. v. IV.

MARQUES, José Frederico. *Manual de direito processual civil*. 10. ed. São Paulo: Saraiva, 1989. v. II.

MARQUES, José Frederico. *Manual de direito processual civil*. 13. ed. São Paulo: Saraiva, 1990. v. I.

MARQUES, José Frederico. *Manual de direito processual civil*. Campinas: Bookseller, 1997. v. I.

MARQUES, José Frederico. *Manual de direito processual civil*. Campinas: Bookseller, 1997. v. II.

MARQUES, José Frederico. *Manual de direito processual civil*. Campinas: Bookseller, 1997. v. III.

MARQUES, Vinicius Pinheiro; LORENTINO, Sérgio Augusto Pereira. A dignidade humana no pensamento de Kant como fundamento do princípio da lealdade processual. *Revista Bonijuris*, Curitiba, n. 612, nov. 2014.

MARTINEZ SILVA, Carlos. *Tratado de pruebas judiciales*, Buenos Aires: Atalaya, 1947, *apud Revista de Direito Administrativo*, Rio de Janeiro, v. 111, jan.-mar. 1973.

MARTINS-COSTA, Fernanda Mynarski. *Condição suspensiva*: função, estrutura e regime jurídico. São Paulo: Almedina, 2017.

MARTINS-COSTA, Judith. *A boa-fé no direito privado*: critérios para a sua aplicação. São Paulo: Marcial Pons, 2015.

MARTINS-COSTA, Judith. *A boa-fé no direito privado*: critérios para sua aplicação. 2. ed. São Paulo: Saraiva, 2018.

MARTINS-COSTA, Judith. *A boa-fé no direito privado*: sistema e tópica no processo obrigacional. São Paulo: RT, 1999.

MARTINS, Ives Gandra da Silva. Parecer. *In:* CARVALHO, Milton Paulo de (coord.). *Direito processual civil.* São Paulo: Quartier Latin, 2007.

MARTINS, Ives Gandra da Silva. Razoabilidade das decisões judiciais. *Carta Forense*, n. 50, jul. 2007.

MARTINS, Pedro Antônio Batista. Da ausência de poderes coercitivos e cautelares. *In:* LEMES, Selma Ferreira *et al.* (coords.). *Aspectos fundamentais da Lei de Arbitragem.* Rio de Janeiro: Forense, 1999.

MATSUSHITA, Thiago L. *O jus-humanismo normativo – expressão do princípio absoluto da proporcionalidade.* Tese (Doutorado em Direito) – Pontifícia Universidade Católica de São Paulo, 2012.

MAXIMILIANO, Carlos. *Hermenêutica e aplicação do direito.* 7. ed. Rio de Janeiro: Forense, 1961.

MAZZEI, Rodrigo; CHAGAS, Bárbara Seccato Ruis. Breve diálogo entre os negócios jurídicos processuais e a arbitragem. *Revista de Processo*, São Paulo, v. 237, nov. 2014.

MAZZUOLI, Valério de Oliveira. *Curso de direito internacional público.* 12. ed. Rio de Janeiro: Forense, 2019.

MEDINA, José Miguel Garcia. A sentença declaratória como título executivo. *Revista de Processo,* v. 136, jun. 2006.

MEDINA, José Miguel Garcia. *Direito processual civil moderno.* São Paulo: Ed. RT, 2015.

MEDINA, José Miguel Garcia. *Direito processual civil moderno.* 2. ed. São Paulo: RT, 2016.

MEDINA, José Miguel Garcia. *Novo Código de Processo Civil comentado.* 3. ed. São Paulo: RT, 2015.

MEDINA, José Miguel Garcia. *Novo Código de Processo Civil comentado.* 5. ed. São Paulo: RT, 2017.

MEDINA, José Miguel Garcia; CASAROTTO, Moisés. Novo Código de Processo Civil e negócios jurídicos processuais no âmbito do Ministério Público. *Revista dos Tribunais,* São Paulo, v. 988, fev. 2018.

MELENDO, Santiago Sentís. La prueba es libertad. *La prueba.* Los grandes temas del derecho probatorio. Buenos Aires: EJEA, 1978.

MELILLO, G.; GIUFRÈ, V; PALMA, A. *Il processo civile romano, ristampa 1998.* Napoli: Liguori Editore.

MELLO, Felipe Viana de. O reconhecimento da aplicabilidade da teoria do ônus dinâmico no processo civil brasileiro. *Revista Dialética de Direito Processual*, São Paulo, n. 139, out. 2014.

MELLO, Rogério Licastro Torres de. Ação probatória: um redutor de litigiosidade. *In:* NETO, Olavo de Oliveira; NETO, Elias Marques de Medeiros; LOPES, Ricardo Augusto de Castro (coords.). *A prova no direito processual civil*: estudos em homenagem ao professor João Batista Lopes. São Paulo: Verbatim, 2013.

MENCHINI, Sergio. Nuove forme di tutela e nuovi modi di resoluzione delle controversie: verso il superamento della necessità dell'accertamento con autorità di giudicato. *Rivista di Diritto Processuale*, v. LXI (seconda serie), Padova: CEDAM, jan.-mar. 2006.

MENDES, Aluísio Gonçalves de Castro. *Incidente de resolução de demandas repetitivas – contribuição para a sistematização, análise e interpretação do novo instituto processual* (Tese). Rio de Janeiro: UERJ, 2017.

MENDES, Aluísio Gonçalves de Castro. Prefácio. *In:* SILVA, Paulo Eduardo Alves da. *Gerenciamento de processos judiciais*. São Paulo: Saraiva, 2010.

MENEZES CORDEIRO, António Manuel da Rocha e. *Da boa-fé no direito civil*. Coimbra: Almedina, 1984.

MENEZES CORDEIRO, António Manuel da Rocha e. *Litigância de má-fé, abuso de direito de ação e culpa* in agendo. Coimbra: Almedina, 2011.

MENEZES, Gustavo Quintanilha Telles de. A atuação do juiz na direção do processo. *In:* FUX, Luis (coord.) *O novo processo civil brasileiro*: direito em expectativa. Rio de Janeiro: Forense, 2011.

MENEZES CORDEIRO, António Manuel da Rocha. *Da boa-fé no direito civil*. 7. reimp. Lisboa: Almedina, 2017.

MESQUITA, José Ignácio Botelho de. *Coisa julgada*. Rio de Janeiro: Forense, 2004.

MESQUITA, José Ignácio Botelho de. Da competência internacional e dos princípios que a informam. *Revista de Processo*, São Paulo, v. 50, abr.-jun. 1988.

MESSINEO, Francesco. Verbete "contratto innominato". *Enciclopedia del diritto*. Milano: Giuffrè, 1962. v. X.

MICHELI, Gian Antonio. *Derecho procesal civil*. Buenos Aires: EJEA, 1970. v. I.

MIGUEL, José Antônio; ALVES, Fernando de Brito. As ilações probatórias retiradas pelo juiz. O direito/dever ao silêncio e a colaboração das partes no processo civil brasileiro e português. *Revista dos Tribunais*, São Paulo, v. 1.037, mar. 2022.

MILLAR, Robert Wyness. *Los principios formativos del procedimiento civil*. Buenos Aires: Ediar, 1945.

MINAMI, M. Y.; PEIXOTO, Ravi. Da questão prejudicial incidental constitucional no STF e o novo regime de coisa julgada. *Revista de Processo*, São Paulo, v. 263, jan. 2017.

MITIDIERO, Daniel. Abrangência da coisa julgada no plano objetivo – segurança jurídica. *Revista de Processo*, São Paulo, n. 184, jun. 2010.

MITIDIERO, Daniel. Autonomização e estabilização da antecipação da tutela no novo Código de Processo Civil. *Revista Magister de Direito Civil e Processual Civil*, Porto Alegre, n. 63, nov.-dez. 2014.

MITIDIERO, Daniel. *Colaboração no processo civil*. São Paulo: RT, 2009.

MITIDIERO, Daniel. Tendências em matéria de tutela sumária: da tutela cautelar à técnica antecipatória. *Revista de Processo*, São Paulo, v. 197, jul. 2011.

MOLLICA, Rogério; ANTUNES, Thiago Caversan. As garantias fundamentais do contraditório e da ampla defesa e os limites de atuação do assistente técnico na produção da prova pericial: uma leitura do art. 466, § 2º, do Código de Processo Civil de 2015, sob as luzes da Constituição Federal de 1988. Revista de Processo, São Paulo, v. 355, p. 71-92, set. 2024.

MONIZ DE ARAGÃO, Egas Dirceu. *Comentários ao Código de Processo Civil.* Rio de Janeiro: Forense, 1974. v. II.

MONIZ DE ARAGÃO, Egas Dirceu. *Comentários ao Código de Processo Civil.* 3. ed. Rio de Janeiro: Forense, 1979.

MONIZ DE ARAGÃO, Egas Dirceu. *Comentários ao Código de Processo Civil.* 6. ed. Rio de Janeiro: Forense, 1989. v. II.

MONIZ DE ARAGÃO, Egas Dirceu. *Comentários ao Código de Processo Civil.* 9. ed. Rio de Janeiro: Forense, 1998. v. II.

MONIZ DE ARAGÃO, Egas Dirceu. *Comentários ao Código de Processo Civil.* 9. ed. Rio de Janeiro: Forense, 1998. v. III.

MONIZ DE ARAGÃO, Egas Dirceu. Parecer. *Revista Forense*, Rio de Janeiro. v. 251, jul.-set. 1975.

MONIZ DE ARAGÃO, Egas Dirceu. *Sentença e coisa julgada.* Rio de Janeiro: AIDE, 1992.

MONTEIRO, João. *Programa do curso de processo civil.* 3. ed. São Paulo: Duprat, 1912. v. I.

MONTEIRO, João. *Programa do curso de processo civil.* 3. ed. São Paulo: Duprat, 1912. v. II.

MONTEIRO, João. *Programa do curso de processo civil.* 3. ed. São Paulo: Duprat, 1912. v. VIII.

MONTELEONE, Girolamo. *Diritto processuale civile.* 2. ed. Padova: CEDAM, 2000.

MONTENEGRO Filho, Misael. *Cumprimento da sentença e outras reformas processuais.* São Paulo: Atlas, 2006.

MONTERO AROCA, Juan. *Los princípios políticos de la nueva Ley de Enjuiciamiento Civil.* Los poderes del juez y la oralidad. Valencia: Tirant lo Blanch, 2001.

MORAES, Alexandre de. *Direito constitucional.* 20. ed. São Paulo: Atlas, 2006.

MORAES, Maria Celina Bodin de. *Danos à pessoa humana*: uma leitura civil-constitucional dos danos morais. Rio de Janeiro: Renovar, 2003.

MORAES, Paulo Valério Dal Pai. *Código de Defesa do Consumidor*: princípio da vulnerabilidade no contrato, na publicidade, nas demais práticas comerciais. Porto Alegre: Síntese, 1999.

MORCHIN, Gregorio R. *Teoria del derecho* (fundamentos de teoria comunicacional del derecho. Madrid: Editorial Civitas, 1998. v. 1.

MOREIRA, Alberto Camiña. Ata notarial. *In:* NETO, Olavo de Oliveria; NETO, Elias Marques de Medeiros; LOPES, Ricardo Augusto de Castro (coords.). *A prova no direito processual civil*: estudos em homenagem ao professor João Batista Lopes. São Paulo: Verbatim, 2013.

MOREIRA, Amanda Pierre de Moraes; AZEVEDO, Mário; MATA, Rodrigo da. A trajetória da Desconsideração da Personalidade Jurídica e a Lei de Liberdade Econômica. *In:* SOUZA, Eduardo Nunes de; GUEDES, Gisela Sampaio da Cruz; OLIVA, Milena Donato (coords.). *O Código Civil após a Lei da Liberdade Econômica:* estudos na legalidade constitucional. Rio de Janeiro: Ed. Processo, 2023.

MOREIRA ALVES, José Carlos. *Direito romano.* 2. ed. Rio de Janeiro: Forense, 1972. v. II, n. 222-III.

MOSCHELLA, Ignazio. Misure Conservative. *In:* SCIALOJA, Vittorio. *Dizionario pratico del diritto privato.* Milano: F. Vallardi, 1952. v. III.

MOSSOI, Alana Caroline; MEDINA, José Miguel Garcia. Os obstáculos ao processo estrutural e decisões estruturais no direito brasileiro. *Revista dos Tribunais*, São Paulo, v. 1.046, dez. 2022.

MOTTA, Francisco José Borges; ABBOUD, Georges. Ronald Dworkin e a dignidade do devido processo: um ensaio sobre a dupla dimensão da resposta correta. *Revista de Processo*, São Paulo. v. 313, mar. 2021.

MOURA ROCHA, José de. *Exegese do Código de Processo Civil.* Rio de Janeiro: Aide, 1981.

MÜLLER, Friedrich. *Juristische Methodik.* 2. ed. Berlin: Duncker & Humblot, 1976.

MÜLLER, Friedrich. *Juristische Methodik.* 5. ed. Berlin: Duncker & Humblot, 1993.

MUÑOZ, Pedro Soares. Da intervenção de terceiros no novo Código de Processo Civil. *Estudos sobre o novo Código de Processo Civil.* 1974. v. I.

NALIN, Paulo; STEINER, Renata C. Nulidade dos negócios jurídicos e conhecimento de ofício pelo juiz: entre o Código Civil e o novo Código de Processo Civil [Lei nº 13.105/2015]. In: BRAGA NETTO, Felipe Peixoto; SILVA, Michael César; THIBAU, Vinícius Lott (coords.). *O direito privado e o novo Código de Processo Civil*: repercussões, diálogos e tendências. Belo Horizonte: Fórum, 2018.

NASCIMENTO, Sonia Mascaro. Alguns impactos do novo Código de Processo Civil no processo do trabalho. *In:* CIANCI, Mirna *et al. Novo Código de Processo Civil*: impactos na legislação extravagante e interdisciplinar. São Paulo: Saraiva, 2016. v. 2.

NEGRÃO, Theotonio. *Código de Processo Civil e legislação processual em vigor*. São Paulo: RT, 1989.

NEGRÃO, Theotonio. *Código de Processo Civil e legislação processual em vigor*. 46. ed. São Paulo: Saraiva, 2014.

NEGRÃO, Theotônio *et al. Código de Processo Civil e legislação processual em vigor*. 49. ed. São Paulo: Saraiva, 2018.

NEGRÃO, Theotônio; GOUVÊA, José Roberto F.; BONDIOLI, Luís Guilherme A.; FONSECA, João Francisco N. da. *Código de Processo Civil e legislação processual em vigor*. 52. ed. São Paulo: Saraiva, 2021.

NEGRÃO, Theotônio; GOUVÊA, José Roberto F.; BONDIOLI, Luís Guilherme A.; FONSECA, João Francisco N. da. *Código Civil e legislação processual em vigor*. 40. ed. São Paulo: Saraiva, 2022.

NELSON, Rocco Antônio Rangel. Imunidade de jurisdição em questão trabalhista. *Revista Bonijuris*, Curitiba, ano 33, n. 673, dez. 2021.-jan. 2022.

NERY, Rodrigo. *Repensando a coisa julgada e os motivos da decisão*. Londrina: Thoth, 2022.

NERY JÚNIOR, Nelson. *Atualidades sobre processo civil.* São Paulo: RT, 1996.

NERY JÚNIOR, Nelson. *Princípios fundamentais* – teoria geral dos recursos. 4. ed. São Paulo: RT, 1997.

NERY JÚNIOR, Nelson. *Princípios do processo na Constituição Federal.* 10. ed. São Paulo: RT, 2010.

NERY JÚNIOR, Nelson; NERY, Rosa Maria de Andrade. *Código de Processo Civil comentado.* 6. ed. São Paulo: RT, 2002.

NERY JÚNIOR, Nelson; NERY, Rosa Maria de Andrade. *Código de Processo Civil comentado e legislação processual em vigor*. 6. ed. São Paulo: RT, 2003.

NERY JÚNIOR, Nelson; NERY, Rosa Maria Andrade. *Código Civil comentado*. 3. ed. São Paulo: RT, 2005.

NERY JÚNIOR, Nelson; NERY, Rosa Maria de Andrade. *Código de Processo Civil comentado.* 11. ed. São Paulo: RT, 2010.

NERY JÚNIOR, Nelson; NERY, Rosa Maria de Andrade. *Código de Processo Civil comentado e legislação processual extravagante em vigor*. 6. ed. São Paulo: RT, 2002.

NERY JÚNIOR, Nelson; NERY, Rosa Maria de Andrade. *Código de Processo Civil comentado e legislação extravagante*: atualizado até 17 de fevereiro de 2010. 11. ed. São Paulo: RT, 2010.

NERY JÚNIOR, Nelson; NERY, Rosa Maria de Andrade. *Código de Processo Civil comentado*. 16. ed. São Paulo: RT, 2016.

NERY JÚNIOR, Nelson; NERY, Rosa Maria de Andrade. *Código de Processo Civil comentado*. 19. ed. São Paulo: RT, 2020.

NERY JÚNIOR, Nelson; NERY, Rosa Maria de Andrade. *Comentários ao Código de Processo Civil*. São Paulo: RT, 2015.

NERY JÚNIOR, Nelson. *Comentários ao Código de Processo Civil*. 2. tir. São Paulo: RT, 2015.

NERY JÚNIOR, Nelson; NERY, Rosa Maria de Andrade. *Código Civil comentado*. 12. ed. São Paulo: RT, 2017.

NERY JÚNIOR, Nelson; NERY, Rosa Maria de Andrade. *Constituição Federal comentada e legislação constitucional*. 6. ed. São Paulo: RT, 2017.

NETO, Narciso Orlandi. Ata notarial e a retificação no registro imobiliário. *In:* BRANDELLI, Leonardo (coord.). *Ata notarial*. Porto Alegre: Instituto de Registro Imobiliário do Brasil: S/A, 2004.

NEVES, Celso. *Coisa julgada civil*. São Paulo: RT, 1971.

NEVES, Celso. *Estrutura fundamental do processo civil*: tutela jurídica processual, ação, processo e procedimento. Rio de Janeiro: Forense, 1995.

NEVES, Daniel Amorim Assumpção. *Ações probatórias autônomas*. São Paulo: Saraiva, 2008.

NEVES, Daniel Amorim Assumpção. *Novo Código de Processo Civil* – Lei 13.105/2015. São Paulo: Método, 2015.

NEVES, Daniel Amorim Assumpção. *Novo Código de Processo Civil comentado artigo por artigo*. 2. ed. Salvador: JusPodivm, 2017.

NEVES, Daniel Amorim Assumpção. *Manual de direito processual civil*. 5. ed. São Paulo: Método, 2013.

NEVES, Daniel Amorim Assumpção. *Manual de direito processual civil*. 8. ed. São Paulo: Método, 2016.

NEVES, Daniel Amorim Assumpção. *Manual de direito processual civil*. 9. ed. Salvador: JusPodivm, 2017.

NEVES, José Roberto de Castro. *A invenção do direito*: as lições de Ésquilo, Sófocles, Eurípedes e Aristófanes. Rio de Janeiro: Edições de Janeiro, 2015.

NEVES, Marcelo. *Entre Hidra e Hércules*: princípios e normas constitucionais. São Paulo: Martins Fontes, 2013.

NIEVA-FENOLL, Jordi. *Coisa julgada*. Trad. de António do Passo Cabral. São Paulo: RT, 2016.

NIEVA-FENOLL, Jordi. La mediazione: um'alternativa ragionevole al processo? *Rivista Trimestrale di Diritto e Procedura Civile*, Milano: Giuffrè, v. LXVII, n. 4, 2013.

NOBRE, César Augusto Di Natale. *Amicus curiae*: uma abordagem processual da figura no âmbito da CVM e do CADE. *Revista Dialética de Direito Processual*, São Paulo, n. 132, mar. 2014.

NOGUEIRA, Pedro Henrique. *Negócios jurídicos processuais*. Salvador: JusPodivm, 2016.

NOGUEIRA, Pedro Henrinque. O regime jurídico da legitimidade extraordinária no processo civil brasileiro. *Revista de Processo*, São Paulo, v. 324, fev. 2022.

NONATO, Orosimbo. *Curso de Obrigações, segunda parte*. Rio de Janeiro: Forense, 1959. v. II.

NORAT, Leonardo Costa. Tutela provisória em direito societário. *Revista de Processo*, São Paulo, v. 359, jan. 2025.

NUNES, Gustavo Henrique Schneider. A convenção arbitral como limite aos poderes instrutórios do árbitro. *Revista dos Tribunais*, São Paulo, v. 1.030, ago. 2021.

NUNES, Leonardo Silva; COTA, Samuel Paiva; FARIA, Ana Maria Damasceno de Carvalho. Dos litígios aos processos estruturais: pressupostos e fundamentos. In: NUNES, Leonardo Silva (coord.). Dos litígios aos processos estruturais. Belo Horizonte/São Paulo: D'Plácido, 2022.

OLIVEIRA, Carlos Alberto Alvaro de. Alcance e natureza da tutela antecipatória. In: MOREIRA, José Carlos B. (coord.). *Estudos de direito processual em memória de Luiz Machado Guimarães*. Rio de Janeiro: Forense, 1997.

OLIVEIRA, Carlos Alberto Alvaro de. *Alienação da coisa litigiosa*. Rio de Janeiro: Forense, 1984.

OLIVEIRA, Carlos Alberto Alvaro de. *Do formalismo no processo civil*. 2. ed. São Paulo: Saraiva, 2003.

OLIVEIRA, Carlos Alberto Alvaro de. *Do formalismo do processo civil*: proposta de um formalismo-valorativo. 3. ed. São Paulo: Saraiva, 2009.

OLIVEIRA, Carlos Alberto Alvaro de. Garantia do contraditório. *Garantias constitucionais do processo civil*. São Paulo: RT, 1999.

OLIVEIRA, Carlos Alberto Alvaro de; MITIDIERO, Daniel. *Curso de processo civil*. São Paulo: Atlas, 2010. v. I.

OLIVEIRA, Carlos Alberto Alvaro de; MITIDIERO, Daniel. *Curso de processo civil*. São Paulo: Atlas, 2012. v. I.

OLIVEIRA, Lucas Soares de. O litisconsórcio no Código de Processo Civil de 2015. *Revista de Processo*, São Paulo, v. 313, mar. 2021.

OLIVEIRA, Rafael Alexandria de. Comentários ao § 5º do art. 99 do CPC/2015. *In*: WAMBIER, Teresa Arruda Alvim; DIDIER JR., Fredie; TALAMINI, Eduardo; DANTAS, Bruno (coords.). *Breves comentários ao novo Código de Processo Civil*. São Paulo: RT, 2015.

OLIVEIRA, Rafael Niebuhr Maia de; MESSIAS, Wellington Jacó. O novo Código de Processo Civil e o princípio do livre convencimento, *Revista Síntese – Direito Civil e Processual Civil*, São Paulo, n. 110, nov.-dez. 2017.

OLIVEIRA NETO, Olavo de. O perfil das novas formas positivadas de intervenção de terceiros no Projeto do CPC: desconsideração da personalidade jurídica e *amicus curiae*. *In:* AURELLI, Arlete Inês *et al.* (coords.). *O direito de estar em juízo e a coisa julgada*: estudos em homenagem a Thereza Alvim. São Paulo: RT, 2014.

OMMATI, José Emílio Medauar. A fundamentação das decisões jurisdicionais no projeto do Novo Código de Processo Civil. *In:* FREIRE, Alexandre *et al.* (orgs.). *Novas tendências do processo civil*: estudos sobre o projeto do novo Código de Processo Civil. Salvador: JusPodivm, 2014. v. III.

ORIANI, Renato. Ancora sulla translatio iudicii nei rapporti tra giudice ordinario e giudice speciale. *Corrieri Giuridico,* n. 9, 2004.

OSNA, Gustavo. Três notas sobre a litigância predatória (ou, o abuso do direito de ação). *Revista de Processo,* São Paulo, v. 342, ago. 2023.

PACHECO, José da Silva. *Direito processual civil*. São Paulo: Saraiva, 1976. v. I.

PACHIKOSKI, Silvia Rodrigues. A cláusula escalonada. *In:* ROCHA, Caio Cesar Vieira; SALOMÃO, Luis Felipe (coords). *Arbitragem e mediação*: a reforma da legislação brasileira. 2. ed. São Paulo: Atlas, 2017.

PÁDUA, Felipe Bizinoto Soares de. A dimensão constitucional da autonomia privada. *Revista Síntese-Direito Civil e Processual Civil*, São Paulo, n. 142, mar.-abr. 2023.

PALACIO, Lino Enrique. *Manual de derecho procesal civil*. 4. ed. Buenos Aires: Abeledo-Perrot, 1977. v. I.

PALMA, Antonio. *Il luogo dele regole*: riflessioni sul processo civile romano. Torino: G. Giappichelli Editore, 2016.

PANTOJA, Fernanda Medina; MARÇAL, Felipe Barreto. Tutela de evidência recursal. *Revista de Processo*, São Paulo, v. 324, fev. 2022.

PARGA, M. Otero. Sobre motivaciòn, fundamentaciòn, justificaciòn y explicaciòn de las sentencias judiciales. In: *Ars Ivdicandi:* Estudos em homenagem ao Prof. Doutor António Castanheira Neves. Coimbra: Boletim da Faculdade de Direito da Universidade de Coimbra, 2008. v. I.

PAULA, Alexandre de. *Código de Processo Civil anotado*. São Paulo: RT, 1976. v. II.

PAULA BATISTA, Francisco de. *Compêndio de teoria e prática do processo civil comparado com o comercial*. 6. ed. Rio de Janeiro: Garnier, 1901.

PEDRON, Flávio Quinaud; FERREIRA, Isadora Costa. O ônus da prova dinâmico no Código de Processo Civil de 2015. *Revista de Processo*, São Paulo, v. 285, nov. 2018.

PEIXOTO, Ravi. As regras de experiência, os deveres de justificação e os limites à discricionariedade do convencimento judicial. *Revista de Processo*, São Paulo, v. 320, out. 2021.

PEIXOTO, Ravi. O *forum non conveniens* e o processo civil brasileiro: limites e possibilidades. *Revista de Processo*, São Paulo, v. 279, mai. 2018.

PEIXOTO, Ravi. Primeiras impressões sobre os princípios que regem a mediação e a conciliação. *Revista Dialética de Direito Processual*, São Paulo, n 152, nov. 2015.

PEREIRA, Caio Mário da Silva. *Condomínios e incorporações*. Rio de Janeiro: Forense, 1965.

PEREIRA, Caio Mário da Silva. *Instituições de direito civil*. 31. ed. Rio de Janeiro: Forense, 2018. v. I.

PEREIRA E SOUZA, Joaquim José Caetano. *Primeiras linhas sobre o processo civil*. Rio de Janeiro: Garnier, 1907.

PEREIRA, Guilherme Setoguti J. Verdade e finalidade da prova. *Revista de Processo*, São Paulo, v. 213, nov. 2012.

PEREIRA, Guilherme Setoguti J.; MAGALHÃES, Daniel. Desconsideração "expansiva" da personalidade jurídica e responsabilização dos sócios de fato. In: PEREIRA, Guilherme Setoguti J.; CUEVA, Ricardo Villas Bôas (coords.). *Direito societário, recuperação judicial e falência na jurisprudência do STJ*. 2. tir. São Paulo: RT, 2024.

PEREIRA, Rafael Caselli; TESSARI, Cláudio. O direito ao fornecimento dos votos parciais no julgamento sob a perspectiva do devido processo legal. *Revista de Processo*, São Paulo, v. 306, ago. 2020.

PERELMAN, Chaim. *Lógica jurídica*: nova retórica. 2. ed. São Paulo: Martins Fontes, 2004.

PERLINGIERI, Pietro; FEMIA, P. *Manuale di diritto civile*. 3. ed. Napoli: Edizione Schientifiche Italiane, 2002.

PERLINGIERI, Pietro. *Perfis do direito civil:* introdução ao direito civil constitucional. 3. ed. Rio de Janeiro: Renovar, 2007.

PERROT, Roger. O processo civil francês na véspera do século XXI. Trad. de Barbosa Moreira. *Revista Forense*, Rio de Janeiro, v. 342, abr.-maio-jun. 1998.

PESSOA, Flávia Moreira Guimarães. Pontes de Miranda a possibilidade de utilização das máximas de experiência para dispensa de provas no processo. *In*: DIDIER JR., Fredie *et al. Pontes de Miranda e o direito processual.* Salvador: JusPodivm, 2013.

PESTANA DE AGUIAR, João Carlos. *Comentários ao Código de Processo Civil.* São Paulo: RT, 1974. v. IV.

PESTANA DE AGUIAR, João Carlos. Síntese informativa do processo cautelar. *Seleções Jurídicas (ADV)*. v. 19.

PETRELLA, Virginia. Note problematiche sul giudicato in punto di fatto alla luce dei principi del giusto processo civile. *Studi in onore di Carmine Punzi.* Torino: G. Giappichelli, 2008. v. I.

PEYRANO, Jorge W. Nuevos lineamientos de las cargas probatorias dinámicas. *In:* WHITE, Inés Lépori (coord.) *Cargas probatorias dinámicas.* Santa Fé: Rubinzal-Culzoni, 2004.

PEYRANO, Jorge W. Nuevos rumos de la doctrina de la cargas probatorias dinámicas. *Revista de Processo*, São Paulo, v. 217, mar. 2013.

PEYRANO, Jorge W. *Nuevos rumbos de la doctrina de las cargas probatorias dinámicas*: las cargas probatorias sobrevenientes. Ed. Del, 1999.

PICARDI, Nicola. A vocação de nosso tempo para a jurisdição. Ensaio em homenagem a Giuseppe Tarzia. *In*: OLIVEIRA, Carlos Alberto Alvaro (org.). *Jurisdição e processo.* Rio de Janeiro: Forense, 2008.

PICARDI, Nicola. Professionalità e responsabilità del giudice. *Rivista di Diritto Processuale*, ano XLII, n. 2, 1987.

PIMENTEL, Ayrton. *O contrato de seguro de acordo com o novo Código Civil brasileiro.* 2. ed. São Paulo: RT, 2003.

PIMENTEL, Wellington Moreira. *Comentários ao Código de Processo Civil.* São Paulo: Série RT, 1975. v. III.

PINHEIRO, Flávia Campos; LOPES NETO, João Damasceno. A construção de um modelo processual coletivo adequado para o controle judicial das políticas públicas: o importante papel das associações civis. *Revista dos Tribunais*, São Paulo, v. 1.051, maio 2023.

PINHO, Humberto Dalla Bernardina. *Incidente de conversão da ação individual em ação coletiva no CPC Projetado:* Exame crítico do instituto. Disponível em: http://www.processoscoletivos.net/revista-eletronica/63-volume-4-numero-3-trimestre-01-07-2014-a-30-09-2014/1459--incidente-de-conversaoda acao-individual-em-acao-coletiva-no-cpc-projetadoexame--critico-do-instituto. Acesso em: 3 set. 2014.

PINHO, Luciano Fialho. *Ação de responsabilidade civil proposta em face dos administradores de sociedades anônimas.* (Tese.) Belo Horizonte, UFMG, 2000.

PINTER, Rafael Wobeto. O sistema processual brasileiro adotou a *cross-examination*? *Revista de Processo*, São Paulo, v. 306, ago. 2020.

PINTO, Nelson Luiz; DELBONI, Beatriz Krebs. A liberdade de disposição das partes e a liberdade investigatória do juiz cível no âmbito probatório. *Revista de Processo*, São Paulo, v. 318, ago. 2021.

PINTO, Rodrigo Strobel. *Amicus curiae* no projeto de Código de Processo Civil. *Revista de Processo*, São Paulo, v. 220, jun. 2013.

PITOMBO, Sérgio M. de Moraes. *Do sequestro no processo penal brasileiro.* São Paulo: Ed. José Bushatsky, 1973.

PISETTA, Francieli. O *amicus curiae* no direito processual civil brasileiro. *Revista Brasileira de Direito Processual*, Belo Horizonte, n. 85, jan.-mar. 2014.

PODETTI, Ramiro. *Tratado de las medidas cautelares*. Buenos Aires: Ediar, 1956.

PONTES DE MIRANDA, Francisco Cavalcanti. *Comentários ao Código de Processo Civil*. Rio de Janeiro: Forense, 1959. t. VIII.

PONTES DE MIRANDA, Francisco Cavalcanti. *Comentários ao Código de Processo Civil*. 2. ed. Rio de Janeiro: Forense, 1960. v. X (art. 798, I, *c*, do Código de 1939).

PONTES DE MIRANDA, Francisco Cavalcanti. *Comentários ao Código de Processo Civil* Rio de Janeiro: Forense, 1975. t. IX.

PONTES DE MIRANDA, Francisco Cavalcanti. *Comentários ao Código de Processo Civil*. Rio de Janeiro: Forense, 1974. v. IV.

PONTES DE MIRANDA, Francisco Cavalcanti. *Comentários ao Código de Processo Civil*. Rio de Janeiro: Forense, 1974. v. V.

PONTES DE MIRANDA, Francisco Cavalcanti. *Comentários ao Código de Processo Civil*. Rio de Janeiro: Forense, 1976. t. XII.

PONTES DE MIRANDA, Francisco Cavalcanti. *Comentários ao Código de Processo Civil*. 3. ed. Rio de Janeiro: Forense, 1996. t. II.

PONTES DE MIRANDA, Francisco Cavalcanti. *Comentários ao Código de Processo Civil*. 3. ed. Rio de Janeiro: Forense, 1996. t. IV.

PONTES DE MIRANDA, Francisco Cavalcanti. *Comentários ao Código de Processo Civil*. 3. ed. Rio de Janeiro: Forense, 1997. t. II.

PONTES DE MIRANDA, Francisco Cavalcanti. *Comentários ao Código de Processo Civil*. 3. ed. Rio de Janeiro: Forense, 1997. t. V.

PONTES DE MIRANDA, Francisco Cavalcanti. *Comentários ao Código de Processo Civil*. 2. ed. Rio de Janeiro: Forense, 2003. t. XII.

PONTES DE MIRANDA, Francisco Cavalcanti. *Tratado da ação rescisória*, 1957.

PONTES DE MIRANDA, Francisco Cavalcanti. *Tratado das ações*. Atualizado por Vilson Rodrigues Alves. Campinas: Bookseller, 1998. t. 1 e 3.

PONTES DE MIRANDA, Francisco Cavalcanti. *Tratado de direito privado*. 2. ed. Rio de Janeiro: Borsoi, 1955. v. V.

PONTES DE MIRANDA, Francisco Cavalcanti. *Comentários à Constituição de 1967*. São Paulo: RT, 1970. v. I.

POPP, Carlyle. *Responsabilidade civil pré-negocial*: o rompimento das tratativas. Curitiba: Juruá, 2001.

POPPER, Karl. *A sociedade aberta e seus inimigos*. Belo Horizonte: Itatiaia, 1987. v. I.

PORTANOVA, Rui. *Princípios do processo civil*. 1. ed. 2. tir. Porto Alegre: Livraria do Advogado, 1997.

PORTANOVA, Rui. *Princípios do processo civil*. 7. ed. Porto Alegre: Livraria do Advogado, 2008.

PORTO, Antônio Rodrigues. Do chamamento ao processo no novo Código de Processo Civil. *RT*, n. 458, 1976.

PRATA, Edson. Simpósio Brasileiro de Direito Processual, realizado em Curitiba, 1975, relato de Edson Prata. *Revista Forense*, Rio de Janeiro, v. 252, out.-nov.-dez. 1975.

PRITSCH, Cesar Zucatti. Tutela provisória no Brasil: fragilidades em comparação com o contexto norte-americano. *Revista dos Tribunais*, São Paulo, v. 1.052, jun. 2023.

PROTO PISANI, Andrea. *Lezioni di diritto processuale civile*. 3. ed. Napoli: Jovene Editore, 1991.

PROTO PISANI, Andrea. *Lezioni di diritto processuale civile*. 3. ed. Napoli: Jovene Editore, 1999.

PROTO PISANI, Andrea. *Lezioni di diritto processuale civile*. Ristampa della 5. ed. Napoli: Jovene Editore, 2010.

PROTO PISANI, Andrea. *Lezioni di diritto processuale civile*. 6. ed. Napoli: Jovene Editore, 2014.

PROTO PISANI, Andrea. *Le tutele giurisdizionali dei diritti*: studi. Napoli: Jovene Editore, 2003.

PROTO PISANI, Andrea. *Trattato di diritto civile del Consiglio Nazionale del Notariato*. Napoli: Edizioni Scientifiche Italiane, 2008.

PRÜTTING, Hanns. Nuevas tendencias en el Proceso Civil Aleman. *Gênesis – Revista de Direito Processual Civil*, Curitiba, n. 41, jan.-jun. 2007.

PUGLIESE, Willian Soares; ZWICKER, Lucas Lunardelli Vanzin. A cisão da teoria das nulidades processuais com a jurisprudência e seus efeitos sobre a unirrecorribilidade. *Revista de Processo*, São Paulo, v. 344, out. 2023.

PUNZI, Carmine. Le nuove frontiere dell' arbitrato. *Rivista di Diritto Processuale,* Anno LXX (Seconda serie), n. 1, jan.-fev. 2015.

QUERZOLA, Lea. *La tutela anticipatoria fra procedimento cautelare e giudizio di merito*. Bologna: Bononia University Press, 2006.

QUERZOLA, Lea. Tutela cautelare e dintorni: contributo alla nozione di "provvedimento anticipatorio". *In:* BONGIORNO, Girolamo. *Studi in onore di Carmine Punzi*. Torino: G. Giappichelli, 2008. v. III.

RAMOS, Vitor de Paula. Direito fundamental à prova. *Revista de Processo*, São Paulo, v 224, out. 2013.

RAMOS, Vitor de Paula. Teorias e doutrinas da argumentação: a argumentação no Novo CPC brasileiro. *Revista de Processo*, São Paulo, v. 307, set. 2020.

REALE, Miguel. *O direito como experiência*. São Paulo: Saraiva, 1968.

REDENTI, Enrico. *Diritto processuale civile*. Milano: A. Giuffrè, 1947. v. I.

REDONDO, Bruno Garcia. Distribuição dinâmica do ônus da prova: breves apontamentos. *Revista Dialética de Direito Processual*, São Paulo, n. 93, dez. 2010.

REDONDO, Bruno Garcia. *Negócios jurídicos processuais atípicos no direito processual civil brasileiro: existência, validade e eficácia* (tese de doutorado). São Paulo: PUC-SP, 2019.

REDONDO, Bruno Garcia. Réplica, tréplica e quadrúplica: institutos relevantes indevidamente desprestigiados. *Revista Eletrônica de Direito Processual*, v. XI, 2013.

REGO, Carlos Francisco de Oliveira Lopes do. *Comentários do Código de Processo Civil*. Coimbra: Almedina, 2004. v. I.

REICHELT, Luis Alberto. A exigência de publicidade dos atos processuais na perspectiva do direito ao processo justo. *Revista de Processo*, São Paulo, v. 234, ago. 2014.

REIS, José Alberto dos. *Código de Processo Civil anotado*. Coimbra: Editora Coimbra, 1948. v. III.

REIS, José Alberto dos. *Processo de execução*. Coimbra: Coimbra Ed., 1943. v. I.

REIS, Sérgio Cabral dos. Aspetos polêmicos do IDPJ e regularidade do reconhecimento do grupo econômico na execução trabalhista – parte 1. *Revista de Processo,* São Paulo, v. 353, jul. 2024.

REIS, Wanderlei José dos. O papel do CEJUSC como tribunal de multiportas. *Revista Bonijuris*, Curitiba, ano 34, edição 678, out.-nov. 2022.

REZENDE FILHO, Gabriel José Rodrigues de. *Curso de direito processual civil*. 5. ed. São Paulo: Saraiva, 1957. v. I.

REZENDE FILHO, Gabriel. 5. ed. São Paulo: Saraiva, 1959. v. III.

RIBAS, Antônio Joaquim. *Consolidação das Leis do Processo Civil*. Rio de Janeiro: Dias da Silva Junior, 1879 (comentário CCCLXXI).

RIBEIRO, Darci Guimarães. *La pretensión procesal y La tutela judicial efectiva*. Barcelona: Bosch, 2004.

RIBEIRO, Darci Guimarães. O direito fundamental de não produzir prova contra si e o *iura noviti curia versus* o princípio cand*or toward the Court: duty to disclose adverse authority* no sistema brasileiro de padrões decisórios. Limites e possibilidades. *Revista de Processo*, São Paulo, v. 336, fev. 2023.

RIBEIRO, Juliana de Oliveira Xavier. *Direito notarial e registral*. Rio de Janeiro: Elsevier, 2008.

RICCI, Edoardo Flavio. Possíveis novidades sobre a tutela antecipada na Itália. *Genesis – Revista de Direito Processual Civil*, Curitiba, v. 7, jan.-mar. 1998.

RICCI, Edoardo Flavio. Verso un nuovo processo civile? *Rivista di Diritto Processuale, v.* LVIII (seconda serie). Padova: CEDAM, 2003.

RICCI, Gian Franco. *Principi di Diritto Processuale Generale*. Torino: Giappichelli Editore, 1995.

RICCI, Gian Franco. Prove e argomenti di prova. *Rivista Trimestrale di Diritto e Procedura Civile*, Milano: Giuffrè, ano XLII, n. 4, dez. 1988.

ROCCO, Ugo. *Tratado de derecho procesal civil*. Buenos Aires: Depalma, 1970.

ROCCO, Ugo. *Tratado de derecho procesal civil*. Buenos Aires: Depalma, 1979. v. V.

ROCHA, Henrique de Moraes Fleury da. *Desconsideração da personalidade jurídica*. Salvador: JusPodivm, 2022.

RODRIGUES JÚNIOR, Walsir Edson. *A prática da mediação e o acesso à justiça*. Belo Horizonte: Del Rey, 2007.

RODRIGUES, Geisa de Assis. Da ação popular. *In:* FARIAS, Cristiano Chaves de; DIDIER JR., Fredie (coords.). *Procedimentos especiais cíveis*: legislação extravagante. São Paulo: Saraiva, 2003.

RODRIGUES, Marcelo Abelha. Ação civil pública. In: DIDIER JR., Fredie (org.). *Ações constitucionais*. Salvador: JusPodivm, 2006.

RODRIGUES, Marcelo Abelha. *Responsabilidade patrimonial pelo inadimplemento das obrigações*: introdução ao estudo sistemático da responsabilidade patrimonial. Indaiatuba: Foco, 2023.

RODRIGUES, Marco Antônio dos Santos; PORTO, José Roberto Sotero de Mello. Princípio da eficiência processual e o direito à boa jurisdição. *Revista de Processo,* São Paulo, v. 275, jan. 2018.

RODRIGUES, Marco Antônio; TEMER, Maurício. *Justiça digital*. São Paulo: JusPodivm, 2021.

RODRIGUES, Rafael Ribeiro. Questão prejudicial e a coisa julgada material. Requisitos e reflexões. *Revista dos Tribunais,* São Paulo, v. 1.031, set. 2021.

RODRIGUES, Raphael Silva; BARROS, Henrique Rodrigues de. O dever de fundamentação das decisões judiciais como mecanismo de *distinguishing* na Lei n. 13.105/2015. *Revista Magister de Direito Civil e Processual Civil*, Porto Alegre, n. 74, set.-out. 2016.

ROSA, Eliezer. *Dicionário de processo civil*. São Paulo: Bushatsky, 1973.

ROSA, Marcos Valls Feu. *Exceção de pré-executividade*. Porto Alegre: Sérgio Antonio Fabris, 1996.

ROSENBERG, Leo. *Tratado de derecho procesal civil*. Buenos Aires: EJEA, 1955. t. II.

ROSENBERG, Leo. *Tratado de derecho procesal civil*. Buenos Aires: EJEA,1955. v. II.

ROSENBERG, Leo. *Tratado de derecho procesal civil*. Buenos Aires: EJEA, 1955. v. III.

ROSITO, Francisco. *Direito probatório:* as máximas de experiência em juízo. Porto Alegre: Livraria do Advogado, 2007.

RUBIN, Fernando. O princípio dispositivo no procedimento de cognição e de execução. *Revista Jurídica LEX*, Porto Alegre, n. 69, maio-jun.2014.

RUBIN, Fernando. Teoria geral da prova: do conceito de provas aos modelos de constatação da verdade. *Revista Magister de Direito Civil e Processual Civil*, Porto Alegre, n. 52, jan.-fev. 2013.

SÁ, Fernando Augusto Cunha de. *Abuso de direito*. Coimbra: Almedina, 2005.

SAAD, Eduardo Gabriel. *Comentário ao Código de Defesa do Consumidor*. 2. ed. São Paulo: LTr, 1997.

SALOMÃO FILHO, Calixto. *O novo direito societário*. 3. ed. São Paulo: Malheiros, 2006.

SAMPAIO, Marcos. O neoconstitucionalismo e a boa-fé. *In*: PAMPLONA FILHO, Rodolfo; BRAGA, Paula Sarno; LAGO JÚNIOR, Antônio (coords.). *Ética e boa-fé no direito*: estudos em homenagem ao Prof. Adroaldo Leão. Salvador: JusPodivm, 2017.

SANCHES, Sydney. *Denunciação da lide*. São Paulo: RT, 1984.

SANTOS, Andrés de La Oliva; GIMENEZ, Ignácio Díez-Picazo. *Derecho procesal civil* – el proceso de declaración. 3. ed. Madrid: Editorial Universitária Ramón Areces, 2004.

SANTOS, Ernane Fidélis dos. *Estudos de direito processual civil*. Uberlândia: Ed. F. Direito Universidade, 1975.

SANTOS, Ernane Fidélis dos. *Manual de direito processual civil*. 3. ed. São Paulo: Saraiva, 1994.

SANTOS, Ernane Fidélis dos. *Manual de direito processual civil*. 6. ed. São Paulo: Saraiva, 1998. v. I.

SANTOS, Ernane Fidélis dos. *Manual de direito processual civil*. 8. ed. São Paulo: Saraiva, 2001. v. I.

SANTOS, Ernane Fidélis dos. *Manual de direito processual civil*. 11 ed. São Paulo: Saraiva, 2007.

SANTOS, Ernane Fidélis dos. *Manual de direito processual civil*. 14. ed. São Paulo: Saraiva, 2010. v. I.

SANTOS, Ernane Fidélis dos. *Manual de direito processual civil*. Novos perfis do processo civil brasileiro. Belo Horizonte: Del Rey, 1996.

SANTOS, José Carlos Van Cleef de Almeida. O projeto do novo Código de Processo Civil e a (re)afirmação da decisão interlocutória de mérito. *Revista dos Tribunais*, São Paulo, v. 950, dez. 2014.

SANTOS, Marina França. *A garantia do duplo grau de jurisdição*. Belo Horizonte: Del Rey, 2012.

SANTOS, Marina França. Intervenção de terceiro negociada: possibilidade aberta pelo novo Código de Processo Civil. *Revista de Processo*, São Paulo, v. 241, mar. 2015.

SANTOS, Silas Silva. *Litisconsórcio eventual, alternativo e sucessivo*. São Paulo: Atlas, 2013.

SANTOS, Silas Silva; BIANCHINI, Samuel Augusto; BIASSOTI, Letícia Rodrigues. O litisconsórcio eventual na jurisprudência do Superior Tribunal de Justiça. *Revista dos Tribunais*, São Paulo. v. 1.037, mar. 2022.

SATTA, Salvatore. *Direito processual civil*. Rio de Janeiro: Borsoi, 1973. v. I.

SAYEG, Ricardo Hasson; BALERA, Wagner. *O capitalismo humanista*: filosofia humanista de direito econômico. Petrópolis: KBR, 2011.

SCHAITZA, Letticia de Pauli. Coisa julgada sobre questão em benefício de terceiro e o devido processo legal. *Revista de Processo*, São Paulo, v. 286, dez. 2018.

SCHMITZ, Leonardo. *Presunções judiciais*: raciocínio probatório por interferências. São Paulo: RT, 2020.

SCHNAID, David. A interpretação jurídica constitucional e legal. *Revista dos Tribunais*, São Paulo, v. 733, nov. 1996.

SCHÖNKE, Adolfo. *Derecho procesal civil*. 5. ed. Barcelona: Bosch, 1950.

SENTIS MELENDO, Santiago. Aquisición de la prueba. *La Prueba*. Los grandes temas del derecho probatório. Buenos Aires: EJEA, 1978.

SENTIS MELENDO, Santiago. *La prueba*: los grandes temas del derecho probatori, Buenos Aires: EJEA, 1978.

SENTIS MELENDO, Santiago. Naturaleza de la prueba. *Revista dos Tribunais*, São Paulo, v. 462, abr. 1974.

SICA, Heitor Vitor Mendonça. Comentários ao art. 240. *In:* GOUVÊA, José Roberto F. *et al.* (coords.). *Comentários ao Código de Processo Civil*. São Paulo: Saraiva, 2019.

SICA, Heitor Vitor Mendonça. *O direito de defesa no processo civil brasileiro*: um estudo sobre a posição do réu. São Paulo: Atlas, 2011.

SICA, Heitor Vitor Mendonça. *Preclusão processual civil*. 2. ed. São Paulo: Atlas, 2008.

SIFUENTES, Mônica. *Súmula vinculante*: um estudo sobre o poder normativo dos tribunais. São Paulo: Saraiva, 2005.

SILVA, Carlos Miguel Ferreira da. *Providências antecipatórias no processo civil português*, n. 5. Palestra proferida nas Jornadas ibero-americanas de Derecho Procesal, Brasília, 1998.

SILVA, Eduardo Silva da; BRONSTRUP, Felipe Bauer. O requisito da representatividade no *amicus curiae*. *Revista de Processo*, São Paulo, v. 207, maio 2012.

SILVA, Jaqueline Mielke; XAVIER, José Tadeu Neves. *Reforma do processo civil*. Porto Alegre: Verbo Jurídico, 2006.

SILVA, João Paulo Hecker. Desconsideração da personalidade jurídica e sucessão. *In:* TALAMINI, Eduardo *et al.* (coords.). *Parte e terceiros no processo civil*. Salvador: JusPodivm, 2020.

SILVA, José Afonso da. *Curso de direito constitucional positivo*. 12. ed. São Paulo: Malheiros, 1996.

SILVA, José Afonso da. *Curso de direito constitucional positivo*. 29. ed. São Paulo: Malheiros, 2007.

SILVA, Ovídio A. Batista da. *As ações cautelares e o novo processo civil*. 2. ed. Rio de Janeiro: Forense, 1974.

SILVA, Ovídio A. Batista da. *Do processo cautelar*. Rio de Janeiro: Forense, 2009.

SILVA, Ricardo Alexandre da. *A nova dimensão da coisa julgada*. São Paulo: RT, 2019.

SILVA, Ricardo Perlingeiro Mendes da. Cooperação jurídica internacional e auxílio direto. *Revista CEJ*, Brasília, v. 32, jan.-mar. 2006.

SILVA, Sandoval Alves da. Acesso à justiça probatória: negativa de tutela jurisdicional como consequência de negativa de convicção judicial. *Revista de Processo*, São Paulo, v. 232, jun. 2014.

SILVA, Suzana Tavares da. *Direitos fundamentais na arena global*. 2. ed. Coimbra: Imprensa da Universidade de Coimbra, 2014.

SILVA, Virgílio Afonso da. *Direito constitucional brasileiro*. São Paulo: Edusp, 2021.

SILVEIRA, Bruna Braga da. Notas sobre a teoria dinâmica do ônus da prova. *Revista de Direito Privado*, São Paulo, n. 52, out.-dez. 2012.

SILVEIRA, Marco Antonio Karam. Lei de acesso à informação pública (Lei n. 12.527/2011). Democracia, República e Transparência no Estado Constitucional. *Revista dos Tribunais*, São Paulo, v. 927, jan. 2013.

SIMM, Zeno. Wagner Balera: antes de tudo, um humanista. *Revista Bonijuris*, Curitiba, ano 34, ed. 677, ago.-set. 2022.

SIQUEIRA, Heloísa Flory da Motta de; MELLO, Elizete Silva de. *Direito constitucional fraternal*: uma breve análise. Disponível em: https://docplayer.com.br/125951084-Direito-constitucional-fraternal-uma-breve-analise.html. Acesso em: 29 ago. 2022.

SOARES, Eliel Soeiro; LEMOS, Vinícius Silva. Negócios jurídicos processuais atípicos. *Revista Síntese – Direito Civil e Processual Civil*, São Paulo, n. 134, nov.-dez. 2021.

SODRÉ, Hélio. *Manual compacto do direito*. 3. ed. Rio de Janeiro: Forense, 1980.

SOUSA, Luís Felipe Pires de. *Prova testemunhal*. Coimbra: Almedina, 2013.

SOUSA, Miguel Teixeira de. Apreciação de alguns aspectos da "revisão do processo civil – projecto". *Revista da Ordem dos Advogados*, Lisboa, ano 55, jul. 1995.

SOUSA, Miguel Teixeira de. *Estudos sobre o novo processo civil*. São Paulo: Lex, 1996.

SOUSA, Miguel Teixeira de. *Estudos sobre o novo processo civil*. 2. ed. Lisboa: Lex, 1997.

SOUSA, Miguel Teixeira de. Um novo processo civil português: à la recherche du temps perdu? *Novos rumos da Justiça Cível*. Coimbra: Centro de Estudos Judiciários, 2009.

SOUZA, Alexandre Rodrigues de; OLIVEIRA JUNIOR, Délio Mota de; SOARES, Carlos Henrique. Notas sobre a chamada litigância predatória: investigação de um conceito e métodos de mitigação. Revista de Processo, São Paulo, v. 355, set. 2024.

SOUZA, André Pagani de. Aspectos processuais da responsabilidade civil do incapaz. *In*: BUENO, Cassio Scarpinella (coord.). *Impactos processuais do direito civil*. São Paulo: Saraiva, 2008.

SOUZA, Gabrielly. Litigância predatória, tutela coletiva e o porvir do acesso à justiça. Revista de Processo, São Paulo, v. 353, jul. 2024.

SOUZA, Gelson Amaro de. *Curso de processo civil*. Presidente Prudente: Datajuris, 1978.

SOUZA, Gelson Amaro de. Desconsideração da personalidade jurídica no CPC-2015, *Revista de Processo*, São Paulo, v. 255, maio 2016.

SOUZA JÚNIOR, Antonio Carlos F. *et al*. *Novo CPC e o processo tributário*. São Paulo: Foco Fiscal, 2015.

STEFFLER, Luan Eduardo; OLIVEIRA, Rafael Niebuhr Maia de. A coisa julgada de questão prejudicial no CPC 15 e o princípio dispositivo. *Revista Eletrônica de Direito Processual*, Rio de Janeiro, v. 23, n. 1, 2022.

STEIN, Friedrich. *Das Private Wissen des Richters*, 1999, p. 27. Tradução do trecho de Flávia Pessoa *in* Pontes de Miranda e a possibilidade de utilização das máximas de experiência para dispensa de provas no processo civil. *In:* DIDIER JR. Fredie *et. al*. *Pontes de Miranda e o direito processual*. Salvador: JusPodivm, 2013.

STRECK, Lenio Luiz. Limites do consequencialismo no Direito: dos dilemas *trolley* ao coronavírus. *Revista Estudos Institucionais*, Rio de Janeiro, v. 6. n. 3, set.-dez. 2020.

STRECK, Lenio Luiz; MORAES, Luiz Bolzan de. *Ciência política e teoria geral do Estado*. Porto Alegre: Livraria do Advogado, 2000.

SUNDFELD, Carlos Ari. Competência legislativa em matéria de processo e procedimento. *Revista dos Tribunais*, São Paulo, v. 657, jul. 1990.

TALAMINI, Eduardo. *Coisa julgada e sua revisão*. São Paulo: RT, 2005.

TALAMINI, Eduardo. Medidas coercitivas e proporcionalidade: o caso whatsApp. *In*: CABRAL, Antônio do Passo; PACELLI, Eugênio; CRUZ, Rogério Schietti (coords.). *Coleção repercussões do novo CPC*. Salvador: JusPodivm, 2016.

TALAMINI, Eduardo. Produção antecipada de prova no Código de Processo Civil de 2015. *Revista de Processo*, São Paulo, v. 260, out. 2016.

TALAMINI, Eduardo. Prova emprestada no processo civil ou penal. *Revista de Processo*, São Paulo, n. 91, jul. 1998.

TALAMINI, Eduardo. Tutela de urgência no projeto de novo Código de Processo Civil: a estabilização da medida urgente e a 'monitorização' do processo civil brasileiro. *Revista de Processo*, São Paulo, v. 209, jul. 2012.

TAMER, Maurício Antônio. Pontos sobre a desconsideração da personalidade jurídica no Código de Processo Civil de 2015: conceito, posição do requerido e outros aspectos processuais. *Revista Brasileira de Direito Comercial*, n. 11, jun.-jul. 2016.

TARTUCE, Fernanda. *Mediação nos conflitos civis*. São Paulo: Método, 2008.

TARTUCE, Fernanda; QUEIROZ, Roger Moreira de. Distinção conceitual entre vulnerabilidade e hipossuficiência no sistema jurídico brasileiro. *Revista Magister de Direito Civil e Processual Civil*, Porto Alegre, n. 97, jul.-ago. 2020.

TARTUCE, Flávio. *Direito Civil:* teoria geral dos contratos e contratos em espécie. 18. ed. Rio de Janeiro: Forense, 2023. v. 3.

TARUFFO, Michele. Il concetto di "prova" nel diritto processuale. *Revista de Processo*, São Paulo, v. 229, mar. 2014.

TARUFFO, Michele. *La motivazione dela sentenza*. Padova: CEDAM, 1975.

TARUFFO, Michele. *La prueba de los hechos*. Trad. de Jordi Ferri Beltran. Madrid: Trotta, 2005.

TARUFFO, Michele. *La semplice verità e la costruzione dei fatti*. Roma: Laterza, 2009.

TARUFFO, Michele. Poderes instrutorios de las partes e del juez en Europa. *Revista Iberoamericana de Derecho Procesal*, Buenos Aires, n. 10, nota 85, 2007.

TARUFFO, Michele. Prova (in generale). *Digesto delle discipline provatistiche*, Sezione Civile. Turino: UTET, 1992. v. 16.

TARUFFO, Michele. *Studi sulla rilevanza della prova*. Padova: Cedam, 1970.

TARUFFO, Michele. *Uma simples verdade*. O juiz e a construção dos fatos. Trad. de Vitor de Paula Ramos. São Paulo: Marcial Pons, 2016.

TARZIA, Giuseppe. Considerazioni Conclusive. *Les Mesures Provisoires em Procédure Civile*. Milano: Giuffrè Editore, 1985.

TARZIA, Giuseppe. *Lineamenti del Nuovo Processo di Cognizione*. Milano: Giuffrè, 1991.

TAVARES, Fernando Horta. Acesso ao direito, duração razoável do procedimento e tutela jurisdicional efetiva nas constituições brasileiras e portuguesas: um estudo comparativo. *In:* AMORIM, Felipe Daniel; OLIVEIRA, Marcelo Andrade Cattoni de (coords.). *Constituição e processo*. Belo Horizonte: Del Rey, 2009.

TAVARES, Fernando Horta; CUNHA, Maurício Ferreira. O direito fundamental à prova e a legitimidade dos provimentos sob a perspectiva do direito democrático. *Revista de Processo*, São Paulo, v. 195, maio 2011.

TÁVORA FILHO, Frederico Soares. A viabilidade do *pactum de non petendo* no ordenamento jurídico brasileiro. *Revista de Processo*, São Paulo, v. 342, ago. 2023.

TEIXEIRA, Sálvio Figueiredo. *Código de Processo Civil*. Rio de Janeiro: Forense, 1979.

TEIXEIRA, Tarcísio; BATISTI, Beatriz; SALES, Marlon de. *Lei Anticorrupção comentada dispositivo por dispositivo*. São Paulo: Almedina Brasil, 2016.

TEMER, Sofia. *Participação no processo*: repensando litisconsórcio, intervenção de terceiros e outras formas de atuação. Salvador: JusPodivm, 2020.

TEPEDINO, Gustavo; SCHREIBER, Anderson. *Fundamentos do direito civil*: obrigações. Rio de Janeiro: Forense, 2022. v. 2.

TERCEIRO NETO, João Otávio. As origens da boa-fé processual: a *fides* no processo civil romano. *Revista de Processo*, São Paulo, v. 356, out. 2024.

TESHEINER, José Maria Rosa. *Medidas cautelares*. São Paulo: Saraiva, 1974.

TESHEINER, José Maria Rosa. *Nova sistemática processual*. 2. ed. Caxias do Sul: Plenum, 2006.

THEODORO JÚNIOR, Humberto. A garantia fundamental do devido processo legal e o exercício do poder de cautela no direito processual civil. *Revista dos Tribunais*, São Paulo, v. 665, mar. 1991.

THEODORO JÚNIOR, Humberto. Ação declaratória e incidente de falsidade: falso ideológico e intervenção de terceiros. *Revista de Processo*, São Paulo, n. 51, jul. 1988.

THEODORO JÚNIOR, Humberto. *Código de Processo Civil anotado*. 26. ed. Rio de Janeiro: Forense, 2023.

THEODORO JÚNIOR, Humberto. *Comentários ao novo Código Civil*. 3. ed. Rio de Janeiro: Forense, 2005. v. III, t. II.

THEODORO JÚNIOR, Humberto. *Comentários ao novo Código Civil*. 4. ed. Rio de Janeiro: Forense, 2008. v. III, t. II.

THEODORO JÚNIOR, Humberto. *Curso de direito processual civil*. 53. ed. Rio de Janeiro: Forense, 2012. v. I.

THEODORO JÚNIOR, Humberto. *Processo cautelar*. 23. ed. São Paulo: Leud, 2006.

THEODORO JÚNIOR, Humberto. *Processo cautelar*. 25. ed. São Paulo: Leud, 2010.

THEODORO JÚNIOR, Humberto. *Processo de execução e cumprimento de sentença*. 31. ed. Rio de Janeiro: Forense, 2021.

THEODORO JÚNIOR, Humberto; ANDRADE, Érico. A autonomização e a estabilização da tutela de urgência no Projeto de CPC. *Revista de Processo*, São Paulo, v. 206, abr. 2012.

THEODORO JÚNIOR, Humberto; NUNES, Dierle; BAHIA, Alexandre Melo Franco; PEDRON, Flávio Quinaud. *Novo CPC*: fundamentos e sistemática. Rio de Janeiro: Forense, 2015.

THEODORO JÚNIOR, Humberto; NUNES, Dierle; BAHIA, Alexandre Melo Franco; PEDRON, Flávio Quinaud. *Novo CPC*. Lei 13.105, de 16.03.2015: fundamentos e sistematização. 3. ed. Rio de Janeiro: Forense, 2016.

TOMMASEO, Ferrucio. *I provvedimenti d'urgenza*. Padova: Cedam, 1983.

TOMMASEO, Ferrucio. *Le condizioni di esistenza dell'azione*: apunti di diritto processuale civile – nozione introduttive. 3. ed. Torino: Giappichelli Editore, 2000.

TORNAGHI, Hélio. *Comentários ao Código de Processo Civil*. São Paulo: RT, 1974. v. I.

TORNAGHI, Hélio. *Comentários ao Código de Processo Civil*. São Paulo: RT, 1974. v. II.

TORNAGHI, Hélio. *Comentários ao Código de Processo Civil*. São Paulo: RT, 1975. v. II.

TRABUCCHI, Alberto. *Istituzioni di diritto civile*. 38. ed. Padova: CEDAM, 1998.

TRENTO, Simone. Os *standards* e o ônus da prova: suas relações e causas de variação. *Revista de Processo*, São Paulo, v. 226, dez. 2013.

TRIGO, Alberto Lucas Albuquerque da Costa. *Promessas de não processar e de não postular*: o *pactum de non petendo* interpretado. Salvador: JusPodivm, 2020.

TRIGUEIRO, Fábio Vinícius Maia; RÉGIS, Adelmar Azevedo. Julgamento do tema 786 da repercussão geral: fim do direito ao esquecimento? *Revista dos Tribunais*, São Paulo. v. 1.042, ago. 2022.

TROCKER, Nicolò. Il nuovo art. 111 della Costituzione e il giusto processo in materia civile: profili generali. *Rivista Trimestrale di Diritto e Procedura Civile*, Milano, v. 55, n. 2, 2001.

TROCKER, Nicolò. *Proceso civile e costituzione*: problemi di diritto tedesco e italiano. Milano: A Giuffrè, 1974.

TROISE, Maria Regina Caldeira. A fase ordinatória do processo e a produção das provas. *In:* NETO, Olavo de Oliveira; NETO, Elias Marques de Medeiros; LOPES, Ricardo Augusto de Castro (coords.). *A prova no direito processual civil*: estudos em homenagem ao professor João Batista Lopes. São Paulo: Verbatim, 2013.

TUCCI, José Rogério Cruz e. *Código de Processo Civil anotado*. São Paulo: AASP, 2019.

TUCCI, José Rogério Cruz e. *Comentários ao Código de Processo Civil*. São Paulo: Saraiva, 2016. v. VII.

TUCCI, José Rogério Cruz e. *Comentários ao Código de Processo Civil*: artigos 485 ao 538. 2. ed. São Paulo: RT, 2018. v. VIII.

TUCCI, José Rogério Cruz e. Comentários aos arts. 1º a 12. *In:* TUCCI, José Rogério Cruz e *et al.* (coords.). *Código de Processo Civil anotado*. Rio de Janeiro: GZ, 2016.

TUCCI, José Rogério Cruz e. *Limites subjetivos da eficácia da sentença e da coisa julgada civil*. São Paulo: RT, 2006.

TUCCI, José Rogério Cruz e. *Precedente judicial como fonte do direito*. São Paulo: RT, 2004.

TUCCI, Rogério Lauria. *Do julgamento conforme o estado do processo*. São Paulo: J. Bushatsky, 1975.

TUGENDHAT, Ernest. *Lições sobre ética*. 3. ed. Petrópolis: Vozes, 1996.

TUPINAMBÁ, Carolina. Novas tendências de participação processual – o *amicus curiae* no anteprojeto do novo CPC. *In:* FUX, Luis (coord.). *O novo processo civil brasileiro*: direito em expectativa. Rio de Janeiro: Forense, 2011.

TZIRULNIK, Ernesto; CAVALCANTI, Flávio de Queiroz B.; PIMENTEL, Ayrton. *O contrato de seguro de acordo com o novo Código Civil brasileiro*. 2. ed. São Paulo: RT, 2003.

VALE, Juliana Leite Ribeiro do. *A funcionalidade do ônus da prova no processo civil brasileiro* (Dissertação de mestrado). Porto Alegre: Faculdade de Direito da Universidade Federal do Rio Grande do Sul, 2007.

VALLEJOS, Juan Carlos. Las cargas probatorias dinámicas en el Derecho de Daños. *In:* PEYRANO, Jorge W. *Cargas Probatorias dinámicas*. Santa Fé: Rubinzal-Culzoni, 2004.

VARGAS, Franciely de; PINTO, Rodrigo Strobel. Aspectos constitucionais destacados dos atos processuais eletrônicos. *Revista de Processo*, São Paulo, v. 141, nov. 2006.

VEIGA, Guilherme. *A coisa julgada sobre questão em benefício de terceiro*. São Paulo: Ed. Dialética, 2022.

VENOSA, Sílvio de Salvo. *Código Civil interpretado*. 2. ed. São Paulo: Atlas, 2011.

VERDE, Giovanni. *L'onere dela prova nel processo civile*. Napoli: Jovene, 1974.

VIEGAS, Claúdia Mara de Almeida Rabelo; PAMPLONA FILHO, Rodolfo. Distrato imobiliário: natureza jurídica da multa prevista na Lei 13.786/2018. *Revista dos Tribunais*, São Paulo, v. 1.008, out. 2019.

VIEHWEG, Theodor. *Toópica y filosofia del derecho*. Barcelona: Gedisa Editorial, 1991.

VIOLIN, Jordão. Problemas policêntricos e processos estruturais: problemas impróprios para a jurisdição? *In:* VITORELLI, Edilson; OSNA, Gustavo; ZANETTI JR., Hermes; REICHELT, Luís Alberto; JOBIM, Marco Félix; DOTTI, Rogéria (orgs.). *Coletivização e unidade do direito:* Estudos em homenagem ao Professor Sérgio Cruz Arenhart. Londrina: Thoth Editora, 2022. v. III.

WALD, Arnoldo. Contagem de prazo para recurso – Interpretação da *Súmula* 310 do STF. *Revista dos Tribunais*, São Paulo, v. 486, abr. 1976, e *Revista Forense*, Rio de Janeiro, v. 252, out.-dez. 1975.

WAMBIER, Luiz Rodrigues; WAMBIER, Teresa Arruda Alvim; MEDINA, José Miguel Garcia. *Breves comentários à nova sistemática processual civil*. São Paulo: RT, 2006.

WAMBIER, Teresa Arruda Alvim. *Embargos de declaração e omissão do juiz*. 2. ed. São Paulo: RT, 2014.

WAMBIER, Teresa Arruda Alvim *et al*. *Novo Código de Processo Civil, artigo por artigo*. 2. ed. São Paulo: RT, 2016.

WAMBIER, Teresa Arruda Alvim *et al*. *Primeiros comentários ao novo Código de Processo Civil*. Ed. RT: São Paulo, 2015.

WAMBIER, Teresa Arruda Alvim. *Nulidades do processo e da sentença*. 5. ed. São Paulo: RT, 2004.

WAMBIER, Teresa Arruda Alvim. *Nulidades do processo e da sentença*. 7. ed. São Paulo: RT, 2014.

WAMBIER, Teresa Arruda Alvim. *O novo regime do agravo*. 2. ed. São Paulo: RT, 1996.

WAMBIER, Teresa Arruda Alvim; DIDIER JR., Fredie; TALAMINI, Eduardo; DANTAS, Bruno. *Breves comentários ao novo Código de Processo Civil*. São Paulo: RT, 2015.

WATANABE, Kazuo. *Acesso à ordem jurídica justa*: conceito atualizado de acesso à justiça, processos coletivos e outros estudos. Belo Horizonte: Del Rey, 2019.

WATANABE, Kazuo. *Da cognição no processo civil*. São Paulo: RT, 1987.

WATANABE, Kazuo. Política judiciária nacional de tratamento adequado dos conflitos de interesses: utilização dos meios de resolução de controvérsias. *In:* MENDES, Aluísio Gonçalves de Castro; WAMBIER, Teresa Arruda Alvim (org.). *O processo em perspectiva*: jornadas brasileiras de direito processual. São Paulo: RT, 2013.

WHITE, Inés Lépori (coord.). *Cargas probatorias dinámicas*. Santa Fé: Rubinzal-Culzoni, 2004.

WIEACKER, Franz. *El principio general de la Buena fe*. Madrid: Civitas, 1977.

WLADECK, Felipe Scripes. *In:* WAMBIER, Teresa Arruda Alvim; DIDIER JR., Fredie; TALAMINI, Eduardo; DANTAS, Bruno (coords.). *Breves comentários ao novo Código de Processo Civil*. 3. ed. São Paulo: RT, 2016.

YARSHELL, Flávio Luiz. Alterações na legislação processual e segurança jurídica. *Carta Forense*, n. 50, jul. 2007.

YARSHELL, Flávio Luiz. *Antecipação da prova sem o requisito da urgência e direito autônomo à prova*. Tese da Faculdade de Direito da USP, São Paulo, s/d, n. 24.

YARSHELL, Flávio Luiz. Antecipação de tutela específica nas obrigações de declaração de vontade, no sistema do CPC. *In:* WAMBIER, Teresa Arruda Alvim (coord.). *Aspectos polêmicos da antecipação de tutela*. São Paulo: RT, 1997.

YARSHELL, Flávio Luiz. Do incidente de desconsideração da personalidade jurídica. *In:* CABRAL, Antonio do Passo; CRAMER, Ronaldo (coords.). *Comentários ao novo Código de Processo Civil.* Rio de Janeiro: Forense, 2015.

YARSHELL, Flávio Luiz. Comentários aos arts. 133 a 137. In: CABRAL, Antonio do Passo; CRAMER, Ronaldo (coords.). *Comentários ao novo Código de Processo Civil.* 2. ed. Rio de Janeiro: Forense, 2016.

YARSHELL, Flávio Luiz; PEREIRA, Guilherme Setoguti J.; RODRIGUES, Viviane Siqueira. *Comentários ao novo Código de Processo Civil*: arts. 334 a 368. São Paulo: RT, 2018. v. 5.

YARSHELL, Flávio Luiz. *Competência no Estatuto do Idoso (Lei n. 10.741/2003).* Disponível em: http://www.mp.go.gov.br/portalweb/hp/2/docs/competenciaestatutoidoso.pdf. Acesso em: 8 out. 2014.

YARSHEL, Flávio Luiz. *Curso de direito processual civil.* São Paulo: Marcial Pons, 2014. v. I.

ZAMPAR JÚNIOR, José Américo; BIZARRIA, Juliana Carolina Frutuoso. Prova estatística: admissibilidade e valoração. *Revista de Processo*, São Paulo, v. 341, jul. 2023.

ZANETI JR., Hermes; ALVES, Gustavo Silva. Breves notas sobre as alterações do Código de Processo Civil pela Lei 14.195/2021: citação eletrônica, exibição de documento ou coisa e prescrição intercorrente. *Revista de Processo*, São Paulo, v. 330, ago. 2022.

ZANETTI JR., Hermes; REGGIANI, Gustavo Mattedi. Estabilização da tutela antecipada antecedente e incidental: sugestões pragmáticas para respeitar a ideologia de efetividade do CPC/2015. *Revista de Processo*, São Paulo, v. 284, out. 2018.

ZANFERDINI, Flávia de Almeida Montingelli; GOMES, Alexandre Gir. Cargas Probatórias Dinâmicas no Processo Civil Brasileiro. *Revista Dialética de Direito Processual*, São Paulo, n. 69, dez. 2008.

ZANUTTIGH, Loriana. Verbete "Litisconsorzio". *Digesto.* 4. ed. *Discipline Privatistiche, Sezione Civile*, 1996. v. 11.

ZANZUCCHI, Marco Tullio. *Diritto processuale civile.* 4. ed. Milano: Giuffrè, 1946. v. I.

ZAVASCKI, Teori Albino. Antecipação da tutela e colisão de direitos fundamentais. *In:* TEIXEIRA, Sálvio de Figueiredo. *Reforma do Código de Processo Civil.* São Paulo: Saraiva, 1996.

ZAVASCKI, Teori Albino. *Antecipação de tutela.* São Paulo: Saraiva, 1997.

ZAVASCKI, Teori Albino. Cooperação jurídica internacional e a concessão de *exequatur*. *Revista de Processo*, São Paulo, v. 183, maio 2010.

ZAVASCKI, Teori Albino. Controle das liquidações fraudulentas. Fraude nas execuções contra a Fazenda Pública. *Cadernos do CEJ*, Brasília, v. 23, 2003.

ZAVASCKI, Teori Albino. Reforma do sistema processual civil brasileiro e reclassificação da tutela jurisdicional. *Revista de Processo*, São Paulo, n. 88, out.-dez. 1997.

Índice dos Fluxogramas

2026
1 2 3 4 5 6 7 8 9 10